**PRABHAT**

**Practical**

# English-Hindi Dictionary

★

**प्रभात**

**व्यावहारिक**

# अंग्रेज़ी-हिंदी कोश

संपादक

**बदरीनाथ कपूर**

प्रभात प्रकाशन, दिल्ली™

ISO 9001:2008 प्रकाशक

# PRABHAT PRACTICAL ENGLISH-HINDI DICTIONARY

*Ed.* Dr. Badri Nath Kapoor

Published by Prabhat Prakashan, 4/19 Asaf Ali Road, New Delhi-2 (India)

First Edition • October 2000

Reprints • January 2001 - 2013 (11 Reprints)
January 2014



Price • Rs. Three Hundred only

ISBN • 81-7315-344-2

e-mail • prabhatbooks@gmail.com

Website • www.prabhatbooks.com

❖

प्रकाशक • **प्रभात प्रकाशन**
4/19 आसफ अली रोड,
नई दिल्ली-110002

संस्करण • प्रथम, अक्तूबर 2000

पुनर्मुद्रण • जनवरी, 2001-2013 (ग्यारह बार पुनर्मुद्रित)
जनवरी 2014



मूल्य • तीन सौ रुपए

मुद्रक • भानु प्रिंटर्स, दिल्ली

अ.मा.पु.सं. • 81-7315-344-2

## Abbreviations

| | | | |
|---|---|---|---|
| abbrev. | abbreviation | n. | noun |
| adj. | adjective | naut. | nautical |
| adv. | adverb | neg. | negative |
| conj. | conjunction | obs. | obsolete |
| esp. | especially | phr. | phrase |
| etc. | etcetera | plu. | plural |
| fem. | feminine | poet. | poetical |
| fig. | figurative | poss. | possessive |
| fml. | formal | p.p. | past participle |
| Fr. | French | pref. | prefix |
| Ger. | German | prep. | preposition |
| G.K. | Greek | pres. | present |
| infin. | infinitive | pron. | pronoun |
| infml. | informal | p.t. | past tense |
| interj. | interjection | refl. | reflexive |
| It. | Italian | sing. | singular |
| Lat. | Latin | suff. | suffix |
| lit. | literary | t. | tense |
| mas. | masculine | usu. | usually |
| med. | medical | v. | verb |

# प्रस्तावना

फरवरी '99 में 'व्यावहारिक अंग्रेज़ी-हिंदी कोश' प्रकाशित हुआ था। अनेक विद्वानों ने इसके संबंध में अपने जो अभिमत प्रकट किए, वे बहुत-कुछ संतोषप्रद तथा साथ-ही-साथ उत्साहवर्धक भी थे। कुछ मित्रों ने यह सुझाव दिया कि यह कोश आकार-प्रकार की दृष्टि से भारी-भरकम है। अत: सामान्य जनों के लिए इसका सामान्य आकार-प्रकार का संस्करण भी निकाला जाना चाहिए। यह प्रयास इसी निमित्त है। इसमें अधिक-से-अधिक सामग्री समाविष्ट करने का प्रयास किया गया है। इस कोश में निम्नलिखित बातों पर विशेष ध्यान दिया गया है—

**(i) उपयुक्त तथा प्रयोगसक्षम समानार्थियों का चयन**

सामान्यत: देखा गया है कि अंग्रेज़ी-हिंदी कोश का प्रयोग किसी अंग्रेज़ी शब्द के लिए उपयुक्त हिंदी समानार्थी खोजने के लिए किया जाता है। इस उपयुक्त समानार्थी की दो विशेषताएँ होनी चाहिए। एक तो अर्थ की दृष्टि से वह मूल अंग्रेज़ी शब्द के अत्यंत निकट हो और दूसरे प्रयोगसक्षम भी हो। अत: यह आवश्यक समझा गया कि यदि शब्द मृतप्राय या धराऊ, एकांगी (अर्थ की दृष्टि से अव्याप्ति दोष से युक्त), फूहड़ अथवा ग्राम्य हो तो उससे बचा जाए। उदाहरण के लिए प्राय: अंग्रेज़ी-हिंदी कोशों में wife के लिए दारा, भार्या, सहधर्मिणी, गृहिणी, गृहस्वामिनी, जोरू, मेहरारू, लुगाई आदि समानार्थी भी दिए गए हैं। इनमें से दारा और भार्या मृतप्राय हैं; सहधर्मिणी, गृहिणी और गृहस्वामिनी एकांगी हैं; जोरू फूहड़ और व्यंग्यपूर्ण है तथा मेहरारू और लुगाई ग्राम्य हैं। प्रस्तुत कोश में wife के लिए पत्नी, धर्मपत्नी, औरत और स्त्री शब्द दिए गए हैं, जिनमें से किसी का भी प्रयोग पाठक बेहिचक तथा सहर्ष कर सकता है। औरत और स्त्री वैसे woman के समानार्थी हैं; परंतु पत्नी के लिए भी बराबर चलते हैं[1]। यह बात सही है कि हिंदी पर्याय-बहुल भाषा है; परंतु पर्यायों का संकलन अंग्रेज़ी-हिंदी कोश की परिधि में नहीं आता।

---

1. जैसे—उसकी पत्नी मायके चली गई है।
   उसकी धर्मपत्नी मायके चली गई है।
   उसकी औरत मायके चली गई है।
   उसकी स्त्री मायके चली गई है।
   परंतु उसकी दारा (भार्या, गृहिणी या गृहस्वामिनी) मायके चली गई है। (चलता नहीं)
   उसकी जोरू मायके चली गई है। (फूहड़ तथा व्यंग्यपूर्ण)
   उसकी मेहरारू (लुगाई) मायके चली गई है। (ग्राम्य)

मृत, एकांगी, फूहड़ तथा ग्राम्य शब्दों को कोश में स्थान न देने से दो लाभ भी हैं। एक तो कोश भारी-भरकम तथा बोझिल होने से बचेगा, दूसरे कोश के सहारे हिंदी सीखने तथा लिखने-बोलने का अभ्यास करनेवाले अहिंदीभाषी हिंदीप्रेमी भ्रामक प्रयोग करने से बचेंगे।

**(ii) सर्वग्राह्य समानार्थी सबसे पहले**

इस कोश में, जब किसी अंग्रेज़ी शब्द के लिए कई हिंदी समानार्थी उपयुक्त लगे तब उनमें से उस शब्द को पहला स्थान दिया गया है जो सर्वग्राह्य प्रतीत हुआ। वर्षों पहले की बात है। ब्रिटेन निवासी हिंदीप्रेमी फादर रॉजर हूकर उन दिनों वाराणसी में रहते थे। एक दिन उनका पत्र लेकर एक आदमी मेरे पास आया। उस पत्र का पहला वाक्य था—'एक मनुष्य को आपके पास भेज रहा हूँ।' वाक्य में खटक थी। कुछ दिन बाद हूकर साहब से जब मेरी भेंट हुई तो मैंने उक्त वाक्य का उल्लेख किया। उन्होंने छूटते ही कहा कि फ़ादर बुल्के ने man के लिए मनुष्य दिया है। मुझे लगा कि कोशकार की भूल सीधे पाठक तक पहुँचती है। इसलिए यह आवश्यक समझा गया कि पाठकों के सही दिशा-निर्देश के लिए पहला समानार्थी सर्वग्राह्य हो। इस कोश में man के लिए पहला समानार्थी 'आदमी' दिया गया है। इस प्रकार इस कोश में इस प्रकार की कमी को सुधारने का भी प्रयास किया गया है।

**(iii) चलती भाषा से जीवंत प्रयोगों का चयन**

प्राय: अंग्रेज़ी-हिंदी कोशों में हिंदी समानार्थियों के चयन का आधार पूर्वरचित अंग्रेज़ी-हिंदी कोश, अंग्रेज़ी-संस्कृत कोश, अंग्रेज़ी-उर्दू कोश तथा हिंदी पर्यायवाची कोश रहे हैं; परंतु चलते हुए तथा व्यवहार-सुलभ हिंदी शब्दों का उनमें अभाव ही दिखाई पड़ता है। प्रस्तुत कोश का उद्देश्य इस कमी को पूरा करने का भी है। आप देखेंगे कि किसी पूर्वरचित अंग्रेज़ी-संस्कृत, अंग्रेज़ी-हिंदी, अथवा अंग्रेज़ी-उर्दू कोश में wife के लिए 'धर्मपत्नी' शब्द नहीं आया। अत: किसी वर्तमान अंग्रेज़ी-हिंदी कोश में भी wife के लिए आपको धर्मपत्नी[1] नहीं मिलेगा। प्राय: सभी अंग्रेज़ी-हिंदी कोशों में समान रूप से bad debt के लिए 'वसूल न होनेवाला ऋण', blood red के लिए 'गहरा लाल', dirt cheap के लिए 'बहुत सस्ता', waist deep के लिए 'कमर तक गहरा' ही मिलेंगे; परंतु प्रस्तुत कोश में 'डूबी हुई रकम' bad debt के लिए, 'ख़ूनी' blood red के लिए (जैसे धोती का ख़ूनी किनारा या ख़ूनी किनारेवाली धोती), 'मिट्टी के मोल' dirt cheap के लिए और 'कमर-भर' waist deep के लिए भी मिलेंगे। इस दिशा में पर्याप्त सुधार करने का प्रयास किया गया है।

**(iv) लाक्षणिक तथा विशिष्ट प्रयोग**

सहस्रों अंग्रेज़ी शब्दों के ऐसे विशिष्ट या लाक्षणिक प्रयोग भी मिलते हैं, जिनमें उनके लिए सुझाए गए हिंदी समानार्थियों से काम नहीं चलता। ऐसे प्रयोगों को इस कोश में विशेष रूप से लिया गया है और उनके हिंदी रूपांतर भी दिए गए हैं। प्रयत्न रहा है कि ये रूपांतर भी

---

1. यह कहना कि धर्मपत्नी का प्रयोग धार्मिक कृत्यों के लिए उपयुक्त है, ठीक नहीं। अब यह पत्नी के समान ही व्यवहार-सुलभ है।

अपने मूल रूप की तरह उत्कृष्ट तो हों ही, हिंदी की गरिमा के भी परिचायक हों। उदाहरण के लिए asset (संज्ञा) के लिए जायदाद और परिसंपत्ति दो समानार्थी दिए जाते हैं; परंतु जब कहा जाता है कि Beauty was her real asset, तो यहाँ asset के लिए जायदाद या परिसंपत्ति से काम नहीं चलता। प्रस्तुत कोश में उक्त का रूपांतर दिया गया है—सौंदर्य ही उसका असली धन[1] था। प्रस्तुत कोश में After all[2] के समानार्थी दिए गए हैं—अंत में, आख़िरकार, अंततोगत्वा; परंतु जब कहा जाता है—After all she is a big girl now, तो यहाँ 'अंत में' या 'आख़िरकार' से काम नहीं चलता। काम तो तब चलेगा जब कहा जाएगा—जो हो, वह अब सयानी लड़की है। ऐसे सहज और उपयुक्त प्रयोग इस कोश में आपको स्थान-स्थान पर मिलेंगे, जो इस कोश की विशेषता है। इस प्रकार कोश में सहज व्यावहारिक शब्दों को सम्मिलित कर इसे उपयोगी बनाया गया है।

**(v) अंग्रेज़ी शब्दों की हिंदी व्याख्या**

अंग्रेज़ी भाषा के अनेक शब्द ऐसे हैं, जिनकी हिंदी में व्याख्या देने की आवश्यकता पड़ती है। ऐसा या तो उपयुक्त हिंदी समानार्थी जल्दी न सूझने पर करना पड़ता है या मूल आशय को अधिक स्पष्ट करने के लिए। ऐसे अवसरों पर यदि सावधानी न बरती जाए तो अपनी भाषा की प्रकृति पर तो आघात होता ही है, उसका स्वरूप भी दूसरों के लिए हास्यास्पद बन जाता है। एक प्रसिद्ध कोश में heavy के लिए 'कठिन श्रम से भरा', heavily के लिए 'कष्टकर ढंग से', confusedly के लिए 'चकराए हुए ढंग से' आदि अजीबो-गरीब व्याख्याएँ मिलीं। वैसे 'कठिन श्रम से भरा' के लिए 'श्रमसाध्य', 'कष्टकर ढंग से' के लिए 'बहुत कठिनाई से' और 'चकराए हुए ढंग से' के लिए 'घबराकर' चलते हुए प्रयोग हैं। जानते हैं, ये भूलें क्यों हुईं ? उसी कोश में heavy का अर्थ अंग्रेज़ी में इस प्रकार दिया हुआ है—full of hard work. 'कठिन श्रम से भरा हुआ' और कुछ नहीं, इसी full of hard work का छायानुवाद है। इसी प्रकार 'कष्टकर ढंग से' in a heavy manner का और 'चकराए हुए ढंग से' in a confused manner का छायानुवाद है।

× ×

अत्यंत नम्रतापूर्वक मैं यही निवेदन करना चाहता हूँ कि उक्त बातें दोष-दर्शन या छिद्रान्वेषण की दृष्टि से नहीं, वरन् दिशा-दर्शन और उच्चादर्श के विचार से कही हैं। वस्तुतः ये बातें ऐसी हैं जिनपर भावी कोशकारों को भी ध्यान देने की आवश्यकता होगी। जिस प्रक्रिया का गुरुवर डॉ. बाहरी तथा फ़ादर बुल्के ने सूत्रपात किया उसे पल्लवित, पुष्ट और समृद्ध करने का दायित्व तो हमारी इस पीढ़ी का है।

**प्रस्तुत कोश**

(i) यह अद्यतन कोश है और इसमें अंग्रेज़ी के उन सभी शब्दों तथा पदबंधों का संकलन

---

1. धन वैसे wealth का समानार्थी है।
2. किसी भी अंग्रेज़ी-हिंदी कोश में मेरी जानकारी में after all की प्रविष्टि नहीं है।

किया गया है जो जीवन के विविध क्षेत्रों से संबद्ध हैं तथा विद्यार्थियों-अध्यापकों, लेखकों-अनुवादकों, संपादकों-पत्रकारों, अधिकारियों-कर्मचारियों आदि को जिनके हिंदी समानार्थी जानने की नित्य आवश्यकता होती है।

(ii) अंग्रेज़ी के सभी शब्दों को अक्षरक्रम से रखा गया है। अन्य प्रमुख अंग्रेज़ी-हिंदी कोशों में विकारी शब्दों तथा समस्त पदों को मूल शब्द के अंतर्गत अर्थात् पेटे में रखा गया है[1], परंतु इस कोश में ऐसे शब्दों की स्वतंत्र प्रविष्टियाँ हैं। आशा है, इससे पाठकों को विभिन्न शब्दों तक पहुँचने में सुगमता होगी।

(iii) अनियमित क्रियाओं के भूतकालिक, भूतकृदंत तथा वर्तमानकालिक कृदंत रूप भी दिए गए हैं।

(iv) प्राय: विशेषणों के उत्तरावस्था और उत्तमावस्था के विशिष्ट रूप भी दिए गए हैं।

(v) शब्दों का उच्चारण अधिक सुगमतापूर्वक तथा व्यवस्थित ढंग से किया जा सके, इसके लिए शब्दों को अक्षरों (syllables) में विभाजित किया गया है और उन्हें योजिका (hyphen) से अलग-अलग करके दिखलाया भी गया है। शब्द के जिस अक्षर पर बलाघात है उसपर चिह्न भी लगाया गया है।

(vi) आवश्यकता प्रतीत होने पर शब्दों के ब्रितानवी और अमेरिकी दोनो प्रकार के उच्चारण भी दिए गए हैं।

(vii) हर शब्द के अर्थ अंग्रेज़ी और हिंदी दोनो भाषाओं में दिए गए हैं। चेष्टा रही है कि अंग्रेज़ी अर्थ की प्रमुख विवक्षा हिंदी समानार्थी से स्पष्ट रूप से परिलक्षित हो। पदबंधों और मुहावरों की व्याख्या करते समय उनके अर्थ-सौष्ठव को यथावत् प्रतिबिंबित करने का प्रयास भी किया गया है।

(viii) इस कोश में भारत सरकार द्वारा स्थिर किए हुए विधि, प्रशासन, न्याय, प्रौद्योगिकी तथा विभिन्न शास्त्रों और विज्ञानों के शब्दों को प्रमुखता दी गई है।

(ix) उच्चारण-तालिका अन्यत्र दी गई है। इसमें अंग्रेज़ी की कुछ विशिष्ट ध्वनियों के लिए अंतरराष्ट्रीय संकेत चिह्नों के आधार पर कुछ हिंदी वर्णों में विशेष चिह्न जोड़े गए हैं। आशा है, पाठकों को इससे सही उच्चारण करने में सुविधा होगी।

× ×

मुझे पूर्ण विश्वास है कि हिंदी जगत् को यह संस्करण और भी अधिक उपादेय प्रतीत होगा।

14 सितंबर, 2000 (राजभाषा स्वर्ण जयंती) —बदरीनाथ कपूर
'शब्दलोक', 47, लाजपत नगर,
वाराणसी-2

---

1. एक प्रसिद्ध अंग्रेज़ी-हिंदी कोश में intentional शब्द मिल नहीं रहा था। मैंने कहा कि intention में देख लीजिए, मिल जाएगा। उत्तर मिला कि इसमें intention शब्द भी नहीं है। ढूँढ़-खोज के बाद intent के अंतर्गत intention और intentional मिले और वे भी ~ion और ~ional रूप में।

# A

**A, a** (ए) ***n.*** 1. the first letter of the English alphabet, अंग्रेज़ी वर्णमाला का पहला वर्ण। 2. the highest grade in quality, गुणवत्ता की सूचक सर्वोच्च श्रेणी। 3. a film certified for viewing by adults only, वयस्कों के ही देखने योग्य फ़िल्म। □ **from A to Z,** आदि से अंत तक। **prefix** 1. without, not, विपरीतता-सूचक उपसर्ग; apolitical अराजनीतिक। 2. in the act of, क्रियोन्मुख; ablaze, जलता हुआ, asleep, सोया हुआ। **article** 1. one, एक। 2. any, कोई। 3. per, प्रति, फी।

**aback** (अॅ-बैक्´) ***adv.*** behind, backwards, पीछे की ओर, पीछे। □ **taken aback,** चकित, भौंचक्का, विस्मित।

**abacus** (ऐब्´-अॅ-कॅस्) ***n.*** a frame with beads used for counting, गिनतारा।

**abandon** (अॅ-बैन्´-डॅन्) ***v.*** 1. to leave, छोड़ देना। 2. to give up, त्याग देना। 3. to yield completely to an emotion, भावाभिभूत हो उठना, आवेश में आ जाना। ***n.*** 1. careless freedom of manner, बेफिक्री, मस्ती। 2. lack of restraint, बेपरवाही, असंयम।

**abandoned** (अॅ-बैन्´-डॅन्ड्) ***adj.*** 1. deserted, छोड़ा हुआ। 2. lacking restraint, असंयमी।

**abase** (अॅ-बेस्´) ***v.*** 1. to humiliate, बेइज़्ज़त करना, नीचा दिखाना। 2. to degrade, अधोगति को प्राप्त होना।

**abasement** (अॅ-बेस्´-मॅन्ट्) ***n.*** 1. humiliation, बेइज़्ज़ती, अपमान। 2. degradation, अधोगति।

**abash** (अॅ-बैश्´) ***v.*** to embarrass or confound, शर्मिंदा करना, लज्जित करना। □ **feel abashed,** मारे शर्म के गड़ जाना, पानी-पानी हो जाना।

**abashed** (अॅ-बैश्ड्´) ***adj.*** ashamed, लज्जित।

**abate** (अॅ-बेट्´) ***v.*** 1. to make or become less, घटाना या घटना, कम करना या होना। 2. to end, ख़त्म होना या करना। 3. to reduce, diminish or subside, हलका करना या होना, उपशमन करना या होना।

**abatement** (अॅ-बेट्´-मॅन्ट्) ***n.*** an act of abating or the state of being abated, कमी, घटाव; उपशमन।

**abatial** (अॅ-बे´-शॅल्) ***adj.*** pertaining to the abbey or abbot, ईसाई मठ या मठाधीश-संबंधी।

**abattoir** (ऐब्´-अॅ-ट्वा:) ***n.*** a slaughter-house, बूचड़ख़ाना।

**abbey** (ऐब्´-ई) ***n.*** a monastery, ईसाई मठ।

**abbot** (ऐब्´-अॅट्) ***n.*** the head of an abbey, ख़्रीस्त आश्रम का अध्यक्ष, ईसाई मठाध्यक्ष।

**abbreviate** (अॅ-ब्री´-वि-एट्) ***v.*** to shorten, संक्षिप्त करना।

**abbreviation** (अॅ-ब्री-वि-ए´-शॅन्) ***n.*** 1. the act of abbreviating, संक्षिप्तीकरण, छोटा करना। 2. the state of being abbreviated, संक्षिप्त रूप, संक्षेप। 3. a shortened form of a word, संक्षिप्त या अल्पार्थक रूप, संकेताक्षर।

**ABC** ***n.*** the elementary knowledge of a subject, किसी विषय का आरंभिक ज्ञान।

**abdicant** (ऐब्´-डि-कैन्ट्) ***n.*** one who resigns from a throne or post, सिंहासन या पद का त्याग करनेवाला, पदत्यागी, सिंहासनत्यागी।

**abdicate** (ऐब्´-डि-केट्) ***v.*** to resign from a throne, सिंहासनत्याग करना, गद्दी छोड़ना।

**abdication** (ऐब्-डि-के´-शॅन्) ***n.*** an act of abdicating, सिंहासनत्याग, पदत्याग।

**abdomen** (ऐब्´-डॅ-मॅन्) ***n.*** belly, उदर।

**abdominal** (ऐब्-डॉम्´-इ-नॅल्) ***adj.*** pertaining to the belly, उदरीय।

**abduct** (ऐब्-डक्ट्´) ***v.*** 1. to carry off by

A

force, ज़बरदस्ती उठा ले जाना। 2. to kidnap, भगा ले जाना, अपहरण करना।

**abducted** (ऐब्-डक्ट्´-इड्) *adj.* kidnapped, भगाया हुआ, अपहृत।

**abduction** (ऐब्-डक्´-शॅन्) *n.* an act of abducting, भगा ले जाना, हरण, अपहरण।

**abed** (अॅ-बेंड्´) *adv.* in bed, शय्या पर, बिस्तर पर। *adj.* confined to bed, शय्याग्रस्त।

**aberrant** (अॅ-बेंर्´-अॅन्ट्) *adj.* straying from moral standard, मार्गभ्रष्ट, विपथित।

**aberration** (ऐब्-अॅ-रे´-शॅन्) *n.* 1. deviation from what is normal or standard, विपथन। 2. mental deviation, बुद्धिभ्रंश।

**abet** (अॅ-बेंट्´) *v.* (abetted, abetting) to assist or encourage in committing an offence, दुष्प्रेरित करना। □ **aid and abet,** (किसी को) अपराध करने में सहायता देना।

**abetment** (अॅ-बेंट्´-मॅन्ट्) *n.* an act of abetting, दुष्प्रेरणा, दुष्प्रेरण।

**abeyance** (अॅ-बे´-अॅन्स्) *n.* the state of being suspended for a period, आस्थगन। □ **in abeyance,** आस्थगित; **fall into abeyance,** प्रयोग में न रहना।

**abhor** (ऐब्-हॉ:´, अॅब्-हॉ:´) *v.* (abhorred, abhorring) to detest, घृणा करना।

**abhorrance** ( ऐब्-हॉर्´-अॅन्स्) *n.* hatred, घृणा।

**abhorrent** (ऐब्-हॉर्´-अॅन्ट्) *adj.* detestable, घृणित, घिनौना।

**abide** (अॅ-बाइड्´) *v.* (abided or abode, abiding) 1. to dwell, वास करना, रहना। 2. to endure, सहन करना। □ **abide by,** अनुपालन करना।

**abiding** (अॅ-बाइ´-डिंग्) *adj.* permanent, lasting, स्थायी, चिरस्थायी, टिकाऊ।

**ability** (अॅ-बिल्´-इ-टी) *n.* 1. the capacity or power to do something, योग्यता, क्षमता, सामर्थ्य। 2. talent, प्रतिभा।

**ab initio** (ऐब्-इ-नि-शि´-ओ) *adv.* from the beginning, आरंभ से, शुरू से, आदितः। (लैटिन)

**abiotic** (अॅ-बि-ओट्´-इक्) *adj.* not biotic, अजैव।

**abject** (ऐब्´-जेंक्ट्, ऐब्-जेंक्ट्´) *adj.* wretched, तुच्छ, अधम।

**abjectly** (ऐब्-जेंक्ट्´-ली) *adv.* in an abject manner, तुच्छतापूर्वक, हेय दृष्टि से।

**abjuration** (ऐब्-जु-रे´-शॅन्) *n.* an act of abjuring, सशपथ त्याग, संत्याग।

**abjure** (ऐब्-ज्योः´) *v.* to renounce under oath, शपथ लेकर त्याग करना, संत्याग करना।

**ablative** (ऐब्´-ले-टिव्) *n.* fifth case in grammar, अपादान कारक।

**ablaze** (अॅ-ब्लेज़्´) *adj.* 1. on fire, blazing, जलता हुआ, दहकता हुआ। 2. shining, जगमगाता हुआ, चमाचम। 3. eager, उत्सुक, आतुर, अधीर।

**able** (ए´-बॅल्) *adj.* 1. capable, योग्य, क़ाबिल। 2. competent, सक्षम, समर्थ।

**able-bodied** (ए´-बॅल्-बॉड्´-ईड्) *adj.* fit and strong, हट्टा-कट्टा, तगड़ा, समर्थांग।

**abloom** (अॅ-ब्लूम्´) *adj.* blooming, flowering, पुष्पित, खिला हुआ, फूलों से लदा हुआ।

**ablush** (अॅ-ब्लश्´) *adj.* blushing, शर्माया हुआ।

**ablution** (अॅ-ब्लू´-शॅन्) *n.* 1. washing oneself before performing a religious ceremony, (धार्मिक अनुष्ठान से पूर्व) नहाना-धोना। 2. an act of purifying, पवित्रीकरण।

**ably** (एब्´-ली) *adv.* in an able manner, अच्छी तरह, योग्यता से, योग्यतापूर्वक।

**abnegate** (ऐब्´-नि-गेट्) *v.* 1. to deny oneself (something), अपने को वंचित रखना, अस्वीकार करना। 2. to renounce, छोड़ देना, त्याग देना।

**abnegation** (ऐब्-नि-गे´-शॅन्) *n.* an act of abnegating, अस्वीकरण, आत्मत्याग।

**abnormal** (ऐब्-नॉ:´-मॅल्) *adj.* different from what is normal, अपसामान्य।

**abnormality** (ऐब्-नॉ:´-मैल्-इ-टी) *n.* abnormal quality or state, अपसामान्यता।

**abnormally** (ऐब्-नॉ:´-मॅ-ली) *adv.* in an abnormal manner, अपसामान्यतः।

**aboard** (अॅ-बोःड्´) *adv., prep.* on or into a train, ship, plane etc., यान में, सवारी पर।

**abode** (अॅ-बोड्´) *n.* a dwelling place, residence, घर, वास, निवास, धाम।

**abolish** (अॅ-बॉल्´-इश्) *v.* to put an end to,

अंत कर देना, उन्मूलन कर देना।

**abolition** (ऐब्-अॅ-लिश्´-अॅन्) *n.* 1. an act of abolishing, उन्मूलन। 2. end, अंत, समाप्ति।

**A-bomb** (ए´-बॉम्) *n.* an atomic bomb, परमाणु-बम।

**abominable** (अॅ-बॉम्´-इ-नॅ-बॅल्) *adj.* loathsome, detestable, घृणित, घिनौना।

**abominate** (अॅ-बॉम्´-इ-नेट्) *v.* to detest, घृणा करना।

**abomination** (अ-बॉम्´-इ-ने´-शॅन्) *n.* hatred, घृणा।

**aboriginal** (ऐ-बॉ-रिज्´-इ-नॅल्) *adj.* inhabiting a country from the beginning, मूल, आदिम।

**aborigines** (ऐ-बॉ-रिज़्´-इ-नीज़्) *n.* (plu.) first inhabitants of a country, आदिवासी, मूल निवासी।

**abort** (अॅ-बॉ:ट्´) *v.* 1. to miscarry or cause to miscarry, गर्भपात होना या करना। 2. to come to nothing, to fail, व्यर्थ / निष्फल हो जाना।

**abortion** (अॅ-बॉ:´-शॅन्) *n.* 1. miscarriage, गर्भपात, गर्भस्राव, भ्रूणहत्या। 2. a plan which breaks down before it can develop properly, ऐसी योजना जो बीच में ही रुक गई हो।

**abortive** (अॅ-बॉ:´-टिव्) *adj.* 1. prematurely born, अकालप्रसूत। 2. unsuccessful, coming to nothing, विफल, निष्फल, अकारथ।

**aboulia** (अॅ-बू´-लि-अॅ) *n.* indecision, निश्चयहीनता, संकल्प-दुर्बलता।

**abound** (अॅ-बाउन्ड्´) *v.* to be plentiful, भरपूर होना, प्रचुर होना, भरा पड़ा होना।

**abounding** (अॅ-बाउन्´-डिंग्) *adj.* plentiful, भरा-पूरा, प्रचुर, भरपूर।

**about** (अॅ-बाउट्) *adv.* 1. all around, चारो तरफ़ / ओर। 2. near, आसपास, यहीं कहीं। 3. nearly, लगभग। 4. absolutely, बिल्कुल। 5. in the opposite direction, सामने। ***prep.*** 1. surrounding, के चारो ओर, के इधर-उधर। 2. here and there, somewhere near, के आसपास, यहाँ-वहाँ। 3. approximately, के लगभग। 4. in connection with, के विषय में।

**about-turn** (अॅ-बाउट्´-टःन्) *interj.* an order to turn round, पीछे घूमो, अर्धवृत्त।

**above** (अॅ-बव्´) *adv.* 1. higher up, overhead, ऊपर। 2. in heaven, स्वर्ग में। ☐ **over and above,** और अधिक। ***prep.*** 1. on the top of, to a higher place, के ऊपर, से ऊपर। 2. more than, in addition to, से अधिक। 3. beyond, से परे। ☐ **above all,** सबसे बढ़कर, सर्वोपरि; **above par,** अधिमूल्य पर। *adj.* preceding, previous, उपर्युक्त।

**above-board** (अॅ-बव्´-बो:ड्) *adj.* fair, honourable, ईमानदार, निश्छल, निष्कपट।

**above-cited** (~ -साइ´-टिड्) *adj.* cited above, उपरोक्त, उपर्युक्त।

**above-mentioned** (~ -मेंन्´-शॅन्ड्) *adj.* mentioned above, उपरोक्त, उपर्युक्त।

**above-quoted** (~ -को´-टिड्) *adj.* quoted above, उपरोक्त, उपर्युक्त।

**abracadabra** (ऐब्-रॅ-कॅ-डैब्´-रॅ) *n.* 1. a magic formula, गुप्त मंत्र, बीजमंत्र, टोना, जादू-टोना, छू-मंतर। 2. prattle, अनाप-शनाप, बकवाद।

**abrade** (अॅ-ब्रेड्´) *v.* to scrape or rub off, छीलना, रगड़ना, घिसना, अपघर्षण करना।

**abrasion** (अॅ-ब्रे´-ज़्हॅन्) *n.* an act of wearing or rubbing away, छीलना या रगड़ना, अपघर्षण।

**abrasive** (अॅ-ब्रे´-सिव्) *adj.* 1. causing abrasion, अपघर्षक। 2. tending to annoy, परेशान करनेवाला।

**abreast** (अॅ-ब्रेस्ट्´) *adv.* side by side on a level, साथ-साथ, कंधे से कंधा मिलाकर। ☐ **keep abreast of,** नई जानकारी, तथ्यों आदि से अपने को अवगत रखना।

**abridge** (अॅ-ब्रिज्´) *v.* to shorten, संक्षिप्त करना या बनाना।

**abridged** (अॅ-ब्रिज्ड्´) *adj.* shortened, संक्षिप्त।

**abridgement, abridgment** (अॅ-ब्रिज्´-मॅन्ट्) *n.* 1. an act of abridging, संक्षिप्तीकरण। 2. abridged version, संक्षिप्त रूप, संक्षेप।

**abroad** (अॅ-ब्रॉड्´) *adv.* 1. away from one's own country, विदेश में, देश से बाहर।

A

2. everywhere, हर जगह, चारो तरफ़।

**abrogate** (ऐब्´-रो-गेट्) *v.* to cancel or repeal, निरस्त करना, निराकरण करना, रद करना।

**abrogated** (ऐब्´-रो-गे-टिड्) *adj.* cancelled, निरस्त, निराकृत, रद।

**abrogation** (ऐब्-रो-गे´-शॅन्) *n.* an act of abrogating, निराकरण, रद करना, रदगी।

**abrupt** (अॅ-ब्रप्ट्´) *adj.* 1. sudden, आकस्मिक, अप्रत्याशित। 2. curt, रूखा, रूक्ष। 3. steep, खड़ा। 4. rough, अटपटा, ऊबड़-खाबड़।

**abruptly** (अॅ-ब्रप्ट्´-ली) *adv.* all of a sudden, suddenly, अचानक, सहसा, एकाएक, अकस्मात्।

**abcess** (ऐब्´-सिस्) *n.* a swelling with pus, फोड़ा, मवाद से भरा फोड़ा।

**abscond** (ऐब्-स्कॉन्ड्´) *v.* to go away secretly to avoid arrest after wrongdoing, भाग जाना, फ़रार हो जाना।

**absconder** (ऐब्-स्कॉन्ड्´-अॅ:) *n.* one who absconds, भगोड़ा, फरार व्यक्ति, फरारी।

**absence** (ऐब्´-सॅन्स्) *n.* 1. being away, अनुपस्थिति, गैरहाज़िरी। 2. period of being away from work, नागा, गैरहाज़िरी। 3. non-existence, अभाव।

**absent** (ऐब्´-सॅन्ट्) *adj.* 1. not present, अनुपस्थित, गैरहाज़िर। 2. non-existent, अविद्यमान।

**absentee** (ऐब्-सॅन्-टी´) *n.* a person who stays away from work, नागा करनेवाला।

**absent-minded** (ऐब्´-सॅन्ट्-माइन्´-डिड्) *adj.* inattentive, अन्यमनस्क, अनमना।

**absolute** (ऐब्´-सो-ल्यूट्) *adj.* 1. complete, perfect, पूर्ण, परिपूर्ण। 2. pure, विशुद्ध, अमिश्रित। 3. unrestricted, अनियंत्रित, निरंकुश। 4. certain, निश्चित। 5. self-existent, independent, परम, निरपेक्ष। *n.* The Absolute, परम तत्त्व, परब्रह्म।

**absolutely** (-ली) *adv.* 1. completely, पूर्ण रूप से, पूर्णतया, बिल्कुल, नितांत। 2. perfectly, पूरी तरह से। 3. unconditionally, बिना शर्त। 4. certainly, निस्संदेह।

**absolve** (ऐब्-ज़ॉल्व्´) *v.* 1. to clear of blame or guilt, दोषमुक्त या पापमुक्त करना। 2. to free from an obligation, दायित्व से मुक्त करना, छुटकारा देना।

**absorb** (ऐब्-सॉ:ब्´) *v.* 1. to soak up, सोख लेना। 2. to suck up, चूस लेना। 3. to engross, तन्मय हो जाना, डूब जाना। 4. to make into a part of itself, आत्मसात् कर लेना, मिला लेना।

**absorbed** (ऐब्-सॉ:ब्ड्´) *adj.* 1. engrossed, तल्लीन, निमग्न, तन्मय। 2. taken in, मिलाया हुआ, आमेलित।

**absorbing** (ऐब्-सॉ:ब्´-इंग्) *adj.* very interesting, अत्यंत रोचक, दिलचस्प।

**absorption** (ऐब्-सॉ:प्´-शॅन्) *n.* 1. the act of absorbing, सोख लेना, अवशोषण; आत्मसात्करण। 2. the state of mental concentration, तन्मयता, तल्लीनता।

**abstain** (ऐब्-स्टेन्´) *v.* to refrain from, बाज़ आना, परे रहना, परहेज़ करना।

**abstention** (ऐब्-स्टॅन्´-शॅन्) *n.* an act of refraining, परहेज़, संयम।

**abstract**[1] (ऐब्´-स्ट्रैक्ट्) *adj.* 1. not material, not concrete, अमूर्त। 2. existing to thought of as a quality or idea, भाववाचक; abstract noun, भाववाचक संज्ञा। 3. without form, निराकार। 4. general, सामान्य। 5. not clear, अस्पष्ट। 6. theoretical rather than practical, सैद्धांतिक, अव्यावहारिक। *n.* 1. a summary, सारांश, संक्षेप, सार। 2. an abstract quality or idea, अमूर्त गुण या विचार।

**abstract**[2] (ऐब्-स्ट्रैक्ट्´) *v.* 1. to take out or remove, हटा या अलग कर देना। 2. to make a written summary, सारांश तैयार करना।

**abstruse** (ऐब्-स्ट्रूस्´) *adj.* difficult to understand, कठिन, गूढ़, दुर्ज्ञेय।

**absurd** (ऐब्-स:ड्´) *adj.* contrary to common sense, बेहूदा, बेतुका, विसंगत।

**absurdity** (ऐब्-स:ड्´-इ-टी) *n.* 1. the state of being absurd, बेहूदापन, बेतुकापन, विसंगति। 2. a foolish statement, बेतुकी बात।

**abundance** (अॅ-बन्´-डॅन्स्) *n.* plenty, बहुतायत, प्रचुरता, अतिशयता।

**abundant** (अॅ-बन्´-डॅन्ट्) *adj.* plentiful, बहुत अधिक, प्रचुर, अतिशय।

**abundantly** (-ली) *adv.* in an abundant manner, प्रचुर रूप से, बिल्कुल।

**abuse**[1] (अॅ-ब्यूज़्´) *v.* 1. to misuse, ग़लत इस्तेमाल करना, दुरुपयोग करना। 2. to maltreat, दुर्व्यवहार करना। 3. to vituperate, गाली देना, गाली-गलौज करना।

**abuse**[2] (अॅ-ब्यूस्´) *n.* 1. misuse, ग़लत इस्तेमाल, दुरुपयोग। 2. maltreatment, दुर्व्यवहार। 3. abusive words, गाली, अपशब्द, कुवाच्य। 4. a corrupt practice, कुप्रथा।

**abusive** (अॅ-ब्यू´-सिव्) *adj.* 1. dirty, अश्लील, गंदा। 2. insulting, अपमानजनक।

**abutment** (~-मॅन्ट्) *n.* a structure that supports a bridge or arch, पुल का खंभा, पीलपाया।

**abysmal** (अॅ-बिस्(-मॅल्) *adj.* 1. unfathomable, very deep, बहुत गहरा, अगाध, अथाह। 2. very bad, बहुत ख़राब, बुरा। 3. extreme, अत्यधिक; abysmal ignorance, घोर अज्ञान।

**abyss** (अॅ-बिस्´) *n.* a bottomless pit, अत्यंत गहरा गड्ढा, खाई।

**academic** (ऐक्-अॅ-डॅम्´-इक्) *adj.* 1. of an academy, अकादमिक। 2. of education, विद्या-संबंधी, शिक्षा-संबंधी। 3. scholarly, विद्वत्तापूर्ण। 4. of theoretical interest only, शास्त्रीय, सैद्धांतिक। 5. not practical, अव्यावहारिक।

**academician** (अॅ-कैड्-अॅ-मिश्´-अॅन्) *n.* the member of an academy, अकादमी का सदस्य।

**academy** (अॅ-कैड्´-अॅ-मी) *n.* an institution devoted to the study of arts and sciences, अकादमी, कला-परिषद्, विज्ञान-परिषद्, साहित्य-परिषद्।

**accede** (ऐक्-सीड्´) *v.* 1. to become monarch, गद्दी पर बैठना, गद्दीनशीन होना। 2. to take office, पदारूढ़ होना, पदग्रहण करना। 3. to agree to, राज़ी हो जाना, सहमत हो जाना, मान लेना। 4. to join, मिल जाना, जा मिलना।

**accelerate** (ऐक्-सॅल्´-अॅ-रेट्) *v.* to increase the speed of, रफ़्तार या गति बढ़ाना, चाल तेज़ करना।

**accelerated** (ऐक्-सॅल्´-अॅ-रे-टिड्) *adj.* going faster, तेज़ गति से चलनेवाला, त्वरित।

**acceleration** (ऐक्-सॅल्´-अॅ-रे´-शॅन्) *n.* the increase of speed, गतिवर्धन, गतिवृद्धि, त्वरण।

**accelerator** (ऐक्-सॅल्´-अॅ-रे-टॅ:) *n.* a contrivance for increasing the speed of a motor engine, गतिवर्धक, त्वरित्र, एक्सेलेटर।

**accelerometer** (ऐक्-सॅल्´-रो-मी´-टॅ:) *n.* an instrument that shows the speed of a motor engine, त्वरणमापी।

**accent**[1] (ऐक्´-सॅन्ट्) *n.* 1. stress on a syllable or word, किसी अक्षर या शब्द पर दिया जाने वाला बल, बलाघात। 2. a mark denoting stress, बलाघात का सूचक चिह्न। 3. characteristic manner of speech, उच्चारण का ढंग, लहजा। 4. emphasis, बल, ज़ोर।

**accent**[2] (ऐक् -सॅन्ट्´, ऐक्´-सॅन्ट्) *v.* 1. to pronounce with a stress, बल देते हुए उच्चारण करना। 2. to emphasize, बल या ज़ोर देना। 3. to mark with an accent, बलाघात का सूचक चिह्न लगाना।

**accentuate** (ऐक्-सॅन्´-चू-एट्) *v.* to emphasize, ज़ोर देना, बल देना।

**accentuation** (ऐक्-सॅन्-चू-ए´-शॅन्) *n.* 1. accent, बलाघात। 2. emphasis, बल, ज़ोर।

**accept** (ऐक्-सॅप्ट्´) *v.* 1. to take, receive or undertake, लेना, ग्रहण करना, स्वीकार या अंगीकार करना। 2. to take as true, to believe or admit, मान लेना, मानना। 3. to agree to pay, (हुंडी आदि) सकारना।

**acceptable** (ऐक्-सॅप्´-टॅ-बॅल्) *adj.* 1. worthy of acceptance, स्वीकार्य, अंगीकरणीय, ग्राह्य। 2. satisfactory, संतोषजनक।

**acceptance** (ऐक्-सॅप्´-टॅन्स्) *n.* 1. the act of accepting, ग्रहण , स्वीकरण। 2. approval, स्वीकृति, मंजूरी, सहमति। 3. agreement to pay, (हुंडी) सकारने की क्रिया।

**accepted** (ऐक्-सॅप्´-टिड्) *adj.* 1. approved, स्वीकृत। 2. recognised, मान्य। 3. paid,

A

सकारा हुआ, दत्त।

**acceptor** (ऐक्-सेंप्´-टॅ:) *n.* one who accepts, स्वीकर्ता, ग्रहण करनेवाला, ग्रहणकर्ता।

**access** (ऐक्´-सेंस्) *n.* 1. a way in, a means of approaching or entering, मार्ग, रास्ता। 2. approach, पहुँच। 3. reach, प्रवेश, पैठ। 4. increase, बढ़ती, बढ़ोतरी।

**accessibility** (ऐक्-सेंस्-ॲ-बिल्´-इ-टी) *n.* approach, पहुँच।

**accessible** (ऐक्-सेंस्´-इ-बॅल्) *adj.* 1. approachable, पहुँच के भीतर या अंदर, अभिगम्य। 2. easy to get, सुलभ, सुगम।

**accession** (ऐक्-सेंश्´-अॅन्) *n.* 1. enthronement, गद्दीनशीनी। 2. the act of coming to an office, पदारोहण, पदग्रहण। 3. assent, स्वीकृति, सहमति। 4. addition, अधिमिलन, मिलना।

**accessory** (ऐक्-सेंस्´-ॲ-री) *adj.* extra, additional, अतिरिक्त, आनुषंगिक। *n.* 1. a person who helps another in a crime, अपराध में सहायक होनेवाला, अपराध-सहायक, अपसहायक। 2. (plu.) things that are extra, but not essential, गौण वस्तुएँ, असेसरी।

**accidence** (ऐक्´-सि-डॅन्स्) *n.* changes in the form of words, रूपावली, रूपविचार।

**accident** (ऐक्´-सि-डॅन्ट्) *n.* 1. an undesirable event, दुर्घटना, वारदात, वाक्या। 2. chance, संयोग, दैवयोग; by accident, संयोगवश।

**accidental** (ऐक्-सि-डॅन्´-टॅल्) *adj.* 1. occurring by chance, संयोगजन्य, आकस्मिक। 2. casual, incidental, गौण, आनुषंगिक।

**accidentally** (ऐक्-सि-डॅन्´-टॅ-ली) *adv.* 1. by chance, संयोग से, घटनावश। 2. involuntarily, आप-से-आप, अनजाने ही।

**accident-prone** (ऐक्´-सि-डॅन्ट्-प्रोन्) *adj.* likely to suffer accident, दुर्घटनाभिमुखी।

**acclaim** (ॲ-क्लेम्´) *v.* 1. to greet with applause, तालियाँ बजाकर ख़ुशी व्यक्त करना, करतलध्वनि करना। 2. to welcome with shouts, जय-जयकार करना, जयघोष करना। *n.* 1. applause, करतलध्वनि, तालियों की गड़गड़ाहट। 2. shout of welcome, जयजयकार, जयघोष।

**acclamation** (ऐक्-लॅ-मे´-शॅन्) *n.* 1. applause, करतलध्वनि, जयघोष। 2. a shout of approval, मौखिक अनुमोदन। □ **by acclamation**, ध्वनि-मत से।

**acclimatization** (ॲ-क्लाइ-मॅ-टाइ-ज़े´-शॅन्) *n.* the state of being acclimatized, परिस्थितिजन्य अनुकूलन, परिस्थिति-अनुकूलन।

**acclimatize** (ॲ-क्लाइ´-मॅ-टाइज़्) *v.* to get used to a new climate or surroundings, नई जलवायु या परिस्थितियों के अनुकूल (अपने को) ढालना या ढलना।

**accommodate** (ॲ-कॉम्´-ॲ-डेट्) *v.* 1. to make room for, जगह देना, गुंजाइश निकालना। 2. to take into one's house, टिकाना, ठहराना। 3. to bring to agreement, तालमेल बैठाना, समझौता कर लेना, झगड़ा मिटाना।

**accommodating** (ॲ-कॉम्´-ॲ-डे-टिंग्) *adj.* obliging, conciliatory, दूसरे की बात रखनेवाला, दिलदार, नम्र स्वभाव, मुरव्वती।

**accommodation** (ॲ-कॉम्´-ॲ-डे´-शॅन्) *n.* 1. boarding and lodging, टिकने-ठहरने का स्थान, वास-सुविधा। 2. living premises, आवास-गृह। 3. adaptation, adjustment, गुंजाइश, समायोजन, अनुकूलन। 4. a place to sleep, सोने की जगह, शयन-स्थल।

**accommodative** (ॲ-कॉम्´-ओ-डे-टिव्) *adj.* adaptable, मुरव्वती, दिलदार।

**accompaniment** (ॲ-कम्´-पॅ-नि-मॅन्ट्) *n.* 1. something which is usually found with something else, सहायक उपकरण। 2. secondary instrument, उपवाद्य, संगत।

**accompany** (ॲ-कम्´-पॅ-नी) *v.* (accompanied, accompanying) 1. to go along with, to travel with, साथ देना, साथ जाना, साथ रहना। 2. to exist with, साथ होना। 3. to make supporting music for, संगत करना।

**accompanyist** (ॲ-कम्´-पॅ-निस्ट्) *n.* a person who plays musical accompaniment, संगतकार, संगतिया, संगत करनेवाला।

**accomplice** (ॲ-कम्´-प्लिस्) *n.* a partner in

evil-doing, सह-अपराधी, अपराध करनेवाले का सहायक।

**accomplish** (अँ-कम्´-प्लिश्) *v.* (accomplished, accomplishing) 1. to complete, पूरा करना। 2. to fulfill, निष्पन्न करना।

**accomplishable** (अँ-कम्´-प्लि-शॅ-बॅल्) *adj.* that can be carried out, निष्पन्न करने योग्य, निष्पाद्य, साध्य।

**accomplished** (अँ-कम्´-प्लिश्ड्) *adj.* 1. completed, पूरा किया हुआ, पूर्ण। 2. fulfilled, निष्पन्न, संपादित। 3. highly skilled, having many accomplishments, अत्यंत कुशल, दक्ष, प्रवीण। 4. refined and civilized, सुसंस्कृत तथा सभ्य।

**accomplishment** (अँ-कम्´-प्लिश्-मॅन्ट्) *n.* 1. the act of accomplishing. निष्पादन। 2. something completely and successfully done, उपलब्धि, सिद्धि। 3. success, सफलता। 4. artistic skill, कौशल, दक्षता।

**accord** (अँ-का:ड्´) *n.* 1. agreement, harmony mutual understanding, मतैक्य, मेल, समझौता। 2. treaty, संधि। □ **of one's own accord**, अपनी इच्छा या मर्ज़ी से; **with one accord**, सबकी सहमति से। *v.* 1. to be in harmony, समरसता होना, मेल होना। 2. to give or grant, देना, प्रदान करना; He was accorded this privilege, उसे यह विशेषाधिकार प्रदान किया गया। 3. to make conform or agree, दूसरे की बात मान लेना या तरह दे जाना।

**accordance** (अँ-का:´-डॅन्स्) *n.* 1. agreement, संगति, मेल। 2. conformity, अनुरूपता। □ **in accordance with**, के अनुसार, के अनुरूप।

**according** (अँ-का:´-डिंग्) *adv.* in a manner that depends on, अनुसार। □ **according as**, जैसाकि; **according to**, (i) के अनुसार। (ii) के अनुरूप, तदनुसार।

**accordingly** (अँ-का:´-डिंग्-ली) *adv.* 1. therefore, इसलिए, अत:। 2. in agreement with, अत:, तदनुसार, सो।

**accordion** (अँ-का:´-डि-अँन्) *n.* a portable musical instrument consisting of keys and bellows, आरगन बाजा।

**accost** (अँ-कास्ट्´) *v.* 1. to approach a person in order to open conversation with, किसी के समीप जाकर बात चलाना, बातचीत करने में पहल करना। 2. to solicit with immoral intent, (वेश्या द्वारा ग्राहकों को अपनी ओर आकृष्ट करने के लिए) आवाज़ देना, बुलाना।

**accouchement** (अँ-कूश्´-मॅन्ट्) *n.* the act or process of giving birth to offspring, सौरी, बच्चा जनने की अवस्था।

**account** (अँ-काउन्ट्´) *n.* 1. a statement of money received and paid out, हिसाब, लेखा। 2. a credit arrangement specially with a bank, खाता; current account, चालू खाता; savings account, बचत खाता। 3. description, विवरण, वृत्तांत। 4. importance, महत्त्व। □ **account for,** (i) स्पष्टीकरण करना; (ii) जवाबदेह होना, उत्तरदायी होना; **by all accounts,** सभी लोगों के विचार से, सभी दृष्टियों से; **give account of oneself,** योग्यतापूर्वक कार्य संपादित करना; **of great account,** महत्त्वपूर्ण; **of no account,** महत्त्वहीन; **on account of,** इस कारण से; **take into account,** ध्यान में रखना; **take no account of,** ध्यान ही न देना।

**accountability** (अँ-काउन्-टॅ-बिल्´-इ-टी) *n.* the quality or state of being accountable, उत्तरदायित्व, दायित्व।

**accountable** (अँ-काउन्´-टॅ-बॅल्) *adj.* responsible, उत्तरदायी, जवाबदेह।

**accountancy** (अँ-काउन्´-टॅन्-सी) *n.* the work of an accountant, हिसाब-किताब, लेखाशास्त्र, मुनीमी।

**accountant** (अँ-काउन्´-टॅन्ट्) *n.* an expert in accounts, one who maintains business accounts, लेखाकार, मुनीम।

**account book** *n.* a book for keeping accounts in, बही-खाता, लेखा-बही।

**accounting** (अँ-काउन्´-टिंग्) *n.* 1. the process of preparing and keeping accounts, लेखाकर्म, लेखाकरण। 2. account, लेखा, हिसाब।

**accoutrements** (अँ-कू´-टॅ:-मॅन्ट्स्) *n.* (plu.)

A

1. dress, uniform, पोशाक, वर्दी, कपड़े। 2. equipments, साज-सामान, साज-सज्जा।

**accredit** (अॅ-क्रॅड्´-इट्) ***v.*** 1. to provide with credentials, प्रत्यय-पत्र प्रदान करना, प्रत्यायित करना, प्रत्यय-पत्र देकर (राजदूत को दूसरे देश में) भेजना। 2. to certify as meeting astandard, स्तरीय प्रमाणित करना, मानना। 3. to recognise officially, सरकारी मान्यता प्रदान करना।

**accredited** (अॅ-क्रॅड्´-इ-टिड्) ***adj.*** 1. generally accepted, सर्वमान्य, मान्य। 2. officially recognised, सरकारी मान्यता-प्राप्त। 3. certified as meeting a standard, स्तरीय रूप में प्रमाणित। 4. provided with credentials, प्रत्यायित।

**accrete** (अॅ-क्रीट्´) ***v.*** 1. to grow or cause to grow, बढ़ना या बढ़ाना। 2. to grow together, साथ-साथ बढ़ना, इकट्ठा होना या करना। ***adj.*** grown together, सहवर्धित, सहविकसित।

**accretion** (अॅ-क्री´-शॅन्) ***n.*** 1. increase, development, उन्नति, विकास, वृद्धि। 2. something added, बढ़ाया या जोड़ा हुआ अंश, जोड़।

**accrue** (अॅ-क्रू´) ***v.*** (accrued, accruing) 1. to come as natural growth, to increase by regular growth, बढ़ना (जैसे ब्याज का), प्रोद्भूत होना। 2. to accumulate, इकट्ठा होना। 3. to come as an increase or gain, प्राप्त होना, मिलना।

**acculturation** (अॅ-कल्-चॅ-रे´-शॅन्) ***n.*** the process of altering a primitive culture, पुरातन संस्कारों को बदलने की प्रक्रिया, उत्संस्क्रण।

**accumulable** (अॅ-क्यू´-मु-ले-बॅल्) ***adj.*** worth collecting, संगृहीत करने योग्य, संग्राह्य।

**accumulate** (अॅ-क्यू´-मु-लेट्) ***v.*** to amass or collect, इकट्ठा या एकत्र करना, संचय या संग्रह करना, ढेर लगाना।

**accumulation** (अॅ-क्यू-मु-ले´-शॅन्) ***n.*** 1. the act of accumulating, संचयन, संग्रहण। 2. something accumulated, संचय, संचित पदार्थ। 3. heap, अंबार, ढेर।

**accumulative** (अॅ-क्यू´-मु-ले-टिव्) ***adj.*** tending to accumulate, बढ़ता या इकट्ठा होता चलनेवाला, वर्धनशील।

**accumulator** (अॅ-क्यू´-मु-ले-टॅ:) ***n.*** an accumulating device or apparatus, संचयन-यंत्र।

**accuracy** (ऐ´-क्यॅ-रॅ-सी) ***n.*** 1. correctness, शुद्धता, परिशुद्धता। 2. exactness, यथार्थता।

**accurate** (ऐ´-क्यॅ-रॅट्) ***adj.*** 1. free from errors, correct, right, शुद्ध, परिशुद्ध, सही, ठीक। 2. exact, यथार्थ।

**accursed** (अॅ-क:स्ड्´) ***adj.*** 1. under a curse, damned, शाप से पीड़ित, शापग्रस्त, शापित। 2. hateful, घृणित, गर्हित।

**accusation** (अॅ-क्यू-ज़े´-शॅन्) ***n.*** 1. the act of accusing, अभियोग लगाने का कार्य, अभियोजन। 2. a blame, आरोप, दोषारोप, अभियोग।

**accusative** (अॅ-क्यू´-ज़ॅ-टिव्) ***n.*** objective case, कर्मकारक। ***adj.*** of or related to the objective case, कर्मकारक-संबंधी।

**accusatory** (अॅ-क्यू´-ज़ॅ-टॅ-री) ***adj.*** pertaining to accusation, अभियोग-संबंधी, अभियोगात्मक।

**accuse** (अॅ-क्यूज़्´) ***v.*** 1. to put blame to, दोष लगाना, आरोप लगाना। 2. to charge with an offence, अभियोग लगाना।

**accused** (अॅ-क्यूज़्ड्´) ***n.*** a person charged with an offence, अभियुक्त, मुलज़िम।

**accustom** (अॅ-कस्´-टॅम्) ***v.*** to make or become used to, अभ्यस्त होना या बनाना।

**accustomed** (अॅ-कस्´-टॅम्ड्) ***adj.*** 1. used to, आदी, अभ्यस्त, लती। 2. habitual, अभ्यासगत। 3. customary, बँधा हुआ, रूढ़, प्रचलित।

**ace** (एस्) ***n.*** 1. a playing card with one pip, इक्का, इक्की। 2. one who excels in performance, करामात दिखानेवाला, प्रवीण या कुशल व्यक्ति। 3. a point scored by the failure of one's opponent to return a serve, विपक्षी के सर्विस न लौटा सकने के कारण (टेनिस में) मिलनेवाला अंक। □ **play one's ace,** ब्रह्मास्त्र चलाना।

**acephalous** (अॅ-सॅफ़्´-अॅ-लॅस्) ***adj.*** 1. without head, headless, बिना सिरवाला,

शिरोहीन। 2. without a leader, नेताविहीन, नेतृत्वविहीन।

**acerbate** (ऐस्´-अ:-बेट्) ***v.*** 1. to make bitter, कड़वा कर या बना देना, कड़वाहट से भर देना। 2. to vex, तंग करना, खिझाना, या चिढ़ाना।

**acerbic** (अॅ-स:´-बिक्) ***adj.*** bitter harsh and sharp, कड़वा, तीखा, कड़वाहट-भरा।

**acerbity** (अॅ-स:´-बि-टी) ***n.*** 1. bitterness, कड़वापन, कड़वाहट। 2. harshness, acrimony, कटुता, उग्रता।

**acetic** (अॅ-सेॅट्´-इक् , अॅ-सी´-टिक्) ***adj.*** pertaining to vinegar, सिरके का।

**acetic acid** (~-ऐस्´-इड्) ***n.*** an acid with a distinctive pungent odour that is found in vinegar, सिरके का तेज़ाब।

**acetify** (अॅ-सेॅट्´-इ-फ़ाइ) ***v.*** (acetified, acetifying) to prepare vinegar, सिरका बनाना या तैयार करना।

**ache** (एक्) ***n.*** pain, पीड़ा, दर्द। ***v.*** 1. to be painful, दर्द करना, पीड़ा देना, दुखना। 2. to yearn, चाहना, लालायित होना।

**achievable** (अॅ-ची´-वॅ-बॅल्) ***adj.*** worth achieving, प्राप्त करने योग्य, पाने योग्य, प्राप्तव्य।

**achieve** (अॅ-चीव्´) ***v.*** 1. to attain or obtain, प्राप्त करना, पाना। 2. to accomplish, निष्पन्न करना, पूरा करना।

**achieved** (अॅ-चीव्ड्´) ***adj.*** 1. attained, प्राप्त। 2. completed, पूर्ण, समाप्त। 3. accomplished, निष्पन्न, संपादित।

**achievement** (अॅ-चीव्´-मॅन्ट्) ***n.*** 1. something achieved or obtained, प्राप्ति, उपलब्धि। 2. success, सफलता।

**achilles heel** (अॅ-किल्´-ईज़्-हील्) ***n.*** a weak point, दुर्बलता, कमज़ोरी, मर्मस्थल, मर्मांग।

**achromatic** (ऐ-क्रो´-मैट्-इक्) ***adj.*** colourless, रंगविहीन, रंगहीन, वर्णहीन।

**achy** (एक्´-ई) ***adj.*** causing pain, पीड़ा देनेवाला, पीड़ा करनेवाला, पीड़ायुक्त, दर्दीला।

**acid** (ऐस्´-इड्) ***n.*** a chemical substance having a sour taste, अम्ल, तेज़ाब। ***adj.*** 1. sour, खट्टा। 2. acidic, अम्लीय, तेज़ाबी। 3. bitter, कड़वा, कटु।

**acidic** (अॅ-सिड्´-इक्) ***adj.*** acid-forming, अम्लीय, तेज़ाबी।

**acidify** (अॅ-सिड्´-इ-फ़ाइ) ***v.*** (acidified, acidifying) to make into or become an acid, तेज़ाब बनना या बनाना।

**acidity** (अॅ-सिड्´-इ-टी) ***n.*** 1. sourness, अम्लता। 2. an over-acid condition of the stomach, अम्लपित्त।

**acid test** (ऐस्´-इड्—टेॅस्ट्) ***n.*** a severe or decisive test, कड़ी परीक्षा, अग्नि-परीक्षा।

**acidulous** (अॅ-सिड्´-यु-लॅस्) ***adj.*** somewhat sour, खट्टा-सा, कुछ-कुछ खट्टा।

**ack-ack** (ऐक्-ऐक्´) ***n.*** an anti-aircraft gun, विमानभेदी तोप।

**acknowledge** (अॅक्-नॉल्´-इज्) ***v.*** (acknowledged, acknowledging) 1. to admit the validity or truth of, स्वीकार करना, कबूलना, मान लेना। 2. to report the receipt of, पहुँचा देना या भेजना, पावती देना, प्राप्ति स्वीकार करना। 3. to express thanks or gratitude for, आभार स्वीकार करना, धन्यवाद प्रकट करना, शुक्रिया अदा करना। 4. to express recognition of, दावा मान लेना, तसदीक करना, अभिस्वीकार करना।

**acknowledged** (अॅक्-नॉल्´-इज्ड्) ***adj.*** 1. admitted, स्वीकार किया हुआ, स्वीकृत। 2. received, प्राप्त।

**acknowledgement, acknowledgment** (अॅक्-नॉल्´-इज्-मॅन्ट्) ***n.*** 1. the act of acknowledging, स्वीकृति। 2. a receipt, पावती, प्राप्ति-सूचना; ~ due पावती-सहित। 3. an expression of thanks, कृतज्ञता-ज्ञापन, कृतज्ञता-प्रकाश, आभार-स्वीकार।

**acme** (ऐक्´-मी) ***n.*** 1. the highest point, सबसे ऊँचा बिंदु, उच्चतम बिंदु। 2. the highest peak, सर्वोच्च शिखर, सबसे ऊँची चोटी। 3. the highest degree, पराकाष्ठा, चरमावस्था।

**acne** (ऐक्´-नी) ***n.*** a skin disease in which small raised spots appear on the face, मुँहासों की बीमारी, मुँहासा रोग।

**aconite** (ऐक्´-अॅ-नाइट्) ***n.*** a group of plants of poisonous qualities, बछनाग, एकोनाइट।

A

**acorn** (ए´-का:न्) ***n.*** fruit of the oak tree, बंजुफल।

**acoustic** (अॅ-कू´-स्टिक्) ***adj.*** of or pertaining to hearing or sound, श्रवण-संबंधी, ध्वनि-संबंधी, ध्वनिक।

**acoustics** (अॅ-कू´-स्टिक्स्) ***n.*** (plu.) 1. the science of sound, ध्वनि-विज्ञान, ध्वानिकी। 2. the quality of a building that makes it transmit sound well or poorly, ध्वनि-गुण; The acoustics of the hall are excellent, ध्वनि-गुण के विचार से हाल उत्तम है।

**acquaint** (अॅ-क्वेन्ट्) ***v.*** 1. to make informed, जानकारी देना या कराना, अवगत या विदित कराना। 2. to make familiar, परिचय करना, जान-पहचान करना।

**acquaintance** (अॅ-क्वेन्´-टॅन्स्) ***n.*** 1. the state of being acquainted with, जानकारी, जान-पहचान, परिचय। 2. a person whom one knows slightly, जान-पहचानवाला, मुलाक़ाती।

**acquainted** (अॅ-क्वेन्´-टिड्) ***adj.*** 1. familiar, जाना-पहचाना, परिचित। 2. familiar with something, अवगत।

**acquest** (अॅ-क्वेस्ट्´) ***n.*** 1. attainment, उपलब्धि, प्राप्ति। 2. earned wealth, अर्जित धन।

**acquiesce** (ऐक्-वि-ॲस्´) ***v.*** 1. to agree without hesitation, बिना हिचक स्वीकार कर या मान लेना। 2. to consent or comply without protest, चुपचाप स्वीकार कर लेना, बिना किसी विरोध के स्वीकार कर लेना। 3. to give silent or passive assent to, मौन स्वीकृति देना।

**acquiescence** (ऐक्-वि-ॲस्´-ॲन्स्) ***n.*** tacit consent, मौन-स्वीकृति।

**acquirable** (अॅ-क्वाइर्´-अॅ-बॅल्) ***adj.*** that can be acquired, प्राप्तव्य, प्राप्य।

**acquire** (अॅ-क्वाइ:´) ***v.*** 1. to earn, कमाना, कमाई करना, अर्जन करना, अर्जित करना। 2. to obtain, प्राप्त या हस्तगत करना। 3. to get through legal process, अधिग्रहण करना, अवाप्त करना।

**acquired** (अॅ-क्वाइ:ड्´) ***adj.*** 1. earned, कमाया हुआ, अर्जित। 2. taken into possession by legal process, अधिगृहीत, अवाप्त।

**acquisition** (अॅ-क्वि-ज़ी´-शॅन्) ***n.*** 1. the act of earning or obtaining, अर्जन, प्राप्ति। 2. the act of taking under control or possession, अधिग्रहण, अवाप्ति। 3. attainment, उपलब्धि, सिद्धि।

**acquisitive** (अॅ-क्वि´-ज़ि-टिव्) ***adj.*** 1. eager to acquire possessions, संग्रहशील, अर्जनशील। 2. greedy, लोभी, लालची।

**acquisitive mind** ***n.*** having a thirst for knowledge, ज्ञान-पिपासु, जिज्ञासु।

**acquit** (अॅ-क्विट्´) ***v.*** (acquitted, acquitting) 1. to pay, देना, भुगतान करना, ऋण चुकाना। 2. to discharge, दोषमुक्त या बरी करना, छोड़ देना। 3. to conduct (oneself), पेश आना, व्यवहार करना। ☐ **acquit oneself well,** सौंपा गया काम अच्छी तरह संपन्न करना।

**acquittal** (अॅ-क्विट्´-अॅल्) ***n.*** 1. the act of acquitting, दोषमुक्त या बरी करने की क्रिया या भाव, दोषमुक्ति। 2. discharge, release, रिहाई, छुटकारा, निस्तार।

**acquitted** (अॅ-क्विट्´-इड्) ***adj.*** released, discharged, बरी, रिहा, दोषमुक्त।

**acre** (एक्´-अॅ:) ***n.*** a unit of area equal to 4840 sq. yards, एकड़। ☐ **God's acre,** गिरजे का क़ब्रिस्तान।

**acreage** (ए´-कॅ-रिज्) ***n.*** the total number of acres, एकड़ों में होनेवाला क्षेत्रफल।

**acrid** (ऐक्´-रिड्) ***adj.*** 1. pungent, तीता, तीखा, चरपरा। 2. bitter to the taste, कड़वा, कटु।

**acrimonious** (ऐक्-रि-मो´-नि-अॅस्) ***adj.*** bitterly angry, क्रोधाभिभूत, उग्र, कटु, रूखा।

**acrimony** (ऐक्´-रि-मॅ-नी) ***n.*** bitterness in speech, कटुता, उग्रता, रुखाई, रूक्षता।

**acritical** (अॅ-क्रिट्´-इ-कॅल्) ***adj.*** not critical, जो गंभीर न हो, जो ख़तरे से बाहर हो, संकटरहित।

**acrobat** (ऐक्´-रॅ-बैट्) ***n.*** a person skilled in feats of agility and balance, नट, बाज़ीगर।

**acrobatic** (ऐक्´-रॅ-बैट्-इक्) ***adj.*** of or like an acrobat, नट या नटों जैसा।

**acrobatics** (ऐक्-रॅ-बैट्´-इक्स्) ***n.*** feats of an

acrobat, कलाबाज़ी, बाज़ीगरी।

**acronym** (ऐक्´-रॅ-निम्) *n.* a word made up from the first letters of the name of something, किसी के नाम के प्रथम अक्षरों के योग से बननेवाला शब्द (जैसे—माकपा, भाजपा), परिवर्णी शब्द।

**acrophobia** (ऐक्-रॅ-फ़ो´-बि-अॅ) *n.* intense fear of being in high places, ऊँचाई से लगनेवाला डर, उत्तुंगता-भय।

**acropolis** (अॅ-क्राप्´-अॅ-लिस्) *n.* a citadel, गढ़, किला।

**across** (अॅ-क्रॉस्´) *adv.* 1. from one side to another, आर-पार। 2. on the opposite side, उस पार। 3. crosswise, आड़े या तिरछे बल। □ **with arms across,** बाँहों को भुजाओं पर रखे हुए। *prep.* 1. from side to side of, के आर-पार। 2. on the opposite side of, के पार।

**acrostic** (अॅ-क्रॉ´-स्टिक्) *n.* a poem in which the first or last letters of each line form a word, परिवर्णी काव्य।

**act** (ऐक्ट्) *n.* 1. something done, काम, कार्य। 2. a deed, कर्म। 3. an action, क्रिया, व्यापार। 4. a decree, statute or law, डिक्री, अधिनियम या विधि। 5. a major division of a play, नाटक का अंक। 6. a pose or pretence, मिथ्या आचरण या बनावटी व्यवहार। □ **act of God,** ईश्वर-इच्छा, प्रभु की मर्ज़ी, दैवकृत। *v.* (acted, acting) 1. to do, काम करना, कार्य करना, करना, करना-धरना। 2. to fulfill functions, कर्तव्य निभाना, काम पूरा करना। 3. to behave, व्यवहार या बरताव करना। 4. to perform a part in a play, अभिनय करना। 5. to have an effect on, प्रभावित करना। 6. to portray by actions, नकल उतारना, स्वाँग भरना।

**actable** (ऐक्´-टॅ-बॅल्) *adj.* easy to act, अभिनेय।

**acting** (ऐक्ट्´-इंग्) *n.* a dramatic part, performing in plays, अभिनय। *adj.* 1. serving temporarily, कार्यकारी; acting chairman, कार्यकारी अध्यक्ष। 2. performing, कार्य करनेवाला, कार्य करता हुआ; acting in combination, मिलकर कार्य करते हुए; acting in concert, सामान्य गति से काम करते हुए।

**actinic** (ऐक्´-टिन्-इक्) *adj.* produced by the chemical act of sunlight, विकिरणशील।

**action** (ऐक्´-शॅन्) *n.* 1. the act of doing something, कार्य, क्रिया। 2. an activity, क्रिया, क्रियाकलाप। 3. (legal) process or (judicial) proceeding, (कानूनी) कार्रवाई, (न्यायिक) अनुयोजन। 4. a legal suit, मुकदमा, वाद। 5. a way or manner of functioning, ढंग, चेष्टा। 6. active operation against enemy, लड़ाई, संघर्ष। 7. a battle, लड़ाई। □ **take action,** कार्रवाई करना, (के) विरुद्ध कदम उठाना; **out of action,** ख़राब, बेकार।

**actionable** (ऐक्´-शॅ-नॅ-बॅल्) *adj.* affording ground for an action at law, वाद योग्य।

**action crowd** *n.* hostile crowd, आक्रामक भीड़।

**activate** (ऐक्´-टि-वेट्) *v.* to make active, सक्रिय करना।

**active** (ऐक्´-टिव्) *adj.* 1. energetic, सक्रिय, चुस्त, क्रियाशील। 2. agile, फुर्तीला। 3. (gram.) not passive i.e. who does something, कर्तृवाचक; active voice, कर्तृवाच्य।

**activism** (ऐक्´-टि-विज़्-अॅम्) *n.* a theory or policy of taking vigorous action to achieve an end, सक्रियतावाद।

**activist** (ऐक्´-टि-विस्ट्) *n.* one who takes vigorous action to achieve an end, सक्रियतावादी।

**activity** (ऐक्-टिव्´-इ-टी) *n.* 1. energetic action, सरगरमी, सक्रियता। 2. agility, फुर्ती, चुस्ती। 3. (plu.) instances of being active in any field, क्रियाकलाप, गतिविधियाँ।

**actor** (ऐक्´-टॅः) *n.* 1. a performer in a stage-play, अभिनेता। 2. a performer in a film etc., फिल्म-अभिनेता, अभिनेता, पात्र। 3. one who performs an action, कर्ता।

**actress** (ऐक्´-ट्रिस्) *n.* 1. a female actor, अभिनेत्री, पात्री। 2. a female film actor, सिने-अभिनेत्री, सिने-तारिका, फिल्म-अभिनेत्री।

A

**actual** (ऐक् -चु-अॅल्) *adj.* 1. real, वास्तविक, यथार्थ, असल। 2. present, current, वर्तमान, विद्यमान।

**actuality** (ऐक्-चु-ऐल्´-इ-टी) *n.* (plu. actualities) 1. reality, actual position, वास्तविकता, यथार्थता, वस्तुस्थिति। 2. (plu.) existing conditions or facts, विद्यमान परिस्थितियाँ या तथ्य।

**actually** (ऐक्´-चु-अॅ-ली) *adv.* in fact, really, in reality, वस्तुतः, वास्तव में, सचमुच, दरअसल।

**actuary** (ऐक्´-चु-अॅ-री) *n.* one who calculates premiums, बीमांकक।

**actuate** (ऐक्´-चु-एट्) *v.* to cause to act, प्रेरित करना, प्रवृत्त करना।

**actuation** (ऐक-चु-ए´-शॅन्) *n.* inspiration, प्रेरणा, प्रेरण।

**acuity** (अॅ-क्यू´-इ-टी) *n.* 1. sharpness, पैनापन, तीक्ष्णता। 2. intensity, तीव्रता, प्रचंडता। 3. perception, ग्रहणशीलता।

**acumen** (ऐक्´-यु-मॅन्, अॅ-क्यू´-मॅन्) *n.* 1. mental acuteness, बुद्धि की प्रखरता। 2. insight, दूरदर्शिता।

**acuminate** (अॅ-क्यू´-मि-नेट्) *adj.* pointed, नोकदार, नुकीला।

**acupuncture** (ऐक्´-यु-पंक्-चॅ:) *n.* the science of pricking with needles for the purpose of treating various bodily disorders or diseases, एकूपंचर, सुई-चिकित्सा।

**acute** (अॅ-क्यूट्´) *adj.* 1. pointed, नुकीला। 2. sharp, पैना, तीक्ष्ण। 3. keen-witted, चतुर, कुशाग्र-बुद्धि। 4. intense, severe, प्रचंड, तीव्र, उत्कट। 5. less than 90$^0$, न्यून (कोण)। 6. of extreme importance, अति महत्त्वपूर्ण।

**acute angle** *n.* an angle of less than 90$^0$, न्यून कोण।

**acutely** (अॅ-क्यूट्´-ली) *adv.* sharply, keenly, उत्कट रूप से, तीव्र रूप से।

**acuteness** (अॅ-क्यूट्´-निस्) *n.* intensity, sharpness, प्रचंडता, उत्कटता, तीव्रता।

**ad** (ऐड्) *n.* an advertisement, विज्ञापन।

**adage** (ऐड्´-इज्) *n.* an old saying, a proverb, कहावत, लोकोक्ति, सूक्ति।

**adagio** (अॅ-डा´-जि-ओ, अॅ-डा´-जो) *adv.* in slow time, slowly, धीरे-धीरे।

**Adam** (ऐड्´-अॅम्) *n.* the firstman, आदम, आदिमानव।

**adamant** (ऐड्´-अॅ-मॅन्ट्) *adj.* 1.stubborn, unyielding, टस से मस न होनेवाला, हठी, ज़िद्दी। 2. firm, दृढ़। 3. hard, कठोर।

**Adam's apple** *n.* the visible projection at front of the neck, टेंटुआ।

**adapt** (अॅ-डैप्ट्´) *v.* 1. to make or become suitable for a new situation, to adjust, अनुकूल बनना या बनाना, अभ्यस्त बनना या बनाना, ढल जाना या ढाल लेना। 2. to alter so as to make fit, रूपांतरित करना।

**adaptability** (अॅ-डैप्-टॅ-बिल्´-इ-टी) *n.* the quality of being adaptable, अनुकूलन-क्षमता, अनुकूलनशीलता।

**adaptable** (अॅ-डैप्´-टॅ-बॅल्) *adj.* 1. able to be adapted, अनुकूलनीय, रूपांतरणीय। 2. able to adapt himself to new conditions, नई परिस्थितियों के अनुकूल अपने को ढाल या बना लेनेवाला, अनुकूलन-क्षम।

**adaptation** (अॅ-डैप्-टे´-शॅन्) *n.* 1. the act of adapting, अनुकूलन, रूपांतरण। 2. an alteration or adjustment, रूपांतर, समायोजन।

**adapted** (अॅ-डैप्´-टिड्) *adj.* altered, अनुकूलित; रूपांतरित।

**adaptive** (अॅ-डैप्´-टिव्) *adj.* tending to adapt, अनुकूली; ~ culture अनुकूली संस्कृति।

**add** (ऐड्) *v.* 1. to get a total, जोड़ निकालना या लगाना, योग करना, जोड़ना। 2. to join as an increase or supplement, जोड़ या साथ लगा देना। 3. to say further, कुछ और कहना। 4. to include, शामिल करना। □ **add up**, जोड़ निकालना, जोड़ना; **add up to**, जोड़ प्राप्त होना या निकलना।

**addendum** (अॅ-डेंन्´-डॅम्) *n.* (plu. addenda) supplement, परिशिष्ट।

**adder** (ऐड्´-अॅ:) *n.* a small poisonous snake, एक छोटा विषैला साँप।

**addict**[1] (अॅ-डिक्ट्´) *v.* to devote or habituate oneself to, आदी बनना, अभ्यस्त हो जाना।

**addict**[2] (ऐड्-इक्ट्) ***n.*** one who is addicted to drugs etc., लती, व्यसनी, नशाख़ोर, नशेड़ी।

**addicted** (ॲ-डिक्´-टिड्) ***adj.*** devoted to something as a hobby or interest, आदी, लती, व्यसनी।

**addiction** (ॲ-डिक्´-शॅन्) ***n.*** a bad habbit, लत, व्यसन, नशेबाज़ी।

**addictive** (ॲ-डिक्´-टिव्) ***adj.*** causing addiction, लत डालनेवाला।

**addition** (ॲ-डिश्´-ॲन्) ***n.*** 1. the act of adding, जोड़, योग। 2. something that is added, वृद्धि, बढ़त, बढ़ोतरी। □ **in addition**, साथ में।

**additional** (ॲ-डिश्´-ॲ-नॅल्) ***adj.*** added, extra, अतिरिक्त, बढ़ा या बढ़ाया हुआ।

**additive** (ऐड्´-इ-टिव्) ***adj.*** involving addition, जोड़ या योग संबंधी, योज्य।

**addle** (ऐड्´-ॲल्) ***v.*** 1. to become rotten, सड़-गल जाना, सड़ना-गलना। 2. to get spoiled, ख़राब हो जाना। 3. to confuse, भ्रमित होना।

**address**[1] (ॲ-ड्रेस्´) ***v.*** 1. to speak to, संबोधित करना। 2. to make with a destination or location, पता लिखना। 3. to direct (one's energy or attention to), लगा देना।

**address**[2] (ऐड्´-रेस्) ***n.*** 1. a formal spoken or written communication, अभिभाषण। 2. the indication of destination or location, पता, सरनामा। 3. an address of welcome, मानपत्र, अभिनंदन-पत्र या स्वागत-भाषण।

**addressee** (ऐड्-रे-सी´) ***n.*** a person to whom a letter is addressed or packet is sent, प्राप्तकर्ता, पानेवाला।

**addressograph** (ॲ-डेस्´-ओ-ग्रैफ़्/ग्राफ़्) ***n.*** a machine for printing addresses, पतालेखी यंत्र, पते छापनेवाली मशीन।

**adduce** (ॲ-ड्यूस्´) ***v.*** 1. to cite or offer (as an example of proof, प्रमाण, तर्क, उदाहरण आदि के रूप में) प्रस्तुत करना। 2. to put forward, सामने रखना, पेश करना।

**adenoids** (ऐड्´-ॲ-नॉइड्स्) ***n.*** (plu.) the enlarged spongy tissue between the back of the nose and the throat, गले में होनेवाली गिल्टी।

**adept** (ॲ-डेप्ट्´) ***adj.*** highly skilled, अत्यंत कुशल, प्रवीण, निष्णात, दक्ष, निपुण। ***n.*** an expert, विशेषज्ञ।

**adeptly** (ॲ-डेप्ट्´-ली) ***adv.*** skillfully, कुशलता से, दक्षतापूर्वक।

**adeptness** (ॲ-डेप्ट्´-निस्) ***n.*** dexterity, adroitness, कौशल, दक्षता, निपुणता।

**adequacy** (ऐड्´-ॲ-क्वे-सी) ***n.*** the state of being adequate, sufficiency, यथेष्टता, पर्याप्तता, प्रचुरता।

**adequate** (ऐड्´-इ-क्विट्) ***adj.*** 1. sufficient, यथेष्ट, पर्याप्त। 2. satisfactory, संतोषजनक। 3. passable but not outstandingly good, ठीक-ठीक, समुचित।

**adhere** (ॲड्-हिॲ:´) ***v.*** (adhered, adhering) 1. to stick or hold fast, चिपक या सट जाना। 2. to be faithful to, निष्ठावान (बने) रहना। 3. to follow closely, अनुसरण करना, पालन करना।

**adherence** (ॲड्-हिॲर्´-ॲन्स्) ***n.*** 1. steady attachment, fidelity, निष्ठा। 2. observance, abidance, पालन, अनुसरण।

**adherent** (ॲड्-हिॲर्´-ॲन्ट्) ***adj.*** sticking, साथ लगा या चिपका हुआ, संसक्त, संलग्न। ***n.*** 1. a supporter, पक्षधर। 2. a follower, अनुयायी, समर्थक।

**adhesion** (ॲड्-ही´-ज़ॅन्) ***n.*** 1. the act of adhering or the state of being adhered, चिपकाव, संसक्ति, संलग्नता। 2. support, पक्षधरता, हिमायत।

**adhesive** (ॲड्-ही´-सिव्) ***adj.*** sticky, चिपकनेवाला, चिपचिपा। ***n.*** an adhesive substance, चिपकने या चिपकानेवाला पदार्थ।

**ad hoc** (ऐड्-हॉक्´) ***adj.*** for a specific case, purpose or situation, तदर्थ। (लैटिन)

**ad hoc committee** ***n.*** a committee for a specific purpose, तदर्थ समिति।

**adieu** (ॲ-ड्यू´) ***interj. & n.*** goodbye, विदा; to bid (someone) adieu, (किसी को) विदा देना।

**ad infinitum** (ऐड्-इन्-फ़ि-नि´-टॅम्) ***adv.*** for-

A

ever, सदा के लिए, सदा-सदा के लिए।

**ad interim** (ऐड्-इन्´-टॅ-रिम्) *adj.* provisional, अंतरिम, अंत:कालीन, कामचलाऊ। (लैटिन)

**adios** (ऐड्-इ-ऑस्´) *interj.* goodbye, विदा।

**adipose** (ऐड्´-इ-पोस्´) *adj.* 1. fatty, मोटा, स्थूलकाय, स्थूल। 2. of fat, स्निग्ध।

**adiposity** (ऐड्-इ-पॉस्´-इ-टी) *n.* fatness, स्थूलता, मोटापा।

**adjacent** (अॅ-जे´-सॅन्ट्) *adj.* 1. lying near, समीपवर्ती पार्श्वस्थ। 2. adjoining, संलग्न; adjacent angle, संलग्न कोण।

**adjectival** (ऐड्-जिक्-टाई-वॅल्, ऐज्-इक्-टाइ´-वॅल्) *adj.* pertaining to an adjective, विशेषण-संबंधी, विशेषणात्मक; adjectival clause, विशेषण-वाक्यांश।

**adjective** (ऐड्-जिक्-टिव्, ऐज्´-इक्-टिव्) *n.* a word that modifies a noun, विशेषण, संज्ञा-विशेषण।

**adjoin** (अॅ-जाइन्´) *v.* to be nearest or next to, जुड़ा, सटा या लगा होना।

**adjoining** (अॅ-जॉइ´-निंग्) *adj.* adjacent, near, जुड़ा या सटा हुआ, संलग्न, पार्श्वस्थ।

**adjourn** (अॅ-ज:न्´) *v.* 1. to postpone, स्थगित होना या करना। 2. to move from one place to another, एक स्थान से दूसरे स्थान की ओर बढ़ना या चले जाना।

**adjournment** (अॅ-ज:न्´-मॅन्ट्) *n.* the act of adjourning, स्थगन; adjournment motion, स्थगन-प्रस्ताव।

**adjudge** (अॅ-जज्´) *v.* 1. to decide judicially, to determine by law, न्याय-निर्णय करना, न्याय-निर्णीत करना। 2. to deem to be, मानना, स्वीकार करना।

**adjudication** (अॅ-जू-डि-के´-शॅन्) *n.* the act of adjudging or adjudicating, न्याय-निर्णय।

**adjudicator** (अॅ-जू-डि-के´-टॅ:) *n.* one who adjudicates, न्याय-निर्णायक।

**adjunct** (ऐज्´-अंक्ट्) *n.* 1. a subordinate thing, गौण वस्तु या बात। 2. a word or a phrase attached to another in a subordinate position, अनुशब्द, अनुपद।

**adjunctive** (अॅ-जंक्´-टिव्) *adj.* 1. attached, अनुबद्ध। 2. secondary, गौण।

**adjure** (अॅ-ज्यो:´) *v.* to command or appeal solemnly, (सच कहने के लिए) आदेश देना या प्रार्थना करना।

**adjust** (अॅ-जस्ट्´) *v.* 1. to change so as to match or fit, समायोजन करना, समायोजित करना, ठीक करना। 2. to arrange, व्यवस्थित करना। 3. to adapt (oneself) to new circumstances, अनुकूल बनना या बनाना, अभ्यस्त बनना या बनाना। 4. to regulate, विनियमित करना। 5. to settle, निपटाना, निपटारा करना।

**adjustable** (अॅ-जस्´-टॅ-बॅल्) *adj.* able to be adjusted, समायोज्य, समायोजनीय।

**adjusted** (अॅ-जस्´-टिड्) *adj.* changed to one's needs, समायोजित।

**adjustment** (अॅ-जस्ट्´-मॅन्ट्) *n.* 1. the process of adjusting or the state of being adjusted, समायोजन। 2. regulation, विनियमन। 3. settlement, निपटारा, समाधान।

**adjutant** (ऐज्´-उ-टॅन्ट्) *n.* a military officer who helps a commanding officer, सहायक सैनिक अधिकारी, एडजुटेंट।

**ad-lib** (ऐड्-लिब्´) *v.* (ad-libbed, ad-libbing) to extemporize, बिना तैयारी के बोलना। *adv.* 1. without preparing, बिना तैयारी के। 2. too much, without limit, बेहद, खूब, अत्यधिक। (लैटिन)

**ad libitum** (ऐड्-लि´-बि-टम्) *adv.* according to pleasure, स्वेच्छापूर्वक, स्वेच्छया। (लैटिन)

**adman** (ऐड्´-मॅन्) *n.* (plu. admen) a person employed in the advertising business, विज्ञापनकर्मी।

**administer** (ऐड्-मिन्´-इ-स्टॅ:) *v.* (administered, administering) 1. to manage, प्रबंध करना। 2. to manage the affairs of, प्रशासन करना या चलाना, प्रशासित या निर्देशित करना। 3. to provide or give, देना। □ **administer a blow**, प्रहार या आघात करना; **administer a dose**, ख़ुराक देना या पिलाना; **administer an oath**, शपथ दिलाना।

**administration** (ऐड्-मिन्-इ-स्ट्रे´-शॅन्) *n.* 1. the act of administering, प्रबंध, व्यवस्था, प्रशासन। 2. an administering group,

प्रशासक-वर्ग।

**administrative** (ऐड्-मिन्´-इ-स्ट्रे-टिव्) ***adj.*** pertaining to the administration, प्रशासन-संबंधी, प्रशासकीय, प्रशासनिक।

**administrator** (ऐड्-मिन्´-इ-स्ट्रे-टॅ:) ***n.*** one who administers, प्रशासक, प्रबंधकर्ता।

**admirable** (ऐड्´-मि-रॅ-बॅल्) ***adj.*** 1. deserving admiration, प्रशंसनीय, सराहनीय, स्तुत्य। 2. excellent, उत्कृष्ट।

**admirably** (ऐड्-मि´-रॅ-ब्ली) ***adv.*** excellently, प्रशंसनीय रूप से; उत्कृष्टतापूर्वक।

**admiral** (ऐड्´-मि-रॅल्) ***n.*** the commander-in-chief of a navy, नौसेनाध्यक्ष, एडमिरल।

**admiralty** (ऐड्´-मि-रॅल्-टी) ***n.*** office of an admiral, नौसेना विभाग।

**admiration** (ऐड्-मि-रे´-शॅन्) ***n.*** 1. a feeling of pleasure and respect, समादर, श्रद्धा। 2. praise, प्रशंसा, सराहना।

**admire** (अॅड्´-माइ:) ***v.*** (admired, admiring) 1. to think highly of, to respect, समादर करना, श्रद्धा प्रकट करना। 2. to praise, प्रशंसा करना, सराहना करना।

**admired** (अॅड्´-मायॅ:ड्) ***adj.*** 1. respected, समादृत। 2. praised, प्रशंसित।

**admirer** (अॅड्´-माइ-रॅ:) ***n.*** 1. one who admires, समादर करनेवाला, समादरकर्ता, श्रद्धालु। 2. one who praises, प्रशंसा करनेवाला, प्रशंसक।

**admissibility** (ऐड्-मिस्-इ-बिल्´-इ-टी) ***n.*** the state or quality of being admissible, ग्राह्यता।

**admissible** (ऐड्-मिस्´-इ-बॅल्) ***adj.*** 1. worthy of being accepted, स्वीकार्य। 2. worthy of being admitted, ग्राह्य। 3. capable of being allowed or conceded, अनुज्ञेय।

**admission** (ऐड्-मिश्´-अॅन्) ***n.*** 1. the act of admitting, प्रवेश; admission committee, प्रवेश-समिति। 2. the right to enter, प्रवेशाधिकार। 3. something confessed, स्वीकृति; the admission of facts, तथ्यों की स्वीकृति। 4. the act of taking up for the purpose of consideration, ग्रहण; admission of a plaint, वादपत्र का ग्रहण।

**admission fee** ***n.*** a fee paid to enter a place, प्रवेश-शुल्क।

**admit** (अड्-मिट्, ऐड्-मिट्´) ***v.*** (admitted, admitting) 1. to permit to enter, अंदर आने देना। 2. to accept into an institution, भर्ती या दाख़िल करना। 3. to accept for the purpose of consideration, ग्रहण करना। 4. to confess, स्वीकार कर लेना, मान लेना। 5. to accommodate, समायोजित करना, गुंज़ाइश निकालना।

**admittance** (ऐड्-मिट्´-अॅन्स्) ***n.*** permission or right to enter, प्रवेशाधिकार, प्रवेशानुमति।

**admitted** (ऐड्-मिट्´-इड्) ***adj.*** allowed, भर्ती किया हुआ, प्रविष्ट, दाख़िल।

**admittedly** (ऐड्-मिट्´-इड्-ली) ***adv.*** as an acknowledged fact, निस्संदेह, निश्चय ही।

**admix** (ऐड्-मिक्स्´) ***v.*** to mix, मिल जाना या मिला देना, अधिमिश्रित करना।

**admixture** (ऐड्-मिक्स्´-चॅ:) ***n.*** mixture, मिश्रण, अधिमिश्रण।

**admonish** (अॅड् / ऐड्-मॉन्´-इश्) ***v.*** 1. to reprove, डाँटना-फटकारना, झिड़कना, भर्त्सना करना। 2. to warn authoritatively, चेतावनी देना, मनाही करना।

**admonition** (ऐड्-मॉ-निश्´-अॅन्) ***n.*** 1. rebuke, डाँट, झिड़की, डाँट-फटकार। 2. a warning (against fault), चेतावनी।

**ad nauseam** (ऐड्-ना:´-ज़ि-अॅम्) ***adv.*** to a disgusting degree, जब तक ऊब न होने लगे। (लैटिन)

**ado** (अॅ-डू´, अॅ-डो´) ***n.*** 1. fuss, trouble, बखेड़ा, झमेला; much ado about nothing, बिना बात का बतंगड़। 2. excitement, उत्तेजना।

**adobe** (अॅ-डो´-बी) ***n.*** 1. a sun-dried brick, कच्ची ईंट। 2. a house made of such bricks, कच्ची ईंटों का मकान, कच्चा मकान।

**adolescence** (ऐ-डॅ-लेंस्´-अॅन्स्) ***n.*** the period between childhood and adulthood, किशोरावस्था, किशोरपन।

**adolescent** (ऐ-डॅ-लेंस्´-अॅन्ट्) ***adj.*** 1. between childhood and adulthood, किशोर या किशोरी। 2. of adolescence, किशोरावस्था-संबंधी, किशोर-सुलभ। ***n.*** an adolescent

A

person, किशोर व्यक्ति।

**adopt** (अॅ-डॉप्ट्´) *v.* 1. to take as one's child, गोद लेना। 2. to take as one's own, अपना लेना, अंगीकार या ग्रहण कर लेना। 3. to accept or approve, स्वीकार कर लेना, मान लेना।

**adoptable** (अॅ-डॉप्ट्´-अॅ-बॅल्) *adj.* fit for being adopted, गोद लेने योग्य।

**adopted** (अॅ-डॉप्´-टिड्) *adj.* 1. taken as one's own, गृहीत। 2. acquired by adoption, गोद लिया हुआ; adopted son, दत्तक पुत्र।

**adoption** (अॅ-डॉप्´-शॅन्) *n.* 1. the act of adopting or taking as one's own, अपनाना, अंगीकरण, ग्रहण। 2. the action of adopting a child, दत्तक ग्रहण।

**adoptive** (अॅ-डॉप्´-टिव्) *adj.* 1. acquired by adoption, दत्तक; adoptive son, दत्तक पुत्र। 2. related to adoption, गृहीत।

**adorable** (अॅ-डा:´-रॅ-बॅल्) *adj.* very respected and lovable, पूज्य, पूजनीय, श्रद्धेय।

**adoration** (ऐ-डॅ-रे´-शॅन्) *n.* 1. a feeling of great admiration and love, पूज्यभाव। 2. worship, पूजा, उपासना, आराधना।

**adore** (अॅ-डो:´) *v.* 1. to love deeply, (किसी के प्रति) पूज्यभाव रखना, श्रद्धा करना, अत्यधिक प्यार करना। 2. to like very much, अत्यधिक चाहना, बहुत चाहना। 3. to worship as divine, पूजा करना, आराधना करना।

**adorer** (अॅ-डा:´-रॅ:) *n.* one who adores, पुजारी, आराधक।

**adorn** (अॅ-डा:न्´) *v.* (adorned, adorning) 1. to decorate with ornaments, अलंकृत करना, विभूषित करना, गहने पहनाना, शृंगार करना। 2. to decorate, सजाना-सँवारना।

**adornment** (अॅ-डा:न्´-मॅन्ट्) *n.* 1. the act of adorning, सजाने की क्रिया-भाव। 2. decoration, सजावट। 3. an ornament, गहना, आभूषण।

**adrenal** (अॅ-ड्री´-नॅल्) *n.* a gland on top of the kidneys, अधिवृक्क ग्रंथि।

**adrift** (अॅ-ड्रिफ़्ट्´) *adj.* drifting, बहता हुआ। *adv.* without purpose, बिना मतलब।

**adroit** (अॅ-ड्रॉइट्´) *adj.* 1. dexterous, पटु, दक्ष। 2. clever, चालाक, चतुर, सयाना।

**adroitness** (अॅ-ड्रॉइट्´-निस्) *n.* 1. dexterity, पटुता, दक्षता। 2. cleverness, चालाकी, चतुराई।

**adulate** (ऐ´-जु-लेट्, ऐज्´-अॅ-लेट्) *v.* (adulated, adulating) to praise excessively, अत्यधिक प्रशंसा करना, ख़ुशामद करना, चापलूसी करना।

**adulation** (ऐ-जु-ले´-शॅन्, ऐज्-अॅ-ले´-शॅन्) *n.* excessive praise, अत्यधिक प्रशंसा, ख़ुशामद, चापलूसी।

**adult** (अॅ-डॅल्ट्´, ऐ´-डल्ट्) *n.* a full grown person, वयस्क, बालिग; adult member, वयस्क सदस्य; adult suffrage, वयस्क मताधिकार। *adj.* grown to full size or strength, fully developed, mature, प्रौढ़; adult education, प्रौढ़ शिक्षा।

**adulterant** (अॅ-डल्´-टॅ-रॅन्ट्) *n.* an adulterating substance or agent, खोट, मैल, मिलावट।

**adulterate** (अॅ-डल्´-टॅ-रेट्) *v.* to make inferior by adding another substance, खोट मिलाना, मिलावट करना।

**adulteration** (अॅ-डल्-टॅ-रे´-शॅन्) *n.* the act of adulterating, मिलावट करना, अपमिश्रण।

**adulterer** (अॅ-डल्´-टॅ-रॅ:) *n.* a man guilty of adultery, व्यभिचारी, जारकर्मी, व्यभिचार-लिप्त, परस्त्रीगामी।

**adulterine** (अॅ-डल्´-टॅ-राइन्) *adj.* 1. adulterated, मिलावटी। 2. illegitimate, जारज।

**adulterous** (अॅ-डल्´-टॅर्-अॅस्) *adj.* 1. pertaining to adultery, जारकर्म-संबंधी, व्यभिचारिक। 2. committing adultery, जारकर्म में लिप्त।

**adultery** (अॅ-डल्´-टॅ-री) *n.* sexual intercourse between a married person and someone outside the marriage, जारकर्म, छिनाला, व्यभिचार।

**adulthood** (अॅ-डॅल्ट्´-हुड्) *n.* the state of being adult, वयस्कता, प्रौढ़ता।

**adumbral** (अॅ-डम्´-ब्रॅल्) *adj.* giving shade, shady, छाया देनेवाला, छायादार।

**adumbrate** (ऐ-डॅम्´-ब्रेट्) *v.* 1. to give a

faint idea of future events, भावी घटनाओं का आभास देना। 2. to foreshadow, लक्षण बताना, संकेत करना।

**adust** (अॅ-डस्ट्´) *adj.* sun-burnt, parched, झुलसा या कुम्हलाया हुआ।

**ad valorem** (ऐड्-वै-लोर्´-अॅम्) *adv.* in proportion to the estimated value of goods, यथामूल्य। (लैटिन)

**advance** (अॅड्-वान्स्´, ऐड्-वैन्स्´/ वान्स्´) *v.* (advanced, advancing) 1. to bring forward or onward, आगे बढ़ाना, सामने रखना। 2. to move or come forward, आगे आना, आगे बढ़ना। 3. to develop, अभिवृद्धि होना, विकसित होना। 4. to increase, बढ़ोतरी होना, उन्नति होना। 5. to rise or raise in amount, rank etc., मूल्य बढ़ना या बढ़ाना, पदोन्नत होना या करना। *n.* 1. the act of moving or going forward, बढ़ाव, आगे बढ़ना। 2. progress, प्रगति, उन्नति। 3. improvement, सुधार। 4. payment of money before legally due, अग्रिम, पेशगी। 5. a loan, ऋण, उधार। 6. (plu.) efforts for winning someone or attempts to establish a friendly relationship, छेड़-छाड़, छेड़खानी, प्रेमाचार। ☐ **in advance**, अग्रिम रूप से, पहले ही। *adj.* prior, पूर्व, अग्रिम।

**advanced** (अॅड् / ऐड्-वैन्स्ड्´ / वान्स्ड्´) *adj.* 1. highly developed, उन्नत, विकसित। 2. progressive, प्रगतिशील, उन्नतिशील। 3. high, उच्च; advanced education, उच्च शिक्षा।

**advancement** (अॅड् / ऐड्-वैन्स्´ / वान्स्´-मॅन्ट्) *n.* 1. the action of advancing, बढ़ाव, बढ़ावा। 2. progress, प्रगति, उन्नति, विकास।

**advancing** (अॅड् / ऐड्-वैन्´/ वान्´-सिंग्) *adj.* going onward, आगे बढ़ता हुआ, प्रगतिरत।

**advantage** (अॅड् / ऐड्-वैन्´-टिज्, ऐड्-वान्-टिज्) *n.* 1. profit, फ़ायदा, नफ़ा, लाभ। 2. a favourable condition, लाभप्रद स्थिति। 3. benefit, हित, लाभ। ☐ **take advantage of,** का फ़ायदा उठाना, से लाभान्वित होना।

**advantageous** (ऐड्-वॅन्-टे´-जॅस्) *adj.* beneficial, फ़ायदेमंद, लाभदायक।

**advent** (ऐड्´-वॅन्ट्) *n.* a coming or arrival, आगमन, आना, शुभागमन।

**adventitious** (ऐड्-वॅन्-टिश्´-अॅस्) *adj.* accidental, आकस्मिक, आनुषांगिक।

**adventure** (अॅड् / ऐड्-वॅन्´-चॅः) *n.* 1. a risky undertaking, साहसिक कार्य, जोखिम-भरा कार्य, प्रोद्यम। 2. a risk, जोखिम, साहस।

**adventurer** (अॅड्/ऐड्-वॅन्´-चॅ-रॅः) *n.* 1. one who takes risky ventures, जोखिम-भरे काम करनेवाला, साहसकर्मी, प्रोद्यमी। 2. one who seeks wealth or position by unscrupulous means, तिकड़मी, चालबाज़।

**adventuresome** (अॅड् / ऐड्-वॅन्´-चॅः-सम्) *adj.* adventurous, bold, जोखिम उठानेवाला, ख़तरे का काम करनेवाला, साहसी, दिलेर।

**adventuress** (अॅड् / ऐड्-वॅन्´-चॅः-अॅस्) *n.* a female adventurer, साहसी महिला।

**adventurous** (अॅड् / ऐड्-वॅन्´-चॅ-रस्) *adj.* 1. ready to take risks, साहसप्रिय, साहसी। 2. risky, जोखिम-भरा, ख़तरनाक।

**adverb** (ऐड्´-वःब्) *n.* a word used to modify a verb, क्रिया-विशेषण।

**adverbial** (अॅड् / ऐड्-वः´-बि-अॅल्) *adj.* like or used as an adverb, क्रिया-विशेषी, क्रिया-विशेषणात्मक।

**adversary** (ऐड्´-वॅः-सॅर्-ई) *n.* 1. an opponent, प्रतिपक्षी, विरोधी। 2. an enemy, शत्रु, वैरी।

**adverse** (ऐड्-वःस्´) *adj.* 1. opposite, hostile, उलटा, प्रतिकूल; adverse remark, प्रतिकूल अभ्युक्ति / टिप्पण; adverse party, प्रतिपक्षी। 2. harmful, हानिकर।

**adversely** (ऐड्-वःस्´-ली) *adv.* 1. being in a contrary direction, प्रतिकूल रूप में, प्रतिकूलतः। 2. harmfully, हानिकर रूप में।

**adversity** (अॅड् / ऐड्-वः´-सि-टी) *n.* 1. bad fortune, misfortune, बदनसीबी, दुर्भाग्य, बदकिस्मती। 2. something unfortunate, trouble, विपत्ति, मुसीबत, विपदा, दुख। 3. hardship, तंगहाली, अभावजन्य स्थिति।

**advert** (ऐड्-वःट्´) *v.* 1. to turn one's attention to, ध्यान आकृष्ट करना। 2. to refer to, उल्लेख करना। *n.* an advertisement,

A

विज्ञापन।

**advertise** (ऐड्´-वें:-टाइज़्) *v.* 1. to make known by announcement in a paper or journal, विज्ञापित करना, विज्ञापन करना या देना। 2. to issue a public notice, विज्ञापित करना, विज्ञापन देना, सूचना निकालना।

**advertisement** (ऐड्´-वें:-टाइज़्-मॅन्ट्) *n.* 1. the act of advertising or something advertised, विज्ञापन। 2. a public notice, सार्वजनिक सूचना, विज्ञापन, इश्तहार।

**advertising** (ऐड्´-वें:-टाइ-ज़िंग्) *n.* the business of preparing and distributing advertisements, विज्ञापन-व्यवसाय, विज्ञापन-बाज़ी; advertising consultant, विज्ञापन-परामर्शी।

**advice** (ॲड् / ऐड्-वाइस्´) *n.* 1. an opinion offered as a course of action, मंत्रणा, सलाह, परामर्श। 2. a counsel or instruction, उपदेश, सीख, सिखावन। 3. an information, सूचना।

**advisability** (ॲड्/ऐड्-वाइ-ज़ॅ-बिल´-इ-टी) *n.* the quality of being advisable, appropriateness, औचित्य।

**advisable** (ॲड्/ऐड्-वाइ´-ज़ॅ-बॅल्) *adj.* 1. worth recommending as a course of action, मंत्रणा-योग्य। 2. proper, appropriate, उचित, उपयुक्त। 3. wise, judicious, विवेकपूर्ण, समझदारी-भरा।

**advisably** (ॲड् / ऐड्-वाइ´-ज़ॅ-ब्ली) *adv.* sensibly, समझदारी से।

**advise** (ॲड्-वाइज़्´) *v.* 1. to give advice to, सलाह देना, परामर्श देना। 2. to consult, राय लेना, परामर्श करना। 3. to recommend or suggest, सिफ़ारिश करना या सुझाव देना। 4. to notify, सूचना देना।

**advised** (ॲड् / ऐड्-वाइज़्ड्´) *adj.* deliberate, considered, विचारित, सुविचारित; ill-advised, कुमंत्रित।

**advisedly** (ॲड् / ऐड्-वाइ´-ज़िड्-ली) *adv.* deliberately, intentionally, अच्छी तरह सोच-विचारकर, समझ-बूझकर।

**adviser, advisor** (ऐड्-वाइज़्´-ॲ:) *n.* one who gives or designated to give advice, परामर्शदाता, सलाहकार।

**advisory** (ऐड्-वाइ´-ज़ॅ-री) *adj.* giving advice, परामर्शदात्री; advisory board, सलाहकार बोर्ड, advisory committee, सलाहकार समिति।

**advocacy** (ऐड्´-वॅ-कॅ-सी) *n.* 1. the function or profession of an advocate, वकालत। 2. active support, वकालत, हिमायत।

**advocate**[1] (ऐड्´-वॅ-किट्) *n.* 1. a person who pleads on behalf of another, एडवोकेट, अधिवक्ता, वकील। 2. public supporter of a proposal, पक्ष-समर्थक, पैरोकार।

**advocate**[2] (ऐड्-वॅ-केट्´) *v.* to uphold or recommend publicly, पक्ष-समर्थन करना, पैरवी करना।

**adz, adze** (ऐड्ज़्) *n.* a kind of axe for trimming wood, बसूला।

**aegis** (ई´-जिस्) *n.* protection, संरक्षण। □ **under the aegis of,** संरक्षण में।

**aeon** (ई´-ॲन्) *n.* age, कल्प, युग।

**aerate** (एॲर्´-एट्) *v.* 1. to expose to the circulation or the chemical action of air, हवा में रखना, हवा दिखाना। 2. to charge (a liquid) with a gas, गैसयुक्त करना।

**aeration** (एॲर्-ए´-शॅन्) *n.* the process of aerating, हवा-भराई, गैस-मिश्रण।

**aerial** (एॲर्´-इ-ॲल्) *adj.* 1. of or like air, वायवीय, हवाई। 2. imaginary, काल्पनिक। *n.* an antenna, एरियल, तड़ित्-चालक।

**aerie** (एॲर्´-ई) *n.* the nest built on a high place, ऊँचे स्थान पर बना/बनाया हुआ घोंसला।

**aeriform** (एॲर्´-इ-फ़ॉ:म्) *adj.* gaseous, वायवीय।

**aerobatics** (एॲर्-ॲ-बै´-टिक्स्) *n.* (plu.) the spectacular feats (of an aircraft, वायुयान की) हवाई कलाबाजियाँ।

**aerodrome** (एॲर्´-ॲ-ड्रोम्) *n.* a landing area smaller than an airport, छोटा हवाई अड्डा।

**aerodynamics** (एॲर्-ओ-डाइ-नैम्´-इक्स्) *n.*

A

the science that deals with the motion of gases, वायुगतिकी।

**aerogram** (एअॅर्´-अॅ-ग्रैम्/ग्राम्) ***n.*** an air-mail letter, हवाई पत्र।

**aerolite** (एअॅर्´-अॅ-लाइट्) ***n.*** stony meteorite, उल्काश्म, आकाशी पत्थर।

**aerology** (एअॅर्´-अॅ-लॉज्-ई) ***n.*** the science dealing with air, वायु-विज्ञान।

**aeronaut** (एंअॅर्´-अॅ-ना:ट्) ***n.*** the pilot of an aircraft, विमानचालक, वैमानिक।

**aeronautical** (एअॅर्´-अॅ-ना:´-टि-कॅल्) ***adj.*** pertaining to aeronautics, विमानचालन-संबंधी, वैमानिकी-संबंधी।

**aeronautics** (एअॅर्-अॅ-ना:´-टिक्स्) ***n.*** the science of operation of aircrafts, विमान-चालन-विज्ञान, वैमानिकी, विमान-विद्या।

**aeroplane** (एअॅर्´-अॅ-प्लेन्) ***n.*** an airplane, वायुयान्, विमान।

**aerostat** (एअॅर्´-अॅ-स्टेट्) ***n.*** an aircraft lighter than air, लघु विमान।

**aery** (एअॅर्´-ई) ***n.*** the nest built on a high place, ऊँचा घोंसला।

**aesthete** (ॲस्´-थीट्) ***n.*** one who appreciates artistic beauty, सौंदर्यप्रेमी, सौंदर्यवादी।

**aesthetic** (ॲस्-थॅट्´-इक्) ***adj.*** 1. of or pertaining to aesthetics, सौंदर्यशास्त्र-संबंधी। 2. artistic, कलात्मक, कलापूर्ण, सौंदर्यपरक; aesthetic value, सौंदर्यपरक मूल्य या महत्त्व। 3. tasteful, सुरुचिपूर्ण। 4. having a love of beauty, सौंदर्यप्रेमी, सौंदर्यवादी।

**aesthetics** (ॲस्-थॅट्´-इक्स्) ***n.*** 1. the study of beauty, सौंदर्यशास्त्र। 2. the study of principles of arts, सौंदर्यशास्त्र।

**aestival** (ई-स्टाई´-वॅल्, ॲस्´-टॅ-वैल्) ***adj.*** of or pertaining to summer, ग्रीष्मीय, ग्रीष्म-संबंधी।

**aetiology** (ई-टि-ऑल्´-अॅ-जी) ***n.*** the science of investigating the causes of diseases, निदानविद्या, निदानशास्त्र।

**afar** (अॅ-फ़ा:´) ***adv.*** far off, far away, दूर, बहुत दूर।

**affability** (ऐफ़्-अॅ-बिल्´-इ-टी) ***n.*** 1. the quality of being affable, सुशीलता, शालीनता, विनम्रता। 2. the quality of being friendly, मिलनसारी, बंधुता, बंधुत्व, बंधुभाव, बंधु-भावना।

**affable** (ऐफ़्´-अॅ-बल्) ***adj.*** 1. polite and gentle, सुशील, शालीन, विनम्र। 2. showing friendliness, मिलनसार, बंधुप्रेमी।

**affair** (अॅ-फ़ॅअॅ:) ***n.*** 1. something that has been done or to be done, काम, बात, मामला, प्रसंग। 2. an event or happening, घटना। 3. a temporary romantic or sexual relationship, अवैध प्रेम-संबंध, प्रेम-प्रपंच। 4. (plu.) business of any kind, काम-काज, कार्यकलाप; affairs of company, कंपनी के कार्यकलाप। 5. (plu.) matters, मामले; affairs of the Union, संघ के मामले।

**affect** (अॅ-फ़ॅक्ट्´) ***v.*** 1. to produce an effect on, प्रभावित करना, असर डालना, छाप छोड़ना। 2. to cause a change in, परिवर्तन लाना। 3. to like or fancy, पसंद करना। 4. to pretend or feign, बनना, ढोंग रचना, दरशाना, दिखावा करना।

**affectation** (ऐफ़्-ॲक्-टे´-शॅन्) ***n.*** artificial manner or unnatural behaviour, दिखावा, ढकोसला, ढोंग, बनावट, कृत्रिम व्यवहार, कृत्रिमता।

**affected** (अॅ-फ़ॅक्´-टिड्) ***adj.*** 1. assumed to impress others, ढोंगी, ढकोसलेबाज़। 2. pretended, कृत्रिम, बनावटी। 3. deeply moved, अभिभूत, प्रभावित। 4. afflicted, आक्रांत, ग्रस्त।

**affectedness** (अॅ-फ़ॅक्´-टिड्-निस्) ***n.*** the state or quality of being affected, बनावट, कृत्रिमता, बनावटीपन।

**affecting** (अॅ-फ़ॅक्´-टिंग्) ***adj.*** evoking feelings of pity, प्रभावित करनेवाला, प्रभाव डालनेवाला, मार्मिक।

**affection** (अॅ-फ़ॅक्´-शॅन्) ***n.*** tender attachment, kind feeling, warmth, स्नेह, अनुराग।

**affectionate** (अॅ-फ़ॅक्´-शॅ-निट्) ***adj.*** showing affection, loving, स्नेही या स्नेहपूर्ण।

**affectionately** (अॅ-फ़ॅक्´-शॅ-निट्-ली) ***adv.*** in an affectionate manner, स्नेहपूर्वक।

**affective** (अॅ-फ़ॅक्´-टिव्) ***adj.*** emotional, भावात्मक, भावपूर्ण।

A

**affiance** (ॲ-फ़ाइ´-ॲन्स्) *v.* to engage to be married, to betroth, विवाह करने का वचन देना, मँगनी करना, विवाह की बात पक्की करना।

**affianced** (ॲ-फ़ाइ´-ॲन्स्ड्) *adj.* betrothed, जिसकी मँगनी हो चुकी हो, जिसका विवाह पक्का हो चुका हो, मँगेतर, वाग्दत्त या वाग्दत्ता।

**affidavit** (ऐफ़्-इ-डे´-विट्) *n.* a written statement on oath, शपथ-पत्र, एफ़िडेविट, हलफ़नामा।

**affiliate** (ॲ-फ़िल्´-इ-एट्) *v.* 1. to connect, संबद्ध करना। 2. to adopt as a member or branch, सदस्य बनाना, शाखा बनाना, सहबद्ध करना। *n.* a person or institution that is affiliated, सहबद्ध व्यक्ति या संस्था।

**affiliated** (ॲ-फ़िल्´-इ-एट्-इड्) *adj.* related, connected, सहबद्ध, संबद्ध।

**affiliation** (ॲ-फ़िल्-इ-ए´-शॅन्) *n.* 1. the act of affiliating, संबंधन, सहबंधन। 2. the state of being affiliated, सहबद्धता।

**affined** (ॲ-फ़ाइन्ड्´) *adj.* related, सहबद्ध, संबद्ध।

**affinity** (ॲ-फ़िन्´-इ-टी) *n.* 1. relationship, संबंध, रिश्ता, रिश्तेदारी। 2. relationship by marriage, विवाह-संबंध, नाता, नातेदारी। 3. close likeness, सादृश्य। 4. mutual attraction, पारस्परिक आकर्षण।

**affirm** (ॲ-फ़:म्´) *v.* 1. to declare to be true, सत्य घोषित करना, सच बतलाना, प्रमाणित करना। 2. to confirm, दृढ़तापूर्वक कहना, अभिपुष्टि करना।

**affirmation** (ॲ-फ़:-मे´-शॅन्) *n.* 1. a solemn declaration, सत्य घोषणा। 2. assertion, confirmation, अभिपुष्टि।

**affirmative** (ॲ-फ़:´-मॅ-टिव्) *adj.* positive, सकारात्मक। *n.* an affirmative word, 'हाँ' का सूचक शब्द।

**affix** (ॲ-फ़िक्स्´) *v.* 1. to stick on, चिपका देना, लगा देना। 2. to add in writing, लिखना; Please affix your signature here, कृपया यहाँ अपना हस्ताक्षर करें। 3. to append, जोड़ना, लगाना। *n.* a prefix or suffix, उपसर्ग या प्रत्यय।

**afflict** (ॲ-फ़्लिक्ट्´) *v.* 1. to cause pain or sorrow to, दुख या कष्ट देना। 2. to torment, यातना देना, सताना।

**afflicted** (ॲ-फ़्लिक्´-टिड्) *adj.* 1. distressed, oppressed, दुखी, संतप्त, पीड़ित। 2. grievously troubled with sickness, व्याधिग्रस्त।

**affliction** (ॲ-फ़्लिक्´-शॅन्) *n.* 1. pain, पीड़ा, दर्द, व्यथा, वेदना। 2. trouble, distress, झंझट, मुसीबत, विपत्ति। 3. a disease, बीमारी, रोग।

**afflictive** (ॲ-फ़्लिक्´-टिव्) *adj.* 1. causing pain, पीड़ाकारक, वेदनाकारक, व्यथाकारक। 2. causing trouble, विपत्तिकारक, विपदाकारक।

**affluence** (ऐफ़्´-लु-ॲन्स्) *n.* 1. abundance, प्रचुरता। 2. wealth, दौलत। 3. prosperity, समृद्धि।

**affluent** (ऐफ़्´-लु-ॲन्ट्) *adj.* 1. plentiful, abundant, प्रचुर। 2. wealthy, धनी। 3. prosperous, समृद्ध। *n.* a tributary stream, सहायक नदी।

**affluently** (ऐफ़्´-लु-ॲन्ट्-ली) *adv.* plentifully, richly, बहुतायत से, प्रचुर मात्रा में।

**afflux** (ॲ-फ़्लक्स्´) *n.* 1. flow, बहाव, प्रवाह। 2. force, ज़ोर।

**afford** (ॲ-फ़ो:ड्´) *v.* 1. to have the financial means for, धन जुटा पाना, खरीद पाना, ले सकना। 2. to be able to spare or give up, दे पाना, दे सकना, छोड़ सकना। 3. to bear, सह पाना, सह सकना। 4. to provide, उपलब्ध कराना। 5. to be in a position to do something, कर पाना, करने में समर्थ होना।

**afforest** (ॲ-फ़ार्´-इस्ट्) *v.* to plant the land with trees in order to make a forest, जंगल लगाना, पेड़ लगाना, वनरोपण करना।

**afforestation** (ॲ-फ़ार्´-इस्-टे´-शॅन्) *n.* the process of turning land into forest by planting trees, वनरोपण।

**affranchise** (ॲ-फ़्रैन्´-चाइज़्) *v.* 1. to bestow the right to vote, मत का अधिकार देना, मताधिकार प्रदान करना। 2. to set free, स्वतंत्र या मुक्त करना।

**affray** (ॲ-फ़्रे´) *n.* 1. a public brawl, riot, दंगा, दंगा-फ़साद, बलवा। 2. a noisy quarrel, हंगामा, शोर-शराबा।

**affricate** (ऐफ़्´-रि-केट्) *n.* a plosive and

A

fricative consonant, स्पर्श-संघर्षी व्यंजन वर्ण।

**affront** (अॅ-फ़्रन्ट्´) *v.* 1. to insult, अपमान करना, अपमानित करना, बेइज़्ज़त करना। 2. to confront, भिड़ जाना, डटकर सामना करना। *n.* insult, अपमान।

**aficionado** (अॅ-फ़िश्-अॅ-ना´-डो) *n.* a keen devotee or follower of a particular sport, किसी खेल का शौक़ीन, खेल-प्रेमी।

**afield** (अॅ-फ़ील्ड्´) *adj. & adv.* 1. away from home, घर से दूर। 2. astray, आवारा।

**afire** (अॅ-फ़ाइ:´) *adj. & adv.* 1. on fire, burning, जलता हुआ, प्रज्वलित। 2. excited, आवेशयुक्त, उत्तेजित।

**aflame** (अॅ-फ़्लेम्´) *adj. & adv.* burning, in flames, दहकता हुआ।

**afloat** (अॅ-फ़्लोट्´) *adj. & adv.* 1. floating, तैरता हुआ। 2. flying (हवा में) उड़ता हुआ। 3. flowing, (पानी में) बहता हुआ। 4. flooded, बाढ़ग्रस्त। 5. in circulation, जारी, परिचलित।

**afoot** (अॅ-फ़ुट्´) *adv.* 1. on foot, पैदल, चलकर। 2. in progress, चालू, जारी, अग्रसर।

**afore** (अॅ-फ़ो:´) *adv.* before, पहले।

**aforementioned** (अॅ-फ़ो:´-मॅन्-शॅन्ड्) *adj.* mentioned previously, जिसका उल्लेख पहले हुआ हो, पूर्वोल्लिखित।

**aforesaid** (अॅ-फ़ो:´-सॅड्) *adj.* said before, पहले कहा हुआ, पूर्वकथित।

**aforethought** (अॅ-फ़ो:´-था:ट्) *adj.* premeditated, पूर्व-विचारित।

**a fortiori** (ए-फ़ॉ:-शि-ओर्´-ई) *adv.* for a stronger reason, सबसे बढ़कर। (लैटिन)

**afoul** (अॅ-फ़ॉउल्´) *adj.* tangled, उलझा हुआ। □ **run afoul of**, से झगड़ या उलझ पड़ना।

**afraid** (अॅ-फ़्रेड्´) *adj.* 1. frightened, डरा हुआ, भयभीत। 2. somewhat regretful, कुछ-कुछ खिन्न; I am afraid I can't help you. मुझे खेद है कि मैं आपकी सहायता नहीं कर पाऊँगा।

**afresh** (अॅ-फ़्रॅश्´) *adj.* anew, again, फिर से, नए सिरे से।

**African** (ऐफ़्´-रि-कॅन्) *adj.* of or pertaining to Africa, अफ़्रीका-संबंधी, अफ़्रीकी।

**afro** (एफ़्´-रो) *adj.* = African.

**aft** (ऐफ़्ट्/आफ़्ट्) *adv.* towards the stern, पिछले हिस्से में, पिछले भाग में, पीछे। *adj.* back, rear, पीछेवाला, पिछला।

**after** (आफ़्/ऐफ़्´-टॅ:) *prep.* 1. following in time, के बाद, के उपरांत; after interval, मध्यांतर के बाद। 2. following in space, के बाद; after Delhi, दिल्ली के बाद। 3. in pursuit or search of, के पीछे; He is after money. वह धन के पीछे पड़ा है। 4. about, के बारे में; The police inquired after you, पुलिस तुम्हारे बारे में पूछ रही थी। 5. in accordance with, के अनुरूप पर; the girl is after her father, लड़की अपने पिता पर गई है। 6. as a result of, के फलस्वरूप, के बाद। □ **after you**, पहले आप, मेरी बारी बाद में। *adv.* 1. behind, पीछे। 2. afterwards, बाद में। *conj.* at a later time than, (के) बाद। *adj.* 1. next, later, बादवाला, आनेवाला, आगामी, अगला। 2. near the rear, पीछेवाला, पिछला, पिछाड़ी। *prefix.* something that comes or happens after, बादवाला, उत्तर; afterthought, उत्तर-चिंतन।

**after all** *adv.* 1. when everything is considered, अंत में, अंततोगत्वा, आख़िरकार। 2. inspite of expectations, efforts etc, फिर, जो हो; After all she is a big girl now. जो हो, वह अब सयानी लड़की है।

**afterbirth** (आफ़्´-टॅ:-बर्थ्) *n.* placenta, खेड़ी, जेर, आँवल।

**aftercare** (आफ़्´-टॅ:-कॅअॅ:) *n.* further care of a person after discharge from a hospital, टहल, परिचर्या, सेवा।

**aftereffect** (आफ़्´-टॅ:-इ-फ़ॅक्ट्) *n.* an effect that follows the main effect, पश्चप्रभाव।

**afterglow** (आफ़्´-टॅ:-ग्लो) *n.* a glow after sunset, सूर्यास्त के बाद की लाली।

**afterlife** (आफ़्´-टॅ:-लाइफ़्) *n.* the life after death, पारलौकिक जीवन।

**aftermath** (आफ़्´-टॅ:-मैथ्) *n.* the result of an occurrence considered collectively, बाद का असर, परिणाम।

**afternoon** (आफ़्´-टॅ:-नून्) *n.* the part of the

A

day from noon until sunset, तीसरा पहर।

**aftertaste** (आफ़्´-टॅ:-टेस्ट्) ***n.*** a taste that lingers on after eating or drinking (something, कुछ) खाने या पीने के बाद बना रहनेवाला मुँह का स्वाद, ज़ायका।

**afterthought** (आफ़्´-टॅ:-थॉट्) ***n.*** an idea that occurs to one after the opportunity to deliver it has passed, बाद में ध्यान में आनेवाली बात, उत्तरचिंतन।

**afterward, afterwards** (आफ़्´-टॅ:-व़्:ड्/व:ड्स्) ***adv.*** after an earlier event or time, at a later time, पीछे, बाद में, तदनंतर, पश्चात्।

**again** (अॅ-गॅन्´, अॅ-गेन्´) ***adv.*** 1. another time, कभी फिर, फिर कभी। 2. once more, anew, दुबारा, एक बार और या फिर, पुन:। 3. to a previous condition, place or position, फिर। 4. more over, इसके अतिरिक्त। □ **again and again**, बार-बार; **time and time again**, अक्सर, बहुधा; **now and again**, कभी-कभी।

**against** (अॅ-गॅन्स्ट्´, अॅ-गेन्स्ट्´) ***prep.*** 1. in a direction or course opposite to, के विरुद्ध, के विपरीत। 2. contrary to, के विरुद्ध। 3. in opposition or resistance to, के विरोध में। 4. touching for support, सटकर, सटाकर। 5. about, के विषय में, के बारे में। 6. for, के लिए। □ **over against**, सामने, सम्मुख।

**agape** (अॅ-गेप्´) ***adj.*** 1. open-mouthed, जिसका मुँह खुला हो, मुँह बाए हुआ। 2. very surprised, अति आश्चर्यचकित, बहुत अधिक हैरान।

**agate** (ऐग्´-अॅट्) ***n.*** a kind of precious stone, गोमेद।

**agaze** (अॅ-गेज़्´) ***adv.*** looking steadily, टकटकी लगाए, एकटक।

**age** (एज्) ***n.*** 1. the period of time during which someone or something exists, उम्र, वय। 2. a life time, जीवनकाल, आयु। 3. one of the period of life, जीवन की कोई विशेष अवधि। 4. old age, बुढ़ापा, ढलती उम्र। 5. a very long time, युग। 6. a generation, पीढ़ी। □ **Act your age**. ज़रा समझदारी बरतो / अपनी उम्र देखकर बात या काम करो; **for ages,** युगों से; **of age**, वयस्क। ***v.*** (aged, ageing or aging) to grow older, उम्र बढ़ना या ढलना।

**aged** (ए´-जिड्) ***adj.*** 1. of the age of..., की उम्रवाला, वर्षीय। 2. old, वृद्ध, बूढ़ा।

**ageing** (ए´-जिंग्) ***adj.*** growing and looking older, बढ़ती उम्रवाला।

**ageless** (एज्´-लिस्) ***adj.*** 1. apparently never growing old, चिर युवा। 2. timeless, चिर नूतन।

**agency** (ए´-जॅन्-सी) ***n.*** 1. the business or office of an agent, एजेंसी, अभिकरण। 2. action or power, कार्य या शक्ति।

**agenda** (अॅ-जॅन्´-डॅ) ***n.*** a list of items to be attended to at a meeting, कार्यसूची, कार्यावली एजंडा।

**agent** (ए-जॅन्ट्´) ***n.*** 1. one who acts, कर्ता। 2. one who acts for another, अभिकर्ता, एजेंट, प्रतिनिधि। 3. (Chem.) something that produces a change, कारक।

**age-old** (एज्´-ओल्ड्) ***adj.*** 1. ancient, प्राचीन, पुरातन। 2. aged, वयोवृद्ध।

**agglomerate** (अॅ-ग्लोम्´-अॅ-रेट्) ***v.*** 1. to collect in a mass, ढेर लगाना, जमा या संग्रह करना। 2. to become collected in a mass, ढेर लगना, जमा या संगृहीत होना। ***n.*** a confused mass, ढेर, टाल। ***adj.*** gathered into a mass, ढेर के रूप में होनेवाला, एकत्र, पुंजित।

**agglomeration** (अॅ-ग्लोम्-अॅ-रे´-शॅन्) ***n.*** the act of agglomerating, ढेर लगाने का कार्य, पुंजीकरण। 2. a mass, ढेर, पुंज।

**agglutinate** (अॅ-ग्लू´-टि-नेट्) ***v.*** to stick together, चिपकना या चिपकाना, जुड़ना या जोड़ना।

**aggrandize** (अॅ-ग्रैन्´-डाइज़्) ***v.*** 1. to increase or improve in size, आकार-प्रकार सुधारना या बढ़ाना, विवर्धित करना। 2. to exaggerate, बढ़ा-चढ़ाकर कहना। 3. to increase the power, wealth etc., शक्ति, संपत्ति आदि बढ़ाना।

**aggrandizement** (अॅ-ग्रैन्´-डाइज़्-मॅन्ट्) ***n.***

A

1. the act of aggrandizing, वृद्धि, वर्धन, आवर्धन, विवर्धन। 2. exaggeration, अतिरंजन, अतिशयोक्ति।

**aggravate** (ऐग्´-रॅ-वेट्) *v.* 1. to make worse or more serious, उग्र, उत्तेजित या प्रकुपित करना, छेड़ना। 2. to annoy, चिढ़ाना।

**aggravation** (ऐग्-रॅ-वे´-शॅन्) *n.* 1. the act of aggravating, प्रकोपन। 2. the state of being aggravated, प्रकुपित अवस्था, प्रकोप।

**aggregate**[1] (ऐग्´-रॅ-गिट्) *adj.* combined, total, कुल, सारा, समस्त। *n.* a total, जोड़, योग।

**aggregate**[2] (ऐग्´-रॅ-गेट्) *v.* 1. to add up to, जोड़ना, जोड़ लगाना, योग करना। 2. to collect, इकट्ठा करना, एकत्र करना।

**aggregation** (ऐग्-रॅ-गे´-शॅन्) *n.* 1. a total, योग, जोड़। 2. a collection, संग्रह, संकलन, समुच्चय। 3. an act of aggregating, समुच्चयन, समूहन।

**aggress** (अॅ-ग्रेस्´) *v.* (aggressed, aggressing) to start a quarrel or attack, झगड़ा या लड़ाई छेड़ना।

**aggression** (अॅ-ग्रेश्´-अॅन्) *n.* 1. an unprovoked attack, आक्रमण, धावा, चढ़ाई। 2. hostile behaviour, उद्दंडतापूर्ण व्यवहार, छेड़-छाड़। 3. excess, ज़बरदस्ती, ज़्यादती।

**aggressive** (अॅ-ग्रेस्´-इव्) *adj.* 1. prone to attack, आक्रामक। 2. quarrelsome, विवादी, झगड़ालू, लड़ाकू। 3. forceful, ज़ोरदार। 4. bold, दिलेर। 5. fast, तेज़, शोख़।

**aggressively** (-ली) *adv.* in an aggressive manner, उद्दंडतापूर्वक, शोख़ी से।

**aggressor** (अॅ-ग्रेस्´-अॅ:) *n.* one who attacks, आक्रामक।

**aggrieve** (अॅ-ग्रीव्) *v.* 1. to distress, to torment, दुख देना, सताना। 2. to harm, हानि पहुँचाना।

**aggrieved** (अॅ-ग्रीव्ड्´) *adj.* 1. tormented, सताया हुआ। 2. breaved, शोकसंतप्त।

**aghast** (अॅ-गैस्ट्´/अॅ-गास्ट्´) *adj.* 1. overcome with horror, आतंकित। 2. overcome with amazement, भौंचक्का, सकपकाया हुआ।

**agile** (अॅ-जाइल्´) *adj.* 1. quick in work, nimble, चुस्त, फुर्तीला। 2. skilled, दक्ष, कुशल।

**agility** (अॅ-जिल्´-इ-टी) *n.* 1. nimbleness, चुस्ती, फुर्तीलापन, स्फूर्ति। 2. skill, कुशलता।

**agitate** (ऐज्´-इ-टेट्) *v.* 1. to stir violenty, ज़ोर से हिलाना, विक्षुब्ध करना। 2. to cause anxiety to, चिंतित या व्यग्र करना। 3. to stir people up, आंदोलित करना। 4. to fight for a cause, आंदोलन या संघर्ष करना।

**agitation** (ऐज्-इ-टे´-शॅन्) *n.* 1. the public unrest in support of some demand, आंदोलन। 2. tremulous excitement, विक्षोभ।

**agitator** (ऐज्´-इ-टे-टॅ:) *n.* one who takes part in an agitation, आंदोलनकारी।

**aglow** (अॅ-ग्लो´) *adj.* glowing, प्रदीप्त, दीप्त।

**agnate** (ऐग्´-नेट्) *adj.* 1. related on father's side, पितृपक्ष से संबद्ध, सजातीय, गोत्रज। 2. related, संबद्ध। 3. alike, सदृश।

**agnostic** (ऐग्-नॉस्´-टिक्) *n.* one who believes that the God is unknowable, अज्ञेयवादी। *adj.* of or pertaining to agnosticism, अज्ञेयवाद-संबंधी।

**agnosticism** (ऐग्-नॉस्´-टि-सिज़्-अॅम्) *n.* the doctrine of an agnostic, अज्ञेयवाद।

**ago** (अॅ-गो´) *adv.* in the past, पहले। □ **long ago**, बहुत पहले; **long long ago**, पुराने ज़माने में, प्राचीन काल में।

**agog** (अॅ-गॉग्´) *adj.* 1. eager, उत्सुक, आतुर, उत्कंठित। 2. curious, जिज्ञासु, कुतूहली। *adv.* eagerly, उत्सुकतापूर्वक, आतुरतापूर्वक।

**agonise** (ऐग्´-अॅ-नाइज़्) *v.* 1. to cause agony, यातना देना। 2. to struggle, संघर्ष करना।

**agony** (ऐग´-अॅ-नी) *n.* extreme mental or physical suffering, घोर व्यथा, उत्कट वेदना।

**agrarian** (अॅ-ग्रेअॅर्´-इ-अॅन्) *adj.* 1. pertaining to agriculture, कृषि-संबंधी। 2. pertaining to land, भूमि-संबंधी। 3. one, who favours equitable distribution of land, भूमि के उचित और न्यायपूर्ण वितरण का पक्षपाती।

**agrarianism** (अॅ-ग्रेअॅर्´-इ-अॅ-निज़्-अॅम्) *n.* a movement advocating equitable redistribution of land, भूमि के उचित और न्यायपूर्ण वितरण का आंदोलन, भू-आंदोलन।

**agree** (अॅ-ग्री´) *v.* 1. to grant consent,

A

सहमति प्रदान करना, राज़ी होना। 2. to be in accord, मान जाना; She agreed that I was right. वह यह बात मान गई कि मैं सही था। 3. to get on well together, मेल खाना, अनुरूप होना। 4. to be suitable or beneficial, अनुकूल होना, मुआफ़िक होना। 5. to correspond in gender, number, case, person etc, मेल खाना, अन्वित होना। □ **agree to disagree**, मत-विभिन्नता स्वीकार करना।

**agreeable** (अॅ-ग्री´-अॅ-बॅल्) ***adj.*** 1. willing to consent, राज़ी, सहमत। 2. pleasing, pleasant, सुखद, रुचिकर।

**agreement** (अॅ-ग्री´-मॅन्ट्) ***n.*** 1. mutual understanding, करार, समझौता। 2. legal contract binding on the signatories, अनुबंध। 3. concord, मेल, समझौता, सुसंगति। 4. conformity, अनुरूपता।

**agricultural** (ऐग्´-रि-कल्-चॅ-रॅल्) ***adj.*** pertaining to the agriculture, कृषि-संबंधी।

**agriculturalist** (ऐग्-रि-कल्´-चॅ-रिस्ट्) ***n.*** 1. a farmer, किसान, खेतिहर, कृषक। 2. an expert in agricultural science, कृषि-विज्ञानी।

**agronomist** (अॅ-ग्रॉन्´-अॅ-मिस्ट्) ***n.*** an expert in agronomy, सस्य-विज्ञानी।

**agronomy** (अॅ-ग्रॉन्´-अॅ-मी) ***n.*** the science of soil management and crop production, सस्य-विज्ञान।

**aground** (अॅ-ग्राउन्ड्´) ***adj. & adv.*** on the ground, touching the bottom, तल से लगा।

**ah** (आ) ***interj.*** expressing surprise, regret, admiration etc., अरे, ओफ़्, वाह।

**aha** (आ-हा´) ***interj.*** expressing jubilation, triumph etc., अहा, वाह!

**ahead** (अॅ-हॅड्´) ***adv.*** forward or onward, आगे। □ **ahead of**, से पहले; **be ahead**, आगे होना; **get ahead**, आगे निकल जाना।

**ahem** (अॅ-हॅम्´) ***interj.*** the noise made when clearing one's throat, to attract attention or to express doubt or warning, ऊँह, हैं।

**aid** (एड्) ***v.*** to help, to assist, सहायता करना, मदद करना। ***n.*** 1. assistance, सहायता, मदद। 2. a thing that provides assistance, सहायक वस्तु, उपयोगी वस्तु।

**aide** (एड्) ***n.*** an assistant, सहायक, मददगार।

**aided** (ए-डिड्´) ***adj.*** receiving help, सहायता-प्राप्त।

**aide-de-camp** (एड्´-डि-कैम्प्) ***n.*** an officer who assists a General in military duties, सहायक सैनिक अधिकारी।

**ail** (ऐल्) ***v.*** 1. to feel or fall ill, बीमार होना या बीमार पड़ना। 2. to make uneasy, कष्ट देना, तंग करना।

**ailing** (ए´-लिंग्) ***adj.*** ill, बीमार।

**ailment** (एल्´-मॅन्ट्) ***n.*** a mild or slight illness, छोटी-मोटी बीमारी, तकलीफ़, कष्ट।

**aim** (एम्) ***v.*** 1. to direct towards target to be struck, निशाना साधना, लक्ष्य साधना। 2. to direct a weapon, निशाना बनाना। 3. to direct one's efforts or purpose, लक्ष्य बनाना। 4. to try, प्रयत्नशील होना, चेष्टा करना। ***n.*** 1. the act of aiming, लक्ष्य-साधन। 2. something aimed, लक्ष्य, निशाना। 3. intention, purpose, लक्ष्य, ध्येय, उद्देश्य।

**aimless** (एम्´-लिस्) ***adj.*** without a purpose, उद्देश्यहीन।

**aimlessly** (एम्´-लिस्-ली) ***adv.*** purposelessly, निरुद्देश्य, निष्प्रयोजन।

**air** (ऍअ:) ***n.*** 1. the gaseous substance surrounding the earth, हवा, वायु। 2. (plu.) affectation, बनावट, दिखावा, बनावटी रंग-ढंग। □ **by air**, विमान द्वारा; **in the air,** (i) उड़ता हुआ; (ii) चर्चित; (iii) undecided, अनिश्चित; **in the open air**, खुले में; **on the air**, जो प्रसारित हो रहा हो; **put on airs**, नखरा दिखाना; **give oneself airs,** अकड़ना; **up in the air**, अनिश्चित।

**airbase** (ऍअ:´-बेस्) ***n.*** airfield, हवाई अड्डा।

**airbed** (~-बॅड्) ***n.*** a mattress inflated with air, हवा-भरा गद्दा।

**airborne** (~-बो:न्) ***adj.*** transported by an airplane, विमान-वाहित।

**airbus** (~-बस्) ***n.*** a passenger airplane, हवाई बस।

**air-conditioned** (ऍअ:´-कॅन्-डिश्´-अॅन्ड्) ***adj.*** having kept the air to the specific temperature in a room etc., वातानुकूलित।

**air-conditioner** (~-कॅन्-डिश्´-अॅ-नें:) *n.* an apparatus for keeping a room to the specific temperature, एयरकंडिशनर।

**aircraft** (~-क्रैफ़्ट्/क्राफ़्ट्) *n.* an aeroplane, हवाई जहाज़, विमान।

**aircraft carrier** (ऍअॅ:´-क्रैफ़्ट्-कैर्´-इ-अॅ:) *n.* a ship that carries aircraft, विमान-वाहक पोत।

**aircrew** (ऍअॅ:´-क्रू) *n.* the crew of an aircraft, विमानकर्मी, कर्मीदल।

**airdrop** (ऍअॅ:´-ड्रॉप्) *n.* dropping material or personnel from an aircraft, विमान से सामान गिराना या व्यक्तियों को कुदाना।

**airfield** (ऍअॅ:´-फ़ील्ड्) *n.* an aerodrome, विमान-क्षेत्र।

**Air Force** (ऍअॅ:´-फ़ो:स्) *n.* armed forces that attack through airplanes, वायुसेना।

**airgun** (ऍअॅ:´-गन्) *n.* a gun discharged by compressed air, हवाई बंदूक।

**air-hostess** (ऍअॅ:´-हॉस्-टिस्) *n.* a stewardess on airliner, विमान-परिचारिका, व्योमबाला।

**airing** (ऍअॅ:´-इंग्) *n.* exposing to air, हवा दिखाना, हवा में रखना।

**airlane** (ऍअॅ:´-लेन्) *n.* a regular route of travel for aircraft, वायुमार्ग।

**airless** (ऍअॅ:´-लिस्) *adj.* without air, वायुविहीन, वायुरहित।

**airlift** (ऍअॅ:´-लिफ़्ट्) *n.* transport of supplies by aircraft, वायु-परिवहन।

**airline** (ऍअॅ:´-लाइन्) *n.* 1. service of passenger aircraft, वायुसेवा। 2. the company providing the above mentioned service, हवाई कंपनी।

**airliner** (ऍअॅ:´-लाइ-नें:) *n.* a large passenger aircraft, बड़ा विमान।

**airmail** (ऍअॅ:´-मेल्) *n.* the mail carried by aircraft, हवाई डाक।

**airman** (ऍअॅ:´-मॅन्) *n.* one who flies an aircraft, विमानचालक, वैमानिक।

**airminded** (ऍअॅ:´-माइन्-डिड्) *adj.* interested in aviation, जिसकी रुचि विमान चलाने में हो।

**airplane** (ऍअॅ:´-प्लेन्) *n.* an aeroplane, हवाई जहाज़, विमान।

**airport** (ऍअॅ:´-पो:ट्) *n.* an airfield, हवाई अड्डा।

**air raid** (ऍअॅ:´-रेड्´) *n.* an attack by aircraft, हवाई हमला।

**airship** (ऍअॅ:´-शिप्) *n.* an aircraft that is lighter than air, वायुपोत।

**airsickness** (ऍअॅ:´-सिक्-निस्) *n.* nausea resulting from flight in an aircraft, आकाशी बीमारी।

**airspace** (ऍअॅ:´-स्पेस्) *n.* the air or sky above a country, आकाश।

**airstrip** (ऍअॅ:´-स्ट्रिप्) *n.* a strip used for aircraft to land and take off, हवाई पट्टी।

**airtight** (ऍअॅ:´-टाइट्) *adj.* not allowing air to pass in or out, हवाबंद।

**air-to-air** (ऍअॅ:-टु-ऍअॅ:´) *adj.* fired from one aircraft at another aircraft, हवाई, आकाशीय।

**airwave** (ऍअॅ:´-वेव्) *n.* the medium for radio signal, वायुतरंग।

**airway** (ऍअॅ:´-वे) *n.* an airline, वायुसेवा।

**airworthy** (ऍअॅ:´-व:-दी) *adj.* fit to fly, उड़ने योग्य या उड़ाने योग्य।

**airy** (ऍअॅर्´-ई) *adj.* 1. well-ventilated, हवादार। 2. light as air, वायव्यी। 3. graceful and delicate, नाज़ुक, सुकुमार। 4. insubstantial, अतात्त्विक। 5. imaginary, काल्पनिक।

**aisle** (आइल्) *n.* the passage between rows of seats, गलियारा, वीथि।

**aitch** (एच्) *n.* the H sound, हकार।

**aitch-bone** (एच्´-बोन्) *n.* the rump bone, पुट्ठे की हड्डी।

**ajar** (अॅ-जा:´) *adv.* & *adj.* slightly open, कुछ-कुछ खुला।

**akimbo** (अॅ-किम्´-बो) *adv.* with hands on hips, कूल्हों पर हाथ रखे हुए।

**akin** (अॅ-किन्´) *adj.* 1. from the same family, सजातीय। 2. similar, समान, सदृश।

**ala** (एल्´-अॅ) *prep.* in the manner of, की तरह।

**alabaster** (ऐल्´-अॅ-बैस् / बास्-टें:) *n.* a variety of gypsum, सेलखड़ी, सिलखड़ी।

A

*adj.* very white, दुधिया।

**a la carte** (आ-ला-का:ट्´, ऐल्-अॅ-का:ट्´) *adj. & adv.* as a single item (of a restaurant meal) अलग-अलग। (फ्रांसीसी)

**alacrity** (अॅ-लैक्´-रि-टी) *n.* 1. briskness, फुर्तीलापन। 2. readiness, तत्परता।

**a la mode** (आ-ला-मोड्´, ऐल्-अॅ-मोड्´) *adv.* according to latest fashion, नए फ़ैशन के अनुसार। *adj.* fashionable, शौक़ीन। (फ्रांसीसी)

**alarm** (अॅ-ला:म्´) *n.* 1. fear, भय। 2. a warning signal, ख़तरे की घंटी। 3. a warning of danger, ख़तरा। 4. sudden fear, panic, खलबली, सनसनी। *v.* 1. to frighten, डरा देना, भयभीत कर देना। 2. to warn by alarm, ख़तरे की घंटी बजाना।

**alarm clock** (अॅ-ला:म्´-क्लॉक्) *n.* a clock which can be set to ring a bell at a certain time, अलार्म घड़ी।

**alarmed** (अॅ-ला:म्ड्´) *adj.* frightened, भयभीत।

**alarming** (अॅ-ला:म्´-इंग्) *adj.* frightening, भयप्रद, भयावह।

**alarmist** (अॅ-ला:म्´-इस्ट्) *n.* one who needlessly alarms others, वह जो दूसरों को भयभीत करता रहता हो, अफ़वाहें फैलानेवाला।

**alas** (अॅ-लैस्´) *interj.* used to express regret or anxiety, हाय! अफ़सोस! ओफ़!

**albeit** (आ:ल्-बी´-इट्) *conj.* although, यद्यपि।

**album** (ऐल्´-बम्) *n.* a book for collecting photographs, stamps etc., अलबम, चित्राधार।

**albumen** (ऐल्-ब्यू´-मॅन्) *n.* white of an egg, अंडे की सफ़ेदी।

**albumin** (ऐल्-ब्यू´-मिन्) *n.* any of several proteins found in egg white, blood, milk etc, अलब्यूमिन।

**alchemist** (ऐल्´-कॅ-मिस्ट्) *n.* an expert in alchemy, कीमियागर, रसायनशास्त्री।

**alchemy** (ऐल्´-कॅ-मी) *n.* the science of converting base metals into gold, कीमियागिरी, रसायन-विद्या।

**alcohol** (ऐल्´-कॅ-हा:ल्) *n.* an intoxicating liquid present in whiskey, wine etc., अलकोहल।

**alcoholic** (ऐल्-कॅ-हॉल्´-इक्) *adj.* containing alcohol, अलकोहल-संबंधी। *n.* a person suffering from alcoholism; पियक्कड़।

**alcoholism** (ऐल्´-कॅ-हा:-लिज़्-अॅम्) *n.* 1. habitual excessive drinking of alcohol, शराबख़ोरी। 2. the disceased condition due to excessive drinking, मद्यजन्य रोग।

**alcove** (ऐल्´-कोव्) *n.* 1. a partly enclosed space in a room, कमरे का आड़ से अलग किया हुआ हिस्सा। 2. a recess in a wall, आला। 3. a grove, कुंज।

**alderman** (आ:ल्´-डॅ:-मॅन्) *n.* a member of the municipal body, नगरपालिका का सदस्य।

**ale** (एल्) *n.* a type of beer, एक तरह की यविरा।

**alehouse** (एल्´-हाउस्) *n.* a place in which ale is served, मधुशाला।

**alert** (अॅ-ल:ट्´) *adj.* attentive, watchful, सचेत, सावधान, सतर्क। *n.* 1. a notice to stand ready, सतर्क या सचेत रहने का आदेश, सतर्कादेश। 2. a warning signal of danger or attack, ख़तरे या आक्रमण का संकेत। *v.* 1. to make alert, सचेत करना, सतर्क करना। 2. to warn of a danger, ख़तरे से सावधान करना।

**alertness** (~-निस्) *adj.* vigilance, watchfulness, सतर्कता, सचेतता, सावधानी।

**Alexander** (अॅ-लेंग्-ज़ेंन्´-डॅ:) *n.* सिकंदर।

**alfresco** (ऐल्-फ्रॅस्´-को) *adv. & adj.* in the open air, खुले में, खुले में होनेवाला।

**algae** (ऐल्´-ज़ी, ऐल्´-जी) *n.* a kind of water plant, शैवाल।

**algebra** (ऐल्´-जॅ-ब्रॅ) *n.* a branch of mathematics in which symbols represent quantities, बीजगणित।

**algebraic** (ऐल्-जॅ-ब्रे´-इक्) *adj.* pertaining to algebra, बीजगणितीय।

**algorithm** (ऐल्´-गॅ-रिथ्-अॅम्) *n.* the process of calculating something, परिकलन-प्रक्रिया।

**alias** (ए´-लि-अॅस्) *n.* an assumed name,

उपनाम।

**alibi** (ऐल्´-अॅ-बाइ, ऐल्´-इ-बाइ) ***n.*** (plu. alibis) 1. a plea that accused was elsewhere when the crime was committed, अन्यत्रस्थिति। 2. excuse, बहाना।

**alien** (एल्´-यॅन्, ए´-ली-अॅन्) ***adj.*** 1. foreign, विदेशीय। 2. contrary, विपरीत, भिन्न। ***n.*** a resident of foreign country, विदेशी।

**alienate** (ऐल्´-यॅ-नेट्, ए´-ली-अॅ-नेट्) ***v.*** 1. to cause to become unfriendly or hostile, वैरी या शत्रु बना लेना। 2. to transfer property to the ownership of another, स्वामित्व बदलना।

**alienation** (एल्-यॅ-ने´-शॅन्, ए´-ली-अॅ-ने´-शॅन्) ***n.*** 1. estrangement, मनमुटाव, विरोध। 2. transfer of ownership, स्वामित्व-परिवर्तन।

**alight**[1] (अॅ-लाइट्´) ***v.*** to get down or descend, उतरना, नीचे उतरना।

**alight**[2] (अॅ-लाइट्´) ***adj.*** 1. on fire, flaming, जलता हुआ। 2. lit up, lighted up, प्रज्वलित। 3. shining, चमकता हुआ।

**align** (अॅ-लाइन्´) ***v.*** 1. to place or bring into the line, लाइन में करना। 2. to join as an ally, एक हो जाना।

**alignment** (~-मॅन्ट्) ***n.*** the state of being arranged in a straight line, सीध में होना, सीध। □ **out of alignment**, जो सीध में न हो, ऊँचा-नीचा।

**alike** (अॅ-लाइक्´) ***adj.*** resembling, similar, समान, सदृश। ***adv.*** 1. similarly, एक ही तरह। 2. in the same way, उसी तरह।

**alimentary canal** ***n.*** the system of organs in the body through which food passes, भोजन-नली।

**alimony** (ऐलि्-इ-मॅ-नी, ऐल्´-इ-मो-नी) ***n.*** the allowance paid by a husband to his wife after a legal separation, ख़र्चा, तलाक-भत्ता।

**alive** (अॅ-लाइव्´) ***adj.*** 1. having life, living, जीवित। 2. full of life, सजीव, जीवंत। 3. active, सक्रिय। 4. alert, सावधान।

**alkali** (ऐल्´-कॅ-लाइ) ***n.*** (plu. alkalis, alkalies) any of the class of substances that form chemical salts when combined with acids and turn litmus blue, क्षार, अल्कली।

**alkaline** (ऐल्´-कॅ-लाइन्) ***adj.*** having the nature of an alkali, क्षारीय, खारा।

**alkalize** (ऐल्´-कॅ-लाइज़्) ***v.*** to turn into an alkali, क्षारीय बनाना, खारा बनाना।

**alkaloid** (ऐल्´-कॅ-लॉइड्) ***n.*** a class of organic compounds containing nitrogen, क्षारोद।

**all** (आ:ल्) ***adj.*** 1. the whole amount or number of, सब, कुल, सभी। 2. the whole of, पूरा, सारा, संपूर्ण, अखिल। 3. nothing but only, सिर्फ़। ***pron.*** each and everyone, सब-कुछ, सब कोई। ***adv.*** 1. wholly, पूरे का पूरा, पूर्णत:। 2. apiece, एक-एक करके। 3. exclusively, केवल। □ **all along**, सदा; **all at once**, एकाएक, अचानक; **all but**, लगभग; I am all but ready. मैं लगभग तैयार हूँ; **all clear**, संकट-समाप्ति का संकेत; **all for**, पूरी तरह से या प्रबल समर्थक; I am all for female education. मैं नारी-शिक्षा का प्रबल समर्थक हूँ; **all in all**, सब मिलाकर, सामान्यत:; **all out**, पूर्ण; **all over**, (i) सब कहीं, (ii) समाप्त; **all set**, तैयार; **all the more**, और अधिक; **all told**, कुल मिलाकर, सब; **for all**, (i) के बावजूद; (ii) के होते हुए; **in all**, कुल मिलाकर; **not at all**, किसी तरह नहीं; **on all fours**, घुटनों के बल; **once (and) for all**, सदा के लिए।

**Allah** (ऐल्´-अॅ) ***n.*** अल्लाह।

**all-around** (आ:ल्´-अॅ-राउन्ड्) ***adj.*** all-round, अनेक कार्यों में सक्षम, सर्वतोमुखी।

**allay** (अॅ-ले´) ***v.*** 1. to calm, शांत करना। 2. to lessen, प्रशमित करना। 3. to relieve, राहत पहुँचाना।

**allegation** (ऐल्-अॅ-गे´-शॅन्) ***n.*** accusation, blame, आरोप, दोषारोप।

**allege** (अॅ-लॅज्´) ***v.*** to accuse, आरोप लगाना, दोषारोपण करना।

**allegedly** (अॅ-लॅज्´-इड्-ली) ***adv.*** according to allegation, आरोपानुसार।

**allegiance** (अॅ-ली´-जॅन्स्) ***n.*** 1. loyalty, निष्ठा।

A

2. loyalty to a sovereign, राजनिष्ठा।

**allegoric** (ऐल्-इ-गॉर्´-इक्) *adj.* pertaining to allegory, रूपक-संबंधी, लाक्षणिक।

**allegorical** (ऐल्-इ-गॉर्´-इ-कॅल्) *adj.* = allegoric.

**allegory** (ऐल्´-इ-गॅर्-ई) *n.* a literary device in which objects symbolize some deeper underlying meaning, रूपक।

**allegro** (ॲ-लेंग्´-रो) *adv.* in a fast tempo, द्रुत गति से, तेज़ी से।

**allergic** (ॲ-लः´-जिक्) *adj.* 1. suffering from allergy, अलर्जी-पीड़ित। 2. having strong dislike, नापसंद करनेवाला, घृणा करनेवाला।

**allergy** (ऐल्´-ॲः-जी) *n.* bodily reaction from particular things, अलर्जी।

**alleviate** (ॲ-ली´-वि-एट्) *v.* to make less severe, कम करना, राहत पहुँचाना।

**alleviation** (ॲ-ली-वि-ए´-शॅन्) *n.* the act of alleviating, प्रशमन, राहत, कमी।

**alley** (ऐल्´-ई) *n.* a (narrow) street, गली।

**all found** (ऑःल्´-फ़ॉउन्ड्) *adj.* provided with all amenities, सभी सुविधाओं से युक्त।

**alliance** (ॲ-लाइ´-ॲन्स्) *n.* 1. a group or association of countries, राष्ट्रों का गठबंधन, मैत्री। 2. union by marriage, विवाह-संबंध।

**allied** (ॲ-लाइड्´) *adj.* 1. related, संबद्ध, सहबद्ध। 2. united, संयुक्त। 3. similar, समान।

**allies** (ॲ-लाइज़्´) *n.* (plu.) nations united by a treaty, मित्रराष्ट्र।

**alligator** (ऐल्´-इ-गे-टॅः) *n.* a reptile re-sembling the crocodile, घड़ियाल।

**alliteration** (ॲ-लिट्-ॲ-रे´-शॅन्) *n.* the repetition of the same sound at the beginning of several words in succession, अनुप्रास।

**alliterative** (ॲ-लिट्´-ॲ-रे-टिव्) *adj.* marked by alliteration, अनुप्रासयुक्त, अनुप्रासिक।

**allocate** (ऐल्´-ओ-केट्) *v.* to set apart for a purpose, किसी विशिष्ट प्रयोजन के लिए अलग रखना या निकालना, विनिधान करना।

**allocation** (ऐल्-ओ-के´-शॅन्) *n.* act of allocating, विनिधान।

**allocution** (ऐल्-ओ-क्यू´-शॅन्) *n.* formal speech, वक्तृता।

**allopath** (ऐल्´-ॲ-पैथ्) *n.* one who practises allopathy, ऐलोपैथ।

**allopathy** (ॲ-लॉप्´-ॲ-थी) *n.* medical science of treating disease, चिकित्सा-प्रणाली।

**allophone** (ऐल्´-ॲ-फ़ोन्) *n.* any of the variant forms of the same phoneme, सहस्वन।

**allot** (ॲ-लॉट्´) *v.* (allotted, allotting) to divide and give as a share, हिस्सा लगाना और देना, हिस्सा बाँटना, आवंटित करना।

**allotment** (ॲ-लॉट्´-मॅन्ट्) *n.* act of allotting, आवंटन।

**all-out** (आःल्´-आउट्´) *adj. & adv.* with all effort, पूरी शक्ति से।

**allow** (ॲ-लाउ´) *v.* 1. to permit, अनुमति देना। 2. to allow as a discount, to grant or concede, छूट देना। 3. to render possible, होने देना, संभव बनाना। 4. to admit or concede, मान लेना, स्वीकार करना। 5. to afford or provide, गुंजाइश निकालना, देना या प्रबंध करना। □ **allow for**, ध्यान रखकर।

**allowable** (ॲ-लाउ´-ॲ-बॅल्) *adj.* that can be allowed, अनुमति के योग्य।

**allowance** (ॲ-लाउ´-ॲन्स्) *n.* 1. money provided regularly for special purpose to a worker, भत्ता। 2. a price discount, छूट, कमीशन। □ **make allowances for,** का ध्यान रखकर।

**allowed** (ॲ-लाउड´) *adj.* permitted, अनुमति-प्राप्त।

**alloy** (ऐल्´-ऑइ) *n.* 1. a compound of two or more different metals, मिश्रधातु। 2. something added that lowers purity, खोट, अपमिश्रण। *v.* 1. to combine two or more metals, मिश्रधातु बनाना। 2. to lower the value or purity, अपमिश्रित करना।

**all-powerful** (ऑःल्´-पाउ´-ॲः-फ़ुल्) *adj.* having the absolute power, सर्वशक्तिमान।

**all-purpose** (ऑःल्´-पः´-पॅज़्) *adj.* useful in many ways, सर्वप्रयोज्य, बहुप्रयोजनी।

**all right** (ऑःल्´-राइट्´) *adv.* 1. satisfactorily, संतोषजनक रूप में। 2. very well, बहुत ठीक। *adj.* satisfactory, संतोषजनक।

**all-round** (ऑ:ल्´-राउन्ड्´) *adj.* having ability in many things, सर्वतोमुखी। *adv.* in every way, हर दृष्टि से।

**all-rounder** (ऑ:ल्´-राउन्´-डॅ:) *n.* having ability in many things esp. in various sports, बहुमुखी योग्यतावाला व्यक्ति।

**all-time** (ऑ:ल्´-टाइम्´) *adj.* greatest, महान।

**all told** (ऑ:ल्´-टोल्ड्´) *adv.* with everything considered, अच्छी तरह सोच-विचार कर।

**allude to** (अॅ-ल्यूड्´-टू) *v. prep.* to make an indirect reference to, इशारा करना।

**allure** (अॅ-ल्यू:´) *v.* 1. to entice, ललचाना, प्रलोभन देना। 2. to attract, लुभाना। 3. to fascinate, सम्मोहित करना। *n.* the power of alluring, मोहिनी (शक्ति)।

**allurement** (~-मॅन्ट्) *n.* 1. enticement, प्रलोभन, चारा। 2. fascination, सम्मोहन।

**alluring** (अॅ-ल्यूर्´-इंग्) *adj.* 1. attractive, आकर्षक, लुभावना। 2. enticing, मोहक।

**allusion** (अॅ-ल्यू´-ज़्हॅन्/शॅन्) *n.* an indirect reference, इशारा, संकेत।

**allusive** (अॅ-ल्यू´-सिव्) *adj.* containing an allusion, सांकेतिक।

**alluvial** (अॅ-ल्यू´-वि-अॅल्) *adj.* made of soil put down by floods, कछारी, जलोढ़।

**ally**[1] (ऐल्´-आइ) *n.* 1. one who helps another, मित्र, सहयोगी। 2. a friendly nation, मित्रराष्ट्र।

**ally**[2] (अॅ-लाइ´) *v.* (allied, allying) to join or unite, जोड़ना या जुड़ना।

**almamater** (ऐल´-मॅ-मा-टॅ:) *n.* one's college or school, मातृ-विद्यालय, मातृ-संस्था।

**almanac** (आ:ल्´-मॅ-नैक्) *n.* a kind of calendar, पंचांग या जंत्री।

**almighty** (आ:ल्-माइ´-टी) *adj.* all-powerful, सर्वशक्तिमान, महाबली।

**almirah** (आल्´-मि-रा) *n.* a cupboard, आलमारी।

**almond** (आ´-मॅन्ड्, ऐ´-मॅन्ड्) *n.* a nut with a soft shell, बादाम। *adj.* containing almonds, बादाम से बना हुआ, बादामी।

**almoner** (ऐल्´-मो-नॅ:, आ:´-मो-नॅ:) *n.* one who distributes alms, दानी, दाता।

**almost** (आ:ल्´-मोस्ट्) *adv.* very nearly, लगभग, करीब-करीब, प्राय:।

**alms** (आम्ज़्) *n.* (plu.) money or goods given to the poor in charity, भिक्षा, भीख।

**almsbox** (आम्ज़्´-बॉक्स्) *n.* a box for receiving money for charity, दानपात्र।

**almsgiving** (आम्ज़्´-गिव्-इंग्) *n.* giving of money for charity, भिक्षादान।

**aloft** (अॅ-ला:फ़्ट्´) *adv.* in or into a high place, ऊँचे, आकाश में, शिखर पर।

**alone** (अॅ-लोन्´) *adj.* 1. solitary, अकेला। 2. with no companion, जिसके साथ कोई न हो, मित्रविहीन। 3. unique, अद्वितीय। *adv.* 1. only, सिर्फ़, केवल। 2. solely, अकेले। ☐ **let alone**, छेड़छाड़ न करना; **stand alone**, अद्वितीय होना।

**along** (अॅ-ला:ङ्ग्´) *adv.* 1. in a line with, साथ-साथ। 2. forward, आगे। 3. together, साथ-साथ। 4. as company, साथ में। 5. at hand, पास में। *prep.* beside and in the same direction, के समानांतर। ☐ **all along**, हर समय, सदा; **along with,** के साथ-साथ; **coming along,** पहुँचता हुआ, बढ़ता हुआ; **get along,** आगे बढ़ना।

**alongside** (अॅ-ला:ङ्ग्´-साइड्) *adv.* beside, बगल में।

**aloof** (अॅ-लूफ़्´) *adj.* 1. distant, दूर, अलग। 2. reserved, not friendly, अलग-थलग रहनेवाला, जो मिलनसार न हो, अलहदा रहनेवाला। *adv.* at a distance, दूरी पर, अलग-थलग।

**aloud** (अॅ-लाउड्´) *adv.* with a loud voice, loudly, ऊँचे स्वर में, जोर से।

**alphabet** (ऐल्´-फ़ॅ-बॅट्) *n.* 1. a set of letters used in any language, वर्णमाला। 2. elementary knowledge, प्रारंभिक ज्ञान।

**alphabetical order** *n.* order of the letters of a language, वर्णानुक्रम, वर्णक्रम, अकारादि क्रम।

**alpine** (ऐल्´-पाइन्) *adj.* of the alps, ऐल्प्स पहाड़-संबंधी।

**already** (आ:ल्-रॅड्´-ई) *adv.* before, previ-

A

ously, पहले, पहले ही, पहले से ही।

**alright** (आ:ल्-राइट्´) ***adv.*** = all right [alright is incorrect.], ठीक ही, अवश्य ही।

**also** (आ:ल्´-सो) ***adv.*** in addition, besides, too, भी।

**also-ran** (आ:ल्´-सो-रैन्) ***n.*** one who is defeated in a competition, परास्त प्रतियोगी।

**altar** (आ:ल्´-टॅ:) ***n.*** a raised structure upon which sacrifices may be offered, वेदी, वेदिका। □ **lead to the altar,** स्त्री से विवाह करना।

**alter** (आ:ल्´-टॅ:) ***v.*** to change or become different, बदल देना या बदल जाना, फेरबदल करना या होना, परिवर्तन करना या होना।

**alterable** (आ:ल्´-टॅ-रे-बॅल्) ***adj.*** that can be altered, जिसमें परिवर्तन किया जा सके, परिवर्त्य।

**alteration** (आ:ल्´-टॅ-रे´-शॅन्) ***n.*** an act of altering, परिवर्तन, फेरबदल, रद्दोबदल।

**altercate** (आ:ल्´-टॅ:-केट्) ***v.*** to quarrel fiercely, झगड़ना, लड़ना-झगड़ना।

**altercation** (आ:ल्-टॅ:-के´-शॅन्) ***n.*** a fierce quarrel, झगड़ा, कहासुनी।

**alter ego** (आ:ल्´-टॅर्-ई-गो) ***n.*** an intimate friend, पक्का दोस्त, घनिष्ठ मित्र।

**alternate**[1] (आ:ल्´-टॅ:-निट्) ***adj.*** 1. happening or following in turns, बारी-बारी से होनेवाला, एक छोड़कर दूसरा, एकांतर। 2. substitute, स्थानापन्न, वैकल्पिक।

**alternate**[2] (आ:ल्´-टॅ:-नेट्) ***v.*** to occur in successive turns, बारी-बारी से होना।

**alternately** (आ:ल्´-टॅ:-नेट्-ली) ***adj.*** by turns, बारी-बारी से, एक-एक छोड़कर।

**alternative** (आ:ल्-टॅ:´-नॅ-टिव्) ***n.*** the choice between two or more things, विकल्प। ***adj.*** allowing a choice, वैकल्पिक।

**alternator** (आ:ल्-टॅ:-ने´-टॅ:) ***n.*** a dynamo that produces alternate current, आल्टरनेटर।

**although** (आ:ल्-दो´) ***conj.*** though, हालाँकि।

**altimeter** (ऐल्-टिम्´-इ-टॅ:) ***n.*** an instrument for determining altitude, तुंगतामापी।

**altitude** (ऐल्´-टि-ट्यूड्) ***n.*** 1. the height above the sea level, उच्चता, ऊँचाई। 2. the angular height of a star measured in relation to the earth's surface, उन्नतांश।

**alto** (ऐल्´-टो) ***n.*** a high male singing voice, मरदानी टीप, उच्चतम पुरुष-स्वर।

**altogether** (आ:ल्-टॅ-गॅद्´-अॅ:) ***adv.*** 1. entirely, पूर्ण रूप से, पूर्णतया। 2. in all, सब मिलाकर, ले-देकर। □ **in the altogether,** नग्न।

**altruism** (ऐल्´-ट्रू-इज़्-अॅम्) ***n.*** consideration of the good of the others before one's own, परोपकार की भावना, परार्थवाद।

**altruist** (ऐल्´-ट्रू-इस्ट्) ***n.*** a person who is habitually good to others, परोपकारी, परार्थवादी।

**aluminium** (ऐल्-यू-मिन्´-इ-अॅम्) ***n.*** a white metal, अल्यूमिनियम।

**alumnus** (अॅ-लम्´-नॅस्) ***n.*** 1. a male graduate of a school or college, स्नातक। 2. a male former student, (भूत) पूर्व छात्र।

**alveolar** (ऐल्-वी´-ओल्-अॅ:) ***adj.*** pertaining to the roots of the upper teeth, वर्त्स्य।

**always** (आ:ल्´-वेज़्) ***adv.*** 1. at all times, सदा, हर समय। 2. at every occasion, हर बार। 3. continually, लगातार।

**am** (ऐम्) ***v.*** first person singular present tense of be, हूँ।

**a.m.** (ए. एम्.) abbreviation of ***ante meridiem***, दोपहर से पहले, पूर्वाह्न में।

**amalgam** (अॅ-मैल्´-गॅम्) ***n.*** 1. an alloy of mercury and another metal, पारद-मिश्रण। 2. mixture, मिश्रण।

**amalgamate** (अॅ-मैल्´-गॅ-मेट्) ***v.*** 1. to mix, मिश्रित करना, मिलाना। 2. to combine into one, एकीकृत करना, समामेलित करना।

**amalgamation** (अॅ-मैल्-गॅ-मे´-शॅन्) ***n.*** 1. mixture, मिश्रण। 2. act of combining into one, एकीकरण, समामेलन।

**amass** (अॅ-मैस्´) ***v.*** (amassed, amassing) 1. to accumulate, एकत्र करना, बटोरना, संचय करना, संगृहीत करना। 2. to heap up, ढेर लगाना।

**amateur** (ऐम्´-अॅ-चॅ:, ऐम्´-अॅ-च्यो:) ***n.*** 1. one who does something as a pastime rather than as a profession, शौकिया खिलाड़ी, शौक़ीन। 2. one who lacks expertise, अनजान, अविशेषज्ञ।

**amateurish** (ऐम्-अॅ-च्यो´-रिश्, ऐम्-अॅ-टर्´-इश्) ***adj.*** inexpert, अनाड़ी, अनुभवहीन, नौसिखुआ।

**amatory** (ऐम्´-अॅ-टॅ-री) ***adj.*** of sexual love, वासनापूर्ण, कामुक।

**amaze** (अॅ-मेज़्´) ***v.*** to astonish, चकित करना, विस्मित करना, हैरान कर देना।

**amazement** (अॅ-मेज़्´-मॅन्ट्) ***n.*** astonishment, आश्चर्य, विस्मय, हैरानी।

**amazing** (अॅ-मेज़्´-इंग्) ***adj.*** causing astonishment, आश्चर्यजनक, विस्मयजनक।

**amazon** ***n.*** 1. a female warrior, वीरांगना। 2. very strong athletic woman, मर्दानी औरत।

**ambassador** (ऐम्-बैस्-अॅ-डॅः) ***n.*** 1. country's permanent representative, राजदूत। 2. a messenger, दूत।

**amber** (ऐम्´-बॅः) ***n.*** a yellow or brownish yellow resin, राल, अंबर।

**ambidextrous** (ऐम्-बि-डॅक्´-स्ट्रॅस्) ***adj.*** able to use either hand equally well, सव्यसाची।

**ambience** (ऐम्´-बि-अॅन्स्) ***n.*** environment, वातावरण, पर्यावरण।

**ambient** (ऐम्´-बि-अॅन्ट्) ***adj.*** surrounding, चारो ओर का, आसपास का।

**ambiguity** (ऐम्-बि-ग्यू´-इॅ-टी) ***n.*** the state of being ambiguous, द्वयर्थकता; संदिग्धता।

**ambiguous** (ऐम्-बिग्´-यु-अॅस्) ***adj.*** 1. having two meanings, द्वयर्थक। 2. doubtful, संदिग्ध, अस्पष्ट।

**ambit** (ऐम्´-बिट्) ***n.*** 1. circumference, परिधि, घेरा। 2. extent, विस्तार।

**ambition** (ऐम्-बिश्´-अॅन्) ***n.*** 1. the strong desire to gain something or achieve something, उच्चाकांक्षा, महत्त्वाकांक्षा। 2. object of this desire, अभीष्ट वस्तु।

**ambitious** (ऐम्-बिश्´-अॅस्) ***adj.*** 1. eager for success, उच्चाकांक्षी, महत्त्वाकांक्षी। 2. challenging, चुनौती-भरा।

**ambivalence** (ऐम्-बिव्´-अॅ-लॅन्स्) ***n.*** the simultaneous existing of two conflicting feelings about a person or thing, दुचित्ती, उभयभाविता।

**ambivalent** (ऐम्-बिव्´-अॅ-लॅन्ट्) ***adj.*** having two conflicting feelings at a time, दुचित्ता।

**amble** (ऐम्´-बॅल्) ***v.*** 1. (of a horse) to move at an easy unhurried rate by lifting the two legs on one side and then the two on the other, (घोड़े का) एक तरफ के दोनो पैर एक साथ उठाकर बिना किसी जल्दबाज़ी के आराम से चलना, दुगामा चलना। 2. to walk at an easy pace, चहलकदमी करना। ***n.*** a slow easy pace, चहलकदमी।

**ambrosia** (ऐम्-ब्रो´-ज़्हॅ) ***n.*** 1. the food of the gods, देवताओं का आहार, अमृत, दिव्य पदार्थ। 2. delicious food, स्वादिष्ट भोज्य पदार्थ।

**ambulance** (ऐम्´-ब्यु-लॅन्स्) ***n.*** a vehicle for carrying sick, injured or dead persons, रोगी-वाहन, रोगी-गाड़ी।

**ambush** (ऐम्-बुश्´) ***n.*** 1. the act of lying in wait to attack by surprise, घात। 2. the place where such attackers hide, गुप्त स्थान, घातस्थान, आड़।

**ameba** (अॅ-मी´-बॅ) ***n.*** = amoeba.

**ameliorate** (अॅ-मील´-यॅ-रेट्) ***v.*** to improve, सुधरना या सुधारना।

**amelioration** (अॅ-मील्-यॅ-रे´-शॅन्) ***n.*** improvement, सुधार।

**amen** (आ´-मॅन्, ए´-मॅन्) ***interj.*** so be it, तथास्तु, आमीन!

**amenable** (अॅ-मी´-नॅ-बॅल्) ***adj.*** 1. responsible, उत्तरदायी। 2. responsive, अनुकूल आचरण करनेवाला, सुन-मान लेनेवाला, अनुक्रिया करनेवाला।

**amend** (अॅ-मॅन्ड्´) ***v.*** 1. to correct or improve, सुधारना, संशोधन करना। 2. to alter, बदलना, परिवर्तन करना।

**amendable** (-अॅ-बॅल्) ***adj.*** that can be amended, सुधार के योग्य।

**amendment** (-मॅन्ट्) ***n.*** 1. a formal alteration of a law, संशोधन। 2. correction,

A

सुधार।

**amends** (अ॑-मॆन्ड्ज़्´) ***n.*** (plu.) compensation, क्षतिपूर्ति, हरजाना। □ **make amends**, क्षतिपूर्ति करना।

**amenity** (अ॑-मॆन्´-इ-टी) ***n.*** 1. a thing or condition which makes life pleasant, सुविधा। 2. pleasantness, मनोहरता, रमणीयता, चारुता। 3. (plu. amenities) social courtesies, सामाजिक शिष्टाचार।

**ament** (अ॑-मॆन्ट्´) ***adj.*** lacking intelligence, दिमाग़ से कमज़ोर, दुर्बल-बुद्धि।

**amentia** (अ॑-मॆन्´-शि-अ॑) ***n.*** lack of intelligence, दिमाग़ी कमज़ोरी, बुद्धि-दौर्बल्य।

**amerce** (अ॑-म:स्´) ***v.*** (amerced, amercing) to fine, to punish, दंड देना, दंडित करना।

**American** (अ॑-मॆर्´-इ-कॅन्) ***adj.*** of America, अमरीकी। ***n.*** an inhabitant of the United States or the South American countries, अमरीकी, अमरीकावासी।

**Americanize** (अ॑-मॆर्´-इ-कॅ-नाइज़्) ***v.*** to make or become American in character, अमरीकी बनना या बनाना, अमरीकीकरण होना या करना।

**amiability** (ए-मि-अ॑-बिल्´-इ-टी) ***n.*** the quality of being amiable, भद्रता, सौम्यता, मिलनसारी, भलमनसाहत।

**amiable** (ए´-मि-अ॑-बॅल्) ***adj.*** 1. of a pleasant nature, friendly, भद्र, सौम्य, मिलनसार, भला। 2. friendly, मैत्रीपूर्ण, सौहार्दपूर्ण।

**amicability** (ऐम्-इ-कॅ-बिल्´-इ-टी) ***n.*** the quality of being amicable, मैत्री, मैत्री-भावना।

**amicable** (ऐम्´-इ-कॅ-बॅल्) ***adj.*** friendly, मैत्रीपूर्ण, मिलनसार।

**amid** (अ॑-मिड्´) ***prep.*** = amidst.

**amidships** (अ॑-मिड्´-शिप्स्) ***adv.*** in the middle of a ship, जलयान के बीचोबीच, जलयान के मध्य में।

**amidst** (अ॑-मिड्स्ट्´) ***prep.*** in the middle of, के बीच, के दरमियान, के दौरान।

**amiss** (अ॑-मिस्´) ***adj.*** 1. out of order, unsatisfactory, ख़राब, असंतोषजनक। 2. wrong, ग़लत। □ **take amiss,** बुरा मानना।

**amity** (ऐम्´-इ-टी) ***n.*** 1. friendship, मित्रता, मैत्री। 2. friendly relations, मैत्रीपूर्ण संबंध।

**ammonia** (अ॑-मोन्´-यॅ, अ॑-मो´-न्यॅ) ***n.*** a gas with a strong smell, अमोनिया गैस।

**ammunition** (ऐम्-यु-निश्´-अ॑न्) ***n.*** 1. explosive materials, गोला-बारूद। 2. a means of offence or defence, हथियार।

**amnesia** (ऐम्-नी´-ज़्हॅ) ***n.*** loss of memory, स्मृतिक्षय, स्मृतिलोप।

**amnesty** (ऐम्´-नॅ-स्टी) ***n.*** a general pardon for political offences, सर्वक्षमा, सामूहिक क्षमादान।

**amock** (अ॑-मॅक्´) ***adv.*** = amuck.

**amoeba** (अ॑-मी´-बॅ) ***n.*** an unicellular organism, अमीबा।

**amoebic** (अ॑-मी´-बिक्) ***adj.*** pertaining to or caused by amoeba, अमीबा-संबंधी, अमीबीय।

**among** (अ॑-मंग्´) ***prep.*** 1. in the middle of, surrounded by, के बीच। 2. in association with, के साथ। 3. in the group or number of, में से एक। 4. in between, में, के बीच। 5. between one another, आपस में।

**amoral** (ए-मॉर्´-अ॑ल्) ***adj.*** neither moral nor immoral, जिसे न नैतिक कहा जा सके और न अनैतिक ही, निर्नैतिक।

**amorous** (ऐम्´-अ॑-रॅस) ***adj.*** showing sexual love, कामुकतापूर्ण, कामुक।

**amorphous** (अ॑-मॉ:´-फ़ॅस्) ***adj.*** 1. without definite form or shape, निराकार, आकारहीन, अरूप। 2. ill-constructed, अनगढ़, भद्दा, बेढंगा।

**amortize** (ऐम्´-आ:-टाइज़्) ***v.*** (amortized, amortizing) to pay off debts by periodic payments, किस्तों में ऋण चुकाना।

**amount** (अ॑-माउन्ट्´) ***n.*** 1. the total quantity or number, रकम, राशि, जमा। 2. total, योग, योगफल, कुल जमा। □ **amount to,** के बराबर होना।

**amour** (अ॑-मू:´) ***n.*** a secret love affair, प्रेम-प्रपंच, प्रेम-संबंध, मामला।

**ampersand** (ऐम्´-पॅ:-सैन्ड्) ***n.*** a sign for and, '&' चिह्न।

A

**amphibian** (ऐम्-फ़िब्´-इ-अॅन्) ***n.*** an amphibious creature, उभयचर जीव, जलथल-चर जंतु।

**amphitheatre** (ऐम्´-फ़ि-थी-अॅ-टॅ:) ***n.*** a round structure having tiers of seats, सोपान-मंडप।

**ample** (ऐम्´-पॅल्) ***adj.*** quite enough, प्रचुर, यथेष्ट।

**amplification** (ऐम्-प्लि-फ़ि-के´-शॅन्) ***n.*** the act of amplifying, आवर्धन, प्रवर्धन, व्याख्या।

**amplifier** (ऐम्´-प्लि-फ़ाइ-अॅ:) ***n.*** a device that increases the loudness of sounds, एम्प्लिफ़ायर, प्रवर्धक।

**amplify** (ऐम्´-प्लि-फ़ाइ) ***v.*** (amplified, amplifying) 1. to increase the strength of, शक्ति बढ़ाना, तीव्र या तेज़ करना, प्रवर्धित करना। 2. to explain in greater detail, विस्तार-पूर्वक कहना या लिखना, व्याख्या करना।

**amplitude** (ऐम्´-प्लि-ट्यूड्) ***n.*** 1. breadth, चौड़ाई। 2. abundance, प्रचुरता, अधिकता।

**amply** (ऐम्´-प्ली) ***adv.*** abundantly, प्रचुर मात्रा में।

**amputate** (ऐम्´-प्यु-टेट्) ***v.*** to cut off by surgery, अंगच्छेदन करना।

**amputation** (ऐम्-प्यु-टे´-शॅन्) ***n.*** an act of amputating, अंगच्छेदन।

**amputee** (ऐम्-प्यु-टी´) ***n.*** one who has had a limb amputated, जिसका कोई अंग शल्यक्रिया के द्वारा काट दिया गया हो, छिन्नांग।

**amulet** (ऐम्´-यु-लिट्) ***n.*** a charm, तावीज़, कवच।

**amuse** (अॅ-म्यूज़्´) ***v.*** 1. to entertain, मनोरंजन करना, मनोविनोद करना, मन बहलाना। 2. to cause to laugh, हँसाना।

**amusement** (अॅ-म्यूज़्´-मॅन्ट्) ***n.*** pastime, recreation, मनोरंजन, मनोविनोद, मन-बहलाव।

**amusing** (अॅ-म्यूज़्´-इंग्) ***adj.*** entertaining, विनोदजनक, विनोदपूर्ण, मन बहलानेवाला।

**an** (ऐन्) ***article.*** form of a used before vowel sounds.

**anachronism** (अॅ-नैक्´-रॅ-निज़्-अॅम्) ***n.*** 1. an error in stating the date of an event, कालदोष। 2. something out of its proper time, ऐतिहासिक दृष्टि से अनुपयुक्त उल्लेख।

**anaemia** (अॅ-नी´-मि-अॅ) ***n.*** lack of red corpuscles or of their haemoglobin in blood, रक्ताल्पता, रक्तक्षीणता।

**anaemic** (अॅ-नी´-मिक्) ***adj.*** 1. suffering from anaemia, रक्ताल्प। 2. pale in colour, पीतवर्ण, पीला। 3. lacking vigour, feeble, अशक्त, दुर्बल।

**anaesthesia** (ऐन्-इस्-थी´-शॅ/ज़्हॅ) ***n.*** 1. loss of sensation, संवेदनाहरण। 2. insensibility to pain, असंवेदनशीलता, संवेदनहीनता।

**anagram** (ऐन्´-अॅ-ग्रैम्) ***n.*** a word formed by reordering the letters of an other word, वर्ण-विपर्यय।

**anal** (ए´-नॅल्) ***adj.*** of or pertaining to the anus, गुदा-संबंधी, गुदीय।

**analgesia** (ऐन्-अॅल्-जी´-सि-अॅ) ***n.*** inability to feel pain while conscious, पीड़ा-शून्यता।

**analgesic** (ऐन्-अॅल्-जी´-सिक्) ***adj.*** relieving pain, वेदनाहर।

**analogous** (अॅ-नैल्´-अॅ-गॅस्) ***adj.*** alike in certain ways, मिलता-जुलता, तुल्य, सदृश, समान।

**analogue** (ऐन्´-अॅ-लॉग्) ***n.*** something that is analogous, सदृश रूप, मिलती-जुलती वस्तु।

**analogy** (अॅ-नैल्´-अॅ-जी) ***n.*** correspondence in some respects between things otherwise dissimilar, तुल्यता, सादृश्य, समानता।

**analyse, analyze** (ऐन्´-अॅ-लाइज़्) ***v.*** to make an analysis of, विश्लेषण करना।

**analysis** (अॅ-नैल्´-इ-सिस्) ***n.*** a detailed description of the parts or elements of something, विश्लेषण।

**analyst** (ऐन्´-अॅ-लिस्ट्) ***n.*** one skilled in analysis of chemical substances, विश्लेषण-विशेषज्ञ, विश्लेषक।

**analytic** (ऐन्-अॅ-लिट्´-इक्) ***adj.*** of or pertaining to analysis, विश्लेषणात्मक, वैश्लेषिक।

**ananas** (ऐ-ना:´-नैस्) ***n.*** pineapple plant or fruit, अनन्नास।

**anarchic** (ऐ-ना:´-किक्) ***adj.*** pertaining to

A

anarchy, अराजक।

**anarchical** (ऐ-ना:´-कि-कॅल्) *adj.* = anarchic.

**anarchism** (ऐन्´-अॅ:-किज़्-अॅम्) *n.* 1. lawlessness, अराजकतावाद। 2. terrorism, आतंकवाद।

**anarchist** (ऐन्´-अॅ:-किस्ट्) *n.* one whe believes in anarchism, अराजकतावादी।

**anarchy** (ऐन्´-अॅ:-की) *n.* 1. absence of any law or authority, अराजकता। 2. political disorder, राजनीतिक अस्थिरता।

**anathema** (अॅ-नैथ्´-अॅ-मॅ) *n.* a curse of the church, गिरजे का अभिशाप।

**anatomical** (ऐन्´-अॅ-टॉम्-इ-कॅल्) *adj.* pertaining to anatomy, शरीर-विज्ञान-संबंधी, शरीर-रचना-संबंधी।

**anatomist** (अॅ-नैट्´-अॅ-मिस्ट्) *n.* 1. a person skilled in anatomy, शरीर-विज्ञानी। 2. one who dissects, चीर-फाड़ करनेवाला।

**anatomy** (अॅ-नैट्´-अॅ-मी) *n.* 1. science dealing with bodily structures, शरीर-विज्ञान। 2. bodily structure, शरीर-रचना। 3. detailed analysis, विस्तृत विश्लेषण। 4. dissection, चीर-फाड़, शल्यक्रिया, शल्यकर्म।

**ancestor** (ऐन्´-सॅस्-टॅ:) *n.* any person from whom one is descended, पितर, पूर्वज।

**ancestral** (ऐन्-सॅस्´-ट्रॅल्) *adj.* inherited from ancestors, पूर्वजों से प्राप्त, पैतृक।

**ancestry** (ऐन्-सॅस्´-ट्री) *n.* a line of ancestors, वंश-परंपरा।

**anchor** (ऐंग्´-कॅर्) *n.* 1. a device to keep the vessel in place, लंगर। 2. anything that gives stability or security, स्थिरता या सुरक्षा का उपाय। *v.* 1. to lower the anchor, लंगर डालना। 2. to fix firmly, सुदृढ़ कर देना, स्थापित करना।

**anchorage** (ऐंग्´-कॅ-रिज्) *n.* 1. a place for anchoring ships, लंगरगाह। 2. the charge for this, लंगर-शुल्क।

**anchorite** (ऐंग्´-कॅ-राइट्) *n.* a hermit, संन्यासी, वैरागी।

**ancient** (एन्´-शॅन्ट्) *adj.* very old, पुराना, प्राचीन, पुरातन। *n.* **the ancients**, पुराने लोग।

**ancillary** (ऐन्´-सि-लॅ-री) *adj.* subordinate, सहायक, गौण, अनुषंगी।

**and** (ऐन्ड्) *conj.* together with or along with, और, तथा, एवम्।

**android** (ऐन्´-ड्रॉइड्) *n.* a robot, यंत्र-मानव।

**anecdote** (ऐन्´-इक्-डोट्) *n.* a short entertaining account, किस्सा, चुटकुला।

**anew** (अॅ-न्यु´, अॅ-नू´) *adv.* afresh, in a different way, again, नए सिरे से, फिर से, दुबारा।

**angel** (एन्´-जॅल्) *n.* a messenger of God, देवदूत, फ़रिश्ता।

**angelic** (एन्-जॅल्´-इक्) *adj.* of or like an angel, देवदूतीय, देवदूत-सदृश, दिव्य।

**angelical** (एन्-जॅल्´-इ-कॅल्) *adj.* = angelic.

**anger** (ऐङ्ग्´-गॅ:) *n.* rage, wrath, क्रोध, गुस्सा। *v.* to make angry, गुस्सा दिलाना।

**angina** (ऐन्-जाइ´-नॅ) *n.* choking of the throat, कंठशूल।

**angina pectoris** (~-पॅक्´-टो-रिस्) *n.* a sharp pain in the chest with feeling of suffocation, हृत्शूल।

**angle**[1] (ऐङ्ग्´-गॅल्) *v.* 1. to fish with a hook and line, काँटे या बंसी से मछलियाँ पकड़ना। 2. to get (something) using subtle means, तिकड़म से प्राप्त करना।

**angle**[2] (ऐङ्ग्´-गॅल्) *n.* 1. the shape made by two straight lines meeting in a point, कोण। 2. a point of view, दृष्टिकोण।

**angler** (ऐङ्ग्´-ग्लॅ:) *n.* one who fishes with hook and line, काँटे या बंसी से मछलियाँ पकड़नेवाला।

**Anglican** (ऐङ्ग्´-ग्लि-कॅन्) *adj.* of the Church of England, इंग्लैंड के चर्च से संबद्ध। *n.* a member of the Church of England, 'चर्च ऑफ़ इंग्लैंड' का सदस्य।

**Anglicism** (ऐङ्ग्´-ग्लि-सिज़्-अॅम्) *n.* a phrase or idiom, peculiar to the English language, अंग्रेज़ी मुहावरा या प्रयोग।

**anglicize** (ऐङ्ग्´-ग्लि-साइज़्) *v.* to make English in form or character, अंग्रेज़ीकरण करना, अंग्रेज़ी रंग-ढंग में ढालना।

**Anglo** (ऐङ्ग्´-ग्लो) *adj.* 1. of English, आंग्ल, अंग्रेज़ी। 2. of England, ब्रितानवी, अंग्रेज़ी।

**Anglophile** (ऐङ्ग्´-ग्लो-फ़ाइल्) *n.* an admirer of England or English things, अंग्रेज़-भक्त, अंग्रेज़ी-भक्त।

**Anglophobe** (ऐङ्ग्´-ग्लो-फ़ोब्) ***n.*** one who hates England or English things, इंग्लैंड से या इंग्लैंड की वस्तुओं से घृणा करनेवाला, अंग्रेज़-निंदक, अंग्रेज़ी-निंदक, आंग्लद्वेषी।

**Anglo-Saxon** (ऐङ्ग्´-ग्लो-सैक्´-सॅन्) ***n.*** 1. an English person living in England before the Norman Conquest, आंग्ल-सेक्सन। 2. the language of the Anglo saxons, आंग्ल-सेक्सन लोगों की भाषा।

**angora** (ऐङ्ग्´-गोर्´-अॅ) ***n.*** 1. a kind of goat with long silky hair, अंगोरा बकरी। 2. a fabric made from the hair of an angora goat, अंगोरा बकरी की ऊन से बना वस्त्र।

**angry** (ऐङ्ग्´-ग्री) ***adj.*** 1. feeling, showing or resulting from anger, क्रुद्ध, क्रोधी या क्रोधजनित। 2. inflamed, उग्र, भड़का हुआ।

**angst** (ऐङ्ग्स्ट्) ***n.*** 1. anxiety, चिंता। 2. remorse, पश्चात्ताप।

**anguish** (ऐङ्ग्´-ग्विश्) ***n.*** a severe physical or mental pain, व्यथा, वेदना, यंत्रणा।

**anguished** (ऐङ्ग्´-ग्विश्ड्) ***adj.*** feeling anguish, व्यथित।

**angular** (ऐङ्ग्´-ग्यु-लॅः) ***adj.*** 1. of or pertaining to the angle, कोणीय। 2. lean and thin, पतला-दुबला। 3. sharp-cornered, नुकीला, पैना। 4. stiff, कठोर, अक्खड़।

**animal** (ऐन्´-इ-मॅल्) ***n.*** 1. a living creature, जीव, जंतु, प्राणी। 2. a four-footed animal, पशु, जानवर। ***adj.*** 1. of or like an animal, पाशविक, पशुवत्। 2. physical rather than spiritual, शारीरिक, भौतिक।

**animality** (ऐन्-इ-मैल्´-इ-टी) ***n.*** qualities or behaviour typical of animals, पशुता, पशु-स्वभाव, बर्बरता।

**animate** (ऐन्´-इ-मेट्) ***v.*** 1. to give life to, जान डालना, जीवंत बनाना। 2. to encourage or inspire, प्रेरणा देना। ***adj.*** having life, lively, जीवंत, सजीव।

**animation** (ऐन्-इ-मे´-शॅन्) ***n.*** liveliness, जीवंतता, सजीवता।

**animosity** (ऐन्-इ-मॉस्´-इ-टी) ***n.*** bitter enmity or hatred, वैर, विद्वेष, घोर शत्रुता।

**animus** (ऐन्´-इ-मॅस्) ***n.*** 1. governing spirit, जीवन-शक्ति, प्राण। 2. intention, इच्छा, संकल्प। 3. deep-seated hostility, घोर-शत्रुता, द्वेष।

**anion** (ऐन्´-आइ-अॅन्) ***n.*** a negatively charged ion, ऋणायन।

**anise** (ऐन्´-इस्) ***n.*** a plant with aromatic seeds, सौंफ़ का पौधा।

**aniseed** (ऐन्-इ-सीड्) ***n.*** the seeds of anise, सौंफ़।

**ankle** (ऐङ्ग्´-कॅल्) ***n.*** the joint between the foot and leg, टखना।

**anklet** (ऐङ्ग्´-क्लिट्) ***n.*** 1. an ornament worn round the ankle, पायल, पाज़ेब, पैजनी। 2. a short sock covering the ankle, टखनौजा।

**annalist** (ऐन्´-अॅल्-इस्ट्) ***n.*** one who writes annals, इतिवृत्त-लेखक।

**annals** (ऐन्´-अॅल्ज़्) ***n.*** (plu.) 1. a chronological record of the events of successive years, इतिवृत्त, वार्षिक वृत्तांत। 2. historical records, ऐतिहासिक अभिलेख।

**annealing** (अॅ-नी´-लिंग्) ***n.*** the process of heating and slowly cooling down, अनीलन, तापानुशीतन।

**annex**[1] (अॅ-नेंक्स्´) ***v.*** 1. to add or join to a larger thing, किसी बड़ी चीज़ के साथ जोड़ना, अनुबद्ध करना। 2. to incorporate, मिला लेना, अनुयोजन करना।

**annex**[2] (ऐन्´-अॅक्स्) ***n.*** a small building attached to a larger one, उपभवन।

**annexation** (ऐन्-अॅक्-से´-शॅन्) ***n.*** 1. the act of annexing, जोड़ना, मिलाना। 2. something annexed, जोड़ी या मिलाई हुई वस्तु, बढ़ाया हुआ अंश अथवा संलग्न पदार्थ।

**annihilate** (अॅ-नाइ´-इ-लेट्) ***v.*** to ruin or destroy completely, ध्वस्त करना, ढा देना।

**annihilation** (अॅ-नाइ-इ-ले´-शॅन्) ***n.*** an act of annihilating, विध्वंस, विनाश।

**anniversary** (ऐन्-इ-वः´-सॅ-री) ***n.*** the yearly return of the date of an event and the celebration of it, जयंती, बरसगाँठ।

A

**Anno Domini** (ऐन्´-ओ-डोम्´-इ-नाइ) ***adv.*** in a specified year of the Christian era,... ईसवी सन् में।

**annotate** (ऐन्´-ओ-टेट्) ***v.*** to furnish with notes, टिप्पणियाँ लिखना, टीका करना।

**annotation** (ऐन्-ओ-टे´-शॅन्) ***n.*** 1. an act of annotating, टिप्पणीकरण, टिप्पण। 2. something annotated, टिप्पणी, टीका।

**announce** (अॅ-नाउन्स्´) ***v.*** 1. to declare publicly, घोषणा करना, उद्घोषणा करना। 2. to give notice to, सूचना देना, मुनादी करना। 3. to make known the arrival of, आगमन की सूचना देना।

**announcement** (अॅ-नाउन्स्´-मॅन्ट्) ***n.*** the act of announcing or something announced, घोषणा, उद्घोषणा, मुनादी।

**announcer** (अॅ-नाउन्´-सॅ:) ***n.*** one who announces something, उद्घोषक, घोषक।

**annoy** (अॅ-नॉइ´) ***v.*** (annoyed, annoying) 1. to make angry, खिजाना, चिढ़ाना। 2. to vex, तंग करना, परेशान करना।

**annoyance** (अॅ-नॉइ´-अॅन्स्) ***n.*** 1. an act of annoying or being annoyed, चिढ़, खीज, परेशानी। 2. a thing or person that annoys, खिजानेवाली बात या व्यक्ति, मुसीबत।

**annual** (ऐन्´-यु-अॅल्) ***adj.*** 1. of or pertaining to a year, yearly, वार्षिक, सालाना। 2. of one year, वर्ष-भर का, एकवर्षीय। ***n.*** 1. a year book, वार्षिकी। 2. an annual publication, वार्षिक प्रकाशन। 3. a plant that lives only one year, वर्षजीवी पौधा।

**annually** (ऐन्´-यु-अॅ-ली) ***adv.*** each year, प्रति वर्ष, हर साल, हर बरस।

**annuity** (अॅ-नू´-इ-टी) ***n.*** an amount of money paid annually, वार्षिक वृत्ति, वार्षिकी।

**annul** (अॅ-नल्´) ***v.*** 1. to cancel, रद करना, अमान्य करना। 2. to destroy, नष्ट करना।

**Annunciation** (अॅ-नन्-सि-ए´-शॅन्) ***n.*** 1. the angel Gabriel's announcement to Mary that she was to bear Jesus, दिव्य घोषणा, देवदूत जैब्रियल की यह घोषणा कि मेरी, तुम येशु को जन्म दोगी। 2. the festival on March 25, celebrating this event, घोषणा-उत्सव।

**annunciation** (अॅ-नन्-सि-ए´-शॅन्) ***n.*** the act of annunciating, घोषणा।

**anode** (ऐन्´-ओड्) ***n.*** a positive electrode, ऐनोड।

**anodyne** (ऐन्´-ओ-डाइन्) ***n.*** a medicine that relieves pain, वेदनाहर, वेदनानाशक औषधि।

**anoint** (अॅ-नॉइन्ट्´) ***v.*** to apply oil or ointment, लेप करना, तेल या मलहम लगाना।

**anomalous** (अॅ-नॉम्´-अॅ-लस्) ***adj.*** abnormal, असामान्य, अनियमित।

**anomaly** (अॅ-नॉम्´-अॅ-ली) ***n.*** inconsistency, अनियमितता, असामान्यता, विसंगति।

**anon** (अॅ-नॉन्´) ***adv.*** soon, शीघ्र, जल्दी।

**anonymity** (ऐन्-अॅ-निम्´-इ-टी) ***n.*** the state of being anonymous, गुमनामी, अनामता।

**anonymous** (अॅ-नॉन्´-इ-मॅस्) ***adj.*** whose name is not known, having false name, अनाम, अनामक, अज्ञात, गुमनाम।

**anorexia** (ऐन्-अॅ-रॅक्´-सि-अॅ) ***n.*** loss of appetite, भूख मर जाना, क्षुधानाश।

**another** (अॅ-नद्´-अॅ:) ***adj.*** 1. different, दूसरा, अन्य, इससे भिन्न। 2. changed, बदला हुआ। 3. additional, कोई और। □ **at another time**, किसी और समय, बाद में कभी। ***n.*** 1. another or different person, अन्य व्यक्ति, दूसरा आदमी। 2. another or different thing, दूसरी वस्तु, भिन्न वस्तु। 3. one of the same kind, इसी में का कोई और।

**answer** (ऐन्´-सॅ:) ***n.*** 1. a reply, उत्तर, जवाब। 2. a solution, समाधान, हल। 3. a correct result to a problem, सही जवाब/उत्तर। ***v.*** 1. to reply to, उत्तर देना, जवाब देना। 2. to respond correctly to, प्रतिक्रिया दिखाना। 3. to be responsible for, उत्तरदायी होना, जवाबदेह होना। 4. to serve (a purpose), काम चलाना। □ **answer back**, आगे से बोलना, आगे से जवाब देना।

**answerable** (ऐन्´-सॅ-रॅ-बॅल्) ***adj.*** 1. that can be answered, उत्तर देने योग्य। 2. responsible, उत्तरदायी, जवाबदेह।

**ant** (ऐन्ट्) ***n.*** a small insect, चींटी।

**antacid** (ऐन्ट्-ऐस्´-इड्) ***n.*** a substance that prevents acidity, अम्लरोधी पदार्थ।

A

**antagonism** (ऐन्-टैग्´-ॲ-निज़्-ॲम्) ***n.*** active opposition, वैर, विरोध, वैर-विरोध, शत्रुता।

**antagonist** (ऐन्-टैग्´-ॲ-निस्ट्) ***n.*** an opponent, adversary, विरोधी, वैरी, शत्रु।

**antagonistic** (ऐन्-टैग्-ॲ-निस्´-टिक्) ***adj.*** showing or feeling antagonism, शत्रुता-पूर्ण, वैरियों का-सा।

**antagonize** (ऐन्-टैग्´-ॲ-नाइज़्) ***v.*** to arouse antagonism in, वैरी या शत्रु बना लेना।

**antarctic** (ऐन्ट्-आ:क्´-टिक्) ***adj.*** pertaining to the regions surrounding the South Pole, दक्षिण ध्रुव-संबंधी।

**Antarctica** (ऐंट्-आ:क्´-टि-कॅ) ***n.*** the region about the South Pole, दक्षिणी ध्रुव प्रदेश।

**ante** (ऐन्´-टी) ***n.*** a stake put up by each player before he sees his hand, अनदेखा या अँखमूँदी दाँव। ***v.*** to put one's stake, दाँव पर लगाना।

**antecedent** (ऐन्-टि-सी´-डॅन्ट्) ***adj.*** preceding, पूर्ववर्ती। ***n.*** 1. an event prior to another, पूर्ववर्ती घटना, पूर्ववृत्त। 2. the word, phrase or clause to which a pronoun refers, पूर्वपद। 3. (plu.) one's ancestors, पूर्वज।

**antechamber** (ऐन्´-टि-चेम्-बॅ:) ***n.*** a smaller room leading into a larger room, वह छोटा कमरा जिसमें से होकर बैठक में जाया जाए, उपकक्ष।

**antedate** (ऐन्´-टि-डेट्) ***v.*** 1. to give a date earlier than the actual date, पहले की तारीख डालना। 2. to precede in time, समयपूर्व होना।

**antediluvian** (ऐन्-टि-डि-ल्यु´-वि-ॲन्) ***adj.*** 1. of the era before the Biblical Flood, प्रलयपूर्व। 2. utterly out of date, दकियानूसी।

**antelope** (ऐन्´-टॅ-लोप्) ***n.*** a deer like animal, एक तरह का हिरन, कुरंग।

**antemeridian** (ऐन्-टि-मॅ-रिड्´-इ-ॲन्) ***adv. & adj.*** (abbreviated form a.m.) before noon, दोपहर से पहले, पूर्वाह्न में।

**antemundane** (ऐन्-टि-मुन्´-डेन्) ***adj.*** before the creation of the world, सृष्टिपूर्व।

**antenatal** (ऐन्-टि-ने´-टॅल्) ***adj.*** before birth, जन्मपूर्व, प्रसवपूर्व।

**antenna** (ऐन्-टॅन्´-ॲ) ***n.*** an aerial, ऐंटीना।

**antenuptial** (ऐन्-टि-नप्´-शॅल्) ***adj.*** before marriage, विवाह-पूर्व।

**antepenult** (ऐन्´-टि-पि-नल्ट्) ***n.*** the third syllable from the end in a word, शब्द का अंतिम दो से पहले का अक्षर।

**antepenultimate** (ऐन्-टि-पि-नल्´-टि-मिट्) ***adj.*** third from last, पीछे से तीसरा।

**anterior** (ऐन्-टिॲर्´-इ-ॲ:, ऐन्-टीर्´-इ-ॲ:) ***adj.*** 1. front or forward in space, अग्रवर्ती। 2. prior in time, पूर्ववर्ती।

**anteroom** (ऐन्´-टि-रूम्) ***n.*** an antechamber, उपकक्ष।

**anthem** (ऐन्´-थॅम्) ***n.*** 1. a devotional song, भजन। 2. a national anthem, राष्ट्रगीत।

**anther** (ऐन्´-थॅ:) ***n.*** the pollen-bearing organ of a flower, परागकोष।

**anthesis** (ऐन्-थी´-सिस्) ***n.*** blooming period, फूलने का समय, पुष्पन-काल।

**anthill** (ऐन्ट्´-हिल्) ***n.*** a mound of earth formed by ants, बाँबी।

**anthologist** (ऐन्-थॉल्´-ॲ-जिस्ट्) ***n.*** one who compiles an anthology, संग्रहकर्ता।

**anthologize** (ऐन्-थॉल्´-ॲ-जाइज़्) ***v.*** to include in an anthology, संग्रह में लेना, संग्रह में सम्मिलित करना।

**anthology** (ऐन्-थॉल्´-ॲ-जी) ***n.*** 1. a collection of literary pieces, संग्रह, संकलन। 2. a collection of poems, पद्य-संग्रह।

**anthracite** (ऐन्´-थ्रॅ-साइट्) ***n.*** a hard form of coal, अंगाराश्म।

**anthrax** (ऐन्´-थ्रैक्स्) ***n.*** an infectious disease of cattle, गिल्टी रोग, विशेषत: भेड़ों की महामारी।

**anthropo** (ऐन्´-थ्रॅ-पो) ***prefix.*** a combining form meaning 'human', मानव-।

**anthropocentric** (ऐन्-थ्रॅ-पॅ-सॅन्´-ट्रिक्) ***adj.*** considering man as a central figure of the universe, मानव-केंद्रित।

**anthropogeny** (ऐन्-थ्रॅ-पॉज्´-ॲ-नी) ***n.*** the study of man's origin and development,

A

मानव-विकास, नृशास्त्र, नृविज्ञान।

**anthropological** (ऐन्-थ्रॅ-पॅ-लॉज्´-इ-कॅल्) *adj.* pertaining to anthropology, नृशास्त्रीय।

**anthropologist** (ऐन्-थ्रॅ-पॉल्´-अॅ-जिस्ट्) *n.* a specialist in anthropology, नृविज्ञानी, नृशास्त्रीय।

**anthropology** (ऐन्-थ्रॅ-पॉल्´-अॅ-जी) *n.* the study of mankind, नृविज्ञान, नृशास्त्र, मानव-विज्ञान।

**anthropomorphous** (ऐन्-थ्रॅ-पॅ-मॉ:-फ़ॅस्) *adj.* having human appearance, मानवाकार, मानवरूपी।

**anti** (ऐन्´-टी) ***prefix.*** opposed to, against, प्रतिरोधी, विरोधी। *n.* a person who opposes a certain rule or policy, विरोधी, प्रतिरोधी।

**antiabortion** (~-अॅ-बॉ:-शॅन्) *n.* opposing abortions, गर्भपात-विरोधी।

**antiaircraft** (ऐन्-टि-अॅअॅ:´-क्राफ़्ट्) *adj.* used against aircrafts, विमानभेदी।

**antibacterial** (ऐन्-टि-बैक्-टीऱ्´-इ-अॅल्) *adj.* that checks bacteria, प्रतिजीवाणु।

**antiballistic** (ऐन्-टि-बॅ-लिस्´-टिक्) *adj.* destroying ballistic missiles, प्रतिप्राक्षेपी।

**antibiotic** (ऐन्-टि-बाइ-ऑट्´-इक्) *n.* a medicine that treats diseases by destroying microorganisms, ऐन्टीबायटिक।

**antibody** (ऐन्´-टि-बॉड्-ई) *n.* a protein in the blood which destroys bacteria, प्रतिपिंड, एन्टीबॉडी।

**anticipate** (ऐन्-टिस्´-इ-पेट्) *v.* 1. to foresee, पूर्वानुमान करना, अनुमान लगाना। 2. to regard as likely, expect, पूर्वापेक्षा, प्रतीक्षा या प्रत्याशा करना। 3. to act in advance to prevent, पहले से रोकना।

**anticipation** (ऐन्-टिस्-इ-पे´-शॅन्) *n.* 1. expectation, प्रत्याशा, पूर्वापेक्षा। 2. foreknowledge, पूर्वानुमान।

**anticipatory** (ऐन्-टिस्´-इ-पॅ-टॅ-री) *adj.* 1. showing anticipation, पूर्वानुमानिक। 2. occurring in advance, पूर्वापेक्षित, प्रत्याशित।

**anticlimax** (ऐन्-टि-क्लाइ´-मैक्स्) *n.* concluding in disappointing contrast to a previous climax, उत्कर्ष के बाद होनेवाला अपकर्ष।

**antidote** (ऐन्´-टि-डोट्) *n.* 1. a medicine that counteracts a poison, विष का प्रभाव दूर करनेवाली ओषधि, विषहर। 2. anything which counteracts something harmful, अनिष्टरोधी।

**antimagnetic** (ऐन्-टि-मैग्-नेंट्´-इक्) *adj.* resistant to magnetisation, चुंबक-विरोधी।

**antimony** (ऐन्´-टि-मॅ-नी) *n.* a metallic element, ऐन्टिमनी।

**antipathy** (ऐन्-टिप्´-अॅ-थी) *n.* 1. a strong dislike, विरुचि, विरक्ति। 2. an object of dislike, घृणापात्र, घृणाभाजन।

**antipersonnel** (ऐन्-टि-पर्-सॅ-नेंल्´) *adj.* designed to kill persons, प्राणीनाशक।

**antiphonal** (ऐन्-टिफ़्´-अॅ-नॅल्) *adj.* sung alternately, बारी-बारी से गाया जानेवाला।

**antipodal** (ऐन्-टिप्´-अॅ-डॅल्) *adj.* directly opposing, ठीक विपरीत।

**antipodes** (ऐन्-टिप्´-अॅ-डीज़्) *n.*(plu.) places on opposite sides of the earth, पृथ्वी के वे स्थान जो एक दूसरे के ठीक विपरीत स्थित हों।

**antipollution** (ऐन्-टि-पॅ-ल्यू´-शॅन्) *adj.* preventing pollution, प्रदूषण-विरोधी।

**antiquarian** (ऐन्-टि-क्वेऱ्´-इ-अॅन्) *adj.* pertaining to antiquity, पुरातत्त्व-संबंधी, पुरातात्त्विक। *n.* an antiquary, पुरावेत्ता, पुराविद्।

**antiquary** (ऐन्´-टि-क्वेंर्‌ -ई) *n.* a person who collects or studies antiquities, पुरावेत्ता, पुराविद्।

**antiquated** (ऐन्-टि-क्वेट्´-इड्) *adj.* out of date, old-fashioned, पुरातन, दकियानूसी।

**antique** (ऐन्-टीक्´) *adj.* ancient, प्राचीन, पुरातन, पुराकालीन। *n.* an antique object, कोई प्राचीन दुर्लभ वस्तु, पुरावशेष।

**antiquity** (ऐन्-टिक्´-वि-टी) *n.* 1. an ancient time, पुराकाल। 2. the quality of being ancient, पुरातनता। 3. ancient monuments, पुरातन स्मारक, पुरावशेष। 4. ancient customs, पुरातन प्रथाएँ।

**anti-Semitic** (ऐन्-टि-सॅ-मिट्´-इक्) *adj.* hostile to Jews, यहूदी-विरोधी।

A

**antiseptic** (ऐन्-टि-सेंप्´-टिक्) *adj.* hostile to bacteria, रोगाणु-विरोधी।

**antisocial** (ऐन्-टि-सो´-शॅल्) *adj.* against the welfare of the society, समाज-विरोधी।

**antithesis** (ऐन्-टिथ्´-अॅ-सिस्) *n.* direct contrast, वैषम्य, विरोध।

**antiwar** (ऐन्-टि-वा:´) *adj.* opposed to war, युद्धविरोधी।

**antler** (ऐन्ट्´-लॅ:) *n.* a branched horn of a deer, हिरन के सींग की शाखा, शृंग शाखा।

**antonym** (ऐन्´-टॅ-निम्) *n.* a word whose meaning is opposite to another word, विपर्याय, विलोम शब्द, प्रतिशब्द।

**anus** (ए´-नस्) *n.* the opening at the lower end of the alimentary canal, गुदा, मलद्वार।

**anvil** (ऐन्´-विल्) *n.* an iron block of an ironsmith, निहाई। □ **on the anvil**, विचाराधीन, परीक्षाधीन।

**anxiety** (ऐङ्ग्-ज़ाइ´-इ-टी) *n.* worry, चिंता, दुश्चिंता।

**anxious** (ऐङ्ग्´-शॅस्) *adj.* 1. worried, चिंतित, परेशान। 2. eager, आतुर, उत्सुक, उत्कंठित।

**anxiously** (-ली) *adv.* eagerly, आतुरतापूर्वक।

**any** (ऍन्´-ई) *adj & pron.* no matter which one, कोई। *adv.* in some degree, कुछ।

**anybody** (ऍन्´-इ-बॉड्-ई) *n. & pron.* any person, कोई व्यक्ति, कोई भी।

**anyhow** (ऍन्´-इ-हाउ) *adv.* 1. in any way, किसी तरह, किसी भी तरह। 2 . in any case, हर हालत में। 3. carelesslly, लापरवाही से।

**anymore** (~-मो:) *adv.* 1. from now on, अब से, फिर कभी। 2. now, अब, आजकल।

**anyone** (~-वन्) *pron.* anybody, कोई व्यक्ति।

**anyplace** (~-प्लेस्) *adv.* = anywhere.

**anything** (~-थिंग्) *n.* any object, कुछ, कुछ भी, कोई वस्तु, कोई भी वस्तु। □ **anything but**, किसी भी तरह तो नहीं, तो नहीं ही, को छोड़कर; **It is anything but cheap**, वह सस्ता तो नहीं ही है।

**anytime** (~-टाइम्) *adv.* at any time, कभी भी, जब चाहे तब।

**anyway** (~-वे़) *adv.* 1. in any way, किसी तरह। 2. in any case, हर हालत में।

**anywhere** (~-ह्वेंअॅ:´) *adv.* to any place, in any place, कहीं भी।

**A one** (ए´-व़न्´) *adj.* first rate, सर्वोत्तम।

**aorta** (ए-ऑ:´-टॅ) *n.* the great artery, महाधमनी।

**apace** (अॅ-पेस्´) *adv.* swiftly, तेज़ी से, झटपट, शीघ्रतापूर्वक।

**apart** (अॅ-पा:ट्´) *adv.* 1. at a distance, (से) दूर। 2. away from one another, एक-दूसरे से दूर। 3. to one side, aside, अलग, एक तरफ़। 4. separately, से अलग। 5. in or into pieces, अलग-अलग। □ **apart from**, के अलावा, के अतिरिक्त।

**apartheid** (अॅ-पा:ट्´-थेट् / हेट्) *n.* a policy of racial segregation, रंगभेद, वर्णद्वेष।

**apartment** (अॅ-पा:ट्´-मॅन्ट्) *n.* a suit of rooms for a family, खंड, अपार्टमेंट, परिवार-कक्ष, परिकक्ष।

**apathetic** (ऐप्-अॅ-थॅट्´-इक्) *adj.* indifferent, packing interest, उदासीन, उत्साहविहीन।

**apathy** (ऐप्´-अॅ-थी) *n.* indifference, lack of interest, उदासीनता, विमुखता, अरुचि।

**ape** (एप्) *n.* 1. a tailless chimpanzee, gorilla or gibbon, पुच्छविहीन बनमानुस। 2. an imitator, नकलची, नकल उतारनेवाला। *v.* (aped) to imitate or mimic, नकल करना या उतारना।

**aperitif** (अॅ-पॅर्-इ-टीफ़्´) *n.* an alcoholic drink taken as an appetizer before a meal, भोजन के पूर्व पी जानेवाली मदिरा।

**aperture** (ऐप्´-अॅ:-चॅ:) *n.* an opening or hole, सुराख़, छेद, छिद्र, रंध्र।

**apex** (ए´-पॅक्स्) *n.* 1. a peak, चोटी, शिखर। 2. a tip or highest point, नोक, सिरा।

**aphasia** (अॅ-फ़े´-ज़्हॅ) *n.* partial or total loss of speech, वाचाघात, वाग्रोध।

**aphelion** (अॅ-फ़ी´-लि-अॅन्) *n.* the point of a planet's orbit farthest from the sun, रवि-उच्च, सूर्योच्च।

**aphorism** (ऐफ़्´-अॅ-रिज़्-अॅम्) *n.* a maxim, सूक्ति।

**aphrodisiac** (ऐफ़्-रॅ-डिज़्´-इ-ऐक्) *adj.* arousing sexual desire, कामोत्तेजक, कामोद्दीपक।

A

**apiary** (ए´-पि-ऑर्-ई) ***n.*** a place for raising bees for honey, मधुमक्खी-वाटिका।

**apiculture** (ऐप्´-इ-कॅल्-चॅ:) ***n.*** the breeding and care of bees, मधुमक्खी-पालन।

**apiece** (ॲ-पीस्´) ***adv.*** for, to or from each one, एक-एक को, एक-एक करके, एक-एक के विचार या हिसाब से।

**apish** (ऐप्´-इश्) ***adj.*** 1. like an ape, बनमानुस या वानर का-सा, वानरी। 2. imitative, नकलची। 3. silly, मूर्ख।

**aplomb** (ॲ-प्लॉम्´) ***n.*** 1. self-confidence, आत्मविश्वास। 2. dignity, मान, प्रतिष्ठा।

**apocalypse** (ॲ-पॉक्´-ॲ-लिप्स्) ***n.*** a prophetic revelation, पैगंबर या देवदूत द्वारा रहस्योद्घाटन।

**apogee** (ऐप्´-ॲ-जी) ***n.*** the point of the planet's orbit farthest from the earth, भूम्युच्च (भूमि + उच्च)।

**apolitical** (ए-पॅ-लिट्´-इ-कॅल्) ***adj.*** unconcerned with politics, राजनीति से असंबद्ध, अराजनीतिक।

**Apollo** (ॲ-पोल्´-ओ) ***n.*** 1. the sun god, सूर्यदेव। 2. a very handsome young man, अत्यंत सुंदर व्यक्ति।

**apologetic** (ॲ-पॉल्-ॲ-जेट्´-इक्) ***adj.*** making or showing excuses, क्षमासूचक, खेदसूचक।

**apologize** (ॲ-पॉल्´-ॲ-जाइज़्) ***v.*** to make an apology, माफ़ी माँगना, क्षमा माँगना।

**apology** (ॲ-पॉल्´-ॲ-जी) ***n.*** 1. a statement or expression of regret, क्षमा, माफ़ी, क्षमा-याचना, खेदप्रकाश। 2. a poor substitute, अत्यंत तुच्छ स्थानापन्न वस्तु।

**apoplectic** (ऐप्-ॲ-प्लेक्´-टिक्) ***adj.*** suffering from apoplexy, मिर्गी से पीड़ित।

**apoplexy** (ऐप्´-ॲ-प्लेक्´-सी) ***n.*** sudden loss of consciousness, मूर्च्छा, मिर्गी।

**apostasy** (ॲ-पॉस्´-टॅ-सी) ***n.*** 1. abandonment of one's religion, धर्मत्याग। 2. abandonment of one's cause or principle, उद्देश्य या सिद्धांत का त्याग।

**a posteriori** (ए-पॉस्-टेर्-इ-ओ´-राइ) ***adj.*** based on experience or observations, अनुभवजन्य, निरीक्षणजन्य। (लैटिन)

**apostle, Apostle** (ॲ-पॉस्´-ॲल्) ***n.*** 1. any of the disciples sent out by Christ to teach the gospel, येशु का कोई धर्मप्रचारक शिष्य। 2. a leader, अगुआ, नेता। 3. an ardent supporter, कट्टर अनुयायी।

**apostolate** (ॲ-पॉस्´-टॅ-लेट्) ***n.*** missionary activity, धार्मिक प्रचार-कार्य।

**apostrophe** (ॲ-पॉस्´-ट्रॅ-फ़ी) ***n.*** 1. the sign used to indicate the possessive case, संबंधकारक का सूचक चिह्न ('), लोपक। 2. an address to an imaginary or absent person, अनुपस्थित या मृत व्यक्ति के लिए किया जानेवाला संबोधन।

**apothecary** (ॲ-पॉथ्´-इ-कॅ-री) ***n.*** (plu. apothecaries) a druggist, pharmacist, औषध-विक्रेता, दवाफ़रोश।

**apotheosis** (ॲ-पॉथ-इ-ओ´-सिस्) ***n.*** (plu. apotheoses) an act of attributing of divinity to a human being, मनुष्य में देवत्व का आरोपण, देवत्वीकरण।

**appall** (ॲ-पा:ल्´) ***v.*** 1. to dismay, हताश कर देना। 2. to horrify, दहला देना, भयभीत करना, आतंकित कर देना।

**appalling** (ॲ-पा:´-लिंग्) ***adj.*** 1. shocking, आघात पहुँचानेवाला, दहला देनेवाला, भयंकर, घोर। 2. unpleasant, अप्रिय।

**apparatus** (ऐप्-ॲ-रेट्´-ॲस्, ऐप्-ॲ-रे´-टॅस्) ***n.*** 1. an equipment or instrument, उपकरण। 2. a device, उपाय, साधित्र। 3. an organisation, संगठन, संघटन। 4. any group of organs having a specific function, अवयव-तंत्र।

**apparel** (ॲ-पैर्´-ॲल्) ***n.*** clothing or garments, पोशाक, पहनावा, परिधान।

**apparent** (ॲ-पैर्´-ॲन्ट्) ***adj.*** 1. clearly seen, evident, स्पष्ट, प्रत्यक्ष, प्रकट। 2. not real, ऊपरी, दिखावटी, दृश्यमान।

**apparently** (ॲ-पैर्-ॲन्ट्-ली) ***adv.*** 1. clearly, स्पष्टत:। 2. outwardly, बाहर से, ऊपर-ऊपर से।

**apparition** (ऐप्-ॲ-रिश्´-ॲन्) ***n.*** 1. a ghost, प्रेत, भूत। 2. something that appears,

प्रकट होनेवाली वस्तु, आविर्भाव।

**appeal** (ॲ-पील्´) *v.* 1. to make an earnest request, विनयपूर्वक निवेदन करना, प्रार्थना करना, अपील करना। 2. to be attractive or interesting, आकृष्ट या आकर्षित करना। 3. to call upon a higher court to consider again and reverse the judgement of a lower court, अपील करना। *n.* 1. an earnest request, विनयपूर्ण निवेदन। 2. attraction, आकर्षण, खिंचाव। 3. a call to a higher court to reverse the judgement of a lower court, अपील। 4. a call for help, पुकार, दुहाई।

**appealable** (ॲ-पील्´-ॲ-बॅल्) *adj.* that can be appealed against, अपीलीय, अपीलनीय।

**appealing** (ॲ-पील्´-इंग्) *adj.* attractive, आकर्षक।

**appear** (ॲ-पिॲ:´) *v.* (appeared, appearing) 1. to come into view, सामने आना, प्रकट होना, दिखाई पड़ना। 2. to present oneself before an authority, to be present, हाज़िर होना, पेश होना। 3. to seem, प्रतीत होना, जान पड़ना, लगना। 4. to sit (in an examination, परीक्षा में) बैठना। 5. to be published, प्रकाशित होना।

**appearance** (ॲ-पिॲर्´-ॲन्स्) *n.* 1. an act of appearing, प्रकट होना, प्रकटीकरण। 2. the state of being appeared, presence, उपस्थिति, हाज़िरी, पेशी। 3. a vague indication, आभास। 4. outward aspect of anything, बाह्य रूप, शक्ल।

**appearing** (ॲ-पिॲर्´-इंग्) *adj.* 1. coming in view, प्रकट होनेवाला। 2. seeming, भासित होनेवाला, दृश्यमान। 3. plainly set forth in a document, लिखित, वर्णित।

**appease** (ॲ-पीज़्´) *v.* 1. to pacify, समझा-बुझाकर शांत करना, प्रशमित करना। 2. to placate by granting demands, तुष्टीकरण करना।

**appeasement** (ॲ-पीज़्´-मॅन्ट्) *n.* 1. the act of pacifying or appeasing, प्रशमन। 2. the act of placating, तुष्टीकरण।

**appellant** (ॲ-पॅल्´-ॲन्ट्) *n.* one who makes an appeal, spl. one who appeals to a higher court, अपीलकर्ता, अपीलार्थी।

**appellate** (ॲ-पॅल्´-इट्) *adj.* 1. pertaining to appeal, अपील-संबंधी। 2. having authority to hear appeals, जिसे अपील सुनने का अधिकार हो।

**appellation** (ऐप्-ॲ-ले´-शॅन्) *n.* 1. a name, नाम। 2. a title, पद। 3. the act of naming, नामकरण।

**append** (ॲ-पॅन्ड्´) *v.* 1. to attach, संलग्न या नत्थी करना, टाँकना। 2. to add at the end, परिशिष्ट के रूप में लगाना, अंत में जोड़ना।

**appendage** (ॲ-पॅन्´-डिज्) *n.* something attached to a larger entity, संलग्न वस्तु।

**appendectomy** (ऐप्-ॲन्-डॅक्´-टॅ-मी) *n.* surgical removal of the appendix of the intestine, उपांत्र की शल्य-चिकित्सा।

**appendicitis** (ॲ-पॅन्-डि-साइ´-टिस्) *n.* inflamation of the appendix, उपांत्र-शोथ।

**appendix** (ॲ-पॅन्´-डिक्स्) *n.* 1. a tube like outgrowth near the large intestine, उपांत्र। 2. a supplement, परिशिष्ट।

**appertain** (ऐप्-ॲ:-टेन्´) *v.* 1. to belong as a part to the whole, अंश या हिस्सा होना। 2. to be relevant, प्रासंगिक होना।

**appertaining** (ऐप्´-ॲ:-टेन्-इंग्) *adj.* belonging as a part to the whole, संबद्ध, अनुलग्न।

**appetite** (ऐप्´-ई-टाइट्) *n.* 1. a desire for food, भूख, क्षुधा। 2. a liking, इच्छा, रुचि।

**appetizer** (ऐप्´-ई-टाइ-ज़ॅ:) *n.* anything that stimulates the appetite, क्षुधावर्धक पदार्थ।

**appetizing** (ऐप´-ई-टाइ-ज़िंग्) *adj.* 1. stimulating the appetite, क्षुधावर्धक। 2. attractive, आकर्षक।

**applaud** (ॲ-प्ला:ड्´) *v.* 1. to express approval of something by clapping one's hands, तालियाँ बजाकर हर्ष या प्रसन्नता व्यक्त करना। 2. to praise, प्रशंसा करना, सराहना करना।

**applause** (ॲ-प्ला:ज़्´) *n.* 1. handclapping, करतलध्वनि, तालियाँ। 2. approval loudly expressed, वाहवाह, वाहवाही। 3. approval, अनुमोदन।

A

**apple** (ऐप्´-ऑल्) *n.* a tree and its fruit, सेब। □ **an apple of discord**, झगड़े की जड़; **the apple of one's eye**, आँख की पुतली।

**apple-cart** (ऐप्´-ऑल्-का:ट्) *n.* the cart carrying apples, सेब ढोनेवाली गाड़ी। □ **upset the apple-cart**, सब चौपट कर देना, काम बिगाड़ देना।

**appliance** (ऑ-प्लाइ´-ऑन्स्) *n.* an instrument or device, उपकरण।

**applicable** (ऐप्´-लि-कॅ-बॅल्) *adj.* 1. capable of being applied, लागू, प्रयोज्य। 2. appropriate, उपयुक्त।

**applicant** (ऐप्´-लि-कॅन्ट्) *n.* one who applies, आवेदक, प्रार्थी।

**application** (ऐप्-लि-के´-शॅन्) *n.* 1. the act of applying, आवेदन। 2. a letter for applying something, आवेदन-पत्र। 3. the putting of anything to use, प्रयोग, अनुप्रयोग। 4. practical operation, लागू होना। 5. diligence, लगन, अध्यवसाय। 6. relevance, प्रासंगिकता, संगति।

**applied** (ऑ-प्लाइड्´, ऐप्´-लाइड्) *adj.* 1. put to practical use, अनुप्रयुक्त। 2. practical, व्यावहारिक, प्रायोगिक।

**applique** (ऐप्-लि-के´) *n.* any piece of decoration attached by sewing, टाँकी जानेवाली सज्जा, टाँक। (फ्रांसीसी)

**apply** (ऑ-प्लाई´) *v.* 1. to put one thing into contact with another, लगाना, सटाना, टाँकना। 2. to bring into use, काम में लाना, इस्तेमाल करना, प्रयुक्त करना। 3. to put into effect, लागू करना। 4. to make a formal request, आवेदन करना, आवेदन-पत्र भेजना। 5. to devote to, समर्पित करना। 6. to concentrate, संकेंद्रित करना।

**appoint** (ऑ-पॉइन्ट्´) *v.* (appointed, appointing) 1. to designate for an office or position, नियुक्त करना, रखना। 2. to fix, नियत करना। 3. to settle, स्थापित करना।

**appointed** (ऑ-पॉइन्ट्´-इड्) *adj.* 1. fixed, नियत, निश्चित। 2. nominated, assigned, नियुक्त, रखा हुआ। 3. furnished, सुसज्जित।

**appointment** (ऑ-पॉइन्ट्´-मॅन्ट्) *n.* 1. the act of appointing, नियोजन, नियुक्ति। 2. the state of being appointed, नियुक्ति। 3. the office or position to which one is appointed, पद, नौकरी। 4. an arrangement for meeting at a given time at a particular place, ठहराव, परियुक्ति, अप्वाइन्टमेंट।

**apportion** (ऑ-पो:´-शॅन्) *v.* to divide proportionately, हिस्से के अनुसार बाँटना, प्रभाजन करना, प्रभाजित करना।

**apportionable** (ऑ-पो:´-शॅ-नॅ-बॅल्) *adj.* liable to be apportioned, प्रभाजनीय, प्रभाज्य।

**apportionment** (ऑ-पो:´-शॅन्-मॅन्ट्) *n.* the act of apportioning, प्रभाजन।

**apposite** (ऐप्´-ऑ-ज़िट्) *adj.* 1. well put or applied, उपयुक्त। 2. relevant, प्रासंगिक।

**apposition** (ऐप्-ऑ-ज़िश्´-ऑन्) *n.* an explanatory word or phrase that follows a word of same grammatical construction, समानाधिकरण।

**appraisal** (ऑ-प्रेज़्´-ऑल्) *n.* 1. the act of appraising, मूल्यांकन। 2. review, समीक्षा।

**appraise** (ऑ-प्रेज़्´) *v.* 1. to fix a price for, दाम निश्चित करना, दाम लगाना। 2. to evaluate the worth, मूल्य आँकना, कूतना।

**appreciable** (ऑ-प्री´-शॅ-बॅल्) *adj.* sufficient to be easily noticed or measured, बुद्धि-ग्राह्य, स्पष्ट या आँकने योग्य।

**appreciate** (अ्-प्री´-शि-एट्) *v.* 1. to esteem highly, to praise, प्रशंसा या कद्र करना, दाद देना। 2. to understand, बोध होना, समझना, महसूस करना। 3. to rise in value, मूल्यवृद्धि होना, दाम बढ़ना।

**appreciation** (ऑ-प्री-शि-ए´-शॅन्) *n.* 1. the ability to perceive qualities, merits etc, गुणग्राहकता, कद्रदानी, कद्र, परख। 2. understanding, समझ, बोध। 3. increase or rise in value, मूल्यवृद्धि।

**appreciative** (ऑ-प्री´-शॅ-टिव्) *adj.* feeling or showing appreciation, गुणग्राहक, गुणग्राही।

**apprehend** (ऐप्-रि-हॅन्ड्´) *v.* 1. to arrest, पकड़ लेना, बंदी बना लेना, गिरफ़्तार कर लेना। 2. to understand, समझना। 3. to realize,

अनुभव करना, महसूस करना। 4. to anticipate with anxiety, डरना, भयभीत होना।

**apprehension** (ऐप्-रि-हेंन्´-शंन्) ***n.*** 1. the act of arresting or the state of being arrested, गिरफ़्तारी, पकड़ा जाना। 2. anxiety over what may happen, आशंका। 3. apprehension of danger, संकट की आशंका। 4. understanding, समझ, बोध, अवधारणा।

**apprehensive** (ऐप्-रि-हेंन्´-सिव्) ***adj.*** anxious, सशंक, आशंकित, भयभीत।

**apprentice** (अॅ-प्रेंन्´-टिस्) ***n.*** a person who is working under another person in order to learn a trade or craft, काम सीखनेवाला व्यक्ति, अप्रेंटिस, शिक्षु, सिखुआ। ***v.*** to work as an apprentice, काम सीखना।

**apprenticeship** (अॅ-प्रेंन्´-टिस्-शिप्) ***n.*** 1. the status of an apprentice, शिक्षुता। 2. the time during which one works as an apprentice, शिक्षुता-काल।

**apprise** (अॅ-प्राइज़्´) ***v.*** to make aware, to inform, अवगत कराना, जानकारी कराना/देना।

**approach** (अॅ-प्रोच्´) ***v.*** 1. to come near to, पास जाना, पहुँचना। 2. to be similar to, सदृश होना। 3. to make a request or offer, प्रस्ताव या निवेदन करना। ***n.*** 1. the act of approaching, पहुँच। 2. a way of reaching a place, पहुँचने का मार्ग, पहुँच-मार्ग। 3. means of access, पहुँच, पैठ।

**approachable** (अॅ-प्रो´-चॅ-बॅल्) ***adj.*** 1. that can be approached, जिस तक पहुँचा जा सके, सुगम्य। 2. friendly, मिलनसार, मैत्रीपूर्ण।

**approbation** (अॅ-प्रो-बे´-शॅन्) ***n.*** formal or authoritative approval, अनुमोदन, स्वीकृति।

**appropriate**[1] (अॅ-प्रो´-प्रि-इट्) ***adj.*** specially suitable, proper, समुचित, उचित, मुनासिब।

**appropriate**[2] (अॅ-प्रो´-प्रि-एट्) ***v.*** 1. to set apart for a special use, विनियोजित करना, अलग रखना। 2. to take and use as one's own esp. illegally, चुरा, उड़ा या हड़प लेना।

**appropriation** (अॅ-प्रो-प्रि-ए´-शॅन्) ***n.*** 1. money set aside for a special purpose, विनियोग। 2. the act of using, काम में लाना, इस्तेमाल, उपयोग। 3. stealing, चोरी।

**approval** (अॅ-प्रू´-वॅल्) ***n.*** the act of approving, अनुमोदन, मंज़ूरी, स्वीकृति। □ **on approval**, अनुमोदनार्थ।

**approve** (अॅ-प्रूव्´) ***v.*** 1. to consider or accept as good or right, ठीक समझना, स्वीकृति देना, पसंद कर लेना। 2. to confirm or sanction authoritatively, अनुमोदित करना, स्वीकृति देना, मंज़ूरी देना।

**approved** (अॅ-प्रूव्ड्´) ***adj.*** confirmed or sanctioned, अनुमोदित, मान्यताप्राप्त, स्वीकृत।

**approver** (अॅ-प्रूव्´-अॅ:) ***n.*** a person who confesses offence and who turns state's evidence, इकबाली गवाह।

**approximate**[1] (अॅ-प्राक्´-सि-मॅट्) ***adj.*** 1. almost exact, nearly accurate, लगभग, करीब-करीब। 2. near, समीपवर्ती, सन्निकट। 3. equal, समान।

**approximate**[2] (अॅ-प्राक्´-सि-मेट्) ***v.*** 1. to come close to, लगभग होना, करीब होना। 2. to be similar, समान होना।

**approximately** (अॅ-प्राक्´-सि-मॅट्-ली) ***adv.*** nearly, लगभग, करीब-करीब, अंदाज़न।

**approximation** (अॅ-प्रॉक्-सि-मे´-शॅन्) ***n.*** 1. a rough estimate, मोटा अनुमान, अंदाज़। 2. alikeness, समानता, सादृश्य।

**appurtenance** (अॅ-प:´-टॅ-नॅन्ट्) ***n.*** an appendage or accessory, साथ लगी हुई वस्तु, अनुलग्नक।

**apricot** (ऐप्´-रि-कॉट्, ए´-प्रि-कॉट्) ***n.*** a tree and its fruit, ख़ुबानी।

**April** (ए´-प्रिल्) ***n.*** the fourth month of the year, अप्रैल।

**April fool** ***n.*** a victim of jokes on 1st April, एप्रिल फ़ूल।

**April Fool's Day** ***n.*** 1st April, पहली अप्रैल।

**a priori** (ए-प्रि-ओ´-राइ) ***adv.*** from a known or assumed cause to a necessarily related effect, कारण-कार्य न्याय से। ***adj.*** based on theory rather than experience, अनुभव-निरपेक्ष, प्रागनुभविक। (लैटिन)

**apron** (ए-प्रॅन्´) ***n.*** a garment worn in front of the body to protect the clothing, अग्रवस्त्र, एप्रन। □ **tied to one's wife's**

A

**apron-strings,** पत्नी-भीरु, पत्नीभक्त।

**apropos** (ऐप्´-रॅ-पो, ऐप्-रॅ-पो´) ***adv.*** 1. at the right time, ठीक समय पर। 2. incidentaly, अचानक, एकाएक। □ **apropos of,** के बारे में। ***adj.*** appropriate, समुचित, उचित।

**apse** (ऐप्स्) ***n.*** a semi-circular projection of a church, गिरजे का अर्धवृत्ताकार बाहर निकला हुआ भाग।

**apt** (ऐप्ट्) ***adj.*** 1. appropriate, उपयुक्त, उचित, समुचित। 2. inclined, प्रवृत्त, उन्मुख। 3. quick to learn, intelligent, कुशाग्रबुद्धि, योग्य।

**aptitude** (ऐप्´-टि-ट्यूड्) ***n.*** 1. a natural tendency or inclination, स्वाभाविक प्रवृत्ति, रुझान, अभिवृत्ति। 2. inherent or acquired ability, नैसर्गिक क्षमता या अर्जित गुण।

**aptly** (ऐप्ट्´-ली) ***adv.*** 1. appropriately, befittingly, सही तरीके से। 2. ably, योग्यतापूर्वक।

**aqua** (ऐक्´-वॅ) ***n.*** water, पानी, जल।

**aquamarine** (ऐक्´-वॅ-मॅ-रीन्) ***adj.*** bluish green, नीलापन लिये हरे रंग का।

**aquarium** (अॅ-क्वेर्´-इ-अॅम्) ***n.*** an artificial pond for keeping fish and other water animals and plants, मत्स्यालय, जलजीवशाला।

**Aquarius** (अॅ-क्वेर्´-इ-अॅस्) ***n.*** a sign of the zodiac, कुंभ राशि।

**aquatic** (अॅ-क्वैट्´-इक्, अॅ-क्वाट्´-इक्) ***adj.*** living in the water, जल में होने या रहनेवाला, जलीय।

**aquatics** (अॅ-क्वैट्´-इक्स्, अॅ-क्वाट्´-इक्स्) ***n.*** (plu.) aquatic sports, पानी के खेल, जलक्रीड़ाएँ।

**aqueduct** (ऐक्´-वि-डॅक्ट्) ***n.*** an artificial channel, कृत्रिम जलमार्ग, नाली, मोरी।

**aqueous** (एक्´-वि-अॅस्, ए´-क्वि-अॅस्) ***adj.*** of water, watery, जलीय।

**aquiline** (ऐक्´-वि-लाइन्) ***adj.*** curved like an eagle's beak, गरुड़ की चोंच की तरह टेढ़ा, गरुड़ीय।

**Arab** (ऐर्´-अब्) ***n.*** a native of Arabia, अरबवासी।

**arabesque** (ऐर्-अॅ-बॅस्क्´) ***adj.*** 1. of Arabia, अरब देश का, अरबी। 2. peculiar, अजीब, विलक्षण, विचित्र। ***n.*** an ornamental design of interwoven flowers and leaves, बेल-बूटों का काम, गुलकारी।

**Arabia** (अॅ-रे´-बि-अॅ) ***n.*** a peninsula between the Red sea and the Persian Gulf, अरब।

**Arabian** (अॅ-रे´-बि-अॅन्) ***adj.*** 1. of Arabia, अरब-संबंधी। 2. of Arabs, अरबों का।

**Arabic** (ऐर्´-अॅ-बिक्) ***adj.*** of the Arabs or their language, अरबी।

**Arabist** (ऐर्´-अॅब्-इस्ट्) ***n.*** an expert in Arabic language or literature, अरबीदाँ, अरबीवेत्ता।

**arable** (ऐर्´-अॅ-बॅल्) ***adj.*** fit for tillage, suitable for ploughing, जोतने-बोने लायक।

**arbiter** (आ:´-बि-टॅ:) ***n.*** an arbitrator, मध्यस्थ, पंच।

**arbitrable** (आ:´-बि-ट्रॅ-बॅल्) ***adj.*** subject to arbitration, मध्यस्थता-योग्य।

**arbitrage** (आ:´-बि-ट्रिज्) ***n.*** the principle of profiting from the difference in prices of the same thing at the same time at different places, अंतरपणन, हुंडी का कारोबार।

**arbitrary** (आ:´-बि-ट्रॅ-री) ***adj.*** 1. based on one's whims, मनमाना, यादृच्छिक। 2. despotic, स्वेच्छाचारी, निरंकुश।

**arbitrate** (आ:´-बि-ट्रेट्) ***v.*** to mediate, मध्यस्थता करना।

**arbitration** (आ:´-बि-ट्रे´-शॅन्) ***n.*** 1. the act of arbitrating, मध्यस्थता। 2. the verdict of an arbitrator or arbitrators, पंच-निर्णय।

**arbitrator** (आ:´-बि-ट्रे-टॅ:) ***n.*** one who arbitrates, मध्यस्थ, पंच।

**arboreal** (आ:-बोर्´-इ-अॅल्) ***adj.*** 1. of or pertaining to trees, वृक्ष-संबंधी, वृक्षीय। 2. living in trees, वृक्षों पर रहनेवाला।

**arbour** (आ:´-बॅ:) ***n.*** 1. a shaded retreat, bower, लतामंडप, कुंज। 2. a hut made of leaves, पर्णशाला, पर्णकुटी।

**arc** (आ:क्) ***n.*** a curved line or object, चाप।

**arcade** (आ:-केड्´) *n.* a covered passage, आच्छादित मार्ग, ढकी गली।

**arcane** (आ:-केन्´) *adj.* secret, mysterious, गुप्त, रहस्यमय।

**arch**[1] (आ:च्) *n.* 1. any structure shaped like a curve, तोरण, मेहराब। 2. an arc, चाप। *v.* (arched, arching) to build an arch over, मेहराब बनाना, तोरण बनाना।

**arch**[2] (आ:च्) *adj.* 1. chief, मुख्य, प्रधान। 2. notorious, mischievous, पाजी, छँटा हुआ। 3. wicked, दुष्ट, धूर्त।

**archaeological** (आ:-कि-ॲ-लॉज्´-इ-कॅल्) of archaeology, पुरातत्त्व-संबंधी, पुरातात्त्विक।

**archaeologist** (आ:-कि-ऑल्´-ॲ-जिस्ट्) *n.* an expert in archaeology, पुरातत्त्ववेत्ता।

**archaeology** (आ:-कि-ऑल्´-ॲ-जी) *n.* the scientific study of cultural remains of the remote past, पुरातत्त्व।

**archaic** (आ:-के´-इक्) *adj.* 1. belonging to the ancient times, पुराकालीन, प्राचीन, पुरातन। 2. no longer in use, आर्ष, अप्रचलित।

**archangel** (आ:क्´-एन्-जॅल्) *n.* an angel of the highest rank, सर्वप्रधान या सर्वश्रेष्ठ देवदूत।

**archbishop** (आ:च्-बिश्´-ॲप्) *n.* a chief bishop of a diocese, बिशप स्वामी।

**archdeacon** (आ:च्-डी´-कॅन्) *n.* one who assists a bishop, बिशप स्वामी-सहायक।

**arch enemy** *n.* the chief enemy, घोर शत्रु।

**archer** (आ:´-चॅ:) *n.* one who shoots with bow and arrow, तीरंदाज़, धनुषधर, धनुर्धारी।

**archery** (आ:´-चॅ-री) *n.* an art of shooting with bows and arrows, धनुर्विद्या, तीरंदाज़ी।

**archetype** (आ:´-कि-टाइप्) *n.* an original model, मूल या आद्य रूप।

**archipelago** (आ:-कि-पॅल्´-ॲ-गो) *n.* a group of island, द्वीप-समूह, द्वीपपुंज।

**architect** (आ:´-कि-टॅक्ट्) *n.* an expert in designing the buildings, वास्तुकार, वास्तुविद्।

**architectural** (आ:´-कि-टॅक्-चॅ-रॅल्) *adj.* of or related to architecture, वास्तु-संबंधी।

**architecture** (आ:´-कि-टॅक्-चॅ:) *n.* the art or science of designing buildings, वास्तुविद्या।

**archives** (आ:´-काइव्ज़्) *n.* (pl.) a place where historical documents are kept and preserved, अभिलेखागार, पुरालेखागार।

**archivist** (आ:´-कि-विस्ट्) *n.* one in charge of archives, अभिलेखागारिक, अभिलेखाध्यक्ष, पुरालेखागारिक, पुरालेखाध्यक्ष।

**Arctic** (आ:क्´-टिक्) *adj.* pertaining to the North Pole, उत्तरध्रुवीय।

**ardent** (आ:´-डॅन्ट्) *adj.* 1. enthusiastic, उत्साही, उमंग-भरा। 2. fiery, fervent, प्रचंड, उग्र, प्रबल।

**ardour** (आ:´-डॅ:) *n.* 1. enthusiasm, उत्साह, उमंग। 2. passion, लगन।

**arduous** (आ:´-डु-ॲस्) *adj.* 1. laborious, strenuous, श्रमसाध्य, दुस्साध्य। 2. difficult to climb, दुरारोह, खड़ी ढालवाला। 3. difficult, कठिन, मुश्किल।

**are** (आ:) *v. plu.* of be verb, हैं।

**area** (एर्´-इ-ॲ) *n.* 1. total space, क्षेत्रफल। 2. a particular extent of surface, क्षेत्र, भूभाग। 3. the field of an activity, कार्यक्षेत्र, कर्मक्षेत्र।

**areal** (एअर्´-इ-ॲल्) *adj.* of area, क्षेत्र-संबंधी, क्षेत्रफल-संबंधी।

**arena** (ॲ-री´-नॅ) *n.* 1. a raised platform where people wrestle, अखाड़ा, मल्लभूमि। 2. a battlefield, लड़ाई का मैदान, युद्धभूमि, समरभूमि, युद्धस्थल।

**argon** (आ:´-गॉन्) *n.* a gaseous element, एक वायु-तत्त्व, आर्गन गैस।

**argot** (आ:´-गो) *n.* 1. the jargon of criminals, अपराधियों की बोली, चोरबोली। 2. a jargon, बोली।

**arguable** (आ:´-ग्यु-ॲ-बॅल्) *adj.* open to dispute, विवादास्पद, तर्कणीय।

**argue** (आ:´-ग्यू) *v.* 1. to give a reason, तर्क या दलील देना। 2. to debate, तर्क-वितर्क करना। 3. to prove, सिद्ध करना। 4. to persuade or influence, राज़ी करना, मना लेना।

**argument** (आ:´-ग्यु-मॅन्ट्) *n.* 1. a statement for or against a proposition, तर्क, दलील,

A

युक्ति। 2. a quarrel, झगड़ा, विवाद। 3. a discussion in which there is disagreement, वाद-विवाद, तर्क-वितर्क, बहस।

**argumentation** (आ:-ग्यु-मेंन्-टे´-शॅन्) ***n.*** the act of arguing, तर्क-वितर्क, वाद-विवाद, बहस-मुबाहिसा।

**Arian** (एअर्´-इ-ॲन्) ***adj & n.*** Aryan, आर्य।

**arid** (ऐर्´-इड्) ***adj.*** 1. dry, शुष्क, सूखा। 2. dull, uninteresting, शुष्क, नीरस।

**aridness** (ऐर्´-इड्-निस्) ***n.*** the state of being arid, शुष्कता, नीरसता।

**Aries** (एअर्´-ईज़्) ***n.*** a sign of the zodiac, मेष राशि।

**aright** (ॲ-राइट्´) ***adv.*** rightly, ठीक, ठीक से।

**arise** (ॲ-राइज़्´) ***v.*** (arose, arisen) 1. to get up, जाग उठना, जागना, उठना। 2. to come into being, अस्तित्व में आना, आविर्भूत होना।

**aristocracy** (ऐर्-इ-स्टॉक्´-रॅ-सी) ***n.*** 1. the people of the upper spl. rich classes, a privileged class of the people, अभिजात वर्ग, कुलीन वर्ग, प्राधिकृत वर्ग। 2. the government by such a class, कुलीन तंत्र, अभिजात तंत्र।

**aristocrat** (ऐ-रिस्´-टॅ-क्रैट्) ***n.*** a member of an upper class, अभिजात, कुलीन।

**aristocratic** (ऐ-रिस्-टॅ-क्रैट्´-इक्) ***adj.*** 1. pertaining to the aristocracy, अभिजातीय, कुलीन। 2. refined, सुसंस्कृत, शिष्ट।

**arithmetic**[1] (ॲ-रिथ्´-मॅ-टिक्) ***n.*** the science of numbers, अंकगणित, हिसाब।

**arithmetic**[2] (ऐर्-इथ्-मेंट्´-इक्) ***adj.*** = arithmetical.

**arithmetical** (एर्-इथ्-मेंट्´-इ-कॅल्) ***adj.*** pertaining to arithmetic, अंकगणितीय, हिसाबी।

**arithmetician** (ॲ-रिथ्-मॅ-टिश्´-ॲन्) ***n.*** one who is skilled in arithmetic, अंकगणितज्ञ।

**ark** (आ:क्) ***n.*** in the Bible, the ship built by Noah, नोह द्वारा निर्मित नाव।

**arm**[1] (आ:म्) ***n.*** 1. either of the two upper limbs of a human body from the shoulder to the hand, बाँह, भुजा, बाहु। 2. forelimb of a vertebrate animal, अगली टाँग, बाँह। 3. a sleeve, कमीज़, कुरते आदि की बाँह। 4. the part of the chair on which the arms rest, कुर्सी की बाँह। 5. something projected from a main part, भुजा, शाखा। 6. an administrative subdivision of an organisation, अंग, विभाग। 7. power, authority, शक्ति, बल, सत्ता। □ **arm in arm,** हाथ में हाथ डालकर; **at arm's length,** कुछ दूर; **in arms,** गोदी का; **the long arm of the law**, कानून का लंबा हाथ, कानून की शक्ति; **with open arms,** खुले दिल से।

**arm**[2] (आ:म्) ***n.*** 1. a weapon, शस्त्र, हथियार, आयुध। 2. each of the branches of a country's military forces, सेना का कोई विभाग। ***v.*** (armed, arming) 1. to supply arms, शस्त्रों की पूर्ति करना। 2. to equip with arms, शस्त्र-सज्जित करना।

**armada** (आ:-मा´-डॅ) ***n.*** a fleet of warships, युद्धपोतों का बेड़ा।

**armament** (आ:´-मॅ-मॅन्ट्) ***n.*** 1. the process of arming or equipping for the war, शस्त्रीकरण, शस्त्रसंज्जा, हथियारबंदी। 2. (plu.) the military forces and equipment of a nation, राष्ट्र की सेना और युद्ध-सामग्री। 3. the preparation for war, युद्ध की तैयारी।

**armature** (आ:´-मॅ-चॅ:) ***n.*** the revolving part of an electric motor wound with coils, आर्मेचर।

**armchair** (आ:म्´-चेअॅ:) ***n.*** a chair with supports for arms, बाँहदार कुर्सी।

**armchair critic** (~-क्रिट्´-इक्) ***n.*** a critic having no practical experience, निष्क्रिय या अव्यवहारशील समीक्षक।

**armed** (आ:म्ड्) ***adj.*** having an arm or arms, सशस्त्र, हथियारबंद; ~ forces, सशस्त्र सेनाएँ।

**armful** (आ:म्´-फुल्) ***adj.*** as much as the arm or arms can hold, बाँहों-भर।

**armhole** (आ:म्´-होल्) ***n.*** the opening in an article of clothing through which the arm passes, कमीज़, कोट, ब्लाउज़ आदि का मोढ़ा।

**armistice** (आ:´-मि-स्टिस्) ***n.*** an agreement to stop fighting for the time being, truce,

युद्धविराम, विराम-संधि।

**armless** (आ:म्´-लिस्) *adj.* without arms, शस्त्रहीन, निहत्था।

**armlet** (आ:म्´-लिट्) *n.* an ornament worn around the upper arm, बाजूबंद।

**armour, armor** (आ:´-मॅ:) *n.* 1. a protective covering for the body worn by medieval warriors, कवच, बख़्तर। 2. the armoured fighting vehicles, बख़्तरबंद गाड़ी, शस्त्र-सज्जित यान।

**armoured, armored** (आ:´-मॅ:ड्) *adj.* equipped or covered with armour, बख़्तरबंद, कवचित।

**armoury, armory** (आ:´-मॅ-री) *n.* 1. a store house for weapons, शस्त्रागार। 2. a place where fire-arms are made, आयुध-निर्माणशाला।

**armpit** (आ:म्´-पिट्) *n.* the hollow under the arm below the shoulder, काँख, बगल।

**arms** (आ:म्स्) *n.* weapons collectively, अस्त्र-शस्त्र, आयुध, हथियार। ☐ **take up arms**, हथियार उठाना; **up in arms**, (i) क्रुद्ध; (ii) युद्ध के लिए तैयार।

**arms race** *n.* the competition among nations in accumulating arms, राष्ट्रों में एक दूसरे से बढ़कर होनेवाली शस्त्र-संग्रह की प्रवृत्ति, शस्त्रों की होड़।

**army** (आ:´-मी) *n.* 1. organised body of soldiers, सेना, फौज़। 2. any large body of people, सेना, फौज़।

**aroma** (अॅ-रो´-मॅ) *n.* fragrance, सुगंध, ख़ुशबू।

**aromatic** (ऐर्-अॅ-मॅट्´-इक्) *adj.* fragrant, सुगंधित, ख़ुशबूदार, सुरभित।

**arose** (अॅ-रोज़्´) *v.* p. t. of arise.

**around** (अॅ-राउन्ड्´) *adv.* 1. on all sides, चारो तरफ़ चारो ओर। 2. in all directions, चारो दिशाओं में। 3. nearby, here and there, about, आसपास, यहाँ-वहाँ, इधर-उधर। 4. nearly, about, लगभग। ☐ **around the clock**, रात-दिन। *prep.* 1. on all sides of, के चारो तरफ़। 2. in all directions, सभी दिशाओं में। 3. about the circumference, परिधि के चारो ओर। 4. about the central point of, किसी केंद्र-बिंदु के चारो ओर।

**arousal** (अॅ-राउज़्´-अॅल्) *n.* the state of being aroused, जागरण; उत्तेजन; उद्दीपन।

**arouse** (अॅ-राउज़्´) *v.* (aroused, arousing) 1. to awaken, जगाना या जागना। 2. to incite, उत्तेजित करना, भड़काना। 3. to stimulate, उद्दीप्त करना।

**arpeggio** (आ:-पेंज्´-इ-ओ) *n.* the notes of a musical chord played in a rapid succession, मीड़।

**arraign** (अॅ-रेन्´) *v.* to call or bring before a court, कचहरी में हाज़िर होने के लिए बुलाना या लाना।

**arrange** (अॅ-रेन्ज्´) *v.* (arranged, arranging) 1. to put into a proper order, व्यवस्थित करना, विन्यस्त करना, क्रमबद्ध करना, क्रम लगाना। 2. to make arrangements, व्यवस्था करना, आयोजन करना। 3. to make preparations in advance, तैयारी करना। 4. to classify, वर्गीकरण करना।

**arrangement** (~-मॅन्ट्) *n.* 1. the act of arranging or being arranged, व्यवस्था, प्रबंध, विन्यास। 2. order, क्रम। 3. a preparation, तैयारी, आयोजन। 4. agreement, समझौता।

**arrant** (ऐर्´-अॅन्ट्) *adj.* out and out, सोलहो आने, पूरा, पक्का।

**arras** (ऐर्´-अॅस्) *n.* a wall-hanging, कामदार परदा, वाल-हैंगिंग।

**array** (अॅ-रे´) *v.* 1. to put in order, व्यवस्थित करना, क्रम से रखना। 2. to marshal troops, व्यूह-रचना करना। 3. to adorn, सजना या सजाना, विशेषत: कीमती और सुंदर वस्त्र धारण करना। *n.* 1. arrangement, व्यवस्था, आयोजन। 2. an ordered force or army, सेना की व्यूह-रचना, व्यूह। 3. a fine display or show, प्रदर्शन, ठाठ-बाट।

**arrears** (अॅ-रिअॅ:ज़्´) *n.* (plu.) 1. overdue debts, बकाया, बाकी, शेष। 2. unfinished work, बाकी काम। ☐ **in arrears**, (i) बकाएदार, (ii) जिसका काम पिछड़ा हो।

**arrest** (अॅ-रॅस्ट्´) *v.* 1. to take into custody by the police, गिरफ़्तार करना, बंदी बना लेना। 2. to stop or check, रोकना। 3. to catch

A

(somebody's attention; किसी का ध्यान) आकृष्ट करना। ***n.*** 1. the act of arresting or being arrested, गिरफ़्तारी, बंदीकरण। 2. stoppage, रोक, संरोध। □ **under arrest,** गिरफ़्तार, बंदी।

**arrested** (अॅ-रॅस्´-ट्ड) ***adj.*** 1. in the legal custody of the police, बंदी बनाया हुआ, गिरफ़्तार, बंदीकृत। 2. stopped, रुका हुआ, अवरुद्ध, रुद्ध।

**arresting** (अॅ-रॅस्´-टिंग्) ***adj.*** attracting, interesting, आकर्षक, रोचक।

**arrival** (अॅ-राइ´-वॅल्) ***n.*** 1. act of arriving, आगमन, पहुँच। 2. a person who arrives, आनेवाला व्यक्ति, आगंतुक। 3. a new born baby, नवजात शिशु। 4. a thing that arrives, आमद, आवक।

**arrive** (अॅ-राइव्´) ***v.*** 1. to reach, to come, पहुँचना, आना। 2. to achieve success, सफल होना, सफलता प्राप्त करना। 3. to be born (said of a baby, बच्चा) पैदा होना।

**arrogance** (ऐर्´-अॅ-गॅन्स्) ***n.*** haughtiness, अक्खड़पन, घमंड।

**arrogant** (ऐर्´-अॅ-गॅन्ट्) ***adj.*** haughty, अक्खड़, घमंडी।

**arrogate** (ऐर्´-अॅ-गेट्) ***v.*** 1. to claim without right, झूठा दावा करना। 2. to make an unauthorised attempt, अनधिकार चेष्टा करना।

**arrow** (ऐर्´-ओ) ***n.*** a pointed shaft to be shot from a bow, तीर, बाण।

**arrowhead** (ऐर्´-ओ-हॅड्) ***n.*** the head or tip of an arrow, तीर का सिरा, तीर की नोक।

**arrowroot** (ऐर्´-ओ-रूट्) ***n.*** a plant with roots which yields an edible starch, अरारोट।

**arse** (आ:स्) ***n.*** the buttocks, चूतड़, नितंब।

**arsenal** (आ:´-सॅ-नॅल्) ***n.*** 1. a place for making or storing weapons and other munitions, शस्त्रागार, आयुधशाला। 2. a collection fo weapons, आयुध-संग्रह। 3. a house, घर, गढ़।

**arsenic** (आ:´-सॅ-निक्) ***n.*** a kind of very poisonous chemical element, संखिया।

**arson** (आ:´-सॅन्) ***n.*** the intentional act of setting fire to property, आगज़नी।

**arsonist** (आ:´-सॅन्-इस्ट्) ***n.*** a person guilty of arson, आग लगानेवाला।

**art** (आ:ट्) ***n.*** 1. the activity of creating beautiful or artistic things, कला। 2. skill, knack, कौशल, निपुणता, कला; the art of government, शासन-कला। 3. cunning, चालाकी, धूर्तता, तिकड़म। 4. any of certain branches of academic learning, कला। ***v.*** the present tense of 'be' used with thou, है।

**artefact** (आ:´-टॅ-फ़ैक्ट्) ***n.*** any (useful) thing made by a man, मानवरचित वस्तु।

**arterial** (आ:-टिअर्´-इ-अॅल्) ***adj.*** pertaining to an artery or arteries, धमनी-संबंधी, धमनीय।

**artery** (आ:´-टॅ-री) ***n.*** 1. any of the tubes carrying blood from the heart to all parts of the body, धमनी, नस। 2. a main road, मुख्य मार्ग।

**artesian well** (आ:-टी´-ज़न्-वॅल्) ***n.*** a well the water of which rises to the earth's surface, सोता कुआँ।

**artful** (आ:ट्´-फ़ुल्) ***adj.*** clever, crafty, चालाक, धूर्त, होशियार, तिकड़मी।

**artfulness** (आ:ट्´-फ़ुल्-निस्) ***n.*** the state of being artful, चालाकी, धूर्तता, तिकड़म।

**artfully** (आ:ट्´-फ़ु-ली) ***adv.*** cunningly, चालाकी से, तिकड़म से।

**arthritis** (आ:-थ्राइ´-टिस्) ***n.*** a disease of the joints, गठिया, जोड़ों का दर्द।

**artichoke** (आ:´-टि-चोक्) ***n.*** a plant, हाथी-चक।

**article** (आ:´-टि-कॅल्) ***n.*** 1. a particular thing, item, वस्तु, चीज़, पदार्थ। 2. a piece of writing, लेख, रचना। 3. a separate clause in an agreement, अनुबंध की धारा, अनुच्छेद, उपपद। 4. a class of words, the words a, an and the, प्रविशेषण। ***v.*** to place under agreement, नियम के अंतर्गत करना, नियम में जोड़ना।

**articulate[1]** (आ:-टिक्´-यु-लेट्) ***v.*** 1. to

speak, बोलना, उच्चारण करना। 2. to express clearly, साफ़-साफ़ बोलना, स्पष्ट उच्चारण करना।

**articulate²** (आ:-टिक्´-यु-लिट्) ***adj.*** 1. spoken clearly, अच्छी तरह कहा हुआ, कथित, सुस्पष्ट। 2. able to express clearly, वाग्मी। 3. capable of speech, बोलने में सक्षम, सवाक्।

**articulation** (आ:-टिक्´-यु-ले´-शॅन्) ***n.*** 1. the production of speech sounds, उच्चारण। 2. expression of feelings or thoughts, अभिव्यक्ति, कथन।

**artifact** (आ:´-टि-फ़ैक्ट्) ***n.*** anything made by human hand, मनुष्य-निर्मित वस्तु।

**artifice** (आ:´-टि-फ़िस्) 1. cunning trickery, deception, तिकड़म, चाल, चालाकी। 2. a device, युक्ति, उपाय, तरकीब।

**artificer** (आ:-टिफ़्´-इ-सॅ:) ***n.*** 1. a skilled workman, कुशल कारीगर, मिस्त्री। 2. an inventor, आविष्कारक।

**artificial** (आ:-टि-फ़िश्´-ॲल्) ***adj.*** 1. not natural, made by man, कृत्रिन, बनावटी, मनुष्य-निर्मित। 2. not original, imitated, नकली, मिथ्या, झूठा। 3. pretended, not genuine, जो खरा न हो, नकली, ऊपरी, अवास्तविक।

**artillery** (आ:-टिल्´-ॲ-री) ***n.*** 1. large guns and cannons, तोपों का समूह। 2. troops armed with cannons, तोपख़ाना।

**artisan** (आ:´-टि-ज़ॅन्) ***n.*** a craftsman, दस्तकार, कारीगर, शिल्पी।

**artist** (आ:´-टिस्ट्) ***n.*** 1. one who practises or works in one of the Fine Arts, कलाकार। 2. an expert in painting, चित्रकार, चितेरा, कलाकार। 3. a professional entertainer, कलाकार, अदाकार।

**artiste** (आ:-टीस्ट्´) ***n.*** a professional singer or dancer, व्यवसायी कलाकार, गायक या नर्तक।

**artistic** (आ:-टिस्´-टिक्) ***adj.*** 1. of art or artists, कला या कलाकारों से संबद्ध। 2. showing skill and good taste, कला-पूर्ण, कलात्मक।

**artistically** (आ:-टिस्´-टि-कॅं-ली) ***adv.*** in an artistic manner, कलात्मक ढंग से।

**artistry** (आ:´-टि-स्ट्री) ***n.*** workmanship, artistic skill, कारीगरी, कला।

**artless** (आ:ट्´-लिस्) ***adj.*** lacking artfulness, जिसे छल-कपट छू न गया हो, भोला-भाला, सीधा, सीधा-सादा।

**artlessness** (आ:ट्´-लिस्-निस्) ***n.*** simplicity, सिधाई, भोलापन।

**arts** (आ:ट्स्) ***n.*** (plu.) imaginative and creative branches of knowledge other than scientific, कलाएँ।

**arts and crafts** ***n.*** (plu.) decorative design and handicraft, हस्तशिल्प।

**as** (ऐज़्´) ***conj.*** 1. while, जैसे ही, जैसे-जैसे, जब। 2. in the way that, like, की तरह, Think as I think, मेरी तरह सोचो। 3. that, which, जो···वही, जैसा···वैसा; I did as I was told, मुझसे जैसा कहा गया, वैसा मैंने किया। 4. because, क्योंकि। 5. equally, के समान, के बराबर। 6. for example, उदाहरण के लिए, उदाहरणार्थ। 7. for the reason, जिससे। ***adv.*** 1. not differently from, उसी तरह। 2. as before, पहले ही की तरह। □ **as much as,** in the same degree, जितना··· उतना; I thought as much as I could have thought, मैं जितना सोच सकता था उतना मैंने सोचा। □ **as against**, पर, की तुलना में; **as...as,** equally...as, की तरह ही; **as far as,** जहाँ तक; **as from,** तब से; **as for,** के विषय में; **as if,** मानो; **as it is,** वास्तव में, सचमुच; **as it were,** वस्तुत: जैसा हो; **as good as alike,** वैसा ही। **as soon as,** जैसे ही; **as though,** मानो; **as to,** के विषय में; **as usual,** सदैव की भाँति, बदस्तूर; **as well as,** और, भी, साथ ही साथ; **as yet,** अब तक।

**asbestos** (ऐस्-बॅस्´-टॅस्) ***n.*** a mineral used as fireproof material, एस्बेस्टस। ***adj.*** fireproof, अदह, अग्नि-सह।

**ascend** (ॲ-सॅन्ड्´) ***v.*** (ascended, ascending) 1. to go up, ऊपर उठना। 2. to climb up, चढ़ना। 3. to rise, बढ़ना, तीव्र होना। 4. to go to a higher position, उन्नति करना; to

A

ascend the throne, सिंहासन पर बैठना, राजा बनना।

**ascendancy, ascendency** (अँ-सेँन्´-डॅन्-सी) ***n.*** controlling power, प्रभुत्व, आधिपत्य।

**ascendant, ascendent** (अँ-सेँन्ड्´-ॲन्ट्) ***adj.*** 1. rising, ऊपर उठता हुआ, आरोही, उदीयमान, होनहार। 2. dominant, superior, प्रबल, धाकड़। □ **in the ascendant,** होनहार, उदीयमान।

**ascension** (अँ-सेँन्´-शॅन्) ***n.*** 1. act of ascending, आरोहण। 2. ascent of Jesus Christ to Heaven, येशु का स्वर्गारोहण।

**ascent** (अँ-सेँन्ट्´) ***n.*** 1. act of ascending, आरोहण। 2. advancement, बढ़ाव, प्रगति, उन्नति। 3. slope leading upward, चढ़ाई।

**ascertain** (ऐस्-अँ:-टेन्´) ***v.*** 1. to find out, पता लगना। 2. to get to know, जान लेना।

**ascetic** (अँ-सेँट्´-इक्) ***n.*** a religious person who practises rigid self-denial, संन्यासी, तपस्वी।

**ascetism** (अँ-सेँट्-इ-सिज़्-ॲम्) ***n.*** severe self-denial practice of austerity, penance, तप, तपश्चर्या, तपस्या।

**ascribable** (अँ-स्क्राइ´-बॅ-बॅल्) ***adj.*** that can be ascribed, श्रेय देने के योग्य।

**ascribe** (अँ-स्क्राइब्´) ***v.*** (ascribed, ascribing) □ **ascribe to,** to attribute to, का कारण बताना, का श्रेय देना, के नाम से जोड़ना; He ascribed her success to efficiency. उसने उसकी सफलता का कारण कार्यकुशलता बताया/ उसने उसकी सफलता का श्रेय कार्यकुशलता को दिया। This story is usually ascribed to Premchand. प्राय: इस कहानी का लेखक प्रेमचंद को बताया जाता है/इस कहानी को प्रेमचंद के नाम से जोड़ा जाता है।

**ascription** (अँ-स्क्रिप्´-शॅन्) ***n.*** act of ascribing, कारण बताना, श्रेय देना।

**aseptic** (ए-सेँप्´-टिक्) ***adj.*** free from bacteria, रोगाणुरहित।

**asexual** (ए-सेँक्´-शु-ॲल्) ***adj.*** 1. having no sex organs, लिंग (या योनि) से रहित, अलिंगी। 2. having no interest in sexual relations, अकाम, अकामी, यौन-विमुख। 3. born without sex, अयोनिज।

**ash** (ऐश्) ***n.*** 1. a forest tree and its wood, अखरोट की जाति का एक जंगली पेड़ और उसकी लकड़ी। 2. the grey powder that remains after something has burned, राख, भस्म।

**ashamed** (अँ-शेम्ड्´) ***adj.*** feeling or showing shame, लज्जित, शर्मिंदा; To beg I am ashamed, क्षमा माँगने में मुझे लज्जा आती है।

**ashen** (~-ॲन्) ***adj.*** pale, पीला, जर्द।

**ashes** (ऐ´-शिज़्) ***n.*** (plu.) human remains after cremation, भस्मी, भस्मावशेष, अस्थियाँ।

**ashore** (अँ-शोर्´) ***adv.*** on the shore, किनारे।

**ashram** (ऐश्´-रॅम्) ***n.*** a place of religious retreat, आश्रम।

**ashtray** (ऐश्´-ट्रे) ***n.*** a small receptacle for tobacco ashes, ऐशट्रे, राखदानी।

**ashy** (ऐश्´-ई) ***adj.*** 1. grey, मटमैला। 2. pale, पीला। 3. covered with ash, राख से ढका।

**Asian** (ए´-शि-ॲन्) ***adj.*** of Asia or its people, एशियाई। ***n.*** a native of Asia, एशियावासी।

**Asiatic** (ए´-शि-ऐट्´-इक्) ***adj. & n.*** = Asian.

**aside** (अँ-साइड्´) ***adv.*** 1. to one side, एक तरफ़, किनारे, दूर। 2. apart, अलग, पृथक्। 3. being dismissed for one's thoughts, भूलकर, छोड़कर, ध्यान न देकर। □ **set aside,** (i) अप्रभावी करना, रद करना, (ii) परे करना। ***n.*** the words spoken by an actor, not intended to be heard by the other actors, स्वगत कथन।

**asinine** (ऐस्´-इ-नाइन्) ***adj.*** 1. like an ass, गधे जैसा। 2. stupid, मूर्ख, बेवक़ूफ़।

**ask** (ऐस्क्, आस्क्) ***v.*** 1. to put a question to, प्रश्न करना, सवाल पूछना। 2. to enquire (about, के बारे में) पूछना। 3. to make a request, कहना, माँगना, निवेदन करना, चाहना। 4. to expect, आशा करना, उम्मीद करना। 5. to invite, बुलाना, आमंत्रित करना। □ **ask for,** देने के लिए कहना, माँगना, कहना; **ask for trouble,** आ बैल मुझे मार।

**askance** (अँ-स्कैन्स्´) ***adv.*** 1. with a side glance, तिरछी नज़र से, तिरछी नज़रों से। 2. with disapproval, तिरस्कारपूर्वक, उपेक्षा-

पूर्वक।

**askew** (अॅ-स्क्यू´) *adj.* not straight, जो सीधा न हो, टेढ़ा, तिरछा, आड़ा, वक्र। *adv.* obliquely, crookedly, टेढ़े ढंग से, टेढ़े।

**asleep** (अॅ-स्लीप्´) *adj.* 1. sleeping, सोता हुआ, सुप्त। 2. numbed, सुन्न, निस्पंद, निश्चेष्ट।

**aspect** (ऐस्´-पेॅक्ट्) *n.* 1. an appearance, शक्ल, आकृति। 2. a facet, पक्ष, पहलू। 3. the direction a thing faces, रुख, मुँह। 4. the relative position of planets, ग्रहस्थिति।

**asperity** (अॅ-स्पेॅर्´-इ-टी) *n.* 1. rudeness, रूखापन, रुखाई, रूक्षता। 2. a bitter remark, कटूक्ति, कड़वी बात। 3. roughness, ऊबड़-खाबड़पन, खुरदरापन।

**aspersion** (अॅ-स्पः´-शॅन्) *n.* an insulting remark, कलंक, लांछन, बदनामी, निंदा। □ **cast aspersions on upon,** लांछन लगाना।

**asphalt** (ऐस्´-फ़ाल्ट्, ऐस्´-फ़ैल्ट्) *n.* a substance like coaltar, डामर।

**aspirant** (अॅ-स्पाइर्´-अॅन्ट्, ऐस्´-पि-रॅन्ट्) *n.* 1. one who aspires, आकांक्षी, इच्छुक। 2. a candidate, प्रत्याशी, उम्मीदवार।

**aspiration** (ऐस्-पि-रे´-शॅन्) *n.* 1. act of breathing, साँस लेना, श्वसन। 2. an ambition, आकांक्षा, अभिलाषा, महत्त्वाकांक्षा।

**aspire** (अॅ-स्पाइः´) *v.* to have a high ambition, आकांक्षा करना, अभिलाषा करना, पाने के लिए सचेष्ट होना।

**aspirin** (ऐस्´-पि-रिन्) *n.* a medicine that relieves pain and reduces fever, एस्पिरिन, ज्वर तथा वेदनाहर औषध।

**ass** (ऐस्) *n.* 1. a donkey, गधा। 2. a stupid person, मूर्ख व्यक्ति। □ **make an ass of oneself,** मूर्खता करना, मूर्ख बनना।

**assail** (अॅ-सेल्´) *v.* 1. to attack violently, प्रहार या वार करना। 2. to attack with words, आक्षेप करना, भला-बुरा कहना। □ **assail with questions,** प्रश्नों की बौछार करना।

**assailant** (अॅ-से´-लॅन्ट्) *n.* one who attacks, आक्रमणकारी, आक्रामक।

**assassin** (अॅ-सैस्´-इन्) *n.* a killer, हत्यारा।

**assassinate** (अॅ-सैस्-इ-नेट्) *v.* to murder, हत्या करना।

**assassination** (अॅ-सैस्-सि-ने´-शॅन्) *n.* an act of assassinating, हत्या, हनन, कत्ल।

**assault** (अॅ-साःल्ट्´) *n.* 1. a violent attack, आक्रमण, हमला, धावा। 2. a rape, बलात्कार। 3. an unlawful threat, धमकी। *v.* to attack, आक्रमण करना।

**assay**[1] (ऐस्´-ए) *n.* testing (of metals), जाँच, परीक्षण, परख (सोने-चाँदी की शुद्धता की)।

**assay**[2] (अॅ-से´) *v.* 1. to put to a test, जाँच करना, परीक्षण करना, जाँचना, परखना। 2. to judge critically, गुण-दोष दिखलाना।

**assemblage** (अॅ-सेॅम्´-ब्लिज्) *n.* 1. act of assembling, जमा होना, एकत्रीकरण। 2. an assembly, जमघट, समूह, सभा। 3. a collection, संग्रह, संकलन। 4. a fitting together of parts of a machine, संयोजन।

**assemble** (अॅ-सेॅम्´-बॅल्) *v.* 1. to gather or bring together, इकट्ठा होना या इकट्ठा करना, एकत्र होना या एकत्र करना। 2. to fit together the parts of a machine, संयोजन करना, जोड़ना।

**assembly** (अॅ-सेॅम्´-ब्ली) *n.* 1. an assembled group, सभा, जमघट, समूह। 2. a legislative body, विधानसभा। 3. a fitting together of parts, संयोजन।

**assent** (अॅ-सेॅन्ट्´) *v.* to agree to, to consent, मंज़ूरी देना, स्वीकृति देना, सहमति प्रकट करना। *n.* consent, concurrence, मंज़ूरी, स्वीकृति, सहमति। □ **with one assent,** सर्वसम्मति से; **by common assent,** आपसी बातचीत से।

**assert** (अॅ-सःट्´) *v.* 1. to declare forcefully, ज़ोर देकर कहना, दृढ़तापूर्वक कहना। 2. to make a claim to, दावा पेश करना। 3. to use effectively, प्रभावपूर्वक दिखलाना, जतलाना। □ **assert oneself,** अपना ज़ोर लगाना या दिखाना, प्रभाव दिखलाना।

**assertion** (अॅ-सर्´-शॅन्) *n.* 1. an act of asserting, ज़ोर, दृढ़ता। 2. a claim, दावा।

**assertive** (अॅ-सः´-टिव्) *adj.* 1. making aggressive claims, दबंग, हठी। 2. forceful, ज़ोरदार, सशक्त।

A

**assess** (ॲ-सेंस्´) *v.* 1. to determine (the value of a property), (दाम) आँकना, (क़ीमत) कूतना। 2. to determine (the tax on income or property), (कर) निर्धारित करना। 3. to estimate, अनुमान करना या लगाना।

**assessable** (ॲ-सेंस्´-ॲ-बॅल्) *adj.* 1. that can be assessed, निर्धार्य। 2. taxable, कर-योग्य, कर-निर्धार्य।

**assessee** (ॲ-सेंस´-सी) *n.* a taxpayer, करदाता।

**assessment** (ॲ-सॅस्´-मॅन्ट्) *n.* 1. the act of assessing, आँकने या कूतने की क्रिया या भाव, कूत, निर्धारण; ~ year, निर्धारण-वर्ष। 2. valuation, मूल्यांकन। 3. opinion, मत, राय, विचार।

**asset** (ऐस्´-ॲट्) *n.* 1. anything that has value, मूल्यवान वस्तु। 2. property, जायदाद, परिसंपत्ति। 3. (fig.) a useful or valuable quality, धन, गुण, विशेषता।

**assiduity** (ऐस्-इ-ड्यु´-इ-टी) *n.* careful and constant attention, मनोयोग, अध्यवसाय।

**assiduous** (ॲ-सिड्´-उ-ॲस्) *adj.* 1. paying or showing careful and constant attention, मनोयोगी, अध्यवसायी, लगकर काम करनेवाला। 2. done with careful and constant attention, मनोयोगपूर्वक किया जानेवाला।

**assign** (ॲ-साइन्´) *v.* 1. to specify, निश्चित करना, नियत करना, निर्धारित करना। 2. to appoint, नियुक्त करना। 3. to allot, आवंटित करना। 4. to ascribe, श्रेय देना। 5. to transfer (property), सौंपना, जिम्मे करना।

**assimilate** (ॲ-सिम्´-इ-लेट्) *v.* 1. to absorb or become absorbed into something, मिला लेना या मिल जाना, सम्मिलित कर लेना या हो जाना, समावेशन करना या होना। 2. to digest or to be digested, पचा लेना या पच जाना। 3. to make or become similar, एकरूपता लाना या होना, सदृश बनाना या होना। 4. to understand fully, अच्छी तरह समझ लेना, आत्मसात् कर लेना।

**assimilation** (ॲ-सिम्-इ-ले´-शॅन्) *n.* act of assimilating or state of being assimilated, समावेशन, आत्मसात्करण।

**assist** (ॲ-सिस्ट्´) *v.* 1. to help, सहायता / मदद करना। 2. to support, सहयोग देना, सहारा देना।

**assistance** (ॲ-सिस्´-टॅन्स्) *n.* 1. help, सहायता, मदद। 2. support, सहयोग, सहारा।

**assistant** (ॲ-सिस्´-टॅन्ट्) *n.* a helper, सहायक, मददगार, सहयोगी।

**associate**[1] (ॲ-सो´-सि/शि-एट्) *v.* 1. to join, मिलाना या मिलना, जोड़ना या जुड़ना। 2. to join as colleague, सहयोगी बनना, साथी बनना, साहचर्य करना, सोहबत करना। 3. to have relations or dealings with, मिलना-जुलना, मेल-जोल रखना।

**associate**[2] (ॲ-सो´-सि / शि-इट्) *n.* 1. a colleague or companion, सहयोगी, साथी। 2. a subordinate member of a committee, समिति का सहयोजित सदस्य। *adj.* 1. associated, सहयोगी, सहायक। 2. having subordinate membership, सहयुक्त, सहयोजित।

**associated** (ॲ-सो´-सि / शि-ए-टिड्) *adj.* joined in companionship, सहयोगी, सह।

**association** (ॲ-सो-सि/शि-ए´-शॅन्) *n.* 1. act of associating, साहचर्य, मेल-जोल। 2. an organised group of people having common purpose, एसोसिएशन, समुदाय, संघ। 3. a mental connection between ideas, सहसंबंधन, संगति।

**assort** (असॉ:ट्, असॉ:र्ट्) *v.* (assorted, assorting) 1. to arrange into different sorts, to classify, वर्गीकरण करना, छाँटना। 2. to put into the same group, समान वर्ग में रखना।

**assorted** (ॲ-सा:ट्´/ सा:र्ट´-इड्) *adj.* of different kinds, तरह-तरह का, विविधतापूर्ण, विविध।

**assuage** (ॲ-स्वेज्´) *v.* 1. to make less severe, उपशमित करना, राहत पहुँचाना। 2. to satisfy, संतुष्ट करना।

**assume** (ॲ-स्यूम्´) *v.* 1. to suppose or take for granted, मान लेना, मानकर चलना, धारणा बनाना। 2. to imagine, कल्पना करना। 3. to take on, ग्रहण करना। 4. to put on, धारण करना। 5. to pretend to possess, स्वाँग भरना या करना।

**assumed** (ॲ-स्यूम्ड्´) *adj.* 1. false, pretended, मिथ्या, आरोपित। 2. taken for granted,

माना हुआ।

**assuming** (अॅ-स्यूम्´-इंग्) ***adj.*** behaving with impudent boldness, उद्धत्त, अक्खड़।

**assumption** (अॅ-सम्´-शॅन्) ***n.*** 1. act of assuming, ग्रहण, धारण। 2. something taken for granted, कल्पना, धारणा, मान्यता। □ **on this assumption,** (यदि हम) यह मानकर चलें कि···।

**assurance** (अॅ-शुअॅर्´-अॅन्स, अॅ-शूर्´-अॅन्स्) ***n.*** 1. a promise or pledge, वचन। 2. assertion made to inspire confidence, आश्वासन, यकीन, भरोसा। 3. freedon from doubt, sureness, निश्चय। 4. self-confidence, आत्मविश्वास। 5. insurance, बीमा।

**assure** (अॅ-श्योः´) ***v.*** 1. to promise confidently, आश्वस्त करना, आश्वासन देना, विश्वास या भरोसा दिलाना; to be rest assured, विश्वास रखो। 2. to make sure, to cause to feel sure, सुनिश्चित करना या बनाना। 3. to insure, बीमा करना।

**assured** (अॅ-श्योःड्´) ***adj.*** 1. sure, सुनिश्चित। 2. confident, आश्वस्त। 3. insured, बीमाकृत।

**asterisk** (ऐस्´-टॅ-रिस्क्) ***n.*** a star-like symbol, तारक-चिह्न। ***v.*** to make with an asterisk, तारक-चिह्न लगाना।

**astern** (अॅ-स्टॅःन्´) ***adv.*** at the stern, towards the rear, पीछे की ओर, पीछे।

**asteroid** (ऐस्´-टॅ-रॉइड्) ***adj.*** star-shaped, ताराकार। ***n.*** any of the small planets revolving around the sun specially between Mars and Jupiter, क्षुद्रग्रह।

**asthma** (ऐज़्´-मॅ) ***n.*** a respiratory disease characterised by difficulty in breathing, दमा, साँस की बीमारी।

**asthmatic** (ऐस्-मैट्´-इक्) ***adj.*** 1. of asthma, दमा-संबंधी। 2. suffering from asthma, दमे से पीड़ित। ***n.*** one who is suffering from asthma, दमे का रोगी।

**astir** (अॅ-स्टः´) ***adj.*** moving, चल, अस्थिर। ***adv.*** in a state of movement, गति में।

**astonish** (अॅ-स्टॉन्´-इश्) ***v.*** to take by surprise, चकित/विस्मित कर देना, हैरान कर देना।

**astonishing** (अॅ-स्टॉन्´-इश्-इंग्) ***adj.*** 1. causing astonishment, आश्चर्यजनक, विस्मय-कारक, हैरान करनेवाला। 2. remarkably well, बहुत बढ़िया।

**astonishment** (अॅ-स्टॉन्´-इश्-मॅन्ट्) ***n.*** great surprise, आश्चर्य, विस्मय, हैरानी।

**astound** (अॅ-स्टाउन्ड्´) ***v.*** to shock with surprise, होश गुम कर देना, स्तब्ध कर देना।

**astounding** (अॅ-स्टाउन्ड्´-इंग्) ***adj.*** shocking with surprise, हैरान कर देनेवाला, स्तब्धकारी।

**astral** (ऐस्´-ट्रॅल्) ***adj.*** of or resembling the stars, तारक-संबंधी, तारकवत्।

**astray** (अॅ-स्ट्रे´) ***adv. & adj.*** out of the right way, बहका हुआ, भटका हुआ, मार्गभ्रष्ट।

**astride** (अॅ-स्ट्राइड्´) ***adv. & prep.*** with a leg on each side of specially a horse, टाँगें दोनो तरफ़ लटकाए, प्रगतजंघ।

**astro** (ऐस्´-ट्रो) ***adj.*** pertaining to stars, तारों या नक्षत्रों से संबद्ध, तारकीय, नक्षत्रीय।

**astrologer** (ऐस्-ट्रॉल्´-अॅ-जॅः) ***n.*** one who is expert in the science of astrology, ज्योतिषी।

**astrological** (ऐस्-ट्र-लॉज्´-इ-कॅल्) ***adj.*** of astrology, ज्योतिष-संबंधी।

**astrology** (ऐस्-ट्रॉल्´-अॅ-जी) ***n.*** the study and prediction of the supposed influence of planets and stars on human affairs, ज्योतिष, फलित ज्योतिष।

**astronaut** (ऐस्-ट्र-नाःट्´) ***n.*** a crew member of the spaceship, अंतरिक्ष-यात्री।

**astronautics** (ऐस्-ट्र-नाः´-टिक्स्) ***n.*** (plu.) science dealing with space-travel, अंतरिक्ष-यात्रा विज्ञान।

**astronomer** (अॅ-स्ट्रॉन्´-अॅ-मॅः) ***n.*** an expert in astronomy, खगोलज्ञ, खगोलवेत्ता।

**astronomy** (अॅ-स्ट्रॉन्´-अॅ-मी) ***n.*** the science dealing with the movements of stars, खगोल विज्ञान।

**astute** (अॅ-स्ट्यूट्´) ***adj.*** shrewd, sharp-witted, सयाना, चालाक, होशियार।

**asunder** (अॅ-सन्´-डॅः) ***adv.*** 1. apart from each other, अलग-थलग, अलग-अलग। 2. into pieces, टुकड़े-टुकड़े।

**asylum** (अॅ-साइ´-लम्) ***n.*** 1. a place of

A

refuge, शरणस्थान। 2. refuge, protection, शरण, पनाह, संरक्षण।

**at** (ऐट्) में, पर, के ऊपर। □ **at a discount,** बट्टे पर; **at all,** बिल्कुल; I do not know her at all, मैं उसे बिल्कुल नहीं जानता। **at all costs,** किसी भी क़ीमत पर; **at all times,** सदा, हर समय, हर क्षण; **at any hour,** किसी भी समय, कभी भी; **at first,** आरंभ में, शुरू-शुरू में; **at least,** कम-से-कम; **at liberty,** स्वतंत्र, आज़ाद; **at once,** तुरंत; **at par,** सममूल्य पर; **at one's own discretion,** स्वविवेकानुसार; **at sight,** देखते ही; **at the bar,** न्यायालय में; **at the cost of,** के खर्च पर; **at the earliest opportunity,** मौका मिलते ही; **at the expense of,** (किसी) की हानि करके; **at the pleasure of,** (किसी) के प्रसादानुसार, के प्रसादपर्यंत।

**ate** (एट्) ***v.*** p.t. of eat.

**atheism** (ए´-थि-इज़्-अॅम्) ***n.*** the disbelief in the existence of a God, अनीश्वरवाद, निरीश्वरवाद, नास्तिक धर्म, नास्तिकता।

**atheist** (ए´-थि-इस्ट्) ***n.*** one who does not believe in the existence of a God, अनीश्वरवादी, निरीश्वरवादी, नास्तिक।

**athlete** (ऐथ्´-लीट्) ***n.*** one who is trained or skilled in athletics, एथलीट, व्यायामी।

**athletic** (ऐथ्-लेंट्´-इक्) ***adj.*** 1. of athletics, खेल-कूद या व्यायाम-संबंधी। 2. physically strong, muscular in built, हृष्ट-पुष्ट।

**athletics** (ऐथ्-लेंट्´-इक्स्) ***n.*** physical exercises and sports, व्यायाम और खेल-कूद।

**at-home** (ऐट्-होम्´) ***n.*** a reception for visitors, प्रीतिगोष्ठी।

**athwart** (अॅ-थ्वाःट्´) ***adv.*** from side to side, आर-पार, आड़े। ***prep.*** from side to side of, के पार, के आड़े।

**atlas** (ऐट्´-लॅस्) ***n.*** a book of maps, मानचित्रावली, एटलस।

**atmosphere** (ऐट्´-मॅस्-फ़िअ:, ऐट्´-मॅ-स्फ़िअः) ***n.*** 1. the gaseous mass surrounding the earth, वायुमंडल, पर्यावरण। 2. a feeling or psychological environment, वातावरण।

**atmospheric** (ऐट्-मॅस्-फ़ॅर्´-इक्) ***adj.*** of or pertaining to the atmosphere, वायु-मंडलीय, पर्यावरण-संबंधी।

**atom** (ऐट्´-अॅम्) ***n.*** 1. a smallest particle of an element, परमाणु। 2. a very small quantity of a thing, अणु, कण।

**atom bomb** ***n.*** a very powerful bomb which releases atomic energy, परमाणु बम।

**atomic** (अॅ-टॉम्´-इक्) ***adj.*** of or pertaining to an atom, परमाणविक, परमाणु-संबंधी।

**at once** ***adv.*** immediately, तुरंत, तत्काल।

**atone** (अॅ-टोन्´) ***v.*** 1. to make amends, प्रायश्चित्त करना। 2. to repay, क्षतिपूर्ति करना।

**atonement** (अॅ-टोन्´-मॅन्ट्) ***n.*** 1. the act of atoning, प्रायश्चित्त। 2. repayment, क्षतिपूर्ति।

**atop** (अॅ-टॉप्) ***adj.& adv.*** at or on the top, ऊपर, ऊपरी। ***prep.*** on the top of, के ऊपर।

**atrocious** (अॅ-ट्रो´-शॅस्) 1. extremely wicked, दुष्ट या दुष्टतापूर्ण। 2. brutal, बर्बर या बर्बरतापूर्ण, नृशंस, निर्मम। 3. very bad or disgusting, बुरा, कोफ़्त-भरा।

**atrocity** (अॅ-ट्रॉस्´-इ-टी) ***n.*** 1. a wicked act, दुष्टता। 2. a cruel or brutal act, brutality, बर्बरता, नृशंसता। 3. tyranny, अत्याचार।

**attach** (अॅ-टैच्´) ***v.*** 1. to join, fasten or fix, लगना या लगाना, सटना या सटाना, जुड़ना या जोड़ना। 2. to seize or to be seized by the legal authority, कुर्क करना या होना, जब्त करना या होना। 3. to attribute or to be attributed, आरोपित होना या करना, लगना या लगाना।

**attache** (ऐट्-अॅ-शे´) ***n.*** an officer attached with an ambassador, राजदूत-सहायक।

**attached** (अॅ-टैच्ड्´, अॅ-टैच्ट्´) ***adj.*** 1. fastened on, लगा, सटा या बँधा हुआ। 2. bound by affection, अनुरक्त, आसक्त।

**attachment** (अॅ-टैच्´-मॅन्ट्) ***n.*** 1. the act of attaching or being attached, संलग्नता। 2. anything attached with another, संलग्न वस्तु। 3. affection, devotion, अनुराग, स्नेह, आसक्ति, लगाव। 4. legal seizure of property, कुर्की।

**attack** (अॅ-टैक्´) ***v.*** 1. to act violently against, आक्रमण/हमला करना, धावा बोलना,

चढ़ाई करना। 2. to criticize strongly, कड़ी आलोचना करना, भर्त्सना करना, आक्षेप करना। 3. to take up with vigour, जोर-शोर से (कार्य) आरंभ करना, टूट पड़ना, पिल पड़ना। *n.* 1. an act of violence, आक्रमण, हमला। 2. a piece of strong criticism, कड़ी आलोचना, आक्षेप, भर्त्सना। 3. a sudden on-set of illness, दौरा। 4. a beginning, आरंभ।

**attacking** (अॅ-टैक्´-इंग्) *adj.* designed or armed for attacking, आक्रामक।

**attain** (अॅ-टेन्´) *v.* 1. to succeed in getting (something, कुछ) प्राप्त करना, पाना। 2. to reach, पहुँचना।

**attainable** (अॅ-टेन्´-अॅ-बॅल्) *adj.* that can be attained, प्राप्य, साध्य, लभ्य।

**attainment** (अॅ-टेन्´-मेंन्ट्) *n.* 1. the act of attaining, प्राप्ति। 2. something attained, उपलब्धि। 3. achievement, सफलता। 4. acquired skill, योग्यता, कुशलता।

**attempt** (अॅ-टॅम्प्ट्´) *v.* to make an effort, to try, प्रयास करना, चेष्टा करना, कोशिश करना। *n.* an effort, प्रयास, चेष्टा, कोशिश।

**attend** (अॅ-टॅन्ड्´) *v.* 1. to pay attention, ध्यान देना। 2. to look after, देख-रेख करना, टहल करना। 3. to be present at, उपस्थित होना, शामिल होना। 4. to go regularly to, नियमित रूप से जाना। 5. to accompany, साथ जाना, साथ देना। 6. (of doctor) to visit, देखने जाना या आना। 7. to wait upon, प्रतीक्षा करना।

**attendance** (अॅ-टॅन्´-डॅन्स्) *n.* 1. the act of being present, उपस्थिति, हाज़िरी। 2. the number of people present, उपस्थित लोग, उपस्थिति। 3. taking care of someone, देख-रेख, टहल, सेवा।

**attendant** (अॅ-टॅन्´-डॅन्ट्) *adj.* 1. serving, सेवारत। 2. connected, संबद्ध। *n.* 1. a person who is employed to look after, परिचारक, सेवक। 2. a person who goes with another for service or security purposes, सेवक, परिचर।

**attention** (अॅ-टॅन्´-शॅन्) *n.* 1. applying one's mind to something, ध्यान। 2. care, consideration, ध्यान, देख-रेख। 3. a soldier's erect motionless posture of readiness, सावधान होने की अवस्था, अवधान। 4. (plu.) act of courtesy, शिष्टाचार, आदर-सम्मान।

**attentive** (अॅ-टॅन्´-टिव्) *adj.* 1. listening attentively, सावधान। 2. paying attention, watchful, सतर्क, चौकस। 3. showing courtesy to someone, शिष्टता दिखलानेवाला।

**attest** (अॅ-टॅस्ट्´) *v.* 1. to certify by signing as a witness, अनुप्रमाणित, तसदीक करना। 2. to declare to be genuine, प्रमाणित करना।

**attestation** (अॅ-टॅस्-टे´-शॅन्) *n.* verification of someone's signature, अनुप्रमाणन, तसदीक।

**attested** (अॅ-टॅस्ट्´-इड्) *adj.* certified by an authority, अनुप्रमाणित, तसदीक किया हुआ।

**attic** (ऐट्´-इक्) *n.* the space or room directly below the roof, परछत्ती, मियानी।

**attire** (अॅ-टाइः´) *n.* clothes, पोशाक, कपड़े।

**attitude** (ऐट्´-इ-ट्यूड्) *n.* 1. a bodily posture, मुद्रा, ठवन, चेष्टा। 2. mental disposition, रुख, अभिवृत्ति, मानसिकता।

**attorney** (अॅ-टः´-नी) *n.* a properly qualified legal agent, न्यायवादी, अटॉर्नी।

**attorney general** *n.* the chief legal representative of a country, महान्यायवादी।

**attract** (अॅ-ट्रैक्ट्´) *v.* 1. to cause to draw near, खींचना, आकृष्ट करना। 2. to get the attention of, ध्यान आकर्षित करना। 3. to allure, मुग्ध करना, लुभा लेना।

**attraction** (अॅ-ट्रैक्´-शॅन्) *n.* 1. the act of attracting, आकर्षण, खिंचाव। 2. the ability to attract, आकर्षण-शक्ति। 3. anything that attracts attention, आकर्षक पदार्थ या व्यक्ति।

**attractive** (अॅ-ट्रैक्´-टिव्) *adj.* 1. able to attract, आकर्षक। 2. pleasing in appearance or effect, सलोना, लुभावना। 3. arousing interest, रोचक, दिलचस्प।

**attribute** (अॅ-ट्रिब्´-यूट्) *v.* 1. to regard as belonging to, का होना। 2. to regard as produced by, से उत्पन्न होना। 3. to regard

A

as resulting from, के परिणामस्वरूप होना। 4. to ascribe, (का) कारण बताना, (के) नाम से जोड़ना, (को) श्रेय देना। 5. to give, देना। *n.* 1. a characteristic quality, लक्षण, विशेषता, गुण। 2. an attributive, विशेषण या विशेषण पदबंध।

**attributive** (अॅ-ट्रिब्´-यु-टिव्) *n.* an adjective or adjectival phrase just preceding the noun modified, संज्ञा से पूर्व प्रयुक्त विशेषण या विशेषण पदबंध।

**attrition** (अॅ-ट्रिश्´-अॅन्) *n.* 1. the act of wearing away or the state of being worn away, छीजना, घर्षण, रगड़, घिसाई। 2. the state of a gradual wearing down of number or strength, संख्या या शक्ति में निरंतर कमी होना। ☐ **a war of attrition,** वह लंबा चलनेवाला युद्ध जिसमें दोनो पक्षों का ह्रास हो रहा हो, ह्रासयुद्ध।

**attune** (अॅ-ट्यून्´) *v.* 1. to bring into musical accord, सुर मिलाना। 2. to adapt or adjust, अनुकूल करना, समंजित करना।

**auction** (आ:क्´-शॅन्) *n.* a public sale of goods to the highest bidder, नीलाम। *v.* to sell by auction, नीलाम करना।

**auctioneer** (आ:क्´-शॅ-निअॅ:) *n.* one who conducts an auction, नीलामकर्ता।

**audacious** (आ:-डे´-शॅस्) *adj.* 1. recklessly bold or daring, दुस्साहसी, दबंग। 2. impudent, धृष्ट या धृष्टतापूर्ण।

**audacity** (आ:-डैस्´-इ-टी) *n.* the quality of being audacious, दुस्साहस, धृष्टता।

**audibility** (आ:-डि-बिल्´-इ-टी) *n.* the quality or state of being audible, श्रव्यता, श्रव्यगुण।

**audible** (आ:´-डि-बॅल्) *adj.* capable of being heard, कर्णगोचर, श्रव्य।

**audience** (आ:´-डि-अॅन्स्) *n.* 1. an act of hearing, सुनवाई। 2. a gathering of listeners or spectators, श्रोतागण, दर्शकगण। 3. a formal interview with the king, दर्शन।

**audio** (आ:´-डि-ओ) *adj.* of or relating to sound or hearing, श्रव्य।

**audit** (आ:´-डिट्) *n.* official examination of accounts, लेखा-परीक्षा, लेखा-परीक्षण। *v.* to examine acounts officially, लेखा-परीक्षण करना।

**audition** (आ:-डिश्´-अॅन्) *n.* a trial to test the ability of a performer, अदाकारी परीक्षण।

**auditor** (आ:´-डि-टॅ:) *n.* a qualified person whose business is to check account or account books, लेखा-परीक्षक।

**auditorium** (आ:-डि-टोर्´-इ-अॅम्) *n.* a public hall or theatre in which the audience sits, प्रेक्षागृह, प्रेक्षागार।

**auger** (आ:´-गॅ:) *n.* a tool for boring holes in wood, बरमा, गिलमिट।

**aught** (आ:ट्) *n.* a naught or zero, शून्य, सुन्ना।

**augment** (आ:ग्-मेंन्ट्´) *v.* 1. to increase, बढ़ोतरी होना या करना, वृद्धि करना या होना। 2. to add, जोड़ना या जुड़ना।

**augur** (आ:´-गॅ:) *v.* to serve as an omen of, लक्षण या संकेत होना, शकुन होना।

**augury** (आ:´-ग्यु-री) *n.* prediction, भविष्य-कथन, भविष्यवाणी।

**August** (आ:´-गॅस्ट्) *n.* the eighth month of the year, अगस्त।

**august** (आ:´-गस्ट्) *adj.* imposing, majestic, भव्य, विशाल, महान।

**aunt** (आ:न्ट्, ऐन्ट्) *n.* 1. the sister of one's father or mother, बुआ, मौसी, आन्टी। 2. the sister-in-law of one's father or mother, चाची, मामी, आन्टी।

**auntie** (ऐन्´-टी) *n.* = aunt.

**aura** (आ:´-रॅ) *n.* a faintly shining shadow that surrounds the human body, प्रभा-मंडल।

**aurora** (आ:-रोर्´-अॅ) *n.* bands of many coloured light seen at night in polar regions, ध्रुव ज्योति।

**auspice** (आ:´-स्पिस्) *n.* (plu.) patronage, संरक्षण। ☐ **under the auspices of**, किसी के संरक्षण या तत्त्वावधान में।

**auspicious** (आ:-स्पिश्´-अॅस्) *adj.* of good omen, शुभ, मांगलिक, मंगलकारक।

**Aussie** (आ:´-सी) ***n.*** an Australian, आस्ट्रेलिया-वासी।

**austere** (आ:-स्टिअ:´) ***adj.*** 1. very simple, plain, सीधा-सादा, सादा, सादगी-भरा। 2. stern, कठोर।

**austerity** (आ:-स्टॅर्´-इ-टी) ***n.*** the state of being austere, सादगी, आडंबरहीनता; संयम।

**authentic** (आ:-थॅन्´-टिक्) ***adj.*** 1. worthy of trust, विश्वसनीय। 2. genuine, real, वास्तविक, सच्चा, प्रामाणिक।

**authenticate** (आ:-थॅन्´-टि-केट्) ***v.*** to prove something to the true, प्रामाणिकता सिद्ध करना।

**author** (आ:´-थ:) ***n.*** a book-writer, a writer, लेखक, रचयिता।

**authoritarian** (अॅ-थॉर्-इ-टेर्´-इ-अॅन्) ***adj.*** despotic, निरंकुश।

**authoritative** (अॅ-थॉर्´-अॅ-टे-टिव्) ***adj.*** 1. commanding, अधिकारपूर्ण, प्राधिकारिक। 2. official, आधिकारिक। 3. accepted as reliable, विश्वसनीय, विश्वस्त, प्रामाणिक।

**authority** (अॅ-थॉर्´-इ-टी) ***n.*** 1. the right to command, प्राधिकार। 2. the power to enforce law, सत्ता। 3. the person (or group) having right or power, प्राधिकारी, सत्ताधारी। 4. a person having special knowledge about some field, अधिकारी, विशेषज्ञ।

**authorize** (आ:´-थॅ-राइज़्) ***v.*** to give authority to, प्राधिकार देना, प्राधिकृत करना।

**authorized** (आ:´-थॅ्-राइज़्ड्) ***v.*** empowered, प्राधिकृत।

**autobiography** (आ:-टो-बाइ-ऑग्´-रॅ-फ़ी) ***n.*** life of a person written by himself, आत्मकथा, आत्मचरित।

**autocracy** (आ:-टॉक्´-रॅ-सी) ***n.*** 1. government by a single absolute ruler, तानाशाही, निरंकुश शासन।

**autocrat** (आ:´-टॅ-क्रैट्) ***n.*** an absolute ruler, तानाशाह, निरंकुश शासक।

**autocratic** (आ:´-टॅ-क्रैट्-इक्) ***adj.*** of or like an autocrat, तानाशाही।

**autograph** (आ:´-टॅ-ग्रैफ़्/ग्राफ़्) ***n.*** a person's own signature, स्वहस्ताक्षर।

**automatic** (आ:-टॅ-मैट्´-इक्) ***adj.*** 1. operating by itself, स्वचालित। 2. done from habit or routine, स्वत:प्रवृत्त।

**automobile** (आ:-टॅ-मॅ-बील्´, आ:-टॅ-मो-बील्´) ***n.*** a motor vehicle, a car, कार, मोटरकार, मोटरगाड़ी।

**autonomous** (आ:-टॉन्´-अॅ-मॅस्) ***adj.*** self-governing, स्वायत्त।

**autonomy** (आ:-टॉन्´-अॅ-मी) ***n.*** right of self-government, स्वायत्तता।

**autopsy** (आ:´-टॉप्-सी) ***n.*** postmortem, शव-परीक्षा, शव-परीक्षण।

**auto-suggestion** (आ:-टो-सॅ-जॅस्´-चॅन्) ***n.*** a suggestion coming from within, आत्म-निर्देश, आत्मप्रेरणा, आत्म-सुझाव।

**autumn** (आ:´-टॅम्) ***n.*** the season between summer and winter, शरद् ऋतु, शरत्का । ***adj.*** autumnal, शरत्कालीन।

**autumnal** (आ:-टॅम्´-नॅल्) ***adj.*** of or pertaining to autumn, शरद्कालीन, शारदीय।

**auxiliary** (आ:ग्-ज़िल्´-यॅ-री) ***adj.*** 1. helping, supporting, सहायक; auxiliary verb, सहायक क्रिया। 2. supplementary, पूरक। 3. additional, अतिरिक्त। ***n.*** an assistant, सहायक, सहयोगी।

**avail** (अॅ-वेल्´) ***v.*** to be of use, उपयोगी होना, काम आना। ☐ **of no avail,** बेकार, व्यर्थ।

**availability** (अॅ-वे-लॅ-बिल्´-इ-टी) ***n.*** the state of being available, उपलब्धता, सुलभता।

**available** (अॅ-वे´-लॅ-बॅल्) ***adj.*** easy to get, at hand, उपलब्ध, सुलभ।

**avalanche** (ऐव्´-अॅ-लान्च् / लैन्च्) ***n.*** 1. a large mass of snow sliding down a mountain side, हिमस्खलन। 2. a great onrush, भारी मात्रा में आना, भरमार, वर्षा, बौछार।

**avantgarde** (अॅ-वान्ट्´-गा:ड्) ***n.*** 1. applying ultramodern ideas in writing, नवविचारक, नवशैलीकार। 2. those leading a movement, आंदोलनकर्ता। 3. vanguard, हरावल।

**avarice** (ऐव्´-अॅ-रिस्) ***n.*** excessive greed for wealth, धनलोलुपता।

A

**avaricious** (ऐव्-अॅ-रिश्´-अॅस्) *adj.* greedy for wealth, धनलोलुप, लोभी।

**avenge** (अॅ-वेंन्ज्´) *v.* to take revenge, बदला लेना, बदला चुकाना, प्रतिकार करना। *n.* revenge, बदला, प्रतिकार, प्रतिशोध।

**avenue** (ऐव्´-अॅ-न्यू) *n.* 1. a wide street, चौड़ा रास्ता। 2. the means of getting something, रास्ता, मार्ग, उपाय, युक्ति।

**average** (ऐव्´-अॅ-रिज़्) *n.* normal amount, level, degree or quality, औसत। *adj.* of normal standard, सामान्य, औसत दर्जे का, औसत।

**averse** (अॅ-वःस्´) *adj.* 1. opposed, विरुद्ध, प्रतिकूल। 2. unwilling, disinclined, अनिच्छुक, विमुख।

**aversion** (अॅ-वः´-ज़्हन्) *n.* intense dislike, नफ़रत, घृणा, जुगुप्सा।

**avert** (अॅ-वःट्´) *v.* 1. to turn away, फेर लेना, घुमा लेना, मोड़ लेना। 2. to prevent from happening, रोकना, बचाना।

**aviation** (ए-वि-ए´-शॅन्) *n.* the art or science of flying aircraft, विमान चलाना।

**aviator** (ए´-वि-ए-टः) *n.* a pilot of an aircraft, विमानचालक।

**avid** (ऐव्´-इड्) *adj.* greedy, लोभी, लालची।

**avocation** (ऐव्-अॅ-के´-शॅन्) *n.* minor occupation, उपव्यवसाय, शगल।

**avoid** (अॅ-वाइड्´) *v.* 1. to keep away from, दूर रहना, बचना या बचाना। 2. to refrain from, बाज़ आना।

**avoidable** (अॅ-वाइ´-डॅ-बॅल्) *adj.* that can be avoided, परिहार्य।

**avoidance** (अॅ-वाइड्´-अॅन्स्) *n.* an act of avoiding, बचाव, परिहार, किनाराकशी।

**avow** (अॅ-वाउ´) *v.* 1. to assert, दृढ़तापूर्वक कहना। 2. to confess, स्वीकार करना।

**await** (अॅ-वेट्´) *v.* 1. to wait for, इंतज़ार करना, प्रतीक्षा करना। 2. to be waiting for, प्रतीक्षा में होना, इंतज़ार में रहना।

**awake** (अॅ-वेक्´) *v.* (awoke / awaked, awaking) 1. to wake, जागना या जगाना। 2. to become or cause to become alert, सचेत होना या करना, जाग उठना या जगा देना, सावधान हो जाना या कर देना। *adj.* 1. not sleeping, जागा हुआ, उठा हुआ। 2. alert, सावधान।

**awaken** (अॅ-वे´-कॅन्) *v.* 1. to awake, जागना या जगाना। 2. to become or cause to become alert, सतर्क होना या करना।

**awakening** (अॅ-वेक्´-अॅन्-इंग्) *n.* the state of being awaken, जागृति, जागरण, जाग उठना।

**award** (अॅ-वाःड्´) *v.* (awarded, awarding) 1. to give as a reward, पुरस्कार देना, इनाम देना। 2. to give by a court's decision, आधिकारिक रूप से देना, प्रदान करना। *n.* 1. something given as a reward, पुरस्कार, इनाम। 2. a court's decision, न्यायालय का निर्णय, न्यायनिर्णय। 3. the decision of an arbitrator, पंचनिर्णय।

**aware** (अॅ-वेॲः´) *adj.* 1. having knowledge, अवगत। 2. having good understanding, जानकार, विज्ञ, समझदार।

**awareness** (अॅ-वेॲः´-निस्) *n.* the state of being aware, जानकारी, ज्ञान।

**away** (अॅ-वे´) *adv.* 1. to another place, at a distance, दूर, परे, अन्यत्र। 2. to an end, समाप्ति पर। 3. continuously, निरंतर। 4. immediately, तुरंत।

**awe** (आः) *n.* a feeling of respect mixed with fear or wonder, दबदबा, रोब, संभ्रम, विस्मय। *v.* (awed, awing) to fill with awe, दबदबे में आना, रोब में आ जाना, संभ्रमित हो जाना।

**awe-inspiring** (आः-इन्-स्पाइर्´-इंग्) *adj.* causing feelings of awe, विस्मयकारी।

**awesome** (आः-सम्´) *adj.* 1. causing feelings of awe, विस्मयकारी। 2. mysterious, रहस्यपूर्ण।

**awestricken, awestruck** (आः´-स्ट्रिक्-अॅन्, आः´-स्ट्रक्) *adj.* overwhelmed with wonder or fear, विस्मयाकुल, आतंकित।

**awful** (आः´-फुल्) *adj.* 1. inspiring awe, विस्मयकारी। 2. terrible, shocking, भयावह, भयंकर। 3. very bad, बहुत बुरा। 4. too much, अत्यधिक।

**awkward** (आ:क्´-व़ॅ:ड्) *adj.* 1. clumsy, भद्दा, बेढंगा। 2. difficult to deal with, विकट, अटपटा। 3. embarrassing, तंग करनेवाला।

**awl** (आ:ल्) *n.* a tool for making holes, सुआ।

**awning** (आ:´-निंग्) *n.* a covering (of canvas), सायबान, तिरपाल।

**awoke** (अॅ-व़ोक्´) *v.* p.t. of awake.

**awoken** (अॅ-व़ोक्´-अॅन्) *v.* p.p. of awake.

**awry** (अॅ-राइ´) *adj.* 1. crooked, टेढ़ा, वक्र, तिरछा। 2. wrong, ग़लत, गड़बड़, गड़बड़ाया हुआ। □ **go awry**, गड़बड़ा जाना।

**ax, axe** (ऐक्स्) *n.* 1. a tool for cutting down trees, कुल्हाड़ी, कुठार। 2. a stroke with the axe, कुठाराघात। *v.* (axed, axing) 1. to chop with an ax, कुल्हाड़ी से काटना, कुल्हाड़ी से चीरना, कुठाराघात करना। 2. to dismiss, to terminate, पदच्युत करना, निकाल बाहर करना।

**axial** (ऐक्´-सि-अॅल्) *adj.* of an axis, अक्ष-संबंधी, अक्षीय।

**axiom** (ऐक्´-सि-अॅम्) *n.* universally accepted truth, maxim, सूक्ति।

**axiomatic** (ऐक´-सि-अॅ-मैट्´-इक्) *adj.* of or pertaining to an axiom, सूक्ति-संबंधी।

**axis** (ऐक्´-सिस्) *n.* a shaft or the (imaginary) straight line around which a body rotates, धुरी, अक्ष।

**axle** (ऐक्´-सॅल्) *n.* a spindle on or with which a wheel revolves, धुरा, कीली।

**azure** (ऐज़्ह´-अॅ:, ऐज़्´-अॅ:) *adj.* 1. sky-blue, आसमानी, नीलवर्ण। 2. the unclouded sky, मेघशून्य या निर्मल आकाश। *n.* sky-blue colour, आसमानी रंग, नीला रंग।

# B

**B, b** (बी) ***n.*** 1. the second letter of the English alphabet, अंग्रेज़ी वर्णमाला का दूसरा वर्ण, बी। 2. the second in the series, द्वितीय श्रेणी।

**baa** (बा) ***n.*** the bleat of a sheep, भेड़ के मिमियाने का शब्द। ***v.*** (baaed, baaing) to bleat, मिमियाना।

**babble** (बैब्´-अॅल्) ***v.*** to utter meaningless sounds, बड़बड़ करना, बड़बड़ाना, प्रलाप करना। ***n.*** meaningless mixture of sounds, बकबक, बड़बड़, कोलाहल।

**babe** (बेब्) ***n.*** 1. a baby, बच्चा। 2. an inexperienced person, अनुभवहीन व्यक्ति।

**baboon** (बै-बून्´) ***n.*** a large African dog-like monkey, कुत्ते की शक्लवाला अफ़्रीकी बंदर, बैबून।

**baby** (बे´-बी) ***n.*** 1. an infant, दूधपीता छोटा बच्चा, शिशु। 2. a childish person, बचकानी हरकतें करनेवाला आदमी।

**babyhood** (बे´-बी-हुड्) ***n.*** infancy, बालपन, शैशव, बाल्यावस्था।

**babyish** (बे´-बि-इश्) ***adj.*** like a baby, बच्चों-जैसा, बचकाना।

**babysitter** (बे´-बी-सिट्-अॅ:) ***n.*** a person who takes care of babies in the absence of their parents, माता-पिता की गैरहाज़िरी में बच्चों को सँभालनेवाला व्यक्ति, शिशु-सेवक, बाल-परिरक्षक।

**bachelor** (बैच्´-अॅ-लॅ:) ***n.*** 1. an unmarried man, कुमार, कुँआरा लड़का। 2. the holder of a bachelor's degree, स्नातक।

**bachelorhood** (बैच्´-अॅ-लॅ:-हुड्) ***n.*** the state of being a bachelor, कौमार्य; स्नातकत्व।

**bachelor's degree** ***n.*** the first degree of a university, स्नातक उपाधि।

**bacillary** (बैस्´-इ-लैर्-ई) ***adj.*** pertaining to bacilli, दंडाणु-संबंधी।

**bacillus** (बॅ-सिल्´-अॅस्) ***n.*** (plu. bacilli) a rod like bacteria, दंडाणु।

**back** (बैक् ) ***n.*** 1. the part of the body from neck to hip, पीठ। 2. the part of the garment covering the back, पीठ। 3. the part behind the front, पिछवाड़ा, पिछली तरफ़, पिछला हिस्सा या भाग। 4. the opposite or reverse side, पृष्ठ भाग, पिछवाड़ा। 5. a hocky or football player positioned in the backfield, बैक। 6. the backbone, रीढ़। 7. strength, बल, ताक़त। □ **behind one's back**, किसी की पीठ पीछे, चोरी-छिपे; **break one's back,** जी-तोड़ मेहनत करना; **with one's back to the wall,** विवश या दुखी होकर; **turn one's back on,** मुँह फेर लेना। ***adj.*** 1. at the back, पिछला, पश्च। 2. of past time, पिछला, गत, विगत। 3. made by raising the tongue at the back, पश्च; back vowel, पश्च स्वर। 4. earlier than the most recent one, पुराना, पूर्ववर्ती, पश्च; back issue, पुराना अंक। 5. remote, दूरस्थ, दूरस्थित। ***adv.*** 1. at the back, towards the back, पिछली तरफ़, पीछे की ओर। 2. away, दूर। 3. to a former place, पहले, पीछे। 4. in return, बदले में। 5. in the past, पहले। ***v.*** 1. to move backward, पीछे हटना या हटाना, पीछे ले जाना या जाना। 2. to support, समर्थन करना, सहारा देना। 3. to bet on, दाँव लगाना, बाज़ी लगाना। 4. to mount, सवार होना, चढ़ना। □ **back away,** पीछे हट जाना; **back up,** समर्थन या सहायता करना; **go back on,** वादे से हट जाना।

**backache** (बैक´-एक् ) ***n.*** a pain in the

back, पीठ का दर्द, पीठ-दर्द।

**backbench** (बैक्-बेंन्च्´) *n.* the Members of the Parliament who sit on the back seats, संसद् में पीछे की सीटों पर बैठनेवाले सदस्य।

**backbite** (बैक्´-बाइट्) *v.* to speak ill of others in their absence, पीठ (के) पीछे बुराई करना, चुगली खाना।

**backbone** (बैक्´-बोन्) *n.* 1. the spine, रीढ़ (की हड्डी)। 2. strength of character, चरित्रबल, चारित्रिक दृढ़ता। 3. chief support, मुख्य आधार या अवलंब।

**backdated** (बैक्´-डे-टिड्) *adj.* marked with previous date, पूर्व दिनांकित।

**backdoor** (बैक्´-डो:) *adj.* secret, गुप्त।

**backdrop** (बैक्´-ड्रॉप्) *n.* a painted curtain hung at the back of the stage, पिछला परदा।

**backer** (बैक्´-अँ:) *n.* one who supports, समर्थक।

**backfire** (बैक्´-फ़ाइ:) *n.* premature explosion in the cylinder of an internal combustion engine, प्रतिविस्फोट। *v.* (backfired, backfiring) 1. to explode prematurely, प्रतिविस्फोट होना। 2. to produce an undesired result, उलटा नतीजा निकलना।

**background** (बैक्´-ग्राउन्ड्) *n.* 1. the back surface of a scene or picture, पृष्ठभूमि। 2. conditions and events forming a setting or influencing something, पृष्ठभूमि, पूर्वपीठिका। 3. one's total experience and knowledge, अनुभव और ज्ञान की समग्रता, अनुभव तथा ज्ञान का आधार।

**backing** (बैक्´-इंग्) *n.* 1. assistance, moral support, सहायता, समर्थन, नैतिक समर्थन। 2. the body of supporters, समर्थकगण, समर्थकवृंद।

**backlash** (बैक्´-लैश्) *n.* 1. a violent backward motion as of a machine, झटका। 2. a hostile reaction, प्रतिकूल प्रतिक्रिया।

**backlog** (बैक्´-लॉग्) *n.* accumulation of unfinished work, रुका पड़ा काम, बकाया काम।

**backstage** (बैक्´-स्टेज्) *adv.* 1. behind the curtain, मेपथ्य में, परदे के पीछे। 2. secretly, चोरी-छिपे, अंदर ही अंदर। *n.* thc part behind the stage, नेपथ्य। *adj.* of or about the private lives of theatre people, अभिनेताओं के व्यक्तिगत जीवन से संबद्ध।

**backstairs** (बैक´-स्टेअँ:स्) *adj.* underhand, secret, चोरी-छिपे होने या किया जानेवाला।

**backward** (बैक्´-वॅ:ड्) *adj.* 1. directed towards the back, पश्चाभिमुख, पश्चगामी। 2. reversed, उलटा, प्रतीप। 3. returning, वापसी। 4. behind or retarded in progress, पिछड़ा, मंद, अविकसित, फिसड्डी। 5. reluctant, unwilling, अनिच्छुक। *adv.* = backwards.

**backwardness** (बैक्´-वॅ:ड्-निस्) *n.* the state of being backward, पिछड़ापन।

**backwards** (बैक्´-वॅ:ड्स्) *adv.* 1. toward the back, पीछे, पीछे की ओर, पिछली तरफ़। 2. in reverse, उलटे। 3. toward the past, पीछे की ओर, पहले।

**backwater** (बैक्´-वा:-टॅ:) *n.* 1. a stretch of stagnant water out of the main stream, खड़ा पानी। 2. a place unaffected by new ideas, पिछड़ा इलाका। 3. a stagnated state of mind, मानसिक जड़ता।

**backwoods** (बैक्´-वुड्स्´) *n.* uncleared forest land far from civilization, घना जंगल।

**backyard** (बैक्´-या:ई) *n.* a yard behind a house, घर के पीछे का आंगन, पश्चांगन।

**bacon** (बे´-कॅन्) *n.* salted or smoked meat of a pig, सुअर का भुना तथां नमकीन गोश्त। ☐ **bring home the bacon,** (i) जीविका चलाना; (ii) सफल होना, सफलता प्राप्त करना।

**bacteria** (बैक्-टिअँर्´-इ-अँ, बैक्-टीर्´-इ-अँ) *n.* plu. of bacterium, जीवाणु।

**bacterium** (बैक्-टिअँर्´-इ-अम्) *n.* a microscopic organism जीवाणु।

**bad** (बैड्) *adj.* (worse, worst) 1. not good, बुरा, बद। 2. of poor quality, inferior, घटिया दर्जे का, घटिया। 3. spoiled, defective, दूषित, ख़राब, बिगड़ा हुआ। 4. unsuitable unfavourable, अनुपयुक्त। 5. severe, intense, तेज़, घोर, प्रचंड। 6. hurtful, हानिकर।

B

7. diseased, रुग्ण, अस्वस्थ। □ **in bad faith,** बुरी नीयत से; **feel bad about,** दुखी होना; **go from bad to worse,** पहले से भी ख़राब हो जाना, बिगड़ते जाना; **go bad,** ख़राब हो जाना, बिगड़ जाना; **get a bad name,** बदनाम हो जाना; **in a bad temper,** क्रुद्ध; **not bad,** ठीक ही ठीक, काम चलाने लायक। ***n.*** that which is bad, बुरी चीज़ या बात।

B

**bad blood** ***n.*** 1. enmity, वैमनस्य, दुर्भाव। 2. bitterness, कटुता।

**bad company** ***n.*** company of bad persons, कुसंग, बुरी संगत।

**bad debt** ***n.*** irrecoverable debt, धन या रकम जो वसूल न होने को हो, डूबी हुई रकम।

**bade** (बेड्) ***v.*** p.t. & p.p of bid.

**bad faith** ***n.*** dishonest intention, बदनीयती, असद्भाव, दुर्भाव।

**badge** (बैज्) ***n.*** an emblem worn to indicate rank, membership etc., बिल्ला, बैज।

**badger** (बैज्´-अॅ:) ***n.*** 1. a mammal who lives in holes, बिज्जू। 2. its fur, बिज्जू की खाल।

**badly** (बैड्´-ली) ***adv.*** (worse, wrost) 1. in a bad manner, बुरी तरह। 2. hopelessly, बुरी तरह। 3. very much, बहुत अधिक, सख़्त।

**badminton** (बैड्´-मिन्-टॅन्) ***n.*** a game played with shuttlecocks and rackets, बैडमिंटन।

**bad-tempered** (बैड्´-टॅम्-पॅ:ड्) ***adj.*** having or showing bad temper, चिड़चिड़ा, तुनुकमिज़ाज, नकचढ़ा।

**baffle** (बैफ़्´-अॅल्) ***v.*** 1. to puzzle or perplex, क्षुब्ध कर देना, चक्कर में डाल देना। 2. to frustrate, कुंठित कर देना, निष्फल या व्यर्थ बना देना।

**baffling** (बैफ़्´-लिंग्) ***adj.*** puzzling, perplexing, क्षोभकारी, चक्कर में डालनेवाला।

**bag** (बैग्) ***n.*** 1. a flexible container, थैला, झोला। 2. a small box, पेटी। 3. a sack, बोरा, बोरी। 4. a purse, बटुआ, बैग। 5. a pouch in an animal's body, थैली।

**bagful** (बैग´-फुल्) ***adj & n.*** as much as a bag will hold, झोला-भर, थैला-भर; बोरा-भर।

**baggage** (बैग्´-इज्) ***n.*** the bags and suitcases carried while travelling, असबाब, सामान।

**bagpipe** (बैग्´-पाइप्) ***n.*** a musical wind instrument, मशकबीन।

**bail** (बेल्) ***n.*** 1. money or property pledged as security to get an arrested person released temporarily, ज़मानत। 2. one who provides bail, ज़मानतदार।

**bailable** (बेल्´-अॅ-बॅल्) ***adj.*** that can be released on bail, ज़मानत पर छूटने लायक।

**bailbond** (बेल्´-बॉन्ड्) ***n.*** a document about bail, ज़मानतनामा।

**bailee** (बे´-ली) ***n.*** a person to whom property is bailed, अमानतदार, धरोहर लेनेवाला।

**bailey** (बे´-ली) ***n.*** outer walls round a castle, दुर्ग की प्राचीर।

**bailiff** (बे´-लिफ़्) ***n.*** 1. an official who executes writs and arrests, बेलिफ़। 2. a steward, कारिंदा।

**bailor** (बे´-ल:) ***n.*** one who bails property for another, वह जो किसी के लिए ज़मानत दे, ज़मानतदार।

**bait** (बेट्) ***n.*** 1. food used or animal placed to attract prey, चारा। 2. an enticement, प्रलोभन।

**bake** (बेक् ) ***v.*** 1. to cook in an oven, बेक करना, सेकना। 2. to be cooked in an oven, सिकना। 3. to cause to become hard by heating, पकाना। 4. to become hard by heat, पकना।

**bakelite** (बे´-कॅ-लाइट्) ***n.*** a plastic compound, बेकलाइट।

**baker** (बे´-कॅ:) ***n.*** one who makes (or sells) bread, नानबाई, बेकर।

**bakery** (बे´-कॅ-री) ***n.*** a place where bread is baked or sold, बेकरी।

**baking powder** ***n.*** a powder used as leavening, बेकिंग पाउडर, खमीर उठाने का पाउडर।

**balance** (बैल्´-अॅन्स्) ***n.*** 1. the scales, तराजू। 2. any apparatus for measuring weight, काँटा, तुलायंत्र, बैलंस। 3. a state of equilibrium, संतुलन, बराबरी। 4. a weight tending to produce equilibrium, पासंग। 5. anything that is left over, बाकी, शेष। □ **in balance,** अनिश्चित; **lose one's balance**, लड़खड़ा जाना, डगमगा जाना। *v.* 1. to weigh in a balance, तौलना। 2. to come into equilibrium, संतुलित होना। 3. to bring into equilibrium, संतुलित करना। 4. to be equal to, बराबर होना। 5. to create a state of harmony, समरसता स्थापित करना। 6. to compare the credit and debit total of an account, जमा और ख़र्च मिलाना।

**balance sheet** ***n.*** a written statement of assets and liabilities, आस्तियों और देनदारियों का विवरण या चिट्ठा, तुलनपत्र, पक्का चिट्ठा।

**balcony** (बैल्´-कॅ-नी) ***n.*** 1. an enclosed platform projecting outside an upper story of a building, छज्जा, बरामदा। 2. the seats upstairs in a theatre, बालकनी।

**bald** (बा:ल्ड्) ***adj.*** 1. having no hair on the scalp, गंजा। 2. without vegetation, जो हरा-भरा न हो, हरियाली से रहित।

**baldness** (बा:ल्ड्´-निस्) ***n.*** the state of being bald, गंज।

**baldric** (बा:ल्´-ड्रिक्) ***n.*** a belt for supporting a sword, परतला।

**bale**[1] (बेल्) ***n.*** a large bundle, गाँठ, गट्ठर, गट्ठा। *v.* (baled, baling) to make into a bale, गाँठ या गट्ठर बाँधना।

**bale**[2] (बेल्) ***n.*** harm, हानि, नुकसान।

**baleful** (बेल्´-फ़ुल्) ***adj.*** harmful, हानिकर, कष्टप्रद।

**bale out** ***v.*** (baled out, baling out) to make a parachute jump from an aircraft, हवाई छतरी से उतरना या कूदना।

**balk, baulk** (बा:क्) ***n.*** 1. a beam, शहतीर, धरन। 2. a ridge between furrows, मेंड़। 3. an obstacle or hindrance, बाधा, रुकावट।

**balky** (बा:´-की) ***adj.*** restive, हठी, जिद्दी।

**ball**[1] (बा:ल्) ***n.*** 1. a spherical body, पिंड, गोला। 2. such a body used in games, गेंद, बॉल। 3. a single delivery of the ball in cricket, क्रिकेट में फेंका हुआ बॉल। □ **set the ball rolling,** श्रीगणेश करना, शुरुआत करना।

**ball**[2] (बा:ल्) ***n.*** a formal gathering for social dancing, सामूहिक नृत्य के लिए इकट्ठे होनेवाले लोग।

**ballad** (बैल्´-ॲड्) ***n.*** a narrative poem, गाथा-गीत।

**balladeer** (बैल्-ॲ-डिअ:´) ***n.*** one who is expert in singing ballads, गाथा-गीतकार।

**ballast** (बैल्´-ॲस्ट्) ***n.*** 1. any heavy material used to stabilize a vessel, बोझ, धड़ा। 2. coarse gravel, crushed rock, गिट्टी, रोड़ी। 3. a stabilizing element or agent, स्थिरता लानेवाला तत्त्व या चीज़।

**ball bearing** (बा:ल्´-बें-ॲ-रिंग्) ***n.*** a bearing with moving balls, बाल बेयरिंग।

**ballerina** (बैल्-ॲ-री´-नॅ) ***n.*** a female ballet dancer, बैले की नर्तकी।

**ballet** (बै-ले´) ***n.*** 1. a dance by a group of dancers, बैले। 2. a company of ballet dancers, बैले-दल, नर्तक-मंडली।

**ballistic** (बॅ-लिस्´-टिक्) ***adj.*** pertaining to ballistics, प्रक्षेपण-संबंधी, प्राक्षेपिक।

**ballistics** (बॅ-लिस्´-टिक्स्) ***n.*** the study of the functioning of firearms and flight characteristics of projectiles, प्रक्षेपण विज्ञान।

**balloon** (बॅ-लून्´) ***n.*** a flexible bag which can float in the air when inflated with gas, गुब्बारा। *v.* 1. to expand or cause to expand like a balloon, ग़ुब्बारा फुलाना या ग़ुब्बारे की तरह फूलना। 2. to ride or travel in a balloon, ग़ुब्बारे में उड़ान भरना, ग़ुब्बारे में उड़ना।

**ballot** (बैल्´-ॲट्) ***n.*** 1. a slip used to cast a vote, मतपत्र। 2. the act of voting, मतदान।

**ballot-box** (बैल्´-ॲट्-बॉक्स्) ***n.*** a box in which the voters put their ballots, मतपेटी।

**ballroom** (बा:ल्´-रूम्) ***n.*** a large room for dancing, नृत्यकक्ष।

**ballyhoo** (बैल्´-ई-हू) ***n.*** uproar, शोरगुल, हो-हल्ला, शोर।

B

**balm** (बाम्) *n.* a medicinal ointment, बाम, मलहम।

**bamboo** (बैम्-बू´) *n.* a tall plant with jointed stems, बाँस; bamboo curtain, चिक।

**bamboozle** (बैम्-बू´-ज़ॅल्) *v.* to deceive or trick, धोखा देना, झाँसा देना।

**ban** (बैन्) *v.* (banned, banning) to forebid officially, रोक लगाना, निषेध या मनाही करना, प्रतिबंध लगाना, प्रतिबंधित करना। *n.* an order banning something, रोक, प्रतिबंध।

**banana** (बॅ-नैन्´-अॅ) *n.* a plant and its fruit, केला।

**band**[1] (बैन्ड्) *n.* 1. a flexible strip used to encircle and bind together, पेटी, बंद, पट्टी। 2. a range of wave lengths, बैंड। *v.* (banded, banding) to bind with a band, पेटी लगाना, बंद से कसना, पट्टी बाँधना।

**band**[2] (बैन्ड्) *n.* 1. a group of persons having common interest, मंडली, टोली, जत्था। 2. a group, समूह, दल, झुंड। 3. a group of musicians, गाने-बजानेवालों का दल, बाजा बजानेवालों का दल, बैंड।

**bandage** (बैन्-डिज्) *n.* a strip of cloth used to protect a wound, पट्टी। *v.* to bind up with a bandage, पट्टी करना/बाँधना।

**bandbox** (बैन्ड्´-बॉक्स्) *n.* a box for holding light articles of attire, संदूकची, पेटी।

**bandit** (बैन्´-डिट्) *n.* a robber, लुटेरा, बटमार।

**banditry** (बैन्´-डिट्-री) *n.* the activity of a bandit, a bandit's work, लुटेरापन, बटमारी।

**bandmaster** (बैन्ड्´-मास्-टॅ:, बैन्ड्´-मैस्-टॅ:) *n.* the leader of a band of musicians, बैंडमास्टर।

**bane** (बेन्) *n.* 1. a deadly poison, हलाहल, विष, ज़हर। 2. a cause of misery or anxiety, विनाश का कारण, विनाशक तत्त्व। 3. a cause of death, मृत्यु का कारण। 4. a curse, शाप।

**baneful** (बेन्´-फुल्) *adj.* 1. poisonous, विषैला, विषाक्त, ज़हरीला। 2. destructive, विनाशक, ध्वंसक। 3. injurious, हानिकर। 4. causing death, मृत्युकारक, मारक।

**bang** (बैङ्ग्) *v.* 1. to make a violent noise, like a explosion, धमाका करना। 2. to strike or shut noisily, आघात या आवाज़ करना। 3. to move noisily, धड़धड़ाते हुए चलना। *n.* 1. a sudden explosive noise, धमाका। 2. a hard knock, आघात, प्रहार। □ **go with a bang,** खुशियाँ मनाना, विजय मनाना। *adv.* with a bang, धमाके के साथ, ज़ोर-शोर से, बड़ी शान से।

**bangle** (बैङ्ग्´-गॅल्) *n.* a bracelet or anklet, चूड़ी, कड़ा या कंगन।

**banian** (बैन्´-यॅन्) *n.* a fig tree, बरगद।

**banish** (बैन्´-इश्) *v.* to expel from the country, to exile, देश से निर्वासित करना, देश-निकाला देना।

**banishment** (बैन्´-इश्-मॅन्ट्) *n.* an act of banishing or the state of being banished, exile, निर्वासन, देश-निकाला।

**banister, bannister** (बैन्´-इ-स्टॅ:) *n.* the handrail with supporting railings, सीढ़ी का जंगला, रेलिंग।

**banjo** (बैन्´-जो) *n.* a guiter like instrument, बैंजो।

**bank**[1] (बैङ्क्) *n.* 1. an institution performing financial transactions, बैंक। 2. the building in which such an institution is located, बैंक। 3. a place of reserve supply, पूर्तिकेंद्र, बैंक। 4. a pool in a game of chance, बाज़ी का रुपया। *v.* (banked, banking) 1. to deposit money in a bank, बैंक में रुपया जमा करना। 2. to transact business with a bank, बैंक से लेन-देन करना। 3. to operate a bank, बैंक चलाना। □ **bank upon/on,** भरोसा करना।

**bank**[2] (बैङ्क्) *n.* 1. a piled up mass, ढेर, अंबार। 2. a steep natural slope, ढाल। 3. a slope at the side of a river, किनारा, तट।

**banker** (बैङ्क्-अॅ:) *n.* one who is authorised to perform financial transactions, महाजन, बैंकर।

**banking** (बैङ्क्´-इंग्) *n.* the business of a bank or a banker, महाजनी, बैंक व्यवसाय।

**bankrupt** (बैंङ्क्´-रप्ट्) *n.* a person having lost his money and legally declared unable to pay his debts, दिवालिया। *v.* to make bankrupt, दिवालिया कर देना, दिवालिया बना देना।

**banner** (बैन्ˊ-अँ:) *n.* 1. a flag, झंडा, पताका। 2. a piece of cloth with a slogan, motto etc., बैनर। 3. a headline of a newspaper, मुख्य शीर्षक। □ **under the banner of,** के नाम से / पर, के झंडे तले।

**banquet** (बैङ्क्ˊ-क्विट्) *n.* a ceremonial dinner, भोज, ज्योनार, दावत, पार्टी।

**bantam** (बैन्ˊ-टॅम्) *n.* 1. a small aggressive fowl, जुझारू या लड़ाकू मुर्गा। 2. an aggressive person, लड़ाकू व्यक्ति, आक्रामक व्यक्ति।

**bantamweight** (बैन्-टॅम्-वे़ट्) *n.* a boxer whose weight is between 51 to 54 kilograms, ५१ से ५४ किलोग्राम का मुक्केबाज़ या बॉक्सर, बैन्टमवेट बॉक्सर।

**banter** (बैन्ˊ-टॅ:) *n.* good-humoured teasing, humorous jesting, हँसी-मज़ाक, हँसी-दिल्लगी, हास-परिहास, छेड़खानी, छेड़छाड़। *v.* (bantered, bantering) to tease gently, to talk jocularly, हँसी-मज़ाक करना, दिल्लगी करना, छेड़छाड़ करना।

**bantling** (बैन्ट्ˊ-लिंग्) *n.* a small child, छोटा बच्चा, छोकरा।

**banyan** (बैन्ˊ-यॅन्) *n.* = banian.

**baptism** (बैप्ˊ-टिज़्-अॅम्) *n.* the Christian ceremony to accept someone as a member of Church through the symbolic application of water, बपतिस्मा, ईसाई-दीक्षा।

**baptist** (बैप्ˊ-टिस्ट्) *n.* one who baptizes, बपतिस्मा-दाता।

**baptize** (बैप्ˊ-टाइज़्, बैप्-टाइज़्ˊ) *v.* 1. to perform the rites of baptism, to sprinkle water on, बपतिस्मा देना, अभिसिंचित करना। 2. to give a christian name, ईसाई धर्मानुसार नामकरण करना। 3. to initiate, दीक्षित करना।

**bar**[1] (बा:) *n.* 1. a long piece of metal, wood etc., छड़, डंडा। 2. a rectangular block of any substance, टिकिया, पिंडी, चक्की। 3. anything that prevents or obstructs, रोक, बाधा, अड़चन। 4. a counter or place where drinks are served, मदिरा-पटल या मधुशाला। 5. a counter where things are sold, काउंटर, पटल। 6. the wooden barrier in court at which the prisoner stands, कटघरा। 7. a band, पट्टी, धारी। 8. the legal profession, वकालत, वकील का पेशा। 9. the members of the legal profession, वकील-समुदाय।

**bar**[2] (बा:) *v.* (barred, barring) 1. to close or fasten with a bar, अर्गला से (दरवाज़ा आदि) बंद करना। 2. to block, रास्ता रोकना, बाधा डालना, अड़चन खड़ी करना। 3. to prohibit, प्रतिबंधित करना, वर्जित करना। 4. to exclude, अलग करना।

**barb** (बा:ब्) *n.* 1. a hook, काँटा। 2. a cutting or wounding remark, ताना, आक्षेप। *v.* to provide with a barb, काँटा या काँटे लगाना।

**barbarian** (बा:-बैर्ˊ-इ-अॅन्) *n.* an uncivilized or savage person, असभ्य या बर्बर व्यक्ति। *adj.* 1. uncivilized, savage, असभ्य, बर्बर। 2. cruel, क्रूर, ज़ालिम, नृशंस।

**barbaric** (बा:-बैर्ˊ-इक्) *adj.* of or like barbarians, बर्बरतापूर्ण, जंगली, वहशियाना, नृशंस।

**barbarity** (बा:-बैर्ˊ-इ-टी) *n.* savage cruelty, बर्बरता, नृशंसता, निर्दयता।

**barbarous** (बा:ˊ-बॅर्-अॅस्) *adj.* 1. uncivilized, uncultured, असभ्य, अशिष्ट। 2. brutal, wild, बर्बर, नृशंस, निर्दय।

**barbed** (बा:ब्ड्) *adj.* 1. having barbs, काँटेदार, कँटीला। 2. sharp, cutting, तीव्र, तेज़, तीखा।

**barber** (बा:ˊ-बॅ:) *n.* one who cuts hair and shaves, नाई, नाऊ, हज्जाम। *v.* to cut the hair or beard of, बाल काटना, हजामत बनाना, दाढ़ी बनाना।

**bard** (बा:ड्) *n.* a poet or singer of formerly times, चारण, भाट।

**bare** (बेंअॅ:) *adj.* 1. without clothing, unclothed, naked, नंगा, निर्वस्त्र। 2. without covering, uncovered, नंगा, अनावृत। 3. exposed to view, unconcealed, खुला, प्रकट। 4. empty, खाली, शून्य। 5. unadorned, अनलंकृत, सादा।

**bareback** (बेंअॅ:ˊ-बैक्) *adj. & adv.* without a saddle, बिना काठी के, बिना ज़ीन कसे।

**barefaced** (बेंअॅ:´-फ़ेस्ट्/फ़ेस्ड्) ***adj.*** 1. with the face uncovered, बेनक़ाब। 2. shameless, निर्लज्ज, बेशर्म, बेहया।

**barefoot** (बेंअॅ:´-फुट्) ***adj. & adv.*** with bare feet, नंगे पाँव, बिना जूता पहने।

**barehanded** (बेंअॅ:´-हैन्-डिड्) ***adj. & adv.*** without a weapon or tool, बिना हाथ में कुछ लिये, निहत्थे, खाली हाथ, हाथ लटकाते हुए।

**bareheaded** (बेंअॅ:´-हेंड्-इड्) ***adj. & adv.*** without a cap, नंगे सिर, बिना सिर ढके, बिना टोपी या पगड़ी पहने।

**barely** (बेंअॅ:´-ली) ***adv.*** 1. hardly, मुश्किल से, नाम मात्र के लिए, मात्र। 2. openly, साफ़-साफ़, स्पष्ट रूप से।

**bargain** (बा:´-गॅन्/गिन्) ***n.*** 1. an agreement about transaction, सौदा। 2. something offered or received as a result of this, सौदा, लेन-देन। 3. a thing bought cheaply, सस्ता सौदा। 4. an agreement, समझौता, क़रार। ***v.*** (bargained, bargaining) 1. to negotiate the terms of a sale, सौदा करना। 2. to arrive at an agreement, सौदा तय करना, समझौता करना। 3. to exchange, लेन-देन करना। 4. to haggle, मोल-भाव करना, मोल-तोल करना।

**bargaining** (बा:´-गॅन्-इंग्) ***n.*** negotiation of the terms of a bargain, सौदेबाज़ी, मोल-तोल, मोल-भाव।

**barge** (बा:ज्) ***n.*** a large boat for transporting freight, बोझ ढोनेवाली नाव। ***v.*** 1. to transport by barge, नाव से माल की ढुलाई करना। 2. to move clumsily, भद्दी तरह चलना। □ **barge in,** घुस जाना।

**bargee** (बा:´-जी), **bargeman** (बा:ज्´-मॅन्) ***n.*** a person in charge of a barge, माँझी।

**bark**[1] (बा:क्) ***n.*** the harsh sound made by a dog, भौं-भौं, भौंक। ***v.*** 1. to make such a sound, भौंकना, भौं-भौं करना। 2. to speak sharply, चिल्लाना।

**bark**[2] (बा:क्) ***n.*** the outer layer of the stem of a tree, छाल। ***v.*** (barked, barking) to remove the bark from the tree, छाल उतारना।

**barley** (बा:´-ली) ***n.*** 1. a plant bearing grain used as food, जौ। 2. barley grains, जौ, यव; ~ water, जौ का पानी।

**barman** (बा:´-मॅन्) ***n.*** a man who serves alcoholic drinks, bartender, मधुवितरक, साकी। [Fem. barmaid]

**barn** (बा:न्) ***n.*** 1. a building for storing grain, खत्ता, बखार। 2. a place for housing livestock, बाड़ा, तबेला।

**barometer** (बॅ-रॉम्´-इ-टॅ:) ***n.*** an instrument which registers changes in the atmosphere, वायुदाब-मापी।

**baron** (बैर्´-अॅन्) ***n.*** 1. the lowest rank title in the British peerage, सामंत, बैरन। 2. a powerful businessman, बड़ा व्यापारी। [Fem. baroness]

**baronet** (बैर्´-अॅ-निट्/नेंट्) ***n.*** a nobleman ranking below a baron, छोटा सामंत।

**barrack** (बैर्´-अॅक्) ***v.*** 1. to house in barracks, बैरकों में रहना या रखना। 2. to jeer, उपहास करना, फबती कसना, खिल्ली उड़ाना।

**barracks** (बैर्´-अॅक्स्) ***n.*** (often plu.) a building or group of buildings for soldiers to live in, बैरक, सेनावास।

**barrage** (बै´-राज़्ह, बॅ-राज़्ह´) ***n.*** 1. a dam, बाँध। 2. a heavy bombardment, गोलों की बौछार। 3. a rapid outpouring, बौछार।

**barrel** (बैर्´-अॅल्) ***n.*** 1. a large wooden cylindrical container, बैरल, ढोल, पीपा। 2. the amount this contains, बैरल। 3. a tubelike part of a gun, बैरल, नाल। 4. a great amount, बहुत बड़ी मात्रा; a barrel of fun, हँसी का फ़व्वारा। ***v.*** 1. to put in a barrel or barrels, बैरल भरना। 2. to move at high speed, बहुत तेज़ चलना।

**barren** (बैर्´-अॅन्) ***adj.*** 1. infertile, अनुपजाऊ, अनुर्वर। 2. not producing offspring, बाँझ, बंध्या। ***n.*** barren land, बंजर ज़मीन।

**barrette** (बॅ-रेंट्´) ***n.*** a hair-clip, क्लिप।

**barricade** (बैर्´-इ-केड्) ***n.*** a temporary fence or wall to block a passage, रोक, अवरोध, बाधा, आड़।

**barrier** (बैर्´-इ-अॅ:) ***n.*** a fence, wall or anything that obstructs the movement, रोक, आड़, अवरोध, रोध।

**barring** (बार्´-इंग्) ***prep.*** excluding, को छोड़कर, के सिवा।

**barrister** (बैर्´-इस्-टॅ:, बैर्´-इ-स्टॅ:) ***n.*** one who pleads cases in superior courts, बैरिस्टर।

**barroom** (बा:´-रूम्) ***n.*** a place where alcoholic drinks are sold, सुरागृह, मधुशाला।

**bartender** (बा:´-टॅन्-डॅ:) ***n.*** one who mixes and serves alcoholic drinks at bar, मधु-वितरक, साक़ी।

**barter** (बा:´-टॅ:) ***v.*** 1. to trade by exchanging some goods for other goods, अदला-बदली करना, विनिमय करना। 2. to exchange, बदल लेना। ***n.*** trading by exchange, अदला-बदली, विनियम।

**bascule bridge** (बैस्´-क्यूल्-ब्रिज्) ***n.*** a bridge hinged at the bank to allow ships to pass under it, उत्तोलन सेतु, उठौआ पुल।

**base**[1] (बेस्) ***n.*** 1. the bottom, तल, पेंदा। 2. the foundation or basis, आधार, नींव, बुनियाद। 3. the main ingredient, मूलाधार, बेस, मूलांश। 4. the starting point, आरंभ-बिंदु। 5. a centre of operations or source of supply, अड्डा। 6. any morpheme to which prefixes or suffixes are added, धातु या प्रतिपदिक। ***adj.*** forming a base, आधार-रूप, आधारिक। ***v.*** 1. to make a base or foundation for, नींव रखना, बुनियाद डालना, आधार बनाना। 2. to put on a base, आधारित करना। 3. to establish, स्थापित करना।

**base**[2] (बेस्) ***adj.*** 1. low-minded, कमीना, नीच। 2. of inferior value, worthless, निकृष्ट, घटिया। 3. counterfeit, जाली।

**baseball** (बेस्´-बा:ल्) ***n.*** a game played with a bat and ball by two opposing teams, बेसबॉल।

**baseless** (बेस्´-लिस्/लॅस्) ***adj.*** 1. having no basis or foundation, आधारहीन, निराधार। 2. not justified, निर्मूल, असंगत।

**basement** (बेस्´-मॅन्ट्) ***n.*** the underground storey of a building, तहख़ाना, तलघर, बेसमेंट।

**bash** (बैश्) ***v.*** to strike with a violent blow, ज़ोर से आघात करना, चोट करना। ***n.*** 1. a violent blow, आघात, प्रहार, चोट। 2. a party, पार्टी, गोष्ठी।

**bashful** (बैश्´-फ़ुल्) ***adj.*** 1. shy, शर्मीला, लजालू। 2. timid, संकोची, झेंपू।

**bashfulness** (बैश्´-फ़ुल्-निस्) ***n.*** 1. shyness, शर्म, लाज। 2. timidness, संकोच, झेंप।

**basic** (बे´-सिक्) ***adj.*** 1. forming a base, बुनियादी, आधारिक। 2. fundamental, मूल, आधारभूत, मौलिक। 3. elementary, प्राथमिक, प्रारंभिक। 4. alkaline, क्षारीय। ***n.*** a fundamental principle, मूल सिद्धांत।

**basically** (बे´-सि-कॅ-ली) ***adv.*** 1. at basis, आधार रूप में। 2. fundamentally, मूलत:।

**basin** (बे´-सिन्) ***n.*** 1. a round open shallow dish, चिलमची। 2. the amount a basin holds, चिलमची-भर सामान। 3. an artificially enclosed area of a river or harbour, थाला। 4. a washbasin, वाशबेसिन। 5. a sunken place where water collects, ताल, जलकुंड। 6. a bay, खाड़ी।

**basis** (बे´-सिस्) ***n.*** 1. the base or foundation, आधार, नींव, बुनियाद। 2. a main principle, मूल सिद्धांत। 3. a criterion, कसौटी। 4. the main part, मुख्य आधार, मूलाधार।

**bask** (बा:स्क्, बैस्क्) ***v.*** 1. to lie in or be exposed to pleasant warmth of the sun, धूप में लेटना, धूप में बैठना, धूप सेंकना, धूप-स्नान करना। 2. to flourish or thrive, पनपना। 3. to take delight in, मज़ा लेना।

**basket** (बास्´-किट्, बैस्´-किट्) ***n.*** 1. an interwoven container, टोकरी, डलिया, पिटारी। 2. the amount a basket holds, टोकरी-भर सामान। 3. a hoop with open ended net, बास्केटबॉल में प्रयुक्त टोकरीनुमा जाली।

**basketball** (बास्´/बैस्´-किट्-बा:ल्) ***n.*** 1. a game played between two teams in which points are scored by throwing a ball into the basket of the opposite

B

party, बास्केटबॉल। 2. the ball used in this game, बास्केटबॉल।

**basketful** (बास्´ / बैस्´-किट्-फ़ुल्) ***n.*** the amount an basket holds, टोकरी-भर सामान।

B

**basketry** (बास्´-किट्-री) ***n.*** basket making, टोकरी बनाने का काम।

**basrelief** (बैस्-रि-लीफ़्´) ***n.*** low relief, नक्काशी।

**bassinet** (बैस्´-ईं-नेंट्) ***n.*** a crib, बच्चों का पालना या घुमाने की गाड़ी।

**bastard** (बास्´ / बैस्´-टॅ:ड्) ***n.*** 1. a child born out of wedlock, an illegitimate child, दोगला, वर्णसंकर। 2. an ill-tempered person, बददिमाग या चिड़चिड़ा व्यक्ति। ***adj.*** 1. illegitimate, जारज, दोगला, हरामी। 2. false, मिथ्या, नकली। 3. abnormal in size or shape, अनियमित आकार-प्रकारवाला, भोंडा।

**bastion** (बैस्´-चॅन्) ***n.*** 1. a fortified place, गढ़। 2. a stronghold, केंद्र, गढ़; a bastion of democracy, प्रजातंत्र का गढ़।

**bat**[1] (बैट्) ***n.*** a wooden stick or club used in the game of cricket, baseball etc., बल्ला, बैट। ***v.*** (batted, batting) 1. to strike with a bat, बल्ले से प्रहार करना। 2. to take a turn at batting, बल्लेबाज़ी करना।

**bat**[2] (बैट्) ***n.*** a mouse like flying mammal, चमगादड़।

**batch** (बैच्) ***n.*** 1. a group of similar persons, जत्था, टोली, वर्ग। 2. a set of similar things, बैच, वर्ग।

**bath** (बाथ्, बैथ्) ***n.*** 1. the act of washing the body in water, स्नान, नहाना। 2. the water used for bathing, स्नान करने का जल। 3. a bathtub, टब, कुंड। 4. a bathroom, स्नानागार, ग़ुसलख़ाना।

**bathe** (बेथ्) ***v.*** 1. to take a bath, स्नान करना, नहाना। 2. to swim for a pleasure, तैरना। 3. to immerse, जल में डुबोना, गोता या डुबकी लगाना। 4. to give a bath to, नहलाना। 5. to apply liquid to wound etc., in order to cleanse or soothe, धोना। 6. to spread over with dew, light etc., नहाना।

**bathing suit** ***n.*** a garment worn for bathing, नहाने की पोशाक, नहाने के कपड़े।

**bathos** (बे´-थॉस्) ***n.*** decline from the sublime to the trivial, anticlimax, अपकर्ष, गिरावट।

**bathroom** (बाथ्´-रूम्) ***n.*** a room for taking a bath, स्नानघर, ग़ुसलख़ाना।

**bathtub** (बाथ्´-टब्) ***n.*** a tub to bathe in, नहाने का टब, जलकुंड।

**baton** (बै-टॅन्´) ***n.*** 1. a staff serving as a symbol of office, (अधिकारी का) डंडा, बेंत। 2. a stick used by the conductor in leading an orchestra, बैंडमास्टर की छड़ी।

**bats** (बैट्स्) ***adj.*** crazy, सनकी; He has gone bats, वह सनकी हो गया है।

**batsman** (बैट्स्´-मॅन्) ***n.*** one who bats, बल्लेबाज़, बल्लेबाज़ी करनेवाला, बैट्समैन।

**battalion** (बॅ-टैल्´-यॅन्) ***n.*** 1. a large army unit, बटालियन, पलटन, वाहिनी। 2. a large organised body of people, सेना, फौज।

**batten**[1] (बैट्´-ॲन्) ***n.*** a strip of wood for fastening or holding something in place, पट्टी, तख़्ती। ***v.*** to fasten with battens, पट्टियाँ लगाना।

**batten**[2] (बैट्´-ॲन्) ***v.*** 1. to make or become fat, मुटाना या मोटा बनाना। 2. to thrive at the expense of others, दूसरों का माल चीरना, गुलछर्रे उड़ाना।

**battery** (बैट्´-री, बैट्´-ॲर्-ई) ***n.*** a device for generating electric current, बैटरी।

**batting** (बैट्´-इंग्) ***n.*** the act of striking a ball with the bat, बल्लेबाज़ी।

**battle** (बैट्´-ॲल्) ***n.*** 1. a combat between two armed forces, युद्ध, लड़ाई। 2. a hard struggle, संघर्ष, लड़ाई। ***v.*** 1. to fight against, युद्ध करना, लड़ना। 2. to struggle, संघर्ष करना।

**battlefield** (बैट्´-ॲल्-फ़ील्ड्) ***n.*** a field where a battle was fought, युद्धक्षेत्र, लड़ाई का मैदान।

**bauble** (बा:´-बॅल्) ***n.*** an attractive article of little value, दिखावटी चीज़।

**bauxite** (बा:क्´-साइट्) ***n.*** the ore of aluminium, बाक्साइट।

**bawd** (बा:ड्) ***n.*** 1. a procuress, कुटनी, दूती। 2. a prostitute, वेश्या, रंडी। 3. a female brothel-keeper, कोठे की मालकिन, बड़ी बी।

**bawl** (बा:ल्) ***v.*** (bawled, bawling) to shout, to cry loudly, चीखना, चिल्लाना।

**bay**[1] (बे) ***n.*** a part of the sea partly enclosed by land, खाड़ी।

**bay**[2] (बे) ***n.*** a deep bark or howl, भौंक, भौं-भौं, हुआँ-हुआँ। □ **at bay,** दूर।

**bay leaf** ***n.*** aromatic leaves of a bay tree, तेजपत्ता, तेजपात।

**bayonet** (बे´-अॅ-नॅट्/निट्) ***n.*** a long knife for stabbing attached to the muzzle of a rifle, संगीन। ***v.*** to stab with a bayonet, संगीन भोंक देना।

**bazooka** (बॅ-ज़ू´-कॅ) ***n.*** a small antitank rocket launcher, छोटी तोप, बजूका।

**be** (बी) ***v.*** 1. to exist, to live, होना। 2. to take place, होना, घटना। 3. to become, होना, बनना। 4. to go, जाना, हो आना। 5. to equal in meaning or identity, समान होना। 6. to have a specified quality or characteristic, युक्त होना। 7. to signify, सूचित करना, बताना। 8. also used as an auxiliary verb, सहायक क्रिया के रूप में भी प्रयुक्त। □ **Let it be.** छेड़छाड़ की जरूरत नहीं; **would be,** भावी।

**beach** (बीच्) ***n.*** the sea-shore, समुद्रतट, सागरतट। ***v.*** to bring ashore, किनारे (पर) लाना।

**beacon** (बी´-कॅन्) ***n.*** 1. a fire lit on the hill-top to serve as a signal (of warning), सांकेतिक ज्वाला, ज्वाला-संकेत। 2. a light used as a signal, संकेतदीप, प्रकाशसंकेत। 3. a light-house, प्रकाशगृह। 4. a guide, मार्गप्रदर्शक।

**bead** (बीड्) ***n.*** 1. a pierced small ball for threading, मनका, गुरिया, दाना। 2. a drop, बूँद, जलकण। 3. a bubble, बुलबुला। 4. any small round object, दाना। 5. a small metallic knob acting as the sight of a firearm, बंदूक की मक्खी। 6. (plu.) a neklace of beads, मनकों की माला, मणिमाला। 7. (plu.) a rosary, जपमाला।

**beagle** (बी´-गॅल्) ***n.*** a small dog used for hunting, छोटा शिकारी कुत्ता, बीगल।

**beak** (बीक्) ***n.*** 1. a bird's bill, चोंच। 2. any similar projection, चोंचनुमा चीज़ या रचना।

**beaker** (बी´-कॅ:) ***n.*** a container with a lip for pouring liquids, बीकर, जीभदार प्याला।

**beam** (बीम्) ***n.*** 1. a ray, किरण, रश्मि। 2. a long piece of wood used to support the roof, शहतीर, धरन, कड़ी। 3. a bright look or smile, हँसी, मुस्कान। ***v.*** 1. to shine, चमकना। 2. to express by smiling, मुस्करा देना।

**beaming** (बीम्´-इंग्) ***adj.*** shining, giving off light, चमकीला, चमकता हुआ।

**bean** (बीन्) ***n.*** a long seed vessel like that of a pea, फली।

**bean curd** ***n.*** a soyabean cheese cake, सोया पनीर या सोया दही।

**bear**[1] (बेंअॅ:) ***n.*** 1. a wild mammal with thick fur and strong claws, भालू, रीछ। 2. a clumsy or ill-mannered person, फूहड़ या उजड्ड व्यक्ति। 3. a person who sells shares in anticipation of falling prices, मंदी के भय से शेयर बेचनेवाला, मंदड़िया। □ **the Great Bear,** सप्तर्षि मंडल।

**bear**[2] (बेंअॅ:) ***v.*** (bore, borne) 1. to hold up, धारण करना। 2. to carry, वहन करना। 3. to accept or assume the responsibility of, स्वीकार करना, ग्रहण करना। 4. to give birth to, जन्म देना। 5. to produce, उत्पन्न करना, फलना-फूलना। 6. to tolerate, बरदाश्त करना, सहना। 7. to turn, मुड़ना। 8. to conduct, व्यवहार करना, आचरण करना। 9. to have in one's heart or mind, (मन में) रखना, पालना। 10. to exert pressure, दबाव डालना।

**bearable** (बेंअॅ:-अॅ-बॅल्) ***adj.*** tolerable, endurable, बरदाश्त करने योग्य, सहने योग्य, सह्य।

**beard** (बिअॅ:ड्) ***n.*** 1. hair growing on a man's chin and cheeks, दाढ़ी। 2. a tuft of hair on the face of some animals, दाढ़ी। 3. a bristly hair-like growth, जटा (भुट्टे आदि की)।

**bearded** (बिअँ:´-डिड्) ***adj.*** having a beard, दाढ़ीवाला, दढ़ियल, दाढ़ीदार।

**bearer** (बेंअॅर्´-अँ:) ***n.*** 1. one who carries, वहन करनेवाला, वाहक। 2. one who delivers (a letter, पत्र) ले जानेवाला। 3. one who presents a cheque payable on demand, धारक। 4. a coffin bearer, शव को कंधा देनेवाला।

**bearing** (बेंअॅर्´-इंग्) ***n.*** 1. manner of conducting oneself, आचरण, व्यवहार, रंग-ढंग। 2. relationship, relevance, संबंध, लेना-देना, प्रासंगिकता, His statement has no bearing on this matter, उसके कथन का विषय या मामले से कोई संबंध नहीं। 3. an aspect, पहलू, पक्ष। 4. endurance, सहनशीलता।

**bearish** (बेंअॅर्´-इश्) ***adj.*** 1. clumsy, भद्दा, भौंडा, बेडौल। 2. boorish, अशिष्ट, गँवार।

**beast** (बीस्ट्) ***n.*** 1. any four-footed animal, चौपाया, पशु, जानवर। 2. a brutal person, निर्दय व्यक्ति, पशु, वहशी। 3. a depraved person, अधम व्यक्ति, पशु, जानवर।

**beastly** (बीस्ट्´-ली) ***adj.*** 1. of or like a beast, पशुवत्, पाशविक, जानवरों-सा। 2. brutal, कठोर, निर्मम, क्रूर। 3. disgusting, very unpleasant, nasty, घृणित, जघन्य, घिनौना। ***adv.*** 1. very unpleasantly, कठोर, घोर। 2. excessively, अत्यधिक।

**beat** (बीट्) ***v.*** (beat, beaten, beating) 1. to strike repeatedly, मारना, पीटना, मारना-पीटना, मार-पीट करना। 2. to defeat, हराना, परास्त करना। 3. to surpass, आगे निकल जाना। 4. to throb, धड़कना, धकधक करना, स्पंदन करना। 5. to batter, फेंटना। 6. to flap, फड़फड़ाना। 7. to flatten by repeated blows, पीटना, कूटना। ***n.*** 1. a blow or stroke, आघात, चोट। 2. the sound made by a stroke or blow, आघात या चोट की आवाज़। 3. a throb, धड़कन। 4. a rhythmic stress, ताल। 5. a regular round or habitual route, गश्त। 6. an act of driving out a game, हाँका।

**beaten** (बीट्´-अॅन्) ***adj.*** 1. struck with blows, मारा-पीटा हुआ। 2. hammered out, पीटा हुआ। 3. defeated, परास्त, हारा हुआ। 4. exhausted, थका हुआ, श्रांत। 5. worn out, घिसा-पिटा। 6. battered, फेंटा हुआ। □ **beaten path or track,** घिसी-पिटी बात; **off the beaten track,** (i) घिसे-पिटे रास्ते से नहीं, किसी और रास्ते से; (ii) निराला, असाधारण।

**beating** (बी´-टिंग्) ***n.*** 1. the punishment by blows, प्रहार, आघात, मार। 2. a defeat, हार, पराजय। 3. throbbing, धड़कन। ***adj.*** throbbing, palpitating, धड़कता हुआ।

**beatitude** (बि-ऐट्´-इ-ट्यूड्/च्यूड्) ***n.*** supreme happiness, परमानंद।

**beatnik** (बीट्´-निक्) ***n.*** a person belonging to a disgruntled young generation with long hair and shabby clothes, बीटनिक।

**beau** (बो) ***n.*** 1. a fop, छैला, बाँका। 2. a young girl's boy-friend, प्रेमी, यार।

**beau monde** (बो-मॉन्ड्´) ***n.*** fashionable society, फैशनपरस्त लोग या समाज। (फ्रांसीसी)

**beauteous** (ब्यु´-टि-अॅस्) ***adj.*** beautiful, सुंदर।

**beautician** (ब्यु-टिश्´-अॅन्) ***n.*** a person who is skilled in cosmetic treatment, ब्युटिशियन, सौंदर्य-विशेषज्ञा, शृंगारवेत्ता।

**beautification** (ब्यु-टि-फ़ि-के´-शॅन्) ***n.*** an act of beautifying, सुंदरीकरण, शृंगारीकरण, सजावटीकरण।

**beautiful** (ब्यु´-टि-फ़ुल्) ***adj.*** 1. full of beauty, सुंदर, ख़ूबसूरत। 2. very satisfactory, अत्यंत संतोषजनक, बहुत बढ़िया।

**beautifully** (ब्यु´-टि-फ़ु-ली) ***adv.*** in a beautiful manner, सुंदरतापूर्वक, सुंदर ढंग से।

**beautify** (ब्यु´-टि-फ़ाइ) ***v.*** to make beautiful, सुंदर बनाना, सजाना, शृंगार करना, सजावट करना।

**beauty** (ब्यु´-टी) ***n.*** 1. the quality of being beautiful, सुंदरता, ख़ूबसूरती, सौंदर्य। 2. a beautiful woman, सुंदरी। 3. an outstanding example of its kind, अपनी तरह की बेजोड़ वस्तु।

**beauty parlour** (~ -पा:´-ल:) *n.* an establishment for giving beautifying treatments to hair, face, body etc., ब्यूटी पार्लर, सौंदर्यशाला, शृंगारगृह, सज्जागृह।

**beauty queen** (~ क्वीन्) *n.* a woman who has won a beauty contest, सुंदरियों की रानी, महासुंदरी, रूपरानी।

**beaver** (बी´-वॅ:) *n.* 1. a rodent that lives both on land and in water, ऊदबिलाव। 2. its fur, ऊदबिलाव की खाल। 3. a hard worker, मेहनती कर्मचारी या कार्यकर्ता।

**because** (बि-का:ज़्´) *conj.* for the reason that, क्योंकि, इसलिए...कि। □ **because of,** के परिणामस्वरूप।

**beck** (बॅक्) *n.* 1. a small hill stream, पहाड़ी नाला। 2. a beckoning gesture, इशारा, इंगित, संकेत। □ **at someone's beck and call,** किसी के इशारों पर चलना, हुकुम बजाना।

**beckon** (बॅक्´-अॅन्) *v.* 1. to signal or summon by nodding or waving, (हाथ या अंगुलियों के) इशारे से बुलाना। 2. to signal, इशारा करना, इंगित करना।

**become** (बि-कम्´) *v.* (became, become, becoming) 1. to come to be, हो जाना, बन जाना; She became a doctor. वह डॉक्टर बन गई। 2. to suit or to be suitable to, जँचना, फबना; The new shirt becomes you. नई कमीज़ में तुम जँच रहे हो। □ **become of,** होना; What has become of my pen? मेरी कलम का क्या हुआ?

**becoming** (बि-कम्´-इंग्) *adj.* 1. suitable, appropriate, फबनेवाला, भला, सुहावना। 2. attractive, आकर्षक।

**becomingly** (बि-कम्´-इंग्-ली) *adv.* in an attractive manner, आकर्षक रूप में।

**bed** (बॅड्) *n.* 1. a piece of furniture for sleeping, चारपाई, खाट, पलंग, शय्या, सेज। 2. act of sleeping, शयन, सोना। 3. sexual relations, यौन-संबंध। 4. a foundation, नींव। 5. a piece of ground prepared for plants, क्यारी। 6. a bottom of the sea, river etc., समुद्र, नदी आदि का तल। 7. a layer, परत। 8. a deposit, भंडार। □ **a bed of roses,** फूलों की सेज; **a bed of thorns,** काँटों की सेज; **make bed,** बिछौना लगाना; **take to one's bed,** खाट पर पड़ जाना। *v.* (bedded, bedding) 1. to furnish with bed, चारपाई लगाना। 2. to embed, जड़ना। 3. to place or fix in a foundation, बैठाना, स्थापित करना। 4. to plant in a bed or beds, (पौधों को) लगाना, जमाना, रोपना। 5. to have sexual relations with, संभोग या मैथुन करना, हमबिस्तर होना।

**bedbug** (बॅड्´-बग्) *n.* a bloodsucking insect infesting beds, खटमल।

**bedcover** (बॅड्´-क-वॅ:) *n.* a cover on a bed, पलंगपोश, चादर।

**bedding** (बॅड्´-इंग्) *n.* the sheets, covers etc. put on a bed, बिछौना, बिस्तर।

**bedeck** (बि-डॅक्´) *v.* to adorn, to embellish, सजाना, सँवारना, सजावट करना।

**bedevil** (बि-डॅव्-इल्) *v.* 1. to harass, परेशान करना। 2. to worry, चिंता करना।

**bedew** (बि-ड्यू´) *v.* to wet with or as if with dew, नम होना, भीग जाना।

**bedfast** (बॅड्´-फ़ैस्ट् / फ़ास्ट्) *adj.* bedridden, शय्याग्रस्त, रुग्ण।

**bedpan** (बॅड्´-पैन्) *n.* a pan for use as a toilet by a bedridden person, बेडपैन, मलपात्र।

**bedpost** (बॅड्´-पोस्ट्) *n.* any of the four vertical posts of a bed, पाया। □ **between you, me and the bedpost,** हम दोनों के बीच का (जिसकी जानकारी किसी तीसरे को न हो)।

**bedridden** (बॅड्´-रिड्-अॅन्) *adj.* confined to bed, शय्याग्रस्त, रुग्ण।

**bedroom** (बॅड्´-रूम्) *n.* a room for sleeping in, शयनकक्ष, सोने का कमरा।

**bedside** (बॅड्´-साइड्) *n.* the side of a bed, चारपाई का पहलू या पार्श्व।

**bedsore** (बॅड्´-सो:) *n.* a sore occurring during long confinement to bed, शय्याव्रण।

**bedspread** (बॅड्´-स्प्रॅड्) *n.* a bed-covering, पलंगपोश, चादर।

**bedstead** (बेंड्´-स्टेंड्) ***n.*** the frame supporting a bed, चारपाई, चौकी आदि।

**bedtime** (बेंड्´-टाइम्) ***n.*** a time for going to bed, सोने का समय, शयनकाल।

B

**bee** (बी) ***n.*** 1. an insect that produces honey, मधुमक्खी। 2. a black bee, भौंरा, भ्रमर। 3. a gathering for work or competition, कार्य-गोष्ठी, प्रतियोगिता-गोष्ठी; spelling bee, वर्तनी-प्रतियोगिता। □ **a bee in one's bonnet,** दिमाग में घूमती रहनेवाली बात।

**beef** (बीफ़्) ***n.*** the meat of farm cattle (sply. of a cow or bull), गोमांस।

**beehive** (बी´-हाइव्) ***n.*** a hive, मधुमक्खियों का छत्ता।

**beekeeping** (बी´-कीप्-इंग्) ***n.*** raising of bees, मधुमक्खी-पालन।

**beeline** (बी´-लाइन्) ***n.*** a direct line between two points, सरल रेखा, सीधी रेखा।

**been** (बीन्, बिन्) ***v.*** p.p. of be.

**beep** (बीप्) ***n.*** a short high-pitched sound made by electronic equipment, इलेक्ट्रॉनिक ध्वनि-संकेत, पीं-पीं।

**beer** (बिअं:) ***n.*** a drink made from barley, बीयर, यविरा।

**beet** (बीट्) ***n.*** a plant with a dark-red root used as a vegetable, चुकंदर।

**beetle**[1] (बी´-टॅल्) ***n.*** a heavy mallet for striking pegs, हथौड़ा।

**beetle**[2] ***n.*** 1. an insect with a hard covering, भौंरा, भ्रमर। 2. a cockroach, तिलचट्टा।

**beetroot** (बीट्´-रूट्) ***n.*** root of a beet, कंद।

**befall** (बि-फ़ा:ल्´) ***v.*** (befell, befallen, befalling) to happen, to happen to, आ पड़ना, घटित होना।

**befell** (बि-फ़ॅल्´) ***v.*** p.t. of befall.

**befit** (बि-फ़िट्´) ***v.*** (befitted, befitting) to be suitable to, उपयुक्त होना, जँचना, फबना।

**befitting** (बि-फ़िट्´-इंग्) ***adj.*** suitable, उपयुक्त।

**befool** (बि-फ़ूल्´) ***v.*** to make a fool (of someone किसी को) मूर्ख बनाना।

**before** (बि-फ़ो:´) ***adv.*** 1. in the past, previously, पहले, पूर्व में, पहले भी, आगे भी। 2. ahead, in advance, पहले। 3. in front, सामने, आगे। ***prep.*** 1. prior to, के पहले। 2. in front of, के सामने, के आगे। 3. in the presence of, की उपस्थिति में, के सामने, के सम्मुख। ***conj.*** 1. in advance of the time when, इससे पहले कि। 2. rather than, अपेक्षाकृत पहले, के बदले; I would die before I would betray my country, मैं देश के साथ गद्दारी करने से पहले मरना पसंद करूँगा।

**Before Christ** ***adv.*** before the birth of Christ, ईसा के जन्म से पूर्व, ईसा-पूर्व।

**beforehand** (बि-फो:´-हैन्ड्) ***adv.*** in advance, पहले से।

**befriend** (बि-फ़्रॅन्ड्´) ***v.*** to act as a friend to, मित्रवत् व्यवहार करना, दोस्ती निभाना।

**beg** (बॅग्) ***v.*** (begged, begging) 1. to ask humbly for anything, माँगना, याचना करना। 2. to request humbly, विनती करना।

**began** (बि-गैन्´) ***v.*** p.t. of begin,

**beget** (बि-गॅट्´) ***v.*** (begot, begotten, begetting) 1. to give birth to, जन्म देना। 2. to produce, उत्पन्न करना।

**beggar** (बॅग्´-अं:) ***n.*** 1. one who solicits alms for living, भिखारी, भिखमंगा, भिक्षुक। 2. a very poor person, दीन-हीन व्यक्ति, कंगाल।

**beggarly** (बॅग्´-अं:-ली) ***adj.*** 1. very poor, ग़रीबी का मारा, अत्यंत निर्धन। 2. worthless, नगण्य, तुच्छ।

**begging** (बॅग्´-इंग्) ***n.*** the action of asking for alms, भीख माँगने का काम, भिक्षावृत्ति।

**begin** (बि-गिन्´) ***v.*** (began, begun, beginning) to commence, to start, आरंभ करना/होना, शुरू करना/होना।

**beginner** (बि-गिन्´-अं:) ***n.*** a novice, नौसिखुआ।

**beginning** (बि-गिन्´-इंग्) ***n.*** 1. commencement, start, प्रारंभ। 2. a source, स्रोत।

**begone** (बि-गॉन्´) ***interj.*** go away, परे हटो, दूर हो जाओ, भागो यहाँ से!

**begot** (बि-गॉट्´) ***v.*** p.t. & p.p. of beget.

**begrudge** (बि-ग्रज्´) ***v.*** 1. to grudge, ईर्ष्या करना। 2. grumble, कुढ़ना।

**beguile** (बि-गाइल्´) *v.* 1. to deceive or cheat, धोखा देना, छलना; Her eyes beguiled me, उसकी आँखों ने मुझे छल लिया। 2. to amuse or divert, मन बहलाना, ध्यान बँटाना। 3. to coax, फुसलाना।

**begun** (बि-गन्´) *v.* p.p. of begin.

**behalf** (बि-हाफ़्´, बि-हैफ़्´) *n.* interest, benefit, हित। □ **in behalf of,** के हित में; **on behalf of,** की तरफ़ से, का प्रतिनिधि बनकर।

**behave** (बि-हेव्´) *v.* to act or function, आचरण करना, व्यवहार करना, बरताव करना।

**behaviour, behavior** (बि-हेव्´-यें:) *n.* 1. a way of bahaving, व्यवहार, बरताव। 2. deportment, demeanour, चाल-चलन, चरित्र।

**behead** (बि-हेंड्´) *v.* to cut the head from, सिर काट देना, सिर उड़ा देना।

**beheld** (बि-हेंल्ड्´) *v.* p.t. & p.p. of behold.

**behest** (बि-हेंस्ट्´) *n.* an order or command, आदेश; at the behest of, के आदेशानुसार।

**behind** (बि-हाइन्ड्´) *adv.* 1. at the back, towards the rear, in or to the rear, पीछे, पिछवाड़े। 2. in the past, पीछे। 3. late, slow, लेट, देर से, धीरे; The train is running behind, गाड़ी लेट है। 4. in the past, पीछे, पहले। 5. still to come, आने को; There is greater news behind, अभी बड़ा समाचार आने को है। ***prep.*** 1. in the rear of, के पीछे; behind a person's back, किसी की पीठ पीछे। 2. after, के बाद, के पीछे। 3. inferior to in position, achievement etc., के पीछे। 4. later than, के पीछे। 5. not yet revealed about, के पीछे; behind the scenes, परदे के पीछे, परोक्ष में।

**behold** (बि-होल्ड्´) *v.* to see, to observe, देखना, गौर करना, ध्यान देना।

**beholden** (बि-होल्´-डॅन्) *adj.* under an obligation, obliged, indebted, आभारी, कृतज्ञ।

**behove, behoove** (बि-होव्´, बि-हूव्´) *v.* 1. to be necessary for, to be appropriate for, उचित होना, शोभा देना। 2. to be advantageous for, लाभप्रद होना।

**being** (बी´-इंग्) *n.* 1. existence, अस्तित्व, सत्ता; to come into being, अस्तित्व में आना, अस्तित्व ग्रहण करना। 2. something that exists and has life, जीवधारी, प्राणी। 3. essential nature, मूल स्वभाव। □ **the Supreme Being,** ईश्वर।

**belated** (बि-ले´-टिड्) *adj.* arriving late, tardy, देर से आनेवाला, देर से पहुँचनेवाला, मंदगति।

**belaud** (बि-ला:ड्´) *v.* to praise heartily, भूरि-भूरि प्रशंसा करना।

**belch** (बेंल्च्) *v.* to expel gas from the stomach through the mouth, डकारना, डकार लेना। *n.* an act or sound of belching, डकार।

**beldam** (बेंल्´-डॅम्) *n.* an ugly old woman, बूढ़ी गंदी स्त्री, चुड़ैल।

**beleaguered** (बि-ली´-गें:ड्) *adj.* harassed, परेशान, तंग।

**belfry** (बेंल्´-फ़्री) *n.* a Church bell-tower, गिरजे का घंटा-घर।

**belie** (बि-लाइ´) *v.* to give a false idea of, to misrepresent, झुठला देना, भ्रमित करना, धोख़ा देना।

**belief** (बि-लीफ़्´) *n.* 1. trust, confidence, विश्वास, भरोसा, यक़ीन। 2. a conviction or opinion, धारणा, विचार। 3. a tenet, मत।

**believable** (बि-ली´-वॅं-बॅल्) *adj.* that can be believed, विश्वसनीय, विश्वासयोग्य।

**believe** (बि-लीव्´) *v.* 1. to have trust or confidence in. विश्वास करना, यक़ीन करना, भरोसा रखना। 2. to accept as truthful, सच मानना, सही समझना, मान लेना। 3. to have religious faith, निष्ठा या श्रद्धा होना। 4. to hold as an opinion, धारणा होना। □ **believe in,** (की) सत्ता में विश्वास होना; **make believe,** बनना, असत्य व्यवहार करना।

**believer** (बि-ली´-वें:) *n.* one with religious faith, विश्वासी, आस्तिक व्यक्ति, धर्मी पुरुष।

**belittle** (बि-लिट्´-ऑल्) *v.* to make seem less important, दर्जा घटाना, महत्त्व या मान कम करके आँकना।

**bell[1]** (बेंल्) *n.* 1. an object made of metal which rings when struck, घंटा, घंटी, घड़ियाल। 2. the sound made by bell, घंटा

या घंटी की आवाज़। *v.* to hang or provide with a bell on, घंटा लगाना, घंटी बाँधना। □ **bell the cat,** अगुआ बनना, जोखिम मोल लेना।

**B**

**bell**[2] (बेंल्) *n.* a cry made by a stag, buck etc., at rutting time, मदकाल में हिरन की पुकार, बोबो। *v.* to bellow, चीख़ना।

**belladonna** (बेंल्-अॅ-डोन्´-अॅ) *n.* 1. a poisonous plant, धतूरा, बेंलाडोना। 2. a drug obtained from this plant, बेंलाडोना नामक ओषधि।

**bellbottom** (बेंल्´-बॉट्-अॅम्) *adj.* having bottom like a bell, widening from knee to ankle, खुले पहुँचेवाला, घंटीदार। *n.* bellbottomed trousers, घुटने के नीचे ज्यादा चौड़ी पतलून, बेलबॉटम।

**bellboy** (बेंल्´-बॉइ) *n.* a boy who do errands, (होटल, क्लब आदि का) परिचारक, नौकर।

**belle** (बेंल्) *n.* a beautiful woman, सुंदरी, रूपसी।

**belles-lettres** (बेंल्-लेंट्´-रॅ) *n.* literature regarded for its artistic value, ललित या कलात्मक साहित्य, कला की दृष्टि से महत्त्वपूर्ण साहित्य। (फ्रांसीसी)

**bellicose** (बेंल्´-इ-कोस्) *adj.* of hostile nature, warlike, लड़ाकू, जुझारू, युयुत्सु, युद्धप्रिय।

**bellicosity** (बेंल्-इ-कॉस्´-इ-टी) *n.* the state of being bellicose, लड़ाकूपन, जुझारूपन।

**belligerent** (बि-लिज्´-अॅ-रॅन्ट्) *adj.* 1. aggressively hostile, युद्धप्रिय, युद्धोन्मुखी। 2. aggressive, आक्रामक, युद्धलिप्त।

**bell-metal** *n.* an alloy used in bells, काँसा।

**bellow** (बेंल्´-ओ) *v.* 1. to roar in the manner of a bull, बैल की तरह हुँकारना। 2. to shout in a deep loud voice, ज़ोर से चिल्लाना, गरजना। *n.* 1. the loud deep sound of a bull, बैल की हुँकार। 2. a deep shout, चिल्लाहट, गर्जन।

**bellows** (बेंल्´-ओज़्) *n.* (singular or plural) a device for supplying a strong blast of air, भाथी, धौंकनी।

**belltower** (बेंल्-टा:´-अॅ:) *n.* a tower with a bell, घंटाघर।

**belly** (बेंल्´-ई) *n.* 1. the stomach, पेट, उदर। 2. a rounded part of something, पेट, तोंद। □ **belly out,** फूलना या फुलाना।

**bellyache** (बेंल्´-ई-एक्) *n.* a pain in the stomach, पेट का दर्द, शूल।

**bellybutton** (बेंल्´-इ-बट्-अॅन्) *n.* the navel, नाभि।

**bellyful** (बेंल्´-इ-फ़ुल्) *n.* as much as one can eat, उतना जितना कोई पेट में डाल सकता हो, पेट-भर। *adj.* enough, पर्याप्त।

**belly laugh** (बेंल्´-ई-ला:फ़्) *n.* a deep full laugh, a hearty laugh, ठहाका।

**belong** (बि-ला:ङ्ग्´) *v.* to be an inhabitant or native of, ···का होना; I belong to Delhi, मैं दिल्ली का हूँ।

**belongings** (बि-ला:ङ्ग्´-इङ्ग्ज़्) *n.* 1. personal possessions, संपत्ति, जायदाद। 2. a person's goods, सामान, सामग्री।

**beloved** (बि-लव्ड्´) *adj.* dearly loved, परम प्रिय। *n.* one who is beloved, प्रियतम या प्रिया।

**below** (बि-लो´) *adv.* 1. in or to a lower place or level, beneath, नीचे, तले। 2. at the foot of a page, नीचे। 3. further on in a book or article, आगे चलकर, आगे। 4. on earth, धरती पर। 5. in hell, नरक में। *prep.* 1. lower in position than, के नीचे, के तले। 2. lower in amount than, से कम।

**belt** (बेंल्ट्) *n.* 1. a band worn around the waist, पेटी। 2. a strap used to transfer motion from one wheel to another, पट्टा। 3. a specific region, कटिबंध, क्षेत्र। □ **under one's belt,** किसीके अधिकार में।

**belvedere** (बेंल्´-वॅ-डिअॅ:) *n.* a high turret, बुर्ज।

**bemoan** (बि-मोन्´) *v.* 1. to lament, रोना-कलपना, विलाप करना। 2. to express pity or grief for, दुख या शोक प्रकट करना।

**bench** (बेंन्च्) *n.* 1. a long seat for two or more persons, बेंच। 2. the judge's seat in court, न्यायपीठ, पीठ। 3. the court, न्यायालय। 4. judges as a group, न्यायाधीशों का समूह।

**bend** (बेंन्ड्) *v.* (bent, bending) 1. to make curved, मोड़ना, टेढ़ा कर देना। 2. to become curved, मुड़ना, टेढ़ा हो जाना। 3. to turn or deflect, मुड़ना, प्रवृत्त होना। 4. to turn downward, झुकाना। 5. to yield, झुकना। 6. to concentrate, संकेंद्रित करना। 7. to coerce or subdue, दबाना। 8. to change, बदलना। □ **be bent on,** तुल जाना। *n.* 1. a curve or turn, मोड़, घुमाव। 2. a (sailor's) knot, (जहाज़ियों की) गाँठ।

**bended** (बेंन्´-डिड्) *adj.* bent, झुका हुआ, मुड़ा हुआ। □ **on bended knees,** (i) घुटनों के बल बैठकर, घुटनों पर झुककर; (ii) अनुनयपूर्वक।

**beneath** (बि-नीथ्´) *adv.* 1. below, नीचे। 2. underneath, तले, नीचे। *prep.* 1. below, के नीचे, के तले। 2. unworthy of, अनुपयुक्त, के क़ाबिल नहीं। 3. subject to, की अधीनता में, की छत्रछाया में।

**benedict** (बेंन्´-ईं-डिक्ट्) *n.* recently married man, नव-विवाहित पुरुष।

**benediction** (बेंन्-ईं-डिक्´-शंन्) *n.* 1. a spoken blessing, आशीर्वचन, आशीर्वाद, मंगलकामना। 2. a charitable gift or deed, दान या भलाई का काम, भलाई, उपकार।

**benedictory** (बेंन्-ईं-डिक्´-टॅ-री) *adj.* 1. expressing a benediction, आशीर्वादात्मक। 2. auspicious, शुभ, मांगलिक।

**benefactor** (बेंन्´-ईं-फ़ैक्-टॅ:) *n.* 1. one who gives money for a good cause, दाता, दानी। 2. a person who does good, उपकारकर्ता।

**beneficence** (बि-नेंफ़्´-इ-सॅन्स्) *n.* an act of kindness, उपकार, हित, भलाई।

**beneficent** (बि-नेंफ़्´-इ-सॅन्ट्) *adj.* 1. doing good, परोपकारी, हितकारी। 2. generous, उदार, उदारतापूर्ण।

**beneficial** (बेंन्-इ-फ़िश्´-ॲल्) *adj.* productive of benefits, having a helping or useful effect, लाभदायक, फ़ायदेमंद, हितकर।

**beneficiary** (बेंन्-इ-फ़िश्´-इ-ॲर्-ई) *n.* a person who gets benefits under a will, जिसके नाम वसीयत हो।

**benefit** (बेंन्´-ईं-फ़िट्) *n.* 1. financial gain, profit, लाभ, फ़ायदा। 2. good, भलाई, उपकार। 3. an advantage, सुविधा, लाभ। *v.* 1. to do good to, उपकार करना, सहायता करना। 2. to profit from, लाभान्वित होना। □ **benefit of doubt,** संदेह का लाभ।

**benevolence** (बॅ-नेंव्´-ॲ-लॅन्स्) *n.* 1. inclination to do good, परोपकार, हित-कामना। 2. generosity, उदारता।

**benevolent** (बॅ-नेंव्´-ॲ-लॅन्ट्) *adj.* 1. kindly and helpful, हितकारी, हितैषी। 2. charitable, दातव्य, ख़ैराती।

**benign** (बि-नाइन्´) *adj.* 1. kind, generous, उदार, दयालु, सौम्य। 2. mild and gentle in its effects, हलका, हितकर।

**benignant** (बि-निग्´-नॅन्ट्) *adj.* kind, दयालु, कृपालु।

**bent** (बेंन्ट्) *v.* p.t. & p.p. of bend. *adj.* not straight, crooked, टेढ़ा, तिरछा। *n.* 1. a twist or turn, मोड़, घुमाव। 2. a natural liking, रुझान, झुकाव, नति। □ **bent on,** तुला हुआ, सन्नद्ध, तत्पर।

**benumbed** (बि-नम्ड्´) *adj.* deprived of feeling, सुन्न।

**bequeath** (बि-क्वीथ्´) *v.* to leave as a legacy, वसीयत कर देना, वसीयत में देना।

**bequest** (बि-क्वेंस्ट्´) *n.* 1. a legacy, वसीयत। 2. an act of bequeathing, उत्तरदान।

**bereave** (बि-रीव्´) *v.* 1. to deprive of, वंचित करना। 2. to snatch away, छीन लेना, उठा लेना। 3. to inflict the loss of a relative by death, शोकसंतप्त करना, शोकार्त बनाना।

**bereaved** (बि-रीव्ड्´) *adj.* whose relative has died, शोकसंतप्त, शोकार्त, शोकाकुल।

**bereavement** (बि-रीव्´-मॅन्ट्) *n.* 1. the loss of a relative or friend through death, वियोग, विच्छेद। 2. the state of being bereaved, शोक, गम।

**bereft** (बि-रेंफ़्ट्´) *adj.* deprived, वंचित; bereft of reason, सनकी।

**berg** (बर्ग्) *n.* an iceberg, हिमशैल।

**beriberi** (बेंर्´-ई-बेंर्´-ई) *n.* a disease caused by deficiency of certain vitamins, बेरी-बेरी।

**berry** (बेंर्´-ई) *n.* a small round juicy fruit

with seeds, रसभरी।

**berserk** (बॅ:-स:क्´) *adj.* mad with violent anger, क्रोधाभिभूत, उन्मत्त, आपे से बाहर। □ **go berserk,** पागलपन सवार हो जाना, आपे से बाहर हो जाना।

**berth** (ब:थ्) *n.* a sleeping place in a train, ship etc., बर्थ, शायिका।

**beryl** (बॅर्´-इल्) *n.* a precious stone of green colour, हरे रंग का रत्न, लहसुनिया, वैदूर्य।

**beseech** (बि-सीच्´) *v.* (besought, beseeching) 1. to entreat or implore, चिरौरी या मिन्नत करना, अनुनय-विनय करना। 2. to ask for earnestly, माँगना।

**beset** (बि-सॅट्´) *v.* (beset, beseting) 1. to surround, घेर लेना। 2. to attack from all sides, चौतरफ़ा आक्रमण करना। 3. to imbed, जड़ना।

**beside** (बि-साइड्´) *prep.* 1. by the side of, के बगल में, के पास। 2. compared with, की तुलना में; His work looks poor beside yours, तुम्हारे काम के आगे उसका काम हेय (तुच्छ या हलका) है। 3. having nothing to do with, से भिन्न, से अलग; That is beside tne point, यह बात विषय से भिन्न है। □ **beside onself,** (i) आपे से बाहर; (ii) भय से विह्वल।

**besides** (बि-साइड्स्´) *prep.* in addition to, के अतिरिक्त। *adv.* also, more, in addition, अतिरिक्त रूप से, साथ में।

**besiege** (बि-सीज्´) *v.* 1. to lay siege to, घेर लेना, घेरा डाल देना। 2. to crowd round, भीड़ लगाना, घेर लेना।

**besiegement** (बि-सीज्´-मॅन्ट्) *n.* 1. an act of besieging, घेर लेना, घेरा डालना। 2. the state of being besieged, घेरा।

**besmear** (बि-स्मिअॅ:´) *v.* to smear, to daub, गंदा / मैला करना, लथेड़ देना।

**besmirch** (बि-स्मॅ:च्´) *v.* 1. to make dirty, गंदा करना, मैला करना। 2. to sully, दूषित करना।

**besought** (बि-सॉट्´) *v.* p.t. & p.p. of beseech.

**bespake** (बि-स्पेक्´) *v.* p.t. of bespeak.

**bespatter** (बि-स्पेट्´-अॅ:) *v.* (bespattered, bespattering) 1. to spatter, कीचड़ उछालना, गंदा करना। 2. to slander, कलंकित करना।

**bespeak** (बि-स्पीक्´) *v.* (bespoke, bespoken, bespeaking) 1. to indicate, इंगित करना, इशारा करना। 2. to speak for in advance, पहले से कह रखना।

**best** (बॅस्ट्) *adj.* of excellent quality, उत्तम, श्रेष्ठ। *adv.* 1. in the best way, भली-भाँति, अच्छी तरह। 2. most, अत्यधिक। □ **at best,** अधिक-से-अधिक; **to the best of one's ability,** अपनी पूरी शक्ति या योग्यता से।

**bestir** (बि-स्टॅ:´) *v.* (bestirred, bestirring) to become active, सक्रिय होना।

**bestman** (बॅस्ट्´-मॅन्) *n.* the bridegroom's chief attendant at a wedding, सहबाला।

**bestow** (बि-स्टो´) *v.* to give, to grant, देना, प्रदान करना, अर्पण करना।

**bestowal** (बि-स्टो´-अॅल्) *n.* an act of bestowing, प्रदान, अर्पण।

**bestrid** (बि-स्ट्राइड्´) *v.* (bestrode, bestridden, bestriding) to sit with legs apart, दोनो टाँगें फैलाकर बैठना, प्रगतजंघ होना।

**best seller** *n.* a book that sells in very large numbers, बड़ी संख्या में बिकनेवाली पुस्तक, रेवड़ी की तरह बिकनेवाली पुस्तक।

**bet** (बॅट्) *n.* 1. an agreement to risk money on the result of something uncertain, दाँव, बाज़ी, शर्त। 2. the money so risked, दाँव पर लगाया हुआ धन, वस्तु आदि; बाज़ी। 3. a prediction, भविष्यकथन। *v.* (bet or betted, betting) 1. to make a bet, शर्त लगाना। 2. to wager, दाँव पर लगाना। 3. to predict, भविष्यकथन करना। 4. to be sure, आश्वस्त होना।

**betel** (बी´-टॅल्) *n.* a leaf of a plant used for chewing, पान, पान का पत्ता।

**betelnut** (बी-टॅल्´-नट्) *n.* the areca nut, सुपारी।

**bethink** (बि-थिन्क्´) *v.* (bethought, bethinking) 1. to think, सोचना, विचारना, सोच-विचार करना। 2. to recollect, स्मरण करना।

**betide** (बि-टाइड्´) *v.* (betided, betiding) to

happen to, घटित होना, घटना, होना।

**betoken** (बि-टो´-कॅन्) *v.* to be a sign of, इंगित के रूप में होना, लक्षण होना।

**betook** (बि-टुक्´) *v.* p.t. of betake.

**betray** (बि-ट्रे´) *v.* 1. to be disloyal to, to be unfaithful to, to deceive, विश्वासघात करना, दगा देना, धोखा देना। 2. to disclose facts to an enemy, रहस्य बतला या खोल देना।

**betrayal** (बि-ट्रे´-अॅल्) *n.* an act of treachery, विश्वासघात, द्रोह, दग़ा।

**betrayer** (बि-ट्रे´-अॅ:) *n.* one who betrays, विश्वासघाती, दग़ाबाज़।

**betroth** (बि-ट्रोथ्´/ ट्रॉथ्´) *v.* 1. to promise to marry, विवाह करने का वचन देना। 2. to promise to give in marriage, विवाह कर देने का वचन देना, सगाई करना, मँगनी करना।

**betrothal** (बि-ट्रोथ्´/ ट्रॉथ्´-अॅल्) *n.* engagement for marriage, मँगनी, सगाई।

**better**[1] (बेंट्´-अॅ:) *adj.* (compar. of good) 1. higher in quality, बेहतर, ऊँची किस्म का। 2. more useful, अधिक उपयोगी, अपेक्षाकृत अच्छा, कहीं अच्छा। 3. healthier than before, improved in health, पहले से अच्छा या ठीक, स्वस्थ। □ **no better than,** वैसा ही; **one's better half,** पत्नी; **the better part of,** आधे से अधिक। *adv.* 1. in a more excellent manner, अधिक अच्छी तरह, कहीं अच्छी तरह। 2. to a better degree, अधिक, बहुत।

**better**[2], **bettor** *n.* a person who bets, दाँव (पर) लगानेवाला, शर्त लगानेवाला।

**betterment** (बेंट्´-अॅ:-मॅन्ट्) *n.* an improvement, सुधार, बेहतरी।

**betters** (बैट्´-अॅ:स्) *n.* people of higher rank, बड़े लोग।

**between** (बि-ट्वीन्´) *prep.* 1. in the space that separates (two objects), के बीच, में। 2. of the time that separates (two things), के बीच।

**beverage** (बेंव्´-अॅ-रिज्) *n.* any liquid for drinking (usually excluding water), पेय।

**bevy** (बेंव्´-ई) *n.* 1. a large group, समूह, झुंड। 2. an assembly, जमावड़ा, जमघट।

**bewail** (बि-वेल्´) *v.* to mourn for, विलाप करना, रोना-कलपना।

**beware** (बि-वेंअॅ:) *v.* to be careful, सावधान रहना या होना, बचकर रहना।

**bewilder** (बि-विल्´-डॅ:) *v.* to perplex or confuse, घबरा या चौंक जाना अथवा विचलित कर या चौंका देना।

**bewilderment** (बि-विल्´-डॅ:-मॅन्ट्) *n.* perplexity, संभ्रम, घबराहट, हैरानगी।

**bewitch** (बि-विच्´) *v.* 1. to influence by witchcraft, जादू कर देना, टोना कर देना। 2. to charm, मोहित कर लेना, मुग्ध कर लेना।

**beyond** (बि-यॉन्ड्´) *prep.* 1. outside the territory of, के बाहर, से दूर। 2. on the farther side of, के पार, से परे, के आगे। 3. in addition to, besides, के अतिरिक्त। □ **beyond doubt,** बिना किसी संदेह के, निश्चित रूप से; **live beyond one's income,** आमदनी से अधिक ख़र्च करना।

**biannual** (बाइ-ऐन्´-यु-अॅल्) *adj.* coming, appearing or resulting twice a year, अर्धवार्षिक, छमाही।

**bias** (बाइ´-अॅस्) *n.* 1. a prejudice, पूर्वग्रह। 2. an inclination, झुकाव, अभिनति। 3. partiality, favouritism, पक्षपात। *v.* to make biased, पूर्वग्रह से युक्त बनाना, पक्षपातपूर्ण बनाना, इकतरफ़ा बना देना।

**biased** (बाइ´-अॅस्ड्) *adj.* prejudiced, पूर्वग्रह से युक्त, पक्षपातपूर्ण, इकतरफ़ा।

**bib** (बिब्) *n.* a cloth covering put under a baby's chin, बिब।

**Biblical** (बिब्´-लि-कॅल्) *adj.* of or pertaining to the Bible, बाइबिल-संबंधी, बाइबिली।

**bibliography** (बिब्-लि-ऑग्´-रॅ-फ़ी) *n.* 1. a particular list of books, ग्रंथसूची। 2. the study of the history of the books, ग्रंथविज्ञान।

**bicameral** (बाइ-कैम्´-अॅ-रॅल्) *adv.* having two legislative chambers, द्विसदनी।

**bicarbonate** (बाइ-का:´-बो-नेट् / निट्) *n.* a kind of carbonate, कार्बनक्षार।

**bicentenary** (बाइ-सेंन्´-टि-नॅर्-ई) *n.* a

200th anniversary or its celebration, bicentennial, द्विशती समारोह, द्विशतवार्षिकी। *adj.* of bicentenary, द्विशतवार्षिक।

**bicentennial** (बाइ-सेंन्-टॅन्´-इ-अॅल्) *n.* a bicentenary, द्विशती समारोह।

B

**biceps** (बाइ´-सॅप्स्) *n.* the large muscle on the front of the upper arm, दोसिरी पेशी।

**bicker** (बिक्´-अॅ:) *v.* to wrangle, झिकझिक करना। *n.* a wrangle, झिकझिक।

**bickering** (बिक्´-अॅर्-इंग्) *n.* a petty dispute, झिकझिक।

**bicycle** (बाइ´-सि-कॅल्) *n.* a two wheeled vehicle propelled by pedalling, साइकिल, बाइसिकल।

**bid**[1] (बिड्) *n.* 1. an offer of price for something, बोली, डाक। 2. a declaration of the number of hands a player hopes to win in the game of bridge, हाथ। 3. an attempt, कोशिश, प्रयत्न। 4. an appeal, विनती, निवेदन। *v.* (bid, bidding) to make a bid, बोली बोलना, देना या लगाना; हाथ बोलना।

**bid**[2] (बिड्) *v.* (bid/bade, bidden, bidding) 1. to command, आदेश देना, हुकुम देना। 2. to tell, बतलाना। 3. to say (goodbye, welcome etc.,) कहना। 4. to ask to come, बुलाना।

**bidding** (बिड्´-इंग्) *n.* 1. offers of prices at an auction, बोली। 2. an offer of number of hands in the bridge, हाथ। 3. an order, आदेश। □ **do a person's bidding,** आज्ञानुसार चलना।

**biennial** (बाइ-ॲन्´-इ-अॅल्) *adj.* 1. living or lasting for two years, द्विवर्षीय। 2. happening every second year, द्विवार्षिक।

**bier** (बिअॅ:) *n.* a portable stand on which a dead body is placed, अरथी।

**bifocal** (बाइ-फ़ो´-कॅल्) *adj.* having two different focal lengths (ऐसा चश्मा) जिसमें दूर और पास के दोनो लेंस हों, बाइफ़ोकल, दुफ़ोकसी।

**bifurcate** (बाइ´-फ़ॅ:-केट्) *v.* 1. to divide into two parts, दो हिस्से करना। 2. to separate into two branches, दो शाखाओं में बाँटना, द्विशाखित करना।

**bifurcation** (बाइ-फ़ॅ:-के´-शॅन्) *n.* an act of bifurcating, विभाजन; द्विशाखन।

**big** (बिग्) *adj.* (bigger biggest) 1. of great size, number, quantity etc., बड़ा। 2. grown-up, बड़ा। 3. of great importance, महत्त्वपूर्ण, महान। 4. generous, magnanimous, बड़े दिलवाला, उदार, विशाल हृदय। 5. huge, बड़ा, विशाल, भारी-भरकम। 6. boastful, दंभी। 7. tall, ऊँचा। 8. pregnant, गर्भवती। *adv.* 1. on a large scale, बड़े परिमाण में। 2. with considerable success, सफलतापूर्वक। 3. boastfully, दंभपूर्वक।

**bigamy** (बिग्´-अॅ-मी) *n.* the criminal offence of marrying one person while still legally married to another, द्विविवाह।

**Big Brother** *n.* a powerful dictator, अभिनायक, संप्रभू।

**Big Dipper** (बिग्-डिप्´-अॅ:) *n.* a group of seven stars, सप्तर्षि मंडल।

**biggish** (बिग्´-इश्) *adj.* somewhat big, कुछ-कुछ बड़ा, बड़ा-सा।

**bigot** (बिग्´-अॅट्) *n.* a narrow-minded intolerant person in matters of religion, race or politics, कट्टर, कट्टरपंथी, धर्मांध।

**bigotry** (बिग्´-अॅ-ट्री) *n.* the state of being a bigot, कट्टरता, धर्मांधता।

**bigwig** (बिग्´-विग्) *n.* an important person, बड़ा आदमी, बड़ी तोप।

**bike** (बाइक्) *n.* a bicycle, साइकिल। *v.* (biked, biking) to cycle, साइकिल चलाना।

**bikini** (बिक्-ई´-नी) *n.* a woman's two-piece bathing suit, बिकनी।

**bilateral** (बाइ-लेट्´-अॅ-रॅल्) *adj.* 1. of or having two sides, द्विपक्षीय, दुतरफ़ा। 2. relating to two parties, द्विपक्षीय, दुतरफ़ा। 3. reciprocal, आपसी, पारस्परिक।

**bile** (बाइल्) *n.* 1. a digestive fluid secreted by the liver, पित्त। 2. disorder of the bile, पित्तदोष। 3. irritability, चिड़चिड़ापन।

**bilingual** (बाइ-लिंग्´-ग्वॅल्) *adj.* 1. able to speak two languages, जो दो भाषाएँ बोल

सके, द्विभाषी। 2. written in two languages, दो भाषाओं में लिखा हुआ, द्विभाषिक।

**bilious** (बिल्´-यॅस्, बिल्´-इ-ॲम्) ***adj.*** 1. suffering from the disorder of the bile, पित्तदोष से पीड़ित। 2. yellowish, कुछ-कुछ पीला। 3. peevish, चिड़चिड़ा।

**bill**[1] (बिल्) ***n.*** 1. a statement of costs for goods or charges for services, बिल, प्राप्यक, उधार पुर्ज़ा। 2. a draft of a law presented for approval to a legislative body, विधेयक, बिल। 3. a notice or advertisement, नोटिस या विज्ञापन। ***v.*** to prepare a statement of costs or charges, बिल बनाना।

**bill**[2] (बिल्) ***n.*** the beak of a bird, चोंच। ***v.*** 1. to touch beaks together, चोंच से चोंच मिलाना। 2. to caress, प्यार करना, चूमना-चाटना।

**billet** (बिल्´-ॲट्) ***n.*** 1. an order to provide boarding and lodging for soldiers, बिलेट, सैनिक को टिकाने का आदेश। 2. accommodation of this kind, टिकान। 3. target, निशाना।

**billiards** (बिल्´-यॅ:ड्स्) ***n.*** a game played on the table with balls and cues, बिलियर्ड।

**billion** (बिल´-यॅन्) ***adj. & n.*** 1. a thousand million (U.S.), एक अरब। 2. a million millions (U.K.), दस खरब।

**billionaire** (बिल्-यॅ-नेंॲ:) ***n.*** one who possesses billion pounds or dollars, a very rich person, अरबपति, धनाढ्य व्यक्ति।

**billow** (बिल्´-ओ) ***n.*** a large swelling seawave, ऊँची लहर, हिलोर। ***v.*** to roll in billows, हिलोरें लेना, लहराना।

**bimetallism** (बाइ-मेंट्´-ॲ-लिज़्-ॲम्) ***n.*** a monetary system in which coins of both gold and silver are used, द्विधातुमान।

**bimonthly** (बाइ-मन्थ्´-ली) ***adj.*** 1. happening, coming or occurring every two months, द्विमासिक। 2. twice a month, biweekly, अर्धमासिक, पाक्षिक।

**bin** (बिन्) ***n.*** a container, पात्र, डिब्बा; a dustbin, कूड़ेदान।

**bind** (बाइन्ड्) ***v.*** (bound, binding) 1. to fasten or tie, बाँधना। 2. to bandage, पट्टी बाँधना। 3. to hold or restrain, बाँध देना, बंधन में लाना, जकड़ना। 4. to hold together, जोड़ना, संयुक्त करना। 5. to fasten the pages of a book into a cover, जिल्द लगाना या बाँधना, जिल्दबंदी करना। 6. to place under an obligation, बाध्य करना, मजबूर करना। ***n.*** anything that binds, बाँधनेवाली वस्तु, बंद।

**binder** (बाइन्´-डॅ:) ***n.*** 1. a bookbinder, दफ़्तरी, जिल्दसाज़। 2. a machine for binding the bales, गाँठ बाँधनेवाली मशीन।

**binding** (बाइन्´-डिंग्) ***n.*** 1. the act of fastening the pages of a book, जिल्दबंदी। 2. a book cover, जिल्द। 3. the order or rule which must be obeyed, बंधन।

**binge** (बिन्ज्) ***n.*** a drinking bout, शराब का दौर।

**binoculars** (बि-नॉक्´-यु-ल:ज़्) ***n.*** (plu.) an instrument for both eyes for seeing distant objects, दूरबीन, द्विनेत्री।

**biochemistry** (बाइ-ओ-कॅम्´-इ-स्ट्री) ***n.*** the chemistry of living organisms, जीव-रसायन।

**biographer** (बाइ-ऑग्´-रॅ-फ़:) ***n.*** one who writes a biography, जीवनी-लेखक।

**biographic** (बाइ-ॲ-ग्रैफ़्´-इक्) ***adj.*** of or pertaining to the biography, जीवनी-संबंधी।

**biography** (बाइ-ऑग्´-रॅ-फ़ी) ***n.*** a written account of an individual's life, जीवनी, जीवनचरित।

**biological** (बाइ-ॲ-लॉज्´-इ-कॅल्) ***adj.*** of or pertaining to biology, जीव-विज्ञान-संबंधी।

**biologist** (बाइ-ऑल्´-ॲ-जिस्ट्) ***n.*** an expert in biology, जीवविज्ञानी।

**biology** (बाइ-ऑल्´-ॲ-जी) ***n.*** the scientific study of the life and structure of living things, जीव-विज्ञान, जैविकी।

**bioplasm** (बाइ´-ओ-प्लाज़्म्) ***n.*** a living matter, जीवद्रव्य।

**biopsy** (बाइ´-ऑप्-सी) ***n.*** an examination

of tissue cut from a living body, प्राणी के काटे हुए ऊतक का परीक्षण, ऊतक-परीक्षण।

**bioscope** (बाइ´-ओ-स्कोप्) ***n.*** an early kind of cinematograph, बाइस्कोप, सिनेमा।

**biotic** (बाइ-ऑट्´-इक्) ***adj.*** of or pertaining to living things, जैव, जीव-संबंधी।

**bipartisan** (बाइ-पा:´-टि-ज़ॅन्) ***adj.*** involving two (political) parties, द्विदलीय।

**bipartite** (बाइ-पा:´-टाइट्) ***adv.*** 1. divided into two parts, द्विभागीय। 2. shared by two parties, द्विपक्षीय।

**biped** (बाइ´-पेंड्) ***adj. & n.*** having two feet, द्विपाद।

**biplane** (बाइ´-प्लेन्) ***n.*** a plane with two sets of wings, चार परोंवाला हवाई जहाज़, चौपंखी वायुयान।

**bipolar** (बाइ-पो´-लॅ:) ***adj.*** having two poles, द्विध्रुवी।

**biracial** (बाइ-रे´-शॅल्) ***adj.*** relating or involving two races, द्विजातीय।

**birch** (बिर्च्) ***n.*** a tree with smooth bark and slender branches, भोजवृक्ष।

**bird** (ब:ड्) ***n.*** 1. a feathered animal with two wings and two legs, पक्षी, परिंदा, पंछी, चिड़िया। 2. a game bird, शिकारी पक्षी। 3. (fig.) a girl, लड़की। □ **a bird in the hand is worth two in the bush,** नौ नकद न तेरह उधार; **bird's eye-view,** (i) विहंग दृष्टि; (ii) सारांश; **birds of a feather,** एक जैसे लोग; **kill two birds with one stone,** एक पंथ दो काज।

**birdcage** (ब:ड्´-केज्) ***n.*** a cage for captive birds, पिंजरा।

**bird-fancier** (ब:ड्´-फ़ैन्-सि-अॅ:) ***n.*** a bird dealer, पक्षी-पालक, पक्षी-व्यवसायी।

**birdie** (ब:´-डी) ***n.*** a little bird, पक्षीशावक।

**birdlime** (ब:ड्´-लाइम्) ***n.*** a sticky substance to catch birds, लासा।

**birdseed** (ब:ड्´-सीड्) ***n.*** seeds used for feeding birds, दाना, चुग्गा।

**birth** (ब:थ्) ***n.*** 1. the fact of being born, जन्म, पैदाइश। 2. a beginning, उद्‌भव, उत्पत्ति, जन्म। 3. ancestry, कुल-परंपरा।

**birth control** ***n.*** voluntary control of the number of children conceived esp. by use of contraception, संतति-नियमन, संतति-निरोध।

**birthday** (ब:थ्´-डे) ***n.*** the day of anniversary of a person's birth, जन्मदिन।

**birthmark** (ब:थ्´-मा:र्क्) ***n.*** a mark present on the body dating from birth, पैदाइशी निशान, जन्मचिह्न।

**birthplace** (ब:थ्´-प्लेस्) ***n.*** the place where someone is born, जन्मस्थान, जन्मस्थली, जन्मभूमि।

**birthrate** (ब:थ्´-रेट्) ***n.*** proportion of births to the population of the country, जन्मदर।

**birthright** (ब:थ्´-राइट्) ***n.*** a right to which a person is entitled by birth, जन्मसिद्ध अधिकार, पैदाइशी हक।

**biscuit** (बिस्´-किट्) ***n.*** a small cake, बिस्कुट।

**bisect** (बाइ-सेंक्ट्´) ***v.*** to divide into two equal parts, दो बराबर हिस्से लगाना, समद्विभाजित करना।

**bisection** (बाइ-सेंक्´-शॅन्) ***n.*** division into two equal parts, दो बराबर हिस्सों में बाँटना, समद्विभाजन।

**bisector** (बाइ-सेंक्´-ट:) ***n.*** a line which bisects, समद्विभाजक रेखा, अर्धक रेखा।

**bisexual** (बाइ-सेंक्´-शु-अॅल्) ***adj.*** 1. of two sexes, उभयलिंगी, द्विलिंगी। 2. having both type of sexual organs, उभयलिंगी, द्विलिंगी।

**bishop** (बिश्´-ऑप्) ***n.*** 1. a head of a diocese, धर्मप्रांत का प्रधान, धर्माचार्य, बिशपस्वामी, बिशप। 2. a piece in chess, हाथी।

**bison** (बाइ´-सॅन्) ***n.*** a wild buffalo or ox, जंगली भैंसा, अरना।

**bit**[1] (बिट्) ***n.*** 1. a small piece of something, टुकड़ा। 2. a piece bitten off, a morsel, कौर, ग्रास। 3. a short time, अल्प समय; Wait a bit, जरा ठहरिए, रुकिए तो। 4. a small coin, छोटा सिक्का। 5. a young woman, युवती। □ **bit by bit,** थोड़ा-थोड़ा करके, **do one's bit,** अपने हिस्से का काम

करना, हाथ बटाना।

**bit²** (बिट्) 1. a cutting point of an electric drill, बरमे का सिरा। 2. a metal mouth piece of a horse's bridle, मुखरी।

**bit³** *v.* p.t. of bite.

**bitch** (बिच्) *n.* 1. a female dog, कुतिया। 2. a spiteful woman, घृणित औरत।

**bite** (बाइट्) *v.* (bit, bitten, biting) 1. to cut with the teeth, दाँत काट लेना, दाँत काटना, काटना। 2. to sting, डंक मारना, दंश मारना। *n.* 1. an act of biting, दाँत काटना, दंशन। 2. a wound made by this, दंतक्षत, दंश का घाव। 3. a mouthful cut, कौर। 4. food to eat, खाद्य-पदार्थ। □ **bite the dust,** जख़्मी होकर गिरना तथा मर जाना; धूल चाटना।

**biting** (बाइ´-टिंग्) *adj.* 1. piercing, काटनेवाला, कटखना, काटू। 2. piercingly cold, अत्यधिक ठंडा, ग़ज़ब का ठंडा; biting cold, कड़ाके की ठंड। 3. sharp, तीखा, चुभनेवाला। 4. critical, आलोचनात्मक।

**bitten** (बिट्´-ॲन्) *v.* p.p. of bite.

**bitter** (बिट्´-ॲ:) *adj.* 1. sharp in taste, कड़वा, कटु। 2. causing sorrow, दुखद। 3. sharp biting, तीखा, चुभनेवाला। 4. piercingly cold, ग़ज़ब का ठंडा। 5. filled with anger or hate, घोर, प्रचंड; a bitter enemy, घोर शत्रु। □ **bitter end,** समाप्ति, अंत; विनाश।

**bitterly** (बिट्´-ॲ:-ली) *adv.* too much, अत्यधिक।

**bitterness** (बिट्´-ॲ:-निस्) *n.* the quality of being bitter, कड़वापन, कड़वाहट, कटुता।

**bitumen** (बि-टू´-मॅन्) *n.* asphalt, डामर, बिटुमन।

**biweekly** (बाइ-वीक्´-ली) *adj.* fortnightly, पाक्षिक, अर्धमासिक।

**biyearly** (बाइ-यिअ:´-ली) *adj.* happening, appearing or coming every two years, द्विवार्षिक।

**bizarre** (बि-ज़ा:´) *adj.* peculiar, odd, विचित्र, अजीब, बेतुका, ऊटपटांग।

**blab** (ब्लैब्) *v.* to let out a secret, भेद खोल देना।

**black** (ब्लैक्) *adj.* 1. of the very darkest colour, काला, स्याह, साँवला। 2. without light, अंधकारपूर्ण, काला। 3. having dark skin, काला, काला-कलूटा। 4. gloomy, निराशाजनक, अवसादपूर्ण। 5. wicked, बुरा। 6. angry, क्रुद्ध, अप्रसन्न। 7. dirty, गंदा। *n.* 1. black colour, काला रंग। 2. the black thing, काली वस्तु। 3. a person of a dark-skinned race, हब्शी। *v.* to make black, काला करना।

**black art** *n.* black magic, witchcraft, जादू-टोना।

**black berry** *n.* the bramble and its fruit, झड़बेरी।

**black bird** *n.* a bird having black colour, कस्तूरा (पक्षी)।

**black board** *n.* a board for writing on with chalk, ब्लैकबोर्ड, श्यामपट्ट।

**blacken** (ब्लैक्´-ॲन्) *v.* 1. to make or become black, काला होना या करना। 2. to defame, बदनाम होना या करना।

**blackfaced** (ब्लैक्´-फ़ेस्ड्) *n.* defamed, बदनाम, कुख्यात।

**blackhead** (ब्लैक्´-हॅड्) *n.* a black pimple on the skin, मस्सा।

**blacking** (ब्लैक्´-इंग्) *n.* black shoe-polish, काली पालिश।

**blackish** (ब्लैक्´-इश्) *adj.* somewhat black, कुछ-कुछ काला, काला-सा।

**black leg** *n.* a person who works while his mates are on strike, a strike breaker, विद्रोहकर्मी, काला कर्मचारी।

**blacklist** (ब्लैक्´-लिस्ट्) *n.* a list of dishonest or disapproved persons, काली सूची। *v.* to enter someone's name on the blacklist, काली सूची में किसी का नाम लिखना।

**blacklisted** (ब्लैक्-लिस्ट्´-इड्) *adj.* whose name is on the blacklist, काली सूची में उल्लिखित या दर्ज।

**black magic** (ब्लैक्´-मैज्-इक्) *n.* witchcraft, जादू-टोना।

**blackmail** (ब्लैक्´-मेल्) *n.* extortion by the threat of revealing a discreditable or criminal secret, भयादोहन। *v.* to obtain money from someone by blackmail, भयादोहन करना।

**black market** (ब्लैक्´-मा:-किट्) ***n.*** the illegal buying and selling of goods, काला बाज़ार, चोर-बाज़ार।

B

**blackout** (ब्लैक्´-आउट्) ***n.*** the extinguishing of all lights, घुप्प अँधेरा, अंधाकुप्प।

**blacksheep** (ब्लैक्´-शीप्) ***n.*** a worthless member of the family, कुलकलंक, कुलद्रोही।

**blacksmith** (ब्लैक्´-स्मिथ्) ***n.*** a worker in iron, लुहार, लोहार।

**bladder** (ब्लैड्´-अँ:) ***n.*** 1. any membranous sac found in most animals capable of inflation to receive and contain liquids or gases, थैली, ब्लैडर; urinary bladder, मूत्राशय। 2. a bag which can be filled with air or liquid, थैली, ब्लैडर।

**blade** (ब्लेड्) ***n.*** 1. the flat edged cutting part (of a knife, sword etc., चाकू, छुरे, तलवार आदि का) फल, पत्ती। 2. razor-blade, (हजामत बनाने का) ब्लेड। 3. the flat wide part of an oar, पतवार का चपटा भाग। 4. a long flat leaf of grass, पत्ती।

**blamable** (ब्ले्´-मॅ-बॅल्) ***adj.*** deserving censure, निंदनीय, निंद्य।

**blame** (ब्लेम्) ***v.*** to hold responsible for something bad, दोष लगाना या मढ़ना, ज़िम्मेदार ठहराना। ***n.*** 1. responsibility for a fault, दोष, कलंक, बदनामी। 2. a fault, दोष।

**blameworthy** (ब्लेम्´-व:-दी) ***adj.*** deserving blame, निंदनीय, सदोष।

**blandish** (ब्लैन्´-डिश्) ***v.*** to coax by flattery, फुसलाना, चापलूसी करना।

**blandishment** (~ मॅन्ट्) ***n.*** 1. a flattering speech, लल्लो-चप्पो, चापलूसी, ख़ुशामद। 2. any act of blandishing, ख़ुशामद।

**blank** (ब्लैङ्क्, ब्लैंक्) ***adj.*** 1. bearing no writing or marking, कोरा, खाली, निरंक। 2. empty, vacant, खाली, रिक्त। 3. not completed or filled in, जो भरा न गया हो। 4. expressing nothing, भावशून्य। 5. dazed, bewildered, हक्का-बक्का, भौंचक्का। 6. utter, complete, निरा, निपट, बिल्कुल, पूरा का पूरा। ***n.*** 1. an empty space, रिक्त स्थान, खाली जगह। 2. a space to be filled in on a document, खाली जगह।

**blank cheque** (ब्लैङ्क्´-चेक्) ***n.*** 1. a cheque with the amount left blank, कोरा चेक। 2. total freedom of action, पूरी छूट।

**blanket** (ब्लैङ्क्´-इट्) ***n.*** 1. a thick woollen covering, कंबल। 2. a thick layer that covers, ढकनेवाली मोटी तह। 3. a covering, आवरण। ***v.*** (blanketed, blanketing) 1. to cover with a blanket, कंबल ओढ़ाना या ओढ़ना। 2. to cover, ढकना।

**blankly** (ब्लैङ्क्´-ली) ***adv.*** flatly, point blank, साफ़-साफ़।

**blank verse** (ब्लैङ्क्´-वॅ:स्) ***n.*** a verse without rhyme, अतुकांत छंद।

**blare** (ब्लेंअँ:) ***n.*** a harsh loud sound, फटी आवाज़। ***v.*** to make such a sound, फटी आवाज़ में बोलना या बजना।

**blasphemous** (ब्लैस्´-फ़ॅ-मॅस्) ***adj.*** full of blasphemy, निंदापूर्ण।

**blasphemy** (ब्लैस्´-फ़ॅ-मी) ***n.*** disrespectful talk about God or something sacred, ईशनिंदा, धर्मनिंदा।

**blast** (ब्लास्ट्, ब्लैस्ट्) ***n.*** 1. a strong gust of wind, हवा का झोंका। 2. the sound produced by blowing a whistle, trumpet etc., सीटी या तुरही का शब्द। 3. ignition of an explosive charge, धमाका, विस्फोट। 4. a riotous party, शोर-शराबेवाली पार्टी। ☐ **at full blast,** पूरी शक्ति से। ***v.*** 1. to blow up, उड़ा देना। 2. to destroy, नष्ट कर देना।

**blast furnace** (ब्लास्ट्´-फ़´:-निस्) ***n.*** a furnace in which combustion is intensified by a blast of air, धमन-भट्ठी।

**blatant** (ब्ले´-टैन्ट्) ***adj.*** 1. obvious, स्पष्ट, खुला, साफ़। 2. very obvious and unashamed, निर्लज्जतापूर्ण, लाज से रहित।

**blatantly** (ब्ले´-टैन्ट्-ली) ***adv.*** in a blatant manner, साफ़-साफ़; निर्लज्जतापूर्वक।

**blaze** (ब्लेज़्) ***n.*** 1. a brightly burning fire, लपट, धधक, दहक। 2. a bright light,

चमक, दीप्ति। 3. an outburst, विस्फोट, भड़क। 4. a striking display, ज़ोरदार प्रदर्शन, तड़क-भड़क। 5. (plu.) नरक; Go to blazes, भाड़ में जाओ। □ **like blazes,** तेज़ी से, आँधी की तरह। *v.* 1. to burn brightly, लपलपाना, धधकना। 2. to shine brightly, चमचमाना, चमक उठना। 3. to have an outburst of intense anger, उत्तेजित हो उठना, भड़क उठना।

**blazer** (ब्ले´-ज़ॅ:) *n.* a sports jacket of a team, दल के खिलाड़ियों की जाकेट या कोट।

**blazing** (ब्लेज़्´-इंग्) *adj.* 1. burning fiercely, धधकता हुआ। 2. dazzling, प्रदीप्त।

**bleach** (ब्लीच्) *v.* to make or become colourless, specially by the use of the chemicals, रंग उड़ना या उड़ाना, रंगविहीन करना या होना, विरंजित होना या करना। *n.* a chemical agent used for bleaching, विरंजक द्रव्य; bleaching powder, विरंजक चूर्ण।

**bleak** (ब्लीक्) *adj.* 1. cold and cheerless, अत्यंत ठंडा और कष्टप्रद। 2. harsh, कठोर, रूखा। 3. discouraging, gloomy, निराशाजनक, अंधकारपूर्ण। 4. barren, उजड़ा हुआ, बंजर।

**bleary** (ब्लि-अॅ-री) *adj.* dim, धुँधला।

**bleat** (ब्लीट्) *n.* the cry of a goat, sheep, etc., मेंमें। *v.* 1. to make this cry, मेंमें करना, मिमियाना। 2. to speak foolishly, मूर्खतापूर्वक बातें करना।

**bleed** (ब्लीड्) *v.* (bled, bleeding) 1. to lose blood, ख़ून बहना, रक्त बहना। 2. to ooze, to leak fluid, रिसना; Some dyes bleed. कुछ रंग कच्चे होते हैं।

**bleeding** (ब्लीड्´-इंग्) *n.* flow of the blood, खून बहना, रक्तस्राव। *adj.* full of pity, दयार्द्र।

**bleep** (ब्लीप्) *n.* a high-pitched repeated sound as a signal, खटखट, संकेत-ध्वनि, ब्लीप। *v.* to make this sound, संकेत-ध्वनि करना।

**blemish** (ब्लॅम्´-इश्) *n.* 1. anything that spoils beauty or perfection, i.e. a defect, flaw or deficiency, ऐब, दोष, कमी, त्रुटि। 2. a blot, धब्बा, कलंक।

**blend** (ब्लॅन्ड्) *v.* 1. to mix or mingle, मिश्रित होना या करना, मिल जाना या मिलाना। 2. to prepare by mixing, मिलाकर तैयार करना। *n.* a mixture of different sorts, मिश्रित पदार्थ, मिश्रण, मिलाव।

**blender** (ब्लॅन्´-डॅ:) *n.* a machine for blending cooking ingredients, मिश्रक।

**bless** (ब्लॅस्) *v.* (blessed, blessing) to invoke divine favour on, आशीर्वाद देना।

**blessed** (ब्लॅस्´-इड्) *adj.* 1. benedicted, आशीर्वादप्राप्त। 2. sacred, holy, पवित्र, पावन।

**blessing** (ब्लॅस्´-इंग्) *n.* 1. an act of asking or receiving God's favour, ईश्वरीय कृपा या अनुग्रह, असीस, आशीर्वाद। 2. a gift from God, वरदान। 3. approval, सहमति। □ **a blessing in disguise,** छिपा वरदान।

**blind** (ब्लाइन्ड्) *adj.* 1. without sight, अंधा, नेत्रहीन, सूर। 2. admitting no light, obscure, dark, अंधा; blind lane, अंधी गली। 3. without foresight or understanding, अंधा, नासमझ। 4. not based on reason, अविचारित, विवेकशून्य। 5. without judgement, अन्यायपूर्ण। 6. reckless, uncontrolled, अंधाधुंध, अनियंत्रित। 7. hidden, अप्रत्यक्ष, गुप्त। □ **turn a blind eye,** अनदेखी करना। *n.* a blind person, अंधा व्यक्ति, सूरदास।

**blind alley** *n.* an alley that is closed at one end, बंद गली।

**blinders** (ब्लाइन्´-डॅ:स्) *n.* (plu.) either of two leather flaps attached to a horse bridle to curtail side vision, अँधेरी।

**blindfold** (ब्लाइन्ड्´-फ़ोल्ड्) *v.* 1. to cover the eyes with a bandage, आँखों पर पट्टी बाँधना। 2. to mislead, बहकाना, पथच्युत करना। *n.* a piece of cloth used to block one's sight, आँखों पर बाँधी जानेवाली पट्टी, अंधौटी।

**blinding** (ब्लाइन्´-डिंग्) *adj.* dazzling, चकाचौंध उत्पन्न करनेवाला।

**blindly** (ब्लाइन्ड्´-ली) *adv.* 1. thoughtlessly, बिना विचारे। 2. gropingly, टटोलते हुए।

B

**blindness** (ब्लाइन्ड्´-निस्) *n.* the state of being blind, अंधापन, अंधता।

**blind spot** *n.* 1. an area cut off from a motorist's vision, वह स्थल जो मोटरचालक की दृष्टि से ओझल हो। 2. a subject about which one knows nothing, अज्ञात विषय।

**blink** (ब्लिंक्) *v.* 1, to close and open one's eyes rapidly, आँखें झपकना, झपझपाना या मुलमुलाना। 2. to flash on and off, झपझप करना, झपझपाना।

**blinker** (ब्लिंक्´-अः) *n.* a light that blinks in order to convey signal, झपझप करनेवाली रोशनी।

**blip** (ब्लिप्) *n.* 1. a very short sound as if produced by a machine, हलकी ध्वनि, खट। 2. a spot of light on a radar screen, रेडार की स्क्रीन पर दिखनेवाला प्रकाश-संकेत।

**bliss** (ब्लिस्) *n.* complete and perfect happiness, आनंद, परमानंद।

**blissful** (ब्लिस्´-फुल्) *adj.* full of bliss, आनंदमय, परम सुखी, अत्यंत सुखद।

**blister** (ब्लिस्´-टः) *n.* 1. a thin watery swelling under the skin, छाला, फफोला। 2. a raised swelling, गूमड़, गुमटा।

**blistering** (ब्लिस्´-टॅ-रिंग्) *adj.* 1. hot, तप्त, गरम। 2. strong, उग्र, प्रचंड, घोर।

**blitz** (ब्लिट्स्, ब्लिट्ज़्) *n.* 1. a sudden or swift attack, एकाएक होनेवाला तीव्र आक्रमण, धावा। 2. an air attack, हवाई हमला। *v.* to attack suddenly, धावा बोल देना।

**blizzard** (ब्लिज़्´-अःड्) *n.* a snow-storm, बर्फ़ीला तूफ़ान।

**bloated** (ब्लो´-टिड्) *adj.* 1. swollen, फूला हुआ। □ **swollen with vanity**, घमंड में चूर, मदमत्त।

**blob** (ब्लॉब्) *n.* 1. zero, शून्य, सिफ़र, सुन्ना। 2. a drop of liquid, बूँद, जलकण। 3. a spot of colour, a stain, दाग, धब्बा।

**bloc** (ब्लॉक्) *n.* a group of persons, nations etc., गुट। □ **en bloc**, एक साथ, सब-के-सब।

**block** (ब्लॉक्) *n.* 1. a piece of wood, गुटका, कुंदा। 2. a lump of rock, शिलाखंड। 3. a piece of land, भूखंड, खंड। 4. a wooden plate for printing, a letter press printing plate, ठप्पा, ब्लॉक। 5. a mould, ढाँचा। 6. a row of separate buildings, ब्लॉक, प्रखंड। 7. a large section of seats, shares etc., प्रखंड। 8. an obstruction, बाधा। 9. a person's head, सिर। *v.* 1. to prevent or obstruct, बाधा डालना, रोकना। 2. to stop or impede, अवरुद्ध करना, बंद करना। 3. to shape or form with a block, साँचे में ढालना, ठप्पे से बनाना।

**blockade** (ब्लॉ-केड्´) *n.* the complete closure of a place by the forces, नाकेबंदी। *v.* to set up a blockade of, नाकेबंदी करना।

**blockage** (ब्लॉक्´-इज्) *n.* the state of being blocked or something that blocks, अवरोध, बाधा।

**blockhead** (ब्लॉक्´-हेंड्) *n.* a stupid person, मूढ़ व्यक्ति।

**blockish** (ब्लॉक्´-इश्) *adj.* stupid, dull, मूर्ख, मंदबुद्धि।

**blond** (ब्लॉन्ड्) *adj.* having a pink and white skin and yellowish brown hair, गौर वर्ण तथा सुनहरे बालोंवाला।

**blonde** (ब्लॉन्ड्) *n.* a blond girl, सुनहरे बालोंवाली गोरी लड़की।

**blood** (ब्लड्) *n.* 1. the red liquid in the bodies of animals, ख़ून, रक्त, रुधिर। 2. life, जीवन। 3. bloodshed, रक्तपात, ख़ून-ख़राबा। 4. a murder, हत्या।

**blood bank** *n.* a place where blood is stored, रक्त-केंद्र, रक्तदान-केंद्र।

**blood bath** *n.* a massacre, नरसंहार, क़त्लेआम।

**blood brother** *n.* a real brother, सगा भाई।

**blood donor** *n.* one who donates his blood, रक्तदाता।

**blood group** (ब्लड्´-ग्रुप्) *n.* a group of persons having blood with same properties, रक्त वर्ग।

**bloodhound** (ब्लड्´-हॉउन्ड्) *n.* a hound with a keen sense of smell, एक तरह का शिकारी कुत्ता, भेदिया कुत्ता।

**bloodless** (ब्लड्´-लिस्) *adj.* without blood

shed, बिना रक्त बहाए या मारकाट के होनेवाला।

**blood money** ***n.*** money given for a murder, हत्या-धन, हत्या का पुरस्कार।

**blood poisoning** ***n.*** poisoning of the blood, रक्त-विषाक्तता।

**blood pressure** ***n.*** the pressure of the blood within the arteries, रक्तचाप।

**blood-red** (ब्लड्´-रेंड्) ***adj.*** red as blood, ख़ून की तरह लाल, ख़ूनी।

**bloodshed** (ब्लड्´-शेंड्) ***n.*** the killing or wounding of people, मारकाट, रक्तपात।

**bloodshot** (ब्लड्´-शॉट्) ***adj.*** tinged with blood, रक्ताभ, ख़ूनी; ~ eyes, खूनी आँखें, लाल आँखें।

**bloodstain** (ब्लड्´-स्टेन्) ***n.*** a mark made by blood, ख़ून का दाग।

**bloodsucker** (ब्लड्´-सॅक्-अॅ:) ***n.*** one who sucks blood, ख़ून चूसनेवाला।

**blood test** ***n.*** an examination of a sample of blood, रक्त-परीक्षण, ख़ून की जाँच।

**bloodthirsty** (ब्लड्´-थ:-स्टी) ***adj.*** eager for bloodshed, रक्तपिपासु।

**blood transfusion** ***n.*** transfusion of blood from one person to another, एक व्यक्ति का रक्त दूसरे व्यक्ति को चढ़ाया जाना।

**blood vessel** ***n.*** a vessel through which blood circulates, रक्तवाहिका।

**bloody** (ब्लड्´-ई) ***adj.*** 1. bleeding, जिसमें से रक्त बह रहा हो। 2. stained with blood, रक्तरंजित। 3. causing or marked by bloodshed, ख़ूनी; a bloody fight, ख़ूनी लड़ाई। 4. damned, कम्बख़्त।

**bloom** (ब्लूम्) ***n.*** 1. a flower, फूल, पुष्प। 2. prime of life, यौवन; a bloom of life, नवयौवन। 3. glow, लाली, अरुणिमा। 4. beauty, सौंदर्य। ***v.*** 1. to bear flower, फूलना, खिलना। 2. to flourish, पनपना, समृद्ध होना। 3. to be in full beauty, खिल उठना।

**blooper** (ब्लू´-पॅ:) ***n.*** an embarrassing public blunder, (रेडियो या दूरदर्शन पर बोलते समय होनेवाली) भद्दी या भारी भूल।

**blossom** (ब्लॉस्´-ऑम्) ***n.*** 1. a flower of a fruit tree, फूल, पुष्प। 2. a mass of such flowers, मंजरी। ***v.*** (blossomed, blossoming) 1. to bloom, फूलना, खिलना, फलना, पुष्पित होना। 2. to flourish, पनपना, फलना-फूलना।

**blot** (ब्लॉट्) ***n.*** 1. a spot or stain, दाग, धब्बा, निशान। 2. a moral disgrace, धब्बा, कलंक, लांछन।

**blotting paper** ***n.*** an absorbent paper for drying ink writing, सोख़ता, ब्लॉटिंग पेपर।

**blouse** (ब्लाउज़्) ***n.*** a loose shirtlike garment worn by women, ब्लाउज़, कुरती।

**blow**[1] (ब्लो) ***v.*** (blew, blown, blowing) 1. (of the wind) to move or flow, बहना, चलना। 2. to move by the current of air, बहना, उड़ना। 3. to send out strong current of air from the lungs, फूँकना, फूँक मारना। 4. to give out a current of air as from a pair of bellows, धौंकनी से हवा देना, धौंकना। 5. to sound or cause to sound by expelling a current of air, बजाना, फूँकना। 6. to pant, हाँफना। 7. to cause to explode, विस्फोट करना। 8. to melt (a fuse), जल जाना, उड़ जाना। 9. to shape by forcing out air or gas, फूँककर बनाना। 10. to lose, गँवाना, उड़ा देना। 11. to leave suddenly, चल देना, खिसक जाना। ☐ **blow one's own trumpet,** अपने मुँह मियाँ मिट्ठू बनना, आत्मप्रशंसा करना; **blow out,** (i) फूँक मारकर बुझाना; (ii) फट जाना; **blow over,** थम जाना, टल जाना, निकल जाना, शांत हो जाना; **blow up,** (i) फट उठना; (ii) फुलाना; (iii) बड़ा बनाना; (iv) गरम हो जाना, क्रुद्ध होना; (v) आना, आ धमकना। (vi) धमाके से फट या उड़ जाना अथवा उड़ा देना।

**blow**[2] (ब्लो) ***n.*** 1. a hard or violent stroke, आघात, प्रहार, वार। 2. a push, धक्का। 3. a shock, आघात, धक्का, झटका। 4. a disaster, विपत्ति। ☐ **come to blows,** लड़ जाना, मार-पीट करना; **exchange blows,** लड़ना-भिड़ना, मार-पीट करना; **with a single blow,** एक ही झटके में।

**blower** (ब्लो´-अॅ:) ***n.*** an apparatus for blowing, धौंकनी।

B

**blowpipe** (ब्लो´-पाइप्) *n.* a pipe used for blowing, धौंकनी।

**blubber** (ब्लब्´-अॅ:) *n.* 1. whale fat, व्हेल मछली की चरबी (जिसमें से तेल निकलता है)। 2. crying, रोना-चिल्लाना। *v.* to weep noisely, जोर-जोर से रोना।

**blue** (ब्लू) *adj.* 1. of the colour of the sky, नीला, आसमानी। 2. unhappy, दुखी, उदास। 3. dirty, obscene, गंदा, अश्लील। *n.* 1. blue colour, नीला रंग। 2. the blue; the clear sky, नीला आकाश। □ **a bolt from the blue,** अप्रत्याशित और दुखद घटना, सहसा होनेवाला वज्रपात। *v.* to make blue, नीला करना, नीले रंग में रँगना।

**blueblack** (ब्लू´-ब्लैक्´) *adj.* very dark blue, कालापन लिये नीला, गहरा नीला।

**blueblood** (ब्लू´-ब्लड्) *n.* a noble, कुलीन व्यक्ति।

**bluebook** (ब्लू´-बुक्) *n.* 1. an official printed report, सरकारी दस्तावेज़। 2. a directory of prominent people, प्रमुख व्यक्तियों की निर्देशिका।

**bluechip** (ब्लू´-चिप्) *n.* a share that sells at a high price, ऊँचे मूल्य पर बिकनेवाला शेयर।

**bluecollar worker** *n.* an industrial worker, मज़दूर।

**bluejacket** (ब्लू´-जैक्-इट्) *n.* a sailor in the navy, नौसैनिक।

**bluemoon** (ब्लू´-मून्) *n.* a very long time, दीर्घकाल। □ **once in a bluemoon,** यदा-कदा, कभी-कभार, छठे-छमाहे, भूले-भटके।

**bluenose** (ब्लू´-नोज़्) *n.* a puritanical person, अतिनैतिक व्यक्ति, विशुद्धतावादी।

**blueprint** (ब्लू´-प्रिन्ट्) *n.* 1. a blue photographic print of building plans, नीला नक्शा। 2. a programme of action, कार्य-योजना।

**blue ribbon** *n.* the first prize, प्रथम पुरस्कार।

**blues** (ब्लूज़्) *n.* (plu.) a state of melancholy, उदासी, खिन्नता।

**blue stocking** *n.* 1. a well-read woman, प्रबुद्ध महिला, सुशिक्षित महिला, सुशिक्षिता। 2. a woman with a literary taste, साहित्यिक अभिरुचिवाली महिला।

**bluff** (ब्लफ़्) *v.* to deceive by making a bold pretence, झाँसा देना, धुप्पल देना। *n.* the act of bluffing, झाँसा, धुप्पल।

**bluffer** (ब्लफ़्´-अॅ:) *n.* one who bluffs, झाँसा देनेवाला, धोखेबाज़।

**bluing, blueing** (ब्लू´-इंग्) *n.* a kind of blue powder which increases the whiteness of clothes, नील।

**bluish** (ब्लू´-इश्) *adj.* rather blue, कुछ-कुछ नीला, नीला-सा।

**blunder** (ब्लन्´-डॅ:) *n.* a stupid mistake, मूर्खता-भरी भूल। *v.* to make such a mistake, मूर्खता-भरी भूल करना, भारी भूल करना।

**blunt** (ब्लंट्) *adj.* 1. not sharp, भोथरा, कुंद। 2. dull, मंदबुद्धि। 3. bold in speech, outspoken, मुँहफट। 4. curt, रूखा।

**bluntly** (ब्लन्ट्´-ली) *adv.* 1. outspokenly, साफ़-साफ़, मुँह पर। 2. curtly, रुखाई से।

**blur** (ब्ल:) *v.* (blurred, blurring) 1. to smear or stain, लीप देना, गंदा कर देना, दाग लगा देना। 2. to dim, धुँधला कर देना। *n.* 1. a smear or stain, दाग, धब्बा या लेप। 2. dimness, धुँधलापन।

**blurt** (ब्ल:ट्) *v.* to utter abruptly and without thought, बिना सोचे-समझे सहसा बक देना।

**blush** (ब्लश्) *v.* 1. to become suddenly red in face from shame or modesty, लाज से भर उठना या शर्म से गड़ जाना। 2. to feel ashamed, शर्मिंदा होना, लज्जित होना। 3. to become rosy, लाल या गुलाबी हो जाना। *n.* 1. reddening of the face, लाली (लज्जा की)। 2. shame, शर्म, लाज। □ **on first blush,** पहली झलक में ही।

**blushing** (ब्लश्´-इंग्) *adj.* becoming red in the face; लाज-भरा।

**bluster** (ब्लस्´-टॅ:) *v.* 1. to blow in violent gusts, (हवा या पानी के) थपेड़े चलना या उठना। 2. to speak noisily, गरजना।

**boa** (बो´-अॅ) *n.* a large non-poisonous snake that coils around its prey, अजगर।

**boa constrictor** ***n.*** a Brazilian species of boa, ब्राज़ीली अजगर।

**boar** (बो:) ***n.*** 1. a male wild pig, बनैला सुअर। 2. an uncastrated domestic pig, आँड़ू सुअर।

**board** (बो:ड्) ***n.*** 1. a flat piece of wood, तख्ता, पटरा, पट। 2. a thick stiff paper used for book covers, बोर्ड, दफ़्ती। 3. food served daily to paying guests, भोजन। 4. a table set for serving a meal, वह मेज़ जिसपर भोजन लगाते हैं। 5. a committee or group of officials, परिषद्, बोर्ड, मंडल; board of referees, निर्णायक मंडल। 6. the side of the ship, जहाज का किनारा। ***v.*** 1. to cover with boards, तख्ते जड़ना। 2. to provide with food and lodging for a charge, ठहरने और भोजन की सशुल्क व्यवस्था करना। 3. to receive food and lodging for a charge, शुल्क देकर कहीं ठहरना और भोजन पाना। 4. to go aboard, सवार होना, गाड़ी, जहाज़ आदि पर चढ़ना। ☐ **on board,** गाड़ी या जहाज़ पर, गाड़ी या जहाज़ में।

**boarder** (बो:-डॅ:) ***n.*** 1. one who pays for both meals and lodging at another's house, सशुल्क अतिथि। 2. a student living in a boarding house, छात्रावासी।

**boarding house** ***n.*** 1. a house that provides meals and lodging for a charge, वह स्थान जहाँ ठहरने तथा भोजन की सशुल्क व्यवस्था हो, सशुल्क आहारगृह। 2. such place for outdoor students, छात्रावास।

**boast** (बोस्ट्) ***n.*** 1. an expression of self-praise, शेख़ी, डींग। 2. a thing boasted of, वह वस्तु जिसपर किसी को गर्व हो। ***v.*** 1. to talk proudly, शेख़ी हाँकना, डींग मारना। 2. to say proudly, गर्व से कहना।

**boaster** (बोस्ट्´-अॅ:) ***n.*** one who boasts, आत्मश्लाघी, शेख़ीख़ोर, शेख़ीबाज़।

**boastful** (बोस्ट्´-फ़ुल्) ***adj.*** 1. tending to boast, शेख़ी-भरा। 2. full of self-praise, आत्मश्लाघापूर्ण।

**boat** (बोट्) ***n.*** 1. a small open sailing vessel, नाव, नौका, किश्ती। 2. a ship, जलयान। ☐ **in the same boat,** एक-सी गई गुज़री स्थिति में। ***v.*** (boated, boating) 1. to row a boat, नाव खेना। 2. to go out for pleasure in a boat, नौकाविहार करना, नाव में घूमना।

**boater** (बोट्´-अॅ:) ***n.*** one who rows a boat, नाव खेनेवाला, मल्लाह, माँझी।

**boating** (बोट्´-इंग्) ***n.*** going out in a boat for pleasure, नौकाविहार, नौका की सैर।

**boatman** (बोट्´-मॅन्) ***n.*** one who rows or hires out small boats, मल्लाह, माँझी।

**bob**[1] (बॉब्) ***v.*** (bobbed, bobbing) to cut hair short so that it hangs loosely on shoulders, (औरतों के) बाल इस प्रकार काटना कि वे कंधों पर झूलते रहें। ***n.*** 1. the style of bobbed hair, बॉब, लटकते बाल। 2. a pendent, लटकन। 3. a lock of hair, लट।

**bob**[2] (बॉब्) ***v.*** (bobbed, bobbing) 1. to move up and down, डूबना-उतराना। 2. to tap, थपकी देना, थपकना।

**bob**[3] (बॉब्) ***n.*** a shilling, शिलिंग।

**bobbin** (बॉब्´-इन्) ***n.*** a spool or reel for thread, फिरकी, अटेरन या परेता।

**bobby** (बॉब्´-ई) ***n.*** a policeman, सिपाही।

**bobby pin** ***n.*** a hair pin, बालों का क्लिप।

**bobby socks, bobby sox** ***n.*** short socks, टखने तक का मोजा।

**bobcat** (बॉब्´-कैट्) ***n.*** a wild cat, जंगली बिल्ली।

**bobtailed** (बॉब्´-टेल्ड्) ***adj.*** having a docked tail, दुमकटा।

**bode**[1] (बोड्) ***v.*** p.t. & p.p. of bide.

**bode**[2] (बोड्) ***v.*** (boded, boding) to be an omen of, का लक्षण या शकुन होना।

**bodice** (बॉड्´-इस्) ***n.*** the fitted upper part of a woman's dress, कुरती, चोली।

**bodily** (बॉड्´-इ-ली) ***adj.*** 1. of or pertaining to the body, शरीरी, दैहिक। 2. physical, भौतिक। ***adv.*** 1. in person, शरीरत:, स्वत:। 2. as a whole, सब मिलाकर।

**bodkin** (बॉड्´-किन्) ***n.*** a large thick needle, सूजा, सुआ।

**body** (बॉड्´-ई) ***n.*** 1. the physical structure

B

B

of a man or animal, काया, शरीर, देह, जिस्म। 2. the main or central part of a vehicle, ship etc., framework, मुख्य भाग, बॉडी, ढाँचा। 3. a corpse or carcass, लाश, शव, जानवर की लाश। 4. the main part of the body, धड़। 5. a person, व्यक्ति। 6. an object in space, पिंड। 7. a group of people or things, समूह, राशि। 8. thick texture, घनी बुनावट। □ **in a body,** सब-के-सब; **keep body and soul together,** जीवित रहना, जैसे-तैसे गुज़ारा चलाना।

**bodyguard** (बॉड्´-इ-गा:ड्) ***n.*** a personal guard, अंगरक्षक।

**Boer** (बो:) ***n.*** a South African of Dutch descent, दक्षिणी अफ्रीका में रहनेवाला हॉलैंडवासियों का वंशज, बोर।

**bog** (बॉग्) ***n.*** marsh, दलदल, कीचड़। ***v.*** (bogged, bogging) to be stuck fast in the marsh, दलदल में फँसना।

**bogey** (बो´-गी) ***n.*** (plu, bogeys) 1. something that causes fear, हौआ, जूजू। 2. an evil spirit, भूत।

**boggle** (बॉग्´-अॅल्) ***v.*** 1. to hesitate, हिचकिचाना, ठिठकना। 2. to be alarmed at, चौंकना।

**boggy** (बॉग्´-ई) ***adj.*** marshy, swampy, दलदल से भरा।

**bogie, bogy** (बोग्´-ई) ***n*** a railway compartment, रेल का डिब्बा, बोगी।

**bogus** (बो´-गॅस्) ***adj.*** fake, counterfeit, नकली, जाली, बोगस, वाहियात।

**boil**[1] (बॉइल्) ***n.*** a painful pus-filled swelling under skin, फोड़ा।

**boil**[2] (बॉइल्) ***v.*** 1. to heat to boiling point, उबालना, खौलाना। 2. to bubble up when heated, उबलना, खौलना, उबाल खाना। 3. to cook or be cooked by boiling, उबालना या उबलना। 4. to be greatly excited, आवेश में आना, आवेशयुक्त होना। 5. to explode in rage, उबल पड़ना, फट या बरस पड़ना। ***n.*** the condition or act of boiling, उबाल।

**boiler** (बॉइ´-लॅ:) ***n.*** a plant or tank in which steam is made, बॉयलर, वाष्पित्र।

**boiling hot** ***adj.*** very hot, बहुत गरम, तप्त।

**boiling point** ***n.*** a temperature at which a liquid boils, क्वथनांक।

**boisterous** (बॉइ´-स्टॅ-रस्) ***adj.*** 1. rough and stormy, हुड़दंगी, ऊधमी; boisterous children, हुड़दंगी बच्चे। 2. violent, प्रचंड, उग्र।

**bold** (बोल्ड्) ***adj.*** 1. fearless and courageous, दिलेर, निर्भीक, निडर, साहसी। 2. brave, वीर, बहादुर। 3. impudent, brazen, ढीठ, प्रगल्भ, धृष्ट, निर्लज्ज। 4. strong, तेज; bold colour, तेज रंग। 5. thick and heavy, मोटा; bold type, मोटा टाइप।

**boldly** (बोल्ड्´-ली) ***adv.*** in a bold manner, दिलेरी से, साहसपूर्वक, हिम्मत से।

**boldness** (बोल्ड्´-निस्) ***n.*** the quality of being bold, दिलेरी, साहस, बहादुरी; प्रगल्भता।

**bolster** (बोल्´-स्टॅ:) ***n.*** a large pillow, बड़ा तकिया, मसनद। ***v.*** 1. to give support to, सहारा देना। 2. to encourage, उत्साहित करना।

**bolt** (बोल्ट्) ***n.*** 1. a metal bar for fastening a door, सिटकिनी, चटखनी। 2. a screw for fastening things together, बोल्ट। ***v.*** 1. to fasten with a bolt, सिटकिनी लगाना, बोल्ट कसना। 2. to run away, भाग निकलना। 3. to gulp down, भकोसना, गटकना।

**bomb** (बॉम्ब्) ***n.*** an explosive container used as weapon, बम। ***v.*** 1. to attack or destroy with bombs, बम मारना या गिराना, बमबारी करना। 2. to fail miserably, बुरी तरह विफल होना।

**bombard** (बॉम्ब्-बा:ड्´) ***v.*** to attack with bombs, बमबारी करना।

**bombardment** (बॉम्ब्-बा:ई´-मॅन्ट्) ***n.*** an attack with bombs, बमबारी, बमवर्षा।

**bombast** (बॉम´-बैस्ट्) ***n.*** pompous speech or writing, शब्दाडंबर।

**bombastic** (बॉम्-बैस्´-टिक्) ***adj.*** full of high sounding words, शब्दाडंबरपूर्ण।

**bomber** (बॉम्´-अॅ:) ***n.*** an aircraft that drops bombs, बमवर्षक विमान।

**bombshell** (बॉम्´-शॅल्) ***n.*** 1. a bomb, बम। 2. a shocking surprise, अनहोनी घटना।

**bona fide** (बो´-नॅ-फ़ाइड्) ***adj.*** 1. genuine,

सच्चा, सही, प्रामाणिक। 2. done in good faith, सद्‌भावपूर्ण, सदाशयपूर्ण, निष्कपट।

**bona fides** (बो´-नें-फ़ाइ´-डीज़्) ***n.*** sincerity, नेकनीयती, निष्कपटता, सदाशयता, सद्‌भावना।

**bonanza** (बो-नैन्´-ज़ॅ) ***n.*** 1. a windfall, अप्रत्याशित लाभ। 2. something very profitable, अत्यंत लाभकारी वस्तु। 3. good luck, सौभाग्य (की बात)।

**bonbon** (बॉन्´-बॉन्) ***n.*** a candy coated with chocolate, चॉकलेटी आइसक्रीम, बानबान।

**bond** (बॉन्ड्) ***n.*** 1. something that binds together, बाँधनेवाली चीज़ या बात, बंद। 2. a binding agreement, क़रार, अनुबंध, अनुबंध-पत्र। 3. a certificate of debt in which promise is made to pay back with interest by a specified future date, बॉन्ड, बंधपत्र। 4. something that unites people, बंधन। 5. writing paper of high quality, लिखने का बढ़िया काग़ज़, बॉन्ड पेपर। 6. money deposited as a guarantee, मुचलका। ***v.*** 1. to tie or unite, बाँधना, बाँधकर रखना। 2. to stick together, जोड़ना।

**bondage** (बॉन्´-डिज्) ***n.*** slavery, दासता, गुलामी।

**bonded** (बॉन्´-डिड्) ***adj.*** tied, united, बँधा हुआ, बद्ध; bonded labour, बँधुआ मज़दूर।

**bondsman** (बॉन्ड्स्´-मॅन्) ***n.*** one who stands surety, मुचलका देनेवाला।

**bone** (बोन्) ***n.*** one of the hard parts of the body, हड्डी, अस्थि। □ **bone of contention,** झगड़े की जड़।

**bone-dry** (बोन्´-ड्राइ´) ***adj.*** completely dry, बिल्कुल सूखा।

**bone headed** (बोन्´-हेँड्-इड्) ***adj.*** stupid, मूर्ख।

**bone-weary** (बोन्´-विअर्-ई) ***adj.*** physically or mentally exhausted, थका-हारा, पस्त।

**bonfire** (बॉन्(-फ़ाइः) ***n.*** a large outdoor fire, अलाव, उत्सवाग्नि।

**bongos** (बॉङ्ग्´-गोज़्) ***n.*** a pair of drums played with fingers, तबलों की जोड़ी।

**bonnet** (बॉन्´-इट्) ***n.*** 1. a hat with strings, तस्मेदार टोपी। 2. a metal lid over the front of the car, बॉनिट।

**bonny** (बॉन्´-ई) ***adj.*** 1. goodlooking, pretty, सुदर्शन, सलोना। 2. cheerful, प्रफुल्ल।

**bonus** (बो´-नॅस्) ***n.*** a share of the profit given to the workers or shareholders, लाभांश।

**bon voyage** (बॉन्-वॉइ´-आज़्ह्) ***interj.*** Have a pleasant journey, शुभयात्रा हो!

**bony** (बो´-नी) ***adj.*** 1. full of bones, हड्डियों का ढाँचा, हड्डीला। 2. very thin, बहुत दुबला।

**booby** (बू´-बी) ***n.*** a boob, मूर्ख व्यक्ति।

**book** (बुक्) ***n.*** 1. a collection of written, printed or blank sheets of paper bound together, पुस्तक, किताब। 2. a literary work, साहित्यिक कृति। 3. an account book, बही, खाता। ***v.*** 1. to reserve, आरक्षित करना। 2. to write in a book, to enter on a schedule, बुक करना, टाँक लेना, सूची में लिख लेना, आरक्षित करना।

**bookbinder** (बुक्´-बाइन्ड्-अॅ:) ***n.*** one who binds books, जिल्दसाज़, दफ़्तरी।

**bookcase** (बुक्´-केस्) ***n.*** a piece of furniture with shelves for holding books, बुककेस।

**booking** (बुक्´-इंग्) ***n.*** an act of entering in the schedule, सूची में लिखा जाना, बुक करना।

**booking clerk** ***n.*** a clerk who maintains schedule, बुकिंग क्लर्क।

**bookish** (बुक्´-इश्) ***adj.*** fond of books, fond of reading, पढ़ने-लिखने का शौक़ीन, पढ़ाकू, पुस्तकप्रेमी।

**bookkeeping** (बुक्´-की-पिंग्) ***n.*** the systematic recording of business transactions, बही-लेखन।

**booklet** (बुक्´-लिट्) ***n.*** a small book, पुस्तिका।

**bookmaker** (बुक्´-मे-कॅ:) ***n.*** one who accepts and pays off bets, बुकमेकर, रेसिया।

**bookmark** (बुक्´-मा:र्क्) ***n.*** a strip of paper placed between the pages of a book to mark the place, पुस्तक-चिह्न।

**bookseller** (बुक्´-सेॅल्-अॅ:) ***n.*** one who sells books, पुस्तक-विक्रेता, किताबफ़रोश।

**bookshelf** (बुक्´-शेॅल्फ़्) ***n.*** a shelf for

books, बुकशेल्फ़।

**bookstall** (बुक´-स्टाःल्) ***n.*** a stall for books, बुकस्टॉल।

**bookstore** (बुक्´-स्टोः) ***n.*** a shop where books are sold, किताब की दुकान, पुस्तक-भंडार।

**book value** ***n.*** the value of an item shown in the account books of a firm, खाते में दर्ज किसी वस्तु का मूल्य, बुक वैल्यु, किताबी कीमत।

**bookworm** (बुक्´-वः:म्) ***n.*** 1. an insect that infests books, किताबों में लगनेवाला कीड़ा, पुस्तकीट। 2. a person who is very fond of reading books, पुस्तकप्रेमी, किताबी कीड़ा।

**boom** (बूम्) ***v.*** 1. to make a deep resonant sound, गरज उठना, गरजना, दनदनाना। 2. to flourish swiftly, तेज़ी से पनपना, समृद्ध होना। ***n.*** 1. a booming sound, गरज, दनदनाहट। 2. a sudden increase, तेज़ी, बढ़ती, बढ़ोतरी, समृद्धि। 3. a period of growth, गरम बाज़ारी, समृद्धिकाल।

**boon** (बून्) ***n.*** 1. a blessing, वरदान, वर। 2. a benefit, लाभ। 3. a favour, अनुग्रह।

**boor** (बूः) ***n.*** a rude or ill-mannered person, उजड्ड व्यक्ति, अशिष्ट व्यक्ति।

**boorish** (बूर्´-इश्) ***adj.*** somewhat rude or ill-mannered, उजड्ड-सा, अशिष्ट-सा।

**boost** (बूस्ट्) ***v.*** (boosted, boosting) 1. to push upward, ऊँचा करना। 2. to promote, उन्नत करना, बढ़ावा देना, उत्साहवर्धन करना, चमकाना। 3. to increase, बढ़ाना, बढ़ावा देना। ***n.*** 1. an upward thrust, उछाल, बढ़ावा। 2. an increase, बढ़ोतरी, वृद्धि।

**booster** (बू´-स्टंः) ***n.*** a device for increasing power or effectiveness, शक्तिवर्धक।

**boot** (बूट्) ***n.*** 1. a shoe, जूता, बूट। 2. a kick, ठोकर। 3. a discharge from employment, नौकरी से हटाया जाना, पदच्युति, बरखास्तगी। ***v.*** (booted, booting) 1. to put boots on, जूता पहनना। 2. to kick, ठोकर मारना, ठोकर लगाना। 3. to dismiss, पदच्युत करना, बरखास्त करना।

**booth** (बूथ्) ***n.*** 1. a small enclosed compartment, बूथ, मंडप, कोष्ठ। 2. an enclosure for a public telephone, टेलीफ़ोन बूथ या कोष्ठ। 3. an enclosure for voting, मतदान-कोष्ठ। 4. a stall where things are sold, स्टॉल।

**bootlace** (बूट्´-लेस्) ***n.*** the string for tying boots, बूट बाँधने का फीता।

**bootleg** (बूट्´-लेंग्) ***v.*** to make, sell or smuggle alcoholic drink unlawfully, अवैध रूप से शराब बनाना या बेचना, शराब की तस्करी या चोरबाज़ारी करना।

**bootlick** (बूट्´-लिक्) ***v.*** to behave obsequiously, जी-हजूरी करना, तलवे चाटना।

**booty** (बू´-टी) ***n.*** 1. loot taken from the enemy, लूटा हुआ माल, लूट। 2. stolen goods, चोरी का माल।

**booze** (बूज़्) ***n.*** a liquor, शराब, मदिरा।

**boozy** (बू´-ज़ी) ***adj. & n.*** one who boozes, पियक्कड़।

**bop**[1] (बॉप्) ***v.*** (bopped, bopping) to strike or hit, प्रहार करना, आघात करना, मारना।

**bop**[2] (बॉप्) ***n.*** जाज़ संगीत का एक भेद।

**borax** (बोर्´-ऐक्स्) ***n.*** सुहागा।

**border** (बॉ:´-डंः) ***n.*** 1. an edge, किनारा। 2. a boundary, सीमा। 3. the part near the boundary, सीमांत, किनारा, तट। ***v.*** 1. to put a border on, किनारा लगाना। 2. to be a border to, किनारा होना, सीमा होना। 3. to have a common border, संलग्न होना। □ **border on,** (i) से संलग्न होना; (ii) के जैसा होना, के सदृश होना।

**borderland** (-लैन्ड्) ***n.*** the region near the boundary, सीमांत, सीमांत प्रदेश।

**borderline** (-लाइन्) ***n.*** a boundary, सीमा-रेखा, सीमा। ***adj.*** verging on borderline, सीमावर्ती, सीमागत।

**bore**[1] (बोः) ***v.*** 1. to make a hole by drilling, बोर करना, परिवेधन करना, बेधना। 2. to dig, खुदाई करना। ***n.*** 1. a hole made by drilling, बोर, परिवेधन, खुदाई। 2. the interior diameter of a hole, छेद का व्यास, छिद्रव्यास। 3. a drilling tool, छेद करने का उपकरण।

**bore²** ***v.*** (bored, boring) to make feel tired or uninterested, बोर करना, उबाना, थका देना। ***n.*** one that bores, थका देनेवाला, उबानेवाला।

**bore³** ***v.*** p.t. of bear.

**boredom** (बो:´-डॅम्) ***n.*** the condition of being bored, उकताहट, ऊब, विरसता, थकान।

**born** (बॉ:न्) ***adj.*** 1. brought into existence by birth, पैदा, उत्पन्न, जात। 2. by birth, जन्मजात; a born singer, जन्मजात गायक। 3. coming or resulting from, उद्भूत, जन्य।

**borne** (बो:न्) ***v.*** p.p. of bear.

**borough** (बर्´-ओ) ***n.*** a town or a division of a large town, नगर या महानगर का भाग।

**borrow** (बॉर्´-ओ) ***v.*** 1. to receive temporarily on loan, माँगना, मँगनी माँगना, उधार लेना। 2. to make use of, उपभोग करना, उधार लेना, ले लेना।

**borrower** (बॉ´-रो-ॲ:) ***n.*** one who borrows, उधार लेनेवाला, ऋणी, उधारी।

**bosh** (बॉश्) ***n.*** nonsense, अंडबंड, अनापशनाप।

**bosom** (बूज़्´-ॲम्) ***n.*** 1. a (woman's) breast, chest, छाती, वक्षस्थल। 2. the part of a garment that covers the breast or chest, छाती ढकनेवाले वस्त्र का हिस्सा, दामन। 3. the inner most part, भीतरी अंग, हृदय।

**bosom friend** ***n.*** a close friend, घनिष्ठ मित्र।

**boss** (बॉस्, बा:स्) ***n.*** 1. an employer, नियोक्ता, नियोजक। 2. an incharge or supervisor, बड़ा साहब, बॉस। 3. a person who controls a political organisation, दलाध्यक्ष। ***v.*** 1. to supervise or control, निरीक्षण या नियंत्रण करना। 2. to give orders, आदेश देना, हुकुम देना। 3. to command in a domineering manner, रोब छाँटना या गाँठना, हुकुम चलाना।

**botanical** (बॅ-टैन्´-इ-कॅल्) ***adj.*** 1. of botany, वनस्पति-विज्ञान-संबंधी। 2. of plants and trees, वानस्पतिक।

**botanical garden** ***n.*** वानस्पतिक उद्यान।

**botanist** (बॉट्´-ॲ-निस्ट्) ***n.*** an expert in botany, वनस्पति-विज्ञानी, वनस्पतिज्ञ।

**botany** (बॉट्´-ॲ-नी) ***n.*** the scientific study of plants and trees, वनस्पति-विज्ञान।

**botch** (बॉच्) ***v.*** 1. to repair clumsily, ख़राब ढंग से मरम्मत करना। 2. to spoil, ख़राब कर देना, बिगाड़ देना। ***n.*** a spoiled work, बिगाड़ा हुआ काम, रद्दी काम।

**both** (बोथ्) ***pron.*** the two, दोनों ***adj.*** each one of two people or things, दोनो। ***conj.*** not only...but also, दोनो, भी···और···भी; She speaks both Hindi and Punjabi. वह हिंदी और पंजाबी दोनो बोलती है/वह हिंदी भी बोलती है और पंजाबी भी।

**bother** (बॉद्´-ॲ:) ***v.*** 1. to annoy or pester, तंग करना, परेशान करना। 2. to take trouble, कष्ट करना या उठाना। ***n.*** 1. trouble, परेशानी, कष्ट। 2. a nuisance, परेशानी की बात, दिक्कत।

**botheration** (बॉद्´-ॲ-रे´-शॅन्) ***n.*** something that bothers, परेशानी की बात, बाधा, दिक्कत।

**bothersome** (बॉद्´-ॲ:-सॅम्) ***adj.*** troublesome, तकलीफ़देह, कष्टकर, कष्टकारक।

**bo tree** ***n.*** 1. a fig tree, पीपल। 2. the sacred tree of Buddhism at Gaya, बोधिवृक्ष।

**bottle** (बॉट्´-अॅल्) ***n.*** 1. a glass container with a narrow neck, बोतल, शीशी। 2. the amount that a bottle holds, बोतल-भर सामान। 3. alcoholic liquor, मद्य, शराब। □ **hit the bottle,** छककर शराब पीना। ***v.*** 1. to put in a bottle, बोतल भरना, बोतल में भरना। 2. to preserve, सुरक्षित रखना।

**bottlefed** (बॉट्´-अॅल्-फ़ॅड्´) ***adj.*** fed with milk from a bottle, शीशी से दूध पीनेवाला।

**bottle-gourd** (बॉट्´-अॅल्-गॉ:ड्/गू:ड्) ***n.*** a vegetable, लौकी।

**bottle green** ***adj.*** of the colour of a bottle, बोतली हरा।

**bottom** (बॉट्´-ॲम्) ***n.*** 1. the lowest part of anything, तल, पेंदा, अधोभाग। 2. the ground under a stretch of water, नदी, समुद्र आदि का तल। 3. the buttocks, चूतड़।

**bough** (बॉउ) ***n.*** a large branch of a tree, टहनी, शाखा, डाल।

**bought** (बॉट्) ***v.*** p.t. & p.p. of buy.

**bouillon** (बुल्´-यॉन्) ***n.*** a meat broth, शोरबा।

**boulder** (बोल्´-डॅ:) ***n.*** a large rounded

B

mass of stone, शिलाखंड, प्रस्तरखंड।

**boulevard** (बुल्´-अें-वा:द्) ***n.*** a broad city street with trees on each side, बड़ी सड़क, तरुवीथी, तरुमार्ग।

B

**bounce** (बॉउन्स्, बाउन्स्) ***v.*** 1. to spring back from a collision, (गेंद का या गेंद की तरह) टकराकर लौटना, उछाल लेना, उछलना। 2. to cause to spring back, उछालना। 3. to jump in a lively manner, उछलना, फुदकना। 4. (of a cheque) to be returned by a bank as worthless, खाते में रुपया न होने के कारण बैंक से चेक का वापस आना। ***n.*** 1. a spring or rebound, उछाल। 2. a leap or jump, छलाँग। 3. liveliness, vivacity, जीवंतता, सजीवता, सक्रियता।

**bouncing** (बॉउन्´-सिंग्) ***adj.*** healthy and active, स्वस्थ और सक्रिय, हृष्ट-पुष्ट।

**bound**[1] (बाउन्ड्) ***adj.*** going toward, heading toward, (की ओर या को) जानेवाला; bound for England, इंग्लैंड जानेवाला।

**bound**[2] ***v.*** (bounded, bounding) to be the boundary of, सीमा (से घिरा) होना।

**bound**[3] ***adj.*** (p.t. of bind) 1. obstructed by, hindered by, बाधित; fog-bound, कोहरे से बाधित। 2. tied, बँधा हुआ। 3. encircled, घिरा हुआ, बद्ध, आबद्ध, परिबद्ध।

**boundary** (बाउन्´-डॅ-री) ***n.*** 1. a border, a line that marks a limit, सीमा, हद। 2. a hit to the boundry, बाउंड्री, चौका।

**boundless** (बाउन्ड्´-लिस्) ***adj.*** without limits, सीमाहीन, निस्सीम।

**bounds** (बाउन्ड्ज़्) ***n.*** (plu.) limits, सीमाएँ।

**bounteous** (बाउन्´-टि-अॅस्) ***adj.*** plentiful, abundant, प्रचुर, अत्यधिक।

**bountiful** (बाउन्´-टि-फुल्) ***adj.*** 1. giving generously, उदार, मुक्तहस्त, दानशील। 2. plentiful, abundant, प्रचुर, अत्यधिक।

**bounty** (बाउन्´-टी) ***n.*** 1. generosity, उदारता, दानशीलता। 2. a generous gift, उपहार। 3. money given by a government as a reward, राजकीय सहायता, आनुतोषिक।

**bouquet** (बु-के´, बो´-के) ***n.*** a bunch or cluster of flowers, गुलदस्ता।

**bourgeois** (बू:´-ज़्हा) ***n.*** 1. a member of the middle class, मध्यमवर्गीय व्यक्ति। 2. a capitalist, पूँजीपति।

**bourgeoisie** (बू:-ज़्हा-ज़ी´) ***n.*** the bourgeous class, मध्यमवर्ग, पूँजीपतियों का वर्ग।

**bout** (बाउट्) ***n.*** a boxing contest, मुक्केबाज़ों की क्रीड़ा या संघर्ष।

**boutique** (बू-टीक्´) ***n.*** a small shop for fashionable clothes etc., वह दुकान जिसमें नए-नए फैशन के वस्त्र आदि बिकते हों, बुटीक।

**bovine** (बो´-वाइन, बो´-विन्) ***adj.*** of or pertaining to an ox or cow, गोजातीय।

**bow**[1] (बो) ***n.*** 1. a device for shooting arrows, धनुष, कमान। 2. a rainbow, इंद्रधनुष। 3. a stick with a string used for playing a violin, कमानी, गज़। 4. a curve, चाप, मोड़। 5. a bowknot, फूल-गाँठ, चकरी गाँठ।

**bow**[2] ***n.*** 1. bending of the head or body in greeting, नमन, नमस्कार। 2. bending, झुकाव। ***v.*** 1. to make a bow, नमन करना, सिर झुकाना। 2. to bend, झुकना या झुकाना। 3. to submit, झुक जाना, मान जाना।

**bowel** (बॉव्´-अॅल्) ***n.*** an intestine, आँत, अँतड़ी।

**bower** (बॉव्´-अॅ:) ***n.*** a leafy recess or shelter, कुंज, लतामंडप।

**bowl**[1] (बोल्) ***n.*** 1. a rounded hollow container, कटोरा, कटोरदान। 2. the contents of a bowl, कटोरा-भर सामान।

**bowl**[2] ***n.*** a ball in certain games, गेंद। ***v.*** 1. to play the game of bowling, बोलिंग का खेल खेलना। 2. to throw a ball towards a batsman, गेंदबाज़ी करना। 3. to put out a batsman by bowling the bails, बोल्ड कर देना।

**bowler** (बो´-लॅ:) ***n.*** a person who bowls regularly in the game of cricket, बोलर, गेंदबाज़।

**bowlful** (बोल्´-फुल्) ***n.*** the contents of a bowl, कटोरा-भर सामान।

**bowling** (बो´-लिंग्) ***n.*** 1. a game played by rolling a heavy ball to knock down wooden pins, बोलिंग। 2. an act of throwing the ball toward a batsman, गेंदबाज़ी।

**bowman** (बो´-मॅन्) *n.* an archer, तीरंदाज़।

**bowstring** (बो´-स्ट्रिंग्) *n.* the string of a bow, धनुष की डोरी, प्रत्यंचा।

**bow-wow** (बो´-वो) *n.* child's word for a dog, बच्चों द्वारा कुत्ते के लिए प्रयुक्त शब्द, भौं-भौं।

**box**[1] (बॉक्स्) *n.* 1. a rectangular container with a lid, संदूक, बक्सा, पेटी। 2. the amount that a box holds, संदूक-भर सामान। 3. a separate seating compartment in a theatre, कक्ष। 4. an enclosed stand where a witness gives evidence, कटघरा। 5. a protective case, ख़ाना, डिब्बा।

**box**[2] (बॉक्स्) *n.* 1. a slap on the ears, थप्पड़। 2. a blow with a fist, मुक्का। *v.* 1. to slap, थप्पड़ या मुक्का मारना। 2. to fight with the fists, मुक्केबाज़ी करना।

**boxer** (बॉक्´-सॅ:) *n.* a person who fights with his fists, मुक्केबाज़।

**boxing** (बॉक्´-सिंग्) *n.* the sport and art of fighting with the fists, मुक्केबाज़ी, बॉक्सिंग।

**box office** *n.* a box like office of a theatre where tickets are sold, टिकट-घर।

**boy** (बॉइ) *n.* 1. a male child, लड़का, बालक। 2. a young man, युवक। 3. a native servant, नौकर।

**boycott** (बॉइ´-कॉट्) *v.* to refuse to accept, use or attend as a protest, बायकाट करना, बहिष्कार करना। *n.* an act of boycotting, बायकाट, बहिष्कार।

**boyfriend** (बॉइ´-फ्रॅन्ड्) *n.* a male companion of a young lady, यार, प्रेमी, प्रेमपात्र।

**boyhood** (बॉइ´-हुड्) *n.* the period of being a boy, बचपन, बाल्यावस्था, लड़कपन।

**boyish** (बॉइ´-इश्) *adj.* like a boy, बालकों-जैसा, बालसुलभ, बचकाना।

**Boy Scout** *n.* an organisation intended to develop character among boys, बालचर, ब्वाय स्काउट।

**bra** (ब्रा) *n.* a brassiere, चोली, ब्रा, स्तनिका।

**brace** (ब्रेस्) *n.* 1. something used for supporting, stiffening or fastening, टेक या पट्टी। 2. a pair, जोड़ा। 3. a mark }or{, बंधनी। 4. (plu.) suspenders for trousers, गेलिस। *v.* 1. to support or render firm, टेक लगाना, दृढ़ बनाना, मज़बूत करना। 2. to put or set firmly, दृढ़ता से स्थापित करना।

**bracelet** (ब्रेस्´-लिट्) *n.* 1. an ornamental band worn on the arm, कंगन, कड़ा। 2. (plu.) handcuffs, हथकड़ी।

**bracket** (ब्रैक्´-इट्) *n.* 1. a support, टेक। 2. a piece of metal or wood fixed in wall to support something, ब्रैकिट। 3. either of the marks used in pairs for enclosing a piece of information, ( ), { }, [ ], ब्रैकिट, कोष्ठक। 4. a group of people classified together, वर्ग। *v.* to enclose in brackets, कोष्ठकित करना, कोष्ठक लगाना।

**bradawl** (ब्रैड्´-आ:ल्) *n.* a small tool with a sharp point for making holes, सुम्मी।

**brag** (ब्रैग्) *n.* a boast, शेख़ी, डींग। *v.* (bragged, bragging) to boast, शेख़ी हाँकना, डींग मारना।

**braggadocio** (ब्रैग्-अॅ-डो´-शि-ओ) *n.* a boastful person, शेख़ी हाँकनेवाला व्यक्ति।

**braggart** (ब्रैग्´-अॅ:ट्) *n.* one who brags a lot, शेख़ीख़ोर।

**braid** (ब्रेड्) *v.* 1. to twist or intertwine together, गूँथना। 2. to fasten with a ribbon or strip, फीता लगाना, रिबन लगाना। *n.* 1. a plait of hair, लट या चोटी। 2. a band or strip, फीता, रिबन, किनारी।

**braille** (ब्रेल्) *n.* a system for writing and printing with raised dots for blind persons, ब्रेल, अंधलेख।

**brain** (ब्रेन्) *n.* 1. a mind, मस्तिष्क, दिमाग। 2. intelligence, बुद्धि। 3. an intelligent person, बुद्धिमान व्यक्ति। 4. (plu.) the soft substance enclosed by the skull, भेजा।

**brainchild** (ब्रेन्´-चाइल्ड्) *n.* = brain wave.

**brain drain** *n.* the loss of educated persons by emigration, शिक्षितों का देश से बाहर चले जाना, प्रतिभा-पलायन।

**brainfag** (ब्रेन्´-फ़ैग्) *n.* nervous exhaustion, दिमाग़ी थकान।

**brain fever** ***n.*** a kind of disease, मस्तिष्क ज्वर।

**brainless** (ब्रेन्´-लिस्) ***adj.*** stupid, मूर्ख।

**brainpower** (ब्रेन्´-पॉव्-अॅ:) ***n.*** mental ability, दिमाग़ी ताकत, मानसिक शक्ति।

**Brains Trust** ***n.*** a group of intellectuals, बुद्धिजीवियों का वर्ग, विज्ञमंडल।

**brainwash** (ब्रेन्´-वॉश्) ***v.*** to cause to change someone's beliefs by subjecting him to great mental pressure, व्यक्ति के मस्तिष्क में पुराने विचार हटाना तथा नए विचार भरना, भेजे की धुलाई कर देना, बुद्धि पलट देना।

**brain wave** ***n.*** a sudden clever idea, सूझ, उड़ान, पते की बात।

**brainy** (ब्रे´-नी) ***adj.*** clever, चतुर, चालाक।

**braise** (ब्रेज़्) ***v.*** to brown in fat, घी में भूनना या लाल करना।

**brake** (ब्रेक्) ***n.*** 1. a device for slowing or stopping motion, ब्रेक। 2. a restraint, नियंत्रण। ***v.*** 1. to apply a brake, ब्रेक लगाना। 2. to restraint, नियंत्रित करना।

**brakeman** (ब्रेक्´-मॅन्) ***n.*** an assistant to a engine driver, इंजन-चालक का सहायक, ब्रेकमैन।

**bramble** (ब्रैम्´-बॅल्) ***n.*** a shrub, झड़बेरी।

**bran** (ब्रैन्, ब्रान्) ***n.*** the husk of grain, चोकर, भूसी।

**branbread** (ब्रैन्´/ब्रान्´-ब्रेंड्) ***n.*** the bread made of bran, चोकर की रोटी।

**branch** (ब्रैन्च्, ब्रान्च्) ***n.*** 1. any woody extension growing from the trunk or main stem, टहनी, डाल, शाखा। 2. a part or division of a larger system, शाखा। 3. a separately located unit of a firm, शाखा। ***v.*** to spread out branches, शाखाएँ फूटना या निकलना; शाखाएँ फैलाना।

**brand** (ब्रैन्ड्) ***n.*** 1. a trademark or distinctive name of a product, छाप, ब्रांड ब्रैंड; lotus brand, कमल छाप। 2. a mark formerly burned into the flesh of animals, criminals etc., दागा हुआ चिह्न। 3. a stigma, कलंक, दाग। ***v.*** 1. to mark, to mark with a brand, चिह्नित करना, छाप डालना। 2. to stigmatize, कलंक लगाना।

**brandish** (ब्रैन्´-डिश्) ***v.*** to wave (a sword) menacingly, चमकाना, भाँजना।

**brand-new** (ब्रैन्ड्´-न्यु´) ***adj.*** completely new, बिल्कुल नया।

**brandy** (ब्रैन्´-डी) ***n.*** a strong alcoholic drink, ब्रांडी।

**brash** (ब्रैश्) ***adj.*** rash, impudent, उतावला, उद्धत।

**brashly** (ब्रैश्´-ली) ***adv.*** rashly, उतावलेपन से, उद्धतापूर्वक।

**brass** (ब्रैस्, ब्रास्) ***n.*** 1. an alloy of copper and zinc, पीतल। 2. impudence, उद्धतता, उतावलापन। 3. high-ranking officers, उच्च अधिकारी। ***adj.*** made of brass, पीतल का बना।

**brassiere** (ब्रॅ-ज़िअॅ:´) ***n.*** a woman's undergarment, चोली, ब्रा।

**brass tacks** ***n.*** (plu.) essential facts, आधारभूत तथ्य।

**brassy** (ब्रैस्´-ई) ***adj.*** 1. of brass, पीतल का। 2. bold and vulger, उजड्ड।

**brat** (ब्रैट्) ***n.*** a spoiled child, बिगड़ा हुआ बच्चा, बिगड़ैल बच्चा।

**bravado** (ब्रॅ-वा´-डो) ***n.*** the (often unnecessery) showing of courage, (दिखावे की) दिलेरी या बहादुरी।

**brave** (ब्रेव्´) ***adj.*** 1. powerful and courageous, वीर, बहादुर, दिलेर। 2. splendid, उत्कृष्ट। ***v.*** to face courageously, हिम्मत से सामना करना, बहादुरी दिखाना।

**bravery** (ब्रे´-वॅ-री) ***n.*** courage, बहादुरी, वीरता, दिलेरी।

**bravo** (ब्रा´-वो´) ***interj.*** well done! बहुत अच्छे! शाबाश!

**brawl** (ब्रा:ल्) ***n.*** a noisy quarrel or fight, लड़ाई-झगड़ा, मार-पीट। ***v.*** to quarrel or fight, लड़ाई-झगड़ा करना, मार-पीट करना।

**brawn** (ब्रा:न्) ***n.*** muscular strength, शारीरिक बल, शक्ति, बल-बूता।

**brawny** (ब्रा:´-नी) ***adj.*** strong and muscular, तगड़ा, पुष्ट शरीरवाला, हट्टा-कट्टा।

**bray** (ब्रे) ***n.*** a cry of a donkey, रेंक। ***v.***

(brayed, braying) to make such cry, रेंकना।

**brazen** (ब्रे´-ज़ॅन्) *adj.* 1. made of brass, पीतल का। 2. having a harsh and loud sound, कर्णकटु। 3. shameless, निर्लज्ज, बेहया। 4. impudent, उद्धत।

**brazier** (ब्रे´-ज़िअॅ:, ब्रे´-ज़ॅ:) *n.* a metal container to hold burning coals, अँगीठी। 2. a brass worker, कसेरा।

**breach** (ब्रीच्) 1. a violation, उल्लंघन, भंग, अतिक्रमण। 2. a gap or hole, दरार, फटन। 3. a disruption of family relationship, पारिवारिक संबंध का टूटना, टूटन। *v.* 1. to make a breach in, दरार डालना। 2. to break open or through, रास्ता निकालना।

**bread** (ब्रेंड्) *n.* 1. a food made of flour, रोटी। 2. food regarded as a source of life, आहार, भोजन। 3. a livelihood, जीविका।

**breadbasket** (ब्रेंड्´-बैस्-किट्) *n.* 1. a grain producing region, अन्न-उत्पादक क्षेत्र। 2. a stomach, उदर, पेट।

**breadth** (ब्रेंड्थ्) *n.* width, चौड़ाई, चौड़ान।

**breadthwise** (ब्रेंड्थ्´-वाइज़्) *adv.* in the direction of the breadth, चौड़ाई के बल।

**breadwinner** (ब्रेंड्´-विन्-अॅ:) *n.* one who earns and supports the family, कमाई करनेवाला, परिवार का भरण-पोषण करनेवाला।

**break** (ब्रेंक्) *v.* (broke, broken, breaking) 1. to fall or cause to fall into pieces suddenly or violently, टूटना या तोड़ना, टूट जाना या तोड़ देना, टूट-फूट जाना या तोड़-फोड़ देना, चूर-चूर होना या चूर-चूर करना। 2. to become or cause to become separated from the main part suddenly or violently, टूटकर अलग होना या तोड़कर अलग करना। 3. to open the surface of, तोड़ना, खोलना। 4. to transgress, उल्लंघन करना, भंग करना। 5. to force a way, बलात् घुस जाना। 6. to bring under control, नियंत्रित करना; to break a horse, घोड़े को साधना। 7. to do better than, आगे निकलना; to break a record, रिकार्ड या कीर्तिमान स्थापित करना। 8. to ruin, नष्ट होना या करना; His health broke, उसका स्वास्थ्य नष्ट हो गया। 9. to make known, बतलाना। 10. to interrupt, बीच में रुकना या रोकना; We broke our journey to Delhi at Kanpur, दिल्ली जाते समय हम कानपुर में रुके। 11. to come or cause to come to end, ख़त्म होना या करना, भंग होना या करना; to break the silence, शांति भंग करना। 12. to come into being, अस्तित्व ग्रहण करना; The storm broke. तूफान शुरू हुआ; The day broke. प्रभात हुआ, दिन चढ़ा। 13. to discover the secret of, रहस्य का पता लगाना। *n.* 1. the act of breaking, तोड़ने की क्रिया या भाव, तोड़ना। 2. the result of breaking, टूटना। 3. a crack, दरार। 4. a fracture, टूटना, फ्रैक्चर। 5. a disruption of continuity, विच्छेद, भंग; without break, निरंतर। 6. an emergence, आगमन, शुरुआत। 7. an opportunity, मौका, अवसर। 8. a pause for rest, अवकाश, अंतराल।

**breakable** (ब्रे´-कॅ-बॅल्) *adj.* fragile, भंगुर, टूट जानेवाला।

**breakage** (ब्रे´-किज्) *n.* 1. the things broken, टूट-फूट। 2. the loss or damage due to breaking, टूट-फूट।

**breakaway** (ब्रेक्´-अॅ-वे) *adj.* formed by splitting off from larger group, (मुख्य दल से) टूटकर अलग हुआ (गुट), निपाती।

**breakdown** (ब्रेक्´-डाउन्) *n.* 1. a collapse, निपात; nervous breakdown, स्नायविक निपात। 2. a mechanical failure, मशीनी ख़राबी। 3. an analysis, विश्लेषण।

**breaker** (ब्रे´-कॅ:) *n.* 1. one who breaks, तोड़नेवाला। 2. a large sea wave, हिलोर।

**breakfast** (ब्रेंक्´-फॅस्ट्) *n.* the first meal of the day, नाश्ता, सुबह का जलपान। *v.* to eat breakfast, नाश्ता करना।

**break-in** (ब्रेक्´-इन्) *n.* a forcible entry, घुसपैठ।

**breakneck** (ब्रेक्´-नेंक्) *adj.* dangerous, भयानक, घोर; breakneck speed, प्रचंड रफ़्तार।

**breakthrough** (ब्रेक´-थ्रू) *n.* progress or success, प्रगति या सफलता।

B

**breakup** (ब्रेक्´-अप्) ***n.*** 1. disintegration, विघटन। 2. stopping or ending, समाप्ति। 3. a collapse, निपात।

**breakwater** (ब्रेक´-वाः-टॅः) ***n.*** a wall that protects a coast against heavy waves, बंधा।

**breast** (ब्रेस्ट्) ***n.*** 1. the front part of a woman's body, छाती, वक्षस्थल, सीना। 2. either of the two milk producing organs of a woman's body, स्तन। 3. the chest, छाती। ***v.*** to boldly meet or confront, डटकर सामना करना।

**breath** (ब्रेथ्) ***n.*** 1. the air taken into and let out of the lungs, साँस, श्वास; holding one's breath, साँस रोककर। 2. respiration, श्वसन। 3. life, जीवन। □ **in the same breath,** एक ही साँस में; **out of breath,** हाँफता हुआ।

**breathalyser** (बेंथ्´-ॲल्-एज़ॅः) ***n.*** an apparatus for checking the amount of alcohol that the driver has drunk, ड्राइवर की साँस से पी हुई शराब की मात्रा जानने का उपकरण, मद्यश्वास मापक।

**breathe** (ब्रीद्) ***v.*** 1. to inhale and exhale, साँस लेना और छोड़ना। 2. to inhale, साँस लेना। 3. to exhale, साँस छोड़ना। 4. to live, जीना। 5. to give or send out, देना, डालना; to breathe new life into the army, सेना में नया जीवन डालना; He breathes fire when he gets angry, जब वह क्रुद्ध होता है तो आग उगलने लगता है। 6. to pause to rest, विराम करना। 7. to utter quietly, फुसफुस करना। □ **breathe one's last,** अंतिम साँस लेना, मर जाना।

**breathing** (ब्रीद्´-इंग्) ***n.*** 1. the act of breathing, श्वसन। 2. a single respiration, साँस।

**breathtaking** (ब्रेंथ्´-टे-किंग्) ***adj.*** exciting, thrilling, उत्तेजनापूर्ण, रोमांचक, विस्मयकारी।

**bred** (ब्रेंड्) ***v.*** p.t. & p.p. of breed.

**breech** (ब्रीच्) ***n.*** 1. the buttocks, चूतड़। 2. the rear of gun-barrel, नालपृष्ठ। 3. (plu.) knee-long trousers, कच्छा, जाँघिया।

**breed** (ब्रीड्) ***v.*** (bred, breeding) 1. to produce offspring, संतान उत्पन्न करना, बच्चा देना, प्रजनन करना। 2. to keep animals for the purpose of producing young, पालना। 3. to rear, पालन-पोषण करना। ***n.*** 1. a variety of animals with special features, नस्ल, प्रजाति। 2. a kind, किस्म, प्रकार।

**breeding** (ब्री´-डिंग्) ***n.*** 1. the production of young from animals, प्रजनन। 2. a line of descent, वंश-परंपरा। 3. good manners and behaviour, कुल-शील, आचरण-व्यवहार। 4. education, शिक्षा, शिक्षण।

**breeze** (ब्रीज़्) ***n.*** 1. a light, gentle wind, समीर। 2. an easily accomplished task, सरल काम। ***v.*** to move briskly, उड़ चलना, तेज़ी से आगे बढ़ना; They breezed in, वे तेज़ी से अंदर आए।

**breezy** (ब्री´-ज़ी) ***adj.*** lively, जीवंत, स्फूर्तिप्रद, प्रसन्नतादायक।

**brengun** (ब्रेंन्´-गन्) ***n.*** a lightweight machine gun, ब्रेनगन।

**brethren** (ब्रेंद्´-रॅन्) ***n.*** (plu.) bellow members, एक ही संस्था या संघ के सदस्य, साथी, सहधर्मी, देशवासी।

**brevity** (ब्रेंव्´-इ-टी) ***n.*** briefness, shortness, संक्षिप्तता, लघुता।

**brew** (ब्रू) ***v.*** 1. to make beer, tea etc., तैयार करना, बनाना। 2. to develop, विकसित होना, उद्भूत होना, खड़ा होना; The trouble is brewing. परेशानी खड़ी हो रही है। ***n.*** the drink brewed, बनाया या तैयार किया हुआ पेय।

**brewery** (ब्रू´-ॲ-री) ***n.*** a place or factory where brewing is carried on, निर्माणशाला।

**bribe** (ब्राइब्) ***n.*** something given to a person to influence his judgement, घूस, रिश्वत। ***v.*** to give a bribe to, रिश्वत घूस देना।

**bribery** (ब्राइब्´-ॲर्-ई) ***n.*** the practice of offering or accepting bribe, घूसख़ोरी, रिश्वतखोरी।

**bric-a-brac** (ब्रिक्´-ॲ-ब्रैक्) ***n.*** small items of no great value, छोटी-मोटी चीज़ें।

**brick** (ब्रिक्) ***n.*** 1. a rectangular block of

baked clay used as construction material, ईंट। 2. such block of any other substance, ईंट। 3. a trustworthy person, विश्वस्त व्यक्ति।

**brickkiln** (ब्रिक्´-किल्न्) ***n.*** a furnace for baking bricks, ईंट का भट्ठा।

**brickwork** (ब्रिक्´-व़:क्) ***n.*** 1. the act of bricklaying, चुनाई, ईंटों का काम। 2. anything built of bricks, ईंटों की इमारत।

**bridal** (ब्राइ´-डॅल्) ***adj.*** 1. of bride, दुल्हन-संबंधी। 2. of wedding, विवाह-संबंधी।

**bride** (ब्राइड्) ***n.*** a newly married woman, नववधू, दुल्हन।

**bridegroom** (ब्राइड्´-ग्रूम्) ***n.*** a man who has just been married or is about to be married, दुल्हा, वर।

**bridesmaid** (ब्राइड्ज़्´-मेड्) ***n.*** a young girl attending the bride during a wedding, सहबाली, वधू-सखी।

**bridesman** (ब्राइड्ज़्´-मॅन्) ***n.*** a young man attending the bridegroom during a wedding, शहबाला, वर-सखा।

**bridge** (ब्रिज्) ***n.*** 1. a structure built over a river, highway etc., to provide a way across, पुल, सेतु, ब्रिज। 2. something that connects other parts, सेतु। 3. the bony upper part of the nose, बाँसा। 4. a card game, ब्रिज। ***v.*** 1. to build a bridge over, पुल बाँधना, सेतु का निर्माण करना। 2. to get across, पार करना या उतरना।

**bridgehead** (ब्रिज्´-हॅड्) ***n.*** a fortified place established on the far side of a river, पुल के परले सिरे पर बनाया हुआ मोर्चा।

**bridle** (ब्राइ´-डॅल्) ***n.*** the part of a horse's harness that goes on its head, लगाम। ***v.*** 1. to put a bridle on, लगाम डालना। 2. to restrain, नियंत्रित करना।

**brief** (ब्रीफ़्) ***adj.*** 1. short in length or duration, छोटा, अल्पकालिक। 2. concise, संक्षिप्त। ***n.*** 1. a short or condensed statement, सार, सारकथन, संक्षेप। 2. (plu.) underwear, जाँघिया। ***v.*** 1. to give instructions, निर्देश देना। 2. to give information, जानकारी कराना। 3. to give a brief to, सार बतलाना, संक्षेप में बताना।

**briefcase** (ब्रीफ़्´-केस्) ***n.*** a small portable flat case for carrying documents, ब्रीफ़केस।

**briefing** (ब्रीफ़्´-इंग्) ***n.*** a presentation of facts of an event, तथ्य-प्रस्तुति।

**briefly** (ब्रीफ़्´-ली) ***adv.*** in short, संक्षेप में।

**brigade** (ब्रि-गेड्´) ***n.*** 1. a unit of army, वाहिनी, ब्रिगेड। 2. any group of people organised for a particular purpose, वाहिनी, ब्रिगेड, दल।

**brigadier** (ब्रिग्´-अॅ-डिअॅ:) ***n.*** a military officer commanding a brigade, ब्रिगेडियर।

**bright** (ब्राइट्) ***adj.*** 1. full of light, shining, उज्ज्वल, चमकीला, चमकदार, दीप्त, देदीप्यमान, लपलप। 2. cheerful, प्रसन्न, प्रफुल्ल। 3. quickwitted, तीव्रबुद्धि, चतुर। 4. clear, vivid, स्पष्ट, चटक, तेज़; bright red, तेज़ लाल। 5. showing hope or signs of future success, होनहार, आशापूर्ण, आशामय, उज्ज्वल।

**brighten** (ब्राइ´-टॅन्) ***v.*** 1. to make or become bright, चमका देना या चमक उठना। 2. to make or become hopeful, आशामय बनना या बनाना।

**Bright's disease** ***n.*** a disease of the kidneys, गुरदे का रोग।

**brilliance** (ब्रिल्´-यॅन्स्) ***n.*** the quality of being brilliant, चटकपन, चमकीलापन, चमक।

**brilliant** (ब्रिल´-यॅन्ट्) ***adj.*** 1. very bright, चटक, चटकीला। 2. very clever, होशियार, चतुर। 3. having or showing great skill, पटु, प्रवीण। 4. talented, प्रतिभासंपन्न। 5. fine, शानदार, वैभवपूर्ण।

**brilliantly** (ब्रिल´-यॅन्ट्-ली) ***adv.*** in a brilliant manner, शानदार तरीके से, शान से।

**brim** (ब्रिम्) ***n.*** 1. the top edge of cup, bowl etc., किनारा, लब, मुँह। 2. the edge of a hat, हैट का किनारा। □ **full to the brim,** लबालब, ऊपर तक भरा हुआ, मुँह तक भरा हुआ। ***v.*** 1. to fill to the brim, मुँह तक भर देना, लबालब भर देना। 2. to be full to the brim, मुँह तक भरा होना, लबालब भरा होना।

B

**brimful, brimfull** (ब्रिम्´-फुल्) *adj.* full to the brim, लबालब, मुँह तक भरा हुआ।

**brimming** (ब्रिम्´-इंग्) *adj.* overflowing, छलकता हुआ।

**brimstone** (ब्रिम्´-स्टोन्) *n.* sulpher, गंधक। □ **fire and brimstone,** नरक की ज्वाला।

**brine** (ब्राइन्) *n.* 1. water saturated with salt, नमक का घोल, खारा पानी। 2. the ocean, समुद्र, सागर।

**bring** (ब्रिंग्) *v.* (brought, bringing) 1. to cause to come with oneself by carrying or leading, लाना, ले आना; Bring it to me, मेरे पास ले आओ। 2. to produce, निकालना, प्रस्तुत करना। 3. to cause or result in, (अपने) साथ लाना; The war brought unemployment, युद्ध अपने साथ बेकारी लाया। 4. to act upon, प्रवृत्त करना। 5. to sell or be sold for, पर बिकना या दिलाना; How much would that house bring? वह मकान कितने पर बिकेगा? या वह मकान क्या दे जाएगा? □ **bring forth, bring forward,** (i) प्रस्तुत करना, सामने लाना; (ii) आगे ले जाना। **bring out,** प्रकाशित करना, निकालना; **bring up,** पालना-पोसना।

**brinjal** (ब्रिन्´-जॅल्) *n.* a plant and its fruit used as a vegetable, बैंगन।

**brink** (ब्रिंक्) *n.* the edge of a steep descent, कगार, किनारा।

**brinkmanship** (ब्रिंक्´-मॅन्-शिप्) *n.* extreme courage, अति साहस।

**briny** (ब्राइ´-नी) *adj.* salty, खारा, नमकीन।

**brisk** (ब्रिस्क्) *adj.* 1. moving or acting quickly, फुर्तीला, तेज़। 2. active, सक्रिय। 3. lively, सजीव, जीवंत, जानदार। 4. invigorating, स्फूर्तिकारक। □ **brisk market,** गरम बाज़ार।

**briskness** (ब्रिस्क्´-निस्) *n.* the state or quality of being brisk, फुर्ती, फुर्तीलापन; जीवंतता।

**bristle** (ब्रिस्´-अॅल्) *n.* 1. a short stiff hair, छोटा कड़ा बाल, शूक। 2. a hair, wire, etc. in a brush, ब्रुश का बाल।

**bristly** (ब्रिस्´-ली) *adj.* like or full of bristles, शूकवत्, शूकों से भरा, शूकमय।

**Britannic** (ब्रि-टैन्´-इक्) *adj.* of Britain, ब्रिटेन-संबंधी, ब्रिटिश, ब्रितानवी।

**British** (ब्रिट्´-इश्) *adj.* 1. of Great Britain, ग्रेट ब्रिटेन का, ब्रितानवी। 2. of Britishers, अंग्रेज़ों का, अंग्रेज़ी। *n.* **the British,** British people, अंग्रेज़ लोग।

**Britisher** (ब्रिट्´-इ-शॅ:) *n.* an inhabitant of Britain, अंग्रेज़।

**Briton** (ब्रिट्´-अॅन्) *n.* = Britisher.

**brittle** (ब्रिट्´-अॅल्) *adj.* fragile, जल्दी टूटने-वाला, भंगुर, भुरभुरा।

**brittleness** (~ -निस्) *n.* the quality of being, brittle, भंगुरता, भुरभुरापन।

**broach** (ब्रोच्) *v.* 1. to pierce (a cask) in order to draw off liquid, (पीपे में) छेद करना, छेदना। 2. to introduce (as a subject, विषय) उपस्थापित करना, बात चलाना, उपस्थापन करना। *n.* a gimlet for tapping a cask, पीपे में छेद करने का बरमा।

**broad** (ब्रा:ड्) *adj.* 1. wide, चौड़ा; broad-line, बड़ी लाइन। 2. large in expanse, विस्तृत, विस्तीर्ण, व्यापक। 3. long लंबा; broad jump, लंबी छलाँग। 4. clear, bright, साफ़, स्पष्ट। 5. main, essential, i.e. without details, मुख्य। 6. liberal, उदार। 7. tolerant, सहिष्णु। 8. coarse, vulgar, भद्दा, भोंडा।

**broadcast** (ब्रा:ड्´-कैस्ट् / कास्ट्) *v.* 1. to transmit by radio or television, प्रसारण करना, प्रसारित करना। 2. to speak in a radio, प्रसारण करना। *n.* 1. transmission of a radio or television, प्रसारण। 2. a radio programme, रेडियो का कार्यक्रम।

**broaden** (ब्रा:´-डॅन्) *v.* to make or become broad, चौड़ा होना या करना, व्यापक होना या करना, व्यापक बनना या बनाना।

**broadly** (ब्रा:ड्´-ली) *adv.* widely, generally, सामान्यत:, मोटे तौर पर।

**broadminded** (ब्रा:ड्´-माइन्-डिड्) *adj.* open-minded and tolerant in attitude, उदार, सहिष्णु।

**broadways, broadwise** (ब्रा:ड्´-वेज़्, ब्रा:ड्´-वाइज़्) *adv.* along the breadth, चौड़ाई के बल, चौड़ान में।

**brocade** (ब्रो´-केड्) ***n.*** a heavy silk fabric woven with gold or silver threads, ज़री, ब्रोकेड, किमख़ाब।

**broccoli** (ब्रॉक्´-अॅ-ली) ***n.*** a variety of cauliflower, फूलगोभी।

**brochure** (ब्रो´-शॅ:, ब्रो´-श्यू:) ***n.*** 1. a booklet, पुस्तिका। 2. a booklet containing information about some event, स्मारिका, विवरणिका।

**broil**[1] (ब्रॉइल्) ***n.*** a noisy quarrel, झगड़ा। ***v.*** to quarrel, झगड़ा करना, झगड़ना।

**broil**[2] ***v.*** 1. to cook, पकाना, भूनना। 2. to become very hot, भुनना, तपना।

**broiler** (ब्रॉइ´-लॅ:) ***n.*** a young chicken suitable for broiling, पकाने या भूनने के लायक मुर्गा।

**broke** (ब्रोक्) ***v.*** p.t. of break. ***adj.*** a bankrupt, दिवालिया, छुछ।

**broken** (ब्रो´-कॅन्) ***v.*** p.p. of break. ***adj.*** 1. separated into pieces, टूटा, टूटा-फूटा, भग्न। 2. damaged, spoilt or made useless by breaking, टूटा, टूटा-फूटा, फटा। 3. divided, shattered, भग्न, विघटित। 4. uncertain, अनिश्चित। 5. uneven, ऊबड़-खाबड़।

**broken-down** (ब्रो´-कॅन्-डॉउन्) ***adj.*** worn out in body or mind, जर्जर, बेदम।

**brokenhearted** (ब्रो-कॅन्-हा:´-टिड्) ***adj.*** having one's heart broken, crushed by grief, टूटे हुए दिलवाला, भग्नहृदय।

**broken home** ***n.*** a family lacking one parent, टूटा परिवार।

**broken money** ***n.*** the change, रेज़गारी।

**broken tea** ***n.*** broken tea leaves, चाय की पत्तियों का चूरा।

**broker** (ब्रो´-कॅ:) ***n.*** an agent who gets commission on purchases, sales or contracts done for another, दलाल, आढ़तिया।

**brokerage** (ब्रो´-कॅ-रिज्) ***n.*** 1. the business or work of a broker, दलाली, आढ़त। 2. the commission of a broker, दलाली, कमीशन।

**brolli** (ब्रॉल्´-इ) ***n.*** an umbrella, छतरी।

**bromide** (ब्रो´-माइड्) ***n.*** 1. a salt of bromic acid, ब्रोमाइड। 2. a hackneyed idea, घिसी-पिटी बात।

**bronchial tube** ***n.*** either of the two branches connecting the windpipe, श्वासनली।

**bronchitis** (ब्रॉङ्-काइ´-टिस्) ***n.*** inflammation of the membrane of the bronchial tube, श्वासनली में होनेवाली सूजन।

**bronchus** (ब्रॉङ्´-कॅस्) ***n.*** bronchial tube, श्वासनली।

**bronco** (ब्रॉङ्´-को) ***n.*** a small wild horse, जंगली घोड़ा।

**bronze** (ब्रॉन्ज़्) ***n.*** 1. an alloy of copper and tin, काँसा। 2. the colour of this alloy, काँसे का रंग, पीलापन लिये भूरा रंग। 3. a thing made of this, काँसे का पात्र। ***adj.*** 1. made of bronze, कांस्य, काँसे का बना हुआ। 2. bronze-coloured, कांस्यवर्ण, पीलापन लिये भूरा।

**bronze age** ***n.*** the time when tools were made of bronze, कांस्य युग।

**brooch** (ब्रूच्) ***n.*** a decorative pin, जड़ाऊ पिन।

**brood** (ब्रूड्) ***n.*** a group of young animals or birds all produced at the same time, झुंड, गिरोह, बंधुदल। ***v.*** 1. to sit on eggs to hatch them, अंडे सेना। 2. to think or worry anxiously, चिंतामग्न होना या रहना, व्याकुल होना।

**brooder** (ब्रू´-डॅ:) ***n.*** one that broods, अंडे सेनेवाली मुर्गी या चिड़िया।

**broody** (ब्रू´-डी) ***adj.*** 1. wishing to sit on its egg, अंडे सेने को उत्सुक। 2. depressed, उदास, दुखी, चिंतित।

**brook**[1] (ब्रुक्) ***n.*** a small stream, छोटी नदी, नाला।

**brook**[2] (ब्रुक्) ***v.*** 1. to put up with, निभाना, निर्वाह करना। 2. to tolerate, सहना, बरदाश्त करना।

**brooklet** (ब्रुक्´-लिट्) ***n.*** a small brook, नाला।

**broom** (ब्रूम्) ***n.*** a large sweeping brush, डंडेदार बड़ा झाड़ू। ☐ **new broom,** a newly appointed person, नवनियुक्त व्यक्ति।

**broom stick** (ब्रूम्´-स्टिक्) ***n.*** a broom handle, झाड़ू का डंडा।

B

**broth** (ब्रॉथ्) ***n.*** a mixed soup, सूप, रसा, शोरबा।

**brothel** (ब्रॉथ्´-अॅल्) ***n.*** a house of prostitutes, वेश्यालय, रंडी का कोठा, चकला।

**brother** (ब्रद्´-अॅ:) ***n.*** 1. a male relative with the same parents, भाई, भ्राता, बंधु। 2. a male member of the same group, बंधु। 3. a fellow member of a Christian religious order, ब्रदर, बंधु।

**brotherhood** (ब्रद्´-अॅ:-हुड्) ***n.*** 1. the relationship of brothers, भ्रातृत्व, भ्रातृभाव, बंधुत्व। 2. fellowship, भाईचारा। 3. all the members of a trade or profession, भ्रातृसंघ। 4. a group of monks, भिक्षुकदल।

**brother-in-law** (ब्रद्´-अॅ:-इन्-लाः´) ***n.*** (plu. brothers-in law) 1. the brother of one's wife, साला। 2. the brother of one's husband, देवर या जेठ।

**brotherly** (ब्रद्´-अॅ:-ली) ***adj.*** of or like brother, भ्रातृवत्, भाई का-सा।

**brought** (ब्राःट्) ***v.*** p.t. & p.p. of bring.

**brow** (ब्राउ) ***n.*** 1. an eyebrow, भौंह, भृकुटी। 2. the forehead, माथा।

**browbeat** (ब्राउ´-बीट्) ***v.*** to intimidate, आँखें तरेरना, धमकाना, धमकी देना।

**brown** (ब्राउन्) ***adj.*** of a colour between orange and black, भूरा, भूरे रंगवाला। ***n.*** brown colour, भूरा रंग। ***v.*** to make or become brown, भूरा होना या करना, लाल होना या करना।

**brownie** (ब्राउ´-नी) ***n.*** a good natured fairy, भली परी।

**brownish** (ब्राउन्´-इश्) ***adj.*** slightly brown, कुछ-कुछ भूरा, भूरा-सा।

**browze** (ब्राउज़्) ***v.*** 1. to graze, चरना। 2. to read for pleasure, मन बहलाने के लिए पढ़ना।

**bruise** (ब्रूज़्) ***n.*** an injury in which the skin is not broken, रगड़, खरोंच या गुमटा। ***v.*** to cause bruises, रगड़ खाना, छिल जाना, गुमटा पड़ना।

**bruising** (ब्रूज़्´-इंग्) ***adj.*** very severe, तीव्र, घोर, प्रचंड।

**bruit** (ब्रूट्) ***v.*** to make known widely, प्रचारित करना, चर्चित करना।

**brunch** (ब्रन्च्) ***n.*** a meal taken late in the morning as a combination of breakfast and lunch, ब्रंच।

**brunt** (ब्रंट्) ***n.*** 1. a blow, आघात, प्रहार। 2. the impact of a blow, आघात, प्रहार। 3. the heaviest stress, ज़ोरदार दबाव। □ **bear the brunt of,** आक्रमण का तीव्रतम प्रहार सहना।

**brush** (ब्रश्) ***n.*** 1. a device consisting of bristles of hair, wire, nylon etc. with a handle, ब्रश, ब्रुश। 2. a painter's brush, तूलिका, कूँची। 3. a sweeping brush, बुहारने का ब्रश। 4. an act of brushing, ब्रश करना, ब्रश लगाना, कूँची फेरना। ***v.*** (brushed, brushing) 1. to use a brush on, कूँची फेरना, ब्रश करना या लगाना। 2. to apply or remove with a brush, ब्रश से लगाना या रगड़ना, ब्रश से साफ़ करना या पोतना। 3. to touch, छूना। 4. to polish, ब्रश से पालिश करना। □ **brush aside,** परे करना, दूर कर देना, हटा देना; **brush down,** झाड़ू देना, सफ़ाई करना।

**brushy** (ब्रश्´-ई) ***adj.*** shaggy, झाड़-झंखाड़वाला।

**brusque** (ब्रस्क्) ***adj.*** impolite, curt, अशिष्ट, रूखा, बदज़बान।

**brutal** (ब्रू´-टॅल्) ***adj.*** 1. very cruel, merciless, अत्यंत क्रूर, नृशंस, निर्दय, निर्मम। 2. savage, पाशविक, बर्बर। 3. severe, कठोर, उग्र, प्रचंड। 4. unpleasantly correct, अप्रिय; brutal truth, कड़वी सच्चाई।

**brutality** (ब्रू-टैल्´-इ-टी) ***n.*** 1. the quality or state of being brutal, क्रूरता, नृशंसता, निर्दयता। 2. a brutal act, क्रूर कार्य, नृशंस कृत्य।

**brutally** (ब्रूट्´-ली) ***adv.*** cruelly, निर्दयतापूर्वक, नृशंसतापूर्वक।

**brute** (ब्रूट्) ***n.*** 1. an animal, पशु, जानवर। 2. a cruel or bad-mannered person, निर्दय या अशिष्ट व्यक्ति। ***adj.*** 1. cruel, क्रूर, हृदयहीन, नृशंस। 2. unreasoning, अविवेकी, हठी।

**brutish** (ब्रूट्´-इश्) ***adj.*** like animals, पाशविक, जानवरों का-सा।

**bubble** (बॅब्´-अॅल्) ***n.*** a hollow ball of liquid containing air or gas, बुलबुला,

बुल्ला। *v.* 1. to rise in bubble, बुलबुले उठना, खदबदाना। 2. to show great liveliness, झूम उठना, फूले न समाना।

**bubble gum** *n.* a chewing gum, च्यूइंग गम।

**buck** (बक्) n. 1. a male animal, नर; buck rabbit, नर खरगोश। 2. a well dressed person, बाँका, छैला। 3. an American dollar, अमरीकी डॉलर।

**bucket** (बक्´-इट्) *n.* a container with a handle, डोल, बाल्टी। □ **kick the bucket,** मर जाना।

**bucketful** (बक्´-इट्-फुल्) *adj.* as much as a bucket will hold, बाल्टी-भर।

**buckish** (बक्´-इश्) *adj.* 1. like a buck-goat, (smelly or lustful) बकरे जैसा (दुर्गंधित या कामातुर)। 2. foppish, बना-ठना, छैला।

**buckle** (बक्´-अॅल्) *n.* a device for fastening a belt, strap etc., बकसुआ, बकल। *v.* 1. to fasten with a buckle, बकसुआ लगाना। 2. to yield, झुकना। □ **buckle down to,** रत होना, जुट जाना, लग पड़ना; **buckle to,** पिल पड़ना।

**buckram** (बक्´-रॅम्) *n.* a stiffen cotton cloth used for lining garments, बकरम।

**buckskin** (बक्´-स्किन्) *n.* the leather made from deerskin, मृगचर्म।

**bucktooth** (बक्´-टूथ्) *n.* a projecting tooth, बाहर निकला हुआ दाँत।

**bud** (बड्) *n.* a knob containing undeveloped flower, leave etc., कली। □ **nip in the bud,** विकसित होने से पहले ही नष्ट कर देना, सिर उठाने से पहले ही कुचल देना। *v.* (budded, budding) 1. to put forth buds, कलियाँ निकलना। 2. to graft a bud on to another plant, कलम लगाना।

**Buddhism** (बू´-डिज़्-अॅम्) *n.* the religion of the Buddhists, बौद्ध धर्म।

**Buddhist** (बू´-डिस्ट्) *n.* a follower of the Buddhism, बौद्ध।

**budding** (बड्´-इंग्) *adj.* beginning to develop, उदीयमान, होनहार।

**buddy** (बड्´-ई) *n.* a friend, मित्र, यार।

**buddy-buddy** (बड्´-ई-बड्´-ई) *adj.* extremely friendly, घनिष्ठ, पक्का, जिगरी।

**budge** (बज्) *v.* 1. to move a little, सरकना, खिसकना, हिलना। 2. to cause to move a little, सरकाना, खिसकाना, हिलाना। 3. to change one's opinion, विचार बदलना।

**budget** (बज्´-इट्) *n.* an estimate of income and expenditure, बजट, आय-व्ययक। *v.* to prepare a budget, बजट तैयार करना। □ **budget for,** बजट में व्यवस्था करना।

**buff**[1] (बफ़्) *n.* a yellow leather made from the skins of ox or buffalow, चमड़ा। □ **in the buff,** नग्न; **strip to the buff,** सारे कपड़े उतार लेना/देना।

**buff**[2] *v.* (buffed, buffing) to polish with something soft, मुलायम वस्तु (कपड़े, रुई आदि) से पालिश करना।

**buff**[3] *n.* a person very interested in and knowledgeable about a subject, रुचि लेनेवाला, उत्साही व्यक्ति, शौक़ीन।

**buffalo** (बफ़्´-अॅ-लो) *n.* 1. a cow-like mammal, भैंस। 2. a bison, जंगली भैंसा, अरना।

**buffer** (बफ़्´-अॅ:) *n.* a device that lessens the effect of an impact, बफ़र, प्रतिरोधी।

**buffer state** *n.* a state between two greater powers, अंतःस्थ राज्य।

**buffet**[1] (बु´-फ़े, ब-फ़े´) *n.* 1. a cupboard, आलमारी। 2. a place or table where light refreshments are served, भोजन-पटल, भोजन-स्थल। 3. the food placed on the table which guests serve themselves, मेज़ पर लगाया हुआ भोजन जिसे अतिथि स्वतः परोसते हैं, बुफ़े।

**buffet**[2] (बफ़्´-इट्) *n.* 1. a blow (struck with the hand), आघात, थपेड़ा; थप्पड़, मुक्का। 2. a misfortune or calamity, विपत्ति, विपदा, संकट। *v.* to strike with a hand, थप्पड़ या मुक्का मारना।

**buffoon** (बॅ-फ़ून्´) *n.* a clown, जोकर, विदूषक, मसख़रा।

**buffoonery** (बॅ-फ़ून्´-अॅ-री; -ऑर्-ई) *n.* an act of a buffoon, मसख़री।

**bug** (बग्) *n.* a blood-sucking insect, खटमल। □ **big bug,** an important person, महत्त्वपूर्ण व्यक्ति। *v.* (bugged, bugging) to annoy, परेशान करना।

**bugbear** (बग्´-बेअ:) *n.* anything which inspires fear, जूजू, हौआ।

B

**bugger** (बग्´-अ:) *n.* 1. a foolish person, मूर्ख व्यक्ति। 2. a sodomite, लौंडेबाज़।

**buggy**[1] (बग्´-ई) *n.* a small four-wheeled horse-carriage, चौपहिया घोड़ागाड़ी, बग्घी।

**buggy**[2] *adj.* infested with bugs, खटमलों से भरा।

**bugle** (ब्यू´-गॅल्) *n.* a small trumpet, बिगुल। *v.* to sound a bugle, बिगुल बजाना।

**bugler** (ब्यू´-ग्लॅ:) *n.* one who sounds a bugle, बिगुल बजानेवाला, बिगुलर।

**build** (बिल्ड्) *v.* (built, building) 1. to construct or erect, बनाना, निर्मित करना, रचना, खड़ा करना। 2. to develop gradually, विकसित करना। *n.* bodily shape, गठन।

**builder** (बिल्´-डॅ:) *n.* one who builds, निर्माता।

**building** (बिल्´-डिंग्) *n.* 1. the work of a builder, निर्माण। 2. a house or edifice, भवन, इमारत।

**build-up** (बिल्ड्´-अप्) *n.* 1. the act of amassing or increasing, संचयन, संग्रह। 2. widely favourable publicity, व्यापक प्रचार।

**built** (बिल्ट्) *v.* p.t. & p.p. of build. *adj.* erected, निर्मित।

**built-in** (बिल्ट्´-इन्) *adj.* incorporated as a part of structure, दीवार में जड़ा हुआ, स्थायी रूप से जड़ा हुआ।

**bulb** (बल्ब्) *n.* 1. an underground rounded stem of some plants, कंद। 2. an electric lamp, बल्ब।

**bulbous** (बल्ब्´-अॅस्) *adj.* shaped like a bulb, कंद-जैसा, कंदाकार, बल्बनुमा।

**bulge** (बल्ज्) *n.* 1. a protruding part, swelling, उभार, फुलाव, सूजन। 2. temporary increase in volume, अस्थायी आकार-वृद्धि। *v.* to swell or cause to swell out, उभरना या उभारना, फूलना या फुलाना।

**bulgy** (बल्ज्´-ई) *adj.* projected from the surface, उभरा हुआ, फूला हुआ।

**bulk** (बल्क्) *n.* 1. great size, magnitude or mass, आकार या विस्तार की अधिकता, ढेर, राशि, अंबार। 2. the greater part, अधिकांश। 3. the majority, बहुसंख्या, बहुमत। 4. a large body or person, विशाल या विकराल पिंड अथवा व्यक्ति। □ **in bulk,** in huge quantity, बड़ी मात्रा में, बड़े परिमाण में, थोक के भाव। *v.* to increase the size or thickness of, आकार-प्रकार बढ़ाना, ढेर या अंबार लगाना।

**bulky** (बल्´-की) *adj.* (bulkier, bulkiest) having great size or mass, भारी-भरकम।

**bull** (बुल्) *n.* an uncastrated ox, साँड़।

**bulldog** (बुल्´-डा:ग्) *n.* a dog of a powerful breed, बुलडॉग।

**bulldoze** (बुल्´-डोज़्) *v.* to clear with a bulldozer, बुलडोज़र चलाकर साफ़ कर देना, बुलडोज़र चला देना।

**bulldozer** (बुल्´-डो-ज़ॅ:) *n.* a heavy machine used for pushing heavy objects, levelling earth etc., बुलडोज़र।

**bullet** (बुल्´-इट्) *n.* a metal projectile fired from a rifle or revolver, गोली।

**bulletin** (बुल्´-अॅ-टिन्) *n.* 1. a statement on a matter of public interest, विज्ञप्ति, बुलेटिन। 2. a journal, पत्रिका।

**bulletproof** (बुल्´-इट्-प्रूफ़्) *adj.* that can protect from bullets, गोलीसह, बुलेटप्रूफ़, अभेद्य।

**bullfight** (बुल्´-फ़ाइट्) *n.* a fight between a bull and a matador, साहसी व्यक्ति और साँड़ की लड़ाई।

**bullfinch** (बुल्´-फ़िन्च्) *n.* a song bird with a short thick bill, गानेवाली एक चिड़िया।

**bullhead** (बुल्´-हॅड्) *n.* a small big-headed fish, बड़े सिरवाली एक तरह की छोटी मछली।

**bullheaded** (बुल्´-हॅड्-इड्) *adj.* obstinate, stubborn, हठी, दुराग्रही।

**bullion** (बुल्´-यॅन्) *n.* gold or silver (in bulk or bars), सोना या चाँदी; bullion market, सर्राफ़ा।

**bullock** (बुल्´-ऑक्) *n.* a bull after castration, बैल।

**bullock-cart** (बुल्´-ऑक्-का:ट्) *n.* a carriage driven by a bull, बैलगाड़ी।

**bull's eye** (बुल्ज़्´-आइ) ***n.*** 1. the centre of a target, लक्ष्य, निशाना। 2. a shot that hits the target, निशाने पर लगनेवाली गोली।

**bully** (बुल्´-ई) ***n.*** one who persecutes the weak, दुर्बलों को तंग करनेवाला या डराने-धमकानेवाला, धौंसिया। ***v.*** (bullied, bullying) to behave like a bully, तंग करना, डराना-धमकाना, धौंस जमाना। ***adj.*** excellent, उत्कृष्ट। ***interj.*** used to express approval, बहुत अच्छा।

**bulwark** (बुल्´-व़:क्) ***n.*** 1. a rampart, परकोटा। 2. something serving as a defence against an attack, प्राचीर, आड़।

**bum** (बम्) ***n.*** a loafer, आवारा। ***v.*** (bummed, bumming) 1. to loaf, आवारागर्दी करना। 2. to beg, भीख माँगना।

**bumble** (बम्´-बॅल्) ***v.*** 1. to speak in a clumsy manner, फूहड़ ढंग से बोलना। 2. to behave in a clumsy manner, फूहड़ ढंग से व्यवहार करना।

**bumble-bee** (बम्´-बॅल्-बी) ***n.*** a large bee, बड़ी मक्खी।

**bump** (बम्प्) ***v.*** 1. to strike or collide with, टकराना, भिड़ जाना। 2. to knock with a dull sounding blow, धपधपाना। 3. to travel with a jolting movement, हिचकोले खाना। 4. to displace, विस्थापित करना। □ **bump into,** to meet by chance, भेंट हो जाना, टकरा जाना; **bump off,** to kill, मार डालना। ***n.*** 1. a sudden forceful blow or shock, सहसा लगनेवाला आघात या धक्का। 2. a raised round swelling, गुमड़ा।

**bumper**[1] (बम्´-पॅ:) ***n.*** a horizontal bar attached to the front or back of a vehicle, बंपर।

**bumper**[2] ***n.*** a large cup filled to the brim, किनारे तक भरा हुआ प्याला। ***adj.*** plentiful, प्रचुर, भरपूर; bumper crop, भरपूर फसल।

**bumpkin** (बम्प्´-किन्) ***n.*** an awkward person, फूहड़ व्यक्ति।

**bun** (बन्) ***n.*** 1. a small sweetened bread roll, बन। 2. a mass of hair twisted and fastened into a round shape at the back of the head, जूड़ा।

**bunch** (बन्च्) ***n.*** a cluster or group of things, गुच्छा।

**bundle** (बन्´-डॅल्) ***n.*** 1. a number of things wrapped and bound together, पुलिंदा, बंडल, गठरी। 2. a large sum of money, धनराशि। ***v.*** to make into a bundle, बंडल बनाना। □ **bundle out,** to make a departure, चल देना, रुख़सत होना, बाहर होना या जाना; **bundle up** (i) to tie up, बाँधना, गठियाना; (ii) to dress warmly, ढेरों वस्त्र पहन लेना।

**bung** (बंग्) ***n.*** a cork for the hole in a cask, डाट, कार्क। ***v.*** 1. to close with a bung, कार्क लगाना, डाट लगाना। 2. to throw, फेंकना।

**bungalow** (बंग्´-गॅ-लो) ***n.*** a single story building with open space, बँगला।

**bungle** (बंग्´-गॅल्) ***v.*** to spoil, ख़राब कर देना, गड़बड़ा देना, गुड़-गोल्र कर देना।

**bunk** (बंक्) ***n.*** a built-in seat for sleeping, सोने के लिए दीवार में लगा हुआ पटरा, शायिका।

**bunker** (बङ्´-कॅ:) ***n.*** 1. a place to store coal, कोयला-घर। 2. a strongly built underground shelter, बंकर, तहख़ाना।

**bunkhouse** (बंक्´-हाउस्) ***n.*** a worker's dormitory, कर्मचारियों के लिए शयनकक्ष।

**bunt** (बन्ट्) ***v.*** (bunted, bunting) to push with head, सिर से मारना।

**bunting**[1] (बन्´-टिंग्) ***n.*** flags collectively, झंडे-झंडियाँ।

**bunting**[2] ***n.*** a bird with a cone-shaped bill, एक प्रकार के पक्षियों का वर्ग।

**buoy** (बू´-ई) ***n.*** a floating but fixed object in a sea as a warning of danger, ख़तरे का चिह्न या निशान। ***v.*** 1. to mark with a buoy, ख़तरे का निशान लगाना। 2. to encourage, उत्साहित करना।

**buoyancy** (बॉइ´-अॅन्-सी) ***n.*** 1. ability to keep afloat, तरणक्षमता। 2. cheerfulness, उत्फुल्लता, प्रफुल्लता, उल्लास।

**buoyant** (बॉइ´-अॅन्ट्) ***adj.*** 1. able to float, तरणक्षम। 2. cheerful, उत्फुल्ल, प्रफुल्ल।

B

**burble** (ब: ´-बॅल्) *v.* 1. to flow with a bubbling sound, (झरने का) झरझर शब्द करना। 2. to babble, बुदबुदाना।

**burden** (ब: ´-डॅन्) *n.* 1. a heavy load, भार, बोझ। 2. something difficult to endure, बोझ, भार, दायित्व। □ **beast of burden,** an animal that carries load on its back, लद्दू जानवर। *v.* to put a burden on, भार लादना, बोझ डालना।

**burdensome** (ब: ´-डॅन्-सम्) *adj.* 1. heavy to bear, बोझिल, भारी। 2. tiring, थकाऊ। 3. troublesome, कष्टकर।

**bureau** (ब्यूर् ´-ओ) *n.* 1. a writing table, मेज़। 2. a chest of drawers, आलमारी। 3. an office or department, कार्यालय या विभाग।

**bureaucracy** (ब्यू-रॉक् ´-रॅ-सी) *n.* 1. the government run by officials, अधिकारी-तंत्र, नौकरशाही। 2. body of officials, अधिकारी-वर्ग।

**bureaucrat** (ब्यूर् ´-अॅ-क्रैट्) *n.* a member of the bureaucracy, नौकरशाह।

**bureaucratic** (ब्यूर्-अॅ-क्रैट् ´-इक्) *adj.* of bureaucracy or bureaucrats, नौकरशाही; bureaucratic behaviour, नौकरशाही रवैया।

**burette** (ब्यू-रॅट् ´) *n.* a glass tube with marks, मापन-नलिका, मापनली।

**burgeon** (ब: ´-जॅन्) *v.* 1. to sprout, कोंपलें फूटना। 2. to flourish, पनपना।

**burglar** (ब: ´-ग्लॅ:) *n.* a house breaker, सेंध मारनेवाला, सेंधमार।

**burglary** (ब:ग् ´-लॅ-री) *n.* the act of breaking into the house in order to steal, सेंधमारी।

**burgle** (ब: ´-गॅल्) *v.* to commit burglary, सेंध मारना, लूटना।

**burial** (बॅर् ´-इ-अॅल्) *n.* the act of burying, दफ़नाने की क्रिया, दफ़न।

**burial ground** *n.* a grave-yard, क़ब्रिस्तान, समाधि-स्थल।

**burlesque** (ब: ´-लॅस्क्) *n.* 1. a ludicrous imitation, भोंडी नकल। 2. a variety of entertainment frequently featuring striptease, अश्लील मनोरंजन। *v.* to mock by burlesque, भोंडी नकल उतारना।

**burly** (ब: ´-ली) *adj.* heavy and strong, हट्टा-कट्टा, संड-मुस्टंड।

**burn** (ब:न्) *v.* (burned / burnt, burning) 1. to undergo combustion, जलना, जल उठना। 2. to cause to undergo combustion, जलाना। 3. to be destroyed or damaged by fire, जल या झुलस जाना। 4. to destroy or damage by fire, जला देना, फूँक देना। 5. to use as fuel, जलाना। 6. to emit or light by means of fire, जलाना। 7. to experience an unpleasant hot feeling, जलना, सुलगना। 8. to produce an unpleasant hot feeling, जलाना, सुलगाना। 9. to kill by fire, जलाना, फूँकना, फूँक डालना। 10. to be excited, उत्तेजित होना। 11. to brand, दागना। 12. to bake, पकाना। 13. to waste money, फूँकना, उजाड़ना। □ **burn one's fingers,** जल्दबाज़ी के कारण नुकसान उठाना; **burn the midnight oil,** आधी-आधी रात तक काम करना। *n.* an injury produced by fire or heat, जलने से होनेवाला घाव या पड़नेवाला फफोला।

**burner** (ब: ´-नॅ:) *n.* the part of a stove, heater etc. that produces flames, बर्नर।

**burning** (ब: ´-निंग्) *adj.* 1. very hot, जलता हुआ। 2. intense, प्रचंड, तीव्र; a burning desire, तीव्र इच्छा। 3. having very great importance, ज्वलंत; a burning question ज्वलंत प्रश्न।

**burning ground** *n.* a place for burning the dead bodies, श्मशान।

**burnt** (ब:न्ट्) *v.* p.t. & p.p. of burn. *adj* affected by fire, दग्ध, जला हुआ।

**burp** (ब:प्) *v.* 1. to belch, डकार लेना। 2. to cause to belch, डकार दिलाना। *n.* a belch डकार।

**burr** (ब:) *n.* a whirring sound, घरघर घरघराहट। *v.* to make a whirring sound घरघर करना, घरघराना।

**burrow** (बर् ´-ओ) *n.* a hole dug by an animal, बिल, माँद, गड्ढा। *v.* to dig a burrow

बिल खोदना।

**bursar** (ब:́-सॅ:) ***n.*** a college treasurer, महाविद्यालय का ख़ज़ांची।

**bursary** (ब:́-सॅ-री) ***n.*** 1. the office of a bursar, ख़ज़ांची का कक्ष। 2. scholarship, छात्रवृत्ति, वज़ीफ़ा।

**burst** (ब:स्ट्) ***v.*** (burst. bursting) 1. to break suddenly and loudly from internal pressure, फट जाना, फूट जाना, दरार पड़ना। 2. to emerge suddenly and forcefully, सहसा प्रकट होना, आ धमकना, निकल पड़ना, सामने आना। 3. to give sudden expression, फट पड़ना, बरस पड़ना, उबल पड़ना। 4. to split, फोड़ना, तोड़ना। ☐ **burst into,** to enter hurriedly, घुस आना; **burst out,** to begin suddenly, छिड़ना, फूटना; They burst out into laughter, उनकी हँसी फूट निकली, वे जोर से हँस पड़े। ***n.*** 1. an explosion, धमाका, विस्फोट। 2. an outbreak, शुरुआत, प्रारंभ।

**bury** (बॅर्´-ई) ***v.*** 1. to place in a grave, दफ़नाना। 2. to place in the ground and cover with earth, गाड़ना। ☐ **bury the hatchet,** to cease quarrelling and become friendly, झगड़ा ख़त्मकर मेल कर लेना।

**bus** (बस्) ***n.*** a large passenger-carrying motor vehicle, बस।

**bush** (बुश्) ***n.*** 1. a shrub, झाड़ी। 2. dense shrubby growth, झाड़-झंखाड़। ☐ **beat about the bush,** इधर-उधर की बातों में लगे रहना, मतलब की बात न कहना।

**bushel** (बुश्´-अॅल्) ***n.*** 1. a British unit of dry or liquid measure equal to 8 gallons, बुशेल। 2. a weight taken as the equivalent of one bushel, बुशेल।

**bushy** (बुश्´-ई) ***adj.*** 1. covered with bushes, झाड़ीदार, घना। 2. (of hair) growing thickly, गुच्छेदार।

**business** (बिज़्´-निस्) ***n.*** 1. one's usual occupation, employment or trade, व्यवसाय, व्यापार, कारोबार, धंधा। 2. a task or duty, काम; This is not our business, यह हमारा काम नहीं है। 3. a subject or thing, विषय, चीज़, बात, मामला, झमेला। 4. volume of commercial trade, कुल क्रय-विक्रय। ☐ **Business is business.** व्यापार तो व्यापार है। **have no business to do,** अधिकार न होना; **mean business,** किसी कार्य को गंभीरता से लेना; **Mind your business.** अपने काम से काम रखो, बेमतलब की बात नहीं; **No business of yours,** nothing that concerns you, आप से मतलब।

**businesslike** (बिज़्´-निस्-लाइक्) ***adj.*** 1. efficient, कार्यकुशल। 2. systematic, व्यवस्थित।

**businessman** (बिज़्´-निस्-मैन्) ***n.*** 1. a man engaged in business, व्यापारी, व्यवसायी, कारोबारी। 2. a practical person, व्यवहार-कुशल व्यक्ति।

**busk** (बस्क्) ***v.*** (busk, busking) to play music in the street to earn money, गली-गली गा-बजाकर जीविकोपार्जन करना।

**busker** (बस्´-कॅ:) ***n.*** one who busks, गली-गली गा-बजाकर पेट पालनेवाला।

**bus station** ***n.*** the place from where buses start and stop, बस का अड्डा, बसों के चलने और ठहरने का स्थान।

**bus stop** ***n.*** a fixed place where buses stop for passengers, बस स्टाप, बस के रुकने या खड़े होने का स्थान।

**bust[1]** (बस्ट्) ***n.*** 1. a piece of sculpture representing the head, shoulders and upper chest of a human body, आवक्ष प्रतिमा। 2. a woman's breasts, स्त्री की छाती।

**bust[2]** (बस्ट्) ***v.*** (bust/busted, busting) 1. to burst, फटना। 2. to break, टूटना या तोड़ना। 3. to become bankrupt, दिवालिया हो जाना।

**bustle** (बस्´-अॅल्) ***v.*** to hurry with a great show of activity, गहमागहमी होना, चहल-पहल होना, धूमधाम होना। ***n.*** excited activity, धूमधाम, चहल-पहल।

**busy** (बिज़्´-ई) ***adj.*** 1. working, not free, engaged, कार्यरत, व्यस्त। 2. crowded with activity, चहल-पहल-भरा, व्यस्त। 3. (telephone) engaged, खाली नहीं, व्यस्त। ***v.*** (busied, busying) to keep busy, व्यस्त रहना या रखना।

**but** (बट्) ***conj.*** 1. on the contrary, मगर,

परंतु, पर। 2. however, तो भी, फिर भी, तथापि। 3. otherwise, अन्यथा। □ **but for,** without, के बिना। ***prep.*** except, other than, को छोड़कर, के अतिरिक्त। □ **but then,** फिर भी; **the last but one,** one from the last, आख़िरी से पहलेवाला। □ **ifs and buts,** अगर-मगर।

B

**butcher** (बूच्´-अॅ:) ***n.*** 1. one who slaughters animals, बूचड़। 2. one who sells meat, कसाई। 3. a cruel person, निर्मम व्यक्ति, कसाई। 4. a killer, हत्यारा। ***v.*** (butchered, butchering) 1. to slaughter animals, जानवर काटना, हलाल करना। 2. to kill a human being, हत्या करना। 3. to spoil, बिगाड़ देना, ख़राब कर देना।

**butchery** (बूच्´-अॅ-री) ***n.*** 1. a butcher's trade, कसाईगिरी। 2. brutal killing, निर्मम हत्या।

**butler** (बट्´-लॅ:) ***n.*** the chief male servant of a house, मुख्य परिचर या सेवक, ख़ानसामाँ।

**butt[1]** (बट्) ***n.*** a large barrel or cask for wine, शराब का पीपा।

**butt[2]** (बट्) ***n.*** 1. the thicker end of a gun or rifle, कुंदा। 2. the thicker end of a tool, मूठ, हत्था। 3. the remaining end of anything, टुकड़ा। 4. the last unsmoked end of a cigarette, सिगरेट का बचा हुआ टुकड़ा, टोटा।

**butt[3]** (बट्) ***n.*** 1. the mound of earth behind the targets on a shooting range, चाँद, चाँदमारी। 2. one who is target for ridicule, हँसी का पात्र। 3. a push, धक्का।

**butter** (बट्´-अॅ:) ***n.*** 1. the fat made from milk, curd or cream by churning, मक्खन। ***v.*** 1. to spread with butter, मक्खन लगाना, चुपड़ना। 2. to flatter, ख़ुशामद करना, मक्खन लगाना, मस्का लगाना।

**butterfly** (बट्´-अॅ:-फ़्लाइ) ***n.*** an insect with colourful wings, तितली। □ **have butterflies in the stomach,** कुछ करने से पहले घबराहट होना।

**buttermilk** (बट्´-अॅ:-मिल्क्) ***n.*** the liquid that remains after the fat has been removed from the churned milk or curd, लस्सी, मट्ठा।

**buttock** (बट्´-अॅक्) ***n.*** either of the two fleshy parts at the back of hips, चूतड़।

**button** (बट्´-अॅन्) ***n.*** a disc or knob of plastic, steel, wood etc. attached to a garment, बटन, बुताम। □ **button up,** बटन लगाना, बटन बंद करना; **button up one's mouth,** चुप हो जाना।

**buttress** (बट्´-रिस्) ***n.*** 1. a brick construction built to support a wall, पुश्ता, टेक। 2. any support or prop, टेक, चाँड़, सहारा। ***v.*** to prop up, सहारा देना, चाँड़ लगाना।

**buxom** (बक्´-सॅम्) ***n.*** a full-bosomed woman, पुष्ट स्तनोंवाली स्त्री। ***adj.*** full-bosomed, बड़े-बड़े उरोजोंवाली।

**buy** (बाइ) ***v.*** (bought, buying) 1. to purchase, खरीदना। 2. to obtain by some sacrifice, मूल्य चुकाकर प्राप्त करना। ***n.*** a purchase or bargain, खरीद, सौदा।

**buyer** (बाइ´-अॅ:) ***n.*** one who buys something, ख़रीदार, क्रेता।

**buzz** (बज़्) ***n.*** 1. the sound of a bee, भिन-भिन, भनभन, गुनगुन। 2. a low sound, हलकी ध्वनि, गर्र। ***v.*** (buzzed, buzzing) 1. to make a buzz, भिनभिन करना, गुनगुन करना। 2. to tell as a rumour, चर्चा का विषय होना।

**buzzer** (बज़्´-अॅ:) ***n.*** a bell which produces buzzing sound, घंटी।

**by[1]** (बाइ) ***adv.*** 1. near, पास, पास ही; Do it when nobody is by, जब पास में कोई न हो तब कर डालें। 2. past, गत, व्यतीत; as years go by, जैसे-जैसे वर्ष बीतते गए। 3. alongside, पास से, बगल से; The car raced by, कार पास से निकल गई। □ **by and by, by and large** (i) कुल मिलाकर; (ii) सामान्यत:; **by oneself,** स्वत:, स्वयं, ख़ुद ही; **by the way,** प्रसंगवश। ***prep.*** 1. near, beside, के पास, के पास से; He was standing by the window, वह खिड़की के पास खड़ा था। 2. by way of, through, के रास्ते, के द्वारा, से; Please enter by window,

कृपया खिड़की के रास्ते जाएँ; He was killed by a bullet, वह गोली से मरा; by road, सड़क से। 3. along, पास से; He passed by me, वह मेरे पास से निकल गया। 4. not later than, before, तक; By this time tomorrow we will be there, कल इस समय तक हम वहाँ होंगे। 5. through, by means of, के द्वारा; written by Premchand, प्रेमचंद के द्वारा लिखित। 6. up to, तक; He ran by the tree, वह पेड़ तक दौड़ा। 7. in the period of, during, के दौरान; Cats sleep by day, बिल्लियाँ दिन में (दिन के दौरान) सोती हैं। 8. in the amount of, के परिमाण या संख्या में; They receive letters by thousands, हजारों की संख्या में पत्र उन्हें मिलते हैं। 9. to the extent of, के विस्तार में; The shirt is shorter by two inches, कमीज़ लंबाई में दो इंच छोटी है। 10. in succession to, क्रम से; day by day, दिन पर दिन। 11. in measurement as ten by four feet, दस फ़ुट लंबा और चार फ़ुट चौड़ा। 12. in expression of solemn promises, की कसम, कसम से; By God, भगवान की कसम।

**by²** ***prefix.*** less important, उप-, गौण; by-election, उप-निर्वाचन, उप-चुनाव; by-product, उप-उत्पाद।

**bye¹** (बाइ) ***n.*** 1. a run made by a batsman without hitting a ball, बाइ रन। 2. a secondary matter, गौण बात।

**bye²** ***interj.*** goodbye, बाइ-बाइ।

**bygone** (बाइ´-गाःन्) ***adj.*** gone by, बीता हुआ, गत। □ **Let bygones be bygones,** जो बीत गई सो बीत गई।

**bylaw** (बाइ´-लाः) ***n.*** a rule concerning internal organization, उपविधि।

**bypass** (बाइ´-पैस् / पास्) ***n.*** 1. an alternative or secondary road that passed to one side of a congested area, बाइपास, उपमार्ग, गौण मार्ग। 2. a surgically created alternative passage between two blood vessels, बाइपास सर्जरी।

**by-product** (बाइ´-प्रॉड्-अॅक्ट्) ***n.*** something formed in addition to the main product, उप-उत्पाद।

**byword** (बाइ´-व़ःड्) ***n.*** 1. a proverb, कथन, उक्ति, कहावत। 2. a name that represents some quality, किसी गुण या धर्म का सूचक (दूसरा) नाम; Jaychand's name had become a byword for treason, गद्दारी का (दूसरा) नाम जयचंद है।

B

# C

C, c (सी) the third letter of the English alphabet, अंग्रेज़ी वर्णमाला का तीसरा वर्ण।

**cab** (कैब्) ***n.*** 1. a taxi, टैक्सी। 2. a horse-drawn carriage for hire, एक्का, टाँगा, बग्घी। 3. a cabin for a driver, चालक-कक्ष।

**cabaret** (कैब्-अँ-रे´) ***n.*** 1. a nightclub or restaurant providing short programmes of live entertainment, रात्रि क्लब, कैबरे। 2. a show of dancing, singing etc., नृत्य या संगीत का कार्यक्रम।

**cabbage** (कैब्´-इज्) ***n.*** a vegetable plant with green leaves, बंदगोभी, पत्तागोभी।

**cabin** (कैब्´-इन्) ***n.*** 1. a small (wooden) dwelling, (लकड़ी का बना) छोटा घर। 2. a small room in a ship or aircraft, कक्ष। 3. an enclosed compartment for a driver or pilot, चालक-कक्ष।

**cabinet** (कैब्´-इ-निट्) ***n.*** 1. a cupboard with shelves, drawers, etc. for the safe-keeping or display of objects, खानेदार आलमारी। 2. the outer case of a television, टेलीविज़न रखने की आलमारी, कैबनिट। 3. the body of ministers of a state or country, मंत्रिमंडल, मंत्रिपरिषद्, वज़ारत।

**cable** (के´-बॅल्) ***n.*** 1. a strong thick rope or chain, मोटा रस्सा या जंजीर। 2. a wire for carrying electricity or telegraphic messages, तार। 3. a cablegram, समुद्री तार। ***v.*** to send by telegraph, समुद्री तार द्वारा भेजना।

**cable car** ***n.*** a passenger compartment drawn by a strong cable, तार के सहारे आकाश में चलनेवाली गाड़ी, केबिल कार।

**cablegram** (कै´-बॅल्-ग्रैम्) ***n.*** a telegram sent by under water cable, समुद्री तार।

**cabman** (कैब्-मॅन्) ***n.*** a taxi-driver, टैक्सी-चालक।

**caboose** (कॅ-बूस्´) ***n.*** 1. a ship's kitchen, जहाज की रसोई। 2. a guard's van in a goods train, मालगाड़ी में गार्ड का डिब्बा।

**cacao** (कॅ-के´-ओ) ***n.*** a tree and its seeds, कोको पेड़ और उसके बीज।

**cache** (कैश्) ***n.*** 1. a hidden store for provisions, weapons or treasure, गुप्त भंडार, चोर का ठिकाना। 2. the contents of this, छिपाकर रखी हुई वस्तुएँ। ***v.*** to place in a cache, गुप्त भंडार में रखना, छिपाकर रखना।

**cackle** (कैक्´-अॅल्) ***n.*** 1. a clucking noise of hen, मुर्गी की कुड़कुड़। 2. a silly laugh, हेंहें। ***v.*** (cackled, cackling) 1. to give a cackle, कुड़कुड़ करना। 2. to laugh in a silly manner, हेंहें या हीही करना।

**cacophony** (कॅ-कॉफ़्´-अॅ-नी) ***n.*** 1. a harsh discordant sound, कर्कश स्वर। 2. dissonance, कर्कशता, बेसुरापन।

**cactus** (कैक्´-टॅस्) ***n.*** any leafless spiny plant, कैक्टस, नागफनी।

**cad** (कैड्) ***n.*** an ungentlemanly man, अभद्र व्यक्ति, अशिष्ट व्यक्ति, लुच्चा, लफंगा।

**caddish** (कैड्-डिश्) ***adj.*** ungentlemanly, अभद्र, अशिष्ट।

**cadence** (के´-डॅन्स्) ***n.*** 1. the rise and fall of the voice, आवाज़ का उतार-चढ़ाव, आरोह-अवरोह। 2. rhythm in sound, लय, मूर्च्छना।

**cadet** (कॅ-डेट्´) ***n.*** 1. a student who is undergoing military training, छात्र-सैनिक, कैडिट। 2. a younger brother, छोटा भाई, अनुज। 3. a younger son, छोटा बेटा।

**cadet corps** (कै-डेट्´-को:) ***n.*** a unit of cadets, छात्र-सेना।

**cadre** (काड्´-अॅ:, कैड्´-रि) ***n.*** 1. an inner

group of trained personnel as basis for further expansion, संवर्ग, काडर। 2. a framework, ढाँचा। 3. an organisation, संघठन।

**Caesar** (सी´-ज़ॅः) ***n.*** 1. a title of the Roman emperors, रोमन सम्राटों की पदवी, सीज़र। 2. an autocrat, तानाशाह।

**Caesarean** (सि-ज़ेर्´-इ-ॲन्) ***adj.*** pertaining to Julius Caesar, सीजर संबंधी।

**caesarean section** ***n.*** (med.) a surgical incision of a womb performed to allow the baby to be taken out, बच्चे को पेट से निकालने के लिए किया जानेवाला शल्यकर्म।

**cafe** (कै-फ़े´) ***n.*** 1. a small restaurant, छोटा या लघु जलपानगृह। 2. a bar, मद्यशाला।

**cafeteria** (कैफ़्-इ-टिऑर्´-इ-ॲ) ***n.*** a self-service restaurant, वह जलपानगृह जिसमें स्वयं खाने की वस्तुएँ उठाई तथा ली जाती हों, कैफ़िटेरिया, अन्नपूर्णा।

**cage** (केज्) ***n.*** a framework of bars or wires in which birds or animals are kept, पिंजरा। ***v.*** to put in a cage, पिंजरे में डालना।

**cageling** (केज्´-लिंग्) ***n.*** a cage bird, पिंजरे का पंछी।

**cagey** (के´-जी) ***adj.*** not frank, unwilling to talk, चुप रहनेवाला, चुप्पा, घुन्ना।

**caitiff** (के´-टिफ़्) ***adj.*** despicable, अधम, नीच।

**cajole** (कॅ-जोल्´) ***v.*** to coax, फुसलाना, बहलाना, ख़ुशामद करना।

**cajolery** (कॅ-जोल्´-ऑर्-ई) ***n.*** the act of cajoling, फुसलावा, बहलावा, ख़ुशामद।

**cake** (केक्) ***n.*** 1. a baked sweet bread-like food, केक। 2. a flattened block of a substance, टिकिया, बट्टी; a cake of soap, साबुन की टिकिया या बट्टी; a potato cake, आलू की टिकिया। □ **sell like hot cakes,** हाथों हाथ बिकना। ***v.*** to form or be formed into a hardened mass, टिकिया बनना या बनाना, टिकिया जमना या जमाना।

**calabash** (कैल्´-ॲ-बैश्) ***n.*** a hard shelled gourd used as a container, तूँबी।

**calaboose** (कैल्´-ॲ-बूस्) ***n.*** a prison or jail, बंदीगृह, कारागार।

**calamitous** (कॅ-लैम्´-इ-टॅस्) ***adj.*** disastrous, अनर्थकारी, संकटप्रद, दुखद।

**calamity** (कॅ-लैम्´-इ-टी) ***n.*** 1. a disaster, संकट, विपत्ति, विपदा। 2. great distress, भारी मुसीबत।

**calcareous** (कैल्-कॆंअॅर्´-इ-ॲस्) ***adj.*** of or containing calcium, कैल्शियमयुक्त, चूनेदार।

**calcify** (कैल्´-सि-फ़ाइ) ***v.*** to make or become calcareous, कैल्शियमयुक्त बनना या बनाना, कैल्सीकरण होना या करना, चूने का पत्थर बनना या बनाना।

**calcium** (कैल्´-सि-ॲम्) ***n.*** a chemical element, एक रासायनिक तत्त्व, कैल्शियम।

**calculate** (कैल्´-क्यॅ-लेट्) ***v.*** 1. to compute mathematically, गिनना, गणना करना, हिसाब करना, परिकलन करना। 2. to estimate, कूतना, हिसाब लगाना। 3. to intend or plan, विचार करना, योजना बनाना।

**calculated risk** ***n.*** a forethought risk, जान-बूझकर उठाया जानेवाला जोख़िम।

**calculation** (कैल्-क्यु-ले´-शॅन्) ***n.*** 1. the act or process of calculating, गणना, हिसाब, परिकलन। 2. deliberation, सोच-विचार। 3. estimation, अंदाज़, कूत।

**calculator** (कैल्´-क्यु-ले-टॅः) ***n.*** a machine that performs calculations, परिकलन यंत्र, गणित्र, कैलकूलेटर।

**calculus** (कैल्´-क्यॅ-लॅस्) ***n.*** a branch of mathematics, कलन।

**caldera** (कैल्-डेर्´-ॲ) ***n.*** a hole at the top of a valcano, ज्वालामुखी का मुँह या मुख-विवर।

**calendar** (कैल्´-ॲन्-डॅः) ***n.*** 1. a table showing dates and days of the 12 months of a year, कैलेन्डर, पंचांग। 2. a chronological list or schedule, कालानुक्रमिक सूची या तालिका।

**calender** (कैल्´-ॲन्-डॅः) ***n.*** a machine with heavy rollers in which cloth or paper is pressed and given a glossy finish, कैलेन्डर मशीन, कुंदी करने की मशीन। ***v.*** to press or treat with a calender, कैलेन्डर करना, कुंदी करना।

C

**calf**[1] (काफ़् / कैफ़्) ***n.*** 1. (plu. calves) the young one of cattle, बछड़ा, पाड़ा, हिरनौटा आदि। 2. the hide of a calf, calf skin, बछड़े का चमड़ा।

**calf**[2] ***n.*** the fleshy part of the human leg between the knee and ankle, पिंडली।

**calibrate** (कैल्´-इ-ब्रेट्) ***v.*** to measure the caliber of, व्यास नापना।

**calibre, caliber** (कैल्´-इ-बॅ:) ***n.*** 1. the diameter of the inside of a tube, barrel, bullet, etc., व्यास। 2. ability, योग्यता, क्षमता। 3. importance, महत्त्व। 4. character, चरित्र, चरित्रबल।

**calico** (कैल्´-इ-को) ***n.*** a printed cotton fabric, एक प्रकार का छींटदार कपड़ा, छींट।

**caliper** (कैल्´-इ-पॅ:) ***n.*** (usu.plu.) an instrument used to measure dimensions, कैलिपर, परकार।

**caliph** (कॅ´-लिफ़्) ***n.*** a Muslim religious leader in some Muslim countries, ख़लीफा।

**call** (का:ल्) ***v.*** 1. to cry or utter loudly, आवाज़ देना, पुकारना। 2. to ask or order to come, बुलाना। 3. to make a visit, मिलने जाना, मिलने के लिए जाना। 4. to telephone, फ़ोन पर बात करना। 5. to name or give a name to, नाम रखना, कहना; They called him a fool, वे उसे मूर्ख कहते हैं। 6. to consider, मानना, समझना। 7. to read aloud, ऊँचे स्वर में पढ़ना। 8. to try to predict the result of a tossing coin, उछाले गए सिक्के का कोई रुख माँगना। 9. to demand repayment, अदायगी या भुगतान के लिए कहना। 10. to declare end of the day's play, आज के खेल की समाप्ति घोषित करना। ***n.*** 1. a shout or cry, पुकार, चिल्लाहट। 2. an invitation, निमंत्रण, आह्वान, बुलावा, न्योता। 3. a characteristic cry of bird, चहचह, चहचहाहट। 4. demand, माँग। 5. need, आवश्यकता। 6. a short visit, मुलाकात, भेंट। 7. a communication by telephone, बुलाहट।

**callbell** (का:ल्´-बेंल्) ***n.*** a bell for calling, बुलाने की घंटी, बुलावा-घंटी।

**caller** (का:ल्´-अॅ:) ***n.*** a person who makes a brief visit, किसी से मिलने के लिए आया हुआ व्यक्ति, अभ्यागत, मुलाक़ाती।

**call girl** ***n.*** a prostitute with whom appointments are made on telephone, कॉलगर्ल।

**calligrapher** (कॅ-लिग्´-रॅ-फ़ॅ:) ***n.*** one whose handwriting is fine, सुलेखकार।

**calligraphy** (कॅ-लिग्´-रॅ-फ़ी) ***n.*** 1. ( the art of) fine handwriting, सुंदर हस्तलेखन, सुलेखन, सुंदर लिखाई। 2. writing done by hand, सुलेख, हस्तलेख।

**call-in** (काल्:´-इन्) ***n.*** a telephone conversation between a host and a listener or viewer in a live broadcast, टी.वी. पर अतिथि और दर्शक की फ़ोन से होनेवाली बातचीत।

**calling** (का:´-लिंग्) ***n.*** 1. an occupation or profession, व्यवसाय, कारोबार, पेशा। 2. a strong impulse, अंत:प्रेरणा।

**callosity** (कॅ-लॉस्´-इ-टी) ***n.*** 1. callus, घट्ठा। 2. hard heartedness, कठोरता, निर्दयता, बेदर्दी।

**callous** (कैल्´-अॅस्) ***adj.*** 1. (of skin) hardened and thickened, कड़ा, सख़्त। 2. insensitive, कठोर, भावशून्य, संवेदनाहीन, सहानुभूतिविहीन, बेदर्द।

**callow** (कैल्´-ओ) ***adj.*** 1. immature, अपरिपक्व, अप्रौढ़। 2. inexperienced, अनुभवहीन।

**call-up** (का:ल्´-अप्) ***n.*** an order to report for military service, सेवा पर उपस्थित होने का आदेश, बुलाहट, बुलावा।

**callus** (कैल्´-अॅस्) ***n.*** an area of thick hardened skin, घट्ठा।

**calm** (काम्) ***n.*** 1. still, quiet, शांत, नीरव, स्तब्ध। 2. not agitated or excited, अनुद्विग्न, अनुत्तेजित। 3. tranquil, serene, सौम्य, शांत, धीर-गंभीर। ***n.*** 1. stillness, शांति, स्तब्धता। 2. an absence of disturbance, peace, शांति। 3. serenity, सौम्यता, गंभीरता। ***v.*** to make or become calm, शांत हो जाना या शांत करना।

**calmly** (काम्´-ली) ***adv.*** peacefully, शांतिपूर्वक।

**calmness** (काम्´-निस्) ***n.*** the quality or state of being calm, शांति, नीरवता, स्तब्धता, सौम्यता, गंभीरता।

**caloric** (कॅ-लोर्´-इक्) ***adj.*** 1. of calories, कैलोरी-संबंधी। 2. of heat, ताप-संबंधी, ऊष्मीय।

**calorie** (कैल्´-अॅ-री) ***n.*** 1. a unit for measuring the quantity of heat, कैलोरी, ऊष्मांक। 2. a unit for measuring the energy value of food, कैलोरी।

**calumniate** (कॅ-लम्´-नि-एट्) ***v.*** to slander, बुराई करना, बदनाम करना, बदनामी करना।

**calumnious** (कॅ-लम्´-नि-अॅस्) ***adj.*** slanderous, निंदात्मक, बदनामी-भरा।

**calumny** (कैल्´-अॅम्-नी) ***n.*** 1. slander, निंदा, बुराई, बदनामी। 2. a slanderous statement, बदनामी की बात, किसी के विरुद्ध मिथ्या-प्रचार।

**Calvary** (कैल्´-वॅ-री) ***n.*** the place where Jesus was crucified, वह स्थान जहाँ ईसा को क्रूस पर चढ़ाया गया था, कलवारी।

**calve** (काव्, कैव्) ***v.*** to give birth to a calf, मादा चौपाए का बच्चा देना, ब्याना।

**calypso** (कॅ -लिप्´-सो) ***n.*** a West Indian ballad, वेस्टइंडीज़ का गीत।

**calyx** (के´-लिक्स्) ***n.*** the outer envelop of a bud, चषक, पुटक।

**cam** (कैम्) ***n.*** a wheel that gives desired motion to another part, केम।

**camber** (कैम्´-बॅ:) ***n.*** a slightly arched surface, उभारदार सतह, उभार। ***v.*** to give a camber to, उभारदार बनाना।

**cambric** (कैम्´-ब्रिक्) ***n.*** a fine cotton cloth, एक तरह का बढ़िया सूती कपड़ा, कैम्ब्रिक।

**came** (केम्) ***v.*** p.t. of come.

**camel** (कैम्´-अॅल्) ***n.*** a long-necked animal, ऊँट।

**camelia, camellia,** (कॅ-मील्´-यॅ) ***n.*** an evergreen plant and its flower, कैमिलिया।

**cameo** (कैम्´-इ-ओ) ***n.*** a gem with a desig cut in raised relief, उभारदार रत्न।

**camera** (कैम्´-अॅ-रॅ) ***n.*** an apparatus for taking photographs, कैमरा। □ **in camera,** in a closed room, बंद कमरे में।

**cameraman** (कैम्´-अॅ-रॅ-मॅन्) ***n.*** one who operates a camera, कैमरामैन, फ़ोटो खींचनेवाला।

**camouflage** (कैम्´-अॅ-फ़्लाझ़्) ***n.*** a method or means of concealment that creates the effect of being part of the natural surroundings, ढक-तोपकर छिपाने का काम, छद्मावरण। ***v.*** to conceal in this way, छिपाना, ढकना-तोपना, छद्मावरण करना।

**camp** (कैम्प्) ***n.*** 1. a temporary shelter in tents, huts, cabins etc., शिविर, पड़ाव। 2. the occupants of the above tents, huts, etc., शिविरवासी, पड़ाववासी। ***v.*** 1. to live in a camp, शिविर में रहना। 2. to make a camp, शिविर लगाना, तंबू गाड़ना।

**campaign** (कैम्´-पेन्) ***n.*** 1. a series of military operations undertaken to achieve some objective, अभियान। 2. a similar series of planned activities, अभियान, आंदोलन। ***v.*** to start or conduct a campaign, अभियान शुरू करना, अभियान चलाना।

**camper** (कैम्´-पॅ:) ***n.*** one who attends a camp, शिविरवासी।

**campfire** (कैम्प्´-फ़ाइ:) ***n.*** 1. an outdoor fire in camp used for warmth, अलाव, कैंपफ़ायर। 2. a meeting held around such a fire, अलाव-बैठकी, शिविर-समारोह, शिविरोत्सव।

**camphor** (कैम्´-फ़ॅ:) ***n.*** a strong smelling white substance, कपूर, कर्पूर।

**camphorated** (कैम्´-फ़ॅ-रे-टिड्) ***adj.*** containing camphor, जिसमें कपूर मिला हो, कपूरमिश्रित।

**campus** (कैम्´-पस्) ***n.*** the grounds of a university or college or school, विश्वविद्यालय-परिसर, विद्यालय-परिसर, कैंपस।

**can**[1] (कैन्) ***aux. v.*** (p.t. & p.p. could) 1. indicating ability, power or privilege, सकना; He can play, वह खेल सकता है। 2. indicating possibility, सकना; My trainer says, I can win the race, मेरे प्रशिक्षक ने कहा है कि मैं दौड़ जीत सकता हूँ। 3. indicating permission, सकना; Can I go to the market, क्या मैं बाज़ार जा सकता हूँ?

**can²** (कैन्) *n.* 1. a metal container for liquids, डिब्बा, बाल्टी, कुप्पी, पीपा, कनस्तर, टीन। 2. an airtight sealed container, हवाबंद डिब्बा। 3. the amount it contains, डिब्बे में भरा सामान। □ **carry the can,** to take the blame, दोष अपने ऊपर लेना। *v.* (canned, canning) 1. to seal in a can, डिब्बा बंद करना, डिब्बाबंदी करना। 2. to dismiss from a job, नौकरी से निकाल देना, बर्ख़ास्त करना।

**canal** (कॅ-नैल्´) *n.* 1. an artificial waterway for navigation or irrigation, नहर। 2. a duct or tube, नली, नलिका।

**canalize** (कॅ-नैल्´-आइज़्, कैन्´-अॅ-लाइज़्) *v.* 1. to provide with canals, नहरें खोदना या बनाना। 2. to direct actions to one particular end, एकदिश करना, एकजुट करना, ढर्रे पर लाना।

**canape** (कैन्´-अॅ-पी/पे) *n.* a piece of bread with cheese or meat, टोस्ट।

**canard** (कॅ-ना:ई्´) *n.* a rumour or hoax, उड़ती या बेपर की ख़बर, अफ़वाह, गप।

**canary** (कॅ-नेंअॅर्´-ई) *n.* a small yellow song bird, गानेवाली पीली चिड़िया।

**cancel** (कैंन्´-सॅल्) *v.* (cancelled, cancelling) 1. to give up or call off, रद करना, मंसूख करना, निरस्त करना, ख़त्म कर देना। 2. to cross out by drawing a line through, काट देना, रद करना।

**cancellation** (कैन्-सॅ-ले´-शॅन्) *n.* the act of cancelling or the state of being cancelled, रद करना, मंसूखी, निरसन।

**Cancer** (कैन्´-सॅ:) *n.* a sign of the zodiac, the Crab, कर्क राशि।

**cancer** (कैन्´-सॅ:) *n.* 1. a malignant tumour, कैंसर। 2. (fig.) an evil influence that spreads dangerously in a society, रोग, बीमारी, महामारी, कैंसर, घुन, अभिशाप।

**cancerous** (कैन्´-सॅ-रॅस्) *adj.* of or like cancer, कैंसर-संबंधी, कैंसर-सा।

**candelabrum** (कैन्-डॅ-ला´-ब्रम्) *n.* a large candle stick with arms for holding several candles, बत्तीदान, दीयट।

**candescent** (कैन्-डॅस्´-अॅन्ट्) *adj.* glowing, प्रज्वलित, जगमग।

**candid** (कैन्´-डिड्) *adj.* 1. straightforward, frank, निष्कपट, स्पष्टवादी, ख़रा, सच्चा। 2. simple, सरल।

**candidacy** (कैन्´-डि-डॅ-सी) *n.* = candidature.

**candidate** (कैन्´-डि-डेट्) *n.* 1. one who is seeking a post or prize, प्रत्याशी, उम्मीदवार। 2. one who is fighting an election, प्रत्याशी, उम्मीदवार। 3. a person taking an examination, परीक्षार्थी, प्रत्याशी, उम्मीदवार।

**candidature** (कैन्´-डि-डे-चॅ:) *n.* the state of being a candidate, उम्मीदवारी।

**candidly** (कैन्´-डिड्-ली) *adv.* in a candid manner, निष्कपट भाव से, सरलता से।

**candidness** (कैन्´-डिड्-निस्) *n.* 1. straightforwardness, frankness, निष्कपटता, स्पष्टवादिता, खरापन। 2. simplicity, सरलता।

**candle** (कैन्´-डॅल्) *n.* a wax stick with a wick, मोमबत्ती। *v.* (candled, candling) to examine something in front of a light, (कोई चीज़) रोशनी में देखना-परखना।

**candlelight** (कैन्´-डॅल्-लाइट्) *n.* the light of a candle or candles, मोमबत्ती या मोमबत्तियों की रोशनी।

**candlestick** (कैन्´-डॅल्-स्टिक्) *n.* a holder for a candle, मोमबत्तीदान, दीयट।

**candlewick** (कैन्´-डॅल्-विक्) *n.* the wick of a candle, मोमबत्ती की बत्ती या डोरी।

**candour, candor** (कैन्´-डॅ:) *n.* candidness, निष्कपटता, स्पष्टवादिता, खरापन; सरलता।

**candy** (कैन्´-डी) *n.* any item of confectionery, मिठाई। *v.* (candied, candying) to cook or coat with sugar, चाशनी में पकाना, पागना।

**cane** (केन्) *n.* 1. sugar-cane, गन्ना। 2. a jointed pithy or hollow stem of the bamboo carried when walking, बेंत। 3. a strip of a bamboo, बेंत की खपची। *v.* 1. to beat with a cane, बेंत लगाना। 2. to make furniture with cane, बेंत की कुर्सियाँ आदि बनाना।

**cane sugar** *n.* sugar obtained from sugarcane, चीनी, खाँड़।

**canine** (के´-नाइन्) *adj.* 1. of or pertaining to dogs, कुत्तों का, कुत्तों से संबद्ध। 2. like a dog, कुत्ते-जैसा।

**canine tooth** *n.* a strong pointed tooth, नुकीला दाँत।

**canister** (कैन्´-इ-स्टॅ:) *n.* a metal container, कनस्तर।

**canker** (कैं´-कॅ:) *n.* 1. a sore, व्रण, नासूर। 2. (fig.) something evil that spreads and corrupts, नासूर।

**cankerous** (कैं´-कॅ-रस्) *adj.* 1. causing canker, व्रण उत्पन्न करनेवाला। 2. evil, बुरा, विनाशकारी।

**cannabis** (कैन्´-अॅ-बिस्) *n.* 1. hemp, गाँजा। 2. a preparation of this for smoking, पिया जानेवाला गाँजा।

**canned** (कैन्ड्) *adj.* preserved and sealed in an airtight jar, डिब्बाबंद।

**cannery** (कैन्´-अॅ-री) *n.* a canning factory, वह कारख़ाना जिसमें डिब्बों को सीलबंद किया जाता है, कैनरी।

**cannibal** (कैन्´-इ-बॅल्) *n.* 1. a person who eats human flesh, नरमांसभक्षक, नरभक्षी। 2. an animal which eats the flesh of its own kind, अपनी जाति के जीवों का मांस खानेवाला पशु, स्वजातिभक्षक।

**canniness** (कैन्´-इ-निस्) *n.* shrewdness, सयानापन, समझदारी।

**canning** (कैन्´-इंग्) *n.* the process of sealing cans, टिनबंदी, डिब्बाबंदी।

**cannon** (कैन्´-अॅन्) *n.* 1. a heavy gun mounted on a carriage, तोप। 2. any heavy gun, तोप। *v.* to collide forcefully with, टकरा या भिड़ जाना।

**cannonade** (कैन्-अॅ-नेड्´) *n.* a continuous heavy firing by guns, गोलाबारी, गोलों की बौछार।

**cannonball** (कैन्´-अॅन्-बा:ल्) *n.* a round heavy ball fired from a cannon, तोप का गोला।

**cannonfodder** (कैन्´-अॅन्-फ़ॉड्-अॅ:) *n.* the persons or army regarded as the food of cannons, तोप का चारा, युद्ध-बलि।

**cannot** (कैन्´-ऑट्, कै-नॉट्´) *v.* the negative form of can. □ **cannot but,** के सिवा, को छोड़कर।

**canny** (कैन्´-ई) *adj.* shrewd in worldly affairs, सयाना, समझदार, काँइयाँ, धूर्त।

**canoe** (कॅ-नू´) *n.* a small boat propelled by paddles, एक तरह की छोटी नाव जिसे पैरों से चलाते हैं, पैर-नाव।

**canon** (कैन्´-अॅन्) *n.* 1. a general rule, नियम, सिद्धांत। 2. a set of sacred writings, धर्मग्रंथ। 3. a priest, पादरी, पुरोहित। 4. criterion or standard, कसौटी या मानक।

**can opener** *n.* a tool for opening cans, डिब्बा खोलने का उपकरण, कैन-ओपनर।

**canopy** (कैन्´-अॅ-पी) *n.* 1. a cloth covering fixed above a seat or carried over an important person, छतरी, छत्र। 2. any similar covering, चँदोवा। 3. the part of a parachute that spreads in the air, पैराशूट का खुलनेवाला अंश।

**cant** (कैन्ट्) *n.* 1. a jargon, बोली, वर्ग-भाषा। 2. insincere talk, बुराई, निंदा। *v.* (canted, canting) 1. to use cant, बोली का प्रयोग करना। 2. to indulge in insincere talk, बुराई करना, निंदा करना।

**cantankerous** (कैन्-टैंक्´-कॅ-रॅस्) *adj.* 1. quarrelsome, झगड़ालू। 2. ill-tempered, कलहप्रिय, बदमिजाज़, चिड़चिड़ा, क्रोधी।

**canteen** (कैन्-टीन्´) *n.* 1. a restaurant attached to a factory or office, कैन्टीन, जलपानगृह। 2. a store, भंडार।

**canter** (कैन्´-टॅ:) *n.* a gait slower than the gallop but faster than the trot, दुलकी और सरपट के बीच की चाल।

**canto** (कैन्´-टो) *n.* a division of a long poem, महाकाव्य का खंड, सर्ग, कांड, स्कंध।

**canton** (कैन्´-टॅन्, कैन´-टॉन्) *n.* a state or district of a country, राज्य, प्रांत, प्रदेश।

**cantonment** (कैन्-टॉन्´-मॅन्ट्) *n.* a group of (temporary) buildings for housing troops, छावनी, कैंट।

**cantor** (कैन्´-टॅ:) *n.* the leader of a singing

group, गायक दल का नेता, मुख्य गायक।

**canvas** (कैन्´-वॅस्) ***n.*** a closely woven fabric for tents, sails and shoes, कैन्वस, किरमिच।

**canvass** (कैन्´-वॅस्) ***v.*** to go through in order to solicit votes, orders, subscriptions etc., वोट माँगने, ऑर्डर लेने या चंदा उगाहने के लिए घर-घर जाना, कन्वैसिंग करना।

C

**canvasser** (कैन्´-वॅस्-अॅ:) ***n.*** one who canvasses, मतार्थक, प्रचारक, कन्वैसिंग-कर्ता।

**canvassing** (कैन्´-वॅस्-इंग्) ***n.*** a solicitation of votes, opinions or sales orders, मतार्थन, पक्ष-प्रचार, कन्वैसिंग।

**canyon** (कैन्´-यॅन्) ***n.*** a deep narrow valley with a river flowing through, नदी-घाटी।

**cap** (कैप्) ***n.*** 1. a close-fitting head-covering, टोपी। 2. a caplike cover, टोपी, ढक्कन। ***v.*** (capped, capping) 1. to put a cap on, टोपी पहनना, टोपी लगाना, ढक्कन लगाना। 2. to lie over, ढक देना।

**capability** (के-पॅ-बिल्´-इ-टी) ***n.*** 1. the quality of being capable, क्षमता, सामर्थ्य, शक्ति। 2. (plu.) undeveloped qualities, अविकसित गुण, लक्षण।

**capable** (कें´-पॅ-बॅल्) ***adj.*** 1. having ability or capacity, क्षमतावान, सक्षम, समर्थ, सशक्त। 2. clever, चतुर।

**capably** (कें´-पॅ-ब्ली) ***adv.*** competently, क्षमतापूर्वक।

**capacious** (कॅ-पे´-शॅस्) ***adj.*** roomy, spacious, खुला, लंबा-चौड़ा, बड़ा, विशाल।

**capacity** (कॅ-पैस्´-इ-टी) ***n.*** 1. the ability to hold or contain, धारिता, क्षमता। 2. the maximum amount that can be contained, समाई, बिसात, धारिता। 3. the ability to learn or retain knowledge, धारण-शक्ति। 4. a position or function, हैसियत; He signed it in his capacity as president, अध्यक्ष की हैसियत से उन्होंने उसपर हस्ताक्षर किए।

**cap-a-pie** (कैप्-अॅ-पी´) ***adv.*** from head to foot, सिर से पैर तक।

**caparison** (कॅ-पैर्´-इ-सॅन्) ***n.*** 1. a decorative cover placed over a saddle or harness, साज़, झूल। 2. finery, सजावट का सामान।

**cape**[1] (केप्) ***n.*** 1. a cloak, लबादा। 2. a sleeveless garment worn hanging over the shoulders, एक प्रकार का बिना बाँह का पहनावा।

**cape**[2] (केप्) ***n.*** the part of land projecting into a sea, अंतरीप।

**capillary** (कैप्´-इ-लॅर्-ई) ***n.*** any of the tiny blood vessels that connect the arteries and veins, केशिका। ***adj.*** of or like a capillary, केशिकीय।

**capital** (कैप्´-इ-टॅल्) ***adj.*** 1. most important, principal, प्रधान, महत्त्वपूर्ण। 2. excellent, उत्कृष्ट, उत्तम। 3. involving the death penalty, मृत्युदंड-संबंधी; a capital punishment, मौत की सज़ा। 4. fatal, घातक। 5. pertaining to capital, पूँजी-संबंधी; capital gains, पूँजीगत लाभ। 6. (of letters) big, बड़ा; capital letters, राज अक्षर। ***n.*** 1. a city that is the official seat of government, राजधानी। 2. a capital letter, राज अक्षर। 3. wealth or property that is invested to produce more wealth, मूलधन, पूँजी, राशि, रास।

**capital goods** ***n.*** (plu.) goods used in the production of commodities, कच्चा माल।

**capitalism** (कैप्´-इ-टॅ-लिज़्-अॅम्) ***n.*** an economic system based on the private ownership of wealth, पूँजीवाद।

**capitalist** (कैप्´-इ-टॅ-लिस्ट्) ***n.*** owning or controlling a large amount of wealth, पूँजीपति।

**capitalistic** (कैप्´-इ-टॅ-लिस्-टिक्) ***adj.*** of capitalism or capitalist, पूँजीवादी।

**capitalize** (कैप´-इ-टॅ-लाइज़्) ***v.*** 1. to write or print as a capital letter, राज अक्षर लिखना या छापना। 2. to convert into capital, पूँजी बनाना। 3. to provide with capital, पूँजी लगाना, पूँजी की व्यवस्था करना। □ **capitalize on,** to use (a situation) to one's advantage, (परिस्थिति से) लाभ उठाना।

**capitation** (कैप्-इ-टे´-शॅन्) *n.* a tax fixed at an equal sum per person, प्रतिव्यक्ति कर।

**capitol** (कैप्´-इ-टॅल्) *n.* the building in which a legislature assembles, विधान भवन, संसद भवन।

**capitulate** (कॅ-पिच्´-यु-लेट्) *v.* to surrender, आत्मसमर्पण कर देना, हथियार डाल देना, झुक जाना।

**capitulation** (कॅ-पिच्-यु-ले´-शॅन्) *n.* the act of capitulating, आत्मसमर्पण।

**caprice** (कॅ-प्रीस्´) *n.* a whim, सनक, ख़बत।

**capricious** (कॅ-प्रिश्´-अॅस्) *adj.* whimsical, सनकी, ख़बती, लहरी, मनमौजी, चंचल स्वभाव।

**Capricorn** (कैप्´-रि-कॉःन्) *n.* a sign of the zodiac, मकर राशि; tropic of Capricorn, मकर रेखा।

**caps** (कैप्स्) *n.* (plu.) Capital letters, राज अक्षर, बड़े अक्षर।

**capsicum** (कैप्´-सि-कॅम्) *n.* a plant with hot-tasting pods, पहाड़ी मिर्च।

**capsize** (कैप्´-साइज़्) *v.* to overturn or cause to overturn, उलट जाना या उलट देना।

**capstan** (कैप्´-स्टॅन्) *n.* 1. a thick revolving post used to pull in a rope for raising a ship's anchor, ढोल चर्खी, हवीत। 2. a revolving spindle, चर्खी।

**capsule** (कैप्´-स्यूल्) *n.* 1. a small soluble container enclosing a dose of an oral medicine, कैप्सूल, संपुटिका। 2. a case, संपुटिका, खोल।

**captain** (कैप्´-टिन्) *n.* 1. a commissioned officer in the army, कैप्टन, नायक, कप्तान। 2. a leading figure in a given field, नेता। 3. a leader of a team, कप्तान, नायक। *v.* to act as a captain of, कप्तानी करना, नायकत्व करना।

**captaincy** (कैप्´-टॅन्-सी) *n.* the state of being a captain, कप्तानी, नायकत्व।

**captainship** (कैप्´-टिन्-शिप्) *n.* captaincy, कप्तानी।

**caption** (कैप्´-शॅन्) *n.* a heading or title, शीर्षक। *v.* to furnish a caption for, शीर्षक देना या लगाना।

**captious** (कैप्´-शॅस्) *adj.* 1. inclined to find faults, छिद्रान्वेषी, नुक्ताचीनी करनेवाला। 2. intended to entrap or confuse, फँसाने या भरमानेवाला।

**captivate** (कैप्´-टि-वेट्) *v.* to fascinate or charm, विमुग्ध कर लेना, लुभा लेना, मोह लेना, मोहित कर लेना।

**captivating** (कैप्´-टि-वे-टिंग्) *adj.* fascinating, लुभावना, मोहक, मनोरम।

**captive** (कैप्´-टिव्) *adj.* 1. taken as a prisoner, बंदी। 2. who is enslaved by strong emotion, (से) अभिभूत, वशीभूत।

**captivity** (कैप्-टिव्´-इ-टी) *n.* the state of being held captive, बंधनावस्था, बंधन।

**captor** (कैप्´-टॅः) *n.* one who captures a person or animal, बंदीकर्ता।

**capture** (कैप्´-चॅः) *v.* 1. to take captive, बंदी बना लेना, पकड़ लेना, गिरफ्तार कर लेना। 2. to take or obtain by force or endeavour, कब्ज़े में कर लेना, अधिकार में कर लेना, हथिया लेना, पा जाना। *n.* 1. the act of capturing, बंदीकरण, गिरफ़्तारी। 2. seizure, जब्ती। 3. one who is caught or seized, वह जिसे पकड़ा या ज़ब्त किया गया हो, बंदी व्यक्ति या पकड़ा हुआ माल। 4. booty, लूट, लूट का माल।

**car** (काः) *n.* an automobile, कार, यान; a dining car, भोजनयान।

**carat** (कैर्´-अॅट्) *n.* 1. a unit of weight equal to 200 milligrams, कैरट। 2. = karat.

**caravan** (कैर्´-अॅ-वैन्) *n.* 1. a company of travellers journeying together, काफ़िला, कारवाँ। 2. a line of vehicles travelling together, कारों या मोटरों का काफ़िला।

**caravansary** (कैर्-अॅ-वैन्´-सॅ-री) *n.* a large inn for accommodating caravans, वह बड़ी सराय जिसमें काफ़िले ठहरते हों।

**caraway** (कैर्´-अॅ-वे) *n.* a plant and its aromatic seeds, जीरा।

**carbide** (काः´-बाइड्) *n.* a compound of carbon, कारबाइड।

**carbine** (काः´-बीन्/बाइन्) *n.* an automatic rifle with a short barrel, कारबीन।

**carbohydrate** (का:-बो-हाइ´-ड्रेट्) *n.* a chemical compound containing carbon, hydrogen and oxygen such as sugars, starches etc., कारबोहाइड्रेट।

**carbon** (का:´-बॅन्) *n.* 1. a nonmetallic element, कार्बन। 2. a sheet of carbon paper, कार्बन पेपर। 3. a carbon copy, कार्बन से की हुई प्रतिलिपि, कार्बन कापी।

C

**carbon dioxide** *n.* a colourless, odourless incombustible gas formed during respiration, combustion and organic decomposition, कार्बन डाइआक्साइड गैस।

**carboniferous** (का:-बॅ-निफ़्´-अॅ-रॅस्) *adj.* containing or pertaining to carbon or coal, कार्बनी, कार्बनिक।

**carbuncle** (का:´-बंक्-कॅल्) *n.* 1. a painful abscess in the skin, फोड़ा। 2. a bright red gem cut in a knoblike shape, माणिक।

**carburettor** (का:´-बॅ-रॅ-टॅ:) *n.* a device for mixing fuel and air in oil engines, कार्बुरेटर।

**carcass** (का:´-कॅस्) *n.* 1. a dead body of an animal, लाश, शव। 2. the bony part of the body, ठठरी, अस्थिपंजर।

**card**[1] (का:ड्) *n.* 1. a small flat piece of cardboard, कार्ड, पत्रक, पत्र; greeting card, बधाई-पत्र, visiting card, मुलाक़ाती कार्ड। 2. a playing card, ताश का पत्ता। 3. (plu.) a game using playing cards, ताश का खेल। 4. an amusing person, विदूषक, दिल्लगीबाज़। □ **be on the cards,** संभावना होना; **play one's cards right well,** बुद्धिमत्ता का प्रदर्शन करना, सोच-समझकर काम करना।

**card**[2] (का:ड्) *n.* a wire brush for cleaning and combing wool, ऊन साफ़ करने का कंघा, धातु का कंघा। *v.* (carded, carding) to clean or comb with a card, धुनकना, धुनना।

**cardamom** (का:´-डॅ-मॅम्) *n.* a plant and its seeds, इलायची।

**cardboard** (का:ड्´-बो:ड्) *n.* a stiff pasteboard, कार्डबोर्ड, गत्ता।

**cardiac** (का:´-डि-ऐक्) *adj.* 1. of or pertaining to the heart, हृदय-संबंधी। 2. of heart disease, हृदयरोग-संबंधी, हृद्रोग-संबंधी।

**cardiac failure** *n.* a heart attack, हार्ट-अटैक, हृदयाघात, दिल का दौरा।

**cardigan** (का:´-डि-गॅन्) *n.* a sweater with sleeves, opening down the front, आगे से खुला स्वेटर, कार्डीगन।

**cardinal** (का:´-डि-नॅल्) *n.* 1. main, of foremost importance, अत्यंत महत्त्वपूर्ण, मूल, मूलभूत, बुनियादी। 2. of deep red colour, गहरा लाल, लोहित। *n.* an official ranking just below the pope, कार्डिनल।

**cardinal numbers** *n.* (plu.) the whole numbers 1, 2, 3, 8, 9 आदि पूर्ण संख्याएँ।

**cardinal points** *n.* (plu.) the four main points of the compass, पूरब, पश्चिम, उत्तर, और दक्षिण (चार मुख्य दिशाएँ), दिग्बिंदु।

**cardiogram** (का:´-डि-ओ-ग्राम् / ग्रैम्) *n.* the curved line traced by a cardiograph, कार्डियोग्राम, हृद्लेख।

**cardiograph** (का:´-डि-ओ-ग्राफ़् / ग्रैफ़्) *n.* an instrument used to record graphically the movements of the heart, कार्डियोग्राफ़, हृद्यंत्र।

**cardiologist** (का:´-डि-ऑल्-अॅ-जिस्ट्) *n.* a specialist in cardiology, हृदयरोग विशेषज्ञ।

**cardiology** (का:´-डि-ऑल्-अॅ-जी) *n.* the study of the diseases and functioning of the heart, हृद्विज्ञान।

**care** (कॅंअॅ:) *n.* 1. caution, सावधानी। 2. serious attention, ध्यान, देखभाल। 3. supervision, protection, देखरेख, हित-रक्षा। 4. worry, anxiety, चिंता। *v.* (cared, caring) 1. to be concerned, चिंतित होना, चिंता करना। 2. to be interested, परवाह करना, देखभाल करना, हित-रक्षा करना; The rotary club cares for the child, रोटरी क्लब बालकों की हित-रक्षा करता है या रोटरी क्लब बालकों का हितरक्षक है। 3. to object to mind, आपत्ति करना या होना। 4. to feel willing, उत्सुक होना। □ **care for,** देखरेख या निगरानी करना; **care of,** किसी के पते पर

द्वारा; **take care,** सावधानी बरतना; **take care of,** देखरेख करना।

**career** (कॅ-रिअॅ:) ***n.*** 1. a chosen pursuit, life work, जीविका, पेशा। 2. progress, प्रगति। ***adj.*** professional, व्यावसायिक, काम-काजी।

**career woman** ***n.*** a woman who works permanently, काम-काजी औरत।

**carefree** (कॅंअॅ:´-. फ्री) ***adj.*** free from worry or responsibility, निश्चिंत, बेफ़िक्र।

**careful** (कॅंअॅ:´-फुल्) ***adj.*** 1. cautious, सावधान, सतर्क। 2. done with care, सावधानी-भरा, सतर्कतापूर्ण। 3. painstaking, श्रमसाध्य।

**carefully** (कॅंअॅ:´-फु-ली) ***adv.*** cautiously, सावधानी से, सोच-समझकर।

**careless** (कॅंअॅ:´-लिस्) ***adj.*** 1. inattentive, असावधान। 2. negligent, प्रमादी। 3. inconsiderate, अविचारी, अविचारपूर्ण।

**carelessness** (~ -निस्) ***n.*** the state of being careless, असावधानी, प्रमाद।

**caress** (कॅ-रॅस्´) ***n.*** 1. a gentle touch or gesture of fondness, लाड़, दुलार, लाड़-प्यार। 2. a kiss, चुंबन। ***v.*** 1. to touch lovingly, लाड़ करना, प्यार करना, दुलराना। 2. to kiss, चुंबन लेना, चूमना।

**caret** (कैर्´-इट्) ***n.*** a proof-reading mark (^) to show omission, काकपद, लोपचिह्न।

**caretaker** (कॅंअॅ:´-टे-कॅ:) ***n.*** a person who looks after a house, school or land when the owner is absent, मालिक की गैरहाजिरी में, देखभाल करनेवाला।

**caretaker government** ***n.*** a government holding office temporarily till another is elected, अस्थायी सरकार, कामचलाऊ सरकार।

**careworn** (कॅंअॅ:´-वो:न्, कॅंअॅ:-वार्न्) ***adj.*** showing signs of worry, चिंताग्रस्त।

**cargo** (का:´-गो) ***n.*** the freight carried by a ship, plane or vehicle, माल।

**cargo ship** ***n.*** the ship that carries goods, मालवाहक जहाज़, मालपोत।

**caricature** (कैर्´-इ-कॅ-चॅ:) ***n.*** a pictorial representation of someone or something that exaggerates certain characteristics for comic effect, व्यंग्यचित्र, विरूपचित्र, विरूपचित्रण। ***v.*** to make a caricature of, व्यंग्यचित्र बनाना।

**caries** (कॅंअॅर्´-ईज़्) ***n.*** 1. decay of a bone, अस्थिक्षय। 2. decay of a tooth, दंतक्षय।

**carload** (का:´-लोड्) ***n.*** the amount a car is able to carry, गाड़ी-भर बोझ, गाड़ी का बोझ।

**carmine** (का:´-माइन्) ***adj.*** having deep red colour, किरमिजी। ***n.*** a deep red colour, किरमिजी रंग।

**carnage** (का:´-निज्) ***n.*** massive slaughter, ख़ून-ख़राबा, मारकाट, नरसंहार।

**carnal** (का:´-नॅल्) ***adj.*** 1. bodily, शारीरिक। 2. sensual, sexual, यौन-संबंधी; **carnal pleasures,** भोगविलास।

**carnation** (का:-ने´-शॅन्) ***n.*** a plant and its flower, कार्नेशन। ***adj.*** pink, गुलाबी।

**carnival** (का:´-नि-वॅल्) ***n.*** a fete, आनंदोत्सव, आनंद-मेला।

**carnivore** (का:´-नि-वो:) ***n.*** a flesh eating animal, मांसाहारी जीव, मांसभक्षी।

**carnivorous** (का:´-निव्-अॅ-रॅस्) ***adj.*** feeding on flesh, मांसाहारी, मांसभक्षी।

**carol** (कैर्-अॅल्) ***n.*** 1. a joyful song, आनंदगान, आनंदगीत। 2. a hymn, भजन।

**carousal** (कॅ-रॉउज़्´-अॅल्) ***n.*** drinking and merry-making, सुरापान और आमोद-प्रमोद।

**carouse** (कॅ-रॉउज़्´) ***v.*** to drink excessively, ख़ूब मदिरापान करना।

**carousel** (कैर्´-अॅ-सॅल्) ***n.*** a circular moving belt that rotates like a merry-go-round, दोलन-पट्टी।

**carp** (का:प्) ***v.*** 1. to find fault, मीन-मेख या दोष निकालना। 2. to complain continuously and unnecessarily, बराबर और बेवजह शिकायत करते रहना।

**car park** ***n.*** a place for parking the cars, कार पार्क।

**carpel** (का:´-पॅल्) ***n.*** the pistil of a flower, गर्भकेसर।

**carpenter** (का:´-पॅन्-टॅ:) ***n.*** one who makes and repairs wooden furniture, बढ़ई।

**carpentry** (का:´-पॅन्-ट्री) ***n.*** the art or work of a carpenter, बढ़ईगीरी।

C

**carpet** (का:´-पिट्) *n.* a woollen covering for a floor, कालीन, गलीचा। *v.* to cover with a carpet, क़ालीन बिछाना।

**carriage** (कैर्´-इज्) *n.* 1. a four-wheeled horse-drawn passenger vehicle, टमटम। 2. a four-wheeled vehicle, चौपहिया गाड़ी, यान, वाहन। 3. the act of moving goods from one place to another, परिवहन, ढुलाई। 4. the freight, भाड़ा। 5. a movable part of a machine, मशीन का सचल पुर्ज़ा। 6. the posture of the body, चाल-ढाल, ठवन, मुद्रा। 7. structure, ढाँचा। 8. management, प्रबंध, व्यवस्था।

**carrier** (कैर्´-इ-अं:) *n.* 1. a person who carries goods, कुली, भारवह। 2. a vehicle that carries goods, माल ढोनेवाली गाड़ी, छकड़ा। 3. an extra seat on a cycle, कैरियर। 4. a person or thing that carries something, वाहक, हरकारा। 5. one who transmits germs to others, रोगवाहक।

**carrier pigeon** *n.* a homing pigeon trained to carry messages, संदेशवाहक कपोत।

**carrion** (कैर्´-इ-अंन्) *n.* 1. rotten flesh, सड़ा-गला मांस। 2. something rotten, सड़ा-गला पदार्थ।

**carrot** (कैर्´-अंट्) *n.* a plant and its root, गाजर।

**carry** (कैर्´-ई) *v.* (carried, carrying) 1. to take something from one place to another, उठाकर ले जाना, लादकर ले जाना, वहन करना, ढोना, पहुँचाना। 2. to keep or have on one's person, पास या साथ रखना। 3. to bear, सँभालना, उठाना। 4. to involve, to entail, लगा रहना, संयुक्त होना; The crime carries a life sentence, इस जुर्म की सज़ा उम्रक़ैद है। 5. to extend, बढ़ाना, खींचना; Don't carry modesty too far, विनम्रता की अति मत करो। 6. to bring or communicate, लाना, बतलाना। 7. to win or capture, जीतना, पराभूत करना, क़ब्ज़े में करना। 8. to secure the passage of a bill, motion etc., पारित करना। 9. to cover a range, दूरी तय करना। 10. to include or contain (as the content), शामिल करना, सम्मिलित करना। 11. to print or broadcast, मुद्रित या प्रसारित करना। 12. to move in a certain way, आचरण करना। 13. to be pregnant, गर्भवती होना। 14. to offer for sale, बिक्री के लिए उपलब्ध कराना। 15. to keep in stock, स्टॉक में रखना। □ **carry on,** चलाए चलना, जारी रखना; **carry out,** कार्यान्वित करना।

**carry-all** (कैर्´-ई-आ:ल्) *n.* a large or roomy bag, बड़ा थैला।

**carry-on** (कैर्´-ई-ऑन्) *n.* a small bag that can be carried aboard a plane, वह थैला या छोटा सूटकेस जिसे विमान में यात्री अपने साथ रख सकते हों।

**carry-out** (कैर्´-ई-आउट्) *adj.* taken out, जिसे साथ ले जाया जा सकता हो।

**carsick** (का:´-सिक्) *adj.* nauseated from riding in a car, जिसे कार में बैठने पर घबराहट महसूस होती हो, सिर चकराता हो या उल्टियाँ होती हों।

**cart** (का:ट्) *n.* a two-wheeled vehicle used for carrying loads, छकड़ा, ठेला, गाड़ी। □ **put the cart before the horse,** to reverse the usual order, उलटा काम करना। *v.* 1. to carry in a cart, छकड़े या गाड़ी द्वारा ढोना। 2. to remove, ले जाना, हटा देना।

**cartage** (का:´-टिज्) *n.* 1. the act of transporting by cart, ढुलाई। 2. the cost of transporting by cart, गाड़ी-भाड़ा।

**cartel** (का:´-टेंल्) *n.* 1. an association of business organisations, उद्योग-संघटन। 2. combination of political groups for common action, राजनीतिक दलों का गठबंधन।

**cartilage** (का:´-टि-लिज्) *n.* an elastic tissue found round the joints, कार्टिलेज, कुरकुरी, उपास्थि।

**cartographer** (का:´-टॉग्´-रॅ-फ़ॅ:) *n.* an expert in cartography, मानचित्रकार।

**cartography** (का:-टॉग्´-रॅ-फ़ी) *n.* art of drawing maps, charts etc., मानचित्रण।

**carton** (का:´-टॅन्) *n.* 1. a cardboard box for containing goods, गत्ता बॉक्स, गत्ते का डिब्बा, कार्टन। 2. the amount it contains,

बक्सा-भर सामान।

**cartoon** (का:-टून्´) *n.* a satirical drawing or caricature, व्यंग्यचित्र, कार्टून।

**cartoonist** (का:-टू´-निस्ट्) *n.* an artist who draws cartoons, व्यंग्यचित्रकार।

**cartridge** (का:´-ट्रिज्) *n.* a metal case containing explosive and a bullet for a rifle etc., कारतूस।

**cartridge belt** *n.* a belt worn round the waist or over the shoulder to carry a number of cartridges, कारतूस की पेटी।

**carve** (का:व्) *v.* 1. to form or inscribe by cutting or chipping wood, stone etc., तराशना, खुदाई करना, नक़्क़ाशी करना; पत्थर आदि को कुरेदकर या छील-गढ़कर मूर्ति बनाना। 2. to divide into pieces, टुकड़े करना। ☐ **carve out,** बनाना, निर्मित करना।

**carving** (का:´-विंग्) *n.* something made by cutting or chipping, तराश कर बनाई गई मूर्ति, नक़्क़ाशीदार वस्तु।

**cascade** (कैस्-केड्´) *n.* 1. a waterfall, झरना, जल-प्रपात। 2. something falling like this, प्रपात, झरना। *v.* 1. to fall like a cascade, झरने की तरह गिरना। 2. to flow like a waterfall, झरने की तरह बहना।

**case**[1] (केस्) *n.* 1. a specific instance, an example of something, उदाहरण। 2. an occurrence of disease or injury, बीमारी की घटना, हादसा। 3. a person attended by a doctor, solicitor etc., मुवक्किल। 4. a question, problem or matter, समस्या, विषय, मामला। 5. a law suit, मुकदमा, वाद। 6. something being investigated by police, मामला। 7. a set of facts or arguments, तथ्यों या तर्कों का समूह। 8. the form of a noun or pronoun that shows its relation to another word, कारक। ☐ **as a special case,** ख़ास लिहाज़ करते हुए; **in any case,** हर हालत में; **in case,** यदि ऐसा हुआ तो; **in no case,** under no circumstances, कदापि नहीं, हरगिज़ नहीं।

**case**[2] (केस्) *n.* 1. a container or suitcase, बक्सा, बक्स, पेटी। 2. an outer cover, डिब्बा। 3. a covering, आवरण। 4. a compartmented wooden tray for storing printing types, केस। *v.* to enclose in a case, बक्स में बंद करना।

**casebook** (केस्´-बुक्) *n.* a record of legal or medical cases, विधि या चिकित्सा-संबंधी मुकदमों या मामलों की पुस्तक या संकलन।

**case history** *n.* a record of person's medical background, रोगीवृत्त।

**case law** *n.* law based on judicial decisions given in earlier case, दृष्टांत-विधि।

**case study** *n.* a study of the personal histories and circumstances of a person, व्यक्तिवृत्त का अध्ययन।

**cash** (कैश्) *n.* 1. readily available money, नक़द, नक़दी, रोकड़; cash balance, रोकड़ बाकी। 2. money in the form of currency, रुपया-पैसा, मुद्रा; hard cash, नक़द। *v.* 1. to exchange (a cheque etc.,) for cash, भुनाना। 2. to pay in cash, नक़द देना, नक़द चुकाना। ☐ **cash in,** फ़ायदा उठाना, लाभ प्राप्त करना।

**cashable** (कैश्´-अॅ-बॅल्) *adj.* that can be cashed, जिसे भुनाया जा सके।

**cashew** (कैश्´-ऊ) *n.* a tree and its nut, काजू।

**cashier** (कै-शिअॅ:´) *n.* 1. a person responsible for money receipts and payments in a shop, रोकड़िया, मुनीम। 2. an official in a bank or office responsible for handling cash, ख़ज़ांची।

**cashmemo** (कैश्´-मॅम्-ओ) *n.* a memo for goods delivered against cash, नक़दी पुर्ज़ा।

**cashmere** (कैश्´-मीर्) *n.* a fine soft wool from Kashmir, कश्मीरी ऊन।

**cash register** *n.* a register in which the money received and paid is recorded, रोकड़।

**casing** (के´-सिंग्) *n.* a protective case or cover, आवरण, खोल।

**casino** (कॅ-सी´-नो) *n.* a public building for gambling and other amusements, आमोदशाला, जुआघर।

**cask** (कास्क्, कैस्क्) *n.* 1. a barrel, पीपा। 2. the

amount a cask holds, पीपा-भर सामान।

**casket** (कास्´ / कैस्´-किट्) ***n.*** 1. a small box or chest, संदूकची, मंजूषा। 2. a coffin, शवपेटिका, ताबूत।

**cassette** (कॅ-सेंट्´) ***n.*** a small container for magnetic tape, कैसेट।

**cassock** (कैस्´-अॅक्) ***n.*** a long garment worn by certain clergymen, लबादा।

C

**cast** (कास्ट्, कैस्ट्) ***v.*** (cast, casting) 1. to throw or drop, फेंकना, डालना। 2. to throw off, to remove, फेंक, छोड़ या गिरा देना। 3. to give (one's vote), देना, डालना। 4. to turn or direct, मोड़ना, डालना; to cast a glance, दृष्टि डालना। 5. to select actors for a play or to assign a role to, पात्र बनाना, भूमिका निर्धारित करना। 6. to form by moulding, साँचे में ढालना। 7. to calculate, जोड़ना, बनाना; to cast a horoscope, जन्मपत्री बनाना। □ **cast aside,** छोड़ या निकाल देना; **cast down,** उदास होना। ***n.*** 1. an act of throwing, प्रक्षेपण। 2. something moulded, ढलवाँ पदार्थ। 3. a mould, साँचा। 4. a group of actors assigned roles, पात्र-सूची। 5. a hue, shade, रंगत। 6. outward appearance, शक्ल-सूरत। 7. something shed or thrown off, फेंकी, छोड़ी या उतारी हुई वस्तु। 8. a small pile of earth thrown out of the ground by worms, कीड़ों द्वारा खोदकर बनाई हुई मिट्टी की ढेरी।

**caste** (का:स्ट्, कैस्ट्) ***n.*** any of the major hereditary classes into which Hindu Society is divided, जाति, वर्ण।

**casteism** (का:स्´-टॅ-इज़्-अॅम्) ***n.*** the act of favouring the persons of one's own caste, जातिवाद।

**caste system** ***n.*** the hereditary division of Hindu Society based on class differences, जाति-प्रथा, वर्ण-व्यवस्था।

**castigate** (कैस्´-टि-गेट्) ***v.*** to chastise severely, प्रताड़ित करना, डाँटना-फटकारना।

**castigation** (कैस्-टि-गे´-शॅन्) ***n.*** an act of castigating, प्रताड़न, डाँटना-फटकारना, डाँट-फटकार।

**casting** (का:स्´-टिंग्, कैस्´-टिंग्) ***n.*** 1. an object that has been cast, साँचे में ढली वस्तु। 2. the choosing of actors for a play, नाटक के लिए पात्रों का चुनाव, पात्र-चयन। 3. the list of such actors, पात्र-सूची।

**cast iron** ***n.*** a hard but easily breakable type of iron, कांति लोहा, ढलवाँ लोहा।

**castle** (कैस्´-अॅल्) ***n.*** 1. a fortified building or group of buildings, क़िला, दुर्ग। 2. the rook in chess, (शतरंज में) हाथी, रुख़।

**castor oil** ***n.*** an oil extracted from the seeds of a castor plant, एरंड या रेंड़ी का तेल।

**castrate** (कैस्´-ट्रेट्) ***v.*** to remove the testicles, बधिया करना।

**casual** (कैज़्ह्´-उ-अॅल्) ***adj.*** 1. happening by accident, आकस्मिक; casual leave, आकस्मिक छुट्टी। 2. informal, अनौपचारिक; casual clothes, अनौपचारिक वस्त्र। 3. irregular, अनियमित; casual labourers, अनियमित मज़दूर।

**casually** (कैज़्ह्´-उ-अॅ-ली) ***adv.*** by chance, यों ही, संयोग से, अकस्मात्।

**casualty** (कैज़्ह्´-उ-अॅल्-टी) ***n.*** 1. a person who is killed or wounded in an accident or war, हत या आहत, मृत या घायल व्यक्ति। 2. a disastrous accident, दुर्घटना।

**cat** (कैट्) ***n.*** 1. a small domesticated animal which catches rats, बिल्ली; a wild cat, जंगली बिल्ली। 2. a spiteful or malicious woman, ईर्ष्यालु या विद्वेषी स्त्री। □ **cat and dog life,** लड़ाई-झगड़े का जीवन; **rain cats and dogs,** मूसलाधार वर्षा होना, भारी वर्षा होना; **let the cat out of the bag,** (अनजाने ही) रहस्य प्रकट कर देना, भेद बतला देना।

**catalepsy** (कैट्´-अॅ-लेंप्-सी) ***n.*** a type of illness in which there is lack of awareness of environment and lack of response to external stimuli, मूर्च्छा, मिर्गी, अपस्मार।

**catalogue, catalog** (कैट्´-अॅ-लॉग्/ला:ग्) ***n.*** 1. a descriptive itemized list, सूचीपत्र। 2. a list, सूची। ***v.*** to list in a catalogue.

सूचीपत्र में सम्मिलित करना, सूचीपत्र में डालना, सूची बनाना।

**cataloguer** (कैट्´-अॅ-लॉग्-अॅ:) ***n.*** one who lists in or makes a catalogue, सूचीकार।

**catalyst** (कै´-टॅ-लिस्ट्) ***n.*** 1. a substance that causes chemical reaction much faster, वह पदार्थ जो रासायनिक परिवर्तन तेजी से लाए, उत्प्रेरक। 2. a person or thing that causes a change, परिवर्तन लानेवाला व्यक्ति या वस्तु।

**catapult** (कैट्´-अॅ-पुल्ट्) ***n.*** an apparatus for hurling missiles, गुलेल। ***v.*** to shoot forth from the catapult, गुलेल से गुलेला छोड़ना।

**cataract** (कैट्´-अॅ-रैक्ट्) ***n.*** 1. a large waterfall, बहुत बड़ा जलप्रपात। 2. partial or total opacity of the lens of the eye, मोतियाबिंद।

**catarrh** (कॅ-टा:´) ***n.*** inflammation of a nose accompanied by a watery discharge, जुकाम, नज़ला।

**catarrhal** (कॅ-टार्´-अॅल्) ***adj.*** of catarrh, जुकाम-संबंधी।

**catastrophe** (कॅ-टैस्´-ट्रॅ-फ़ी) ***n.*** a sudden disaster, आकस्मिक विपत्ति, महाविपत्ति, तबाही।

**catcall** (कैट्´-का:ल्) ***n.*** a cry or whistle expressing disgust or disapproval, (दर्शकों या श्रोताओं के रोष का सूचक) हुल्लड़, शोर-शराबा, हूटिंग। ***v.*** to utter such a call at, हुल्लड़ करना, सीटी बजाना।

**catch** (कैच्) ***v.*** (caught, catching) 1. to capture, पकड़ लेना, पकड़ना। 2. to capture in a net or snare, to entangle or get entangled, फाँस लेना, फँसा लेना, उलझा लेना; A bush caught her *sari*. उसकी साड़ी झाड़ी में उलझ गई। 3. to detect in an act, रँगे हाथ पकड़ लेना। 4. to hold a flying object, लपक लेना, पकड़ लेना। 5. to reach in time to board, (समय पर पहुँचकर गाड़ी या बस) पकड़ना। 6. to become infested with, पकड़ लेना, ग्रस्त होना; to catch a cold, सर्दी लग जाना। 7. to attract, आकृष्ट करना; She tried to catch his eyes, उस (लड़की) ने उस (लड़के) का ध्यान खींचने का प्रयास किया। 8. to grasp or comprehend, समझ जाना, बुद्धि में आना; I couldn't catch your meaning, मैं आपका मतलब समझ नहीं पाया। 9. to charm, सम्मोहित करना। 10. to see or hear, देखना, सुनना। 11. to hit, मारना; The blow caught him on the eye, मुक्का उसे आँख पर लगा। □ **catch on,** (i) समझना; (ii) लोकप्रिय होना। ***n.*** 1. the act of catching, पकड़ने की क्रिया या भाव। 2. something caught, पकड़ी हुई वस्तु। 3. a concealed difficulty or disadvantage, झंझट, परेशानी।

**catching** (कैच्´-इंग्) ***adj.*** 1. attractive, आकर्षक। 2. alluring, लुभावना, मोहक। 3. contagious, संक्रामक, छुतहा।

**catchment area** ***n.*** the area from which a river gets its water, जलग्रहण-क्षेत्र।

**catchy** (कैच्´-ई) ***adj.*** 1. easily remembered, सहज-स्मरणीय। 2. deceptive, छलपूर्ण।

**catechism** (कैट्´-अॅ-किज़्-अॅम्) ***n.*** 1. a set or series of questions and answers (for Christian religious instruction), ईसाई धर्म की प्रश्नोत्तरी। 2. a set of questions and answers, किसी व्यक्ति से पूछे गए या पूछे जानेवाले प्रश्न, प्रश्नमाला।

**catechist** (कैट्´-अॅ-किस्ट्) ***n.*** a missionary who puts questions to a person (belonging to another religion), प्रश्नकर्ता।

**categorical** (कैट्-अॅ-गॉर्´-इ-कॅल्) ***adj.*** 1. unconditional, without conditions, बिना शर्त का, दोटूक, सुनिश्चित, सुस्पष्ट। 2. of a category, वर्गीय।

**categorically** (कैट्-अॅ-गॉर्´-इ-कॅ-ली) ***adv.*** clearly, साफ़-साफ़, स्पष्ट रूप से।

**categorize** (कैट्´-अॅ-गॅ-राइज़्) ***v.*** to put in a category, श्रेणी में रखना, श्रेणीबद्ध करना।

**category** (कैट्´-अॅ-गॅ-री) ***n.*** a class or group, श्रेणी, वर्ग, जमात, कोटि, संवर्ग।

**catenary** (कैट्´-अॅ-नेर्-ई) ***n.*** a curve formed by a hanging chain fixed at two points, झूलन, झूला। □ **catenary bridge,** झूलन पुल।

**cater** (के´-टॅ:) ***v.*** to provide and serve food and drink, खाने-पीने को देना,

C

परोसना, खान-पान का प्रबंध करना।

**caterer** (के´-टॅर्-अॅ:) ***n.*** a person who supplies food and drink at parties, केटरर, भोज-प्रबंधक।

**catering** (के´-टॅ-रिंग्) ***n.*** the act of supplying food and drink at parties, खान-पान व्यवस्था, भोज-व्यवस्था।

C

**caterpillar** (कैट्´-अॅ:-पिल्-अॅ:) ***n.*** a larva of a moth, सूँडी, इल्ली।

**cathartic** (कॅ-था:´-टिक्) ***adj.*** of or producing catharsis, रेचक, दस्तावर।

**cathedral** (कॅ-थी´-ड्रॅल) ***n.*** 1. the principal church of a diocese, धर्मप्रांत का मुख्य गिरजाघर, कथेड्रिल। 2. cathedral utterance, गिरजे के मुख्य आसन से दिया गया प्रवचन।

**catheter** (कैथ्´-अॅ-टॅ:) ***n.*** a tube inserted in a bodily cavity for putting in or taking out liquids, रबर की नली, कैथीटर।

**Catholic** ***n.*** a member of the Roman Catholic Church, कैथोलिक ईसाई। ***adj.*** of Catholics, कैथोलिक।

**catholic** (कैथ्´-अॅ-लिक्) ***adj.*** 1. universal, सनातन, सामान्य, विश्वीय। 2. broadminded, उदारमना, सहिष्णु।

**Catholicism** (कॅ-थॉल्´-इ-सिज़्-अॅम्) ***n.*** the doctrine of the Roman Catholic Church, कैथोलिकवाद।

**catling** (कैट्´-लिंग्) ***n.*** a young one of a cat, बिल्ली का बच्चा, बिलौटा।

**catnap** (कैट्´-नैप्) ***n.*** a light sleep, झपकी।

**catnip** (कैट्´-निप्) ***n.*** an aromatic plant, पुदीना।

**cat's eye** ***n.*** a gem reflecting light, लहसुनिया।

**cat's paw** ***n.*** a person used by another as a tool, दूसरे की अंगुलियों पर नाचनेवाला व्यक्ति।

**cattiness** (कैट्´-इ-निस्) ***n.*** spite, ईर्ष्या, डाह।

**cattle** (कैट्´-अॅल्) ***n.*** (plu.) large four-footed horned mammals, मवेशी, डंगर, ढोर, गाय-भैंस; cattle pound काँजी हाउस; cattle raising पशुपालन।

**catty** (कैट्´-ई) ***adj.*** spiteful, ईर्ष्यालु, विद्वेषी, डाह करनेवाला।

**catwalk** (कैट्´-वा:क्) ***n.*** a narrow walk along a bridge, पुल के किनारे का सँकरा रास्ता।

**Caucasian** (का:-के´-शॅन्/ज़्हॅन्) ***n.*** a member of the light-skinned division of humanity, काकेशस का निवासी।

**caucus** (का:´-कॅस्) ***n.*** 1. a meeting of a small group of political party leaders to decide policy etc., पार्टी के कुछ नेताओं की बैठक। 2. those who attended the caucus, गुट के लोग।

**caudal** (का:´-डॅल्) ***adj.*** at or near the tail, पूँछ का, पुच्छीय।

**caught** (का:ट्) ***v.*** p.t. & p.p. of catch.

**caul** (का:ल्) ***n.*** a membrane which covers the baby before birth, जरायु, खेड़ी।

**cauldron** (का:ल्´-ड्रॅन्) ***n.*** a large open metal pot, कड़ाहा, हंडा।

**cauliflower** (का:´-लि-फ़्लाउ-अॅ:) ***n.*** a cabbage like plant, फूलगोभी।

**causal** (का:´-ज़ल्) ***adj.*** being or constituting a cause, जो कारण के रूप में हो, कारणात्मक।

**causality** (का:-ज़ैल्´-इ-टी) ***n.*** the relationship between a cause and its effect, कार्य-कारण-संबंध।

**causation** (का:-ज़े´-शॅन्) ***n.*** 1. causality, कार्य-कारण-संबंध। 2. the causing of an effect, कार्योत्पादन।

**causative** (का:´-ज़ॅ-टिव्) ***adj.*** 1. acting as a cause, कारणात्मक। 2. showing that the subject of a verb is the cause of an action, प्रेरणार्थक।

**cause** (का:ज़्) ***n.*** 1. a thing or person which produces an effect, कारण। 2. a reason, कारण; There is no cause for anxiety, चिंता का कोई कारण नहीं। 3. a goal or principle, उद्देश्य, सिद्धांत। 4. the ground for legal action, वाद-विषय, वादकारण। ***v.*** 1. to be the cause of, कारण होना या बनना। 2. to produce, उत्पन्न करना, पैदा करना। 3. to make happen, अस्तित्व में लाना, घटित करना, क्रियान्वित करना।

**causeless** (का:ज़्´-लिस्) ***adj.*** having no known cause, अकारण, बिना कारण का।

**causelist** (का:ज़्´-लिस्ट्) *n.* a list of causes, वादसूची।

**causeway** (का:ज़्´-वे) *n.* a raised roadway across water or marshland, सेतुपथ।

**caustic** (का:स्´-टिक्) *adj.* 1. able to burn, corrode or dissolve, क्षारक, कास्टिक। 2. bitter, कटु, कड़वा, अप्रिय। *n.* a caustic substance, क्षार।

**caution** (का:´-शॅन्) *n.* 1. something intended or serving as a warning, चेतावनी। 2. alertness, सावधानी, अवधान; caution money अवधान राशि। *v.* to warn to be careful, to put on guard, सावधान या सचेत करना, चेतावनी देना।

**cautionary** (का:-शॅ-नॅ-री, -नॅर्-ई) *adj.* 1. giving a warning, चेतावनी देनेवाला, चेतावनी-भरा। 2. giving advice, मंत्रणासूचक।

**cautious** (का:´-शॅस्) *adj.* showing or having caution, सावधान या सावधानी-भरा, सतर्क या सतर्कतापूर्ण।

**cautiously** (~ -ली) *adv.* in a cautious manner, सावधानी से, सतर्कतापूर्वक।

**cautiousness** (का:´-शॅस्-निस्) *n.* the state or quality of being cautious, सतर्कता, सावधानी।

**cavalcade** (कैव्´-ॲल्-केड्) *n.* 1. a procession of horsemen, carriages, vchicles etc, घुड़सवारों का जुलूस, मोटर-गाड़ियों की शोभायात्रा। 2. a colourful procession, जुलूस, शोभायात्रा।

**cavalier** (कैव्-ॲ-लिॲ:) *n.* 1. a horseman, अश्वारोही। 2. an armed horseman, सशस्त्र अश्वारोही। 3. a man escorting a woman, महिला की रक्षा के लिए उसके साथ चलनेवाला व्यक्ति। *adj.* 1. haughtly, घमंडी। 2. arrogant, अक्खड़। 3. offhand, गुस्ताखी-भरा।

**cavalry** (कैव्´-ॲल्-री) *n.* an army of horsemen, अश्वारोही सेना, घुड़सवार सेना।

**cavalryman** (कैव्´-ॲल्-रि-मॅन्) *n.* a soldier who fights on horseback, अश्वारोही सैनिक।

**cave** (केव्) *n.* a deep natural hollow place, गुफा, कंदरा, ख़ंदक। *v.* 1. to collapse, ध्वस्त हो जाना। 2. to yield, झुक जाना।

**caveman** (कैव्´-मॅन्) *n.* 1. one who lives in a cave, गुफावासी, कंदरावासी। 2. a rough and rude person, जंगली।

**cavern** (कैव्´-ॲ:न्) *n.* a large cave, बड़ी गुफा, गहरी कंदरा।

**cavil** (कैव्´-इल्) *v.* to raise trivial objections, नुक्ताचीनी करना, व्यर्थ आपत्ति करना। *n.* a trivial objection, छोटी-मोटी आपत्ति।

**cavity** (कैव्´-इ-टी) *n.* a hollow or hole, छिद्र, खोड़, गड्ढा।

**caw** (का:) *n.* the hoarse cry of a crow, काँव-काँव, काँकाँ। *v.* to make this sound, काँव-काँव करना।

**cease** (सीस्) *v.* 1. to come to an end, ख़त्म होना, बंद होना, रुक जाना। 2. to bring to an end, ख़त्म करना, बंद करना, रोक देना। *n.* the act of ceasing, समाप्ति, खात्मा। □ **without cease,** without ceasing, बिना रुके या बंद हुए, लगातार, निरंतर।

**cease-fire** (सीस्´-फ़ाइ:) *n.* 1. a suspension of active hostilities, लड़ाई-बंदी, युद्ध-स्थगन, युद्धविराम। 2. a truce, विरामसंधि।

**ceaseless** (सीस्´-लिस्) *adj.* unending, continuous, endless, निरंतर, लगातार, अनवरत।

**ceaselessly** (~ -ली) *adv.* endlessly, अनवरत रूप से, बराबर, लगातार।

**cedar** (सी´-डॅ:) *n.* a tall evergreen tree, देवदार।

**ceiling** (सी´-लिंग्) *n.* 1. the undersurface of the top of a room, छत, भीतरी छत; ceiling fan, छत का पंखा। 2. an upper limit, उच्चतम सीमा।

**celebrate** (सॅल्´-ॲ-ब्रेट्) *v.* 1. to observe (a day or event), (दिन या त्योहार) मनाना। 2. to make merry at such occasions, आनंद मनाना। 3. to perform (a religious ceremony), (उत्सव) मनाना, (अनुष्ठान) करना। 4. to praise, प्रशंसा करना।

**celebrated** (सॅल्´-ॲ-ब्रे-टिड्) *adj.* famous, well-known, प्रसिद्ध, मशहूर, विख्यात।

**celebration** (सॅल्-ॲ-ब्रे´-शॅन्) *n.* 1. the act of celebrating, मनाने की क्रिया या भाव,

C

अनुष्ठान। 2. an occasion of celebrating, समारोह, उत्सव, मेला।

**celebrity** (सॅ-लॅब्´-रि-टी) ***n.*** 1. a famous person, प्रसिद्ध व्यक्ति, यशस्वी व्यक्ति। 2. fame, प्रसिद्धि, यश, ख्याति।

**celery** (सॅल्´-अॅ-री) ***n.*** a garden plant, अजवायन।

C

**celestial** (सॅ-लॅस्´-चल्) ***adj.*** 1. of or belonging to the sky, आकाशस्थ, खगोलीय। 2. of heaven, दिव्य, स्वर्गीय।

**celibacy** (सॅल´-इ-बॅ-सी) ***n.*** the state or condition of being celibate, कुँआरापन, ब्रह्मचर्य।

**celibate** (सॅल्´-इ-बिट्) ***adj.*** unmarried, कुँआरा, ब्रह्मचारी। ***n.*** an unmarried person, कुँआरा आदमी या कुँआरी औरत।

**cell** (सॅल्) ***n.*** 1. a narrow small room, कोठरी। 2. a very small division of living matter able to act independently, कोशिका, कोशाणु। 3. a small group of a political organisation, सेल। 4. a device for producing electric current by chemical action, सेल।

**cellar** (सॅल्´-अॅ:) ***n.*** 1. a basement, गर्भगृह। 2. an underground room, तहख़ाना।

**cellophane** (सॅल्´-अॅ-फ़ेन्) ***n.*** a thin transparent material used as a moisture-proof wrapping, सेलोफेन, अमरी।

**cellular** (सॅल्´-यॅ-लॅ:) ***adj.*** made of cells, कोशिकीय।

**celluloid** (सॅल्´-यु-लाइड्) ***n.*** a type of plastic. सेलोलायड, जिसका उपयोग सिनेमा की फिल्में बनाने में होता है

**Celsius** (सॅल्´-सि-अॅस्) ***adj.*** centigrade, सेल्सियस, सेंटीग्रेड।

**Celtic** (कॅल्ट्´-इक्) ***adj.*** of the Celts, केल्ट जाति-संबंधी।

**cement** (सि-मॅन्ट्´) ***n.*** a building material of powdered rocks, clay, limestone etc., सीमेंट। ***v.*** 1. to cover or coat with cement, सीमेंट से पक्का करना, सीमेंट करना। 2. to bind with or as if with cement, जोड़ना, बाँध देना, पक्का या दृढ़ करना।

**cemetery** (सॅम्´-अॅट्-री, सॅम्´-इ-टॅर्-ई) ***n.*** a graveyard, क़ब्रिस्तान।

**cenotaph** (सॅन्´-अॅ-टैफ़्) ***n.*** a monument erected in honour of a dead person buried elsewhere, स्मारक।

**Cenozoic era** ***n.*** an era marked by the appearance of birds and mammals, पक्षी युग, स्तनपायी युग।

**censer** (सॅन्´-सॅ:) ***n.*** a container in which incense is burned, धूपदान।

**censor** (सॅन्´-सॅ:) ***n.*** an official who examines news, films, private letters etc. with the power to remove anything harmful, नियंत्रक, सेंसरकर्ता। ***v.*** to examine (news-papers, books, films etc.) with the intention of removing anything offensive, सेंसर करना।

**censorious** (सॅन्-सोर्´-इ-अॅस्) ***adj.*** severely critical, घोर आलोचनात्मक, छिद्रान्वेषी।

**censorship** (सॅन्´-स:-शिप्) ***n.*** 1. the act or process of censoring, नियंत्रण-व्यवस्था, सेंसर-व्यवस्था। 2. the office of the censor, सेंसरकर्ता का पद।

**censurable** (सॅन´-शॅर्-अॅ-बॅल्) ***adj.*** deserving to be censured, निंदनीय, दोषपूर्ण।

**censure** (सॅन्´-शॅ:) ***n.*** 1. strong criticism, कड़ी आलोचना, फटकार। 2. strong condemnation, घोर निंदा या दोषारोपण। 3. an expression of disapproval, असहमति। ***v.*** 1. to rebuke, फटकारना, भर्त्सना करना। 2. to blame, दोषारोपण करना।

**censure motion** ***n.*** a motion for condemnation, निंदा-प्रस्ताव।

**census** (सॅन्´-सॅस्) ***n.*** a periodic count of population (of a country), जनगणना।

**cent** (सॅन्ट्) ***n.*** one 100th of a dollar, सेन्ट (सिक्का)। □ **per cent,** प्रतिशत, फ़ीसदी।

**centaur** (सॅन्´-टो:) ***n.*** a monster said to be half man and half horse, अश्वमानव।

**centenarian** (सॅन्-टि-नॅअॅर्´-इ-अॅन्) ***n.*** a person who is one hundred years old or older, शतजीवी, शतायु महानुभाव।

**centenary** (सॅन्´-टि-नॅर्-ई) ***n.*** = centennial.

**centennial** (सॅन्-टॅन्´-इ-अॅल्) ***adj.*** 1. occurring every 100 years, शतवार्षिक। 2. lasting for 100 years, शतवर्षीय। *n.* a 100th anniversary or celebration, शतवार्षिकी, शती-समारोह, शताब्दी-समारोह।

**centi** (सेंन्´-टि) *prefix.* one hundredth, शतांश।

**centigrade** (सेंन्´-टि-ग्रेड्) *adj.* celsius, सेंटीग्रेड, सेल्सियस।

**centigram** (सेंन्´-टि-ग्रैम्/ग्राम्) *n.* one 100th of a gram, सेंटीग्राम।

**centilitre** (सेंन्´-टि-लि-टॅ:) *n.* one 100th of a litre, सेंटीलीटर।

**centimetre** (सेंन्-टि-मी-टॅ:) *n.* one 100th of a metre, सेंटीमीटर।

**centipede** (सेंन्(-टि-पीड्) *n.* a small crawling creature with many legs, गोजर, कनखजूरा।

**cent per cent** *adj.* hundred per cent, सौ फ़ीसदी, शत प्रतिशत।

**central** (सेंन्´-ट्रॅल्) *adj.* pertaining to or in the centre, केंद्रीय, केंद्रस्थित, केंद्रस्थ। 2. principal, essential, महत्त्वपूर्ण, मुख्य, प्रमुख।

**centralization** (सेंन्-ट्रॅ-लि-ज़े´-शॅन्) *n.* the act of centralizing, केंद्रीकरण, केंद्रण।

**centralize** (सेंन्´-ट्रॅ-लाइज़्) *v.* 1. to bring under a central authority, केंद्रीकरण करना, केंद्र के अधीन करना। 2. to come to a centre, केंद्रित होना।

**centrally** (सेंन्-ट्रॅल्-ई) *adv.* in a centre, केंद्र में; centrally situated, केंद्र में स्थित, केंद्रस्थ।

**centre, center** (सेंन्´-टॅ:) *n.* 1. a middle point of a circle, केंद्र। 2. the middle part, मध्यभाग, केंद्र। 3. a point around which something revolves, केंद्रबिंदु, धुरी। 4. a place of concentrated activity, केंद्र। 5. a political group or party whose views are midway, मध्यममार्गी समूह या दल। *v.* 1. to place in or at the centre, केंद्र में रखना। 2. to gather at a centre, केंद्रित होना।

**centred** (सेंन्´-टॅ:ड्) *adj.* located in the centre, केंद्रस्थित, केंद्रस्थ।

**centrepiece** (सेंन्´-टॅ:-पीस्) *n.* a decorative object placed at the centre of a table, मेज़ के बीचोबीच रखी हुई सजावट की वस्तु, केंद्रसज्जा।

**centrifugal** (सेंन्-ट्रिफ़्´-अॅ-गॅल्) *adj.* moving away from the centre or axis, अपकेंद्री।

**centripetal** (सेंन्-ट्रिप्´-इ-टॅल्) *adj.* moving toward the centre or axis, केंद्राभिमुखी।

**centrist** (सेंन्´-ट्रिस्ट्) *n.* a moderate, मध्यमार्गी, नरमपंथी।

**centurion** (सेंन्-च्युअॅर्´-इ-अॅन्) *n.* a commanding officer of one hundred soldiers, शतपति, सौ सैनिकों का कमांडर।

**century** (सेंन्´-चॅ-री) *n.* 1. a period of 100 years, शताब्दी, शती, सदी। 2. a score of 100 runs, शतक।

**ceramic** (सि-रैम्´-इक्) *adj.* of pottery, मिट्टी (चीनी मिट्टी) के बर्तनों से संबद्ध।

**ceramics** (सि-रैम्´-इक्स्) *n.* (plu.) 1. things made of clay, (चीनी) मिट्टी के बर्तन। 2. the art of making pottery, (चीनी) मिट्टी के बर्तन बनाने की कला।

**cereal** (सिअॅर्´-इ-अॅल्) *n.* foodgrain, अनाज, अन्न। *adj.* made of grains, अनाजी।

**cerebral** (सेंर्´-अॅब्-रॅल्, सेंर्´-अॅ-ब्रॅल्) *adj.* of the brain, मस्तिष्कीय।

**cerebrum** (सेंर्´-अॅ-ब्रॅम्) *n.* the brain, मस्तिष्क।

**ceremonial** (सेंर्-अॅ-मो´-नि-अॅल्) *adj.* 1. of or characterized by ceremony, रस्मी, रिवाजी, प्रथागत। 2. formal, औपचारिक। *n.* 1. ceremony, समारोह। 2. a set of ceremonies for an occasion, अनुष्ठान।

**ceremonious** (सेंर्-अॅ-मो´-नि-अॅस्) *adj.* full of ceremony, elaborately performed, आनुष्ठानिक, औपचारिक, रस्मी।

**ceremony** (सेंर्´-अॅ-मॅ-नी) *n.* 1. a formal act or set of acts prescribed by ritual, custom etc., अनुष्ठान, संस्कार, समारोह। 2. a conventionally polite social act, औपचारिकता।

**certain** (स:´-टॅन्) *adj.* 1. having no doubt, आश्वस्त। 2. definite, निश्चित। 3. inevitable, अनिवार्य। 4. specific or limited

C

but not stated, कोई, कुछ। □ **for certain,** without doubt, निस्संदेह।

**certainly** (~ -ली) ***adv.*** 1. without doubt, निस्संदेह, निश्चय ही। 2. yes, हाँ। 3. something certain, निश्चित बात, होनी।

**certainty** (स:´-टॅन्-टी) ***n.*** 1. the state of being certain, निश्चय, निश्चितता। 2. an established fact, सच्चाई; Our victory is a certainty, हमारी विजय निश्चित है।

**certificate** (सॅ:-टिफ़्´-ॲ-किट्) ***n.*** an official written or printed statement giving certain facts, प्रमाणपत्र, प्रमाणक।

**certified** (स:´-टि-फ़ाइड्) ***adj.*** officially stated as fact, प्रमाणित।

**certify** (स:´-टि-फ़ाइ) ***v.*** to confirm as true or genuine, प्रमाणित करना।

**certitude** (स:´-टि-ट्यूड्) ***n.*** the condition of being certain, निश्चय, निश्चितता।

**cervical** (स:´-वि-कॅल्) ***adj.*** of or pertaining to neck or cervix, ग्रीवा-संबंधी।

**cessation** (सॅ-से´-शॅन्) ***n.*** ceasing, end, अंत, समाप्ति।

**cession** (सॅश्´-ॲन्) ***n.*** giving up, yielding up, दे देना, सौंप देना, अर्पण।

**cesspit** (सॅस्´-पिट्) ***n.*** = cesspool.

**cesspool** (सॅस्´-पूल्) ***n.*** 1. a covered pit or hole for receiving waste or sewage, मलकुंड। 2. a nasty place, अड्डा, केंद्र; cesspool of corruption, भ्रष्टाचार का अड्डा।

**Ceylonese** (सी´-लो-नीज़्) ***adj.*** of Ceylon, श्रीलंका-संबंधी, सिंहली। ***n.*** an inhabitant of Ceylon, श्रीलंका का निवासी।

**chafe** (चेफ़्) ***v.*** 1. to make or become worn or sore from rubbing, रगड़ से छिल जाना या छील डालना। 2. to annoy, खीजना या खिजाना, झुँझलाना, तिलमिलाना।

**chaff** (चैफ़्) ***n.*** 1. the husk of grains, भूसी। 2. the fodder, चारा। 3. a trivial or worthless matter, निकम्मी बात या वस्तु।

**chagrin** (शै´-ग्रिन, शॅ-ग्रिन्´) ***n.*** 1. a feeling of embarrassment, झुँझलाहट, चिढ़। 2. a feeling of humiliation, अपमानित समझने की भावना, अवमानना। 3. disappointment, निराशा।

**chain** (चेन्) ***n.*** 1. a series of metal links, लड़ी, ज़ंजीर, चेन, सिकड़ी। 2. a connected series or sequence, शृंखला, सिलसिला, लड़ी; chain of mountains, पर्वत शृंखला; chain store, भंडार-शृंखला, स्टोर-शृंखला। 3. a number of commercial establishments under common ownership, शृंखला, लड़ी। ***v.*** to bind or tie with a chain, ज़ंजीर से बाँधना या जकड़ना।

**chain-smoker** ( ~ - ॲ:) ***n.*** a person who smokes cigarettes continually, अनवरत धूमपायी, बराबर सिगरेट पीता रहनेवाला।

**chair** (चेअॅ:, चेंअॅ:) ***n.*** 1. a movable seat with a back designed for one person, कुर्सी, चेयर। 2. a seat of office, authority or dignity, आसन, पीठ। 3. one who holds such an office, अध्यक्ष, सभापति। ***v.*** 1. to preside over as chairman of, अध्यक्षता करना, सभापतित्व करना। 2. to install in a chair, कुर्सी पर बैठाना, पदासीन करना।

**chairman** (चेअॅ:´-मॅन्) ***n.*** one who presides over a meeting, सभापति, अध्यक्ष।

**chairperson** (चेअ:´-प:-सॅन्) ***n.*** = chairman.

**chaise** (चेज़्) ***n.*** an open horse-drawn carriage, खुली घोड़ागाड़ी।

**chalk** (चा:क्) ***n.*** a piece of white limestone, used for writing or drawing, खड़िया, चाक। ***v.*** to write with chalk, खड़िया से लिखना। □ **chalk out,** रूपरेखा बतलाना।

**challenge** (चैल्´-इन्ज्) ***n.*** 1. a call or invitation to try one's strength or skill against another, ललकार, चुनौती, आह्वान। 2. a difficult or demanding work, चुनौती-भरा काम, चुनौती। 3. a formal objection, आपत्ति, एतराज, उज्र। ***v.*** 1. to call or invite to try one's strength or skill in a contest, चुनौती देना, ललकारना। 2. to question the rightness or lawfulness, आपत्ति करना। 3. to order to halt and be identified, रोककर पूछताछ करना।

**challenging** (चैल्´-ॲन्-जिंग्) ***adj.*** 1. offering problems that test one's strength or ability, चुनौती-भरा।

**chamber** (चेम्´-बॅं:) ***n.*** 1. a room or hall, कमरा, हॉल, कक्ष, सदन। 2. a bedroom, शयनकक्ष। 3. a reception room, स्वागतकक्ष। 4. an office of a *vakil*, judge, doctor etc., कक्ष, चेंबर, प्रकोष्ठ। 5. a legislative assembly, विधानभवन, सभाभवन। 6. an enclosed space, cavity, गड्ढा, विवर, छेद।

**Chamber of Commerce** ***n.*** वाणिज्य-मंडल, व्यापार-मंडल।

**chamberlain** (चेम्´-बॅं:-लिन्) ***n.*** the officer who manages the household of a king or nobleman, गृह-प्रबंधक।

**chameleon** (कॅ-मी´-लि-ॲन्) ***n.*** 1. a lizard, गिरगिट। 2. a person who changes his behaviour to suit his own purposes, गिरगिट की तरह रंग बदलता रहनेवाला व्यक्ति, गिरगिट।

**champ** (चैम्प्) ***v.*** 1. to bite or chew food noisily, चबड़-चबड़ खाना, इस प्रकार खाना कि मुँह से चबड़-चबड़ शब्द हो। 2. to show impatience, अधीर होना।

**champagne** (शैम्-पेन्´) ***n.*** a white French wine, शैम्पेन।

**champion** (चैम्´-पि-ॲन्) ***n.*** 1. a winner in a contest, विजेता। 2. a player or team who has defeated all others in a competition, सर्वजेता, चैंपियन। 3. one who fights for another person or cause, पक्षधर, समर्थक। ***adj.*** excellent, उत्कृष्ट।

**championship** (चैम्´-पि-ॲन्-शिप्) ***n.*** a competition held to find the champion, प्रतियोगिता, खेल-प्रतियोगिता।

**chance** (चान्स्, चैन्स्) ***n.*** 1. an opportunity, अवसर, मौका। 2. likelihood, probability, संयोग, दैवयोग। 3. luck, भाग्य। □ **by chance,** accidentally, संयोग से। ***v.*** 1. to happen by chance, का संयोग होना; I chanced to catch sight of her, संयोग से वह मुझे दिखाई दे गई। 2. to risk, जोखिम उठाना।

**chancellery** (चान्´-सॅ-लॅ-री) ***n.*** the rank or office of a chancellor, चांसलर का पद।

**chancellor** (चान्´-सॅ-लॅ:) ***n.*** 1. the head of a government, शासनाध्यक्ष। 2. the honorary head of a university, कुलाधिपति। 3. a minister, मंत्री; chancellor of exchequer, वित्त मंत्री।

**chandelier** (शैन्´-डि-लिॲ:) ***n.*** an ornamental holder for lights, झाड़, फ़ानूस।

**chandler** (चैन्ड्´-लॅ:) ***n.*** a person who makes or sells candles, मोमबत्ती बनाने या बेचनेवाला।

**change** (चेन्ज्) ***v.*** 1. to make different, बदल देना, परिवर्तित करना। 2. to become different, बदलना, बदल जाना, परिवर्तित हो जाना। 3. to give and receive reciprocally, अदला-बदली करना, अदल-बदल करना, परिवर्तन करना। 4. to replace for another, बदल लेना। 5. to give or receive money in exchange, विनिमय करना या भुनाना। 6. to put fresh clothes or coverings, कपड़े बदलना; It won't take me more than a minute to change, मुझे कपड़े बदलने में एक मिनट से ज़्यादा नहीं लगेगा। 7. to go from one to another train, bus etc., बदलना, गाड़ी या बस बदलना। ***n.*** 1. the act or fact of changing or being changed, बदलाव, परिवर्तन, फेर-फार; change of sex लिंग-परिवर्तन। 2. a substitution of one thing for another, अदल-बदल, अदला-बदली। 3. exchange, विनिमय। 4. money in small units, रेजगारी, खुदरा। 5. a fresh set of clothing, बदलने के कपड़े। 6. a fresh surroundings, नई या भिन्न जगह।

**changeable** (चेन्´-जॅ-बॅल्) ***adj.*** able to change or be changed, परिवर्तनीय।

**changeling** (चेन्ज्´-लिंग) ***n.*** a child secretly exchanged for another, चोरी से बदला हुआ बच्चा।

**changeover** (चेन्ज्´-ओ-वॅ:) ***n.*** a change or complete reversal from one system to another, परिवर्तन, बदलाव।

**channel** (चैन्´-ॲल्) ***n.*** 1. the bed of a stream, नदीतल। 2. a navigable course through a body of water, नौगम्य जलमार्ग,

धारा। 3. a stretch of water connecting two seas, जलधारा, चैनल। 4. a course into which something can be directed or moved, मार्ग, पथ, रास्ता, सरणी, माध्यम, साधन, through proper channel, नियत माध्यम द्वारा, channels of communication, संचार-साधन, संवाद-साधन, संपर्क-साधन। 5. a band of radio frequencies reserved for a particular station, चैनेल। 6. a trench or furrow, खाई, कूँड़। 7. direction, मार्गनिर्देशन। 8. an agency, अभिकरण। *v.* 1. to make or cut channels in, जलमार्ग बनाना, नहरें बनाना, मार्ग बनाना। 2. to direct along a channel, किसी मार्ग (विशेषत: जलमार्ग) से भेजना या ले जाना।

**chant** (चैन्ट्) ***n.*** 1. a song, गीत। 2. a slogan repeatedly sung by the supporters, लय से लगाया जानेवाला नारा। ***v.*** (chanted, chanting) 1. to sing, गाना। 2. to repeat continuously, बार-बार दुहराना। 3. to celebrate in song, गाना-बजाना। 4. to call or shout rhythmically, लय से बोलना या चिल्लाना। □ **chant the praises of,** प्रशंसा या स्तुति करते रहना।

**chaos** (के´-ऑस्) ***n.*** total disorder or confusion, उथल-पुथल, अस्त-व्यस्तता, अव्यवस्था, गड़बड़ी।

**chaotic** (के-ऑट्´-इक्) ***adj.*** in the state of complete disorder or confusion, अव्यवस्थित, गड़बड़, उथल-पुथल-भरा।

**chap**[1] (चैप्) ***n.*** a man, boy or fellow, आदमी, लड़का, साथी।

**chap**[2] (चैप्) ***n.*** 1. a crack or sore in the skin, चमड़ी की फटन, दरकन, बिवाई। 2. a fissure, दरार। 3. the lower jaw, निचला जबड़ा। ***v.*** (chapped, chapping) to become cracked, चमड़ी का फटना, दरक जाना।

**chapel** (चैप्´-ॲल्) ***n.*** 1. a small church, छोटा गिरजा। 2. a prayer-room, प्रार्थनागृह।

**chaperon, chaperone** (शैप्´-ॲ-रोन्) ***n.*** an older woman who accompanies young girls at social occastions, वह स्त्री जो किसी नवयुवती के साथ उसकी देख-भाल के लिए आती-जाती हो, संरक्षिका।

**chaplain** (चैप्´-लिन्) ***n.*** a clergyman attached to a chapel, military unit etc., पुरोहित, पादरी, याजक।

**chaplet** (चैप´-लिट्) ***n.*** 1. a wreath, हार, पुष्पमाला। 2. a short rosary, सुमिरनी, माला।

**chapter** (चैप्´-टॅ:) ***n.*** 1. a main division of a book, अध्याय, प्रकरण, पाठ। 2. a local branch of a club, or organisation, किसी क्लब या संस्था की स्थानीय शाखा। 3. an assembly of priests, monks etc., पादरियों, भिक्षुओं आदि की सभा। 4. a period of life, history etc., अवधि, कालखंड।

**char**[1] (चा:) ***v.*** (charred, charring) to become or make black by burning, जलकर कोयला हो जाना, कोयला कर देना।

**char**[2] ***n.*** a household task, चौका-बर्तन। ***v.*** (chared/charred, charing/charring) to do small chores, चौका-बर्तन करना।

**character** (कैर्´-ॲक्-टॅ:) ***n.*** 1. the combination of the qualities of a person, चरित्र, व्यक्तित्व। 2. any such quality, चारित्रिक विशेषता, मनोबल। 3. moral strength, चरित्र बल, नैतिक बल। 4. a person represented in a story, play, film etc. चरित्र, पात्र। 5. an outstanding person, विभूति, चरित्र नायक। 6. a person, व्यक्ति। 7. a symbol used in a writing system, वर्ण, अक्षर। □ **character-assassination,** चरित्र-हनन, चरित्र हत्या, प्रतिष्ठा-हनन।

**characteristic** (कैर्-ॲक्-टॅ-रिस्´-टिक्) ***n.*** 1. a distinguishing quality, विशिष्टता, चरित्रगत विशेषता। 2. a symptom, लक्षण। ***adj.*** typical, विशिष्ट।

**characteristically** (कैर्-ॲक्-टॅ-रिस्´-टि-कॅ-ली) ***adv.*** in a distinguishing way, typically, विशिष्टतापूर्वक, विशेष प्रकार से।

**characterize** (कैर्´-ॲक्-टॅ-राइज़्) ***v.*** 1. to distinguish as a character, चरित्र में विशिष्टता लाना। 2. to describe or portray the character of, चरित्र का चित्रण करना, चरित्र-चित्रण करना। 3. to be a characteristic of, विशिष्टता होना, लक्षण होना।

**characterless** (कैर्´-ॲक्-टॅ:-लिस्) *adj.* having no character, चरित्र बल से रहित, चरित्रहीन, व्यक्तित्वहीन।

**character-roll** *n.* a book in which remarks have been made about a serviceman, चरित्र-पंजी।

**charcoal** (चा:´-कोल्) *n.* 1. a black substance used as fuel made by burning wood in absence of air, कठ-कोयला। 2. a stick of this for drawing, काला सिक्का। 3. a drawing done in charcoal, कोयले या सिक्के का आरेख।

**charge** (चा:ज्) *v.* 1. to entrust with a duty, responsibility etc., भार सौंपना, दायित्व सौंपना। 2. to command, आदेश देना; The judge charged me to be silent, जज ने मुझे चुप रहने का आदेश दिया। 3. to accuse, अभियोग लगाना, दोषारोपण करना। 4. to set as a price, दाम लगाना। 5. to demand or recover, माँगना, वसूल करना। 6. to record as a debt, नामे डालना, टाँकना। 7. to attack violently, चढ़ाई करना, टूट पड़ना, चढ़ जाना। 8. to fill or load a gun, container, etc., भरना, युक्त करना। 9. to give an electric charge to, आवेशित करना, चार्ज करना। *n.* 1. the price asked or paid for goods or services, मूल्य, दाम, मज़दूरी, देना, लेना। 2. responsibility, कार्यभार, पदभार, दायित्व; to take charge of, दायित्व ग्रहण करना, भार सँभालना। 3. a command, आदेश। 4. an accusation, आरोप, दोषारोप; to bring a charge against, अभियोग लगाना। 5. a debit in an account, नाम पड़ी रकम। 6. a violent attack, धावा, हमला, चढ़ाई। 7. the quantity needed to fill an apparatus or container, भराई। 8. the electricity contained in a substance, आवेश, चार्ज। □ **face a charge,** अभियोग का सामना करना; **in charge of,** उत्तरदायी; **under someone's charge,** किसी के नियंत्रण में।

**chargeable** (चा:´-जॅ-बॅल्) *adj.* 1. liable to be charged, वसूलने योग्य, प्रभार्य; chargeable distance प्रभार्य दूरी। 2. accusable, अभियोज्य, दोषी ठहराने योग्य।

**charge d'affaires** (शा:-ज़े-डै-फ़ेॲ:´) *n.* an ambassador's deputy, राजदूत-सहायक।

**charger** (चा:´-जॅ:) *n.* 1. a military horse, सैनिक का घोड़ा। 2. an apparatus for charging batteries, चार्जर।

**chariot** (चैर्´-इ-ॲट्) *n.* a horse-drawn two-wheeled carriage used in ancient times, रथ।

**charioteer** (चैर्-इ-ॲ-टिॲ:´) *n.* the driver of a chariot, सारथी, रथी।

**charitable** (चैर´-इ-टॅ-बॅल्) *adj.* 1. of or for charity, दातव्य, धर्मार्थ, ख़ैराती। 2. generous, उदार, परोपकारी, दानशील।

**charitably** (चैर्´-इ-टॅ-ब्ली) *adv.* in a charitable manner, ख़ैरात के रूप में।

**charity** (चैर्´-इ-टी) *n.* 1. the giving of food, money etc. to those in need, दान, भिक्षा, ख़ैरात। 2. help, सहायता। 3. a kindly attitude to other people, उदारता, परोपकार। 4. love of one's fellow men, brotherly love, बंधुप्रेम, भ्रातृप्रेम। 5. an organisation or fund that helps the poor, दातव्य संघठन या निधि। □ **charity begins at home**, पहले अपने फिर पराए; **out of charity**, दया करके।

**charlatan** (शा:´-लॅ-टॅन्) *n.* 1. a quack, नीम हकीम। 2. a person who falsely claims to be an expert, धूर्त, फ़रेबी।

**charm** (चा:म्, चा:र्म्) *n.* 1. the power of attracting and arousing love or admiration, आकर्षण, लावण्य, लुभावनापन, चारुता। 2. a small ornament worn as a bracelet, तावीज़। 3. a word, phrase or thing believed to have magical power, जादुई शब्द, पदबंध या वस्तु, सम्मोहन। 4. ability to please or win one, मुग्ध करनेवाला गुण, सम्मोहन, मोहिनी। *v.* 1. to influence by personal charm, to bewitch, आकृष्ट करना, अभिभूत करना, मोह लेना। 2. to act on if with magic, मंत्र फूँकना। 3. to give delight or pleasure, प्रसन्न करना।

**charming** (चा:´-मिंग्) *adj.* attractive and

C

delightful, मनोहर, चारु, चित्ताकर्षक।

**charmless** (चा:म्´-लिस्) *adj.* having no charm, असुंदर, कुरूप, भद्दा।

**charmer** (चा:´-मॅ:) *n.* 1. a magician, जादूगर। 2. a snake-charmer, सँपेरा।

**chart** (चा:ट्, चा:र्ट्) *n.* 1. a map, नक़्शा। 2. a sheet of paper with information in the form of graphs and tables, चार्ट। *v.* 1. to make a chart, नक़्शा या चार्ट बनाना। 2. to make a rough plan, योजना की रूपरेखा तैयार करना।

**charter** (चा:´-टॅ:, चा:र्´-टॅ:) *n.* 1. a document from a government to establish an institution and defining its rights and privileges, अधिकार-पत्र, घोषणा-पत्र, फ़रमान, चार्टर; Charter of human rights, मानवाधिकार घोषणा-पत्र। 2. the hiring of an aircraft, vehicle or ship, गाड़ी, जहाज़ आदि का भाड़े पर लिया जाना। *v.* 1. to found by charter, अधिकार-पत्र द्वारा स्थापित करना। 2. to grant a privilege, अधिकार देना। 3. to hire an aircraft, vehicle or ship, गाड़ी, जहाज़ आदि भाड़े पर लेना, चार्टर करना।

**chartered** (चा:´-टॅ:ड्) *adj.* 1. granted by a charter, अधिकार-पत्र या चार्टर द्वारा प्रदत्त, प्राधिकृत। 2. hired by contract, भाड़े पर लिया हुआ, भाड़ित।

**chartered accountant** *n.* an accountant authorised by some high authority to audit accounts, चार्टर्ड अकाउन्टेन्ट।

**chartered bus** *n.* a hired bus, भाड़े की बस।

**charter member** *n.* an original member of an organisation, संस्था का आद्य सदस्य।

**chary** (चेंअॅर्´-ई) *adj.* 1. unwilling, अनिच्छुक। 2. shy, संकोची, भीरु। 3. cautious, सावधान। 4. not wasteful, sparing, मितव्ययी, कृपण। □ **chary of giving praise,** किसी की भी प्रशंसा न करनेवाला।

**chase** (चेस्) *v.* 1. to pursue or follow, पीछा करना, पीछे जाना। 2. to hunt, शिकार करना। 3. to drive away, खदेड़ देना, भगा देना। 4. to try to find, पता लगाना, पीछे लग जाना। *n.* 1. the act of chasing, पीछा करना। 2. pursuit, पीछा। 3. hunting, शिकार, मृगया, आखेट। □ **give chase,** पीछा करना।

**chaser** (चे´-ज़ॅ:) *n.* one who chases, पीछा करनेवाला।

**chasm** (कैज़्´-अॅम्) *n.* 1. a deep crack in earth or rock, खाई, दरार। 2. a marked difference of opinion, loyalty etc., गहरा मतभेद।

**chassis** (चैस्´-ई, शैस्´-ई) *n.* (plu. unchanged चैस्´-इज़्) 1. a steel frame of a vehicle, ढाँचा, चेसिज़। 2. the framework of a radio or television, ढाँचा, चेसिस।

**chaste** (चेस्ट्) *adj.* 1. (of a married woman) not having engaged in sexual inter-course except the person to whom one is married, virtuous, साध्वी, सती, पतिव्रता, सदाचारिणी। 2. pure, पवित्र, पावन, विशुद्ध। 3. simple in style, not ornate, प्रांजल, सरल, अनलंकृत, सादा।

**chasten** (चे´-सॅन्) *v.* (chastened, chastening) 1. to purify, पवित्र बनाना। 2. to refine, परिष्कृत करना। 3. to discipline, अनुशासित करना। 4. to punish, दंडित करना, सज़ा देना।

**chastise** (चै´-स्टाइज़्, चैस्-टाइज़्´) *v.* 1. to punish severely by beating, पिटाई करना, मारना-पीटना। 2. to blame severely, प्रताड़ित करना, दोष मढ़ना।

**chastisement** (~ -मॅन्ट्) *n.* severe punishment, कठोर दंड, कड़ी सज़ा।

**chastity** (चैस्´-टि-टी) *n.* 1. the state or quality of being chaste, कौमार्य, चारित्रिक विशुद्धता, सतीत्व, शील। 2. purity, विशुद्धता, पवित्रता।

**chat** (चैट्) *v.* (chatted, chatting) to talk in a friendly or informal manner, बात करना, बातें करना, गपशप करना। *n.* a friendly or informal conversation, बात-चीत, गपशप।

**chateau** (शै-टो´) *n.* 1. a French castle, फ्रांसीसी महल। 2. a large country house, हवेली।

**chattel** (चैट्´-अॅल्) *n.* an article of movable personal property, टूम, रकम।

**chatter** (चैट्´-अॅ:) *v.* 1. (of birds) to make rapid speech like sounds, चहचहाना, चहचह करना। to talk rapidly and incessantly, बकबक करना। *n.* 1. rapid speech like sounds of some birds, चहचह, चहचहाट। 2. an informal unimportant conversation, बकबक, बकझक, गपशप।

**chatterbox** (चैट्´-अॅ:-बॉक्स्) *n.* a very talkative person, बकवादी, गप्पी।

**chatty** (चैट्´-ई) *adj.* (chattier, chattiest) fond of talking, बातूनी।

**chauffeur** (शो-फ़:´) *n.* a person who is hired to drive an automobile, भाड़े का चालक, शोफ़र। *v.* to drive as a chauffeur, शोफर का कार चलाना।

**chauvinism** (शो´-वि-निज़्-अॅम्) *n.* exaggerated patriotism, उग्र राष्ट्रवाद।

**chauvinist** (शो´-वि-निस्ट्) *n.* an aggressive patriot, उग्र राष्ट्रवादी।

**cheap** (चीप्) *adj.* (cheaper, cheapest) 1. low in price, inexpensive, सस्ता। 2. poor in quality, घटिया। 3. worth relatively little, महत्त्वहीन, निकम्मा। 4. despicable, तुच्छ, नगण्य। □ **dirt cheap,** extremely cheap, मिट्टी के मोल, बहुत सस्ता; **feel cheap,** to be ashamed (of), शर्मिंदा होना, लज्जित होना।

**cheapen** (ची´-पेंन्) *v.* (cheapened, cheapening) 1. to become cheap, सस्ता हो जाना। 2. to make cheap, सस्ता कर देना।

**cheaply** (चीप्´-ली) *adv.* at a low price, सस्ते में।

**cheapness** (चीप्´-निस्) *n.* the quality or state of being cheap, सस्तापन; घटियापन।

**cheat** (चीट्) *v.* to deceive or swindle, छल करना, छलना, धोखा देना, ठगना, मूँड़ना। *n.* 1. one who cheats, छली, धोखेबाज़, ठग। 2. deception, धोखा, ठगी, छल।

**check** (चेंक्) *v.* 1. to pause or cause to pause abruptly, रुकना या रोकना, रुक जाना या रोक देना। 2. to restrain or control, नियंत्रित करना, क़ाबू में करना, रोकना, रोक-थाम करना। 3. to examine, जाँचना, जाँच-पड़ताल करना। 4. to deposit (in a cloak room), जमा करना। 5. to correspond when compared, तुल्य होना। 6. to place an opponent's king in check, शह देना। *n.* 1. a pause, stoppage, रुकना, विराम, रोक। 2. anything that stops, अवरोध, अवरोधक तत्त्व। 3. restraint or control, नियंत्रण, क़ाबू, रोक-थाम। 4. an examination to ensure the correctness of, जाँच, परीक्षण, निरीक्षण। 5. a means or standard to ensure against fraud or error, कसौटी, मानदंड। 6. a pattern of squares or crossed lines, चारख़ाना। 7. a receipt for something handed over, रसीद। 8. a bill in a restaurant or hotel, बिल। □ **check in,** पहुँच का समय लिखवाना; **check out,** बिल चुकता कर होटल से चल देना; **in check,** नियंत्रण में, वश में।

**checked** (चेंक्ड्) *adj.* having a pattern of squares, चारख़ानेदार।

**checker** (चेंक्´-अॅ:) *n.* 1. one who checks, जाँचकर्ता, पड़ताली। 2. an attendant in a cloak-room, सामान-घर का कर्मचारी।

**checkmate** (चेंक्´-मेट्) *n.* 1. a position (in chess) in which an opponent's king is under attack and unable to escape, शह। 2. utter defeat, घोर पराजय। *v.* to place an opponent's king in checkmate, शह देना।

**checkpost** (चेंक्´-पोस्ट्) *n.* a place for official inspection, जाँच-चौकी।

**checkup** (चेंक´-अप्) *n.* a medical examination, डॉक्टरी जाँच, चेकअप।

**cheddar** (चेंड्´-अॅ:) cheese, पनीर।

**cheek** (चीक्) *n.* 1. either side of the face below the eye, गाल, कपोल। 2. a buttock, चूतड़। 3. impudence, धृष्टता, गुस्ताख़ी।

**cheekbone** (चीक्´-बोन्) *n.* the bone just below the eye, गंडास्थि।

**cheeky** (ची´-की) *adj.* impudent, गुस्ताख़, धृष्ट।

**cheer** (चिअॅ:) *n.* 1. a sort of encouragement or congratulations, वाहवाह, शाबाशी। 2. a sort of applause, करतलध्वनि। 3. encouragement, प्रोत्साहन। 4. happiness, joy, प्रसन्नता, ख़ुशी। 5. solace, सांत्वना। *v.* 1. to utter a cheer, वाह-वाह करना। 2. to encourage or acclaim with cheers, तालियाँ बजाकर प्रोत्साहित या स्वागत करना। 3. to fill with happiness, प्रसन्न या ख़ुश कर देना। □ **cheer up,** प्रोत्साहित करना।

C

**cheerful** (चिअ:-फ़ुल्) *adj.* 1. in good spirits, जिसके चेहरे से ख़ुशी टपक रही हो, प्रसन्न, प्रसन्नचित्त, खुशदिल, ख़ुश, प्रफुल्लित। 2. pleasantly bright, चमकीला, चमकदार।

**cheerio** (चिअॅर्´-इ-ओ) *interj.* goodbye, अलविदा, विदा!

**cheerless** (चिअ:-लिस्) *adj.* gloomy, उदास, खिन्न, बुझा हुआ।

**cheery** (चिअॅर्´-ई) *adj.* cheerful, प्रसन्न, ख़ुश।

**cheese** (चीज़्) *n.* a preparation of milk, पनीर।

**cheesy** (ची´-ज़ी) *adj.* of or like cheese, पनीर का, पनीर-जैसा, पनीरी।

**cheetah** (ची´-टॅ) *n.* an Indian leopard, चीता।

**chef** (शॅफ़्) *n.* a chief cook in a restaurant, प्रमुख रसोइया या बावर्ची।

**chela** (की´-लॅ) *n.* the pupil of a guru, चेला।

**chemical** (कॅम्´-इ-कॅल्) *adj.* 1. pertaining to chemistry, रसायन-संबंधी, रासायनिक। 2. involving or produced by chemicals, रासायनिक; chemical warfare, रासायनिक युद्ध। *n.* a substance produced by or used in a chemical process, रसायन, रासायनिक पदार्थ।

**chemicallv** (कॅम्´-इ-कॅ-ली) *adv.* according to chemical process, रासायनिक प्रक्रिया या दृष्टि से।

**chemise** (शॅ-मीज़्´) *n.* a woman's loose shirt like undergarment, शमीज।

**chemist** (कॅम्´-इस्ट्) *n.* 1. a scientist skilled in chemistry, रसायनविज्ञानी, रसायनज्ञ। 2. a pharmacist, औषध-विक्रेता, दवा बेचनेवाला।

**chemistry** (कॅम्´-इस्-ट्री, कॅम्´-इ-स्ट्री) *n.* the scientific study of the composition of the substances and their elements, रसायनविज्ञान।

**cheque** (चॅक्) *n.* a written order to a bank to pay an amount from one's account, चेक।

**chequer** (चॅक्´-अ:) *n.* a pattern of squares, चारख़ाना। *v.* 1. to mark off with alternating squares of colour, चारख़ानेदार बनाना। 2. to variegate, रंग-बिरंगा करना या बनाना।

**chequered** (चॅक्´-अ:ड्) *adj.* 1. having a pattern of squares, चारख़ानेदार। 2. variegated, रंग-बिरंगा। 3. full of many changes in fortune, जिसकी क़िस्मत में बहुत से उतार-चढ़ाव आए हों।

**cherish** (चॅर्´-इश्) *v.* 1. to feel or show great care or tenderness (for), पालना-पोसना, प्यार से रखना। 2. to cling fondly to, चिपके रहना। 3. to keep in one's heart, दिल में बनाए रखना, सँजोए रखना, पाल रखना।

**cheroot** (शॅ-रूट्´) *n.* a cigar with both ends open, चुरुट।

**cherry** (चॅर्´-ई) *n.* 1. a small deep red round fruit with a stone, चेरी। 2. a tree producing this fruit, चेरी का वृक्ष। 3. deep red colour, गहरा लाल रंग। *adj.* deep red, गहरा लाल, लाल सुर्ख़।

**chess** (चॅस्) *n.* a game played on a chess-board with thirty two chessmen, शतरंज।

**chessboard** (चॅस्´-बो:ड्) *n.* a board with sixty-four squares for playing chess, बिसात, शतरंजी।

**chessman** (चॅस्´-मॅन्) *n.* one of the pieces used in playing chess, मोहरा, गोटी।

**chest** (चॅस्ट्) *n.* 1. the upper front part of the human body, छाती, सीना, वक्ष, वक्षस्थल। 2. a box used for storage of valuable objects, संदूक, पेटी।

**chest of drawers** *n.* a piece of furniture with drawers for storing clothes etc. ख़ानेदार या दराजोंवाला बक्सा या अलमारी।

**chevalier** (शॅव्´-अॅ-लिअ:) *n.* a knight (उपाधिधारी) वीरपुरुष।

**chew** (च्यू, चू) *v.* 1. to grind with the teeth चर्वण करना, चबाना। 2. to bite repeatedly बार-बार काटना; He is chewing nails, वह दाँतों से नाखून काट रहा है। *n.* 1. the act o chewing, चर्वण, चबाई, चबाना। 2. anything for chewing purpose, चबाने की वस्तु।

**chewing gum** ***n.*** a sticky preparation for prolonged chewing, च्यूइंग गम।

**chewy** (च्यू´-ई) ***adj.*** suitable for chewing, चर्वणीय।

**chic** (शीक्, शिक्) ***adj.*** fashionable, फ़ैशनेबल, सुरुचिपूर्ण, बाँका। ***n.*** fashion, फ़ैशन, बाँकपन।

**chick** (चिक्) ***n.*** 1. a young chicken, चूज़ा। 2. a girl, युवती, लड़की।

**chicken** (चिक्´-अॅन्) ***n.*** 1. the common domestic fowl, मुर्गा या मुर्गी। 2. its flesh, मुर्गे का गोश्त। ***adj.*** lacking courage, cowardly, भीरु, डरपोक। □ **count one's chickens before they are hatched,** सूत न कपास, जुलाहे से लट्ठम-लट्ठा।

**chicken feed** ***n.*** food for poultry, मुर्गी-चारा।

**chicken-hearted** (चिक्´-अॅन्-हाः´-टिड्) ***adj.*** lacking courage, cowardly, डरपोक, भीरु।

**chicken-livered** (चिक्´-अॅन्-लिव्´-अःड्) ***adj.*** lacking courage, भीरु, डरपोक।

**Chicken pox** ***n.*** a disease caught especially by children, causing fever and spots on the skin, चेचक, छोटी माता, खसरा।

**chicory** (चिक्´-अॅ-री) ***n.*** 1. a plant and its root, चिकरी, कासनी। 2. the ground roasted root of this plant used with coffee, चिकरी चूर्ण।

**chide** (चाइड्) ***v.*** (chided/chid, chidden, chiding) to reprimand, to scold, डाँटना-डपटना, झिड़कना, बिगड़ना।

**chief** (चीफ़्) ***n.*** 1. a leader, नेता, मुखिया, सरदार। 2. a person with highest authority or rank, सर्वोच्च अधिकारी, प्रधान, अध्यक्ष, चौधरी। ***adj.*** 1. highest in rank or authority, सर्वोच्च, मुख्य; chief minister, मुख्यमंत्री। 2. most important, अत्यंत महत्त्वपूर्ण, प्रमुख।

**chiefly** (चीफ़्´-ली) ***adv.*** mainly, मुख्यतः, मुख्य रूप से।

**chieftain** (चीफ़्´-टॅन्) ***n.*** 1. the leader of tribe, सरदार। 2. the leader of a group, मुखिया।

**chiffon** (शि-फ़ॉन्´) ***n.*** a soft, transparent fabric of silk, शिफ़ॉन।

**chilblain** (चिल्´-ब्लेन्) ***n.*** an inflammation of feet, hands etc. caused by exposure to damp cold, बिवाई।

**child** (चाइल्ड्) ***n.*** 1. a boy or girl between birth and puberty, शिशु, बच्चा/बच्ची, बालक/बालिका। 2. a son or daughter, बेटा या बेटी। 3. an immature person, नादान व्यक्ति।

C

**childhood** (चाइल्ड्´-हुड्) ***n.*** the state or period of being a child, बाल्यावस्था, बचपन, शैशव, शैशवकाल।

**childish** (चाइल्ड्´-इश्) ***adj.*** 1. of or like a child, बालकों-जैसा। 2. immature in behaviour, नादान, बचकाना।

**childless** (चाइल्ड्´-लिस्) ***adj.*** having no child, निपूता, निस्संतान, बेऔलाद।

**childlike** (चाइल्ड्´-लाइक्) ***adj.*** 1. like or befitting a child, बच्चों-जैसा, बालोचित, बालसुलभ। 2. having a natural guiltless quality, simple and innocent, अबोध, भोला।

**child's play** ***n.*** something very easy to do, आसान काम, बच्चों का खेल, बाएँ हाथ का खेल।

**chill** (चिल्) ***n.*** 1. severe coldness, ठंड। 2. a sensation of coldness, ठिठुरन। 3. a feeling of depression or discouragement, उदासी, निराशा।

**chilli, chili** (चिल्´-ई) ***n.*** a pod of red pepper, लाल मिर्च।

**chilli sauce** ***n.*** a sauce containing chilli, चिल्ली सॉस।

**chilly** (चिल्´-ई) ***adj.*** 1. unpleasantly cold, ठंडा, सर्द। 2. unfriendly, अमैत्रीपूर्ण। 3. discouraging, हतोत्साहक।

**chime** (चाइम्) ***n.*** the musical sound produced by a bell or bells, घंटे या घंटों का शब्द। ***v.*** to ring, घंटा बजाना। □ **chime in,** बीच में बोल उठना। **chime in with,** सहमत होना, सुर में सुर मिलाना।

**chimney** (चिम्´-नी) ***n.*** a vertical passage carrying off smoke from a fire or furnace, चिमनी, धुआँकश।

**chimp** (चिम्प्) *n.* a chimpanzee, बनमानुष।

**chimpanzee** (चिम्-पैन्-ज़ी´) *n.* a gorilla, बनमानुस, चिम्पैंज़ी।

**chin** (चिन्) *n.* the central lower portion of the lower jaw, दुड्डी, ठोढ़ी, चिबुक। *v.* (chinned, chinning) to chat, बातें करना, बतियाना। □ **keep one's chin up,** ख़ुश रहना।

**china** (चाइ´-नॅ) *n.* porcelain or ceramic ware, चीनी मिट्टी के बर्तन।

**Chinaman** (चाइ´-नॅ-मॅन्) *n.* (उपेक्षासूचक) a Chinese man, चीनी।

**Chinese** (चाइ-नीज़्´) *adj.* of China, चीनी। *n.* 1. a native of China, चीनी। 2. the language of China, चीनी भाषा।

**chinese puzzle** *n.* a very intricate problem, अत्यंत दुरूह समस्या।

**chink[1]** (चिंक्) *n.* a narrow opening or crack, दरार, दरज। *v.* to fill cracks or chinks in, दरारें भरना।

**chink[2]** *n.* a short clinking sound, खनखन, ठनठन। *v.* to make this sound, खनखनाना, ठनठनाना।

**chip** (चिप्) *n.* 1. a small piece broken or cut off, टुकड़ा, चिप्पड़। 2. a mark left when a small piece is broken off, निशान, गड्ढा। 3. a thin crisp shaving of potato, कचरी, चिप्स। 4. a strip of a bamboo, खपची। 5. a counter used to represent money in gambling, टोकन, चिप। 6. a minute component with electrical characteristics, चिप। □ **chip off the old block,** a person very like his father, बेटा जो अपने पिता पर हो; **chip in,** to interrupt, टोक देना। *v.* (chipped, chipping) to lose or cause to lose a small piece from the surface, चिप्पड़ उतरना या उतारना।

**chirp** (चि:प्) *n.* the short sharp sound made by small birds or some insects, चींचीं, चेंचें। *v.* to make this sound, चींचीं / चेंचें करना।

**chirpy** (चि:´-पी) *adj.* cheerful, प्रफुल्ल, प्रसन्नचित्त।

**chirrup** (चिर्´-अप्) *n.* a series of chirps, चहचह, चहचहाहट।

**chisel** (चिज़्´-अॅल्) *n.* a tool for cutting a solid material, छेनी, टाँकी। *v.* (chiselled, chiselling) 1. to cut or shape with a chisel, छेनी से काटना या तराशना। 2. to deceive, धोखा देना।

**chiseller** (चिज़्´-अॅल्-अॅ:) *n.* an unfair and deceitful person, तिकड़मबाज़, धूर्त।

**chit[1]** (चिट्) *n.* a short written note, चिट, पुर्ज़ा, रुक्का, पर्ची।

**chit[2]** *n.* an impudently bold girl, धृष्ट लड़की।

**chitchat** (चिट्´-चैट्) *n.* gossip, small talk, बतकही, बातचीत।

**chivalrous** (शिव्´-अॅल्-रॅस्) *adj.* having the qualities of a knight, शूर तथा दयालु, वीर।

**chivalry** (शिव्´-अॅल्-री) *n.* the qualities of a knight, शूरता तथा दयालुता, वीरता।

**chloride** (क्लोर्´-आइड्) *n.* a compound of chlorine with another substance, क्लोराइड।

**chlorine** (क्लोर्´-ईन्) *n.* a gaseous element, क्लोरीन।

**chloroform** (क्लोर्´-अॅ-फ़ॉ:म्) *n.* a strong smelling liquid that causes unconsciousness when breathed, क्लोरोफ़ॉर्म।

**chlorophyl, chlorophyll** (क्लोर्´-अॅ-फ़िल्) *n.* the green coloured substance found in stems and leaves, क्लोरोफ़िल।

**chocbar** (चॉक्´-बा:) *n.* a piece of ice-cream coverd with chocolate, चॉकबार।

**chock** (चॉक्) *n.* a block placed under something to keep it from moving, अड़ासा, अवरोध। *v.* (chocked, chocking) to prevent something from moving with a chock, अड़ासा लगाना।

**chocolate** (चा:-कॅ-लिट्) *n.* 1. a powder of cacao seeds, चाकलेट। 2. dark brown colour, कत्थई या चाकलेटी रंग। 3. an ice candy covered with chocolate, चाकलेटी आइसक्रीम।

**choice** (चॉइस्) *n.* 1. the act of choosing,

चयन, चुनाव, वरण। 2. a thing or person chosen, चुना हुआ व्यक्ति या वस्तु, चयन। 3. an alternative, विकल्प। □ **have no choice,** कोई विकल्प या रास्ता न होना। *adj.* of the best quality, of fine quality, बढ़िया, श्रेष्ठ, चुनिंदा।

**choir** (क्वाइ:) *n.* a group of singers, गायक-मंडली, गायक-दल, गायक-समूह।

**choir master** *n.* the leader of a choir, गायक दल का नेता, प्रधान गायक।

**choke** (चोक्) *v.* 1. to be unable to breathe, to feel difficulty in breathing, दम घुटना। 2. to cause to stop breathing by pressing the windpipe, गला दबाना, दम घोट देना। 3. to obstruct or block, बंद कर देना, अवरुद्ध कर देना। *n.* the act of choking, श्वासावरोध, दम घुटना।

**cholera** (कॉल्´-अॅ-रॅ) *n.* a fatal epidemic causing severe diarrhoea, हैज़ा, कॉलरा।

**choose** (चूज़्) *v.* (chose, chosen, choosing) 1. to pick out, चुनना, छाँटना, चुनाव करना। 2. to prefer, पसंद करना।

**chooser** (चूज़्´-अॅ:) *n.* one who chooses, चुननेवाला, चुनाव करनेवाला।

**choosey, choosy** (चू´-ज़ी) *adj.* careful in choosing, hard to please, नकचढ़ा।

**chop** (चॉप्) *v.* (chopped, chopping) to cut by striking with a knife or axe, टुकड़े-टुकड़े करना, कीमा बनाना, कुतरना। 2. to cause to stop, रोक देना, अवरुद्ध / बंद कर देना। *n.* 1. a cutting stroke with an axe, काट, वार, प्रहार। 2. a small piece of meat, मांस का टुकड़ा।

**chopper** (चॉप्´-अॅ:) *n.* a large heavy knife, छुरा।

**chord**[1] (कॉ:ड्) *n.* 1. a combination of three or more musical notes played together, स्वरसंघात। 2. a string of a musical instrument, (सारंगी, वीणा आदि का) तार। □ **touch the right chord,** किसी के मन की बात कहना।

**chord**[2] *n.* 1. a line segment that joins two points on a curve, जीवा, चापकर्ण। 2. spinal chord, मेरुदंड, रीढ़ की हड्डी।

**chore** (चो:) *n.* 1. a daily task, a routine task, नित्यकर्म, रोज़-रोज़ का काम। 2. an unpleasant task, उबाऊ काम। 3. domestic chores, चौका-बर्तन, झाड़ू-पोचा आदि।

**chortle** (चॉ:´-टॅल्) *n.* a laugh of satisfaction or pleasure, ठहाका, खिलखिलाहट, हँसी। *v.* to utter a chortle, ठहाका लगाना, खिलखिला उठना, हँस पड़ना।

**chorus** (कोर्´-अॅस्) *n.* 1. a group of singers or dancers, गायक दल, नर्तक दल। 2. a piece of music written to be sung by such a group, कोरस, समवेतगान, वृंदगान। 3. a group speaking or reciting together, मंडली। 4. something said by many people at a time, सबके मुँह की बात, ऐसी बात जिसे सब लोग एक साथ कह उठें। 5. the refrain or main part of a song, स्थायी, टेक। □ **in chorus,** एक साथ। *v.* 1. to sing at the same time, साथ-साथ या एक साथ गाना। 2. to speak at the same time, एक साथ बोल उठना या बोल पड़ना।

**chose** (चोज़्) *v.* p.t. of choose.

**chosen** (चो´-ज़ॅन्) *v.* p.p. of choose.

**chow mein** (चौ-मेन्´) *n.* a preparation of noodles with the bits of meat and vegetables, चौमेन, नूडल्स।

**Christ** (क्राइस्ट्) *n.* Jesus, येशु, ईसा, ईसा मसीह।

**Christen** (क्रिस्´-अॅन्) *v.* 1. to give a name, नामकरण करना, नाम देना। 2. to baptize, बपतिस्मा देना। 3. to name and dedicate ceremonially, नामकरण तथा लोकार्पण करना।

**Christendom** (क्रिस्´-अॅन्-डॅम्) *n.* 1. all Christians, समस्त ईसाई लोग। 2. all Christian countries, समस्त ईसाई देश।

**Christening** (क्रिस्´-निंग्) *n.* the ceremony of naming or baptizing, नामकरण संस्कार, बपतिस्मा संस्कार।

**Christian** (क्रिस्´-चॅन्) *n.* one who believes in Christianity, ईसाई, ख़्रीस्त, क्रिश्चियन। *adj.* 1. pertaining to Christ, ख़्रीस्त-संबंधी, ख़्रीस्तीय। 2. pertaining to Christianity, ईसाई धर्म-संबंधी।

C

**Christian era** *n.* the era beginning with the birth of Jesus, ईसवी सन्।

**Christianity** (क्रिस्-चि-ऐन्´-इ-टी) *n.* 1. the Christian religion, ईसाई धर्म। 2. the state of being a Christian, ईसाइयत। 3. Christendom, समस्त ईसाई लोग, ईसाई जगत।

C

**Christianize** (क्रिस्´-चॅ-नाइज़्) *v.* 1. to make Christian, ईसाई बनाना, ईसाई धर्म में दीक्षित करना। 2. to become Christian, ईसाई हो जाना।

**Christian name** *n.* 1. a name given at birth, जन्म के समय होनेवाला नामकरण। 2. a name given at baptism, ईसाई बनने पर मिलनेवाला नाम।

**Christmas** (क्रिस्´-मॅस्) *n.* 1. the day celebrated as the anniversary of the birth of Jesus, बड़ा दिन, ख़्रीस्त जयंती, येशु-जन्मोत्सव। 2. the period about this time, बड़े दिन, ख़्रीस्त-जयंती की अवधि, क्रिसमस।

**Christmas Day** *n.* December 25, २५ दिसंबर, बड़ा दिन।

**Christmas Eve** *n.* December 24, २४ दिसंबर की संध्या।

**Christmas tree** *n.* an artificial tree decorated at Christmas, बड़े दिन के अवसर पर सजाया जानेवाला कृत्रिम वृक्ष, क्रिसमस ट्री।

**chromatic** (क्रो-मैट्´-इक्) *adj.* pertaining to colours or colour, रंगीन, रंग-संबंधी।

**chromo** (क्रो´-मो) ***prefix.*** colour, रंग, वर्ण।

**chromosome** (क्रो´-मॅ-सोम्) *n.* a thread like structure found in animals and plants that is responsible for transmission of hereditary characteristics, गुणसूत्र।

**chronic** (क्रॉन्´-इक्) *adj.* 1. of long duration, चिरकालीक, दीर्घकालिक; chronic disease, लंबी बीमारी, पुरानी बीमारी। 2. habitual, अभ्यस्त; a chronic smoker, तंबाकू-व्यसनी। 3. very bad, बहुत बुरा।

**chronicle** (क्रॉन्´-इ-कॅल्) *n.* a chronological record of historic events, इतिवृत्त, इतिहास। *v.* (chronicled, chronicling) to record in the form of chronicle, इतिवृत्त या इतिहास लिखना।

**chronological** (क्रोन्-अॅ-लॉज्´-इ-कॅल्) *adj.* 1. arranged in order of time of occurrence, कालानुक्रमिक, कालक्रमिक। 2. of chronology, कालक्रम-संबंधी।

**chronologically** (क्रोन्-अॅ-लाज्´-इ-कॅ-ली) *adv.* according to chronology, काल-क्रमानुसार।

**chronology** (क्रॅ-नॉल्´-अॅ-जी) *n.* 1. the arrangement of dates and sequences of events, कालानुक्रम, कालक्रम। 2. a list of chronological events, कालक्रम-सूची।

**chrysanthemum** (क्रि-सैन्´-थॅ-मॅम्) *n.* a garden plant and its flower, गुलदाउदी।

**chubby** (चब्´-ई) *adj.* rounded and plump, गोल-मटोल, मोटा-ताज़ा, मांसल।

**chuck**[1] (चक्) *v.* 1. to throw out or discard, फेंक देना, निकाल बाहर करना, अस्वीकार कर देना। 2. to forsake, छोड़ देना। 3. to tap, थपथपाना। 4. to touch playfully under the chin, ठुड्डी सहलाना। *n.* a playful touch, सहलाने जैसा स्पर्श।

**chuck**[2] (चक्) *n.* 1. dismissal from the job, नौकरी से बर्ख़ास्तगी। 2. a cut of beef including the neck and shoulder blade, गर्दन और कंधे के बीच का मांस का टुकड़ा।

**chuckle** (चक्´-अॅल्) *v.* to laugh quietly, मुँह बंद करके हँसना। *n.* 1. a quiet laugh, मंद मुस्कान, मुँहबंद हँसी। 2. chuckle-headed, मूर्ख, उल्लू, बेवक़ूफ़।

**chum**[1] (चम्) *n.* a close friend, पक्का यार, घनिष्ठ मित्र, बेली। *v.* (chummed, chumming) to form a close friendship, यारी करना, दोस्ती गाँठना।

**chum**[2] (चम्) *n.* the bait to attract fish, मछली फँसाने का लासा, चारा।

**chummy** (चम्´-ई) *adj.* very friendly, अत्यंत घनिष्ठ, पक्का, अंतरंग।

**chump** (चम्प्) *n.* 1. a block of wood, lump, गुट्टक, कुंदा, लक्कड़। 2. a foolish person, मूर्ख व्यक्ति।

**chunk** (चंक्) *n.* 1. a thick mass or piece, बड़ा टुकड़ा। 2. a substantial amount, बड़ा

या अच्छा-खासा भाग, बड़ी राशि या रकम।

**chunky** (चंक्´-ई) ***adj.*** thick and short, गठीला।

**church, Church** (चर्च्) ***n.*** 1. a building for Christian worship, गिरजा, कलीसिया, चर्च। 2. the collective body of all Christians, ईसाई समुदाय। 3. the Christian religion, ईसाई धर्म।

**churchgoer** (चर्च्´-गोअॅ:) ***n.*** a person who attends Church regularly, नियमित रूप से चर्च जानेवाला व्यक्ति।

**churchly** (चर्च्´-ली) ***adj.*** 1. appropriate to the Church, चर्च की दृष्टि से उपयुक्त। 2. associated with the Church, चर्च से संबद्ध।

**churchyard** (चर्च्´-या:ड्) ***n.*** the grounds round a church used as a graveyard, चर्च का क़ब्रिस्तान।

**churn** (च:न्) ***n.*** a vessel or machine in which milk, cream or curd is vigorously shaken to produce butter, दूध, दही या क्रीम को मथने का पात्र या यंत्र। ***v.*** 1. to shake or agitate milk, cream or curd to make butter, मथना, बिलोना। 2. to make butter, मक्खन निकालना। 3. to stir violently, आंदोलित या आलोड़ित करना।

**cicatrix** (सिक्´-अॅ-ट्रिक्स्) ***n.*** [plu. cicatrices] a scar, घाव सूखने पर बननेवाला निशान, व्रणचिह्न।

**C.I.D.** (सी.आइ.डी.) ***abbr.*** Criminal Investigation Department, सी.आइ.डी.।

**cider** (साइ´-डॅ:) ***n.*** a fermented drink made from apples, सेब की शराब।

**cigar** (सि-गा:´) ***n.*** a roll of tobacco leaves for smoking, सिगार।

**cigarette** (सिग्-अॅ-रॅट्´) ***n.*** a roll of finely cut tobacco enclosed in paper for smoking, सिगरेट।

**C. in. C.** (सी.इन्.सी.) ***abbr.*** Commander-in-Chief, प्रधान सेनापति।

**cinch** (सिंच्) ***n.*** 1. a girth for a saddle, ज़ीन की पेटी। 2. a firm grip, मज़बूत पकड़।

**cinchona** (सिन्-को´-नॅ) ***n.*** a tree whose bark yields quinine, सिंकोना वृक्ष जिसकी छाल से कुनैन बनाई जाती है।

**cincture** (सिंक्´-चॅ:) ***n.*** a girdle or belt, पेटी, कमरबंद, मेखला।

**cinder** (सिन्´-डॅ:) ***n.*** 1. a half-burned substance, अधजला पदार्थ। 2. (plu. cinders) ashes, राख़।

**cinema** (सिन्´-अॅ-मॅ) ***n.*** 1. a motion picture theatre, सिनेमा-घर, चलचित्रगृह, सिनेमा। 2. a motion picture, चलचित्र, सिनेचित्र, सिनेमा।

**cinematography** (सिन्-इ-मॅ-टॉग्´-रॅ-फ़ी) ***n.*** the making of motion pictures, चलचित्र-निर्माण, चलचित्रण।

**cinnamon** (सिन्-अॅ-मॅन्) ***n.*** a bark used as a spice, दालचीनी।

**cipher** (साइ´-फ़ॅ:) ***n.*** 1. a symbol 0, शून्य, सिफ़र, ज़ीरो। 2. any Arabic numeral, १ से ९ तक का कोई अंक। 3. nonentity, नगण्य व्यक्ति, वस्तु; He is a mere cipher, वह किसी गिनती में नहीं है। 4. a system of secret writing, गूढ़लिपि, संकेताक्षरों का प्रयोग। 5. the key to such a system, गूढ़लिपि की कुंजी। 6. a monogram, मोनोग्राम। ***v.*** 1. to write in cipher, गूढ़लिपि में लिखना, संकेताक्षरों में लिखना। 2. to compute arithmetically, हिसाब करना या लगाना।

**circle** (स:´-कॅल्) ***n.*** 1. a perfectly round plane figure, वृत्त, सर्कल, दायरा। 2. something formed or arranged in the shape of a circle, घेरा, मंडल। 3. a group of persons having or sharing a common interest or activity, मंडल, मंडली। 4. an area of such an interest or activity, क्षेत्र, हलका, अंचल। 5. a chain of events that forms a connected whole, चक्र। ***v.*** 1. to move in a circle, चक्कर लगाना, परिक्रमा करना। 2. to enclose in a circle, घेरना।

**circuit** (स:´-किट्, सि:´-किट्) ***n.*** 1. a circular course or route, चक्कर, परिधि। 2. the area enclosed within such a route, क्षेत्र, मंडल। 3. a complete path through which an electric current can flow, सरकिट, परिपथ। ***v.*** to travel in a circuit around, चक्कर लगाना, दौरा करना।

C

**circuitous** (स:-क्यू´-इ-टॅस्) *adj.* round about or indirect, घुमावदार, चक्करदार।

**circular** (स:´-क्यु-लॅ:) *adj.* 1. shaped like a circle, वृत्ताकार, गोल, मंडलाकार। 2. pertaining to a circle, वृत्तीय। 3. moving in a circle, चक्करदार। *n.* a letter addressed to a circle of people, परिपत्र, गश्ती चिट्ठी।

**circulate** (स:´-क्यु-लेट्) *v.* 1. to move or flow through a circuit or system, घूमना, संचरित होना या संचरण करना। 2. to move around, चक्कर लगाना। 3. to move or cause to move, घूमना या घुमाना। 4. to spread or distribute widely, वितरित करना।

**circulation** (स:-क्यु-ले´-शॅन्) *n.* 1. the act of circulating or being circulated, परिचालन, संचरण। 2. the movement of blood through bodily vessels, रक्तसंचार, परिसंचरण। 3. the number of copies of a newspaper sold or distributed, सर्कुलेशन, प्रसार, पाठक संख्या। 4. distribution, वितरण।

**circumcision** (स:-कॅम्-सिज़्न्´) *n.* the act of circumsizing or the state of being circumcised, सुन्नत, ख़तना।

**circumference** (स:´-कम्´-फ़ॅ-रॅन्स्) *n.* 1. the boundary line of a circle, परिधि। 2. the length round the outside of a circle, वृत्त-रेखा की लंबाई।

**circumlocution** (स:-कॅम्-लो-क्यू´-शॅन्) *n.* 1. use of many words where a few would do, शब्दाडंबर, शब्दजाल। 2. a roundabout expression, गोल-मोल बात, घुमाव-फिराववाली बात, टाल-मटोल।

**circumscribe** (स:´-कॅम्-स्क्राइब्) *v.* 1. to draw a line around, (रेखा से) घेरना। 2. to mark the limits of, सीमाबद्ध करना, सीमांकित करना, परिसीमित करना, हद बाँधना।

**circumscription** (स:-कॅम्-स्क्रिप्´-शॅन्) *n.* the act of circumscribing, घेरने का कार्य, परिसीमन, हदबंदी।

**circumspect** (स:´-कॅम्-स्पॅक्ट्) *adj.* alert, heedful, सतर्क, चौकस, सावधान।

**circumspection** (स:´-कॅम्-स्पॅक्´-शॅन्) *n.* alertness, heedfulness, सतर्कता, चौकसी, सावधानी।

**circumstances** (स:´-कॅम्-स्टैन्-सिज़्) *n.* (plu.) the conditions or facts connected with an event or person and having bearing on it, परिस्थितियाँ। □ **under the circumstances,** इन परिस्थितियों में; **under no circumstances,** कभी नहीं, किसी प्रकार नहीं, किसी भी हालत में .........नहीं।

**circumstantial** (स:-कॅम्-स्टैन्´-शॅल्) *adj.* 1. of or dependent upon circumstances, परिस्थितिजन्य, पारिस्थितिक; circumstantial evidence, परिस्थितिजन्य साक्ष्य। 2. complete and detailed, पूर्ण तथा ब्योरेवार।

**circumvent** (स:-कॅम्-वेन्ट्´) *v.* 1. to encircle, घेर लेना। 2. to evade, टाल जाना, बच निकलना, परिहार करना। 3. to outwit, चकमा देना, अपनी चालाकी से मात कर देना।

**circus** (स:´-कॅस्) *n.* 1. a travelling company of trained animals, acrobats, clowns etc., सर्कस। 2. a public performance of such a company, सर्कस। 3. an arena, मैदान, अखाड़ा। 4. an open place where several streets converge, चौक।

**cistern** (सिस्´-टॅ:न्) *n.* a water tank, पानी की टंकी, हौज़।

**citadel** (सिट्´-अॅ-डॅल्) *n.* 1. a fort, दुर्ग, क़िला। 2. a fort near a city, नगर-दुर्ग, नगर-क़िला। 3. a stronghold, गढ़।

**citation** (साइ-टे´-शॅन्) *n.* 1. an act of citing or something cited, उद्धरण, हवाला। 2. a formal statement of the achievements of a person receiving an academic honour, प्रशस्ति, प्रशस्ति-पत्र।

**cite** (साइट्) *v.* 1. to quote as an example, उद्धरण देना, हवाला देना। 2. to mention as a proof, प्रमाण देना। 3. to summon before a court of law, सम्मन भेजना। 4. to commend for meritorious action, प्रशंसा करना। 5. to mention as an example, उदाहरण देना, मिस्पल देना।

**citification** (सि-टि-फ़ि-के´-शॅन्) *n.* the act of citifying, नगरीकरण।

**citizen** (सिट्´-इ-ज़ॅन्) *n.* 1. a resident of a

city, नगरवासी। 2. a person who has full rights in a country, नागरिक।

**citizenship** (सिट्´-इ-ज़ॅन्-शिप्) ***n.*** the state of being a citizen or the status of a citizen, नागरिकता।

**citric acid** ***n.*** a type of weak acid found in citrus fruit, नीबू का अम्ल, साइट्रिक एसिड।

**city** (सिट्´-ई) ***n.*** 1. a big town, नगर, शहर। 2. the inhabitants of a city, नगर-निवासी।

**civic** (सिव्´-इक्) ***adj.*** 1. of city, नगरीय। 2. of citizen, नागरिक-संबंधी।

**civics** (सिव्´-इक्स्) ***n.*** (used with a singular verb) the science dealing with government and the citizens, नागरिकशास्त्र।

**civil** (सिव्´-इल्) ***adj.*** 1. of a citizen, नागरिक-संबंधी, सिविल, नागर; civil liberty, नागरिक स्वतंत्रता; civil marriage, सिविल विवाह। 2. of ordinary community life as distinguished from military or ecclesiastical, असैनिक, अपौरोत्य। 3. involving civil law not criminal law, दीवानी; civil proceedings दीवानी कार्रवाई। 4. polite, शिष्ट, सविनय; civil disobedience, सविनय अवज्ञा।

**civilian** (सि-विल्´-यॅन्) ***n.*** a person not serving in the armed forces, असैनिक व्यक्ति, सामान्य नागरिक।

**civility** (सि-विल्´-इ-टी) ***n.*** 1. politeness, शिष्टता। 2. an act of courtesy, शिष्टाचार।

**civilization** (सिव्-इ-लि-ज़े´-शॅन्) ***n.*** the advanced stage of human social development in the arts, sciences and social affairs, सभ्यता।

**civilize** (सिव्´-इ-लाइज़्) ***v.*** 1. to bring out of savagery to a highly developed stage, सभ्य बनाना। 2. to improve the behaviour of, शिष्ट बनाना।

**civil law** ***n.*** the body of law dealing with the rights of the citizens, दीवानी कानून।

**civil servant** ***n.*** a member of the civil service, सिविल सेवक।

**civil service** ***n.*** all branches of public service that are not legislative, judicial or military, सिविल सेवा।

**civil war** ***n.*** a war between the groups or factions of the citizens of the same country, गृहयुद्ध।

**clack** (क्लैक्) ***n.*** 1. a sharp short sound, खटखट। 2. chatter. बकबक। ***v.*** (clacked, clacking) 1. to make or cause to make a sharp short sound, खटखट करना। 2. to chatter, बकबक करना।

**clad** (क्लैड्) ***v.*** p.p. of clothe. ***adj.*** 1. clothed, सवस्त्र, पहना हुआ। 2. covered, आवृत्त।

**claim** (क्लेम्) ***v.*** to demand as one's due or right. अधिकार या हक जतलाना, माँग करना, दावा करना। ***n.*** a demand for something as due or right, दावा, माँग।

**claimant** (क्ले´-मॅन्ट्) ***n.*** one who makes a claim, दावेदार, हक़दार, माँगकर्ता।

**clamber** (क्लैम्´-बॅ:) ***v.*** to climb with difficulty, कठिनाई से चढ़ना।

**clammy** (क्लैम्´-ई) ***adj.*** 1. sticky, चिपचिपा। 2. unpleasantly moist, गीला।

**clamorous** (क्लैम्´-ॲर्-ॲस्) ***adj.*** causing clamour, शोर करनेवाला, कोलाहलपूर्ण।

**clamour, clamor** (क्लैम्´-ॲ:) ***n.*** 1. an outcry, चिलपों, चिल्लाहट, शोर, कोलाहल। 2. a loud demand or protest, ज़ोरदार माँग या आपत्ति। ***v.*** to make a loud protest or demand, ज़ोरदार ढंग से आपत्ति या माँग करना।

**clamp** (क्लैम्प्) ***n.*** a mechanical device for holding two or more things together, क्लैम्प, शिकंजा। ***v.*** 1. to fasten or grip with a clamp, शिकंजे में कसना। 2. to impose or inflict, कसना, जकड़ना, थोपना, लगाना।

**clan** (क्लैन्) ***n.*** 1. a large family forming a close group, क़बीला। 2. a group of families with common surname, वंश, कुल।

**clandestine** (क्लैन्-डॅस्´-टिन्) ***adj.*** secret and concealed, गुप्त, चोरी-छिपे किया जानेवाला।

**clandestinely** (~ -ली) ***adv.*** secretly, चोरी-छिपे, गुपचुप।

**clang** (क्लैंग्) ***n.*** a loud, singing, metallic sound, घनघन, टनटन। ***v.*** to make a clang, घनघनाना, टनटनाना।

**clangour, clangor** (क्लैंग्´-ॲ:) ***n.*** a clanging noise, घनघनाहट।

**clank** (क्लैंक्) ***n.*** a quick sharp metallic sound, खनखनाहट, झनझन। ***v.*** to make or cause such a sound, खनखनाना, झनझनाना।

**clap** (क्लैप्) ***v.*** (clapped, clapping) 1. to strike the palms of the hands together, ताली बजाना, करतलध्वनि करना, थपोड़ी पीटना। 2. to flap (wings, पर) फड़फड़ाना। 3. to place or put quickly or forcibly, रख या डाल देना, बंद कर देना। ***n.*** 1. the act or sound of clapping, ताली, थपोड़ी, करतलध्वनि। 2. the sharp noise of thunder, कड़क, गर्जन।

**clarification** (क्लैर्-इ-फ़ि-के´-शॅन्) ***n.*** 1. the act of clarifying, स्पष्टीकरण, सफ़ाई। 2. a simpler explanation, स्पष्टीकरण, सफाई।

**clarify** (क्लैर्´-इ-फ़ाइ) ***v.*** (clarified, clarifying) 1. to make clear to understand, स्पष्ट करना, स्पष्टीकरण करना, सफाई देना। 2. to make pure, विशुद्ध करना, साफ़ करना।

**clarinet** (क्लैर्-इ-नेंट्´) ***n.*** a wind instrument, शहनाई।

**clarinetist** (क्लैर्-इ-नेंट्´-इस्ट्) ***n.*** one who plays the clarinet, शहनाईवादक।

**clarion** (क्लैर्´-इ-ॲन्) ***n.*** a trumpet, तुरही। ***adj.*** 1. clear, स्पष्ट। 2. inspiring, प्रेरणाप्रद; clarion call, आह्वान।

**clarity** (क्लैर्´-इ-टी) ***n.*** clearness, स्पष्टता, प्रांजलता।

**clash** (क्लैश्) ***v.*** 1. to collide or strike together with a loud harsh sound, टकरा जाना, भिड़ जाना, लड़ जाना। 2. to conflict, विरोध या संघर्ष करना। 3. to disagree, मेल न खाना। ***n.*** 1. a collision, भिड़ंत, टक्कर। 2. a sound of clashing, टक्कर की आवाज़। 3. conflict, संघर्ष, विरोध।

**clasp** (क्लैस्प्) ***n.*** 1. a device for fastening or joining a belt, बकसुआ, बकलस। 2. a grasp, पकड़। 3. a handshake, हथमिलाव, हाथ मिलाना। 4. an embrace, आलिंगन। ***v.*** 1. to fasten or join with a clasp, बकसुआ लगाना। 2. to grasp or hold, पकड़ना। 3. to embrace, आलिंगन करना।

**class** (क्लास्, क्लैस्) ***n.*** 1. a division of people or things sharing a common characteristic, वर्ग, श्रेणी। 2. the people of a similar social or economic position, वर्ग, जाति। 3. the group of students who are taught together, कक्षा, जमात, दर्जा। 4. kind, sort, किस्म, प्रकार। 5. one of several standards of accommodation in public transport, श्रेणी, दर्जा। 6. excellence, elegance, खूबी, गुणवत्ता, उत्कृष्टता।

**classic** (क्लैस्´-इक्) ***adj.*** 1. of the highest class or rank, उच्च कोटि का, उच्च श्रेणी का। 2. serving as a standard or model of its kind, आदर्श, मानक। 3. pertaining to ancient Sanskrit, Greek or Roman literature or art, शास्त्रीय।

**classical** (क्लैस्´-इ-कॅल्) ***adj.*** 1. relating or pertaining to the old civilization, पुरातन। 2. traditional and standard in style, पारंपरिक। 3. influenced by the art, literature or culture of ancient times, शास्त्रीय।

**classically** (क्लैस्´-इ-कॅल्-ई) ***adv.*** in a classical manner, पारंपरिक ढंग से; शास्त्रीय रूप में।

**classics** (क्लैस्´-इक्स्) ***n.*** 1. ancient works of literature, art or religion, प्राचीन साहित्य, शास्त्र। 2. ancient languages, प्राचीन भाषाएँ।

**classification** (क्लैस्-इ-फ़ि-के´-शॅन्) ***n.*** the act of classifying or state of being classified, वर्गीकरण।

**classified** (क्लैस्´-इ-फ़ाइड्) ***adj.*** arranged according to subject-matter, वर्गीकृत।

**classifieds** (क्लैस्´-इ-फ़ाइड्स्) ***n.*** classified advertisements, वर्गीकृत विज्ञापन।

**classify** (क्लैस्´-इ-फ़ाइ) ***v.*** (classified, classifying) to arrange in classes, वर्गीकृत करना, वर्गीकरण।

**classless** (क्लास्´-लिस्, क्लैस्´-लिस्) ***adj.*** socially not divided into classes, वर्गहीन।

**classmate** (क्लास्´-मेट्, क्लैस्´-मेट्) ***n.*** a member of the same class, सहपाठी, कक्षामित्र।

**classroom** (क्लास्´-रूम्, क्लैस्´-रूम्) ***n.*** any of the rooms in which classes are conducted in a school or college, कक्षा।

**classy** (क्लैस्´-ई) *adj.* elegant, रमणीय, चारु।

**clatter** (क्लैट्´-अॅ:) *n.* 1. a rattling noise, खड़खड़। 2. noisy talk, बकबक, चटर-चटर। *v.* 1. to make a rattling noise, खड़खड़ करना, खड़खड़ाना। 2. to talk noisily, बकबक करना, चटर-चटर करना।

**clause** (क्ला:ज़्) *n.* 1. a part of a compound or complex sentence consisting of a subject and predicate, उपवाक्य, वाक्यांश। 2. a separate article or provision of a document, धारा, दफा।

**claw** (क्ला:) *n.* 1. a sharp curved nail on the toe of an animal or bird, खाँग, काँटा। 2. the foot of a bird or animal with such nails, पंजा। 3. a device like a claw used for holding papers etc., पंजा। *v.* 1. to pull or scratch with a claw, पंजा मारना, पंजे से नोचना, पंजे से फाड़ना। 2. to hold with a claw, पंजे से पकड़ना।

**clay** (क्ले) *n.* 1. a soft earth used in making bricks, pottery etc., मृत्तिका, (चिकनी) मिट्टी। 2. mud, गारा।

**clean** (क्लीन्) *adj.* 1. free from dirt, स्वच्छ, साफ़, साफ़-सुथरा। 2. free from impurities, शुद्ध, विमल, विशुद्ध। 3. not yet used, कोरा। 4. without any blemish or blame, बेदाग, निष्कलंक, दोषविहीन। 5. complete, पूर्ण। 6. smooth and even, well-formed, सुडौल, सुघड़। □ **make a clean breast of it,** क़बूल करना, ग़लती मान लेना; **show a clean pair of heels,** सिर पर पाँव रखकर भागना। *adv.* 1. entirely, completely, पूर्ण रूप से, पूरी तरह से। 2. in a clean manner, साफ़-साफ़। 3. direct, सीधे। *v.* (cleaned, cleaning) to make clean, साफ़ करना, सफ़ाई करना।

**clean-cut** (क्लीन्´-कट्) *adj.* 1. clearly defined, स्पष्ट। 2. well-shaped, सुडौल। 3. neat and clean, साफ़-सुथरा।

**cleaner** (क्ली´-नॅ:) *n.* 1. a person engaged to clean rooms, vehicles etc., सफ़ाई करनेवाला, सफ़ाईदार, क्लीनर। 2. a dry-cleaner, ड्राईक्लीनर। 3. a machine or device for cleaning things, सफ़ाई मशीन। 4. a substance used in cleaning, सफ़ाई करने का पदार्थ। 5. a shop where clothes are dry-cleaned, धुलाई-घर।

**cleanliness** (क्लीन्´-लि-निस्) *n.* habitual cleanness, सफ़ाई, सफ़ाई-पसंदगी।

**cleanly** (क्लीन्´-ली) *adj.* 1. active-looking and well-made features, सुघड़। 2. habitually neat and clean, सफ़ाई-पसंद। *adv.* in a clean way, सफ़ाई से।

**cleanse** (क्लीन्ज़्, क्लेंन्ज़्) *v.* 1. to free from dirt, साफ़ करना या बनाना। 2. to make clean and pure, साफ़ करना, शुद्ध करना।

**clean-shaven** (क्लीन्´-शेव्´-ॲन्) *adj.* with beard and mustaches shaved off, जिसकी दाढ़ी और मूँछें घुटी हों, सफाचटदाड़ी-मूँछवाला।

**clear** (क्लिअॅ:) *adj.* 1. free from anything that dims, easily seen through, transparent, पारदर्शक, साफ़। 2. free from obstruction or impediment, open, साफ़, खुला, सफा। 3. easily perceptible, distinct, साफ़, स्पष्ट, प्रांजल। 4. free from blemish, निष्कलंक, बेदाग। 5. free from doubt, संशयरहित, असंदिग्ध। 6. without deductions, net, शुद्ध। *n.* a clear space, स्वच्छ/स्पष्ट अवकाश। *adv.* 1. in a clear manner, distinctly, साफ़-साफ़, स्पष्टत:। 2. completely, पूर्णत:, पूर्ण रूप से। 3. apart, अलग; Stand clear, अलग होकर खड़े रहो। *v.* 1. to make or become clear, साफ़ होना या करना। 2. to rid of impurities or blemishes, निर्दोष बनाना, बुहार देना, साफ़ कर देना। 3. to rid of obstructions or impediments, बाधाएँ हटाना, रास्ता साफ़ करना। 4. to free from a charge of guilt, दोषमुक्त करना, बरी करना। 5. to pass by or over something without touching, साफ़-साफ़ निकल जाना। 6. to pass through a clearing house, मुक्त होना, छूटना, छुट्टी पाना। 7. to pass a cheque, चेक पास करना। 8. to earn, कमाना, प्राप्त करना; He clears one lac a year easily, वह साल में एक लाख

आसानी से कमा लेता है। 9. to repay, चुकाना। 10. to decode, अर्थ खोलना।

**clearance** (क्लिअॅर्´-अॅन्स्) ***n.*** 1. the act of clearing, साफ़ करना, सफ़ाई, निकासी। 2. the permission to leave, जाने की अनुमति, छुट्टी।

**clear-cut** (क्लिअॅ: ´-कट्´) ***adj.*** 1. very distinct, बिल्कुल स्पष्ट, दोटूक। 2. clear in meaning, साफ़, स्पष्ट, निश्चित।

**clear-headed** (क्लिअॅ: ´-हॅड्´-इड्) ***adj.*** sensible, समझदार, सुलझे दिमाग वाला।

**clearing house** ***n.*** an office where banks exchange cheques and settle their accounts, शोधन-गृह, क्लियरिंग हाउस।

**clearly** (क्लिअॅ: ´-ली) ***adv.*** in a clear way, साफ़-साफ़, स्पष्ट रूप से।

**clearness** (क्लिअॅ: ´-निस्) ***n.*** the state of being clear, स्पष्टता।

**cleavage** (क्ली´-विज्) ***n.*** a break caused by splitting, दरार, फटन।

**cleave** (क्लीव्) ***v.*** to cling, चिपकना, लगा रहना।

**cleft** (क्लॅफ़्ट्) ***n.*** a crack, split or opening, दरार, फटन, खाली जगह। ***adj.*** split, divided, दरारयुक्त, फटा हुआ; cleft palate, फटा तालु।

**clemency** (क्लॅम्´-अॅन्-सी) ***n.*** 1. mercy, दया। 2. mildness, मृदुता।

**clement** (क्लॅम्´-अॅन्ट्) ***adj.*** 1. merciful, दयालु। 2. mild, मृदु।

**clench** (क्लॅन्च्) ***v.*** to grip or hold tightly, कसकर पकड़ना, भींच लेना; clenched fist, भींची हुई मुट्ठी। ***n.*** a tight grip, पकड़, गिरफ़्त।

**clergy** (क्ल:´-जी) ***n.*** the body of people ordained for religious service, पुरोहित-वर्ग, याजकवर्ग।

**clergyman** (क्ल:´-जि-मॅन्) ***n.*** a member of the clergy, पुरोहित, पादरी, याजक।

**cleric** (क्लॅर्´-इक्) ***n.*** a clergyman, पादरी, याजक।

**clerical** (क्लॅर्´-इ-कॅल्) ***adj.*** 1. of or pertaining to the clerks, लिपिक-संबंधी, लिपिकीय। 2. of a clergyman, याजक-संबंधी, याजकीय।

**clericalism** (क्लॅर्´-इ-कॅ-लिज़्-अॅम्) ***n.*** the rule or influence of the clergy, पुरोहित-तंत्र, याजकीय प्रभाव।

**clerk** (क्ल:क्) ***n.*** a person employed to do work in an office, लिपिक, क्लर्क। ***v.*** to work as a clerk, क्लर्की करना।

**clever** (क्लॅव्´-अॅ:) ***adj.*** 1. quick at learning and understanding, चतुर, होशियार, बुद्धिमान, समझदार। 2. dexterous, दक्ष। 3. done with cleverness, चतुराई-भरा।

**cleverly** (~ ली) ***adv.*** in a clever manner, चतुराई से, दक्षतापूर्वक।

**cleverness** (क्लॅव्´-अॅ:-निस्) ***n.*** the quality of being clever, चतुराई, दक्षता।

**clew** (क्लु) ***n.*** a ball of thread, अंटी, लच्छी, पिंडी।

**cliche** (क्ली-शे´) ***n.*** a hackneyed phrase or idea, घिसी-पिटी बात या पदबंध, रूढ़ोक्ति।

**click** (क्लिक्) ***n.*** a brief short sound, खट। ***v.*** 1. to make a brief short sound, खट से बोलना। 2. to be understood, समझ में आना।

**client** (क्लाइ´-अॅन्ट्) ***n.*** a customer, ग्राहक, मुअक्किल।

**clientele** (क्लाइ-अॅन्-टॅल्´) ***n.*** customers in general, clients collectively, ग्राहक-वृंद।

**cliff** (क्लिफ़्) ***n.*** a steep rock, खड़ी चट्टान।

**cliffhanger** (क्लिफ़्´-हैंग्-अॅ:) ***n.*** 1. a story full of suspense, कुतूहलपूर्ण कहानी। 2. a contest full of suspense, कुतूहलपूर्ण प्रतियोगिता।

**climactic** (क्लाइ-मैक्´-टिक्) ***adj.*** of or having a climax, चरम, पराकाष्ठापूर्ण।

**climate** (क्लाइ´-मॅट्/मिट्) ***n.*** 1. the prevailing weather conditions of an area, जलवायु, हवा-पानी। 2. a region having certain weather conditions, विशिष्ट जलवायुवाला प्रदेश। 3. a general atmosphere, परिवेश। 4. a general feeling, जनभावना।

**climatic** (क्लाइ-मैट्´-इक्) ***adj.*** of climate, जलवायु-संबंधी।

**climax** (क्लाइ´-मैक्स्) ***n.*** the event or point marked by greatest intensity or effect in a series, चरमबिंदु, पराकाष्ठा। ***v.*** to reach or bring to a climax, पराकाष्ठा तक जा

पहुँचना या पहुँचा देना।

**climb** (क्लाइम्) *v.* 1. to go up or higher, (ऊपर) चढ़ना, ऊँचे जाना। 2. to grow up or upward, ऊपर की ओर बढ़ना। 3. to rise in rank or fortune, उन्नति करना। □ **climb down** (i) to descend, नीचे उतरना; (ii) to retreat, पीछे हटना। *n.* 1. the act of climbing, चढ़ने की क्रिया या भाव। 2. a place to be climbed, चढ़ाई।

**climber** (क्लाइ´-मॅं:) *n.* 1. one who climbs, पहाड़ों पर चढ़नेवाला, पर्वतारोही। 2. a climbing plant, लता।

**clime** (क्लाइम्) *n.* 1. climate, जलवायु, हवा-पानी। 2. a region, प्रदेश।

**clinch** (क्लिन्च्) *v.* 1. to fasten securely (with a nail or bolt, कील या रिपिट) जड़ देना। 2. to make secure, सुरक्षित कर या बना देना। 3. to settle decisively or conclusively, निपटा देना, पक्का। *n.* 1. the act, process or result of clinching, जड़ना, जड़ाई, निपटारा। 2. an embrace, आलिंगन।

**cling** (क्लिंग्) *v.* (clung, clinging) 1. to hold fast or adhere closely, चिपक या लिपट जाना, पकड़े रहना। 2. to remain emotionally attached, जुड़े रहना, लगे रहना, चिपके रहना।

**clinic** (क्लिन्´-इक्) *n.* a private hospital or nursing home, निदानगृह, चिकित्सालय।

**clinical** (क्लिन्´-इ-कॅल्) *adj.* 1. of or connected with a clinic, निदानगृह-संबंधी। 2. of or relating to the observation and treatment of patients, निदान-संबंधी, नैदानिक।

**clinically** (क्लिन्´-इ-कॅ-ली) *adv.* in a clinical manner, निदान की दृष्टि से।

**clink** (क्लिंक्) *n.* a sharp ringing sound, झनझन, झनझनाहट। *v.* to make or produce this sound, झनझन करना।

**clip**[1] (क्लिप्) *n.* a device for gripping or holding things tightly, क्लिप। *v.* (clipped, clipping) to fasten or grip securely with a clip, क्लिप लगाना।

**clip**[2] *v.* (clipped, clipping) 1. to cut with scissors, कैंची से काट देना। 2. to make shorter by cutting, कुतर देना।

**clipboard** (क्लिप्´-बो:ड्) *n.* a board with a clip, वह तख्ती जिसमें क्लिप लगा हो।

**clipper** (क्लिप्´-अॅं:) *n.* 1. a sailing ship that travels quickly, द्रुतगामी जहाज़, तीव्रगामी पोत। 2. clippers, कैंची, कतरनी।

**clippers** (क्लिप्´-अॅं:ज़्) *n.* (plu.) an instrument for cutting, कैंची, कतरनी।

**clipping** (क्लिप्´-इंग्) *n.* 1. an article or news item cut out from a newspaper, अखबारी कतरन। 2. a cutting, टुकड़ा, टुकड़ी।

**clique** (क्लीक्) *n.* a small group of people, गुट।

**cliquish** (क्ली´-किश्) *adj.* of or related to a clique, गुट-संबंधी।

**cliquism** (क्लीक्´-इज़्-अॅम्) *n.* the act of forming cliques, गुटबंदी।

**clitoris** (क्लिट्´-अॅ-रिस्) *n.* a small erectile part of the vulva, भग-शिश्न।

**cloak** (क्लोक्) *n.* 1. a sleeveless outer garment, लबादा। 2. something that covers or conceals, आवरण, आड़।

**cloakroom** (क्लोक्´-रूम्) *n.* a room in which luggage can be deposited, यात्री-सामान-घर।

**clobber** (क्लॉब्´-अॅं:) *v.* 1. to pound mercilessly, बुरी तरह पीटना। 2. to defeat over whelmingly, बुरी तरह हराना, धूल चटा देना। 3. to critisize severely, फटकारना।

**clock** (क्लॉक्) *n.* 1. a timepiece, घड़ी। 2. a wall-clock, दीवार-घड़ी। □ **round the clock,** रात-दिन, चौबीसों घंटे; **put the clock back**, उन पुरानी बातों को अपनाना जिनका महत्त्व अब कुछ न रह गया हो। *v.* to time, समय नापना। □ **clock in,** काम पर पहुँचने का समय अंकित करना; **clock off or out,** काम पर से जाने का समय अंकित करना।

**clock tower** *n.* a tower with a clock, घंटाघर।

**clock watcher** *n.* one who frequently checks the time, घड़ी देखता रहनेवाला।

**clockwise** (क्लॉक्´-वाइज़्) *adj. & adv.* in the direction in which the hands of a clock rotate, दक्षिणावर्त; anti-clockwise, वामावर्त।

C

**clod** (क्लॉड्) ***n.*** 1. a lump of clay, मिट्टी का ढेला। 2. a foolish person, मंदबुद्धि व्यक्ति। 3. a knot, गाँठ।

**cloddish** (क्लॉड्´-इश्) ***adj.*** clumsy or foolish, फूहड़ या बुद्धू।

**clog** (क्लॉग्) ***n.*** 1. a heavy thick-soled shoe, मोटे तल्लेवाला जूता। 2. a heavy block of wood fastened to an animal's leg to impede motion, पैकड़ा, अड़ंगा। 3. a wooden shoe, खड़ाऊँ। 4. an obstacle, बाधा, अड़चन। ***v.*** (clogged, clogging) 1. to block or obstruct, बाधा खड़ी करना, अड़चन डालना। 2. to become blocked or obstructed, बाधित होना।

C

**cloister** (क्लॉइ´-स्टॅ:) ***n.*** 1. a covered walk, छायादार पथ। 2. a monastery, विहार, मठ। ***v.*** (cloistered, cloistering) to confine in a monastery, मठ में जीवनयापन करना।

**cloistered** (क्लॉइ´-स्टःड्) ***adj.*** secluded, निस्संग, अकेला पड़ा हुआ, अलग-थलग।

**clone** (क्लोन्) ***n.*** 1. a group of plant, पादप-समूह। 2. an exact copy of someone or something else, ऐसा व्यक्ति या वस्तु जो किसी दूसरे की यथार्थ प्रतिलिपि हो, क्लोन।

**close**[1] (क्लोस्) ***adj.*** 1. near in space or time, पास का, नज़दीक। 2. near in relationship. रिश्ते में नज़दीक। 3. affectionate, घनिष्ठ, अंतरंग। 4. near alike, लगभग समान। 5. shut or shut in, बंद। 6. dense, घना। 7. nearly equivalent, बराबरी का। 8. fitting tightly, तंग, चुस्त। 9. humid and stuffy, उमस-भरा, उमसदार। 10. reticent or secretive, मौन, चुप्पा, घुन्ना। 11. hidden or secluded, गुप्त या अलग-थलग। 12. miserly, कंजूस। □ **at close quarters** or **close at hand**, पास ही, अत्यंत समीप।

**close**[2] (क्लोज़्) ***v.*** (closed, closing) 1. to shut or become shut, बंद होना या करना। 2. to end, finish, ख़त्म होना या करना, समाप्त होना या करना। 3. to enclose, अंदर भरना या भरा जाना, अंदर डालना या डाला जाना। 4. to join or unite, जुड़ना या जोड़ना। 5. to reach an agreement, करार पर पहुँचना, सौदा तय करना। □ **close down,** काम बंद करना; **close out,** सस्ते दाम पर निकालना; **close with** (i) (प्रस्ताव) स्वीकार करना; (ii) जूझना। ***adv.*** closely, साथ-साथ, सटकर।

**closed** (क्लोज़्ड्) ***adj.*** 1. shut, बंद। 2. restricted, सीमित, नियंत्रित।

**closefisted** (क्लोस्´-फ़िस्´-टिड्) ***adj.*** miserly, stingy, कंजूस।

**closefitting** (क्लोस्´-फ़िट्´-इंग्) ***adj.*** tightly fitting, चुस्त।

**closemouthed** (क्लोस्´-माउथ्ड्´) ***adj.*** secretive, चुप्पा, बहुत कम बोलनेवाला।

**close shave** ***n.*** a narrow escape, बाल-बाल बचाव।

**closet** (क्लोज़्´-इट्) ***n.*** 1. a small cupboard, छोटी आलमारी। 2. a small room, कोठरी। □ **come out of the closet,** अपने सम-लैंगिक संबंध को स्वीकार करना। ***adj.*** secret, गुप्त। ***v.*** to shut up or confine, कमरे में बंद होना या कमरा बंद कर लेना।

**close-up** (क्लोस्´-अप्) ***n.*** a photograph taken at close range, क्लोज़-अप, नज़दीकी चित्र।

**closing time** (क्लोज़्´-इंग्-टाइम्) ***n.*** the time when something closes, बंद करने का समय, समापन-समय।

**closure** (क्लो´-ज़्हॅ:) ***n.*** the act of closing or the state of being closed, बंदी, समाप्ति, समापन। ***v.*** (closured, closuring) to end, ख़त्म होना या करना।

**clot** (क्लॉट्) ***n.*** a thick lump formed from liquid, थक्का। ***v.*** (clotted, clotting) to form or cause to form into a clot, थक्का जमना या जमाना।

**cloth** (क्लॉथ्) ***n.*** 1. fabric woven, knitted or felted, कपड़ा, वस्त्र। 2. a piece of such fabric, कपड़े का टुकड़ा। □ **cut one's coat according to one's cloth,** जितनी चादर हो उतना पाँव फैलाना, आमदनी के हिसाब से खर्च करना।

**clothe** (क्लोद्) ***v.*** (clothed or clad, clothing) 1. to put clothes on, कपड़े पहनना या पहनाना, वस्त्र धारण करना या कराना, तन ढकना। 2. to provide with clothing, कपड़े देना। 3. to conceal, ढकना या छिपाना। □ **clothe ideas in words**, विचारों को शब्दों का जामा पहनाना।

**clothes** (क्लोद्ज़्) ***n.*** (plu.) articles of dress, कपड़े, पहनने के कपड़े, पोशाक।

**clothing** (क्लो´-दिंग्) ***n.*** 1. clothes worn together on different parts of the body, पोशाक, परिधान। 2. garments collectively, कपड़े।

**cloud** (क्लॉउड्) ***n.*** 1. a mass watery vapour visible in the sky, बादल, मेघ। 2. a similar mass in the air as smoke cloud, (धुएँ का) बादल। 3. a large number of insects in flight, उड़ते हुए कीड़ों का झुंड। 4. something that fills with gloom, विषाद या दुख की बात। ***v.*** (clouded, clouding) 1. to cover with clouds, बादलों का छाना, बादल छाना। 2. to darken, धुँधला कर देना। 3. to become gloomy, विषादमग्न होना।

**cloudburst** (क्लॉउड्´-ब:स्ट्) ***n.*** a sudden and very heavy downpour, सहसा होनेवाली ज़ोरदार वर्षा, बादलों का फट पड़ना।

**cloudless** (क्लॉउड्´-लिस्) ***adj.*** free from clouds, मेघविहीन, साफ़।

**cloudy** (क्लॉउ´-डी) ***adj.*** 1. covered with clouds, मेघाच्छन्न, बादलों से भरा। 2. not transparent, धुँधला। 3. gloomy, विषादमय, विषादपूर्ण।

**clout** (क्लॉउट्) ***n.*** 1. a hard blow with a hand, दस्तक। 2. (political) influence, (राजनीतिक) प्रभाव। ***v.*** (clouted, clouting) to give a hard blow, दस्तक देना, खटखटाना।

**clove**[1] (क्लोव्) ***v.*** p.t. of cleave.

**clove**[2] ***n.*** a tree and its flower bud, लौंग और उसका पेड़।

**cloven** (क्लो´-वॅन्) ***v.*** p.p. of cleave. ***adj.*** split, फटा हुआ, विदीर्ण; cloven hoof, फटा खुर।

**clown** (क्लॉउन्) ***n.*** a comic entertainer, विदूषक, जोकर, मसख़रा। ***v.*** (clowned, clowning) to perform as a clown, मसख़री करना।

**clownish** (क्लॉउन्´-इश) ***adj.*** like a clown, विदूषक-जैसा।

**club** (क्लब्) ***n.*** 1. a heavy stick used as a weapon, लट्ठ, लाठी। 2. a stick used to drive a ball in golf, क्लब, डंडा। 3. a playing card marked with a black figure shaped like a cloverleaf, चिड़ी का पत्ता। 4. an organisation or association of people with common aims or interest, क्लब। ***v.*** (clubbed, clubbing) 1. to strike with a club, डंडे या क्लब से प्रहार करना। 2. to unite or combine for a common purpose, मिलाना, मिल जाना, इकट्ठा हो जाना।

**clubfooted** (क्लब्´-फुट्-इड्) ***adj.*** having a deformed foot, मुड़े या टेढ़े पैरवाला।

**cluck** (क्लक्) ***n.*** 1. the low, short sound made by a hen, कुड़कुड़। 2. a stupid person, मूर्ख व्यक्ति। ***v.*** to make a cluck, कुड़कुड़ करना, कुड़कुड़ाना।

**clue** (क्लू) ***n.*** 1. any information that guides or directs in the solution of a problem, वह बात या चीज़ जिससे कोई समस्या हल हो, संकेत, सूत्र, फार्मूला, अता-पता। ***v.*** to provide with a clue, अता-पता बतलाना, सूत्र देना, संकेत करना।

**clueless** (क्लू´-लिस्) ***adj.*** 1. without a clue, सूत्रविहीन। 2. stupid, मूर्ख।

**clump** (क्लम्प्) ***n.*** 1. a lump, ढेला, लोंदा। 2. a cluster or mass, झुरमुट या ढेर। 3. a heavy dull sound, भड़भड़। ***v.*** (clumped, clumping) 1. to form clumps, ढेले बनाना; ढेर लगाना; घने वृक्ष या घनी झाड़ियाँ लगाना। 2. to walk with a heavy dull sound, भारी कदमों से चलना।

**clumsily** (क्लम्´-ज़ि-ली) ***adv.*** in a clumsy manner, भद्दे या फूहड़ ढंग से।

**clumsiness** (क्लम्´-ज़ि-निस्) ***n.*** the state or quality of being clumsy, भद्दापन, फूहड़पन।

**clumsy** (क्लम्´-ज़ी) ***adj.*** 1. awkward, भद्दा, बेढंगा, फूहड़, भोंड़ा। 2. lacking physical coordination or grace, बेडौल, अनगढ़।

**clung** (क्लंग्) ***v.*** p.t. & p.p. of cling.

**clunk** (क्लंक्) ***n.*** a dull metallic sound, बर्तनों की टकराहट का शब्द, झनझन।

**cluster** (क्लस्´-टॅ:) ***n.*** 1. a number of things

occurring, growing or fastened close together, गुच्छा। 2. a large group of trees etc., झुंड, झुरमुट। *v.* (clustered, clustering) to gather or to be gathered in clusters, गुच्छों में लगना या लगाना; झुंड बनना या बनाना।

**clutch[1]** (क्लच्) *v.* to hold or grasp firmly, कसकर पकड़ना या जकड़ना। *n.* 1. a tight grasp, पकड़, चंगुल। 2. device for engaging and disengaging certain working parts in machinery, क्लच। 3. (plu.) control or power, नियंत्रण या अधिकार।

C

**clutch[2]** *n.* 1. a set of eggs for hatching, वे अंडे जिन्हें मुर्गी से रही हो। 2. the chicken hatched from these, चूज़ों का दल।

**clutter** (क्लट्´-अ:) *n.* 1. a pile, a disordered mass, बेतरतीब रखी चीजों का ढेर। 2. a state of disorder, अव्यवस्था, गड़बड़, अस्तव्यस्तता। 3. noise, शोरगुल। *v.* 1. to pile, ढेर लगाना। 2. to make a noise, शोरगुल करना।

**co-** (को-) *prefix.* with, together, सह-।

**coach** (कोच्) *n.* 1. a large, closed, four-wheeled horse-drawn carriage, टमटम। 2. a railroad car, रेल का डिब्बा। 3. a motor coach, बस। 4. an instructor who trains athletes or teams, कोच, प्रशिक्षक। 5. a tutor, शिक्षक, प्रशिक्षक। *v.* to train, प्रशिक्षित करना, प्रशिक्षण देना।

**coachman** (कोच्´-मॅन्) *n.* a driver of a horse-drawn carriage, कोचवान।

**coagulate** (को-ऐग्´-यु-लेट्) *v.* to change from liquid to a mass or to form a semi-solid mass, जमना या जमाना, थक्का बनना या बना देना।

**coal** (कोल्) *n.* 1. a hard black mineral used as fuel, कोयला। 2. an ember, अंगार, अंगारा। *v.* 1. to supply coal, कोयले की पूर्ति करना। 2. to take in a supply of coal, कोयला डालना या झोंकना।

**coal black** *adj.* too much black, अत्यंत काला, काला भुजंग।

**coalesce** (को-अॅ-लॅस्´) *v.* to combine or unite, एकजुट होना, मिलना, इकट्ठा हो जाना, संयुक्त दल बनाना।

**coalfield** (कोल्´-फ़ील्ड्) *n.* an area rich in deposits of coal, कोयला-क्षेत्र, कोलफ़ील्ड।

**coalition** (को-अॅ-लिश्´-अॅन्) *n.* an alliance between parties, दलों का गठबंधन; coalition government, संयुक्त सरकार, मिली-जुली सरकार।

**coaltar** (कोल्´-टा:) *n.* a black sticky liquid produced from heating coal, अलकतरा।

**coarse** (को:स्) *adj.* 1. not fine, rough, खुरदरा। 2. rough in manner, रूखा, फूहड़, अशिष्ट। 3. of low quality, inferior, मोटा; coarse grain, मोटा अनाज। 4. vulgar, अश्लील।

**coarsen** (को:´-सॅन्) *v.* to make or become coarse, खुरदरा बनाना या हो जाना।

**coast** (कोस्ट्) *n.* 1. the seashore, समुद्रतट। 2. a hill or slope down which one may slide or roll, ढाल। *v.* 1. to sail along a coast, तट के किनारे-किनारे नाव चलाना। 2. to roll or slide, (ढाल पर) फिसलना या लुढ़कना।

**coastal** (कोस्ट्´-अॅल्) *adj.* of or pertaining to the coast, तटीय, तट-संबंधी।

**coastline** (कोस्ट्´-लाइन्) *n.* the outline of a coast, तटरेखा।

**coat** (कोट्) *n.* 1. an outer garment, कोट। 2. an animal's hair or fur covering its body, पशु के बाल, ऊन या फर। 3. a covering layer, ऊपरी परत, तह। □ **turn one's coat**, to change sides, अपना पक्ष छोड़कर दूसरे पक्ष में चले जाना। *v.* to cover with a layer, लेप करना, परत चढ़ाना।

**coating** (को´-टिंग्) *n.* 1. an act of covering with a layer, विलेपन। 2. a covering layer of any substance, परत। 3. a covering material, विलेपन-सामग्री। 4. the cloth from which coats are made, कोट का कपड़ा।

**coax** (कोक्स्) *v.* 1. to try to persuade by pleading or flattery, फुसलाना, ख़ुशामद करना। 2. to persuade gently, चिरौरी करना। 3. to obtain in this way, मतलब गाँठना।

**coaxial** (को-ऐक्´-सि-अॅल्) *adj.* having a common axis, समान अक्षीय, सह-अक्षीय।

**cob** (कॉब्) *n.* 1. a short-legged horse, टट्टू। 2. a male swan, हंस।

**cobalt** (को´-बा:ल्ट्) *n.* a chemical element, कोबाल्ट नामक रासायनिक तत्त्व।

**cobble**[1] (कॉब्´-अॅल्) *v.* 1. to repair or mend (shoes, जूते) गाँठना, मरम्मत करना। 2. to put together clumsily, भद्दी तरह से सीना या मरम्मत करना, भद्दी तरह काम करना।

**cobble**[2] *v.* to pave the road with cobblestones, बजरी बिछाना।

**cobbler** (कॉब्´-लॅ:) *n.* 1. one who mends shoes, जूते गाँठनेवाला, मोची। 2. a beverage, एक तरह का पेय पदार्थ।

**cobblestone** (कॉब्´-अॅल्-स्टोन्) *n.* a rounded stone used in paving, बजरी।

**COBOL** (को´-बोल्) *n.* a computer programing language, कंप्यूटर की प्रोग्राम भाषा।

**cobra** (को´-ब्रॅ) *n.* a poisonous snake having a flattened hood, फनवाला ज़हरीला साँप, फनधर, कोबरा।

**cobweb** (कॉब्´-वॅब्) *n.* 1. a fine web spun by a spider, मकड़ी का जाल, जाला। 2. a thread of this, जाले का तार। 3. a plot, षड्यंत्र, कुचक्र।

**coca cola** *n.* a soft drink, कोका कोला।

**cocaine** (को´-केन्) *n.* an addictive drug, एक तरह की ओषधि जो नशे के लिए प्रयुक्त की जाती है, कोकीन।

**cochlea** (को´-क्लि-अॅ, कॉक्´-लि-अॅ) *n.* a tube like part of the inner ear, भीतरी कान की थैली।

**cock**[1] (कॉक्) *n.* 1. a male domestic fowl, मुर्गा। 2. a tap, टोंटी। 3. the hammer in a gun, बंदूक का घोड़ा या कुत्ता।

**cock**[2] (कॉक्) *n.* a cone-shaped pile of hay or straw, शंकु के आकार का भूसे का ढेर।

**cockade** (कॉ-केड्´) *n.* an ornamental knot or badge worn on the hat, कलगी, तुर्रा।

**cock-a-doodle doo** (कॉक्´-अॅ-डू-डॅल्-डू´) *interj.* the sound of a cock crowing, बाँग, कुकड़ूँकूँ।

**cock-and-bull story** *n.* a foolish story, ऊटपटाँग या मूर्खतापूर्ण कथा, बेवकूफ़ी की बात, मनगढ़ंत कहानी।

**cockcrow** (कॉक्´-क्रो) *n.* 1. the crow of a cock, बाँग। 2. the dawn, तड़का, प्रभात।

**cocked** (कॉक्ड्) *adj.* tilted, तिरछा।

**cock-eyed** (कॉक्´-आइड्) *adj.* 1. having a squinting eye, भेंगा। 2. crazy, सनकी।

**cockfight** (कॉक्´-फ़ाइट्) *n.* a fight between game cocks, पालतू मुर्गों की लड़ाई।

**cockle** (कॉक्´-अॅल्) *n.* a shellfish, घोंघा। ☐ **the cockles of one's heart**, आंतरिक भावनाएँ।

**Cockney** (कॉक्´-नी) *n.* a native (of the East End) of London, लंदनवासी।

**cockpit** (कॉक्´-पिट्) *n.* 1. an enclosed space for cockfights, मुर्गे लड़ाने का स्थान। 2. a pilot's compartment in an aircraft, वायुयान का चालक-कक्ष। 3. the driver's seat (in a racing car), चालक की सीट।

**cockroach** (कॉक्´-रोच्) *n.* a household large black insect, तिलचट्टा।

**cockscomb** (कॉक्स्´-कॉम्) *n.* a coxcomb, मुर्गे की कलगी।

**cocksure** (कॉक्´-श्योर्´/शू:´) *adj.* 1. completely sure, पूर्ण रूप से विश्वस्त। 2. overconfident, कुछ ज़्यादा ही विश्वस्त, अति विश्वस्त।

**cocktail** (कॉक्´-टेल्) *n.* a mixed alcoholic drink, मिश्रित मादक पेय, कॉकटेल; cocktail party, कॉकटेल पार्टी।

**cocky** (कॉक्´-ई) *adj.* conceited, मुर्गे की तरह इतरानेवाला, घमंडी।

**cocoa** (को´-को) *n.* a powder made from cacoa seeds, कोको।

**coconut** (को´-कॅ-नट्) *n.* a large hardshelled nut of a palm tree, नारियल, खोपड़ा; coconut oil, नारियल का तेल, गरी का तेल।

**cocoon** (कॅ-कून्´) *n.* pupa's silky case, कोया।

**cod** (कॉड्) *n.* a large food fish, एक तरह की बड़ी मछली, जिसका मांस खाते हैं, कॉड।

**coddle** (कॉड्´-अॅल्) *v.* 1. to boil just below the boiling point, हलकी आँच पर पकाना या उबालना। 2. to treat indulgently to pamper, दुलार करना, लाड़-प्यार करना।

C

3. to spoil, (दुलार से) बिगाड़ देना।

**code** (कोड्) ***n.*** 1. a collection of laws or rules, संहिता, विधान; code of ethics, आचार-संहिता। 2. a system of signals used in transmitting messages, संकेत भाषा, गूढ़लिपि। 3. a message in code, संकेत भाषा का संदेश। 4. a symbol used in a code, संकेत, संकेताक्षर। ***v.*** to convert into a code, संकेत भाषा में बदलना।

C

**codfish** (कॉड्´-फ़िश्) ***n.*** a cod, कॉड मछली।

**codger** (कॉज्´-अँ:) ***n.*** a peculiar oldman, ख़ब्ती बूढ़ा।

**codicil** (कॉड्´-इ-सिल्) ***n.*** an addition to a will, क्रोड़पत्र।

**codification** (कॉड्-इ-फ़ि-के´-शॅन्) ***n.*** the act of codifying, संहिताकरण।

**codify** (कॉड्´-इ-फ़ाइ) ***v.*** (codified, codifying) to arrange rules or laws into a system or code, संहिताबद्ध करना, संहिता बनाना, संहिताकरण करना।

**codling** (कॉड्´-लिंग्) ***n.*** a small cod fish, छोटी कॉड मछली।

**cod-liver oil** ***n.*** oil obtained from the liver of a cod, कॉडलिवर ऑयल।

**coed** (को-ऍड्´) ***n.*** a girl student of a co-educational institution, सहशिक्षण संस्थान की छात्रा।

**co-education** (को-ऍज्-उ-के´-शॅन्) ***n.*** education of boys and girls at the same institution, सहशिक्षा।

**coeducational** (को-ऍज्-उ-के´-शॅन्-ॲल्) ***adj.*** of coeducation, सहशिक्षा-संबंधी।

**coefficient** (को-इ-फ़िश्´-ॲन्ट्) ***n.*** a multiplier, गुणांक।

**coerce** (को-अ:स्´) ***v.*** to compel or force to act against one's wishes, किसी को कुछ करने के लिए विवश करना।

**coercion** (को-अ:´-शॅन्) ***n.*** the act of coercing, प्रपीड़न, बलप्रयोग, ज़ोर-ज़बरदस्ती।

**coercive** (को-अ:´-सिव्) ***adj.*** using coercion, प्रपीड़क, बलप्रयोग करनेवाला।

**coeval** (को-ई´-वॅल्) ***adj.*** 1. of the same age or generation, एक ही अवस्था या पीढ़ी के। 2. contemporary, समकालीन।

**coexist** (को-इग्-ज़िस्ट्´) ***v.*** (coexisted, coexisting) to exist together at the same time and in peace, साथ-साथ जीना।

**coexistence** (को-इग्-ज़िस्´-टॅन्स्) ***n.*** the state of existing together at the same time and in peace, सह-अस्तित्व।

**coexistent** (को-इग्-ज़िस्´-टॅन्ट्) ***adj.*** existing together, साथ-साथ जीनेवाले।

**coffee** (का:´-फ़ी) ***n.*** 1. the seeds of a coffee tree, कहवा वृक्ष के बीज। 2. a drink prepared from the above seeds, कॉफ़ी, कहवा। ***adj.*** dark yellowish brown, गहरा भूरा।

**coffee house** ***n.*** a restaurant where coffee is served, कॉफ़ी हाउस।

**coffee pot** ***n.*** a pot for serving coffee, कॉफ़ीदानी।

**coffer** (का:´-फ़ॅ:) ***n.*** a strong box for keeping money and valuables, तिजोरी, पेटी, ख़ज़ाना; the coffers of the state, सरकारी कोषागार।

**coffers** (का:´-फ़ॅ:स्) ***n.*** (plu.) a treasury or funds, कोषागार या निधियाँ।

**coffin** (का:´-फ़िन्) ***n.*** a box in which a dead body is buried, ताबूत, शवपेटी, कॉफ़िन। ☐ **a nail in someone's coffin,** विनाश को बुलावा देनेवाली बात या चीज़।

**cog** (कॉग्) ***n.*** one of the teeth on the rim of a gearwheel, दाँता। ☐ **a cog in the machine,** साधारण व्यक्ति / सदस्य।

**cogent** (को´-जॅन्ट्) ***adj.*** 1. forceful, प्रभावशाली, ज़ोरदार। 2. convincing, विश्वासोत्पादक, विश्वासदायी।

**cogitate** (कॉज्´-इ-टेट्) ***v.*** to ponder, गहराई से सोचना, गहन सोच-विचार करना।

**cogitation** (कॉज्-इ-टे´-शॅन्) ***n.*** the act of cogitating, सोच-विचार, चिंतन।

**cognate** (कॉग्´-नेट्) ***adj.*** having the same origin or source, सजातीय।

**cognition** (कॉग्-निश्´-ॲन्) ***n.*** 1. knowledge, ज्ञान। 2. the mental faculty by which knowlegde is acquired, मन:शक्ति।

**cognitive** (काग्´-नि-टिव्) ***adj.*** of or pertaining to cognition, ज्ञान-संबंधी।

**cognizable** (कॉग्´-नि-ज़ॅ-बॅल्) *adj.* capable of being taken cognizance of, संज्ञेय; cognizable offence, संज्ञेय अपराध।

**cognizance** (कॉग्´-नि-ज़ॅन्स्) *n.* 1. knowledge, ज्ञान। 2. the legal right to deal with a matter, संज्ञान।

**cognizant** (कॉग्´-नि-ज़ॅन्ट्) *adj.* 1. having knowledge, जानकार, ज्ञाता। 2. aware, जागरूक।

**cogwheel** (कॉग्´-ह्वील्) *n.* a toothed wheel. दाँतेदार पहिया।

**cohabit** (को-हैब्´-इट्) *v.* to live together as husband and wife without being married, सहवास करना।

**cohabitation** (को-हैब्-इ-टे´-शॅन्) *n.* the act of cohabiting, सहवास, मैथुन।

**coheir** (को-ऐअॅ:´) *n.* one who inherits property jointly with others, सह-उत्तराधिकारी।

**cohere** (को-हिअॅ:´) *v.* 1. to stick together, जुड़े रहना, चिपके रहना। 2. to be reasonably connected, संगत या सुसंबद्ध होना।

**coherence** (को-हिअॅर्´-ॲन्स्) *n.* consistency, संगति, सुसंगति।

**coherent** (को-हिअॅ:´-ॲन्ट्) *adj.* 1. consistent, संगत। 2. logical, युक्तिसंगत, युक्तियुक्त।

**cohesion** (को-ही´-ज़्हॅन्) *n.* 1. the act or state of cohering, संगति, सामंजस्य, संघटन; The party lacks cohesion. दल में संघटन का अभाव है। 2. a tendency to stick together, जुड़ाव, सहमिलन।

**cohesive** (को-ही´-सिव्) *adj.* tending to stick together, संगत, सामंजस्यपूर्ण, संघटनात्मक।

**coil** (कॉइल्) *v.* to wind or twist into rings, कुंडल या लच्छा बनाना। *n.* something coiled, कुंडल, लच्छा।

**coin** (कॉइन्) *n.* a piece of metal used as money, सिक्का। *v.* (coined, coining) 1. to make coins, सिक्के ढालना। 2. to invent a word or phrase, शब्द या पद गढ़ना।

**coinage** (कॉइ´-निज्) *n.* 1. the act of coining, सिक्कों की ढलाई। 2. coins collectively, ढले हुए सिक्के। 3. an invented word or phrase, गढ़ा हुआ शब्द या पद। 4. an act of coining words, शब्द-निर्माण।

**coincide** (को-इन्-साइड्´) *v.* 1. to occur at the same time, एक साथ होना या घटना। 2. to agree, समान या एक जैसा होना, मेल खाना।

**coincidence** (को-इन्´-सि-डॅन्स्) *n.* 1. the fact, condition or state of coinciding, संयोग, दैवयोग, इत्तिफ़ाक, मेल। 2. correspondence in the events, अनुरूपता, समानता।

**coincident** (को-इन्´-सि-डॅन्ट्) *adj.* 1. having the same position in space or time, संपाती। 2. in exact agreement, अनुरूप, समान।

**coincidental** (को-इन्-सि-डॅन्´-टॅल्) *adj.* happening by coincidence, संयोगजन्य, आकस्मिक।

**coir** (कॉइ:) *n.* the coarse hair that cover the coconut, नारियल की जटा; coir matting, नारियल की जटा की चटाई।

**coital** (को´-इ-टॅल्) *adj.* of or pertaining to coitus, मैथुनिक, संभोग-संबंधी।

**coitus** (को´-इ-टस्) *n.* sexual intercourse, मैथुन, संभोग।

**coke** (कोक्) *n.* 1. the solid substance that remains after the gas has been removed from the coal by heating, कोक। 2. cocaine, कोक़ीन।

**cola** (को´-लॅ) *n.* a soft drink made from dried coco leaves, कोका कोला।

**colander** (कॉल्´-ॲन्-डॅ:, कल्´-ॲन्-डॅ:) *n.* a bowl-shaped perforated pan, छलनी।

**cold** (कोल्ड्) *adj.* 1. of a rather low temperature, ठंडा, सर्द। 2. without proper warmth, ठंडा, जो गर्म न हो। 3. lacking in affection or enthusiasm, ठंडा, रूखा, स्नेहहीन। 4. unconscious, अचेत। 5. lacking in freshness, बासी। 6. sexually unresponsive or frigid, ठंडा, कामहीन। □ **in cold blood,** निर्ममतापूर्वक; **leave cold,** उत्तेजित या प्रभावित न कर पाना; **pour or throw cold water on,** हतोत्साहित करना। *adv.* completely, पूरी तरह से, साफ़-साफ़।

*n.* 1. lack of heat or warmth, ठंड, सर्दी। 2. an infectious illness causing sneezing etc., जुकाम, नज़ला, सर्दी।

**cold-blooded** (कोल्ड्´-बल्ड्´-इड्) *adj.* ruthless, निर्मम, नृशंस।

**cold-hearted** (कोल्ड्´-हा:ट्´-इड्) *adj.* lacking warmth, unsympathetic, सहानुभूतिहीन।

**cold-shoulder** (कोल्ड्´-शोल्´-डॅ:) *v.* to treat with indifference, रूखा व्यवहार करना, उपेक्षा बरतना। *n.* deliberate coldness or disregard, रूखा व्यवहार, उपेक्षा।

**coldsnap** (कोल्ड्´-स्नैप्) *n.* a sudden short period of very cold days, कुछ दिन पड़नेवाली कड़ाके की सर्दी तक।

**cold sore** (कोल्ड्´-सो:) *n.* a blister or blisters near the lips, होंठों के पास होनेवाली फुंसियाँ।

**cold storage** (कोल्ड्-स्टो´-रिज्) *n.* storage in a cool place, शीतागार, कोल्ड-स्टोरेज। ☐ **in cold storage,** postponed but available when required, ताक पर।

**cold war** (कोल्ड्-वा:) *n.* a state of political tension between nations without actual fighting, शीतयुद्ध।

**cold wave** (कोल्ड्´-वेव्) *n.* a wave of cold weather, शीत-लहर।

**colic** (कॉल्´-इक्) *n.* severe abdominal pain, उदरशूल।

**colitis** (कॅ-लाइ´-टिस्) *n.* an inflammation of the colon, बृहांत्रशोथ।

**collaborate** (कॅ-लैब्´-अॅ-रेट्) *v.* to work together or jointly, मिलकर काम करना, एक दूसरे से सहयोग करना।

**collaboration** (कॅ-लैब्-अॅ-रे´-शॅन्) *n.* the act or state of collaborating, सहयोग।

**collaborator** (कॅ-लैब्´-अॅ-रे-टः) *n.* one who collaborates with another, सहयोगी।

**collapse** (कॅ-लैप्स्´) *v.* 1. to fall down suddenly, भर्रा जाना, ढह जाना, ध्वस्त हो जाना। 2. to fail completely, पूरी तरह विफल हो जाना, भंग हो जाना; Administrative machinery collapsed, प्रशासन-तंत्र चरमरा गया। 3. to lose strength suddenly, हिम्मत जवाब दे जाना, हिम्मत हार बैठना। 4. to fold, मोड़ या भाँज देना, फ़ोल्ड कर देना। *n.* 1. a breakdown, पतन, निपात। 2. destruction, ध्वंस, विनाश। 3. failure, विफलता।

**collapsible** (कॅ-लैप्´-सि-बॅल्) *adj.* foldable, मोड़ने या भाँजने योग्य; सिमटवाँ।

**collar** (कॉल्´-अॅ:) *n.* 1. the part of a garment that encircles the neck, कॉलर। 2. a band of leather put around the neck of a domestic animal, कॉलर, पट्टा। 3. a ring around the neck of certain birds, कंठा, कंठी। *v.* 1. to put a collar on, कॉलर लगाना। 2. to seize by collar, कॉलर से पकड़ना। 3. to arrest, पकड़ना, गिरफ़्तार करना।

**collar bone** *n.* the clavicle, हँसली।

**collate** (कॉल्´-एट्) *v.* to compare carefully, मिलाना, मिलान करना, परितुलन करना।

**collateral** (कॅ-लैट्´-अॅ-रॅल्) *adj.* 1. situated or running side by side, समपार्श्विक। 2. having an ancestor in common but descended from a different line, सगोत्र। 3. serving to support, सहायक। 4. additional, अतिरिक्त। *n.* property acceptable as security for a loan, गिरवी रखी जानेवाली वस्तु।

**collation** (कॉल-ए´-शॅन्) *n.* 1. the act of collating, मिलान, परितुलन। 2. any light meal, हलका भोजन, नाश्ता।

**colleague** (कॉल्´-ईग्) *n.* a fellow worker, सहकर्मी, सहयोगी, साथी।

**collect** (कॅ-लेक्ट्´) *v.* 1. to gather together or be gathered together, इकट्ठा करना या होना। 2. to accumulate, संग्रह करना, संचय करना, जमा करना। ☐ **collect oneself,** to regain control of oneself, अपने को सँभालना।

**collected** (कॅ-लेक्´-टिड्) *adj.* calm and self-controlled, स्वस्थचित्त, प्रकृतिस्थ, सौम्य।

**collection** (कॅ-लेक्´-शॅन्) *n.* 1. the act or process of collecting, संचयन। 2. something collected, संचय, संग्रह। 3. a sum of money collected, वसूली, उगाही। 4. a heap, ढेर, जमाव।

**collective** (कॅ-लेंक्´-टिव्) *adj.* done by or involving all the members of a group, सामूहिक; collective ownership, सामूहिक स्वामित्व।

**collectivism** (कॅ-लेंक्´-टि-विज़्-ॲम्) *n.* the principle of ownership and control over means of production and distribution by the people collectively, समष्टिवाद।

**collector** (कॅ-लेंक्´-टॅ:) *n.* 1. one who collects, संग्रहकर्ता, संचयक। 2. one who collects debts, rents etc, समाहर्ता। 3. the head of a district administration, जिलाधिकारी, कलक्टर, तहसीलदार।

**collectorate** (कॅ-लेंक्´-टॅ-रेट्) *n.* the office of a collector, तहसील, कलक्टरी।

**college** (कॉल्´-इज्) *n.* 1. an institution of higher education, महाविद्यालय, कॉलेज। 2. the building in which a college is housed, महाविद्यालय का भवन, विद्यालय-भवन। 3. the staff and students of a college, विद्यालय के प्राध्यापक तथा विद्यार्थी।

**collegian** (कॅ-ली´-जॅन्) *n.* a college student, महाविद्यालय का छात्र।

**collegiate** (कॅ-ली´-जिट्) *adj.* 1. of or relating to a college, महाविद्यालय-संबंधी, महाविद्यालीय। 2. of or relating to college students, महाविद्यालय के छात्रों से संबद्ध।

**collide** (कॅ-लाइड्´) *v.* 1. to strike together with a violent impact, टकराना। 2. to have a conflict of interests or opinions, टकराव होना।

**collie** (कॉल्´-ई) *n.* a dog with a long narrow head, एक तरह का लंबोतरे मुँहवाला कुत्ता।

**collier** (कॉल्´-इअॅ:) *n.* a coal miner, कोयला खदान में काम करनेवाला मज़दूर, कोयला-खनक।

**colliery** (कॉल्´-इअॅ-री, कॉल्´-यॅ-री) *n.* a coal mine, कोयले की खान।

**collision** (कॅ-लिज़्ह्´-ॲन्) *n.* 1. the act or impact of striking violently against each other, टक्कर। 2. the conflict of interests or opinions, संघर्ष, भिड़ंत, टकराव।

**collocate** (कॉल्´-ॲ-केट्) *v.* to place in same order or side by side, क्रम से रखना, साथ-साथ रखना।

**collocation** (कॉल्-ॲ-के´-शॅन्) *n.* the act of collocating, क्रम से या साथ-साथ रखने की क्रिया।

**colloquial** (कॅ-लो´-क्वि-ॲल्) *adj.* pertaining to conversation, बोल-चाल का।

**colloquialism** (कॅ-लो´-क्वि-ॲ-लिज़्-ॲम्) *n.* 1. a colloquial word or phrase, बोल-चाल का शब्द या पदबंध। 2. the use of colloquial words or phrases, बोल-चाल के शब्दों या पदबंधों का प्रयोग।

**collude** (कॅ-ल्यूड्´) *v.* to be in collusion, साँठ-गाँठ करना, कुचक्र रचना।

**collusion** (कॅ-ल्यू´-ज़्हॅन्) *n.* a secret agreement made for a deceitful or fraudulent purpose, साँठ-गाँठ, मिलीभगत, कुचक्र।

**collusive** (कॅ-ल्यू´-सिव्) *adj.* of or pertaining to a collusion, साँठ-गाँठ से किया जानेवाला, कुचक्र पर आधारित।

**cologne** (कॅ-लोन्´) *n.* eau de-cologne, यूडीकलोन नामक सुगंधित द्रव।

**colon** (को´-लॅन्) *n.* 1. the lower part of large intestine, बृहदांत्र। 2. the punctuation mark (:), अपूर्ण विराम।

**colonel** (क:´-नॅल्) *n.* an army officer next below a brigadier, कर्नल।

**colonial** (कॅ-लो´-नि-ॲल्) *adj.* of or pertaining to a colony, उपनिवेश-संबंधी, उपनिवेशीय। *n.* a inhabitant of a colony, उपनिवेशवासी, उपनिवेशी।

**colonialism** (कॅ-लो´-नि-ॲ-लिज़्-ॲम्) *n.* the policy of government to acquire and rule colonies, imperialism, उपनिवेशवाद।

**colonialist** (कॅ-लो´-नि-ॲल्-इस्ट्) *n.* one who controls a foreign territory, उपनिवेशवादी।

**colonist** (कॉल्´-ॲ-निस्ट्) *n.* a founder or original settler of a colony, उपनिवेशक।

**colonize** (कॉल्´-ॲ-नाइज़्) *v.* (colonized, colonizing) 1. to establish a colony in, उपनिवेश बसाना, नई बस्ती बसाना। 2. to settle in a colony, उपनिवेश में बसना।

**colonization** (कॉल्´-ॲ-नि-ज़े´-शॅन्) *n.* the

C

act of establishing a colony, उपनिवेश बसाना, नई बस्ती बसाना।

**colonizer** (कॉल्´-अॅ-नाइ-ज़ॅ:) ***n.*** one who establishes a colony, नई बस्ती बसानेवाला।

**colonnade** (कॉल्-अॅ-नेड्´) ***n.*** a row of columns, स्तंभ-समूह।

C

**colony** (कॉल्´-अॅ-नी) ***n.*** 1. a territory occupied by a foreign settler, उपनिवेश। 2. a particular new area for living purposes, नई बस्ती, नवनगर, कॉलोनी।

**color** (कल्´-अॅ:) ***n.*** = colour.

**coloration** (कॅल्-अॅ-रे´-शॅन्) ***n.*** 1. the act of colouring, रँगाई, रँगने का काम। 2. the arrangement of colours, रंग-व्यवस्था।

**colossal** (कॅ-लॉस्´-अॅल्) ***adj.*** enormous in size or degree, विशाल, विराट, बृहदाकार।

**colossus** (कॅ-लॉस्´-अॅस्) ***n.*** 1. a huge statue, विशाल प्रतिमा। 2. an extraordinarily powerful and influential person, प्रभावशाली व्यक्ति, महापुरुष।

**colostrum** (कॅ-लॉस्´-ट्रॅम्) ***n.*** the first milk secreted after giving birth, पेऊस।

**colour, color** (कल्´-अॅ:) ***n.*** 1. an attribute of things that results from light, रंग, वर्ण। 2. a dye or paint, रंग द्रव, रोगन। 3. a skin complexion of a person, रंग, वर्ण, रंगत। 4. (plu.) the flag of a ship or regiment, जहाज़ या सेना की टुकड़ी का झंडा। □ **be/look off colour,** बीमार लगना; **lose colour,** रंग उड़ जाना, फ़क पड़ जाना; **paint in bright colour,** चमका देना; **show one's true colours,** अपना असली रूप दिखलाना, असलियत में आना; **stick to one's colours,** अपनी बात पर अडिग रहना, अड़े रहना; **with flying colours,** सफलतापूर्वक। ***v.*** 1. to apply or impart colour to, रँगना, रँग देना। 2. to influence, प्रभावित करना। 3. to become red in face, चेहरा लाल हो जाना, झेंप जाना।

**colour bar** ***n.*** discrimination between white and non-white people, वर्णभेद, जातिभेद।

**colour blind** ***adj.*** unable to see differences in colours, वर्णांध।

**coloured** (कल्´-अॅ:ड्) ***adj.*** 1. having colour, रंगीन। 2. having other than a white skin, काला। 3. distorted, विरूपित, विकृत। 4. biased, पूर्वग्रही।

**colourful** (कल्´-अॅ:-फ़ुल्) ***adj.*** 1. full of colour, रंगीन। 2. vivid or rich in character, विविधतापूर्ण, रंग-बिरंगा, रंगारंग, रमणीय।

**colourless** (कल्´-अॅ:-लिस्) ***adj.*** 1. without colour, रंगहीन। 2. lacking in interest, उत्साहहीन, रुचिहीन। 3. neutral, तटस्थ।

**colour scheme** ***n.*** the colour arrangement, रंग-योजना, रंग-व्यवस्था।

**colour shade** ***n.*** the shade of a colour, वर्णाभा।

**colour tint** ***n.*** a delicate variation of a colour, वर्ण-छटा।

**colt** (कोल्ट्) ***n.*** 1. a young male horse, बछेरा। 2. a young and inexperienced player, युवा तथा अनुभवहीन खिलाड़ी।

**coltish** (कोल्ट्´-इश्) ***adj.*** 1. inexperienced, अनुभवहीन। 2. playful, खिलवाड़ी, चुलबुला।

**column** (कॉल्´-अॅम्) ***n.*** 1. a round pillar of a building, गोल खंभा, स्तंभ। 2. something that resembles a pillar, खंभे के आकार या शक्ल की रचना। 3. a monument, कीर्तिस्तंभ। 4. a single row of types on a newspaper, स्तंभ। 5. a regular feature of a newspaper, स्तंभ। 6. a queue, पंक्ति, कतार।

**columnist** (कॉल्´-अॅम्-निस्ट्) ***n.*** a journalist who writes a regular feature in a newspaper, स्तंभलेखक, स्तंभकार।

**coma** (को´-मॅ) ***n.*** a state of prolonged unconsciousness, मूर्च्छा, बेहोशी।

**comatose** (को´-मॅ-टोस्) ***adj.*** 1. in a state of coma, मूर्च्छित। 2. lethargic, आलसी।

**comb** (कोम्) ***n.*** 1. a toothed device for arranging hair, कंघी। 2. something shaped like this, कंघी की शक्ल का कोई उपकरण। 3. the crest of a fowl, मुर्गे की चोटी, कलगी। 4. a honeycomb, मधुमक्खियों का छत्ता। ***v.*** 1. to arrange hair with a comb, कंघी करना। 2. to card, धुनना। 3. to clean with a comb, खरहरा करना। 4. to search thoroughly, तलाश करना।

**combat** (कॉम्´-बैट्) ***n.*** 1. fighting, लड़ाई। 2. an armed battle, युद्ध। ***v.*** (combatted, combatting) 1. to fight against, लड़ना, युद्ध करना। 2. to oppose vigorously, लड़ना, जूझना, संघर्ष करना।

**combatant** (कॅम्-बैट्´-अॅन्ट्) ***n.*** a person engaged in a fight, लड़ाकू, योद्धा।

**combative** (कॅम्-बैट्´-इव्) ***adj.*** willing to fight, युयुत्सु, युद्धप्रिय, लड़ने को इच्छुक।

**comber** (को´-मॅ:) ***n.*** a person who combs, धुनिया।

**combination** (कॉम्-बि-ने´-शॅन्) ***n.*** the act of combining or the state of being combined, संयोजन, मिश्रण। 2. an alliance of people or parties, गठबंधन, मेल, सम्मिलन। 3. the result or product of combining, संयोजन।

**combine** (कॅम्-बाइन्´) ***v.*** 1. to make or become united, मिलाना या मिल जाना, संयुक्त करना या होना, संगठित करना या होना। 2. to mix or get mixed, मिश्रित करना या होना। 3. to form a chemical compound, रासायनिक मिश्रण तैयार करना।

**combustible** (कॅम्-बस्´-टि-बॅल्) ***adj.*** capable of burning easily, ज्वलनशील, दाह्य।

**combustion** (कॅम्-बस्´-चॅन्) ***n.*** the process of burning, दहन, ज्वलन।

**come** (कम्) ***v.*** (came, come, coming) 1. to move toward the speaker or a place or point, आना। 2. to reach or arrive, पहुँचना। 3. to receive, प्राप्त करना या होना। 4. to occur or happen, घटित होना। 5. to be descended, उत्पन्न होना; She came from the noble family, उसका जन्म संभ्रांत परिवार में हुआ था। ☐ **come about,** घटित होना, आना; **come across,** मिलना; **come along,** सुधरना, पनपना, चलना; The mother is coming along nicely, माँ ठीक-ठाक चल रही है। **come around,** अपनी राय बदलना; **come between,** बीच में विघ्न डालना; **come by,** प्राप्त करना; **come clean,** पूरी तरह क़बूल करना; **come down,** (i) गिरना; (ii) नीचे गिरना, अवनत होना; **come from,** में रहना; He comes from Bombay, वह बंबई का रहनेवाला है। **come in,** (i) आना, (ii) प्राप्त होना; **come into,** प्राप्त करना; **come off,** (i) घटित होना; (ii) सफल होना; (iii) ख़त्म या बंद होना; **come out,** (i) प्रकट होना, सामने आना; (ii) प्रसिद्ध होना; **come out right,** ठीक होना। **come over,** भेंट करना। **come round,** (i) होश में आना; (ii) राय बदलना, पक्ष बदलना; (iii) निपटारा करना; **come through,** सफल होना; **come to,** (i) पहुँचना; (ii) संबद्ध होना; When it comes to politics, I say nothing, जब राजनीति की बात होती है तो मुझे कुछ नहीं कहना रहता। (iii) होश आना; **come up with,** प्रस्ताव करना या रखना; **come what may,** चाहे कुछ हो।

**comeback** (कम्´-बैक्) ***n.*** 1. a return to one's former position, वापसी। 2. a retort, मुँहतोड़ जवाब।

**comedian** (कॅ-मी´-डि-अॅन्) ***n.*** 1. a humorous entertainer or actor, हास्य-अभिनेता, विदूषक। 2. a clown, जोकर। 3. a person who behaves humourously, हँसोड़ व्यक्ति।

**comedienne** (कॅ-मी-डि-ॲन्´) ***n.*** a female comedian, हास्य-अभिनेत्री।

**comedown** (कम्´-डाउन्) ***n.*** a decline or fall, पतन, गिरावट।

**comedy** (कॉम्´-इ-डी) ***n.*** 1. a drama written to amuse, a play which ends happily, सुखांत नाटक, फ़िल्म आदि, मनोरंजन-प्रधान नाटक, प्रहसन, कॉमिडी। 2. an amusing incident, विनोदपूर्ण घटना।

**comely** (कम्´-ली) ***adj.*** good-looking, मनोहर, चारु, मनोरम, प्यारा।

**comer** (कम्´-अॅ:) ***n.*** one who comes, आनेवाला; The first comer, पहले आनेवाला।

**comet** (कॉम्´-इट्) ***n.*** a heavenly body with a tail, पुच्छल तारा, धूमकेतु।

**comfort** (कम्´-फ़ट्) ***n.*** 1. a condition of ease or well-being, सुख, सुख-सुविधा। 2. relief of suffering or grief, आराम, चैन, शांति। 3. solace, consolation, तसल्ली, सांत्वना। 4. a person or thing that gives solace, सांत्वना देनेवाला व्यक्ति या वस्तु। ***v.***

C

(comforted, comforting) to give comfort to, आराम देना, सुख देना, सांत्वना देना।

**comfortable** (कम्´-फ़ः-टॅ-बॅल्) *adj.* 1. giving or providing comfort, आराम देनेवाला। 2. fairly rich, समृद्ध, संपन्न। 3. got easily, सरलता से प्राप्त; a comfortable victory, सरल विजय। □ **make oneself comfortable,** आराम से बैठना या लेटना

C

**comfortably** (कम्´-फ़ः-टॅ-ब्ली) *adv.* in a comfortable manner, आराम से, सरलता से।

**comforter** (कम्´-फ़ॅः-टॅः) *n.* 1. a person who gives comfort, आराम पहुँचानेवाला व्यक्ति। 2. a thick blanket, मोटा कंबल।

**comic** (कॉम्´-इक्) *adj.* 1. of or marked by comedy, कॉमिडी-संबंधी। 2. funny, विनोदपूर्ण, मज़ेदार, हँसानेवाला। *n.* 1. a comedian, विदूषक, हँसानेवाला। 2. (plu.) a column of comic strips in a newspaper, समाचार-पत्र का व्यंग्यचित्र-स्तंभ। 3. (plu.) a book of comic strips, मनोरंजक चित्र पुस्तक।

**comical** (कॉम्´-इ-कॅल्) *adj.* funny, विनोदपूर्ण, मज़ेदार, हँसानेवाला।

**comic strip** *n.* a series of cartoons telling a story, व्यंग्यचित्र-कथा।

**coming** (कम्´-इंग्) *adj.* next, approaching, आनेवाला, अगला, आगामी, भावी। *n.* an act of arriving, आगमन, आना।

**comity** (कॉम्´-इ-टी) *n.* courtesy, शिष्टाचार, सौजन्य।

**comma** (कॉम्´-अॅ) *n.* the punctuation mark (,) indicating a slight pause, अल्पविराम, कॉमा।

**command** (कॅ-मैन्ड्´/मान्ड्´) *n.* 1. an authoritative order, समादेश, आदेश, कमान। 2. ability to control, नियंत्रण-क्षमता, प्रभुत्व। 3. mastery, निपुणता, नैपुण्य। 4. a body of troops, सेना का विभाग, कमान। 5. influence, प्रभाव। *v.* 1. to give a command, समादेश या आदेश देना। 2. to have authority over, प्रभुत्व या नियंत्रण होना। 3. to deserve and get, कुछ पाने का अधिकारी या पात्र होना; He commands respect everywhere because of his learning, अपने ज्ञान के कारण सभी जगह उसका आदर होता है। 4. to dominate by position, अपनी स्थिति के कारण हावी होना।

**commandant** (कॉम्-अॅन्-डैन्ट्´) *n.* a commanding officer, कमांडर, सेनानायक।

**commander** (कॅ-मैन्´-डॅः) *n.* a commanding officer, कमांडर, सेनानायक।

**commander-in-chief** (कॅ-मैन्-डॅः-इन्-चीफ़्´) *n.* (plu. commaders in-chief) the supreme commander, प्रधान सेनापति।

**commanding** (कॅ-मैन्´-डिंग्) *adj.* 1. having command, आदेश देनेवाला। 2. dominating, रोबदार, प्रभावशाली।

**commandment** (कॅ-मैन्ड्´-मॅन्ट्) *n.* 1. a command, आदेश। 2. any of the ten commandments, नियम।

**commando** (कॅ-मैन्´-डो) *n.* 1. a militaryman trained to make raids, छापामार सैनिक, कमांडो। 2. a unit of such persons, छापामार-दल, कमांडो।

**commemorate** (कॅ-मेंम्´-अॅ-रेट्) *v.* 1. to honour the memory of, पुण्यस्मरण करना, जयंती मनाना। 2. to be a memorial to, का स्मारक होना।

**commemoration** (कॅ-मेंम्-अॅ-रे´-शॅन्) *n.* 1. the act of commemorating, पुण्यस्मरण, स्मृति। 2. a commemorating ceremony, जयंती। 3. something built to commemorate, स्मारक; commemoration volume, अभिनंदन-ग्रंथ।

**commemorative** (कॅ-मेंम्´-अॅ-रे-टिव्) *adj.* of or related to commemoration, पुण्य स्मरण-संबंधी, स्मरणार्थ, स्मारक।

**commence** (कॅ-मेंन्स्´) *v.* to begin or start, प्रारंभ होना या करना, शुरू होना या करना, शुरुआत होना या करना।

**commencement** (कॅ-मेंन्स्´-मॅन्ट्) *n.* a beginning, प्रारंभ, शुरुआत।

**commend** (कॅ-मेंन्ड्´) *v.* 1. to praise, प्रशंसा करना। 2. to entrust, हवाले करना, सौंप देना, देख-रेख में देना। 3. to recommend, सिफ़ारिश करना। 4. to give the regards of, अभिवादन कहना, सलाम कहना।

**commendable** (कॅ-मेंन्´-डॅ-बॅल्) *adj.* worthy of praise, प्रशंसनीय, सराहनीय।

**commensurable** (कॅ-मेंन्´-सु-रे-बॅल्) *adj.* that can be measured by the same standard, एक ही मानक से नापने योग्य।

**commensurate** (कॅ-मेंन्´-सु-रेट्/रिट्) *adj.* 1. of the same size, extent or duration, मान, विस्तार आदि की दृष्टि से समान, सम्मेय। 2. proportionate, आनुपातिक।

**comment** (कॉम्´-ॲन्ट्) *n.* 1. an expression of critical observation, टीका, टीका-टिप्पणी। 2. a statement of opinion, विचार, मत, राय। *v.* 1. to express an opinion, मत प्रकट करना, राय देना। 2. to write notes explaining or criticizing a test, टीका करना।

**commentary** (कॉम्´-ॲन्-ट्री, कॉम-ॲन्-टॅर्-ई) *n.* 1. an explanatory treatise, भाष्य, टीका। 2. a description, विवरण; running commentary, आँखों-देखा हाल।

**commentate** (कॉर्म्-ॲन्-टेट्) *v.* to make a commentary on, आँखों-देखा हाल सुनाना।

**commentator** (कॉम्´-ॲन्-टे-टॅ:) *n.* 1. one who writes a commentary, टीकाकार, भाष्यकार। 2. one who gives a running commentary, वर्णनकर्ता, प्रसारणकर्ता।

**commerce** (कॉम्´-ॲ:स्) *n.* 1. the buying and selling of goods, वाणिज्य, व्यापार। 2. the foreign trade, विदेश-व्यापार।

**commercial** (कॅ-मॅ:´-शॅल्) *adj.* 1. of or engaged in commerce, वाणिज्यिक, वाणिज्य-संबंधी। 2. having profit as the main aim, लाभोन्मुखी। 3. supported by advertising, विज्ञापन से चलनेवाला। *n.* a broadcast advertisement, रेडियो विज्ञापन, दूरदर्शन का विज्ञापन।

**commercialization** (कॅ-मॅ:-शॅ-लाइ-ज़े´-शॅन्) *n.* the act of commercialization, व्यवसायीकरण, व्यापारीकरण।

**commercialize** (कॅ-मॅ:´-शॅ-लाइज़्) *v.* 1. to make commercial, व्यापार का रूप देना, व्यापार बनाना। 2. to exploit for profit, व्यापारी द्वारा अनुचित लाभ उठाना।

**commingle** (कॅ-मिंग्´-ॲल्) *v.* to mingle together, एक में मिलना या मिलाना।

**commiserate** (कॅ-मिज़्´-ॲ-रेट्) *v.* to express sympathy or pity for, सहानुभूति दिखलाना, दया करना।

**commiseration** (कॅ-मिज़्-ॲ-रे´-शॅन्) *n.* sympathy, compassion, सहानुभूति, दया, संवेदना।

**commissary** (कॉम्´-इ-सॅर्-ई) *n.* a store supplying food items, खाद्य भंडार।

**commission** (कॅ-मिश्´-ॲन्) *n.* 1. authorization to carry out a task, अधिकार-प्रदान। 2. the authority so granted, प्रदत्त अधिकार। 3. the task so entrusted, सौंपा हुआ कार्य, कार्यभार। 4. a body of persons entrusted with some specific function, कमीशन, आयोग; commission of inquiry, जाँच आयोग। 5. an agent's remuneration, आढ़त, कमीशन, दलाली। 6. the act of committing, कार्य करना; commission or omission, कार्य या लोप; commission of murder, हत्या करना। □ **get a commission,** (सेना में) अफ़सर नियुक्त होना; **put into commission,** चालू करना; **put out of commission**, ठप कर देना, बिगाड़ देना। *v.* 1. to grant a commission to, कमीशन देना, अधिकार देना या सौंपना। 2. to place an order for, आदेश देना।

**commissionary** (कॅ-मिश्´-ॲ-नॅर्-ई) *n.* the area under a commissioner, मंडल।

**commissioned** (कॅ-मिश्´-ॲन्ड्) *adj.* entrusted or empowered with an office or duty, कमीशंड, आयुक्त; commissioned officer, कमीशंड या आयुक्त अधिकारी।

**commissioner** (कॅ-मिश्´-ॲ-नॅ:/नें:) *n.* 1. a member of a commission, आयोग का सदस्य। 2. the head of a commissionary, आयुक्त, मंडलायुक्त, कमिश्नर।

**commit** (कॅ-मिट्´) *v.* 1. to do, to perform, करना; to commit to memory, याद कर लेना, कंठस्थ कर लेना। 2. to entrust, सौंपना, सुपुर्द करना। 3. to bind with an obligation, प्रतिबद्ध होना। 4. to give a pledge, वचन देना, वादा करना।

**commitment** (कॅ-मिट्´-मॅन्ट्) *n.* 1. the act of committing, करना, सुपुर्द करना, सुपुर्दगी।

2. the state of being obligated or bound, प्रतिबद्धता। 3. a pledge, वचन, वादा।

**committal** (कॅ-मिट्´-अॅल्) ***n.*** 1. commitment, सुपुर्दगी। 2. an obligation, प्रतिबद्धता। 3. committing to prison, जेल भेजना। 4. committing a body at burial, दफ़न करना।

**committed** (कॅ-मिट्´-इड्) ***adj.*** pledged to support a cause or doctrine, प्रतिबद्ध।

**committee** (कॅ-मिट्´-ई) ***n.*** a body of persons elected or appointed for some specified function, समिति, कमेटी।

**commode** (कॅ-मोड्´) ***n.*** 1. a chest of drawers, आलमारी। 2. a pot mounted in a chair with a cover, कमोड।

**commodious** (कॅ-मो´-डि-अॅस्) ***adj.*** spacious, खुला, विस्तृत।

**commodity** (कॅ-मॉड्´-इ-टी) ***n.*** 1. something of use or profit, वस्तु, चीज़, शै। 2. a product, उत्पाद। 3. an article of trade, जिंस।

**common** (कॉम्´-अॅन्) ***adj.*** 1. ordinary, सामान्य, साधारण, मामूली। 2. shared by more than two persons or things, उभयनिष्ठ, साँझे का; common room, साँझा कमरा। 3. of or pertaining to the whole community, सामान्य, सामूहिक, सार्वजनिक; common good, सामूहिक हित; common land, सार्वजनिक भूमि। 4. average, सामान्य, औसत दर्जे का; common man, सामान्य व्यक्ति। 5. coarse, घटिया। 6. vulgar, गँवारू। □ **in common,** साँझे का; **make common cause with,** सहमति बनाना।

**commoner** (कॉम्´-अॅ-नॅः) ***n.*** a common man, साधारण व्यक्ति।

**commonly** (कॉम्´-अॅन्-ली) ***adv.*** generally, सामान्यतः, आम तौर पर।

**commonplace** (कॉम्´-अॅन्-प्लेस्) ***adj.*** ordinary, मामूली, सामान्य। ***n.*** something commonplace, साधारण सी चीज़ या बात।

**commonsense** (कॉम्´-अॅन्-सॅन्स्´) ***n.*** sound practical sense, सहज बुद्धि, व्यावहारिक बुद्धि।

**commonweal** (कॉम्´-अॅन्-वील्) ***n.*** the public good, सार्वजनिक या सामूहिक हित, सर्वहित।

**commonwealth** (कॉम्´-अॅन्-वेॅल्थ्) ***n.*** a federation of states, राज्यमंडल, राष्ट्रमंडल।

**Commonwealth, the *n.*** the British Commonwealth of Nations, राष्ट्रकुल।

**commotion** (कॅ-मो´-शॅन्) ***n.*** 1. a confused noise, शोरगुल, हो-हल्ला, अशांति। 2. upheaval, disturbance, उथल-पुथल, उपद्रव।

**communal** (कॅ-म्यू´-नॅल्) ***adj.*** 1. pertaining to a community, समुदाय-संबंधी, सामुदायिक। 2. of a religious community, सांप्रदायिक।

**communalism** (कॅ-म्यू´-नॅल्-इज़्-अॅम्) ***n.*** the idea to favour one's own or particular community, संप्रदायवाद, सांप्रदायिकता।

**communalist** (कॅ-म्यू´-नॅल्-इस्ट्) ***adj.*** of communalism संप्रदायवादी। ***n.*** a communal-minded person, संप्रदायवादी, फ़िरक़ापरस्त।

**commune** (कॉम्´-यून्) ***n.*** a group of families living together and having common interest, समुदाय, कम्यून।

**communicable** (कॅ-म्यू´-नि-कॅ-बॅल्) ***adj.*** that can be communicated, संचारी; communicable disease, संचारी रोग।

**communicate** (कॅ-म्यू´-नि-केट्) ***v.*** 1. to give by way of information, संसूचित करना। 2. to make known, प्रकट करना, बताना। 3. to transmit, संप्रेषित करना, संचारित करना। 4. to have a connected passage, संलग्न या जुड़ा होना। 5. to have social dealings with, संपर्क करना; to communicate with press, प्रेस से संपर्क करना। 6. to exchange (thoughts, विचारों का) आदान-प्रदान करना।

**communication** (कॅ-म्यू-नि-के´-शॅन्) ***n.*** 1. the act of communicating, संसूचन, संचार। 2. the exchange of thoughts or information, विचारों या सूचनाओं का आदान-प्रदान। 3. something communicated, संदेश, समाचार या सूचना, संसूचना। 4. correspondence, पत्र-व्यवहार। 5. (plu.) a system for communicating, संचार-व्यवस्था।

**communicative** (कॅ-म्यू´-नि-के-टिव्) ***adj.*** 1. ready to give information, सूचना देने के लिए प्रस्तुत। 2. eager to talk, मिलनसार,

बात-चीत करने को उत्सुक।

**communion** (कॅ-म्यून्´-यॅन्) ***n.*** 1. an exchange of thoughts and feelings, विचारों का आदान-प्रदान। 2. social dealings between people, सहभागिता, भाईचारा। 3. a religious group, समुदाय। 4. a spiritual union, आध्यात्मिक मिलन।

**communique** (कॅ-म्यू-नि-के´) ***n.*** an official communication, विज्ञप्ति।

**communism** (कॉम्´-यू-निज़्-इम्) ***n.*** a political doctrine of classless society, साम्यवाद।

**communist** (कॉम्´-यु-निस्ट्) ***n.*** a supporter of communism, साम्यवादी।

**communistic** (कॉम्-यु-निस्´-टिक्) ***adj.*** of or related to communism, साम्यवादी।

**community** (कॅ-म्यू´-नि-टी) ***n.*** 1. the people living in one locality, समुदाय। 2. a group of people having cultural or religious characteristics in common, समुदाय, बिरादरी। 3. the public, society, जनता, समाज। 4. fellowship, भाई-चारा, सहभागिता।

**community centre** ***n.*** a place for social activities, सामुदायिक केंद्र।

**community development** ***n.*** the development of a community, सामुदायिक विकास।

**commutation** (कॉम्-यु-टे´-शॅन्) ***n.*** 1. change of one thing for another, रूपांतरण; commutation of rights, अधिकारों का रूपांतरण। 2. a substitution or exchange, प्रतिस्थापन, अदला-बदली, परिवर्तन। 3. the reductions (in severity), न्यूनीकरण; commutation of sentence, दंडादेश का न्यूनीकरण।

**commute** (कॅ-म्यूट्´) ***v.*** 1. to exchange for something, अदला-बदली या परिवर्तन करना। 2. to change or make (a punishment) less severe, न्यूनीकृत करना। 3. to travel daily or regularly a long distance between one's home and work, नियमित यात्रा करना, दैनिक यात्रा करना।

**commutor** (कॅ-म्यू´-टॅ:) ***n.*** one who commutes to and from work, दैनिक यात्री, नियमित यात्री।

**compact**[1] (कॉम्´-पैक्ट्) ***n.*** a contract or agreement, क़रार, समझौता।

**compact**[2] (कॅम्-पैक्ट्´) ***adj.*** 1. solid, सघन, ठोस। 2. concise, संक्षिप्त, संहत, छोटा।

**companion** (कॅम्-पैन्´-इ-अॅन्, कॅम्-पैन्´-यॅन्) ***n.*** 1. an associate, साथी, सखा, संगी। 2. either of a pair or set of things, जोड़ की वस्तु।

**companionable** (कॅम्-पैन´-यॅ-नॅ-बॅल्) ***adj.*** friendly, मिलनसार, मैत्री-योग्य।

**companionship** (कॅम्-पैन्´-यॅन्-शिप्) ***n.*** the relationship between the companions, साथ, संग, संग-साथ, सखाभाव।

**company** (कम्´-पॅ-नी) ***n.*** 1. companionship, साथ, संग, संग-साथ; Please give me company, कृपया मेरा साथ दें। 2. a group of people, संगति, संगत; bad company, बुरी संगत। 3. a firm, bussines organization, व्यापारिक, संस्था, कंपनी। 4. a subdivision of a military battalion, कंपनी। 5. a troupe of musical or dramatic performers, कंपनी। 6. a ship's crew and officers, यान का कर्मीदल तथा अधिकारी वर्ग। □ **in company,** दूसरों की उपस्थिति में; **keep company with,** साथ देना, साथ करना; **part company,** साथ छोड़ देना।

**comparable** (कॉम्´-पॅ-रॅ-बॅल्) ***adj.*** 1. that can be compared, तुलना-योग्य, तुलनीय। 2. similar, समान, तुल्य, बराबर।

**comparative** (कॅम्-पैर्´-अॅ-टिव्) ***adj.*** 1. based on comparison or estimated by comparison, तुलनात्मक। 2. relative, सापेक्ष, आपेक्षिक। ***n.*** the form of an adjective or adverb that shows some increase in degree, उत्तरावस्था।

**comparatively** (~ -ली) ***adj.*** 1. in a comparative way, तुलनात्मक दृष्टि से। 2. relatively, अपेक्षाकृत, अपेक्षया।

**compare** (कॅम्-पेअॅ:´) ***v.*** (compared, comparing) 1. to mark the similarities and differences between one thing or person with another, तुलना करना। 2. to liken, मिलान करना। 3. to form the comparative and superlative of, उत्तरावस्था और

C

उत्तमावस्था बनाना। *n.* comparison, तुलना; beautiful beyond compare, सौंदर्य में अतुलनीय, अनुपमेय।

**comparison** (कॅम्-पैर्´-इ-सॅन्) *n.* 1. the act of comparing, तुलना। 2. likeness, साम्य, समानता, सादृश्य। □ **beyond comparison,** अतुलनीय; **stand comparison with,** सदृश होना।

C

**compartment** (कॅम्-पा:ट्´-मॅन्ट्) *n.* 1. any separate section (of a building), खंड, प्रखंड। 2. one of the sections into which some enclosed space is partitioned, विभाग, ख़ाना। 3. a railway compartment, रेलगाड़ी का डिब्बा, बोगी।

**compartmental** (कॅम्-पा:ट्-मैंन्´-टॅल्) *adj.* divided into compartments, having many compartments, बहुखंडीय, प्रखंडीय, कंपार्टमेंटल; compartmental store, बहु-खंडीय या प्रखंडीय आगार, कंपार्टमेंटल स्टोर।

**compass** (कम्´-पॅस्) *n.* 1. a device with a needle that points the north direction, दिक्सूचक, कुतुबनुमा। 2. range or scope, क्षेत्र, परास, विस्तार। 3. (plu.) an instrument for drawing circles, परकार। *v.* 1. to go or move round, चक्कर लगाना। 2. to accomplish, प्राप्त करना, निष्पन्न करना। 3. to plot, षड्यंत्र रचना।

**compassion** (कॅम्-पैश्´-ॲन्) *n.* the deep feeling of sharing the suffering of another, करुणा, संवेदना, तरस, दया, रहम।

**compassionate** (कॅम्-पैश्´-ॲ-नेट्/निट्) *adj.* having or showing compassion, करुणामय, संवेदनशील, रहमदिल, दयालु।

**compatibility** (कॅम्-पैट्-इ-बिल्´-इ-टी) *n.* the state or quality of being compatible, सद्भावना, संगति, अनुरूपता, उपयुक्तता।

**compatible** (कॅम-पॅट्´-इ-बॅल्) *adj.* 1. able to exist or live together harmoniously, सद्भावी, सहजीवी। 2. consistent, संगत।

**compatriot** (कॅम्-पे´-ट्रि-ॲट्) *n.* a fellow countryman, देशवासी, देशबंधु, हमवतन।

**compeer** (कॅम्-पिअॅ:´) *n.* 1. a person of equal rank, position or ability, समकक्ष। 2. a comrade, साथी।

**compel** (कॅम्-पॅल्´) *v.* (compelled, compelling) 1. to cause someone to do something by force, ज़बरदस्ती करना, बलात् कराना। 2. to make someone to have it or do it, बाध्य करना, विवश या मज़बूर करना।

**compelling** (कॅम्-पॅल्´-इंग्) *adj.* 1. that compels, बाध्यकारी, प्रबल, सशक्त, ज़बरदस्त; compelling reason, प्रबल कारण। 2. attractive, लुभावना, आकर्षक।

**compendious** (कॅम्-पॅन्´-डि-ॲस्) *adj.* concise, abridged, सार-भरा, सारगर्भित, संक्षिप्त।

**compendium** (कॅम्-पॅन्´-डि-ॲम्) *n.* a short complete summary, सार, सारसंग्रह, संक्षेप।

**compensate** (कॉम्´-पॅन्-सेट्) *v.* 1. to make a suitable payment in return for loss or injury, क्षतिपूर्ति करना, हरजाना देना या भरना, प्रतिकार करना। 2. to counter balance the effects, कमी पूरी करना, पूर्ति करना।

**compensation** (कॉम्-पॅन्-से´-शॅन्) *n.* 1. the act of compensating, क्षतिपूर्ति, मुआवज़ा। 2. something given to compensate, मुआवज़ा, हरजाना, क्षतिपूर्ति।

**compensatory** (कॅम्-पॅन्-सें´-टॅ-री) *adj.* serving to compensate, प्रतिपूरक, क्षतिपूरक।

**compete** (कॅम्-पीट्´) *v.* 1. to take part in a competition, प्रतियोगिता में भाग लेना, मुकाबला करना, प्रतियोगी होना। 2. to strive or contend with another, स्पर्धा करना, होड़ करना।

**competence** (कॉम्´-पि-टॅन्स्) *n.* 1. the quality or state of being competent, सक्षमता, क्षमता। 2. sufficiency of qualification, योग्यता, लियाकत, क्षमता, सामर्थ्य। 3. legal eligibility, अधिकार। 4. sufficient means for a comfortable living, निर्वाह-क्षमता।

**competent** (कॉम्´-पि-टॅन्ट्) *adj.* 1. well or fully qualified, सक्षम; competent authority, सक्षम प्राधिकारी; competent court, सक्षम न्यायालय। 2. capable, समर्थ, सुयोग्य। 3. suitable, उपयुक्त; competent answer, उपयुक्त उत्तर।

**competition** (कॉम्-पि-टिश्´-ॲन्) *n.* 1. a contest, प्रतियोगिता, मुकाबला। 2. rivalry,

स्पर्धा, होड़।

**competitive** (कॅम्-पेंट्´-अॅ-टिव्) *adj.* 1. involving rivalry, प्रतिस्पर्धात्मक, स्पर्धात्मक। 2. liking to compete, प्रतियोगिता में भाग लेने के इच्छुक। 3. sufficiently low in price, अपेक्षाकृत सस्ता।

**competitor** (कॅम्-पेंट्´-इ-टॅ:) *n.* one who competes with others, प्रतियोगी, प्रतिस्पर्धी।

**compilation** (कॉम्-पि-ले´-शॅन्) *n.* the act of compiling or something compiled, संकलन, संग्रह।

**compile** (कॅम्-पाइल्´) *v.* to write or produce by collecting from various sources, संकलन करना, संग्रह करना।

**compiler** (कॅम्-पाइ´-लॅ:) *n.* one who compiles, संकलनकर्ता।

**complacence** (कॅम्-प्ले´-सॅन्स्) *n.* 1. the state or quality of being complacent, आत्म-संतुष्टि, आत्मतुष्टि। 2. satisfaction, संतोष।

**complacent** (कॅम्-प्ले´-सॅन्ट्) *adj.* selfsatisfied, आत्मतुष्ट। 2. satisfied, संतुष्ट।

**complain** (कॅम्-प्लेन्´) *v.* 1. to express feeling of pain, कष्ट बतलाना, शिकायत करना। 2. to protest that something is wrong, शिकायत करना। 3. to make formal accusation, अभियोग लगाना, दोषारोप करना, फ़रियाद करना।

**complainant** (कॅम्-प्ले´-नॅन्ट्, कॅम्-प्लेन्´-अॅन्ट्) *n.* a person who makes a formal accusation in a court of law, परिवादी, फ़रियादी, शिकायत करनेवाला।

**complaint** (कॅम्-प्लेन्ट्´) *n.* 1. an expression of grief, dissatisfaction or pain, शिकायत। 2. a disease or illness, व्याधि, रोग, बीमारी, शिकायत। 3. a formal accusation or charge, परिवाद।

**complaisance** (कॅम्-प्ले´-सॅन्स्) *n.* the desire to oblige others, परसेवा, सेवानुमुखता, परोपकार।

**complaisant** (कॅम्-प्ले´-सॅन्ट्) *adj.* ready and willing to help others, परसेवी, परोपकारी।

**complement** (कॉम्´-प्लि-मॅन्ट्) *n.* something that completes or makes up a whole, पूरक। *v.* 1. to make complete, पूरा करना। 2. to add as a complement to, पूरक जोड़ना या लगाना।

**complementary** (कॉम्-प्लि-मॅन्´-टॅ-री) *adj.* forming a complement, पूरक।

**complete** (कॅम्-प्लीट्´) *adj.* 1. having all its normal or necessary parts, संपूर्ण, सर्वांग-पूर्ण। 2. finished, समाप्त, ख़त्म, पूर्ण। 3. perfect, पूर्ण, पक्का; complete satisfaction, पूर्ण संतोष। 4. ready, तैयार, प्रस्तुत। *v.* 1. to make whole or complete, पूरा करना, तैयार करना। 2. to end, समाप्त या ख़त्म करना।

**completely** (कॅम्-प्लीट्´-ली) *adv.* fully, पूरी तरह से, पूर्ण रूप से, पूर्णतया।

**completion** (कॅम्-प्ली´-शॅन्) *n.* 1. the act of making complete, पूर्ण करना, पूरा करना, तैयार करना। 2. the state of being complete, पूर्ण होना, पूरा होना, तैयार होना। 3. end, समाप्ति।

**complex** (कॅम्-प्लॅक्स्´) *adj.* 1. complicated, intricate, पेचीदा, जटिल। 2. difficult to understand, दुर्बोध, दुरूह। 3. made up of inter-connected parts, बहुभागी, जटिल; complex sentence, मिश्र वाक्य, जटिल वाक्य। *n.* 1. a whole made up of many parts, बहुभागी रचना, संकुल; a building complex, बहुभागी भवन। 2. a set of buildings, भवन-समूह। 3. a group of emotional unconscious feelings which influence a person's behaviour, मनोग्रंथि।

**complexion** (कॅम्-प्लॅक्´-शॅन्) *n.* 1. the colour and general appearance of the skin esp. of the face, रूप, रंग, रंगत। 2. the general character or appearance, स्वरूप।

**complexity** (कॅम्-प्लॅक्´-सि-टी) *n.* intricacy, जटिलता, पेचीदापन।

**compliance** (कॅम्-प्लाइ´-अॅन्स्) *n.* the acting in accordance with a desire, request, condition etc, अनुपालन, पालन। □ **in compliance with**, के अनुसार।

**compliant** (कॅम्-प्लाइ´-अॅन्ट्) *adj.* acting in accordance with the rule, condition etc., पालन करनेवाला, आज्ञानुवर्ती।

**complicate** (कॉम्´-प्लि-केट्) *v.* 1. to make

complex, जटिल या पेचीदा बना देना। 2. to make difficult to understand, दुरूह या दुर्बोध बना देना।

**complicated** (कॉम्´-प्लि-के-टिड्) *adj.* 1. complex, intricate, जटिल, पेचीदा। 2. difficult to understand, दुरूह, दुर्बोध।

**complication** (कॉम्-प्लि-के´-शॅन्) *n.* 1. a complex condition, जटिलता, पेचीदापन। 2. something complicated or adding new difficulties, उलझन, समस्या, परेशानी। 3. a new illness, नया रोग।

**complicity** (कॅम्-प्लिस्´-इ-टी) *n.* the state or fact of being an accomplice in a criminal act, सह-अपराधिता, साँठ-गाँठ, मिलीभगत।

**compliment[1]** (कॉम्´-प्लि-मॅन्ट्) *n.* 1. an expression of regard, अभिवादन। 2. an expression of praise, बधाई। 3. (plu.) greetings, शुभकामनाएँ।

**compliment[2]** (कॉम´-प्लि-मॅन्ट्) *v.* 1. to express regard for, अभिवादन करना। 2. to express praise for, to congratulate, बधाई देना। 3. to pay send compliments, अभिवादन करना, नमस्कार करना।

**complimentary** (कॉम्-प्लि-मेंन्´-टॅ-री) *adj.* 1. expressing praise, respect etc., प्रशंसा या अभिवादन सूचक। 2. given free for publicity purposes, नमूने के रूप में दिया जानेवाला; complimentary copy, मानार्थ प्रति, नमूने की प्रति।

**comply** (कॅम्-प्लाइ´) *v.* 1. to act in accordance with rules, wishes etc., अनुपालन करना, नियम, आज्ञा आदि के अनुसार चलना। 2. to be obedient to, आज्ञाकारी होना।

**component** (कॅम्-पो´-नॅन्ट्) *n.* a constituent part, घटक। *adj.* of or relating to a component, घटकीय।

**comport** (कॅम्-पोःट्´) *v.* 1. to behave in a particular manner, आचरण या व्यवहार करना। 2. to agree (with), (के) अनुकूल होना, (से) मेल खाना, (के) उपयुक्त होना।

**compose** (कॅम्-पोज़्´) *v.* 1. to make up or constitute, बनाना, रचना, अवयवों को जोड़ना। 2. to create in music or literature, प्रणयन करना, रचना प्रस्तुत करना। 3. to make calm, शांत करना। 4. to settle, निपटाना; The two leaders first composed their quarrel, दोनो नेताओं ने पहले अपना झगड़ा निपटाया। 5. to set types for printing, अक्षर या टाईप जोड़ना, कंपोज़ करना।

**composed** (कॅम्-पोज़्ड्´) *adj.* calm and tranquil, शांत, प्रकृतिस्थ।

**composedly** (कॅम्-पो´-ज़िड्-ली) *adj.* in a composed manner, शांति से।

**composer** (कॅम्-पो´-ज़ॅ:) *n.* a person who writes music, स्वर लिपिकार, संगीतकार।

**composite** (कॅम्-पोज़्´-इट्) *adj.* made up of many parts or materials, संयोजित, संरचित, समिश्र, सामासिक। *n.* a composite structure, गठी हुई रचना, संयोजित इकाई, संरचना।

**composition** (कॉम्-पॅ-ज़िश्´-अॅन्) *n.* 1. the act of composing, संयोजन, संरचना, गठन। 2. something composed, संयोजित पदार्थ, संरचना, कृति। 3. the parts of which somethings composed, घटक। 4. consititution, make-up, बनावट, संरचना, गठन। 5. arrangement or setting of types, कंपोजिंग, अक्षरयोजन। 6. a short essay, कंपोज़िशन, निबंध। 7. compounding an offence, शमन। 8. mutual settlement, समझौता; composition deed, समझौता-विलेख।

**compositor** (कॅम्-पॉज़्´-इ-टॅ:) *n.* a typesetter, कंपोज़िटर, अक्षरयोजक।

**compost** (कॉम्´-पोस्ट्) *n.* a mixture of decaying organic matter used as fertilizer, (हरी) खाद।

**composure** (कॅम्-पो´-ज़ॅ:) *n.* the complete control over one's feelings, calmness, धैर्य, गंभीरता, संयम, शांति।

**compound[1]** (कॉम्´-पाउन्ड्) *adj.* 1. made up of several parts, संयोजित। 2. made up of many ingredients, यौगिक, सम्मिश्र। 3. with broken bone that pierces the skin, विवृत्त; broken fracture, विवृत्त अस्थि-भंग, हड्डी के टूटने से त्वचा का भी फट जाना। *n.* 1. a combination of two or more parts, संयोजन। 2. a combination of two or more ingredients, यौगिक, मिश्रण। 3. a combination of two or more words, समस्तपद, समास, समासपद।

**compound[2]** (कॉम्-पाउन्ड्´) *v.* 1. to combine or mix, मिश्रित करना, यौगिक बनाना। 2. to intensify or increase, बढ़ाना, तीव्र करना। 3. to settle or compromise, समझौता करना, राजीनामा करना, निपटाना। 4. to agree not to prosecute in return for a consideration, सुलह या समझौता कर लेना, मुकदमा उठा लेना।

**compound[3]** (कॉम्´-पाउन्ड्) *n.* 1. a courtyard, आँगन। 2. a group of buildings set off and enclosed by a barrier, अहाता।

**compoundable** (कॅम्-पाउन्ड्´-अॅ-बॅल्) *adj.* which is capable of being compounded, शमनीय; compoundable offence, शमनीय अपराध, अर्थात् वह अपराध जिसमें सुलह या समझौता संभव हो।

**compounder** (कॉम्-पाउन्´-डॅ:) *n.* one who compounds, सम्मिश्रक, कंपाउंडर।

**comprehend** (कॉम्-प्रि-हॅन्ड्´) *v.* 1. to understand thoroughly, अच्छी तरह समझना। 2. to include, समाविष्ट करना, शामिल करना।

**comprehensibility** (कॉम्-प्रि-हॅन्-सि-बिल्´-इ-टी) *n.* the state of being comprehensible, बोधगम्यता।

**comprehensible** (कॉम्-प्रि-हॅन्´-सि-बॅल्) *adj.* that can be easily understood, आसानी से समझ में आने योग्य, बोधगम्य।

**comprehension** (कॉम्-प्रि-हॅन्´-शॅन्) *n.* 1. the act or capacity of understanding, समझ, समझदारी। 2. the state of including, समावेश।

**comprehensive** (कॉम्-प्रि-हॅन्´-सिव्) *adj.* including much, broad, व्यापक, विस्तृत, विशद।

**comprehensively** (~ -ली) *adv.* in a comprehensive manner, व्यापक रूप से।

**compress** (कॅम्-प्रॅस्´) *v.* 1. to squeeze or press together, दबाना, संपीड़ित करना। 2. to put into fewer words, संक्षिप्त करना, संक्षेप में कहना।

**compressed** (कॅम्-प्रॅस्ड्´) *adj.* 1. pressed, squeezed, दबाया या निचोड़ा हुआ। 2. abridged, संक्षिप्त; compressed style, संहत शैली।

**compressible** (कॅम्-प्रॅस्´-इ-बॅल्) *adj.* that can be compressed, जो दबाया जा सके, संपीड्य।

**compression** (कॅम्-प्रॅ´-शॅन्) *n.* the act of compressing, संपीड़न।

**compressor** (कॅम्-प्रॅस्´-अ:) *n.* a device used to compress gases, कंप्रेसर, संपीड़क।

**comprise** (कॅम्-प्राइज़´) *v.* 1. to consist of, मिलकर बना होना; His house comprises six rooms, उसके मकान में छह कमरे हैं। 2. to form or make up, बनाना। 3. to include, समाविष्ट होना या करना।

**compromise** (कॉम्´-प्रॅ-माइज़्) *n.* a settlement of a dispute in which each side makes concessions, समझौता। *v.* to settle a dispute by making concessions, समझौता करना, समझौता कर लेना।

**compromiser** (कॉम्´-प्रॅ-माइ-ज़ॅ:) *n.* one who compromises, समझौतावादी।

**comptroller** (कॅम्-ट्रो´-लॅ:) *n.* = controller.

**compulsion** (कॅम्-पल्´-शॅन्) *n.* 1. the act of compelling, ज़बरदस्ती। 2. the state of being compelled, बाध्यता, मजबूरी, विवशता। 3. an irresistible urge, आवेग, प्रेरणा।

**compulsorily** (कॅम्-पल्´-सॅ-रि-ली) *adv.* in a compulsive manner, अनिवार्य रूप से।

**compulsory** (कॅम्-पल्´-सॅ-री) *adj.* compelling, essential, अनिवार्य।

**compunction** (कम्-पंक्´-शॅन्) *n.* remorse feeling of guilt, shame for one's wrong actions, पश्चात्ताप, संताप, संकोच, झिझक।

**computation** (कॅम्-प्यु-टे´-शॅन्) *n.* a calculation involving numbers or quantities, संगणना, संगणन, हिसाब।

**compute** (कॅम्-प्यूट्´) *v.* to reckon mathematically, संगणना करना, हिसाब लगाना।

**computer** (कॅम्-प्यू´-टॅ:) *n.* 1. a person who computes, संगणक। 2. a machine for making calculations and storing and analyzing information, कंप्यूटर।

C

**computerize** (कँम्-प्यू´-टँ-राइज़्) *v.* 1. to cause to be performed by a computer, कंप्यूटर से कराना। 2. to install a computer, कंप्यूटर लगाना। 3. to process or store information in a computer, कंप्यूटर में सूचनाएँ भरना या डालना।

**comrade** (कॉम्´-रेड्) *n.* 1. a friend or companion, मित्र, संगी, साथी। 2. a fellow communist, कामरेड, बंधु।

**comradeship** (~ -शिप्) *n.* companionship, मित्रता, बंधुता।

**concave** (कॉन्-केव्´) *adj.* curved like an inner surface of a ball, अवतल।

**conceal** (कॅन्-सील्´) *v.* 1. to hide, छिपाना। 2. to keep secret, गुप्त रखना।

**concealment** (कॅन्-सील्´-मॅन्ट्) *n.* 1. the act of concealing, छिपाना, गोपन। 2. something being concealed, छिपाया जाना, छिपाव।

**concede** (कॅन्-सीड्´) *v.* 1. to admit that something is true, मान लेना, स्वीकार कर लेना। 2. to grant or allow, (अनुमति) देना। 3. to admit (that defeat is certain, हार) मान लेना।

**conceit** (कॅन्-सीट्´) *n.* too much pride in oneself or in one's accomplishments, अहंकार, घमंड, दंभ।

**conceited** (कॅन्-सी´-टिड्) *adj.* being too proud of oneself, अहंकारी, घमंडी, दंभी।

**conceivable** (कॅन्-सी´-वॅ-बॅल्) *adj.* 1. capable of being understood or imagined, कल्पनीय। 2. possible, संभव।

**conceive** (कॅन्-सीव्´) *v.* 1. to think or imagine, सोचना, कल्पना करना। 2. to form in mind, दिमाग में आना, सूझना। 3. to become pregnant, गर्भधारण करना, गर्भवती होना।

**concentrate** (कॉन्´-सॅन्-ट्रेट्) *v.* 1. to direct or draw all one's thoughts or attention on something, केंद्रित करना, संकेंद्रित करना, (मन) एकाग्र करना। 2. to come together to one place, केंद्रित होना। 3. to strengthen by removal of liquid or addition of more of a substance to make less dilute, गाढ़ा करना, सांद्र करना। *n.* a concentrated substance or solution, सांद्र।

**concentrated** (कॉन्-सॅन्´-ट्रे-टिड्) *adj.* 1. not diluted, गाढ़ा, सांद्र। 2. intense, तीव्र।

**concentration** (कॉन्-सॅन्-ट्रे´-शॅन्) *n.* the act of concentrating, संकेंद्रण, एकाग्रता, गाढ़ापन, सांद्रण।

**concentration camp** *n.* a place for political prisoners, नज़रबंदी शिविर।

**concentric** (कॉन्-सॅन्´-ट्रिक़) *adj.* having a common centre, समकेंद्री।

**concept** (कॉन्´-सॅप्ट्) *n.* general idea thought, विचार, धारणा, संकल्पना।

**conception** (कॅन्-सॅप्´-शॅन्) *n.* 1. something conceived, विचार, संकल्पना, धारणा। 2. the state of an ovum being fertilized by a sperm in a womb, गर्भधारण। 3. a beginning, प्रारंभ, शुरुआत।

**conceptual** (कॅन्-सॅप्´-चु-अॅल्) *adj.* of or based on a concept, संकल्पना-संबंधी।

**conceptualize** (कॅन्-सॅप्´-चु-अॅ-लाइज़्) *v.* to form a concept out of observations data etc., संकल्पना बनाना।

**concern** (कॅन्-सः्न्´) *v.* 1. to relate to, से संबद्ध होना, से जुड़ा होना। 2. to be of importance or interest to, के लिए रुचि या महत्त्व का विषय होना। 3. to effect, प्रभावित करना। 4. to cause anxiety, चिंता उत्पन्न करना। *n.* 1. something of interest or importance, महत्त्व या रुचि की बात, सरोकार, वास्ता। 2. earnest regard, ध्यान, ख़्याल। 3. relation or reference, संबंध या संदर्भ। 4. anxiety, चिंता। 5. a business establishment, दुकान, फ़र्म, संस्था; a going concern, चलती दुकान, चलता व्यापार।

**concerned** (कॅन्-सःन्ड्´) *adj.* 1. worried, troubled, चिंतित, परेशान। 2. having or showing concern, वास्ता रखनेवाला।

**concerning** (कॅन्-सः´-निंग्) *prep.* in regard to, about, के विषय में, के संबंध में, से संबंधित।

**concert** (कॉन्´-सॅःट्) *n.* 1. a musical performance, संगीत का कार्यक्रम, संगीत गोष्ठी। 2. agreement, क़रार, समझौता। 3. cooperation, सहयोग। ☐ **acting in concert**

working jointly, मिलकर कार्य करते हुए; **in concert**, मिल-जुलकर। *v.* to plan or arrange by mutual agreement, मिल-जुलकर कार्य करना।

**concerted** (कॅन्-सः́-टिड्) *adj.* 1. arranged by mutual agreement, सबकी सहमति से होनेवाला, साँझा। 2. using all available energies and resources, पूरी शक्ति से किया जानेवाला; a concerted effort, समन्वित प्रयास।

**concession** (कॅन्-सेंश्´-अॅन्) *n.* 1. the act of conceding or something conceded, रियायत, छूट। 2. a right or privilege granted by a government, सरकारी सुविधा, सरकारी रियायत।

**concessional** (कॅन्-सेंश´-अॅ-नॅल्) *adj.* of concession, रियायती।

**conch** (कॉन्च्) *n.* a spiral shell, घोंघा, शंख।

**conciliate** (कॅन्-सिल्´-इ-एट्) *v.* 1. to make calm and overcome the anger of, समझाना-बुझाना, शांत करना, मना लेना। 2. to reconcile, सुलह कराना, संराधन करना।

**conciliation** (कॅन्-सिल्-इ-ए´-शॅन्) *n.* the act of conciliating, संराधन।

**conciliatory** (कॅन्-सिल्´-इ-अॅ-टॅ-री) *adj.* of or related to conciliation, सुलह-संबंधी, संराधन-संबंधी।

**concise** (कॅन्-साइस्´) *adj.* brief and to the point, संक्षिप्त।

**concisely** (~ -ली) *adv.* in a brief manner, संक्षिप्त रूप में, संक्षेपतः।

**conclave** (कॉन्´-क्लेव्) *n.* a private or secret meeting, गुप्त बैठक।

**conclude** (कॅन्-क्लूड्´) *v.* 1. to bring or come to an end, समाप्त करना या होना, संपन्न करना या होना। 2. to decide by reasoning, to resolve, निश्चय पर पहुँचना, निष्कर्ष पर पहुँचना, निष्कर्ष निकालना। 3. to settle, निष्पादन करना।

**conclusion** (कॅन्-क्लू´-ज़्हॅन्) *n.* 1. an end, अंत, समाप्ति, समापन। 2. decision, निर्णय। 3. result, निष्कर्ष, परिणाम। 4. settlement, निष्पादन, निष्पत्ति। □ **a foregone conclusion,** पहले से किया हुआ निश्चय।

**conclusive** (कॅन्-क्लू´-सिव्) *adj.* decisive, निर्णयात्मक, निश्चायक।

**conclusively** (कॅन्-क्लू´-सिव्-ली) *adv.* in a conclusive manner, निश्चायक रूप से।

**concoct** (कॅन्-कॉक्ट्´) *v.* 1. to devise, रचना, तैयार करना, बनाना। 2. to prepare and mix up, मिला-जुलाकर तैयार करना, काढ़ा तैयार करना, क्वाथ बनाना। 3. to invent or contrive, गढ़ना। 4. to plot, षड्यंत्र रचना।

**concoction** (कॅन्-कॉक्´-शॅन्) *n.* 1. a concocted story, गढ़ी हुई कहानी, गढ़ंत। 2. an act of concocting, काढ़ा तैयार करना, क्वाथ बनाना; षड्यंत्र रचना।

**concord** (कॉन्´-कॉःड्) *n.* 1. agreement, करार, समझौता। 2. treaty, संधि। 3. accord or harmony, मेल, समरसता, सामंजस्य।

**concordance** (कॉन्-कॉः́-डॅन्स्) *n.* 1. a state of harmony, समरसता, सामंजस्य। 2. harmony, agreement, मेल।

**concordant** (कॉन्-कॉः́-डॅन्ट्) *adj.* 1. harmonious, समरस, सामंजस्यपूर्ण। 2. agreeing, मेल खानेवाला, अनुकूल।

**concourse** (कॉन्´-कोःस्) *n.* 1. a crowd or throng, भीड़, रेला, जनसमुदाय। 2. a confluence, मिलन, सम्मिलन, संगम, मेल।

**concrete[1]** (कॉन्´-क्रीट्) *adj.* 1. existing in reality, मूर्त, यथार्थ। 2. specific, as opposed to general, विशिष्ट। 3. solid, ठोस, पक्का। 4. definite, निश्चित। 5. made of concrete, कंक्रीट का बना। *n.* a mixture of cement with sand, gravel and water, कंक्रीट।

**concrete[2]** (कॉन्-क्रीट्´) *v.* 1. to build or construct with concrete, कंक्रीट से बनाना। 2. to form into concrete, कंक्रीट तैयार करना।

**concubine** (कांग्´-क्यु-बाइन्) *n.* a woman who lives with a man as his wife sometimes in addition to his lawful wife, रखैल, उपपत्नी।

**concupiscence** (कॉन्-क्यू´-पि-सॅन्स्) *n.* an intense sexual desire, कामावेग, कामवासना।

**concur** (कॅन्-क:´) *v.* 1. to have the same opinion, सहमत होना, एकमत होना। 2. to act together, एक साथ काम करना। 3. to coincide, एक साथ घटित होना।

**concurrence** (कॅन्-कर्´-अॅन्स्) *n.* 1. agreement, करार, सहमति, समझौता। 2. simultaneous occurrence, एक साथ घटित होने का भाव, संपात।

**concurrent** (कॅन्-कर्´-अॅन्ट्) *adj.* 1. happening or existing at the same time or place, समकालिक, समकालीन। 2. cooperating, सहकारी, सहयोगी।

**concurrently** (~ -ली) *adv.* together, साथ-साथ।

**concussion** (कॅन्-कश्´-अॅन्) *n.* 1. a violent shock, झटका, हिचकोला। 2. an injury caused by a blow, चोट, आघात।

**condemn** (कॅन्-डॅम्´) *v.* 1. to denounce, भला-बुरा कहना, कोसना, निंदा करना। 2. to convict, दोषी ठहराना। 3. to sentence, सज़ा देना, दंडित करना। 4. to declare unfit for use, अनुपयुक्त ठहराना, बेकार या निकम्मा बतलाना; condemned houses, बेकार घर।

**condemnable** (कॅन्-डॅम्´-नॅ-बॅल्) *adj.* liable to be condemned, निंदनीय, कोसने योग्य।

**condemnation** (कॉन्-डॅम्-ने´-शॅन्) *n.* 1. the act of condemning, बुरा-भला, बुराई, निंदा। 2. a cause or reason for condemning, निंदित बात। 3. a sentence, सज़ा, दंडाज्ञा।

**condemned** (कॅन्-डॅम्ड्´) *adj.* 1. pronounced guilty, सिद्धदोष; condemned criminal, सिद्धदोष अपराधी। 2. rejected as unfit, अनुपयुक्त होने के कारण अस्वीकृत। 3. sentenced, दंडित।

**condemned cell** *n.* a cell for a condemned criminal, काल-कोठरी।

**condensation** (कॅन्-डॅन्-से´-शॅन्) *n.* an act of condensing, संघनन, गाढ़ा करने का कार्य।

**condense** (कॅन्-डॅन्स्´) *v.* 1. to increase the density of, गाढ़ा करना, संघनित करना। 2. to form a liquid from vapour, भाप से द्रव बनाना। 3. to abridge, संक्षिप्त करना।

**condensed milk** *n.* संघनित दुग्ध।

**condenser** (कॅन्-डॅन्स्´-अॅ:) *n.* 1. an apparatus that makes a gas change into liquid, कन्डेन्सर। 2. a device for storing electricity, कन्डेन्सर।

**condescend** (कॉन्-डि-सॅन्ड्´) *v.* 1. to agree to do something beneath one's rank or dignity, छोटा या ओछा काम करने के लिए राज़ी हो जाना। 2. to treat in a patronizing manner, ऊँचा पीढ़ा देना।

**condiment** (कॉन्´-डि-मॅन्ट्) *n.* a seasoning for giving flavour to food, ज़ीरा, मिर्च, अजवायन आदि कोई मसाला, बघार, छौंक।

**condition** (कॅन्-डिश्´-अॅन्) *n.* 1. a particular state of being or existence, अवस्था, स्थिति, दशा; prevailing condition, विद्यमान दशा। 2. a state of physical fitness, दशा, हालत। 3. an abnormality or ailment, असामान्य बात या तत्त्व, बीमारी। 4. a prerequisite, शर्त; condition for re-entry, पुन:प्रवेश की शर्त। 5. (plu.) the existing circumstances, विद्यमान परिस्थितियाँ। *v.* 1. to put into a desired condition, इच्छित स्थिति में लाना। 2. to adapt, अनुकूल बनाना। 3. to subject to a condition, शर्त रखना या लगाना। 4. to train, प्रशिक्षित करना। □ **on condition that,** यदि, इस शर्त पर, बशर्ते कि।

**conditional** (कॅन-डिश्´-अॅ-नॅल्) *adj.* containing or expressing a condition, सशर्त, सप्रतिबंध।

**condole** (कॅन्-डोल्´) *v.* to express sorrow or sympathy with someone in grief, अफ़सोस करना, शोक व्यक्त करना, सहानुभूति दिखलाना।

**condolence** (कॅन्-डोल्´-अॅन्स्) *n.* an expression of sorrow or sympathy, अफ़सोस, शोक, मातमपुर्सी; **condolence meeting** *n.* शोकसभा।

**condom** (कॉन्´-डॉम्, कॉन्´-डॅम्) *n.* a rubber covering worn over the penis during sexual intercourse, निरोध।

**condone** (कॅन्-डोन्´) *v.* to forgive, माफ़ करना, माफ़ी देना, क्षमा कर देना।

**conduce** (कॅन्-ड्यूस्´) *v.* to help to produce,

बनाने या निर्माण करने में सहायक होना, प्रेरक होना।

**conducive** (कॉन्-ड्यू´-सिव्) *adj.* likely to produce, निर्माण करनेवाला, प्रेरक, सहायक।

**conduct** (कॅन्-डक्ट्´) *v.* 1. to behave, आचरण करना, बरताव करना। 2. to direct the course of, संचालित करना, संचालन करना। 3. to lead or guide, पथ-प्रदर्शन करना, अगुआई करना। 4. to serve as a medium for conveying, संवाहन का माध्यम बनना या होना।

**conduct** (कॉन्´-डक्ट्) *n.* 1. the way one acts, behaviour, आचरण, चाल-चलन, रंग-ढंग। 2. the act of leading or guiding, अगुआई। 3. management, प्रबंध, कार्य-संचालन।

**conduction** (कॅन-डक्´-शॅन्) *n.* transmission of electricity, heat, water etc., चालन, संवहन।

**conductive** (कॅन्-डक्´-टिव्) *adj.* having the power of conducting, चालन-सक्षम।

**conductivity** (कॅन्-डक्-टिव्´-इ-टी) *n.* the ability of a substance to act as a path for electricity, heat, etc., चालन-सक्षमता।

**conductor** (कॅन्-डक्´-टॅः) *n.* 1. a substance that conducts electricity, heat etc., चालक, चालन-सक्षम। 2. one who conducts or leads, निर्देशक, संचालक, अगुआ। 3. the director of a musical group, संगीत-निर्देशक। 4. the person in charge of a bus, tram etc. and who collects payments from passengers, कंडक्टर।

**conduit** (कॉन्´-ड्यु-इट्) *n.* 1. a channel or pipe for conveying liquids, वाहिका, पाइप, नल। 2. a tube for protecting electric wires, नली, आवरण-नली।

**cone** (कोन्) *n.* a solid object with a round base that narrows to a point at the top, कोन, शंकु।

**confabulate** (कॅन्-फ़ैब्´-यु-लेट्) *v.* to chat, बातचीत करना, गप-शप करना।

**confection** (कॅन्-फ़ॅक्´-शॅन्) *n.* a sweet preparation, मिठाई, पाक।

**confectioner** (कॅन्-फ़ॅक्´-शॅ-नॅः) *n.* one who makes or sells confections, मिठाई बनाने या बेचनेवाला, हलवाई।

**confectionery** (कॅन्-फ़ॅक्´-शॅ-नॅर्-ई) *n.* 1. confectioner's shop, मिष्टान्न-गृह, हलवाई की दुकान। 2. the work of a confectioner, मिठाइयाँ बनाने का धंधा, हलवाईगीरी। 3. confections collectively, सभी (प्रकार की) मिठाइयाँ।

**confederacy** (कॅन्-फ़ॅड्´-अॅ-रॅ-सी) *n.* a union of states, राज्यसंघ, महासंघ।

**confederation** (कॅन्-फ़ॅड्-अॅ-रे´-शॅन्) *n.* a confederacy, राज्यसंघ, महासंघ।

**confer** (कॅन्-फ़ः´) *v.* (conferred, conferring) 1. to bestow (an honour), प्रदान करना, प्रदत्त करना। 2. to hold a discussion or conference, सलाह या परामर्श करना।

**conference** (कॉन्´-फ़ॅ-रॅन्स्) *n.* a meeting for exchange of ideas, कॉन्फ्रेंस, सम्मेलन।

**confess** (कॅन्-फ़ॅस्´) *v.* 1. to acknowledge or admit one's fault, sin or weakness, ग़लती, पाप या कमज़ोरी मान लेना। 2. to make known one's sin to a priest for absolution, पाप स्वीकार करना।

**confession** (कॅन्-फ़ॅश्´-अॅन्) *n.* 1. the act of confessing, ग़लती या अपराध स्वीकार करना। 2. the disclosure of sins to a priest for absolution, पाप-स्वीकारोक्ति।

**confessional** (कॅन्-फ़ॅश्´-अॅ-नॅल्) *n.* a place where a priest hears confessions, पाप स्वीकार-गृह। *adj.* of or pertaining to confession, अपराध-स्वीकृति संबंधी।

**confidant** (कॉन्´-फ़ि-डैन्ट्) *n.* a person to whom one tells one's secrets, विश्वस्त व्यक्ति, विश्वासपात्र, विश्वासभाजन।

**confide** (कॅन्-फ़ाइड्´) *v.* 1. to tell a secret to a person one trusts, विश्वासभाजन समझकर किसी को कोई रहस्यपूर्ण या निजी बात बतलाना। 2. to put under someone's keeping, सौंप देना, हवाले करना। □ **confide in,** किसी विश्वस्त व्यक्ति को रहस्य बतलाना।

**confidence** (कॉन्´-फ़ि-डॅन्स्) *n.* 1. full trust, पूर्ण विश्वास, भरोसा, यकीन। 2. belief in one's own or another's ability, आत्म-विश्वास, भरोसा। 3. a secret, रहस्य, भेद की

बात। □ **in confidence,** विश्वस्त समझकर; **take into one's confidence,** विश्वास-भाजन समझकर रहस्य बताना।

**confident** (कॉन्´-फ़ि-डॅन्ट्) ***adj.*** having confidence, भरोसा करनेवाला, विश्वस्त।

**confidential** (कॉन्-फ़ि-डॅन्´-शॅल्) ***adj.*** 1. told in confidence, विश्वस्त समझकर बतलाया हुआ। 2. to be kept secret, गोपनीय। 3. entrusted with private matters, विश्वस्त। 4. showing full confidence, विश्वस्त।

**confidentially** (~ -शॅ-ली) ***adv.*** secretly, विश्वासभाजन समझकर।

**confiding** (कॅन्-फ़ाइड्´-इंग्) ***adj.*** trustful, विश्वसनीय, विश्वस्त।

**configuration** (कॅन्-फ़िग्-यु-रे´-शॅन्) ***n.*** 1. the arrangement of the parts of something, रचना, बनावट, विन्यास, रचना-विन्यास। 2. the shape, आकृति, स्वरूप।

**confine** (कॅन्-फ़ाइन्´) ***v.*** 1. to imprison, कारागृह में रखना, क़ैद या बंद रखना। 2. to restrict or keep within certain limits, सीमित करना या रखना, बाँधकर रखना; He was confined to bed, वह बिस्तर पर पड़ा था।

**confined** (कॅन्-फ़ाइन्ड्) ***adj.*** 1. narrow, तंग। 2. restricted, सीमित।

**confinement** (कॅन्-फ़ाइन्´-मॅन्ट्) ***n.*** the act of confining or the state of being confined, क़ैद; solitary confinement, एकांत कारावास।

**confines** (कॅन्-फ़ाइन्ज़्´) ***n.*** the limits of an area, चौहद्दी, सीमाएँ।

**confirm** (कॅन्-फ़:म्´) ***v.*** 1. to verify or ratify, पुष्ट करना, पुष्टि करना, सपुष्टि करना। 2. to give approval to, सहमति प्रदान करना, अनुमोदन करना। 3. to prove, प्रमाणित करना। 4. to establish more firmly, स्थायी करना या बनाना।

**confirmation** (कॉन्-फ़:-मे´-शॅन्) ***n.*** the act of confirming, पुष्टि, संपुष्टि, अनुमोदन, स्थायीकरण।

**confirmatory** (कॅन्-फ़:´-मे-टॅ-री) ***adj.*** that provides supporting evidence, पुष्टिकर, पुष्टिकारक।

**confirmed** (कॅन्-फ़:म्ड्´) ***adj.*** firmly settled in a particular way of life, पक्का; a confirmed thief, पक्का चोर।

**confiscate** (कॉन्´-फ़ि-स्केट्) ***v.*** 1. to seize private property for the public treasury, अधिहरण करना, अधिहृत करना। 2. to seize by authority, कुर्क़ करना, ज़ब्त करना।

**confiscation** (कॉन्-फ़ि-स्के´-शॅन्) ***n.*** seizure of private property, अधिहरण, कुर्की, ज़ब्ती।

**conflagration** (कॉन्-फ़्लॅ-ग्रे´-शॅन्) ***n.*** a widespread and destructive fire, अग्निकांड।

**conflict**[1] (कॉन्´-फ़्लिक्ट्) ***n.*** 1. disagreement between people with different ideas or beliefs, विरोध। 2. a struggle or clash, संघर्ष। 3. a fight, लड़ाई, द्वंद्व।

**conflict**[2] (कॅन्-फ़्लिक्ट्´) ***v.*** (conflicted, conflicting) 1. to be in opposition or disagreement, विरोध होना, वैषम्य होना। 2. to struggle or fight, संघर्ष करना, लड़ाई लड़ना।

**conflicting** (कॅन्-फ़्लिक्ट्´-इंग्) ***adj.*** opposing, परस्पर-विरोधी, द्वंद्वात्मक।

**confluence** (कॉन्´-फ़्लू-ॲन्स्) ***n.*** 1. the place or point where two rivers meet, संगम। 2. a concourse, समागम।

**conform** (कॅन्-फ़ॉ:म्´) ***v.*** 1. to make or become similar, समान या अनुरूप होना अथवा समान या अनुरूप करना। 2. to comply with current attitudes or practices, मेल खाना। 3. to adapt, अनुकूल बनना या बनाना।

**conformable** (कॅन्-फ़ॉ:´-मॅ-बॅल्) ***adj.*** similar to, अनुरूप, समरूप; conformable to the judgement, निर्णय के अनुरूप।

**conformation** (कॉन् फ़ॉ:-मे´-शॅन्) ***n.*** 1. the way something is formed, बनावट, रचना-विन्यास। 2. shape or structure, रूप, रचना, रूप-रचना।

**conformist** (कॅन्-फ़ॉ:´-मिस्ट्) ***n.*** one who readily conforms to the established rules, प्रचलित नियमों के अनुसार अपने को ढाल लेनेवाला, नियमानुवर्ती, अनुपालक।

**conformity** (कॅन्-फ़ॉ:´-मि-टी) ***n.*** 1. similarity in form or character, अनुरूपता। 2. action or behaviour in agreement to the established rules, नियमानुवर्तन,

अनुपालन। □ **in conformity with,** in accordance with, के अनुरूप।

**confound** (कॉन्-फ़ाउन्ड्´) *v.* 1. to bewilder or perplex, घबरा या सकपका जाना, विचलित होना या कर देना। 2. to confuse and surprise, भ्रमित और हैरान होना या करना, दुविधा में पड़ना या डाल देना। 3. to mix up, घाल-मेल करना या होना। 4. to defeat someone's plans, किसी की योजना विफल कर देना या पूरा न होने देना। □ **confound with,** एक दूसरे का भ्रम होना, धोखा हो जाना।

**confounded** (कॉन्-फ़ाउन्´-डिड्) *adj.* 1. damned, कमबख़्त, पतित। 2. confused or deeply troubled, भ्रमित, परेशान।

**confront** (कॅन्-फ्रन्ट्´) *v.* 1. to come or bring face to face with, आमना-सामना होना या करना। 2. to face boldly, डटकर सामना करना, भिड़ जाना, लोहा लेना।

**confrontation** (कॉन्-फ्रॅन्-टे´-शॅन्) *n.* 1. the act of confronting, सामना, आमना-सामना। 2. a fight, battle or war, भिड़ंत, टक्कर, युद्ध। 3. a serious dispute, उग्र विवाद।

**Confucianism** (कॅन्-फ़्यू´-शॅ-निज़्-अॅम्) *n.* the principles of conduct based on the teachings of Confucious, कनफूची का सिद्धांत, कनफूचीवाद।

**confuse** (कॅन्-फ़्यूज़्´) *v.* 1. to cause to be mistaken, भ्रम में डाल देना। 2. to mix up or muddle, घाल-मेल करना, गड़बड़ा देना। 3. to fail to distinguish between, भ्रम में पड़ जाना, समझ में न आ पाना। 4. to make unclear, उलझा देना, दुरूह बना देना।

**confused** (कॅन्-फ़्यूज़्ड्´) *adj.* perplexed, confounded, भ्रमित, क्षुब्ध, घबराया हुआ।

**confusion** (कॅन्-फ़्यू´-ज़्हॅन्) *n.* the act of confusing or the condition of being confused, भ्रम, भ्रमभाव; घाल-मेल, गड़बड़।

**confute** (कॅन्-फ़्यूट्´) *v.* to prove to be false or wrong, असिद्ध करना, खंडन करना, मिथ्या सिद्ध करना, ग़लत ठहराना, निराकरण करना।

**congenial** (कॅन्-जीन्´-अल् / यल्) *adj.* 1. friendly, मित्रतापूर्ण, मैत्रीपूर्ण, सौहार्दपूर्ण। 2. having the same temperament or tastes, समान रुचि या स्वभाववाला। 3. agreeable, सुखद, अनुकूल, प्रीतिकर।

**congenially** (कॅन्-जीन्´-यॅ-ली) *adv.* in a congenial manner, मित्रभाव से, सुरुचिपूर्वक।

**congenital** (कॅन्-जॅन्´-इ-टॅल्) *adj.* 1. existing since someone's birth, जन्मजात। 2. being such as if by nature, सहज।

**congenitally** (कॅन्-जॅन्´-इ-टॅ-ली) *adv.* by birth, जन्म से, जन्मतः।

**congest** (कॅन्-जॅस्ट्´) *v.* 1. to fill, भर देना या भर जाना। 2. to overfill, ठसाठस भर देना या भर जाना। 3. to cause to become blocked, भर जाना, बंद हो जाना, संकुलित हो जाना, जमाव हो जाना। 4. to cause to become very full, भीड़-भाड़ कर देना।

**congested** (कॅन्-जॅस्´-टिड्) *adj.* 1. overcrowded, खचाखच भरा, घना। 2. excessively accumulated, overfilled, संकुलित, जमाव-भरा।

**congestion** (कॅन्- जॅस्´-चॅन्) *n.* 1. a congested condition, भीड़-भाड़। 2. excessive accumulation, जमाव, संकुलता।

**conglomerate[1]** (कॅन्-ग्लॉम्´-अॅ-रेट्) *adj.* gathered into a mass, पिंड की शक्ल का, सपिंडित।

**conglomerate[2]** (कॅन्-ग्लॉम्-अॅ-रेट्) *v.* to collect into a mass, पिंड का रूप धारण करना।

**conglomeration** (कॅन्-ग्लॉम्-अॅ-रे´-शॅन्) *n.* 1. a mass, पिंड। 2. a mass of different things put together, पुंज, पिंड, अटाला।

**congratulate** (कॅन्-ग्रैच्´-यु-लेट्) *v.* to express pleasure at another's good fortune, बधाई देना, मुबारकबाद देना।

**congratulations** (कॅन्-ग्रैच्-यु-ले´-शॅन्स्) *n.* (plu.) an expression of joy on someone's good fortune, बधाई, मुबारक, मुबारकबाद।

**congratulatory** (कॅन्-ग्रैच्´-यु-ले-टॅ-री) *adj.* expressing congratulations, बधाई का; congratulatory telegram, बधाई-तार।

**congregate** (कॉङ्ग्´-ग्रि-गेट्) *v.* 1. to gather together, इकट्ठा या एकत्र होना, जुटना। 2. to cause to gather together, एकत्र करना, जुटाना।

**congregation** (कॉङ्ग्-ग्रि-गे´-शॅन्) ***n.*** a group of people gathered together to take part in religious worship, समागम।

**congress** (कॉङ्ग्´-ग्रिस्) ***n.*** 1. a formal meeting or assembly of representatives, कांग्रेस, सम्मेलन। 2. the U.S. House of Representatives, अमरीकी लोकसभा।

C

**congruence** (कॉङ्ग्´-ग्रू-ॲन्स्) ***n.*** the state of being congruent, समरूपता; संगति, अनुकूलता।

**congruent** (काङ्ग्´-ग्रू-ॲन्ट्) ***adj.*** 1. having the same shape and size as another, सर्वांगसम, समरूप। 2. corresponding, अनुकूल, संगत।

**congruous** (कॉङ्ग्´-ग्रू-ॲस्) ***adj.*** conformable, corresponding, समरूप, संगत।

**conic** (कॉन्´-इक्) ***adj.*** of a cone, शंकु-संबंधी।

**conical** (कॉन्´-इ-कॅल्) ***adj.*** shaped like a cone, शंकु के आकार का, शंक्वाकार।

**conjectural** (कॅन्-जेंक्´-चॅ-रॅल्) ***adj.*** based on conjecture, अटकल-पच्चू।

**conjecture** (कैन्-जेंर्क्-चॅ:) ***v.*** (conjectured, conjecturing) to guess, अनुमान करना या लगाना, अटकल लगाना, अटकलबाज़ी करना। ***n.*** a guess, अनुमान, अटकल।

**conjoin** (कॅन्-जॉइन्´) ***v.*** to join, जुड़ना या जोड़ना, मिलना या मिलाना।

**conjugal** (कॉन्´-जु-गॅल्) ***adj.*** 1. of the marriage, वैवाहिक। 2. of the relationship between husband and wife, दांपत्य।

**conjugate** (कॉन्´-जु-गेट्) ***v.*** to give the various forms of a verb that show number, person, tense etc., क्रिया का रूप-साधन करना, क्रिया-रूप बनाना।

**conjugation** (कॉन्-जु-गे´-शॅन्) ***n.*** the act or state of being conjugated, संयोजन, जुड़ाव; क्रिया का रूप-साधन।

**conjunct** (कॅन्-जंक्ट्´) ***adj.*** combined, joined together, संयुक्त, सम्मिलित।

**conjunction** (कॅन्-जंक्´-शॅन्) ***n.*** 1. the act or state of being conjoined, मिलन, युति, सहमिलन, संयोजन; conjunctions of stars, नक्षत्रों की युति। 2. in grammar, a word that joins other words, phrases, clauses etc., योजक।

**conjunctivitis** (कॅन्-जंक्-टि-वाइ´-टिस्) a disease of the eyes, एक नेत्ररोग, नेत्रश्लेष्मा।

**conjuncture** (कॅन्-जंक्´-चॅ:) ***n.*** 1. a combination of events or circumstances, संयोग, योग। 2. a critical set of events, संकट।

**conjuration** (कॉन्-जु-रे´-शॅन्) ***n.*** 1. trickery, चालाकी। 2. sorcery, हाथ की सफ़ाई, जादू। 3. submission, निवेदन।

**conjure** (कॉन्´-ज्यो:) ***v.*** 1. to do clever tricks, हाथ की सफ़ाई दिखाना, जादू के खेल दिखाना। 2. to entreat solemnly, नम्र निवेदन करना या विनती करना।

**conjurer, conjuror** (कॉन्´-जु-रॅ:) ***n.*** a magician, जादूगर, ऐंद्रजालिक, मायावी।

**connect** (कॅ-नेंक्ट्´) ***v.*** 1. to join, जोड़ना, मिलाना, संबद्ध करना, संयोजित करना। 2. to become joined, जुड़ना, मिलना, संबद्ध हो जाना। 3. to be united in a relationship, रिश्ता होना, नातेदारी होना, संबंध होना।

**connected** (कॅ-नेंक्´-टिड्) ***adj.*** related, संबद्ध, संबंधित; to be well-connected, बड़े-बड़े लोगों से संबंध होना।

**connection** (कॅ-नेंक्´-शॅन्) ***n.*** 1. the act of connecting or the state of being connected, संबंध। 2. a person connected by family or marriage, संबंध, रिश्ता, नाता। 3. a link, जोड़, शृंखला। 4. the relation of a word to its context, संबंध। 5. a transfer from one train, plane etc. to another, मेल। 6. (plu.) people with whom one is associated, ऐसे लोग जिनसे संबंध हो।

**connivance** (कॅ-नाइव्´-ॲन्स्) ***n.*** passive consent for some wrong, मिलीभगत।

**connive** (कॅ-नाइव्´) ***v.*** 1. to conspire or cooperate secretly, कुचक्र रचना, छिपे-छिपे सहयोग करना। 2. to work together secretly for some wrong, मिलीभगत होना। ☐ **connive at,** to take no notice of, अनदेखी करना (फलत: कुचक्र का भागी होना)।

**connoisseur** (कॉन-ॲ-श्यो:´) ***n.*** an expert with a good understanding of artistic and similar subjects, पारखी, कला-पारखी।

**connotation** (कॉन-अॅ-टे´-शॅन्) *n.* the implied meaning suggested by a word in addition to its literal meaning, संकेतार्थ, लक्षितार्थ, विवक्षा।

**connotative** (कॉन्´-अॅ-टे-टिव्) *adj.* suggesting, सांकेतिक, लक्षित।

**connote** (कॅ-नोट्´) *v.* to suggest in addition to literal meaning, संकेत करना, लक्षित करना; Hunger connotes unhappiness, बुभुक्षा अप्रसन्नता को लक्षित करती है।

**conquer** (कॉङ्ग्´-कॅ:) *v.* 1. to defeat in war, to win, जीत लेना, हरा देना। 2. to overcome, काबू में कर लेना, पराभूत कर देना। 3. to be successful, सफल होना।

**conqueror** (कॉङ्ग्´-कॅ-र:) *n.* one who conquers, विजेता, विजयी।

**conquest** (कॉन्´-क्वॅस्ट्) *n.* 1. the act of conquering, विजय, जीत। 2. something conquered, विजित वस्तु।

**conscience** (कॉन्´-शॅन्स्) *n.* an inner sense of what is right and wrong, अंत:करण, अंतश्चेतना, विवेक।

**conscientious** (कॉन्-शि-ऍन्´-शॅस्) *adj.* 1. honest, ईमानदार। 2. careful, सावधान।

**conscious** (कॉन्´-शॅस्) *adj.* 1. having an awareness of one's own existence and surroundings, awake, सजग, सचेत, जागरूक। 2. deliberate, साभिप्राय, जानबूझकर किया जानेवाला।

**consciously** (~-ली) *adv.* in a conscious manner, सजग भाव से, जानबूझकर।

**consciousness** (कॉन्´-शॅस्-निस्) *n.* the condition of being aware of one's own existence and surroundings, चेतनता, सजगता।

**conscript**[1] (कॅन्-स्क्रिप्ट्´) *v.* to enroll or summon for compulsory military service by law, जबरन फौज में भरती करना।

**conscript**[2] (कॉन्´-स्क्रिप्ट्) *n.* one who is made to serve in armed forces by law, वह जिसे जबरन फौज में भरती किया गया हो।

**conscription** (कॅन्-स्क्रिप्´-शॅन्) *n.* the practice of forcing people by law to serve in armed forces, फौज में जबरन भरती।

**consecrate** (कॉन्´-सि-क्रेट्) *v.* 1. to make or declare holy, पवित्र करना या बनाना, संस्कारित करना। 2. to dedicate to the service of God, ईश्वर को अर्पित या समर्पित करना।

**consecration** (कॉन्-सि-क्रे´-शॅन्) *n.* 1. the act of consecrating, पवित्रीकरण। 2. dedication, अर्पण, समर्पण।

**consecutive** (कॅन्-सेक्´-यॅ-टिव्) *adj.* following continuously without interruption, क्रमवार, क्रमवर्ती, निरंतर चलनेवाला।

**consensus** (कॅन्-सेन्´-सॅस्) *n.* general agreement, collective opinion, आम राय, सबकी राय, सबकी सहमति।

**consent** (कॅन्-सेन्ट्´) *v.* to give permission, to agree, अनुमति देना, सहमत होना। *n.* 1. permission, agreement, अनुमति, सहमति, स्वीकृति, मंज़ूरी। 2. a concurrence of will; सम्मति; by the consent of parties, पक्षकारों की सम्मति से।

**consequence** (कॉन्´-सि-क्वन्स्/क्वॅन्स्) *n.* 1. a thing or circumstance which follows as an effect or result from something preceding, परिणाम, फल, नतीजा। 2. importance, महत्त्व।

**consequent** (कॉन्´-सि-क्वॅन्ट्) *adj.* following as a result, परिणाम के रूप में होनेवाला, परिणामात्मक, पारिणामिक।

**conservancy** (कॅन्-स:´-वॅन्-सी) *n.* a body that controls and preserves historical and natural resources, ऐतिहासिक तथा प्राकृतिक संसाधनों का प्रबंध तथा संरक्षण करनेवाला निकाय, सुरक्षालय, संरक्षणालय।

**conservation** (कॉन्-सॅ:-वे´-शॅन्) *n.* the act of conserving (the natural environment), सुरक्षण, संरक्षण।

**conservatism** (कॅन्-स:´-वॅ-टिज़्-अॅम्) *n.* the belief or attitude that the established order of the society should be kept as it is, रूढ़िवाद।

**conservative** (कॅन्-स:´-वॅ-टिव्) *adj.* & *n.* favouring the established order of the society, opposed to sudden or great change, रूढ़िवादी, अनुदारवादी।

**conservator** (कॅन्-सः´-वे-टः) *n.* one who preserves forests, वनपाल।

**conservatory** (कॅन्-सः´-वॅ-ट्री) *n.* 1. a green-house, हरितगृह। 2. a school for training musicians, संगीतालय।

**conserve** (कॅन्-सःव्´) *v.* to protect and preserve, संरक्षित रखना, संरक्षण करना, सुरक्षित करना या रखना। *n.* a fruit jam, जैम, मुरब्बा।

C

**consider** (कॅन्-सिड्´-अँः) *v.* 1. to think about, सोच-विचार करना। 2. to believe or suppose, मानना, समझना। 3. to make allowances for, ध्यान या ख़्याल रखना, लिहाज़ करना। □ **all things considerd,** सब बातों का विचार करके।

**considerable** (कॅन्-सिड्´-अँ-रॅ-बॅल्) *adj.* 1. fit to be considered, important, महत्त्वपूर्ण। 2. fairly large or great, अच्छा-ख़ासा, लंबा-चौड़ा। 3. enough, प्रचुर, पर्याप्त।

**considerably** (कॅन्-सिड्´-अँ-रॅ-ब्ली) *adv.* much, बहुत अधिक, प्रचुर मात्रा में।

**considerate** (कॅन्-सिड्´-अँ-रिट्) *adv.* having regard for the feelings of others, मुलाहजा करनेवाला, मुंरव्वती, लिहाज़ी, विचारवान।

**considerately** (कॅन्-सिड्´-अँ-रिट्-ली) *adv.* with regard for others, मुरव्वत से, लिहाज़ से।

**consideration** (कॅन्-सिड्-अँ-रे´-शॅन्) *n.* 1. deliberation, careful thought, सोच-विचार। 2. the state of being considerate, मुरव्वत, लिहाज़। 3. a fact or factor that must be kept in mind, विचारणीय बात या ध्यान देने योग्य तथ्य। 4. a payment for a service, प्रतिफल, पुरस्कार; for a consideration, प्रतिफल के लिए। □ **in consideration of,** प्रतिफल के रूप में; **under consideration,** विचाराधीन।

**considering** (कॅन्-सिड्´-अँ-रिंग्) *prep.* taking into consideration, के विचार से; considering her age, उसकी अवस्था को देखते हुए।

**consign** (कॅन्-साइन्´) *v.* 1. to entrust, सौंपना। 2. to deliver, सुपुर्द करना, देना। 3. to send (for sale, विक्रयार्थ माल) भेजना, प्रेषण करना।

**consignee** (कॉन्-साइ-नी´) *n.* a person to whom goods are consigned, प्रेषिती।

**consignment** (कॅन्-साइन्´-मॅन्ट्) *n.* 1. the act of consigning, भेजने की क्रिया, प्रेषण। 2. something consigned, प्रेषित माल।

**consignor** (कॅन्-साई´-नँः) *n.* one who consigns (goods) to another, प्रेषक।

**consist** (कॅन्-सिस्ट्´) *v.* 1. to be made up or composed of, बना होना, गठित होना। 2. to be inherent, निहित या अंतर्निहित होना। □ **consist of,** के रूप में होना, बना होना। **consist in,** का आधार होना; Their happiness consists in hoping, आशा ही उनके सुख का आधार है।

**consistency** (कॅन्-सिस्´-टॅन्-सी) *n.* 1. the state of being consistent, uniformity, एकरूपता, स्थिरता। 2. agreement or compatibility among things or parts, संगति। 3. thickness, गाढ़ापन।

**consistent** (कॅन्-सिस्´-टॅन्ट्) *adj.* 1. unchanging, अपरिवर्तनशील, एकरूप। 2. having agreement among things or parts, संगत। 3. thick, गाढ़ा।

**consolable** (कॅन्-सो´-लॅ-बॅल्) *adj.* that can be consoled, जिसे सांत्वना दी जा सके, जिसका ढाँढ़स बँधाया जा सके।

**consolation** (कॉन-सो-ले´-शॅन्) *n.* the act of consoling or the state of being consoled, सांत्वना, ढाढस, तसल्ली; consolation prize, सांत्वना पुरस्कार।

**console** (कॅन्-सोल्´) *v.* to comfort or solace, सांत्वना देना, ढाढस बँधाना।

**consolidate** (कॅन्-सॉल्´-इ-डेट्) *v.* 1. to combine compactly into one connected whole, समेकन करना, समेकित करना। 2. to combine, एकत्र या संचित करना। 3. to become or cause to become strong, दृढ़ीभूत होना या करना, जमना या जमाना।

**consolidated** (कॅन्-सॉल्´-इ-डे-टिड्) *adj.* 1. made strong, दृढ़ीभूत। 2. combined, समेकित, संचित; consolidated fund, समेकित निधि।

**consolidation** (कॅन्-सॉल्-इ-डे´-शॅन्) *n.* the act of consolidating, दृढ़ीभवन, समेकन।

**consonance** (कॉन्´-सॅ-नॅन्स्) *n.* a pleasant sounding combination of musical notes, स्वर-साम्य, स्वर-संगति। □ **in consonance with,** agreement among part, सामंजस्यपूर्वक।

**consonant** (कॉन्´-सॅ-नॅन्ट्) *n.* a letter other than a vowel, व्यंजन। *adj.* 1. harmonious, consistent, सामंजस्यपूर्ण, संगत। 2. harmonious in sound, समस्वर, लयबद्ध।

**consort**[1] (कॉन्´-सॉ:ट्) *n.* a husband or wife especially of a monarch, पति या पत्नी, विशेषत: महाराजा (या महारानी) की दृष्टि से उसकी पत्नी (या पति)।

**consort**[2] (कॅन्-सॉ:ट्´) *v.* 1. to keep company, साथ रहना, साथ देना। 2. to be in agreement, सहमति होना, मतैक्य होना। 3. to consort with, अनुरूप या अनुकूल होना।

**consortium** (कॅन्-सॉ:´-टि-ॲम्, कॅन्-सॉ:´-शि-अम्) an international body or association, अंतर्राष्ट्रीय निकाय या संघठन।

**conspicuous** (कॅन्-स्पिक्´-यु-ॲस्) *adj.* 1. obvious, सुस्पष्ट, प्रकट, साफ़। 2. remarkable, prominent, उल्लेखनीय, महत्त्वपूर्ण। 3. attracting attention, ध्यानाकर्षक, चित्ताकर्षक, उत्कृष्ट।

**conspicuously** (~-ली) *adv.* in a conspicuous manner, स्पष्ट रूप से, आकर्षक रूप में।

**conspiracy** (कॅन्-स्पिर्´-ॲ-सी) *n.* an illegal plot, षड्यंत्र, कुचक्र, साज़िश, साँठ-गाँठ, जाल।

**conspirator** (कॅन्-स्पिर्´-ॲ-टॅ:) *n.* one who takes part in a conspiracy, षड्यंत्रकारी।

**conspiratorial** (कॅन्-स्पिर्-ॲ-टोर्´-इ-ॲल्) *adj.* of or related to a conspiracy, षड्यंत्रपूर्ण, षड्यंत्र-संबंधी।

**conspiratory** (कॅन्-स्पिर्´-ए-टॅ-री) *adj.* of or pertaining to conspiracy, षड्यंत्र-संबंधी, षड्यंत्रकारी।

**conspire** (कॅन्-स्पाइ:´) *v.* 1. to plan together secretly for some unlawful purpose, षड्यंत्र रचना, साज़िश करना। 2. to work or act together, साथ हो जाना, मिल जाना, मिल-कर काम करना; Circumstances conspired against me, परिस्थितियाँ मेरे प्रतिकूल हो गईं।

**constable** (कॉन्´-स्टॅ-बॅल्) *n.* a policeman of a lower rank, सिपाही, संतरी।

**constabulary** (कॅन्-स्टैब्´-यु-लॅर्-ई) *n.* an armed police force, सशस्त्र सिपाहियों का दल।

**constancy** (कॉन्´-स्टॅन्-सी) *n.* the quality or state of being constant, एकरूपता, स्थायित्व, निश्चितता, निरंतरता, अनवरतता।

**constant** (कॉन्´-स्टॅन्ट्) *adj.* 1. fixed, unchanging, एकरूप, अचल, अडिग, दृढ़ संकल्पवाला। 2. happening all the time, continuous, अनवरत, अटूट, सतत, एकतार। 3. faithful, निष्ठावान, पक्का।

**constantly** (कॉन्´-स्टॅन्ट्-ली) *adv.* always, निरंतर, सदा, हमेशा, बराबर।

**constellation** (कॉन्-स्टॅ-ले´-शॅन्) 1. a group of stars with a fixed shape, तारामंडल, नक्षत्र। 2. a group, समूह।

**consternation** (कॉन्-स्टॅ:-ने´-शॅन्) *n.* 1. a great confusion or dismay, घोर भ्रम या निराशा। 2. a great surprise, बहुत बड़ा विस्मय। 3. a great anxiety, घोर चिंता, व्याकुलता।

**constipate** (कॉन्´-स्टि-पेट्) *v.* to have or cause incomplete or difficult movement of the bowels, क़ब्ज़ होना या करना।

**constipation** (कॉन्-स्टि-पे´-शॅन्) *n.* difficulty in emptying the bowels, क़ब्ज़, क़ब्ज़ियत।

**constituency** (कॅन्-स्टिच्´-ऊ-ॲन्-सी) 1. a body of voters, मतदाता-वर्ग। 2. an area and its residents represented by an elected legislator, चुनाव-क्षेत्र, निर्वाचन-क्षेत्र।

**constituent** (कॅन्-स्टिच्´-ऊ-ॲन्ट्) *adj.* serving as a part, संघटक। *n.* 1. a constituent part, घटक, अवयव, पुरज़ा। 2. a member of a constituency, किसी चुनाव-क्षेत्र का मतदाता।

**Constituent Assembly** *n.* संविधान-सभा।

**constitute** (कॉन्´-स्टि-ट्यूट्) *v.* 1. to form or make up, बनना या बनाना, गठित होना या करना। 2. to establish or to be estab-

C

lished, स्थापित होना या करना। 3. to appoint or to be appointed, नियत होना या करना।

**constitution** (कॉन्-स्टि-ट्यू´-शॅन्) ***n.*** 1. the body of principles according to which the country is governed, संविधान, विधान। 2. composition, गठन, संघटन, बनावट। 3. the general condition of a person's body, शारीरिक रचना या बनावट, काठी; She has a strong consitution, उसकी काठी मज़बूत है।

**constitutional** (कॉन्-स्टि-ट्यू´-शॅ-नॅल्) ***adj.*** of or related to the Constitution, संविधान-संबंधी, संवैधानिक।

**constitutionally** (कॉन्-स्टि-ट्यू´-शॅ-नॅ-ली) ***adv.*** according to the constitution, संविधान के अनुसार, संविधान की दृष्टि से।

**constrain** (कॅन्-स्ट्रेन्´) ***v.*** 1. to make someone to do something by force or persuastion, दबाव डालना, विवश करना, मजबूर करना, बाध्य कर देना। 2. to bind, जकड़ देना, बाँध देना। 3. to restrain, रोकना, नियंत्रित करना।

**constraint** (कॅन्-स्ट्रेन्ट्´) ***n.*** 1. compulsion, दबाव, ज़ोर-ज़बरदस्ती, विवशता, मजबूरी। 2. something that restricts, बाधा, विघ्न। 3. restraint, नियंत्रण, बंधन, निग्रह, संयम। 4. embarrassment, परेशानी।

**construct** (कॅन्-स्ट्रक्ट्´) ***v.*** to build, बनाना, निर्मित करना, रचना करना, रचना।

**construction** (कॅन्-स्ट्रक्´-शॅन्) ***n.*** 1. the act of constructing, निर्माण, रचना। 2. a building, भवन, इमारत। 3. a structure, ढाँचा। 4. the arrangement of words to form a phrase, clause or sentence, शब्द-विन्यास। □ **under construction,** in the process of building, के निर्माणाधीन।

**constructive** (कॅन्-स्ट्रक्´-टिव्) ***adj.*** serving a useful purpose, offering helpful suggestions, रचनात्मक।

**constructively** (~-ली) ***adv.*** in a constructive manner, रचनात्मक ढंग से।

**construe** (कॅन्-स्ट्रू´) ***v.*** 1. to give the sense or meaning, अर्थ देना। 2. to interpret, निर्वचन करना।

**consul** (कॉन्´-सॅल्) ***n.*** an officer appointed to live in a foreign city to look after the interest of his country, वाणिज्यदूत, कौंसल।

**consulate** (कॉन्´-सु-लिट्) ***n.*** the office of a consul, वाणिज्यदूतावास, कौंसल वास।

**consult** (कॅन्-सल्ट्´) ***v.*** 1. to seek information or advice from, परामर्श लेना या करना, सलाह लेना या करना, पूछना-पाछना या राय करना। 2. to confer or exchange views, विचार-विमर्श करना।

**consultant** (कॅन्-सल्´-टॅन्ट्) ***n.*** a person who gives professional advice, परामर्शी, परामर्शदाता, सलाहकार।

**consultation** (कॉन्-सल्-टे´-शॅन्) ***n.*** 1. the act of consulting, परामर्श, सलाह; consultation fee, परामर्श-शुल्क। 2. a meeting held to exchange opinions and ideas, विचार-विमर्श। □ **in consultation with,** by exchanging opinions with, के परामर्श से, से परामर्श करके।

**consumable** (कॅन्-स्यूम्´-अॅ-बॅल्) ***adj.*** that can be consumed, उपभोग्य, खपाने योग्य।

**consume** (कॅन्-स्यूम्´) ***v.*** 1. to use up, उपयोग या उपभोग करना, खपा देना। 2. to eat or drink up, खा-पी जाना, पचा जाना। 3. to destroy, नष्ट कर देना, खा जाना; The fire consumed the building, आग ने भवन को नष्ट कर दिया। 4. to spend wastefully, बहा देना, फूँक डालना; He consumed all his money on women and drink, उसने सुरा-सुंदरी पर अपना सारा धन फूँक डाला।

**consumer** (कॅन्-स्यू´/सू´-मॅ:) ***n.*** a person who buys goods or uses services, उपभोक्ता।

**consummate**[1] (कॉन्´-सु-मेट्) ***v.*** to make complete or perfect, पूर्ण करना, पक्का करना, निष्पन्न करना।

**consummate**[2] (कॉन्´-सु-मिट्) ***adj.*** 1. complete, पूर्ण, निष्पन्न, पक्का। 2. highly skilled, पूर्ण रूप से कुशल, कुशलता-प्राप्त।

**consumption** (कॅन्-सम्प्´-शॅन्) ***n.*** 1. the act of consuming, using up anything, उपभोग। 2. the amount consumed, खपत।

3. tuberculosis, तपेदिक, क्षय।

**contact**[1] (कॉन्´-टैक्ट्) ***n.*** 1. the condition of touching of objects or surfaces, संसर्ग, स्पर्श, संस्पर्श। 2. a relationship, संबंध। 3. the state of being in touch or association, संपर्क। 4. an acquaintance, परिचित व्यक्ति।

**contact**[2] (कॅन्-टैक्ट्´) ***v.*** 1. to come into contact, संपर्क होना, संपर्क में आना। 2. to put into contact, स्पर्श कराना, मिलाना, जोड़ना। 3. to get in touch with, संपर्क स्थापित करना।

**contact lens** ***n.*** a very thin lens worn in contact with the eyeball, कंटैक्ट लेन्स।

**contagion** (कॅन्-टे´-जॅन्) ***n.*** 1. the transmission of disease by contact, संसर्ग या छूत से रोग का फैलाव, छुतहापन। 2. a disease so transmitted, संक्रामक रोग, सांसर्गिक रोग, छुतहा रोग। 3. the tendency to spread, फैलाने-बढ़ने की प्रवृत्ति।

**contagious** (कॅन्-टे´-जॅस्) ***adj.*** 1. that can be spread by touch, संक्रामक, छुतहा। 2. tending to spread easily, सहज रूप से फैलने या बढ़नेवाला।

**contain** (कॅन्-टेन्´) ***v.*** 1. to have within itself, होना; The atlas contains thirty maps, इस एटलस में तीस नक़्शे हैं; The bottle contains two glasses of wine, बोतल में दो गिलास शराब है। 2. to include or comprise, अंतर्विष्ट होना, समावेशित होना। 3. to be able to hold, भरा होना, धारण किए होना। 4. to hold back, to control, क़ाबू में रखना, नियंत्रित करना, रोक रखना।

**contained** (कॅन्-टेन्ड्´) ***adj.*** 1. controlled, नियंत्रित। 2. calm, शांत।

**container** (कॅन्-टे´-नॅः) ***n.*** 1. a box, barrel or bottle etc., designed to contain a substance, पात्र, आधान। 2. a large box used for transporting goods, कंटेनर, बक्सा।

**contaminate** (कॅन्-टैम्´-इ-नेट्) ***v.*** to pollute, संदूषित हो जाना, प्रदूषित हो जाना, बिगड़ जाना।

**contamination** (कॅन्-टैम्-इ-ने´-शॅन्) ***n.*** the act of contaminating or the state of being contaminated, संदूषण, प्रदूषण, ख़राबी।

**contemplate** (कॉन्´-टॅम्-प्लेट्) ***v.*** 1. to consider or ponder thoughtfully, to think deeply about, मनन करना, गहरी सोच में पड़ना, चिंतन करना। 2. to anticipate or expect, अपेक्षा करना। 3. to meditate, ध्यान करना या लगाना।

**contemplation** (कॉन्-टॅम्-प्ले´-शॅन्) ***n.*** the act of contemplating, मनन, विचार, चिंतन, ध्यान।

**contemplative** (कॅन्-टॅम्´-प्लॅ-टिव्) ***adj.*** 1. thoughtful, विचारवान, मननशील, विचारशील। 2. spending much time in meditation, ध्यान लगानेवाला, ध्यानी।

**contemporaneous** (कॅन्-टॅम्-पॅ-रे´-नि-अॅस्) ***adj.*** contemporary, समकालीन।

**contemporary** (कॅन्-टॅम्´-पॅ-रॅर्-ई) ***adj.*** 1. belonging to the same time or period, समकालीन, समकालिक। 2. up-to-date, modern, अद्यतन, आधुनिक। ***n.*** 1. a contemporary person, समकालीन व्यक्ति। 2. a person of the same age as another, समवयी व्यक्ति। 3. a person of the present period, विद्यमान व्यक्ति, आधुनिक व्यक्ति।

**contempt** (कॅन-टॅम्प्ट्´) ***n.*** 1. feeling of scorn or disrespect, घृणा, तिरस्कार। 2. wilful disregard or disobedience, अवमान, अवमानना, तिरस्कार; contempt of court, न्यायालय का अवमान, न्यायालय की अवमानना, न्यायालय का तिरस्कार।

**contemptible** (कॅन्-टेम्प्´-टि-बॅल्) ***adj.*** that ought to be treated with contempt, mean, despicable, घृणित, निंदनीय, अवमान्य।

**contemptuous** (कॅन्-टॅम्´-चु-अॅस्) ***adj.*** feeling or showing contempt, तिरस्कारसूचक, तिरस्कारपूर्ण, अवमानकारी।

**contend** (कॅन्-टॅन्ड्´) ***v.*** 1. to strive for, प्रयत्न करना, संघर्ष करना। 2. to contest, स्पर्धा करना, मुकाबला करना, लड़ना, भिड़ना, चुनाव लड़ना। 3. to dispute, झगड़ा करना, विवाद करना। 4. to assert, दावे से कहना, बलपूर्वक कहना, हक जतलाना।

**contender** (कॅन्-टॅन्ड्´-अॅः) ***n.*** a rival, प्रतियोगी, प्रतिस्पर्धी।

**content**[1] (कॅन्-टॅन्ट्´) ***adj.*** contented, संतुष्ट,

संतोषी। *n.* satisfaction, संतोष। □ **one's heart's content** as much as one desires, जी भर, छककर।

**content[2]** (कॉन्´-टॅन्ट्) *n.* (often plu.) 1. the amount of a substance contained in something, विषय-वस्तु। 2. the subject matter of a book, अंतर्वस्तु, विषय-सामग्री। 3. the list of chapter headings of a book, विषय-सूची, अनुक्रमणिका।

C

**contented** (कॅन्-टॅन्´-टिड्) *adj.* satisfied, संतुष्ट।

**contentedness** (कॅन्-टॅन्´-टिड्-निस्) *n.* satisfaction, संतोष।

**contention** (कॅन्-टॅन्´-शॅन्) *n.* 1. a dispute, झगड़ा, विवाद। □ **bone of contention,** झगड़े की जड़। 2. a controversy, विवाद, प्रतिविरोध। 3. an assertion made in arguing, दावा या दृष्टिकोण, मत।

**contentious** (कॅन्-टॅन्´-शॅस्) *adj.* 1. giving to contention, झगड़ालू, विवादी। 2. involving contentions, विवादात्मक, प्रतिविरोधात्मक।

**contentment** (कॅन्-टॅन्ट्´-मॅन्ट्) *n.* satisfaction, संतोष, संतुष्टि।

**contest[1]** (कॉन्´-टॅस्ट्) *n.* 1. a struggle for superiority or victory, संघर्ष। 2. a competition, प्रतियोगिता।

**contest[2]** (कॅन्-टॅस्ट्´) *v.* 1. to compete for, स्पर्धा करना। 2. to dispute or oppose, झगड़ा करना, विरोध करना। 3. to defend or challenge, प्रतिवाद करना, चुनौती देना। 4. to be a candidate in an election, चुनाव लड़ना, चुनाव में खड़े होना।

**contestant** (कॅन्-टॅस्´-टॅन्ट्) *n.* a competitor, प्रतियोगी, प्रतिद्वंद्वी, मुकाबला करनेवाला, प्रतिस्पर्धी।

**context** (कॉन्´-टॅक्स्ट्) *n.* the parts which immediately precede or follow any particular passage or text and determine its meaning, संदर्भ, प्रसंग। □ **in context,** संदर्भ में; **in this context,** इस संबंध/प्रसंग/प्रकरण में, **out of context,** संदर्भ से बाहर या परे का।

**contextual** (कॅन्-टॅक्स्´-चु-ॲल्) *adj.* of or according to the context, संदर्भित, प्रासंगिक।

**contiguity** (कॉन्-टि-ग्यू´-इ-टी) *n.* the state of being contiguous, संलग्नता, समीपस्थता।

**contiguous** (कॅन्-टिग्´-यु-ॲस्) *adj.* 1. adjoining, संलग्न, समीपस्थ। 2. related, संबद्ध।

**continence** (कॉन्´-टि-नॅन्स्) *n.* the ability to control oneself, आत्मसंयम, आत्मनिग्रह।

**continent[1]** (कॉन्´-टि-नॅन्ट्) *adj.* 1. able to control oneself, आत्मसंयमी, आत्मनिग्रही। 2. abstaining from sexual activity, ब्रह्मचारी।

**continent[2]** (कॉन्´-टि-नॅन्ट्) *n.* any one of the seven principal land masses of the earth, महाद्वीप।

**Continent[3], the** *n.* the mainland of Europe, यूरोप का मुख्य भूभाग।

**continental** (कॉन्-टि-नॅन्´-टॅल्) *adj.* 1. of a continent, महाद्वीप-संबंधी, महाद्वीपीय। 2. of the Continental, यूरोपीय। □ **not worth a continental,** बिल्कुल बेकार।

**contingency** (कॅन्-टिन्´-जॅन्-सी) *n.* 1. a possible but very unlikely future event, an unforeseen event, अप्रत्याशित घटना, आकस्मिक घटना, आकस्मिकता। 2. a possibility, संभावना।

**contingent** (कॅन्-टिन्´-जॅन्ट्) *adj.* 1. happening by chance, आकस्मिक। 2. possible, संभाव्य, संभावित।

**continual** (कॅन्-टिन्´-यु-ॲल्) *adj.* 1. ocurring frequently, रुक-रुककर परंतु सदा होनेवाला, प्रायिक, सतत। 2. continuous, अटूट, निरंतर चलनेवाला, लगातार होनेवाला।

**continually** (कॅन्-टिन्´-यु-ॲ-ली) *adv.* continuously, निरंतर, लगातार।

**continuance** (कॅन्-टिन्´-यु-ॲन्स्) *n.* 1. the state of continuing, चालू रहना, जारी रहना; continuance of meeting, अधिवेशन का चलते रहना। 2. unbroken sequence, सिलसिला, अटूट क्रम।

**continuation** (कॅन-टिन्-यु-ए´-शॅन्) *n.* 1. the act or instance of continuing, (किसी काम या चीज़ का) जारी या चालू रहना, चलता रहनेवाला क्रम। 2. something being continued, जारी रहनेवाली चीज़।

**continue** (कॅन्-टिन्´-यू) *v.* 1. to go on without stopping, चलता या चलते रहना, होता या होते रहना, जारी रहना। 2. to do something without ceasing, जारी रखना, चलाए चलना, आगे बढ़ाना। 3. to remain or cause to remain in a state, बना या बने रहना; to continue in service, सेवा में बने रहना। 4. to go on after an interruption, फिर से चलना या चालू होना। 5. to go further, आगे बढ़ना या जाना।

**continuity** (कॉन्-टि-न्यू´-इ-टी) *n.* 1. the condition or quality of being continuous, सातत्य, निरंतरता, नैरंतर्य, अविछिन्नता। 2. the uninterrupted succession of things, सिलसिला, अटूट क्रम।

**continuous** (कॅन्-टिन्´-यु-अॅस्) *adj.* continuing without interruption, unbroken, अविच्छिन्न, अटूट, अविरल, सतत, निरंतर।

**continuously** (कॅन्-टिन्´-यु-अॅस्-ली) *adv.* uninterruptedly, निरंतर, अविरल रूप से।

**contort** (कॅन्-टॉ:ट्´) *v.* to twist or force out of shape, शक्ल बिगाड़ देना, ऐंठ या मरोड़ देना।

**contortion** (कॅन्-टॉ:´-शॅन्) *n.* 1. the act of contorting, रूप या शक्ल में होनेवाला बिगाड़, ऐंठन, मरोड़। 2. twisted position, विकृति, विरूपता।

**contour** (कॉन्´-टू:) *n.* the outline of a figure, परिरेखा, बाह्याकृति, रूपरेखा।

**contra** (कॉन´-ट्रॅ) ***prefix*** 1. contrary, विपरीतता का सूचक प्रत्यय, प्रति। 2. against, के विरुद्ध या के विपक्ष में, pro & contra or pros & cons, पक्ष और विपक्ष की दलीलें।

**contraband** (कॉन्´-ट्रॅ-बैन्ड्) *adj.* prohibited by law, निषिद्ध, विनिषिद्ध, वर्जित। *n.* 1. goods prohibited in trade, विनिषिद्ध वस्तुएँ। 2. smuggled goods, तस्करी का माल।

**contraception** (कॉन्-ट्रॅ-सेंप्´-शॅन्) *n.* the prevention of conception, गर्भनिरोध।

**contraceptive** (कॉन्-ट्रॅ-सेंप्´-टिव्) *adj.* preventing conception, गर्भनिरोधक, गर्भनिरोधी। *n.* anything or device for preventing conception, गर्भनिरोधक औषध या उपकरण।

**contract**[1] (कॉन्´-ट्रैक्ट्) *n.* 1. a business agreement, करार, अनुबंध, ठेका, संविदा। 2. a document relating to such terms, करारनामा, संविदा-पत्र।

**contract**[2] (कॅन्-ट्रैक्ट्´) *v.* 1. to enter into a contract, करार करना, ठेका करना, अनुबंध करना। 2. to undertake by contract, ठेका लेना। 3. to make or become shorter, सिकुड़ना या सिकोड़ना, संकुचित होना या करना। 4. to shorten, संक्षिप्त बनाना या बनना। 5. to catch (an illness, बीमारी) पकड़ना।

**contraction** (कॅन्-ट्रैक्´-शॅन्) *n.* the act of contracting, संकोचन, संकुचन।

**contractor** (कॅन्-ट्रैक्´-टॅ:) *n.* 1. one who contracts to supply anything or perform any service, ठेकेदार। 2. one who enters into a contract, संविदाकार।

**contradict** (कॉन्-ट्रॅ-डिक्ट्´) *v.* 1. to declare untrue, खंडन करना। 2. to deny the statement of, इन्कार करना। 3. to assert the opposite of, उलटी बात कहना, बात काटना। 4. to be inconsistent with, विपरीत या उलटा होना।

**contradiction** (कॉन्-ट्र-डिक्´-शॅन्) *n.* 1. the act of contradicting, खंडन, विरोध। 2. anything that contradicts, खंडन करनेवाली बात, खंडन। 3. any contrary thing or position, विपरीतता। 4. inconsistency, विसंगति।

**contradictory** (कॉन्-ट्र-डिक्´-टॅ-री) *adj.* that contradicts, खंडनात्मक, प्रतिकूल।

**contrariety** (कॉन्-ट्र-राइ´-इ-टी) *n.* the state or condition of being contrary, प्रतिकूलता, विपरीतता।

**contrariwise** (कॉन्´-ट्रैर्-ई-वाइज़्) *adv.* in the opposite way, इसके विपरीत, उलटे।

**contrary** (कॉन्´-ट्रैर्-ई) *adj.* 1. opposite, प्रतिकूल; It is contrary to my nature, यह मेरे स्वभाव के प्रतिकूल है। 2. willful, हठी, जिद्दी। *n.* the opposite, प्रतिकूलता, विपरीतता। □ **on the contrary,** बिल्कुल नहीं, उलटे, इसके विपरीत, बल्कि।

**contrast**[1] (कॅन्´-ट्रैस्ट्) *v.* 1. to compare two things so that differences are made clear, अंतर स्पष्ट करना, वैषम्य दिखलाना, भेद

दिखलाना। 2. to stand out in sharp contrast with, अलग दिखाई देना।

**contrast²** (कॉन्´-ट्रैस्ट्) *n.* 1. the act of contrasting, अंतरीकरण। 2. a difference or unlikeliness, अंतर, वैषम्य, व्यतिरेक।

**contravene** (कॉन्´-ट्रॅ-वीन्) *v.* (contravened, contravening) 1. to transgress or violate, to go against, उल्लंघन करना। 2. to contradict, खंडन करना, प्रतिवाद करना।

**contravention** (कॉन्-ट्रॅ-वॅन्´-शॅन्) *n.* the act of contravening, उल्लंघन, खंडन।

**contribute** (कॅन्-ट्रिब्´-यूट्) *v.* 1. to give in common with others, अंशदान करना, चंदा देना। 2. to participate in, योग देना, सहयोग करना। 3. to supply an article to a newspaper or magazine, समाचार-पत्र या पत्रिका में छपने के लिए लेख आदि भेजना।

**contribution** (कॉन्-ट्रि-ब्यू´-शॅन्) *n.* 1. the act of contributing or something contributed, अंशदान, सहयोग। 2. an article (to a magazine or newspaper etc.), लेख (समाचार-पत्र और पत्रिका आदि के लिए)।

**contributor** (कॉन्-ट्रिब्´-यु-टॅ:) *n.* one who contributes, अंशदाता, सहयोगकर्ता।

**contributory** (कॅन्-ट्रिब्´-यु-टॅ-री) *adj.* contributing to some purpose or fund, अंशदायी, योगदायी।

**contrite** (कॅन्-ट्राइट्´) *adj.* caused by feeling or showing guilt, ग्लानियुक्त, पश्चात्तापी, खिन्न, अनुतप्त।

**contrition** (कॅन्-ट्रिश्´-अॅन्) *n.* sorrow for one's sin or guilt, ग्लानि, पश्चात्ताप, अनुताप।

**contrivance** (कॅन्-ट्राई´-वॅन्स्) *n.* 1. the act of contriving or something contrived, योजना, उपाय, युक्ति, प्रयुक्ति, रचना, आयोजन। 2. a mechanical device, यंत्र, मशीन। 3. an invention or something invented, आविष्कार, आविष्कृति।

**contrive** (कॅन्-ट्राइव्´) *v.* 1. to plan or device, योजना बनाना, उपाय करना, तरकीब भिड़ाना। 2. to make or fabricate, रचना, बनाना। 3. to invent esp. a mechanical device, आविष्कार करना, युक्ति निकालना। 4. to manage or effect, आयोजन करना, प्रबंध करना।

**contriver** (कॅन्-ट्राइव्´-अॅ:) *n.* one who contrives, युक्तिशील।

**control** (कॅन्-ट्रोल्´) *v.* 1. to exercise power or authority, नियंत्रण करना, नियंत्रण में रखना। 2. to restrain or regulate, संयमित करना। *n.* 1. the power to check or restraint, नियंत्रण, अंकुश। 2. self-restraint, आत्मनिग्रह, आत्मसंयम। □ **in control,** नियंत्रणाधीन; **out of control,** नियंत्रण से बाहर; **under control,** नियंत्रित, नियंत्रण में होनेवाला।

**controllable** (कॅन्-ट्रो´-लॅ-बॅल्) *adj.* that can be controlled, नियंत्रणीय।

**controller** (कॅन्-ट्रो´-लॅ:) *n.* a person who controls, नियंत्रक।

**controversial** (कॉन्-ट्रॅ-व:´-शॅल्) *adj.* disputable, विवाद्य, विवादास्पद, झगड़े का।

**controversy** (कॉन्´-ट्रॅ-व:-सी) *n.* 1. a public dispute, विवाद, बहस। 2. a disputed question, विवाद, झगड़े का विषय। □ **beyond controversy,** निर्विवाद।

**controvert** (कॉन्´-ट्रॅ-व:ट्) *v.* 1. to deny or contradict, खंडन करना। 2. to dispute, विवाद करना, झगड़ना, बहस करना।

**contuse** (कॅन्-ट्यूज़्´) *v.* to bruise, नील पड़ना, चोट लगना।

**convalesce** (कॉन्-वॅ-लॅस्´) *v.* to recover from illness or injury, रोगमुक्त होना, स्वस्थ होना, स्वास्थ्य-लाभ करना।

**convalescence** (कॉन्-वॅ-लॅस्´-अॅन्स्) *n.* gradual recovery of health after illness or injury, स्वास्थ्य-लाभ।

**convalescent** (कॉन्-वॅ-लॅस्´-अॅन्ट्) *n.* recovering from sickness, जिसका स्वास्थ्य सुधर रहा हो, स्वास्थ्य-लाभ करनेवाला।

**convection** (कॅन्-वॅक्´-शॅन्) *n.* the transfer of heat by the circulation or movement of the heated part of a gas or liquid, संवहन।

**convene** (कॅन्-वीन्´) *v.* 1. to call to meet or gather, बुलाना, आहूत करना, आह्वान करना। 2. to meet or gather, मिलना, एकत्र होना, इकट्ठे होना। 3. to cause to assemble,

संयोजन करना, संयोजित करना।

**convener, convenor** (कॅन्-वीन्´-अः) *n.* one who convenes a meeting, संयोजक।

**convenience** (कॅन्-वी´-नि-अॅन्स्, कॅन्-वीन्´-यॅन्स्) *n.* 1. personal comfort, सुविधा, सहूलियत। 2. material advantage, लाभ। □ **at your convenience,** आपकी सुविधा पर।

**convenient** (कॅन्-वी´-नि-अॅन्ट्, कॅन्-वीन्´-यॅन्ट्) *adj.* 1. suited to one's needs or comfort, सुविधापूर्ण, सुविधाजनक, आरामदेह। 2. near or easy to reach, समीप-स्थित, पास ही।

**conveniently** (~-ली) *adv.* in a convenient manner, सुविधापूर्वक, (अपनी) सुविधा से।

**convent** (कॉन्´-वेंन्ट्) *n.* 1. an establishment of nuns, ईसाई साध्वियों का संघ, कॉन्वेन्ट। 2. a building in which they live, उनके रहने का आश्रम, मठ या विहार, कॉन्वेन्ट।

**convent school** *n.* a school run by nuns, धर्मबहनों द्वारा संचालित विद्यालय, कॉन्वेन्ट स्कूल।

**convention** (कॅन्-वेंन्´-शॅन्) *n.* 1. a formal agreement, अभिसमय, समझौता, संधि। 2. a formal assembly, सम्मेलन, जलसा, सभा। 3. an accepted practice, प्रथा, परिपाटी, रीति।

**conventional** (कॅन्-वेंन्´-शॅ-नॅल्) *adj.* traditional, प्रथागत, परंपरागत, पारंपरिक।

**conventionally** (~ -नॅ-ली) *adv.* customary, traditionally, पारंपरिक रूप से।

**converge** (कॅन्-वःज्´) *v.* to come together towards a common point, एक बिंदु पर आकर मिलना, केंद्राभिमुखी होना, एकाकार होना।

**convergent** (कॅन्-वः´-जॅन्ट्) *adj.* tending towards a point, केंद्राभिमुखी।

**conversable** (कॅन्-वः´-सॅ-बॅल्) *adj.* fit for conversation, मिलनसार, मधुरभाषी।

**conversant** (कॅन्-वः´-सॅन्ट्) *adj.* familiar, परिचित, अवगत। □ **conversant with,** से सुपरिचित।

**conversation** (कॉन्-वः-से´-शॅन्) *n.* oral exchange of ideas, बात-चीत, वार्तालाप।

**conversational** (कॉन्-वः-से´-शॅ-नॅल्) *adj.* used in conversation, बातचीत में प्रयुक्त होनेवाला, वार्तालाप-संबंधी।

**conversationalist** (कॉन्-वः-से´-शॅ-नॅ-लिस्ट्) *n.* a person who is good at conversation, बात-चीत में चतुर, वार्ता-कुशल।

**converse**[1] (कॅन्-वःस्´) *v.* to talk informally, बातचीत करना, वार्तालाप करना।

**converse**[2] (कॉन्´-वःस्) *adj.* opposite, contrary, विरुद्ध, उलटा, विपरीत, प्रतिकूल, विलोम। *n.* 1. the opposite or reverse of something, विरुद्ध स्थिति, प्रतिकूल रूप। 2. the idea or statement opposite to another, विरोधी मत या विचार।

**conversely** (कॉन्´-वःस्-ली) *adv.* in a converse manner, उलटे, विलोमतः।

**conversion** (कॅन्-वः´-ज़्हॅन्) *n.* the act of converting or state of being converted, बदलाव, संपरिवर्तन, धर्म-परिवर्तन।

**convert** (कॅन्-वःट्´) *v.* 1. to change or transform, रूप बदलना, रूप बदल देना या बदल जाना। 2. to change into another form or from one use to another, रूपांतर करना, अन्य प्रयोजन के लिए उपयोग करना; This sofa can be converted into bed, इस सोफ़े का प्रयोग बिस्तर के रूप में भी किया जा सकता है। 3. to persuade to adopt another religion or to be persuaded to adopt another religion, धर्म-परिवर्तन करना या कराना। *n.* one who has adopted a new religion, वह जिसने धर्म-परिवर्तन किया हो, धर्म-परिवर्तक।

**convertible** (कॅन्-वः´-टि-बॅल्) *adj.* that can be converted, संपरिवर्त्य, परिवर्तनीय।

**convex** (कॉन्-वेंक्स्´) *adj.* curved outward like the surface of a ball as seen from the outside, उत्तल।

**convey** (कॅन्-वे´) *v.* 1. to transport, ढोना, ढुलाई करना, एक जगह से दूसरी जगह पहुँचाना। 2. to transmit or communicate, संप्रेषण करना, भेजना, पहुँचाना। 3. to transfer, हस्तांतरण करना, हस्तांतरित करना।

**conveyance** (कॅन्-वे´-अॅन्स्) *n.* 1. the act of conveying, ढुलाई, संप्रेषण। 2. a vehicle used as a means of transportation, गाड़ी, यान, सवारी; conveyance allowance, सवारी भत्ता, यान भत्ता।

**convict**[1] (कॅन्-विक्ट्´) *v.* to find guilty, दोषी

C

ठहराना।

**convict**[2] (कॉन्´-विक्ट्) ***n.*** a convicted person, दोषी, सिद्धदोष।

**conviction** (कॅन्-विक्´-शॅन्) ***n.*** 1. the act of convicting or the state of being convicted, दोषसिद्धि। 2. a firm or strong belief, धारणा।

**convince** (कॅन्-विन्स्´) ***v.*** bring to a belief, to cause to believe, विश्वास दिलाना, विश्वास कराना, यकीन दिलाना; I am convinced of his honesty, मुझे उसकी ईमानदारी पर यकीन है।

**convincible** (कॅन्-विन्´-सि-बॅल्) ***adj.*** that can be convinced, जिसे आश्वस्त किया जा सके, जिसे विश्वास दिलाया जा सके।

**convivial** (कॅन्-विव्´-इ-ॲल्) ***adj.*** 1. jovial, खुशमिज़ाज, ज़िंदादिल, प्रसन्नचित्त। 2. sociable, मिलनसार।

**convocation** (कॅन्-वॅ-के´-शॅन्) ***n.*** 1. a meeting convened by the university for conferring degrees, दीक्षांत समारोह। 2. a formal assembly, संगोष्ठी।

**convoke** (कॅन्-वोक्´) ***v.*** to convene, आहूत करना, बुलाना।

**convoy**[1] (कॅन्-वॉइ´) ***v.*** to escort for protection, रक्षार्थ किसी के साथ जाना।

**convoy**[2] (कॉन्´-वॉइ) ***n.*** a group of vehicles, ships or people travelling together and generally protected by an armed escort, काफ़िला, रक्षित काफिला, सार्थवाह।

**convulse** (कॅन्-वल्स्´) ***v.*** 1. to agitate violently, झकझोरना, ज़ोर से हिला देना। 2. to disturb violently, उथल-पुथल मचाना, खलबली पैदा करना। 3. to have or to cause to have convulsions, ऐंठन या मरोड़ होना, ऐंठना या मरोड़ पैदा करना। □ **be convulsed with laughter**, हँसी से लोटपोट होना, हँसते-हँसते पेट में बल पड़ना।

**convulsion** (कॅन-वल्´-शॅन्) ***n.*** 1. any violent motion, झटका। 2. a violent involuntary muscular contraction, ऐंठन, मरोड़। 3. a violent upheaval, उथल-पुथल, हलचल, खलबली। 4. uncontrollable laughter, ठहाका।

**convulsive** (कॅन्-वल्´-सिव्) ***adj.*** causing convulsion or convulsions, मरोड़ पैदा करनेवाला; उथल-पुथल, हलचल या गड़बड़ पैदा करनेवाला।

**coo** (कू) ***n.*** 1. a soft murmuring sound as of a dove, कूजन, गुटरगूँ, टुटरूँटूँ। 2. a sound similar to a coo, कलरव, हलकी मधुर ध्वनि। □ **bill and coo,** to kiss and say sweet things to each other, प्रेमालाप करना।

**cook** (कुक्) ***v.*** 1. to prepare food by using heat, पकाना, सेकना, सिझाना। 2. to prepare by heating, to undergo cooking, खाना पकाना, रसोई तैयार करना। □ **cook up,** गढ़ना, गढ़ लेना। ***n.*** one whose job is cooking, रसोइया, महाराज।

**cooker** (कुक्´-ॲ:) ***n.*** an apparatus or pot for cooking food, कूकर।

**cookery** (कुक्´-ॲ-री) ***n.*** the art or practice of cooking food, पाकविद्या, पाककला।

**cookie** (कुक्´-ई) ***n.*** 1. a thin, dry, sweet cake, बिस्कुट। 2. a person, व्यक्ति, आदमी। 3. a beautiful woman, सुंदर स्त्री, सुंदरी।

**cockware** (कुक्´-वेअ:) ***n.*** utensils used in cooking, रसोई के बर्तन।

**cool** (कूल्) ***adj.*** 1. cold to a slight degree, moderately cold, ठंडा, शीतल। 2. giving or allowing relief from heat, ठंडा। 3. calm, unexcited, शांत, अनुद्विग्न, संयमित। 4. lacking zeal, indifferent or not enthusiastic, उदासीन, उत्साहहीन; a cool reception, फीका स्वागत, रूखा स्वागत। 5. impudent, उद्धत, उद्दंडतापूर्ण। ***n.*** 1. coolness, ठंडक, शीतलता। 2. calmness, शांति, सौम्यता। ***v.*** 1. to make cool, ठंडा करना। 2. to become cool, ठंडा होना। 3. to make or become calm, शांत होना या करना, ठंडा होना या करना। □ **cool one's heels,** इंतज़ार में रहना, इंतज़ार करना।

**cooler** (कू´-लॅ:) an apparatus for keeping rooms cool, कूलर, शीतक।

**cool-headed** ***adj.*** not easily excited, शांत-प्रकृति, ठंडे स्वभाववाला।

**coolie** (कू´-ली) ***n.*** a hired labourer, कुली, मज़दूर, मज़दूरी।

**coop** (कूप्) ***n.*** a poultry cage, मुर्गियाँ पालने का दरबा। ***v.*** to confine in a coop, दरबे में बंद रखना, बंद रखना।

**co-op** (को´-ऑप्) ***n.*** a cooperative, सहकारी समिति या संस्था।

**cooperate** (को-ऑप्´-अॅ-रेट्) ***v.*** 1. to help one another in a common aim, एक-दूसरे का सहयोग करना। 2. to work jointly, मिलकर काम करना, सहकार करना।

**cooperation** (को-ऑप्-अॅ-रे´-शॅन्) ***n.*** the act of cooperating, सहयोग, सहायता, सहकार।

**cooperative** (को-ऑप्´-अॅ-रॅ-टिव्) ***adj.*** 1. of cooperation, सहकारी। 2. willing to help, सहयोगशील, सहयोग करने को इच्छुक। 3. engaged in joint economic activity, सहकारी। ***n.*** a firm or society organized on a co-operative basis, सहकारी समिति या संस्था, a cooperative bank, सहकारी बैंक।

**coopt** (को-ऑप्ट्´) ***v.*** to appoint as a fellow member, सहयोजित करना; coopted member, सहयोजित सदस्य।

**cooption** (को-ऑप्´-शॅन्) ***n.*** the act of coopting, सहयोजन।

**coordinate**[1] (को-ऑ:´-डि-निट्) ***adj.*** equal in status, degree or importance, समान, तुल्य, समकक्ष।

**coordinate**[2] (को-ऑ:´-डि-नेट्) ***v.*** (coordinated, coordinating) 1. to bring into a proper relationship, समन्वय करना, समन्वयन करना; coordinated view, समन्वित दृष्टिकोण। 2. to work together, साथ-साथ काम करना, मिलकर काम करना।

**coordination** (को-ऑ:-डि-ने´-शॅन्) ***n.*** 1. the act of coordinating, समन्वयन। 2. the state of being coordinated, समन्वय। 3. the act of working together, मिलकर काम करना।

**coordinator** (को-ऑ:´-डि-ने-टॅ:) ***n.*** one who coordinates, समन्वयक, समन्वयकारी।

**coot** (कूट्) ***n.*** 1. a water bird, एक जलपक्षी। 2. a foolish person, मूर्ख व्यक्ति। 3. a stubborn person, हठी व्यक्ति।

**co-owner** (को-ओन्´-अॅ:) ***n.*** one who possesses some property jointly with someone else, सहस्वामी।

**co-ownership** (को-ओन्´-अॅ:-शिप्) ***n.*** joint possession, सहस्वामित्व।

**co-partner** (को-पा:ट्´-नॅ:) ***n.*** 1. a partner, भागीदार। 2. an equal partner in business, बराबरी के भागीदार, सह-भागीदार।

**cope**[1] (कोप्) ***v.*** (coped, coping) to deal successfully (with), पार पाना, कर पाना या चला पाना।

**cope**[2] ***n.*** a long caplike garment worn by clergy, पादरियों की एक तरह की टोपी।

**copier** (कॉप्´-इ-अॅ:) ***n.*** 1. one who copies, प्रतिलिपिकर्ता। 2. a machine that makes copies, प्रतिलिपित्र।

**copilot** (को´-पाइ-लॅट्) ***n.*** a second pilot of an aircraft, सहचालक, सह-विमानचालक।

**copious** (को´-पि-अॅस्) ***adj.*** plentiful, प्रचुर।

**copiousness** (को´-पि-अॅस्-निस्) ***n.*** the quality or state of being copious, प्रचुरता।

**copper** (कॉप्´-अॅ:) ***n.*** 1. a reddish-brown metal, ताँबा, ताम्र। 2. a reddish-brown colour, ताम्रवर्ण। 3. a coin or object made of copper, ताँबे का सिक्का या बर्तन। ***adj.*** 1. made of copper, ताँबे का बना हुआ, copper-wire, ताँबे का तार। 2. reddish brown, ताँबे के रंग का।

**coppersmith** (कॉप्´-अॅ:-स्मिथ्) ***n.*** a person skilled at working in copper, ठठेरा।

**coppery** (कॉप्´-अॅ-री) ***adj.*** brownish-red, ताम्रवर्ण।

**copra** (कॉ´-प्रॅ) ***n.*** the dried kernels of a coconut, गोला, गरी, खोपरा।

**copula** (कॉप्´-यु-लॅ) ***n.*** a verb which links a subject and predicate of a sentence, योजन-क्रिया, संयोजन क्रिया।

**copulate** (कॉप्´-यु-लेट्) ***v.*** to engage in sexual intercourse, संभोग या मैथुन करना, जोड़ा खाना।

**copulation** (कॉप्-यु-ले´-शॅन्) ***n.*** the act of copulating, संभोग, मैथुन, रतिक्रिया।

**copy** (कॉप्´-ई) ***n.*** 1. a reproduction or

imitation of something original, प्रतिलिपि, नकल, कापी। 2. an exercise book, कापी। 3. a manuscript, पांडुलिपि। 4. a single example of a book, magazine etc. कापी, प्रति। *v.* (copied, copying) 1. to make a copy of, प्रतिलिपि करना, नकल करना। 2. to imitate, नकल उतारना, अनुकरण करना।

**copyist** (कॉप्´-ई-इस्ट्) *n.* one whose job is to prepare the copies of documents etc., नकलनवीस, प्रतिलिपिकार।

**copyright** (कॉप्´-ई-राइट्) *n.* the sole legal right for a certain term of years to an author, composer etc. to print, publish, sell etc. copies of his original work, कापी-राइट, स्वामिस्व, प्रतिलिप्यधिकार। *adj.* protected by copyright, कापीराइट द्वारा अभिरक्षित।

**coquet** (को-कैंट्´) *v.* (coquetted, coquetting) to flirt, चोचले या नखरे दिखाना, रिझाना।

**coquetry** (को´-कि-ट्री) *n.* flirtatious behaviour, चोचलेबाज़ी, नखरा-तिल्ला, हावभाव।

**coquette** (को-कैंट्´) *n.* a woman who flirts with men, चोचलहाई, चोचलेबाज़।

**coquettish** (को-कैंट्´-इश्) *adj.* like a coquette, हावभावपूर्ण।

**corocle** (कॉर्´-अॅ-कॅल्) *n.* a basket like small boat, एक प्रकार की टोकरीनुमा छोटी नाव।

**coral** (कोर्´-अॅल्) *n.* a stony substance of red, pink or white colour often used for jewellery, मूँगा, प्रवाल; coral island, प्रवाल-द्वीप। *adj.* reddish pink, मूँगिया।

**cord** (का:ड्, का:ई) *n.* 1. a long thin flexible material of twisted fibre or strands, डोरी, रज्जु, रस्सी। 2. a part of the body like a cord, रज्जु, दंड। 3. a raised line on the surface of a cloth, धारी। 4. cloth with raised lines, डोरिया। 5. a wire, तार।

**cordial** (का:´-डि-अॅल्) *adj.* hearty, warm, हार्दिक, सौहार्दपूर्ण, दिली। *n.* a liquor, पेय।

**cordiality** (का:-डि-ऐल्´-इ-टी) *n.* warm affection, सौहार्द, स्नेह, मैत्री, प्रेमभाव।

**cordially** (का:´-डि-अॅ-ली) *adv.* in a cordial manner, सौहार्दपूर्वक, सस्नेह, हृदय से।

**cordless** (का:ड्´-लिस्) *adj.* needing no electric cord, बिना तार का, बेतार।

**cordon** (का:´-डॅन्) *n.* 1. a line of persons or soldiers etc. stationed around an area to enclose it, घेरा। 2. an ornamental band, फीता, पट्टी। □ **cordon off,** to enclose fully, घेर लेना, घेराबंदी करना।

**core** (को:) *n.* 1. the central part of some fruits, गूदा, गिरी, मगज़। 2. the central part of something, मध्यभाग। 3. the most important part of something, महत्त्वपूर्ण अंश। □ **from the core of one's heart** दिल से; **rotten to the core**, बिल्कुल ख़राब, अंदर से सड़ा-गला। *v.* (cored, coring) to remove the core from, गूदा या गिरी निकालना।

**co-respondent** (को-रि-स्पॉन्´-डॅन्ट्) *n.* a man (or woman) having committed adultery with a wife (or husband) of a person wanting a divorce, सह-प्रत्यर्थी, सह-प्रतिवादी।

**cork** (कॉ:क्, का:र्क्) *n.* a bottle stopper, काग, कॉर्क, डाट। *v.* to close with a cork, कॉर्क लगाना, कॉर्क से बंद करना, डाट लगाना।

**corn** (कॉ:न्, का:र्न्) *n.* 1. the seeds of an edible grain-bearing plant, मक्की के दाने। 2. the plant and its ears, मक्के का पौधा और उसकी बाल। 3. a seed or fruit of various cereal plants, गल्ला, अनाज, अन्न। 4. the hard thick skin on the foot resulting from pressure or friction, गट्ठा, गोखरू।

**cornea** (कॉ:´-नि-अॅ) *n.* a membrane that covers the lens of the eye, चक्षुपटल, कार्निया।

**corner** (कॉ:´-नॅ:) *n.* 1. the area or position where two walls, sides, lines etc. meet, कोना, मोड़, नुक्कड़। 2. a position from which escape is difficult, अरक्षित स्थान। 3. any part or region, भूभाग। 4. a kick from the corner, कॉर्नर-किक। □ **be in a tight corner,** मुसीबत में होना या फँस जाना; **round the corner,** बस आने ही वाला, आसन्न; **turn the corner,** बच निकलना।

**cornerstone** (कॉ:-नॅं:-स्टोन्) *n.* 1. the first stone placed at the corner of the building during a ceremony to mark the start of a building, नींव का पत्थर। 2. a vital foundation, आधारशिला। 3. a basis, आधार, मूलाधार; The hard work is the cornerstone of success, सफलता का आधार कठोर श्रम है।

**cornet** (कॉ:-नेंट्ˊ) *n.* a brass musical instrument of the trumpet family, तुरही की तरह का फूँककर बजाया जानेवाला पीतल का बाजा।

**cornflakes** (कॉ:न्ˊ-फ़्लेक्स्) *n.* (plu.) flakes of corn, कॉर्नफ्लेक्स।

**cornflour** (कॉ:न्ˊ-फ़्लो:) *n.* a white flour made from corn, आटा (बेसन, चौरैठा आदि)।

**cornflower** (कॉ:न्ˊ-फ़्लॉव्-अ:) *n.* a plant and its blue flower, नीलकूपी।

**cornice** (कॉ:ˊ-निस्) *n.* an ornamental moulding at the top of the wall of a room, कार्निस, कंगनी।

**cornmeal** (कॉ:न्ˊ-मील्) *n.* meal made of cornflour, अनाजी भोजन, रोटी।

**corny** (कॉ:ˊ-नी) *adj.* old fashioned, hackneyed, दकियानूसी, पिटा-पिटाया; a corny play, पिटा-पिटाया नाटक।

**corollary** (कॅ-रॉˊ-लॅ-री) *n.* 1. a proposition that logically results from another proposition, उपप्रमेय। 2. result, परिणाम; Death is the natural corollary to birth. मृत्यु जन्म का स्वाभाविक परिणाम है।

**corona** (कॅ-रोˊ-नॅ) *n.* a small circle of light around a luminous body, प्रभामंडल।

**coronary** (कॉर्-अॅन्-अॅ-री, कॉर्ˊ-अॅ-नॅर्-ई) *adj.* pertaining to the heart or the two arteries that supply blood to the heart, हृदय-संबंधी, रक्तवाहिनी-संबंधी।

**coronation** (कॉर्-अॅ-नेˊ-शॅन्) *n.* the act or ceremony of crowning a king or queen, ताजपोशी, अभिषेक-समारोह, राज्याभिषेक।

**coronet** (कॉर्-अॅ-नेंट्ˊ) *n.* 1. a small crown worn by a prince or a nobleman, छोटा मुकुट। 2. a band of jewels worn on the head, शृंगार पट्टी।

**corporal**[1] (कॉ:ˊ-पॅ-रॅल्) *adj.* of or related to the body, शारीरिक।

**corporal**[2] *n.* an army officer ranking just below sergeant, छोटा सैनिक अधिकारी।

**corporate** (कॉ:ˊ-पॅ-रॅट्) *adj.* 1. of a corporation, निगम-संबंधी, निगमित। 2. collective, सामूहिक, सामुदायिक। 3. united, संघटित। 4. formed into a legal body, विधिक निकाय के रूप में होनेवाला।

**corporation** (कॉ:-पॅ-रेˊ-शॅन्) *n.* 1. a body of persons legally authorised to act as a single person, निगम, कॉरपोरेशन। 2. a group of persons elected to govern a town, नगरपालिका, नगर निगम।

**corporator** (कॉ:ˊ-पॅ-रे-ट:) *n.* an elected or nominated member of a corporation, नगर निगम का सदस्य, पार्षद।

**corporeal** (कॉ:-पोर्ˊ-इ-अॅल्) *adj.* 1. bodily, शारीरिक। 2. (property) which has a physical existence, tangible, मूर्त।

**corps** (को:) *n.* 1. a specialized branch of the armed forces, कोर। 2. an organised body of persons under a common direction, कोर, संघ।

**corpse** (कॉ:प्स्) *n.* a dead (human) body, लाश, शव, मुरदा।

**corpulence** (कॉ:ˊ-प्यु-लॅन्स्) *n.* fatness, स्थूलता, मुटापा।

**corpulent** (कॉ:ˊ-प्यु-लॅन्ट्) *adj.* very fat, स्थूलकाय, मोटा।

**corpus** (कॉ:ˊ-पॅस्) *n.* (plu. corpora) all the writings of a particular subject or of a particular person, समग्र साहित्य, साहित्य-समग्र, ग्रंथ-संग्रह, लेख-संग्रह।

**corpuscle** (कॉ:ˊ-पॅ-सॅल्) *n.* a cell capable of movement in the blood, रक्त-कणिका।

**correct** (कॅ-रेक्ट्ˊ) *v.* 1. to remove mistakes or errors from, ग़लतियाँ दूर करना, शुद्ध करना, भूलें सुधारना, दोष-निवारण करना, संशोधन करना, संशुद्ध करना, दुरुस्त करना। 2. to set right, सही करना, सही रास्ते पर लाना। 3. to mark the errors in, ग़लतियों पर निशान लगाना। 4. to point out faults, दोष बतलाना या निकालना। 5. to punish in order to improve, सुधारना, दंडित करना। *adj.* 1. accurate or true, शुद्ध, ठीक, सही। 2. conforming to standards, मानक स्तर का, उपयुक्त।

**corrected** (कॅ-रॅक्´-टिड्) *adj.* made free from errors, सुधारा हुआ, संशोधित।

**correction** (कॅ-रॅक्´-शॅन्) *n.* 1. the act of correcting, संशोधन। 2. improvement, सुधार।

C

**correctly** (कॅ-रॅक्ट्´-ली) *adv.* rightly, accurately, सही ढंग से, ठीक-ठीक।

**correctness** (कॅ-रॅक्ट्´-निस्) *n.* the quality or state of being correct, शुद्धता, सहीपन।

**correlate** (कॉर्´-ॲ-लेट्) *v.* to show or establish how two things are related to each other, परस्पर संबंध स्थापित करना या दिखाना।

**correlation** (कॉर्-ॲ-ले´-शॅन्) *n.* mutual relationship or connection, पारस्परिक संबंध, परस्परता, सह-संबंध।

**correspond** (कॉ-रिस्-पॉन्ड्´, कॉर्-ॲ-स्पॉन्ड्´) *v.* 1. to be similar, समरूप होना। 2. to be equal, तत्सम होना, समतुल्य होना। 3. to agree, अनुरूप होना। 4. to have communication, बातचीत करना। 5. to hold correspondence, पत्र-व्यवहार करना, पत्राचार करना।

**correspondence** (कॉ-रिस्-पॉन्´-डॅन्स्, कॉर्-ॲ-स्पॉन्´-डॅन्स्) *n.* 1. similarity, समरूपता। 2. equality, समतुल्यता। 3. conformity or analogy, अनुरूपता। 4. the act, fact or process of exchanging letters, पत्र-व्यवहार, पत्राचार; correspondence course, पत्राचार पाठ्यक्रम।

**correspondent** (कॉ-रिस्-पॉन्´-डॅन्ट्, कॉर्-ॲ-स्पॉन्´-डॅन्ट्) *n.* a reporter of a newspaper, संवाददाता। *adj.* 1. similar, समरूप। 2. analogous, अनुरूप।

**corresponding** (कॉ-रिस्-पॉन्ड्´-इंग, कॉर्-ॲ-स्पॉन्ड्´-इंग्) *adj.* similar to another in character or function, समरूप, तत्समान।

**corridor** (कॉर्´-इ-डाः) *n.* a narrow passageway or strip of land, गलियारा।

**corrigenda** (कॉर्-इ-जॅन्´-डॅ) *n.* (plu.) a list of errors in a book with their corrections, शुद्धिपत्र।

**corrigendum** (कॉर्-इ-जॅन्´-डॅम्) *n.* (plu. corrigenda) to be corrected, भूल-सुधार।

**corrigible** (कॉर्´-इ-जि-बॅल्) *adj.* capable of being corrected, जिसे सुधारा जा सके, संशोधनीय।

**corroborate** (कॅ-रॉब्´-ॲ-रेट्) *v.* to concur in testimony, संपुष्ट करना, संपुष्टि करना।

**corroboration** (कॅ-रॉब्-ॲ-रे´-शॅन्) *n.* the act of corroborating, संपुष्टि।

**corrode** (कॅ-रोड्´) *v.* 1. to wear away, छीजना, क्षीण होना, क्षय होना। 2. to cause to wear away, नष्ट करना।

**corrosion** (कॅ-रो´-ज़ॅन्) *n.* 1 the act or process of corroding, छीजन, क्षय, संक्षारण, विनाश। 2. rust, जंग, मोरचा।

**corrosive** (कॅ-रो´-सिव्) *adj.* 1. tending to corrode, छीजनेवाला, संक्षारक। 2. destroying, विनाशक। 3. very fierce, उग्र, प्रचंड।

**corrugate** (कॉर्´-ॲ-गेट्) *v.* to make wavelike folds, लहरिया डालना, नालीदार बनाना।

**corrugated** (कॉर्´-ॲ-गे-टिड्) *adj.* having wavelike folds, नालीदार, लहरियादार।

**corrugation** (कॉर्-ॲ-गे´-शॅन्) *n.* the act or process of corrugating, नालीदार बनाने की क्रिया या भाव।

**corrupt** (कॅ-रप्ट्´) *adj.* 1. dishonest, बेईमान। 2. open to bribe, घूसख़ोर, रिश्वतख़ोर। 3. tainted with vice, depraved, भ्रष्ट, भ्रष्टाचारी, दुराचारी। *v.* 1. to cause to become dishonest, बेईमान बनाना। 2, to persuade to accept bribes, घूस देना। 3. to spoil, भ्रष्ट या विकृत करना।

**corruptible** (कॅ-रप्´-टि-बॅल्) *adj.* that can be corrupted, जिसे भ्रष्ट या विकृत किया जा सके।

**corruption** (कॅ-रप्´-शॅन्) *n.* 1. the act of corrupting or the state of being corrupted, भ्रष्टाचार। 2. dishonesty, बेईमानी। 3. bribery, घूसख़ोरी। 4. decay, विकृति, विकार। 5. an altered form of a word, अपभ्रष्ट। 6. alteration, परिवर्तन।

**corset** (कॉः´-सिट्) *n.* a very tight underwear,

एक तरह का जाँघिया।

**cortex** (कॉ:´-टेंक्स्) *n.* the outer layer, बाह्यावरण, त्वचा, छाल या झिल्ली।

**cosharer** (को-शेर्´-अ:) *n.* one sharing with another, सह-अंशधारी।

**cosignatory** (को-सिग्´-नॅ-टॅ-री) *n.* a person signing jointly with another or others, सह-हस्ताक्षरी, सह-हस्ताक्षरकर्ता।

**cosine** (को-साइन्´) *n.* (in a right angled triangle) the ratio of the length of a side adjacent to one of the acute angles to the length of the hypotenuse, कोज्या।

**cosmetic** (कॉज़्-मेंट्´-इक्) *n.* any substance (such as a powder or cream) used to apply on face and hair to improve the appearance, सौंदर्य-सामग्री, प्रसाधन, अंगराग। *adj.* that improves the appearance, सौंदर्य-वर्धक।

**cosmetician** (कॉज़्-मॅ-टी´-शॅन्) *n.* a beautician, सौंदर्य-प्रसाधक।

**cosmic** (कॉज़्´-मिक्) *adj.* of or pertaining to the cosmos, ब्रह्मांड-संबंधी, ब्रह्मांडीय; cosmic ray, ब्रह्मांड-किरण।

**cosmogony** (कॉज़्-मॉग्´-अॅ-नी) *n.* the theory related to the evolution of the cosmos, ब्रह्मांड का विकास-सिद्धांत।

**cosmology** (कॉज़्-मॉल्´-अॅ-जी) *n.* the philosophy relating to the universe, ब्रह्मांड-दर्शन।

**cosmonaut** (कॉज़्´-मॅ-ना:ट्) *n.* a soviet astronaut, रूसी अंतरिक्ष-यात्री।

**cosmopolis** (कॉज़्-मॉप्´-अॅ-लिस्) *n.* a cosmopolitan city, सर्वदेशीय नगर, विश्वनगर।

**cosmopolitan** (कॉज्-मॅ-पॉल्´-इ-टॅन्) *adj.* 1. common to the whole world or of whole world, सर्वदेशीय। 2. composed of people from all parts of the world, सर्वदेशीय; cosmopolitan city, विश्वनगर। *n.* one who is free of national prejudices, राष्ट्रीय पूर्वाग्रह से मुक्त, विश्व-मानव, विश्वबंधु।

**cosmos** (कॉज़्´-मॉस्, काज़्´-मॅस्) *n.* 1. the whole universe, ब्रह्मांड। 2. a garden plant, एक पौधा।

**co-sponsor** (को´-स्पॉन्-सॅ:) *n.* one who sponsors with another or others, सह-प्रायोजक।

**cosset** (कॉस्´-इट्) *v.* to treat very kindly, to fondle, ख़ूब लाड़-प्यार करना, पुचकारना, छाती से लगाना।

**cost** (कॉस्ट, का:स्ट्) *n.* 1. the amount paid at the time of purchasing something, दाम, कीमत, मूल्य। 2. the expenses, खर्च, व्यय; cost of living, निर्वाह-व्यय। 3. a loss, sacrifice or penalty, (चुकाया जानेवाला) मूल्य, कीमत; at all cost, हर कीमत पर; at the cost of, कीमत चुकाकर, नुकसान उठाकर। 4. outlay, लागत, लागत मूल्य; at cost, लागत मूल्य पर। 5. (plu.) the expenses of litigation, वाद-व्यय। *v.* 1. to pay as a price, दाम देना या चुकाना। 2. to require an effort or loss, कीमत चुकाना। 3. to estimate or calculate the cost involved, लागत निकालना।

**co-star**[1] (को´-स्टा:) *n.* an actor or actress performing with another of equal importence, सह-अभिनेता या सह-अभिनेत्री।

**co-star**[2] (को-स्टा:´) *v.* (co-starred, co-starring) to act as a co-star, किसी के साथ अभिनय करना।

**costly** (कॉस्ट्´-ली, का:स्ट्´-ली) *adj.* 1. of high price, expensive, महँगा, कीमती। 2. causing great loss, जो महँगा पड़े।

**costume** (कॉस्´-ट्यूम्) *n.* a set of clothes belonging to a particular group, place or period, पहनावा, परिधान, पोशाक, वेशभूषा।

**costume jewellery** *n.* jewellery made of inexpensive materials, नकली गहने, नकली आभूषण।

**cosy** (को´-ज़ी) *adj.* 1. warm, हार्दिक। 2. friendly, मैत्रीपूर्ण।

**cot** (कॉट्) *n.* a bed, चारपाई, खाट।

**coterie** (को´-टॅ-री) *n.* a group of friends, मित्र-मंडली, यार-दोस्त, समान रुचिवाले लोगों की मंडली।

**co-trustee** (को-ट्रस्ट्´-ई) *n.* a joint trustee, सह-न्यासी।

**cottage** (कॉट्´-इज्) *n.* a small house, कुटिया, कुटीर, झोंपड़ी, cottage industry, कुटीर उद्योग।

C

**cotton** (कॉट्´-अॅन्) ***n.*** 1. any of the plants cultivated for the fibre, कपास का पौधा। 2. its fibre, रुई, कपास। 3. the thread of cotton fibre, सूती धागा, सूत। 4. the cloth made from cotton fibre, सूती कपड़ा।

**cottonseed** (कॉ-टॅन्-सीड्´) ***n.*** the seed of the cotton plant, बिनौला।

C

**couch** (कॉउच्) ***n.*** a long piece of furniture used for sitting or reclining, सोफ़ा, कोच। ***v.*** (couched, couching) 1. to express in words, to phrase, शब्दों में व्यक्त करना; The letter was couched in polite language. पत्र विनीत भाषा में लिखा हुआ था। 2. to lie down on a couch, कोच पर लेटना या लुढ़कना। 3. to lie in ambush, घात लगाकर बैठना।

**cougar** (कू´-गॅ:) ***n.*** a mountain lion, पहाड़ी तेंदुआ।

**cough** (का:फ़्) ***v.*** 1. to expel air from the lungs suddenly with noise, खाँसना। 2. to expel something in this way, खखारना। ***n.*** 1. the act or sound of coughing, खाँसी। 2. something expelled while coughing, खखार। 3. phlegm, बलगम। □ **cough up,** to give (money, information etc.) reluctantly, (धन, जानकारी आदि) अनिच्छापूर्वक देना।

**could** (कुड्) ***v.*** pt. of can; He said that he could play, उसने कहा कि मैं खेल सकता था; and also used instead of can, ought to, would be able to etc. ; I could come tomorrow, मैं कल आ सकता हूँ; You could have apologized, आपने माफ़ी माँगी होती; I wrote it down so that I could remember it, मैंने उसे टाँक लिया जिससे याद रख सकूँ।

**coulter** (कउल्´-टॅ:) ***n.*** a blade of a plough, हल का एक फाल।

**council** (काउन्´-सॅल्) ***n.*** 1. an assembly for deliberation, परिषद्। 2. any legislative or advisory body, कौंसिल, परामर्श-समिति, विधान परिषद्। 3. a city council, नगर परिषद्।

**councillor** (काउन्´-सॅ-लॅ:) ***n.*** a member of a council, परिषद् का सदस्य, पारिषद, पार्षद।

**counsel** (काउन्´-सॅल्) ***v.*** (counselled, counselling) to advise, सलाह देना, परामर्श देना, राय देना, मंत्रणा देना। ***n.*** 1. advice, सलाह, राय, परामर्श। 2. a legal advisor, विधिक परामर्शदाता, कानूनी सलाहकार।

**counsellor** (काउन्´-सॅ-लॅ:) ***n.*** an advisor, सलाहकार, परामर्शदाता।

**count¹** (काउन्ट्) ***v.*** 1. to recite numerals in order, गिनना, गिनती करना। 2. to find the total of, जोड़ लगाना या करना, जोड़ना। 3. to include in reckoning, गिनती में शामिल करना, गिनती में लाना। 4. to consider, समझना, मानना। 5. to have value or importance, मान या महत्त्व होना। □ **count down,** उलटी गिनती करना; **count for nothing,** व्यर्थ होना, नगण्य होना; **count up,** जोड़ लगाना; **count upon,** to rely on, भरोसा करना। ***n.*** 1. the act of counting, गणना, गिनती। 2. a number reached by counting, संख्या, जोड़।

**count²** ***n.*** a nobleman, सामंत।

**countable** (काउन्´-टॅ-बॅल्) ***adj.*** that can be counted, गिनने योग्य, गणनीय, गण्य।

**countdown** (काउन्ट्´-डाउन्) ***n.*** a count in reverse order, उलटी गिनती।

**countenance** (काउन्´-टॅ-नॅन्स्) ***n.*** 1. the appearance of the face, मुखाकृति, चेहरा। 2. the expression of approval of the face, सहमति, समर्थन। □ **keep one's countenance,** शांत रहना; **put someone out of countenace,** किसी को घबरा देना या क्षुब्ध करना।

**counter¹** (काउन्´-टॅ:) ***n.*** 1. a table or flat surface on which money is counted, business transacted or food served, काउन्टर, पटल। 2. any piece used for keeping a count in games, टोकन, काउन्टर।

**counter²** ***adj.*** 1. opposing or opposed, प्रतिकूल, विरुद्ध। 2. fake, नकली। ***adv.*** in the opposite direction, के विरुद्ध, के प्रतिकूल। ***v.*** (countered, countering) to move or act in opposition to, विरोध करना, प्रतिरोध करना। ***n.*** one that is counter, प्रतिरोधी।

**counter³** ***prefix*** 1. opposite in direction,

विरुद्ध दिशा का सूचक; counter-clockwise, वामावर्त। 2. matching, बराबरी का सूचक; counterpart, प्रतिस्थानी। 3. opposing, विरोध का सूचक; counter-attack, प्रत्याक्रमण।

**counteract** (काउन्-टॅर्-ऐक्ट्´) *v.* to oppose, lessen or prevent the effect of (something) by contrary action, प्रतिकार करना, निष्प्रभावी करना, बेअसर करना।

**counteraction** (काउन्-टॅर्-ऐक्´-शॅन्) *n.* the act or fact of counteracting, प्रतिकार, बदला, रोकथाम, जवाब।

**counterattack** (काउन्´-टॅर्-अॅ-टैक्) *n.* an attack made to repel the attack, प्रत्याक्रमण, जवाबी हमला। *v.* to make a counterattack, प्रत्याक्रमण करना, जवाबी हमला करना।

**counterbalance** (काउन्´-टॅ:-बैल्-अॅन्स्) *n.* anything that balances another, प्रतिसंतुलन, धड़ा। *v.* to balance with an equal weight, प्रतिसंतुलन करना, प्रतिसंतुलित करना, धड़ा करना।

**counterfeit** (काउन्´-टॅ:-फीट्) *adj.* fake, जाली, नकली, खोटा। *v.* to make fraudulent copy, जाली बनाना।

**counterfoil** (काउन्´-टॅ:-फ़ायल्) *n.* a part of a receipt, cheque, money order etc., kept by the sender as a record, प्रतिपर्ण।

**countermand** (काउन्´-टॅ:-मैन्ड्) *v.* to revoke, a former command, पिछले आदेश को मंसूख करना, वापस लेना, रद्द करना, प्रत्यादिष्ट करना।

**countermeasure** (काउन्´-टॅ:-मैज़्ह्-अॅ:) *n.* any action to oppose another action, प्रत्युपाय, तोड़, काट।

**counterpart** (काउन्´-टॅ:-पा:ट्) *n.* one who or that serves the same purpose as another, प्रतिरूप, प्रतिस्थानी।

**counterpoise** (काउन्´-टॅ:-पॉइज़्) *n.* a counterbalance, प्रतिसंतुलन। *v.* (counterpoised, counterpoising) to counterbalance, प्रतिसंतुलन करना, धड़ा करना।

**countersign** (काउन्´-टॅ:-साइन्) *n.* a signature in response to another signature, प्रतिहस्ताक्षर। *v.* to sign an already signed document, प्रतिहस्ताक्षर करना, पुष्टि करना।

**counterweight** (काउन्´-टॅ:-वेट्) *n.* a weight used as a counterbalance, पासंग।

**countess** (काउन्´-टिस्) *n.* the wife of a count, सामंत की पत्नी।

**counting** (काउन्´-टिंग्) *n.* the act of finding the total of, गिनती, गणन, गणना।

**countless** (कांउन्ट्´-लिस्) *adj.* too many to be counted, innumerable, अगणित, असंख्य।

**country** (कन्´-ट्री) *n.* a territory distinguished by its people, culture, geography or government, देश, मुल्क। 2. its people, देशवासी। 3. rural area, देहात।

**country life** (कन्´-ट्री-लाइफ़्) *n.* the life in the countryside, ग्राम्य जीवन।

**countryman** (कन्´-ट्रि-मॅन्) *n.* 1. a person who lives in the rural region, ग्रामीण। 2. a person from one's own country, हमवतन, स्वदेशी।

**countryside** (कन्´-ट्रि-साइड्) *n.* a rural region, देहात।

**county** (काउन्´-टी) *n.* a district of a state, जनपद, जिला, क्षेत्र।

**coup** (कू) *n.* 1. a clever move, तिकड़म, युक्ति। 2. coup d'etat, तख़्ता-पलट, राज्य-विप्लव।

**coup d'etat** (कू-डे-टा) *n.* the sudden act of overthrowing the government by force, तख़्ता-पलट, राज्य-विप्लव। (फ्रांसीसी)

**coupe** (कू´-पे, कू-पे´) *n.* 1. a closed two-door automobile, दो दरवाज़ोंवाली बंद गाड़ी। 2. a closed two-seated compartment, दो सीटों/बर्थोंवाला डिब्बा।

**couple** (कप्´-अॅल्) *n.* 1. two items of the same kind, जोड़ा, जोड़ी। 2. husband and wife, पति-पत्नी, वर-वधू, दंपति, जोड़ा। □ **a couple of,** a few, कुछ; in a couple of days, एक दो दिन में। *v.* (coupled, coupling) 1. to join together, जोड़ना, मिलाना। 2. to join in marriage, परिणय-सूत्र में बाँधना/बँधना। 3. to copulate, (पशुओं का) जोड़ा खाना।

**couplet** (कप्´-लिट्) *n.* two successive lines of verse, दोहा, द्विपदी।

**coupling** (कप्´-लिंग्) *n.* 1. the act of copulating, युग्मन, जोड़ा खाना। 2. a device for joining two parts together, युग्मक, कपलिंग।

**coupon** (कू´-पॅन्, कू´-पॉन्) ***n.*** a ticket or token that entitles the holder to receive something, कूपन।

**courage** (कर्´-इज्) ***n.*** the quality of mind that enables one to face danger without giving way to fear, साहस, हिम्मत, दिलेरी। □ **take one's courage in both hands,** किसी कठिन या संकटपूर्ण कार्य के लिए साहस जुटाना।

C

**courageous** (कॅ-रे´-जॅस्) ***adj.*** possessing or showing courage, साहसी, हिम्मती, दिलेर; साहसिक, साहसपूर्ण।

**courageously** (~-ली) ***adv.*** with courage, साहसपूर्वक, हिम्मत से।

**courier** (कुर्´-इ-अॅ:) ***n.*** one who carries correspondence, संदेशवाहक, पत्रवाहक, वार्ताहर, कूरियर।

**course** (कोःस्) ***n.*** 1. the line or path on which anything runs or travels, मार्ग, रास्ता, पथ। 2. the continuous or habitual process or succession of events, क्रम, सिलसिला, ढर्रा। 3. an onward movement, गति, चाल। 4. a body of prescribed studies, पाठ्यक्रम। 5. duration, अवधि; in the course of year, एक वर्ष की अवधि में, एक वर्ष के दौरान। 6. a part of meal served at a time, भोजन का दौर, फेरा; We have 3-course dinner here. The first course is soup, the second meat and rice and the third is fruit-cream. यहाँ तीन दौर में खाना चलता है। पहले दौर में शोरबा, दूसरे में गोश्त और चावल और तीसरे में फ्रूट-क्रीम। 7. a layer of brick in a wall, रद्दा। 8. a playground, मैदान। □ **in course of,** दौरान, क्रम में। **in course of time,** कुछ समय बीत जाने पर; **in due course,** उपयुक्त समय पर; **of course,** निश्चय ही, अवश्य, निस्संदेह। ***v.*** 1. to flow rapidly, प्रवाहित होना, बहना। 2. the blood course through the veins, रक्त नसों में बहता है। 3. to hunt game with dogs, कुत्तों से शिकार खेलना।

**court** (कोःट्) ***n.*** 1. a courtyard, प्रांगण, चौक। 2. an enclosed area for certain games, मैदान। 3. a sovereign's establishment with councillors, attendants etc., दरबार। 3. a law court where justice is administered, न्यायालय, अदालत, कचहरी, कोर्ट; High court, उच्च न्यायालय; Supreme court, सर्वोच्च न्यायालय। 4. an assembly or particular body of persons, सभा। □ **settle a case out of court,** मुकदमा सुलह-सफ़ाई से निपटाना; **pay court to,** ख़ुशामद करना; **the ball is in your court,** अब आगे कार्यवाही आप करेंगे। ***v.*** 1. to try to gain the favour of, अनुग्रह-प्राप्ति का प्रयत्न करना, रिझाना। 2. to woo, फुसलाना, बहलाना। 3. to invite, आमंत्रित करना। 4. to risk, जोखिम उठाना; You are courting danger. आप ख़तरा मोल ले रहे हैं।

**court card** ***n.*** the king, queen or jack (in a pack of playing cards, ताश के पत्तों में) बादशाह, बेगम या गुलाम।

**courteous** (कर्´-टि-अॅस्) ***adj.*** polite and considerate, well-mannered, विनम्र, शिष्ट, भद्र।

**courtesan** (कोः´-टि-ज़ॅन्) ***n.*** a prostitute associated with socially important people, नगरवधू, गणिका।

**courtesy** (कर्´-टि-सी) ***n.*** polite behaviour, शिष्टता, भद्रता, शिष्टाचार। □ **by courtesy of,** (i) की कृपा से, के अनुग्रह से। (ii) की अनुमति से, के सौजन्य से।

**courtier** (कोः´-टि-अॅ:) ***n.*** a noble of the king's court, दरबारी।

**court martial** ***n.*** a military court for the administration of military laws, सैनिक न्यायालय, फौजी अदालत।

**court of justice** ***n.*** a law court, न्यायालय।

**court of law** ***n.*** a law court, न्यायालय।

**court of revision** ***n.***, पुनरीक्षण न्यायालय।

**court of session** ***n.***, सेशन न्यायालय, सत्र न्यायालय।

**court of small causes** ***n.***, लघुवाद न्यायालय।

**court of wards** ***n.***, प्रतिपाल्य-न्यायालय।

**courtship** (कोःट्´-शिप्) ***n.*** 1. the act of wooing, प्रेमाचार, प्रीतीकरण, प्रणयकरण, प्रेमाभिव्यक्ति। 2. the period of wooing, प्रेमकाल, प्रणयकाल।

**courtyard** (कोःट्´-याःड्) ***n.*** 1. a space enclosed by walls, आँगन, चौक। 2. a space enclosed by buildings, प्रांगण, मैदान।

**cousin** (कज़्´-इन्) ***n.*** the child of one's uncle or aunt, चचेरा (ममेरा, फुफेरा या मौसेरा) भाई अथवा चचेरी (ममेरी, फुफेरी या मौसेरी) बहन।

**cove** (कोव्) ***n.*** a small boy, छोटा बच्चा।

**coven** (कव्´-अॅन्) ***n.*** an assembly of witches, चुड़ैलों का झुंड।

**covenant** (कॅव्´-अॅ-नॅन्ट्) ***n.*** 1. a formal contract between two or more parties to give, prevent or refrain from something, प्रसंविदा समझौता। 2. a written promise, लिखित वचन। ***v.*** 1. to undertake by covenant, प्रसंविदाबद्ध होना। 2. to promise in writing, लिखित वचन देना।

**cover** (कॅव्´-अॅः) ***v.*** 1. to place or spread something over in order to conceal or protect, आच्छादित करना, ढकना, तोपना, आवरण से युक्त करना। 2. to clothe, पहनना, ढकना, ओढ़ना; to cover the head, सिर ढकना। 3. to extend over or lie thickly on the surface of, पड़, फैल या जम जाना; The dust covered the books, पुस्तकों पर धूल पड़ी थी। 4. to hide or conceal, छिपाना; He covered the fact, उसने तथ्य छिपाया। 5. to protect by insurance, बीमा करा लेना, बीमे द्वारा सुरक्षित होना; I am covered, मैंने बीमा करा रखा है। 6. to travel or pass over, to cover a distance, (दूरी) तय करना। 7. to report news about के बारे में समाचार देना; He covers Ludhiana वह लुधियाना के बारे में समाचार भेजता है। 8. to amount to enough money to pay for, to be sufficient to meet, पूरा पड़ना, चल जाना। 9. to include, समावेश करना, सम्मिलित या शामिल करना। 10. to guard or protect (an area or opponent) रक्षा करना, कवर करना, सँभालना। 11. to copulate with, मैथुन करना; A horse covers a mare and a bull covers a cow, घोड़ा घोड़ी के साथ मैथुन करता है और साँड़ गाय के साथ। □ **cover up,** छिपाना, छिपा लेना। ***n.*** 1. anything that covers, आवरण, आच्छादन, आवेष्टन, ढक्कन, कवर। 2. something that conceals or disguises, shelter, आड़, ओट, आश्रय। 3. a wrapper of a book, आवरण, कवर, रैपर। 4. an envelope, लिफ़ाफ़ा; sealed cover, मोहरबंद लिफ़ाफ़ा। 5. a supporting force, सहायक बल। 6. a pretext, बहाना। 7. an area in a cricket-field, कवर। □ **break cover,** बाहर निकलना, सामने आना; **take cover,** आड़ में हो जाना, सुरक्षित करना या बना लेना; **under cover,** (i) ढका हुआ। (ii) गुप्त।

**coverage** (कव्´-अॅ-रिज़्) ***n.*** 1. the extent of covering, व्याप्ति, विस्तार। 2. the area covered, व्याप्ति-क्षेत्र, क्षेत्र। 3. reporting of an event, घटना-विवरण। 4. the extent of protection provided by insurance against loss or damage, जोखिम राशि।

**covering** (कव्´-रिंग्) ***n.*** 1. something laid over a thing, आच्छादन। 2. something wrapped around a thing, आवरण, आवरक; covering slip, आवरक पर्ची।

**covering letter** ***n.*** an accompanying letter, सहपत्र, अनुपत्र, साथ का पत्र।

**coverture** (को´-वॅः-चॅः) ***n.*** 1. protection of the husband, पति का संरक्षण, पति का आश्रय। 2. shelter, पनाह, शरण, आश्रय।

**cover-up** (कव्´-अॅर्-अॅप्) ***n.*** concealment, छिपाव, दुराव, पता न लगने देना।

**covet** (कव्´-इट्) ***v.*** (coveted, coveting) to desire eagerly to possess (something that belongs to others), लालायित होना, ललचाना।

**covetous** (कव्´-इ-टॅस्) ***adj.*** greedy and jealous, लालची, लोलुप।

**covetousness** (कव्´-इ-टॅस्-निस्) ***n.*** greed, jealousy, लालच, लोलुपता।

**covey** (कव्´-ई) ***n.*** a flock of birds, पक्षियों का झुंड, गोल।

C

**cow**[1] (काउ) ***n.*** 1. a famous domesticated cattle, गाय, गौ। 2. a female of an elephant, whale etc., मादा, मादा जानवर।

**cow**[2] (काउ) ***v.*** to intimidate, धमकी देना, धौंस देना, डराना-धमकाना, आतंकित करना।

**coward** (काउ´-अ:ड्) ***n.*** a faint-hearted person, a person without courage, भीरु व्यक्ति, कायर या डरपोक आदमी।

**cowardice** (काउ´-अ:-डिस्) ***n.*** lack of courage to face danger or difficulty, भीरुता, डरपोकपन, कायरता।

**cowardliness** (काउ´-अ:ड्-लि-निस्) ***n.*** = cowardice.

**cowardly** (काउ´-अ:ड्-ली) ***adj.*** lacking courage, भीरु, डरपोक, कायर, पस्तहिम्मत।

**cowbell** (काउ´-बॅल्) ***n.*** a bell hung around a cow's neck, गाय के गले में बाँधी जानेवाली घंटी।

**cowboy** (काउ´-बॉइ) ***n.*** a cowherd, चरवाहा।

**cowcatcher** (काउ´-कैच्-अ:) ***n.*** a metal frame fixed in front of a locomotive to clear the track, पथरक्षक।

**cowherd** (काउ´-ह:ड्) a cowboy, चरवाहा

**cowhide** (काउ´-हाइड्) ***n.*** the skin of a cow, गाय की खाल।

**cowlick** (काउ´-लिक्) ***n.*** a tuft of hair over the forehead, कलगी।

**coworker** (को-व्:´-कॅ:) ***n.*** one who works with another, a fellow worker, सहकर्मी।

**cowrie, cowry** (काउ´-री) ***n.*** a small sea shell, कौड़ी।

**cox** (कॉक्स्, काक्स्) ***n.*** 1. a helmsman, कर्णधार। 2. a boatman, नाविक। ***v.*** to act as a helmsman, कर्णधार का काम करना, चप्पू चलाना।

**coy** (कॉइ) ***adj.*** modest and shy, लजालू, लाज भरा, लजीला।

**cozen** (कज़्´-इन्) ***v.*** (cozened, cozening) to cheat, धोखा देना, बहकाना।

**cozy** (को´-ज़ी) ***adj.*** warm and comfortable, सुखद, आरामदेह।

**crab**[1] (क्रैब्) ***n.*** 1. an edible shellfish with ten legs, केकड़ा, कर्कट। 2. the sign of the zodiac, कर्क (राशि)।

**crab**[2] (क्रैब्) ***v.*** (crabbed, crabbing) to complain, शिकायत करना, उलाहना देना।

**crabbed** (क्रैब्´-इड्) ***adj.*** 1. bad-tempered, तुनुकमिज़ाज, चिड़चिड़ा। 2. difficult to read, अपाठ्य, गिचपिच, गंदा।

**crabby** (क्रैब्´-ई) ***adj.*** bad-tempered, चिड़चिड़ा, तुनुकमिज़ाज।

**crack** (क्रैक्´) ***v.*** 1. to break without complete separation of parts, चिटकना, चटकना, तड़क जाना। 2. to cause to break without complete separation of parts, चिटकाना, चटकाना। 3. to break into or force open, तोड़ना, तोड़ देना। 4. to break or cause to break with a sharp sound, फटना या फोड़ना। 5. to strike, आघात करना, प्रहार करना। 6. to tell (a joke, मज़ाक़) करना। 7. to find the solution, समाधान ढूँढना, सुलझाना। 8. to change suddenly or sharply, एकाएक या तेज़ी से बदल जाना। 9. to fail, विफल होना, टूट जाना। □ **crack down on,** (i) टूट पड़ना; (ii) कठोरता से लागू करना। ***n.*** 1. a line or mark where something seems to be broken, चटक, चिटक, तड़क। 2. a sudden sharp noise, धमाका। 3. a sharp blow, तीव्र आघात या प्रहार। □ **at the crack of dawn,** प्रभात वेला में, तड़के। ***adj.*** 1. of high quality, बहुत बढ़िया, उत्तम। 2. of good ability, अत्यंत योग्य।

**crackbrained** (क्रैक्´-ब्रेन्ड्) ***adj.*** 1. stupid, मूर्ख, बेवकूफ़। 2. crazy, सनकी।

**crackdown** (क्रैक्´-डॉउन्) ***n.*** 1. strict enforcement of rules, नियमों का कड़ाई से पालन। 2. strict measures, कड़ाई। 3. a raid, छापा।

**cracked** (क्रैक्ड्) ***adj.*** 1. stupid, मूर्ख। 2. crazy, सनकी।

**cracker** (क्रैक्´-अ:) ***n.*** 1. a firecracker, पटाखा। 2. a crisp cake, कुरकुरा बिस्कुट। 3. a beautiful woman, सुंदर स्त्री, पटाखा। 4. a device for cracking nuts, सरौता।

**crackle** (क्रैक्´-अॅल्) ***v.*** to make or cause to make series of slight cracking sounds, चिटचिट होना या करना, चटचट होना या करना,

कड़कड़ होना या करना। *n.* a series of slight cracking sounds, चिटचिट, चटचट, कड़कड़।

**cradle** (क्रे´-डॅल्) *n.* 1. an infant's bed on rockers, पालना, झूला। 2. a place of origin, उद्गम, स्रोत। 3. a supporting framework, आधार, ठाठ, ढड्ढा। *v.* 1. to place in a cradle, पालने में डालना। 2. to swing, झुलाना।

**craft** (क्रैफ़्ट्/क्राफ़्ट्) *n.* 1. skill or ability in handwork or the arts, शिल्प, हस्तशिल्प, कारीगरी, दस्तकारी। 2. an occupation or trade requiring special skill, शिल्प, दस्तकारी का काम। 3. an aircraft, ship or other vessel, जहाज़, नाव।

**craftiness** (क्रैफ़्´-टि-निस्) *n.* the state or quality of being crafty, चालाकी, धूर्तता।

**craftsman** (क्रैफ़्ट्स्´-मॅन्) *n.* a skilled worker, कुशल कारीगर, शिल्पी, शिल्पकार।

**craftsmanship** (~-शिप्) *n.* artistic skill, कारीगरी, कला, शिल्पकला।

**crafty** (क्रैफ़्´-टी) *adj.* cunning, चालाक, धूर्त।

**crag** (क्रैग्) *n.* a steep rock or peak, खड़ी चट्टान, खड़ी चोटी।

**craggy** (क्रैग्´-ई) *adj.* steep, खड़ा।

**cram** (क्रैम्) *v.* (crammed, cramming) 1. to stuff, ठूँसना, ठसाठस भरना। 2. to study intensively, गहरा अध्ययन करना, ख़ूब पढ़ना।

**cramp** (क्रैम्प्) *n.* 1. contraction of muscles, ऐंठन। 2. a sharp pain in the abdomen, मरोड़। 3. a clamp, क्लैंप, शिकंजा। *v.* 1. to hold with a cramp, शिकंजे में पकड़ना या कसना। 2. to prevent, रोकना, जकड़ देना।

**cramped** (क्रैम्प्ड्) *adj.* 1. restricted, जकड़ा हुआ। 2. narrow, तंग, सँकरा। 3. (of handwriting) small and irregular, छोटी और टेढ़ी-मेढ़ी (लिखावट)।

**crane** (क्रेन्) *n.* 1. a bird with long legs, neck and bill, सारस। 2. a device for lifting and moving heavy objects, क्रेन, उत्तोलक। *v.* 1. to lift by a crane, क्रेन से उठाना। 2. to lift one's neck to see over other people's head, उचककर देखना।

**cranium** (क्रे´-नि-ॲम्) *n.* the skull, खोपड़ी, कपाल।

**crank** (क्रैंक्) *n.* 1. a handle of a machine or engine, हत्था। 2. a crazy person, सनकी व्यक्ति, झक्की व्यक्ति। *v.* to start an engine by pulling a crank, इंजन, मोटर आदि चालू करना।

**cranky** (क्रैंक्´-ई) *adj.* 1. ill-tempered, तुनकमिज़ाज, चिड़चिड़ा। 2. stupid, crazy, मूर्ख, पागल, सनकी।

**cranny** (क्रैन्´-ई) *n.* a crevice, दरज, दरार।

**crape** (क्रैप्) *n.* 1. a gauzy fabric, एक तरह का चमकीला कपड़ा, क्रेप। 2. a band of black crape used as a sign of mourning, शोक सूचक काली पट्टी या फीता।

**crash** (क्रैश्) *v.* 1. to collide, fall or break noisily, धमाके के साथ टूटना, टकराना या गिरना। 2. to break into pieces with a loud noise, चूर-चूर हो जाना। 3. to fail suddenly, सहसा विफल होना। 4. to enter forcefully, घुस जाना। *n.* 1. a sudden loud noise, धमाका, शोर। 2. a sudden failure, सहसा होनेवाली विफलता या पराजय। 3. a collision, टक्कर, भिड़ंत।

**crate** (क्रेट्) *n.* 1. a wooden case for holding bottles, क्रेट, पेटी। 2. an old car, पुरानी गाड़ी, छकड़ा। *v.* to put into a crate, क्रेट लगाना।

**crater** (क्रे´-टॅ:) *n.* 1. a bowl-shaped cavity, कटोरेनुमा गड्ढा। 2. a volcano-mouth, ज्वालामुखी का मुँह।

**crave** (क्रेव्) *v.* 1. to have an intense desire for, तीव्र लालसा होना। 2. to beg earnestly for, मिन्नत करना।

**craving** (क्रे´-विंग्) *n.* a longing, लालसा, साध, ललक, अपूर्ण इच्छा।

**crawl** (क्रा:ल्) *v.* 1. to move on hands or knees or on the belly, रेंगना, सरकना। 2. to move slowly, धीरे-धीरे आगे बढ़ना, रेंगते हुए चलना। 3. to fawn, गिड़गिड़ाना। *n.* a very slow pace, धीमी चाल या गति, रेंग।

**crayfish** (क्रे´-फ़िश्) *n.* a freshwater fish, नदियों में पाई जानेवाली एक प्रकार की मछली।

**crayon** (क्रे´-ऑन्) ***n.*** a stick of coloured chalk, रंगीन खड़िया। ***v.*** (crayoned, crayoning) to colour with a crayon, चाक से रँगना।

**craze** (क्रेज़्) ***n.*** a wild enthusiasm for something in fashion, ललक, उत्साह, जुनून, सनक।

C

**craziness** (क्रे´-ज़ि-निस्) ***n.*** the quality or state of being crazy, सनकीपन, पागलपन।

**crazy** (क्रे´-ज़ी) ***adj.*** 1. insane, पागल, बावला, सनकी, झक्की। 2. over-enthusiastic, कुछ अधिक ही उत्साही, अति-उत्साही। 3. extremely impractical, अत्यंत अव्यावहारिक।

**creak** (क्रीक्) ***v.*** (creaked, creaking) to make the sound as of an unoiled hinge, चरचर करना, चरचराना, चूँ-चूँ करना, चरमराना। ***n.*** a harsh noise, चरचर, चूँ-चूँ, चरमराहट।

**cream** (क्रीम्) ***n.*** 1. the fatty part of the milk, क्रीम, मलाई। 2. a cream like cosmetic substance, क्रीम। 3. the best part of anything, चुनिंदा भाग। 4. a yellowish white colour, क्रीम कलर। ***v.*** to prepare with cream, क्रीम से बनाना।

**creamy** (क्री´-मी) ***adj.*** 1. smooth like cream, मलाई की तरह मुलायम। 2. full of cream, क्रीमयुक्त, मलाईवाला।

**crease** (क्रीज़्) ***n.*** 1. a line made by folding or pressing, क्रीज़, तह। 2. a wrinkle, शिकन, सिलवट। 3. the line near the wicket that marks the positions for the bowler or batsman, क्रीज़। ***v.*** 1. to make a line or lines by folding or pressing, क्रीज़ करना। 2. to develop creases, सिलवटें पड़ना।

**creasy** (क्री´-ज़ी) ***adj.*** full of wrinkles, सिलवटों से भरा, सिलवट-भरा।

**create** (क्रि-एट्´) ***v.*** 1. to bring into existence, अस्तित्व में लाना, निर्माण करना, सर्जन करना, सृष्टि करना। 2. to bring about or produce, पैदा करना, उत्पन्न करना, रचना।

**creation** (क्रि-ए´-शॅन्) ***n.*** 1. the act of creating, निर्माण, सर्जन, सृष्टि, रचना। 2. any or all created things, रचना, सृष्टि। 3. the world and all things in it, सृष्टि, संसार।

**creative** (क्रि-ए´-टिव्) ***adj.*** 1. characterized by originality, रचनात्मक, सृजनात्मक। 2. having the ability to create, having or showing imagination, सृजनशील, रचनात्मक।

**creativity** (क्री-ए-टिव्´-इ-टी) ***n.*** the ability to create new things or ideas, सृजनशीलता, रचनात्मकता।

**creator** (क्रि-ए´-टॅः) ***n.*** 1. one who creates, सृष्टिकर्ता, विधाता, रचयिता, रचनाकार। 2. the Creator, स्रष्टा, ईश्वर, ब्रह्मा।

**creature** (क्री´-चॅः) ***n.*** 1. a living being, जीव, जंतु, प्राणी। 2. a human being, मनुष्य, मानव। 3. a person, व्यक्ति; a poor creature, बेचारा व्यक्ति। □ **creature of habit,** one who does things according to his habit, आदत से मजबूर प्राणी।

**creche** (क्रेश्) ***n.*** a day nursery for very young children while their mothers work, शिशुसदन, शिशुकक्ष, क्रच।

**credence** (क्री´-डॅन्स्) ***n.*** 1. acceptance as true, मान्यता। 2. belief, विश्वास।

**credentials** (क्रि-डेन्´-शॅल्स्) ***n.*** the letters of introduction, recommendation or authority, प्रत्यय-पत्र।

**credibility** (क्रेड्-इ-बिल्´-इ-टी) ***n.*** the state or quality of being credible, reliability, विश्वसनीयता।

**credible** (क्रेड्´-इ-बॅल्) ***adj.*** worthy of belief, reliable, believable, विश्वसनीय, विश्वास के योग्य।

**credit** (क्रेड्´-इट्) ***n.*** 1. belief, trust, विश्वास। 2. the quality of being trustworthy, विश्वसनीयता। 3. a source of honour, श्रेय देनेवाला काम या बात। 4. reputation, प्रसिद्धि, मशहूरी, नेकनामी, साख। 5. reputation for financial integrity, साख, प्रत्यय। 6. an entry in an account of payment received, जमा की मद। 7. the sum recoverable from another, पावना। 8. the balance in a person's bank account, बैलंस, खाते में जमा रकम। 9. recognition given to a student on completing some course of studies, सनद। 10. loan, उधार; credit system, उधार पद्धति; on credit, उधार पर, उधारी। *v.* 1. to believe, to trust, विश्वास करना। 2. to give credit to, श्रेय देना। 3. to enter an item in a credit side of a ledger, खाते में जमा करना।

**creditable** (क्रेड्´-इ-टॅ-बॅल्) *adj.* 1. deserving praise, स्तुत्य, प्रशंसनीय। 2. that brings honour, श्रेयस्कर।

**creditor** (क्रेड्´-इ-टॅ:) *n.* one to whom money is owed, लेनदार।

**credo** (क्री´-डो, क्रे´-डो) *n.* creed, संप्रदाय, पंथ।

**credulity** (क्रि-ड्यू´/डू´-लि-टी) *n.* the quality of being credulous, कान का कच्चापन, भोलापन।

**credulous** (क्रेड्´-यु-लॅस्, क्रेज्´-) *adj.* ready to believe something on little evidence, कान का कच्चा, भोला।

**creed** (क्रीड्) *n.* a system of beliefs or principles, मत, पंथ, संप्रदाय।

**creek** (क्रीक्) *n.* a small stream, छोटी नदी, नाला।

**creel** (क्रील्) *n.* a wickerwork basket, टोकरी, झाबा।

**creep** (क्रीप्) *v.* (crept, creeping) 1. to crawl along the ground, ज़मीन पर रेंगते हुए चलना। 2. to move slowly, धीरे-धीरे चलना, खिसकना। 3. to move stealthily, दबे पाँव चलना। 4. to come on gradually, धीरे-धीरे बढ़ना। 5. to grow along the surface, ज़मीन पर फैलना। 6. to feel as if covered with crawling things, सुरसुरी होना। *n.* the act of creeping, रेंगने की क्रिया या भाव, धीरे-धीरे आगे बढ़ने की क्रिया या भाव, खिसकाव।

**creeper** (क्री´-पॅ:) *n.* 1. a creeping plant, लता, बेल। 2. a creature that creeps, रेंगनेवाला जीव, सरी-सृप।

**cremate** (क्री´-मेट्) *v.* (cremated, cremating) to burn a dead body, शव को जलाना।

**cremation** (क्रि-मे´-शॅन्) *n.* the act of cremating, शवदाह, दाहकर्म, दाह-संस्कार।

**crematorium** (क्री-मॅ-टोर्´-इ-ॲम्) 1. cremation ground, श्मशान, मरघट। 2. a building for cremation, शवदाह-गृह।

**crepe** (क्रेप्, क्रॅप्) *n.* a kind of fabric, क्रेप।

**crept** (क्रॅप्ट्) *v.* p.t & p.p of creep.

**crescent** (क्रॅस्´-ॲन्ट्) *n.* the curved shape of the moon in the first (or last) quarter चंद्रकला, बालचंद्र, दूज का चाँद, नवचंद्र। *adj.* shaped like a crescent, चंद्राकार, चाँदनुमा।

**crest** (क्रॅस्ट्) *n.* 1. a tuft on the head of a bird or animal, चोटी, कलगी। 2. something like this worn on top of helmets, कलगी। 3. the top of a mountain, hill etc., चोटी, शिखर। 4. a heraldic device above the shield on a coat of arms, कुलचिह्न।

**crested** (क्रॅस्ट्´-इड्) *adj.* having a crest, कलगीदार।

**crestfallen** (क्रॅस्ट्´-फ़ा:-लॅन्) *adj.* 1. disappointed, निराश। 2. sad, उदास, दुखी।

**creavasse** (क्रि-वैस्´) *n.* a deep open creak or fissure in the ice of a glacier, हिम-शैल में पड़नेवाली चौड़ी दरार।

**crevice** (क्रॅव्´-इस्) *n.* a narrow crack in a wall or rock, दीवार, चट्टान आदि में पड़नेवाली हलकी या पतली दरार।

**crew**[1] (क्रू) *n.* 1. a group of people working in an aircraft or ship, कर्मीदल, क्रू। 2. a group of people working together, दल, समूह। 3. a gang, टोली, जत्था।

**crew**[2] *v.* pt. of crow.

**crib** (क्रिब्) *n.* 1. a pot for fodder, नाँद। 2. a baby's bed, खटोला। 3. a petty theft as of another's work, नकल, चोरी। 4. a literal translation, शब्दानुवाद। *v.* (cribbed, cribbing) 1. to copy by unfair methods, नकल या चोरी करना। 2. to steal or use without acknowledgment, चुरा लेना।

**crick** (क्रिक्) *n.* a painful cramp or stiffening in the neck or back, साल, अकड़न, ऐंठन। *v.* to become stiff or cramped, अकड़ जाना, ऐंठ जाना, साल पड़ जाना।

**cricket**[1] (क्रिक्´-इट्) *n.* a game played between two teams of eleven players each with bats and ball, क्रिकेट, गेंद-बल्ला। ☐ **not cricket,** खेल-भावना के विपरीत।

**cricket[2]** ***n.*** an insect that makes a shrill chirping sound, झींगुर।

**cricketer** (क्रिक्´-अॅ-टॅ:) ***n.*** one who plays cricket, क्रिकेट का खिलाड़ी।

**crier** (क्राइ´-अॅ:) ***n.*** 1. a person who cries, चिल्लानेवाला व्यक्ति। 2. a young baby who cries a lot, रोना बच्चा। 3. one who shouts out public announcements, घोषक। 4. one who calls out publicly in law courts, अदालत में लोगों के नाम पुकारनेवाला कर्मचारी।

**crime** (क्राइम्) ***n.*** 1. an act committed or omitted in violation of the law, अपराध, जुर्म। 2. a senseless act, मूर्खतापूर्ण आचरण।

**criminal** (क्रिम्´-इ-नॅल्) ***adj.*** 1. of or related to crime, आपराधिक, अपराधपूर्ण। 2. very bad, बहुत बुरा। ***n.*** a person who is guilty of crime, अपराधी, मुजरिम।

**criminology** (क्रिम्-इ-नॉल्´-अॅ-जी) ***n.*** the scientific study of crime, अपराध-विज्ञान।

**crimson** (क्रिम्´-ज़ॅन्) ***adj.*** deep red, किरमिजी। ***n.*** deep red colour, किरमिजी रंग।

**cringe** (क्रिन्ज्) ***v.*** 1. to behave in a timid or servile way, सकुचाते हुए या घिघियाते हुए कुछ कहना या करना। 2. to move back, पीछे हटना।

**crinkle** (क्रिंक्´-अॅल्) ***v.*** to be full of wrinkles or creases, सिलवटों से भरा होना, मूसा हुआ होना।

**cripple** (क्रिप्´-अॅल्) ***n.*** a lame or partly disabled person or animal, लूला-लँगड़ा, पंगु, अपंग।

**crisis** (क्राइ´-सिस्) ***n.*** 1. a crucial situation, a time of acute difficulty, danger or shortage, संकट। 2. a critical or decisive time, नाजुक स्थिति, संकट की घड़ी, संकटकाल।

**crisp** (क्रिस्प्) ***adj.*** 1. dry and brittle, कुरकुरा, ख़स्ता। 2. fresh, lively and invigorating, ताज़ा, ताज़ा-दम, स्फूर्तिदायक। 3. clear, स्पष्ट। 4. sharp, तेज़, चोखा, प्रखर।

**crispness** (क्रिस्प्´-निस्) ***n.*** the quality of being crisp, कुरकुरापन, ख़स्तापन।

**criterion** (क्राइ-टिअर्´-इ-अॅन्) ***n.*** a standard of judgment, कसौटी।

**critic** (क्रिट्´-इक्) ***n.*** 1. one who criticizes, आलोचक। 2. a reviewer, समीक्षक।

**critical** (क्रिट्´-इ-कॅल्) ***adj.*** 1. of or pertaining to criticism, आलोचना-संबंधी, आलोचनात्मक। 2. looking for faults, दोषदर्शी, दोषग्राही, नुक्ताचीन। 3. requiring careful judgment or evaluation, समीक्षात्मक, समीक्षापूर्ण। 4. of the nature of crisis, संकटपूर्ण, नाज़ुक।

**criticism** (क्रिट्´-इ-सिज़्-अॅम्) ***n.*** 1. the act of finding faults, छिद्रान्वेषण, दोषदर्शन, नुक्ताचीनी। 2. the evaluation or analysis of a work of art or literature, समीक्षा। 3. the work of a critic, समीक्षात्मक निबंध या पुस्तक।

**criticize** (क्रिट्´-इ-साइज़्) ***v.*** 1. to find fault with, आलोचना करना। 2. to evaluate critically, समीक्षा करना।

**critique** (क्रि-टीक्´) ***n.*** 1. the art of criticism, समीक्षण-कला। 2. a critical essay, समीक्षात्मक निबंध, समीक्षा।

**croak** (क्रोक्) ***n.*** 1. the sound made by a frog, मेढक की टर्र-टर्र। 2. a deep hoarse cry, टर्र-टर्र, चिल्लाहट। ***v.*** 1. to make such sound, टर्र-टर्र करना, टरटराना। 2. to die, मर जाना।

**crochet** (क्रो-शे´) ***n.*** a kind of fancy work done with a hooked needle, क्रोशिए का काम, कढ़ाई, कसीदा।

**crock** (क्रॉक्) ***n.*** 1. an earthen jar, सुराही, झंझर। 2. an earthen pot, मिट्टी का बरतन। 3. a broken piece of this, ठीकरा, ठीकरी। 4. an old person too infirm to work, काम करने के अयोग्य बूढ़ा आदमी।

**crockery** (क्रॉक्´-अॅ-री) ***n.*** household articles as plates, cups etc., क्रॉकरी, प्लेटें-प्याले।

**crocodile** (क्रॉक्´-अॅ-डाइल्) ***n.*** a large reptile with a thick skin and huge jaws that lives on land and in rivers, मगरमच्छ, मगर।

**crocodile tears** *n.* insincere sorrow, नकली आँसू, झूठा खेद-प्रकाश।

**croft** (क्रॉफ़्ट्) *n.* an enclosed field, ऐसा खेत जिसके चारो ओर बाड़ लगी हो।

**crone** (क्रोन्) *n.* a bent old woman, कुबड़ी बुढ़िया, कुब्जा।

**crony** (क्रो´-नी) *n.* an old companion, पुराना यार, पुराना संगी, लंगोटिया, अंतरंग मित्र।

**crook** (क्रुक्) *n.* 1. a hooked stick, मुड़े हुए सिरेवाली छड़ी। 2. something bent or curved, घुमावदार वस्तु, वक्र पदार्थ। 3. a curve, मोड़, घुमाव, चाप। 4. a person given to fraudulent practices, जालसाज़, ठग। 5. a thief, चोर, चाँइयाँ। *v.* to bend, मोड़ना, घुमाव डालना।

**crooked** (क्रुक्´-इड्) *adj.* 1. having bends or curves, वक्र, घुमावदार। 2. dishonest, deceitful, बेईमान, कुटिल, धोखेबाज़।

**crookedness** (क्रुक्´-इड्-निस्) *n.* crooked behaviour, बेईमानी, धोखेबाज़ी, कुटिलता।

**croon** (क्रून्) *v.* (crooned, crooning) to sing softly, मंद स्वर में गाना, गुनगुनाना। *n.* a crooning sound, गुनगुन, गुनगुनाहट।

**crop** (क्रॉप्) *n.* 1. agricultural produce, yield, फ़सल, पैदावार, उपज। 2. the quantity produced at a time, उपज, पैदावार। 3. a short haircut, बालों को काटकर छोटा करने की क्रिया, खसखसे बाल। 4. the bag like part of a bird's throat, पोटा, गलधानी। 5. the handle of a whip, कोड़े की मूठ, दस्ता। *v.* (cropped, cropping) 1. to reap or harvest, फ़सल काटना। 2. to graze on, चराना। 3. to raise a crop, फ़सल उगाना। 4. to sow, बोना, बुआई करना। 5. to clip part of the ear of an animal (for identification, पहचान के लिए) किसी पशु का कान काटना या कुतरना। □ **crop up,** अप्रत्याशित रूप से सामने आना, घटित होना।

**crore** (क्रोः) *n.* one hundred lakhs, ten million, करोड़।

**crosier** (क्रो´-ज़्हें:) *n.* a bishop's staff, बिशप स्वामी का दंड।

**cross** (क्रॉस्, क्राःस्) *n.* 1. a symbol consisting of two intersecting lines, क्रॉस, काटा। 2. a wooden structure used as a means of execution in ancient times, क्रॉस, सलीब, सूली। 3. an object shaped like this used as a Christian emblem, क्रॉस। 4. a hybrid plant or animal, संकर पशु या पौधा। *v.* 1. to go or extend across, पार करना, पार जाना। 2. to intersect, रेखाओं आदि का एक दूसरी को काटना। 3. to draw a line across, आर-पार रेखा खींचना। 4. to breed by hybridizing, to crossbreed, संकर जाति बनाना। 5. to oppose, विरोध करना। □ **cross off,** लकीर खींचकर काट देना; **cross one's mind,** सूझना। *adj.* 1. passing from side to side, आर-पार जानेवाला, आड़ा। 2. annoyed, रुष्ट, खिन्न, चिड़चिड़ा। 3. hybrid, संकर, दोगला। □ **keep one's fingers crossed,** आशावादी होना, मस्त रहना।

**crossbar** (क्राःस्´-बाः) *n.* a horizontal bar, अर्गला।

**crossbred** (क्राःस्´-ब्रेंड्) *adj.* produced by mixing breeds, संकर, दोगला।

**cross-country** (क्राःस्´-कॅन्-ट्री) *adv.* across the fields, कच्चे रास्ते से (सामान्य रास्ते को छोड़कर)।

**cross-examine** (क्राःस्´-इग्-जैम्-इन्) *v.* to question closely a witness by the opposite party or council in order to prove or disapprove the truth of what has been already said, प्रतिपरीक्षा करना, जिरह करना, बहस करना।

**cross-examination** (क्राःस्´-इग्-जैम्-इ-ने´-शॅन्) *n.* the act or process of cross-examining, प्रतिपरीक्षा, जिरह, बहस।

**cross-eyed** (क्राःस्´-आइड्) *adj.* having eyes turn toward the nose, भेंगा।

**crossing** (क्राः´-सिंग्) *n.* 1. a place where streets, roads etc. cross, चौराहा। 2. the place where road, river etc. be crossed, पारण पथ।

**cross-legged** (क्राःस्´-लेंग्-इड्) *adj.* sitting

C

with legs crossed, जो पालथी मारे बैठा हो। *adv.* in a cross-legged position, पालथी मारे हुए।

**cross-reference** (क्रा:स्´-रॅफ़्´-अ‍ॅ-रॅन्स्) *n.* the act of referring from one part of a book to another, प्रतिसंदर्भ, प्रत्याभिदेश।

C

**crossroads** (क्रा:स्´-रोड्ज़्) *n.* a place where too roads intersect, चौमुहानी, चौराहा, क्रॉसिंग। □ **at the crossroads,** in a suspense, दुविधा में।

**crosswalk** (क्रा:स्´-वा:क्) *n.* a path marked for people to cross the road, पारण-पथ।

**crosswise** (क्रा:स्´-वाइज़्) *adv.* across, खड़े और बेड़े।

**crossword** (क्रा:स´-व:ड्) *n.* a puzzle in which words are inserted according to clues, वर्ग-पहेली।

**crotchety** (क्रॉच्´-अ‍ॅ-टी) *adj.* 1. whimsical, सनकी, ख़ब्ती। 2. bad-tempered, बदमिज़ाज।

**crouch** (क्राउच्) *v.* to bend low with the limbs pulled up close together, दुबक या सिकुड़कर बैठना।

**croupier** (क्रू´-पी-ए) *n.* a person who collects and distributes money at the gambling table, जुए के खेल में वह व्यक्ति जो हारनेवालों का रुपया इकट्ठा करके जीतनेवालों में बाँटने का काम करता हो।

**crow**[1] (क्रो) *n.* a large black bird, कौआ, काग। □ **as the crow flies,** नाक की सीध में, बिल्कुल सीधे; **eat crow,** तुच्छ काम करने के लिए बाध्य होना, अपमान सहना।

**crow**[2] *v.* (crowed/crew, crowing) 1. to utter a shrill cry as a cock, बाँग देना। 2. to utter cries of pleasure, गाल बजाना। 3. to speak proudly, डींग हाँकना, शेख़ी बघारना। *n.* a crowing cry, बाँग, कुकड़ूँकूँ।

**crowbar** (क्रो´-बा:) *n.* an iron bar used as a lever, सब्बल, रंभा।

**crowd** (क्राउड्) *n.* 1. a large number of people gathered together, भीड़। 2. a large number of things, अंबार, ढेर। 3. people in general, common people, जन-साधारण। *v.* (crowded, crowding) 1. to gather together in large numbers, भीड़ लगाना। 2. to press tightly, ठूँसना, भरना। 3. to threaten, धमकी देना।

**crowded** (क्राउ´-डिड्) *adj.* filled with a crowd, भीड़-भरा, संकुल।

**crown** (क्राउन्) *n.* 1. an ornamental cap worn by a king or queen, राजमुकुट, ताज। 2. a crown shaped ornament or head dress, मुकुट। 3. the king or queen, राजा या रानी। 4. the king's government or authority, राजा की सरकार या सत्ता। 5. the top part of something, शिखर। *v.* 1. to put a crown on one's head, ताज पहनना या पहनाना, राजमुकुट पहनना या पहनाना। 2. to give royal power, सिंहासन पर बैठाना, गद्दी पर बैठाना, अभिषेक करना। 3. to confer honour upon, सम्मान प्रदान करना। 4. to be the highest part, शिखर (पर) होना। 5. to hit on the head, सिर पर आघात करना।

**crown prince** (क्राउन्-प्रिंस´) *n.* the male heir to a throne, युवराज, टिकैत।

**crown princess** (क्राउन्-प्रिन्-सेस्´) *n.* the female heir to a throne, युवराज्ञी।

**crucial** (क्रू´-शॅल्) *adj.* 1. critical, नाज़ुक, संकटपूर्ण। 2. decisive, निर्णायक। 3. important, महत्त्वपूर्ण।

**crucible** (क्रू´-सि-बॅल्) *n.* 1. a pot used for melting metals at high temperature, घरिया, कुठाली। 2. a severe test, कड़ी परीक्षा।

**crucifix** (क्रू´-सि-फ़िक्स्) *n.* a model of a cross with a figure of Christ upon it, क्रूसीफ़िक्स, क्रॉस, सलीब।

**crucifixion** (क्रू-सि-फ़िक्´-शॅन्) *n.* 1. the act of crucifying, सलीब या सूली पर चढ़ाने की क्रिया या भाव। 2. a representation of Christ on the cross, क्रॉस-चिह्न।

**crucify** (क्रू´-सि-फ़ाइ) *v.* (crucified, crucifying) 1. to put to death by nailing or binding to a cross, सलीब पर चढ़ाना, सूली पर टाँगना। 2. to torture, यातना देना।

**crude** (क्रूड्) *adj.* 1. in an unrefined or natural state, raw, अशोधित, प्रकृत रूप में होनेवाला, कच्चा; crude oil, कच्चा तेल

2. lacking good manners, रूखा, अशिष्ट, असभ्य, गँवार। 3. not well-finished, बेडौल, बेढब।

**crudely** (क्रूड्´-ली) *adv.* in a crude manner, रुखाई से।

**crudity** (क्रूड्´-इ-टी) *n.* the quality of being crude, कच्चापन, कच्चाई; रूखापन, रुखाई; अशिष्टता, बेडौलपन।

**cruel** (क्रू´-ॲल्) *adj.* 1. causing pain or suffering, क्रूर, क्रूरतापूर्ण। 2. merciless, निर्दय, निर्मम, ज़ालिम।

**cruelly** (क्रू´-ॲ-ली) *adv.* mercilessly, heartlessly, निर्दयतापूर्वक, क्रूरतापूर्वक।

**cruelty** (क्रू´-ॲल्-टी) *n.* 1. the quality of being cruel, क्रूरता, निर्ममता, निर्दयता। 2. a cruel act, ज़ुल्म, क्रूरता।

**cruise** (क्रूज़्) *v.* to sail for pleasure, समुद्र-विहार करना। *n.* a cruising voyage, समुद्र-विहार।

**cruiser** (क्रू´-ज़ॅ:) *n.* a medium size fast warship, तीव्रगामी युद्धपोत।

**crumb** (क्रम्ब्) *n.* a fragment, टुकड़ा, कण। *v.* (crumbed, crumbing) 1. to break into crumbs, टुकड़े-टुकड़े करना, चूर-चूर करना, चूरा बनाना। 2. to cover with crumbs, चूरा बुरकना या भुरभुराना।

**crumble** (क्रम्´-बॅल्) *v.* 1. to break into small parts, टुकड़े-टुकड़े होना, चूर-चूर होना, भुरभुराना। 2. to cause to break into small parts, टुकड़े-टुकड़े करना, चूर-चूर करना, भुरभुराना। 3. to disintegrate, विघटित होना या करना।

**crumbly** (क्रम्´-ब्ली) *adj.* easily crumbling, भुरभुरा।

**crunch** (क्रन्च्) *v.* (crunched, crunching) to bite or chew with a crushing sound, कचर-कचर करते हुए खाना, इस प्रकार खाना कि मुँह से चबाने की आवाज़ हो। *n.* 1. the act or sound of crunching, कचर-कचर। 2. a critical moment or situation, निर्णायक घड़ी या स्थिति, संकट की घड़ी या स्थिति।

**crusade** (क्रू-सेड्´) *n.* 1. a military expedition by Christians to recover their holy lands from Muslims, धर्मयुद्ध, जिहाद। 2. any organised movement against an abuse, संगठित आंदोलन। *v.* to take part in a crusade, धर्मयुद्ध करना; आंदोलन में सम्मिलित होना।

**crusader** (क्रू-सेड्´-ॲ:) *n.* one who takes part in a crusade, धर्मयोद्धा, आंदोलनकर्ता।

**crush** (क्रश्) *v.* 1. to press with great force so as to break, injure or destroy, रौंदना, कुचलना, मसलना। 2. to break into powder by pressure, पीसना, रगड़ना। 3. to subdue or defeat, कुचल डालना, रौंद डालना। *n.* 1. a dense crowd, भारी भीड़। 2. a drink made by crushing fruit, फलरस। 3. a crushed thing, कुचला।

**crusher** (क्रश्´-ॲ:) *n.* a crushing device, कोल्हू।

**crushing** (क्रश्´-इंग्) *adj.* destroying, विनाशकारी।

**crust** (क्रस्ट्) *n.* 1. a hard outer covering of a bread, पपड़ी। 2. a hard surface, परत, छिलका। *v.* to cover or become covered with a crust, पपड़ियाना।

**crusty** (क्रस्´-टी) *adj.* 1. covered with a crust, पपड़ीदार। 2. bad-mannered, बदमिज़ाज।

**crutch** (क्रच्) *n.* 1. a support used as an aid by a lame person, बैसाखी। 2. something that supports, सहारा, संबल।

**crux** (क्रुक्स्) *n.* 1. a vital point, मूल बात, मर्म। 2. the vital part of a problem, समस्या का महत्त्वपूर्ण अंग।

**cry** (क्राइ) *v.* (cried, crying) 1. to shout, due to fear or pain or to call someone, चिल्लाना, चीख़ना या पुकारना। 2. to weep, रोना, आँसू बहाना। 3. to announce in public, घोषणा करना। ☐ **cry out for,** पुकार मचाना; **cry wolf,** to raise false alarms, झूठे ही सहायता की पुकार करना। *n.* 1. a shout, a loud call, चीख़, पुकार, गुहार, चिल्लाहट। 2. the characteristic call of an animal, किसी पशु या पक्षी के बोलने का शब्द, बोल। 3. an act of wailing, रोना, रोना-

धोना। 4. a war cry, युद्धनाद। □ **cry for the moon,** अप्राप्य वस्तु के लिए जिद करना, गूलर का फूल माँगना; **cry one's heart out,** फूट-फूटकर रोना; **in full cry,** ज़ोर-शोर से।

**crybaby** (क्राइ´-बे-बी) ***n.*** a person who cries too readily with little cause, रोनी सूरतवाला व्यक्ति, ज़रा-सी बात पर रो पड़नेवाला व्यक्ति।

C

**crying** (क्राइ´-इंग्) ***adj.*** 1. bad, notorious, बुरा, कुख्यात। 2. lamentable, शोचनीय। 3. that demands attention, घोर, भारी, ध्यान देने योग्य।

**cryptic** (क्रिप्´-टिक्) ***adj.*** 1. hidden, secret, गुप्त, प्रच्छन्न। 2. mysterious, रहस्यमय।

**crystal** (क्रिस्-टॅल्) ***n.*** 1. a clear transparent colourless mineral, बिल्लौर, स्फटिक। 2. one of the pieces into which certain substances solidify, रवा।

**crystal clear** ***adj.*** obvious, सुस्पष्ट, स्फटिक की भाँति साफ़।

**crystalline** (क्रिस्´-टॅ-लाइन्/लिन्) ***adj.*** 1. transparent, पारदर्शक। 2. very clear, सुस्पष्ट। 3. made of crystals, रवेदार।

**crystallize** (क्रिस्´-टॅ-लाइज़्) ***v.*** 1. to form or cause to form crystals, रवेदार बनना या बनाना, रवे बनना या बनाना। 2. to assume or give a definite form, ठोस रूप प्राप्त करना या कराना, स्पष्ट रूप से उभरकर आना या उभारना।

**cub** (कब्) ***n.*** a young of a lion, bear, fox etc., पशु-शावक, जानवर का बच्चा। ***adj.*** inexperienced, अनुभवहीन।

**cubbyhole** (कब्´-ई-होल्) ***n.*** 1. a small compartment, छोटा कक्ष। 2. a cupboard, अलमारी।

**cube** (क्यूब्) ***n.*** 1. a solid body with six equal sides, क्यूब, छहपहला पिंड, घन। 2. the product that results when the same number is used three times as a factor, घनफल ($4^3 = 4 \times 4 \times 4 = 64$) ***v.*** (cubed, cubing) 1. to cut something in cubes, क्यूब बनाना। 2. to raise a number or quantity to the third power, घनफल निकालना।

**cube root** (क्यूब्-रूट्´) ***n.*** the number or quantity whose cubes is a given number or quantity, 4 is the cuberoot of 64, घनमूल।

**cubic** (क्यू´-बिक्) ***adj.*** 1. having the shape of a cube, घन के आकार का, घनाकार। 2. having three dimensions, त्रिविमीय। 3. of the third power or degree, त्रिघाती।

**cubical** (क्यू´-बि-कॅल्) ***adj.*** cube-shaped, घनाकार।

**cuckold** (कॅक्´-अॅल्ड्) ***n.*** a man whose wife has committed adultery, कुलटा का पति।

**cuckoo** (कू´-कू) ***n.*** 1. a bird with a call that is like its name, कोयल, कोकिला। 2. the call of this bird, कू, कूक।

**cucumber** (क्यू´-कम्-बॅः) ***n.*** a plant and its fruit used as a salad, ककड़ी, खीरा।

**cud** (कड्) ***n.*** the food that cattle brought up again from the first stomach for chewing, जुगाली।

**cuddle** (कड्´-अॅल्) ***v.*** (cuddled, cuddling) 1. to hug tenderly, प्यार से गले लगाना। 2. to nestle, चैन से बैठना या लेटना। □ **cuddle up,** चिपट या सटकर लेटना। ***n.*** a close embrace or hug, आलिंगन, गलबहियाँ।

**cuddlesome** (कड्´-अॅल्-सॅम्) ***adj.*** cuddly, प्यारा।

**cudgel** (कज्´-अॅल्) ***n.*** a thick stick used as a weapon, सोंटा, लट्ठ, लाठी। ***v.*** (cudgelled, cudgelling) to beat with a cudgel, लाठी से प्रहार करना या मारना। □ **cudgel one's brains,** माथापच्ची करना।

**cue**[1] (क्यू) ***n.*** 1. a signal or hint, संकेत 2. something that gives a point to follow with specific lines or action, सूत्र ***v.*** (cued, cuing) to give a cue to, संकेत करना, सूत्र देना या बताना।

**cue**[2] ***n.*** a rod used in playing billiards बिलियर्ड खेलने का डंडा।

**cuff**[1] (कफ़्) ***n.*** a band or fold at the bottom of a sleeve, कफ़।

**cuff**[2] ***n.*** a slap, थप्पड़, तमाचा। ***v.*** (cuffed cuffing) to slap, थप्पड़ मारना या लगाना।

**cuisine** (क्वि-ज़ीन्´) ***n.*** 1. the style of cook

ing, पाक शैली। 2. a cooked food, व्यंजन।

**cull** (कल्) *v.* (culled, culling) 1. to pick (flowers, फूल) चुनना। 2. to select (from a herd, झुंड में से) चुनना, छाँटना। 3. to gather, इकट्ठा करना। *n.* an act of culling, चुनने या छाँटने की क्रिया या भाव, छाँट, छँटाई।

**culminate** (कल्´-मि-नेट्) *v.* to reach highest and last point of development, ऊँचाई या शिखर पर पहुँचना।

**culmination** (कल्-मि-ने´-शॅन्) *n.* 1. the state of being at the peak, पराकाष्ठा, ऊँचाई, बुलंदी। 2. the peak, शिखर।

**culpability** (कल्-पॅ-बिल्´-इ-टी) *n.* guiltiness, आपराधिकता।

**culpable** (कल्´-पॅ-बॅल्) *adj.* blameworthy, responsible for wrong, दोषी, आपराधिक।

**culprit** (कल्´-प्रिट्) *n.* 1. one who has committed a crime or offence, अपराधी। 2. an accused person, अभियुक्त।

**cult** (कल्ट्) *n.* 1. a system of religious worship, मत, संप्रदाय, पंथ। 2. devotion, admiration, भक्ति, श्रद्धा।

**cultivable** (कल्´-टि-वॅ-बॅल्) *adj.* that can be cultivated, खेती के योग्य, कृष्य।

**cultivate** (कल्´-टि-वेट्) *v.* 1. to prepare land and raise crop, खेती करना, खेती-बारी करना। 2. to develop, विकसित करना।

**cultivation** (कल्-टि-वे´-शॅन्) *n.* 1. the act of cultivating, कृषि, खेती-बारी। 2. development, विकास। 3. culture, संस्कृति।

**cultivator** (कल्´-टि-वे-टॅः) *n.* 1. one who cultivates, खेतिहर, किसान। 2. a machine used in cultivating the land, ज़मीन जोतने का यंत्र, कल्टिवेटर।

**cultural** (कल्´-चॅ-रॅल्) *adj.* of or related to the culture, संस्कृति-संबंधी, सांस्कृतिक।

**culture** (कल्´-चॅः) *n.* 1. intellectual or artistic understanding which constitutes the basis of social action, संस्कार। 2. the customs, institutions and beliefs of a particular society, संस्कृति। 3. development of mind or body, विकास, संवर्धन। 4. tillage, कृषि, जुताई। 5. the rearing and breeding of animals, पशु-संवर्धन। 6. the practice of growing bacteria for scientific analysis or study, जीवाणु-संवर्धन, जीवाणु-संस्कार। *v.* 1. to grow bacteria for scientific analysis or study, जीवाणुओं का संवर्धन करना, जीवाणुओं का संस्कार करना। 2. to analyse, विश्लेषण करना।

**cultured** (कल्´-चॅःड्) *adj.* 1. educated and refined, showing good manners, सुसंस्कृत, परिष्कृत। 2. produced by man, artificial, कृत्रिम; cultured pearls, कृत्रिम मोती।

**culvert** (कल्´-वॅःट्) *n.* 1. an underground drain or channel, भूमिगत नाली या नाला। 2. a bridge over a culvert, पुलिया।

**cumber** (कम्´-बॅः) *v.* (cumbered, cumbering) to encumber, लादना, भाराक्रांत करना।

**cumbersome** (कम्´-बॅः-सॅम्) *adj.* 1. weighty and clumsy, भारी-भरकम और बेढब। 2. difficult to manage, बेढंगा, बोझिल।

**cum-dividend** (कम्-डि´-वि-डॅन्ड) *adj.* including dividend, लाभांश सहित।

**cumin** (कम्´-इन्) *n.* = cummin.

**cummerbund** (क´-मॅः-बन्ड्) *n.* a band worn round the waist, कमरबंद, पेटी।

**cummin** (कम्´-इन्) *n.* a plant and its aromatic seed, जीरा।

**cumulative** (क्यू´-म्यॅ-लॅ-टिव्) *adj.* 1. increasing by successive addition, बढ़ता और जुड़ता चलनेवाला, संचयमान। 2. amassed, aggregate, पुंजीभूत, एकत्र।

**cumulatively** (~-ली) *adv.* in a cumulative manner, पुंजीभूत रूप में, जुड़कर।

**cuneiform** (क्यू-नी´-इ-फ़ाःम्) *n.* wedged-shaped letters used in old writings of the Babylonians, Assyrians etc., कीलाक्षर, फन्नी लिपि।

**cunning** (कन्´-इंग्) *adj.* 1. clever in deceiving others, crafty, धूर्त, चालाक, मक्कार। 2. ingenious, दक्ष, सयाना, चालू। 3. charming, सुंदर, आकर्षक। *n.* craftiness, धूर्तता, मक्कारी, चालाकी।

**cunningly** (~-ली) *adv.* in a cunning man-

C

ner, धूर्तता से, चालाकी से।

**cup** (कप्) *n.* 1. a small container with a handle used for drinking, कप, प्याला, चषक। 2. the amount it holds, प्याला-भर वस्तु, प्याला। 3. an ornamental cuplike vessel given to a prize-winner, कप।

**cupboard** (कब्´-अॅ:ड्) *n.* a set of shelves enclosed by doors, आलमारी।

**cupful** (कप्´-फ़ुल्) *n.* the contents of a cup, प्याला-भर वस्तु।

**cup-holder** (कप्´-होल्-डॅ:) *n.* a holder of a cup i.e. the winner in the last competition, कप-विजेता।

**cupid** (क्यू´-पिड्) *n.* the God of love, कामदेव।

**cupidity** (क्यू-पिड्´-इ-टी) *n.* greed, लोभ, लालच, लिप्सा।

**cupola** (क्यू´-पॅ-लॅ) *n.* a rounded dome forming the roof, गुंबद।

**cur** (कर्) *adj.* 1. a vicious or bad-tempered dog, दुष्ट कुत्ता। 2. despicable person, हेय व्यक्ति।

**curable** (क्यूर्´-अॅ-बॅल्) *adj.* capable of being cured, चिकित्स्य, उपचार के योग्य, साध्य।

**curate** (क्यूर्´-इट्) *n.* a clergyman who assists a priest, पादरी-सहायक।

**curative** (क्यूर्´-अॅ-टिव्) *adj.* tending to heal or cure, आरोग्यकर।

**curator** (क्यू-रे´-टॅ:) *n.* 1. a person incharge of a museum, संग्रहालयाध्यक्ष। 2. a custodian, रक्षक, अभिरक्षक।

**curb** (क:ब्) *n.* 1. a restraint or check, नियंत्रण, रोक। 2. a strap used together with a bit to restrain a horse, लगाम। *v.* to apply curb to, to restrain, नियंत्रित करना, लगाम लगाना।

**curd** (क:ड्) *n.* a substance formed from coagulation of milk, दही।

**curdle** (क:´-डॅल्) *v.* (curdled, curdling) to become curd or turn into curd, दही जमना या जमाना। ☐ **curdle someone's blood,** भयभीत कर देना, ख़ून सुखा देना।

**cure** (क्योः, क्यू:) *v.* (cured, curing) 1. to heal or rid of (disease), निरोग करना। 2. to restore to health, अच्छा या चंगा कर देना। 3. to preserve (fish, meat etc.), परिरक्षित या संसाधित करना, प्रिज़र्व करना। *n.* 1. the act of curing or state of being cured, रोगमुक्ति, स्वास्थ्य-प्राप्ति। 2. a remedy, उपचार, चिकित्सा। 3. preservation, संसाधन, परिरक्षण।

**cure-all** (क्योर्´-आ:ल्) *n.* something that cures all kinds of diseases, रामबाण।

**cureless** (क्यो:´-लिस्) *adj.* incurable, असाध्य।

**curfew** (क:´-फ़्यू) *n.* an official order to remain indoor within certain hours, कर्फ़्यू।

**curio** (क्यूर्´-इ-ओ) *n.* a rare or unusual object of art, कोई अलभ्य या असाधारण कलाकृति।

**curiosity** (क्यूर्-इ-ऑस्´-इ-टी) *n.* 1. inquisitiveness, जिज्ञासा, कौतूहल, कुतूहल; I asked him out of curiosity, मैंने कुतूहलवश उससे पूछा। 2. an unusual thing, कोई असाधारण वस्तु, कौतूहलजनक वस्तु।

**curious** (क्यूर्´-इ-अॅस्) *adj.* 1. eager to know or learn, जिज्ञासु। 2. singular, extraordinary, कौतूहलजनक, आश्चर्यजनक, विचित्र।

**curl** (क:ल्) *v.* 1. to twist into ringlets, छल्लेदार बनना, घुँघराला बनाना। 2. to grow into ringlets, छल्लेदार बनना, घुँघराला बनना। *n.* a curve of hair, घुँघराले या छल्लेदार बाल। ☐ **curl up,** टाँगें सिकोड़कर बैठना।

**curly** (क:´-ली) *adj.* having curls, घुँघराला।

**currant** (कर्´-अॅन्ट्) *n.* a small dried fruit, मुनक्का।

**currency** (कर्´-अॅन्-सी) *n.* 1. the money current in a country, मुद्रा, foreign currency, विदेशी मुद्रा। 2. prevalence, प्रचलन।

**current** (कर्´-अॅन्ट्) *adj.* 1. belonging to the present time, present-day, वर्तमानकालिक; current topic, सामयिक विषय। 2. in general circulation or use, प्रचलित, चालू; current account, चालू खाता। *n.* 1. natural flow of water or air, धारा, प्रवाह। 2. the flow of electricity, विद्युत्प्रवाह, करेंट।

**currently** (कर्´-अॅन्ट्-ली) *adv.* now-a-days,

आजकल, इन दिनों।

**curricular** (कॅ-रिक्´-क्यु-लः) *adj.* of curri-culam, पाठ्यक्रम-संबंधी।

**curriculum** (कॅ-रिक्´-यु-लॅम्) *n.* a course of study, पाठ्यक्रम, पाठ्यचर्या।

**curry**[1] (कर्´-ई) *n.* 1. spicy seasoning, बघार, छौंक। 2. a dish flavoured with this, शोरबा, सालन, कढ़ी।

**curry**[2] (कर्´-ई) *v.* (curried, currying) to rub down (horse), खरहरा करना।

**currycomb** (कर्´-ई-कोमब्) *n.* a comb for grooming horses, खरहरा।

**curry powder** *n.* a powder used as curry, गरम मसाला, पँचफोरन।

**curse** (कःस्) *n.* 1. an appeal to a super natural power to bring harm to a person or thing, अभिशाप, शाप, सराप। 2. something that causes harm, an evil, अभिशाप, विपदा, बला। 3. a violent exclamation of anger, कोप। *v.* (crust or cursed, cursing) 1. to invoke a super natural power to bring harm to someone or something, सरापना, शाप देना, कोसना। 2. to damn, लानत भेजना, लानत-मलामत करना।

**cursed** (क´:-सिड्) *adj.* 1. under a curse, अभिशप्त, शाप से पीड़ित, शापित। 2. hateful, घृणित, बहुत ख़राब।

**cursive** (कः´-सिव्) *adj. & n.* (a writing) in which the letters are joined together, घसीट (लिखाई)।

**cursorily** (कः´-सॅ-रि-ली) *adv.* in a cursory manner, सरसरी तौर पर।

**cursory** (कः´-सॅ-री) *adj.* hasty and quick, hurried, सरसरी तौर पर होनेवाला; cursory glance, सरसरी निगाह।

**curt** (कःट्) *adj.* 1. rudely, blunt, (व्यक्ति) अक्खड़ या रूखा; (उत्तर) मुँहतोड़। 2. brief, संक्षिप्त।

**curtail** (कः-टेल्´) *v.* to cut short, काटना-छाँटना, कम कर या घटा देना।

**curtailment** (~-मॅन्ट्) *n.* the act of curtailing, काट-छाँट, कमी, घटाव।

**curtain** (कः´-टॅन्) *n.* 1. a cover for a window or door, पर्दा। 2. a screen, पर्दा, आड़। *v.* 1. to provide with curtains, पर्दे लगाना। 2. to conceal, ढकना, तोपना, पर्दा डालना। 3. to shut off with a curtain, आड़ कर देना।

**curtain-raiser** (कः´-टॅन्-रेज़्-अॅः) *n.* a short dramatic piece presented before the main play, नाटक के प्रदर्शन से पूर्व की कोई छोटी नाटकीय प्रस्तुति।

**curvature** (कः-वॅ-चॅः) *n.* curved part of a thing, गोलाई, गुलाई, वक्रता।

**curve** (कःव्) *n.* a continuously bending line, वक्र-रेखा। *v.* to bend so as to form a curve, वक्र होना या करना।

**cushion** (कुश्´-अॅन्) *n.* a pillow to sit, rest or lie on, गद्दी, कुशन।

**cuspid** (कस्´-पिड्) *n.* a canine tooth, नुकीला दाँत।

**custard** (कस्´-टःड्) *n.* a sweet (frozen) dish, कस्टर्ड, फिरनी।

**custodian** (कस्-टो´-डि-अॅन्) *n.* a keeper or caretaker, अभिरक्षक, रखवाला।

**custody** (कस्´-टॅ-डी) *n.* 1. the act of keeping safe, guardianship, अभिरक्षा; custody of law, विधि की अभिरक्षा। 2. imprisonment, हिरासत, क़ैद। ☐ **take into custody,** हिरासत में लेना।

**custom** (कस्´-टॅम्) *n.* 1. a usual way of doing something in a particular society, a long continued practice, रूढ़ि, प्रथा, रिवाज। 2. (plu.) a tax or duty on imported goods, सीमा-शुल्क। 3. (plu.) the government department dealing with customs, सीमा-शुल्क विभाग।

**customarily** (कस्´-टॅ-मॅर्/मेर्-इ-ली) *adv.* as a rule or practice, प्रथा के अनुसार।

**customary** (कस्´-टॅ-मॅ-री, कस्´-टॅ-मेर्-ई) *adj.* 1. established by custom, ;था के रूप में होनेवाला, रूढ़िगत। 2. usual, सामान्य।

**customer** (कस्´-टॅ-मॅः) *n.* 1. one who buys goods or services from a shop etc., ग्राहक, गाहक। 2. a person one has to deal with, ग्राहक।

**custom officer** (कस्´-टॅम्-ऑ´-फ़ि-सॅः) *n.* an

C

officer who collects customs, सीमा-शुल्क अधिकारी।

**cut** (कट्) *v.* (cut. cutting) 1. to divide or open up with a sharp-edged instrument, काटना, चीरना, खोलना। 2. to be divided with a sharp-edged instrument, कटना, चीरा जाना, खुलना। 3. to remove by cutting, काटकर निकाल देना। 4. to bite, काटना, काट खाना। 5. to shorten or trim, काटकर छोटा कर देना, काटना-छाँटना; to cut hair, बाल काटना। 6. to harvest, कटाई करना। 7. to hollow or dig out, खुदाई करना, ज़मीन काटना। 8. to hit the ball in the game of cricket with a horizontal bat, कट करना। 9. to hurt the feelings of someone, दुख पहुँचना; She cut me deeply with her insults, उसने अपने बाणों (अपमानसूचक शब्दों) से मेरा कलेजा छलनी कर दिया। 10. to stay away deliberately or without permission, जान-बूझकर या बिना अनुमति के गैरहाज़िर होना। 11. to make a sharp sudden change in direction, कट करना। 12. to divide the pack of cards, (पत्ते या गड्डी) काटना। 13. to ignore (someone) deliberately, जान-बूझकर उपेक्षा करना। 14. to switch off, स्विच बंद करना। □ **a cut above,** (दूसरों से) कुछ ऊँचा या बड़ा; He considers himself a cut above others, वह अपने आपको औरों से बड़ा समझता है; **cut a sorry figure,** अपना-सा मुँह लेकर रह जाना, शर्मिंदा होना; **cut dead,** उपेक्षा करना; **cut down,** छोटा करना; **cut in,** (i) बीच में बोल पड़ना; (ii) कट करना; **cut no ice,** दाल न गलना, निष्प्रभावी होना; **cut off,** काट देना; **cut one's coat according to cloth,** चादर देखकर पैर फैलाना; **cut out,** काटकर सँवारना या निखारना; **cut one's wisdom teeth,** बुद्धि या विवेक का विकास होना। *n.* 1. the act of cutting, काटने की क्रिया या भाव, कटाई, कटाव। 2. a wound made by a sharp-edged instrument, घाव, कट। 3. a piece of meat, मांस की बोटी या टुकड़ा। 4. a style of cutting, काटने की शैली, काट। 5. a cutting remark, कटाक्ष, चुभती हुई बात। 6. a reduction, कटौती, घटाव, कमी। 7. a share of loot, profit etc., हिस्सा।

**cut-and-dried** (कट्´-अन्-ड्राइड्) *adj.* 1. fixed or settled, नियत और स्थिर। 2. planned, योजनाबद्ध। 3. routine, नियमित। 4. lacking freshness, बासी

**cutaneous** (क्यु-टे´-नि-अॅस्) *adj.* of or relating to the skin, त्वचा-संबंधी, त्वचीय।

**cute** (क्यूट्) *adj.* 1. very attractive or beautiful, अत्यंत आकर्षक या अति सुंदर। 2. delightful, सुखद, प्रिय। 3. shrewd, clever, चालाक।

**cutely** (क्यूट्´-ली) *adv.* in a cute manner, चालाकी से, धूर्तता से।

**cuticle** (क्यू´-टि-कॅल्) *n.* dead skin at the base of a nail, सुतरा।

**cutlass** (कट्´-लॅस्) *n.* a short curved sword, खुखरी, दराँती।

**cutler** (कट्´-लॅ:) *n.* a person who makes or sells cutlery, चाकू, छुरियाँ, काँटे, चम्मच आदि बनाने या बेचनेवाला।

**cutlery** (कट्´-लॅ-री) *n.* 1. cutting instruments, काटने के उपकरण। 2. knives, forks, spoons etc. used in eating or serving food, चाकू, छुरियाँ, काँटे, चम्मच आदि जिनसे भोजन किया या परोसा जाता है। 3. the business of a cutler, चाकू-छुरियाँ बनाने का धंधा।

**cutlet** (कट्´-लिट्) *n.* 1. a slice or piece of meat, बोटी। 2. a fried dish of meat or potatoes, मीट चाप, आलूचाप।

**cutout** (कट्´-आउट्) *n.* something cut out or intended to be cut out, तराशी हुई वस्तु, तराशी जानेवाली वस्तु, कागज या गत्ते से काटकर बनाई गई आकृति या चित्र।

**cutpurse** (कट्´-प:स्) *n.* a pickpocket, जेब कतरा, गिरहकट।

**cutter** (कट्´-अॅ:) *n.* 1. one who cuts, काटनेवाला। 2. that which cuts, काटने का उपकरण। 3. a small boat, एक प्रकार की छोटी नाव।

**cutthroat** (कट्´-थ्रोट्) *adj.* intense, fierce merciless, उग्र, प्रचंड, गलाकाटू।

**cutting** (कट्´-इंग्) ***n.*** 1. the act of cutting, कटाई; hair-cutting, बाल-कटाई। 2. a shoot cut from a plant for grafting, कलम। 3. a piece or news-item cut out from a newspaper, कतरन। ***adj.*** hurtful, चुटीला।

**cyanide** (साइ´-ॲ-नाइड्/निड्) ***n.*** a very poisonous chemical substance, एक प्रकार का अत्यंत विषैला रासायनिक पदार्थ।

**cycle** (साइ´-कॅल्) ***n.*** 1. a periodically repeated sequence of events, चक्र। 2. the time needed for one such series, समय-चक्र। 3. a short form of bicycle or motorcycle, साइकिल, मोटर-साइकिल। ***v.*** (cycled, cycling) 1. to travel by or ride a cycle, साइकिल चलाना, साइकिल पर सवार होना। 2. to move in or pass through a cycle, चक्कर लगाना, घूम कर आना।

**cyclic** (साइक्´-लिक्, साइ´-क्लिक्) ***adj.*** 1. recurring or revolving in cycles, चक्रीय। 2. forming a cycle, चक्राकार।

**cyclist** (साइ´-क्लिस्ट्) ***n.*** one who rides a bicycle or motorcycle, साइकिल-सवार, मोटर-साइकिल-सवार।

**cyclone** (साइ´-क्लोन्) ***n.*** a violent rotating windstorm, तूफ़ान, अंधड़, आँधी, चक्रवात।

**cyclonic** (साइ´-क्लॉन्´-इक्) ***adj.*** of or relating to a cyclone, चक्रवात-संबंधी, तूफ़ानी।

**cyclostyle** (साइ-क्लो´-स्टाइल्) ***n.*** a duplicator machine, प्रतिलिपि-यंत्र। ***v.*** to print cyclostyled copies, प्रतिलिपियाँ तैयार करना।

**cylinder** (सिल्´-इन्-डॅ:) ***n.*** a solid or hollow roller-shaped object, बेलन, सिलेंडर।

**cylinderical** (सि-लिन्´-ड्रि-कॅल्) ***adj.*** shaped like a cylinder, बेलनाकार।

**cymbal** (सिम्´-बॅल्) ***n.*** one of a pair of brass plates that are struck together in a musical performance, झाँझ, मंजीरा।

**cynic** (सिन्´-इक्) ***n.*** 1. one who believes that all people are motivated by selfishness, वह जिसे सब लोग स्वार्थी प्रतीत हों, वह जो यह मानता हो कि सभी स्वार्थवश कार्य करते हैं, सिनिक, दोषदर्शी। 2. one who believes people's motives are bad, नकचढ़ा।

**cynical** (सिन्´-इ-कॅल्) ***adj.*** believing that everyone is selfish, हर एक को स्वार्थी समझनेवाला।

**cynicism** (सिन्´-इ-सिज़्-ॲम्) ***n.*** the theory that pleads that everyone acts selfishly, दोषदर्शिता, स्वार्थवाद।

**cynosure** (साइ´-नॅ-शू:) ***n.*** 1. a centre of admiration or attraction, आकर्षण-केंद्र, आँखों का तारा। 2. the pole star, ध्रुव तारा।

**cypher** (साइ´-फ़ः) ***n.*** 1. the figure of zero, सिफ़र, शून्य। 2. secret writing, गूढ़लेख।

**Cypriot** (सिप्´-रि-ॲट्) ***n.*** an inhabitant of Cyprus, साइप्रसवासी। ***adj.*** of Cyprus, साइप्रस-संबंधी।

**cyst** (सिस्ट्) ***n.*** a semisolid bodily sac, रसौली, गट्ठा।

**Czar** (ज़ा:) ***n.*** a title of former emperors of Russia, पुराने रूसी सम्राटों की पदवी, ज़ार।

**Czarina** (ज़-री´-नॅ) ***n.*** the wife of a czar, ज़ार की पत्नी।

**Czech** (चेंक्) ***adj.*** of or pertaining to Czechoslovakia, चेकोस्लोवाकिया-संबंधी। ***n.*** 1. a native of Czechoslovakia, चेकोस्लोवाकिया का वासी। 2. the language of Czechoslovakia, चेकोस्लोवाकिया की भाषा।

C

# D

**D, d** (डी) ***n.*** 1. the fourth letter of the English alphabet, अंग्रेज़ी वर्णमाला का चौथा वर्ण। 2. the Roman numeral symbol for 500, ५०० की संख्या का सूचक वर्ण। 3. the lowest passing grade given to students, परीक्षा में उत्तीर्ण होनेवाले छात्रों की निम्न श्रेणी का सूचक चिह्न।

**dab** (डैब्) ***v.*** (dabbed, dabbing) 1. to pat quickly and lightly, थपथपाना, स्पर्श करना, छूना, खटखट करना। 2. to apply, पोतना, लगाना।

**dabble** (डैब्´-अॅल्) ***v.*** 1. to dip, move or splash in a liquid, डुबाना, घँघोलना या छपछप करना। 2. to move the feet, hands or bill lightly in water or mud, पानी या कीचड़ में हाथ-पैर, चोंच आदि चलाना, सानना। 3. to splash in or out of water playfully, जल-क्रीड़ा करना।

**dabbler** (डैब्´-लॅ:) ***n.*** one who does something not seriously, नीम हकीम।

**dachshund** (डैक्स्´-हॅन्ड्, डॉक्स्´-हून्ड्) ***n.*** a dog with long body and small legs, छोटी टाँगों तथा लंबे शरीरवाले कुत्तों की एक प्रजाति।

**dacoit** (डॅ-कॉइट्´) ***n.*** one who commits dacoity, डाकू।

**dacoity** (डॅ-कॉइ´-टी) ***n.*** robbery with violence committed by a gang, डकैती।

**dad** (डैड्) ***n.*** father, पिता, बाप।

**daddy** (डैड्´-ई) ***n.*** father, पिता, बाप।

**daffodil** (डैफ़्´-अॅ-डिल्) ***n.*** a garden plant and its flower, डैफ़ोडिल, नरगिस।

**daft** (डैफ़्ट्) ***adj.*** simple and foolish, मूर्ख, पोंगा पंडित।

**dagger** (डैग्´-अॅ:) ***n.*** a short two-edged weapon, कटार, कृपाण, दुधारी छुरा। □ **at daggers drawn,** लड़ने-भिड़ने के लिए उतावला।

**dahlia** (डेल्´-इअॅ, डैल्´-यॅ) ***n.*** a garden plant and its flower, डहलिया।

**daily** (डे´-ली) ***adj.*** happening or occurring everyday or every weekday. दैनिक। ***adv.*** 1. once a day, दिन में एक बार। 2. everyday, प्रतिदिन, हर रोज़, नित्य। 3. often, प्राय:, अक्सर। ***n.*** a daily newspaper, दैनिक समाचार-पत्र, दैनिक।

**daily bread** ***n.*** one's livelihood, जीविका, रोज़ी।

**dainties** (डेन्´-टीज़्) ***n.*** (plu.) something delicious, स्वादिष्ट व्यंजन या पकवान।

**dainty** (डेन्´-टी) ***adj.*** 1. elegant, सुंदर, नाज़ुक कोमल, साफ़-सुथरा; She is a dainty creature. वह बहुत नाज़ुक है। 2. delicious, स्वादिष्ट, मज़ेदार, सुस्वादु।

**dairy** (डेअॅर्´-ई) ***n.*** a farm or building where milk and milk products are produced, दुग्धशाला, डेरी, दुग्ध उद्योग।

**dairy farm** (डेअॅर्-ई-फ़ा:म्) ***n.*** a farm for producing milk and milk products, दुग्धशाला, गोशाला।

**dais** (डे´-इस्) ***n.*** a raised platform in a lecture hall, डायस, मंच, वक्ता-पीठ।

**daisy** (डे´-ज़ी) ***n.*** a garden plant and its flower, डेज़ी।

**dale** (डेल्) ***n.*** a valley, घाटी, उपत्यका।

**dalliance** (डैल्´-इ-अॅन्स्) ***n.*** the act of dallying, खिलवाड़, छेड़छाड़; समय की बरबादी।

**dally** (डैल्´-ई) ***v.*** (dallied, dallying) 1. to flirt playfully, छेड़छाड़ करना, दिल्लगी करना। 2. to lose time (by idleness, झूठ-मूठ की बातों में) समय बरबाद करना।

**dam[1]** (डैम्) ***n.*** 1. a wall or barrier built

(across a river) to control the flow of water, बाँध, डैम। 2. a reservoir of water created by such a barrier, बाँध, डैम।

**dam[2]** *n.* a female parent of a four-footed animal, मादा चौपाया।

**damage** (डैम्´-इज्) *n.* 1. loss, injury or harm, क्षति, हानि, नुकसान। 2. loss of something in transit, टूट-फूट, क्षति। 3. (plu.) the sum claimed or paid in compensation for loss or injury, हर्जाना, नुकसानी, क्षतिपूर्ति। *v.* 1. to cause damage to, to cause injury to, (किसी को) नुकसान या चोट पहुँचाना, (किसी की) हानि करना, प्रतिष्ठा गिराना।

**damaged** (डैम्´-इज्ड्) *adj.* impaired, broken or injured, क्षतिग्रस्त, कटा-फ़टा।

**damaging** (डैम्´-इज्-इंग्) *adj.* causing damage, injurious, हानिकर, नुकसानदेह।

**dame** (डेम्) *n.* 1. a lady, महिला, श्रीमती। 2. a woman of rank, उच्चपदस्थ महिला। 3. an elderly woman, वृद्धा।

**damn** (डैम्) *v.* (damned, damning) 1. to condemn, criticize or curse, भर्त्सना करना, बुरा-भला कहना, कोसना। 2. to condemn to hell, नरक में भेजना। ☐ **Damn it.** लानत भेजो। *interj.* an exclamation of anger or annoyance, लानत है!

**damnable** (डैम्´-नें-बॅल्) *adj.* 1. deserving condemnation, निंदनीय। 2. hateful, घृणित।

**damnation** (डैम्--ने´-शॅन्) *n.* the act of damning or the state of being damned, लानत-मलामत, कोसाकाटी, छीछालेदर।

**damned** (डैम्ड्) *adj.* 1. accursed, अभिशप्त, शापित। 2. damnable, निंदनीय, बुरा। *adv.* extremely, अत्यधिक।

**damning** (डैम्´-इंग्) *adj.* bad, बुरा।

**damp** (डैम्प्) *adj.* slightly wet, moist. नम, आर्द्र, सीलन-भरा। *n.* moisture, नमी, आर्द्रता, सीलन।

**dampen** (डैम्´-पॅन्) *v.* (dampened, dampening) 1. to make or become damp, नम करना या होना। 2. to decrease or depress, घटाना, दबाना, जोश ठंडा करना।

**dampness** (डैम्प्´-निस्) *n.* the state of being damp, नमी, आर्द्रता।

**damp-proof** (डैम्प्´-प्रूफ़्) *n.* a substance that resists dampness, सीलनरोधी पदार्थ।

**damsel** (डैम्´-ज़ॅल्) *n.* a young woman or girl, युवती, किशोरी।

**dance** (डैन्स्, डान्स्) *v.* to move the feet and body rhythmically, नाचना, नृत्य करना, नर्तन करना। *n.* a set of rhythmic steps and motions, नाच, नृत्य, डांस।

**dancer** (डैन्स्´-अॅ:, डान्स्´-अॅ:) *n.* one who is expert in dancing, नर्तक/नर्तकी।

**dancing girl** (डैन्´-सिंग्-ग:ल्) *n.* a girl whose profession is dancing, नर्तकी, नाचनेवाली।

**dandle** (डैन्´-डॅल्) *v.* to move a small child up and down in one's arms or on one's knees. छोटे बच्चे को बाँहों में या घुटनों पर उछालना।

**dandruff** (डैन्´-ड्रफ़्) *n.* small particles of dead skin shed from the scalp, रूसी।

**dandy** (डैन्´-डी) *n.* one who pays excessive attention to the smartness of his appearance and clothes, छैला, बाँका, बना-ठना, छबीला, छैल-छबीला। *adj.* very good or fine, बहुत बढ़िया, उत्कृष्ट।

**Dane** (डेन्) *n.* an inhabitant of Denmark. डेनमार्क (देश) का निवासी।

**danger** (डेन्´-जॅ:) *n.* 1. exposure to evil, injury or pain, peril, संकट, ख़तरा। 2. a thing that causes this, ख़तरा। Illiteracy is a danger to democracy, निरक्षरता लोकतंत्र के लिए एक ख़तरा है।

**dangerous** (डेन्´-जॅ-रॅस्) *adj.* causing danger, alarming, ख़तरनाक, भयंकर।

**dangerously** (~ -ली) *adv.* alarmingly, perilously, ख़तरनाक ढंग से।

**dangle** (डैङ्ग्´-गॅल्) *v.* (dangled, dangling) 1. to hang or cause to hang loosely, लटकना या लटकाना, झूलना या झुलाना। 2. to hold in suspense, झुलाए / लटकाए रखना।

**Danish** (डे´-निश्) *adj.* 1. of Denmark or the Danes. डेनमार्क देश या डेनमार्कवासियों

से संबद्ध। 2. of the language of Denmark, डेनमार्क की भाषा से संबद्ध।

**dapper** (डैप्´-अॅ:) ***adj.*** 1. neat and smart in dress and appearance, बना-ठना, बाँका। 2. small and nimble, छोटा मगर चुस्त, फुर्तीला।

**dapple** (डैप्´-अॅल्) ***v.*** to mark with spots, चित्तियाँ डालना, चितकबरा बनाना।

**dare** (डेंअॅ:) ***v.*** 1. to be courageous enough to try (to do something), हिम्मत पड़ना, हौसला होना, धृष्टता करना। 2. to challenge someone to do something requiring boldness, ललकारना, चुनौती देना। 3. to take the risk of, जोखिम उठाना। 4. to face as a danger, सामना करना। □ **I dare say,** बहुत संभव है कि...... । ***n.*** a challenge, चुनौती, ललकार।

**daredevil** (डेंअॅ:´-डेंव्-इल्) ***n.*** a person who is recklessly bold, दुस्साहसी, बेधड़क, निर्द्वंद्व।

**daring** (डेंअॅर्(-इंग्) ***adj.*** 1. bold, fearless, निर्भीक, अतिसाहसपूर्ण। 2. adventurous, जोखिमी, दिलेर। ***n.*** boldness, courage, rudness, साहस, दिलेरी, धृष्टता।

**dark** (डा:क्) ***adj.*** 1. lacking light, अँधेरा, अंधकारपूर्ण; dark night, अँधेरी रात। 2. lacking brightness, काला। 3. not fair, काला, साँवला। 4. having dark skin or hair, काली त्वचा या काले बालोंवाला। 5. gloomy, dismal, उदास, विषादपूर्ण। 6. secret, mysterious, गुप्त, रहस्यपूर्ण। 7. evil, sinister, बुरा, दूषित। 8. not known, अज्ञात। ***n.*** 1. absence of light, अँधेरा, अंधकार। 2. night or nightfall, रात्रि या संध्या। 3. a dark colour, काला रंग। 4. want of knowledge, ignorance, अज्ञान। □ **in the dark,** अँधेरे में।

**Dark Ages** ***n.*** unenlightened period in our history, अंधकार युग।

**darken** (डा:´-कॅन्) ***v.*** 1. to become dark, काला होना। 2. to make dark, काला करना।

**dark horse** ***n.*** a competitor about whom little is known before the contest but who wins it, छिपा रुस्तम।

**darkish** (डा:´-किश्) ***adj.*** rather dark, काला-सा, कुछ-कुछ काला।

**darkness** (डा:क्´-निस्) ***n.*** the absense of light, अँधेरा।

**darkroom** (डा:क्´-रूम्) ***n.*** a closed room in which photographs are processed, बंद कमरा, अँधेरा कमरा, डार्करूम।

**darling** (डा:´-लिंग्) ***adj.*** beloved or pleasing, प्यारा, प्रिय, चहेता। ***n.*** a dearly loved person, प्रिय/प्रिया, चहेता/चहेती।

**darn** (डा:न्) ***v.*** to mend by weaving thread across a hole, रफ़ू करना।

**dart** (डा:ट्) ***n.*** 1. a small pointed arrowlike missile, शर, नुकीला तीर, छोटा भाला, बर्छी या कोई अन्य नोंकदार शस्त्र। 2. anything resembling a dart, तीरनुमा वस्तु। ***v.*** 1. to throw a dart at target, तीर को लक्ष्य पर फेंकना। 2. to move suddenly, तेज़ी से चल या निकल जाना। 3. to send or throw out rapidly, फेंकना, डालना।

**dartboard** (डा:ट्´-बो:ड्) ***n.*** a board used as a target in the game of darts, वह तख़्ती जिसपर तीर फेंकते हैं, लक्ष्यपटल।

**darts** (डा:ट्स्) ***n.*** a game in which darts are thrown at a target, एक खेल जिसमें तीर लक्ष्य पर फेंकते हैं।

**darwinism** (डा:´-वॅ्-निज़्-अॅम्) ***n.*** a theory of biological evolution, जैव विकास का सिद्धांत, डारविनवाद, जैव-विकासवाद।

**dash** (डैश्) ***v.*** 1. to hurl or throw violently, फेंक देना। 2. to rush, तेज़ी से आगे बढ़ना या दौड़ पड़ना। 3. to knock against, टकरा जाना, भिड़ जाना। 4. to break or smash, तोड़-फोड़ देना, छिन्न-भिन्न या नष्ट कर देना; Our hopes were dashed. हमारी आशाएँ छिन्न-भिन्न हो गईं। 5. to perform or write hastily, जल्दी-जल्दी लिखना या कोई काम करना। 6. to splash, छपछप करना, छपछपाना। 7. to mix or admix, मिश्रित करना, पुट देना। ***n.*** 1. a short rapid run, दौड़। 2. anything used in a small quantity to give flavour, पुट। 3. vigour, उत्साह, जोश। 4. a violent stroke or blow, तीव्र आघात, टक्कर। 5. the sound of splashing, छपछप। 6. the punctuation mark (—) रेखिका, डैश। 7. a long signal in a telegraphic code, तार भेजने में प्रयुक्त लंबा चिह्न या संकेत।

**dashing** (डैश्´-इंग्) *adj.* spirited, bold, अत्यंत साहसी, जोशीला, फुर्तीला, दिलेर, उतावला।

**dastard** (डैस्´-टॅ:ड्) *n.* a coward person, भग्गू, दब्बू, भीरु या कायर व्यक्ति।

**dastardly** (~ ली) *adj.* treacherously cowardly, कायरतापूर्ण।

**data** (डे´-टॅ, डा:´-टॅ) *n.* 1. facts and observations collected for discussion or study, आधार-सामग्री, डाटा; data collection, आधार-सामग्री संग्रह; data bank, आँकड़ा बैंक, आधार-सामग्री रखने का स्थान; data base आँकड़ा संचय। 2. numerical information, आँकड़ा।

**data processing** *n.* analysis of information, आधार-सामग्री का विश्लेषण।

**date**[1] (डेट्) *n.* 1. a specified or precise day of the month, तारीख़, दिनांक, तिथि। 2. the period to which something belongs, युग। 3. an appointment with the opposite sex for a particular time, पर-पुरुष या पर-स्त्री से मिलने का समय, मिलन-तिथि। 4. the person of the opposite sex with whom the appointment is made, मिलने-वाला प्रेमी या प्रेमिका। □ **out of date,** पुराना, अनद्यतन; **to date,** आज तक; **up-to-date,** अद्यतन। *v.* (dated, dating) 1. to mark with a date, to put a date, तारीख़ डालना। 2. to make or have a date with, किसी से मिलने का वायदा करना अथवा किसी निश्चित तारीख़ को किसी से मिलना।

**date**[2] (डेट्) *n.* the fruit of the date palm, खजूर।

**dated** (डे´-टिड्) *adj.* 1. marked with a date, दिनांकित। 2. old fashioned, पुराना।

**dateless** (डेट्´-लिस्) *adj.* 1. having no date, बिना तारीख़ का, तिथिविहीन। 2. good or interesting regardless of age, नित्य नया लगने या रहनेवाला।

**date palm** *n.* a tree well known for its sweet edible fruit, खजूर।

**date stamp** *n.* a rubber stamp for recording the date, तारीख़ डालने की मोहर।

**dating** (डेट्´-इंग्) *n.* 1. assessment of a date or period, काल-निर्धारण, तिथि-निर्धारण। 2. social engagements with the opposite sex on appointment, पर-स्त्री या पर-पुरुष से निर्धारित तिथि को होनेवाला मिलन।

**dative** (डे´-टिव्) *adj.* designating or belonging to the indirect object of the verb, संप्रदानकारक-संबंधी, गौण कर्म-संबंधी; dative case, संप्रदानकारक।

**datum** (डे´-टम्) *n.* plu. of data, आधार-सामग्री।

**daub** (डा:ब्) *v.* to cover or smear with mud, paint, etc., पोतना, लीपना।

**daughter** (डा:´-टॅ:) *n.* a female child, बेटी।

**daughter-in-law** (डा´:-टॅ:-इन्-ला:) *n.* (plu. daughters-in-law) son's wife, बहू।

**daunt** (डा:न्ट्) *v.* 1. to intimidate, डाँटना, फटकारना, दहलाना। 2. to discourage, हतोत्साहित करना।

**dauntless** (डा:न्ट्´-लिस्) *adj.* fearless, निडर।

**dauntlessly** (~-ली) *adv.* fearlessly, निर्भय होकर, निर्भीकता से, बेखौफ़।

**dawdle** (डा:´-डॅल्) *v.* to waste (time, समय) बरबाद करना।

**dawn** (डा:न्) *n.* 1. daybreak, भोर, प्रभात, उषा-काल। 2. the beginning, श्रीगणेश, सूत्रपात, प्रारंभ। *v.* (dawned, dawning) 1. to begin to grow light in the morning, भोर होना, पौ फटना। 2. to come into existence, अस्तित्व में आना।

**day** (डे) *n.* 1. the time during which the sun is above the horizon, दिन। 2. the time for one rotation of Earth, a period of twenty four hours, दिवस, दिन। 3. the portions of the day devoted to work, कार्य-दिवस, दिन। □ **call it a day,** दिन का काम ख़त्म करना; **day by day,** दिन-प्रतिदिन, रोज़ाना; **day in day out,** लगातार, निरंतर; **day-to-day,** दिन-प्रतिदिन का।

**daybook** (डे´-बुक्) *n.* a journal in which daily transactions are recorded, रोकड़।

**daybreak** (डे´-ब्रेक्) *n.* dawn, भोर।

**daydream** (डे´-ड्रीम्) *n.* idle or pleasant thought, दिवास्वप्न। *v.* to have day-dreams, दिवास्वप्न देखना, हवाई किले बनाना।

**daylight** (डे´-लाइट्) *n.* 1. the light of day, दिन की रोशनी, सूर्य की रोशनी; in broad daylight, दिनदहाड़े। 2. dawn, भोर।

**daze** (डेज़्) *v.* 1. to stun, चौंका देना। 2. to dazzle, चौंधिया देना।

**dazzle** (डैज़्´-अॅल्) *v.* 1. to overpower with intense light, चौंध उत्पन्न करना, चौंधिया देना। 2. to become overpowered with intense light, चौंधिया जाना। 3. to amaze or be-wilder, चौंक उठना या चौंका देना, आश्चर्य-चकित हो जाना या कर देना। *n.* 1. a dazzl-ing light, चकाचौंध। 2. pomp and show, तड़क-भड़क।

**D.D.T.** (डी.´डी.´टी.´) *n.* an insecticide, एक कीटाणुनाशक पदार्थ।

**dead** (डॅड्) *adj.* 1. no longer alive, मृत, मरा हुआ। 2. lifeless, निर्जीव, निष्प्राण। 3. no longer active or functioning, निष्क्रिय; dead key निष्क्रिय कुंजी। 4. inanimate, जड़। 5. no longer in use, अप्रचलित, पुराना। 6. lacking in freshness or vitality, बेदम, बेजान। 7. complete, पूर्ण; dead silence, पूर्ण शांति, dead slow, बिल्कुल धीरे; dead weight, कुल भार। 8. lacking current, जिसमें करेंट न हो, धाराविहीन। *adv.* 1. com-pletely, पूरा-पूरा। 2. directly, सीधे। *n.* 1. a dead person, मृत व्यक्ति, मृतक। 2. a period of great intensity, चरमावस्था; in the dead of winter, घोर सर्दी के दिनों में; □ **at the dead of night,** आधी रात के सन्नाटे में।

**deaden** (डॅड्´-अॅन्) *v.* to make or become less intense or lively, धीमा करना या होना, मंद कर देना या पड़ जाना।

**dead end** (डॅड्´-ऍन्ड्) *n.* 1. the closed end of a passage, बंद सिरा। 2. a blind alley, बंद गली।

**dead letter** *n.* an unclaimed or undelivered letter, ऐसा पत्र जिसके पानेवाले तथा भेजने-वाले का कुछ पता न चला हो, मृतपत्र, बेपता चिट्ठी।

**dead letter office** *n.* an office in which unclaimed or undelivered letters are kept, पुनः प्रेषण केंद्र, बेपता चिट्ठियों का दफ़्तर।

**deadline** (डॅड्´-लाइन्) *n.* a time-limit by which something must be done, अंतिम समय-सीमा, आख़िरी तारीख़।

**deadlock** (डॅड्´-लॉक्) *n.* a complete stand-still between the two negotiating parties, जिच, गतिरोध, गत्यावरोध। *v.* to come to a deadlock, गतिरोध उत्पन्न होना।

**dead loss** *n.* complete loss, पूर्ण क्षति।

**deadly** (डॅड्´-ली) *adj.* 1. causing death, जानलेवा, प्राणांतक; deadly enemy, जानी दुश्मन। 2. likely to cause death, fatal, घातक। 3. deadlike, मृतक सदृश; deadly silence, श्मशान की चुप्पी। 4. destructive, विनाशक। 5. effective or serious, प्रभावी, गंभीर, घोर। *adv.* 1. so as to suggest death, मृतवत्, मुर्दे की तरह। 2. extremely, अत्यधिक।

**deadly sins** *n.* (plu.) the seven deadly sins, सात महापातक।

**deadwood** (डॅड्´-वुड्) *n.* 1. dead tree or branch, सूखा-सड़ा पेड़ या लकड़ी। 2. any-thing burdensome or superfluous, फ़ालतू या बोझिल वस्तु। 3. a useless person, बेकार या निकम्मा आदमी।

**dead work** *n.* forced labour, बेगार।

**deaf** (डॅफ़्) *adj.* 1. unable to hear, wholly or partly without the sense of hearing, बहरा, ऊँचा सुननेवाला, बधिर। 2. unwilling or refusing to listen, न सुननेवाला, उदासीन या बेपरवाह। □ **turn a deaf ear to,** अनसुनी कर देना।

**deafen** (डॅफ़्´-अॅन्) *v.* to make deaf, बहरा बना देना।

**deafening** (डॅफ़्´-अॅन्-इंग्) *adj.* making deaf by a loud noise, बहरा कर या बना देनेवाला।

**deaf-mute** (डॅफ़्´-म्यूट्) *n.* mute as well as deaf, गूँगा-बहरा, मूक-बधिर।

**deafness** (डॅफ़्´-निस्) *n.* the state of being deaf, बहरापन, बधिरता।

**deal**[1] (डील्) *v.* (dealt, dealing) 1. to distribute, बाँटना; to deal cards, पत्ते बाँटना। 2. to give or inflict, देना, लगाना, मारना। 3. to do business, to trade, सौदा करना, लेन-देन करना। 4. to treat, व्यवहार करना। ☐ **deal in,** व्यापार करना। *n.* 1. the act of dealing, व्यवहार, बरताव। 2. cards deal in the card game, बाँट। 3. a business transaction, सौदा, लेन-देन। 4. treatment, व्यवहार। ☐ **a big deal,** महत्त्वपूर्ण व्यक्ति या वस्तु; **a good or great deal,** बहुत बड़ी मात्रा या प्रचुरता।

**deal**[2] *n.* a plank, पटरा, तख़्ता।

**dealer** (डी´-लॅ:) *n.* 1. one who buys and sells goods, व्यापारी, व्यवसायी, डीलर। 2. one who deals the card, पत्ते बाँटनेवाला।

**dealership** (डी´-लॅ:-शिप्) *n.* the state of being appointed as a dealer, डीलरशिप।

**dealings** (डी´-लिंग्स्) *n.* 1. trade relations, लेन-देन, व्यापारिक संबंध। 2. a person's conduct, आचरण, व्यवहार, बरताव।

**dealt** (डॅल्ट्) *v.* p.t. of deal.

**dean** (डीन्) *n.* the head of a faculty, संकायाध्यक्ष।

**dear** (डिअॅ:) *adj.* 1. beloved, much loved, प्रिय, प्यारा। 2. esteemed, आदरणीय। 3. costly, महँगा। 4. precious, बहुमूल्य। *n.* a darling, प्रिया या प्रियतम, प्राणप्रिया या प्राणनाथ। *adv.* dearly, ऊँचे मूल्य पर।

**dearly** (डिअॅ:´-ली) *adv.* 1. fondly, heartily, दिल से, हृदय से। 2. at a high price, ऊँचे मूल्य पर।

**dearness** (डिअॅ:´-निस्) *n.* the state of being dear or high-priced, प्रेम, स्नेह; महँगाई।

**dearness allowance** *n.* allowance paid to meet a rise in the cost of living, महँगाई भत्ता।

**dearth** (डः:थ्) *n.* an inadequate amount, paucity, scarcity, कमी, अभाव, टोटा।

**death** (डॅथ्) *n.* 1. the act of dying, the end of life, मौत, मृत्यु; death anniversary, बरसी, पुण्यतिथि। 2. termination, extinction, अंत, समाप्ति। ☐ **at death's door,** मृत्यु के सन्निकट, मरणासन्न; **do or put to death,** जानबूझकर मार डालना।

**deathbed** (डॅथ्´-बॅड्) *n.* 1. the bed on which a person dies or is dying, मृत्युशय्या। 2. one's last hours of life, अंतिम वेला।

**deathblow** (डॅथ्´-ब्लो) *n.* a blow that causes death, जानलेवा वार या आघात, घातक प्रहार।

**death certificate** *n.* a certificate showing the time and cause of a person's death, मृत्यु-प्रमाणक।

**death duty** *n.* a tax on property inheritance, मृत्युकर।

**deathless** (डॅथ्´-लिस्) *adj.* immortal, everlasting, अमर, कभी न मरनेवाला।

**deathly** (डॅथ्´-ली) *adj. & adv.* like death, resembling death, मृत्युसदृश, मृत्युतुल्य।

**death rate** *n.* the ratio of deaths per thousand in a specified area, मृत्यु-दर।

**death rattle** *n.* a gurgling sound made by a dying person, घटका, घर्रा।

**death roll** *n.* a list of persons killed in a particular event, मृतक-सूची।

**death trap** (डॅथ्´-ट्रैप्) *n.* 1. a dangerous place, ख़तरनाक जगह, मौत का मुँह। 2. an unsafe place, असुरक्षित स्थान।

**death warrant** *n.* the order for a criminal's execution, फाँसी का परवाना, फाँसी का आदेश।

**deathwatch** (डॅथ्´-वॉच्) *n.* a vigil kept beside a dying or dead person, मरणासन्न व्यक्ति या मृतक की देख-रेख।

**debacle** (डि-बा´-कॅल्) *n.* 1. a sudden downfall or ruin, आकस्मिक पतन या विनाश। 2. a rout or collapse, घोर या शर्मनाक पराजय।

**debar** (डि-बा:´) *v.* (debarred, debarring) 1. to bar from entrance, प्रवेश न करने देना, रोकना। 2. to prohibit, मना करना। 3. to exclude, निकाल देना या वंचित रखना।

**debarment** (डि-बा:´-मॅन्ट्) *n.* the act of debarring, रोक; विवर्जन; वंचन।

**debase** (डि-बेस्´) *v.* 1. to lower in quality or value, गुणवत्ता या महत्त्व गिरा या कम कर देना, दूषित कर देना। 2. to adulterate, अपमिश्रित करना, मिलावट करना। ☐ **debase**

D

**oneself,** भ्रष्ट होना, नीचा देखना, गिरना।

**debased** (डि-बेस्ड्´) *adj.* depraved, low, पतित, भ्रष्ट, नीच, गिरा हुआ।

**debatable** (डि-बे´-टॅ-बॅल्) *adj.* arguable, open to dispute, विवादास्पद, विवादग्रस्त।

**debate** (डि-बेट्´) *n.* a formal discussion, बहस, वाद-विवाद, विचार-विमर्श। *v.* 1. to discuss or deliberate upon, बहस करना, वाद-विवाद करना। 2. to consider, विचार करना, सोचना-विचारना।

D

**debater** (डि-बे´-टॅ:) *n.* a person skilled in argument, बहस करनेवाला, वाद-विवाद में कुशल।

**debating society** *n.* a group formed to practice debating, वाद-विवाद गोष्ठी।

**debauch** (डि-बा:च्´) *v.* to corrupt morally, नीतिभ्रष्ट कर देना, पथभ्रष्ट करना; अय्याश, लंपट या असंयमी बना देना।

**debauchee** (डि-बा:´-ची) *n.* a debauched person, चरित्रभ्रष्ट व्यक्ति, लंपट, व्यभिचारी।

**debauchery** (डि-बा:´-चॅ-री) *n.* indulgence in immoral pleasures, लंपटता, विषयासक्ति।

**debenture** (डि-बेंन्´-चॅ:) *n.* a certificate acknowledging indebtedness for money lent and guaranteeing repayment with interest, डिबेंचर, ऋणपत्र।

**debilitate** (डि-बिल्´-इ-टेट्) *v.* to weaken, कमज़ोर या निर्बल करना।

**debility** (डि-बिल्´-इ-टी) *n.* weakness, feebleness, कमज़ोरी, निर्बलता, अशक्तता।

**debit** (डेंब्´-इट्) *n.* an item of debt recorded in an account, उधार खाते की प्रविष्टि, किसी के नाम डाली जानेवाली रकम; debit balance, नामे शेष; debit side, नामे पक्ष। *v.* to enter a debit in an account, नामे डालना।

**debitable** (डेंब्´-इट्-अॅ-बॅल्) *adj.* that can be debited, नामे डालने योग्य, नामे-योग्य।

**debrief** (डी-ब्रीफ़्´) *v.* to question to know something about a mission, किसी अभियान की जानकारी लेना।

**debris** (डॅ-ब्री´) *n.* ruins, मलबा, खंडहर।

**debt** (डेंट्) *n.* 1. something owed to someone else, कर्ज़, ऋण, उधार। 2. the state of owing something, ऋण, देनदारी, आभार।

**debtor** (डेंट्´-अॅ:) *n.* one who is indebted to another, ऋणी, कर्ज़दार।

**debunk** (डी-बंक्´) *v.* to ridicule (someone's claim or theory, किसी के दावे या सिद्धांत की) खिल्ली उड़ाना।

**debut** (डे-ब्यू´) *n.* 1. one's first appearance as a performer, मंच पर होनेवाली पहली उपस्थिति। 2. a person's first performance, पहला (मंचीय) प्रदर्शन, पहला अभिनय। 3. first attempt, पहला प्रयास। 4. the beginning of career, धंधे का श्रीगणेश।

**debutante** (डेंब्´-यु-टान्ट्) *n.* a young woman making her first appearance in society, किसी उत्सव या समारोह में पहली बार सम्मिलित होनेवाली युवती, नवोदित तारिका।

**decade** (डेंक्´-एड्) *n.* 1. a period of ten years, दशक। 2. a set of ten, दस का समूह।

**decadence** (डेंक्´-अॅ-डॅन्स्) *n.* decline, deterioration, अवनति, गिरावट, ह्रास।

**decadent** (डेंक्´-अॅ-डॅन्ट्) *adj.* deteriorating in standard, जिसमें गिरावट आ रही हो, ह्रासोन्मुखी, अपकर्षी।

**decagon** (डेंक्´-अॅ-गॉन्) *n.* a geometrical figure with ten sides, दशभुज।

**decagram** (डेंक्´-अॅ-ग्रैम्) *n.* ten grams, दस ग्राम।

**decal** (डी´-कैल्) *n.* a picture or design transferred from paper to other material. कागज़ पर छपा वह चित्र जो चिपकाकर किसी अन्य वस्तु पर उतारा जा सके, डीकल, उतारा चित्र।

**decamp** (डि-कैम्प्´) *v.* 1. to leave the camp, शिविर छोड़ देना। 2. to go away secretly, खिसक जाना, चंपत होना।

**decant** (डि-कैन्ट्´) *v.* to pour a liquid, wine etc. from one container to another without disturbing any sediment, निथारना।

**decanter** (डि-कैन्´-टॅ:) *n.* a container filled with decanted wine, निथारी हुई शराब की बोतल।

**decapitate** (डि-कैप्´-इ-टेट्) *v.* to cut off the head, to behead, सिर काट देना, सिर

उड़ा देना।

**decapitation** (डि-कैप्-इ-टे´-शॅन्) ***n.*** the act of decapitating or the state of being decapitated, शिरच्छेदन, शीर्षोच्छेदन।

**decay** (डि-के´) ***v.*** 1. to rot, सड़ जाना, सड़-गल जाना। 2. to lose strength, health etc., क्षय होना, क्षीण हो जाना। 3. to fall, पतन होना। ***n.*** 1. rot, सड़न, सड़ाव। 2. fall, क्षय, ह्रास, पतन।

**decease** (डि-सीस्´) ***n.*** death, निधन, मृत्यु। ***v.*** to die, मृत्यु हो जाना।

**deceased** (डि-सीस्ड्´) ***adj.*** dead, मृत, मृतक।

**deceit** (डि-सीट्´) ***n.*** 1. the act of deceiving, छल, धोखा, कपट। 2. a trick, चाल, चालाकी।

**deceitful** (डि-सीट्´-फुल्) ***adj.*** 1. full of deceit, fraudulent, धोखेबाज़। 2. dishonest, बेईमान।

**deceitfully** (डि-सीट्´-फ़ुल्-ई) ***adv.*** in a deceitful manner, dishonestly, छल से, धूर्ततापूर्वक, बेईमानी से।

**deceive** (डि-सीव्´) ***v.*** 1. to cause a person to believe something that is false, छल करना, कपट करना, धोखा या चालाकी करना, धोखा देना। 2. to be sexually unfaithful to, विश्वासघात करना, दगा देना। 3. to mislead, बहकाना।

**decelerate** (डी-सेॅल्´-अॅ-रेट्) ***v.*** to slow down, धीमा करना।

**December** (डि-सेॅम्´-बॅः) ***n.*** the twelfth month of the year, दिसंबर।

**decency** (डी´-सॅन्-सी) ***n.*** (plu. decencies) 1. the quality of being decent, शालीनता, मर्यादापालन, शिष्टता। 2. respectability, कुलीनता, बड़ाई। 3. beauty, सौंदर्य, अच्छाई। 4. (plu.) **the decencies,** proprieties, etiquette, decorum, शिष्टाचार।

**decent** (डी´-सॅन्ट्) ***adj.*** 1. conforming to the standards of propriety, उपयुक्त, उचित, शालीन, मर्यादापूर्ण, शिष्ट। 2. kind, generous, भला, शरीफ़, सुशील। 3. quite good, अच्छा, ठीक। 4. respectable, आदरणीय। 5. not causing shame or shock to others, शालीन, शालीनतापूर्ण, मर्यादित।

**decentralization** (डी-सेॅन्-ट्रॅ-लि-ज़े´-शॅन्) ***n.*** the act of decentralizing, विकेंद्रीकरण।

**decentralize** (डी-सेॅन्-ट्रॅ-लाइज़्) ***v.*** to distribute the central power to smaller units, (सत्ता का) विकेंद्रीकरण करना, विकेंद्रित करना।

**decentralized** (डी-सेॅन्´-ट्रॅ-लाइज़्ड्) ***adj.*** that has been decentralized, विकेंद्रित।

**deception** (डि-सेॅप्´-शॅन्) ***n.*** 1. the act of deceiving or the state of being deceived, छल, कपट, धोखा, दगा। 2. something that deceives, भ्रम, धोखा।

**deceptive** (डि-सेॅप्´-टिव्) ***adj.*** likely or intended to deceive, misleading, छलपूर्ण, भ्रामक, भ्रांतिपूर्ण।

**deceptively** (डि-सेॅप्´-टिव्-ली) ***adv.*** in a deceptive manner, छल से, कपटपूर्वक, धोखे से।

**deci** (डेॅस्´-ई) ***prefix.*** one-tenth, दशमांश।

**decide** (डि-साइड्´) ***v.*** 1. to come to a decision, to make up one's mind, निश्चय पर पहुँचना, निश्चित होना। 2. to make a decision, निश्चय या फ़ैसला करना।

**decided** (डि-साइ´-डिड्) ***adj.*** 1. determined, निश्चित, सुनिश्चित। 2. clear, स्पष्ट।

**decidedly** (डि-साइ´-डिड्-ली) ***adv.*** in decided manner, निश्चय ही, निश्चित रूप से।

**deciding** (डि-साइ´-डिंग्) ***adj.*** that decides, निर्णायक; deciding vote, निर्णायक मत।

**decigram** (डेॅस्-इ-ग्रैम्) ***n.*** one-tenth of a gram, डेसीग्राम।

**decilitre** (डेॅस्´-इ-ली-टॅः) ***n.*** one-tenth of a litre, डेसीलीटर।

**decimal** (डेॅस्´-इ-मॅल्) ***adj.*** relating to or using powers of ten, दाशमिक, दशमलव। ***n.*** a decimal fraction, दशमलव भिन्न।

**decimal point** ***n.*** a point or period placed at the left of a decimal, दशमलव बिंदु।

**decimal system** ***n.*** a system of weights, measures etc. having a base of ten and each unit ten times that immediately below it, दशमलव पद्धति, दाशमिक पद्धति। ☐ **go decimal,** दाशमिक पद्धति अपनाना।

**decimetre, decimeter** (डेॅस्(-इ-मी-टॅः) ***n.*** one-tenth of a metre, डेसीमीटर।

D

**decipher** (डि-साइ´-फ़ः) *v.* to make out the meaning of something obscure or illegible, अस्पष्ट या दुरूह लेख का अर्थ लगाना।

**decipherable** (डि-साइ´-फ़र्-अ‍ॅ-बॅल्) *adj.* that can be deciphered, पढ़े जाने योग्य।

**decision** (डि-सिज़्´-अ‍ॅन्) *n.* the act of deciding or something decided, निर्णय, फ़ैसला।

**decisive** (डि-साइ´-सिव्) *adj.* conclusive निर्णायक; decisive role, निर्णायक भूमिका।

**decisively** (डि-साइ´-सिव्-ली) *adv.* 1. conclusively, निर्णायक रूप से, निश्चित रूप से। 2. resolutely, संकल्पपूर्वक, दृढ़तापूर्वक।

**deck**[1] (डॅक्) *n.* 1. any of the platforms built into a vessel, डेक। 2. the ground, भूमि, ज़मीन।

**deck**[2] *v.* (decked, decking) 1. to dress up, वस्त्र धारण करना या कराना; to deck oneself out, सुंदर वेश-भूषा धारण करना। 2. to decorate, सजना या सजाना, सँवरना या सँवारना।

**deck chair** *n.* a folding chair, फ़ोल्डिंग चेअर, टुटवाँ कुर्सी, मोड़ाऊ कुर्सी।

**declaim** (डि-क्लेम्´) *v.* to speak loudly and with rhetorical effect, ज़ोरदार भाषण करना, आलंकारिक तथा भावपूर्ण शब्दावली का प्रयोग करना।

**declamatory** (डि-क्लैम्´-अ‍ॅ-टॅ-री) *adj.* loud and rhetorical, आलंकारिक तथा उच्च स्वर में होनेवाला।

**declarable** (डि-क्लेअ‍ॅर्´-अ‍ॅ-बॅल्) *adj.* that can be declared, घोषणा-योग्य, घोषणीय।

**declaration** (डॅक्-लॅ-रे´-शॅन्) *n.* the act of declaring or something declared, घोषणा, ऐलान; declaration of war, युद्ध-घोषणा।

**declaratory** (डि-क्ले-अ‍ॅ-रे-टॅ-री) *adj.* for or pertaining to declaration, घोषणापरक, घोषणात्मक।

**declare** (डि-क्लेंअ‍ॅः) *v.* 1. to announce openly and formally, घोषणा करना। 2. to state explicitly or firmly, साफ़-साफ़ बता देना, दृढ़तापूर्वक कहना। 3. to close the innings voluntarily, क्रिकेट के खेल में पाली की समाप्ति की घोषणा करना।

**declared** (डि-क्लेंअ‍ॅःड्´) *adj.* announced, घोषित।

**declension** (डि-क्लॅन्´-शॅन्) *n.* 1. the systematic inflection of nouns, pronouns, adjectives etc., व्याकरण में, रूपसाधन, रूपावली, रूप-संबंधी विकार। 2. a decline, अवनति, क्षय, पतन।

**declinable** (डि-क्लाइन्´-अ‍ॅ-बॅल्) *adj.* 1. capable of declension, विकारी। 2. tending to decline, जिसका क्षय या ह्रास हो।

**decline** (डि-क्लाइन्´) *v.* 1. to refuse to do or accept, अस्वीकार करना, इन्कार करना। 2. to slope downward, झुकना, ढलना। 3. to deteriorate gradually, क्रमशः ह्रास होना, क्षय होना, उतार पर होना, ह्रासमान। 4. to decrease, घटना, कम होना। *n.* 1. the process or result of declining, ह्रास, क्षय, अवनति, गिरावट, पतन। 2. a downward slope, ढाल, उतार।

**decoction** (डि-कॉक्´-शॅन) *n.* extraction of essence of medicinal substance got by boiling, काढ़ा, क्वाथ।

**decode** (डी-कोड्´) *v.* to convert from a code into plain language, कूट भाषा में लिखी हुई बात का अर्थ खोलना, अर्थापन करना, साधारण लिपि में लिखना।

**decompose** (डी-कॅम्-पोज़्´) *v.* 1. to separate into components or basic elements, अपघटित होना या करना। 2. to rot or cause to rot, गलना या गलाना, सड़ना या सड़ाना।

**decomposition** (डि-कॅम्-पॅ-ज़िश्´-अ‍ॅन्) *n.* the act of decomposing or the state of being decomposed, अपघटन, विघटन, सड़ाव, सड़न।

**decontrol** (डी-कॅन्-ट्रोल्´) *v.* (decontrolled, decontrolling) to release from control, नियंत्रण उठा या हटा लेना, विनियंत्रित कर देना। *n.* the act of decontrolling, विनियंत्रण, कंट्रोल का हटाया जाना।

**decorate** (डॅक्´-अ‍ॅ-रेट्) *v.* 1. to furnish with something attractive, सजाना, सजाना-सँवारना, अलंकृत या विभूषित करना। 2. to confer a medal or honour on, पदक

या सम्मान प्रदान करना।

**lecorated** (डॅक्´-अॅ-रे-टिड्) *adj.* furnished with something attractive, अलंकृत, सज्जित।

**lecoration** (डॅक्-अॅ-रे´-शॅन्) *n.* 1. the act of decorating, सजाने की क्रिया या भाव, सजाव, सजावट, सज्जा। 2. something that decorates, सजावट का सामान।

**ecorative** (डॅक्´-अॅ-रॅ-टिव्) *adj.* ornamental, आलंकारिक, सजावटी।

**ecorator** (डॅक्´-अॅ-रे-टॅ:) *n.* one who is expert in furnishings etc., डेकोरेटर, सजानेवाला, सजावट करनेवाला, सज्जा-निपुण।

**ecorous** (डॅक्´-अॅ-रॅस्) *adj.* decent, polite and dignified, मर्यादापूर्ण, शालीन, भद्र।

**ecorum** (डि-कोर्´-अॅम्) *n.* etiquette, propriety, मर्यादा, शालीनता, भद्रता।

**ecoy** (डी´-कॉइ) *v.* (decoyed, decoying) 1. to lure a game into a trap, प्रलोभन देना, चारा फेंकना। 2. to snare, जाल में फँसाना। *n.* 1. something used to lure, चारा, प्रलोभन। 2. a snare, फंदा, जाल। 3. a trained or artificial animal used to entice game, शिकार को लुभाकर फँसाने के लिए सधाया हुआ या कृत्रिम जानवर।

**crease** (डि-क्रीस्´) *v.* 1. to make shorter, smaller or less, छोटा करना, कम करना, घटाना। 2. to become shorter, smaller or less, छोटा या कम होना, घटना। *n.* 1. a reduction, कमी, घटती, घटाव। 2. the amount by which something has been diminished, कमी, कटौती।

**cree** (डि-क्री´) *n.* 1. an order having the force of law, आधिकारिक आदेश, अधिदेश हुक्म, फ़रमान। 2. the judgement of a court, डिक्री, डिगरी; decree for ejectment, बेदखली की डिक्री; decree for maintenance, भरण-पोषण की डिक्री। *v.* (decreed, decreeing) to pass a decree, अदालत का फ़ैसला, डिक्री करना, डिगरी करना।

**cree-holder** (डि-क्री´-होल्-डॅ:) *n.* a person in whose favour a decree has been passed, डिक्रीधारी।

**decrepit** (डि-क्रॅप्´-इट्) *adj.* 1. weakened by old age or illness, जर्जर, जीर्ण। 2. dilapidated, जीर्ण-शीर्ण, तहस-नहस, ध्वस्त।

**decry** (डि-क्राइ´) *v.* (decried, decrying) to speak ill of, बुराई या बदनामी करना।

**dedicate** (डॅड्´-इ-केट्) *v.* 1. to devote oneself or something (one's time, energy or life) to a special cause, समर्पित करना। 2. to devote something to the nation, लोकार्पण करना, उत्सर्ग करना, निछावर करना। 3. to address (a book etc.) to a person or his memory as a compliment, समर्पित करना, भेंट करना।

**D**

**dedicated** (डॅड्´-इ-केट्-इड्) *adj.* devoted to a particular cause, समर्पित, निष्ठावान, एकनिष्ठ।

**dedication** (डॅड्-इ-के´-शॅन्) *n.* 1. the act of dedicating or something dedicated, समर्पण; भेंट। 2. the whole-hearted devotion, समर्पण-भावना, निष्ठा।

**dedicator** (डॅड्´-इ-के-टॅ:) *n.* one who dedicates, समर्पक, समर्पणकर्ता।

**deduce** (डि-ड्यूस्´) *v.* to draw a conclusion from given facts, निष्कर्ष या परिणाम निकालना।

**deducible** (डि-ड्यू´-सि-बॅल्) *adj.* that can be deduced, निष्कर्ष निकालने के योग्य।

**deduct** (डि-डक्ट्´) *v.* to subtract, काट लेना, घटाना, कम करना, कटौती करना।

**deductible** (डि-डक्´-टि-बॅल्) *adj.* that can be deducted, घटाने या काट लेने के योग्य।

**deduction** (डि-डक्´-शॅन्) *n.* 1. the act of deducting or something deducted, कटौती, काटी जानेवाली रकम। 2. a logical conclusion reached by reasoning, तर्कसंगत निष्कर्ष, निगमन।

**deductive** (डि-डक्´-टिव्) *adj.* pertaining to a logical conclusion, निगमनात्मक, युक्तियुक्त।

**deed** (डीड्) *n.* 1. an act or feat, क्रिया, कार्य, करतब, कर्म; in thought, word and deed, मनसा वाचा कर्मणा। 2. a notable achievement, कारनामा, महत्त्वपूर्ण उपलब्धि। 3. a legal contract, विलेख, पट्टा, दस्तावेज; deed of partnership, साझेदारी विलेख।

**deem** (डीम्) *v.* 1. to consider, विचार करना, सोचना-विचारना, समझना। 2. to suppose, मानना, स्वीकार, करना, समझना; I deem it my duty, मैं इसे अपना कर्तव्य समझता हूँ। □ **deem highly of,** to have high opinion of, ऊँची धारणा होना, आदरभाव होना।

**deep** (डीप्) *adj.* 1. extending far down from a surface, गहरा, अथाह, गहन, अगाध। 2. extreme, intense, तीव्र, उत्कट, गंभीर। 3. low in pitch, resonant, मंद, मध्यम। 4. heart-felt, हार्दिक, हृदयस्पर्शी। 5. difficult to understand, गूढ़, दुर्बोध, गहन। 6. dark in shade, गहरा; deep red, गहरा लाल। □ **in deep waters,** बड़ी मुसीबत में, गहरे संकट में। *n.* deep place, गहरा स्थान, गड्ढा, खाई। *adv.* deeply (i) गहरे, गहराई में, (ii) दूर तक।

**deepen** (डी´-पॅन्) *v.* 1. to make deep or deeper, गहरा करना या बनाना। 2. to become deep, गहरा होना। 3. to make or become more intense, अधिक प्रचंड या तेज़ होना या करना, गहराना।

**deepness** (डीप्´-निस्) *n.* the quality or state of being deep, गहराई।

**deep-rooted** (डीप्´-रू-टिड्) *adj.* firmly established or held, गहरी जड़ोंवाला, अच्छी तरह जमा हुआ, दृढ़स्थित, गहरा पैठा हुआ।

**deep-seated** (डीप्´-सी-टिड्) *adj.* = deep-rooted.

**deer** (डिअॅ:) *n.* (plu. deer) a hoofed and swift-footed animal, हिरन।

**deerskin** (डिअॅ:´-स्किन्) *n.* 1. the skin of a deer, मृगछाला। 2. leather made from this skin, मृगचर्म।

**de-escalate** (डी-ऍस्´-कॅ-लेट्) *v.* to lessen the intensity of, तीव्रता या ज़ोर कम करना।

**deface** (डि-फ़ेस्´) *v.* to spoil the appearance or surface of, विरूपित करना, शक्ल बिगाड़ देना।

**defaced** (डि-फ़ेस्ड्´) *adj.* spoiled, विरूपित।

**defacement** (डि-फ़ेस्´-मॅन्ट्) *n.* the act of defacing or the state of being defaced विरूपण, विरूपता।

**de facto** (डी-फ़ैक्´-टो) *adv.* in fact or reality, वास्तव में, वस्तुतः, असल में, तथ्यतः। *adj* existing in fact or reality, वास्तविक।

**defalcate** (डी´-फ़ैल्-केट्) *v.* to misuse funds ग़बन करना।

**defalcation** (डी-फ़ैल्-के´-शॅन्) *n.* the act o defalcating or money defalcated, ग़बन।

**defamation** (डॅफ़्-अॅ-मे´-शॅन्) *n.* the act o defaming or the state or fact of bein defamed, मानहानि, निंदा, बुराई, कलंक।

**defamatory** (डि-फ़ैम्´-अॅ-टॅ-री) *adj.* of th nature of defamation, characterised b defamation, मानहानिकारक।

**defame** (डि-फ़ेम्´) *v.* to attack the goo name or reputation of, बदनाम करना, बुर या बदनामी करना, अपयश फैलाना या मानहा करना।

**default** (डि-फ़ा:ल्ट्´) *n.* a failure to act fulfil an obligation or legal requiremen चूक, व्यतिक्रम। □ **by default,** due non-appearance, अनुपस्थिति के कार अदमपैरवी के कारण।

**defaulter** (डि-फ़ा:ल्ट्´-अॅ:) *n.* one who cor mits a default, चूक करनेवाला, बाकीद दोषी, व्यतिक्रमी।

**defeat** (डि-फ़ीट्´) *v.* 1. to win victory ove to beat, पराजित करना, परास्त करना, हरा 2. to thwart, to frustrate, विफल होना करना। 3. to baffle, पस्त कर देना। *n.* 1. t act of defeating or the state of bei defeated, पराजय, हार। 2. a lost battle contest, हारी लड़ाई, हार।

**defeatism** (डि-फ़ीट्´-इज़्-अॅम्) *n.* the te dency to accept defeat too easi पराजयवाद, निराशावाद।

**defeatist** (डि-फ़ी´-टिस्ट्) *n.* one who e pects defeat too easily, पराजयवादी, स ही पराजय स्वीकार करनेवाला।

**defecate** (डॅफ़्´-अॅ-केट्) *v.* to empty bowels of waste matter, मल त्यागना, करना, हगना।

**defecation** (डेफ़्-अॅ-के´-शॅन्) *n.* the act of defecating, मलत्याग, शौच।

**defect** (डी´-फ़ेक्ट्) *n.* a shortcoming, flaw or blemish, त्रुटि, दोष, ख़राबी, कमी। *v.* to desert one's party and join another, दल-बदल करना।

**defection** (डि-फ़ेक्´-शॅन्) *n.* the act of defecting, दल-बदल, पक्षत्याग।

**defective** (डि-फ़ेक्´-टिव्) *adj.* having a defect, having a flaw, ख़राब, सदोष, दोषपूर्ण।

**defector** (डि-फ़ेक्´-टॅ:) *n.* one who leaves one's party and joins another, दल-बदलू, पक्षत्यागी।

**defence, defense** (डि-फ़ेन्स्´) *n.* 1. resistance against danger or attack, बचाव, रक्षा, सुरक्षा; defence forces, सेना के तीनों अंग; defence services, रक्षा-कर्मचारी। 2. protection of a country against an opponent, रक्षा, प्रतिरक्षा। 3. taking measures against the prosecutor's complaint, प्रतिवाद। 4. the proceedings by a defendant for defending himself in a law-suit, प्रतिवाद, प्रतिरक्षा। 5. one or more lawyers who defend someone in a court, सफ़ाई-पक्ष, बचाव-पक्ष।

**defenceless** (डि-फ़ेन्स्´-लिस्) *adj.* unable to defend himself, अरक्षित, असहाय।

**defence witness** *n.* a witness summoned on the request of defending party, प्रतिरक्षा साक्षी।

**defend** (डि-फ़ेन्ड्´) *v.* 1. to protect from attack, harm or danger, रक्षा या बचाव करना, सुरक्षा करना। 2. to try to preserve a title etc. in sports, रक्षा करना। 3. to uphold by argument in a law-suit, प्रतिवाद करना, सफ़ाई पेश करना।

**defendant** (डि-फ़ेन्´-डॅन्ट्) *n.* a person sued in a court of law, प्रतिवादी।

**defender** (डि-फ़ेन्ड्´-अॅ:) *n.* one who defends, प्रतिरक्षक।

**defensible** (डि-फ़ेन्´-सि-बॅल्) *adj.* that can be defended, रक्षणीय, रक्षा के योग्य।

**defensive** (डि-फ़ेन्´-सिव्) *adj.* intended for defence, रक्षात्मक, प्रतिरक्षात्मक; defensive war, रक्षात्मक युद्ध। ☐ **on the defensive,** in a position of defence, अपना बचाव करने में लगा हुआ, प्रतिरक्षा में लगा हुआ।

**defer** (डि-फ़ :´) *v.* (deferred, deferring) 1. to postpone, टालमटोल करना, विलंब करना, आस्थगित करना। 2. to yield, झुक जाना।

**deference** (डेफ़्´-अॅ-रॅन्स्) *n.* 1. compliance with the wishes of another, दूसरे की बात रख लेना, अनुपालन। 2. respect, regard, मान, सम्मान, आदर।

**deferred** (डि-फ़:ड्) *adj.* postponed, आस्थगित; deferred expenditure, आस्थगित व्यय; deferred payment, आस्थगित भुगतान।

**defiance** (डि-फ़ाइ´-अॅन्स्) *n.* 1. the act of defying, अवज्ञा, उल्लंघन। 2. bold resistence, ज़ोरदार विरोध।

**defiant** (डि-फ़ाइ´-अॅन्ट्) *adj.* 1. opposing or challenging, प्रतिरोध करनेवाला, चुनौती देनेवाला। 2. openly disobeying, खुल्लम-खुल्ला अवज्ञा करनेवाला।

**defiantly** (डि-फ़ाइ´-अॅन्ट्-ली) *adv.* in a defiant manner, प्रतिरोध के रूप में, अवज्ञा-पूर्वक, खुल्लमखुल्ला अवज्ञा करते हुए।

**deficiency** (डि-फ़िश्´-अॅन्-सी) *n.* want, lack, अभाव, कमी, न्यूनता, कसर।

**deficient** (डि-फ़िश्´-अॅन्ट्) *adj.* insufficient, wanting, न्यून, कमीवाला, अपूर्ण, त्रुटिपूर्ण।

**deficit** (डेफ़्´-इ-सिट्) *n.* 1. shortage, कमी। 2. the excess of liabilities over assets, घाटा; deficit budget, घाटे का बजट।

**defile**[1] (डि-फ़ाइल्´) *v.* (defiled, defiling) 1. to make dirty or filthy, गंदा या मैला कर देना। 2. to corrupt, भ्रष्ट कर देना। 3. to desecrate, अपवित्र कर देना, दूषित कर देना।

**defile**[2] (डि-फ़ाइल्´) *v.* to march in a single row, पंक्तिबद्ध होकर चलना या कूच करना। *n.* a narrow passage, तंग रास्ता, दर्रा, घाटी।

**defilement** (डि-फ़ाइल्´-मॅन्ट्) *n.* the act of defiling, अपवित्रीकरण, दूषण।

**definable** (डि-फ़ाइ´-नॅ-बॅल्) *adj.* that can be defined, जिसकी परिभाषा हो सके, परिभाष्य।

**define** (डि-फ़ाइन्´) *v.* 1. to give the definition of, परिभाषा करना, परिभाषित करना।

D

2. to outline clearly, to determine the end or limit, परिनिश्चित करना।

**definite** (डॅफ़्´-इॅ-निट्) ***adj.*** 1. having exact or distinct limits, निश्चित, नियत। 2. not vague, absolutely clear, असंदिग्ध, सुस्पष्ट, निश्चायक, निश्चयवाचक।

**definitely** (डॅफ़्´-इ-निट्-ली) ***adv.*** in a definite manner, निश्चित रूप से; definitely not, बिल्कुल नहीं।

**definition** (डॅफ़्-ई-निश्´-अॅन्) ***n.*** 1. the statement about the meaning of a word or term, परिभाषा, व्याख्या, निरूपण। 2. the action of determining the limits, परिनिश्चय।

**deflate** (डि-फ़्लेट्´) ***v.*** 1. to let the air or gas release from, हवा निकाल देना। 2. to collapse through the release of gas, फुस हो जाना। 3. to cause deflation of money, to reduce inflated prices, अवस्फीत करना, मुद्रास्फीति कम करना।

**deflation** (डि-फ़्ले´-शॅन्) ***n.*** the act of reducing the amount of money in circulation, अवस्फीति।

**deflationary** (डि-फ़्ले´-शॅ-नॅर्-ई) ***adj.*** causing or pertaining to deflation, अवस्फीत या महँगाई कम करनेवाला; deflationary tendency, अवस्फीति-प्रवृत्ति।

**deflect** (डि-फ़्लॅक्ट्) ***v.*** 1. to turn aside, मुड़ जाना, मुड़ना। 2. to cause to turn aside, मोड़ देना। 3. to go astray, पथभ्रष्ट या पथच्युत होना।

**deflection** (डि-फ़्लॅक्´-शॅन्) ***n.*** 1. a turn or curve, घुमाव, मोड़। 2. the act of going astray, विपथित होना, पथच्युति, विचलन।

**deflower** (डि-फ़्लाव्´-अॅ:) ***v.*** to deprive of virginity, कौमार्य भंग करना, कुमारी कन्या के साथ सहवास करना।

**defog** (डि-फ़ॉग्´) ***v.*** (defogged, defogging) to remove the fog from, कोहरा हटाना।

**defoliate** (डी-फ़ो´-लि-एट्) ***v.*** to strip off leaves, पत्रविहीन या पत्ररहित करना।

**defoliation** (डी-फ़ो-लि-ए´-शॅन्) ***n.*** the act of defoliating or the state of being defoliated, निष्पत्रण।

**deforest** (डी-फ़ॉर्´-इस्ट्) ***v.*** to cut down forests, वनों को नष्ट करना।

**deforestation** (डी-फ़ॉर्-इ-स्टे´-शॅन्) ***n.*** the act of deforesting or the state of being deforested, वनोन्मूलन, जंगल की कटाई।

**deform** (डि-फ़ॉ:म्´) ***v.*** to spoil the form of, विरूपित करना, शक्ल या रूप बिगाड़ देना, विकृत करना।

**deformation** (डि-फ़ॉ:-मे´-शॅन्) ***n.*** the act of deforming or the state of being deformed, विरूपण, विरूपता, विकृति।

**deformed** (डि-फ़ॉ:म्ड्´) ***adj.*** having spoiled figure or shape, विरूपित, विकृत, भोंडा।

**deformity** (डि-फ़ॉ:´-मि-टी) ***n.*** 1. the condition of being deformed, विरूपता, विकृति। 2. a deformed part of the body, विकृत अंग।

**defraud** (डि-फ्रा:ड्´) ***v.*** to take away by fraud, ठग लेना, झाँसा लेना, धोखा देना।

**defray** (डि-फ्रे´) ***v.*** (defrayed, defraying) to meet or pay out, भुगतान करना, चुकाना, देना।

**defrost** (डि-फ्रा:स्ट्´) ***v.*** to make free from ice, बर्फ़ गलाकर हटाना।

**deft** (डॅफ़्ट्) ***adj.*** adroit, skillful, कुशल, दक्ष, प्रवीण, सफ़ाई से काम करनेवाला।

**deftly** (डॅफ़्ट्´-ली) ***adv.*** skillfully, कुशलतापूर्वक, दक्षतापूर्वक, सफ़ाई से।

**deftness** (डॅफ़्ट्´-निस्) ***n.*** the quality of being deft, कुशलता, दक्षता, प्रवीणता।

**defunct** (डि-फ़ंक्ट्´) ***adj.*** 1. no longer functioning, no longer in existence or use, निष्क्रिय, निश्चेष्ट, अविद्यमान, अप्रचलित; defunct company, बंद कंपनी। 2. without life, lifeless, dead, निष्प्राण, निर्जीव, मृत।

**defuse** (डि-फ़्यूज़्´) ***v.*** 1. to remove the fuse of (a bomb etc.), फ्यूज़ हटा देना (ताकि बम फटे नहीं)। 2. to make calm, शांत करना।

**defy** (डि-फ़ाइ´) ***v.*** (defied, defying) 1. to refuse to obey, अवज्ञा करना, आज्ञा का उल्लंघन करना, कहना मानने से इन्कार करना। 2. to elude in a baffling way, कोई तरकीब कारगर न हो पाना, परेशान करना, तंग करना

The door defied all attempts to open it, दरवाज़ा किसी भी युक्ति से न खुला। 3. to challenge, चुनौती देना, ललकारना। 4. to resist successfully, सफलतापूर्वक प्रतिरोध करना।

**degenerate** (डि-जेंन्´-अॅ-रेट्) *v.* to deteriorate, to lose good qualities, पतन होना, गिरावट आना, अपभ्रष्ट होना।

**degeneration** (डि-जेंन्-अॅ-रे´-शॅन्) *n.* the process of degenerating or the state of being degenerated, अपकर्ष, पतन, गिरावट।

**degradation** (डेंग्-रॅ-डे´-शॅन्) *n.* the state of being degraded, पदावनति, अवनति, अधोगति।

**degrade** (डि-ग्रेड्´) *v.* 1. to reduce to a lower rank or position, पदावनत करना, दर्जा घटा देना, नज़रों से गिराना। 2. to debase, अधोगति या अवनति को प्राप्त होना, भ्रष्ट हो जाना, गिर जाना। 3. to corrupt, भ्रष्ट होना या करना।

**degrading** (डि-ग्रे´-डिंग्) *adj.* 1. causing degradation, पदावनत करनेवाला, अधोगति को प्राप्त करानेवाला, पतनमूलक। 2. shaming, लज्जाजनक। 3. humiliating, अवमानकारी।

**degree** (डि-ग्री´) *n.* 1. one of a series of steps or stages, क्रम, सोपान, कोटि, दर्जा। 2. an academic title or official rank, डिग्री, पदवी, उपाधि। 3. a unit of measurement, डिग्री, अंश, इकाई। 4. relative extent, आपेक्षिक सीमा। 5. the measure or amount of quality, attribute or action, मात्रा; degree of control, नियंत्रण की मात्रा। ☐ **by degrees,** (i) क्रमशः, धीरे-धीरे। (ii) थोड़ा-थोड़ा करके; **third degree,** क़ैदी से अपराध स्वीकार कराने के लिए उसे पुलिस द्वारा दी जानेवाली मानसिक अथवा शारीरिक यातना।

**dehumanize** (डी-ह्यू´-मॅ-नाइज़्) *v.* to deprive someone of human qualities, अमानवीय बना देना, मानवीय गुणों (दया, सहानुभूति आदि) से रहित करना, पशु या जानवर बना देना।

**dehydrate** (डी-हाइ´-ड्रेट्) *v.* to remove or lose water, निर्जल या जलरहित होना या करना, सुखाना, शुष्क करना।

**dehydration** (डी-हाइ-ड्रे´-शॅन्) *n.* the act of dehydrating or the state of being dehydrated, निर्जलीकरण।

**deify** (डी-इ-फ़ाइ´) *v.* (deified, deifying) 1. to treat as a god, ईश्वर या देवता के रूप में स्वीकार करना। 2. to make a god of, देवत्व प्रदान करना। 3. to worship, पूजा करना।

**deity** (डी´-इ-टी) *n.* (plu. deities) a god or goddess, देवता या देवी।

**deject** (डि-जेंक्ट्) *v.* to dishearten, हतोत्साहित करना, हताश करना, दिल तोड़ देना।

**dejected** (डि-जेंक्´-टिड्) *adj.* depressed, downhearted, खिन्न, उदास, निराश, हताश।

**dejection** (डि-जेंक्´-शॅन्) *n.* depression, lowness of spirits, उदासी, खिन्नता, निराशा।

**de jure** (डी-ज्यूर्´-ई) *adv.* according to law, by law, विधितः, कानूनन। *adj.* rightful, legal, कानूनी, वैध, विधिक, विधिसम्मत।

**dekagram** (डेंक्´-अॅ-ग्रैम्) *n.* ten grams, दस ग्राम।

**dekalitre** (डेंक्´-अॅ-ली-टॅः) *n.* ten litres, दस लीटर।

**dekametre** (डेंक्´-अॅ-मी-टॅः) *n.* ten metres, दस मीटर।

**delay** (डि-ले´) *v.* 1. to make or be late, देर करना, लगाना या होना, विलंब करना या होना। 2. to postpone, आस्थगित करना, टाल देना। *n.* 1. the act of delaying or the state of being delayed,देर, देरी, विलंब। 2. the period of time one is delayed, देर, विलंब।

**delayed** (डि-लेड्´) *adj.* that has been delayed, विलंबित, देर से प्राप्त।

**delegacy** (डेंल्´-इ-गे-सी) *n.* 1. a body of representatives, प्रतिनिधिमंडल। 2. appointment as delegate, प्रतिनिधि के रूप में नियुक्ति। 3. system of delegating, प्रतिनिधि नियुक्त करने की प्रणाली।

**delegate** (डेंल्´-इ-गेट्/गिट्) *n.* a representative, प्रतिनिधि, नुमाइंदा। *v.* (delegated, delegating) 1. to give or transfer powers or duties to another as representative, प्रतिनिधि बनाना, प्रतिनिधि बनाकर अपने अधिकार आदि उसे सौंपना, प्रत्यायोजित करना। 2. to

D

transfer, हस्तांतरित करना, सौंपना।

**delegated** (डेंल्´-इ-गे-टिड्) *adj.* that has been delegated, प्रत्यायोजित।

**delegation** (डेंल्-इ-गे´-शॅन्) *n.* 1. a body of delegates, प्रतिनिधिमंडल, शिष्टमंडल। 2. the act of delegating, प्रत्यायोजन।

**delete** (डि-लीट्´) *v.* to strike out or omit something written or printed, काट देना, निकाल देना, हटा देना।

**deletion** (डि-ली´-शॅन्) *n.* the act of deleting something written or printed, काट या निकाल देने की क्रिया या भाव, काट, काट-कूट।

D

**deliberate**[1] (डि-लिब्´-अॅ-रिट्) *adj.* 1. fully considered, सुचिंतित, सुविचारित। 2. intentional, जानबूझकर किया हुआ, साभिप्राय, सोद्देश्य। 3. not hasty, unhurried, careful, चौकसी-भरा, सतर्कतापूर्ण।

**deliberate**[2] (डि-लिब्´-अॅ-रेट्) *v.* 1. to think over, सोच-विचार करना, सोचना-विचारना। 2. to discuss carefully, अच्छी तरह विचार-विमर्श करना।

**deliberateness** (डि-लिब्´-अॅ-रेट्-निस्) *n.* deliberation, सोच-विचार।

**deliberation** (डि-लिब्-अॅ-रे´-शॅन्) *n.* 1. careful consideration, चिंतन-मनन, सोच-विचार। 2. (formal) discussion (औपचारिक) विचार-विमर्श।

**delicacy** (डेंल्´-इ-कॅ-सी) *n.* (plu. delicacies) 1. delicateness, कोमलता, सुकुमारता, नज़ाकत, सूक्ष्मता। 2. refinement of feeling, सुशीलता, शालीनता, मर्यादा। 3. a rare or costly dish, बढ़िया व्यंजन या मिठाई।

**delicate** (डेंल्´-इ-किट्) *adj.* 1. tender, सुकुमार, कोमल, नाज़ुक। 2. fragile or frail, नाज़ुक, कमज़ोर। 3. delicious, savoury, स्वादिष्ट, सुस्वादु, मज़ेदार। 4. elegant, fine, उत्कृष्ट, उत्तम। 5. needing careful treatment or tact, sensitive, नाज़ुक, सूक्ष्म, संवेदनशील। 6. easily injured or liable to illness, नाज़ुक-मिज़ाज, दुर्बल, कमज़ोर, जल्दी बीमार पड़ जानेवाला। 7. showing regard for the feelings of others, refined, संकोची, सुशील, भद्र।

**delicately** (डेंल्´-इ-किट्-ली) *adv.* 1. elegantly, उत्कृष्टतापूर्वक। 2. carefully, deftly, सावधानी से, दक्षतापूर्वक। 3. subtly, सूक्ष्मता से। 4. daintily, नज़ाकत से।

**delicious** (डि-लिश्´-अॅस्) *adj.* 1. palatable, tasty, savoury, ज़ायकेदार, स्वादिष्ट, सुस्वादु, मज़ेदार। 2. delightful, enjoyable, आनंद-दायक, रोचक।

**deliciously** (~ -ली) *adv.* delightfully, स्वाद या आनंद लेते हुए, मज़े ले-लेकर।

**delight** (डि-लाइट्´) *v.* 1. to take great pleasure in, आनंद या मज़ा लेना, ख़ुश होना; I shall be delighted to meet you, आपसे मिलकर मुझे बहुत ख़ुशी होगी। 2. to please greatly, ख़ुश कर देना, प्रसन्न कर देना, मज़ा देना। *n.* 1. great pleasure, आनंद, उल्लास, ख़ुशी, मज़ा। 2. something that causes pleasure, ख़ुशी की बात या चीज़; It is a great delight to talk to him, उससे बात करने में बहुत मज़ा आता है।

**delighted** (डि-लाइट्´-इड्) *adj.* 1. pleased, प्रसन्न, हर्षित। 2. overjoyed, आनंदमग्न, अतिशय हर्षित।

**delightful** (डि-लाइट्´-फ़ुल्) *adj.* 1. giving delight, enjoyable, pleasing, आनंदप्रद। 2. entertaining, मनोरंजक।

**delightfully** (डि-लाइट्´-फ़ु-ली) *adj.* with delight, happily, ख़ुशी से, ख़ुशी-ख़ुशी, मज़े से।

**delineate** (डि-लिन्´-इ-एट्) *v.* to portray by drawing or description, चित्रित या अंकित करना, रूप-रेखा बनाना या वर्णन करना।

**delineation** (डि-लिन्-इ-ए´-शॅन्) *n.* the act of delineating or something delineated, अंकन, चित्रण या वर्णन।

**delinquency** (डि-लिंग्´-क्वॅन्-सी) *n.* a psychological tendency to commit offences against the law, अपराधवृत्ति; juvenile delinguency, किशोर अपराधवृत्ति।

**delinquent** (डि-लिंग्´-क्वॅन्ट्) *adj.* guilty of an offence or misdeed, अपचारी, अपराधी, दोषी। *n.* a young person guilty of an offence or misdeed, किशोर अपराधी।

**delirious** (डि-लिअॅर्-इ-अॅस्) *adj.* 1. affected with delirium, उन्मादग्रस्त, उन्मादी। 2. wildly excited, उन्मत्त, बावला।

**delirium** (डि-लिऑर्´-इ-ॲम्) ***n.*** (plu. deliriums, deliria) a state of mental disorder due to shock or injury, उन्माद, विक्षिप्तता, चित्तभ्रांति।

**deliver** (डि-लिव्´-ॲ:) ***v.*** 1. to take or convey to addressee or purchaser, देना, पहुँचाना, बाँटना। 2. to hand over, सौंपना, प्रदान करना, देना। 3. to throw or hurl, फेंकना, डालना; to deliver a ball, गेंद फेंकना। 4. to utter (a speech, भाषण) करना या देना। 5. to give (a blow) देना, लगाना, मारना। 6. to rescue, बचाना; He delivered her from death, उसने उस लड़की को मौत से बचा लिया। 7. to set free, उद्धार करना, मुक्त करना, मुक्ति देना। 8. to give birth to, प्रसव करना, जन्म देना, जनना। 9. to assist (a female) in giving birth, (बच्चा) जनाना। ☐ **deliver the goods,** वादे के अनुसार या किसी की प्रत्याशा के अनुरूप कार्य करना।

**deliverance** (डि-लिव्´-ॲ-रॅन्स्) 1. rescue, उद्धार, बचाव, रक्षा। 2. act of setting free, मुक्ति, रिहाई।

**delivery** (डि-लिव्´-ॲ-री) ***n.*** (plu. deliveries) 1. the act of delivering, देने, पहुँचाने, सौंपने, बाँटने आदि की क्रिया, वितरण, सुपुर्दगी; delivery room, वितरण-कक्ष, delivery service, वितरण-सेवा; to take delivery of goods, माल छुड़ाना। 2. the act or manner of delivering (a speech, भाषण) देने की कला। 3. the act or manner of delivering (a ball, गेंद) फेंकने का ढंग या शैली। 4. the act of giving birth, प्रसव, प्रसूति, संतान को जन्म देना। 5. a rescuing or being rescued, मुक्ति, मोक्ष।

**dell** (डॅल्) ***n.*** a small valley covered with trees, वृक्षों से युक्त घाटी।

**delphinium** (डॅल्-फ़िन्´-इ-ॲम्) ***n.*** a garden plant and its flower, डेलफ़िनियम।

**delta** (डॅल्´-टॅ) ***n.*** a triangular track of land at the mouth of a river, नदी के मुहाने पर की तिकोनी कछारी भूमि, मुहाना।

**delude** (डि-ल्यूड्´) ***v.*** 1. to deceive or misleed, धोखा देना, झाँसा देना, भ्रमित करना। 2. to befool, मूर्ख बनाना। ☐ **delude oneself,** अपने आपको धोखे में रखना या डालना; Don't delude yourself with false hopes, झूठी आशाओं के चक्कर में मत पड़ो।

**deluge** (डॅल्´-यूज्) ***n.*** 1. a great flood, महाप्रलय, जलप्रलय, जलप्लावन। 2. a heavy downpour of water, घोर वर्षा। ***v.*** 1. to cause flood, बाढ़ लाना। 2. to arrive in a large number, बड़ी मात्रा में आना या उपस्थित होना। 3. to submerge, डूब जाना या डुबा देना, बह जाना या बहा देना।

**delusion** (डि-ल्यू´-ज़्हॅन्) ***n.*** 1. the act of deluding, धोखा, झाँसा। 2. a false belief, भ्रम, भ्रांति, विभ्रम।

**delusive** (डि-ल्यू´-सिव्) ***adj.*** deceptive, भ्रामक।

**deluxe, de luxe** (डि-लक्स्´) ***adj.*** superior in quality and intended for the wealthy, deluxe edition,. राज-संस्करण।

**delve** (डॅल्व्) ***v.*** (delved, delving) to search deeply, गहरी खोज या छान-बीन करना।

**demand** (डि-मान्ड्´, डि-मैन्ड्´) ***v.*** (demanded, demanding) 1. to ask for, माँगना, कहना। 2. to need or require, आवश्यकता होना, जरूरत होना, चाहना; The work demands your immediate attention, इस काम में आपको तुरंत ध्यान देने की आवश्यकता है। 3. to claim as just or true, माँग करना, दावा करना। 4. to require as urgent, तकाज़ा होना, माँग होना। ***n.*** 1. the act of demanding or something demanded, माँग; payable on demand, माँगने पर देय। 2. a claim or right, दावा, अधिकार। 3. willingness and ability to purchase goods, माँग, in demand, जिसकी माँग हो रही हो। 4. something that requires special effort or sacrifice, तकाज़ा, माँग।

**demanding** (डि-मान्´-डिंग्) ***adj.*** 1. making many or rigorous demands. माँगनेवाला, बराबर कठोर माँगें करनेवाला। 2. requiring careful attention, skill, patience or effort, ध्यान, कौशल या प्रयत्न की अपेक्षा करने-वाला, जिसके संपादन के लिए कौशल, प्रयास, धैर्य या एकाग्रता आवश्यक हो; A new baby and a new job can both be very demanding, नए बच्चे और नए काम पर बहुत ध्यान देना पड़ता है।

**demarcate** (डि-मा:´-केट्) *v.* to determine and mark the boundaries of, सीमांकन करना, हदबंदी करना।

**demarcation** (डि-मा:-के´-शॅन्) *n.* the act of demarcating, सीमांकन, हदबंदी; demarcation line, सीमारेखा।

D

**demean** (डि-मीन्´) *v.* 1. to debase in dignity or stature, मान घटाना। 2. to act, व्यवहार या बरताव करना, आचरण करना, चेष्टा करना।

**demeanour, demeanor** (डि-मी´-नॅ:) *n.* 1. behaviour, व्यवहार, बरताव। 2. main bearing, deportment, रवैया, तौर-तरीका।

**demented** (डि-मॅन्´-टिड्) *adj.* 1. crazy, ख़ब्ती। 2. insane, पागल, विक्षिप्त।

**dementia** (डि-मॅन्´-शॅ) *n.* mental deterioration, उन्मत्तता, विक्षिप्तता, मनोभ्रंश।

**demerit** (डी-मॅर्´-इट्) *n.* 1. a fault, दोष। 2. a bad point of character, अवगुण, बुराई।

**demi** (डॅम्´-ई) *prefix* half, अर्ध।

**demigod** (डॅम्´-इ-गॉड्) *n.* 1. a minor deity, छोटा-मोटा देवता। 2. a person with God-like attributes, देवतुल्य, व्यक्ति, देवमानव।

**demilitarization** (डी-मिल्-इ-टॅ-रि-ज़े´-शॅन्) the act of demilitarizing or being demilitarized, सेना हटाना, विसैन्यीकरण।

**demilitarize** (डी-मिल्´-इ-टॅ-राइज़्) *v.* to eliminate or prohibit military forces or installations, विसैन्यीकरण करना, विसैन्यीकृत करना, सेना हटा लेना।

**demise** (डि-माइज़्´) *n.* death, मृत्यु, मौत।

**demobilization** (डी-मो-बि-लि-ज़े´-शॅन्) *n.* the act of demobilizing, सेनाओं का विघटन।

**demobilize** (डी-मो´-बि-लाइज़्) *v.* to disband troops, सेनाओं को विघटित करना।

**democracy** (डि-मॉक्´-रॅ-सी) *n.* 1. a system of government run by the elected representatives of the people, जनतंत्र, लोकतंत्र। 2. the practice or spirit of social equality, लोकतंत्र की भावना, समता-भाव, समानता की भावना।

**democrat** (डॅम्´-अॅ-क्रैट्) *n.* an advocate of democracy, लोकतंत्रवादी, जनतंत्रवादी।

**democratic** (डॅम्-अॅ-क्रैट्´-इक्) *adj.* of or pertaining to democracy, जनतांत्रिक।

**democratize** (डि-मॉक्´-रॅ-टाइज़्) *v.* to make democratic जनतांत्रिक रूप देना, लोकतंत्रवादी बनाना।

**demode** (डे-मो-डे´) *adj.* out of fashion, दकियानूसी। (फ्रांसीसी)

**demolish** (डि-मॉल्´-इश्) *v.* 1. to tear down completely, to destroy, ढा देना, गिरा देना, तोड़ देना, विध्वंस करना, ध्वस्त या विनष्ट कर देना। 2. to put an end to, नष्ट या उन्मूलित कर देना।

**demolition** (डॅम्-अॅ-लिश्´-अॅन्) *n.* the act of demolishing or the state of being demolished, ढाना या ढाया जाना, ध्वंस, विध्वंस।

**demon** (डी´-मॅन्) *n.* 1. a devil, राक्षस, दानव, दैत्य। 2. a cruel person, नृशंस व्यक्ति।

**demonist** (डि-मॉन्´-इस्ट्) *n.* one who worships demons, पिशाचपूजक, प्रेतपूजक।

**demonstrable** (डि-मॉन्´-स्ट्रॅ-बॅल्) *adj.* that can be demonstrated, निदर्शनीय, प्रदर्शनीय।

**demonstrate** (डॅम्´-अॅन्-स्ट्रेट्) *v.* 1. to show or prove, सिद्ध कर दिखाना, प्रमाणित करना। 2. to display something, प्रदर्शित या निदर्शित करना। 3. to take part in a demonstration, प्रदर्शन करना, विरोध में जुलूस निकालना।

**demonstration** (डॅम्-अॅन्-स्ट्रे´-शॅन्) *n.* 1. the act of demonstrating or something demonstrated, निदर्शन। 2. a display or show, प्रदर्शनी, नुमाइश, दिखावा। 3. a gathering of agitators to express their strong feelings publicly against authorities, (सार्वजनिक) प्रदर्शन। 4. a display of military forces, सैन्य-प्रदर्शन। 5. an experiment showing how something works, प्रदर्शन, निदर्शन।

**demonstrative** (डि-मॉन्´-स्ट्रॅ-टिव्) *adj.* of or pertaining to demonstrations, प्रदर्शनात्मक, निदर्शनात्मक। *n.* the demonstrative pronoun, निश्चयवाचक या संकेतवाचक सर्वनाम।

**demonstrator** (डि-मॉन्´-स्ट्रे-टः) ***n.*** 1. one who demonstrates, प्रदर्शक (प्रदर्शनी आदि का); निदर्शक (अध्यापक)। 2. an agitator, प्रदर्शनकारी, प्रदर्शनकर्ता।

**demoralization** (डि-मॉर्-अॅ-लि-ज़े´-शॅन्) ***n.*** the act of demoralizing or the state of being demoralized, नैतिक पतन, भ्रष्टता।

**demoralize** (डि-मॉर्´-अॅ-लाइज़्) ***v.*** 1. to lessen the morale of, मनोबल गिराना। 2. to corrupt, भ्रष्ट करना।

**demote** (डि-मोट्´) ***v.*** to lower in rank, पदावनत करना, दर्जा घटाना।

**demotion** (डि-मो´-शॅन्) ***n.*** the act of demoting or the state of being demoted, पदावनयन, पदावनति।

**demur** (डि-मः´) ***v.*** (demurred, demurring) to object, to raise objections, आपत्ति करना, एतराज़ करना, विरोध करना। ***n.*** an objection, आपत्ति, एतराज़, विरोध। □ **without demur,** बिना आपत्ति के, सहर्ष।

**demure** (डि-म्यूः´) ***adj.*** 1. quite and serious, धीर-गंभीर, शालीन। 2. pretending to be quite and serious, शालीनता का दिखावा करनेवाला, दंभी।

**demurrage** (डि-मर्´-इज्) ***n.*** the extra charges payable for being late in taking delivery of goods from a transport company, माल को समय पर न उठाने पर लगनेवाला जुर्माना या हर्जाना, डेमरेज, विलंब-शुल्क।

**den** (डॅन्) ***n.*** 1. a lair of a wild animal, माँद, खोह। 2. a place used as a hideout, चोरों आदि के छिपने की गुफा। 3. a place for an illegal activity, अवैध अड्डा।

**denationalization** (डी-नैश्-अॅ-नॅ-लि-ज़े´-शॅन्) the act of denationalizing or the state of being denationalized, विराष्ट्रीयकरण।

**denationalize** (डी-नैश्´-अॅ-नॅ-लाइज़्) ***v.*** to remove from state ownership to private ownership, विराष्ट्रीयकरण करना।

**denatured** (डी-ने´-चॅःड्) ***adj.*** having had its natural qualities changed, जिसके प्राकृतिक गुण बदल गए हों, विपरीत-प्रकृति।

**dengue** (डेंङ्ग्´-गे) ***n.*** a fever causing acute pain, डेंगू ज्वर।

**deniable** (डि-नाइ´-अॅ-बॅल्) ***adj.*** that can be denied, अस्वीकार्य, खंडनीय।

**denial** (डि-नाइ´-अॅल्) ***n.*** 1. the act of denying or the state of being denied, इन्कार, नकार। 2. a refusal, अस्वीकृति। 3. a statement denying something, खंडन। 4. self-denial, आत्मवंचन, वंचन।

D

**denigrate** (डॅन्´-इ-ग्रेट्) ***v.*** to defame, बदनाम करना, बदनामी करना, निंदा करना।

**denim** (डॅन्´-इम्) ***n.*** a kind of cotton fabric, एक तरह का सूती कपड़ा।

**denizen** (डॅन्´-इ-ज़ॅन्) ***n.*** a person accepted as citizen, नागरिकता-प्राप्त वासी।

**denominate** (डि-नॉम्-इ-नेट्) ***v.*** to give a name to, नामकरण करना, नाम रखना या देना।

**denomination** (डि-नॉम्-इ-ने´-शॅन्) ***n.*** 1. the act of denominating, नामकरण। 2. a name, नाम, अभिधान, संज्ञा। 3. a name of a group, type or class, वर्ग, श्रेणी या जाति-नाम; coins of small denomination, छोटे सिक्के; currency notes of high denomination, बड़े नोट। 4. a particular religious body, पंथ, संप्रदाय। 5. printed price, अंकित मूल्य।

**denominative** (डि-नॉम्-इ-ने´-टिव्) ***adj.*** of or related to name, नामवाचक।

**denominator** (डि-नॉम्-इ-ने´-टॅः) ***n.*** 1. the number below the line in a fraction, भिन्न के नीचे की संख्या, हर। 2. a quality held in common, सामान्य गुण।

**denotation** (डी-नो-टे´-शॅन्) ***n.*** the exact or explicit meaning of a word, शब्द का मुख्यार्थ, संकेतार्थ।

**denote** (डि-नोट्´) ***v.*** 1. to be a name of, नाम होना, संज्ञा होना। 2. to mean or signify, सूचित करना।

**denounce** (डि-नॉउन्स्´) ***v.*** to condemn or censure, बुराई करना, निंदा करना।

**de novo** (डी´-नो-वो) ***adv.*** from the beginning, नए सिरे से।

**dense** (डेंन्स्) ***adj.*** 1. thick, compact, घना, सघन। 2. slow-witted, मंदबुद्धि।

**density** (डेंन्´-सि-टी) ***n.*** the measure of the compactness of a substance, घनत्व, सघनता; density of population, जनसंख्या का घनत्व।

**dent** (डेंन्ट्) ***n.*** a depression or hole in a surface made by pressure or a blow, गड्ढा, छेद।

**dental** (डेंन्´-टॅल्) ***adj.*** of or related to the teeth, दाँत-संबंधी, दंत्य। ***n.*** a dental consonant, दंत्य व्यंजन।

**dental surgeon *n.*** a dentist, दंत-चिकित्सक।

**dentist** (डेंन्´-टिस्ट्) ***n.*** a doctor who treats the teeth and gums, दंत-चिकित्सक।

**dentistry** (डेंन´-टि-स्ट्री) ***n.*** the profession of a dentist, दंत-चिकित्सा।

**denture** (डेंन्´-चें:) ***n.*** a set of artificial teeth, नकली दाँत, नकली बत्तीसी, डेंचर।

**denude** (डि-न्यूड्´) ***v.*** 1. to make naked, नंगा करना, नग्न करना, कपड़े उतारना। 2. to make bare, आवरण हटाना, खुला छोड़ना।

**denunciation** (डि-नन्-सि-ए´-शॅन्) ***n.*** the act of denouncing, निंदा, बुराई।

**deny** (डि-नाइ´) ***v.*** (denied, denying) 1. to declare untrue, मिथ्या बतलाना, झुठलाना। 2. to refuse to accept, to disown, न मानना, अस्वीकार करना, नकारना, इन्कार करना, नामंज़ूर करना। 3. to refuse oneself things desired, आत्मत्याग करना, आत्मदमन करना। 4. to withhold, न देना, उपलब्ध न कराना, (से) वंचित करना या रखना।

**depart** (डि-पा:ट्´) ***v.*** 1. to go away, to leave, चल देना, निकल पड़ना, जाना, रवाना होना। 2. to start, छूटना, रवाना होना, चल पड़ना। 3. to deviate, मार्ग से हट-बढ़ जाना, कोई मार्ग छोड़ देना। 4. to die, मर जाना।

**departed** (डि-पा:´-टिड्) ***adj.*** 1. bygone, गत, विगत, बीता हुआ। 2. dead, दिवंगत, मृत; departed soul, दिवंगत आत्मा।

**department** (डि-पा:ट्´-मॅन्ट्) ***n.*** 1. a separate division or branch, विभाग, शाखा। 2. a specialized sphere, विशिष्ट कार्यक्षेत्र।

**departmental** (डी-पा:ट्-मेंन्´-टॅल्) ***adj.*** of or related to a department, विभाग-संबंधी, विभागीय।

**departmental store *n.*** a large store divided into different departments for selling a great many kinds of goods, डिपार्टमेंटल स्टोर, विभागीय स्टोर।

**departure** (डि-पा:´-चें:) ***n.*** the act of departing, a starting out, प्रस्थान, रवानगी, जाना; departure of train, गाड़ी का प्रस्थान।

**departure time *n.*** the time of departure, प्रस्थान-समय, चलने या छूटने का समय।

**depend** (डि-पेंन्ड्´) ***v.*** 1. to rely on, निर्भर होना, आश्रित या आधारित होना, टिका होना। 2. to place trust on, भरोसा करना या विश्वास रखना।

**dependability** (डि-पेंन्-डॅ-बिल्´-इ-ट़ी) ***n.*** the state of being dependable, निर्भरता; विश्वसनीयता।

**dependable** (डि-पेंन्´-डॅ-बॅल्) ***adj.*** trustworthy, विश्वसनीय, भरोसेमंद, भरोसे का।

**dependence** (डि-पेंन्(-डॅन्स्) ***n.*** 1. the state of being dependent, निर्भरता, अवलंबन, अधीनता, पराधीनता। 2. reliance, भरोसा, सहारा, आश्रय।

**dependency** (डि-पेंन्´-डॅन्-सी) ***n.*** 1. a country controlled by another, अधीन या आश्रित देश। 2. the state of being dependent, पराश्रय।

**dependent** (डि-पेंन्´-डॅन्ट्) ***adj.*** 1. depending, आश्रित, पराश्रित। 2. subordinate, अधीन, पराधीन, परतंत्र, पराश्रित।

**depict** (डि-पिक्ट्´) ***v.*** (depicted, depicting) 1. to show or represent in a picture, चित्रित करना, चित्रांकन करना। 2. to describe or represent in words, शब्दों में वर्णन करना।

**depiction** (डि-पिक्´-शॅन्) ***n.*** the act of depicting or something depicted, चित्रण, सजीव वर्णन।

**depilatory** (डि-पिल्´-अॅ-टॅ-री) ***adj.*** serving to remove hair, बालसफ़ा, रोमहर।

**deplete** (डि-प्लीट्´) ***v.*** 1. to use up, व्यय या ख़र्च होना या करना। 2. to reduce in number or quantity, ह्रास होना या करना, कम होना या करना। 3. to empty or vacate, खाली करना या होना। 4. to exhaust, नि:शेष होना या करना।

**depletion** (डि-प्ली´-शॅन्) *n.* the act of depleting, व्यय या खर्च करने की क्रिया या भाव, ह्रास, अवक्षय, संख्या कम करना या होना, घटना या घटना।

**deplorable** (डि-प्लोर्´-अॅ-बॅल्) *adj.* 1. very or exceedingly bad, बहुत बुरा, हेय, जघन्य। 2. regrettable, pitiable, खेदजनक, शोचनीय।

**deplore** (डि-प्लो:´) *v.* 1. to express sorrow about, to lament, खेद या दुख व्यक्त करना, रोना-धोना, विलाप करना। 2. to express strong disapproval of, निंदा करना, कोसना।

**deploy** (डि-प्लॉइ´) *v.* to spread out (troops) so as to form an extended front line (सेना को) तैनात करना, परिनियोजित करना, चारो ओर फैलाना।

**deployment** (डि-प्लॉइ´-मॅन्ट्) *n.* the act of deploying or the state of being deployed, फैलाव, विस्तार, विस्तारण; तैनाती, परिनियोजन; deployment of troops along the border, सीमा के साथ-साथ सेना तैनात करना।

**depopulate** (डी-पॉप्´-उ-लेट्) *v.* to be or cause to be reduced in population, जनसंख्या कम होना या कम करना।

**deport** (डि-पो:ट्´) *v.* (deported, deporting) 1. to expel by law, निर्वासित करना। 2. to behave, आचरण करना, व्यवहार करना।

**deportation** (डि-पो:-टे´-शॅन्) *n.* act of expelling, निर्वासन, विवासन, देश-निकाला।

**deportee** (डि-पो:´-टी) *n.* a person expelled from the country, निर्वासित, विवासित।

**deportment** (डि-पो:ट्´-मॅन्ट्) *n.* 1. behaviour, conduct, आचरण, व्यवहार। 2. demeanour, ढंग, रवैया, चेष्टा, तौर-तरीका।

**depose** (डि-पोज़्´) *v.* 1. to remove from the throne, गद्दी से उतार देना। 2. to remove from power, सत्ता से च्युत कर देना। 3. to remove from a post, पदच्युत करना। 4. to give evidence on oath in a court, सशपथ बयान देना।

**deposit** (डि-पॉज़्´-इट्) *v.* 1. to lay or put down, रखना। 2. to store or entrust for safe-keeping, जमा करना, धरोहर रखना, ज़मानत रखना। 3. to give as partial payment or security, किस्त, ज़मानत आदि के रूप में जमा करना, निक्षेप करना। 4. to put down in layers by a natural process, परतें या तहें जमाना, निक्षेप करना। *n.* 1. the act of depositing or something deposited, जमा, निक्षेप। 2. the money or valuables so entrusted, धरोहर, अमानत, जमा। 3. a sum paid as an instalment or security, जमा। 4. any deposited material, जमा। 5. the amount deposited, जमा राशि।

**deposition** (डॅप्-अॅ-ज़िश्´-अॅन्) *n.* 1. the act of deposing or being deposed from throne, power or post, पदच्युति। 2. the act of depositing, निक्षेपण। 3. the giving of testimony upon oath in a court, बयान।

**depositor** (डि-पॉज़्´-इ-टॅ:) *n.* one who deposits, जमाकर्ता।

**depository** (डि-पॉज़्´-इ-टॅ-री) *n.* (plu. depositories) a place for safekeeping of things, store, भंडार, आगार, निक्षेपगृह, निक्षेपागार।

**depot** (डी´-पो) *n.* 1. a place where goods are stored or deposited, डिपो, भंडार, आगार; book depot, पुस्तक-भंडार। 2. a bus station, बस डिपो, बस अड्डा।

**deprave** (डि-प्रेव्´) *v.* to make morally bad, चरित्रभ्रष्ट करना, आचरण या आदतें बिगाड़ना।

**depraved** (डि-प्रेव्ड्´) *adj.* 1. debased, corrupt, अधम, नीच, भ्रष्ट, पतित। 2. bad, बुरा। 3. wicked, दुष्ट, दुराचारी, पापी।

**depravity** (डि-प्रेव्´-इ-टी) *n.* 1. moral corruption, नीतिभ्रष्टता, पतित अवस्था, गिरावट। 2. wickedness, दुष्टता, दुराचारिता।

**deprecate** (डॅप्´-रि-केट्) *v.* to protest against, विरोध या आपत्ति करना, असहमति प्रकट करना।

**deprecatory** (डॅप्´-रि-कॅ-टॅ-री) *adj.* expressing protest, असहमतिसूचक, विरोधसूचक।

**depreciate** (डि-प्री´-शि-एट्) *v.* to make or become lower in value, मूल्य (या महत्त्व)

D

गिरना या गिराना, मुद्रा का अवमूल्यन होना या करना।

**depreciation** (डि-प्री´-शि-ए´-शॅन्) ***n.*** the act of depreciating or the state of being depreciated, मूल्यह्रास, ह्रास।

**depress** (डि-प्रॅस्´) ***v.*** 1. to press down, दबाना। 2. to lower in spirits, हतोत्साहित होना या करना।

**depressed** (डि-प्रॅस्ड्´) ***adj.*** 1. low in spirit, पस्त-हिम्मत, जिसका दिल बुझा हो, जो हिम्मत न कर पा रहा हो। 2. pressed down, दबाया हुआ, शोषित, दलित; depressed classes, दलित वर्ग। 3. low, अवनत, depressed area, अवनत क्षेत्र।

D

**depression** (डि-प्रॅश्´-अॅन्) ***n.*** the act of depressing or the state of being depressed, दबाव। 2. a mental condition of sadness or gloom, अवसाद। 3. an area that is sunk below its surroundings, गर्त, गड्ढा, खात, निचान। 4. an area of low pressure, कम दबाववाला क्षेत्र। 5. the period when the demand of goods is diminished, मंदी।

**deprivation** (डॅप्-रि-वे´-शॅन्) ***n.*** 1. a deprival, वंचन। 2. a keenly felt loss, हानि, दुखद वियोग, विच्छेद।

**deprive** (डि-प्राइव्´) ***v.*** to dispossess, to take a thing away from, वंचित करना, रहित या हीन कर देना, छीन या हरण कर लेना।

**deprived** (डि-प्राइव्ड्´) ***adj.*** dispossessed, वंचित।

**depth** (डॅप्थ्) ***n.*** 1. deepness, गहराई। 2. deep learning, profundity, थाह, विदग्धता। 3. intensity (of colour, रंग का) गहरापन, तेज़ी। ☐ **beyond one's depth,** beyond someone's reach, पहुँच के बाहर, बस के बाहर; **a cry from the depths,** अंतरात्मा की पुकार।

**deputation** (डॅप्-यु-टे´-शॅन्) ***n.*** a delegation, प्रतिनिधिमंडल, शिष्टमंडल।

**depute** (डि-प्यूट्´) ***v.*** 1. to appoint as an agent, प्रतिनिधि नियुक्त करना, प्रतिनियुक्त करना। 2. to assign (a task or authority) to a deputy, (कार्य, भार) सौंपना।

**deputize** (डॅप्´-यु-टाइज़्) ***v.*** 1. to act as a deputy for, सहायक का कार्य करना। 2. to appoint a deputy, सहायक नियुक्त करना।

**deputy** (डॅप्´-यु-टी) ***n.*** a person appointed to act on behalf of another, डिप्टी (साहब)। ***prefix*** assistant, उप।

**derail** (डी-रेल्´) ***v.*** to go or cause to go off the rails, (इंजन आदि का) रेल की पटरी से उतर जाना या गिरा दिया जाना, विपथित होना या करना; History has been derailed and I do not know who will put it back on the rails, इतिहास की गाड़ी पटरी से उतर गई है और मैं नहीं जानता कि इसे अब कौन पटरी पर लाएगा।

**derailment** (डी-रेल्´-मॅन्ट्) ***n.*** the act of derailing or the state of being derailed, विपथन, पटरी से उतर जाना या उतारा जाना।

**derange** (डि-रेन्ज्´) ***v.*** 1. to put out of order, अव्यवस्थित कर देना, अस्त-व्यस्त कर देना। 2. to throw into confusion, विभ्रमित कर देना। 3. to make insane, पागल कर या बना देना।

**derangement** (डि-रेन्ज्´-मॅन्ट्) ***n.*** the state or quality of being deranged, अस्त-व्यस्तता, अव्यवस्था; पागलपन, विक्षिप्तता।

**Derby** (डः´-बी) ***n.*** an annual horse-race at Epson in England, डर्बी नाम की घुड़दौड़।

**deride** (डि-राइड्´) ***v.*** to scorn or ridicule, to speak of or treat with scorn, हँसी उड़ाना, उपहास करना।

**derision** (डि-रिज़्ह्´-अॅन्) ***n.*** ridicule, scorn, उपहास, हँसी, खिल्ली।

**derisive** (डि-राइ´-सिव्) ***adj.*** showing derision, scornful, उपहासजनक।

**derivation** (डॅर्-इ-वे´-शॅन्) ***n.*** a source to which a word or thing is traced, व्युत्पत्ति, मूल।

**derivative** (डि-रिव्´-अॅ-टिव्) ***adj.*** derived from a source, व्युत्पन्न।

**derive** (डि-राइव्´) ***v.*** 1. to issue or obtain from a source. ☐ **derive from,** से प्राप्त होना या करना। 2. to be produced or descended from, से व्युत्पन्न या उत्पन्न होना।

3. to infer from, से परिणाम निकालना।

**dermis** (ड:´-मिस्) ***n.*** the layer of skin below the epidermis, बाह्य त्वचा के नीचेवाली त्वचा, अंतर्त्वचा।

**derogate** (डेर्´-अॅ-गेट्) ***v.*** 1. to belittle or depreciate, कम करना, घटाना, अल्पीकृत करना। 2. to humiliate, अवमानित, अप्रतिष्ठित या अनादर करना।

**derogation** (डेर्-अॅ-गे´-शॅन्) ***n.*** the act of derogating or the state of being derogated, कमी, घटाव, ह्रास, अल्पीकरण; अपमान।

**derogatory** (डि-रॉग्´-अॅ-टॅ-री) ***adj.*** involving or causing loss of respect, disparaging, अपमानकारक, अनादरपूर्ण, अपमानसूचक।

**derring-do** (डेर्-इंग्-डू´) ***n.*** 1. boldness, दिलेरी, साहस, बहादुरी। 2. a bold action, पराक्रम, बहादुरी का काम, कमाल।

**descend** (डि-सेन्ड्´) ***v.*** 1. to come or go down, नीचे आना, नीचे उतरना। 2. to slope or incline downward, ढलना। 3. to be derived from ancestors, to pass by inheritance, वंश-परंपरा से प्राप्त होना, विरासत में मिलना। 4. to make a sudden attack or visit, आ धमकना। 5. to stoop (to meanness, कमीनेपन पर) उतर आना, नीचे गिरना।

**descendant, descendent** (डि-सेन्´-डॅन्ट्) ***n.*** 1. one descended from an ancestor, वंशज, वंशधर। 2. something that derives from an earlier form, व्युत्पन्न वस्तु।

**descent** (डि-सेन्ट्´) ***n.*** 1. the act of descending, उतार, अवरोह। 2. slope, ढाल, ढलान। 3. family origins, कुल, वंश। 4. ancestry, वंश-परंपरा, पीढ़ी। 5. a sudden attack, धावा। 6. a decline, उतार, पतन, अवनति।

**describable** (डेस्-क्राइब्´-अॅ-बॅल्) ***adj.*** that can be described, वर्णन के योग्य, वर्णनीय।

**describe** (डि-स्क्राइब्´) ***v.*** 1. to give description of, to set forth in words, वर्णन करना, शब्दों में व्यक्त करना। 2. to give a verbal account of, बतलाना। 3. to draw a line or figure, रेखा या आकृति बनाना, रेखांकन करना।

**description** (डि-स्क्रिप्´-शॅन्) ***n.*** 1. the act of describing, वर्णन। 2. a verbal account of an event, वर्णन, विवरण। 3. special features of a person, आदमी का हुलिया। 4. a sort or kind, भाँति, प्रकार; costumes of every description, भाँति-भाँति के परिधान।

**descriptive** (डि-स्क्रिप्´-टिव्) ***adj.*** full of description, giving a description, वर्णनात्मक।

**descry** (डि-स्क्राइ´) ***v.*** 1. to succeed in discerning, देख लेना। 2. to discover by looking carefully, पहचानना, भाँप लेना, ताड़ना; He descried a thief standing at the other end of the hall, उसने हॉल के दूसरे छोर पर खड़े चोर को पहचान लिया।

**desecrate** (डेस्´-अॅ-क्रेट्) ***v.*** to abuse the sacredness of, अपवित्र करना।

**desecration** (डेस-अॅ-क्रे´-शॅन्) ***n.*** taking away of sacred character, the act of desecrating, अपवित्रीकरण।

**desert**[1] (डेज़्´-अॅ:ट्) ***n.*** a barren and sand-covered region, रेगिस्तान, मरुस्थल। ***adj.*** 1. barren and uncultivated, अनुर्वर तथा अकृष्ट। 2. uninhabited, वीरान, निर्जन।

**desert**[2] (डि-ज़:ट्´) ***v.*** 1. to forsake or abandon, छोड़ देना, त्याग देना, परित्याग करना। 2. to run away from (one's work) or leave (one's service) (काम या नौकरी) छोड़ भागना।

**deserted** (डि-ज़:´-टिड्) ***adj.*** 1. abandoned, त्यक्त, परित्यक्त। 2. uninhabited, निर्जन।

**deserter** (डि-ज़:ट्´-अॅ:) ***n.*** one who deserts, छोड़ भागनेवाला, भगोड़ा।

**desertion** (डि-ज़:´-शॅन्) ***n.*** 1. the act of deserting, परित्याग, त्यजन। 2. running away from, भाग खड़े होना, पलायन।

**deserve** (डि-ज़:व्´) ***v.*** to be worthy of, अधिकारी होना, पात्र होना; He deserves punishment, वह दंड का भागी है।

**deserved** (डि-ज़:व्ड्´) ***adj.*** 1. appropriate, उचित, सर्वथा योग्य। 2. well-earned, सही ढंग से अर्जित।

**deservedly** (डि-ज़:´-विड्-ली) ***adv.*** as is right or fair, उचित रूप से, न्यायत:।

**deserving** (डि-ज़:´-विंग्) ***adj.*** 1. worthy or help or support, सुपात्र, भाजन। 2. worthy,

D

योग्य, अधिकारी।

**design** (डि-ज़ाइन्´) *v.* 1. to prepare a sketch or drawing, डिज़ाइन बनाना, ख़ाका खींचना या बनाना, रूपरेखा तैयार करना। 2. to work out a plan, योजना बनाना। 3. to conceive in the mind, परिकल्पना करना। *n.* 1. a sketch or drawing, डिज़ाइन, ख़ाका, रूपरेखा। 2. an artistic or decorative work, डिज़ाइन, अभिकल्प, रूपांकन। 3. a scheme conceived in the mind, परिकल्पना। 4. an intention, इरादा, इच्छा, योजना; I have no design to go to Mumbay. मुंबई जाने का मेरा कोई इरादा नहीं। □ **have designs on,** to plan to get possession (of something, किसी चीज़ पर) नज़र गड़ाए होना।

**designate** (डेंज़्´-इग्-नेट्) *v.* (designated, designating) 1. to point out or mark clearly, निर्दिष्ट करना। 2. to give a name or title to, अभिहित करना, पद या नाम देना। 3. to appoint to a position, मनोनीत करना, नियुक्त करना।

**designer** (डि-ज़ाइ´-नॅः) *n.* a person who designs, डिज़ाइनर।

**designing** (डि-ज़ाइ´-निंग्) *adj.* conniving, scheming, धूर्त, तिकड़मी।

**desirable** (डि-ज़ाइर्´-अॅ-बॅल्) *adj.* 1. worth desiring, वांछनीय, मनचाहा, अभीष्ट। 2. advisable, स्पृहणीय, अच्छा, उचित, मुनासिब।

**desire** (डि-ज़ाइः) *n.* a wish, craving, इच्छा, चाह। *v.* to wish, इच्छा करना, चाहना।

**desired** (डि-ज़ाइःड्´) *adj.* wished, इच्छित।

**desirous** (डि-ज़ाइर्´-अॅस्) *adj.* wishing, desiring, इच्छुक, चाहनेवाला।

**desist** (डि-ज़िस्ट्´) *v.* (desisted, desisting) 1. to discontinue, बीच में छोड़ देना। 2. to cease doing (किसी काम से) बाज़ आना, बचना, परहेज़ करना, फेर में न पड़ना।

**desk** (डेंस्क्) *n.* a piece of furniture with a flat top for writing, डेस्क।

**deskwork** (डेंस्क्´-वॅःक्) *n.* 1. working on the desk, बैठकर डेस्क पर काम करने की क्रिया या बैठकर डेस्क पर किया जानेवाला काम। 2. office-work, दफ़्तर का काम।

**desolate**[1] (डेंस्´-अॅ-लिट्) *adj.* 1. deserted, सूना, निर्जन, उजाड़। 2. lonely, तन्हा, अकेला, एकाकी। 3. gloomy, dismal, अवसादपूर्ण, अंधकारमय।

**desolate**[2] (डेंस्´-अॅ-लेट्) *v.* 1. to make desolate, निर्जन कर देना, सूना बना देना। 2. to devastate, उजाड़ देना, नष्ट कर देना। 3. to be unhappy or sad, दुखी या उदास रहना।

**desolation** (डेंस्-अॅ-ले´-शॅन्) *n.* 1. the act of making desolate, सूनापन, उजाड़। 2. loneliness, अकेलापन, तन्हाई। 3. the condition of being devastated, ध्वंस, विनाश। 4. sadness, gloom, उदासी, विषाद।

**despair** (डि-स्पेंअॅः) *n.* 1. utter lack or loss of hope, निराशा। 2. a hopeless affair, निराशाजनक बात। *v.* to lose all hope, निराश होना, उम्मीद छोड़ बैठना।

**despairing** (डि-स्पेंअॅर्´-इंग्) *adj.* causing despair, निराशाजनक, निराशापूर्ण।

**desperado** (डेंस्-पॅ-रा´-डो) *n.* a desperate criminal, निराशोन्मत्त अपराधी।

**desperate** (डेंस्´-पॅ-रिट्) *adj.* 1. utterly hopeless, अत्यंत निराशमय। 2. violent because of despair, बौखलाया हुआ, निराशोन्मत्त। 3. serious, गंभीर। 4. done or used in a nearly hopeless situation, निराशाजनक अवस्था में किया जानेवाला, दुस्साहसिक।

**desperately** (डेंस्´-पॅ-रे-टॅ-ली) *adv.* in a desperate manner, निराशोन्मत्त होकर, बौखला कर।

**desperation** (डेंस्-पॅ-रे´-शॅन्) *n.* the condition of being desperate, घोर निराशा। 2. recklessness arising from despair, निराशाजन्य व्यग्रता, उद्विग्नता, दुस्साहस।

**despicable** (डेंस्´-पि-कॅ-बॅल्) *adj.* deserving contempt, contemptible, निंदनीय, घृणित।

**despise** (डि-स्पाइज़्´) *v.* 1. to regard with contempt, घृणित या जघन्य समझना, घृणा करना। 2. to feel disrespect for, अपमान करना।

**despite** (डि-स्पाइट्´) *prep.* in spite of, के बावजूद, के होने पर भी।

**despoil** (डि-स्पॉइल्´) *v.* to rob or plunder

लूट लेना, लूट-मार करना।

**despoilation** (डि-स्पो-लि-ए´-शॅन्) despoilment, लूट, लूट-मार।

**despondency** (डि-स्पॉन्´-डॅन्-सी) (plu. despondencies) dejection, निराशा, उदासी।

**despondent** (डि-स्पॉन्´-डॅन्ट्) *adj.* dejected, उदास, खिन्न, निराश।

**despot** (डॅस्´-पॅट्) *n.* an oppressive ruler, अत्याचारी या स्वेच्छाचारी शासक, निरंकुश शासक।

**despotic** (डि-स्पॉट्´-इक्) *adj.* having unrestricted power, स्वेच्छाचारी, अत्याचारपूर्ण।

**despotism** (डॅस्´-पॅ-टिज़्-ॲम्) *n.* 1. an oppressive rule or government, निरंकुश शासन। 2. tyranny, अत्याचार, स्वेच्छाचारिता।

**dessert** (डि-ज़:ट्´) *n.* a sweet dish served as the last course of a meal, भोजन के अंत में परोसा जानेवाला मधुर व्यंजन, मीठा, मिठाई।

**destination** (डॅस्-टि-ने´-शॅन्) *n.* 1. the place to which a person or something is going, मंज़िल, गंतव्य स्थान, गंतव्य। 2. an ultimate goal or purpose, चरम उद्देश्य या लक्ष्य।

**destine** (डॅस्´-टिन्) *v.* to set apart for a certain person or purpose, नियत या निर्दिष्ट होना; He was destined to become Prime Minister, प्रधानमंत्री बनना उनके भाग्य में बदा था।

**destined** (डॅस्ट्´-इन्ड्) *adj.* 1. intended for some special purpose, नियत, निर्दिष्ट। 2. intended by fate, भाग्य में बदा या लिखा। 3. willed by God, ईश्वर की मर्ज़ी से होनेवाला, पूर्वनियोजित, नियत।

**destiny** (डॅस्´-टि-नी) *n.* 1. fate, fortune, भाग्य, क़िस्मत, नियति। 2. that which must or had to happen, होनी, होनहार, भवितव्यता।

**destitute** (डॅस्´-टि-ट्यूट्) *adj.* totally impoverished, अकिंचन, निर्धन, दरिद्र। 2. lacking in or devoid of, विहीन, रहित। 3. without refuge or shelter, बेसहारा, असहाय, निराश्रित।

**destitution** (डॅस्-टि-ट्यू´-शॅन्) *n.* 1. extreme poverty, दरिद्रता, निर्धनता, विहीनता, कंगाली।

**destroy** (डि-स्ट्रॉइ´) *v.* 1. to spoil or ruin completely, विनष्ट करना, नष्ट कर देना, तबाह या बरबाद करना। 2. to demolish, ढा देना, विध्वस्त कर देना। 3. to kill, मार डालना। 4. to put out of existence, अस्तित्व में न रहने देना, मटियामेट कर देना।

**destroyer** (डि-स्ट्रॉइ´-ॲ:) *n.* 1. one who destroys, विनाशक, विध्वंसक, ध्वंसकार। 2. a warship, एक प्रकार का युद्धपोत।

**destruct** (डि-स्ट्रक्ट्´) *v.* to destroy for safety, सुरक्षा की दृष्टि से विनष्ट कर देना।

**destructible** (डि-स्ट्रक्´-टि-बॅल्) *adj.* that can be destroyed, नष्ट या ध्वस्त किए जाने योग्य।

**destruction** (डि-स्ट्रक्´-शॅन्) *n.* 1. the act of destroying or something destroyed, ruin, विनाश, ध्वंस, तोड़-फोड़, तबाही, बरबादी। 2. the cause of ruin, विनाश का कारण; Pride was her destruction, घमंड ही उसके विनाश का कारण था।

**destructive** (डि-स्ट्रक्´-टिव्) *adj.* 1. causing destruction, विनाशक, विनाशकारी, विध्वंसक। 2. intented to discredit, अपयशकर। 3. injurious, हानिकारक। 4. negative, नकारात्मक।

**desultory** (डॅस्´-ॲल्-टॅ-री) *adj.* passing from one thing to another without plan or purpose irregular, अनियमित, असंबद्ध, असंगत, क्रमरहित।

**detach** (डि-टैच्´) *v.* to disconnect, अलग कर देना, हटा देना, वियोजित कर देना।

**detachable** (डि-टैच्´-ॲ-बॅल्) *adj.* that can be detached, वियोज्य।

**detached** (डि-टैच्ड्´) *adj.* 1. not joined, diconnected, अलग, वियोजित, असंलग्न। 2. free from emotional involvement, निर्लिप्त, अनासक्त, विरक्त, बेलाग।

**detachment** (डि-टैच्´-मॅन्ट्) *n.* 1. the act of detaching or the state of being detached, अलगाव, पार्थक्य, बिलगाव। 2. lack of attachment, अनासक्ति, विरक्ति। 3. a small party of soldiers detached from its main body for special duty, सैनिक टुकड़ी। 4. a separated part, पृथक् अंश, विभाग।

D

**detail** (डि-टेल्´, डी´-टेल्) ***n.*** 1. a small point or fact, बात, तथ्य। 2. such small points or facts considered together, ब्योरा, तफ़सील, विवरण। 3. a small military detachment, सैनिक टुकड़ी। □ **go into details,** to explain things in detail, विस्तार-पूर्वक कहना।

**detailed** (डि-टेल्ड्´, डी´-टेल्ड्) ***adj.*** giving all facts available, पूरे ब्योरे सहित, ब्योरेवार।

**detain** (डि-टेन्´) ***v.*** 1. to keep from proceeding, रोक लेना, रोक रखना, जाने न देना। 2. to keep waiting, इंतज़ार कराना, इंतज़ार में रखना। 3. to keep in custody or confinement, नज़रबंद करना, हवालात में रखना।

D

**detainee** (डि-टे-नी´) ***n.*** a person detained (in a prison, कारागार में) नज़रबंद।

**detect** (डि-टेंक्ट्´) ***v.*** 1. to find out or notice, पता लगाना, खोज करना; देख, भाँप या जान लेना। 2. to discover or reveal a crime or criminal, अपराधी को पकड़ लेना, अपराध को पहचान लेना।

**detectable** (डि-टेंक्ट्´-अॅ-बॅल्) ***adj.*** that can be detected, जिसका पता लगाया जा सके।

**detection** (डि-टेंक्´-शॅन्) ***n.*** 1. the act of detecting, पता लगाना। 2. the state of being detected, पता चलना, पकड़ में आना। 3. the work of a detective, जासूसी, गुप्तचर्या।

**detective** (डि-टेंक्´-टिव्) ***n.*** one who is expert in investigating crimes, जासूस, गुप्तचर।

**detective story** ***n.*** a story that describes how the crimes or criminals were detected, जासूसी कहानी।

**detector** (डि-टेंक्´-टॅ:) ***n.*** a device or instrument for detecting something, डिटेक्टर, संसूचक; a metal detector, धातु-संसूचक।

**detention** (डि-टेंन्´-शॅन्) ***n.*** 1. the action of detaining or the state of being kept in custody, नज़रबंदी, निरोध, रोक रखना; preventive detention, निवारक नज़रबंदी। 2. a prison, कारावास।

**detenue** (डेंट्´-अॅ-न्यु) ***n.*** a person detained in a prison, कारारुद्ध, नज़रबंद।

**deter** (डि-टॅ:´) ***v.*** (deterred, deterring) 1. to prevent from doing, रोकना, मना करना, निवृत्त करना। 2. to discourage, हतोत्साहित करना। 3. to terrify, धमकाना, धमकी देना।

**detergent** (डि-टॅ:´-जॅन्ट्) ***n.*** a synthetic substance for cleansing, डिटर्जेन्ट, धोने या साफ़ करनेवाला द्रव्य, साबुन आदि, स्वच्छक पदार्थ। ***adj.*** having a cleansing effect, स्वच्छ करनेवाला, स्वच्छक।

**deteriorate** (डि-टिअॅर्´-इ-अॅ-रेट्) ***v.*** 1. to become worse, गिरना, बिगड़ना, विकृत होना, ख़राब होना। 2. to wear away, क्षय होना, छीजना।

**deterioration** (डि-टिअॅर्-इ-अॅ-रे´-शॅन्) ***n.*** the process of growing worse, the condition of being deteriorated, ह्रास, अपकर्ष, गिरावट, क्षय।

**determinable** (डि-टॅ:´-मि-नॅ-बॅल्) ***adj.*** capable of being determined or decided, अवधार्य, निर्धार्य, निश्चायक।

**determination** (डि-टॅ:´-मि-ने´-शॅन्) ***n.*** 1. the action of determining or deciding, निर्धारण, निश्चयन; determination of value, मूल्य-निर्धारण। 2. a decision, formal intention, पक्का इरादा, संकल्प। 3. termination, ending, पर्यावसान, अंत; termination of lease, पट्टे का पर्यावसान।

**determine** (डि-टॅ:´-मिन्) ***v.*** (determined, determining) 1. to decide, निश्चय करना, निर्धारित करना, निर्णय करना। 2. to ascertain definitely, संकल्प या निश्चय करना। 3. to decide authoritatively, अवधारण करना, अवधारित करना। 4. to be a decisive factor, निर्धारक होना। 5. to put an end to, पर्यावसान करना, अंत करना।

**determined** (डि-टॅ:´-मिन्ड्) ***adj.*** 1. showing determination, firm, कृतसंकल्प। 2. strong willed, पक्के इरादेवाला, दृढ़निश्चयी।

**deterrence** (डि-टर्´-अॅन्स्) ***n.*** the act of deterring, रोक, रोक-थाम।

**deterrent** (डि-टर्´-अॅन्ट्) ***adj.*** that deters रोकनेवाला, रोक-थाम करनेवाला।

**etest** (डि-टॅस्ट्´) ***v.*** to dislike intensely, to loath, बहुत अधिक घृणा करना।

**etestable** (डि-टॅस्´-टॅ-बॅल्) ***adj.*** intensely disliked, घृणित, घिनौना, जघन्य।

**ethrone** (डी-थ्रोन्´) ***v.*** 1. to remove from a throne, सिंहासन या गद्दी से उतार देना। 2. to remove from power, अपदस्थ करना।

**ethronement** (डी-थ्रोन्´-मॅन्ट्) ***n.*** the act of dethroning, सिंहासनच्युति; पदच्युति।

**etonate** (डॅट्´-ॲ-नेट्) ***v.*** 1. to explode loudly, ज़ोरदार धमाका या विस्फोट होना, फटना। 2. to cause to explode loudly, ज़ोरदार धमाका या विस्फोट करना।

**etonation** (डॅट्-ॲ-ने´-शॅन्) ***n.*** a loud explosion, ज़ोरदार धमाका, विस्फोट।

**etonator** (डॅट्-ॲ-ने´-टॅ:) ***n.*** a device to set off an explosion from a distance, विस्फोट, प्रस्फोटक, डेटोनेटर।

**etract** (डि-ट्रैक्ट्´) ***v.*** 1. to diminish, घटना या घटाना। 2. to take away (from, से) निकाल लेना।

**etractor** (डि-ट्रैक्´-टॅ:) ***n.*** one who says bad things about someone or something, निंदक, बदनाम करनेवाला, आलोचक।

**etrain** (डि-ट्रेन्´) ***v.*** to get off a railway train, रेलगाड़ी से उतरना या उतारना।

**etriment** (डॅट्´-रि-मॅन्ट्) ***n.*** a harm or damage, हानि, अहित। □ **without detriment to,** बिना हानि पहुँचाए।

**etrimental** (डॅट्-रि-मॅन्´-टॅल्) ***adj.*** harmful, हानिकर, अहितकर, बुरा।

**euce** (ड्यूस्) ***n.*** 1. in tennis the score of forty all, टेनिस में चालीस-चालीस अंकों की बराबरी, ड्यूस। 2. a playing card having two spots, दुक्की। 3. a two-dollar bill, दो डॉलर का नोट।

**euced** (ड्यूस्ड्) ***adv.*** 1. very badly, बुरी तरह से। 2. unfortunately, दुर्भाग्यवश।

**evaluation** (डी-वैल्-यु-ए´-शॅन्) ***n.*** the act of reducing the exchange value of money, अवमूल्यन।

**evalue** (डी-वैल्´-यू) ***v.*** to reduce the value of one's currency in relation to other currencies, अवमूल्यन करना।

**devastate** (डॅव्´-ॲ-स्टेट्) ***v.*** 1. to ruin, उजाड़ देना। 2. to cause great destruction to, विनष्ट, तबाह या बरबाद कर देना।

**devastation** (डॅव्-ॲ-स्टे´-शॅन्) ***n.*** the act of devastating or the state of being devastated, विनाश, बरबादी, ध्वंस, तबाही, सर्वनाश।

**develop** (डि-वॅल्´-ॲप्) ***v.*** 1. to become or grow larger, complete or more complex, विकसित होना, पनपना, फैलना, बढ़ना। 2. to cause to grow larger or more complete, विकसित करना, विकास करना। 3. to expand or elaborate, विस्तृत या विस्तीर्ण करना, फैलाना, बढ़ाना। 4. to make economically developed, आर्थिक दृष्टि से विकसित करना। 5. (in photography, to) appear or cause to appear on a film or paper, डेवलप करना, फोटो-प्लेट या फ़िल्म धोना।

**developed** (डि-वॅल्प्ड्´) ***adj.*** grown larger, complete or complex, विकसित।

**developing** (डि-वॅल्´-ॲप्-इंग्) ***adj.*** progressing economically, विकासशील।

**development** (डि-वॅल्´-ॲप्-मॅन्ट्) ***n.*** 1. the act or process of developing or the state of being developed, विकास, परिवर्धन, अभिवर्धन (फोटो का)। 2. a happening, घटना। 3. (plu.) things that have developed, गतिविधियाँ, घटनाक्रम।

**deviate** (डी´-वि-एट्) ***v.*** to move away from an accepted, established or prescribed norm or course, मार्ग से च्युत होना, पथभ्रष्ट हो जाना, बदल या हट जाना, विचलित या विपथित होना।

**deviation** (डी-वि-ए´-शॅन्) ***n.*** an act or instance of deviating, मार्गच्युति, व्यतिक्रम, विचलन, विपथन, पथांतर; deviation of route, मार्ग का बदलना।

**device** (डि-वाइस्´) ***n.*** 1. an instrument or machine, उपकरण या मशीन; a device for opening bottles, बोतलें खोलने का उपकरण। 2. an arrangement or plan, योजना, व्यवस्था। 3. a trick, युक्ति, तिकड़म, चाल।

**devil** (डॅव्´-इल्) ***n.*** 1. an evil spirit, दुष्टात्मा,

शैतान। 2. a wicked or mischievous person, दुष्ट व्यक्ति। 3. a highly skilled or highly spirited person, माहिर, धाकड़, भूत (की तरह काम करनेवाला)। 4. a person, व्यक्ति, आदमी; a poor devil, बेचारा व्यक्ति। ☐ **between the devil and the deep (blue) sea,** between equally harsh alternatives, इधर कुआँ तो उधर खाई; **like the devil,** dashingly, भूत की तरह; **play the devil with,** to do a lot of harm to, भारी नुकसान पहुँचाना।

D

**devilish** (डेंव्´-अ-लिश्) ***adj.*** 1. like the devil, दानवीय, दुष्टतापूर्ण। 2. excessive, अत्यधिक।

**devil-may-care** (डेंव्´-इल्-मे-केंअ:´) ***adj.*** carefree and gay, बेफ़िकरा, बेपरवाह।

**devious** (डी´-वि-अॅस्) ***adj.*** 1. deviating from the straight course, घुमावदार, चक्करदार, वक्र। 2. deviating from the right course, विपथित, पथभ्रष्ट। 3. not straightforward, कुटिल, अनाचारी। 4. underhand, deceitful, wrong, कपटपूर्ण, अनुचित, ग़लत।

**deviously** (डी´-वि-अॅस्-ली) ***adv.*** deceitfully, अनुचित ढंग से, घुमाव-फिराव से।

**devise** (डि-वाइज़्´) ***v.*** 1. to think out or plan, सोचना, योजना बनाना। 2. to plan cleverly, तिकड़म रचना, युक्ति निकालना। 3. to invent, आविष्कार करना। 4. to give by a will, वसीयत द्वारा देना, वसीयत कर देना। ***n.*** 1. a will or a clause of a will, वसीयत या वसीयत-संबंधी धारा। 2. a plan, योजना, कार्यक्रम। 3. an invention, आविष्कार।

**devitalize** (डी-वाइ´-टॅ-लाइज़्) ***v.*** to lower or remove life or vitality from, बेजान या बेदम कर देना।

**devoid** (डि-वॉइड्´) ***adj.*** completely lacking, पूर्णत: विहीन या रहित; devoid of merit, गुणविहीन; devoid of sense, अक्ल से खाली।

**devolve** (डि-वॉल्व्´) ***v.*** 1. to pass on to a successor or deputy, उत्तराधिकारी या सहायक को सौंपना, न्यागत करना। 2. to be passed on to a successor or deputy, उत्तराधिकारी या सहायक को सौंपा जाना, न्यागत होना।

**devote** (डि-वोट्´) ***v.*** 1. to dedicate, समर्पित करना। 2. to give or apply entirely, अ[र्पित] करना, लगा देना; He devoted his wh[ole] life to sports, उसने अपना सारा जीवन खे[ल] में लगा दिया।

**devoted** (डि-वो´-टिड्) ***adj.*** 1. loyal, निष्ठाव[ान], भक्त, श्रद्धालु, सच्चा; He is a devot[ed] friend, वह सच्चा मित्र है। 2. fond of, शौक़[ीन]

**devotee** (डेंव्-अॅ-टी´) ***n.*** a devoted pers[on], निष्ठावान या शौक़ीन व्यक्ति, भक्त, श्रद्धालु।

**devotion** (डि-वो´-शॅन्) ***n.*** 1. great loyal[ty], श्रद्धा, निष्ठा, समर्पण-भावना। 2. religi[ous] observance or worship, भक्ति, पू[जा]। 3. great love, zeal, अनुराग, लगन, शौ[क़]। 4. (plu.) prayers, उपासना-प्रार्थना।

**devotional** (डि-वो´-शॅ-नॅल्) ***adj.*** 1. of related to devotion, श्रद्धापूर्वक किया ज[ाने] वाला, भक्तिमय, भक्तिपूर्ण; devotional m[u]sic, भक्ति-संगीत; devotional song, भ[जन] कीर्तन। 2. religious, धार्मिक, devotio[nal] feeling, धार्मिक भावना।

**devour** (डि-वॉउ:´) ***v.*** 1. to eat up greed[ily], भकोसते चलना, ठूँसते जाना, हड़पना। 2. [to] consume or destroy, खा-पका जाना, [नष्ट] कर देना, बरबाद करना; The fire devou[red] the forest, आग ने जंगल को नष्ट कर दि[या]

**devout** (डि-वॉउट्´) ***adj. & n.*** 1. seriou[sly] concerned with religion, धर्मपरायण, श्रद्[धालु], भक्त। 2. sincere, सच्चा, निष्ठावान।

**devoutly** (डि-वॉउट्´-ली) ***adv.*** sincerely, e[ar]nestly, निष्ठापूर्वक, ईमानदारी से, सच्चे मन[से]

**devoutness** (डि-वॉउट्´-निस्) ***n.*** devoti[on], श्रद्धा, भक्ति, निष्ठा, धर्मपरायणता।

**dew** (ड्यू) ***n.*** water droplets that conde[nse] on cool surfaces during the night, ओ[स], शबनम।

**dewdrop** (ड्यू´-ड्रॉप्) ***n.*** a drop of dew, [ओस] की बूँद, ओसकण।

**dewpoint** (ड्यू´-पाइन्ट्) ***n.*** the tempera[ture] at which dew forms, ओसांक।

**dewy** (ड्यू´-ई) ***adj.*** wet with dew, ओ[स से] नम, ओस से गीला या भीगा हुआ, ओसील[ा]

**dewy-eyed** (ड्यू´-ई-आइड्) ***adj.*** 1. ha[ving] eyes wet, जिसकी आँखें नम हों, रुआँसा,

पलकोंवाला। 2. sentimental, भावुक।

**xterity** (ड़ेंक्‌-स्टेंर्‌´-इ-टी) ***n.*** skill, दक्षता, कुशलता, कौशल।

**xterous, dextrous** (डेंक्‌´-स्ट्रॅस्‌) ***adj.*** skillful, दक्ष, कुशल।

**xterously, dextrously** (डेंक्‌´-स्ट्रॅस्‌-ली) ***adv.*** in a dexterous manner, दक्षतापूर्वक।

**abetes** (डाइ-ॲ-बी´-टीज़्‌, डाइ-ॲ-बी´-टिस्‌) ***n.*** 1. a disease marked by excessive discharge of urine, प्रमेह। 2. a disease in which there is excessive sugar in the blood, मधुमेह।

**abetic** (डाइ-ॲ-बेंट्‌´-इक्‌) ***adj.*** of or related to diabetes, प्रमेह या मधुमेह-संबंधी, प्रमेही, मधुमेही। ***n.*** a person suffering from diabetes, प्रमेह या मधुमेह का रोगी।

**abolic** (डाइ-ॲ-बॉल्‌´-इक्‌) ***adj.*** 1. of or coming from the devil, राक्षसी, पैशाचिक। 2. wicked, दुष्टता-भरा, दुष्टतापूर्ण। 3. cruel, निर्मम, क्रूर।

**abolical** (डाइ-ॲ-बॉल्‌´-इ-कॅल्‌) ***adj.*** 1. diabolic, राक्षसी, दुष्टतापूर्ण, निर्मम। 2. cunning, धूर्ततापूर्ण। 3. annoying, कष्टकर, तकलीफ़देह।

**abolism** (डाइ-ऐब्‌´-ॲ-लिज़्‌-ॲम्‌) ***n.*** worship of the Devil, पिशाच-पूजा।

**acritic** (डाइ-ॲ-क्रिट्‌´-इक्‌) ***n.*** a diacritical mark, विशेषक चिह्न।

**acritical mark** ***n.*** a mark placed over or under a letter to indicate a special phonetic value, विशेषक चिह्न।

**adem** (डाइ´-ॲ-डेंम्‌) ***n.*** 1. a crown, राजमुकुट, ताज। 2. authority, सत्ता।

**agnose** (डाइ´-ॲग्‌-नोज़्‌) ***v.*** to identify a disease from its signs and symptoms, (रोग का) निदान करना।

**agnosis** (डाइ-ॲग्‌-नो´-सिस्‌) ***n.*** identification of a disease, निदान।

**agonal** (डाइ-ऐग्‌´-ॲ-नॅल्‌) ***n.*** a straight line joining two opposite corners of a square, विकर्ण। ***adj.*** oblique, slanting, तिरछा, विकर्णी।

**agram** (डाइ´-ॲ-ग्राम्‌/ग्रैम्‌) ***n.*** 1. a figure or plan drawn to explain an idea, आरेख। ***v.*** to depict by a diagram, आरेख बनाना, आरेखित करना।

**dial** (डाइ´-ॲल्‌) ***n.*** 1. a disc or plate marked with a scale for the measurement of time, speed, temperature etc., डायल। 2. a movable disc of a telephone with finger holes over a circle of numbers, डायल। ***v.*** to make a telephone call, डायल करना।

**dialect** (डाइ´-ॲ-लेंक्ट्‌) ***n.*** a variety of a language spoken in a particular area, बोली, विभाषा।

**dialectal** (डाइ-ॲ-लेंक्‌´-टॅल्‌) ***adj.*** of or pertaining to a dialect, विभाषा-संबंधी, वैभाषिक।

**dialogue** (डाइ´-ॲ-लाःग्‌) ***n.*** 1. a conversation, वार्तालाप। 2. a discussion, विचार-विनिमय, कथोपकथन, संवाद।

**dial tone** ***n.*** the sound which points to dial the telephone numbers, डायल टोन।

**dialysis** (डाइ-ऐल्‌´-ॲ-सिस्‌) ***n.*** an act of purifying the blood of the body, रक्त-शोधन, डायलसिस।

**diameter** (डाइ-ऐम्‌´-इ-टॅः) ***n.*** a straight line passing from side to side of a circle through the centre, व्यास।

**diamond** (डाइ´-मॅन्ड्‌) ***n.*** 1. a very hard precious stone, हीरा। 2. a figure with four straight sides of equal length that stands on one of its points, ईंट के पत्ते का चिह्न। 3. a playing card marked with such a figure or figures, ईंट का पत्ता। ***adj.*** embedded with diamonds, जड़ाऊ, रत्नजड़ित।

**diamond jubilee** ***n.*** the sixtieth anniversary, हीरक जयंती।

**diamond wedding** ***n.*** the sixtieth anniversary of a wedding, विवाह की हीरक जयंती।

**diaphragm** (डाइ´-ॲ-फ्रैम्‌) ***n.*** a muscular membrane that separates the organ of the chest from those of the abdomen, मध्यपट।

**diarchy** (डाइ-आः´-की) ***n.*** administration carried by two governments, दुहरा शासन-प्रबंध, द्वैध शासन, द्वितंत्र।

D

**diarrhoea, diarrhea** (डाइ-अॅ-री´-अॅ) ***n.*** abnormally frequent bowel movement, अतिसार, दस्त की बीमारी, दस्त लगना, पेचिश।

**diary** (डाइ´-अॅ-री) ***n.*** (plu. diaries) 1. a daily record of the events in a person's life, डायरी, दैनिकी, रोज़नामचा। 2. a book used for such a record, डायरी, दैनंदिनी।

**dibble** (डिब्´-अॅल्) ***n.*** a pointed instrument used to make holes in the soil, सब्बल, कुदाली, खुरपी। ***v.*** to prepare soil with a dibble, सब्बल से ज़मीन तैयार करना, खुरपी से खुदाई करना।

D

**dice** (डाइस्) ***n.*** (actually plu. of die) 1. one of small cube marked on each side with one to six dots, छक्का। 2. a game of chance which is played with these, पासे का खेल, पासा। 3. (plu. dices) a small cube as of food, खाने की चीज़ का कटा हुआ छहपहला टुकड़ा। ***v.*** 1. to gamble with dice, पासे का खेल खेलना। 2. to cut into cubes, छह पहले टुकड़े काटना। □ **dice away,** to lose money by playing dice, पासे के खेल में हारना।

**dickens** (डिक्´-इन्ज़्) ***n.*** the devil, शैतान; Who the dickens? वह होता कौन है ?

**dicky**[1] (डिक्´-ई) ***n.*** (plu. dickies) 1. a donkey, गदहा। 2. a detachable collar, मसनुई गरेबान। 3. a seat for luggage at the back of a car, डिक्की, कार के पिछले हिस्से में सामान रखने की जगह। 4. a child's word for a bird, पक्षी, पंछी, चिड़िया।

**dicky**[2] ***adj.*** weak, कमज़ोर, दुर्बल।

**dictaphone** (डिक्´-टॅ-फ़ोन्) ***n.*** a machine into which one can dictate, श्रुतलेख-यंत्र।

**dictate** (डिक्´-टेट्, डिक्-टेट्´) ***v.*** 1. to say or read aloud for someone else or others to write down, बोलकर लिखाना, डिक्टेशन देना। 2. to give order to, to command with authority, आज्ञा देना, हुकुम देना, अपनी चलाना या मनवाना।

**dictates** (डिक्´-टेट्स्) ***n.*** (plu.) 1. orders, आदेश, हुकुम। 2. directives, निर्देश; the dictates of the conscience, आत्मा की पुकार, दिल की आवाज़।

**dictation** (डिक्-टे´-शॅन्) ***n.*** 1. act of dicta ing or something dictated, श्रुतलेख, इमल 2. a command or order, आज्ञा, आदेश।

**dictator** (डिक्´-टे-टॅः, डिक्-टे´-टॅः) ***n.*** 1. ruler who has absolute power or unre stricted authority, अधिनायक, तानाशाह 2. a domineering person, धाकड़ व्यक्ति।

**dictatorial** (डिक्-टॅ-टोर्´-इ-अॅल्) ***adj.*** 1. c or like a dictator, निरंकुश, अधिनायकी तानाशाही। 2. domineering, निरंकुश, धाकड़

**dictatorship** (डिक्´-टे-टॅः-शिप्) ***n.*** 1. th position or power of a dictator, अधि नायकतंत्र, तानाशाही। 2. dominance, दबदब धाकड़पन।

**diction** (डिक्´-शॅन्) ***n.*** 1. the choice an use of words in writing or speakin शब्द-चयन, शब्द-प्रयोग, शब्द-योजना। 2. vo cabulary, शब्दावली; poetic diction, कवि की शब्दावली। 3. a manner of pronunci tion, लहजा, उच्चारण-ढंग।

**dictionary** (डिक्´-शॅ-नॅ-री, डिक्´-शॅ-नॅर्-इ ***n.*** (plu. dictionaries) a book containi alphabetical list of words with the pronunciations, meanings, usages et कोश, शब्दकोश।

**dictum** (डिक्´-टॅम्) ***n.*** 1. a maxim or sa ing, उक्ति, कहावत, नीतिवचन। 2. an opi ion expressed by a judge in a cou अभ्युक्ति।

**did** (डिड्) ***v.*** p.t. of do.

**didactic** (डाइ-डैक्´-टिक्) ***adj.*** 1. intend to teach, instructive, शिक्षाप्रद, नीतिपर उपदेशात्मक। 2. too anxious to teac उपदेश देने के लिए उत्सुक, उपदेशवादी।

**didactically** (डाइ-डैक्´-टि-कॅ-ली) ***adv.*** didactic manner, उपदेशात्मक ढंग से।

**didn't** (डिड्´-अॅन्ट्) ***v.*** = did not.

**die**[1] (डाइ) ***v.*** (died, dying) 1. to cease li ing, मर जाना। 2. to lose force or vitali अशक्त या बेदम हो जाना। 3. to cease exi ing, समाप्त हो जाना, ख़त्म हो जाना; My lo for you will never die, तुम्हारे लिए मेरा प्

कभी चुकेगा नहीं। 4. to desire greatly, जान देना, दम निकलना, मरे जाना; He is dying for a cigarette, वह सिगरेट के लिए मरे जा रहा है।

**die**[2] (डाइ) ***n.*** (plu. dice) a cube marked with dots used in the game of chance, छहदाना, छक्का। □ **straight as a die,** पूर्ण रूप से ईमानदार; **The die is cast.** The decision has been made and it is not possible to change it now, तीर कमान से निकल चुका है/दाँव खेला जा चुका है/अटल निश्चय कर लिया गया है।

**die**[3] ***n.*** an engraved device that shapes materials by stamping, punching etc., डाई, ठप्पा, साँचा।

**diecast** (डाइ´-कैस्ट्) ***adj.*** made by casting metal in a mould, साँचे में ढला।

**diehard** (डाइ´-हा:ड्) ***n.*** a person who resists change to the end, one does not accept new ideas, अंत तक विरोध करनेवाला, हठधर्मी, कट्टरपंथी, रूढ़िवादी।

**diesel** (डी´-ज़ल्) ***n.*** = 1. = disel engine. 2. = diesel oil.

**diesel engine** ***n.*** an engine in which hot air sets fire to heavy oil, डीज़ल इंजन।

**diesel oil** ***n.*** a kind of heavy oil used in diesel engines, डीज़ल ऑयल।

**diet**[1] (डाइ´-अॅट्) ***n.*** 1. food usually taken by a person, family or group, आहार, ख़ुराक। 2. restricted diet, नियमित भोजन, बँधा आहार, अनुपथ्य। ***v.*** to live on a restricted food, डाइटिंग करना, नियत या अल्प आहार लेना, बँधा भोजन करना।

**diet**[2] ***n.*** a legislature, विधान सभा।

**dietary** (डाइ´-अॅ-टॅ-री) ***adj.*** of or concerning diet, आहार-संबंधी, आहारिक।

**dietetic** (डाइ-अॅ-टॅट्´-इक्) ***adj.*** 1. of diet, आहार या अनुपथ्य-संबंधी। 2. prescribed by a dietician, आहार विज्ञानी द्वारा सुझाए हुए सीमित आहार-संबंधी।

**dietetics** (डाइ-ई-टॅट्´-इक्स्) ***n.*** the science of diet, आहारा विज्ञान, अनुपथ्य-विज्ञान।

**dietician** (डाइ-इ-टिश्´-अॅन्) ***n.*** an expert in dietetics, अनुपथ्य विज्ञानी।

**differ** (डिफ़्´-अॅ:) ***v.*** 1. to be unlike or distinguishable, भिन्न या अलग होना। 2. to disagree in opinion, मतभेद होना, राय न मिलना।

**difference** (डिफ़्´-अॅ-रॅन्स्) ***n.*** 1. the quality or state of being different or unlike, भिन्नता, विभिन्नता। 2. degree or amount of unlikeness, अंतर, फ़र्क। 3. the remainder left after subtraction, बाकी, शेष। 4. disagreement in opinion, मदभेद। 5. a dispute, विवाद।

**different** (डिफ़्´-अॅ-रॅन्ट्) ***adj.*** 1. unlike in quality, nature, form etc., अलग भिन्न, विभिन्न। 2. another, अन्य, दूसरा, और। 3. distinct, unusual, असाधारण, विशिष्ट, कई। 4. various, several, भिन्न-भिन्न, विभिन्न; different sources of income, आय के विभिन्न स्रोत; Different people told me this thing, कई लोगों ने मुझे यह बात बताई है।

**differential** (डिफ़्-अॅ-रॅन्´-शॅल्) ***adj.*** of showing or constituting a difference, विभेदक, भेददर्शक, अंतरिक। ***n.*** the amount of difference between things, अंतर, भेद।

**differentiate** (डिफ़्-अॅ-रॅन्´-शि-एट्) ***v.*** to distinguish or discriminate, अंतर या भेद करना, अंतर या भेद लाना, अंतर या भेद दिखलाना।

**differentiation** (डिफ़्-अॅ-रॅन्-शि-ए´-शॅन्) ***n.*** 1. difference, अंतर, भेद, फ़र्क। 2. distinction, विशिष्टता, विशेषता। 3. the act of differentiating, विभेदीकरण, पृथक्कीकरण।

**difficult** (डिफ़्´-ई-कल्ट्) ***adj.*** 1. hard to do or manage, कठिन, मुश्किल। 2. hard to understand, दुर्बोध, दुरूह, गहन, कठिन। 3. hard to please, जिसे प्रसन्न या संतुष्ट करना कठिन हो; विकट, जिद्दी या टेढ़ा। He is a difficult person, वह टेढ़ा आदमी है, अर्थात् उसके साथ निभाना कठिन है।

**difficulty** (डिफ़्´-ई-कल्-टी) ***n.*** (plu. difficulties) 1. the state or quality of being difficult, कठिनता, कठिनाई, मुश्किल। 2. a thing hard to do or overcome, कठिनाई, कठिनता, मुश्किल, मुश्किलाहट। 3. a prob-

D

lem or trouble, समस्या, झंझट या परेशानी। □ **with difficulty,** not easily, कठिनाई से।

**diffidence** (डिफ़्´-इ-डॅन्स्) ***n.*** the state or quality of being diffident, आत्मविश्वास का अभाव, अविश्वास।

**diffident** (डिफ़्´-इ-डॅन्ट्) ***adj.*** lacking self-confidence, आत्मविश्वासहीन।

**diffuse** (डि-फ़्यूज़्´) ***v.*** 1. to spread or cause to spread in all directions, चारो ओर बिखरना या बिखेरना, छितरना या छितराना, विस्तृत करना या होना। 2. to mix, मिलाना, मिश्रित करना। 3. to become intermingled, मिलकर एक हो जाना।

D

**diffused** (डि-फ़्यूज़्ड्´) ***adj.*** spread in all directions, विसरित; विस्तृत।

**diffusion** (डि-फ़्यू´-ज़न्) ***n.*** the act of diffusing, विसरण, बिखराव, छितराव; diffusion of knowledge, ज्ञान का प्रसार।

**dig** (डिग्) ***v.*** (dug, digging) 1. to turn up soil with a spade, खोदना। 2. to make (a hole or way) by turning up soil, गड्ढा करना, रास्ता बनाना। 3. to make an excavation by digging, खुदाई करना। 4. to uncover roots by taking away the earth, पौधे की जड़ों से मिट्टी हटाना। 5. to make research, शोध या खोज करना। 6. to thrust, घुसेड़ देना। 7. to appreciate, पसंद करना, प्रशंसा करना। ***n.*** 1. a quick push, झटका, झकोरा। 2. an archaeological excavation, खुदाई, पुरातत्त्व-संबंधी खुदाई। 3. a sarcastic remark, आक्षेप, ताना, फबती, व्यंग्य।

**digest**[1] (डाइ-जेंस्ट्´, डि-जेंस्ट्´) ***v.*** 1. to absorb (food, खाना) पचना या पचाना, हज़म होना या करना। 2. to comprehend, अच्छी तरह समझना, विचारना, बुद्धि में बैठाना।

**digest**[2] (डाइ´-जेंस्ट्) ***n.*** 1. a short account of a book, subject or other written material, संक्षेप, सार, सारसंग्रह। 2. a compilation or collection, संग्रह।

**digestible** (डाइ/डि-जेंस्´-टि-बॅल्) ***adj.*** that can be digested, सुपाच्य।

**digestion** (डाइ/डि-जेंस्´-चॅन्) ***n.*** 1. the power of digesting food, पाचन-शक्ति, हाज़मा। 2. the process of digesting, पाचन-क्रिया।

**digestive** (डाइ/डि-जेंस्´-टिव्) ***adj.*** 1. of or related to digestion, पाचन-संबंधी। 2. assisting digestion, पाचक, हाज़मेदार।

**digger** (डिग्´-अॅ:) ***n.*** one who digs, खुदाई करनेवाला, खान खोदनेवाला, खनक।

**digit** (डिज्´-इट्) ***n.*** 1. any numeral from 0 to 9, अंक। 2. a finger or toe, उँगली, अँगूठा।

**digital** (डिज्´-इ-टॅल्) ***adj.*** 1. of or relating to digits, अंक-संबंधी, अंकीय; digital clock, अंकीय घड़ी। 2. giving a read-out in digits, अंकों में दरशानेवाला, अंकदर्शी।

**dignified** (डिग्´-नि-फ़ाइड्) ***adj.*** having, showing or expressing dignity, गौरवपूर्ण, गौरवमय, गरिमापूर्ण, गरिमामय।

**dignify** (डिग्´-नि-फ़ाइ) ***v.*** (dignified, dignifying) to give dignity to, to give honour to, गौरवान्वित करना, गौरव या गरिमा बढ़ाना।

**dignitary** (डिग्´-नि-टॅ-री, डिग्´-नि-टॅर्-ई) ***n.*** (plu. dignitaries) a person holding high office, उच्चपदस्थ।

**dignity** (डिग्´-नि-टी) ***n.*** 1. worthiness or nobleness of character, गौरव, गरिमा। 2. worthiness, prestige, महत्ता, प्रतिष्ठा, सम्मान। 3. a high rank or position, उच्च पद। □ **beneath one's dignity,** मान-मर्यादा के प्रतिकूल, शान के खिलाफ़, प्रतिष्ठा गिरानेवाला।

**digress** (डाइ´-ग्रेंस, डि-ग्रेंस्´) ***v.*** 1. to depart from the basic topic, point or subject, मुख्य विषय को छोड़कर अन्य विषय की चर्चा करना, भटक जाना। 2. to wander from one's path, भटक जाना।

**digression** (डाइ/ डि-ग्रेंश्´-अॅन्) ***n.*** 1. the act of straying from one subject to another, विषयांतर। 2. unrelated subject, असंबद्ध विषय।

**dike** (डाइक्) ***n.*** 1. an embankment, बाँध, तटबंध। 2. a ditch for draining water from land, खाई, गड्ढा, खात।

**dilapidated** (डि-लैप्´-इ-डे-टिड्) ***adj.*** in partial ruin, in the state of disrepair, टूटा-फूटा, जर्जर, ख़स्ता।

**dilapidation** (डि-लैप्-इ-डे´-शॅन्) *n.* the state of being dilapidated, जीर्णावस्था, जर्जरता, गिरी-पड़ी हालत।

**dilate** (डि-लेट´, डाइ´-लेट्) *v.* 1. to make or become larger or wider, फैलना या फैलाना, बढ़ना या बढ़ाना, विस्तृत होना या करना। 2. to speak or write at length, सविस्तार वर्णन करना। □ **with dilated eyes,** विस्फारित नेत्रों से।

**dilation** (डाइ-ले´-शॅन्) *n.* the act of dilating or the state of being dilated, विस्तार, फैलाव।

**dilatoriness** (डि´-लॅ-टॅ-रि-निस्, डिल्´-अॅ-टेर्-इ-निस्) *n.* delay, विलंब, दीर्घसूत्रता।

**dilatory** (डि´-लॅ-टॅ-री, डिल्´-अॅ-टेर्-ई) *adj.* causing delay or wasting time, दीर्घसूत्री, देर करने या लगानेवाला, विलंबकारी; dilatory tactics विलंबकारी चालें, देर करने के तरीके।

**dilemma** (डि-लॅम्´-अॅ) *n.* a situation that requires a choice between two equally unpleasant or undesirable alternatives, धर्मसंकट, दुविधा, असमंजस। □ **be on the horns of dilemma,** किंकर्तव्यविमूढ़ होना, दुविधा में होना।

**diligence** (डिल्´-इ-जॅन्स्) *n.* perseverance, तत्परता, लगन, कर्मठता, उद्योग, अध्यवसाय।

**diligent** (डिल्´-इ-जॅन्ट्) *adj.* 1. persevering, तत्पर, लगनवाला, कर्मठ, उद्योगी, अध्यवसायी। 2. carried out with perseverance, कर्मठतापूर्वक किया जानेवाला, अध्यवसायपूर्ण।

**dilly-dally** (डिल्´-ई-डैल्-ई) *v.* 1. to waste time, to delay, देर लगाना, व्यर्थ समय नष्ट करना। 2. to vacillate, डाँवाँडोल/अस्थिर चित्त होना।

**dilute** (डि/डाइ-ल्यूट्´) *v.* to reduce in strength by addition of water or thinner, पतला करना, तनुकृत करना।

**dilution** (डाइ/ डि-ल्यू´-शॅन्) *n.* the act of diluting, तनुकरण, पतला करना, हलका करना।

**diluvial** (डाइ-ल्यू´-वि-अॅल्) *adj.* of or connected with a deluge, प्रलय-संबंधी, प्रलयकारी।

**diluvian** (डाइ-ल्यू-वि-अॅन्) *adj.* = diluvial.

**dim** (डिम्) *adj.* 1. faint, मंद, हलका, निष्प्रभ। 2. not clear, indistinct, अस्पष्ट, धुँधला, धूमिल। 3. mentally dull, मंदबुद्धि। 4. gloomy, विषादपूर्ण। *v.* to become or cause to become dim, मंद होना या करना, हलका होना या करना, निष्प्रभ होना या करना।

**dime** (डाइम्) *n.* a coin worth one tenth of a dollar, a ten-cent coin, डाइम। □ **a dime a dozen,** (i) पानी के मोल, कौड़ी के तीन, (ii) very common, अत्यंत साधारण।

**dimension** (डि/डाइ-मॅन्´-शॅन्) *n.* a measurement in any one direction, विमा, आयाम; fourth dimension, चौथी विमा।

**dimensional** (डि/डाइ-मॅन्´-शॅ-नॅल्) *adj.* of or pertaining to a dimension, विमीय।

**diminish** (डि-मिन्´-इश्) *v.* 1. to become less or smaller, घट जाना, कम हो जाना; diminishing utility, ह्रासमान उपयोगिता। 2. to make less or smaller, कम करना, घटा देना।

**diminutive** (डि-मिन्´-यु-टिव्) *adj.* very small, tiny, छोटा, लघु, नन्हा।

**dimmer** (डिम्´-अॅ:) *n.* 1. a device for reducing the brightness of light, बत्तियों की रोशनी की तेज़ी कम करने का उपकरण, प्रकाश-मंदक। 2. a parking light on a car, डिमर।

**dimple** (डिम्´-पॅल्) *n.* a small hollow or dent on the cheeks or chin, गाल या ठोड़ी पर का गड्ढा।

**din** (डिन्) *n.* loud, confused and prolonged noise, शोर, शोरगुल, हो-हल्ला, शोर-शराबा।

**dinar** (डी-ना:´) *n.* a monetary unit in Arab and some other countries, दीनार (सिक्का)।

**dine** (डाइन्) *v.* (dined, dining) 1. to eat dinner, भोजन करना, खाना-पीना। 2. to give dinner to, भोजन के लिए आमंत्रित करना, भोजन कराना, खिलाना-पिलाना। □ **wine and dine someone,** किसी को खिलाना-पिलाना।

**diner** (डाइ´-नॅ:) *n.* 1. one who dines, भोजन-कर्ता, भोजन करनेवाला। 2. a dining car, भोजनयान।

**ding-dong** (डिंग्´-डॉङ्ग्) *n.* 1. the sound of a bell or bells, टनटन, घंटा या घंटे बजने का शब्द। 2. a violent exchange of words

D

or blows, कहा-सुनी, मार-पीट।

**ding-dong battle** ***n.*** a battle in which each contestant or party has the better of it alternately, ऐसी लड़ाई जिसमें कभी एक पक्ष का पलड़ा भारी हो तो कभी दूसरे का, बराबरी का संघर्ष, उठापटक।

**dinghy** (डिंग्´-ई) ***n.*** (plu. dinghies) a small boat, डोंगी।

**dingy** (डिन्´-जी) ***adj.*** 1. dirty, गंदा, मैला-कुचैला। 2. discoloured, बदरंग।

D

**dining car** ***n.*** a railway coach used as a dining room, भोजनयान।

**dining room** ***n.*** a room where meals are eaten, भोजन करने का कमरा, भोजन-कक्ष।

**dining table** ***n.*** a table on which meals are served, खाने की मेज़, डाइनिंग टेबल।

**dinky** (डिंग्´-की) ***adj.*** 1. small and neat, नन्हा-सा। 2. insignificant, तुच्छ, महत्त्वहीन।

**dinner** (डिन्´-अ:) ***n.*** 1. a meal taken in the evening or night, रात का खाना। 2. a formal evening banquet, दावत, रात्रिभोज।

**dinner-set** (डिन्´-अ:-सेंट्) ***n.*** utensils for use at dining table, खाने के बरतन, डिनरसेट।

**dinosaur** (डाई-नॅ-सॉ:) ***n.*** an extinct large-sized reptile, पुराने ज़माने का एक रेंगनेवाला विशाल जंतु, डाइनासोर।

**dint** (डिंट्) ***n.*** 1. force, बल; by dint of hard work, कठोर परिश्रम के बल पर, कठोर परिश्रम के फलस्वरूप। 2. a pit, गड्ढा।

**diocesan** (डाइ-ऑस्´-इ-अॅन्) ***adj.*** of a diocese, धर्मप्रांत-संबंधी।

**diocese** (डाई´-अॅ-सिस्) ***n.*** the district under the jurisdiction of a bishop, धर्मप्रांत।

**dioxide** (डाइ-ऑक्´-साइड्) ***n.*** an oxide with two atoms of oxygen to one of a metal, डायाक्साइड।

**dip** (डिप्) ***v.*** (dipped, dipping) 1. to put or lower quickly or briefly into water or other liquid, पानी या घोल में डुबोकर निकालना। 2. to plunge into water and emerge quickly, डुबकी लगाना, गोता लगाना। 3. to dye by immersing in a liquid, डुबोकर रँगना। 4. to put a ladle, hands etc. into something to obtain an object, किसी चीज़ में से कुछ निकालने के लिए कलछी या हाथ डालना। ***n.*** 1. the act of dipping, डुबाई, डुबाव। 2. a plunge, डुबकी, गोता। 3. the liquid in which something is dipped, वह घोल जिसमें किसी चीज़ को डुबाया जाए। 4. a downward slope, ढाल।

**diphtheria** (डिफ़्-थिअॅर्´-इ-अॅ) ***n.*** an infectious disease of the throat, कंठरोग।

**diphthong** (डिफ़्´-था:ङ्ग्) ***n.*** a compound vowel sound, द्विस्वर, सांध्य स्वर।

**diploma** (डि-प्लो´-मॅ) ***n.*** a certificate conferring a qualification who has completed a course of study, उपाधि-पत्र, डिप्लोमा, सनद।

**diplomacy** (डि-प्लो´-मॅ-सी) ***n.*** 1. the skill or practice of conducting international relations, राजनय, कूटनीति, डिप्लोमेसी। 2. tact, व्यवहार-कुशलता, चतुराई।

**diplomat** (डिप्´-लॅ-मैट्) ***n.*** 1. an official engaged in diplomacy, राजनयिक, कूटनीतिज्ञ। 2. one who deals tactfully with others, व्यवहारकुशल, चतुर, सयाना।

**diplomatic** (डिप्-लो-मैट्´-इक्) ***adj.*** 1. of or related to diplomacy, राजनय या कूटनीति-संबंधी, राजनयिक, कूटनीतिक। 2. tactful व्यवहारकुशल, व्यवहारी, सयाना, चतुर।

**dipper** (डिप्´-अ:) ***n.*** 1. a long handled ladle for taking up water, पानी निकालने का लंबी डंडीवाला नपना। 2. a diving bird, डुबकी लगानेवाली चिड़िया।

**Dipper, the** ***n.*** the Great Bear, सप्तर्षि मंडल।

**dipsomania** (डिप्-सो-मे´-नि-अॅ) ***n.*** an uncontrollable desire for alcohol, शराब पीने की हुड़क, मद्योन्माद।

**dipsomaniac** (डिप्-सो-मे´-नि-ऐक्) ***n.*** one who is suffering from dipsomania, जिसे मदिरापान की हुड़क हो, हुड़की, मद्योन्मादी।

**dire** (डाय:, डाइ:) ***adj.*** 1. dreadful, भीषण, भयानक प्रचंड, उग्र। 2. disastrous, विनाशक, विनाशकारी। 3. urgent, अत्यावश्यक, ज़रूरी।

**direct** (डि/डाइ-रेक्ट्) ***v.*** (directed, directing) 1. to manage or conduct the affairs of, संचालन करना, संचालित करना। 2. to tell or show how to do something or get somewhere, निर्दिष्ट करना, मार्ग-निर्देशन करना। 3. to give direction to, to supervise the dramatic proceedings, निर्देशन करना। 4. to take charge of, to control, नियंत्रण में करना या लेना। 5. to conduct in a performance, निर्देशित करना। 6. to aim, निशाना साधना। 7. to cause to move (towards a goal, लक्ष्य की ओर) ले जाना। 8. to cause to have a specified direction, उन्मुख करना, मोड़ना, घुमाना। 9. to address (a letter etc.) पते पर भेजना। 10. to address (remarks etc.) (किसी को लक्षित करके) कहना। *adj.* 1. going, lying or proceeding in a straight line, not round about, सीधा, ऋजु। 2. not curved, जो टेढ़ा-मेढ़ा या वक्र न हो, सीधा। 3. straightforward, सीधा, ईमानदार, भोला-भाला, निष्कपट। 4. total, exact, complete, ठीक, पूरा; exact opposite, ठीक उलटा। 5. in direct contact, without intervening agency, सीधा, प्रत्यक्ष; direct tax, प्रत्यक्ष कर। 6. main, मुख्य; direct object, मुख्य कर्म। 7. in an unbroken line of descent, non-stop, सीधा; direct train, सीधी गाड़ी। *adv.* directly, सीधे।

**directed** (डि/डाइ-रेॅक्ट्´-टिड्) *adj.* 1. given directions, निर्दिष्ट। 2. aimed fixedly at, उद्दिष्ट।

**direct election** *n.* an election in which representatives or officials are elected by primary voters, प्रत्यक्ष निर्वाचन।

**direction** (डि/डाइ-रेॅक्´-शॅन्) *n.* 1. the act, process or function of directing or instructing, निर्देशन। 2. a command. आदेश, निर्देश। 3. the side or place towards which a person or thing moves, दिशा, तरफ़, सीध। 4. a line of action or a course, दिशा। 5. tendency towards a particular end or goal, प्रेरणा। 6. an area, क्षेत्र। □ **in the direction of,** की दिशा में।

**directive** (डि/डाइ-रेॅक्´-टिव्) *adj. n.* an instruction or order, निर्देश।

**directly** (डि/डाइ-रेॅक्ट्´-ली) *adv.* 1. in a direct manner, सीधे, प्रत्यक्ष रूप से, प्रत्यक्षतः। 2. without delay, सीधे, तुरंत, अभी।

**director** (डि/डाइ-रेॅक्´-टॅः) *n.* a person who supervises any institution or some kind of performance, निदेशक, निर्देशक, संचालक।

**directorate** (डि/डाइ-रेॅक्´-टॅ-रॅट्/रिट्) *n.* 1. the office of a director, निदेशालय। 2. the board of directors, निदेशक-मंडल।

**directorship** (डि/डाइ-रेॅक्´-टॅः-शिप्) *n.* 1. the position of a director, निदेशक का पद। 2. the duration of a direction, निदेशन-काल।

**directory** (डि/डाइ-रेॅक्´-टॅ-री) *n.* (plu. directories) 1. a book listing names, addresses, telephone numbers of the members of an institution, association or telephone users. निदेशिका। 2. a book giving guidelines or instructions of some kind, निदेशिका।

**direful** (डाइः´-फ़ुल्) *adj.* 1. disastrous, विनाशक। 2. fearful, भयानक, भयावह।

**dirge** (डःज्) *n.* 1. a chant of lamentation for the dead, रोना-पीटना, सयापा, विलाप। 2. a mournful song, शोक-गीत।

**dirk** (डःक्) *n.* a small curved dagger, खुखड़ी। *v.* to stab with a dirk, खुखड़ी भोंक देना।

**dirt** (डःट्) *n.* 1. unclean substance, earth filth or soil, मिट्टी, गर्द, धूल, गर्दगुबार। 2. a person or thing regarded as worthless or not deserving respect, निकम्मा आदमी या बेकार वस्तु। 3. indecent speech, गंदी बात, अंडबंड, अनाप-शनाप। 4. pornography, obscenity, गंदगी, अश्लीलता। □ **eat dirt,** धूल चाटना, अपमान सहना।

**dirt cheap** *adj. & adv.* at an extremely low price, गिरे-पड़े दामों पर, मिट्टी के मोल, पानी के भाव, पानी के मोल।

**dirtiness** (डः´-टी-निस्) *n.* the state of being dirty, गंदगी, मैलापन।

**dirty** (डः´-टी) *adj.* (dirtier, dirtiest) 1. full

D

of dirt, धूल-भरा, गंदा। 2. unclean, गंदा, मैला-कुचैला। 3. obscene, अश्लील, गंदा। 4. unfair, अनुचित। 5. rainy or stormy, बरसाती या तूफ़ानी। *v.* (dirtied, dirtying) to make or become dirty, गंदा करना या होना।

**dirty linen** ***n.*** intimate secrets, अंतरंग रहस्य।

**dirty look** ***n.*** a disapproving look, बुरी नज़र।

**dirty word** ***n.*** an obscene word, अपशब्द।

**dirty work** ***n.*** 1. an illicit activity, अनुचित काम या अवैध क्रिया। 2. dishonourable dealings, अनुचित व्यवहार।

D

**disability** (डिस्-अॅ-बिल्´-इ-टी) ***n.*** the state or condition of being disabled, अयोग्यता, अशक्तता, असमर्थता, अक्षमता।

**disabled** (डिस्-ए´-बॅल्ड्) ***adj.*** physically unfit, अशक्त, असमर्थ, पंगु।

**disabuse** (डिस्-अॅ-ब्यूज़्´) ***v.*** to set right, to disillusion, सही करना, भ्रम दूर करना।

**disadvantage** (डिस्-ऐड्-वैन्´-टिज्) ***n.*** 1. an unfavourable condition or circumstance, प्रतिकूल स्थिति या परिस्थिति। 2. inconvenience, असुविधा, परेशानी, कष्ट, कठिनाई।

**disadvantageous** (डिस्-ऐड्-वॅन्-टे´-जॅस्) ***adj.*** causing disadvantage, असुविधापूर्ण; हानिकर।

**disaffected** (डिस्-अॅ-फ़ॅक्-टिड्) ***adj.*** 1. discontended, असंतुष्ट, अप्रसन्न। 2. disloyal, निष्ठाहीन, बेवफ़ा, ग़द्दार।

**disaffection** (डिस्-अॅ-फ़ॅक्-शॅन्) ***n.*** 1. absence of affection, discontendedness, विराग, असंतोष। 2. disloyalty, निष्ठाहीनता, अनिष्ठा, गद्दारी।

**disagree** (डिस्-अॅ-ग्री´) ***v.*** 1. to fail to agree with, to differ, असहमत होना, सहमत न होना। 2. to have a different opinion, to dissent, अलग राय होना, मतभेद होना, न पटना। 3. to quarrel or dispute, झगड़ा या विवाद करना। 4. to fail to correspond, मेल न खाना, मेल न बैठना। 5. to have bad effects, प्रतिकूल होना, अप्रिय या अरुचिकर होना।

**disagreeable** (डिस्-अॅ-ग्री´-अॅ-बॅल्) ***adj.*** 1. distasteful, अरुचिकर। 2. unpleasant, अप्रिय। 3. bad-tempered, चिड़चिड़ा, क्रोधी।

**disagreement** (डिस्-ऐग्´-री-मॅन्ट्) ***n.*** lack of agreement, असहमति, मतभेद, असंगति।

**disallow** (डिस्-अॅ-लाउ´) ***v.*** 1. to refuse to allow, अनुमति न देना। 2. to cancel, रद कर देना। 3. to disapprove of, नामंजूर कर देना; to disallow objections, आपत्तियाँ नामंजूर कर देना।

**disappear** (डिस्-अॅ-पिअॅ:´) ***v.*** 1. to vanish, गायब, अदृश्य या ओझल हो जाना। 2. to cease to exist, न रह जाना, लोप हो जाना।

**disappearance** (डिस्-अॅ-पिअॅर्´-अॅन्स्) ***n.*** 1. the state of being vanished, अदृश्यता, अंतर्धान। 2. no-existence, अविद्यमानता, लोप।

**disappoint** (डिस्-अॅ-पॉइन्ट्´) ***v.*** to fail to satisfy hope or expectation of, निराश कर देना, आशा पूरी न करना।

**disappointed** (डिस्-अॅ-पॉइन्´-टिड्) ***adj.*** feeling disappointment, निराश।

**disappointment** (डिस्-अॅ-पॉइन्´-मॅन्ट्) ***n.*** the condition of being disappointed, निराशा, हताशा, आशाभंग।

**disapprove** (डिस्-अॅ-प्रूव्´) ***v.*** 1. to have an unfavourable opinion, नापसंद करना। 2. to reject, अस्वीकृत करना।

**disarm** (डिस्-आ:म्´) ***v.*** 1. to deprive of weapons, निरस्त्र या निशशस्त्र करना, निहत्था करना। 2. to render helpless, असहाय या लाचार कर देना।

**disarmament** (डिस्-आ:´-मॅ-मॅन्ट्) ***n.*** 1. the act of disarming or the state of being disarmed, निरस्त्रीकरण, निशशस्त्रीकरण। 2. a reduction of armaments or armed forces, अस्त्र-शस्त्रों या सेना में कमी।

**disarrange** (डिस्-अॅ-रेंन्ज्´) ***v.*** 1. to put into disorder or confusion, अव्यवस्थित कर देना, अस्त-व्यस्त कर देना। 2. to disorganise, विसंघटित कर देना, तोड़ देना।

**disarray** (डिस्-अॅ-रे´) ***v.*** to throw into disorder or confusion, गड़बड़ा देना, अस्त-व्यस्त कर देना। ***n.*** 1. disorder or confusion, क्रमभंग, अव्यवस्था, गड़बड़ी। 2. disordered insufficient dress, अव्यवस्थित तथा अपूर्ण परिधान।

**disassociate** (डिस्-ॲ-सो´-सि-एट्) *v.* to dissociate, अलग हो जाना, (अपने को) अलग-थलग रखना।

**disaster** (डि-ज़ैस्´-टॅ:) *n.* 1. great destruction, तबाही, बरबादी, विनाश, अनर्थ। 2. misfortune, दुर्भाग्य, दुर्भाग्य की बात।

**disastrous** (डि-ज़ैस्´-टॅ-रॅस्) *adj.* causing disaster, तबाही मचानेवाला, विनाशकारी।

**disavow** (डिस्-ॲ-वॉउ´) *v.* to deny knowledge of, अस्वीकार करना, न मानना, न अपनाना।

**disavowal** (डिस्-ॲ-वॉउ´-ॲल्) *n.* the act of disavowing, इन्कार, अस्वीकृति, मुकरना।

**disband** (डिस्-बैन्ड्´) *v.* (disbanded, disbanding) to break up, to dissolve, विघटित होना या कर देना, भंग होना या करना।

**disbelief** (डिस्-बि-लीफ़्´) *n.* lack of faith, अविश्वास।

**disbelieve** (डिस्-बि-लीव्´) *v.* to have no faith in, अविश्वास करना, यकीन न करना।

**disburden** (डिस्-ब:´-डॅन्) *v.* to relieve of a burden, भारमुक्त करना।

**disburse** (डिस्-ब:स्´) *v.* to pay out, बाँटना, भुगतान करना।

**disbursement** (डिस्-ब:स्´-मॅन्ट्) *n.* the act of disbursing or the state of being disbursed, बाँट, अदायगी, भुगतान।

**disc** (डिस्क्) *n.* 1. a flat circular plate, तश्तरी। 2. something resembling this, मंडल, डिस्क; the disc of the full moon, चंद्रमंडल। 3. a phonograph record, तवा, रिकॉर्ड। 4. any approximately circular flat structure in the body, डिस्क, चक्रिका।

**discard** (डि-स्का:ड्´) *v.* to reject, get rid of or throw away, त्याग देना, फेंक डालना या देना, बर्ख़ास्त कर देना। *n.* a person or thing discarded away, त्यक्त व्यक्ति या वस्तु।

**discern** (डि-ज़:न्´/ स:न्´) *v.* 1. to perceive with the eye or mind, देखना, समझना, समझना-बूझना। 2. to detect, पहचान लेना, पकड़ लेना। 3. to distinguish, विभेद करना, अंतर करना।

**discernible** (डि-ज़:´/स:´-नि-बॅल्) *adj.* 1. that can be discerned by senses or mind, इंद्रियगोचर, बुद्धिगम्य, समझ में आने योग्य। 2. that can be seen, दृश्य, दृष्टिगोचर। 3. distinguishable, सुस्पष्ट।

**discerning** (डि-ज़:´/स:´-निंग्) *adj.* having insight, दूरदर्शी, विवेकी, सूझ-बूझवाला।

**discernment** (डि-ज:न्´/स:न्´-मॅन्ट्) *n.* the act of discerning, दूरदर्शिता, विवेकशीलता।

**discharge** (डिस्-चा:ज्´) *v.* 1. to give or send out, to emit, निकालना, फेंकना, निक्षिप्त करना, निस्सारण करना। 2. to relieve or be relieved of a burden or responsibility, भारमुक्त करना या होना, दायित्व से मुक्त होना या करना; to discharge a debt, ऋण चुकाना। 3. to dismiss from employment, बर्ख़ास्त करना, नौकरी से हटाना। 4. to relieve from an appointment, सेवामुक्त करना। 5. to relieve (a prisoner) from charges or custody, बरी करना। 6. to fire or be fired off (as a gun, बंदूक का) चलाना या चलना, दागना या दगना। 7. to lose or remove electric charge, निरावेशित होना या करना। 8. to fulfil or execute, निर्वाह करना, पालन या संपादन करना, to discharge one's duty, कर्तव्यपालन करना। *n.* 1. a pouring forth, emission, निस्सारण, निक्षेपण। 2. the amount so ejected, निक्षेप। 3. the act of discharging on from an obligation, दायित्व से मुक्ति, छुटकारा। 4. a dismissal or release from an office or job, बर्ख़ास्तगी। 5. execution, निर्वहन, पालन; discharge of duty, कर्तव्य-पालन। 6. the act of firing or some thing fired, दागने की क्रिया या दागी जानेवाली वस्तु। 7. a release, उन्मोचन, बरी होना; discharge of the accused, अभियुक्त का उन्मोचन। 8. the act or process of losing or removing electric charge, निरावेशन।

**disciple** (डि-साइ´-पॅल्) *n.* 1. a follower of a teacher, शिष्य, चेला, शागिर्द। 2. a follower or active adherent, अनुयायी।

**disciplinarian** (डिस्-इ-प्लि-नेंअॅर्´-इ-ॲन्) *n.* one who believes in discipline, अनुशासनप्रिय व्यक्ति।

**disciplinary** (डिस्´-प्लि-नॅर्-ई) *adj.* of or

D

for discipline, अनुशासनिक; disciplinary action, अनुशासनिक कार्रवाई, disciplinary committee, अनुशासन-समिति।

**discipline** (डिस्´-अॅ-प्लिन्) ***n.*** 1. systematic training for the improvement of physical powers, self-control, character building, obedience etc., अनुशासन, मर्यादा। 2. submission to rule or authority, अनुशासन। ***v.*** 1. to enforce discipline, अनुशासन का पालन कराना, अनुशासन या मर्यादा में रहना या रखना। 2. to train to submit to rules or authority, अनुशासित करना। 3. to punish or correct, दंड देना, सुधारना।

D

**disclaim** (डिस्-क्लेम्´) ***v.*** 1. to renounce or repudiate a legal claim, दावा त्याग देना। 2. to deny a connection with, संबंध से इन्कार करना।

**disclose** (डिस्-क्लोज़्´) ***v.*** to make known, to reveal, प्रकट करना, प्रकाश में लाना, बताना।

**disclosed** (डिस्-क्लोज़्ड्´) ***adj.*** revealed, प्रकटित, प्रकट किया हुआ।

**disclosure** (डिस्-क्लो´-ज़्हॅ:) ***n.*** 1. the act of disclosing, प्रकटीकरण, रहस्योद्‌घाटन। 2. the disclosed fact, भेद, रहस्य।

**disco** (डिस्´-को) ***n.*** 1. a nightclub where amplified recorded music is played for dancing, डिस्को क्लब। 2. the recorded music of such a club, डिस्को संगीत।

**discolour, discolor,** (डिस्-कल्´-अॅ:) ***v.*** to fade or stain, बदरंग होना या कर देना।

**discomfit** (डिस्-कम्´-फ़िट्) ***v.*** 1. to defeat, परास्त या पराभूत करना। 2. to make uneasy or confused, विचलित या बेचैन कर देना, परेशान करना, घबरा देना। 3. to frustrate, कुंठित कर देना।

**discomfiture** (डिस्-कम्´-फ़ि-चॅ:) ***n.*** the act of discomfiting or the state of being discomfited, घबराहट, बेचैनी, परेशानी; कुंठा।

**discomfort** (डिस्-कम्´-फ़ॅ:ट्) ***n.*** 1. the condition of being uncomfortable, कष्ट, तकलीफ़, व्यथा, घबराहट, बेचैनी। 2. something that makes one uncomfortable, असुविधा। ***v.*** to make uncomfortable, असुविधा या कष्ट देना, व्यथित करना।

**discompose** (डिस्-कॅम्-पोज़्´) ***v.*** to disturb the composure of, विचलित या व्यथित करना, अशांत करना, क्षुब्ध करना।

**disconcert** (डिस्-कॅन्-सॅ:ट्´) ***v.*** 1. to discompose or upset, विचलित या व्यथित करना। 2. to throw into confusion, अस्त-व्यस्त करना, गड़बड़ करना।

**disconnect** (डिस्-कॅ-नेॅक्ट्´) ***v.*** to break the connection between, वियोजित कर देना, अलग या पृथक् कर देना; to disconnect a telephone line, टेलीफ़ोन काट देना, डिसकनेक्ट करना।

**disconnected** (डिस्-कॅ-नेॅक्´-टिड्) ***adj.*** having connection cut off, वियोजित।

**disconnection** (ड्सि्-कॅ-नेॅक्´-शॅन्) ***n.*** the act of disconnecting or the state of being disconnected, वियोजन, काटना, काटा जाना।

**disconsolate** (डिस्-कॉन्´-सॅ-लिट्) ***adj.*** 1. inconsolable, जिसे धैर्य न बँधाया जा सके। 2. sad, dejected, उदास और दुखी, हताश, निराश। 3. gloomy, विषादपूर्ण।

**discontent** (डिस्-कॅन्-टेॅन्ट्´) ***n.*** dissatisfaction, असंतोष। ***v.*** to make discontented, असंतुष्ट करना।

**discontented** (डिस्-कॅन्-टेॅन्´-टिड्) ***adj.*** 1. dissatisfied, असंतुष्ट। 2. unhappy, दुखी।

**discontinuance** (डिस्-कॅन्-टिन्´-यू-अॅन्स्) ***n.*** the act of discontinuing or the state of being discontinued, असांतत्य, विच्छन्नता, विच्छेद, समाप्ति।

**discontinue** (डिस्-कॅन्-टिन्´-यू) ***v.*** 1. to give up, to abandon, छोड़ देना, त्याग देना। 2. to put a stop to, रोक या बंद कर देना। 3. to come to an end, रुक, बंद या समाप्त हो जाना।

**discord** (डिस्´-कॉ:ड्) ***n.*** 1. lack of accord, agreement or harmony, अनबन, कलह, झगड़ा। 2. dissension, विवाद, फूट, मतभेद।

**discordant** (डिस्-कॉ:´-डॅन्ट्) ***adj.*** 1. disagreeing, मेल न खानेवाला, विसंगत। 2. harsh or confused in sound, कर्कश, बेसुरा।

**discotheque** (डिस्´-कॅ-टेॅक्) ***n.*** see disco.

**discount**[1] (डिस्´-कॉउन्ट्) ***n.*** any deduction

from the full amount of a price or debt, बट्टा, छूट, कटौती, कमीशन। □ **at a discount,** (i) घटे मूल्य पर, बट्टे पर; (ii) जिसकी पूछ न हो; Honesty is at a discount these days, आजकल ईमानदारी की कद्र नहीं।

**discount[2]** (डिस्-कॉउन्ट्´) ***v.*** to leave out of count, गिनती में न लाना, गिनती न करना, नगण्य समझना

**discourage** (डिस्-कर्´-इज्) ***v.*** 1. to deprive of courage, to dispirit, निरुत्साहित करना। 2. to dissuade, कुछ करने से मना करना या रोकना।

**discouragement** (डिस्-कर्´-इज्-मॅन्ट्) ***n.*** 1. the act of discouraging or the state of being discouraged, उत्साह-भंग, हतोत्साहन। 2. opposition, विरोध।

**discourse[1]** (डिस्´-कोःस्) ***n.*** 1. a learned talk or speech, प्रवचन, उपदेश, व्याख्यान। 2. an essay, निबंध।

**discourse[2]** (डिस्-कोःस्´) ***v.*** to utter or write a discourse, प्रवचन करना, उपदेश या व्याख्यान देना।

**discourteous** (डिस्-कः´-टि-ॲस्) 1. rude, अशिष्ट, बदतमीज़। 2. disrepectful, अनादरपूर्ण।

**discourtesy** (डिस्-कः´-टॅ-सी) ***n.*** 1. rudeness, impolite behaviour, अशिष्टता, बदतमीज़ी। 2. uncivility, असभ्यता।

**discover** (डिस्-कव्´-ॲः) ***v.*** 1. to bring to light, प्रकाश में लाना। 2. to find out, खोज निकालना, पता चलाना या लगाना; Columbus discovered America, कोलंबस ने अमेरिका का पता लगाया। 3. to find after study or search, आविष्कार करना, अन्वेषण करना। 4. to realize, अनुभूत करना, महसूस करना।

**discovery** (डिस्-कव्´ ॲ-री) ***n.*** (plu. discoveries) 1. the act of discovering or the state of being discovered, आविष्कार, खोज। 2. something discovered, आविष्कृत वस्तु, आविष्कार।

**discredit** (डिस्-क्रॅड्´-इट्) ***v.*** to damage the good reputation of, बदनाम करना, बदनामी करना, साख बिगाड़ना। ***n.*** disrepute, ill-repute, बदनामी, निंदा।

**discreditable** (डिस्-क्रॅड्´-इ-टॅ-बॅल्) ***adj.*** 1. bringing discredit, बदनामी करनेवाला। 2. shameful, लज्जाजनक।

**discreet** (डि-स्क्रीट्´) ***adj.*** 1. judicious, sensible, विवेकशील। 2. tactful, चतुर, सयाना।

**discreetly** (डि-स्क्रीट्´-ली) ***adv.*** judiciously, sensibly, बुद्धिमत्तापूर्वक, समझदारी से।

**discrepancy** (डि-स्क्रॅप्´-ॲन्-सी) ***n.*** (plu. discrepancies) any error or variation between facts, figures etc., फ़र्क, विसंगति।

**discrete** (डि-स्क्रीट्´) ***adj.*** 1. separate or distinct, अलग, विशेष। 2. consisting of unconnected different parts, मिला-जुला।

**discretion** (डि-स्क्रॅश्´-ॲन्) ***n.*** 1. the power to decide, विवेक। 2. the quality of being discreet, विवेकशीलता, बुद्धिमानी, बुद्धिमत्ता।

**discretionary** (डि-स्क्रॅश्´-ॲ-नॅर्-ई) ***adj.*** pertaining to or left to discretion, विवेक-संबंधी, वैवेकिक, विवेकाधीन; discretionery powers, वैवेकिक अधिकार।

**discriminate** (डि-स्क्रिम्´-ई-नेट्) ***v.*** 1. to make a clear distinction, अंतर करना, भेद करना। 2. to treat differently, भेदभाव करना।

**discriminating** (डि-स्क्रिम्´-ॲ-नेट्-इंग्) ***adj.*** 1. able to recognize fine distinctions, विवेकशील, समझदार, विभेद-सक्षम, सूक्ष्मदर्शी। 2. partial, भेदभाव करनेवाला, पक्षपातपूर्ण।

**discrimination** (डि-स्क्रिम्-इ-ने´-शॅन्) ***n.*** 1. the power to see fine distinctions, अंतर या विभेद करने की क्षमता, विवेक, सूझ-बूझ। 2. unfair treatment of a person, group or minority, भेदभाव, पक्षपात, तरफ़दारी।

**discriminatory** (डि-स्क्रिम्´-इ-ने-टॅ-री) showing discrimination, पक्षपातपूर्ण, भेदभाव-भरा, भेदभावमूलक।

**discus** (डिस्´-कॅस्) ***n.*** (plu. discuses or disci) 1. a plate used in throwing in competitions, डिस्क, discus thrower, डिस्क फेंकनेवाला। 2. the event or sport of throwing the discuses, डिस्क थ्रोइंग।

**discuss** (डि-स्कस्´) ***v.*** 1. to speak together

D

about, चर्चा करना, विचार-विमर्श करना, बातचीत करना। 2. to treat, विवेचन करना।

**discussion** (डि-स्कश्´-ऑन्) ***n.*** the act of discussing, बातचीत, विचार-विमर्श, परिचर्चा। □ **come up for discussion,** to be discussed as per the agenda, कार्यसूची के अनुसार चर्चा होना; This matter will come up for discussion at 4 p.m., इस विषय पर अपराह्न 4 बजे चर्चा होगी; **matter being discussed,** चर्चाधीन विषय।

D

**disdain** (डिस्-डेन्´) ***n.*** lack of respect, contempt, तिरस्कार, निंदा, भद्दा। ***v.*** to regard with disdain, तिरस्कार करना, निंदा करना, भद्द उड़ाना।

**disdainful** (डिस्-डेन्´-फुल्) ***adj.*** 1. showing disdain, तिरस्कारपूर्ण, गर्हित, निंदनीय। 2. haughty, हठी, घमंडी, नकचढ़ा।

**disease** (डि-ज़ीज़्´) ***n.*** ailment, बीमारी, रोग।

**diseased** (डि-ज़ीज़्ड्´) ***adj.*** afflicted with disease, रोगग्रस्त, रुग्ण, रोगी, बीमार।

**disembark** (डिस्-ऑम्-बा:र्क्) ***v.*** to land or cause to land from a ship, train, aircraft etc., उतरना या उतारना।

**disenchant** (डिस्-ऍन्-चैन्ट्´) ***v.*** 1. to disillusion, भ्रम दूर करना, मोहभंग करना। 2. to free from enchantment, जादू के प्रभाव या प्रेतबाधा से मुक्त करना।

**disenchantment** (डिस्-ऍन्-चैन्ट्´-मॅन्ट्) ***n.*** 1. disillusion, मोहभंग, भ्रम का दूर होना। 2. disappointment, निराशा।

**disencumber** (डिस्-ऍन्-कम्´-बॅ:) ***v.*** to free from burden, भारमुक्त करना।

**disenfranchise** (डिस्-ऍन्-फ्रैन्´-चाइज़्) ***v.*** to disfranchise, मताधिकार से वंचित करना।

**disengage** (डिस्-ऍन्-गेज़्´) ***v.*** 1. to detach, अलग होना या करना। 2. to release or become released from a connection, obligation etc., दायित्व, संबंध आदि से छूटना या उसे छोड़ देना।

**disentangle** (डिस्-ऍन्-टैंग्´-गॅल्) ***v.*** to free or become free from entanglement, बंधन से छूटना या छुड़ाना।

**disequilibrium** (डिस्-ई-क्वि-लिब्´-रि-ऑम्) absence of equilibrium, संतुलन का अभाव, असंतुलन।

**disestablish** (डिस्-ऍ-स्टैब्´-लिश्) ***v.*** to end the established state of, विस्थापित करना या अपदस्थ करना।

**disfavour** (डिस्-फ़े´-वॅ:) ***n.*** the condition of being disliked or disapproved of, अवकृपा, अननुग्रह, घृणा, नफ़रत। □ **fall into disfavour,** कृपापात्र न रहना, पसंद न किया जाना; **incur disfavour,** कोपभाजन बनना।

**disfigure** (डिस्-फ़िग्´-ऑ:) ***v.*** to spoil the figure or shape of, शक्ल बिगाड़ देना, भद्दा बना देना, सौंदर्य नष्ट करना।

**disfranchise** (डिस्-फ्रैन्´-चाइज़्) ***v.*** to deprive of the right to vote, मताधिकार से वंचित करना।

**disgrace** (डिस्-ग्रेस्´) ***n.*** 1. loss of respect or reputation, अपमान, अवमान। 2. anything that brings disgrace, अपयश की बात, कलंक, लांछन। ***v.*** to humiliate, अपमानित करना, अवमानित करना।

**disgraceful** (डिस्-ग्रेस्´-फुल) ***adj.*** 1. bringing disgrace, अपयशकर, अकीर्तिकर। 2. shameful, लज्जाजनक।

**disgruntled** (डिस्-ग्रन्´-टॅल्ड्) ***adj.*** dissatisfied, discontented, असंतुष्ट।

**disguise** (डिस्-गाइज़्´) ***v.*** 1. to conceal by false show, छिपाना। 2. to conceal one's true identity by changing the usual appearance etc., भेष बदलना, स्वाँग रचना। ***n.*** 1. a mask, costume or manner that disguises, छद्मवेश। 2. concealment, छिपाव। □ **in disguise,** प्रच्छन्न (पर वास्तविक); blessing in disguice, छिपा वरदान।

**disgust** (डिस्-गस्ट्´) ***n.*** a feeling of annoyance or repugnance, खीझ, कोफ़्त, झल्लाहट। ***v.*** to make feel annoyed or offended, खीझ पैदा करना, खिझा देना।

**disgusted** (डिस्-गस्´-टिड्) ***adj.*** feeling disgust, खीझा हुआ, कुपित।

**dish** (डिश्) ***n.*** 1. an open shallow container, plate, तश्तरी, प्लेट, रिकाबी। 2. the amount that a dish holds, तश्तरी-भर समान। 3. a particular preparation of food, व्यंजन। *v.* (dished, dishing) 1. to put into a dish, तश्तरी में डालना। 2. to serve in a dish, तश्तरी में परोसना। 3. to ruin, नष्ट या बरबाद करना।

**disharmony** (डिस्-हाः´-मॅ-नी) *n.* lack of harmony, समरसता का अभाव, असामंजस्य की स्थिति।

**dishearten** (डिस्-हाः´-टॅन्) *v.* 1. to weaken the hope, निरुत्साहित कर देना, निराश कर देना। 2. to destroy the courage, दिल तोड़ देना, हिम्मत पस्त कर देना। 3. to cause to lose confidence, विश्वास डिगा देना।

**dishevelled** (डि-शेव्´-अॅल्ड्) *adj.* disarrayed, untidy, अस्त-व्यस्त, गंदा, मैला-कुचैला; dishevelled hair, खुले और बिखरे हुए बाल; dishevelled person, मैला-कुचैला व्यक्ति।

**dishonest** (डिस्-ऑन्´-इस्ट्) *adj.* 1. not honest, बेईमान, मक्कार, खोटा। 2. showing or resulting from fraud, बेईमानी-भरा।

**dishonestly** (डिस्-ऑन्´-ऍस्ट्-ली) *adv.* with dishonest act, बेईमानी से, धोखेधड़ी से।

**dishonesty** (डिस्-ऑन्´-ऍस्ट्-ई) *n.* the state or quality of being dishonest, बेईमानी, मक्कारी, कपट।

**dishonour, dishonor** (डिस्-ऑन्´-अॅः) *n.* 1. loss of honour, disgrace, अनादर, बेइज़्ज़ती। 2. the act of not honouring a cheque etc., अनादरण। *v.* 1. to treat with disrespect, अनादर करना, बेइज़्ज़त करना। 2. to refuse to pay the amount of a cheque etc., चेक आदि का अनादरण करना, अनादृत करना।

**dishonourable** (डिस्-ऑन्´-अॅ-रॅ-बॅल्) *adj.* not honourable, shameful, अपमानजनक, लज्जाजनक।

**dishonoured** (डिस्-ऑन्(-अॅःड्) *adj.* not honoured, अनादृत; dishonoured bill, अनादृत विनिमय-पत्र।

**dishy** (डि´-शी) *adj.* charming, आकर्षक।

**disillusion** (डिस्-इ-ल्यू´-ज़्हॅन्) *v.* to deprive of illusion, भ्रम दूर करना, मोहभंग करना। *n.* the state of being disillusioned, भ्रम-निवारण, मोहभंग।

**disillusionment** (~ -मॅन्ट्) *n.* = disillusion।

**disinclination** (डिसॅ-इन्-क्लि-ने´-शॅन्) *n.* reluctance, unwillingness, अनिच्छा, अरुचि।

**disincline** (डिस्-इन्-क्लाइन्´) *v.* to make or be reluctant, अनिच्छुक होना या बना देना।

**disinfect** (डिस्-इन्-फ़ॅक्ट्´) *v.* to cleanse by destroying bacteria by chemical means, रोगाणुओं का विनाश करना, विसंक्रामित करना।

**disinfectant** (डिस्-इन्-फ़ॅक्´-टॅन्ट्) *n.* a substance that destroys bacteria, विसंक्रामक पदार्थ, रोगाणुनाशी पदार्थ।

**disinfection** (डिस्-इन्-फ़ॅक्´-शॅन्) *n.* the act of destroying bacteria, रोगाणुनाशन, विसंक्रामण।

**disinherit** (डिस्-इन्-हॅर्´-इट्) *v.* to deprive or prevent from inheriting, उत्तराधिकार से वंचित करना, उत्तराधिकारी न मानना।

**disintegrate** (डि-सिन्´-टॅ-ग्रेट्) *v.* 1. to break into small parts, fragments, or pieces, खंड-खंड होना, टुकड़े-टुकड़े होना। 2. to cause to break into small parts, fragments or pieces, खंड-खंड या टुकड़े-टुकड़े करना।

**disintegration** (डि-सिन्-टॅ-ग्रे´-शॅन्) *n.* the act of disintegrating or the state of being disintegrated, विघटन।

**disinterested** (डिस्-इन्´-टॅ-रॅस्-टिड्) *adj.* not interested, uninterested, जिसकी रुचि किसी काम में न हो, रुचि न रखनेवाला।

**disjoin** (डिस्-जॉइन्´) *v.* to separate, अलग-अलग करना, तोड़ना।

**disjoint** (डिस्-जॉइन्ट्) *v.* 1. to make apart at the joint or joints, जोड़-जोड़ खोल देना, अलग-अलग कर देना। 2. to dislocate, उखड़ जाना, जोड़ खुल जाना, (हड्डी का) उतर जाना, विस्थापित हो जाना।

**disjointed** (डिस्-जॉइन्´-टिड्) *adj.* 1. separated at the joints, जोड़ से खुला हुआ। 2. disconnected, असंबद्ध, क्रमरहित, बेतरतीब; 3. dislocated, विस्थापित।

**dislike** (डिस्-लाइक्´) *v.* to regard with distaste or aversion, नापसंद करना, घृणा करना, नफ़रत करना। *n.* the feeling of not liking something, नापसंदगी, घृणा, नफ़रत।

**dislocate** (डिस्-लो-केट्´) *v.* 1. to displace from its normal position (esp. a bone from its joint, हड्डी का जोड़ से) उतर जाना, विस्थापित हो जाना, स्थानच्युत होना या करना। 2. to disrupt, अस्त-व्यस्त कर देना।

**dislocation** (डिस्-लो-कें´-शॅन्) *n.* 1. the state of being dislocated, विस्थापन, स्थानच्युति। 2. disruption, अवस्था भंजन। □ **dislocation of traffic,** यातायात का ठप हो जाना; **dislocation of work,** काम का रुक जाना।

D

**dislodge** (डिस्-लॉज्´) *v.* to force out of established position, पद या स्थिति से हटाना, खदेड़ना।

**disloyal** (डिस्-लॉइ´-अॅल्) *adj.* not loyal or faithful, बेवफ़ा, विश्वासघाती, ग़द्दार।

**disloyalty** (डिस्-लॉइ´-अॅल्-टी) *n.* the state of being disloyal, बेवफ़ाई, गद्दारी।

**dismal** (डिज़्´-मॅल्) *adj.* 1. causing sadness, निराशाजनक। 2. causing gloom, विषादमय। 3. feeble, अशक्त, कमज़ोर।

**dismantle** (डिस्-मैन्-टॅल्) *v.* 1. to disassemble, खोल देना, पुर्ज़े-पुर्ज़े अलग कर देना। 2. to demolish, ढा देना। 3. to take away fittings or furnishings from, साज-सज्जा उखाड़ लेना।

**dismay** (डिस्-मे´) *n.* the strong feeling of fear, hopelessness or apprehension, निराशा, भय, आशंका। *v.* to fill with dismay, निराशा से भर देना, भयभीत कर देना, आशंकित कर देना।

**dismember** (डिस्-मेंम्´-बॅः) *v.* 1. to remove, cut or pull the limbs of, अपंग या विकलांग कर देना, अंग-भंग करना, टुकड़े-टुकड़े करना, अंग काटकर निकाल देना। 2. to divide (a country or piece of land, देश तथा भूखंड को) विभाजित करना, छिन्न-भिन्न करना।

**dismiss** (डिस्-मिस्´) *v.* 1. to remove from a position, office or employment, पदच्युत करना, बर्ख़ास्त या निष्कासित कर देना, निकाल देना। 2. to reject, ख़ारिज कर देना, अस्वीकृत कर देना, हटा या छोड़ देना; dismiss the appeal, अपील को ख़ारिज करना; dismiss with costs, खर्चे सहित ख़ारिज करना। 3. to get out (the batting side cheaply, टीम को सस्ते में) आउट कर देना।

**dismissal** (डिस्-मिस्´-अॅल्) *n.* the act of dismissing or the state of being dismissed, पदच्युति, बर्ख़ास्तगी, ख़ारिज किया जाना, ख़ारिजी; dismissal of suit, वाद का ख़ारिज किया जाना, वाद की ख़ारिजी।

**dismount** (डिस्-मॉउन्ट्´) *v.* (dismounted, dismounting) 1. to get down (from a horse, घोड़े पर से) उतरना, उतर जाना। 2. to remove from (the horse, घोड़े पर से) उतार देना। 3. to throw off (the horse, घोड़े पर से) फेंका जाना। 4. to disjoin, उखाड़ देना।

**disobedience** (डिस्-अॅ-बी´-डि-अॅन्स्) *n.* the act of disobeying or the fact of being disobedient, अवज्ञा, उल्लंघन; disobedience of law, कानून का उल्लंघन; civil disobedience, सविनय अवज्ञा।

**disobedient** (डिस्-अॅ-बी´-डि-अॅन्ट्) *adj.* not obedient, अवज्ञाकारी, आज्ञा न माननेवाला।

**disobey** (डिस्-अॅ-बे´) *v.* to refuse to obey, to fail or neglect to obey, अवज्ञा करना, आज्ञा न मानना।

**disorder** (डिस्-ऑः´-डॅः) *n.* 1. a lack of order, अव्यवस्था, कुप्रबंध, गड़बड़ी। 2. disturbance, उपद्रव, दंगा, शांतिभंग। 3. an ailment, विकार, रोग।

**disorderly** (डिस्-ऑः´-डॅः-ली) *adj.* 1. untidy or irregular, अव्यवस्थित, विच्छृंखल बेतरतीब। 2. unruly, uncontrolled, उद्धत उपद्रवकारी, दंगई, अनियंत्रित।

**disorganize** (डिस्-ऑः´-गॅ-नाइज़्) *v.* 1. to disrupt the unity of, विघटित करना। 2. to disrupt the arrangement, अस्त-व्यस्त करना, तितर-बितर कर देना। 3. to upset the system, पद्धति या व्यवस्था भंग करना।

**disown** (डिस्-ओन्´) *v.* 1. to refuse to acknowledge as one's own, अपनाने से इन्कार कर देना। 2. to deny any connection with, किसी प्रकार के संबंध से इन्कार करना।

**disparage** (डि-स्पैर्´-इज्) *v.* to speak contemptuously of, निंदा या बुराई करना।

**isparate** (डिस्´-पॅ-रिट्) *adj.* dissimilar, तरह-तरह के, अलग-अलग प्रकार के।

**isparity** (डि-स्पैर्´-इ-टी) *n.* 1. inequality, असमानता, विषमता। 2. difference, अंतर, भेद, फ़र्क।

**ispassionate** (डिस्-पैश्´-अॅ-निट्) *adj.* 1. free from passion, आवेगहीन, आवेशहीन। 2. calm, शांत, गंभीर। 3. impartial, तटस्थ।

**ispassionately** (~-ली) *adv.* 1. in a dispassionate manner, गंभीरता या शांत भाव से। 2. impartially, निष्पक्ष भाव से।

**ispatch** (डि-स्पैच्´) *v.* 1. to send to a destination, भेजना, प्रेषित करना, रवाना करना। 2. to dispose of quickly or promptly, जल्दी या जल्दी-जल्दी निपटाना। 3. to murder, मार डालना, काम तमाम करना। *n.* 1. the act of dispatching, प्रेषण। 2. something dispatched, प्रेषित वस्तु। 3. prompt action, शीघ्र कार्रवाई। 4. an official or news-report sent in haste, शीघ्रता में (प्रकाशनार्थ या विचारार्थ) भेजी जानेवाली रिपोर्ट। 5. promptness, फुर्ती, तेज़ी, क्षिप्रता। 6. murder, वध, हत्या।

**ispatcher** (डि-स्पैच्´-अॅ:) *n.* one whose duty is to dispatch letters etc., प्रेषणकर्मी।

**ispel** (डि-स्पॅल्´) *v.* (dispelled, dispelling) to rid of by scattering, drive away, छितराकर दूर करना, भगाना; They dispelled our fear. उन्होंने हमारा भय दूर किया।

**ispensable** (डि-स्पॅन्´-सॅ-बॅल्) *adj.* 1. that can be dispelled, जिसे दूर किया, भगाया या छोड़ा जा सके। 2. not essential, जो अपरिहार्य न हो, परिहार्य, अनावश्यक।

**ispensary** (डि-स्पॅन्´-सॅ-री) *n.* a place where medicines and medical aid are dispensed, औषधालय, दवाघर, डिस्पेन्सरी।

**spensation** (डिस्-पॅन्-से´-शॅन्) *n.* 1. the act of dispensing, दवा तैयार कर देना या बाँटना। 2. exemption from penalty, दंड से छुटकारा। 3. exemption from duty, काम से छुटकारा। 4. the ordering of life and events by God, divine dispensation, ईश्वरीय व्यवस्था, विधि का विधान। 5. a system, पद्धति।

**dispense** (डि-स्पॅन्स्´) *v.* 1. to prepare and give out (medicines), (दवा आदि) तैयार करके देना, बाँटना, वितरित करना, देना। 2. to carry out, to administer, प्रबंध करना, विधान करना, संचालन करना। 3. to deal out in portions, थोड़ा-थोड़ा करके निपटाना। □ **dispense with,** के बिना काम चलाना; **dispense justice,** न्याय करना।

**dispenser** (डि-स्पॅन्´-सॅ:) *n.* one who dispenses medicines, दवा तैयार करनेवाला, दवा बनाकर देनेवाला।

**dispersal** (डि-स्प:´-सॅल्) *n.* the act of dispersing or the state of being dispersed, बिखराव, छितराव; विसर्जन; प्रकीर्णन।

**disperse** (डि-स्प:स्´) *v.* 1. to scatter, बिखेरना। 2. to break up and scatter in all directions, विखंडन करना, छितराना। 3. to spread over a large area, प्रसार करना, फैलाना। 4. to leave or cause to leave a gathering, विसर्जन होना या करना, तितर-बितर होना या करना; The police dispersed the crowd, पुलिस ने भीड़ को तितर-बितर कर दिया; The meeting dispersed, सभा विसर्जित हुई। 5. to place at different points, विभिन्न स्थानों पर नियुक्त या स्थापित करना; to disperse light by prism, (श्वेत) प्रकाश को सात रंगों की किरणों में विभक्त करना।

**dispirited** (डि-स्पिर्´-इ-टिड्) *adj.* dicouraged, disheartened, नाउम्मीद, हताश।

**dispiritedly** (~-ली) *adv.* dishearteningly, नाउम्मीद होकर, बिना किसी प्रकार के उत्साह के।

**displace** (डि-स्प्लेस्, डिस्-प्लेस्´) *v.* 1. to remove from the usual place or position, विस्थापित करना, अपनी जगह से हटा देना। 2. to oust, हटा देना, निकाल देना। 3. to replace, स्थानपूर्ति करना या स्थानापन्न होना, जगह पर आना या लाना।

**displaced person** *n.* a refugee, शरणार्थी।

**displacement** (डि-स्प्लेस्´-मॅन्ट्) *n.* the act of displacing or the state of being displaced, विस्थापन, स्थान से हटाना।

**display** (डि-स्ले´) *v.* 1. to put out to be seen, to exhibit, प्रदर्शनी लगाना, प्रदर्शित करना, दिखाना। 2. to show, दिखाना, प्रदर्शित करना; to display cowardice, कायरता दिखाना; to display one's ignorance, अज्ञान का परिचय देना; to display a notice, नोटिस लगाना या चिपकाना। *n.* 1. the act of displaying, प्रदर्शन, दिखावा, प्रदर्शनी, नुमाइश। 2. something displayed, प्रदर्शित वस्तु।

**displease** (डिस्-प्लीज़्) *v.* to cause displeasure, to annoy, नाराज या नाख़ुश करना।

D

**displeasure** (डिस्-प्लेंज़्ह´-अॅः) *n.* the feeling of being displeased, resentment, annoyance, indignation, नाराज़गी, रोष।

**disposable** (डि-स्पो´-ज़ॅ-बॅल्) *adj.* 1. that can be freely used, उपभोग्य। 2. that can be thrown away after being used once, जिसे एक बार काम में लाने के बाद फेंक दिया जाए, जो दुबारा या बार-बार काम में न लाया जा सके।

**disposal** (डि-स्पो´-ज़ॅल्) *n.* 1. the act of disposing or the state of being disposed, निपटारा, निपटान। 2. arrangement, व्यवस्था। 3. sale, बिक्री, विक्रय। 4. the act of transferring ownership by sale or gift, हस्तांतरण, सुपुर्दगी। 5. the act of throwing out, फेंकना, परित्याग। 6. the power to use something, उपभोग का अधिकार। ☐ **at one's disposal,** उपलब्ध, हर तरह की सेवा के लिए हाजिर; I am at your disposal, आप मुझसे चाहे जो सेवा करा सकते हैं।

**dispose** (डि-स्पोज़्´) *v.* 1. to arrange or place in a particular order, व्यवस्थित करना, तरतीब से लगाना। 2. to incline, प्रवृत्त होना। 3. to give, sell or transfer, देना, सौंपना या बेचना। 4. to throw out, फेंक या निकाल देना। 5. to arrange or settle (matters), निपटाना, निपटारा करना। ☐ **dispose of,** (i) get rid of, पिंड छुड़ाना, निकाल या बेच डालना, दफ़ा करना। (ii) to settle the matter, मामला तय करना, निपटाना।

**disposition** (डिस्-पॅ-ज़िश्´-अॅन्) *n.* 1. arrangement, व्यवस्था। 2. temperament, स्वभाव, प्रकृति। 3. inclination, प्रवृत्ति 4. disposal, बिक्री; व्यय; सुपुर्दगी।

**dispossess** (डिस्-पॅ-ज़ेस्´) *v.* 1. to put ou of possession, बेदख़ल करना, क़ब्ज़ा हटाना 2. to be out of possession, बेदख़ल होना।

**dispossession** (डिस्-पॅ-ज़ेस्´-शॅन्) *n.* the ac of dispossessing or the state of bein dispossessed, बेदख़ली।

**disproportion** (डिस्-प्रॅ-पोः´-शॅन्) *n.* a lac of proper proportion or harmoniou relationship, उचित अनुपात न होना, अनुपात हीनता; बेमेल होने की अवस्था या भाव।

**disproportionate** (डिस्-प्रॅ-पोः´-शॅ-निट्) *ad* 1. out of proportion, unequal, अनुपात हीन, असमान, बेमेल। 2. unsymmetrica बेडौल, बेढंगा।

**disprove** (डिस्-प्रूव्´) *v.* to prove to b false, खंडन करना, मिथ्या सिद्ध करना, ग़ल साबित करना।

**disputable** (डिस्-प्यू´-टॅ-बॅल्) *adj.* 1. n necessarily true, विवादास्पद, विवाद 2. questionable, संदिग्ध।

**disputant** (डिस्-प्यू´-टॅन्ट्) *n.* a person wh is engaged in a dispute, जो विवाद झगड़ा कर रहा हो, विवादी।

**disputation** (डिस्-प्यू-टे´-शॅन्) *n.* 1. debat वाद-विवाद। 2. dispute, झगड़ा, विवाद।

**dispute** (डिस्-प्यूट्´, डि-स्प्यूट्´) *n.* an arg mentative contention, quarrel, विवा झगड़ा; matter in dispute, विवादग्रस्त विष या बात। *v.* 1. to argue or debate, विव करना, झगड़ा करना, वाद-विवाद करन 2. to question the truth or validity c विरोध करना।

**disputed** (डिस्-प्यू´-टिड्) *adj.* about whi there is a dispute, विवादित, विवादग्रस्त।

**disqualification** (डिस्-क्वाल्-इ-फ़ि-के´-शॅ *n.* the act of disqualifying or the sta of being disqualified, अपात्रता।

**disqualify** (डिस्-क्वाल्´-इ-फ़ाइ) *v.* to d clare or make unfit to do somethin अयोग्य या अपात्र ठहराना, अर्हताविहीन करन

**disquiet** (डिस्-क्वाइ´-अॅट्) *v.* to make an

ious, विकल या बेचैन कर देना। *n.* a feeling of anxiety, विकलता, बेचैनी।

**isquieting** (डिस्-क्वाइ´-अॅ-टिंग्) *adj.* causing disquiet, विकल या बेचैन कर देनेवाला।

**isquietude** (डिस्-क्वाइ´-अॅ-ट्यूड्) *n.* a state of being anxious, बेचैनी, विकलता।

**isregard** (डिस्-रि-गा:ड्´) *n.* lack of regard, आदर का अभाव, अनादर, उपेक्षा, अवहेलना। *v.* to pay no attention to, to neglect, उपेक्षा करना, अवहेलना करना।

**isreputable** (डिस्-रेंप्´-यु-टॅ-बॅल्) *adj.* having a bad name, बदनाम, कुख्यात।

**isrepute** (डिस्-रि-प्यूट्´) *n.* loss or lack of reputation, बदनामी, कुख्याति।

**isrespect** (डिस्-रि-स्पेंक्ट्´) *n.* 1. lack of respect, निरादर। 2. contempt, तिरस्कार।

**isrespectful** (डिस्-रि-स्पेंक्ट्´-फुल्) *adj.* rude, not respecting, धृष्ट, निरादर करनेवाला।

**isrupt** (डिस्-रप्ट्´) *v.* 1. to throw into disorder, छिन्न-भिन्न या अस्त-व्यस्त कर देना, विच्छिन्न करना। 2. to split apart, भंग कर देना। 3. to interrupt, बाधा डालना।

**isruption** (डिस्-रप्´-शॅन्) *n.* the act of disrupting or the state of being disrupted, अव्यवस्था, विच्छिन्नता, भंजन, भंग।

**isruptive** (डिस्-रप्´-टिव्) *adj.* causing disruption, छिन्न-भिन्न करनेवाला, अस्त-व्यस्त करनेवाला, भंग करनेवाला।

**issatisfaction** (डिस्-सैट्-इस्-फ़ैक्´-शॅन्) *n.* lack of satisfaction, असंतोष।

**issatisfy** (डिस्-सैट्´-इस्-फ़ाइ) *v.* 1. to displease, असंतुष्ट कर देना। 2. to disappoint, निराश करना।

**issect** (डि-सेंक्ट्´) *v.* 1. to cut open, चीर-फाड़ करना, चीरा देना, चीरना। 2. to examine critically or minutely, आलोचना करना, सूक्ष्म परीक्षण करना।

**ssection** (डि-सेंक्´-शॅन्) *n.* the act of dissecting, चीर-फाड़, शल्यक्रिया।

**ssemble** (डि-सेंम्´-बॅल्) *v.* 1. to pretend, बहाना बनाना। 2. to conceal (one's character, felling, intention etc., अपने चरित्र, भावनाओं, इरादों आदि को) छिपाना, गुप्त रखना।

**disseminate** (डि-सेंम्´-इ-नेट्) *v.* to spread widely, चारो ओर फैलाना, बिखेरना, प्रसारित करना।

**dissemination** (डि-सेंम्-इ-ने´-शॅन्) *n.* the act of disseminating, प्रसार, फैलाव।

**dissension** (डि-सेंन्´-शॅन्) *n.* strife or discord leading to division or into factions, मतभेद, फूट, मनमुटाव, झगड़ा।

**dissent** (डि-सेंन्ट्´) *v.* 1. to differ or disagree, मत-विभिन्नता होना, मतभेद होना। 2. to hold assent, असहमत होना, स्वीकृति देने से इन्कार करना। 3. to disagree with, विसम्मति प्रकट करना, विसम्मत होना। *n.* 1. a difference of opinion, मतभेद। 2. refusal, इन्कार। 3. disagreement with an opinion, विसम्मति, विमति।

D

**dissertation** (डिस्-अॅ:-टे´-शॅन्) *n.* 1. a written thesis, शोध-निबंध, प्रबंध। 2. a formal discourse, व्याख्यान।

**disservice** (डिस्-स:´-विस्) *n.* a harmful action, अपकार, अनिष्ट, हानि।

**dissidence** (डिस्´-इ-डॅन्स्) *n.* dissent, विमति, विसम्मति, असहमति।

**dissident** (डिस्´-इ-डॅन्ट्) *adj.* 1. disagreeing, विमत, असहमत, भिन्न राय रखनेवाला। 2. opposite, विरोधी।

**dissimilar** (डि-सिम्´-इ-लॅ:) *adj.* unlike, असम, असमान, विषम।

**dissimilarity** (डि-सिम्-इ-लैर्´-इ-टी) *n.* lack of similarity, असमता, असमानता, विषमता।

**dissipate** (डिस्´-इ-पेट्) *v.* 1. to dispel, हटाना-बढ़ाना, हटा-बढ़ा देना, दूर करना; छितराना, फैलाना, तितर-बितर करना। 2. to squander away, अपव्यय करना, (धन या दौलत) उड़ाना। 3. to vanish, ग़ायब हो जाना।

**dissipated** (डिस्´-इ-पे-टिड्) *adj.* 1. indulging without restraint in the pursuit of pleasure, उड़ाऊ-खाऊ, मस्तमौला, अपव्ययी, अय्याश।

**dissipation** (डिस्-इ-पे´-शॅन्) *n.* 1. excessive expenditure, अपव्यय। 2. indulgence in physical pleasures, मौज-मस्ती, अय्याशी। 3. misconduct, दुराचार।

**dissociate** (डि-सो´-सि/शि-एट्) *v.* to separate from union with someone else, संबंध न रखना, मेल-जोल न रखना, अलग करना या होना, (से) संबंध न होने की घोषणा करना; I dissociate myself from resolution, इस संकल्प से मेरा कोई संबंध नहीं।

**dissolute** (डिस्´-अॅ-ल्यूट्) *adj.* wanton, debauched, दुराचारी, व्यसनी, लंपट।

**dissolution** (डि-सो-ल्यू´-शॅन्) *n.* the breaking up of any constitutional body, विघटन, समाप्ति, भंग करना।

D

**dissolve** (डि-ज़ॉल्व्´) *v.* 1. to make or become liquid, घुल जाना या घुला देना, घोल में परिवर्तित होना या करना। 2. to melt, पिघलना या पिघलाना, गलना या गलाना। 3. to cause to end or break up, विघटित होना या करना, तोड़ना, टूटना। 4. to fade away, क्षीण होना या करना। 5. to annul or dismiss, रद होना या करना। 6. to give way to emotion, भावावेश में आना; to dissolve into tears, आँसू बहाने लगना।

**dissonant** (डिस्´-अॅ-नॅन्ट्) *adj.* not agreeing in sound, बेमेल, बेसुरा।

**dissuade** (डि-स्वेड्´) *v.* to discourage or deter from a course of action, to advise to refrain, किसी को कोई काम न करने के लिए समझाना-बुझाना, मना करना, रोकना।

**distaff** (डिस्´-टैफ़्) *n.* 1. a staff holding cotton, wool etc. for spinning, तकुआ। 2. women's work, औरतों का काम। 3. women in general, स्त्री, औरत। ☐ **the distaff side,** the female side of the family, मातृपक्ष।

**distance** (डिस्´-टॅन्स्) *n.* 1. the space between the two points, दूरी, फ़ासला, अंतर। 2. the difference that separates two things in relationship, व्यवधान, दूरी। 3. coldness in personal relationship, अलगाव, दूरी। ☐ **at a distance,** दूर; **keep one's distance,** अलग-थलग रहना, दूर ही रहना, दूरी बनाए रखना, बहुत मेल-जोल न रखना; **within walking distance,** निकट ही, जहाँ पैदल चलकर आसानी से पहुँचा जा सके। *v.* (distanced, distancing) to out-distance in a race, पीछे छोड़ देना, पिछाड़ देना।

**distant** (डिस्´-टॅन्ट्) *adj.* 1. far off, fa away, दूरवर्ती, दूरस्थित, दूरी पर होनेवाल 2. coming from or going to a distanc दूर से आनेवाला या दूर तक जानेवाला; a dis tant journey, लंबी यात्रा। 3. not closely re lated, जिससे निकट संबंध न हो, दूर का; dis tant relative, दूर का रिश्तेदार; in the dis tant future, आगे कहीं, भविष्य में। 4. aloo अलग-थलग। 5. showing lack of friendl ness, रूखा।

**distantly** (डिस्´-टॅन्ट्-ली) *adv.* 1. at a dis tance, दूर से। 2. not in a friendly mar ner, रूखेपन से, अमैत्रीपूर्वक; He looked me distantly. उसने मेरी ओर इस प्रकार देर जैसे कि मैं ग़ैर होऊँ।

**distaste** (डिस्-टेस्ट्´) *n.* 1. dislike, अरुचि नापसंदगी, नफ़रत। 2. displeasure, अप्रसन्नत

**distasteful** (डिस्-टेस्ट्´-फ़ुल्) *adj.* causin distaste, अरुचिकर, नापसंद, अप्रिय।

**distemper**[1] (डिस्-टॅम्´-पॅ:) *n.* a disease animals causing fever and coughin पशुओं के खाँसने की एक बीमारी।

**distemper**[2] *n.* a water soluble pain डिस्टेम्पर। *v.* (distempered, distemperin to paint with distemper, डिस्टेम्पर करना

**distend** (डि-स्टॅन्ड्´) *v.* 1. to expand cause to expand, फैलना या फैलाना। 2. swell or cause to swell, अफरना, फूल या फुलाना, सूजना या सुजाना। ☐ **disten one's nostirls,** नथुने फुलाना।

**distension** (डि-स्टॅन्´-शॅन्) *n.* swelling, सूज शोथ; फुलाव, अफरन।

**distil, distill** (डिस्-टिल्´) *v.* 1. to treat b distillation, चुआना, टपकाना, खींच आसवित करना। 2. to extract the essen of, अर्क खींचना या उतारना। ☐ **distil doctrine,** सिद्धांत का सार निकालना।

**distillate** (डिस्´-टि-लिट्) *n.* the liquid co densed from vapour in distillation, अ सत्त।

**distillation** (डिस्-टि-ले´-शॅन्) *n.* a proce of evaporating a liquid and condensi its vapour, आसवन, चुआई, टपकाई, खिंचाई।

**distiller** (डि-स्टिल्´-अॅ:) ***n.*** one who distils, चुआनेवाला, आसवनकर्ता, कलवार।

**distillery** (डि-स्टिल्´-अॅर्-ई) ***n.*** a place where distilling is done, आसवनी, मद्य-निर्माणशाला, कलवरिया, शराब का कारखाना।

**distinct** (डिस्-टिंक्ट्´) ***adj.*** 1. easily perceived, clear, evident, सुस्पष्ट, साफ़। 2. definite, नियत, सुनिश्चित। 3. different in kind, separate, विभिन्न, अलग, सुभिन्न।

**distinction** (डिस्-टिंक्´-शॅन्) ***n.*** 1. the act of distinguishing or the state of being distinguished, विभेदीकरण। 2. difference, अंतर, भेद, भेदभाव। 3. a distinguishing factor or characteristic, प्रभेद, विशिष्टता, वैशिष्ट्य। 4. a mark of honour, उपाधि, सम्मान। 5. excellence, उत्कृष्टता; a writer of distinction, उच्च कोटि का लेखक।

**distinctive** (डिस्-टिंक्´-टिव्) ***adj.*** 1. tending to distinguish, भेदसूचक, विभेदकारी। 2. characteristic, विशिष्ट, प्रभेदक।

**distinctly** (डिस्-टिंक्´-टॅ-ली) ***adv.*** 1. clearly, obviously, sharply, स्पष्ट रूप से, स्पष्टतः, साफ़-साफ़। 2. definitely, निश्चित रूप से।

**distinguish** (डि-स्टिंग्´-ग्विश्) ***v.*** 1. to draw distinction, भेद दरशाना, विशिष्टता दिखलाना या लाना। 2. to make different, फ़र्क करना, अंतर करना। 3. to set apart, अलग करना, अलगाना। 4. to recognise as different, पहचान होना। 5. to make eminent, प्रतिष्ठित या प्रख्यात करना, प्रसिद्धि प्राप्त करना।

**distinguishable** (डि-स्टिंग्´-ग्विश्-अॅ-बॅल्) ***adj.*** 1. that can be distinguished, प्रभेद्य। 2. clear, obvious, स्पष्ट, सुस्पष्ट। 3. perceptible, इंद्रियगोचर।

**distinguished** (डि-स्टिंग्´-ग्विश्ड्) 1. eminent, प्रमुख, विशिष्ट। 2. famous, प्रख्यात, प्रतिष्ठित।

**distort** (डि-स्टॉ:ट्´) ***v.*** 1. to twist out of natural or original shape, ऐंठ या मरोड़ देना, विकृत कर देना। 2. to give a false account of, to twist, तोड़-मरोड़कर पेश करना, झूठा बयान देना।

**distorted** (डि-स्टॉ:´-टिड्) ***adj.*** twisted, disfigured, तोड़ा-मरोड़ा हुआ, विकृत, विरूपित।

**distortion** (डि-स्टॉ:´-शॅन्) ***n.*** 1. twist, deformity, तोड़-मरोड़, विकृति, विरूपण। 2. a misrepresented fact, तोड़ा-मरोड़ा हुआ तथ्य।

**distract** (डि-स्ट्रैक्ट्´) ***v.*** 1. to draw away the attention of, to divert, ध्यान बँटा देना, ध्यान हटाना। 2. to upset emotionally, विचलित कर देना। 3. to trouble greatly, बहुत अधिक तंग या परेशान करना। 4. to make mad, पागल बना देना। 5. to amuse or entertain, मन-बहलाव या मनोरंजन करना।

**distracted** (डि-स्ट्रैक्´-टिड्) ***adj.*** 1. emotionally upset, विचलित, व्यथित, हतबुद्धि। 2. absentminded, अनमना, दुचित्ता।

**distraction** (डि-स्ट्रैक्´-शॅन्) ***n.*** 1. mental upset, उन्माद, विक्षिप्तता, अनमनापन, अन्य-मनस्कता। 2. anything that distracts the attention, ध्यान बँटानेवाली चीज़ या बात, ध्यान हटाने का कारण, विघ्न, बाधा। 2. diversion, amusement, मन-बहलाव, मनोरंजन; There are not enough distractions in this city, इस शहर में मन-बहलाव के अधिक साधन नहीं हैं।

**distraught** (डि-स्ट्रा:ट्´) ***adj.*** 1. distracted, दुचित्ता, अनमना। 2. agitated, विक्षुब्ध।

**distress** (डि-स्ट्रेस्´) ***n.*** 1. mental or physical pain, दुख, कष्ट, वेदना, व्यथा। 2. a trouble or hardship, विपत्ति, कठिनाई, परेशानी; दरिद्रता, तंगी, आर्थिक संकट; distressed area, अभावग्रस्त या पीड़ित क्षेत्र। □ **in distress,** असहाय। ***v.*** to cause distress to, दुख देना, सताना।

**distressful** (डि-स्ट्रेस्´-फ़ुल्) ***adj.*** distressing, दुखप्रद, कष्टप्रद।

**distressing** (डि-स्ट्रेस्´-इंग्) ***adj.*** causing distress, दुख या कष्ट देनेवाला, दुखप्रद, कष्टप्रद।

**distribute** (डि-स्ट्रिब्´-यूट्) ***v.*** 1. to divide among several or many, वितरण करना, वितरित करना, बाँट देना। 2. to scatter, छितराना, बिखेरना। 3. to deliver, देना, सौंपना। 4. to put different types in different parts of a case, (टाइप) फेंकना, (अक्षर) वियोजन करना, डिस्ट्रिब्यूट करना।

**distribution** (डिस्-ट्रि-ब्यू´-शॅन्) ***n.*** the act of

distributing, वितरण, बाँट, वियोजन।

**distributive** (डि-स्ट्रिब्´-यू-टिव्) ***adj.*** concerning distribution, वितरण-संबंधी।

**distributor** (डिस्-ट्रिब्´-यू-टॅ:) ***n.*** one who distributes, वितरक, वितरणकर्ता।

**district** (डिस्´-ट्रिक्ट्) ***n.*** 1. a division of a state, ज़िला, जनपद। 2. a region, प्रदेश।

**distrust** (डिस्-ट्रस्ट्´) ***n.*** 1. lack of trust, अविश्वास। 2. suspicion, शंका, शक, संदेह। ***v.*** to lack confidence in, अविश्वास करना, संदेह करना।

D

**distrustful** (डिस्-ट्रस्ट्´-फ़ुल्) ***adj.*** having or showing distrust, अविश्वासी, शंकालु, संशयी।

**disturb** (डि-स्टःब्´) ***v.*** 1. to trouble emotionally or mentally, छेड़ना, छेड़छाड़ करना। 2. to agitate, विक्षुब्ध करना। 3. to break (the calm or sleep) of, भंग करना, विघ्न डालना, बाधा पहुँचाना, गड़बड़ कर देना। 4. to distrub the peace of, शांति भंग करना, दंगा करना।

**disturbance** (डि-स्टः´-बॅन्स्) ***n.*** 1. an interruption, विघ्न, बाधा, गड़बड़ी। 2. a commotion or tumult, उपद्रव। 3. a troubled state or provocation, अशांति, उत्तेजना।

**disturbed** (डि-स्टःब्ड्´) ***adj.*** 1. agitated, worried, विक्षुब्ध, अशांत, चिंतित। 2. riot-ridden, उपद्रवग्रस्त, दंगाग्रस्त।

**disunion** (डिस्-यू´-नि-ॲन्) ***n.*** 1. disunity, फूट, अनबन। 2. separation, विच्छोह, जुदाई।

**disunite** (डिस्-यू-नाइट्´) ***v.*** 1. to separate, जुदा करना या होना। 2. to divide, विभक्त करना या होना, फूट डालना या पड़ना।

**disunity** (डिस्-यू´-नि-टी) ***n.*** lack of unity, एकता का अभाव, फूट, अनबन।

**disuse** (डिस्-यूस्´) ***n.*** the condition of being no longer in use, अनुपयोग, अप्रयोग। ***v.*** to cease to use, उपयोग या प्रयोग बंद कर देना।

**disused** (डिस्-यूज़्ड्´) ***adj.*** no longer in use, अप्रचलित, उपयोग में न लाया जानेवाला।

**ditch** (डिच्) ***n.*** a narrow channel dug in the earth, खाई, खंदक। □ **die in the last ditch,** अंत तक लड़ना, अंतिम दम तक लड़ना। ***v.*** to make a ditch, खाई खोदना, खंदक खोदना। □ **ditch a friend,** संकट में मित्र का साथ छोड़ना।

**ditching** (डिच्´-इंग्) ***n.*** the act of digging a ditch, खाई खोदने का काम।

**dither** (डिद्´-अॅ:) ***v.*** (dithered, dithering) 1. to tremble or quiver, काँपना। 2. to hesitate, हिचकना।

**ditto** (डिट्´-ओ) ***n.*** (plu. dittos) 1. the same as stated above, यथोक्त। 2. a pair of small marks used as a symbol for the word ditto (''), यथोक्त चिह्न। 3. a copy, प्रतिलिपि।

**diurnal** (डाइ-अः´-नॅल्) ***adj.*** 1. active in the day time, दिन में सक्रिय रहनेवाला, दिनचर। 2. happening in the day time, दिन में होनेवाला, दिनी, दिवसीय; diurnal flower, दिन में खिलनेवाला फूल। 3. daily, दैनिक।

**divagate** (डाइ-वॅ-गेट्´) ***v.*** to go off the point in speech or writing, बोलते या लिखते समय भटक जाना, विषयांतर करना।

**divagation** (डाइ-वॅ-गे´-शॅन्) ***n.*** the state of being divagated, भटकाव, विषयांतरण।

**divan** (डि-वैन्´/वान्´) ***n.*** a long couch used as bed, दीवान।

**dive** (डाइव्) ***v.*** (dove/dived, diving) 1. to plunge head first into water, गोता लगाना, डुबकी लगाना। 2. to plunge steeply or sharply downward, सहसा नीचे आना या उतरना। 3. to submerge, जलमग्न होना। 4. to go deep (into the subject, विषय की) तह में जाना। ***n.*** 1. an act of diving, गोता, डुबकी। 2. a sharp downward movement, निम्नगति। 3. a disreputable place, बदनाम जगह, ग़लत अड्डा।

**diver** (डाई´-वॅ:) ***n.*** 1. one who is expert in diving, गोताख़ोर। 2. a person who works underwater, पनडुब्बा।

**diverge** (डि/डाइ-वर्ज्´) ***v.*** 1. to go or extend in different directions from a common point, एक बिंदु से विभिन्न दिशाओं की ओर निकल जाना या बढ़ना, अपसरण करना, अपसारित

होना। 2. to differ, विभिन्नता आना, विभिन्न होना। 3. to deviate or digress, विषयांतर होना, बहक जाना। 4. to go aside from a path, मार्गभ्रष्ट होना, पथभ्रष्ट होना। □ **diverge from the beaten track,** पिटा-पिटाया रास्ता छोड़ना, नया मार्ग अपनाना।

**divergence** (डि/डाइ-वः´-जॅन्स्) *n.* the act of diverging or the state of being diverged, अपसरण, विषयांतर; पथभ्रष्टता; divergence of views, मतभेद।

**divergent** (डि/डाइ-वः´-जॅन्ट्) *adj.* 1. of different kinds, diverse, विभिन्न प्रकार का, नानाविध। 2. extending in different directions, अपसारी।

**diverse** (डि/डाइ-वःस्´) *adj.* of different kinds, भिन्न-भिन्न प्रकार का, नानाविध।

**diversification** (डि/डाइ-वः-सि-फ़ि-के´-शॅन्) *n.* 1. the act of diversifying, विविधीकरण। 2. the state of being diversified, विविधता।

**diversify** (डि/डाइ-वः´-सि-फ़ाइ) *v.* to make different or various in form or quality, विभिन्नता या विविधता लाना; to diversify production, उत्पादन में विविधता लाना, कई प्रकार का माल बनाना।

**diversion** (डि/डाइ-वः´-ज़्हॅन्) *n.* 1. the act of diverting from a specified course, एक पथ या विषय को छोड़कर दूसरे पथ पर जाना या दूसरे विषय में लगना, पथांतरण, विषयांतरण, दिशा-परिवर्तन। 2. something that diverts, a distraction or a pastime, ध्यान बँटानेवाली बात या आमोद-प्रमोद, मन-बहलाव। 3. an alternative road used by traffic when a main route is closed, पथांतर, दूसरा रास्ता, सहपथ।

**diversionary** (डि/डाइ-वः´-शॅ-नॅ-री) *adj.* 1. causing diversion, पथ या विषय में विभिन्नता लानेवाला, पथांतरण या विषयांतरण करनेवाला। 2. that diverts the attention, ध्यान बँटानेवाला, मनोरंजन करनेवाला।

**diversity** (डि/डाइ-वः´-सि-टी) *n.* 1. difference, विभिन्नता, भिन्नता। 2. variety, विविधता; Unity in diversity, अनेकता में एकता।

**divert** (डि/डाइ-वःट्´) *v.* 1. to cause to turn from one direction to another, दिशा बदल देना, मोड़ या घुमा देना। 2. to cause to go by different route, रास्ता बदल देना, दूसरे रास्ते से ले जाना। 3. to amuse or entertain, जी बहलाना, मनोरंजन करना। 4. to distract, ध्यान बँटाना।

**diverting** (डि/डाइ-वः´-टिंग्) *adj.* amusing or entertaining, जी बहलानेवाला, मनोरंजक।

**divest** (डि-वॅस्ट्´) *v.* 1. to strip (of clothes, कपड़े) उतरवाना, नंगा करना, विवस्त्र करना। 2. to deprive, to dispossess, वंचित करना।

D

**dividable** (डि-वाइ´-डॅ-बॅल्) *adj.* that can be divided, विभाजित किए जाने योग्य, विभाज्य।

**divide** (डि-वाइड्´) *v.* 1. to separate or become separated into parts, विभक्त होना या करना, बँटना या बाँटना। 2. to separate into opposing groups, विभाजित होना या करना। 3. to disunite, विघटित करना। 4. to classify, वर्गीकरण करना। 5. to distribute, वितरण करना। 6. to diverge or cause to diverge in opinion or aim, विच्छेद करना, फूट डालना। 7. to find how many times one number contains another, भाग देना, तकसीम करना। □ **divide and rule,** फूट डालो और राज्य करो।

**dividend** (डिव्´-इ-डॅन्ड्) *n.* 1. a number that is to be divided, भाज्य। 2. the part of the profit to be divided amongst the shareholders of the company or business firm, लाभांश। 3. a benefit, लाभ।

**divider** (डि-वाई-डॅः) *n.* 1. anything that divides, विभाजक; room-divider, कक्ष-विभाजक। 2. a screen, परदा।

**dividers** (डि-वाइ´-डॅःस्) *n.* a device used for measuring lines or dividing them, विभाजनी, परकार।

**divination** (डिव्-इ-ने´-शॅन्) *n.* 1. the art or practice of telling future events by means of augury or some supernatural agency, शकुन-विद्या, भविष्यवाणी। 2. intuition, अंतर्दृष्टि, सहज ज्ञान।

**divine** (डि-वाइन्´) *adj.* 1. of or related to

a deity or God, ईश्वरीय, दैवी; divine displeasure, दैवी कोप। 2. superhuman, godlike, दिव्य, अतिमानवीय। 3. magnificent, excellent, अति उत्तम, उत्कृष्ट। *n.* a clergyman, पादरी, पुरोहित, याजक। *v.* 1. to foretell or prophesy, भविष्यकथन करना, भविष्यवाणी करना। 2. to discover or discern something underground by mere guessing or inspiration, सहज ज्ञान या अनुमान द्वारा ज़मीन के अंदर की वस्तुओं (जैसे जल) की जानकारी देना, जान लेना।

D

**diviner** (डि-वाइ´-नें:) *n.* a person who discerns something underground by guessing or inspiration, दैवज्ञ, ज्योतिषी।

**divinity** (डि-विन्´-इ-टी) *n.* 1. the state of being divine, देवत्व, ईश्वरत्व। 2. a deity or God, देवता। 3. theology, धर्मशास्त्र।

**Divinity** *n.* God, ईश्वर।

**divisibility** (डि-विज़्´-ईं-बिल्´-इ-टी) *n.* the state of being divisible, विभाज्यता।

**divisible** (डि-विज़्´-अँ-बॅल्) *adj.* capable of being divided usually with no remainder, विभाज्य, भाज्य।

**division** (डि-विज़्ह्´-अॅन्) *n.* 1. the act of dividing or the state of being divided, विभाजन; division of labour, श्रम-विभाजन। 2. a dividing line or boundary, विभाजक रेखा या हद। 3. one of the parts into which something is divided, खंड, प्रभाग, मंडल। 4. a major unit of an organization, विभाग। 5. a self-contained military unit, डिवीज़न, विभाग। 6. disagreement, disunion, मतभेद, विभेद, अनबन, फूट। 7. the operation of determining how many times one quantity is contained in another, भाग, तकसीम; division sign, भाग का सूचक चिह्न (÷)।

**divisional** (डि-वि´-ज़्हॅन्-अॅल्) *adj.* of or pertaining to a division, प्रभागीय, विभागीय।

**divisive** (डि-वाइ´-सिव्) *adj.* creating dissension or discord, disruptive, बाँटनेवाला, विभाजित करनेवाला, फूट डालनेवाला, झगड़ा करानेवाला।

**divisor** (डि-वाइ´-ज़ॅः) *n.* the quantity by which dividend is to be divided, हर, भाजक।

**divorce** (डि-वोःस्´) *n.* 1. a legal dissolution or termination of marriage, विवाह-विच्छेद, तलाक। 2. a juidicial decree declaring a marriage to be dissolved, विवाह-विच्छेद की डिग्री। 3. a complete separation, पूर्ण विच्छेद, वियोग, जुदाई। *v.* to separate or be separated by divorce, तलाक लेना या देना।

**divorcee** (डि-वोः-सी´) *n.* a person who has been divorced, वह जिसे तलाक मिला हो, तलाकशुदा आदमी या औरत।

**divulge** (डि-वल्ज्´) *v.* to reveal or disclose, रहस्य या भेद खोल देना, रहस्योद्घाटन करना, भंडा फोड़ना।

**dizziness** (डिज़्´-इ-निस्) *n.* the state of being dizzy, चक्कर आना।

**dizzy** (डिज़्´-ई) *adj.* (dizzier, dizziest) 1. giddy, जिसे चक्कर आ रहा हो, जिसका सिर चकरा रहा हो या घूम रहा हो। 2. bewildered, भौचक्का, हक्का-बक्का।

**do** (डू) *v.* 1. (did, done, doing) 1. to act, carry out, perform or execute, करना, पालन करना, निर्वाह करना; to do a work, काम करना, to do a duty, कर्तव्य का पालन करना, कर्तव्य का निर्वाह करना। 2. to make or produce, बनाना, तैयार करना; She did some sketchings. उसने कुछ रेखाचित्र तैयार किए; to do the bed, बिस्तर तैयार करना या बिछाना। 3. to behave, आचरण करना; Do as you are told? जैसा कहा जाता है वैसा करो। 4. to imitate, नकल या अभिनय करना; He does Rana Pratap very well, उसने राणा प्रताप का काम या अभिनय बहुत अच्छी तरह किया। 5. to arrange, व्यवस्थित करना, सँवारना। 6. to advance towards a desired state, बढ़ना, चलना; The boy is doing well in studies, लड़के की पढ़ाई-लिखाई ठीक चल रही है। 7. to be suitable, उपयुक्त होना, यथेष्ट होना, काम चलना; Will Rs. 100 do? क्या १०० रु० यथेष्ट होंगे, या क्या १०० रु०

से काम चल जाएगा? 8. to write, लिखना; He is doing a book for Prabhat Prakashan, वह प्रभात प्रकाशन के लिए पुस्तक लिख रहा है। 9. *as auxiliary verb* (i) used to indicate present or past tense, वर्तमान या भूतकाल की सूचक सहायक क्रिया। (ii) used for emphasis, ज़ोर देने के लिए प्रयुक्त सहायक क्रिया; I do like apples, मुझे भी सेब बहुत पसंद हैं। (iii) used to avoid repetition of a verb, क्रिया पद की पुनरावृत्ति बचाने के लिए प्रयुक्त सहायक क्रिया; We work as hard as they do, हम भी उतना ही कठोर परिश्रम करते हैं जितना वे। □ **do away with,** समाप्त या उन्मूलित करना; Dowry system is a social evil, it must be done away with, दहेज-प्रथा एक सामाजिक बुराई है। इसे अवश्य समाप्त किया जाना चाहिए; **do in** (i) मार डालना, वध कर देना; (ii) थक जाना; **do into,** अनुवाद करना; I shall do this article into English, मैं इस लेख का अंग्रेज़ी में अनुवाद करूँगा; **do or die,** सफल होने के लिए हर संभव प्रयास करना; **do out,** साफ़ करना, सफ़ाई करना; **do out of,** वंचित करना; **do over** (i) पुन: करना, दुबारा करना, (ii) फिर से सजाना-सँवारना; **do right by,** उचित व्यवहार करना; **do up,** (i) बाँधना, कसना; He did his shoe laces up. उसने अपने जूते के तस्मे बाँधे; (ii) मरम्मत करना; This house needs to be done up, यह मकान मरम्मत माँगता है; (iii) श्रृंगार करना; She has done herself up for the party. उसने पार्टी के लिए अपना श्रृंगार कर लिया है; (iv) बुरी तरह थकना; **do with,** (i) निर्वाह करना, निभाना; (ii) सहना; (iii) ज़रूरत महसूस करना, चाहना।

**doable** (डू´-अॅ-बॅल्) *adj.* able to be done, करने योग्य, करणीय।

**dobbin** (डॉब्´-इन्) *n.* a work-horse, लद्दू घोड़ा।

**docile** (डॉस्´-इल्) *adj.* 1. controllable, वश्य, दब्बू, सीधा। 2. easily taught, जिसे सरलता से सिखाया-पढ़ाया जा सके, शिक्षणीय। 3. humble, विनयी, विनम्र।

**docility** (डॉ-सिल्´-इ-टी) *n.* the state of being docile, दब्बूपन, वश्यता; शिक्षणीयता; विनम्रता।

**dock**[1] (डॉक्) *n.* a place where ships are loaded and unloaded, बंदरगाह, घाट, पत्तन, गोदी। *v.* 1. to bring or come into dock, बंदरगाह में आना या लाना। 2. to join together in space, आकाश में इकट्ठे होना या मिलना।

**dock**[2] *n.* an enclosure in a court where defendant stands, कटघरा। □ **in the dock,** जिस पर मुकदमा चल रहा हो।

**dock**[3] *v.* 1. to cut short (an animal's tail, किसी पशु की दुम) काट देना, दुमकटा बनाना। 2. to withhold a part of, कुछ अंश रख या दबा लेना।

D

**dockage** (डॉक्´-इज्) *n.* charges for the use of a ship's dock, बंदरगाह-शुल्क।

**docker** (डॉक्´-अॅ:) *n.* a worker in a dockyard or shipyard, गोदी-मज़दूर।

**docket** (डॉक्´-इट्) *n.* 1. abstract of a document, प्रलेख-सार। 2. an agenda, कार्य-सूची, कार्यावली। 3. a label on a package listing contents or directions, पैकेट पर लगा लेबल जो माल के प्रयोग आदि की विधि अथवा उसके गंतव्य स्थान की जानकारी देता है।

**dockhand** (डॉक्´-हैन्ड्) *n.* a docker, गोदी-मज़दूर, बंदरगाह-मज़दूर।

**dockworker** (डॉक्´-व:-कॅ:) *n.* a docker, गोदी-मज़दूर, बंदरगाह-मज़दूर।

**dockyard** (डॉक्-या:ड्) *n.* a yard where ships are loaded and unloaded, built or repaired, shipyard, गोदीबाड़ा, डॉकयार्ड।

**doctor** (डॉक्´-टॅ:) *n.* 1. a medical practitioner, डॉक्टर, चिकित्सक, वैद्य, हकीम। 2. a person who holds the highest academic degree awarded by a university, विश्वविद्यालय की सर्वोत्तम उपाधि से विभूषित व्यक्ति, डॉक्टर।

**doctorate** (डॉक्´-टॅ-रिट्) *n.* the highest academic degree in any field of knowledge, डॉक्टरेट, डॉक्टर की उपाधि।

**doctrinaire** (डॉक्-ट्रि-नेंअॅ:) *n.* a person devoted to an idealistic programme without considering the practical difficulties,

सिद्धांतवादी, आदर्शवादी। *adj.* of or pertaining to a doctrinaire, सिद्धांतवादी, आदर्शवादी।

**doctrinal** (डॉक्´-ट्रि-नॅल्) *adj.* of or related to doctrine, सिद्धांत-संबंधी।

**doctrine** (डॉक्´-ट्रिन्) *n.* a principle or body of principles that is advocated for acceptance, मत, सिद्धांत।

**document** (डॉक्´-यु-मॅन्ट्) *n.* a paper that provides information, proof or evidence, दस्तावेज़। *v.* 1. to prove or support with documents, दस्तावेज़ों से सिद्ध करना। 2. to furnish with documents, दस्तावेज़ उपस्थित या प्रस्तुत करना।

D

**documental** (डॉक्´-यु-मेंन्-टॅल्) *adj.* of a document, दस्तावेज़ी।

**documentary** (डॉक्-यु-मेंन्´-टॅ-री) *adj.* consisting of documents, furnished with documents, दस्तावेज़ी; documentary evidence, दस्तावेज़ी साक्ष्य। *n.* a film about an actual event presenting the facts with little or no fiction, वृत्तचित्र।

**documentation** (डॉक्-यु-मेंन्-टे´-शॅन्) *adj.* 1. the act of supplying with documents, दस्तावेज़ीकरण। 2. the documents supplied, प्रस्तुत दस्तावेज़।

**doddle** (डॉ´-डॅल्) *n.* something easily accomplished, सरल काम या बात।

**dodge** (डॉज्) *v.* 1. to change suddenly position or direction in order to evade a blow or attack, पैंतरा बदलना। 2. to avoid something dishonestly, चकमा देना, झाँसा देना, धोखा देना। *n.* 1. an act of avoiding by sudden movement, पैंतरेबाज़ी। 2. a trick, चकमा, झाँसा।

**dodgem** (डॉड्´-जॅम्) *n.* a small electric car, बिजली से चलनेवाली छोटी कार।

**dodger** (डॉज्´-अॅ:) *n.* one who dodges, पैंतरेबाज़; चकमा देनेवाला, काँइयाँ व्यक्ति।

**dodo** (डो´-डो) *n.* an extinct family of large flightless birds of Mauritius, डोडो पक्षी, जो अब लुप्त हो चुका है। □ **as dead as a dodo,** समाप्त, लुप्त।

**doe** (डो) *n.* (plu. doe or does) the female of the deer, hare, rabbit etc., मादा हिरन, मादा खरगोश।

**doer** (डू´-अॅ:) *n.* one who does something, कर्ता, करनेवाला।

**does** (डज़्) *v.* third person singular present tense of do, करता / करती है।

**doeskin** (डो´-स्किन्) *n.* the skin of doe, मादा हिरन (खरगोश आदि) की खाल।

**doesn't** (डज़्´-अॅन्ट्) = *v.* short form of does not.

**doff** (डॉफ़्) *v.* to take off or remove, उतारना; □ **doff one's hat,** टोप उतारकर अभिवादन करना।

**dog** (डॉग्, डा:ग्) *n.* 1. a common four-legged flesh-eating animal, कुत्ता, कुतिया। 2. the male of this animal, कुत्ता। 3. a worthless or despicable man, क्षुद्र व्यक्ति, नीच व्यक्ति। 4. a mechanical device for gripping things, कुत्ता, काँटा। □ **die like a dog,** कुत्ते की मौत मरना; **Every dog has his day,** कभी-न-कभी, हर एक का दिन जागता है, हर किसी के दिन फिरते हैं; **go to the dogs,** बर्बाद हो जाना; **lead a dog's life,** घोर कष्ट में जीवन बिताना; **let sleeping dogs lie,** सोते नाग को मत जगाओ; **love me, love my dog,** मुझे चाहो और मेरे चाहनेवालों को भी चाहो; **put on the dog,** बनना, अपने आपको लगाना; **treat someone like a dog,** अत्यंत बुरा व्यवहार करना। *v.* (dogged, dogging) to pursue (like a dog, कुत्ते की तरह) पीछा करना, पिंड न छोड़ना; We were dogged by bad luck during this journey, इस यात्रा में बदक़िस्मती ने हमारा पीछा नहीं छोड़ा।

**dog days** *n.* the hot period of the summer, कड़कड़ाती गर्मी के दिन।

**dog-ear** (डा:ग्´-इअॅ:) *v.* to bend down the corners of the pages of a book, पन्नों के किनारे मोड़ देना। *n.* a turned-down corner of the page of a book, पुस्तक के पन्ने का मुड़ा कोना।

**dogfaced** (~-फ़ेस्ड्) *adj.* having face like a dog, कुत्ते की शक्लवाला, श्वानाकार।

**dogfight** (डा:ग्´-फ़ाइट्) ***n.*** 1. a fight among the dogs, कुत्तों की लड़ाई। 2. a battle involving fighter aircrafts, युद्धक विमानों की लड़ाई।

**dogged** (डा:´-गिड्) ***adj.*** stubborn, obstinate, हठी, ज़िद्दी।

**doggedly** (डा:´-गिड्-ली) ***adv.*** stubbornly, हठपूर्वक।

**doggerel** (~-जॅ-रॅल्) ***n.*** a verse irregular in measure, अनियमित पद्य या छंद, बेतुकी कविता।

**doggie, doggy** (डा:´-गी) ***n.*** a children word for a dog, बच्चों द्वारा कुत्ते के लिए प्रयुक्त शब्द।

**dogma** (डा:ग्´-मॅ) ***n.*** a principle or system of principles put forward by some authority to be accepted as true without question, मत, धर्ममत, सिद्धांत, फ़तवा।

**dogmatic** (डा:ग्-मैट्´-इक्) ***adj.*** 1. based on dogma, फ़तवे के रूप में होनेवाला, हठधर्मी पर आधारित। 2. authoritative, अधिकारपूर्ण, आधिकारिक, अधिकारवादी। 3. marked by arrogant assertion of principles, हठवादी।

**do-gooder** (डूँ-गुड्´-अॅ:) ***n.*** a well intentioned person, दूसरों का भला चाहनेवाला आदमी, भद्र पुरुष, अच्छा इंसान।

**dog-tired** (डा:ग्´-टाइ:ड्´) ***adj.*** very tired, अतिश्रांत, बहुत थका हुआ।

**doings** (डू´-इंग्स्) ***n.*** (plu.) actions, deeds, काम-धाम, क्रिया-व्यापार, करनी।

**do-it-yourself** ***n.*** the process of constructing or repairing things as a hobby, चीज़ें बनाने या उनकी मरम्मत करने का शौक़।

**doldrums** (डोल्´-ड्रम्ज़्) ***n.*** 1. a region of light winds along the equator, शांत कटिबंध। 2. a period of inactivity, listlessness or depression, उदासी, उत्साह-हीनता, सुस्ती। □ **in the doldrums,** (i) उदास, खिन्न। (ii) व्यापार का मंदा होना।

**dole** (डोल्) ***v.*** (doled, doling) 1. to distribute in small portions, थोड़ा-थोड़ा करके बाँटना। 2. to distribute to the poor, गरीबों में बाँटना। ***n.*** 1. alms, भीख, भिक्षा। 2. an allowance to the unemployed, बेकारी भत्ता।

**doleful** (डोल्´-फ़ुल्) ***adj.*** 1. sad, उदास। 2. mournful, शोकमय, शोकातुर, विषादमय।

**doll** (डॉल्) ***n.*** 1. a toy representing a human figure amply, a girl, गुड़िया, डॉल। 2. a pretty girl, सुंदर लड़की, गुड़िया। ***v.*** to dress up smartly, सजना-धजना, बनना-ठनना।

**dollar** (डॉल्´-अॅ:) ***n.*** a standard unit of money in some countries, डॉलर।

**dolly** (डॉल्´-ई) ***n.*** (plu. dollies) 1. a child's word for a doll, गुड़िया। 2. an attractive and fashionable girl, बन-ठन कर रहनेवाली सुंदरी, गुड़िया। 3. a frame on wheels for moving heavy objects, ट्राली।

**dolorous** (डो´-लॅ-रॅस्) ***adj.*** mournful, विषाद-पूर्ण, शोकमय, शोकातुर।

**dolphin** (डॉल्´-फ़िन्) ***n.*** a sea animal with a beaklike snout, सूँस।

**dolt** (डोल्ट्) ***n.*** a stupid person, मूढ़ व्यक्ति, गोबर-गणेश।

**domain** (डो-मेन्´) ***n.*** 1. an area for particular activity, क्षेत्र, कार्यक्षेत्र; in the domain of science, विज्ञान के क्षेत्र में। 2. an area governed by a particular authority, रियासत, प्रांत, इलाका, तालुका, उपनिवेश।

**dome** (डोम्) ***n.*** 1. a hemispheric roof, गुंबद। 2. something shaped like this, गुंबद के आकार की रचना।

**domed** (डोम्ड्´) ***adj.*** shaped like a dome, गुंबददार, गुंबद के आकार का।

**domestic** (डॅ-मॅस्´-टिक्) ***adj,*** 1. pertaining to the home, household or family affairs, घरेलू, पारिवारिक; domestic science, गृह-विज्ञान। 2. of one's own country, देशी। 3. domesticated, tame, पालतू, पाला हुआ।

**domesticate** (डॅ-मॅस्´-टि-केट्) ***v.*** 1. to make tame, पालतू बनाना। 2. to accustom to home life, गृहस्थी के अनुरूप ढालना या बनाना।

**domesticated** (डॅ-मॅस्´-टि-के-टिड्) ***adj.*** tamed, पालतू बनाया हुआ।

**domesticity** (डो-मॅस्´-टिस्-इ-टी) ***n.*** 1. domestic or home life, घरेलू जीवन। 2. the state of being domestic, घरेलूपन, गार्हस्थ्य भाव।

D

**domicile** (डॉम्´-इ-साइल्) *n.* a place where one lives, a residence, निवास-स्थान, घर, निवास। 2. a permanent residence, स्थायी निवास, अधिवास। *v.* to settle in a place, घर बनाकर रहना, स्थायी रूप से निवास करना, अधिवास करना।

**domiciled** (डॉम्´-इ-साइल्ड्) *adj.* dwelling in a place, स्थायी निवासी, अधिवासी।

**dominance** (डॉम्´-इ-नॅन्स्) *n.* the state or quality of being dominant, प्रभुत्व, प्रधानता।

**dominant** (डॉम्´-इ-नॅन्ट्) *adj.* commanding influence over others, most influential, हावी, प्रबल, दबंग, प्रभावशील, प्रभावी।

**dominate** (डॉम्´-इ-नेट्) *v.* 1. to be dominant in position or authority, प्रभावी या प्रभावशाली होना। 2. to occupy the pre-eminent position in or over, प्रभुत्व या आधिपत्य स्थापित करना, हावी होना।

**domination** (डॉम्-इ-ने´-शॅन्) *n.* the act of dominating or the state of being dominated, प्रभुत्व, आधिपत्य।

**domineer** (डॉम्-इ-निअँ:´) *v.* to behave in a forceful way, धौंस जमाना, रोब दिखाना।

**domineering** (डॉम्-इ-निअँर्´-इंग्) *adj.* behaving forcefully, हुक्म चलानेवाला, रोब या धौंस दिखानेवाला।

**dominion** (डॅ-मिन्´-यॅन्) *n.* 1. the power or right to rule, आधिपत्य, शासनाधिकार। 2. the area under a ruler or government, डोमिनियन, शासित क्षेत्र, राज्य या उपनिवेश। 3. a self-governing nation of the British Commonwealth, ब्रिटिश राष्ट्रमंडल का स्वशासी राष्ट्र।

**don**[1] (डॉन्) *n.* 1. a nobleman, कुलीन व्यक्ति। 2. a teacher, अध्यापक। 3. a person of consequence, महत्त्वपूर्ण व्यक्ति; an underworld don, अपराध-जगत् का राजा।

**don**[2] *v.* (donned, donning) to put on , पहनना, धारण करना।

**donate** (डो´-नेट्, डो-नेट्´) *v.* to give to a fund or cause, to contribute, दान करना, प्रदान करना, देना।

**donation** (डो-ने´-शॅन्) *n.* 1. the act of donating or something donated, दान। 2. a contribution, चंदा।

**done** (डॅन्) *adj.* 1. completed, accomplished or finished, किया हुआ, संपादित, कृत। 2. cooked sufficiently, अच्छी तरह पकाया हुआ।

**donkey** (डाँग्´-की, डंग्´-की) *n.* 1. an ass, गधा। 2. a stupid person, गधा, मूर्ख व्यक्ति।

**donor** (डो´-नॅं:) *n.* a person who gives or donates something, दानी, दाता।

**don't** (डोन्ट्) *v.* short form of do not. *n.* a prohibition, निषेध, मनाही।

**doom** (डूम्) *n.* unavoidable destruction or death, an inescapable fate, दुखद अंत या मृत्यु, दुर्भाग्य, विनाश, क़यामत। *v.* to condemn to ruination or death, जहन्नुम में भेजना।

**Doomsday** (डूम्ज़्´-डे) *n.* the day of the Last Judgement, क़यामत का दिन, प्रलय का दिन। □ **till Doomsday,** क़यामत के दिन तक, सदा के लिए।

**door** (डो:) *n.* a hinged, sliding or movable panels used to open or close an entrance, द्वार, दरवाज़ा; back door, (i) पिछला दरवाज़ा, (ii) चोर दरवाज़ा; main door, मुख्य द्वार। □ **answer the door,** खटखटाए जाने या घंटी बजाए जाने पर दरवाज़ा खोलना; **at death's door,** मृत्यु के द्वार पर, मरणासन्न अवस्था में; **by the back door,** (i) चुपके से, (ii) चालाकी से। **show someone the door,** चले जाने को कहना, भगा देना; **show someone to the door,** अभ्यागत को दरवाज़े तक पहुँचाने के लिए जाना; **within doors,** घर के भीतर, घर की चारदीवारी में।

**doorbell** (डो:´-बेॅल्) *n.* the bell or its button fixed at the door, दरवाज़े की घंटी।

**doorframe** (डो:´-फ्रेम्) *n.* the frame into which the door is fixed, चौखट।

**doorkeeper** (डो:´-की-पॅं:) *n.* one who guards an entrance, द्वाररक्षक, द्वारपाल।

**doorstep** (डो:´-स्टेॅप्) *n.* a step leading to a door, बाहरी या मुख्य द्वार के पहलेवाली सीढ़ी।

**doorstopper** (डो:´-स्टॉप्-अँ:) *n.* an apparatus or device for holding a door open, दरवाज़े को खुला रखने का उपकरण या गिट्टक।

**door-to-door** (डो:´-टॅ-डो:´) *adj. & adv.* done at each house in turn, द्वार-द्वार, घर-घर।

**doorway** (डो:´-वे) *n.* an entrance way, द्वार-पथ, द्वार में से निकलने का मार्ग, दरवाज़ा।

**dormancy** (डॉ:´-मॅन्-सी) *n.* the state of being dormant, प्रसुप्तावस्था।

**dormant** (डॉ:´-मॅन्ट्) *adj.* in the state of being sleepy or inactive, सुप्त, अक्रिय, प्रसुप्त।

**dormitory** (डॉ:´-मॅ-टॅ-री) *n.* a large room with many beds, कई बिस्तरोंवाला बड़ा शयन-कक्ष, शयनागार।

**dosage** (डो´-सिज्) *n.* 1. the giving of medicine in doses, दवा की ख़ुराकें देना। 2. the size of a dose, ख़ुराक, दवा की मात्रा।

**dose** (डोज़्) *n.* 1. the amount or size of a medicine taken or given at a time, ख़ुराक, मात्रा। 2. the amount of flattery, punishment etc., किसी को चिढ़ाने (या दंडित करने) के लिए किया जानेवाला उपाय (ख़ुशामद या दंड)। *v.* to give in doses, दवा की ख़ुराक देना, ख़ुराक-ख़ुराक करके देना, ख़ुराक पिलाना।

**doss** (डॉस्´) *n.* a short sleep, झपकी।

**dosshouse** (डॉस्´-हॉउस्) *n.* a cheap lodging house, रैन-बसेरा, टुच्चा होटल, डेरा।

**dot** (डॉट्) *n.* 1. a point, बिंदी, बिंदु। 2. a short sound or flash of light used in telegraphy, बिंदु। □ **on the dot,** at the exact place (or time), ठीक स्थान (या समय) पर। *v.* (dotted, dotting) 1. to mark with a dot or dots, बिंदु लगाना, बिंदी लगाना। 2. to scatter here and there, छितराना, बिखेरना, बिंदुओं की तरह यहाँ-वहाँ बिखरे होना; The hillside was dotted with villages, पहाड़ी पर जगह-जगह गाँव बसे थे। 3. to hit sharply, तीव्र प्रहार करना।

**dotage** (डो´-टिज्) *n.* 1. the feebleness of mind caused by old age, बुढ़भस। 2. senility, बुढ़ापा।

**dotard** (डो´-टॅ:ड्) *n.* a senile person, बुड्ढा, साठा।

**dote** (डोट्) *v.* (doted, doting) 1. to be feeble-minded due to old age, बुढ़ा जाना, सठिया जाना। 2. to show great fondness, मुग्ध या लट्टू हो जाना। She dotes on her grandson. वह अपने पोते पर लट्टू है।

**doth** (डथ्) *v.* an old form of second person singular present tense of do.

**doting** (डोट्´-इंग्) *adj.* showing great fondness, लट्टू, मुग्ध; a doting husband, लट्टू पति।

**dotty** (डोट्´-ई) *adj.* (dottier, dottiest) 1. feeble minded, मंदबुद्धि। 2. silly, मूर्ख।

**double** (डब्´-अॅल्) *adj.* 1. twice as much or as many as, दूना, दुगना; I am double your age, मेरी उम्र आप से दुगनी है। 2. having two folds, दुहरा। 3. designed for two persons or things, दो व्यक्तियों या वस्तुओं के लिए उपयुक्त। 4. deceitful, दुरंगा, कपटी, कपटपूर्ण; double game, दुरंगी चाल, धोखा। *adv.* 1. twice over, दुगनी मात्रा में। 2. two at a time, दो एक साथ, इकट्ठे; to ride double on the cycle or horse, साइकिल या घोड़े पर दुहरी सवारी करना। *n.* 1. something increased two-fold, दुगनी मात्रा, दूना परिमाण, दुहरा आकार। 2. a hotel room for two persons, दो व्यक्तियों के रहने के लिए होटल का कमरा, डबल रूम। 3. (plu.) a game such as tennis or badminton, having two players on each side, युगल मैच, डब्ल्स मैच। *v.* 1. to make or become twice as much or twice as many, दुगना करना या होना। 2. to make or become two-fold, दुहरा करना या होना।

**double-barreled** (डब्´-अॅल्-बैर्´-अॅल्ड्) *adj.* having two barrels, दुनाली (बंदूक)।

**double-bass** (डब्´-अॅल्-बैस्) *n.* a large violin, एक प्रकार की बड़ी वीणा।

**double-bed** (डब्´-अॅल्-बेड्) *n.* a bed for two persons, डबल बेड, बड़ा पलंग।

**double-dealer** (डब्´-अॅल्-डील्´-अॅ:) *n.* a treacherous person, धोखेबाज़, बेईमान, ठग।

**double-dealing** (डब्´-अॅल्-डी-लिंग्) *n.* treachery, deceit, धोखाधड़ी।

D

**double-decker** (डब्´-अॅल्-डेॅक्´-अः) *n.* a bus with two decks, दुमंज़िली बस।

**double-edged** (डब्´-अॅल्-अेॅज्ड्) *adj.* 1. having a cutting edge on either side of the blade, दुधारी। 2. acting in two ways, दुतरफ़ा।

**double entry** (डब्´-अॅल्-अेॅन्´-ट्री) *n.* a system of book-keeping in which each transaction is entered as a debit in one account and a credit in another, दुहरा लेखा।

D

**double-faced** (डब्´-अॅल्-फ़ेस्ड्) *adj.* deceitful, बेईमान, धोखेबाज़, दुरंगा।

**double-minded** (डब्´-अॅल्-माइन्´-डिड्) *adj.* in a fix, दुविधाग्रस्त, दुचित्ता।

**double-quick** (डब्´-अॅल्-क्विक्) *adj.* very quick, फुर्तीला, तेज़। *adv.* quickly, बहुत जल्दी।

**doubly** (डब्´-ली) *adv.* 1. in a double quantity, measure or degree, दुगने रूप में, दुगना करके। 2. in two ways, दो तरह से।

**doubt** (डॉउट्) *n.* 1. a lack of uncertainty, अनिश्चय। 2. a lack of conviction, संदेह; benefit of doubt, संदेह का लाभ। 3. an apprehension, शंका, संशय। □ **no or without doubt,** निस्संदेह, निश्चय ही, बेशक। *v.* 1. to feel uncertain, अनिश्चय की स्थिति में होना। 2. to distrust, अविश्वास करना, संदेह करना, शक करना।

**doubtful** (डॉउट्´-फ़ुल्) *adj.* 1. uncertain, अनिश्चित। 2. causing or showing doubt, संदेहपूर्ण, संदिग्ध। 3. of uncertain outcome, अनिश्चित परिणामवाला, संदेहास्पद। 4. giving rise to apprehension, शंकास्पद।

**doubtless** (डॉउट्´-लिस्) *adv.* no doubt, निस्संदेह, बेशक। *adj.* with no doubt or uncertainty, निश्चित, पक्का।

**douche** (डूश्) *n.* 1. a stream of water applied to a part of the body or cavity for cleansing or medical purposes, जलधार, डूश। 2. an instrument for applying a douche, डूश। *v.* to treat with a douche, डूश लेना। (फ्रांसीसी)

**dough** (डो) *n.* 1. flour mixed with water, गुँधा आटा या गुँधे आटे की लोई। 2. money, रुपया-पैसा, धन।

**doughty** (डॉउ´-टी) *adj.* 1. stout, तगड़ा, हृष्ट-पुष्ट। 2. stout-hearted, दिलेर, बहादुर, वीर।

**doughy** (डो´-ई) *adj.* like a dough, गुँधा हुआ।

**dour** (डूः, डॉउः) *adj.* 1. harsh, कर्कश। 2. obstinate, हठी। 3. severe, कठोर, उग्र।

**dove[1]** (डव्) *n.* 1. a kind of bird, पेंडुकी, फ़ाख्ता। 2. a person who advocates peace and conciliation, सुलह-समझौते का इच्छुक या पक्षपाती, भलामानस।

**dove[2]** (डोव्) p.t. of dive.

**dowager** (डॉउ´-अॅ-जॅः) *n.* 1. a widow that holds a title or property from her dead husband, ऐसी विधवा जिसे पति की पदवी या संपत्ति मिली हो, धनी विधवा। 2. a grandlooking rich elderly woman, भव्य रोबीली धनी वृद्धा।

**dowdy** (डॉउ´-डी) *adj.* shabby and untidy, ऊलजलूल भेसवाला, जो भद्दे कपड़े पहने हो।

**dowel** (डॉउ´-अॅल्) *n.* a wooden pin that holds two pieces of wood, stone etc., गुज्झा, मेख। *v.* to fasten with a dowel, गुज्झा भरना, मेख से जोड़ना।

**dower** (डॉउ´-अॅः) *n.* 1. a part of husband's estate allotted by law to his widow, विधवा-धन, विधवा की संपत्ति। 2. a dowry, दहेज। 3. an inborn quality, प्रतिभा।

**down** (डाउन्) *adv.* 1. from a higher to a lower place of position, नीचे। 2. downwards, नीचे की ओर। 3. to or into a surface, ज़मीन पर, नीचे। 4. towards south, दक्षिण की ओर। 5. from an important part of the city to one supposed to be of less importance, कम महत्त्व के स्थान की ओर। 6. to or towards a point away from speaker, वक्ता से दूरी पर। 7. in writing, लिखित रूप में। 8. in cash, नकद; cash down, नकद अदायगी। 9. from earlier to a later time, पुराने ज़माने से बादवाले समय तक। □ **down with,** नाश हो; **put something down,** समाप्त या उन्मूलन करना।

*prep.* 1. in a lower or descending position, नीचे की ओर। 2. in the direction of current, प्रवाह या बहाव की ओर। *n.* 1. downward movement, निम्न गति। 2. a descent, उतराई, उतार। *adj.* 1. directed downward, नीचे की ओर जानेवाला, निम्नगामी, अधोगामी। 2. lying on the ground, भूस्थित। 3. being at a low level, निम्न स्तर पर होनेवाला। 4. behind an opponent, प्रतियोगी से पिछड़ा हुआ। 5. finished, समाप्त, ख़त्म। □ **ups and downs of life**, भाग्य का उलट-फेर, जीवन का उत्कर्ष और अपकर्ष।

**down-and-out** (डाउन्´-ऍन्-आउट्´) *n.* a destitute person, निर्धन या अभागा व्यक्ति।

**downcast** (डाउन्´-कैस्ट्) *adj.* 1. looking downward, नीचे की ओर देखता हुआ। 2. dejected, उदास, खिन्न, हताश।

**downer** (डाउ´-नॅ:) *n.* anything that lowers the spirits, दिल तोड़ देनेवाली या हताश करनेवाली बात।

**downfall** (डाउन्´-फ़ा:ल्) *n.* 1. a sudden fall from a high position, health or reputation, पतन, गिरावट, पराभव, बरबादी, तबाही। 2. something that causes this, पतन का कारण; Drinking was his downfall, शराब पीना उसकी तबाही का कारण था। 3. a heavy rainfall, घनघोर वर्षा।

**downgrade** (डाउन्´-ग्रेड्) *v.* to lower the status, position or reputation of, पदावनत करना, अवनत करना। *n.* a descending slope, ढाल।

**downhearted** (डाउन-हा:´-टिड्) *adj.* dejected, discouraged, हताश, निराश, दुखी।

**downhill** (डाउन्-हिल्´) *adv.* down the slope of a hill, ढाल या उतार की ओर। *adj.* sloping, ढालवाँ। *n.* 1. the slope, ढाल; downhill of life, ढलती उम्र। 2. easy part, आसान भाग।

**Downing Street** (डाउ´-निंग्-स्ट्रीट्´) *n.* 1. a street in which official residence of the Prime Minister of England is situated, डाउनिंग स्ट्रीट। 2. The British Government, ब्रितानवी सरकार।

**downpour** (डाउन्´-पो:) *n.* a heavy continuous fall of rain, घनघोर वर्षा, मूसलाधार वर्षा।

**downright** (डाउन्´-राइट्) *adj.* 1. frank, straightforward, खरा, ईमानदार, भला। 2. blunt, स्पष्टवादी, मुँहफट। 3. complete, पूर्ण। *adv.* thoroughly, पूरी तरह से।

**downstage** (डाउन्´-स्टेज्) *adv.* at the front part of the stage, मंच के अगले भाग में। *adj.* pertaining to the front part of the stage, मंच के अगले भाग में होनेवाला।

**downstairs** (डाउन्´-स्टेंअ:ज़्) *adv.* 1. down the stairs, सीढ़ियों से नीचे। 2. on the lower floor, निचले तल्ले पर। *adj.* situated downstairs, नीचे स्थित, निचला।

D

**downstream** (डाउन्´-स्ट्रीम्) *adv.* in or towards the lower part of the stream, धारा के साथ-साथ, बहाव की ओर।

**downswing** (डाउन्´-स्विंग्) *n.* a business decline, व्यापारिक मंदी।

**down-to-earth** (डाउन्´-टू-अ:थ्) *adj.* 1. practical, व्यावहारिक। 2. sensible, सयाना।

**downtown** (डाउन´-टाउन्´) *n.* 1. the lower part of the town, नगर का निचला हिस्सा। 2. the central part or main commercial area of the city, नगर का मध्य भाग या व्यापार-केंद्र। *adj.* 1. of or situated downtown, नगर के मध्य भाग में स्थित। 2. in the business section of a town, नगर के व्यापार-केंद्र में होनेवाला।

**downtrodden** (डाउन्´-ट्रॉड्-ऑन्) *adj.* 1. trodden down, कुचला या रौंदा हुआ। 2. oppressed, subjugated, पददलित, सताया हुआ।

**downward** (डाउन्´-वॅ:ड्) *adj.* descending from a higher to lower place or condition, निम्नगामी, अधोमुखी, ह्रासोन्मुख।

**downwards** (डाउन्´-वॅ:ड्स्) *adv.* 1. from higher to lower place or condition, नीचे की ओर। 2. from a earlier time or source to a later, बाद में।

**downwind** (डाउन्´-विन्ड्) *adv.* in the direction in which the wind blows, हवा के साथ-साथ।

**dowry** (डाउ´-री) *n.* the money and property given to a girl by her parents at the time of her marriage, दहेज।

**dowser** (डाउज़्´-अॅ:) *n.* a diviner, भूगत जल या खनिज का पता लगानेवाला ज्योतिषी या दैवज्ञ।

**doyen** (डॉइ´-अॅन्) *n.* the senior member of a group or profession, किसी संस्था या व्यवसाय का वरिष्ठ सदस्य, नायक, सरदार।

**doze** (डोज़्) *v.* to sleep lightly and intermittently, रह-रहकर झपकी लेना, ऊँघना। *n.* a short light sleep, झपकी, ऊँघ।

D

**dozen** (डज़्´-इन्) *n.* (plu. dozen or dozens) a set of twelve, दर्जन। *adj.* twelve, दर्जन।

**drab** (ड्रैब्) *adj.* (drabber, drabbest) 1. of a light greyish brown colour, बादामी या हलका भूरा। 2. uninteresting, dull, नीरस, बेमज़ा।

**Draconian** (ड्रे-को´-नि-अॅन्) *adj.* 1. of Draco, एथेन्स के ड्रेको नामक राजनयिक से संबद्ध। 2. harsh, कठोर, निर्मम; Draconian laws, कठोर कानून।

**draft** (ड्राफ़्ट्, ड्रैफ़्ट्) *n.* 1. a rough or preliminary sketch of anything written, नक्शा, प्रारूप। 2. a preliminary outline of a speech, book, letter etc., मसौदा, ख़ाका, प्रारूप। 3. a written note for the payment of money by a bank, ड्राफ़्ट, धनादेश। 4. the amount drunk in one swallow, घूँट। 5. the amount of air taken in one breath, एक साँस में खींची हुई वायु, साँस। 6. the selection of military personnel from a group, भर्ती। *v.* 1. to prepare a draft or outline, ख़ाका या मसौदा तैयार करना, प्रारूप तैयार करना। 2. to select military personnel from a group, भर्ती करना। 3. to select from a herd or flock, चुनना, छाँटना।

**draftee** (ड्रैफ़्-टी´) *n.* one selected into the armed forces, सेना में भर्ती किया हुआ।

**draftsman** (ड्राफ़्ट्स्´-मॅन्) *n.* one who draws sketches or plans, प्रारूपकार, नक्शानवीस।

**drag** (ड्रैग्) *v.* (dragged, dragging) 1. to pull or draw along by force, खींच ले जाना। 2. to cause to trail on ground, घसीट कर ले जाना। 3. to linger or lag behind, पीछे-पीछे घिसटते हुए चलना, पिछड़ना। 4. to continue slowly in dull manner, घसीटते चलना, लंबा खींचना; to drag ones feet, जान-बूझकर धीरे चलना, बेदिली से और धीरे-धीरे काम करना। 5. to puff on a cigarette etc., कश लगाना। *n.* 1. an act of dragging, घसीटने की क्रिया या भाव घसीट। 2. an implement used for dragging, पाटा (जिसे घसीट कर खींचा जाता है)। 3. a person or a thing that slows or retards the progress, प्रगति को मंद करनेवाला व्यक्ति या वस्तु, बाधक तत्त्व। 4. (plu.) woman's clothes worn by a man, पुरुष द्वारा धारण किए हुए स्त्री के वस्त्र।

**draggle** (ड्रैग्´-अॅल्) *v.* (draggled, draggling) 1. to make or become dirty by trailing on the ground, लथेड़ना या लथेड़ा जाना। 2. to lag behind, पिछड़ना।

**dragnet** (ड्रैग्´-नेंट्) *n.* a net to catch fish, मछली पकड़ने का जाल, मत्स्यजाल।

**dragon** (ड्रैग्´-अॅन्) *n.* a huge mythical reptile breathing fire, आग उगलनेवाला पौराणिक अजगर।

**dragonfly** (ड्रैग्´-अॅन्-फ़्लाइ) *n.* a kind of insect, व्याघ्र-पतंग, चिउरा।

**dragoon** (ड्रे-गून्´) *v.* (dragooned, dragooning) 1. to coerce, सताना। 2. to force into doing something, बाध्य करना। 3. to harass, परेशान करना। *n.* 1. a heavily armed mounted infantryman, सशस्त्र अश्वारोही। 2. a cruel person, क्रूर व्यक्ति।

**drain** (ड्रेन्) *n.* 1. a pipe or channel for carrying away waste water, नाली। 2. something that exhausts one's resources, energy etc., शक्ति या स्रोतों के क्षय का मार्ग; House-rent is a great drain on my limited resources. मेरी सीमित आय का बहुत बड़ा हिस्सा मकान के किराए के रूप में निकल जाता है। *v.* 1. to draw or flow off water by means of pipes or channels, जल निकालना या बहाना, प्रवाहित करना। 2. to drink the entire contents of (a cup or glass), पी जाना, ख़ाली कर देना। 3. to consume or exhaust, ख़त्म करना, ख़र्च करना। 4. to make powerless, शक्तिहीन कर देना।

**ainage** (ड्रे´-निज्) ***n.*** 1. the process or system of drains, जल-निकास की प्रक्रिया या प्रणाली, नाली-व्यवस्था। 2. something that is drained off, वह जिसे बहाकर निकाल दिया गया हो।

**ainpipe** (ड्रेन्´-पाइप्) ***n.*** a pipe for drainage, नाली, परनाला।

**ke** (ड्रेक्) ***n.*** a male duck, नर-बत्तख।

**m** (ड्रैम्) ***n.*** one sixteenth of an ounce, औंस का सोलहवाँ भाग, ड्राम।

**ma** (ड्रा´-में, ड्रैम्´-अॅ) ***n.*** 1. a play to be performed by actors, a stage show, नाटक, ड्रामा। 2. such a piece of literature, नाटक। 3. a situation that is highly emotional and conflicting, ड्रामा, नाटकीय घटना।

**matic** (ड्रॅ-मैट्´-इक्) ***adj.*** 1. of or related to a drama, नाटक-संबंधी। 2. thrilling or sensational, नाटकीय, कुतूहलजनक।

**matically** (ड्रॅ-मैट्´-इ-कॅ-ली) ***adv.*** in a dramatic manner, नाटकीय ढंग से।

**matics** (ड्रॅ-मैट्´-इक्स्) ***n.*** the art of acting or producing plays, नाट्यकला।

**matist** (ड्रैम्´-अॅ-टिस्ट्, ड्रॉ-में-टिस्ट्) ***n.*** a playwright, नाटककार।

**matization** (ड्रैम्-अॅ-टाइ-ज़े´-शॅन्, ड्रा-में-टाइ-ज़े´-शन्) ***n.*** the act of dramatizing, नाटकीकरण, नाट्य-रूपांतरण।

**matize, dramatise** (ड्रैम्´-अॅ-टाइज़्, ड्रॉ-में-टाइज़्) ***v.*** 1. to render a story, fiction etc., into a play, नाट्य रूप देना। 2. to make things looklike dramatic, नाटकीय रूप देना।

**k** (ड्रैंक्) ***v.*** p.t. of drink.

**e** (ड्रेप्) ***v.*** (draped, draping) 1. to cover with cloth, पर्दा लगाना या लटकाना, कपड़े पहनना। 2. to hang loosely or in graceful folds, चुन्नटदार ढंग से झूलना या लटकना।

**er** (ड्रे´-पॅ:) ***n.*** a dealer in fabrics, कपड़े का व्यापारी, वस्त्र-व्यवसायी, बजाज।

**drapery** (ड्रे´-पॅ-री) ***n.*** 1. the shop of a draper, कपड़े की दुकान। 2. the occupation of a draper, बजाजी। 3. *(plu.)* ***draperies,*** curtains or hangings, पर्दे, गद्दे आदि के मोटे कपड़े।

**drastic** (ड्रैस्´-टिक्) ***adj.*** extreme, severe or radical, कठोर, कड़ा, प्रचंड, तीव्र, सख़्त।

**drastically** (ड्रैस्´-टि-कॅ-ली) ***adv.*** in a drastic manner, कठोरता से, सख़्ती से।

**draught** (ड्राफ़्ट्, ड्रैफ़्ट्) ***n.*** 1. the act of drawing from a large container, कर्षण, निकालना। 2. a beer or wine stored in a large container, पीपे आदि में रखी हुई शराब। 3. a current of air, हवा का झोंका। 4. the amount drunk in one swallow, घूँट। 5. a dose of medicine, दवा की ख़ुराक। 6. (plu.) the game of checkers, चेकर खेल। 7. draft, प्रारूप, मसौदा, नक़्शा। □ **feel the draught,** to be short of money, पैसे की कमी होना। ***adj.*** used for pulling loads, लद्दू; draught horse, लद्दू घोड़ा।

**Dravidian** (ड्रॅ-वि´-डि-अॅन्) ***n.*** 1. a family of south Indian languages, द्रविड़ भाषा-परिवार। 2. one who speaks a Dravidian language, द्रविड़। ***adj.*** of this family, द्राविड़ी।

**draw** (ड्रा:) ***v.*** (drew, drawn, drawing) 1. to pull, खींचना, घसीटना या तानना। 2. to cause to move in a given direction, किसी ओर खींच ले जाना। 3. to extract, खींचना, उतारना। 4. to take out, निकालना; to draw a sword, तलवार निकालना। 5. to attract or entice, आकृष्ट करना, लुभाना; to draw attention, ध्यान आकृष्ट करना, ध्यान दिलाना। 6. to sketch or depict, खींचना, चित्र बनाना, रेखित करना। 7. to make out, to formulate, निकालना; to draw conclusions, निष्कर्ष निकालना। 8. to take or receive from a source, निकालना; to draw money from the account, खाते में से रुपया निकालना। 9. to take from a lot, लॉटरी निकालना। 10. to disembowel, आँतें निकाल

देना। 11. to make empty, ख़ाली कर देना। 12. to prepare (a document, दस्तावेज़) तैयार करना। ☐ **draw a blank,** कुछ हाथ न आना या लगना; **draw back,** पीछे हटना; **draw near,** पास पहुँचना; **draw on,** समीप आना; Summer is drawing on, गर्मी समीप है; **draw out,** (i) लंबा खींचना, (ii) बात (रहस्य आदि) उगलवाने के लिए प्रोत्साहित करना; **draw the line,** सीमा बाँधना; **draw up,** (ख़ाका) तैयार करना। *n.* 1. the act of drawing, खिंचाव, तनाव। 2. attraction, आकर्षण। 3. anything that attracts customers, आकर्षण; The exhibition is a big draw, प्रदर्शनी देखने बहुत लोग आते हैं। 4. the drawing of lots, लॉटरी निकालना। 5. a drawn game, बिना हार-जीत के छूटा खेल।

**drawback** (ड्रा:´-बैक्) *n.* 1. a disadvantage, defect or deficiency, कमी, दोष, अवगुण, त्रुटि। 2. an act of returning, वापसी; drawback of duty, शुल्क-वापसी।

**drawbridge** (ड्रा:´-ब्रिज्) *n.* a bridge that may be raised to enable vessels to pass, उठौआ सेतु।

**drawee** (ड्रा:´-ई) *n.* a person on whom an order or a bill of exchange is drawn, आदेशिती, अदाकर्ता।

**drawer** (ड्रा:´-अॅ:) *n.* 1. a person who draws a cheque, आदेशक, चेक काटनेवाला। 2. a sliding box-like container in a table or chest, ड्राअर, ख़ाना। 3. (plu.) underpants, जाँघिया।

**drawing** (ड्रा:´-इंग्) *n.* 1. the art of drawing with lines आरेखन। 2. a representation of lines, रेखाचित्र, आरेख, ड्राइंग।

**drawing room** *n.* a room for visitors, a living room, बैठक, ड्राइंग रूम।

**drawl** (ड्रा:ल्) *v.* to speak slowly with drawn-out vowel sounds, धीरे-धीरे या लटक-लटककर बोलना। *n.* a drawling way of speaking, लटक-लटककर बोलने का ढंग, लटकाव।

**drawn** (ड्रा:न्) *adj.* 1. (of the face) stretched or pulled, लटका हुआ। 2. (of a game) which neither side wins, जी हार के बिना छूटा (खेल)।

**dread** (ड्रेड्) *n.* 1. great fear, terror, अत्यधि भय, आतंक। 2. apprehension, आशंका। 1. to fear greatly, बहुत अधिक डरना। 2. be apprehensive, आशंकित होना।

**dreadful** (ड्रेड्´-फुल्) *adj.* 1. causing dre भयावह, भीषण। 2. uninteresting, नीरस

**dreadfully** (ड्रेड्´-फु-ली) *adv.* 1. in a dre ful manner, भयानक रूप से, भीषण रूप 2. very, अत्यधिक।

**dream** (ड्रीम्) *n.* 1. an event experien during sleep, सपना, स्वप्न, ख़्वाब। 2. state of mind of one dreaming, स्व वस्था। 3. something imagined, कल कपोल-कल्पना। 4. an aspiration, आकां *v.* (dreamed/dreamt, dreaming) 1. experience a dream, स्वप्न देखना। 2 indulge in day-dreams, दिवास्वप्न दे कल्पनाएँ करना, ख़्याली पुलाव पकाना। 3 have an ambition, आशा सँजोना। **dream up,** to imagine, कल्पना करन

**dreamer** (ड्रीम्´-अॅ:) *n.* a person dreams or has ideas or plans that considered rather impractical, स्वप्न स्वप्नद्रष्टा।

**dreamland, dreamworld** (ड्रीम्´-लैन्ड्/व: *n.* 1. an imaginary land, स्वप्नल 2. sleep, नींद।

**dreamlike** (ड्रीम्´-लाइक्) *adj.* un अयथार्थ, स्वप्निल।

**dreamy** (ड्री´-मी) *adj.* 1. lost in imag tions, विचारमग्न। 2. wonderful, आश जनक। 3. impractical, अव्यावहारिक।

**dreary** (ड्रि´-अॅ-री) *adj.* 1. dull, उबाऊ, थ 2. sad, उदास। 3. gloomy, विषादपूर्ण।

**dredge** (ड्रेंज्) *n.* an appartus that dig and removes mud, silt, fish, she etc., from the river or seabed, न समुद्र-तल से मिट्टी, कीचड़, सीप, आदि निकालनेवाला यंत्र, ड्रेजर। *v.* (dre dredging) to remove mud etc. fro river or seabed by means of a dr

ड्रेजर से नदी या समुद्र-तल की मिट्टी, कीचड़ आदि निकालना।

**'egs** (ड्रेग्स्) ***n.*** (plu.) 1. the sediment of a liquid, तलछट। 2. remains, बचा-खुचा भाग। 3. the worst or useless part, बेकार या व्यर्थ अंश; the dregs of society, समाज के तुच्छ लोग।

**'ench** (ड्रेन्च्) ***v.*** 1. to make thoroughly wet, तर-ब-तर कर देना, भिगोना। 2. to become thoroughly wet, भीग जाना, तर-ब-तर होना।

**'ress** (ड्रेस्) ***n.*** 1. clothing esp., outer clothing, लिबास, पोशाक, परिधान, कपड़े, वेशभूषा, पहनावा। 2. formal clothes, वर्दी। ***v.*** 1. to put on clothes, कपड़े पहनना या पहनाना। 2. to put on more formal attire, सजना-धजना या सजाना-धजाना। 3. to adorn or decorate, सुसज्जित करना, सजाना-सँवारना। 4. to clean and prepare (meat or bird) for cooking, साफ़ करना। 5. to prepare (land) for sowing, (ज़मीन) तैयार करना। 6. to convert hide into leather, to tan, (चमड़ा) सिझाना। □ **dress down,** डाँटना-फटकारना; **dress up,** पोशाक धारण करना। ***adj.*** 1. related to or used for a dress, पोशाक-संबंधी। 2. suitable for a formal occasion, अवसरोचित (वस्त्र)।

**'ress circle** ***n.*** the first row of a theatre, नाट्यशाला में दर्शकों के बैठने की पहली पंक्ति।

**'resser** (ड्रेस्´-अ:) ***n.*** 1. one who dresses in a special way, विशेष ढंग से वेषभूषा धारण करने या करानेवाला, अभिनेताओं की वेशभूषा करनेवाला, प्रसाधक। 2. one who applies medicaments to wounds etc., मरहम-पट्टी करनेवाला।

**'ressiness** (ड्रेस्´-इ-निस्) ***n.*** fondness of clothes, वस्त्रों का शौक़।

**'ressing** (ड्रेस्´-इंग्) ***n.*** 1. the act or action of a person who dresses, वस्त्रधारण, कपड़े पहनने का कार्य, प्रसाधन। 2. material used to cover a wound, मरहम-पट्टी।

**'ressing gown** ***n.*** a long loose coat worn when one is not fully dressed, गाउन।

**dressing room** ***n.*** a room for dressing, शृंगार कक्ष, सज्जागृह।

**dressing table** ***n.*** a table for use while dressing fitted with drawers and a mirror meant, शृंगार-मेज़।

**dressmaker** (ड्रेस्´-मे-कं:) ***n.*** a person who makes dresses, दर्ज़ी।

**dress rehearsal** ***n.*** the last rehearsal, पूरी वेशभूषा सहित पूर्वाभ्यास।

**dressy** (ड्रेस्´-ई) ***adj.*** 1. wearing or fond of stylish dress, बढ़िया वस्त्र पहनने का शौक़ीन, सजीला। 2. showy, भड़कीला।

**drew** (ड्रू) ***v.*** p.t. of draw।

**dribble** (ड्रिब्´-अल्) ***v.*** 1. to trickle, बूँद-बूँद कर टपकना या टपकाना। 2. to allow saliva to trickle from the mouth, लार टपकना या टपकाना। 3. to move (a ball) with repeated light kicks or bounces, बार-बार हलका प्रहार करते या उछालते हुए (गेंद को) लेकर आगे बढ़ना, ड्रिबल करना। ***n.*** the act of dribbling a ball, ड्रिबलिंग, ड्रिबल।

**driblet** (ड्रिब्´-लिट्) ***n.*** 1. a falling drop of a liquid, टपकी हुई बूँद, टपक। 2. a small amount or portion, थोड़ी राशि या थोड़ा अंश। □ **by driblets,** in small quantities, बूँद-बूँद, कतरा-कतरा।

**dried** (ड्राइड्) pt. of dry. ***adj.*** preserved by drying, सुखाया हुआ, सूखा।

**drier** (ड्राइ´-अ:) ***n.*** = dryer.

**drift** (ड्रिफ़्ट्) ***v.*** (drifted, drifting) 1. to be carried along by a current, बहा या उड़ा ले जाना। 2. to carry along by a current, बहना, उड़ना, बह या उड़ जाना। 3. to move aimlessly, इधर-उधर व्यर्थ घूमना। 4. to pile up in heaps by the force of the wind or water, ढेर लगना या लगाना। ***n.*** 1. the act or process of drifting, बहाव, प्रवाह। 2. a pile heaped up by the wind, ढेर, पुंज, संचय। 3. something that drifts, बहनेवाली वस्तु। 4. meaning or purport, अर्थ, अभिप्राय; He caught the drift of what I said, वह मेरा आशय समझ गया। 5. a tendency, प्रवृत्ति, रुख़, झुकाव।

D

**driftage** (ड्रिफ़् -टिज्) *n.* 1. the act of drifting or the state of being drifted, बहाव, प्रवाह। 2. deviation from the set course, अपसरण, विपथन।

**drifter** (ड्रिफ़्´-टॅः) *n.* 1. a person who moves aimlessly from place to place, व्यर्थ ही जगह-जगह फिरनेवाला व्यक्ति, घुमक्कड़। 2. a person who lacks aspirations or goals, उद्देश्यहीन व्यक्ति।

**driftwood** (ड्रिफ्ट्´-वुड्) *n.* wood floating in the current, जलधारा में बहनेवाली लकड़ी।

D

**drill**[1] (ड्रिल्) *n.* 1. a pointed implement that bores holes in solid materials, बरमा, ड्रिल। 2. strict training in military exercises, कवायद, ड्रिल। 3. repetition of exercises as a means of training, अभ्यास, मशक। *v.* 1. to bore with a drill, बेधना, बेधन करना। 2. to train or be trained by repetition, बार-बार अभ्यास करना या कराना, प्रशिक्षण प्राप्त करना या कराना।

**drill**[2] *n.* 1. a machine for planting seeds in rows, पंक्तियों में बीज बोने का एक यंत्र, ड्रिल मशीन। 2. a row of seeds sown in this way, बोए हुए बीजों की पंक्ति। *v.* (drilled, drilling) to sow in rows, पंक्तियों में बोना।

**drillmaster** (ड्रिल्´-मैस्-टॅः) *n.* an instructor who uses repetitious exercises to train the students, ड्रिलमास्टर।

**drink** (ड्रिंक्) *v.* (drank, drunk, drinking) 1. to swallow (liquid), पान करना, पीना, घूँटना। 2. to take alcoholic beverages, मद्यपान करना। 3. to pledge good wishes to by drinking, पीते समय शुभकामनाएँ प्रकट करना। *n.* 1. anything used for drinking, पेय। 2. alcoholic liquor, मदिरा, शराब।

**drinkable** (ड्रिंक् -अॅ-बॅल्) *adj.* suitable for drinking, पीने योग्य, पेय।

**drinker** (ड्रिंक् -अॅः) *n.* one who drinks too much, पियक्कड़, मद्यप, शराबी।

**drinking water** *n.* water for drinking, पीने का पानी।

**drinkless** (ड्रिंक् -लिस्) *adj.* without taking liquor, बिना पिए हुआ, प्यासा।

**drip** (ड्रिप्) *v.* (dripped, dripping) to f or let fall in drips, चूना या चुआना, टपक या टपकाना। *n.* 1. the liquid falling drops, टपकन, चुआव, टपका। 2. a sm drop of liquid, बूँद। 3. the intraveno drop by drop administration of a me cinal liquid, ड्रिप।

**drip-dry** (ड्रिप्´-ड्राइ) *n.* a fabric that w dry relatively free of creases if hu up when wet, ड्रिप-ड्राई नामक कपड़ा।

**drippings** (ड्रिप्´-इंग्स्) *n.* (plu.) liquid th falls in drops, टपका हुआ तरल पदार्थ।

**drive** (ड्राइव्) *v.* (drove, driven, drivin 1. to urge onwards by force, हाँक धकेलना, ठेलना, आगे बढ़ाना। 2. to opera and control (a vehicle, horse etc चलाना, ड्राइव करना। 3. to take someo in a vehicle, गाड़ी में बैठाकर (अपने सा ले जाना। 4. to travel, यात्रा करना। 5. strike forcibly, ज़ोर से (गेंद पर) आघ करना, प्रहार करना। 6. to force to pen trate, ठोंकना, धँसाना। 7. to rush or a vance violently, तेज़ी से आगे बढ़ना। 8. goad or compel, कोंचना, मजबूर या वि करना। *n.* 1. an excursion or journey a vehicle, गाड़ी की यात्रा, गाड़ी की सैर। 2 road for vehicles, सड़क। 3. driving game, हाँका। 4. a strong or well-plann effort, सशक्त या सुनियोजित प्रयास। 5 forceful hit, ज़ोरदार आघात या प्रहार। 6 strong motivating tendency, जोश, उत्स He has plenty of drive, उसमें बहुत जोश

**drive-in** (ड्राइव्´-इन्) *adj.* (a place) peo can use while sitting in their cars, ( स्थान) जहाँ कार में बैठे-बैठे सिनेमा या नाट् शाला के कार्यक्रम देखे जा सकते हों, ड्राइव-इ

**drivel** (ड्राइव्´-अॅल्) *v.* to talk stupid मूर्खतापूर्वक बातें करना। *n.* foolish ta बेवकूफ़ी की बात।

**driven** (ड्रि´-वॅन्) *v.* p.p. of drive.

**driver** (ड्राइ´-वॅः) *n.* a person who driv a vehicle, ड्राइवर, चालक।

**driveway** (ड्राइव्´-वे) *n.* a short priv

road, छोटी निजी सड़क।

**drizzle** (ड्रिज़्´-ऑल्) ***n.*** very light rain, झींसी, बूँदाबाँदी, फुहार। ***v.*** to rain lightly, झींसी पड़ना, बूँदा-बाँदी होना।

**drizzly** (ड्रिज़्´-ली) ***adj.*** characterized by drizzle, झींसी या बूँदाबाँदीवाला।

**droll** (ड्रॉल्) ***adj.*** queer, odd, विचित्र, विलक्षण। ***n.*** a jester or buffoon, विदूषक, मसख़रा।

**drollery** (ड्रो´-लॅ-री) ***n.*** an act of a jester, विदूषक का हँसी-मज़ाक, दिल्लगी।

**-drome** (ड्रोम्) ***suffix*** a large field or area, विस्तृत या खुला स्थान, क्षेत्र।

**dromedary** (ड्रॉम्´-ॲ-डॅर्-ई) ***n.*** a one-humped camel used for riding, एक कूबड़वाला ऊँट जिसपर सवारी करते हैं।

**drone** (ड्रोन्) ***n.*** 1. a male bee, नर-मक्खी। 2. a male honey-bee, नर-मधुमक्खी। 3. an idler, निठल्ला व्यक्ति, पराश्रयी। 4. a pilotless remote control aircraft, रिमोट कंट्रोल से चलनेवाला बिना चालक का विमान। ***v.*** 1. to make a deep humming sound, भिनभिन करना, भिनभिनाना। 2. to pass time idly, खाली बैठे रहना। 3. to speak in a monotonous tone, नीरस ढंग से बातें करना।

**drool** (ड्रूल्) ***v.*** 1. to let saliva run from the mouth, राल टपकना या टपकाना। 2. to talk nonsense, बेतुकी बातें करना। ***n.*** nonsense, बेतुकी बात।

**droop** (ड्रूप्) ***v.*** 1. to hang or incline downwards, झुकना, लटकना। 2. to become weakened, कमज़ोर हो जाना। 3. to become sad or dejected, उदास या ग़मगीन हो जाना। ***n.*** the state of being drooped, झुकाव, लटकाव।

**drop** (ड्रॉप्) ***n.*** 1. a small quantity of liquid in a spherical mass, बूँद। 2. a small round sweet, छोटी गोलाकार मिठाई। 3. a sudden decrease or fall, गिरावट, कमी। 4. a vertical distance, ऊपर से नीचे तक की दूरी। 5. a slope, ढाल। 6. unloading of (troops) by parachute, पैराशूट से नीचे उतरना। ***v.*** (dropped, dropping) 1. to fall, गिरना। 2. to allow to fall, गिराना। 3. to decrease in amount or value, कम होना, गिरना, घटना। 4. to set down, उतरना। 5. to send or post, भेजना या लिख भेजना। 6. to discontinue, स्थगित करना, बीच में छोड़ देना। 7. to fall or shed in drops, बूँद-बूँद कर गिरना या डालना। 8. to unload by parachute, पैराशूट से उतारना या उतरना। 9. to leave out, छोड़ना, छोड़ देना। 10. to lose, गँवाना।

**droplet** (ड्रॉप्´-लिट्´) ***n.*** a small drop, छोटी सी बूँद।

**dropout** (ड्रॉप्´-ऑउट्) ***n.*** a student who leaves the classes and examinations (prematurely, समय से पहले) स्कूल छोड़ देनेवाला छात्र।

**dropper** (ड्रॉप्´-ॲ:) ***n.*** a device for administering liquid in drops, ड्रापर।

**droppings** (ड्रॉप्-इंग्स्) ***n.*** 1. the dung of birds, बीठ। 2. the dung of certain animals, विष्ठा, मल, लीद।

**drop-scene** (ड्रॉप्´-सीन्) ***n.*** the dropping of the curtain at the end of a play enacted at the stage, पटाक्षेप।

**dropsy** (ड्रॉप्´-सी) ***n.*** a disease with watery fluid accumulating in the body, जलोदर।

**dross** (ड्रॉस्) ***n.*** 1. scum of molten metal, तपाई हुई धातु की मैल, धातुमल। 2. waste or impure matter, खोट, कूड़ा-करकट।

**drought** (ड्राउट्) ***n.*** a long period of little or no rain, सूखा, अनावृष्टि।

**drove** (ड्रोव्) ***v.*** p.t. of drive. ***n.*** a group of animals or persons, झुंड, दल।

**drown** (ड्राउन्) ***v.*** 1. to die or kill by immersion in liquid, डूब जाना या डुबो देना। 2. to drench thoroughly, अच्छी तरह तर करना, डुबो देना।

**drowse** (ड्राउज़्) ***v.*** to fall into a light slumber, ऊँघना, झपकी आना। ***n.*** an act of drowsing, ऊँघ, झपकी।

**drowsiness** (ड्राउ´-ज़ि-निस्) ***n.*** the state of being drowsy, ऊँघ, उनींदापन, तंद्रालुता।

**drowsy** (ड्राउ´-ज़ी) ***adj.*** 1. sleepy, उनींदा। 2. causing sleepiness, नींद लानेवाला।

D

**drub** (ड्रब्) *v.* (drubbed, drubbing) 1. to thrash, पिटाई करना, मारना-पीटना। 2. to defeat thoroughly, पराजित या परास्त करना।

**drubbing** (ड्रब्´-इंग्) *n.* thrashing, पिटाई।

**drudge** (ड्रज्) *n.* a person who does unpleasant and laborious work, टेढ़ा, अरुचिपूर्ण या उबाऊ काम करनेवाला। *v.* to do the work of a drudge, टेढ़ा, अरुचिपूर्ण या उबाऊ काम करना।

**drudgery** (ड्रज्´-अॅर्-ई) *n.* unpleasant or laborious work, टेढ़ा, अरुचिपूर्ण या उबाऊ काम।

D

**drug** (ड्रग्) *n.* 1. a substance used as medicine, दवा, ओषधि। 2. any medicinal herb, जड़ी-बूटी। 3. a medicine that produces numbness and stupor, नशीली दवा। *v.* (drugged, drugging) 1. to administer a drug to, दवा देना। 2. to stupefy or dull with a drug, निष्क्रिय बनाने या बेहोशी लाने की दवा देना।

**drug addict** (ड्रग्-एड्´-इक्ट्) *n.* a person who is habituated to take narcotic drug, नशीली दवा का आदी, नशा-सेवी, नशेड़ी।

**drugget** (ड्र´-गिट्) *n.* a woolen floor-covering, गलीचा।

**druggist** (ड्रग्´-इस्ट्) *n.* 1. a dealer in drugs, दवा-विक्रेता। 2. a maker or dispenser of medicines, दवा बनानेवाला।

**drugstore** (ड्रग्´-स्टो:) *n.* a shop where medicines are sold, दवाख़ाना।

**druid, Druid** (ड्रू´-इड्) *n.* a priest of olden times, प्राचीन काल का पादरी।

**drum** (ड्रम्) *n.* 1. a musical instrument played by hands or sticks, ढोल, नंगाड़ा, मृदंग। 2. the sound produced by a drum, ढोल, मृदंग आदि का शब्द, ढमढम। 3. a container shaped like a drum, ड्रम। 4. an eardrum, कान का पर्दा। *v.* (drummed, drumming) to play on a drum, ढोल बजाना।

**drumbeat** (ड्रम्´-बीट्) *n.* the sound made by beating a drum, ढमढम।

**drumhead** (ड्रम्´-हेंड्) *n.* the stretched skin of a drum, ढोल पर मढ़ी हुई खाल या चमड़ा।

**drummer** (ड्रम्´-अॅ:) *n.* a person who plays a drum, ढोल या मृदंग बजानेवाला।

**drum stick** (ड्रम्´-स्टिक्) *n.* a stick for beating a drum, चोब, ढोल बजाने की कमाची।

**drunk** (ड्रंक्) *v.* p.p. of drink. *adj.* 1. overcome by an excess of strong drink, intoxicated, नशे में चूर या धुत्त। 2. overwhelmed by strong emotion, मदोन्मत्त, भाव-विह्वल। *n.* 1. a person who is drunk, नशे में चूर या धुत्त व्यक्ति। 2. one who is often or habitually drunk, शराबी, पियक्कड़, मदिरा-सेवी।

**drunkard** (ड्रं´-क:ड्) *n.* a drunk, शराबी, पियक्कड़, मदिरा-सेवी।

**drunken** (ड्रं´-कॅन्) *adj.* intoxicated, नशे में चूर या धुत्त, मदमत्त, मत्त।

**drunkenness** (ड्रं´-कॅन्-निस्) *n.* the state of being drunken, नशा।

**drupe** (ड्रूप्) *n.* a class of fruit that has a fleshy part around a stone, गुठलीवाला फल (जैसे खजूर, खुमानी, आड़ू आदि), अष्टिफल।

**dry** (ड्राइ) *adj.* (drier/dryer, driest/dryest) 1. free from liquid or moisture, सूखा शुष्क। 2. without water, जलहीन, निर्जल 3. having little or no rain fall, सूखा 4. not in or under water, सूखा। 5. without oil, रूखा, सूखा; dry bread, रूखी या सूखी रोटी। 6. (eyes) free from tears अश्रुरहित। 7. without phlegm, सूखा; dry cough, सूखी खाँसी। 8. thirsty, प्यासा तृषित। 9. uninteresting, नीरस, रूखा अरोचक, शुष्क; dry subject, रूखा विषय 10. not yielding milk, दूध न देनेवाली (गाय)। 11. prohibiting the sale of alcoholic liquor, नशाबंद; dry region, नशाबंदी वाला क्षेत्र; dry day, जिस दिन शराब की बिक्री बंद हो। 12. lacking warmth, सहानुभूतिहीन भाव-शून्य। *v.* (dried, drying) 1. to make or become dry, सूख जाना या सुखा देना 2. to preserve by removing the moisture, सुखाना।

**dry-clean** (ड्राइ´-क्लीन्) *v.* to clean by

solvent not by water, सूखी धुलाई करना।

**dry-cleaner** (ड्राइ´-क्लीन्-अ:) *n.* one who dry-cleans clothes, ड्राइक्लीनर।

**dryer** (ड्राइ´-अ:) *n.* 1. an instrument or device used for drying, सुखानेवाला उपकरण। 2. any substance added to paints, inks etc., to make them dry quickly, ड्रायर।

**dry farming** *n.* a method of farming without or little water, बिरानी खेती, सूखी खेती।

**dry nurse** (ड्राइ´-नॅ:स्) *n.* a woman tending but not suckling a child, ऐसी दाई जो बच्चे को अपना दूध न पिलाती हो।

**dry run** *n.* practice in firing without live ammunition, नकली गोलियों से होनेवाला बंदूकबाज़ी का अभ्यास।

**dual** (ड्यू´-अॅल्) *adj.* 1. relating to or denoting two, द्वैत; dual government, द्वैत शासन। 2. having double nature, character, purpose etc., दोहरा, दुरंगा।

**dualism** (ड्यू´-अॅल्-इज़्-अॅम्) *n.* recognition of two different or independent principles, द्वैतवाद, दुहरा सिद्धांत।

**duality** (ड्यू-एल्´-इ-टी) *n.* 1. the state of being dual, द्वैतता, द्वित्व। 2. dualism, द्वैतवाद।

**dub**[1] (डब्) *v.* (dubbed, dubbing) 1. to make a person Knight by a ceremonial touch on the shoulder with a sword, नाईट की उपाधि प्रदान करना। 2. to give a nickname to, उपनाम रखना, नाम धरना।

**dub**[2] *v.* (dubbed, dubbing) to provide a film with a new sound track in a different language, फ़िल्म की मूल भाषा को बदल देना, डब करना।

**dubiety** (ड्यू-बाइ´-इ-टी) *n.* 1. the quality or state of being dubious, अस्पष्टता, संदिग्धता। 2. uncertainty, अनिश्चितता।

**dubious** (ड्यू´-बि-अॅस्) *adj.* 1. arousing doubt, doubtful, संदिग्ध, संशयात्मक। 2. not certain in outcome, अनिश्चित, अस्पष्ट। 3. ambiguous, द्वयर्थक।

**dubiousness** (ड्यू´-बि-अॅस्-निस्) *n.* doubtfulness, संशयात्मकता, संदेहप्रदता; अस्पष्टता।

**ducal** (ड्यू´-कॅल्) *adj.* pertaining to a duke, ड्यूक-संबंधी, ड्यूक-विषयक।

**duchess** (डच्´-इस्) *n.* 1. the wife of a duke, ड्यूक की पत्नी। 2. the widow of a duke, ड्यूक की विधवा।

**duck**[1] (डक्) *n.* 1. a waterbird with a flat bill and webbed feet, बत्तख। 2. the flesh of this bird, बत्तख का गोश्त। 3. zero score in a cricket, अंडा, शून्य।

**duck**[2] *v.* (ducked, ducking) 1. to lower quickly as to avoid blow, आघात से बचने के लिए सहसा झुक जाना। 2. to submerge briefly in water, गोता या डुबकी लगाना। 3. to evade, कतरा या बचा जाना, बच निकलना।

**duckling** (डक्´-लिंग्) *n.* a young duck, बत्तख का बच्चा।

**ducky** (डक्´-ई) *adj.* 1. dear, प्रिय। 2. fine, उत्कृष्ट।

**duct** (डक्ट्) *n.* 1. a tube or channel, नाली, पाईप। 2. a bodily passage for conveying secretions or excretions, नस, वाहिनी; blood duct, रक्त-वाहिनी।

**ductile** (डक्´-टिल्) *adj.* 1. (of metal) that can be hammered into sheets or drawn out in wires, तन्य, लचीला। 2. (a person) easily led or influenced, ढुलमुल, नम्र, विनीत।

**ductility** (डक्´-टिल्-इ-टी) *n.* the quality of being ductile, तन्यता, लचीलापन; ढुलमुलपन।

**dud** (डड्) *n.* 1. a bomb that fails to explode, ऐसा बम जो न फटा हो। 2. a person or thing that is a total failure, बेकार व्यक्ति या वस्तु। 3. (plu.) rags, चिथड़े, गूदड़। *adj.* failing in its purpose, विफल।

**dude** (ड्यूड्) *n.* a dandy, छैला, बाँका।

**dudgeon** (डज्´-अॅन्) *n.* resentment, गुस्सा, रोष, आक्रोष। ☐ **in high dudgeon,** due to resentment, गुस्से के मारे।

**due** (ड्यू) *adj.* 1. payable, देय। 2. owed as a debt or obligation, देय, शोध्य। 3. pro-

D

per, उचित, सम्यक्; due care, सम्यक् देख-रेख, due regard, सम्यक् ध्यान। 4. adequate, पर्याप्त। 5. scheduled to arrive, प्रत्याशित, अपेक्षित; The train is due, गाड़ी के आने का समय हो गया है। □ **due to,** के कारण; **in due course,** उचित समय पर, यथासमय। ***n.*** something that is due or owed, अंश, हिंस्सा, देना। □ **give a person his due,** जिसका जो देय हो उसे वह देना।

**duel** (ड्यू´-ॲल्) ***n.*** a prearranged fight or combat between two persons, द्वंद्वयुद्ध। ***v.*** 1. to fight in a duel, द्वंद्वयुद्ध करना। 2. to contest closely, काँटे का संघर्ष करना।

**dues** (ड्यूज़्) ***n.*** official charges or fees, चंदा, फ़ीस, कर आदि।

**duet** (ड्यू-ॲट्´) ***n.*** a piece of music performed by two persons, दुगाना।

**duffer** (डफ़्´-ॲ:) ***n.*** 1. a foolish fellow, मूर्ख व्यक्ति, मूढ़। 2. a slow learner, बुद्धू।

**dug** (डग्) ***v.*** pt. & pp. of dig.

**dugong** (डू´-गॉङ् ग्) ***n.*** a whale like mammal, व्हेल की जाति का एक स्तनपायी समुद्री जंतु।

**dugout** (डग्´-आउट्) ***n.*** 1. a canoe made by hollowing out a tree trunk, डोंगी, नौका। 2. an underground shelter, युद्ध-काल में लोगों की रक्षा के लिए ज़मीन के अंदर बनाई गई गुफा।

**duke** (ड्यूक्) ***n.*** (in Britain) a noble man of high rank, ड्यूक।

**dukedam** (ड्यूक्´-डॅम्) ***n.*** 1. duke's landed properties, ड्यूक की जागीर। 2. the office or position of a duke, ड्यूक की उपाधि या पद।

**dulcet** (डल्´-सिट्) ***adj.*** sounding sweet, श्रुतिमधुर, मिठास से भरा, मीठा।

**dulcimer** (डल्´-सि-मॅ:) ***n.*** a musical instrument consisting of a set of strings, पियानो की तरह का विदेशी बाजा।

**dull** (डल्) ***adj.*** (duller, dullest) 1. slow in understanding, मंदबुद्धि, मूर्ख। 2. lacking sharpness, not acute, भोथरा, कुंठ। 3. not bright, हलका, मंद, निस्तेज। 4. not clear, धुँधला, अंधकारमय। 5. listless, स्फूर्तिहीन। 6. not loud or resonant, मंद, अनुनादी। 7. not brisk, मंदा; dull market, मंदा बाजार। 8. not interesting, अरोचक। ***v.*** to make or become dull, मंद होना या करना, हलका होना या करना।

**dullard** (डल्´-ॲ:ड्) ***n.*** a dull person, जड़मति, स्थूलबुद्धि, बोदा व्यक्ति।

**duly** (ड्यू-ली) ***adv.*** 1. in a correct manner, in a due form, order etc., properly, बाक़ायदा, विधिवत्। 2. at the proper time, ठीक समय पर, यथावसर।

**dumb** (डम्) ***adj.*** 1. mute or unable to speak, गूँगा। 2. speechless or silent, मूक। 3. stupid, मूर्ख।

**dumbbell** (डम्´-बॅल्) ***n.*** 1. a heavy bar with a disc at either end for lifting, डंबल। 2. a foolish person, मूर्ख व्यक्ति, बुद्धू।

**dumbfound** (डम्´-फ़ाउन्ड्) ***v.*** to confound to dumbness, भौचक्का बना देना, अवाक् कर या बना देना।

**dumbness** (डम्´-निस्) ***n.*** the quality of being dumb, गूँगापन; मूकता; मूर्खता।

**dumb show** ***n.*** a speechless acting, मूक अभिनय या प्रदर्शन।

**dumbwaiter** (डम्-वे़ट्´-ॲ:) ***n.*** a revolving table for conveying food etc., घूमनेवाली मेज़।

**dummy** (डम्´-ई) ***n.*** 1. an imitation of an object, प्रतिकृति, डमी। 2. a model of human figure used to display clothes, डमी। 3. a person who appears to act for others or does nothing, डमी। 4. a partner in the game of cards whose cards are placed upward and played by the declarer, डमी। 5. a prototype of a book to be printed, डमी। 6. a rubber teat for babies, चूसनी। ***adj.*** 1. sham, नकली। 2. speachless, मूक।

**dump** (डम्प्) ***v.*** 1. to drop or unload (something) in a heap carelessly, ढेर या अंबार लगा देना, फैला या छितरा देना। 2. to empty (something) as from a container, ख़ाली

करना। 3. to place (something) in larger quantities, (बाज़ार को किसी चीज़ से) पाट देना। *n.* 1. a heap of waste matter, कूड़े का ढेर, घूरा। 2. something heaped up, ढेर, ढेरी।

**dumpiness** (डम्´-पि-निस्) *n.* the quality or state of being dumpy, गोल-मटोलपन।

**dumpling** (डम्प्´-लिंग्) *n.* 1. a kind of pudding, एक प्रकार की पुडिंग, फिरनी। 2. a kind of dough, एक तरह की लोई।

**dumpy** (डम्´-पी) *adj.* (dumpier, dumpiest) short and fat, मोटा और ठिगना, गोल-मटोल।

**dun**[1] (डन्) *v.* (dunned, dunning) to ask persistently for payment, तकाज़ा करना। *n.* one who persistently asks for payment, तकाज़ा करनेवाला।

**dun**[2] *n.* 1. a brownish-grey colour, धूसर या मटमैला रंग। 2. a horse of this colour, धूसर रंग का घोड़ा। *adj.* of a dun colour, धूसर।

**dunce** (डन्स्) *n.* a bad learner, सीखने या पढ़ने-लिखने में कमज़ोर व्यक्ति, जड़मति।

**dunderhead** (डन्´-डॅ:-हॅड्) *n.* a dunce, जड़मति, स्थूलबुद्धि, मूढ़।

**dune** (ड्यून्) *n.* a sandhill, बालू का टीला।

**dune buggy** *n.* a small automobile for driving on sand, बालू पर चलनेवाली छोटी गाड़ी।

**dung** (डंग्) *n.* 1. animal excrement, गोबर, लीद, विष्ठा, मल। 2. manure, खाद।

**dungcake** (डंग्´-केक्) *n.* a dry cake of dung used as fuel, उपला, गोहरा, कंडा।

**dungeon** (डन्´-जॅन्) *n.* a dark underground prison, ज़मीन के नीचे बना कैदख़ाना।

**dunghill** (डंग्´-हिल्) *n.* 1. a heap of dung, गोबर की ढेरी। 2. a foul place or person, गंदा स्थान या व्यक्ति।

**dunk** (डंक्) *v.* (dunked, dunking) 1. to dip (food) into liquid while eating, (रोटी आदि को खाते समय) रसे में डुबोना। 2. to immerse, डुबकी लगाना।

**duo** (ड्यू´-ओ) *n.* 1. a pair, जोड़ी। 2. a duet, युगल गान, दुगाना।

**duodecimal** (ड्यू-ॲ-डॅस्´-इ-मॅल्) *adj.* of or based on the number twelve, दर्जन के हिसाब से होनेवाला।

**dupe** (ड्यूप्) *n.* 1. a person who is tricked or deceived easily, व्यक्ति जिसे आसानी से ठगा जा सके, भोला, भोंदू। 2. a fool, मूर्ख व्यक्ति। *v.* (duped, duping) 1. to trick or deceive, ठगना, झाँसा देना। 2. to make a dupe of, मूर्ख बनाना।

**duple** (ड्यू´-पॅल्) *adj.* double, दुहरा या दुगुना।

**duplex** (ड्यू´-प्लॅक्स्) *adj.* double, दुहरा या दुगुना; duplex board, ड्यूप्लेक्स बोर्ड। duplex flat, दुमंज़िला मकान।

**duplex lamp** *n.* a lamp with two wicks, दो बत्तियोंवाली लालटेन।

**duplicate** (डू´-प्लि-किट्) *adj.* 1. double, दुहरा। 2. identical to another, प्रतिलिपि के रूप में होनेवाला। *n.* 1. something that corresponds exactly to something else, प्रतिलिपि। 2. something additional of the same kind, प्रतिलिपि, प्रतिकृति। *v.* to make an identical copy of, प्रतिलिपि तैयार करना।

**duplication** (डू-प्लि-के´-शॅन्) *n.* the act of duplicating, प्रतिलिपीकरण; पुनरावृत्ति।

**duplicator** (डू´-प्लि-के-टॅ:) *n.* a machine for making identical copies, डुप्लिकेटर।

**duplicity** (डू-प्लिस्´-इ-टी) *n.* 1. deliberate deceptiveness in speech, दुतरफ़ी या दुरंगी बात, द्वैधकथन। 2. deliberate deceptiveness in behaviour, दुरंगापन, दुरंगी नीति। 3. deception, deceitfulness, धोखाधड़ी, ठगी।

**durability** (ड्युर्-ॲ-बिल्´-इ-टी) *n.* the quality or state of being durable, स्थायित्व, टिकाऊपन, मज़बूती, पाएदारी।

**durable** (ड्युर्´-ॲ-बॅल्) *adj.* 1. long lasting, स्थायी। 2. able to withstand wear and tear, strong, टिकाऊ, मज़बूत, पाएदार।

**duration** (ड्यु-रे´-शॅन्) *n.* the length of time during which something exists or continues, अवधि, कालावधि, मियाद।

**durbar** (द:´-बा:) *n.* 1. the court of any former Indian prince, दरबार। 2. ceremonial gathering of such a court, दरबार।

**duress** (ड्यु-रॅस्´) ***n.*** 1. coercion or threat, दबाव या धमकी। 2. imprisonment, कारावास, क़ैद। □ **under duress,** अनुचित दबाव डालकर।

**during** (ड्यू´-रिंग्) ***prep.*** 1. through the whole course of, के दौरान। 2. within the limit of some period, इस बीच, इस अवधि में।

**dusk** (डस्क्) ***n.*** the darker part of twilight, झुटपुटा, गोधूलि वेला, साँझ। ***adj.*** dim, धुँधला।

D

**dusky** (डस्´-की) ***adj.*** (duskier, duskiest) 1. dim, धुँधला। 2. dark, अंधकारपूर्ण, अँधियारा। 3. of dark colour, धूसर, श्याम।

**dust** (डस्ट्) ***n.*** 1. finely powdered earth, dirt, धूल, मिट्टी, गर्द। 2. a cloud of this, गर्द-गुबार। 3. any powdery material, बुकनी, चूरा। 4. the earth, भूमि, ज़मीन। □ **bite the dust,** धूल चाटना; **throw dust in someone's eyes,** दूसरों की आँखों में धूल झोंकना, गुमराह करना। ***v.*** (dusted, dusting) 1. to clean the dust by wiping or sweeping, धूल झाड़ना, बुहारना, झाड़ू देना। 2. to become dirty with dust, धूल-धूसरित होना। 3. to cover with (powder), बुरकना, भुरभुराना, छिड़कना। 4. to make dirty, गंदा करना।

**dustbin** (डस्ट्´-बिन्) ***n.*** a container for trash or rubbish, कूड़ेदान।

**dust bowl** ***n.*** 1. a region where dust storms generally appear, वह क्षेत्र जहाँ आँधियाँ चलती रहती हों। 2. an area stripped of vegetation by drought and erosion, ऊसर।

**dustcart** (डस्ट्´-का:ट्) ***n.*** a cart for collecting refuse, कूड़ागाड़ी।

**dustcoat** (डस्ट्´-कोट्) ***n.*** a coat worn over clothes to protect them from dust, कपड़ों को धूल से बचाने के लिए पहना जानेवाला कोट।

**dust cover, dust jacket** ***n.*** a book-cover, पुस्तक का आवरण, कवर।

**duster** (डस्´-टः) ***n.*** a cloth for dusting furniture, windows doors etc., झाड़न।

**dustpan** (डस्ट्´-पैन्) ***n.*** a pan for collecting dust, कूड़ा बटोरने का पात्र।

**dustsheet** (डस्ट्´-शीट्) ***n.*** a sheet spread over the bed sheet, पलंगपोश, चादर।

**duststorm** (डस्ट्-स्टा:म्´) ***n.*** a windstorm, ग़र्द-गुबार, आँधी, अंधड़।

**dustup** (डस्ट्´-अप्) ***n.*** a quarrel or fight, लड़ाई, झगड़ा।

**dusty** (डस्´-टी) ***adj.*** (dustier, dustiest) full of dust, धूल-भरा, धूल-धूसरित।

**Dutch** (डच्) ***adj.*** of the Netherlands, its inhabitants or their language, हॉलैंड-संबंधी, हॉलैंडवासियों-संबंधी या हॉलैंड की भाषा-संबंधी। ***n.*** 1. the Dutch language, हॉलैंड की भाषा। 2. **the Dutch,** Dutch people, हॉलैंडवासी। □ **go Dutch,** खर्च का अपना-अपना हिस्सा देना।

**Dutchman** (डच्´-मॅन्) ***n.*** a native of Netherlands, हॉलैंड का नागरिक, हॉलैंडवासी।

**duteous** (डू´-टि-अॅस्) ***adj.*** dutiful, आज्ञाकारी।

**dutiable** (डू´-टि-अॅ-बॅल्) ***adj.*** liable to duty, subject to tax, शुल्कदेय, कर-योग्य।

**dutiful** (डू´/ड्यू´-टि-फ़ुल्) ***adj.*** doing one's duty, कर्तव्यशील, कर्तव्यपरायण।

**duty** (डू/ड्यू´-टी) ***n.*** 1. a moral or legal obligation, ड्यूटी, कर्तव्य, फ़र्ज। 2. a function or work, काम, कार्य। 3. a tax charged by government, कर, शुल्क। 4. the quantity of work for which a machine is designed, निश्चित मात्रा में उत्पादन करने में समर्थ मशीन। □ **on duty,** काम पर लगा हुआ; **off duty,** जो काम पर न गया हो।

**duty bound** ***adj.*** bound to do one's duty, कर्तव्य द्वारा आबद्ध।

**duty free** ***adj.*** (a thing) not liable to tax, कर-मुक्त, शुल्क-मुक्त।

**duvet** (डू-वे) ***n.*** a quilt, रजाई।

**dwarf** (ड्वॉ:फ़) ***n.*** (plu. dwarves, dwarfs) an abnormally under-sized person, बौना। ***adj.*** of very small in size, बौना, ठिगना।

**dwell** (ड्वॅल्) ***v.*** (dwelled, dwelling) to live, to reside, रहना, बसना, वास करना।

**dweller** (ड्वेॅल्´-अ:) *n.* a permanent resident, निवासी, बाशिंदा।

**dwelling** (ड्वेॅल्´-इंग्) *n.* a place to live in, residence, वास, निवास, निवास-स्थान।

**dwindle** (ड्विन्´-डॅल्) *v.* 1. to become less in size, number or intensity, घटना, कम होना, छीजना। 2. to become corrupt, भ्रष्ट या पतित होना।

**dyable** (डाई-अॅ-बॅल्) *adj.* = dyeable.

**dye** (डाइ) *n.* 1. a colouring substance, रंग, रंगद्रव्य, रंजक। 2. a colour produced by dyeing, चढ़ा हुआ रंग। *v.* (dyed, dyeing) to colour with a dye, रंग में रँगना, रँगना।

**dyeable** (डाई-अॅ-बॅल्) *adj.* that can be dyed, रँगने-योग्य।

**dyeing** (डाइ´-इंग्) *n.* colouring, रँगाई; dyeing teacher, रँगाई शिक्षक।

**dyer** (डाइ´-अ:) *n.* one who dyes. रंगरेज।

**dying** (डाई-इंग्) *adj.* 1. about to die, at death's door, जो मर रहा हो, मरणोन्मुख, मरणासन्न। 2. relating to the moment of death, मरते समय का बयान।

**dyke** (डाइक्) *n.* an embankment, बाँध।

**dynamic** (डाइ-नैम्´-इक्) *adj.* 1. relating to force or power causing movement, गति-संबंधी, गतिक। 2. energetic, गतिशील, कर्मठ।

**dynamics** (डाइ-नैम्-इक्स्) *n.* the science that deals with matter in motion, गति-विज्ञान।

**dynamism** (डाई-नॅ-मिज़्-अॅम्) *n.* the quality of being dynamic, गतिशीलता।

**dynamite** (डाई-नॅ-माइट्) *n.* 1. a powerful explosive, डाइनामाइट। 2. great vitality, प्रभूत शक्ति।

**dynamo** (डाइ´-नॅ-मो) *n.* 1. a machine which turns mechanical energy into electrical energy, डायनमो। 2. a forceful energetic individual, शक्तिशाली ओजस्वी व्यक्ति।

**dynastic** (डाइ-नैस्´-टिक्) *adj.* of or related to a dynasty, राजवंश-संबंधी, राजवंशीय।

**dynasty** (डाइ´-नॅ-स्टी) *n.* a line or sequence of hereditary rulers, राजवंश।

**dysentery** (डिस्´-अॅन्-टॅर्-ई) *n.* a disease of the bowels causing severe diarrhoea पेचिश, मरोड़, आँव।

**dyspepsia** (डिस्-पेॅप्´-सि-अॅ) *n.* indigestion, अपच, अजीर्ण, बदहज़मी, मंदाग्नि।

**dyspeptic** (डिस्-पेॅप्´-टिक्) *adj.* suffering from dyspepsia, अपच से पीड़ित।

# E

**E, e** (ई) the fifth letter of the English alphabet, अंग्रेज़ी वर्णमाला का पाँचवाँ वर्ण।

**each** (ईच्) *adj.* every one of two or more considered individually, हर, हर एक, प्रत्येक। *pron.* every one (of a group considered individually), हर एक, हर कोई; each and every, सभी, हर कोई।

**each other** *pron.* a pronoun used to indicate reciprocal relationship or action, एक-दूसरे का, को, से आदि; They looked at each other. उन्होंने एक-दूसरे पर नज़र डाली।

**eager** (ई´-गॅः) *adj.* 1. full of intense desire, उत्सुक, अधीर, लालायित। 2. marked by intense desire, उत्सुकतापूर्ण, आतुरतापूर्ण।

**eagerly** (ई´-गॅः-ली) *adv.* with eagerness, उत्सुकतापूर्वक।

**eagerness** (ई´-गॅः-निस्) *n.* a state or condition of being eager, उत्सुकता, आतुरता।

**eagle** (ई´-गॅल्) *n.* any of various large birds of prey with a hooked bill, गरुड़, गिद्ध, चील, बाज़ या ऐसा ही किसी जाति का पक्षी।

**eagle-eyed** (ई´-गॅल्-आइड्) *adj.* having keen eyesight, तीक्ष्ण दृष्टि।

**eaglet** (ई´-ग्लिट्) *n.* a young eagle, गीध, गरुड़ आदि का बच्चा।

**ear**[1] (इअॅः) *n.* 1. the organ of hearing, कान, कर्ण। 2. the visual outer part of this organ, कान। 3. any object resembling the external ear, कान के आकार की वस्तु। 4. act of listening, श्रवण। 5. sensitivity to musical sounds, poetic diction etc., कान। □ **be all ears,** ध्यानपूर्वक सुनना; **fall on deaf ears,** उपेक्षा कर जाना, अनसुनी कर देना; **give ear to,** ध्यान देना, ध्यान से सुनना; **prick one's ears,** कान खड़े करना; **pull someone by the ear,** डाँट-डपट करना, कान खींचना; **turn a deaf ear,** सुनी अनसुनी करना।

**ear**[2] *n.* the seed bearing spike of corn, wheat, barley etc., (गेहूँ या जौ की) बाल।

**earache** (इअॅर्´-एक्) *n.* an ache in the ear, कान का दर्द, कान में होनेवाला दर्द।

**eardrop** (इअॅः´-ड्रॉप्) *n.* a medicine for the ear, कान की दवा।

**eardrum** (इअॅः´-ड्रम्) *n.* the thin membrane that separates outer and middle ear, कान का पर्दा।

**earl** (अःल्) *n.* a British nobleman ranking between marquis and viscount, ब्रिटिश सामंतों की एक उपाधि, अर्ल।

**earldom** (अःल्´-डॅम्) *n.* the state or position of an earl, अर्ल की जागीर या पद।

**earliness** (अः´-लि-निस्) *n.* the state of being early, पूर्वता।

**earlobe** (इअॅः´-लोब्) *n.* the soft lower part of the outer ear, ललरी।

**early** (अः´-ली) *adv.* (earlier, earliest) 1. before the usual time, पहले, जल्दी। 2. near the beginning of a course of events, आरंभ में, आरंभिक काल में। 3. occurring in the near future, जल्दी ही। 4. far back in time, बहुत पहले। □ **at the earliest,** जल्दी से जल्दी; **early in the morning,** तड़के, सवेरे-सवेरे; **earliest possible,** यथा-शीघ्र। *adj.* (earlier, earliest) 1. occurring before time, समय से पूर्व होनेवाला। 2. occurring in a period far back in time, पहले का, प्राचीन, पूर्व; earlier, पूर्वतर; earliest, पूर्वतम। 3. occurring in the near future, जल्दी घटित होनेवाला; at the earliest possible opportunity, यथाशीघ्र। 4. occurring in the first part of a period or sequence, प्रारंभिक; early morning tea, सवेरे की चाय; in the early days, शुरू-शुरू में।

**early bird** ***n.*** 1. an early riser, जल्दी उठनेवाला व्यक्ति। 2. one who usually arrives early, समय से पूर्व पहुँचनेवाला व्यक्ति।

**earmark** (इअँ:´-मा:क्) ***v.*** to set aside for a specific purpose, किसी निश्चित प्रयोजन के लिए (धन या रकम) अलग रखना या निर्धारित करना।

**earmarked** (इअ:´-मा:क्ड्) ***adj.*** set aside, अलग रखा हुआ; उद्दिष्ट।

**earn** (अ:न्) ***v.*** to receive as return for services rendered or work done, कमाना, अर्जित करना, पैदा करना।

**earned** (अ:न्ड्) ***adj.*** received in return of services rendered, कमाया हुआ, अर्जित।

**earner** (अ:न्´-अँ:) ***n.*** one who earns, कमानेवाला व्यक्ति, उपार्जक, उपार्जनकर्ता।

**earnest**[1] (अ:´-निस्ट्) ***adj.*** 1. serious in mind or intention, गंभीर, संजीदा, तत्पर। 2. of good intentions, हार्दिक, आंतरिक, सच्चा। □ **in earnest,** गंभीरतापूर्वक, सच्चे हृदय से।

**earnest**[2] ***n.*** the sum of money given to a person to confirm a contract, बयाना, पेशगी।

**earnestly** (अ:´-निस्ट्-ली) ***adv.*** in an earnest manner, गंभीरतापूर्वक; सच्चे मन से।

**earnest money** ***n.*** earnest, बयाना।

**earning** (अ:´-निंग्) ***adj.*** one who earns, कमाऊ।

**earnings** (अ:´-निंग्स्) ***n.*** (plu.) money earned, कमाई, कमाया हुआ धन।

**earphone** (इअँ:´-फ़ोन्) ***n.*** a radio receiver held close to or inserted into the ear, इयरफ़ोन।

**ear-piercing** (इअँ:´-पिअँ:-सिंग्) ***adj.*** piercingly loud, कानफाड़ू, कान फाड़नेवाला, कर्कश। ***n.*** the making of hole into the lobe, कनछेदन, कर्णछेदन।

**earring** (इअँ:´-रिंग्) ***n.*** an ornament worn on the earlobe, कर्णफूल, कान का आभूषण।

**ear-splitting** (इअँ:´-स्प्लिट्-इंग्) ***adj.*** piercingly loud, कानफोड़ू, घोर, प्रचंड।

**earth** (अ:थ्) ***n.*** 1. our planet, पृथ्वी। 2. the world in which we live, संसार, जगत्। 3. the living beings of this world, जीव-जगत्, प्राणी-जगत्। 4. the dry ground surface of this planet, भूमि, धरती, ज़मीन। 5. soil or dirt, मिट्टी या धूल।

**earthbound** (अ:थ्´-बॉउन्ड्) ***adj.*** heading towards the earth, पृथ्वी की ओर जानेवाला।

**earthen** (अ:´-दॅन्, अ:´-थॅन्) ***adj.*** 1. made of earth, मिट्टी का बना हुआ। 2. made of baked clay, पकाया हुआ मिट्टी का (बर्तन)।

**earthen ware** (अ:´-दॅन्/थॅन्-वेंअँ:) ***n.*** pottery made of baked clay, (चीनी) मिट्टी के बर्तन।

**earthly** (अ:थ्´-ली) ***adj.*** 1. of this world, worldly, सांसारिक, भौतिक।

**earthquake** (अ:थ्´-क्वेक्) ***n.*** a violent movement in the crust of the earth, भूकंप।

**earthshaking** (अ:थ्´-शे-किंग्) ***adj.*** causing violent effect, उग्र, प्रचंड।

**earthwork** (अ:र्थ्-व:क्) ***n.*** 1. excavation of earth, ज़मीन की खुदाई। 2. an earthen embankment, बंधा, ढूह, धुस्स।

**earthworm** (अ:थ्´-व:म्) ***n.*** a long worm that burrows into the soil, केंचुआ।

**earthy** (अ:´-थी) ***adj.*** 1. made of earth, मिट्टी का बना। 2. worldly, सांसारिक।

**earwax** (इअँ:´-वैक्स्) ***n.*** the wax like secretion found in the ear, कान की मैल, कनमैल।

**ease** (ईज़्) ***n.*** 1. relief from pain or worry, आराम, राहत। 2. rest, leisure or relaxation, आराम, विश्राम, चैन। 3. the ability to do something without difficulty, सुविधा। □ **at ease,** (i) आराम से खड़ा; (ii) निश्चिंत, स्वस्थ, चित्त। ***v.*** 1. to free or become free from pain, trouble or worry, पीड़ा, कष्ट, चिंता आदि से मुक्त होना या करना, दुख-दर्द दूर होना या करना। 2. to lessen in severity, tension, pressure etc., राहत पहुँचाना, आराम देना, सुख देना। □ **ease oneself,** मूत्र या मल का त्याग करना, हलका हो जाना।

**easeful** (ईज़्´-फ़ुल्) *adj.* comfortable, आरामदेह।

**easel** (ई´-ज़ॅल्) *n.* a wooden frame to support a blackboard or an artist's canvas or picture, ब्लैकबोर्ड अथवा चित्रफलक को खड़ा करने का चौखटा, चित्रफलक-आधार।

**easement** (ईज़्´-मॅन्ट्) *n.* the right to use and enjoy one's own or occupied property, सुखभोग, सुखाचार, सुविधा-अधिकार।

**easily** (ईज़्´-इ-ली) *adv.* 1. without difficulty, with ease, सरलता से, सहज भाव से। 2. without doubt, निस्संदेह।

**East** (ईस्ट्) *n.* The East, the eastern part of the world, पूरब, पूर्व; Far East, सुदूर पूर्व, Middle East, मध्य पूर्व, Near East, पश्चिम एशिया।

E

**east** (ईस्ट्) *n.* the point or direction of horizon where the sun rises, पूर्व दिशा, पूर्वी दिशा। *adj.* 1. facing east, पूर्वोन्मुखी। 2. coming from east, पूर्वी।

**eastbound** (ईस्ट्´-बॉउन्ड्) *adj.* moving or going towards the east, पूर्वोन्मुखी।

**Easter** (ई´-स्टॅ:) *n.* the Christian festival commemorating Christ's resurrection, पुनरोदय, पुनरुत्थान, ईस्टर, ईस्टर का त्योहार।

**easterly** (ईस्ट्´-अॅ:-ली) *adj.* 1. from the east, पूर्वी। 2. toward the east, पूर्वाभिमुखी।

**eastern, Eastern** (ई´-स्टॅ:न्) *adj.* 1. of the east or the east part of the country, पूर्वी, प्राच्य। 2. of Asia and Eastern Hemisphere, Oriental, प्राच्य।

**eastward** (ईस्ट्´-वॅ:ड्) *adv.* toward the east, पूर्व की ओर, पूर्वाभिमुख।

**easy** (ई´-ज़ी) *adj.* 1. not requiring much effort, सुकर, सुगम। 2. not difficult, सरल, सुगम, आसान। *adv.* with ease, आराम से, सुविधापूर्वक।

**easy chair** *n.* a comfortable big chair with arms, आरामकुर्सी।

**easygoing** (ई´-ज़ि-गो´-इंग्) *adj.* living without worry or concern, निश्चिंत।

**eat** (ईट्) *v.* (ate, eaten, eating) 1. to take in and swallow, खाना, पेट में डालना, उदरस्थ करना। 2. to have a meal, भोजन करना, खाना खाना। 3. to consume or ravage as if by eating, खा जाना, नष्ट कर देना। 4. to use regularly (as food, भोजन के रूप में) ग्रहण या सेवन करना। □ **eat the humble pie,** मुँह की खाना, शर्मिंदगी उठाना।

**eatable** (ई´-टॅ-बॅल्) *adj.* edible, खाद्य।

**eatables** (ई´-टॅ-बॅल्ज़) *n.* (plu.) food, खाद्य पदार्थ, खाने की वस्तुएँ।

**eats** (ईट्स्) *n.* (plu.) articles of food, भोजन-सामग्री, तरह-तरह के व्यंजन।

**eaves** (ईव्स्) *n.* the edge of a roof that projects beyond the wall, छज्जा या ओलती।

**eavesdrop** (ईव्ज़्´-ड्रॉप्) *v.* to listen secretly to a private conversation, कनसुई लेना, छिपकर दूसरों की बातें सुनना।

**ebb** (अॅब्) *v.* 1. to flow back or recede (said of a tide), भाटा आना। 2. to decline, अवनत होना, अवनति या ह्रास होना। *n.* 1. the period of a tide between high tide and a succeeding low tide, भाटा, उतार। 2. a period or condition of decline, अवनति या ह्रास। □ **at a low ebb,** ख़राब हालत में।

**ebonite** (अॅब्´-अॅ-नाइट्) *n.* black hard rubber, एक प्रकार का काला कड़ा रबर।

**ebony** (अॅब्´-अॅ-नी) *n.* 1. a tree and its hard black wood, आबनूस का वृक्ष या उसकी लकड़ी। 2. a black colour, काला रंग। *adj.* black as ebony, आबनूसी।

**ebullience** (इ-बुल्´-इ-अॅन्स्) *n.* the state of being full of enthusiasm or excitement, मस्ती, उत्साह, जोश।

**ebullient** (इ-बुल्´-यॅन्ट्) *adj.* 1. showing or feeling ebullience, मस्त, उत्साहपूर्ण, जोशीला। 2. boiling, उबलता या खौलता हुआ।

**ebullition** (इब्-अॅ-लिश्´-अॅन्) *n.* 1. the boiling or bubbling of a liquid, उफान, उबाल। 2. a sudden outpouring, भड़ास, उद्गार।

**eccentric** (इक्-सॅन्´-ट्रिक्) *adj.* 1. situated away from the centre, उत्केंद्रक, उत्केंद्र। 2. whimsical, सनकी, ख़ब्ती।

**eccentricity** (इक्-सॅन्´-ट्रि-सि-टी) *n.* the state of being eccentric, उत्केंद्रता; सनक।

**ecclesiastic** (इ-क्ली-ज़ि-ऐस्´-टिक्) *adj.* 1.

or pertaining to a church, गिरजा-संबंधी, क्लीसियाई। 2. relating to a clergyman, पादरी-संबंधी। *n.* a clergyman, पादरी।

**ecclesiastical** (इ-क्ली-ज़ि-ऐस्´-टि-कॅल्) *adj.* = ecclesiastic.

**echelon** (ऍश्´-अॅ-लॉन्) *n.* 1. an arrangement of soldiers, ships etc., like steps, सीढ़ीनुमा व्यूह-रचना। 2. (plu.) a level of rank, स्तर, पदस्तर; the upper echelons of government, सरकार के उच्च पदस्तर।

**echo** (ऍक्´-ओ) *n.* (plu. echoes) 1. the reflection of sound, प्रतिध्वनि, गूँज, गुंबद की आवाज़। 2. a repetition or imitation of someone's opinion, अनुनाद, प्रतिध्वनि। *v.* 1. to repeat or be repeated by an echo, प्रतिध्वनित होना या करना, गूँज पैदा करना या होना। 2. to imitate, अनुकरण करना। 3. to repeat, दुहराना।

**eclat** (ए-क्ला´) *n.* 1. great success, बहुत बड़ी सफलता, महान सफलता। 2. great praise, वाह-वाह, जयघोष; with great eclat, बड़ी धूमधाम से।

**eclectic** (इ-क्लेंक्´-टिक्) *adj.* 1. choosing from different sources, (विभिन्न ग्रंथों, आदि की) अच्छी बातें अपनानेवाला, चयनशील। 2. consisting of what appears to be the best from different sources, चयनित। 3. using and coordinating different methods or systems, समन्वयवादी।

**eclipse** (इ-क्लिप्स्´) *n.* 1. the partial or complete blocking of the light of the sun or the moon by another body, ग्रहण, ग्रास। 2. the loss of splendour or brilliance, श्रीहीनता, निस्तेजता। *v.* 1. to cause an eclipse of, ग्रस्त करना, ग्रहण लगाना। 2. to outshine or surpass, निस्तेज कर देना, दबा देना, ग्रहण लगा देना। 3. to make dark or troubled, अंधकारपूर्ण कर देना, मुसीबत में डाल देना।

**ecliptic** (इ-क्लिप्´-टिक्) *n.* the sun's apparent orbit, क्रांतिवृत्त। *adj.* of eclipse, ग्रहण-संबंधी।

**ecological** (इ-कॅ-लॉज्´-इ-कॅल्) *adj.* of or pertaining to ecology, पारिस्थितिक।

**ecologist** (इ-कॉल्´-अॅ-जिस्ट्) *n.* an expert in ecology, परिस्थिति-विज्ञानी।

**ecologue** (ऍक्-ला:ग्´) *n.* a short pastoral poem, चरवाहों का छोटा-सा गीत।

**ecology** (इ-कॉल्-अॅ-जी) *n.* the science of relationships between organisms and their surroundings, परिस्थिति-विज्ञान।

**economic** (ई-कॅ-नॉम्´-इक्/ऍक्-अॅ-नॉम्´-इक्) *adj.* 1. of economics, अर्थशास्त्रीय। 2. of or related to finance, आर्थिक। 3. profitable, लाभदायक।

**economical** (ई-कॅ-नॉम्´-इ-कॅल्/ऍक्-अॅ-नॉम्´-इ-कॅल) *adj.* 1. not wasteful, avoiding waste, thrifty, कमख़र्चीला, अल्पव्ययी। 2. economic, आर्थिक।

**economics, Economics** (ई-कॅ-नॉम्´-इक्स्/ऍक्-अॅ-नॉम्´-इक्स्) *n.* 1. the science dealing with production, consumption, exchange and distribution of goods and services, अर्थशास्त्र, अर्थविज्ञान। 2. the financial aspects of something, आर्थिक पक्ष।

**economist** (इ-कॉन्´-अॅ-मिस्ट्) *n.* an expert in economics, अर्थशास्त्री, अर्थविज्ञानी।

**economize** (इ-कॉन्´-अॅ-माइज़्) *v.* to save (money, time etc.) instead of being wasteful, किफ़ायत करना, बचत करना, बचाना।

**economy** (इ-कॉन्´-अॅ-मी) *n.* a system for the management and development of resources, अर्थ-व्यवस्था।

**ecstasy** (ऍक्´-स्टॅ-सी) *n.* feeling of extreme rapture, हर्षातिरेक, हर्षोन्माद।

**ecstatic** (ऍक्-स्टैट्´-इक्) *adj.* causing ecstasy, हर्षोन्मादक।

**ecumenical** (ऍक्-यु-मेंन्´-इ-कॅल्) *adj.* 1. universal, विश्वव्यापी। 2. of ecumenism, ईसाई-एकता-संबंधी।

**ecumenism** (ई-क्यु-मॅ-निज़्´-ॲम्) *n.* the idea of seeking to achieve worldwide Christian unity, विश्वव्यापी ईसाई-एकता की भावना।

**eczema** (ऍक्´-सि-मॅ, ऍग्´-ज़ि-मॅ) *n.* a skin disease marked by itching and sores,

E

दाद, खाज, पामा, एक्ज़िमा।

**eddy** (ऍड्´-ई) ***n.*** 1. a swirling patch of water, भँवर। 2. a swirling patch of air, बवंडर।

**Eden** (ई´-डॅन्) ***n.*** the place or home of Adam and Eve, स्वर्ग, अदन।

**edge** (ऍज्) ***n.*** 1. the cutting or sharpened side of a blade, knife etc., धार, कोर। 2. a border, किनारा, छोर। 3. an advantage, लाभ, फ़ायदा। ***v.*** 1. to form the border of, किनारा बनाना। 2. to sharpen the edge, धार तेज़ करना, धार बनाना, सान लगाना। 3. to advance gradually, धीरे-धीरे आगे बढ़ना; He was edging toward the door. वह दरवाज़े की तरफ धीरे-धीरे बढ़ रहा था।

E

**edgeless** (ऍज्´-लिस्) ***adj.*** blunt, भोथरा।

**edgeways** (ऍज्´-वेज़्) ***adv.*** = edgewise.

**edgewise** (ऍज्´-वाइज़) ***adv.*** in the direction of the edge, धार की ओर।

**edging** (ऍज´-इंग्) ***n.*** something that forms an edge, किनारा।

**edgy** (ऍज्´-ई) ***adj.*** 1. having a sharp edge, तेज़ धारवाला। 2. irritable, चिड़चिड़ा।

**edible** (ऍड्´-इ-बॅल्) ***adj.*** fit to be eaten, खाद्य।

**edibles** (ऍड्´-इॅ-बॅल्स्) ***n.*** (plu.) eatables, खाद्य पदार्थ।

**edict** (ई-डिक्ट्´) ***n.*** 1. a decree, राजादेश, राजाज्ञा। 2. a proclamation, घोषणा।

**edification** (ऍड्-इ-फ़ि-के´-शॅन्) ***n.*** 1. moral or spiritual improvement, नैतिक अथवा आध्यात्मिक सुधार। 2. self-improvement, आत्मसुधार।

**edifice** (ऍड्´-इ-फ़िस्) ***n.*** an imposing building, भव्य भवन।

**edify** (ऍड्´-इ-फ़ाइ) ***v.*** (edified, edifying) 1. to improve spiritually, सुधार करना। 2. to teach good thoughts, शिक्षा देना, सन्मार्ग पर लाना।

**edit** (ऍड्´-इट्) ***v.*** to correct and prepare for printing or publication, संपादित करना।

**edited** (ऍड्´-इ-टिड्) ***adj.*** corrected and prepared for printing, संपादित।

**edition** (इ-डिश्´-अॅन्) ***n.*** the entire number of copies of a book, newspaper etc., printed at one time, संस्करण।

**editor** (ऍड्´-इ-टॅ:) ***n.*** a person who edits a newspaper, magazine, etc., संपादक।

**editorial** (ऍड्-इ-टोर्´-इ-अॅल्) ***n.*** an article written by the editor, संपादकीय, अग्रलेख।

**editorialize** (ऍड्-इ-टोर्´-इ-अॅ-लाइज़्) ***v.*** to express an opinion in the form of an editorial, संपादकीय लिखना।

**editorship** (ऍड्´-इ-टॅ:-शिप्) ***n.*** the status of an editor, संपादकत्व।

**educate** (ऍज्-उ-केट्´) ***v.*** 1. to impart knowledge and develop skills, शिक्षा देना, शिक्षित करना। 2. to develop the mental or moral growth of, योग्य बनाना।

**educated** (ऍज्-उ-के´-टिड्) ***adj.*** having received education, शिक्षित, पढ़ा-लिखा।

**education** (ऍज्-उ-के´-शॅन्) ***n.*** 1. the act or process of imparting knowledge and developing skill, शिक्षा, शिक्षण। 2. the knowledge or skill obtained, शिक्षा।

**educational** (ऍज्-उ-के´-शॅ-नॅल्) ***adj.*** of or pertaining to education, शैक्षिक।

**educationist** (ऍज्-उ-के´-शॅ-निस्ट्) ***n.*** a person expert in the science of education, शिक्षाशास्त्री।

**educative** (ऍज्-उ-के´-टिव्) ***adj.*** instructive, शिक्षाप्रद, ज्ञानप्रद।

**educator** (ऍज्-उॅ-के´-टॅ:) ***n.*** a teacher, शिक्षक।

**educe** (इ-ड्यूस्´) ***v.*** (educed, educing) 1. to bring out, उत्पन्न करना, विकसित करना। 2. to infer, निष्कर्ष निकालना।

**eel** (ईल्) ***n.*** a snakelike freshwater fish, सर्पमीन, ईल मछली।

**eerie** (ईर्´-ई) ***adj.*** (eerier, eeriest) 1. causing fear, डरावना, भयानक, भयोत्पादक। 2. mysterious, रहस्यमय।

**eerily** (ईर्´-इ-ली) ***adv.*** hesitatingly, डर के मारे, डरते-डरते, सकुचाते हुए।

**efface** (इ-फ़ेस्´) ***v.*** to rub out, रगड़कर मिटा देना, रगड़ देना, नष्ट कर देना, मिटा देना।

**ffacement** (इ-फ़ेस्´-मॅन्ट्) ***n.*** the act of effacing or the state of being effaced, मिटाव, विनाश, विलोपन।

**ffect** (इ´-फ़ैक्ट्) ***n.*** 1. a result, परिणाम, फल, नतीजा। 2. influence, प्रभाव, असर, छाप। ☐ **come into effect,** चालू होना, लागू होना। **give effect to,** कार्यान्वित करना; **in effect,** वास्तव में। ***v.*** to accomplish, निष्पन्न करना, पूरा करना।

**ffective** (इ-फ़ैक्´-टिव्) ***adj.*** 1. powerful in its effect, प्रभावशाली, प्रभावपूर्ण, उपयोगी। 2. operative, लागू, जारी, प्रभावी।

**ffectively** (इ-फ़ैक्´-टिव्-ली) ***adv.*** in an effective manner, प्रभावपूर्ण ढंग से।

**ffects** (इ-फ़ैक्ट्स्´) ***n.*** (plu.) belongings, possession, माल-मत्ता, संपत्ति, जायदाद।

**ffectual** (इ-फ़ैक्´-चु-अॅल्) ***adj.*** producing a desired effect, प्रभावोत्पादक, प्रभावी।

**ffectually** (इ-फ़ैक्´-चु-अॅ-ली) ***adv.*** successfully, सफलतापूर्वक।

**feminacy** (इ-फ़ॅम्´-इॅ-नॅ-सी) ***n.*** the state or quality of being effeminate, जनानापन।

**feminate** (इ-फ़ॅम्´-इॅ-निट्) ***adj.*** 1. (a person) having womanly characteristics, unmanly, स्त्रैण, जनाना। 2. timid, भीरु, डरपोक।

**ferent** (ऍफ़्-अॅर्-अॅन्ट्) ***adj.*** conducting outward from an organ, बहिर्वाही।

**fervesce** (ऍफ़्-अॅ:-वॅस्´) ***v.*** 1. to give off bubbles, बुलबुले छोड़ना। 2. to be gay and excited, हर्षोन्मत्त होना।

**fervescence** (ऍफ़्-अॅ:-वॅस्´-अॅन्स्) ***n.*** the act of effervescing or the state of being effervesced, बुदबुदाहट; हर्षोल्लास।

**fete** (इ-फ़ीट्´) ***adj.*** 1. exhausted, worn-out, थका हुआ, जीर्ण-शीर्ण। 2. weak, दुर्बल।

**icacious** (ऍफ़्-इॅ-के´-शॅस्) ***adj.*** 1. effective, प्रभावोत्पादक। 2. producing desired result, अमोघ, अचूक।

**icacy** (ऍफ़्-इॅ-के´-सी) ***n.*** the state of being efficacious, प्रभावकारिता, प्रभावोत्पादकता।

**iciency** (इ-फ़िश्´-इ-अॅन्-सी) ***n.*** the quality or state of being efficient, दक्षता।

**efficient** (इ-फ़िश्´-अॅन्ट्) ***adj.*** competent, capable, दक्ष, दक्षतापूर्ण।

**effigy** (ऍफ़्´-इ-जी) ***n.*** a crude figure of a (hated or despised) person, पुतला।

**effloresce** (ऍफ़्´-लॅ-रॅस्´) ***v.*** to flower, to bloom, फूल खिलना, फूलना।

**efflorescence** (ऍफ़्-लॅ-रॅस्´-सॅन्स्) ***n.*** 1. the act of efflorescing, फूल खिलने या फूलने-फलने की क्रिया या भाव। 2. the period of flowering, फूल खिलने का समय, पुष्पकाल।

**efflorescent** (ऍफ़्-लॅ-रॅस्´-अॅन्स्) ***adj.*** bloomed, खिला हुआ, पुष्पित।

**effluent** (ऍफ़्´-लु-अॅन्ट्) ***adj.*** flowing out, बाहर बहता हुआ। ***n.*** 1. the liquid waste that flows out from a factory, फ़ैक्टरी से बाहर निकलनेवाला गंदा पानी। 2. a stream flowing out of a lake, झील से निकलनेवाली जलधारा।

**effort** (ऍफ़्´-अॅ:ट्) ***n.*** an attempt, चेष्टा, प्रयत्न।

**effortless** (ऍफ़्´-अॅ:ट्-लिस्) ***adj.*** needing no effort, बिना यत्न के होनेवाला, सहज, आसान।

**effortlessly** (ऍफ़्´-अॅ:ट्-लिस्-ली) ***adv.*** without making any effort, अनायास, बिना प्रयास।

**effrontery** (इ-फ्रन्´-टॅ-री) ***n.*** shamelessness, boldness, निर्लज्जता, ढिठाई।

**effulgence** (इ-फ़ल्´-जॅन्स्) ***n.*** brightness, lustre, चमक, दीप्ति।

**effulgent** (इ-फ़ल्´-जॅन्ट्) ***adv.*** shining brilliantly, चमकता हुआ, दीप्त, चमकदार।

**effusion** (इ-फ़्यू´-ज़ॅन्) ***n.*** 1. a pouring forth, स्राव, बहाव, प्रवाह। 2. an unrestrained pouring, उद्‌गार, भड़ास।

**e.g.** (abbreviation of exempli gratia) ***adv.*** for example, उदाहरणार्थ, उदाहरण के लिए।

**egalitarian** (इ-गैल्-इ-टेंअॅर्´-इ-अॅन्) ***adj. & n.*** holding the principle of equal rights for all, समानतावादी, समतावादी।

**egalitarianism** (इ-गैल्-इ-टेंअॅर्´-इ-अॅन्-इज़्-अॅम्) ***n.*** the principle of advocating equality for all, समानतावाद, समतावाद।

E

**egg** (ऍग्) *n.* 1. the oval or round reproductive body by the females of domestic fowls, birds, reptiles, insects etc., अंडा। 2. its contents, अंडे के अंदर का तत्त्व। 3. an ovum, डिंब। □ **bad egg,** (i) बेईमान व्यक्ति, (ii) बेकार आदमी; **put all one's eggs in one basket,** अपना सब कुछ एक ही दाँव पर लगा देना।

**eggbeater** (ऍग्´-बी-टं:) *n.* a utensil for beating eggs, अंडे फेंटने का उपकरण।

**egghead** (ऍग्´-हेंड्) *n.* an intellectual, बुद्धिजीवी, बुद्धिमान व्यक्ति, विद्वान व्यक्ति।

**eggnog** (ऍग्-नॉग्´) *n.* a drink consisting of eggs, sugar and liquor, अंडा मिली शराब।

E

**eggplant** (ऍग्´-प्लान्ट्/प्लैन्ट्) *n.* 1. a plant with deep-purple egg-shaped fruit used as a vegetable, बैंगन का पौधा। 2. the fruit of this plant, बैंगन।

**egg-shaped** (ऍग्´-शेप्ड्) *adj.* having the shape of an egg, अंडाकार।

**egg-shell** (ऍग्´-शॅल्) *n.* outer covering of an egg, अंडे का आवरण, अंडे का खोल।

**egis** (ई´-जिस्) *n.* = aegis.

**ego** (ई´-गो, ऍग्´-ओ) *n.* 1. the self-esteem bordering on conceit, अहं। 2. one's concept of oneself, अपने संबंध में बनाई हुई धारणा, स्वाभिमान।

**egocentric** (ई-गो-सेंन्´-ट्रिक्, ऍग्-ओ-सेंन्´-ट्रिक्) self-centered, स्वार्थी, अहंकेंद्रित।

**egoism** (ई´-गो-इज़्-इॅम्, ऍग्´-ओ-इज़्-इॅम्) concern for one's own welfare and interests, स्वार्थपरता।

**egoist** (ई´-गो-इस्ट्, ऍग्´-ओ-इस्ट्) *n.* one who shows egoism, one who is interested solely in one's own welfare, स्वार्थी।

**egotic** (ई´-गो-टिक्) *adj.* full of ego, अहंमन्य।

**egotism** (ई´-गॅ-टिज़्-ॲम्, ऍग्´-ॲ-टिज़्-ॲम्) an inflated sense of one's own importance, अहं भाव।

**egotist** (ई´-गॅ-टिस्ट्, ऍग्´-ॲ-टिस्ट्) *n.* one who shows egotism, अहंकारी।

**egotistic** (ई´-गॅ-टिस्-टिक्) *adj.* full of ego, अहंकारपूर्ण।

**ego trip** *n.* an act that satisfies one's ego ऐसा कार्य जिससे अहं की तुष्टि हो।

**egregious** (इ-ग्री´-जॅस्) *adj.* conspicuousl bad, बहुत बुरा, ख़राब या भयानक या हानिकर

**egress** (ई´-ग्रेॅस्) *n.* 1. the act of going out बाहर जाना, निर्गमन, रवानगी। 2. a path o means of going out, बाहर निकलने का द्वा या मार्ग, निर्गम-द्वार। 3. the act of comin out, आविर्भाव।

**egression** (ई-ग्रेॅश्´-ॲन्) *n.* = egress.

**egret** (ई´-ग्रिट्) *n.* a kind of heron, एक प्रक का बगुला।

**Egyptian** (इ-जिप्´-शॅन्) *adj.* of or pertair ing to Egypt, मिस्र देश-संबंधी। *n.* 1. an ir habitant of Egypt, मिस्रवासी। 2. the lar guage of Egypt, मिस्र देश की भाषा।

**eh** (ए) *interj.* an exclamation of surpris confirmation or inquiry, ओह! (विस्मया बोधक)

**eider** (आइ´-डॅ:) *n.* a large duck, एक तर की बड़ी बत्तख।

**eider down** (आइ´-डॅ:-डॉउन्) *n.* the dow (feathers) of the eider, बत्तख के पर (जि गद्दे आदि में भरा जाता है)।

**eight** (एट्) *adj. & n.* a cardinal numb equal to one more than seven, आठ।

**eighteen** (ए-टीन्´) *adj. & n.* one mo than seventeen, अठारह।

**eighteenth** (ए-टीन्थ्´) *adj.* next after se enteenth, अठारहवाँ।

**eightfold** (एट्´-फ़ोल्ड्) *adj.* 1. having eig folds, अटपहला। 2. by eight times much, आठगुना।

**eighth** (एथ्) *adj.* next after seventh, आठव

**eighties** (ए´-टीज़्) *n.* the years from 80 89, अस्सी से नवासी वर्षों के बीच का काल

**eightieth** (ए´-टि-इथ्) *adj.* coming aft 79th, अस्सीवाँ।

**eighty** (ए´-टी) *adj. & n.* a cardinal nu ber equal to 8 × 10, अस्सी।

**either** (आइ´-दॅ:, ई´-दॅ:) *pron.* one or t other, दोनो में से कोई एक, यह या वह। *a* 1. one or the other of two, दो में से क

2. both one and the other, each, हर एक, दोनो; at either end of the table, मेज के दोनो तरफ़। *conj.* as one alternative या; either... or... या तो... या...। *adv.* also, ही।

**either-or** (आई/ई´-दॅ:-ऑ:) *adj.* alternative, दोनो में से एक।

**ejaculate** (इ-जेक्´-यु-लेट्) *v.* 1. to utter abruptly, सहसा बोल उठना। 2. to eject fluid from the body, शरीर से तरल पदार्थ निकालना या गिराना, निस्सारित करना।

**ejaculation** (इ-जेंक्-यु-ले´-शॅन्) *n.* the act of ejaculating or the state of being ejaculated, शरीर से बाहर निकालने/फेंकने की क्रिया अथवा इस प्रकार फेंकी हुई वस्तु, निस्सारण।

**eject** (इ-जेंक्ट्´) *v.* (ejected, ejecting) 1. to throw out with force, बाहर फेंक देना। 2. to expel, निकाल बाहर करना।

**ejection** (इ-जेंक्´-शॅन्) *n.* 1. the act of ejecting, बाहर फेंकना, निस्सारण। 2. an act of expelling, निष्कासन।

**ejector seat** *n.* a seat which throws out the driver or pilot from his seat, फेंकने-वाली कुर्सी।

**eke** (ईक्) *v.* (eked, eking) to increase or prolong, बढ़ाना, खींच ले चलना। ☐ **eke out a living,** to make a living laboriously, बड़ी मुश्किल से गृहस्थी चलाना।

**elaborate**[1] (इ-लैब्´-अॅ-रिट्) *adj.* 1. marked by detail, detailed, विस्तृत, लंबा-चौड़ा। 2. complicated, complex, जटिल।

**elaborate**[2] (इ-लैब्´-अॅ-रेट्) *v.* 1. to add more detail to, विस्तार देना, विस्तृत बनाना। 2. to expand, विस्तार से प्रतिपादित करना।

**elaboration** (इ-लैब्-अॅ-रे´-शॅन्) *n.* 1. the act of elaborating, विस्तृतीकरण। 2. something elaborated, विस्तार, विस्तारित रूप।

**elan** (ए´-लान्) *n.* 1. vivacity, ज़िंदादिली। 2. enthusiasm, उत्साह। 3. eagerness, उत्सुकता।

**eland** (ई´-लॅन्ड्) *n.* an African antelope, अफ्रीका की एक जाति का मृग।

**elapse** (इ-लैप्स्´) *v.* to pass (as time, समय का) गुज़र जाना, बीत जाना।

**elastic** (इ-लैस्´-टिक्) *adj.* flexible, लचीला, तन्य। *n.* an elastic tape, इलास्टिक टेप।

**elasticity** (इ-लैस्-टिस्´-इ-टी) *n.* the quality or state of being elastic, लचीलापन, तन्यता।

**elate** (इ-लेट्´) *v.* to fill with joy, ख़ुशी से भर उठना या भर देना।

**elation** (इ-ले´-शॅन्) *n.* the act of elating or the state of being elated, उल्लास, ख़ुशी।

**elbow** (ॲल्´-बो) *n.* 1. the joint between the forearm and upper arm, कोहनी। 2. the part of the sleeve which covers this joint, कमीज़, कोट आदि की कोहनी। 3. elbow-shaped joint of a pipe, एलबो, कोहनीनुमा जोड़। ☐ **at one's elbow,** अत्यंत निकट, बहुत पास में; **lift one's elbow,** ख़ूब शराब पीना; **out at elbows,** फटेहाल। *v.* 1. to push with the elbow, कोहनी मारकर हटा देना। 2. to thrust with one's elbow, कोहनियाँ मारते हुए आगे बढ़ना।

**elder** (ॲल्´-डॅ:) *adj.* comparative form of old, अपेक्षाकृत बड़ा, ज्येष्ठ। *n.* 1. an older person of a family, community etc., बुज़ुर्ग, बड़ा बूढ़ा, वरिष्ठ व्यक्ति। 2. an officer of a church, चर्च का एक अधिकारी। ☐ **one's elders,** परिवार या घर के बड़े बूढ़े लोग।

**elderly** (ॲल्´-डॅ:-ली) *adj.* 1. having past middle age, अधेड़, प्रौढ़। 2. having the characteristics of the old age, सयाना।

**eldest** (ॲल्´-डिस्ट्) *adj.* first-born, ज्येष्ठ।

**El Dorado** (ॲल्-डॅ-रा´-डो) *n.* an imaginary city of great riches, स्वर्ण नगरी।

**elect** (इ-लॅक्ट्´) *v.* 1. to choose, चुनना, पसंद करना। 2. to select by vote as for office or membership, चुनना, निर्वाचित करना। *adj.* elected to an office but not yet installed, निर्वाचित परंतु जिसने अभी पदग्रहण न किया हो।

**election** (इ-लॅक्´-शॅन्) *n.* the act or process of electing, निर्वाचन, चुनाव।

**electioneer** (इ-लॅक्-शॅ-निअॅ:´) *v.* to work actively for a candidate or political party in an election, चुनाव में प्रत्याशी या

E

राजनीतिक दल के लिए प्रचार-प्रसार में सक्रिय सहयोग देना।

**electioneering** (इ-लेंक्-शॅ-निअॅर्´-इंग्) *n.* the work done for a candidate or political party in an election, चुनाव-अभियान।

**elective** (इ-लेंक्´-टिव्) *adj.* 1. selected by vote, मतों द्वारा चुना जानेवाला, जिसके लिए चुनाव हो, चुनावी, निर्वाच्य। 2. having the power to elect, जिसे चुनने का अधिकार हो। 3. optional, वैकल्पिक, ऐच्छिक।

**elector** (इ-लेंक्´-ट:) *n.* a person having right to vote, मतदाता, निर्वाचक।

**electoral** (इ-लेंक्´-टॅ-रॅल्) *adj.* 1. of or related to an election, निर्वाचन या चुनाव-संबंधी; electoral right, निर्वाचन-मताधिकार। 2. of or related to the electors, निर्वाचक या मतदाता-संबंधी; electoral roll, निर्वाचक नामावली।

**electorate** (इ-लेंक्´-टॅ-रिट्) *n.* all the people living in the country who have the voting rights, समस्त मतदाता, कुल मतदाता, निर्वाचक-मंडल, निर्वाचकगण।

**electric** (इ-लेंक्´-ट्रिक्) *adj.* 1. produced, powered or operated by electricity, बिजली का, विद्युत्-संबंधी; electric machine, बिजली से चलनेवाली मशीन; electric shock, बिजली से लगनेवाला धक्का, बिजली का धक्का। 2. causing sudden excitement, उत्तेजनापूर्ण।

**electrical** (इ-लेंक्´-ट्रि-कॅल्) *adj.* 1. electric, विद्युत्-संबंधी। 2. very exciting, उत्तेजनापूर्ण।

**electric chair** *n.* a chair in which criminals are executed by electrocution, बिजली (से प्राणदंड देने) की कुर्सी।

**electrician** (इ-लेंक्-ट्रिश्´-अॅन्) *n.* one who installs, maintains or repairs the electrical devices, बिजली मिस्त्री।

**electricity** (इ-लेंक्-ट्रिस्´-इ-टी) *n.* electric current, बिजली, विद्युत्।

**electrification** (इ-लेंक्-ट्रि-फ़ि-के´-शॅन्) *n.* the act of electrifying, विद्युतीकरण।

**electrify** (इ-लेंक्´-ट्रि-फ़ाइ) *v.* 1. to charge with electricity, विद्युत्चालित करना। 2. to equip for the use of electric power, विद्युतीकरण करना, बिजली लगाना। 3. to startle or shock, चौंका देना।

**electrocute** (इ-लेंक्´-ट्रॅ-क्यूट्) *v.* to kill with electricity, बिज़ली से मरना।

**electrocution** (इ-लेंक्-ट्रॅ-क्यू´-शॅन्) *n.* 1. the act of executing by electricity, बिजली द्वारा प्राणदंड (देना)। 2. electric shock, बिजली का आघात।

**electrode** (इ-लेंक्´-ट्रोड्) *n.* a solid electric conductor through which an electric current enters or leaves a medium, इलेक्ट्रॉड।

**electrolysis** (इ-लेंक्-ट्रॉल्´-इ-सिस्) *n.* 1. the separation of a liquid into its chemical parts by passing electricity through it, विद्युत्-अपघटन। 2. destruction of living tissues by an electric current, विद्युत्-अपघटन।

**electrolyte** (इ-लेंक्´-ट्र-लाइट्) *n.* a solution which can be separated into its chemical parts by passing electricity through it, इलेक्ट्रोलाइट।

**electron** (इ-लेंक्´-ट्रॉन्) *n.* a particle of an atom with a negative electric charge, इलेक्ट्रान।

**electronic** (इ-लेंक्-ट्रॉन्´-इक्) *adj.* of or pertaining to electrons, इलेक्ट्रानिक, इलेक्ट्रानीय

**electronics** (इ-लेंक्-ट्रॉन्´-इक्स्) *n.* (usu. singular) the science and technology of electronic devices and systems, इलेक्ट्रानिक्स।

**electroplate** (इ-लेंक्´-ट्रॅ-प्लेट्) *v.* (electroplated, electroplating) to coat with a thin surface of metal by electricity, बिजली से मुलम्मा करना, कलई करना।

**elegance** (अॅल्´-इ-गॅन्स्) *n.* 1. refinement and grace, चारुता, लालित्य, रमणीयता, भव्यता 2. tasteful opulence in form, decoration or presentation, रमणीकता, सौष्ठव, सुरुचि

**elegant** (अॅल्´-इ-गॅन्ट्) *adj.* 1. refined and graceful, चारु, ललित, रमणीय, भव्य 2. tasteful in dress, style or manners

रमणीक, सुरुचिपूर्ण, सुसुष्ठु।

**elegy** (ऍल्´-अ-जी) ***n.*** a mournful poem or song, शोकगीत, मर्सिया।

**element** (ऍल्´-इ-मॅन्ट्) ***n.*** 1. any of the 105 known substances of which other things are made up, तत्त्व। 2. a fundamental or essential part of a whole, घटक, अवयव। 3. the heating part of a piece of electrical apparatus, एलिमेंट। 4. (plu.) a group, वर्ग, तत्त्व; The lawless elements in the society, समाज के अराजक तत्त्व। 5. (plu.) the basic principles, मूल सिद्धांत; elements of chemistry, रसायन विज्ञान के मूल सिद्धांत। □ **in one's elements,** अनुकूल परिस्थिति में; **out of one's element,** प्रतिकूल परिस्थिति में।

**elemental** (ऍल्´-इ-मॅन्´-टॅल्) ***adj.*** basic, मूलभूत।

**elementary** (ऍल्-इ-मॅन्´-टॅ-री) ***adj.*** 1. introductory, प्राथमिक, प्रारंभिक; elementary school, प्राथमिक विद्यालय। 2. easy to do or answer, simple, सरल, सुगम। 3. fundamental, मूलभूत, मौलिक, बुनियादी।

**elephant** (ऍल्´-इ-फ़ॅन्ट्) ***n.*** a large animal with a trunk, हाथी।

**elephantiasis** (ऍल्-इॅ-फ़ॅन्-टाइ´-अॅ-सिस्) ***n.*** a disease which causes extreme enlargement of the part of a body usually the legs, फ़ीलपाँव, हाथीपाँव।

**elephantine** (ऍल्-इ-फ़ैन्´-टाइन्/टिन्) ***adj.*** 1. of or like elephants, हाथी का, हाथी-जैसा। 2. huge and clumsy, थुलथुल, भारी-भरकम। 3. awkward, भद्दा, भोंडा, बेडौल।

**elevate** (ऍल्´-इ-वेट्) ***v.*** 1. to raise or lift up, ऊपर उठाना, ऊँचा उठाना। 2. to make higher in level or rank, स्तर ऊँचा करना, ऊँचा उठाना। 3. to elate, उत्साहित करना।

**elevation** (ऍल्´-इ-वे´-शॅन्) ***n.*** 1. the act of elevating or the state of being elevated, उत्थान, उन्नयन। 2. the altitude of a place, the height above sea-level, उत्सेध। 3. a piece of rising ground, ऊँची जगह, टीला, पहाड़ी। 4. an elevated position, उत्कर्ष, पदोन्नति। 5. a drawing of a flat upright side of a building, भवन के सामनेवाले भाग का आरेख, खड़ा नक़्शा।

**elevator** (ऍल्´-इ-वे-टॅ:) ***n.*** a machine or apparatus for transporting people or goods from one floor of a building to another, एलिवेटर, लिफ़्ट।

**eleven** (इ-लॅव्´-इन्) ***adj. & n.*** 1. one more than ten, ग्यारह। 2. a team consisting of eleven players, एकादश।

**eleventh** (इ-लॅव्´-इन्थ्) ***adj. & n.*** next after tenth, ग्यारहवाँ। □ **at the eleventh hour,** at the last moment, अंतिम क्षण में।

**elf** (ऍल्फ़्) ***n.*** 1. a small fairy, छोटी-सी परी। 2. a mischievous boy, शैतान बच्चा।

**elfin** (ऍल्फ़्´-इन्) ***adj.*** = elfish. ***n.*** a dwarf, बौना।

**elfish** (ऍल्फ़्´-फ़िश्) ***adj.*** 1. of or pertaining to the elfs, परियों का, परियों-जैसा। 2. mischievous, शरारती, नटखट, शैतान।

**elicit** (इ-लिस्´-इट्) ***v.*** to search out, ढूँढ़ निकालना, खोज निकालना।

**elide** (इ-लाइड्´) ***v.*** to omit a sound or syllable in pronouncing a word, शब्द का उच्चारण करते समय कोई वर्ण या अक्षर छोड़ देना, वर्ण या अक्षर का लोप करना।

**eligibility** (ऍल्-इ-जि-बिल्´-इ-टी) ***n.*** the state or quality of being eligible, पात्रता।

**eligible** (ऍल्´-इ-जि-बॅल्) ***adj.*** 1. fit or qualify to be chosen, पात्र, अधिकारी। 2. regarded as suitable or desirable, उपयुक्त।

**eliminate** (इ-लिम्´-इ-नेट्) ***v.*** 1. to leave out, remove or exclude, हटा देना, दूर करना, निरस्त कर देना। 2. to kill, मार डालना, समाप्त कर देना।

**elimination** (इ-लिम्-इ-ने´-शॅन्) ***n.*** the act of eliminating or the state of being eliminated, निरसन, बहिष्कार, समाप्ति।

**elision** (इ-ली´-ज़्हॅन्) ***n.*** the act of eliding or the state of being elided, वर्ण लोप, अक्षर लोप।

**elite** (इ-लीट´/ ए-लीट्´) ***n.*** the superior, rich or more powerful members of a social group, अभिजात वर्ग।

**elixir** (इ-लिक्´-सिर्) *n.* 1. an imaginary liquid which can change other metals into gold, धातुओं को सोने में बदल देनेवाला कल्पित रसायन, पारस मणि। 2. a medicine believed to cure all ills, panacea, रामबाण ओषधि। ☐ **elixir of life,** अमृत।

**Elizabethan** (इ-लिज़्-अॅ-बी´-थॅन्) *adj.* of the time of queen Elizabeth, इलिज़बथ (प्रथम अथवा द्वितीय) के समय का। *n.* a person of this time, इस काल का व्यक्ति।

**elk** (ऍल्क्) *n.* a type of large deer, एक तरह का बड़ा हिरन।

E

**ellipse** (इ-लिप्स्´) *n.* 1. a flat egg-shaped figure, अंडाकार आकृति, वर्तुलाकृति। 2. a large circle, दीर्घवृत्त।

**ellipsis** (इ-लिप्´-सिस्) *n.* (plu. ellipses, इ-लिप्´-सीज़्) 1. the leaving out of word from a sentence, शब्दलोप, पदलोप। 2. the mark (...) showing an intentional omission, पदलोप का सूचक चिह्न, लोप-चिह्न।

**elliptic** (इ-लिप्´-टिक्) *adj.* 1. of or pertaining to an ellipse, वर्तुलाकार, अंडाकार, दीर्घ-वृत्तीय। 2. of or pertaining to an ellipsis, पदलोप-संबंधी, पदलोपीय। 3. extinct, लुप्त।

**elliptical** (इ-लिप्´-टि-कॅल्) *adj.* = elliptic.

**elm** (ऍल्म्) *n.* a tree and its wood, एल्म वृक्ष और उसकी लकड़ी।

**elocution** (ऍल्-अॅ-क्यू´-शॅन्) *n.* the art of public speaking, भाषण-कला।

**elocutionary** (ऍल्-अॅ-क्यू´-शॅ-नॅ-री) *adj.* of or concerning elocution, भाषण-कला-संबंधी।

**elocutionist** (ऍल्-अॅ-क्यू´-शॅन्-इस्ट्) *n.* 1. a good public speaker, भाषणपटु, सुवक्ता। 2. one who teaches elocution, भाषण-कला-विशेषज्ञ।

**elongate** (इ-ला:ङ्ग्´-गेट्) *v.* 1. to make longer, बढ़ाना, लंबा करना, खींचना, फैलाना। 2. to grow longer, लंबा होना, खिंच जाना, बढ़ना।

**elongation** (इ-ला:ङ्-ग-गे´-शॅन्) *n.* the act of elongating or the state of being elongated, विस्तारण, विस्तार, फैलाव।

**elope** (इ-लोप्´) *v.* 1. to run away secretly with a lover, प्रेमी के साथ निकल भागना, सहपलायन करना। 2. to abscond, फ़रार हो जाना, भाग जाना।

**elopement** (इ-लोप्´-मॅन्ट्) *n.* the act of eloping or the state of being eloped, (स्त्री का) किसी के साथ भाग जाना, सहपलायन।

**eloquence** (ऍल्´-अॅ-क्वॅन्स्) *n.* the act of speaking fluently and powerfully, वक्तृत्व-शक्ति, वाग्मिता, भाषणपटुता।

**eloquent** (ऍल्´-अॅ-क्वॅन्ट्) *adj.* speaking fluently and powerfully, धाराप्रवाह बोलने-वाला, ज़ोरदार भाषण करनेवाला, वाग्मी।

**else** (ऍल्स्) *adj.* other, अन्य, दूसरा; someone else, कोई और। *adv.* if not, नहीं तो, अन्यथा

**elsewhere** (ऍल्स्´-ह्वेॅअॅ:) *adv.* somewhere else, at another place, कहीं और, अन्यत्र।

**elucidate** (इ-ल्यू´-सि-डेट्) *v.* to make clear, to explain and clarify, स्पष्ट करना, खोलकर समझाना।

**elucidation** (इ-ल्यू´-सि-डे´-शॅन्) *n.* the act of elucidating, स्पष्टीकरण, विशदीकरण।

**elude** (इ-ल्यूड्´) *v.* 1. to escape cleverly from, to avoid, बच निकलना, बचा या कतरा जाना। 2. to escape from the memory of, याद न आना, पकड़ में न आना, न सूझना।

**elusion** (इ-ल्यू´-ज़्हॅन्) *n.* 1. the act of eluding, बचाव, परिहार। 2. illusion, भ्रम, धोखा

**elusive** (इ-ल्यू´-सिव्) *adj.* 1. tending to elude, difficult to catch, बच निकलनेवाला, पकड़ में न आनेवाला। 2. eluding a person's memory, याद न पड़नेवाला। 3. illusory, भ्रामक, भ्रांतिजनक।

**elves** (ऍल्वज़्) *n.* plu. of elf.

**Elysium** (इ-लिज़्ह´-इ-अॅम्) *n.* 1. a paradise, स्वर्ग। 2. a place of ideal happiness, आनंदधाम।

**em** (ऍम्) *n.* a unit of space in printing, एम

**emaciate** (इ-मे´-शि-एट्) *v.* 1. to become too feeble, कमज़ोर हो जाना, सूख जाना। 2. to make feeble, कमज़ोर या अशक्त बना देना, सुखा डालना।

**emaciation** (इ-मे-शि-ए´-शॅन्) ***n.*** the state of being emaciated, क्षीणता, दुर्बलता, दुबलापन।

**emanate** (ऍम्´-अॅ-नेट्) ***v.*** to come forth from, to arise or produce from, उत्पन्न या उद्भूत होना।

**emancipate** (इ-मैन्´-सि-पेट्) ***v.*** 1. to free from bondage or slavery, मुक्त करना/कराना, छुटकारा देना/दिलाना। 2. to free from oppression or restraint, बंधनमुक्त करना या कराना, उद्धार करना।

**emancipation** (इ-मैन्-सि-पे´-शॅन्) ***n.*** the act of emancipating or the state of being emancipated, मुक्ति, मोक्ष, छुटकारा, उद्धार।

**emancipator** (इ-मैन्´-सि-पे-टॅ:) ***n.*** one who liberates someone from the slavery, उद्धारकर्ता, छुटकारा दिलानेवाला। ☐ **the Great Emancipator,** अब्राहम लिंकन।

**emasculate** (इ-मैस्´-क्यु-लेट्) ***v.*** 1. to castrate, बधिया करना। 2. to make weak, दुर्बल या कमज़ोर कर देना।

**emasculation** (इ-मैस्-क्यु-ले´-शॅन्) ***n.*** the act of emasculating, बधियाकरण; दुर्बलीकरण।

**embalm** (ऍम्´-बाम्) ***v.*** to preserve (a dead body) by using chemicals, spices etc., रसायनों या मसालों के लेप से शव को सुरक्षित रखना, शवलेपन करना।

**embank** (ऍम्-बैंक्) ***v.*** to build a wall or long mound of earth to keep a river from overflowing its banks, तटबंध बनाना।

**embankment** (ऍमॅ-बैंक्´-मॅन्ट्) ***n.*** a wall or long mound of earth which is built to keep a river from overflowing its banks, तटबंध।

**embargo** (ऍम्-बा:´-गो) ***n.*** (plu. embargoes) 1. an official order restricting some kind of economic activity, रोक, प्रतिबंध। 2. an official order forbidding ships to enter or leave a port, घाटबंदी। ***v.*** to impose an embargo, रोक या प्रतिबंध लगाना, घाटबंदी करना।

**embark** (ऍम्-बा:क्´) ***v.*** 1. to board (a ship or aircraft, जहाज़ पर) चढ़ना, लदना। 2. to cause to board (a ship, जहाज़ पर) चढ़ाना, लदवाना। ☐ **embark on,** आरंभ करना।

**embarkation** (ऍम्-बा:-के´-शॅन्) ***n.*** the act of embarking, (जहाज़ पर) चढ़ने या चढ़ाने, लदने या लदाने की क्रिया, पोतारोहण, लदाई।

**embarrass** (ऍम्-बैर्´-अॅस्) ***v.*** 1. to cause to feel ill at ease or awkward, घबरा देना, विचलित या व्याकुल कर देना। 2. to cause to feel anxious about (money), चिंतित या व्याकुल बना देना।

**embarrassment** (ऍम्-बैर्´-अॅस्-मॅन्ट्) ***n.*** the state of being embarrassed, घबराहट, व्याकुलता, उलझन, परेशानी।

**embassy** (ऍम्´-बॅ-सी) ***n.*** 1. the official headquarters of an ambassador, राजदूतावास। 2. an ambassador and his staff, राजदूत और उसके कर्मचारीगण।

**embattle** (ऍम्-बैट्´-अॅल्) ***v.*** 1. to prepare for battle, युद्ध की तैयारी करना। 2. to array for battle, व्यूहरचना / मोर्चेबंदी करना।

**embattlement** (ऍम्-बैट्´-अॅल्-मॅन्ट्) ***n.*** the act of embattling, व्यूहरचना, मोर्चाबंदी।

**embattled** (ऍम्-बैट्´-अॅल्ड्) ***adj.*** prepared for battle, युद्ध के लिए तैयार, सन्नद्ध।

**embed** (ऍम्-बेड्´) ***v.*** 1. to fix firmly in a surrounding solid mass, जड़ना। 2. to become fixed firmly in a surrounding solid mass, जड़ा जाना।

**embellish** (ऍम्-बेल्´-इश्) ***v.*** 1. to make more beautiful, to beautify or adorn, सजाना, सँवारना, सुसज्जित करना। 2. to ornament, अलंकृत करना, विभूषित करना, शृंगार करना।

**embellishment** (ऍम्-बेल्´-इश्-मॅन्ट्) ***n.*** 1. the act of embellishing or the state of being embellished, अलंकरण, सजावट, शृंगार। 2. an ornament, अलंकार, आभूषण।

**ember** (ऍम्´-बॅ:) ***n.*** a red hot piece of live coal, अंगारा, अंगार।

**ember day** ***n.*** one of the twelve days of fasting and prayer, ईसाइयों का तपस्या तथा उपवास का दिवस, व्रत का दिन।

**embezzle** (ऍम्-बेज़्´-अॅल्) ***v.*** to take and use (money or property) in violation

E

of a trust, ग़बन करना।

**embezzlement** (ऍम्-बेंज़्´-अॅल्-मॅन्ट्) ***n.*** misappropriation of money or property in violation of a trust, ग़बन।

**embezzler** (ऍम्-बेंज़्´-लॅ:) ***n.*** one who embezzles money or property, ग़बन करनेवाला।

**embitter** (ऍम्-बिट्´-अॅ:) ***v.*** to make bitter, कड़वा कर या बना देना।

**embitterment** (ऍम्-बिट्´-अॅ:-मॅन्ट्) ***n.*** bitter feelings, कड़वाहट।

**emblazon** (ऍम्-ब्ले´-ज़्हॅन्) ***v.*** (emblazoned, emblazoning) 1. to ornament with heraldic devices, अलंकरणों से युक्त करना। 2. to praise or extol, प्रशंसा या गुणगान करना।

E

**emblem** (ऍम्´-ब्लॅम्) ***n.*** 1. a symbol, प्रतीक। 2. an identifying badge, संप्रतीक, बिल्ला।

**embodiment** (ऍम् बॉड्´-इ-मॅन्ट्) ***n.*** 1. incorporation, समावेश। 2. an incarnation, अवतार, जीता-जागता नमूना, मूर्त रूप। He is an embodient of peace, वह शांति का अवतार है।

**embody** (ऍम्-बॉड्´-ई) ***v.*** 1. to give shape to, to personify, मूर्त रूप देना, साकार करना। 2. to include or incorporate in the body, सन्निविष्ट करना।

**embolden** (ऍम्-बोल्´-डॅन्) ***v.*** 1. to make bold, दिलेर बनाना। 2. to encourage, प्रोत्साहित करना।

**embolism** (ऍम्´-बॅ-लिज़्-अॅम्) ***n.*** the obstruction of a blood vessel by a clot or air bubble, धमनी-अवरोधन, शिरावरोधन।

**embosomed** (ऍम्-बॉज़्´-अॅम्ड्) ***adj.*** surrounded, घिरा हुआ, आवृत्त।

**emboss** (ऍम्-बॉस्´, ऍम्-बा:स्´) ***v.*** to print or decorate with a raised design, इम्बास करना, उभारदार अक्षर या चित्र बनाना।

**embowered** (ऍम्-बाउ´-अॅ:ड्) ***adj.*** surrounded by plants and trees, पेड़-पौधों से घिरा, वृक्षों से आवृत्त।

**embrace** (ऍम्-ब्रेस्´) ***v.*** 1. to hug, गले से लगाना। 2. to adopt or accept, अंगीकार करना, अपनाना। ***n.*** the act of embracing, आलिंगन; अंगीकरण।

**embroider** (ऍम्-ब्रॉइ´-डॅ:) ***v.*** 1. to ornament with needle work, कसीदा काढ़ना, कढ़ाई करना। 2. to exaggerate, बढ़ा-चढ़ाकर प्रस्तुत करना।

**embroidery** (ऍम्-ब्रॉइ´-डॅ-री) ***n.*** the act or process of embroidering, decorative needle work, कसीदा, कढ़ाई।

**embroil** (ऍम्-ब्रॉइल्´) ***v.*** 1. to involve in a quarrel, झगड़े में पड़ना। 2. to entangle, झगड़े में घसीटना, उलझाना। 3. to throw into disorder, अस्त-व्यस्त या तितर-बितर करना।

**embryo** (ऍम्´-ब्रि-ओ) ***n.*** (plu. embryos) 1. an organism or animal in its earliest stages of development esp. before birth or hatching, भ्रूण। 2. an undeveloped stage, अविकसित या अपरिपक्व अवस्था। □ **in embryo,** कच्चा, अपक्व।

**embryology** (ऍम्-ब्रि-ऑल्´-अॅ-जी) ***n.*** the science dealing with the development of embroys, भ्रूणविज्ञान।

**emend** (इ-मॅन्ड्´) ***v.*** to correct by removing errors, दुरुस्त करना, संशोधन करना।

**emendable** (इ-मॅन्ड्´-अॅ-बॅल्) ***adj.*** that can be emended, संशोधनीय, संशोध्य, सुधार्य।

**emerald** (ऍम्´-अॅ-रॅल्ड्) ***n.*** 1. a green transparent precious stone, मरकत, पन्ना। 2. its colour, हरा रंग। ***adj.*** bright green, चमकीला हरा। □ **the Emerald Isle,** आयरलैंड।

**emerge** (इ-मर्ज्´) ***v.*** to come up or appear, प्रकट होना, निकल आना। 2. to be revealed, to become obvious, प्रकाश में आना।

**emergence** (इ-म:´-जॅन्स्) ***n.*** the act or process of emerging, आविर्भाव, प्रकटीकरण।

**emergency** (इ-म:´-जॅन्-सी) ***n.*** an unexpected condition or dangerous happening needing prompt action, आपात-स्थिति, आपातकाल।

**emergency case** ***n.*** a patient requiring urgent treatment, आपात रोगी।

**emergent** (इ-म:´-जॅन्ट्) ***adj.*** 1. coming into existence, अस्तित्व ग्रहण करनेवाला। 2. of emergency, आपातिक।

**emeritus** (इ-मेंर्‌ ´-इ-टॅस्) ***adj.*** retired but retaining an honorary title, सेवानिवृत्त परंतु उपाधि-विभूषित, सम्माननीय।

**emery** (ऍम्‌ ´-ऑ-री) ***n.*** the powdered form of a very hard metal, पालिश के काम आनेवाला धातु चूर्ण, भस्सी; emery paper, एमरी काग़ज़, रेगमाल।

**emetic** (इ-मेंट्‌ ´-इक्) ***adj.*** causing vomiting, वमनकारी। ***n.*** वमनकारी औषधि।

**emigrant** (ऍम्‌ ´-इ-ग्रॅन्ट्) ***n.*** a person who emigrates, दूसरे देश में जा बसनेवाला।

**emigrate** (ऍम्‌ ´-इ-ग्रेट्) ***v.*** to leave one's country and go to settle in another, परदेश गमन करना।

**emigration** (ऍम्-इ-ग्रे ´-शॅन्) ***n.*** the act of emigrating or the state of being emigrated, उत्प्रवास, परदेश-गमन।

**emigre** (ऍम्‌ ´-इ-ग्रे) ***n.*** a person who emigrates for political reasons, जिसे देश छोड़कर विदेश जाने के लिए मजबूर किया गया हो, उत्प्रवासी।

**eminence** (ऍम्‌ ´-इ-नॅन्स्) ***n.*** the state of being distinguished and outstanding, उत्कृष्टता, श्रेष्ठता, प्रतिष्ठा, ख्याति।

**eminent** (ऍम्‌ ´-इ-नॅन्ट्) ***adj.*** 1. distinguished and outstanding, उत्कृष्ट, अग्रगण्य, श्रेष्ठ। 2. famous and admired, ख्यातिलब्ध, सम्मानित। 3. notable, उल्लेखनीय, विशिष्ट।

**emir** (ऍ-मी: ´) ***n.*** a muslim prince, chieftain or ruler, अमीर।

**emirate** (ऍम्‌ ´-इ-रिट्) ***n.*** the territory of an emir, अमीर की रियासत या राज्य।

**emissary** (ऍम्‌ ´-इ-सॅर्-ई) ***n.*** (plu. emissaries) ***n.*** 1. a messenger, दूत। 2. a messenger representing the head of a government, शासनाध्यक्ष का दूत।

**emission** (इ-मिश्‌ ´-ऑन्) ***n.*** 1. the act of emitting, उत्सर्जन, फेंकाव, निस्सारण। 2. something emitted, निस्सृत पदार्थ।

**emissive** (इ-मिस्‌ ´-इव्) ***adj.*** causing emission, उत्सर्जक, फेंकनेवाला।

**emit** (इ-मिट्‌ ´) ***v.*** (emitted, emitting) 1. to send out or discharge, बाहर फेंकना, उत्सर्जन करना, निकालना। 2. to utter, मुँह से निकालना, कहना या बोलना। 3. to issue, जारी करना।

**emolument** (इ-मॉल्‌ ´-यॅ-मॅन्ट्) ***n.*** 1. a salary, वेतन। 2. (plu.) the profit arising from an office, परिलब्धियाँ।

**emote** (इ-मोट्‌ ´) ***v.*** (emoted, emoting) to express emotion, भावना में बह जाना, भावाभिभूत होकर कहना, भावावेश में कहना।

**emotion** (इ-मो ´-शॅन्) ***n.*** 1. a strong mental feeling as of joy, sorrow, hate or fear, भावावेश, भावावेग। 2. sentiment, भाव, मनोभाव, भावना। 3. excitement, उत्तेजना।

**emotional** (इ-मो ´-शॅ-नॅल्) ***adj.*** characterized by strong emotion, भावुकतापूर्ण, भावनामय।

**emotionally** (इ-मो ´-शॅ-नॅ-ली) ***adv.*** in an emotional manner, भावुकतापूर्वक।

**emotive** (इ-मो ´-टिव्) ***adj.*** which causes strong feeling, भावोत्तेजक, जोशीला।

**empanel** (ऍम्-पॅन्‌ ´-अॅल् / इम्-पैन्‌ ´-अॅल्) ***v.*** 1. to add someone's name in the list, सूची में नाम लिखना/चढ़ाना। 2. to select from such a list, सूची में से चयन करना, पैनल बनाना।

**empathy** (ऍम ´-पॅ-थी) ***n.*** identification with another's feelings, परानुभूति, तदनुभूति।

**emperor** (ऍम्‌ ´-पॅ-रॅ:) ***n.*** one who rules over an empire, सम्राट, शहंशाह।

**emperorship** (ऍम्-पॅ-रॅ:-शिप्) ***n.*** the status or office of the emperor, सम्राट का पद।

**emphasis** (ऍम्‌ ´-फ़ॅ-सिस्) ***n.*** (plu. emphases, ऍम्‌ ´-फ़ॅ-सीज़्) 1. special significance or importance given to something, विशेष रूप से दिया जानेवाला महत्त्व। 2. stress or force, बल, ज़ोर; ☐ **lay emphasis on,** पर बल देना, को महत्त्व देना। 3. accent, बलाघात।

**emphasize** (ऍम्‌ ´-फ़ॅ-साइज़्) ***v.*** 1. to give importance to, महत्त्व देना। 2. to stress, ज़ोर देना, बल देना।

**emphatic** (ऍम्-फ़ैट्‌ ´-इक्) ***adj.*** 1. expressed or performed with emphasis, ज़ोरदार,

E

सशक्त। 2. perfectly, certain and noticeable, सुनिश्चित, सुस्पष्ट।

**emphatically** (ऄॅम्-फ़ैट्´-इ-कॅ-ली) ***adv.*** 1. in an emphatic manner, ज़ोरदार ढंग से। 2. most certainly, निश्चित रूप से।

**empire** (ऄॅम्´-पाइ:) ***n.*** 1. a group of countries ruled by an emperor or a single authority, साम्राज्य, सल्तनत। 2. a large commercial organization controlled by a single man or group, साम्राज्य, सल्तनत।

**empire-builder** ***n.*** a person who seeks to increase his jurisdiction, विस्तारवादी व्यक्ति।

E

**empiric** (ऄॅम्-पिर्´-इक्) ***adj.*** = empirical.

**empirical** (ऄॅम्-पिर्´-इ-कॅल्) ***adj.*** 1. based on observation, अनुभवजन्य। 2. based on experiment, प्रयोगजन्य। 3. relaying on practical experience rather than theory, अनुभवसिद्ध, प्रयोगसिद्ध।

**empiricism** (ऄॅम्-पिर्´-इ-सिज़्-ऄॅम्) ***n.*** the doctrine that all knowledge is obtainable by experience only, अनुभववाद।

**emplane** (ऄॅम्-प्लेन्´) ***v.*** (emplaned, emplaning) = enplane.

**employ** (ऄॅम्-प्लॉइ´) ***v.*** 1. to engage, appoint or give work to, काम पर लगाना, नियोजित करना। 2. to use, उपयोग करना, काम में लाना या लगाना। 3. to spend, बिताना, व्यय करना।

**employable** (ऄॅम्-प्लॉइ´-ऄॅ-बॅल्) ***adj.*** that can be employed, able to be employed, काम/नौकरी पर रखने योग्य, नियोजनीय।

**employee** (ऄॅम्-प्लॉइ´-ई) ***n.*** a person who is employed by another, कर्मचारी, कर्मी।

**employer** (ऄॅम्-प्लॉइ´-ऄॅ:) ***n.*** one who employs, नियोजक, नियोक्ता, मालिक।

**employment** (ऄॅम्-प्लॉइ´-मॅन्ट्) ***n.*** 1. the act of employing or the state of being employed, नियोजन। 2. work done as an occupation, काम, व्यापार, रोज़गार, धंधा।

**employment exchange** ***n.*** an office which helps persons to get employment, नियोजनालय, नियोजन कार्यालय, रोज़गार दफ़्तर।

**emporium** (ऄॅम्-पोर्´-इ-ऄॅम्) ***n.*** a large store, बड़ी दुकान या स्टोर।

**empower** (ऄॅम्-पॉव्´-ऄॅ:) ***v.*** to give power or authority to, अधिकृत करना।

**empress** (ऄॅम्´-प्रिस्) ***n.*** 1. a female emperor, सम्राज्ञी। 2. the wife or widow of an emperor, सम्राट की पत्नी या विधवा।

**empties** (ऄॅम्प्´-टीज़्) ***n.*** (plu.) emptied bottles, boxes etc., ख़ाली बोतलें, बक्से आदि।

**emptiness** (ऄॅम्प्´-टि-निस्) ***n.*** the state of being empty, ख़ालीपन, रिक्तता, शून्यता।

**empty** (ऄॅम्प्´-टी) ***adj.*** (emptier, emptiest) 1. containing nothing ख़ाली, रिक्त। 2. vacant, ख़ाली। 3. carrying no passengers or load, ख़ाली, रहित, विहीन। ***v.*** 1. to make empty, ख़ाली कर देना। 2. to become empty, ख़ाली हो जाना। 3. to fall, गिरना; the river empties into the sea, नदी समुद्र में गिरती है।

**empty-handed** (ऄॅम्प्-टि-हैन्´-डिड्) ***adj.*** 1. carrying nothing in hands, ख़ाली हाथ। 2. taking away nothing, जिसे कुछ प्राप्त न हुआ हो, सूखा।

**empty-headed** (ऄॅम्प्-टि-हैड्´-इड्) ***adj.*** lacking good sense or intelligence, बुद्धू।

**emulate** (ऄॅम्´-यु-लेट्) ***v.*** to attempt to equal or excel by imitation, होड़ करना।

**emulation** (ऄॅम्-यु-ले´-शॅन्) ***n.*** the act of emulating, होड़।

**emulsify** (इ-मल्´-सि-फ़ाइ) ***v.*** to make into or become an emulsion, इमल्शन बनाना या बनना।

**emulsion** (इ-मल्´-शॅन्) ***n.*** a creamy mixture of liquids, इमल्शन, तैलोद।

**enable** (ऄॅन्-ए´-बॅल्) ***v.*** 1. to render able, समर्थ बनाना, योग्य बनाना। 2. to make possible, संभव बनाना।

**enact** (ऄॅन्-ऐक्ट्´) ***v.*** 1. to make into an act, अधिनियम या कानून बनाना, अधिनियमित करना। 2. to act or perform, अभिनय करना।

**enactment** (ऄॅन्-ऐक्ट्´-मॅन्ट्) ***n.*** 1. the action or process of enacting, अधिनियमन। 2. the law, कानून, अधिनियम, विधि।

**enamel** (इ-नैम्´-ऄॅल्) ***n.*** 1. a glass-like coating on metal, इनैमल, तामचीनी। 2. a kind of paint, एक तरह का पेंट, इनैमल। 3. the hard outer covering of teeth, इनैमल, दंतवल्क।

**enamelware** (इ-नै´-मॅल्-वें्अॅ:) *n.* enamel coated metal utensils, तामचीनी के बर्तन।

**enamoured** (इ-नैम्´-अॅ:ड्) *adj.* captivated, मुग्ध, मोहित, आसक्त, अनुरक्त।

**en bloc** (ऑन्-ब्लॉक्´) *adv.* all together, सब एक साथ, सामूहिक रूप से। (फ्रांसीसी)

**encamp** (ऑन्-कैम्प्´) *v.* to settle or lodge in a camp, खेमे में रहना, खेमा डालना।

**encase** (ऑन्-केस्´) *v.* (encased, encasing) to enclose in a case, खोल, डिब्बे या बक्से में बंद करना, गिलाफ़ चढ़ाना, आवेष्टित करना।

**encash** (ऑन्-कैश्´) *v.* to exchange (a cheque or draft) for cash, भुनाना।

**encashment** (ऑन्-कैश्´-मॅन्ट्) *n.* the act of encashing, भुनाना, भुनाई।

**enchain** (ऑन्-चेन्´) *v.* to bind with chains, ज़ंजीरों से बाँधना या कसना।

**enchant** (ऑन्-चैन्ट्´) *v.* 1. to cast a magic spell, to bewitch, मोहिनी डालना, मंत्रमुग्ध कर लेना, जादू कर देना। 2. to fill with intense delight, to enrapture, रिझा लेना, ख़ुश कर देना।

**enchanted** (ऑन्-चैन्´-टिड्) *adj.* 1. placed under a magic spell, जादू से प्रभावित, जादुई। 2. filled with delight, आह्लादित।

**enchanter** (ऑन्-चैन्ट्´-अॅ:) *n.* a magician, जादूगर, मायावी।

**enchanting** (ऑन्-चैन्ट्´-इंग्) *adj.* bewitching, मोहक, मुग्ध करनेवाला, लुभावना।

**enchantment** (ऑन्-चैन्ट्´-मॅन्ट्) *n.* 1. a magic or spell, जादू, मोहिनी। 2. a delightful influence, सम्मोहन।

**encipher** (ऑन्-साइ´-फ़ॅ:) *v.* to put (a message) into cipher, कूटभाषा में बदलना।

**encircle** (ऑन्-स:´-कॅल्) *v.* 1. to form a circle around, वृत्त से घेरना। 2. to surround, चारो ओर से घेर लेना, घेरेबंदी करना। 3. to move or go round, चक्कर लगाना, परिक्रमा करना।

**encirclement** (ऑन्-स:´-कॅल्-मॅन्ट्) *n.* the act of surrounding, घेरेबंदी।

**enclave** (ऑन्-क्लेव्) *n.* a part of a country lying entirely within the boundaries of another, किसी देश का वह क्षेत्र जो दूसरे राज्य से घिरा हो, अंतरावर्त, विदेशी अंत:क्षेत्र।

**enclose** (ऑन्-क्लोज़्´) *v.* 1. to surround from all sides, चारो ओर से घेरना, परिवेष्ठित करना। 2. to put a wall or fence around, चारो ओर दीवार खड़ी करना या बाड़ लगाना। 3. to shut up, बंद कर देना। 4. to put (into an envelope) along with a letter, पत्र के साथ नत्थी करके (लिफ़ाफ़े में) रखना या भेजना, संलग्न करना।

**enclosure** (ऑन्-क्लो´-ज़्हॅ:) *n.* 1. the act of enclosing, घेरने की क्रिया या भाव, घेरेबंदी। 2. an enclosed space or area, घिरा हुआ भू-भाग, बाड़ा। 3. a wall or fence, दीवार या बाड़। 4. something enclosed with a letter, पत्र के साथ नत्थी की हुई वस्तु, संलग्न-पत्र।

**encode** (ऑन्-कोड्´) *v.* to turn into code, कूटभाषा में बदलना।

**encomium** (ऑन्-को´-मि-ॲम्) *n.* eulogy, praise, स्तुति, प्रशंसा, गुणगान।

**encompass** (ऑन्-कम्´-पॅस्) *v.* 1. to enclose within a circle, घेर लेना, घेरा डाल देना। 2. to include, सम्मिलित करना, समेट लेना।

**encore** (ऑङ्´-का:, आंग्´-को:) **interj.** again, once more, फिर, फिर से, एक बार और, मुकर्रर।

**encounter** (ऑन्-कॉउन्´-टॅ:) *v.* 1. to meet by chance or unexpectedly, सामना हो जाना, भेंट या मुलाक़ात हो जाना। 2. to confront in battle, सामना करना, टक्कर लेना, दो-दो हाथ करना, भिड़ जाना। *n.* 1. a sudden or unexpected meeting, मुलाक़ात, भेंट, सामना। 2. a battle or hostile meeting, मुठभेड़, सामना।

**encourage** (ऑन्-कर्´-इज्) *v.* to give courage to, हिम्मत / हौसला बढ़ाना, प्रोत्साहित करना।

**encouragement** (ऑन्-कर्´-इज्-मॅन्ट्) *n.* 1. the act of encouraging, प्रोत्साहन, बढ़ावा। 2. something which encourages, प्रोत्साहन

E

देनेवाली बात, प्रेरणा। 3. solace, सांत्वना, तसल्ली।

**encouraging** (ऍन्-कर्´-इज्-इंग्) ***adj.*** 1. giving encouragement, प्रोत्साहन देनेवाला। 2. giving hope, आशाप्रद, उत्साहवर्धक।

**encroach** (ऍन्-क्रोच्´) ***v.*** 1. to intrude upon the territory, property or rights of another, to trespass, अधिक्रमण करना, दबा लेना। 2. to go beyond what is usual or natural, to cross limits, अतिक्रमण करना।

**encroachment** (ऍन्-क्रोच्´-मॅन्ट्) ***n.*** the act of encroaching, अधिक्रमण; अतिक्रमण।

**encrust** (ऍन्-क्रस्ट्´) ***v.*** to become covered with a crust, परत या पपड़ी जमना।

E

**encumber** (ऍन्-कम्´-बॅ:) ***v.*** (encumbered, encumbering) 1. to burden, भारग्रस्त या भाराक्रांत करना, बोझ से लाद देना। 2. to burden with debts, कर्ज़ से डुबो देना।

**encumberance** (ऍन्-कम्´-बॅ-रॅन्स्) ***n.*** 1. a burden or obligation, बोझ, भार, दायित्व। 2. the state of being encumbered with debts, ऋणग्रस्तता।

**encyclical** (ऍन्-सिक्´-लि-कॅल्) ***n.*** a Pope's letter addressed to the bishops, पोप द्वारा बिशपों को भेजा जानेवाला पत्र, पोप का गश्ती पत्र।

**encyclopedia** (ऍन्-साइ-क्लो-पी´-डि-ॲ) ***n.*** a reference book giving information about topics dealing with whole range of human knowledge arranged alphabetically, विश्वकोश, ज्ञान-कोश।

**encyclopedic** (ऍन्-साइ-क्लो´-पी-डिक्) ***adj.*** of encyclopedia, विश्वकोश-संबंधी।

**end** (ऍन्ड्) ***n.*** 1. the extreme limit of something, a tip, सिरा, छोर, किनारा। 2. the furthest point from here, अंतिम बिंदु। 3. the extreme extent or degree of something, अंत, समाप्ति, परिसमाप्ति; the end of the year, वर्ष का अंत। 4. a purpose or goal, ध्येय, प्रयोजन, उद्देश्य। 5. a result or outcome, फल, परिणाम, नतीजा। 6. death, मृत्यु, मौत। 7. a remainder or remnant, शेषांश, टुकड़ा। 8. conclusion, उपसंहार। □ **at a loose end,** ख़ाली, बेकार, निकम्मा; **at an end,** चुका हुआ, निश्शेष; **come to an end,** (i) पूर्ण हो जाना, (ii) to become exhausted, चुक जाना, निश्शेष हो जाना; **end it all,** आत्महत्या कर लेना; **go off the deep end,** आत्मनियंत्रण खो बैठना, बिगड़ उठना; **in the end,** अंत में, आख़िरकार; **keep one's end up,** कठिनाइयों के बावजूद अपना कार्य आगे बढ़ाते चलना; **make both ends meet,** जैसे-तैसे निर्वाह करना; **put an end to,** समाप्त या ख़त्म करना; **without end,** अनंत, निस्सीम। ***v.*** 1. to come to an end, समाप्त या पूरा होना। 2. to bring to an end, समाप्त या पूरा करना। 3. to put an end to, समाप्त कर देना, उन्मूलित या नष्ट कर देना। 4. to die, मरना। □ **end in,** परिणाम या फल होना; **end up,** समाप्त करना या होना।

**endanger** (ऍन्-डेन्´-जॅ:) ***v.*** to put in danger, संकट / ख़तरे में डालना।

**endear** (ऍन्-डिॲ:) ***v.*** to cause to be loved, (दूसरे का) प्रिय बन जाना; Her smile endeared her to everyone, उसकी मुस्कराहट ने सभी को मोह लिया।

**endearing** (ऍन्-डिॲर्´-इंग्) ***adj.*** that endears one to someone, प्रिय लगनेवाला।

**endearment** (ऍन्-डिॲ:´-मॅन्ट्) ***n.*** love, प्यार, प्रेम, अनुराग।

**endeavour, endeavor** (ऍन्-डॅव्´-ॲ:) ***v.*** to try or attempt, प्रयास / प्रयत्न करना। ***n.*** an attempt or effort, प्रयत्न, प्रयास।

**endemic** (ऍन्-डॅम्´-इक्) ***adj.*** prevalent in a particular place or locality, किसी स्थान या बस्ती में व्याप्त।

**ending** (ऍन्´-डिंग्) ***n.*** the end, अंत, इतिश्री।

**endless** (ऍन्ड्´-लिस्) ***adj.*** never ending, अंतहीन, अनंत, असीम, अपार।

**endmost** (ऍन्ड्´-मोस्ट्) ***adj.*** being at the end, आख़िरी, अंतिम।

**endorse** (ऍन्-डो:स्´) ***v.*** 1. to write one's signature on the back of a cheque etc., पृष्ठांकन करना, पृष्ठांकित करना। 2. to support or express approval, समर्थन करना। 3. to confirm, पुष्टि करना।

**endorsement** (ऍन्-डो:स्´-मॅन्ट्) *n.* the act of endorsing, पृष्ठांकन; समर्थन, पुष्टि।

**endorser** (ऍन्-डो:स्´-अ:) *n.* one who endorses, पृष्ठांकन करनेवाला, पृष्ठांकनकर्ता।

**endow** (ऍन्-डॉव्´) *v.* 1. to provide with income, आय का प्रबंध कर देना, साधन जुटा देना। 2. to equip with a talent or quality, योग्य कर या बना देना।

**endowment** (ऍन्-डॉव्´-मॅन्ट्) *n.* 1. the act of endowing, आय का प्रबंध। 2. the endowed income, दान, धर्मादा, निधि। 3. (plu.) natural qualities, प्राकृतिक गुण, ख़ूबियाँ, अच्छाइयाँ।

**endurable** (अैन्-ड्यूर्´-अॅ-बॅल्) *adj.* that can be endured, सहे जाने योग्य, सह्य, सहनीय।

**endurance** (ऍन्-ड्यूर्´-ऍन्स्) *n.* the power of enduring, सहनशक्ति, सहनशीलता, धैर्य। ☐ **beyond endurance,** असह्य।

**endurance test** *n.* a test of one's enduring capacity, सहन-परीक्षण, क्षमता-परीक्षण।

**endure** (ऍन्-ड्यू:´) *v.* 1. to bear patiently, झेलना, बर्दाश्त करना। 2. to last or continue to exist, चलना, टिकना, ठहरना।

**enduring** (ऍन्-ड्यूर्´-इंग्) *adj.* lasting, चिर-स्थायी, टिकाऊ।

**endways** (ऍन्ड्´-वे़ज़्) *adv.* 1. end to end, सिरे से सिरा मिलाकर। 2. lengthwise, लंबाई के बल।

**enema** (ऍन्´-इ-मॅ) *n.* the insertion of a liquid into the rectum for cleansing the stomach, अनीमा, वस्तिकर्म।

**enemy** (ऍन्´-इ-मी) *n.* 1. a hostile opponent, वैरी, शत्रु, दुश्मन। 2. a member of a hostile power or country, दुश्मन, शत्रु। [*adj.* inimical]

**energetic** (ऍन्´-अ:-जैट्´-इक्) *adj.* 1. full of energy, ऊर्जस्वी, उत्साही। 2. exerting or displaying energy, कर्मठ, फ़ुर्तीला, सक्रिय। 3. forceful, प्रबल, बलवान, ज़ोरदार।

**energetically** (ऍन्-अ:-जैट्´-इ-कॅ-ली) *adv.* in an energetic manner, सक्रियतापूर्वक।

**energize** (ऍन्´-अ:-जाइज़्) *v.* to give or supply energy to, ऊर्जा प्रदान करना।

**energy** (ऍन्´-अ:-जी) *n.* 1. the capacity or force of a body or system to do work, ऊर्जा, शक्ति, बल। 2. vigour, forcefulness, तेज, ऊर्जस्विता। 3. capacity of accomplishment, योग्यता, क्षमता।

**enervate** (ऍन्´-अ:-वेट्) *v.* to deprive one of force or strength, to weaken, अशक्त कर देना।

**enfeeble** (इन्-फ़ी´-बॅल्) *v.* to make feeble, दुर्बल बना देना।

**enfold** (इन्-फ़ोल्ड्´) *v.* to cover with folds, तह लगाना या लपेटना।

**enforce** (इन्-फ़ो:स्´) *v.* 1. to compel observance of, जारी करना, लागू करना। 2. to compel obedience to, बाध्य या मजबूर करना।

**enforceability** (इन्-फ़ो:´-सॅ-बिल्-इ-टी) *n.* the state of being enforceable, प्रवर्तनीयता।

**enforceable** (इन्-फ़ो:´-सॅ-बॅल्) *adj.* that can be enforced, प्रवर्तनीय।

**enforcement** (इन्-फ़ो:स्´-मॅन्ट्) *n.* 1. the action or process of enforcing, लागू करना, प्रवर्तन। 2. compulsion, बाध्यता, मजबूरी।

**enfranchise** (इन्-फ़्रैन्´-चाइज़्) *v.* to endow with the right to vote, मताधिकार प्रदान करना।

**enfranchisement** (इन्-फ़्रैन्´-चाइज़्-मॅन्ट्) the right of voting, मताधिकार।

**engage** (इन्-गेज्´) *v.* 1. to take into one's employment, रखना, नियुक्त करना, काम पर लगाना। 2. to bind by promise, वचनबद्ध करना या वचन देना, विशेषत: मंगनी करना। 3. to involve (a person or his attention), उलझा या फँसा रखना। 4. to employ oneself in, लगना, व्यस्त होना या रहना। 5. to enter into conflict, जूझना, लड़ना। 6. to fasten together, (मशीन के पुर्ज़े को) बैठाना या लगाना। 7. to get reserved (a room, कमरा) आरक्षित कराना।

**engaged** (इन्-गेज्ड्´) *adj.* 1. pledged to be married, betrothed, जिसकी सगाई या मंगनी हो गई हो, वाग्दत्त या वाग्दत्ता। 2. reserved or occupied, आरक्षित, लगा हुआ।

E

**engagement** (इन्-गेज्´-मॅन्ट्) *n.* 1. an act of engaging or the state of being engaged, नियुक्ति। 2. an appointment, ठहराव, परियुक्ति। 3. any formal promise, वचन-बद्धता। 4. an agreement to marry, मंगनी, सगाई। 5. a battle, लड़ाई, युद्ध।

**engagement ring** *n.* सगाई की अँगूठी।

**engaging** (इन्-गे´-जिंग्) *adj.* 1. attractive, चारु, आकर्षक, लुभावना। 2. pleasing, सुखद।

**engender** (इन्-जेंन्´-डॅः) *v.* to cause to be born, जन्म देना, पैदा करना।

**engine** (ऍन्´-जिन्) *n.* 1. a railway locomotive, इंजन। 2. a fire engine, आग बुझानेवाली मोटर। 3. a machine designed to convert energy into mechanical work, मोटर।

E

**engineer** (ऍन्-जि-निॲः´) *n.* a person versed in design, construction or machines, इंजीनियर, अभियंता। *v.* 1. to plan, construct or manage as an engineer, इंजीनियर का काम करना, रचना, बनाना या चलाना। 2. to plan or accomplish by skill or contrivance, युक्ति लगाना।

**engineering** (ऍन्-जि-निॲर्´-इंग्) *n.* the application of scientific principles to practical purposes of public utility, अभियांत्रिकी, इंजीनियरी।

**English** (इंग्´-ग्लिश्) *n.* the language of the people of England, America etc., अंग्रेज़ी, इंग्लिश। *adj.* of England or its people, अंग्रेज़ी, ब्रितानवी।

**Englishman** (इंग्´-लिश्-मॅन्) *n.* a native of England, अंग्रेज़।

**engraft** (इङ्-ग्रैफ़्ट्´) *v.* 1. to graft (a shoot) onto a plant, कलम लगाना। 2. to implant, रोपना।

**engrave** (इन्-ग्रेव्´) *v.* 1. to carve or etch, उकेरना, नक़्क़ाशी करना। 2. to fix (in mind, मन में), बैठाना। □ **be engraved on the memory,** स्मृति-पटल पर अंकित होना।

**engraving** (इन्-ग्रे´-विंग्) *n.* the art of a person who engraves, खुदाई, नक़्क़ाशी।

**engross** (इन्-ग्रॉस्´) *v.* to fill completely the time and attention of, मग्न हो जाना, तल्लीन हो जाना।

**engrossing** (इन्-ग्रॉस्´-इंग्) *adj.* interesting, absorbing, रोचक, मज़ेदार।

**engulf** (इन्-गल्फ़´) *v.* 1. to swallow up, निगल जाना। 2. to surround, घेर लेना।

**enhance** (इन्-हान्स्´, इन्-हैंस्) *v.* 1. to increase, बढ़ाना, वृद्धि करना। 2. to improve and heighten, सुधारना, ऊँचा उठाना।

**enhancement** (इन्-हैन्स्´-मॅन्ट्) *n.* the act of enhancing or the state of being enhanced, वृद्धि, बढ़ोतरी, आवर्धन, बढ़ाया जाना।

**enigma** (इ-निग्´-मॅ) something very difficult to understand, पेंचीदी बात, पहेली।

**enigmatic** (ऍन्-इग्-मैट्´-इक्) *adj.* 1. mysterious, रहस्यपूर्ण, रहस्यमय। 2. puzzling, विभ्रांतकारी। 3.intricate, पेचीदा।

**enjoin** (इन्-जॉइन्´) *v.* 1. to command, आदेश देना। 2. to prohibit, मना करना, निषेध करना।

**enjoy** (इन्-जॉइ´) *v.* to relish, आनंद लेना, मज़ा लेना, मज़े करना। □ **enjoy oneself,** मौज करना, मस्ती लेना।

**enjoyable** (इन्-जॉइ´-ॲ-बॅल्) *adj.* pleasant, मज़ेदार, आनंदप्रद, रमणीय।

**enjoyment** (इन्-जॉइ´-मॅन्ट्) *n.* 1. the act of enjoying, आनंद, मज़ा, मौज, सुख। 2. the state of being enjoyed, उपभोग।

**enlarge** (इन्-लाःज्´) *v.* 1. to make larger, to expand, बड़ा करना, बढ़ाना। 2. to become larger, बड़ा होना, बढ़ना।

**enlargement** (इन्-लाःज्´-मॅन्ट्) *n.* 1. the act of enlarging, परिवर्धन, विस्तारण। 2. a photograph in a lager size, बड़े आकार-प्रकार का फ़ोटो, परिवर्धित चित्र।

**enlighten** (इन्-लाइट्´-ॲन्) *v.* 1. to give knowledge to, inform, विदित करना, जानकारी देना, समझाना। 2. to give spritual revelation to, आत्मज्ञान कराना, प्रबोधन करना।

**enlightened** (इन्-लाइट्´-ॲन्ड्) *adj.* having true understanding, प्रबुद्ध, ज्ञानी।

**enlightenment** (इन्-लाइट्-ॲन्-मॅन्ट्) *n.* the act of enligthening or the state of being enlightened, आत्मज्ञान, प्रबोध, प्रबोधन।

**enlist** (इन्-लिस्ट्´) *v.* 1. to enter (the armed

forces, सेना में) भर्ती होना। 2. to enroll, भर्ती करना, सूची में दर्ज करना। 3. to engage the assistance of, सहायता या सहयोग लेना।

**nliven** (इन्-लाइ´-वँन्) *v.* to make active or lively, सजीव बनाना, प्राण फूँक देना।

**n masse** (आन-मैस्´) *adv.* all together, सब मिलकर, सब-के-सब एकजुट होकर। (फ्रांसीसी)

**nmesh** (इन्-मेंश्´) *v.* 1. to entangle in a mesh, जाल में फँसाना। 2. to catch, पकड़ना।

**nmity** (ऍन्´-मि-टी) *n.* deep seated hatred or hostility, वैर, शत्रुता, दुश्मनी।

**nnoble** (इ-नो´-बॅल्) *v.* to make noble, कुलीन बनाना।

**nnui** (आन्-वी´) *n.* boredom, ऊब, उकताहट, ग्लानि।

**normity** (इ-नॉ:´-मि-टी) *n.* the quality of being enormous, विशालता, विकरालता।

**normous** (इ-नॉ:´-मॅस्) *adj.* unusually large in size, विशाल, विकराल।

**normously** (इ-नॉ:´-मॅस्-ली) *adv.* immensely, अत्यधिक, बहुत अधिक।

**nough** (इ-नफ़्´) *adj.* sufficient, ample, यथेष्ट, पर्याप्त। *adv.* to a satisfactory degree, बहुत, यथेष्ट। ☐ **well enough,** बहुत-कुछ ठीक।

**nplane** (इन्-प्लेन्´) *v.* to board an airplane, विमान पर चढ़ना।

**nquire** (ऍन्-क्वाइ:´) *v.* = inquire.

**nrage** (इन्-रेज्´) *v.* to infuriate, क्रुद्ध करना, गुस्सा दिलाना।

**nrapture** (इन्-रैप्´-चँ:) *v.* to fill with delight, आनंदविभोर कर देना।

**nrich** (इन्-रिच्´) *v.* 1. to make rich, धनी या धनाढ्य बना देना, संपन्न या समृद्ध बना या कर देना। 2. to improve in quality, flavour etc., बढ़िया बना देना, संवर्धन करना।

**nriched** (इन्-रिच्ड्´) *adv.* made rich, संवर्धित।

**nrichment** (इन्-रिच्´-मॅन्ट्) *n.* 1. the state of being enriched, धनाढ्यता, समृद्धि, संपन्नता। 2. the act of enriching, संवर्धन।

**nrobe** (ऍन्-रोब्´) *v.* to put a robe on, वस्त्र या कपड़े पहनाना।

**enrol, enroll** (ऍन्-रोल्´) *v.* 1. to note in a roll or list, रजिस्टर या सूची में चढ़ाना, नाम लिखना। 2. to admit as a member, भर्ती करना, सदस्य बनाना। 3. to become a member, भर्ती होना, सदस्य बनना।

**enrolment** (ऍन्-रोल्´-मॅन्ट्) *n.* the act of enrolling or the state of being enrolled, नाम-लिखाई, नामांकन, भर्ती।

**enrolment fee** *n.* the fees charged at the time of enrolment, नामांकन-शुल्क, नाम-लिखाई।

**enroute** (ऑन्/आन्-रूट्´) *adv.* on the way, along the way, रास्ते में, मार्ग में। (फ्रांसीसी)

**ensanguined** (इन्-सैंग्´-ग्विन्ड्) *adj.* covered with blood, ख़ून से लथपथ।

**ensconce** (ऍन्-स्कॉन्स्´) *v.* 1. to seat comfortably (in a safe or secret place, किसी सुरक्षित या गुप्त स्थान पर) आराम से बैठना। 2. to establish firmly, सुस्थापित होना, जम जाना।

**ensemble** (आन्-साम्´-बॅल्) *n.* 1. the effect of all the parts of something considered together, कुल प्रभाव। 2. entirety, समग्रता। 3. a group of musicians, वादक-दल, वादक-मंडली। 4. a set of clothes, एक जोड़ कपड़ा।

**enshrine** (इन्-श्राइन्´) *v.* 1. to keep in a shrine, मंदिर में रखना, स्थापित या प्रतिष्ठित करना। 2. to hold as sacred, पवित्र समझकर सँजोना; His name is enshrined in our hearts, उसका नाम हमारे हृदयों में अंकित है।

**enshroud** (इन्-श्रॉउड्´) *v.* 1. to cover, ढकना। 2. to hide, छिपाना, पर्दा डालना।

**ensign** (ऍन्-सिन्´, ऍन्-साइन्´) *n.* 1. a flag, झंडा। 2. a symbol, प्रतीक।

**enslave** (ऍन्-स्लेव्´) *v.* to make a slave of, दास बनाना, ग़ुलाम बनाना।

**enslavement** (ऍन्-स्लेव्´-मॅन्ट्) *n.* slavery, दासता, ग़ुलामी।

**ensnare** (ऍन्-स्नेअँ:) *v.* to trap in a snare, जाल में फँसाना।

**ensphere** (ऍन्-स्फ़िअँ:) *v.* to encircle, घेर लेना, घेरा डाल देना।

**ensue** (ऍन्-स्यू´) *v.* 1. to come afterwards, पीछे या बाद में होना। 2. to result, परिणाम के रूप में घटित होना।

**ensuing** (ऍन्-स्यू´-इंग्) *adj.* next, आगामी।

**ensure** (ऍन्-श्योः´) *v.* to make sure or certain, सुनिश्चित कर या बना देना।

**entail** (ऍन्-टेल्´) *v.* to have as a necessary consequence, साथ लगा होना। This plan entails great expenses, इस योजना के साथ भारी ख़र्च भी लगा हुआ है।

**entangle** (ऍन्-टैंग्´-गॅल्) *v.* to make tangled, to involve, to complicate, फँसा देना, फँस जाना, उलझा डालना।

**entente** (आन्-टान्ट्´) *n.* 1. a friendly cooperation between two or more countries or governments, सहकार, सहयोग-भाव। 2. **the entente,** the countries cooperating with each other, सहयोगी देश। (फ़्रांसीसी)

**enter** (ऍन्-टॅः´) *v.* 1. to go into, प्रवेश करना, अंदर जाना, प्रविष्ट होना। 2. to come (on a stage, मंच पर) पदार्पण करना। 3. to penetrate, घुसना। 4. to join, शामिल होना, सदस्य बनना, भर्ती होना। 5. to write or note down, लिखना, दर्ज करना, अंकित करना। 6. to register as a competitor, प्रत्याशी या प्रतियोगी के रूप में नाम लिखाना। 7. to begin, आरंभ करना। ☐ **enter into,** हिस्सा लेना, भाग लेना; **enter on,** आरंभ करना।

**enteritis** (ऍन्-टॅ-राइ´-टिस्) *n.* inflammation of the intestine, आंत्रशोथ।

**enterprise** (ऍन्´-टॅः-प्राइज़्) *n.* 1. the courage or readiness for adventure or risk, साहस, जोखिम। 2. an undertaking, साहसिक कार्य, उद्यम; public enterprise, लोक उद्यम। 3. boldness in action, दिलेरी। 4. a business organization, व्यावसायिक प्रतिष्ठान।

**enterprizing** (ऍन्´-टॅः-प्राइ-ज़िंग्) *adj.* having or showing enterprize, साहसी या साहसिक, जोखिम उठानेवाला या जोखिम से भरा, जोखिमी।

**entertain** (ऍन्-टॅः-टेन्´) *v.* 1. to amuse, मनोरंजन करना, दिल बहलाना। 2. to extend hospitality to, सत्कार करना, ख़ातिरदारी करना। 3. to be ready or willing to think abou[t], to consider, to cherish, मन में धारण करन[ा], दिमाग में लाना, मानना। 4. to admit in or[der] to deal with, स्वीकार या ग्रहण करना।

**entertainer** (ऍन्-टॅः-टे´-नॅः) *n.* one wh[o] entertains, मनोरंजन करनेवाला, दि[ल] बहलानेवाला।

**entertaining** (ऍन्-टॅः-टेन्´-इंग्) *adj.* amus[ing] and interesting, मनोरंजक, दि[ल] बहलानेवाला।

**entertainment** (ऍन्-टॅः-टेन्´-मॅन्ट्) *n.* 1. th[e] act of entertaining or the state of bein[g] entertained, मनोरंजन, दिल-बहलाव। 2. hos[]pitable reception, आदर-सत्कार, आवभगत[।] 3. amusement, मनोरंजन-संबंधी क्रियाकलाप[।]

**enthral, enthrall** (इन्-थ्राःल्´) *v.* to hol[d] spellbound, मंत्रमुग्ध / अभिभूत कर लेना।

**enthrone** (ऍन्-थ्रोन्´) *v.* to place on [a] throne, सिंहासन पर बैठाना, गद्दीनशीन करना[।]

**enthronement** (ऍन्-थ्रोन्´-मॅन्ट्) *n.* the ac[t] of enthroning or the state of being en[]throned, सिंहासन पर बैठना, गद्दीनशीनी।

**enthuse** (इन्-थ्यूज़्´) *v.* to make enthusias[]tic, उमंग से भर देना, उत्साहित करना।

**enthusiasm** (इन्-थ्यू´-ज़ि-ऐज़्-ॲम्) 1. grea[t] or fervent interest, उमंग, जोश, उत्साह[।] 2. a cause of keen interest, रुचि या उत्सा[ह] बढ़ानेवाली बात।

**enthusiast** (इन्-थ्यू´-ज़ि-ऐस्ट्) *n.* one wh[o] is full of enthusiasm, उत्साही व्यक्ति, रु[चि] लेनेवाला, शौक़ीन।

**enthusiastic** (इन्-थ्यू-ज़ि-ऐस्´-टिक्) *adj.* ful[l] of enthusiasm, उत्साह से भरा, उत्साहपूर्ण।

**enthusiastically** (इन्-थ्यू-ज़ि-ऐस्´-टि-कॅ-ली[)] *adv.* with enthusiasm, उत्साहपूर्वक।

**entice** (ऍन्-टाइस्´) *v.* to lure, लुभा लेना।

**enticement** (ऍन्-टाइस्´-मॅन्ट्) *n.* somethin[g] which entices, प्रलोभन।

**enticing** (ऍन्-टाइस्´-इंग्) *adj.* attractive[,] आकर्षक, लुभावना।

**entire** (ऍन्-टाइॲः´) *adj.* whole, complete[,] कुल, पूर्ण, समस्त, समग्र।

**entirely** (ऍन्-टाइॲः´-ली) *adv.* completely

पूर्णतः, पूर्ण रूप से, बिल्कुल।

**entirety** (ऍन्-टाइअ॑ः-टी) ***n.*** the state of being entire, wholeness, पूर्णता, संपूर्णता। ☐ **in its entirety,** अपने पूर्ण रूप में।

**entitle** (ऍन्-टाइ´-टॅल्) ***v.*** 1. to give a title or name to, उपाधि, शीर्षक या नाम देना। 2. to give a right, अधिकार देना, हक़दार बनाना।

**entitled** (ऍन्-टाइ´-टॅल्ड्) ***adj.*** having a title to, हक़दार, अधिकारी, पात्र।

**entity** (ऍन्´-टि-टी) ***n.*** the fact of existence, अस्तित्व, सत्ता।

**entomb** (ऍन्-टूम्´) ***v.*** to place in the grave or tomb, दफ़नाना, क़ब्र में रखना।

**entomology** (ऍन्-टॅ-मॉल्´-अॅ-जी) the scientific study of insects, कीट-विज्ञान।

**entourage** (आन्-टू-राज़्ह्´) ***n.*** the group of persons accompanying an important person, अनुयायियों का दल, किसी के आगे-पीछे चलनेवाले लोग।

**ntrails** (ऍन्´-ट्रेल्ज़्) ***n.*** (plu.) the intestines, आँत, अँतड़ी।

**ntrain** (ऍन्-ट्रेन्´) ***v.*** 1. to put on a train, गाड़ी या रेल पर चढ़ाना। 2. to board a train, गाड़ी या रेल पर चढ़ना।

**ntrance**[1] (ऍन्´-ट्रॅन्स्) ***n.*** 1. the act of entering, प्रवेश; entrance fee, प्रवेश-शुल्क। 2. the door or passage of entry, प्रवेश-द्वार, प्रवेश-मार्ग। 3. the permission or right to enter, प्रवेशाधिकार।

**ntrance**[2] (ऍन्-ट्रैन्स्´) ***v.*** 1. to fill with delight, आनंदित कर देना, मुग्ध कर देना। 2. to fill with wonder, चकित कर देना, आश्चर्य से भर देना।

**trant** (ऍन्´-ट्रॅन्ट्) ***n.*** 1. one who enters, प्रवेशी। 2. a competitor, प्रतियोगी।

**trap** (ऍन्-ट्रैप्´) ***v.*** (entrapped, entrapping) to catch in a trap, फंदे / जाल में फँसा लेना।

**treat** (ऍन्-ट्रीट्´) ***v.*** to ask earnestly, चिरौरी करना, मिन्नत करना, गिड़गिड़ाना।

**treatingly** (ऍन्-ट्री´-टिंग्-ली) ***adv.*** earnestly, गिड़गिड़ाते हुए।

**treaty** (ऍन्-ट्री´-टी) ***n.*** an earnest request, चिरौरी, मिन्नत, अनुनय-विनय, गिड़गिड़ाना।

**entree** (ऑन्´-ट्रे) ***n.*** 1. the right to enter, प्रवेशाधिकार। 2. a dish served after the fish and before the main dish of meat, आनट्रे।

**entrench** (ऍन्-ट्रॅन्च्´) ***v.*** 1. to surround by a ditch (for defence, रक्षार्थ) खाई से घेर लेना। 2. to establish firmly, दृढ़तापूर्वक स्थापित होना, डट जाना।

**entrenched** (ऍन्-ट्रॅन्च्ड्´) ***adj.*** 1. surrounded by a ditch, खाई द्वारा रक्षित। 2. firmly established, दृढ़तापूर्वक स्थापित, संस्थापित।

**entrenchment** (ऍन्-ट्रॅन्च्´-मॅन्ट्) ***n.*** 1. the act of entrenching or the state of being entrenched, खाई खोदकर की जानेवाली या की हुई मोर्चेबंदी, खाईबंदी। 2. safe position, सुरक्षित अवस्था। 3. a trench made of defence, सुरक्षा के लिए खोदी हुई खाई।

**entrepreneur** (ऑन्-ट्रॅ-प्रॅ-नः´) ***n.*** a person who undertakes the risk of business, venture, उद्योगी, उद्यमकर्ता, उद्यमी।

**entrepreneurial** (ऑन्-ट्रॅ-प्रॅ-नर्´-इ-अॅल्) ***adj.*** of or relating to an entrepreneur, उद्यमकर्ता-संबंधी।

**entrust** (ऍन्-ट्रस्ट्´) ***v.*** to place in someone's care or charge with trust, विश्वासपूर्वक सौंपना, न्यस्त करना।

**entry** (ऍन्´-ट्री) ***n.*** 1. the act of entering, प्रवेश, दाख़िला। 2. the right of entering, प्रवेशाधिकार। 3. a means of entrance, प्रवेश-द्वार या प्रवेश-पथ। 4. the writing down of an item in a record, इंदराज। 5. an item thus entered, प्रविष्टि, मद। 6. a word, term phrase etc., entered in a dictionary, प्रविष्टि। 7. one entered in a race or competition, प्रविष्टि।

**enumerate** (इ-नू´-मि-रेट्) ***v.*** 1. to count one by one, गिनती करना, गिनना। 2. to explain or describe, व्याख्या या वर्णन करना।

**enumeration** (इ-नू-मॅ-रे´-शॅन्) ***n.*** 1. the act of enumerating, गिनती, गणना। 2. a description, वर्णन।

**enunciate** (इ-नन्´-सि-एट्) ***v.*** to pronounce, उच्चारण करना।

**enunciation** (इ-नन्-सि-ए´-शॅन्) ***n.*** pronunciation, उच्चारण।

**enuresis** (ऍन्-यु-री´-सिस्) *n.* involuntary emission of urine, पेशाब का आप-से-आप निकल जाना, असंयमित मूत्रस्राव।

**envelop** (ऍन्-वेंल्´-ऑप्) *v.* 1. to cover or wrap up completely, ढक या लपेट लेना, परिवेष्टन करना; The hill was enveloped in mist, पहाड़ी कोहरे से ढकी हुई थी। 2. to surround, घेर लेना, आवृत करना।

**envelope** (ऍन्´-वॅ-लोप्) *n.* 1. a thing that envelops, a cover, आवरण। 2. a flat paper container, लिफाफ़ा।

**enviable** (ऍन्´-वि-ॲ-बॅल्) *adj.* 1. to be envied, ईर्ष्या करने योग्य, ईर्ष्य। 2. desirable, स्पृहणीय, वांछनीय, चाहने योग्य।

E

**envious** (ऍन्´-वि-ॲस्) *adj.* 1. feeling or displaying envy, jealous, ईर्ष्या करनेवाला, ईर्ष्यालु। 2. resulting from envy, ईर्ष्याजन्य।

**environment** (ऍन्-वाइर्´-ॲन्-मॅन्ट्) *n.* external conditions or surroundings, वातावरण, पर्यावरण।

**environmental** (ऍन्-वाइर्-ॲन्-मॅन्´-टॅल्) *adj.* of or pertaining to the environment, वातावरणिक, पर्यावरणिक, पर्यावरणी।

**environmentalist** (ऍन्-वाइर्-ॲन्-मॅन्´-टॅल्-इस्ट्) *n.* a person who is engaged in protecting the natural environment, पर्यावरण-रक्षक, पर्यावरणविज्ञ।

**environs** (ऍन्-वाइर्´-ॲन्स्) *n.* (plu.) the surrounding areas of a city, नगर के अड़ोस-पड़ोस के हिस्से, उप-नगर।

**envisage** (ऍन्-विज़्´-इज्) *v.* to form a mental image, to form a picture in the mind, प्रतीत होना।

**envoy** (ऍन्´-वॉइ) *n.* 1. a diplomatic representative of a government, राजदूत।

**envy** (ऍन्´-वी) *n.* 1. the desire to have something possessed by another, ईर्ष्या, स्पृहा। 2. resentment or discontended desire aroused by the possessions, achievements or qualities of another, ईर्ष्या, जलन, डाह। 3. an object of envy, ईर्ष्या की वस्तु या व्यक्ति, वह जिससे ईर्ष्या हो। *v.* (envied, envying) to feel envy toward or because of, ईर्ष्या करना, डाह करना, जलना

**enzyme** (ऍन्´-ज़ाइम्) *n.* a protein formed in living cells, एन्ज़ाइम।

**Eocene** (ई´-ॲ-सीन्) *adj.* of the geologic epoch characterized by the rise of mammals, उस काल से संबद्ध जब स्तनपायी पशुओं का आरंभ माना जाता है, स्तनपायी युग-संबंधी

**Eolithic** (ई´-ॲ-लिथ्-इक्) *adj.* of the geologic epoch characterized by the use of stone tools, पाषाण युग-संबंधी।

**eon** (ई´-ॲन्) *n.* an extremely long period युग, कल्प।

**ephemera** (इ´-फॅम्-ॲ-रॅ) *n.* (plu. ephemerae) 1. an ephemerid, एकदिनी कीड़ा 2. something transitory or short-lived क्षणभंगुर वस्तु।

**ephemeral** (इ-फॅम्´-ॲ-रॅल्) *adj.* transitory क्षणजीवी, क्षणिक, क्षणभंगुर।

**ephemerid** (इ-फॅम्´-ॲर्-इड्) *n.* any of group of insects which live for only a few hours or a day, एकदिनी कीड़ा क्षणजीवी कीट।

**epic** (ऍप्´-इक्) *n.* a long narrative poem about the deeds of a historical hero वीरकाव्य, वीरगाथा। *adj.* epical, वीरकाव्य संबंधी।

**epical** (ऍप्´-इ-कॅल्) *adj.* related to an epi[c] वीरकाव्य-संबंधी।

**epicentre, epicenter** (ऍप्´-इ-सॅन्-टॅ:) *n.* the part of the earth's surface direct[ly] above the point of an earthquake, पृथ्[वी] का वह भाग जो भूकंप के केंद्रबिंदु से ठी[क] ऊपर हो, उत्केंद्र।

**epicure** (ऍप्´-इ-क्यू:) *n.* 1. a person wi[th] refined taste in food and wine, स्वा[द] पारखी। 2. a person devoted to sensu[al] pleasures, इंद्रियलोलुप या विषयासक्त व्यक्ति

**epicurean** (ऍप्-इ-क्यूर्´-इ-ॲन्) *adj.* 1. su[it]ed to the taste of an epicure, स्वादि[ष्ट] 2. devoted to the pursuit of pleasu[re] विलासी।

**epidemic** (ऍप्-इ-डॅम्´-इक्) *n.* an outbre[ak]

of a disease affecting many persons simultaneously in a particular region, महामारी। *adj.* attacking or affecting many persons simultaneously, संक्रामक।

**epidermal** (ऍप्-इ-ड:-मॅल्) *adj.* of epidermis, बाह्य त्वचा-संबंधी।

**epidermis** (ऍप्-इ-ड:-मिस्) *n.* the outer protective layer of the skin, बाह्य त्वचा।

**epiglottis** (ऍप्-इ-ग्लॉट्´-इस्) *n.* a flap that prevents food from entering the windpipe during swallowing, गले की घंटी, कौआ।

**epigram** (ऍप्´-इ-ग्रैम्) *n.* a concise and witty remark, सुभाषित, सूक्ति, विदग्धोक्ति, चुटकुला।

**epigraph** (ऍप्´-इ-ग्रै़फ़्) *n.* an inscription on a monument, शिलालेख, पुरालेख।

**epigraphy** (इ-पिग्´-रॅ-फ़ी) *n.* the study of inscription on monuments, शिलालेख-विज्ञान, पुरालेख-विज्ञान।

**epilepsy** (ऍप्´-इ-लॅप्-सी) *n.* a disorder of the nervous system marked by periodic loss of consciousness, मिर्गी, अपस्मार।

**epilogue, epilog** (ऍप्´-इ-ला:ग्) *n.* a short poem or speech to the audience at the end of a play, (प्राचीन) नाटकों के अंत में श्रोताओं को संबोधित करते हुए कही गई कविता या अंतवचन, उपसंहार।

**Epiphany** (इ-पिफ़्´-अॅ-नी) *n.* 1. an appearance or manifestation of God, ईश्वर का अवतरण या आविर्भाव। 2. a Christian festival occurring on Jan' 6, ईसाइयों का एक त्योहार जिसे ६ जनवरी को मनाते हैं।

**episcopacy** (इ-पिस्´-कॅ-पॅ-सी) *n.* government of the Church by bishops, चर्च के बिशपों का शासन।

**episcopal** (इ-पिस्´-कॅ-पॅल्) *adj.* 1. of a bishop or bishops, बिशप या बिशपों से संबद्ध। 2. governed by bishops, बिशपों द्वारा शासित।

**episode** (ऍप्´-इ-सोड्) *n.* 1. an event, घटना। 2. one part of a serial, धारावाहिक का एक आख्यान या प्रसंग, उपाख्यान, उपप्रसंग, प्रकरण।

**episodic** (ऍप्-इ-सॉड्´-इक्) *adj.* of or relating to an episode, उपाख्यान-संबंधी, उपाख्यानात्मक।

**epistle** (इ-पिस्´-अॅल्) *n.* 1. a letter, पत्र। 2. a letter written by the Apostles, धर्मपत्र। 3. a literary piece of work in letter form, पत्र-साहित्य।

**epistolary** (इ-पिस्´-टॅ-लॅ-री) *n.* in a form of a series of letters, पत्रात्मक।

**epitaph** (ऍप्´-इ-टाफ़्/टैफ़्) *n.* an inscription on a tomb in memory of a dead person, समाधि-लेख, स्मृतिलेख।

**epithet** (ऍप्´-इ-थॅट्) *n.* 1. a descriptive word added to a person's name, उपनाम। 2. a title, उपाधि।

**epithetic** (ऍप्-इ-थॅट्´-इक्) *adj.* of epithet, उपनाम-विषयक, उपाधि-विषयक।

**epitome** (इ-पिट्´-अॅ-मी) *n.* 1. a summary, सार, उपसंहार। 2. a typical example of a type, साकार रूप, प्रतीक; He is the epitome of kindness, वह कृपा का साकार रूप है।

**epitomize** (इ-पिट्´-अॅ-माइज़्) *v.* 1. to make an epitome of, सार निकालना, उपसंहार करना। 2. to be a personification of, साकार रूप होना।

**epoch** (ऍप्´-अॅक्) *n.* 1. a particular long period of time, युग। 2. a point in time beginning a new era, नवयुग का आरंभ। 3. a unit of geological time, युग, कल्प।

**epoch-making** (ऍप्´-अॅक्-मे-किंग्) 1. marking the beginning of a new epoch, युगांतरकारी। 2. very important or remarkable, अत्यंत महत्त्वपूर्ण, युगांतरकारी।

**equable** (ऍक्´-वॅ-बॅल्) *adj.* uniform, unvarying, एकरूप, स्थिर, स्थिरचित्त।

**equably** (ऍक्´-वॅ-ब्ली) *adv.* in an equable manner, steadily, स्थिरचित्त होकर।

**equal** (ई´-क्वॅल्) *adj.* 1. having the same size, value or amount as another, समान, सम, बराबर। 2. having the same rights or privileges, समकक्ष, समतुल्य। 3. having the necessary qualities or courage for a task or situation, योग्य, समर्थ। *v.* 1. to be equal to, समान होना, बराबर होना। 2. to

E

do, produce or make something equal to, बराबरी करना, बराबरी तक पहुँचना।

**equalitarian** (इ-क्वॉल्-इ-टेर्´-इ-अॅन्) ***n.*** a person holding the belief that all men should have equal political and social rights, समतावादी। ***adj.*** pertaining to this belief, समतावादी।

**equality** (इ-क्वॉल्´-इ-टी) ***n.*** the state of being equal, समता, समानता, बराबरी।

**equalization** (इ-क्वॅ-लि-ज़े´-शॅन्) ***n.*** the act of equalizing or the state of being equalized, समीकरण।

**equalize** (ई´-क्वॅ-लाइज़्) ***v.*** 1. to make equal, to even up, सम करना, बराबर करना। 2. to make smooth or uniform, एकरूप करना।

E

**equalizer** (ई´-क्वॅ-लाइ-ज़ॅ:) ***n.*** an electrical device used to equalise voltage, वोल्टेज को एकरूप रखनेवाला उपकरण, समकारी, इक्वीलाइज़र।

**equally** (ई´-क्वॅल्-ई) ***adv.*** 1. in an equal manner, बराबर-बराबर। 2. also, यह भी, साथ ही।

**equanimity** (अॅ-क्वॅ-निम्´-इ-टी) ***n.*** calmness of mind or temper, शांति, धीरज।

**equanimous** (इ-क्वै´-नि-मॅस्) tranquil, शांत, शांतचित्त।

**equate** (इ-क्वेट्´) ***v.*** 1. to treat or regard as equal, बराबरी का दर्जा देना। 2. to make equivalent, बराबर करना, समीकरण करना।

**equation** (इ-क्वे´-शॅन्/ज़्हॅन्) ***n.*** 1. the state of being equal, बराबरी, समानता। 2. a mathematical statement that two expressions are equal, तुल्यता, बराबरी, समीकरण। 3. in chemistry, an expression in which symbols and formulas are used to represent a chemical reaction, समीकरण।

**equator** (इ-क्वे´-टॅ:) ***n.*** an imaginary line that divides the earth's surface into the Northern Hemisphere and the Southern Hemisphere, भूमध्य रेखा, विषुवत् रेखा।

**equatorial** (ई-क्वॅ-टोर्´-इ-अॅल्/अॅक्-वै-टोर्´-इ-अॅल्) ***adj.*** 1. of an equator, भूमध्य रेखा-विषयक। 2. near the equator, भूमध्य रेखा के समीप स्थित।

**equerry** (इ-क्वॅ´-री, अॅक्´-व-री) ***n.*** an attendant to the royal English household, ब्रिटिश राजमहल का परिचारक।

**equestrian** (इ-क्वॅस्´-ट्रि-अॅन्) ***adj.*** of or pertaining to a horse or horse riding, घोड़े या घुड़सवारी-संबंधी, equestrian statue, घुड़सवार की प्रतिमा। ***n.*** one who rides or performs on horseback, घुड़सवार या घुड़सवार नट।

**equestrienne** (इ-क्वॅस्-ट्रि-अॅन्´) ***n.*** a woman horse rider, महिला घुड़सवार।

**equi** (ई´-क्वि) ***prefix.*** equal, सम।

**equiangular** (ई-क्वि-ऐंग्´-ग्यु-लॅ:) ***adj.*** having all angles equal, समकोणीय।

**equidistant** (ई-क्वि-डिस्´-टॅन्ट्) ***adj.*** at an equal distance, समदूरस्थ, समदूरवर्ती।

**equilateral** (ई-क्वि-लैट्´-अॅ-रॅल्) ***adj.*** having all sides equal, समभुज, समपार्श्व।

**equilibrium** (ई-क्वि-लिब्´-रि-अॅम्) ***n.*** a state of equality, or balance between opposite forces, साम्य, साम्यावस्था, संतुलन।

**equine** (ई´-क्विन्) ***adj.*** 1. of or pertaining to a horse, अश्वीय। 2. like a horse, घोड़े-जैसा।

**equinoctial** (ई-क्वॅ-नॉक्´-शॅल्) ***adj.*** 1. pertaining to the either of the equinoxes, विषुव-संबंधी, विषुवीय।

**equinox** (ई´-क्वि-नॉक्स्, अॅक्´-वि-नॉक्स्) ***n.*** either of the two times during a year when the length of day and night are equal, विषुव; autumnal equinox, शरद्-कालीन या शारदीय-विषुव; vernal equinox, वसंतकालीन या वासंतिक विषुव।

**equip** (इ-क्विप्´) ***v.*** (equipped, equipping) 1. to furnish with, सज्जित करना, सुसज्जित करना। 2. to provide with necessities (for an undertaking, किसी कार्य के लिए) आवश्यक वस्तुएँ सुलभ कराना, लैस करना, मुहैया करना। 3. to prepare intellectually, मानसिक रूप से तैयार होना या करना। 4. to dress, वस्त्रधारण करना, तैयार होना।

**uipment** (इ-क्विप्´-मॅन्ट्) *n.* 1. the things with which one is equipped, साज़-सामान, साज़-सज्जा, साज़-सामग्री, उपस्कर। 2. the act of equipping or the state of being equipped, सज्जीकरण या सज्जित अवस्था।

**uipped** (इ-क्विप्ड्´) *adj.* furnished with, सज्जित, सज्जित, सन्नद्ध।

**uitable** (ऍक्´-वि-टॅ-बॅल्) *adj.* just and fair, impartial, न्यायसंगत, साम्यपूर्ण, निष्पक्ष।

**uitably** (ऍक्´-वि-टॅ-ब्ली) *adv.* in an equitable manner, न्यायसंगत दृष्टि से।

**uity** (ऍक्´-वि-टी) *n.* (plu. equities) 1. fairness, impartiality, न्यायसंगति, निष्पक्षता। 2. a fair act or impartial decision, न्याय-संगत कार्य या निष्पक्ष निर्णय। 3. a system of jurisprudence founded on the principles of fairness and impartiality, साम्या।

**uity capital** *n.* ordinary capital, साधारण पूँजी।

**uivalence** (इ-क्विव्´-अॅ-लॅन्स्) *n.* 1. equality, समानता, बराबरी। 2. an equivalent thing, समतुल्य वस्तु।

**uivalent** (इ-क्विव्´-अॅ-लॅन्ट्) *adj.* 1. equal, समान, बराबर। 2. also identical in function, meaning or effect, समतुल्य।

**uivocal** (इ-क्विव्´-वॅ-कॅल्) *adj.* 1. having two or more meanings, द्वयर्थक, अनेकार्थक। 2. vague, ambiguous, अस्पष्ट, भ्रामक।

**uivocate** (इ-क्वि´-वॅ-केट्) *v.* to use ambiguous words (in order to mislead or deceive, छलने या ठगने के लिए) गोल-मोल बात करना।

**uivocation** (इ-क्वि-वॅ-के´-शॅन्) *n.* 1. the act of equivocating, गोल-मोल या अस्पष्ट बात कहना। 2. an ambiguous expression, गोल-मोल या अस्पष्ट बात, वाक्छल।

(ऍर्´-अॅ) *n.* 1. a period of history, युग, कल्प। 2. a period of time reckoned from some important occurrence or date, सन्, संवत्; Christian era, ईसवी सन्।

**dicable** (इ-रैड्´-इ-के-बॅल्) *adj.* that can be eradicated, उन्मूलनीय, उखाड़ फेंकने लायक।

**eradicate** (इ-रैड्´-इ-केट्) *v.* 1. to uproot, जड़ से उखाड़ देना, निर्मूल कर देना, उन्मूलित करना। 2. to get rid of, छुटकारा पाना, पिंड छुड़ाना। 3. to wipe out, मिटा देना। 4. to destroy, नष्ट कर देना, ध्वस्त कर देना।

**eradication** (इ-रैड्-इ-के´-शॅन्) *n.* the act of eradicating, उन्मूलन, उच्छेदन, नाश, ध्वंस।

**erase** (इ-रेस्´) *v.* 1. to rub out, रगड़कर मिटा देना। 2. to wipe out, मिटा देना।

**eraser** (इ-रेज़्´-अॅ:) *n.* a thing that removes marks, stains etc., स्याही के दाग या निशान मिटानेवाला रबर।

**erasure** (इ-रे´-शॅ:) *n.* 1. the act of erasing, मिटाने की क्रिया या भाव। 2. a mark or word that has been erased, मिटाया हुआ निशान या शब्द।

**ere** (ऍअॅ:) *prep. conj.* before, (के) पहले।

**erect** (इ-रॅक्ट्´) *adj.* directed upward, upright, खड़ा, सीधा खड़ा, उदग्र। *v.* 1. to raise to an upright position, खड़ा करना। 2. to build, बनाना, खड़ा करना, निर्मित करना। 3. to set up, खड़ा करना, स्थापित करना।

**erection** (इ-रॅक्´-शॅन्) *n.* 1. the act of erecting or something erected, निर्माण। 2. enlarging and hardening (of a bodily part in sexual excitement), उत्थापन, उत्थान, खड़ा होना।

**ergo** (अ:´-गो) *adv.* therefore, अत:, इसलिए।

**ergonomics** (अ:´-गॅ-ना´-मिक्स्) *n.* the study of the relationship between workers and their environment, कर्मचारियों के काम करने के वातावरण का अध्ययन

**ermine** (अ:´-माइन्) *n.* 1. an animal of the weasel family, न्योले/नेवले की जाति का एक जंतु। 2. its fur, उक्त की खाल।

**erode** (इ-रोड्´) *v.* 1. to wear away or destroy gradually by abrasion, क्षीण या नष्ट करते चलना, काट देना, खा लेना। 2. to become worn away, छीजना, क्षीण या नष्ट होते चलना, कट जाना, खाया जाना।

**erogenous** (इ-रोज़्´-इ-नॅस्) *adj.* arousing sexual desire, कामोत्तेजक, कामोद्दीपक।

**Eros** (इअर्´-ऑस्) *n.* the (Greek) god of

love, (युनानी) प्रेम देवता, कामदेव।
**erosion** (इ-रो´-ज़्हॅन्) *n.* 1. the process of eroding or the condition of being eroded, छीजन, क्षय, ह्रास, अपरदन। 2. the wearing away of rocks etc., अपरदन, क्षरण।
**erosive** (इ-रो´-सिव्) *adj.* causing erosion, अपरदक।
**erotic** (इ-रॉट्´-इक्) *adj.* tending to arouse sexual desire, कामोत्तेजक।
**erotica** (इ-रॉट्´-इ-कॅ) *n.* sexual literature, काम-साहित्य, रति-साहित्य।
**eroticism** (इ-रॉट्´-इ-सिज़्-अॅम्) *n.* 1. sexual excitement, कामोत्तेजना। 2. sexual behaviour, कामाचार।

E

**err** (अ:, ऍअ:) *v.* to make an error, भूल करना, ग़लती करना; To err is human, ग़लती मनुष्य से ही होती है।
**errand** (ऍर्´-अॅन्ड्) *n.* 1. a short trip taken to perform a specific task, किसी छोटे-मोटे काम पर निकलना या जाना। 2. the purpose of such a trip, छोटा-मोटा काम, प्रयोजन, उद्देश्य।
**errant** (ऍर्´-अॅन्ट्) *adj.* 1. travelling in search of adventure, सैलानी। 2. wandering aimlessly, घुमक्कड़, आवारा। 3. doing wrong, straying from what is right, ग़लत, मार्गभ्रष्ट।
**erratic** (इ-रैट्´-इक्) *adj.* 1. having no fixed course or purpose, उद्देश्यहीन, अस्थिर। 2. not consistent or uniform, irregular, अनियत। 3. deviating from the customary course, परंपरा से हटा हुआ, पथभ्रष्ट। 4. irregular in behaviour or attitude, सनकी, ख़ब्ती, मनमौजी।
**erratum** (इ-रा´-टॅम्) *n.* an error in printing or writing, छपाई या लिखाई-संबंधी ग़लती, भूल, अशुद्धि।
**erroneous** (इ-रो´-नि-अॅस्) *adj.* containing or based on error, ग़लत, अशुद्ध, भ्रामक।
**erroneously** (इ-रो´-नि-अॅस्-ली) *adv.* by mistake, ग़लती से, भूल से।
**error** (ऍर्´-अ:) *n.* 1. a mistake, ग़लती, भूल, अशुद्धि। 2. a wrong act, ग़लत काम, ग़लती।
**ersatz** (ऍ´-अॅ-ज़ाट्स्) *adj.* 1. inferior sub stitute, घटिया स्थानापन्न। 2. artificia नकली, कृत्रिम।
**erst** (अ:स्ट्) *adv.* at first, पहले।
**erstwhile** (अ:स्ट्´-ह्वाइल्) *adj.* former, भूतपू *adv.* long ago, बहुत पहले।
**erudite** (ऍ´-रु-डाइट्, ऍ:´-यु-डाइट्) *ad* 1. very learned, ज्ञानी, विद्यासंपन्न, विद्वा 2. scholarly, विद्वत्तापूर्ण।
**erudition** (ऍ´-रु-डिश्´-अॅन्, ऍ:-यु-डिश्´-अॅ *n.* 1. extensive learning, व्यापक ज्ञा 2. scholarship, विद्वत्ता, पांडित्य।
**erupt** (इ-रप्ट्´) *v.* 1. to explode, फूट उठ पड़ना, विस्फोट होना। 2. to burst for suddenly, भड़ास निकालना, आग उगल 3. to appear, निकल आना।
**eruptible** (इ-रप्´-टि-बॅल्) *adj.* liable erupt, जो फूटने को हो, फूटनेवाला, विस्फोट
**eruption** (इ-रप्´-शॅन्) *n.* 1. a bursting fo (of a lava from a volcano), विस्फोट। 2 sudden outburst, विस्फोट, उद्रेक।
**escalade** (ऍस्´-कॅ-लेड्) *n.* the act climbing the wall by a ladder, सी लगाकर दीवार पर चढ़ने या दीवार को फाँ का कार्य। *v.* to climb by a ladder, सी लगाकर चढ़ना।
**escalate** (ऍस्´-कॅ-लेट्) *v.* 1. to increase intensify, तीव्र करना, तेज़ करना, बढ़ा 2. to be increased or intensified, प्र रूप धारण करना।
**escalation** (ऍस्-कॅ-ले´-शॅन्) *n.* 1. the act escalating, तीव्रीकरण, तेज़ी लाना। 2. state of being escalated, तेज़ी, प्रचंड रू
**escalator** (ऍस्´-कॅ-ले-टॅ:) *n.* a movi staircase, चलती हुई सीढ़ी, चलसो एस्केलेटर।
**escallop** (ऍ-स्कॉल्´-अॅप्) *v.* to bake milk or sauce, दूध या सॉस में पकाना।
**escapade** (ऍस्´-कॅ-पेड्) *n.* an adventur action aginst the approved or ordin conduct, समाज के बंधनों की अवहे करते हुए किया जानेवाला मनमाना आच मनमौजीपन।

**escape** (इ-स्केप्´, ॲं-स्केप्´) *v.* 1. to get away or break out, बच निकलना, भाग निकलना, निकल भागना, पलायन करना। 2. to succeed in avoiding, बच जाना, जान बचाना। 3. to leak, रिसना। 4. to be forgotten or unnoticed by, स्मरण न रहना, ध्यान से उतर जाना। 5. to be articulated involuntarily, (मुँह से) निकल जाना। *n.* 1. the act of escaping or the state of having escaped, बचाव, रक्षा, निस्तार। 2. a means of escaping, बचाव का रास्ता। 3. a leakage, रिसाव, निस्सरण। 4. a temporary relief from worry, राहत, छुट्टी, मुक्ति।

**escapee** (इ/ॲं-स्के-पी´) *n.* an escaped prisoner, भागा हुआ क़ैदी, भगोड़ा क़ैदी।

**escapism** (इ-स्केप्´-इज़्-ॲम्) *n.* the avoidance of reality through diversion or fantasy, पलायनवाद।

**escapist** (ॲं-स्के´-पिस्ट्) *n.* a person who tries to escape from realities, पलायनवादी। *adj.* pertaining to escapism, पलायनवादी।

**escarpment** (ॲं-स्का:प्´-मॅन्ट्) *n.* a steep slope, तेज़ ढाल।

**eschew** (ॲस्-च्यू´) *v.* to avoid, shun or abstain from, बाज़ आना, परहेज़ करना, बचना, परिहार करना।

**escort**[1] (ॲस्-का:ट्´) *n.* 1. one or more persons on vehicles accompanying another for protection or as a mark of honour on a journey, अनुरक्षक। 2. any one who accompanies a girl or woman on a social occasion, रखवाला, रक्षक।

**escort**[2] (इ-स्का:ट्´) *v.* to accompany as an escort, रक्षार्थ साथ जाना।

**escutcheon** (ॲं-स्कच्´-ॲन्) *n.* a shield bearing a coat of arms, कुलचिह्नों से युक्त ढाल। □ **a blot on one's escutcheon,** a stain on one's reputation, कलंक लांछन, दाग़।

**Eskimo** (ॲस्-कि-मो) *n.* (plu. Eskimo, Eskimos) 1. a member of a group of people living in Greenland, Alaska, Siberia etc., एस्किमो। 2. the language of Eskimos, एस्किमो भाषा। *adj.* of or pertaining to the Eskimos, एस्किमो (जाति)-संबंधी।

**esophagus** (इ-सॉफ़्´-ॲं-गॅस्) *n.* a tube through which food passes, भोजन-नली।

**esoteric** (ॲं-सो´-टॅ-रिक्, ॲस्-ॲ-टॅर्´-इक्) *adj.* 1. private, confidential, गोपनीय। 2. intended for or understood by only a small group, i.e., difficult to understand, गहन, गुह्य, गूढ़, रहस्यमय।

**espadrille** (ॲस्´-पॅ-ड्रिल्) *n.* a canvas shoe, एक तरह का कैनवस का जूता।

**especial** (ॲं-स्पॅश्´-ॲल्) *adj.* outstanding, unusual, विशेष, ख़ास, असाधारण।

**especially** (ॲं-स्पॅश्´-ॲ-ली) *adv.* in a special manner, chiefly, विशेष रूप से।

**espionage** (ॲस्´-पि-ॲ-नाज़्) *n.* the act of spying, जासूसी।

**esplanade** (ॲस्-प्लॅ-नेड्´, ॲस्-प्लॅ-नाड्´) *n.* 1. a long open level stretch of ground for walking along a shore, समुद्र का खुला समतल तट। 2. an open area in front of a palace, महल के आगे का मैदान।

**espousal** (इ-स्पाउ´-ज़ॅल्) *n.* 1. a betrothal, मँगनी, सगाई। 2. a betrothal ceremony, मँगनी की रसम।

**espouse** (इ-स्पाउज़्´) *v.* 1. to take as a spouse, जीवन-साथी बनाना, ब्याह करना। 2. to give in marriage, कन्यादान करना। 3. to adopt or support, ग्रहण या समर्थन करना, अपनाना।

**espresso** (ॲं-स्प्रॅस्´-ओ) *n.* coffee made by forcing steam through powdered coffee beans, एस्प्रेसो कॉफ़ी।

**esprit de crops** *n.* loyalty and devotion uniting the members of a group, संघ-भाव, परिवार-भावना, समूह-भावना, दलीय निष्ठा।

**espy** (इस्-पाइ´, ॲं-स्पाइ´) *v.* (espied, espying) 1. to catch sight of, झलक पाना। 2. to detect, भाँप लेना, ढूँढ़ निकालना।

**Esquire, Esq.** (ॲस्-क्वाइ:´) *n.* a title of courtesy placed after a man's name, महोदय (नाम के बाद प्रयुक्त)।

E

**essay**[1] (ऍस्´-ए) *n.* 1. a short literary composition, निबंध, लेख। 2. an attempt, प्रयास, प्रयत्न, कोशिश। 3. a test or trial, जाँच, परख।

**essay**[2] (ऍ-से´) *v.* to attempt, प्रयास करना, प्रयत्न या कोशिश करना।

**essayist** (ऍस्´-ए-इस्ट्) *n.* a writer of essays, निबंधकार, निबंधलेखक।

**essence** (ऍस्´-ऍन्स्) *n.* 1. the intrinsic properties of a thing, सत, सार, तत्त्व। 2. fundamental nature, प्रकृति, प्रवृत्ति। 3. a concentrated extract of substance, अर्क। 4. a liquid perfume, इत्र।

**essential** (इ-सेंन्´-शॅल्) *adj.* 1. absolutely necessary, अपरिहार्य, आवश्यक, अनिवार्य। 2. basic, fundamental, सारभूत, मूलभूत, तात्त्विक; essential meaning, मुख्यार्थ। *n.* something fundamental, अनिवार्य तत्त्व।

**essentially** (इ-सेंन्´-शॅ-ली) *adv.* 1. basically, fundamentally, तत्त्वत:, वस्तुत:। 2. necessarily, अपरिहार्य रूप से।

**establish** (ऍ-स्टैब्´-लिश्) *v.* 1. to make permanent in a certain place, स्थापित करना, प्रतिष्ठित या प्रस्थापित करना। 2. to found, नींव रखना, बुनियाद डालना। 3. to create, सृजन करना। 4. to prove correct, प्रमाणित करना।

**establishment** (ऍ-स्टैब्´-लिश्-मॅन्ट्) *n.* 1. a business firm or public institution, प्रतिष्ठान, संस्थान। 2. the staff of a business firm or institution, कार्यकर्ता वर्ग। 3. the act of establishing, स्थापन, स्थापना। ☐ **The Establishment,** the established authority, प्रतिष्ठित सत्ता, स्थापित सत्ता।

**estate** (इस्-टेट्´, ऍ-स्टेट्´) *n.* 1. a large piece of landed property, भू-संपदा, जागीर, रियासत। 2. the property left by a dead person, मृतक द्वारा छोड़ी हुई संपदा, जायदाद, भूसंपत्ति।

**estate duty** *n.* a duty levied on property after the owner's death, संपदा-शुल्क, संपदा-कर।

**estate manager** *n.* one who manages the estate, संपदा-प्रबंधक।

**esteem** (इस्-टीम्´/ ऍ-स्टीम्´) *v.* 1. to have a high regard or respect for, अगाध आदर या सम्मान करना। 2. to consider or deem, मानना, समझना। *n.* 1. high regard, respect, आदर, सम्मान। 2. opinion or judgement, राय, मत, विचार।

**estimable** (ऍस्´-टि-मॅ-बॅल्) *adj.* worthy of esteem or respect, आदरणीय, सम्मान्य।

**estimate**[1] (ऍस्´-टि-मिट्) *n.* 1. a preliminary or rough calculation of value, अनुमान, अंदाज, कूत, आकलन। 2. a written statement of this, अनुमान-पुर्जा, एस्टीमेट।

**estimate**[2] (ऍस्´-टि-मेट्) *v.* 1. to calculate roughly, अनुमान करना या लगाना, आकलन करना। 2. to evaluate, मूल्यांकन करना। 3. to form an opinion about, राय बनाना।

**estimation** (ऍस्-टि-मे´-शॅन्) *n.* 1. the act of estimating, अनुमान, प्राक्कलन। 2. a considered opinion, विचार, मत, राय। 3. esteem, respect, आदर, सम्मान।

**estimator** (ऍस्-टि-मे´-टॅ:) *n.* one who estimates the value of something, अनुमानकर्ता।

**estrange** (इ/ऍ-स्ट्रेन्ज्´) *v.* to alienate the affection of, संबंध बिगाड़ लेना, अनबन पैदा कर लेना।

**estrangement** (इ/ऍ-स्ट्रेन्ज्´-मॅन्ट्) *n.* the act of estranging or the state of being estranged, बिगाड़, अनबन, खिंचाव, मनमुटाव।

**estuary** (ऍस्´-चु-ऑर्-ई) *n.* (plu. estuaries) the wide mouth of a river where the tides meet the current, ज्वार-मुहाना, नदीमुख।

**et cetera** (ऍट्-सेंट्´-ॲ-रॅ) *adv.* and other unspecified things, इत्यादि, आदि, वगैरह।

**etch** (ऍच्) *v.* to cut or engrave (a picture or design) on a plate, उकेरना, उत्कीर्ण करना।

**etching** (ऍच्´-इंग्) *n.* the art or process of preparing etched metal plates, उकेरी, उत्कीर्णन।

**eternal** (इ-टः-नॅल्) *adj.* 1. without beginning or end, अनादि, चिरंतन, शाश्वत, सनातन। 2. lasting for ever, अमर। ☐ **the Eter-**

nal, ईश्वर; **the Eternal City,** रोम।

**eternally** (इ-टः´-नॅं-ली) ***adv.*** always, सदा, निरंतर।

**eternity** (इ-टः´-नि-टी) ***n.*** 1. the state of being eternal, अनंतता, सनातनता, चिरंतनता, अमरत्व। 2. a very long time, अनंत काल।

**ethane** (ॲथ्´-एन्) ***n.*** a gas used as a fuel, एथेन गैस, जो ईंधन के तौर पर प्रयुक्त होती है।

**ethanol** (ॲथ्´-ॲ-नॉल्) ***n.*** alcohol, अलकोहल।

**ether** (ई´-थॅः) ***n.*** 1. the upper regions beyond the clouds, आकाश, व्योम। 2. the medium supposed to fill all space, ईथर।

**ethereal** (इ-थीर्´-इ-ॲल्) ***adj.*** 1. extremely delicate, सुकुमार। 2. almost as light as air, वायु के समान हलका, वायवीय।

**ethic** (ॲथ्´-इक्) ***n.*** a principle of good conduct, नीति, आचार। ***adj.*** = ethical.

**ethical** (ॲथ्´-इ-कॅल्) ***adj.*** 1. of or relating to ethics, नीतिशास्त्र-संबंधी। 2. of ethic, नैतिक।

**ethically** (ॲथ्´-इ-कॅ-ली) ***adv.*** 1. according to ethics, नीतिशास्त्र के अनुसार। 2. in an ethical manner, नैतिक दृष्टि से।

**ethics** (ॲथ्´-इक्स्) ***n.*** (plu.) the study of moral principles, नीतिशास्त्र, आचारशास्त्र।

**ethnic** (ॲथ्´-निक्) ***adj.*** of or belonging to a particular group having racial, religious and linguistic traits in common, प्रजाति-संबंधी, प्रजातीय, जातीय। ***n.*** a member of an ethnic group, किसी प्रजाति का सदस्य।

**ethnical** (ॲथ्´-नि-कॅल्) ***adj.*** = ethnic.

**ethnically** (ॲथ्´-नि-कॅ-ली) ***adv.*** according to ethnic groups, प्रजातियों के अनुसार, प्रजातीय दृष्टि से।

**ethnicity** (ॲथ्-निस्´-इ-टी) ***n.*** ethnic background, प्रजातीय पृष्ठभूमि, प्रजातीय आधार।

**ethos** (ई´-थॉस्) ***n.*** (plu.) the characteristic attitudes and habits of a racial group, जातीय गुण या स्वभाव, जातीय विशेषताएँ या संस्कार।

**ethyl** (ॲथ्´-इल्) ***n.*** a chemical compound (which forms the base of alcohol), ईथल (जिसका प्रयोग अलकोहल बनाने में ज़मीन या आधार रूप में होता है)।

**ethylene** (ॲथ्´-इ-लीन्) ***n.*** a colourless inflammable gas, एथलीन नामक ज्वलनशील गैस।

**etiquette** (ॲट्´-इ-किट्) ***n.*** the rules of correct behaviour prescribed by social convention, लोकाचार, शिष्टाचार, अदब-क़ायदा।

**etymological** (ॲट्-इ-मॅ-लाज्´-इ-कॅल्) ***adj.*** of or pertaining to the etymology, व्युत्पत्तीय।

**etymologist** (ॲट्-इ-मॉल्´-ॲ-जिस्ट्) ***n.*** an expert in etymology, व्युत्पत्ति-विज्ञानी।

**etymology** (ॲट्-इ-मॉल्´-ॲ-जी) ***n.*** 1. the study of the sources and development of words, व्युत्पत्ति-विज्ञान। 2. an account of this, व्युत्पत्ति, व्युत्पत्तिक विवरण।

**eucalyptus** (यू-कॅ-लिप्´-टॅस्) ***n.*** (plu. eucalypti, eucalyptuses) an evergreen tree, यूकेलिप्टस, गंध-सफ़ेदा।

**eucalyptus oil** ***n.*** oil derived from eucalyptus leaves, यूकेलिप्टस का तेल।

**Eucharist** (यू´-कॅ-रिस्ट्) ***n.*** the Christian ceremony in which bread and wine are consecrated and consumed, महाप्रसाद।

**eugenics** (यू-जॅन्´-इक्स्) ***n.*** the science that deals with the improvement of human race esp. by selective breeding, सुजनन-विज्ञान, संतति-विज्ञान।

**eulogize, eulogise** (यू´-लॅ-जाइज़्) ***v.*** to praise highly in speech or writing, गुणगान करना, प्रशंसा या स्तुति करना।

**eulogy** (यू´-लॅ-जी) ***n.*** (plu. eulogies) a speech or a piece of writing in praise of someone, गुणगान, स्तुति, प्रशस्ति।

**eunuch** (यू´-नॅक्) ***n.*** 1. a castrated man, हिजड़ा। 2. an ineffective man, बेदम व्यक्ति।

**euphemism** (यू´-फ़ॅ-मिज़्-ॲम्) ***n.*** an inoffensive term substituted for one considered offensive, शिष्टप्रयोग, शिष्टोक्ति, मंगल-भाषण।

**euphemistic** (यू-फ़ॅ-मिस्´-टिक्) ***adj.*** of or having the nature of euphemism, शिष्ट, मंगल-भाषित।

E

**euphonic** (यू-फ़ॉन्´-इक्) ***adj.*** having a pleasant sound, सुनने में मधुर, श्रुतिमधुर, कर्णप्रिय।

**euphonious** (यू´-फ़ो´-नि-ॲस्) ***adj.*** = euphonic.

**euphoria** (यू-फ़ोर्´-इ-ॲ) ***n.*** a feeling of happiness and cheerful excitement, सुखानुभूति, उल्लास की अनुभूति, उल्लासोन्माद।

**euphoric** (यू-फ़ोर्´-इक्) ***adj.*** of or characterized by euphoria, सुखानुभूतिपरक, सुखानुभूतिजन्य।

**euphuism** (यू´-फ़्यू-इज़्-ॲम्) ***n.*** the style of using pompous words or phrases, शब्दाडंबरपूर्ण शैली।

E

**Eurasia** (यू-रे´-शॅ) ***n.*** Europe and Asia, युरेशिया।

**Eurasian** (यू-रे´-शॅन्/ज़्हॅन्) ***adj.*** of Eurasia, युरेशियाई। ***n.*** a Eurasian person, युरेशियाई।

**eureka** (यू-रे´-कॅ) ***interj.*** 1. an exclamation for discovering something, मिल गया! 2. an exclamation of triumph, पा लिया! जीत लिया!

**Europe** (यूर्´-ॲप्) ***n.*** the continent west of Asia, युरोप।

**European** (यूर्-ॲ-पी´-ॲन्) ***adj.*** of Europe or its people, युरोपीय, युरोप-संबंधी। ***n.*** an inhabitant of Europe, युरोपवासी।

**euthanasia** (यू-थॅ-ने´-ज़्हॅ) ***n.*** the act of killing a person painlessly for reasons of mercy, कष्ट से छुटकारा या मुक्ति देने के लिए किया जानेवाला वध, मुक्ति-वध, सुखमृत्यु।

**evacuate** (इ-वैक्´-यु-एट्) ***v.*** 1. to discharge waste matter from the bowels, टट्टी करना, मलत्याग करना, हगना। 2. to make empty, (किसी भू-भाग को) ख़ाली कर देना। 3. to remove or withdraw from some area, लोगों को किसी स्थान से हटा या निकाल ले जाना।

**evacuation** (इ-वैक्-यु-ए´-शॅन्) ***n.*** 1. the act of evacuating or the state of being evacuated, ख़ाली कर देना, निष्क्रमण, रिक्तीकरण। 2. an emptying of waste matter from the bowels, मलत्याग, मलोत्सर्ग।

**evacuee** (इ-वैक्-यू-ई´) ***n.*** an evacuated person, व्यक्ति जिसे अपने स्थान से हटा दिया गया हो, निष्क्रांत, निष्क्रमणार्थी।

**evade** (इ-वेड्´) ***v.*** 1. to avoid or escape by cleverness, to dodge, कतराकर निकल जाना, किनाराकशी करना, बच निकलना। 2. to avoid (paying taxes, करों का) अपवंचन करना। 3. to avoid answering, उत्तर न देना, मौन रह जाना।

**evaluate** (इ-वैल्´-यु-एट्) ***v.*** to assess or ascertain the value of something, मूल्यांकन करना।

**evaluation** (इ-वैल्-यु-ए´-शॅन्) ***n.*** the act of evaluating, मूल्यांकन।

**evaluator** (इ-वैल्´-यु-ए-टॅ:) ***n.*** one who evaluates, मूल्यांकनकर्ता।

**evanescent** (ऍव्-ॲ-नॅस्´-ॲन्ट्) ***adj.*** vanishing, जो अंतर्धान या लुप्त हो रहा हो।

**evangelic** (ई-वैन्-जॅल्´-इक्) ***adj.*** = evangelical.

**evangelical** (ई-वैन्-जॅल्´-इ-कॅल्) ***adj.*** 1. of or according to the gospels, सुसमाचार-संबंधी। 2. of or pertaining to an evangelist, मिशनरी-संबंधी।

**evangelism** (इ-वैन्´-जॅ-लिज़्-ॲम्) ***n.*** 1. preaching or spreading of the gospel, सुसमाचार का प्रचार। 2. missionary zeal, मिशनरियों की-सी उमंग।

**evangelist** (इ-वैन्´-जॅ-लिस्ट्) ***n.*** a preacher of the Christian gospel, सुसमाचार-प्रचारक, मिशनरी।

**evangelize, evangelise** (इ-वैन्´-जॅ-लाइज़्) ***v.*** 1. to preach the Christian gospel, सुसमाचार का प्रचार करना। 2. to win over to Christianity, ईसाई बना लेना।

**evaporate** (इ-वैप्´-ॲ-रेट्) ***v.*** 1. to change into a vapour, भाप बन जाना, उड़ जाना। 2. to convert into a vapour, भाप बना देना। 3. to vanish, अंतर्धान या ग़ायब हो जाना, छू-मंतर हो जाना।

**evaporation** (इ-वैप्-ॲ-रे´-शॅन्) ***n.*** the process of evaporating, वाष्पण, वाष्पीकरण।

**evasion** (इ-वे´-ज़्हॅन्) ***n.*** the act of evading बचाव, परिहार; evasion of tax, करापवंचन।

**evasive** (इ-वे´-सिव्) ***adj.*** 1. seeking to

evade, कतरा जानेवाला। 2. seeking to avoid trouble, मुसीबत से भाग खड़ा होनेवाला। 3. not straight forward, बहानेबाज़ या कुटिल। 4. vague and ambiguous, गोलमोल, अस्पष्ट। 5. hard to obtain, जिसे प्राप्त करना कठिन हो।

**eve** (ईव्) ***n.*** 1. the evening or day preceding an event, festival or holiday, पूर्वसंध्या। 2. evening, संध्या। 3. the period or day immediately before an event, किसी घटना या कार्यक्रम के ठीक पहले का समय या दिन।

**Eve** (ईव्) ***n.*** the first woman, हौआ।

**even**[1] (ई´-वॅन्) ***adj.*** 1. flat, चपटा, सपाट। 2. level, समतल, चौरस, बराबर, समान। 3. without variation, एक-सा, एकरूप। 4. calm, शांत। 5. equally balanced, बराबरी का, समान। 6. identical or exact, the very same, वही। 7. (of a number) exactly divisible by 2., सम, जूस। 8. uniform, regular, नियमित। ***adv.*** 1. indeed, also, भी; He sleeps even in the day, वह दिन में भी सोता है। 2. to a higher degree, और भी; His condition was even worse, उसकी हालत और भी ख़राब थी। 3. at the same time, जैसे ही; Even as we watched the roof collapsed, जैसे ही हम देखने लगे छत गिर पड़ी। □ **even as,** (जैसे···ही) वैसे ही; **even if,** यद्यपि; **even now,** अब भी। ***v.*** to make or become even, समतल करना या होना। □ **even up,** बराबरी करना; **get even,** बदला लेना।

**even**[2] (ई´-वॅन्) ***n.*** evening, शाम, संध्या।

**evenhanded** (ई´-वॅन्-हैन्´-डिड्) ***adj.*** fair, just, impartial, निष्पक्ष, समदर्शी, न्यायी।

**evening** (ईव्´-निंग्) ***n.*** late afternoon and early night, शाम, संध्या, सांझ, सायंकाल।

**evening dress** ***n.*** a dress worn for formal occasions in the evening, सायंकालीन पोशाक।

**evenings** (ईव्´-निंग्स्) ***adv.*** usually at evening time, हर शाम के समय, हर शाम को।

**evening star** ***n.*** Venus, शुक्र तारा, सांध्य तारा।

**evenness** (ई´-वॅन्-निस्) ***n.*** the state of being even, समता, बराबरी।

**even odds** ***n.*** (plu.) chances that are the same for and against, विजय और पराजय के समान अवसर।

**event** (इ-वेंन्ट्´) ***n.*** 1. something that happens, any significant occurrence or incident, घटना, बात। 2. one of the items in a sports programme, कार्यक्रम-सूची में उल्लिखित क्रीड़ाओं में से कोई एक; The next event will be 400 meter race, अगला कार्यक्रम है ४०० मीटर दौड़। □ **at all events,** तिस पर भी; **in any event,** हर हालत में, चाहे कुछ भी हो; **in that event,** ऐसा हुआ तो; **in the event of,** अगर ऐसा हुआ, ऐसी दशा में, उस स्थिति में; **in the normal course of events,** सामान्य रीति से।

E

**even-tempered** (ई´-वॅन्-टॅम्´-पॅ:ड्) ***adj.*** not easily angered, calm, शांत स्वभाववाला।

**eventful** (इ-वेंन्ट्´-फुल्) ***adj.*** 1. full of events or incidents, घटनाओं से परिपूर्ण, घटनापूर्ण। 2. important, महत्त्वपूर्ण; eventful conversation, महत्त्वपूर्ण वार्तालाप।

**eventide** (ई´-वॅन्-टाइड्) ***n.*** evening, संध्या, शाम।

**eventual** (इ-वेंन्´-चु-अॅल्) ***adj.*** happening at last as a result, परिणामस्वरूप घटित होनेवाला।

**eventuality** (इ-वेंन्-चु-ऐल्´-अॅ-टी) ***n.*** a possible event or outcome, संभावना, संभावित घटना।

**eventually** (इ-वेंन्´-चु-अॅ-ली) ***adv.*** finally, as a result, आख़िरकार, अंततः, परिणामतः।

**ever** (अॅव्´-अॅ:) ***adv.*** 1. at all times, सदा, हमेशा, नित्य, सर्वदा। 2. at any time, कभी। □ **ever after,** तब से; **ever and anon,** कभी-कभी; **ever so,** अत्यधिक।

**evergreen** (अॅव्´-अॅ:-ग्रीन्) ***adj.*** having green leaves throughout the year, सदाबहार, सदा हरा रहनेवाला। ***n.*** an evergreen tree, सदाबहार वृक्ष।

**everlasting** (अॅव्-अॅ:-लास्´/लैस्´-टिंग्) ***adj.*** 1. lasting for ever, सदा बना रहनेवाला, सदा चलनेवाला, शाश्वत। 2. lasting for a long time, चिरस्थायी।

**Everlasting** *n.* God, ईश्वर।

**everlastingly** (ऍव्-अँ:-लास्´/लैस्´-टिंग्-ली) *adv.* for ever, सदा के लिए।

**evermore** (ऍव्-अँ: मो:´) *adv.* 1. always, सदा, नित्य। 2. for ever, सदा के लिए।

**every** (ऍव्´-री) *adj.* 1. each without exception, हर, प्रत्येक, हर एक। 2. all possible, हर संभव, पूरा। □ **every other,** (i) एक-एक को छोड़कर, (ii) अन्य सभी व्यक्ति या वस्तुएँ; **every bit of,** कुल, सब-का-सब; **every now and then,** जब-तब, घड़ी-घड़ी, बीच-बीच में; **every time,** हर बार या जब कभी; **in every way,** सभी दृष्टियों से, हर दृष्टि से।

E

**everybody** (ऍव्´-री-बॉड्-ई) *pron.* every person, हर कोई।

**everyday** (ऍव्´-री-डे) *adj.* 1. daily, हर रोज़ का, प्रतिदिन का, रोज़ का, रोज़-रोज़ का; This is an everyday occurrence, यह रोज़मर्रा या प्रतिदिन की घटना है। 2. common, usual, सामान्य, साधारण।

**everyone** (ऍव्´-री-वॅन्) *pron.* everybody, हर कोई।

**everything** (ऍव्´-री-थिंग्) *pron.* all things, सब-कुछ।

**everywhere** (ऍव्´-री-वेअँ:) *adv.* in every place, हर जगह, हर कहीं, सभी जगह।

**evict** (इ-विक्ट्´) *v.* to expel (a tenant) by legal process, बेदख़ल करना, निष्कासित कर देना, निकाल देना, निकाल बाहर करना।

**eviction** (इ-विक्´-शॅन्) *n.* the act of evicting or the state of being evicted, बेदख़ली, निष्कासन।

**evidence** (ऍव्´-इ-डॅन्स्) *n.* 1. something presented before the court of law to prove or disprove a point in issue, साक्ष्य, गवाही; documentary evidence, दस्तावेज़ी साक्ष्य; oral evidence, मौखिक साक्ष्य। 2. something that serves to indicate, संकेत, लक्षण।

**evident** (ऍव्´-इ-डॅन्ट्) *adj.* easily recognized, obvious, स्पष्ट, सुव्यक्त, प्रकट, प्रत्यक्ष।

**evidential** (ऍव्-इ-डेंन्´-शॅल्) *adj.* based on or providing evidence, साक्ष्यपरक।

**evidently** (ऍव्´-इ-डॅन्ट्-ली) *adv.* obviously, स्पष्ट रूप से, स्पष्टत:।

**evil** (ई´-विल्) *adj.* 1. morally bad, बुरा, दूषित, ख़राब; the evil eye, बुरी नज़र। 2. harmful, हानिकर। *n.* 1. something that is morally bad, बुराई। 2. something that causes trouble, बला, मुसीबत, परेशानी।

**evildoer** (ई´-विल्-डु´-अँ:) *n.* a person who does evil, बुरा काम करनेवाला।

**evilly** (ई´-वि-ली) *adv.* in an evil manner, बुरी तरह से, बुरे ढंग से।

**evilminded** (ई´-विल्-माइन्´-डिड्) *adj.* malicious, कुविचारी, दुराशय, दुष्ट।

**eviltempered** (ई´-विल्-टॅम्´-पॅ:ड्) *adj.* doing evil by temperament, बुरे स्वभाववाला।

**evince** (इ-विन्स्´) *v.* to show or manifest, दिखलाना, प्रदर्शित करना, प्रकट करना।

**eviscerate** (इ-विस्´-अॅ-रेट्) *v.* 1. to take out the intestines of, आँतें निकाल लेना। 2. to take away a vital part of, महत्त्वपूर्ण भाग या अंग निकाल लेना।

**evocative** (इ-वॉक्´-अँ-टिव्) *adj.* inspiring memories, स्मृतिकारक।

**evoke** (इ-वोक्´) *v.* 1. to call or summon up, बुलाना, आह्वान करना। 2. to inspire, प्रेरित करना, जाग्रत करना; Her performance evoked admiration of the public, जनता ने उसके करतबों की दाद दी। 3. to cause or produce, पैदा करना, उत्पन्न करना।

**evolution** (इव्-अँ-ल्यू´-शॅन्) *n.* process of growth development, विकास।

**evolutionary** (इव्-अँ-ल्यू´-शॅ-नॅ-री) *adj.* of or pertaining to evolution, विकास-संबंधी, विकासात्मक, विकासवादी।

**evolutionist** (इव्-अँ-ल्यू´-शॅ-नॅ-री) *adj.* a person who believes in the theory of evolution, विकासवादी।

**evolve** (इ-वॉल्व्´) *v.* 1. to develop, विकसित होना। 2. to cause to develop, विकसित करना।

**ewe** (यू) *n.* a female sheep, भेड़।

**ewer** (यू´-अँ:) ***n.*** a large water pitcher with a wide mouth, घड़ा।

**ex**[1] (ऍक्स्) ***prefix.*** former, निवर्तमान, भूतपूर्व, पूर्व; ex-president, पूर्व अध्यक्ष।

**ex**[2] ***n.*** a former husband or wife, पूर्व पति या पूर्व पत्नी।

**exacerbate** (इग्-ज़ैस्´-अ:-बेट्) ***v.*** 1. to increase the severity of, तेज़ या तीव्र कर देना, बढ़ा देना। 2. to make worse, बिगाड़ देना।

**exact** (इग्-ज़ैक्ट्´) ***adj.*** 1. fully accurate, precise, यथातथ्य, यथार्थ, सटीक, सही, ठीक। 2. severe, कठोर, कड़ा। ***v.*** 1. to obtain by threat, force or authority, माँगना, छीनना या वसूल करना। 2. to press, दबाव डालना, सख़्ती बरतना।

**exacting** (इग्-ज़ैक्´-टिंग्) ***adj.*** 1. requiring great care and effort, श्रमसाध्य; an exacting task, श्रमसाध्य कार्य। 2. making rigorous demands, भारी दबाव डालनेवाला, बलात् वसूली करनेवाला, माँग मनवानेवाला।

**exaction** (इग्-ज़ैक्´-शॅन्) ***n.*** 1. the act of exacting or something exacted, वसूली, बलात् ग्रहण। 2. illegal demand, अवैधानिक माँग।

**exactitude** (इग्-ज़ैक्´-टि-ट्यूड्) ***n.*** exactness, यथातथ्यता, शुद्धता, यथार्थता।

**exactly** (इग्-ज़ैक्ट्´-ली) ***adv.*** 1. accurately, precisely, यथार्थ रूप से, यथार्थत:। 2. in every respect, ठीक-ठीक। 3. quite so, just so, यथावत्, बिल्कुल ठीक। ☐ **not exactly,** बिल्कुल नहीं।

**exactness** (इग्-ज़ैक्ट्´-निस्) ***n.*** the state or quality of being exact, यथातथ्यता, यथार्थता।

**exaggerate** (इग्-ज़ैग्´-अॅ-रेट्) ***v.*** 1. to overstate, बढ़ा-चढ़ाकर कहना, अतिरंजित करना, अत्युक्ति करना। 2. to make more noticeable, नमक-मिर्च लगाकर कहना, चटपटा बनाकर कहना। 3. to make greater or larger, बढ़ाना।

**exaggerated** (इग्-ज़ैज्´-रे-टिड्) ***adj.*** overstated, अतिरंजित, बढ़ा-चढ़ाकर कहा हुआ।

**exaggeratedly** (इग्-ज़ैज्´-रे-टिड्-ली) ***adv.*** in an exaggerated manner, बढ़ा-चढ़ाकर।

**exaggeration** (इग्-ज़ैज्-अॅ-रे´-शॅन्) ***n.*** 1. the act of exaggerating, अतिरंजन। 2. something exaggerated, अतिशयोक्ति, अत्युक्ति।

**exalt** (इग्-ज़ा:ल्ट्´) ***v.*** 1. to elevate, ऊपर उठाना, उन्नत करना। 2. to raise in position or rank, पदोन्नत करना, तरक्की देना। 3. to praise highly, to glorify, अत्यंत प्रशंसा करना, यशोगान करना। 4. to fill with delight or pride, उल्लसित करना, गर्वित करना।

**exaltation** (ऍग्-ज़ा:ल्-टे´-शॅन्) ***n.*** 1. the act of exalting or the state of being exalted, उन्नयन, तरक्की, उत्कर्ष, पदोन्नति। 2. high praise, अत्यधिक प्रशंसा। 3. glorification, यशोगान। 4. (spiritual) delight, आनंद।

**exam** (इग्-ज़ैम्´) ***n.*** an examination, परीक्षा।

**examination** (इग्-ज़ैम्-इ-ने´-शॅन्) ***n.*** 1. the act or process of examining, परीक्षण, जाँच। 2. the testing of knowledge or skills, the means and methods of examining, परीक्षा, इम्तहान। 3. a formal questioning of witness or an accused person, तहक़ीक़ात, पूछताछ।

**examination paper** ***n.*** a set of questions designed to test knowledge or skills, प्रश्नपत्र।

**examine** (इग्-ज़ैम्´-इन्) ***v.*** 1. to inspect or analyze carefully or in detail, निरीक्षण करना, जाँच-पड़ताल करना, देखना-भालना। 2. to test knowledge or skills by written or oral questions, परीक्षा करना, परीक्षा लेना, इम्तहान लेना। 3. to interrogate formally in order to get information, पूछताछ करना, तहक़ीक़ात करना।

**examinee** (इग्-ज़ैम्-अॅ-नी´) ***n.*** a candidate for examination, परीक्षार्थी।

**examiner** (इग्-ज़ैम्´-इ-नॅ:) ***n.*** one who examines, परीक्षक।

**example** (इग्-ज़ैम्´-पॅल्) ***n.*** 1. something selected to show the nature or the character of the rest, उदाहरण, मिसाल, दृष्टांत। 2. a model, pattern, नमूना, प्रतिमान। ☐ **for example,** उदाहरण के लिए, उदाहरणार्थ; **set an example,** उदाहरण प्रस्तुत करना; **without example,** जिसका कोई और

उदाहरण न हो, बेमिसाल, अद्वितीय, बेजोड़।

**exasperate** (इग्-ज़ैस्´-पॅ-रेट्) *v.* 1. to irritate or vex very much, बहुत अधिक तंग या परेशान करना, क्षुब्ध कर देना। 2. to infuriate, उत्तेजित करना।

**exasperated** (इग्-ज़ैस्´-पॅ-रे-टिड्) *adj.* 1. irritated, क्षुब्ध। 2. infuriated, उत्तेजित।

**exasperation** (इग्-ज़ैस्-पॅ-रे´-शॅन्) *n.* irritation, annoyance, क्षोभ, उत्तेजना।

**ex cathedra** (ऍक्स्-कॅ-थी´-ड्रॅ / ऍक्स्-कैथ्´-ऑ-ड्रॅ) *adv.* with authority, अधिकारपूर्वक।

**excavate** (ऍक्स्´-कॅ-वेट्) *v.* 1. to dig out, खुदाई करना, खोदना, खनन करना। 2. to uncover by digging, खोदकर निकालना, खुदाई करना, उत्खनन करना।

E

**excavation** (ऍक्स्-कॅ-वे´-शॅन्) *n.* 1. the act of excavating, खुदाई, खनन, उत्खनन। 2. a hole or hollow made by excavating, गड्ढा या कटाव। 3. something unearthed by excavating, खुदाई से मिलनेवाली वस्तु।

**excavator** (ऍक्स्´-कॅ-वे-टॅ:) *n.* 1. a person who excavates, खुदाई करनेवाला, खनक, उत्खनक। 2. an implement or apparatus that excavates, खनित्र।

**exceed** (इक्-सीड्´) *v.* 1. to be more or greater than, बढ़ जाना, अधिक हो जाना। 2. to go beyond (the limit, सीमा से) आगे बढ़ जाना, बढ़त लेना। 3. to excel or be superior to, आगे बढ़ या निकल जाना।

**exceedingly** (इक्-सी´-डिंग्-ली) *adv.* 1. to a great degree, अत्यधिक, अत्यंत। 2. extraordinarily, असाधारण रूप से।

**excel** (इक्-सेंल्´) *v.* (excelled, excelling) 1. to be superior to, (किसी से) बढ़-चढ़ जाना, आगे निकल जाना, (अपनी) श्रेष्ठता सिद्ध करना। 2. to be very good at something, (किसी काम में) प्रवीण या निष्णात होना।

**excellence** (ऍक्´-सॅ-लॅन्स्) *n.* 1. superiority, श्रेष्ठता। 2. very great merit, अच्छाई।

**Excellency** (ऍक्´-सॅ-लॅन्-सी) *n.* (plu. Excellencies, Excellences) a title of honour used to address or refer to high-ranking officials, महामहिम।

**excellent** (ऍक्´-सॅ-लॅन्ट्) *adj.* extremely or exceptionally good, अत्यंत उत्कृष्ट।

**excellently** (ऍक्´-सॅ-लॅन्ट्-ली) *adj.* in an excellent manner, अति उत्तम रूप से।

**except** (इक्-सेंप्ट्´) *prep.* other than, apart from, के सिवा, के अतिरिक्त, के अलावा, को छोड़कर। *v.* to leave out, omit or exclude, निकाल या हटा देना।

**excepting** (इक्-सेंप्´-टिंग्) *prep.* except, के सिवा, के अतिरिक्त, को छोड़कर।

**exception** (इक्-सेंप्´-शॅन्) *n.* 1. anything not in conformity with a general rule, principle, class etc., अपवाद। 2. exclusion, omission, निराकरण, बहिष्कार। 3. adverse criticism, कठोर आलोचना। 4. objection, आपत्ति, एतराज़, विरोध। ☐ **take exception to,** आपत्ति करना, विरोध प्रकट करना, एतराज़ करना; **with the exception of,** को छोड़कर, के सिवा।

**exceptionable** (इक्-सेंप्´-शॅ-नॅ-बॅल्) *adj.* open to objection, जिसके संबंध में आपत्ति की या विरोध प्रकट किया जा सकता हो, आपत्ति के योग्य।

**exceptional** (इक्-सेंप्´-शॅ-नॅल्) 1. forming an exception, अपवादस्वरूप। 2. extraordinary, outstanding, असाधारण, विशेष।

**exceptionally** (इक्-सेंप्´-शॅ-नॅ-ली) *adv.* in an exceptional way, अपवाद रूप में।

**excerpt** (ऍक्´-सःप्ट्) *n.* 1. a passage quoted from a book, उद्धरण। 2. extract, सार, सारांश।

**excess** (इक्-सेंस्´ / ऍक्´-सेंस्) *n.* 1. overabundance, superfluity, अधिकता, बहुतायत, प्रचुरता। 2. too much, अति, पराकाष्ठा। 3. overdoing, high-handedness, ज़्यादती। 4. overindulgence, असंयम, बदपरहेज़ी। *adj.* exceeding what is required, अधिक, अतिरिक्त; excess fare, अतिरिक्त भाड़ा।

**excessive** (इक्-सेंस्´-इव्) *adj.* too much, बहुत अधिक, अत्यधिक।

**excessively** (इक्-सेंस्´-इव्-ली) *adv.* to an excessive extent, अत्यधिक रूप से।

**exchange** (इक्स्-चेन्ज्´) *v.* 1. to give and

receive reciprocally, अदला-बदली करना, आदान-प्रदान करना, विनिमय करना। 2. to replace one thing by another, अदल-बदल करना, बदलना। □ **exchange blows,** मार-पीट होना; **exchange glances,** नज़रें मिलाना। ***n.*** 1. the act of exchanging, अदला-बदली, आदान-प्रदान, विनिमय; bill of exchange, हुंडी। 2. a telephone exchange, दूरभाष-केंद्र।

**exchangeable** (इक्स्-चेन्´-जॅ-बॅल्) ***adj.*** that can be exchanged, विनिमेय।

**exchange rate** ***n.*** the rate at which the currency of one country may be exchanged with that of another, विनिमय-दर।

**exchequer** (ऍक्स्-चेंक्´-अॅ:) ***n.*** 1. a treasury, कोषागार, खज़ाना। 2. the funds in the national treasury, खज़ाना, सरकारी रुपया।

**excise[1]** (ऍक्´-साइज़्) ***n.*** a tax on the production of certain goods within the country, उत्पादन-शुल्क, आबकारी।

**excise[2]** (इक्-साइज़्´) ***v.*** to remove (a part of the body) surgically, काटकर अलग कर देना, निकाल देना।

**excision** (इक्-सिज़्ह्´-अॅन्) ***n.*** the act of excising, काटकर अलग कर देना।

**excitable** (इक्-साइ´-टॅ-बॅल्) ***adj.*** easily excited, उत्तेजनीय, उत्तेजनशील।

**excitation** (ऍक्-साइ-टे´-शॅन्) ***n.*** excitement, उत्तेजना।

**excite** (इक्-साइट्´) ***v.*** 1. to cause great interest or eagerness, कुतूहल या जिज्ञासा उत्पन्न करना। 2. to provoke, उत्तेजित करना, उकसाना।

**excited** (इक्-साइ´-टिड्) ***adj.*** 1. stimulated, agitated, उत्तेजित। 2. sexually aroused, खड़ा, उत्थित।

**excitement** (इक्-साइट्´-मॅन्ट्) ***n.*** 1. the state of being excited, उत्तेजना, कुतूहल। 2. a person or thing that excites, कुतूहल उत्पन्न करनेवाला व्यक्ति या वस्तु।

**exciting** (इक्-साइ´-टिंग्) ***adj.*** causing excitement, कुतूहलजनक या उत्तेजनापूर्ण।

**exclaim** (इक्-स्क्लेम्´) ***v.*** to cry out excitedly in surprise, delight, pain or horror, चीख पड़ना।

**exclamation** (ऍक्-स्क्लॅ-मे´-शॅन्) ***n.*** 1. the act of exclaiming, चीख़, चिल्लाहट। 2. an exclamatory word or phrase, विस्मयादिबोधक शब्द।

**exclamation mark** ***n.*** the punctuation mark (!) used after exclamatory words, विस्मयादिबोधक या विस्मयबोधक चिह्न (!)।

**exclamatory** (इक्-स्क्लैम्´-अॅ-टॅ-री) ***adj.*** of containing or using exclamation, विस्मयादिबोधक।

**exclude** (इक्-स्क्लूड्´) ***v.*** 1. to keep or leave out, निकाल देना, अलग कर देना, सम्मिलित या शामिल न करना, बहिष्कार करना। 2. to omit, छोड़ देना।

**exclusion** (इक्-स्क्लू´-ज़्हॅन्) ***n.*** the act or an instance of excluding, बहिष्कार, वर्जन।

**exclusive** (इक्-स्क्लू´-सिव्) ***adj.*** 1. excluding all others, अनन्य; exclusive property, अनन्य संपत्ति, exclusive right, अनन्य अधिकार। 2. not divided or shared by, एकाकी, निजी। ***adv.*** not counting, बिना जोड़े या शामिल किए।

**exclusiveness** (इक्-स्क्लू´-सिव्-निस्) ***n.*** the state of being exclusive, अनन्यता।

**exclusively** (इक्-स्क्लू´-सिव्-ली) ***adv.*** with all others excluded, only, अकेले, अनन्य रूप से, सिर्फ़, केवल।

**excommunicate** (ऍक्स्-कॅ-म्यू´-नि-केट्) ***v.*** to exclude (as a punishment) from participation in church or society, गिरजे (या जाति) से निकाल देना, बहिष्कृत करना।

**excommunication** (ऍक्स्-कॅ-म्यू-नि-के´-शॅन्) the act of excommunicating, धर्म-बहिष्कार, जाति-बहिष्कार।

**excoriate** (इक्-स्कोर्´-इ-एट्) ***v.*** to denounce vehemently, भर्त्सना करना।

**excrement** (ऍक्´-स्क्रॅ-मॅन्ट् / ऍक्स्´-क्रॅ-मॅन्ट्) ***n.*** excreta, faeces, मल, विष्ठा, बीठ, गोबर।

**excremental** (ऍक्-स्क्रॅ-मॅन्´-टॅल् / ऍक्स्-क्रॅ-मॅन्´-टॅल्) ***adj.*** of excrement, मल-संबंधी।

**excrescence** (इक्-स्क्रॅस्´-अॅन्स्) ***n.*** an abnormal outgrowth from an organ or part of a body, उभार, अपवृद्धि।

**excreta** (इक्-स्क्री´-टॅ) *n.* (plu.) waste matter discharged from the body, faeces, मल, विष्ठा, गूह, बीठ, गोबर।

**excrete** (इक्-स्क्रीट्´) *v.* 1. to discharge waste matter from the body, हगना, पाख़ाना करना, गोबर या लीद करना। 2. to discharge (waste matter) from blood, tissues, organs etc., विसर्जित/उत्सर्जित करना।

**excretion** (इक्-स्क्री´-शॅन्) *n.* the act of excreting, उत्सर्जन, मलोत्सर्ग, मलत्याग।

**excruciating** (इक्स्-क्रू´-शि-ए-टिंग्) *adj.* intense, तीव्र, तेज़, घोर।

E

**exculpate** (ऍक्स्´-कल्-पेट्) *v.* to clear of guilt or blame, निर्दोष या निरपराध घोषित करना।

**excursion** (इक्-स्कः´-शॅन्/ज़्हॅन्) *n.* 1. a pleasure trip, सैर, सैर-सपाटा। 2. a brief journey, छोटी-मोटी यात्रा।

**excursionist** (इक्-स्कः´-शॅ-निस्ट्) *n.* a person who goes on an excursion, सैलानी।

**excusable** (इक्-स्क्यू´-ज़ॅ-बॅल्) *adj.* that can be excused, क्षम्य, क्षमा करने योग्य।

**excusatory** (इक्-स्कूज़्´-ॲ-टॅ-री) *adj.* apologetic, क्षमायाचना-सूचक।

**excuse** (इक्-स्क्यूज़्´) *v.* 1. to forgive or pardon, क्षमा कर देना, माफ़ कर देना। 2. to apologize, क्षमा माँगना, माफ़ी माँगना, क्षमा-याचना करना। 3. to consider as unimportant, जाने देना, ध्यान न देना। 4. to release from an obligation, छुटकारा देना, छोड़ देना। 5. to justify, न्यायोचित ठहराना। □ **Excuse me,** क्षमा करें, माफ़ कीजिए। *n.* 1. an apology, क्षमा याचना। 2. an explanation given in defence of one's conduct, सफ़ाई, स्पष्टीकरण। 3. a pretext, बहाना।

**execute** (ऍक्´-सॅ-क्यूट्) *v.* 1. to carry out, पालन करना, अनुपालन करना, निष्पादन करना। 2. to make legal and valid by signing, निष्पादन करना। 3. to put into effect, कार्यान्वित करना। 4. to put to death in pursuance of a sentence, फाँसी देना, मृत्युदंड देना। 5. to perform or accomplish, पूरा करना, संपादन करना। 6. to play music or sport, बजाना या खेलना।

**execution** (ऍक्-सॅ-क्यू´-शॅन्) *n.* 1. the act or process of execution, अनुपालन, निष्पादन, कार्यान्वयन। 2. an act of executing a condemned person, फाँसी। 3. skill in playing music, sports etc., कौशल।

**executioner** (ऍक्-सॅ-क्यू´-शॅ-नॅः) *n.* one who executes a condemned person, फाँसी देनेवाला, जल्लाद।

**executive** (इग्-ज़ॅक्´-यु-टिव्) *n.* 1. an administrative official, कार्यकारी अधिकारी। 2. the branch of the government which is entrusted with the enforcement of laws, कार्यपालिका। 3. an executive committee, प्रबंध-समिति, कार्यकारिणी समिति। *adj.* having the function of executing, कार्यकारी।

**executor** (इग्-ज़ॅक्´-यु-टॅः) *n.* one who executes or carries out, निष्पादक, संपादनकर्ता, कर्ता।

**executrix** (इग्-ज़ॅक्´-यु-ट्रिस्) *n.* a woman executor, महिला निष्पादक, निष्पादिका।

**exegesis** (ऍक्-सॅ-जी´-सिस्) *n.* (plu. exegeses) critical explanation, analysis or interpretation, व्याख्या, टीका, भाष्य, टिप्पणी।

**exemplar** (इग्-ज़ॅम्´-प्लॅः) *n.* 1. a model or pattern, उदाहरण, प्रतिमान। 2. a specimen or sample, नमूना, बानगी।

**exemplary** (इग्-ज़ॅम्´-प्लॅ-री) *adj.* serving as a model or example, उदाहरणात्मक, अनुकरणीय, आदर्श।

**exemplification** (इग्-ज़ॅम्-प्लि-फ़ि-के´-शॅन्) *n.* 1. an act of exemplifying, उदाहरण का प्रस्तुतीकरण। 2. an example, उदाहरण।

**exemplify** (इग्-ज़ॅम्´-प्लि-फ़ाइ) *v.* 1. to illustrate by example, उदाहरण प्रस्तुत करना, उदाहरण या मिसाल देना। 2. to serve as an example, उदाहरण बनना, उदाहरण के रूप में, आदर्श उपस्थित करना।

**exempt** (इग्-ज़ॅम्प्ट्´) *v.* to free from a rule, duty or obligation which binds others,

छूट देना, विमुक्त रखना, माफ़ी देना। *adj.* free from a rule, duty or obligation, छूट-प्राप्त, विमुक्त।

**exemptible** (इग्-ज़ेम्प्´-टि-बॅल्) *adj.* that can be exempted, छूट के योग्य।

**exemption** (इग्-ज़ेम्प्´-शॅन्) *n.* the act of exemption or the freedom from liability, obligation or rule, छूट, विमुक्ति, माफ़ी।

**exercise** (ऍक्´-सॅ:-साइज़्) *n.* 1. active use or operation, प्रयोग, इस्तेमाल। 2. physical activity to develop fitness, व्यायाम, अभ्यास, कसरत। 3. a lesson or task designed to develop skill or understanding, अभ्यास। 4. (plu.) a series of movements, operations or acts related to a public ceremony, अभ्यास; military exercises, सैनिक अभ्यास, युद्धाभ्यास। *v.* 1. to put into action, प्रयोग या इस्तेमाल करना। 2. to use habitually, उपयोग में लाना, बरतना, काम लेना। 3. to take exercise, व्यायाम करना। 4. to worry, चिंतित होना।

**exercise book** *n.* a student's book for writing in, अभ्यास-पुस्तिका।

**exerciser** (ऍक्´-सॅ:-साइज़्-अॅ:) *n.* 1. a person who exercises, अभ्यासकर्ता, अभ्यासी। 2. an apparatus for exercising the muscles, एक्सर्साइज़र।

**exert** (इग्-ज़:ट्´) *v.* 1. to make an effort, प्रयास करना, कोशिश करना, प्रयत्न करना। 2. to put forth, bring into use or apply, प्रयोग करना, लगाना; Exert your strength, अपना ज़ोर लगाओ।

**exertion** (इग्-ज़ॅ:´-शॅन्) *n.* 1. active use of strength or power, बल या शक्ति का प्रयोग। 2. a great effort, उद्यम, प्रयास, प्रयत्न। 3. fatigue or exhaustion, थकान, थकावट।

**exeunt** (ऍक्´-सि-अन्ट्) *v.* that all or certain named characters leave the stage, सभी या फ़लाँ-फ़लाँ पात्र मंच छोड़ देते हैं (नाटक के पात्रों के लिए पांडुलिपि में लिखा या छपा हुआ निर्देश)।

**ex gratia** (ऍक्स्-ग्रे´-शॅ) *adv.* as a favour, अनुग्रहपूर्वक, कृपापूर्वक। *adj.* given as a favour, अनुग्रहपूर्वक दिया जानेवाला; ex gratia payment, अनुग्रह-राशि। (लैटिन)

**exhalation** (ऍक्स्-हॅ-ले´-शॅन्) *n.* 1. the act of breathing out, साँस छोड़ना, उच्छ्वसन। 2. something exhaled, उच्छ्वास, निश्वास, छोड़ी हुई साँस।

**exhale** (ऍक्स्-हेल्´) *v.* 1. to breathe out, साँस छोड़ना। 2. to give off, छोड़ना, निकालना; He exhaled clouds of smoke, उसने धुएँ के ग़ुबार छोड़े।

**exhaust** (इग्-ज़ा:स्ट्´) *v.* 1. to tire out or wear out completely, थककर चूर हो जाना या थकाकर चूर कर देना। 2. to use up completely, ख़त्म करना, समाप्त करना। 3. to be used up, प्रयोग में आ जाना, समाप्त हो जाना।

**exhausted** (इग्-ज़ा:स्´-टिड्) *adj.* absolutely tired, थका-माँदा, निढाल, थकान से चूर।

**exhaustion** (इग्-ज़ा:स्´-चॅन्) *n.* fatigue, थकान, थकावट, श्रांति।

**exhaustive** (इग्-ज़ा:स्´-टिव्) *adj.* 1. comprehensive, विस्तृत, व्यापक। 2. causing fatigue, tiresome, थकाऊ।

**exhaustively** (इग्-ज़ा:स्´-टिव्-ली) *adv.* in an exhaustive manner, विस्तृत या व्यापक रूप से।

**exhibit** (इग्-ज़िब्´-इट्) *v.* 1. to display to the public, प्रदर्शित करना, (की) प्रदर्शनी लगाना, दिखलाना। 2. to reveal, प्रकट करना, दिखलाना; He exhibited patience, उसने धैर्य दिखलाया। *n.* 1. the act of exhibiting, प्रदर्शन, दिखावा। 2. something that is exhibited, प्रदर्शित वस्तु।

**exhibition** (ऍक्-सि-बिश्´-अॅन्) *n.* 1. the act or fact of exhibiting or the state of being exhibited, प्रदर्शन, दिखावा। 2. a public display of objects, प्रदर्शनी, नुमाइश। 3. a public display of feats, प्रदर्शन।

**exhilarate** (इग्-ज़िल्´-अॅ-रेट्) *v.* 1. to make happy or cheerful, आनंदित करना, आह्लादित करना। 2. to make lively, जीवंत बनाना।

**exhilaration** (इग्-ज़िल्-अॅ-रे´-शॅन्) *n.* 1. jubilation, उल्लास, हर्ष, प्रफुल्लता। 2. liveliness, स्फूर्ति, जीवंतता।

E

**exhort** (इग्-ज़ाःट्´) *v.* to urge or advise earnestly, आग्रहपूर्वक कहना, शिक्षा देना, नसीहत देना।

**exhortation** (इग्-ज़ाः-टे´-शॅन्) *n.* an act of exhorting, उपदेश, शिक्षा, उद्बोधन, प्रबोधन।

**exhumation** (ऍग्ज़्-यु-मे´-शॅन्) *n.* the act of exhuming, क़ब्र खोदकर शव निकालना।

**exhume** (इग्-ज़्यूम्´) *v.* to dig up a corpse from a grave, क़ब्र खोदकर लाश निकालना।

**exigency** (ऍक्´-सि-जॅन्-सी) *n.* (plu. exigencies) 1. an emergency, आपातकाल। 2. a pressing requirement, अत्यावश्यकता।

**exigent** (ऍक्´-सि-जॅन्ट्) *adj.* 1. urgent, अत्यावश्यक। 2. demanding, exacting, ज़ोरदार, कष्टकर।

E

**exiguous** (इग्-सिग्´/ ज़िग्´-यु-अॅस्) *adj.* too small in amount, थोड़ा-सा, अत्यल्प।

**exile** (ऍग्´-ज़ाइल्) *n.* 1. the official expulsion of a person from his native land, देश-निकाला, निर्वासन। 2. long absence from one's country, दीर्घ प्रवास। 3. an exiled person, देश से निकाला हुआ व्यक्ति। *v.* to send (a person) into exile, देश-निकाला देना, निर्वासित करना।

**exist** (इग्-ज़िस्ट्´) *v.* 1. to be, विद्यमान होना, अस्तित्व में होना। 2. to occur, घटित होना। 3. to live, जीवित होना।

**existence** (इग्-ज़िस्´-टॅन्स्) *n.* 1. the fact or state of existing, अस्तित्व, सत्ता। 2. presence, विद्यमानता, उपस्थिति। 3. something that exists, विद्यमान वस्तु। 4. everything that exists, सृष्टि, जगत्। 5. the continuance of life, जीवन, ज़िंदगी।

**existent** (इग्-ज़िस्´-टॅन्ट्) *adj.* existing now, विद्यमान, वर्तमान, उपस्थित।

**exit** (ऍग्-ज़िट्´/ ऍक्´-सिट्) *v.* 1. to go out, बाहर जाना। 2. to go off stage, स्टेज या मंच छोड़ देना। 3. to die, मरना। *n.* 1. a way out, बाहर जाने का रास्ता। 2. an act or instance of going out, प्रस्थान, निर्गमन, बाहर जाना, रवानगी। 3. death, मृत्यु, मौत।

**exodus** (ऍक्´-सॅ-डॅस्) *n.* a going out or leaving by a large number of people, सामूहिक प्रस्थान।

**ex-officio** (ऍक्स्-अॅ-फ़िश्´-इ-ओ) *adj. & adv.* by virtue of one's office or position, पद के नाते (होनेवाला), पदेन; ex-officio chairman, पदेन अध्यक्ष।

**exonerate** (इग्-ज़ॉन्´-अॅ-रेट्) *v.* 1. to free from blame, दोषमुक्त करना। 2. to release a person or property from liability or obligation, विमुक्त करना, भारमुक्त करना।

**exoneration** (इग्-ज़ॉन्-अॅ-रे´-शॅन्) *n.* the act of exonerating or the state of being exonerated, दोष-मुक्ति, माफ़ी, विमुक्ति, भार-मुक्ति।

**exorbitance** (इग्-ज़ाः´-बि-टॅन्स्) *n.* the state or quality of being exorbitant, अत्यधिकता।

**exorbitant** (इग्-ज़ाः´-बि-टॅन्ट्) *adj.* excessive, अत्यधिक, अतिशय, अपरिमित।

**exorcism** (ऍक्´-सॉः-सिज़्-अॅम्) *n.* an act of exorcizing, झाड़-फूँक, ओझाई, जादू-टोना।

**exorcist** (ऍक्´-सॉः-सिस्ट्) *n.* one who exorcize, झाड़-फूँक/जादू-टोना करनेवाला।

**exorcize, exorcise** (ऍक्-सॉः´-साइज़्) *v.* to drive out an evil spirit by prayer, झाड़-फूँक करना, ओझाई करना, जादू-टोना करना।

**exotic** (इग्-ज़ॉट्´-इक्) *adj.* 1. foreign, विजातीय, विदेशी, अन्यदेशीय। 2. unusual but attractive, विचित्र परंतु आकर्षक, असाधारण।

**expand** (इक्-स्पैन्ड्´) *v.* 1. to spread out, फैलाना या फैलना। 2. to extend, विस्तृत करना या होना। 3. to develop, विकसित करना।

**expandable** (इक्-स्पैन्´-डॅ-बॅल्) *adj.* that can be expanded, विस्तार्य।

**expandible** (इक्-स्पैन्´-डि-बॅल्) *adj.* expandable, विस्तार्य।

**expanse** (इक्-स्पैन्स्´) *n.* 1. a large open area, खुला मैदान, विस्तृत भूभाग। 2. expansion, प्रसार, विस्तार, फैलाव।

**expansion** (इक्-स्पैन्´-शॅन्) *n.* the act of expanding or the state of being expanded, प्रसारण, प्रसरण, विस्तार, फैलाव, व्याप्ति।

**expansionism** (इक्-स्पैन्´-शॅ-निज़्-अॅम्) *n.* the doctrine or practice of expanding the territory of one's own country, विस्तारवाद।

**expansionist** (इक्-स्पैन्´-शॅ-निस्ट्) ***n.*** one who believes in the doctrine of expansionism, विस्तारवादी, प्रसारवादी।

**expansive** (इक्-स्पैन्´-सिव्) ***adj.*** 1. able to expand, फैलनेवाला, विस्तृत, व्यापक। 2. causing expansion, फैलानेवाला, विस्तारक, प्रसारी।

**ex parte** (ऍक्स्-पा:´-टी) ***adj.*** one-sided, एकपक्षीय; ex parte order, एकपक्षीय आदेश।

**expatiate** (इक्-स्पे´-शि-एट्) ***v.*** to elaborate, सविस्तार प्रतिपादन करना।

**expatiation** (इक्-स्पे-शि-ए´-शॅन्) ***n.*** the act of expatiating or the state of being expatiated, विस्तृत प्रतिपादन।

**expatriate** (ऍक्स्-पे´-ट्रि-एट्) ***v.*** 1. to exile, देशनिकाला देना, निर्वासित कर देना। 2. to go into exile, देश छोड़कर चले जाना, देश-त्याग करना। ***adj.*** living abroad, विदेश में रहनेवाला। ***n.*** a person living abroad, विदेश में जा बसनेवाला व्यक्ति, प्रवासी।

**expect** (इक्-स्पेक्ट्´) ***v.*** 1. to wait, प्रतीक्षा करना, इंतज़ार करना, रास्ता देखना। 2. to regard as likely, to anticipate, प्रत्याशा करना, आशा करना, उम्मीद करना। 3. to require, अपेक्षा करना। ☐ **be expecting,** गर्भवती होना।

**expectancy** (इक्-स्पेक्ट्´-ॲन्-सी) ***n.*** expectation, आशा, उम्मीद।

**expectant** (इक्-स्पेक्´-टॅन्ट्) ***adj.*** 1. expecting, प्रतीक्षा करनेवाला, आशावान। 2. pregnant, गर्भवती।

**expectation** (ऍक्-स्पेक्-टे´-शॅन्) ***n.*** 1. the act or condition of expecting, प्रतीक्षा। 2. expectancy, hope, आशा, उम्मीद। 3. an attitude of expectancy or hope, प्रत्याशा। ☐ **in expectation,** प्रतीक्षा में।

**expectorant** (इक्-स्पेक्´-टॅ-रॅन्ट्) ***adj.*** increasing discharge of phlegm from the lungs, कफ़-निस्सारक।

**expediency** (इक्-स्पी´-डि-ॲन्-सी) ***n.*** 1. appropriateness, उपयुक्तता, समीचीनता। 2. the methods that are advantageous rather than fair, कार्यसाधकता, स्वार्थसाधकता।

**expedient** (इक्-स्पी´-डि-ॲन्ट्) ***adj.*** 1. suitable, fit, appropriate, उपयुक्त, समीचीन। 2. advantageous rather than just, कार्य-साधक, स्वार्थसाधक। ***n.*** a suitable means of achieving something, समीचीन उपाय या मार्ग।

**expediently** (इक्-स्पी´-डि-ॲन्ट्-ली) ***adv.*** in an expedient manner, समीचीन रूप से।

**expedite** (ऍक्´-स्पॅ-डाइट्) ***v.*** 1. to speed the progress of, (कार्य में) तेज़ी लाना, शीघ्रता लाना। 2. to perform quickly, जल्दी-जल्दी निपटाना।

**expedition** (ऍक्-स्पि-डिश्´-ॲन्) ***n.*** 1. a journey undertaken with definite purpose, उद्दिष्ट यात्रा, अभियान। 2. the people vehicles etc. comprising an expedition, अभियान-दल।

**expeditionary** (ऍक्-स्पि-डिश्´-ॲ-नॅ-री) ***adj.*** of expedition, अभियान-संबंधी।

**expeditious** (ऍक्-स्पि-डिश्´-ॲस्) ***adj.*** 1. acting speedily, तेज़, चुस्त, फुर्तीला। 2. done speedily, जल्दी-जल्दी किया जानेवाला।

**expeditiously** (ऍक्-स्पि-डिश्´-ॲस्-ली) ***adv.*** speedily, तेज़ी से, तुरंत, झटपट।

**expel** (इक्-स्पेल्´) ***v.*** (expelled, expelling) to drive out with force, निष्कासित कर देना।

**expend** (इक्-स्पेन्ड्´) ***v.*** to spend, व्यय करना, ख़र्च करना।

**expendable** (इक्-स्पेन्´-डॅ-बॅल्) ***adj.*** 1. that may be expended, व्यय करने योग्य, ख़र्च करने लायक। 2. subject to sacrifice, खपाने या नष्ट करने लायक। 3. nonessential, अनावश्यक।

**expenditure** (इक्-स्पेन्´-डि-चॅ:) ***n.*** 1. the amount of money expended, व्यय, ख़र्च। 2. the act of expending, व्यय, ख़र्च, खपत।

**expense** (इक्-स्पेन्स्´) ***n.*** 1. expenditure, व्यय, ख़र्च। 2. a cause of spending money, ख़र्चे का कारण, ख़र्चा। 3. (plu.) charges met with in carrying out a task, ख़र्च, व्यय। ☐ **at the expense of,** की कीमत पर।

**expensive** (इक्-स्पेन्´-सिव्) ***adj.*** costly, high-

E

priced, महँगा, दामी, व्ययसाध्य।

**experience** (इक्-स्पिअॅर्´-इ-अॅन्स्) ***n.*** 1. practical knowledge gained from direct personal participation or observation, अनुभव, तजुर्बा। 2. an activity through which knowledge or skill is gained, ऐसा काम जिससे अनुभव प्राप्त हो। ***v.*** 1. to have experience of, अनुभव होना। 2. to observe or share (in an activity, किसी काम का) अनुभव प्राप्त करना।

**experienced** (इक्-स्पिअॅर्´-इ-अॅन्स्ट्) ***adj.*** having had much experience, अनुभवी।

**experiential** (इक्-स्पिअॅर्-इ-अॅन्´-शॅल्) ***adj.*** of or based on experience, अनुभव-संबंधी, अनुभवात्मक, अनुभवजन्य।

E

**experiment**[1] (इक्-स्पॅर्´-इ-मॅन्ट्) ***n.*** any test or action undertaken to discover something unknown, प्रयोग, तजुर्बा।

**experiment**[2] (इक्-स्पॅर्´-इ-मॅन्ट्) ***v.*** to conduct an experiment, प्रयोग करना, तजुर्बा करना।

**experimental** (इक्-स्पॅर्-इ-मॅन्´-टॅल्) ***adj.*** relating to experiment, प्रयोग-संबंधी, प्रयोगात्मक, प्रायोगिक।

**experimentally** (इक्-स्पॅर्-इ-मॅन्´-टॅ-ली) ***adv.*** by experiments, प्रयोग द्वारा।

**experimentation** (इक्-स्पॅर्-इ-मॅन्-टे´-शॅन्) ***n.*** an act of experimenting, प्रयोग-संबंधी प्रक्रिया।

**expert** (ॲक्´-स्प:ट्) ***n.*** a person who has made special study of a particular subject, विशेष जानकार, विशेषज्ञ। ***adj.*** 1. done by an expert, विशेषज्ञ द्वारा संपादित। 2. knowledgeable, प्रबुद्ध, बुद्धिमान। 3. skillful, दक्ष।

**expertise** (ॲक्-स्पॅ:-टाइज़्´/टीज़्´) ***n.*** expert knowledge or skill, विशेष ज्ञान या दक्षता।

**expiable** (ॲक्´-स्पि-अॅ-बॅल्) ***adj.*** that can be expiated, प्रायश्चित करने योग्य।

**expiate** (ॲक्´-स्पि-एट्) ***v.*** to atone or make amends (for wrongdoing, पाप आदि का) प्रायश्चित करना।

**expiation** (ॲक्-स्पि-ए´-शॅन्) ***n.*** the act or process of expiating, प्रायश्चित।

**expiration** (ॲक्-स्पि-रे´-शॅन्) ***n.*** 1. the finish of something, समाप्ति, समापन। 2. the act of breathing out, नि:श्वसन। 3. breathed out air, नि:श्वास।

**expire** (इक्-स्पाइ:´) ***v.*** 1. to die, मर जाना। 2. to come to an end, समाप्त हो जाना, (अवधि) बीत जाना।

**expired** (इक्-स्पाइ:ड्´) ***adj.*** 1. dead, मृत। 2. come to an end, समाप्त, बीता हुआ।

**expiry** (इक्-स्पाइ´-री) ***n.*** 1. termination, अंत, अवसान। 2. death, मृत्यु।

**explain** (इक्-स्प्लेन्´) ***v.*** 1. to make plain, स्पष्ट करना। 2. to give the meaning or interpretation of, व्याख्या करना। 3. to make (someone) understand, समझाना। 4. to justify by reasons for one's actions, स्पष्टीकरण देना, सफ़ाई देना।

**explanation** (ॲक्-स्प्लॅ-ने´-शॅन्) ***n.*** 1. meaning or interpretation, व्याख्या। 2. clarification, स्पष्टीकरण।

**explanatory** (इक्-स्प्लैन्´-अॅ-टॅ-री) ***adj.*** 1. intended to explain, व्याख्यात्मक। 2. clarifying, स्पष्ट करनेवाला, स्पष्टीकारक।

**expletive** (ॲक्´-स्प्लि-टिव्) ***adj.*** superfluous, फ़ालतू। ***n.*** 1. a meaningless exclamation, तकिया-कलाम। 2. a superfluous word in verse for the sake of metre, फ़ालतू शब्द, पूरक शब्द।

**explicable** (ॲक्´-स्प्लि-कॅ-बॅल्) ***adj.*** that can be explained, व्याख्येय।

**explicit** (इक्-स्प्लिस्´-इट्) ***adj.*** 1. clearly stated, सुस्पष्ट। 2. outspoken, स्पष्टवादी।

**explicitly** (इक्-स्प्लिस्´-इट्-ली) ***adv.*** in explicit manner, clearly, स्पष्ट रूप से।

**explicitness** (इक्-स्प्लिस्´-इट्-निस्) ***n.*** clarity, सुस्पष्टता, स्पष्टता।

**explode** (इक्-स्प्लोड्´) ***v.*** 1. to burst with a loud noise, फटना, धमाका होना, विस्फोट होना। 2. to cause to burst with a loud noise, विस्फोट करना, धमाका करना। 3. to show sudden violent emotion, फूट पड़ना, फट पड़ना, उबल पड़ना। 4. to increase suddenly and sharply, फट पड़ना, निकल आना।

**exploit**[1] (ऍक्-स्प्लॉइट्´) *n.* a notable act or heroic deed, पराक्रम, शौर्य, कारनामा।

**exploit**[2] (इक्-स्प्लॉइट्´) *v.* 1. to utilize fully, पूर्ण उपयोग करना, समुपयोग करना, पूरा फ़ायदा उठाना, संदोहन करना। 2. to make selfish use, स्वार्थ साधना, मतलब गाँठना। 3. to use unethically or unfairly for one's own profit, शोषित करना।

**exploitation** (ऍक्-स्प्लॉइ-टे´-शॅन्) *n.* 1. an act of exploiting, समुपयोजन या संदोहन। 2. unethical utilization for selfish purposes, शोषण।

**exploration** (ऍक्स्-प्लॅ-रे´-शॅन्) *n.* the act of exploring, अन्वेषण, गवेषणा।

**exploratory** (इक्-स्प्लोर्´-अॅ-टॅ-री) *adj.* of, in or for exploration, खोजपूर्ण, अन्वेषणात्मक।

**explore** (इक्-स्प्लो:´) *v.* 1. to examine carefully, to investigate systematically, खोज, अन्वेषण या समन्वेषण करना। 2. to travel through a country for the purpose of discovery, गवेषणा करना, पर्यवेक्षण करना, ढूँढ़ना।

**explorer** (इक्-स्प्लोर्´-अॅ:) *n.* a person who explores, खोजकर्ता, अन्वेषक, समन्वेषक।

**explosion** (इक्-स्प्लो´-ज़्हॅन्) *n.* 1. the act or instance of exploding, विस्फोटन। 2. the loud noise accompanying such an act, विस्फोट, धमाका। 3. a sudden and sharp outburst, प्रस्फोट, प्रस्फोटन। 4. a sudden increase or outbreak, फट पड़ना, भड़क उठना।

**explosive** (इक्-स्प्लो´-सिव्) *adj.* 1. tending to explode, विस्फोटक, विस्फोटनशील। 2. tending to strong forceful expression, विस्फोटक। *n.* a substance that can explode, विस्फोटक पदार्थ, बारूद।

**expo** (ऍक्´-स्पो) *n.* a large public exhibition, महाप्रदर्शनी।

**exponent** (इक्-स्पो´-नॅन्ट्) *n.* one who interprets, explains or advocates, व्याख्याता, भाष्यकार, प्रतिपादनकर्ता, प्रतिपादक।

**export**[1] (इक्-स्पो:ट्´) *v.* to send abroad for sale or trade, निर्यात करना, विदेश भेजना, बाहर भेजना।

**export**[2] (ऍक्´-स्पो:ट्) *n.* goods exported abroad, निर्यात।

**exportable** (इक्´-स्पो:-टॅ-बॅल्) *adj.* that can be exported, निर्यात-योग्य।

**exportation** (ऍक्-स्पो:-टे´-शॅन्) *n.* the act of exporting, निर्यात-कार्य, निर्यातन।

**exporter** (इक्-स्पो:´-टॅ:) *n.* a person, company or country that exports goods to the foreign country, निर्यातक, निर्यातकर्ता।

**expose**[1] (इक्-स्पोज़्´) *v.* 1. to lay bare or uncover, खुला रखना, खुला छोड़ देना, खोल देना। 2. to leave unprotected, अरक्षित छोड़ देना। 3. to subject to the action of light, धूप या रोशनी दिखाना, एक्सपोज़ करना, उद्भासित करना। 4. to make known, or reveal, रहस्य खोलना। 5. to make visible, दृश्य करना या बनाना, दिखाना।

**expose**[2] (ऍक्-स्पो-ज़े´) *n.* a public disclosure of a scandal, घोटाले का प्रकटीकरण।

**exposed** (इक्´-स्पोज़्ड्) *adj.* 1. not concealed, अनावृत। 2. without shelter, अरक्षित।

**exposition** (ऍक्-स्पो-ज़िश्´-अॅन्) *n.* 1. the act of expounding, प्रतिपादन। 2. a detailed explanation, विस्तृत व्याख्या, भाष्य। 3. a large public exhibition, महाप्रदर्शनी।

**expositor** (इक्-स्पॉज़्´-इ-टॅ:) *n.* one who expounds, व्याख्याता, भाष्यकार, प्रतिपादनकर्ता।

**expository** (इक्-स्पॉज़्´-इ-टॅ-री) *adj.* explanatory, व्याख्यात्मक।

**expostulate** (इक्-स्पॉस्´-चु-लेट्) *v.* to protest, आपत्ति करना, शिकायत।

**expostulation** (इक्-स्पॉस्-चु-ले´-शॅन्) *n.* an earnest protest, आपत्ति, शिकायत।

**exposure** (इक्-स्पो´-ज़्हॅ:) *n.* 1. the act of exposing, अनावृत करने का कार्य, अनावरण, खुला छोड़ना या खुले में रखना। 2. the state of being exposed to the sun, winds etc., खुलता होना। 3. the exposing of a photographic film or plate to the light, रोशनी दिखाने का कार्य, उद्भासन। 4. first appearance before the public, उद्घाटन, प्रथम प्रस्तुति। 5. disclosure of someone's secrets, भंडाफोड़, पर्दाफ़ाश।

E

E

**expound** (इक्-स्पॉउन्ड्´) *v.* to explain in detail, विशद व्याख्या करना, प्रतिपादन करना।

**expounder** (इक्-स्पॉउन्ड्´-अ:) *n.* one who expounds, व्याख्याता, प्रतिपादनकर्ता।

**express** (इक्-स्प्रॆस्´) *v.* 1. to put into words, शब्दों में प्रस्तुत करना, अभिव्यक्त करना, अभिव्यंजित करना, अभिव्यंजन करना। 2. to make known, प्रकट करना, व्यक्त करना; to express sorrow, दुख व्यक्त करना। 3. to send by express transportation, द्रुतगामी सवारी से भेजना। 4. to symbolize, सांकेतित करना। *adj.* 1. clearly stated, अभिव्यक्त, सुस्पष्ट। 2. sent by rapid transportation, आशु, एक्सप्रेस, शीघ्रगामी, द्रुतगामी। *n.* an express train or bus, द्रुतगामी रेलगाड़ी या बस, शीघ्रगामी सवारी।

**expressible** (इक्-स्प्रॆस्´-इ-बॅल्) *adj.* that can be expressed, व्यक्त करने योग्य, अभिव्यंजनीय।

**expression** (इक्-स्प्रॆश्´-अॅन्) *n.* 1. the act of expressing or the state of being expressed, अभिव्यक्ति, अभिव्यंजन, अभिव्यंजना। 2. a manifestation or communication of an emotion, भावाभिव्यक्ति। 3. a word or group of words, पद, पदबंध। 4. a manner of expression, ढंग, शैली। 5. a look on a person's face that conveys meaning, चेहरे की रंगत, भावभंगी, मुखाकृति।

**expressionless** (इक्-स्प्रॆश्´-अॅन्-लिस्) *adj.* without expression, भावशून्य।

**expressive** (इक्-स्प्रॆस्´-इव्) *adj.* 1. of or characterized by expression, भावपूर्ण, भाव-भरा। 2. expressing, indicating, अभिव्यक्तिपरक, अभिव्यंजक, सूचक, द्योतक।

**expresso** (इक्-स्प्रॆस्´-ओ) *n.* = espresso.

**expropriate** (ऍक्स्-प्रो´-प्रि-एट्) *v.* to acquire the rights of someone's land or property for public use, स्वत्वहरण/स्वामित्वहरण करना।

**expropriation** (ऍक्स्-प्रो-प्रि-ए´-शॅन्) *n.* the act of expropriating or the state of being expropriated, स्वत्वहरण, स्वामित्वहरण।

**expulsion** (इक्-स्पल्´-शॅन्) *n.* 1. the act of expelling or the state of being expelled, निष्कासन, बेदख़ली। 2. banishment, निर्वासन।

**expunge** (इक्-स्पन्ज्´) *v.* to strike out or delete, निकाल या हटा देना।

**expurgate** (ऍक्´-स्पॅ:-गेट्) *v.* to remove obscene or objectionable matter from, अश्लील या आपत्तिजनक अंश निकाल देना, परिष्कार करना।

**exquisite** (ऍक्स्´-क्विज़्-इट् / इक्-स्क्विज़्´-इट्) 1. very finely made or done, उत्कृष्ट, उत्तम। 2. very beautiful, अतिसुंदर, बाँका। 3. refined, परिष्कृत। 4. intense, तीव्र, प्रचंड, उग्र। 5. sensitive and delicate, सूक्ष्म, संवेदनशील।

**exquisiteness** (ऍक्स्-क्विज़्´-इट्-निस्) *n.* the state of being exquisite, उत्तमता; सुंदरता; बाँकपन; परिष्कृति; तीव्रता; सूक्ष्मता।

**ex-serviceman** (ऍक्स्-स:´-विस्-मॅन्) *n.* a person having formerly been a member of the armed forces, पूर्व सैनिक।

**extant** (ऍक्´-स्टॅन्ट्) *adj.* still existing, विद्यमान।

**extemporarily** (इक्-स्टॅम्´-पॅ-रॅर्-अॅ-ली) *adv.* in an extemporary manner, बिना तैयारी के।

**extempore** (इक्-स्टॅम्(-पॅ-री) *adj.* not prepared in advance, सहसा या बिना तैयारी के किया जानेवाला (भाषण), आशु। *adv.* without preparation, बिना तैयारी के, सहसा।

**extemporize** (इक्-स्टॅम्´-पॅ-राइज़्) *v.* to speak or compose extempore, बिना तैयारी के बोलना या रचना करना।

**extend** (इक्-स्टॅन्ड्´) *v.* (extended, extending) 1. to spread, stretch or enlarge to greater length, area or scope, फैलना या फैलाना, तनना या तानना, विस्तृत होना या करना, बढ़ना या बढ़ाना। 2. to give, offer or grant, देना। 3. to continue, आगे बढ़ाना या चलाना, जारी रखना।

**extendable** (इक्-स्टॅन्´-डॅ-बॅल्) *adj.* that can be extended, बढ़ाए जाने योग्य।

**extensible** (इक्-स्टॅन्´-सि-बॅल्) *adv.* = extendible, खिंचनेवाला, वितान्य।

**extension** (इक्-स्टॅन्´-शॅन्) *n.* 1. the act of extending or the state of being extended, विस्तार, फैलाव, व्याप्ति। 2. extent,

प्रसार-सीमा, परास। 3. an additional period, बढ़ाई हुई अवधि। 4. an extended or added part, विस्तारित अंग, वर्द्धित भाग। 5. a service offered to outsiders by university, विस्तारित सेवा। 6. a subsidiary telephone distant from the main one, एक्स्टेंशन, सहायक फ़ोन।

**extensive** (इक्-स्टेंन्´-सिव्) *adj.* 1. large in area, विस्तृत। 2. far-reaching, व्यापक।

**extensively** (इक्-स्टेंन्´-सिव्-ली) *adv.* in an extensive manner, व्यापक रूप से।

**extent** (इक्-स्टेंन्ट्´) *n.* 1. the range over which something extends, विस्तार, फैलाव, प्रसार। 2. the scope, कार्यक्षेत्र। 3. an area, क्षेत्र। 4. the boundary, सीमा, हद; to that extent, उस सीमा तक, वहाँ तक।

**extenuate** (इक्-स्टेंन्´-यु-एट्) *v.* to lessen the seriousness of (an offence, अपराध की) गंभीरता या दोष कम कर देना, (सज़ा) हलकी या कम करना।

**extenuation** (इक्-स्टेंन्-यु-ए´-शॅन्) *n.* the act of extenuating, सज़ा में की जानेवाली कमी।

**exterior** (इक्-स्टिअॅर्´-इ-अॅ:) *adj.* external, out-of-door, outer, बाहरी, बाह्य। *n.* 1. an outer part, बहिर्भाग। 2. an outward appearance or behaviour, बाह्य स्वरूप या ऊपरी व्यवहार।

**exterminate** (इक्-स्टः´-मि-नेट्) *v.* 1. to kill or destroy completely, संहार कर देना, नाश कर देना। 2. to wipe out, मटियामेट कर देना, न रहने देना।

**extermination** (इक्-स्टः-मि-ने´-शॅन्) *n.* an act of exterminating or the state of being exterminated, संहार, विनाश, निर्मूलन।

**external** (इक्-स्टः´-नॅल्) *adj.* 1. of outside, बाहरी, बाह्य। 2. coming from the outside, बाहरी, बाह्य। 3. relating to foreign countries, वैदेशिक; external ministry, विदेश मंत्रालय।

**externally** (इक्-स्टः´-नॅ-ली) *adv.* on or from the outside, बाहर, बाहर से, बाह्यतः।

**extinct** (इक्-स्टिंक्ट्´) *adj.* 1. extinguished, बुझा हुआ। 2. no longer existing in living form, लुप्त, विलुप्त, समाप्त।

**extinction** (इक्-स्टिंक्´-शॅन्) *n.* 1. the act of extinguishing, बुझाने की क्रिया या भाव, निर्वापन। 2. the state of being extinguished, बुझ जाना, बुझे होने की अवस्था या भाव। 3. the state of being extinct, लोप, विलोप, विनाश।

**extinguish** (इक्-स्टिंग्´-ग्विश्) *v.* 1. to put out (fire, flame or light, आग, लौ या बत्ती) बुझाना। 2. to annihilate completely, पूर्णतः संहार कर डालना। 3. to destroy or put to an end, विनष्ट कर देना, न रहने देना।

**extinguisher** (इक्-स्टिंग्´-ग्वि-शॅ:) *n.* an apparatus for putting out fire, अग्निशामक।

**extirpate** (ऍक्-स्टिः´-पेट् / इक्-स्टॅः´-पेट्) *v.* 1. to uproot, जड़ से उखाड़ देना, उन्मूलन करना, निर्मूलन करना, उच्छेदन करना। 2. to destroy completely, पूर्णतः नष्ट कर देना।

**extirpation** (ऍक्-स्टॅः-पे´-शॅन्) *n.* the act of extirpating or the state of being extirpated, उच्छेदन, विनाश।

**extol** (इक्-स्टोल्´) *v.* (extolled, extolling) to praise enthusiastically or lavishly, भूरि-भूरि प्रशंसा करना, गुणगान करना।

**extort** (इक्-स्टॉःट्´) *v.* to obtain by force or intimidation, ज़बरदस्ती वसूल लेना, ऐंठ या छीन लेना, नोच-खसोट लेना।

**extortion** (इक्-स्टॉः´-शॅन्) *n.* 1. the act of extorting or the state of being extorted, छीन-झपट, नोच-खसोट, तोड़-मरोड़। 2. something extorted, छीन-झपटकर प्राप्त की हुई वस्तु; तोड़ा-मरोड़ा हुआ रूप।

**extortionate** (इक्-स्टॉः´-शॅ-निट्) *adj.* 1. having the nature of extortion, छीना-झपटी करनेवाला, नोच-खसोट करनेवाला। 2. excessive, exorbitant, अत्यधिक, अतिशय।

**extortionately** (इक्-स्टॉः´-शॅ-निट्-ली) *adv.* by force or threat, ज़बरदस्ती, बलात्।

**extra** (ऍक्´-स्ट्रॅ) *adj.* additional, अतिरिक्त। *adv.* more than usually, especially, अतिरिक्त रूप से, विशेष रूप से। *n.* 1. an extra person or thing, अतिरिक्त व्यक्ति या वस्तु। 2. an actor hired to play a minor

E

role, अतिरिक्त पात्र। 3. in cricket, a run not made by a hit, अतिरिक्त रन। *prefix.* outside, outside the scope of, beyond, इतर।

**extract** (इक्-स्ट्रैक्ट्´) *v.* 1. to draw or pull out forcibly, उखाड़ना, खींचकर निकाल देना। 2. to extort, छीन-झपट करना, नोचना-खसोटना, ज़बरदस्ती वसूलना। 3. to obtain by distilling or pressing, (रस) निकालना, (अर्क) खींचना या उतारना, (सार या सत) निकालना, कर्षण करना। 4. to remove or quote (a passage from a book, पुस्तक से) उद्धरण लेना। 4. to obtain or derive, प्राप्त करना। *n.* 1. something obtained by extracting, रस, अर्क, सत। 2. a passage that has been extracted, उद्धरण। 3. gist, sum and substance, निचोड़, निष्कर्ष।

**extraction** (इक्-स्ट्रैक्´-शॅन्) *n.* 1. the act of extracting, नोच-खसोट; कर्षण, निकालना; उद्धरण। 2. something extracted, वसूली हुई रकम; रस, अर्क, सत आदि। 3. descent, lineage, वंश, नस्ल; He is of Aryan extraction, वह आर्य नस्ल का है।

**extracurricular** (ऍक्-स्ट्रॅ-कुॅ-रिक्´-यु-लॅ:) outside the curriculum, पाठ्येतर।

**extradite** (ऍक्´-स्ट्रॅ-डाइट्) *v.* to hand over a fugitive criminal to the country where the crime was committed, प्रत्यार्पण करना।

**extradition** (ऍक्-स्ट्रॅ-डिश्´-ॲन्) *n.* the act of extraditing, प्रत्यार्पण।

**extrajudicial** (इक्-स्ट्रॅ-जु-डिश्´-ॲल्) *adj.* beyond the jurisdiction of a court, न्यायेतर।

**extralegal** (ऍक्-स्ट्रॅ-ली´-गॅल्) *adj.* beyond legal authority, विधि-इतर।

**extramarital** (ऍक्-स्ट्रॅ-मैर्´-इ-टॅल्) *adj.* occurring outside marriage, विवाहेतर।

**extramundane** (इक्-स्ट्रॅ-मुन्´-डेन्) *adj.* outside this world, संसारेत्तर, लोकेत्तर, पारलौकिक।

**extramural** (ऐक्-स्ट्रॅ-म्यू´-रॅल्) *adj.* outside the limits of a college, university, city etc., प्राचीरबाह्य, बाहरी।

**extraneous** (इक्´-स्ट्रै´-नि-ॲस्) *adj.* not belonging to the subject (in hand), अलग, भिन्न।

**extraordinarily** (इक्-स्ट्रॉ:´-डि-नॅर्-इ-ली) *adv.* 1. in an extraordinary manner, असाधारण रूप या ढंग से। 2. to an extraordinary degree, सामान्य से अधिक, ज़रूरत से ज़्यादा।

**extraordinary** (इक्-स्ट्रॉ:´-डि-नॅर्-ई) *adj.* 1. not ordinary or usual, असाधारण, विशेष, ग़ैरमामूली। 2. remarkable or exceptional, विशेष। 3. beyond what is usual, अतिरिक्त, विशेष; extraordinary meeting, विशेष सभा।

**extrapolate** (इक्-स्ट्रैप्´-ॲ-लेट्) *v.* to infer or estimate (unknown data) from available data, बाह्यकलन करना।

**extrasensory** (ऍक्-स्ट्रॅ-सेॅन्´-सॅ-री) *adj.* outside the range of normal sense of perception, अतींद्रिय।

**extraterrestrial** (ऍक्-स्ट्रॅ-टॅ-रेॅस्´-ट्रि-ॲल्) *adj.* outside the earth or its atmosphere, पृथ्वी तथा उसके वातावरण से बाहर का, लोकोत्तर।

**extraterritorial** (ऍक्-स्ट्रॅ-टेॅर्-इ-टोर्´-इ-ॲल्) *adj.* outside territorial boundaries of a state, अराज्यक्षेत्रीय, राज्यक्षेत्रातीत।

**extravagance** (इक्-स्ट्रैव्´-ॲ-गॅन्स्) *n.* the quality or state of being extravagant, शाहख़र्ची, फ़ज़ूलख़र्ची, अपव्यय। 2. unreasonable excess, असंयम, अमर्यादित आचरण, बेतुकापन।

**extravagant** (इक्-स्ट्रैव्´-ॲ-गॅन्ट्) *adj.* 1. wasteful or lavish in the spending of money, शाहखर्च, अपव्ययी, फ़ज़ूलख़र्च। 2. ostentatious, आडंबरपूर्ण, दिखावटी। 3. expensive, overpriced, ऊँचे दामवाला, महँगा। 4. excessive, अत्यधिक, बहुत अधिक।

**extravaganza** (इक्-स्ट्रैव्-ॲ-गैन्´-ज़ॅ) *n.* a very grand and costly show or entertainment, भव्य प्रदर्शन या मनोरंजन।

**extreme** (इक्-स्ट्रीम्´) *adj.* 1. farthest or outermost, आख़िरी, अंतिम। 2. very severe or intense, उग्र, प्रचंड, घोर। 3. excessive, अत्यधिक, अत्यंत, बहुत ज़्यादा। 4. going beyond the usual limits, चरम, अतिवादी। *n.* 1. the extreme condition, चरम अवस्था, पराकाष्ठा। 2. the farthest point or limit, चरम बिंदु या चरम सीमा। □ **in the extreme,** अत्यधिक; **go to extreme,** (किसी के विरुद्ध) अत्यंत कठोर उपाय या कार्रवाई करना, हद कर देना।

**extremely** (इक्-स्ट्रीम्´-ली) *adj.* very, अत्यधिक।

**extremism** (इक्-स्ट्री´-मिज़्-ॲम्) *n.* the quality or state of going to extremes, अतिवाद, उग्रवाद, चरमपंथ।

**extremist** (इक्-स्ट्री´-मिस्ट्) *n.* a person having extreme view (in politics, राजनीति में) उग्र विचारोंवाला व्यक्ति, अतिवादी, उग्रवादी। *adj.* pretaining to extremism, अतिवादी, उग्रवादी।

**extremities** (इक्-स्ट्री´-मि-टीज़्) *n.* (plu.) 1. the human hands and feet, मनुष्य के हाथ-पाँव; lower extremities, टाँगें; upper extremities, बाँहें। 2. severe punishment, कठोर दंड, कड़ी सज़ा।

**extremity** (इक्-स्ट्रॅम्´-इ-टी) 1. the extreme end of something, सिरा, छोर, किनारा, अंत। 2. an extreme measure, कठोर कार्रवाई। 3. the highest degree, चरम सीमा, पराकाष्ठा। 4. the greatest misfortune, बहुत बड़ा संकट या विपदा।

**extricate** (ऍक्-स्ट्रि´-केट्) *v.* 1. to set free, छोड़ देना। 2. to cause to set free, छुड़ाना, छुड़वा देना।

**extrinsic** (ऍक्-स्ट्रिन्´-सिक्) *adj.* 1. originating from outside, बाहरी, बाह्य। 2. not inherent or essential, अनावश्यक, अप्रधान।

**extrovert** (ऍक्´-स्ट्रॅ-वःट्) *n.* a person concerned more with other people than himself, वह जिसका दृष्टिकोण बहिर्मुखी हो, बहिर्मुखी व्यक्ति।

**extrude** (इक्-स्टूड्´) *v.* 1. to push or force out by pressure, ज़ोर से बाहर निकालना या फेंकना। 2. to shape (something) by forcing through a die, (ढालकर) साँचे से निकालना।

**extruded** (इक्-स्टू´-डिड्) *adj.* forced out, बहिष्कृत।

**extrusion** (इक्-स्टू´-ज़्हॅन्) *n.* the act of extruding, बाहर निकालने की क्रिया, बहिष्करण।

**extrusive** (इक्-स्टू´-सिव्) *adj.* forced out, फेंका हुआ, निकाला हुआ, निस्सारित।

**exuberance** (इग्-ज़ू´-बॅ-रॅन्स्) *n.* 1. the state of being exuberant, प्रचुरता, बहुलता। 2. liveliness, जीवंतता, जान, उल्लास। 3. prosperity, समृद्धि, संपन्नता।

**exuberant** (इग्-ज़ू´-बॅ-रॅन्ट्) *adj.* 1. growing abundantly, प्रचुरता से बढ़नेवाला। 2. prolific, प्रचुर, बहुल। 3. lively, high-spirited, cheerful, सजीव, जानदार, उल्लसित, जीवंत। 4. prosperous, समृद्ध, संपन्न।

**exude** (इग्-ज़्यूड्´-ज़ूड्´) *v.* 1. to ooze or pass in drops, रिसना, चूना। 2. to cause to ooze, चुआना। 3. to make apparent by mood or behaviour, व्यवहार से जतलाना या दिखलाना। 4. to spread, फैलाना।

**exult** (इग्-ज़ल्ट्´) *v.* to rejoice greatly, आनंद मनाना, ख़ुशी मनाना।

**exultant** (इग्-ज़ल्´-टॅन्ट्) *adj.* jubilant, उल्लसित, आह्लादित, प्रसन्न।

**exultantly** (इग्-ज़ल्´-टॅन्ट्-ली) *adv.* in an exultant manner, ख़ुशी-ख़ुशी, प्रसन्नता-पूर्वक।

**exultation** (इग्-ज़ल्-टे´-शॅन्) *n.* 1. jubilation, उल्लास, आह्लाद। 2. triumph, जीत की ख़ुशी।

**eye** (आइ) *n.* 1. an organ of sight, आँख, नेत्र, नयन। 2. the power of seeing, देखने की शक्ति, दृष्टि, नज़र। 3. a look or gaze, दृष्टि, नज़र। 4. a viewpoint, दृष्टिकोण, नज़रिया। 5. an opinion, राय। 6. a thing or hole like an eye, आँख, छेद। 7. ability to recognize or judge, परख, दृष्टि। 8. the calm centre of a hurricane, झंझावात के मध्य का अपेक्षाकृत शांत क्षेत्र। □ **an eye for an eye,** ईंट का जवाब पत्थर, जैसे को तैसा; **catch someone's eye,** किसी का ध्यान अपनी ओर आकृष्ट करना; **feast one's eyes on,** आँखें ठंडी करना; **have an eye on,**

(किसी चीज़ पर) नज़र होना; **in one's mind's eye,** कल्पना में; **keep an eye on,** निगरानी या चौकसी करना, ध्यान रखना; **keep one's eyes open,** सावधान होना, सजग रहना; **lay eyes on,** देखना; **make eyes at,** मुग्ध होकर देखना, कामुक दृष्टि से देखना; **My eye!** प्रतिवाद, खंडन या आश्चर्य का सूचक विस्मय-बोधक; **open one's eyes,** आँख खोलना, सावधानीपूर्वक देखना; **run one's eyes over,** नज़र डालना, दृष्टिपात करना; **see eye to eye,** (किसी से) पूर्णतः सहमत होना; **shut one's eyes to,** आँखें बंद कर लेना, अनदेखी करना; **take one's eyes off,** आँखें फेर लेना, मुँह घुमा लेना; **throw dust in (someone's) eyes,** आँखों में धूल झोंकना; **turn a blind eye to,** उपेक्षा करना, अनदेखी करना; **upto one's eyes,** अत्यंत व्यस्त; **with one's eyes open,** आँखें खोलकर; **with one's eyes shut,** अत्यंत सरलतापूर्वक, बड़े आराम से। *v.* 1. to watch carefully, ध्यान से देखना, ध्यानपूर्वक देखना। 2. to look at with desire, ललचाई दृष्टि से देखना।

**eyeball** (आई´-बा:ल्) *n.* the ball-shaped portion of the eye within the lids, आँख की पुतली।

**eyebrow** (आई´-ब्राउ) *n.* the hair covering the bony ridge over the eye, भौंह, भृकुटी, भ्रू। □ **raise one's eyebrows (at),** भौंहें तानना या चढ़ाना।

**eyebrow pencil** *n.* a pencil for colouring the eyebrow, भौंहें रँगने की पेंसिल।

**eye-catching** (आइ´-कैच्-इंग्) *adj.* striking, चित्ताकर्षक।

**eyeful** (आइ´-फुल्) *n.* 1. a pleasant sight, सुखद दृश्य। 2. a beautiful woman, सुंदर स्त्री। 3. a glance, दृष्टि, नज़र।

**eyeglass** (आइ´-ग्लास्/ग्लैस्) *n.* a lense used to aid defective vision, आँख का शीशा, लेन्स।

**eyeglasses** (आइ´-ग्ला/ग्लै-सिज़्) *n.* (plu.) glasses, spectacles, चश्मा, ऐनक।

**eyelash** (आइ´-लैश्) *n.* a fringe of hair that grows from the edge of eyelids, बरौनी।

**eyelet** (आइ´-लिट्) *n.* a small metal ring with a hole, छल्ला, अक्षिका, आइलेट।

**eyelid** (आइ´-लिड्) *n.* the movable cover of the eye, पलक।

**eye-opener** (आइ´-ओ-पॅ-नॅ:) *n.* something startling or shocking, आँखें खोल देनेवाली बात या घटना।

**eyesight** (आइ´-साइट्) *n.* the ability or power of seeing, दृष्टि, नज़र।

**eyesore** (आइ´-सो:) *n.* an ugly sight, देखने में भद्दी वस्तु, आँख का काँटा, अतिकुरूप वस्तु।

**eyestrain** (आइ´-स्ट्रेन्) *n.* the strain of the eyes, आँखों पर पड़नेवाला ज़ोर।

**eyewash** (आइ´-वॉश्) *n.* 1. a lotion for the eyes, आँख में डालने की दवा, काजल, सुरमा आदि। 2. empty talk, बेसिर-पैर की बात।

**eyewitness** (आइ´-विट्-निस्) *n.* a person who saw an accident or crime and can bear witness to the fact, साक्षी, चश्मदीद गवाह।

**eyrie** (आइ´-ॲ-री) *n.* the nest of a flesh-eating bird, गिद्ध आदि का ऊँचा घोंसला।

# F

**F, f** (ऍफ़्) ***n.*** the sixth letter of the English alphabet, अंग्रेज़ी लिपि का छठा वर्ण।

**fa** (फ़ा) ***n.*** the fourth note of a scale in a music, संगीत में 'म' स्वर।

**fable** (फ़े´-बॅल्) ***n.*** a story that teaches a lesson, कथा।

**fabled** (फ़े´-बॅल्ड्) ***adj.*** 1. connected with fables, गल्पों या आख्यानों में उल्लिखित। 2. fictitious, कल्पित, काल्पनिक।

**fabric** (फ़ैब्´-रिक्) ***n.*** 1. any woven, knitted or felted cloth, कपड़ा, वस्त्र। 2. the structure or framework of any thing, ढाँचा।

**fabricate** (फ़ैब्´-रि-केट्) ***v.*** 1. to weave, knit or felt, बुनना या जमाकर कपड़ा तैयार करना। 2. to manufacture or construct, निर्माण करना, बनाना। 3. to make, build or invent, गढ़ना, तैयार करना, रचना। 4. to forge (a document), कूट रचना करना, जाल रचना, जाली बनाना।

**fabrication** (फ़ैब्-रि-के´-शॅन्) ***n.*** 1. the act of fabricating, निर्माण, रचना। 2. something fabricated, ढाँचा, गढ़न, रचना। 3. a fabricated document, जाली दस्तावेज़।

**fabulous** (फ़ैब्´-यु-लॅस्) ***adj.*** 1. of or like a fable, गल्प-संबंधी, गल्प-जैसा। 2. fictitious or legendary, काल्पनिक या पौराणिक। 3. extremely good excellent, उत्तम, उत्कृष्ट।

**facade** (फ़ॅ-साड्´) ***n.*** the front of the building, मकान का सामना।

**face** (फ़ेस्) ***n.*** 1. the front of the head from the forehead to the chin, मुँह, मुख, मुखड़ा, चेहरा। 2. a facial expression, मुखाकृति, चेहरा, मुँह; Her face fell. उसका चेहरा लटक गया। 3. the main side of something, सामना, मुँह, अग्रभाग। 4. prestige or dignity, प्रतिष्ठा, सम्मान; The country lost face by her defeat. पराजय से देश की प्रतिष्ठा को धक्का लगा। □ **face to face,** (i) आमने-सामने, (ii) सम्मुख, सामने; **in the face of,** विरोध के बावजूद; **lose face,** लज्जित होना; **pull a long face,** दुखी या निराश दिखाई पड़ना, मुँह लटक जाना; **put a bold face on,** साहस या धैर्य धारण करना; **save one's face,** लाज बचा लेना।

**facelift** (फ़ेस्´-लिफ़्ट्) ***n.*** 1. plastic surgery to improve facial appearance, चेहरे की प्लास्टिक सर्जरी। 2. a renovation of a building's exterior, मकान के सामनेवाले भाग में होनेवाला सुधार।

**facepowder** (फ़ेस्-पॉउ´-डॅः) ***n.*** a sweet smelling cosmetic powder for facial beauty, चेहरे पर लगाने का पाउडर।

**facesaving** (फ़ेस्´-से-विंग्) ***adj.*** that save's one's dignity, प्रतिष्ठा की रक्षा करनेवाला, लाज रखने या बचानेवाला, पत रखनेवाला।

**facet** (फ़ैस्´-इट्) ***n.*** 1. any of the many flat sides of a jewel, पहलू, फलक, पक्ष। 2. one aspect of a problem or situation, पक्ष, पहलू; This question has many facets, इस प्रश्न के कई पहलू हैं।

**facetious** (फ़ॅ-सी´-शॅस्) ***adj.*** humorous, विनोदी या विनोदपूर्ण, मज़ाकिया।

**face to face** ***adj.*** being within each other's presence, आमने-सामने होनेवाला।

**face value** ***n.*** the value as shown or printed on the front of something, अंकित/छपा मूल्य।

**facial** (फ़े´-शॅल्) ***adj.*** of or concerning the face, चेहरे से संबद्ध, मुख-संबंधी, मुखीय। ***n.*** a beauty treatment of the face, सौंदर्योपचार।

**facile** (फ़ै´-साइल्, फ़ैस´-इल्/अॅल्) *adj.* 1. not hard to do, easy, सहज, सुगम। 2. easily obtained, सहजता से प्राप्त होनेवाला। 3. superficial, सतही, साधारण।

**facilitate** (फ़ॅ-सिल्´-इ-टेट्) *v.* to make easier, (अपेक्षाकृत) सरल बना देना।

**facilitation** (फ़ॅ-सिल्´-इ-टे´-शॅन्) *n.* the act of facilitating, सरलीकरण।

**facility** (फ़ॅ-सिल्´-इ-टी) *n.* (plu. facilities) 1. the quality of being easy, सरलता, सुगमता। 2. ease in doing something or resulting from skill or aptitude, दक्षता, कौशल। 3. convenience, सुविधा। 4. (plu.) the means by which something can be more easily done, साधन, सुविधाएँ।

**facing** (फ़ें´-सिंग्) *n.* 1. a coating of different material applied to a surface, लेप, तह, परत। 2. a different piece of material sewn on a garment, वस्त्र पर शोभा के लिए लगाया जानेवाला दूसरे रंग के कपड़े का टुकड़ा, चिथली।

**facsimile** (फ़ैक्-सिम्´-इ-ली) *n.* an exact copy or reproduction of a book, document, painting etc., नक़ल।

**fact** (फ़ैक्ट्) *n.* 1. something that has happened or been done, घटना, कार्य। 2. something known to be true or accepted as true, तथ्य, हक़ीक़त, यथार्थ, वास्तविकता; relevant facts, सुसंगत तथ्य। □ **as a matter of fact** or **in fact,** वास्तव में।

**fact-finding** (फ़ैक्ट्-फ़ाइन्-डिंग्) *n.* 1. the discovery of facts, तथ्यों का अन्वेषण। 2. the determination of facts, तथ्य-निर्धारण। *adj.* busy in finding the facts, तथ्यों के अन्वेषण में लगा हुआ; तथ्यों के निर्धारण में व्यस्त।

**faction** (फ़ैक्´-शॅन्) *n.* a small group within a larger group, गुट, पक्ष।

**factional** (फ़ैक्´-शॅ-नॅल्) *adj.* 1. of a faction, गुट-संबंधी। 2. of factions, गुटों से संबद्ध।

**factionalism** (फ़ैक्´-शॅ-नॅल्-इज्-ॲम्) *n.* 1. the strife or dissension between the factions, गुटबंदी। 2. internal discord, गुट-भावना।

**factitious** (फ़ैक्-टिश्´-ॲस्) *adj.* not genuine, artificial, false, कृत्रिम, बनावटी, जाली।

**factitiously** (फ़ैक्-टिश्´-ॲस्-ली) *adv.* in a factitious manner, कृत्रिम रूप से, झूठमूठ।

**factitiousness** (फ़ैक्-टिश्´-ॲस्-निस्) *n.* the state of being factitious, कृत्रिमता।

**factor** (फ़ैक्´-टॅ:) *n.* 1. a person or thing that actively contributes to a result or process, घटक, कारक, उपादान, बात। 2. one of two or more quantities which form product when multiplied together, गुणनखंड।

**factorial** (फ़ैक्-टोर्´-इ-ॲल्) *adj.* of a factor, गुणनखंड-संबंधी।

**factorize** (फ़ैक्´-टॅ-राइज़्) *v.* to divide into factors, गुणनखंडों में विभक्त करना।

**factory** (फ़ैक्´-टॅ-री) *n.* a building or group of buildings where goods are made in large quantities by machines, कारख़ाना।

**factotum** (फ़ैक्-टो´-टॅम्) *n.* a servant or assistant doing all kinds of work, सब तरह के काम करनेवाला सेवक या सहयोगी।

**factual** (फ़ैक्´-चु-ॲल्) *adj.* 1. based on facts, तथ्यों पर आधारित, तथ्यपूर्ण, तथ्यात्मक। 2. correct, accurate, सही। 3. actual, वास्तविक।

**factually** (फ़ैक्´-चु-ॲ-ली) *adv.* in reality, वस्तुत:, हकीकत में, दरअसल।

**faculty** (फ़ैक्´-ॲल्-टी) *n.* 1. ability to do or perform, क्षमता, कार्यक्षमता। 2. a special attitude or power, शक्ति; the faculty of hearing, श्रवण-शक्ति। 3. a department or division of learning at a university or college, संकाय; faculty of arts, कला संकाय।

**fad** (फ़ैड्) *n.* a craze, सनक, धुन।

**faddish** (फ़ैड्´-इश्) *adj.* crazy, सनकी, धुनी।

**faddy** (फ़ैड्´-ई) *adj.* faddish, सनकी, धुनी।

**fade** (फ़ेड्) *v.* 1. to lose colour, freshness or strength, कुम्हलाना, मुरझाना।

**faecal** (फ़ी´-कॅल्) *adj.* of or pertaining to faeces, मल-संबंधी।

F

**faeces** (फ़ी´-सीज़्) ***n.*** (plu.) the solid waste material passed from the bowels, पाख़ाना, टट्टी, गूह, मल, विष्ठा।

**fag** (फ़ैग्) ***n.*** an unpleasant hard tiring work, मेहनत का काम, कड़ा या कठोर काम, उबाऊ काम।

**fag-end** (फ़ैग्-ऍन्ड्´) ***n.*** the last and least useful part of something, बचा-खुचा अंश।

**fagged** (फ़ैग्ड्) ***adj.*** very tired, बहुत अधिक थका हुआ।

**faggot, fagot** (फ़ैग्´-ऑट्) ***n.*** a bundle of twigs or sticks bound together, लकड़ियों का गट्ठर।

**fahrenheit** (फ़ैर्´-ऍन्-हाइट्) a scale of temperature (devised by G.B. Fahrenheit) that indicates the freezing point of water as 32° and the boiling point 212°, फारेनहाइट।

**ail** (फ़ेल्) ***v.*** (failed, failing) 1. to be unsuccessful, विफल होना, अनुत्तीर्ण होना, फ़ेल होना। 2. to give the grade of failure, फ़ेल कर देना। 3. to be deficient, कम पड़ जाना, कमी पड़ जाना। 4. to cease to function, ठप हो जाना, काम करना बंद कर देना, ख़राबी आ जाना। 5. to disappoint, निराश करना। 6. to leave or neglect, चूक जाना, छोड़ देना या उपेक्षा कर जाना, विफल रहना। ***n.*** failure, विफलता।

**ailed** (फ़ेल्ड्) ***adj.*** unsuccessful, विफल।

**ailing** (फ़े´-लिंग्) ***n.*** 1. a failure, विफलता। 2. a weak point, weakness, कमज़ोरी, दुर्बलता। 3. a fault, दोष, त्रुटि। ***prep.*** in the absence of, के न हो सकने पर।

**ilure** (फ़ेल्´-यें:) ***n.*** 1. the act or fact of failing, विफलता। 2. the ceasing of mechanism or a part of body to function, बंद हो जाना या काम करना बंद कर देना। 3. an unsuccessful person, विफल व्यक्ति।

**int** (फ़ेन्ट्) ***adj.*** 1. dim, indistinct, मंद, हलका, धुँधला। 2. weak, feeble, क्षीण, कमज़ोर। 3. timid, डरपोक, भीरु, कमज़ोर। 4. about to lose consciousness, मूर्च्छोन्मुख। ***n.*** an abrupt loss of consciousness, मूर्च्छा, बेहोशी। ***v.*** (fainted, fainting) to lose consciousness, मूर्च्छित होना, बेहोश होना।

**faint-hearted** (फ़ेन्ट्-हा:´-टिड्) ***adj.*** lacking courage, timid, डरपोक, कमज़ोर दिलवाला।

**faintly** (फ़ेन्ट्´-ली) ***adv.*** 1. indistinctly, अस्पष्ट रूप से। 2. a little, somewhat, कुछ-कुछ।

**fair**[1] (फ़ेॲ:)***n.*** 1. a festival, उत्सव, समारोह। 2. a periodical gathering of buyers and sellers at a particular place and time for trade, मेला, पैंठ। 3. an exhibition, प्रदर्शनी।

**fair**[2] (फ़ेॲ:) ***adj.*** 1. beautiful, attractive, सुंदर, ख़ूबसूरत, आकर्षक, मनोहर, गोरा; a fair girl, सुंदर या गोरी लड़की। 2. light in colour, हलके रंग का; fair hair, हलके काले रंग के बाल, सुनहरे बाल। 3. fine, अच्छा, बढ़िया। 4. free from blemish, त्रुटिहीन, खरा। 5. unbiased, impartial, just, पूर्वग्रहमुक्त, निष्पक्ष, न्यायपूर्ण, न्यायसंगत। 6. honest, ईमानदार। 7. smooth and even, समान और समतल। 8. of moderate quality or amount, ठीक ही, उपयुक्त, उचित, सही; fair amount, उचित रकम; fair and just, उचित और न्यायसंगत □ **by fair means or foul,** जैसे-तैसे; **fair and square,** निष्पक्ष और न्यायपूर्ण। ***adv.*** 1. in a fair manner, उचित रीति से, उचित ढंग से। 2. straight, सीधे। ***v.*** 1. to become fair or clear, निर्मल या स्वच्छ होना। 2. to smooth, चिकना बनाना, समतल करना।

**fair dealing** (फ़ेॲ:´-डी-लिंग्) ***n.*** just and impartial treatment, खरा व्यवहार।

**fair ground** (फ़ेॲ:-ग्रॉउन्ड्) ***n.*** a site where fairs are held, मेला-क्षेत्र।

**fair-haired** (फ़ेॲ:´-हेॲ:ड्) ***adj.*** 1. having fair hair, सुनहरे बालोंवाला। 2. favourite, दुलारा।

**fairly** (फ़ेॲ:´-ली) ***adv.*** 1. in a fair manner, उचित रीति से, ईमानदारी से। 2. equitably, निष्पक्षतापूर्वक। 3. moderately, साधारणत:। 4. actually, सचमुच।

**fair-minded** (फ़ेॲ:´-माइन्-डिड्) ***adj.*** just and impartial, न्यायी और निष्पक्ष।

**fairness** (फ़ेॲ:´-निस्) ***n.*** the quality or state of being fair, गोरापन; सौंदर्य; औचित्य; निष्पक्षता; ईमानदारी; निर्मलता।

F

**fair play** (फ़ेंअॅ:-प्ले) ***n.*** fairness in dealing, खरा व्यवहार, व्यवहार का खरापन।

**fair sex, the** (फ़ेंअॅ:-सेंक्स्) ***n.*** women collectively, स्त्री समुदाय, स्त्री जाति।

**fair-spoken** (फ़ेंअॅ:-स्पो-कॅन्) ***adj.*** polite, नम्र, मृदु।

**fair-weather** (फ़ेंअॅ:´-वेंद्-अॅ:) ***adj.*** loyal and dependable, निष्ठावान तथा भरोसेमंद; fair-weather friend, दुख-सुख का साथी।

**fairy** (फ़ेंअॅर्´-ई) ***n.*** (plu. fairies) a small imaginary woman-like figure supposed to have magical powers, अप्सरा, परी, हूर।

**fairyland** (फ़ेंअॅर्´-ई-लैन्ड्) ***n.*** the land or world of fairies, परियों का देश, परीलोक।

**fairy tale** ***n.*** 1. a story about fairies, परीकथा। 2. a fictitious story, कल्पित कथा, गप।

**fait accompli** (फ़ेट्-अॅ-कॉम्-प्ली´) ***n.*** (plu. faits accomplis) an accomplished fact, निष्पन्न या संपन्न कार्य, निर्विवाद तथ्य।

F

**faith** (फ़ेथ्) ***n.*** 1. strong belief, आस्था, पक्का या अटल विश्वास, दृढ़ निष्ठा, सत्यनिष्ठा। 2. belief in God or religion, विश्वास, निष्ठा। 3. a religion or a system of religious beliefs, धर्म, धर्मतंत्र। 4. allegiance, loyalty, sincerity, निष्ठा, ईमानदारी, वफ़ादारी, विश्वासपात्रता। □ **in good faith,** अच्छी नीयत से, सद्‌भावनापूर्वक।

**faithful** (फ़ेथ्´-फ़ुल्) ***adj.*** 1. full of or showing loyalty, loyal, ईमानदार, सत्यनिष्ठ। 2. reliable, निष्ठावान, वफ़ादार, विश्वसनीय। 3. exact, true, शुद्ध, सही, यथार्थ। 4. full of religious faith, धर्मी, धर्मविश्वासी, विश्वासी।

**faithfully** (फ़ेथ्´-फ़ु-ली) ***adv.*** in a faithful manner, वफ़ादारी से, ईमानदारी से, निष्ठापूर्वक।

**faithfulness** (फ़ेथ्´-फ़ुल्-निस्) ***n.*** the quality or state of being faithful, ईमानदारी, सत्यनिष्ठा, वफ़ादारी, यथार्थ, धर्मीपन।

**faithless** (फ़ेथ्´-लिस्) ***adj.*** 1. having no faith in religion or God, नास्तिक। 2. disloyal, निष्ठाहीन, बेवफ़ा।

**faithlessness** (फ़ेथ्´-लिस्-निस्) ***n.*** the quality or state of being faithless, नास्तिकता; निष्ठाहीनता; बेवफ़ाई।

**fake** (फ़ेक्) ***adj.*** not genuine but made to deceive others, नक़ली, जाली। ***v.*** (faked, faking) 1. to make (something) seem real, जालसाज़ी करना, नक़ली वस्तु बनाना। 2. to pretend, बहाना करना; He faked illness. उसने बीमारी का बहाना किया।

**faker** (फ़े´-कॅ:) ***n.*** a fraud or swindler, जालसाज़, धोखेबाज़, ठग।

**fakir**[1] (फ़ॅ-की:´, फ़े´-कि:) ***n.*** a beggar regarded as a holy man, फ़कीर, साधु, संन्यासी।

**falcate** (फ़ैल्´-केट्) ***adj.*** shaped like a sickle, हँसिया के आकार का, अर्द्ध चंद्राकार।

**falcon** (फ़ा:ल्´-कॅन्) ***n.*** a bird of prey with a curved beak, बाज़ पक्षी।

**falconry** (फ़ा:ल्´-कॅन्-री) ***n.*** the art of training falcons to hunt game, शिकार करने के लिए बाज़ों को प्रशिक्षित करने की कला।

**fall** (फ़ा:ल्) ***v.*** (fell, fallen) 1. to drop without restraint, गिरना, ऊपर से नीचे आना 2. to come down from an erect position, गिर पड़ना, गिर जाना, ढह जाना। 3. to be killed or severely wounded in battles, युद्ध में काम आ जाना या घायल हो जाना 4. to become lower in level, नीचे आना, गिरना, उतरना। 5. to come or happen आना, होना; Night fell quickly, सहसा रात हो गई। 6. to pass into a new state or condition, होना, पड़ना। 7. to hang loosely लटकना। 8. to be defeated, हार जाना, पराजित होना। 9. to dimnish, घटना, कम होना। 10. to decline in status or importance, अवनति या पतन होना। 11. to slope in a downward direction, दर्जा घट जाना, नीचे को जाना, उतरना। 12. to do something immoral, गिरना, पतित होना। 13. to take on a look of sadness, (मुँह) लटक या उतर जाना। 14. to be spoken, मुँह से निकलना। 15. to be directed by chance पड़ना; My gaze fell on a book. मेरी नज़र किताब पर पड़ी। 16. to be allotted, हिस्से आना; That task fell to me. वह काम मेरे हिस्से आया। 17. to divide naturally, बँट जाना; They fell into three categories.

तीन श्रेणियों में बँटे। □ **fall back,** पीछे लौटना, पीठ दिखाना, मैदान छोड़ना; **fall behind,** पीछे रह या छूट जाना; **fall flat,** (i) पूर्णतः विफल होना, (ii) अनुत्पादक सिद्ध होना; **fall into,** (i) आरंभ होना, (ii) बटना; **fall in with,** (i) मुलाकात या भेंट हो जाना, (ii) सहमत होना; **fall on,** धावा बोल देना; **fall out,** झगड़ा करना, झगड़ना, लड़ना-झगड़ना; **fall short,** स्तर या अपेक्षा से कम होना; **fall through,** बेकार हो जाना; **fall to,** आरंभ करना; **fall upon,** धावा बोल देना, आक्रमण कर देना। *n.* 1. the act of falling, गिरना, पड़ना, पात। 2. a decrease in degree, price, quantity etc., कमी, गिरावट। 3. the defeat of a city or country, नगर या राज्य का पतन। 4. the season when leaves fall, पतझड़। 5. a waterfall, झरना, प्रपात। 6. a throw in wrestling bout, पटकनी।

**fallacious** (फ़ॅ-ले´-शॅस्) *adj.* based on a fallacy, misleading, भ्रांतिजनक, भ्रामिक।

**fallacy** (फ़ैल्´-ॲ-सी) *n.* (plu. fallacies) 1. a false or mistaken belief, भ्रांत धारणा, भ्रम, भ्रांति। 2. a false argument, झूठा तर्क।

**fallen** (फ़ा:ल्´-ॲन्) *adj.* 1. having come down, dropped, गिरा हुआ, पतित। 2. degraded, अवनत, पदावनत, अधम। 3. over thrown, सत्ताच्युत। 4. destroyed, नष्ट। 5. dead, मृत।

**allible** (फ़ैल्´-इ-बॅल्) *adj.* liable to make mistakes, भूल करनेवाला।

**allout** (फ़ा:ल्´-ऑउट्) *n.* debris from nuclear explosion, नाभकीय विस्फोट का मलबा।

**allow** (फ़ैल्´-ओ) *adj.* (the land) ploughed but left unseeded in order to restore its fertility, परती (ज़मीन)।

**alse** (फ़ा:ल्स्) *adj.* (falser, falsest) 1. lying, झूठा। 2. contrary to truth, मिथ्या, असत्य, झूठा; false pride, झूठी शान। 3. artificial, नक़ली, कृत्रिम, दिखावटी; false teeth, नक़ली, दाँत। 4. fake, जाली, खोटा। 5. deceptive, भ्रांत, भ्रामक; false light, भ्रामक प्रकाश। 6. unfaithful, निष्ठाहीन।

**alsehood** (फ़ा:ल्स्´-हुड्) *n.* 1. the telling of lies, असत्य भाषण। 2. an untrue statement, असत्य कथन, झूठ। 3. deception, धोखा, भ्रांति।

**falsely** (फ़ा:ल्स्´-ली) *adj.* in a false manner, मिथ्या रूप से, झूठमूठ, झूठे ही।

**falsetto** (फ़ा:ल्´-सेंट्-ओ) *n.* (plu. falsettos) an artificial high voice, (संगीत में) बनावटी ऊँची आवाज़, भड़भड़।

**falsies** (फ़ा:ल्´-सीज़्) *n.* (plu.) a padded bra, गद्दीदार चोली।

**falsification** (फ़ा:ल्-सि-फ़ि-के´-शॅन्) *n.* 1. the act of falsifying, झूठा सिद्ध करने की क्रिया, मिथ्याकरण। 2. fraudulent alteration, जालसाज़ी, हेर-फेर, बदलाव।

**falsify** (फ़ा:ल्´-सि-फ़ाइ) *v.* 1. to state falsely, ग़लतबयानी करना, झूठ कहना। 2. to render false, झूठा सिद्ध करना, झुठलाना, मिथ्या निरूपित करना।

**falsity** (फ़ा:ल्-सि-टी) *n.* (plu. falsities) 1. a lie, झूठ, मिथ्या बात। 2. an error, भूल, ग़लती।

**falter** (फ़ा:ल्´-टॅ:) *v.* 1. to stumble, लड़खड़ाना, डगमगाना। 2. to stammer, हकलाना, ज़बान का लड़खड़ाना।

**faltering** (फ़ा:ल्´-टॅर्-इंग्) *adj.* 1. stumbling, लड़खड़ाता हुआ। 2. stammering, हकलाता हुआ।

**fame** (फ़ेम्) *n.* the state of being well known, प्रसिद्धि, ख्याति।

**famed** (फ़ेम्ड्) *adj.* famous, प्रसिद्ध।

**familial** (फ़ॅ-मिल्´-यॅल्) *adj.* of or common to a family, पारिवारिक, कौटुंबिक।

**familiar** (फ़ॅ-मि´-लिअॅ:) *adj.* 1. well known, परिचित, सुविदित, जाना-पहचाना। 2. intimate, घनिष्ठ, अंतरंग। 3. common, साधारण, सामान्य।

**familiarity** (फ़ॅ-मि-लि-ऐर्´-इ-टी) *n.* 1. substantial acquaintance, intimacy, अच्छी जान-पहचान, सुपरिचय, घनिष्ठता। 2. substantial acknowledge of something, अच्छी जानकारी, सुपरिचय, ज्ञान।

**familiarize** (फ़ॅ-मिल्´-ॲ-राइज़्) *v.* (familiarized, familiarizing) 1. to make oneself acquainted with, जान-पहचान करना, परिचय

F

करना, जानकारी करना। 2. to make another acquainted with, जान-पहचान कराना, परिचित कराना, जानकारी कराना। 3. to make well known, प्रसिद्ध करना।

**family** (फ़ैम्´-इ-ली) ***n.*** 1. parents and their children, परिवार। 2. the children of the same parents, संतान, संतति, औलाद। 3. a group descended from a common ancestor, कुल, घराना, कुटुंब, ख़ानदान। 4. a group of related things, वर्ग या समूह। □ **in the family way,** गर्भवती; **of good family,** कुलीन, ख़ानदानी। ***adj.*** of family, पारिवारिक; a family doctor, पारिवारिक चिकित्सक।

**family circle** ***n.*** a group of close friends and relatives, मित्रवर्ग, इष्ट-मित्र।

**family man** ***n.*** 1. a man with a family, गृहस्थ। 2. a man devoted to his family, सद्‌गृहस्थ।

F

**family name** ***n.*** a surname, जाति-नाम।

**family planning** ***n.*** birth control, परिवार-नियोजन, संतति-निग्रह।

**family tree** ***n.*** a genealogical diagram of a family, वंशवृक्ष, शजरा।

**family welfare** ***n.*** the welfare of a family, परिवार-कल्याण, पारिवारिक हित।

**famine** (फ़ैम्´-इन्) ***n.*** 1. an acute shortage of food in a region, अकाल, दुर्भिक्ष। 2. an acute shortage of anything, घोर अभाव, अकाल।

**famish** (फ़ैम्´-इश्) ***v.*** 1. to be very hungry or weak, भूखों मरना। 2. to make very hungry or weak, भूखों मारना।

**famous** (फ़े´-मॅस्) ***n.*** well-known, renowned, प्रसिद्ध, मशहूर, विख्यात।

**fan**[1] (फ़ैन्) ***n.*** 1. a hand-held implement for creating cool breeze, पंखी, पंखा। 2. an electrical device for creating cool air, बिजली का पंखा, पंखा। 3. an apparatus for winnowing grain, पंखा। ***v.*** (fanned, fanning) 1. to move or agitate a current of air upon, पंखा झलना, हवा करना, पंखा चलाना। 2. to separate grain from chaff, (अनाज) फटकना, (भूसी) उड़ाना। 3. to stir up, उत्तेजित होना या करना, भड़क उठना या भड़काना, हवा देना। 4. to spread from a central point, फैला देना।

**fan**[2] (फ़ैन्) ***n.*** an enthusiastic admirer or devotee, शौक़ीन, अनुरागी, प्रशंसक, भक्त।

**fanatic** (फ़ॅ-नैट्´-इक्) ***n.*** one possessed with excessive enthusiasm or irrational zeal, जोशीला या दीवाना आदमी, दुराग्रही या कट्टर, मतांध, अंधभक्त। ***adj.*** excessively enthusiastic, irrationally zealous, जोश-भरा, जोशीला, दीवानगी-भरा, दुराग्रहपूर्ण, कट्टर, धर्मांध।

**fanatical** (फ़ॅ-नैट्´-इ-कॅल्) ***adj.*** fanatic, मतांध, धर्मांध, दुराग्रही।

**fanatically** (फ़ॅ-नैट्´-इ-कॅ-ली) ***adv.*** in a fanatic manner, मतांध होकर, धर्मांधतापूर्वक।

**fanaticism** (फ़ॅ-नैट्´-इ-सिज़्-ॲम्) excessive enthusiasm, irrational zeal, जोशीलापन, दीवानगी, कट्टरता, दुराग्रह, धर्मांधता।

**fancied** (फ़ैन्-सिड्) ***adj.*** 1. imaginary, काल्पनिक। 2. imagined, कल्पित।

**fancier** (फ़ैन्´-सि-ॲ:) ***n.*** 1. a person given to fancies, मनमौजी, तरंगी, सनकी। 2. a person with a special interest in something, शौक़ीन। 3. one who breeds special varities of plants or animals, विशिष्ट जाति के पौधों या पशुओं को पालनेवाला।

**fanciful** (फ़ैन्´-सि-फ़ुल्) ***adj.*** 1. indulging in fancies, सनकी, मनमौजी। 2. imaginary, काल्पनिक। 3. quaint and whimsical in design, विचित्र, अनोखा।

**fan club** ***n.*** organised group of a person's admirers, प्रशंसकों का क्लब।

**fancy** (फ़ैन्´-सी) ***n.*** (plu. fancies) 1. playful imagination, कल्पना, उड़ान। 2. a whim, मौज, तरंग, सनक। 3. fondness, चाह, अभिरुचि। 4. an unreasonable desire for something, भ्रांति या वहम। ***adj.*** (fancier, fanciest) 1. of superior grade, बढ़िया क़िस्म का। 2. of elaborate design, कामदार, डिज़ाइनदार, भड़कीला। 3. illusory, भ्रांतिपूर्ण, भ्रामक। 4. whimsical, सनक-भरा, मनमाना। ***v.*** 1. to imagine, कल्पना करना। 2. to be fond of, (का) शौक़ीन होना। 3. to suppose, मान लेना, धारण करना।

**fancywork** (फ़ैन्´-सि-व़:क्) *n.* decorative needlework, कसीदे का बढ़िया काम।

**fanfare** (फ़ैन्´-फ़ेंअॅ:) *n.* a loud blast of trumpets, शहनाई का स्वर, मंगलध्वनि।

**fang** (फ़ैंग्) *n.* a long sharp tooth of a dog or wolf, कुत्ते या भेड़िए का लंबा नुकीला दाँत।

**fanlight** (फ़ैन्´-लाइट्) *n.* a small window above a door or another window, दरवाज़े या खिड़की के ऊपर का रोशनदान।

**fantastic** (फ़ैन्-टैस्´-टिक्) *adj.* 1. imaginary, कल्पनाप्रसूत। 2. illusory, भ्रामक। 3. unrealistic, capricious, बेतुका, सनक-भरा। 4. very good, excellent, बहुत बढ़िया, उत्तम।

**fantastically** (फ़ैन-टैस्´-टि-कॅ-ली) *adv.* in a fantastic manner, बतुकेपन से, सनक के रूप में।

**fantasy** (फ़ैन्´-टॅ-सी) *n.* (plu. fantasies) 1. the creative or fantastic imagination, रचनात्मक या विलक्षण कल्पना। 2. illusion, भ्रम, भ्रांति। 3. a whimsical idea, लहर, सनक। 4. a daydream, दिवास्वप्न।

**far** (फ़ा:) *adv.* (farther/further, farthest/furthest) 1. at a great distance, दूर, परे। 2. to or from a distance, दूर से। 3. very much, बहुत अधिक; This book is far better than that. उस पुस्तक से यह बहुत अधिक अच्छी है। □ **as far as,** जहाँ तक, वहाँ तक; **by far,** बढ़कर, कहीं अधिक, बहुत अच्छा; **far from,** बिल्कुल नहीं; **go far,** (i) सफल होना, (ii) उस सीमा तक; **in so far as,** उस सीमा तक; **so far,** (i) अब तक, (ii) एक निश्चित सीमा तक; **so far as,** उस सीमा तक; **so far so good,** अभी तक प्रगति संतोषजनक है। *adj.* 1. distant, remote, दूरस्थित, दूरवर्ती। 2. extending a long way, लंबा; a far journey, लंबी यात्रा। □ **a far cry,** a great distance, लंबी दूरी; **a far cry from,** बहुत अधिक भिन्न।

**faraway** (फ़ा:´-अॅ-वे) *adj.* 1. distant, दूरवर्ती, दूरस्थित। 2. dreamy, नींद-भरा; faraway eyes, नींद-भरी आँखें।

**farce** (फ़ा:स्) *n.* 1. a funny play, हास्यप्रधान नाटक। 2. something absurd, ढोंग, तमाशा।

**farcical** (फ़ा:´-सि-कॅल्) *adj.* absurd, बेतुका, भोंडा, हास्यास्पद।

**farcically** (फ़ा´:-सि-कॅ-ली) *adv.* in a farcical manner, बेतुकेपन से, भोंडे ढंग से।

**fare**[1] (फ़ेंअॅ:) *n.* the amount of money paid for transportation, किराया, भाड़ा।

**fare**[2] (फ़ेंअॅ:) *v.* (fared, faring) 1. to travel, यात्रा करना, सफ़र करना। 2. to progress, to get along, प्रगति करना, आगे बढ़ना। 3. to turn out, घटित होना, गुज़रना; How did it fare with him? उसके साथ कैसी गुज़री?

**Far East** *n.* the countries of the east Asia, सुदूरपूर्व (चीन, जापान, फिलीपीन्स आदि देश)।

**farewell** (फेंअॅ:´-व़ेल्) *interj.* goodbye, अलविदा, नमस्कार। *n.* 1. a goodby, नमस्कार। 2. a leave-taking, विदा, विदाई। *adj.* last, parting, अंतिम, विदाई का सूचक; farewell party, विदाई-समारोह।

**farfetched** (फ़ा:-फ़ेंच्ड्´) *adj.* brought from a distant, not related, दूर का, असंबद्ध।

**farm** (फ़ा:म्) *n.* 1. a piece of land on which crops or animals are raised, फ़ार्म, कृषिक्षेत्र, काश्त, खेत। 2. a tract of water used for raising fish, मछली पालने का क्षेत्र। 3. a farmhouse, खेत में बना घर, फ़ार्महाउस। *v.* (farmed, farming) to grow crops or raise animals, खेती-बारी करना या पशुओं का पालन करना।

**farmer** (फ़ा:´-मॅ:) *n.* a person who earns his living by farming, किसान, खेतिहर, कृषक।

**farmhand** (फ़ा:म्´-हैन्ड्) *n.* a hired farm labourer, खेतिहर मज़दूर।

**farmhouse** (फ़ा:म्´-हॉउस्) *n.* the house on a farm, खेत पर बना घर, फ़ार्महाउस।

**farming** (फ़ा:´-मिंग्) *n.* the business or skill of agriculture, खेती-बारी, किसानी, काश्तकारी।

**farmland** (फ़ा:म्´-लैन्ड्) *n.* land suitable for farming, खेती लायक भूमि।

**farmyard** (फ़ा:म्´-या:ड्) *n.* an area adjacent to a farm building, खेत में बने

F

भवन का अहाता।

**far-off** (फ़ा:´-आ:फ़्) ***adj.*** remote, दूरवर्ती।

**farrago** (फ़ॅ-रा´-गो) ***n.*** (plu. farragos) a medley, घाल-मेल, गड्ड-मड्ड।

**far-reaching** (फ़ा:-री´-चिंग्) ***adj.*** 1. having a wide range, अतिव्यापक। 2. having a wide effect, अत्यंत प्रभावपूर्ण।

**farrier** (फ़ैर्(-इ-अॅ:) ***n.*** a man who shoes horses, घोड़ों के पैरों में नाल जड़नेवाला, नालबंद।

**farrow** (फ़ैर्´-ओ) ***v.*** to give birth to young pigs, (सुअरनी का) ब्याना, बच्चे देना। ***n.*** a litter of pigs, सुअर का छोटा बच्चा, शूकर शावक।

**farseeing** (फ़ा:´-सी´-इंग्) ***adj.*** foresighted, दूरदृष्टिसंपन्न, दूरदर्शी।

**farsighted** (फ़ा:´-साइ-टिड्) ***adj.*** 1. capable of seeing far, दूर तक देख सकने में समर्थ। 2. foreseeing, दूरदर्शी।

F

**farsightedness** (फ़ा:´-साइ-टिड्-निस्) ***n.*** the power of seeing far, दूरदृष्टि, दूरदर्शिता।

**fart** (फ़ा:ट्) ***v.*** to emit gas from the intestines through the anus, पादना।

**farther** (फ़ा:´-दॅ:) ***adv.*** 1. at or to a greater distance, more remote, अपेक्षाकृत दूर, और आगे। 2. in addition, इसके अतिरिक्त। ***adj.*** 1. remote, दूरस्थित। 2. additional, अतिरिक्त।

**farthermost** (फ़ा:´-दॅ:-मोस्ट्) ***adj.*** most remote, अत्यधिक दूर का, दूरस्थित।

**farthest** (फ़ा:´-दिस्ट्) ***adv.*** most remote, अत्यधिक दूर। ***adj.*** most distant, अत्यधिक दूर, दूरतम।

**farthing** (फ़ा:´-दिंग्) ***n.*** 1. a British coin worth one quarter of a penny, फ़ारदिंग, दमड़ी। 2. something of little value, तुच्छ या नगण्य वस्तु।

**fascinate** (फ़ैस्´-इ-नेट्) ***v.*** 1. to charm greatly, मुग्ध कर लेना। 2. to spellbound, मंत्रमुग्ध कर लेना। 3. to mesmerize, सम्मोहित कर लेना।

**fascinating** (फ़ैस्´-इ-नेट्-इंग्) ***adj.*** having great charm or attraction, मुग्ध कर लेनेवाला, लुभावना।

**fascination** (फ़ैस्-इ-ने´-शॅन्) ***n.*** 1. the quality of fascinating, आकर्षण, ख़िंचाव, सम्मोहन। 2. something that fascinates, आकर्षक वस्तु, सम्मोहक वस्तु।

**fascism** (फ़ा´-सिज़्-अॅम्/फ़ैश्´-इज़्-अॅम्) ***n.*** a system of dictatorial government characterized by one party government, फासिस्टवाद।

**fascist** (फ़ै´-सिस्ट्) ***n.*** one who believes in fascism, फासिस्टवादी।

**fascistic** (फ़ॅ-शिस्´-टिक्) ***adj.*** of fascism or a fascist, फासिस्टवादी।

**fashion** (फ़ैश्´-अॅन्) ***n.*** 1. manner, way, ढंग, तर्ज़, विधि। 2. the current or prevailing style, फ़ैशन, आधुनिक ढंग, रिवाज, ओढ़ने-पहनने का चलन। ***v.*** to make into a particular form or shape, विशिष्ट रूप देना, रूपायित करना, निर्माण करना।

**fashionable** (फ़ैश्´-अॅ-नॅ-बॅल्) ***adj.*** following the current style or fashion, फ़ैशन-परस्त।

**fast**[1] (फ़ास्ट् / फ़ैस्ट्) ***adj.*** 1. swift, rapid, तेज़, द्रुतगामी, शीघ्रगामी। 2. firm, दृढ़, अटल। 3. firmly fastened, कसकर बँधा हुआ। 4. devoted, पक्का, घनिष्ठ। 5. deep, गहरा; fast colour, गहरा रंग। ***adv.*** 1. quickly, speedily, तेज़ी से, जल्दी-जल्दी, फुर्ती से। 2. firmly, दृढ़तापूर्वक, मज़बूती से। 3. deeply, गहराई से, अत्यंत; fast asleep, गहरी नींद में सोया हुआ।

**fast**[2] ***v.*** to go without food, उपवास करना, फ़ाका करना, अनशन करना। ***n.*** the act of fasting, उपवास, फ़ाका, लंघन।

**fast day** ***n.*** a holy day observed by fasting, उपवास (का दिन), व्रत, रोज़ा।

**fasten** (फ़ैस्´-अॅन्) ***v.*** 1. to attach or join firmly, लगाना, जोड़ना। 2. to fix firmly, जड़ना। 3. to tie or join together, (कसकर) बाँधना, जकड़ना।

**fastener** (फ़ैस्´-अॅ-नॅ:) ***n.*** a device for fastening things together, फास्नर, जोड़क।

**fastening** (फ़ैस्´-अॅ-निंग्) ***n.*** a bolt, hook or clasp, बोल्ट, हुक या कुंडी।

**fast food** ***n.*** a food that can be prepared

and served very quickly, फ़ास्ट फ़ूड, तुरत-फुरत तैयार किया जानेवाला आहार।

**fastidious** (फ़ै-स्टिड्´-इ-ॲस्) *adj.* 1. selecting carefully only what is good, careful in all details, नकचढ़ा। 2. very difficult to please, तुनुकमिज़ाज, बदमिज़ाज।

**fastidiously** (फ़ै-स्टिड्´-इ-ॲस्-ली) *adv.* in a fastidious manner, तुनुकमिज़ाजी से, नाक चढ़ाकर।

**fastidiousness** (फ़ै-स्टिड्´-इ-ॲस्-निस्) *n.* the quality or state of being fastidious, नकचढ़ापन, तुनुकमिज़ाजी, बदमिज़ाजी।

**fat** (फ़ैट्) *adj.* (fatter, fattest) 1. fleshy, plumb or thick, स्थूल, मोटा, मांसल। 2. oily, greasy, चिकना, चर्बीयुक्त। 3. heavy, भारी-भरकम, मोटा-ताज़ा। *n.* 1. an organic compound occurring in animal and plant tissue, चर्बी, वसा। 2. solidified animal or vegetable oil, वनस्पति तेल।

**fatal** (फ़े´-टॅल्) *adj.* 1. deadly, प्राणांतक, जान-लेवा, घातक। 2. causing disaster, अनिष्टकर, घातक। 3. fateful or decisive, निर्णायक; fatal day, निर्णायक दिवस।

**fatalism** (फ़े´-टॅ-लिज़्-ॲम्) *n.* the belief that all events are determined by the fate, नियतिवाद, भाग्यवाद।

**fatalist** (फ़े´-टॅ-लिस्ट्) *n.* one who believes in fatalism, नियतिवादी, भाग्यवादी।

**fatalistic** (फ़े-टॅ-लिस्´-टिक्) *adj.* pertaining to fatalism, नियतिवादी, भाग्यवादी।

**fatality** (फ़े-टैल्´-इ-टी) *n.* 1. an accidental death, दुर्घटनाजन्य मृत्यु। 2. liability to disaster, भाग्याधीनता, भवितव्यता, होनी।

**fate** (फ़ेट्) *n.* 1. the supernatural power that supposed to be controlling all events, नियति। 2. a person's destiny, भाग्य।

**fated** (फ़े´-टिड्) *adj.* destined by fate, भाग्य में लिखा, भाग्य में बदा।

**fateful** (फ़ेट्´-फ़ुल्) *adj.* 1. decisively important, निर्णायक। 2. controlled by fate, भाग्याधीन। 3. fatal, घातक।

**father** (फ़ा´-दॅ:) *n.* 1. a male parent, पिता, बाप। 2. an originator, जनक, जन्मदाता, प्रवर्तक। 3. a title used for a priest, फ़ादर, स्वामी। *v.* 1. to be the father, जनक होना, पिता होना। 2. to originate or found, प्रवर्तन करना, जनक होना, जन्म देना।

**fatherhood** (फ़ा´-दॉ:-हुड्) *n.* the state of being a father, पितृत्व, जनकत्व।

**father-in-law** (फ़ा:´-दॅ:-इन्-ला:) *n.* (plu. fathers-in-law) the father of one's wife (or husband), श्वसुर, ससुर।

**fatherland** (फ़ा´-दॅ:-लैन्ड्) *n.* one's native country, पितृदेश, जन्मभूमि।

**fatherliness** (फ़ा´-दॅ:-लि-निस्) *n.* a fatherly quality, पितृत्व।

**fatherly** (फ़ा´-दॅ:-ली) *adj.* 1. belonging to a father, पिता-संबंधी। 2. like a father, पितृवत्।

**fathom** (फ़ैद्´-ॲम्) *n.* (plu, fathoms) a measure of 6 feet used in stating the depth of water, जल की गहराई नापने का छह फ़ुट का एक नाप। *v.* (fathomed, fathoming) 1. to measure the depth. of, गहराई नापना। 2. to get the bottom of, थाह पाना। 3. to understand thoroughly, अच्छी तरह समझना।

**fathomable** (फ़ैद्´-ॲम्-ॲ-बॅल्) *adj.* that can be fathomed, जिसकी गहराई नापी जा सके।

**fathomless** (फ़ैद्´-ॲम्-लिस्) *adj.* too deep to be measured, अगाध, अथाह।

**fatigue** (फ़ॅ-टीग्´) *n.* 1. physical or mental exhaustion, थकावट, थकान। 2. (plu.) informal military dress, सैनिकों की असैनिक पोशाक। *v.* to cause fatigue to, थका मारना।

**fatten** (फ़ैट्´-ॲन्) *v.* 1. to become fat, मोटा होना, मुटाना। 2. to make fat, मोटा बना देना।

**fatty** (फ़ैट्´-ई) *adj.* (fattier, fattiest) fat, मोटा, स्थूल। *n.* a fat person, मोटा आदमी।

**faucet** (फ़ा:´-सिट्) *n.* a device for regulating the flow of a liquid from a pipe, barrel etc., टोंटी, नलिका।

**fault** (फ़ा:ल्ट्) *n.* 1. an error, slip or mistake, दोष, भूल, त्रुटि, ग़लती। 2. an offence, अपराध, क़सूर, गुनाह। 3. an incorrect serve in tennis, (टेनिस में) सर्विस की

F

ग़लती, ग़लती। □ **at fault,** दोषी; **find fault,** दोष निकालना। *v.* to declare to be faulty, ग़लत बताना या ठहराना।

**faultfinder** (फ़ा:ल्ट्´-फ़ाइन्ड्-अॅ:) *n.* one who finds faults, छिद्रान्वेषी।

**faultfinding** (फ़ा:ल्ट्´-फ़ाइन्ड्-इंग्) *n.* the habit of finding faults, छिद्रान्वेषण।

**faultless** (फ़ा:ल्ट्´-लिस्) *adj.* 1. without any fault, निर्दोष। 2. perfect, उत्तम, पूर्ण, निर्दोष।

**faulty** (फ़ा:ल्´-टी) *adj.* (faultier, faultiest) containing defects, दोषपूर्ण, सदोष।

**fauna** (फ़ा:´-नॅ) *n.* (plu. faunae, faunas) the animals of a specified region or time, किसी विशिष्ट क्षेत्र या काल के जीव-जंतु।

**faux pas** (फ़ो-पा´) *n.* (plu. faux pas) an error in etiquette, अशिष्टता, अशिष्टता।

**favour, favor** (फ़े´-वॅ:) *n.* 1. a friendly attitude, अनुकंपा, कृपादृष्टि। 2. an act of kindness, a kind act, अनुग्रह। 3. approval or support, अनुमोदन, समर्थन। 4. a token of love, उपहार, प्रेमोपहार। □ **in favour of,** के पक्ष में; **in one's favour,** किसी के हित में। *v.* 1. to regard with favour, अनुग्रह करना। 2. to be favourable, अनुकूल होना।

F

**favourable, favorable** (फ़े´-वॅ-रॅ-बॅल्) *adj.* 1. helpful, अनुकूल, सहायक, अनुग्रहपूर्ण। 2. advantageous, लाभप्रद, फ़ायदेमंद। 3. encouraging, उत्साहवर्धक, वांछनीय। 4. giving or expressing approval, अनुकूल, तैयार।

**favourite, favorite** (फ़े´-वॅ-रिट्) *adj.* liked above others, प्रिय। *n.* 1. one liked or favoured above others, चहेता, स्नेहभाजन, कृपापात्र। 2. a contestant generally expected to win, प्रत्याशित विजेता, संभावित विजेता।

**favouritism, favoritism** (फ़े´-वॅ-रि-टिज़्-अॅम्) *n.* the showing of more kindness to some person (or persons) than to others, पक्षपात, तरफ़दारी।

**fawn**[1] (फ़ा:न्) *adj.* light yellowish brown, ख़ाकी। *n.* 1. light yellowish brown colour, ख़ाकी रंग। 2. a young dear (of light yellowish brown colour, ख़ाकी रंग का) मृगशावक।

**fawn**[2] *v.* 1. to show affection by licking hands and wagging tail (said of a dog, कुत्ते द्वारा) हाथ चाटकर तथा दुम हिलाकर प्यार जतलाना। 2. to try to gain favour of someone, (सेवा-टहल, ख़ुशामद आदि द्वारा) किसी का अनुग्रह प्राप्त करना।

**faze** (फ़ेज़्) *v.* (fazed, fazing) to upset, घबरा देना, विकल या व्याकुल कर देना।

**fealty** (फ़ी´-अॅल्-टी) *n.* loyalty, निष्ठा, वफ़ादारी।

**fear** (फ़िअॅ:) *n.* 1. a feeling of anxiety and agitation caused by the presence or nearness of evil, danger, pain etc., भय, डर, आशंका। 2. danger, ख़तरा। 3. awe, reverence, श्रद्धा, भक्ति। □ **without fear or favour,** बिना पक्षपात किए। *v.* 1. to be afraid of, डरना, भयभीत होना। 2. to be apprehensive, आशंकित होना।

**fearful** (फ़िअॅ:´-फ़ुल्) *adj.* 1. feeling fear, भयभीत, डरा हुआ। 2. causing fear, डरावना, भयानक। 3. very great, अत्यधिक।

**fearfully** (फ़िअॅ:´-फ़ु-ली) *adv.* 1. in a fearful manner, डरते-डरते, सहमते हुए। 2. very much, बहुत अधिक, अत्यधिक।

**fearless** (फ़िअॅ:´-लिस्) *adj.* feeling no fear, निर्भय, निडर, निर्भीक।

**fearlessly** (फ़िअॅ:´-लिस्-ली) *adv.* 1. in a fearless manner, बिना डरे, बेख़ौफ़, निर्भय होकर।

**fearlessness** (फ़िअॅ:´-लिस्-निस्) *n.* the state or quality of being fearless, निर्भीकता, दिलेरी।

**fearsome** (फ़िअॅ:´-सॅम्) *adj.* 1. causing fear, डरावना। 2. fearful, timid, भयभीत, डरपोक।

**feasibility** (फ़ी-ज़ि-बिल्´-इ-टी) *n.* the state or quality of being feasible, साध्यता, संभाव्यता, व्यावहारिकता, उपयुक्तता।

**feasible** (फ़ी´-ज़ि-बॅल्) *adj.* 1. capable of being done or carried out, साध्य, शक्य, संभाव्य। 2. practical, व्यावहारिक। 3. suitable, उपयुक्त।

**feast** (फ़ीस्ट्) *n.* 1. a celebration or festival, समारोह, उत्सव। 2. a large, rich and elaborate meal, भोज, ज्योनार, दावत, प्रीतिभोज। 3. anything that gives pleasure, सुख या आनंद देनेवाली वस्तु। *v.* 1. to give a feast to, दावत देना, खिलाना-पिलाना। 2. to have a feast, दावत उड़ाना, छककर खाना। 3. to give pleasure to, सुख या आनंद देना।

**feat** (फ़ीट्) ***n.*** a remarkable deed or achievement, उल्लेखनीय कृत्य या उपलब्धि, करतब।

**feather** (फ़ॅद्´-अॅ:) ***n.*** any of the structures that grow from a bird's skin with a fringe of fine strands on each side, पंख, पर। ☐ **a feather in one's cap,** गर्व करने योग्य उपलब्धि; **birds of same feather,** एक ही थैली के चट्टे-बट्टे; **in fine feather,** उत्तम अवस्था में। ***v.*** to cover, adorn or fit with feathers, पंख लगाना, पंखों से सजाना।

**featherbrained** (फ़ॅद्´-अॅ:-ब्रेन्ड्) ***adj.*** silly, stupid, मूर्ख, बेवकूफ़।

**featherweight** (फ़ॅद्´-अॅ:-वे़ट्) ***n.*** 1. a boxer weighing between 54 to 57 kilograms, ५४ से ५७ किलोग्राम तक वज़नवाला मुक्केबाज़। 2. a person of little influence, महत्त्वहीन व्यक्ति।

**feature** (फ़ी´-चॅ:) ***n.*** 1. any of the parts of the face, चेहरे का कोई अंग (जैसे आँख, नाक, मुँह आदि)। 2. a distinctive or prominent characteristic, लक्षण, विशिष्टता। 3. a prominent article in a newspaper or periodical, पत्र-पत्रिका का विशिष्ट लेख। 4. a long film, फ़ीचर फ़िल्म। 5. (plu.) facial appearance, चेहरा-मोहरा, नाक-नक़्शा, सूरत-शक्ल। ***v.*** (featured, featuring) 1. to be a feature (of, का) लक्षण होना। 2. to draw the features of, विशिष्टताएँ या लक्षण दिखाना, चित्रित करना। 3. to give special prominence to, प्रमुखता देना।

**feature film** ***n,*** a long film, फ़ीचर फ़िल्म।

**febrile** (फ़ैब्´-रिल्, फ़ी´-ब्राइल्) ***adj.*** having a fever, ज्वरग्रस्त, जिसे बुख़ार चढ़ा हो।

**February** (फ़ॅब्´-रु-अॅर्-ई) ***n.*** the second month of the year, फ़रवरी महीना।

**feces** (फ़ी´-सीज़्) ***n.*** faeces, waste excreted from the bowels, मल, गू, विष्ठा।

**feckless** (फ़ॅक्´-लिस्) ***adj.*** 1. careless, लापरवाह। 2. irresponsible, अनुत्तरदायी।

**fecund** (फ़ी´-कॅन्ड्, फ़ॅक्´-अॅन्ड्) ***adj.*** 1. productive, जनक, उत्पादक। 2. fruitful, फलदायक।

**fecundity** (फ़ि-कन्´-डि-टी) ***n.*** productivity, उत्पादकता, जननशक्ति।

**fed** (फ़ॅड्) ***v.*** p.t. & p.p. of feed.

**federal** (फ़ॅड्´-अॅ-रॅल्) ***adj.*** of or formed into a federation, संघीय।

**federalism** (फ़ॅड्´-अॅ-रॅ-लिज़्-अॅम्) ***n.*** the federal principle of government, संघवाद।

**federate** (फ़ॅड्´-अॅ-रेट्) ***v.*** (federated, federating) to join or unite on a federal basis, संघ या परिसंघ बनाना।

**federation** (फ़ॅड्-अॅ-रे´-शॅन्) ***n.*** 1. a union of several states, राज्यों का संघ, परिसंघ। 2. the act of federating, संघीकरण, परिसंघीकरण।

**fed up** (फ़ॅड्´-अप्) ***adj.*** annoyed and bored, ऊबा हुआ, तंग, परेशान।

**fee** (फ़ी) ***n.*** a payment, or remuneration asked or given for professional services, शुल्क, फ़ीस; examination fee, परीक्षा शुल्क।

**feeble** (फ़ी´-बॅल्) ***adj.*** lacking strength, कमज़ोर, अशक्त, दुर्बल।

**feebleminded** (फ़ी´-बॅल्-माइन्-डिड्) ***adj.*** mentally deficient, दुर्बल मस्तिष्क।

**feebleness** (फ़ी´-बॅल्-निस्) ***n.*** the state or quality of being feeble, कमज़ोरी, दुर्बलता।

**feebly** (फ़ी´-ब्लि) ***adv.*** in a feeble way, कमज़ोर ढंग से।

**feed** (फ़ीड्) ***v.*** (fed, feeding) 1. to give food to, भोजन कराना, खिलाना। 2. to take food (said of animals), भोजन करना, खाना। 3. to supply, पूर्ति करना, देना। ☐ **feed on (upon),** to take as food, पलना। ***n.*** 1. a meal, भोजन। 2. food for animals, चारा, पशु-चारा। 3. material supplied to or consumed by the machine, मशीन की ख़ुराक, भरण।

**feedback** (फ़ीड्´-बैक्) ***n.*** 1. the return of a

F

part of the output to the input, पुनर्निवेश, प्रतिसंभरण। 2. an information in response to a request, प्रतिसूचना।

**feeder** (फ़ी´-डॅ:) ***n.*** 1. a child's feeding bottle, बच्चे की दूध पीने की शीशी या बोतल। 2. a power line from a generating station to a distribution network, प्रदाय, भरक, फीडर। 3. a road or railway that leads into something else, सहायक सड़क या रेलपथ।

**feeding** (फ़ीड्´-इंग्) ***n.*** an act of a person who feeds, अशन; भरण; निवेशन।

**feel** (फ़ील्) ***v.*** (felt, feeling) 1. to touch, छूना, स्पर्श करना। 2. to explore by touch, टटोलना। 3. to be conscious of, अनुभूत करना, महसूस करना। 4. to appear to be to the senses, लगना, प्रतीत होना। 5. to think or consider, सोचना, समझना।

F

**feeler** (फ़ी´-लॅ:) ***n.*** an exploratory suggestion or remark for testing people's reactions, दूसरों की प्रतिक्रिया जानने के लिए रखा जानेवाला आरंभिक प्रस्ताव, शोशा।

**feeling** (फ़ी´-लिंग्) ***n.*** 1. the power or capacity to feel, स्पर्शानुभूति। 2. the mental or physical awareness, अनुभूति, संवेदना। 3. emotion or sentiment, भावना; bad feelings, कुभावना, दुर्भावना; good feelings, सद्भावना, मैत्री-भावना। 4. readiness to feel sympathy, सहानुभूति की भावना। 5. opinion or attitude, विचार, वृत्ति, रुख; to hurt someone's feelings, किसी का दिल दुखाना। ***adj.*** 1. sensitive, संवेदनात्मक, संवेदनशील। 2. sympathetic, सहानुभूतिपरक, सहानुभूतिशील। 3. expressing emotion, भावद्योतक, आवेगसूचक।

**feet** (फ़ीट्) ***n.*** plu. of foot.

**feign** (फ़ेन्) ***v.*** (feigned, feigning) 1. to pretend, बहाना करना या बनाना, बहानेबाज़ी करना। 2. to invent, बनाना, गढ़ना, निकालना।

**feint** (फ़ेन्ट्) ***n.*** a feigned attack to attract someone's attention, शत्रु का ध्यान हटाने के लिए किया जानेवाला झूठ-मूठ का आक्रमण या प्रहार। ***v.*** to make a feint, झूठ-मूठ का आक्रमण या प्रहार करना।

**felicitate** (फ़ॅ-लिस्´-इ-टेट्) ***v.*** to congratulate, बधाई देना, मुबारकबाद देना।

**felicitation** (फ़ॅ-लिस्-इ-टे´-शॅन्) ***n.*** congratulation, बधाई, मुबारकबाद।

**felicitous** (फ़ॅ-लिस्´-इ-टॅस्) ***adj.*** 1. appropriate, well-chosen, समुचित, उपयुक्त, चुनिंदा। 2. having an agreeable manner or style, चारु, ललित।

**felicity** (फ़ॅ-लिस्´-इ-टी) ***n.*** 1. great happiness, आनंद, सुख। 2. a cause of happiness, आनंद या सुख देनेवाला काम, बात या वस्तु। 3. a pleasing manner or style, लालित्यपूर्ण शैली या ढंग। 4. appropriateness of expression, अभिव्यक्ति-क्षमता।

**feline** (फ़ी´-लाइन्) ***adj.*** of or pertaining to cats or related animals, catlike, विडालीय, बिल्लियों का-सा, बिल्ली-वर्गीय। ***n.*** an animal of the cat family, बिल्ली या बिल्ली के वर्ग का कोई जीव (शेर, बाघ आदि)।

**fell**[1] ***v.*** p.t. of fall.

**fell**[2] (फ़ॅल्) ***v.*** (felled, felling) 1. to knock down, गिरा देना। 2. to cut down, काटकर गिरा देना। 3. to stich down flat, टाँकना, टाँके लगाना।

**fell**[3] ***adj.*** 1. cruel, क्रूर, निर्मम, नृशंस। 2. destructive, विनाशक। 3. dangerous, ख़तरनाक, भयानक।

**fellow** (फ़ॅल्´-ओ) ***n.*** 1. a man or boy, आदमी या लड़का। 2. a boyfriend, यार। 3. one who is associated with another, साथी, संगी, सहयोगी, जोड़ीदार; a fellow traveller, सहयात्री। 4. a member of a learned society, किसी विद्वद् समाज का सदस्य, सम्मानित सदस्य, अध्येता, अधिसदस्य। ***adj.*** having the same ideas, position, work etc., समान विचारोंवाला, समान स्थिति-वाला, समान काम करनेवाला; fellow students, समान विचारोंवाले छात्र।

**fellow feeling** ***n.*** 1. mutual understanding, मित्रभाव। 2. sympathy, सहानुभूति।

**fellowship** (फ़ॅल्´-ओ-शिप्) ***n.*** 1. friendly association, दोस्ताना, मैत्री, यारी। 2. brotherhood, भाई-चारा। 3. a group of people with same interest, बिरादरी, संस्था, संघ। 4. the position of a graduate, स्नातकत्व। 5. membership (of an institution, संस्था की) सदस्यता। 6. scholarship, अध्येतावृत्ति।

**fellow traveller** ***n.*** a person who sympathizes with some organization without actually joining it, सहयात्री, सहानुभूतिशील व्यक्ति।

**felon** (फ़ेल्´-अन्) ***n.*** a person guilty of a major crime, महापराधी, घोर अपराधी।

**felony** (फ़ेल्´-अ-नी) ***n.*** a major crime (arson, murder, rape etc.), महापराध, शातिर अपराध।

**felt**[1] (फ़ेल्ट्) ***n.*** a matted fabric of wool, fur, hair etc., जमाया हुआ ऊनी कपड़ा, नमदा। ***v.*** (felt, felting) to make felt, नमदा बनाना।

**felt**[2] ***v.*** p.t & p.p of feel.

**female** (फ़ि´-मेल्) ***adj.*** 1. of or characteristic of the sex that can bear offspring or fruit, मादा। 2. of or characteristic of a woman, मादा, स्त्रीसुलभ, नारीसुलभ। ***n.*** a female animal or plant, स्त्री, मादा पशु या मादा पौधा; female sex, स्त्री जाति; female suffrage, महिला मताधिकार।

**feminine** (फ़ेम्´-इ-निन्) ***adj.*** 1. of or belonging to the female sex, मादा। 2. having characteristics of a woman, नारीवत्, नारी सुलभ, स्त्रियोचित। 3. belonging to the gender of the feminine nouns, स्त्रीवाची, स्त्रीलिंग-संबंधी, स्त्रीलिंग।

**femininity** (फ़ेम्-इ-निन्´-इ-टी) ***n.*** the quality or state of being feminine, मादापन, नारीत्व। 2. women in general, स्त्री जाति।

**feminism** (फ़ेम्´-इ-निज़्-अम्) ***n.*** a doctrine that advocates equal rights for women, स्त्रियों के लिए पुरुषों के समान अधिकारों का प्रतिपादन करनेवाला सिद्धांत, नारीवाद।

**feminist** (फ़ेम्´-इ-निस्ट्) ***n.*** an advocate or supporter of feminism, नारीवादी। ***adj.*** of feminism, नारीवादी।

**femme fatale** (फ़ेम्-फ़ॅ-टैल्´) ***n.*** a beautiful but seductive woman, आचरण भ्रष्ट करनेवाली सुंदरी, छलहाई। (फ्रांसीसी)

**femoral** (फ़ेम्´-अ-रॅल्) ***adj.*** pertaining to femur, ऊर्वस्थि-संबंधी।

**femur** (फ़ी´-मुः) ***n.*** (plu. femora, femurs) the thighbone, जाँघ की हड्डी, रान की हड्डी, ऊर्वस्थि।

**fen** (फ़ेन्) ***n.*** swampyland, दलदल।

**fence** (फ़ेन्स्) ***n.*** a barrier of wooden posts, wires etc. to mark a boundary, घेरा, बाड़। ***v.*** to surround with a fence, बाड़ लगाना, घेरा बनाना।

**fencing** (फ़ेन्´-सिंग्) ***n.*** the art or sport of fighting with foils, पटेबाज़ी, भोथरी तलवारों से लड़ी जानेवाली लड़ाई।

**fend** (फ़ेन्ड्) ***v.*** (fended, fending) □ **fend for oneself,** अपनी ज़रूरतें खुद पूरी करना, अपने लिए स्वयं सामान जुटाना; **fend off,** दूर करना, हटाना।

**fender** (फ़ेन्´-डः) ***n.*** 1. a mudguard, मडगार्ड। 2. a screen in front of a fireplace, चूल्हे के आगे बनी हुई दीवार।

**fennel** (फ़ेन्´-अॅल्) ***n.*** a kind of aromatic seeds used as flavouring, सौंफ।

**feral** (फ़ेर्´-अॅल्) ***adj.*** wild or untamed, वन्य, जंगली, जो सधाया न गया हो।

**ferment**[1] (फ़ः-मेंन्ट्) ***n.*** 1. yeast, ख़मीर। 2. fermentation, ख़मीरीकरण। 3. something that causes this, ख़मीर उठाने का जामन।

**ferment**[2] (फ़ः-मेंन्ट्´) ***v.*** 1. to undergo or cause to udergo fermentation, ख़मीर उठना या उठाना। 2. to seethe, to be turbulent, उफनना, उबाल खाना, तैश में आना।

**fermentation** (फ़ः-मेंन्-टे´-शॅन्) ***n.*** the act or process of fermenting, ख़मीरीकरण।

**fern** (फ़ःन्) ***n.*** a class of flowerless plants with green leaves, बिना फूलोंवाले पौधों का एक वर्ग, हरे-हरे पत्तोंवाले पौधे, पर्णांग।

**ferocious** (फ़ॅ-रो´-शॅस्) ***adj.*** violently cruel, fierce, ख़ूँखार, बर्बर, प्रचंड, विकराल।

**ferociously** (फ़ॅ-रो´-शॅस्-ली) ***adv.*** in a ferocious manner, बर्बरतापूर्वक, प्रचंड रूप से।

**ferocity** (फ़-रॉस्´-इ-टी) ***n.*** the quality or

F

state of being ferocious, बर्बरता, विकरालता, प्रचंडता।

**ferret** (फ़ॅर्´-इट्) *n.* a domesticated animal of weasel family, नेवले की जाति का एक जंतु, (ख़रगोशों, चूहों आदि से खेतों की रक्षा करने के लिए विदेशों में पाला जाता है)। *v.* to hunt with ferrets, नेवलों से शिकार खेलना।

**ferric** (फ़ॅर्´-इक्) *adj.* of iron, लौह-संबंधी।

**ferris wheel** *n.* a rotating wheel having seats hanging from the frame, हिंडोला, चर्खी।

**ferrous** (फ़ॅर्´-अॅस्) *n.* containing iron, लौहयुक्त।

**ferrule** (फ़ॅर्´-अॅल्) *n.* a metal ring, tube or cap placed over the end of a stick or post for strengthening it, जोड़-चूड़ी, छल्ला, शाम।

F

**ferry** (फ़ॅर्´-ई) *v.* (ferried, ferrying) 1. to transport by boat, नाव से ले जाना, पार उतारना। 2. to go by ferry, नाव से पार जाना। *n.* 1. a boat, नाव। 2. the right to transport by boat, नाव से आर-पार ले जाने का अधिकार।

**fertile** (फ़:´-टाइल् / टिल्´) *adj.* 1. (soil) producing abundantly, उपजाऊ, उर्वर। 2. productive, उपजाऊ, उर्वर।

**fertility** (फ़:´-टि-लि-टी) *n.* the quality or state of being fertile, उर्वरता।

**fertilization** (फ़:-टि-लि-ज़े´-शॅन्) *n.* the act of fertilization, उर्वरीकरण।

**fertilize** (फ़:´-टि-लाइज़्) *v.* 1. to make fertile, उपजाऊ बनाना, उर्वर बनाना। 2. to provide with sperm or pollen, गर्भाधान करना, निषेचन करना।

**fertilizer** (फ़:´-टि-लाइज़्-अ:) *n.* chemical manure, रासायनिक खाद, उर्वरक।

**ferule** (फ़ॅर्´-उल्) *n.* a stick used in punishing children, बेंत, डंडा। *v.* to punish with a ferule, बेंत लगाना।

**fervent** (फ़:´-वॅन्ट्) *adj.* having or showing great warmth of feeling, भावपूर्ण, जोश-भरा, उत्साहपूर्ण, उमंग-भरा, हार्दिक।

**fervour, fervor** (फ़:´-वॅ:) *n.* intensity of emotion, आवेश, आवेग, जोश।

**fester** (फ़ॅस्-टॅ:) *v.* 1. to form pus, मवाद पड़ना। 2. to decay, सड़ने लगना।

**festival** (फ़ॅस्-टि-वॅल्) *n.* 1. a day or time of religious celebration or feasting, त्योहार, पर्व। 2. any occasion for celebration, मेला, आनंद-मेला। 3. an organized series of music, drama, films etc. given periodically, मेला, समारोह।

**festive** (फ़ॅस्´-टिव्) *adj.* 1. of a festival, उत्सव-संबंधी। 2. merry, joyous, आनंदमय।

**festivity** (फ़ॅस्-टिव्´-इ-टी) *n.* 1. festival, उत्सव। 2. mirth, gaity, आनंद, आनंदमंगल।

**festoon** (फ़ॅस्-टून्´) *n.* a decorative chain of leaves, flowers etc., बंदनवार, झालर, तोरण। *v.* to decorate with festoons, बंदनवार लगाना।

**fetch** (फ़ॅच्) *v.* 1. to go after and return with, to bring, ले आना, लेकर आना। 2. to bring as a price, दे जाना; This house will fetch much money. यह मकान अच्छी-खासी रक़म दे जाएगा।

**fetching** (फ़ॅच्´-इंग्) *adj.* attractive, आकर्षक

**fete** (फ़ेट्) *n.* 1. a festival, त्योहार। 2. a gala entertainment held outdoor, आनंद-मेला, फेट।

**feticide** (फ़ी´-टि-साइड्) *n.* the killing of a fetus, भ्रूण-हत्या।

**fetid** (फ़ॅट्´-इड्) *adj.* having a bad smell, बदबूदार, महकनेवाला, दुर्गंधित।

**fetish** (फ़ॅट्´-इश्) *n.* 1. any object believed by primitive people to have magical power. वह वस्तु जिसे चमत्कारिक समझकर प्राचीन लोग पूजते थे।

**fetishism** (फ़ॅट्´-इ-शिज़्-अॅम्) *n.* blind devotion to fetishes, अंधश्रद्धा, अंधभक्ति।

**fetishist** (फ़ॅट्´-इश्-इस्ट्) *n.* a worshiper of fetishes, अंधश्रद्धालु, अंधभक्त।

**fetlock** (फ़ॅट्´-लॉक्) *n.* a tuft of hair on the back of a horse's leg just above the hoof, घोड़े के टखने पर उगनेवाले बालों का गुच्छा।

**fetter** (फ़ॅट्´-अ:) *n.* 1. (usually plu.)

chain or shackle for the feet, बेड़ी, सिगड़, निगड़। 2. (plu.) something that holds in check, बाधा, रुकावट, बंधन। *v.* 1. to bind with fetters, बेड़ियाँ पहनाना, बेड़ियाँ डालना। 2. to hold in check, बंधन में रखना, जकड़ देना।

**fettle** (फ़ेट्´-अॅल्) *n.* the condition, स्थिति, हालत; in fine fettle, अच्छी स्थिति में।

**fetus** (फ़ी´-टॅस्) *n.* the unborn young in the womb, foetus, भ्रूण।

**feud** (फ़्यूड्) *n.* a prolonged quarrel, पुराना झगड़ा, कलह, वैर; family feud, कुल-वैर।

**feudal** (फ़्यू´-डॅल्) *adj.* of or having to do with feudalism, सामंती, जागीरदारी का।

**feudalism** (फ़्यू´-डॅल्-इज़्-अॅम्) *n.* economic, social and political organization of medieval Europe, सामंतवाद, सामंतशाही, जागीरदारी।

**fever** (फ़ी´-वॅ:) *n.* 1. abnormally high body temperature, ताप। 2. a disease characterized by this, बुख़ार, ज्वर। 3. craze, ललक। 4. excitement, आवेश। □ **at fever pitch,** उत्तेजना की स्थिति में।

**feverish** (फ़ी´-वॅ-रिश्) *adj.* 1. having slight fever, जिसे हलका बुख़ार हो। 2. excited, उत्तेजित, आवेशपूर्ण।

**few** (फ़्यू) *adj. & pron.* a small number, not many, कुछ, थोड़े से, कुछ ही। □ **a few,** कुछ; **few and far between,** इने-गिने; **quite a few,** बहुत से, बहुतेरे; **the few,** अल्पसंख्यक।

**fey** (फ़े) *adj.* 1. playful, खिलवाड़ी। 2. mischievous, नटखट, शरारती।

**fez** (फ़ेज़्) *n.* a cap worn by turkish men, तुर्की टोपी।

**fiance** (फ़ी-आन्-से´) *n.* the man to whom a woman is to be married, वह पुरुष जिसकी मँगनी हुई हो, मँगेतर।

**fiancee** (फ़ी-आन्-से´) *n.* the woman to whom a man is engaged to be married, वह स्त्री जिसकी मँगनी हुई हो, मँगेतर।

**fiasco** (फ़ी-ऐस्´-को) *n.* (plu. fiascos, fiascoes) a complete failure, पूर्ण विफलता, चौपट होने का भाव, सत्यानाश। (इतालवी)

**fiat** (फ़ी´-अॅट्) *n.* 1. an order, आदेश। 2. a sanction, स्वीकृति, मंजूरी।

**fib** (फ़िब्) *n.* a lie about something unimportant, छोटा-मोटा झूठ, गप। *v.* (fibbed, fibbing) to tell a fib, छोटा-मोटा झूठ बोलना, गप हाँकना।

**fibber** (फ़िब्´-अॅ:) *n.* a person who tells fibs, गप्पी, गप हाँकनेवाला, डपोरसंख।

**fibre, fiber** (फ़ाइ´-बॅ:) *n.* 1. a threadlike structure that combines with others to form a tissue, तंतु, रेखा। 2. the texture of something, बुनावट। 3. strength of character, चरित्रबल।

**fibreglass** (फ़ाइ´-बॅ:-ग्लास् / ग्लैस्) *n.* a fabric made from glass fibres, फ़ाइबर ग्लास।

**fibrous** (फ़ाइ´-ब्रॅस्) *adj.* composed of fibres, तंतुओं से बना हुआ, तंतुमय।

**fickle** (फ़िक्´-अॅल्) *adj.* 1. inconstant, अस्थिर। 2. unstable in affection, ढुलमुल, अस्थिर।

**fiction** (फ़िक्´-शॅन्) *n.* 1. anything made up or imagined, कल्पना। 2. any literary work portraying imaginary characters and events, गल्प, कथा, कहानी या उपन्यास। 3. the category of literature with imaginary characters and events, कथा-साहित्य।

**fictional** (फ़िक्´-शॅ-नॅल्) *adj.* of or having nature of fiction, कथा-साहित्य संबंधी।

**fictionalize** (फ़िक्´-शॅ-नॅ-लाइज़्) *v.* to make into a fictional narrative, (किसी घटना को) कहानी या उपन्यास का रूप देना, उपन्यस्त करना।

**fictitious** (फ़िक्-टिश्´-अॅस्) *adj.* 1. not real or genuine, बनावटी। 2. imagined, कल्पित, काल्पनिक, मनगढ़ंत। 3. false, मिथ्या।

**fiddle** (फ़िड्´-अॅल्) *n.* a violin, वायलिन। *v.* to play a violin, वायलिन बजाना।

**fiddler** (फ़िड्´-लॅ:) *n.* a violinist, वायलिन-वादक।

**fiddly** (फ़िड्´-ली) *adj.* useless, बेकार, तुच्छ।

**fidelity** (फ़ि-डेल्´-इ-टी, फ़ाइ-डेल्´-इ-टी) *n.* 1. loyalty, faithfulness, निष्ठा, वफ़ादारी।

F

2. accuracy or precision, शुद्धता, यथातथ्यता।

**fidget** (फ़िज्´-इट्) ***v.*** to move nervously or restlessly, बेचैन या अधीर होना, चुलबुलाहट होना। ***n.*** 1. a person who fidgets, अधीर व्यक्ति; चुलबुला व्यक्ति। 2. (plu.) a condition of nervousness or restlessness, अधीरता, चुलबुलाहट।

**fidgety** (फ़िज्´-ऑ-टी) ***adj.*** nervous or restless, अधीर, चुलबुला।

**fie** (फ़ाइ) ***interj.*** an expression of distaste or shock, छीछी, दुरदुर।

**field** (फ़ील्ड्) ***n.*** 1. a piece of open land, a wide open space, मैदान, क्षेत्र। 2. a piece of land devoted to a particular crop, खेत। 3. an area containing specified natural product, क्षेत्र; a coal field, कोयला-क्षेत्र; an oil field, तेल-क्षेत्र। 4. a battle field, लड़ाई का मैदान, रणक्षेत्र, रणभूमि। 5. a playground, खेल का मैदान। 6. an area of human activity, कार्यक्षेत्र। 7. a subject or sphere of knowledge, विषय, क्षेत्र। ***v.*** 1. to put (a team) into a field, (दल को) मैदान में उतारना। 2. to catch and return the ball in cricket etc., क्षेत्र-रक्षण करना।

**fielder** (फ़ील्´-डॅ:) ***n.*** (in cricket) a player in the field, क्षेत्ररक्षक, फ़ील्डर।

**field goal** ***n.*** a goal kicked from the field, मैदानी गोल।

**field gun** ***n.*** a cannon set on wheels, पहिएदार तोप।

**fielding** (फ़ील्ड्´-इंग्) ***n.*** in cricket, taking the field, क्षेत्ररक्षण।

**field marshal** ***n.*** an army officer of the highest rank, फ़ील्ड मार्शल।

**field trip** ***n.*** a group excursion to observe and learn, अध्ययन-यात्रा।

**field work** ***n.*** the work done or observations made in the field, क्षेत्रकार्य।

**fiend** (फ़ीन्ड्) ***n.*** 1. an evil spirit, पिशाच, भूत-प्रेत, प्रेतात्मा। 2. a cruel person, क्रूर व्यक्ति।

**fiendish** (फ़ीन्ड्´-इश्) ***adj.*** 1. devilish, पैशाचिक। 2. cruel, निर्मम, क्रूर, नृशंस।

**fierce** (फ़िअॅ:स्) ***adj.*** 1. extremely violent, भयानक, भयंकर। 2. unpleasantly strong, प्रचंड, घोर, विकराल।

**fierceness** (फ़िअॅ:स्´-निस्) ***adj.*** quality or state of being fierce, भयंकरता, प्रचंडता।

**fierily** (फ़ाइ´-रि-ली / फ़ाइ´-ॲर-इ-ली) ***adv.*** in a fiery manner, आग उगलते हुए।

**fieriness** (फ़ाइ´-रि-निस्) ***n.*** the quality or state of being fiery, ज्वलनशीलता; प्रचंडता; जोश।

**fiery** (फ़ाइ´-ॲ-री) ***adj.*** 1. of or like fire, जलता हुआ। 2. filled with or exhibiting intense emotion, आग उगलनेवाला, जोशीला। 3. easily provoked, गुस्सैल।

**fiesta** (फ़ी-ऍस्´-टॅ) ***n.*** a religious festival or celebration, पर्व, धार्मिक समारोह।

**fife** (फ़ाइफ़्) ***n.*** a musical instrument resembling a flute, बाँसुरी की तरह का एक बाजा।

**fifteen** (फ़िफ़्-टीन्´) ***adj. & n.*** five more than ten, पंद्रह।

**fifteenth** (फ़िफ़्-टीन्थ्´) ***adj.*** next after fourteenth, पंद्रहवाँ।

**fifth** (फ़िफ़्थ्) ***adj.*** next after fourth, पाँचवाँ।

**fifth column** (फ़िफ़्थ्-कॉल्´-ॲम्) ***n.*** a secret body working for the enemy within a country, देशद्रोहियों का गुप्त संघटन।

**fifth columnist** (फ़िफ़्थ्-कॉल्´-ॲम्-इस्ट्) ***n.*** a member of a fifth column, देशद्रोही, पंचमांगी।

**fifty** (फ़िफ़्´-टी) ***adj. & n.*** ten more than forty, पचास।

**fifty-fifty** ***adj.*** shared in two equal portions, आधा-आधा। ***adv.*** equally, बराबर-बराबर।

**fig** (फ़िग्) ***n.*** 1. a tree and its fruit, अंजीर। 2. a trivial amount, नगण्य मात्रा या परिमाण।

**fight** (फ़ाइट्) ***n.*** 1. a battle, लड़ाई, युद्ध। 2. a struggle, संघर्ष। 3. a bout, मल्लयुद्ध, भिड़ंत। ***v.*** (fought, fighting) 1. to take part in a battle, लड़ाई करना, युद्ध करना, लड़ना। 2. to struggle, संघर्ष करना। 3. to quarrel, झगड़ा करना, बहस या तर्क-वितर्क करना। 4. to wrestle, कुश्ती लड़ना। □

**fightback,** प्रतिरोध करना। **fight it out,** अंत तक लड़ना; **fight off,** लोहा लेना।

**fighter** (फ़ाइ´-टॅ:) ***n.*** 1. one who fights, योद्धा। 2. a wrestler, पहलवान। 3. a combat aircraft, लड़ाकू विमान।

**fighting** (फ़ाइट्´-इंग्) ***adj.*** engaged in a battle, युद्धरत, जो लड़ रहा हो।

**fighting chance** ***n.*** a chance of succeeding provided that one makes a great effort, वीरोचित अवसर।

**figment** (फ़िग्´-मॅन्ट्) ***n.*** 1. something imagined, कल्पना, कल्पित बात। 2. an arbitrary notion, ऊलजलूल धारणा।

**figurative** (फ़िग्´-यु-रे-टिव्) ***adj.*** 1. not literal, metaphorical, लाक्षणिक। 2. filled with figures of speech, आलंकारिक।

**figuratively** (फ़िग्´-यु-रॅ-टिव्-ली) ***adv.*** in a figurative way, आलंकारिक/लाक्षणिक रूप से।

**figure** (फ़िग्´-अॅ:, फ़ी´-गॅ:) ***n.*** a symbol representing number, अंक। 2. an amount represented in numbers, अंकों में लिखी संख्या या राशि। 3. a diagram, outline or design, आरेख, रेखाचित्र। 4. bodily shape, काठी, आकृति, रूप। 5. the impression an individual makes, छाप; to cut a sorry figure, कुछ भी प्रभावित न कर पाना। 6. a figure of speech, अलंकार। 7. (plu.) arithmetic calculations, गिनती, हिसाब। ***v.*** 1. to calculate with figures, गणना करना, हिसाब करना या लगाना। 2. to represent in a diagram or picture, आरेख या चित्र बनाना।

**figurehead** (फ़िग्´-अॅ:-हॅड्) ***n.*** a person at the head of an organization but no actual authority, नाममात्र का प्रधान।

**figure of speech** ***n.*** a word or phrase having dramatic effects, अलंकार, लाक्षणिक प्रयोग।

**figurine** (फ़िग्-यु-रीन्´) ***n.*** a small sculptured figure, छोटी प्रतिमा, लघु मूर्ति।

**filament** (फ़िल्´-अॅ-मॅन्ट्) ***n.*** 1. a threadlike structure, तंतु। 2. a fine wire in a electric bulb which gives light when electrically heated, फ़िलामेंट, तंतु, तंतुक।

**filch** (फ़िल्च्) ***v.*** (filched, filching) to pilfer, उड़ा देना, चुरा लेना।

**file**[1] (फ़ाइल्) ***n.*** 1. a holder for keeping papers, फ़ाइल, पंजी; file cover, फ़ाइल आवरण। 2. a collection of papers kept in a file, फ़ाइल में रखे कागज़-पत्र, मिसिल, फ़ाइल। ***v.*** (filed, filing) 1. to place in a file, फ़ाइल में रखना, नत्थी करना। 2. to enter or place on record, दर्ज करना, दाख़िल करना। 3. to catalogue, सूची बनाना।

**file**[2] (फ़ाइल्) ***n.*** a tool with a series of sharp ridged edges used for smoothing or shaping things, रेती। ***v.*** (filed, filing) to smooth, shape or remove with a file, रेतना।

**filial** (फ़िल्´-इ-अॅल्) ***adj.*** of, suitable to or due from a son or daughter, संतान-संबंधी।

**filibuster** (फ़िल्´-इ-बस्-टॅ:) ***n.*** 1. obstructionist tactics, अड़ंगेबाज़ी। 2. a person who employs such tactics, अड़ंगेबाज़। ***v.*** to obstruct deliberately, अड़ंगेबाज़ी करना, रोड़ा अटकाना।

**filigree** (फ़िल्´-इ-ग्री) ***n.*** ornamental lace-like work of twisted gold or silver wire, ज़रदोजी का काम।

**filings** (फ़ाइ´-लिंग्स) ***n.*** plu. small pieces removed by a file, चूरा।

**fill** (फ़िल्) ***v.*** 1. to make full or supply with material, भर देना, भरना। 2. to become full, भर जाना, भर आना। 3. to stop or block up, बंद करना या होना। 4. to fulfil, पूर्ति करना, निर्वाह करना। 5. to satisfy, संतुष्ट या परितृप्त करना। 6. to appoint, नियुक्त करना। 7. to occupy, (पद) ग्रहण करना। ***n.*** material used to fill something, भरती, भरती का माल। □ **one's fill,** उतना भोजन जिससे कोई अघा जाए।

**filler** (फ़िल्´-अॅ:) ***n.*** 1. a material used to fill a place, cavity or to increase the bulk of something, भरती, भराव, भरान। 2. the tobacco rolled in the leaf of a cigar, सिगार के पत्ते में भरा जानेवाला तंबाकू। 3. a short space-filling item in a newspaper, जगह भरने के लिए अख़बार में दी जानेवाली

F

सामग्री, भरती।

**fillet** (फ़िल्´-इट्) *n.* a band or ribbon worn around the head, सिर पर बाँधी जानेवाली पट्टी या रिबन।

**filling** (फ़िल्´-इंग) *n.* something used to fill a space or cavity, भराव, भरती, भरान, भरत, भरी जानेवाली वस्तु।

**filling station** *n.* 1. a place where cylinders, tankers etc. are filled, भराई-केंद्र। 2. a gas station, गैस भरने का केंद्र, गैस-केंद्र।

**fillip** (फ़िल्´-इप्) *n.* 1. a blow or tap given with a finger, उँगली का आघात, टप। 2. stimulation, प्रोत्साहन।

**filly** (फ़िल्´-ई) *n.* a young female horse, बछेड़ी।

**film** (फ़िल्म्) *n.* 1. a thin skin or membrane, झिल्ली। 2. a thin flexible strip of cellulose used to make negatives and transparencies, फ़िल्म। 3. a motion picture, चलचित्र, सिने-फ़िल्म। 4. a layer of mist, कोहरे की हलकी परत। *v.* to make a motion picture (of a scene, story etc., किसी दृश्य, कहानी आदि पर), फ़िल्म बनाना।

**film star** *n.* an actor or actress in films, फ़िल्म-अभिनेता या फ़िल्म-अभिनेत्री।

**filter** (फ़िल्´-टॅ:) *n.* a device or porous substance through which a liquid or gas is passed in order to remove impurities, फ़िल्टर, निथारनेवाला उपकरण। *v.* 1. to pass through a filter, निथरना। 2. to cause to pass through a filter, निथारना। 3. to remove objectionable items, particulars etc., आपत्तिजनक अंश निकाल देना।

**filter paper** *n.* porous paper for filtering liquids, फ़िल्टर पेपर।

**filter-tipped** (फ़िल्´-टॅ:-टिप्ड्) *adj.* having filter at the mouth end, फ़िल्टरयुक्त (सिगरेट)।

**filth** (फ़िल्थ्) *n.* 1. foul or dirty matter, गंदगी, कूड़ा-कर्कट, कूड़ा-कचरा। 2. obscenity, अश्लीलता, गंदगी। 3. corruption, foulness, भ्रष्टाचार, बुराई।

**filthy** (फ़िल्´-दी) *adj.* 1. dirty, गंदा, मैला। 2. obscene, अश्लील, गंदा। 3. corrupt, भ्रष्ट, दूषित, बुरा। *adv.* very, अत्यधिक।

**filtration** (फ़िल्-ट्रे´-शॅन्) *n.* the act of filtering, निथारने की क्रिया या भाव, निथारना।

**fin** (फ़िन्) *n.* 1. a thin flat swimming and balancing projection of a fish or other aquatic animal, पंख। 2. something resembling a fin, पंख।

**final** (फ़ाइ´-नॅल्) *adj.* 1. coming at the end, आख़िरी, अंतिम। 2. ultimate, conclusive, अंतिम, निर्णायक, चरम; final judgement, अंतिम निर्णय। *n.* 1. the last game or match in a series of games or matches, प्रतियोगिता का अंतिम और निर्णायक खेल, फ़ाइनल। 2. the last examination of an academic course, अंतिम परीक्षा।

**finale** (फ़ि-नाल्´-ई, फ़ि-नैल्´-ई) *n.* 1. the last section of the piece of a music, संगीत रचना का अंतिम विभाग या चरण। 2. the last section of any activity, समापन, इतिश्री।

**finalist** (फ़ाइ´-नॅ-लिस्ट्) *n.* one who will fight in the final of a compitition, फ़ाइनल मैच में भिड़नेवाला खिलाड़ी या दल।

**finality** (फ़ि-नैल्´-इ-टी) *n.* the quality or state of being final, अंतिमता।

**finalize** (फ़ाइ´-नॅ-लाइज़्) *v.* to put into final form, अंतिम रूप देना।

**finally** (फ़ाइ´-नॅ-ली) *adv.* at last, अंत में, आख़िरकार।

**finance** (फ़ाइ´-नैन्स्, फ़ि-नैन्स्´) *n.* 1. the management of public money, वित्त-व्यवस्था। 2. (plu.) the money and the other resoures, funds, धन, निधि, वित्त। *v.* to provide the money for, धन उपलब्ध करना या कराना।

**finance commission** *n.* वित्त आयोग।

**finance minister** *n.* वित्तमंत्री, अर्थमंत्री।

**financial** (फ़ाइ-नैन्´-शॅल्/फ़ि-नैन्´-शॅल्) *adj.* of finance, वित्त-संबंधी, वित्तीय।

**financially** (फ़ाइ-नैन्´-शॅ-ली) *adv.* as regards money, वित्तीय / आर्थिक दृष्टि से।

**financier** (फ़ाइ-नैन-सिअॅ:) *n.* one who is engaged is financing parties or businesses, वित्तपोषक।

**financing** (फ़ाइ-नैन्´-सिंग्) ***n.*** the business of one who finances, वित्तपोषण, वित्तीयन।

**finch** (फ़िन्च्) ***n.*** any of many kinds of small singing birds with a short stout bill, गानेवाली एक तरह की छोटी चिड़िया।

**find** (फ़ाइन्ड्) ***v.*** (found, finding) 1. to come upon by accident, मिलना, पड़ा पाना। 2. to come upon after a search, खोज निकालना, ढूँढ़ निकालना। 3. to attain, प्राप्त करना, पाना। 4. to become aware of, पता लगना, पता चलना, पता होना, मालूम होना। 5. to consider, regard, समझना या मानना। 6. to arrive at conclusion, decide, निष्कर्ष निकालना, निश्चय करना, फ़ैसला करना। ☐ **all found,** वेतन के अतिरिक्त, खाने-रहने आदि की अन्य सुविधाओं के साथ; **find one-self,** अपनी शक्ति या प्रतिभा को पहचानना; **find out,** खोज निकालना, पता लगाना। ***n.*** 1. an act of finding, प्राप्ति। 2. a discovery, खोज, ईजाद। 3. something found, प्राप्त वस्तु।

**finder** (फ़ाइन्´-डॅ:) ***n.*** 1. one that finds, अन्वेषक; wordfinder, शब्दान्वेषक। 2. an instrument for finding the stated thing, अन्वेषक।

**finding** (फ़ाइन्´-डिंग्) ***n.*** 1. the act of dicovering, खोज, अन्वेषण। 2. something discovered, उपलब्धि; findings of research, अनुसंधान-उपलब्धियाँ। 3. (plu.) the conclusions reached by judicial inquiry, निष्कर्ष, जाँच-परिणाम।

**fine**[1] (फ़ाइन्) ***adj.*** (finer, finest) 1. of high or superior quality, उत्तम, बढ़िया, बहुत अच्छा। 2. of great merit, उच्च कोटि का, श्रेष्ठ। 3. beautiful, charming, सुंदर, चारु, ललित। 4. pleasant, सुहावना; fine day, सुहावना दिन। 5. most enjoyable, मज़ेदार। 6. consisting of small particles, बारीक, महीन। 7. precise or subtle, सूक्ष्म। 8. refined, विशुद्ध, परिष्कृत; refined silver, परिष्कृत या विशुद्ध चाँदी। 9. clear, साफ़। 10. quite well, चंगा, स्वस्थ, ठीक-ठाक।

**fine**[2] (फ़ाइन्) ***n.*** a pecuniary punishment for an offence, अर्थदंड, जुर्माना, फ़ाइन; collective fine, सामूहिक जुर्माना। ***v.*** to punish by a fine, जुर्माना लगाना।

**fine arts** ***n.*** (plu.) the arts appealing to the sense of beauty, ललित कलाएँ।

**finely** (फ़ाइन्´-ली) ***adv.*** in a fine manner, अच्छे ढंग से, अच्छी तरह, बख़ूबी।

**fineness** (फ़ाइन्´-निस्) ***n.*** the quality of being fine, उत्तमता, बढ़ियापन, ख़रापन, विशुद्धता।

**finery** (फ़ाइ´-नॅ-री) ***n.*** 1. beautiful clothes and ornaments, सुंदर वस्त्र और आभूषण। 2. elaborate decoration, सजावट।

**fine-spun** (फ़ाइन्-स्पन्´) ***adj.*** excessively detailed, ब्योरेवार।

**finesse** (फ़ि-नेंस्´) ***n.*** 1. skill or delicacy of performance, कौशल या नज़ाकत। 2. tact, subtlety, व्यवहारकुशलता, चतुराई।

**finger** (फ़िंग्´-गॅ:) ***n.*** 1. any of the five parts of the hand, अंगुली, उँगली। 2. the part of a glove covering one of these parts, उँगली। 3. the breadth of a finger, अंगुल। ☐ **burn one's fingers,** अपनी ग़लती से भुगतना; **keep one's fingers crossed,** पूरी आशा होना; **lay a finger on,** छूना, स्पर्श करना, हाथ लगाना; **put one's finger out,** कठोर श्रम करना; **put one's finger on,** संकेत करना, उँगली करना; **raise one's finger,** उँगली खड़ी करना, हाथ उठाना; **slip through one's fingers,** हाथ से निकल जाना, खो बैठना। ***v.*** 1. to handle or touch with fingers, उँगलियों से छूना या स्पर्श करना, टटोलना। 2. to perform with fingers, उँगलियों से बजाना।

**fingering** (फ़िंग्´-गॅ-रिंग्) ***n.*** the method of using fingers in a certain way, उँगलियाँ चलाना।

**fingerprint** (फ़िंग्´-गॅ:-प्रिंट्) ***n.*** the impression of a finger, अंगुली-छाप।

**fingertip** (फ़िग्´-गॅ:-टिप्) ***n.*** a tip of finger, पोर, पोटा। ☐ **have something at one's fingertips,** (i) सहज सुलभ होना, (ii) पूरी जानकारी होना; **to one's fingertips,** entirely, पूर्णत:; He is Indian to his fingertips. वह पूर्णत: भारतीय है।

F

**finiky** (फ़िन्´-इ-की) ***adj.*** 1. hard to please, तुनुकमिज़ाज। 2. fastidious, नकचढ़ा।

**finis** (फ़िन्´-इस्) ***n.*** the end (of a book or film), इतिश्री।

**finish** (फ़िन्´-इश्) ***v.*** 1. to reach the end of, समाप्त करना, ख़त्म करना। 2. to bring to an end, पूरा करना। 3. to use up, उपयोग करना, भक्षण करना, चट कर जाना। 4. to overthrow or kill, ख़त्म कर देना, मार डालना। 5. to take all one's powers, hopes etc., बेदम कर देना, असहाय बना देना। 6. to polish, चमका देना, पालिश करना। ***n.*** 1. the final part or last stage of something, अंत, समाप्ति। 2. the appearance of having been properly finished with paint, polish etc., फिनिश, चमक। □ **fight to the finish,** अंत तक लड़ना, आख़िरी दम तक लड़ना; **finish off,** मार डालना।

**finished** (फ़िन्´-इश्ड्) ***adj.*** 1. ended, समाप्त। 2. ready, तैयार; finished goods, तैयार माल।

**finishing** (फ़िन्´-इश्-इंग्) ***n.*** 1. the surface texture or appearance (of cloth, wood etc.,) चमक, सज्जा। 2. (plu.) the fixtures for lighting, plumbing etc., of a building, भवन की परिसज्जा।

**finite** (फ़ाइ´-नाइट्) ***adj.*** 1. having an end or limit, ससीम। 2. limited, सीमित।

**finite verb** ***n.*** a verb form having limits of person, number and tense, समापिका क्रिया।

**fiord** (फ़्यो:ड्) ***n.*** a long narrow inlet of the sea between steep cliffs, खड़ी चट्टानों के बीच का सँकरा समुद्री मार्ग।

**fir** (फ़:) ***n.*** 1. an evergreen tree of a pine family, देवदार। 2. the wood of a fir tree, देवदार की लकड़ी।

**fire** (फ़ाइअॅ:´/फाइ:) ***n.*** 1. the condition or process of burning, आग, अग्नि। 2. a heap of burning material, आग, आग की ढेरी। 3. destruction by fire, आग से होनेवाला विनाश या हानि। 4. great enthusiasm, जोश, उत्तेजना, आग। 5. the firing of guns, बंदूकों का चलना, बंदूकबाज़ी। □ **on fire,** जलता हुआ; **under fire,** जिसकी कटु आलोचना हो रही हो। ***v.*** 1. to discharge (a fire arm, बंदूक, तोप आदि) चलाना, दागना। 2. to dismiss from employment, बर्ख़ास्त कर देना। 3. to kindle, जलाना।

**fire alarm** ***n.*** a device giving warning of fire, आग लगने की सूचना देनेवाला भोंपू।

**firearm** (फ़ाइअॅ:´-आ:म्) ***n.*** a weapon capable of firing a missile, आग्नेयास्त्र (बंदूक, राइफ़ल, पिस्तौल आदि)।

**fireball** (फ़ाइअॅ:´-बा:ल्) ***n.*** 1. a brilliantly burning sphere, आग का गोला। 2. a meteor, उल्का। 3. an energetic person, स्फूर्त व्यक्ति।

**firebox** (फ़ाइअॅ:´-बॉक्स्) ***n.*** a chamber in which fuel is burned, अग्निकक्ष।

**firebrand** (फ़ाइअॅ:´-ब्रैन्ड्) ***n.*** 1. a piece of burning wood, जलती हुई लकड़ी। 2. a person who stirs up trouble, आग लगानेवाला, फ़साद खड़ा करनेवाला।

**firebreak** (फ़ाइअॅ:´-ब्रेक्) ***n.*** a ditch or strip of ploughed land to prevent a forest fire from spreading, वह खाई या जोती-बोई हुई ज़मीन की पट्टी जिसके फलस्वरूप जंगल की आग फैलने नहीं पाती।

**firebrick** (फ़ाइअॅ:´-ब्रिक्) ***n.*** a fireproof brick, अग्निसह ईंट, अगिया ईंट।

**firebrigade** (फ़ाइअॅ:´-ब्रि-गेड्) ***n.*** a party of fire extinguishers, अग्निशामक दल।

**firebug** (फ़ाइअॅ:´-बग्) ***n.*** an arsonist, आग लगानेवाला, अग्निदाहकर्ता।

**fireclay** (फ़ाइअॅ:´-क्ले) ***n.*** clay that resists great fire, अग्निसह मृत्तिका।

**firecracker** (फ़ाइअॅ:´-क्रै-कॅ:) ***n.*** a small explosive cracker, पटाका, पटाख़ा।

**fire-eater** (फ़ाइअॅ:´-ईट्´-अॅ:) ***n.*** 1. a person who pretends to eat fire, आग खाने का अभिनय करनेवाला व्यक्ति। 2. a quarrelsome person, झगड़ालू व्यक्ति।

**fire engine** ***n.*** an engine that extinguishes fire, दमकल।

**fire extinguisher** ***n.*** a portable apparatus containing chemicals that can be sprayed on fire to extinguish it, अग्निशामक।

**firefly** (फ़ाइअ:´-फ़्लाइ) ***n.*** a winged beetle that gives off a flashing light, जुगनूँ।

**fireman** (फ़ाइअ:´-मॅन्) ***n.*** a person who tends a fire in a locomotive engine, furnace etc., फ़ायरमैन, आगवाला, भट्ठी सुलगानेवाला।

**fire ordeal** ***n.*** an acid test, अग्निपरीक्षा।

**fireplace** (फ़ाइअ:´-प्लेस्) ***n.*** a place for fire, अग्निस्थल, अँगीठी, चूल्हा।

**firepower** (फ़ाइअ:´-पॉव्-अ:) ***n.*** the capacity for discharging power, गोली चलाने या गोलाबारी करने की शक्ति।

**fireproof** (फ़ाइअ:´-प्रूफ़:) ***adj.*** capable of with standing fire, अग्निसह, फ़ायरप्रूफ़।

**fireresistant** (फ़ाइअ:´-रॅ-ज़िस्´-टॅन्ट्) ***adj.*** that resists fire, अग्निरोधक।

**fireside** (फ़ाइअ:´-साइड्) ***n.*** 1. the area around a fireplace, अग्निस्थल के आसपास का स्थान। 2. a home, घर। ***adj.*** friendly and informal, आपसदारी का और अनौपचारिक।

**fire station** ***n.*** a place where fire engines are kept, अग्निशमन-केंद्र, दमकल-स्टेशन।

**firewood** (फ़ाइअ:´-वुड्) ***n.*** wood used as feul, जलाने की लकड़ी, जलावन।

**fireworks** (फ़ाइअ:´-व:क्स्) ***n.*** (plu.) 1. explosives used to produce light and noise for entertainment, आतिशबाज़ी। 2. a display of fireworks, आतिशबाज़ी।

**firing** (फ़ाइअॅर्-इंग्) ***n.*** the shooting of firearms, गोलीबारी, अग्निवर्षा।

**firing line** ***n.*** the line from which gunfire is directed against the enemy, अग्निरेखा।

**firm**[1] (फ़:म्) ***n.*** a commercial establishment, फ़र्म, व्यापारिक संस्थान, व्यावसायिक प्रतिष्ठान।

**firm**[2] ***adj.*** 1. not yielding easily to pressure, कड़ा, मज़बूत, सख़्त। 2. fixed or stable, स्थिर, अटल, स्थायी। 3. constant, unchanging, resolute, दृढ़, पक्का, अपरिवर्तनशील। 4. fixed, स्थिर, स्थापित। ***adv.*** resolutely, दृढ़तापूर्वक। ***v.*** to make or become firm, दृढ़ होना/करना, स्थापित होना/करना।

**firmament** (फ़:´-मॅ-मॅन्ट्) ***n.*** the sky, आकाश।

**firmly** (फ़:म्´-ली) ***adv.*** in a firm way, दृढ़तापूर्वक, मज़बूती से।

**first** (फ़:स्ट्) ***adj.*** 1. coming before all others in a series, पहला, प्रथम, प्राथमिक। 2. prior to all others, पहला। 3. foremost in importance or quality, सबसे बढ़कर होनेवाला। □ **in the first place,** आरंभ में। ***adv.*** 1. before all others, पहले, प्रथमतः। 2. before another event, से पहले। 3. for the first time, पहले-पहल, पहली बार। 4. in the beginning, शुरू-शुरू में। □ **at first,** शुरू में, शुरू-शुरू में; **first of all,** सबसे पहले।

**first aid** ***n.*** emergency treatment given to injured or sick persons before regular treament can be obtained, प्राथमिक चिकित्सा।

**first blood** ***n.*** the first success in a contest, किसी प्रतियोगिता में मिलनेवाली प्रथम सफलता।

**firstborn** (फ़:स्ट्´-बॉ:न्) ***adj.*** first in order of birth, प्रथमजात, पहिलौठा, जेठा। ***n.*** the firstborn child, पहिलौठा (पुत्र), जेठा (पुत्र)।

**first class** ***adj.*** of the highest class or rank, प्रथम श्रेणी का, उत्तम कोटि का, बहुत बढ़िया।

**first class** ***n.*** the first, highest or best category, प्रथम श्रेणी।

**first cousin** ***n.*** a child of one's uncle or aunt, संबंध के विचार से चाचा, मामा, मौसी या बुआ का लड़का (या लड़की); चचेरा या ममेरा भाई (या बहन); मौसेरा या फुफेरा भाई (या बहन)।

**first floor** ***n.*** 1. the floor above the ground floor, दूसरी मंज़िल। 2. the ground floor, पहली मंजिल, [illegible]खंड।

**firsthand** (फ़:स्ट्-हैन्ड्´) ***adv.*** from the original source, directly, सीधे। ***adj.*** obtained directly from the original source, सीधे प्राप्त होनेवाला; firsthand knowledge, प्रत्यक्ष ज्ञान।

**first lady** ***n.*** the wife of the President, राष्ट्रपति की पत्नी, प्रथम महिला।

**firstly** (फ़:स्ट्´-ली) ***adv.*** in the first place, सबसे पहले, प्रथमतः।

**first night** ***n.*** the opening night of a play, opera etc., पहली रात, प्रथम रात्रि।

**first offender** ***n.*** a person who has committed a legal offence for the first time, प्रथम अपराधी।

**first person** ***n.*** the form of a pronoun which refers to the speaker or speakers, उत्तम पुरुष।

**first-rate** (फ़:स्ट्´-रेट्) ***adj.*** of the highest class or rank, प्रथम श्रेणी का, उच्च कोटि का।

**firth** (फ़:थ्) ***n.*** a narrow inlet of the sea, पतली या तंग खाड़ी।

**fiscal** (फ़िस्´-कॅल्) ***adj.*** having to do with (public) finances, (राज)वित्तीय; fiscal year, राजवित्तीय वर्ष, वित्तीय वर्ष।

**fiscally** (फ़िस्´-कॅ-ली) ***adv.*** financially, वित्तीय दृष्टि से।

**fish** (फ़िश्) ***n.*** 1. an acquatic animal having fins and gills, मछली। 2. its flesh as food, मछली का मांस, मछली। 3. a sign of the Zodiac, Pisces, मीन। □ **drink like a fish,** ख़ूब या डटकर शराब पीना; **fish out of water,** जो अपने में न हो, खिन्न, उदास। ***v.*** 1. to catch or try to catch fish, मछलियाँ पकड़ना, मछलियाँ मारना। 2. to search for something under water, पानी में किसी चीज़ की खोज करना। 3. to try to seek or obtain something indirectly, परोक्ष रूप से प्राप्त करना। □ **fish for,** अप्रत्यक्ष उपायों से प्राप्त करने के लिए चेष्टा करना; **fish in troubled waters,** दूसरे की मजबूरी का लाभ उठाना; **fish out,** खोज निकालना, ढूँढ़ निकालना।

**fisher** (फ़िश्´-अॅ:) ***n.*** a fisherman, मछेरा, मछुआ।

**fisherman** (फ़िश्´-अॅ:-मॅन्) ***n.*** a person who fishes for sport or for a living, मछुआ।

**fishery** (फ़िश्´-अॅ-री) ***n.*** (plu. fisheries) 1. a place where fishes are caught, मछलीगाह, मत्स्यक्षेत्र। 2. the industry of catching, packing and selling fish, मछली-उद्योग।

**fish-hook** (फ़िश्´-हुक्) ***n.*** a barbed hook used for catching fish, मछली पकड़ने का काँटा।

**fishing** (फ़िश्´-इंग्) ***n.*** the catching of fish for sport or for a living, मछली पकड़ने का काम या धंधा।

**fishing rod** ***n.*** a rod for catching fish, मछली पकड़ने की छड़ी या डंडा।

**fishing tackle** ***n.*** equipment used in fishing, मछली पकड़ने का साज़-सामान।

**fishnet** (फ़िश्´-नेंट्) ***n.*** an open-meshed fabric, जाली।

**fishwife** (फ़िश्´-वाइफ़्) ***n.*** a woman who sells fish, मछुआइन।

**fishy** (फ़िश्´-ई) ***adj.*** 1. like a fish in smell or taste, मछली की-सी गंध या स्वादवाला। 2. suspicious, संदिग्ध, संदेहास्पद।

**fissile** (फ़िस्´-इल्) ***adj.*** capable of being split, जिसका विखंडन हो सके, विखंडनीय।

**fission** (फ़िश्-अॅन्) ***n.*** 1. the act or process of spliting into parts, विखंडन। 2. a nuclear reaction in which an atomic nucleus splits into fragments, नाभिकीय विखंडन।

**fissure** (फ़िश्´-अॅ:) ***n.*** a deep crack in rock or earth, दरार।

**fist** (फ़िस्ट्) ***n.*** the hand when tightly closed with the fingers bent against the palm, मुट्ठी, मुक्का।

**fistful** (फ़िस्ट्´-फ़ुल्) ***n.*** a handful, मुट्ठी-भर सामान या वस्तु।

**fisticuffs** (फ़िस्´-टि-कफ़्स्) ***n.*** a fist fight, मुक्केबाज़ी, मुक्कों की लड़ाई, मुक्कामुक्की।

**fistula** (फ़िस्´-चु-लॅ) ***n.*** (plu. fistulae, fistulas) a long pipe-like ulcer, नासूर, भगंदर।

**fit[1]** (फ़िट्) ***adj.*** (fitter, fittest) 1. suited for a given circumstance, purpose, or demand, उपयुक्त। 2. of right size and shape, appropriate, उपयुक्त, सही, फ़िट। 3. physically sound, स्वस्थ, सही, ठीक। ***v.*** (fitted, fitting) 1. to be the right size or shape (for), फ़िट होना, उपयुक्त होना, सही होना, ठीक बैठना। 2. to be suitable (for), योग्य होना, उपयुक्त होना। 3. to make suitable, उपयुक्त बनाना।

**fit[2]** ***n.*** 1. a brief but a cute spell of an illness, दौरा। 2. a period of loss of consciousness with convulsions, मूर्च्छा, बेहोशी, मिर्गी का दौरा। 3. a sudden violent feeling, आवेश; He killed her in a fit of anger. उसने क्रोध के आवेश में उसे मार डाला।

**ful** (फ़िट्´-फ़ुल्) *adj.* 1. restless, बेचैनी-भरा, अशांत। 2. irregular, अनियमित।

**ment** (फ़िट्´-मॅन्ट्) *n.* a piece of fitted furniture, दीवार या ज़मीन में जड़ी हुई बैठने या सामान रखने की वस्तु।

**ness** (फ़िट्´-निस्) *n.* 1. the quality or state of being fit, उपयुक्तता। 2. the state of being fit in body, physical soundness, पूर्ण स्वस्थता।

**ter** (फ़िट्´-अॅ:) *n.* a mechanic who fits together the parts of a machinery, मिस्त्री।

**ting** (फ़िट्´-इंग्) *adj.* suitable, उपयुक्त।

**e** (फ़ाइव्) *adj. & n.* one more than four, पाँच।

**efold** (फ़ाइव्´-फ़ोल्ड्) *adj.* 1. having five folds, पँचपहला। 2. having five times as much or as many, पँचगुना।

**e-star** (फ़ाइव्-स्टा:´) *adj.* of the highest class or rank, सर्वोच्च श्रेणी का।

**e year plan** *n.* programmes for five years for the development of a country, पंचवर्षीय योजना।

(फ़िक्स्) *v.* 1. to place, fasten or attach firmly, जड़ना, जमाना, बैठाना। 2. to direct steadily, लगाना; The child fixed his eyes on the sweets, बच्चे की मिठाई पर आँख लगी थी। 3. to arrange, set or establish, नियत, निर्धारित या स्थिर करना; to fix a time, समय निर्धारित करना। 4. to ascribe, मढ़ना, लगाना; to fix blame, आरोप लगाना। 5. to cook or prepare, बनाना या तैयार करना। 6. to repair, मरम्मत करना। 7. to influence wrongly, मिला लेना, ठीक कर लेना; Can they fix the judge? क्या वे जज को ठीक कर लेंगे? *n.* a difficult or awkward situation, जटिल स्थिति, झंझट, परेशानी।

**tion** (फ़िक्-से´-शॅन्) *n.* a strong attachment, आसक्ति।

**fixed** (फ़िक्स्ड्, फ़िक्स्ट्) *adj.* 1. fastened, जड़ा या बैठा हुआ। 2. not subject to change, settled, नियत, निर्धारित।

**fixture** (फ़िक्स्´-चॅ:) *n.* 1. anything fixed, जड़ी हुई वस्तु, या पक्की की हुई बात। 2. a match or contest taking place on an agreed date, निर्धारित समय पर होनेवाला मैच या खेल-प्रतियोगिता।

**fizz** (फ़िज़्) *v.* to make hissing or bubbling sound, बुदबुदाना, बुदबुद करना। *n.* the hissing sound, बुदबुद।

**fizzle** (फ़िज़्´-अॅल्) *v.* 1. to fizz, बुदबुदाना। 2. to fail, विफल होना।

**flabbergast** (फ़्लैब्´-अॅ:-गैस्ट्) *v.* to astound, चकित/स्तब्ध कर देना।

**flabby** (फ़्लैब्´-ई) *adj.* (flabbier, flabbiest) 1. having too soft flesh, थुलथुल। 2. too soft, ढीला, शिथिल। 3. weak, दुर्बल।

**flaccid** (फ़्लैक्´-सिड्) *adj.* 1. feeble, कमज़ोर। 2. flabby, थुलथुल।

**flag**[1] (फ़्लैग्) *n.* 1. a piece of cloth with a pattern or picture attached to a staff, झंडा, पताका। 2. a small paper device resembling a flag, झंडी। *v.* (flagged, flagging) 1. to decorate or mark with flags, झंडों से सजाना। 2. to give a signal, संकेत करना।

**flag**[2] *v.* (flagged, flagging) 1. to droop, कुम्हला जाना। 2. to decline in vigour, कमज़ोर हो जाना।

**flagellate** (फ़्लैज्´-अॅ-लेट्) *v.* to flog or whip, कोड़े लगाना।

**flagellation** (फ़्लैज्-इ-ले´-शॅन्) *n.* the act of flagellating or the state of being flagellated, कोड़े लगाने की क्रिया, कोड़ों की मार।

**flag-hoisting** (फ़्लैग्´-हो-इस्-टिंग्) *n.* the hoisting of a flag, झंडा फहराने की क्रिया या भाव।

**flagman** (फ़्लैग्´-मॅन्) *n.* one who gives signals with flags, झंडीवाला।

**flagon** (फ़्लैग्´-अॅन्) *n.* a wine cantainer with a handle and narrow neck, सुराही

की तरह का मदिरा-पात्र।

**flagpole** (फ़्लैग्´-पोल्) *n.* a pole on which a flag is raised and flown, ध्वजदंड।

**flagrant** (फ़्ले´-ग्रॅन्ट्) *adj.* 1. bad, notorious, बुरा, कुख्यात। 2. shameless, लज्जाजनक।

**flagship** (फ़्लैग्´-शिप्) *n.* a ship bearing the flag of the commander of a fleet, वह पोत जिसपर कमांडर का ध्वज लगा हो।

**flagstone** (फ़्लैग्´-स्टोन्) *n.* a large flat paving stone, फ़र्श में बैठाने का चिपटा बड़ा पत्थर।

**flail** (फ़्लेल्) *n.* a hand tool for threshing grain, मूसल। *v.* 1. to thrash with a flail, मूसल से कूटना। 2. to wave violently (said of a hand or leg, हाथ या टाँग) झुलाना, लहराना।

**flair** (फ़्लेअँ:) *n.* 1. a natural ability or aptitude, सहज वृत्ति, सहज ढंग। 2. keenness, सूझ, कुशाग्रबुद्धि।

F

**flak** (फ़्लैक्) *n.* 1. antiaircraft fire, वायुयानभेदी गोला। 2. severe criticism, कटु आलोचना।

**flake** (फ़्लेक्) *n.* a light leaf-like small piece of somethng, फ़्लेक, पपड़ी, कचरी। *v.* (flaked, flaking) to come off in flakes, पपड़ी के रूप में निकलना। □ **flake out,** मूर्छित हो जाना, भर्रा जाना।

**flaky** (फ़्ले´-की) *adj.* tending to break into flakes, पपड़ी-पपड़ी हो जानेवाला।

**flam** (फ़्लैम्) *v.* (flammed, flamming) to deceive by lying or flattery, धोखा देना, ठग लेना।

**flambeau** (फ़्लैम्-बो´) *n.* (plu. flambeaux, flambeaus) a flaming torch, मशाल।

**flamboyance** (फ़्लेम्-बॉइ´-अॅन्स्) *n.* the quality or state of being flamboyant, भड़कीलापन, चटकपन, शब्दाडंबर।

**flamboyant** (फ़्लैम्-बॉइ´-अॅन्ट्) *adj.* 1. of florid decoration, भड़कीला। 2. brilliant in form or colour, चटक, चटकदार। 3. bombastic, शब्दाडंबरपूर्ण। 4. showy, दिखावटी।

**flame** (फ़्लेम्) *n.* 1. a flickering tongue of light rising from a fire, लौ, लपट। 2. a strong passion of love, प्यार का जोश, आग। 3. a former sweetheart, वह व्यक्ति जिससे पहले कभी प्यार रहा हो; an o[ld] flame, पुराना प्रेमी। □ **in flames,** जल[ता] हुआ; The whole city was in flames. स[ारा] शहर जल रहा था। *v.* 1. to burn wi[th] flames, धधकना। 2. to become very e[x]cited, उत्तेजित हो जाना। 3. to becom[e] red, लाल हो जाना; Her face flamed wi[th] anger. उसका चेहरा ग़ुस्से से लाल हो गया, [व]क्रोध से आगबबूला हो गया।

**flaming** (फ़्लेम्´-इंग्) *adj.* 1. burning, जल[ता] हुआ। 2. excited, उत्तेजित। 3. utler, परम

**flamingo** (फ़्लॅ-मिंग्´-गो) *n.* a long-legg[ed] water-bird with a broad beek curv[ed] downward, फ़्लेमिंगो, मराल।

**flammable** (फ़्लैम्´-अॅ-बॅल्) *adj.* inflam[mable], ज्वलनशील।

**flange** (फ़्लैन्ज्) *n.* a protruding edge, उ[भरा] हुआ किनारा, उभारदार किनारा। *v.* to put flange on, उभारदार किनारा बनाना।

**flank** (फ़्लैंक्) *n.* 1. the side of an anim[al] between the ribs and hip, पहलू, पक्ष, बग[ल], बाज़ू। 2. the side of a body of troop[s], पक्ष, पहलू। *v.* (flanked, flanking) 1. [to] be at the side of, एक तरफ़ होना। 2. [to] attack the side, सेना के किसी पहलू या [...] पर आक्रमण करना। 3. to surround, घेर ले[ना]।

**flannel** (फ़्लैन्´-अॅल्) *n.* 1. a kind of so[ft] woollen cloth, फ़्लालेन। 2. smooth ta[lk], चिकनी-चुपड़ी बातें।

**flannelette** (फ़्लैन्-अॅ-लेंट्) *n.* a type [of] cotton cloth that looks like flann[el], फ़्लालेन की तरह का सूती कपड़ा।

**flap** (फ़्लैप्) *v.* (flapped, flapping) 1. [to] move up and down (as wings, पं[ख]) फड़फड़ाना। 2. to move or swing fro[m] side to side (as a curtain, पर्दे का) लहरा[कर] उड़ना या हिलना, फड़फड़ाना। 3. to hit w[ith] something broad and flat, पंखी आदि [से] मारना। *n.* 1. the sound of flapping, फ[ड़]फड़, फड़फड़ाहट। 2. a light blow wit[h a] flat thing, पंखी आदि से किया जानेव[ाला] हलका प्रहार। 3. anything flat and bro[ad] that hangs loose and is attached at o[ne] end, फ़्लैप।

**apjack** (फ़्लैप्´-जैक्) ***n.*** a kind of small cake, एक तरह का छोटा केक।

**apper** (फ़्लैप्´-अ:) ***n.*** a young bold girl, साहसी युवती, हिम्मतवाली लड़की, दिलेर लड़की।

**are** (फ़्लेंअ:) ***v.*** 1. to burn with a bright wavering light, झलझल करना, झलझलाना। 2. to spread outward, बाहर की ओर निकला या फैला होना। 3. to outbreak or erupt, भड़क उठना। ***n.*** 1. a flaring light, झलझल, झलझलाहट। 2. a bright light, तेज़ रोशनी।

**ash** (फ़्लैश्) ***v.*** 1. to send out a sudden brief blaze or light, कौंध उठना, कौंध जाना। 2. to be brilliant, चमक उठना। 3. to emit or reflect light suddenly or intermittently, सहसा या रह-रहकर प्रकाश देना। 4. to appear or cause to appear briefly, थोड़ी देर के लिए प्रकट होना या प्रकट करना। 5. to come suddenly into the mind or view, सहसा ध्यान में या देखने में आना। 6. to move rapidly, तेज़ी से चलना या बढ़ना। 7. to signal with a light, बत्ती से संकेत देना या भेजना। 8. to send or communicate (messages or news) very fast, जल्दी-जल्दी (समाचार या संदेश) देना। 9. to display ostentatiously, दिखावा करना। 10. to expose oneself indecently, अंग-प्रदर्शन करना। ***n.*** 1. a sudden, brief and intense light, कौंध, चमक। 2. a sudden brief play or appearance, झलक। 3. an instant, क्षण; in a flash, क्षण भर में। 4. a brief but important news dispatch or transmission, महत्त्वपूर्ण ताज़ा समाचार। 5. showiness, दिखावा, आडंबर। 6. anything that flashes, कौंध या चमक उत्पन्न करनेवाली वस्तु।

**ashback** (फ़्लैश्´-बैक्) ***n.*** the interruption of a story or narrative to show or tell about an incident from the past, पूर्वप्रसंग-चर्चा।

**ashbulb** (फ़्लैश्´-बल्ब्) ***n.*** a bulb that emits a flash or a brief dazzling light, फ़्लैश-बल्ब, कौंध-बल्ब।

**flashgun** (फ़्लैश्´-गन्) ***n.*** a device for firing a flashbulb, फ़्लैशगन।

**flashily** (फ़्लैश्´-इ-ली) ***adv.*** in a flashy manner, आडंबरपूर्वक, तड़क-भड़क से।

**flashiness** (फ़्लैश्´-इ-निस्) ***n.*** the quality of being flashy, आडंबर, दिखावट, तड़क-भड़क।

**flashy** (फ़्लैश्´-ई) ***adj.*** (flashier, flashiest) 1. showy, दिखावटी। 2. gaudy, भड़कीला।

**flask** (फ़्लास्क्, फ़्लैस्क्) ***n.*** a small container with a narrow neck and cover, फ़्लास्क।

**flat**[1] (फ़्लैट्) ***adj.*** (flatter, flattest) 1. level, horizontal, समतल, क्षैतिज। 2. having smooth surface, चौरस, सपाट, चपटा। 3. having little depth or thickness, छिछला, पतला; a flat dish, छिछली रिकाबी; a flat file, पतली या चिपटी फ़ाइल। 4. total, पूर्ण; flat refusal, साफ़ इन्कार, कोरा जवाब। 5. fixed, निश्चित; a flat rate, एक दाम। 6. dull, मंद, मंदा। 7. uninteresting, अरुचिकर, अरोचक। 8. flavourless, स्वादहीन, फीका। 9. emptied of air, deflated, (टायर) जिसकी हवा निकल गई हो, फुस। ***adv.*** 1. level with the ground, समतल रूप में। 2. completely, पूर्णत:। 3. exactly, ठीक, बिल्कुल। 4. below the correct pitch in music, मंदस्वर में। □ **fall flat,** निष्प्रभावी होना। ***n.*** 1. a level ground, समतल भूमि। 2. a marshy land, दलदल।

**flat**[2] ***n.*** a set of rooms for a family on one floor of a building, फ़्लैट।

**flatboat** (फ़्लैट्´-बोट्) ***n.*** a boat with flat bottom, चपटे तलेवाली नाव, पटेला।

**flatfoot** (फ़्लैट्´-फ़ुट्) ***n.*** 1. (plu. flatfoots) a policeman, सिपाही। 2. (plu. flatfeet) the condition of flat feet, पैरों के चिपटे होने की अवस्था।

**flat-footed** (फ़्लैट्-फ़ुट्´-इड्) ***adj.*** 1. having flattened feet, चपटे पैरोंवाला। 2. unable to move quickly, धीमी गति से चलनेवाला।

**flatly** (फ़्लैट्´-ली) ***adv.*** in a firm manner, साफ़-साफ़।

**flatness** (फ़्लैट्´-निस्) ***n.*** the state or quality of being flat, समतलता, चौरसाई।

F

**flats** (फ़्लैट्स्) *n.* (plu.) shoes without heels, बिना एड़ीवाले जूते।

**flatten** (फ़्लैट्´-ॲन्) *v.* 1. to make or become flat, समतल होना या करना। 2. to knock down or crush, पटरा कर देना, कुचल देना।

**flatter**[1] (फ़्लैट्´-ॲ:) *v.* 1. to praise insincerely or excessively, ख़ुशामद करना, झूठी प्रशंसा करना। 2. to please or gratify, ख़ुश कर देना। 3. to encourage, प्रोत्साहित करना, बढ़ावा देना। 4. to make to appear more attractive, आकर्षक रूप देना, जिससे कोई खिल उठे; चमका देना।

**flatter**[2] *n.* a blacksmith's forging tool with a flat face, निहाई।

**flatterer** (फ़्लैट्´-ॲ-रॅ:) *n.* one who indulges in flattery, ख़ुशामदी व्यक्ति, चाटुकार।

**flattery** (फ़्लैट्´-ॲ-री) *n.* insincere or excessive praise, ख़ुशामद, चापलूसी।

F

**flatulence** (फ़्लैच्-ॲ-लॅन्स्) *n.* gas in the stomach, वात, वायु-विकार।

**flatulent** (फ़्लैच्´-ॲ-लॅन्ट्) *adj.* 1. producing gas in the stomach, वातकारी, बादी। 2. vain, दंभी या दंभपूर्ण।

**flaunt** (फ़्ला:न्ट्) *v.* 1. to display proudly, शान दिखलाना, इतराना। 2. to display ostentatiously, आडंबर रचना, दिखावा करना।

**flautist** (फ़्ला:´-टिस्ट्) *n.* a flute player, बाँसुरी-वादक, बंसी बजानेवाला।

**flavour, flavor** (फ़्ले´-वॅ:) *n.* 1. taste perceived in food or drink in the mouth, स्वाद, मज़ा, गमक। 2. anything added to a food to give a particular taste, पुट, गमक। 3. distinctive quality or characteristic, विशिष्ट गुण, पुट; The story has a romantic flavour. कहानी में रोमानी पुट है। *v.* to give flavour to, पुट देना।

**flavouring** (फ़्ले´-वॅर्-इंग्) *n.* anything added to a food or drink to give it a particular taste, पुट।

**flaw** (फ़्ला:) *n.* 1. a blemish or defect, दोष, त्रुटि, कमी। 2. an error, भूल, ग़लती। *v.* (flawed, flawing) to make or become defective, दूषित होना या कर देना।

**flawless** (फ़्ला:´-लिस्) *adj.* having no flav दोषविहीन, निर्दोष, खरा।

**flax** (फ़्लैक्स्) *n.* 1. any of the several cult vated plants with slender stems fro which a fine fiber is obtained, जू पटसन, सन। 2. its fiber, पटसन का रेशा।

**flaxen** (फ़्लैक्´-सॅन्) *adj.* 1. of or made flax, सन का बना हुआ। 2. having th pale-yellow colour of flax fiber, पटस के रंग का, हलके भूरे रंग का।

**flay** (फ़्ले) *v.* 1. to strip off the skin or hid by whipping, कोड़े मार-मारकर ख़ाल उधे लेना, चमड़ी उतार लेना। 2. to scold or cr ticize mercilessly, कटु आलोचना या भर्त्स करना। 3. to fleece, लूटना, मूँड़ना।

**flea** (फ़्ली) *n.* any of various small, win less jumping and blood-sucking insec that feed on human or animal bloo पिस्सू, जूँ आदि।

**fleabite** (फ़्ली´-बाइट्) *n.* 1. the bite of flea, पिस्सू के काटने का निशान, पिस्सू व दंश। 2. a trifling inconvenience, छोटी मोटी असुविधा।

**fleabitten** (फ़्ली´-बिट्-ॲन्) *adj.* 1. bitten b a flea, जिसे पिस्सू ने काटा हो। 2. infeste by fleas, पिस्सुओं से भरा हुआ।

**fleam** (फ़्लीम्) *n.* a surgical knife, चीर-फा के काम आनेवाली छुरी, डॉक्टरी छुरी।

**flea market** *n.* an open-air market sellir old or cheap goods, खुले में लगनेवाला पुरा या छोटी-मोटी चीज़ों का बाज़ार।

**fleapit** (फ़्ली´-पिट्) *n.* a shabby cinem घटिया सिनेमाघर।

**fleck** (फ़्लेक्) *n.* 1. a spot or small patc of colours, चित्ती, दाग, धब्बा। 2. a sma piece or particle, छोटा टुकड़ा, कण। (flecked, flecking) to cover or be co ered with flecks, चित्तियाँ पड़ी होना चित्तियाँ डालना।

**flecked** (फ़्लेक्ट्) *adj.* marked with fleck चित्तीदार।

**fled** (फ़्लेड्) *v.* p.t. of flee.

**fledged** (फ़्लेज्ड्) *adj.* 1. able to fly, उड़ने

समर्थ, परों से युक्त, पंखदार। 2. experienced or mature, अनुभवी या प्रौढ़; full-fledged engineer, पूर्णतः अनुभवी अभियंता।

**fledgling** (फ़्लेज्‌´-लिंग्) ***n.*** 1. a young bird that has grown feathers, ऐसा पक्षीशावक जिसके पर निकल आए हों। 2. an unexperienced person, अनुभवहीन व्यक्ति, नौसिखिया।

**flee** (फ़्ली) ***v.*** (fled, fleeing) 1. to run away, भाग खड़े होना, फ़रार हो जाना। 2. to run away from (one's country, अपना देश छोड़कर) भाग जाना। 3. to move rapidly, तेज़ी से निकल जाना। 4. to disappear, अंतर्धान हो जाना।

**fleece** (फ़्लीस्) ***n.*** 1. the coat of wool that covers the body of a sheep or similar animal, भेड़ आदि की ऊन। 2. the amount of wool cut in one shearing from a sheep, भेड़ पर से एक बार में काटकर उतारी हुई ऊन। 2. sheepskin, भेड़ की ख़ाल। ***v.*** 1. to shear the fleece from a sheep, ऊन कतरना। 2. to swindle, rob or cheat, ठगना, मूँड़ लेना, लूट लेना।

**fleeciness** (फ़्लीस्´-इ-निस्) ***n.*** the quality of being fleecy, ऊनीपन।

**fleecy** (फ़्लीस्´-ई) ***adj.*** 1. covered with fleece, ऊन से आच्छादित। 2. made of fleece, ऊनी। 3. like a fleece, ऊन के समान।

**fleet**[1] (फ़्लीट्) ***n.*** 1. the group of warships, बेड़ा, जहाज़ी बेड़ा। 2. number of ships, aircraft, buses etc., moving under one command, जहाज़ों, पोतों, यानों आदि का एक अधिकारी के अधीन चलनेवाला समूह।

**fleet**[2] (फ़्लीट्) ***adj.*** moving swiftly, द्रुतगति, तेज़ रफ़्तारवाला।

**fleeting** (फ़्लीट्´-इंग्) ***adj.*** 1. rapid, द्रुतगति। 2. transient, क्षणिक, अनित्य।

**flesh** (फ़्लेश्) ***n.*** 1. the soft substance of the body, मांस। 2. meat, गोश्त, मांस। 3. the pulpy part of vegetables and fruit, गूदा। 4. the body (opposed to the mind or soul, मन या आत्मा से भिन्न) शरीर, देह। 5. mankind, मानवजाति।

**fleshly** (फ़्लेश्´-ली) ***adj.*** 1. bodily, शारीरिक। 2. sexual, यौन-संबंधी।

**fleshy** (फ़्लेश्´-ई) ***adj.*** 1. of flesh, मांसल, 2. pulpy, गूदेदार।

**flew** (फ़्लू) ***v.*** p.t. of fly.

**flex** (फ़्लेक्स्) ***v.*** (flexed, flexing) 1. to bend, मोड़ना। 2. to be bent, मुड़ना।

**flexibility** (फ़्लेक्-सॅ-बिल्´-इ-टी) ***n.*** the quality of being flexible, नम्यता, लचीलापन।

**flexible** (फ़्लेक्´-सॅ-बॅल्) ***adj.*** 1. not stiff or rigid, नमनीय, नम्य, लचीला। 2. capable of modification, जिसमें सुधार हो सकता हो, नमनीय, लचीला।

**flibbertigibbet** (फ़्लिब्-अॅ:-टि-जिब्´-इट्) ***n.*** 1. one who chatters constantly, बातूनी व्यक्ति, गप्पी, गपोड़ी। 2. an irrcsponsible person, उत्तरदायित्वविहीन व्यक्ति।

**flick**[1] (फ़्लिक्) ***n.*** a light blow or stroke (with a whip, कोड़े से किया हुआ) हलका आघात। ***v.*** to strike with a light stroke, हलका आघात करना, झटका देना।

**flick**[2] ***n.*** a motion picture, सिनेचित्र, चलचित्र।

**flicker** (फ़्लिक्´-अॅ:) ***v.*** 1. to burn or shine unsteadily, लुपलुपाना, टिमटिमाना, कँपकँपाना। 2. to flutter, फड़फड़ाना। 3. to move with a wavering motion (as eyelids, पलकों का) झपकना। 4. to quiver, काँपना, कंपन होना। ***n.*** the act of flickering, लुपलुप, टिमटिमाहट; फड़फड़ाहट; झपझप।

**flier, flyer** (फ़्लाइ´-अॅ:) ***n.*** 1. a bird that flies, पक्षी, परिंदा, पंछी। 2. an aviator, विमानचालक। 3. a handbill, इश्तिहार।

**flight**[1] (फ़्लाइट्) ***n.*** 1. the act of flying, उड़ान; a flight of imagination, कल्पना की उड़ान। 2. a journey made by air, हवाई यात्रा। 3. a scheduled airline trip, नियत हवाई सेवा। 4. an airplane, हवाई जहाज़, विमान। 5. a swift passage or movement, उड़ान; the flight of a ball, गेंद की उड़ान; the flight of time, समय की उड़ान। 6. the group of insects, birds or airplanes flying through the air together, एक साथ उड़नेवाले कीड़े, पक्षियों या वायुयानों का समूह।

F

7. a series of stairs, सोपान, ज़ीना।

**flight[2]** ***n.*** the act of fleeting or running away, पलायन। □ **put to flight,** भगा देना; **take to flight,** भाग जाना, भाग खड़े होना।

**flightily** (फ़्लाइट्´-इ-ली) ***adv.*** in a flighty manner, झक में आकर।

**flightless** (फ़्लाइट्´-लिस्) ***adj.*** not able to fly, जो उड़ न सकता हो, न उड़नेवाला।

**flight-test** (फ़्लाइट्´-टॅस्ट्) ***v.*** (flight-tested, flight-testing) to test by flight, उड़ान-परीक्षण करना।

**flighty** (फ़्लाई´-टी) ***adj.*** 1. given to whims, झक्की, सनकी। 2. mentally unbalanced, पागल।

**flimflam** (फ़्लिम्´-फ़्लैम्) ***n.*** a trick or deception, चालाकी, धोखा।

**flimsily** (फ़्लिम्´-ज़ॅ-ली) ***adv.*** in a flimsy manner, लचरपन से।

F

**flimsiness** (फ़्लिम्´-ज़ि-निस्) ***n.*** the quality of being flimsy, दुर्बलता, लचरपन।

**flimsy** (फ़्लिम्´-ज़ी) ***adj.*** 1. not strong or substantial, कमज़ोर, क्षीण, लचर। 2. light and thin, हलका और पतला, झीना; a flimsy cloth, झीना कपड़ा। 3. ineffectual, निष्प्रभावी। ***n.*** a thin paper, पलता कागज़।

**flinch** (फ़्लिन्च्) ***v.*** 1. to draw back suddenly, एकाएक पीछे हट जाना, हिम्मत न रह जाना, साहस न पड़ना। 2. to shrink from one's duty, कर्तव्यविमुख होना।

**fling** (फ़्लिंग्) ***v.*** (flung, flinging) 1. to throw forcefully or violently, प्रक्षेपण करना, फेंकना, चलाना, उछालना। 2. to move suddenly or forcefully, एकाएक या तेज़ी से आगे बढ़ना। 3. to put or send forcefully, ज़बरदस्ती कहीं भेजना या धकेलना। 4. to cast aside, अलग करना, छोड़ देना, फेंक देना। □ **fling oneself into,** (किसी काम में) जुट जाना, पिल पड़ना। ***n.*** 1. the act of flinging, क्षेपण। 2. a sarcastic or taunting remark, छींटा, व्यंग्य। 3. an attempt, प्रयत्न, चेष्टा। 4. a brief period of indulgence in unrestrained pleasure, मौज-मस्ती, रंगरली।

**flint** (फ़्लिन्ट्) ***n.*** 1. a kind of hard stone that sparks when struck with steel, चकमक (पत्थर)। 2. any spark-producing alloy, चिनगारी उत्पन्न करनेवाली मिश्रधातु, फ़्लिन्ट।

**flinty** (फ़्लिन्´-टी) ***adj.*** 1. hard as flint, कड़ा, कठोर, दृढ़। 2. cruel, क्रूर, कठोर।

**flip[1]** (फ़्लिप्) ***v.*** (flipped, flipping) 1. to toss, उछालना। 2. to turn with a quick motion, झटके से हिलाना। 3. to flick, उँगली द्वारा हलका आघात करना। 4. to become full of excitement or interest, आतुर या विकल हो उठना। ***n.*** the act of flipping, उछाल; झटका; आघात; आतुरता। □ **flip one's lid,** संयम खो बैठना, आवेश में आ जाना; **flip through,** जल्दी-जल्दी पढ़ जाना।

**flip[2]** ***adj.*** impertinent, उद्धत।

**flip[3]** ***n.*** an alcoholic drink with sugar and egg, एक प्रकार का पेय पदार्थ जो मदिरा में चीनी और अंडा मिलाकर बनाया जाता है।

**flip-flop** (फ़्लिप्´-फ़्लॉप्) ***n.*** 1. a repeating flapping noise, फड़फड़ाहट, फड़फड़। 2. a kind of sandal, एक प्रकार की सैंडल। 3. a complete change of policy, आमूल नीति-परिवर्तन।

**flippancy** (फ़्लिप्´-ॲन्-सी) ***n.*** 1. impertinence, उद्धतता, छिछोरापन, अवज्ञाकारिता। 2. talkativeness, वाचालता।

**flippant** (फ़्लिप्´-ॲन्ट्) ***adj.*** 1. impertinent, disrespectful, उद्धत या उद्धततापूर्ण, अवज्ञाकारी या अवज्ञापूर्ण। 2. talkative, बातूनी, वाचाल।

**flippantly** (फ़्लिप्´-ॲन्ट्-ली) ***adv.*** in a flippant manner, उद्धततापूर्वक, अवज्ञापूर्वक।

**flipper** (फ़्लिप्´-ॲ:) ***n.*** 1. a wide flat limb of sea animals (as seals, penguins, whales etc.) adopted for swimming (कुछ समुद्री जंतुओं का) तैरने में सहायक हाथ सदृश अंग, फ़्लिप्पर, पट्टिका। 2. (plu.) a pair of rubber devices worn on the feets by divers, गोताखोरों द्वारा पहनी जानेवाली रबर की एक प्रकार की चप्पलें।

**flirt** (फ़्ल:ट्) ***v.*** to behave amorously without serious intentions or to attract someone's attention or interest, चोचले

दिखाना। □ **flirt with,** छेड़छाड़ करना, खिलवाड़ करना। ***n.*** one given to flirting, उच्छृंखलतापूर्वक प्रेम प्रदर्शित करनेवाली युवती, तितली।

**flirtation** (फ़्ल:-टे´-शॅन्) ***n.*** the act of flirting, छेड़छाड़, चोचलेबाज़ी, प्रेम-विलास।

**flirtatious** (फ़्ल:-टे´-शॅस्) ***adj.*** fond of flirting, छेड़छाड़ करनेवाली, चुलबुली।

**flit** (फ़्लिट्) ***v.*** (flitted, flitting) 1. to fly or move lightly or quickly, फुदकना। 2. to move house, घर बदल लेना। 3. to pass quickly, सहसा आगे बढ़ जाना, गुज़रना।

**float** (फ़्लोट्) ***v.*** 1. to rest or drift on the surface of water without sinking, बहना, तैरना। 2. to cause to move on the surface, बहा ले जाना। 3. to fly, उड़ना, उड़ान भरना। 4. to issue (bonds etc.), जारी करना। ***n.*** 1. something that floats, तैरने या बहनेवाली वस्तु। 2. a small floating object on a fishing line, पानी पर तैरनेवाला वह कार्क या लकड़ी का टुकड़ा जिससे मछली पकड़ने का काँटा बँधा रहता है। 3. a large flat vehicle on wheels carrying a display in a parade, खुली गाड़ी, खुला यान। 4. a drink with icecream, आइसक्रीमयुक्त पेय। 5. small coins, change, रेज़गारी।

**floating** (फ़्लोट्´-इंग्) ***adj.*** 1. drifting in water, तैरता या बहता हुआ, तिरता। 2. not fixed or settled in a particular place, चलायमान, चल, अस्थिर।

**flock**[1] (फ़्लॉक्) ***n.*** 1. a group (of animals or birds, पशु-पक्षियों का) झुंड, गल्ला। 2. a large group of people, झुंड, भीड़, भीड़भाड़। ***v.*** (flocked, flocking) 1. to gather in a large number, झुंड बनाना, भीड़ लगाना। 2. to move in a large number, झुंड में चलना।

**flock**[2] ***n.*** a waste from cotton or wool used for stuffing mattresses, cushions etc., गद्दे भरने की रुई या ऊन।

**floe** (फ़्लो) ***n.*** a mass of floating ice, समुद्र में तैरता हुआ हिमखंड, हिम-शैल।

**flog** (फ़्लॉग्) ***v.*** (flogged, flogging) to beat with a stick, strap or whip, डंडे लगाना, कोड़े लगाना। □ **flog a dead horse,** मरे को मारना, निष्फल प्रयास करना।

**flogging** (फ़्लॉग्´-इंग्) ***n.*** punishment by beating with a whip, कोड़ों की मार, कशाघात।

**flood** (फ़्लड्) ***n.*** 1. an overflowing of water over a place that is usually dry, बाढ़, सैलाब। 2. the great outpouring or flow, बाढ़, भरमार; a flood of applications, प्रार्थनापत्रों की बाढ़। ***v.*** 1. to cover or submerge with a flood, बाढ़ आना। 2. to fill or overwhelm like a flood, प्लावित होना, भर जाना।

**flood control** ***n.*** protection from floods, बाढ़-नियंत्रण।

**floodgate** (फ़्लड्´-गेट्) ***n.*** a gate in a river or canal to control the flow of water, नदी-कपाट, बाढ़-द्वार।

**floodlight** (फ़्लड्´-लाइट्) ***n.*** an electric lamp etc., that produces intense bright light, फ़्लडलाइट, तीव्र प्रकाश देनेवाली बत्ती। ***v.*** (floodlit, floodlighting) to illuminate with floodlights, तेज़ बत्तियों से प्रकाश करना।

**floodtide** (फ़्लड्´-टाइड्) ***n.*** an incoming tide, ज्वार।

**floodwater** (फ़्लड्´-वा:-ट्:) ***n.*** the water of a flood, बाढ़ का पानी।

**floor** (फ़्लो:) ***n.*** 1. the surface of the room, फ़र्श। 2. the gound surface, earth, भूतल, ज़मीन। 3. the bottom of the sea, cave etc., तल। 4. a legislative chamber where legislators occupy their seats, विधान-भवन। 5. a story of a building, मंज़िल, खंड; ground floor, भूखंड; first floor, पहली मंज़िल। □ **cross the floor,** विरोध पक्ष में जा मिलना; **take the floor,** (i) अपनी बात कहने के लिए खड़े होना, (ii) नृत्य आरंभ करना। ***v.*** (floored, flooring) 1. to put a floor in a building, फ़र्श डालना, बनाना या बिछाना। 2. to knockdown, गिरा देना, पटक देना। 3. to stun, चकित या स्तब्ध कर देना। 4. to baffle, विचलित कर देना, घबरा देना।

F

**floorage** (फ़्लो:-इज्) *n.* the floor space, क्षेत्रफल।

**floorboard** (फ़्लो:´-बो:ड्) *n.* a plank of a wooden floor, लकड़ी के फ़र्श का तख़्ता, फ़र्शी तख़्ता।

**floor show** *n.* the entertainment presented on the floor of a nightclub, नाइटक्लब का नृत्य या कार्यक्रम।

**flooring** (फ़्लोर्´-इंग्) *n.* material used for making floors, फ़र्श बनाने की सामग्री।

**floozie, floozy** (फ़्लू´-ज़ी) *n.* 1. a disreputable woman, बदनाम स्त्री। 2. a prostitute, वेश्या, रंडी।

**flop** (फ़्लॉप्) *v.* (flopped, flopping) 1. to bend loosely, झुक या लटक जाना। 2. to fall down clumsily, धड़ाम से गिर जाना। 3. to put down roughly, पटक देना। 4. to move awkwardly, भद्दे ढंग से चलना, आगे बढ़ना या कुछ करना। 5. to be a failure, to fail utterly, पूरी तरह से विफल होना, पिट जाना। *n.* 1. the act or noise of flopping, धड़ाम, धम शब्द। 2. a complete failure, वह कार्यक्रम, फ़िल्म, पुस्तक आदि जो बुरी तरह पिट गई हो। *adv.* with a flop, धड़ाम से, धम शब्द करते हुए; He fell flop on the floor. वह धड़ाम से ज़मीन पर गिर पड़ा।

**floppy** (फ़्लॉप्´-ई) *adj.* 1. hanging down loosely, झूलता हुआ, लटकता हुआ, ढीला-ढाला। 2. inclined to flop, धड़ाम से गिर पड़नेवाला।

**floppy disc** *n.* a magnetic disc used in a computer for storing information, मैग्नेटिक डिस्क, चुंबकीय चक्रिका, फ़्लापी।

**flora** (फ़्लोर्´-अॅ) *n.* (plu. florae, floras) 1. all the plants of a particular place or time, किसी विशिष्ट स्थान या काल के सभी पेड़-पौधे। 2. a list or description of such plants, पेड़-पौधों की सूची या तत्संबंधी विवरण।

**floral** (फ़्लोर्´-अॅल्) *adj.* of flowers, फूलों का; floral decoration, पुष्पसज्जा।

**floral tribute** *n.* a bunch of flowers given as a tribute, भेंट या अर्पित किया जानेवाला गुलदस्ता, श्रद्धा-सुमन।

**Florentine** (फ़्लोर्´-अॅन्-टीन्) of Florence, इटली के फ़्लोरेन्स नगर से संबद्ध।

**florescence** (फ़्लो-रॅस्´-अॅन्स्) *n.* 1. the act of blooming, पुष्पण। 2. the period of blooming, पुष्पण-काल, फूल खिलने का समय, बहार। 3. a period of success, सफलता-काल, सफलता का समय, स्वर्णकाल।

**florescent** (फ़्लो-रॅस्´-अॅन्ट्) *adj.* blossoming, खिलता हुआ।

**floriculture** (फ्लोर्-ई-कल्-चॅ:) *n.* the cultivation of flowering plants, फूलों की खेती।

**florid** (फ़्लोर्´-इड्) *adj.* 1. flowery, बेल-बूटोंवाला। 2. richly decorated or ornamented, ख़ूब सजा हुआ, भड़कीला। 3. having a red complexion, rosy, गुलाबी, ललाई लिये हुआ (चेहरा)।

**florist** (फ़्लोर्´-इस्ट्) *n.* a person who grows or sells flowers or flower plants, पुष्पोत्पादक, फूलवाला।

**floss** (फ़्लॉस्) *n.* 1. waste silk, सिल्क के रद्दी रेशों का समूह। 2. soft, loosely twisted silk thread, कच्चा रेशम।

**flossy** (फ़्लॉस्´-ई) *adj.* 1. flashy, भड़कीला। 2. soft, मुलायम।

**flotation** (फ़्लो-टे´-शॅन्) *n.* the act of floating (bonds, बॉण्ड) निकालना, प्रवर्तन।

**flotila** (फ़्लो-टिल्´-अॅ) *n.* a small fleet, छोटा बेड़ा।

**flotsam** (फ़्लॉट्´-सॅम्) *n.* parts of a wrecked ship found floating, विनष्ट पोत के टूटे-फूटे तैरते हुए अंश, जहाज़ी कबाड़।

**flotsam and jetsam** *n.* (plu.) worthless things, कूड़ा-कबाड़।

**flounce**[1] (फ़्लाउन्स्) *n.* an ornamental piece of cloth sewn to a skirt etc., स्कर्ट आदि में शोभा के लिए लगाया जानेवाला कपड़े का टुकड़ा, झालर, फीता आदि।

**flounce**[2] (फ़्लाउन्स्) *v.* to go or move with agitated movements, आवेश में आकर या हड़बड़ाते हुए निकल पड़ना या चल देना। *n.* the act of flouncing, हड़बड़ाहट, हड़बड़ी।

**flounced** (फ़्लाउन्स्ड्) *adj.* decorated with a flounce, फीता, झालर आदि से अलंकृत।

**flounder**[1] (फ़्लाउन्´-डॅ:) *v.* 1. to struggle awkwardly to move in mud or snow, दलदल या बर्फ़ में चलने के लिए संघर्ष करना। 2. to make mistakes, भूलें करना।

**flounder**[2] (फ़लाउन्´-डॅ:) *n.* a saltfish, समुद्री मछली।

**flour** (फ़्लाउ:) *n.* a fine powder obtained by grinding grain, आटा, मैदा, बेसन आदि। *v.* 1. to cover with flour, आटा लगाना, आटे से लपेटना। 2. to sprinkle flour, आटा छिड़कना या बुरकना। 3. to grind grain, आटा पीसना।

**flourish** (फ़्लर्´-इश्) *v.* 1. to thrive or prosper, फूलना-फलना। 2. to wave or wield (a sword, तलवार) चमकाना, भाँजना। 3. to be active or at the peak of condition, सक्रिय होना, सितारा चमकना, सितारा बुलंद होना। *n.* 1. a thriving or prosperous state, समृद्धि, ख़ुशहाली, बहार। 2. waving in the air, चमकाने या भाँजने की क्रिया, चमकाव। 3. an ornamental embellishment in writing, अलंकृत लेखन-शैली, गुलकारी। 4. figurative usage, आलंकारिक प्रयोग। 5. an exciting passage of music, उत्तेजक संगीत रचना। 6. a fanfare, तुरहीनाद।

**flout** (फ़्लाउट्) *v.* (flouted, flouting) 1. to disobey, अवज्ञा करना। 2. to show contempt for, निरादर / उपहास करना।

**flow** (फ़्लो) *v.* (flowed, flowing) 1. to move or run as in stream, बहना, तिरना। 2. to move like a liquid, प्रवाहित होना, बहना; The tears flowed her eyes. उसकी आँखों से आँसू बह निकले। 3. to hand down loosely, लटकना, लहराना। 4. to be plentiful, प्रचुर होना। 5. to rise (as a tide, ज्वार की तरह) उठना, आना। *n.* 1. the act or motion of flowing, प्रवाह, बहाव। 2. a stream, धारा। 3. a continuous outpouring, सतत अभिव्यक्ति, धाराप्रवाह अभिव्यक्ति; a flow of ideas, विचार-प्रवाह। 4. a continuous movement or circulation, चलता रहनेवाला क्रम, प्रवाह। 5. the advancing of the tide, ज्वार का आना। 6. continuous discharge, स्राव, क्षरण, बहाव।

**flower** (फ़्लॉव्´-अ:) *n.* 1. a part of the plant having brightly coloured leaves or petals, फूल, पुष्प, सुमन। 2. a plant that is cultivated for its fine flowers, पुष्पपादप, फूल-पौधा। *v.* 1. to produce flowers, फूलना, फूल लगना। 2. to reach a peak, चोटी पर पहुँचना, उत्कर्ष को प्राप्त होना, समृद्ध होना।

**flowered** (फ़लॉव्´-अ:ड्) *adj.* decorated with flowers, फूलों से सजा हुआ, पुष्पसज्जित।

**flower garden** *n.* a garden with flowering plants, फूलोंवाला बाग, फूलबाग, पुष्पोद्यान।

**flower girl** *n.* 1. a young girl who attends the bride in a wedding procession and carries flowers, विवाह के समय दुल्हन के साथ चलनेवाली लड़की जो फूल लिये होती है। 2. a girl who sells flowers, फूलवाली, मालिन।

**flowerpot** (फ़्लॉव्´-अ:-पॉट्) *n.* a pot in which plants may be grown, गमला।

**flower show** *n.* an exhibition of flowering plants, पुष्प-प्रदर्शनी।

**flowery** (फ़्लॉव्´-अ-री) *adj.* 1. abounding in flowers, फूलों से लदा हुआ। 2. full of figurative expressions, आलंकारिक, लाक्षणिक प्रयोगों से युक्त।

**flowing** (फ़्लो´-इंग्) *adj.* 1. moving as a fluid, बहता हुआ। 2. continuous, सतत, निरंतर।

**flown** (फ़्लोन्) *v.* p.t. & p.p. of fly.

**flu** (फ़्लू) *n.* influenza, फ़्लू, इन्फ़्लूएन्ज़ा।

**fluctuate** (फ़्लक्´-चू-एट्) *v.* 1. to move up and down, उतरना-चढ़ना, उतार-चढ़ाव होना। 2. to be irregular, अनियमित होना, घटते-बढ़ते रहना, परिवर्तित होना। 3. to cause to fluctuate, घटाना-बढ़ाना, परिवर्तन करना।

**fluctuation** (फ़्लक्-चू-ए´-शॅन्) *n.* the moving up and down, घट-बढ़, उतार-चढ़ाव।

**flue** (फ़्लू) *n.* a pipe or tube to carry off smoke, gas etc., धुआँकश, चिमनी।

**fluency** (फ़्लू´-अॅन्-सी) *n.* the state of being fluent, प्रवाह; पठन-प्रवाह, प्रवाहशीलता।

**fluent** (फ़्लू-अॅन्ट्) *adj.* 1. speaking smoothly and readily, धाराप्रवाह बोलनेवाला। 2. smoothly and naturally flowing, धाराप्रवाह, प्रवाहशील।

**fluently** (फ़्लू´-अॅन्ट्-ली) ***adv.*** in a fluent manner, धाराप्रवाह रूप में, धाराप्रवाह।

**fluff** (फ़्लफ़्) ***n.*** soft feathery stuff that comes from woolly material, (स्वेटर, कंबल आदि में से निकलनेवाले) रोएँ। ***v.*** (fluffed, fluffing) 1. to make mistakes, भूलें करना, गलतियाँ करना। 2. to bungle, गड़बड़ाना।

**fluffy** (फ़्लफ़्´-ई) ***adj.*** covered with fluff, रोएँदार।

**fluid** (फ़्लू´-इड्) ***n.*** a substance that flows easily, तरल पदार्थ, द्रव। ***adj.*** 1. able to flow, तरल, प्रवाहशील। 2. changing, अस्थिर; fluid state, अस्थिर स्थिति।

F

**fluidity** (फ़्लू-इड्´-इ-टी) ***n.*** the quality of being fluid, तरलता, प्रवाहशीलता, अस्थिरता।

**fluke**[1] (फ़्लूक्) ***n.*** an accidental stroke of good luck, संयोग, सौभाग्य की बात।

**fluke**[2] ***n.*** 1. a flat end of each arm of an anchor, लंगर की बाँह का चिपटा सिरा। 2. (plu.) whale's tail, ह्वेल की पूँछ।

**fluke**[3] ***n.*** a kind of fish, एक तरह की मछली।

**flummox** (फ़्लम्´-ऑक्स्) ***v.*** to baffle, घबरा देना, क्षुब्ध या विचलित कर देना।

**flung** (फ़्लंग्) ***v.*** p.t. & p.p. of fling.

**flunk** (फ़्लंक्) ***v.*** to fail in a test or examination, फ़ेल हो जाना, अनुत्तीर्ण होना। ☐ **flunk out,** विद्यालय से निकल जाना या निकाला जाना।

**flunky, flunkey** (फ़्लंग्´-की) ***n.*** a male servant in uniform, वर्दीधारी सेवक।

**fluorescence** (फ़्लू-अॅ-रॅस्´-अॅन्स्) ***n.*** 1. the property of producing (bright white) light, प्रकाश-गुण। 2. bright white light, तीव्र (दूधिया) प्रकाश, प्रदीप्ति।

**fluorescent** (फ़्लू-अॅ-रॅस्´-अॅन्ट्) ***adj.*** having the quality of giving out bright white light, प्रदीपक; fluorescent printing, प्रदीप्ति-मुद्रण।

**flurry** (फ़्लर्´-ई) ***n.*** 1. a sudden brief gust of wind or rain, हवा या बारिश का झोंका। 2. a light fall of snow, हलका हिमपात। 3. a sudden confusion, घबराहट या हड़बड़ाहट। 4. a sudden wish to do something, झोंक। ***v.*** (flurried, flurrying) 1. to confuse or to be confused, घबरा उठना या घबरा देना। 2. to bewilder or to be bewildered, हतप्रभ हो जाना या कर देना।

**flush** (फ़्लश्) ***v.*** 1. to clean with a sudden flow of water, पानी बहाकर साफ़ कर देना। 2. to become clean with a sudden flow of water, पानी बहाने से साफ़ हो जाना। 3. to become bright, चमक उठना। 4. to redden, लाल हो जाना (चेहरे का ख़ून दौड़ने के कारण)। 5. to flush, झेंप जाना, शरमा जाना। 6. to fill with pride, गर्व अनुभव करना, गर्वित होना। ***n.*** 1. a brief but sudden rush of water, बहाने के लिए डाला जानेवाला जल, पानी का झोंका। 2. a blush, लाली या लाज। 3. excitement caused by emotion, उत्तेजना, भावावेश, आवेश। 4. the redness of the skin, लाली, सुर्ख़ी। 5. freshness, ताज़गी; the flush of youth, जवानी की ताज़गी। ***adj.*** 1. blushing, लाज-भरा, आरक्त, लाल। 2. plentiful, प्रचुर। 3. prosperous, समृद्ध।

**flush**[2] ***v.*** to fly or cause to fly (birds) away, (पक्षियों का) उड़ना या उड़ाया जाना।

**flush latrine** ***n.*** a latrine with a flush device, प्रवाही शौचालय।

**fluster** (फ़्लस्´-टॅ:) ***v.*** to cause (someone) to be nervous or confused, क्षुब्ध कर देना। ***n.*** the state of being flustered, क्षोभ, घबराहट।

**flute**[1] (फ़्लूट्) ***n.*** a wind instrument with finger holes, बाँसुरी, मुरली, वंशी।

**flute**[2] (फ़्लूट्) ***v.*** to make ornamental grooves on a pillar, खंभे पर धारियाँ या नालियाँ बनाना।

**fluting** (फ़्लू´-टिंग्) ***n.*** an ornamental groove, धारी या नाली।

**flutist** (फ़्लूट्´-टिस्ट्, फ़्लूट्´-इस्ट्) ***n.*** one who plays the flute, बाँसुरीवादक।

**flutter** (फ़्लट्´-अॅ:) ***v.*** 1. to move or fly with a quick flapping (of wings, पर) फड़फड़ाना। 2. to vibrate rapidly or erratically, ज़ोर-ज़ोर से या अनियमित रूप से धड़कना। 3. to behave in a excited manner, उत्तेजित हो उठना, तड़फड़ाना, घबराना। 4. to wave quickly, लहराना, फड़फड़ाना। 5. to move in a quick irregular way, हिलाना-डुलाना, हलचल करना। ***n.*** a fluttering movement, फड़फड़ाहट, धड़कन या धड़धड़ाहट, तड़फड़ाहट, हलचल।

**fluvial** (फ़्लू´-वि-अॅल्) ***adj.*** found in or produced by rivers, नदियों में मिलनेवाला, नदियों द्वारा लाया हुआ, नदीय।

**flux** (फ़्लक्स्) ***n.*** 1. a flow, प्रवाह, बहाव। 2. a continued flow or flood, निरंतर प्रवाह, बाढ़। 3. continuous succession of changes, अस्थिरता, अनिश्चय; a state of flux, अस्थिर स्थिति, अनिश्चित स्थिति।

**fly**[1] (फ़्लाइ) ***v.*** (flew, flown, flying) 1. to move through the air with the help of wings or a machine, उड़ना। 2. to cause to move through air, उड़ाना। 3. to direct or control the flight (of an aircraft, हवाई जहाज़) उड़ाना, चलाना। 4. to travel in an aircraft, वायुयान में यात्रा करना। 5. to cross by means of flying, पार करना, लाँघ जाना। 6. to raise in the air, ज़मीन से ऊपर उठाना, आकाश में उड़ाना। 7. to move suddenly and with force, सहसा और तेज़ी से चलना। 8. to flee, भाग जाना। ☐ **fly at,** झपट पड़ना, टूट पड़ना; The dog flew at the postman. कुत्ता डाकिए पर झपट पड़ा; **send flying,** उठाकर फेंक या पटक देना; **The bird has flown.** The wanted person has escaped. जिस व्यक्ति की तलाश थी वह फ़रार हो गया है।

**fly**[2] ***n.*** a small insect with two wings, मक्खी, मक्षिका।

**fly**[3] ***adj.*** very clever, not easily tricked, चतुर, काइयाँ।

**flyaway** (फ़्लाइ´-अॅ-वे) ***adj.*** soft, loose and easily blown out by the wind, हवा में लहराता हुआ।

**flycatcher** (फ़्लाइ´-कै-चॅ:) ***n.*** a small bird that catches flies or insects in the air, हवा में मक्खियाँ या कीड़े पकड़नेवाली चिड़िया।

**flying** (फ़्लाइ´-इंग्) ***adj.*** able to fly or that flies, उड़नेवाला या उड़ता हुआ; flying dish, उड़न तश्तरी। ***n.*** 1. the act of flying, उड़ना, उड्डयन। 2. a journey by an aircraft, हवाई जहाज़ का सफ़र।

**flying buttress** ***n.*** a buttress supporting a structure by an arch, तिरछा पुश्ता।

**flying colours** ***n.*** (plu.) 1. flags shown as sign of victory, विजय की सूचक पताकाएँ। 2. victory, विजय, सफलता। ☐ **come off with flying colours,** उल्लेखनीय सफलता प्राप्त करना।

**flying squad** ***n.*** a small group of police ready for quick action at the time of a mishap, उड़ाका दल, उड़न-दस्ता।

**flying start** ***n.*** a very good beginning, बहुत अच्छी शुरुआत, शुभारंभ।

**flying visit** ***n.*** a very short visit, क्षणिक भेंट, थोड़ी देर की मुलाकात, तूफ़ानी यात्रा।

**flyleaf** (फ़्लाइ´-लीफ़्) ***n.*** a blank leaf in the beginning or end of a book, पुस्तक के आरंभ या अंत का कोरा पन्ना।

**flyover** (फ़्लाइ´-ओ-वॅ:) ***n.*** a bridge over a crossing, फ़्लाइओवर, पारक, उपरिसेतु।

**flypaper** (फ़्लाइ´-पे-पॅ:) ***n.*** a paper coated with a sticky substance to trap flies, फ़्लाइपेपर, मक्खीमार कागज़।

**flypast** (फ़्लाइ´-पास्ट्) ***n.*** a ceremonial flight of aircraft over a given area, फ्लाइपास्ट, विमानों की सामूहिक उड़ान।

**flytrap** (फ़्लाइ´-ट्रैप्) ***n.*** a plant that eats insects, कीटभक्षी पादप।

**flyweight** (फ़्लाइ´-वेट्) ***n.*** a boxer weighing up to 51 kg., वह मुक्केबाज़ जिसका वजन ५१ किलोग्राम से अधिक न हो, हलका मुक्केबाज़।

**flywheel** (फ़्लाइ´-ह्वील) ***n.*** a heavy wheel that regulates the speed of a machine, फ़्लाइवील, गतिचक्र।

**flywhisk** (फ़्लाइ´-विस्क्) ***n.*** a bunch of hair of a yak's tail, चँवर, चँवरी।

**foal** (फ़ोल्) ***n.*** the young of a horse, बछेड़ा। ***v.*** to give birth to a foal, घोड़ी का ब्याना।

**foam** (फ़ोम्) ***n.*** 1. a mass of small bubbles

F

formed on a liquid, झाग, फेन। 2. the froth of saliva, झाग, फेन। 3. spongy rubber, फ़ोम।

**foamy** (फ़ोम्´-ई) ***adj.*** 1. of foam, फेन-संबंधी, फ़ोम-संबंधी। 2. like foam, फ़ोम जैसा।

**fob**[1] (फ़ॉब्) ***n.*** 1. a pocket for keeping watch, घड़ी रखने की जेब। 2. a chain attached to a pockect-watch, जेब घड़ी की चेन। ***v.*** (fobbed, fobbing) to trick or deceive, ठगना या धोखा देना। ☐ **fob off,** पिंड छुड़ाना।

**focal** (फ़ो´-कॅल्) ***adj.*** 1. of focus, फ़ोकस-संबंधी। 2. placed at a focus, फ़ोकस पर स्थित। 3. central, focal area, केंद्रीय क्षेत्र।

**focus** (फ़ो´-कॅस्) ***n.*** (plu. foci, focuses) 1. the point at which rays come together or from which they diverge, फ़ोकस, किरण-संगम। 2. any centre of activity, क्रिया-कलाप का केंद्र। ***v.*** 1. to adjust the focal distance in order to produce a clear image, फ़ोकस को ठीक करना। 2. to concentrate, केंद्रित करना।

**fodder** (फ़ॉड्´-अॅ:) ***n.*** coarse food consisting of chopped stalks of corn and hay for cattle, चारा, कुट्टी; green fodder, हरा चारा।

**foe** (फ़ो) ***n.*** an enemy, दुश्मन, शत्रु, वैरी, प्रतिरोधी।

**foetal** (फी´-टॅल्) ***adj.*** of fetus, भ्रूण-संबंधी।

**foetus** (फ़ी´-टॅस्) ***n.*** a fetus, भ्रूण।

**fog** (फ़ॉग्) ***n.*** 1. a cloudlike mass of water vapour at or just above the earth's surface, कोहरा, कुहासा, धुंध। 2. confusion or bewilderment, भ्रम, भ्रांति। ***v.*** (fogged, fogging) 1. to be covered with fog, कोहरा छा जाना। 2. to become obscure, छिप जाना, धुँधला पड़ जाना।

**fogged** (फॉग्ड्) ***adj.*** full of fog, कुहासे से भरा।

**foggy** (फ़ॉग्´-ई) ***adj.*** 1. full of fog, covered with fog, कुहासे से भरा। 2. dim, धुँधला, अस्पष्ट। 3. confused, भ्रांत, विक्षुब्ध।

**foghorn** (फ़ॉग्´-हॉ:न्) ***n.*** a horn used to warn ships in fog, कुहासे में फँसे पोतों को सावधान करनेवाला भोंपू।

**fogy** (फ़ॉग्´-ई) ***n.*** a person of conservative or old-fashioned habits, दकियानूसी व्यक्ति।

**foible** (फ़ॉइ´-बॅल्) ***n.*** a small weakness in character, छोटी-मोटी चारित्रिक दुर्बलता।

**foil**[1] (फ़ॉइल्) ***n.*** 1. metal hammered or rolled into a thin flexible sheet, पन्नी। 2. one that by contrast enhances the qualities of another, ऐसी वस्तु या व्यक्ति जिससे किसी दूसरी वस्तु या व्यक्ति का महत्त्व या आकर्षण बढ़ता हो। ***v.*** (foiled, foiling) 1. to cover with foil, पन्नी लगाना। 2. to serve as a contrast to, तुलना में दूसरे का गुण उजागर करना।

**foil**[2] ***v.*** (foiled, foiling) to frustrate or thwart, विफल कर देना, विफल बना देना।

**foil**[3] ***n.*** a blunt sword, भोथरी तलवार।

**foist** (फ़ॉइस्ट्) ***v.*** (foisted, foisting) to impose with trick, चालाकी से थोप देना, गले मढ़ देना।

**fold**[1] (फ़ोल्ड्) ***v.*** 1. to bend or press (cloth, paper etc.) so that one part lies on another, तह लगाना। 2. to bring from extended to closed position, मोड़ना, मोड़ लेना। 3. to bend one part of a thing back over on it, तहाना, फोल्ड करना। 4. to draw together, जोड़ना। 5. to clasp in arms, बाँहों में भींच लेना। 6. to cease to function, to collapse, ख़त्म या बंद हो जाना, बिलट जाना, चौपट हो जाना। 7. to wrap up, लपेट लेना, बाँध लेना। ☐ **fold up,** to collapse, चौपट हो जाना। ***n.*** 1. the act of folding, तह करने की क्रिया। 2. a folded part or layer, तह। 3. a line made by folding, तह का निशान, क्रीज़।

**fold**[2] ***n.*** 1. an enclosure for sheep, भेड़ों का बाड़ा। 2. a flock of sheep, भेड़ों का झुंड। 3. body of religious believers, धार्मिक संप्रदाय। 4. a group or institution with common interests or objects, शाखा, दल या संघ। ☐ **return to the fold,** किसी शाखा, दल या संघ में लौट आना।

**foldaway** (फ़ोल्´-डॅ-वे) ***adj.*** that can be folded away for keeping it safe, जिसे

तहाकर सुरक्षित रखा जा सके।

**older** (फ़ोल्´-डॅः) ***n.*** 1. a folded sheet of cardboard used as a holder for papers, फ़ोल्डर। 2. a folded leaflet, कई तहोंवाला विज्ञापन या सूचनापत्र, फ़ोल्डर।

**olding** (फ़ोल्ड्´-इंग्) ***adj.*** having two or more parts that can be folded one against another, फ़ोल्डिंग, टुटवाँ, मुड़वाँ।

**oliage** (फ़ो´-लि-इज्) ***n.*** the leaves of a plant or tree, पौधे या वृक्ष के समस्त पत्ते, पर्णसमूह।

**oliate** (फ़ो´-लि-एट्) ***v.*** to decorate with leaves, foils etc., पत्तों, पन्नियों आदि से सजाना।

**oliated** (फ़ो´-लि-ए-टिड्) ***adj.*** 1. decorated with leaves, पत्तों से सजाया हुआ। 2. decorated with foils, पन्नियों से सजाया हुआ।

**lio** (फ़ो´-लि-ओ) ***n.*** 1. the two opposite pages of a ledger, फ़ोलियो, पृष्ठांक। 2. page number of a printed book, (पुस्तक के) पृष्ठ की संख्या। ***v.*** to number the pages, पृष्ठों पर पृष्ठ-संख्या अंकित करना।

**lk** (फ़ोक्) ***n.*** 1. people in general, लोग, जन, लोक। 2. a specified group, वर्ग विशेष, जनसमूह। ***adj.*** of or occurring in common people, लोकगत, लोक; folk dance, लोकनृत्य।

**k etymology** ***n.*** unscientific etymology, अवैज्ञानिक व्युत्पत्ति, लोक-व्युत्पत्ति।

**ksy** (फ़ोक्´-सी) ***adj.*** (folksier, folksiest) simple and unpretentious, भोला-भाला।

**licle** (फ़ॉल्´-इ-कॅल्) ***n.*** a very small bodily cavity, सूक्ष्म गर्तिका; a hair follicle, रोमकूप।

**low** (फ़ॉल्´-ओ) ***v.*** 1. to come after, to go after, पीछे आना। 2. to become a follower, अनुयायी या शिष्य बन जाना। 3. to go along, अनुसरण करना, के साथ जाना; to follow the road, सड़क के साथ-साथ जाना। 4. to pursue, पीछा करना। 5. to result from or come after as a logical consequence, परिणाम के रूप में बाद में होना या घटित होना, उद्भूत होना, उत्पन्न होना। 6. to accompany, साथ-साथ चलना। 7. to obey or comply, अनुसरण करना, पालन करना। 8. to take or succeed to the place or position, (का) स्थान ग्रहण करना। 9. to follow the example of, (के) पदचिह्नों पर चलना। 10. take interest in, रुचि लेना। 11. to take up, अपनाना। 12. to imitate, अनुकरण करना। 13. to listen and understand, सुनना और समझना। 14. to watch closely, ध्यानपूर्वक देखना, निरीक्षण करना। □ **follow one's nose,** (i) नाक की सीध में जाना; (ii) अपनी मर्ज़ी से (कोई काम) करते चलना; **follow on the heals of,** ठीक पीछे आना या घटित होना; **follow suit,** के उदाहरण पर चलना; **follow up,** आगे बढ़ाना।

**follower** (फ़ॉल्´-ओ-अॅः) ***n.*** 1. a disciple or adherent, अनुयायी, अनुगामी, भक्त। 2. a servant or attendant, सेवक, परिचर।

**following** (फ़ॉल्´-ओ-इंग्) ***n.*** 1. a group of disciples or adherents, अनुयायियों का वर्ग, भक्त-समुदाय। 2. a group of servants, सेवक वृंद। ***adj.*** 1. that follows, next after, आगामी, अगला। 2. to be mentioned immediately, निम्नलिखित। ***prep.*** afterwards, के बाद, के उपरांत।

**follow-on** (फ़ॉल्´-ओ-ऑन्) ***n.*** an immediate second innings forced on a team, (क्रिकेट के खेल में) फ़ालो-ऑन।

**follow-through** ***n.*** the concluding part of a stroke after a ball has been hit, प्रहार के बाद बल्ले को और आगे ले जाना।

**follow-up** ***n.*** an action taken to continue or add to the effect of something done before, अगली या आगे की कार्रवाई, अनुवर्ती कार्रवाई; follow-up behaviour, अनुवर्ती व्यवहार।

**folly** (फ़ॉल्´-ई) ***n.*** 1. foolishness, बेवकूफ़ी। 2. a foolish act, मूर्खतापूर्ण कार्य।

**foment** (फ़ो-मेंन्ट्´) ***v.*** 1. to treat with heat and moisture, सेंकना, सिंकाई करना, टकोर करना। 2. to stir up, उभाड़ना, फैलाना, जगाना।

**fomentation** (फ़ो-मेंन्-टे´-शॅन्) ***n.*** 1. the act or process of fomenting, सेंक, सिंकाई। 2. the act of stirring up, उत्तेजन।

F

**fond** (फ़ॉन्ड्) *adj.* 1. kind and loving, affectionate, स्नेही, प्यारा। 2. foolishly affectionate, आसक्त, मुग्ध। 3. habituated, अभ्यस्त, आदी। □ **fond of,** शौक़ीन, प्रेमी, चाव-भरा।

**fondant** (फ़ॉन्'-डन्ट्) *n.* a paste of sugar and water, चीनी और पानी का गाढ़ा घोल।

**fondle** (फ़ॉन्'-डॅल्) *v.* 1. to touch or stroke affectionately, सहलाना या थपथपाना। 2. to love or caress, लाड़-प्यार या दुलार करना।

**fondly** (फ़ॉन्ड्'-ली) *adv.* 1. lovingly, चाव से, प्यार से। 2. in a foolishly optimistic manner, ओछे ढंग से।

**font**[1] (फ़ॉन्ट्) *n.* a basin in a church for holding holy water for baptism, चर्च में अभिषेक के लिए पवित्र जल रखने का पात्र, जलपात्र।

**font**[2] (फ़ॉन्ट्) *n.* a complete set of printing types of one style and size, एक ही मोटाई और आकार के टाईपों का समूह, फॉन्ट।

**food** (फ़ूड्) *n.* 1. any substance taken in to maintain life, भोजन, आहार। 2. something solid for eating, अन्न, खाद्य पदार्थ, खाना, भोजन। 3. a diet, भोजन, आहार, ख़ुराक। 4. anything that provides mental nourishment or stimulus, मानसिक भोजन, दिमागी ख़ुराक।

**foodgrains** (फ़ूड्'-ग्रेन्स्) *n.* (plu.) seeds of wheat, rice etc., खाद्यान्न, अन्न, अनाज, गल्ला।

**food poisoning** *n.* poisoning caused by eating something poisonous or contaminated, खाद्यान्न-विषाक्तता।

**food processor** *n.* a kitchen appliance for cutting, shredding or grinding food, फ़ूड प्रोसेसर।

**foodstuff** (फ़ूड्'-स्टॅफ़्) *n.* a substance that can be used as food, खाद्य पदार्थ, खाद्यान्न।

**food value** *n.* nourishing power of a substance used as food, खाद्यमान, तत्त्व, शक्ति।

**fool** (फ़ूल्) *n.* 1. a person who lacks understanding or judgment, मूर्ख व्यक्ति। 2. a jester or clown, मसख़रा, जोकर। 3. a person who can easily be deceived, भोंदू। *v.* 1. to make a fool of, मूर्ख बनाना, उल्लू बनाना। 2. to behave in a foolish manner, मूर्खतापूर्वक आचरण करना/बेवकूफ़ी का काम करना। □ **fool away,** बर्बाद करना।

**foolery** (फ़ू'-लॅ-री) *n.* (plu. fooleries) foolish behaviour, मूर्खतापूर्ण आचरण।

**foolhardy** (फ़ूल्'-हा:-डी) *adj.* (foolhardier, foolhardiest) foolishly bold, उजड्ड।

**foolish** (फ़ू'-लिश्) *adj.* 1. silly, unwise, मूर्ख बेवकूफ़, बुद्धू। 2. ridiculous, silly, मूर्खतापूर्ण

**foolishness** (फ़ू'-लिश्-निस्) *n.* the state or quality of being foolish, मूर्खता, बेवकूफ़ी

**foolproof** (फ़ूल्'-प्रूफ़्) *adj.* so easy to understand or operate as to leave no room for error, misuse or failure, अत्यंत सरल, सहज

**foolscap** (फ़ूल्ज़्'-कैप्) *n.* a size of printing paper approximately 13×16 inches छपाई के कागज़ का एक साइज़, फुलस्केप।

**fool's errand** *n.* a useless or fruitless undertaking, व्यर्थ का काम।

**fool's paradise** *n.* false or imaginary happiness, झूठी ख़ुशी, काल्पनिक प्रसन्नता, ख़्याली पुलाव, महज़ दिल का बहलावा, मिथ्या स्वर्ग

**foot** (फ़ुट्) *n.* (plu. feet) 1. the lower part of a leg, पैर, पाँव। 2. the lower end of a table etc., पाया, पैर। 3. the lower end of a bed or grave, पयताना। 4. the lower part or bottom of something, अधोभाग निचला हिस्सा, तल। 5. a unit of length equal to 12 inches, फ़ुट। 6. the manner of moving or walking, चलने का ढंग। 7. metrical unit or division of verse, पाद चरण। 8. infantry, पैदल सेना। □ **have one foot in the grave,** मरणासन्न होना **keep one's feet,** दृढ़ता से खड़े होना संभले रहना; **My foot!** अविश्वास का सूचक विस्मयादिबोधक; **on foot,** पैदल; **put one's best foot forward,** पूरा ज़ोर लगाना, जितना तेज़ हो सके चलना। *v.* (footed, footing) 1. to walk (not ride), पैदल चलना। 2. to knit the foot of stocking, मोजा बुनना

**footage** (फ़ुट्'-इज्) *n.* the length or extent of something measured in feet, फ़ुटों लंबाई।

**football** (फ़ुट्´-बा:ल्) ***n.*** 1. an inflated leather ball, फुटबाल। 2. a game played between two teams with a football, फुटबाल का खेल।

**footboard** (फ़ुट्´-बो:ड्) ***n.*** a board or platform for the feet, पायदान।

**footed** (फ़ुट्´-इड्) ***adj.*** having a foot or feet, पैरवाला, पैरोंवाला; six footed, छह पैरोंवाला।

**footer** (फ़ुट्´-अ:) ***n.*** a person or thing of specified height (in feet, फुटों में) ऊँचा व्यक्ति या ऊँची वस्तु; six footer छहफ़ुटा।

**footfall** (फ़ुट्´-फ़ा:ल्) ***n.*** the sound of a footstep, पगध्वनि, पैर की आहट, पदचाप।

**foothill** (फ़ुट्´-हिल्) ***n.*** a low hill near the base of a mountain, निचली पहाड़ी, पहाड़ी क्षेत्र की आरंभिक पहाड़ी।

**foothold** (फ़ुट्´-होल्ड्) ***n.*** 1. a place for a foot, पैर रखने की जगह, आधार, पायदान। 2. a secure position, सुरक्षित स्थिति।

**footing** (फ़ुट्´-इंग्) ***n.*** 1. a foothold, पैर रखने की जगह, पायदान। 2. position in the society, सामाजिक स्थिति; of the same footing, समान सामाजिक स्थितिवाले। 3. condition or level, स्थिति या स्तर। 4. the lower part of a foundation, (नींव का) निचला भाग, आधार। ☐ **on a war footing,** युद्धस्तर पर।

**footlights** (फ़ुट्´-लाइट्स्) ***n.*** (plu.) a row of lights along the front of the stage floor, फुटलाइट्स, पाददीप, पादबत्ती।

**footling** (फ़ुट्´-लिंग्) ***adj.*** worthless, तुच्छ।

**footloose** (फ़ुट्´-लूज़्) ***adj.*** free to go wherever one likes to go, छुट्टा, खुला, घुमक्कड़, सैलानी।

**footman** (फ़ुट्´-मॅन्) ***n.*** a male servant, नौकर।

**footnote** (फ़ुट्´-नोट्) ***n.*** a note printed at the bottom of a page, पादटिप्पणी, फ़ुटनोट।

**footpath** (फ़ुट्´-पाथ्) ***n.*** a path for the pedestrians, फ़ुटपाथ, पटरी, पगडंडी।

**footprint** (फ़ुट्´-प्रिन्ट्) ***n.*** the mark of a foot, पैरों का निशान, पदचिह्न।

**footstep** (फ़ुट्´-स्टॅप्) ***n.*** 1. a step taken in walking, पग, कदम, डग। 2. the distance covered by one step, पग, कदम। ☐ **follow in the footsteps of someone,** किसी के पदचिह्नों पर चलना।

**footway** (फ़ुट्´-वे) ***n.*** a path for the pedestrians, पटरी, पगडंडी।

**footwear** (फ़ुट्´-वेंअ:) ***n.*** shoes and boots, जूता, चप्पल आदि।

**footwork** (फ़ुट्´-व:क्) ***n.*** the manner of using the feet while dancing, playing cricket etc., पदचालन।

**fop** (फ़ॉप्) ***n.*** a dandy, छैला, बाँका।

**for** (फ़ॉ:) ***prep.*** 1. intended to be received by or belonging to, के लिए, के वास्ते। 2. in place of, की जगह, के बदले में; We use paper for cloth. हम कपड़े की जगह कागज़ का प्रयोग करते हैं। 3. in favour of or on the side of, की ओर से, की तरफ़ से, के पक्ष में। 4. with the aim or purpose of, के उद्देश्य से। 5. in search of, की खोज में। 6. suitable to, के लिए उपयुक्त। 7. as affecting in a specified way, की दृष्टि से। 8. considering the nature of, के विचार से। 9. because of, की वजह से, के कारण। 10. inspite of, इस पर भी, के होते हुए भी। 11. at the price or cost of, के मूल्य पर, की क़ीमत पर। ☐ **for all that,** यह सब-कुछ होते हुए भी; **for good,** सदा के लिए। ***conj.*** because, क्योंकि।

**forage** (फ़ॉर्´-इज्) ***n.*** fodder, चारा, रातब।

**foray** (फ़ॉर्´-ए) ***n.*** 1. a sudden raid, धावा, छापा। 2. a first attempt, प्रथम प्रयास।

**forbade** (फ़ॉ:-बेड्´) ***v.*** p.t. of forbid.

**forbear**[1] (फ़ॉ:-बेंअ:´) ***v.*** (forbore, forborne, forbearing) to endure or tolerate, सहना, बर्दाश्त करना, धैर्य धारण किए रखना।

**forbear**[2] ***n.*** = forebear।

**forbearance** (फ़ॉ:-बेंअॅर्´-अॅन्स्) ***n.*** tolerance, सहनशीलता, सहिष्णुता।

**forbearing** (फ़ॉ:-बेंअॅर्´-इंग्) ***adj.*** tolerant, patient, सहिष्णु, धैर्यवान।

**forbid** (फ़ॉ:-बिड्´) ***v.*** (forbade, forbidden, forbidding) 1. to command to refrain from some action, वर्जित करना, मना करना।

F

2. to refuse to allow, अनुमति न देना।

**forbiddance** (फ़ॉ:-बिड्´-ऑन्स्) ***n.*** prohibition, वर्जन, मनाही, निषेध।

**forbidden** (फ़ॉ:-बिड्´-ऑन्) ***adj.*** not permitted, prohibited, वर्जित, निषिद्ध।

**forbidding** (फ़ॉ:-बिड्´-इंग्) ***adj.*** threatening, भयानक, डरावना, धमकी देनेवाला।

**force** (फ़ो:स्) ***n.*** 1. power, strength, बल, शक्ति। 2. exertion of such power, violence, बलप्रयोग, जबरी। 3. moral strength, मनोबल। 4. the intensity of power, आवेग, प्रचंडता। 5. a person or thing having uncontrollable power, शक्ति-स्रोत। 6. a power that changes the movement of a body, ऊर्जा शक्ति। 7. a body of troops or police, सेना, फौज; air force, वायु सेना; naval force, जल सेना। 8. a body of persons organised for a certain purpose, शक्ति; labour power, श्रमिक शक्ति। 9. the effect (of language, भाषा का) प्रभाव, प्रभविष्णुता। □ **in force,** जारी, लागू, प्रवृत्त। ***v.*** (forced, forcing) 1. to compel to perform an action, मजबूर करना, विवश करना। 2. to use force in order to do something, बलप्रयोग करना, दबाव डालना।

**forced** (फ़ो:स्ड्) ***adj.*** done or brought about by force, जबरी, बलात्।

**forcedly** (फ़ो:स्ड्´-ली) ***adv.*** in a forced manner, ज़बरदस्ती, बलात्।

**forceful** (फ़ो:स्´-फुल्) ***adj.*** 1. full of force, ज़ोरदार, प्रबल। 2. effective, प्रभावशाली।

**forceps** (फ़ा:´-सॅप्स्) ***n.*** a surgeons pincers, शल्य चिकित्सक की चिमटी, सँड़सी।

**forcible** (फ़ो:´-सि-बॅल्) ***adj.*** 1. done by force, ज़बरदस्ती किया जानेवाला, जबरी। 2. forceful, सशक्त, प्रबल।

**forcibly** (फ़ो:´-सॅ-ब्ली) ***adv.*** in a forcible manner, जबरन, ज़ोर-ज़बरदस्ती से।

**ford** (फ़ो:ड्) ***n.*** a shallow place where a river may be crossed on foot, horseback or car, छिछला घाट। ***v.*** to cross at a ford, छिछले घाट से पार करना।

**fordone** (फ़ो:´-डन्) ***adj.*** exhausted completely, बेदम, चूर।

**fore** (फ़ो:) ***adv.*** in, at or toward the front, आगे, सामने। ***adj.*** situated in front, सामनेवाला, आगेवाला। ***n.*** 1. the front part, अगला भाग, सामना। 2. the first part, पहला हिस्सा।

**fore-and-aft** (फ़ो:´-ऍन्-ऐफ़्ट्) ***adv.*** 1. in front and back, आगे और पीछे। 2. lengthwise, लंबाई के बल।

**forearm**[1] (फ़ो:´-आ:म्) ***n.*** the part of the arm from elbow to wrist, कोहनी और कलाई के बीच का हिस्सा, अग्रबाहु, प्रबाहु।

**forearm**[2] (फ़ो:-आ:म्´) ***v.*** to arm oneself beforehand, पहले से तैयार या हथियारबंद हो जाना।

**forebear** (फ़ो:´-बेंऑ:) ***n.*** an ancestor, पूर्वज।

**forebode** (फ़ो:-बोड्´) ***v.*** 1. to give a hint, लक्षण बताना, सूचक होना। 2. to have a premonition of, पहले से जान पड़ना, लगना।

**foreboding** (फ़ो:-बो´-डिंग्) ***n.*** a portent or prediction of something harmful, अपशकुन।

**forecast** (फ़ो:´-कैस्ट्) ***v.*** (forecast or forecasted, forecasting) 1. to predict in advance, भविष्यवाणी या भविष्यकथन करना। 2. to serve as indication of, लक्षण होना, संकेत होना। ***n.*** a prediction, भविष्यकथन, पूर्वानुमान।

**forecaster** (फ़ो:´-कैस्ट्-ऑ:) ***n.*** one who forecasts, पुर्वानुमानकर्ता, भविष्यवाणी करनेवाला।

**foreclose** (फ़ो:-क्लोज़्´) ***v.*** 1. to debar a mortgagor from his right to redeem a mortgage, बंधक छुड़ाने का अधिकार छीन लेना, ऋण न चुकाने पर ऋणी की संपत्ति क़ब्ज़े में ले लेना, पुरोबंधित करना। 2. to bar, रोकना, अवरुद्ध करना।

**forecourt** (फ़ो:´-को:ट्) ***n.*** an enclosed space in front of a building, प्रांगण।

**foredoom** (फ़ो:-डूम्) ***v.*** to condemn beforehand, पहले से कोसना।

**forefather** (फ़ो:´-फ़ा-दॅ:) ***n.*** an ancestor, पूर्वज।

**forefinger** (फ़ो:´-फ़िंग्-गॅ:) ***n.*** the index finger, तर्जनी (उँगली)।

**forefront** (फ़ो:´-फ़्रन्ट्) *n.* 1. the foremost part of something, सामने का भाग, सामना। 2. the most important position, अत्यंत महत्त्वपूर्ण स्थान या स्थिति। ☐ **in the forefront,** सबसे आगे।

**forego** (फ़ो:´-गो) *v.* (forewent, foregone, foregoing) to give up or relinquish, त्याग देना।

**foregoing** (फ़ो:´-गो-इंग्) *adj.* preceding, पूर्वगामी।

**foregone** (फ़ो:´-गा:न्) *adj.* previously determined, पूर्वनिर्धारित, पूर्वनिश्चित।

**foreground** (फ़ो:´-ग्रॉउन्ड्) *n.* 1. the part of a picture or scene nearest to the viewer, चित्र के आगे का भाग, अग्रभाग, पुरोभाग। 2. the most prominent place or position, सर्वप्रमुख स्थान या स्थिति। ☐ **in the foreground,** सबसे आगे, आगे-आगे।

**forehand** (फ़ो:´-हैन्ड्) *adj.* (a stoke) made with the palm of the hand moving forward, हथेली या मुट्ठी सामने की ओर करके किया जानेवाला (प्रहार), हाथ का सीधा (प्रहार)।

**forehead** (फ़ो:´-हैड्) *n.* 1. the part of the face above the eyes, माथा, ललाट। 2. the front part of anything, सामनेवाला भाग।

**foreign** (फ़ॉर्´-इन्) *adj.* 1. situated outside one's own country, विदेशी। 2. concerning or related to the other country, विदेशी। 3. coming or brought in from outside, विजातीय, बाहरी, विदेशी।

**foreigner** (फ़ॉर्´-इ-नॅं:) *n.* 1. a person from a foreign country, विदेशी। 2. a person living in another country, विदेशी।

**foreknowledge** (फ़ो:´-नॉल्-इज्) *n.* knowledge about something before it happens or occurs, पूर्वज्ञान।

**foreleg** (फ़ो:´-लॅग्) *n.* a front leg of an animal, चौपाए की अगली टाँग।

**forelock** (फ़ो:´-लॉक्) *n.* a lock of hair just falling over a person's forehead, माथे पर लटकती हुई केशराशि, लट, अलक।

**foreman** (फ़ो:´-मॅन्) *n.* 1. a skilled man incharge of a group of workers in a factory, कर्मचारियों के किसी समूह का प्रमुख, फ़ोरमैन। 2. the spokesman for a jury, जूरी-प्रवक्ता।

**foremast** (फ़ो:´-मास्ट् / मैस्ट्) *n.* the forward mast of a ship, पोत का आगे का मस्तूल।

**foremost** (फ़ो:´-मोस्ट्) *adj.* 1. most important, सर्वाधिक महत्त्वपूर्ण। 2. first in rank or position, सर्वप्रमुख। *adv.* in the foremost position, सर्वप्रमुखतः, मुख्यतया।

**forename** (फ़ो:´-नेम्) *n.* first name, (व्यक्ति के कुलनाम से भिन्न) प्रथम नाम, असली नाम।

**forenoon** (फ़ो:´-नून्) *n.* the period between sunrise and noon, पूर्वाह्न, सवेरा।

**forensic** (फ़ॅ-रॅन्´-सिक्) *adj.* 1. of or used in courts of law, न्यायालय-संबंधी, न्यायालयिक; forensic method, न्यायालयिक प्रणाली। 2. of public debate, बहस या वाद-विवाद-संबंधी।

**forensically** (फ़ॅ-रॅन्´-सि-कॅ-ली) *adv.* in a forensic manner, अदालती दृष्टि से, बहस के रूप में।

**foreordain** (फ़ो:-ऑ:-डेन्´) *v.* to ordain beforehand, पहले से निर्धारित होना।

**forepart** (फ़ो:´-पा:ट्) *n.* the first or foremost part, प्रथम या सर्वप्रमुख स्थान।

**foreplay** (फ़ो:´-प्ले) *n.* sexual activity done before the sexual act, सहवासपूर्व क्रिया।

**forequarter** (फ़ो:´-क्वॉ:-टॅं:) *n.* the front half side of a beef, pork etc., कंधे के आसपास का मांस।

**forerunner** (फ़ो:-रन्´-अॅं:) *n.* 1. one who provides advance notice of coming of a very important person, अग्रदूत, पूर्वगामी। 2. a sign or warning that something is going to happen, पूर्वसंकेत, चेतावनी।

**foresee** (फ़ो:-सी´) *v.* (foresaw, foreseen, foreseeing) to see or know beforehand, पूर्वाभास होना।

**foreseeable** (फ़ो:-सी´-अॅ-बॅल्) *adj.* that can be foreseen, जिसे पहले से जाना जा सके, अनुमान्य। ☐ **in the foreseeable future,** soon, जल्दी ही, निकट भविष्य में।

**foreshadow** (फ़ो:-शैड्´-ओ) *v.* (foresh-

F

adowed, foreshadowing) 1. to suggest before hand, पूर्वाभास होना, पूर्वसूचना देना। 2. to be a sign or warning of something going to be happened, पूर्वसंकेत/लक्षण होना।

**foreshore** (फ़ो:´-शो:) ***n.*** the part of the shore between high water mark and low water mark, अग्रतट, अबरी।

**foresight** (फ़ो:´-साइट्) ***n.*** 1. the ability to see what will probably happen, दूरदृष्टि। 2. the thoughtful regard or provision for the future, दूरदर्शिता, दूरंदेशी, सूझ-बूझ।

**foresighted** (फ़ो:´-साइट्-इड्) ***adj.*** having foresight, दूरदर्शी, दूरंदेश, समझदार।

**foreskin** (फ़ो:´-स्किन्) ***n.*** the loose skin covering the end of the male sex organ, शिश्न का आवरण।

F

**forest** (फ़ॉ:´-इस्ट्) ***n.*** a large track of land covered with trees and bushes, जंगल, वन।

**forestall** (फ़ो:-स्टा:ल्´) ***v.*** to prevent or hinder by doing something before hand, पेशबंदी करना।

**forestation** (फ़ॉर्-इ-स्टे´-शॅन्) ***n.*** the planting of forests, वनरोपण।

**forester** (फ़ॉर्´-इ-स्टॅ:) ***n.*** 1. a person in charge of a forest, वनाधिकारी, वनपाल, वनरक्षक। 2. one who lives in a forest, वनवासी।

**forestry** (फ़ॉर्´-इ-स्ट्री) ***n.*** the science of planting and taking care of forests, वन-विज्ञान।

**foretaste** (फ़ो:´-टेस्ट्) ***n.*** actual though brief taste or experience of something to come, पूर्वानुभव, पूर्वास्वादन, किसी बात का पहले ही कुछ-कुछ होनेवाला अनुभव।

**foretell** (फ़ो:-टेॅल्´, फो:-टेॅल्´) ***v.*** (foretold, foretelling) to indicate before hand, to prophesy, भविष्यवाणी करना, पूर्वकथन करना।

**forethought** (फ़ो:´-था:ट्) ***n.*** a thinking or planning before hand, पूर्वविचार, पूर्वचिंतन।

**forever** (फ़ॉ:-ऍव्´-ऑ:) ***adv.*** 1. for all time, सदा के लिए। 2. evermore, सदा, हमेशा।

**forewarn** (फ़ो:-वा:र्न्) ***v.*** to warn in advance, पहले से सावधान करना।

**foreword** (फ़ो:´-व:ड्) ***n.*** an introductory note in a book, भूमिका, प्रस्तावना, प्राक्कथन।

**forfeit** (फ़ा:´-फ़िट्) ***n.*** something that has been surrendered because of some fault or crime, दोष या अपराध के फलस्वरूप जो कुछ देना, चुकाना या गँवाना पड़े, जब्त हुआ माल या धन। ***v.*** 1. to surrender or to be forced to surrender as a forfeit, to lose as a forfeit, दंड रूप में भरना, ज़ब्त होना 2. to confiscate, ज़ब्त करना।

**forfeiture** (फ़ॉ:´-फ़ि-चॅ:) ***n.*** the action of forfeiting ज़ब्ती।

**forgave** (फ़ा:-गेव्´) ***v.*** p.t. of forgive.

**forge**[1] (फ़ॉ:ज्, फ़ो:ज्) ***v.*** (forged, forging) to move forward gradually but steadily प्रयासपूर्वक धीरे-धीरे परंतु क्रमश: आगे बढ़ना

**forge**[2] ***n.*** 1. a furnace, भट्ठी (लुहार की) 2. smithy, लुहारख़ाना, लुहार की दुकान। ***v.*** 1. to give form by heating and hammering, (धातु को) तपा तथा पीटकर गढ़ना। 2. to commit forgery, जालसाज़ी करना।

**forged** (फ़ॉ:ज्ड्, फ़ो:ज्ड्) ***adj.*** made by forgery, जाली।

**forgery** (फ़ॉ:´-जॅ-री) ***n.*** 1. the act of imitating fraudulently, जालसाज़ी। 2. something that has been forged, कूटरचना या कपट-लेख; This document is a forgery यह दस्तावेज़ जाली है।

**forget** (फ़ॅ:-गेॅट्´) ***v.*** (forgot, forgotten, forgetting) 1. to fail to remember, याद न रहना, भूल जाना। 2. to stop thinking about something, दिमाग से निकाल देना, भूल जाना। 3. to fail to give attention to, भुला बैठना।

**forgetful** (फ़ॅ:-गेॅट्´-फ़ुल्) ***adj.*** having the habit of forgetting, भुलक्कड़, विस्मरणशील

**forgetfulness** (फ़ॅ:-गेॅट्´-फ़ुल्-निस्) ***n.*** the quality of being forgetful, भुलक्कड़पन।

**forget-me-not** ***n.*** a small plant with small pale blue flowers, छुई-मुई का पौधा।

**forgettable** (फ़ॅ:-गेॅट्´-टॅ-बॅल्) ***adj.*** 1. easily forgotten, दिमाग से उतर जानेवाला 2. not interesting, अरोचक, नीरस।

**forgivable** (फ़ॅ:-गिव्´-अॅ-बॅल्) *adj.* that can be forgiven, क्षम्य, क्षमायोग्य।

**forgive** (फ़ॅ:-गिव्´) *v.* (forgave, forgiven, forgiving) 1. to excuse for a fault or offence, क्षमा कर देना, माफ़ कर देना। 2. to free from the obligation of (debt), छोड़ देना।

**forgiveness** (फ़ॅ:-गिव्´-निस्) *n.* 1. the act of forgiving or the state of being forgiven, क्षमा, माफ़ी। 2. inclination to forgive, क्षमाशीलता।

**forgiving** (फ़ॅ:-गिव्´-इंग्) *adj.* willing to forgive, क्षमाशील।

**forgo** (फ़ॉ:-गो´) *v.* (forwent, forgone, forgoing) to give up, छोड़ देना, त्याग देना।

**forgot** (फ़ॉ:-गॉट्´) *v.* p.t. of forget.

**forgotten** (फ़ॉ:-गॉट्´-ॲन्) *v.* p.p. of forget.

**fork** (फ़ॉ:क्) *n.* 1. a pronged instrument with handle used in eating, काँटा, फ़ोर्क। 2. a separation into two or more branches, विभाजन। 3. a branch, शाखा। *v.* 1. to raise with a fork, काँटे से उठाना। 2. to divide into branches, शाखाओं में विभक्त करना।

**forked** (फ़ॉ:क्ड्) *adj.* 1. having branches, शाखाओंवाला। 2. divided into two or more parts, विभाजित।

**forklift** (फ़ॉ:क्´-लिफ़्ट्) *n.* a vehicle with a forklike part for lifting or carrying heavy loads, फ़ार्कलिफ़्ट।

**forlorn** (फ़ॉ:-लॉ:न्´) *adj.* 1. without hope, निराश, मायूस, लाचार। 2. abandoned or deserted, त्यक्त। 3. miserable, दयनीय।

**forlorn hope** *n.* a faint hope, हलकी या धूमिल आशा, व्यर्थ आशा।

**form** (फ़ा:म्) *n.* 1. outward appearance, आकृति, स्वरूप, आकार-प्रकार, सूरत-शक्ल। 2. the body of a person or animal, देह, शरीर। 3. kind or sort, रूप, प्रकार। 4. structure, ढाँचा। 5. orderly arrangement, व्यवस्था, ढंग। 6. an established way of acting or behaving, रीति। 7. manners, शिष्टाचार। 8. a document with blanks that are to be filled, प्रपत्र। 9. the condition of performing well, निष्पादन-कौशल, खेल-स्तर। 10. any of the different appearances of a word, रूप। 11. the matter locked in a chase for printing, फ़र्मा। *v.* 1. to shape or become shaped, रूपायित करना या होना। 2. to develop, विकसित करना। 3. to constitute or bring into existence, गठित करना, बनाना, अंग होना या बनना। 4. to draw up, खींचना, बनाना। 5. to produce, उत्पन्न करना। 6. to mould, ढालना। 7. to become solid, ठोस रूप धारण करना।

**formal** (फ़ा:´-मॅल्) *adj.* 1. pertaining to the outward aspect of anything, बाह्य, ऊपरी; formal likeness, बाह्य समानता। 2. of the internal form, essential, तात्त्विक। 3. according to the accepted rules or customs, showing or requiring formality, रस्मी, औपचारिक। 4. paying careful attention to order, नियमनिष्ठ। 5. methodical, नियमित, सुव्यवस्थित।

**formalism** (फ़ा:´-मॅ-लिज़्-ॲम्) *n.* excessive attention to outward forms or customs, नियमनिष्ठा, रीतिपालन।

**formality** (फ़ा:-मैल्´-इ-टी) *n.* 1. formal or conventional act, रस्म, दस्तूर, रिवाज। 2. strict or ceremonious compliance with established rules, नियमनिष्ठा, औपचारिकता।

**formalize** (फ़ा:´-मॅ-लाइज़्) *v.* 1. to make formal, औपचारिक बनाना। 2. to make official, आधिकारिक रूप देना। 3. to give a definite shape, रूपायित करना।

**formally** (फ़ा:´-मॅ-ली) *adv.* in a formal manner, औपचारिक रूप से, यथारीति, नियमानुसार।

**format** (फ़ा:´-मैट्) *n.* 1. shape, size and general make-up of a book, पुस्तक का आकार-प्रकार तथा सज्जा। 2. arrangement or plan, व्यवस्था या योजना।

**formation** (फ़ा:-मे´-शॅन्) *n.* 1. the style or way in which something is formed, रचना, रचना-प्रकार, बनावट। 2. the act of forming, रचना, रूपायन, निर्माण। 3. a particular or specified arrangement,

विन्यास, व्यवस्था, रचना।

**formative** (फ़ाः-मॅ-टिव्) *adj.* 1. helping to form, shape or mould, निर्माणकारी, निर्माणात्मक। 2. of formation or development, रूप देनेवाला, रूपायक, विकासात्मक।

**former** (फ़ाः´-मॅः) *adj.* 1. of an earlier time, पहले का, पहलेवाला; of former times, पहले या पुराने ज़माने का। 2. coming before in place or order, भूतपूर्व, पुराना। 3. mentioned before another, पूर्ववर्ती।

**formerly** (फ़ाः´-मॅः-ली) *adv.* in former times, in the past, पुराने जमाने में, पहले।

**formidable** (फ़ाः´-मि-डॅ-बॅल्) *adj.* difficult to surmount, दुर्जेय, अभेद्य, विकट, ज़बरदस्त।

**formidably** (फ़ाः´-मि-डॅ-ब्ली) *adv.* in a formidable manner, भयावह रूप से।

F

**formless** (फ़ाःम्´-लिस्) *adj.* 1. without form, आकारहीन। 2. without regular form, बेडौल।

**formula** (फ़ाः´-म्यॅ-लॅ) *n.* (plu. formulae, formulas) 1. a set form of words or symbols, सूत्र, फ़ार्मूला। 2. a rule or principle, नियम या सिद्धांत। 3. a prescribed method, नियत ढंग या पद्धति। 4. a prescription, नुस्खा। 5. a set of statements that can be the base of conciliation, समझौते का आधार रूप, समझौते की शर्तें, फार्मूला।

**formulate** (फ़ाः´-म्यु-लेट्) *v.* 1. to reduce to a formula, सूत्रबद्ध करना। 2. to express in systematic terms, सुचारु या सुव्यवस्थित रूप से अभिव्यक्त करना, सूत्रित करना। 3. to devise, तैयार करना, बनाना। 4. to make according to a formula, सूत्र के अनुसार बनाना।

**formulation** (फ़ाः-म्यु-ले´-शॅन्) *n.* 1. the act of formulating, सूत्रीकरण। 2. a formulated expression, सूत्र, नियम, सिद्धांत। 3. the act of putting into words, निरूपण।

**fornicate** (फ़ाः´-नि-केट्) *v.* to have sexual relations with someone outside marriage, परस्त्री या परपुरुष से संबंध रखना, व्यभिचार करना।

**fornication** (फ़ाः-नि-के´-शॅन्) *n.* sexual intercourse between unmarried people, व्यभिचार, छिनाला।

**forsake** (फ़ॅः-सेक्´) *v.* (forsook, forsaken, forsaking) to renounce, परित्याग करना।

**forswear** (फ़ॉः-स्वेंॲः´) *v.* (forswore, forsworn, forswearing) to renounce on oath, सशपथ त्याग देना, तौबा करना, क़सम खाना।

**forsythia** (फ़ाः-सिथ्´-इ-ॲ, फ़ॉः-साइथ्´-इ-ॲ) *n.* a shrub with bell-shaped yellow flowers, घंटीनुमा पीले फूलोंवाली एक झाड़ी।

**fort** (फ़ाःथ्, फ़ोःट्) *n.* a fortified place, गढ़, क़िला। □ **hold the fort,** किसी की अनुपस्थिति में या थोड़ी देर के लिए किसी की देखभाल करना।

**forte**[1] (फ़ाः´-ट्) *n.* something in which a person excels, वह काम जिसमें व्यक्ति बहुत अधिक प्रवीण हो; Singing is her forte. गाने में वह बहुत अधिक प्रवीण है।

**forte**[2] (फ़ाः´-ट्) *adv.* loudly, ऊँचे स्वर में, ज़ोर से।

**forth** (फ़ाःथ्, फ़ोःथ्) *adv.* 1. forward, आगे। 2. in future, भविष्य में। 3. out (as from hiding or concealment) सामने। 4. away, दूर, परे। □ **and so forth,** and so on, इत्यादि-इत्यादि, वगैरह-वगैरह; **back and forth,** to and fro, आगे-पीछे, इधर-उधर।

**forthcoming** (फ़ाःथ्´-कम्´-इंग्) *adj.* 1. about to appear, आनेवाला, आगामी। 2. available, सुलभ। 3. ready, to be helpful, तैयार, प्रस्तुत, हाज़िर। 4. sociable, मिलनसार।

**forthright** (फ़ाःथ्´-राइट्) *adj.* straightforward, frank, outspoken, स्वष्टवादी, खरा, मुँहफट, छल-कपट से रहित।

**forthrightly** (फ़ाःथ्´-राइट्-ली) *adv.* 1. frankly, स्पष्ट रूप से, साफ़-साफ़। 2. at once, फ़ौरन, तत्काल, सीधे।

**forthrightness** (फ़ाःथ्´-राइट्-निस्) *n.* frankness, स्पष्टवादिता, खरापन।

**forthwith** (फ़ाःथ्-विद्´) *adv.* at once, immediately, तुरंत, फ़ौरन।

**forties** (फ़ाः´-टीज़्) *n.* (plu.) **the forties,** degrees, numbers or years from forty to forty-nine, ४० से ४९ तक के बीच की संख्याएँ।

**fortieth** (फ़ाः´-टि-ॲथ्) *adj.* preceded by thirty-nine, चालीसवाँ।

**ortification** (फ़ा:-टि-फ़ि-के´-शँन्) *n.* 1. the act of fortifying, क़िलेबंदी, मोर्चेबंदी। 2. anything set up for defence, मोर्चा।

**ortify** (फ़ा:´-टि-फ़ाइ) *v.* 1. to strengthen (a position) militarily, मोर्चेबंदी करना, क़िलेबंदी करना। 2. to strengthen physically, पुष्ट या सशक्त करना, मज़बूत बनाना। 3. to increase the value of an important ingredient, किसी पदार्थ या तत्त्व की मात्रा बढ़ा कर उसे पुष्ट करना।

**ortitude** (फ़ा:´-टि-टूड्/ट्यूड्) *n.* firmness or courage in bearing pain, endurance, सहनशक्ति।

**ortnight** (फ़ा:ट्´-नाइट्) *n.* a period of two weeks, पखवाड़ा, पक्ष, पाख।

**ortnightly** (फ़ा:ट्´-नाइट्-ली) *adj.* appearing or happening once every two weeks, पाक्षिक। *n.* a fortnightly publication, पाक्षिक प्रकाशन।

**ortress** (फ़ा:´-ट्रिस्) *n.* 1. a fort, मोर्चेबंद स्थान, क़िला। 2. a fortified town, गढ़।

**ortuitous** (फ़ा:-ट्यु´-इ-टॅस्) *adj.* accidental, happening by chance, आकस्मिक, संयोगजन्य, दैवयोग से होनेवाला।

**ortuitously** (फ़ा:-ट्यू´-इ-टॅस्-ली) *adv.* accidentally, संयोगवशात्, आकस्मिक रूप से।

**rtuity** (फ़ा:-ट्यू´-इ-टी) *n.* (plu. fortuities) 1. chance, accident, संयोग, दैवयोग। 2. the state of being fortuitous, आकस्मिकता।

**rtunate** (फ़ा:´-चॅ-नॅट्) *adj.* 1. lucky, भाग्यशाली, भाग्यवान, क़िस्मतवाला। 2. bringing good luck, मंगलकारी, शुभ, सौभाग्यसूचक।

**rtunately** (फ़ा:´-चॅ-नॅट्-ली) *adv.* luckily, सौभाग्य से, सौभाग्यवश।

**rtune** (फ़ा:´-चून्, फ़ा´-चॅन्) *n.* 1. the supposed power that governs the events of one's life, भाग्य, क़िस्मत, तक़दीर। 2. good or bad luck, सौभाग्य या दुर्भाग्य; Fortune favours the brave. भाग्य वीरों का ही साथ देता है। 3. a person's destiny, नियति, नसीब। 4. prosperity, समृद्धि। 5. success, सफलता। 6. wealth, riches, धन-संपत्ति।

**rtune-teller** (फ़ा:´-चून्-टॅल्´-अं:) *n.* one who predicts future events in others' lives, ज्योतिषी।

**forty** (फ़ा:´-टी) ***adj. & n.*** four times ten, चालीस। ☐ **the forties,** the years from forty through forty-nine, चालीस से उनचास वर्षों के बीच का काल।

**forty winks** ***n.*** (plu.) a short nap, झपकी।

**forum** (फ़ा:´-अँम्) *n.* 1. a public place, सभा-स्थल, चौपाल। 2. a place for open discussion, फ़ोरम, विचार-स्थल, मंच, माध्यम।

**forward** (फ़ा:´-वॅ:ड्) *adj.* 1. located or situated in the front, अग्रवर्ती, अगला। 2. going or moving toward the front, आगे की ओर बढ़ता हुआ, अग्रगामी। 3. relating to the future, भावी, आगामी। 4. well-advanced, उन्नत, प्रगतिशील। 5. bold, प्रगल्भ, ढीठ, गुस्ताख़। 6. prompt, ready, तैयार, उद्यत। *n.* an attacking player in a front position, फ़ारवर्ड। *adv.* 1. toward the front, आगे। 2. in the view, सम्मुख, सामने। 3. toward the future, भविष्य में, आगे; I look forward to seeing you. फिर मिलेंगे। 4. towards an earlier time, पहले। *v.* (forwarded, forwarding) 1. to send or despatch, भेजना, रवाना करना, प्रेषण करना। 2. to promote, आगे बढ़ाना, अग्रसर करना।

**forwarding** (फ़ा:-वॅ:ड्-इंग्) *n.* the act of sending or despatching, प्रेषण; forwarding agent, प्रेषण-अभिकर्ता; forwarding note, प्रेषण-टिप्पणी।

**forward-looking** (फ़ा:´-वॅ:ड्-लुक्-इंग्) *adj.* progressive, प्रगतिशील, उन्नतिशील।

**forwardness** (फ़ा´-वॅ:ड्-निस्) *n.* 1. the state of being forward, प्रगतिशीलता। 2. boldness, धृष्टता।

**forwards** (फ़ा:´-वॅ:ड्स्) *adv.* forward.

**forwent** (फ़ा:-वॅन्ट्) *v.* p.t. of forgo.

**fossa** (फ़ॉस्´-अँ) *n.* a small pit or cavity, गड्ढा, खात, खोड।

**fosse** (फ़ॉस्) *n.* a ditch, खाई।

**fossil** (फ़ॉस्´-इल्) *n.* 1. the remains of organism preserved in rocks, जीवाश्म, पुराकालीन वस्तु। 2. an old-fashioned per-

F

son, दकियानूस व्यक्ति। 3. an outdated idea, पुराना विचार। *adj.* antiquated, पुरातन।

**fossilize** (फ़ॉस्´-इ-लाइज़्) *v.* 1. to become a fossil, जीवाश्म बन जाना। 2. to cause to become a fossil, जीवाश्म बना देना। 3. to become antiquated, पुराना पड़ जाना।

**foster** (फ़ा:´-स्टॅ:) *v.* 1. to bring up or rear, पालना-पोसना, पालन-पोषण करना। 2. to help to develop, संवर्धन करना, बढ़ाना, बढ़ावा देना। 3. to cherish, सँजोए रखना। 4. to keep alive in the mind, मन में रखना, दिल में जगह देना। *adj.* brought up, पाला-पोसा हुआ, पोष्य, पालित।

**foster brother** *n.* a boy in his relationship to the child of his foster parents, दूध-भाई, धर्मभाई।

**foster child** *n.* a child reared by anyone other than his mother or father, पालट, धर्मपुत्र (या पुत्री)।

**foster father** *n.* a man who brings up another's child, धर्मपिता, पालक।

**foster mother** *n.* a woman who brings up another's child, धर्ममाता।

**foster son** *n.* a boy reared up by foster father or mother, पालट, धर्मपुत्र।

**fought** (फ़ा:ट्) *v.* p.t. and p.p. of fight.

**foul** (फ़ाउल्) *adj.* 1. very dirty, बहुत गंदा, मलिन। 2. having an offensive smell or taste, बदबूदार, दुर्गंधित। 3. bad, abominable, ख़राब, बुरा, घृणित। 4. obscene, अश्लील। 5. unfair, अनुचित, नियमविरुद्ध। 6. rough, stormy, तूफ़ानी। 7. clogged, अवरुद्ध। 8. unpleasant, अप्रिय। 9. immoral, wicked, अनैतिक, दुष्टतापूर्ण। *n.* 1. a foul move or hit, ग़लत चाल या प्रहार। 2. violation of the rules of a game, नियमभंग, नियमोल्लंघन। 3. a foul act, नियमविरुद्ध कार्य। *v.* 1. to make or become foul, गंदा कर देना या हो जाना। 2. to commit a foul in a game, खेल में नियम का उल्लंघन करना, नियमभंग करना।

**foully** (फ़ाउल्´-ई) *adv.* in a foul manner, ग़लत ढंग से, ओछे ढंग से, बुरी तरह।

**foulmouthed** (फ़ाउल्´-माउथ्ड्) *adj.* using obscene language, गाली-गलौज करनेवाला

**found**[1] (फ़ाउन्ड्) *v.* 1. to establish, स्थापन करना, स्थापित करना। 2. to establish the foundation of, नींव रखना। 3. to base आधारित करना, जमाना।

**found**[2] *v.* 1. to melt and mould, गलाना और ढालना। 2. to make by founding, गला तथा ढालकर बनाना।

**found**[3] *v.* p.t. and p.p. of find.

**foundation** (फ़ाउन्-डे´-शॅन्) *n.* 1. the act of founding, स्थापना, निर्माण। 2. the basis on which a thing stands, आधार, नींव, बुनियाद। 3. the establishment of an institution with provision for its upkeep, प्रतिष्ठान, संस्थान। 4. the underlying idea or principle on which something is based, मूल विचार या आधारभूत सिद्धांत। 5. (plu.) the base, नींव, बुनियाद।

**foundation stone** *n.* a large block of stone laid at a public ceremony at the time of starting the building work, आधारशिला, नींव का पत्थर।

**founder**[1] (फ़ाउन्´-डॅ:) *n.* a person who establishes an institution, association etc. संस्थापक, प्रवर्तक। [Fem. foundress]

**founder**[2] (फ़ाउन्´-डॅ:) *n.* a person who makes metal castings, ढलाई करनेवाला, ढलैया।

**founder**[3] (फ़ाउन्´-डॅ:) *v.* (foundered, foundering) 1. to fill with water and sink, पानी से भर जाने के कारण डूब जाना, जलमग्न हो जाना। 2. to collapse or fail, नष्ट या विफल हो जाना। 3. to go lame, लंगड़ाने लगना।

**foundling** (फ़ाउन्ड्´-लिंग्) *n.* a deserted child of unknown parents, त्यक्त शिशु (जो किसी को कहीं पर पड़ा मिला हो)।

**foundry** (फ़ाउन्´-ड्री) *n.* a place where metals are cast and moulded, ढलाई-घर।

**fount** (फ़ाउन्ट्) *n.* 1. a spring of water, सोता। 2. a source, स्रोत। 3. a complete set of type of one size and shape, फ़ॉन्ट।

**fountain** (फ़ाउन्´-टिन्) *n.* 1. a spring

water from the earth, सोता। 2. an artificial structure from which water spouts or flows, फुहारा। 3. a source or reservoir, स्रोत, कुंड।

**fountainhead** (फ़ाउन्´-टिन्-हेंड्) ***n.*** 1. a spring that is the source of a stream, उद्गम, मूल स्रोत। 2. an original source, मूल स्रोत।

**fountain pen** ***n.*** a pen containing reservoir of ink, फ़ॉउन्टेनपेन।

**four** (फ़ा:, फ़ो:) ***adj. & n.*** 1. one more than three, चार। 2. group of four persons or things, चार व्यक्तियों या वस्तुओं का समूह, चतुष्ट्य। 3. a playing card marked with four pips, चार बूटियोंवाला पत्ता, चौका, चौआ। 4. a shot that brings four runs, चौका, चौआ। □ **on all fours,** हाथों तथा घुटनों के बल।

**fourfold** (फ़ो:-फ़ोल्ड्) ***adj.*** four times as many or as much, चौगुना।

**fourfooted** (फ़ो:-फ़ुट्´-इड्) ***adj.*** having four feet, चार पैरोंवाला।

**fourscore** (फ़ो:´-स्को:) ***adj.*** eighty, अस्सी।

**foursome** (फ़ो:´-सम्) ***n.*** a group of four persons, चार व्यक्तियों का समूह।

**foursquare** (फ़ो:´-स्क्वेंअ:) ***adj.*** 1. square, वर्गाकार। 2. firm, unyielding, दृढ़। 3. frank, स्पष्टवादी।

**fourteen** (फ़ो:´-टीन्) ***adj. & n.*** four more than ten, चौदह।

**fourteenth** (फ़ो:´-टीन्थ्) ***adj.*** which follows thirteen others in a series, चौदहवाँ।

**fourth** (फ़ो:थ्) ***adj.*** 1. which follows three others in a series, चौथा। 2. being one of four equal parts, चौथाई।

**fourth dimension** ***n.*** time which is regarded as a dimension in addition to those of length, width and depth, चौथी विमा, समय।

**fourth estate** ***n.*** the press, पत्र-पत्रिकाओं की दुनिया, समाचार-जगत्।

**fourthly** (फ़ो:थ्´-ली) ***adv.*** in fourth place, चौथे।

**fourth world** ***n.*** the least developed countries of the Third World, अत्यंत अविकसित देश।

**fowl** (फ़ाउल्) ***n.*** (plu. fowl, fowls) 1. a domestic cock or hen, पालतू मुर्गा या मुर्गी। 2. its flesh, मुर्गे या मुर्गी का गोश्त। 3. a bird, पक्षी।

**fowler** (फ़ाउल्´-अ:) ***n.*** a person who shoots or traps wild birds, चिड़ीमार, बहेलिया।

**fox** (फ़ॉक्स्) ***n.*** 1. a mammal related to the dogs and wolves, लोमड़ या लोमड़ी। 2. the fur of a fox, लोमड़ी की फ़र। 3. a crafty person, धूर्त व्यक्ति। ***v.*** 1. to deceive, धोखा देना। 2. to act crafty, धूर्ततापूर्वक आचरण करना।

**foxhound** (फ़ॉक्स्´-हॉउन्ड्) ***n.*** a dog that hunts foxes, लोमड़ियों का शिकार करनेवाला कुत्ता।

**foxhunt** (फ़ॉक्स्´-हन्ट्) ***n.*** a hunt of foxes with the help of foxhounds, शिकारी कुत्तों की मदद से किया जानेवाला लोमड़ियों का शिकार।

**fox terrier** ***n.*** a kind of small dog with a white coat with dark marking, एक तरह का छोटा कुत्ता (जिसे पहले लोमड़ियों, चूहों आदि को भगाने के लिए पालते थे)।

**foxy** (फ़ॉक्´-सी) ***adj.*** (foxier, foxiest) 1. crafty, धूर्त। 2. reddish brown, ललाई लिये हुए भूरे रंग का। 3. attractive and sexy, मोहक और मादक (स्त्री)।

**foyer** (फ़ॉइ´-अ:) ***n.*** an entrance hall or lobby, प्रवेश-कक्ष।

**fracas** (फ़्रे´-कॅस्) ***n.*** a noisy quarrel, फ़साद।

**fraction** (फ़्रैक्´-शॅन्) ***n.*** 1. a division or part of a whole number, भिन्न। 2. a small part of something, टुकड़ा, अंश।

**fractional** (फ़्रैक्´-शॅ-नॅल्) ***adj.*** 1. pertaining to a fraction, भिन्न-संबंधी, भिन्नात्मक। 2. insufficient, अपर्याप्त, बहुत थोड़ा।

**fractionally** (फ़्रैक्´-शॅ-नॅ-ली) ***adv.*** in a small quantity, अल्प मात्रा में।

**fractious** (फ़्रैक्´-शॅस्) ***adj.*** bad-tempered, irritable, चिड़चिड़ा, बदमिज़ाज।

**fracture** (फ़्रैक्´-चॅ:) ***n.*** a crack or break in a bone, अस्थिभंग, चटक, हड्डी का टूटना।

F

*v.* to break or crack, (हड्डी) टूट जाना, चटक जाना, दरार पड़ जाना।

**fragile** (फ़्रैज्´-आइल्/इल्) *adj.* 1. easily damaged or broken, जल्दी टूट या ख़राब हो जानेवाला, क्षयशील, भंगुर। 2. delicate, नाज़ुक।

**fragility** (फ़्रॅ-जिल्´-इ-टी) *n.* the quality of being fragile, भंगुरता, कोमलता, दुर्बलता।

**fragment**[1] (फ़्रैग्´-मॅन्ट्) *n.* 1. a part broken off, ठीकरा, टुकड़ा, चिप्पड़, खंड। 2. incomplete portion of work of art, अधूरी कलाकृति।

**fragment**[2] (फ़्रैग्-मॅन्ट्´) *v.* to break or be broken into fragments, टुकड़े-टुकड़े करना या होना।

**fragmental** (फ़्रैग्-मॅन्´-टॅल्) *adj.* fragmentary, अपूर्ण, आंशिक।

**fragmentary** (फ़्रैग्-मॅन्´-टॅर्-ई) *adj.* 1. composed or consisting of fragments, खंड-युक्त, खंडमय। 2. not complete, अपूर्ण। 3. disconnected, असंबद्ध, संबंध-विच्छेदित।

**fragmentation** (फ़्रैग्-मॅन्-टे´-शॅन्) *n.* the act of separating into fragments, विखंडन।

**fragrance** (फ़्रे´-ग्रॅन्स्) *n.* a sweet or pleasant smell, सुगंध, ख़ुशबू, सुवास।

**fragrant** (फ़्रे´-ग्रॅन्ट्) *adj.* having sweet or pleasant smell, सुगंधित, ख़ुशबूदार।

**frail** (फ़्रेल्) *adj.* 1. fragile, breakable, क्षयशील, भंगुर। 2. not strong, weak, दुर्बल, अशक्त।

**frailty** (फ़्रेल्´-टी) *n.* (plu. frailties) 1. the quality of being frail, क्षयशीलता, अशक्तता। 2. moral weakness, नैतिक दुर्बलता, कमज़ोरी।

**framable** (फ़्रेम्´-अ-बॅल्) *adj.* that can be framed, रचने योग्य, गढ़ने योग्य।

**frame** (फ़्रेम्) *v.* 1. to construct or build, निर्माण करना, बनाना। 2. to design or draw up, अंकित या चित्रित करना। 3. to arrange, व्यवस्थित करना। 4. to express, अभिव्यक्त करना। 5. to surround with a frame, ढाँचे या फ़्रेम में जड़ना, चौखटा लगाना। 6. to fabricate evidence against, आरोप गढ़ना, विरचना करना; to frame issues, विवादों की विरचना करना। *n.* 1. something composed of parts fitted and joined together, structure, ढाँचा, फ़्रेम। 2. a structural support, ढाँचा, चौखटा। 3. the general structure of anything, ढाँचा, रूपरेखा; the frame of government, सरकार का ढाँचा; the frame of mind, मन:स्थिति, मनोदशा। 4. the human skeleton, अस्थि-पंजर।

**frame-up** (फ़्रेम्´-ऑप्) *n.* 1. a plot to discredit someone, किसी को बदनाम करने का षड्यंत्र। 2. a false charge, झूठा आरोप।

**framework** (फ़्रेम्´-व़:क्) *n.* 1. a structure for supporting or enclosing something, ढाँचा। 2. a basic system, मूलभूत पद्धति।

**franc** (फ़्रैंक्) *n.* the standard coin of France, Belgium, Switzerland etc., फ़्रांस, बेल्जियम, स्विट्ज़रलैंड आदि की मुद्रा।

**franchise** (फ़्रैन्´-चाइज़्) *n.* the right to vote in an election, मताधिकार। *v.* to grant a franchise to, मताधिकार देना।

**frank**[1] (फ़्रैंक्) *adj.* 1. straightforward, स्पष्ट-वादी, खरा। 2. sincere, सच्चा, निष्कपट।

**frank**[2] *v.* 1. to send (mail) free of postage, बिना टिकट के (डाक) भेजना। 2. to allow to pass free of charge, बिना शुल्क लिये आने-जाने देना। *n.* 1. the right to send mail free, नि:शुल्क पत्र भेजने का अधिकार। 2. a letter sent free, नि:शुल्क भेजा जानेवाला पत्र।

**frankfurter** (फ़्रैंक्´-फ़ॅ:-टॅ:) *n.* a highly smoked sausage made of pork and beef, सुअर का मसालेदार मांस।

**frankincense** (फ़्रैंक्´-किन्-सॅन्स्) *n.* an aromatic gum resin used as incense, लोबान।

**frankly** (फ़्रैंक्´-ली) *adv.* 1. in a frank manner, openly, साफ़-साफ़, स्पष्ट रूप से, स्पष्ट शब्दों में। 2. honestly, ईमानदारी से, सचाई से।

**frankness** (फ़्रैंक्´-निस्) *n.* the quality of being frank, स्पष्टवादिता, निश्छलता।

**frantic** (फ़्रैन्´-टिक्) *adj.* 1. wildly excited, अत्यंत उत्तेजित, आपे से बाहर, (शोक या पीड़ा के मारे) व्यथित। 2. greatly upset, अत्यंत विक्षुब्ध, परेशान। □ **frantic with joy,** ख़ुशी से पागल आनंदोन्मत्त; **frantic effort,** जी-तोड़ कोशिश।

**frantically** (फ़्रैन्´-टि-कॅल्-ई) *adv.* in a frantic manner, आवेश में आकर, विक्षुब्ध होकर।

**fraternal** (फ़्रॅ-टः´-नॅल्) *adj.* of a brother or brothers, भ्रातृक, भ्रात्रीय, बिरादराना।

**fraternalism** (फ़्रॅ-टः´-नॅल्-इज़्-ॲम्) *n.* a fraternal relationship, भ्रातृभाव, भाई-चारा।

**fraternity** (फ़्रॅ-टः´-नि-टी) *n.* 1. a society of people with common interest, बिरादरी। 2. fraternalism, भाई-चारा, भ्रातृभाव, बंधुभाव।

**fraternize** (फ़्रैट्´-ॲः-नाइज़्) *v.* to have friendly relations, भाई-चारा होना, मैत्रीपूर्ण संबंध होना।

**fratricidal** (फ़्रैट्-रि-साइ´-डॅल्) *adj.* relating to fratricide, भातृवध या भगिनीवध से संबद्ध।

**fratricide** (फ़्रैट्´-रि-साइड्) *n.* the act or crime of killing one's brother or sister, भ्रातृवध या भगिनीवध, भ्रातृघात या भगिनीघात।

**fraud** (फ़्राːड्) *n.* 1. a deliberate or intentional deception for unfair gain, कपट, छल, धोखाधड़ी। 2. a person who deceives, धूर्त व्यक्ति, ठग। 3. something said or done to deceive, धूर्ततापूर्ण आचरण, धोखाधड़ी की बात या काम।

**fraudulence** (फ़्राː´-डू-लॅन्स्) *n.* the quality or state of being fraudulent, कपट, धोखाधड़ी।

**fraudulent** (फ़्राː´-डू-लॅन्ट्) *adj.* deceitful, कपटी या कपटपूर्ण, धूर्त या धूर्ततापूर्ण।

**fraudulently** (फ़्राː´-डू-लॅन्ट्-ली) *adv.* in a fraudulent manner, धोखाधड़ी से, धूर्तता-पूर्वक।

**fraught** (फ़्राːट्) *adj.* □ **fraught with,** से भरपूर, से भरा हुआ।

**fray**[1] (फ़्रे) *n.* 1. a fight or scuffle, लड़ाई, मार-पीट। 2. a heated dispute, झगड़ा, संघर्ष। □ **enter the fray,** संघर्ष में कूद पड़ना।

**fray**[2] *v.* 1. to become or make worn so that there are loose threads at the edge, (घिसने के कारण) फुसले निकल आना, तार-तार हो जाना या कर देना। 2. to exasperate, खिझाना, चिढ़ाना, उत्तेजित करना; Tempers become frayed, लोग भड़क उठे।

**frayed** (फ़्रेड्) *adj.* worn, tattered, घिसा-फटा, तार-तार।

**frazzle** (फ़्रैज़्´-ॲल्) *n.* a completely exhausted state, बेहद थकान।

**freak** (फ़्रीक्) *n.* 1. any unusual or abnormal person, thing or occurrence, कोई चमत्कारक या असामान्य व्यक्ति, वस्तु या घटना। 2. a whim or caprice, सनक, तरंग, मौज। 3. a drug addict, नशाख़ोर। 4. an enthusiast, उत्साही व्यक्ति, शौकीन। □ **freak out,** लहर में आना, आवेश में होना, सनक जाना।

**freakish** (फ़्री´-किश्) *adj.* unusual, strange, असामान्य, विचित्र।

**freckle** (फ़्रैक्´-ॲल्) *n.* a light brown spot on the skin, चकत्ता, ददोरा।

**free** (फ़्री) *adj.* 1. not bound or confined, at liberty, मुक्त, बंधनमुक्त। 2. not obstructed or impeded, unrestricted, निर्बाध, अबाध; free access, अबाध पहुँच। 3. politically independent, स्वतंत्र, आज़ाद। 4. exempt, मुक्त। 5. without, रहित, विहीन। 6. not costing anything, मुफ़्त, निःशुल्क। 7. taking undue liberties, स्वच्छंद, स्वेच्छाधारी। 8. not literal, स्वतंत्र; free translation, भावानुवाद। 9. unoccupied or not busy, ख़ाली। 10. not fixed, loose, ढीला, खुला। 11. open to all, खुला; open market, खुला बाज़ार। 12. generous, उदार या उदारतापूर्ण। 13. pure, विशुद्ध। *adv.* 1. freely, स्वतंत्रता-पूर्वक, स्वच्छंदतापूर्वक। 2. without charge or cost, मुफ़्त में, बिना शुल्क लिये। *v.* (freed, freeing) 1. to make free, स्वतंत्र करना, आज़ाद करना। 2. to release or relieve, मुक्त करना, छोड़ देना। 3. to disentangle, छुड़ा देना, सुलझा देना। 4. to clear, स्पष्ट करना।

**freebie, freebee** (फ़्री´-बी) *n.* something that is given or received without payment, मुफ़्त का माल।

**freebooter** (फ़्री´-बू-टːः) *n.* 1. a pirate, जलदस्यु। 2. a plunderer, लुटेरा, डाकू।

**free-born** (फ़्री´-बॉःन्) *adj.* born as a free person, जन्म से स्वतंत्र, स्वतंत्र-जन्मा।

**freedman** (फ़्रीड्´-मॅन्) *n.* a man who has been freed from slavery, मुक्तदास।

**freedom** (फ़्री´-डॅम्) *n.* 1. the condition

F

of being free, independence, स्वतंत्रता, आज़ादी। 2. political independence, स्वाधीनता, स्वतंत्रता, आज़ादी। 3. exemption, छूट, छुटकारा, मुक्ति।

**freedom fighter** *n.* a person who fights to obtain independence, स्वतंत्रता-सेनानी।

**free-for-all** (फ़्री´-फ़ॉ:-आ:ल्) *n.* a fight or argument in which anyone present may join, ऐसी लड़ाई या विवाद जिसमें सभी उपस्थित लोग शामिल हों, बवाल, फ़साद।

**freehand** (फ़्री´-हैन्ड्) *adj.* (of drawing) done by natural movement of the hand, हाथ से (अर्थात् बिना किसी उपकरण की सहायता से) होने या किया जानेवाला।

**free hand** *n.* unlimited freedom of action, पूरी छूट।

**freehold** (फ़्री´-होल्ड्) *n.* absolute ownership of building or land for an unlimited time, फ़्रीहोल्ड, पूर्ण स्वामित्व, मालिकाना हक।

**freeholder** (फ़्री´-होल्ड्-अॅ:) *n.* absolute owner of a land or building, पूर्णस्वामी, फ़्रीहोल्डर।

**freelance** (फ़्री´-लैन्स्) *n.* a self-employed writer, artist or journalist who sells his services to others, स्वतंत्र लेखक, कलाकार या पत्रकार। *v.* to work as a freelance स्वतंत्र लेखन-कार्य करना।

**freeload** (फ़्री´-लोड्) *v.* to eat and drink at the cost of others, दूसरों के सिर पर खाना-पीना, दूसरों पर भार होना।

**free love** *n.* the practice of living together without marriage, स्वच्छंद प्रेम, उन्मुक्त प्रेम।

**freely** (फ़्री´-ली) *adv.* 1. in a free manner, स्वतंत्रतापूर्वक, पूरी आज़ादी से। 2. openly, खुलेआम, खुल्लमखुल्ला। 3. without any hindrance, निर्बाध रूप से, भली भाँति। 4. generously, उदारतापूर्वक। 5. in great amounts, बड़ी मात्रा में, ढेरों।

**freeman** (फ़्री´-मॅन्) *n.* (plu. freemen) a person who is not a slave, स्वतंत्र व्यक्ति।

**freemasonry** (फ़्री´-मे-सॅन्-री) *n.* brotherliness, भ्रातृभावना, बंधुत्व।

**freeship** (फ़्री´-शिप्) *n.* exemption from the payment of fee, फ़ीस माफ़ी।

**freestyle** (फ़्री´-स्टाइल्) *adj.* without any style, शैलीमुक्त, फ़्रीस्टाइल (कुश्ती)।

**free-thinker** (फ़्री-थिन्क्´-कॅ:) *n.* one who does not believe in religious dogmas, स्वतंत्र विचारक।

**free trade** *n.* trade with little government control, उन्मुक्त व्यापार, मुक्त व्यापार।

**free verse** *n.* unrhymed verse, अतुकांत या छंदमुक्त पद्य।

**freewheel** (फ़्री-ह्वील्´) *n.* a part of the cycle which permits the wheel to rotate freely, फ़्रीह्वील।

**freeze** (फ़्रीज़्) *v.* (froze, frozen, freezing) 1. to become solid due to low temperature, जमना। 2. to become ice, बर्फ़ हो जाना। 3. to become hard or stiff from cold, ठंड से जकड़ जाना। 4. to feel very cold, ठिठुरने लगना, ठिठुरन महसूस करना। 5. to make cold or cover with ice, ठंडा करना। 6. to preserve food by subjection to extreme cold, प्रशीतित करना, संरक्षित रखना। 7. to make or become rigid, कड़ा हो जाना या कर देना। 8. to become paralyzed through fear or shyness, भय या लज्जा से जड़वत् हो जाना। 9. to make assets, credits etc. unrealizable, रोक लगा देना। 10. to fix (prices, wages etc.), नियत कर देना, बाँध देना।

**freezer** (फ़्री´-ज़ॅ:) *n.* a compartment for storing perishable goods by freezing them, फ़्रीज़र, प्रशीतक, हिमीकरण कक्ष।

**freezing** (फ़्रीज़´-इंग्) *adj.* very cold, अत्यंत ठंडा या सर्द।

**freezing point** *n.* the temperature at which a liquid freezes, हिमांक।

**freight** (फ़्रेट्) *n.* the charge of carrying goods by a truck, ship or train, भाड़ा, माल-भाड़ा; freight rate, भाड़ा दर, भाड़े की दर। *v.* to load with goods, माल लादना।

**freighter** (फ़्रे´-टॅ:) *n.* a ship carrying mainly goods, मालपोत।

**French** (फ़्रेंन्च्) *adj.* pertaining to France or its people, फ़्रांस या फ़्रांसीसियों से संबद्ध। *n.* 1. the language of France, फ़्रांसीसी भाषा। 2. **the French,** फ़्रांसीसी लोग।

**French leave** *n.* an unauthorised leave, बिना सूचना दिए लिया जानेवाला अवकाश, नागा। ☐ **take French leave,** to absent oneself without permission, बिना सूचना दिए नागा करना।

**frenetic** (फ़्रॅ-नेंट्´-इक्) *adj.* frantic, उन्मत्त।

**frenzied** (फ़्रेंन्´-ज़ीड्) *adj.* 1. wildly excited, अत्यंत उत्तेजित, उन्मत्त। 2. crazy, सनकी।

**frenzy** (फ़्रेंन्´-ज़ी) *n.* 1. wild excitement or agitation, आवेश, उत्तेजना, विक्षोभ। 2. craze, सनक।

**frequency** (फ़्री´-क्वॅन्-सी) *n.* 1. frequent occurrence, बार-बार होना, आवृत्ति। 2. the number of vibrations of a wave per second, फ़्रीक्वेन्सी।

**frequent**[1] (फ़्री´-क्वॅन्ट्) *adj.* appearing or happening often or at close intervals, प्रायः होनेवाला, प्रायः होता रहनेवाला, प्रायिक, बहुधा; It is a frequent practice. ऐसा बहुधा होता है।

**frequent**[2] (फ़्री-क्वॅन्ट्´) *v.* to visit habitually, बराबर आते-जाते रहना; This garden is frequented by all kinds of birds, इस बाग में सभी तरह के पक्षी आते-जाते रहते हैं।

**frequently** (फ़्री´-क्वेंन्ट्-ली) *adv.* often, बहुधा।

**fresco** (फ़्रेंस्´-को) *n.* (plu. frescoes, frescos) a picture painted on a wall or ceiling, भित्तिचित्र।

**fresh** (फ़्रेंश्) *adj.* 1. recently produced or made, ताज़ा। 2. lately arrived, new, नया, नवीन। 3. not used, कोरा। 4. lively, सक्रिय, ताज़गी-भरा, ताज़ा-दम, जीवंत, प्राणवान। 5. (of air) refreshing or pure, ताज़ा। 6. not stale, जो बासी न हो, ताज़ा। 7. not faded, जो कुम्हलाया न हो, ताज़ा। 8. other or different, अन्य, दूसरा। 9. inexperienced, अनुभवहीन। 10. bold, impudent, दुस्साहसी, धृष्ट। ☐ **break fresh ground,** नया काम करना।

**freshen** (फ़्रेंश्´-अॅन्) *v.* to become or make fresh, ताज़ा होना या करना।

**fresher** (फ़्रेंश्´-अॅ:) *n.* a first-year student at university or college, नवछात्र।

**freshly** (फ़्रेंश्´-ली) *adv.* recently, हाल में।

**freshman** (फ़्रेंश्´-मॅन्) *n.* a fresher, नवछात्र।

**freshness** (.फ़्रेंश्´-निस्) *n.* the quality of being fresh, ताज़ापन, ताज़गी, नवीनता।

**fret**[1] (फ़्रेंट्) *v.* (fretted, fretting) 1. to gnaw or wear away by gnawing, खा डालना या खाया जाना। 2. to irritate or be irritated, खीझ उठना या खिझा देना। ☐ **fret and fume,** आग-बबूला होना। *n.* 1. wearing away, क्षय। 2. irritation, खीझ। 3. anxiety, चिंता।

**fret**[2] (फ़्रेंट्) *n.* 1. a strip of wood on fingerboard of a gitar, banjo, etc., रीड। 2. an ornamental net or network, जाली। 3. an ornamental border, जालीदार किनारा।

**fretful** (फ़्रेंट्´-फ़ुल्) *adj.* tending to fret, खीझनेवाला, झुँझलानेवाला, चिड़चिड़ा।

**fretfully** (फ़्रेंट्´-फ़ु-ली) *adv.* in a fretful manner, चिड़चिड़ करते हुए, झुँझलाते हुए।

**fretfulness** (फ़्रेंट्´-फ़ुल्-निस्) *n.* the state of being fretful, चिड़चिड़ापन, असंतोष।

**fretsaw** (फ़्रेंट्´-सा:) *n.* a very thin saw fixed in frame, पतली आरी।

**fretwork** (फ़्रेंट्´-व:क्) *n.* 1. a pattern with frets, जालीनुमा काम। 2. work done with a fretsaw, पतली आरी से बनाया हुआ लकड़ी का सजावटी सामान।

**Freudian** (फ़्रॉइ´-डि-अॅन्) *adj.* of Sigmund Freud or his theories, फ़्रायड या उसके सिद्धांतों से संबद्ध, फ़्रायडी।

**Freudian slip** *n.* an unintentional error which reveals one's true thought, अनजाने में होनेवाली ऐसी भूल जो वास्तविक मनोभाव की परिचायक हो।

**friability** (फ़्राइ-अॅ-बिल्´-इ-टी) *n.* the quality of being friable, भुरभुरापन।

**friable** (फ़्राइ´-अॅ-बॅल्) *adj.* easily broken into small bits or into powder, भुरभुरा।

**friar** (फ़्राइ´-अॅ:) *n.* a Christian mendicant, ईसाई भिक्षु।

F

**friary** (फ़्राइ´-अॅ-री) ***n.*** a monastery of friars, ईसाई भिक्षुओं का विहार।

**fricative** (फ़्रिक्´-अॅ-टिव्) ***adj.*** pronounced by forcing the breath through small passage formed by tongue or lips, संघर्षी (व्यंजन)।

**friction** (फ़्रिक्´-शॅन्) ***n.*** 1. the act of rubbing one thing against another, घर्षण, रगड़। 2. a clash or conflict, संघर्ष, द्वंद्व। 3. resistance, प्रतिरोध।

**Friday** (फ़्राइ´-डे) ***n.*** the sixth day of the week, शुक्रवार, जुम्मा।

**fried** (फ़्राइड्) ***v.*** p.t. & p.p of fry.

**friend** (फ़्रॅन्ड्) ***n.*** 1. an intimate associate, दोस्त, मित्र, यार, संगी, साथी। 2. a helper or sympathizer, हितैषी, स्नेही, शुभचिंतक। 3. a colleague, सहकर्मी, सहयोगी। 4. helpful quality, सहायक गुण।

F

**friendless** (फ़्रॅन्ड्´-लिस्) ***adj.*** without friends, मित्रविहीन।

**friendliness** (फ़्रॅन्ड्´-लि-निस्) ***n.*** affection, मैत्री, दोस्ताना, यारी-दोस्ती।

**friendly** (फ़्रॅन्ड्´-ली) ***adj.*** (friendlier, friendliest), 1. like a friend, मित्रवत्; friendly country, मित्रदेश। 2. befitting a friend, मैत्रीपूर्ण, दोस्ताना। 3, helpful, comforting, सहयोगपूर्ण, सुखदायक।

**friendship** (फ़्रॅन्ड्´-शिप्) ***n.*** relationship between friends, मैत्री, दोस्ती, दोस्ताना।

**frieze**[1] (फ़्रीज़्) ***n.*** a decorative horizontal band around the top of wall, सजावटी पट्टी। (स्थापत्य)

**frieze**[2] (फ़्रीज़्) ***n.*** a coarse woollen cloth, एक प्रकार का मोटा ऊनी कपड़ा।

**frigate** (फ़्रिग्´-इट्) ***n.*** a small fast-sailing warship, तीव्रगति से चलनेवाला छोटा युद्धपोत।

**fright** (फ़्राइट्) ***n.*** 1. sudden intense fear, डर, भय, त्रास। 2. something alarming, भयावह या डरावनी वस्तु, त्रासजनक व्यक्ति या वस्तु।

**frighten** (फ़्राइ´-टॅन्) ***v.*** 1. to make suddenly afraid, डरा देना, दहला देना। 2. to feel fright, भयभीत हो जाना, डर जाना, दहल जाना। 3. to flee or drive through fear, भय से भाग खड़े होना या भगा देना।

**frightened** (फ़्राइ´-टॅन्ड्) ***adj.*** in a state of fear, भयभीत, डरा हुआ।

**fright figure** (फ़्राइट्´-फ़िग्-अॅ:) ***n.*** someone extremely frightening, डरावनी सूरत।

**frightful** (फ़्राइट्´-फ़ुल्) ***adj.*** 1. causing fright, डरावना, भयानक, खौफ़नाक, भयावह। 2. very unpleasant, अत्यंत अप्रिय। 3. very great, बहुत बड़ा।

**frightfully** (फ़्राइट्´-फ़ु-ली) ***adv.*** extremely, अत्यधिक।

**frigid** (फ़्रिज्´-इड्) ***adj.*** 1. very cold, बहुत अधिक ठंडा; frigid zone, शीत कटिबंध। 2. cold in manner, रूखा, स्नेहहीन, उदासीन। 3. lacking in warmth and life, dull, बुझा हुआ, उत्साहविहीन। 4. lacking in normal sexual desire, ठंडा।

**frigidity** (फ़्रि-जिड्´-इ-टी) ***n.*** 1. the quality of being frigid, ठंडापन, उत्साहविहीनता। 2. coldness of sexual feeling, ठंडापन।

**frill** (फ़्रिल्) ***n.*** a loose ornamental edging, झालर। ***v.*** to decorate with frills, झालर लगाना।

**frilling** (फ़्रिल्´-इंग्) ***n.*** the act of putting frills on, झालर लगाना।

**frilly** (फ़्रिल्´-ई) ***adj.*** 1. having many frills, झालरदार। 2. ostentatious, भड़कीला, तड़क-भड़कवाला, आडंबरपूर्ण।

**fringe** (फ़्रिन्ज्) ***n.*** 1. an ornamental edge of hanging threads, झालर। 2. a marginal or peripheral part, किनारा, छोर, सीमांत। ***v.*** to decorate with frills, झालर लगाना।

**frippery** (फ़्रिप्´-अॅ-री) ***n.*** foolishly useless ornamentation, भद्दी तड़क-भड़क या सजधज।

**frisk** (फ़्रिस्क्) ***v.*** to move about briskly and playfully, उछलना-कूदना, फुदकना या थिरकना। ***n.*** 1. brisk and lively movement, उछल-कूद, थिरकन। 2. a frolic, अठखेली।

**frisky** (फ़्रिस्´-की) ***adj.*** 1. energetic, lively, जीवंत, चुलबुला। 2. playful, उछल-कूद करनेवाला, खिलवाड़ी।

**fritter** (फ़्रिट्´-अँ:) *v.* ☐ **fritter away,** नष्ट करना।

**frivolity** (फ़्रि-वॉल्´-इ-टी) *n.* 1. the quality of being frivolous, ओछापन, छिछोरापन। 2. frivolous behaviour, ओछा व्यवहार।

**frivolous** (फ़्रिव्´-अँ-लॅस्) *adj.* 1. trivial, insignificant, तुच्छ, टुच्चा, बेकार। 2. not sensible, silly, मूर्खतापूर्ण। 3. not with serious attention, ओछा, क्षुद्र। 4. playful, ख़िलवाड़-भरा।

**frivolously** (फ़्रिव्´-अँ-लॅस्-ली) *adv.* in a frivolous manner, तुच्छतापूर्वक, ओछे ढंग से।

**frizz** (फ़्रिज़्) *v.* to form or be formed into curls, घुँघराला बनना या बनाना। *n.* frizzed hair, घुँघराले बाल।

**frizzle** (फ़्रिज़्´-अॅल्) *v.* 1. to cook in a hot fat, तलना, भूनना। 2. to be cooked with a sizzling noise, छनना, छाना जाना।

**frizzy** (फ़्रिज़्´-ई) *adj.* tightly curled, घुँघराला।

**frock** (फ़्रॉक्) *n.* 1. a woman's or girl's dress, फ़्राक। 2. a monk's robe, चोला, लबादा।

**frog** (फ़्रॉग्) *n.* a tailless jumping amphibian animal, मेढक। ☐ **frog in the throat,** गले की खरखरी; **frog in the well,** कुएँ का मेढक।

**frogman** (फ़्रॉग्´-मॅन्) *n.* a diver trained and equipped for underwater operations, पनडुब्बा।

**frolic** (फ़्रॉल्´-इक्) *n.* gaiety, merriment, entertainment, अठखेली, उछल-कूद। *v.* to engage in merrymaking, अठखेलियाँ करना।

**frolicsome** (फ़्रॉल्´-इक्-सॅम्) *adj.* playful, lively, खिलवाड़ी, उछल-कूद में मस्त।

**from** (फ़्रॉम्, फ़्रॅम्) *prep.* 1. beginning at, since, से। 2. beginning at, after, से। 3. with a person, place, or thing as the source or instrument, से। 4. distant in regard to, से। 5. with regard to, से। 6. because of, से; She is suffering from heart disease. वह हृदयरोग से पीड़ित है। 7. considering, की दृष्टि से, के विचार से; from a practical point of view, व्यावहारिक दृष्टि से। ☐ **from...to...,** से˙˙˙तक; There were from 10 to 20 people present, वहाँ दस से बीस तक व्यक्ति उपस्थित थे; **from end to end,** एक सिरे से दूसरे सिरे तक; **from time to time,** समय-समय पर, कभी-कभी।

**frond** (फ़्रॉन्ड्) *n.* the divided leaf like part of a fern, palm tree etc., फ़र्न या पामवृक्ष का (द्विभाजित) पत्ता।

**front** (फ़्रन्ट्) *n.* 1. the most important surface or part of something facing forwards, outwards or upwards, सामने का हिस्सा, आगा। 2. an area where major fighting is taking place, लड़ाई का मुख्य क्षेत्र, लड़ाई का मुख्य मैदान। 3. the foremost line of an army, battle-front, हरावल। 4. combined effort against opposing forces, मोर्चा; national front, राष्ट्रीय मोर्चा। 5. the manner and appearance of a person, ढंग, बरताव, व्यवहार, रुख। 6. outward appearance, बाह्य रूप। 7. an area or scene of a particular activity, क्रियाक्षेत्र, कार्यक्षेत्र। 8. the land bordering a lake, river, street etc., झील, नदी, सड़क आदि से सटा भूभाग। 9. a person, group or thing used for hiding the real nature of unlawful activities, आड़। 10. impudence, धृष्टता, गुस्ताख़ी। 11. the part of a garment covering the front of the body, वस्त्र का सीने पर पड़नेवाला भाग, सीना। ☐ **come to the front,** स्पष्ट या प्रकट होना; **go to the front,** लाम पर जाना; **in front,** आगे, सामने। *adj.* in or facing the front or being at the front, सामनेवाला, आगेवाला, अग्र। *v.* 1. to have the front toward, सामने होना। 2. to confront or oppose, सामना करना, मुकाबला करना। 3. to serve as a cover for secret activities, गुप्त क्रियाकलापों का आवरण या आड़ होना।

**frontage** (फ़्रन्´-टिज्) *n.* the front part of a building, मकान का सामनेवाला भाग, सामना, मुख।

**frontal** (फ़्रन्´-टॅल्) *adj.* of, at or to the front, सामनेवाला, अग्र।

**front door** *n.* the main entrance of a build-

F

ing, भवन का मुख्यद्वार, प्रवेशद्वार।

**frontier** (फ़्रन्-टिअॅ:) *n.* 1. an international border, सीमांत, सरहद। 2. the area along the international border, सीमाप्रदेश, सीमांत प्रदेश। 3. an undeveloped area for research or discovery, अनन्वेषित क्षेत्र; the frontiers of science, विज्ञान के अनन्वेषित क्षेत्र।

**frontispiece** (फ़्रन्ट्´-टिस्-पीस्) *n.* a picture on the lefthand page oppsite the title page, पुस्तक के आरंभ में मुख्य पृष्ठ के सामनेवाला चित्र, मुख्यचित्र।

**frost** (फ़्रा:स्ट्) *n.* 1. a weather condition with temperature below the freezing point of water, पाला। 2. white powder like coating of frozen vapour, पाला, तुषार। *v.* 1. to become covered with frost, पाला पड़ना। 2. to damage or kill (plants etc.) with frost, पाला मार जाना।

**frostbite** (फ़्रा:स्ट्´-बाइट्) *n.* the injury caused to tissue in the body by freezing, शीत या गलन से होनेवाला घाव, शीतक्षत, तुषारदंशन।

**frostbitten** (फ़्रा:स्ट्´-बिट्-अॅन्) *adj.* suffering from frostbite, तुषारदंशित, पाले से पीड़ित।

**frostfall** (फ़्रा:स्ट्´-फ़ा:ल्) *n.* falling of frost on the plants, roofs, ground etc., तुषारापात।

**frosty** (फ़्रा:स्´-टी) *adj.* (frostier, frostiest) 1. cold with frost, पाले से जो ठंडा हो गया हो या गल रहा हो। 2. without warmth of feeling, उमंग या उत्साह से रहित, ठंडा। 3. very cold or unfriendly अमैत्रीपूर्ण, रूखा।

**froth** (फ़्रा:थ्) *n.* 1. creamy mass of small bubbles, foam, झाग, फेन। 2. a worthless thing, idea or talk, असार वस्तु, व्यर्थ की बात। *v.* to expel froth, झाग छोड़ना।

**frothy** (फ़्रा:थ्´-ई) *adj.* (frothier, frothiest) 1. of, like or covered with froth, फेनिल, झागदार। 2. worthless, निस्सार, बेकार।

**frown** (फ़्राउन्) *v.* to wrinkle one's brows in anger or thought, भौंहें चढ़ाना, त्योरी चढ़ाना। *n.* a frowning look, त्योरी, तेवर।

**frowst** (फ़्राउस्ट्) *n.* unpleasantly hot air inside the room, उमस।

**frowsty** (फ़्राउस्´-टी) *adj.* hot and airless, उमसदार।

**frowsy** (फ़्राउ´-ज़ी) *adj.* (frowsier, frowsiest) 1. ill-smelling, बदबूदार। 2. unkempt, गंदा।

**froze** (फ़्रोज़्) *v.* p.t. of freeze.

**frozen** (फ़्रो´-ज़ॅन्) *v.* p.p. of freeze. *adj.* 1. turned into ice, बर्फ़ के रूप में जमा या जमाया हुआ। 2. covered with or surrounded by ice, बर्फ़ से ढका या घिरा हुआ। 3. very cold, बहुत ठंडा, बर्फ़-सा ठंडा, हिमशीतित। 4. preserved by freezing, बर्फ़ में रखने से रक्षित। 5. rigid with cold, ठंड से जकड़ा हुआ। 6. rendered immobile, motionless, गतिहीन, जड़। 7. pegged at a certain level, जाम, अवरुद्ध; frozen wages, जाम मज़दूरी।

**fructose** (फ़्रक्´-टोस्) *n.* fruit sugar, फल-शर्करा।

**frugal** (फ़्रू´-गॅल्) *adj.* 1. practising economy, किफ़ायतशार। 2. costing little, सस्ता।

**frugality** (फ़्रू-गॅल्´-इ-टी) *n.* 1. thrift, किफ़ायतशारी। 2. cheapness, सस्तापन।

**frugally** (फ़्रू´-गॅ-ली) *adv.* in a frugal manner, कम खर्च में, सस्ते में, किफ़ायतशारी से।

**fruit** (फ़्रूट्) *n.* (plu. fruit, fruits) 1. the ripened, fleshy and edible seed-bearing part of a plant, फल। 2. offspring, संतान। 3. result or outcome, परिणाम, फल। 4. reward, पुरस्कार। *v.* to bear fruit, फलना।

**fruitcake** (फ़्रूट्´-केक्) *n.* a cake containing nuts, raisins etc., मेवेवाला केक।

**fruiterer** (फ़्रू´-टॅ-रॅ:) *n.* a dealer in fruit, फल बेचनेवाला, फल-विक्रेता।

**fruitful** (फ़्रूट्´-फुल्) *adj.* 1. producing fruit, फलनेवाला। 2. producing result, लाभदायक। 3. useful, उपयोगी।

**fruitfully** (फ़्रूट्´-फु-ली) *adv.* in a fruitful manner, लाभदायक रूप से।

**fruition** (फ़्रू-इश्´-अॅन्) *n.* 1. the attainment of something or fulfilment of hopes, सिद्धि, उपलब्धि, सफलता। 2. the condition of bearing fruit, फलन।

**fruitless** (फ़्रूट्´-लिस्) *adj.* 1. bearing or

producing no fruit, न फलनेवाला। 2. producing no result, useless, निष्फल, बेकार, निरर्थक।

**fruitlessly** (फ़्रूट्´-लिस्-ली) *adv.* to no purpose, व्यर्थ, वृथा।

**fruity** (फ़्रू´-टी) *n.* of or resembling fruit, फल का या फल-जैसा, फलीय।

**frump** (फ़्रम्प्) *n.* a woman lacking in stylishness and neatness, badly-dressed woman, फूहड़ (ढंग से वस्त्र पहननेवाली) स्त्री।

**frumpy** (फ़्रम्प्´-ई) *adj.* lacking in stylishness and neatness, फूहड़, ओछा।

**frustrate** (फ़्रस्´-ट्रेट्) *v.* 1. to prevent from accomplishing a purpose or fulfilling a desire, विफल-मनोरथ कर देना, नाकाम कर देना। 2. to prevent the accomplishment of, सफलता प्राप्त न करने देना; निराश, हतोत्साहित या हताश कर देना, कुंठाग्रस्त कर देना।

**frustrated** (फ़्रस्´-ट्रे-टिड्) *adj.* disheartened, हतोत्साह, कुंठाग्रस्त।

**frustration** (फ़्रस्-ट्रे´-शॅन्) *n.* the state of feeling frustrated, हताशा, कुंठा।

**fry[1]** (फ़्राइ) *v.* (fried, frying) 1. to cook in hot fat or oil, तलना, भूनना। 2. to be cooked in hot fat or oil, तला या भूना जाना।

**fry[2]** (फ़्राइ) *n.* (plu.) the young of fish, frogs etc., मछली, मेढक आदि के बच्चे। □ **the small fry,** मामूली लोग।

**fryer** (फ़्राइ´-अॅ:) *n.* 1. a young chicken suitable for frying, भूनने लायक मुर्गा। 2. a deep pot for frying fish, मछली तलने का पात्र।

**frying pan** *n.* a pan for frying purposes, कड़ाही, फ़्राइपेन। □ **out of the frying pan into the fire,** कुएँ से निकलकर खाई में (गिरना)।

**fuck** (फ़क्) *v.* to have sexual intercourse with someone, संभोग करना। *n.* an act of sex, संभोग।

**fuddle** (फ़ड्´-अॅल्) *v.* 1. to cause to be intoxicated, मदहोश कर देना। 2. to cause to be confused, भ्रमित कर देना।

**fuddy-duddy** (फ़ड्´-ई-डड्´-ई) *n.* (plu. fuddy-duddies) a conservative or old-fashioned person, दकियानूसी व्यक्ति।

**fudge[1]** (फ़ज्) *n.* 1. a soft sugary candy, एक तरह की मिठाई। 2. nonsense, humbug, बकवास, प्रलाप। *interj.* a mild exclamation of annoyance, हट!

**fudge[2]** (फ़ज्) *v.* (fudged, fudging) to put together clumsily, गड्ड-मड्ड या घाल-मेल करना।

**fuel** (फ़्यू´-अॅल्) *n.* 1. any thing used to produce heat, ईंधन, जलावन। 2. that which increases emotion etc., उत्तेजक या उद्‌दीपक पदार्थ। □ **add fuel to fire,** और अधिक भड़काना। *v.* (fueled/fuelled, fueling/fuelling) to provide with fuel, ईंधन डालना।

**fuelling** (फ़्यु´-लिंग्) *n.* 1. the act of providing with fuel, ईंधन डालने (या झोंकने) का काम। 2. a substance used as fuel, ईंधन।

**fug** (फ़ग्) *n.* stuffy atmosphere, घुटन, गुम।

**fugitive** (फ़्यू´-जि-टिव्) *n.* a person who has fled from captivity, oppression etc., भगोड़ा, फ़रार, पलायक। *adj.* fleeting, भागा हुआ।

**fuhrer, fuehrer** (फ़्यूर्´-अॅ:) *n.* 1. a leader, नेता। 2. a title of Hitler, हिटलर की उपाधि, फ़्यूहरर। 3. a despot, निरंकुश शासक।

**fulcrum** (फ़ुल्´-क्रम्) *n.* (plu. fulcra, fulcrums) the point on which a lever turns, टेक, आधार।

**fulfil** (फ़ुल्-फ़िल्) *v.* (fulfilled, fulfilling) 1. to carry out or accomplish, पूरा करना, निष्पन्न या पालन करना। 2. to satisfy the requirements of, शर्तें पूरी करना, पूरा उतरना। 3. to satisfy, संतुष्ट करना।

**fulfilment/fulfillment** (फ़ुल्´-फ़िल्-मॅन्ट्) *n.* 1. an act of fulfilling, पूर्ति। 2. the state of being fulfilled, पूर्णता। 3. compliance, पालन, निर्वाह। 4. satisfaction, संतुष्टि।

**full[1]** (फ़ुल्) *adj.* having or containing as much as possible, भरा हुआ, लबालब, पूर्ण, आपूरित। 2. having much or many, भरा

F

हुआ, परिपूर्ण। 3. complete, पूर्ण, पूरा; full bench, पूर्ण पीठ। 4. crowded, ठसाठस, खचाखच। 5. fed to satisfaction, तृप्त, अघाया हुआ। 6. ample, copious, प्रचुर, अतिशय। 7. with all privileges, rights etc., पूर्ण; full member, पूर्ण सदस्य। 8. whole, पूरा; a full hour, पूरा (एक) घंटा। 9. born of the same parents, real, सगा; full brother, सगा भाई। □ **at full length,** फैला हुआ, विस्तीर्ण; **in full,** पूरा-पूरा, विस्तारपूर्वक, पूर्ण विवरण के साथ; **in full swing,** पूरे जोरों पर; The fair is in full swing. मेला पूरे जोरों पर है। ***adv.*** 1. entirely, completely, पूर्ण रूप से, पूर्णत:। 2. directly, सीधे। 3. extremely, बिल्कुल।

**full²** ***v.*** (fulled, fulling) 1. to make (cloth) compact, घना करना या बनाना, कपड़े को साफ़ करने के लिए कलफ या माँड़ी लगाना। 2. to become more compact, घना होना।

F

**fullback** (फ़ुल्´-बैक्) ***n.*** a defensive backfield player, फुलबैक, रक्षक खिलाड़ी।

**full-blooded** (फ़ुल्-ब्लड्´-इड्) ***adj.*** 1. of unmixed ancestry, उत्तम कुल का, कुलीन। 2. vigorous, energetic, ज़ोरदार।

**full-blown** (फ़ुल्-ब्लोन्´) ***adj.*** 1. in full blossom, पूरा खिला हुआ, पुष्पित। 2. fully developed, पूर्ण विकसित। 3. matured, प्रौढ़।

**full-bodied** (फ़ुल्-बॉड्´-ईड्) ***adj.*** having richness of flavour, having a full rich quality, स्वाद या गुणवत्ता की दृष्टि से उत्तम।

**full dress** ***n.*** the attire required for formal occasions, पोशाक, पूरी वेशभूषा।

**fuller** (फ़ुल्´-अ:) ***n.*** one who cleans and thickens clothes, कपड़े धोने तथा माँड़ी लगानेवाला, धोबी।

**fuller's earth** ***n.*** a type of clay for cleaning clothes, रेह, सज्जी, मुलतानी मिट्टी।

**full house** ***n.*** a theatre, auditorium etc., filled to capacity, पूरी तरह से भरा हुआ छविगृह, प्रेक्षागृह आदि।

**full-fledged** (फ़ुल्-फ़्लेॅज्ड्´) ***adj.*** 1. (of a bird) having full plumage, (पक्षी) जिसके पूरे पर निकल आए हों। 2. having full status or rank, पूर्ण; full-fledged member, पूर्ण सदस्य।

**full-grown** (फ़ुल्-ग्रोन्´) ***adj.*** fully mature, पूर्ण विकसित, सयाना, प्रौढ़।

**full-length** (फ़ुल्-लेॅन्थ्´) ***adj.*** having the full length, पूरा, सुविस्तृत।

**full moon** ***n.*** the moon as a fully-lighted disc, पूर्ण चंद्र, पूर्णिमा का चाँद।

**fullness, fulness** (फ़ुल्´-निस्) ***n.*** the state or quality of being full, पूर्णता।

**full-scale** (फ़ुल्-स्केल्´) ***adj.*** 1. of full size, wide-ranging, पूरे आकार या साइज़ का। 2. employing all resources, सभी साधनों को जो उपयोग में लाए या जिसमें लाया जाए।

**full stop** ***n.*** a punctuation mark at the end of a sentence, खड़ी पाई, बिंदु, पूर्णविराम।

**full-time** (फ़ुल्-टाइम्´) ***adj.*** working whole day, पूरा दिन काम करनेवाला, पूर्णकालिक। ***adv.*** on a full-time basis, पूरे समय।

**full-timer** (फ़ुल्-टाइ´-मॅ:) ***n.*** a person working on a full-time basis, पूर्णकालिक कर्मचारी।

**fully** (फ़ुल्´-ई) ***adv.*** 1. totally, completely, पूरी तरह से। 2. abundantly, अधिकता से।

**fulminate** (फ़ुल्´-मि-नेट्) ***v.*** to denounce severely, भर्त्सना करना, बख़िया उधेड़ना।

**fulmination** (फ़ुल्-मि-ने´-शॅन्) ***n.*** the act of fulminating, भर्त्सना।

**fulsome** (फ़ुल्´-सॅम्) ***adj.*** 1. offensively excessive, आवश्यकता से कहीं अधिक; बेहद, अतिशय। 2. offensively insincere, कपटपूर्ण, कुटिल; fulsome praise, कपटपूर्ण प्रशंसा।

**fumatory** (फ़्यु´-मै-टॅ-री) ***adj.*** 1. pertaining to smoke, धुएँ का, धूम्र-संबंधी। 2. pertaining to smoking, धूम्रपान-संबंधी।

**fumble** (फ़म्´-बॅल्) ***v.*** 1. to grope about, टटोलना। 2. to handle awkwardly, mishandle, भद्दे ढंग से काम करना। 3. to fail to catch (a ball), लपक न पाना, गिरा देना। 4. to fail to grasp, न समझ पाना। ***n.*** the act of fumbling, भद्दा काम।

**fume** (फ़्यूम्) ***n.*** 1. strong-smelling smoke or gas, धुआँ या भाप। 2. strong smelling or pungent odour, भभक। *v.* 1. to treat with fumes, धुआँना। 2. to emit fumes, धुआँ या भाप छोड़ना। 3. to show anger, क्रोधाभिभूत होना, क्रुद्ध हो उठना।

**migate** (फ़्यू´-मि-गेट्) *v.* to disinfect by applying smoke to, धुआँ दिखाकर कीटमुक्त करना।

**migation** (फ़्यू-मि-गे´-शॅन्) *n.* the act of fumigating, धुआँ दिखाना, धूमन, धूमीकरण।

**ming** (फ़्यूम्´-इंग्) *adj.* enraged, क्रोधाभिभूत।

**my** (फ़्यूम्´-ई) *adj.* smoky, धुएँ से भरा, धूमिल।

**n** (फ़न्) *n.* 1. enjoyment, amusement, मज़ा, आनंद। 2. a source of enjoyment, खेल, तमाशा। □ **in fun,** मज़े के लिए, खिलवाड़ में; **make fun of,** हँसी उड़ाना।

**ction** (फ़ंक्´-शॅन्) *n.* 1. the proper or characteristic activity of a person or a thing, कृत्य, कार्य, व्यापार। 2. the duty or occupation of a person, प्रकार्य, कर्तव्य, ज़िम्मेदारी, कार्य, काम, धंधा, व्यवसाय। 3. particular purpose or activity of a thing, विशेष प्रयोजन, काम, क्रिया। 4. a social or official ceremony, समारोह। *v.* 1. to fulfil one's function, कर्तव्य का निर्वाह करना, कार्य करना। 2. to operate or perform, काम करना, कार्य या क्रिया करना।

**ctional** (फ़ंक्´-शॅ-नॅल्) *adj.* 1. of or concerning a function, कार्य-संबंधी, प्रकार्यात्मक; functional grammar, प्रकार्यात्मक व्याकरण। 2. practical and useful, व्यावहारिक तथा उपयोगी, प्रयोगात्मक।

**ctionalism** (फ़ंक्´-शॅ-नॅ-लिज़्-ॲम्) *n.* the doctrine that stresses purpose, प्रकार्यवाद।

**ctionary** (फ़ंक्´-शॅ-नॅर्-ई) *n.* an official, अधिकारी, पदाधिकारी, कार्यकर्ता, अहलकार।

**d** (फ़न्ड्) *n.* 1. a reserve of money set aside for specific purpose, निधि, कोष। 2. (plu.) ready cash, नक़द रुपया, नक़दी। 3. an available stock or supply, कोष, भंडार, ख़ज़ाना; fund of knowledge, ज्ञान का भंडार। *v.* 1. to furnish money, धन सुलभ कराना, धन देना। 2. to invest in fund, किसी निधि में (ब्याज के लिए) जमा करना।

**fundamental** (फ़न्-डॅ-मेंन्´-टॅल्) *adj.* 1. serving as foundation, basic, बुनियादी, मूलभूत, मौलिक, आधारभूत; fundamental rights, मौलिक अधिकार। 2. very important, अत्यावश्यक। *n.* (plu.) fundamental principles, मूलभूत सिद्धांत।

**fundamentalism** (फ़न्-डॅ-मेंन्´-टॅ-लिज़्-ॲम्) *n.* strict maintenance of traditional beliefs, रूढ़िवाद।

**fundamentalist** (फ़न्-डॅ-मेंन्´-टॅल्-इस्ट्) *n.* one who believes in fundamentalism, रूढ़िवादी।

**funeral** (फ़्यू´-नॅ-रॅल्) *n.* 1. a ceremony at which a dead person is buried or cremated, दफ़न, दाहकर्म। 2. a procession accompanying a body to the cremation ground or grave, शवयात्रा, जनाज़ा।

**funerary** (फ़्यू´-नॅ-रॅर्-ई) *adj.* of or pertaining to a funeral, अंत्येष्टि-संबंधी, दाह या दफ़न-संबंधी; funerary urn, अस्थि-कलश।

**funereal** (फ़्यू-निॲर्´-इ-ॲल्) *adj.* suitable for a funeral, अंत्येष्टि-संबंधी।

**fun-fair** (फ़न्´-फ़ॅअॅ:) *n.* a fair with amusement, मेला, मेला-तमाशा।

**fungi** (फ़न्´-जाइ) *n.* plu. of fungus.

**fungicide** (फ़न्´-जि-साइड्) *n.* a substance that destroys fungi, फफूँदनाशक पदार्थ।

**fungus** (फंग्´-गॅस्) *n.* (plu. fungi) a division of plants having no leaves, flowers, stems, roots etc., फफूँद, कुकरमुत्ता, छत्रक।

**funicular** (फ़्यू-निक्´-यु-लॅः) *n.* a cable railway with ascending and descending cars counterbalancing each other, रज्जुरेल।

**funk** (फ़ंक्) *n.* 1. a state of nervousness or fear, घबराहट या भय। 2. dejection, उदासी, हतोत्साह। 3. a coward, भीरु व्यक्ति। *v.* 1. to flinch from responsibility, उत्तरदायित्व से भाग खड़े होना। 2. to shrink from undertaking, कोई काम करने से कतराना या भागना।

**funky** (फ़ंग्´-की) *adj.* 1. in a state of nervousness, घबराया हुआ, भयभीत। 2. unconventional, रूढ़िमुक्त, नए फैशन का।

**funnel** (फ़न्´-ॲल्) *n.* 1. a wide-mouthed

utensil for pouring liquids into a narrow-necked vessel, कीप, छुच्छी। 2. a metal chimney or smokestack, चिमनी, धुआँकश।

**funnily** (फ़न्´-इ-ली) ***adv.*** 1. in a funny manner, मसख़री करते हुए, मज़ाक से। 2. oddly, अजीब तरह से, विचित्रतापूर्वक।

**funny** (फ़न्´-ई) ***adj.*** (funnier, funniest) 1. causing amusement, मज़ेदार, आनंदप्रद। 2. causing laughter, हास्यजनक, हास्यप्रद। 3. odd, peculiar, विचित्र, अजीब।

**fur** (फ़:) ***n.*** 1. the thick coat of soft hair of some mammals, फ़र, लोमचर्म। 2. a fur-like covering, फ़र जैसा आवरण। ***v.*** (furred, furring) to cover with fur, फ़र चढ़ाना।

**furious** (फ़्यूर्´-इ-अॅस्) ***adj.*** 1. extremely angry, full of anger, आगबबूला, क्रोधाभिभूत। 2. fierce, intense, घोर, प्रचंड।

F

**furiously** (फ़्यूर्´-इ-अॅस्-ली) ***adv.*** 1. in a furious manner, आगबबूला होकर, क्रोधाभिभूत होकर। 2. fiercely, प्रचंडतापूर्वक।

**furl** (फ़:ल्) ***v.*** to roll up or to be rolled up, लपेटना या लपेटा जाना।

**furlong** (फ़:´-ला:ङ्ग्) ***n.*** a unit of length equal to 220 yards or about 201 metres, फर्लांग, मील का आठवाँ भाग।

**furlough** (फ़:´-लो) ***n.*** a leave of absence from duty, छुट्टी।

**furnace** (फ़:´-निस्) ***n.*** an enclosed chamber for producing heat, भट्ठी।

**furnish** (फ़:´-निश्) ***v.*** 1. to equip (a room) with furniture, फ़र्नीचर से सज्जित करना, फ़र्नीचर लगाना। 2. to give or supply, देना, पूर्ति करना।

**furnishings** (फ़:-नि´-शिंग्स्) ***n.*** (plu.) articles of furniture for the interior of a building, घर का साज़-सामान, सज्जा-सामग्री।

**furniture** (फ़:´-नि-चॅ:) ***n.*** movable articles (such as chairs, tables etc.) for a room, house or office, फ़र्नीचर।

**furore, furor** (फ़्यु-रा:´-रि, फ़्यूर्´-ऑ:) ***n.*** 1. an uproar, होहल्ला, हंगामा, हलचल, खलबली, तहलका। 2. excitement, violent anger or frenzy, उत्तेजना, उन्माद, उन्मत्तता।

**furrier** (फ़र्´-इ-अॅ:) ***n.*** one who sells repairs furs, फ़रवाला, फ़र-विक्रेता।

**furrow** (फ़र्´-ओ) ***n.*** 1. a long cut or na row trench cut by a plough, कूँड़, सीत 2. a groove resembling this, खाँचा। 3. deep wrinkle in the skin, गहरी झुर्री। 1. to make furrows in, कूँड़ बनाना, खाँ बनाना। 2. to plough, हल चलाना।

**furry** (फ़र्´-ई) ***adj.*** of or like fur, फ़र-संबं

**further** (फ़:´-दॅ:) ***adj.*** 1. more, addition अधिक, अतिरिक्त, और; Don't questi me further. मुझसे और आगे सवाल मत क 2. more distant in space, time etc., अ अगला, परला। ***adv.*** 1. in addition, औ 2. at a greater distance, और आगे, ***v.*** (furthered, furthering) to help progress of, सहायता देना, आगे बढ़ाना।

**furtherance** (फ़:´-दॅ-रॅन्स्) ***n.*** assistan सहायता या प्रोत्साहन, आगे बढ़ाना।

**furthermore** (फ़:´-दॅ:-मो:) ***adv.*** in ad tion, और अधिक, इसके अलावा।

**furthermost** (फ़:´-दॅ:-मोस्ट्) ***adj.*** remc most distant, दूरतम।

**furthest** (फ़:´-दिस्ट्) ***adv.*** to the great extent, बहुत दूर तक।

**furtive** (फ़:´-टिव्) ***adj.*** stealthy, secreti चोरी-छिपे किया जानेवाला, गुप्त, प्रच्छन्न।

**furtively** (फ़:´-टिव्-ली) ***adv.*** stealthi चोरी-छिपे, चुपचाप, गुप्त रूप से, गुप्त रीति

**fury** (फ़्यूर्´-ई) ***n.*** 1. violent rage, रोष, आ उन्माद। 2. turbulence, विक्षोभ, उग्र ☐ **like fury,** ग़ुस्से में आकर, उग्रतापूर्व

**fuse**[1] (फ़्यूज़्) ***v.*** (fused, fusing) 1. to m or be melted, गलना या गलाना। 2. an gamate or be amalgamated, मिलाना मिलाया जाना।

**fuse**[2] ***n.*** 1. an electric circuit that m when the current becomes too strc फ़्यूज़, फ़्यूज़ तार। 2. a length of ea burned material for igniting a bo cracker etc., पलीता।

**fused** (फ़्यूज़्ड्) ***adj.*** melted due to h संगलित, फ़्यूज़्ड।

**selage** (फ़्यू´-सॅ-लाज़्ह्) *n.* the main body of an aircraft, वायुयान का मुख्यभाग या धड़।

**sillade** (फ़्यू´-सि-लेड्) *n.* 1. a rapid and continuous discharge of firearms, तेज़ और लगातार होनेवाली गोला-बारी, गोली वर्षा। 2. a rapid outburst or barrage, विस्फोट, प्रस्फोट।

**sion** (फ़्यू´-ज़्हॅन्) *n.* the act of fusing i.e. melting and blending together, गलन, द्रवण, संलयन, मेल।

**ss** (फ़स्) *n.* 1. unnecessary commotion, हो-हल्ला, उपद्रव। 2. needless concern or worry, बेकार की घबराहट, बेचैनी या विकलता। 3. a complaint, शिकायत। □ **make a fuss of,** अत्यंत सतर्कता या अनुराग प्रदर्शित करना; **make a fuss over,** शिकायत करना। *v.* 1. to make a fuss, होहल्ला मचाना। 2. to worry unnecessarily, झूठमूठ घबराना। 3. to complain, शिकायत करना।

**ssy** (फ़स्´-ई) *adj.* 1. inclined to fuss over minor points, झमेलिया। 2. frequently complaining, बराबर शिकायत करनेवाला। 3. fastidious, तुनकमिज़ाज।

**stian** (फ़स्´-चॅन्) *n.* 1. a coarse sturdy cloth, दुसूती की बुनाई का मोटा मज़बूत कपड़ा। 2. pompous language, लच्छेदार भाषा।

**fusty** (फ़स्´-टी) *adj.* (fustier, fustiest) 1. smelling of dampness, जिसमें से सीलन की गंध आ रही हो। 2. old-fashioned, दकियानूसी, पुराना।

**futile** (फ़्यू´-टाइल्) *adj.* producing no result, useless, निष्फल, बेकार, निरर्थक।

**futility** (फ़्यू-टिल्´-इ-टी) *n.* the quality of being futile, निष्फलता, निरर्थकता।

**future** (फ़्यू´-चॅ:) *n.* the time yet to come, भविष्यत्काल, भविष्य, आनेवाला समय। □ **in future,** भविष्य में। *adj.* that is yet to come, भावी, आगामी, संभावित।

**futuristic** (फ़्यू-चॅ-रिस्´-टिक्) *adj.* of or pertaining to the future, भविष्यत्, भावी।

**futurity** (फ़्यू-च्युर्´-इ-टी) *n.* 1. the future time, भविष्य। 2. the quality of being in the future, भविष्यता। 3. a future event or possibility, भावी घटना या संभावना।

**fuzz**[1] (फ़ज़्) *n.* a mass of soft light hair, रोएँ, रोम।

**fuzz**[2] (फ़ज़्) *n.* 1. the police, पुलिस। 2. a policeman, सिपाही।

**fuzziness** (फ़ज़्´-इ-निस्) *n.* indistinctness, अस्पष्टता।

**fuzzy** (फ़ज़्´-ई) *adj.* 1. covered with fuzz, रोएँदार। 2. indistinct, unclear, अस्पष्ट।

F

# G

**G, g** the Seventh letter of the English alphabet, अंग्रेज़ी वर्णमाला का सातवाँ वर्ण। *adj.* general, सामान्य।

**gab** (गैब्) *v.* (gabbed, gabbing) 1. to talk idly, बकबक करना। 2. to gossip, गपशप करना। *n.* 1. idle talk, बकबक। 2. gossip, गपशप। □ **gift of the gab,** धाराप्रवाह बोलने की योग्यता, वाक्पटुता, बातूनीपन।

**gabardine** (गैब्´-अॅ:-डीन्) *n.* a strong woollen fabric, ऊनी गफ़ कपड़ा।

**gabble** (गैब्´-अॅल्) *v.* to speak or talk rapidly and indistinctly, बड़बड़ करना, बकबक करना, बड़बड़ाना। *n.* rapid and indistinct speech, बड़बड़।

**gabbler** (गैब्´-ब्लॅ:) *n.* one who gabbles, बकबक करनेवाला, बकवादी, बड़बड़िया।

**gable** (गे´-बॅल्) *n.* the triangular upper part of an outside wall between sloping roofs, त्रिकोणिका।

**gad** (गैड्) *v.* to go out in search of pleasure, सैर-सपाटा करना।

**gadabout** (गैड्´-अॅ-बॉउट्) *n.* one who goes about looking for fun, excitement or gossip, घुमक्कड़ व्यक्ति।

**gadfly** (गैड्´-फ़्लाइ) *n.* a fly that sucks blood of the animals, डांस।

**gadget** (गैज्´-इट्) *n.* a small mechanical appliance or tool, कोई छोटा-मोटा उपकरण या औज़ार।

**Gaelic** (गे´-लिक्) *adj.* of Gales, दक्षिणी आयरलैंड के वासियों से संबद्ध।

**gaffe** (गैफ़्) *n.* a social blunder, अनभिज्ञता के कारण हुई भारी भूल जो जगहँसाई कराए।

**gaffer** (गैफ़्´-अॅ:) *n.* 1. an elderly man, बूढ़ा आदमी। 2. an electrician (on a film set, फिल्मांकन के समय काम करनेवाला) बिजल मिस्त्री।

**gag** (गैग्) *n.* 1. something forced into o put over the mouth to prevent the per son from speaking or crying, बोलने य चिल्लाने से रोकने के लिए किसी के मुँह में ठूँस जानेवाली कोई चीज़ या बाँधी जानेवाली पट्टी ठेपी। 2. any act that prevents freedor of speech, बोलने न देना, बोलने पर होनेवाल प्रतिबंध। *v.* (gagged, gag-ging) 1. to put gag into or over a person's mouth t prevent him or her from speaking o crying, मुँह पर पट्टी बाँध देना, ठेपी लगाना 2. to prevent freedom of speech, बोल न देना, भाषण-स्वतंत्रता पर अंकुश लगा देना 3. to tell jokes, मज़ाक सुनाना, चुटकुले सुनाना

**gaga** (गा´-गा) *adj.* 1. doting, मोहित, लट्टू 2. crazy, सनकी।

**gaggle** (गै´-गॅल्) *n.* 1. a flock of geese, बत्तख का झुंड। 2. a group of talkative ladies बातूनी औरतों का झुंड। *v.* to cackle, कैंकैं करना

**gaiety** (गे´-अॅ-टी) *n.* 1. the condition of be ing gay, merrymaking, festivity, आनंद हँसी-ख़ुशी, प्रफुल्लता, उल्लास। 2. joyfu activity, आनंद-मंगल, रंगरली। 3. colourfu bright appearance, ठाठ-बाट, तड़क-भड़क

**gaily** (गे´-ली) *adv.* in a gay or joyful man ner, हँसी-ख़ुशी से, उल्लासपूर्वक।

**gain** (गेन्) *v.* 1. to get or acquire, प्राप्त करना 2. to earn, कमाना, अर्जित करना। 3. to mak profit, लाभ प्राप्त करना। 4. to advance, आ बढ़ना। 5. to make progress, प्रगति करन उन्नति करना। 6. to win, जीतना। 7. to com nearer or closer, पास पहुँचना। *n.* 1. some thing gained, लाभ, मुनाफ़ा। 2. progress

प्रगति, उन्नति। 3. increase, वृद्धि, बढ़ोतरी।

**gainful** (गेन्´-फ़ुल्) ***adj.*** profitable, लाभप्रद।

**gainfulness** (गेन्´-फ़ुल्-निस्) ***n.*** profit, लाभ।

**gainsay** (गेन्´-से) ***v.*** (gainsaid, gainsaying) to deny or contradict, झुठलाना।

**gainsayer** (गेन्´-से-अँ:) ***n.*** one who denies or contradicts, झुठलानेवाला, खंडन करनेवाला।

**gait** (गेट्) ***n.*** 1. a way of walking or running, चाल। 2. trotting or cantering (of a horse, घोड़े की) दुलकी या चौकड़ी (चाल)।

**gal** (गैल्) ***n.*** a girl, लड़की।

**gala** (गा´-लँ, गैल्´-अँ) ***n.*** a festive occasion or celebration, समारोह, उत्सव, मेला।

**galactic** (गॅ-लैक्´-टिक्) ***adj.*** of a galaxy, छायापथ-संबंधी।

**galaxy** (गैल्´-ॲक्-सी) ***n.*** 1. any of the large independent systems of stars existing in space, छायापथ। 2. the Milky Way, आकाशगंगा। 3. a group of distinguished persons, विशिष्ट व्यक्तियों का समूह, ग्रुप, दल।

**ale** (गेल्) ***n.*** 1. a very strong wind, अंधड़। 2. a forceful outburst, विस्फोट, प्रस्फोट; gales of laughter, ठहाकों की बौछार।

**all**[1] (गा:ल्) ***n.*** 1. liverbile, पित्त। 2. the gallbladder, पित्ताशय। 3. bitterness, कड़वाहट।

**all**[2] (गा:ल्) ***n.*** 1. a skin sore, छिल जाने से या रगड़ से होनेवाला घाव। 2. abrasion, रगड़। ***v.*** 1. to rub and make sore, इस प्रकार रगड़ खाना कि घाव हो जाए। 2. to irritate, चिढ़ाना, खिझाना या छेड़ना।

**allant** (गैल्´-ॲन्ट्) ***adj.*** 1. brave, courageous, or chivalrous, वीर, शूर, साहसी। 2. stately, majestic, राजसी। 3. noble, कुलीन, संभ्रांत। 4. flirtatious, रंगीला, रसिक, इश्कबाज़। ***n.*** 1. a man courteously attentive to women, स्त्रियों के प्रति विशेष रूप से उदार अथवा शिष्ट व्यक्ति, रंगीनमिज़ाज। 2. a paramour, प्रेमी, जार, उपपति।

**llantly** (गैल्´-ॲन्ट्-ली) ***adv.*** in a gallant manner, वीरतापूर्वक, साहसपूर्वक।

**llantry** (गैल्´-ॲन्ट्-री) ***n.*** 1. bravery, courage, वीरता, शौर्य; gallantry award, शौर्य-पुरस्कार। 2. polite attention to women, रंगीनमिज़ाजी, रंगीलापन, नारी-आकर्षण।

**gallbladder** (गा:ल्´-ब्लैड्-अँ:) ***n.*** a sac attached to the liver in which bile secreted by the liver is stored, पित्ताशय।

**gallery** (गैल्´-अँ-री) ***n.*** (plu. galleries) 1. a balcony or verandah used for showing works of art, गैलरी, दीर्घा। 2. the balcony of a theatre, बालकोनी, दीर्घा। 3. the seats in such a section, दीर्घा की सीटें। 4. the audience occupying these seats, दीर्घा में बैठे हुए दर्शक। □ **play to the gallery,** दर्शकों का मन जीतने के उद्‌देश्य से खेलना।

**galley** (गैल्´-ई) ***n.*** (plu. galleys) a long tray used for holding types, blocks etc., (प्रेस की) गैली।

**galley proof** ***n.*** a printer's proof taken from a galley, गैली प्रूफ़।

**Gallic** (गैल्´-इक्) ***adj.*** 1. French, फ्रांसीसी। 2. a typically French, ठेठ फ्रांसीसी।

**gallicism** (गैल्´-इस्-इज़्-ॲम्) ***n.*** use of French idioms in another language, फ्रांसीसी शब्द या मुहावरा, फ्रांसीसी प्रयोग।

**gallivant** (गैल्´-इ-वैन्ट्) ***v.*** to go about in search of pleasure, सैर-सपाटा करना।

**gallon** (गैल्´-ॲन्) ***n.*** a measure of liquids equal to 4½ litres, गैलन।

**gallop** (गैल्´-ॲप्) ***n.*** swiftest pace of a horse in which all feet are off the ground at once, घोड़े की तेज़ से तेज़ चाल, चौकड़ी। ***v.*** to cause to gallop, (घोड़े का) चौकड़ियाँ भरना।

**galloping** (गैल्´-ॲप्-इंग्) ***adj.*** very fast, द्रुत; galloping inflation, द्रुत मुद्रास्फीति।

**gallows** (गैल्´-ओज़्) ***n.*** (plu. gallows) 1. the wooden structure with a noose on which criminals are hanged, फाँसी का फंदा। 2. the execution by hanging, फाँसी।

**gallstone** (गा:ल्´-स्टोन्) ***n.*** a small hard mass formed in the gallbladder, पथरी।

**Gallup Poll** ***n.*** a sampling of the views of the voters before election, मतदाता-रुझान।

**galore** (गॅ-लोः´) *adv.* in abundance, प्रचुर मात्रा में, ख़ूब, ढेरों की तादाद में।

**galosh** (गॅ-लॉश्´) *n.* a waterproof over-shoe, जूते के ऊपर पहना जानेवाला जलसह बड़ा जूता।

**galvanic** (गैल्-वैन्´-इक्) *adj.* 1. of or concerned with chemically produced electric current, गैल्वनी, गैल्वेनिक। 2. startling, jolting, चौंकानेवाला, झकझोरनेवाला।

**galvanism** (गैल्´-वॅ-निज़्-ॲम्) *n.* chemically produced electricity, रसायन-विद्युत।

**galvanize** (गैल्´-वॅ-नाइज़्) *v.* 1. to cover with a zinc coating, जस्ता चढ़ाना, क़लई चढ़ाना। 2. to excite or stimulate, उत्तेजित/प्रेरित करना।

**galvanometre** (गैल्´-वॅ-नॉम्-इ-टॅः) *n.* an instrument for measuring small electric currents, विद्युत्धारामापी, गैल्वनोमीटर।

**gambit** (गैम्´-बिट्) *n.* a subtle move, गहरी चाल।

G

**gamble** (गैम्´-बॅल्) *v.* 1. to bet on the outcome of the move, दाँव पर लगाना, बाज़ी लगाना। 2. to play a game of chance to win money, जूआ खेलना। 3. to risk, जोखिम उठाना, ख़तरा मोल लेना। □ **gamble away,** दाँव हार जाना। *n.* 1. a bet, बाज़ी, दाँव। 2. a game of chance to win money, जूआ। 3. a risky act, जोखिम का काम।

**gambler** (गैम्´-ब्लॅः) *n.* one who gambles, जुआरी।

**gambling** (गैम्´-ब्लिंग्) *n.* any sport in which money is risked, जूआ।

**gambling den** *n.* a place where gamblers gather to play, जूआख़ाना, जूए का अड्डा।

**gambol** (गैम्´-बॅल्) *v.* (gambolled, gambolling) to leap or jump playfully, उछल-कूद मचाना। *n.* the act of gambolling, उछल-कूद।

**game**[1] (गेम्) *n.* 1. an amusement or diversion, pastime, खेल, क्रीड़ा। 2. any competitive activity, हार-जीत का खेल। 3. a single contest between opposing players, एक बार का खेल, बाज़ी। 4. a scheme, स्कीम, योजना। 5. hunting of wild animals or birds, आखेट, शिकार; game laws, आखेट नियम। 6. a prey, शिकार। 7. an object of ridicule or scorn, हँसी का पात्र। 8. an occupation, धंधा। 9. a trick, चाल, छल। □ **play the game,** सही ढंग से खेलना, ईमानदारी बरतना। *v.* to gamble, दाँव पर लगाना, जूआ खेलना। *adj.* 1. courageous, साहसी, दिलेर। 2. ready and willing, उत्सुक, लालायित।

**game**[2] (गेम्) *adj.* lame, लँगड़ा।

**game cock** (गेम्´-कॉक्) *n.* a cock trained for fighting, लड़ाकू मुर्गा।

**gamekeeper** (गेम्´-की-पॅः) *n.* one who is in charge of wild life, जंगली पशुओं की देख-भाल करनेवाला अधिकारी, आखेटपाल।

**gamesmanship** (गेम्ज़्´-मॅन्-शिप्) *n.* the skill in defeating others by dubious means छलविद्या।

**gamesome** (गेम्´-सम्) *adj.* frolicsome, playful, खेलने का शौकीन, खिलवाड़ी।

**gamester** (गेम्´-स्टॅः) *n.* a habitual gambler पक्का जुआरी, मँजा हुआ खिलाड़ी।

**gamma** (गै´-मॅ) *n.* the third letter of the Greek alphabet, ग्रीक वर्णमाला का तीसरा वर्ण, गामा; gamma ray, गामा-किरण।

**gammon**[1] (गैम्´-अन्) *n.* nonsense, अंडबंड

**gammon**[2] *n.* a cured or smoked ham, सुअर के पुट्ठे का मसालेदार या भूना हुआ मांस।

**gammy** (गै´-मी) *adj.* stiff, कड़ा, अकड़ा हुआ

**gamp** (गैम्प्) *n.* a big umbrella, बड़ा छाता।

**gamut** (गैम्´-ॲट्) *n.* 1. the whole range of notes, (संगीत में) स्वरग्राम, सरगम, सप्तक। 2. a complete range, पूर्ण विस्तार, संपूर्ण क्षेत्र, समस्त पहलू।

**gander** (गैन्´-डॅः) *n.* 1. a male goose, नर हंस; What is sauce for the gander is sauce for the goose, जो एक के लिए अच्छा है वह दूसरे के लिए भी अच्छा है। 2. a quick look, सरसरी निगाह। 3. a simpleton बुद्धू व्यक्ति।

**Gandhian** (गैन्´-दि-ॲन्) *adj.* of Gandhi or Gandhism, गांधीवादी।

**gang** (गैंग्) ***n.*** 1. a group of people who work together, गिरोह, जत्था। 2. a group of criminals or hoodlums, अपराधियों या गुंडों की टोली या गिरोह; gang leader, सरदार, मुखिया। ***v.*** 1. to form into a gang, गिरोह बनाना। 2. to act as a gang, गिरोह के रूप में काम करना। □ **gang up,** (i) जुट जाना; (ii) गिरोह बनाकर परेशान/आक्रमण करना।

**gangland** (गैंग्´-लैंड्) ***n.*** the criminal underworld, अपराध-जगत।

**gangling** (गैंग्´-लिंग्) ***adj.*** tall, thin and awkward, लमतड़ंग।

**ganglion** (गैंग्´-लि-अॅन्) ***n.*** a group of nerve cells usually located outside the brain and spinal cord, गंडिका।

**gangplank** (गैंग्´-प्लैंक्) ***n.*** a removable plank for boarding and leaving a vessel, चढ़ने तथा उतरने के लिए पोत और घाट के बीच का उठौआ पटरा।

**gangrene** (गैंग्´-ग्रीन्) ***n.*** death and decay of tissues caused by disease, injury etc., गैंग्रीन, गलन।

**gangrenous** (गैंग्´-ग्रि-नॅस्) ***adj.*** of or related to gangrene, गैंग्रीन-संबंधी।

**gangster** (गैंग्´-स्टॅ:) ***n.*** a member of a group of criminals, लुटेरा, डाकू, गुंडा।

**gangsterism** (गैंग्´-स्टॅ-रिज्-अॅम्) ***n.*** the tendency to form gangs, गिरोह-वृत्ति।

**gangway** (गैंग्´-वे) ***n.*** a passage between rows of seats, बीच का रास्ता, गली।

**gannet** (गैन्´-इट्) ***n.*** a large sea bird, एक प्रकार का बड़ा जलपक्षी।

**gantry** (गैन्´-ट्री) ***n.*** a large bridge-like iron frame, लोहे का सेतुनुमा बड़ा ढाँचा।

**gaol** (जेल्) ***n.*** a jail, जेल, कारागार, बंदीगृह।

**gaoler** (जे´-लॅ:) ***n.*** a jailer, जेलर, कारापाल।

**gap** (गैप्) ***n.*** 1. an empty space, ख़ाली जगह, अंतराल, रिक्ति। 2. an opening, छेद, विवर, दरार। 3. a pass through mountains, दर्रा, घाटी। 4. a wide difference, बहुत बड़ा अंतर। 5. disparity, विषमता, असंगति। □ **bridge a gap,** अंतर समाप्त करना। ***v.*** (gapped, gapping) to make a opening in, छेद करना।

**gape** (गेप्) ***v.*** (gaped, gaping) 1. to open the mouth wide, मुँह बाना, मुँह फाड़ना। 2. to be or become wide open, फट जाना। 3. to stare in wonder, मुँह बा देना, हक्का-बक्का हो जाना। ***n.*** 1. an act of gaping, मुँह बाना। 2. a wide opening, विवर, छेद, दरार। 3. a stare of astonishment, टकटकी, एकटक दृष्टि।

**garage** (गै´-राज़्, गै´-रिज्) ***n.*** 1. a building for housing cars, गैराज। 2. a place where cars are repaired and serviced, कारों की मरम्मत का स्थान, कार-घर।

**garb** (गा:ब्) ***n.*** 1. clothing, dress, पहनावा, पोशाक। 2. external appearance, वेशभूषा।

**garbage** (गा:´-बेज्/बिज्) ***n.*** 1. rubbish, कूड़ा, कूड़ा-करकट, कूड़ा-कचरा; garbage dump, घूरा। 2. trash, गंदगी, अश्लील साहित्य।

**garbled** (गा:´-बॅल्ड्) ***adj.*** 1. distorted, विकृत, घिसा-पिटा। 2. misleading, भ्रामक।

**garden** (गा:´-डॅन्) ***n.*** 1. a plot of land used for growing flowers, vegetables, fruit etc, बाग, बगीचा, उद्यान; garden party, उद्यान-भोज। 2. a park, पार्क। 3. a lawn, लान। ***v.*** to work in a garden, बागवानी करना। ***adj.*** of or pertaining to a garden, बाग-संबंधी।

**gardener** (गा:´-डॅन्-अॅ:) ***n.*** one who takes care of a garden, माली, बागवान।

**garden house** ***n.*** a garden adjoining a house, उद्यानगृह।

**gardening** (गा:´-डॅ-निंग्) ***n.*** the act of growing flowers, vegetables or fruit in a garden, बागवानी।

**gargantuan** (गा:-गैन्´-चू-अॅन्) ***adj.*** huge, विशाल, बहुत बड़ा, बृहत्।

**gargle** (गा:´-गॅल्) ***v.*** (gargled, gargling) 1. to cleanse the mouth with water, कुल्ला करना। 2. to medicate the throat with a medicinal liquid or water, गरारे करना। 3. to produce gargling sound while speaking, घरघराकर बोलना। ***n.*** 1. a gargling sound, गरगर या घरघर ध्वनि। 2. the medicated liquid used for gargling, गरारे

G

करने का घोल या पानी।

**gargoyle** (गा:´-गॉइल्) ***n.*** a roof spout carved to represent a grotesque creature, एक तरह का परनाला जिसका मुँह किसी जानवर के आकार का होता है।

**garish** (गैर्´-इश्) ***adj.*** gaudy, भड़कीला, शोख़।

**garishly** (गैर्´-इश्-ली) ***adv.*** in a garish way, भड़कीले ढंग से।

**garland** (गा:´-लॅन्ड्) a wreath of flowers, leaves etc., फूलों, पत्तों आदि की माला, हार। ***v.*** to adorn or decorate with a garland or garlands, फूलों की माला पहनाना या फूल-मालाओं से सजाना।

**garlic** (गा:´-लिक्) ***n.*** 1. a plant having a bulb with a pungent taste, लहसुन। 2. the bulb of this plant, लहसुन की गाँठ।

**garment** (गा:´-मॅन्ट्) ***n.*** an article of clothing, पहनने के लिए सिला हुआ वस्त्र, सिला-सिलाया कपड़ा। ***v.*** to clothe, कपड़ा पहनना।

**garner** (गा:´-नॅ:) ***v.*** to collect or amass, एकत्र करना, इकट्ठा करना, संग्रह करना। ***n.*** granary, बखार, कोठार, धान्यागार।

G

**garnet** (गा:´-निट्) ***n.*** 1. a mineral used as a gemstone, गार्नेट। 2. dark red colour, तामड़ा रंग।

**garnish** (गा:´-निश्) ***v.*** 1. to adorn or decorate, अलंकृत करना, सजाना। 2. to add flavour (to food or drink, खाने-पीने की चीज़ों में) पुट देना।

**garret** (गै´-रिट्) ***n.*** an upper storey, अटारी।

**garrison** (गै´-रि-सॅन्) ***n.*** the troops stationed at some place, रक्षक सेना, दुर्ग सेना। ***v.*** to station troops, रक्षक सेना कहीं लगाना।

**garrotte** (गॅ-रॉट्´) ***n.*** the act of strangulating, गला घोटने की क्रिया। ***v.*** to strangle, गला घोटना।

**garrotter** (गॅ-रॉट्´-अॅ:) ***n.*** one who strangles, गला घोटनेवाला।

**garrulous** (गै´-रु-लॅस्) ***adj.*** 1. talkative, बातूनी, वाचाल। 2. wordy, शब्दबहुल।

**garter** (गा:´-टॅ:) ***n.*** an elastic band to hold up a sock, गेटिस, मोज़ाबंद। ***v.*** to fasten with a garter, गेटिस लगाना।

**gas** (गैस्) ***n.*** 1. any substance that is gaseous, गैस। 2. boastful talk, डींग, शेख़ीबाज़ी। ***v.*** (gassed, gassing) 1. to fill with gas, गैस भरना। 2. to provide gas, गैस की पूर्ति करना। 3. to talk in a boastful way, शेख़ी बघारना या डींग हाँकना।

**gasbag** (गैस्´-बैग्) ***n.*** one who talks in a boastful way, बातूनी, शेख़ीबाज़, डींगमार।

**gas chamber** ***n.*** an airtight room in which prisoners are executed by a poisonous gas, गैस चैंबर।

**gaseous** (गैश्´-अॅस्) ***adj.*** of or pertaining to gas, गैसीय।

**gash** (गैश्) ***n.*** a long deep cut, कटने से होने-वाला गहरा घाव। ***v.*** to make a long deep cut, घाव करना।

**gasify** (गैस्´-इ-फ़ाइ) ***v.*** (gasified, gasifying) to convert into gas, गैस में बदल देना।

**gasket** (गैस्´-किट्) ***n.*** a packing piece of rubber etc. used between matched machine parts to prevent the escape of gas or fluid, गैसकिट।

**gasoline** (गैस्´-अॅ-लिन्/लीन्) ***n.*** a liquid derived from crude petroleum, पेट्रोल।

**gasp** (गैस्प्) ***v.*** (gasped, gasping) 1. to make violent attempts at breathing, हाँफना। 2. to utter breathlessly, हाँफते हुए बोलना। ***n.*** the act of gasping, हँफनी, हाँफा।

**gassy** (गैस्´-ई) ***adj.*** full of gas, गैस से भरा।

**gastric** (गैस्´-ट्रिक्) ***adj.*** of or concerning the stomach, आमाशय-संबंधी, जठरीय।

**gastritis** (गै-स्ट्राइ´-टिस्) ***n.*** acute or chronic inflammation of stomach, आमाशय-शोथ।

**gastroenteritis** (गै-स्ट्रो-ऍन्-टॅ-राइ´-टिस्) ***n.*** inflammation of the stomach and intestines, आमाशय तथा आँतों में होनेवाली सूजन।

**gastrointestinal** (गै-स्ट्रो-इन्-टॅस्´-टि-नॅल्) ***adj.*** of or pertaining to the stomach and intestines, आमाशय तथा आँत-संबंधी, जठरीय।

**gastronomy** (गै-स्ट्रॉन्´-अॅ-मी) ***n.*** the habit of eating and drinking delicious things, चटोरपन, चटोरापन।

**gate** (गेट्) *n.* 1. a structure that blocks an entrance or passage, द्वार, फाटक, कपाट। 2. the total attendance, दर्शकगण। 3. the total admission receipts, प्राप्त प्रवेश-शुल्क।

**gatecrasher** (गेट्´-क्रैश्-अ:) *n.* one who gains admittance forcefully and without paying, बलात् प्रवेशी, ज़बरदस्ती घुसनेवाला।

**gatekeeper** (गेट्´-की-पॅ:) *n.* one who attends and guards the gate, द्वारपाल, गेटकीपर।

**gatepass** (गेट्´-पास्) *n.* a free ticket, पास, नि:शुल्क प्रवेशपत्र।

**gateway** (गेट्´-वे) *n.* 1. an entrance, द्वार। 2. a means of entry or access, मार्ग, रास्ता; the gateway to success, सफलता का मार्ग।

**gather** (गैद्´-अ:) *v.* 1. to bring or come together, इकट्ठा करना या होना। 2. to accumulate or collect, संग्रह करना, जुटाना। 3. to pick, (फूल) चुनना। 4. to harvest, लुनाई करना, लुनना। 5. to increase or cause to increase gradually, धीरे-धीरे बढ़ना या बढ़ाना, तेज़ होना या करना। 6. to conclude, निष्कर्ष निकालना। 7. to form pus, (फोड़े का) पक जाना। *n.* the act of gathering, संग्रह करने की क्रिया या भाव, संग्रहण।

**gathering** (गैद्´-अॅ-रिंग्) *n.* an assembly of people, सभा, जनसमूह।

**gaucho** (गॉउ´-चो) *n.* a cowboy, चरवाहा।

**gaudiness** (गा:ड्´-इ-निस्) *n.* the quality or state of being gaudy, भड़कीलापन।

**gaudy** (गा:´-डी) *adj.* (gaudier, gaudiest) showy, garish, over decorated, भड़कीला।

**gauge** (गेज्) *n.* 1. a scale of measurement, नाप, माप, पैमाना, आमान। 2. a means of estimating or evaluating, मानदंड, कसौटी। 3. the distance between the two rails or wheels, गेज। 4. thickness or diameter of a sheet or wire, गेज। *v.* 1. to measure precisely, ठीक-ठीक नापना या नाप लेना। 2. to evaluate, मूल्यांकन करना। 3. to estimate, कूतना, अंदाज़ लगाना।

**gaunt** (गा:न्ट्) *adj.* 1. thin and bony, क्षीणकाय, मरियल। 2. desolate, उजाड़, निर्जन।

**gauntlet**[1] (गा:न्ट्´-लिट्) *n.* 1. a heavy protective glove, (पुरानी चाल का) भारी दस्ताना। 2. a challenge to fight or compete, चुनौती।

**gauntlet**[2] *n.* 1. an old form of punishment in which two rows of men armed with clubs beat a person forced to run between them, पिटाई का प्राचीन ढंग जिसमें दो पंक्तियों में खड़े दंडधारी बीच में भागते हुए अपराधी को पीटते थे। 2. an ordeal, अग्नि-परीक्षा। □ **run the gauntlet,** भारी संकट से गुज़रना।

**gauze** (गा:ज़्) *n.* 1. a thin transparent fabric of open texture, जाली। 2. fine wire, mesh, लोहे की जाली।

**guzy** (गा:ज़्´-ई) *adj.* like a mesh, जालदार।

**gave** (गेव्) *v.* p.t. of give.

**gavel** (गैव्´-अॅल्) *n.* the hammer used by a judge, chairman or auctioneer, लकड़ी की हथौड़ी, मुँगरी।

**gavotte** (गै-वॉट्´) *n.* a French dance, एक प्रकार का फ्रांसीसी नृत्य।

**gawk** (गा:क्) *v.* (gawked, gawking) to stare stupidly, बसूरना।

**gawky** (गा:´-की) *adj.* clumsy, भोंडा, फूहड़।

**gawp** (गा:प्) *v.* to gawk, बसूरना।

**gay** (गे) *adj.* (gayer, gayest) 1. happy, merry, cheerful, प्रसन्न, प्रफुल्ल, उल्लसित। 2. bright-coloured, चमकीला। 3. attractive, चित्ताकर्षक, मनोहर, लुभावना। 4. licentious, लंपट, विषयी। *n.* a homosexual, समलिंगकामी।

**gaze** (गेज़्) *v.* to look long and fixedly, एकटक देखते रह जाना। *n.* a long steady look, टकटकी।

**gazebo** (गॅ-ज़ी´-बो) *n.* a summer-house, ग्रीष्मावास, बँगला।

**gazelle** (गॅ-ज़ेल्´) *n.* a small swift-running antelope, एक प्रकार का छोटा हिरन, चिकारा।

**gazette** (गॅ-ज़ेट्´) *n.* an official journal, राजपत्र, गज़ट। *v.* to publish in a gazette, राजपत्र में प्रकाशित करना, गज़ट में छापना।

**gazetted** (गॅ-ज़े´-टिड्) *adj.* published in

G

the gazette, गज़ट में छपा हुआ, राजपत्रित।

**gazetteer** (गैज़्-अॅ-टिअॅ:´) *n.* a dictionary of geographical places, भूगोलकोश, गजेटियर।

**gear** (गिअॅ:) *n.* 1. equipment, apparatus, साज-सामान, उपस्कर। 2. tools, औज़ार। 3. a toothed wheel that regulates motion, गियर। 4. clothes, वस्त्र, परिधान; teenage gear, किशोर-परिधान। ☐ **out of gear,** ख़राब, बिगड़ा हुआ। *v.* 1. to provide with or connect by gears, गियर लगाना, गियर में करना। 2. to adjust (one thing) with another, समंजन करना।

**gearbox** (गिअॅ:´-बॉक्स्) *n.* a small box enclosing the gears of a car, गियरबॉक्स।

**gearshift** (गिअॅ:´-शिफ़्ट्) *n.* a device used to change gears, गियरबदल, गियरशिफ़्ट।

**gecko** (गॅक्´-ओ) *n.* a house lizard, छिपकली।

**gee** (गी) *interj.* an exclamation of surprise, आश्चर्यसूचक शब्द, विस्मयबोधक शब्द।

**geese** (गीस्) *n.* plu. of goose.

**geezer** (गी´-ज़ॅ:) *n.* an eccentric old man, ख़ब्ती बूढ़ा।

**geisha** (गी´-शॅ) *n.* a trained Japanese dancing girl, गीशा, प्रशिक्षित जापानी नर्तकी।

**gelatin, gelatine** (जॅल्´-अॅ-टिन्) *n.* a colourless brittle protein formed by boiling the bones, skin etc, सरेस, जेलटीन।

**gelatinous** (जॅ-लैट्´-इ-नॅस्) *adj.* of or like gelatine, सरेस-संबंधी, जेलटीन-संबंधी।

**geld** (गॅल्ड्) *v.* to castrate, बधिया बनाना।

**gelding** (गॅल्´-डिंग्) *n.* a castrated horse, बधिया घोड़ा।

**gem** (जॅम्) *n.* 1. a precious stone, हीरा, रत्न। 2. one that is valued highly, हीरा (आदमी)।

**Gemini** (जॅम्´-इ-नी/नाइ) *n.* a sign of the Zodiac, मिथुन (राशि)।

**gemmy** (जॅम्´-ई) *adj.* embeded with gems, रत्नजड़ित, जड़ाऊ।

**gemstone** (जॅम्´-स्टोन्) *n.* a stone used as a jewel, रत्नों की तरह प्रयुक्त होनेवाला पत्थर।

**gendarme** (ज़्हान्´-डा:म्) *n.* an armed soldier, सशस्त्र सैनिक। (फ्रांसीसी)

**gender** (जॅन्´-डॅ:) *n.* any of two or more categories into which nouns are divided, लिंग; masculine gender, पुंलिंग; feminine gender, स्त्रीलिंग; neuter gender, नपुंसक लिंग।

**gene** (जीन्) *n.* unit of heredity characteristics transmitted from parents to offspring, जीन।

**genealogical** (जी-नि-अॅ-लॉज्´-इ-कॅल्) *adj.* of genealogy, वंशविद्या या वंशवृक्ष-संबंधी।

**genealogy** (जी-नि-ऑल्´-अॅ-जी) *n.* 1. the study of ancestry, वंशविद्या। 2. a table of ancestry, वंशवृक्ष, वंशावली।

**genera** (जॅन्´-इ-रॅ) *n.* = genus.

**general** (जॅन्´-अॅ-रॅल्, जॅन्´-अॅर्-अॅल्) *adj.* 1. applicable to every member of a group, सार्विक, सामान्य, साधारण। 2. widespread or involving various kinds, आम, सामान्य, व्यापक। 3. prevalent, प्रचलित। 4. not specific as to detail, सामान्य। 5. not definite, अनिश्चित। 6. highest in rank, महा; General Manager, महाप्रबंधक। *n.* an officer of the high rank in army, जनरल। ☐ **in general,** सामान्यत:।

**general assembly** *n.* a legislative body, विधान सभा।

**general election** *n.* an election on national level, महानिर्वाचन, आम चुनाव।

**generalissimo** (जॅन्-अॅ-रॅ-लिस्´-इ-मो) *n.* a commander of combined military, air and naval forces, महासेनापति।

**generality** (जॅन्-अॅ-रैल्´-इ-टी) *n.* 1. the condition or quality of being genaral, सार्विकता, सामान्यता। 2. a general statement, आम बात, सामान्य बात। 3. the majority, बहुमत।

**generalization** (जॅन्-अॅ-रॅ-लाइ-ज़े´-शॅन्) *n.* the act of generalizing, साधारणीकरण।

**generalize** (जॅन्´-अॅ-रॅ-लाइज़्) *v.* to form general conclusion or to express in general terms, साधारणीकरण करना, सामान्यीकरण करना।

**generally** (जॅन्´-अॅ-रॅ-ली) *adv.* 1. as a general rule or in a general sense, सामान्य रूप से, सामान्यतया। 2. commonly, widely, बहुधा, प्राय:।

**general practitioner** ***n.*** a physician who treats a variety of medical problems, सामान्य चिकित्सक।

**generalship** (जेंन्‌-अ:-अॅल्‌-शिप्) ***n.*** 1. the rank or office of a general, जनरल या सेनापति का पद। 2. skill in conducting the war, युद्धसंचालन-क्षमता, युद्ध-कौशल। 3. leadership, अगुआई, नेतृत्व।

**generate** (जेंन्´-अॅ-रेट्) ***v.*** 1. to create or produce, उत्पन्न करना, पैदा करना। 2. to bring into existence, अस्तित्व में लाना।

**generated** (जेंन्´-अॅ-रे-टिड्) ***adv.*** produced, उत्पन्न, जनित, प्रजनित।

**generating set** ***n.*** a generator, जेनरेटर।

**generation** (जेंन्‌-अॅ-रे´-शॅन्) ***n.*** 1. the act of generating or the state of being generated, उत्पत्ति, उत्पादन, जनन। 2. a group of contemporaneous individuals, पीढ़ी, पुश्त।

**generation gap** ***n.*** the years separating the people of different generations, दो पीढ़ियों का अंतर।

**generative** (जेंन्´-अॅ-रे-टिव्) ***adj.*** having power of generating, प्रजनक, उत्पादक।

**generator** (जेंन्´-अॅ-रे-टॅ:) ***n.*** a device for converting mechanical energy into electricity, जेनरेटर, विद्युत्प्रजनक।

**generic** (जॅ-नेंर्´-इक्) ***adj.*** of, including or indicating a whole class or group, सामान्य, प्रजातीय, जातीय।

**generosity** (जेंन्‌-अॅ-रॉस्´-इ-टी) ***n.*** the quality of being generous, उदारता, दानशीलता।

**generous** (जेंन्´-अॅ-रॅस्) ***adj.*** 1. ready to give freely, उदार, दानी। 2. given freely, उदारतापूर्ण। 3. full or plentiful, प्रचुर।

**generously** (जेंन्´-अॅ-रॅस्-ली) ***adv.*** in a generous manner, उदारतापूर्वक।

**Genesis** ***n.*** the first book of the Old Testament telling the creation of the world, उत्पत्ति-ग्रंथ।

**genesis** (जेंन्´-अॅ-सिस्) ***n.*** a beginning or origin, आरंभ, शुरुआत।

**genetic** (जॅ-नेंट्´-इक्) ***adj.*** 1. of or pertaining to genetics, जनन-विज्ञान-संबंधी, जननिक। 2. of or relating to genes, जीन-संबंधी। 3. inherited, आनुवंशिक, पैतृक, विरासत में प्राप्त।

**geneticist** (जॅ-नेंट्´-इ-सिस्ट्) ***n.*** an expert in genetics, जनन-विज्ञानी, जनन-विज्ञानवेत्ता।

**genetics** (जॅ-नेंट्´-इक्स्) ***n.*** 1. the study of hereditary transmission and variations, जनन-विज्ञान। 2. heredity, आनुवंशिकता।

**genial** (जीन्´-यॅल्) ***adj.*** 1. warm in manners, cordial, kind, मिलनसार, मैत्रीपूर्ण। 2. warm and pleasant, सुखद, अनुकूल, अच्छा। 3. cheerful, हँसमुख, प्रफुल्ल।

**geniality** (जी-नि-ऐल्´-इ-टी) ***n.*** the quality or state of being genial, मिलनसारी, मैत्री-भावना; अनुकूलता; प्रफुल्लता।

**genially** (जीन्´-यॅ-ली) ***adv.*** happily, ख़ुशी-ख़ुशी, प्रसन्नतापूर्वक।

**genital** (जेंन्‌-इ-टॅल्) ***adv.*** of the genitalia, जननेंद्रिय-संबंधी।

**genitalia** (जेंन्‌-इ-टेल्´-यॅ) ***n.*** (plu.) the external sex organs, जननेंद्रियाँ, जननांग।

**genitals** (जेंन्´-इ-टॅल्ज़्) ***n.*** (plu.) the external sex organs, जननेंद्रियाँ, जननांग।

**genitive** (जेंन्´-इ-टिव्) ***n.*** possessive case, संबंधकारक, षष्ठी विभक्ति। ***adj.*** of possessive case, संबंधकारकीय।

**genius** (जीन्´-यॅस्) ***n.*** 1. brilliant mental ability, प्रतिभा। 2. outstanding creative power, सर्जनात्मक शक्ति। 3. a person having exceptional mental ability, प्रतिभाशाली व्यक्ति, प्रतिभासंपन्न व्यक्ति। 4. the guardian spirit, संरक्षक आत्मा। 5. a demon or evil spirit, पिशाच, दुष्टात्मा। 6. a peculiar, distinctive or identifying character (of language, भाषा का) स्वभाव, प्रकृति।

**genocidal** (जेंन्´-अॅ-साइ-डॅल्) ***adj.*** of genocide, जाति/जन-संहार-संबंधी।

**genocide** (जेंन्´-अॅ-साइड्) ***n.*** the planned killing of a racial or ethinic people or

G

whole group of people, जाति-संहार, जन-संहार।

**genre** (ज़्हान्´-रँ) ***n.*** 1. type or class, श्रेणी, वर्ग। 2. a particular category of literary work, विधा, शैली।

**gent** (जेंन्ट्) ***n.*** a man, व्यक्ति, आदमी।

**genteel** (जेंन्-टील्´) ***adj.*** 1. well-bred, भद्र, कुलीन। 2. fashionable, बना-ठना, फैशनेबुल। 3. trying to seem polite, affectedly polite, ऊपर से भला बना हुआ, खोटा।

**gentian** (जेंन्´-शॅन्) ***n.*** a plant with deep blue bell-like flowers, गहरे नीले फूलोंवाला पौधा।

**Gentile** (जेंन्´-टाइल्) ***n.*** a person other than a jew, गैर-यहूदी।

**gentility** (जेंन्-टिल्´-इ-टी) ***n.*** the quality or state of being genteel, भद्रता, कुलीनता।

**gentle** (जेंन्´-टॅल्) ***adj.*** (gentler, gentlest) 1. moderate, mild, मंद, हलका। 2. of kind nature, सौम्य, भला, दयालु। 3. easily managed or controlled, वश्य। 4. of good family, भद्र, कुलीन।

**gentlefolk** (जेंन्´-टॅल्-फ़ाक्) ***n.*** people of good family, भले घर के लोग, भद्र लोग।

**gentleman** (जेंन्´-टॅल्-मॅन्) ***n.*** (plu. gentlemen) 1. a man of noble birth, a well-bred man, भला आदमी, भद्र व्यक्ति, सज्जन, ख़ानदानी व्यक्ति। 2. a man, आदमी, व्यक्ति।

**gentlemanly** (जेंन्´-टॅल्-मॅन्-ली) ***adj.*** of or like a gentleman, सज्जनोचित, भद्र।

**gentleman's agreement** ***n.*** an unwritten agreement between the gentlemen, भले आदमियों की बात, सौजन्य-सहमति।

**gentleness** (जेंन्´-टॅल्-निस्) ***n.*** the quality or state of being gentle, कुलीनता, भद्रता।

**gently** (जेंन्ट्´-ली) ***adv.*** in a gentle way, धीरे-धीरे, चुपके से, सौम्यतापूर्वक।

**gentry** (जेंन्´-ट्री) ***n.*** 1. people of good family, भद्र लोग। 2. people, लोग।

**genuflect** (जेंन्´-यु-फ्लेंक्ट्) ***v.*** to bend one's knees (while worshiping, प्रार्थना करते समय) घुटने मोड़ना या मोड़कर बैठना।

**genuflection** (जेंन्-यु-फ़्लेंक्´-शंन्) ***n.*** the act of genuflecting, घुटने मोड़ने या मोड़कर बैठने की क्रिया या भाव।

**genuine** (जेंन्´-यु-इन्) ***adj.*** 1. real, विशुद्ध, असली, खरा, वास्तविक। 2. authentic, प्रामाणिक। 3. sincere and frank, सच्चा, ईमानदार।

**genuinely** (जेंन्´-यु-इन्-ली) ***adv.*** in a genuine manner, ईमानदारी से, शुद्ध हृदय से।

**genuineness** (जेंन्´-यु-इन्-निस्) ***n.*** the quality or state of being genuine, प्रामाणिकता, ईमानदारी, सच्चाई।

**genus** (जी´-नॅस्) ***n.*** (plu. genera) a category or class with common characteristics, श्रेणी, वर्ग।

**geocentric** (जी-ओ-सेंन्´-ट्रिक्) ***adj.*** having the earth as centre, भूकेंद्रिक।

**geographer** (जी-ऑग्´-रँ-फ़ॅः) ***n.*** an expert in geography, भूगोलविज्ञानी, भूगोलज्ञ।

**geographical** (जी-ऑग्´-रँ-फ़ि-कॅल्) ***adj.*** of or relating to geography, भौगोलिक।

**geography** (जी-ऑग्´-रँ-फ़ी) ***n.*** the study of earth and its features, भूगोल।

**geological** (जी-ॲ-लॉज्´-इ-कॅल्) ***adj.*** of geology, भूविज्ञान-संबंधी, भूवैज्ञानिक।

**geologist** (जी-ऑल्´-ॲ-जिस्ट्) ***n.*** an expert in geology, भूविज्ञानी।

**geology** (जी-ऑल्´-ॲ-जी) ***n.*** the scientific study of the origin, structure and history of the earth, भूविज्ञान।

**geometrical** (जी-ॲ-मेंट्´-रि-कॅल्) ***adj.*** of geometry, ज्यामितीय, रेखागणितीय।

**geometry** (जी-ऑम्´-ॲ-ट्री) ***n.*** the branch of mathematics dealing with the properties, measurement and relationships of points, lines, angles etc, ज्यामिति, रेखागणित।

**geophysics** (जी-ओ-फ़िज़्´-इक्स्) ***n.*** the branch of physics dealing with the physical properties of the earth, भूभौतिकी।

**georgette** (जॉः-जेंट्´) ***n.*** a kind of silk fabric, जार्जेट।

**geriatrics** (जेंर्-इ-ऐट्´-रिक्स्) ***n.*** the branch of medicine dealing with the diseases of old age, जरा-चिकित्सा, वृद्ध-परिचर्या।

**germ** (ज:म्) *n.* 1. a living cell from which a new organism may develop, जीवाणु। 2. the beginning from which something larger develops, बीज। 3. a bud, अंकुर।

**German** (ज:´-मॅन्) *adj.* of Germany, जर्मनी-संबंधी, जर्मन। *n.* a native of Germany, जर्मनवासी।

**germane** (ज:-मेन्´) *adj.* 1. related, संबद्ध। 2. relevant, संगत।

**germicidal** (ज:´-मि-साइ-डॅल्) *adj.* that kills germs, जीवाणुनाशक।

**germicide** (ज:´-मि-साइड्) *n.* a substance that kills germs, जीवाणुनाशक पदार्थ।

**germinal** (ज:´-मि-नॅल्) *adj.* 1. of or pertaining to germs, जीवाणु-संबंधी। 2. in the earliest stage of development, आरंभिक।

**germinate** (ज:´-मि-नेट्) *v.* 1. to sprout, उगना, अंकुरित होना। 2. to cause to sprout, उगाना, अंकुरित करना।

**germination** (ज:-मि-ने´-शॅन्) *n.* the act of germinating, अंकुरण।

**gerrymander** (जॅर्´-इ-मैन्-डॅ:) *v.* to divide the constituencies so as to give unfair advantage to one political party, चुनाव-क्षेत्रों का निर्धारण इस प्रकार करना कि किसी विशेष राजनीतिक दल को लाभ हो।

**gerund** (जॅर्´-अन्ड्) *n.* a verbal noun, क्रियार्थक संज्ञा।

**gestation** (जॅ-स्टे´-शॅन्) *n.* 1. the state of being pregnant, गर्भावस्था। 2. the period of pregnancy, गर्भकाल, गर्भावधि।

**gesticulate** (जॅ-स्टिक्´-यु-लेट्) *v.* to make expressive movements, i.e. gestures while speaking, बोलते समय हाथों की मुद्रा से हाव-भाव अभिव्यक्त करना।

**gesticulation** (जॅ-स्टिक्-यू-ले´-शॅन्) *n.* gestures made with hands while speaking, हस्तमुद्राएँ, हाव-भाव।

**gesture** (जॅस्´-चॅ:) *n.* 1. an expressive movement of any part of the body, इशारा, इंगित, संकेत। 2. an act or expression made to convey one's intentions, मुद्रा, हाव-भाव; a gesture of protection, अभय मुद्रा। *v.* (gestured, gesturing) to make a gesture, इशारा या संकेत करना।

**get** (गॅट्) *v.* (got, gotten, getting) 1. to obtain or receive, प्राप्त करना, पाना, मिलना। 2. to fetch, लाना, ले आना। 3. to make contact, संपर्क करना। 4. to earn, अर्जित करना। 5. to catch or contract, ग्रस्त या मुबतला होना, (बीमारी) लगना, पकड़ना। 6. to have, पास होना। 7. to understand, समझना। 8. to come to memory, याद आना, उठना। 9. to cause to be in a specific condition, किसी विशिष्ट स्थिति में लाना। 10. to prepare (a meal, खाना) बनाना। 11. to move in a particular direction, जाना। 12. to succeed in bringing, पहुँचाना। 13. to succeed in persuading, समझाना-बुझाना। 14. to attack, प्रहार करना। 15. to begin, आरंभ करना। □ **get across,** स्पष्ट करना या हो जाना; **get ahead,** आगे निकल जाना, सफल हो जाना; **get along,** (i) आगे बढ़ना, (ii) उम्र बढ़ना; **get along with,** निर्वाह होना, निभना; **get around,** (i) ख़ुशामद द्वारा फुसलाकर अपने अनुकूल करना; (ii) (कानून का) अपवंचन करना; **get around to,** समय मिलना; **get at,** (i) पाना, पा जाना, (ii) आशय जतलाना; **get away,** बच या भाग निकलना; **get back at,** बदला ले लेना; **get back to,** फिर वहीं आना; **get behind,** पीछे रह जाना; **get by,** (i) पास पहुँच जाना या आगे निकल जाना; (ii) स्वीकार्य होना; (iii) सँभालना, व्यवस्था करना; **get down,** (i) नीचे उतरना; (ii) कलमबंद करना, लिखा-पढ़ी में लाना; (iii) निगल जाना; **get down to,** पर ध्यान केंद्रित करना; **get going,** चालू करना, चलाना; **get in,** (i) प्रविष्ट होना; (ii) पहुँचना; (iii) अंदर लाना या पहुँचाना; **get it,** समझना; **get nowhere,** कुछ भी प्रगति न कर पाना; **get off,** (i) उतरना; (ii) बच निकलना, भाग निकलना; (iii) उतारना; **get on,** (i) चढ़ना या चढ़ाना, (ii) निर्वाह करना, निभाना, (iii) आगे बढ़ना; **get out,** (i) बाहर निकलना या निकालना, (ii) प्रकाशित होना या करना; **get out of,** दूर

G

रहना; **get over,** (i) to recover from, चंगा हो जाना; (ii) विजय पाना; **get through,** (i) पार करना, उत्तीर्ण हो जाना, (ii) बच जाना; **get through to,** (i) संपर्क स्थापित करना, (ii) समझाना; **get to,** (i) पहुँचना, (ii) समर्थ होना, (iii) आरंभ करना, (iv) प्रभावित करना; **get together,** (i) एकत्र होना, जुटना, (ii) एकत्र करना; **get up,** (i) उठना, जागना, (ii) पोशाक पहनना, (iii) प्रचंड रूप धारण करना, तेज़ हो जाना; **have got to,** अवश्य।

**getaway** (गेंट्´-अ-वे़) ***n.*** 1. the act ot escaping (of a criminal, अपराधी का) बच निकलना। 2. a start, आरंभ, प्रारंभ।

**get-together** (गेंट्´-टॅ-गेंद्-अॅ:) ***n.*** an informal social gathering, लोगों का इकट्ठा होना, मिलन, सभा।

**get-up** (गेंट्-अप्´) ***n.*** 1. a costume, पोशाक। 2. outward decoration, बाह्य सज्जा।

**geyser** (गी´-ज़ॅ:) ***n.*** 1. a hot water spring, गर्म पानी का सोता, उष्णोत्स। 2. a water heater, पानी गरम करने का बिजली का उपकरण, गीज़र।

G

**ghastly** (गास्ट्´-ली, गैस्ट्´-ली) ***adj.*** 1. dreadful, terrifying, भयानक, भयावह, बीभत्स, पैशाचिक। 2. very bad or unpleasant, घिनौना। 3. deathly pale, पीला, मुर्दे-जैसा।

**ghat** (घा:ट्) ***n.*** 1. a flight of steps down to a river, घाट। 2. a bathing or landing place on the bank of a river, घाट। 3. a mountain pass, घाट, दर्रा।

**ghee** (घी) ***n.*** clarified butter, घी।

**gherkin** (ग:´-किन्) ***n.*** a cucumber, ककड़ी।

**ghetto** (गेंट्´-ओ) ***n.*** (plu. ghettos, ghettoes) a part of the city in which an ethnic minority group resides, नगर का वह क्षेत्र जिसमें अल्पसंख्यक वर्ग रहता हो, अल्पसंख्यक क्षेत्र, घेटो।

**ghost** (गोस्ट्) ***n.*** 1. the spirit of a dead person that haunts living beings, मृतात्मा, भूत, प्रेत। 2. a faint possibility, क्षीण संभावना। 3. a false image produced by an optical system, छाया, आकृति। ***v.*** to haunt, पीछा करना।

**ghost town** ***n.*** a deserted town, भूतहा शहर।

**ghost writer** ***n.*** a person who writes for another person, वह लेखक जिसकी रचनाओं पर किसी और का नाम छपता हो, भूत-लेखक।

**ghoul** (गूल्) ***n.*** 1. an evil spirit that plunders graves and devours the corpses, क़ब्रों को खोदकर शवों को खानेवाली दुष्टात्मा। 2. an evil demon, पिशाच।

**giant** (जाइ´-अॅन्ट्) ***n.*** a mythical figure of very great height and size, दैत्य, दानव। ***adj.*** 1. of unusual size, दैत्याकार, दीर्घकाय। 2. of exceptional ability or reputation, अत्यधिक गुणी या कीर्तिशाली।

**gibber** (जिब्´-अॅ:) ***v.*** to speak rapidly and unintelligibly, बड़बड़ या बकबक करना।

**gibberish** (जिब्´-अॅ-रिश्, गिब्´-अॅ-रिश्) ***n.*** rapid, meaningless speech, बड़बड़, बकबक, बकवास।

**gibbet** (जिब्´-इट्) ***n.*** a gallows, फाँसी का फंदा।

**gibbon** (गिब्´-अन्) ***n.*** an ape, लंगूर।

**gibe** (जाइब्) ***v.*** to jeer or taunt, फब्ती या ताना कसना। ***n.*** a jeering remark, फब्ती, ताना।

**giblets** (जिब्´-लिट्स्) ***n.*** (plu.) edible inner parts of a fowl, मुर्गे आदि का गोश्त।

**giddiness** (गिड्´-डि-निस्) ***n.*** the feeling that everything is spinning around, चक्कर, घुमटा, घुमरी, सिर चकराना।

**giddy** (गिड्´-ई) ***adj.*** (giddier, giddiest) 1. feeling giddiness, जिसे चक्कर आ रहा हो। 2. causing giddiness, जिससे चक्कर आता हो, चक्कर लानेवाला। 3. frivolous, चंचल।

**gift** (गिफ़्ट्) ***n.*** 1. something given or received as a present, उपहार, तोहफ़ा; gift tax, उपहार-कर। 3. a natural ability, प्रतिभा।

**gifted** (गिफ़्´-टिड्) ***adj.*** having natural ability or talent, गुणी, मेधावी, प्रतिभासंपन्न।

**giftware** (गिफ़्ट्´-वेअॅ:) ***n.*** gift articles, उपहार की वस्तुएँ, उपहार-सामग्री।

**gig**¹ (गिग्) ***n.*** a horse-driven two wheeled carriage, बग्घी।

**gig**² ***n.*** a spear used for catching fish, मछलियाँ पकड़ने का भाला।

**gantic** (जाइ-गैन्´-टिक्) ***adj.*** 1. huge, enormous, विशाल, दीर्घकाय, विराट। 2. giant-like, दैत्यकार, दैत्यों-जैसा।

**gantically** (जाइ-गैन्´-टि-कॅ-ली) ***adv.*** in a gigantic manner, दैत्याकार / विराट रूप में।

**iggle** (गिग्´-ऑल्) ***v.*** to laugh foolishly, हीही/हेंहें करना। ***n.*** such a laugh, हीही, हेंहें।

**igolo** (जिग्´-ऑ-लो) ***n.*** a man who is paid by a woman to be her escort or lover, भड़ुआ।

**ild**[1] (गिल्ड्) ***v.*** (gilt or gilded, gilding) 1. to cover with a thin layer of gold, सोने का पानी या पत्तर चढ़ाना, मुलम्मा करना। 2. to give an attractive appearance to, सजाना-सँवारना।

**ild**[2] ***n.*** = guild.

**ill**[1] (गिल्) ***n.*** the respiratory organ of a fish, मछली का गलफड़ा।

**ill**[2] ***n.*** a unit of liquid measure equal to a quarter of pint, पिंट का चौथाई नाप, गैलन का सोलहवाँ भाग।

**ilt** (गिल्ट्) ***v.*** p.t. of gild. ***n.*** 1. a substance used for gilding, मुलम्मा। 2. a thin layer of gold, सोने की परत। ***adj.*** 1. gilded, जिसपर सोने की परत चढ़ी हो या सोने का मुलम्मा हुआ हो। 2. gold-coloured, सुनहरा।

**ilt-edged** (गिल्ट्´-ऍज्ड्) ***adj.*** (of securities) considered to be of highest quality or to be very safe, सर्वोत्तम या सुरक्षित।

**imcrack** (जिम्´-क्रैक्) ***adj.*** cheap and showy, दिखावटी, नुमाइशी, रद्दी, भड़कीला किंतु निकम्मा।

**imlet** (गिम्´-लिट्) ***n.*** a small boring tool with a pointed spiral tip, बरमा।

**immick** (गिम्´-इक्) ***n.*** 1. a gadget, छोटा उपकरण। 2. any trick or mannerism designed to attract extra attention, interest or publicity, ध्यान आकर्षित करने की चाल, कौतुक, ऊटक-नाटक।

**immickry** (गिम्´-इ-क्री) ***n.*** the use of tricky devices, नाटकबाज़ी, धूर्तता।

**in** (जिन्) ***n.*** an alcoholic drink distilled from malted berry, maize etc., जिन, मदिरा।

**ginger** (जिन्´-जॅ:) ***n.*** 1. the pungent root of a tropical plant, अदरक, आदी। 2. this plant, अदरक का पौधा। 3. liveliness, vigour, जीवंतता, स्फूर्ति, जोश। 4. a reddish brown colour, लाली लिये भूरा रंग। ***v.*** 1. to flavour with ginger, अदरक से सुवासित करना। 2. to make more lively, स्फूर्त बनाना, जोश दिलाना, जान डालना।

**gingerbread** (जिन्´-जॅ:-ब्रॅड्) ***n.*** a kind of a cake flavoured with ginger, एक प्रकार का केक जिसमें अदरक का पुट रहता है।

**gingerly** (जिन्´-जॅ:-ली) ***adj.*** 1. cautious, सावधान, सतर्क। 2. reluctant, अनिच्छुक। 3. timid, भीरु। ***adv.*** 1. cautiously, सावधानी से, सतर्कतापूर्वक। 2. reluctantly, अनिच्छापूर्वक। 3. timidly, डरते-डरते, संकोचपूर्वक।

**ginger snap** ***n.*** a crisp biscuit spiced with ginger, अदरक मिला बिस्कुट।

**gingivitis** (जिन्-जि-वाइ´-टिस्) ***n.*** inflamation of the gums, मसूड़ों की सूजन।

**ginkgo, gingko** (गिं-गो, गिंग्´-को) ***n.*** a tree with fan-shaped leaves, एक पेड़ जिसके पत्ते पंखेनुमा होते हैं, गिंको।

**gipsy** (जिप्´-सी) ***n.*** 1. a member of a nomadic people, बंजारा, जिप्सी, ख़ानाबदोश। 2. their language, बंजारों की भाषा, बंजारी, जिप्सी भाषा। 3. a person who lives like a gipsy, vagabond, घुमक्कड़ या आवारा।

**giraffe** (जि-राफ़्´/रैफ़्´) ***n.*** an African mammal with a long neck, जिराफ़।

**gird** (ग:ड्) ***v.*** (girded or girt, girding) 1. to fasten with a belt, पेटी बाँधना। 2. to attach with a belt, पेटी में लगाना। □ **gird up one's loins,** कमर कसना।

**girder** (ग:´-डॅ:) ***n.*** a strong horizontal iron beam (लोहे का) गाडर, गर्डर।

**girdle** (ग:´-डॅल्) ***n.*** a belt or band worn around the waist, पेटी, कटिबंध, कमरबंद, मेखला। ***v.*** (girdled, girdling) 1. to encircle with a belt or band, पेटी बाँधना। 2. to encircle, घेरना।

**girl** (ग:ल्) ***n.*** 1. a female child or young unmarried woman, लड़की, किशोरी, कन्या,

G

बालिका। 2. a female servant, लड़की, छोकरी। 3. a sweetheart, प्रेयसी, प्रेमिका।

**girl friend** ***n.*** 1. a female companion of a man, महिला मित्र, सहेली, सखी। 2. a sweetheart, प्रेयसी, प्रेमिका।

**girlhood** (ग:ल्´-हुड्) ***n.*** the state of being a girl, लड़कपन, किशोरावस्था।

**girlie** (ग:´-ली) ***n.*** 1. a girl, लड़की। 2. a magazine containing erotic literature, युवा लोगों की पत्रिका, युवा-पत्रिका।

**girlish** (ग:´-लिश्) ***adj.*** like a girl, लड़की-जैसा, कन्यासुलभ।

**girt** (ग:ट्) ***v.*** p.t. of gird.

**girth** (ग:थ्) ***n.*** 1. circumference, घेरा, परिधि। 2. a strap encircling a horse's belly holding the saddle in place, घोड़े की काठी कसने की पेटी, कसन।

**gist** (जिस्ट्) ***n.*** the general sense or central idea of anything, सार, निष्कर्ष, निचोड़, भावार्थ।

G

**give** (गिव्) ***v.*** (gave, given, giving) 1. to deliver grant, or present voluntarily (something) to another, देना, प्रदान करना। 2. to convey, पहुँचाना। 3. to entrust, सौंपना, हवाले करना। 4. to supply, पूर्ति करना। 5. to make or perform, देना, लगाना; to give a kick, ठोकर लगाना; to give a scolding, डाँट देना। 6. to provide, पेश करना, प्रस्तुत करना। 7. to produce, उत्पन्न करना, देना। 8. to perform, अभिनीत करना, खेलना। 9. to concede or accord, मान लेना। 10. to yield or relinquish, झुक जाना या छोड़ देना। □ **give away,** (i) देना, (ii) कन्यादान करना, (iii) सस्ते में निकाल देना, (iv) रहस्य प्रकट कर देना, (v) (मौक़ा) गँवा बैठना, खो देना; **give in,** झुक जाना या समर्पण कर देना; **give off/out,** to emit or discharge, देना, छोड़ना; **give over,** to devote, देना, लगाना; **give up,** to cease doing, छोड़ या त्याग देना।

**giveable** (गिव्-अॅ-बॅल्) ***adj.*** that can be given, देय।

**give-and-take** (गिव्´-अॅन्-टेक्) ***n.*** 1. exchange of opinions, विचार-विनिमय। 2. willingness on both sides to mak concessions, कुछ ले-देकर मामला तय कर की दोनो पक्षों की इच्छा।

**giveaway** (गिव्´-अॅ-वे) ***n.*** 1. somethin given away at no charge, मुफ़्त में दी हु वस्तु। 2. a disclosure or betrayal, रहस का प्रकटीकरण या विश्वासघात।

**given** (गिव्´-इन्) ***v.*** p.p. of give. ***adj.*** 1. hav ing a tendency, inclined, आदी। 2. spe cific, विशिष्ट, निर्धारित। 3. stated, उल्लिखित

**given name** ***n.*** a name given at birth or a baptism, जन्म या नामकरण संस्कार के सम रखा हुआ नाम, असली नाम।

**giver** (गिव्´-अॅ:) ***n.*** one who gives, देनेवाला

**gizzard** (गिज़्´-अॅ:ड्) ***n.*** the second stomac of a bird, चिड़िया का पेडू, पेषणी।

**glace** (ग्लै´-से) ***adj.*** preserved in suga चाशनी में पागा हुआ।

**glacial** (ग्ले´-शॅल्) ***adj.*** 1. of or relating to glacier, हिमनदी से संबद्ध। 2. of ice, बर्फ़ीला

**glacier** (ग्ले´-शॅ:) ***n.*** a large mass of slowl moving ice, हिमनद।

**glad** (ग्लैड्) ***adj.*** (gladder, gladdest) 1. feel ing joy or pleasure, happy, ख़ुश, प्रसन्न 2. causing happiness, प्रसन्नतादायक 3. willing, उत्सुक।

**glad eye** ***n.*** an inviting look toward a member of the opposite sex, आँख मार की क्रिया या भाव, कामुक दृष्टि।

**gladden** (ग्लैड्´-अॅन्) ***v.*** to make glad, प्रसन्न ख़ुश करना।

**glade** (ग्लेड्) ***n.*** an open space in a forest वनक्षेत्र में होनेवाली खुली जगह।

**gladiator** (ग्ले´-डि-ए-टॅ:) ***n.*** a man trained to fight with wild animals and entertain the public in ancient Roman arenas रोम में प्राचीन काल में जंगली जानवरों से लड़नेवाला योद्धा।

**gladiolus** (ग्लैड्´-इ-ओ-लॅस्) ***n.*** a garden plant with spikes of brightly coloured flowers, ग्लैडिओलस।

**gladly** (ग्लैड्´-ली) ***adv.*** in a glad way ख़ुशी-ख़ुशी, प्रसन्नतापूर्वक।

**glair** (ग्लेअ:) *n.* white of egg, अंडे की सफ़ेदी।

**glamorize** (ग्लैम्´-अ-राइज़्) *v.* to make glamorous, सजीला या आकर्षक रूप देना, मोहक/लुभावना बना देना।

**glamorous** (ग्लैम्´-अर्-अस्) *adj.* of or having glamour, मोहक, लुभावना, सजीला।

**glamour, glamor** (ग्लैम्´-अ:) *n.* 1. alluring beauty, लावण्य, लुभावनापन, सजीलापन। 2. brightness, चमक, दीप्ति।

**glance** (ग्लान्स्/ग्लैन्स्) *v.* 1. to look briefly or hastily, एक झलक या सरसरी निगाह से देखना। 2. to strike a surface and be deflected, सरकते हुए निकल जाना, ग्लांस हो जाना। 3. to glitter, चमकना। *n.* 1. a brief or hasty look, एक झलक, सरसरी निगाह। 2. lustre, glitter, चमक। □ **at a glance,** देखते ही, एक नज़र में।

**gland** (ग्लैन्ड्) *n.* a cell or organ that secretes a particular substance for the body, ग्रंथि।

**glandular** (ग्लैन्´-जू-लॅ:) *adj.* of gland, ग्रंथि-संबंधी, ग्रंथिल।

**glare** (ग्लेंअ:) *v.* 1. to shine intensely, चमचम या झलझल करना, चकाचौंध उत्पन्न करना। 2. to stare angrily, घूरना। *n.* 1. an intense light, चमचमाहट, चकाचौंध, तेज़ रोशनी। 2. an angry stare, कोपदृष्टि, घूराघूरी।

**glaring** (ग्लेंअर्´-इंग्) *adj.* 1. dazzling, चकाचौंध उत्पन्न करनेवाला, भड़कीला। 2. very obvious, स्पष्ट, साफ़, व्यक्त।

**glass** (ग्लास्, ग्लैस्) *n.* 1. a hard, brittle and transparent substance, शीशा, काँच। 2. a mirror, शीशा, दर्पण। 3. a container for drinking water, wine etc., a tumbler, गिलास। 4. the amount or volume contained in a drinking glass, गिलास-भर पेय पदार्थ। 5. (plu.) eye glasses, चश्मा, ऐनक। 6. glassware, शीशे के बर्तन।

**glasshouse** (ग्लास्´-हाउस्) *n.* the house made of glass, काँच-घर।

**glassware** (ग्लास्´-वेंअ:) *n.* utensils/objects made of glass, शीशे के बर्तन।

**glassworks** (ग्लास्´-व:क्स्) *n.* a factory where glasswares are made, काँचशाला।

**glassy** (ग्लास्´-ई, ग्लैस्´-ई) *adj.* 1. resembling glass, काँच-सा। 2. expressionless, भावशून्य।

**glaucoma** (ग्ला:-को´-मॅ) *n.* a disease of the eyes causing complete or partial loss of vision, ग्लूकोमा, समलवायु।

**glaze** (ग्लेज़्) *n.* a thin smooth shiny coating (on pottery), पतली, चमकीली तथा चिकनी परत, ग्लेज़। *v.* 1. to apply glaze to, चमकीला तथा चिकना बनाना। 2. to furnish with glass, शीशा या शीशे लगाना। 3. to become glassy, चिकना तथा चमकीला होना।

**glazier** (ग्ले´-ज़्हॅ:) *n.* one who cuts and fits window glasses, शीशा जड़नेवाला।

**glazing** (ग्लेज़्´-इंग्) *n.* the act of fitting glasses in window, शीशा-जड़ाई।

**gleam** (ग्लीम्) *n.* 1. a beam or ray, किरण। 2. a brief or dim indication, हलका-सा संकेत। *v.* to send out gleams, चमकना।

**glean** (ग्लीन्) *v.* 1. to pick up grain left behind by harvesters, खेतों में गिरे-पड़े दाने चुनना, सिल्ला चुनना। 2. to collect bit by bit, कण-कण जोड़ना, एकत्र करना।

**gleaner** (ग्लीन्´-अ:) *n.* one who gleans, सिल्ला बीननेवाला।

**gleanings** (ग्लीन्´-इंग्स्) *n.* (plu.) grains left behind in a field by harvesters, खेत में फसल कटने के बाद गिरे-पड़े हुए दाने।

**glee** (ग्ली) *n.* joy, merriment, आनंद, उल्लास।

**gleeful** (ग्ली´-फुल्) *adj.* full of glee, उल्लास-भरा, उल्लसित, आनंद-भरा, आनंदित।

**gleefully** (ग्ली´-फुल्-ली) *adv.* joyfully, आनंदपूर्वक, उल्लसित होकर।

**glen** (ग्लेंन्) *n.* a narrow valley, सँकरी घाटी।

**glib** (गिलब्) *adj.* (glibber, glibbest) smooth-tongued, fast-talking, बोलने में कुशल, वाचाल, वाक्पटु, वाग्विदग्ध।

**glide** (ग्लाइड्) *v.* 1. to move or pass smoothly and easily, बहना, सरकना। 2. to fly in a glider, ग्लाइडर में उड़ना। 3. to fly a glider, ग्लाइडर उड़ाना। *n.* a gliding movement, बहने या सरकने की क्रिया या भाव।

G

**glider** (ग्लाइ´-डॅ:) ***n.*** a light engineless aircraft, इंजनविहीन विमान, ग्लाइडर।

**gliding** (ग्लाइ´-डिंग्) ***n.*** the art or sport of flying in gliders, ग्लाइडर में उड़ान भरने की कला या क्रीड़ा।

**glimmer** (ग्लिम्´-अॅ:) ***v.*** to give off a dim or unsteady light, झिलमिलाना, टिमटिमाना। ***n.*** 1. a dim or unsteady light, झिलमिल, टिमटिमाहट। 2. a faint indication, झलक, आभास।

**glimpse** (ग्लिम्प्स्) ***n.*** 1. a brief or incomplete view, झलक, झाँकी। 2. a vague indication, आभास, हलका संकेत। ***v.*** 1. to catch a glimpse of, झलक पाना या मिलना। 2. to have a vague indication, आभास मिलना।

**glint** (ग्लिन्ट्) ***v.*** to send out a brief flash of light, झिलमिलाना, चमकना। ***n.*** a brief flash of light, झिलमिल, चमक।

**glisten** (ग्लिस्´-अॅन्) ***v.*** to reflect with brightness, झलझल करना, जगमगाना। ***n.*** a glistening shine, झलझल, जगमगाहट।

G

**glitter** (ग्लिट्´-अॅ:) ***v.*** to sparkle, चमकना, चमचमाना। ***n.*** 1. a sparkling light or brightness, चमक, चमक-दमक। 2. showy attractiveness, तड़क-भड़क।

**glittering** (ग्लिट्´-अॅर्´-इंग्) ***adj.*** 1. splendid, भव्य। 2. successful, सफल।

**gloaming** (ग्लो´-मिंग्) ***n.*** dusk, twilight, झुटपुटा, गोधूलि-वेला।

**gloat** (ग्लोट्) ***v.*** to feel or express malicious delight, दुष्टतापूर्ण हँसी हँसना, बुरी भावना से प्रसन्न होना; He is gloating over our misery, वह हमें मुसीबत में देखकर ख़ुश हो रहा है। ***n.*** malicious delight, दूसरे को मुसीबत में देखकर होनेवाली ख़ुशी।

**global** (ग्लो´-बॅल्) ***adj.*** worldwide, विश्व-व्यापी, सार्वभौम; global policy, सार्वभौम नीति।

**globe** (ग्लोब्) ***n.*** 1. a spherical object with a map of earth on it, ग्लोब, गोलक। 2. the world, विश्व, संसार।

**globe-trotter** (ग्लोब्´-ट्रॉट्-अॅ:) ***n.*** one who travels widely, विश्व-भर में घूमनेवाला।

**globular** (ग्लोब्´-यु-लॅ:) ***adj.*** shaped like a globe, गोलाकार, वर्तुलाकार।

**globule** (ग्लोब्´-यूल्) ***n.*** a small rounded mass, गोली।

**globulin** (ग्लोब्´-यॅ-लिन्) ***n.*** a kind of protein found in blood, milk, plants etc., ग्लोब्युलिन।

**glockenspiel** (ग्लॉक्´-अॅन्-स्पील्) ***n.*** a musical instrument consisting of bars played with two light hammers, ग्लाकेनस्पील।

**gloom** (ग्लूम्) ***n.*** 1. total or semi darkness, हलका या घना अंधकार। 2. a feeling of dejection, विषाद। 3. an atmosphere of melancholy, निराशापूर्ण वातावरण।

**gloominess** (ग्लू´-मि-निस्) ***n.*** the state of being gloomy, अंधकार; विषाद।

**gloomy** (ग्लू´-मी) ***adj.*** (gloomier, gloomiest) 1. almost dark, अँधेरा, अंधकारपूर्ण। 2. causing or marked by depression, विषादपूर्ण। 3. sad, उदास, दुखी।

**glorification** (ग्लोर्-इ-फ़ि-के´-शॅन्) ***n.*** 1. the act of glorifying, गुणगान, स्तुति। 2. beauty, excellence, सुंदरता, शोभा, श्री।

**glorify** (ग्लोर्´-इ-फ़ाइ) ***v.*** 1. to praise highly, ख़ूब प्रशंसा करना, बड़ाई करना। 2. to extol, गुणगान करना। 3. to worship, पूजा करना।

**glorious** (ग्लोर´-इ-अॅस्) ***adj.*** 1. having glory, गौरवपूर्ण, शानदार। 2. bringing glory, यशस्कर। 3. magnificent, splendid, भव्य, शानदार। 4. illustrious, यशस्वी। 5. delightful, आनंददायक।

**glory** (ग्लो´-री) ***n.*** (plu. glories) 1. renown and honour won by great deeds, यश, गौरव, महिमा। 2. adoration and praise offered in worship, ईशस्तुति, वंदना। 3. a praiseworthy attribute, प्रशंसनीय गुण, शान। 4. splendour, beauty, सौंदर्य, शोभा, श्री, शान। 5. magnificence, महत्ता, भव्यता, शान।

**gloss[1]** (ग्लॉस्) ***n.*** 1. the shine on a smooth surface, चमक। 2. a superficially attractive appearance, तड़क-भड़क, चमक-दमक। ***v.*** to make glossy, चमकदार बनाना, चमक लाना। □ **gloss over,** अनदेखी करना।

**gloss**[2] ***n.*** 1. an explanatory note, टीका, टिप्पणी। 2. a translation or commentary on some text, व्याख्या, भाष्य। ***v.*** 1. to write explanatory notes, टीका करना, व्याख्या करना, भाष्य लिखना। 2. to add glosses to, भाष्य देना, टीका लिखना।

**glossary** (ग्लॉस्´-अॅ-री) ***n.*** (plu. glossaries) an alphabetical list of technical terms, पारिभाषिक शब्दावली।

**glossiness** (ग्लॉस्´-इ-निस्) ***n.*** the quality of being glossy, चमक, ओप।

**glossy** (ग्लॉस्´-ई) ***adj.*** having a smooth and shining surface, shiny, चमकदार, चमकीला।

**glottal** (ग्लॉट्´-अॅल्) ***adj.*** of glottis, कंठद्वार-संबंधी, स्वरयंत्र-मुख-संबंधी।

**glove** (ग्लव्) ***n.*** a protective covering for the palm and fingers, दस्ताना।

**glow** (ग्लो) ***v.*** 1. to shine intensely and steadily without a flame or smoke, चमकना। 2. to be bright or radiant, चमकना। 3. to be very cheerful and enthusiastic, खिल उठना। ***n.*** 1. a light emitted by a heated body, चमक। 2. brilliance of colour, चमक, दीप्ति। 3. flush, लाली, सुर्ख़ी। 4. a warm feeling, हार्दिकता। 5. cheerfulness, प्रफुल्लता।

**glower** (ग्लो´-अॅ:) ***v.*** to look angrily, आँखें तरेरना, घूरना, आँखें दिखाना।

**glowing** (ग्लो´-इंग्) ***adj.*** 1. in a glow, चमकता हुआ। 2. enthusiastic, उत्साहपूर्ण, उत्साहप्रद।

**glowworm** (ग्लो´-व़:म्) ***n.*** a kind of beetle, female of which emits greenish light, जुगनूँ।

**glucose** (ग्लू´-कोस्) ***n.*** a form of sugar found in fruit juice, ग्लूकोस, फलशर्करा।

**glue** (ग्लू) ***n.*** 1. an adhesive prepared by boiling animal bones, horns etc., सरेस। 2. any sticky substance, गोंद। ***v.*** 1. to fasten or fastened with glue, गोंद से चिपकना या चिपकाना। 2. to be constantly associated with, (किसी के साथ) लगे या चिपके रहना।

**gluey** (ग्लू´-ई) ***adj.*** sticky, चिपचिपा।

**glum** (ग्लम्) ***adj.*** (glummer, glummest) sad and gloomy, उदास और दुखी, निराश, हताश।

**glumly** (ग्लम्´-ली) ***adv.*** gloomily, dejectedly, उदास तथा दुखी होकर, निराशापूर्वक।

**glut** (ग्लट्) ***v.*** (glutted, glutting) 1. to eat excessively, भकोसना, ठूँसना। 2. to feed fully, to gratify to excess, अघा देना, तृप्त कर देना, छका देना। 3. to fill or supply excessively, ठूँस देना, भर देना, पाट देना। ***n.*** an excessive supply, अधिक मात्रा में उपलब्धता, भरमार।

**gluten** (ग्लू´-टिन्) ***n.*** a protein in wheat flour, गेहूँ में होनेवाला एक प्रकार का प्रोटीन।

**glutinous** (ग्लू´-टि-नॅस्) ***adj.*** sticky, चिपचिपा।

**glutton** (ग्लट्´-अॅन्) ***n.*** 1. a person who overeats habitually, भुक्खड़, पेटू। 2. a greedy person, लोभी।

**gluttonous** (ग्लट्´-अॅन्-अॅस्) ***adj.*** 1. eating too much, पेटू, भुक्खड़। 2. greedy, लोभी।

**gluttony** (ग्लट्´-अॅन्-ई) ***n.*** 1. excessive eating, पेटूपन, भुक्खड़पन। 2. greed, लोभ, लालच।

**glycerine, glycerin** (ग्लिस्´-अॅ-रिन्) ***n.*** a sticky fluid obtained from fats and oils, ग्लिसरीन।

**gnarl** (ना:ल्) ***n.*** a knot in tree-trunk or wood, पेड़ या लकड़ी में होनेवाली गाँठ।

**gnarled** (ना:ल्ड्) ***adj.*** 1. having a gnarl or gnarls, गाँठदार, गाँठोंवाला। 2. weather-beaten, मौसम का मारा, मौसम से त्रस्त।

**gnash** (नैश्) ***v.*** to grind (one's teeth) in rage, गुस्से में (दाँत) पीसना।

**gnat** (नैट्) ***n.*** a mosquito, मच्छर।

**gnaw** (ना:) ***v.*** 1. to bite persistently at something hard, कुतरना। 2. to wear away by nibbling, कुतर डालना। 3. to cause persistent pain or distress, बराबर तंग करना या दुख देना, सताना, यंत्रणा देना।

**gnawing** (ना:´-इंग्) ***adj.*** causing pain or distress, कष्टदायक, दुखदायक।

**gnome** (नोम्) ***n.*** 1. one of a fabled race of dwarflike creatures living underground

G

and guarding the treasures of the earth, पाताल में ख़ज़ाने की रक्षा करनेवाले बौनों की एक जाति। 2. a dwarfish person, बौना।

**gnomic** (नो´-मिक्) *adj.* aphoristic, सूत्रात्मक।

**go** (गो) *v.* (went, gone, going) 1. to proceed, जाना, प्रस्थान करना, रवाना होना, आगे बढ़ना। 2. to extend from one place to another, जाना; This highway goes to Calcutta. यह सड़क कलकत्ता जाती है। 3. to engage in a specified activity, रहना; They went hungry. वे भूखे रहे। 4. to be functioning, काम करना या देना, चलना; That clock does not go. वह घड़ी चलती नहीं। 5. to become, बनना, होना; to go crazy, सनकी बनना, सनक जाना। 6. to happen, घटित होना। 7. to be allotted, हिस्से में आना। 8. to fail, विफल होना, बेकाम हो जाना। 9. to die, मर जाना; The old man went yesterday. बूढ़ा कल चल बसा। 10. to be used or spent, up, व्यय होना, समाप्त होना। 11. to disappear, लुप्त होना। 12. to be abolished, नष्ट होना, उन्मूलन होना। 13. to attend, उपस्थित होना, जाना; He goes to school. वह स्कूल जाता है। 14. to furnish, देना, मुहैया करना। 15. to be contained in, जाना; 4 goes into 16 four times. १६ चार से ४ बार जाता है। 16. to endure, सहन करना, बर्दाश्त करना। 17. to carry out, चलाना; What the boss says goes. अफ़सर की बात ही चलती है। 18. to bet, बाज़ी या दाँव लगाना। □ **go about,** (i) व्यस्त रहना, (ii) सामना या मुकाबला करना, (iii) प्रचलित होना; **go against,** विपरीत होना, विरोध करना; **go ahead,** आगे बढ़ना, आगे निकल जाना; **go along with,** सहमत होना; **go at,** आक्रमण करना; **go back,** वापस होना या लौटना; **go back on,** वचन तोड़ना या विश्वासघात करना; **go by,** (i) बीतना, (ii) मार्ग-निर्देशन होना; **go down,** (i) अस्त होना, (ii) डूबना, (iii) to be written down, लिखत में आना, लिखा जाना, (iv) स्वीकार्य होना, (v) हार जाना; **go far,** (i) सफल होना, (ii) ख़ूब समृद्ध होना; **go for,** (i) प्राप्त करने के लिए प्रयास करना, (ii) तरजीह देना, वरीयता देना, (iii) आक्रमण करना, (iv) महत्त्व रखना, महत्त्वपूर्ण होना; **go in for,** प्रयत्न करना; **go into,** जाँच करना, पूछ-ताछ करना; **go off,** (i) घटित होना, (ii) (गोली) चलना या छूटना, (बम) फटना, (iii) बजाना; The alarm went off at 4 o'clock. चार बजे अलार्म बजने लगा; **go on,** (i) बने रहना, चले चलना, चलाए चलना, (ii) घटित होना, (iii) सवार होना, सवारी करना, (iv) तर्क करना, हुज्जत करना; **go round,** (i) पूरा पड़ना, (ii) to be long enough to encircle, पूरा घेरना; (iii) to spread, फैलना; **go out,** (i) बाहर जाना, (ii) सामाजिक समारोहों में सम्मिलित होना, (iii) फ़ैशन में न रह जाना, (iv) बुझना; **go over,** (i) सूक्ष्मतापूर्वक अध्ययन करना, (ii) जाँचकर मरम्मत करना, (iii) प्रभाव छोड़ना; **go through,** (i) गुज़रना, अनुभव करना, (ii) अच्छी तरह ढूँढ़-खोज करना या जाँचना-पड़तालना, (iii) पढ़ना, पढ़ जाना; **go under,** (i) डूब जाना, (ii) विफल होना; **go up,** (i) ऊपर उठना, ऊपर जाना, चढ़ना, (ii) बढ़ोतरी होना, वृद्धि होना, बढ़ना; **go with,** (i) साथ देना, (ii) मिलना-जुलना; **go without,** (से) वंचित होना। *n.* (plu. goes) 1. a try or venture, चेष्टा, प्रयास, प्रयत्न। 2. a turn, बारी। 3. energy, vitality, शक्ति, स्फूर्ति।

**goad** (गोड्) *n.* 1. a sharp pointed stick for driving animals, चौपायों को हाँकने की छड़ी या अंकुश। 2. stimulus, प्रोत्साहन, प्रेरणा। *v.* 1. to drive forward with a goad, छड़ी से हाँकना। 2. to provoke or incite, उकसाना, प्रेरित करना।

**go-ahead** (गो´-अँ-हेॅड्) *n.* a signal for proceeding, आगे बढ़ने का संकेत, अग्रसर।

**goal** (गोल्) *n.* 1. an objective or aim, उद्‌देश्य, लक्ष्य, ध्येय। 2. the structure or area into which the ball must pass to score a point, गोल। 3. a point scored in this way, गोल।

**goalie** (गो´-ली) *n.* = goalkeeper.

**goalkeeper** (गोल्´-की-पॅ:) *n.* the player who defends the goal, गोलरक्षक, गोलकीपर, गोली।

**al-keeping** (गोल्´-कीप्-इंग्) *n.* the act or art of defending the goal, गोलरक्षण।

**at** (गोट्) *n.* 1. a horned bearded domesticated mammal related to the sheep, बकरी। 2. a lecherous man, लंपट या कामुक व्यक्ति।

**atee** (गो-टी´) *n.* a short pointed beard, बकरीनुमा दाढ़ी, बकरदाढ़ी, बुच्ची दाढ़ी।

**atherd** (गोट्´-ह:ड्) *n.* one who tends goats, गड़रिया, गड़ेरिया।

**b**[1] (गॉब्) *n.* 1. a lump, ढेला या डला। 2. (plu.) heaps, ढेर के ढेर, ढेरों; gobs of money, ढेरों रुपए।

**b**[2] (गॉब्) *n.* a sailor, नाविक।

**b**[3] (गॉब्) *n.* a mouth, मुँह।

**bbet** (गॉब्´-इट्) *n.* a morsel of food, कौर, ग्रास।

**bble** (गॉब्´-ऑल्) *v.* to eat quickly and greedily, भकोसना, हड़पना, निगलना।

**bbledygook** (गॉब्´-ऑल्-डि-गूक्) *n.* wordy jargon, शब्दजाल।

**bbler** (गॉब्´-लॅ:) *n.* a male turkey, गीध।

**-between** (गो´-बि-ट्वीन्) *n.* 1. an intermediary between two sides, बिचौलिया, मध्यस्थ, दलाल। 2. a pimp, कुटना, दलाल।

**blet** (गॉब्´-लिट्) *n.* a drinking glass without a handle, बिना हैंडिल का गिलास।

**blin** (गॉब्´-लिन्) *n.* an evil and mischievous spirit, दुष्टात्मा, प्रेत।

**l** (गॉड्) *n.* 1. the creator, operator and destroyer of the universe, ईश्वर, परमात्मा, प्रभु, ख़ुदा। 2. one that is worshipped as god, deity, देवता। 3. a person or thing that is excessively admired, पूज्य व्यक्ति/वस्तु।

**lchild** (गॉड्´-चाइल्ड्) *n.* a child in relation to its godparents, धर्मपुत्र, धर्मपुत्री।

**-daughter** (गॉड्´-डा:-टॅ:) *n.* a female godchild, धर्मपुत्री।

**ldess** (गॉड्-इस्) *n.* a female god, देवी।

**lfather** (गॉड्´-फ़ा-दॅ:) *n.* 1. a male godparent, धर्मपिता। 2. a leader of a mafia group, माफ़िया नेता।

**godfearing** (गॉड्´-फ़िअॅर्-इंग्) *adj.* pious, ईश्वर से डरनेवाला, धर्मशील, धर्मभीरु, साधु-प्रकृति।

**godforsaken** (गॉड्´-फ़ॉ:-से-कॅन्) *adj.* 1. wicked, दुष्ट। 2. desolate, वीरान, उजाड़।

**godhead** (गॉड्´-हॅड्) *n.* the quality of being a god, ईश्वरत्व, देवत्व।

**godhood** (गॉड्´-हुड्) *n.* the state of being a god, ईश्वरत्व, देवत्व।

**godless** (गॉड्´-लिस्) *adj.* 1. having no faith in the god, नास्तिक। 2. wicked, दुष्ट।

**godlike** (गॉड्´-लाइक्) *adj.* like god, देवतुल्य।

**godliness** (गॉड्´-लि-निस्) *n.* the state or quality of being godly, धर्मपरायणता।

**godly** (गॉड्´-ली) *adj.* (godlier, godliest) sincerely religious, धर्मपरायण, धार्मिक, पवित्र।

**godmother** (गॉड्´-मद्-अॅ:) *n.* a female godparent, धर्ममाता।

**godown** (गो´-डाउन्) *n.* a warehouse, भंडार-गृह, गोदाम।

**godparent** (गॉड्´-पेंअॅर्-अॅन्ट्) *n.* a godfather or godmother, धर्मपिता या धर्ममाता।

**godsend** (गॉड्´-सेंन्ड्) *n.* an unexpected piece of good fortune, ईश्वरीय वरदान, सौभाग्य।

**godson** (गॉड्´-सन्) *n.* a male godchild, धर्मपुत्र।

**goer** (गो´-अॅ:) *n.* 1. one who goes, जानेवाला, -गामी। 2. one who goes fast, तेज़ चलनेवाला।

**gofer** (गो´-फ़ॅ:) *n.* one who runs errands for another, दूसरों के छोटे-मोटे काम करनेवाला।

**go-getter** (गो´-गेंट्-अॅ:) *n.* an enterprising person, हिम्मती व्यक्ति, चलता-पुर्ज़ा।

**goggle** (गॉग्´-अॅल्) *v.* to stare with wide open eyes, आँखें फाड़कर देखना, घूरना।

**goggle-eyed** (गॉग्´-अॅल्-आइड्) *adj.* having large wide-open eyes, बड़ी-बड़ी आँखोंवाला।

**goggles** (गॉग्´-अॅल्ज़्) *n.* (plu.) tinted eye-glasses worn as a protection against dust or glare, धूप का चश्मा।

**go-go** (गो´-गो) *adj.* 1. lively and energetic,

G

जीवंत और स्फूर्त। 2. enterprising, जोखिम-भरा, साहसपूर्ण।

**going** (गो´-इंग्) ***n.*** 1. departing, प्रस्थान। 2. death, मृत्यु। 3. the condition of the ground for travelling or riding, ज़मीन की स्थिति; a rough going, ऊबड़-खाबड़ रास्ता। 4. rate of progress, गति, रफ़्तार, चाल। 5. progress, प्रगति। ***adj.*** 1. moving away, जानेवाला। 2. current, चालू, प्रचलित, विद्यमान; going price, चालू क़ीमत; going wage, चालू मज़दूरी। 3. active and prosperous, सक्रिय और समृद्ध। 4. in working order, चलता हुआ। □ **be going to do something,** कुछ करने को तैयार होना; **get going,** (i) (कार्य या चर्चा) आरंभ करना, चलना; Set the watch going. घड़ी चला दो। (ii) गति बढ़ाना; **while the going is good,** जब तक स्थिति अच्छी रहे।

**going-over** (गो-इंग्-ओ´-वॅ:) ***n.*** the act of correcting or putting in order, सही तथा व्यवस्थित करने की क्रिया या भाव।

G

**goings-on** (गो-इंग्स्-ऑन्´) ***n.*** (plu.) 1. activities unusual or undesirable, कार्रवाई, करतूत, षड्यंत्र, चाल। 2. events, घटनाक्रम।

**goitre, goiter** (गॉइ´-टॅ:) ***n.*** enlargement of thyroid gland of neck, घेघा, गलगंड।

**goitrous** (गॉइ´-ट्रॅस्) ***adj.*** of or related to goitre, गलगंड-संबंधी।

**gold** (गोल्ड्) ***n.*** 1. a yellow metal of very high value, सोना, स्वर्ण। 2. a coin made of gold, स्वर्णमुद्रा। 3. an ornament made of gold, स्वर्णाभूषण। 4. colour of the gold, पीला रंग। 5. wealth, धन-दौलत, संपत्ति। 6. something very precious, बहुमूल्य पदार्थ। ***adj.*** 1. made of gold, सोने का (बना हुआ)। 2. deep yellow, गहरा पीला। □ **as good as gold,** बहुमूल्य।

**goldbrick** (गोल्ड्´-ब्रिक्) ***n.*** 1. a brick of gold, सोने की ईंट। 2. one who shirks work, shirker, काम से भागनेवाला, काम-चोर।

**gold-digger** (गोल्ड्´-डिग्-अॅ:) ***n.*** a woman who tries to grab money from the rich, रईसों से पैसा ऐंठनेवाली स्त्री।

**gold-dust** (गोल्ड्´-डस्ट्) ***n.*** gold in the for of fine powder, स्वर्णचूर्ण, सोने की धूल।

**golden** (गोल्´-डॅन्) ***adj.*** 1. made of gol सोने का बना हुआ, सुनहरा। 2. like gol सोने-जैसा, सुनहरा। 3. deep yellow, गह पीला, सुनहरा। 4. valuable, बहुमूल 5. happy, प्रसन्न, ख़ुश। 6. excelle अत्युत्तम, उत्कृष्ट।

**golden age** ***n.*** the period of highest pro perity and happiness, स्वर्णकाल।

**golden anniversary** ***n.*** the celebration the fiftieth year of foundation, marria etc. स्वर्ण जयंती।

**golden eye** (गोल्´-डॅन्-आइ) ***n.*** a kind wild duck, जंगली बत्तख़।

**golden boy** ***n.*** a successful person, सफ व्यक्ति।

**golden handshake** ***n.*** compensation giv to a person forced to retire, सेवा से बल निवृत्त किए जानेवाले व्यक्ति को दी जानेवा हर्जाने की राशि।

**golden jubilee** ***n.*** = golden anniversary.

**golden opportunity** ***n.*** a favoural chance, सुनहरा मौका, स्वर्णिम अवसर।

**golden rule** ***n.*** a basic principle of acti सुनहरा नियम।

**golden wedding** ***n.*** the fiftieth anniversa of a wedding, विवाह की स्वर्ण जयंती।

**goldfield** (गोल्ड्´-फ़ील्ड्) ***n.*** an area in whi gold is found, स्वर्णक्षेत्र।

**goldfinch** (गोल्ड्´-फ़िंच्) ***n.*** a singing b with yellow markings, गोल्डफ़िंच।

**goldfish** (गोल्ड्´-फ़िश्) ***n.*** a small oran coloured fish, सोन मछली।

**goldleaf** ***n.*** a leaf of gold, सोने का पत्तर।

**goldmine** ***n.*** a mine of gold, सोने की खान

**gold-plated** (गोल्ड्-प्ले´-टिड्) ***adj.*** pla with gold, जिसपर सोने का मुलम्मा चढ़ हुआ हो।

**gold rush** ***n.*** a rush to newly discove gold-field, नए स्वर्णक्षेत्र की ओर होनेव लोगों की दौड़।

**goldsmith** (गोल्ड्´-स्मिथ्) ***n.*** one who p

pares or sells articles of gold, सुनार।

**gold standard** ***n.*** a monetary standard in which the value of money is based on that of gold, स्वर्णमान।

**golf** (गोल्फ़्) ***n.*** a game played with a stick and ball on an open course, गोल्फ़। ***v.*** to play golf, गोल्फ़ खेलना।

**golf club** ***n.*** a club used in golf, गोल्फ़ खेलने की छड़ी।

**golf course** ***n.*** the area of land on which golf is played, गोल्फ़ का मैदान।

**golfer** (गोल्फ़्´-अँ:) ***n.*** one who plays golf, गोल्फ़ का खिलाड़ी।

**golf-links** ***n.*** = golf course.

**golly** (गॉल्´-ई) ***interj.*** an exclamation of surprise, अरे! विस्मयसूचक अव्यय।

**gonad** (गो´-नैड्´) ***n.*** the reproductive gland, जनन-ग्रंथि (अंडकोश या डिंब ग्रंथि)।

**gonadal** (गो-नैड्´-अँल्) ***adj.*** of or related to a gonad, जनन-ग्रंथि-संबंधी।

**gondola** (गॉन्´-डँ-लँ) ***n.*** a long narrow boat with pointed ends, एक प्रकार की लंबोतरी नाव।

**gondolier** (गॉन्-डँ-लिअँ:) ***n.*** one who propels a gondola, माँझी।

**gone** (गॉन्) ***v.*** p.p. of 'go'. ***adj.*** 1. past, बीता हुआ, विगत। 2. departed, गया हुआ। 3. pregnant, गर्भवती।

**goner** (गा:´-नँ:) ***n.*** 1. one who is dead or dying, मरणासन्न या मृत व्यक्ति। 2. one who is ruined, तबाह, बरबाद, विनष्ट।

**gong** (गा:ङ्ग्) ***n.*** a metal disc that resounds when struck, घंटा।

**gonorrhea** (गॉन्-अ-री´-अँ) ***n.*** an infectious venereal disease, सूज़ाक।

**gonorrhoeal** (गॉन्-अ-री´-अँल्) ***adj.*** of gonorrhea, सूज़ाक का, सूज़ाक-संबंधी।

**goo** (गू) ***n.*** a sticky wet substance, चिपचिपा पदार्थ।

**good** (गुड्) ***adj.*** (better, best) 1. having desirable qualities, अच्छा, उत्तम। 2. morally excellent, virtuous, kind, well-behaved, सच्चरित्र, भला, नेक। 3. proper, right, उचित, ठीक। 4. enjoyable, मज़ेदार, सुखद। 5. satisfactory, संतोषजनक। 6. beneficial, लाभकारी। 7. competent, सक्षम। 8. sound, स्वस्थ। 9. genuine, असली। 10. ample, considerable, प्रचुर, अच्छा-ख़ासा। 11. favourable, अनुकूल। 12. full, पूर्ण, पूरा। □ **a good deal,** अच्छी ख़ासी मात्रा; **as good as,** (i) बराबर, (ii) के लगभग; **for good,** सदा के लिए, हमेशा के लिए; **make good,** (i) पूरा करना, (ii) क्षति-पूर्ति करना, (iii) सफल होना। ***adv.*** entirely, पूर्णत:। ***n.*** 1. goodness, अच्छाई, भलाई। 2. profit, लाभ, फ़ायदा। 3. a good thing, अच्छी वस्तु।

**good after-noon** ***n.*** an afternoon greeting, नमस्कार।

**goodby, goodbye** (गुड्-बाइ´) ***interj.*** farewell, अलविदा, विदा।

**good-for-nothing** (गुड्´-फॉ:-नथ्-इंग्) ***adj.*** worthless, बेकार, रद्दी। ***n.*** a worthless person, निकम्मा आदमी।

**Good Friday** ***n.*** the Friday before Easter, गुडफ़्राइडे, ईस्टर के पहले का शुक्रवार।

**good-hearted** (गुड्-हा:´-टिड्) ***adj.*** kind and generous, भला, नेक, सहृदय।

**good-humoured** (गुड्-ह्यू´-मँ:ड्) ***adj.*** cheerful, ख़ुशमिज़ाज, ख़ुशदिल, हँसमुख।

**goodish** (गुड्´-इश्) ***adj.*** fairly good, भला-सा या अच्छा-ख़ासा।

**good-looking** (गुड्-लुक्´-इंग्) ***adj.*** handsome, beautiful, सुंदर, सुदर्शन।

**goodly** (गुड्´-ली) ***adj.*** (goodlier, goodliest) 1. comely, attractive, सुंदर, आकर्षक। 2. ample, considerable, अच्छा-ख़ासा।

**good morning** ***n.*** a morning greeting, नमस्कार।

**good-natured** (गुड्-ने´-चँ:ड्) ***adj.*** of kind disposition, सुशील, भला।

**goodness** (गुड्´-निस्) ***n.*** 1. the quality of being good, अच्छाई। 2. kindness, दयालुता। 3. virtuousness, सदाचार, सद्गुण। 4. welfare, कल्याण, भलाई। ***interj.*** a euphemistic word for god, परमात्मा। (मंगलभाषित)

G

**good night** ***n.*** an evening or night greeting, नमस्कार, शुभ रात्रि।

**good offices** ***n.*** (plu.) influence deriving from one's position, व्यक्तिगत प्रभाव; through their good offices, अपने व्यक्तिगत प्रभाव द्वारा।

**goods** (गुड्स्) ***n.*** (plu.) 1. articles of trade, सामग्री, माल। 2. personal belongings, व्यक्तिगत सामान।

**goodsamaritan** (गुड्-सॅ-मैर्´-इ-टॅन्) ***n.*** one who helps others in a big way, परोपकारी व्यक्ति, दुखियों की मदद करनेवाला।

**good sense** ***n.*** sensible conduct, समझदारी।

**goods shed** ***n.*** a shed for goods, मालगोदाम।

**goods train** ***n.*** the train that carries goods, मालगाड़ी।

**good-tempered** (गुड्-टॅम्´-पॅ:ड्) ***adj.*** having or showing good temper, सुशील।

**goodwill** (गुड्-विल्´) ***n.*** 1. a friendly feeling, benevolence, सद्भावना। 2. value of reputation and popularity of a business firm, गुडविल, सुनाम, साख।

G

**goody** (गुड्´-ई) ***n.*** 1. something good or attractive, कोई अच्छी या आकर्षक वस्तु। 2. a person of good character, सच्चरित्र व्यक्ति; goodies and baddies, अच्छे और बुरे लोग। ***interj.*** very good indeed, वाह!

**goody-goody** (गुड्´-ई-गुड्-ई) ***adj.*** a smugly person, नेकी का दिखावा करनेवाला व्यक्ति।

**gooey** (गू´-ई) ***adj.*** 1. sticky, चिपचिपा। 2. sentimental, भावुक।

**goof** (गूफ़्) ***n.*** 1. a stupid person, मूर्ख व्यक्ति। 2. a mistake, भूल, त्रुटि। ***v.*** 1. to kill time, समय बरबाद करना। 2. to blunder, भूल करना।

**goofy** (गू´-फ़ी) ***adj.*** (goofier, goofiest) stupid, मूर्ख या मूर्खतापूर्ण।

**googly** (गू´-ग्ली) ***n.*** an off-break ball bowled with leg-break action, गुगली।

**goon** (गुन्) ***n.*** 1. a foolish person, मूर्ख व्यक्ति। 2. a hired goonda, भाड़े का गुंडा।

**goose** (गूज़्) ***n.*** (plu. geese) 1. a bird of a duck family, हंस। 2. a stupied fellow, मूर्ख व्यक्ति। 3. a silly girl, मूर्ख लड़की। ☐ **cook someone's goose,** (i) किसी को जान से मार डालना; (ii) किसी की आशा तोड़ देना।

**Gordian knot** (गॉ:´-डि-ॲन्-नॉट्) ***n.*** a complicated problem, जटिल समस्या। ☐ **cut the Gordian knot,** समस्या का निराकरण अत्यंत उग्र उपायों से करना।

**gore**[1] (गॉ:) ***v.*** to stab or pierce with a horn or tusk, सींग घुसेड़ देना, दाँत चुभो देना। ***n.*** thickened blood shed from a wound, ख़ून का थक्का।

**gore**[2] ***n.*** a triangular piece of cloth, कपड़े का तिकोना टुकड़ा, कली।

**gorge** (जॉ:ज्) ***n.*** 1. a narrow valley with steep walls, सँकरी गहरी घाटी। 2. a mass obstructing a narrow passage, रास्ते को बाधित करनेवाला ढेर। ***v.*** 1. to eat greedily, भकोसना। 2. to stuff, ठूस देना या लेना।

**gorgeous** (गॉ:´-जॅस्) ***adj.*** dazzlingly brilliant, अत्यंत चमकीला, भड़कीला। 2. magnificent, भव्य, शानदार। 3. very attractive, अत्यंत आकर्षक। 4. delightful, मज़ेदार।

**gorgeously** (गॉ:´-जॅस्-ली) ***adv.*** in a gorgeous manner, शानदार ढंग से।

**gorget** (गॉ:´-जिट्) ***n.*** 1. a necklace, गले का हार। 2. a patch of colour on bird's neck, कंठी।

**gorgon** (गॉ:´-गॉन्) ***n.*** a fierce and ugly woman, बहुत ही बदशक्ल तथा झगड़ालू स्त्री।

**gorilla** (गॅ-रिल्´-ॲ) ***n.*** a large African ape, गुरिल्ला, बनमानुस।

**gormandize** (गॉ:´-मॅन्-डाइज़्) ***v.*** to eat gluttonously, भकोसना।

**gormless** (गा:म्-लॅस्) ***adj.*** stupid, मूर्ख।

**gorse** (गॉ:स्) ***n.*** a shrub with yellow flower, पीले फूलोंवाला एक पौधा।

**gory** (गोर्´-ई) ***adj.*** (gorier, goriest) 1. bloodstained, ख़ून से लथपथ, रक्तरंजित। 2. involving bloodshed, हिंसापूर्ण, मार-काट से भरा।

**gosh** (गॉश्) ***interj.*** an exclamation of mild surprise, ओफ़, अरे!

**goshawk** (गॉस्´-हा:क्) ***n.*** a large hawk, एक

प्रकार का बड़ा बाज़।

**gosling** (गॉज़्´-लिंग्) ***n.*** a young goose, हंस का बच्चा, हंसशावक।

**gospel** (गॉस्´-पॅल्) ***n.*** 1. the teachings of Christ, येशु का उपदेश, सुसमाचार, शुभ संदेश। 2. any of the first four books of the New Testament, नव विधान की प्रथम चार पुस्तकों में से कोई एक। 3. something accepted as unquestionably true, ऐसी बात जिसे पूर्ण रूप से सत्य माना जाता हो। 4. a set of principles that one believes in, वे सिद्धांत जिन्हें कोई मानता हो। 5. Christian doctrine, ईसाई मत। 6. message, संदेश; gospel of nationalism, राष्ट्रवाद का संदेश।

**gospel truth** ***n.*** an unquestionable truth, वेदवाक्य।

**gossamer** (गॉस्´-अॅ-मॅ:) ***n.*** 1. a cobweb, मकड़जाल। 2. any delicate material, नाज़ुक वस्तु।

**gossip** (गॉस्´-इप्) ***n.*** 1. trivial talk especially about other people's affairs, इधर-उधर की बात, गपशप, बतकही। 2. one who is fond of gossiping, गप्पी, गपोड़संख, गपोड़िया। ***v.*** to engage in gossip, गपशप करना, गप लड़ाना।

**gossip column** ***n.*** a column in a newspaper for gossips, कुछ इधर की कुछ उधर की, तीर और तुक्का (समाचारपत्र का स्तंभ)।

**got** (गॉट्) ***v.*** p.t. & p.p. of get.

**Goth** (गॉथ्) ***n.*** a member of a Germanic tribe that invaded the Roman Empire from the third to fifth centuries, गाथ जाति।

**Gothic** (गॉथ्´-इक्) ***adj.*** 1. of the Goths or their language, गाथों का या उनकी भाषा से संबद्ध। 2. of an architectural style prevalent in Western Europe in the 12th-16th centuries, गाथिक। 3. of or relating to Middle Ages. मध्ययुगीन। 4. full of sensational horrors, भयानक, भयावह।

**gotten** (गॉट्´-अॅन्) ***v.*** p.t. of get.

**gouge** (गाउज्) ***n.*** a chisel with curved blade, रुखानी। ***v.*** to cut out with a gouge, रुखानी से खाँचा बनाना। □ **gouge out,** अँगूठे से दबाकर बाहर निकालना।

**goulash** (गू´-लैश्) ***n.*** a meat and vegetable stew seasoned with paprika, एक प्रकार का पकाया हुआ झालदार मांस और सब्जी।

**gourd** (गॉ:ड्, गू:ड्) ***n.*** 1. a plant and its fleshy fruit, लौकी, कद्दु। 2. the dried hollowed out shell of a gourd, तूँबी।

**gourmand** (गुअॅ:´-मान्ड्/मॅन्ड्) ***n.*** 1. a person who eats too much, भोजनभट्ट, पेटू। 2. who takes delight in eating, चटोरा।

**gourmet** (गुअॅ:-मे´) ***n.*** one who appreciates good food and drink, अच्छे भोजन तथा पेय की प्रशंसा करनेवाला, भोजन-पारखी।

**gout** (गाउट्) ***n.*** painful swelling of the joints, गठिया, जोड़ों का दर्द, जोड़ों की सूजन।

**govern** (गव्´-अॅ:न्) ***v.*** 1. to rule, शासन या राज्य करना। 2. to control and guide, नियंत्रित तथा निर्देशित करना, परिचालन करना। 3. to regulate, नियमित करना। 4. to determine, विनिश्चित करना।

**governable** (गव्´-अॅ:न्-अॅ-बॅल्) ***adj.*** that can be ruled, शासन के योग्य, शास्य।

**governance** (गव्´-अॅ:-नॅन्स्) ***n.*** the act of governing or the state of being governed, शासन, नियंत्रण।

**governess** (गव्´-अॅ:-निस्) ***n.*** a woman engaged to educate and train the children of a private household, गृह-शिक्षिका।

**governing body** ***n.*** the body that governs, शासन-निकाय, शासी निकाय, प्रबंध-निकाय।

**government** (गव्´-अॅ:न्-मॅन्ट्) ***n.*** 1. the act or process of governing, शासन। 2. the group or organization governing a country, सरकार, शासन।

**governmental** (गव्-अॅ:न्-मॅन्ट्´-अॅल्) ***adj.*** of or relating to the government, शासन-संबंधी, सरकारी, शासकीय।

**governor** (गव्´-अॅ:-नॅ:) ***n.*** 1. one who governs the province or state, राज्यपाल, गवर्नर। 2. the head of an institution or club, गवर्नर, शासनाध्यक्ष। 3. a device that automatically controls the speed or functioning of a machine, गति-नियंत्रक, गवर्नर।

**governorship** (गव्´-अ:-नं:-शिप्) ***n.*** the office of a governor, राज्यपाल का पद, गवर्नरी।

**gown** (गाउन्) ***n.*** a loose flowing garment, गाउन, लबादा, चोगा।

**gowned** (गाउन्ड्) ***adj.*** wearing a gown, चोगाधारी।

**grab** (ग्रैब्) ***v.*** 1. to attempt to seize or arrest, पकड़ना, गिरफ़्तार करना, दबोचना। 2. to snatch, छीनना, झपटना, ज़बरदस्ती हथिया लेना। ***n.*** 1. the act of grabbing, छीना-झपटी, छीन-झपट, झपट्टा। 2. a device for gripping and lifting things, वस्तुओं को पकड़ने तथा ऊँचा उठाने का उपकरण।

**grabber** (ग्रैब्´-अ:) ***n.*** 1. one who grabs, छीना-झपटी करनेवाला, ज़बरदस्ती हथियानेवाला। 2. an attempt to seize something, झपट्टा।

**grabble** (ग्रै´-बॅल्) ***v.*** (grabbled, grabbling) to grope about, टटोलना, टोहना।

**grace** (ग्रेस्) ***n.*** 1. elegance in movement, शोभा, लालित्य। 2. charm, beauty, सौंदर्य, सुंदरता, चारुता। 3. elegance in manner, शालीनता। 4. favour, goodwill, अनुग्रह, कृपादृष्टि। 5. God's loving mercy toward mankind, ईश्वरीय अनुकंपा। 6. temporary respite, रियायत, छूट; grace period, मोहलत, छूट की अवधि। 7. a virtue or gift granted by God, ईश्वरीय वरदान, प्रसाद। 8. a short prayer at meal-time, भोजन के समय की जानेवाली ईश-वंदना। 9. a title used for dukes, archbishops etc., महोदय। ***v.*** (graced, gracing) 1. to do favour, अनुग्रह करना। 2. to embellish, सजाना, अलंकृत करना, शोभा बढ़ाना।

**graceful** (ग्रेस्´-फुल्) ***adj.*** elegant, सुंदर, चारु, रमणीय, ललित।

**gracefully** (ग्रेस्´-फुल्-ई) ***adj.*** in a graceful manner, शालीनतापूर्वक, शिष्टतापूर्वक।

**graceless** (ग्रेस्´-लिस्) ***adj.*** 1. having no grace, अनाकर्षक, सौंदर्यविहीन। 2. ungodly, अधर्मी।

**grace marks** ***n.*** extra marks given as a favour, अनुग्रहांक।

**gracious** (ग्रे´-शॅस्) ***adj.*** 1. kind and pleasant in manner, दयालु, कृपालु। 2. merciful, क्षमाशील, दयामय। 3. of good taste and breeding, courteous, भद्र, कुलीन। 4. suitable for a life of ease and indulgence, वैभवपूर्ण, मौज-मस्ती-भरा।

**gradation** (ग्रे-डे´-शॅन्) ***n.*** 1. a series of gradual progression, सोपानक्रम, अनुक्रम। 2. a degree or mark in such a progression, चिह्न, स्तर। 3. the act of arranging in grades, श्रेणीकरण।

**grade** (ग्रेड्) ***n.*** 1. a degree or stage in a process, श्रेणी, स्तर। 2. a class of people or things of the same category, वर्ग, जमात। 3. a standard of quality, गुणवत्ता का मानक। 4. a mark showing the quality of a student's work, ग्रेड। 5. slope, ढाल। □ **make the grade,** to achieve the desired standard, वांछित स्तर तक पहुँचना, सफल होना। ***v.*** 1. to arrange in grades, श्रेणीकरण करना। 2. to give an academic grade (to the student, विद्यार्थी को) श्रेणी प्रदान करना। 3. to level, समतल करना।

**graded** (ग्रे´-डिड्) ***adj.*** formed by gradation, वर्गीकृत, श्रेणीबद्ध, अनुस्तरित, सोपानवत्, क्रमिक।

**gradient** (ग्रे´-डि-ॲन्ट्) ***n.*** 1. a slope, ढाल 2. a degree of slope, ढाल का मान।

**gradual** (ग्रैज्´-उ-ॲल्) ***adj.*** 1. taking place by degrees, क्रमिक, आनुक्रमिक। 2. not steep or abrupt, क्रमिक।

**gradually** (ग्रैज्´-उ-ॲल्-ई) ***adv.*** 1. in a gradual way, क्रम-क्रम से, क्रमशः 2. slowly, धीरे-धीरे।

**graduate**[1] (ग्रैज्´-उ-एट्) ***v.*** 1. to grant or to be granted a degree of a course of a study, डिगरी देना या पाना। 2. to obtain a university degree, स्नातक की उपाधि प्राप्त करना। 3. to classify, वर्गीकृत करना, श्रेणीबद्ध करना। 4. to mark with units of measurement, अंशांकित करना।

**graduate**[2] (ग्रैज्´-उ-ॲट्) ***n.*** one who has obtained a university degree, स्नातक।

**graduation** (ग्रैज्-उ-ए´-शंन्) ***n.*** 1. the act of taking a university degree, स्नातक उपाधि की प्राप्ति, स्नातकीकरण। 2. the ceremony at which degrees are conferred, उपाधि-प्रदान समारोह, दीक्षांत समारोह। 3. a mark or series of marks on a graduated scale, चिह्न, चिह्नक्रम।

**graffito** (ग्रॅ-फ़ी´-टो) ***n.*** (plu. graffiti) an inscription or drawing on a wall, भित्तिलेख, भित्तिचित्र। (इटैलियन)

**graft** (ग्राफ़्ट् / ग्रैफ़्ट्) ***n.*** 1. a detached shoot from one plant attached with a growing plant by insertion, क़लम, पैबंद। 2. a piece of tissue transplanted surgically to replace damaged tissue, ऊतक प्रतिरोपण। 3. bribe, रिश्वत, घूस। 4. bribery, रिश्वतख़ोरी। ***v.*** 1. to unite a detached shoot of one plant to a living plant by insertion, क़लम लगाना, पैबंद लगाना। 2. to transplant a piece of tissue into a bodily part, ऊतक-प्रतिरोपण करना। 3. to take bribe, रिश्वत लेना।

**grafter** (ग्राफ़्´-टॅ:, ग्रै:फ़्´-टॅ:) ***n.*** 1. one who grafts, क़लम लगानेवाला या ऊतक-प्रतिरोपण करनेवाला। 2. corrupt officer, भ्रष्ट अधिकारी।

**grail** (ग्रेल्) ***n.*** a legendary cup used by Christ at the last supper, अंतिम भोजन के समय येशु द्वारा प्रयुक्त प्याला, ग्रेल।

**grain** (ग्रेन्) ***n.*** 1. a small hard seed or fruit of wheat, rice etc., दाना, कण। 2. the seeds of such plants collectively, अन्न, अनाज, गल्ला। 3. the plants themselves, गेहूँ, धान आदि के पौधे। 4. a small hard particle, कण, ज़र्रा। 5. a tiny quantity, कण, टुकड़ा। 6. texture, बुनावट, तंतुरचना। 7. temperament, स्वभाव, प्रकृति। ***v.*** to form grains, दानेदार बनाना।

**grainy** (ग्रेन्´-ई) ***adj.*** 1. of grains, अन्न-संबंधी। 2. like grains, दानेदार।

**gram**[1] (ग्राम्, ग्रैम्) ***n.*** one-thousandth part of a kilogram, ग्राम (तौल)।

**gram**[2] ***n.*** a plant and its seeds, चना; gram flour, बेसन।

**grammar** (ग्रैम्´-अॅ:) ***n.*** rules of correct usage of a language, व्याकरण।

**grammarian** (ग्रॅ-मेंअॅर्´-इ-अॅन्) ***n.*** 1. one who studies the grammar of a language, व्याकरणवेत्ता, व्याकरणाचार्य। 2. one who writes a grammar, वैयाकरण।

**grammatical** (ग्रॅ-मैट्´-इ-कॅल्) ***adj.*** 1. of or related to grammar, व्याकरण-संबंधी, व्याकरणिक। 2. regarded as correct, सही या शुद्ध (रूप या प्रयोग)।

**grammatically** (ग्रॅ-मैट्´-इ-कॅ-ली) ***adv.*** according to grammar, व्याकरण की दृष्टि से।

**gramophone** (ग्रैम्´-अॅ-फ़ोन्) ***n.*** a phonograph, ग्रामोफ़ोन।

**granary** (ग्रै´-नॅ-री, ग्रे´-नॅ-री) ***n.*** 1. a storehouse for grain, धान्यागार, कोठार। 2. a region producing grain in abundance, अन्नदायी क्षेत्र विशेषत: गेहूँ उत्पादक क्षेत्र, भंडार।

**grand** (ग्रैन्ड्) ***adj.*** 1. splendid, imposing, भव्य, शानदार, वैभवपूर्ण। 2. distinguished, प्रतिष्ठित, विशिष्ट। 3. very pleasant and enjoyable, सुखद, मज़ेदार। 4. including everything, समग्र, कुल। 5. chief, मुख्य। 6. princely, राजसी।

**grandchild** (ग्रैन्ड्´-चाइल्ड्) ***n.*** a child of one's son or daughter, पोता या पोती, नाती या नतिनी।

**granddad** (ग्रैन्´-डैड्) ***n.*** 1. grand-father, दादा या नाना। 2. an elderly man, वृद्ध व्यक्ति।

**granddaughter** (ग्रैन्´-डा:-टॅ:) ***n.*** the daughter of one's son or daughter, पोती, नतिनी।

**grandee** (ग्रैन्-डी´) ***n.*** a person of high rank, अमीर या उच्चाधिकारी, उच्च पदाधिकारी।

**grandeur** (ग्रैन्´-जॅ:) ***n.*** 1. splendour, grandness, वैभव, प्रताप, गौरव, शान। 2. greatness, महत्ता, महिमा।

**grandfather** (ग्रैन्´-फ़ा:-दॅ:) ***n.*** 1. the father of one's father, दादा, पितामह। 2. the father of one's mother, नाना।

**grandiloquence** (ग्रैन्-डिल्´-अॅ-क्वॅन्स्) ***n.*** bombastic or pompous eloquence, शब्दजाल, शब्दाडंबर।

**grandiloquent** (ग्रैन्-डिल्´-अॅ-क्वॅन्ट्) ***adj.***

G

using pompus language, शब्दाडंबरी।

**grandiose** (ग्रैन्´-डि-ओस्) ***adj.*** 1. majestic, वैभवपूर्ण, भव्य। 2. important, महत्त्वपूर्ण।

**grandiosity** (ग्रैन्´-डि-ऑस्´-इ-टी) 1. grandness, splendour, वैभव, शान, गौरव। 2. importance, महत्त्व।

**grandma** (ग्रैन्´-मा) ***n.*** grandmother, दादी या नानी।

**grand master** ***n.*** a high ranking chess player, ग्रैन्डमास्टर।

**grandmother** (ग्रैन्´-मद्-अ:) ***n.*** 1. the mother of one's father, दादी। 2. the mother of one's mother, नानी।

**grandpa** (ग्रैन्´-पा) ***n.*** grandfather, दादा या नाना।

**grandparent** (ग्रैन्´-पेंअॅर्:-अॅन्ट्) ***n.*** a parent of one's mother or father, दादा या नाना, दादी या नानी।

**grandsire** (ग्रैन्´-साइ:) ***n.*** grandfather, दादा या नाना।

G

**grand slam** ***n.*** victory in all the big international championships, सर्वविजय।

**grandson** (ग्रैन्´-सन्) 1. the son of one's son, पोता। 2. the son of one's daughter, नाती।

**grandstand** (ग्रैन्ड्´-स्टैन्ड्) ***n.*** a roofed stand for spectators commanding best view, ग्रैन्ड स्टैन्ड, महादीर्घा।

**grange** (ग्रेन्ज्) ***n.*** a farm, फ़ार्म, खेत और उसमें बना भवन।

**granite** (ग्रै´-नाइट्) ***n.*** a hard grey stone widely used for building, ग्रेनाइट।

**granny** (ग्रैन्´-ई) ***n.*** 1. grandmother, दादी या नानी। 2. an old woman, वृद्धा, बूढ़ी स्त्री।

**granola** (ग्रॅ-नो´-लॅ) ***n.*** a mixture of various dry fruits, मिला-जुला मेवा, मिश्रित मेवा।

**grant** (ग्रान्ट्, ग्रैन्ट्) ***v.*** 1. to give or bestow, प्रदान करना। 2. to permit or allow, अनुमति देना। 3. to give as a grant, अनुदान देना। 4. to agree or consent to, मानना, स्वीकार करना। □ **take for granted,** सत्य मान लेना। ***n.*** 1. the act of granting, देने की क्रिया या भाव, प्रदान। 2. something granted spl, money given by the government as help, अनुदान।

**grantee** (ग्रैन्´-टी) ***n.*** one who gets a grant, अनुदान पानेवाला, अनुदानग्राही।

**granter, grantor** (ग्रैन्ट्´-अ:) ***adj.*** one who gives grant, अनुदाता।

**granular** (ग्रैन्´-यु-लॅ:) ***adj.*** 1. composed of grains or granules, दानेदार, रवेदार। 2. rough, ख़ुरदरा।

**granulate** (ग्रैन्´-यु-लेट्) ***v.*** (granulated, granulating) 1. to form into grains or granules, दानेदार बनाना, रवेदार बनाना। 2. to make rough, ख़ुदरा बनाना।

**granule** (ग्रैन्´-यूल्) ***n.*** a small grain or particle, कण, कणिका, कनी, दाना।

**grape** (ग्रेप्) ***n.*** 1. a juicy edible berry borne in clusters on vines, अंगूर। 2. a vine bearing such fruit, अंगूर की लता।

**grapefruit** (ग्रेप्´-फ़्रूट्) ***n.*** 1. a kind of large yellow citrus fruit, चकोतरा। 2. a tree bearing such fruit, चकोतरे का पेड़।

**grapeshot** (ग्रेप्´-शॉट्) ***n.*** a cluster of small iron balls that scattered when fired from cannon, छर्रों का समूह।

**grape sugar** ***n.*** dextrose, अंगूरशर्करा।

**grapevine** (ग्रेप्´-वाइन्) ***n.*** 1. a vine on which grapes grow, अंगूर की लता। 2. a means of passing an information unofficially, अनधिकारिक रूप से सूचना प्रदान करने का तरीका, एक-दूसरे को खबर करना।

**graph** (ग्राफ़्, ग्रैफ़्) ***n.*** a drawing used to show relationship between two sets of numbers, ग्राफ़, आलेख। ***v.*** to represent by a graph, ग्राफ़ बनाना, आलेख बनाना।

**-graph** ***suffix*** an apparatus that writes or records, आलेखी।

**graphic** (ग्रैफ़्´-इक्) ***adj.*** 1. written or printed, लिखा या छपा हुआ। 2. drawn or engraved, खींचा या नक्काशी किया हुआ। 3. giving a vivid description, सजीव, जीवंत। 4. of or pertaining to graphic arts, ग्राफ़कला-संबंधी, ग्राफ़ीय, आलेखीय।

**graphical** (ग्रैफ़्´-इ-कॅल्) ***adj.*** of graph, ग्राफ़ीय, आलेखीय।

**graphic arts** *n.* (plu.) the arts that involve representing, writing, printing, etching, engraving etc., आलेख-कला, ग्राफ़-कला।

**graphics** (ग्रैफ़्´-इक्स्) *n.* (plu.) 1. the graphic arts, ग्राफ़-कलाएँ। 2. the making of drawings or blue-prints, चित्र या नीले नक़्शे बनाने का काम। 3. lettering and drawings, लिखावट तथा चित्र।

**graphite** (ग्रैफ़्´-आइट्) *n.* the soft black form of carbon, ग्रैफ़ाइट।

**graphomania** (ग्रैफ़्-अॅ-मे´-नि-अॅ) *n.* too much enthusiasm for writing, लेखनोन्माद।

**graph paper** *n.* a paper having intersecting lines for drawing graphs etc., ग्राफ़पेपर, वर्गांकित काग़ज़।

**grapnel** (ग्रैप्´-नॅल्) *n.* a small anchor, छोटा लंगर।

**grapple** (ग्रैप्´-अॅल्) *v.* 1. to engage in hand-to-hand fight, भिड़ना, जूझना, भिड़ंत होना, गुत्थमगुत्था होना, द्वंद्व करना। 2. to seize firmly with the hands, दबोच लेना, जकड़ लेना। 3. to wrestle, कुश्ती लड़ना। *n.* 1. hand-to-hand fight, भिड़ंत, द्वंद्व, गुत्थमगुत्था। 2. a small anchor, छोटा लंगर।

**grasp** (ग्रास्प्, ग्रैस्प्) *v.* 1. to seize and hold firmly with the hands, दबोच लेना, धर-दबोचना। 2. to comprehend, बुद्धि में आना, समझ में आना। □ **grasp at,** दबोच लेना। *n.* 1. hold or grip, पकड़, चंगुल। 2. possession, क़ब्ज़ा। 3. understanding, समझ।

**grasping** (ग्रैस्´-पिंग्) *adj.* greedy, लोभी।

**grass** (ग्रास्, ग्रैस्) *n.* 1. any of numerous plants with narrow leaves and jointed stems that are eaten by animals, घास। 2. a ground covered with such plants, घास का मैदान। 3. a pasture, चरागाह। 4. an informer, मुख़बिर। 5. marijuana, एक नशीला पदार्थ। □ **let the grass grow under one's feet,** समय गँवाना, काम करने में देरी करना। *v.* 1. to cover with grass, घास उगाना। 2. to be covered with grass, घास उगना, घास से आच्छादित होना।

**grasscutter** (ग्रास्´/ ग्रैस्´-कट्-अॅ:) *n.* 1. one who cuts grass, घास काटनेवाला, घसियारा। 2. an implement for cutting grass, घास काटने का उपकरण, खुरपा।

**grasshopper** (ग्रास्´/ ग्रैस्´-हॉप्-अॅ:) *n.* an insect with long hind legs adapted for jumping, टिड्डा।

**grassland** (ग्रास्´/ ग्रैस्´-लैन्ड्) *n.* land reserved for natural grass pasture, घास का प्राकृतिक मैदान, घसियाला भूभाग।

**grassroots** (ग्रास्´/ग्रैस्´-रूट्स्) *n.* (plu.) 1. ordinary people, जन-साधारण। 2. the essentials, मूल तत्त्व। *adj.* of ordinary people, जन-साधारण-संबंधी।

**grassy** (ग्रास्´-ई, ग्रैस्´-ई) *adj.* (grassier, grassiest) covered with grass, घसियाला।

**grate** (ग्रेट्) *v.* 1. to reduce to small threads by rubbing against jagged surface, कद्दूकस पर घिसना, कद्दूकस करना। 2. to make a harsh noise by rubbing, रगड़ से आवाज़ होना या करना, किर-किर करना, किरकिराना। 3. to annoy, चिढ़ाना, क्रुद्ध करना। *n.* 1. a framework of spaced parallel or crossed bars that keeps fuel in a fireplace, अँगीठी की जाली। 2. such a framework of metal, जाली।

**grateful** (ग्रेट्´-फ़ुल्) *adj.* 1. feeling or showing gratitude, कृतज्ञ, एहसानमंद। 2. thankful for kindness, आभारी, कृतज्ञ।

**gratefully** (ग्रेट्´-फ़ु-ली) *adv.* in a grateful manner, कृतज्ञतापूर्वक, धन्यवाद सहित।

**gratefulness** (ग्रेट्´-फ़ुल्-निस्) *n.* the quality or state of being grateful, कृतज्ञता।

**grater** (ग्रे´-टॅ:) *n.* 1. a device with a jagged surface for making shreds, कद्दूकस। 2. a file, रेती। 3. a metal framework of parallel or crossed bars, जाली।

**gratification** (ग्रैट्-इ-फ़ि-के´-शॅन्) *n.* satisfaction, संतोष, संतुष्टि, तृप्ति।

**gratify** (ग्रैट्´-अॅ-फ़ाइ) *v.* 1. to please, प्रसन्न करना, ख़ुश करना। 2. to satisfy, संतुष्ट करना। 3. to give pleasure to, आनंदित करना।

**gratifying** (ग्रैट्´-इ-फ़ाइंग्) *adj.* 1. pleasing, satisfying, प्रसन्नताकारक, संतुष्टिदायक।

G

2. pleasure-giving, आनंददायक।

**grating** (ग्रे´-टिंग्) *n.* a framework of spaced parallel or crossed bars serving as a cover, जाली। *adj.* 1. harsh, कर्णकटु। 2. irritating, खिझानेवाला, अप्रिय।

**gratis** (ग्रेट्´-इस्) *adj.* free of charge, निःशुल्क। *adv.* without charge, मुफ़्त में।

**gratitude** (ग्रैट्´-इ-ट्यूड्) *n.* a feeling of thankfulness, कृतज्ञता, आभार।

**gratuitous** (ग्रॅ-ट्यू´-इ-टॅस्) *adj.* 1. given or done without payment, मुफ़्त में दिया या किया जानेवाला, निःशुल्क। 2. unjustified, अनुचित, अवांछित।

**gratuity** (ग्रॅ-च्यू´-इ-टी) *n.* a gift or reward for services rendered, उपदान, आनुतोषिक।

**grave**[1] (ग्रेव्) *n.* 1. a place where a corpse is buried, क़ब्र। 2. a hole dug in the ground for the burial of a corpse, शव गाड़ने के लिए खोदा हुआ गड्ढा, क़ब्र। □ **dig one's own grave,** अपनी क़ब्र ख़ुद खोदना; **make someone turn in his grave,** मृतक की आत्मा को दुख पहुँचाना; **with one foot in the grave,** मरणासन्न।

**grave**[2] *adj.* (graver, gravest) 1. extremely serious, अत्यंत गंभीर, विकट, संगीन। 2. causing great anxiety or alarm, चिंताजनक। 3. important, महत्त्वपूर्ण। 4. dull, जो खिला न हो, मंद, बुझा हुआ, उदास; grave colour, उदास रंग। *n.* a backward-sloping marks over vowels denoting a pronunciation with falling pitch, (फ्रांसीसी भाषा में) स्वरों पर लगाया जानेवाला चिह्न, अनुदात्त चिह्न।

**grave**[3] *v.* (graved, graven, graving) to engrave, नक़्क़ाशी करना।

**gravel** (ग्रैव्´-ॲल्) *n.* rock fragments or pebbles, बजरी, रोड़ी। *v.* (graveled, graveling) to cover with gravel, बजरी डालना या बिछाना।

**gravelly** (ग्रैव्´-ॲ-ली) *adj.* 1. of gravel, बजरी का, बजरी का बना। 2. rough, खुरदरा।

**graver** (ग्रेव्´-ॲः) *n.* one who engraves, उत्कीर्णक, नक़्क़ाश।

**gravestone** (ग्रेव्´-स्टोन्) *n.* a stone put up over a grave bearing the name, dates of birth and death and other necessary information about the dead person, समाधि-शिला, समाधि-प्रस्तर।

**graveyard** (ग्रेव्´-याःड्) *n.* a burial ground, क़ब्रिस्तान।

**gravitate** (ग्रैव्´-इ-टेट्) *v.* to be drawn toward, आकृष्ट होना, खिंचना।

**gravitation** (ग्रैव्-इ-टे´-शॅन्) *n.* the force of gravity, गुरुत्वाकर्षण, गुरुत्व।

**gravitational** (ग्रैव्-इ-टे´-शॅ-नॅल्) *adj.* of or pertaining to gravitation, गुरुत्वाकर्षण-संबंधी, गुरुत्वीय।

**gravity** (ग्रैव्´-इ-टी) *n.* 1. the attractive central gravitational force exerted by a celestial body, गुरुत्वाकर्षण, गुरुत्व। 2. seriousness, गंभीरता।

**gravy** (ग्रे´-वी) *n.* 1. the juice that comes out from meat during cooking, यख़नी, शोरबा, रसा। 2. easily gotten money, सहज-प्राप्त धन।

**graze**[1] (ग्रेज़्) *v.* 1. to feed on grass, चरना, घास चरना। 2. to cause to feed on grass, चराना, घास चराना।

**graze**[2] *v.* to touch or scrape gently (in passing, चलते समय) छू जाना या रगड़ खा जाना।

**grease** (ग्रीस्) *n.* 1. animal fat, चर्बी। 2. any semi-solid oily substance used as a lubricant, ग्रीस। *v.* (greased, greasing) to lubricate with grease, ग्रीस देना, चिकनाना। □ **grease the palm,** रिश्वत देना; **like greased lightning,** बहुत तेज़ी से।

**greasegun** *n.* an instrument for giving grease into machinery, ग्रीसगन, ग्रीस देने की पिचकारी।

**grease paint** *n.* a type of paint used as make-up by actors and actresses, ग्रीसपेंट।

**greaseproof** (ग्रीस्´-प्रूफ़्) *n.* (of paper) which does not let grease pass through it, ग्रीसप्रूफ़।

**greasy** (ग्री´-सी/ग्री´-ज़ी) *adj.* (greasier, greasiest) 1. coated with grease, जिसपर ग्रीस लगी हो। 2. oily, चिकना। 3. slippery,

फिसलवाँ।

**great** (ग्रेट्) *adj.* 1. of extemely large size, बड़ा, बृहत्, दीर्घकाय, विशाल। 2. larger than others of similar kind, अपेक्षाकृत बड़ा। 3. outstanding, remarkable, भव्य, उल्लेखनीय, शानदार। 4. distinguished, eminent, विशिष्ट, उत्कृष्ट। 5. very good, first-rate, उच्चकोटि का, महान, श्रेष्ठ। 6. indicating further step in genealogical relationship, और ऊपर की पीढ़ी का, पर—; great grandfather, परदादा; great grandmother, परदादी। □ **great at,** किसी काम में अत्यंत निपुण, दक्ष।

**Great Britain** *n.* England, Wales and Scotland, इंग्लैंड, वेल्स और स्कॉटलैंड; ग्रेट ब्रिटेन।

**great-hearted** (ग्रेट्-हा:´-टिड्) *adj.* generous, उदार, विशालहृदय।

**grebe** (ग्रीब्) *n.* (plu. grebes, grebe) a diving bird, एक गोताख़ोर चिड़िया।

**Grecian** (ग्री´-शॅन्) *adj.* Greek, यूनानी। *n.* a native of Greece, यूनानवासी।

**Greco** (ग्री´-को) *adj.* Greek, यूनानी।

**greed** (ग्रीड्) *n.* an excessive desire for food or wealth, लोभ, लालच, लालसा।

**greediness** (ग्री´-डि-निस्) *n.* the quality of being greedy, लोभ, लालच, लोलुपता।

**greedy** (ग्री´-डी) *adj.* (greedier, greediest) 1. showing greed, avaricious, लोभी, लालची, लोलुप। 2. very eager, लालायित।

**Greek** (ग्रीक्) *n.* 1. an inhabitant of Greece, यूनानवासी। 2. the language of the Greeks, यूनानी भाषा। *adj.* 1. of Greece, यूनान-संबंधी। 2. of Greeks, यूनानवासियों से संबद्ध। 3. of the language of Greeks, यूनानी भाषा-संबंधी।

**green** (ग्रीन्) *n.* 1. the colour of growing grass, हरा रंग। 2. a grassy lawn, हरा मैदान। 3. greenery, हरियाली। 4. (plu.) green vegetables, हरी सब्जियाँ, साग-भाजी। 5. green light, हरी रोशनी। *adj.* (greener, greenest) 1. of the colour green, हरा, हरित। 2. covered with green growth, हरा-भरा। 3. fresh, ताज़ा। 4. not ripe, कच्चा, अपरिपक्व, हरा। 5. lacking experience, अनुभवहीन। *v.* to make or become green, हरा होना या बनाना।

**greenery** (ग्री´-नें-री) *n.* green plants and leaves, हरियाली।

**green-eyed** (ग्रीन्´-आइड्) *adj.* jealous, ईर्ष्यालु।

**green-grocer** (ग्रीन्´-ग्रो-सॅ:) *n.* a vegetable seller, सब्जी बेचनेवाला, सब्जीवाला।

**greenhorn** (ग्रीन्´-हॉ:न्) *n.* an inexperienced person, अनाड़ी, अनुभवहीन व्यक्ति।

**greenhouse** (ग्रीन्´-हाउस्) *n.* a building made of glass for raising plants, शीशे की बनी पौधशाला, काँचघर।

**greenish** (ग्रीन्´-इश्) *adj.* rather green, हरा-सा, कुछ-कुछ हरा।

**Greenland** (ग्रीन्´-लैन्ड्) *n.* a large island near Denmark, ग्रीनलैंड।

**greenroom** (ग्रीन्´-रूम्) *n.* a restroom for actors and actresses near the stage, विश्रामकक्ष, सज्जागृह।

**greenwood** (ग्रीन्´-वुड्) *n.* a leafy forest, हरा-भरा जंगल।

**greet** (ग्रीट्) *v.* 1. to address in a friendly and respectful way on meeting, अभिवादन करना। 2. to welcome, स्वागत करना। 3. to receive with a certain reaction, मिलने या प्राप्त होने पर कोई प्रतिक्रिया करना; The news was greeted with dismay, इस समाचार पर निराशा व्यक्त की गई।

**greeting** (ग्रीट्´-इंग्) *n.* 1. a form of words or gestures used to greet a person, अभिवादन। 2. (plu.) good wishes, शुभकामनाएँ, बधाई।

**greeting card** *n.* a card sent as a greeting, ग्रीटिंग कार्ड, बधाई-पत्र, शुभकामना-पत्र।

**gregarious** (ग्रि-गेंअॅर्´-इ-अॅस्) *adj.* 1. living in groups, झुंड में रहनेवाला। 2. seeking and enjoying the company of others, मिलनसार, समाजशील, मिल-बैठनेवाला, सुसामाजिक।

**gregariousness** (ग्रि-गेंअॅर्´-इ-अॅस्-निस्) the habit of living in groups, समूह-प्रियता।

**gremlin** (ग्रेम्´-लिन्) *n.* an imaginary wicked

G

spirit, दुष्टात्मा, प्रेत।

**grenade** (ग्रि-नेड्´) ***n.*** a small bomb designed to be thrown by hand, हथगोला।

**grenadier** (ग्रेन्-अॅ-डिअॅः´) ***n.*** a soldier armed with grenades, हथगोलों से लैस सैनिक।

**grew** (ग्रू) ***v.*** p.t. of grow.

**grey** (ग्रे) ***adj.*** 1. of the colour like black mixed with white, स्लेटी, धूसर, मटमैला। 2. having grey hair, पके हुए या सफ़ेद बालोंवाला। 3. pale, पीला; His face turned grey as he heard this news. इस समाचार को सुनते ही उसका चेहरा पीला पड़ गया। 4. sad, उदास। ***n.*** grey colour, स्लेटी रंग। ***v.*** to become grey or cause to become grey, सलेटी या धूसर हो जाना या बना देना।

**greybeard** (ग्रे´-बिअॅःड्) ***n.*** an old man, बूढ़ा व्यक्ति, बुढ़ऊ।

**grey-headed** (ग्रे´-हेॅड्-इड्) ***adj.*** with grey hair, सफ़ेद बालोंवाला, श्वेतकेशी।

**greyhound** (ग्रे´-हाउन्ड्) ***n.*** a long-legged swift running hunting dog, ग्रेहाउन्ड।

G

**greyish** (ग्रे´-इश्) ***adj.*** rather grey, कुछ-कुछ धूसर या मटमैला, धूसर-सा।

**grey matter** ***n.*** the brain power, मानसिक शक्ति, बुद्धि, विवेक।

**greyness** (ग्रे´-निस्) ***n.*** the quality of being grey, धूसरपन, मटमैलापन।

**grid** (ग्रिड्) ***n.*** 1. a framework of parallel or crisscrossed bars, जाली। 2. a framework of wires inside a radio set, रेडियो में तारों का जाल। 3. a network of electric cables and power stations over a large area, ग्रिड, बिजली की तारों तथा विद्युत् केंद्रों का जाल, विद्युत् वितरण-केंद्र। 4. a network of lines, रेखाओं का जाल।

**griddle** (ग्रिड्´-अॅल्) ***n.*** a round iron plate for cooking over heat, तवा।

**gridiron** (ग्रिड्´-आइ-अॅःन्) ***n.*** a framework of straight iron bars for cooking or broiling, जाली।

**grief** (ग्रीफ़्) ***n.*** 1. great sorrow or feeling of suffering, घोर दुख, संताप, शोक। 2. a cause of sorrow, विपत्ति, विपदा, मुसीबत, दुख। □ **come to grief,** (i) विफल होना (ii) दुख आ पड़ना।

**grief-stricken** (ग्रीफ़्´-स्ट्रिक्-अॅन्) ***adj.*** distressed, दुखी, संतप्त, शोकाकुल।

**grievance** (ग्री´-वॅन्स्) ***n.*** 1. a cause of complaint, कष्टकर बात, तकलीफ़ देनेवाली बात 2. a complaint, शिकायत। □ **nurse a grievance,** दिल में कोई शिकायत रखे रहना

**grieve** (ग्रीव्) ***v.*** 1. to cause grief to, दुख देना, संतप्त करना। 2. to feel grief, दुखी होना, संतप्त होना।

**grievous** (ग्री´-वॅस्) ***adj.*** 1. causing grief दुखदायक। 2. causing anguish, व्यथित करनेवाला। 3. grave, serious, गंभीर, घोर दारुण। 4. deep, गहरा।

**griffin** (ग्रिफ़्´-इन्) ***n.*** a mythological creature having a body of lion and head and wings of an eagle, एक कल्पित जीव जिसका शरीर शेर का और सिर तथा पंख गरुड़ के हैं।

**griffon** (ग्रिफ़्´-अॅन्) ***n.*** a breed of terrier-like dogs, कुत्तों की एक जाति, ग्रिफ़न।

**grill** (ग्रिल्) ***n.*** 1. a cooking utensil made of parallel bars, जाली। 2. the food cooked or broiled on a grill, जाली पर भून या सेंका हुआ पदार्थ। ***v.*** 1. to cook on a grill, जाली पर भूनना या सेंकना। 2. to question closely and relentlessly, कड़ी पूछताछ करना।

**grille** (ग्रिल्) ***n.*** a framework of metal bars, ग्रिल, जाली, जालीदार जंगला।

**grim** (ग्रिम्) (grimmer, grimmest) 1. severe, stern, कठोर, कड़ा, सख़्त। 2. merciless, क्रूर, निर्दय, निष्ठुर। 3. terrible, भयंकर, डरावना। 4. gloomy, विषादमय।

**grimace** (ग्रि-मेस्´) ***n.*** a contortion of the face expressing pain, disgust or contempt, मुँह बिचकाने की क्रिया या भाव, चेहरे की ऐंठन या खिंचाव, चेहरे पर होनेवाली पीड़ा, विरक्ति या घृणा का भाव। ***v.*** to make a grimace, मुँह बिचकाना।

**grime** (ग्राइम्) ***n.*** a surface of thick black dirt or soot, धूल, कालिख आदि की जमी परत

**rimly** (ग्रिम्´-ली) ***adv.*** mercilessly, क्रूरतापूर्वक, निर्ममतापूर्वक, कड़ाई या सख़्ती से।

**rimy** (ग्राइम्´-ई) ***adj.*** dirty, गंदा, मैला-कुचैला।

**rin** (ग्रिन्) ***v.*** (grinned, grinning) to smile broadly showing teeth, दाँत निपोरना। ***n.*** the act of grinning, दाँत निपोरने की क्रिया या भाव, भद्दी हँसी, खीसें निपोरना।

**rind** (ग्राइन्ड्) ***v.*** (ground, grinding) 1. to crush into fine particles, पीसना, दलना। 2. to be crushed into fine particles, पिसना, दला जाना। 3. to rub together (as teeth, दाँत) रगड़ना, पीसना, किटकिटाना। 4. to sharpen with friction, सान चढ़ाना या सान पर चढ़ना, घिसना। 5. to turn by a handle, हैंडल घुमाना। 6. to study, अध्ययन करना। 7. to oppress, सताना। ***n.*** 1. the act of grinding, पिसाई, दलाई, रगड़ाई, सान चढ़ाई। 2. dull or strenuous work, कोई उबाऊ या मेहनत का काम। 3. one who works or studies excessively, मेहनत का काम या अत्यधिक अध्ययन करनेवाला व्यक्ति।

**rinder** (ग्राइन्´-डः) ***n.*** 1. one who grinds, पीसने या दलनेवाला, सान धरनेवाला। 2. an electric apparatus that grinds, ग्राइन्डर, पीसने की मशीन, चक्की। 3. a large back tooth that grinds food, चौभड़, दाढ़।

**rindstone** (ग्राइन्ड्´-स्टोन्) ***n.*** 1. a thick revolving disk used for sharpening, सान। 2. a millstone, चक्की का पाट। □ **keep one's nose to the grindstone,** काम में डटे या जुटे रहना।

**rip** (ग्रिप्) ***n.*** 1. a tight hold, पकड़। 2. the power of holding, पकड़, नियंत्रण। 3. the understanding, समझ, बोध। 4. mastery, command, अधिकार, वर्चस्व। 5. a handle, मूठ, दस्ता। 6. a suitcase, सूटकेस। □ **come to grips,** सामना करना, भिड़ना। ***v.*** (gripped, gripping) 1. to take a firm hold on, कसकर पकड़ना, नियंत्रण में करना। 2. to hold the interest or attention of, आकृष्ट या मंत्रमुग्ध करना।

**ripe** (ग्राइप्) ***v.*** (griped, griping) 1. to cause or suffer sharp pain in the bowels, पेट दर्द करना, पेट में तेज़ दर्द होना। 2. to complain, शिकायत करना। 3. to irritate, चिढ़ाना।

**gripes** (ग्राइप्स्) ***n.*** (plu.) sharp repeated pains in the bowels, पेट में रह-रहकर होनेवाला दर्द, उदरशूल, मरोड़, ऐंठन।

**grippe** (ग्रिप्) ***n.*** influenza, इन्फ़्लुएन्जा, फ़्लू।

**gripping** (ग्रिप्´-इंग्) ***adj.*** 1. that holds the attention, ध्यान खींचनेवाला। 2. very interesting, रोचक, दिलचस्प।

**grisly** (ग्रिज़्´-ली) ***adj.*** 1. horrifying, भयानक, भयावह। 2. disgusting, घिनौना, बीभत्स।

**grist** (ग्रिस्ट्) ***n.*** 1. grain to be ground, पीसा जानेवाला अन्न। 2. ground grain, पिसा हुआ अन्न।

**gristle** (ग्रिस्´-ऑल्) ***n.*** cartilage, कोमल हड्डी, उपास्थि।

**grit** (ग्रिट्) ***n.*** 1. small particles of stone, रोड़ी, बजरी। 2. courage, साहस, जीवट। 3. endurance, धैर्य, सहिष्णुता। 4. resolution, दृढ़ निश्चय। ***v.*** (gritted, gritting) 1. to cover with grit, रोड़ी या बजरी डालना या फैलाना। 2. to keep (the teeth) tightly together, (पीड़ा आदि के समय दाँतों को) दबाना।

**grits** (ग्रिट्स्) ***n.*** (plu.) coarsely ground grain, दलिया।

**gritty** (ग्रिट्´-ई) ***adj.*** 1. made of or full of grit, कंकड़ीला। 2. courageous, साहसी, जीवटवाला।

**grizzle**[1] (ग्रिज़्´-ऑल्) ***v.*** to cry quietly and continually, रींरीं करना। ***n.*** the act of grizzling, रींरीं।

**grizzle**[2] ***v.*** to make or become grey, धूसर होना या बनाना। ***n.*** 1. grey colour, धूसर या स्लेटी रंग। 2. grey hair, धूसर बाल, पके बाल।

**grizzled** (ग्रिज़्´-ऑल्ड्) ***adj.*** grey haired, पके बालोंवाला, सफ़ेद बालोंवाला।

**grizzly** (ग्रिज़्´-ली) ***adj.*** greyish, कुछ-कुछ धूसर या स्लेटी।

**groan** (ग्रोन्) ***v.*** 1. to utter a deep prolonged sound expressive of pain, कराहना। 2. to utter a deep prolonged sound expressive of grief or annoyance, आह भरना। 3. to complain or grumble, शिकायत

करना, झीखना, चिल्लाना। *n.* 1. sound expressive of pain, कराह। 2. sound expressive of grief or annoyance, आह, ओफ़।

**groats** (ग्रोट्स्) *n.* (plu.) crushed grain, दलिया।

**grocer** (ग्रो´-सँ:) *n.* a dealer in household supplies, बनिया, परचूनिया, पंसारी।

**grocery** (ग्रो´-सॅर्-ई) *n.* 1. the shop of a grocer, बनिए की दुकान, पंसारी की दुकान, किराने की दुकान। 2. the business of a grocer, बनिए का व्यवसाय। 3. (plu. groceries) the goods sold by a grocer, किराना।

**grog** (ग्रॉग्) *n.* an alcoholic liquor mixed with water, पानी मिली शराब।

**grogginess** (ग्रॉग्´-इ-निस्) *n.* 1. weakness, कमज़ोरी, शिथिलता। 2. unsteadiness, shakiness, अस्थिरता, लड़खड़ाहट।

**groggy** (ग्रॉग्´-ई) *adj.* (groggier, groggiest) 1. weak because of illness, बीमारी के कारण कमज़ोर, शिथिल। 2. unsteady, shaky, अस्थिर, लड़खड़ाता हुआ।

G

**groin** (ग्रोइन्) *n.* 1. the area where the thigh meets the trunk, ऊरुमूल। 2. a curved edge where two intersecting vaults meet, चापांतर; groined vaulting, चापांतरित मेहराब।

**groom** (ग्रूम्) *n.* 1. a person employed to look after horses, साईस। 2. a bridegroom, दुल्हा, वर। *v.* 1. to clean and rub down a horse or horses, घोड़े या घोड़ों को खरहरा करना। 2. to clean and brush, सफ़ाई करना, रगड़ना-पोंछना। 3. to make trim, बनाव-श्रृंगार करना। 4. to prepare and train for a particular task or job, तैयार करना, प्रशिक्षित करना।

**grooming** (ग्रू´-मिंग्) *n.* personal cleanliness and neatness, साफ़-सुथरा रहने की क्रिया, सुथरापन।

**groove** (ग्रूव्) *n.* 1. a long narrow furrow or channel in the surface of hard material, खाँचा, नाली। 2. a spiral cut, चूड़ी। 3. a way of living, रहन-सहन। 4. a routine, बँधा क्रम, नियत क्रम, नित्यकर्म। □ **in the groove,** बहुत ही अच्छी स्थिति में। 1. to make grooves in, खाँचे बनाना। 2. enjoy oneself, मज़ा या मज़े लेना। 3. progress, प्रगति करना। 4. to play we[ll] अच्छी तरह बजाना।

**grooved** (ग्रूव्ड्) *adj.* having groove[s] खाँचेदार, चूड़ीदार।

**groovy** (ग्रू´-वी) *adj.* (groovier, groovies[t]) 1. delightful, मज़ेदार, आनंदप्रद। 2. excellent, उत्कृष्ट, उत्तम। 3. modern, आधुनिक

**grope** (ग्रोप्) *v.* 1. to search about uncertainly with hands in dark, टटोलना, टोहना 2. to search with uncertainty of success, खोज-ढूँढ़ करना, पता लगाना। 3. touch a woman's body to get sexu[al] pleasure, कामसुख के लिए स्त्री के शरीर [का] स्पर्श करना, (अंग) सहलाना। *n.* the act [of] groping, टटोलने की क्रिया, खोज, खोज-ढूँढ़

**gropingly** (ग्रोप्´-पिंग्-ली) *adj.* searchin[g] with hands, टटोलते हुए, टटोलते-टटोलते।

**gross** (ग्रॉस्) *adj.* 1. heavily built, fat, भारी भरकम, स्थूल, मोटा। 2. thick, dense, सघन 3. excessive, terrible, अत्यधिक, प्रचं[ड] gross misconduct, घोर कदाचार। 4. tota[l] entire, कुल, समग्र, सकल; gross incom[e] सकल आय। 5. vulgar, अशिष्ट, असभ्य 6. coarse, rough, घटिया, रद्दी। 7. obscen[e] अश्लील, गंदा। 8. general, सामान्य। *n.* 1. the entire body, whole, समग्रता। 2. group of 144 items, गुर्स, बारह दर्जन। □ **in gross,** बड़े परिमाण में, बड़ी संख्या में। to earn as total revenue prior to deducting expenses, taxes etc., कुल आ[य] होना, कुल आमदनी होना।

**grotesque** (ग्रो-टेंस्क्´) *adj.* odd and ludicrous, ऊलजलूल, भोंडा, बेतुका, विचि[त्र] अनगढ़। *n.* 1. a person of grotesqu[e] appearance, भोंड़ा व्यक्ति। 2. a comical distorted figure, हास्यास्पद विकृत आकृ[ति] भोंडा या विरूपित चित्र। 3. distortio[n] विकृति, भोंडापन।

**grotto** (ग्रॉट्´-ओ) *n.* 1. a man-made cav[e] set in a garden, उद्यान-गुफ़ा, नकली गुफ़ा

2. a natural cave, गुफ़ा।

**rotty** (ग्रॉ´-टी) ***adj.*** bad, unpleasant, ख़राब, अप्रिय।

**rouchy** (ग्रॉउच्´-ई) ***adj.*** grumbling or complaining, झीखनेवाला, शिकायत करता रहनेवाला।

**round¹** (ग्राउन्ड्) ***n.*** 1. solid surface of the earth, भूतल, धरातल, 2. soil, earth, ज़मीन, भूमि। 3. a piece of land, भूक्षेत्र, जमीन का टुकड़ा, ज़मीन। 4. land surrounding a building, अहाता, हाता। 5. the bottom of the sea, समुद्र-तल। 6. first covering of the paint, पेंट की पहली परत। 7. basis for an argument, कारण, आधार; common ground, सामान्य आधार। 8. background, पृष्ठभूमि। 9. matter for consideration, विचारणीय विषय। 10. (plu.) sediment at the bottom of a liquid esp. coffee, (कॉफ़ी के प्याले में) जमा होनेवाली तलछट। ☐ **break fresh (or new) ground,** पहले-पहल कोई नया काम शुरू करना; **cover the ground,** (i) किसी विशिष्ट क्षेत्र में जाना, (ii) सभी संबद्ध बातों को समेटना; **cut the ground from under someone's feet,** ऐसा काम करना जिससे किसी की योजना धरी रह जाए; **fall to the ground,** चौपट हो जाना; **gain ground,** (i) सफल होना, (ii) आगे बढ़ना, (iii) फैलना, जड़ पकड़ना; **get off the ground,** सफलतापूर्वक श्रीगणेश करना; **give ground,** पीछे हटना; **go to ground,** छिप जाना, भूमिगत हो जाना; **have one's feet on the ground,** व्यवहारशील बने रहना; **hold one's ground,** दृढ़ बने रहा, जमे रहना; **lose ground,** पीछे धकेला जाना, हार जाना; **shift one's ground,** अपना दृष्टिकोण बदल लेना। ***v.*** 1. to place on the ground, ज़मीन पर रखना या उतारना। 2. to strike against the ground, ज़मीन से टकराना। 3. to instruct in fundamentals, किसी विषय की मूल बातें समझाना। 4. to provide a basis for, आधार प्रस्तुत करना, आधारित करना। 5. to prevent from flying or confine to the ground, उड़ने न देना, उड़ान भरने से रोकना। 6. to connect to a ground, ज़मीन से जोड़ना।

**ground²** ***v.*** p.t. & p.p. of grind, ***adj.*** 1. reduced to fine particles by grinding, महीन दला या पीसा हुआ। 2. having edge sharpened by grinding, सान द्वारा तेज़ किया हुआ।

**ground floor** ***n.*** the floor at a ground level, भूखंड, पहली मंज़िल।

**grounding** (ग्राउन्´-डिंग्) ***n.*** 1. a base, आधार, पीठिका। 2. basic training, मूलभूत प्रशिक्षण।

**groundless** (ग्राउन्ड्´-लिस्) ***adj.*** 1. without foundation or good reason, निराधार, बेबुनियाद। 2. unjustified, अनुचित, अन्यायपूर्ण।

**groundnut** (ग्राउन्ड्´-नट्) ***n.*** a plant and its underground nut, मूँगफली, चिनिया बादाम।

**ground plan** ***n.*** the map of the ground floor, भूचित्र, भवन नक़्शा।

**ground sheet** (ग्राउन्ड्´-शीट्) ***n.*** a waterproof sheet placed on the ground in a tent, तंबू के अंदर ज़मीन पर बिछाई जानेवाली वाटरप्रूफ़ चादर।

**groundsman** (ग्राउन्ड्स्´-मॅन्) ***n.*** a person who maintains playgrounds, मैदान-रक्षक।

**ground water** ***n.*** water beneath the earth's surface, भूतल के नीचे का जल, भूजल।

**groundwork** (ग्राउन्ड्´-व़:क्) ***n.*** preliminary work, आधारिक कार्य, प्रारंभिक कार्य।

**group** (ग्रूप्) ***n.*** 1. number of persons or objects considered as a collective unit, ग्रुप, समूह, दल; group interest, समूह-हित। 2. a number of people of same age, interests, beliefs etc., समूह, ग्रुप। 3. a number of plants, languages etc. considered as a unit, समूह, वर्ग। 4. an association of companies, firms etc., समूह, संघ। 5. a unit of performers, मंडली, समूह। ***v.*** (grouped, grouping) 1. to form a group, ग्रुप या दल बनाना। 2. to place in groups, वर्गीकरण करना, वर्गों या समूहों में बाँटना।

**grouper** (ग्रू´-पें:) ***n.*** a marine fish, एक तरह की समुद्री मछली।

**groupie** (ग्रू´-पी) ***n.*** a female member of musical performers, संगीत मंडली की महिला-सदस्या।

**grouping** (ग्रूप्´-इंग्) ***n.*** an act of arranging into groups, समूहीकरण, समूहन, वर्गबंधन।

**groupism** (ग्रूप्´-इज़्-ॲम्) ***n.*** 1. formation of groups, दलबंदी। 2. fighting between the groups, दलों का आंतरिक संघर्ष, दलबंदी।

**grouse**[1] (ग्राउस्) ***n.*** (plu. grouse) 1. a chicken like bird with feathered feet, तीतर। 2. its flesh, तीतर का मांस।

**grouse**[2] ***v.*** 1. to grumble in discontent, झीखना, भुनभुनाना। 2. to complain, शिकायत करना। ***n.*** 1. the act of grousing, झीख, भुनभुनाहट। 2. a complaint, शिकायत।

**grout** (ग्राउट्) ***n.*** a thin mortar used to fill joints between tiles, सीमेंट का घोल।

**grove** (ग्रोव्) ***n.*** 1. a group of trees, वृक्षावली, वृक्ष-समूह। 2. a small wooded area, कुंज।

**grovel** (ग्रव्´-ॲल्, ग्रॉव्´-ॲल्) ***v.*** (groveled or grovelled, groveling or grovelling) 1. to crawl on the ground, रेंगकर चलना, रेंगते हुए चलना। 2. to bow down, झुक जाना। 3. to abase oneself, अपने को गिराना।

**grow** (ग्रो) ***v.*** (grew, grown, growing) 1. to increase in size by natural development, बढ़ना, विकसित होना। 2. to increase in number or amount, बढ़ना, फैलना। 3. to cultivate, उगाना, उपजाना, पैदा करना। 4. to thrive or flourish, पनपना, बढ़ना। 5. to become, होना, हो जाना, होते चलना; to grow old, बूढ़ा हो जाना; to grow rich, अमीर हो जाना; to grow angry, क्रुद्ध हो जाना। □ **grow away from,** उदासीन या विमुख हो जाना; **grow into,** (i) हो या बन जाना; (ii) अभ्यस्त हो जाना, आदी हो जाना; **grow on,** धीरे-धीरे स्वीकार्य या लोकप्रिय होते चलना; **grow up,** बड़ा होना, वयस्क होना।

**grower** (ग्रो´-ॲ:) ***n.*** 1. one who grows plants, trees etc., पेड़-पौधे उगानेवाला, किसान या माली। 2. a plant which grows in a certain way, विशिष्ट ढंग से उगनेवाला पौधा।

**growing pains** ***n.*** (plu.) difficulties at the beginning of a new enterprise, नए उद्यम में होनेवाली आरंभिक कठिनाइयाँ।

**growl** (ग्राउल्) ***v.*** (growled, growling) 1. to make a low threatening sound (as of a dog or lion, कुत्ते या शेर की तरह) गुर्राना 2. to speak in a growling manner गुर्राना, बड़बड़ाना, क्रुद्ध होकर बोलना। ***n.*** a growling sound, गुर्राहट, बड़बड़ाहट।

**grown** (ग्रोन्) ***v.*** p.p. of grew. ***adj.*** 1. mature परिपक्व, प्रौढ़। 2. fully developed, पूर्ण रूप से विकसित।

**grown-up** (ग्रोन्´-अप्) ***adj.*** adult, वयस्क सयाना; He has one grown-up daughter उसकी एक सयानी लड़की है।

**growth** (ग्रोथ्) ***n.*** 1. the act or process of growing, विकास। 2. a stage in the process of growing, उठान, वृद्धि, संवृद्धि 3. something grown, उगी, बढ़ी या विकसित वस्तु। 4. the cultivation of produce उपज, पैदावार। 5. an increase, बढ़ती, वृद्धि 6. an abnormal formation due to unhealthy growth, बढ़ा हुआ अंग, अपवृद्धि।

**grub**[1] (ग्रब्) ***n.*** 1. a worm-like larva of certain insects, सूँडी। 2. food, भोज्य पदार्थ।

**grub**[2] ***v.*** (grubbed, grubbing) 1. to turn over the soil, ज़मीन खोदना। 2. to dig up by the roots, जड़ से खोदना। 3. to toil arduously, कठोर परिश्रम करना। 4. to obtain by begging, माँगकर प्राप्त करना, माँगकर काम चलाना।

**grubby** (ग्रब्´-ई) ***adj.*** (grubbier, grubbiest) 1. infested by grubs, सूँडियों से भरा 2. dirty, गंदा, मलिन। 3. mean, तुच्छ, हेय।

**grudge** (ग्रज्) ***v.*** 1. to allow or give unwillingly, अनिच्छा से देना या करना, दे या करते हुए आनाकानी करना। 2. to feel envious of (someone's success), ईर्ष्या करना। ***n.*** feeling of envy, डाह, जलन। □ **bear a grudge,** डाह होना; **pay off an old grudge,** बदला चुकाना, बदला लेना।

**grudging** (ग्रज्´-इंग्) ***adj.*** 1. unwilling अनिच्छुक; She was very grudging in her thanks, वह धन्यवाद देने में बहुत संको करती थी। 2. ungenerous, अनुदार।

**grudgingly** (ग्रज्´-इंग्-ली) ***adv.*** unwillingly अनिच्छापूर्वक।

**gruel** (ग्रू´-अॅल्) *n.* a thin porridge made by boiling crushed grain in milk or water, दलिया, लपसी।

**grueling, gruelling** (ग्रू´-अॅ-लिंग्) *adj.* very hard and tiring, exhausting, थका डालनेवाला, पस्त कर देनेवाला, थकाऊ, उबाऊ। *n.* 1. a tiring work, थका देनेवाला काम। 2. punishment, दंड, सज़ा।

**gruesome** (ग्रू´-सम्) *adj.* horrifying, disgusting, भयावह, बीभत्स।

**gruff** (ग्रफ़्) *adj.* rough and unfriendly, रूखा, रुखाई-भरा, ओछा।

**gruffly** (ग्रफ़्´-ली) *adv.* in a gruff manner, रुखाई से।

**grumble** (ग्रम्´-बॅल्) *v.* 1. to express discontent, असंतोष व्यक्त करना, शिकवा करना। 2. to mutter angrily, बुड़बुड़ करना, बुड़बुड़ाना, कुलबुलाना। 3. to grouse or complain, झीखना, शिकायत करना। 4. to rumble, गड़गड़ाना। *n.* 1. an act of grumbling, असंतोष, शिकवा। 2. a complaint, शिकायत। 3. rumbling sound, गड़गड़ाहट।

**grumbler** (ग्रम्´-ब्लॅ:) *n.* one who grumbles constantly, शिकायती टट्टू।

**grumbling** (ग्रम्´-ब्लिंग्) *adj.* expressing discontent, असंतोष-भरा, शिकायत-भरा। *n.* a complaint, शिकायत।

**grumpy** (ग्रम्´-पी) *adj.* (grumpier, grumpiest) bad-tempered, तुनुकमिजाज, चिड़चिड़ा।

**grungy** (ग्रन्´-जी) *adj.* ugly, बदशक्ल, बदसूरत।

**grunt** (ग्रन्ट्) *v.* 1. to utter a low guttural sound as does a hog, घुरघुराना, घुरघुर करना। 2. to speak with such a sound, घुरघुराते हुए बोलना। 3. to grumble, बुड़बुड़ाना, कुलबुलाना। *n.* 1. a grunting sound, घुरघुर, घुरघुराहट। 2. an infantry-man, सैनिक।

**gruntle** (ग्रन्´-टॅल्) *v.* 1. to express discontent, असंतोष व्यक्त करना। 2. to grouse, झीखना, शिकायत करना।

**guano** (ग्वा´-नो) *n.* the dung of seabirds used as fertilizer, समुद्री पक्षियों की बीट जिसका प्रयोग खाद के रूप में किया जाता है।

**guarantee** (गैर्-अॅन्-टी´) *n.* 1. a formal assurance that a thing is of a specified quality and durability and that it will be replaced or repaired free of cost if it is found imperfect, गारंटी। 2. an agreement to be responsible for the fulfilment of someone else's obligations in the event of default, ज़मानत। 3. anything held as security for something, ज़मानत के रूप में रखी हुई वस्तु, प्रत्याभूति। 4. a guarantor, ज़मानतदार, गारंटीकर्ता। *v.* 1. to give a guarantee, गारंटी देना। 2. to be a guarantee for, to furnish security for, ज़मानत देना। 3. to state with certainty, विश्वासपूर्वक कहना। 4. to promise, वचन देना, ज़िम्मा लेना।

**guarantor** (गैर्´-अॅन्-टॅ:) *n.* one who gives a guarantee, गारंटीकर्ता; ज़मानतदार।

**guaranty** (गैर्´-अॅन्-टी) *n.* = guarantee.

**guard** (गा:ड्) *v.* 1. to watch over, पहरा देना, निगरानी करना। 2. to protect or defend from harm or attack, रक्षा करना। 3. to keep in check, नियंत्रण में रखना, संभालना; Guard your tongue. अपनी ज़बान संभालो। 4. to take precautions, सतर्कता बरतना, सावधानी बरतना। *n.* 1. one who protects, रक्षक, रखवाला। 2. a sentry or armed escort, सिपाही या सशस्त्र मार्गरक्षक। 3. an official in charge of a railway train, गार्ड। 4. watchful care, vigilance, निगरानी, पहरा, देख-रेख। 5. safety, रक्षा, बचाव। 6. a defensive attitude, सुरक्षात्मक दृष्टिकोण। □ **be on one's guard,** सतर्क होना; **guard against,** से बचाना।

**guarded** (गा:´-डिड्) *adj.* 1. cautious, careful, सतर्क या सतर्कतापूर्ण। 2. discreet, विवेकपूर्ण, समझदारी-भरा।

**guardian** (गा:´-डि-अॅन्) *n.* 1. one who guards, रक्षक। 2. a person who is legally responsible for the safety and maintenance of a minor or lady, अभिभावक। 3. one who looks after and protects someone's property, संरक्षक, परिरक्षक। *adj.* protecting, रक्षा करनेवाला।

**guardianship** (गा:´-डि-अॅन्-शिप्) *n.* 1. the

G

state of being a guardian, अभिभावकत्व। 2. protection, संरक्षण।

**guava** (ग्वा´-वॅ) ***n.*** a tree and its fruit, अमरूद (पेड़ और फल)।

**gubernatorial** (गु-बॅ:-नॅ-टोर्´-इ-ॲल्) ***adj.*** pertaining to a governor or government, राज्यपाल-संबंधी या सरकारी।

**gudgeon** (ग´-जॅन्) ***n.*** 1. the fish used as bait, चारे के लिए प्रयुक्त की जानेवाली एक प्रकार की छोटी मछली। 2. a person who is easily cheated, जिसे आसानी से ठगा जा सके।

**guerrilla, guerilla** (गॅ-रिल्´-ॲ, गॅ-रिल्´-ॲ) ***n.*** a member of an armed band that uses harassing tactics against the regular army, छापामार; guerrilla war, छापामार युद्ध।

**guess** (गॅस्) ***v.*** 1. to form a conclusion or estimate based on insufficient information, अंदाज़ करना या लगाना, अनुमान करना या लगाना। 2. to suppose, मान लेना, समझना। 3. to form an opinion, राय बनाना। ***n.*** an estimate, अंदाज़, अनुमान।

G

**guesswork** (गॅस्´-व:क्) ***n.*** the act of guessing or an example of this, अनुमान, अंदाज़।

**guest** (गॅस्ट्) ***n.*** 1. a person who receives hospitality at the home of another, अतिथि, मेहमान, अभ्यागत। 2. a person entertained at another's expenses, अतिथि, मेहमान। 3. a person staying at a hotel, होटल में ठहरनेवाला व्यक्ति, मेहमान, यात्री। 4. an actor or entertainer taking part in a programme as a visitor, मेहमान कलाकार। □ **guest of honour,** सम्मानित अतिथि।

**guesthouse** (गॅस्ट्´-हॉउस्) ***n.*** a private boarding house offering accommodation, अतिथिगृह, अतिथिशाला।

**guestroom** (गॅस्ट्´-रूम्) ***n.*** a room reserved for guests, अतिथि-कक्ष।

**guffaw** (ग-फ़ा:´) ***n.*** a coarse and boisterous laugh, a hearty laugh, ठहाका। ***v.*** to give a guffaw, ठहाका लगाना।

**guidance** (गाइड्´-ॲन्स्, गाइ´-डॅन्स्) ***n.*** 1. the act of guiding or the state of being guided, मार्गदर्शन। 2. counselling, परामर्श।

**guide** (गाइड्) ***n.*** 1. one who shows the way, मार्गदर्शक। 2. one who leads others, नेता, अगुआ। 3. one who leads a tour, गाइड। 4. an adviser, परामर्शदाता, सलाहकार। 5. a handbook of information about a place or subject, मार्गदर्शिका। ***v.*** 1. to act as guide to, मार्गदर्शन करना, रास्ता दिखलाना। 2. to supervise, निर्देशित करना। 3. to advise, सलाह देना, परामर्श देना।

**guidebook** (गाइड्´-बुक्) ***n.*** a handbook of information about a place, मार्गदर्शिका।

**guideline** (गाइड्´-लाइन्) ***n.*** a policy or rule giving practical guidance, निर्देशतत्त्व।

**guild** (गिल्ड्) ***n.*** 1. an association of merchants, craftsmen etc., संघ। 2. an organisation or club, संघटन, क्लब।

**guildhall** (गिल्ड्´-हा:ल्) ***n.*** 1. the hall of a guild, संघ-भवन। 2. a townhall, नगर-भवन।

**guile** (गाइल्) ***n.*** craftiness, छल, धूर्तता।

**guileful** (गाइल्´-फुल्) ***adj.*** crafty, cunning, छली या छलपूर्ण, धूर्त या धूर्ततापूर्ण।

**guileless** (गाइल्´-लिस्) ***adj.*** 1. straightforward, निश्छल, ईमानदार। 2. innocent, निरीह।

**guillemot** (गिल्´-इ-मॉट्) ***n.*** a seabird, गिलीमॉट नामक समुद्री पक्षी।

**guillotine** (गिल्´-ॲ-टीन्) ***n.*** 1. a machine with a blade for beheading criminals, एक मशीन जिससे (फ्रांस में) अपराधियों का सिर काटा जाता था। 2. a cutting machine, कटाई मशीन।

**guilt** (गिल्ट्) ***n.*** 1. the fact or feeling of having done wrong, दोषभावना, दोषभार। 2. the responsibility for a criminal offence, अपराधिता। 3. an offence or crime, दोष, अपराध, पाप। 4. remorse, पश्चात्ताप।

**guiltiness** (गिल्ट्´-इ-निस्) ***n.*** the state of being guilty, अपराधी होने का भाव, अपराधिता।

**guilty** (गिल्´-टी) ***adj.*** responsible for an offence or crime, दोषी, अपराधी।

**guinea** (गिन्´-ई) ***n.*** an old British gold coin, गिन्नी।

**guinea fowl** ***n.*** a domestic fowl of Africa, अफ़्रीकी मुर्गा।

**guinea pig** ***n.*** a small rodent, बिसचूहिया की जाति का एक जीव।

**guise** (गाइज़्) ***n.*** 1. outward appearance, बाह्य रूप। 2. clothing, dress, वेशभूषा, वेष। 3. false appearance, छद्मरूप, छद्मावरण।

**guitar** (गि-टा:´) ***n.*** a stringed musical instrument, गिटार।

**guitarist** (गि-टार्´-इस्ट्) ***n.*** one who plays guitar, गिटारवादक।

**gulch** (गल्च्) ***n.*** a ravine, खड्ड।

**gulf** (गल्फ़्) ***n.*** 1. a large area of sea partially enclosed by land, खाड़ी, गल्फ़। 2. a deep wide hole, गहरा गड्ढा, खाई। 3. a wide difference or gap, विषमता, खाई।

**Gulf Stream** ***n.*** a warm ocean current that flows from the Gulf of Mexico to Europe, खाड़ी धारा, गल्फ़स्ट्रीम।

**gull**[1] (गल्) ***n.*** a webbed feet large seabird with long wings, मुर्गाबी, गल।

**gull**[2] ***n.*** a person who is easily be fooled, घोंचू भोला-भाला। ***v.*** to befool, मूर्ख बनाना।

**gullet** (गल्´-इट्) ***n.*** 1. the passage by which food goes from the mouth to the stomach, कंठनाल। 2. the throat, कंठ, गला।

**gullible** (गल्´-इ-बॅल्) ***adj.*** easily befooled or cheated, भोला-भाला।

**gully** (गल्´-ई) ***n.*** 1. a channel cut by heavy rainwater, बरसाती नाला। 2. a fielding position between slip and point in cricket, गली।

**gulp** (गल्प्) ***v.*** 1. to eat or drink hastily or greedily, निगलना, भकोसना, गटकना। 2. to breathe quickly, जल्दी-जल्दी साँस लेना, हाँफना। □ **gulp back,** पी जाना। ***n.*** 1. the act of gulping, निगलने की क्रिया या भाव। 2. a large mouthful, बड़ा कौर या ग्रास। 3. a large mouthful of liquid, बड़ा घूँट।

**gum**[1] (गम्) ***n.*** the fleshy tissue that covers the jaw bones, मसूड़ा।

**gum**[2] ***n.*** a water-soluble sticky substance that comes out of certain trees, गोंद। ***v.*** (gummed, gumming) to stick with gum, गोंद से चिपकाना।

**gummy** (ग´-मी) ***adj.*** covered with gum, sticky, चिपचिपा, गोंदीला।

**gumpot** (गम्´-पॉट्) ***n.*** a pot for gum, गोंददानी।

**gumption** (गम्प्´-शॅन्) ***n.*** common sense, समझ, सहजबुद्धि।

**gun** (गन्) ***n.*** 1. a weapon that sends bullets from a metal tube, बंदूक या तोप। 2. a device which forces out and spreads a substance by pressure, पिचकारी। □ **stick to one's guns,** अपनी बात पर जमे रहना। ***v.*** (gunned, gunning) 1. to shoot with a gun, गोली मारना, तोप से उड़ाना। 2. to hunt with a gun, बंदूक से शिकार करना। 3. to press hard on the accelerator, एक्स्लेटर को दबाना, गति बढ़ाना।

**gunboat** (गन्´-बोट्) ***n.*** a boat or ship mounted with guns, वह नाव जिसपर तोपें लगी हों।

**gun carriage** ***n.*** a carriage fitted with a gun, तोपगाड़ी।

**gunfight** (गन्´-फ़ाइट्) ***n.*** fight with guns, तोपों की लड़ाई।

**gunfire** (गनॅ´-फ़ाइ:) ***n.*** firing of guns, गोलाबारी।

**gunman** (गन्´-मॅन्) ***n.*** an armed person, बंदूकधारी।

**gunmetal** (गन्´-मेंट्-अॅल्) ***n.*** an alloy of copper, tin and zinc, गनमेटल।

**gunner** (गन्´-अॅ:) ***n.*** 1. a soldier who fires a large gun or cannon, तोपची। 2. a hunter armed with a gun, बंदूकधारी शिकारी।

**gunnery** (गन्´-अॅ-री) ***n.*** 1. the science of constructing and operating large guns or cannons, तोप-निर्माण विद्या, तोपचालन विद्या, तोप विद्या। 2. the guns collectively, तोपख़ाना। 3. the firing of the guns, गोलाबारी।

**gunny** (गन्´-ई) ***n.*** a coarse fabric made of jute, टाट।

**gunny sack** ***n.*** a sack made of gunny, बोरा।

**gunpoint** (गन्´-प्वाइन्ट्) ***n.*** the muzzle of a gun, नालमुख। □ **at gunpoint,** गोली से मार डालने की धमकी देते हुए।

**gunpowder** (गन्´-पॉउ-डॅ:) ***n.*** an explosive

powder, बारूद।

**gunshot** (गन्´-शॉट्) ***n.*** a shot fired from a gun, बंदूक की गोली।

**gun-shy** (गन्´-शाइ) ***adj.*** afraid of gunfire, बंदूक की दनादन आवाज़ से डरनेवाला।

**gunsmith** (गन्´-स्मिथ्) ***n.*** one who makes or repairs firearms, बंदूकें बनानेवाला या बंदूकों की मरम्मत करनेवाला।

**gurgle** (ग:´-गॅल्) ***v.*** 1. to make low sounds (said of water) while flowing unevenly, (बहते पानी का) गरगर या गड़गड़ शब्द करना। 2. to make similar sounds in the throat, गले से गरगर या गड़गड़ शब्द करना, गरारे करना। ***n.*** 1. the sound of gurgling, गरगर, गड़गड़। 2. the act of gurgling, गरारा।

**gush** (गश्) ***v.*** 1. to flow or pour out suddenly and in large quantity, फूट या बह निकलना। 2. to utter or admire in a sentimental manner, भावुकतापूर्वक कुछ कहना या बड़ाई करना। ***n.*** 1. a sudden and violent flow, सहसा होनेवाला तेज़ बहाव, धार। 2. act of admiring in a sentimental manner, भावुकतापूर्ण प्रशंसा। 3. show of emotion, आवेश। 4. effusive talk, उद्‌गार।

**gusher** (गश्´-अ:) ***n.*** an oil well that gushes, वह कुआँ जिसमें से तेल या गैस बहती हो।

**gushing** (गश्´-इंग्) ***adj.*** 1. flowing, बहता हुआ। 2. sentimental, भावुक, भावुकतापूर्ण।

**gusset** (गस्´-इट्) ***n.*** a triangular piece of cloth in the garment, कली।

**gust** (गस्ट्) ***n.*** 1. a sudden strong rush of wind, rain or smoke, झोंका। 2. an outburst of emotion, झोंक, भावावेग। ***v.*** to blow in gusts, झोंके आना या चलना।

**gusto** (गस्´-टो) ***n.*** 1. zeal, उत्साह, जोश। 2. vigorous enjoyment, मौज-मस्ती, चाव, आनंद।

**gusty** (गस्´-टी) ***adj.*** blowing in gusts, झोंकों में आनेवाला।

**gut** (गट्) ***n.*** 1. food-pipe, भोजन-नली। 2. (plu.) the intestines, अँतड़ी, आँतें। 3. a cord made from animal intestines, ताँत। 4. (plu.) courage, will-power, साहस, संकल्प-शक्ति। 5. (plu.) value; force. महत्त्व; शक्ति। 6. (plu.) inner working parts or contents of something, भीतरी पुर्ज़े या विषय-वस्तु। ***adj.*** 1. fundamental, मूलभूत। 2. instinctive, सहज, नैसर्गिक। ***v.*** (gutted, gutting) 1. to remove the guts from, अँतड़ियाँ निकाल देना। 2. to destroy the internal parts or the contents of, खोखला कर देना, सब-कुछ निकाल या नष्ट कर देना; The building was gutted by fire. आग से इमारत स्वाहा हो गई।

**gutless** (गट्´-लिस्) ***adj.*** lacking courage or determination, दृढ़ताविहीन, दब्बू।

**gutsy** (गट्´-सी) ***adj.*** courageous, determined, साहसी, दृढ़प्रतिज्ञ, हिम्मती।

**gutta percha** (गट्´-अॅ-प:´-चॅ) ***n.*** a rubber-like material derived from the sap of certain Malayan trees, गटापारचा।

**gutter** (गट्´-अ:) ***n.*** 1. a channel at the side of a street for draining off water, नाली, नाला, गंदा नाला। 2. a pipe at the lower edge of a roof to carry away rain-water, परनाला, मोरी। 3. poverty-stricken environment, दरिद्रताजन्य स्थिति। 4. a slum, गंदी बस्ती। ***v.*** 1. to flow in a stream, धारा के रूप में बहना, नाली बहना। 2. (of a candle) to melt away rapidly, गल जाना, बह जाना।

**gutter press** ***n.*** a type of paper that print shocking and sensational news, पनालिया प्रेस।

**guttural** (गट्´-अॅ-रॅल्) ***adj.*** 1. of or relating to the throat, कंठ-संबंधी। 2. produced in the throat, कंठ्य; guttural sound, कंठध्वनि। ***n.*** a guttural consonant, कंठ्य व्यंजन।

**guttural-labial** (गट्´-अॅ-रॅल्-ले´-बि-अॅल्) ***adj.*** pertaining to the throat as well as lips, कंठ्योष्ठ्य।

**guttural-palatal** (गट्´-अॅ-रॅल्-पैल्´-एट्-अॅल्) ***adj.*** pertaining to the throat and palate (the roof of the mouth), कंठ्यतालव्य।

**gutty** (गट्´-ई) ***adj.*** courageous, साहसी, दिलेर।

**guy**[1] (गाइ) ***n.*** a rope, chain or cable used

for steadying or guiding, कोई चीज़ स्थिर रखने या कहीं लाने-ले जाने के लिए प्रयुक्त रस्सा; चेन या केबल बाँधने, कसने आदि का रस्सा। *v.* to steady or guide with a guy, रस्से, केबल आदि से (कोई चीज़) स्थिर रखना या कहीं लाना-ले जाना।

**guy²** (गाइ) *n.* 1. a man, व्यक्ति, आदमी। 2. a person in odd clothes, फूहड़ व्यक्ति। *v.* (guyed, guying) to ridicule, खिल्ली उड़ाना।

**guzzle** (गज़्´-अॅल्) *v.* to eat or drink greedily, भकोसना, गटकना।

**gym** (जिम्) *n.* a gymnasium, जिमख़ाना।

**gymkhana** (जिम्-का´-नॅ) *n.* the place for sports events, जिमख़ाना।

**gymnasium** (जिम्-ने´-ज़ि-अॅम्) *n.* a room or hall equipped for teaching or practising gymnastics, व्यायामशाला।

**gymnast** (जिम्´-नैस्ट्) *n.* an expert in physical exercises, व्यायाम-विशेषज्ञ, व्यायाम-कुशल, जिमनास्ट, व्यायामी।

**gymnastic** (जिम्´-नैस्-टिक्) *adj.* of gymnastics, व्यायाम-संबंधी, व्यायामिक, व्यायामी।

**gymnastics** (जिम्´-नैस्-टिक्स्) *n.* 1. (plu.) athletic exercises, जिमनास्टिक्स, व्यायाम। 2. (singular) the science or subject related to athletic exercises, व्यायाम-विज्ञान।

**gynaecological** (गाइ-नि-कॉ´-लॅ-जि-कॅल्) *adj.* of gynaecology, स्त्रीरोग-विज्ञान-संबंधी।

**gynaecologist** (गाइ-नि-कॉ´-लॅ-जिस्ट्) *n.* a specialist in gynaecology, स्त्रीरोग विशेषज्ञ।

**gynaecology** (गाइ-नॅ-कॉल्´-अॅ-जी) *n.* study of the female reproductive system and its diseases, जननेंद्रियरोग-विज्ञान, स्त्रीरोग-विज्ञान।

**gynandrous** (गाइ-नैन्´-ड्रस्) *adj.* of or pertaining to both the sexes, उभयलिंगी।

**gynarchy** (गाइ-नै:´-ची) *n.* the government of women, स्त्रीतंत्र।

**gynephobia** (जाइ-नॅ-फ़ो´-बि-अॅ) *n.* abnormal fear of women, स्त्रीभीति, नारीभय, स्त्रीभय।

**gyp** (जिप्) *v.* (gypped, gypping) to cheat, धोखा देना, ठगना। *n.* one who cheats, धोखेबाज़, ठग।

**gypsum** (जिप्´-सम्) *n.* a white mineral, एक प्रकार का सफ़ेद रंग का खनिज, खड़िया मिट्टी।

**Gypsy** (जिप्´-सी) *n.* a member of a nomadic tribe, जिप्सी, ख़ानाबदोश।

**gyrate** (जाइ´-रेट्) *v.* to revolve, घूमना, चक्कर खाना।

**gyration** (जाइ-रे´-शॅन्) *n.* the act of gyrating, घूमने या चक्कर लगाने की क्रिया या भाव, घुमाव।

**gyroscope** (जाइ´-रॅ-स्कोप्) *n.* a device consisting of heavy wheel for keeping ships and aircraft steady, घूर्णिका।

# H

**H, h** ***n.*** the eight letter of the English alphabet, अंग्रेज़ी वर्णमाला का आठवाँ वर्ण।

**ha** (हा) ***interj.*** an exclamation of surprise, ओह, वाह!

**habeas corpus** (हे´-बि-ॲस्-कॉ:´-पॅस्) ***n.*** a writ issued to bring a person before a court to prevent his unla ful detention, बंदी प्रत्यक्षीकरण, बंदी उपस्था ।

**haberdasher** (हैब्´-ॲ:-डैश्-ॲ:) ***n.*** a shopkeeper dealing in small items, बिसाती।

**haberdashery** (हैब्´-ॲ:-डैश्-ॲ-री) ***n.*** 1. a haberdasher's shop, बिसातबाना। 2. a haberdasher's goods, बिसाती द्वारा बेची जानेवाली वस्तुएँ।

**habit** (हैब्´-इट्) ***n.*** 1. usual behaviour or tendency, आदत, बान, अभ्यास। 2. the customary dress of a particular occupation, किसी पेशे के लोगों का पहनावा। 3. the long dress worn by a monk or nun, भिक्षुओं का लंबा पहनावा।

**habitable** (हैब्´-इ-टॅ-बॅल्) ***adj.*** suitable to live in, रहने योग्य, रहने लायक, निवास-योग्य।

**habitant** (हैब्´-इ-टॅन्ट्) ***n.*** an inhabitant, वासी।

**habitat** (हैब्´-इ-टैट्) ***n.*** the natural home or locality of a plant or animal, वह प्राकृतिक स्थान जहाँ किसी जाति के पेड़-पौधे या पशु अत्यधिक हों, घर, भूमि, क्षेत्र।

**habitation** (हैब्-इ-टे´-शॅन्) ***n.*** 1. a dwelling place, घर, निवास, निवास-स्थान। 2. a-natural environment, प्राकृतिक पर्यावरण। 3. the act of inhabiting, रहने या बसने की क्रिया, रिहाइश।

**habitual** (हॅ-बिच्´-उ-ॲल्) ***adj.*** 1. done regularly and repeatedly, अभ्यासजनित, आभ्यासिक। 2. usual, regular, सामान्य, नियमित। 3. doing something as a habit, आदी, अभ्यस्त; a habitual smoker, सिगरेट या तंबाकू पीने का आदी।

**habitually** (हॅ-बिच्´-उ-ॲ-ली) ***adv.*** by habit, आदतन, आदत से।

**habituate** (हॅ-बिच्´-उ-एट्) ***v.*** to accustom by repetition or exposure, आदी हो जाना, आदत पड़ जाना।

**habituation** (हॅ-बिच्-उ-ए´-शॅन्) ***n.*** the state of being habituated, आदत डलना, अभ्यसन।

**hack**[1] (हैक्) ***v.*** 1. to cut or chop roughly, काटना, चीरना। 2. to cut and clear (the way, रास्ता) काट-छाँटकर साफ़ करना, रास्ता बनाना। 3. to cough in short dry bursts, खोंखों करना। ***n.*** 1. a cut from a blow or kick, कटाव, चीरा, आघात। 2. an agricultural instrument, फावड़ा, गैंती।

**hack**[2] (हैक्) ***n.*** 1. a worn-out horse, बूढ़ा घोड़ा। 2. a horse for ordinary riding, सामान्य घोड़ा। 3. one who is hired to do routine writing, भाड़े का लेखक। 4. a taxi, टैक्सी। 5. a taxi-driver, टैक्सी ड्राइवर। ***adj.*** 1. hired, भाड़े का, किराए का। 2. hackneyed, घिसा-पिटा, साधारण, मामूली। ***v.*** 1. to ride on horseback, घुड़सवारी करना। 2. to drive a taxi, टैक्सी चलाना।

**hacking cough** ***n.*** a cough in short dry bursts, खोंखों, सूखी खाँसी।

**hackles** (है´-कॅल्ज़्) ***n.*** (plu.) the long hair or feathers on the neck of a domestic rooster, मुर्गे की गर्दन पर के लंबे बाल। □ **with one's hackles up,** लड़ने के लिए उतावला।

**hackman** (हैक्´-मॅन्) ***n.*** a taxi-driver, टैक्सी

चालक, टैक्सी-ड्राइवर।

**hackney** (हैक्´-नी) ***n.*** (plu. hackneys) 1. a horse for ordinary riding, सवारी का साधारण घोड़ा। 2. a taxi or coach for hire, टैक्सी।

**hackneyed** (हैक्´-नीड्) ***adj.*** commonplace, trite, साधारण, घिसा-पिटा।

**hacksaw** (हैक्´-सा:) ***n.*** a saw used for cutting metal, धातु काटने की आरी।

**hackwork** (हैक्´-वॅ:क्) ***n.*** hackneyed work, घिसा-पिटा काम, नीरस या उबाऊ काम।

**had** (हैड्) ***v.*** p.t. & p.p. of have.

**Hades** (हे´-डीज़्) ***n.*** 1. the underworld abode for the souls of dead persons, पाताल। 2. hell, नरक।

**haematic** (ही-मैट्´-इक्) ***adj.*** of or related to blood, रक्त-संबंधी, रुधिर-संबंधी, ख़ूनी।

**haematology** (ही-मॅ-टॉल्´-अॅ-जी) ***n.*** the branch of medical science dealing with diseases of the blood, रक्त-संबंधी रोग-विज्ञान, रक्त-रोग विज्ञान।

**haemoglobin** (ही-मॅ-ग्लोब्´-इन्) ***n.*** a red colouring matter in the blood, वह तत्त्व जिससे रुधिर की कणिकाओं का रंग लाल होता है, हीमोग्लोबिन।

**haemophilia** (ही-मॅ-फ़िल्´-इ-अॅ) ***n.*** a hereditary human disease which causes severe bleeding from even a slight injury, अधिक रक्तस्राव का रोग।

**haemoptysis** (ही-मॉप्´-टि-सिस्) ***n.*** spitting or coughing up of blood, थूक या बलगम में ख़ून आने का रोग।

**haemorrhage** (हॅम्´-अॅ-रिज्) ***n.*** flow of blood form ruptured blood vessels, रक्त-नली के फट जाने से होनेवाला रक्तस्राव।

**haemorrhoids** (हॅम्´-अॅ-रॉ-इड्ज़्) ***n.*** swollen veins in the region of the anus, बवासीर।

**haft** (हैफ़्ट्) ***n.*** the handle of a knife, axe etc., मूठ, दस्ता, हैंडल।

**hag** (हैग्) ***n.*** an ugly old woman, बदसूरत बूढ़ी औरत।

**haggard** (हैग्´-अॅ:ड्) ***adj.*** 1. looking exhausted, थका-हारा। 2. careworn, चिंताग्रस्त।

**haggis** (हैग्´-इस्) ***n.*** a dish made of the heart of a sheep, भेड़ के मांस का व्यंजन।

**haggle** (हैग्´-अॅल्) ***v.*** to argue in an attempt to bargain, मोल-भाव करना। ***n.*** the act of haggling, मोल-भाव; हुज्जत।

**haggler** (हैग्´-लॅ:) ***n.*** one who haggles, मोल-भाव करनेवाला; हुज्जती।

**hagiography** (हैग्-इ-ऑग्´-रॅ-फ़ी) ***n.*** a biography of saints, संतों का चरित्र, संतचरित्र।

**hagiology** (हैग्-इ-ऑल्´-अॅ-जी) ***n.*** the literature concerning the saints, संत-साहित्य।

**ha-ha** (हा:´-हा:´) ***interj.*** the sound of laughter, हा-हा!

**haiku** (हाइ´-कू) ***n.*** a type of Japanese poems in 17 syllables, १७ अक्षरोंवाली जापानी कविता, हाइकू।

**hail**[1] (हेल्) ***n.*** 1. the frozen rain drops falling in a shower, ओलों की बौछार। 2. something coming in great numbers, बाढ़, बौछार; a hail of abuses, गालियों की बौछार। ***v.*** to fall as hail, ओले पड़ना।

**hail**[2] (हेल्) ***v.*** 1. to salute or greet, अभिवादन करना, स्वागत करना। 2. to recognize or acknowledge, मानना, स्वीकार करना, अपनाना, मान्यता देना। 3. to signal or call to, बुलाने या ठहरने के लिए संकेत करना, आवाज़ लगाना। ☐ **hail from,** मूल निवासी होना, से आना।

**hailstone** (हेल्´-स्टोन्) ***n.*** a small ball of hail, ओला।

**hailstorm** (हेल्´-स्टॉ:म्) ***n.*** a storm accompanied by hail, ओलों की बरसात, उपलवृष्टि।

**hair** (हॅअ:) ***n.*** 1. a fine threadlike growth from the skin of a mammal, बाल, रोआँ, रोम। 2. a covering of such growth, बाल, केशराशि, केश। 3. a minute distance, सूक्ष्म दूरी या ज़रा-सा अंतर। ☐ **get in someone's hair,** तंग करना, नाकों दम करना; **get someone by the short hairs,** वशीभूत कर लेना; **keep your hair on,** शांति रखना, तैश में न आना, चुप रहना; **let one's hair down,** मनमाना आचरण करना;

**split hairs,** बाल की खाल निकालना; **tear one's hairs,** अपने बाल नोच लेना; **turn a hair,** विचलित हो उठना, घबरा जाना।

**hairbreadth** (हेंॲ:´-ब्रेड्थ्) *n.* a minute distance, ज़रा-सा अंतर, बाल बराबर दूरी। *adj.* extremely close, बाल-बराबर, सूक्ष्म, नज़दीकी। □ **have a hairbreath escape,** बाल-बाल बचना।

**hairbrush** (हेंॲ:´-ब्रश्) *n.* a brush for grooming hair, कंघी, बाल झाड़ने का ब्रश।

**haircut** (हेंॲ:´-कट्) *n.* 1. a shortening of the hair by cutting, बाल-कटाई, हजामत। 2. the style in which one's hair is cut in, बाल काटने या बनाने का ढंग, केश-विन्यास।

**hairdo** (हेंॲ:´-डू) *n.* 1. the act or process of setting and arranging the hair, बाल सँवारने का काम, कंघी-चोटी। 2. a hair style, बाल सँवारने का ढंग, केश-विन्यास।

**hairdresser** (हेंॲ:´-ड्रेस्-ॲ:) *n.* a person who shapes the hair into a style by cutting, setting and colouring, केशकर्मी।

**hairdressing** (हेंॲ:´-ड्रेस्-इंग्) *n.* 1. the act of dressing the hair, बाल-बनाई। 2. the occupation of a hairdresser, बाल बनाने का धंधा।

H

**hairless** (हेंॲ:´-लिस्) *adj.* 1. with no hair, बिन बालों का, केशविहीन। 2. bald, गंजा।

**hairline** (हेंॲ:´-लाइन्) *n.* 1. a very thin line, अति सूक्ष्म रेखा, बाल बराबर पतली रेखा। 2. a very narrow crack, बहुत बारीक दरार।

**hairpiece** (हेंॲ:´-पीस्) *n.* a piece of false hair worn to supplement a woman's natural hair, नकली बाल।

**hairpin** (हेंॲ:´-पिन्) *n.* a pin for keeping hair in position on the head, हेअरपिन, क्लिप।

**hair-raiser** (हेंॲ:´-रे-ज़ॅ:) *n.* a hair-raising story, रोंगटे खड़े करनेवाली कहानी।

**hairraising** (हेंॲ:´-रे-ज़िंग्) *adj.* causing one's hair stand, horrifying, रोमांचक।

**hairsplitter** (हेंॲ:´-स्प्लिट्-ॲ:) *n.* one who make unnecessary distinctions, बाल की ख़ाल निकालनेवाला।

**hairsplitting** (हेंॲ:´-स्प्लिट्-इंग्) *n.* the making of unnecessary distinctions, बाल की ख़ाल निकालने का काम, नुक्ताचीनी।

**hairspray** (हेंॲ:´-स्प्रे) *n.* a spray used to keep the hair in some position, हेअरस्प्रे।

**hairspring** (हेंॲ:´-स्प्रिंग्) *n.* a fine spring that regulates the balance wheel of a watch, घड़ी का महीन स्प्रिंग।

**hairstyle** (हेंॲ:´-स्टाइल्) *n.* the style of arranging-hair, केश-विन्यास शैली।

**hairy** (हेंॲर्´-ई) *adj.* 1. full of hair, covered with hair, बालों से भरा, बालोंवाला। 2. like hair, बाल-जैसा। 3. causing fear, dangerous, भयानक, ख़तरनाक।

**hake** (हेक्) *n.* (plu. hake, hakes) a fish related to the cod family, कॉड की तरह की समुद्री मछली।

**halcyon** (हैल्´-सि-ॲन्) *adj.* 1. calm and peaceful, शांत। 2. happy, सुखी।

**halcyon days** *n.* (plu.) happy and prosperous days, सुख-समृद्धि के दिन।

**hale** (हेल्) *adj.* sound in health, healthy, स्वस्थ, चंगा। □ **hale and hearty,** पूर्ण स्वस्थ।

**half** (हाफ़्, हैफ़्) *n.* (plu. halves) 1. either of the two equal parts into which something is divided, आधा भाग, आधा अंश, आधा; half and half, आधा-आधा। 2. either of the two time periods that make up a game, आधा समय; in first half, पहले आधे समय में। □ **go halves,** बराबर-बराबर बाँट लेना; **one's better half,** पत्नी या पति। *adj.* 1. being half in amount or quantity, आधा, अर्द्ध। 2. incomplete, अपूर्ण। 3. partial, आंशिक।

**halfback** (हाफ़्´-बैक्, हैफ़्´-बैक्) *n.* one of the two players in the game of hocky or football whose position is between the forwards and the backs, हाफ़बैक।

**halfbaked** (हाफ़्´/हैफ़्´-बेक्ड्) *adj.* partly baked, अधपका।

**half-breed** (हाफ़्´/हैफ़्´-ब्रीड्) *n.* a person having parents of different ethnic races, वर्णसंकर, दोगला।

**half-brother** (हाफ़्´/हैफ़्´-ब्र-दॅ:) ***n.*** a brother related through one parent only, सौतेला भाई या कठभाई।

**half-caste** (हाफ़्´/हैफ़्´-कैस्ट्) ***n.*** a half-breed, वर्णसंकर, दोगला।

**half-closed** (हाफ़्´/हैफ़्´-क्लोज़्ड्) ***adj.*** not fully closed, अधखुला, अर्धोन्मीलित।

**half-hearted** (हाफ़्/हैफ़्-हा:´-टिड्) ***adj.*** lacking interest or enthusiasm, बेमन से काम करनेवाला या बेमन से किया जानेवाला।

**half-heartedly** (हाफ़्/हैफ़्-हा:´-टिड्-ली) ***adv.*** without interest or enthusiasm, बेमन से, अधूरे मन से।

**half-mast** (हाफ़्/हैफ़्-मास्ट्´) ***n.*** the position of a flag lowered halfway down the staff as a sign of mourning, आधा झुका झंडा। ***adj.*** lowered halfway down, आधा झुका हुआ।

**half moon** (हाफ़्/हैफ़्-मून्´) ***n.*** the moon when half of its disc is illuminated, आधा चाँद, अर्ध चंद्र।

**half-sister** (हाफ़्´/हैफ़्´ सिस्-टॅ:) ***n.*** a sister related through one parent only, सौतेली बहन या कठबहन।

**half-time** (हाफ़्/हैफ़्-टाइम्´) ***n.*** the inter-mission between halves, आधा समय, मध्यांतर।

**halftone** (हाफ़्´/हैफ़्´-टोन्) ***n.*** an illustration or block in which light and dark shades are reproduced by means of small and large dots, हाफ़टोन, बिंदुचित्र।

**half-truth** (हाफ़्´/हैफ़्´-ट्रूथ्) ***n.*** a statement that is partially true, अर्धसत्य कथन।

**half-volley** (हाफ़्/हैफ़्-वॉ´-ली) ***n.*** (in tennis) the act of striking a ball just as it takes a bounce, हाफ़वाली।

**halfway** (हाफ़्/हैफ़्-वे´) ***adv.*** at half the distance, बीचोबीच, आधे रास्ते में। ***adj.*** 1. midway, ठीक बीचवाला, बिचला। 2. partial, आंशिक। ☐ **meet someone halfway,** एक दूसरे की कुछ बातें मानकर आपस में समझौता कर लेना।

**halfwit** (हाफ़्´-विट्) ***n.*** a foolish person, मूर्ख व्यक्ति।

**halfwitted** (हाफ़्´-विट्-इड्) ***adj.*** foolish, मूर्ख या मूर्खतापूर्ण।

**halibut** (हैल्´-इ-बट्) ***n.*** a kind of large fish, हैलीबट नामक मछली।

**halitosis** (हैल्-इ-टो´-सिस्) ***n.*** bad breath, श्वास की गंध, मुँह की बदबू, गंदी साँस।

**hall** (हा:ल्) ***n.*** 1. a large room, बड़ा कमरा, हाल, विशाल कक्ष। 2. a large municipal building, नगर भवन, टाउन हाल।

**halleluja** (हैल्-अॅ-लू´-यॅ) ***interj.*** used to express praise or joy, जय हो! वाह!

**hallmark** (हा:ल्´-मा:क्) ***n.*** 1. a mark placed on an article of genuineness or high quality, प्रामाणिकता या श्रेष्ठतासूचक चिह्न, निशानी; the hallmark of a civilized person, सभ्य व्यक्ति की निशानी। 2. a distinguished characteristic, महत्त्वपूर्ण विशेषता।

**hallmarked** (हा:ल्´-मा:क्ड्) ***adj.*** having a mark of genuineness or high quality, निशानीवाला, चिह्नयुक्त, प्रमाणांकित।

**hall of fame** ***n.*** a big hall or building housing memorials to famous persons, कीर्ति भवन, स्मारकस्थल।

**hallo** (है-लो´, हें-लो´) ***interj.*** = hello.

**hallow** (हैल्´-ओ) ***v.*** 1. to make holy, पवित्र या पावन करना। 2. to honour as holy, श्रद्धा प्रकट करना।

**hallucinate** (हॅ-ल्यू´-सि-नेट्) ***v.*** 1. to have hallucinations, दृष्टिभ्रम या मतिभ्रम होना। 2. to cause to have hallucinations, दृष्टि-भ्रमित/मति भ्रमित कर देना।

**hallucination** (हॅ-ल्यू-सि-ने´-शॅन्) ***n.*** 1. an illusion of seeing, hearing or experiencing something that does not really exist, भ्रम, मतिभ्रम, विभ्रम। 2. the thing seen, heard or experienced in this way, भ्रांति, विभ्रांति।

**hallucinatory** (हॅ-ल्यू´-सि-ने-टॅ-री) ***adj.*** of or causing hallucinations, भ्रांतिजनक, भ्रांतिकारक।

**hallway** (हा:ल्´-वे) ***n.*** the passage just inside the entrance of a house, ड्योढ़ी।

H

**halo** (हे´-लो) ***n.*** (plu. halos, haloes) 1. a disk of light surrounding the head of a holy person, प्रभामंडल। 2. a bright circle of light around a luminous body, प्रकाशचक्र।

**haloed** (हे´-लोड्) ***adj.*** invested with a halo, प्रभामंडल या प्रकाशचक्र से युक्त।

**halt** (हा:ल्ट्) ***v.*** 1. to cease moving, to stop, रुकना, ठहरना। 2. to bring to a halt, रोकना। 3. to falter (in speech, ज़बान) लड़खड़ाना। 4. to limp, लंगड़ाना। ***n.*** 1. the act of halting, विराम। 2. the place where someone or something halts, stopping place, पड़ाव। 3. a small railway station or bus-stop, छोटा रेलवे स्टेशन या बस-स्टाप।

**halter** (हा:ल्´-टॅ:) ***n.*** a rope or leather strap fastened round a horse's head, घोड़े के गले में बाँधी जानेवाली रस्सी या पट्टी।

**halting** (हा:ल्´-टिंग्) ***adj.*** hesitant, wavering, हिचकिचाता हुआ, डाँवाँडोल।

**halve** (हाव्, हैव्) ***v.*** (halved, halving) 1. to divide into halves, दो हिस्से करना। 2. to reduce by half, आधा हो जाना।

**halyard** (हैल्´-यॅ:ड्) ***n.*** the rope used to raise or lower the flag, sail etc, झंडा या पाल ऊँचा-नीचा करने की रस्सी।

**ham** (हैम्) ***n.*** 1. the upper part of hind leg of a pig, सुअर की रान। 2. the back of the thigh and buttock, पुट्ठा। 3. a performer who overacts, अस्वाभाविक अभिनय या ओवर एक्टिंग करनेवाला अभिनेता। 4. (plu.) buttocks, चूतड़। ***v.*** (hammed, hamming) 1. to overact, अस्वाभाविक अभिनय करना, ओवर-एक्टिंग करना। 2. to exaggerate, अत्युक्ति करना।

**hamburger** (हैम्´-ब:-गॅ:) ***n.*** 1. ground beef, गोमांस का क़ीमा। 2. a cooked patty or sandwich of ground meat, कीमा-भरा केक।

**hamfisted** (हैम्-फ़िस्ट्´-इड्) ***adj.*** awkward, clumsy, भोंडा, फूहड़।

**hamlet** (हैम्´-लिट्) ***n.*** a small village, छोटा गाँव, पुरवा।

**hammer** (हैम्´-अॅ:) ***n.*** 1. a hand tool with a heavy head for driving nails, breaking things etc., हथौड़ा, हथौड़ी। 2. something shaped or used like this, हथौड़ी। 3. an auctioneer's mallet, नीलामकर्ता की हथौड़ी। ☐ **come under the hammer,** नीलामी होना। ***v.*** 1. to strike with a hammer, हथौड़ी से ठोंका या पीटा जाना। 2. to hit repeatedly, बार-बार प्रहार करना। 3. to defeat, हराना, हरा देना। 4. to keep working at something, जुटे या जुते रहना। ☐ **hammer in,** ज़बरदस्ती दिमाग में बैठाना या ठूँसना; **hammer out,** ब्योरा तैयार करना।

**hammer and sickle** ***n.*** the symbol of a hammer crossing a sickle, हँसिया और हथौड़े का चिह्न।

**hammock** (हैम्´-अॅक्) ***n.*** a hanging bed of netting suspended between two supports, दो खूँटियों से बँधा जालीदार झूला।

**hamper**[1] (हैम्´-पॅ:) ***v.*** to hinder or impede, बाधा पहुँचाना, अवरुद्ध करना।

**hamper**[2] ***n.*** a large basket with a cover, पिटारा।

**hamster** (हैम्´-स्टॅ:) ***n.*** a small ratlike rodent kept as a pet, चूहे की तरह का एक जानवर जिसे पाला जाता है, हैमस्टर।

**hamstring** (हैम्´-स्ट्रिंग्) ***n.*** a cordlike tendon at the back of the leg, घुटने के पीछे की नस, टनस। ***v.*** 1. to cut the hamstring, घुटनस काट देना। 2. to cripple or impede the efficiency (of, को) पंगु कर देना।

**hand** (हैन्ड्) ***n.*** 1. the end part of the arm below the wrist, हाथ। 2. possession, care, अधिकार, देख-रेख; The child is in safe hands. बच्चा सुरक्षित हाथों में है। 3. active share, भाग, हिस्सा, हाथ; Many people had a hand in it. इसमें अनेक लोगों का हाथ रहा। 4. active help, सक्रिय सहायता। 5. consent to marriage, विवाह का वचन। 6. a workman, कार्यकर्ता; an old hand, पुराना कार्यकर्ता। 7. workmanship, कारीगरी,

कौशल। 8. handwriting, लिखावट। 9. side or direction, तरफ़, ओर; on the other hand, दूसरी तरफ़। 10. the cards held by or dealt to a player, बाज़ी। 11. a unit of four inches used in measuring a horse's height, घोड़े की ऊँचाई नापने का चार अंगुल का नाप, मुट्ठी। 12. something having the shape or the function of a hand, हाथ। 13. the indicator on a dial, सुई। 14. applause, करतलध्वनि, साधुवाद; to give a big hand, ज़ोर से ताली बजाना। □ **at hand,** पास ही; The independence day is at hand. गणतंत्र दिवस पास ही है। **at someone's hands,** किसी से या किसी के कारण; **by hand,** के हाथ, (व्यक्ति) के द्वारा; **change hands,** एक हाथ से दूसरे हाथ में जाना, स्वामित्व बदल जाना; **fall into someone's hands,** किसी के हाथों में पड़ जाना; **force someone's hand,** किसी को विवश कर देना; **from hand to hand,** एक दूसरे के हाथ; **from hand to mouth,** जिसका गुज़ारा बड़ी मुश्किल से हो रहा हो; **give somebody a free hand,** किसी को स्वेच्छापूर्वक काम करने देना; **get the upper hand of,** नियंत्रण में लाना; **hand in glove,** हाथ से हाथ मिलाकर, एक साथ मिलकर; **hand in hand,** हाथ पकड़े हुए, बाँह में बाँह डाले हुए; **have a hand in,** हाथ होना, योगदान होना; **have one's hands full,** अत्यंत व्यस्त होना; **in hand,** नियंत्रण में, हाथ में; **lay hands on,** क़ब्ज़ा करना; **lend a hand,** सहायता करना; **off hand,** एकाएक; **on hand,** उपलब्ध; **out of hand,** नियंत्रण से बाहर; **play into someone's hands,** किसी के हाथों की कठपुतली होना; **show one's hand,** इरादा जतलाना; **take in hand,** हाथ में ले लेना; **the upper hand,** लाभ, सुविधा; **throw one's hand in,** हाथ खींच लेना; **try one's hand at,** प्रयास करना; **wash one's hands of,** संबंध तोड़ लेना, नाता न रखना; **win a lady's hand,** विवाह के लिए स्त्री को राजी कर लेना; **win hands down,** सरलता से जीत लेना। *v.* 1. to give, देना। 2. to help, सहायता करना। 3. to direct or conduct, निर्देशित करना, परिचालन करना। □ **hand down,** (i) (अगली पीढ़ी को) देना या सौंपना; (ii) (निर्णय) देना; **hand on,** आगे बढ़ाना, (अगले या किसी और को) देना; **hand out,** वितरण करना; **hand over,** भार सौंपना।

**handbag** (हैन्ड्´-बैग्) *n.* 1. a bag for holding small personal articles, हैंडबैग। 2. a suitcase, सूटकेस।

**handball** (हैन्ड्´-बा:ल्) *n.* a game played with a ball, हैंडबाल।

**handbill** (हैन्ड्´-बिल्) *n.* a printed notice distributed by hand, हैंडबिल, पर्चा, इश्तहार।

**handbook** (हैन्ड्´-बुक्) *n.* a small book that provides useful information, पुस्तिका।

**handcart** (हैन्ड्´-का:ट्) *n.* a cart drawn or pushed by hand, छकड़ा, ठेला।

**handclap** (हैन्ड्´-क्लैप्) *n.* a clapping of hands, ताली, थपौड़ी, करतलध्वनि।

**handclasp** (हैन्ड्´-क्लास्प/क्लैस्प्) *n.* a handshake, हाथ मिलाने की क्रिया, हाथ-मिलाई।

**handcuff** (हैन्ड्´-कफ़्) *n.* one of a pair of metal rings that can be locked around the prisoner's wrist, हथकड़ी। *v.* to put handcuffs on, हथकड़ी पहनाना।

**handed** (हैन्´-डिड्) *adj.* 1. of or pertaining to a hand or hands, हाथ-संबंधी, हस्त-। 2. pertaining to a particular number of people, गिनती के कुछ लोगों से संबद्ध; a four-handed card game, चार आदमियों के बीच होनेवाला ताश का खेल।

**handful** (हैन्ड्´-फुल्) *n.* 1. the quantity that can be held in the hand, मुट्ठी-भर सामान। 2. a small number of people or things, गिनती के लोग या वस्तुएँ। 3. a person difficult to control, वह जिसे नियंत्रण में रखना मुश्किल हो।

**handgun** (हैन्ड्´-गन्) *n.* a gun that can be fired with one hand, हैंडगन।

**handicap** (हैन्´-डि-कैप्) *n.* 1. a disadvantage, कठिनाई, बाधा, असुविधा, अड़ंगा। 2. a race in which disadvantages are imposed,

बाधा-दौड़। 3. a defect, disability or deficiency, दोष, अक्षमता या कमी। *v.* 1. to impose handicap(s) on, बाधा(एँ) खड़ी करना। 2. to hinder, रोकना।

**handicapped** (हैन्´-डि-कैप्ट्) *adj.* physically or mentally disabled, असमर्थ, पंगु, विकलांग।

**handicraft** (हैन्´-डि-क्राफ़्ट्/क्रैफ़्ट्) *n.* 1. the skill with the hands, हस्तकौशल। 2. a craft or occupation requiring such skill, हस्तशिल्प, हस्तकला, दस्तकारी। 3. the work so produced, हाथ का काम, दस्तकारी।

**handicraftsman** (हैन्´-डि-क्रैफ़्ट्स्´-मॅन) *n.* an expert in some kind of handicraft, हस्तशिल्पी, दस्तकार, कारीगर।

**handily** (हैन्´-डि-ली) *adv.* 1. in a handy way, सफलतापूर्वक। 2. at hand, नज़दीक।

**handiwork** (हैन्´-डि-व़:क्) *n.* 1. work done by hand, हाथ का काम, हस्तकृति। 2. the result of someone's effort or work, काम, प्रयास।

**handkerchief** (हैंग्´-कॅ:-चिफ़्) *n.* a small square of cloth for wiping the nose, mouth etc., रूमाल।

H

**handle** (हैन्´-डॅल्) *n.* 1. a part of an object that is held or manipulated with the hand, मूठ, हत्था, हैंडल। 2. title, उपाधि; He has a handle to his name, वह उपाधिधारी है। □ **fly off the handle,** मारे क्रोध के आवेश में आ जाना, आंग बबूला हो जाना। *v.* 1. to touch, feel or move with the hands, हाथ से छूना, उठाना-रखना या हटाना-बढ़ाना। 2. to operate, परिचालन करना, चलाना। 3. to manage, प्रबंध करना। 4. to treat, बरताव करना। 5. to deal in, व्यापार करना। 6. to discuss or write about, (किसी के बारे में) विचार-विमर्श करना या लिखित रूप से विचार प्रकट करना।

**handlebar** (हैन्´-डॅल्-बा:) *n.* a curved steering bar of a cycle, साइकिल का हैंडल।

**handler** (हैन्ड्´-लॅ:) *n.* one who handles or controls an animal, वह जो किसी पशु को नियंत्रण में रखता हो।

**handling** (हैन्ड्´-लिंग्) *n.* 1. the way in which something is handled, व्यवहार में लाने का ढंग, व्यवहृत करने का तरीका। 2. treatment, व्यवहार, बर्ताव। 3. management, प्रबंध।

**handmade** (हैन्ड्´-मेड्) *adj.* made by hand, हाथ का बना या बनाया हुआ, हस्तनिर्मित।

**handmaid, handmaiden** (हैन्ड्´-मेड्, हैन्ड्´-मे-डॅन्) *n.* a female servant, नौकरानी।

**hand-me-down** (हैन्ड्´-मि-डॉउन्) *n.* 1. a cheap readymade garment, सस्ता रेडीमेड परिधान। 2. a used and discarded garment by someone, उतरन।

**handout** (हैन्ड्´-ऑउट्) *n.* 1. anything given to a beggar or poor, भिक्षा, दान। 2. a leaflet, पर्चा, इश्तहार।

**handpick** (हैन्ड्´-पिक्) *v.* to pick or select carefully, सावधानी से चुनना।

**handpicked** (हैन्ड्´-पिक्ट्) *adj.* carefully selected, सावधानी से चुना या छाँटा हुआ।

**handrail** (हैन्ड्´-रेल्) *n.* a bar of wood or metal for people to hold as a support when climbing stairs, हैंडरेल।

**handshake** (हैन्ड्´-शेक्) *n.* the act of grasping each other's right hand when two people meet or leave each other, हथमिलाव।

**hands off** *interj.* Don't touch, मत छुओ, हाथ पीछे कर लो! हाथ मत लगाओ!

**handsome** (हैन्ड्´-सम्) *adj.* 1. beautiful, good-looking, सुंदर, चारु, ख़ूबसूरत। 2. attractive, आकर्षक। 3. generous, उदार। 4. ample, plentiful, समुचित, प्रचुर; handsome salary, अच्छा वेतन, पर्याप्त वेतन।

**handstand** (हैन्ड्´-स्टैन्ड्) *n.* the act of balancing on the hands with the feet in the air, हाथों के बल उलटे खड़ा होना।

**hand-to-hand** (हैन्ड्´-टु-हैन्ड्) *adj.* very close, अत्यंत निकट; hand-to-hand fight, हाथापाई।

**hand-to-mouth** (हैन्ड्´-टू-माउथ्) *adj.* having barely enough to live on, जो किसी तरह अपना गुज़ारा चला लेता हो, तंगहाल।

**handwork** (हैन्ड्´-व़:क्) *n.* the work done

by hand, हाथ का काम, हस्तशिल्प।

**handwriting** (हैन्ड्´-राइ-टिंग्) ***n.*** 1. the writing by hand, लिखावट, हस्तलेख, हस्तलिपि। 2. the style of writing peculiar to each person, लिखावट, लेखन-शैली।

**handy** (हैन्´-डी) ***adj.*** 1. easy to use or handle, सहज, सुगम, उपयोगी। 2. readily accessible, पहुँच में होनेवाला। 3. manually adroit, दक्ष, प्रवीण, पटु। 4. near, समीपस्थ।

**handyman** (हैन्´-डि-मॅन्) ***n.*** a person who does odd jobs, वह जो हर प्रकार का काम करने के लिए तैयार हो, सर्वकर्मकार, उपयोगी व्यक्ति।

**hang** (हैंग्) ***v.*** (hung, hanging) 1. to fasten from above with no support from below, लटकाना, टाँगना। 2. to be fastened in this way, लटकना, टँगना। 3. to fix or to be fixed on hinges, (दरवाज़े के पल्ले को) कब्जें या चूल पर खड़ा करना (जिससे वे झूल सकें)। 4. to droop, लटकना, झुकना। 5. to stick (wallpaper) to a wall, दीवार पर (वालपेपर) चिपकाना। 6. to furnish by suspending objects out, प्रदर्शित करना, टाँगना। 7. (p.p. & p.t. hanged) to execute by suspending by the neck from a noose, फाँसी पर टाँगना या लटकाना। □ **hang about,** (i) आसपास आवारा फिरना; (ii) देर करना; **hang around,** (i) आवारा फिरना, मटरगश्ती करना; (ii) चिपके रहना, मँडराना; **hang back,** हिचकना; **hang by a thread,** संकट में होना; **hang fire,** लटक जाना, बीच में फँस जाना; **hang in,** डटे रहना; **hang on,** (i) कसकर पकड़े रहना; (ii) भरोसे पर रहना, भरोसा करना; (iii) जुटे या जमे रहना; (iv) थोड़ी प्रतीक्षा करना; **hang out,** बराबर (कहीं) आते-जाते रहना; **hang over,** (i) बना रहना; (ii) डराना, धमकाना; **hang together,** (i) एकजुट रहना, एका बना रहना; (ii) संगत होना; **hang up,** (i) टेलीफ़ोन से बात ख़त्म होने पर रिसीवर रख देना; (ii) देर करना, देर लगाना; (iii) अवरुद्ध करना। ***n.*** 1. the way in which something hangs, लटके होने की अवस्था या भाव, लटकन। 2. the particular meaning, कोई विशिष्ट अर्थ। 3. the proper method of doing something, ढंग, ढब, पद्धति। □ **not to give a hang,** कुछ भी परवाह न करना।

**hangar** (हैंग्´-अः) ***n.*** a shed where aircrafts are kept or repaired, वायुयानों के लिए मरम्मत-घर, विमानालय, विमान-घर।

**hangdog** (हैंग्´-डॉग्) ***adj.*** ashamed, शर्मिंदा।

**hanger** (हैंग्´-अः) ***n.*** a device for hanging a garment on, हैंगर।

**hanger-on** (हैंग्´-अः-ऑन्) ***n.*** a person who attaches himself to another in the hope of receiving favours, चमचा, पिछलग्गू।

**hanging** (हैंग्´-इंग्) ***n.*** an execution by hanging, फाँसी।

**hangings** (हैंग्´-इंग्स्) ***n.*** (plu.) curtains etc. hung on walls, doors, windows etc., परदे तथा लटकाई जानेवाली अन्य चीज़ें।

**hangman** (हैंग्´-मॅन्) ***n.*** one who executes condemned prisoners, वह जो फाँसी पर लटकाता हो, फाँसी देनेवाला, जल्लाद।

**hangnail** (हैंग्´-नेल्) ***n.*** torn skin at the side or base of fingernail, सुतला।

**hangout** (हैंग्´-आउट्) ***n.*** a favourite meeting place, मिल-बैठने का अड्डा।

**hangover** (हैंग्´-ओ-वॅः) ***n.*** 1. unpleasant aftereffects resulting from drinking too much alcohol, शराब की ख़ुमारी। 2. unpleasant aftereffect, कुपरिणाम, कुप्रभाव।

**hank** (हैंक्) ***n.*** a coil of thread or wool, अट्टी, लच्छी।

**hanker** (हैंक्´-कॅः) ***v.*** to have a longing, लालायित होना, आतुर होना, ललक जगना। □ **hanker after,** के पीछे दौड़ना।

**hankering** (हैंक्´-कॅ-रिंग्) ***n.*** a longing, लालसा।

**hanky** (हैंक्´-की) ***n.*** a handkerchief, रूमाल।

**hanky-panky** (हैंक्´-की-पैंग्´-की) ***n.*** 1. mischievous behaviour, बेतुका व्यवहार, छेड़छाड़। 2. deceit, धोखा, छल।

**hansom** (हैन्´-सॅम्) ***n.*** a two-wheeled covered horse-drawn carriage, बग्घी।

**hap** (हैप्) ***n.*** 1. a happening, घटना। 2. a

H

chance, मौक़ा, अवसर। *v.* ( happed, happing) to happen, घटित होना, होना।

**haphazard** (हैप्-हैज़्´-अ:ड्) *adv.* characterized by lack of order or plan, गड्डमड्ड, ऊटपटांग, विशृंखलित।

**hapless** (हैप्´-लिस्) *adj.* unfortunate, अभागा।

**haplessly** (हैप्´-लिस्-ली) *adv.* unfortunately, दुर्भाग्यवश।

**haply** (हैप्´-ली) *adv.* by chance, संयोगवश, संयोग से, इत्तफ़ाक से।

**happen** (हैप्´-अॅन्) *v.* 1. to take place, घटित होना, घटना, होना। 2. to take place by chance, संयोग से होना, घटित होना, होना। 3. to come upon something by chance, सामना होना।

**happening** (हैप्´-अॅ-निंग्) *n.* 1. an event, घटना। 2. an event or spectacle which catches attention, ध्यान आकृष्ट करनेवाली बात या दृश्य।

**happenstance** (हैप्´-अॅन्-स्टैन्स्) *n.* a thing that happens by chance, वह चीज़ या बात जो अचानक (घटित) हुई हो।

**happily** (हैप्´-इ-ली) *adv.* 1. in a happy manner, ख़ुशी-ख़ुशी, आनंदपूर्वक, सुख से। 2. fortunately, सौभाग्यवश, सौभाग्य से।

H

**happiness** (हैप्´-इ-निस्) *n.* the state or feeling of being happy, ख़ुशी, प्रसन्नता, सुख।

**happy** (हैप्´-ई) *adj.* (happier, happiest) 1. feeling pleasure or joy, ख़ुश, प्रसन्न, सुखी। 2. pleasing, सुखद। 3. characterized by good fortune, शुभ। 4. suitable, appropriate, उचित, सही, उपयुक्त।

**happy-go-lucky** (हैप्-इ-गो-ल´-की) *adj.* easy-going, carefree, बेफ़िक्र, मनमौजी।

**happy medium** *n.* the middle way, बीच का रास्ता, मध्यम मार्ग।

**harakiri** (हैर्´-अॅ-कीर्´-ई) *n.* a Japanese method of suicide by disembowelment, जापानी लोगों द्वारा पेट में छुरा भोंककर की जानेवाली आत्महत्या, हाराकीरी।

**harangue** (हॅ-रैंग्´) *n.* a bombastic and lengthy speech, लंबा-चौड़ा भाषण। *v.* to make a harangue (to), लंबा भाषण देना।

**harass** (हॅ-रैस्´, हैर्´-अॅस्) *v.* 1. to annoy or irritate continually, बराबर तंग करना, परेशान करे डालना। 2. to irritate (an enemy) by repeated raids, (शत्रु पर) बार-बार आक्रमण कर उसे परेशान कर डालना।

**harassed** (हॅ-रैस्ड्´, हॅ-रैस्ट्´) *adj.* tired and irritated by continual worry, परेशान, व्यथित।

**harassment** (हॅ-रैस्´-मॅन्ट्) *n.* an act of harassing or the state of being harassed, परेशानी, व्यथा, तवालत।

**harbinger** (हा:´-बिन्-जॅ:) *n.* 1. one who or that which announces the approach of another, किसी के आगमन की पूर्व सूचना देनेवाला। 2. a forerunner, अग्रदूत।

**harbour, harbor** (हा:´-बॅ:) *n.* 1. a place of shelter for ships, बंदरगाह। 2. a place of shelter, शरणस्थल, अभयारण्य। *v.* 1. to give shelter to, शरण देना। 2. to protect, रक्षा करना। 3. to hold a thought or feeling about, (किसी के प्रति कोई बात) मन में रखना, धारणा बनाना; to harbour a grudge, मनमुटाव रखना।

**hard** (हा:ड्) *adj.* (harder, hardest) 1. resistant to pressure, firm, कड़ा, कठोर, सख़्त 2. difficult to cut or break, जिसे सरलता से काटा या तोड़ा न जा सके, कड़ा। 3. difficult to do or understand, दुष्कर, दुरूह। 4. difficult to answer, मुश्किल, कठिन। 5. intense, severe, तीव्र, उग्र, प्रचंड; a hard blow, तीव्र आघात। 6. energetic, परिश्रमी a hard worker, परिश्रमी कार्यकर्ता। 7. harsh bitter, अप्रिय, कड़ा, तीखा। 8. unjust, cruel कठोर, निर्मम, नृशंस। 9. real, वास्तविक; hard facts, वास्तविक तथ्य। 10. strongly alcoholic, तेज़ (शराब)। 11. (of water containing mineral salts, खनिज तत्त्वों से युक्त (जल)। 12. voiceless, अघोष (वर्ण) 13. (currency) money which cannot be exchanged freely, दुर्लभ (मुद्रा)। □ **hard and fast,** कठोर, कड़ा; hard and fast rule पक्का नियम; **hard of hearing,** बहरा

**hard up,** जिसका हाथ तंग हो। *adv.* 1. with great effort, मुश्किल से। 2. heavily, ज़ोर से। 3. severely, कठोरता से। 4. energetically, परिश्रम से। □ **hard hit,** बुरी तरह प्रभावित; **hard upon,** (i) तुरंत बाद, जल्दी ही; (ii) पीछे-पीछे।

**hardback** (हा:ड्´-बैक्) *adj.* bound in cloth, leather etc., पक्की जिल्दवाला।

**hardbitten** (हा:ड्´-बिट्-अॅन्) *adj.* stubborn, दृढ़, हठी।

**hard-bound** (हा:ड्-बाउन्ड्´) *adj.* having a stiff binding, पक्की जिल्दवाला।

**hard cash** *n.* ready money, नक़द रुपया, नक़दी।

**hard-core** (हा:ड्-को:´) *adj.* stubborn, unwavering, unyielding, हठी, दृढ़, पक्का।

**hard-cover** (हा:ड्-कव्´-अॅ:) *adj.* hard-bound, पक्की जिल्दवाला।

**harden** (हा:´-डॅन्) *v.* 1. to become hard, कठोर या कड़ा हो जाना। 2. to cause to become hard, कड़ा करना या बनाना, कठोर बनाना। 3. to become or cause to become forceful, कड़ा रुख अपनाना। 4. (of prices) cease to fluctuate, (मूल्य) स्थिर रहना। □ **harden to,** आदी हो जाना, महसूस न करना; He is becoming hardened to failures, वह विफलताओं का आदी हो गया है।

**hardheaded** (हा:ड्-हेंड्´-इड्) *adj.* practical, realistic, व्यवहारशील, दुनियादार।

**hardhearted** (हा:ड्-हा:´-टिड्) *adj.* unsympathetic, cold, निर्दय, कठोर।

**hardihood** (हा:´-डि-हुड्) *n.* boldness, दिलेरी।

**hardily** (हा:´-डि-ली) *adv.* boldly, दिलेरी से।

**hard line** *n.* a fixed point of view, an uncompromising stance, कड़ा रुख, हठ।

**hard liner** *n.* one who takes a hard line, कड़ा रुख अपनानेवाला, हठी।

**hard luck** *n.* bad luck, दुर्भाग्य, बदक़िस्मती।

**hardly** (हा:ड्´-ली) *adv.* 1. with difficulty, मुश्किल से, कठिनाई से। 2. almost not, not at all, बिल्कुल नहीं। 3. not really, वस्तुत: नहीं। 4. in a hard manner, सख़्ती से।

**hardness** (हा:ड्´-निस्) *n.* the quality of being hard, कड़ापन, कठोरता; कड़ाई, सख़्ती।

**hard-nosed** (हा:ड्-नोज़्ड्´) *adj.* hard-headed, सयाना, दुनियादार।

**hard nut** *n.* a difficult person or job, विकट व्यक्ति या काम; He is a hard nut to crack, उससे पार पाना मुश्किल है।

**hard palate** *n.* the bony portion of the palate, कठोर तालु।

**hard-shell** (हा:ड्´-शॅल्) *adj.* uncompromising, हठी, अनम्य, अटल।

**hardship** (हा:ड्´-शिप्) *n.* 1. that which is hard to bear, suffering, कठिनाई, विपत्ति। 2. lack of necessities, अभाव, तंगी।

**hardware** (हा:ड्´-वे़ॲ:) *n.* 1. metal goods, tools and utensils, धातु के बर्तन तथा उपकरण। 2. machinery, संयंत्र। 3. weapons, अस्त्र-शस्त्र। 4. the mechanical and electronic parts of a computer, हार्डवेअर।

**hardwood** (हा:ड्´-वुड्) *n.* tough timber, मज़बूत लकड़ी, पक्की लकड़ी।

**hardworking** (हा:ड्-व़:´-किंग्) *adj.* putting care and effort into what one does, परिश्रमी।

**hardy** (हा:´-डी) *adj.* (hardier, hardiest) 1. strong and rugged, तगड़ा, मज़बूत, सशक्त। 2. (of plants) capable of surviving cold weather, सर्दी को सह लेनेवाला (पौधा)।

**hare** (हेंॲ:) *n.* (plu. hares, hare) a rabbit-like mammal with long ears, खरगोश। □ **run with the hare and hunt with the hounds,** दोनो पक्षों से बनाए रखना, चोर से कहना चोरी कर और साव से कहना जागता रह।

**harebrained** (हेंॲ:´-ब्रेन्ड्) *adj.* 1. wild and foolish, उतावला। 2. not practical, अव्यवहारशील, अव्यावहारिक।

**harelip** (हेंॲ:´-लिप्) *n.* the congenital deformity causing split upper lip in human beings, होंठ का कटाव।

**harelipped** (हेंॲ:´-लिप्ड्) *adj.* having split upper lip, कटावदार होंठवाला।

**harem** (हार्´-ॲम्, हैर्´-ॲम्) *n.* 1. part of a

house in which (Muslim) women live, हरम, अंत:पुर, रनिवास। 2. the women who live in this, हरम में रहनेवाली औरतें (बेगमें, रखैलें, नौकरानियाँ आदि)।

**hark** (हा:क्) ***v.*** to listen carefully, ध्यान से सुनना। □ **hark back,** पिछली बात या विषय पर लौटना, गड़े मुर्दे उखाड़ना।

**harlequin** (हा:´-लि-क्विन्) ***n.*** a clownlike character in pantomime wearing multi-coloured clothing, मसखरा, विदूषक। ***adj.*** dressed in multi-coloured clothing, जो विदूषकों की तरह रंग-बिरंगे कपड़े पहने हो।

**harlot** (हा:´-लॅट्) ***n.*** a prostitute, वेश्या, रंडी।

**harlotry** (हा:´-लॅ-ट्री) ***n.*** prostitution, वेश्यावृत्ति।

**harm** (हा:म्) ***n.*** an injury or damage, नुकसान, हानि, क्षति, चोट। ***v.*** to cause harm to, हानि या क्षति करना, चोट पहुँचाना।

**harmful** (हा:म्´-फुल्) ***adj.*** causing harm, नुकसान करनेवाला, हानिकारक, नुकसानदेह।

**harmless** (हा:म्´-लिस्) ***adj.*** inoffensive, चोट या आघात न करनेवाला, निरीह।

**harmonic** (हा:-मॉन्´-इक्) ***adj.*** having a harmonious sound, समस्वरित, समरस।

**harmonica** (हा:-मॉन्´-इ-कॅ) ***n.*** a kind of mouth organ, बाजा, माउथ-आर्गन।

**harmonious** (हा:-मो´-नि-अॅस्) ***adj.*** 1. marked by harmony of sound, tuneful, समस्वरित, समरस, श्रुतिमधुर, सुस्वर। 2. forming a pleasing or consistent whole, समरूप, समरस। 3. marked by agreement and accord, सद्भावनापूर्ण, समरस, मधुर संबंध का सूचक।

**harmonium** (हा:-मो´-नि-अॅम्) ***n.*** a musical instrument, with metal reeds, हारमोनियम।

**harmonization** (हा:-मो-नाइ-ज़े´-शॅन्) ***n.*** the act of harmonizing or the state of being harmonized, समस्वरण, समरसता।

**harmonize** (हा:´-मो-नाइज़्) ***v.*** 1. to bring into harmony, समस्वरित बनाना, समरस करना। 2. to be in harmony, समस्वरित होना, समरस होना। 3. to bring into agreement, ताल-मेल बैठाना या बैठना, संबंधों में मधुरता लाना या होना।

**harmony** (हा:´-मॅ-नी) ***n.*** 1. the combination of musical sounds pleasing to the ears, समस्वरता, श्रुतिमाधुर्य। 2. pleasing and peaceful relationship, मधुर संबंध, समरसता। 3. agreement, accord, संगति, ताल-मेल। 4. peacefulness, शांति।

**harness** (हा:´-निस्) ***n.*** 1. the straps and fittings of a horse, घोड़े का साज। 2. a strap, पट्टी, फीता। □ **die in harness,** मरते दम तक कार्य में जुटे रहना, काम करते-करते मरना; **out of harness,** सेवानिवृत्त। ***v.*** 1. to put a harness on, (घोड़े पर) साज डालना या पहनाना। 2. to control, नियंत्रित करना।

**harp** (हा:प्) ***n.*** a musical instrument with long strings, हार्प नामक (विदेशी) बाजा। ***v.*** to play a harp, हार्प बजाना। □ **harp on,** (i) एक ही बात को बार-बार कहते जाना; (ii) बकबक करना, बकते चले जाना।

**harpist** (हा:´-पिस्ट्) ***n.*** one who plays on harp, हार्प बजानेवाला, हार्पवादक।

**harpoon** (हा:-पून्´) ***n.*** a spear with a long rope used as a missile for hunting whales, व्हेल मछलियों का शिकार करने का भाला, मछभाला, हार्पून। ***v.*** to haunt with a harpoon, मछभाले से शिकार करना।

**harpsichord** (हा:प्´-सि-कॉ:ड्) ***n.*** an old type of piano, प्यानो की तरह का पुराना बाजा।

**harpy** (हा:´-पी) ***n.*** 1. a cruel mythological creature having the head of a woman and the body of a bird, एक पौराणिक पक्षी जिसका सिर स्त्री का और काया पक्षी की मानी जाती थी, चुड़ैल, डायन। 2. a very cruel and greedy person, लूट-खसोट करनेवाला निर्दयी व्यक्ति।

**harridan** (हैर्´-इ-डॅन्) ***n.*** a bad-tempered old lady, दुष्ट बुढ़िया, झगड़ालू बुढ़िया, दुष्टा।

**harrier[1]** (हैर्´-इ-अॅ:) ***n.*** 1. a small hound used for hunting hares, छोटी जाति का एक शिकारी कुत्ता, हैरिअर। 2. a cross-country runner, लंबी दौड़ में भाग लेनेवाला धावक।

**harrier[2]** ***n.*** 1. one who harries, धावे पर धावा बोलनेवाला, बराबर वार या आक्रमण करनेवाला,

बार-बार तंग या परेशान करनेवाला। 2. a kind of falcon, बाज़ पक्षी।

**harrow** (हैर्´-ओ) ***n.*** a farm implement with teeth or disks for breaking up soil, जोते हुए खेत में मिट्टी के ढेले तोड़ने का दाँतेदार उपकरण, हैरो। ***v.*** 1. to break up soil with a harrow, हैरो चलाना, पांटा फेरना। 2. to torment, यातना देना, सताना।

**harrowing** (हैर्´-ओ-इंग्) ***adj.*** causing feelings of distress, दुखद।

**harry** (हैर्´-ई) ***v.*** (harried, harrying) 1. to trouble continually, परेशान किए रहना, निरंतर तंग करना। 2. to attack repeatedly, बार-बार आक्रमण करना, चढ़े चलना।

**harsh** (हा:श्) ***adj.*** 1. unpleasant to the sense of hearing, कर्णकटु, कटु, कड़वा। 2. severe, stern, उग्र, कड़ा। 3. cruel, निर्दय, क्रूर, क्रूरतापूर्ण। 4. rough, रूखा।

**harshly** (हा:श्´-ली) ***adv.*** in a harsh manner, उग्रतापूर्वक, निर्दयतापूर्वक, रुखाई से।

**harshness** (हा:श्´-निस्) ***n.*** the quality of being harsh, उग्रता, निर्दयता, रुखाई।

**hart** (हा:ट्) ***n.*** a full-grown red male deer, लाल युवा हिरन।

**hartal** (ह:-टाल्) ***n.*** closing of shops and stopping of work as a sign of dissatisfaction, हड़ताल।

**harvest** (हा:´-वेंस्ट्, हा:´-विस्ट्) ***n.*** 1. the act of gathering crops, फसल की कटाई, लुनाई, कटाई। 2. the season when this is done, फसल काटने का समय या ऋतु, कटनी। 3. a gathered crop, उपज, पैदावार, फसल। 4. the product of any action, परिणाम, फल। ***v.*** 1. to gather crop, फसल की कटाई करना; फसल इकट्ठी करना। 2. to acquire, प्राप्त करना, पाना।

**harvester** (हा:´-वि-स्टं:) ***n.*** 1. a person who gathers a crop, कटाई करनेवाला, लुनेरा। 2. a machine for cutting and gathering grain, फसल काटनेवाली मशीन।

**harvest moon** ***n.*** the full moon in autumn, शरच्चंद्र, शरद् पूर्णिमा।

**has** (हैज़्) ***v.*** third person singular, present tense of have, रखता है, (के) पास है।

**has-been** (हैज़्´-बीन्) ***n.*** a person or thing that is no longer famous or useful, वह वस्तु या व्यक्ति जो पहले जैसा महत्त्वपूर्ण या उपयोगी अब न हो, गया-बीता व्यक्ति या वस्तु।

**hash** (हैश्) ***n.*** 1. a dish of chopped meat, क़ीमा। 2. a mess or mixed-up affair, घाल-मेल, गड्डमड्ड। ***v.*** 1. to mince or chop up, क़ीमा करना। 2. to mess up, घाल-मेल करना, गड्डमड्ड करना।

**hashish** (हैश्´-इश्) ***n.*** a narcotic extract prepared from the dried flowers of hemp, चरस, हशिश।

**hasp** (हैस्प्) ***n.*** a metal fastener for a door, box etc., कुंडी।

**hassle** (हैस्´-अॅल्) ***n.*** 1. an argument or quarrel, तर्क या विवाद। 2. something troublesome or annoying, कठिन कार्य, मुश्किल काम, परेशानी। ***v.*** 1. to argue or quarrel, तर्क या विवाद करना। 2. to bother or harass, परेशान करना।

**hassock** (हैस्´-अॅक्) ***n.*** a cushion used for kneeling, गद्दी, आसन।

**hast** (हैस्ट्) ***v.*** the past tense of have, used with thou (old use).

**haste** (हेस्ट्) ***n.*** 1. quickness, hurry, शीघ्रता, जल्दी। 2. rashness, जल्दबाज़ी, हड़बड़ी। 3. swiftness, तेज़ी, तेज़ रफ़्तार। □ **in haste,** हड़बड़ी में; **make haste,** जल्दी करना; जल्दबाज़ी करना, हड़बड़ी मचाना।

**hasten** (हे´-सॅन्) ***v.*** 1. to move swiftly, तेज़ी से आगे बढ़ना, जल्दी करना। 2. to cause to move swifty, तेज़ी से आगे बढ़ाना।

**hastily** (हेस्ट्´-इ-ली) ***adv.*** in haste, जल्दी-जल्दी, जल्दी में, हड़बड़ी में।

**hastiness** (हेस्ट्´-इ-निस्) ***n.*** the state or quality of being hasty, हड़बड़ी, जल्दी।

**hasty** (हे´-स्टी) ***adj.*** (hastier, hastiest) 1. done with haste, जल्दी में किया हुआ, हड़बड़ी में किया जानेवाला, जल्दबाज़ी-भरा। 2. rash, आवेशपूर्ण। 3. unwise, अविवेकपूर्ण, अविचारित।

**hat** (हैट्) ***n.*** 1. a covering for the head.

H

हैट। 2. a person's position or job, पद या कार्य; He wears two hats, वह दो पद सँभाले है। □ **a bad hat,** ख़राब आदमी, दुष्ट व्यक्ति; **hang up one's hat,** कामकाज से अवकाश लेना; **Keep it under your hat.** गुप्त रखो, ढका रहने दो। **pass the hat round,** चंदा उगाहना; **take one's hat off,** अभिवादन तथा प्रशंसा करना, वाह वाह करना; **talk through one's hat,** मूर्खतापूर्ण बात कहना; **throw or toss one's hat into the ring,** चुनाव में कूदना।

**hatch[1]** (हैच्) ***n.*** an opening, द्वार या मार्ग।

**hatch[2]** ***v.*** 1. to produce young animals from the egg, अंडे सेना। 2. to emerge from an egg, अंडे से निकलना। 3. to make up a plan in secret, चोरी-छिपे योजना बनाना, खिचड़ी पकाना। ***n.*** 1. the act of hatching, अंडे सेने का कार्य। 2. that which is hatched, अंडे से निकला हुआ जीव।

**hatchery** (हैच्´-अॅ-री) ***n.*** a place where eggs are hatched, अंडे सेने का स्थान।

**hatchet** (हैच्´-इट्) ***n.*** a short-handled axe, कुल्हाड़ी। □ **bury the hatchet,** विवाद को दूर कर मेल करना।

H

**hatchet man** ***n.*** 1. a hired killer, भाड़े का हत्यारा। 2. a violent person, नृशंस व्यक्ति।

**hatching** (हैच्´-इंग्) ***n.*** the drawing of closely spaced parallel lines, समानांतर रेखांकन।

**hatchway** (हैच्´-वे) ***n.*** 1. an opening, द्वार, मार्ग, रास्ता। 2. a movable cover of an aircraft or ship, वायुयान या जलयान का द्वार।

**hate** (हेट्) ***v.*** 1. to dislike intensely, अत्यंत घृणा करना, बहुत अधिक या गहरी नफ़रत करना। 2. to have a great dislike (of), गहरी नफ़रत होना। 3. to be reluctant, अनिच्छुक होना, पसंद न होना; She hates washing dishes, उसे प्लेटें धोना पसंद नहीं। ***n.*** 1. intense dislike, hatred, घृणा, नफ़रत। 2. the thing hated or an object of hatred, नापसंद वस्तु या काम।

**hateful** (हेट्´-फ़ुल) ***adj.*** arousing hatred, घृणित, गर्हित, घिनौना।

**hatefully** (हेट्´-फ़ु-ली) ***adv.*** in a hateful manner, घृणापूर्वक, नफ़रत से।

**hater** (हे´-टॅ:) ***n.*** one who hates, घृणा करनेवाला।

**hath** (हैथ्) ***v.*** (old use) has.

**hatless** (हैट्´-लिस्) ***adj.*** without hat, नंगे सिर

**hatred** (हे´-ट्रिड्) ***n.*** 1. hate, घृणा, नफ़रत 2. animosity, द्वेष, वैर, विद्वेष।

**hatted** (हैट्´-इड्) ***adj.*** wearing a hat, हैटधारी

**hatter** (हैट्´-अॅ:) ***n.*** a maker or seller of hats, हैट बनाने या बेचनेवाला।

**hat trick** ***n.*** 1. the act of getting three wickets in three successive balls (क्रिकेट के खेल में) किसी एक खिलाड़ी द्वारा लगातार तीन गेंदों में तीन विकेट लेने की क्रिया, तिहरी सफलता, हैट ट्रिक। 2. the act of scoring three goals in a row, (हॉकी, फ़ुटबाल आदि के खेल में) किसी एक खिलाड़ी द्वारा एक पर एक अर्थात् लगातार किए जानेवाले तीन गोल, हैट ट्रिक।

**haughtily** (हा:´-टि-ली) ***adv.*** in a haughty manner, अहंकारपूर्वक, तिरस्कारपूर्वक।

**haughtiness** (हा:´-टि-निस्) ***n.*** the quality of being haughty, अक्खड़पन, हेकड़ी, अहंकार

**haughty** (हा:´-टी) ***adj.*** (haughtier, haughtiest) 1. arrogant, अक्खड़, हेकड़, उद्धत 2. disdainfully proud, scornful, अहंकारी

**haul** (हा:ल्) ***v.*** 1. to pull or drag, धकेलना या घसीटना। 2. to cart, गाड़ी से (माल) ढोना, ढुलाई करना। 3. to force to appear, उपस्थिति के लिए बाध्य करना। ***n.*** 1. the act of hauling, धकेलने या घसीटने की क्रिया 2. the act of carting, ढुलाई। 3. the distance over which something is hauled, (माल) ढोने की दूरी। 4. the amount of fish caught in a net, जाल में फँसाई हुई मछलियों की राशि। 5. the amount of something gained, प्राप्त राशि, पाया या लूटा हुआ माल, लूट।

**haulage** (हा:´-लिज्) ***n.*** 1. the act of carting or transporting something, ढुलाई परिवहन। 2. the charges for this, ढुलाई

भाड़ा, किराया।

**haulier** (हा´-लिअ:) *n.* a transporter, ढुलाई करनेवाला, परिवहन-व्यवसायी।

**haunch** (हा:न्च्) *n.* the hip and upper thigh, नितंब, चूतड़, पुट्ठा।

**haunt** (हा:न्ट्) *v.* 1. to visit or appear frequently to (as a ghost or spirit, प्रेत या आत्मा के रूप में कहीं) जाते रहना, लगना, दिखाई देते रहना; The fort is haunted. किला भुतहा है। 2. to persecute by frequent visitations, बराबर आ धमकना, जा-जाकर तंग करना। 3. to linger in the mind of, दिमाग पर छाया रहना, कचोटते रहना। *n.* the place to which a person or animal habitually visits, वह स्थान जहाँ कोई व्यक्ति या पशु बराबर आता-जाता रहता हो, अड्डा।

**haunted** (हा:न्´-टिड्) *adj.* frequented by a ghost or spirit, भुतहा।

**hauteur** (ओ-ट:´) *n.* haughtiness, घमंड, दर्प।

**have** (हैव्) *v.* (had, having) 1. to own or possess, होना, पास होना, रखना, रहना। 2. to possess as a characteristic quality, युक्त होना, धारण करना। 3. to experience, अनुभव होना या करना। 4. to be experiencing, अनुभूत होना लगना, प्रभावित होना। 5. to contain, समाहित करना, अंदर होना या रखना। 6. to give birth to, जन्म देना। 7. to exhibit, प्रदर्शित करना, दिखाना। 8. to put into a certain condition, किसी परिस्थिति में डालना; You have me there. तुमने मुझे वहाँ पहुँचाया है। 9. to receive or accept, लेना, प्राप्त करना, स्वीकार करना। 10. to cause a thing to be done, कराना। 11. used as an auxiliary with a past participle to form perfect tenses, इसका प्रयोग सहायक क्रिया के रूप में पूर्ण वर्तमान, पूर्ण भूत तथा पूर्ण भविष्य काल बनाने के लिए होता है। □ **had better,** चाहिए; **have at,** आक्रमण करना; **have done with,** समाप्त करना, रोकना; **have had it,** बहुत हो चुका; **have in,** (i) (कोई चीज़) पास होना; (ii) अपने घर पर बुलाना; **have on,** पहनना; **have over,** अपेक्षया अच्छा होना, बढ़कर होना; **have to do with,** काम होना, संबंध होना।

**haven** (हे´-वॅन्) *n.* 1. a place of safety, शरणस्थल, सुरक्षित स्थल। 2. a port, बंदरगाह।

**haversack** (हैव्´-अ:-सैक्) *n.* a bag worn over the shoulder for carrying goods, झोला, थैला।

**haves** (हैव्ज़्) *n.* (plu.) rich people, अमीर लोग; haves and have-nots, अमीर और गरीब।

**havoc** (हैव्´-अॅक्) *n.* 1. widespread destruction, विनाश, तबाही, बर्बादी। 2. widespread confusion or disorder, अव्यवस्था, अशांति। □ **play havoc with,** चौपट कर देना।

**haw** (हा:) *interj.* the sound made in a loud laugh, हा हा!

**Hawaian** (हॅ-वाइ´-अॅन्) *n.* a native of Hawaii, हवाई देश का वासी।

**hawk**[1] (हा:क्) *n.* 1. a bird of prey, बाज़ पक्षी। 2. a hostile or a violent person, आक्रामक व्यक्ति, उग्रवादी।

**hawk**[2] *v.* to sell goods in the streets, फेरी लगाकर सामान बेचना, घर-घर सामान बेचने के लिए जाना, फेरी लगाना।

**hawker** (हा:´-कॅ:) *n.* a person who sells goods in the streets, फेरीवाला।

**hawk-eyed** (हा:क्´-आइड्) *adj.* having very keen eyesight, तीक्ष्ण दृष्टि।

**hawkish** (हा:´-किश्) *adj.* favouring an aggressive policy, आक्रमणशील, उग्रवादी।

**hawser** (हा:´-ज़ॅ:) *n.* a thick rope or cable for towing a ship, जहाज़ को खींचने का मोटा रस्सा या तार।

**hay** (हे) *n.* grass or other herbage cut and dried for fodder, सूखी घास, भूसा। □ **make hay while the sun shines,** मौक़े का लाभ उठाना, बहती गंगा में हाथ धोना।

**hay fever** *n.* an acute allergic condition caused by the pollen of certain plants, परागज ज्वर।

**haystack** (हे´-स्टैक्) *n.* a pile of hay, घास-भूसे का ढेर।

**haywire** (हे´-वाइ:) *adj.* 1. not functioning properly, जो ठीक से काम न कर रहा हो। 2. out of control, अनियंत्रित।

H

**hazard** (हैज़्´-अ:ड्) ***n.*** 1. an obstacle, बाधा, रुकावट। 2. a risk or danger, जोखिम, ख़तरा। ***v.*** 1. to run the risk of, जोखिम उठाना, ख़तरा मोल लेना। 2. to expose to risk, ख़तरे में डालना; to hazard an opinion or guess, ऐसी बात कहने का साहस करना जिसके ग़लत होने की संभावना हो।

**hazardous** (हैज़्´-अ:-डॅस्) ***adj.*** involving risk, dangerous, जोखिम-भरा, ख़तरनाक।

**haze** (हेज़्) ***n.*** 1. thin mist that reduces visibility, धुंध। 2. slightly mental confusion, हलकी भ्रांति, उलझन। ***v.*** 1. to become hazy, धुँधला हो या पड़ जाना, धुँधला जाना। 2. to make hazy, धुँधला कर या बना देना। 3. to harass, परेशान करना।

**hazel** (हे´-ज़ॅल्) ***n.*** 1. a small tree bearing edible nuts, पिंघल वृक्ष। 2. yellowish brown colour, पीलापन लिये भूरा रंग। ***adj.*** yellowish brown, पीलापन लिये भूरे रंग का।

**hazelnut** (हे´-ज़ॅल्-नट्) ***n.*** the nut of a hazel, पिंघल फल।

**haziness** (हे´-ज़ि-निस्) ***n.*** the state of being hazy, धुँधलापन; बदली; अस्पष्टता; अनिश्चय।

H

**hazy** (हे´-ज़ी) ***adj.*** 1. full of haze or mist, धुंध से भरा, धुँधला। 2. cloudy, मेघाच्छन्न। 3. unclear, vague, अस्पष्ट। 4. uncertain, अनिश्चित।

**H-bomb** (एच्´-बॉम्) ***n.*** हाइड्रोजन बम।

**he** (ही) ***pronoun.*** 1. third person singular pronoun used to refer a male or unspecified person, वह (पुरुष या व्यक्ति) 2. a male animal, नर; he-goat, बकरा।

**head** (हेंड्) ***n.*** 1. the upper part of the body consisting of skull and brain, सिर। 2. the part of a bed where one rests one's head, सिरहाना। 3. the upper and higher end of something, अग्रभाग, शीर्ष। 4. the brain or mind, मस्तिष्क, मन। 5. the intellect or mental ability, बुद्धि। 6. the side of a coin with a person's head, बुत, चेहरा। 7. each individual in the group, व्यक्ति। 8. a single animal within a herd, पशु, रास। 9. a headache, सिरदर्द। 10. the top part of a blister or boil, फोड़े का मुँह। 11. rounded upper part or top of something, गोल सिरा, सिर। 12. a leader or ruler, नेता, शासक। 13. either end of a drum, ढोल-मुख। 14. a measure of height or distance, ऊँचाई या दूरी का सिर के बराबर का नाप। 15. the upper end of a stretch of water, उद्गम, दहाना। 16. the heading, शीर्षक। 17. an item, मद। □ **a good head,** विवेक, बुद्धिमत्ता; **above one's head,** समझ से बाहर; **an old head on young shoulders,** अपनी अवस्था से अधिक परिपक्व व्यक्ति; **bite someone's head off,** करारा जवाब देना, मुँह तोड़ना; **bring to a head,** निचोड़ निकालना, निष्कर्ष पर पहुँचना; **bury one's head in the sand,** मुसीबत का सामना करने से भागना; **give some one his head,** स्वतंत्रतापूर्वक काम करने देना; **go to one's head,** (i) सिर पर चढ़ जाना, नशे में ला देना, (ii) घमंडी बना देना, सिर चढ़ा लेना; **have a swollen head,** घमंडी होना; **have something hanging over someone's head,** सिर पर मँडराना या लटकना, ख़तरा लगना; **have one's head in the clouds,** व्यावहारिकता का अभाव होना, आकाश में विचरण करना, धरती पर पैर न रखना; **head over heals,** (i) सिर नीचे पैर ऊपर; (ii) पूर्णतः, बिल्कुल, पूरी तरह से; **keep one's head cool,** शांत रहना, धैर्य न खोना; **lose one's head,** आपा खोना; **off one's head,** पागल, बावला; **over someone's head,** समझ के बाहर; **put heads together,** मिल-बैठकर विचार करना; **put something into some-one's head,** किसी के मन में नई बात बैठाना; **take something into one's head,** सहसा कुछ निश्चय कर लेना; **turn someone's head,** घमंडी बना देना। ***adj.*** chief, मुख्य। ***v.*** 1. to be at the head of, सबसे आगे होना, अगुआई करना। 2. to be at the top of, सबसे ऊपर होना, शिखर पर होना। 3. to move in a certain direction, किसी दिशा में अग्रसर होना। 4. to hit the ball with the head, सिर से

(बाल को) मारना।

**headache** (हेंड्´-एक्) *n.* 1. a pain of the head, सिरदर्द। 2. a problem or difficulty, समस्या, झमेला, सिरदर्द।

**headband** (हेंड्´-बैन्ड्) *n.* a band worn on the forehead, माथे पर बाँधी जानेवाली पट्टी।

**headboard** (हेंड्´-बो:ड्) *n.* a board at the head of a bed, पलंग के सिरहाने का तख़्ता।

**headdress** (हेंड्´-ड्रेस्) *n.* an ornamental covering for the head, टोपी, साफ़ा आदि।

**header** (हेंड्´-अ:) *n.* 1. act of diving head first, पानी में सिर के बल लगाई जानेवाली छलाँग। 2. a striking of the ball with the head, बाल पर सिर से किया जानेवाला आघात।

**headfirst** (हेंड्´-फ़:स्ट्´) *adv.* 1. headlong, सिर के बल। 2. hastily, जल्दबाज़ी में।

**headgear** (हेंड्´-गिअ:) *n.* a covering for the head, सिर पर पहनने की टोपी, पगड़ी या टोप।

**headiness** (हेंड्´-इ-निस्) *n.* rashness, जल्दबाज़ी, उतावलापन।

**heading** (हेंड्´-इंग्) *n.* a word or words written as a title at the top of an article or poem, शीर्षक, हेडिंग।

**headlamp** (हेंड्´-लैम्प्) *n.* a powerful lamp mounted on the front of a car, हेडलैंप।

**headland** (हेंड्´-लैन्ड्) *n.* the highland jutting out into the sea, शीर्ष भूमि, अंतरीप।

**headless** (हेंड्´-लिस्) *adj.* 1. having no head, बिना सिर का। 2. without a leader, बिना सरदार का, नेतृत्वविहीन।

**headlight** (हेंड्´-लाइट्) *n.* a headlamp, हेडलाइट, हेडलैंप।

**headline** (हेंड्´-लाइन्) *n.* a boldly printed heading at the top of the front page in a newspaper, मुख्य शीर्षक, सुर्ख़ी, मुख्य समाचार। □ **hit the headlines,** प्रसिद्धि पाना।

**headlong** (हेंड्´-लॉङ्ग्) *adv.* 1. headfirst, सिर के बल। 2. hastily, जल्दबाज़ी में।

**headman** (हेंड्´-मॅन्) *n.* (plu. headmen) the chief in a tribe, सरदार, मुखिया।

**headmaster** (हेंड्´-मैस्-टः) *n.* the principal master of a school, प्रधानाचार्य, प्रधानाध्यापक। [Fem. headmistress, प्रधानाचार्या, प्रधानाध्यापिका]

**head office** (हेंड्´-आ:-फ़िस्) *n.* the principal office, प्रधान कार्यालय।

**head-on** (हेंड्´-ऑन्) *adj.* facing forward, सामने का, head-on collision, आमने-सामने की टक्कर, सिरों की टक्कर।

**headphone** (हेंड्´-फ़ोन्) *n.* an apparatus with receivers held over the ears, हेडफ़ोन।

**headpiece** (हेंड्´-पीस्) *n.* 1. a protective covering for the head, शिरस्त्राण। 2. an ornamental block at the top of the first page of a book, हेडपीस।

**headquarters** (हेंड्´-क्वॉ:-टं:ज़्) *n.* (plu.) central office of an organisation, मुख्यालय।

**headrest** (हेंड्´-रेस्ट्) *n.* a head support in a motor vehicle, हेडरेस्ट, शिरोधार।

**headship** (हेंड्´-शिप्) *n.* the position or office of a head, अध्यक्षता, अध्यक्ष का पद।

**headstand** (हेंड्´-स्टैन्ड्) *n.* the act of standing on one's head, शीर्षासन।

**headstone** (हेंड्´-स्टोन्) *n.* a stone set at the head of a grave, समाधि-शिला।

**headstrong** (हेंड्´-स्ट्रॉङ्ग्) *adj.* obstinate, हठी, जिद्दी।

**headwaters** (हेंड्´-वा:टं:ज़्) *n.* (plu.) the streams from which a river rises, नदी के उद्गम स्थल की जलधाराएँ।

**headway** (हेंड्´-वे) *n.* progress, प्रगति।

**headword** (हेंड्´-व:ड्) *n.* a word printed in bold type forming a heading of a dictionary entry, मुख्य शब्द, प्रविष्टि।

**heady** (हेंड्´-ई) *adj.* 1. rash, जल्दबाज़, उतावला। 2. intoxicating, नशीला। 3. violent, प्रचंड।

**heal** (हील्) *v.* (healed, healing) 1. (of a sore) to return to health, to unite after cut or broken, (घाव का) भरना, (हड्डी का) जुड़ना, पुजना, चंगा होना, स्वस्थ हो जाना। 2. to cure, नीरोग करना। 3. to set right, ठीक करना।

**health** (हेंल्थ्) *n.* 1. the overall condition

of being free from illness, स्वास्थ्य, सेहत। 2. the general condition of the body, स्वास्थ्य, सेहत, हाल। □ **drink (to) someone's health,** किसी के स्वास्थ्य तथा सफलता की मंगलकामना करना।

**healthful** (हॅल्थ्´-फुल्) ***adj.*** likely to produce good health, स्वास्थ्यकारी, स्वास्थ्यप्रद।

**healthiness** (हॅल्´-दि-निस्) ***n.*** the state of being healthy, स्वस्थता।

**healthy** (हॅल्´-दी) ***adj.*** 1. possessing good health, स्वस्थ, सेहतमंद, नीरोग। 2. indicative of good health, स्वस्थ। 3. beneficial, लाभकारी, लाभप्रद।

**heap** (हीप्) ***n.*** 1. a pile or mass of things, ढेर, अंबार। 2. (plu.) a great amount, lots, ढेरों; We have heaps of time, हमारे पास ढेरों समय है। ***v.*** 1. to pile up, ढेर लगाना। 2. to be piled up, ढेर लगना। 3. to load with large quantities, लाद देना; They heaped insults on him. उन्होंने उसे ढेरों खरी-खोटी सुनाईं।

**hear** (हिअॅ:) ***v.*** (heard, hearing) 1. to perceive by the ears, सुनना, श्रवण करना, कान में पड़ना। 2. to learn by hearing, सुनने में आना। 3. to listen with attention, ध्यान देना, सुनना। 4. to listen and try (a case in a court) सुनवाई करना, सुनना। □ **hear of,** सुनने में आना, सुनना; **hear out,** किसी की पूरी बात सुनना, पूरा सुनना। **Hear! Hear!** बहुत अच्छे! वाह वाह!

**heard** (ह:ड्) ***v.*** p.t. & p.p. of hear.

**hearing** (हिअॅर्´-इंग्) ***n.*** 1. the ability or capacity to hear, श्रवण-शक्ति। 2. a session for listening to arguments, सुनवाई, पेशी।

**hearing aid** ***n.*** a device worn by a deaf person to improve hearing, श्रवण-यंत्र।

**hearken** (हा:´-कॅन्) ***v.*** to listen, सुनना।

**hearsay** (हिअॅ:´-से) ***n.*** information heard from another which may not be true, सुनी-सुनाई बात, अफ़वाह, उड़ती ख़बर।

**hearse** (ह:स्) ***n.*** a vehicle for carrying the dead body to cemetery, शववाहन, शवयान।

**heart** (हा:ट्) ***n.*** 1. the organ inside the chest that pumps blood into the arteries, हृदय, दिल। 2. something in a shape like the shape of this organ, दिल। 3. the same organ regarded as the seat of emotions, दिल, हृदय। 4. courage, साहस, हिम्मत, जीवट। 5. enthusiasm, उत्साह, जोश। 6. affection, स्नेह, प्रेम, मुहब्बत। 7. a beloved person, प्रिया या प्रियतम। 8. the vital part, मर्मस्थल, केंद्र, मध्य भाग। 9. any of a suit of playing cards marked with a red heart-shaped symbol, पान का पत्ता। □ **break someone's heart,** किसी का दिल तोड़ देना; **by heart,** मुँहज़बानी; **from the bottom of one's heart,** सच्चे हृदय से; **have one's heart in,** रुचि होना, प्रवृत्ति होना; **heart and soul,** पूरी तरह से, दिल-दिमाग से; **lose one's heart to someone,** किसी को दिल दे बैठना, मुग्ध या लट्टू हो जाना; **take something to heart,** दिल को लगा बैठना, बहुत अधिक महसूस करना; **with all one's heart,** (i) ख़ुशी-ख़ुशी; (ii) पूरी तरह से।

**heartache** (हा:ट्´-एक्) ***n.*** deep sorrow, anguish, घोर व्यथा, मनोव्यथा।

**heart attack** ***n.*** partial failure of the pumping action of the heart, दिल का दौरा।

**heart-beat** (हा:ट्´-बीट्) ***n.*** the beating of the heart, दिल की धड़कन, धकधक।

**heart-break** (हा:ट्´-ब्रेक्) ***n.*** crushing disappointment, घोर निराशा, दिल टूट जाना।

**heart-breaking** (हा:ट्´-ब्रेक्-इंग्) ***adj.*** causing deep disappointment, हृदयविदारक।

**heart-broken** (हा:ट्´-ब्रो-कॅन्) ***adj.*** affected by deep sorrow, जिसका दिल टूट गया हो।

**heart-burn** (हा:ट्´-ब:न्) ***n.*** burning sensation in the stomach or throat, अपच के कारण होनेवाली जलन, कलेजे का जलना।

**heart-burning** (हा:ट्´-ब:न्-इंग्) ***n.*** 1. jealousy, ईर्ष्या। 2. concealed bitterness, जलन।

**hearten** (हा:ट्´-अॅन्) ***v.*** to encourage and

cheer, दिल बढ़ाना, बढ़ावा देना।

**heartening** (हा:ट्´-ऑन्-इंग्) ***adj.*** encouraging and cheering, उत्साहवर्धक तथा हर्षप्रद।

**heart failure *n.*** the stopping of the movement of the heart, हृदयगति का रुकना।

**heartfelt** (हा:ट्´-फ़ेल्ट्) ***adj.*** sincerely felt, हार्दिक।

**hearth** (हा:थ्) ***n.*** 1. the floor of a fireplace, चूल्हा जलाने की जगह। 2. the home, घर।

**hearth and home *n.*** the home and family, घर-परिवार।

**hearthrug** (हा:थ्´-रग्) ***n.*** the rug laid in front of the fireplace, आग के पास बैठने के लिए बिछाया जानेवाला कंबल या ग़लीचा।

**hearthside** (हा:थ्´-साइड्) ***n.*** the space around the fireplace, अलाव के चारो ओर बैठने का स्थान।

**heartily** (हा:´-टि-ली) ***adv.*** 1. in a hearty way, ख़ुशी-ख़ुशी। 2. very, ख़ूब, अत्यधिक।

**heartland** (हा:ट्´-लैन्ड्) ***n.*** the central or most important region of a nation, केंद्रीय स्थल।

**heartless** (हा:ट्´-लिस्) ***adj.*** 1. without compassion, हृदयहीन। 2. cruel, क्रूर, नृशंस।

**heartlessness** (हा:ट्´-लिस्-निस्) ***adj.*** the quality of being heartless, हृदयहीनता; क्रूरता।

**heartrending** (हा:ट्´-रेंन्-डिंग्) ***adj.*** causing great grief or anguish, हृदयविदारक।

**heartsick** (हा:ट्´-सिक्) ***adj.*** extremely unhappy or depressed, घोर दुखी, हताश।

**heartsickness** (हा:ट्´-सिक्-निस्) ***n.*** unhappiness, depression, हताशा, विषाद, घोर दुख।

**heartstrings** (हा:ट्´-स्ट्रिंग्ज़्) ***n.*** (plu.) deepest feelings, हार्दिक भावनाएँ, हृदय के तार।

**heart-to-heart** (हा:ट्´-टु-हा:ट्´) ***adj.*** frank, स्पष्ट, खुला, हार्दिक।

**heartwarming** (हा:ट्´-वॉ:-मिंग्) ***adj.*** giving a feeling of pleasure, सुखद।

**heartwood** (हा:ट्´-वुड्) ***n.*** the central wood of a tree, हीर की लकड़ी।

**hearty** (हा:´-टी) ***adj.*** (heartier, heartiest) 1. cordial, affectionate, हार्दिक। 2. cheery, jovial, प्रसन्नचित्त। 3. healthy and vigorous, स्वस्थ तथा उत्साही। 4. large, ज़्यादा; a hearty meal, छककर किया जानेवाला भोजन।

**heat** (हीट्) ***n.*** 1. the energy associated with the motion of atoms or molecules, ताप, उष्णता, उष्मा। 2. The condition or quality of being hot, hotness, ताप, गर्मी। 3. hot weather, गर्मी, ग्रीष्म ऋतु। 4. sexual excitement (in female mammals, मादा पशुओं का) गर्म होना, गर्मी में आना। 5. excitement, जोश, उत्तेजना। 6. climax, चरमबिंदु। 7. a single division in a competition, प्रतियोगिता का एक भाग। 8. a preliminary race, आरंभिक दौड़। ***v.*** 1. to make or become hot, गर्म होना या करना, तपना या तपाना। 2. to excite or become excited, उत्तेजित करना या उत्तेजना में आना।

**heated** (ही´-टिड्) ***adj.*** angry, क्रुद्ध।

**heatedly** (ही´-टिड्-ली) ***adv.*** angrily, ग़ुस्से में आकर, क्रोधपूर्वक।

**heater** (ही´-टॅ:) ***n.*** a device providing heat, हीटर, तापक।

**heath** (हीथ्) ***n.*** an uncultivated tract of land covered with shrubs, झाड़ियों से भरा भूखंड।

**heathen** (ही´-दॅन्) ***n.*** (plu. heathen and heathens) 1. an unreligious person, अधर्मी, म्लेच्छ, नास्तिक, विधर्मी। 2. an uncivilized or unenlightened person, असभ्य या अप्रबुद्ध व्यक्ति।

**heather** (हीद्´-अॅ:) ***n.*** an evergreen shrub with bell-shaped flowers, एक तरह की फूलोंवाली झाड़ी।

**heatstroke** (हीट्´-स्ट्रोक्) ***n.*** a severe illness or coma caused by too much exposure to heat, लू का लगना, तापाघात।

**heatwave** (हीट्´-वेव्) ***n.*** a spell of hot weather, तापलहरी, लू।

**heave** (हीव्) ***v.*** (heaved/hove, heaving) 1. to raise or pull (with great effort, ज़ोर लगाकर) उठाना या खींचना। 2. to throw, फेंकना। 3. to rise and fall regularly,

H

(साँस लेते समय फेफड़ों का) बार-बार फूलना और पिचकना, (लहरों का) उठना और गिरना। 4. to breathe, साँस लेना; to heave a sigh, आह भरना। 5. to vomit, कै करना। *n.* the act of heaving, उठाने, खींचने, फेंकने या साँस लेने की क्रिया।

**heaven** (हेंव्´-ॲन्) *n.* 1. the abode of God or virtuous souls, स्वर्ग, जन्नत, बहिश्त। 2. God, ईश्वर। 3. a place of intense pleasure, स्वर्ग, जन्नत। 4. (plu. the heavens) sky, आकाश।

**heavenly** (हेंव्´-ॲन्-ली) *adj.* 1. of, from or like heaven, divine, दिव्य, स्वर्गीय। 2. very pleasing or delightful, अत्यंत सुखद, आनंदप्रद। 3. of the sky, आकाशीय, आकाशस्थ।

**heaven-sent** (हेंव्´-ॲन्-सेंन्ट्) *adj.* 1. providential, दैवकृत, ईश्वरप्रदत्त। 2. lucky, शुभ।

**heavenward** (हेंव्´-ॲन्-वॅ:ड्) *adv.* toward heaven, स्वर्ग की ओर। *adj.* going toward heaven, स्वर्ग की ओर जानेवाला।

**heavily** (हेंव्´-इ-ली) *adv.* too much, अत्यधिक।

**heaviness** (हेंव्´-इ-निस्) *n.* the state or quality of being heavy, भारीपन, गुरुता।

**heavy** (हेंव्´-ई) *adj.* (heavier, heaviest) 1. having great weight, भारी, वजनी, गुरु। 2. burdensome, भारी-भरकम, बोझिल। 3. indigestible, भारी, गरिष्ठ। 4. large in number or volume, अत्यधिक, बड़ा, भारी। 5. intense, severe, violent or forceful, तीव्र, प्रचंड, ज़ोरदार। 6. thick or dense, घना; heavy fog, घना कोहरा। 7. unhappy, sad, उदास, खिन्न, दुखी। 8. dull, नीरस। 9. clumsy or ungraceful, भद्दा, भोंडा। 10. stern, कठोर, सख़्त। 11. exhibiting weariness, थका हुआ, श्रांत। 12. involving large-scale manufacturing, बड़े पैमाने पर उत्पादन करनेवाला। 13. equipped with powerful arms, भारी अस्त्रों से सज्जित। *n.* (plu. heavies) 1. the villain in a story or play, खलनायक। 2. an important or influential person, कोई महत्त्वपूर्ण या प्रभावशाली व्यक्ति।

**heavy duty** *adj.* made for hard use, strong enough for rough treatment, टिकाऊ, मज़बूत।

**heavy-handed** (हेंव्-इ-हैन्´-डिड्) *adj.* 1. inept, अनाड़ी, फूहड़। 2. oppressive, दमनकारी। 3. tactless, युक्तिहीन, निकम्मा।

**heavy-hearted** (हेंव्-इ-हा:´-टिड्) *adj.* melancholy, उदास, दुखी।

**heavyweight** (हेंव्´-इ-वेट्) *n.* a boxer weighting more than 81 kilograms, हैवीवेट मुक्केबाज़। *adj.* having great influence, प्रभावशाली।

**Hebraic** (हि-ब्रे´-इक्) *adj.* of Hebraism, हिब्रू धर्म, संस्कृति या मुहावरे-संबंधी।

**Hebraism** (ही´-ब्रे-इज़्-ॲम्) *n.* 1. the Hebrew religion or culture, हिब्रू धर्म या संस्कृति। 2. a Hebrew idiom, हिब्रू मुहावरा।

**Hebrew** (ही´-ब्रू) *n.* 1. a member of a Semitic people, हिब्रू। 2. the Semitic language esp. the language of Israelis, हिब्रू या इब्रानी भाषा। *adj.* of the Hebrews, हिब्रू लोगों से संबद्ध।

**heck** (हेंक्´) *n.* hell, नरक।

**heckle** (हेंक्´-ॲल्) *v.* to harass (a speaker) with questions, abuses or taunts, टोकाटाकी करना, चिढ़ाना-खिझाना।

**heckler** (हेंक्´-लॅ:) *n.* one who heckles, टोकाटाकी करनेवाला, चिढ़ाने-खिझानेवाला।

**hectare** (हेंक्´-टेंॲ:) *n.* a unit of area 10,000 squaremetres, हेक्टेअर।

**hectic** (हेंक्´-टिक्) *adj.* full of activities and exciting, चहल-पहल भरा, अति व्यस्त।

**hecto-** (हेंक्´-टो) *prefix.* one hundred, सौ, शत-।

**hectogram** (हेंक्´-टॅ-ग्रैम्) *n.* one hundred grams, सौ ग्राम।

**hectoliter** (हेंक्´-टॅ-लि-टॅ:) *n.* one hundred liters, सौ लिटर।

**hectometre, hectometer** (हेंक्´-टॅ-मी-टॅ:) *n.* one hundred metres, सौ मीटर।

**hector** (हेंक्´-टॅ:) *v.* (hectored, hectoring) to bully, डराना-धमकाना।

**he'd** (हीड्) *v.* 1. = he had. 2. = he would.

**hedge** (हेंज्) *n.* 1. a closely planted line of bushes or shrubs forming a boundary, बाड़। 2. protection, सुरक्षा। 3. a purposely indirect statement, घुमाव-फिराव की बात। *v.* (hedged, hedging) 1. to surround with a hedge, बाड़ लगाना। 2. to protect, सुरक्षित करना। 3. to speak ambiguously, गोल-मोल बात कहना।

**hedgehog** (हेंज्´-हॉग्) *n.* a small wild animal with stiff spines on the back, साही।

**hedgehop** (हेंज्´-हॉप्) *v.* (hedgehopped, hedgehopping) to fly an airplane extremely low, वायुयान को बहुत नीचे उड़ाना, नीची उड़ान भरना।

**hedgerow** (हेंज्´-रो) *n.* a row of bushes, झाड़ियों की पंक्ति।

**hedonism** (ही´-डॅ-निज़्-ॲम्) *n.* the doctrine that only that which is pleasurable is good, भोगवाद, सुखवाद, सुख-सिद्धांत।

**hedonist** (ही´-डॅ-निस्ट्) *n.* pleasure-seeking, भोगवादी, सुखवादी।

**hedonistic** (ही-डॅ-निस्´-टिक्) *adj.* of hedonism, भोगवाद-संबंधी, भोगवादी।

**heebie-jeebies** (ही´-बी-जी´-बीज़्) *n.* (plu.) great nervousness and depression, घबराहट और विषाद, ग्लानि और विक्षोभ।

**heed** (हीड्´) *n.* careful attention, ध्यान, सावधानी। □ **take heed,** to be careful, सावधान हो जाना। *v.* to pay attention to, ध्यान देना, सावधानी बरतना।

**heedful** (हीड्´-फ़ुल्) *adj.* careful, cautious, सावधान, सतर्क।

**heedfully** (हीड्´-फ़ु-ली) *adv.* carefully, सावधानी से, सतर्कतापूर्वक।

**heedless** (हीड्´-लिस्) *adj.* not taking heed, careless, लापरवाह, असावधान।

**heedlessness** (हीड्´-लिस्-निस्) *n.* carelessness, लापरवाही, असावधानता।

**heehaw** (ही´-हा:) *n.* a donkey's bray, गधे का शब्द, रेंक, हींचूहींचू।

**heel**[1] (हील्) *n.* 1. the rounded back part of the foot, एड़ी। 2. the part of shoe or sock that covers this part, एड़ी। □ **at or on the heels of,** पीछे-पीछे; **show a clean pair of heels to,** दुम दबाकर भाग खड़े होना; **take to one's heels,** भाग खड़े होना; **under someone's heel,** किसी की मुट्ठी में। *v.* 1. to repair the heels of shoes etc., जूतों की एड़ियों की मरम्मत करना। 2. to send the ball back with the heel, एड़ी से गेंद को पीछे धकेलना।

**heel**[2] (हील्) *n.* a tilt to one side, एक ओर झुकाव, उलार। *v.* 1. to tilt to one side, एक ओर झुकना, उलरना। 2. to cause to tilt to one side, एक ओर झुकाना, उलारना।

**hefty** (हेंफ़्´-टी) *adj.* (heftier, heftiest) 1. heavy, weighty, भारी, भारी-भरकम। 2. strong and powerful, हृष्ट-पुष्ट, तगड़ा।

**hegemony** (हि-जेंम्´-ॲ-नी) *n.* dominance of one state over others, आधिपत्य, प्रभुत्व।

**heifer** (हेंफ़्´-ॲ:) *n.* young cow (one that has not yet borne a calf) जवान बछिया, कलोर।

**height** (हाइट्) *n.* 1. the distance from the base to the top of something, ऊँचाई। 2. the distance above ground or sea level, ऊँचाई। 3. the highest or uppermost point, शिखर, चोटी। 4. the condition of being relatively tall, लंबाई। 5. the highest degree of something, पराकाष्ठा, चरम सीमा।

**heighten** (हाइ´-टॅन्) *v.* to make or become higher, ऊँचा करना या हो जाना, बढ़ जाना या बढ़ा देना।

**heinous** (हे´-नॅस्) *adj.* very wicked or abominable, बहुत बुरा या घृणित, घोर, जघन्य।

**heinously** (हे´-नॅस्-ली) *adv.* in a heinous manner, लज्जाजनक ढंग से, जघन्य रूप से।

**heir** (ॲंॲ:) *n.* one who is legally entitled to inherit the property of another, उत्तराधिकारी, वारिस; heir apparent, प्रत्यक्ष उत्तराधिकारी; heir presumtive, संभावी उत्तराधिकारी।

**heiress** (ॲंॲर्´-इस्) *n.* a female heir उत्तराधिकारिणी।

**heirless** (ॲंॲर्´-लिस्) *adj.* without heir,

H

लावारिस।

**heirloom** (अेंअ:´-लूम्) ***n.*** a valuable object that has been handed down to a family for several generations, पुश्तैनी चीज़।

**heist** (हीस्ट्) ***n.*** a robbery, डाका, चोरी।

**held** (हेंल्ड्) ***v.*** p.t. & p.p. of hold.

**helical** (हेंल्´-इ-कॅल्) ***adj.*** shaped like a helix, कुंडलाकार, कुंडलीदार।

**helicopter** (हेंल्´-इ-कॉप्-टॅ:) ***n.*** a kind of small aircraft which can land in a small place, हेलिकॉप्टर।

**heliotrope** (ही´-लि-अॅ-ट्रोप्) ***n.*** a plant with sweet-smelling purple flowers, हिलिओट्रॉप।

**helipad** (हेंल्´-इ-पैड्) ***n.*** heliport.

**heliport** (हेंल्´-इ-पो:ट्) ***n.*** an airport of helicopters, हेलिकॉप्टरों का अड्डा, हेलिपोर्ट।

**helium** (ही´-लि-अॅम्) ***n.*** a colourless and odourless gaseous element, हीलियम।

**helix** (ही´-लिक्स्) ***n.*** (plu. helices) a spiral form or object, कुंडली या कुंडलाकार पदार्थ।

**hell** (हेंल्) ***n.*** 1. the place of the dead wicked persons, नरक, दोज़ख़, जहन्नुम। 2. a place of misery or discord, नरक। 3. something that causes trouble, दुख देनेवाली बात या वस्तु। ***interj.*** used to express anger, dismay or impatience, ओफ़।

**Hellene** (हेंल्´-ईन्) ***n. & adj.*** Greek, युनानी, ग्रीक।

**Hellenic** (ही-ली´-निक्) ***adj.*** Greek, युनानी।

**Hellenism** (हेंल्´-इ-निज़्-अॅम्) ***n.*** a Greek idiom, युनानी प्रयोग, युनानी मुहावरा।

**hellfire** (हेंल्´-फ़ाइ:) ***n.*** the fire of hell, नरकाग्नि।

**hellish** (हेंल्´-इश्) ***adj.*** of or like hell, नारकीय।

**hello** (हें´-लो) ***interj.*** used to greet someone, हैलो!

**helm** (हेंल्म्) ***n.*** 1. a steering device of a ship, पतवार। 2. control, नियंत्रण। □ **at the helm,** सबसे ऊपर।

**helmet** (हेंल्´-मिट्) ***n.*** a covering to protect the head, शिरस्त्राण, हेल्मिट।

**helmsman** (हेंल्म्ज़्´-मॅन्) ***n.*** (plu. helmsmen) one who steers, पतवारिया, कर्णधार।

**help** (हेंल्प्) ***v.*** (helped, helping) 1. to assist or aid, सहायता करना, सहयोग देना, मदद करना। 2. to work jointly with, योग देना, योगदान करना। 3. to prevent or avoid, रोकना, दूर करना, बचाना। 4. to encourage, बढ़ावा देना। □ **help oneself to,** स्वयं अपना भोजन परोसना; **help out,** (संकट में पड़े व्यक्ति की) सहायता करना, उबारना। ***n.*** 1. aid, assistance, सहायता, सहयोग, मदद। 2. a person or a thing that helps, सहायक वस्तु या व्यक्ति, सहारा। 3. a part-time servant, अंशकालिक सेवक।

**helper** (हेंल्´-पॅ:) ***n.*** one who helps, सहायक।

**helpful** (हेंल्प्´-फ़ुल्) ***adj.*** 1. willing to help, सहायता के लिए तत्पर। 2. useful, उपयोगी।

**helpless** (हेंल्प्´-लिस्) ***adj.*** unable to act without help, लाचार, असहाय, विवश।

**helplessly** (हेंल्प्´-लिस्-ली) ***adv.*** in a helpless manner, लाचार होकर, विवश होकर।

**helplessness** (हेंल्प्´-लिस्-निस्) ***n.*** the state of being helpless, लाचारी, विवशता।

**helpline** (हेंल्प्´-लाइन्) ***n.*** a telephone service providing useful help, सेवा केंद्र।

**helpmate** (हेंल्प्´-मेट्) ***n.*** 1. a helper, सहायक, सहयोगी। 2. a spouse, जीवन-साथी।

**helter-skelter** (हेंल्-टॅ:-स्केंल्´-टॅ:) ***adv.*** in disordered hurry, हड़बड़ी में, हड़बड़ाते हुए। ***adj.*** disorderly, अस्त-व्यस्त, अव्यवस्थित। ***n.*** confusion, विभ्रम, हड़बड़ाहट।

**helve** (हेंल्व्) ***n.*** the handle of a tool, मूठ, हत्था।

**hem**[1] (हेंम्) ***n.*** a smooth folded edge of a garment, किनारा। ***v.*** (hemmed, hemming) to turn and sew down the edge of, किनारा सीना या बनाना। □ **hem in,** घेर लेना।

**hem**[2] ***n.*** a short coughing sound made to gain attention, खखारने का-सा शब्द। ***v.*** (hemmed, hemming) to make this sound, खखारना। □ **hem and haw,** बोलने में हिचकिचाहट होना।

**-man** (ही´-मॅःन्) ***n.*** (plu. he-men) a strong and muscular man, तगड़ा आदमी, मर्द आदमी।

**matology** (ही-मॅ-टॉल्´-अॅ-जी) ***n.*** the scientific study of blood, रक्त-विज्ञान।

**mi-** (हॅम्´-इ) ***prefix*** half, अर्ध।

**misphere** (हॅम्´-इ-स्फ़िअॅः) ***n.*** 1. half a sphere, अर्धवृत्त। 2. either of the halves into which the earth is divided, गोलार्ध (Eastern hemisphere, पूर्वी गोलार्ध, Southern hemisphere, पश्चिमी गोलार्ध)।

**mispherical** (हॅम्´-इ-स्फ़ॅर्´-इ-कॅल्) ***adj.*** of or related to a hemisphere, गोलार्ध-संबंधी।

**mistich** (हॅम्´-इ-स्टिक्) ***n.*** half a line of verse, अर्धाली, आधा चरण।

**mline** (हॅम्´-लाइन्) ***n.*** the lower edge of a garment, वस्त्र का निचला किनारा।

**mlock** (हॅम्´-लॉक्) ***n.*** an evergreen tree, एक सदाबहार वृक्ष।

**moglobin** (ही´-मॅ-ग्लो-बिन्) ***n.*** oxygen carrying red substance in the blood, हेमोग्लोबिन।

**morrhage** (हॅम्´-अॅ-रिज्) ***n.*** heavy bleeding, बहुरक्तस्राव, हेमरिज। ***v.*** (hemorrhaged, hemorrhaging) to bleed copiously, बहुत अधिक ख़ून बहना।

**mp** (हॅम्प्) ***n*** 1. an Indian plant that yields a coarse fiber, सन। 2. a narcotic drug, गाँजा।

**n** (हॅन्) ***n.*** 1. the female of the domestic fowl, मुर्गी। 2. any female bird, मादा पक्षी।

**ce** (हॅन्स्) ***adv.*** 1. for this reason, अतः, इसलिए। 2. from this time or place, यहाँ से, अब से।

**ceforth** (हॅन्स्-फ़ोःथ्´) ***adv.*** from now on, अब से, आइंदा से, आगे से।

**chman** (हॅन्च्´-मॅन्) ***n.*** a loyal supporter who obeys without question, जी हुजूर।

**na** (हॅन्´-अॅ) ***n.*** 1. a plant, मेहंदी का पौधा। 2. its leaves used as a dye, मेहंदी की पत्ती।

**hennaed** (हॅन्´-अॅड्) ***adj.*** dyed with henna, मेहंदी लगा हुआ, मेहंदी-रचा।

**henpecked** (हॅन्´-पॅक्ड्) ***adj.*** under wife's control, जोरू का ग़ुलाम, पत्नीभक्त।

**hepatitis** (हॅप्-अॅ-टाइ´-टिस्) ***n.*** inflammation of the liver, यकृत-शोथ, जिगर की सूजन।

**heptagon** (हॅप्´-ट्-गॉन्) ***n.*** a seven-sided figure, सप्तभुज।

**heptagonal** (हॅप्-टैग्´-अॅ-नॅल्) ***adj.*** of or pertaining to a heptagon, सप्तभुजीय।

**her** (हर्) ***pron.*** objective case of she, उसको। ***adj.*** of or belonging to she, उसका।

**herald** (हॅर्´-अॅल्ड्) ***n.*** 1. a harbinger, अग्रदूत। 2. one that gives an indication of what is to follow, पूर्वसूचक, आगमनसूचक। ***v.*** (heralded, heralding) to proclaim the approach of, आगमन की सूचना देना।

**heraldic** (हॅ-रैल्´-डिक्) ***adj.*** of heraldry, कुलचिह्न-संबंधी।

**heraldry** (हॅर्´-अॅल्-ड्री) ***n.*** the study of the coats of arms, कुलचिह्न-विद्या।

**herb** (हःब्, अःब्) ***n.*** a soft-stemmed plant used in medicine or as seasoning, जड़ी, बूटी, जड़ी-बूटी।

**herbaceous** (हः-बे´-शॅस्) ***adj.*** of or like herbs, जड़ी-बूटी-संबंधी।

**herbage** (हः´-बिज्) ***n.*** 1. herbs generally, जड़ी-बूटियाँ। 2. grass and other plants on which cattle can feed, घास-पात, हरा-चारा।

**herbal** (हः´-बॅल्) ***adj.*** of herbs, जड़ी-बूटियों का या से बना।

**herbivore** (हः´-बि-वोः) ***n.*** a herbivorous animal, शाकाहारी प्राणी, शाकाहारी जीव।

**herbivorous** (हः-बिव्´-अॅ-रॅस्) ***adj.*** feeding on plants, शाकाहारी।

**herculean** (हः-क्यु-ली´-अॅन्) ***adj.*** 1. as strong as Hercules, (हर्कुलिस की तरह) बलशाली। 2. needing or requiring great effort, जिसे पूरा करने के लिए अत्यधिक बल

की आवश्यकता हो; herculean effort, भगीरथ प्रयास।

**herd** (ह:ड्) *n.* 1. a large number of animals, पशुओं का झुंड। 2. a large number of animals kept or living together, पशुओं का समूह। 3. a large number of people, जमघट, भीड़। *v.* 1. to group together, झुंड बनाना। 2. to look after or drive animals (or people) in a herd, पशुओं के झुंड की देख-भाल करना या उसे हाँकना।

**herd instinct** *n.* the instinct to feel and behave like the majority, समूह-प्रवृत्ति।

**herdsman** (ह:ड्ज़्´-मॅन्) *n.* a man who looks after a herd of animals, पशुओं के झुंड की देख-भाल करनेवाला, चरवाहा।

**here** (हिअॅ:) *adv.* 1. at (or in) this place, यहाँ, इस स्थान में (पर), इस जगह। 2. at this time, अब, यहाँ। 3. at this point, यहाँ। □ **here and now,** अभी; **here and there,** यहाँ-वहाँ, इधर-उधर, जगह-जगह। *interj.* used to respond to a roll call or attract attention, जी हाँ।

H

**hereabout** (हिअॅ:´-अॅ-बाउट्) *adv.* in this vicinity, near, आस ही पास, पास ही।

**hereafter** (हिअॅ:´-आफ़्´-टॅ:) *adv.* from now on, अब से, आइंदा, आगे से। □ **the hereafter,** मृत्यु के बाद का जीवन।

**hereby** (हिअॅ:-बाई´) *adv.* 1. by this means, इसके द्वारा, एतद्द्वारा। 2. as a result of this, इसके फलस्वरूप।

**hereditary** (हॅ-रॅड्´-इ-टॅर्-ई) *adj.* inherited, passing down by inheritance, पुश्तैनी, आनुवंशिक।

**heredity** (हॅ-रॅड्´-इ-टी) *n.* 1. transmission from parents or ancestors to offspring of physical or mental characteristics, आनुवंशिकता। 2. the characteristics inherited in this way, आनुवंशिक गुण या लक्षण।

**herein** (हिअॅर्-इन्´) *adv.* in this, इसमें।

**herein after** *adv.* (law) later in this document or statement, आगे, अब के बाद।

**heresy** (हॅर्´-अॅ-सी) *n.* an opinion or beli that is contrary to established religio belief, किसी स्थापित मान्यता के विरुद्ध म अपधर्म, विधर्म।

**heretic** (हॅर्´-अॅ-टिक्) *n.* a person holding opinion contrary to established religio belief, अपधर्मी, विधर्मी, काफ़िर।

**heretical** (हॅ-रॅट्´-इ-कॅल्) *adj.* of a here or heresy, अपधर्म या अपधर्मी-संबं अपधार्मिक।

**hereto** (हिअॅ:-टू´) *adv.* to this docume or subject, इस दस्तावेज़ में, इस विषय में

**heretofore** (हिअॅ:´-टॅ-फ़ो:) *adv.* (law) un now, आज तक, अब तक, अब से पहले।

**hereunder** (हिअॅर्-अन्´-डॅ:) *adv.* unc this, इसके नीचे।

**hereupon** (हिअॅर्´-अॅ-पॉन्) *adv.* immediat after this, इसके तुरंत बाद, इसके फलस्वरू

**herewith** (हिअॅ:-विद्´) *adv.* 1.with th इसके साथ। 2. now, अब, अब से।

**heritage** (हॅर्´-इ-टिज्) *n.* 1. property t is or can be inherited, विरासत, द 2. values or traditions passed do from preceding generations, कुल-परं

**hermaphrodite** (ह:-मैफ़्´-रॅ-डाइट्) *n.* a pl or animal having both male and fem sex-organs, उभयलिंगी पादप या प्राणी।

**hermaphroditic** (ह:-मैफ़्´-रॅ-डाइट्) *adj.* h ing both male and female sex orga उभयलिंगी।

**hermetic** (ह:-मॅट्´-इक्) *adj.* very tigh closed, airtight, हवाबंद, एअरटाइट।

**hermit** (ह:´-मिट्) *n.* a holy person w has withdrawn from human soci and lives alone, तपस्वी, साधु, संन्य एकांतवासी।

**hermitage** (ह:´-मि-टिज्) *n.* a place wh hermits live, आश्रम, तपोवन।

**hernia** (ह:´-नि-अॅ) *n.* protrusion of organ in the body through the v that encloses it, आँत उतरने का आंत्रवृद्धि, हर्निया।

**hero** (हिअॅ´-रो, हीर्´-ओ) *n.* 1. a man

ebrated for his noble or brave deeds, वीर, हीरो। 2. the principal male character in a literary work, नायक, हीरो।

**heroic** (हि-रो´-इक्) ***adj.*** 1. having the qualities of a hero, वीरोचित। 2. brave, वीरतापूर्ण, साहसिक। 3. grand, भव्य, उदात्त।

**heroics** (हि-रो´-इक्स्) ***n.*** (plu.) 1. heroic actions, बहादुरी के काम, वीरोचित क्रिया-कलाप। 2. overdramatic behaviour or language, आडंबरपूर्ण व्यवहार या भाषा।

**heroin** (हेंर्´-ओ-इन्) ***n.*** an addictive narcotic, हीरोइन।

**heroine** (हेंर्-ओ-इन्) ***n.*** 1. a woman celebrated for her noble or brave deeds, वीरांगना, वीर रमणी। 2. the principal female character in a literary work, नायिका, हिरोइन।

**heroism** (हेंर्´-ओ-इज़्-अॅम्) ***n.*** heroic quality, conduct or behaviour, वीरता, बहादुरी।

**heron** (हेंर्´-अॅन्) ***n.*** a wading bird with long neck and legs, बगुला।

**herpes** (ह:´-पीज़्) ***n.*** a skin disease, त्वचा पर दाने या छाले निकलने का एक रोग, इकलंगी माता, विसर्पिका।

**herring** (हेंर्´-इंग्) ***n.*** (plu. herrings, herring) a fish used for food, हिलसा मछली।

**herringbone** (हेंर्´-इंग्-बोन्) ***n.*** 1. a zigzag pattern of small parallel lines, समानांतर तिरछी रेखाओं का रेखाचित्र। 2. a fabric woven in this pattern, ऐसा कपड़ा जिसपर उक्त प्रकार का रेखाचित्र हो।

**hers** (ह:ज़्) ***pron.*** of or belonging to her, उस स्त्री का, उसका।

**herself** (ह:-सेॅल्फ़्´) ***pron.*** 1. reflexive form of her, स्वयं, ख़ुद; She herself will go. वह स्वयं जाएगी। 2. her normal healthy condition, (उसकी) अपनी सामान्य स्वस्थ अवस्था, (उसका) अपना आपा; She is not herself today. आज वह अपने आपे में नहीं है।

**hertz** (ह:ट्ज़्) ***n.*** a unit of frequency equal to one cycle per second, हट्र्ज़।

**he's** (हीज़्) ***short form.*** 1. he is 2. he has.

**hesitancy** (हेंज़्´-इ-टॅन्-सी) ***n.*** the quality of being hesitant, हिचकिचाहट, हिचक, झिझक।

**hesitant** (हेंज़्´-इ-टॅन्ट्) ***adj.*** tending to hesitate, hesitating, हिचकनेवाला, संकोची।

**hesitantly** (हेंज़्´-इ-टॅन्ट्-ली) ***adv.*** in a hesitant way, संकोचपूर्वक, झिझकते या हिचकते हुए।

**hesitate** (हेंज़्´-इ-टेट्) ***v.*** (hesitated, hesitating) 1. to be slow to act or decide, हिचकना, संकोच होना। 2. to be reluctant, अनिच्छुक होना।

**hesitation** (हेंज़-इ-टे´-शॅन्) ***n.*** 1. the act of hesitating, हिचक, संकोच। 2. an example of this, वह बात जिससे हिचक हो।

**hessian** (हेंस्´-इ-अॅन्) ***n.*** a fabric made of hemp, टाट।

**hetero-** (हेंट्´-अॅ-रो) ***prefix.*** different or opposite, विरोधी, इतर।

**heterodox** (हेंट्´-अॅ-रॅ-डॉक्स्) ***adj.*** not orthodox, रूढ़ि-विरोधी, परंपरा-भंजक।

**heterodoxy** (हेंट्´-अॅ-रॅ-डॉक्-सी) ***n.*** the state of being heterodox, रूढ़ि-विरोध, परंपरा-भंग।

**heterogeneous** (हेंट्-अॅ-रॅ-जी´-नि-अॅस्) ***adj.*** 1. not homogeneous, विषम, विषमजातीय। 2. of different kinds, तरह-तरह का, नानाविध।

**heterosexual** (हेंट्-अॅ-रॅ-सेंक्´-शु-अॅल्) ***adj. & n.*** (a person) characterized by attraction to the opposite sex, जिसमें भिन्नलिंगी प्राणी के प्रति आकर्षण हो, विषमलिंगकामी।

**heterosexuality** (हेंट्-अॅ-रॅ-सेंक्-शू-ऐल्´-इ-टी) ***n.*** attraction towards the people of opposite sex, विषमलिंगकाम भावना, कामिता।

**het-up** (हेंट्´-अप्) ***adj.*** excited, उत्तेजित।

**heuristic** (ह्यु-रिस्´-टिक्) ***adj.*** by one's own experience, अनुभव पर आधारित, अनुभवाश्रित।

**hew** (ह्यु) ***v.*** (hewed, hewn, hewing) 1. to cut with an axe, कुल्हाड़ी से काटना या चीरना। 2. to cut and shape, तराशना।

**hewer** (ह्यु´-अॅ:) ***n.*** a woodcutter, लकड़हारा।

H

**hewn** (ह्यून्) ***adj.*** made or shaped by hewing, तराशा हुआ।

**hexagon** (हेक्´-सॅ-गॉन्) ***n.*** a geometric figure with six sides and six angles, षड्भुज।

**hexagonal** (हेंक्-सॅग्-ॲ-नॅल) ***adj.*** six sides, six-sided,

**hexameter** (हेंक्-सैम्´-ॲ-टॅ:) ***n.*** a verse with six lines, षट्पदी।

**hexapod** (हेंक्´-सॅ-पॉड्) ***n.*** an insect with six feet.

**hey** (हे) ***interj.*** an exclamation used to attract attention or to express surprise, अरे! वाह!

**heyday** (हे´-डे) ***n.*** the period of greatest success or prosperity, सुख-समृद्धि का समय, बहार, स्वर्णकाल।

**hi** (हि) ***interj.*** an exclamation expressing greeting, आहा! हेलो!

**hiatus** (हाइ-ए´-टॅस्) ***n.*** (plu. hiatus, hiatuses) a gap or interruption in a sequence or series, अंतराल, छूट, लुप्त पद या अंश, विलुप्त कड़ी।

**hibernate** (हाइ´-बॅ:-नेट्) ***v.*** to spend the winter in a dormant state, जाड़ा भर सोकर बिताना, शीतशयन करना, प्रसुप्त रहना।

**hibernation** (हाइ-बॅ:-ने´-शॅन्) ***n.*** the act of hibernating or the state of being hibernated, शीतशयन, शीतकालीन प्रसुप्ति, प्रसुप्तावस्था।

**hibiscus** (हि-बिस्´-कॅस्) ***n.*** a tropical plant with trumpet-shaped flowers, अड़हुल, जवाकुसुम।

**hiccup** (हिक्´-ॲप्) ***n.*** a movement in the chest which stops breath with a cough-like sound, हिचकी। ***v.*** (hiccuped, hiccuping) to have the hiccups, हिचकी आना।

**hick** (हिक्) ***n.*** a boor, गँवार व्यक्ति। ***adj.*** boorish, गँवार।

**hickory** (हिक्´-ॲ-री) ***n.*** an American tree, हिकोरी (अख़रोट की जाति का वृक्ष)।

**hid** (हिड्) ***v.*** p.t. of hide.

**hidden** (हिड्´-ॲन्) ***v.*** p.p. of hide. ***adj.*** 1. out of sight, ग़ायब, ओझल। 2. secret, गुप्त।

**hide**[1] (हाइड्) ***n.*** the skin of an animal खाल, चर्म।

**hide**[2] ***v.*** (hid, hidden, hiding) 1. to put or keep out of sight, छिपाना, छिपा रखना 2. to place oneself so as to be unseen छिप जाना। 3. to keep secret, छिपाकर रखना, गुप्त रखना। 4. to take refuge, शरण लेना। ***n.*** a place of hiding, छिपने की जगह, ओट, आड़।

**hide-and-seek** (हाइड्´-ऐन्-सीक्´) ***n.*** a children's game in which someone tries to find out his or her hidden playmates, आँख-मिचौनी।

**hideaway** (हाइड्´-ॲ-वे) ***n.*** a place for concealment, छिपने की जगह।

**hidebound** (हाइड्´-बॉउन्ड्) ***adj.*** narrow-minded, संकीर्ण विचारोंवाला, पुराणपंथी।

**hideous** (हिड्´-इ-ॲस्) ***adj.*** 1. very ugly कुरूप। 2. repulsive, घिनौना। 3. terrible भयंकर।

**hide-out** (हाइड्-ऑउट्) ***n.*** a place of shelter, शरणस्थल, छिपने की जगह।

**hiding**[1] (हाइ´-डिंग्) ***n.*** the state of being hidden, छिपे होने का भाव।

**hiding**[2] ***n.*** beating, or thrashing, मार, पिटाई

**hiding-place** (हाइ´-डिंग्-प्लेस्) ***n.*** a place for hiding, छिपने का स्थान।

**hierarchical** (हाइ-इ-रा:´-कि-कॅल्) ***adj.*** of or arranged in a hierarchy, पदानुक्रमिक श्रेणीबद्ध।

**hierarchy** (हाइ´-इ-रा:-की) ***n.*** 1. an arrangement of body of persons in a graded series, पदानुक्रम (पद+अनुक्रम), श्रेणीबद्धता। 2. a group of ruling priests शासक पुरोहित-वर्ग।

**hieroglyph** (हाइ´-इ-रॅ-ग्लिफ़्) ***n.*** a picture-like sign representing sound, word or idea, चित्रलिपि का कोई चिह्न, चित्रलेख।

**hieroglyphics** (हाइ-इ-रॅ-ग्लिफ़्´-इक्स्) ***n.*** (plu.) the set of hieroglyphs, चित्रलिपि

**hi-fi** (हाइ´-फ़ाइ) ***n.*** high fidelity, हू-ब-हू ध्वनि

उत्पन्न करने का गुण। *adj.* reproducing sound with high fidelity, हू-ब-हू ध्वनि उत्पन्न करनेवाला, हाइ-फाइ।

**iggle** (हिग्´-अॅल्) *v.* (higgled, higgling), मोल-तोल करना, मोल-भाव करना।

**iggledy-piggledy** (हिग्´-अॅल्-डी-पिग्-अॅल्-डी) *adj. (& adv.)* in utter disorder, पूर्णत: अस्त-व्यस्त (रूप में), गड्डमड्ड।

**igh** (हाइ) *adj.* (higher, highest) 1. extending far upward, tall, उच्च, ऊँचा। 2. ranking above others, ऊँचा; high court, उच्च न्यायालय; high education, उच्च शिक्षा। 3. showing goodness, महान, महत्, उच्च; high principles, महान आदर्श। 4. greater than what is normal, तीव्र, तेज़, अधिक। 5. costly, महँगा। 6. piercing in sound, कर्णकटु। □ **high and dry,** (i) असहाय, (ii) अलग-थलग, अकेला; **high and mighty,** घमंडी। *adv.* 1. at a high level, ऊँचे, ऊँचाई पर। 2. to or at a high or important degree, तेज़, तेज़ी से; The feelings ran high. लोग आवेश में आ गए। □ **high and low,** everywhere, सब तरफ़।

**ghborn** (हाइ´-बॉ:न्) *adj.* of noble birth, कुलीन, अभिजात।

**ghbred** (हाइ´-ब्रेंड्) *adj.* of superior breed, अच्छी नस्ल का, उच्चवंशीय, ख़ानदानी।

**ghbrow** (हाइ´-ब्रो) *n.* a cultured and intellectual person, सभ्य तथा बुद्धिमान व्यक्ति।

**gh-class** (हाइ´-क्लास्/क्लैस्) *adj.* of high quality, ऊँची किस्म का, हाई क्लास।

**gh Commission** *n* the embassy of a common wealth country, उच्चायोग।

**gh Commissioner** *n* the embassador, उच्चायुक्त।

**her-up** (हाइ´-अॅ:-अॅप्) *n.* one who has a superior rank or position, ऊँची पदवी या हैसियतवाला व्यक्ति।

**hfalutin** (हाइ-फ़ॅ-लू´-टिन्) *adj.* pretentious, दंभी या दंभपूर्ण।

**hflown** (हाइ-फ़्लोन्´) *adj.* pompous, आडंबरपूर्ण।

**high-flying** (हाइ-फ़्लाइंग्´) *adj.* which flies high, ख़ूब ऊँचाई पर उड़नेवाला।

**high-grade** (हाइ-ग्रेड्´) *adj.* of high quality, ऊँचे दर्जे या क़िस्म का।

**high-handed** (हाइ-हैन्´-डिड्) *adj.* arrogant, उद्धत, उद्दंड, मनमानी करनेवाला, स्वेच्छाचारी।

**high-handedly** (हाइ-हैंन्´-डिड्-ली) *adv.* in a high-handed way, उद्दंडतापूर्वक, उद्धत होकर।

**high-handedness** (हाइ´-हैंन्´-डिड्-निस्) *n.* arrogance, उद्धतता, उद्दंडता, स्वेच्छाचारिता।

**high jump** *n.* a jump over a bar, ऊँची कूद।

**highland** (हाइ´-लैन्ड्) *n.* elevated land, उच्च भूमि, पर्वतीय प्रदेश। *adj.* of high lands, पर्वतीय प्रदेश-संबंधी।

**high-level** (हाइ-लेॅव्´-अॅल्) *adj.* at a high level, ऊँचे स्तर पर होनेवाला, उच्चस्तरीय।

**high-life** (हाइ´-लाइफ़्) *n.* the enjoyable life of upper class people, उच्च वर्ग के लोगों का मौज-मस्ती का जीवन, ऊँची ज़िंदगी।

**high-light** (हाइ´-लाइट्) *n.* an outstanding feature, विशिष्टता। *v.* (high-lighted, high-lighting) to emphasize, ज़ोर देना।

**high-lights** (हाइ´-लाइट्स्) *n.* (plu.) most important or outstanding features of an occurrence, झलकियाँ, हाइलाइट्स।

**highly** (हाइ´-ली) *adv.* to a high degree, very much, अत्यधिक, बहुत ज़्यादा।

**high-minded** (हाइ´-माइन्´-डिड्) *adj.* having high moral principles, noble, ऊँचे विचारों-वाला, ऊँचे सिद्धांतोंवाला, मनस्वी, उच्चाशय।

**Highness** (हाइ´-निस्) *n.* a title of honour for royalty, राजघराने के लोगों की उपाधि।

**high-pitched** (हाइ-पिच्ड्´) *adj.* (of a sound) high, तीव्र, तेज़, ऊँचा।

**high-powered** (हाइ-पॉव्´-अॅ:ड्) *adj.* showing great force, सशक्त, शक्तिशाली।

**high-pressure** (हाइ-प्रेॅश्´-अॅ:) *adj.* working with great force, ज़ोरदार, शक्तिशाली, प्रभावी।

**high-principled** (हाइ-प्रिन्´-सि-पॅल्ड्) *adj.*

H

honourable, सिद्धांतवादी, उच्चाशय।

**high-rise** (हाइ´-राइज़्) ***n.*** a multi-storied building, अट्टालिका, ऊँची इमारत। ***adj.*** very tall, बहुत ऊँचा।

**highroad** (हाइ´-रोड्) ***n.*** 1. the main road, मुख्य मार्ग। 2. a direct or sure path, सीधा या सुनिश्चित पथ या उपाय।

**high school** (हाइ´-स्कूल्) ***n.*** a school upto tenth class, विद्यालय, हाई स्कूल।

**high-strung** (हाइ-स्ट्रंग्´) ***adj.*** extremely sensitive, अतिसंवेदनशील, तुनकमिज़ाज।

**high-tension** (हाइ-टॅन्´-शॅन्) ***adj.*** having a high voltage, अत्यधिक तनाव, हाईटेन्शन।

**high tide** ***n.*** the highest level of the tide, ज्वार।

**high water mark** ***n.*** a mark denoting highest level reached by a river, उच्च जलचिह्न।

**highway** (हाइ´-वे़) ***n.*** a main public road, राजमार्ग, जनपथ।

**highwayman** (हाइ´-वे़-मॅन्) ***n.*** (plu. highwaymen) one who robs passing travellers, राहज़न, बटमार, लुटेरा।

H

**hijack** (हाइ´-जैक्) ***v.*** to seize forcibly (a vehicle or aircraft), अपहरण करना। ***n.*** an act of hijacking, अपहरण।

**hijacker** (हाइ´-जैक्-अॅ:) ***n.*** one who hijacks, अपहरणकर्ता।

**hike** (हाइक्) ***v.*** (hiked, hiking) 1. to go for a long walk, पैदल लंबी यात्रा करना, पदयात्रा करना। 2. to raise, ऊँचा करना, बढ़ाना। ***n.*** 1. a long walk, पैदल लंबी यात्रा, पदयात्रा। 2. a rise in prices, मूल्यवृद्धि।

**hiker** (हाइ´-कॅ:) ***n.*** a long walker, पदयात्री।

**hilarious** (हि-लेंअॅर्´-इ-अॅस्) ***adj.*** noisily merry, हर्षोल्लासमय, हर्ष-भरा, उल्लासपूर्ण। 2. funny, हास्यपूर्ण। 3. cheerful, प्रसन्नचित्त।

**hilarity** (हि-लैर्´-इ-टी) ***n.*** cheerfulness, प्रसन्नचित्तता, हर्षोल्लास, हँसी-ख़ुशी।

**hill** (हिल्) ***n.*** 1. a raised part of the earth's surface, पहाड़ी; hill area, पहाड़ी क्षेत्र। 2. a heap, ढेर।

**hillbilly** (हिल्´-बिल्-ई) ***n.*** a person from backward hilly area, पिछड़े पहाड़ी क्षेत्र का व्यक्ति, पहाड़ी।

**hillock** (हिल्´-अॅक्) ***n.*** a small hill, टीला

**hillside** (हिल्´-साइड्) ***n.*** the sloping side of a hill, पहाड़ी की ढाल।

**hill station** (हिल्-स्टे´-शॅन्) ***n.*** a station in a hilly area, हिल-स्टेशन, पर्वत-स्थली

**hilltop** (हिल्´-टॉप्) ***n.*** the top of a hill, पहाड़ी की चोटी, शिखर।

**hilly** (हिल्´-ई) ***adj.*** (hillier, hilliest) full of hills, पहाड़ी, पर्वतीय।

**hilt** (हिल्ट्) ***n.*** the handle of a tool or sword, हत्था, मूठ। □ **up to the hilt** अत्यधिक।

**him** (हिम्) ***pron.*** 1. the objective case of he, उसे, उसको। 2. he, वह; It is him a' right. वह बिल्कुल सही है।

**himself** (हिम्´-सेॅल्फ़) ***pron.*** 1. the reflexive form of he, (वह) स्वयं या अप आप; He himself had said, उसने स्वयं (या अपने आप) कहा था। 2. his normal condition, उसकी सामान्य अवस्था; He is not himself today. आज वह अपने में नहीं था आज वह अपनी सामान्य स्थिति में नहीं था।

**hind**[1] (हाइन्ड्) ***n.*** a female deer, हिरनी।

**hind**[2] (हाइन्ड्) ***adj.*** at the back or rear पिछला; hind leg, पिछली टाँग।

**hinder**[1] (हिन्´-डॅ:) ***v.*** 1. to get in the way बाधक होना। 2. to keep back or prevent रुकावट डालना, रोकना, अड़ंगा लगाना।

**hinder**[2] (हिन्´-डॅ:) ***adj.*** hind, पिछला।

**Hindi** (हिन्´-डी) ***n.*** India's national language, हिंदी। ***adj.*** of or related Hindi, हिंदी; Hindi-speaking, हिंदीभाषी

**hindmost** (हाइन्ड्´-मोस्ट्) ***adj.*** farthest behind, सबसे पीछेवाला, पिछला।

**hindquarters** (हाइन्ड्´-क्वॉ:-टॅ:ज़्) ***n.*** (plu the hind legs and adjoining portion a side of meat, (पशु की) पिछली टाँ और पुट्ठे का मांस।

**hindrance** (हिन्´-ड्रॅन्स्) ***n.*** the act of hindering or the thing that hinders, बा

रुकावट।

**indsight** (हिन्ड्´-साइट्) ***n.*** an understanding about an event after it has occurred, बाद में सूझनेवाली अक़्ल की बात, पश्चदृष्टि।

**Hindu** (हिन्´-डू) ***n.*** a believer in Hinduism, हिंदू। ***adj.*** of the Hindus, हिंदुओं का, हिंदू।

**Hinduism** (हिन्´-डु-इज़्-अॅम्) ***n.*** 1. The Hindu religion, हिंदू धर्म। 2. the Hindu philosophy, हिंदू दर्शन।

**inge** (हिन्ज्) ***n.*** a device or joint on which a door, lid etc. turns, swings or hangs, क़ब्ज़ा। ***v.*** 1. to equip with a hinge, क़ब्ज़ा जड़ना या लगाना। 2. to turn or swing on a hinge, क़ब्ज़े पर घूमना। 3. to depend on, आश्रित या निर्भर होना।

**int** (हिन्ट्) ***n.*** 1. a slight or indirect suggestion, परोक्ष संकेत, इशारा। 2. a small piece of practical information, छोटी-मोटी सलाह, उपयोगी सलाह। ***v.*** to give a hint, इशारा करना। □ **hint at,** इशारे से बतलाना।

**interland** (हिन्´-टॅ:-लैन्ड्) ***n.*** an area remote from urban region, दूर-देहात।

**ip**[1] (हिप्) ***n.*** The fleshy part of either side of human body above the legs, कूल्हा, नितंब।

**ip**[2] ***interj.*** hip, hip, hooray! हिप-हिप हुर्रे! वाह!, वाह!

**ipbath** (हिप्´-बाथ्) ***n.*** a bath in which one can sit but not lie, कटिस्नान।

**ipped** (हिप्ड्) ***adj.*** gloomy, sad, निराश, हताश।

**ippie** (हिप्´-ई) ***n.*** a young person who rejects conventional ideas and takes drugs for pleasure, हिप्पी।

**ippopotamus** (हिप्-अॅ-पॉट्´-अॅ-मॅस्) ***n.*** a large African quadruped, दरियाई घोड़ा।

**ire** (हाइअॅ:, हाइ:) ***v.*** 1. to get the use of something on payment of a sum of money, किराए पर लेना, भाड़े पर लेना। 2. to employ, भाड़े पर रखना। □ **hire out,** भाड़े पर देना, चढ़ाना या उठाना। ***n.*** 1. the act of hiring, किराए पर देना। 2. payment for this, किराया, भाड़ा।

**hireable** (हाइर्´-अॅ-बॅल्) ***adj.*** that can be hired, किराए पर देने योग्य।

**hireling** (हाइ:´-लिंग्) ***n.*** a person whose services may be hired, भाड़े पर काम करनेवाला।

**hire-purchase** (हाइ:´-प:-चेज़्) ***n.*** a system of payment in instalments after receiving the goods, किराया-ख़रीद, भाड़ा-क्रय।

**hirsute** (ह:´-सूट्) ***adj.*** 1. hairy, बालोंवाला, रोएँदार। 2. having long rough hair, झबरैला।

**his** (हिज़्) ***adj.*** belonging to him, उसका (with general meaning, अपना)। ***pron.*** that (or those) belonging to him, उसका। □ **His Excellency,** महामहिम, **His Highness,** महामान्य, **His Holiness,** परम पावन श्री...।

**Hispanic** (हि-स्पैन्´-इक्) ***adj.*** of Latin America, लैटिन अमरीका-संबंधी। ***n.*** a Spanish-speaking person in America, अमरीका में रहनेवाला स्पैनिशभाषी व्यक्ति।

**hiss** (हिस्) ***n.*** 1. a hissing sound, सीसी, सिसकारी, फुफकार। 2. a whistle, सीटी। ***v.*** 1. to make a hiss, सिसकारी भरना, फुफकारना। 2. to show disapproval by hissing, सीसी करते हुए अरुचि या असहमति प्रकट करना।

**hist** (हिस्ट्) ***n.*** a sound used for asking someone to remain silent, सी।

**historian** (हि-स्टोर्´-इ-अॅन्) ***n.*** 1. an expert in history, इतिहासवेत्ता, इतिहासज्ञ। 2. a writer of history, इतिहासकार, इतिहास-लेखक।

**historic** (हि-स्टॉर्´-इक्) ***adj.*** having importance in history, ऐतिहासिक महत्त्व का।

**historical** (हि-स्टॉर्´-इ-कॅल्) ***adj.*** belonging to or connected with history, ऐतिहासिक।

**history** (हिस्´-टॅ-री) ***n.*** 1. a chronological record of events, इतिहास, तवारीख़। 2. a long narrative, इतिवृत्त। □ **make history,** यादगार बनाना या छोड़ना।

**histrionic** (हिस्-ट्रि-ऑन्´-इक्) ***adj.*** 1. of

H

theatre or acting, रंगमंच या अभिनय-संबंधी। 2. dramatic, नाटकीय।

**histrionically** (हिस्-ट्रि-ऑन्´-इ-कॅ-ली) ***adv.*** in a histrionic manner, नाटकीय रूप से।

**histrionics** (हिस्-ट्रि-ऑन्´-इक्स्) ***n.*** 1. the art of acting, अभिनय-कला। 2. dramatic or emotional behaviour, नाटकीय आचरण, भावुकतापूर्ण आचरण, नाटकीयता।

**hit** (हिट्) ***v.*** (hit, hitting) 1. to give a blow, to strike, आघात या प्रहार करना, मारना। 2. to affect adversely, बुरी तरह प्रभावित करना, बुरा प्रभाव डालना। 3. to reach, पहुँचना। 4. to score, (क्रिकेट में) रन बनाना; He hit a century, उसने (रनों का) शतक बनाया या लगाया। □ **be hit hard,** कष्ट सहना, भोगना; **hit back,** बदला लेना; **hit below the belt,** धोखे से मारना या नियम विरुद्ध वार करना, बेईमानी करना; **hit the bottle,** ख़ूब शराब पीना; **hit the headlines,** प्रमुखता प्राप्त करना, शीर्षक बनना; **hit the nail on the head,** (मौके पर) सही बात कहना, पते की बात कहना। ***n.*** 1. a blow or strike, आघात, प्रहार, मार। 2. a shot that hits the target, निशाना। 3. a successful performance, सफल प्रदर्शन, सफल कार्यक्रम। 4. a murder, हत्या, वध। □ **make a hit,** यश प्राप्त करना।

**hit-and-miss** (हिट्-ॲन्-मिस्´) ***adj.*** 1. haphazard, अटकल-पच्चू। 2. without any plan, जो योजनाबद्ध न हो, अव्यवस्थित।

**hit-and-run** (हिट्-ॲन्-रन्´) ***adj.*** that runs away after attacking someone, आघात करके भाग खड़ा होनेवाला।

**hitch** (हिच्) ***v.*** 1. to move (a thing) with a slight jerk (किसी वस्तु को) झटके से उठाना। 2. to fasten, बाँध देना, साथ लगा देना, अटकाना। 3. to be fastened, बँध जाना, जुड़ जाना, अटक या फँस जाना। 4. to hitchhike, गुजरती हुई गाड़ी को संकेत देकर मुफ़्त में यात्रा करना। □ **get hitched,** विवाह हो जाना, बँध जाना। ***n.*** 1. a slight jerk, झटका। 2. a loop or hook, फंदा या हुक। 3. a difficulty, कठिनाई, अड़चन, विघ्न।

**hitchhike** (हिच्´-हाइक्) ***v.*** (hitchhiked, hitchhiking) to travel by getting free rides in other people's vehicles, मुफ़्त यात्रा करना, अनुरोध-यात्रा करना।

**hither** (हिद्´-ॲ:) ***adv.*** toward this place, इधर। □ **hither and thither,** यहाँ-वहाँ

**hitherto** (हिद्´-ॲ:-टू) ***adv.*** until this time, अब तक।

**hitman** (हिट्´-मॅन्) ***n.*** a hired assassin, भाड़े का हत्यारा।

**hive** (हाइव्) ***n.*** 1. a structure or container for bees to live in, छत्ता या मधुपेटी। 2. the bees living in this, छत्ते या मधुपेटी में रहने या बैठनेवाली मधुमक्खियाँ। 3. a crowded place, भीड़-भाड़वाली जगह। ***v.*** 1. to live in a hive, छत्ते या मधुपेटी में रहना। 2. to live together, साथ-साथ रहना। 3. to gather, संग्रह करना। □ **hive off** (i) अलग करना; (ii) ग़ायब या ओझल हो जाना (iii) नया काम शुरू करना।

**ho** (हो) ***interj.*** an exclamation of triumph or scorn, हो-हो, अहो।

**hoard** (हो:ड्) ***n.*** 1. a store of something valuable, संचय, जमा। 2. a secret store, अपसंचय, जमाख़ोरी का माल। ***v.*** to accumulate a hoard, संचय/जमा करना।

**hoarder** (हो:ड्´-ॲ:) ***n.*** one who hoards essential commodities, अपसंचयी, जमाख़ोर

**hoarding** (हो:ड्´-इंग्) ***n.*** 1. the act or practice of accumulating, संचयन, संचयवृत्ति, जमाख़ोरी। 2. a fence around a building being constructed, टट्टी, घेरा। 3. a high fence or board on which advertisements are attached or stuck, विज्ञापन-पट्ट।

**hoarfrost** (हो:´-फ्रा:स्ट्) ***n.*** frozen dew, पाला।

**hoariness** (होर्´-इ-निस्) ***n.*** the condition of being hoary, बालों की सफ़ेदी, बुढ़ापा।

**hoarse** (हो:स्) ***adj.*** (hoarser, hoarsest) 1. harsh-sounding, कर्कश या फटी-फटी आवाज़वाला। 2. (of a person) having a hoarse voice, जिसकी आवाज भर्राई हुई हो, जिसका गला बैठा हो, कर्कश (व्यक्ति)।

**hoarseness** (होःस्´-निस्) *n.* the state or quality of being hoarse, आवाज़ का फटापन, भर्राहट, कर्कशता।

**hoary** (होर्´-ई) *adj.* (hoarier, hoariest) 1. (of hair) grey or white, सफ़ेद, धवल; a hoary beard, सफ़ेद दाढ़ी। 2. (of a person) having grey hair, सफ़ेद बालोंवाला, बूढ़ा। 3. very old, ancient, प्राचीन, पुराना।

**hoax** (होक्स्) *n.* a joke or plot to deceive, झाँसा, जुल, झाँसा-पट्टी, चकमा। *v.* to deceive by a hoax, झाँसा देना, धोखा देना।

**hob**[1] (हॉब्) *n.* a flat metal plate for heating purposes, तवा।

**hob**[2] *n.* a hobgoblin or elf, दुष्टात्मा या परी।

**hobble** (हॉब्´-अॅल्) *v.* 1. to limp, लँगड़ाते हुए चलना, लँगड़ाना। 2. to fasten together the legs (of a horse or donkey to limit its movement), छाँदना। *n.* a clumsy walk, भद्दी चाल। 2. a device for hobbling an animal, छाँदा।

**hobby** (हॉब्´-ई) *n.* (plu. hobbies) an occupation or activity carried on for pleasure, शौक़, शुग़ल, रुचि, व्यसन।

**hobby-horse** (हॉब्´-इ-हॉःस्) *n.* a rocking horse for children, बच्चों के खेलने का लकड़ी का घोड़ा, कठघोड़ा।

**hobbyist** (हॉब्´-इ-इस्ट्) *n.* a person who does something regularly for fun (and not for money), शौक़ीन, व्यसनी।

**hobgoblin** (हॉब्´-गॉब्-लिन्) *n.* 1. a goblin which plays tricks on people, दुष्टात्मा। 2. a bogey or bugbear, हौआ, जूजू।

**hobnail** (हॉब्´-नेल्) *n.* a large nail with a big head used for bootsoles, कोका। (पंजाबी)

**hobnob** (हॉब्´-नॉब्) *v.* (hobnobbed, hobnobbing) to drink and chat together in a friendly way, हमप्याला और हमनिवाला होना, हिल-मिलकर रहना, यारी निभाना।

**hobo** (हो´-बो) *n.* 1. a wanderer, आवारा व्यक्ति। 2. a person without a regular work, ऐसा व्यक्ति जिसका कोई लगा-बँधा काम न हो, उठल्लू मज़दूर।

**Hobson's Choice** *n.* lack of choice, चयन की स्वतंत्रता का अभाव, मजबूरी।

**hock** (हॉक्´) *n.* the joint in the hind leg of an animal, पिछली टाँग का घुटना।

**hockey** (हॉक्´-ई) *n.* 1. a game played with a ball and curved sticks, हॉकी का खेल। 2. a stick used in this game, हॉकी।

**hocuspocus** (हो´-कॅस्-पो´-कॅस्) *n.* a trickery, झाँसा, चाल, तिकड़म, इंद्रजाल।

**hod** (हॉड्) *n.* a long-handled box for carrying bricks, ईंटें ढोने का हत्थेदार बक्सा।

**hod carrier** *n.* a labourer who carries hod, ईंटें ढोनेवाला मज़दूर।

**hodgepodge** (हॉज्´-पॉज्) *n.* = hotchpotch.

**hoe** (हो) *n.* a tool for breaking up surface soil, कुदाल। *v.* to use a hoe, कुदाल चलाना।

**hog** (हॉग्) *n.* 1. a full-grown domestic pig, सुअर। 2. a greedy or gluttonous person, लोभी या पेटू व्यक्ति। 3. a filthy person, गंदा आदमी। □ **go the whole hog,** अच्छी तरह करना; **high on the hog,** मुक्त हस्त से। *v.* (hogged, hogging) to take more than one's fair share, अपने हिस्से से ज़्यादा लेना, लोभी या पेटू होना।

**hoggish** (हॉग्´-इश्) *adj.* 1. piglike, सुअर-जैसा। 2. gluttonous, greedy, पेटू, भुक्खड़। 3. filthy, गंदा।

**hogmanay** (हॉग्´-मॅ-ने) *n.* New Year's Eve, नववर्ष की पूर्व-संध्या।

**hogwash** (हॉग्´-वॉश्) *n.* stupid talk, बेमतलब की बात, बकबक।

**hoi polioi** (हॉइ-पॅ-लॉइ´) *n.* the common people, आम जनता, लोग-बाग। (उपेक्षासूचक)

**hoist** (हॉइस्ट्) *v.* (hoisted, hoisting) 1. to raise or lift, ऊपर उठाना, चढ़ाना। 2. to raise (the flag, झंडा) फहराना।

**hoity-toity** (हॉइ´-टी-टॉइ-टी) *adj.* haughty, अहंकारी, घमंडी, अपने आप को बहुत लगानेवाला।

**hokum** (हो´-कॅम्) *n.* nonsense, बेमतलब की बात, वाहियात वस्तु।

**hold** (होल्ड्) *v.* (held, holding) 1. to

H

take and keep in one's hands, थामना, थामे रहना, पकड़ना, उठाना, धारण करना। 2. to bear the weight of, संभालना। 3. to put in a particular position or maintain, विशेष स्थिति में रखना, बनाए रखना। 4. to possess, contain, or control, धारण करना, नियंत्रण करना। 5. to stop or detain in custody, रोकना, रोके रखना, क़ब्ज़े में रखना। 6. to occupy, ग्रहण करना। 7. to cause to take place, मनाना, आयोजित करना। 8. to believe or assert, मानना, दावा करना। 9. to give verdict, फैसला देना। 10. to remain secure, सुरक्षित रहना। □ **hold against,** (किसी पर) दोष मढ़ना; **hold back,** (i) रोकना; (ii) नियंत्रित करना; **hold by,** परिपालन करना; **hold down,** नियंत्रित करना, दबाकर रखना; **hold forth,** विस्तार से कहना; **hold good,** वैध रहना, सत्य होना; **hold hands (with),** एक दूसरे का हाथ (के हाथ) पकड़े रहना; **hold off,** रोक देना, आगे बढ़ने न देना; **hold on,** (i) जारी रहना; (ii) प्रतीक्षा करना, कुछ देर के लिए रुकना; **hold one's ground,** डटे रहना; **hold one's head high,** अपना सिर ऊँचा करके चलना; **hold one's own,** डटे रहना; **hold one's tongue,** शांत रहना; **hold out,** (i) चलना; (ii) प्रस्तावित करना; (iii) प्रतिरोध करना, डटे रहना; **hold out for,** (अपनी माँग पर) अडिग रहना; **hold out on,** (किसी से) भेद छिपाए रखना; **hold to,** परिपालन करना, डटे रहना; **hold over,** स्थगित करना, उठा रखना; **hold up,** (i) रोकना; (ii) सहना, बर्दाश्त करना; (iii) लूट लेना; (iv) विलंब करना; (v) ऊपर उठाना; **hold with,** सहमत होना। ***n.*** 1. the act of holding, पकड़, नियंत्रण, संभाल। 2. an opportunity of holding, पकड़ने का अवसर। 3. the means of holding, पकड़ने का साधन। 4. controlling influence, दबदबा, प्रभाव। 5. a prison cell, जेल की कोठरी। 6. a stronghold, गढ़, किला। 7. the part below deck where goods are stored, जलयान का तहख़ाना। □ **get hold of,** (i) पकड़ लेना, (ii) प्राप्त या अधिग्रहण करना; (iii) किसी से संपर्क करना; **get hold of oneself,** अपने पर संयम रखना, अपने को क़ाबू में रखना; **have a hold over,** क़ब्ज़े में होना, अधिकार में होना।

**holdall** (होल्ड्´-आ:ल्) ***n.*** a portable case or bag, होल्डाल, बिस्तरबंद।

**holder** (होल्´-डॅ:) ***n.*** 1. one who holds, पकड़ने या थामनेवाला, धारण करनेवाला, धारक। 2. a protective cloth for handling hot saucepans, पोना।

**holdfast** (होल्ड्´-फ़ास्ट्) ***n.*** a device which holds things together, होल्डफ़ास्ट।

**holding** (होल्´-डिंग्) ***n.*** 1. an act of keeping in one's possession, पकड़ने या थामने का काम। 2. land rented or leased from another, जोत। 3. legally owned property, जायदाद।

**hold-up** (होल्ड्´-अप्) ***n.*** 1. delay, विलंब। 2. interruption, व्यवधान। 3. armed robbery, डाका, राहज़नी।

**hole** (होल्) ***n.*** 1. a cavity, छेद, सुराख़, छिद्र। 2. an animal's burrow, बिल, विवर या माँद। 3. a fault or defect, दोष। 4. a bad situation, विषम परिस्थिति। □ **burn a hole in someone's pocket,** किसी को धन व्यय करने के लिए उत्साहित करना; **in the hole,** विषम परिस्थिति में; **pick holes in,** (किसी में) दोष ढूँढ़ना, नुक्ताचीनी करना। ***v.*** (holed, holing) to make hole or holes in, छेद करना, छेदना। □ **hole out,** छेद में (गेंद) डालना।

**holiday** (हॉल्´-इ-डे) ***n.*** 1. a day of rest, छुट्टी का दिन, अवकाश-दिवस, छुट्टी; holiday with pay, सवेतन छुट्टी। 2. holy day, पर्व। 3. vacation, छुट्टी, लंबी छुट्टी। ***adj.*** joyful, ख़ुशी-भरा, आनंदपूर्ण; holiday spirit, आनंद-भावना। ***v.*** to have a period of holiday, छुट्टियाँ मनाना।

**holiday camp** ***n.*** a camp organized for celebrating holiday, अवकाश-शिविर।

**holiday home** ***n.*** a place where people enjoy holidays, अवकाश-गृह।

**holiday-maker** ***n.*** one who enjoys one's holidays outside, सैलानी।

H

**holiness** (हो´-लि-निस्) ***n.*** the state of being holy, पवित्रता, पावनता। □ **His Holiness,** पोप की पदवी।

**Hollander** (हॉल्´-अॅन्-डॅ:) ***n.*** an inhabitant of Holland, हॉलैंड निवासी।

**holler** (हॉल्´-अॅ:) ***v.*** (hollered, hollering) to yell or shout, चिल्लाना। ***n.*** a shout, चीख़, चिल्लाहट, चीख़-पुकार।

**hollow** (हॉल्´-ओ) ***adj.*** 1. having an empty space inside, खोखला, पोला। 2. sunken, पिचका हुआ। 3. empty, worthless, ख़ाली, तुच्छ, थोथा। □ **beat hollow,** पूर्ण रूप से परास्त करना। ***n.*** 1. a hole, छेद, छिद्र। 2. a sunken place, पिचक। ***adv.*** completely, पूर्ण रूप से, पूर्णत:। ***v.*** 1. to make hollow, खोखला बनाना, खोखला कर देना। 2. to become hollow, खोखला बनना या हो जाना।

**holly** (हॉल्´-ई) ***n.*** a shrub, एक झाड़ी।

**hollyhock** (हॉल्´-इ-हॉक्) ***n.*** a flower plant, फूलोंवाला एक पौधा।

**holocaust** (हॉल्´-अॅ-का:स्ट्) ***n.*** complete destruction (of the people) by fire, सर्वदाह, जनदाह, सर्वनाश, अग्निकांड।

**holograph** (हो´-लॅ-ग्राफ़्/ग्रैफ़्) ***n.*** a document wholly in the handwriting of the signatory, अपने हाथ से लिखा तथा स्व-हस्ताक्षरित लेख, स्वलेख।

**holography** (हो´-लॉग्-रॅ-फ़ी) ***n.*** a method of producing a three-dimensional image, त्रिविम-चित्रण, होलाग्रैफ़ी।

**holster** (होल्´-स्टॅ:) ***n.*** a leather case for a pistol, पिस्तौल का चमड़े का खोल।

**holy** (हो´-ली) ***adj.*** (holier, holiest) 1. sacred, पवित्र, पावन; holy war, धर्मयुद्ध, जिहाद। 2. devoted to the service of god, धर्मी। □ **holy of holies,** अत्यंत पावन; **holy terror,** शैतान बच्चा।

**homage** (हॉम्´-इज; ऑम्´-इज्) ***n.*** 1. honour or respect shown publicly, सार्वजनिक सम्मान, सम्मान-प्रदर्शन, श्रद्धांजलि। 2. a formal expression of loyalty to a ruler, राजनिष्ठा।

**home** (होम्) ***n.*** 1. a dwelling place sply. a place where one lives, घर, मकान, निवास; home delivery, घर सुपुर्दगी। 2. one's native land, जन्मभूमि। 3. the native habitat, मूल निवास या उद्गम स्थल। 4. (in some games) a place which a player must aim to reach, गोल। 5. an institution where people are cared for, भवन, गृह, आवास; a children's home, बालभवन, बालगृह। □ **be at home,** or **feel at home,** (i) घर-जैसा लगना; (ii) माहिर होना, अच्छा ज्ञान होना; She is quite at home in cooking. वह खाना बनाने में माहिर है। **make oneself at home,** बेतकल्लुफ़ होना, निस्संकोच होकर व्यवहार करना। ***adj.*** 1. connected or related with one's home or country i.e. domestic, not foreign, घरेलू; home appliances, घरेलू उपकरण; home produce, घरेलू उत्पादन; home ground, घरेलू मैदान। 2. of native land, देशीय; home market, देशीय बाज़ार। ***adv.*** 1. to or at one's home or family, घर में, परिवार में। 2. on target, to the right place, निशाने पर, ठीक जगह पर। ***v.*** to fly home (said of pigeons, कबूतरों का) घर लौटना।

**homebred** (होम्´-ब्रेड्´) ***adj.*** bred at home, जिसका लालन-पालन घर में हुआ हो।

**home brew** ***n.*** beer made at home, घर पर तैयार की हुई बीयर।

**homecoming** (होम्´-कम्-इंग्) ***n.*** arrival at home after long absence, घर-वापसी, स्वदेश-वापसी, घर लौटना।

**home country** ***n.*** one's country, अपना देश।

**home front** ***n.*** an area or scene for household activities, घरेलू मोर्चा।

**home-grown** (होम्´-ग्रोन्) ***adj.*** grown at home, गृहनिर्मित, स्वदेशी।

**home guard** ***n.*** a local guard, होमगार्ड, गृहरक्षक।

**homeland** (होम्´-लैन्ड्) ***n.*** one's native land, स्वदेश।

**homeless** (होम्´-लिस्) ***adj.*** without a home, बेघर।

**homelike** (होम्´-लाइक्) ***adj.*** like something

H

in one's home, घर-जैसा, घरेलू।

**homely** (होम्´-ली) ***adj.*** 1. simple or plain, सीधा-सादा। 2. not good looking, सामान्य शक्ल-सूरत का।

**homeliness** (होम्´-लि-निस्) ***n.*** the quality of being homely, सादगी, घरेलूपन।

**homemade** (होम्´-मेड्´) ***adj.*** made or prepared at home, घर का बना, गृहनिर्मित।

**homeopath** (होम्´-अॅ-पैथ्) ***n.*** an expert in homeopathy, होमियोपैथ।

**homeopathy** (हो-मि-ऑप्´-अॅ-थी) ***n.*** a system of medical treatment, होमियोपैथी।

**home rule** ***n.*** self-government, स्वशासन।

**home science** ***n.*** the science dealing with the management of home, गृहविज्ञान।

**homesick** (होम्´-सिक्) ***adj.*** longing for home, जिसे घर की याद सता रही हो, गृहासक्त।

**homesickness** (होम्´-सिक्-निस्) ***n.*** a great wish to be at home, घर की याद, गृहासक्ति।

**homespun** (होम्´-स्पन्) ***adj.*** spun in the home, घर का बुना।

**homestead** (होम्´-स्टेंड्) ***n.*** a farm with its building, खेत और उसके अंदर बना हुआ मकान, घर और उसके इर्द-गिर्द का खेत।

H

**hometown** (होम्´-टॉउन्) ***n.*** a town where one was born, अपना नगर, स्वनगर, जन्मनगर।

**home truth** ***n.*** a true but unpleasant fact, कटुसत्य, मर्मोक्ति।

**homeward** (होम्´-व़ॅ:ड्) ***adv.*** toward home, घर की ओर। ***adj.*** going home, घर की ओर जानेवाला, गृहोन्मुखी।

**homewards** (होम्´-व़ॅ:ड्ज़्) ***adv.*** homeward.

**homework** (होम्´-व़:क्) ***n.*** 1. work to be done at home, गृहकार्य, घर का काम। 2. work of a preparatory nature, प्राथमिक कार्य।

**homeworker** (होम्´-व़:-कॅ:) ***n.*** working at home, गृहकर्मी।

**homey** (हो´-मी) ***adj.*** homely, घर-सा, घर-जैसा।

**homicide** (हॉम्´-इ-साइड्) ***n.*** 1. murder, मानव-वध, नरहत्या। 2. a murderer, वह व्यक्ति जिसने अन्य व्यक्ति की हत्या की हो, हत्यारा।

**homily** (हॉम्´-इ-ली) ***n.*** (plu. homilies) a moralizing lecture, उपदेश, सीख।

**homing** (हो´-मिंग्) ***adj.*** returing home, घर लौटनेवाला, वापस आनेवाला।

**homoeopath** ***n.*** = homeopath.

**homoeopathy** ***n.*** = homeopathy.

**homogeneity** (हो-मो-जि-नी´-इ-टी) ***n.*** the state or quality of being homogeneous, समजातीयता।

**homogeneous** (हो-मॅ-जी´-नि-अॅस्) ***adj.*** 1. of the same kind, समजातीय। 2. uniform, एकरूप, एकरस, समांगी।

**homograph** (हॉम्´-अॅ-ग्राफ़्/ग्रैफ़्) ***n.*** the word that has the same spelling as another but different origin and meaning, ऐसा शब्द जिसकी वर्तनी तो किसी अन्य शब्द के समान हो पर अर्थ भिन्न हो, समवर्तनी शब्द।

**homologous** (हॅ-मॉल्´-अॅ-गॅस्) ***adj.*** corresponding, समजात, समजातीय।

**homology** (हॅ-मॉल्´-अॅ-जी) ***n.*** the quality or state of being homologous, समजातीयता।

**homonym** (हॉम्´-अॅ-निम्) ***n.*** = homograph.

**homophone** (हॉम्´-अॅ-फ़ोन्) ***n.*** a word with the same sound as another, समध्वनिक शब्द।

**homosexual** (हो-मो-सेक्´-शु-अॅल्) ***adj.*** one who is sexually attracted to the members of the same sex, समलिंगकामी, होमोसेक्सुअल।

**homosexuality** (हो-मॅ-सेंक्-शु-ऐल्´-इ-टी) ***n.*** sexual relation between the persons of same sex, समलिंगकामिता, समलिंगरति।

**hone**[1] (होन्) ***n.*** a stone used to sharpen cutting tools, सान। ***v.*** (honed, honing) to sharper on a hone, सान पर चढ़ाना।

**hone**[2] ***v.*** (honed, honing) 1. to yearn, लालसा होना। 2. to grumble, असंतोष प्रकट करना।

**honest** (ऑन्´-इस्ट्) ***adj.*** 1. truthful, upright, सच्चा, ईमानदार, निष्कपट। 2. true, genuine, सच्चा, भला। 3. creditable,

विश्वसनीय। 4. gained or earned by fair methods, ईमानदारी से कमाया या प्राप्त किया हुआ। 5. pure, विशुद्ध।

**honestly** (ऑन्´-इस्ट्-ली) ***adv.*** 1. in an honest manner, ईमानदारी से। 2. truly, really, सचमुच, सच तो यह है कि।

**honesty** (ऑन्´-इस्-टी) ***n.*** 1. the state or quality of being honest, ईमानदारी, निष्ठा, विश्वसनीयता। 2. sincerity, सच्चाई।

**honey** (हॅन्´-ई) ***n.*** 1. a sweet syrupy substance made by bees, शहद, मधु। 2. sweetness, मधुरता, मिठास। 3. darling, प्रिय।

**honeybee** (हॅन्´-ई-बी) ***n.*** a bee that makes honey, मधुमक्खी।

**honeycomb** (हॅन्´-ई-कोम्) ***n.*** a wax structure made by honeybees to hold honey, शहद का छत्ता। ***v.*** (honeycombed, honey-combing) to become full of holes, छेदों से भरा होना।

**honeydew** (हॅन्´-इ-ड्यु) ***n.*** a sweet fluid excreted by some insects, मधुरस।

**honeyed** (हन्´-इड्) ***adj.*** sweetened with honey, शहद-मिला, शहद-लगा, मीठा।

**honeymoon** (हन्´-ई-मून्) ***n.*** the period spent together by a newly-married couple, नवदंपती की विहार-वेला, अभिसारकाल।

**honeysuckle** (हन्´-इ-सक्-अॅल्) ***n.*** a vine with fragrant yellow and pink flowers, मधुमालती।

**honk** (हॉङ्क्) ***n.*** 1. the harsh cry of a goose, काँ-काँ। 2. the sound of a car horn, पों-पों। ***v.*** (honked, honking) to make a honk, काँ-काँ करना, पों-पों करना।

**honky-tonk** (हॉङ्´-की-टॉङ्क्) ***n.*** a cheap dance hall, सस्ता नाचघर।

**honorarium** (ऑन्-अॅ-रॅऑर्´-इ-अॅम्) ***n.*** (plu. hororaria, honorariums) a voluntary payment made for services on which no fee is legally obtainable, दक्षिणा, मानदेय।

**honorary** (ऑन्´-अॅ-रॅर्-ई) ***adj.*** 1. conferring honour, given as an honour, मानद, सम्मानार्थ; honorary degree, मानद या सम्मानार्थ उपाधि। 2. unpaid, अवैतनिक; honorary judge, अवैतनिक न्यायाधीश।

**honorific** (ऑन्-अॅ-रिफ़्´-इक्) ***adj.*** 1. conferring honour, सम्मानप्रद। 2. showing honour, सम्मानसूचक, आदरार्थक, सम्मानार्थक।

**honour, honor** (ऑन्´-अॅ:) ***n.*** 1. great respect, मान, सम्मान, समादर। 2. public regard, glory, प्रतिष्ठा, गौरव, यश। 3. personal integrity, सत्यनिष्ठा, वैयक्तिक चरित्र, मर्यादा। 4. a privilege, विशेषाधिकार। 5. a title of honour, मानद उपाधि। 6. an advanced course for exceptional students, प्रवीण पाठ्यक्रम, ऑनर्स कोर्स। ***v.*** 1. to respect greatly, आदर करना। 2. to confer an honour on, सम्मान देना, सम्मानित करना। 3. to accept and pay when due, सकारना।

**honourable** (ऑन्´-अॅ-रॅ-बॅल्) ***adj.*** 1. worthy of respect, आदरणीय, सम्मानीय, सम्मानित। 2. noble, illustrious, महान, यशस्वी।

**Honourable** ***n.*** a title for a person of high rank, माननीय।

**hooch** (हूच्) ***n.*** illicit liquor, अवैध शराब।

**hood**[1] (हुड्) ***n.*** 1. a loose covering for the head and neck, एक तरह की टोपी। 2. a cover over an automobile engine, कार के इंजन का ढक्कन, हुड।

**hood**[2] (हुड्) ***n.*** a hoodlum, गुंडा।

**hoodlum** (हुड्´-लॅम्) ***n.*** a gangster, गुंडा।

**hoodoo** (हू´-डू) ***n.*** 1. a thing that brings bad luck, असगुन, अपशकुन। 2. bad luck, बदक़िस्मती, दुर्भाग्य। ***v.*** to bring bad luck to, दुर्भाग्यसूचक होना।

**hoodwink** (हुड्´-विंक्) ***v.*** 1. to deceive, धोखा देना। 2. to cheat, ठगना।

**hooey** (हू´-इ) ***n.*** nonsense, बेमतलब की बात।

**hoof** (हूफ़्) ***n.*** (plu. hooves, hoofs) the horny part of the foot of some mammals, खुर, टाप, सुम। □ **on the hoof,** live (i.e. not yet slaughtered), जीवित। ***v.*** 1. to go on foot, पैदल चलना। 2. to dance, नाचना।

H

**hoof disease** ***n.*** a contagious disease of cattle, खुरपका।

**hoofer** (हुफ़्´-अ:) ***n.*** a professional dancer, नर्तक, नाचनेवाला।

**hook** (हुक्) ***n.*** 1. a curved device for holding or catching something, हुक, टेढ़ा काँटा। 2. a bend in a stream, नदी का घुमाव या मोड़। 3. a blow delivered with a bent arm, हुक। □ **by hook or by crook,** चाहे जैसे भी, येन-केन-प्रकारेण। ***v.*** 1. to get hold of or catch with a hook, हुक से लटकाना या पकड़ना। 2. to hit or pull (the ball, गेंद को) मारना, हुक करना। □ **hook up,** (किसी यंत्र के) अवयवों को जोड़ना तथा व्यवस्थित करना।

**hookah** (हुक्´-अॅ) ***n.*** a smoking pipe with a water-pot for cooling the smoke, हुक्का।

**hooked** (हुक्ड्) ***adj.*** 1. curved like a hook, टेढ़ा, वक्र, अंकुशवत्। 2. married, विवाहित। □ **hooked on,** (i) व्यसनी, (ii) लट्टू, मुग्ध।

**hooker** (हुक्´-अ:) ***n.*** a prostitute, वेश्या।

**hook-nosed** (हुक्´-नोज़्ड्) ***adj.*** having a curved nose, शुकनास, तोते की चोंच-जैसी नाकवाला।

H

**hook-up** (हुक्´-अप्) ***n.*** a connection, योग, जोड़, जुड़ाव, विशेषत: एक ही कार्यक्रम प्रसारित करनेवाले सभी केंद्रों से जुड़ाव; on the national hook-up, देश के सभी केंद्रों पर।

**hookworm** (हुर्क्-व़:म्) ***n.*** a worm with hooked mouth parts that infest the intestines, अंकुशकृमि।

**hooligan** (हु´-लि-गॅन्) ***n.*** a hoodlum, गुंडा।

**hooliganism** (हु´-लि-गॅन्-इज़्-ऑम्) ***n.*** the act or behaviour of a hooligan, गुंडई, गुंडागर्दी।

**hoop** (हूप्) ***n.*** a circular band, छल्ला, वलय।

**hoopla** (हूप्´-ला) ***n.*** 1. nonsense, बेमतलब की या वाहियात बात। 2. a commotion, हंगामा।

**hooray** (हु-रे´) ***interj.*** = hurray.

**hoot** (हूट्) ***n.*** 1. the cry of an owl, उल्लू की आवाज़, घूघू। 2. a sound of a horn or whistle, भोंभों। 3. a cry expressing scorn or jeer, हो-हो। □ **not to care a hoot/two hoots,** तनिक भी परवाह न करना। ***v.*** 1. to make a hoot, घूघू करना। 2. to sound a horn, भोंभों करना। 3. to make a jeering or contemptuous cry, हो-हो करना, हूट करना, शोर मचाना।

**hooter** (हू´-टॅ:) ***n.*** 1. one who hoots, हो-हो करनेवाला, शोर मचानेवाला। 2. a whistle or horn, सीटी, भोंपू।

**hop**[1] (हॉप्) ***v.*** (hopped, hopping) 1. to jump, कूदना, फुदकना, उछलना-कूदना। 2. to jump on one foot, उछलना। 3. to cross by hopping, कूदकर लाँघना। 4. a trip by air, हवाई यात्रा या दौरा। ***n.*** 1. the act of hopping, कूद, उछल-कूद। 2. a dance, एक प्रकार का नृत्य। 3. a trip, दौरा। □ **hop in,** तेज़ी से प्रविष्ट होना; **hop out,** तेज़ी से बाहर निकल जाना।

**hop**[2] ***n.*** a plant with conelike flowers, एक पौधा। □ **hop up,** उद्दीप्त करना।

**hope** (होप्) ***v.*** (hoped, hoping) 1. to wish for something expected, आशा करना, उम्मीद करना। 2. to feel fairly confident, आशावान होना, आशान्वित होना। □ **hope against the hope,** निराशा में भी आशा बनाए रखना, संभावना से चिपके रहना; **hope for the best,** यह सोचना कि जो होगा अच्छा ही होगा। ***n.*** 1. a desire for certain events to happen, आशा, उम्मीद, चाह। 2. something that is desired, चाही हुई वस्तु, अभिप्रेत वस्तु, चाह। 3. anything that is cause for hope, आशा की किरण।

**hopeful** (होप्´-फुल्) ***adj.*** 1. feeling hope, आशान्वित, आशावान, आशावादी। 2. giving hope, आशाजनक, आशाप्रद। ***n.*** a person who seems likely to succeed, वह जिसके सफल होने की संभावना हो, संभावित विजेता।

**hopefully** (होप्´-फुल्-ली) ***adv.*** 1. in a hopeful way, आशापूर्वक। 2. if our hopes succeed, आशा है कि, उम्मीद करते हैं कि।

**hopeless** (होप्´-लिस्) ***adj.*** 1. feeling no hope, निराश, हताश, नाउम्मीद, मायूस। 2. giving no cause for hope, निराशापूर्ण, निराशाजनक। 3. useless, inadequate, बेकार। 4. incurable, लाइलाज, बेइलाज, अचिकित्स्य।

**hopelessly** (होप्´-लिस्-ली) *adv.* in a hopeless way, नाउम्मीदी से, निराशापूर्वक।

**hophead** (हॉप्´-हेंड्) *n.* a drug addict, नशेड़ी।

**hopped-up** (हॉप्ड्´-अप्) *adj.* excited by having taken drugs, नशीले पदार्थों के सेवन से उत्तेजित।

**hopper** (हॉप्´-अॅ:) *n.* 1. a hopping insect, टिड्डा। 2. a container with opening in which materials are held ready for dispensing, एक प्रकार का आधान।

**hop-scotch** (हॉप्´-स्कॉच्) *n.* a children's game.

**horde** (हो:ड्) *n.* a throng, झुंड, दल, गिरोह।

**horizon** (हॅ-राइ´-ज़ॅन्) *n.* 1. the apparent line at which the earth and sky seem to meet, क्षितिज। 2. the limit of one's knowledge or experience, ज्ञान की सीमा, अनुभव की परिधि। □ **on the horizon,** क्षितिज पर, अर्थात् दृश्य या प्रकट, उदित होनेवाला।

**horizontal** (हॉर्-इ-ज़ॉन्´-टॅल्) *adj.* 1. parallel to the horizon or ground, क्षैतिज, पट। 2. of the horizon, क्षितिजीय। 3. relating to the people of same status, समस्तरीय; horizontal group, समस्तरीय समूह।

**horizontally** (हॉर्-इ-ज़ॉन्´-टॅ-ली) *adv.* in a horizontal way, पड़े बल में, क्षितिजीय रूप में।

**hormonal** (हॉ:-मो-नॅल्) *adj.* of or related to the hormone, हारमोनी।

**hormone** (हॉ:-मोन्) *n.* a substance produced by living cells within the body that stimulates other cells and organs, हारमोन।

**horn** (हॉ:न्) *n.* 1. a hard pointed outgrowth found in a pair on the heads of certain animals, सींग। 2. a wind instrument made of horn, सिंही, तुरही। 3. a device that produces a sound in a car for giving signals, भोंपू, हार्न। □ **blow one's horn,** डींग हाँकना; **draw in one's horns,** (i) संयम बरतना; (ii) पीछे हटना; **horn in,** हस्तक्षेप करना; **on the horns of a dilemma,** इधर कुआँ उधर खाई, भारी दुविधा।

**hornbeam** (हॉ:-न्´-बीम्) *n.* a kind of hard wood, एक तरह की मज़बूत लकड़ी।

**hornbill** (हॉ:न्´-बिल्) *n.* a bird with a hornlike projection on its beak, धनेश पक्षी।

**horned** (हॉ:न्ड्) *adj.* having horns, सींगवाला।

**hornet** (हॉ:´-निट्) *n.* an insect of the wasp family, बर्रे, भिड़, ततैया।

**hornet's nest** *n.* a place where wasps live, भिड़ का छत्ता। □ **stir up a hornet's nest,** भिड़ के छत्ते को छेड़ना, आवेश दिलाना।

**hornpipe** (हॉ:न्´-पाइप्) *n.* a folk dance, एक प्रकार का लोकनृत्य।

**horny** (हॉ:´-नी) *adj.* (hornier, horniest) 1. hard and tough, कठोर। 2. sexually excited, कामोत्तेजित।

**horoscope** (हॉर्´-अॅ-स्कोप्) *n.* the diagram showing the position of stars at the time of someone's birth, जन्मपत्री, जन्मकुंडली।

**horrendous** (हॅ-रॅन्´-डॅस्) *adj.* horrifying, भयावह, भयानक, भीषण।

**horrible** (हॉर्´-इ-बॅल्) *adj.* 1. causing horror, भयावह, भयानक, भीषण। 2. very ugly or unpleasant, अत्यंत कुरूप या घृणित, बीभत्स।

**horrid** (हॉर्´-इड्) *adj.* very unpleasant, अरुचिकर, घृणित।

**horrific** (हा:-रिफ़्´-इक्) *adj.* dreadful, दहलानेवाला, भयानक, भयावह, भीषण।

**horrify** (हॉर्´-इ-फ़ाइ) *v.* (horrified, horrifying) to fill with horror, दहला देना।

**horror** (हॉर्´-अॅ:) *n.* 1. a feeling of disgust and fear, त्रास, दहशत, आतंक। 2. that which rouses the feeling of disgust and fear, वह जो दहशत या आतंक फैलाए, त्रासदायक। 3. intense dislike, जुगुप्सा,

H

घृणा।

**horrorstricken** (हॉर्´-अॅ:-स्ट्रिक्-अॅन्) *adj.* horrorstruck.

**horrorstruck** (हॉर्´-अॅ:-स्ट्रक्) *adj.* horrified, भयविह्वल, आतंकित।

**hors de combat** (ऑ:-डि-कॉम्-बै´) 1. unable to fight, लड़ने में असमर्थ। 2. disabled, असमर्थ, चोटिल।

**hors d'oeuvre** (ऑ:-ड:व्´) *n.* an appetizer served before a meal, भोजन से पहले लिया जानेवाला पाचक पदार्थ।

**horse** (हा:स्) *n.* 1. a four legged mammal used for riding and drawing vehicles, घोड़ा, अश्व। 2. a frame with four legs, चार पैरोंवाला ढाँचा। 3. horsepower, अश्वशक्ति। ☐ **hold your horses,** ज़रा धीरज धरो; **horse of another colour,** दूसरी चीज़ या बात; **on one's high horse,** दंभपूर्वक; **willing horse,** काम करने को सदैव तत्पर। *v.* to provide with a horse (or horses), घोड़ा (या घोड़े) उपलब्ध कराना।

**horseback** (हा:स्´-बैक्) *n.* the back of a horse, घोड़े की पीठ। ☐ **on horseback,** on the back of a horse, घोड़े पर (सवार)।

**horsecar** (हा:स्´-का:) *n.* a car drawn by a horse (or horses), घोड़े (या घोड़ों) द्वारा खींची जानेवाली गाड़ी, घोड़ा-गाड़ी।

**horseflesh** (हा:स्´-फ्लेश्) *n.* 1. the flesh of a horse, घोड़े का मांस। 2. horses for riding or racing, घुड़सवारी या घुड़दौड़ के घोड़े।

**horsefly** (हा:स्´-फ़्लाइ) *n.* an insect which stings horses, कुकुरमाछी, घुड़मक्खी।

**horse-laugh** (हा:स्´-लाफ़्) *n.* a loud laugh, ठहाका।

**horseman** (हा:स्´-मॅन्) *n.* (plu. horsemen) a skilled rider on horseback, अश्वारोही।

**horsemanship** (हा:स्´-मॅन्-शिप्) *n.* the art of riding horses, घुड़सवारी (की कला)।

**horseplay** (हा:स्´-प्ले) *n.* rough or boisterous play, धमाचौकड़ी।

**horsepower** (हा:स्´-पॉव्-अॅ:) *n.* a unit for measuring the power equal to 746 watts, अश्वशक्ति।

**horse racing** (हा:स्´-रे-सिंग्) *n.* the practice of racing horses, घुड़दौड़बाज़ी।

**horse sense** *n.* common sense, सामान्य बुद्धि।

**horseshoe** (हा:स्´-शू) *n.* a U-shaped strip of metal fitted to a horse's hoof, नाल।

**horseshoer** (हा:स्´-शू-अॅ:) *n.* one who puts horseshoes on a horse, नाल जड़नेवाला।

**horse-trading** (हा:स्´-ट्रेड्-इंग्) *n.* argument about prices, मोल-भाव।

**horsewhip** (हा:स्´-व्हिप्) *n.* a whip used to control a horse, चाबुक। *v.* to beat with a horsewhip, चाबुक लगाना।

**horsy** (हा:´-सी) *adj.* 1. of or like a horse, घोड़े का, घोड़े-जैसा। 2. fond of horses, घोड़ों का शौक़ीन।

**horticultural** (हा:-टि-कल्´-चॅ-रॅल्) *adj.* of horticulture, बागवानी-संबंधी।

**horticulture** (हा:´-टि-कल्-चॅ:) *n.* the science or art of cultivating fruits, vegetables, flowers etc. in the garden, बागवानी, उद्यान-विद्या, उद्यान-कृषि।

**horticulturist** (हा:-टि-कल्´-चॅ-रिस्ट्) *n.* an expert in horticulture, उद्यान-कृषक, उद्यानवेत्ता।

**hose** (होज़्) *n.* 1. (plu. hose) socks, मोज़ा, जुराब। 2. (plu. hoses) a tube or pipe, ट्यूब, पाइप। *v.* to use a hose for washing or watering, पाइप से धोना या पानी देना।

**hosier** (हो´-ज़ि-अॅ:) *n.* one who deals in hosiery, होज़री व्यवसायी, मोज़े आदि बेचनेवाला।

**hosiery** (हो´-ज़ि-री) *n.* socks, underclothes etc., मोज़े, कच्छे, बनियानें आदि, होज़री।

**hospice** (हॉस्´-पिस्) *n.* 1. a lodging for travellers, यात्री-निवास, धर्मशाला। 2. a home for sick or destitute people, सेवागृह।

**hospitable** (हॉस्´-पि-टॅ-बॅल्) *adj.* cordial to guests, अतिथिसेवी, ख़ातिर करनेवाला।

**hospitably** (हास्´-पि-टॅ-ब्लि) *adv.* in a

hos-pitable manner. आदरभावपूर्वक।

**hospital** (हॉस्´-पि-टॅल्) ***n.*** a place where medical aid is provided. अस्पताल, चिकित्सालय।

**hospitality** (हॉस्-पि-टैल्´-इ-टी) ***n.*** cordial reception of guests. अतिथि-सत्कार, आवभगत, ख़ातिरदारी।

**hospitalization** (हॉस्-पि-टॅ-लाइ/लि-ज़े´-शॅन्) ***n.*** the act of hospitalizing. रोगी को अस्पताल में भर्ती करना या करवाना; अस्पताल में रोगी के रूप में रहना या रखना।

**hospitalize** (हॉस्´-पि-टॅ-लाइज़्) ***v.*** (hospitalized, hospitalizing) to put or admit (a patient) into a hospital. (रोगी को) अस्पताल में भर्ती करवाना या भर्ती कर लेना।

**host**[1] (होस्ट्) ***n.*** one who entertains guests. मेज़बान, आतिथेय।

**host**[2] ***n.*** a large number of things or people. समूह।

**host**[3] ***n.*** **the Host,** the eucharistic bread. (ईसाइयों की) पवित्र रोटी।

**hostage** (हॉस्´-टिज्) ***n.*** a person abducted or held as security by an enemy. शत्रु द्वारा अपहृत या बंधक बनाया हुआ व्यक्ति, बंधक।

**hostel** (हॉस्´-टॅल्) ***n.*** a lodging for travellers, students etc.. होस्टल।

**hosteler** (हॉस्´-टॅ-लॅ:) ***n.*** one who is staying in a hostel. होस्टलवासी।

**hostess** (होस्´-टिस्) ***n.*** a female host. अतिथि-सेविका; air hostess. विमान परिचारिका।

**hostile** (हॉस्´-टाइल्/टिल्) ***adj.*** 1. of or pertaining to an enemy. विरोधी. शत्रुपक्षीय। 2. feeling or showing enmity. पक्षद्रोही, शत्रुतापूर्ण, दुश्मनी-भरा, वैरमूलक; hostile witness. पक्षद्रोही साक्षी। 3. contrary. प्रतिकूल।

**hostilities** (हॉ-स्टिल्´-इ-टीज़्) ***n.*** (plu.) acts of fighting in war. सशस्त्र झड़पें, संघर्ष।

**hostility** (हॉ-स्टिल्´-इ-टी) ***n.*** the state of being hostile. शत्रुता, पक्षद्रोह, संघर्ष।

**hot** (हॉट्) ***adj.*** (hotter. hottest) 1. having or possessing great heat. गर्म, उष्ण, उत्तप्त। 2. pungent or spicy. तेज़, मसालेदार। 3. sexually excited or exciting. गर्म। 4. excitable. गर्ममिज़ाज। 5. fresh or very recent. ताज़ा। 6. very popular or very interesting. अत्यंत लोकप्रिय या रोचक। □ **blow hot and cold,** परस्पर विरोधी बातें कहना, निंदा भी करना और प्रशंसा भी; **drop (someone) like a hot potato,** संबंध तोड़ लेना, दोस्ती छोड़ देना; **hot under the collar,** angry. क्रुद्ध; **hot up,** to increase in activity. तीव्र होना, उग्र या तेज़ होना; **make things hot for (someone),** (किसी को) सताना; **in hot water,** दुख या कष्ट में; **sell like hot cakes,** ख़ूब माँग होना, हाथोहाथ बिकना।

**hotbed** (हॉट्´-बेंड्) ***n.*** a place or environment conducive to the growth of something evil. बुराइयों के पनपने के लिए अनुकूल स्थान, उद्गम स्थल, विशेषत: बुराइयों का अड्डा।

**hot-blooded** (हॉट्-ब्लड्´-इड्) ***adj.*** 1. easily excited or exciteble. गर्ममिज़ाज। 2. passionate. कामुक।

**hotchpotch** (हॉच्´-पॉच्) ***n.*** a medley or mixture. घाल-मेल, खिचड़ी।

**hotdog** (हॉट्-डॉग्´) ***n.*** a kind of breadroll. हॉटडॉग।

**hotel** (हो-टॅल्´) ***n.*** a lodging house which provides meals on payment. होटल।

**hotelier** (हो-ट´-लिअॅ:) ***n.*** one who keeps a hotel. होटल-मालिक।

**hotfoot** (हॉट्´-फ़ुट्) ***adv.*** in eager haste. जल्दी-जल्दी, उतावली से।

**hotheaded** (हॉट्-हॅड्´-इड्) ***adj.*** rash. उतावला, जल्दबाज़ी करनेवाला, हड़बड़िया, जल्दबाज़।

**hotheadedly** (हॉट्-हॅड्´-इड्-ली) ***adv.*** rashly. उतावलेपन से, जल्दबाज़ी में।

**hotheadedness** (हॉट्-हॅड्´-इड्-निस्) ***n.*** the quality or state of being hotheaded. उतावलापन, जल्दबाज़ी।

**hothouse** (हॉट्´-हाउस्) ***n.*** a heated building of glass where delicate plants or flowers can grow. शीशे की पौधशाला, काँचघर।

H

**hotline** (हॉट्´-लाइन्) ***n.*** a direct telephone line for emergency communications, हाटलाइन।

**hotly** (हॉट्´-ली) ***adv.*** 1. in anger and with force, आवेशपूर्वक। 2. closely and eagerly, जी-जान से।

**hotplate** ***n.*** a stove, (गैस या बिजली का) चूल्हा।

**hot potato** ***n.*** a difficult situation, कठिन समस्या।

**hot seat** ***n.*** 1. the electric chair, बिजली की कुर्सी (जिसपर मौत की सज़ा पाए व्यक्ति को बैठाते हैं)। 2. a position of stress from where one has to take important decisions, दायित्वपूर्ण या महत्त्वपूर्ण पद।

**hot-shot** (हॉट्´-शॉट्) ***n.*** a skillful or successsful person, कुशल या सफल व्यक्ति।

**hot spring** ***n.*** a spring of hot water, गर्म पानी का सोता।

**hot-tempered** (हॉट्-टेंम्´-पॅ:ड्) ***adj.*** easily becoming very angry, गुस्सैल, क्रोधी।

**hound** (हाउन्ड्) ***n.*** 1. a dog used in hunting, शिकारी कुत्ता। 2. an enthusiast fan, शौक़ीन, प्रेमी। 3. an addict, व्यसनी व्यक्ति। 4. a scoundrel, दुष्ट व्यक्ति। ***v.*** 1. to pursue relentlessly, किसी काम के पीछे लग जाना। 2. to harass, परेशान करना। 3. to incite, भड़काना।

**hour** (ऑव़:, ऑउ:) ***n.*** 1. a twenty-fourth part of a day, a period of sixty minutes, घंटा। 2. a specified or customary time, निश्चित समय, बँधा समय। 3. the present time, यही समय, प्रस्तुत समय। □ **at all hours,** किसी भी समय; **a late hour,** रात के पिछले पहर; **at the eleventh hour,** आख़िरी वक्त; **in an evil hour,** बुरे वक्त; **in the small hours,** आधी रात के बाद; **zero hour,** शून्यकाल।

**hour hand** ***n.*** the small pointer on a watch or clock, घंटे की सुई।

**houri** (हूर्´-ई) ***n.*** a beautiful young woman of the Muslim paradise, जन्नत की हूर।

**hourly** (ऑव़:-ली) ***adj.*** 1. occurring or happening every hour, हर घंटे पर होनेवाला। 2. by the hour as unit, घंटेवार। 3. frequent, प्रायिक, बारंबार होनेवाला। ***adv.*** 1. at every hour, हर घंटे। 2. frequently, प्रायः, अक्सर।

**house** (हाउस्) ***n.*** 1. a building used as dwelling, घर, मकान, आवास। 2. the people living in the house, घर में रहनेवाले लोग, सारा घर। 3. a building used for a particular purpose, भवन; Parliament house, संसद् भवन। 4. a commercial firm, प्रतिष्ठान। 5. the audience or patrons, उपस्थित दर्शकों या शुभचिंतकों का समूह। 6. a legislative assembly, विधान-सभा। 7. one of the 12 parts in which the celestial sphere is divided in astrology, घर, ख़ाना। □ **keep house,** घर के काम करना; **on the house,** मुफ़्त; **put one's house in order,** घर को व्यवस्थित करना; **set up house,** रहने की अलग व्यवस्था करना; **under house arrest,** नज़रबंद। ***adj.*** of or for the people of a particular firm, किसी प्रतिष्ठान के लोगों के लिए होनेवाला; house magazine, गृह-पत्रिका, प्रतिष्ठान-पत्रिका। ***v.*** 1. to provide residential quarters for, रहने के लिए आवास सुलभ कराना। 2. to store, संचय करना, संग्रह करना। 3. to provide space for storing, जगह निकालना या देना।

**house arrest** ***n.*** detention in one's own house, नज़रबंदी।

**houseboat** (हाउस्´-बोट्) ***n.*** a boat used as a dwelling, बजड़ा, नौका-गृह, शिकारा।

**housebound** (हाउस्´-बाउन्ड्) ***adj.*** not able to move out of the house, घर से बाहर न निकलनेवाला, घरघुस्सू।

**houseboy** (हाउस्´-बॉइ) ***n.*** a boy doing cleansing, cooking etc. in a house or hotel, घर या होटल में सफ़ाई आदि करनेवाला लड़का।

**housebreaking** (हाउस्´-ब्रे-किंग्) ***n.*** burglary, सेंधमारी।

H

**house-broken** (हाउस्´-ब्रो-कॅन्) *adj.* (of house pets) trained in habits to behave well in a house, सिखाया हुआ (पालतू जानवर)।

**housecraft** (हाउस्´-क्राफ़्ट्/क्रैफ़्ट्) *n.* domestic science, गृहविज्ञान।

**housefly** (हाउस्´-फ़्लाइ) *n.* a most common fly found in the houses, मक्खी।

**houseful** (हाउस्´-फ़ुल्) *adj.* totally full, completely occupied, पूरा भरा हुआ।

**household** (हाउस्´-होल्ड्) *n.* 1. a home and its affairs, गृहस्थी, घर-बार। 2. all the members of a family living in a house, घर के सभी लोग, सारा घर। *adj.* of or related to house, घर-गृहस्थी का, घरेलू।

**ouseholder** (हाउस्´-होल्ड्-अॅ:) *n.* in charge of a house, गृहस्वामी, गृहस्थ।

**ousekeeper** (हाउस्´-की-पॅ:) *n.* one hired to look after a household, गृह-प्रबंधक।

**ousekeeping** (हाउस्´-की-पिंग्) *n.* the management of household affairs, गृह-प्रबंध।

**ouseless** (हाउस्´-लिस्) *adj.* without house, बेघर, निर्गृह।

**ousemaid** (हाउस्´-मेड्) *n.* a woman servant who does housework, नौकरानी।

**ouse of cards** *n.* any insubstantial structure or plan, कच्चा ढाँचा, ताश का घर।

**Iouse of Commons** *n.* the House of Representatives in Great Britain, ब्रिटेन की लोकसभा, हाउस ऑफ़ कॉमन्स।

**Iouse of Lords** *n.* the Upper House of Great Britain, हाउस ऑफ़ लॉर्ड्स।

**ouse physician** *n.* a resident physician of a hospital, गृह-चिकित्सक, आवास-चिकित्सक।

**usewife** (हाउस्´-वाइफ़्) *n.* a married woman managing a household, गृह-स्वामिनी, गृहिणी।

**usework** (हाउस्´-वॅ:क्) *n.* the work done in a house, गृहकार्य, घर का काम।

**using** (हाउ´-ज़िंग्) *n.* 1. the act of pro-viding accommodation, आवास उपलब्ध कराना। 2. a dwelling, गृह। 3. provision of accommodation for people, आवासन, गृह-निर्माण; a housing society, गृहनिर्माण समिति।

**hove** (होव्) *v.* p.t. & p.p. of heave.

**hovel** (हॉव्´-अॅल्, ह´-वॅल्) *n.* a small and miserable dwelling place, छोटा-मोटा घर, मामूली झोंपड़ी, झुग्गी।

**hover** (हॉव्´-अॅ:) *v.* 1. to remain suspended in the air above one spot, आकाश में मँडराना। 2. to hesitate, हिचकना, आगा-पीछा करना।

**how** (हाउ) *adv.* & *conj.* 1. in what way? कैसे? 2. in what condition? कैसे? 3. to what degree, कितना? How nice! कितना अच्छा! □ **How do you do?** कैसे हैं? **How's that?** कैसा रहा?

**however** (हाउ-ऍव्´-अॅ:) *adv.* 1. by whatever means, चाहे जैसे भी। 2. to whatever degree, चाहे जितना भी। *conj.* 1. nevertheless, तो भी। 2. in any way, कैसे भी।

**howitzer** (हाउ´-इट्-सॅ:) *n.* a small cannon, छोटी तोप।

**howl** (हाउल्) *v.* 1. to utter a long cry, (कुत्ते की तरह) चीखना, रोना। 2. to cry or wail loudly, विलाप करना। 3. to laugh heartily, जी खोलकर हँसना। □ **howl down,** शोर मचाकर वक्ता को बोलने न देना। *n.* a long loud cry, चीख़, चिल्लाहट।

**howler** (हाउ´-लॅ:) *n.* a stupid and ridiculous blunder, बड़ी भारी ग़लती, हास्यास्पद भूल।

**howling** (हाउ´-लिंग्) *adj.* 1. that howls, रोने-चिल्लानेवाला; howling wilderness, सनसनाता हुआ निर्जन प्रदेश। 2. great, अत्यधिक, महान; howling success, महान सफलता।

**hub** (हब्) *n.* 1. the central part of a wheel, हब, चक्रनाभि, नाभि। 2. a centre of activity or interest, केंद्रस्थल, केंद्रबिंदु।

**hubble-bubble** (हब्´-अॅल्-बब्-अॅल्) *n.* a form of hookah, हुक्का।

**hubbub** (हब्´-अब्) *n.* a loud confused noise of voices, शोरगुल, शोर-शराबा।

**hubby** (हब्´-ई) ***n.*** one's husband, पति।

**hubris** (ह्यू´-ब्रिस्) ***n.*** arrogance, घमंड, दर्प।

**huckster** (हक्´-स्टॅ:) ***n.*** a hawker, फेरीवाला।

**huddle** (हड्´-अॅल्) ***v.*** 1. to crowd together, जमघट लगाना, भीड़ लगाना। 2. to pile up, ढेर लगाना। ***n.*** a confused mass, जमघट या ढेर। □ **go into a huddle,** आपस में सलाह-मशविरा करना।

**hue** (ह्यु) ***n.*** 1. a colour, रंग। 2. a shade, रंगत।

**hue and cry** ***n.*** a public clamour of alarm or protest, शोरगुल, चीख़-पुकार, हो-हल्ला।

**hued** (ह्यूड्) ***adj.*** having some hue or shade, रंगतवाला।

**huff** (हफ़्) ***n.*** a fit or burst of anger, झुंझलाहट, झल्लाहट, रोष। ***v.*** 1. to breathe rapidly and with effort, साँस फूलने लगना। 2. to become angry, क्रुद्ध हो जाना। 3. to bully, डराना-धमकाना। □ **go into a huff,** झुंझला उठना।

**huffy** (हफ़्´-ई) ***adj.*** feeling or showing anger, झुंझलाया हुआ, झल्लाहट-भरा।

**hug** (हग्) ***v.*** (hugged, hugging) 1. to embrace tightly, छाती से कसकर लगाना, बाँहों में भर लेना। 2. to keep close to, चिपके रहना। □ **hug oneself,** अपनी पीठ ठोंकना। ***n.*** an affectionate embrace, आलिंगन, गलबाँही।

**huge** (ह्यूज्) ***adj.*** 1. extremely large, बहुत बड़ा, विशाल। 2. great, महान, विराट।

**huh** (ह:) ***interj.*** used as an expression of interrogation, surprise or contempt, हूँ!

**hulk** (हल्क्) ***n.*** 1. an old unworthy ship, पुराना तथा बेकार जलयान। 2. a heavy person or thing, भारी-भरकम व्यक्ति या वस्तु। 3. an awkward person or thing, भोंडा व्यक्ति या वस्तु।

**hulking** (हल्´-किंग्) ***adj.*** 1. bulky, भारी-भरकम। 2. massive, विकराल। 3. awkward, भोंडा।

**hull**[1] (हल्) ***n.*** the main body of a ship or aircraft, जलयान या वायुयान का ढाँचा।

**hull**[2] ***n.*** the outer covering of fruit, beans etc., फलों, फलियों आदि का छिलका। ***v.*** to remove the hull from, छिलका उतारना।

**hullabaloo** (हल्´-अॅ-बॅ-लू) ***n.*** an uproar, शोरगुल, कोलाहल।

**hum** (हम्) ***v.*** (hummed, humming) 1. to make a low sound as bees do, भिनभिन करना, भिनभिनाना, गुनगुनाना। 2. to sing without opening the lips, गुनगुनाना। 3. to be in a state of activity, फुर्ती दिखाना। 4. to start (some work, कोई काम) चालू करना। □ **hum and haw,** (अनिश्चय की स्थिति में) हूँ-हूँ करना। ***n.*** a humming sound, भिनभिन, गुनगुनाहट।

**human** (ह्यु´-मॅन्) ***adj.*** 1. of or concerning a person or persons, मानवीय, मानुषिक, इन्सानी; human conduct, मानवीय आचरण 2. made up of people, मनुष्यों से बना 3. having the qualities of the people मनुष्योचित, मानवोचित, मानवसुलभ। ***n.*** a human being, मनुष्य, मानव, इन्सान।

**human body** ***n.*** the body of a human being, मानव-शरीर।

**humane** (ह्यु-मेन्´) ***adj.*** 1. having what are considered best qualities of mankind, having feelings proper to a man, मानवीय, मानवोचित। 2. compassionate, सहृदय, उदार। 3. merciful, दयालु, क्षमाशील, दयामय।

**humanism** (ह्यु´-मॅ-निज़्-अॅम्) ***n.*** a doctrine concerned with human values and ideals, मानवतावाद।

**humanist** (ह्यु´-मॅ-निस्ट्) ***n.*** one who seeks to promote human values and ideals, मानवतावादी।

**humanistic** (ह्यु-मॅ-निस्´-टिक्) ***adj.*** of humanism, मानवतावाद-संबंधी, मानवतावादी।

**humanitarian** (ह्यु-मॅन्-इ-टॅअॅर्´-इ-अॅन्) ***n.*** person devoted to the promotion of human welfare, लोकोपकारी, मानवतावादी। ***adj.*** concerning human welfare, लोकोपकारी, मानवतावादी।

**humanitarianism** (ह्यु-मॅन्-इ-टॅअॅर्´-इ-अॅन्-इ-इज़्-अॅम्) ***n.*** the beliefs and practic of a humanitarian, मानवतावाद, लोकोपकार की भावना।

**humanities** (ह्यु-मेंन्´-इ-टीज़्) ***n.*** (plu.) the arts, साहित्य, इतिहास, दर्शन आदि विषयों का समाहार, कला-विषय।

**humanity** (ह्यु-मेंन्´-इ-टी) ***n.*** 1. the human race, मानव जाति। 2. the quality or state of being humane, मानवता। 3. kindheartedness, दयालुता।

**humanize** (ह्यु´-मॅ-नाइज़्) ***v.*** to make human or humane, मानव बनाना, सहृदय बनाना।

**humanly** (ह्यु´-मॅन्-ली) ***adv.*** 1. in a human way, मानवीय ढंग से। 2. by human means, मनुष्यों द्वारा। 3. within the scope of human means, मानव-सीमा के अंतर्गत।

**humanoid** (ह्यु´-मॅ-नॉइड्) ***adj.*** resembling a human being, मानव-सदृश।

**humble** (हम्´-बॅल्) ***adj.*** (humbler, humblest) 1. not self-assertive, modest, विनम्र, विनीत, विनयशील, विनयी। 2. low in condition, सामान्य-सा, साधारण-सा; a humble house, साधारण-सा घर। 3. of low social rank, दीन, दीन-हीन। □ **eat humble pie,** अपमान सहना। ***v.*** 1. to lower in pride, नीचा दिखाना, हेकड़ी भुला देना। 2. to degrade, अवनत करना, महत्त्व गिरा देना। 3. to defeat, परास्त कर देना।

**humbly** (हम्´-ब्लि) ***adv.*** in a humble way, विनम्रतापूर्वक, विनयपूर्वक; दीनतापूर्वक।

**humbug** (हम्´-बग्) ***n.*** 1. something made or done to deceive, छल, धोखा। 2. dishonest dealing, धोखाधड़ी, धूर्तता। 3. one who cheats or deceives, धूर्त, कपटी।

**humdinger** (हम्´-डिंग्´-अॅ:) ***n.*** an excellent or outstanding person or thing, उत्कृष्ट वस्तु या व्यक्ति, लाजवाब चीज़ या आदमी।

**humdrum** (हम्´-ड्रम्) ***adj.*** 1. dull, नीरस, बेमज़ा। 2. monotonous, एकरस, घिसा-पिटा।

**humerus** (ह्यु´-मॅ-रॅस्) ***n.*** the bone in the upper arm extending from the shoulder to the elbow, बाँह की कंधे और कोहनी के बीच की हड्डी, पगंडिका।

**humid** (ह्यु´-मिड्) ***adj.*** containing a large amount of water vapour, आर्द्र, नम।

**humidifier** (ह्यु-मिड्´-इ-फ़ाइ-अॅ:) ***n.*** a device for keeping the air moist (in a room, कमरे में) वायु को नम रखनेवाला उपकरण।

**humidify** (ह्यु-मिड्´-इ-फ़ाइ) ***v.*** to make humid, आर्द्र बनाना, नम रखना।

**humidity** (ह्यु-मिड्´-इ-टी) ***n.*** the amount or degree of moisture in the air, आर्द्रता, नमी।

**humiliate** (ह्यु-मिल्´-इ-एट्) ***v.*** to lower the pride or dignity of, नीचा दिखाना, अपमानित करना।

**humiliation** (ह्यु-मिल्-इ-ए´-शॅन्) ***n.*** the act of humiliating or the state of being humiliated, अपमान, अवमान, बेइज़्ज़ती, निरादर।

**humiliatory** (ह्यु-मिल्´-इ-अॅ-टॅर्-ई) ***adj.*** causing humiliation, अपमानकारक।

**humility** (ह्यु-मिल्´-इ-टी) ***n.*** the quality or condition of being humble, शालीनता, विनय, विनयशीलता, विनम्रता, दीनता।

**humming** (हम्´-इंग्) ***adj.*** 1. buzzing, 'गुंजार' करनेवाला। 2. active, सक्रिय, ज़ोरदार।

**hummock** (हम्´-अॅक्) ***n.*** a low mound, टीला।

**humongous** (ह्यु´-मॉङ्ग्-गॅस्) ***adj.*** huge, enormous, विशाल, विराट।

**humorist** (ह्यू´-मॅ-रिस्ट्) ***n.*** a person skilled in the artistic expression of humour, हँसोड़ या विनोदप्रिय व्यक्ति, हास्य-रस का लेखक।

**humorous** (ह्यू´-मॅ-रॅस्) ***adj.*** full of humour, funny, विनोदी या विनोदपूर्ण, हँसानेवाला या हँसी-भरा।

**humour, humor** (ह्यू´-मॅ:) ***n.*** 1. the quality of being humourous or amusing, विनोद; sense of humour, विनोदशीलता, विनोदप्रियता। 2. the ability to perceive or enjoy what is funny, हँसोड़पन, विनोदशीलता। 3. a state of mind, चित्तवृत्ति, स्वभाव, मनोवृत्ति।

**humourless** (ह्यू´-मॅ:-लिस्) ***adj.*** having no sense of humour, जो हँसी-मज़ाक पसंद न करता हो, रूखे स्वभाववाला, रूखा।

**hump** (हम्प्) ***n.*** 1. the fleshy mass on the back of a camel, कूबड़। 2. a rounded projecting part, उभार। ***v.*** 1. to bend, झुकाना। 2. to carry on the back, पीठ पर लादकर ले चलना।

**humped** (हम्पड्) ***adj.*** having a hump, कूबड़दार।

**humpback** (हम्प्´-बैक्) ***adj & n.*** (a person) with a hump on his back, कुबड़ा।

**humph** (हम्फ़्) ***interj.*** a snorting sound expressing doubt, disgust etc., हूँ!

**humus** (ह्यू´-मॅस्) ***n.*** rich soil made of decomposed animal or vegetable matter, खाद मिली मिट्टी।

**hunch**[1] (हंच्) ***n.*** an intuitive feeling, अंतर्ज्ञान या अटकल।

**hunch**[2] ***n.*** hump, कूबड़। ***v.*** to bend, झुकाना।

**hunchback** (हंच्´-बैक्) ***n.*** 1. a person with a hunch on his back, कुबड़ा। 2. a humped back, कूबड़।

**hundred** (हन्´-ड्रिड्) ***adj. & n.*** ten times ten, सौ; hundred per cent, शतप्रतिशत; पूर्णत:।

**hundredth** (हन्´-ड्रिथ्) ***adj.*** followed by ninety-nine, सौवाँ।

**hung** (हंग्) ***v.*** p.t. & p.p. of hang.

**Hungarian** (हंग्-गेंअॅर्´-इ-अॅन्) ***adj.*** of Hungary, हंगरी का। ***n.*** a native of Hungary, हंगरीवासी।

**hunger** (हंग्´-गॅ:) ***n.*** 1. a strong desire for food, भूख। 2. a strong desire for something, भूख, लालसा। ***v.*** (hungered, hungering) 1. to have a desire for food, भूख लगना, भूख होना। 2. to have a strong desire, लालसा होना।

**hunger strike** ***n.*** a refusal to eat as a sign of protest, भूखहड़ताल, अनशन।

**hungry** (हंग्´-ग्री) ***adj.*** (hungrier, hungriest) 1. feeling hunger, wanting or needing food, भूखा। 2. having a strong desire for, लालायित, उत्कंठित, उत्सुक। 3. thirsty, प्यासा। □ **go hungry,** भूखा रहना।

**hunk** (हंक्) ***n.*** a large piece or slice, बड़ा टुकड़ा, डला।

**hunt** (हंट्) ***v.*** (hunted, hunting) 1. to chase (wild animals) for food or sport, शिकार करना, शिकार खेलना। 2. to search carefully, खोज करना, अनुसंधान करना। □ **hunt down,** शिकार को पकड़ना या मारना; **hunt up,** खोज लेना, खोज निकालना। ***n.*** 1. the act of hunting, शिकार करने की क्रिया या भाव। 2. a hunting expedition, आखेट-यात्रा।

**hunter** (हन्´-टॅ:) ***n.*** 1. one who hunts, शिकारी। [fem: huntress] 2. a dog (or other animal) used for hunting, शिकारी कुत्ता।

**hunting expedition** ***n.*** an expedition or outing for the purpose of hunting, आखेट-यात्रा।

**hunting ground** ***n.*** a place where hunting is carried on, आखेट-स्थल, शिकारगाह।

**hunting knife** ***n.*** a large knife for cutting up the game, शिकारी छुरा।

**huntsman** (हंट्स्´-मॅन्) ***n.*** a hunter, शिकारी।

**hurdle** (ह:´-डॅल्) ***n.*** 1. a portable framelike barrier to be jumped over in obstacle races, फाँद, बाधा। 2. an obstacle or difficulty, रुकावट, बाधा। ***v.*** 1. to leap over a hurdle, फाँद या बाधा फाँदना। 2. to overcome (a difficulty, बाधा) पार करना।

**hurdler** (ह:´-ड्लॅ:) ***n.*** a runner who takes part in the hurdles, फाँद-धावक।

**hurl** (ह:ल्) ***v.*** (hurled, hurling) 1. to throw forcefully, झटके या ज़ोर से फेंकना। 2. to utter vehemently, (अंटशंट) बकना, कोसना। ***n.*** the act of hurling, प्रक्षेपण।

**hurly-burly** (ह:´-ली-ब:-ली) ***n.*** an uproar, शोर-शराबा, शोरगुल।

**hurrah** (हु-रा´) ***interj.*** = hurray.

**hurray** (हु-रे´) ***interj.*** an exclamation of joy or triumph, वाह! वाह!!, ख़ूब! ***v.*** to shout hurray, वाह-वाह करना।

**hurricane** (हर्´-इ-केन्) ***n.*** a violent cyclone with heavy rains and winds 73 miles per hour or more, तूफ़ान।

**hurried** (हर्´-इड्) ***adj.*** done in haste, जल्दी में किया जानेवाला, जल्दबाज़ी-भरा।

**hurriedly** (हर्´-इड्-ली) ***adv.*** in a hurried manner, जल्दी में, जल्दबाज़ी में।

**hurriedness** (हर्´-इड्-निस्) ***n.*** eagerness to act quickly, उतावली।

**urry** (हर्´-ई) ***v.*** (hurried, hurrying) 1. to move with haste, जल्दी करना। 2. to cause to move with speed, जल्दी मचाना। ***n.*** haste, जल्दी; जल्दबाज़ी। □ **hurry up,** जल्दी करना; **in a hurry,** जल्दी में, जल्दी-जल्दी में; **in no hurry,** जो जल्दी में न हो।

**urry-scurry** (हर्´-ई-स्कर्´-ई) ***adj.*** hurried and confused, जल्दबाज़ी-भरा, हड़बड़ी-भरा। ***adv.*** in a hurried and confused manner, हड़बड़ी में। ***n.*** undue haste, हड़बड़ी।

**urt** (ह:ट्) ***v.*** (hurt, hurting) 1. to cause injury or damage to, चोट या क्षति पहुँचाना। 2. to distress, यातना देना। 3. to feel pain, दर्द होना। ***n.*** 1. something that hurts, चोट, आघात। 2. mental suffering, व्यथा। 3. harm, हानि।

**urtful** (ह:ट्´-फुल्) ***adj.*** 1. harmful, कष्टकर, हानिकर। 2. painful, पीड़ा देनेवाला।

**urtle** (ह:´-टॅल्) ***v.*** to move with great speed, तेज़ी से आगे बढ़ना।

**usband** (हज़्´-बॅन्ड्) ***n.*** a man to whom a woman is married, पति, ख़ाविंद, शौहर। ***v.*** to manage economically, किफ़ायत से प्रबंध करना।

**usbandry** (हज़्´-बॅन्-ड्री) ***n.*** 1. farming, खेती-बारी। 2. economy, अर्थ-व्यवस्था।

**ush** (हश्) ***v.*** 1. to make silent, चुप कराना, शांत करना। 2. to become silent, चुप हो जाना। □ **hush up,** दबा या छिपा देना। ***n.*** silence, चुप्पी, निस्तब्धता, शांति।

**ush-hush** (हश्´-हश्) ***adj.*** secret or confidential, गुप्त या गोपनीय।

**ush money** ***n.*** money paid to prevent someone from telling the truth, मुँह-भराई, रिश्वत।

**husk** (हस्क्) ***n.*** the dry outer covering of certain seeds, भूसी, छिलका। ***v.*** to take the husks off, भूसी या छिलका उतारना।

**husky** (हस्´-की) ***adj.*** hoarse, फटी-फटी या भर्राई आवाज़वाला।

**hussy** (हस्´-ई, हज़्´-ई) ***n.*** 1. an immoral woman, छिनाल, व्यभिचारिणी। 2. a mischievous girl, नटखट या चुलबुली लड़की।

**hustings** (हस्´-टिंग्स्) ***n.*** (plu.) the acts to win votes or voters, मत या मतदाताओं को जीतने के उपाय।

**hustle** (हस्´-ॲल्) ***v.*** 1. to push roughly, धक्का देना, धकियाना। 2. to move hurriedly, तेज़ी से आगे बढ़ना। 3. to work rapidly, जल्दी-जल्दी काम करना। 4. to make money by wrong means, ग़लत ढंग से धन कमाना। ***n.*** 1. busy activity, व्यस्तता-पूर्ण क्रिया या व्यापार; जल्दबाज़ी। 2. hustle and bustle, धक्कम-धक्का।

**hustler** (हस्´-लॅ:) ***n.*** 1. one who hustles. धकियाते हुए आगे बढ़नेवाला। 2. a prostitute, वेश्या।

**hut** (हट्) ***n.*** a small and make-shift dwelling, झोंपड़ी, कुटिया, मढ़ी।

**hutch** (हच्) ***n.*** 1. a box used as a dwelling for small animals, दरबा। 2. a hut, झोंपड़ी।

**hutment** (हट्´-मॅन्ट्) ***n.*** a group of huts, झोंपड़-पट्टी।

**hybrid** (हाइ´-ब्रिड्) ***adj. & n.*** (the offspring) of two animals or plant of different race, संकर, दोगला।

**hybridization** (हाइ´-ब्रि-डि-ज़े´-शॅन्) ***n.*** the act of hybridizing, संकरण।

**hybridize** (हाइ´-ब्रि-डाइज़्) ***v.*** to crossbreed, संकरण करना, संकर उत्पत्ति करना।

**hydrant** (हाइ´-ड्रन्ट्) ***n.*** an upright pipe with a nozzle for public use, बंबा।

**hydrate** (हाइ´-ड्रेट्) ***n.*** a chemical compound formed with water and some other substance, हाइड्रेट। ***v.*** to combine with water, to form a hydrate, हाइड्रेट

H

बनाना।

**hydration** (हाइ-ड्रे´-शॅन्) ***n.*** the act of hydrating, जलयोजन (करना)।

**hydraulic** (हाइ-ड्रा:´-लिक्) ***adj.*** operated by a liquid, द्रवचालित।

**hydraulics** (हाइ-ड्रा:´-लिक्स्) ***n.*** the science of the behaviour of liquids, द्रवचालन विज्ञान।

**hydro** (हाइ´-ड्रो) ***prefix.*** 1. water, जल, पानी। 2. liquid, द्रव। 3. hydrogen, हाइड्रोजन।

**hydrocarbon** (हाइ-ड्रो-का:´-बॅन्) ***n.*** a compound that contains carbon and hydrogen, हाइड्रोकार्बन।

**hydrocele** (हाइ-ड्रो´-सील्) ***n.*** enlargement of testicles, अंडवृद्धि, अंडकोष-वृद्धि।

**hydrocephalic** (हाइ-ड्रो-सॅ-फ़ैल्´-इक्) ***adj.*** of hydrocephalus, शिरोजल रोग-संबंधी।

**hydrocephalus** (हाइ-ड्रॅ-सॅफ़्´-अॅ-लॅस्) ***n.*** an abnormal condition in which fluid accumulates in the cranium, शिरोजल रोग।

**hydrochloric acid** (हाइ-ड्रो-क्लोर्´-इक् ऐस्´-इड्) ***n.*** an acid formed by the combination of hydrogen and chlorine, हाइड्रोक्लोरिक ऐसिड।

H

**hydroelectric** (हाइ-ड्र-इ-लेंक्´-ट्रिक्) ***adj.*** concerning electricity produced by water, जल-विद्युत संबंधी।

**hydrogen** (हाइ´-ड्रॅ-जॅन्) ***n.*** a highly flammable gaseous element, हाइड्रोजन, उद्जन; hydrogen bomb, हाइड्रोजन बम।

**hydrology** (हाइ-ड्रॉल्´-अॅ-जी) ***n.*** the science of water, its properties and resources, जल-विज्ञान।

**hydrolysis** (हाइ-ड्रॉल्´-इ-सिस्) ***n.*** decomposition of a compound by reaction with water, जल-अपघटन।

**hydrometre** (हाइ-ड्रॉम्´-इ-टॅ:) ***n.*** an-instrument for measuring the gravity of liquids, हाइड्रोमीटर।

**hydrophobia** (हाइ-ड्रॅ-फ़ो´-बि-अॅ) ***n.*** fear of water, जलभीति। 2. rabies, पागल कुत्ते के काटने से होनेवाला रोग।

**hydroplane** (हाइ´-ड्रॅ-प्लेन) ***n.*** a light fast motorboat, यंत्रचालित नौका।

**hydroponics** (हाइ-ड्रॅ-पॉन्´-इक्स्) ***n.*** the cul-tivation of plants without soil in water, जलकृषि।

**hydrotherapy** (हाइ-ड्रॅ-थर्´-अॅ-पी) ***n.*** the use of water in the treatment of diseases, जल-चिकित्सा।

**hydrothermal** (हाइ-ड्रॅ-थ:´-मॅल्) ***adj.*** to do with hot water, जल-तापीय।

**hydrous** (हाइ´-ड्रॅस्) ***adj.*** containing water जलीय, जलयुक्त।

**hyena** (हाइ-ई´-नॅ) ***n.*** an animal of wol family, लकड़बग्घा।

**hygiene** (हाइ´-जीन्) ***n.*** the science of health and its maintenance, स्वास्थ्य विज्ञान।

**hygienic** (हाइ-जि-ॲन्´-इक्) ***adj.*** 1. of hygiene, स्वास्थ्य-विज्ञान-संबंधी। 2. promoting health, स्वास्थ्यवर्धक। 3. sanitary स्वच्छ, स्वच्छता-संबंधी।

**hymen** (हाइ´-मॅन्) ***n.*** a membrane closing the external opening of the vagina योनिच्छद।

**hymeneal** (हाइ-मॅ-नी´-अॅल्) ***adj.*** nuptial वैवाहिक।

**hymn** (हिम्) ***n.*** a song of praise to god ईश्वर-स्तुति, स्तोत्र।

**hymnal** (हिम्´-नॅल्) ***n.*** a collection of hymns, स्तुति-संकलन, स्तुति-संग्रह। ***adj.*** pertaining to hymns, स्तुति-संबंधी।

**hype** (हाइप्) ***v.*** to mislead (by sensational publicity, सनसनीखेज़ प्रचार से) गुमराह करना

**hyperacidity** (हाइ-पॅर्-अॅ-सिड्´-इ-टी) ***n.*** excessive acidity, अतिअम्लता।

**hyperactive** (हाइ-पॅर्-ऐक्´-टिव्) ***adv.*** excessively active, अतिसक्रिय।

**hyperbole** (हाइ-पॅ:-बॅ-ली) ***n.*** an exaggerated statement, अतिशयोक्ति।

**hyperbolic** (हाइ-पॅ:-बॉल्´-इक्) ***adj.*** of pertaining to or employing hyperbole अतिशयोक्तिपूर्ण।

**hypercritical** (हाइ-पॅ:-क्रिट्´-इ-कॅल्) ***adj.*** excessively critical, अति आलोचनापूर्ण।

**hypersensitive** (हाइ-पँ:-सेँन्´-सि-टिव्) ***adj.*** excessively sensitive, अति संवेदनशील।

**hypersensitivity** (हाइ-पँ:-सेँन्-सि-टिव्´-इ-टी) ***n.*** the state or quality of being hypersensitive, अति संवेदनशीलता।

**hypersonic** (हाइ-पँ:-सॉन्´-इक्) ***adj.*** relating to speed more than five times the speed of sound, अतिध्वनिक।

**hypertension** (हाइ-पँ:-टेँन्´-शॅन्) ***n.*** 1. abnormally high blood pressure, असामान्य रूप से होनेवाला उच्च रक्तचाप, अतिरक्तचाप। 2. a state of high emotional tension, अत्यधिक मानसिक तनाव।

**hyphen** (हाइ´-फ़ॅन्) ***n.*** a punctuation mark used to join two words together, योजिका, हाइफ़न।

**hyphenate** (हाइ´-फ़ॅ-नेट्) ***v.*** to connect with a hyphen, योजिका/हाइफ़न लगाना।

**hypnosis** (हिप्-नो´-सिस्) ***n.*** an induced sleep like condition, सम्मोहन, सम्मोह।

**hypnotic** (हिप्-नॉट्´-इक्) ***adj.*** 1. of or relating to hypnotism, सम्मोहनात्मक, सम्मोहक। 2. causing sleep, निद्राकारक।

**hypnotism** (हिप्´-नॅ-टिज़्-ऑम्) ***n.*** the act of inducing hypnosis, सम्मोहन क्रिया।

**hypnotist** (हिप्´-नॅ-टिस्ट्) ***n.*** one who can produce hypnosis in another person, सम्मोहनकर्ता।

**hypnotize** (हिप्´-नॅ-टाइज़्) ***v.*** 1. to induce hypnosis in another person, सम्मोहित करना। 2. to fascinate, मुग्ध कर लेना।

**hypochondria** (हाइ-पॅ-कॉन्´-ड्रि-ॲ) ***n.*** a mental condition in which a person feels depressed due to some imaginary diseases, रोगभीतिजन्य अवसाद, रोग-भ्रम।

**hypocrisy** (हि-पॉक्´-रि-सी) ***n.*** the professing of virtue or goodness that one does not possess, पाखंड, ढोंग, मिथ्याचार।

**hypocrite** (हिप्´-ॲ-क्रिट्) ***n.*** a person given to hypocrisy, पाखंडी, ढोंगी, मिथ्याचारी।

**hypocritical** (हिप्-ॲ-क्रिट्´-इ-कॅल्) ***adj.*** of or pertaining to hypocrisy, पाखंडपूर्ण।

**hypodermic** (हाइ-पॅ-ड:´-मिक्) ***adj.*** injected beneath the skin, सुई से लगाया जानेवाला। ***n.*** a hypodermic injection or needle, सुई।

**hypotension** (हाइ-पो-टेँन्´-शॅन्) ***n.*** abnormally low blood pressure, असामान्य रूप से होनेवाला अति निम्न रक्तचाप, क्षीण रक्तचाप।

**hypotenuse** (हाइ-पॉट्´-इ-न्यूज़्) ***n.*** the side of a right angled triangle opposite the right angle, समकोण त्रिभुज का कर्ण।

**hypothecate** (हाइ-पॉथ्´-इ-केट्) ***v.*** to mortgage, बंधक रखना, रेहन रखना।

**hypothecation** (हाइ-पॉथ्-इ-के´-शॅन्) ***n.*** 1. the act of hypothecating, बंधक या गिरवी रखना, बंधकीकरण। 2. the state of being hypothecated, बंधक रखे होने की अवस्था या भाव।

**hypothermia** (हाइ-पॅ-थॅ:-मि-ॲ) ***n.*** abnormally low bodily temperature, शरीर का तापमान अत्यंत कम होने की अवस्था।

**hypothesis** (हाइ-पॉथ्´-ॲ-सिस्) ***n.*** (plu. hypotheses) 1. supposition, अनुमान। 2. an explanation or assumption tentatively accepted to explain certain facts, किसी तथ्य को समझाने के लिए मान ली जानेवाली बात, प्राक्कल्पना।

**hypothesize** (हाइ-पॉथ्´-इ-साइज़्) ***v.*** to assume as a hypothesis, प्राक्कल्पना करना, अनुमान करना।

**hypothetical** (हाइ-पॅ-थेँट्´-इ-कॅल्) ***adj.*** of or based on a hypothesis, अनुमान पर आधारित, प्राक्कल्पित या प्राक्काल्पनिक।

**hypothetically** (हाइ-पॅ-थेँट्´-इ-कॅ-ली) ***adv.*** in a hypothetical way, प्राक्कल्पित रूप में।

**hysteria** (हि-स्टेँर्´-इ-ॲ) ***n.*** 1. a nervous disorder of women, मूर्च्छा, मिर्गी। 2. wild excitement, उन्माद, उन्मत्तता।

**hysterical** (हि-स्टेँर्´-इ-कॅल्) ***adj.*** of or caused by hysteria, मूर्च्छा-संबंधी, मिर्गी-संबंधी।

**hysterics** (हि-स्टेँर्´-इक्स्) ***n.*** an attack of hysteria, मूर्च्छा का दौरा, मिर्गी का दौरा।

H

# I

**I, i** *n.* the ninth letter of the English alphabet, अंग्रेज़ी वर्णमाला का नौवाँ वर्ण। *pron.* the person who is the speaker or writer, मैं।

**i-am, iambus** (आइ´-ऐम्, आइ´-ऐम्-बॅस्) *n.* a metrical foot in which a stressed syllable follows an unstressed syllable, पद्य का वह चरण जिसमें क्रमशः लघु और गुरु दो अक्षर हों।

**ibex** (आइ´-बेंक्स्) *n.* a mountain goat with long horns, बड़े सींगोंवाली पहाड़ी बकरी।

**ibid** (आइ´-बिड्) *adv.* in the same book, उसी पुस्तक में, वहीं।

**ice** (आइस्) *n.* 1. water in frozen state, बर्फ़। 2. a frozen dessert, जमा हुआ मधुर व्यंजन। □ **break the ice,** बात छेड़ना; **cut no ice,** कुछ भी प्रभाव न डाल पाना; **on thin ice,** अत्यंत नाजुक स्थिति में। *v.* 1. to freeze, जमाना, ठंडा करना। 2. to decorate with icing, बर्फ़ के कणों से सजाना। □ **ice up,** बर्फ़ से आच्छादित होना।

**ice age** *n.* the glacial epoch, हिमयुग।

**ice axe** *n.* an axe used for cutting the ice, बर्फ़ काटने की कुल्हाड़ी, हिमकुठार।

**ice bag** *n.* a bag filled with ice used to make parts of the body cool, बर्फ़ की थैली।

**iceberg** (आइस्´-बःग्) *n.* 1. a large piece of ice broken away from the glacier floating in the sea, हिमशैल, आइसबर्ग। 2. an emotionally cold person, कठोरहृदय व्यक्ति।

**iceboat** (आइस्´-बोट्) *n.* a boat like vehicle which sails on ice, हिमनौका।

**icebound** (आइस्´-बॉउन्ड्) *adj.* surrounded or blocked up by ice, बर्फ़ से आच्छादित या अवरुद्ध।

**icebox** (आइस्´-बॉक्स्) *n.* a box in which ice is put to preserve food, आइसबॉक्स।

**icebreaker** (आइस्´-ब्रे-कें:) *n.* a boat built for breaking a passage through ice, हिमभंजक नौका।

**icecap** (आइस्´-कैंप्) *n.* a large ice sheet covering the top of a mountain, पहाड़ की चोटी पर जमी हुई बर्फ़ की परत।

**ice-cold** (आइस्´-कोल्ड्) *adj.* as cold as ice, very cold, बर्फ़-सा ठंडा, बहुत ठंडा।

**ice-cream** (आइस्´-क्रीम्) *n.* a frozen food consisting of milk, sugar etc., आइसक्रीम, मलाई की बर्फ़।

**ice-fall** (आइस्´-फ़ा:ल्) *n.* falling of snow, हिमपात, बर्फ़ गिरना।

**ice-free** (आइस्´-फ़्री) *adj.* without ice, जहाँ बर्फ़ न पड़ती या न जमती हो, हिममुक्त।

**ice hockey** *n.* a game like field hockey played on ice, बर्फ़ के मैदान पर खेली जानेवाली हॉकी, बर्फ़ हॉकी।

**ice-house** (आइस्´-हाउस्) *n.* a building for storing ice, बर्फ़-घर।

**Icelander** (आइस्´-लैन्´-डें:) *n.* a native of Iceland, आइसलैंड का निवासी।

**iceman** (आइस्´-मॅन्) *n.* a person who sells or delivers ice, बर्फ़ बेचनेवाला, बर्फ़वाला।

**ice-pick** *n.* a pointed metal tool for breaking ice, बर्फ़ तोड़ने का सुआ।

**ice-skate** (आइस्´-स्केट्) *v.* (ice-skated, ice-skating) to skate on ice, बर्फ़ पर स्केटिंग करना, हिमसरण करना।

**ice-skating** (आइस्´-स्केट्-इंग्) *n.* the art of skating on the ice, हिमसरण, आइस-स्केटिंग।

**ice water** *n.* water cooled with ice, बर्फ़ का पानी।

**icicle** (आइ´-सि-कॅल्) *n.* a pointed piece of

ice formed by the freezing of dripping water, टपकते हुए जलकणों के जमने से बना हुआ बर्फ़ का लटकता हुआ टुकड़ा।

**iciness** (आइ´-सि-निस्) ***n.*** the quality or state of being icy, बर्फ़पन।

**icing** (आइ´-सिंग्) ***n.*** a mixture of butter, sugar, etc. used on cakes, आइसिंग, सजावटी मसाला।

**icon** (आइ´-कॉन्) ***n.*** 1. a sacred image of a saint, संत-प्रतिमा। 2. an image, मूर्ति।

**iconic** (आइ´-कॉन्-इक्) ***adj.*** of images, मूर्तिपरक, प्रतिमापरक।

**iconoclasm** (आइ-कॉन्´-अॅ-क्लैज़्-अॅम्) ***n.*** breaking of traditional beliefs, रूढ़ियों अथवा परंपरागत विश्वासों का खंडन।

**iconoclast** (आइ-कॉन्´-अॅ-क्लैस्ट्) ***n.*** one who attacks traditional beliefs and institutions, रूढ़िभंजक, मूर्तिपूजा का विरोधी।

**iconoclastic** (आइ-कॉन्-अॅ-क्लैस्´-टिक्) ***adj.*** of iconoclasts or iconoclasm, मूर्तिभंजक या मूर्तिभंजन-संबंधी।

**icy** (आइ´-सी) ***adj.*** (icier, iciest) 1. as cold as ice, बर्फ़-सा ठंडा। 2. covered with ice, हिमाच्छादित, बर्फ़ से ढका हुआ।

**id** (इड्) ***n.*** the one of the three parts of the mind which according to Freudian psychology is completely unconscious, अचेतन मन।

**ID Card** ***n.*** an identity card, परिचय-पत्र।

**idea** (आइ-डी´-अॅ) ***n.*** 1. a thought or opinion, mental impression, विचार, मत या बात। 2. a plan, योजना। 3. a guess, अनुमान। 4. a suggestion, सुझाव। 5. a purpose, प्रयोजन। □ **have no idea,** कुछ पता न होना; **What an idea!** क्या बात है!

**ideal** (आइ-डी´-अॅल्, आइ-डिअॅल्´) ***adj.*** 1. perfect or standard, आदर्श, मानक। 2. imaginary, काल्पनिक, कल्पित। 3. idealistic, आदर्शवादी। ***n.*** 1. a person, thing or idea that is regarded as model of perfection, आदर्श। 2. a goal, ध्येय।

**idealism** (आइ-डी´-अॅल्-इज़्-अॅम्) ***n.*** 1. the system of living according to one's ideals, आदर्शवाद। 2. the practice of seeing things as they ought to be rather than as they exist, आदर्शवाद।

**idealist** (आइ-डी´-अॅ-लिस्ट्) ***n.*** an adherent of idealism, आदर्शवादी।

**idealistic** (आइ-डी-अॅ-लिस्´-टिक्) ***adj.*** of idealists or idealism, आदर्शवादी।

**idealization** (आइ-डी-अॅ-लि-ज़े´-शॅन्) ***n.*** an act of idealizing, आदर्शीकरण।

**idealize** (आइ-डी´-अॅ-लाइज़्) ***v.*** to regard or represent as ideal, आदर्श रूप में प्रस्तुत करना या मानना, आदर्शीकरण करना।

**ideally** (आइ-डी´-अॅ-ली) ***adv.*** in an ideal way, आदर्श रूप में/से, आदर्शत:।

**idem** (आइ´-डेॅम्) ***pron. & adj.*** the same, वही (जिसका पूर्व उल्लेख हो चुका हो)।

**identical** (आइ-डेॅन्´-टि-कॅल्) ***adj.*** 1. being the same, वही। 2. exactly alike, वैसा ही।

**identically** (आइ-डेॅन्´-टि-कॅ-ली) ***adv.*** in an identical manner, वैसे ही, ठीक वैसे।

**identifiable** (आइ-डेॅन्´-टि-फ़ाइ-अॅ-बॅल्) ***adj.*** that can be identified, जिसकी पहचान हो सके, जिसे पहचाना जा सके, अभिज्ञेय।

**identification** (आइ-डेॅन्-टि-फ़ि-के´-शॅन्) ***n.*** 1. the act of identifying or the state of being identified, पहचान, शिनाख़्त; identification mark, पहचान-चिह्न। 2. proof of identity, पहचान का प्रमाण। 3. making identical, तदात्मीकरण, तद्रूपीकरण।

**identify** (आइ-डेॅन्´-टि-फ़ाइ) ***v.*** 1. to determine the identity of, पहचानना, शिनाख़्त करना। 2. to cause to be identical, तदात्मीकरण करना। 3. to consider to be identical, अभिन्न समझना, एक मान लेना। 4. to associate, जुड़ना, सहयुक्त होना।

**identity** (आइ-डेॅन्´-टि-टी) ***n.*** 1. the quality or condition of being exactly the same, समरूपता, अनन्यता। 2. the set of characteristics by which a person is known, पहचान, अभिज्ञान; certificate of identity, पहचान-पत्र। 3. the condition of being the same, तादात्म्य, अभेद।

**ideogram** (आइड्´-इ-अॅ-ग्रैम्) ***n.*** a symbol

I

representing an idea, प्रतीक, प्रतीक-चिह्न।

**ideological** (आइ-डि-अ-लॉज्´-इ-कॅल्) ***adj.*** of or based on an ideology, वैचारिक, सैद्धांतिक, मतवादी।

**ideologically** (आइ-डि-अ-लॉज्´-इ-कॅ-ली) ***adv.*** in an ideological way, सैद्धांतिक दृष्टि से।

**ideology** (आइ-डि-ऑल्´-अ-जी) ***n.*** a body of ideas that form the basis of a theory, विचारधारा, मतवाद।

**idiocy** (इड्´-इ-अ-सी) ***n.*** 1. stupidity, बेवकूफ़ी, मूढ़ता, मूढ़पन। 2. something very stupid, बेवकूफ़ी की बात या काम।

**idiom** (इड्´-इ-अम्) ***n.*** 1. a phrase having a special meaning different from the meanings of the individual words, मुहावरा। 2. a specific character of a given language, मुहावरेदारी। 3. the language used by a people or group, बोली।

**idiomatic** (इड्-अ-अ-मैट्´-इक्) ***adj.*** in accordance with idioms, मुहावरेदार।

**idiomatically** (इड्-इ-अ-मैट्´-इ-कॅ-ली) ***adv.*** in an idiomatic manner, मुहावरों का सही प्रयोग करते हुए, मुहावरों की दृष्टि से।

**idiosyncrasy** (इड्-इ-अ-सिंक्´-क्रॅ-सी) ***n.*** 1. peculiar attitude or behaviour, विचित्र प्रवृत्ति या व्यवहार, प्रकृति, वैशिष्ट्य। 2. eccentricity, सनक, पागलपन।

I

**idiot** (इड्´-इ-अट्) ***n.*** a person of weak intellect, stupid person, मंदबुद्धि या मूढ़ व्यक्ति।

**idiotic** (इड्-इ-ऑट्´-इक्) ***adj.*** very stupid, मूढ़, मूढ़तापूर्ण।

**idiotically** (इड्-इ-ऑट्´-इ-कॅ-ली) ***adv.*** in an idiotic way, मूढ़तापूर्वक।

**idle** (आइ´-डॅल्) ***adj.*** 1. not working, unemployed, बेकार, बेरोज़गार। 2. inactive, lazy, अक्रिय, सुस्त, आलसी। 3. worthless, व्यर्थ का, बेकार का; idle gossip, बेकार की गप या गपबाज़ी। ***v.*** (idled, idling) 1. to pass time without working, व्यर्थ समय गँवाना। 2. to be idle or to move lazily, मट्ठर गति से काम करना।

**idly** (आइ´-इली) ***adv.*** in an idle way, सुस्ती से, आलस से।

**idol** (आइ´-डॅल्) ***n.*** 1. an image used as object of worship, मूर्ति, प्रतिमा, देवप्रतिमा, देवमूर्ति। 2. an object of adoration or admiration, आराध्य/श्रद्धास्पद वस्तु या व्यक्ति।

**idolater** (आइ-डॉल्´-अ-टॅ:) ***n.*** one who worships idols, मूर्तिपूजक, बुतपरस्त।

**idolatrous** (आइ-डॉल्´-अ-ट्रस्) ***adj.*** of or pertaining to idolatry, मूर्तिपूजा-संबंधी।

**idolatry** (आइ-डॉल्´-अ-ट्री) ***n.*** 1. worship of idols, मूर्तिपूजा, बुतपरस्ती। 2. blind devotion, अंधश्रद्धा।

**idolization** (आइ-डॅ-लि-ज़े´-शॅन्) ***n.*** 1. the act of idolizing, आराधना, पूजा। 2. blind devotion, अंधभक्ति, अंधश्रद्धा।

**idolize** (आइ´-डॅ-लाइज़्) ***v.*** 1. to worship as an idol, पूजा/आराधना करना। 2. to regard with blind devotion, अंधभक्त होना।

**idyll** (आइ´-डिल्) ***n.*** 1. a short poem about village life, ग्राम्य जीवन-संबंधी छोटी कविता। 2. an event or scene of this kind, ग्राम्य जीवन की झाँकी या घटना।

**i.e.** (आइ-ई´) ***abbrev.*** that is to say, अर्थात्।

**if** (इफ़्) ***conj.*** 1. in the event, on condition that, यदि, अगर; She will sing if you pay. यदि तुम पैसा दोगे तो वह गाएगी 2. even though, भले ही; I will finish it even if it takes me all day. भले ही सारे दिन लग जाए, मैं इसे पूरा करूँगा ही। 3. that कि; Ask if he will come? पूछो कि वह आएगा? ***n.*** a condition, शर्त; ifs and buts अगर-मगर, शर्तें और एतराज़।

**iffy** (इफ़्´-ई) ***adj.*** (iffier, iffiest) 1. uncertain, अनिश्चित। 2. doubtful, संदिग्ध।

**igloo** (इग्´-लू) ***n.*** a house built of block of ice, हिमकुटी।

**igneous** (इग्´-नि-अस्) ***adj.*** 1. of or relating to the fire, अग्नि-संबंधी। 2. solidified by volcanic action, लावे का बना, ज्वालामुखी से निकला हुआ।

**ignite** (इग्´-नाइट्) ***v.*** 1. to set fire to, जलाना, सुलगाना। 2. to catch fire, जलना।

**ignition** (इग्-निश्´-ॲन्) ***n.*** 1. the act or instance of igniting, प्रज्वलन। 2. an electrical system that ignites the fuel in an internal combustion engine, प्रज्वलन।

**ignoble** (इग्-नो´-बॅल्) ***adj.*** 1. not noble, अकुलीन, साधारण। 2. not having a noble character, हेय, अधम, नीच, कमीना।

**ignobly** (इग्-नो´-ब्ली) ***adv.*** in an ignoble way, कमीनेपन से, नीचतापूर्वक।

**ignominious** (इग्-नॅ-मिन्´-इ-ॲस्) ***adj.*** 1. characterized by dishonour, नीच, पतित, नाम को बट्टा लगानेवाला। 2. despicable, जघन्य। 3. humiliating, अपमानकारी।

**ignominiously** (इग्-नॅ-मिन्´-इ-ॲस्-ली) ***adv.*** in an ignominious way, जघन्य रूप से।

**ignominy** (इग्´-नॅ-मिन्-ई) ***n.*** dishonour, humiliation, बदनामी, अपयश, कलंक।

**ignoramus** (इग्-नॅ-रे´-मॅस्) ***adj.*** an ignorant person, अनजान, नासमझ या नादान व्यक्ति।

**ignorance** (इग्´-नॅ-रॅन्स्) ***n.*** the state or quality of being ignorant, अनभिज्ञता, अज्ञान, अनजानपन, जानकारी का अभाव।

**ignorant** (इग्´-नॅ-रॅन्ट्) ***adj.*** 1. wanting in knowledge, अनभिज्ञ, अज्ञ, अनाड़ी, अनजान, नासमझ। 2. without education or knowledge, अशिक्षित, अनजान।

**ignore** (इग्-नो:´) ***v.*** 1. to take no notice of, अनदेखी करना। 2. to disregard, उपेक्षा करना। 3. to refrain deliberately from greeting someone, किनारा कर जाना।

**iguana** (इ-ग्वा:´-नॅ) ***n.*** a large lizard, गोह।

**ilk** (इल्क्) ***n.*** kind or type, प्रकार, किस्म।

**ill** (इल्) ***adj.*** (worse, worst) 1. unwell, sick, अस्वस्थ, बीमार, रुग्ण। 2. not good, ख़राब, बुरा; ill effect, बुरा प्रभाव; ill luck, बदकिस्मती, बुरी किस्मत; bad tamper, बुरा स्वभाव। 3. harmful, hostile, unfriendly, अहितकर, वैरपूर्ण, अमैत्रीपूर्ण। □ **ill at ease,** परेशान, अशांत। ***adv.*** 1. in an ill manner, ख़राब ढंग से, बुरी तरह। 2. with difficulty, कठिनाई से। ***n.*** 1. evil, बुराई। 2. harm or injury, हानि, क्षति। 3. an ailment, बीमारी, रोग।

**I'll** (आइल्) ***Short form.*** I will, I shall....... मैं ...... ऊँगा।

**ill-advised** (इल्-ॲड्-वाइज़्ड्´) ***adj.*** done without wise counsel or careful deliberation, कुमंत्रित, अविचारित, अविचारपूर्ण।

**ill-bred** (इल्-ब्रेड्´) ***adj.*** 1. badly brought up, जिसका लालन-पालन ग़लत ढंग से हुआ हो। 2. ill-mannered, अशिष्ट, उद्धत, बदतमीज़।

**illegal** (इ-ली´-गॅल्) ***adj.*** prohibited by law, not legal, अवैध, गैरकानूनी, विधि द्वारा निषिद्ध।

**illegality** (इल्-ई-गैल्´-इ-टी) ***n.*** the state of being illegal, अवैधता, गैरकानूनी होना।

**illegally** (इ-ली´-गॅ-ली) ***adv.*** in an illegal way, गैरकानूनी ढंग से, अवैध रूप से।

**illegibility** (इ-लेंज्-इ-बिल्´-इ-टी) ***n.*** the state of being illegible, अस्पष्टता, अपाठ्यता।

**illegible** (इ-लेंज्´-इ-बॅल्) ***adj.*** not legible, अस्पष्ट, अपाठ्य।

**illegitimacy** (इल्-इ-जिट्´-इ-मॅ-सी) ***n.*** the state of being illegitimate, दोगलापन।

**illegitimate** (इल्-इ-जिट्´-इ-मेट्/मिट्) ***adj.*** not allowed by the rules, अवैध, गैरकानूनी। 2. born of parents not married to each other, दोगला, जारज।

**illegitimately** (इल्-इ-जिट्´-इ-मेट्-ली) ***adv.*** in an illegal manner, अवैध रूप से।

**ill-fame** (इल्-फ़ेम्´) ***n.*** disrepute, बदनामी, अपयश; house of ill-fame, वेश्यालय।

**ill-fated** (इल्-फ़े´-टिड्) ***adj.*** unfortunate, unlucky, अभागा, बदकिस्मत, किस्मत का मारा।

**ill-favoured** (इल्-फ़े´-वॅ:ड्) ***adj.*** 1. unattractive or ugly, बदसूरत, कुरूप। 2. objectionable, आपत्तिजनक।

**ill-gotten** (इल्-गॉट्´-ॲन्) ***adj.*** obtained by dishonest or unlawful means, अनुचित या अवैध रूप से प्राप्त।

**ill-humoured** (इल्-ह्यु´-म:ड्) ***adj.*** irritable, चिड़चिड़ा, बदमिज़ाज।

**illicit** (इ-लिस्´-इट्) ***adj.*** unlawful, अवैध, गैरकानूनी।

**illicitly** (इ-लिस्´-इट्-ली) ***adv.*** in an illicit

I

way, अवैध रूप से, गैरकानूनी ढंग से।

**illiteracy** (इ-लिट्´-अॅ-रॅं-सी) ***n.*** the state of being illiterate, निरक्षरता, अशिक्षा।

**illiterate** (इ-लिट्´-अॅ-रेट्/रिट्) ***adj.*** not literate, अशिक्षित, बेपढ़ा-लिखा, अनपढ़, निरक्षर। ***n.*** an illiterate person, बेपढ़ा-लिखा व्यक्ति, निरक्षर व्यक्ति।

**ill-mannered** (इल्-मैन्´-अॅ:ड्) ***adj.*** having bad manners, उज्जड, अशिष्ट, बदतमीज़।

**ill-natured** (इल्-ने´-चॅ:ड्) ***adj.*** having bad nature, बुरे स्वभाववाला, दुष्ट-प्रकृति।

**illness** (इल्´-निस्) ***n.*** the state of being ill, sickness, बीमारी, रोग।

**illogical** (इ-लॉज्´-इ-कॅल्) ***adj.*** 1. not logical, अतर्कसंगत, असंगत। 2. against logic, तर्कविरुद्ध, युक्तिविरुद्ध।

**ill-starred** (इल्-स्टा:ड्´) ***adj.*** unlucky, ill-fated, अभागा।

**ill-suited** (इल्-सू´-टिड्) not appropriate, अनुपयुक्त, अयुक्तियुक्त।

**ill-tempered** (इल्-टॅम्´-पॅ:ड्) ***adj.*** having a bad temper, बदमिज़ाज, चिड़चिड़ा।

**ill-timed** (इल्-टाइम्ड्´) ***adj.*** at the wrong or inopportune time, ग़लत समय पर होनेवाला, असामयिक, असमयोचित, बेवक़्त का।

**ill-treat** (इल्-ट्रीट्´) ***v.*** to treat badly, बुरा बरताव करना, बुरा व्यवहार करना, क्रूर व्यवहार करना।

**ill-treatment** (इल्-ट्रीट्´-मॅन्ट्) ***n.*** bad or cruel treatment, बुरा बरताव, दुर्व्यवहार।

**illuminate** (इ-ल्यू´-मि-नेट्) ***v.*** 1. to light up, रोशन करना, प्रदीप्त करना, प्रकाशित करना। 2. to decorate with lights, जगमग कर देना, बत्तियों से सजाना। 3. to make understandable, प्रकाश डालना, व्याख्या करना। 4. to decorate, सजाना, अलंकृत करना।

**illumination** (इ-ल्यू-मि-ने´-शॅन्) ***n.*** 1. the act of illuminating, प्रदीपन। 2. the state of being illuminated, रोशनी, जगमगाहट, सजावट। 3. the act of enlightening, उद्‌बोधन।

**illuminative** (इ-ल्यू-मि-ने -टिव्) ***adj.*** that illuminates, जगमगानेवाला, प्रदीपक।

**ill-use** (इल्-यूज़्´) ***v.*** to ill-treat, बुरा बरताव करना। ***n.*** ill-treatment, बुरा बरताव।

**illusion** (इ-ल्यू´-ज़्हॅन्) ***n.*** 1. a false perception or belief, भ्रम, भ्रांति। 2. something a person wrongly supposes to exist, माया। 3. a misleading idea, भ्रामक विचार, ग़लतफ़हमी।

**illusive** (इ-ल्यू´-सिव्) ***adj.*** illusory, भ्रामक।

**illusory** (इ-ल्यू´-सॅ-री) ***adj.*** 1. based on illusion, भ्रामक। 2. not real, अवास्तविक।

**illustrate** (इल्´-अॅ-स्ट्रेट्) ***v.*** 1. to provide with pictures and diagrams, सचित्र करना या बनाना, चित्रों या रेखाचित्रों से युक्त करना। 2. to explain or clarify, व्याख्या करना, उदाहरण देकर समझाना।

**illustrated** (इ-लस्´-ट्रे-टिड्) ***adj.*** provided with pictures or diagrams, सचित्र।

**illustration** (इल्-अॅ-स्ट्रे´-शॅन्) ***n.*** that which illustrates, उदाहरण, दृष्टांत।

**illustrative** (इ-लॅस्´-ट्रॅ-टिव्) ***adj.*** serving as an example, उदाहरणस्वरूप, दृष्टांतस्वरूप।

**illustrious** (इ-लस्´-ट्रि-अॅस्) ***adj.*** renowned, famous, प्रसिद्ध, यशस्वी।

**ill-will** (इल्´-विल्) ***n.*** unfriendly feeling, दुर्भाव, वैमनस्य।

**image** (इम्´-इज्) ***n.*** 1. a picture or appearance, चित्र, आकृति। 2. a sculptured picture, प्रतिमा, मूर्ति। 3. a mental picture, बिंब, मानसिक चित्र। 4. something very like another in appearance, प्रतिरूप, प्रतिच्छाया, प्रतिबिंब। 5. a personification, मानवीकृत रूप। 6. a vivid description, विशद विवरण। ***v.*** 1. to make an image of, चित्र या आकृति बनाना, चित्रित करना। 2. to reflect, परावर्तित करना। 3. to picture mentally, बिंबित करना, बिंब बनाना। 4. to describe vividly, विशद रूप से वर्णन करना, प्रतिबिंबित करना।

**imagery** (इम्´-इज्-अॅ-री, इम्´-इज्-री) ***n.*** 1. images, प्रतिमाएँ, मूर्तियाँ। 2. figure of speech conveying poetic images, बिंब-चित्रण, बिंब-विधान।

**imaginable** (इ-मैज्´-इ-नॅ-बॅल्) ***adj.*** that

I

can be imagined, कल्पनीय, चिंतनीय।

**imaginary** (इ-मैज्´-इ-नॅर्-ई) *adj.* 1. existing only in imagination, काल्पनिक, मनगढ़ंत। 2. not real, अवास्तविक, फ़र्ज़ी।

**imagination** (इ-मैज्-इ-ने´-शॅन्) *n.* 1. the ability to imagine, कल्पना-शक्ति। 2. something imagined, कल्पना। 3. creativity, सृजनशीलता, सूझ-बूझ। 4. the mind, मन।

**imaginative** (इ-मैज्´-इ-नॅ-टिव्) *adj.* having or showing imagination, कल्पनाशील, कल्पनात्मक, सूझ-बूझ भरा।

**imaginatively** (इ-मैज्´-इ-नॅ-टिव्-ली) *adv.* in an imaginative manner, सूझ-बूझ से।

**imagine** (इ-मैज्´-इन्) *v.* 1. to form a mental image of, मन में चित्र बनाना। 2. to think, सोचना, विचार करना। 3. to suppose, मान लेना। 4. to guess, अनुमान करना।

**imbalance** (इम्-बैल्-अॅन्स्) *n.* lack of balance, असंतुलन।

**imbecile** (इम्´-बॅ-साइल्) *n.* 1. a feeble minded person, मंदमति, अल्पमति। 2. a stupid person, मूढ़ व्यक्ति।

**imbecilic** (इम्´-बॅ-साइ-लिक्) *adj.* 1. of feeble mind, मूढ़ या मूढ़तापूर्ण।

**imbecility** (इम्-बॅ-सिल्´-इ-टी) *n.* the state of being imbecilic, मूढ़ता।

**imbed** (इम्-बॅड्´) *v.* to embed, जड़ना।

**imbibe** (इम्-बाइब्´) *v.* 1. to drink, पीना। 2. to absorb into mind, आत्मसात्/हृदयंगम करना।

**imbroglio** (इम्-ब्रोल्´-यो) *n.* a confused or difficult situation, उलझन, कठिनाई, परेशानी।

**imbue** (इम्-ब्यू´) *v.* 1. to fill with a strong feeling, मन में बैठाना। 2. to soak, सराबोर कर देना, भिगोना।

**imitable** (इम्´-इ-टॅ-बॅल्) *adj.* that can be imitated, अनुकरणीय।

**imitate** (इम्´-इ-टेट्) *v.* 1. to copy the appearance, action, sounds (of someone, किसी की) नक़ल उतारना, नक़ल करना, अनुकरण करना। 2. to copy, प्रतिलिपि करना।

**imitation** (इम्-इ-टे´-शॅन्) *n.* 1. the act of imitating, नक़ल, अनुकरण। 2. something imitated, नक़ल, प्रतिलिपि। 3. an artificial likeness, रूपाभास। *adj.* 1. showing resemblance, अनुकरणात्मक, अनुकारी। 2. not genuine, नक़ली।

**imitative** (इम्´-इ-टे-टिव्) *adj.* 1. not original, नक़ली। 2. showing resemblance, अनुकरणात्मक, अनुकारी।

**imitator** (इम्´-इ-टे-टॅ:) *n.* one who imitates, नक़्क़ाल, अनुकरणकर्ता, अनुकारक।

**immaculate** (इ-मैक्´-यु-लेट्/लिट्) *adj.* 1. without blemish, spotless, निर्दोष, बेदाग़। 2. pure, विशुद्ध, निर्मल, खरा। 3. free from moral blemish, सच्चरित्र, निष्कलंक।

**immaculately** (इ-मैक्´-यु-लेट्-ली) *adv.* without any blemish, बिना किसी दोष के।

**immaterial** (इम्-अॅ-टिअॅर्´-इ-अॅल्) *adj.* 1. not consisting of matter, अभौतिक। 2. having no body or form, विदेह, अरूप। 3. that does not matter, अनावश्यक।

**immature** (इम्-अॅ-च्योः/ चुअॅ:) *adj.* 1. not mature or ripe, अप्रौढ़, अपरिपक्व। 2. childish, बचकाना।

**immeasurable** (इ-मॅज़्´-अॅ-रॅ-बॅल्) *adj.* 1. not measurable, जिसकी नाप-जोख न हो सके। 2. vast or immense, अपरिमित।

**immediacy** (इ-मी´-डि-अॅ-सी) *n.* the quality or state of being immediate, तात्कालिकता।

**immediate** (इ-मी´-डि-इट्) *adj.* 1. occuring without delay, instant, तात्कालिक, फ़ौरी, अविलंब। 2. nearby, सन्निकट, आसन्न। 3. coming next or very soon, आगामी।

**immediately** (इ-मी´-डि-इट्-ली) *adv.* instantly, without delay, तुरंत, फ़ौरन, तत्क्षण। *conj.* as soon as, जैसे ही।

**immemorial** (इम्-अॅ-मोर्´-इ-अॅल्) *adj.* extending back beyond memory, tradition or recorded history, अतिप्राचीन, स्मरणातीत; from time immemorial, अनंत काल से।

**immense** (इ-मॅन्स्´) *adj.* very large, असीम, विशाल।

**immensely** (इ-मॅन्स्´-ली) *adv.* too much, अत्यधिक, बहुत अधिक।

I

**immensity** (इ-मेंन्´-सि-टी) *n.* the state of being immense, असीमता, विशालता।

**immerse** (इ-म:स्´) *v.* 1. to plunge into a liquid, डुबकी लगाना, गोता लगाना। 2. to engross, निमग्न होना, तल्लीन होना। 3. to baptize by submerging in water, दीक्षा-स्नान करना।

**immersion** (इ-म:´-शॅन्) *n.* 1. the act of immersing or the state of being immersed, निमज्जन, अवगाहन। 2. baptism by dipping the whole body into water, दीक्षा-स्नान।

**immersion heater** *n.* a rod like electric device designed to be placed in the liquid that is to be heated, इमर्शन हीटर, पानी गर्म करने की रॉड।

**immigrant** (इम्´-इ-ग्रॅन्ट्) *adj.* immigrating, आप्रवासी। *n.* a person who has immigrated, आप्रवासी।

**immigrate** (इम्´-इ-ग्रेट्) *v.* to come into a country from abroad in order to settle there, विदेश से आकर बसना, आप्रवास करना।

**immigration** (इम्-इ-ग्रे´-शॅन्) *n.* the act of immigrating or the state of beig immigrated, आप्रवासन।

**imminence** (इम्´-इ-नॅन्स्) *n.* the quality or state of being imminent, आसन्नता।

I

**imminent** (इम्´-इ-नॅन्ट्) *adj.* about to occur, आसन्न, जो सिर पर हो, जो शीघ्र ही होने को हो।

**imminently** (इम्´-इ-नॅन्ट्-ली) *adv.* very near, अत्यंत निकट।

**immitigable** (इ-मिट्´-इ-गॅ-बॅल्) *adj.* that cannot be mitigated, अप्रशम्य।

**immobile** (इ-मो´-बाइल्/बिल्) *adj.* not moving, immovable, अचल, स्थिर।

**immobility** (इम्-ओ-बिल्´-इ-टी) *n.* the state or quality of being immobile, अचलता, स्थिरता।

**immobilize** (इ-मो´-बि-लाइज़्) *v.* to make immobilized, अचल कर देना, स्थिर बना देना।

**immoderate** (इ-मॉड्´-अॅ-रिट्) *adj.* 1. not moderate, without restraint, अमर्यादित, असंयमित। 2. excessive, अत्यधिक।

**immoderately** (इ-मॉड्´-अॅ-रिट्-ली) *adv.* in an immoderate way, अमर्यादित रूप से।

**immodest** (इ-मॉड्´-इस्ट्) *adj.* 1. not modest, lacking in modesty, ढीठ, निर्लज्ज। 2. conceited or impudent, घमंडी या उद्धत।

**immodestly** (इ-मॉड्´-इस्ट्-ली) *adv.* in an immodest way, ढिठाई से, घमंड से।

**immodesty** (इ-मॉड्´-इस्-टी) *n.* the quality of being immodest, ढिठाई; निर्लज्जता।

**immolate** (इम्´-अॅ-लेट्) *v.* to offer as a sacrifice by fire, आहुति देना, बलि देना।

**immolation** (इम्-अॅ-ले´-शॅन्) *n.* 1. the act of immolating or the state of being immolated, बलि चढ़ना या चढ़ाना। 2. something sacrificed, बलि, आहुति।

**immoral** (इ-मॉर्´-अॅल्) *adj.* 1. contrary to the moral principles, नीतिविरुद्ध, अनीतिपूर्ण। 2. morally wrong, अनैतिक, अनुचित।

**immorality** (इम्-अॅ-रैल्´-इ-टी) *n.* 1. the state or quality of being immoral, अनैतिकता, अनीति। 2. immoral behaviour, अनैतिक आचरण, दुराचार, भ्रष्टता।

**immorally** (इ-मॉर्´-अॅ-ली) *adv.* in an immoral way, अनीतिपूर्वक, अनैतिक रूप से।

**immortal** (इ-मॉ:-टॅल्) *adj.* 1. living for ever, शाश्वत, अमर, सनातन। 2. having lasting fame, चिरस्मरणीय।

**immortality** (इम्-ऑ:-टैल्´-इ-टी) *n.* 1. endless existence, अमरता, अमरत्व, सनातनता। 2. lasting fame, चिरख्याति।

**immortalize** (इ-मॉ:-टॅ-लाइज़्) *v.* 1. to make immortal, अमर कर या बना देना। 2. to give lasting fame to, स्मृति को अमिट बना देना।

**immovable** (इ-मू´-वॅ-बॅल्) *adj.* 1. that cannot be moved, अचल, स्थावर; immovable property, अचल संपत्ति। 2. not moving, दृढ़, गतिहीन, निश्चल।

**immune** (इ-म्यून्´) *adj.* 1. exempt (from a tax, duty or penalty, कर, शुल्क, दंड आदि से) उन्मुक्त, रहित। 2. protected against infection, (छूत से) निरापद, प्रतिरक्षित।

**immunity** (इ-म्यू´-नि-टी) *n.* 1. exemption

उन्मुक्ति, छूट। 2. protection against infection, निरापदता, बचाव, प्रतिरक्षा।

**immunization** (इम्-यु-नाइ-ज़े´-शॅन्) ***n.*** the act of immunizing or the state of being immunized, बचाव; प्रतिरक्षण।

**immunize** (इम्´-यु-नाइज़्) ***v.*** to make immune, निरापद बनाना, रोग के प्रभाव से मुक्त करना, उन्मुक्त करना।

**immunology** (इम्-यु-नॉल्´-अॅ-जी) ***n.*** the scientific study of resistance to infection, वह विज्ञान जिसमें छूत से बचाव-संबंधी बातों का अध्ययन किया जाता है।

**immure** (इ-म्यू:´) ***v.*** to confine or imprison, नज़रबंद करना, बंदी बनाना, चारदीवारी में बंद कर देना।

**immutable** (इ-म्यू´-टॅ-बॅल्) ***adj.*** never changing, अपरिवर्तनीय, अपरिवर्तशील, निर्विकार।

**imp** (इम्प्) ***n.*** 1. a small demon, छोटा शैतान। 2. a mischievous child, नटखट बालक।

**impact**[1] (इम्´-पैक्ट्) ***n.*** 1. a shock, धक्का, आघात। 2. a collision, टक्कर।

**impact**[2] (इम्-पैक्ट्´) ***v.*** 1. to strike forcefully, ज़ोरदार आघात करना। 2. to collide, टक्कर होना, टकराना।

**impacted** (इम्-पैक्´-टिड्) ***adj.*** firmly wedged in, जमा हुआ, दृढ़, मज़बूत।

**impair** (इम्-पेंअॅ:´) ***v.*** 1. to damage, बिगाड़ देना, ख़राब कर देना। 2. to diminish the quality, value or strength of a thing, ह्रास करना, क्षति पहुँचाना।

**impairment** (इम्-पेंअॅ:´-मॅन्ट्) ***n.*** 1. damage, क्षति, हानि। 2. deterioration, ह्रास।

**impala** (इम्-पा:´-लॅ) ***n.*** a small antelope, एक प्रकार का छोटा (अफ्रीकी) हिरन, इंपाला।

**impale** (इम्-पेल्´) ***v.*** to pierce with something pointed, नुकीली चीज़ भोंकना।

**impalpable** (इम्-पैल्´-पॅ-बॅल्) ***adj.*** 1. not perceptible to the touch, अस्पृश्य। 2. not easily understood, दुर्बोध, गूढ़, गहन।

**impanel** (इम्-पैन्´-अॅल्) ***v.*** to enroll on a list, सूची में शामिल करना।

**impart** (इम्-पा:ट्´) ***v.*** 1. to give or bestow, देना, प्रदान करना। 2. to reveal or disclose, प्रकट करना, विदित कराना, बतलाना।

**impartial** (इम्-पा:´-शॅल्) ***adj.*** not partial, तटस्थ, निष्पक्ष, पक्षपातविहीन।

**impartiality** (इम्-पा:-शि-ऐल्´-इ-टी) ***n.*** the state or quality of being impartial, तटस्थता, निष्पक्षता।

**impartially** (इम्-पा:´-शि-अॅ-ली) ***adv.*** in an impartial manner, निष्पक्ष भाव से।

**impassable** (इम्-पैस्´-अॅ-बॅल्) ***adj.*** which cannot be travelled over or crossed, दुर्गम।

**impasse** (इम्´-पैस्) ***n.*** a deadlock, गतिरोध।

**impassible** (इम्-पैस्´-इ-बॅल्) ***adj.*** incapable of feeling or emotion, भावशून्य, संवेदनारहित।

**impassioned** (इम्-पैश्´-अॅन्ड्) ***adv.*** 1. filled with passion, भावपूर्ण, भावाभिभूत। 2. fiery, जोश-भरा, आवेशपूर्ण।

**impassive** (इम्-पैस्´-इव्) ***adj.*** not feeling or showing emotion, calm, स्थिरचित्त, शांतचित्त।

**impassively** (इम्-पैस्´-इव्-ली) ***adv.*** in an impassive manner, शांतभाव से।

**impatience** (इम्-पे´-शॅन्स्) ***n.*** lack of patience, अधीरता, बेचैनी।

**impatient** (इम्-पे´-शॅन्ट्) ***adj.*** 1. feeling or showing a lack of patience, अधीर, बेचैन। 2. intolerant, असहिष्णु।

**impatiently** (इम्-पे´-शॅन्ट्-ली) ***adv.*** in an impatient way, अधीरतापूर्वक, बेचैनी से।

**impeach** (इम्-पीच्´) ***v.*** to charge a public official with misconduct before a proper tribunal, महाभियोग लगाना, अभियोग लगाना।

**impeachable** (इम्-पीच्´-अॅ-बॅल्) ***adj.*** that can be impeached, अभियोज्य।

**impeachment** (इम्-पीच्´-मॅन्ट्) ***n.*** the act of impeaching or the state of being impeached, महाभियोग, अभियोजन।

**impeccable** (इम्-पेंक्´-अॅ-बॅल्) ***adj.*** faultless, निर्दोष, त्रुटिहीन, निष्कलंक।

**impede** (इम्-पीड्´) ***v.*** to obstruct or hinder, अड़ंगा लगाना, बाधा डालना।

**impediment** (इम्-पेंड्´-इ-मॅन्ट्) ***n.*** 1. an obstruction or hinderance, अड़ंगा, बाधा। 2. a defect, दोष, त्रुटि।

**impedimenta** (इम्-पेंड्-इ-मेंन्´-टॅ) ***n.*** (plu.) 1. things hindering progress, अड़ंगे, बाधाएँ, रुकावटें। 2. baggage that hampers while travelling, बोरिया-बिस्तर, माल-असबाब।

**impel** (इम्-पेंल्´) ***v.*** (impelled, impelling) 1. to urge or incite, प्रेरित या उत्तेजित करना। 2. to force, ज़ोर डालना, विवश करना। 3. to drive forward, आगे बढ़ाना, चलाना।

**impending** (इम्-पेंन्´-डिंग्) ***adj.*** 1. about to happen, आसन्न, सन्निकट। 2. threatening, जो सिर पर मँडरा रहा हो, सिर पर सवार।

**impenetrable** (इम्-पेंन्´-अॅ-ट्रॅ-बॅल्) ***adj.*** 1. that cannot be penetrated, अभेद्य, दुर्भेद्य। 2. impassable, दुर्गम, अगम।

**impenitent** (इम्-पेंन्´-इ-टॅन्ट्) ***adj.*** unrepentant, पश्चात्ताप न करनेवाला, जिसे ग्लानि न हो।

**imperative** (इम्-पेंर्´-अॅ-टिव्) ***adj.*** 1. expressing a command, आज्ञासूचक, विध्यर्थक, आदेशात्मक। 2. essential or urgent, अत्यावश्यक, अनिवार्य, लाज़िमी। ***n.*** the imperative mood, आज्ञासूचक क्रियाभाव।

**imperatively** (इम्-पेंर्´-अॅ-टिव्-ली) ***adv.*** in an imperative manner, आदेशात्मक रूप में; अत्यावश्यक रूप से।

**imperceptibility** (इम्-पॅ:-सेंप्-टि-बिल्´-इ-टी) ***n.*** the state or quality of being imperceptible, अगोचरता; सूक्ष्मता।

**imperceptible** (इम्-पॅ:-सेंप्´-टि-बॅल्) ***adj.*** 1. not perceptible, अगोचर, अवगम्य। 2. subtle, सूक्ष्म।

**imperfect** (इम्-प:´-फ़ेंक्ट्) ***adj.*** 1. not perfect, अपूर्ण। 2. not complete, अधूरा। 3. defective, सदोष, त्रुटिपूर्ण। ***n.*** imperfect tense, अपूर्णकाल।

**imperfection** (इम्-पॅ:-फ़ेंक्´-शॅन्) ***n.*** 1. the quality or condition of being imperfect, अपूर्णता, अधूरापन। 2. a fault or blemish, दोष, त्रुटि, कमी।

**imperial** (इम्-पिअॅर्´-इ-अॅल्) ***adj.*** 1. of an empire, साम्राज्य-संबंधी, साम्राज्यिक। 2. of an emperor or empress, सम्राट-संबंधी, सम्राज्ञी-संबंधी। 3. royal or majestic, राजसी। 4. of great size or superior quality, दीर्घाकार या उच्च गुणवत्तावाला।

**imperialism** (इम्-पिअॅर्´-इ-अॅ-लिज़्-अॅम्) ***n.*** the making of empires, साम्राज्यवाद।

**imperialist** (इम्-पिअॅर्´-अॅ-लिस्ट्) ***n.*** one who favours imperialism, साम्राज्यवादी।

**imperialistic** (इम्-पिअॅर्-अॅ-लिस्´-टिक्) ***adj.*** of imperialism or imperialist, साम्राज्यवादी।

**imperil** (इम्-पेंर्´-इल्) ***v.*** to endanger, ख़तरे में डालना, संकट में फँसाना।

**imperilled** (इम्-पेंर्´-अॅल्ड्) ***adj.*** endangered, आपदग्रस्त, संकटग्रस्त, विपदापन्न।

**imperilment** (इम्-पेंर्´-इल्-मॅन्ट्) ***n.*** the state of being imperilled, संकटग्रस्तता।

**imperious** (इम्-पिअॅर्´-इ-अॅस्) ***adj.*** 1. overbearing, घमंडी। 2. pressing, आवश्यक। 3. commanding, रोबीला।

**imperishable** (इम्-पेंर्´-इ-शॅ-बॅल्) ***adj.*** not perishable, अविनाशी, अनश्वर, क्षयविहीन।

**impermanent** (इम्-प:´-मॅ-नॅन्ट्) ***adj.*** not permanent, अस्थायी।

**impermeable** (इम्-प:´-मि-अॅ-बॅल्) ***adj.*** not permeable, अभेद्य, अपारगम्य।

**impermeability** (इम्-प:-मि-अॅ-बिल्´-इ-टी) ***n.*** the state or quality of being impermeable, अभेद्यता, अपारगम्यता।

**impermissible** (इम्-पॅ:-मिस्´-इ-बॅल्) ***adj.*** not permissible, जिसकी अनुमति न दी जा सके।

**impersonal** (इम्-प:´-सॅ-नॅल्) ***adj.*** not referring to or intended for any particular person, अवैयक्तिक, निर्वैयक्तिक। 2. exhibiting no emotion, संवेगविहीन। 3. (gram.) (of verb) used only in third person singular usually with the subject it, भाववाचक; impersonal use, भावे प्रयोग।

**impersonalize** (इम्-प:´-सॅन्-अॅल्-आइज़्) ***v.*** to make impersonal, निर्वैयक्तीकरण।

**mpersonally** (इम्-पः´-सॅ-नॅ-ली) ***adv.*** in an impersonal manner, निर्वैयक्तिक रूप से।

**mpersonate** (इम्-पः´-सॅ-नेट्) ***v.*** 1. to pretend to be another, पररूप धारण करना, स्वाँग रचना, छद्म रूप धारण करना। 2. to act the part of, अभिनय करना।

**npersonation** (इम्-पः-सॅ-ने´-शॅन्) ***n.*** an act of impersonating or the state of being impersonated, पररूप धारण, स्वाँग, छद्म रूप।

**npersonator** (इम्-पः´-सॅ-ने-टॅः) ***n.*** one who impersonates, स्वाँग रचनेवाला, बहुरूपिया।

**npertinence** (इम्-पः´-टि-नॅन्स्) ***n.*** impudence, rudeness, ढिठाई, उद्धतता, धृष्टता।

**npertinent** (इम्-पः´-टि-नॅन्ट्) ***adj.*** impudent, rude, ढीठ, उद्धत, धृष्ट, बेरुख़ा।

**npertinently** (इम्-पः´-टि-नॅन्ट्-ली) ***adv.*** rudely, बेरुख़ी से, धृष्टतापूर्वक।

**nperturbability** (इम्-पॅः-टः-बॅ-बिल्´-इ-टी) ***n.*** quality of being imperturbable, गंभीरता, शांति।

**nperturbable** (इम्-पॅः-टः´-बॅ-बॅल्) ***adj.*** not easily disturbed or excited, गंभीर, शांत।

**npervious** (इम्-पः´-वि-अॅस्) ***adj.*** 1. not able to be penetrated, अभेद्य। 2. not affected or influenced by, अप्रभाव्य।

**npetigo** (इम्-पॅ-टाइ´-गो) ***n.*** a skin disease, एक चर्म रोग।

**npetuosity** (इम्-पॅंच्-उ-ऑस्´-इ-टी) ***n.*** the quality of being impetuous, उतावली, जल्दबाज़ी।

**npetuous** (इम्-पॅंच्´-उ-अॅस्) ***adj.*** 1. acting too hastily, rash, उतावला, जल्दबाज़। 2. violent, प्रचंड, घोर।

**npetuously** (इम्-पॅंच्´-उ-अॅस्-ली) ***adv.*** rashly, उतावलेपन से, जल्दबाज़ी में।

**npetus** (इम्´-पि-टॅस्) ***n.*** 1. driving force, चालन-शक्ति, गतिबल, शक्ति। 2. encouragement, बढ़ावा, प्रोत्साहन। 3. stimulus, उद्दीपन।

**npiety** (इम्-पाइ´-इ-टी) ***n.*** the quality or state of being impious, अपवित्रता; अश्रद्धा।

**npinge** (इम्-पिन्ज्´) ***v.*** 1. to collide or strike, टकराना या टक्कर लगाना। 2. to have an effect on, प्रभावित करना। 3. to encroach, अतिक्रमण करना।

**impious** (इम्´-पि-अॅस्, इम्-पाइ´-अॅस्) ***adj.*** 1. not pious, अपवित्र, अपावन। 2. lacking reverence for God, नास्तिक, अनास्थावान।

**impish** (इम्´-पिश्) ***adj.*** of or like an imp, mischievous, शरारती या शरारत-भरा, नटखट।

**impishness** (इम्प्´-इश्-निस्) ***n.*** mischievous act, शरारत।

**implacability** (इम्-प्लैक्-अॅ-बिल्´-इ-टी) ***n.*** the state or quality of being implacable, अड़ियलपन, हठ, निष्ठुरता।

**implacable** (इम्-प्लैक्´-अॅ-बॅल्) ***adj.*** that cannot be appeased, अड़ियल, हठी।

**implacably** (इम्-प्लैक्´-अॅ-ब्ली) ***adv.*** in an implacable manner, अड़ियलपन से, हठपूर्वक।

**implant** (इम्-प्लैन्ट्´) ***v.*** 1. to fix or insert in the mind, मन में बैठाना या धँसाना। 2. to insert surgically, शल्यकर्म द्वारा लगाना, बैठाना या रोपना। 3. to plant, रोपना।

**implausible** (इम्-प्लाः´-ज़ि-बॅल्) ***adj.*** not plausible, अयुक्तियुक्त या अविश्वसनीय।

**implement**[1] (इम्´-प्लि-मॅन्ट्) ***n.*** a tool or instrument, उपकरण, औज़ार।

**implement**[2] (इम्´-प्लि-मेंन्ट्) ***v.*** 1. to put into practice, अमल में लाना, कार्यान्वित करना। 2. to fulfil, पालन करना, परिपालन करना।

**implementation** (इम्-प्लि-मॅन्-टे´-शॅन्) ***n.*** the act of implementing or the state of being implemented, कार्यान्वयन; परिपालन।

**impiicate** (इम्´-प्लि-केट्) ***v.*** 1. to involve or entangle, उलझाना, सानना, फँसाना। 2. to imply, विवक्षित करना।

**implication** (इम्-प्लि-के´-शॅन्) ***n.*** 1. an act of implicating, उलझाव, सनाव, फँसाव। 2. a suggestion not expressed but understood, hidden meaning, विवक्षा, निहितार्थ।

**implicit** (इम्-प्लिस्´-इट्) ***adj.*** 1. not expressed but understood, विवक्षित, निहित, अंतर्निहित। 2. absolute, पूर्ण, समग्र।

**implode** (इम्-प्लोड्´) ***v.*** to burst inward, भीतर-भीतर फूटना, अंत:विस्फोट होना।

**implore** (इम्-प्लोः´) *v.* to ask or beg earnestly, विनती/चिरौरी करना।

**implosion** (इम्-प्लो´-ज़्हॅन्) *n.* the act of imploding, भीतर-भीतर फूटना, अंतःविस्फोट।

**imply** (इम्-प्लाइ´) *v.* 1. to express without stating directly, विवक्षित करना। 2. to mean, अर्थ देना। 3. to include, अंतर्निहित होना।

**impolite** (इम्-पॅ-लाइट्´) *adj.* not polite, अशिष्ट या अशिष्टतापूर्ण, अविनीत या अविनय-पूर्ण, अभद्र।

**impolitic** (इम्-पॉल्´-इ-टिक्) *adj.* not wise, अविवेकपूर्ण।

**imponderable** (इम्-पॉन्´-डॅ-रॅ-बॅल्) *adj.* 1. that cannot be estimated or calculated, जिसे आँका या कूता न जा सके, अमित। 2. very light, हलका।

**import**[1] (इम्-पोःट्´) *v.* 1. to bring in from a foreign country, आयात करना। 2. to mean or signify, अर्थ होना, संकेत करना। 3. to be significant, महत्त्वपूर्ण होना।

**import**[2] (इम्´-पोःट्) *n.* 1. something imported, आयात। 2. meaning, significance, अर्थ, अभिप्राय, आशय। 3. importance, महत्त्व।

**importance** (इम्´-पॉः-टॅन्स्) *n.* the state or quality of being important, महत्त्व।

I

**important** (इम्-पॉः´-टॅन्ट्) *adj.* 1. of great consequence, महत्त्वपूर्ण। 2. noteworthy, उल्लेखनीय। 3. having great authority or influence, प्रभावशाली।

**importation** (इम्-पॉः-टे´-शॅन्) *n.* the act of importing, आयात।

**importer** (इम्-पोः´-टॅः) *n.* one who imports goods from other countries, आयातकर्ता।

**importunate** (इम्-पॉः´-चु-निट्) *adj.* unreasonably persistent, ज़िद पकड़ लेनेवाला, दुराग्रही या दुराग्रहपूर्ण।

**importunately** (इम्-पॉः´-चु-निट्-ली) *adv.* in an importunate manner, दुराग्रहपूर्वक, अत्यंत हठपूर्वक।

**importune** (इम्-पः-चून्´) *v.* to make persistent requests, बार-बार विनती/तकाज़ा करना।

**impose** (इम्-पोज़्´) *v.* 1. to levy, लगाना, अधिरोपित करना; to impose new taxes, नए कर लगाना। 2. to pass off on others, दूसरों पर लादना या टालना, दूसरों के मत्थे मढ़ना। 3. to take unfair advantage, अनुचित लाभ उठाना। 4. to impress, प्रभावित करना, धौंस या धाक जमाना। 5. to arrange pages in proper order at the time of printing, इंपोज़ करना।

**imposing** (इम्-पो´-ज़िंग्) *adj.* grand, impressive, शानदार, भव्य, विशाल, प्रभावपूर्ण।

**imposition** (इम्-पॅ-ज़िश्´-अॅन्) *n.* 1. the act of imposing, लगाने या अधिरोपित करने की क्रिया या भाव, अधिरोपण। 2. something imposed, लगाया या अधिरोपित किया हुआ कर, विचार आदि। 3. burden, बोझ, भार।

**impossibility** (इम्-पॉस्-इ-बिल्´-इ-टी) *n.* the state or quality of being impossible, असंभावना, असंभवता।

**impossible** (इम्-पॉस्´-इ-बॅल्) *adj.* 1. not possible, असंभव। 2. difficult, कठिन।

**impostor** (इम्-पॉस्´-टॅः) *n.* a person who deceives others under an assumed identity, छद्मवेशी, कपटी, ढोंगी, झूठा दावेदार।

**imposture** (इम्-पॉस्´-चॅः) *n.* 1. assumption of a false identity, स्वाँग, अन्य रूप धारण। 2. deception, धोखा, छल, फ़रेब।

**impotence** (इम्´-पॅ-टॅन्स्) *n.* 1. lack of ability to cohabit or procreate, नपुंसकता, नामर्दी। 2. weakness, कमज़ोरी, अशक्तता।

**impotent** (इम्´-पॅ-टॅन्ट्) *adj.* 1. incapable of sexual intercourse or unable to procreate, नपुंसक, नामर्द, हिजड़ा। 2. powerless, अशक्त, शक्तिहीन, असहाय।

**impound** (इम्-पॉउन्ड्´) *v.* 1. to enclose into a pound, बाड़े (या कांजी हाउस) में बंद करना। 2. to take into legal custody, नजरबंद करना। 3. to seize, ज़ब्त करना, कुर्क़ करना।

**impoverish** (इम्-पॉव्´-अॅ-रिश्) *v.* 1. to make poor, दरिद्र बना देना, कंगाल कर देना। 2. to deprive of natural strength, बेदम कर देना, निष्प्राण कर देना, निर्बल कर देना।

**mpracticability** (इम्-प्रैक्-टि-कॅ-बिल्´-इ-टी) *n.* the quality of being impracticable, अव्यवहार्यता, अव्यावहारिकता।

**mpracticable** (इम्-प्रैक्´-टि-कॅ-बॅल्) *adj.* impractical, अव्यवहार्य, अव्यावहारिक।

**mpracticably** (इम्-प्रैक्´-टि-कॅ-ब्ली) *adv.* in an impracticable manner, अव्यावहारिक रूप से।

**mpractical** (इम्-प्रैक्´-टि-कॅल्) *adj.* not practical, जो व्यावहारिक न हो, अव्यवहार्य, अव्यावहारिक, अव्यवहारशील।

**mprecate** (इम्´-प्रि-केट्) *v.* to pray for (evil, misfortune etc.) कोसना, अभिशाप देना।

**mprecation** (इम्-प्रि-के´-शॅन्) *n.* a curse, अभिशाप।

**mprecise** (इम्´-प्रि-साइज़्) *adj.* not precise, अपरिशुद्ध, अयथार्थ।

**mpregnable** (इम्-प्रेग्´-नॅ-बॅल्) *adj.* unconquerable, अजेय, अभेद्य।

**mpregnate** (इम्-प्रेग्´-नेट्) *v.* 1. to make pregnant, गर्भाधान करना, गर्भवती बनाना। 2. to fill or infuse, भरना, पूरित करना, अंतर्वेशित करना।

**mpresario** (इम्-प्रॅ-सार्´-इ-ओ) *n.* the manager or sponsor of an opera company, किसी गीत-नाट्य दल का प्रबंधक या संयोजक।

**mpress** (इम्-प्रेस्´) *v.* 1. to mark or stamp with pressure, छापना या ठप्पा लगाना। 2. to produce a favourable effect or influence on, प्रभावित करना। 3. to fix firmly in the mind, अच्छी तरह मन में बैठाना।

**mpression** (इम्-प्रेश्´-अॅन्) *n.* 1. an act of impressing, दाब, दबाव, टान। 2. a mark left by pressure, छाप, ठप्पा। 3. an effect or influence produced on the mind, छाप, प्रभाव। 4. an uncertain idea or belief, धारणा; false impression, भ्रांत धारणा। 5. a reprint of a book, संस्करण।

**mpressionable** (इम्-प्रेश्´-अॅ-नॅ-बॅल्) *adj.* easily influenced, जिसे सरलतापूर्वक प्रभावित किया जा सके, प्रभाव्य।

**mpressionism** (इम्-प्रेश्´-अॅ-निज़्-अॅम्) *n.* a style of painting giving the general impression of a subject, प्रभाववाद।

**impressionist** (इम्-प्रेश्´-अॅ-निस्ट्) *n.* one who practises or favours impressionism, प्रभाववादी।

**impressionistic** (इम्-प्रेश्´-अॅ-निस्-टिक्) *adj.* of impressionism or impressionist, प्रभाववादी।

**impressive** (इम्-प्रेस्´-इव्) *adj.* 1. making a strong impression, प्रभावपूर्ण, प्रभावोत्पादक। 2. arousing admiration and approval, मुग्धकारी, चित्ताकर्षक।

**impressively** (इम्-प्रेस्´-इव्-ली) *adv.* in an impressive manner, प्रभावपूर्ण ढंग से।

**imprint**[1] (इम्-प्रिन्ट्´) *v.* to produce a mark or pattern on a surface, छाप या ठप्पा लगाना।

**imprint**[2] (इम्´-प्रिन्ट्) *n.* 1. a mark or pattern produced by printing, छाप। 2. the name of the printer (or publisher) as it appears on the book, मुद्रक (या प्रकाशक) का पुस्तक में छपा नाम, छाप।

**imprison** (इम्-प्रिज़्´-अॅन्) *v.* to put in prison, कारावास में रखना, क़ैद करना।

**imprisonment** (इम्-प्रिज़्´-अॅन्-मॅन्ट्) *n.* the act of imprisoning or the state of being imprisoned, कारावास, क़ैद।

**improbability** (इम्-प्रॉब्-अॅ-बिल्´-इ-टी) *n.* the quality of being improbable, असंभाव्यता।

**improbable** (इम्-प्रॉब्´-अॅ-बॅल्) *adj.* not probable, असंभाव्य।

**improbably** (इम्-प्रॉब्´-अॅ-ब्ली) *adv.* with no probability, असंभाव्य रूप से।

**impromptu** (इम्-प्रॉम्प्´-टू) *adj. & adv.* 1. without preparation, बिना तैयारी का/के। 2. extempore, आशु या आशु रूप में।

**improper** (इम्-प्रॉप्´-अॅ:) *adj.* 1. not proper, अनुचित। 2. unsuitable or not consistent, अनुपयुक्त, असंगत। 3. indecent, अशोभनीय, भद्दा। 4. not correct, अशुद्ध, ग़लत।

**improperly** (इम्-प्रॉप्´-अॅ:-ली) *adv.* in an improper manner, अनुचित रीति या ढंग से।

**impropriety** (इम्-प्रॅ-प्राइ´-इ-टी) *n.* 1. the quality or state of being improper,

I

अनौचित्य, अनुपयुक्तता, असंगति। 2. an improper act or behaviour, अशोभनीय व्यवहार।

**improvable** (इम्-प्रूव्´-अॅ-बॅल्) ***adj.*** that can be improved, सुधार के योग्य, सुधारने लायक।

**improve** (इम्-प्रूव्´) ***v.*** 1. to become better, अच्छा होना, सुधरना। 2. to make better, सुधारना, उन्नत करना या बनाना। 3. to enhance the quality or value of, समृद्ध बनाना, महत्त्व बढ़ाना।

**improvement** (इम्-प्रूव्´-मॅन्ट्) ***n.*** 1. the act of improving or the state of being improved, सुधार, उन्नति, समृद्धि। 2. a change or addition that improves, संशोधन, परिशोधन।

**improvidence** (इम्-प्रॉव्´-इ-डॅन्स्) ***n.*** 1. the lack of foresight, अदूरदर्शिता। 2. unthriftiness, अपव्यय।

**improvident** (इम्-प्रॉव्´-इ-डॅन्ट्) ***adj.*** 1. wanting in foresight, अदूरदर्शी। 2. thriftless, unthrifty, अपव्ययी।

**improvisation** (इम्-प्रॅ-वाइ-ज़े´-शॅन्) ***n.*** the act of improvising, आशु कविता करना; कामचलाऊ व्यवस्था।

**improvisational** (इम्-प्रॅ-वाइ-ज़े´-शॅन्-अॅल्) ***adj.*** of improvisation, आशुकाव्य-संबंधी; कामचलाऊ।

I

**improvise** (इम्´-प्रॅ-वाइज़्) ***v.*** 1. to recite without preparation, आशु कविता करना। 2. to make or provide from available materials, (जो प्रस्तुत हो उससे) काम चला लेना।

**imprudence** (इम्-प्रू´-डॅन्स्) ***n.*** 1. rashness, उतावलापन। 2. thoughtlessness, अविवेक।

**imprudent** (इम्-प्रू´-डॅन्ट्) ***adj.*** 1. rash, उतावला। 2. thoughtless, अविवेकी।

**imprudently** (इम्-प्रू´-डॅन्ट्-ली) ***adv.*** in an imprudent manner, उतावलेपन से।

**impudence** (इम्´-प्यु-डॅन्स्) ***n.*** the state or quality of being impudent, निर्लज्जता, ढिठाई।

**impudent** (इम्´-प्यु-डॅन्ट्) ***adj.*** shamelessly bold, ढीठ, निर्लज्ज।

**impudently** (इम्´-प्यु-डॅन्ट्-ली) ***adv.*** in an impudent manner, ढिठाई से, निर्लज्जतापूर्वक।

**impugn** (इम्-प्यून्´) ***v.*** 1. to raise doubt about, संदेह प्रकट करना, शंका करना। 2. to try to discredit, बदनाम करना।

**impulse** (इम्´-पल्स्) ***n.*** 1. sudden force आवेग। 2. an impelling wish to do something, मन की मौज, उमंग, सनक।

**impulsive** (इम्-पल्´-सिव्) ***adj.*** tending to act on impulse, सनकी, मनमौजी, आवेगी।

**impulsively** (-ली) ***adv.*** in an impulsive manner, मौज में आकर, बिना विचारे।

**impunity** (इम्-प्यू´-नि-टी) ***n.*** exemption from punishment or penalty, दंड से होनेवाली मुक्ति या छुटकारा, छूट।

**impure** (इम्-प्योः´) ***adj.*** 1. not pure, अशुद्ध, मिलावटी। 2. immoral, अनैतिक।

**impurity** (इम्-प्योर्´-इ-टी) ***n.*** the state or quality of being impure, अशुद्धता, मिलावट

**imputation** (इम्-प्यू-टे´-शॅन्) ***n.*** the act of imputing, दोषारोपण, आरोपण।

**impute** (इम्-प्यूट्´) ***v.*** 1. to lay the responsibility of, जवाबदेह ठहराना। 2. to ascribe or blame, आरोप लगाना, दोषारोप करना। 3. to attribute, आरोपित करना।

**imputed** (इम्-प्यू´-टिड्) ***adj.*** attributed, आरोपित; imputed income, आरोपित आय।

**in**[1] (इन्) ***prep.*** 1. within the limits or boundaries, में, के अंदर। 2. toward the inside of, के अंदर। 3. used to indicate a condition or state, में; in anger, गुस्से में; in black dress, काले परिधान में। 4. of method or means of expression, में; in Hindi, हिंदी में। 5. with reference to, के विचार से, में। 6. during, दरमियान, में। □ **in all,** कुल मिलाकर; **in that,** क्योंकि ***adv.*** 1. to or toward the inside, भीतर, अंदर। 2. in effective condition, अच्छी हालत में; My luck was in, मेरी किस्मत जगी थी। □ **be in for,** पाला पड़ने को होना; **be in with,** घनिष्ठता होना; **day in day out** दिन-पर-दिन। ***adj.*** 1. internal, भीतरी

2. extremely fashionable, फ़ैशनदार। 3. incoming, आगामी। 4. having power, सत्ताधारी। *n.* 1. one in power, सत्ताधारी। 2. one having the advantage, वह जो लाभ की स्थिति में हो। 3. influence, प्रभाव। □ **the ins and outs,** (i) अनेक या विभिन्न अंग या पक्ष; (ii) अनेक प्रकार की कठिनाइयाँ; (iii) अच्छाइयाँ और बुराइयाँ।

**in²** *prefix.* not, अ-, अन-; inactive, अक्रिय, निष्क्रिय।

**inability** (इन्-अॅ-बिल्´-इ-टी) *n.* lack of ability, अयोग्यता, असमर्थता।

**in absentia** (इन्-ऐब्-सेंन्´-शॅ) *adv.* in absence, अनुपस्थिति में, ग़ैरहाज़िरी में। (लैटिन)

**inacceptable** (इन्-ऐक्-सेंप्´-टॅ-बॅल्) *adj.* not acceptable, जो स्वीकार्य न हो, अस्वीकार्य।

**inaccessibility** (इन्-ऐक्-सेंस्-इ-बिल्´-इ-टी) *n.* the condition of being inaccessible, अगम्यता।

**inaccessible** (इन्-ऐक्-सेंप्´-इ-बॅल्) *adj.* 1. not accessible, अगम्य। 2. unapproachable, जो पहुँच से परे हो, जिस तक पहुँचा न जा सकता हो।

**inaccuracy** (इन्-ऐक्´-यु-रे-सी) *n.* a mistake, भूल, ग़लती, अशुद्धि, अशुद्धता।

**inaccurate** (इन्-ऐक्´-यु-रेट्) *adj.* not accurate, incorrect, अशुद्ध, गलत।

**inaction** (इन्-ऐक्´-शॅन्) *n.* 1. lack of action, निष्क्रियता। 2. doing nothing, निठल्लापन।

**inactivate** (इन्-ऐक्´-टि-वेट्) *v.* to make inactive, निष्क्रिय बनाना, अक्रिय कर देना।

**inactive** (इन्-ऐक्´-टिव्) *adj.* not active, निष्क्रिय, अक्रिय, निठल्ला।

**inadequacy** (इन्-ऐड्´-इ-क्वॅ-सी) *n.* the state or quality of being inadequate, अपर्याप्तता, कमी।

**inadequate** (इन्-ऐड्´-इ-क्विट्/क्वेट्) *adj.* not adequate, अपर्याप्त, अयथेष्ट, नाकाफ़ी।

**inadequately** (इन्-ऐड्´-इ-क्विट्-ली) *adv.* in an inadequate manner, अपर्याप्त रूप में।

**inadmissibility** (इन्-ऐड्-मिस्´-इ-बिल्´-इ-टी) *n.* the state or quality of being inadmissible, अग्राह्यता, अनुज्ञेयता।

**inadmissible** (इन्-ऐड्-मिस्´-इ-बॅल्) *adj.* not admissible, not allowable, अस्वीकार्य, अग्राह्य, अनुज्ञेय; inadmissible question, अग्राह्य प्रश्न।

**inadvertent** (इन्-ऐड्-वः´-टॅन्ट्) *adj.* 1. unintentional, अनभिप्रेत। 2. careless, असावधान।

**inadvertently** (इन्-ऐड्-वः´-टॅन्ट्-ली) *adv.* 1. in an inadvertent manner, अनजाने ही। 2. carelessly, असावधानी से।

**inadvisable** (इन्-ऐड्-वाइ´/वी´-ज़ॅ-बॅल्) *adj.* not advisable, अनुचित।

**inalienability** (इन्-एल्-यॅ-नॅ-बिल्´-इ-टी) *n.* the state or quality of being inalienable, अदेयता।

**inalienable** (इन्-एल्´-यॅ-नॅ-बॅल्) *adj.* 1. that cannot be given up or taken away, जो दिया या लिया न जा सके, अदेय, अहरणीय। 2. that cannot be transferred, अहस्तांतरणीय।

**inane** (इ-नेन्´) *adv.* lacking sense, नासमझ या नासमझी-भरा, मूर्ख या मूर्खतापूर्ण।

**inanimate** (इन्-ऐन्´-इ-मिट्) *adj.* not animate, निर्जीव, अचेतन, जड़।

**inappealable** (इन्-अॅ-पील्´-अॅ-बॅल्) *adj.* not capable of being appealed against, जिसकी अपील न हो सके।

**inapplicable** (इन्-ऐप्´-लि-कॅ-बॅल्) *adj.* not applicable, जो लागू न हो सके, अप्रयोज्य।

**inappropriate** (इन्-अॅ-प्रो´-प्रि-इट्) *adj.* unsuitable, अनुपयुक्त।

**inappropriateness** (इन्-अॅ-प्रो´-प्रि-ऐट्-निस्) *n.* lack of appropriateness, अनुपयुक्तता।

**inapt** (इन्-ऐप्ट्´) *adj.* inappropriate, unsuitable, अनुपयुक्त, अनुचित; His remark was inapt, उसकी टिप्पणी अनुचित थी।

**inarticulate** (इन्-आः-टिक्´-यु-लिट्) *adj.* 1. not articulate, जो व्यक्त न कर सके। 2. unexpressed, अनभिव्यक्त। 3. not clearly expressed, अस्पष्ट।

**inartistic** (इन्-आः-टिस्´-टिक्) *adj.* not artistic, जो कलात्मक न हो, भद्दा, भोंड़ा।

**inartistically** (इन्-आः-टिस्´-टि-कॅ-ली) *adv.* in an inartistic way, भोंड़े रूप से।

**in as much as** ***conj.*** 1. the fact that, तथ्य यह है कि, वस्तुत: । 2. bacause, क्योंकि ।

**inattention** (इन्-अ‌ॅ-टॅन्´-शॅन्) ***n.*** 1. lack of attention, असावधानी । 2. disregard, उपेक्षा ।

**inattentive** (इन्-अ‌ॅ-टॅन्´-टिव्) ***adj.*** not paying attention, असावधान, बेख़बर, लापरवाह ।

**inattentively** (इन्-अ‌ॅ-टॅन्´-टिव्-ली) ***adv.*** in an inattentive manner, असावधानी से ।

**inaudibility** (इन्-आ:-डि-बिल्´-इ-टी) ***n.*** the state of being inaudible, अश्रव्यता ।

**inaudible** (इन्-आ:´-डि-बॅल्) ***adj.*** incapable of being heard, जो सुनाई न पड़े, अश्रव्य या अतिमंद ।

**inaugural** (इन्-आ:´-ग्यु-रॅल्) ***adj.*** of or related to an inauguration, उद्‌घाटन-संबंधी ।

**inaugurate** (इन्-आ:´-ग्यु-रेट्) ***v.*** 1. to open formally with a ceremony, उद्‌घाटन करना, शुभारंभ करना । 2. to start, आरंभ करना ।

**inauguration** (इन्-आ:-ग्यु-रे´-शॅन्) ***n.*** 1. the act of inaugurating or the state of being inaugurated, उद्‌घाटन, शुभारंभ । 2. the start or beginning, आरंभ, प्रारंभ, शुरुआत ।

**inauspicious** (इन्-आ:-स्पिश्´-अ‌ॅस्) ***adj.*** not auspicious, अमांगलिक़, अशुभ, दुर्भाग्यपूर्ण ।

**inauspiciously** (इन्-आ:-स्पिश्´-अ‌ॅस्-ली) ***adv.*** in an inauspicious way, दुर्भाग्य से ।

**inauthentic** (इन्-आ:-थेंन´-टिक्) ***adv.*** not authentic, अप्रामाणिक ।

I

**inboard** (इन्´-बो:ड्) ***adj. & adv.*** in a ship or an aircraft, जहाज़ में ।

**inborn** (इन्´-बॉ:न्´) ***adj.*** existing from birth, जन्मजात, नैसर्गिक, सहज ।

**inbound** (इन्-बॉउन्ड्´) ***adj.*** incoming, आनेवाला ।

**inbred** (इन्-ब्रॅड्´) ***adj.*** 1. inborn, जन्मजात, नैसर्गिक । 2. bred from closely related people or animals, एक ही नस्ल के नर-मादा से उत्पन्न, अंत:प्रजात ।

**inbreeding** (इन्´-ब्री-डिंग्) ***n.*** breeding between closely related people or animals, अंत:प्रजनन, सजातीय प्रजनन ।

**incalculable** (इन्-कैल्´-क्यु-लॅ-बॅल्) ***adj.*** 1. that cannot be calculated, असंख्य, अनगिनत । 2. unpredictable, अनिश्चित, अपूर्वकथनीय ।

**in camera** (इन्-कैम्´-अ‌ॅर्-अ‌ॅ) ***adv.*** in closed room, बंद कमरे में ।

**incandescent** (इन्-कैन्-डॅस्´-अ‌ॅन्ट्) ***adj.*** glowing or shining brilliantly, दीप्त, प्रकाशमान ।

**incantation** (इन्-कैन्-टे´-शॅन्) ***n.*** 1. the chanting of magical words to produce a magic effect, मंत्रपाठ । 2. the words recited in an incantation, मंत्र, मंतर ।

**incapability** (इन्-के-पॅ-बिल्´-इ-टी) ***n.*** the quality or state of being incapable, असमर्थता, अक्षमता, अयोग्यता ।

**incapable** (इन्-के´-पॅ-बॅल्) ***adj.*** not capable, असमर्थ, अक्षम, अयोग्य ।

**incapacitate** (इन-कॅ-पैस्´-इ-टेट्) ***v.*** to make feeble, अशक्त या असमर्थ कर देना ।

**incapacitated** (इन्-कॅ-पैस्´-इ-टे-टिड्) ***adj.*** feeble, अशक्त, असमर्थ ।

**incapacity** (इन्-कॅ-पैस्-इ-टी) ***n.*** lack of capacity, अशक्तता, असमर्थता ।

**incarcerate** (इन्-का:´-सॅ-रेट्) ***v.*** to confine or jail, कारागार में रखना ।

**incarnate**[1] (इन्-का:´-निट्) ***adj.*** in human form, मनुष्यरूपधारी; a devil incarnate, जीता-जागता शैतान ।

**incarnate**[2] (इन्-का:´-नेट्) ***v.*** 1. to take bodily form, मनुष्य शरीर धारण करना, अवतार लेना । 2. to personify, मूर्त रूप होना, मूर्तिमान होना ।

**incarnation** (इन्-का:-ने´-शॅन्) ***n.*** 1. the act of incarnating or the state of being incarnated, देहधारण, मानव शरीर में अवतरण । 2. embodiment of a god, अवतार । 3. embodiment of a quality or concept, मूर्त रूप ।

**incase** (इन्-केस्´) ***v.*** (incased, incasing) to encase, डिब्बे में रखना ।

**incautious** (इन्-का:´-शॅस्) ***adj.*** not cautious, असावधान, लापरवाह ।

**incendiary** (इन्-सॅन्´-डि-अ‌ॅर्-ई) ***adj.*** 1. causing or producing fire, आग उत्पन्न करने या लगानेवाला । 2. inflammatory, भड़कानेवाला । ***n.*** 1. an incendiary bomb, अग्निबम । 2. an arsonist, आग लगानेवाला व्यक्ति ।

**incense**[1] (इन्´-सेंन्स्) *n.* 1. an aromatic substance that produces sweet smell when burning, ऐसा पदार्थ जिसके जलने से सुगंध निकलती हो। 2. its smoke, (धूप आदि का) धुआँ।

**incense**[2] (इन्-सेंन्स्´) *v.* 1. to make fragrant with incense, धूनी देना। 2. to cause to be angry, क्रुद्ध करना।

**incentive** (इन्-सेंन्´-टिव्) *n.* something that incites or encourages to an action, प्रोत्साहन, प्रोत्साहन देनेवाली वस्तु या बात।

**inception** (इन्-सेंप्´-शॅन्) *n.* the commencement, प्रारंभ, शुरुआत, सूत्रपात, श्रीगणेश।

**inceptive** (इन्-सेंप्´-टिव्) *adj.* introductory, आरंभसूचक आरंभिक।

**incertitude** (इन्-सः´-टि-ट्यूड्) *n.* uncertainty, अनिश्चितता।

**incessant** (इन्-सेंस्´-ॲन्ट्) *adj.* never ending or ceasing, unceasing, सतत, अविरल।

**incessantly** (इन्-सेंस्´-ॲन्ट्-ली) *adv.* without interruption, लगातार, निरंतर।

**incest** (इन्´-सेंस्ट्) *n.* illegal sexual intercourse between nearly related persons, निषिद्ध संभोग, अगम्यागमन।

**incestuous** (इन्-सेंस्´-चु-ॲस्) *adj.* 1. guilty of incest, व्यभिचारी। 2. having the nature of incest, अगम्यागमनात्मक, व्यभिचारपूर्ण।

**inch** (इन्च्) *n.* 1. the twelfth part of a foot, इंच। 2. a very small amount, स्वल्प मात्रा। □ **by inches,** धीरे-धीरे; **every inch,** (i) पूर्णतः; (ii) हर दृष्टि से; **inch by inch,** क्रमशः; **within an inch of,** बिल्कुल निकट; **within an inch of one's life,** मृत्यु तक। *v.* to move very slowly, बहुत धीरे चलना।

**incharge** (इन्´-चाःज्) *n.* one having the charge, इंचार्ज, प्रभारी, कार्याधिकारी।

**inchoate** (इन्-को´-इट्/एट्) *adj.* 1. just begun, शुरू का, आरंभिक। 2. not completed, अधूरा, अपूर्ण। 3. undeveloped, अविकसित।

**incidence** (इन्´-सि-डॅन्स्) *n.* 1. the act or fact of falling upon, आपात्, आपतन। 2. a burden, भार; incidence of tax, कर का भार।

**incident** (इन्´-सि-डॅन्ट्) *n.* 1. an event, घटना, प्रसंग। 2. a hostile activity, मुठभेड़, झड़प। 3. an accident, दुर्घटना। *adj.* 1. falling on surface, आपतित। 2. liable to happen, घटित होनेवाला।

**incidental** (इन्-सि-डेंन्´-टॅल्) *adj.* 1. occurring by chance, आकस्मिक। 2. secondary, minor, गौण। 3. accompanying something else, आनुषंगिक।

**incidentally** (इन्-सि-डेंन्´-टॅ-ली) *adv.* 1. by chance, accidentally, संयोगवश, आकस्मिक रूप से। 2. by the way, प्रसंगवश।

**incinerate** (इन्-सिन्´-अॅ-रेट्) *v.* to burn to ashes, जलाकर राख कर डालना, फूँक डालना।

**incipient** (इन्-सिप्´-इ-ॲन्ट्) *adj.* in the first stage of existence, प्रारंभिक।

**incise** (इन्-साइज़्´) *v.* to carve or engrave, नक़्क़ाशी करना, उत्कीर्ण करना, कटाई करना।

**incised** (इन्-साइज़्ड्´) *adj.* carved, engraved, नक़्क़ाशीदार, उत्कीर्णित।

**incision** (इन्-सिज़्ह्´-ॲन्) *n.* 1. the act of incising, नक़्क़ाशी, उत्कीर्णन, कटाई। 2. a cut made into an organ, चीरा।

**incisive** (इन्-साइ´-सिव्) *adj.* 1. sharp, तेज़, धारदार। 2. piercing, नुकीला, तीक्ष्ण। 3. biting, काटनेवाला, काट करनेवाला। 4. effective and decisive, keen, प्रभावी और निर्णायक, धारदार, पैना; incisive criticism, धारदार आलोचना।

I

**incisiveness** (इन्-साइ´-सिव्-निस्) *n.* 1. sharpness, तेज़ी, तीक्ष्णता, पैनापन। 2. decisiveness, निर्णायकता।

**incisor** (इन्-साइ´-ज़ॅः) *n.* any of the sharp-edged eight teeth for cutting at the front of the mouth, सामने का काटनेवाला कोई नुकीला दाँत, कृंतक।

**incite** (इन्-साइट्´) *v.* to provoke to action, उत्तेजित करना, उकसाना, भड़काना।

**incitement** (इन्-साइट्´-मॅन्ट्) *n.* 1. the act of inciting, उत्तेजन, उद्दीपन, उकसाव। 2. something that incites, उकसानेवाली

बात, उत्तेजना।

**incivility** (इन्-सि-विल्´-इ-टी) ***n.*** rudeness, बदतमीज़ी, अशिष्टता।

**inclement** (इन्-क्लॅम्´-ॲन्ट्) ***adj.*** 1. stormy, तूफ़ानी (मौसम)। 2. unmerciful, निर्दय, निर्मम।

**inclination** (इन्-क्लि-ने´-शॅन्) ***n.*** 1. an act of inclining, झुकाव, मति। 2. a tendency, प्रवृत्ति, रुझान। 3. a liking, रुचि।

**incline**[1] (इन्-क्लाइन्´) ***v.*** 1. to slant, bend or bow, झुकना या झुकाना। 2. to slope, ढालुआँ होना या करना। 3. to have a particular disposition, प्रवृत्ति होना। 4. to have a liking, रुचि होना।

**incline**[2] (इन्-क्लाइन्´) ***n.*** a slope, ढाल।

**inclined** (इन्-क्लाइन्ड्´) ***adj.*** disposed, willing, प्रवृत्त, इच्छुक।

**inclose** (इन्-क्लोज़्´) ***v.*** = enclose.

**inclosure** (इन्-क्लो´-ज़्हॅ:) ***n.*** = enclosure.

**include** (इन्-क्लूड्´) ***v.*** to have as part of a whole, शामिल करना, समाविष्ट करना, मिला लेना, जोड़ लेना।

**included** (इन्-क्लूड्´-इड्) ***adj.*** contained, शामिल, सम्मिलित, समाविष्ट।

**including** (इन्-क्लूड्´-इंग्) ***prep.*** having something or somebody as a part, (इस) के सहित, (इस) को लेकर, (इस) के समेत; including me, मुझे लेकर।

I

**inclusion** (इन्-क्लू´-ज़्हॅन्) ***n.*** 1. the act of including or the state of being included, समावेशन, अंतर्गत करना, समावेश। 2. something included, समावेश, समाविष्ट वस्तु।

**inclusive** (इन्-क्लू´-सिव्) ***adj.*** 1. including, (के) सहित। 2. including everything, सम्मिलित, शामिल, समाविष्ट, समावेशित।

**incognito** (इन्-कॉग्-नी´-टो) ***adv. & adj.*** with one's identity disguised or concealed, छद्म रूप से (होनेवाला), भेस बदलकर (जिससे कोई पहचान न सके)।

**incoherence** (इन्-को-हिअॅर्´-ॲन्स्) ***n.*** = incohesion.

**incoherent** (इन्-को-हिअॅर्´-ॲन्ट्) ***adj.*** 1. not coherent, असंगत। 2. lacking connection or order, असंबद्ध या अव्यवस्थित।

**incohesion** (इन्-को-ही´-ज़्हॅन्) ***n.*** the state of being incoherent, असंगति; असंबद्धता।

**incombustible** (इन्-कॅम्-बस्´-टि-बॅल्) ***adj.*** incapable of burning, जिसे जलाया न जा सके, अदाह्य।

**income** (इन्´-कम्) ***n.*** money earned, आय, आमदनी।

**income tax** ***n.*** a tax levied on income, आयकर।

**incoming** (इन्´-कम्-इंग्) ***adj.*** 1. coming in, आनेवाला, आवक। 2. succeeding another person, आगामी, अंतर्गामी; incoming Prime Minister, आगामी या अंतर्गामी प्रधानमंत्री।

**incommensurable** (इन्-कॅ-मॅन्´-सु-रॅ-बॅल्) ***adj.*** not capable of being compared in size, अतुलनीय, अपरिमेय, अपार।

**incommensurate** (इन्-कॅ-मॅन्´-सु-रिट्) ***adj.*** 1. inadequate, अपर्याप्त। 2. out of proportion, अनुपातहीन, बिना अनुपात का।

**incommode** (इन्-कॅ-मोड्´) ***v.*** to tease or disturb, तंग/परेशान करना।

**incommunicable** (इन्-कॅ-म्यू´-नि-के-बॅल्) ***adj.*** that cannot be communicated, अप्रेषणीय, अकथनीय।

**incommunicado** (इन्-कॅ-म्यू-नि-का´-डो) ***adj.*** not allowed to communicate, जिसे औरों से संपर्क न स्थापित करने दिया जाए, संपर्कवर्जित

**incommunicative** (इन्-कॅ-म्यू´-नि-के-टिव्) ***adj.*** not inclined to talk, चुप्पा, गुमसुम।

**incomparable** (इन्-कॉम्´-पॅ-रॅ-बॅल्) ***adj.*** incapable of being compared, अनुपम, बेजोड़।

**incompatibility** (इन्-कॅम्-पॅट्-इ-बिल्´-इ-टी) ***n.*** the state or quality of being incompatible, बेमेलपन, असंगति।

**incompatible** (इन्-कॅम्-पैट्´-इ-बॅल्) ***adj.*** not compatible, बेमेल, असंगत।

**incompetence** (इन्-कॉम्´-पि-टॅन्स्) ***n.*** the state or quality of being incompetent, अयोग्यता, अक्षमता।

**incompetent** (इन-कॉम्´-पि-टॅन्ट्) ***adj.*** not competent, अयोग्य, अक्षम। ***n.*** an incompetent person, अयोग्य या अक्षम व्यक्ति।

**incomplete** (इन्-कॅम्-प्लीट्´) *adj.* not complete, अधूरा, अपूर्ण।

**incomprehensibility** (इन्-कॉम्-प्रि-हेंन्-सि-बिल्´-इ-टी) *n.* the state of being incomprehensible, अबोधगम्यता।

**incomprehensible** (इन्-कॉम्-प्रि-हेंन्´-सि-बॅल्) *adj.* incapable of being comprehended, अबोधगम्य, समझ में न आनेवाला।

**incomprehensibly** (इन-कॉम्-प्रि-हेंन्´-सि-ब्ली) *adv.* in an incomprehensible manner, अबोधगम्य रूप में।

**inconceivable** (इन्-कॅन्-सी´-वॅ-बॅल्) *adj.* 1. that cannot be conceived, अचिंत्य। 2. unable to be imagined, अकल्पनीय। 3. impossible to believe, अविश्वसनीय।

**inconceivably** (इन्-कॅन्-सी´-वॅ-ब्ली) *adv.* in an inconceivable manner, अचिंत्य रूप से।

**inconclusive** (इन्-कॅन्-क्लू´-सिव्) *adj.* 1. not complete, अधूरा, अपूर्ण। 2. not final or decisive, अनिश्चायक, अनिर्णीत।

**incongruity** (इन्-कॉङ्ग्´-ग्रू´-इ-टी) *n.* the state or quality of being incongruous, विसंगति, बेडौलपन।

**incongruous** (इन्-कॉङ्ग्´-ग्रू-अॅस्) *adj.* 1. not congruent, बेमेल, विसंगत। 2. not harmonious, बेडौल।

**inconsequential** (इन-कॉन्-सि-क्वेंन्´-शॅल्) *adj.* 1. irrelevant, असंगत। 2. unimportant, अमहत्त्वपूर्ण, महत्त्वहीन, तुच्छ।

**inconsiderable** (इन्-कॅन्-सिड्´-अॅ-रॅ-बॅल्) *adj.* unimportant, अमहत्त्वपूर्ण, महत्त्वहीन।

**inconsiderate** (इन्-कॅन्-सिड्´-अॅ-रिट्) *adj.* not considerate, मुलाहजा या लिहाज़ न करनेवाला, बेमुरौवत, बेलिहाज़।

**inconsiderately** (इन्-कॅन्-सिड्´-अॅ-रेट्-ली) *adv.* in an inconsiderate manner, बेमुरौवती से, बिना लिहाज़ किए।

**inconsistency** (इन्-कॅन्-सिस्´-टॅन्-सी) *n.* the quality or state of being inconsistent, असंगति, विसंगति।

**inconsistent** (इन्-कॅन्-सिस्´-टॅन्ट्) *adv.* not consistent, असंगत, बेमेल, अनमेल, विसंगत।

**inconsolable** (इन्-कॅन्-सो´-लॅ-बॅल्) *adj.* that cannot be consoled, जिसे सांत्वना न दी जा सके, असांत्वनीय, शोकविह्वल।

**inconspicuous** (इन्-कॅन्-स्पिक्´-यु-अॅस्) *adj.* not conspicuous, अस्पष्ट, धुँधला।

**inconstancy** (इन्-कॉन्´-स्टैन्-सी) *n.* the state or quality of being inconstant, असातत्य; अस्थिरता, चंचलता; अनियमितता।

**inconstant** (इन्-कॉन्´-स्टॅन्ट्) *adj.* 1. not constant, असतत। 2. fickle, अस्थिर, चंचल। 3. irregular, अनियमित।

**inconsumable** (इन्-कॅन्-स्यूम्´-अॅ-बॅल्) *adj.* 1. that cannot be consumed, अनुपभोग्य। 2. that cannot be destroyed, अनश्वर।

**incontestable** (इन्-कॅन्-टॅस्´-टॅ-बॅल्) *adj.* unquestionable, indisputable, असंदिग्ध, निर्विवाद, अकाट्य।

**incontinent** (इन्-कॉन्´-टि-नॅन्ट्) *adj.* 1. lacking restraint (in regard to sexual activity), असंयमी, लंपट। 2. incapable of controlling the excretory functions, जिसका टट्टी-पेशाब पर नियंत्रण न हो, जिसका टट्टी-पेशाब अनजाने ही निकल जाता हो।

**incontrovertible** (इन्-कॉन्-ट्रॅ-व:´-टि-बॅल्) *adj.* indisputable, अविवाद्य, निर्विवाद।

**inconvenience** (इन्-कॅन्-वीन्´-यॅन्स्) *n.* 1. lack of convenience, असुविधा, कष्ट। 2. anything inconvenient, परेशानी की बात या कारण। *v.* (inconvenienced, inconveniencing) to cause inconvenience, असुविधा उत्पन्न करना, तकलीफ़ देना, कष्ट देना।

**inconvenient** (इन्-कॅन्-वीन्´-यॅन्ट्) *adj.* 1. not convenient, असुविधापूर्ण, असुविधाजनक। 2. causing difficulty, troublesome, कष्टकर, तकलीफ़देह।

**inconvertibility** (इन्-कॅन्-व:-टि-बिल्´-इ-टी) *n.* the state or quality of being inconvertible, अपरिवर्तनीयता, अविनिमेयता।

**inconvertible** (इन्-कॅन्-व:´-टि-बॅल्) *adj.* not convertible, अपरिवर्तनीय, अविनिमेय।

**incorporate** (इन्-कॉ:´-पॅ-रेट्) *v.* 1. to combine or unite with something else so as to form one body, मिला देना, निगमित करना।

I

2. to form into a corporation, निगम बनाना।

**incorporated** (इन्-कॉ:´-पॅ-रे-टिड्) *adj.* 1. constituted as a corporation, निगमित। 2. included, मिलाया हुआ, सम्मिलित, समावेशित।

**incorporation** (इन्-कॉ:-पॅ-रे´-शॅन्) *n.* 1. the act of incorporating or the state of being incorporated, निगमीकरण; सम्मिलन, समावेशन। 2. a corporation, निगम।

**incorporeal** (इन्-कॉ:-पोर्´-इ-अॅल्) *adj.* 1. without body, अशरीरी, अदेह, देहरहित। 2. without physical existence, अमूर्त।

**incorrect** (इन-कॅ-रॅक्ट्´) *adj.* 1. not correct, ग़लत, अशुद्ध। 2. faulty, दोषपूर्ण। 3. untrue, असत्य, मिथ्या।

**incorrigibility** (इन्-कॉर्-इ-जि-बिल्´-इ-टी) *n.* the quality or state of being incorrigible, असाध्यता, असुधार्यता।

**incorrigible** (इन्-कॉर्´-इ-जि-बॅल्) *adj.* that cannot be improved or reformed, जिसे सुधारा न जा सके, असाध्य, असुधार्य; incorrigible liar, पक्का झूठा।

**incorrupt** (इन्-कॅ-रप्ट्´) *adj.* not corrupt, अभ्रष्ट, सच्चरित्र।

**incorruptible** (इन्-कॅ-रप्´-टि-बॅल्) *adj.* 1. that cannot be corrupted or bribed, जिसे भ्रष्ट न किया या न बनाया जा सके, रिश्वत न लेनेवाला, सच्चरित्र। 2. not liable to decay, नाशविहीन, शाश्वत, सनातन।

**increase**[1] (इन्-क्रीस्´) *v.* 1. to become larger or greater, बढ़ना, वृद्धि होना। 2. to make larger or greater, बढ़ाना, वृद्धि करना।

**increase**[2] (इन्´-क्रीस्) *n.* 1. the act of increasing or the state of being increased, बढ़ती, वृद्धि। 2. the amount by which something increases, बढ़ोतरी, वृद्धि।

**increased** (इन्-क्रीज़्ड्´) *adj.* enlarged, बढ़ा हुआ या बढ़ाया हुआ, वर्धित।

**increasing** (इन्-क्रीज़्´-इंग्) *adj.* progressing, enlarging, वर्धमान; increasing utility, वर्धमान उपयोगिता।

**increasingly** (इन्-क्रीस्´-इंग्-ली) *adv.* to an ever increasing degree, बराबर बढ़ते हुए, वृद्धि या उत्कर्ष को प्राप्त होते हुए।

**incredible** (इन्-क्रॅड्´-इ-बॅल्) *adj.* 1. not credible, अविश्वसनीय। 2. hard to believe, surprising, आश्चर्यजनक, अद्भुत।

**incredulous** (इन्-क्रॅज्´-उ-लॅस्) *adj.* disbelieving, विश्वास न करनेवाला, विश्वासहीन।

**increment** (इन्´-क्रि-मॅन्ट्) *n.* 1. an increase, बढ़ती, बढ़ोतरी। 2. an amount of increase, वृद्धि, वेतन-वृद्धि।

**incriminate** (इन्-क्रिम्´-इ-नेट्) *v.* to involve in a crime, अपराध में फँसाना।

**incriminatory** (इन्-क्रिम्´-इ-ने-टॅ-री) *adj.* that incriminates, अपराध में फँसानेवाला।

**incrustation** (इन्-क्रस्-टे´-शॅन्) *n.* a crust, पपड़ी।

**incubation** (इन्-क्यु-बे´-शॅन्) *n.* the act of incubating, अंडे सेने की क्रिया या भाव, सेनाई।

**incubative** (इन्´-क्यु-बे-टिव्) *adj.* of incubation, सेनाई-संबंधी।

**incubator** (इन्´-क्यु-बे-टॅ:) *n.* an apparatus for hatching eggs, अंडे सेने की मशीन।

**incubus** (इन्´-क्यु-बॅस्) *n.* 1. an evil spirit said to trouble people in their sleep, सोते हुओं को तंग करनेवाली दुष्टात्मा। 2. a troublesome person, तंग करनेवाला व्यक्ति।

**inculcate** (इन्-कल्´-केट्) *v.* to instill, मन में बैठाना, अंतर्निवेश करना।

**inculpable** (इन्-कॅल्´-पॅ-बॅल्) *adj.* free from blame or guilt, निर्दोष, बेगुनाह।

**inculpate** (इन्´-कल्-पेट्) *v.* to incriminate, अपराध में फँसाना।

**incumbency** (इन्-कम्´-बॅन्-सी) *n.* the office or tenure of an incumbent, पदभार या कार्यकाल।

**incumbent** (इन्-कम्´-बॅन्ट्) *adj.* 1. holding an office, पदधारी, पदधारक। 2. responsible, ज़िम्मेदार। 3. imposed as an obligation, जिम्मे किया या सौंपा हुआ, भाररूप। *n.* the holder of an office, पदधारी।

**incur** (इन्-क:´) *v.* (incurred, incurring) to bring upon oneself, प्राप्त होना, मिलना, उठाना, ओढ़ना, उपगत करना; He incurred hatred, उसे घृणा मिली; He incurred great expense, उसने लंबा ख़र्च उठाया।

**incurable** (इन्-क्युर्´-अॅ-बॅल्) ***adj.*** that cannot be cured, असाध्य, अचिकित्स्य।

**incurious** (इन्-क्युर्´-इ-अॅस्) ***adj.*** not curious, जिसे जिज्ञासा न हो।

**incursion** (इन्-कः´-शॅन्) ***n.*** 1. a sudden attack, धावा, चढ़ाई। 2. a raid, छापा।

**indebted** (इन्-डेॅट्´-इड्) ***adj.*** 1. owing money, ऋणी, कर्ज़दार। 2. grateful, आभारी, कृतज्ञ।

**indebtedness** (इन्-डेॅट्´-इड्-निस्) ***n.*** the state or quality of being indebted, कर्ज़दारी, ऋणग्रस्तता; कृतज्ञता, आभार।

**indecency** (इन्-डी´-सेॅन्-सी) ***n.*** the quality or state of being indecent, अशोभनीयता, अभद्रता, अश्लीलता।

**indecent** (इन्-डी´-सॅन्ट्) ***adj.*** 1. not decent, अभद्र, अशोभनीय। 2. morally offensive, अश्लील, लज्जाजनक।

**indecently** (इन्-डी´-सॅन्ट्-ली) ***adv.*** in an indecent manner, अशोभनीय रूप से, अभद्रतापूर्वक, लज्जाजनक ढंग से।

**indecipherable** (इन्-डि-साइ´-फ़ॅ-रॅ-बॅल्) ***adj.*** that cannot be deciphered, अपाठ्य, अस्पष्ट।

**indecision** (इन्-डि-सिज़्ह्´-अॅन्) ***n.*** 1. inability to make a decision, निश्चयहीनता, अनिश्चय। 2. hesitation, हिचक, असमंजस।

**indecisive** (इन्-डि-साइ´-सिव्) ***adj.*** not decisive, अनिश्चित, ढुलमुल।

**indecisiveness** (इन्-डि-साइ´-सिव्-निस्) ***n.*** the quality or state of being indecisive, अनिश्चितता, ढुलमुलपन, हिचकचाहट।

**indeclinable** (इन्-डि-क्लाइ´-नॅ-बॅल्) ***adj.*** not declinable, अविकारी। ***n.*** an indeclinable word, अव्यय।

**indecorous** (इन्-डेॅक्´-अॅ-रॅस्) ***adj.*** 1. lacking propriety, अमर्यादित। 2. indecent, अभद्र, अशोभनीय।

**indeed** (इन्-डीड्´) ***adv.*** 1. really, सचमुच। 2. certainly, निश्चय ही। ***interj.*** used to express surprise, skepticism, contempt etc. आश्चर्य, अविश्वास, घृणा आदि का सूचक, विस्मयादिबोधक।

**indefatigable** (इन्-डि-फ़ैट्´-इ-गॅ-बॅल्) ***adj.*** tireless, न थकनेवाला, अथक।

**indefatigably** (इन्-डि-फ़ैट्´-इ-गॅ-ब्ली) ***adv.*** in an indefatigable manner, बिना थके, अथक रूप से।

**indefensible** (इन्-डि-फ़ेॅन्´-सि-बॅल्) ***adj.*** 1. that cannot be defended, अरक्षणीय। 2. unable to be justified, जिसे उचित न ठहराया जा सके, असमर्थनीय।

**indefinable** (इन्-डि-फ़ाइ´-नॅ-बॅल्) ***adj.*** 1. that cannot be defined, अपरिभाष्य। 2. indescribable, अवर्णनीय, वर्णनातीत।

**indefinite** (इन्-डेॅफ़्´-इ-निट्) ***adj.*** 1. not definite or fixed, अनिश्चित। 2. not clear, अस्पष्ट। 3. vague, संदिग्ध, गोल-मोल। 4. unlimited, अपरिमित, असंख्य, अनगिनत।

**indefinite article** ***n.*** (in English) a or an, अंग्रेज़ी में प्रयुक्त अनिश्चित प्रविशेषण—a या an.

**indefinitely** (इन्-डेॅफ़्´-इ-निट्-ली) ***adv.*** 1. in an indefinite way, अनिश्चिततापूर्वक, अस्पष्ट रूप से। 2. for indefinite time, अनिश्चित काल के लिए।

**indelible** (इन्-डेॅल्´-इ-बॅल्) ***adj.*** that cannot be removed or washed way, न मिटनेवाला, अमिट, स्थायी, पक्का (दाग़ या धब्बा)।

**indelicate** (इन्-डेॅल्´-इ-किट्) ***adj.*** 1. rough in manners, रूखा। 2. indecent, अशोभनीय।

**indemnification** (इन्-डेॅम्-निं-फ़ि-के´-शॅन्) ***n.*** the act of idemnifying, क्षतिपूर्ति की गारंटी।

**indemnify** (इन्-डेॅम्´-नि-फ़ाइ) ***v.*** 1. to insure against loss or damage, क्षतिपूर्ति की गारंटी देना। 2. to compensate, क्षतिपूर्ति करना।

**indemnity** (इन्-डेॅम्´-नि-टी) ***n.*** 1. protection against loss or damage, क्षतिपूर्ति की गारंटी। 2. compensation, क्षतिपूर्ति; indemnity bond, क्षतिपूर्ति बंधपत्र।

**indent** (इन्-डेॅन्ट्´) ***v.*** 1. to set back the first line of a paragraph further from the margin, हाशिया छोड़कर नए पैरे की पहली

पंक्ति आरंभ करना। 2. to notch the edge of, दाँता निकालना। 3. to make notches in, दाँतेदार बनाना। 4. to send an order of goods, माँगपत्र या आदेशपत्र भेजना। ***n.*** 1. a notch, दाँता। 2. a written order of goods, आदेशपत्र, माँगपत्र।

**indentation** (इन्-डेंन्-टे´-शॅन्) ***n.*** 1. a notch, दाँता। 2. the blank space at the beginning of a first line of a paragraph, छोड़ा हुआ हाशिया। 3. the act of indenting, दाँता बनाना; हाशिया छोड़ना।

**indenture** (इन्-डेंन्´-चॅ:) ***n.*** 1. a written deed or contract, अनुबंध-पत्र। 2. a contract binding a person into the service of another for a specified period, अनुबंध, करार, इनडेंचर, विलेख। ***v.*** to bind by indenture, अनुबंधित करना, अनुबंध करके बाँधना।

**independence** (इन्-डि-पेंन्´-डॅन्स्) ***n.*** the state of being independent, स्वतंत्रता, आज़ादी।

**independent** (इन्-डि-पेंन्´-डॅन्ट्) ***adj.*** 1. not dependent, अनाश्रित, स्वाधीन। 2. politically autonomous, स्वतंत्र, आज़ाद, स्वाधीन। 3. self-reliant or self-sufficient, आत्म-निर्भर, स्वावलंबी। 4. not committed to any one political party, स्वतंत्र, निर्दलीय। ***n.*** an independent person or candidate, स्वतंत्र व्यक्ति या निर्दलीय प्रत्याशी।

**independently** (इन्-डि-पेंन्-डॅन्ट्-ली) ***adv.*** in an independent way, स्वतंत्र रूप से।

**indescribable** (इन्-डि-स्क्राइ´-बॅ-बॅल्) ***adj.*** beyond description, वर्णनातीत, अवर्णनीय।

**indestructible** (इन्-डि-स्ट्रक्´-टि-बॅल्) ***adj.*** that cannot be destroyed, अविनाशी, अनश्वर।

**indeterminable** (इन्-डि-टः´-मि-नॅ-बॅल्) ***adj.*** which cannot be determined or decided, अनिर्धार्य, निर्णयातीत।

**indeterminate** (इन्-डि-टः´-मि-निट्) ***adj.*** 1. not determined, अनिश्चित, अनिर्णीत। 2. vague, अस्पष्ट, अनिर्दिष्ट।

**index** (इन्´-डेंक्स्) ***n.*** (plu. indices, indexes) 1. an alphabetized list of names, subjects etc. given at the end of a book, अनुक्रमणिका। 2. a symbol or indication, संकेत, चिह्न। 3. a list, catalogue or table of contents, सूची, तालिका। 4. index number, सूचकांक। ***v.*** (indexed, indexing) 1. to prepare an index, अनुक्रमणिका या तालिका तैयार करना, सूचीबद्ध करना। 2. to enter in an index, अनुक्रमणिका में जोड़ना या बढ़ाना, सूची में जोड़ना।

**indexer** (इन्´-डेंक्स्-अॅ:) ***n.*** one who prepares an index, अनुक्रमणिकाकार।

**index finger** ***n.*** the fore finger, तर्जनी (उँगली)।

**index number** ***n.*** a number used to measure change in prices, wages etc. सूचकांक।

**Indian** (इन्´-डि-अॅन्) ***adj.*** of India or Indians, भारतीय, हिंदोस्तानी। ***n.*** a native of India, भारतीय, भारतवासी, हिंदोस्तानी।

**indicant** (इन्´-डि-कॅन्ट्) ***adj.*** that indicates, indicating, सूचक, संकेतक, परिचायक।

**indicate** (इन्´-डि-केट्) ***v.*** 1. to point out, संकेत करना, इंगित करना, बतलाना। 2. to be a sign of, प्रतीक या संकेत होना। 3. to state briefly, संक्षेप में उल्लेख करना। 4. to show the need of, आवश्यकता बतलाना।

**indication** (इन्-डि-के´-शॅन्) ***n.*** something that indicates, संकेत, चिह्न, लक्षण।

**indicative** (इन्-डि´-कॅ-टिव्, इन्-डिक्´-अॅ-टिव्) ***adj.*** giving an indication, सूचक, संकेतात्मक, बोधक, परिचायक।

**indicative mood** ***n.*** a mood in the grammar, निश्चयार्थ।

**indicator** (इन्´-डि-के´-टः) ***n.*** 1. anything that indicates, सूचक। 2. a pointing needle, सुई।

**indict** (इन्-डाइट्´) ***v.*** to accuse formally before a court for some offence, औपचारिक रूप से अभियोग लगाना, अभ्यारोप लगाना।

**indictable** (इन्-डाइट्´-अॅ-बॅल्) ***adj.*** that can be indicted, अभ्यारोप के योग्य, अभ्यारोप्य, अभियोज्य।

**indictment** (इन्-डाइट्´-मॅन्ट्) ***n.*** 1. a written accusation, अभ्यारोप। 2. an act of indicting, अभ्यारोपण।

**indifference** (इन्-डिफ़्´-अॅ-रॅन्स्) ***n.*** 1. disinterestedness, उदासीनता। 2. lack of concern, विमुखता, विरति।

**indifferent** (इन्-डिफ़्´-अॅ-रॅन्ट्) ***adj.*** 1. disinterested, उदासीन। 2. not caring about, विमुख, विरत। 3. average, सामान्य कोटि का, साधारण। 4. immaterial, नगण्य।

**indifferently** (इन्-डिफ़्´-अॅ-रॅन्ट्-ली) ***adv.*** in an indifferent manner, उदासीनतापूर्वक; विमुख होकर।

**indigence** (इन्´-डि-जॅन्स्) ***n.*** poverty, ग़रीबी, निर्धनता।

**indigenous** (इन्-डिज्´-अॅ-नॅस्) ***adj.*** 1. born or living naturally in an area, देशी, स्वदेशी; indigenous banking, महाजनी, साहूकारी। 2. local, स्थानीय।

**indigent** (इन्´-डि-जॅन्ट्) ***adj.*** poor, needy, ग़रीब, असहाय।

**indigestible** (इन-डि-जॆस्´-टि-बॅल्) ***adj.*** that cannot be (easily) disgested, (जल्दी) हज़म न होनेवाला, अपाच्य।

**indigestion** (इन्-डि-जॆस्´-चॅन्) ***n.*** the inability to digest food, अपच, बदहज़मी।

**indignant** (इन्-डिग्´-नॅन्ट्) ***adj.*** feeling or showing indignation, क्रुद्ध, रुष्ट, रोषपूर्ण।

**indignation** (इन्-डिग्-ने´-शॅन्) ***n.*** feeling of anger (against something wrong), क्रोध, रोष।

**indignity** (इन्-डिग्´-नि-टी) ***n.*** 1. something that injures the dignity, अपमानसूचक कार्य या बात। 2. humiliating treatment, अनादर, अपमान या तिरस्कार।

**indigo** (इन्´-डि-गो) ***n.*** a deep blue dye, नील।

**indirect** (इन्-डाइ´-रॅक्ट्, इन्-डि-रॅक्ट्´) ***adj.*** 1. not direct, अप्रत्यक्ष, परोक्ष। 2. secondary, गौण। 3. circumlocutory, घुमाव-फिराववाला।

**indirectly** (इन्-डाइ´-रॅक्ट्-ली, इन्-डि-रॅक्ट्´-ली) ***adv.*** 1. in an indirect manner, अप्रत्यक्ष रूप से, परोक्ष रूप से। 2. not resulting directly, गौण रूप से।

**indirect object** ***n.*** in grammar, the word or words denoting the person or thing indirectly affected by the action of the verb, गौण कर्म।

**indirect speech** ***n.*** in grammar, indirect way of speech, अप्रत्यक्ष कथन।

**indirect tax** ***n.*** a tax paid indirectly by the consumer, अप्रत्यक्ष कर, परोक्ष कर।

**indiscernible** (इन्-डि-सः´-नि-बॅल्) ***adj.*** 1. that cannot be discerned, अज्ञेय। 2. that cannot be seen, दिखाई न पड़नेवाला, अगोचर। 3. not clear, अस्पष्ट या धुँधला।

**indiscreet** (इन्-डि-स्क्रीट्´) ***adj.*** 1. lacking discretion, not wise, अविवेकी या अविवेकपूर्ण, नासमझ या नासमझी-भरा। 2. not cautious, असावधान।

**indiscreetly** (इन्-डि-स्क्रीट्´-ली) ***adv.*** in an indiscreet manner, अविवेकपूर्वक, असावधानी से।

**indiscretion** (इन्-डि-स्क्रॆश्´-अॅन्) ***n.*** 1. lack of discretion, अविवेक, विवेकहीनता। 2. any indiscreet act or statement, अविवेकपूर्ण कार्य या वक्तव्य।

**indiscriminate** (इन्-डि-स्क्रिम्´-इ-निट्) ***adj.*** 1. lacking in discrimination, विवेकहीन, विवेकरहित। 2. not choosing carefully, सावधानी से चयन न करनेवाला, भेदभाव-भरा। 3. not chosen carefully, असावधानी से या अंधाधुंध किया जानेवाला।

**indiscriminately** (इन्-डि-स्क्रिम्´-इ-निट्-ली) ***adv.*** in an indiscriminate manner, अविवेकपूर्वक, बिना विचारे, बेतहाशा।

**indispensable** (इन्-डि-स्पॆन्´-सॅ-बॅल्) ***adv.*** not dispensable, अपरिहार्य, अनिवार्य।

**indisposed** (इन्-डि-स्पोज़्ड्´) ***adj.*** slightly or mildly ill, कुछ-कुछ अस्वस्थ।

**indisposition** (इन्-डिस्-पॅ-ज़िश्´-अॅन्) ***n.*** 1. the state of being indisposed, किंचित् अस्वस्थता। 2. unwillingness, अनिच्छा।

**indisputable** (इन्-डि-स्प्यू´-टॅ-बॅल्) ***adj.*** that cannot be disputed, अविवाद्य, निर्विवाद।

**indissoluble** (इन्-डि-सॉल्´-यु-बॅल्) *adj.* 1. that cannot be dissolved, अविलेय। 2. that cannot be destroyed, स्थायी, टिकाऊ।

**indistinct** (इन्-डि-स्टिंक्ट्´) *adj.* not distinct, अस्पष्ट, धुँधला।

**indistinguishable** (इन्-डि-स्टिंग्´-ग्वि-शॅ-बॅल्) *adj.* not distinguishable, अविभेद्य।

**individual** (इन्-डि-विज्´-उ-अॅल्) *adj.* 1. pertaining to or peculiar to a single person, वैयक्तिक, व्यक्तिगत। 2. single or separate, एकल या अलग। *n.* a single person, व्यक्ति।

**individualism** (इन्-डि-विज्´-उ-अॅ-लिज़्-अॅम्) *n.* the theory that individual liberty should not be restricted by the state, व्यक्तिवाद।

**individualist** (इन्-डि-विज्´-उ-अॅ-लिस्ट्) *n.* one who supports individualism, व्यक्तिवादी।

**individualistic** (इन्-डि-विज्-उ-अॅ-लिस्´-टिक्) *adj.* of individualism or individualist, व्यक्तिवादी।

**individuality** (इन्-डि-विज़्-उ-ऐल्´-टी) character and qualities which make someone different from all others, पृथक् अस्तित्व, पृथक् सत्ता, व्यक्तित्व।

I

**individualization** (इन्-डि-विज्´-उ-अॅ-लि-ज़े´-शॅन्) *n.* the act of individualizing, व्यक्तिकरण, विशिष्टीकरण।

**individualize** (इन्-डि-विज्´-उ-अॅ-लाइज़्) *v.* 1. to give individual character, व्यक्तित्व प्रदान करना, वैयक्तिक विशिष्टता से युक्त करना। 2. to consider individually, व्यक्तिशः विचार करना।

**individually** (इन्-डि-विज्´-उ-अॅ-ली) *adv.* one by one, व्यक्तिशः एक-एक करके।

**indivisible** (इन्-डि-विज़्´-अॅ-बॅल्) *adj.* not divisible, अविभाज्य।

**Indo-Aryan** (इन्´-डो-आर्´-इ-अॅन्) *adj.* of or pertaining to Aryans of India or their languages, भारतीय आर्यों या उनकी भाषा से संबद्ध।

**indoctrinate** (इन्-डॉक्´-ट्रि-नेट्) *v.* to fill (one's mind) with particular ideas, सिखाना-पढ़ाना, दिमाग में भरना।

**indoctrination** (इन्-डॉक्-ट्रि-ने´-शॅन्) *n.* the act of indoctrinating, सिखाना-पढ़ाना, उपदेशन, मतारोपण (मत + आरोपण)।

**Indo-European** *adj.* of the family of languages belonging to Europe and India, भारोपीय।

**Indo-German** *adj.* of or related to India and Germany, भारत-जर्मनी।

**Indo-Japanese** *adj.* of or related to India and Japan, भारत-जापानी।

**indolence** (इन्´-डॅ-लॅन्स्) *n.* idleness, laziness, सुस्ती, काहिली, आलस्य।

**indolent** (इन्´-डॅ-लॅन्ट्) *adj.* idle, lazy, सुस्त काहिल, आलसी।

**Indologist** (इन्´-डॅ-लॉज्-इस्ट्) *n.* an expert in Indology, भारतविज्ञ।

**Indology** (इन्´-डॅ-लॉ-जी) *n.* the Science and study related to India, भारत विद्या।

**indomitable** (इन्-डॉम्´-इ-टॅ-बॅल्) *adj.* stubbornly persistent, दबंग, अदम्य, दुर्दमनीय।

**indomitably** (इन्-डॉम्´-इ-टॅ-ब्ली) *adv.* in an indomitable manner, दबंगई से, दबं होकर।

**Indonesian** (इन्-डो-ने´-सियन्) *adj.* of Indonesia, इन्डोनेशिया-संबंधी।

**indoor** (इन्´-डो:) *adj.* situated in the building or carried on inside the building, अंतर्द्वार।

**indoors** (इन्-डो:स्´) *adv.* in or into a house or building, घर या भवन में या के अंदर।

**indubitable** (इन्-ड्यू´-बि-टॅ-बॅल्) *adj.* that cannot be doubted, असंदिग्ध।

**induce** (इन्-ड्यूस्´) *v.* 1. to persuade, राज़ करना, मनाना। 2. to entice, प्रलोभन देना 3. to influence or inspire, प्रभावित करन ज़ोर डालना, उत्प्रेरित करना। 4. to infer b induction, अनुमान करना, नतीजा निकालना

**induced** (इन्-ड्यूस्ड्´) *adj.* inspired, उत्प्रेरित

**inducement** (इन्-ड्यूस्´-मॅन्ट्) *n.* 1. the ac of inducing or the state of being ir

duced, उत्प्रेरण। 2. enticement, temptation, प्रलोभन।

**inducible** (इन्-ड्यूस्´-इ-बॅल्) ***adj.*** that can be induced, उत्प्रेरणीय।

**induct** (इन्-डक्ट्´) ***v.*** 1. to bring in or introduce, सामने लाना, परिचय देना या कराना। 2. to install, पदासीन करना। 3. to enroll, भर्ती करना।

**inductile** (इन्-डक्´-टाइल्) ***adj.*** not ductile, बेलोच।

**induction** (इन्-डक्´-शॅन्) ***n.*** 1. the act of inducting or the state of being inducted, पद पर बैठाना, पदारोहण। 2. an introduction, परिचय, भूमिका। 3. a logical reasoning or a general conclusion, आगमन।

**inductive** (इन्-डक्´-टिव्) ***adj.*** based on logical reasoning, आगमनात्मक।

**indulge** (इन्-डल्ज्´) ***v.*** 1. to yield to the whims or desires, इच्छापूर्ति में लगना, प्रवृत्त होना, लिप्त होना, बह जाना। 2. to gratify, तृप्त करना, मज़ा लेना।

**indulgence** (इन्-डल्´-जॅन्स्) ***n.*** 1. the act of indulging or the state of being indulged, प्रवृत्ति, लिप्तता या रसास्वादन। 2. a favour, अनुग्रह, कृपा।

**indulgent** (इन्-डल्´-जॅन्ट्) ***adj.*** 1. inclined to indulge, रसिया, मनमौजी, प्रवृत्त, लिप्त। 2. kind or lenient, कृपालु, उदार।

**Indus** (इन्´-डॅस्) ***n.*** a river now flowing in Pakistan, सिंधु नदी।

**industrial** (इन्-डस्´-ट्रि-अॅल्) ***adj.*** 1. pertaining to or used in industry, उद्योग-संबंधी, औद्योगिक। 2. having highly developed industries, औद्योगिक।

**industrialist** (इन्-डस्´-ट्रि-अॅ-लिस्ट्) ***n.*** an owner of an industry, उद्योगपति।

**industrialization** (इन्-डस्-ट्रि-अॅ-लाइ/लि-ज़े´-शॅन्) ***n.*** the act of industrializing or the state of being industrialized, उद्योगीकरण।

**industrialize** (इन्-डस्´-ट्रि-अॅ-लाइज़्) ***v.*** 1. to make industrial, उद्योग लगाना, उद्योगीकरण करना। 2. to become industrial, उद्योग लगना, उद्योगीकरण होना।

**industrially** (इन्-डस्´-ट्रि-अॅ-ली) ***adv.*** in an industrial manner or as concern industry, औद्योगिक रीति से या उद्योग के विचार से।

**industrious** (इन्-डस्´-ट्रि-अॅस्) ***adj.*** hard-working, परिश्रमी, उद्योगी, उद्यमी, मेहनती।

**industriously** (इन्-डस्´-ट्रि-अॅस्-ली) ***adv.*** in an industrious manner, परिश्रमपूर्वक।

**industry** (इन्´-डॅ-स्ट्री) ***n.*** 1. a unit of manufacture or trade, उद्योग। 2. the state or quality of being industrious, परिश्रमशीलता।

**inebriate** (इ-नी´-ब्रि-एट्) ***v.*** (inebriated, inebriating) to intoxicate, मत्त कर देना, धुत्त कर देना, नशे में चूर करना।।

**inebriated** (इ-नी´-ब्रि-ए-टिड्) ***adj.*** drunk, मत्त, धुत्त, मतवाला।

**inedible** (इन्-अॅड्´-इ-बॅल्) ***adj.*** not edible, न खाने योग्य, अखाद्य।

**ineffability** (इन्-अॅफ़्-अ-बिल्´-इ-टी) ***n.*** the state or quality of being ineffable, अवर्णनीयता।

**ineffable** (इन्-अॅफ़्´-अॅ-बॅल्) ***adj.*** beyond expression, inexpressible, अवर्णनीय, वर्णनातीत; ineffable joy, अवर्णनीय आनंद।

**ineffective** (इन्-इ-फ़ॅक्´-टिव्) ***adj.*** not effective, अप्रभावी, बेअसर।

**ineffectual** (इन्-इ-फ़ॅक्´-चु-अॅल्) ***adj.*** not effectual, अप्रभावी, बेअसर, निष्प्रभाव।

**inefficacious** (इन्-अॅफ़्-इ-के´-शॅस्) ***adj.*** not efficacious, जो गुणकारी न हो, बेअसर।

**inefficiency** (इन्-इ-फ़िश्´-अॅन्-सी) ***n.*** the state or quality of being inefficient, अकुशलता, अदक्षता।

**inefficient** (इन्-इ-फ़िश्´-अॅन्ट्) ***adj.*** not efficient, अकुशल, अदक्ष।

**inefficiently** (इन्-इ-फ़िश्´-अॅन्ट्-ली) ***adv.*** in an inefficient manner, अकुशलतापूर्वक।

**inelastic** (इन्-इ-लैस्´-टिक्) ***adj.*** not elastic, जिसमें लोच या लचक न हो, बेलोच, अनम्य।

**inelasticity** (इन्-इ-लैस्-टिस्´-अॅ-टी) ***n.*** the state of being inelastic, लोचहीनता।

**inelegant** (इन्-अॅल्´-इ-गॅन्ट्) ***adj.*** not elegant, अनुत्कृष्ट, भद्दा, भोंडा।

**inelegantly** (इन्-ऍल्´-इ-गॅन्ट्-ली) ***adv.*** in an inelegant manner, भोंडे ढंग से, भद्दी तरह।

**ineligibility** (इन्-ऍल्-इ-जि-बिल्´-इ-टी) ***n.*** the state or quality of being ineligible, अपात्रता, अयोग्यता।

**ineligible** (इन्-ऍल्´-इ-जि-बॅल्) ***adj.*** not entitled to be chosen, अपात्र, अयोग्य।

**ineluctable** (इन्-इ-लक्´-टॅ-बॅल्) ***adj.*** that cannot be avoided, अपरिहार्य।

**inept** (इन्-ऍप्ट्´) ***adj.*** 1. not ept, unsuitable. अनुपयुक्त। 2. lacking skill, अकुशल।

**ineptitude** (इन्-ऍप्´-टि-ट्यूड्) ***n.*** lack of eptitude, अनुपयुक्तता, अकुशलता, असंगति।

**ineptly** (इन्-ऍप्ट्´-ली) ***adv.*** in an inept manner, अकुशलतापूर्वक, भद्दे ढंग से।

**inequality** (इन्-इ-क्वॉल्´-इ-टी) ***n.*** 1. the state or quality of being unequal, असमता। 2. disparity, विषमता।

**inequitable** (इन्-ऍक्´-वि-टॅ-बॅल्) ***adj.*** not equitable, अनुचित, अन्यायपूर्ण।

**inequity** (इन्-ऍक्´-वि-टी) ***n.*** lack of equity, unfairness, अनौचित्य, अन्याय।

**ineradicable** (इन्-इ-रैड्´-इ-कॅ-बॅल्) ***adj.*** that cannot be eradicated, जिसका उन्मूलन न हो सके, जिसे जड़ से उखाड़ा न जा सके।

**inerrant** (इन्-ऍर्´-ॲन्ट्) ***adj.*** making no mistakes, गलतियाँ न करनेवाला, निर्दोष।

I

**inert** (इ-नःट्´) ***adj.*** 1. not moving, अचल, जड़। 2. not active, अक्रिय, आलसी।

**inertness** (इ-नःट्´-निस्) ***n.*** = inertia.

**inertia** (इ-नः´-शिॲ) ***n.*** 1. the tendency of a matter to remain at rest, जड़ता। 2. disinclination to move or act, निश्चेष्टता, अक्रियता। 3. laziness, आलस्य।

**inescapable** (इन्-इ-स्के´-पॅ-बॅल्) ***adj.*** that cannot be escaped, अपरिहार्य, अनिवार्य।

**inessential** (इन्-इ-सेंन्´-शॅल्) ***adj.*** not essential, अनावश्यक, गैरज़रूरी।

**inestimable** (इन्-ऍस्´-टि-मॅ-बॅल्) ***adj.*** that cannot be estimated or measured, अपरिमित, अपरिमेय।

**inevitability** (इन्-ऍव्-इ-टॅ-बिल्´-इ-टी) ***n.*** the state or quality of being inevitable, अनिवार्यता, अपरिहार्यता।

**inevitable** (इन्-ऍव्´-इ-टॅ-बॅल्) ***adj.*** certain to happen, अनिवार्य।

**inevitably** (इन्-ऍव्´-इ-टॅ-ब्ली) ***adv.*** certainly, निश्चित रूप से, अनिवार्यतः।

**inexact** (इन्-इग्-जैक्ट्´) ***adj.*** not exact, अनिश्चित, अनियत, अशुद्ध, अयथार्थ।

**inexcusable** (इन्-इक्-स्क्यू´-ज़ॅ-बॅल्) ***adj.*** unpardonable, अक्षम्य।

**inexhaustible** (इन्-इग्-ज़ास्´-टि-बॅल्) ***adj.*** 1. that cannot be exhausted, अक्षय, असमाप्य। 2. limitless, अमित, असीम।

**inexorable** (इन्-ऍक्´-सॅ-रॅ-बॅल्) ***adj.*** 1. inflexible, अनम्य। 2. relentless, अटल, अडिग।

**inexpensive** (इन्-इक्-स्पेंन्´-सिव्) ***adj.*** not expensive, सस्ता, कम दाम का।

**inexperience** (इन्-इक्-स्पीर्´-इ-ॲन्स्) ***n.*** lack of experience, अनुभवहीनता, नातजुर्बेकारी।

**inexperienced** (इन्-इक्-स्पीर्´-इ-ॲन्स्ड्) ***adj.*** not experienced, अनुभवहीन, नातजुर्बेकार।

**inexpert** (इन्-इक्-स्पःट्´, इन्-ऍक्´-स्पःट्) ***adj.*** 1. not expert, अविशेषज्ञ। 2. unskillful, अकुशल, अनाड़ी।

**inexpiable** (इन्-ऍक्स्´-पि-ॲ-बॅल्) ***adj.*** that cannot be atoned, जिसका प्रायश्चित्त न हो सके।

**inexplicable** (इन्-ऍक्´-स्प्लि-कॅ-बॅल्) ***adj.*** that cannot be explained, अव्याख्येय।

**inexpressible** (इन्-इक्-स्प्रॅस्´-इ-बॅल्) ***adj.*** that cannot be expressed, अवर्णनीय।

**inexpressive** (इन्-इक्-स्प्रॅस्´-इव्) ***adj.*** without expression, अकथ्य; भावशून्य।

**inextinguishable** (इन्-इक्-स्टिंग्´-ग्वि-शॅ-बॅल्) ***adj.*** 1. that cannot be extinguished, जिसे बुझाया न जा सके, अशम्य। 2. not quenchable, जिसकी प्यास न बुझाई जा सके, अतृप्त।

**in extremis** (इन्-इक्-स्ट्री´-मिस्) ***adv.*** at the point of death, अंतिम घड़ी में।

**inextricable** (इन्-ऍक्स्´-ट्रि-कॅ-बॅल्) ***adj.*** 1. intricate, पेचीदा। 2. complex, जटिल।

**infallibility** (इन्-फ़ैल्-इ-बिल्´-इ-टी) ***n.*** the

quality or state of being infalliable, अमोघता।

**falliable** (इन्-फ़ैल्´-इ-बॅल्) *adj.* 1. never wrong, ग़लती न करनेवाला। 2. never failing, अमोघ, अचूक।

**fallibly** (इन्-फ़ैल्´-इ-ब्ली) *adv.* in an infallible manner, बिना ग़लती किए, बिना चूके।

**famous** (इन्´-फ़ॅ-मॅस्) *adj.* having a very bad reputation, बदनाम, कुख्यात।

**famy** (इन्´-फ़ॅ-मी) *n.* bad reputation, बदनामी, कुख्याति।

**fancy** (इन्´-फ़ॅन्-सी) *n.* 1. early childhood, बाल्यावस्था, शैशव, बचपन। 2. an early stage of development, विकास की आरंभिक स्थिति।

**fant** (इन्´-फ़ॅन्ट्) *adj.* 1. a child in the earliest period of its life, बच्चा, शिशु, बाल। 2. a minor, अवस्यक।

**anticide** (इन्-फ़ैन्´-टि-साइड्) *n.* 1. the act of killing an infant, बालहत्या, शिशुहत्या। 2. one who kills an infant, बालहत्यारा।

**antile** (इन्´-फ़ॅन्-टाइल्) *adj.* of infants, शिशु-संबंधी, शैशवी।

**antry** (इन्´-फ़ॅन्-ट्री) *n.* foot soldiers collectively, पैदल सेना।

**atuate** (इन्-फ़ैच्´-उ-एट्) *v.* to inspire with foolish passion or attraction, मोह लेना, मोहित कर लेना, आसक्त बना लेना।

**atuated** (इन्-फ़ैच्´-उ-ए-टिड्) *adj.* completely carried away by foolish love or attraction, मोहित, आसक्त, प्रेमांध।

**atuation** (इन्-फ़ैच्-उ-ए´-शॅन्) *n.* unreasoning passion or attraction, मोह, आसक्ति।

**asible** (इन्-फ़ी´-जॅ-बॅल्) *adj.* impracticable, अव्यवहार्य।

**ct** (इन्-फ़ॆक्ट्´) *v.* 1. to contaminate with bacteria, कीटाणुग्रस्त होना। 2. to cause to become diseased, रुग्ण बनाना। 3. to communicate a disease to, छूत का रोग फैलाना। 4. to spread, फैलाना।

**ction** (इन्-फ़ॆक्´-शॅन्) *n.* the act of infecting or the state of being infected, कीटाणुओं से ग्रस्त होना, संक्रमण; an infectious disease, छूत की बीमारी, संक्रामक रोग।

**infectious** (इन्-फ़ॆक्´-शॅस्) *adj.* 1. causing infection, संक्रामक, छुतहा। 2. easily communicated, संक्रमणशील, फैलनेवाला।

**infer** (इन्-फ़ः´) *v.* (inferred, inferring) 1. to conclude by reasoning or implication, अनुमित करना, अनुमान करना। 2. to conclude from evidence, निष्कर्ष निकालना। 3. to imply, आशय निकालना, अर्थ करना।

**inference** (इन्´-फ़ॅ-रॅन्स्) *n.* conclusion from known facts, अनुमान या निष्कर्ष।

**inferior** (इन्-फ़ीर्´-इ-अँः) *adj.* 1. lower in quality or importance, घटिया, निकृष्ट। 2. lower in order, अवर, छोटा। 3. subordinate, अधीनस्थ, निचला, छोटा।

**inferiority** (इन्-फ़ीर्-इ-ऑर्´-इ-टी) *n.* the quality or state of being inferior, घटियापन, निकृष्टता; अवरता।

**inferiority complex** *n.* a strong and persistent feeling of inferiority, हीनभावना, हीनत्व।

**infernal** (इन्-फ़ः´-नॅल्) *adj.* 1. of or pertaining to hell, नरक-संबंधी। 2. abominable, detestable, घृणित, जुगुप्सित, नारकीय।

**inferno** (इन्-फ़ः´-नो) *n.* a place resembling hell, नारकीय स्थल।

**infertile** (इन-फ़ः´-टाइल्/टिल्) *adj.* 1. not fertile, अनुर्वर। 2. unproductive, अनुपजाऊ।

**infertility** (इन्-फ़ॅः-टिल्´-इ-टी) *n.* the quality or state of being infertile, अनुर्वरता।

**infest** (इन्-फ़ॆस्ट्´) *v.* 1. to swarm in or about (said of germs, क़ीटाणुओं का) आक्रमण करना, (कीड़े) पड़ जाना, (कीड़ों से) ग्रस्त होना। 2. to spread in, फैल जाना, भरमार हो जाना।

**infestation** (इन्-फ़ॆस्-टे´-शॅन्) *n.* the act of infesting or the state of being infested, कीड़े पड़ना, कीड़ों की भरमार हो जाना।

**infested** (इन्-फ़ॆस्´-टिड्) *adj.* 1. attacked or troubled by germs, कीड़ों से भरा, कीटाणुग्रस्त। 2. full of, भरा हुआ।

I

**infidel** (इन्´-फ़ि-डॅल्) *n.* 1. one who does not believe in religion, नास्तिक, विधर्मी, काफ़िर। 2. unfaithful person, अनिष्ठावान व्यक्ति।

**infidelity** (इन्-फ़ि-डॅल्´-इ-टी) *n.* 1. lack of religious faith, नास्तिकता। 2. lack of loyalty, अनिष्ठा, बेवफ़ाई।

**infighting** (इन्´-फ़ाइ-टिंग्) *n.* fighting between the close members of a party, group or organization, अंत:कलह।

**infiltrate** (इन्´-फ़िल्-ट्रेट्) *v.* to enter quietly and unlawfully for disruptive purposes, घुसपैठ करना।

**infiltration** (इन्-फ़िल्-ट्रे´-शॅन्) *n.* the act of infiltrating or the state of being infiltrated, घुसपैठ।

**infiltrator** (इन्´-फ़िल्-ट्रे´-टॅ:) *n.* one who infiltrates, घुसपैठ करनेवाला, घुसपैठिया।

**infinite** (इन्´-फ़ि-नॅट्) *adj.* 1. having no limits, असीम, अंतहीन, अपरिमित। 2. very great or immense, विशाल, बहुत बड़ा। ☐ **the Infinite Being,** the God, ईश्वर।

**infinitely** (इन्´-फ़ि-नॅट्-ली) *adv.* to an infinite degree, अपरिमित रूप से।

**infinitesimal** (इन्-फ़िन्-इ-टॅस्´-इ-मॅल्) *adj.* very small, अत्यंत लघु, अत्यल्प।

I

**infinitive** (इन्-फ़िन्´-अॅ-टिव्) *n.* a form of a verb that does not indicate a particular tense or number or person, कर्ता का निर्देश न करनेवाला क्रिया का रूप।

**infinitude** (इन्-फ़िन्´-इ-ट्यूड्) *n.* the state or quality of being infinite, असीमता, अपरिमितता।

**infinity** (इन्-फ़िन्´-अॅ-टी) *n.* 1. the state or quality of being infinite, असीमता, अनंतता, अपरिमितता। 2. very large amount of space or time, अनंत अवकाश या काल।

**infirm** (इन्-फ़:म्´) *adj.* 1. not firm, अदृढ़, बेदम। 2. weak, कमज़ोर, अशक्त।

**infirmary** (इन्-फ़:´-मॅ-री) *n.* 1. a hospital, अस्पताल। 2. a room for sick people, रोगी-कक्ष।

**infirmity** (इन्-फ़:´-मि-टी) *n.* 1. the quality of being infirm, अदृढ़ता, अशक्त[ता], कमज़ोरी। 2. lack of particular hum[an] ability, कमी, कमज़ोरी, दोष।

**infix** (इन्-फ़िक्स्´) *v.* to set firmly in, जड़[ना], बैठाना, लगाना; His father infixed th[e] idea in his mind. उसके पिता ने उसके [मन] में यह विचार बैठा दिया।

**inflame** (इन्-फ़्लेम्´) *v.* 1. to set on fi[re], जलाना। 2. to make angry, गुस्सा दिला[ना], क्रुद्ध करना। 3. to become swollen, [सूज] जाना।

**inflamed** (इन्-फ़्लेम्ड्´) *adj.* swollen, स[ूजा] हुआ।

**inflammable** (इन्-फ़्लैम्´-अॅ-बॅल्) *a[dj.]* 1. flammable, ज्वलनशील। 2. easily [ex]cited, आसानी से भड़कनेवाला, गुस्सैल, क्रो[धी]।

**inflammation** (इन्-फ़्लॅ-मे´-शॅन्) *n.* the st[ate] of being swollen, सूजन, शोथ।

**inflammatory** (इन्-फ़्लैम्´-अॅ-टॅ-री) *a[dj.]* likely to arouse strong feelings of hat[red] or violence, भड़कानेवाला, उत्तेजनात्मक।

**inflate** (इन्-फ़्लेट्´) *v.* 1. to fill with air, [हवा] भरना, फुलाना। 2. to swell up, फूल जान[ा]।

**inflated** (इन्-फ़्लेट्´-इड्) *adj.* 1. filled w[ith] air, हवा से भरा हुआ, फूला हुआ। 2. ri[sen] to high level, बढ़ा हुआ। 3. bombas[tic], अतिशयोक्तिपूर्ण।

**inflation** (इन्-फ़्ले´-शॅन्) *n.* general [in]crease of price and fall in the purch[as]ing value of money, मुद्रास्फीति।

**inflationary** (इन्-फ़्ले´-शॅ-नॅ-री) *adj.* ca[us]ing inflation, मुद्रास्फीति बढ़ानेवाला।

**inflect** (इन्-फ्लॅक्ट्´) *v.* 1. to change [the] ending or form of a word, रूपांतरण क[रना], विकार लाना, विकारी बनाना। 2. to cha[nge] the pitch or the tone of voice, [स्वर] बदलना।

**inflection** (इन्-फ़्लॅक्´-शॅन्) *n.* 1. an a[lter]ation in the ending or the form [of a] word to show its grammatical func[tion], विकार, रूपांतरण। 2. the change i[n] pitch or the tone of voice, सुर-परिव[र्तन]।

**inflectional** (इन्-फ्लॅक्´-शॅन्-अॅल्) *adj.*

ject to inflection, विकारी।

**nflexibility** (इन्-फ्लेक्'-सि-बिल्-इ-टी) ***n.*** the state or quality of being inflexible, अपरिवर्तनीयता, अनम्यता; कठोरता।

**nflexible** (इन्-फ्लेक्'-सि-बॅल्) ***adj.*** 1. not flexible, अनम्य। 2. unalterable, अपरिवर्तनीय, कठोर।

**nflict** (इन्-फ़्लिक्ट्') ***v.*** (inflicted, inflicting) 1. to cause or carry out by aggressive action, (पीड़ा या चोट) पहुँचाना, (प्रहार) करना। 2. to impose, लगाना, मढ़ना, थोपना।

**nfliction** (इन्-फ्लिक्'-शॅन्) ***n.*** 1. the act of inflicting, प्रहार करना। 2. a blow, वार, प्रहार, आघात, चोट। 3. the act of imposing, लगाना, थोपना।

**inflorescence** (इन्-फ़्लॅ-रॅस्'-ॲन्स्) ***n.*** 1. act of flowering, पुष्पण। 2. the arrangement of flower on a stem, टहनी पर फूलों की सजावट, पुष्पावली, पुष्प-समूह।

**inflow** (इन्'-फ़्लो) ***n.*** the act of flowing in, अंदर की ओर होनेवाला प्रवाह, अंतर्प्रवाह।

**influence** (इन्'-फ़्लु-ॲन्स्) ***n.*** 1. the power to produce an effect on others, प्रभाव, असर। 2. one exercising such power, प्रभावशाली व्यक्ति। ***v.*** to have an influence on, प्रभाव डालना, असर डालना।

**influential** (इन्-फ़्लु-ॲन्'-शॅल्) ***adj.*** having great influence, प्रभावशाली, प्रभावपूर्ण।

**influenza** (इन्-फ़्लु-ॲन्'-ज़ॅ) ***n.*** an acute infectious disease causing fever and muscular pain, इन्फ़्लुएन्ज़ा, फ़्लू।

**influx** (इन्'-फ़्लक्स्) ***n.*** a continual coming in of persons or things, अंतर्प्रवाह, बाढ़।

**infold** (इन्-फ़ोल्ड्') ***v.*** to fold inward, अंदर की ओर मोड़ना, तह लगाना।

**inform** (इन्-फ़ाःम्') ***v.*** 1. to give information or knowledge of something, सूचित करना, सूचना देना। 2. to tell, बतलाना। 3. to give particular form or character (to, को) विशिष्ट स्वरूप प्रदान करना, रूपायित करना।

**informal** (इन्-फ़ाः'-मॅल्) ***adj.*** 1. not formal, अनौपचारिक। 2. unceremonious, ग़ैररस्मी। 3. for ordinary use, सामान्य, साधारण।

**informality** (इन्-फ़ाः-मॅल्'-ॲ-टी) ***n.*** absence of formality, अनौपचारिकता।

**informally** (इन्-फ़ाः'-मॅ-ली) ***adv.*** in an informal manner, अनौपचारिक रूप से।

**informant** (इन्-फ़ाः'-मॅन्ट्) ***n.*** 1. a person who gives information, सूचक। 2. an informer, मुख़बिर।

**information** (इन्-फ़ॅः-मे'-शॅन्) ***n.*** 1. something told, सूचना, इत्तला। 2. the knowledge acquired in any manner, जानकारी।

**information bureau** ***n.*** an office collecting and providing information, सूचना-केंद्र।

**informative** (इन्-फ़ाः'-मॅ-टिव्) ***adj.*** 1. giving or providing information, सूचना देनेवाला। 2. educative, शिक्षाप्रद, ज्ञानप्रद।

**informed** (इन्-फ़ाःम्ड्') ***adj.*** having much information or knowledge, जानकार।

**informer** (इन्-फ़ाः'-मॅः) ***n.*** one who informs to the police against others, मुख़बिर।

**infra** (इन्'-फ़्रॅ) ***prefix.*** below, नीचे।

**infraction** (इन्-फ़्रॅक्'-शॅन्) ***n.*** a breaking of a law, नियम का उल्लंघन, नियम-भंग।

**infrared** (इन्-फ़्रॅ-रॅड्') ***adj.*** of those invisible rays just beyond the red of the visible spectrum, परालाल, अवरक्त।

**infrastructure** (इन्'-फ़्रॅ-स्ट्रक्-चॅः) ***n.*** subordinate parts that form the basis of an enterprise, आधार-तंत्र, आधारभूत ढाँचा।

**infrequent** (इन्-फ़्री'-क्वॅन्ट्) ***adj.*** not frequent, occasional, अप्रायिक, कभी-कभी होनेवाला।

**infrequently** (इन्-फ़्री'-क्वॅन्ट्-ली) ***adv.*** in an infrequent manner, कभी-कभी।

**infringe** (इन्-फ़्रिन्ज्') ***v.*** 1. to violate, उल्लंघन या अतिलंघन करना। 2. to trespass, अतिक्रमण करना।

**infringement** (इन्-फ़्रिन्ज्'-मॅन्ट्) ***n.*** the act of infringing or the state of being infringed, उल्लंघन, अतिलंघन, अतिक्रमण।

**infructuous** (इन्-फ्रक्'-ट्यु-ॲस्) ***adj.*** not producing any result, निष्फल, बेकार।

**infuriate** (इन्-फ़्यूर्'-इ-एट्) ***v.*** to make furious, गुस्सा दिलाना, भड़काना।

I

**infuse** (इन्-फ़्यूज़्´) *v.* 1. to pour in, उँड़ेलना। 2. to instil, भरना। 3. to inspire, प्रेरित करना, अनुप्राणित करना। 4. to prepare a drink or medicine by soaking leaves or herbs in a liquid, पत्ते या जड़ी-बूटियाँ किसी द्रव पदार्थ में भिगोकर दवा या पेय तैयार करना।

**infusion** (इन्-फ़्यू´-ज़्हॅन्) *n.* 1. the act of infusing or the state of being infused, उँड़ेलने या भरने की क्रिया या भाव। 2. inspiration, अनुप्राणन। 3. soaking of a substance in water etc, to extract its value, किसी जड़ी-बूटी को उसका रस निकालने के लिए पानी आदि में भिगोने की क्रिया। 4. A liquid made in this way, इस प्रकार निकला हुआ रस, काढ़ा, क्वाथ।

**ingenious** (इन्-जीन्´-अॅस्) *adj.* 1. having genius, clever, प्रतिभाशाली, मेधावी। 2. cleverly contrived, प्रतिभाजन्य, कौशलपूर्ण।

**ingenue** (ऐन्´-ज़ॅ-न्यू) *n.* an innocent girl, सीधी-सादी लड़की।

**ingenuity** (इन्-जॅ-न्यू´/नू´-इ-टी) *n.* the quality of being ingenious, प्रतिभा, कौशल।

**ingenuous** (इन्-जॅन्´-यु-अॅस्) *adj.* 1. noble, कुलीन। 2. straigthforward, सरल, सच्चा, निष्कपट।

**ingenuously** (इन्-जॅन्´-यु-अॅस्-ली) *adv.* in an ingenuous manner, निष्कपट भाव से।

I

**ingest** (इन्-जॅस्ट्´) *v.* to take in by swallowing, खाना, निगलना।

**inglenook** (इन्´-ग्लॅ-नुक्) *n.* a corner by a fire place, आग के पास बैठने की जगह।

**inglorious** (इन्-ग्लोर्´-इ-अॅस्) *adj.* 1. not glorious, जो गौरवपूर्ण न हो, अयशस्कर। 2. shameful, लज्जास्पद, लज्जाजनक।

**ingoing** (इन्´-गो-इंग्) *adj.* coming, आनेवाला। *n.* the act of coming in, अंदर आना, अंतर्प्रवेश।

**ingot** (इंग्´-गॅट्) *n.* a brick-shaped mass of metal, धातु आदि की सिल्ली, ईंट।

**ingrained** (इन्-ग्रेन्ड्´) *adj.* 1. dyed before manufacture, (रेशे के रूप में) रँगा हुआ। 2. deeply rooted or fixed, गहरा जमा हुआ, बसा हुआ। 3. habitual, स्वाभाविक।

**ingrate** (इन्´-ग्रेट्) *n.* an ungrateful person अकृतज्ञ व्यक्ति, अहसानफ़रामोश।

**ingratiate** (इन्-ग्रे´-शि-एट्) *v.* to bring oneself into the favour of another, किसी क कृपाभाजन बन या हो जाना।

**ingratiating** (इन्-ग्रे´-शि-ए-टिंग्) *adj.* trying to gain favour, कृपाकांक्षी।

**ingratitude** (इन्-ग्रैट्´-इ-ट्यूड्) *n.* ungratefulness, अकृतज्ञता।

**ingredient** (इन्-ग्री´-डि-अॅन्ट्) *n.* something that is a component part of any combination or mixture, अवयव, अंश, संघटक।

**ingress** (इन्´-ग्रॅस्) *n.* 1. going in, अंत:प्रवेश। 2. an entrance, द्वार।

**ingrown** (इन्´-ग्रोन्) *adj.* grown inward, अंदर की ओर बढ़ा हुआ, अंतर्वर्धित।

**inhabit** (इन्-हैब्´-इट्) *v.* to live in, निवास करना, रहना, बसना।

**inhabitable** (इन्-हैब्´-इ-टॅ-बॅल्) *adj.* habitable, रहने-योग्य, रहने-लायक।

**inhabitant** (इन्-हैब्´-इ-टॅन्ट्) *n.* a permanent resident, बाशिंदा, निवासी।

**inhale** (इन्-हेल्´) *v.* 1. to breathe in, साँस लेना। 2. to draw in by breathing, (तंबाकू) पीना।

**inhaler** (इन्-हे´-लॅ:) *n.* a device that produces vapours to be inhaled, इनहेलर।

**inharmonious** (इन्-हा:-मो´-नि-अॅस्) *adj.* not harmonious, बेमेल या बेसुरा।

**inhere** (इन्-हिअॅ:´) *v.* (inhered, inhering) to be inherent, अंतर्निहित होना।

**inherent** (इन्-हॅर्´-अॅन्ट्) *adj.* 1. existing in someone or something as a natural quality, अंतर्निहित। 2. innate, जन्मजात, सहज।

**inherently** (इन्-हॅर्´-अॅन्ट्-ली) *adv.* in an inherent manner, सहज रूप से, जन्म से।

**inherit** (इन्-हॅर्´-इट्) *v.* 1. to receive from one's parents, माता-पिता से प्राप्त करना। 2. to get (property) as a heir, उत्तराधिकारी के रूप में प्राप्त करना।

**inheritance** (इन्-हॅर्´-इ-टॅन्स्) *n.* the act of inheriting or something inherited,

उत्तराधिकार, विरासत।

**inherited** (इन्-हेंर्ऽ-इ-टिड्) ***adj.*** received from ancestors, पूर्वजों से मिला हुआ, वंशगत।

**inheritor** (इन्-हेंर्ऽ-इ-टः) ***n.*** one who inherits property, उत्तराधिकारी, वारिस।

**inhibit** (इन्-हिब्ऽ-इट्) ***v.*** 1. to check or prohibit, रोकना, मना करना। 2. to repress (one's impulses अपने आवेगों को) दबाना।

**inhibited** (इन्-हिब्ऽ-इ-टिड्) ***adj.*** 1. prevented, रोका हुआ, मना किया हुआ, वर्जित। 2. restrained, संयमित। 3. shy, शर्मीला।

**inhibition** (इन्-हि-बिश्ऽ-अॅन्) ***n.*** 1. the act of inhibiting or the state of being inhibited, prevention, रोक, वर्जन, मनाही। 2. restraint, संयम। 3. repression of feelings, इच्छाओं का दमन।

**inhospitable** (इन्-हॉस्ऽ-पि-टॅ-बॅल्) ***adj.*** 1. not hospitable, असत्कारी, आवभगत न करनेवाला। 2. not affording shelter or sustenance, जहाँ शरण न मिल सके, अशरणदायी।

**inhouse** (इन्-हाउस्ऽ) ***adj.*** being or coming from within the organization, आंतरिक।

**inhuman** (इन्-ह्यूऽ-मॅन्) ***adj.*** 1. lacking human qualities, अमानवीय, अमानुषिक। 2. cruel, क्रूर या क्रूरतापूर्ण। 3. monstrous, राक्षसी।

**inhumane** (इन्-ह्यूऽ-मेन्) ***adj.*** not humane, cruel, brutal, नृशंस, निर्दय, निर्मम।

**inhumanity** (इन्-ह्यू-मॅन्ऽ-इ-टी) ***n.*** 1. cruelty, brutality, नृशंसता, निर्दयता, निर्ममता। 2. an inhumane act, नृशंसतापूर्ण कार्य या व्यवहार।

**inimical** (इ-निम्ऽ-इ-कॅल्) ***adj.*** 1. harmful or unfriendly, अहितकर या अमैत्रीपूर्ण। 2. hostile, शत्रुतापूर्ण, विद्वेषपूर्ण, विद्वेषी।

**inimitable** (इ-निम्ऽ-इ-टॅ-बॅल्) ***adj.*** that cannot be imitated, जिसका अनुकरण न हो सके, अननुकरणीय। 2. unique, अनुपम, अद्वितीय।

**iniquitous** (इ-निक्ऽ-वि-टॅस्) ***adj.*** 1. unjust, अन्यायी या अन्यायपूर्ण। 2. wicked, दुष्ट या दुष्टतापूर्ण।

**iniquity** (इ-निक्ऽ-वि-टी) ***n.*** 1. injustice, अन्याय, अत्याचार। 2. wickedness, दुष्टता।

**initial** (इ-निश्ऽ-अॅल्) ***adj.*** 1. pertaining to or occurring in the beginning, आरंभिक, प्राथमिक। 2. first, प्रथम। ***n.*** the first letter of a name or word, आद्याक्षर। ***v.*** to sign with initials, हस्ताक्षर के रूप में अपने नाम का/के आद्याक्षर लिखना, आद्याक्षरित करना।

**initially** (इ-निश्ऽ-अॅ-ली) ***adv.*** at first, शुरू में।

**initials** (इ-निश्ऽ-अॅल्स्) ***n.*** (plu.) the initial letters of an individul's name and surname, आद्याक्षर।

**initiate** (इ-निश्ऽ-इ-एट्) ***v.*** 1. to start or originate, आरंभ करना, सूत्रपात करना, पहल करना। 2. to admit into an association, प्रविष्ट करना। 3. to give instructions or informations to a new person, निदेश देना, दीक्षा देना, परिचय कराना।

**initiation** (इ-निश्-इ-एऽ-शॅन्) ***n.*** 1. the act of initiating, सूत्रपात, श्रीगणेश। 2. the ceremony of initiating, दीक्षा।

**initiative** (इ-निश्ऽ-अॅ-टिव्) ***n.*** 1. the first step or action, पहल; on his own initiative, अपनी पहल पर। 2. the ability to take lead, अगुआई। □ **take the initiative,** पहल करना।

**inject** (इन्-जेंक्ट्ऽ) ***v.*** 1. to force into the body by a syringe, सुई लगाना, इंजेक्शन लगाना। 2. to introduce a new life or element into, जान फूँकना, नवीनता लाना।

**injection** (इन्-जेंक्ऽ-शॅन्) ***n.*** 1. the act of injecting, सुई लगाना। 2. the liquid or medicine that is injected, सुई, इंजेक्शन।

**injudicious** (इन्-जु-डिश्ऽ-अॅस्) ***adj.*** indiscreet, unwise, अविवेकी या अविवेकपूर्ण।

**injudiciously** (इन्-जु-डिश्ऽ-अॅस्-ली) ***adv.*** in an injudicious manner, अविवेकपूर्वक।

**injunction** (इन्-जंक्ऽ-शॅन्) ***n.*** 1. a court order or judgement requiring a person to refrain from doing a certain action, निषेधाज्ञा, व्यादेश, इंजंक्शन। 2. an order, आदेश।

**injure** (इन्´-जॅ:) *v.* 1. to cause harm or damage, घायल या आहत करना, आघात या चोट करना, हानि या क्षति पहुँचाना। 2. to commit an injustice, अन्याय करना या दोष लगाना।

**injured** (इन्´-जॅ:ड्) *adj.* 1. hurt, घायल, ज़ख्मी, चोटीला। 2. damaged, क्षतिग्रस्त।

**injurious** (इन-जूर्´-इ-ॲस्) *adj.* 1. causing injury, चोट या आघात करनेवाला। 2. causing damage, हानिप्रद, क्षतिकारक।

**injury** (इन्´-जॅ-री) *n.* (plu. injuries) 1. a wound or harm done, घाव, चोट। 2. damage done, क्षति, हानि। 3. injustice, अन्याय।

**injustice** (इन-जस्´-टिस्) *n.* 1. lack of justice or an unjust action, अन्याय। 2. a wrong, अपकार, बुराई या दोष।

**ink** (इंक्) *n.* a coloured liquid used in writing, स्याही, मसी।

**inkling** (इंक्´-क्लिंग्) *n.* 1. a hint, संकेत, इशारा, इंगित। 2. a vague idea, आभास, धारणा।

**inkpad** (इंक्´-पैड्) *n.* a pad soaked with ink, इंकपैड।

**inkpot** (इंक्´-पॉट्) *n.* a small container for ink, दवात।

**inky** (इंक्´-की) *adj.* 1. like ink, स्याही-जैसा, स्याह, काला। 2. covered or stained with ink, स्याही-पुता, स्याही के धब्बोंवाला।

I

**inlaid** (इन्´-लेड्) *v.* p.t. & p.p. of inlay.

**inland** (इन्´-लैन्ड् / इन्´-लॅन्ड्) *adj.* of or located in the interior part of a country, अंतर्देशीय। *adv.* toward the interior of a country, देश के अंदरूनी भाग में, अंतर्देश में। *n.* the interior of a country, देश का अंदरूनी भाग, अंतर्देश।

**in-law** (इन्´-ला:) *n.* (plu. in-laws) a relative by marriage, पति या पत्नी का संबंधी; father-in-law, ससुर, brother-in-law, साला या बहनोई।

**inlay** (इन्´-ले) *v.* (inlaid, inlaying) to insert layers of fine materials in the surface of an object to form a design, जड़ना, जड़ाई करना।

**inlet** (इन्´-लेंट्) *n.* 1. a strip of water extending into the land from the sea, पतली खाड़ी। 2. an inlaid object, जड़ी हुई वस्तु। 3. a way in, अंदर जाने का मार्ग, अंतर्मार्ग।

**inmate** (इन्´-मेट्) *n.* 1. a resident in a building, घर में रहनेवाला, गृहवासी। 2. one who is confined in a hospital, prison etc., अस्पताल या कारा में रहनेवाला, अंतेवासी।

**in memoriam** (इन्-मॅ-मोर्´-इ-ॲम्) *prep.* in memory of, की स्मृति में।

**inmost** (इन्´-मोस्ट्) *adj.* 1. most inward, सबसे भीतरवाला। 2. close, घनिष्ठ, अंतरंग।

**inn** (इन्) *n.* 1. a tavern, सराय। 2. a hotel, होटल।

**innards** (इन्´-आ:ड्स्) *n.* (plu.) the inner parts, भीतरी अवयव।

**innate** (इ-नेट्´) *adj.* 1. inborn, जन्मजात। 2. natural, प्रकृत, सहज।

**inner** (इन्´-ॲ:) *adj.* 1. interior, भीतरी, अंतर्वर्ती, अंतरंग, आभ्यांतर, अंदरूनी; inner voice, अंतर्वाणी। 2. of the spirit or mind, आत्मिक या मानसिक। 3. influential, प्रभावी, महत्त्वपूर्ण।

**innermost** (इन्´-ॲ:-मोस्ट्) *adj.* most intimate, अत्यंत घनिष्ठ।

**inning** (इन्´-इंग्) *n.* 1. a turn for batting in the game of cricket, पारी, पाली। 2. an opportunity for showing one's performance, पारी।

**innkeeper** (इन्´-की-पॅ:) *n.* a person who keeps an inn, सराय का मालिक।

**innocence** (इन्´-ॲ-सॅन्स्) *n.* the quality or state of being innocent, निरीहता, निर्दोषता, निष्पापता, भोलापन।

**innocent** (इन्´-ॲ-सॅन्ट्) *adj.* 1. sinless, guiltless, बेगुनाह, निष्पाप, निरपराध। 2. have not done any wrong, निर्दोष, बेकसूर। 3. simple or harmless, निरीह या अहानिकर।

**innocuous** (इ-नॉक्´-यु-ॲस्) *adj.* 1. harmless, अहानिकर। 2. insignificant, तुच्छ।

**innovate** (इन्´-ॲ-वेट्) *v.* 1. to introduce a new process, नया ढंग निकालना, नई राह निकालना। 2. to give a new shape,

नवीनता लाना, नया रूप देना।

**innovation** (इन्-अॅ-वे´-शॅन्) *n.* 1. the act of innovating, नवीनीकरण, नवकरण, नवप्रवर्तन। 2. new form or shape, नया रूप, नवरूप।

**innovator** (इन्´-अॅ-वे-टॅ:) *n.* one who innovates, नवरूप देनेवाला, नवरूपकार।

**innuendo** (इन्-यु-ऍन्´-डो) *n.* an indirect or sarcastic remark, व्यंग्योक्ति, कटाक्ष।

**innumerable** (इ-न्यू´/नू´-मॅ-रॅ-बॅल्) *adj.* too many to be counted, अनगिनत, असंख्य, बेशुमार।

**inoculate** (इ-नॉक्´-यु-लेट्) *v.* to introduce the virus of a disease into the body in order to immunize, सुई लगाना, टीका लगाना।

**inoculation** (इ-नॉक्-यु-ले´-शॅन्) *n.* the act of inoculating, सुई, टीका।

**inoffensive** (इन्-अॅ-फ़ॅन्´-सिव्) *adj.* not offensive, आघात या हानि न पहुँचानेवाला।

**inoperable** (इन्-ऑप्´-अॅ-रॅ-बॅल्) *adj.* that cannot be operated, जिसकी शल्य-चिकित्सा न हो सके, जो आपरेशन के योग्य न हो।

**inoperative** (इन्-ऑप्´-अॅ-रे-टिव्) *adv.* not working, not functioning, अक्रिय, बंद, निष्क्रिय।

**inopportune** (इन्-ऑप्´-अॅ:-ट्यून्/टून्) *adj.* not opportune, असामयिक, बेमौके का।

**inordinate** (इन्-आ:´-डि-निट्) *adj.* exceeding reasonable limits, अत्यधिक, अमर्यादित या अनुचित।

**inorganic** (इन्-आ:-गैन्´-इक्) *adj.* 1. not organic, अजैव, जड़। 2. mineral, खनिज।

**inpatient** (इन्´-पे-शॅन्ट्) *n.* a patient staying in a hospital while undergoing treatment, अंतरंग रोगी।

**input** (इन्´-पुट्) *v.* (input/inputted, inputting) to put in or into, अंदर रखना या डालना। *n.* 1. what is put in, अंदर रखी या डाली हुई वस्तु। 2. information put into a computer, कंप्युटर में भरी हुई सामग्री, निविष्टि, आगत।

**inquest** (इन्´-क्वॅस्ट्) *n.* 1. an investigation, जाँच। 2. a judicial inquiry for somebody's death, किसी की मृत्यु के कारणों की न्यायिक जाँच, मृत्यु-समीक्षा।

**inquietude** (इन्-क्वाइ´-अॅ-ट्यूड्/टूड्) *n.* uneasiness, बेचैनी, घबराहट।

**inquire** (इन्-क्वाइ:´) *v.* 1. to ask about, पूछ-ताछ करना। 2. to investigate, जाँच करना, पता लगाना।

**inquirer** (इन्-क़्वाइर्´-अॅ:) *n.* one who makes an inquiry, पूछ-ताछ या जाँच करनेवाला, पता लगानेवाला।

**inquiry** (इन्-क्वाइर्´-ई) *n.* an act of inquiring, पूछ-ताछ, जाँच, जाँच-पड़ताल; inquiry office, पूछ-ताछ कार्यालय।

**inquisition** (इन्-क्वि-ज़िश्´-अॅन्) *n.* an official investigation, आधिकारिक जाँच।

**inquisitive** (इन्-क्विज़्´-इ-टिव्) *adj.* 1. eager to learn, जिज्ञासु। 2. unduly curious, व्यग्र।

**inquisitively** (इन्-क्विज़्´-इ-टिव्-ली) *adv.* in an inquisitive manner, जिज्ञासावश।

**inquisitiveness** (इन्-क्विज़्´-इ-टिव्-निस्) *n.* eagerness to obtain knowledge, जिज्ञासा।

**inroad** (इन्´-रोड्) *n.* intrusion, घुसपैठ। ☐ **make inroads into,** घुसपैठ करना, सेंध लगाना।

**inrush** (इन्´-रश्) *n.* 1. the rushing in of something, तेज़ी से अंदर आना। 2. sudden arrival of something in large numbers, ढेरों की तादाद में आमद, बाढ़।

**insane** (इन्-सेन्´) *adj.* 1. not sane, अविवेकी या अविवेकपूर्ण। 2. mad, पागल या पागलपन-भरा। 3. very foolish, मूर्खतापूर्ण।

**insanitary** (इन्-सैन्´-इ-टॅ-री) *adj.* 1. unhealthy, अस्वास्थ्यकर। 2. filthy, मलिन।

**insanitation** (इन्-सै-नि-टे´-शॅन्) *n.* the state of being insanitary, गंदगी, अस्वच्छता।

**insanity** (इन्-सै´-नि-टी) *n.* the quality or state of being insane, पागलपन; मूर्खता।

**insatiable** (इन्-से´-शॅ-बॅल्) *adj.* that cannot be satiated, जिसे तृप्त न किया जा सके, अतृप्य।

**insatiate** (इन्-से´-शि-इट्) *adj.* not satiated or satisfied, अतृप्त।

**inscribe** (इन्-स्क्राइब्´) *v.* 1. to engrave, उत्कीर्ण करना। 2. to write or print, लिखना

या छापना। 3. to dedicate, समर्पित करना।

**inscription** (इन्-स्क्रिप्´-शॅन्) ***n.*** 1. words or names engraved on a monument, coin etc., उत्कीर्ण लेख, अंकन, खुदे या लिखे अक्षर। 2. the act of inscribing, उत्कीर्णन, लेखन।

**inscrutable** (इन्-स्क्रू´-टॅ-बॅल्) ***adj.*** difficult to understand, गूढ़, गहन, कठिन, अबोधगम्य।

**insect** (इन्´-सॅक्ट्) ***n.*** a tiny creature with wings and six legs, कीट, कीड़ा।

**insectarium** (इन्´-सॅक्´-टे-रि-ॲम्) ***n.*** a place where insects are kept for investigation, कीटगृह, कीटालय।

**insecticide** (इन्-सॅक्´-टि-साइड्) ***n.*** a substance for killing insects, कीटनाशक पदार्थ।

**insectivorous** (इन्-सॅक्-टिव्´-ॲ-रॅस्) ***adj.*** feeding on insects, कीटभक्षी।

**insecure** (इन्-सि-क्योः´) ***adj.*** 1. not secure, unsafe, अरक्षित, असुरक्षित। 2. shaky, अस्थिर; दुर्बल। 3. uncertain, अनिश्चित।

**inseminate** (इन्-सॅम्´-इ-नेट्) ***v.*** to introduce semen into, शुक्रस्थापन करना, बीजारोपण करना, गर्भाधान करना।

**insemination** (इन्-सॅम्-इ-ने´-शॅन्) ***n.*** the act of inseminating, शुक्रस्थापन, गर्भाधान।

**insensibility** (इन्-सॅन्-सि-बिल्´-इ-टी) ***n.*** the state or quality of being insensible, संवेदनशून्यता; बेहोशी; उदासीनता।

**insensible** (इन्-सॅन्´-सि-बॅल्) ***adj.*** 1. lacking sensation, संवेदनशून्य। 2. having lost sensation, unconscious, मूर्छित, बेहोश।

**insensitive** (इन्-सॅन्´-सॅ-टिव्) ***adj.*** 1. not sensitive, संवेदनशून्य, असंवेदनशील। 2. numb, जड़, अचेतन। 3. stupid, मूर्ख।

**insensitivity** (इन्-सॅन्-सॅ-टिव्´-इ-टी) ***n.*** the state of being insensitive, असंवेदनशीलता।

**insentient** (इन्-सॅन्´-शि-ॲन्ट्) ***adj.*** not sentient, बेजान, निर्जीव।

**inseparable** (इन्-सॅप्´-ॲ-रॅ-बॅल्) ***adj.*** that cannot be separated, अविच्छेद्य।

**insert**[1] (इन्-सःट्´) ***v.*** to put or place in, अंदर या बीच में रखना, डालना, जोड़ना या बैठाना, अंतःस्थापित करना।

**insert**[2] (इन्´-सःट्) ***n.*** something inserted, अंदर या बीच में रखी हुई वस्तु, शब्द, वाक्य आदि।

**insertion** (इन्-सः´-शॅन्) ***n.*** the act of inserting or something inserted, जोड़ने या बैठाने की क्रिया अथवा जोड़ी या बैठाई जानेवाली वस्तु।

**in-service** (इन्-सः´-विस्) ***adj.*** during service, सेवाकाल में होनेवाला, सेवाकालीन।

**inset**[1] (इन्-सॅट्´) ***v.*** (inset, insetting) to set or place in, जड़ना, लगाना।

**inset**[2] (इन्´-सॅट्) ***n.*** something inserted, जड़ी, जमाई या लगाई हुई वस्तु।

**inshore** (इन्-शोः´) ***adj.*** near the shore, तटवर्ती। ***adv.*** toward a shore, तट की ओर।

**inside** (इन्´-साइड्) ***n.*** 1. the inner side or part, भीतरी भाग। 2. (plu.) the stomach and intestines, पेट और अँतड़ियाँ। ***adv.*** in the interior, भीतर, अंदर, अंदर की तरफ़। ***prep.*** within, के अंदर। ***adj.*** lying on or in the inside, भीतरी, अंदरूनी।

**insider** (इन्-साइ´-डॅः) ***n.*** an influential member of the group, अंतरंग व्यक्ति, भीतर के हाल से परिचित व्यक्ति।

**insidious** (इन्-सिड्´-इ-ॲस्) ***adj.*** 1. working or spreading in a stealthy and harmful manner, प्रच्छन्न रूप से सक्रिय या घातक। 2. treacherous, कपटी या कपटपूर्ण।

**insight** (इन्´-साइट्) ***n.*** the capacity to perceive the true nature of something, अंतर्दृष्टि।

**insignia** (इन्-सिग्´-नि-ॲ) ***n.*** (plu. insignia or insignias) 1. a distinguished sign of authority or office, अधिचिह्न, पदचिह्न। 2. an identifying badge, तगमा।

**insignificance** (इन्-सिग्-निफ़्´-इ-कॅन्स्) ***n.*** the quality or state of being insignificant, तुच्छता, नगण्यता, महत्त्वहीनता, निरर्थकता।

**insignificant** (इन्-सिग्-निफ़्´-इ-कॅन्ट्) ***adj.*** having no significance, नगण्य, तुच्छ, महत्त्वहीन, निरर्थक।

**insincere** (इन्-सिन्-सिॲः´) ***adj.*** 1. not sincere, बेवफ़ा, निष्ठाहीन। 2. not to be trusted, अविश्वसनीय।

I

**insincerity** (इन्-सिन्-सेंर्´-इ-टी) ***n.*** the quality or state of being insincere, बेवफ़ाई, दगा, कपट, विश्वासघात।

**insinuate** (इन्-सिन्´-यु-एट्) ***v.*** 1. to push in by subtle and artful means, छल या चालाकी से अंदर घुसाना। 2. to hint indirectly esp. something malicious, परोक्ष रूप से (किसी ग़लत काम के लिए) इशारा करना, इंगित करना। 3. to infuse into the mind, दिमाग में भर या बैठा देना।

**insinuation** (इन्-सिन्-यु-ए´-शॅन्) ***n.*** 1. the act of insinuating, चालाकी या छल से होनेवाला प्रवेश। 2. a skilful hint, चालाकी-भरा संकेत। 3. a skilful act or remark, कटाक्ष, लांछन।

**insipid** (इन्-सिप्´-इड्) ***adj.*** 1. tasteless, फीका, बेस्वाद, बेमज़ा। 2. lacking in interest, नीरस, अरुचिकर। 3. lacking in liveliness or excitement, कुतूहलरहित, उत्तेजनाविहीन, निर्जीव।

**insist** (इन्-सिस्ट्´) ***v.*** to be firm in one's demand, अपनी माँग पर अडिग रहना, डटे रहना। 2. to demand persistently, आग्रह करना, हठ करना।

**insistence** (इन्-सिस्´-टॅन्स्) ***n.*** the act of insisting, आग्रह, हठ।

**insistent** (इन्-सिस्´-टॅन्ट्) ***adj.*** 1. persistent in demand, हठी, जिद्दी। 2. compelling, मजबूर करनेवाला, आग्रहपूर्ण।

**in situ** (इन्-सिट्´-यू, इन्-साइ´-ट्यू) ***adv.*** in its original place, अपने मूल स्थान में/पर।

**in so far as** ***conj. & adv.*** to the extent that, जहाँ तक कि।

**insole** (इन्´-सोल्) ***n.*** the inner sole of a shoe, जूते का भीतरी तल्ला, भितल्ला।

**insolence** (इन्´-सॅ-लॅन्स्) ***n.*** impertinence, धृष्टता, गुस्ताखी।

**insolent** (इन्´-सॅ-लॅन्ट्) ***adj.*** impertinent, धृष्ट, गुस्ताख।

**insolently** (इन्´-सॅ-लॅन्ट्-ली) ***adv.*** in an insolent manner, धृष्टतापूर्वक, गुस्ताखी से।

**insoluble** (इन्-सॉल्´-यु-बॅल्) ***adj.*** 1. not soluble, न घुलनेवाला, अघुलनशील। 2. that cannot be solved, जिसका समाधान या निपटारा न हो सके।

**insolvency** (इन्-सॉल्´-वॅन्-सी) ***n.*** the state or fact of being insolvent, दिवालियापन।

**insolvent** (इन्-सॉल्´-वॅन्ट्) ***adj.*** bankrupt, दिवालिया। ***n.*** an insolvent person, दिवालिया व्यक्ति।

**insomnia** (इन्-सॉम्´-नि-अँ) ***n.*** chronic inability to sleep, नींद न आने का रोग, अनिद्रा।

**insomniac** (इन्-सॉम्´-नि-ऐक्) ***adj.*** suffering from insomnia, अनिद्रारोगी, अनिद्रा-पीड़ित।

**in so much as** ***adv.*** to such an extent, यहाँ तक कि।

**insouciant** (इन्-सू´-सि-अॅन्ट्) ***adj.*** carefree, बेफ़िक्र, निश्चिंत।

**inspect** (इन्-स्पेक्ट्´) ***v.*** 1. to examine carefully, ग़ौर से देखना, देखना-भालना, जाँच करना। 2. to examine officially, निरीक्षण करना, मुआयना करना।

**inspection** (इन्-स्पेक्´-शॅन्) ***n.*** the act of inspecting, निरीक्षण, मुआयना।

**inspector** (इन्-स्पेक्´-टॅः) ***n.*** 1. an officer who inspects, निरीक्षक, इन्स्पेक्टर। 2. a police officer, पुलिस इन्स्पेक्टर।

**inspectorate** (इन्-स्पेक्´-टॅर्-अॅट्) ***n.*** inspectors collectively, निरीक्षक-समूह।

**inspiration** (इन्-स्पि-रे´-शॅन्) ***n.*** 1. the act of inhaling, साँस लेना, श्वसन। 2. an urge to creative thought or action, प्रेरणा। 3. a brilliant idea, सूझ।

**inspirational** (इन्-स्पि-रे´-शॅ-नॅल्) ***adj.*** giving inspiration, प्रेरणादायक, प्रेरणादायी।

**inspire** (इन्-स्पाइर्´) ***v.*** 1. to inhale, साँस लेना। 2. to stimulate to creativity or action, प्रेरित करना, प्रेरणा देना। 3. to influence, प्रभावित करना। 4. to arouse, जगाना, उत्पन्न करना; He inspired hate in me. उसने मेरे अंदर घृणा उत्पन्न की।

**inspired** (इन्-स्पाइःड्´) ***adj.*** 1. influenced, stimulated, प्रेरित। 2. having abilities or creative power, गुणी, प्रतिभाशाली।

**inspiring** (इन्-स्पाइर्´-इंग्) ***adj.*** giving inspiration, प्रेरक, प्रेरणादायी।

**inspirit** (इन्-स्पिर्´-इट्) *v.* (inspirited, inspiriting) 1. to put life into, प्राण डालना, जान फूँकना। 2. to encourage, उत्साहित करना।

**instability** (इन्-स्टॅ-बिल्´-इ-टी) *n.* unstableness, अस्थिरता, अस्थायित्व।

**instable** (इन्-स्टे´-बॅल्) *adj.* not stable, unstable, अस्थिर, अस्थायी, डाँवाँडोल।

**install** (इन्-स्टाःल्´) *v.* 1. to get in official position with ceremony, पदासीन करना, पदारूढ़ करना। 2. to set in position for use, स्थापित करना, प्रतिष्ठित करना, लगाना।

**installation** (इन्-स्टॅ-ले´-शॅन्) *n.* 1. the act of installing or something being installed, प्रतिष्ठापन, (मशीन, यंत्र आदि का) लगाना। 2. a plant installed, लगाया हुआ संयंत्र।

**instalment** (इन्-स्टाःल्´-मॅन्ट्) *n.* 1. one of several successive payments of a debt, किस्त। 2. a portion of anything issued at intervals, खेप, किस्त, कड़ी।

**instance** (इन्´-स्टॅन्स्´) *n.* 1. a case or example, उदाहरण; for instance, उदाहरण के लिए। 2. a request or suggestion, प्रार्थना या सुझाव; at the instance of his wife, अपनी पत्नी के आग्रह पर। 3. an occasion, अवसर, मौका; in the first instance, सर्वप्रथम, प्रथमतः। *v.* to cite, उदाहरण देना, उद्धृत करना।

I

**instant** (इन्´-स्टॅन्ट्) *n.* a moment, क्षण, पल। *adj.* 1. urgent, अत्यावश्यक। 2. without delay, तात्कालिक, तत्काल, अविलंब, तुरंत; instant death, तत्काल मृत्यु; instant food, तत्काल खाद्य पदार्थ, झटपट तैयार किया जानेवाला भोजन। 3. of the current month, इसी महीने का।

**instantaneous** (इन्-स्टॅन्-टे´-नि-अॅस्) *adj.* happening at once, तात्कालिक, तात्क्षणिक।

**instantaneously** (इन्-स्टॅन्-टे´-नि-अॅस्-ली) *adv.* instantly, तत्क्षण, तत्काल, सहसा।

**instantly** (इन्-स्टॅन्´-ली) *adv.* at once, तुरंत।

**instate** (इन्-स्टेट्´) *v.* to install, पदासीन करना, पदारूढ़ करना।

**in status quo** (इन्-स्टे´-टु-क्वो) *adv.* in the same or former condition, यथापूर्व।

**instead** (इन्-स्टॅड्´) *adv.* as an alternative, बदले में। ☐ **instead of,** के बजाए, के स्थान पर।

**instep** (इन्´-स्टॅप्) *n.* the middle upper part of the foot, पैर का ऊपरी मध्य भाग, पिचिंडिका।

**instigate** (इन्´-स्टि-गेट्) *v.* 1. to goad or incite, उकसाना, भड़काना, दुष्प्रेरित करना। 2. to cause by inciting, उभाड़ना, शह देना। 3. to make something begin or happen, चलाना या बनाना।

**instigation** (इन्-स्टि-गे´-शॅन्) *n.* the act of instigating, दुष्प्रेरण, उकसावा, भड़कावा।

**instigator** (इन्´-स्टि-गे-टॅ:) *n.* one who instigates, दुष्प्रेरक, भड़कानेवाला।

**instil** (इन्-स्टिल्´) *v.* (instilled, instilling) 1. to put (ideas in someone's mind) gradually, धीरे-धीरे (किसी के मन में) भरना या डालना, सिखाना। 2. to pour in drop by drop, बूँद-बूँद टपकाना।

**instillation** (इन्-स्टि-ले´-शॅन्) *n.* the act of instilling, भराई; टपकाव।

**instinct** (इन्´-स्टिंक्ट्) *n.* 1. an inborn or natural tendency, नैसर्गिक प्रवृत्ति, सहजवृत्ति, मूलवृत्ति। 2. a natural ability, प्रतिभा।

**instinctive** (इन्-स्टिंक्´-टिव्) *adj.* prompted by instinct, नैसर्गिक, सहज।

**instinctively** (इन्-स्टिंक्´-टिव्-ली) *adv.* by instinct, सहज रूप से, सहजतः।

**institute** (इन्´-स्टि-ट्यूट्) *v.* to found, प्रवर्तित करना, संस्थापित करना। *n.* an organization promoting educational, social and other activities, संस्थान, संस्था।

**institution** (इन्-स्टि-ट्यू´-शॅन्) *n.* 1. the act of instituting or the state of being instituted, संस्थापन। 2. an institute, संस्थान, संस्था। 3. its building, संस्थान-भवन, संस्थान। 4. an established practice or law, रिवाज़, प्रथा। 5. a person of remarkable activities, संस्था।

**institutional** (इन्-स्टि-ट्यू´-शॅ-नॅल्) *adj.* of or

pertaining to the institution, संस्थानिक, संस्थागत।

**institutionalization** (इन्-स्टि-ट्यू-शॅ-नॅ-लि-ज़े´-शॅन्) *n.* the act of institutionalizing, संस्थानीकरण।

**institutionalize** (इन्-स्टि-ट्यू´-शॅ-नॅ-लाइज़्) *v.* to make into an institution, संस्थान बना देना।

**instruct** (इन्-स्ट्रक्ट्´) *v.* 1. to teach or educate, सिखाना, शिक्षित करना। 2. to direct, निदेश करना, अनुदेश देना। 3. to inform, सूचना देना।

**instruction** (इन्-स्ट्रक्´-शॅन्) *n.* 1. the act of instructing, शिक्षण। 2. the knowledge imparted, शिक्षा, सीख। 3. (plu.) directions, निदेश, अनुदेश।

**instructive** (इन्-स्ट्रक्´-टिव्) *adj.* giving knowledge, शिक्षाप्रद।

**instructor** (इन्-स्ट्रक्´-टॅ:) *n.* one who instructs, teacher, अनुदेशक, शिक्षक।

**instrument** (इन्´-स्ट्रॅ-मॅन्ट्) *n.* 1. a mechanical implement, औज़ार, उपकरण। 2. a device for producing music, वाद्य। 3. a thing by means of which something is done, साधन, माध्यम। 4. a formal legal document, दस्तावेज, लिखत। *v.* to equip with instruments, उपकरणों से सज्जित करना।

**instrumental** (इन्-स्ट्रॅ-मॅन्´-टॅल्) *adj.* 1. serving as an instrument or agency, माध्यम, सहायक। 2. of or performed with an instrument, वाद्य; instrumental music, वाद्य संगीत।

**instrumentalist** (इन्-स्ट्रॅ-मॅन्´-टॅ-लिस्ट्) *n.* one who performs on a musical instrument, वादक।

**instrumentation** (इन्-स्ट्रॅ-मॅन्-टे´-शॅन्) *n.* 1. the arranging of music for instruments for an orchestra, वाद्यसंगीत-विन्यास। 2. the use of instruments, उपकरणों का प्रयोग।

**insubordinate** (इन्-सॅ-बॉ:´-डि-निट्) *adj.* disobedient, अवज्ञाकारी या अवज्ञापूर्ण।

**insubodination** (इन्-सॅ-बॉ:´-डि-ने´-शॅन्) *n.* disobedience, अवज्ञा।

**insubstantial** (इन्-सॅब्-स्टैन्´-शॅल्) *adj.* 1. not substantial, सारहीन, असार। 2. unreal, अवास्तविक। 3. imaginary, काल्पनिक। 4. infirm, कमज़ोर, अशक्त।

**insufferable** (इन्-सफ़्´-अॅ-रॅ-बॅल्) *adj.* intolerable, असह्य।

**insufferably** (इन्-सफ़्´-अॅ-रॅ-बॅ-ली) *adv.* to an insufferable degree, असह्य रूप में।

**insufficiency** (इन्-सॅ-फ़िश्´-अॅन्-सी) *n.* lack of sufficiency, कमी, अभाव, अपर्याप्तता।

**insufficient** (इन्-सॅ-फ़िश्´-अॅन्ट्) *adj.* not sufficient, inadequate, कम, थोड़ा, अपर्याप्त।

**insufficiently** (इन्-सॅ-फ़िश्´-अॅन्-टॅ-ली) *adv.* inadequately, अपर्याप्त रूप में।

**insular** (इन्´-सॅ-लॅ:) *adj.* 1. of an island, द्वीपीय। 2. narrow-minded, संकीर्ण विचारों-वाला।

**insularity** (इन्-सॅ-लैर्´-इ-टी) *n.* 1. the state of living on an island, द्वीपवास। 2. narrow-mindedness, संकीर्णता।

**insulate** (इन्´-सु-लेट्) *v.* 1. to cover the wire with non-conducting material in order to prevent leakage of electricity, heat, sound etc., आवरण चढ़ाना। 2. to detach, अलग करना, कुसंवाहक पदार्थ बीच में रखकर, किसी वस्तु में विद्युत या ताप न पहुँचने देना, विद्युत-रोध या ताप-रोध करना, विसंवाहन करना।

**insulated** (इन्-सु-ले´-टिड्) *adj.* covered with non-conducting material, आवरण-युक्त।

**insulation** (इन्-सु-ले´-शॅन्) *n.* 1. the act of insulating, आवरण चढ़ाना। 2. any material used to insulate, वह पदार्थ जिसका (तार पर) आवरण चढ़ाया जाए, विद्युत-रोधन।

**insulator** (इन्-सु-ले´-टॅ:) *n.* a device for detaching electric wire, इन्सुलेटर, विसंवाहक।

**insulin** (इन्´-सु-लिन्) *n.* a harmone that controls the absorption of sugar by the body, इन्सुलिन।

I

**insult** (इन्-सल्ट्´) *v.* to hurt the feelings or pride of a person by act or word, अपमानित करना, अपमान करना। *n.* an insulting remark or action, अपमान, अनादर।

**insulting** (इन्-सल्ट्´-इंग्) *adj.* intending to hurt someone's pride or feelings, अपमानजनक, अपमानकारक, अनादरपूर्ण।

**insuperable** (इन्-सू´-पॅ-रॅ-बॅल्) *adj.* that cannot be overcome, अजेय, विकट।

**insupportable** (इन्-सॅ-पो:´-टॅ-बॅल्) *adj.* unbearable, असह्य।

**insurable** (इन्´-शुर्´-अॅ-बॅल्) *adj.* that can be insured, जिसका बीमा हो सके।

**insurance** (इन्-शुअॅर्´-अॅन्स्) *n.* 1. a system of protection against risk, harm or damage, इन्शोरेन्स, बीमा। 2. the contract itself, बीमा-पत्र। 3. the amount for which anything is insured, बीमा-राशि।

**insure** (इन्-शुअॅ:´) *v.* 1. to issue or obtain insurance on or for, बीमा करना या कराना। 2. to make sure, पक्का करना, निश्चित कर लेना।

**insurgence** (इन्-स:´-जॅन्स्) *n.* uprising, विद्रोह, बगावत।

**insurgent** (इन्-स:´-जॅन्ट्) *adj.* rising in revolt, rebellious, विद्रोही, बागी।

**insurmountable** (इन्-स:-मॉउन्´-टॅ-बॅल्) *adj.* that cannot be surmounted, अजेय, विकट।

**insurrection** (इन्-सॅ-रॅक्´-शॅन्) *n.* revolt, rebellion, विद्रोह, बगावत, विप्लव।

**insusceptible** (इन्-सॅ-सॅप्´-टि-बॅल्) *adj.* 1. not susceptible, जो भावुक या संवेदनशील न हो। 2. not easily influenced, जिसे प्रभावित न किया जा सके, जिसपर असर न हो।

**intact** (इन्-टैक्ट्´) *adj.* 1. unimpaired or whole, साबुत, अक्षत, सही-सलामत। 2. complete, पूर्ण, पूरा।

**intake** (इन्´-टेक्) *n.* 1. the act of taking in, ग्रहण या अंतर्भुक्त करने की क्रिया या भाव, ग्राह्यता। 2. the amount taken in, ग्रहण की जानेवाली वस्तु या उसकी मात्रा, ग्रहणक्षमता।

**intangible** (इन्-टैन्´-जि-बॅल्) *adj.* 1. not tangible, अस्पृश्य, अमूर्त, अगोचर। 2. vague, अस्पष्ट, अनिश्चित। 3. difficult to understand or define, गूढ़, कठिन।

**intangibly** (इन्-टैन्´-जि-बॅ-ली) *adv.* in an intangible manner, अमूर्त/अस्पष्ट रूप में।

**integer** (इन्´-टि-जॅ:) *n.* a whole number, पूर्ण संख्या, पूर्णांक।

**integral** (इन्´-टि-ग्रॅल्, इन्´-टॅ-ग्रॅल्) *adj.* 1. complete, whole, पूर्ण, समग्र, समाकल। 2. of integer, पूर्णसंख्या-संबंधी, पूर्णसांख्यिक।

**integrate** (इन्´-टि-ग्रेट, इन्´-टॅ-ग्रेट्) *v.* 1. to unify, एकीकृत या समन्वित करना। 2. to unite, एक होना या करना।

**integrated** (इन्´-टि-ग्रे-टिड्, इन्´-टॅ-ग्रे-टिड्) *adj.* united, एकीकृत, संघटित, समन्वित।

**integration** (इन्´-टि-ग्रे´-शॅन्, इन्-टॅ-ग्रे´-शॅन्) *n.* the act of integrating or the state of being integrated, एकीकरण, समन्वयन।

**integrity** (इन्-टॅग्´-रॅ-टी, इन्-टॅग्´-रि-टी) *n.* 1. strict personal honesty, ईमानदारी, निष्ठा। 2. unity, एकता। 3. entirety, समग्रता।

**intellect** (इन्´-टॅ-लॅक्ट्) *n.* the ability of the mind to think, reason and learn, प्रज्ञा, बुद्धि।

**intellectual** (इन्-टॅ-लॅक्´-चु-अॅल्) *adj.* 1. of or relating to the intellect, बुद्धिगत, बौद्धिक। 2. rational, बुद्धिसंगत। 3. having superior intelligence, मनीषी, प्रबुद्ध, विद्वान। *n.* an intellectual person, बुद्धिजीवी।

**intellectually** (इन्-टॅ-लॅक्´-चु-अॅ-ली) *adv.* in an intellectual manner, बौद्धिक रूप से।

**intelligence** (इन्-टॅल्´-इ-जॅन्स्) *n.* 1. the capacity of learning and applying knowledge, बुद्धिमत्ता, मेधा। 2. secret information, गुप्त सूचना, आसूचना; intelligence department, आसूचना विभाग, गुप्तचर विभाग।

**intelligent** (इन्-टॅल्´-इ-जॅन्ट्) *adj.* having intelligence, बुद्धिमान, प्रज्ञावान, मेधावी।

**intelligently** (इन्-टॅल्´-इ-जॅन्ट्-ली) *adv.* in an intelligent manner, बुद्धिमत्तापूर्वक।

**intelligentsia** (इन्-टॅल्-इ-जॅन्ट्´-सि-अॅ) *n.*

the intelligent people of a society or nation, बुद्धिजीवी वर्ग, प्रबुद्ध लोग।

**intelligible** (इन्-टॅल्´-इ-जि-बॅल्) *adj.* that can be understood, बुद्धिग्राह्य, सुबोध।

**intelligibly** (इन्-टॅल्´-इ-जि-ब्ली) *adv.* in an intelligent manner, बुद्धिग्राह्य/बुद्धि-संगत रूप में।

**intemperance** (इन्-टॅम्´-पॅर्-ॲन्स्) *n.* lack of temperance, असंयम।

**intemperate** (इन्-टॅम्´-पॅ-रिट्) *adj.* not temperate, असंयमी, असंयत, अमर्यादित।

**intend** (इन्-टॅन्ड्´) *v.* 1. to wish, plan or propose, चाहना, इरादा रखना, मन में होना, योजना होना। 2. to be used for a special purpose, निमित्त होना। 3. to mean, अभिप्राय होना।

**intended** (इन्-टॅन्´-डिड्) *adj.* meant, intentional, उद्दिष्ट, साभिप्राय। *n.* one's prospective wife or husband, मँगेतर।

**intense** (इन्-टॅन्स्´) *adj.* 1. existing in high degree, very great or severe, तीव्र, तेज़, प्रचंड। 2. deeply felt, गहरा, गंभीर, अत्यधिक।

**intensely** (इन्-टॅन्स्´-ली) *adv.* greatly, बहुत अधिक, अत्यधिक; प्रचंड रूप से।

**intensifier** (इन्-टॅन्´-सि-फ़ाइॲ:) *n.* something that intensifies, तीव्रता प्रदान करने-वाला, तीव्रक।

**intensify** (इन्-टॅन्´-सि-फ़ाइ) *v.* 1. to make or become more intense, तीव्र करना या बढ़ाना, तीव्र होना या बढ़ना। 2. to strengthen, सशक्त बनाना।

**intensity** (इन्-टॅन्´-सि-टी) *n.* 1. the quality of being intense, तेज़ी, तीव्रता, प्रचंडता। 2. great force, ज़ोर, प्रबलता।

**intensive** (इन्-टॅन्´-सिव्) *adj.* 1. expressing or showing intensity, तीव्र। 2. giving force or emphasis, ज़ोरदार। 3. concentrated, सघन; intensive agriculture, सघन कृषि; intensive care, सघन संरक्षण। *n.* (gram.) an intensive word, तीव्रक।

**intent** (इन्-टॅन्ट्´) *n.* 1. aim or purpose, उद्देश्य या प्रयोजन। 2. intention, इरादा। *adj.* 1. having the specified firm attention, determined, कटिबद्ध, तत्पर। 2. engrossed, लीन, निमग्न। 3. concentrated, सघन।

**intention** (इन्-टॅन्´-शॅन्) *n.* 1. a plan or design to achieve something, आशय, इरादा, परिकल्पना, धारणा। 2. an aim or purpose, उद्देश्य, प्रयोजन। 3. meaning, अर्थ, अभिप्राय।

**intentional** (इन्-टॅन्´-शॅ-नॅल्) *adj.* done purposely, साशय, साभिप्राय।

**intentionally** (इन्-टॅन्´-शॅ-नॅ-ली) *adv.* with intention, जान-बूझकर, अभिप्राय से।

**intently** (इन्-टॅन्ट्´-ली) *adv.* with intention, इरादतन, साभिप्राय।

**intentness** (इन्-टॅन्ट्´-निस्) *n.* determination, कटिबद्धता, तत्परता।

**inter**[1] (इन्-ट:´) *v.* (interred, interring) to bury, गाड़ना, दफ़नाना, दफ़न करना।

**inter**[2] *prefix.* 1. between, among, अंतर, मध्य, बीच। 2. together, साथ-साथ, मिलकर।

**interact** (इन्-टॅ:-ऐक्ट्´) *v.* 1. to have an effect on each other, एक दूसरे को प्रभावित करना। 2. to act reciprocally, परस्परता दिखाना, दोनो ओर से सक्रिय रहना।

**interaction** (इन्-टॅ:-ऐक्´-शॅन्) *n.* reciprocal action, पारस्परिक क्रिया या व्यवहार, अंतर्व्यवहार।

**inter alia** (इन्´-टॅर्-ए´-लि-ॲ) *adv.* among other things, अन्य बातों के साथ।

**interbreed** (इन्-टॅ:-ब्रीड्´) *v.* (interbred, interbreeding) to crossbreed, संकरण करना।

**interbreeding** (इन्-टॅ:-ब्रीड्´-इंग्) *n.* a crossbreed, संकर।

**intercaste** (इन्-टॅ:-कास्ट्´/कैस्ट्´) *adj.* between the castes, अंतरजातीय।

**intercede** (इन्-टॅ:-सीड्´) *v.* 1. to mediate, मध्यस्थता करना, बीच-बचाव करना। 2. to make a request on behalf of another, किसी की तरफ़ से निवेदन करना।

**intercellular** (इन्-टॅ:-सॅल्´-यु-लॅ:) *adj.* among or between the cells, अंतरकोशिकीय।

**intercept** (इनॅ-टॅ:-सॅप्ट्´) *v.* to take, seize or stop in the way, बीच में रोकना, बीच में पकड़ लेना, अवरोध करना।

I

**interception** (इन्-टॅ:-सेॅप्´-शॅन्) ***n.*** the act of intercepting, अंतारोधन, अवरोधन, बीच में रोकना या पकड़ना।

**interceptor** (इन्-टॅ:-सेॅप्´-टः) ***n.*** one who intercepts, अवरोधक।

**interchange** (इन्-टॅ:-चेन्ज्´) ***v.*** 1. to exchange, विनिमय करना। 2. to put each of two things in the place of the other, बदलना, अदल-बदल करना। ***n.*** 1. exchange, विनिमय। 2. a road junction where traffic do not intersect on the same level, इंटरचेंज।

**interchangeable** (इन्-टॅ:-चेन्´-जॅ-बॅल्) ***adj.*** that can be interchanged, विनिमय के योग्य।

**inter-city** (इन्-टॅ:-सि´-टी) ***adj.*** operating between the two cities, अंतर्नगरी।

**intercollegiate** (इन्-टॅ:-कॅ-ली´-जिट्) ***adj.*** between two or more colleges, अंतरमहाविद्यालयीय।

**intercom** (इन्´-टॅ:-कॉम्) ***n.*** an intercommunication system, अंत:संचार, आंतरिक संचार-व्यवस्था।

**intercommunicate** (इन्-टॅ:-कॅ-म्यू´-नि-केट्) ***v.*** 1. to communicate with each other, अंत:संचार होना, अर्थात् एक दूसरे के साथ पत्र-व्यवहार, बातचीत होना या आना-जाना होना। 2. to be adjoined, संलग्न होना।

**intercommunication** (इन्-टॅ:-कॅ-म्यू-नि-के´-शॅन्) ***n.*** communication with each other, अंत:संचार।

**interconnect** (इन्-टॅ:-कॅ-नेॅक्ट्) ***v.*** to connect with each other, एक दूसरे के साथ जोड़ना, अंत:संबद्ध करना।

**interconnection** (इन्-टॅ:-कॅ-नेॅक्´-शॅन्) ***n.*** 1. the act of interconnecting, अंतस्संबंधन। 2. the state of being interconnected, अंतस्संबंध।

**intercontinental** (इन्-टॅ:-कॉन्-टि-नेॅन्´-टॅल्) ***adj.*** between or among continents, अंतरमहाद्वीपीय।

**intercourse** (इन्´-टॅ:-को:स्) ***n.*** 1. sexual intercourse, मैथुन, सहवास। 2. the dealings between the people, countries etc. पारस्परिक व्यवहार।

**intercrop** (इन्-टॅ:-क्रॉप्´) ***n.*** a crop between the two main crops, बिचली फ़सल

**intercultural** (इन्-टॅ:-कल्´-चॅ-रॅल्) ***adj.*** relating to different cultures, अंतस्सांस्कृतिक

**interdenominational** (इन्-टॅ:-डि-नॉम्-इ-ने´-शॅ-नॅल्) ***adj.*** relating to different denominations, विभिन्न धर्मसंप्रदायों से संबद्ध, अंतर्धर्मसंप्रदायी।

**interdepartmental** (इन्-टॅ:-डी-पा:ट्-मेॅन्´-टॅल्) ***adj.*** relating to different departments, अंतर्विभागीय।

**interdependence** (इन्-टॅ:-डि-पेॅन्´-डॅन्स्) ***n.*** the state of being interdependent, अन्योन्याश्रय, परस्पर-निर्भरता।

**interdependent** (इन्-टॅ:-डि-पेॅन्´-डॅन्ट्) ***adj.*** mutually dependent, अन्योन्याश्रित, परस्पर निर्भर।

**interdict** (इन्-टॅ:-डिक्ट्´) ***v.*** to forbid with authority, मना कर देना, निषेध कर देना, रोक लगा देना। ***n.*** any prohibitory act, निषेधाज्ञा

**interdisciplinary** (इन्-टॅ:-डिस्´-इ-प्लि-नॅ-नेॅर्-ई) ***adj.*** of or relating to two or more academic disciplines, विभिन्न ज्ञान शाखाओं से अंतस्संबद्ध।

**interest** (इन्´-ट्रस्ट्, इन्ट्´-रेॅस्ट्) ***n.*** 1. a feeling of curiosity about something, रुचि, अभिरुचि, दिलचस्पी, कौतूहल। 2. something that arouses such feeling, र 3. importance, महत्त्व। 4. benefit, ला 5. a right or legal share in something, हित; vested interest, निहित हित। 6. money paid for the use of money, ब्याज, सूद।

**interested** (इन्´-ट्रस्-टिड्) ***adj.*** having interest in something, रुचि रखनेवाला।

**interesting** (इन्´-ट्रस्-टिंग्) ***adj.*** arousing interest, रोचक, दिलचस्प।

**interestingly** (इन्´-ट्रस्-टिंग्-ली) ***adv.*** in interesting way, दिलचस्पी से, रुचिपूर्वक

**interface** (इन्´-टॅ:-फ़ेस्) ***n.*** 1. a surface forming a common boundary between two regions, अंत:प्रदेश। 2. a point where t systems/processes interact, मिलन-बिंदु।

**interfere** (इन्-टॅ-फ़िअँ:´) *v.* 1. to intervene in the affairs of others, हस्तक्षेप करना, दख़ल देना। 2. to obstruct, बाधा पहुँचाना।

**interference** (इन्-टॅ:-फ़िअँर्´-ॲन्स्) *n.* 1. the act of interfering, हस्तक्षेप, दख़ल। 2. obstruction, बाधा, विघ्न।

**intergalactic** (इन्-टॅ:-गॅ-लैक्´-टिक्) *adj.* occurring between galaxies, नीहारिकाओं के मध्य होनेवाला।

**intergenerational** (इन्-टॅ:-जॅन्-ॲ-रे´-शॅ-नॅल्) *adj.* occurring between generations, पीढ़ियों के बीच का।

**interim** (इन्´-टॅ-रिम्) *adj.* temporary, अस्थायी, अंतरिम, अंत:कालीन, आंतर। *n.* interim period of time, अंतरिम अवधि।

**interior** (इन्-टीर्-इ-अँ:) *adj.* of or located nearer the centre, अंदरूनी, भीतरी, आभ्यांतर। *n.* the inner part, भीतरी भाग।

**interior decoration** *n.* the decoration of the inside of the building, आंतरसज्जा।

**interior decorator** *n.*one who is expert in interior decoration, आंतरसज्जा विशेषज्ञ।

**interject** (इन्-टॅ:-जेंक्ट्´) *v.* to throw in between, बीच में फेंकना, विशेषत: बीच में बोल उठना।

**interjection** (इन्-टॅ:-जेंक्´-शॅन्) *n.* a word that expresses some abrupt emotion and having no grammatical connection, exclamation, विस्मयादिबोधक।

**interlace** (इन्-टॅ:-लेस्´) *v.* to weave together, गूँथना।

**interleaf** (इन्´-टॅ:-लीफ़्) *n.* an extra blank leaf inserted in between two printed leaves of a book, आंतरपत्र।

**interleave** (इन्-टॅ:-लीव्´) *v.* to insert blank leaves between the printed leaves of a book, पुस्तक के छपे पन्नों के बीच सादे पन्ने लगाना, आंतरपत्रण।

**interlink** (इन्-टॅ:-लिंक्´) *v.* to link together, जोड़ या मिला देना, शृंखलित करना।

**interlock** (इन्-टॅ:-लॉक्´) *v.* 1. to lock together, एक साथ जोड़ या बाँध देना। 2. to join closely, जुड़ जाना।

**interlocutor** (इन्-टॅ:-लॉक्´-यॅ-टॅ:) *n.* a person taking part in a conversation, वार्तालाप करनेवाला, वार्तालापी।

**interlope** (इन्-टॅ:-लोप्´) *v.* to meddle in others' affairs, दख़ल देना, हस्तक्षेप करना।

**interlude** (इन्-टॅ:-ल्यूड्´) *n.* 1. an intervening period of time between the acts of a play, मध्यांतर, अंतराल। 2. something performed during this, मध्यांतर का कार्यक्रम।

**interlunar** (इन्-टॅ:-लू´-नॅ:) *adj.* of the bright half of a lunar month, शुक्लपक्षीय।

**intermarriage** (इन्-टॅ:-मैर्´-इज्) *n.* marriage between the people of different castes, tribes etc., अंतरजातीय विवाह।

**intermarry** (इन्-टॅ:-मैर्´-ई) *v.* (intermarried, intermarrying) 1. to marry one of another group, caste, race etc., अंतरजातीय विवाह करना। 2. to marry within one's own group, जाति में विवाह करना।

**intermediary** (इन्-टॅ:-मी´-डिअॅ-री;-ऍर्-ई) *adj.* 1. acting as a mediator, मध्यस्थता करनेवाला। 2. intermediate, बिचला, माध्यमिक।

**intermediate** (इन्-टॅ:-मी´-डि-इट्) *adj.* coming or lying in between two things in time, place or order, मध्यवर्ती, माध्यमिक; intermediate school, माध्यमिक विद्यालय।

**interment** (इन्-टॅ:´-मॅन्ट्) *n.* burial, दफ़न।

**interminable** (इन्-टः´-मि-नॅ-बॅल्) *adj.* without end or limit, अनंत, असीम।

**intermingle** (इन्-टॅ:-मिंग्´-गॅल्) *v.* to mix together, मिलना या मिलाना, मिश्रित करना या होना।

**intermission** (इन्-टॅ:-मिश्´-ॲन्) *n.* an interlude, अंतराल, मध्यांतर।

**intermittent** (इन्-टॅ:-मिट्´-ॲन्ट्) *adj.* not continuous, occurring at intervals, रुक-रुककर होनेवाला, रह-रहकर होनेवाला, आंतरायिक।

**intern**[1] (इन्´-टःन्) *n.* a doctor serving as assistant and undergoing practical training, प्रशिक्षणाधीन चिकित्सक।

**intern**[2] (इन्-टःन्´) *v.* (interned, interning) to serve as an intern, प्रशिक्षण प्राप्त करना।

**intern**[3] (इन्-टःन्´) *v.* (interned, interning) to detain in wartime, युद्धकाल में बंदी बनाना।

**internal** (इन्-टः´-नॅल्) *adj.* 1. inward, interior, आंतरिक, अंदरूनी, भीतरी। 2. of domestic affairs of a country, देशी, राष्ट्रीय, घरेलू।

**internally** (इन्-टः´-नॅ-ली) *adv.* inwardly, भीतरी भाग के विचार से।

**international** (इन्-टॅः-नेश्´-अॅ-नॅल्) *adj.* of or concerning two or more nations, अंतरराष्ट्रीय।

**International** *n.* 1. an international association, कोई अंतरराष्ट्रीय संघटन। 2. one who plays in international tournaments, अंतरराष्ट्रीय खिलाड़ी।

**internationalism** (इन्-टॅः-नेश्´-अॅ-नॅ-लिज़्-अॅम्) *n.* the principle or policy of cooperation between the nations, अंतरराष्ट्रीयवाद।

**internationalist** (इन्-टॅः-नेश्´-अॅ-नॅ-लिस्ट्) *n.* one who believes in internationalism, अंतरराष्ट्रीयवादी।

**internationalize** (इन्-टॅः-नेश्´-अॅ-नॅ-लाइज़्) *v.* 1. to make international, अंतरराष्ट्रीय स्वरूप देना। 2. to put under international control, अंतरराष्ट्रीय नियंत्रण में लाना या रखना।

**interne** (इन्´-टॅःन्) *n.* an intern, प्रशिक्षणाधीन डाक्टर।

**internecine** (इन्-टॅः-नी´-साइन्, इन्-टॅः-नी´-सीन्) *adj.* 1. deadly to both sides, दोनो पक्षों के लिए घातक। 2. involving conflict within a group, आपसी लड़ाई से संबद्ध; internecine squabbles, आपसी झगड़े।

**internee** (इन्-टः-नी´) *n.* a person interned during war, नज़रबंद।

**internet** (इन्´-टॅः-नॅट्) *n.* **the Internet,** the international computer network, अंतरराष्ट्रीय कंप्यूटर-तंत्र।

**internment** (इन्-टःन्´-मॅन्ट्) *n.* the act of interning or the state of being interned, नज़रबंदी; internment camp, नज़रबंदी शिविर।

**interpersonal** (इन्-टॅः-पः´-सॅ-नॅल्) *adj.* occurring between the persons, पारस्परिक।

**interplanetary** (इन्-टॅः-प्लैन्´-अॅ-टॅर्-ई) *adj.* between planets, अंतर्ग्रह।

**interplay** (इन्´-टॅः-प्ले) *n.* interaction, पारस्परिक क्रिया, पारस्परिक व्यवहार।

**Interpol** (इन्´-टॅः-पोल्) *n.* International Criminal Police Commission, अंतरराष्ट्रीय पुलिस, अंतरपोल।

**interpolate** (इन्-टः´-पॅ-लेट्) *v.* 1. to change a text by adding new or false material, क्षेपक मिलाना, प्रक्षिप्त करना। 2. to insert, अंतर्वेशन करना, सन्निवेश करना।

**interpolation** (इन्-टः-पॅ-ले´-शॅन्) *n.* 1. an act of interpolating, क्षेपण। 2. something interpolated, क्षेपक।

**interpose** (इन्-टॅः-पोज़्´) *v.* 1. to interject, बीच में फेंकना विशेषत: बीच में बोलना। 2. to intervene, दख़ल देना, हस्तक्षेप करना।

**interposition** (इन्-टॅः-पॅ-ज़िश्´-अॅन्) *n.* 1. the act of interposing, क्षेपण। 2. something interposed, क्षेपक।

**interpret** (इन्-टः´-प्रिट्) *v.* 1. to explain the meaning of, व्याख्या करना। 2. to act as interpreter, दुभाषिए का काम करना, समझाना।

**interpretation** (इन्-टः-प्रॅ-टे´-शॅन्) *n.* the act of interpreting, व्याख्या या निर्वचन करना।

**interregnum** (इन्-टॅः-रॅग्´-नॅम्) *n.* (plu. interregna, interregnums) a gap in continuity, अंतराल, व्यवधान।

**interrelate** (इनॅ-टॅः-रि-लेट्´) *v.* to relate to each other, एक दूसरे से संबंध स्थापित होना या करना।

**interrelation** (इन्-टॅः-रि-ले´-शॅन्) *n.* mutual relationship, पारस्परिक संबंध।

**interrogate** (इन्-टॅर्´-अॅ-गेट्) *v.* to question formally, पूछ-ताछ करना, प्रश्न करना।

**interrogation** (इन्-टॅर्-अॅ-गे´-शॅन्) *n.* the act of interrogating or the state of being interrogated, पूछ-ताछ, प्रश्न पूछना।

**rrogative** (इन्-टॅ-रॉग्´-ॲ-टिव्) *adj.* of the nature of a question, प्रश्नात्मक।

**rrogator** (इन्-टॅ-रॉग्´-ॲ-टः) *n.* one who interrogates, पूछ-ताछ करनेवाला, प्रश्नकर्ता।

**rrogatory** (इन्-टॅ-रॉग्´-ॲ-टॅ-री) *adj.* expressing or implying a question, प्रश्नात्मक।

**rrupt** (इन्-टॅ-रप्ट्´) *v.* 1. to break the continuity, क्रमभंग करना, विच्छिन्न करना, व्यवधान डालना। 2. to break the flow of the speech, टोकना, टोकाटाकी करना।

**rruption** (इन्-टॅ-रप्´-शॅन्) *n.* the act of interrupting or the state of being interrupted, क्रमभंग, व्यवधान; टोकाटाकी, बाधा।

**rsect** (इन्-टॅः-सॅक्ट्´) *v.* to cross each other (as lines or roads) एक दूसरे को काटना।

**rsection** (इन्-टॅः-सॅक्´-शॅन्) *n.* 1. the act of intersecting, परस्पर काटना। 2. a place where lines or roads intersect, चौराहा।

**rsperse** (इन्-टॅः-स्पःस्´) *v.* to scatter, बिखेरना, छितराना।

**rstate** (इन्-टॅः-स्टेट्´) *adj.* of or existing between two or more states, अंतरराज्यीय।

**rsteller** (इन्-टॅः-स्टॅल्´-ॲः) *adj.* of or existing between stars, अंतरतारकीय।

**rstice** (इन्-टः´-स्टिस्) *n.* a narrow space between things or parts, झिरी, दरार, छिद्र।

**rtwine** (इन्-टॅः-ट्वाइन्´) *v.* to twine together, गूँथना।

**rval** (इन्´-टॅः-वॅल्) *n.* a period of time between the recurrence of two events, अंतराल। ☐ **at intervals,** (i) कभी-कभी, बीच-बीच में; (ii) बीच-बीच में जगह छोड़कर।

**rvene** (इन्-टॅः-वीन्´) *v.* 1. to occur between two events, things or points, बीच में आना। 2. to come between and hinder, बीच में आकर बाधा पहुँचाना, हस्तक्षेप करना।

**rvening** (इन्-टॅः-वीन्´-इंग्) *adj.* coming or occurring in between, बीच का, मध्यवर्ती।

**rvention** (इन्-टॅः-वॅन्´-शॅन्) *n.* the act of interfering in the others' affairs, हस्तक्षेप, दख़ल, छेड़छाड़।

**interview** (इन्´-टॅः-व्यू) *n.* a formal meeting with a person in order to obtain his views or ascertain personal qualities, साक्षात्कार, भेंट, इंटरव्यू। *v.* to hold an interview with, साक्षात्कार लेना, इंटरव्यू लेना।

**interviewee** (इन्-टॅः-व्यू-ई´) *n.* a person who in interviewed, साक्षात्कारदाता।

**interviewer** (इन्´-टॅः-व्यू-ॲः) *n.* one who holds an interview, साक्षात्कार करनेवाला।

**interweave** (इन्-टॅः-वीव्´) *v.* (interwoven, interweaving) to weave together, गूँथना, गुंफन करना।

**interwoven** (इन्-टॅः-वो´-वॅन्) *adj.* woven together, गूँथा हुआ, गुंफित।

**intestate** (इन्-टॅस्´-टेट्) *adj.* without leaving a will, जिसने वसीयत न की हो, बेवसीयती। 2. not disposed of by a legal will, बेवसीयत।

**intestinal** (इन्-टॅस्´-टि-नॅल्,-टिन्-ॲल्) *adj.* of or pertaining to the intestine, आँत-संबंधी, आंत्र-संबंधी।

**intestine** (इन्-टॅस्´-टाइन्) *n.* the lower portion of the alimentary canal extending from the outlet of the stomach to the anus, आँत, अँतड़ी, आंत्र; large intestine, बड़ी आँत; small intestine, छोटी आँत।

**intimacy** (इन्´-टि-मॅ-सी) *n.* the quality of being intimate, आत्मीयता, घनिष्ठता।

**intimate**[1] (इन्´-टि-मॅट/मिट्) *adj.* 1. very close, familiar, आत्मीय, अंतरंग, घनिष्ठ, सुपरिचित; intimate friend, पक्का दोस्त, जिगरी दोस्त। 2. private and personal, निजी, वैयक्तिक। 3. essential, आवश्यक, अनिवार्य।

**intimate**[2] (इन्-टि-मेट्´) *v.* to make known, अवगत करना, सूचना देना, प्रज्ञापित करना।

**intimation** (इन्-टि-मे´-शॅन्) *n.* 1. a formal notification, सूचना, प्रज्ञापन। 2. something intimated, सूचित की हुई बात।

**intimidate** (इन्-टिम्´-इ-डेट्) *v.* to subdue by threats, धमकाना, डराना।

I

**intimidation** (इन्-टिम्-इ-डे´-शॅन्) ***n.*** 1. the act of intimidating, धमकी देना, डराना। 2. threat, धमकी।

**intimidator** (इन्-टिम्´-इ-डे-टॅ:) ***n.*** one who intimidates, धमकी देनेवाला, धमकानेवाला।

**into** (इन्´-टु) ***prep.*** 1. to the inside of, के अंदर, के भीतर, में। 2. to the condition or form of, में। 3. times, गुणित करने पर; 5 into 10 is fifty, पाँच से १० को गुणित करने पर ५० होता है।

**intolerable** (इन्-टॉल्´-अॅ-रॅ-बॅल्) ***adj.*** that cannot be tolerated, असह्य, असहनीय।

**intolerance** (इन्-टॉल्´-अॅ-रॅन्स्) ***n.*** lack of tolerance, असहिष्णुता, असहनशीलता।

**intolerant** (इन्-टॉल्´-अॅ-रॅन्ट्) ***adj.*** not tolerant, असहिष्णु, असहनशील।

**intolerantly** (इन्-टॉल्´-अॅ-रॅन्ट्-ली) ***adv.*** in an intolerant way, असहिष्णुतापूर्वक।

**intonation** (इन्-टॅ-ने´-शॅन्) ***n.*** the way in which the tone of the voice emphasizes words, or rises or falls, स्वर का उतार-चढ़ाव, अनुतान, लहजा।

**intone** (इन्-टोन्´) ***v.*** to recite in a singing or chanting voice, स्वर या लय से पढ़ना।

**in toto** (इन्-टो´-टो) ***adv.*** completely, पूर्णत:।

**intoxicant** (इन्-टॉक्´-सि-कॅन्ट्) ***n.*** something that intoxicates, नशीली वस्तु, मादक पदार्थ।

**intoxicate** (इन्-टॉक्´-सि-केट्) ***v.*** 1. to make drunk, नशे में लाना, बेसुध कर देना। 2. to excite or stimulate beyond control, उन्मत्त कर देना, पागल बना देना।

**intoxication** (इन्-टॉक्-सि-के´-शॅन्) ***n.*** the act of intoxicating or the state of being intoxicated, नशा, मद, मत्तता। 2. great excitement, उन्माद, उतावलापन।

**intra** (इन्´-ट्रा) ***prefix.*** within, भीतरी।

**intractable** (इन्-ट्रैक्´-टॅ-बॅल्) ***adj.*** 1. difficult to control, अनियंत्रणीय। 2. uncurable, असाध्य। 3. stubborn, अड़ियल, हठी।

**intramural** (इन्-ट्रॅ-म्यु´-रॅल्) ***adj.*** occurring or carried on within an institution, अंतस्संस्थानिक, संस्थागत, विद्यालयीय।

**intramuscular** (इन्-ट्रॅ-मस्´-क्यु-लॅ:) ***adj.*** into a muscle, पेशियों में लगाया जानेवा अंतर्पेशीय।

**intransigence** (इन्-ट्रैन्´-सि-जॅन्स्) ***n.*** state or quality of being intransige हठ, दुराग्रह।

**intransigent** (इन्-ट्रैन्´-सि-जॅन्ट्) ***adj.*** st born, uncompromising, हठी, दुराग्राही।

**intransitive** (इन्-ट्रैन्´-सॅ-टिव्) ***adj.*** having a direct object, अकर्मक; intr sitive verb, अकर्मक क्रिया।

**intrastate** (इन्-ट्रॅ-स्टेट्´) ***adj.*** existing carried within a state, अंताराज्यीय।

**intrauterine** (इन्-ट्रॅ-यू´-टॅ-रिन्) ***adj.*** loca or occurring within the uterus, भग होनेवाला।

**intravenous** (इन्-ट्रॅ-वी´-नॅस्) ***adj.*** int vein, नस में होने या लगाया जानेवाला, अंत:शि

**intrepid** (इन्-ट्रॅप्´-इड्) ***adj.*** 1. fearless, नि निर्भीक, निर्भय। 2. courageous, साह दिलेर।

**intrepidity** (इन्-ट्रॅ-पिड्´-इ-टी) ***n.*** the st or quality of being intrepid, निर्भीक निर्भयता, साहस, दिलेरी।

**intrepidly** (इन्-ट्रॅप्´-इड्-ली) ***adv.*** 1. fe lessly, निर्भय होकर। 2. courageous साहसपूर्वक।

**intricacy** (इन्´-ट्रि-कॅ-सी) ***n.*** the state quality of being intricate, जटिल पेचीदापन, पेचीदगी।

**intricate** (इन्´-ट्रि-केट्) ***adj.*** very com cated, पेचीदा, जटिल।

**intricately** (इन्´-ट्रि-केट्-ली) ***adj.*** in intricate way, जटिल रूप में, पेचीदगी से

**intrigue**[1] (इन्´-ट्रीग्) ***n.*** 1. an underh plot, षड्यंत्र, कुचक्र। 2. a secret l affair, गुप्त प्रेम-संबंध, प्रेम-प्रपंच।

**intrigue**[2] (इन्-ट्रीग्´) ***v.*** to plot, षड्यंत्र क कुचक्र रचना।

**intrinsic** (इन्-ट्रिन्´-सिक्) ***adj.*** 1. loca within, भीतरी। 2. essential, मूल तात्त्विक। 3. inherent, अंतर्निहित।

**intrinsically** (इन्-ट्रिन्´-सि-कॅ-ली) ***adv.*** sentially, तात्त्विक रूप से।

I

**roduce** (इन्-ट्रॅ-ड्यूस्´) *v.* 1. to present formally, पेश करना, प्रस्तुत करना। 2. to make (a person) known by name to others, परिचय कराना। 3. to conduct in, प्रविष्ट करना, डालना, घुसाना। 4. to bring into use, प्रयोग में लाना। 5. to offer first time for sale, (नई चीज़) बिक्री के लिए उपलब्ध करना। 6. to start, आरंभ करना।

**roduction** (इन्-ट्रॅ-डक्´-शॅन्) *n.* 1. the act of introducing or the state of being introduced, प्रस्तुति। 2. the action of making known personally, परिचय; letter of introduction, परिचय-पत्र। 3. the preliminary section of a book, भूमिका, प्रस्तावना।

**roductory** (इन्-ट्रॅ-डक्´-टॅ-री) *adj.* serving to introduce, परिचायक।

**rospection** (इन्-ट्रॅ-स्पेॅक्´-शॅन्) *n.* self-examination, आत्मविश्लेषण, आत्मनिरीक्षण।

**rospective** (इन्-ट्रॅ-स्पेॅक्´-टिव्) *adj.* of or pertaining to introspection, आत्म-विश्लेषणपरक, आत्मविश्लेषी।

**roversion** (इन्-ट्रॅ-व:-ज़्हॅन्) *n.* the state or quality of being an introvert, अंतर्मुखता।

**rovert** (इन्´-ट्रॅ-व:ट्) *n.* a person whose thoughts are directed inward, अंतर्मुखी।

**rude** (इन्-ट्रूड्´) *v.* 1. to enter without being invited or wanted, घुसना, बलात् प्रवेश करना। 2. to enter illegally, घुसपैठ करना।

**ruder** (इन्-ट्रूड्´-अॅ:) *n.* one who intrudes, घुसपैठिया, घुसपैठी।

**rusion** (इन्-ट्रू´-ज़्हॅन्) *n.* the act of intruding, बलात् प्रवेश, घुसपैठ।

**rust** (इन्-ट्रस्ट्´) *v.* = entrust.

**uit** (इन्-ट्यू´-इट्) *v.* to know or sense by intuition, अंदर से ज्ञान हो जाना।

**uition** (इन्-ट्यू´-शॅन्) *n.* the power of knowing or understanding something immediately without conscious reasoning, अंतर्ज्ञान, अंत:स्फुरण, सहजज्ञान।

**uitive** (इन्-ट्यू´-टिव्) *adj.* based on intuition, सहज रूप से जाना हुआ, सहजज्ञानिक।

**ndate** (इन्´-ॲन्-डेट्) *v.* 1. to cover with or as with a flood, प्लावित करना। 2. to flood, बाढ़ लाना, पाट देना।

**inundation** (इन्-ॲन्-डे´-शॅन्) *n.* 1. the act of inundating, प्लावन। 2. the state of being flooded, बाढ़, भरमार।

**inure** (इ-न्युअॅ:´, इन्-यू:´) *v.* to habituate, आदी हो जाना, लत पड़ जाना।

**invade** (इन्-वेड्´) *v.* 1. to enter by force in order to conquer, चढ़ाई करना, धावा बोलना, आक्रमण करना। 2. to crowd into, चढ़ आना या चढ़ जाना, घुस आना या घुस जाना। 3. to infest, ग्रस्त करना।

**invader** (इन्-वेड्´-अॅ:) *n.* one who invades, आक्रमणकारी, हमलावर।

**invalid**[1] (इन्-वै´-लिड्) *adj.* infirm, disabled, अशक्त, दुर्बल।

**invalid**[2] (इन्-वैल्´-इड्) *adj.* 1. not valid, अमान्य। 2. not legally valid, अविधिमान्य।

**invalidate** (इन्-वैल्´-इ-डेट्) *v.* to make invalid, विधि की दृष्टि से अमान्य करना, अविधिमान्य करना।

**invalidation** (इन्-वैल्-इ-डे´-शॅन्) *n.* the act of invalidating, अविधिमान्यकरण।

**invalidity** (इन्-वॅ-लिड्´-अॅ-टी) *n.* 1. lack of validity, अविधिमान्यता। 2. disableness, weakness, अशक्तता, निर्बलता।

**invaluable** (इन्-वैल्´-यु-अॅ-बॅल्) *adj.* extremely valuable, बहुमूल्य, अमूल्य।

**invariable** (इन्-वेॅअॅर्´-इ-अॅ-बॅल्) *adj.* not subject to change, अपरिवर्तनशील, नित्य।

**invariably** (इन्-वेॅअॅर्´-इ-अॅ-ब्ली) *adv.* constantly, सदा, हमेशा।

**invasion** (इन्-वे´-ज़्हॅन्) *n.* 1. the act of invading or the state of being invaded, आक्रमण। 2. the onset (of a disease रोग का) आक्रमण।

**invective** (इन्-वेॅक्´-टिव्) *n.* 1. abusive words, गाली-गलौज। 2. insulting language, भर्त्सना।

**inveigh** (इन्-वे´) *v.* to make a violent verbal attack, फटकारना, भला-बुरा कहना।

**inveigle** (इन्-वे´-गॅल्) *v.* to entice or trick into doing something, फुसलाना।

I

**invent** (इन्-वेंन्ट्´) ***v.*** 1. to think for the first time, उद्भावना करना। 2. to devise for the first time, आविष्कार करना। 3. to fabricate, बनाना, गढ़ लेना; to invent excuses, बहाने बनाना।

**invention** (इन्-वेंन्´-शॅन्) ***n.*** 1. the act of inventing, आविष्करण। 2. something invented, आविष्कृत वस्तु, आविष्कार।

**inventive** (इन्-वेंन्´-टिव्) ***adj.*** 1. of invention, आविष्कार-संबंधी। 2. skilled in inventing, आविष्कारी, सूझबूझवाला।

**inventor** (इन्-वेंन्´-टॅ:) ***n.*** one who invents, आविष्कारकर्ता, आविष्कारक।

**inventory** (इन्´-वेंन्-टॅ-री) ***n.*** a detailed list of goods, property etc., विस्तृत सूची, तालिका। ***v.*** to make an inventory of, विस्तृत सूची बनाना, तालिका बनाना।

**inverse** (इन्´-व:स्/इन्-व:स्´) ***adj.*** 1. inverted, reversed, उलटा, औंधा। 2. directly opposite, उलटा, प्रतिलोम।

**inversely** (इन्-व:स्´-ली) ***adv.*** in an inverse manner, उलटे, उलटे क्रम से, उलटे ढंग से।

**inversion** (इन्-व:´-शॅन्) ***n.*** the act of inverting or the state of being inverted, उलटा करना, उलटा क्रम या रूप, उलटाव।

**invert** (इन्-व:ट्´) ***v.*** to change upside down, उलटा देना, पलट देना।

I

**invertebrate** (इन्-व:´-टि-ब्रेट्/ब्रिट्) ***adj.*** without backbone, not vertebrate, बिना रीढ़ का, रीढ़विहीन, मेरुदंडरहित; डाँवाँडोल, अस्थिर। ***n.*** an invertebrate animal, बिना रीढ़ का प्राणी।

**invertible** (इन्-व:ट्´-इ-बॅल्) ***adj.*** that can be inverted, जिसे उलटा किया जा सके।

**invest** (इन्-वेंस्ट्´) ***v.*** 1. to put money to buy securities, property etc., for future benefit, धन (या रुपया) लगाना, विनिधान करना, निवेश करना। 2. to endow with power or authority, अधिकार देना।

**investigate** (इन्-वेंस्´-टि-गेट्) ***v.*** to enquire carefully and in detail, अन्वेषण करना, अनुसंधान करना, खोज करना।

**investigation** (इन्-वेंस्-टि-गे´-शॅन्) ***n.*** the act of investigating, अन्वेषण, अनुसं[illegible] खोज।

**investigator** (इन्-वेंस्´-टि-गे-टॅ:) ***n.*** [illegible] who investigates, अनुसंधानकर्ता, अन्वे[illegible] कर्ता।

**investiture** (इन्-वेंस्´-टि-चॅ:) ***n.*** a for[illegible] investing with an office, authority e[illegible] पदारोहण-समारोह, अलंकरण-वितरण-समा[illegible]

**investment** (इन्-वेंस्ट्´-मॅन्ट्) ***n.*** 1. the [illegible] of investing, विनिधान, निवेशन। 2. [illegible] amount invested, लगाई हुई पूँजी, विनि[illegible] निवेश।

**investor** (इन्-वेंस्ट्´-अॅ:) ***n.*** one who inve[illegible] विनिधानकर्ता, निवेशक।

**inveterate** (इन्-वेंट्´-अॅ-रिट्) ***adj.*** 1. fir[illegible] established, स्थिर, पक्का। 2. habit[illegible] आदी।

**invidious** (इन्-विड्´-इ-अॅस्) ***adj.*** tend[illegible] to stir up ill-will, द्वेषमूलक।

**invidiously** (इन्-विड्´-इ-अॅस्-ली) ***adv.*** [illegible] an invidious manner, द्वेषपूर्वक।

**invigilate** (इन्-विज्´-इ-लेट्) ***v.*** 1. to [illegible] alert, चौकस रहना। 2. to watch ca[illegible] fully, चौकसी करना, निगरानी करना, निरी[illegible] करना।

**invigilation** (इन्-विज्-इ-ले´-शॅन्) ***n.*** the [illegible] of invigilating, चौकसी, निगरानी।

**invigilator** (इन्-विज्´-इ-ले-टॅ:) ***n.*** one [illegible] invigilates, निरीक्षक।

**invigorate** (इन्-विग्´-अॅ-रेट्) ***v.*** to g[illegible] vigour, बलशाली बनाना, अनुप्राणित करना।

**invigoration** (इन्-विग्-अॅ-रे´-शॅन्) ***n.*** [illegible] act of invigorating, बलवर्धन।

**invigorative** (इन्-विग्´-अॅ-रे-टिव्) ***adj.*** te[illegible] ing to invigorate, बल बढ़ानेवाला, ब[illegible] वर्धक।

**invincibility** (इन्-विन्-सि-बिल्´-इ-टी) ***n.*** [illegible] quality or state of being invinci[illegible] अजेयता, दुर्भेद्यता।

**invincible** (इन्-विन्´-सि-बॅल्) ***adj.*** [illegible] cannot be conquered, अजेय, दुर्भेद्य।

**inviolable** (इन्-वाइ´-अॅ-लॅ-बॅल्) ***adj.*** no[illegible] be violated, अनुल्लंघनीय।

**invisibility** (इन्-विज़्-इ-बिल्´-इ-टी) ***n.*** the state or condition of being invisible, अदृश्यता।

**invisible** (इन्-विज़्´-इ-बॅल्) ***adj.*** not visible, अदृश्य, अप्रकट, ग़ायब।

**invisibly** (इन्-विज़´-इ-ब्ली) ***adv.*** in an invisible manner, अप्रकट रूप से, अदृश्य रूप से।

**invitation** (इन्-वि-टे´-शॅन्) ***n.*** 1. the act of inviting, आमंत्रण, न्योता। 2. a written or printed request for one's presence, निमंत्रण; invitation card, निमंत्रण-पत्र।

**invite** (इन्-वाइट्´) ***v.*** 1. to request the presence or participation of, निमंत्रित करना, न्योता देना, दावत देना। 2. to ask for, आमंत्रित करना। 3. to attract or lure, आकृष्ट करना, लुभाना, प्रलोभन देना। ***n.*** an invitation, निमंत्रण।

**invitee** (इन्-वाइ´-टी) ***n.*** one who has been invited, आमंत्रित अतिथि, मेहमान।

**inviting** (इन्-वाइ´-टिंग्) ***adj.*** attractive, alluring, आकर्षक, लुभावना, मोहक।

**invocation** (इन्-वॅ-के´-शॅन्) ***n.*** 1. an act of invoking, आवाहन, आह्वान, पुकार। 2. a prayer used in invoking, प्रार्थना, विनय।

**invoice** (इन्´-वॉइस्) ***n.*** detailed list of goods sent with prices and charges, बीजक। ***v.*** 1. to make an invoice, बीजक बनाना। 2. to send an invoice, बीजक भेजना।

**invoke** (इन्-वोक्´) ***v.*** 1. to call upon (God) for help in prayer, (देवता का) आह्वान करना। 2. to implore, प्रार्थना करना, चिरौरी करना।

**involuntary** (इन्-वॉल्´-अॅन्-ट्री, इन्-वॉल्´-अॅन्-टॅर्-ई) ***adj.*** 1. not performed willingly, अस्वैच्छिक, अनैच्छिक। 2. not subject to control, नियंत्रणविहीन। 3. forced or compulsory, ज़बरदस्ती का, अनिवार्य।

**involution** (इन्-वॅ-ल्यू´-शॅन्) ***n.*** 1. entanglement, उलझन, उलझाव। 2. intricacy, जटिलता, पेचीदगी।

**involve** (इन्-वॉल्व्´) ***v.*** 1. to coil up, लपेटना। 2. to make intricate, उलझाना, पेचीदा बना देना। 3. to contain or include as a part, अंतर्ग्रस्त होना, शामिल होना; to involve in danger, ख़तरे में पड़ना; to involve in difficulty, मुसीबत में पड़ना या फँसना। 4. to become occupied, (काम में) लग जाना, व्यस्त हो जाना।

**involved** (इन्-वॉल्व्ड्´) ***adj.*** 1. complicated, पेचीदा, उलझन या उलझाव-भरा। 2. not easily understood, दुर्बोध, गूढ़, गहन। 3. concerned with anything, ग्रस्त, अंतर्ग्रस्त।

**involvement** (इन्-वॉल्व्´-मॅन्ट्) ***n.*** entanglement, उलझन, उलझाव, फँसावड़ा, ग्रस्तता।

**invulnerability** (इन्-वल्-नॅ-रॅ-बिल्´-इ-टी) ***n.*** the state of being invulnerable, अभेद्यता, दुर्भेद्यता।

**invulnerable** (इन्-वल्´-नॅ-रॅ-बॅल्) ***adj.*** 1. not vulnerable, जिसे क्षति या हानि न पहुँच सके, अभेद्य, दुर्भेद्य। 2. that cannot be wounded or injured, जिसे ज़ख्मी या घायल न किया जा सके। 3. secure, सुरक्षित।

**inward** (इन्´-वॅ:ड्) ***adj.*** 1. placed within, भीतरी, अंदरूनी। 2. going toward inside, आवक। 3. in the mind or spirit, आंतरिक, अंतर्मुखी।

**inwardly** (इन्´-व़:ड्-ली) ***adv.*** 1. toward the inside, अंदर, भीतर, भीतर-ही-भीतर। 2. in the mind or spirit, मन में, आत्मा में।

**inwardness** (इन्´-व़:ड्-निस्) ***n.*** 1. the quality or state of being inward, अंतर्मुखता। 2. the inner nature, अंत:स्वभाव, मूल प्रकृति।

**inwards** (इन्´-व़:ड्ज़्) ***adv.*** 1. toward the inside, भीतर की ओर। 2. toward the mind or spirit, मन या आत्मा की ओर।

**iodine** (आइ´-अॅ-डीन्) ***n.*** a chemical element, एक प्रकार का रासायनिक तत्त्व, आयोडीन।

**ion** (आइ´-ऑन्/अॅन्) ***n.*** an atom having an electric charge, आयन।

**ionic** (आइ-ऑन्´-इक्) ***adj.*** 1. of or related to an ion, आयन-संबंधी, आयनिक। 2. of Ionia, Greek, युनानी।

**ionize** (आइ´-अॅ-नाइज़्) ***v.*** 1. to convert into ions, आयनों में परिवर्तित करना। 2. to be converted into ions, आयनों में परिवर्तित

I

हो जाना।

**ionosphere** (आइ-ऑन्´-अ॒-स्फ़िअ॒:) *n.* an ionized region of the upper atmosphere, आयनमंडल।

**iota** (आइ-ओ´-टॅ) *n.* 1. Greek letter *i.*, ग्रीक वर्णमाला का 'आइ' वर्ण। 2. the smallest possible amount, कण, ज़र्रा।

**ipso facto** (इप्-सो-फ़ैक्´-टो) *adv.* by that very fact, स्वयंमेव ही, इसी से, इसी आधार पर।

**Iranian** (इ-रे´-नि-अॅन्) *n.* a citizen of Iran, ईरानवासी, ईरानी। *adj.* of Iran, ईरानी।

**Iraqi** (इ-रैक्´-ई) *n.* an inhabitant of Iraq, ईराकी। *adj.* of Iraq, ईराकी।

**irascible** (इ-रैस्´-अ॒-बॅल्) *adj.* easily angered, irritable, चिड़चिड़ा, गर्ममिज़ाज।

**irate** (आइ´-रेट्) *adj.* angry, wrathful, क्रुद्ध, क्रोधी।

**ire** (आइ:) *n.* anger, wrath, क्रोध, गुस्सा।

**irenic** (आइ-रॅन्´-इक्) *adj.* promoting peace, शांतिप्रदायक, शांतिस्थापक।

**iridescent** (इर्-इ-डॅस्´-अॅन्ट्) *adj.* producing or displaying rainbow-like colours, रंग-बिरंगा, सतरंगा।

**iridium** (इ-रिड्´-इ-अॅम्) *n.* a metallic element, इरिडियम नामक तत्त्व।

I

**iris** (आइ´-रिस्) *n.* (plu. irises, irides) 1. a rainbow, इंद्रधनुष। 2. a membrane surrounding the pupil of the eye, आँख की पुतली। 3. a plant with sword shaped leaves, आइरिस नामक पौधा।

**Irish** (आइ´-रिश्) *adj.* of Ireland, आयरलैंड-संबंधी। *n.* 1. the language of Ireland, आयरलैंड की भाषा। 2. the people of Ireland, आयरलैंड के लोग, आयरलैंडवासी।

**irk** (अ:क्) *v.* 1. to irritate, to annoy, गुस्सा दिलाना, चिढ़ाना। 2. to make weary or bored, थका डालना, ऊबा देना।

**irksome** (अ:क्´-सम्) *adj.* 1. causing annoyance, चिढ़ानेवाला। 2. tiresome, boring, annoying, थकानेवाला, ऊबानेवाला, परेशान करनेवाला।

**iron** (आइ´-अॅन्, आइ´-अ॒:न्) *n.* 1. a very common and useful metal, लोहा। 2. any tool made of iron, लोहे का उपकरण, जैसे इस्त्री। 3. great hardness or firm strength, दृढ़ता, कठोरता। 4. a tonic containing iron, लौह मिश्रित पौष्टिक पदार्थ। 5. a golf club with a metal head, गोल्फ़ खेलने का वह डंडा, जिसके सिरे पर लोहा मढ़ा हो। 6. (plu.) fetters, बेड़ियाँ। □ **in irons,** बेड़ियों से जकड़ा हुआ; **strike while the iron is hot,** ठीक मौके पर काम करना, अनुकूल परिस्थितियों के रहते काम करना। *v.* to smooth clothes with an iron, इस्त्री करना, लोहा करना। □ **iron out,** दूर करना, हटा या निकाल देना।

**Iron Age** *n.* a period of civilization when tools were made of iron, लौहयुग।

**ironbound** (आइ´-अ॒:न्-बॉउन्ड्) *adj.* 1. rigid, कठोर। 2. unyielding, दृढ़, हठी।

**ironclad** (आइ´-अ॒:न्-क्लैड्´) *adj.* 1. covered with iron, लौहावृत्त। 2. rigid, कठोर, दृढ़।

**Iron Curtain** *n.* a social, political or military barrier to prevent the free passage of people in some countries, लौहावरण।

**iron foundry** *n.* a foundry in which iron is cast and moulded, ढलाई-घर।

**iron-gray, iron-grey** (आइ´-अ॒:न्-ग्रे) *adj.* grey like iron, भूरा।

**iron horse** *n.* a locomotive, रेल का इंजन।

**ironic** (आइ-रॉन्´-इक्) *adj.* = ironical.

**ironical** (आइ-रॉन्´-इ-कॅल्) *adj.* using or expressing irony, व्यंग्यात्मक, व्यंग्यपूर्ण।

**ironically** (आइ-रॉन्´-इ-कॅ-ली) *adv.* in an ironical manner, व्यंग्यपूर्वक।

**ironstone** (आइ´-अ॒:न्-स्टोन्) *n.* hard iron ore, कठोर अयस्क।

**ironworks** (आइ´-अ॒:न्-व:क्स्) *n.* a place where iron goods are moulded, लौहशाला।

**irony[1]** (आइ´-रॅ-नी) *n.* (plu. ironies) 1. speech intended to convey a contrary signification, व्यंग्य। 2. an instance of this, व्यंग्योक्ति। 3. the incongruity between what might be expected and what actually occurs, विडंबना या अदृष्ट विधान।

**irony**[2] (आइ´-रॅ-नी) ***adj.*** of like or containing iron, लोहे का, लौहयुक्त।

**irradiate** (इ-रे´-डि-एट्) ***v.*** 1. to make bright, चमकाना, प्रकाशित करना। 2. to become bright, चमकना, चमकने लगना। 3. to expose to radiation, एक्सरे किरणों से उपचार करना।

**irrational** (इ-रैश्´-अॅ-नॅल्) ***adj.*** 1. not rational, अविवेकपूर्ण या अविवेकशील, अयुक्तियुक्त या अयुक्तिशील। 2. illogical or absurd, बेतुका, हास्यास्पद।

**irrationally** (इ-रैश्´-अॅ-नॅ-ली) ***adv.*** in an irrational manner, अविवेकपूर्वक, बेतुके ढंग से।

**irreconcilable** (इ-रॅक्´-अॅन्-साइ-लॅ-बॅल्) ***adj.*** that cannot be reconciled, conflicting, असमाधेय, परस्पर-विरोधी, अनमेल, असंगत।

**irrecoverable** (इर्-इ-कव्´-अॅ-रॅ-बॅल्) ***adj.*** 1. that cannot be recovered, जो वसूल न हो सके। 2. irretrievable, जिसे वापस न लिया जा सके।

**irredeemable** (इर्-इ-डी´-मॅ-बॅल्) ***adj.*** 1. not redeemable, जिसका उद्धार न किया जा सके। 2. that cannot be recovered, जिसे पुनः प्राप्त न किया जा सके। 3. hopeless, निराशाजनक।

**irreducible** (इर्-इ-ड्यू´-सॅ-बॅल्) ***adj.*** that cannot be reduced to a smaller form or amount, जिसे कम न किया जा सके।

**irrefutable** (इर्-इ-फ़्यू´-टॅ-बॅल्) ***adj.*** that cannot be refuted, or disproved, अकाट्य।

**irregular** (इ-रॅग्´-यु-लॅः) ***adj.*** 1. not regular, contrary to the rule or practice, अनियमित। 2. not straight, uniform or symmetrical, असम, विषम, असामान्य। 3. not in order, अव्यवस्थित, क्रमरहित।

**irregularity** (इ-रॅग्-यु-लैर्´-अॅ-टी) ***n.*** 1. the quality or state of being irregular, अनियमितता। 2. a thing that is irregular, अनियमित बात, अनियमितता।

**irregularly** (इ-रॅग्´-यु-लैर्-ली) ***adv.*** not regularly, अनियमित रूप से।

**irrelevance** (इ-रॅल्´-अॅ-वॅन्स्) ***n.*** the state of being irrelevant, विसंगति, अप्रासंगिकता।

**irrelevant** (इ-रॅल्´-अॅ-वॅन्ट्) ***adj.*** not relevant, विसंगत, अप्रासंगिक।

**irreligious** (इर्-इ-लिज्´-अॅस्) ***adj.*** 1. not religious, अधार्मिक (आचरण या व्यक्ति)। 2. impious, दुराचारपूर्ण या दुराचारी।

**irremediable** (इर्-इ-मी´-डि-अॅ-बॅल्) ***adj.*** incurable, असाध्य, असुधार्य।

**irremovable** (इर्-इ-मू´-वॅ-बॅल्) ***adj.*** that cannot be removed, अटल, स्थायी या दृढ़।

**irreparable** (इ-रॅप्´-अॅ-रॅ-बॅल्) ***adj.*** 1. that cannot be repaired, जिसकी मरम्मत न हो सके। 2. that cannot be rectified or amended, जिसे सुधारा या बदला न जा सके। 3. that cannot be fulfilled, अपूरणीय।

**irreplaceable** (इर्-इ-प्ले´-सॅ-बॅल्) ***adj.*** that cannot be replaced, जिसकी जगह कोई न ले सके, अद्वितीय।

**irrepressible** (इर्-इ-प्रॅस्´-अॅ-बॅल्) ***adj.*** 1. that cannot be repressed, अदमनीय, अदम्य। 2. impossible to control, अड़ियल, हठी।

**irreproachable** (इर्-इ-प्रो´-चॅ-बॅल्) ***adj.*** faultless, निर्दोष।

**irresistible** (इर्-इ-जिस्´-टॅ-बॅल्) ***adj.*** 1. too strong or compelling to be resisted, जिसे रोका न जा सके, अप्रतिरोध्य, दुर्निवार्य। 2. extremely tempting, अत्यधिक लुभावना।

**irresolute** (इ-रॅज़्´-अॅ-ल्यूट्) ***adj.*** not resolute, hesitating, ढुलमुल, डाँवाँडोल।

**irrespective of** (इर्-इ-स्पॅक्´-टिव्, ऑफ़्) ***prep.*** regardless of, का विचार किए बिना, को ध्यान में रखे बिना।

**irresponsibility** (इर्-इ-स्पॉन्-सि-बिल्´-इ-टी) ***n.*** the fact or state of being irresponsible, गैरज़िम्मेदारी, अनुत्तरदायित्व।

**irresponsible** (इर्-इ-स्पॉन्´-सॅ-बॅल्) ***adj.*** not responsible, गैरज़िम्मेदार या गैरज़िम्मेदाराना, अनुत्तरदायी या अनुत्तरदायित्वपूर्ण।

**irresponsive** (इर्-इ-स्पॉन्´-सिव्) ***adj.*** not responsive, प्रतिक्रियाशून्य, अनुक्रियाविहीन।

I

**irretrievable** (इर्-इ-ट्री´-वॅ-बॅल्) *adj.* not retrievable, जिसे पुन: प्राप्त न किया जा सके।

**irreverence** (इ-रॅव्´-अॅ-रॅन्स्) *n.* lack of reverence, श्रद्धा का अभाव, अश्रद्धा।

**irreverent** (इ-रॅव्´-अॅ-रॅन्ट्) *adj.* not reverent, अश्रद्धालु।

**irreversible** (इर्-इ-वर्´-सॅ-बॅल्) *adj.* that cannot be reversed, जिसे उलटा या बदला न जा सके, अपरिवर्त्य।

**irrevocable** (इ-रॅव्´-अॅ-कॅ-बॅल्) *adj.* that cannot be revoked, जिसे रद्द न किया जा सके, जिसे वापस न लिया जा सके, अपरिवर्तनीय।

**irrevocably** (इ-रॅव्´-अॅ-कॅ-ब्ली) *adv.* in an irrevocable manner, अपरिवर्तनीय रूप से।

**irrigate** (इर्´-इ-ग्रेट्) *v.* to supply land with water by means of streams, pipes etc., सींचना, सिंचाई करना, सिंचन करना।

**irrigation** (इर्-इ-गे´-शॅन्) *n.* the act of irrigating or the state of being irrigated, सिंचाई, सिंचन।

**irritable** (इर्´-इ-टॅ-बॅल्) *adj.* 1. easily annoyed, चिड़चिड़ा। 2. ill-tempered, बदमिज़ाज। 3. abnormally sensitive, अतिसंवेदनशील। 4. responsive to stimuli, उत्तेजनशील।

**irritant** (इर्´-इ-टॅन्ट्) *adj.* causing irritation, उत्तेजक, क्षोभकर।

**irritate** (इर्´-इ-टेट्) *v.* 1. to make angry or impatient, उत्तेजित करना, क्षुब्ध करना, चिढ़ाना। 2. to cause itching, ख़ारिश होना।

**irritation** (इर्-इ-टे´-शॅन्) *n.* the act of irritating or the fact of being irritated, चिढ़; क्षोभ; ख़ारिश।

**irrupt** (इ-रप्ट्´) *v.* (irrupted, irrupting) 1. to burst in, फूट पड़ना या निकलना। 2. to enter forcibly, घुस आना या पड़ना। 3. to increase abruptly, तेज़ी से बढ़ना, सहसा वृद्धि होना।

**irruption** (इ-रप्´-शॅन्) *n.* the act of bursting in, घुस पड़ना, सहसा वृद्धि।

**is** (इज़्) *v.* third person singular, present tense of be, है।

**Islamic** (इज़्-ला´-मिक्) *adj.* of Islam, इस्लामी।

**island** (आइ´-लॅन्ड्) *n.* a piece of land surrounded by sea, द्वीप, टापू।

**islander** (आइ´-लॅन्-डॅ:) *n.* an inhabitant of an island, द्वीपवासी, टापू पर रहनेवाला।

**isle** (आइल्) *n.* an island, टापू।

**islet** (आइ´-लिट्) *n.* a small island, छोटा टापू, उपद्वीप।

**ism** (इज़्´-अॅम्) *n.* any doctrine, वाद, मत सिद्धांत।

**isn't** (इज़्´-अॅन्ट्) Short form of is not.

**isobar** (आइ´-सॅ-बा:) *n.* a line on a weather map connecting places or points of equal atmospheric pressure, समदाब रेखा

**isolate** (आइ´-सॅ-लेट्, इस्´-अॅ-लेट्) *v.* to separate from a group or whole, एकाकी अलग या अलहदा कर देना।

**isolation** (आइ-सॅ-ले´-शॅन्) *n.* the act of isolating or the state of being isolated अलगाव, एकाकीपन, निस्संगता, तन्हाई।

**isolationism** (आइ-सॅ-ले´-शॅ-निज़्-अॅम्) *n.* the policy of remaining aloof from international disputes, अलगाववाद, पृथक्तावाद

**isometric** (आइ-सॅ-मॅट्´-रिक्) *adj.* of equal measure, सममितीय।

**isosceles** (आइ-सॉस्´-अॅ-लीज़्) *adj.* having two equal sides, समद्विबाहु।

**isotope** (आइ´-सॅ-टोप्) *n.* any of two or more forms of an element with different atomic weight but same chemical properties, आइसोटोप।

**Israeli** (इज़्-रे´-ली) *n.* an inhabitant of Israel, इज़्राइल निवासी, इज़्राइली। *adj.* of Israel, इज़्राइल देश-संबंधी, इज़्राइली।

**Israelite** (इज़्´-री-अॅ-लाइट्) *n.* a Jew, यहूदी

**issue** (इश्´-ऊ) *n.* 1. the act of outflowing or passing out, निर्गम, निकास, बहाव 2. something produced, published or offered, उत्पादित, प्रकाशित या प्रस्तावित वस्तु। 3. all the copies of a newspaper or magazine printed on a certain date अंक, संस्करण। 4. an offspring, संतति 5. the point or topic in question, विवा

विषय, विवाद्यक। □ **in issue,** विवाद्य; **join issue,** झगड़े में शामिल होना, **make an issue of something**, तिल का ताड़ बना देना, बात का बतंगड़ बना देना; **take issue,** असहमत होना, बहस करना। *v.* 1. to flow out, बाहर आना, निकलना। 2. to send out, बाहर करना, निकालना। 3. to publish, प्रकाशित करना। 4. to give or distribute, देना, वितरण करना; to issue a certificate, प्रमाण-पत्र देना। 5. to circulate, जारी करना; to issue an order, आदेश जारी करना।

**isthmus** (इस्´-मॅस्) *n.* a narrow strip of land connecting two larger masses of land, थलडमरूमध्य।

**it** (इट्) *pronoun.* the thing named or in question, यह, वह।

**Italian** (इ-टैल्´-यॅन्) *n.* 1. an inhabitant of Italy, इटलीवासी। 2. the language of Italy, इतालवी। *adj.* of Italy, इटली-संबंधी।

**italic** (इ-टैल्´-इक्) *adj.* designating a type in which letters slant upward, तिरछा, इटैलिक।

**italicize** (इ-टैल्´-इ-साइज़्) *v.* to print in italics, तिरछे अक्षरों में छापना।

**italics** (इ-टैल्´-इक्स्) *n.* slanting printed letters, तिरछे अक्षर।

**itch** (इच्) *n.* 1. a skin sensation causing a desire to scratch, खुजली। 2. a craving, साध, इच्छा, खुजली। *v.* 1. to have an itch, खुजली होना। 2. to have a desire to do or to get something, कुछ पाने या करने की इच्छा होना, (हाथ में) खुजली होना।

**item** (आइ´-टॅम्) *n.* 1. a single article in a list or number of things, मद। 2. an entry in an account, मद। 3. a bit of news or information, विषय।

**itemize** (आइ´-टॅ-माइज़्) *v.* (itemized, itemizing) to list, सूची बनाना।

**iterate** (इट्´-अॅ-रेट्) *v.* (iterated, iterating) to repeat, दुहराना, बार-बार कहना, पुनर्कथन करना।

**iteration** (इट्-अॅ-रे´-शॅन्) *n.* the act of iterating, दुहराव, आवृत्ति, पुनर्कथन।

**itinerant** (आइ-टिन्´-अॅ-रॅन्ट्) *adj.* travelling from place to place, घूमने या दौरा करनेवाला, भ्रमणशील; itinerant judge, दौरा जज; itinerant vendor, फेरीवाला।

**itinerary** (आइ-टिन्´-अॅ-रॅर्-ई, इ-टिन्´-अॅ-रॅर्-ई) *n.* a list of places to be visited on a trip, दौरे का कार्यक्रम, यात्राक्रम।

**itself** (इट्-सेॅल्फ़्´) *pronoun.* a reflexive form of it, स्वयं।

**ivory** (आइ´-वॅ-री) *n.* 1. the hard white substance forming the tusks of elephants, हाथी दाँत। 2. an object made of this, हाथी दाँत की बनी वस्तु।

**ivy** (आइ´-वी) *n.* a climbing shrub, सिरपेचे की बेल, सिरपेचा।

I

# J

**J, j** *n.* the tenth letter of the English alphabet, अंग्रेज़ी वर्णमाला का दसवाँ वर्ण, जे।

**jab** (जैब्) *v.* (jabbed, jabbing) 1. to thrust or stab sharply, धँसा या घुसेड़ देना। 2. to strike with a sharp blow or blows, खट से मार देना या आघात पर आघात करते चलना। *n.* 1. a quick stab or blow, आघात, प्रहार। 2. an injection, इंजेक्शन, सुई।

**jabber** (जैब्´-अः) *v.* 1. to speak (or talk) rapidly, unintelligibly or incoherently, बड़बड़ करना, बकबक करना। *n.* jabbering talk or sound, बकबक, बड़बड़।

**jack, Jack** (जैक्) *n.* 1. a portable mechanical device for raising the axle of a car, truck etc., जैक। 2. a fellow or person, आदमी, व्यक्ति। 3. a playing card ranking below a queen, गुलाम, गुल्ला। 4. a sailor, नाविक। *v.* to raise or lift with a jack, जैक से ऊपर उठाना या ऊँचा करना। □ **before you can say Jack Robinson,** मुँह से निकलते ही; **every man Jack,** हर कोई; **Jack of all trades,** हरफ़नमौला, बहुधंधी; **jack up,** (कीमत) बढ़ाना।

J

**jackal** (जैक्´-अॅल्) *n.* a mammal related to the dog family, गीदड़, सियार।

**jackass** (जैक्´-ऐस्) *n.* 1. a male donkey, गधा। 2. a foolish person, मूर्ख व्यक्ति।

**jackboot** (जैक्´-बूट्) *n.* a large boot extending up to the knee, घुटनों तक का जूता।

**jackdaw** (जैक्´-डाः) *n.* a crowlike bird, कौए के आकार-प्रकार का एक पक्षी।

**jacket** (जैक्´-इट्) *n.* 1. a sleeveless short coat, जैकेट, वास्कट। 2. an outer covering or wrapper of a book, पुस्तक का कवर। 3. the skin of a baked potato, भूने हुए आलू का छिलका।

**jackknife** (जैक्´-नाइफ़्) *n.* 1. a large pocket knife, (खटकेदार) बड़ा जेबी चाकू। 2. a dive in which the diver first bends at the waist and then straightens, पानी में डुबकी लगाने का एक ढंग या प्रकार।

**jackpot** (जैक्´-पॉट्) *n.* the top prize or accumulated stake that may be won in gambling, जैक पॉट, बड़ा पुरस्कार, दाँव पर लगी राशि। □ **hit the jackpot,** सहसा बहुत बड़ी सफलता या पुरस्कार पाना, लॉटरी खुल जाना।

**jackscrew** (जैक्´-स्क्रू) *n.* a screw-operated jack, स्क्रू से चलनेवाला जैक, जैकस्क्रू।

**Jacobean** (जैक्-ओ-बी´-अॅन्) *adj.* of the reign of James I of England, इंग्लैंड के राजा जेम्स प्रथम के राज्यकाल का।.

**jacquard** (जैक्´-आःड्) *n.* a fabric woven with an intricate figured pattern, जैकर्ड।

**jacquard loom** (जैक्´-आःड्-लूम्) *n.* the loom that produces jacquard fabric., जैकर्ड करघा।

**jade**[1] (जेड्) *n.* 1. a semiprecious green stone used in jewellery, हरे रंग का एक प्रकार का रत्न, संगयशब। 2. the green colour of jade, उक्त रत्न का रंग।

**jade**[2] (जेड्) *n.* 1. an old overworked horse, बूढ़ा मरियल घोड़ा। 2. a disreputable woman, कुलटा, बदचलन स्त्री।

**jaded** (जेड्´-इड्) *adj.* tired, exhausted, थका-माँदा, जो थककर चूर हो गया हो।

**jagged** (जैग्´-इड्) *adj.* rough, ख़ुरदरा।

**jaguar** (जैग्´-वाः) *n.* a leopard like wild cat found in the jungles of America, अमरीका के जंगलों में पाया जानेवाला चीता, तेंदुआ।

**jail** (जेल्) *n.* a public prison for convicted persons, जेल, बंदीगृह, कारागार, कारावास। *v.* to put in jail, जेल में डाल देना।

**jailbird** (जेल्´-बःड्) *n.* 1. a person who is in the jail, convict, बंदी, क़ैदी। 2. a habitual criminal, बार-बार जेल जानेवाला।

**jailbreak** (जेल्´-ब्रेक्) *n.* an escape from jail, जेल से भाग निकलना।

**jailer, jailor** (जे´-लॅ:) *n.* the keeper of a jail, जेलर, काराधिकारी, कारापाल।

**Jainism** (जाइन्´-इज्-ॲम्) *n.* one of the Indian religions, जैन धर्म।

**jalap** (जैल्´-ॲप्) *n.* a purgative drug, जुलाब।

**jalopy** (जॅ-लॉप्´-ई) *n.* an old dilapidated car, पुरानी छकड़ा कार (गाड़ी)।

**jam**[1] (जैम्) *v.* (jammed, jamming) 1. to fill to excess, ठूँसना या ठूँसा जाना। 2. to block, अवरुद्ध कर देना या हो जाना। 3. to crowd or pack, भीड़ लगा देना, जाम कर देना, ठसाठस हो जाना। 4. to lock in an unworkable position, (मशीन का) न चल पाना, जकड़ जाना। *n.* 1. the act of jamming or the condition of being jammed, जाम कर देना या हो जाना; traffic jam, यातायात अवरोध। 2. congestion, भीड़-भाड़।

**jam**[2] *n.* a sweet substance made by boiling fruit with sugar, जैम, मुरब्बा।

**Jamaican** (जॅ-मे´-कन्) *adj.* of Jamaica, जमैका-संबंधी। *n.* an inhabitant of Jamaica, जमैका का निवासी।

**jamb** (जैम्) *n.* one of the vertical posts of a door-frame or window-frame, दरवाज़े या खिड़की का पाखा।

**jamboree** (जैम्´-बॅ-री) *n.* 1. a large gathering of scouts, स्काउटों का जमावड़ा। 2. a large party or celebration, पार्टी, समारोह, मेला।

**jammy** (जै´-मी) *adj.* (jammier, jammiest) 1. desirable, वांछनीय। 2. lucky, भाग्यशाली।

**jampacked** (जैम्-पैक्ट्´) *adj.* packed to the capacity, ठसाठस, खचाखच, पूरा भरा हुआ।

**jangle** (जैंग्´-गॅल्) *n.* a harsh metallic sound, झनझन, झनझनाहट, खनखन, खनखनाहट। *v.* 1. to make a harsh metallic sound, झनझनाना, खनखनाना। 2. to make or have a painful effect (on the mind, nerves etc.), झनझना देना, झनझना जाना या उठना।

**janitor** (जैन्´-इ-टॅ:) *n.* the caretaker of a building, भवनरक्षक। [Fem. janitress]

**January** (जैन्´-यु-ॲर्-ई) *n.* the first month of the year, जनवरी।

**japan** (जॅ-पैन्´) *n.* a kind of Japanese black lacquer, एक प्रकार का जापानी काला रोगन। *v.* (japanned, japanning) to cover with japan, काला रोगन करना या पोतना।

**Japan** (जॅ-पैन्´) *n.* a country in eastern Asia, जापान (देश)।

**Japanese** (जैप्-ॲ-नीज़्´) *adj.* of Japan, जापानी; Japanese Dict, जापानी संसद। *n.* an inhabitant of Japan, जापान का निवासी, जापानी।

**jape** (जेप्) *n.* a joke or quip, मज़ाक, दिल्लगी, परिहास। *v.* (japed, japing) to joke or quip, मज़ाक करना, दिल्लगी या परिहास करना।

**japonica** (जॅ-पॉन्´-इ-कॅ) *n.* a Japanese shrub with red flowers, लाल फूलोंवाली एक प्रकार की जापानी झाड़ी, जैपोनिका।

**jar**[1] (जा:) *n.* 1. a wide-mouthed cylindrical container, जग, सुराही, मर्तबान, कलश आदि। 2. the contents or quantity contained in a jar, जग-भर द्रव या पदार्थ।

**jar**[2] (जा:) *v.* (jarred, jarring) 1. to make a harsh discordant sound, कर्कश या कर्णकटु ध्वनि करना। 2. to have a disturbing or painful effect, विक्षुब्ध हो उठना। 3. to shake from impact, हिल उठना, हिचकोले खाना। 4. to disagree, मेल न खाना। 5. to clash, भिड़ जाना। *n.* 1. a harsh discordant sound, कर्णकटु ध्वनि। 2. a jolt, हिचकोला, धक्का।

**jardiniere** (जा:´ डि-निॲ:) *n.* a decorative stand or pot for holding plants, फूलदान।

**jarful** (जा:´-फ़ुल्) *n.* the contents or quantity contained in a jar, जग-भर द्रव या पदार्थ।

J

**jargon** (जाː´-गॅन्) ***n.*** a specialized language of a group or profession, बोली, वर्ग-विशेष या व्यवसाय-विशेष की शब्दावली।

**jasmine** (जैस्´-मिन्/जैज़्´-मिन्) ***n.*** a shrub with small fragrant flowers, चमेली।

**jasper** (जैस्´-पॅː) ***n.*** a quartz used as a gemstone, एक प्रकार का रत्न, जैस्पर।

**jaundice** (जाːन्´-डिस्) ***n.*** a disease in which skin, eyes, urine etc., become yellowish, पीलिया, कमल रोग, कँवल, कामला।

**jaundiced** (जाːन्´-डिस्ड्) ***adj.*** 1. affected with jaundice, पीलिया रोग से ग्रस्त। 2. affected by jealousy or malice, द्वेषपूर्ण, ईर्ष्यापूर्ण।

**jaunt** (जाːन्ट्) ***n.*** a short pleasurable trip, सैर, सैर-सपाटा। ***v.*** to make a short pleasure trip, सैर करना, सैर-सपाटा करना।

**jaunty** (जाːन्´-टी) ***adj.*** (jauntier, jauntiest) 1. carefree, निश्चिंत। 2. self-confident, आत्मतुष्ट। 3. smart, stylish, चुस्त-दुरुस्त।

**javelin** (जैव्´-ॲ-लिन्) ***n.*** a light spear, बरछा, भाला।

**jaw** (जाː) ***n.*** 1. either of the two bony structures of the mouth holding the teeth, जबड़ा, हनु। 2. either of the two hinged parts in a mechanical device, मशीन का पंजा। 3. (plu.) a dangerous situation, ख़तरनाक स्थिति; from the jaws of death, मौत के मुँह से।

**jawbreaker** (जाː-ब्रे-कॅː) ***n.*** 1. a word that is difficult to pronounce, ऐसा शब्द जिसका उच्चारण कष्टसाध्य हो। 2. a hard round candy, जबड़ातोड़ (गोल) मिठाई।

**jay** (जे) ***n.*** a brightly coloured bird with a crest related to the crow, नीलकंठ पक्षी।

**jaybird** (जे´-बॅːड्) ***n.*** = a jay, नीलकंठ। ☐ **naked as a jaybird,** पूरा नंगा, पूर्ण नग्न, नंगा-बूचा।

**Jaycee** (जे´-सी´) ***n.*** a member of a Junior Chamber of Commerce, जेसी।

**jaywalk** (जे´-वाːक्) ***v.*** to cross a street without observing the traffic rules, यातायात के नियमों का उल्लंघन करते हुए सड़क (गली) पार करना।

**jazz** (जैज़्/जाज़्) ***n.*** a kind of music marked by strong but flexible rhythm, जैज़ या जाज़ संगीत। ***v.*** (jazzed, jazzing) 1. to play jazz music, जाज़ (संगीत) बजाना। 2. to dance to jazz music, जाज़ संगीत पर नाचना। ☐ **jazz up,** आकर्षक या सजीव बना देना।

**jealous** (जेंल्´-ॲस्) ***adj.*** 1. envious, grudging, ईर्ष्यालु, जलनेवाला। 2. arising from feelings of envy, ईर्ष्यापूर्ण। 3. taking watchful care, चौकन्ना, चौकस, सतर्क।

**jealousy** (जेंल्´-ॲ-सी) ***n.*** the state or quality of being jealous, ईर्ष्या, डाह, जलन।

**jeans** (जीन्ज़्) ***n.*** (plu.) trousers made of jean, ज़ीन की पतलून।

**jeep** (जीप्) ***n.*** a four-wheeled vehicle, जीप।

**jeer** (जिॲː) ***v.*** 1. to laugh scornfully, तिरस्कार या कुटिलतापूर्वक हँसना। 2. to speak derisively, उपहास करना, खिल्ली उड़ाना, फबती कसना। ***n.*** 1. a cry of derision, कुटिल हँसी। 2. a remark of derision, फबती, खिल्ली।

**Jehooah, Jehouah** (जॅ-हो´-वॅ) ***n.*** God, ईश्वर।

**jejune** (जि-जून्´) ***adj.*** 1. lacking in nutrition, अशक्त, दुर्बल। 2. uninteresting, नीरस।

**jellied** (जेंल्´-ईड्) ***adj.*** set in jelly, जमा हुआ।

**jelly** (जेंल्´-ई) ***n.*** fruit juice set with gelatine, जेली।

**jemmy** (जेंम्´-ई) ***n.*** a steel bar used by burglars for breaking windows, doors etc., सबरी।

**jenny** (जेंन्´-ई) ***n.*** a female donkey, गधी।

**jeopardise** (जेंप्´-ॲː-डाइज़्) ***v.*** 1. to imperil or endanger, ख़तरे में डालना, फँसा देना। 2. to risk, जोखिम उठाना। ☐ **in jeopardy,** जोखिम में, ख़तरे में; Hundreds of jobs are now in jeopardy, सैकड़ों नौकरियाँ अब झमेले में पड़ गई हैं।

**jeopardy** (जेंप्´-ॲː-डी) ***n.*** danger, risk of loss or injury, ख़तरा; जोखिम।

**jerk** (जːक्) ***n.*** 1. an abrupt movement, झटका। 2. a sudden push, pull or throw, धक्का, हिचकोला। 3. a stupid person, मूर्ख

J

व्यक्ति। *v.* to push, pull or throw with a jerk, झटकना, झटका देना।

**erkin** (ज:´-किन्) *n.* a sleeveless jacket, जरकिन, फतुई, मिरजई, सदरी।

**erky** (ज:´-की) *adj.* characterized by jerks, झटके खाता या देता हुआ।

**erry-build** (जेॅर्´-इ-बिल्ड्) *v.* (jerry-built, jerry-building) to build badly using cheap materials, रद्दी सामान लगाकर भवन निर्मित करना, सस्ते मकान बनाना।

**erry-built** (जेॅर्´-इ-बिल्ट्) *adj.* built badly using cheap material, रद्दी सामान लगाकर बनाया हुआ, कुनिर्मित या सस्ता।

**ersey**[1] (ज:´-सी, ज:´-ज़ी) *n.* a light knitted woollen garment worn to cover the upper part of the body, जर्सी, बंडी, स्वेटर, जैकेट।

**ersey**[2] (ज:´-ज़ी/ज:´-सी) *n.* a breed of dairy cattle, originally from the island of Jersey that produces cream and milk of a very good quality, जर्सी गाय।

**st** (जेॅस्ट्) *n.* 1. joke, मज़ाक, परिहास, दिल्लगी; jest book, परिहास-संग्रह। 2. playfulness, fun, मसख़री, खेल-खिलवाड़। *v.* 1. to joke, मज़ाक करना, परिहास करना। 2. to ridicule, हँसी उड़ाना।

**ster** (जेॅस्´-टः) *n.* one who jests, विदूषक, मसखरा, दिल्लगीबाज़।

**stful** (जेॅस्ट्´-फुल्) *adj.* amusing, परिहासपूर्ण, विनोदपूर्ण, दिल्लगी-भरा।

**esuit** (जेॅज़्ह्´-उ-इट्) *n.* a member of Roman Catholic Order, रोमन कैथोलिक संप्रदाय का सदस्य।

**esus** (जी´-ज़स्) *n.* Jesus Christ, founder of Christianity, येशु, ईसा मसीह।

**t**[1] (जेॅट्) *n.* 1. a hard black mineral used for jewellery, एक प्रकार का काला कड़ा खनिज पदार्थ जिसका उपयोग जड़ाऊ गहनों में होता है। 2. deep black colour, गहरा काला रंग।

**t**[2] (जेॅट्) *n.* 1. a stream of gas, liquid etc., forced out of a small opening, धारा, प्रधारा। 2. an opening from which this comes, धारा-छिद्र। 3. a jet-propelled aircraft, जेट विमान। *v.* (jetted, jetting) 1. to issue or cause to issue in a jet, धारा छोड़ना। 2. to travel by jet aircraft, जेट विमान से यात्रा करना। 3. to transport or be transported by jet aircraft, जेट विमान द्वारा भेजा या ले जाया जाना।

**jetblack** (जेॅट्´-ब्लैक्´) *adj.* deep black, काला स्याह।

**jet lag** (जेॅट्´-लैग्´) *n.* feeling of fatigue felt by travellers of a jet aircraft, जेट विमान के यात्रियों को होनेवाली थकान।

**jetsam** (जेॅट्´-सॅम्) *n.* that portion of cargo thrown overboard from a ship to lighten it, जलयान का भार हलका करने के लिए समुद्र में फेंका जानेवाला सामान।

**jet set** (जेॅट्´-सेॅट्´) *n.* **the jet set,** wealthy people who travel widely by aircraft, विमान से यात्रा करता रहनेवाला धनी वर्ग।

**jettison** (जेॅट्´-इ-सॅन्) *v.* 1. to throw overboard, जहाज़ पर से फेंकना। 2. to abandon, त्याग देना, छोड़ देना, तिलांजलि दे देना। *n.* = jetsam.

**jetty** (जेॅट्´-ई) *n.* a structure extending into the body of water to protect a harbour, घाट, जेट्टी।

**Jew** (जू) *n.* an adherent of Judaism, यहूदी।

**jewel** (जू´-अॅल्) *n.* 1. a precious stone, रत्न, मणि। 2. a person or thing highly valued or admired, मूल्यवान वस्तु या व्यक्ति, नगीना; jewel crest, शिरोमणि। *v.* (jeweled/jewelled, jeweling/jewelling) to set with jewels, रत्न जड़ना, जड़ाऊ काम करना।

**jewelled** (जू´-अॅल्ड्) *adj.* adorned or set with jewels, जड़ाऊ, रत्नजड़ित।

**jeweller, jeweler** (जू´-अॅ-लॅः) *n.* one who deals in jewellery, जौहरी।

**jewellery, jewelery** (जू´-अॅल्-री) *n.* 1. gems and ornaments, रत्न तथा आभूषण। 2. ornaments embedded with jewels, जड़ाऊ गहने।

**Jewess** (जू´-अॅस्) *n.* a Jewish woman, यहूदिन।

J

**Jewish** (जू´-इश्) *adj.* of the Jews, यहूदियों का।

**Jewry** (जु´-अॅ-री, जू´-री) *n.* the Jewish people, यहूदी लोग।

**jib** (जिब्) *n.* a triangular sail stretching forward from the mast, जहाज़ का तिकोना पाल। *v.* (jibbed, jibbing) to refuse to go forward, अड़ जाना।

**jibe** (जाइब्) *v.* (jibed, jibing) to agree with, मेल खाना, अनुकूल होना।

**jiffy** (जिफ़्´-ई) *n.* a moment, क्षण। □ **in a jiffy,** तत्क्षण।

**jig** (जिग्) *n.* an old type of lively rustic dance, एक तरह का पुराना देहाती नृत्य।

**jiggered** (जि´-गॅ:ड्) *adj.* damned, अभागा।

**jiggery-pokery** (जिग्´-अॅ-री-पॉक्´-अॅ-री) *n.* dishonest behaviour, बेईमानी, धोखाधड़ी।

**jiggle** (जिग्´-ऑल्) *v.* 1. to move up and down or to and fro, झूलना। 2. to cause to move to and fro, झुलाना। *n.* a jiggling motion, झूलने या झुलाने की क्रिया या भाव।

**jigsaw** (जिग्´-सा:) *n.* a mechanical saw used to cut curves, एक प्रकार की आरी।

**jigsaw puzzle** (जिग्´-सा:-पज़्´-ऑल्) *n.* a puzzle in which a mass of irregularly shaped pieces are to be reassembled to form a picture, छोटे-छोटे टुकड़ों को जोड़कर चित्र बनाने का खेल।

**jihad** (जि-हाद्´) *n.* 1. a Muslim holy war against non-Muslims, जिहाद। 2. a vigorous concerted movement for a cause or against an abuse, जिहाद, धर्मयुद्ध।

J

**jilt** (जिल्ट्) *v.* (jilted, jilting) to cast aside (a lover, अपने प्रेमी को) छोड़ देना। *n.* a woman who jilts a lover, वह स्त्री जिसने अपने प्रेमी को छोड़ दिया हो।

**jimmy** (जिम्´-ई) *n.* a small cowbar, सबरी। *v.* (jimmied, jimmying) to force open with a jimmy, सबरी से (दरवाज़ा, खिड़की आदि) तोड़ना।

**jingle** (जिंग्´-गॅल्) *v.* to make or cause to make a ringing metallic sound, खनकना या खनखनाना, झनझनाना। *n.* 1. a jingling sound, खनक, खनखन, झनझन, झनझनाहट 2. a catchy tune used in advertising ग्राहकों का ध्यान आकृष्ट करनेवाली मोहक धुन

**jingoism** (जिंग्´-गो-इज़्-ऑम्) *n.* the belligerent spirit, उद्धत राष्ट्रवादिता, युद्धप्रियता।

**jingoist** (जिंग्´-गो-इस्ट्) *n.* one who believes in jingoism, उद्धत राष्ट्रवादी, युद्धप्रि व्यक्ति।

**jink** (जिंक्) *v.* to move suddenly in orde to dodge, (वार) बचा जाना।

**jinks** (जिंक्स्) *n.* boisterous play or fun धूम-धड़क्का, हुड़दंग।

**jinn** (जिन्) *n.* plu. of jinni.

**jinx** (जिंक्स्) *n.* 1. a thing or person that i thought to bring bad luck, अशुभ वस्तु य व्यक्ति, मनहूस आदमी या चीज़। 2. a spel of bad luck, दुर्भाग्य। *v.* to bring ba luck to, अशुभ सिद्ध होना; This house i jinxed, यह मकान मनहूस है।

**jitney** (जिट्´-नी) *n.* a low fare car, कम भा पर चलनेवाली कार।

**jitter** (जिट्´-अॅ:) *v.* to feel nervous, घबरा लगना, घबरा जाना या उठना। *n.* **the jit ters,** (plu.) extreme nervousness, बेह घबराहट; He is in jitters, वह बुरी तर घबराया हुआ है।

**jittery** (जिट्´-अॅ-री) *adj.* of nervous tem perament, बहुत जल्दी घबरा जानेवाला।

**jive** (जाइव्) *n.* an American fast dance एक प्रकार का अमरीकी नृत्य।

**job** (जॉब्) *n.* 1. a specific piece of wor or task, जॉब, फुटकर काम, कार्य, मज़दूरी 2. a duty, कर्तव्य। 3. a responsibility उत्तरदायित्व। 4. a position of employ ment, नौकरी। 5. criminal act like rob bery etc. डाकाज़नी या कोई अन्य आपराधि कार्य। 6. a product or a thing that i completed, बनी हुई वस्तु, काम। □ **on th job,** काम में लगा हुआ, व्यस्त; **out of jo** बेरोज़गार, बेकार। *v.* (jobbed, jobbing) t do jobs, फुटकर काम करना।

**jobber** (जॉब्´-अॅ:) *n.* 1. a piece worke फुटकर काम करनेवाला। 2. a person wh buys merchandise from manufacturers and sells it to retailers, आढ़तिया, दलाल।

**jobbing** (जॉब्´-इंग्) *adj.* working by the piece, not regularly employed, जो नियमित रूप से नियोजित न हो, फुटकर काम करनेवाला।

**job holder** (जॉब्´-होल्-डॅ:) *n.* a person who has a regular job, नौकरी-पेशा।

**jobless** (जॉब्´-लिस्) *adj.* not employed, बेकार, बेरोज़गार।

**job lot** (जॉब्´-लॉट्´) *n.* a collection of miscellaneous articles bought or sold as a lot, एक साथ खरीदी या बेची जानेवाली वस्तुओं की ढेरी।

**jobwork** (जॉब्´-व:क्) *n.* work paid for by the piece, जॉब काम, फुटकर काम।

**jockey** (जॉ´-की) *n.* one who rides horses in races as a profession, घुड़दौड़ में घोड़े की सवारी करनेवाला, जाकी।

**jockstrap** (जॉक्´-स्ट्रैप्) *n.* a protecting covering used by male players to support and protect the genitals, पुरुष खिलाड़ियों द्वारा प्रयुक्त लंगोट या जाँघिया।

**jocose** (जो-कोस्´) *adj.* joking, विनोदी, परिहासशील, मज़ाकिया।

**jocular** (ज़ॉक्´-यु-लॅ:) *adj.* humorous, विनोदपूर्ण, परिहासपूर्ण।

**jocularity** (जॉक्-यु-लैर्´-अॅ-टी) *n.* humour, विनोद, परिहास, मसख़री।

**jocund** (जॉक्´-अॅन्ड्) *adj.* cheerful, प्रसन्न, ख़ुश, प्रफुल्ल।

**jodhpurs** (जोड्´-पु:ज़्) *n.* (plu.) riding breeches that fit loosely above the knees and tightly from the knees to the ankles, जोधपुरी ब्रिजिस।

**jog** (जॉग्) *v.* (jogged, jogging) 1. to run slowly for physical exercise, धीरे-धीरे दौड़ना, जॉगिंग करना। 2. to shake or push slightly, धीरे से हिलाना, धक्का या झटका देना। 3. to proceed leisurely, धीरे-धीरे आगे बढ़ना, धीरे-धीरे कदम बढ़ाना। 4. to remind, याद दिलाना, स्मरण कराना। *n.* 1. an act of jogging, धीरे-धीरे लगाई जानेवाली दौड़, हलकी दौड़। 2. a slight push or nudge, हलका धक्का, झटका, झकोरा। 3. a reminder, स्मरण करानेवाली बात।

**joggle** (जॉग्´-अॅल्) *v.* (joggled, joggling) to shake slightly, झटका देना। *n.* a slight shake, झटका।

**jog trot** (जाग्´-ट्रॉट्) *n.* a slow regular trot, धीमी दुलकी चाल।

**john** (जॉन्) *n.* 1. a toilet or lavatory, शौचालय। 2. a prostitute's client, वेश्या के पास जानेवाला व्यक्ति, वेश्या का ग्राहक।

**John** (जॉन्) *n.* one of the twelve apostles, येशु के बारह शिष्यों में से एक।

**John Bull** (जॉन्´-बुल्) *n.* 1. a typical Englishman, ठेठ अंग्रेज़। 2. English people, अंग्रेज़ लोग।

**joi de viver** (ज़्वा-डि-विव्र´) *n.* joy of living, जीने का आनंद, मौज-मस्ती। (फ्रांसीसी)

**join** (जॉइन्) *v.* (joined, joining) 1. to bring together, to connect, मिलाना, जोड़ना, संयोजित करना। 2. to put or bring into close association or relationship, जोड़ना, मिलाना, संबंध स्थापित करना। 3. to participate, सम्मिलित होना, शामिल होना। 4. to become a part or member of, सदस्य बनना, भर्ती होना। 5. to begin work, कार्यारंभ करना, नौकरी शुरू करना, कार्यभार ग्रहण करना। 6. to come into the company to unite with, मिल जाना, एक हो जाना, साथ देना। □ **join battle,** लड़ाई छेड़ना; **join forces,** मिलकर लड़ना या अग्रसर होना; **join hands,** हाथ मिलाना, सहयोग करना, मिलकर काम में जुटना; **join up,** भर्ती हो जाना।

**joiner** (जॉइ´-नॅ:) *n.* a carpenter, बढ़ई।

**joining** (जॉइन्´-इंग्) *n.* the act of a person who joins, कार्यारंभ; joining date, कार्यारंभ तारीख़; joining pay, कार्यारंभ वेतन।

**joint** (जॉइन्ट्) *n.* 1. a place or point at which two or more things are joined, जोड़, गाँठ। 2. a point or connection between movable bodily parts, जोड़, गाँठ। 3. a marijuana cigarette, मारजुआना सिगरेट। □ **out of joint,** उखड़ा हुआ। *adj.* shared by two or more, संयुक्त, सम्मिलित;

J

joint family, संयुक्त परिवार। *v.* 1. to provide with a joint or joints, जोड़ बैठाना या लगाना। 2. to divide into joints, जोड़ों को अलग-अलग करना।

**jointly** (जॉइन्ट्´-ली) *adv.* unitedly, एक साथ मिलकर, संयुक्त प्रयास द्वारा।

**joist** (जॉइस्ट्) *n.* any of the parallel horizontal beams set from wall to wall to support the ceiling or floor, कड़ी, धरन।

**joke** (जोक्) *n.* something said or done to cause laughter, मज़ाक, दिल्लगी, हँसी, चुटकुला; It is no joke. यह मज़ाक नहीं/यह हँसी की बात नहीं। *v.* (joked, joking) 1. to tell jokes, मज़ाक सुनाना। 2. to make jokes, मज़ाक करना।

**joker** (जो´-कः) *n.* 1. a person who jokes, मज़ाकिया, दिल्लगीबाज़। 2. a person in a circus who behaves in a funny way, जोकर। 3. an extra playing card in a pack, जोकर।

**jokingly** (जो´-किंग्-ली) *adv.* by way of joke, मज़ाक-मज़ाक में।

**jollity** (जॉ´-लॅ-टी) *n.* the condition of being jolly, ख़ुशमिज़ाजी, प्रफुल्लता, प्रफुल्ल स्वभाव।

**jolly** (जॉल्´-ई) *adj.* 1. cheerful, merry, ख़ुशदिल, ख़ुशमिज़ाज, हँसमुख। 2. delightful, आनंददायक, मज़ेदार। *adv.* very, अत्यधिक। *v.* (jollied, jollying) to try to make cheerful, ख़ुश रखना, ख़ुश करना।

J

**jolt** (जोल्ट्) *n.* 1. a sudden jerk, हिचकोला, झटका। 2. an emotional shock, धक्का, आघात। *v.* (jolted, jolting) 1. to shake violently with a sudden jerk or blow, हिचकोले खाना या लगना, झटका देना या लगाना। 2. to move in a bumpy or jerky fashion, झूमते हुए चलना। 3. to surprise or shock, विस्मित या भौंचक्का कर देना।

**Jonathan** (जॉन्´-अॅ-थॅन्) *n.* an American, अमरीकी व्यक्ति।

**Jordanian** (जॉ:-डे´-नि-अॅन्) *adj.* of Jordan, जार्डन का। *n.* an inhabitant of Jordan, जार्डनवासी।

**josh** (जोश्) *v.* (joshed, joshing) 1. to joke मज़ाक करना। 2. to tease good-humouredly, छेड़ना।

**joss stick** (जॉस्´-स्टिक्) *n.* a thin stick of incense, एक तरह की अगरबत्ती।

**jostle** (जॉस्´-अॅल्) *v.* (jostled jostling) 1. to bump or push roughly, धक्कम-धक्का करना, धकियाना। 2. to make one's way by pushing others, धकापेल करना, धक्का देकर रास्ता निकालना। 3. to vie for an advantage or favourable position, जूझना, प्रयत्न करना। *n.* 1. a rough bump or push, धक्का। 2. the act of jostling, धकापेल, धक्कम-धक्का।

**jot**[1] (जॉट्) *n.* a very small amount, नगण्य राशि, लेश, लेशमात्र, ज़रा सी वस्तु।

**jot**[2] (जॉट्) *v.* (jotted, jotting) to write down briefly, टाँकना, नोट कर लेना, टिप्पणी लिखना।

**jotter** (जॉ´-टः) *n.* a small note book, छोटी नोटबुक।

**jottings** (जॉट्´-इंग्स्) *n.* (plu.) jotted notes, टिप्पणियाँ, टाँकी हुई बातें।

**joule** (जूल्) *n.* a unit of energy, ऊर्जा की इकाई।

**journal** (जः´-नॅल्) *n.* 1. a daily record of news, occurrences or observations, रोजनामचा, दैनंदिनी, दैनिकी। 2. a specialized periodical, जरनल, किसी विशिष्ट विषय से संबद्ध पत्रिका।

**journalese** (जः-नॅ-लीज़्´) *n.* the hackneyed style of writing of newspapers or periodicals, समाचार-पत्रों की घिसी-पिटी भाषा।

**journalism** (जः´-नॅ-लिज़्-अॅम) *n.* the act of collecting, writing, editing, publishing or broadcasting news-items for newspapers, periodicals or on television or radio, पत्रकारिता, पत्रकारी, अख़बारनवीसी।

**journalist** (जः´-नॅ-लिस्ट्) *n.* one who is employed in writing for a newspaper, periodical or on television or radio, पत्रकार, अख़बारनवीस।

**journalistic** (जः-नॅ-लिस्´-टिक्) *adj.* of journalist or journalism, पत्रकार

पत्रकारिता-संबंधी, पत्रकारिक; journalistic career, पत्रकारिता-वृत्ति।

**journey** (ज:´-नी) ***n.*** a trip from one place to another, यात्रा, सफ़र। ***v.*** (journeyed, journeying) to travel, यात्रा करना, सफ़र करना।

**journeyman** (ज:´-नी-मॅन्) ***n.*** one who works for an employer, नियोजित व्यक्ति, कमेरा।

**joust** (जाउस्ट्/जस्ट्) ***n.*** a combat between two mounted knights in armour, सशस्त्र अश्वारोहियों की लड़ाई।

**Jove** (जोव्) ***n.*** the king of the gods, Jupiter, बृहस्पति। □ **by Jove,** सचमुच।

**jovial** (जो´-वि-ॲल्) ***adj.*** marked by good humour, विनोदप्रिय, हँसमुख, ख़ुशमिज़ाज।

**joviality** (जो-वि-ऐल्´-इ-टी) ***n.*** the quality of being jovial, विनोदप्रियता, ख़ुशमिज़ाजी।

**jovially** (जो´-वि-ॲ-ली) ***adv.*** in a jovial manner, विनोदपूर्वक, ख़ुशी-ख़ुशी, मज़े से।

**jowl** (जाउल्) ***n.*** the lower jaw, निचला जबड़ा।

**joy** (जॉइ) ***n.*** 1. a deep feeling of pleasure or happiness, delight, आनंद, हर्ष, प्रसन्नता। 2. something that causes delight, आनंद देनेवाली बात या वस्तु। ***v.*** (joyed, joying) to feel joy, हर्षित होना, प्रसन्न हो उठना।

**joyful** (जॉइ-फुल्) ***adj.*** full of joy, ख़ुशी-भरा, आनंद-भरा, प्रसन्नता-भरा, उत्फुल।

**joyless** (जॉइ´-लिस्) ***adj.*** without joy, आनंद-विहीन, निरानंद।

**joyous** (जॉइ´-ॲस्) ***adj.*** joyful, cheerful, ख़ुशी-भरा, आनंद-भरा, आनंदपूर्ण, उत्फुल।

**joyride** (जॉइ´-राइड्) ***n.*** a reckless but enjoyable ride taken in a car, गाड़ी की सैर।

**jubilant** (जू´-बिल्-ॲन्ट्) ***adj.*** feeling great joy, आनंदविभोर, अतिप्रसन्न।

**jubilation** (जू-बि-ले´-शॅन्) ***n.*** rejoicing, आनंद-मंगल, आनंद-उल्लास, हर्षोल्लास।

**jubilee** (जू-बि-ली´) ***n.*** a special anniversary, जयंती, जुबली; diamond jubilee, हीरक जयंती; golden jubilee, स्वर्ण जयंती; silver jubilee, रजत जयंती।

**judaic** (जू-डे´-इक्) ***adj.*** of Jews or Judaism, यहूदियों या यहूदी धर्म से संबद्ध।

**Judaism** (जू´-डॆ-इज़्-ॲम्) ***n.*** the religion of the Jews, यहूदी धर्म, यहूदीवाद।

**Judas** (जू´-डॅस्) ***n.*** one who betrays a friend, traitor, मित्रद्रोही, द्रोही।

**judder** (ज´-डॅ:) ***v.*** to shake or vibrate, थरथराना। ***n.*** a juddering motion, थरथराहट।

**judge** (जज्) ***n.*** 1. one who hears cases in the court of law, न्यायाधीश, जज। 2. an appointed arbiter, मध्यस्थ, पंच। 3. a connoisseur, पारखी, विशेषज्ञ। ***v.*** (judged, judging) 1. to pass judgement on, न्याय करना, फैसला करना। 2. to act as an arbiter, मध्यस्थ बनना। 3. to decide after enquiry, जाँच के बाद निर्णय करना। 4. to appraise critically, समीक्षा करना। 5. to decide the result or winner in a competetion, प्रतियोगिता का विजेता या परिणाम घोषित करना।

**judgement, judgment** (जज्´-मॅन्ट्) ***n.*** 1. the verdict pronounced by a judge or arbiter, निर्णय, फैसला। 2. the ability to judge prudently, न्याय-क्षमता, निर्णय-क्षमता। 3. a rough estimation or guess, अनुमान।

**Judgement Day** (जज्´-मॅन्ट्-डे´) ***n.*** the occasion of the last judgment by God at the end of the world, कयामत का दिन।

**judicatory** (जू´-डि-कॅ-टॅ-री) ***adj.*** related to the administration of justice, न्याय-प्रशासन-संबंधी।

**judicature** (जू´-डि-कॅ-चॅ:) ***n.*** 1. the administration of justice or the system of law courts, न्याय-प्रशासन, न्याय-व्यवस्था। 2. the office, function or power of a judge, न्यायाधीश का पद, कार्य या अधिकार। 3. the extent of the authority of a judge or law-court, न्यायाधीश या न्यायालय की अधिकार-सीमा।

**judicial** (जु-डिश्´-ॲल्) ***adj.*** 1. of law courts, न्यायालयिक। 2. of a judge or judgment, न्यायाधीश या उसके निर्णय से संबद्ध, न्यायिक।

**judicially** (जु-डिश्´-ॲ-ली) ***adv.*** legally, न्यायिक दृष्टि से, विधितः, न्यायतः।

J

**judiciary** (जु-डिश्´-अँ-री, जु-डिश्´-इ-अँर्-ई) *n.* 1. the judicial branch of the government, न्याय-तंत्र, न्याय-विभाग, न्यायपालिका। 2. the judges collectively, न्यायाधीश-वर्ग। *adj.* judicial, न्यायिक या न्यायालयिक।

**judicious** (जु-डिश्´-अँस्) *adj.* 1. well-judged, विवेकसम्मत, न्यायपूर्ण। 2. judging wisely, विवेकपूर्ण, विवेकशील।

**judiciously** (जु-डिश्´-अँस्-ली) *adv.* in a judicious manner, न्यायपूर्वक, विवेकपूर्वक।

**judo** (जू´-डो) *n.* a Japanese form of combat, जूडो।

**jug** (जग्) *n.* 1. a rounded vessel for holding liquids, जग। 2. the amount of liquid held by a jug, जग-भर द्रव।

**Juggernaut** (जग्´-अँ:-ना:ट्) *n.* 1. the huge-wheeled vehicle of Lord Krishna, जगन्नाथ का रथ। 2. any terrible force that crushes anything in the path, अत्यंत विध्वंसक शक्ति, महाशक्ति।

**juggle** (जग्´-अँल्) *v.* (juggled, juggling) 1. to throw and catch a number of objects turn by turn so that most are in the air all the time, (बाज़ीगर का) अनेक गोलों या वस्तुओं को बराबर उछालते तथा लपकते चलना, मदारी का खेल करना। 2. to manipulate in order to deceive, धोखा देने के लिए गड़बड़ या हेराफेरी करना। 3. to keep several activities in progress, बहुत से काम एक साथ करते या चलाए चलना।

J

**juggler** (जग्´-लॅं:) *n.* one who performs juggling tricks, बाज़ीगर, ऐंद्रजालिक।

**jugglery** (जग्´-लॅं-री) *n.* 1. the profession of a juggler, बाज़ीगरी। 2. a trick, बाज़ीगर का खेल, इंद्रजाल, तमाशा।

**jugular** (जग्´-यॅं-लॅं:) *adj.* of or relating to the throat, कंठ्य। *n.* a jugular vein, कंठ्य धमनी।

**juice** (जूस्) *n.* 1. the fluid contained in fruits or vegetables, रस; fruit juice, फल का रस। 2. the fluid content of meat, रसा, मांस का रसा। *v.* (juiced, juicing) to extract the juice from, रस निकालना।

**juicer** (जू´-सॅं:) *n.* a machine for extracting juice from fruits and vegetables, जूस निकालने का यंत्र, जूसर।

**juiciness** (जू´-सि-निस्) *n.* the quality or condition of being juicy, रसमयता।

**juicy** (जू´-सी) *adj.* 1. full of juice, रसदार, रस से भरा, रसमय, रसीला। 2. interesting, रोचक, मज़ेदार, रसीला; juicy stories, रसीली कहानियाँ।

**jujitsu** (जू-जित्´-सू) *n.* a kind of Japanese hand-to-hand combat, एक तरह की जापानी कुश्ती।

**jukebox** (जूक्´-बॉक्स्) *n.* a coin-operated phonogram, पैसा डालने पर मनचाहा रिकार्ड बजानेवाली मशीन, ज्यूकबॉक्स।

**July** (जु-लाइ´) *n.* the seventh month of the year, जुलाई।

**jumble** (जम्´-बॅल्) *v.* to mix in a disordered or confused way, गड्डमड्ड करना, घाल-मेल कर देना। *n.* a disordered mass, गड्डमड्ड, घाल-मेल।

**jumbo** (जम्´-बो) *n.* something very large of its kind, बड़े डील-डौलवाला, दीर्घाकार, बृहत्।

**jumbosized** (जम्´-बो-साइज़्ड्´) *adj.* large-sized, बड़े आकारवाला।

**jump** (जम्प्) *v.* 1. to spring off the ground, उछलना। 2. to leap over, कूदना, कूद जाना, छलाँग लगाना। 3. to cause to leap over, कुदाना। 4. to move or proceed hastily, उछल पड़ना। 5. to pass or skip over, लाँघ जाना, कुछ छोड़ कर आगे बढ़ना; She jumped a few lines and then continued reading, कुछ पंक्तियों को छोड़कर वह फिर आगे पढ़ने लगी। 6. to change from one thing to another, एक बात (या विषय) से दूसरी बात (या विषय) पर आना, कूद जाना, छलाँग लगाना। 7. to rise suddenly (in price or value, मूल्य का) सहसा बढ़ जाना, उछाल आना। □ **jump at,** झपट पड़ना। *n.* 1. an act of jumping, छलाँग, कूद; उछाल। 2. a space jumped or to be jumped, छलाँग से लाँघा जानेवाला क्षेत्र, छलाँगा हुआ क्षेत्र। 3. a descent by parachute from an aircraft, हवाई जहाज़ से पैराशूट द्वारा लगाई जानेवाली छलाँग। 4. a sudden rise in price or value, मूल्य में होनेवाली सहसा वृद्धि या बढ़ोतरी, उछाल, उछाला। 5. a sudden change or abrupt transition, सहसा परिवर्तन। 6. a step or degree, पग, कदम; one jump ahead, एक कदम आगे।

**umped-up** (जम्प्ड्´-अप्) ***adj.*** suddenly risen in significance, सहसा जिसका महत्त्व बढ़ गया हो, जो सहसा महत्त्वपूर्ण हो या बन गया हो।

**umper**[1] (ज़म्´-पें:) ***n.*** one who jumps, छलाँगें लगानेवाला, छलाँगें भरनेवाला, कूदनेवाला।

**umper**[2] (जम्´-पें:) ***n.*** 1. a sleeveless dress worn over a blouse, एक प्रकार की बिना बाँह की कुर्ती। 2. a blouse, ब्लाऊज, जंपर।

**umpy** (जम्´-पी) ***adj.*** (jumpier, jumpiest) nervous, घबराया हुआ, उद्विग्न।

**unction** (जंक्´-शॅन्) ***n.*** 1. a place where two things meet, संगम, मिलन-स्थल। 2. a place where two or more lines or routes cross each other, जंक्शन।

**uncture** (जंक्´-चें:) ***n.*** 1. the act of joining, योजन। 2. the state of being joined, संधि। 3. a joint, जोड़। 4. a turning point, मोड़। 5. a point, समयबिंदु; at this juncture, इस घड़ी, विशेषत: इस महत्त्वपूर्ण अवसर पर।

**une** (जून्) ***n.*** the sixth month of the year, जून।

**ungle** (जंग्´-गॅल्) ***n.*** 1. a forest area, जंगल। 2. any dense thicket or growth, झाड़-झंखाड़, जंगल। 3. a place of ruthless competition or struggle, वह मैदान जहाँ विकट प्रतियोगिता या संघर्ष हो।

**unior** (जू´-नि-अॅ:, जून्´-यें:) ***adj.*** 1. younger in years, छोटा, कनिष्ठ, अवर, जूनियर। 2. lower in rank, subordinate, अवर। 3. for younger persons, युवकों का, नई पीढ़ी का, बाल; junior library, बाल पुस्तकालय। ***n.*** a person who is younger to another, अवर।

**Junior Chamber** ***n.*** an international organization of younger persons, जूनियर चैम्बर।

**junk** (जंक्) ***n.*** 1. discarded material (collectively) कबाड़, टूटा-फूटा सामान। 2. trash, rubbish, बेकार वस्तु, कूड़ा, कूड़ा-करकट। 3. heroin, हिरोइन नामक नशीला पदार्थ। ***v.*** (junked, junking) to discard as junk, रद्दी या कूड़ा समझकर फेंक देना।

**junker** (जंक्´-कें:) ***n.*** a worn-out vehicle, पुरानी रद्दी गाड़ी।

**junket** (जंक्´-किट्) ***n.*** 1. a dessert, एक प्रकार का मीठा व्यंजन। 2. a pleasure trip at public expense, सरकारी खर्च पर की जानेवाली सैर। 3. a feast, भोज।

**junkie** (जंक्´-की) ***n.*** a drug addict, नशेड़ी।

**junkman** (जंक´-मॅन्) ***n.*** a person having a junk shop, कबाड़ी, कबाड़िया।

**junkshop** (जंक्´-शॉप्´) ***n.*** a shop selling second-hand goods, पुरानी वस्तुओं की दुकान, कबाड़ी की दुकान।

**junkyard** (जंक्´-या:ड्) ***n.*** a market place for second-hand things, गुदड़ी बाज़ार, कबाड़खाना।

**junta** (जन्´-टॅ) ***n.*** a group of persons who rule the country after a coup d'etat, क्रांतिकारी सत्ता-परिषद्, शासक गुट, जुंटा।

**Jupiter** (जू´-पि-टॅ:) ***n.*** the fifth planet from the Sun, बृहस्पति (ग्रह)।

**jural** (जुर्´-अॅल्) ***adj.*** of or relating to law, न्यायिक; jural state, न्यायिक राज्य।

**juridical** (जु-रिड्´-इ-कॅल्) ***adj.*** pertaining to the law or its administration, विधिक, न्यायिक।

**juridically** (जु-रिड्´-इ-कॅ-ली) ***adv.*** lawfully, विधित:।

**jurisdiction** (जुर्-इस्-डिक्´-शॅन्) ***n.*** 1. the limits within which an authority may operate, अधिकार-क्षेत्र, अधिक्षेत्र। 2. official power exercised within a particular sphere of activity, क्षेत्राधिकार, अधिकारिता।

**jurisprudence** (जूर्-इस्-प्रू´-डॅन्स्) ***n.*** the science of law, विधि-विज्ञान, विधिशास्त्र।

**jurist** (जूर्´-इस्ट्) ***n.*** one skilled in the law,

J

विधिविज्ञानवेत्ता, विधिवेत्ता, विधिशास्त्री।

**juristic** (जूर्´-इस्-टिक्) *adj.* 1. of or pertaining to a jurist, विधिवेत्ता-संबंधी। 2. of or pertaining to jurisprudence, विधि-विज्ञान-संबंधी।

**juristically** (जु-रिस्´-टि-कॅ-ली) *adv.* legally, विधित:।

**juror** (जूर्´-अॅ:) *n.* a member of a jury, जूरी-सदस्य।

**jury** (जु´-अॅ-री, जूर्´-ई) *n.* (plu. juries) 1. a body of people constituted to give a verdict, जूरी, निर्णायक-मंडल। 2. a committee to select players and award prizes, जूरी, निर्णायक-मंडल।

**juryman** (जूर्´-ई-मॅन्) *n.* a juror, जूरी-सदस्य। [ Fem. jurywoman, जूरी-सदस्या ]

**just** (जस्ट्) *adj.* 1. honest and impartial, ईमानदार और निष्पक्ष, भला। 2. legally right, न्यायशील। 3. proper, औचित्यपूर्ण, न्याय्य, उचित। 4. properly due, deserved, संगत, न्यायोचित, सही। 5. suitable, उपयुक्त। 6. exact, सही, यथार्थ। *adv.* 1. exactly, ठीक-ठीक, बिल्कुल, पूरा-पूरा; just the thing, बिल्कुल सही। 2. at that instant, तभी। 3. quite recently, अभी हाल में, अभी-अभी। 4. immediately, तुरंत, जल्दी ही। 5. merely, सिर्फ़। 6. certainly, निश्चय ही। ☐ **just about,** करीब-करीब, लगभग; **just now,** इसी क्षण, तत्काल, फौरन; **just so,** उसी तरह, वैसे ही।

J

**justice** (जस्´-टिस्) *n.* 1. upholding of what is just, just treatment, fairness, न्याय, इंसाफ, न्यायशीलता। 2. legal proceedings, कानूनी कार्रवाई, विधिक कार्य-विवरण। 3. a judge, न्यायाधीश, न्यायमूर्ति। ☐ **do justice to,** (i) भरपूर मज़ा लेना; (ii) पूर्ण न्याय करना।

**justifiable** (जस्´-टि-फ़ि-अॅ-ब्ल्) *adj.* that can be justified, न्यायोचित।

**justifiably** (जस्´-टि-फ़ि-अॅ-ब्ली) *adv.* rightly, न्यायसंगत रूप से, उचित रीति से, उचित रूप से।

**justification** (जस्´-टि-फ़ि-के´-शॅन्) *n.* 1. the act of justifying, औचित्य-प्रतिपादन। 2. the reason provided to prove to be just, न्यायसंगत तर्क। 3. righteousness, औचित्य।

**justified** (जस्´-टि-फ़ाइड्) *adj.* just or valid, उचित, न्यायसंगत।

**justify** (जस्´-टि-फ़ाइ) *v.* (justified, justifying) 1. to prove to be just, न्यायोचित ठहराना, सफ़ाई देना, न्यायसंगत सिद्ध करना। 2. to show to be reasonable, औचित्य सिद्ध करना। 3. to declare to be free from guilt or blame, निर्दोष सिद्ध करना। 4. in printing, to adjust the spaces between the words, छपाई में, जस्टी करना, समकरण करना।

**justifying** (जस्´-टि-फ़ाइ-इंग्) *n.* the act of a person who justifies, समकरण।

**jut** (जट्) *v.* (jutted, jutting) to extend outwards, to protrude, बाहर की ओर निकला या बढ़ा होना। *n.* something that juts out, बाहर निकला हुआ अंश या भाग।

**jute** (जूट्) *n.* a plant or its fiber used in making sacks, जूट, पटसन।

**juvenile** (जु´-वि-नाइल्) *adj.* 1. youthful, बाल, तरुण, किशोर। 2. childish, बचकाना 3. immature, अपरिपक्व। 4. for young people, युवकों के उपयोग का; juvenile book, बाल पोथी। *n.* 1. a young person i.e. not yet an adult, बालक, बच्चा। 2. a children's book, बच्चों की पुस्तक, बाल पोथी

**juvenile delinquency** *n.* illegal behaviour or act by a young offender, बाल-अपराध

**juvenile delinquent** *n.* a young offender बाल-अपराधी।

**juxtapose** (जक्-स्टॅ-पोज़्´) *v.* to place side by side, एक दूसरे के निकट, पास-पास या सटाकर रखना।

**juxtaposition** (जक्-स्टॅ-पॅ-ज़िश्´-अॅन्) *n* the condition of being juxtaposed सन्निकटता।

# K

**K, k** (के) ***n.*** the eleventh letter of the English alphabet, अंग्रेज़ी वर्णमाला का ग्यारहवाँ वर्ण, के।

**Kaiser** (काइ´-ज़ं:) ***n.*** the title of German emperors, जर्मनी के सम्राटों की उपाधि, काइज़र।

**kale** (केल्) ***n.*** a kind of cabbage, एक तरह की बंदगोभी।

**kaleidoscope** (कॅ-लाइ´-डॅ-स्कोप्) ***n.*** 1. a small tube in which mirrors reflect the coloured fragments of glass contained in it, सैरबीन, बहुरूपदर्शी। 2. a series of changing shapes and colours, रंग-बिरंगी दृश्यावली, क्षण-क्षण में बदलनेवाला सुंदर दृश्य।

**kaleidoscopic** (कॅ-लाइ-डॅ-स्कॉप्´-इक्) ***adj.*** 1. changing colours, रंग बदलता रहनेवाला। 2. multi-coloured, रंग-बिरंगा, चित्र-विचित्र।

**kamikage** (का-मि-का´-ज़ी) ***n.*** 1. a Japanese pilot trained to make a suicidal crash attack in second world war, दूसरे महायुद्ध में विशेष ढंग से प्रशिक्षित वह जापानी विमान-चालक जो शत्रु के टैंक, युद्धपोत आदि को नष्ट करने के लिए उससे अपने जहाज़ को जा टकराया और स्वत: भी नष्ट हो गया, कामीकाजे। 2. the aircraft of the above pilot, उक्त विमान-चालक का विमान, आत्मघाती विमान।

**kangaroo** (कैङ्ग्-गॅ-रू´) ***n.*** an Australian animal with strong hind legs used for leaping, कंगारू।

**kangaroo court** ***n.*** a court formed illegally and characterized by incompetence or dishonesty, गैरकानूनी कचहरी।

**kaolin** (के´-अॅ-लिन्) ***n.*** a fine white clay used is ceramics, चीनी मिट्टी।

**kapok** (के´-पॉक्) ***n.*** a silky fibre resembling cotton, एक प्रकार का रेशा।

**kaput** (का-पुट्´) ***adj.*** 1. destroyed, विनष्ट। 2. ruined, नष्ट-भ्रष्ट।

**karakul** (कैर्´ अॅ-कुल्) ***n.*** 1. an Asian sheep famous for its glossy wool, एशिया की एक भेड़। 2. its glossy wool, इसकी चमकीली ऊन।

**karat** (कैर्´-अॅट्) ***n.*** a measure of the purity of gold, कैरट।

**karate** (कॅ-रा´-टे) ***n.*** a Japanese system of unarmed combat, कराटे।

**Kazak** (का-ज़ाक़्) ***n.*** an inhabitant of Kazakistan, कज़ाक, कज़ाकी।

**kedge** (कॅंज्) ***n.*** a small anchor, छोटा लंगर।

**kedgeree** (कॅड्-ज़ॅ-री´) ***n.*** a dish consisting of rice and fish, मछली-भात।

**keel** (कील्) ***n.*** the base structure of a ship, जलयान की तली, नौतल। ☐ **on an even keel,** सुस्थिर, संतुलित। ***v.*** 1. to capsize, उलट जाना। 2. to collapse, ढह या बिलट जाना।

**keelhaul** (कील्´-हा:ल्) ***v.*** (keelhauled, keelhauling) to punish by dragging (a person) under the keel of a ship, (व्यक्ति को) दंडित करने के लिए (रस्से से बाँधकर) जहाज़ की तली के नीचे से घसीटना।

**keen** (कीन्) ***adj.*** 1. having a sharp edge or point, तीक्ष्ण, पैना, तेज़, नुकीला। 2. eager, उत्सुक, लालायित। 3. intellectually acute, कुशाग्र, प्रखर, तेज़। 4. penetrating, भेदक, तीव्र, तेज़। ☐ **keen on,** दृढ़, उत्साही।

**keenly** (कीन्´-ली) ***adv.*** 1. with keenness, उत्सुकतापूर्वक, बड़े शौक से। 2. very, अत्यधिक।

**keep** (कीप्) *v.* (kept, keeping) 1. to retain possession of, पास रखे रहना। 2. to store, (जमा) रखना, बचा रखना। 3. to take in one's charge, अपने अधिकार या नियंत्रण में लेना। 4. to prevent or hold back, रोकना, रोक रखना। 5. to fulfil or observe, पालन करना। 6. to preserve or protect, सुरक्षित रखना, रक्षा करना। 7. to provide with the necessities of life, भरण-पोषण करना। 8. to remain, बना रहना। 9. to continue, चलता रहना या रखना। 10. to celebrate, मनाना। 11. to remain fresh or unspoiled, ताज़ा रहना, विकृत या दूषित न होना। 12. to support financially in return for sexual favours, to keep a woman, औरत रखना। 13. to maintain by writing regular records in, रखना; to keep a diary, डायरी रखना। 14. to associate with, सहकार रखना; to keep bad company, गलत व्यक्तियों से दोस्ती रखना। □ **keep at,** डाँटते रहना; He keeps at me, वह सदा मुझे डाँटता-डपटता रहता है; **keep away,** दूर रहना या दूर रखना; **keep back,** (i) प्रकट न करना, अपने तक रखना; (ii) आगे बढ़ने से रोकना या आगे न बढ़ पाना; **keep down,** दबाए रखना, दबाव या नियंत्रण में रखना; **keep early hours,** जल्दी सोना; **keep fit,** स्वस्थ (बने) रहना; **keep from,** (i) रोकना; (ii) हतोत्साहित करना; **keep house,** घर या घर-गृहस्थी देखना; **keep in,** भीतर रखना; **keep in with,** संबंध बनाए रखना; **keep off,** (i) दूर रहना; (ii) दूर रखना; (iii) परहेज़ करना; **keep on,** चलाए चलना या बनाए रखना; **keep on at,** डाँटना-डपटना; **keep one's feet,** पैरों पर खड़े रहना, सँभले रहना; **keep out,** (i) बाहर रखना; (ii) दूर रहना, बचकर रहना; **keep to,** जुड़े या लगे रहना, बँधे रहना; **keep under,** नियंत्रण या वश में रखना; **keep up,** (i) बनाए रखना, रक्षित रखना; (ii) चलाए चलना; **keep up with,** (i) संबंध बनाए रखना, (ii) प्रतियोगिता करना, मुकाबला करना। *n.* 1. charge, care, निगरानी, देख-रेख। 2. a means of support, जीविका। 3. a strongly fortified structure in a castle, किले का अत्यंत सुरक्षित भाग।

**keeper** (की´-पॅ:) *n.* a person in charge of something, रखवाला, रक्षक; goal-keeper, गोलकीपर, गोली, गोलची; wicket-keeper, विकेटकीपर, यष्टिरक्षक।

**keeping** (की´-पिंग्) *n.* charge or care, देख-रेख, निगरानी, हिफ़ाज़त। □ **in keeping with,** के अनुरूप।

**keepsake** (कीप´-सेक्) *n.* something given or kept as a token of remembrance, निशानी, स्मृतिचिह्न, यादगार।

**keg** (कॅग्) *n.* a small barrel, पीपा।

**ken** (कॅन्) *v.* (kenned, kenning) 1. to know, जानना। 2. to understand, समझना। *n.* 1. understanding, समझ, ज्ञान। 2. the range of vision or knowledge, ज्ञान-परिधि, ज्ञान-सीमा; beyond one's ken, अपनी ज्ञान-सीमा के बाहर।

**kennel** (कॅन्´-अॅल्) *n.* 1. a shelter for a dog, कुत्ते के रहने की जगह, कुत्ते की कोठरी। 2. an establishment where dogs are bred, trained etc., कुत्ता-घर, कुकुर-प्रतिष्ठान।

**Kenyan** (कीन्´-यॅन्) *adj.* of Kenya, केन्या का। *n.* an inhabitant of Kenya, केन्यावासी।

**kepi** (के´-पी) *n.* a French Military Cap, फ्रांसीसी सैनिक की टोपी।

**kept** (कॅप्ट्) *v.* p.t. and p.p. of keep. *n.* a woman maintained by a man as his mistress, रखी हुई औरत, रखेली, रखेल।

**kerchief** (क:´-चिफ़्) *n.* a square scarf as a head covering, सिर पर बाँधने का बड़ा रूमाल, स्कार्फ़।

**kernel** (क:´-नॅल्) *n.* 1. the edible part of a nut, गिरी, गरी, गूदा। 2. the central part, core, सार भाग, सार। 3. a grain, दाना।

**kerosene** (कॅर्´-अॅ-सीन्) *n.* an oil distilled from petroleum, किरासन, मिट्टी का तेल।

**ketchup** (कॅच्´-अप्) *n.* a sauce made from tomatoes, टमाटर की सॉस।

**kettle** (कॅट्´-अॅल्) *n.* a metal pot with a handle for boiling water, केतली।

K

**kettledrum** (कॅट्´-अॅल्-ड्रम्) *n.* a large drum, नक़्क़ारा, ताशा।

**key** (की) *n.* (plu. keys) 1. a metallic implement that operates the lock's mechanism, ताली, चाबी, कुंजी। 2. any means of entry, possession or a desired end, कुंजी। 3. any of the sets of levers operating a piano, typewriter, computer etc., कुंजी। 4. a button or lever on a musical instrument, कुंजी। 5. a set of answers to a test or problem, कुंजी। 6. pitch, सुर, तान। *adj.* of great importance, अत्यंत महत्त्वपूर्ण, मूल, आधारभूत; key industries, मूल उद्योग; key post, मूल पद। *v.* (keyed, keying) 1. to provide with a key, ताली लगाना। 2. to link, जोड़ना। □ **key up,** उद्दीप्त करना, तीव्र करना; **keyed up,** उद्दीप्त, उत्तेजित।

**keyboard** (की´-बोःड्) *n.* the set of keys on a piano, typewriter, computer etc., कुंजीपटल।

**keyhole** (की´-होल्) *n.* the hole in a lock through which the key operates, ताले का मुँह, ताले का छेद।

**keynote** (की´-नोट्) *n.* the central idea or principle (in a speech, भाषण में) केंद्रीय विचार या सिद्धांत। *adj.* important, महत्त्वपूर्ण; keynote address, नीतिनिर्धारक भाषण।

**key-ring** (की´-रिंग्) *n.* a ring on which keys are kept, वह छल्ला जिसमें चाबियाँ पिरोते हैं।

**keystone** (की´-स्टोन्) *n.* 1. the top stone of a dome or arch, मुख्य शिला। 2. the most important part of an argument, plan etc., तर्क, योजना आदि का अत्यंत महत्त्वपूर्ण अंश।

**keyword** (की´-वःड्) *n.* a word that serves as a key to a cipher, मूल शब्द।

**khaki** (का´-की, कैक्´-ई) *adj.* dull brownish yellow, ख़ाकी। *n.* ***khakis*** (plu.), khaki uniform used in the army, ख़ाकी वर्दी।

**kibbutz** (कि-बुट्स्´) *n.* a collective agricultural settlement, सामुदायिक कृषि-व्यवस्था।

**kibosh** (काइ´-बॉश्) *n.* nonsense, बकवास। □ **put the kibosh on,** to prevent from continuing, बीच में रोक देना।

**kick** (किक्) *v.* 1. to strike with a foot, ठोकर लगाना, ठोकर मारना, किक लगाना। 2. to recoil or strike in recoiling when fired, धक्का लगना। 3. to object or protest, आपत्ति या विरोध करना, ठुकरा देना। *n.* 1. a blow with the foot, ठोकर, किक, पादप्रहार। 2. the recoil of a gun, बंदूक को चलाने से लगनेवाला धक्का। 3. an objection or protest, आपत्ति, विरोध; I am tired of their kicks. मैं उनकी शिकायतों से तंग आ गया हूँ। 4. a pleasurable effect, thrill, गुदगुदी, पुलक, सिहरन। □ **kick about,** (i) आवारागर्दी करना; (ii) कठोरता से पेश आना; **kick off,** (i) गेंद पर ठोकर लगाकर खेल आरंभ करना; (ii) शुरू करना; **kick out,** बाहर निकाल देना, निकाल बाहर करना; **kick up,** (उपद्रव, झमेला आदि) खड़ा करना; **kick upstairs,** ऊँचा उठाना।

**kickback** (किक्´-बैक्) *n.* 1. a reaction or repercussion, प्रतिक्रिया। 2. a part of income paid illegally to a person for his help in making profit, रिश्वत।

**kicker** (किक्´-अंः) *n.* one who kicks, ठोकर लगानेवाला, पादप्रहार करनेवाला।

**kick-off** (किक्´-आःफ़्) *n.* 1. a kick in the game of football with which play starts, फुटबाल के खेल का आरंभ, क्रीड़ारंभ। 2. the start of an activity, कार्यारंभ। 3. a beginning, प्रारंभ, शुरुआत।

**kid[1]** (किड्) *n.* 1. a young goat, बकरी का बच्चा, मेमना। 2. a young of an antelope, हिरनौटा। 3. the leather made from the hide of a kid, मेमने का चमड़ा। 4. a child, बच्चा, बालक। *v.* (kidded, kidding) to give birth to a young goat, बकरी का बयाना।

**kid[2]** *v.* (kidded, kidding) 1. to tease, तंग या परेशान करना। 2. to deceive, धोखा देना, ठगना।

K

**kiddy** (किड्´-ई) *n.* a child, बच्चा।

**kidnap** (किड्´-नैप्) *v.* (kidnapped, kidnapping) to carry off and detain (a person, usually for ransom, प्राय: धन ऐंठने के लिए व्यक्ति का) अपहरण करना, बलात् हरण करना।

**kidnapped** (किड्´-नैप्ड्) *adj.* (a person) carried off and detained (for ransom), अपहृत।

**kidnapper** (किड्´-नैप्-अ:) *n.* one who kidnaps, अपहरणकर्ता, अपहर्ता।

**kidney** (किड्´-नी) *n.* 1. either of two bean-shaped organs which filter wastes as urine from the blood, गुर्दा, किडनी, वृक्क। 2. the kidney of certain animals eaten as food, गुर्दा।

**kidney bean** *n.* kidney-shaped seeds of certain plants, मोथा, मोठ।

**kidney machine** *n.* a device carrying out the function of a kidney, वृक्कयंत्र।

**kidney stone** *n.* a hard mass formed in the kidney, पथरी।

**kid skin** (किड्´-स्किन्) *n.* the leather made from the skin of a young goat, मेमने का चमड़ा।

**kill** (किल्) *v.* 1. to put to death, मार डालना, वध या हत्या कर डालना। 2. to put an end to, to destroy or finish, ख़त्म कर डालना। 3. to cause extreme discomfort to, अत्यधिक कष्ट देना। 4. to overcome with attraction, अभिभूत कर लेना, मुग्ध कर लेना। 5. to make (time) pass quickly, (समय) नष्ट करना। □ **kill off,** मारकर पिंड छुड़ाना; **kill two birds with one stone,** एक तीर से दो शिकार खेलना। *n.* 1. the act of killing, हत्या, वध। 2. an animal killed during a hunt, मारा हुआ शिकार।

**killing** (किल्´-इंग्) *adj.* fatal, घातक, प्राणघातक। *n.* 1. murder, हत्या, वध। 2. a sudden large profit, सहसा होनेवाला अत्यधिक लाभ।

**killjoy** (किल्´-जॉइ) *n.* a person who destroys other people's pleasure, दूसरों के रंग में भंग डालनेवाला, दूसरों का आनंद बिगाड़नेवाला।

**kiln** (किल्न्) *n.* an oven, भट्टी; a brick kiln, ईंटों का भट्ठा; a potter's kiln, आवाँ।

**kilo** (की´-लो) *n.* kilogram, किलोग्राम, किलो।

**kilogram** (किल्´-अॅ-ग्रैम्) *n.* one thousand grams, किलोग्राम, किलो।

**kiloletre, kiloliter** (किल्´-अॅ-ली-टॅ:) *n.* 1000 liters, एक हज़ार लीटर।

**kilometre, kilimeter** (किल्´-अॅ-मी-टॅ:) *n.* one thousand metres, १००० मीटर, किलोमीटर।

**kiloton** (किल्´-अॅ-टन्) *n.* one thousand tons, १००० टन।

**kilovolt** (किल्´-अॅ-वोल्ट्) *n.* one thousand volts, १००० वोल्ट।

**kilowatt** (किल्´-अॅ-वॉट्) *n.* the power of one thousand watts, किलोवाट।

**kilt** (किल्ट्) *n.* a knee-length pleated skirt, घुटनों तक की चुन्नटदार स्कर्ट।

**kimono** (कि-मो´-नो) *n.* a wide sleeved Japanese robe, किमोनो, जापानी पहनावा।

**kin** (किन्) *adj.* related, सगोत्र। *n.* (singular or plural) a relative or relatives, रिश्तेदार, कुटुंबी, स्वजन; kin group, स्वजन-समूह।

**kind**[1] (काइन्ड्) *adj.* 1. showing sympathy, goodwill or generosity, उदार, भला, दयालु। 2. kind-hearted, सहृदय, रहमदिल।

**kind**[2] *n.* 1. a class or category having characteristics in common, वर्ग, जाति। 2. a type or sort, प्रकार, किस्म। □ **in kind,** (i) माल के रूप में, जिन्स के रूप में; (ii) बहुत-कुछ वैसे ही रूप में; to return an insult in kind, अपमान का बदला अपमान से चुकाना।

**kindergarten** (किन्´-डॅ:-गा:-टॅन्) *n.* a school or class for four to six-year old children, शिशुशाला, शिशु-निकेतन, किन्डर-गार्टन।

**kindhearted** (काइन्ड्-हा:´-टिड्) *adj.* having a kind heart, दयालु, कृपालु, उदार।

**kindheartedly** (काइन्ड्-हा:´-टिड्-ली) *adv.* sympathetically, कृपापूर्वक।

**kindle** (किन्´-डॅल्) *v.* 1. to start (a fire), जलाना; to kindle a lamp, दीया जलाना।

K

2. to become kindled, जलना। 3. to glow or cause to glow, चमकना या चमकाना, जगमगाना। 4. to stimulate or excite, उद्दीप्त करना, उत्तेजित करना।

**kindling** (किन्´-ड्लिंग्) ***n.*** small pieces of dry wood that burn easily (used to start a fire), आग सुलगाने की छोटी-छोटी लकड़ियाँ।

**kindly** (काइन्ड्´-ली) ***adj.*** (kindlier, kindliest) kind in manner, दयालु, कृपालु, भला। ***adv.*** in a kind manner, कृपापूर्वक।

**kindred** (किन्´-ड्रिड्) ***adj.*** 1. related, सगोत्र। 2. of similar kind, वैसा ही, उसी प्रकार का। ***n.*** (singular or plural) a person's relative or relatives, नातेदार, रिश्तेदार, कुटुंबी।

**kine** (काइन्) ***n.*** (plu.) 1. cows, गाएँ। 2. cattle, चौपाए।

**kinetic** (कि-नेंट्´-इक्) ***adj.*** of or produced by movement, गतिक, गत्यात्मक, गतिज; kinetic energy, गतिज ऊर्जा।

**kinfolk** (किन्´-फ़ॉक्) ***n.*** a person's relative, रिश्तेदार।

**king** (किंग्) ***n.*** 1. the male ruler of a country, राजा। 2. a person or thing most eminent of a group, राजा; the king of the jungle, जंगल का राजा। 3. a playing card bearing the picture of a king, शाह, बादशाह। 4. the main piece in the game of chess, शाह, बादशाह, राजा।

**kingdom** (किंग्´-डॅम्) ***n.*** a country ruled by a king (or queen), रियासत, बादशाहत, राज्य।

**kingfisher** (किंग्´-फ़िश्´-अॅ:) ***n.*** a fish-eating large-billed bird, कौड़िल्ला।

**kingly** (किंग्´-ली) ***adv.*** (kinglier, kingliest) of, related to or suitable for kings, शाही, राजसी, नृपोचित।

**kingmaker** (किंग्´-मे´-कॅ:) ***n.*** one who makes someone a king, राजा को बनाने-वाला, नृप-विधाता, राजविधाता।

**kingpin** (किंग्´-पिन्) ***n.*** the most important and indispensable person (or thing) in a group, मुख्य व्यक्ति (या वस्तु), प्रधान व्यक्ति (या वस्तु), मुख्य कार्यकर्ता।

**kingship** (किंग्´-शिप्) ***n.*** 1. the state of being a king, राजापन, राजत्व। 2. a king's position, राजा का पद, राजपद। 3. a king's reign, राजकाल।

**kink** (किंक्) ***n.*** 1. a tight curl, घुमाव, ऐंठन, बल। 2. a slight flaw, छोटा-मोटा दोष या त्रुटि। 3. a peculiar characteristic, चारित्रिक विचित्रता। ***v.*** to form a kink or kinks, बल डालना, ऐंठ देना।

**kinkajou** (किंग्´-कॅ-जु) ***n.*** a long-tailed carnivorous mammal of America, किनकाजू।

**kinky** (किंग्´-की) ***adj.*** (kinkier, kinkiest) 1. full of kinks, घुमावदार, जिसमें बल या घुमाव हों, घुँघराला। 2. eccentric, perverted, उन्मादपूर्ण, अप्राकृतिक।

**kinship** (किन्´-शिप्) ***n.*** relationship, रिश्तेदारी, रिश्ता।

**kinsman** (किंज्´-मॅन्) ***n.*** a relative, रिश्तेदार।

**kinswoman** (किंज्´-वुम्-अॅन्) ***n.*** a female relative, रिश्तेदारिन।

**kiosk** (की´-ऑस्क्) ***n.*** a light structure used as a newsstand, refreshment booth etc., स्टाल, गुमटी, कीऑस्क।

**kipper** (किप्´-अॅ:) ***n.*** a herring that has been split, salted and dried, नमक लगाकर सुखाई हुई मछली।

**kirk** (क:क्) ***n.*** a Church, गिरजा।

**kirsch** (की:श्) ***n.*** a brandy made from the juice of cherries, चेरी के रस से बनी ब्रांडी।

**kiss** (किस्) ***n.*** 1. a touch with the lips as a sign of affection, चुंबन, चुम्मा, बोसा। 2. a gentle touch, स्पर्श। 3. a kind of candy, एक तरह की मिठाई। ***v.*** (kissed, kissing) 1. to touch with the lips, चूमना, चुंबन लेना, बोसा लेना। 2. to touch lightly or gently, हलका स्पर्श करना, छूना या सहलाना।

**kit** (किट्) ***n.*** 1. a set of tools, उपकरण-

K

समूह, किट। 2. a set of parts sold together, किट। 3. a box or case containing a set of tools, औज़ारों की थैली, पेटी आदि, किट। 4. the clothing and personal equipment of a soldier or traveller, सैनिक या यात्री का सामान।

**kitbag** (किट्´-बैग्) ***n.*** a bag for a kit, औज़ार आदि रखने का थैला।

**kitchen** (किच्´-इन्) ***n.*** a room or place of cooking, रसोई, रसोई-घर, किचन; kitchen cabinet, गुप्त सलाहकार।

**kitchenette** (किच्-ॲ-नेंट्´) ***n.*** a small kitchen, छोटी रसोई, छोटा रसोई-घर।

**kitchen garden** ***n.*** a garden near kitchen where vegetables are grown, किचन गार्डन।

**kitchenware** (किच्´-ॲन्-वेॲ:) ***n.*** the utensils used in the kitchen, रसोई बनाने के बर्तन, खाना बनाने के बर्तन।

**kite** (काइट्) ***n.*** 1. a light frame structure with thin paper flown at the end of a long string, पतंग, गुड्डी। 2. a bird with a long forked tail usually preying on small birds, चील। □ **Go fly a kite,** चले जाओ।

**kite-flying** (काइट्´-फ़्लाइ-इंग्) ***n.*** a game or art of flying kites, पतंगबाज़ी, गुड्डी उड़ाना।

**kith and kin** ***n.*** (plu.) one's friends and relations, मित्र तथा संबंधी, स्वजन।

**kitsch** (किच्) ***n.*** vulgar art or literature, फूहड़ कला या साहित्य, भोंडी रचना।

**kitten** (किट्´-ॲन्) ***n.*** the young of a cat, बिल्ली का बच्चा, बिलौटा।

**kittenish** (किट्´-ॲ-निश्) ***adj.*** 1. of or like kittens, फुर्तीला, चंचल। 2. flirtatious (woman), चुलबुली (स्त्री)।

**kitty**[1] (किट्´-ई) ***n.*** an affectionate name for a cat or kitten, बिल्ली या बिलौटे का (प्यार से बुलाने का) नाम, किट्टी।

**kitty**[2] ***n.*** a pool or fund of money, एकत्र किया हुआ धन, जमा साँझा धन।

**kitty party** ***n.*** the party arranged at the time of disbursement of kitty, किट्टी पार्टी।

**kiwi** (की´-वी) ***n.*** 1. a flightless New Zealand bird without a tail, कीवी। 2. an inhabitant of New Zealand, न्युज़ीलैंड का वासी।

**klaxon** (क्लैक्´-सन्) ***n.*** a horn, भोंपू।

**kleptomania** (क्लेंप्-टॅ-मे´-नि-ॲ) ***n.*** an uncontrollable impulse to steal, चोरी करने की लत, चौर्योन्माद।

**kleptomaniac** (क्लेंप्-टॅ-मे´-नि-ऐक्) ***n.*** a person given to stealing, वह जिसे चोरी करने की लत पड़ी हो, चौर्योन्मादी।

**knack** (नैक्) ***n.*** 1. the ability or skill to do something gracefully, हुनर, कौशल, दक्षता। 2. the habit of doing, आदत, टेक। 3. a skill or talent, कौशल या प्रतिभा।

**knapsack** (नैप्´-सैक्) ***n.*** a bag for carrying supplies and equipment strapped on the back, पीठ पर कसा जानेवाला थैला, पीठ-थैला।

**knave** (नेव्) ***n.*** 1. a rogue, शठ, दुर्जन, धूर्त, बदमाश। 2. a Jack, गुलाम, गुल्ला।

**knead** (नीड्) ***v.*** 1. to mix and press (moist flour or clay) into a uniform mass, गूँधना, सानना। 2. to massage, मालिश करना, मसाज करना।

**knee** (नी) ***n.*** 1. the joint or region between the thigh and the lower part of the human leg, घुटना। 2. the part of the garment covering this part, घुटना। □ **bring someone to his knees,** घुटने टेकने के लिए मजबूर कर देना; **fall on to someone's knees,** किसी के आगे घुटने टेक देना। ***v.*** (kneed, kneeing) to hit or push with the knee, घुटने से आघात करना या धकेलना।

**kneecap** (नी´-कैप्) ***n.*** a flat triangular bone covering the front of the knee, चपनी।

**knee-deep** (नी´-डीप्´) ***adj.*** so deep as to cover or reach the knees, घुटने-भर।

**knee-high** (नी´-हाइ´) ***adj.*** reaching upto the knees, घुटने तक, घुटनों तक।

**kneel** (नील्) ***v.*** (kneeled or knelt, kneeling) to rest on bent knees, घुटनों के बल झुकना। □ **kneel down,** समर्पण कर देना।

**knell** (नॅल्) ***v.*** (knelled, knelling) to ring a bell to announce the death or a funeral, मृत्यु होने पर या अरथी ले जाते समय घंटा बजाना। ***n.*** a stroke or toll of a bell for a death or funeral, किसी के मरने पर अथवा उसकी अरथी ले जाते समय बजाया जानेवाला घंटा।

**knew** (न्यू) ***v.*** p.t. of know.

**knickers** (निक्´-अ:ज़्) ***n.*** 1. an undergarment covering the lower body worn by women or girls, कच्छा। 2. men's loose-fitting pants covering the body from the waist to the knees, निकर।

**knicknack** (निक्´-नैक्) ***n.*** 1. a small ornamental article, कोई छोटी-मोटी सजावटी वस्तु। 2. a toy, खिलौना।

**knife** (नाइफ़्) ***n.*** (plu. knives) 1. a household cutting instrument with a blade fitted into a handle, चाकू, छुरी, छुरा। 2. the cutting blade of a machine, मशीन की छुरी। □ **go under the knife,** आपरेशन होना, शल्यक्रिया होना। ***v.*** (knifed, knifing) 1. to cut with a knife, चाकू से काटना। 2. to stab, चाकू भोकना। □ **knife in the back,** to betray or damage the reputation (of a friend, मित्र की) पीठ में छुरा भोकना, धोखा देना, विश्वासघात करना।

**knife-edge** (नाइफ़्´-ऍज्) ***n.*** 1. the sharp edge of a knife, छुरे की धार। 2. a critical point, संकट-बिंदु। □ **on a knife-edge,** अत्यधिक तनाव की स्थिति में।

**knight** (नाइट्) ***n.*** 1. (in mediaeval Europe) an armed soldier of noble birth, शूरवीर, नाईट। 2. the holder of a rank or degree conferred by a sovereign, सम्राट द्वारा प्रदत्त नाईट की उपाधि। 3. a chess piece with the head of a horse, घोड़ा। ***v.*** to confer a knighthood on, नाईट की उपाधि से विभूषित करना।

**knighthood** (नाइट्´-हुड्) ***n.*** 1. the rank of a knight, नाईट की उपाधि। 2. the qualities of a knight, नाईट के गुण। 3. knights collectively, नाईटों का समूह।

**knightly** (नाइट्´-ली) ***adj.*** 1. of a knight, नाईट या शूरवीर का। 2. befitting a knight, नाईट के उपयुक्त, नाईट के विचार से शोभनीय।

**knish** (निश्) ***n.*** a stuffed and baked piece of dough, एक तरह की भरवाँ रोटी या कचौरी।

**knit** (निट्) ***v.*** (knit or knitted, knitting) 1. to make a fabric or garment with threads and needles, बुनना, बुनावट डालना, बुनाई करना। 2. to join together closely, जोड़ना। □ **knit one's brow,** त्योरी चढ़ाना। ***n.*** a fabric or garment made by knitting, बुना हुआ वस्त्र या पहनावा।

**knitter** (निट्´-अॅ:) ***n.*** 1. a person who knits, बुनाई का काम करनेवाला, बुनाई करनेवाला। 2. a knitting machine, बुनाई-मशीन।

**knitting** (निट्´-इंग्) ***n.*** 1. the work in the process of being knitted, बुनाई। 2. the knitted work, बुनावट।

**knitwear** (निट्´-वॆंअॅ:) ***n.*** knitted garment, बुना हुआ पहनावा (स्वेटर, शाल, मोजा आदि)।

**knob** (नॉब्) ***n.*** 1. a rounded projection or protuberance, गुमटा। 2. a rounded handle, मूठ, घुंडी या बटन, नाब। 3. a rounded hill, गोलाकार पहाड़ी। ***v.*** (knobbed, knobbing) 1. to operate or control with a knob, घुंडी घुमाना, बटन दबाना, मूठ चलाना। 2. to bulge, तोंद फूल जाना या निकल आना।

**knobbed** (नाब्ड्) ***adj.*** fitted with a knob or knobs, घुंडीदार, बटनदार, मूठदार।

**knock** (नॉक्) ***v.*** 1. to strike with a sharp blow, ज़ोरदार आघात करना, प्रहार करना, मारना, पीटना। 2. to strike (a door) with a series of blows, (दरवाज़ा) खटखटाना, दस्तक देना। 3. to make by hitting or striking, ठोकना, गढ़ना। 4. to criticize severely, कड़ी आलोचना करना। 5. to collide, टकराना, भिड़ जाना। 6. to make a pounding noise, (मशीन का) घटर-घटर आवाज़ करना। □ **knock about,** (i) आवारा घूमना; (ii) भ्रमण करना, चक्कर लगाना; (iii) दुर्गति कर डालना, निर्मम व्यवहार करना, निर्ममता बरतना; **knock back,** (i) बहुत पीना; (ii) लागत आना, पड़ना; (iii) विक्षुब्ध कर देना, घबरा देना; (iv) अस्वीकृत कर देना; **knock down,** (i) गिरा देना, पटक देना, पटकनी देना; (ii) ऊँची बोली बोलनेवाले को (कोई वस्तु) सौंप देना; (iii) कमाना; **knock off,** (i) (काम) ख़त्म करना; (ii) हड़बड़ाकर (कुछ) करना या बनाना; (iii) (किसी वस्तु का) मूल्य घटाना; (iv) कम कर देना, काट लेना; **knock together,** जोड़ना, असंबल करना; **knock out,** आघात से बेहोश कर देना; **knock up,** (i) जोड़ना, बनाना, असंबल करना; (ii) जगाना, उठाना; (iii) गर्भाधान करना; (iv) (रन) ठोंकना, बनाना; He knocked up a century, उसने शतक ठोंका या बनाया; (iv) थका देना।

**knocker** (नॉक्´-अः) *n.* 1. one who knocks, (दरवाज़ा) खटखटानेवाला। 2. a hinged device attached to a door for knocking, दरवाज़ा खटखटाने की कुंडी या ऐसा ही कोई उपकरण।

**knock-kneed** (नॉक्-नीड्) *adj.* whose knees touch each other while walking, जिसके चलते समय घुटने लड़ते या टकराते हों।

**knockout** (नॉक्´-आउट्) *n.* 1. a blow that causes unconsciousness, मूर्च्छा लानेवाला आघात, मूर्च्छित कर देनेवाला प्रहार। 2. the act of knocking out an opponent, विरोधी को किया जानेवाला ऐसा आघात जिससे वह बेहोश हो जाए। 3. a competition in which competitors are eliminated progressively, वह प्रतियोगिता जिसमें हारनेवाले प्रतियोगी क्रमशः बाहर होते चलते हैं, नाकआउट प्रतियोगिता।

**knoll** (नोल्) *n.* a mound, टीला।

**knot** (नॉट्) *n.* 1. a fastening formed by two threads (or cords) or by two ends of a thread (or cord), गाँठ। 2. a joint, जोड़, गाँठ, ग्रंथि। 3. a tangle, उलझन, कठिनाई या समस्या। 4. the enlargement of a gland, ग्रंथि-शोथ, गाँठ। 5. a tie or bond, बंधन। □ **tie the knot,** विवाह कर लेना। *v.* (knotted, knotting) 1. to tie or fasten with a knot, गाँठ डालना या लगाना। 2. to make entangled, उलझाना। 3. to become entangled, उलझ जाना।

**knotty** (नॉट्´-ई) *adj.* (knottier, knottiest) 1. full of knots, गाँठोंवाला, गाँठदार। 2. intricate, पेचीला, पेचीदा, जटिल।

**know** (नो) *v.* (knew, known, knowing) 1. to be familiar or acquainted with, विदित होना, परिचय होना, जानना, पहचानना। 2. to have a grasp of, जानना, ज्ञान होना; She knows Hindi, वह हिंदी जानती है। 3. to understand, समझना। 4. to be able to distinguish or discriminate, अंतर कर सकना, अंतर पहचानना। □ **in the know,** अवगत।

**knowable** (नो´-अॅ-बॅल्) *adj.* that can be known, जानने योग्य।

**knower** (नो´-अः) *n.* one who knows, जानकार, ज्ञाता।

**know-how** (नो´-हॉउ) *n.* practical knowledge or skill of how to do a particular thing, व्यावहारिक ज्ञान या कौशल, जानकारी।

**knowing** (नो´-इंग्) *adj.* 1. having knowledge or understanding, जानकार, जाननेवाला। 2. clever, होशियार, चालाक। *n.* information, सूचना, जानकारी। □ **there is no knowing,** कुछ कहा नहीं जा सकता।

**knowingly** (नो´-इंग्-ली) *adv.* wilfully, deliberately, जानकर, जान-बूझकर।

**knowledge** (नॉल्´-इज्) *n.* 1. the state or fact of knowing, जानकारी, ज्ञान। 2. specific information about a subject, जानकारी, ज्ञान। 3. learning, erudition, ज्ञान, पांडित्य, विद्वत्ता। 4. acquaintance, परिचय।

**knowledgeable** (नॉल्´-इ-जॅ-बॅल्) *adj.* 1. well-informed, जानकार। 2. experienced, अनुभवी। 3. intelligent, समझदार, बुद्धिमान।

**known** (नोन्) *v.* p.p. of know. *adj.* perceived, realized or understood, जाना हुआ, ज्ञात।

**knuckle** (नक्´-अॅल्) *n.* a joint of a finger,

K

अंगुली की गाँठ, अंगुली का जोड़। *v.* to press with knuckles, अंगुलियों की गाँठों से दबाना। □ **knuckle down,** परिश्रमपूर्वक कार्य करना, जमकर या डटकर काम करना; **knuckle under,** दब या झुक जाना।

**knuckle-headed** (नक्-अॅल्-हेंड्´-इड्) *adj.* stupid, मूर्ख, बेवकूफ़।

**koala** (को-आ´-लॅ) *n.* an Australian animal of the kangaroo family, कोआला।

**kook** (कूक्) *n.* a foolish or eccentric person, मूर्ख या झक्की व्यक्ति।

**kooky** (कूक्´-ई) *adj.* foolish or eccentric, मूर्ख या झक्की।

**kopeck** (को´-पॅंक्) *n.* one-hundredth part of a rubblle, रूबल का सौवाँ भाग, कोपेक।

**Koran** (को-रान्´) *n.* the sacred book of Islam, कुरान, मुसलमानों का प्रसिद्ध धर्मग्रंथ।

**Korean** (को-री´-अॅन्) *adj.* of or related to Korea, कोरिया-संबंधी, कोरिया का। *n.* an inhabitant of Korea, कोरिया का निवासी।

**kosher** (को´-शॅ:) *adj.* 1. prepared in accordance with Jewish dietary law, यहूदी भोजन-संबंधी नियमों के अनुसार बना हुआ। 2. proper, उपयुक्त, उचित।

**kowtow** (को´-टो/को-टो´) *v.* to touch the forehead to the ground with profound respect toward a person, माथा टेकना।

**Kremlin** (क्रेंम्´-लिन्) *n.* 1. an old citadel in Moscow, मास्को का क्रेमलिन नामक किला। 2. the Soviet Government, रूसी सरकार।

**Krishna** (क्रिश्´-नॅ) *n.* a Hindu deity, भगवान कृष्ण।

**krona** (क्रो´-नॅ) *n.* the chief unit of money in Sweden, स्वीडन की मुद्रा, क्रोना।

**krone** (क्रो´-ने) *n.* the chief unit of money in Denmark, Norway etc., डेनमार्क, नार्वे आदि देशों की मुद्रा, क्रोने।

**kudos** (क्यू´-डॉस्, कु´-डोज़्) *n.* (functioning as singular) honour and glory, प्रतिष्ठा तथा वैभव, मान-सम्मान।

**Ku Klux Klan** (कु-क्लक्स्-क्लैन्´) *n.* a secret organization of Whites to fight against Blacks formed in U.S.A. after the civil war, गृहयुद्ध के उपरांत बना श्वेतों का गुप्त संघटन जो काले लोगों का विरोधी था, कूक्लक्सक्लान।

**kukri** (कुक्´-री) *n.* a large knife with a curve, खुखड़ी।

**Kurd** (कु:ड्) *n.* a member of the Muslim nomadic class, मुस्लिम ख़ानाबदोश जाति का व्यक्ति।

**Kuwaiti** (कु-वे´-टी) *n.* of Kuwait, कुवैत-संबंधी, कुवैत का। *n.* an inhabitant of Kuwait, कुवैत का निवासी।

**kung fu** (कंग्´-फ़ू) *n.* Chinese martial art, कराटे की तरह की चीनी युद्ध-विद्या।

K

# L

**L, l** ***n.*** 1. the twelfth letter of the English alphabet, अंग्रेज़ी वर्णमाला का बारहवाँ वर्ण, ल्। 2. Roman numeral for 50, पचास की संख्या का सूचक रोमन वर्ण।

**lab** (लैब्) ***n.*** a laboratory, प्रयोगशाला।

**label** (ले´-बॅल्) ***n.*** 1. a piece of paper, cloth etc., attached to an object showing name, nature, use, destination etc., नामचिप्पी, नामपत्र, लेबिल। 2. a name given to someone or something, दिया हुआ नाम, प्रदत्त नाम। ***v.*** (labelled/labeled, labelling/labeling) 1. to attach or fasten a label, लेबिल लगाना, लेबिल चिपकाना। 2. to identify or call, नाम देना या धरना, बतलाना, कहना, to label someone a liar, किसी को झूठा कहना।

**labelled** (ले´-बॅल्ड्) ***adj.*** 1. attached with a label, जिसपर लेबिल लगा हो, लेबिलदार। 2. marked with a label, जिसका नाम धरा गया हो, नामित।

**labia** (ले´-बि-अॅ) ***n.*** the plural of labium.

**labial** (ले´-बि-अॅल्) ***adj.*** 1. related to the lips, ओष्ठ-संबंधी। 2. formed with the lips, होंठों से उच्चरित, ओष्ठ्य।

**labium** (ले´-बि-अॅम्) ***n.*** 1. a lip, होंठ, ओष्ठ। 2. a liplike structure, होंठ जैसा पदार्थ।

**laboratory** (लॅ-बॉर्´-अॅ-ट्री) ***n.*** a room or building equipped for conducting scientific experiments or manufacturing chemicals, medicines etc., प्रयोगशाला, लैब।

**laborious** (लॅ-बोर्´-इ-अॅस्) ***adj.*** 1. requiring much hard work, श्रमसाध्य। 2. given to hard work, परिश्रमी, मेहनती।

**laboriously** (लॅ-बोर्´-इ-अॅस्-ली) ***adv.*** industriously, tirelessly, परिश्रमपूर्वक।

**labour, labor** (ले´-बॅ:) ***n.*** 1. physical or mental work, शारीरिक या मानसिक श्रम, परिश्रम, मेहनत। 2. work for wages, मज़दूरी। 3. a difficult work, कठिन काम, मेहनत का काम। 4. a wage earner, मज़दूर, श्रमिक। 5. the physical efforts of childbirth, प्रसव; labour pains प्रसव-पीड़ा। ***v.*** 1. to work hard, कठोर श्रम करना। 2. to strive hard, घोर प्रयास करना। 3. to proceed slowly, मंद गति से आगे बढ़ना।

**laboured, labored** (ले´-ब:ड्) ***adj.*** forced, strained, ज़बरदस्ती का, प्रयासपूर्ण, या कठिन।

**labourer, laborer** (ले´-बॅ-रॅ:) ***n.*** a person engaged in physical work, मज़दूर, श्रमिक।

**labour force** (ले´-बॅ:-फ़ो:स्) ***n.*** all the workers of a country, श्रम-शक्ति, श्रमिक-बल।

**labour room** (ले´-बॅ:-रूम्) ***n.*** a room in the hospital where a woman gives birth to a child, प्रसव-कक्ष।

**labour saving** ***adj.*** designed to save the amount of labour needed in a particular activity, श्रम बचानेवाला, श्रमरक्षी; labour saving device, श्रमरक्षी उपकरण।

**labour trouble** ***n.*** trouble caused by the labourers, श्रमसंकट, मज़दूरों के कारण होनेवाली परेशानी।

**labour union** ***n.*** the union of labourers, मज़दूर संघ।

**labour unrest** ***n.*** unrest prevailing in the labourers, श्रमिक अशांति।

**laburnum** (लॅ-ब:´-नॅम्) ***n.*** a tree having drooping clusters of yellow flowers,

एक पेड़ जिसमें पीले रंग के फूल गुच्छों में लटकते हैं, लैबर्नम।

**abyrinth** (लैब´-इ-रिंथ्) ***n.*** 1. a place constructed of intricate pathways, भूल-भुलैया। 2. a complex situation, पेचीदा स्थिति, उलझन।

**abyrinthine** (लै-ब्-रिन´-थाइन्/थॅन्) ***n.*** complicated, intricate, भूलभुलैया-जैसा, जटिल, पेचीदा, उलझन-भरा, उलझा हुआ।

**ac**[1] (लैक्) ***n.*** a resinous substance secreted by some insects, लाख, लाक्षा।

**ac**[2] (ला:क्) ***n.*** the number 100000, लाख।

**ace** (लेस्) ***n.*** 1. a strip of decorative weblike fabric, लैस, बार्डर। 2. an ornamental braid, फीता। 3. a boot-lace, तस्मा। ***v.*** (laced, lacing) 1. to equip with the lace, लैस लगाना। 2. to fasten with a lace or laces, तस्मा या फीता बाँधना। 3. to add a dash of liquor to (a beverage, किसी पेय पदार्थ में) शराब का पुट देना।

**acerate** (लैस´-अॅ-रेट्) ***v.*** 1. to tear (the flesh), खरोंच डालना। 2. to hurt the feelings, आघात पहुँचाना, दिल दुखाना।

**aceration** (लैस्-अॅ-रे´-शॅन्) ***n.*** 1. the act of lacerating, खरोंचने का कार्य, खरोंचना। 2. the marks of being lacerated, खरोंच।

**chrymal** (लैक्´-रि-मॅल्) ***adj.*** 1. of or relating to the tears, आँसुओं का, अश्रु-संबंधी। 2. of the glands that secrete tears, अश्रुग्रंथि-संबंधी।

**chrymose** (लैक्´-रि-मोस्) ***adj.*** 1. given to weeping, रोंदू, बात-बात पर रोनेवाला। 2. tearful, अश्रुपूर्ण, आँसू-भरा। 3. sad, दुखी।

**cing** (लेस्´-इंग्) ***n.*** 1. the act of one who laces, फीता बाँधना, फीताबंदी। 2. severe beating, पिटाई, ठुकाई।

**ck** (लैक्) ***n.*** absence of something required, अभाव, कमी। ***v.*** to be short of, कमी होना, अभाव होना; They lack nothing. उन्हें किसी चीज़ का अभाव नहीं।

**ckey** (लैक्´-ई) ***n.*** 1. a servile follower, अनुचर, सेवक। 2. a flatterer, ख़ुशामदी।

**cking** (लैक्´-इंग्) ***adj.*** deficient, wanting, हीन, विहीन, रहित, जिसमें कमी हो; He is lacking courage. उसमें साहस की कमी है।

**lacklustre, lackluster** (लैक्´-लस्-टॅ:) ***adj.*** lacking brilliance, lusterless, जिसमें चमक न हो, बुझा हुआ, निस्तेज।

**laconic** (लॅ-कॉन्´-इक्) ***adj.*** brief, to the point, अतिसंक्षिप्त, नपा-तुला, दो-हरफ़ी।

**laconically** (लॅ-कॉन्´-इ-कॅ-ली) ***adv.*** briefly, संक्षेप में, थोड़े में, सूत्र रूप में।

**laconism** (लैक्´-अॅ-निज़्-अॅम्) ***n.*** 1. brevity of expression, सुसंहत अभिव्यक्ति, सूत्रात्मकता। 2. brevity of style, सूत्रशैली।

**lacquer** (लैक्´-अॅ:) ***n.*** a resinous substance used as a glossy varnish, रोगन, वार्निश। ***v.*** to varnish with the lacquer, रोगन करना।

**lacrosse** (लॅ-क्रा:स्´) ***n.*** a game played with a ball and sticks, लाक्रास।

**lactate** (लैक्´-टेट्) ***v.*** to secrete or produce milk, दूध देना।

**lactation** (लैक्-टे´-शॅन्) ***n.*** 1. the act of secreting or producing milk, दूध देना। 2. the period of secreting or producing milk, दूध देने की अवधि, दुग्धकाल।

**lactic** (लैक्´-टिक्) ***adj.*** of milk, दुग्ध-संबंधी।

**lactometer, lactometre** (लैक्´-टॅ-मी-टॅ:) ***n.*** a device for determining milk contents, दुग्धमापी (यंत्र)।

**lactose** (लैक्´-टोस्) ***n.*** the sugar present in the milk, दुग्धशर्करा।

**lacuna** (लॅ-क्यू´-नॅ) ***n.*** (plu. lacunae, lacunas) 1. a gap, ख़ाली जगह, रिक्ति। 2. anything missing, बीच की लुप्त कड़ी, कमी।

**lacy** (ले´-सी) ***adj.*** (lacier, laciest) like lace, लेस या फीते के जैसा।

**lad** (लैड्) ***n.*** a boy, बालक, लड़का।

**ladder** (लैड्´-अॅ:) ***n.*** 1. a device for climbing up and down, सीढ़ी, सोपान। 2. a series of stages or levels, सोपान, सीढ़ी।

**laddie** (लैड्´-ई) ***n.*** a lad, बच्चा।

**lade** (लेड्) ***v.*** ( laded, laden, lading) 1. to put cargo (on the truck, ship ete.), माल चढ़ाना,

लादना। 2. to be loaded, लादा जाना।

**laden** (लेड्´-अॅन्) ***v.*** p.p. of lade, ***adj.*** 1. loaded, लदा हुआ, चढ़ाया हुआ। 2. burdened, भाराक्रांत, लदा-फँदा।

**la-di-da** (ला-डी´-डा) ***adj.*** behaving or speaking in an assumed way, कृत्रिम व्यवहार करनेवाला, बना हुआ।

**ladies' man** (ले´-डीज़्-मॅन्) ***n.*** a man who is fond of female society, रँगीला, रसिया।

**ladies' room** (ले´-डीज़्-रूम्) ***n.*** a women's public lavatory, जनाना सार्वजनिक शौचालय।

**lading** (ले´-डिंग्) ***n.*** a load or freight लादने का सामान, लदान; bill of lading लदान-पत्र।

**ladle** (ले´-डॅल्) ***n.*** a long-handled spoon for transferring or serving liquids, बड़ा चमचा, कलछी, कलछुल। ***v.*** (ladled, ladling) to transfer or serve with a ladle, कलछी से देना, निकालना या परोसना। □ **ladle out,** मुक्तहस्त होकर बाँटना।

**lady** (ले´-डी) ***n.*** (plu. ladies) 1. a woman of good social position and good manners, भद्र महिला। 2. a woman, स्त्री, औरत; the lady of the house, गृहस्वामिनी।

**Lady** (ले´-डी) ***n.*** the general feminine title of nobility and other rank लेडी; Lady Mountbatten, लेडी माउन्टबैटन।

**ladybird** (ले´-डी-ब:ड्) ***n.*** a small reddish brown beetle, भौंरा।

**ladybug** (ले´-डी-बग्) ***n.*** a ladybird, भौंरा।

**ladyfinger** (ले´-डी-फ़िंग्-गॅ:) ***n.*** a finger-shaped cake, लेडीफ़िंगर, पतला लंबोतरा केक।

**lady-in-waiting, lady in waiting** (ले´-डी-इन्-वे´-टिंग्) ***n.*** (plu. ladies-in-waiting) a lady appointed to attend a princess or queen, रानी या राजकुमारी की परिचारिका/सेविका, राज-सेविका।

**lady-help** (ले´-डी-हैल्प्) ***n.*** a maid-servant, नौकरानी, सेविका।

**lady-killer** (ले´-डी-किल्´-अॅ:) ***n.*** one who irresistibly attracts women, वह जिसपर स्त्रियाँ लट्टू हों, चित्तचोर।

**ladylike** (ले´-डी-लाइक्) ***adj.*** of or like the ladies, जनाना, स्त्र्योचित।

**ladylove** (ले´-डी-लव्) ***n.*** a man's sweetheart प्रेयसी, प्रेमिका, महबूबा।

**lady's finger** (ले´-डीज़-फ़िंग्-गॅ:) ***n.*** a finger shaped vegetable, भिंडी।

**ladyship** (ले´-डी-शिप्) ***n.*** a title used t[o] address a lady, श्रीमती जी।

**lag** (लैग्) ***v.*** (lagged, lagging) to fa[ll] behind, to go too slowly, पीछे रह जान[ा], पिछड़ जाना। ***n.*** 1. the act or condition [of] lagging, पिछड़ना, पिछड़ जाना। 2. a delay देरी, विलंब।

**lager** (ला´-गॅ:) ***n.*** a kind of beer, एक तर[ह] की मदिरा।

**laggard** (लैग्´-अॅ:ड्) ***adj.*** & ***n.*** one wh[o] lags behind, पिछड़ा हुआ व्यक्ति, फिसड्[डी], मंदबुद्धि।

**laggardly** (लैग्´-अॅ:ड्-ली) ***adv.*** in a lagga[rd] way, फिसड्डियों की तरह, मंद गति से।

**laggardness** (लैग्´-अॅ:ड्-निस्) ***n.*** the sta[te] or quality of being laggard, फिसड्डीप[न]

**lagoon** (लॅ-गून्´) ***n.*** a shallow body [of] water separated from the sea by cor[al] reefs or sand bars, कच्छ, समुद्री ताल।

**laid** (लेड्) ***v.*** p.t. & p.p. of lay.

**lain** (लेन्) ***v.*** p.p. of lie.

**lair** (लेंअॅ:) ***n.*** 1. the hiding place of [a] wild animal, माँद। 2. a place of hidin[g] छिपने का स्थान।

**laird** (ले´-अॅ:ड्) ***n.*** 1. a landowner, जमींद[ार]

**laissez faire** (लेस्-ए-फ़ेंअॅ:) ***n.*** the pri[n]ciple or policy of non-interference in t[he] private interests, वैयक्तिक हितों में हस्त[क्षेप] न करने की नीति या सिद्धांत, अबंधता; laiss[ez] faire policy, अबंध-नीति, अहस्तक्षेप-नी[ति]

**laity** (ले´-इ-टी) ***n.*** the lay people, अ[...] लोग।

**lake** (लेक्) ***n.*** a large body of wa[ter] entirely surrounded by land, झील, ले[क], सरोवर।

**lama** (ला´-मॅ) ***n.*** the Buddhist monk [of] Tibet, लामा।

**lamaism** (ला´-मॅ-इज़्-अॅम्) ***n.*** Buddhism

Tibet, तिब्बतियों का बौद्ध धर्म।

**lamasery** (ला´-मॅ-सॅर्-ई) ***n.*** the monastery of lamas, लामा-विहार।

**lamb** (लैम्ब्) ***n.*** 1. the young of a sheep, मेमना। 2. the flesh of a lamb, मेमने का मांस। 3. a meek or innocent person, भोला-भाला या निरीह व्यक्ति। □ **Lamb of God,** Christ, येशु।

**lambast** (लैम्-बेस्ट्´, लैम्-बेस्ट्´) ***v.*** (lambasted, lambasting) 1. to beat or thrash, मारना, मारना-पीटना। 2. to find fault, नुक्ताचीनी करना। 3. to reprimand severely, ख़ूब डाँटना-डपटना, झाड़ना।

**lambaste** (लैम्-बेस्ट्´) ***v.*** = lambast.

**lambskin** (लैम्ब्´-स्किन्) ***n.*** the skin of a lamb, मेमने की ख़ाल।

**lame**[1] (लेम्) ***adj.*** 1. crippled in the legs or feet, लँगड़ा, अपंग। 2. weak, कमज़ोर, अशक्त। 3. unconvincing, आश्वस्त न करनेवाला। ***v.*** to make lame, लँगड़ा कर देना।

**lame**[2] (ला-मे´, लै-मे´) ***n.*** a fabric interwoven with silver or golden threads, जरी।

**lamebrain** (लैम्´-ब्रेन्) ***n.*** a foolish person, मूर्ख व्यक्ति।

**lame duck** ***n.*** 1. a disabled person, अपंग व्यक्ति। 2. an ineffectual thing, अप्रभावी वस्तु। 3. an elected office-holder remaining in the office during the new election of his successor, निर्गामी पदाधिकारी; lame duck session, निर्गामी सदस्यों की विदाई का सत्र।

**lamely** (लेम्´-ली) ***adv.*** unconvincingly, बिना किसी प्रभाव के।

**lament** (लॅ-मॅन्ट्´) ***v.*** to mourn or express deep sorrow, विलाप करना, रोना-कलपना। ***n.*** 1. an expression of sorrow, विलाप, रुदन, क्रंदन। 2. a song or poem in which death is lamented, शोक-गीत, अलानी। (पंजाबी)

**lamentable** (लैम्´-अॅन्-टॅ-बॅल्) ***adj.*** 1. mournful, मातमी, शोकपूर्ण। 2. distressing, दुःखद। 3. deplorable, हेय, घटिया, तुच्छ।

**lamentation** (लैम्-अॅन्-टे´-शॅन्) ***n.*** 1. the act of lamenting, विलाप, रुदन या क्रंदन। 2. the state of being lamented, विलाप, रुदन, क्रंदन।

**lamented** (लॅ-मॅन्´-टिड्) ***adj.*** mourned for, जिसके लिए शोक व्यक्त किया गया हो, मृत।

**laminate** (लैम´-इ-नेट्) ***v.*** 1. to form into thin layers, पतली परत के रूप में बनाना। 2. to divide into thin layers, पतली परतों में विभाजित करना। 3. to make by bounding together two or more sheets, दो या अधिक परतों को जोड़ना, लैमिनेट करना।

**laminated** (लैम´-इ-ने-टिड्) ***adj.*** bounded together or composed of many layers, जिसपर परत जमाई गई हो, परतबंद, परतदार।

**lamination** (लैम्-इ-ने´-शॅन्) ***n.*** the act of lamination, परत जमाने का कार्य, परतबंदी।

**lamp** (लैम्प्) ***n.*** 1. a device for producing light, दीया, दीपक, चिराग, लैंप। 2. a similar device for radiation, सेंक करने का बल्ब।

**lampblack** (लैम्प्´-ब्लैक्) ***n.*** pigment made from soot, काला रंगद्रव, कालिख।

**lampoon** (लैम्-पून्´) ***n.*** a satire in prose or verse to ridicule an individual, व्यंग्य, व्यंग्यपूर्ण रचना, फबती। ***v.*** to ridicule in a lampoon, फबती कसना।

**lamppost** (लैम´-पोस्ट्) ***n.*** a post supporting a street light, सड़क पर लगी बत्ती का खंभा।

**lamprey** (लैम´-प्री) ***n.*** an eel-like fish, एक तरह की मछली, सर्पाकार मछली।

**lampstand** (लैम्प´-स्टैन्ड्) ***n.*** a device for supporting a lamp, दीवट, लैंपस्टैन्ड।

**Lancastrian** (लैंक्-कैस्´-ट्रि-अॅन्) ***n.*** an inhabitant of Lancashire, लंकाशायर का निवासी।

**lance** (लान्स्, लैन्स्) ***n.*** a weapon with a long shaft and a pointed metal head, भाला, बरछा, बल्लम। ***v.*** 1. to pierce with a lance, बल्लम या बरछे से छेद देना। 2. to cut open a boil or wound, चीरा देना।

**lancer** (लान्´/लैन्´-सॅ:) ***n.*** a cavalryman armed with a lance, बल्लमबरदार, लांसर।

**lancet** (लान्´/लैन्´-सिट्) ***n.*** a surgeon's

L

double-edged knife, शल्यचिकित्सक का दुधारी चाकू, दुधारी छुरी।

**land** (लैन्ड्) ***n.*** 1. the solid part of the surface of the earth, भूमि, धरती, ज़मीन। 2. a distinct region, area, ज़मीन, भूमि; desert land, रेतीली भूमि, रेगिस्तान। 3. a nation or country, देश, राष्ट्र; the land of the brave, वीरों का देश, वीरभूमि। 4. a piece of land owned or sold as property, भूखंड। ***v.*** 1. to put or arrive on land after travelling by water or air, उतरना या उतारना। 2. to come to shore, तट पर पहुँचना। 3. to alight after a jump or fall, कूदकर ज़मीन पर आना या उतरना। 4. to bring (a fish) to land, (मछली को पकड़ने के बाद) जल में से निकालना। 5. to obtain, प्राप्त करना, पाना। 6. to arrive at or bring to a certain place, position or stage, किसी जगह पहुँचना या पहुँचाना। 7. to deliver a blow, आघात करना।

**landed** (लैन्´-डिड्) ***adj.*** 1. owning land, जिसके पास ज़मीन हो, ज़मींदार। 2. consisting of or including land, ज़मीन सहित; a landed estate, भू-संपत्ति, ज़मीन-जायदाद।

**landfall** (लैन्ड्´-फ़ा:ल्) ***n.*** the land sighted after a long journey by sea, लंबी समुद्री यात्रा के बाद होनेवाला भूमि का दर्शन, भूदर्शन।

**landfill** (लैन्ड्´-फ़िल्) ***n.*** a low land filled with rubbish, भराऊ ज़मीन, भरती की ज़मीन।

**landholder** (लैन्ड्´-होल्-डॅ:) ***n.*** one who holds or occupies a land, ज़मींदार या काश्तकार।

**landing** (लैन्´-डिंग्) ***n.*** 1. the act of coming to land, अवतरण, उतरना। 2. the act of bringing something to land, उतारना। 3. landing place, घाट या अड्डा।

**landing field** ***n.*** an airstrip, हवाई पट्टी।

**landlady** (लैन्ड्´-ले-डी) ***n.*** a woman who owns a building, lodge, inn etc., मकान-मालकिन या भठियारिन।

**landless** (लैन्ड्´-लिस्) ***adj.*** having no land as one's own, भूमिहीन।

**landlocked** (लैन्ड्´-लॉक्ड्/लॉक्ट्) ***adj.*** completely surrounded by land, जिसके चारो ओर भूमि हो, भूमि से घिरा हुआ।

**landlord** (लैन्ड्´-लॉ:ड्) ***n.*** 1. one whc owns and leases property, ज़मींदार भूस्वामी। 2. one who runs a lodginք house, होटल का मालिक।

**landlubber** (लैन्ड्´-लब्-अॅ:) ***n.*** a persoı who does not know the sea, समुद्र से अनभिज्ञ व्यक्ति।

**landmark** (लैन्ड्´-मा:क्) ***n.*** 1. a fixe marker indicating a boundary line सीमाचिह्न। 2. a prominent feature of a landscape, भूचिह्न। 3. a turning point in one's life or history, जीवन का एक मोड़ युगांतरकारी घटना।

**landmass** (लैन्ड्´-मैस्) ***n.*** a large lan area, बहुत बड़ा भूभाग।

**land-mine** (लैन्ड्´-माइन्) ***n.*** an explosiv device laid on/in the ground, बारूदी सुरंग।

**landowner** (लैन्ड्´-ओ-नॅ:) ***n.*** a persoı who owns land, भूस्वामी, ज़मींदार।

**land revenue** (लैन्ड्´-रैंव्´-अॅ-न्यु) ***n.*** a country's annual income from taxes levied on land and its produce भूराजस्व, मालगुज़ारी।

**landscape** (लैन्ड्´-स्केप्) ***n.*** a scenery painting or photograph depicting a rural scene, प्राकृतिक दृश्य, परिदृश्य।

**landslide** (लैन्ड्´-स्लाइड्) ***n.*** 1. the slide o a mass of rock down a slope, भू-स्खलन। 2. an overwhelming victory (in an election निर्वाचन में) भारी बहुमत से होनेवाली विजय, भारी जीत।

**landward** (लैन्ड्´-वॅ:ड्) ***adv.*** toward the land, स्थल की ओर। ***adj.*** moving towar the land, स्थलोन्मुख।

**lane** (लेन्) ***n.*** 1. a street or narrow road गली। 2. a section of track, लेन, गली।

**language** (लैंग्´-ग्विज्) ***n.*** 1. the use o words as a system of conveying informa tion i.e. the means of communica tion, भाषा, ज़बान। 2. a particular styl of wording, भाषा-शैली। 3. the specia vocabulary, usage or style of a particular group, बोली, वर्ग-बोली। 4. the means of communication between creatures other than man, बोली, भाषा।

**anguid** (लैंग्´-ग्विड्) ***adj.*** 1. lacking energy or vigour, बेजान, निढाल, बेदम। 2. sluggish, सुस्त। 3. slow, मंद।

**anguidly** (लैंग्´-ग्विड्-ली) ***adv.*** in a depressed way, निढाल होकर, बेदम होकर।

**anguish** (लैंग्´-ग्विश्) ***v.*** 1. to lose energy or vigour, बेदम हो जाना, जान निकल जाना। 2. to become depressed, हतोत्साहित हो जाना, मुरझा या सूख जाना। 3. to be neglected, उपेक्षित होना।

**angour** (लैंग्´-गॅ:) ***n.*** 1. lack of vigour or vitality, अशक्तता। 2. weariness, थकान, थकावट। 3. depression, अवसाद।

**anguorous** (लैंग्´-गॅर्-अस्) ***adj.*** indolent, अकर्मण्य, सुस्त, शिथिल।

**anguorously** (लैंग्´-गॅर्-अस्-ली) ***adv.*** in a languorous way, सुस्ती से, शिथिलतापूर्वक।

**angur** (लैंग्´-गुअॅ:) ***n.*** an ape, लंगूर।

**ank** (लैंक्) ***adj.*** 1. having very little flesh, हड्डियों का ढाँचा, मरियल। 2. long, straight and limp, सीधा और खड़ा।

**anky** (लैं´-की) ***adj.*** (lankier, lankiest) ungracefully lean and tall, बहुत ही दुबला-पतला और लंबा, लंबू, सींक-सलाई।

**anolin** (लैन्´-अॅ-लिन्) ***n.*** a waxy substance extracted from sheep's wool, भेड़ की ऊन से निकलनेवाला एक प्रकार का चिपचिपा पदार्थ, लैनोलिन।

**antern** (लैन्´-टॅ:न्) ***n.*** a transparent case for holding and protecting a candle or oil wick flame, लालटेन; magic lantern, जादू की लालटेन, मायादीप।

**nyard, laniyard** (लैन्´-यॅ:ड्) ***n.*** 1. a short cord attached to something to secure it, डोरी। 2. a cord worn round the neck for carrying a whistle, knife etc., डोरी।

**p¹** (लैप्) ***v.*** (lapped, lapping) 1. to take up (liquid) with the tongue, लपलप पीना, लपलपाना। 2. to make a gentle splashing sound, तट से टकराकर लहरों का ध्वनि करना। ***n.*** 1. an act of lapping, लपलप पीना। 2. the sound made when drinking with the tongue, जीभ से पीते समय होनेवाली लपलप ध्वनि। 3. the sound of small waves on a beach, तट से टकराने पर होनेवाली लहरों की ध्वनि।

**lap²** ***n.*** 1. the flat area formed by the front part of the legs above the knees of a seated person, गोद। 2. the part of a dress that covers the lap, आँचल, पल्ला, दामन। □ **lap up,** (i) उत्सुकतापूर्वक अपनाना; (ii) बिना विचारे अपनाना।

**lapdog** (लैप्´-डॉ:ग्) ***n.*** a small pet dog, छोटे आकार का कुत्ता जिसे लोग गोदी में उठा लेते हैं।

**lapel** (लॅ-पेल्´) ***n.*** either of the two flaps of a coat below the collar, लैपल, लौट।

**lapidary** (लैप्´-इ-डॅर्-ई) ***adj.*** relating to cutting and engraving of gems, जड़ाऊ।

**lapislazuli** (लैप्-इज़्-लैज़्´-यु-ली) ***n.*** a brilliant blue gemstone, नीलम।

**lapse** (लैप्स्) ***n.*** 1. a minor slip or error, तनिक-सा दोष, भूल, चूक, त्रुटि, च्युति। 2. deviation from standard, मानक स्तर से होनेवाली गिरावट, च्युति, त्रुटि। 3. elapsing of time, समय का व्यवधान, काल का अंतराल; after a lapse of three years, तीन साल बाद। 4. the termination of a right through neglect or disuse, व्यपगति; लापरवाही अथवा प्रयोगाभाव के कारण अधिकार का छिन जाना। ***v.*** 1. to cease to exist, अस्तित्व में न रहना। 2. to become invalid as through the passage of time, समय बीत जाने के कारण व्यपगत हो जाना। 3. to fail to maintain one's position or standard, चूक कर बैठना, त्रुटि या च्युति हो जाना।

**lapsed** (लैप्स्ड्) ***adj.*** 1. fallen into error, जिससे त्रुटि हुई हो। 2. in disuse, व्यपगत, रद, समाप्त।

**lapwing** (लैप्´-विंग्) ***n.*** an old world bird, एक प्राचीन पक्षी।

L

**larceny** (ला:´-सॅ-नी) *n.* 1. theft, चोरी। 2. the crime of theft, चोरी का अपराध, चोरी।

**larcenous** (ला:´-सॅ-नॅस्) *adj.* of larceny, चोरी का।

**larch** (ला:च्) *n.* 1. a cone-bearing tree of the pine family, देवदार की जाति का वृक्ष, लार्च। 2. its durable wood, उक्त पेड़ की लकड़ी जो बहुत मज़बूत होती है।

**lard** (ला:ड्) *n.* fat obtained from pig meat, सुअर की चर्बी, शूकर-वसा। *v.* 1. to smear with lard (before cooking the meat, मांस को पकाने से पहले) चर्बी का लेप करना। 2. to enrich (a speech or writing) with additions, to embellish, (भाषण या लेख को) कुछ जोड़-जाड़ कर सजाना।

**larder** (ला:´-डॅ:) *n.* a room or cupboard for storing food, खाद्य-सामग्री रखने की आलमारी या कोठरी।

**large** (ला:ज्) *adj.* (larger, largest) 1. big, बड़ा, भारी-भरकम। 2. spacious, खुला, विस्तृत, लंबा-चौड़ा। 3. comprehensive, व्यापक। 4. liberal, generous, उदार। □ **at large,** (i) जिसे खुली छूट हो, स्वतंत्र; (ii) जो नज़रबंद न हो; (iii) सामान्य रूप से; **by and large,** अधिकांश में; **people at large,** सामान्य लोग, लोग-बाग। *adv.* on a large scale, बृहत् परिमाण में।

**large-hearted** (ला:ज्´-हा:-टिड्) *adj.* kind, kindly, बड़े दिलवाला, कृपालु, दयालु, उदार।

**large-heartedness** (ला:ज्´-हा:-टिड्-निस्) *n.* kindness, उदारता, दयालुता।

**largely** (ला:ज्´-ली) *adv.* mainly, मुख्य रूप से, मुख्यत:; His success was largely due to luck. उसकी सफलता का मुख्य श्रेय भाग्य को ही है।

L

**large-scale** (ला:ज्´-स्केल्) *adj.* 1. wide-spread, extensive, दूर तक फैला हुआ, व्यापक। 2. of large scope, बड़े परिमाण-वाला।

**largess, largesse** (ला:´-ज़ेंस्) *n.* 1. liberty in giving, दानशीलता। 2. money or gifts generously given, दान, बख़्शीश।

**lark**[1] (ला:क्) *n.* a variety of small birds of which the skylark is one, लार्क, भरत।

**lark**[2] *n.* 1. a joke or prank, मज़ाक, मस्खरी। 2. a playful adventurous action, छेड़छाड़, अठखेली। *v.* 1. to joke or prank, मज़ाक करना, मस्खरी करना, हँसी-मज़ाक करना। 2. to play about lightheartedly, छेड़-छाड़ करना, अठखेलियाँ करना।

**larrup** (लैर्´-ॲप्) *v.* (larrupped, larrup-ping) to thrash, पिटाई करना, मारना-पीटना

**larva** (ला:´-वॅ) *n.* (plu. larvae) the worm-like form of a newly-hatched insect इल्ली।

**larval** (ला:´-वॅल्) *adj.* of larva, इल्ली-संबंधी

**laryngitis** (लैर्-इन्-जाइ´-टिस्) *n.* inflammation of the larynx, गले की सूजन, कंठशोथ

**larynx** (लैर्´-इंक्स्) *n.* (plu. larynges larynxes) the cavity in the throat containing vocal cords, कंठ, स्वरयंत्र।

**lasagna** (लॅ-ज़ान्´-यॅ, लॅ-ज़ैन्´-यॅ) *n.* fla[t] white noodles baked with tomat[o] sauce and cheese, सास और पनीर मिलाक[र] बनाई हुई नूडल्ज़।

**lascivious** (लॅ-सिव्´-इ-ॲस्) *adj.* lustful कामुक, कामुकतापूर्ण।

**laser** (ले´-ज़ॅ:) *n.* any of several device[s] that generates highly concentrate[d] beam of light, लेज़र।

**lash**[1] (लैश्) 1. a blow with a whip, को[ड़े] का आघात, कोड़े की मार, साँट। 2. the stri[p] of a whip, कोड़ा। 3. an eyelash, बरौनी *v.* 1. to strike with a whip, कोड़े लगान[ा] 2. to strike against with force, प्रह[ार] करना। 3. to attack verbally, भर्त्सना करन[ा] 4. to move or wave rapidly, तेज़ी [से] हिलाना या लहराना।

**lash**[2] *v.* to bind with a rope, रस्सी से बाँधन[ा] जकड़ना, कस देना।

**lashing** (लैश्´-इंग्) *n.* 1. the act of whipp[-]ing, कशाघात, कोड़े से होनेवाली धुनाई। 2. [a] rope used for binding, (बाँधने का) रस्[सी]

**lass** (लैस्) *n.* 1. a girl, लड़की, बच्ची, कन्[या]

2. a sweetheart, प्रेयसी, महबूबा।

**assie** (लैस्´-ई) ***n.*** a lass, छोटी लड़की, नटखट या चंचल लड़की।

**assitude** (लैस्´-इ-ट्यूड्) ***n.*** 1. weariness of body or mind, tiredness, थकान, थकावट। 2. listlessness, उदासी, निर्जीवता, सुस्ती।

**asso** (लैस्´-ओ) ***n.*** (plu. lassos, lassoes) a long rope with a running noose at one end for catching horses and cattle. गरगो, फंदेदार रस्सी। ***v.*** (lassoed, lassoing) to catch with a lasso, गरगो से बाँधना।

**ast**[1] (लास्ट्, लैस्ट्) ***adj.*** 1. coming at the end, अंतिम, आख़िरी, पिछला। 2. final in a series, अंतिम, आख़िरी। 3. most recent, पिछला, गत; last night, पिछली रात। 4. remaining, शेष, बचा हुआ, अंतिम; our last hope, हमारी अंतिम आशा। 5. least likely or expected, असंभावित। ***adv.*** 1. finally, अंत में। 2. recently, अभी हाल में, कुछ ही समय पहले। 3. after all others, सबसे पीछे। □ **at (long) last,** (i) अंत में; (ii) आख़िरकार, अंततोगत्वा। ***n.*** 1. one occurring at the end, वह जो अंत में हो, अंतिम वस्तु, व्यक्ति आदि; breathe one's last, दम तोड़ देना। 2. the end, अंत, समाप्ति। ***v.*** 1. to continue, चलता रहना, जारी रहना। 2. to continue in existence, बना रहना, अस्तित्व में रहना। 3. to be enough, चलना, पूरा पड़ना; Enough food to last us for a month, महीने-भर चलने लायक यथेष्ट खाद्य-सामग्री।

**last**[2] ***n.*** the mould on which a shoemaker shapes the shoes, कलबूत।

**asting** (लास्´-टिंग्, लैस्´-टिंग्) ***adj.*** continuing or remaining for a long time, चिरस्थायी।

**Last Judgment** (लास्ट्´-जज्-मॅन्ट्) ***n.*** in Christian belief the final judgment by God of all mankind, अंतिम निर्णय।

**lastly** (लास्ट्´-ली/लैस्ट्´-ली) ***adv.*** finally, अंत में, सबसे पीछे, सबके बाद।

**last-minute** (लास्ट्´-मि-नट्) ***adj.*** at the latest possible time, अंतिम क्षण में होनेवाला।

**last straw** (लास्ट्-स्ट्रा:´) ***n.*** a slight addition to one's difficulties that makes them unbearable, अंतिम परंतु चरम कष्ट।

**Last Supper** (लास्ट्´-स-पॅ:) ***n.*** the supper of Jesus with his disciples on the eve of Crucifixion, लास्ट सपर, अंतिम भोजन।

**last word** (लास्ट्´-व:ड्) ***n.*** 1. the final decision in a dispute, अंतिम निर्णय, आख़िरी फैसला। 2. a definitive statement, निर्णायक कथन, दो-टूक बात। 3. the latest fashion, ताज़ा फैशन।

**latch** (लैच्) ***n.*** 1. a bar for fastening a door or window, सिटकनी। 2. a lock, ताला। ***v.*** to fasten with a latch, सिटकनी लगाकर बंद करना, ताला लगाना। □ **latch on to,** चिपक जाना, जा चिपकना।

**latchet** (लैच्´-इट्) ***n.*** a leather strip for fastening a shoe, चमड़े का तस्मा।

**late** (लेट्) ***adj.*** (later, latest) 1. arriving after the appointed or usual time, विलंब से आनेवाला, देरी करनेवाला, विलंबित। 2. occurring, flowering or ripening late in the season, मौसम के अंत में होनेवाला। 3. being or occurring toward the end, अंत में होनेवाला। 4. recent, अभी हाल का, ताज़ा; latest news, ताज़ा खबर। 5. no longer alive, गत, दिवंगत। ***adv.*** (later, latest) 1. after the appointed or usual time, देर से, विलंब से। 2. toward the end of the day, month or year, दिन, महीने या वर्ष की समाप्ति पर। □ **of late,** हाल ही में।

**latecomer** (लेट्´-कम्-अॅ:) ***n.*** one who arrives late, देर से पहुँचनेवाला, लेट-लतीफ़।

**lately** (लेट्´-ली) ***adv.*** not long ago, recently, अभी हाल में, कुछ ही समय पहले।

**latency** (ले´-टॅन्-सी) ***n.*** the state of being latent, प्रसुप्तावस्था।

**latent** (ले´-टॅन्ट्) ***adj.*** 1. dormant, प्रसुप्त। 2. existing but not active or visible, अप्रकट, निहित।

**lateral** (लैट्´-अॅ-रॅल्) ***adj.*** on, of or toward

L

the side, पार्श्व का, पार्श्विक; lateral pass, (फुटबॉल में) दाहिने, बाएँ या पीछे की ओर दिया जानेवाला पास।

**latest** (ले´-टॅस्ट्) *adj.* recent, ताज़ा, अभी हाल का, अंतिम; latest edition, नव संस्करण, latest news, ताज़ा ख़बर; at the latest by 5 O'clock, अधिक से अधिक पाँच बजे तक।

**latex** (ले´-टॅक्स्) *n.* a milky sap of certain plants, वानस्पतिक दुग्ध।

**lath** (लैथ्) *n.* a thin strip of wood, लकड़ी की फर्री।

**lathe** (लेद्) *n.* a machine for holding and turning a piece of wood, metal etc., against a tool that will shape it, खराद (मशीन)। *v.* to turn on a lathe, खरादना।

**lather** (लैद्´-अॅ:) *n.* foam produced in water by soap, झाग, फेन। □ **in a lather,** विकल या उत्तेजित। *v.* 1. to form a lather, झाग उत्पन्न करना। 2. to apply lather to, झाग से मलना या रगड़ना।

**lathery** (लैद्´-अॅर्-ई) *adj.* full of lather, झाग से भरा, झागदार।

**Latin** (लैट्´-इन्) *n.* the Italic language of ancient Rome, लातीनी भाषा। *adj.* of Latin, लातीनी।

**Latin America** (लैट्´-इन्-अॅ-मॅर्´-इ-कॅ) *n.* Central and Southern America where Spanish or Portuguese is the main language, लैटिन अमरीका, लातीनी अमरीका।

**latitude** (लैट्´-इ-ट्यूड्) *n.* 1. angular distance north or south of the equator, अक्षांश। 2. freedom from restrictions, छूट, स्वच्छंदता। 3. scope, विस्तार, व्याप्ति।

**latitudinal** (लैट्´-इ-ट्यू-डि-नॅल्) *adj.* of or pertaining to latitude, अक्षांश-संबंधी।

**latrine** (लॅ-ट्रीन्´) *n.* a toilet especially one in a camp or barracks, शौचघर, टट्टी, पाख़ाना।

L

**latter** (लैट्´-अॅ:) *adj.* 1. coming after someone or something, being the second of the two things or persons mentioned, बादवाला, पिछला, परवर्ती। 2. nearer to the end, आख़िरी।

**latter-day** (लैट्´-अॅ:-डे´) *adj.* modern, आधुनिक।

**latterly** (लैट्´-अॅ:-ली) *adv.* of late, बाद में, अभी हाल में।

**lattic** (लैट्´-इस्) *n.* a framework of interwoven bars or laths, जाली।

**laud** (ला:ड्) *v.* to praise, प्रशंसा करना, स्तुति करना। *n.* praise to God, स्तुति।

**laudable** (ला:´-डॅ-बॅल्) *adj.* that can be lauded, praiseworthy, प्रशंसनीय, प्रशंसा के योग्य।

**laudably** (ला:´-डॅ-बॅ-ली) *adv.* in a laudable manner, प्रशंसनीय ढंग से।

**laudanum** (ला:´-डॅ-नॅम्) *n.* a medicinal substance prepared from opium, अफ़ीम से बनी औषध।

**laudatory** (ला:´-डॅ-टॅ-री) *adj.* expressing praise, प्रशंसात्मक।

**laugh** (लाफ़्, लैफ़्) *v.* 1. to produce inarticulate sounds expressive of pleasure, joy or derision, हँसना। 2. to ridicule, उपहास करना, हँसी उड़ाना। □ **laugh at,** हँसी या मज़ाक उड़ाना; **laugh it off,** हँसी में कोई बात उड़ा देना; **no laughing matter,** हँसी की बात नहीं, हँसने की बात नहीं। *n.* 1. the sound or act of laughing, हँसी। 2. an amusing incident, हँसी की बात।

**laughable** (लाफ़्´-अॅ-बॅल्/लैफ़्´-अॅ-बॅल्) *adj.* ridiculous, हँसने योग्य, हास्यास्पद।

**laughably** (लाफ़्´-अॅ-बॅ-ली/लैफ़्´-अॅ-बॅ-ली) *adv.* in a laughable manner, हास्यास्पद रूप से, हँसी-हँसी में।

**laughing** (लाफ़्´-इंग्/लैफ़्´-इंग्) *adj.* causing laughter, हँसने या हँसानेवाला।

**laughing-stock** (लाफ़्´-इंग्-स्टॉक्) *n.* an object of scornful laughter, वह जिसकी हँसी उड़ाई जाए, हँसी का पात्र।

**laughingly** (लाफ़्´-इंग्-ली) *adv.* in a laughing mood, हँसते-हँसते, हँसी-हँसी में।

**laughter** (लाफ़्´-टॅ:/लैफ़्´-टॅ:) *n.* 1. the sound of laughing, कहकहा, ठहाका। 2. the act of laughing, हँसी।

**launch** (ला:न्च्) *v.* 1. to set afloat, पानी में

उतारना, जलावतरण करना। 2. to start off, to set in motion, प्रारंभ करना, प्रवर्तन करना, चलाना। 3. to hurl, fire or project, प्रक्षेपण करना। □ **launch out,** कोई महत्त्वाकांक्षी योजना शुरू करना। ***n.*** 1. the act of launching, जलावतरण। 2. a motor-driven boat usually a pleasure boat, विहार-नौका, लांच।

**launcher** (ला:न्´-चॅ:) ***n.*** a device for launching a rocket, satellite etc., प्रक्षेपण-यंत्र।

**launder** (ला:न्´-डॅ:) ***v.*** 1. to wash and iron (clothes कपड़े) धोना तथा उनपर इस्त्री करना। 2. to make illegally earned money legal, नंबर दो की रकम को नंबर एक बनाना।

**laundry** (ला:न्´-ड्री) ***n.*** 1. a place where clothes are washed and ironed, धोबीख़ाना, धुलाई-घर, लांड्री। 2. the clothes for washing and ironing, धुलाई के कपड़े। 3. the clothes after washing and ironing, धुले हुए कपड़े।

**laureate** (लॉर्´-इ-इट्) ***adj.*** distinguished, honoured, प्रतिष्ठित, सम्मानित; poet laureate, सम्मानित कवि, विशेषत: राजकवि।

**laurel** (लॉर्´-ऑल्) ***n.*** 1. a tree with aromatic leaves, लारेल वृक्ष। 2. a wreath of laurel leaves worn as a sign of victory, विजय की सूचक पहनाई जानेवाली लारेल के पत्तों की माला। 3. (plu.) honour, distinction, सम्मान, प्रतिष्ठा। □ **look to one's laurels,** प्रतिस्पर्धियों से अपने सम्मान की रक्षा के लिए प्रयत्नशील रहना; **rest on one's laurels,** पुरानी उपलब्धियों से ही संतुष्ट रहकर और ऊँचा उठने का प्रयास न करना।

**lava** (ला´-वॅ) ***n.*** molten that comes out of the volcanoes, ज्वालामुखी से फूटनेवाला लावा।

**lavatory** (लैव्´-ऑ-टॅ-री) ***n.*** (plu. lavatories) a room equipped with toilet facilities, शौचालय, शौचगृह।

**lavender** (लैव्´-ऑन्-डॅ:) ***n.*** 1. a shrub with fragrant light purple flowers, लैवंडर नामक पौधा और उसके फूल। 2. light purple, हलका बैंगनी रंग। 3. a perfume scented with lavender, लैवंडर की गंधवाला इतर।

**lavish** (लैव्´-इश्) ***adj.*** 1. generous, मुक्तहस्त, उदार। 2. wasteful, extravagant, फ़िज़ूल-ख़र्च, अपव्ययी, खर्चीला। 3. prolific, abundant, प्रचुर, अधिक। ***v.*** to give or spend freely or generously, खुलकर ख़र्च करना।

**lavishly** (लैव्´-इश्-ली) ***adv.*** in a lavish manner, मुक्तहस्त होकर, खुलकर, उदारतापूर्वक।

**lavishness** (लैव्´-इश्-निस्) ***n.*** the state or quality of being lavish, extravagance, मुक्तहस्तता, खुला ख़र्च करना, अपव्यय करना।

**law** (ला:) ***n.*** 1. a rule, नियम, सिद्धांत। 2. a rule established by a legislature or parliament, कानून, विधि; civil law, दीवानी कानून; criminal law, फ़ौजदारी कानून। 3. a body of such rules, संहिता, विधान। □ **go to law,** मुकदमा चलाना; **take the law into one's own hands,** कानून को अपने हाथ में लेना।

**law-abiding** (ला:´-ॲ-बाइ-डिंग्) ***adj.*** observing/obeying the law, विधिपालक।

**lawbreaker** (ला:´-ब्रे-कॅ:) ***n.*** a person who breaks the law, कानून तोड़नेवाला।

**law-court** (ला:´-को:ट्) ***n.*** the court of law, न्यायालय, कचहरी।

**lawful** (ला:´-फुल्) ***adj.*** sanctioned by law, legal, विधिसम्मत, कानूनी।

**lawfully** (ला:´-फु-ली) ***adv.*** in a lawful way, विधिपूर्वक, कानून से, विधि के अनुसार।

**lawless** (ला:´-लिस्) ***adj.*** 1. without regard for the law, disregarding the law, कानून की तौहीन करनेवाला, विधि की उपेक्षा करनेवाला। 2. without law, विधिविहीन, अराजक।

**lawlessness** (ला:´-लिस्-निस्) ***n.*** the state of being without law, अराजकता, अंधेर।

**lawmaker** (ला:´-मे-कॅ:) ***n.*** a legislator, विधायक, विधि-निर्माता।

**lawmaking** (ला:´-मे-किंग्) ***n.*** the act of enacting law, कानून बनाना, विधायन।

**lawn**[1] (ला:न्) ***n.*** a piece of ground culti-

L

vated with grass and mowed regularly, घास का मैदान, लॉन।

**lawn²** *n.* a kind of cotton fabric, एक तरह की मलमल।

**lawn-mower** (ला:न्´-मो-अँ:) *n.* a person or machine that cuts grass, घास काटनेवाला, घसियारा या घास काटने की मशीन।

**lawn tennis** (ला:न्´-टॅन्´-इस्) *n.* tennis played on grass courts, लॉन टेनिस।

**lawsuit** (ला:´-सूट्) *n.* a case brought before a law-court, मुकदमा, केस।

**lawyer** (ला:´-यँ:) *n.* one who gives legal advice, वकील, विधिवेत्ता, कानूनदाँ।

**lax** (लैक्स्) *adj.* 1. loose, not strict, कड़ाई न करनेवाला, ढीला, नरम, शिथिल। 2. negligent, लापरवाह।

**laxative** (लैक्´-सॅ-टिव्) *adj.* helping or stimulating the bowels to move, रेचक, दस्तावर।

**laxity** (लैक्´-सि-टी) *n.* 1. looseness, शिथिलता, ढिलाई। 2. negligence, लापरवाही, असावधानी। 3. remission, छूट।

**laxly** (लैक्स्´-ली) *adj.* 1. loosely, शिथिलतापूर्वक, ढिलाई से। 2. negligently, लापरवाही से, असावधानी से।

**lay¹** (ले) *v.* (laid, laying) 1. to place or put down, रखना, रख देना। 2. to spread, बिछाना, बिछा देना। 3. to knock down, पटक या गिरा देना। 4. to impose or assign, आरोपित करना, लगाना; to lay blame, दोष लगाना। 5. to produce (eggs, अंडे) देना, पैदा करना। 6. to present or submit, प्रस्तुत करना, पेश करना; to lay a claim, दावा पेश करना। 7. to bet, बाज़ी लगाना। 8. to prepare or formulate, बनाना; to lay a plan, योजना बनाना। 9. to cause to settle, स्थिर होने देना। 10. to place in proper position, सही ढंग से रखना; to lay bricks, चुनाई करना। 11. to place along or under a surface, ज़मीन पर रखना, बैठाना या बिछाना। □ **lay aside,** (i) त्याग देना; (ii) बचा रखना; **lay bare,** प्रकट करना; **lay by,** बचाना; **lay down,** (i) स्थापित करना; (ii) छोड़ देना; **lay hands on,** काबिज़ होना, दख़ल पाना; **lay hold of,** पकड़ना; **lay off,** निकाल या हटा देना; **lay on,** आघात करना; **lay out,** (i) व्यवस्थित करना; (ii) पटककर बेहोश कर देना; (iii) ख़ूब ख़र्च करना; **lay up,** (i) आगे के लिए बचा रखना; (ii) खाट पकड़ लेना; **lay waste,** नष्ट कर देना।

**lay²** (ले) *v.* p.t. of lie.

**lay³** *adj.* 1. of or belonging to the laity, सामान्य लोगों से संबद्ध, साधारण। 2. not professional, जो पेशेवर न हो, अव्यावसायिक।

**layabout** (ले´-अॅ-बाउट्) *n.* 1. a lazy person, सुस्त आदमी। 2. a loafer, आवारा आदमी।

**layer** (ले´-अॅ:) *n.* 1. a single thickness, coating or sheet of material laid over a surface, परत, तह, लेअर। 2. a hen that lays eggs, अंडे देनेवाली मुर्गी। *adj.* consisting of layers, परतोंवाला, परतीला। *v.* to arrange in layers, परतें लगाना, परत पर परत लगाना, रखना या बिछाना।

**layette** (ले-ऍट्´) *n.* clothes for a new born baby, नए जन्मे बच्चे के कपड़े।

**layman** (ले´-मॅन्) *n.* (plu. laymen) a person who is not a clergyman, आम आदमी।

**layoff** (ले´-आ:फ़्) *n.* the act of discharging one's employees temporarily, कर्मचारियों को कुछ समय के लिए हटा देना।

**layout** (ले´-ऑउट्) *n.* 1. the act of laying out, व्यवस्थित करने का काम। 2. something laid out, व्यवस्थित की हुई वस्तु। 3. the arrangement of written matter, advertisements etc., on a page, आयोजन, व्यवस्था, फैलाव, ले-आउट। 4. a map or site plan, नक़्शा।

**lazily** (ले´-ज़ि-ली) *adj.* in a sluggish manner, धीरे-धीरे, मंद गति से, सुस्ती से।

**laziness** (ले´-ज़ि-निस्) *n.* the state or quality of being lazy, आलस, आलस्य, सुस्ती।

**lazy** (ले´-ज़ी) *adj.* 1. reluctant to work, doing little work, आलसी, सुस्त, कामचोर। 2. moving in a sluggish manner, धीरे-

L

धीरे चलनेवाला, मंथर, मंद; lazy river, मंथर नदी।

**leach** (लीच्) ***v.*** (leached, leaching) to remove or to be removed from a substance by a percolating liquid, साफ़ होना या करना, धुल जाना या धो देना।

**lead[1]** (लीड्) ***v.*** (led, leading) 1. to show the way, रास्ता दिखाना। 2. to guide or conduct, मार्गप्रदर्शन करना, अगुआई करना या संचालन करना। 3. to influence, प्रभावित करना। 4. to induce, प्रेरित करना। 5. to live, pass or spend, व्यतीत करना, बिताना। 6. to play principal part, मुख्य भूमिका निभाना। 7. to excel, आगे बढ़ या निकल जाना। 8. to make the initial play (as in a card game, ताश के खेल में) बाज़ी शुरू करना, पहल करना। □ **lead off,** आरंभ करना; **lead on,** लुभाना, बहकाना, खींच ले जाना; **lead up to,** क्रमश: या सावधानीपूर्वक आगे किसी ओर बढ़ना या ले जाना। ***n.*** 1. the position in advance of others, अग्रता। 2. the margin by which someone is ahead, बढ़त। 3. leadership, अगुआई, नेतागिरी। 4. first move, पहल। 5. the principal role in a drama or film, मुख्य भूमिका, प्रधान पात्र। 6. a wire or cable for making an electrical connection, बिजली का तार। 7. a strap, पट्टा। □ **take the lead,** आगे बढ़ जाना या बढ़े होना।

**lead[2]** (लेंड्) ***n.*** 1. bluish-white highly malleable metal, सीसा, जस्ता। 2. in printing, a thin stick of above metal used for spacing between the lines, लेड, सीसे की पत्ती। 3. gunfire, गोलाबारी। ***v.*** 1. to add lead to, सीसा मिलाना। 2. to cover with lead, सीसे से मढ़ना।

**leaden** (लेंड्´-अँन्) ***adj.*** 1. made of lead, सीसे का बना हुआ। 2. heavy, भारी, बोझिल। 3. dark grey, सलेटी रंग का।

**leader** (ली´-डॅ:) ***n.*** 1. one who leads, अगुआ, मार्गप्रदर्शक। 2. the head of a group, नेता, सरदार। 3. main editorial article (in a newspapaer, समाचार-पत्र का) अग्रलेख। 4. in printing, a type with three dots, लीडर। 5. a music-conductor, संगीत-निर्देशक।

**leaderless** (ली´-डॅ:-लिस्) ***adj.*** without a leader, नेतृत्वविहीन।

**leadership** (लीड्´-अँ:-शिप्) ***n.*** the state or position of a leader, नेतृत्व, नेतागिरी, अगुआई।

**leading** (ली´-डिंग्) ***adj.*** in the first or front position, प्रमुख, बढ़ा-चढ़ा या नामी।

**leading article** (लीड्´-इंग्-आ:´-टि-कॅल्) ***n.*** editorial, अग्रलेख, संपादकीय।

**leading question** (लीड्´-इंग्-क्वेंश्´-चॅन्) ***n.*** a question in which the answer is implicit, ऐसा प्रश्न जिसमें उत्तर निहित हो, अर्थगर्भित प्रश्न।

**lead off** (लीड्´-आ:फ़्) ***n.*** the beginning, प्रारंभ, शुरुआत।

**leaf** (लीफ़्) ***n.*** (plu. leaves) 1. the green blade like part of a plant or tree, पत्ता। 2. the page of a book, पन्ना। 3. a very thin sheet of a metal, वरक। 4. a movable piece of wood inserted into a table, मेज़ के साथ जुड़ी पटरी। □ **take a leaf out of someone's book,** नकल करना, अनुकरण करना; **take over a new leaf,** अपना आचरण या आदतें सुधारना। ***v.*** 1. to produce leafs, पत्ते निकलना। 2. to turn pages rapidly, जल्दी-जल्दी पन्ने पलटना।

**leafage** (ली´-फ़िज़्) ***n.*** foliage, (पेड़ के) हरे पत्ते।

**leafless** (लीफ़्´-लिस्) ***adj.*** without leaves, पत्तों से रहित, पत्रविहीन।

**leaflet** (लीफ़्´-लिट्) ***n.*** a pamphlet, इश्तहार, पर्चा, पैम्फ़लेट।

**leafy** (ली´-फ़ी) ***adj.*** (leafier, leafiest) having leaves, पत्तों से युक्त, पत्तेदार।

**league[1]** (लीग्) ***n.*** 1. a group or association of persons or nations, संघटन, समुदाय या राष्ट्रकुल। 2. a group of sporting clubs that compete against each other for a championship, संघ, लीग; league match, लीग मैच, संघीय मैच। 3. a class or category, वर्ग, जाति। □ **in league with,** मिले हुए; **not in the same league with,** घटकर। *v.* (leagued, leaguing) 1. to form a league, संघ बनाना। 2. to become united, संघटित होना।

**league**[2] (लीग्) *n.* the distance equal to three miles, तीन मील की दूरी या नाप, लीग।

**leak** (लीक्) *v.* 1. to escape through a hole or crack (said of fluid, gas etc., द्रव, गैस आदि का) रिसना, चूना, टपकना, क्षरित होना। 2. to disclose or to be disclosed, (रहस्य) प्रकट करना या होना, खोलना या खुलना। 3. to urinate, पेशाब करना, मूतना। *n.* 1. a hole or crack from which fluid or gas escapes, छेद या दरार जिसमें से द्रव या गैस रिसती हो। 2. the fluid or gas that has leaked out, रिसा हुआ द्रव या गैस। 3. passing on of secret information, भंडा फूटना, रहस्योंद्घाटन।

**leakage** (ली´-किज्) *n.* 1. the act of leaking, रिसाव, क्षरण। 2. something that has leaked, रिसा हुआ पदार्थ, क्षरित पदार्थ। 3. disclosing of a secret, रहस्य का प्रकटन, रहस्योद्घाटन।

**leaky** (ली´-की) *adj.* having a hole or crack through which something escapes, चूना, चूनेवाला, रिसनेवाला।

**lean** (लीन्´) *v.* 1. to incline, झुकना। 2. to have a leaning, झुकाव होना, नति होना, झुकना। 3. to rely for support, मदद या सहारा चाहना। *n.* 1. the state or condition of inclining, झुकाव। 2. tendency, झुकाव, नति। *adj.* 1. neither fat nor fleshy, पतला-दुबला, कृशकाय। 2. without fat, बिना चर्बी का। 3. weak, दुर्बल। 4. unproductive or unfruitful, अनुत्पादक। 5. meagre, inadequate, अल्प, अपर्याप्त। 6. unimportant, महत्त्वहीन; lean year, मंदा वर्ष।

**leaning** (लीन्´-इंग्) *n.* a tendency, प्रवृति।

**leant** (लेन्ट्) *v.* p.t. & p.p. of lean.

**lean-to** (लीन्´-टू) *n.* a shed with a sloping roof adjoining a wall, ढालू छत, सायाबान।

**leap** (लीप्) *v.* (leapt/leaped, leaping) 1. to jump off the ground, उछलना, कूदना, छलाँग लगाना। 2. to jump over, कूद जाना, छलाँग लगाना, उछलकर पार करना। 3. to cause to jump over, कुदाना। 4. to move abruptly and impulsively, कूदने लगना। *n.* 1. the act of jumping, कूदना, उछलना। 2. a jump, छलाँग। □ **a leap in the dark,** जल्दबाज़ी का काम; **by leaps and bounds,** दिन दुगुनी रात चौगुनी गति से।

**leap frog** (लीप्´-फ्रॉग्) *n.* a children's game in which one player bends over and the next leaps over him, मेंडक-कुदान।

**leap year** (लीप्-इअ॑:) *n.* a year occurring every four years with an extra day, लीप इयर, अधिवर्ष।

**learn** (ल:न्) *v.* (learned/learnt, learning) 1. to acquire knowledge of, ज्ञान अर्जित करना, सीखना। 2. to gain mastery through study or experience, सीखना। 3. to become aware by information, जानकारी प्राप्त करना, जानकारी होना। 4. to teach, सिखाना।

**learned** (ल:´-निड्) *adj.* 1. scholarly, erudite, विद्वान या विद्वत्तापूर्ण, पंडित या पांडित्यपूर्ण। 2. well-read, सुविज्ञ। 3. acquired, अधिगत।

**learnedly** (ल:´-निड्-ली) *adv.* in a scholarly manner, विद्वत्तापूर्वक, पांडित्यपूर्वक।

**learner** (ल:´-नें:) *n.* 1. one who is learning, शिक्षार्थी। 2. a novice, नौसिखुआ।

**learning** (ल:´-निंग्) *n.* 1. acquiring knowledge, विद्या-प्राप्ति, विद्यार्जन। 2. the knowledge obtained by study, ज्ञान, विद्या। 3. scholarship, विद्वत्ता, पांडित्य।

**lease** (लीस्) *n.* a contract by which the owner of a land or building grants occupation to another person for specific period in exchange of rent, लीज़, पट्टा। □ **have a new lease of life,** नया जन्म होना। *v.* 1. to grant by lease, पट्टे पर देना। 2. to hold under lease,

पट्टे पर लेना।

**leasehold** (लीस्´-होल्ड्) ***n.*** the land or building held under a lease, पट्टे पर ली हुई ज़मीन या इमारत। ***adj.*** held under a lease, पट्टे पर लिया हुआ।

**leaseholder** (लीस्´-होल्ड्-अॅ:) ***n.*** a person having a land or property in possession by means of a lease, पट्टेदार।

**leaser** (लीस्´-अॅ:) ***n.*** one who grants occupation of a land or property to someone in exchange of rent by contract, पट्टादाता, पट्टे पर देनेवाला।

**leash** (लीश्) ***n.*** a strap or chain used to control a dog or other animal, कुत्ते आदि के गले की रस्सी या पट्टा। ***v.*** to secure or control by a leash, रस्सी या पट्टे से बाँधकर रखना।

**least** (लीस्ट्) ***adj.*** 1. smallest, अदना, छोटे-से-छोटा, कम-से-कम। 2. lowest in rank, पद में सबसे छोटा। 3. of very little importance, महत्त्वहीन। □ **at least,** (i) at the minimum, कम-से-कम; (ii) if nothing else, इतना तो; **in the least,** बिल्कुल। ***adv.*** in a smallest degree, कम-से-कम मात्रा या परिमाण में। ***n.*** smallest quantity, अल्प मात्रा या परिमाण।

**leastwise** (लीस्ट्´-वाइज़्) ***adv.*** at least, इतना तो या कम से कम।

**leather** (लेंद्´-अॅ:) ***n.*** the tanned hide of an animal, चमड़ा, चर्म। ***adj.*** made of leather, चमड़े का।

**leathern** (लेंद्-अॅ-रन्) ***adj.*** made of leather, चमड़े का बना हुआ।

**leatherette** (लेंद्´-अॅ:-इट्) ***n.*** imitation leather, नकली-चमड़ा।

**leathery** (लेंद्´-अॅ-री) ***adj.*** as tough as leather, चीमड़; leathery meat, चीमड़ गोश्त।

**leave**[1] (लीव्) ***v.*** (left, leaving) 1. to go away from, to depart, चल या निकल पड़ना, चले जाना। 2. to part from, बिदा लेना। 3. to go away finally, सदा के लिए चले जाना। 4. to abandon, छोड़ देना। 5. to allow to remain or stay without interference, छोड़ देना, रहने देना, छेड़छाड़ न करना। 6. to bequeath, पीछे या विरासत में छोड़ना। 7. to entrust, सौंपना। □ **leave alone,** छेड़छाड़ न करना; **leave off,** बंद करना; **leave out,** छोड़ देना।

**leave**[2] (लीव्) ***n.*** 1. the permission to be absent from duty or work, छुट्टी, अवकाश; leave vacancy, अवकाश-रिक्ति। 2. the duration of such absence, छुट्टी। 3. permission, अनुमति। □ **take leave of one's senses,** पगला जाना, पागल हो जाना; **take one's leave,** to say farewell and go away, बिदा लेना; on leave, छुट्टी पर।

**leave**[3] (लीव्) ***v.*** (leaved, leaving) to grow leaves, पत्ते निकलना।

**leaved** (लीव्ड्) ***adj.*** having leaves, पत्तेदार।

**leaven** (लेंव्´-अॅन्) ***n.*** 1. yeast, ख़मीर। 2. influence that causes change, परिवर्तनकारी प्रभाव। ***v.*** (leavened, leavening) 1. to raise by leaven, ख़मीर उठाना। 2. to transform, परिवर्तित करना।

**leave vacancy** ***n.*** vacancy caused by someone taking a leave, अवकाश-रिक्ति।

**leavings** (ली´-विंग्स्) ***n.*** (plu.) food remaining on the plate, जूठन।

**lecher** (लेंच्´-अॅ:) ***n.*** a lewd man, व्यभिचारी व्यक्ति, विषयासक्त व्यक्ति, कामासक्त, लंपट।

**lecherous** (लेंच्´-अॅ-रॅस्) ***adj.*** of lechery, कामुकतापूर्ण, व्यभिचारपूर्ण।

**lechery** (लेंच्´-अॅ-री) ***n.*** lewdness, व्यभिचार, कामुकता, कामासक्ति, विषयासक्ति, लंपटता।

**lectern** (लेंक्´-टॅ:न्) ***n.*** a reading desk in a Church, वह आधान जिसपर पुस्तक आदि रखकर चर्च में पढ़ते हैं।

**lecture** (लेंक्´-चॅ:) ***n.*** 1. a talk before an audience, भाषण, व्याख्यान। 2. reprimand, डाँट-डपट, झिड़की। ***v.*** 1. to give a lecture, भाषण देना, व्याख्या देना। 2. to reprimand or admonish, डाँटना, झिड़कना, डाँटना-डपटना।

**lecturer** (लेंक्´-चॅ-रॅ:) ***n.*** one who delivers lectures to his students at college or

L

university, व्याख्याता, प्रवक्ता।

**lectureship** (लेंक्´-चें:-शिप्) ***n.*** the post or office of a lecturer, व्याख्याता का पद या कार्यकाल।

**led** (लेंड्) ***v.*** p.t. & p.p. of lead.

**ledge** (लेंज्) ***n.*** 1. a shelflike projection in a wall, दीवार में लगी सामान रखने की पटिया। 2. a reef, समुद्री चट्टान।

**ledger** (लेंज्´-अं:) ***n.*** a book used by a businessman for recording transactions, खाता।

**lee** (ली) ***n.*** a shelter, आश्रय, ओट, आड़।

**leech** (लीच्) ***n.*** a small bloodsucking finger-sized animal living in water, जोंक, जलोका। 2. one who preys on others, दूसरों का ख़ून चूसनेवाला, जोंक।

**leek** (लीक्) ***n.*** a vegetable related to the onion, प्याज की जाति का एक कंद।

**leer** (लिअं:) ***n.*** a malicious look, बुरी नज़र, बुरी निगाह, कुदृष्टि। ***v.*** to look maliciously, बुरी नजर से देखना, बुरी निगाह डालना।

**lees** (लीज़्) ***n.*** (plu.) sediment (of wine, शराब की) तलछट।

**leeward** (ली´-वं:ड्) ***adv.*** toward the lee, आश्रय की ओर।

**left**[1] (लेंफ़्ट्) ***v.*** p.t. & p.p. of leave.

**left**[2] ***adj.*** 1. of or on the same side of the body as the heart, बायाँ। 2. belonging to the left parties, वाम। ***n.*** 1. left hand, बायाँ हाथ। 2. left direction, बाईं तरफ़। □ **the left,** वामपंथ। ***adv.*** on left side, बाईं ओर।

**left-hand** (लेंफ़्ट्´-हैन्ड्) ***adj.*** of or on the left, बाईं ओर का, बायाँ, वामहस्त।

**left-handed** (लेंफ़्ट्-हैन्´-डिड्) ***adj.*** 1. using the left hand more naturally than the right, खब्बू, वामहस्त। 2. executed with the left hand, बाएँ हाथ से किया जानेवाला।

**left-hander** (लेंफ़्ट्-हैन्´-डं:) ***n.*** a left-handed person, खब्बू, वामहस्त।

**leftism** (लेंफ़्´-टिज़्-अंम्) ***n.*** the ideology that favours radical causes, वामपंथ।

**leftist** (लेंफ़्´-टिस्ट्) ***n.*** a supporter of the left, वामपंथी। ***adj.*** of or concerning leftism, वामपंथी।

**left-over** (लेंफ़्ट्´-ओ-वं:) ***adj.*** remaining unused or uneaten, बचा या छोड़ा हुआ, जूठा।

**left wing** (लेंफ़्ट्-विंग्) ***n.*** the left, वामपंथ।

**lefty** (लेंफ़्´-टी) ***n.*** a left-handed person, खब्बू।

**leg** (लेंग्) ***n.*** 1. a limb of an animal used for locomotion or support, टाँग। 2. the part of garment that covers the leg, पाँयचा। 3. one of the four supporting parts of a chair, table etc., पाया। 4. a stage of a journey or course, चरण, हिस्सा। 5. the side of the field to the left of and behind a right-handed batsman, लेंग। □ **give someone a leg up,** कहीं चढ़ने में किसी को सहायता देना, सहारा देना; **has not a leg to stand on,** कोई उपयुक्त कारण या बहाना न होना; **pull one's leg,** हँसी उड़ाना, टाँग खींचना। ***v.*** (legged, legging) to walk or run rapidly, तेज़ी से चलना या दौड़ना।

**legacy** (लेंग्´-अं-सी) ***n.*** 1. money or property left by someone or bequeathed to someone by will, विरासत, उत्तरदान, जायदाद। 2. something handed down by a predecessor, देन।

**legal** (ली´-गॅल्) ***adj.*** 1. of or relating to law, विधिक, कानूनी; legal justice, विधिक न्याय; legal practice, वकालत। 2. permitted by law, विधिसम्मत, वैध; legal norm, वैध प्रतिमान।

**legalism** (ली´-गॅ-लिज़्-अंम्) ***n.*** strict adherence to law, विधि-परायणता, विधिवाद।

**legalist** (ली´-गॅ-लिस्ट्) ***n.*** one who looks at things from a legal point, विधिवादी।

**legalistic** (ली-गॅ-लिस्´-टिक्) ***adj.*** of legalism, विधिपरायण, विधिवादी।

**legality** (ली-गैल्´-इ-टी) ***n.*** the state of being legal, वैधता।

**legalization** (ली-गॅ-लाइ-ज़े´-शॅन्) ***n.*** an act

of legalizing, वैधीकरण।

**legalize** (ली´-गॅ-लाइज़्) *v.* to make legal, वैध करना या बनाना, कानूनी रूप देना।

**legally** (ली´-गॅ-ली) *adv.* according to the law, विधि के अनुसार, कानूनन, विधित:।

**legal tender** (ली´-गॅल्-टॅन्´-डॅ:) *n.* the currency that cannot legally be refused in payment, वैध मुद्रा।

**legate** (लॅग्´-इट्) *n.* an envoy or emissary, प्रतिनिधि, दूत।

**legatee** (लॅग्-ॲ-टी´/लि-गे-टी´) *n.* one who receives a legacy, वारिस, उत्तराधिकारी।

**legation** (लि-गे´-शॅन्) *n.* 1. a diplomatic envoy, दूत। 2. his official residence, दूतावास।

**leg bye** (लॅग्´-बाइ) *n.* a run in cricket made after the ball has touched the leg, क्रिकेट में वह रन जो टाँग से छूकर गेंद के निकल जाने से बनाया गया हो, लेगबाई।

**legend** (लॅज्´-ॲन्ड्) *n.* 1. any popular story handed down from the past, पौराणिक कथा। 2. a person often spoken of, चर्चित व्यक्तित्व।

**legendary** (लॅज्´-अन्-डॅर्-ई) *adj.* 1. described in legends, जिसका उल्लेख आख्यानों में हुआ हो, पौराणिक। 2. famous, प्रसिद्ध, कीर्तिशाली।

**legerdemain** (लॅज्-ॲ:-डॅ-मेन्´) *n.* magic tricks, जादू का खेल, बाज़ीगरी, हाथ की सफ़ाई।

**leggings** (लॅग्´-इंग्ज़्) *n.* (plu.) protective outer coverings for the legs, टाँगों की रक्षा के लिए एक प्रकार का पहनावा।

**leggy** (लॅग्´-ई) *adj.* having long legs, लंबी टाँगोंवाला।

**legible** (लॅज्´-इ-बॅल्) *adj.* capable of being read, सुवाच्य, सुपाठ्य।

**legion** (ली´-जॅन्) *n.* 1. an army unit, सेना की टुकड़ी, दस्ता। 2. a multitude, भीड़।

**legionary** (ली´-जॅ-नॅ-री) *adj.* of a legion, सैनिक। *n.* a soldier, सैनिक।

**legislate** (लॅज्´-इस्-लेट्) *v.* to make laws, कानून बनाना।

**legislation** (लॅज्-इस्-ले´-शॅन्) *n.* 1. the act of law making, कानून बनाने का काम, विधि-निर्माण, विधायन। 2. the laws themselves, विधान।

**legislative** (लॅज्´-इस्-ले-टिव्) *adj.* of or relating to legislation, विधान-संबंधी, विधायी; legislative assembly, विधान-सभा।

**legislator** (लॅज्´-इस्-ले-टॅ:) *n.* a member of a legislative assembly, विधायक।

**legislature** (लॅज्´-इस्-ले-चॅ:) *n.* a legislative assembly, विधान-सभा।

**legitimacy** (लॅ-जिट्´-इ-मॅ-सी) *n.* the state of being legitimate, वैधता; धर्मजता।

**legitimate** (लॅ-जिट्´-इ-मिट्) *adj.* 1. in accordance with law, विधिसम्मत, वैध। 2. logical, तर्कसंगत, युक्तियुक्त। 3. born in wedlock, औरस, धर्मज।

**legitimatize / legitimize** (लि-जिट्´-इ-म-टाइज़्/लि-जिट्´-इ-माइज़्) *v.* to make legitimate, वैध बनाना।

**legless** (लॅग्´-लिस्) *adj.* without legs, बिना टाँगों का।

**legume** (लॅग्´-यूम्) *n.* any plant that bears pods, ऐसा पौधा जिसमें फलियाँ लगती हों, शिंब पादप।

**legwork** (लॅग्´-व़:क्) *n.* the work that involves much walking about, दौड़-धूप का काम।

**lei** (ले) *n.* a garland of flowers, फूलमाला।

**leisure** (लॅज़्ह्´-ॲ:) *n.* 1. free time, ख़ाली समय, फ़ुर्सत। 2. freedom from work, अवकाश। □ **at leisure,** आराम से; **at one's leisure,** फ़ुर्सत के समय।

**leisured** (लॅज़्ह्´-ॲ:ड्) *adj.* having plenty of leisure, जिसे फ़ुर्सत (ही फ़ुर्सत) हो, ख़ाली।

**leisurely** (लॅज़्ह्´-ॲ:-ली) *adv.* without hurry, धीरे-धीरे। *adj.* unhurried, जिसे जल्दी न हो।

**leitmotive, leitmotif** (लाइट्´-मो-टीफ़्) *n.* a thing in person's speech or character which is seen to be controlling influence, विशिष्टता, जान।

**lemming** (लॅम्´-इंग्) *n.* a rat like animal, एक प्रकार का चूहा।

L

**lemon** (लेँम्´-ऑन्) ***n.*** 1. an egg-shaped fruit with acid juice, नीबू। 2. the tree that bears it, नीबू का झाड़। 3. its pale yellow colour, पीला रंग।

**lemonade** (लेँम्-ॲ-नेड्´) ***n.*** a drink made from lemon juice, sugar etc., शिकंजवी, नीबू का शर्बत।

**lemondrop** (लेँम्´-ऑन्-ड्रॉप्) ***n.*** a small candy, खट्टी-मीठी गोली, लेमनचूस।

**lemon juice** (लेँम्´-ऑन्-जूस्´) ***n.*** the juice of a lemon, नीबू का रस।

**lemon squash** (लेँम्´-ऑन्-स्क्वैश्´) ***n.*** a drink made from a sweetened lemon concentrate and water, लेमन स्क्वैश।

**lemur** (ली´-मॅ:) ***n.*** a monkey-like animal, लीमूर।

**lend** (लेँन्ड्) ***v.*** (lent, lending) 1. to permit the use of something temporarily, मँगनी देना। 2. to provide at interest, उधार देना। 3. to contribute, अंशदान करना, देना। 4. to be of use, उपयोगी होना। □ **lend a hand,** हाथ बढ़ाना; **lend an ear,** ध्यान देना।

**lender** (लेँन्´-डॅ:) ***n.*** one who lends money, ऋणदाता, सूदख़ोर, ब्याजिया, उधारदाता।

**length** (लेँन्थ्) ***n.*** 1. measurement from end to end, लंबाई। 2. distance, दूरी। 3. extent, विस्तार। □ **at length,** (i) विस्तार से, (ii) बहुत देर बाद, आख़िरकार; **go to any length,** कुछ भी करने को तैयार होना, किसी सीमा तक जाने के लिए तैयार होना; **keep at an arm's length,** दूर रखना।

**lengthen** (लेँग्´-थॅन्) ***v.*** to become or make longer, लंबा होना या करना।

**lengthily** (लेँग्थ्´-ली) ***adv.*** in detail, विस्तार से।

**lengthwise** (लेँग्थ्´-वाइज़्) ***adv.*** along the direction of the length, लंबाई के बल।

**lengthy** (लेँग्´-दी) ***adj.*** (lengthier, lengthiest) of great extent, विस्तृत, लंबा-चौड़ा।

**lenience, leniency** (लीन्´-यॅन्स्, ली´-नि-ॲन्-सी) ***n.*** mildness, रियायत, नर्मी, लिहाज़।

**lenient** (ली´-नि-ॲन्ट्) ***adj.*** mild, kind, रियायत करनेवाला, नर्मी बरतनेवाला, लिहाज़ करनेवाला।

**lenity** (लेँन्´-इ-टी) ***n.*** the state or quality of being lenient, mercifulness, रियायत, नर्मी।

**lens** (लेँन्ज़्) ***n.*** a piece of glass used in glasses for the eyes, cameras etc., लेन्स, शीशा।

**lentil** (लेँन्´-टिल्) ***n.*** a kind of bean plant and its seeds, मसूर; green lentil, मूँग।

**Leo** (ली´-ओ) ***n.*** the fifth sign of the Zodiac, सिंह राशि।

**leonine** (ली´-ॲ-नाइन्) ***adj.*** of or like a lion, शेर-संबंधी, शेर-जैसा।

**leopard** (लेँप्´-ॲ:ड्) ***n.*** a wild animal of the cat family, तेंदुआ। [Fem. leopardess, तेंदुई]

**leper** (लेँप्´-ॲ:) ***n.*** a person afflicted with leprosy, कोढ़ी।

**leprosy** (लेँप्´-रॅ-सी) ***n.*** an infectious disease which causes destruction of tissues, कोढ़।

**lesbian** (लेँज़्´-बि-ॲन्) ***n.*** a female homosexual, समलिंगकामी स्त्री।

**lesion** (ली´-ज़्हॅन्) ***n.*** a wound, घाव।

**less** (लेँस्) ***adj.*** 1. smaller, अपेक्षाकृत कम या थोड़ा। 2. lower in importance or rank, हीन, घटिया, कमज़ोर। □ **(not) any the less,** कुछ भी कम (नहीं); **less and less,** कम-ही-कम; **no less a person than,** उस जैसा महत्त्वपूर्ण व्यक्ति; **none the less,** तो भी; **not less than,** से कम नहीं। ***prep.*** minus, कम कर के, घटाकर। ***suffix.*** not having, -विहीन, -रहित।

**lessee** (लेँ-सी´) ***n.*** a tenant holding a lease, पट्टेदार, पट्टाधारी।

**lessen** (लेँस्´-ॲन्) ***v.*** to make or become less, कम होना या करना, घटना या घटाना।

**lesser** (लेँस्´-ॲ:) ***adj.*** lesser in size or importance, छोटा, हलका, घटिया।

**lesson** (लेँस्´-ॲन्) ***n.*** 1. a thing to be learned by a pupil, पाठ, सबक। 2. an example or experience by which one can learn, सीख, शिक्षा। 3. a reprimand or

L

punishment, डाँट या दंड।

**lessor** (लेंस्´-अः) ***n.*** one who grants a lease of property, पट्टाकर्ता।

**lest** (लेंस्ट्) ***conj.*** so as to prevent the possibility that, कहीं ऐसा न हो कि, कि कहीं।

**let** (लेंट्) ***v.*** (let, letting) 1. to rent, किराए पर देना या चढ़ाना। 2. to lease, पट्टे पर देना, लीज़ पर देना। 3. to allow, अनुमति या इजाज़त देना। 4. to do, करना। 5. used as an auxiliary verb, इच्छासूचक सहायक क्रिया। □ **let alone,** ...की तो बात नहीं; The baby cannot even walk, let alone run. बच्चा तो चल भी नहीं सकता, दौड़ने की तो बात नहीं; Let (someone) alone, (उसे) मत छेड़ो; Let (someone) go, (उसे) जाने दो; **let off,** छोड़ देना; **let out,** मुँह से निकालना; **let up** (i) कम होना/करना; (ii) घटना/घटाना; (iii) रुकना/रोकना। ***suffix.*** used to form nouns meaning smaller or minor, एक अल्पार्थक प्रत्यय; booklet, गुटका।

**letdown** (लेंट्´-डाउन्) ***n.*** 1. disappointment, निराशा। 2. a decline or decrease, कमी, घटी।

**lethal** (ली´-थॅल्) ***adj.*** 1. fatal, घातक, प्राणहर। 2. harmful, हानिकर, हानिप्रद।

**lethargic** (लॅ-था:´-जिक्) ***adj.*** sluggish, आलसी, सुस्त, ढीला, बेदम।

**lethargy** (लेंथ्´-अः-जी) ***n.*** sluggishness, आलस्य, सुस्ती, ढिलाई।

**letter** (लेट्´-अः) ***n.*** 1. a written or printed communication, ख़त, पत्र, चिट्ठी। 2. a written symbol representing a speech sound, वर्ण, अक्षर।

**letterbox** (लेंट्´-अः-बॉक्स्) ***n.*** a private box into which letters are delivered, पत्र-पेटी।

**lettered** (लेंट्´-अॅड्) ***adj.*** educated, शिक्षित।

**letterhead** (लेंट्´-अः-हेंड्) ***n.*** a sheet of paper on which someone's name, address etc., are printed, लेटरहेड, लेखन-पत्र।

**lettering** (लेंट्´-अॅ-रिंग्) ***n.*** 1. the act or method of writing letters, लिखावट, वर्णलेखन, अक्षरलेखन, अक्षरांकन। 2. such written letters, वर्णलेख, अक्षरलेख, लिखावट।

**letterpad** (लेंट्´-अः-पैड्) ***n.*** a number of sheets of writing paper glued together at one end, पत्राली, लेटरपैड।

**letter-paper** (लेंट्´-अः-पे´-पंः) ***n.*** letter-head, लेखन-पत्र।

**letterpress** (लेंट्´-अः-प्रेंस्) ***n.*** the process of printing from types and blocks, वर्णमुद्रण।

**lettuce** (लेंट्´-इस्) ***n.*** a garden plant with broad edible leaves, सलाद।

**let-up** (लेंट्´-अॅप्) ***n.*** stopping or lessening of an activity, बंद या क्षीण होना, ढिलाई, शिथिलता।

**leucorrhoea, leukorrhoea** (ल्यू-कॅ-री´-अॅ) ***n.*** an abnormal white discharge from the vagina, सफ़ेद प्रदर, ल्यूकोरिया।

**leukemia** (ल्यू-की´-मि-अॅ) ***n.*** a disease in which the leucocytes increase in great number, श्वेताणु-वृद्धि, ल्यूकीमिया।

**level** (लेंव्´-अॅल्) ***n.*** 1. surface, सतह, तल। 2. a flat horizontal surface, समतल भूमि। 3. position along a vertical axis, तलमान, तलांक। 4. standard, स्तर, मानक, प्रतिमान। 5. an instrument for ascertaining whether a surface is horizontal or not, गुनिया। □ **find one's level,** अपने सही स्तर पर पहुँच जाना; **on the level,** ईमानदारी से। ***v.*** (levelled, levelling) 1. to make or become level, समतल होना या करना। 2. to equalize, बराबर करना। 3. to knock down, ढहा देना, गिरा देना। 4. to aim, निशाना साधना। ***adj.*** 1. having a flat smooth surface, समतल। 2. equal, समान, एक-सा। 3. of the same position or rank, समान स्तरवाला, समपदीय। □ **do one's level best,** भरसक प्रयास करना।

**level-headed** (लेंव्´-अॅल्-हेंड्´-इड्) ***adj.*** sensible, समझदार, विवेकी।

**leveller, leveler** (लेंव्´-अॅल्-अः) ***n.*** an

egalitarian, समतावादी।

**levelling** (लॅव्´-अॅल्´-इंग्) ***n.*** the act of making level or even, चौरसाई, समतलन।

**lever** (ली´-वॅ:/लॅव्´-अॅ:) ***n.*** a mechanical device to lift something, लीवर, उत्तोलक। ***v.*** to lift with a lever, लीवर से उठाना।

**leverage** (लॅव्´-अॅ-रिज्) ***n.*** 1. the action or power of a lever, लीवर का कार्य या क्षमता। 2. influence, प्रभाव।

**leviathan** (लॅ-वाइ´-अॅ-थॅन्) ***n.*** 1. something very large or powerful, बड़े आकार-प्रकार वाला या महाबली। 2. a sea monster, एक विशालकाय समुद्री जंतु, तिमिंगल।

**levitate** (लॅव्´-इ-टेट्) ***v.*** to cause to rise or float in air, हवा में उठाना या उड़ाना।

**levity** (लॅव्´-इ-टी) ***n.*** 1. lack of seriousness, ओछापन, छिछोरापन। 2. frivolity, खिलवाड़, ओछा काम या बात।

**levy** (लॅव्´-ई) ***v.*** (levied, levying) 1. to impose a tax or punishment, कर या दंड लगाना। 2. to conscript, भर्ती करना। ***n.*** 1. an act of levying, कर या दंड लगाना/थोपना। 2. the payment levied, लगाया या थोपा हुआ कर। 3. conscripted soldiers, भर्ती किए हुए सैनिक।

**lewd** (ल्यूड्) ***adj.*** 1. lustful, कामुक, लंपट। 2. obscene, अश्लील, गंदा।

**lexical** (लॅक्´-सि-कॅल्) ***adj.*** 1. of or relating to words or vocabulary, शब्दगत, शाब्दिक। 2. of lexicon, कोशगत। 3. of lexicography, कोशरचनागत।

**lexicographer** (लॅक्-सि-कॉग्´-रॅ-फ़ॅ:) ***n.*** a compiler of a dictionary, कोशकार।

**lexicography** (लॅक्-सि-कॉग्´-रॅ-फ़ी) ***n.*** 1. the compiling or editing dictionary, शब्दकोश-रचना, शब्दकोश-निर्माण। 2. the science of dictionary making, कोशविज्ञान।

L

**lexicon** (लॅक्´-सि-कॅन्, लॅक्´-सि-कॉन्) ***n.*** a dictionary, शब्दकोश।

**lexis** (लॅक्´-सिस्) ***n.*** vocabulary, शब्दसमूह।

**liability** (लाइ-अॅ-बिल्´-अॅ-टी) ***n.*** 1. the state of being liable, देयता, देनदारी, दायित्व। 2. likelihood, संभावना। 3. a drawback, कमी, दोष।

**liable** (लाइ´-अॅ-बॅल्) ***adj.*** 1. responsible, उत्तरदायी, जवाबदेह, ज़िम्मेदार। 2. likely to experience something undesirable, भागी; He is liable to malaria, वह मलेरिया से ग्रस्त हो सकता है।

**liaison** (ली´-अॅ-ज़ॅन्/ली-ए´-ज़ॅन्) ***n.*** 1. an illicit sexual relationship, अवैध यौनसंबंध। 2. a link between two separate parts of an army, संपर्क।

**liaison officer** an officer who acts as a go-between, संपर्क अधिकारी।

**liar** (लाइ´-अॅ:) ***n.*** one who tells lies, झूठा व्यक्ति, मिथ्याभाषी।

**libation** (लाइ-बे´-शॅन्) ***n.*** 1. an act of pouring a liquid as a sacrifice, तर्पण। 2. a drink containing alcohol, मदिरा।

**libel** (लाइ´-बॅल्) ***n.*** a written statement defaming one, अपमानलेख, मानहानि। ***v.*** (libeled / libelled, libeling / libelling) to make a libellous statement, अपमानलेख लिखना।

**libelant, libellant** (लाइ´-बॅ-लॅन्ट्) ***n.*** one who makes a libel, अपमानलेख लिखने-वाला।

**libelee, libellee** (लाइ´-बॅ-ली) ***n.*** one against whom a libel has been filed, जिस पर मान-हानि का दावा किया गया हो।

**libellous** (लाइ´-बॅ-लॅस्) ***adj.*** being or containing a libel, मानहानिकारक।

**liberal** (लिब्´-अॅर्-अॅल्, लिब्´-रॅल्) ***adj.*** 1. generous, उदार। 2. broadminded, उदारहृदय। 3. based upon principles of liberalism, उदारतापूर्ण, उदारतावादी।

**liberalism** (लिब्´-अॅ-रॅल्-इज़्-अॅम्) ***n.*** liberal views, opinions and principles, उदारतावाद।

**liberality** (लिब्-अॅ-रैल्´-अॅ-टी) ***n.*** 1. generosity, उदारता। 2. broadmindedness, विशाल-हृदयता।

**liberalization** (लिब्-अॅ-रॅ-लॅ-ज़े´-शॅन्) ***n.*** the act of liberalizing, उदारीकरण।

**eralize** (लिब्‌-अॅ-रॅ-लाइज़्) ***v.*** to make liberal, to decontrol, उदारीकरण करना, विनियंत्रित करना।

**erally** (लिब्'-अॅ-रॅ-ली) ***adv.*** 1. generously, उदारतापूर्वक। 2. in great amount, अत्यधिक मात्रा में। 3. freely, मुक्तहस्त से।

**erate** (लिब्'-अॅ-रेट्) ***v.*** 1. to set free, स्वतंत्र कर देना। 2. to set free from oppression or confinement, मुक्त कर देना, छोड़ देना।

**erated** (लिब्'-अॅ-रे-टिड्) ***adj.*** 1. free, स्वतंत्र, आज़ाद।

**eration** (लिब्-अॅ-रे'-शॅन्) ***n.*** setting free or being set free, स्वतंत्रता, आज़ादी।

**erties** ***n.*** (plu.) rights bestowed by the ruling body, शासन निकाय द्वारा प्रदत्त अधिकार। □ **take liberties,** मनमानी करना।

**ertine** (लिब्'-अॅ:-टीन्) ***n.*** a sexually promiscuous person, व्यभिचारी, परस्त्रीगामी।

**erty** (लिब्'-अॅ:-टी) ***n.*** 1. freedom, स्वतंत्रता, स्वाधीनता, आज़ादी। 2. the right to do as one chooses, खुली छूट, स्वच्छंदता। □ **at liberty,** स्वतंत्र, स्वच्छंद।

**idinous** (लि-बिड्'-इ-नॅस्) ***adj.*** full of lust, lustful, कामातुर, विषयासक्त, कामी।

**ido** (लि-बी'-डो) ***n.*** 1. the life force, जीवनी शक्ति। 2. sexual urge, कामोत्तेजना, कामावेग।

**ra** (ली'-ब्रॅ) ***n.*** 1. the sign of the Zodiac, the Scales, तुला (राशि)। 2. a person born under the influence of this sign, तुला राशि में जन्मा व्यक्ति।

**rarian** (लाइ-ब्रेर्'-इ-अॅन्) ***n.*** a person in charge of a library, ग्रंथालयाध्यक्ष, पुस्तकालयाध्यक्ष।

**rary** (लाइ-ब्रॅर्'-ई) ***n.*** 1. a room or building where books are kept for reading or borrowing, पुस्तकालय, लाइब्रेरी, ग्रंथालय; public library, सार्वजनिक पुस्तकालय। 2. a collection of records, संग्रह।

**e** (लाइस्) ***n.*** plu. of louse.

**ence, license** (लाइ'-सॅन्स्) ***n.*** 1. an official order to do or own something, लाइसेंस, अनुज्ञप्ति। 2. permission, अनुमति। 3. freedom of action, स्वतंत्रता, स्वच्छंदता। 4. misuse of freedom, मनमानी, मनमानापन। ***v.*** to give licence to, लाइसेंस देना।

**licenced, licensed** (लाइ'-सॅन्स्ड्) ***adj.*** having official permission, जिसे लाइसेंस प्राप्त हो।

**licensee** (लाइ-सॅन्-सी') ***n.*** a person who holds a licence, लाइसेंसदार, अनुज्ञप्तिधारी।

**licentious** (लाइ-सॅन्'-शॅस्) ***adj.*** morally unrestrained, कामुक, विषयी, व्यभिचारी।

**lichen** (लाइ'-केन्) ***n.*** a plant that grows on rocks, पहाड़ों पर होनेवाला एक जंगली पौधा, चरीला, शैवाक।

**licit** (लिस्'-इट्) ***adj.*** lawful, वैध, विधिसंगत; illicit, अवैध, विधिविरुद्ध।

**lick** (लिक्) ***v.*** 1. to pass the tongue over, जीभ से चाटना, जीभ फेरना। 2. to thrash, पीटना, पिटाई करना। 3. to defeat, हरा देना, धूल चटा देना, पीट देना। □ **lick the dust,** धूल चाटना; **lick someone's foot,** किसी के पैर चूमना, मिन्नतें करना। ***n.*** 1. the act of licking, चाटने की क्रिया या भाव, चटाई।

**licking** (लिक्'-इंग्) ***n.*** 1. beating, मार, धुनाई, पिटाई। 2. defeat, हार, पराजय।

**lid** (लिड्) ***n.*** 1. a cover of a pot or box, ढक्कन, ढकना। 2. an eyelid, पलक। □ **take the lid off,** उघाड़ देना, रहस्योद्घाटन करना; **put the lid on,** ढक देना, तोप करना।

**lido** (ली'-डो) ***n.*** a public swimming bath open to the air, सार्वजनिक स्नानताल, तरणताल।

**lie**[1] (लाइ) ***v.*** (lay, lain, lying) 1. to be in a flat resting position, लेटना। 2. to remain in a flat position on a surface, पड़ा होना, पड़ा रहना; The pen lay on the table. कलम मेज़ पर पड़ी थी; The money lay in the bank for years. रुपया वर्षों (तक) बैंक में पड़ा रहा; Your whole future lies ahead of you. अभी तो सारा जीवन

तुम्हारे आगे (पड़ा) है। 3. to be situated, स्थित होना; The town lies on the right bank of the river, नगर नदी के दाहिने किनारे पर (स्थित) है। 4. to be found, मिलना, प्राप्त होना। □ **how the land lies**, स्थिति क्या है; **It lies with you.** यह आपका विषय है; **lie down**, लेट जाना; **lie in**, देर तक सोते रहना; **lie low**, छिपना या अपना इरादा छिपाना; **take it lying down**, अपमान का घूँट पी जाना, चुपचाप रहना।

**lie²** ***n.*** 1. an untrue statement, झूठ। 2. an imposture, धोखा। ***v.*** (lied, lying) to tell a lie, झूठ बोलना। □ **give the lie to,** झूठा बतलाना।

**liege** (लीज़्) ***n.*** a feudal lord, सामंत।

**lie-in** (लाइ-इन्) ***n.*** a stay in bed late in the morning, सवेरे देर से उठना।

**lien** (लीन्) ***n.*** the right to keep possession of something belonging to a debtor until his debt has been paid, बंधक, रेहन। □ **a lien on a post,** पद पर वापस आने का अधिकार, पुनर्ग्रहणाधिकार।

**lieu** (लू) ***n.***; □ **in lieu of,** in stead of, के बदले में।

**lieutenant** (लेंफ्-टेंन्´-अॅन्ट्/लू-टेंन्´-अॅन्ट्) ***n.*** 1. deputy, उप-; lieutenant governor, उपराज्यपाल। 2. a military officer, सैनिक अधिकारी।

**life** (लाइफ़्) ***n.*** 1. active force, vitality, जीवनी शक्ति। 2. period between birth and death, जीवन, ज़िंदगी, जीवनकाल। 3. living organisms collectively, प्राणी, जीव-जंतु। 4. liveliness, चहल-पहल। 5. a particular way of existence, जीने का ढंग, जीवन; public life, सार्वजनिक जीवन; rural life, ग्राम्य जीवन। 6. a biography, जीवनी। □ **a matter of life and death,** जीवन-मरण का प्रश्न; **for life,** शेष जीवन के लिए; **for one's life,** अपनी जान की ख़ातिर; **not on your life,** कदापि नहीं, बिल्कुल नहीं; **take one's life in one's hands,** जान हथेली पर लिये फिरना; **to the life,** मूल की तरह।

**life belt** ***n.*** a life preserver worn as a belt, रक्षा-पेटी, रक्षा-चक्र, जीवन-रक्षी।

**lifeblood** (लाइफ़्´-ब्लड्) ***n.*** 1. blood essential to life, रक्त, ख़ून। 2. an indispensable vital part of a thing, प्राण, जान

**lifeboat** (लाइफ़्´-बोट्) ***n.*** a small boat carried on a large ship to rescue the ship passengers, रक्षा-नौका।

**life buoy** (लाइफ़्´-बू-ई) ***n.*** a device to save from drowning a person afloat, रक्षा-बोया।

**life convict** (लाइफ़्´कॉन्-विक्ट्) ***n.*** a convict for the life, जिसे उम्रक़ैद की सज़ा मिली है, उम्रक़ैदी, आजीवन बंदी।

**life cycle** (लाइफ़्´साइ-किल्) ***n.*** the series of changes in one's course of life, जीवनचक्र।

**lifeguard** (लाइफ़्´-गार्ड) ***n.*** an expert swimmer employed to protect bathers from drowning, जीवन-रक्षक।

**life history** (लाइफ़्-हिस्´-ट्री) ***n.*** a record of events of one's life, जीवनवृत्त।

**lifeless** (लाइफ़्´-लेंस्/लिस्) ***adj.*** without life, निर्जीव, बेजान, मृत, निष्प्राण।

**lifelike** (लाइफ़्´-लाईक्) ***adj.*** closely resembling or representing life, प्राणवान, सजीव, जीता-जागता।

**lifeline** (लाइफ़्´-लाईन्) ***n.*** 1. a rope used for saving life, 2. a vital line of access or communication, जीवन-रेखा, जीवन-साधन।

**lifelong** (लाइफ़्´-लाःङ्ग्) ***adj.*** continuing for a lifetime, जीवन-भर साथ देने या रहनेवाला, आजीवन; a lifelong friend, आजीवन साथी।

**life preserver** (लाइफ़्´प्रि-ज़ः-वँः) ***n.*** a life saving apparatus, जीवन-रक्षी।

**lifer** (लाइ´-फ़ः) ***n.*** a person sentenced to life imprisonment, उम्रक़ैदी, आजीवन बंदी

**lifesaving** (लाइफ़्´-से-विंग्) ***adj.*** that saves life, जीवनरक्षक, प्राणरक्षक।

**lifesentence** (लाइफ़्´-सेंन्-टेंन्स्) ***n.*** an order of imprisonment for whole life, उम्रक़ैद, आजीवन कारावास।

**fesize** (लाइफ़्-साइज़्´) ***adj.*** representing actual size, आदमक़द।

**fesized** (लाइफ़्-साइज़्ड्´) ***adj.*** = lifesize.

**fespan** (लाइफ़्-स्पैन्) ***n.*** the span of life, जीवनकाल, उम्र।

**festyle** (लाइफ़्´-स्टाइल्) ***n.*** the way of life, जीवनशैली।

**fetime** (लाइफ़्´-टाइम्) ***n.*** the time during which a person is alive, जीवनकाल।

**fework** (लाइफ़्-व़:क्´) ***n.*** the work to which a person gives the whole of his life, जीवन-कार्य।

**ft** (लिफ़्ट्) ***v.*** 1. to rise or cause to rise upward, उठना या उठाना, ऊपर चढ़ना या चढ़ाना। 2. to raise, ऊँचा करना, उन्नत करना। 3. to bring to an end, to abolish, उठा देना, ख़त्म करना। 4. to steal, उड़ा देना, चुरा लेना। 5. to transport goods or persons by air, हवाई जहाज़ से ले जाना। ***n.*** 1. the act of lifting or an upward movement, उठाने की क्रिया या भाव, उठाई, उठाव। 2. a free ride in a car offered to a pedestrian, राह चलते को सवारी देने की क्रिया, लिफ्ट। 3. air transport, वायु-परिवहन। 4. an elevator, लिफ़्ट। 5. a feeling of increased strength, rising of spirits, उत्साहवर्धन। □ **give too much lift,** (किसी को) सिर चढ़ाना।

**ft-off** (लिफ़्ट्´-ऑफ़्) ***v.*** to begin flight, (वायुयान का) उड़ान शुरू करना, (राकेट का) छूटना।

**gament** (लिग्´-अॅ-मॅन्ट्) ***n.*** a band of tough fibrous tissue, मांसपेशी, नस।

**gate** (लाइ´-गेट्) ***v.*** (ligated, ligating) to tie with a ligature, पट्टी बाँधना।

**gature** (लिग्´-अॅ-चॅ:) ***n.*** 1. something used for tying or binding, bandage, पट्टी। 2. the act of tying or binding, बाँधने की क्रिया या भाव, बँधाई। 3. a symbol or character combining two or more letters, संयुक्ताक्षर, युक्ताक्षर, जुड़वाँ अक्षर।

**ght[1]** (लाइट्) ***n.*** 1. the natural force that makes sight possible, रोशनी, प्रकाश। 2. daylight, उजाला, दिन की रोशनी। 3. that which emits light, प्रकाश-यंत्र, बैटरी, लालटेन आदि। 4. means of setting alight, रोशनी करने का साधन, प्रकाश-उपकरण। 5. electricity, बिजली। 6. brightness, चमक, रोशनी। 7. knowledge, understanding, ज्ञान, जानकारी। □ **in the light of,** इस दृष्टि से; **light and shade,** प्रकाश और छाया; **see the light,** अस्तित्व ग्रहण करना, जन्म धारण करना; **throw light on,** रोशनी डालना, स्पष्ट करना। ***adj.*** 1. full of light, प्रकाशमान, उजाले से भरा। 2. not deep in colour, हलका; light yellow, हलका पीला। ***v.*** (lighted/lit, lighting) 1. to begin to burn, जलना, सुलगना। 2. to set burning, जलाना, सुलगाना। 3. to lit, जलाना; to light a cigarette, सिगरेट जलाना। 4. to cause to give light, जलाना, रोशन करना; to light a candle, मोमबत्ती जलाना। 5. to brighten, चमक उठना।

**light[2]** (लाइट्) ***adv.*** (lighter, lightest) 1. of little weight, हलका। 2. of less than the correct weight or value, हलका, घटिया। 3. soft or mild, नरम, मुलायम। 4. not serious, गंभीरताविहीन, हलका-फुलका, महत्त्वहीन। 5. free from worries or troubles, बेफ़िक्र, निश्चिंत। 6. entertaining, मनोरंजक। 7. gay, प्रफुल्ल। 8. loose in morals, चरित्रभ्रष्ट। ***adv.*** with little baggage, बिना अधिक सामान के, हलके-फुलके सामान के साथ। ***v.*** (lighted/lit, lighting) 1. to land after flight, अवतरण करना, उतरना। 2. to get down from a vehicle, उतरना, नीचे उतरना।

**lighten[1]** (लाइ´-टॅन्) ***v.*** 1. to brighten, जगमगाना, दीप्त होना/करना। 2. to shed light on, प्रकाशित/स्पष्ट करना। 3. to produce lightening, बिजली चमकना।

**lighten[2]** (लाइ´-टॅन्) ***v.*** (lightened, lightening) 1. to make or become lighter in weight, हलका होना/करना। 2. to relieve or be relieved of worry, चिंता, भार आदि से मुक्त होना/करना, राहत मिलना या देना।

L

**lighter** (लाइ´-टॅ:) ***n.*** a device for lighting cigarettes, stoves etc., लाइटर।

**light-fingered** (लाइट्-फ़िंग्´-गॅ:ड्) ***adj.*** having the habit of stealing small thing, उचक्का, चाइयाँ, गिरहकट, हथलपक।

**light-footed** (लाइट्-फुट्´-इड्) ***adj.*** dancing lightly or nimbly, नाचने में फुर्तीला या चपल।

**light-headed** (लाइट्-हॅड्´-इड्) ***adj.*** silly, अविवेकी।

**light-hearted** (लाइट्-हा:´-टिड्) ***adj.*** gay, प्रफुल्ल, ख़ुश, ख़ुशदिल।

**light heavyweight** (लाइट्-हॅव्-इ-वे़ट्´) ***n.*** a boxer weighing 75-81 kg., पचहत्तर से इक्यासी किलोग्राम तक वज़नी मुक्केबाज़।

**lighthouse** (लाइट्´-हॉउस्) ***n.*** a tower equipped with a powerful flashing light, प्रकाशगृह।

**lighting** (लाइ´-टिंग्) ***n.*** 1. illumination, जगमगाहट। 2. the method or equipment for providing light to a room, building etc., प्रकाश-व्यवस्था। 3. the light itself, प्रकाश।

**lightly** (लाइट्´-ली) ***adv.*** 1. gently, धीरे से, धीरे-धीरे। 2. to a slight degree, कुछ-कुछ। 3. easily, आसानी से। 4. without proper respect, बिना उचित आदर दिए।

**lightning** (लाइट्´-निंग्) ***n.*** the flash of light in the sky, बिजली, कौंध। ***adj.*** very quick, तीव्रगामी, फुर्तीला; with lightning speed or like lightning, बिजली की गति से।

**light-proof** (लाइट्´-प्रूफ़्) ***adj.*** not admitting light, प्रकाश-सह।

**lights** (लाइट्स्) ***n.*** (plu.) the lungs of an animal used as food, चाप।

**lights-out** (लाइट्स्´-ऑउट्) ***n.*** the time for putting the lights out, बत्तियाँ बुझाने का समय, बत्ती बंद करने का समय।

L

**lightweight** (लाइट्´-वे़ट्) ***adj.*** 1. (a boxer) weighing between 126 to 135 pounds, (मुक्केबाज़) जिसका वज़न १२६ से १३५ पौंड हो। 2. of little importance, महत्त्वहीन।

**light-year** (लाइट्´-यिअॅर्) ***n.*** the distanc light travels in one year, प्रकाश-वर्ष

**lignite** (लिग्´-नाइट्) ***n.*** brown coal, भू कोयला।

**likable, likeable** (लाइ´-कॅ-बॅल्) ***adj.*** pleasant, सुहावना, प्रिय।

**like** (लाइक्) ***v.*** (liked, liking) 1. to fin pleasant or satisfactory, पसंद होन करना। 2. to wish for, इच्छा होना, चाहन ***adj.*** 1. similar, समान। 2. characteristic o उसी तरह का, वैसा। ***n.*** 1. something c equal value, समान वस्तु। 2. something c the same kind, वैसी ही वस्तु। 3. liking पसंद। □ **the likes,** प्रिय वस्तुएँ। ***prep.*** i the manner of, की तरह, के समान। ***con*** 1. in the same way, वैसे ही, मानो। 2. a if, जैसा कि। ***suffix.*** of the same form, व तरह का।

**likelihood** (लाइक्´-लि-हुड्) ***n.*** probability संभाव्यता।

**likeliness** (लाइक्´-लि-निस्) ***n.*** possibility संभावना।

**likely** (लाइक्´-ली) ***adj.*** (likelier, likelies 1. expected to occur, संभाव्य, संभावित 2. promising, होनहार। 3. suitable, उपयुक्त ***adv.*** probably, संभवत:।

**like-minded** (लाइक्-माइन्´-डिड्) ***adj.*** havin the same tastes or opinions, एक-सी रुचि या विचारवाले।

**liken** (लाइ´-किन्) ***v.*** (likened, likening □ **liken to,** to compare, तुलना करना।

**likeness** (लाइक्´-निस्) ***n.*** 1. resemblance समानता, साम्य, सादृश्य। 2. a copy or por trait, प्रतिरूप, प्रतिकृति।

**likewise** (लाइक्´-वा़इज़्) ***adv.*** 1. similarly वैसे ही, उसी तरह। 2. as well, also, और

**liking** (लाइ´-किंग्) ***n.*** pleasure or taste पसंद, रुचि।

**lilac** (लाइ´-लक्) ***n.*** purple colour, जामु रंग।

**lilliputian** (लिल्-इ-प्यू´-शॅन्) ***adj.*** ver small, बौने क़द का, बौना, बहुत छोटा।

**lilt** (लिल्ट्) ***n.*** cheerful manner of spea

king, बोलने का सुहावना ढंग या लहजा।

**lily** (लिल्´-ई) ***n.*** a garden plant with large white or reddish flowers, लिली, कुमुदिनी।

**lily-livered** (लिल्´-ई-लिव्-अॅ:ड्) ***adj.*** cowardly, डरपोक, भीरु।

**lily-white** (लिल्´-ई-ह्वाइट) ***adj.*** as white as a lily, बिल्कुल सफ़ेद।

**limb** (लिम्ब्) ***n.*** 1. a projecting part of an animal body, अवयव, अंग। 2. a large branch of tree, डाली, शाखा। □ **out on a limb,** अलग-थलग, बेसहारा।

**limber** (लिम्´-बॅ:) ***adj.*** 1. flexible, सुनम्य। 2. nimble, फुर्तीला। ***v.*** to make limber, सुनम्य बनाना।

**limbo** (लिम्´-बो) ***n.*** 1. an intermediate state, अधर। 2. a state of neglect, उपेक्षित स्थल।

**lime** (लाइम्) ***n.*** 1. calcium oxide, चूना। 2. birdlime, लासा। ***v.*** (limed, liming) to treat with lime, चूना लगाना/मिलाना।

**limeade** (लाइम्-एड्´) ***n.*** a drink made of lime juice, sugar, etc., नीबू शर्बत।

**lime-juice** (लाइम्´-जूस्) ***n.*** juice of lime, नीबू रस, नीबू-पानी।

**limekiln** (लाइम्´-किल्न्) ***n.*** a kiln in which lime is made, चूने की भट्ठी।

**limelight** (लाइम्´-लाइट्) ***n.*** 1. brilliant light, चमकीली रोशनी। 2. great publicity, अत्यधिक प्रचार, बहुत प्रसिद्ध होना।

**limerick** (लिम्´-अॅ-रिक्) ***n.*** a small humorous poem, छोटी हास्य कविता।

**limestone** (लाइम्´-स्टोन्) ***n.*** a kind of rock from which lime is obtained, चूना पत्थर।

**limit** (लिम्´-इट्) ***n.*** 1. boundary, सीमा, हद। 2. the point beyond which something cannot proceed, सीमा, पराकाष्ठा। 3. the greatest amount or number allowed, परिसीमा। 4. period, अवधि। ***v.*** to keep below or at a certain point or amount, सीमित करना या रखना, सीमा निर्धारित करना।

**limitation** (लिम्-इ-टे´-शॅन्) ***n.*** 1. the act of limiting or the state of being limited, परिसीमन। 2. limit, सीमा। 3. weakness, कमज़ोरी, कमी।

**limited** (लिम्´-इ-टिड्) ***adj.*** 1. having a limit or limits, सीमित, सीमाबद्ध, ससीम। 2. limiting the liability of each shareholder, लिमिटिड, परिसीमित।

**limiting** (लिम्´-इ-टिंग्) ***adj.*** that keeps within limits, सीमित करनेवाला।

**limitless** (लिम्´-इट्-लिस्) ***adj.*** 1.without limit or limits, असीम, सीमारहित। 2. without end, अनंत।

**limn** (लिम्) ***v.*** (limned, limning) 1. to paint or portray, अंकित या चित्रित करना। 2. to depict, वर्णन करना।

**limousine** (लिम्´-ओ-ज़ीन्) ***n.*** a comfortable or luxurious car, आरामदेह मोटरकार, लिमोसिन।

**limp**[1] (लिम्प्) ***v.*** (limped, limping) to walk lamely, लँगड़ाते हुए चलना, लँगड़ाना। ***n.*** an irregular gait, लंगड़ चाल।

**limp**[2] ***adj.*** 1. lacking strength or energy, अशक्त, निर्जीव, निस्तेज। 2. not stiff, लचीला।

**limpet** (लिम्´-पिट्) ***n.*** a shellfish, घोंघा।

**limpid** (लिम्´-पिड्) ***adj.*** clear or transparent, साफ़-सुथरा, पारदर्शक।

**limy** (लाइ´-मी) ***adj.*** 1. containing lime, चूनेदार। 2. tasting like a lime, चूने के स्वादवाला।

**linchpin** (लिंच्´-पिन्) ***n.*** a pin inserted in a shaft to keep the wheel in position, काँटी।

**line** (लाइन्) ***n.*** 1. a thin contiuous mark, रेखा, लकीर, लीक, लाईन, कतार। 2. a row of people or things, queue, पंक्ति, लाईन। 3. a path or track, पथ, रास्ता; railway line, रेल पथ। 4. a boundary, border or limit, सीमारेखा। 5. an outline, रूपरेखा। 6. a foot (poetry), चरण। 7. lineage, वंशक्रम, वंश-परंपरा। 8. a system of travelling or transport, यात्रा-पद्धति, यातायात-पद्धति। 9. an official policy, सरकारी नीति। 10. a course of action, कार्य-योजना। 11. a business or profession, व्यापार, धंधा, पेशा। 12. a piece of cord, रस्सी, डोरी। 13. a wire or cable, तार। 14. a brief letter, संक्षिप्त पत्र। □ **all along the line,** आदि से अंत तक; **bring (something) into line,** रास्ते पर लाना; **by rule and line,** नियमानुसार; **draw the line,** सीमा निर्धारित करना; **female line,** नारी परंपरा; **hard lines,** दुर्भाग्य; **in a straight line,** सीधी रेखा में, सीध में; **in line abreast,** (जलयान) पंक्ति में; **in line with,** के अनुसार; **keep to one's line,** अपने ढर्रे पर चलना, ढर्रा न छोड़ना; **line of march,** प्रयाण-दिशा; **line of fortune,** भाग्य रेखा; **line of life,** जीवन रेखा; **line of policy,** नीति-दिशा; **on the line,** सीध में; **read between the lines,** छिपा अर्थ ढूँढ़ निकालना; **toe the line,** निर्दिष्ट नीति पर चलना। *v.* (lined, lining) 1. to draw lines on, रेखा खींचना। 2. to arrange in a line, to form rows along, पंक्ति बनाना। □ **line one's pockets,** ख़ूब धन कमाना।

**lineage** (लिन्´-इ-इज्) ***n.*** the line of one's ancestors, ancestry, वंशानुक्रम, वंश-परंपरा।

**lineal** (लिन्´-इ-अॅल्) ***adj.*** in direct descending line, वंशानुक्रमिक, वंश-पारंपरिक।

**lineaments** (लिन्´-इ-अॅ-मॅन्ट्स्) ***n.*** (plu.) 1. features of the face, नैन-नक़्श, चेहरा-मोहरा। 2. typical qualities, विशिष्ट गुण।

**linear** (लिन्´-इ-अॅ:) ***adj.*** 1. of a line, रेखीय, रैखिक। 2. arranged in a line, रेखाकार।

**lineman** (लाइन्´-मॅन्) ***n.*** one who installs or repairs telephones or electric power lines, लाईनमैन।

**linen** (लिन्´-इन्) ***n.*** cloth made of flax, लिनन।

**liner** (लाइ´-नॅ:) ***n.*** a ship or airplane travelling on a regular route, किसी मार्ग पर नियमित रूप से चलनेवाला जहाज़, लाइनर।

**linesman** (लाइन्ज़्´-मैन्) ***n.*** one who assists a referee in a football, tennis or hocky match, लाईन्समैन।

**line-up** (लाइन्´-अप्) ***n.*** 1. a line of persons, पंक्ति बनाकर खड़े व्यक्ति। 2. the members of a team chosen to play a game, चुनी हुई टीम।

**linger** (लिंग्´-गॅ:) ***v.*** (lingered, lingering) 1. to delay in going, देर लगाना। 2. to persist, डटे रहना, पीछा न छोड़ना, बना रहना। 3. to live on the point of death for sometime, साँस न छूटना, चले चलना।

**lingerie** (लैन्´-ज़ॅ-री) ***n.*** undergarments for women, स्त्रियों के अंदर के कपड़े।

**lingering** (लिंग्´-अॅ-रिंग्) ***adj.*** 1. slow to end or disappear, खिसक-खिसककर चलनेवाला, जल्दी न जाने या न खत्म होनेवाला। 2. remaining, शेष।

**lingo** (लिंग्´-गो) ***n.*** a foreign language, विदेशी भाषा।

**lingua franca** (लिंग्´-ग्वा´-फ्रैं´-कॅ) ***n.*** a language used between peoples whose native languages are different, संपर्क भाषा।

**lingual** (लिंग्´-ग्वल्) ***adj.*** of languages, भाषाई, भाषी।

**linguist** (लिंग्´-ग्विस्ट्) ***n.*** a specialist in linguistics, भाषाविद्, भाषाविज्ञानी।

**linguistic** (लिंग्-ग्विस्´-टिक्) ***adj.*** of a language or linguistics, भाषिक, भाषा वैज्ञानिक।

**linguistics** (लिंग्-ग्विस्´-टिक्स्) ***n.*** the scientific study of a particular language or dialect, भाषा-विज्ञान, भाषिकी।

**liniment** (लिन्´-इ-मॅन्ट्) ***n.*** a liquid medicine rubbed on the skin, लेप।

**lining** (लाइ´-निंग्) ***n.*** the material used as the inner surface of a garment, अस्तर।

**link** (लिंक्) ***n.*** 1. a ring of a chain, कड़ी। 2. a connecting part or thing, कड़ी। 3. connection, संबंध। *v.* (linked, linking) to join or to be joined, जोड़ना या जुड़ना, मिलाना या मिलना।

**linkage** (लिंन्´-किज्) ***n.*** the act of linking or state of being linked, जुड़े होने की अवस्था या भाव, जुड़ाव, संयोजन।

L

**linking** (लिंक्´-इंग्) *adj.* that links, जोड़नेवाला, योजक।

**links** (लिंक्स्) *n.* a golf course, गोल्फ़ खेलने का मैदान।

**linkup** (लिंक्´-अप्) *n.* 1. the state of being linked, जुड़ाव। 2. connection, मेल-जोल, लगाव, सहसंबंध।

**linoleum** (लि-नो´-लि-अॅम्) *n.* a kind of floor covering, लिनोलियम।

**linseed** (लिन्´-सीड्) *n.* the seed of flax, तीसी, अलसी; linseed cake, खली।

**lint** (लिन्ट्) *n.* a soft material for dressing wounds, फाहा।

**lintel** (लिन्´-टॅल्) *n.* the horizontal beam of concrete, लिंटल।

**lion** (लाइ´-अॅन्) *n.* 1. a large carnivorous animal of cat family, शेर, सिंह, शेर-बबर। [fem. lioness, शेरनी, सिंहनी] 2. a man of great strength or courage, सिंहपुरुष, शेर। □ **lion's share,** किसी चीज़ का बड़ा या बढ़िया हिस्सा।

**lion-hearted** (लाइ´-अॅन्-हा:-टिड्) *adj.* extra-ordinarily brave, अत्यधिक दिलेर, साहसी, शेरदिल।

**lionize** (लाइ´-अॅ-नाइज़्) *v.* (lionized, lionizing) to treat as a celebrity, अत्यधिक महत्त्व देना या उसका भव्य स्वागत करना।

**lip** (लिप्) *n.* 1. one of the two edges of the mouth, होंठ, ओष्ठ। 2. the edge (of a cup), (प्याले आदि का) ऊपर का किनारा। □ **open one's lips,** मुँह खोलना।

**lipid** (लिप्´-इड्) *n.* fat, चर्बी।

**lip-service** (लिप्-स:´-विस्) *n.* insincere show of sympathy or respect, झूठी सहानुभूति या आदर।

**lipstick** (लिप्´-स्टिक्) *n.* a stick for colouring the lips, लिपस्टिक।

**liquefy** (लिक्´-वि-फ़ाइ) *v.* to make or become liquid, द्रव बनाना या बनना।

**liqueur** (ली-क:´) *n.* a sweet alcoholic drink, मदिरा।

**liquid** (लिक्´-विड्) *n.* a substance other than solid or gas, तरल पदार्थ, द्रव। *adj.* 1. in the form of a liquid, द्रव, तरल। 2. readily converted into cash, नक़दी।

**liquidate** (लिक्´-वि-डेट्) *v.* 1. to pay or settle, चुकता करना। 2. to close down, बंद या ख़त्म करना। 3. to kill, मार डालना।

**liquidation** (लिक्-वि-डे´-शॅन्) *n.* the act of liquidating, चुकता, बंद या ख़त्म करना, समापन।

**liquidator** (लिक्´-वि-डे-टॅ:) *n.* one who is authorised to close down someone's business, समापन अधिकारी, समापक।

**liquidity** (लि-क्विड्´-इ-टी) *n.* the state of being liquid, द्रवता।

**liquor** (लि´-कॅ:) *n.* 1. an alcoholic drink, मदिरा। 2. a liquid substance, तरल पदार्थ, द्रव पदार्थ।

**lira** (लीर्´-अॅ) *n.* (plu. lira, liras) a unit of money in Italy, इटली की मुद्रा, लीरा।

**lisp** (लिस्प्) *n.* a speech defect, स् को थ् बोलने का दोष, थथलाहट। *v.* to speak with a lisp, थथलाना, थथलाहट होना।

**lissom, lissome** (लिस्´-अॅम्) *adj.* 1. flexible, सुनम्य। 2. graceful, सुंदर। 3. agile, फुर्तीला।

**lissomely** (लिस्´-अॅम्-ली) *adv.* gracefully, सुंदरता से।

**list**[1] (लिस्ट्) *n.* a series of names, things, figures, सूची, तालिका। *v.* 1. to make a list of, सूची बनाना। 2. to enter in a list, सूची में डालना।

**list**[2] *n.* tilt, उलार, झुकाव, नति। *v.* to lean over to one side, एक ओर झुकना, उलार होना।

**listen** (लिस्´-अॅन्) *v.* to give attention in hearing, ध्यान से सुनना, ध्यान देना। *n.* an act of listening, सुनना, श्रवण।

**listenable** (लिस्´-अॅन्-अॅ-बॅल्) *adj.* which is pleasant to hear, सुनने योग्य, श्रवणीय।

**listener** (लिस्´-अॅ-नॅ:) *n.* one who listens (esp, to the radio) श्रोता, सुननेवाला।

**listing** (लिस्´-टिंग्) *n.* 1. a list, सूची। 2. an entry in a list, मद, प्रविष्टि।

**listless** (लिस्ट्´-लिस्) *adj.* 1. lacking energy, बेजान, निर्जीव। 2. lacking enthusi-

L

asm, उत्साहविहीन, बुझा हुआ।

**litany** (लिट्´-अॅ´-नी) ***n.*** a prayer in which the priest calls out with responses, आवृत्ति-प्रार्थना।

**litchi** (ली´-ची) ***n.*** a tree and its fruit, लीची।

**liter** (ली´-टॅ:) ***n.*** a metric unit of volume, लीटर।

**literacy** (लिट्´-अॅ-रॅ-सी) ***n.*** the ability to read and write, लिख और पढ़ सकने की क्षमता, साक्षरता।

**literal** (लिट्´-अॅ-रॅल्) ***adj.*** 1. exact, यथातथ्य। 2. giving one word for each word, शाब्दिक। 3. of or expressed by letters, अभिधेय। 4. concerning letters of the alphabet, वर्ण-संबंधी, अक्षर-संबंधी, आक्षरिक।

**literally** (लिट्´-अॅ-रॅल्-ई) ***adv.*** exactly, यथातथ्य, शब्दशः, अक्षरशः।

**literary** (लिट्´-अॅ-रॅ-री, लिट्´-अॅ-रेॅर्-ई) ***adj.*** 1. of literature, साहित्य-संबंधी, साहित्यिक। 2. found in literature, साहित्य में होनेवाला, साहित्यिक।

**literate** (लिट्´-अॅ-रिट्) ***adj. & n.*** 1. able to read and write, साक्षर। 2. well educated, सुशिक्षित।

**literati** (लिट्-अॅ-रा´-टी) ***n.*** (plu.) distinguished writers and scholars, साहित्यकारों का वर्ग, विद्वन्मंडली, विद्वज्जन।

**literature** (लि´-ट्रॅ-चॅ:) ***n.*** 1. imaginative and creative writing, साहित्य। 2. body of such writings, साहित्य, वाङ्मय।

**lithe** (लाइद्) ***adj.*** 1. flexible, नम्य, सुनम्य, लचीला। 2. graceful, चारु। 3. agile, फुर्तीला।

**lithium** (लिथ्´-इ-अॅम्) ***n.*** an element, एक तत्त्व, लिथियम।

L

**lithograph** (लिथ्-अॅ-ग्रैफ़्/ग्राफ़, लि´-थॅ-ग्रैफ़्/ग्राफ़्) ***n.*** print made by lithography, अश्ममुद्र, शिलामुद्र। ***v.*** to print by lithography, अश्ममुद्रण करना।

**lithography** (लि-थॉग्´-रॅ-फ़ी) ***n.*** the way or process of printing from a piece of stone, अश्ममुद्रण, शिला-मुद्रण।

**litigable** (लिट्´-इ-गे-बॅल्) ***adj.*** that can be litigated, मुकदमा लड़ने योग्य।

**litigant** (लिट्´-इ-गन्ट्) ***n.*** one who is engaged in a law-suit, मुकदमा लड़नेवाला।

**litigate** (लिट्´-इ-गेट्) ***v.*** to engage in legal proceedings, मुकदमा लड़ना।

**litigation** (लिट्-इ-गे´-शॅन्) ***n.*** action in law, मुकदमेबाज़ी।

**litigious** (लि-टिज्´-अॅस्) ***n. adj.*** 1. inclined to litigate, मुकदमेबाज़। 2. disputable at law, विवाद्य। 3. of law-suits, मुकदमे-संबंधी।

**litmus paper** (लिट्´-मस्-पे´-पॅ:) ***n.*** a paper used in chemical tests to find out if substance is acid or alkali, लिटमस पेपर।

**litre, liter** (लिट्´-अॅ:) ***n.*** a metric unit of volume, लीटर।

**litter** (लिट्´-अॅ:) ***n.*** 1. worthless material, trash, rubbish, कूड़ा-कचरा, कूड़ा-कर्कट। 2. a couch for carrying a person, पालकी, डाँडी। 3. young animals produced at one birth, एक ब्यान के बच्चे, एक बार में होनेवाले बच्चे। ***v.*** to scatter, छितराना, फैलाना।

**little** (लिट्´-अॅल्) ***adj.*** 1. short in size, छोटा। 2. young, नन्हा, छोटा। 3. brief, छोटा, अल्प, संक्षिप्त। 4. trivial, तुच्छ। ***adv.*** 1. not much, थोड़ी मात्रा में। 2. not at all, बिल्कुल नहीं। 3. rarely, कदाचित ही। ***n.*** only a small amount, कुछ ही। □ **little bit,** ज़रा-सा; **little by little,** थोड़ा-थोड़ा करके।

**little brother** ***n.*** one's younger brother, छोटा भाई, अनुज।

**little finger** ***n.*** the smallest finger on the hand, छोटी उँगली, कानी उँगली।

**littleness** (लिट्´-अॅल्-निस्) ***n.*** the state of being little, छोटापन, लघुता, तुच्छता।

**little people** ***n.*** (plu.) fairies, परियाँ।

**little sister** ***n.*** one's younger sister, छोटी बहन।

**little toe** ***n.*** smallest toe on the foot, पैर का अँगूठा।

**little woman** *n.* one's wife, पत्नी।

**littoral** (लिट्´-ओ-रॅल्) *adj.* of or on the shore, समुद्रतटीय, तटवर्ती।

**liturgical** (लि-टः´-जि-कॅल्) *adj.* ritual, पूजन-विधि से संबद्ध।

**liturgy** (लिट्´-अँः-जी) *n.* a form of worship, पूजन-विधि।

**livable, liveable** (लिव्´-अॅ बॅल्) *adj.* suitable to live in, रहने योग्य।

**live** (लिव्) *v.* (lived, living) 1. to have life, जीना, जीवित रहना/होना। 2. to continue to be alive, रहना, जीवन बिताना। 3. to reside/dwell, रहना। 4. to pass, गुज़ारना, व्यतीत करना। 5. to conduct one's life in a certain way, बसर करना, निर्वाह करना। □ **live and let live,** सहिष्णुता बरतना; **live by one's tricks,** धूर्तता से जीवन बसर करना; **live it up,** शान से रहना; **live together,** एक साथ रहना; **live up to,** जीवन में आदर्शों का पालन करना; **live with,** (के) साथ रहना। *adj.* 1. alive, सजीव, गर्म, ज़िंदा। 2. glowing, burning or carrying an electric current, गर्म, ज़िंदा, (तार) जिसमें बिजली हो। 3. of current interest, ज्वलंत, जीवंत।

**livelihood** (लाइव्´-ली-हुड्) *n.* a means of living, जीविका, रोज़ी।

**livelong** (लिव्´/लाइव्´-लाङ्ग्) *n.* complete, whole, सारा, समग्र, पूरा।

**lively** (लाइव्´-ली) *adj.* 1. full of life, सजीव, जानदार। 2. cheerful, प्रफुल्ल, हँसता-खेलता। □ **look lively,** सक्रिय हो उठना; **make it lively for someone,** दूसरे के लिए मुसीबत खड़ी कर देना।

**liven** (लाइ´-वॅन्) *v.* 1. to make lively, जीवंत या सजीव बना देना। 2. to become lively, जीवंत या सजीव हो उठना।

**liver** (लिव्´-अँः) *n.* 1. a large gland in the abdomen secreting bile, जिगर, यकृत। 2. liver of an animal used as food, कलेजी (गोश्त)।

**liveried** (लिव्´-अॅ-रीड्) *adj.* wearing a uniform, वर्दीधारी।

**liverish** (लिव्´-अॅ-रिश्) *adj.* irritable, चिड़चिड़ा।

**livery** (लिव्´-अॅ-री) *n.* a uniform worn by a servant, नौकर की वर्दी।

**livestock** (लाइव्´-स्टॉक्) *n.* domestic animals raised for home use or profit, पालतू जीव—गाय, भैंस, बकरी आदि, पशुधन।

**livid** (लिव्´-इड्) *adj.* 1. bluish gray, नीला, नीलाभ। 2. furiously angry, आगबबूला।

**living** (लिव्´-इंग्) *adj.* 1. alive, जीवित, जीता-जागता। 2. in active use, सजीव, जीवंत। 3. real, वास्तविक। *n.* 1. livelihood, जीविका, रिहाइश। 2. a manner or style of living, जीवनयापन का ढंग, ढर्रा। 3. the state of being alive, जीवित अवस्था।

**living room** *n.* a room for general use, बैठने-उठने का कमरा, बैठक।

**living standard** *n.* the standard of living, जीवन-स्तर।

**living wage** *n.* a wage on which it is possible to live, निर्वाह योग्य वेतन, निर्वाह-वेतन।

**lizard** (लिज़्´-अँःड्) *n.* a reptile with a long tail, छिपकली, गिरगिट आदि की जाति का जीव।

**llama** (ला´-मॅ) *n.* a deer like animal kept as a beast of burden, लीमा।

**load** (लोड्) *n.* 1. a supported weight, भार, वजन। 2. material transported by a vehicle, person or animal, बोझा, बोझ, लादी। 3. a heavy responsibility, भार, दायित्व। 4. a large amount or quantity, बड़ी राशि। 5. the amount of electricity supplied, लोड, बिजली के ख़र्च की मात्रा, बिजली की खपत। *v.* 1. to put a load in or on, लादना, लाद देना। 2. to charge with ammunition, (बंदूक) भरना। 3. to insert into, भरना, डालना।

**loaded** (लो´-डिड्) *adj.* 1. full, भरा हुआ। 2. rich, धनी। 3. drunk, नशे में चूर। □ **a loaded question,** फँसाने के लिए पूछा गया प्रश्न।

**loadstone** (लोड्´-स्टोन्) *n.* an iron ore having magnetic properties, लोहे का वह

टुकड़ा जिसमें चुंबक हो।

**loaf**[1] (लोफ़्) ***n.*** (plu. loaves) a mass of bread baked in one piece, पावरोटी।

**loaf**[2] (लोफ़्) ***v.*** to spend time idly, समय बर्बाद करना, आवारागर्दी करना।

**loafer** (लो´-फ़ः) ***n.*** one who loafs, आवारागर्द।

**loam** (लोम्) ***n.*** rich soil, दुम्मट।

**loamy** (लोम्´-ई) ***adj.*** fertile and productive, दुम्मटी।

**loan** (लोन्) ***n.*** 1. some of money lent, कर्ज़, ऋण, उधार। 2. anything lent for temporary use, उधार, मँगनी। ***v.*** to lend, उधार देना।

**loanword** (लोन्´-व़ःड्) ***n.*** a word borrowed from another language, विदेशी/आगत शब्द।

**loanee** (लोन्´-ई) ***n.*** a person having borrowed money on interest, कर्ज़दार, ऋणी।

**loath** (लोथ्) ***adj.*** unwilling, अनिच्छुक। □ **nothing loath,** ख़ुशी-ख़ुशी।

**loathe** (लोथ्) ***v.*** to abhor, घृणा/नफ़रत करना।

**loathing** (लो´-थिंग्) ***n.*** extreme dislike, घिन।

**loathsome** (लोथ्´-सम्) ***adj.*** repulsive, घिनौना।

**lob** (लॉब्) ***v.*** (lobbed, lobbing) to hit in high arc, उछालना, लॉब करना।

**lobby** (लाब्´-ई) ***n.*** a waiting room in a hotel etc., प्रकोष्ठ, लॉबी, सभाकक्ष। ***v.*** (lobbied, lobbying) to seek to influence or support one's cause, मत का समर्थन करने के लिए प्रभाव डालना।

**lobe** (लोब्) ***n.*** the lower soft part of the ear, ललरी।

**lobster** (लॉब्´-स्टंः) ***n.*** a large shellfish, महाचिंगट, झींगा।

**local** (लो´-कॅल्) ***adj.*** 1. of a particular place, स्थानीय। 2. making many stops, जगह-जगह रुकनेवाली (गाड़ी)। 3. limited to a part of body, क्षेत्रीय या सीमित।

**locale** (लो-काःल्´, लो-काल्´) ***n.*** the scene of events, घटनास्थल।

**locality** (लो-कैल्´-इ-टी) ***n.*** a particular place or area, क्षेत्र, इलाका, हलका।

**localize** (लो´-कॅ-लाइज़्) ***v.*** to restrict to or be restricted to a particular area, स्थानीय बना देना या बन जाना।

**locally** (लो´-क-ली) ***adv.*** 1. in a local area, स्थानीय रूप से। 2. nearby, पास में।

**locate** (लो´-केट्) ***v.*** 1. to find (by searching), (स्थान का) पता लगाना। 2. to become established, स्थित होना।

**located** (लो´-के-टिड्) ***adj.*** situated, स्थित।

**location** (लो-के´-शॅन्) ***n.*** 1. a place where something is located, जगह। 2. the act of locating, पता लगाना।

**loch** (लॉक्) ***n.*** 1. a lake, झील। 2. an arm of sea, खाड़ी।

**loci** (लो´-साइ) ***n.*** (maths.) plu. of locus, बिंदुपथ।

**lock**[1] (लॉक्) ***n.*** a strand or curl of hair, लट।

**lock**[2] ***n.*** 1. a device used to secure a door, lid etc., ताला। 2. a part of gun which fires it, बंदूक का घोड़ा। 3. a section of a canal closed off with gates, बाँध। 4. a hold in wrestling, दाँव, पेंच। □ **lock, stock and barrel,** पूर्णतः; **under lock and key,** ताले में रखा हआ, सुरक्षित। ***v.*** 1. to fasten with a lock, ताला लगाना। 2. to safeguard by putting behind a lock, ताले में रखना। 3. to put in a jail, कारागार में रखना, बंद करना। 4. to become blocked, रुक जाना, जाम हो जाना।

**locker** (लॉक्´-अंः) ***n.*** a small cupboard that can be locked, तालेदार आलमारी या डिब्बा, लॉकर।

**locker room** ***n.*** a room equipped with lockers, लॉकर-कक्ष।

**locket** (लॉक्´-इट्) ***n.*** a small ornamental piece worn on a chain around the neck, लटकन, लॉकेट।

**lockout** (लॉक्´-आउट्) ***n.*** the closing down of a factory by the employer, तालाबंदी।

**locksmith** (लॉक्´-स्मिथ्) ***n.*** one who makes or repairs locks, तालेवाला।

**lockup** (लॉक्´-अप्) ***n.*** a jail, कारागार, हवालात,

बंदीगृह।

**loco** (लो´-को) ***adj.*** mad, crazy, पागल, सनकी। ***n.*** locomotive, रेलवे इंजन; locoshed, इंजन-घर; loco workshop, इंजन कर्मशाला।

**locomotion** (लो-को-मो´-शॅन्) ***n.*** the act or ability to move from place to place, चलने की क्रिया या क्षमता, चलना, गतिक्षमता।

**locomotive** (लो-को-मो´-टिव्) ***adj.*** able to move, चल, गतिक्षम। ***n.*** a railway engine, रेलवे इंजन।

**locus** (लो´-कॅस्) ***n.*** 1. a point, बिंदु, नुक़्ता। 2. a place, स्थान, स्थल।

**locus standi** (लो´-कॅस्-स्टैन्´-डाइ) ***n.*** (law), standing place, आधिकारिक स्थिति, अधिकारिता, दख़ल देने का अधिकार।

**locust** (लो´-कॅस्ट्) ***n.*** a grasshopper which flies in groups, टिड्डा, टिड्डी।

**locution** (लो-क्यू´-शॅन्) ***n.*** 1. a word or phrase, पद या पदबंध। 2. a manner or style of speech, भाषण-शैली।

**lode** (लोड्) ***n.*** 1. a vein of deposit of ore between layers of rock, धातु की परत। 2. source, स्रोत।

**lodestar** (लोड्´-स्टा:) ***n.*** the North Star, ध्रुव तारा।

**lodestone** (लोड्´-स्टोन्) ***n.*** a piece of iorn having magnetic properties, लोहे का वह टुकड़ा जिसमें चुंबक हो।

**lodge** (लाज्) ***n.*** 1. a place usually given on rent for temporary stay, बसेरा, लॉज। 2. a place for some activity, भवन या होटल। ***v.*** 1. to stay or provide accommodation, ठहरना या ठहराना। 2. to register (a protest, शिकायत) दर्ज करना, दाख़िल करना।

**lodger** (लॉज्´-अॅ:) ***n.*** one who pays for his accommodation, बसेरे या लॉज में ठहरा हुआ, किराएदार।

**lodging** (लाज्´-इंग्) ***n.*** a temporary residence, बसेरा, आवास।

**lodgings** (लाज्´-इंग्स्) ***n.*** (plu.) a room or rooms rented for living in, किराए पर देने का कमरा या कमरे।

**loft[1]** (लाफ़्ट्) ***n.*** 1. an attic, अटारी। 2. a gallery, दीर्घा।

**loft[2]** ***v.*** to send (a ball) in high arc, उछालना।

**loftiness** (लाफ़्´-टी-निस्) ***n.*** the state of being lofty, ऊँचाई, ऊँचान; महानता, महत्ता।

**lofty** (लाफ़्´-टी) ***adj.*** 1. tall, ऊँचा, उच्च। 2. noble, ऊँचा, उदात्त। 3. important or eminent, महत्त्वपूर्ण। 4. haughty, अहंकारी, दंभी, घमंडी।

**log** (लॉग्) ***n.*** 1. a section of a trunk, लट्ठा। 2. a written record, लिखित विवरण। ***v.*** (logged, logging) 1. to saw logs from trees, लट्ठे काटना। 2. to record, विवरण लिखना।

**logarithm** (ला´-गॅ-रिथ्-ॲम्) ***n.*** (maths.), लघु-गणक।

**logbook** (लाग्´-बुक्) ***n.*** a record book, निबंधन-पुस्तिका, पंजीयन-पुस्तिका, रोज़नामचा।

**logger** (ला´-गॅ:) ***n.*** one who cuts trees, लकड़हारा।

**loggerhead** (ला´-गॅ:-हॅड्) □ **at loggerheads,** (आपस में) लड़ते हुए।

**logic** (लाज्´-इक्) ***n.*** 1. the science of reasoning, तर्कशास्त्र। 2. an argument, तर्क। 3. a way of reasoning, तर्क-पद्धति, तर्कशीलता।

**logical** (लाज्´-इ-कॅल्) ***adj.*** 1. according to the rules of logic, तर्कशास्त्रीय। 2. reasonable, sensible, तर्कसंगत।

**logically** (लाज्´-इ-कॅ-ली) ***adv.*** 1. in a logical way, तर्क की दृष्टि से। 2. reasonably, तर्कसंगत रूप से।

**logician** (ला-जिश्´-ॲन्) ***n.*** an expert in logic, तर्कविद्, तार्किक।

**logistics** (ला-जिस्´-टिक्स्) ***n.*** the science of the movement and maintenance of military forces, सेना-संचालन, सेना-व्यवस्था।

**logo** (लॉ-गो) ***n.*** a special sign used by a company for publicity, लोगो, प्रतीक।

**logy** (लो´-गी) ***adj.*** lethargic, सुस्त।

**loin** (ला´-इन्) ***n.*** the part between the

ribs and hipbone, कमर। □ **gird up one's loins,** कमर कसना।

**loincloth** (ला´-इन्-क्लॉथ्) ***n.*** a piece of cloth worn round the loins, लुंगी।

**loiter** (लॉइ´-टॅ:) ***v.*** to move about aimlessly, मटरगश्ती करना।

**loll** (लॉल्) ***v.*** to stand, sit or lie idly, ख़ाली बैठे रहना।

**lollipop** (लॉल्´-इ-पॉप्) ***n.*** a candy on a small stick, लॉलीपॉप।

**lollop** (ला´-लॅप्) ***v.*** to walk with long ungraceful steps, लंबे-लंबे डग भरते हुए चलना।

**lone** (लोन्) ***adj.*** solitary, अकेला, एकाकी।

**loneliness** (लोन्´-ली-निस्) ***n.*** the state of being lonely, अकेलापन, एकाकीपन, तन्हाई।

**lonely** (लोन्´-ली) ***adj.*** 1. without companion, अकेला, तन्हा। 2. isolated, एकांत।

**loner** (लोन्´-अॅ:) ***n.*** one who avoids other people, एकांतप्रिय।

**lonesome** (लोन्´-सम्) ***adj.*** 1. lonely, अकेला, तन्हा। 2. isolated, निर्जन, एकांत।

**long**[1] (लॉङ्ग्, लाःङ्ग्) ***adj.*** (longer, longest) 1. having great length, लंबा। 2. of relatively great duration, लंबी अवधिवाला, दीर्घकालिक। 3. having a certain length or duration, निश्चित लंबाई या अवधिवाला। 4. (a vowel) of relatively longer duration, दीर्घ (स्वर)। 5. far-reaching, दूरगामी। □ **in the long run,** आख़िरकार, अंततः। ***n.*** 1. a long time, लंब्रा समय; Are you going for long? क्या तुम लंबे समय के लिए (बहुत दिनों के लिए) जा रहे हो। 2. a long vowel or syllable, दीर्घ स्वर या अक्षर। □ **before long,** जल्दी ही; **long and short of it,** तथ्य, सारांश। ***adv.*** for a certain period, निश्चित अवधि के लिए। ***suffix,*** —भर; **all day-long,** दिन-भर। □ **so long,** अब तक; **so long as,** तब तक कि; **for long,** दीर्घकाल तक।

**long**[2] ***v.*** to wish earnestly, बहुत चाहना।

**longcloth** ***n.*** a kind of cotton cloth, लट्ठा, गाढ़ा, लंकलाट।

**long distance** ***adj.*** covering relatively long distance, लंबी दूरीवाला। ***adv.*** by a long distance, लंबी दूरी से।

**long-drawn-out** (लॉङ्ग्/लाःङ्ग्-ड्रान्-आउट्´) ***adj.*** of relatively long duration, बहुत देर तक चलनेवाला, लंबा।

**longevity** (लॉन्-जेंव्´-इ-टी) ***n.*** 1. long life, दीर्घ आयु। 2. length of life, जीवनकाल।

**long face** ***n.*** उतरा हुआ चेहरा।

**long hair** ***n.*** 1. an intellectual, बुद्धिजीवी। 2. a person dedicated to music, संगीत-प्रेमी।

**longhand** (लॉङ्ग्´-हैन्ड्) ***n.*** a form of handwriting in which the letters are joined together, हाथ की लिखाई, हस्तलेखन, हस्तलेख।

**long-headed** (लॉङ्ग्-हेंड्´-इड्) ***adj.*** shrewd, सयाना, समझदार।

**longing** (लॉङ्ग´-इंग्) ***n.*** a persistent or intense desire, लालसा, साध।

**longish** (लॉङ्ग्´/लाःङ्ग्´-इश्) ***adj.*** rather long, कुछ-कुछ लंबा, लंबा-सा।

**longitude** (लॉन्´-जी-ट्यूड्) ***n.*** the distance east or west from the meridian, देशांतर, देशांतर रेखा/वृत्त।

**longitudinal** (लॉन्-जी-ट्यू´-डि-नॅल्) ***adj.*** 1. of longitude, देशांतर-संबंधी, देशांतरिक। 2. measured lengthwise, लंबाई के बल होनेवाला।

**long johns** ***n.*** (plu.) underpants with long legs, पतलून के नीचे पहना जानेवाला पायजामा।

**long jump** ***n.*** a jump made for distance, लंबी कूद।

**long-lived** (लॉङ्ग्-लिव्ड्´) ***adj.*** having a long life, लंबी उम्रवाला, दीर्घायु।

**long-range** ***adj.*** capable of covering long distance, दूर तक मार करनेवाला, लंबी मारवाला।

**long run** ***n.*** long duration, लंबी अवधि। ***adj.*** of long duration, दीर्घकालिक।

**long shot** ***n.*** an attempt unlikely to succeed, ऐसा प्रयास जिसके सफल होने की संभावना कम हो।

**longsighted** (लॉङ्ग्/लाःङ्ग्-साइ´-टिड्) ***adj.***

having foresight, दूरदर्शी।

**long-standing** (लॉङ्ग् / ला:ङ्ग्-स्टैन्´-डिंग्) *adj.* having existed for a long time, बहुत दिनों का, पुराना।

**long suffering** (लॉङ्ग्/ला:ङ्ग्-सफ़्´-ॲ-रिंग्) *adj.* suffering patiently for a long time, चिरदुखी, चिर संतप्त।

**long-term** (लॉङ्ग्´/ला:ङ्ग्´-ट:म्) *adj.* of or for a long period, दीर्घावधिक, दीर्घ-कालीन, दीर्घकालिक।

**long vacation** (लॉङ्ग्/ला:ङ्ग्-वे-के´-शॅन्) *n.* a long period of time devoted to rest, लंबी छुट्टी, दीर्घ अवकाश।

**long wave** (लॉङ्ग्´/ला:ङ्ग्´-वेव्) *n.* a wave with a wavelength greater than 1000 metres, लंबी लहर/तरंग।

**longways** (लॉङ्ग्´/ला:ङ्ग्´-वेज़्) *adv.* lengthwise, लंबाई के बल, लंबे बल।

**longwearing** (लॉङ्ग्´/ला:ङ्ग्´-वि´-ॲ-रिंग्) *adj.* durable, टिकाऊ, खूब चलनेवाला।

**long-winded** (लॉङ्ग्´/ला:ङ्ग्´-विन्-डिड्) *adj.* wearisomely talkative, वकबादी।

**longwise** (लॉङ्ग्´/ला:ङ्ग्´-वाइज़्) *adv.* lengthwise, लंबाई में, लंबे बल।

**loo** (लू) *n.* a toilet, lavatory, शौचालय।

**loofa, loofah** (लू´-फ़ॅ) *n.* a dried gourd used as a sponge, तुरई का झाँवा।

**look** (लुक्) *v.* 1. to use the eyes to see, देखना, दृष्टिपात करना। 2. to search, ढूँढ़ना, (इधर-उधर) देखना। 3. to appear, दिखाई पड़ना, दिखना; She looks the right type of woman, वह सही औरत लगती है। 4. to seem to be, भासित होना, लगना, प्रतीत होना; He looks well. वह देखने में अच्छा लगता है। 5. to consider, ध्यान देना। □ **look after,** देख-भाल करना; **look ahead,** आगे की सोचना; **look around,** चारो ओर देखना; **look back,** पिछली बातें याद करना; **look before you leap,** समझ-बूझकर किसी काम में हाथ डालना; **look down on,** घृणा करना, हेय समझना; **look for,** आशा करना; **look forward to,** आशा लगाए होना; **look in,** मुलाकात करना; **look into,** जाँच-पड़ताल करना; **look on,** देखना; **look out,** देखना, ढूँढ़ना; **look over,** निरीक्षण करना; **look up,** पता लगाना, ढूँढ़ना; **look up to,** (i) मिलना, मुलाकात करना; (ii) प्रशंसा करना। *n.* 1. a gaze or glance, दृष्टि। 2. (plu.) physical appearance, शक्ल, स्वरूप, चेहरा-मोहरा, शक्ल-सूरत।

**look-alike** (लुक्´-ॲ-लाइक्) *n.* a person or thing closely resembling another, वह जिसकी शक्ल दूसरे से मिलती हो, हमशक्ल।

**looker** (लुक्´-ॲ:) *n.* an attractive person, विशेषत: सुंदर स्त्री, आकर्षक व्यक्ति।

**look-in** (लुक्´-इन्) *n.* a chance to succeed in something, आगे बढ़ने या सफल होने का अवसर।

**looking glass** (लुक्´-इंग्-ग्लास्) *n.* a mirror, दर्पण, शीशा।

**lookout** (लुक्´-आउट्) *n.* 1. the act of keeping watch, निगरानी, देख-भाल। 2. worry or concern, ध्यान, चिंता। 3. a view, दृष्टिकोण।

**loom**[1] (लूम्) *n.* an apparatus for weaving cloth, करघा।

**loom**[2] *v.* (loomed, looming) to come into view with threatening aspect, आँखों के आगे मँडराना।

**loon** (लून्) *n.* a diving bird, गोताख़ोर पक्षी, पनडुब्बा।

**loony** (लू´-नी) *adj.* 1. insane, सनकी, पागल। 2. foolish, मूर्ख।

**loony bin** *n.* a mental hospital, मानसिक चिकित्सालय।

**loop** (लूप्) *n.* 1. a thread etc., that is folded over and joined at the end, फंदा। 2. any round or oval shaped thing, छल्ला, लूप। 3. a contraceptive device in the shape of a loop, लूप। *v.* 1. to form into a loop, छल्ला/फंदा बनाना। 2. to fasten with a loop, लूप लगाना।

**loophole** (लूप्´-होल्) *n.* 1. a narrow opening in the wall, दीवार में का सुराख। 2. a means of evasion, निकल भागने या बच निकलने का रास्ता। 3. a defect or deficiency, खामी या कमी।

**loop line** ***n.*** a railway branch line which leaves the main line and rejoins it after a short distance, लूप लाइन।

**loose** (लूस्) ***adj.*** (looser, loosest) 1. not tight, ढीला, ढीला-ढाला। 2. not packed, खुला, फुटकर। 3. not strict or exact, असंयत, शिथिल, ढीला-ढाला; loose translation, ढीला-ढाला अनुवाद; loose talk, कच्ची बात, गैर ज़िम्मेदाराना बातचीत। 4. not organized strictly, असंगठित। 5. immoral, व्यभिचारी, चरित्रहीन। □ **on the loose,** स्वतंत्र, खुला। ***v.*** 1. to unfasten or untie, ढीला करना, खोलना। 2. to fire (a gun or missile), छोड़ना, दागना।

**loose motion** (लूज़्´-मो´-शॅन्) ***n.*** diarrhoea, दस्त।

**loosen** (लू´-सॅन्) ***v.*** 1. to make or become loose, ढीला होना या करना। 2. to let loose, छोड़ देना, स्वतंत्र करना।

**loose-tongued** (लूज़्´-टंग्ड्) ***adj.*** speaking too freely, बकवादी।

**loot** (लूट्) ***n.*** goods stolen or taken from the enemy, लूट, लूट का माल। ***v.*** to steal or plunder, लूट लेना, लूटना।

**looter** (लू´-टॅ:) ***n.*** one who loots, लुटेरा।

**lop** (लॉप्) ***v.*** (lopped, lopping) to remove by cutting, छँटाई करना, काट-छाँट करना, छाँटना। ***n.*** the act of lopping, छँटाई, काट-छाँट।

**lope** (लोप्) ***v.*** (loped, loping) to take long strides, छलाँगें लगाना।

**lop-eared** (लॉप्-ईअॅ:ड्´) ***adj.*** having drooping ears, लटकते हुए कानोंवाला।

**lopsided** (लाप्-साइ´-डिड्) ***adj.*** leaning to one side, एक तरफ़ झुका हुआ, असंतुलित।

**loquacious** (ला-क्वे´-शॅस्) ***adj.*** talkative, बातूनी, बकवादी।

**loquacity** (ला-क्वैस्´-इ-टी) ***n.*** the state of being talkative, बातूनीपन।

**lord** (ला:ड्) ***n.*** 1. a ruler or sovereign, शासक, हाकिम, शाह। 2. a master, स्वामी, मालिक। 3. a nobleman, सामंत। 4. a respectful form of address, प्रभु! मालिक! ***v.*** (lorded, lording) to domineer, धौंस या रोब जमाना।

**lordliness** (ला:ड्´-लि-निस्) ***n.*** the state of being lordly, शाहीपन, शाहानापन।

**lordly** (ला:ड्´-ली) ***adj.*** 1. suitable for a lord, dignified, शाहों की तरह का, शाही, शाहाना। 2. haughty, घमंडियों जैसा, अभिमानपूर्ण।

**Lords** (ला:ड्स्) ***n.*** 1. a cricket ground in London, लंदन का क्रिकेट मैदान। 2. short form of House of Lords, हाउस ऑफ़ लॉर्ड्स।

**Lord's day** ***n.*** Sunday, रविवार।

**lordship** (ला:ड्´-शिप्) ***n.*** the position or authority of a lord, शासक का पद या अधिकार। □ **Your Lordship,** बिशप, जज आदि के लिए प्रयुक्त संबोधन, श्रीमान्।

**lore** (लो:) ***n.*** knowledge or belief about a particular subject, किसी विशिष्ट विषय-संबंधी ज्ञान या धारणा।

**lorgnette** (ला:न्´-येंट्, ला:´-न्येंट्) ***n.*** a pair of spectacles with a short handle, मुठियादार चश्मा।

**lorn** (लॉ:न्) ***adj.*** lonely and sad, निस्संग और दुखी।

**lorry** (लॉ´-री, ला:´-री) ***n.*** a large motor vehicle, लॉरी, मोटरगाड़ी।

**lose** (लूज़्) ***v.*** (lost, losing) to be unable to find or keep, खोना, गँवाना, खो या गँवा बैठना। 2. to be deprived of, to cause the loss of, वंचित रहना, पल्ले न पड़ना। 3. to fail to hear, see or obtain, सुन, समझ या पकड़ न पाना। 4. to fail to win, हार जाना। 5. to miss, (गाड़ी का) छूट जाना। 6. to give all one's attention to, निमग्न होना। □ **lose one's head,** नियंत्रण खो बैठना, आपे में न रहना; **lose one's temper,** गुस्से में आ जाना, बौखला उठना; **lose ground,** पीछे हटना; **lose heart,** हौसला पस्त हो जाना, हिम्मत हार बैठना; **lose (one's) heart,** दिल दे बैठना, प्यार हो जाना; **lose (one's) life,** जान गँवाना; **lose out,** (i) नुकसान उठाना, (ii)

हार जाना।

**loser** (लूज़्´-अ:) ***n.*** a person who loses, पराजित व्यक्ति, हारा आदमी।

**loss** (लॉस्, ला:स्) ***n.*** 1. the act or fact of losing, नुकसान, हानि। 2. one that is lost, वह जिसे खोया हो, क्षति। 3. amount lost in business transaction, घाटा। □ **at a loss,** किंकर्तव्यविमूढ़, असहाय; **be a dead loss,** किसी काम का न होना।

**lost** (लॉस्ट्, ला:स्ट्) ***adj.*** 1. missing, खोया/गँवाया हुआ, ग़ायब, गुम। 2. absorbed in, निमग्न। 3. not won or not likely to be won, हारा हुआ। 4. strayed, भटका हुआ। 5. bewildered, भौचक्का, हक्का-बक्का। □ **be lost on,** व्यर्थ सिद्ध होना।

**lot** (लॉट्) ***n.*** 1. one of a set of slips used in a draw, लॉटरी की पर्ची। 2. the choice resulting from it, निकलनेवाली पर्ची, जीती पर्ची। 3. allotted share, हिस्सा। 4. a great number, ढेर। 5. a set of articles for auction, नीलामी में रखी वस्तुएँ। 6. fate, भाग्य। □ **a lot of,** ढेरों; **bad lot,** बुरा व्यक्ति; **draw a lot,** पर्ची निकालना; **what a lot!** इतना अधिक!

**loth** (लोथ्) ***adj.*** unwilling, अनिच्छुक।

**lotion** (लो´-शॅन्) ***n.*** a cosmetic liquid, लोशन।

**lots** (लॉट्स्) ***n.*** (plu.) great numbers, ढेरों।

**lottery** (लॉट्´-अॅ-री) ***n.*** 1. a game of chance in which winners are chosen by lots, लॉटरी। 2. gamble, जुआ।

**lotus** (लो´-टॅस्) ***n.*** 1. a kind of water lily, कमल, पंकज।

**lotus position** ***n.*** a cross-legged position, पद्मासन।

**loud** (लाउड्) ***adj.*** 1. producing much noise, ऊँचा। 2. noisy, कोलाहलपूर्ण। 3. gaudy, भड़कीला, चटकीला (रंग)। ***adv.*** loudly, ज़ोर से, ऊँचे।

**loudly** (लाउड्´-ली) ***adv.*** in a loud manner, ज़ोर से।

**loudmouth** (लाउड्´-माउथ्) ***n.*** a person who talks loudly, वह जो ज़ोर से बोलता हो।

**loudmouthed** (लाउड्´-माउथ्ड्) ***adj.*** talking loudly, ज़ोर से बोलनेवाला।

**loudspeaker** (लाउड्´-स्पी-कॅ:) ***n.*** a device for making the sound loud, लाउडस्पीकर, ध्वनि-विस्तारक।

**lounge** (लाउन्ज्) ***v.*** (lounged, lounging) to sit, lie or walk in a relaxed manner, आराम करना। ***n.*** a public room for sitting, लांज, बैठने का कमरा, विश्राम-कक्ष।

**lounger** (लाउन्´-जॅ:) ***n.*** a lazy person, निठल्ला।

**lounge suit** ***n.*** a man's suit work esp. in offices, कार्यालयी सूट।

**louse** (लाउस्) ***n.*** (plu. lice) 1. a small insect that lives on the skin, जूँ या चीलर। 2. a contemptible person, हेय व्यक्ति। □ **louse up,** घाल-मेल करना।

**lousy** (लाउ´-ज़ी) ***adj.*** 1. infested with lice, जुओं से भरा। 2. bad or inferior, ख़राब, घटिया।

**lout** (लाउट्) ***n.*** an awkward and foolish person, बेढंगा तथा मूर्ख व्यक्ति, गँवार।

**loutish** (लाउट्´-इश्) ***adj.*** like a lout, बेढंगा, मूर्ख।

**louver** (लू´-वॅ:) ***n.*** a frame with sloping bands of wood, metal etc., झिलमिली।

**lovable** (लव्´-अॅ-बॅल्) ***adj.*** 1. worthy of love, प्रिय, प्यारा। 2. attractive, आकर्षक।

**love** (लव्) ***v.*** 1. to have a great affection (for, से) प्यार करना, मुहब्बत करना। 2. to feel love (for, से) प्यार हो जाना। ***n.*** 1. affection, प्यार, प्रेम, मुहब्बत। 2. sexual affection, रति। 3. strong liking for a thing, प्यार, प्रेम, मुहब्बत; love of books, पुस्तक-प्रेम। 4. a loved person, प्रिय व्यक्ति, प्रेमी या प्रेयसी। □ **for love,** प्रेमवश, प्रेम के कारण; **in love,** प्रेम में लीन, प्रेमग्रस्त; **make love,** प्यार करना, रति या सहवास करना; **my love,** प्रेमी या प्रेयसी।

**love affair** (लव्´-अॅ-फ़ेअॅ:) ***n.*** romantic relationship between a man and woman, प्रेमप्रपंच।

**lovebird** (लव्´-ब:ड्) ***n.*** a small parrot, एक प्रकार का छोटा तोता।

L

**lovechild** (लव्´-चाइल्ड्) ***n.*** a bastard, दोगला।

**loveless** (लव्´-लिस्) ***adj.*** not giving or receiving love, प्रेमविहीन, निर्मोही।

**lovelorn** (लव्´-लाःन्) ***n.*** deprived of love or one's lover, प्रेमी द्वारा ठुकराया हुआ।

**lovely** (लव्´-ली) ***adj.*** 1. beautiful, प्यारा, ख़ूबसूरत। 2. delightful, सुहावना। ***n.*** a beautiful woman, कामिनी, सुंदरी।

**lovemaking** (लव्´-मे-किंग्) ***n.*** 1. courtship, प्रेमाचार। 2. sexual intercourse, मैथुन।

**lover** (लव्´-अ:) ***n.*** 1. one who loves, प्रेमी। 2. a sexual partner, सहवास करनेवाला।

**lovesick** (लव्´-सिक्) ***adj.*** pining for love, प्रेमासक्त।

**loving** (लव्´-इंग्) ***adj.*** feeling or showing love, प्यार-भरा, प्रेममय, स्नेहमय।

**low**[1] (लो´) ***v.*** (lowed, lowing) to moo, रंभाना।

**low**[2] (लो´) ***adj.*** (lower, lowest) 1. having little height, नीचा, कम ऊँचा। 2. of small extent upward, निचला, निम्न, नीचा। 3. involving relatively small amount, अल्प, कम। 4. not loud, मंद, मद्धिम। 5. coarse or vulgar, घटिया, हेय। 6. weak, कमज़ोर। ***adv.*** 1. in a low position, नीचे, तले। 2. at a low pitch, मंद स्वर में। 3. cheaply, सस्ते में। □ **lay low,** पराजित या पराभूत करना; **lie low**, ताक/घात में बैठना। ***n.*** low level, निम्न स्तर।

**lowborn** (लो-बाःन्´) ***adj.*** born to parents of low social rank, निम्नकुल में उत्पन्न, अकुलीन।

**lowbred** (लो-ब्रेड्´) ***adj.*** rude, गँवार, असभ्य।

**lowbrow** (लो´-ब्रो) ***adj.*** of uncultivated tastes, अशिक्षित, असभ्य।

**low caste** (लो´-काःस्ट्) ***n.*** a caste of persons of low social status, छोटी जाति, निम्न जाति।

L

**low class** (लो´-क्लाःस्) ***adj.*** of low social class, छोटी जाति का।

**low-down** (लो´-डाउन्) ***n.*** 1. full information, पूरी जानकारी। 2. truth, सच्चाई। ***adj.*** mean, ओछा, टुच्चा।

**lower** (लो´-अ:) ***adj.*** 1. below someone or something, निचला, अवर, निम्नतर। ***v.*** (lowered, lowering) 1. to make or become less, कम होना या करना। 2. to bring to lower level, निम्नस्तर पर लाना। 3. to bring down in rank or estimation, महत्त्व या मान गिराना।

**lower case** (लो´-अ:-केस्) ***n.*** a case in which small letters are kept, लोअर केस।

**lower garment** ***n.*** a garment for the lower part, अधोवस्त्र।

**lower house** ***n.*** the house of elected representatives, अवर सदन, निचला सदन।

**lowermost** (लो-अ:-मोस्ट्´) ***adj.*** below all else, सबसे छोटा/कम, निम्नतम।

**lowest** (लो´-अॅस्ट्) ***adj.*** below all else, निम्नतम या न्यूनतम।

**lowkey** (लो-की´) ***adj.*** restrained, संयत।

**lowland** (लो´-लैन्ड्-/लंड्) ***n.*** low-lying land, नीची ज़मीन, निम्नभूमि।

**lowly** (लो´-ली) ***adj.*** 1. having a low position or rank, अवर, निम्न। 2. humble दीन, विनम्र।

**lowlying** (लो-लाइ´-इंग्) ***adj.*** below the usual level, नीचा, निम्न स्तर का।

**low-minded** (लो-माइन्´-डिड्) ***adj.*** mean नीच।

**low-pitched** (लो-पिच्ड्´) ***adj.*** 1. low, (आवाज़) तीव्रता में निम्न, धीमी। 2. not very steep, (छत) जो अधिक ढालवीं न हो।

**lowpriced** (लो-प्राइस्ट्´) ***adj.*** of low price, कम दामवाला, अल्प मूल्य।

**low profile** (लो-प्रो´-फ़ाइल्) ***n.*** restrained behaviour, संयत स्वभाव।

**low-spirited** (लो-स्पिर्´-इ-टिड्) ***adj.*** sad, dejected, उदास, अनमना।

**low tide** (लो-टाइड्´) ***n.*** the tide when at its lowest level, भाटा।

**loyal** (लॉइ´-अॅल्) ***adj.*** faithful, वफ़ादार, निष्ठावान; loyal to one's country, देशभक्त।

**loyalist** (लॉइ´-अॅ-लिस्ट्) ***n.*** a supporter of his lawful government, भक्त, वफ़ादार।

**loyalty** (लॉइ´-अॅल्-टी) ***n.*** the state or quality of being loyal, वफ़ादारी, निष्ठा।

**lozenge** (लॉज़्´-इन्ज़्) ***n.*** 1. a rhombus, समचतुर्भुज। 2. a piece of medicated candy, टिकिया।

**lubber** (लब्´-अँ:) ***n.*** a big awkward person, मूर्ख व्यक्ति।

**lubricant** (लू´-ब्रि-कॅन्ट्) ***n.*** oil or grease serving to lubricate, लुब्रिकेन्ट, चिकना।

**lubricate** (लू´-ब्रि-केट्) ***v.*** to oil or grease, तेल या ग्रीस देना।

**lubrication** (लू-ब्रि-के´-शॅन्) ***n.*** the act of lubricating, तेल या ग्रीस देने की क्रिया या भाव।

**lubricious** (लू-ब्रिश्´-ॲस्) ***adj.*** 1. oily, चिकना। 2. slippery, फिसलवाँ। 3. lewd, लंपट।

**lucid** (ल्यू´-सिड्) ***adj.*** 1. easy to understand, प्रांजल, सुबोध। 2. sane, स्वस्थचित्त।

**lucidity** (ल्यू-सिड्´-इ-टी) ***n.*** the state or quality of being lucid, प्रांजलता, सुबोधता; मानसिक स्वस्थता।

**luck** (लक्) ***n.*** 1. fortune, भाग्य, क़िस्मत। 2. good fortune, सौभाग्य। □ **in luck** भाग्यवान; **out of luck,** अभागा; **try one's luck,** क़िस्मत आज़माना।

**luckily** (लक्´-इ-ली) ***adv.*** by chance, भाग्य/क़िस्मत से, संयोग से।

**luckless** (लक्´-लिस्) ***adj.*** unfortunate, अभागा।

**lucky** (लक्´-ई) ***adj.*** 1. having good luck, भाग्यशाली। 2. bringing good luck, शुभ।

**lucrative** (ल्यू´-क्रॅ-टिव्) ***adj.*** profitable, लाभप्रद, लाभदायी।

**lucre** (लू´-कॅ:) ***n.*** 1. money, धन। 2. profit, लाभ।

**ludicrous** (लू´-डि-क्रस्) ***adj.*** 1. laughable, हास्यास्पद। 2. absurd, भोंडा, बेतुका। 3. foolish, मूर्खतापूर्ण, बेवकूफ़ी-भरा।

**ludo** (लू´-डो) ***n.*** a game of dice, लूडो।

**lug** (लग्) ***v.*** to drag, घसीटना।

**luggage** (लग्´-इज्) ***n.*** a traveller's baggage, सामान, असबाब।

**lugubrious** (लु-ग्यू´/गू´-ब्रि-ॲस्) ***adj.*** mournful, शोकपूर्ण, दुखद।

**lugworm** (लग्´-व़:म्) ***n.*** a worm used as a bait, चारे की तरह प्रयुक्त केंचुआ।

**lukewarm** (ल्यूक्´-व़:म्) ***adj.*** 1. mildly warm, गुनगुना, कुनकुना। 2. expressing little enthusiasm, निरुत्साह, उदासीन।

**lull** (लल्) ***v.*** 1. to cause to soothe, आराम पहुँचाना, राहत देना। 2. to calm, शांत करना। 3. to become quiet, शांत हो जाना। ***n.*** a period of quite or inactivity, सन्नाटा।

**lullaby** (लल्´-अँ-बाइ) ***n.*** a song with which to lull a child to sleep, लोरी।

**lumbago** (लम्-बे´-गो) ***n.*** backache, कमर-दर्द।

**lumbar** (लम्´-ब:) ***adj.*** in the lower back, कमर में होनेवाला, कमर का।

**lumber** (लम्´-बॅ:) ***n.*** 1. timber, इमारती लकड़ी। 2. useless household articles, काठ-कबाड़। ***v.*** 1. to cut trees into timber, (पेड़ काटकर) इमारती लकड़ी तैयार करना। 2. to move in a clumsy way, भद्दे ढंग से चलना। 3. to overburden, लाद देना।

**lumberjack** (लम्´-बॅ:-जैक्) ***n.*** one who cuts down trees, लकड़हारा।

**lumberman** (लम्´-बॅ:-मैन्) ***n.*** 1. a timber merchant, काष्ठ-व्यवसायी। 2. a dealer of discarded things, कबाड़ी।

**lumber-room** (लम्´-बॅ:-रूम्) ***n.*** a room in which discarded things are kept, कबाड़ख़ाना।

**lumberyard** (लम्´-बॅ:-या:ड्) ***n.*** a yard where timber is stored, इमारती लकड़ी मिलने का स्थान।

**luminary** (लू´-मि-नैर्-इ) ***n.*** 1. a light-giving celestial body, नक्षत्र। 2. a notable person, लब्धप्रतिष्ठ व्यक्ति, जाना-माना व्यक्ति।

**luminosity** (ल्यू-मि-नॉस्´-इ-टी) ***n.*** light, प्रकाश।

**luminous** (ल्यूँ-मि-नॅस्) ***adj.*** 1. shining, चमकता हुआ, प्रकाशमान। 2. clear, स्पष्ट।

**lump** (लम्प्) ***n.*** 1. a small solid mass or piece, डला, ढेला। 2. an abnormal swelling, सूजन, गाँठ, गूमड़। 3. not divided into parts, अखंड, अविभाजित। 4. a stupid person, मूर्ख व्यक्ति, गोबर-गणेश। 5. (plu.) the punishment that is deserved, उचित दंड। □ **in the lump,** सामूहिक रूप से,

कुल मिलाकर। *v.* 1. to collect into a mass, डले या ढेले बनाना। 2. to grow into lumps, ढेले बनना। 3. to consider as a single group, एक ही मानना। 4. to move in a heavy manner, भद्दे ढंग से चलना। 5. to tolerate, सहन करना।

**lumpish** (लम्प्´-इश्) *adj.* 1. resembling a lump, ढेले के आकार का, ढेलेदार। 2. clumsy, भद्दा। 3. foolish, मूर्ख।

**lump sum** (लम्प्-सम्´) *n.* a relatively large sum of money paid at one time, एकमुश्त दी जानेवाली मोटी रकम।

**lumpy** (लम्´-पी) *adj.* 1. full of lumps, डलेदार, ढेलेदार। 2. bulky, थुलथुल, मोटा।

**lunacy** (ल्यू´-ने-सी) *n.* 1. insanity, पागलपन, उन्माद। 2. foolishness, मूर्खता।

**lunar** (ल्यू´-नॅः) *adj.* of the moon, चंद्रमा-संबंधी, चांद्र; lunar month, चांद्रमास।

**lunatic** (ल्यू´-नॅ-टिक्) *adj.* insane, पागल। *n.* an insane person, पागल व्यक्ति।

**lunatic asylum** *n.* a mental hospital, मानसिक चिकित्सालय, पागलख़ाना।

**lunatic fringe** *n.* a group of fanatical persons in a political party, किसी राजनीतिक दल के उन्मादी व्यक्तियों का समूह, उन्मादी वर्ग।

**lunch** (लन्च्) *n.* a meal taken at midday, दोपहर का भोजन, मध्याह्न-भोजन, लंच। *v.* to eat lunch, मध्याह्न-भोजन करना, लंच करना।

**lunch box** *n.* a box for keeping lunch, लंच बॉक्स।

**lunch break** *n.* recess for taking lunch, मध्याह्न-भोजनकाल, लंच की छुट्टी, लंच का समय।

**luncheon** (लन्´-चॅन्) *n.* a formal lunch, दोपहर की दावत, लंच।

**lunch time** *n.* the time when lunch is eaten, मध्याह्न-भोजनकाल, लंच का समय।

**lung** (लंग्) *n.* an organ in the chest, फेफड़ा, फुप्फुस। □ **at the top of one's lungs,** ऊँची आवाज़ में।

**lunge** (लंज्) *n.* a sudden forceful forward movement, झटका/झपटा। *v.* to make a lunge, झटकना या झपटना।

**lurch** (लःच्) *v.* 1. to stagger, लड़खड़ाना। 2. to lean suddenly to one side, एक ओर झुकना। *n.* an awkward position, भोंड़ी या गड़बड़ स्थिति। □ **leave in the lurch,** अधर में छोड़ देना, मँझधार में छोड़ देना।

**lure** (ल्यूः) *v.* to entice, लुभाना, आकृष्ट करना। *n.* 1. attraction, आकर्षण। 2. temptation, प्रलोभन। 3. bait or decoy, चारा।

**lurid** (ल्यूर्´-इड्) *adj.* 1. in glaring colours, भड़कीला। 2. horrible, भयंकर, डरावना। 3. shocking, आघातकारी, क्षोभजनक।

**lurk** (लःक्) *v.* 1. to lie in wait, घात में बैठना। 2. to loiter furtively, छिपे फिरना। 3. to be present in an unobtrusive way, छिपा परंतु उपस्थित होना।

**lurking** (लःक्´-इंग्) *adj.* hidden, latent, छिपा हुआ, प्रच्छन्न; lurking doubt, प्रच्छन्न संदेह।

**luscious** (लश्´-ॲस्) *adj.* 1. delicious, ज़ायकेदार, स्वादिष्ट, सरस। 2. attractive, appealing, लुभावना, कमनीय।

**lush** (लश्) *adj.* 1. ripe and full of juice, पका तथा रसदार, सरस। 2. abounding in lavish growth, हरा-भरा। 3. luxurious, विलासी, ठाठदार। *n.* a drunkard, पियक्कड़।

**lust** (लस्ट्) *n.* 1. intense sexual desire, कामाग्नि, अदम्य कामवासना, कामुकता। 2. intense desire, प्रबल इच्छा; lust for power, सत्ता की भूख।

**lustful** (लस्ट्´-फ़ुल्) *adj.* full of strong sexual desire, कामुक, कामांध।

**lustre, luster** (लस्´-टॅः) *n.* 1. shine, brightness, चमक, दीप्ति। 2. beauty, कांति, रौनक। 3. polish, पालिश। *v.* to make or become lustrous, चमकदार बनना या बनाना।

**lustreless** (लस्´-टॅः-लिस्) *adj.* without lustre, कांतिहीन, निष्प्रभ, मलिन।

**lustrous** (लस्´-ट्रस्) *adj.* 1. shining, चमकता हुआ, प्रदीप्त। 2. bright, चमकीला, उजला।

**lusty** (लस्´-टी) *adj.* strong, robust, हृष्ट-पुष्ट।

**lutanist, lutenist** (ल्यूट्´-ॲ-निस्ट्) *n.* one who plays on lute, वीणावादक।

**lute** (ल्यूट्) *n.* a stringed instrument, वीणा।

L

**luxuriance** (लग्-जूर्´-इ-ॲन्स्) *n.* the state of being luxuriant, हरियाली; उर्वरता; प्रचुरता।

**luxuriant** (लग्-जूर्´-ई-ॲन्ट्) *adj.* 1. growing profusely, हरा-भरा। 2. fertile, उपजाऊ, उर्वर। 3. abundant, प्रचुर।

**luxuriate** (लग्-जूर्´-इ-एट्) *v.* to take pleasure, मज़े लेना, मौज करना।

**luxurious** (लग्-जूर्´-इ-ॲस्) *adj.* 1. given to luxury, विलासिताप्रिय, विलासी। 2. very comfortable, आरामदेह, विलासितापूर्ण।

**luxury** (लग्´-ज़ॅ-री) *n.* 1. something costly but not necessary that provides comfort or enjoyment, विलासिता की वस्तु। 2. the enjoyment of rich living, सुखभोग, विलासिता।

**lyceum** (लाइ-सी´-ॲम्) *n.* a lecture hall, भाषण-कक्ष, व्याख्यानालय।

**lye** (लाइ) *n.* an alkaline solution, क्षार मिला हुआ पानी।

**lying** (लाइ´-इंग्) *adj.* 1. given to untruthfulness, झूठा, मिथ्याचारी। 2. in a prostrate position, लेटा हुआ, शायी।

**lying-in** *n.* confinement at childbirth, प्रसूति, प्रसव।

**lymph** (लिम्फ़्) *n.* a colourless fluid containing white blood cells, लसीका।

**lymphatic** (लिम्´-फ़ै-टिक्) *adj.* of lymph, लसीका-संबंधी।

**lynch** (लिन्च्) *v.* (lynched, lynching) to oppress, सताना, अत्याचार करना।

**lynx** (लिंक्स्) *n.* a wild cat, बनबिलाव।

**lynx-eyed** *adj.* keen-sighted, तीक्ष्ण दृष्टि।

**lyre** (लाइर्) *n.* a stringed musical instrument, वीणा।

**lyric** (लिर्´-इक्) *adj.* गेय। *n.* a short poem of songlike, प्रगति, गीत।

**lyrical** (लिर्´-इ-कॅल्) *adj.* lyric, प्रगीतात्मक।

**lyricist** (लिर्´-इ-सिस्ट्) *n.* one who writes lyrics, प्रगीतकार।

**lyrics** (लिर्´-इक्स्) *n.* lyric poetry, गीत काव्य।

**lyrist** (लाइर्´-इस्ट्) *n.* one who plays on lyre, वीणावादक।

L

# M

**M, m** (ऐम) ***n.*** the thirteenth letter of the English alphabet, अंग्रेज़ी वर्णमाला का तेरहवाँ वर्ण।

**macabre** (म-का´-ब्रॅ) ***adj.*** ghastly, बीभत्स।

**macadam** (मॅ-कैड्´-ऑम्) ***n.*** a layer of small broken stones, गिट्टी की परत।

**macaroni** (मैक्-ऑ-रो´-नी) ***n.*** a food made from flour paste, मैदे का एक व्यंजन, मैकरोनी।

**macaroon** (मैक्-ऑ-रून्´) ***n.*** a cake made of sugar and eggs with almonds, बादाम, अंडे आदि से बना केक।

**macaw** (म-का:´) ***n.*** a parrot with long tail, लंबी पूँछवाला तोता।

**mace** (मेस्) ***n.*** 1. a rod as a sign of power, राजदंड। 2. a medieval weapon, गदा। 3. a spice, जावित्री। ***v.*** (maced, macing) to attack with a mace, गदा से प्रहार करना।

**machete** (मॅ-शॅट्´-ई) ***n.*** a broad heavy knife, छुरा, ख़ंजर।

**machiavellian** (मैक्-इ-ॲ-वेॅल्´-इ-ॲन्) ***adj.*** 1. deceitful, धोखेबाज़, तिकड़मी। 2. misleading or deceptive, धोखेधड़ी का, तिकड़म-भरा।

**machinations** (मैक्-इ-ने´-शॅन्ज़्) ***n.*** (plu.) clever scheming, कपट-योजना, षड्यंत्र।

**machine** (मॅ-शीन्´) ***n.*** an apparatus to perform work, मशीन, यंत्र, कल। ***v.*** (machined, machining) to make or produce by machine, मशीन से बनाना, उत्पादन करना।

**machine-gun** (मॅ-शीन्´-गन्) ***n.*** an automatic gun, मशीनगन। ***v.*** to shoot with a machine-gun, मशीनगन से भून डालना।

**machinery** (मॅ-शी´-नॅ-री) ***n.*** 1. a set of machines, यंत्रसमूह, यंत्रावली, मशीनरी। 2. the working parts of a machine, मशीन के चलनेवाले हिस्से। 3. system or organisation, पद्धति, संघटन या तंत्र।

**machinist** (मॅ-शी´-निस्ट्) ***n.*** 1. one who operates machines, मशीन चलानेवाला, मशीनचालक, यंत्रकार। 2. a maker or repairer of machines, मिस्त्री।

**machismo** (मा-चिज़्´-मो/मॅ-किज़्´-मो) ***n.*** 1. stronger exaggerated masculinity, अदम्य पौरुष। 2. excessive pride in being male, पौरुषाभिमान।

**macho** (मै´/मा´-चो) ***n.*** a virile person, मर्द आदमी।

**mackerel** (मैक्´-ॲ-रॅल्) ***n.*** a type of sea fish, एक प्रकार की समुद्री मछली।

**mackerel sky** ***n.*** a sky with bands of high white clouds, सफ़ेद बादलों से घिरा आकाश।

**mackintosh** (मैक्´-इन्-टॉश्) ***n.*** a raincoat, बरसाती।

**macrame** (मैक्´-रॅ-मे) ***n.*** a fringe, झालर, गोट।

**macrobiotics** (मैक्-रो-बाइ-ऑट्´-इक्स्) ***n.*** a system promoting longevity, जीवन को बढ़ाने की पद्धति।

**macrocosm** (मैक्´-रो-कॉज़्-ॲम्) ***n.*** 1. the universe, ब्रह्मांड, विश्व। 2. the world, संसार।

**mad** (मैड्) ***adj.*** 1. insane, पागल, बावला, उन्मत्त। 2. foolish, मूर्ख। 3. angry, क्रुद्ध। 4. excited, उत्तेजित, आवेशयुक्त।

**madam** (मैड्-ॲम्, मै´-डैम्) ***n.*** 1. a form of address to a woman, मालकिन, गृहिणी, देवीजी, महोदया। 2. a woman in charge of a brothel, वेश्यालय चलानेवाली बाई।

**madame** (मैड्-ॲम्, मॅ-डैम्´, मै-डाम्´) ***n.*** a form of address to a married French

M

woman, श्रीमती, मादाम।

**madcap** (मैड्´-कैप्) ***adj.*** crazy, सिरफ़िरा, सनकी।

**madden** (मैड्´-अॅन्) ***v.*** 1. to make or become mad, पागल बनना या बनाना। 2. to make or become angry, क्रुद्ध होना या करना।

**maddening** (मैड्´-अॅन्-इंग्) ***adj.*** 1. causing much pain or worry, अत्यधिक पीड़ादायक या चिंताकारक। 2. very annoying, चिढ़ाने-वाला।

**made** (मेड्) ***adj.*** artificially produced, बना या बनाया हुआ।

**Madeira** (मॅ-डिअॅर्´-अॅ) ***n.*** a kind of wine, एक तरह की पुर्तगाली शराब।

**Mademoiselle** (मैड्-इ-मॉ-ज़ॅल्´) ***n.*** a French title equivalent to Miss, सुश्री, कुमारी।

**made-up** (मेड्´-अप्) ***adj.*** 1. invented, रचा हुआ। 2. concocted, गढ़ा हुआ। 3. wearing make-up, जिसने मेक-अप किया हो। 4. put together, मिला-जुला।

**madhouse** (मैड्´-हाउस्) ***n.*** 1. a mental hospital, पागलख़ाना। 2. a place of uproar, कोलाहलपूर्ण स्थान।

**madly** (मैड्´-ली) ***adv.*** 1. in an insane manner, पागलपन से, बौराकर। 2. foolishly, मूर्खतापूर्वक। 3. excessively, बहुत अधिक, अत्यधिक; He loves her madly, वह उसे अत्यधिक प्यार करता है।

**madman** (मैड्´-मॅन्) ***n.*** a lunatic person, पागल।

**madness** (मैड्´-निस्) ***n.*** 1. the state of being mad, पागलपन, विक्षिप्तता। 2. a foolish act, folly, बेवकूफ़ी का काम, पागलपन।

**Madonna** (मॅ-डॉन्´-अॅ) ***n.*** a picture or statue of the virgin Mary, मरियम का चित्र या मूर्ति।

**madrigal** (मैड्´-रि-गॅल्) ***n.*** a short love song or poem, लघु प्रेमगीत।

**maelstrom** (मेल्´-स्ट्रॉम्) ***n.*** 1. a powerful whirlpool, भँवर। 2. any turbulent situation, हंगामा, उथल-पुथल, विक्षोभपूर्ण स्थिति।

**maestro** (माइ´-स्ट्रो) ***n.*** 1. a distinguished musician, महान संगीतज्ञ। 2. a master of any art, महान कलाकार।

**mafia** (मा´-फ़ि-अॅ) ***n.*** a secret terrorist or criminal group, माफ़िया।

**Mafioso** (मा-फ़ि-ओ´-सो) ***n.*** a member of the mafia, माफ़िया सदस्य।

**magazine** (मैग्-अॅ-ज़ीन्´) ***n.*** 1. a periodic publication, पत्रिका, रसाला, मैगज़ीन। 2. a building for storing weapons, शस्त्रागार। 3. a chamber in a gun for holding cartridges, पेटा, मैगज़ीन।

**magenta** (मॅ-जॆन्´-टॅ) ***adj.*** bright purplish red, जामुनी, मैजेंटा। ***n.*** जामुनी रंग।

**maggot** (मैग्´-अॅट्) ***n.*** a larva, इल्ली।

**maggoty** (मैग्´-अॅट्-ई) ***adj.*** full of maggots, इल्लियों से भरा।

**magic** (मैज्´-इक्) ***n.*** 1. the art of controlling and influencing events by supernatural power, जादू। 2. black magic, जादू-टोना। ☐ **like magic,** जादू की तरह, चटपट।

**magical** (मैज्´-इ-कॅल्) ***adj.*** जादुई, जादू-भरा।

**magician** (मॅ-जिश्´-अॅन्) ***n.*** a person who is skilled in magic, जादूगर।

**magic lantern *n.*** a slide projector, चित्रदर्शी, जादू की लालटेन।

**magisterial** (मैज्-इ-स्टिअॅर्´-इ-अॅल्) ***adj.*** 1. of or relating to a magistrate, मजिस्ट्रेट-संबंधी। 2. authoritative, आधिकारिक।

**magistracy** (मैज्´-इ-स्ट्रॅ-सी) ***n.*** 1. the office or function of a magistrate, मजिस्ट्रेट का पद, मजिस्ट्रेटी, दंडाधिकारिता। 2. magistrates collectively, मजिस्ट्रेट-समुदाय।

**magistrate** (मैज्´-इ-स्ट्रेट्) ***n.*** a civil officer concerned with the administration of law, मजिस्ट्रेट, दंडाधिकारी।

**magma** (मैग्´-मॅ) ***n.*** the molten matter under the earth's crust, मैग्मा।

**magnanimity** (मैग्-नॅ-निम्´-इ-टी) ***n.*** the quality of being magnanimous, विशाल-हृदयता, उदारता।

**magnanimous** (मैग्-नैन्´-इ-मॅस्) ***adj.*** generous and noble, विशाल हृदय, उदार।

**magnate** (मैग्´-नेट्) ***n.*** a wealthy and pow-

M

erful person, गण्यमान्य तथा प्रभावी व्यक्ति।

**magnesium** (मैग्-नी´-ज़ि-अॅम्) ***n.*** a metal, मैग्नेशियम।

**magnet** (मैग्´-निट्) ***n.*** a body that attracts iron, चुंबक।

**magnetic** (मैग्-नैंट्´-इक्) ***adj.*** 1. having the properties of a magnet, चुंबकीय। 2. having the power to attract people, जिसमें लोगों को अपनी ओर खींचने की शक्ति हो, आकर्षक।

**magnetism** (मैग्´-नॅ-टिज़्-अॅम्) ***n.*** 1. the property of attraction of a magnet, चुंबक शक्ति, चुंबकत्व। 2. power of attraction, आकर्षण-शक्ति।

**magnetize** (मैग्´-नॅ-टाइज़्) ***v.*** to give magnetic properties to, चुंबक बना देना।

**magneto** (मैग्-नी´-टो) ***n.*** a small electric generator, छोटा जेनरेटर।

**magnification** (मैग्-नि-फ़ि-के´-शन्) ***n.*** the act of magnifying, बड़ा करना, आवर्धन।

**magnificence** (मैग्-निफ़्´-इ-संस्) ***n.*** the quality of being magnificent, grandeur, महिमा, वैभव, भव्यता।

**magnificent** (मैग्-निफ़्´-इ-संट्) ***adj.*** imposing, splendid, भव्य, शानदार, महान।

**magnify** (मैग्´-नि-फ़ाइ) ***v.*** 1. to increase in size, आवर्धन करना, बढ़ाना। 2. to exaggerate, अतिरंजन करना।

**magnitude** (मैग्´-नि-ट्यूड्) ***n.*** 1. relative great size or extent, विशाल आकार-प्रकार या विस्तार। 2. importance, महत्त्व। □ **of the first magnitude,** अत्यधिक महत्त्वपूर्ण।

**magnum** (मैग्´-नम्) ***n.*** a large bottle of liquor, बड़ी बोतल।

**magnum opus** (मैग्´-नम्-ओ-पस्) ***n.*** a great work of art or literature, महान कृति, श्रेष्ठ रचना।

**magpie** (मैग्´-पाइ) ***n.*** 1. a noisy bird, मैना की जाति का पक्षी। 2. a chatterer, बातूनी।

**mahogany** (मॅ-हॉग´-अॅ-नी) ***n.*** a tree and its wood, महोगनी (वृक्ष और उसकी लकड़ी)।

**mahout** (मॅ-हॉउट्´) ***n.*** an elephant driver, महावत।

**maid** (मेड्) ***n.*** 1. a girl, कन्या, कुमारी। 2. a woman servant, नौकरानी, दाई, दासी।

**maiden** (मे´-डॅन्) ***n.*** 1. a yound unmarried woman, कन्या, कुमारी, अविवाहित स्त्री। 2. a horse that has never won a race, वह घोड़ा जिसने कभी दौड़ न जीती हो। 3. an over in which no runs are scored, मेडन ओवर, शून्य ओवर। ***adj.*** 1. unmarried, अविवाहित (स्त्री)। 2. first, पहली बार का, पहला, प्रथम; maiden attempt, प्रथम प्रयास। 3. untried, unused, अप्रयुक्त, अव्यवहृत।

**maidenhood** (मे´-डॅन्-हुड्) ***n.*** the condition or time of being unmarried girl, कुँवारापन, कुमारीपन, कौमार्य।

**maidenlike** (मे´-डॅन्-लाइक्) ***adj.*** like a maiden, कुमारियों का-सा, कुमारीय।

**maidenly** (मे´-डॅन्-ली) ***adj.*** suitable to a maiden, कुमारी-सुलभ, कन्योचित।

**maiden name** ***n.*** a woman's (surname before marriage), कन्या का शादी से पहले का नाम, पूर्वनाम।

**maidservant** (मेड्´-सः-वॅन्ट्) a female servant, नौकरानी, दाई, मज़दूरनी।

**mail** (मेल्) ***n.*** 1. letters etc., sent or received by post, डाक। 2. the postal system, डाक-व्यवस्था। ***v.*** to post, डाक से भेजना।

**mailable** (मेल्´-अॅ-बॅल्) ***adj.*** that can be sent by post, डाक से भेजने योग्य, प्रेषणीय।

**mailbag** (मेल्´-बैग्) ***n.*** a large bag for carrying mail, डाक का थैला।

**mailbox** (मेल्´-बॉक्स्) ***n.*** a box for holding letters, लेटरबॉक्स।

**mailtrain** (मेल्´-ट्रेन्) ***n.*** a train that carries the mail, डाकगाड़ी।

**maim** (मेम्) ***v.*** 1. to cripple, पंगु/अपंग बना देना, लंगड़ा-लूला कर देना। 2. to make defective, बिगाड़ देना।

**main** (मेन्) ***adj.*** chief, मुख्य, प्रमुख, प्रधान। ***n.*** the main cable or pipe, मुख्य तार या नल। □ **in the main,** कुल मिलाकर, साधारणतया।

**mainland** (मेन्´-लैन्ड्) ***n.*** the main part of the country, मुख्य भूभाग।

**mainly** (मेन्´-ली) ***adv.*** chiefly, मुख्यतः।

M

**mains** (मेन्स्) ***n.*** (plu.) the main cables, (बिजली के) मुख्य तार।

**mainsail** (मेन्´-सेल्) ***n.*** the largest sail, बड़ा या प्रमुख पाल।

**mainspring** (मेन्´-स्प्रिंग्) ***n.*** 1. the principal spring, मुख्य कमानी। 2. the motivating force, मुख्य शक्ति, प्रेरणा-स्रोत।

**mainstay** (मेन्´-स्टे) ***n.*** the chief support, मुख्य सहारा, संबल।

**mainstream** (मेन्´-स्ट्रीम्) ***n.*** 1. the main current of a river, मुख्य धारा। 2. the main cultural trend, मुख्य सांस्कृतिक प्रवृत्ति।

**maintain** (मेन्-टेन्´) ***v.*** 1. to carry on, बनाए रखना, चलाए रखना। 2. to retain or preserve, रखे रहना, सँभाले रहना। 3. to keep in good condition, अच्छी हालत में रखे रखना। 4. to sustain, पालन या भरण-पोषण करना। 5. to defend, रक्षा करना, बचाना। 6. to assert, दावे से कहना, (सत्य) घोषित करना। 7. to support, समर्थन करना।

**maintainable** (मेन्-टेन्´-ॲ-बल्) ***adj.*** that can be maintained, (i) चलाए चलने योग्य; (ii) रखने योग्य; (iii) पालन करने योग्य; (iv) दावे के रूप में मान्य, पोषणीय; (v) समर्थन योग्य।

**maintenance** (मेन्´-टॅ-नॅन्स्) ***n.*** 1. the act of maintaining or the state of being maintained, चलाए चलना, बनाए रखना, रख-रखाव, अनुरक्षण, पालन-पोषण। 2. the provision made for a spouse after divorce, गुज़ारा, निर्वाह-भत्ता।

**maisonette, maisonnette** (मेज़´-ॲ-नेंट्) ***n.*** a self-contained living accommodation in a larger house, परिवार-कक्ष।

**maize** (मेज़्) ***n.*** 1. corn, मक्का, मक्की। 2. Indian corn, जुंदरी।

**maize ear** ***n.*** a spike of corn, भुट्टा।

**majestic** (मॅ-जेंस्´-टिक्) ***adj.*** 1. stately, royal, राजसी, शाही। 2. grand, शानदार, भव्य।

**majesty** (मै´-जेंस्-टी, मैज्´-ॲ-स्टी) ***n.*** 1. sovereign power, kingliness, राजसत्ता, शाहीपन। 2. grandeur, impressiveness, शान, गौरव।

**major** (मे´-जॅ:) ***adj.*** 1. larger in extent, number etc., अधिकांश, बड़ा, भारी। 2. chief, मुख्य, प्रधान। 3. of greater importance, अधिक महत्त्वपूर्ण। 4. very serious, dangerous, गंभीर, जोखिम-भरा। 5. having greater generality, सामान्य। ***n.*** 1. a military officer, मेजर। 2. an adult, वयस्क, बालिग। 3. the principal field of study of a student, छात्र का मुख्य विषय। ***v.*** to specialize in a certain subject in a college, कॉलेज में किसी विशिष्ट विषय में विशेषता प्राप्त करना।

**majority** (मे-जॉर्´-इ-टी) ***n.*** 1. the greater part of the total number of a given group or class, the greater number, बहुमत। 2. the status of legal age, वयस्कता।

**make** (मेक्) ***v.*** (made, making) 1. to create, बनाना, रचना, निर्मित करना। 2. to form or shape, रूपायित करना, बनाना। 3. to prepare, प्रस्तुत करना। 4. to establish, स्थापित करना। 5. to change, बदलना, परिवर्तित करना। 6. to compel, मजबूर या विवश करना। 7. to appoint, नियुक्त करना। 8. to do or perform, करना, निष्पादित करना। 9. to arrive at, पहुँचना। 10. to achieve, gain or acquire, प्राप्त करना। 11. to prepare, तैयार करना। 12. to develop into, बनना। 13. to continue, जारी रहना। 14. to ensure the success of, सफल बनाना। □ **a made man,** स्वनिर्मित, स्वप्रतिष्ठित या सफल व्यक्ति; **be made for,** के लिए उपयुक्त होना या बना होना; **be the making of,** का हेतु होना; **have the makings of,** बनने के गुण होना; **make a day of it,** दिन-भर का आयोजन करना; **make away with,** चुरा या भगा ले जाना; **make do,** काम चलाना; **make for,** की ओर बढ़ना, में सहायक होना; **make fun of,** मज़ाक उड़ाना; **make good,** (i) सफल होना, समृद्ध होना, (ii) क्षतिपूर्ति करना; **make it,** सफलता प्राप्त करना; **make it up,** समझौता कर लेना; **make love,** प्यार करना, सहवास करना; **make money,** ख़ूब धन कमाना; **make off,** निकल भागना; **make off with,** चुराना; **make or mar,** बनाना या बिगाड़ना; **make out,** समझ पाना; **make over,** सौंप

देना; **make room,** जगह बनाना; **make time,** समय निकालना; **make up,** बनाना, तैयार करना; समझौता करना; सजाना; **make up to,** प्रणय निवेदन करना; **make water,** पेशाब करना। ***n.*** 1. the act or process of making, बनाव, बनावट। 2. brand, छाप।

**make-believe** (मेक्´-बि-लीव्) ***n.*** a pretence, बहाना, स्वाँग।

**maker** (मे´-कॅं:) ***n.*** one who makes something, बनानेवाला, रचयिता, निर्माता।

**makeshift** (मेक्´-शिफ़्ट्) ***adj. & n.*** serving as a temporary substitute, अस्थायी, स्थानापन्न।

**make-up** (मेक्-अप्´) ***n.*** 1. the way something is made up, बनावट, रचना। 2. cosmetics applied to the face, रूप-सज्जा के लिए प्रयुक्त सौंदर्य-प्रसाधन। 3. a person's character and temperament, चरित्र तथा स्वभाव।

**making** (मे´-किंग्) ***n.*** the process of being made, रचना-प्रक्रिया।

**makings** (मे´-किंग्स्) ***n.*** essential qualities or materials, महत्त्वपूर्ण गुण, तत्त्व।

**malacca** (मॅ-लैक्´-अॅ) ***n.*** a walking stick, छड़ी।

**malachite** (मैल्´-अॅ-काइट्) ***n.*** a green mineral, मलकाट (खनिज)।

**mal-adapted** (मैल्-अॅ-डैप्´-टिड्) ***adj.*** ill-suited to a condition, अनुपयुक्त।

**mal-adjusted** (मैल्-अॅ-जस्´-टिड्) ***adj.*** ill-adjusted, कुसमंजित, जो मेल न खाए।

**mal-adjustment** (मैल्-अॅ-जस्ट्´-मॅन्ट्) ***n.*** poor adjustment, कुसमंजन, मेल न बैठना।

**mal-administration** (मैल्-अॅड्-मिन्-स्ट्रे´-शॅन्) ***n.*** bad or poor administration, कुशासन।

**maladroit** (मैल्-अॅ-ड्राइट्´) ***adj.*** 1. not clever, अकुशल। 2. clumsy, फूहड़, बेढंगा।

**maladroitly** (मैल्-अॅ-ड्राइट्´-ली) ***adv.*** clumsily, फूहड़पन से।

**malady** (मैल्´-अॅ-डी) ***n.*** illness, बीमारी, रोग।

**malaise** (मॅ-लेज़्´) ***n.*** 1. feeling of uneasiness, बेचैनी, घबराहट, कष्ट, तकलीफ़। 2. feeling of illness, अस्वस्थता।

**malaria** (मॅ-लेंअॅर्´-इ-अॅ) ***n.*** a disease caused by mosquitoes, मलेरिया।

**malarial** (मॅ-लेंअॅर्´-इ-अॅल्) ***adj.*** suffering from malaria, मलेरिया से पीड़ित/ग्रस्त।

**Malayan** (मॅ-ले´-अॅन्) ***adj.*** of Malaysia, मलाया का, मलय।

**Malaysian** (मॅ-ले´-शि-अॅन्) ***adj.*** of Malaysia, मलेशियाई। ***n.*** an inhabitant of Malaysia, मलेशियावासी, मलयवासी।

**malcontent** (मैल्´-कॅन्-टॅन्ट्) ***adj.*** discontented, असंतुष्ट, विक्षुब्ध।

**mal de mer** (मॅल्-डि-मेंअॅ:) ***n.*** seasickness, समुद्री ज्वर। (फ्रांसीसी)

**male** (मेल्) ***adj.*** 1. pertaining to the male sex, नर-संबंधी, नर। 2. of a man, masculine, मर्दों-जैसा, मर्दाना, पुरुषोचित। 3. (a part) designed to fit into a corresponding female part, नर (पुर्ज़ा)। ***n.*** the male person or animal, नर, पुरुष।

**male chauvinist** ***n.*** one who blieves that men are superior to women, वह जो पुरुषों को स्त्रियों से श्रेष्ठ मानता हो, पुरुषवादी।

**male chauvinism** ***n.*** the idea of men's superiority to women, पुरुषवादिता।

**malefaction** (मैल्-इ-फ़ैक्´-शॅन्) ***n.*** a wrong act, दुष्कर्म, ग़लत काम।

**malefactor** (मैल्´-इ-फ़ैक्-टॅ:) ***n.*** 1. a wrongdoer, दोषी। 2. a criminal, अपराधी।

**male line** ***n.*** the line of descent, पुरुष-परंपरा।

**malevolence** (मॅ-लेंव्´-अॅ-लॅन्स्) ***n.*** ill-will, द्वेष।

**malevolent** (मॅ-लेंव्´-अॅ-लॅन्ट्) ***adj.*** wishing harm to others, द्वेषी।

**malformation** (मैल्-फ़ा:-मे´-शॅन्) ***n.*** faulty formation, दोषपूर्ण बनावट, बेडौलपन, विकृति।

**malformed** (मैल्-फ़ा:म्ड्´) ***adj.*** deformed, बेडौल, विकृत।

**malfunction** (मैल्-फ़ंक्´-शॅन्) ***v.*** to fail to function properly, ठीक ढंग से काम न करना। ***n.*** failure to function properly, ठीक ढंग से काम न करने की अवस्था।

**malice** (मैल्´-इस्) ***n.*** ill-will, द्वेष, दुर्भाव।

**malicious** (मॅ-लिश्´-अॅस्) ***adj.*** feeling or expressing malice, द्वेषी या द्वेषपूर्ण।

**maliciously** (मॅ-लिश्´-अॅस्-ली) ***adv.*** with evil design, द्वेषपूर्वक, दुर्भावपूर्वक।

**malign** (मॅ-लाइन्´) ***adj.*** harmful, अहितकर, अमांगलिक। ***v.*** to defame, बदनाम करना।

**malignancy** (मॅ-लिग्´-नॅन्-सी) ***n.*** 1. ill-will, द्वेष, ईर्ष्या। 2. a malignant growth in the body, cancer, कैंसर।

**malignant** (मॅ-लिग्´-नॅन्ट्) ***adj.*** 1. feeling or showing ill-will, द्वेषी या द्वेषपूर्ण। 2. highly injurious, fatal, संघातक, घातक।

**malignity** (मॅ-लिग्´-नि-टी) ***n.*** the condition of being malign, अमंगल, अहित।

**malinger** (मॅ-लिंग्´-गॅः) ***v.*** to avoid work by pretending to be sick, काम से जी चुराना, काम से बचने के लिए बीमारी का बहाना बनाना।

**mall** (मैल्, माःल्, माल) ***n.*** 1. a shaded path, छायादार मार्ग, माल रोड। 2. a shopping centre, बाज़ार।

**mallard** (मैल्´-आःड्) ***n.*** a wild duck, जंगली बत्तख।

**malleability** (मैल्´-इ-अॅ-बिल्´-इ-टी) ***n.*** the state or quality of being malleable, घन-वर्धनीयता।

**malleable** (मैल्´-इ-अॅ-बॅल्) ***adj.*** 1. capable of being shaped by hammering, (धातु) जिसे पीटकर कोई रूप दिया जा सके, घन-वर्धनीय। 2. easily influenced, जिसे सरलता से प्रभावित किया जा सके, मान जानेवाला।

**mallet** (मैल्´-इट्) ***n.*** a wooden hammer, मूँगरा, मोगरा, हथौड़ी।

**malnourished** (मैल्-नर्-इश्ड्) ***adj.*** poorly nourished, कुपोषित।

**malnutrition** (मैल्-न्यु-ट्रिश्´-अॅन्) ***n.*** poor nutrition, कुपोषण।

**malodorous** (मैल्-ओ´-डॅ-रॅस्) ***adj.*** having a bad smell, बदबूदार, दुर्गंधित।

**malpractice** (मैल्-प्रैक्´-टिस्) ***n.*** improper or negligent treatment, professional misconduct, कदाचार।

**malt** (माःल्ट्) ***n.*** 1. sprouted dried barley (used for brewing) भिगोकर सुखाए हुए जौ। 2. an alcoholic beverage brewed from malt, माल्ट ह्विस्की।

**malted milk** ***n.*** a drink prepared from malt and milk, यवा-दुग्ध।

**maltreat** (मैल्-ट्रीट्´) ***v.*** to treat badly or cruelly, दुर्व्यवहार करना।

**maltreatment** (मैल्-ट्रीट्´-मॅन्ट्) ***n.*** the act of maltreating, दुर्व्यवहार।

**mama** (मा-मा´/मा´-मा) ***n.*** mother, माँ।

**mamba** (माम्´-बा) ***n.*** a poisonous snake, ज़हरीला साँप।

**mammal** (मैम्´-अॅल्) ***n.*** any animal fed when young on milk from the mothers body, स्तनपायी।

**mammalian** (मै-मे´-लि-अॅन्) ***adj.*** of mammals, स्तनपाइयों से संबद्ध।

**mammary** (मैम्´-अॅ-री) ***adj.*** of the breasts, स्तन-संबंधी, स्तनीय।

**Mammon** (मैम्´-अॅन्) ***n.*** 1. money personified as a God, धनदेवता, कुबेर। 2. wealth having a debasing influence, पाप, भ्रष्टाचार आदि में प्रवृत्त करनेवाला धन।

**mammoth** (मैम्´-अॅथ्) ***n.*** an extinct elephant, लंबे बालोंवाले हाथियों की एक जाति जिसका अब लोप हो चुका है, मैमथ। ***adj.*** of gigantic size, विशाल, विशालकाय, भारी-भरकम।

**mammy** (मैम्´-ई) ***n.*** 1. mother, माँ। 2. a black woman in charge of white children, गोरे बच्चों की देख-रेख करनेवाली अश्वेत धाय।

**man** (मैन्) ***n.*** (plu. men) 1. a human being, आदमी, मनुष्य, मानव, इनसान। 2. a person, आदमी, व्यक्ति। 3. an adult male person, a manly person, नर, पुरुष, वयस्क। 4. a male servant, नौकर, कामगार, कर्मी। 5. a soldier, सैनिक। 6. a labourer, मज़दूर। 7. a husband or boyfriend, पति या प्रेमी। 8. a piece in the game of chess, गोटी, मोहरा, प्यादा। □ **as one man,** एक होकर, एकजुट होकर; **be one's own man,** स्वतंत्र होना; **man about town,** रईसी करनेवाला व्यक्ति; **man and boy,** बचपन से ही; **man and wife,** आदमी और औरत; **man in the**

M

street, साधारण व्यक्ति; **man of his word,** अपने वचन का पक्का व्यक्ति; **man of the house,** गृहस्वामी; **man of the world,** दुनियादार; **man on man,** (खेल में) एक खिलाड़ी पर नज़र रखनेवाला (दूसरे दल का) खिलाड़ी; **man to man,** आमने-सामने; **to a man,** हर व्यक्ति, सब के सब; **to the last man,** अंतिम व्यक्ति तक, अंतिम तक को। ***v.*** (manned, manning) to provide with men for operation, आदमी देना या लगाना।

**manacle** (मैन्´-अॅ-कॅल्) ***n.*** a handcuff, हथकड़ी। ***v.*** to put manacles on, हथकड़ी पहनाना।

**manage** (मैन्´-इज्) ***v.*** 1. to control, नियंत्रित करना। 2. to handle, चलाना। 3. to be able to cope, नियंत्रित करना, काम निकालना, सँभालना। 4. to administer, शासित करना, प्रबंध करना। 5. to arrange, जुटाना, व्यवस्था करना।

**manageable** (मैन्´-इ-जॅ-बॅल्) ***adj.*** that can be managed, जिसे नियंत्रण में रखा जा सके, जिसकी व्यवस्था की जा सके, जिसे सँभाला जा सके, प्रबंधनीय।

**management** (मैन्´-इज्-मॅन्ट्) ***n.*** 1. the act of managing, प्रबंध, प्रबंधन, व्यवस्था, संचालन। 2. managers or employers collectively, प्रबंधकगण, व्यवस्थापकगण। 3. the technique or science of managing, प्रबंधकौशल।

**manager** (मैन्´-इ-जॅः) ***n.*** 1. one who manages, प्रबंधक, व्यवस्थापक, मैनेजर। 2. a person who is in charge of a team, मैनेजर। [Fem. manageress, व्यवस्थापिका]

**managerial** (मैन्-अॅ-जिअॅर्´-इ-अॅल्) ***adj.*** 1. of or concerning a manager, प्रबंधक-संबंधी। 2. of or concerning management, प्रबंध-संबंधी।

**managing** (मैन्´-इ-जिंग्) ***adj.*** having executive control or authority, कार्यकारी, प्रबंध-; managing committee, प्रबंध-समिति; managing director, प्रबंध-निदेशक।

**man-at-arms** (मैन्-ऐट्-आःम्स्´) ***n.*** a soldier with a horse and heavy armour, शस्त्र-सज्जित अश्वारोही।

**mandamus** (मैन्-डे´-मॅस्) ***n.*** a writ issued to perform a specified duty, परमादेश।

**Mandarin** (मैन्´-डॅ-रिन्) ***n.*** the standard language of China, Chinese, चीनी भाषा।

**mandarin** (मैन्´-डॅ-रिन्) ***n.*** a high-ranking official, उच्च सरकारी अधिकारी।

**mandate** (मैन्´-डेट्) ***n.*** 1. a command, अधिदेश। 2. the support given to the government policy through an electoral victory, जनसमर्थन, जनादेश। ***v.*** to give by a mandate, अधिदेश देना, जनादेश देना।

**mandatory** (मैन्´-डॅ-टॅ-री) ***adj.*** a compulsory, अनिवार्य, ज़रूरी।

**mandible** (मैन्´-डि-बॅल्) ***n.*** a jaw or jaw-like part, जबड़ा, चोंच।

**mandolin** (मैन्´-डॅ-लिन्, मैन्-डॅ-लिन्´) ***n.*** an instrument like a guitar, मैनडोलिन, सारंगी।

**mandrake** (मैन्´-ड्रेक्) ***n.*** a poisonous plant, एक विषैला पौधा, विशाखमूल।

**mane** (मेन्) ***n.*** 1. the long hair on a horse's or lion's neck, घोड़े या शेर की गरदन पर के लंबे बाल, अयाल। 2. a person's long hair, सिर के लंबे बाल।

**man-eater** (मैन्´-ई-टॅः) ***n.*** any animal that eats human flesh, नरभक्षी।

**manes** (मे´-नीज़, मा-नेंस्) ***n.*** (plu.) the souls of departed ancestors, पितर।

**maneuver** (मे´-नू-वॅः) ***n.*** = manoeuvre.

**manful** (मैन्´-फुल्) ***adj.*** manly, पुरुषोचित, मर्दाना।

**manganese** (मैंग्´-गॅ-नीज़्) ***n.*** a metal, मैंगनीज।

**mange** (मेन्ज्) ***n.*** itching, खुजली, ख़ारिश।

**manger** (मेन्´-जॅः) ***n.*** a box or trough from which cattle feed, नाँद। □ **a dog in the manger,** न खाए न खाने दे।

**mangle[1]** (मैंग्´-गॅल्) ***n.*** a machine for pressing fabrics, कपड़े निचोड़ने की मशीन। ***v.*** to press in a mangle, मशीन में डालकर कपड़े निचोड़ना।

**mangle[2]** ***v.*** to spoil, नष्ट करना, ख़राब करना।

**mango** (मैंग्´-गो) ***n.*** a tree and its fruit, आम।

**mangy** (मैन्´-जी) ***adj.*** suffering from mange, खाज से पीड़ित।

**manhandle** (मैन्´-हैन्-डॅल्) ***v.*** to handle roughly using force, दुर्व्यवहार करना, धींगामुश्ती करना, हाथापाई करना।

**manhole** (मैन्´-होल्) ***n.*** an opening with a removable cover through which a man can enter a sewer, tank, boiler etc., मैनहोल।

**manhood** (मैन्´-हुड्) ***n.*** 1. the state of being a man, पुरुषत्व। 2. the manly quality, पौरुष, साहस। 3. men collectively, पुरुषवर्ग।

**manhour** (मैन्´-ऑ:) ***n.*** the unit of work one person can do in one hour, श्रम-घंटा।

**manhunt** (मैन्´-हन्ट्) ***n.*** police search for a criminal, दबिश।

**mania** (मे´-नि-ॲ) ***n.*** 1. a mental disorder, उन्माद, पागलपन। 2. extreme enthusiasm, सनक, झक।

**maniac** (मे´-नि-ऐक्) ***n.*** 1. suffering from mania, insane person, उन्मत्त व्यक्ति, पागल। 2. one with excessive enthusiam, झक्की।

**manicure** (मैन्´-इ-क्यो:/क्यू:) ***n.*** care for the fingernails, नख-प्रसाधन।

**manifest** (मैन्´-इ-फ़ेंस्ट्) ***adj.*** clearly visible, स्पष्ट, प्रकट। ***v.*** 1. to show clearly, स्पष्ट रूप से दिखलाना, प्रकट करना। 2. to appear in visible form, प्रकट होना। 3. to express, अभिव्यक्त करना। ***n.*** a list of cargo/passengers, माल-सूची, यात्री-सूची।

**manifestation** (मैन्-इ-फें-स्टे´-शॅन्) ***n.*** 1. appearance, प्रकटीकरण। 2. show, revelation, प्रदर्शन, दिखलावा, प्रकट रूप। 3. expression, अभिव्यक्ति।

**manifesto** (मैन्-इ-फेंस्´-टो) ***n.*** a public declaration or statement of aims and policies of a political party, राजनीतिक दल का घोषणापत्र; election manifesto, चुनाव-घोषणापत्र।

**manifold** (मैन्´-इ-फ़ोल्ड्) ***adj.*** of many kinds, तरह-तरह का, बहुविधि, नानारूप।

**manipulate** (मॅ-निप्-यु´-लेट्) ***v.*** 1. to operate or use skillfully, कौशल से काम चलाना। 2. to manage deceitfully, तिकड़म से काम करना, हेर-फेर करना, जोड़-तोड़ भिड़ाना।

**manipulation** (मॅ-निप्-यु-ले´-शॅन्) ***n.*** 1. the act of manipulating or something manipulated, जोड़-तोड़, तिकड़म, हेर-फेर।

**manipulator** (मॅ-निप्-पु-ले´-टॅ) ***n.*** one who manipulates, तिकड़मी।

**mankind** (मैन्´-काइन्ड्) ***n.*** humanity, मनुष्य-जाति, मानव जाति।

**manlike** (मैन्´-लाइक्) ***adj.*** mannish, manly, पुरुषोचित, मर्दाना।

**manliness** (मैन्´-लि-निस्) ***n.*** the quality of being manly, पौरुष, मर्दानापन।

**manly** (मैन्´-ली) ***adj.*** having qualities generally attributed to a man, पुरुषोचित, मर्दाना।

**manmade** (मैन्-मेड्´) ***adj.*** made by man i.e. not by nature, मनुष्य-निर्मित, मानव-रचित।

**manna** (मैन्´-ॲ) ***n.*** unexpected assistance, अप्रत्याशित सहायता।

**manned** (मैन्ड्) ***adj.*** piloted by human crew, मानव-चालित।

**mannequin** (मैन्´-इ-किन्) ***n.*** 1. a woman displaying clothes in a fashion show, मॉडल। 2. a life-size dummy used to display clothes, डम्मी।

**manner** (मैन्´-ॲ:) ***n.*** 1. a way of doing, ढंग, रीति। 2. a person's bearing and behaviour, रंग-ढंग, चाल-ढाल। 3. kind, प्रकार। 4. a style, शैली। 5. (plu.) etiquette, behaviour, व्यवहार, शिष्टाचार। 6. (plu.) the prevailing customs, प्रचलित रीति-रिवाज। □ **by all manner of means,** निश्चय ही; **by no manner of means,** कदापि नहीं; **in a manner of speaking,** कहने के लिए।

**mannered** (मैन्´-ॲ:ड्) ***adj.*** having manners, शिष्ट; ill-mannered, अशिष्ट।

**mannerism** (मैन्´-ॲ-रिज़्-ॲम्) ***n.*** a peculiarity of manner, बनावटी/विचित्र व्यवहार।

**mannerly** (मैन्´-ॲ:-ली) ***adj.*** polite, शिष्ट,

M

शिष्टतापूर्ण।

**mannish** (मैन्´-इश्) ***adj.*** having masculine characteristics, पुरुषों-जैसा, मर्दाना।

**mannishness** (मैन्´-इश्-निस्) ***n.*** mannish characteristics, पुरुषत्व, मर्दानापन, मर्दानगी।

**manoeuvre, maneuver** (मॅ-न्यू´-वॅः) ***n.*** 1. a planned action or movement, युक्ति। 2. a deceptive action or move, चाल, तिकड़म। 3. a large-scale military exercise, युद्धाभ्यास। ***v.*** 1. to perform a military manoeuvre, युद्धाभ्यास करना। 2. to manipulate, जोड़-तोड़ करना, तिकड़म करना।

**man-of-war** (मैन्-ऑव्-वाः´) ***n.*** (plu. men-of-war) a warship, युद्धपोत।

**manpower** (मैन्´-पा-वॅः) ***n.*** the total number of people needed for a job, जनशक्ति।

**manque** (माङ्´-के) ***adj.*** unsuccessful, विफल।

**mansard** (मैन्´-साःड्) ***n.*** a roof having two slopes on both sides, दुढालू छत।

**manse** (मैन्स्) ***n.*** a residence for a priest, पुरोहितनिवास, पुरोहिताश्रम।

**manservant** (मैन्´-सॅः-वॅन्ट्) ***n.*** a male servant, नौकर।

**mansion** (मैन्´-शॅन्) ***n.*** a large and imposing house, भवन, कोठी, हवेली।

**man-sized** (मैन्´-साइज़्ड्) ***adj.*** 1. of the size of a man, मानवाकार। 2. suitable for a man, मनुष्य के लिए उपयुक्त।

**man-slaughter** (मैन्´-स्लाः-टॅः) ***n.*** the unlawful killing of a person without malice, मानवहत्या।

**mantel** (मैन्´-टॅल्) ***n.*** 1. a structure above the fireplace, अँगीठी पर बनी टाँड़। 2. a cloak, लबादा। 3. something that covers or conceals, आवरण।

**mantelpiece** (मैन्´-टॅल्-पीस्) ***n.*** a shelf above a fire place, आतिशख़ाना।

**manual** (मैन्´-यु-ऑल्) ***adj.*** 1. of the hands, हाथों का। 2. operated by hand, हस्तचालित। 3. physical, शारीरिक; manual labour, शारीरिक श्रम। ***n.*** 1. a handbook, पुस्तिका, गुटका। 2. a book of rules, नियमावली।

**manually** (मैन्´-यु-ॲ-ली) ***adv.*** by hand or hands, हाथ या हाथों से।

**manufacture** (मैन्-यु-फ़ैक्´-चॅः) ***v.*** 1. to make by machinery on a large scale, to produce, उत्पादन करना, निर्माण करना। 2. to make, बनाना। 3. to invent, गढ़ना, आविष्कार करना। ***n.*** the process of manufacturing, उत्पादन-कार्य, निर्माण।

**manufacturer** (मैन्-यु-फैक्´-चॅ-रॅः) ***n.*** one who manufactures (goods), उत्पादक, निर्माता।

**manure** (मॅ-न्युॲः, मॅ-न्यूः´) ***n.*** material used to fertilize soil, खाद। ***v.*** to apply manure to, खाद देना या डालना।

**manuscript** (मैन्´-यु-स्क्रिप्ट्) ***n.*** 1. a document written by hand, हस्तलिपि। 2. a handwritten or typewritten version of a book, पांडुलिपि। ***adj.*** handwritten or typewritten, हस्तलिखित या टाइप किया हुआ।

**Manx** (मैंग्क्स्) ***adj.*** of Man island, मानद्वीप का; Manx cat, मानद्वीप की पूँछविहीन बिल्ली।

**many** (मॅन्´-ई) ***adj.*** a large number of, numerous, अनेक, बहुत से, बहुतेरे। ***n.*** 1. a large number, बहुत बड़ी संख्या। 2. **the many** (plu.) most people, अधिकतर लोग। ***pron.*** a large number of persons or things, बहुत अधिक व्यक्ति या वस्तुएँ।

**many-sided** (मॅन्´-इ-साइ-डिड्) ***adj.*** having many sides, बहुपक्षीय, बहुआयामी।

**map** (मैप्) ***n.*** a diagrammatic representation of earth's surface or part of it, नक़्शा, मानचित्र। □ **put on the map,** प्रसिद्ध करना। ***v.*** (mapped, mapping) to make a map of, मानचित्र बनाना, नक़्शा बनाना।

**maple** (मे´-पॅल्) ***n.*** a tree and its wood, मैपिल।

**mar** (माः) ***v.*** (marred, marring) to spoil, बिगाड़ना, बिगाड़ देना।

**marathon** (मैर्´-ॲ-थॅन्) ***n.*** 1. a long distance foot race, लंबी दौड़। 2. any long or arduous task, कोई लंबा या कठिन काम।

**maraud** (मॅ-राःड्´) ***v.*** (marauded, marauding) to rove in search of plunder, राहजनी

करना, लूटमार करना।

**marauder** (मॅ-रा:´-डॅ:) *n.* one who plunders, लूटमार करनेवाला, लुटेरा।

**marble** (मा:´-बॅल्) *n.* 1. a kind of stone, संगमरमर, मार्बल। 2. a small ball of glass, कंचा।

**marbled** (मा:´-बॅल्ड्) *adj.* variegated, चितकबरा।

**marbles** (मा:´-बॅल्ज़्) *n.* a game played with balls of glass, कंचों का खेल। □ **lose one's marbles,** (हार से) बौखला उठना।

**March** (मा:च्) *n.* the third month of the year, मार्च (महीना)।

**march** (मा:च्) *v.* 1. to walk with regular steps like a soldier, मार्च करना, प्रयाण करना, अग्रगमण करना। 2. to progress steadily, to proceed, अग्रसर होना, आगे बढ़ना। *n.* 1. the act of marching, मार्च, अग्रगमन, प्रयाण। 2. a long walk, लंबी पदयात्रा। 3. progress, प्रगति। □ **get one's marching orders,** प्रयाण करने या जाने का आदेश मिलना; **on the march,** आगे बढ़ता हुआ; **steel a march on,** (किसी से) आगे बढ़ जाना।

**marches** (मा:´-चिज़्) *n.* border regions, सीमांत प्रदेश।

**marching song** *n.* a song for the march, प्रयाण-गीत।

**marchpast** (मा:च्´-पास्ट्) *n.* a ceremonial march of soldiers, मार्चपास्ट।

**mare**[1] (मेंअॅ:) *n.* a female horse or donkey, घोड़ी या गधी।

**mare**[2] (मार्´-ए) *n.* a dark area on the moon, चंद्रमा पर का काला क्षेत्र।

**margarine** (मा:´-जॅ-रिन्) *n.* a substitute for butter, कृत्रिम मक्खन, मारजरीन।

**margin** (मा:´-जिन्) *n.* 1. an edge or border, किनारा, सीमा। 2. the blank space bordering the written or printed page, हाशिया, मार्जिन। 3. the vertical line on a page delineating this space, उपांत-रेखा, मार्जिन। 4. the amount by which one thing differs from another, अंतर। 5. the profit on a transaction, किसी सौदे में होनेवाला लाभ।

**marginal** (मा:´-जि-नॅल्) *adj.* 1. written in a margin, हाशिए में लिखा/छपा हुआ। 2. of or at an edge, किनारे का। 3. very slight in amount, बहुत थोड़ा, न्यूनतम, नाममात्र का। 4. close to a lower limit, सीमांत; marginal cost, सीमांत लागत।

**marginalia** (मा:-जि-ने´-लि-अॅ) *n.* (plu.) marginal notes, हाशिए की टिप्पणियाँ।

**marginalize** (मा:´-जि-नॅ-लाइज़्) *v.* to make less important, किनारे कर देना।

**marginally** (मा:´-जि-नॅ-ली) *adv.* 1. on the margin or edge, हाशिए या किनारे पर। 2. to a small degree, कम मात्रा में, बहुत थोड़ा।

**marguerite** (मा:´-गॅ-रीट्) *n.* a garden plant and its flower, अक्षिपुष्प, डेज़ी।

**marigold** (मैर्´-इ-गोल्ड्) *n.* a plant and its flower, गेंदा।

**marijuana** (मैर्-इ-जु-आ´-नॅ) *n.* the dried leaves of hemp plant used as drug, गाँजे की तरह पी जानेवाली एक प्रकार की पत्ती।

**marimba** (मॅ-रिम्´-बॅ) *n.* an African xylophone, अफ्रीकी ढोल, मैरिंबा।

**marina** (मॅ-री´-नॅ) *n.* a harbour for small boats, छोटी नावों के ठहरने का बंदरगाह।

**marinade** (मैर्´-इ-नेड्) *n.* a seasoned flavoured liquid, सिरका।

**marinate** (मैर्´-इ-नेट्) *v.* to soak in marinade, सिरके में डुबाना या रखना।

**marine** (मॅ-रीन्´) *adj.* 1. of or relating to the sea, समुद्री। 2. of or relating to shipping, नौवहन-संबंधी। *n.* 1. the ships of the country, किसी देश के जलयान। 2. a soldier serving on the ship, नौसैनिक।

**mariner** (मै´-रि-नॅ:) *n.* a sailor, नाविक।

**marionette** (मैर्-इ-अॅ-नॅट्´) *n.* a puppet, कठपुतली।

**marital** (मैर्´-इ-टॅल्) *adj.* 1. of marriage, वैवाहिक। 2. between husband and wife, दांपत्य।

**maritime** (मैर्´-इ-टाइम्) *adj.* 1. of sea, समुद्री। 2. of shore, तटीय। 3. of shipping, नौवहन-संबंधी।

M

**marjoram** (मार्´-जॅ-रॅम्) ***n.*** a herb with fragrant leaves, एक प्रकार का पुदीना।

**mark** (मा:क्) ***n.*** 1. a visible trace as a spot or dent, चिह्न, निशान। 2. a written or printed symbol, मारका, चिह्न, निशान। 3. a distinguishing feature or characteristic, लक्षण, चिह्न। 4. a unit awarded for the merit, अंक। 5. a lasting impression, छाप। 6. a target, लक्ष्य। □ **off the mark,** लक्ष्य से च्युत; **up to the mark,** वांछित स्तर का; **fall wide of the mark,** लक्ष्य से दूर जा पड़ना; **give full marks,** (i) पूरे अंक देना, (ii) पूरा श्रेय देना; **make one's mark,** सफलता प्राप्त करना, अपनी छाप छोड़ना; **not up to the mark,** स्तर तक न पहुँचनेवाला, अस्तरीय। ***v.*** 1. to make a visible impression on, निशान लगाना। 2. to distinguish with a mark, मारका लगाना। 3. to give numbers, अंक देना। 4. to watch carefully, ध्यान देना। □ **mark down,** मूल्य कम करना; **mark up,** मूल्य बढ़ाना।

**markdown** (मा:क्´-डाउन्) ***n.*** reduction in price, मूल्य में की गई कमी, घटाया हुआ दाम।

**marked** (मा:क्ट्) ***adj.*** 1. having a mark, चिह्नित, निशान लगा या दागा हुआ। 2. clearly noticeable, स्पष्ट, दृश्य। 3. having, युक्त।

**marked man** ***n.*** a man who is being watched by someone, वह जिस पर किसी ने नज़र रखी हो।

**marker** (मा:´-कॅ:) ***n.*** 1. a person who marks, मार्का लगानेवाला। 2. an object which marks a place, किसी स्थान का सूचक चिह्न।

**market** (मा:´-किट्) ***n.*** 1. a place where people meet to buy & sell goods, बाज़ार, मंडी, हाट। 2. trade or commerce, व्यापार या वाणिज्य। □ **on the market,** बिक्री के लिए रखा हुआ। ***v.*** 1. to do shopping, बाज़ार करना। 2. to sell, बेचना।

**marketable** (मा:´-कि-टॅ-बॅल्) ***adj.*** that can be sold, जो बेचा जाने को हो, बेचने लायक।

**marketing** (मा:´-किट्-इंग्) ***n.*** the art of selling, बिक्री-कला।

**market place** ***n.*** the place where a market is held, पैंठ, बाज़ार।

**marking** (मा:´-किंग्) ***n.*** 1. a mark, मार्का 2. the act of colouring, रंगना, रंजन।

**marking-ink** (मा:´-किंग्-इंक्) ***n.*** the ink for marking, मार्का-स्याही।

**marksman** (मा:क्स्´-मॅन्) ***n.*** one skilled at shooting, निशानेबाज़।

**marksmanship** (मा:क्स्´-मॅन्-शिप्) ***n.*** ability to shoot at the target, निशानेबाज़ी।

**mark-up** (मा:क्´-अप्) ***n.*** 1. the amount added to the cost price of an article to determine the selling price, दाम और लागत के बीच का मुनाफ़ा। 2. an increase in price, दाम में होनेवाली बढ़ोतरी।

**marl** (मा:ल्´) ***n.*** a clay used as a fertilizer, चिकनी मिट्टी, खड़िया, मार्ल।

**marmalade** (मा:´-मॅ-लेड्) ***n.*** a kind of jam मुरब्बा।

**marmoreal** (मा:-मोर्´-इ-ऑल्) ***adj.*** of or like marble, संगमरमर का या जैसा।

**marmoset** (मा:´-मॅ-सेंट्) ***n.*** a monkey with a long hairy tail, लंबी तथा झबरी दुमवाला बंदर।

**maroon** (मॅ-रून्´) ***adj.*** brownish red, करौंदे के रंग का, करौंदिया, मारून। ***n.*** brownish red colour, मारून, करौंदिया रंग।

**marplot** (मा:´-प्लॉट्) ***n.*** one who spoils the thing, काम-बिगाड़।

**marquee** (मा:-की´) ***n.*** a large tent, बड़ा शामियाना।

**marquetry** (मा:´-कि-ट्री) ***n.*** inlaid work, in wood, brass, ivory etc., जड़ाऊ काम, जड़ाई

**marquis, marquess** (मा:´-क्विस्) ***n.*** a nobleman above a count, मार्क्विस।

**marquise** (मा:-कीज़्´) ***n.*** 1. diamond, हीरा 2. a ring set with a cluster of gems हीरोंवाली अँगूठी।

**marriage** (मैर्´-इज्) ***n.*** 1. a wedding, wedlock, विवाह, शादी। 2. a close union घनिष्ठता, गठबंधन।

**marriageable** (मैर्´-इ-जॅ-बॅल्) ***adj.*** fit for marriage, विवाह के योग्य, विवाह-योग्य।

**marriage party** ***n.*** the people assembled at the time of marriage, बरात, बारात, वर-यात्रा।

**married** (मैर्´-इड्) ***adj.*** having a husband or wife, विवाहित, शादीशुदा।

**marrow** (मैर्´-ओ) ***n.*** 1. the fatty material inside the bones, मज्जा।

**marry** (मै´-री) ***v.*** (married, marrying) 1. to accept someone as one's husband or wife, विवाह करना, शादी करना। 2. to give in marriage, शादी कर देना। 3. unite closely, घनिष्ठतापूर्वक संबद्ध होना, जुड़ना।

**Mars** (मा:ज़्) ***n.*** the fourth planet from the sun, मंगल ग्रह।

**marsh** (मा:श्) ***n.*** low watery land, दलदल।

**marshal** (मा:´-शॅल्) ***n.*** 1. an army officer, मार्शल। 2. a high administrative officer, मार्शल। ***v.*** (marshalled, marshalling) 1. to arrange in order, क्रम से रखना या लगाना, क्रमबद्ध करना, व्यवस्थित करना। 2. to guide or lead, साथ ले जाना, मार्गप्रदर्शन करना।

**marshy** (मा:श्´-ई) ***adj.*** of or like a marsh, दलदल से भरा, दलदला।

**mart** (मा:ट्) ***n.*** a market, मार्केट, बाज़ार।

**martial** (मा:´-शॅल्) ***adj.*** 1. of or concerning war, युद्ध-संबंधी। 2. of or concerning soldiers, सैनिक-संबंधी, फौजी।

**martial arts** ***n.*** (plu.) the fighting sports of self-defence, जुडो, कराटे आदि आत्म-रक्षार्थ खेल।

**martial law** ***n.*** military rule, सैनिक-शासन।

**Martian** (मा:´-शॅन्) ***n.*** an inhabitant of Mars, मंगल ग्रह का वासी। ***adj.*** of the planet Mars, मंगल ग्रह-संबंधी, मंगलग्रही।

**martin** (मा:´-टिन्) ***n.*** a bird of swallow family, अबाबील।

**martinet** (मा:-टि-नेंट्´) ***n.*** a rigid disciplinarian, कठोर अनुशासन-भक्त।

**martini** (मा:-टी´-नी) ***n.*** a cocktail, कॉकटेल, मदिरा।

**martyr** (मा:´-टॅ:) ***n.*** 1. one who sacrifices oneself for a cause, आत्मबलिदानी, बलिदानी, शहीद। 2. one who endures great sufferings, कष्टभोगी। ***v.*** 1. to put to death, बलि चढ़ाना। 2. to give one's life for a cause, शहीद होना।

**martyrdom** (मा:´-टॅ:-डॅम्) ***n.*** 1. the state of being a martyr, बलिदान, शहादत। 2. the death or suffering of a martyr, आहुति, बलिदान।

**marvel** (मा:´-वॅल्) ***n.*** a wonderful thing, अद्भुत वस्तु, चमत्कार। ***v.*** (marvelled, marvelling) to be filled with wonder, आश्चर्यचकित हो जाना।

**marvellous** (मा:´-वॅ-लॅस्) ***adj.*** 1. wonderful, चमत्कारिक, अद्भुत। 2. excellent, बहुत बढ़िया।

**Marxism** (मा:क्´-सिज़्-ॲम्) ***n.*** the doctrines of Karl Marx, मार्क्सवाद।

**Marxist** (मा:क्´-सि-ज़िस्ट्) ***adj.*** of Marxism, मार्क्सवादी। ***n.*** a supporter of Marxism, मार्क्सवादी।

**marzipan** (मा:´-ज़ि-पैन्) ***n.*** a paste for coating cakes, पेस्ट।

**mascara** (मै-स्कार्´-अँ, मै-स्कैर्´-अँ) ***n.*** a cosmetic for darkening the eyelashes, बरौनियाँ रंगने का प्रसाधन।

**mascot** (मैस्´-कॅट्, मैस्´-कॉट्) ***n.*** a person or thing thought to bring good luck, शुभ फलदायक व्यक्ति या वस्तु, शगुन।

**masculine** (मैस्´-क्यु-लिन्) ***adj.*** 1. related to class of words that refer to males, पुल्लिंग। 2. of or pertaining to the male sex, मर्दों जैसा, मर्दाना, पुरुषोचित।

**masculinity** (मैस्-क्यु-लिन्´-इ-टी) ***n.*** the quality or state of being masculine, पुंसत्व, पौरुष, मर्दानापन, मर्दानगी।

**mash** (मैश्) ***n.*** 1. a soft pulpy mass, मलीदा। 2. grain cooked in water or milk, दलिया। ***v.*** to crush into mash, मलीदा करना, मसलना।

**mask** (मा:स्क्/मैस्क्) ***n.*** 1. the covering worn over the face, नक़ाब। 2. a likeness of face or head, मुखौटा। ***v.*** 1. to put on a mask, नक़ाब पहनना, मुख़ौटा लगाना। 2. to conceal, छिपाना।

**masked** (मास्क्ट्, मैस्क्ट्) *adj.* having put on a mask, नक़ाबपोश।

**masochism** (मैस्´-ॲ-किज़्-ॲम्) *n.* an abnormal act of taking pleasure from one's own suffering, कष्टभोग से भी मिलनेवाला सुख।

**masochist** (मैस´-ॲ-किस्ट्) *n.* one who takes pleasure from one's own suffering, जिसे कष्टभोग में आनंद आता हो।

**masochistic** (मैस्-ॲ-किस्´-टिक्) *adj.* of masochism, कष्टभोगजन्य सुख-संबंधी।

**mason** (मे´-सॅन्) *n.* one who builds with bricks or stones, राजमिस्त्री या संगतराश।

**masonic** (मॅ-सॉन्´-इक्) *adj.* of mason, राजमिस्त्री या संगतराश-संबंधी।

**masonry** (मे´-सॅन्-री) *n.* 1. bricklaying or stonelaying, राजगीरी या संगतराशी। 2. brick work or stone work, चिनाई, पत्थर की चिनाई।

**masque** (मा:स्क्, मैस्क्) *n.* an old form of a theatrical play, नौटंकी।

**masquerade** (मैस्´-कॅ-रेड्, मास्´-कॅ-रेड्) *n.* 1. a party at which persons wear masks, मुखौटा पहने हुए लोगों का दल। 2. false outward show, दिखावा। *v.* 1. to participate in a masquerade, लोगों का मुखौटे धारण करना। 2. to pretend to be, स्वाँग रचना, बनना।

**masquerader** (मैस्-कॅ-रेड्´-ॲ:) *n.* one who participates in a masquerade, मुखौटाधारी।

**Mass** (मैस्) *n.* a Christian ceremony, मिस्सा।

**mass** (मैस्/मास्) *n.* 1. a unit of matter with no specific shape, पिंड, पुंज, ढेर। 2. a large number or amount, राशि। □ **in the mass,** कुल मिलाकर। *v.* to gather together, to assemble, इकट्ठा होना, ढेर लगना, जमा होना। *adj.* 1. done or occurring on a large scale, बड़े परिमाण में होनेवाला। 2. consisting of a mass or large number (of people), जिसमें अधिक (लोग) सम्मिलित हों; mass meeting, जनसभा।

M

**massacre** (मैस्´-ॲ-कॅ:) *n.* 1. merciless killing of large number of people, नरसंहार, जनसंहार, जनवध। 2. a severe defeat, भारी पराजय। *v.* (massacred, massacring) 1. to kill in large number, नरसंहार करना। 2. to defeat severely, बुरी तरह हराना, धूल चटाना।

**massage** (मै-सा:ज़्´) *n.* the act of rubbing and pressing the parts of body, मालिश, चंपी। *v.* to give a massage to, मालिश/चंपी करना।

**masses** (मै´-सिज़्) *n.* **the masses** (plu.) common people, जनसाधारण।

**masseur** (मॅ-स:´/मै-स:´) *n.* a person who gives massages, मालिश करनेवाला, मालिशी। [Fem. masseuse =, मै-स:ज़्´]

**massif** (मै´-सीफ़्) *n.* a group of mountains, पर्वत-श्रेणी, पर्वत-समूह।

**massive** (मै´-सिव्) *adj.* 1. heavy, bulky, भारी, भारी-भरकम। 2. imposing, भव्य, विशाल। 3. substantial, पर्याप्त।

**mass media** *n.* the means of communication that reach large number of people, जनसंचार।

**mass production** *n.* production on a large scale, बड़े पैमाने पर होनेवाला उत्पादन।

**massy** (मैस्´-ई) *adj.* heavy, भारी, भारी-भरकम।

**mast** (मा:स्ट्/मैस्ट्) *n.* 1. a pole for carrying flags and sails on the ship, मस्तूल। 2. a flag pole, ध्वजदंड। 3. a pole, खंभा।

**mastectomy** (मै-स्टॅक्´-टॅ-मी) *n.* surgical removal of a breast, स्तनोच्छेदन।

**master** (मा:स्´-टॅ:/मैस्´-टॅ:) *n.* 1. the owner, मालिक, स्वामी। 2. one in authority, अधिपति, सरकार। 3. a head of the household, गृहस्वामी। 4. a male teacher, मास्टर, अध्यापक। 5. a man who owns an animal, पशुपालक। 6. a skilled workman, कारीगर, मास्टर। □ **one's own master,** कार्य करने में स्वतंत्र। *adj.* 1. most important, अत्यधिक महत्त्वपूर्ण। 2. chief, मुख्य, प्रमुख, प्रधान। *v.* 1. to become proficient in, मास्टर हो जाना, कुशलता प्राप्त कर लेना। 2. to bring under control, नियंत्रित करना, क़ाबू में लाना।

**Master** *n.* a term of address, संबोधन के रूप में प्रयुक्त पद।

**masterful** (मा:स्´-टॅ:-फ़ुल्/मैस्´-टॅ:-फ़ुल्) *adj.* 1. very skillful, अत्यंत कुशल। 2. domineering, दबंग, निरंकुश।

**master key** *n.* a key that opens a number of locks, मास्टर कुंजी।

**masterly** (मा:स्´/मैस्´-टॅ:-ली) *adj.* showing great skill, कौशलपूर्ण, उच्च कोटि का।

**mastermind** (मा:स्´/मैस्´-टॅ:-माइन्ड्) *n.* a person of great ability, सुयोग्य व्यक्ति, निपुण व्यक्ति, दिमागदार आदमी। *v.* to plan and direct, योजना बनाना तथा कार्यान्वित करना।

**masterpiece, masterwork** (मा:स्´/मैस्´-टॅ:-पीस्, मा:स्´/मैस्´-टॅ:-व:क्) *n.* a best piece of work, उत्तम कृति या रचना।

**masterstroke** (मा:स्´/मैस्´-टॅ:-स्ट्रोक्) *n.* an outstanding piece of strategy, चतुराई-भरी योजना।

**mastery** (मा:स्´/मैस्´-टॅ-री) *n.* 1. full understanding of a subject, विषयगत पूर्ण निपुणता। 2. outstanding skill, कौशल।

**masthead** (मा:स्´/मैस्ट्´-हेंड्) *n.* the top of mast, मस्तूल की चोटी या सिरा।

**mastic** (मैस्´-टिक्) *n.* a resin, मस्तगी, गंदा बिरोजा।

**masticate** (मैस्´-टि-केट्) *v.* 1. to chew, चबाना। 2. to crush, मसलना।

**mastication** (मैस्-टि-के´-शॅन्) *n.* the act of masticating, चबाना, चर्वण।

**mastiff** (मैस्´-टिफ़्, मा:´-स्टिफ़्) *n.* a large powerful dog with drooping ears, मासटिफ।

**mastitis** (मैस्-टाइ´-टिस्) *n.* 1. inflammation of an udder, थनैली। 2. inflammation of a breast, स्तनशोथ।

**mastoiditis** (मैस्-टाइ-डाइ´-टिस्) *n.* swelling behind the ear, कनपेड़ा।

**masturbate** (मैस्´-टॅ:-बेट्) *v.* to stimulate sex organ by hand, हस्तमैथुन करना।

**masturbation** (मैस्-टॅ:-बे´-शॅन्) *n.* the act of masturbating, हस्तमैथुन।

**mat[1]** (मैट्) *n.* 1. a floor-covering of straw etc., चटाई, मैट। 2. an entangled mass of hair, weeds etc., उलझट्टा। *v.* to make or become entangled, उलझना या उलझाना।

**mat[2]** *n.* a border placed around a picture, चित्र का बार्डर। *v.* (matted, matting) to provide with a mat, बॉर्डर बनाना या लगाना।

**matador** (मैट्´-अॅ-डा:) *n.* one who kills a bull in bullfight, द्वंद्व में साँड़ को मारनेवाला।

**match[1]** (मैच्) *n.* 1. one equal to another, जोड़। 2. a person considered possible husband or wife, जोड़ीदार, मेल। 3. a marriage, विवाह, शादी। 4. a contest in a game, मैच। □ **make a match,** जोड़ का होना; **find one's match,** टक्कर का आदमी मिलना; **make a match of,** विवाह कर लेना। *v.* 1. to be similar to, समान होना। 2. to find something suitable for use with, मेल खाना। 3. to find a match for, जोड़ मिलना।

**match[2]** *n.* a stick of a matchbox, तीली, काँटी।

**matchbook** (मैच्´-बुक्) *n.* a small folder containing matches, दियासलाइयों का पत्ता।

**matchbox** (मैच्´-बॉक्स्) *n.* a box for holding matches, दियासलाई की डिबिया।

**matching** (मैच्´-इंग्) *adj.* (of colours or clothes) which are the same or suited, एक-से, एक-जैसे, मेल के।

**matchless** (मैच्´-लिस्) *adj.* unequalled, बेजोड़, अद्वितीय।

**matchlock** (मैच्´-लॉक्) *n.* a kind of gun, तोड़ेदार बंदूक।

**matchmaker** (मैच्´-मे-कॅ:) *n.* one who arranges marriages, वैवाहिक संबंध करानेवाला।

**matchwood** (मैच्´-वुड्) *n.* wood suitable for match-making, दियासलाई की तीलियाँ बनाने की लकड़ी।

**mate[1]** (मेट्) *n.* 1. a close associate, सहयोगी, साथी, संगी। 2. a spouse, जीवन-संगी। 3. one of a pair of breeding animals, पशुओं का यौन-साथी। *v.* (mated, mating) 1. to pair for reproduction, जोड़ा खाना। 2. to join as a pair, संगी या साथी बनना।

M

3. to marry, विवाह करना।

**mate²** ***n.*** checkmate, किश्त, शहमात।

**material** (मॅ-टिअॅर्´-इ-अॅल्) ***n.*** 1. the substance from which something can be made, पदार्थ, चीज़, सामग्री। 2. information, facts, जानकारी, तथ्य। 3. cloth, कपड़ा, वस्त्र। ***adj.*** 1. consisting of matter, पदार्थ-संबंधी। 2. physical, भौतिक। 3. bodily, शारीरिक। 4. significant, महत्त्वपूर्ण, तात्त्विक।

**materialism** (मॅ-टिअॅर्´-इ-अँ-लिज़्-अॅम्) ***n.*** excessive regard for material well-being rather than spiritual values, भौतिकवाद।

**materialist** (मॅ-टिअॅर्´-इ-अॅ-लिस्ट्) ***adj.*** of or pertaining to materialism, भौतिकवादी। ***n.*** one who believes in materialism, भौतिकवादी।

**materialize** (मॅ-टिअॅर्´-इ-अॅ-लाइज़्) ***v.*** to appear or happen, प्रकट होना, अस्तित्व ग्रहण करना।

**materially** (मॅ-टिअॅर्´-इ-अॅ-ली) ***adv.*** 1. physically, भौतिक रूप में। 2. to a significant extent, पर्याप्त मात्रा में, तात्त्विक दृष्टि से।

**maternal** (मॅ-टः´-नॅल्) ***adj.*** 1. of a mother, माता-संबंधी, मातृ-। 2. related through one's mother, ममेरा। 3. motherly, मातृ-सुलभ।

**maternity** (मॅ-टः´-नि-टी) ***n.*** 1. motherhood, मातृत्व। 2. motherliness, मातृवत्ता। ***adj.*** of pregnant woman or pregnancy, गर्भावस्था या गर्भवती स्त्री से संबद्ध; maternity ward, जच्चा-कक्ष; maternity leave, प्रसवावकाश।

**matey** (मे´-टी) ***n.*** a friend, मित्र। ***adj.*** friendly, मित्रतापूर्ण, मैत्रीपूर्ण।

**mathematical** (मैथ्-अॅ-मैट्´-इ-कॅल्) ***adj.*** 1. of or relating to mathematics, गणितीय। 2. characterized by the precision of mathematics, सूक्ष्म। 3. exactly correct, सटीक, यथातथ्य।

**mathematically** (मैथ्-अॅ-मैट्´-इ-कॅ-ली) ***adv.*** according to mathematics, गणित के अनुसार, गणित के विचार से।

**mathematician** (मैथ्-अॅ-मॅ-टिश्´-अॅन्) ***n.*** one who is skilled in mathematics, गणितज्ञ।

**mathematics** (मैथ्-अॅ-मैट्´-इक्स्) ***n.*** the study or science of numbers, गणित, हिसाब।

**matinee** (मै-टिन्-ने´/ मै´-टि-ने) ***n.*** an afternoon performance of a theatre, मैटिनी शो

**mating** (मेट्´-इंग्) ***n.*** the act of coupling (of animals), जोड़ा खाना।

**matins** (मैट्´-इन्ज़्) ***n.*** morning prayer, प्रातःकालीन प्रार्थना, भोर की प्रार्थना।

**matriarch** (मे´-ट्रि-आःक्) ***n.*** the female head of a tribe, कुलमाता।

**matriarchy** (मे´-ट्रि-आः-की) ***n.*** the social system in which the woman is the head of a family, मातृतंत्र।

**matricide** (मै´-ट्रि-साइड्) ***n.*** the act of killing one's own mother, मातृहत्या, मातृघात।

**matriculate** (मॅ-ट्रिक्´-यु-लेट्) ***v.*** to become successful in a high school examination, हाई स्कूल परीक्षा में उत्तीर्ण होना, मैट्रिक में पास होना। ***adj.*** having passed high school examination, मैट्रिक पास, हाईस्कूल में उत्तीर्ण।

**matriculation** (मै-ट्रिक्-क्यु-ले´-शॅन्) ***n.*** the act of matriculating or the state of being matriculated, हाईस्कूल परीक्षा में उत्तीर्ण होने की अवस्था या भाव।

**matrimonial** (मैट्-रि-मो´-नि-अॅल्) ***adj.*** of marriage, विवाह-संबंधी, वैवाहिक।

**matrimony** (मैट्´-रि-मॅ-नी, मैट्´-रि-मो-नी) ***n.*** marriage, विवाह, शादी।

**matrix** (मे´-ट्रिक्स्) ***n.*** (plu. matrixes, matrices) a mould, साँचा।

**matron** (मे´-ट्रॅन्) ***n.*** 1. a head nurse in a hospital, अस्पताल की प्रधान नर्स। 2. an elderly married woman, प्रौढ़ा। ☐ **matron of honour,** विवाह के समय कन्या के साथ रहनेवाली सहेली।

**matted** (मैट्´-इड्) ***adj.*** 1. tangled into thick mass, उलझा हुआ। 2. covered with matting, (कालीन आदि से) ढका हुआ।

**matter** (मैट्´-अॅः) ***n.*** 1. a substance or material, पदार्थ। 2. things of a specified kind, सामग्री, चीज़, वस्तु। 3. the substance of thought or expression, विषय-वस्तु, सामग्री। 4. a subject of concern or action, मामला, विषय, बात। 5. a difficulty, कठिनाई। 6. something written or printed, मैटर। 7. pus, पीब। ☐ **a matter of course,** प्रत्याशित या स्वाभाविक स्थिति या घटना; **a matter of life and death,** अत्यंत गंभीर बात, जन्म-मरण का प्रश्न; **as a matter of fact,** वस्तुतः, हक़ीक़त में; **no laughing matter,** कोई हँसी की बात नहीं अर्थात् गंभीर बात। *v.* to be of importance, महत्त्वपूर्ण होना।

**matter-of-fact** (मैट्-ऑर्-ऑफ़्-फ़ैक्ट्´) ***adj.*** concerned with facts, तथ्यपरक।

**matting** (मैट्´-इंग्) ***n.*** a mat, चटाई।

**mattock** (मैट्´-ऑक्) ***n.*** a tool for breaking up hard soil, फावड़ा।

**mattress** (मैट्´-रिस्) ***n.*** a large pad used on or as a bed, गद्दा।

**maturation** (मैच्-यु-रे´-शॅन्) ***n.*** the process of maturing, पकना, परिपक्व होना, प्रौढ़ता।

**mature** (मॅ-च्योः/मॅ-ट्योः) ***adj.*** 1. fully grown, ripe or developed, परिपक्व। 2. grown-up, प्रौढ़। 3. due or payable, देय। *v.* 1. to become ripe or mature, परिपक्व होना, प्रौढ़ होना। 2. to become due for payment, देय होना।

**maturity** (मॅ-च्योर्´-इ-टी) ***n.*** 1. the state of being mature, परिपक्वता, प्रौढ़ता। 2. the time of being mature, भुगतान-तिथि।

**maudlin** (माःड्´-लिन्) ***adj.*** sentimental, भावुक।

**maul** (माःल्) ***v.*** to injure badly, घायल करना, क्षत-विक्षत करना।

**maunder** (माःन्´-डॅः) ***v.*** to talk incoherently, प्रलाप करना।

**mausoleum** (माः-सो-ली´-ॲम्) ***n.*** a tomb of an important person, मक़बरा।

**mauve** (मोव्) ***adj.*** purple, बैंगनी (रंग)।

**maverick** (मैव्´-ॲ-रिक्, मैव्´-ॲर्-इक्) ***n.*** 1. a stray animal, छुट्टा पशु। 2. an independent person in politics, स्वतंत्र विचारोंवाला राजनीतिज्ञ।

**mavin** (मे´-विन्, मे´-वन्) ***n.*** 1. an expert, विशेषज्ञ। 2. a connoisseur, पारखी।

**maw** (माः´) ***n.*** an animal's stomach, पशु का पेट।

**mawkish** (माः´-किश्) ***adj.*** excessively sentimental, अत्यंत भावुक।

**maxi** (मैक्स्-सी) ***n.*** a woman's garment reaching to the ankles, मैक्सी।

**maxilla** (मैक्-सिल्´-ॲ) ***n.*** the jawbone, जबड़े की हड्डी।

**maxim** (मैक्´-सिम्) ***n.*** an expression of a general truth or a concise rule of conduct, सूक्ति।

**maximal** (मैक्´-सि-मॅल्) ***adj.*** as great as possible, अधिक-से-अधिक बड़ा।

**maximize** (मैक्´-सि-माइज़्) ***v.*** to make as great as possible, अधिक से अधिक करना या बढ़ाना।

**maximum** (मैक्´-सि-मॅम्) ***adj.*** the greatest or highest possible, अधिक से अधिक, अधिकतम।

**May** (मे) ***n.*** the fifth month of the year, मई। ***aux v.*** used to express wish, permission or possibility, इच्छा, अनुमति या संभावना की सूचक सहायक क्रिया।

**maybe** (मे´-बी) ***adv.*** perhaps, शायद।

**mayhem** (मे´-हॅम्) ***n.*** 1. the crime of wilfully maiming a person, अंगभंग का अपराध। 2. a wilful violent destruction, ज़ोर-ज़बरदस्ती से किया हुआ ध्वंस, विध्वंस।

**mayonnaise** (मे-ॲ-नेज़्´) ***n.*** a kind of sauce, एक प्रकार की चटनी।

**mayor** (मे´-ॲः) ***n.*** the head of the city, नगरप्रमुख, महापौर। [Fem. mayoress]

**mayoralty** (मे´-ॲर्-ॲल्-टी) ***n.*** the office or duration of a mayor, नगर-प्रमुख का पद या कार्यकाल।

**maze** (मेज़्) ***n.*** a labyrinth, भूलभुलैया।

**me** (मी) ***pron.*** the objective case of I, मुझको, मुझे; It is me who will have to accept, बस, मुझे ही तो स्वीकार करना होगा।

**mead** (मीड्) ***n.*** an alcoholic drink made

M

from fermented honey and water, एक तरह की शराब।

**meadow** (मेंड्´-ओ) ***n.*** a field of grass, घास का मैदान।

**meagre** (मी´-गॅ:) ***adj.*** 1. thin, lean, दुबला-पतला। 2. deficient in quantity, बहुत थोड़ा।

**meal** (मील्) ***n.*** 1. the food served and eaten in one sitting, भोजन। 2. coarsely ground grain, आटा। □ **make a meal of,** पेट में डालना, खा जाना।

**meal-time** (मील्´-टाइम्) ***n.*** the usual time for eating a meal, भोजन का समय।

**mealy** (मी´-ली) ***adj.*** like or containing meal, आटे-जैसा।

**mealy-mouthed** (मी´-ली-माउथ्ड्´) ***adj.*** hesitant to speak plainly, जो साफ़-साफ़ बात न कहता हो, बातूनी या चिकनी-चुपड़ी बातें करनेवाला।

**mean**[1] (मीन्) ***v.*** (meant, meaning) 1. to denote or convey, अर्थ देना। 2. to indicate, सूचित करना। 3. to have as purpose, अभिप्राय होना। 4. to have the importance, महत्त्व होना। □ **mean business,** कार्रवाई के प्रति गंभीर होना।

**mean**[2] ***adj.*** 1. low in quality, घटिया, तुच्छ, नगण्य। 2. low in status, अधम, नीच। 3. ignoble, कमीना, नीच, तुच्छ। 4. miserly, कंजूस। □ **no mean,** ऊँचे दर्जे का, उच्च कोटि का।

**mean**[3] ***n.*** the middle point, state or course between two limits, औसत, मध्य।

**meander** (मी-ऐन्´-डॅ:) ***v.*** 1. to follow a winding course, टेढ़ा-मेढ़ा चलना। 2. to wander aimlessly, बेकार घूमना। ***n.*** a winding course, टेढ़ा-मेढ़ा रास्ता।

**meaning** (मी´-निंग्) ***n.*** 1. sense, import, अर्थ, आशय, तात्पर्य। 2. significance, महत्त्व।

**meaningful** (मी´-निंग्-फ़ुल्) ***adj.*** 1. full of meaning, अर्थ-भरा, अर्थपूर्ण। 2. significant, सार्थक, महत्त्वपूर्ण।

M

**meaningless** (मी´-निंग्-लिस्) ***adj.*** without meaning, अर्थहीन, निरर्थक।

**meanness** (मीन्´-निस्) ***n.*** the quality of being mean, अधमता, घटियापन, नीचता।

**means** (मीन्ज़्) ***n.*** (singular) 1. a course of action by which some end is achieved, साधन। 2. wealth, धन। □ **by all means,** निश्चय ही; **by means of,** के द्वारा; **by no means,** बिल्कुल नहीं, कदापि नहीं; **ways and means,** विभिन्न उपाय।

**ment** (मेंन्ट्) ***v.*** p.t. & p.p. of mean.

**meantime** (मीन्´-टाइम्) ***n.*** the time between two events, दो बातों के बीच का समय। ***adv.*** meanwhile, इस बीच, इसी बीच।

**meanwhile** (मीन्´-वाइल्) ***adv.*** 1. in the meantime, इसी बीच, इतने में। 2. at the same time, उसी समय।

**meany** (मी´-नी) ***n.*** a small-minded person, अनुदार व्यक्ति।

**measles** (मी´-ज़ॅल्ज़्) ***n.*** an infectious disease characterized by red spots on the skin, खसरा।

**measly** (मी´-ज़्ली) ***adj.*** 1. affected with measles, खसरे से ग्रस्त। 2. of small value or size, तुच्छ, नगण्य।

**measurable** (मेंज़्´-ऑ-रॅ-बॅल्) ***adj.*** that can be measured, जिसे नापा जा सके, परिमेय।

**measure** (मेंज़्´-ॲ:) ***n.*** 1. size, नाप, माप। 2. quantity, परिमाण, मात्रा। 3. a unit or standard used in measuring, पैमाना, नपना, मानदंड। 4. a device for measuring, नापने का उपाय (फ़ीता, गज़ आदि)। 5. a criterion, कसौटी, मानदंड। 6. limit, सीमा; within measure, सीमा के अंदर। 7. a bill or resolution, विधेयक या प्रस्ताव। 8. the width of a page or column, पृष्ठ या कॉलम की चौड़ाई। □ **beyond measure,** अपरिमेय; **in great measure,** बहुत बड़ी सीमा तक, अत्यधिक परिमाण में; **strong measures,** कड़ी कार्रवाई। ***v.*** 1. to determine the size, amount, degree of by measurement, नापना, मापना। 2. to appraise, आँकना, अनुमान लगाना। 3. to be as specified in extent, amount etc., नाप में होना, नपना। 4. to compare, तुलना करना।

□ **measure up,** बराबर या उपयुक्त होना, योग्य होना; **for good measure,** अतिरिक्त रूप में।

**measured** (मेंज़्´-अ:ड्) *adj.* 1. carefully considered, exact, नपा-तुला। 2. determined by measurement, नपा हुआ।

**measurement** (मेंज़्´-अ:-मॅन्ट्) *n.* 1. the act of measuring, मापन। 2. size, नाप।

**meat** (मीट्) *n.* 1. animal flesh as food, मांस, गोश्त, आमिष। 2. valuable matter or gist, सार, काम की बात। 3. food or meal, भोजन।

**meatball** (मीट्´-बा:ल्) *n.* 1. minced meat shaped into a ball before cooking, क़ीमे का गोला। 2. a fool, मूर्ख व्यक्ति।

**meatman** (मीट्´-मॅन्) *n.* a butcher, कसाई।

**meaty** (मी´-टी) *adj.* 1. fleshy, मांसल। 2. full of import, सारगर्भित।

**Mecca** (मेंक्´-अॅ) *n.* 1. the birthplace of Mohammad, मक्का (स्थान)। 2. destination, वह स्थान जहाँ बहुत लोग पहुँचना चाहते हों।

**mechanic** (मॅ-कैन्´-इक्) *n.* a skilled workman, मिस्त्री, मकैनिक, कारीगर।

**mechanical** (मॅ-कैन्´-इ-कॅल्) *adj.* 1. of or pertaining to machines or tools, मशीनी, यांत्रिक। 2. as if done by habit, not will, बँधा-सधा, अविचारित।

**mechanically** (मॅ-कैन्´-इ-कॅ-ली) *adv.* in a mechanical way, यंत्रवत्।

**mechanics** (मॅ-कैन्´-इक्स्) *n.* 1. the science of making machines, यांत्रिकी। 2. process, प्रक्रिया, क्रियाविधि।

**mechanism** (मेंक्´-अॅ-निज़्-अॅम्) *n.* 1. the structure of a machine, यंत्र-विन्यास, रचना-तंत्र। 2. the parts of a machine, कल-पुर्ज़े। 3. the working of a machine, क्रिया-प्रणाली, क्रियाविधि। 4. the process or means, प्रक्रिया, साधन, तंत्र।

**mechanization** (मेंक्-अॅ-नि-ज़े´-शॅन्) *n.* the act of equipping with machinery, यंत्रीकरण, यंत्र-सज्जा, यांत्रिकीकरण।

**mechanize** (मेंक्´-अॅ-नाइज़्) *v.* 1. to equip with machinery, मशीनें लगाना। 2. to make automatic or mechanical, ऑटोमैटिक करना या बना देना।

**mechanized** (मेंक्´-अॅ-नाइज़्ड्) *adj.* equipped with machinery, यंत्र-सज्जित।

**medal** (मेंड्´-अॅल्) *n.* a piece of metal given as a reward in memory of some event, पदक, तमगा।

**medallist** (मेंड्´-अॅ-लिस्ट्) *n.* a recipient of a medal, पदक-विजेता, पदकधारी।

**medallion** (मॅ-डैल्´-यॅन्) *n.* 1. a large medal, बड़ा पदक या तग्मा। 2. a pattern like this, पदक-जैसा डिज़ाइन।

**meddle** (मेंड्´-अॅल्) *v.* to interfere, टाँग अड़ाना, दख़ल देना, हस्तक्षेप करना।

**meddler** (मेंड्´-लॅं:) *n.* one who interferes, हस्तक्षेपकर्ता।

**meddlesome** (मेंड्´-अॅल्-सॅम्) *adj.* in the habit of meddling, टाँग अड़ाने या हस्तक्षेप करनेवाला।

**media** (मी´-डि-अॅ) *n.* (plu. of medium) **the media,** the means of communication that reach large number of people, समाचारपत्र, रेडियो तथा टेलीविजन, जनसंचार माध्यम।

**mediaeval** (में-डि-ई´-वॅल्) *adj.* = medieval.

**median** (मी´-डि-अॅन्) *adj.* medial, बिचला, मध्य। *n.* (maths.) a medial point or line, माध्यिका।

**mediate** (मी´-डि-एट्) *v.* to negotiate between two opposing sides, मध्यस्थता करना, बीच-बचाव करना।

**mediation** (मी-डि-ए´-शॅन्) *n.* the act of mediating, मध्यस्थता, बीच-बचाव।

**mediator** (मी´-डि-ए-टॅ:) *n.* one who mediates, मध्यस्थ।

**medic** (मेंड्´-इक्) *n.* 1. a doctor, डॉक्टर, चिकित्सक। 2. a medical student, चिकित्सा-छात्र।

**medical** (मेंड्´-इ-कॅल्) *adj.* 1. of medicine, औषध-संबंधी। 2. of the treatment of disease, चिकित्सा-संबंधी, चिकित्सा-।

**medicament** (मेंड्´-इ-कॅ-मॅन्ट्/मॅ-डिक्´-अॅ-

M

मॅन्ट्) *n.* a medicine, औषध, दवा।

**medicare** (मेंड्´-इ-कॅंअ:) *n.* a system of medical care, चिकित्सा-सुरक्षा।

**medicated** (मेंड्´-इ-के-टिड्) *adj.* mixed with a medicine, औषधयुक्त।

**medication** (मेंड्-इ-के´-शॅन्) *n.* 1. of medicine, औषधीकरण। 2. a medicine, औषध।

**medicinal** (मॅ-डिस्´-इ-नॅल्) *adj.* 1. of medicine, औषधीय। 2. having healing properties, रोगहर, स्वास्थ्यकर।

**medicinally** (मॅ-डिस्´-इ-नॅ-ली) *adv.* by or through medicine, औषध द्वारा।

**medicine** (मेंड्´-इ-सिन्) *n.* 1. a substance used to treat disease, औषध, दवा। 2. the science of treating diseases, चिकित्सा-विज्ञान, वैद्यक। ☐ **give someone a taste of his own medicine,** जैसे के साथ तैसा व्यवहार करना; **take one's medicine,** लात खाना।

**medicine man** *n.* a witch doctor, झाड़-फूँक करनेवाला, ओझा।

**medico** (मेंड्´-इ-को) *n.* 1. a doctor, चिकित्सक, डॉक्टर। 2. a medical student, चिकित्सा विज्ञान का छात्र।

**medieval** (मि-डी´-वॅल्) *adj.* of the middle ages, मध्ययुगीन।

**mediocre** (मी-डि-ओ´-कॅ:) *adj.* of medium quality, औसत दर्जे का, साधारण।

**mediocrity** (मी-डि-ऑक्´-रि-टी) *n.* 1. the quality of being mediocre, औसत दर्जा। 2. an average person, साधारण व्यक्ति।

**meditate** (मेंड्´-इ-टेट्) *v.* (meditated, meditating) to contemplate, to reflect deeply, मनन करना, ध्यान लगाना।

**meditation** (मेंड्-इ-टे´-शॅन्) *n.* the act of meditating, मनन, ध्यान।

**meditative** (मेंड्´-इ-टे-टिव्) *adj.* contemplating, thoughtful, मननशील, ध्यानमग्न।

**Mediterranean** (मेंड्-इ-टॅ-रे´-नि-ॲन्) *adj.* of the Mediterranean sea, भूमध्यसागरीय। *n.* Mediterranean sea, यूरोप और उत्तरी अफ्रीका के बीच का सागर, भूमध्य सागर।

M

**medium** (मी´-डि-ॲम्) *n.* (plu. media) 1. a method of giving information, माध्यम। 2. an agency or means by which something is done, माध्यम। 3. a middle position, मध्य। 4. one who communicates with the spirits, माध्यम। 5. (plu. the media) a means of mass communication, जनसंचार। *adj.* occurring midway, intermediate, बीच का, मध्यम, मँझोला।

**medley** (मेंड्´-ली) *n.* 1. confused mixture, घाल-मेल। 2. a musical arrangement of several melodies, स्वर-संगम।

**medulla** (मि-डल्´-ॲ) *n.* marrow, गूदा, मज्जा।

**meek** (मीक्) *adj.* 1. humble, नम्र, विनम्र, विनीत। 2. submissive, दब्बू।

**meekness** (मीक्´-निस्) *n.* 1. humility, विनम्रता। 2. submissiveness, दब्बूपन।

**meet** (मीट्) *v.* (met, meeting) 1. to encounter, सामना होना। 2. to come into contact with, मुलाकात या भेंट होना। 3. to get to know or be introduced to first time, परिचय होना। 4. to gather in the company of, मिलना, साथ होना, एकत्र होना। 5. to come together as opponents in a battle or contest, मुकाबला करना, सामना करना। 6. to find or experience, सामना होना, अनुभव करना, भोगना। 7. to deal with, हल करना। 8. to satisfy, पूरा करना। 9. to pay, भुगतान करना, चुकाना। ☐ **make ends meet,** (थोड़ी आमदनी में) गुज़ारा कर लेना; **meet someone's eyes,** आँखें मिलाकर देखना। *n.* a sports meeting, खेल, खिलाड़ियों का जमावड़ा।

**meeting** (मी´-टिंग्) *n.* 1. the act of coming together, मिलन। 2. union, संगम। 3. an assembly or gathering, सभा, गोष्ठी या बैठक। 4. an encounter, सामना, मुठभेड़, भिड़ंत।

**mega** (में´-गॅ) *adj.* one million, दस लाख।

**megacycle** (मेंग्´-ॲ-साइ-कॅल्) *n.* one million cycles as a unit of wave frequency, मेगासाइकिल।

**megadeath** (मेंग्´-ॲ-डेंथ्) *n.* the death of one million people, दस लाख लोगों की मृत्यु

**megalith** (मेंग्´-अॅ-लिथ्) *n.* a stone of great size, महापाषाण।

**megalomania** (मेंग्-अॅ-लो-मे´-नि-अॅ) *n.* 1. a mental illness characterized by feeling of great personal power or influence as possible, अहंमन्यता। 2. a mania for grandiose performance, बड़ा काम करने का गौरव प्राप्त करने की सनक, महत्त्वोन्माद।

**megalomaniac** (मेंग्-अॅ-लो-मे´-नि-इक्) *adj.* suffering from megalomania, अहंमन्य, महत्त्वोन्मादी।

**megalopolis** (मेंग्-अॅ-लॉप्´-अॅ-लिस्) *n.* an urban complex of several towns, महानगर।

**megaphone** (मेंग्´-अॅ-फ़ोन्) *n.* an instrument to amplify voice, ध्वनिवर्धक, भोंपू, मेगाफ़ोन।

**megavolt** (मेंग्´-अॅ-व़ोल्ट्) *n.* one million volts, दस लाख वोल्ट।

**megawatt** (मेंग्´-अॅ-वाट्) *n.* one million watts, दस लाख वाट।

**melancholy** (मेंल्´-अॅन्-कॅ-ली) *n.* mental depression, अवसाद, विषाद, उदासी। *adj.* sad, gloomy, उदास, विषादयुक्त।

**melange** (मे-लाःन्ज़्´) *n.* a mixture, मिश्रण, गड्डमड्ड। (फ्रांसीसी)

**meld** (मेंल्ड्) *v.* (melded, melding) to mix or blend, मिलाना, मिश्रित करना।

**melee** (मे´-ले / मे-ले´) *n.* 1. a disorderly crowd, भीड़-भाड़, जमावड़ा। 2. a confused fight, मार-धाड़।

**meliorate** (मील्´-यो-रेट्) *v.* (meliorated, meliorating,) to improve, सुधार करना, सुधारना।

**mellifluous** (में-लिफ़्´-लू-अॅस्) *adj.* sweet sounding, कर्णप्रिय, मीठा, मधुर।

**mellow** (मेंल्´-ओ) *adj.* 1. ripe and sweet, रसीला, रस-भरा। 2. melodious, सुरीला। 3. genial, उदार। 4. kind-hearted, दयालु, सहृदय। *v.* 1. to become mellow, (क) रस से भर जाना, (ख) उदार या सहृदय हो जाना। 2. to make mellow, (क) रस से भर देना, (ख) उदार या सहृदय बना देना।

**melodic** (मॅ-लॉड्´-इक्) *adj.* of melody, मधुर, सुरीला या लययुक्त।

**melodious** (मॅ-लो´-डि-अॅस्) *adj.* full of melody, श्रुतिमधुर, सुरीला, लययुक्त।

**melodrama** (मेंल्-अॅ-ड्रा´-मॅ) *n.* 1. an emotional or sensational drama, भावोत्तेजक या उत्तेजनायुक्त नाटक। 2. overdramatic behaviour, अतिनाटकीय व्यवहार।

**melodramatic** (मेंल्-ओ-ड्रा-मैट्´-इक्) *adj.* of melodrama, भावोत्तेजक या अतिनाटकीय।

**melodramatics** (मेंल्-ओ-ड्रा-मैट्´-इक्स्) *n.* (plu.) melodramatic behaviour, अतिनाटकीय व्यवहार, नाटकबाज़ी।

**melody** (मेंल्´-अॅ-डी) *n.* 1. a pleasing arrangement of sounds, स्वर-संगम, स्वर-लहरी। 2. a song or tune, गान या धुन।

**melon** (मेंल्´-अॅन्) *n.* a plant and its fruit, ख़रबूज़ा और उसकी लता।

**melt** (मेंल्ट्) *v.* 1. to cause to become liquid, पिघलाना, गलाना। 2. to become liquid, पिघलना, गलना। 3. to become gentler, द्रवित होना, पसीजना। 4. to cause to become gentler, द्रवित करना। 5. to dwindle or fade away, छीजना, घुलना। ☐ **melt away,** ग़ायब हो जाना।

**melting point** *n.* the temperature at which a solid becomes liquid, गलनांक।

**melting pot** *n.* a pot in which metals can be melted, घरिया। ☐ **in the melting pot,** जिसमें परिवर्तन होने को हो, खटाई में पड़ा हुआ।

**member** (मेंम्´-बॅः) *n.* 1. one who belongs to an organisation, committee or club, सदस्य, मेंबर। 2. a part of a whole, अंग, अवयव, घटक। 3. one elected to a council or assembly, सदस्य, मेंबर।

**Member of Parliament** *n.* संसद् सदस्य, सांसद।

**membership** (मेंम्´-बॅः-शिप्) *n.* 1. the state of being a member of an organisation, committee etc., सदस्यता, मेंबरी। 2. the total number of members, सदस्य-संख्या।

**membrane** (मेंम्´-ब्रेन्) *n.* soft thin skin in the body, झिल्ली।

M

**membraneous** (मेंम्´-ब्रे-नेंस्) *adj.* of or like membrane, झिल्लीदार।

**memento** (मॅ-मेंन्-टो) *n.* a souvenir, स्मारिका, स्मृति-चिह्न, यादगार।

**memo** (मेंम्´-ओ) *n.* a memorandum, पुर्ज़ा, रुक्का।

**memoir** (मेंम्´-व़ा:) *n.* 1. a biography, जीवन-वृत्तांत। 2. an essay, निबंध।

**memoirs** (मेंम्´-व़ा:ज़्) *n.* (plu.) a collection of reminiscences, संस्मरण।

**memorabilia** (मेंम्-अॅ-रॅ-बिल्´-इ-अॅ) *n.* (plu.) memorable things, स्मरणीय वस्तुएँ।

**memorable** (मेंम्´-अॅ-रॅ-बॅल्) *adj.* worth remembering, स्मरणीय, स्मरण रखने योग्य।

**memorandum** (मेंम्-अॅ-रैन्´-डॅम्) *n.* (plu. memoranda) 1. a note, पुर्ज़ा, नोट, टिप्पण। 2. a written statement for submission, ज्ञापन। 3. a short agreement in writing, मेमोरेंडम।

**memorial** (मॅ-मा:र्´-इ-ॲल्, मॅ-मोर्´-इ-ॲल्) *n.* something serving as a memory of someone or some event, स्मारक। *adj.* serving as a memorial, स्मारक।

**memorize** (मेंम्´-अॅ-राइज़्) *v.* to learn and remember, स्मरण करना, याद कर लेना।

**memory** (मेंम्´-अॅ-री) *n.* 1. the ability to remember, स्मरणशक्ति, स्मृति, याददाश्त। 2. all that a person can remember, याद, स्मृति। □ **from memory,** स्मरणशक्ति के द्वारा, याददाश्त से; **in memory of,** की याद में।

**memsahib** (मेम्´-सा-हिब्) *n.* a European lady or an Indian woman of upper class, मेमसाहब।

**menace** (मेंन्´-ॲस्) *v.* to threaten. धमकी देना। *n.* 1. a threat, धमकी। 2. a source of danger, nuisance, उपद्रव। 3. a troublesome person or thing, आफ़त, बला।

**menacingly** (मेंन्´-ॲस्-इंग्-ली) *adv.* threateningly, धमकी के साथ।

**menage** (मे´-नाज़्) *n.* the persons of a house, घर के लोग।

**menagerie** (मॅ-नैज्´-इ-री) *n.* wild animals kept for exhibition etc., प्रदर्शनी में लाए हुए जंगली जानवर, वन्य जीवों का समूह।

**mend** (मेंन्ड्) *v.* 1. to repair, मरम्मत करना। 2. to set right, सुधारना। *n.* 1. an act of repairing, मरम्मत। 2. a mended area, मरम्मत की हुई जगह।

**mendacious** (मेंन्-डे´-शॅस्) *adj.* lying, untruthful, झूठा।

**mendacity** (मेंन्-डैस्´-इ-टी) *n.* untruthfulness, झूठ बोलने की प्रवृति। 2. a falsehood, झूठ।

**mendicant** (मेंन्´-डि-कॅन्ट्) *n.* a beggar, भिक्षु।

**mending** (मेंन्ड्´-इंग्) *n.* 1. the act of repairing, मरम्मत। 2. clothes to be mended, मरम्मत किए जानेवाले कपड़े आदि।

**menfolk** (मेंन्´-फ़ॉक्) *n.* (plu.) 1. men in general, लोग। 2. the men of a particular family, किसी परिवार के लोग।

**menial** (मी´-नि-ॲल्) *n.* a domestic servant, घरेलू नौकर। *adj.* pertaining to or appropriate for a servant, lowly, छोटा; menial work, छोटा काम।

**meninges** (मि-निन्´-ज़ीज़्) *n.* membrane that encloses the brain, मस्तिष्क की झिल्ली, तानिका।

**meningitis** (मेंन्-इन्-जाइ´-टिस्) *n.* inflammation of the meninges, मस्तिष्क की झिल्ली की सूजन, तानिका-शोथ।

**menopause** (मेंन्´-अॅ-पा:ज़्) *n.* cessation of menstruation, रजोनिवृत्ति।

**menses** (मैन्´-सीज़्) *n.* (plu.) blood discharged in menstruation, मासिक धर्म।

**menstruation** (मेंन्´-स्टु-ए´-शॅन) *n.* menses, मासिक धर्म।

**mensurable** (मेंन्´-सु/शु-रॅ-बॅल) *adj.* measureable, मापनीय, परिमेय।

**mensuration** (मेंन्´-सु / शु-रे´-शॅन्) *n.* 1. the act of measuring, मापन। 2. technique of measuring, माप विज्ञान।

**menswear** (मेंन्ज़्´-वेंॲ:) *n.* clothes for men, पुरुषों के वस्त्र, पुरुष-परिधान।

**mental** (मेंन्´-टॅल्) *adj.* of the mind or affected by mental illness, मानसिक, दिमागी।

M

**mental age** ***n.*** level of mental development of a child, मनस्वय।

**mental deficiency** ***n.*** lack of normal intelligence, दिमाग़ी कमज़ोरी।

**mental hospital** ***n.*** hospital for persons affected by mental illness, मनोचिकित्सालय।

**mentalist** (मेंन्´-टॅ-लिस्ट्) ***n.*** a mind reader, मन को पढ़नेवाला, मन को पढ़ लेनेवाला।

**mentality** (मेंन्´-टैल्´-इ-टी) ***n.*** 1. intellectal capacity, मनोशक्ति। 2. a habitual way of thinking, मनोवृत्ति।

**menthol** (मेंन्´-थॉल्) ***n.*** an organic compound found in pepperment oil, पुदीने का सत, मेन्थॉल।

**mention** (मेंन्´-शॅन्) ***v.*** to refer, उल्लेख, चर्चा या ज़िक्र करना। ***n.*** the act of mentioning or the state of being mentioned, उल्लेख, चर्चा, ज़िक्र। □ **don't mention it,** क्यों ऐसा कहते हैं, बस रहने दीजिए, बस हो गया; **not to mention,** कुछ कहने की आवश्यकता नहीं।

**mentor** (मेंन्´-टः) ***n.*** a trusted adviser or teacher, विश्वसनीय परामर्शदाता या शिक्षक।

**menu** (मेंन्´-ऊ/यु) ***n.*** list of dishes for a meal, व्यंजन-सूची, मेनू।

**meow** (मि-ओ´) ***v.*** (of a cat) to make its typical cry. म्याऊँ-म्याऊँ करना।

**mephitic** (में-फ़िट्´-इक्) ***adj.*** offensive smelling, बदबूदार, दुर्गंधमय।

**mercantile** (मः´-कॅन्-टाइल्) ***adj.*** commercial, व्यापारिक, वाणिज्यिक।

**mercenary** (मः´-सॅ-नॅ-री, मः´-सॅ-नॅर्-ई) ***n.*** a man hired for service in a foreign army, भाड़े का सैनिक। ***adj.*** motivated by greed or gain, धनलोलुप।

**merchandise** (मः´-चॅन्-डाइज़्) ***n.*** commercial goods, बिक्री की वस्तुएँ, पण्य माल। ***v.*** 1. to buy and sell, खरीदना और बेचना। 2. to promote sales, बिक्री बढ़ाना।

**merchant** (मः´-चॅन्ट्) ***n.*** a trader, व्यापारी, सौदागर, वणिक, बनिया।

**merchantman** (मः´-चॅन्ट्-मॅन्) ***n.*** a merchant ship, वणिक-पोत।

**merchant navy** ***n.*** ships engaged in foreign trade, वणिक-बेड़ा।

**merciful** (मः´-सि-फ़ुल्) ***adj.*** showing or giving mercy, क्षमाशील, दयावान।

**merciless** (मः´-सि-लिस्) ***adj.*** showing no mercy, दयाहीन, निष्ठुर, निर्दय।

**mercurial** (मः-क्यूर्´-इ-अॅल्) ***adj.*** 1. of mercury, पारदीय, पारदमय। 2. active, lively, तेज़, जीवंत।

**Mercury** (मः´-कॅ-री) ***n.*** the smallest of the planet and one near the sun, बुध ग्रह।

**mercury** ***n.*** a heavy silver-white liquid metal, पारा।

**mercy** (मः´-सी) ***n.*** 1. clemency, क्षमा, दया, दयालुता। 2. a fortunate occurrence, सौभाग्य की बात। □ **at the mercy of,** (किसी) के आगे विवश, के बस में।

**mercy killing** ***n.*** the act of putting to death painlessly a person who is incurably ill, euthanasia, सुखमृत्यु, दयामृत्यु।

**mercy petition** ***n.*** a petition filed for granting mercy, दया-याचिका।

**mere** (मिअॅः) ***adj.*** being nothing more than what is specified, बस इतना ही, सिर्फ, निरा।

**merely** (मिअॅः´-ली) ***adv.*** only...and nothing else, बस, सिर्फ़।

**meretricious** (मेंर्-इ-ट्रिश्´-अॅस्) ***adj.*** 1. showy, भड़कीला, दिखावटी। 2. vulgar, अभद्र, भद्दा। 3. of or relating to prostitute, वेश्या का, वेश्योचित।

**merge** (मर्ज्) ***v.*** 1. to join or combine into a whole, मिल जाना, विलीन हो जाना, विलय हो जाना। 2. to cause to join or combine, मिला देना, विलय करना।

**merger** (मः´-जः) ***n.*** the act of merging or the state of being merged, विलय।

**meridian** (मॅ-रिड्´-इ-अॅन्) ***n.*** 1. one of the imaginary lines joining the north and the south poles, याम्योत्तर रेखा। 2. mid-day, मध्याह्न।

**meringue** (मॅ-रैंग्´) ***n.*** a kind of brothy topping made of the white part of eggs, अंडे की सफ़ेदी से बना एक प्रकार का मिश्रण जिसे केक, पेस्ट्री आदि पर लगाते हैं।

**merino** (मॅ-री´-नो) *n.* 1. a breed of sheep, भेड़ों की एक जाति। 2. the long fine wool of these sheep, उक्त भेड़ों की बढ़िया ऊन।

**merit** (मॅर्´-इट्) *n.* a praiseworthy quality, गुण, विशेषता, ख़ूबी। □ **on its merits,** अपनी ख़ूबियों के कारण। *v.* to deserve, (के) योग्य होना, (का) पात्र होना।

**meritocracy** (मॅर्-इ-टॉक्´-रॅ-सी) *n.* the rule of deserving persons, गुणी व्यक्तियों का शासन, गुणतंत्र।

**meritorious** (मॅर्-इ-टोर्´-इ-अॅस्) *adj.* 1. having merit, गुणी, गुणवान। 2. praiseworthy, प्रशंसनीय, सराहनीय।

**mermaid** (मः-मेड्) *n.* an imaginary woman with fish's tail, मत्स्यकन्या।

**merriment** (मॅर्´-इ-मॅन्ट्) *n.* amusement, fun, मौज-मस्ती, आनंद-मंगल, आमोद-प्रमोद।

**merry** (मॅर्´-ई) *adj.* 1. cheerful, प्रसन्नचित्त, उत्फुल्ल। 2. joyous, मज़ेदार, मौज-मस्ती-भरा। □ **make merry,** मज़े उड़ाना, मौज उड़ाना; **Merry Christmas,** बड़े दिन की बधाई।

**merry-go-round** (मॅर्´-इ-गो-राउन्ड्) *n.* a revolving machine on which children can ride round and round, round about, घुमौआ झूला, हिंडोला।

**merry-making** (मॅर्´-इ-मे-किंग्) *n.* lively festivities, आनंद-मंगल, रंगरलियाँ।

**mesa** (मे´-सॅ) *n.* a steep plateau, ढालुआँ पठार।

**mescaline** (मॅस्´-कॅ-लिन्) *n.* a hallucinogenic drug, एक तरह की नशीली दवा।

**mesh** (मॅश्) *n.* 1. a network, जाली। 2. an open space between the threads of a network, छेद। 3. a trap, जाल, फंदा। *v.* 1. to catch or ensnare, पकड़ना, जाल में फँसाना। 2. (of a toothed wheel) to engage with another, जुड़ना, बैठना।

**mesmeric** (मॅज़्-मॅर्´-इक्) *adj.* that charms unfailingly, सम्मोहक, सम्मोहित कर लेनेवाला।

**mesmerism** (मॅज़्´-मॅ-रिज़्-अॅम्) *n.* hypnotism, सम्मोहन।

**mesmerize** (मॅज़्´-मॅ-राइज़्) *v.* to hypnotise, सम्मोहित करना, सम्मोहन करना।

**mess** (मॅस्) *n.* 1. a jumble, घाल-मेल, गड्ड-मड्ड। 2. a difficult or confused situation, झंझट। 3. a domestic animal's excreta, जानवर का गू, लीद या गोबर। 4. a group which regularly takes meal together, साथ-साथ नियमित भोजन करनेवाले लोगों का दल। 5. the place where such meals are taken, मेस, भोजनालय। □ **make a mess of,** गड्ड-मड्ड कर देना; **mess about,** समय गँवाना या आवारागर्दी करना; **mess with,** तंग करना, छेड़ना। *v.* 1. to jumble, गड्ड-मड्ड करना। 2. to spoil, चौपट करना। 3. to interfere, हस्तक्षेप करना। 4. to group together for eating, साथ-साथ भोजन करना। □ **mess (something) up,** लथेड़ डालना, गंदा कर देना।

**message** (मॅस्´-इज्) *n.* 1. a spoken or written communication, संदेश, संदेशा, पैग़ाम। 2. the important or central idea, महत्त्वपूर्ण या प्रेरणादायक विचार।

**messenger** (मॅस्´-अॅन्-जॅः) *n.* the bearer of a message, संदेशवाहक, दूत, हरकारा।

**Messiah** (मॅ-साइ´-अॅ) *n.* 1. Christ, येशु, मसीहा। 2. a deliverer, मोक्षदाता, मसीहा।

**Messianic** (मॅस्-इ-ऐन्´-इक्) *adj.* of the Messiah, मसीही।

**Messrs** (मॅस्´-अॅःज़्) *n.* 1. plu. of Mr., सर्वश्री। 2. the title prefixed to a firm, व्यापारिक प्रतिष्ठान के नाम के साथ प्रयुक्त पद, मेसर्ज़, मे०।

**messy** (मॅस्´-ई) *adj.* 1. jumbled, गड्ड-मड्ड, अस्तव्यस्त। 2. dirty, गंदा।

**metabolism** (मॅ-टैब्´-अॅ-लिज़्-अॅम्) *n.* the chemical process that living things carry on to maintain life, चयापचयन।

**metal** (मॅट्´-अॅल्) *n.* a mineral substance, धातु। *adj.* made of metal, धात्विक।

**metal detector** *n.* a device for finding hidden or burred metal, धातु-अन्वेषक।

**metalled** (मॅट्´-अॅल्ड्) *adj.* made with broken stone, रोड़दारी, पक्की (सड़क)।

**metallic** (मॅ-टैल्´-इक्) *adj.* of or like metal, धात्विक, धात्वीय।

**metallurgical** (मॅट्-अॅ-लः´-जि-कॅल्) *adj.*

M

of metallurgy, धातुकर्मीय।

**metallurgist** (मेंट्´-अॅ-लः-जिस्ट्) ***n.*** an expert in metallurgy, धातुविज्ञानी।

**metallurgy** (मेंट्´-अॅ-लः-जी) ***n.*** the science or technology of extracting metals from ores, धातु-विज्ञान, धातुकर्म।

**metalwork** (मेंट्´-अॅल्-व़ःक्) ***n.*** 1. artistic work done in metal, धातुशिल्प। 2. a thing made of metal, धातु की बनी चीज़।

**metalworker** (मेंट्´-अॅल्-व़ः-कः) ***n.*** one who shapes objects in metal, धातुकार, कसेरा।

**metamorphosis** (मेंट्´-अॅ-मॉः-फ़-सिस्) ***n.*** the change of form or character, रूपांतरण, कायापलट।

**metaphor** (मेंट्´-अॅ-फ़ः) ***n.*** a figure of speech to imply resemblance, रूपक (अलंकार)।

**metaphorical** (मेंट्-अॅ-फ़ॉर्´-इ-कल्) ***adj.*** 1. of or like a metaphor, रूपक-संबंधी। 2. figurative, लाक्षणिक।

**metaphysical** (मेंट्-अॅ-फ़िज़्´-इ-कॅल्) ***adj.*** of metaphysics, तात्त्विक।

**metaphysician** (मेंट्-अॅ-फ़िज़्´-इ-शॅन्) ***n.*** expert in metaphysics, तत्त्वज्ञानी।

**metaphysics** (मेंट्-अॅ-फ़िज़्´-इक्स्) ***n.*** the science which deals with reality and knowledge, तत्त्व-विज्ञान।

**mete** (मीट्) ***v.*** (meted, meting) to suffer, भोगना, बर्दाश्त करना।

**meteor** (मी´-टिअॅः) ***n.*** a bright moving body seen in the sky when entering the earth's atmosphere, उल्का; meteor shower, उल्कापात।

**meteoric** (मी-टि-ऑर्´-इक्) ***adj.*** 1. of meteors, उल्का-संबंधी। 2. resembling a meteor in speed or brilliance, उल्का की तरह तीव्रगामी या चमकदार।

**meteorite** (मी´-टि-अॅ-राइट्) ***n.*** a fallen meteor, उल्कापिंड, उल्काशम।

**meteorological** (मी-टि-अॅ-रॅ-लॉज्´-इ-कॅल्) ***adj.*** of meteorology, मौसम-विज्ञान-संबंधी।

**meteorologist** (मी-टि-अॅ-रॅ-लाज्´-इस्ट्) ***n.*** an expert in meteorology, मौसमविज्ञानी।

**meteorology** (मी-टि-अॅ-रॉल्´-अॅ-जी) ***n.*** the scientific study of atmospheric conditions, मौसम-विज्ञान।

**meter** (मी´-टॅः) ***n.*** = metre.

**methane** (मी´-थेन्, मेंथ्´-एन्) ***n.*** an inflammable gas, मीथेन गैस।

**methinks** (मि-थिन्क्स्´) ***v.*** (methought, methinking) it seems to me, मुझे लगता है (कि), मैं सोचता हूँ (कि)।

**method** (मेंथ्´-अॅड्) ***n.*** 1. a way of doing something, ढंग, तरीका, पद्धति, विधि। 2. orderliness, क्रमिकता, क्रमबद्धता।

**methodical** (मि-थॉड्´-इ-कॅल्) ***adj.*** systematic, व्यवस्थित, सिलसिलेवार, क्रमिक।

**methodically** (मि-थॉड्´-इ-कॅ-ली) ***adv.*** systematically, व्यवस्थित रूप से, क्रमानुसार।

**methodology** (मेंथ्-अॅ-डॉल्´-अॅ-जी) ***n.*** 1. the system of methods, विधि-विज्ञान, रीति-विज्ञान। 2. procedure, क्रिया-पद्धति, कार्यविधि।

**methyl** (मेंथ्´-इल्) ***n.*** a chemical unit present in methane, मेथिल।

**methylated spirit** ***n.*** alcohol for burning, मेथिलित स्पिरिट, मद्यसार।

**meticulous** (मि-टिक्´-यु-लॅस्) ***adj.*** extremely careful and precise, अत्यंत सतर्क तथा यथातथ्य।

**metier** (में´-टिअॅः) ***n.*** profession, पेशा, व्यवसाय।

**metre**[1] (मी´-टॅः) ***n.*** a unit of length equivalent to 39.37 inches, मीटर।

**metre**[2] ***n.*** a machine that indicates the quantity of substance consumed, the distance travelled or the like, मीटर।

**metre**[3] ***n.*** an arrangement of words in verses, छंद।

**metric** (मेंट्´-रिक्) ***adj.*** 1. of or relating to metre or meteric system, मीटरी। 2. of poetic metre, छंदोबद्ध, पद्यात्मक।

**metrical** (मेंट्´-रि-कॅल्) ***adj.*** of poetic metre, छंदोबद्ध, पद्यात्मक।

**metric system** ***n.*** a decimal system of weights and measures, मीटरी पद्धति।

**metric ton** ***n.*** 1000 kilograms, १०००

किलोग्राम।

**metro** (मेंट्´-रो) ***n.*** a subway train, भूगर्भ गाड़ी।

**metrologist** (में-ट्रॉल्´-अॅ-जिस्ट्) ***n.*** an expert in mertrology, मापविज्ञानी।

**metrology** (में-ट्रॉल्´-अॅ-जी) ***n.*** the science of weights and measures, माप-विज्ञान।

**metropolis** (मॅ-ट्रॉप्´-अॅ-लिस्) ***n.*** the main city of a country, महानगर, राजधानी।

**metropolitan** (मेंट्-रॅ-पॉल्´-इ-टॅन्) ***adj.*** of a metropolis, महानगरीय।

**mettle** (मेंट्´-ॲल्) ***n.*** 1. courage, साहस, जीवट। 2. strength of character, चरित्रबल। □ **be on one's mettle,** साहसपूर्वक उठ खड़ा होना।

**mettlesome** (मेंट्´-ॲल्-सॅम्) ***adj.*** courageous, साहसी, उत्साही।

**mew** (म्यू) ***n.*** the cry of a cat, म्याऊँ। ***v.*** (of a cat) to make its typical cry, म्याऊँ म्याऊँ करना।

**mews** (म्यूज़्) ***n.*** a small street with private stables, वह गली जिसमें अस्तबल हों।

**mezzanine** (मेंज़्´-अॅ-नीन्) ***n.*** an intermediate storey, दुछत्ती, म्यानी।

**mezzo** (मेंट्´-सो) ***adj.*** moderate, साधारण, मध्यम (स्वर)।

**mezzotint** (मेंट्´-सो-टिन्ट्) ***n.*** printing done by engrave copper plate, ताँबे की प्लेट से की जानेवाली छपाई।

**mi** (मी) ***n.*** a name of third note of a scale in music, संगीत का तीसरा स्वर, 'गा'।

**miaow** ***n.*** mew, म्याऊँ। ***v.*** = mew.

**miasma** (मी-ऐज़्´-मॅ) ***n.*** pollution in air, वायु-प्रदूषण।

**mica** (माइ´-कॅ) ***n.*** a mineral, अभ्रक।

**mice** (माइस्) ***n.*** plu. of mouse, चूहे।

**micro** ***adj.*** very small, सूक्ष्म।

**microbe** (माइ´-क्रोब्) ***n.*** 1. any microscopic organism, सूक्ष्मजीव। 2. a bacterium, रोगाणु।

**microbial** (माइ-क्रोब्´-इ-ॲल्) ***adj.*** of microbes, सूक्ष्मजीवी।

**microbiology** (माइ-क्रो-बाइ-ऑल्´-अॅ-जी) ***n.*** the science of micro organisms, सूक्ष्मजीव-विज्ञान।

**microchip** (माइ´-क्रो-चिप्) ***n.*** a small bit carrying a complex electronic circuit, माइक्रोचिप।

**microcosm** (माइ´-क्रॅ-कॉज़्-ॲम्) ***n.*** a small world, लघु ब्रह्मांड।

**microfilm** ***n.*** a film on which documents are photographed greatly in reduced size, लघु फ़िल्म, माइक्रो फ़िल्म।

**microgram** (माइ´-क्रो-ग्राम् / ग्रैम्) ***n.*** a unit of one millionth of a gram, माइक्रोग्राम।

**micron** (माइ´-क्रॉन्) ***n.*** one millionth of a metre, मीटर का दस लाखवाँ भाग, माइक्रॉन।

**micro-organism** (माइ-क्रो-ऑ:-गॅ-निज़्-ॲम्) ***n.*** a minute organism, सूक्ष्मजीव।

**microphone** (माइ´-क्रो-फ़ोन्) ***n.*** an instrument that changes sound waves into electric current, माइक्रोफ़ोन।

**microscope** (माइ´-क्रो-स्कोप्) ***n.*** an instrument that produces magnified picture, सूक्ष्मदर्शी।

**microscopic** (माइ-क्रो-स्कॉप्´-इक्) ***adj.*** extremely small, अतिसूक्ष्म।

**microsecond** ***n.*** one millionth of a second, सेकंड का दस लाखवाँ भाग।

**microwave** (माइ´-क्रो-वेव्) ***n.*** an electromagnetic wave, सूक्ष्म विद्युत् तरंग।

**mid** (मिड्) ***adj.*** middle, मध्य।

**mid-air** (मिड्´-ॲअॅ:) ***n.*** some point above ground level, बीच आसमान (में), बीच हवा (में)।

**midday** (मिड्´-डे) ***n.*** the middle of the day, मध्याह्न।

**middle** (मिड्´-ॲल्) ***n.*** 1. an intermediate part, मध्य। 2. the waist, कमर। □ **in the middle of,** बीच में। ***adj.*** in or nearly in centre, मध्यवर्ती।

**middle-aged** ***adj.*** of middle age, अधेड़।

**Middle Ages** ***n.*** the period between 1000 to 1400 A.D., मध्ययुग।

**middle class** ***n.*** the class of society between the lower and upper classes, मध्यवर्ग। ***adj.*** of the middle class, मध्यवर्गीय।

**Middle East** ***n.*** the area from Turkey to North Africa, पश्चिमी एशिया।

**middle finger** ***n.*** the longest finger, बीच की उँगली, मध्यमा।

**middleman** ***n.*** a trader who purchases goods from producers and sells to shop-keepers, दलाल, बिचौलिया।

**middle-of-the-road** *adj.* moderate, मध्यम, साधारण।

**middle-sized** (मिड्´-अॅल्-साइज़्ड्) *adj.* of medium size, बिचले क़द का।

**middleweight** (मिड्´-अॅल्-वे़ट्) ***n.*** a boxer weighing from 60 and 72.5 kg., ६० से ७२½ कि.ग्रा. तक के भारवाला मुक्केबाज़।

**middling** (मिड्´-लिंग्) *adj. & adv.* ordinary, साधारण, मामूली।

**midge** (मिज्) ***n.*** a mosquito like insect, एक प्रकार का मच्छर।

**midget** (मिज्´-इट्) *adj.* extremely small, लघु, तुच्छ।

**midi** (मिड्´-ई) ***n.*** a woman's garment of medium length, घुटने और टखने के बीच पहुँचनेवाला जनाना पहनावा, मिडी।

**midland** (मिड्-लॅन्ड्) ***n.*** the middle part of a country, मध्यदेश।

**midnight** (मिड्´-नाइट्) ***n.*** the middle of the night, आधी रात, मध्यरात्रि। □ **at midnight,** रात के बारह बजे, आधी रात में; **burn the midnight oil,** देर रात तक अध्ययन में लगे रहना।

**midnight sun** ***n.*** गर्मियों में उत्तर और दक्षिण ध्रुव प्रदेशों में रात के बारह बजे दिखाई पड़ने-वाला सूरज।

**mid-off** (मिड्´-ऑफ़्) ***n.*** the area on the left hand of a bowler, (क्रिकेट) गेंदबाज़ के बाईं ओर का क्षेत्र, मिड-ऑफ़।

**mid-on** (मिड्-ऑन्) ***n.*** the area on the right hand of a bowler, (क्रिकेट) गेंदबाज़ के दाईं ओर का क्षेत्र, मिड-ऑन।

**midpoint** (मिड्´-प्वाइंट्) ***n.*** a point in the middle, मध्यबिंदु।

**midrib** (मिड्´-रिब्) ***n.*** the main vein of a leaf, पत्ते के बीचोबीच की नस, मध्यशिरा।

**midriff** ***n.*** the front middle part of the body, शरीर का छाती से कमर तक का भाग, सामना।

**midshipman** (मिड्´-शिप्-मॅन्) ***n.*** a young naval officer under training, प्रशिक्षणरत युवा नौसैनिक।

**midst** (मिड्स्ट्) ***n.*** the middle part, मध्य भाग। □ **in the midst of,** के बीच।

**midstream** (मिड्´-स्ट्रीम्) ***n.*** the middle of a stream, मध्य धारा, मँझधार। □ **change horses in the midstream,** योजना को बीच में बदल देना; **in the midstream,** बीच धारा में, मँझधार में।

**midsummer** (मिड्´-सम्-अः) ***n.*** the middle of the summer, मध्य ग्रीष्मकाल।

**midterm** (मिड्´-टःम्) ***n.*** the middle of a term, मध्यावधि।

**midterm election** ***n.*** election in the middle of the term, मध्यावधि चुनाव।

**midtown** (मिड्´-टॉउन्) ***n.*** the central area of the city, नगर का मध्य भाग, मध्यनगर।

**midway** (मिड्´-वे) ***adv.*** half way, at half the distance, आधे रास्ते में, बीचोबीच।

**midweek** (मिड्´-वीक्) ***n.*** the middle of the week, सप्ताह का मध्य।

**midwicket** (मिड्´-विक्-इट्) ***n.*** midway between square leg and mid-on, मिडविकेट।

**midwife** (मिड्´-वाइफ़्) ***n.*** a woman who assists women in childbirth, दाई।

**midwifery** (मिड्´-वाइ-फ़ॅ-री) ***n.*** the work of a midwife, दाईकर्म।

**midwinter** (मिड्´-विन्´-टः) ***n.*** the middle of winter, सर्दियों के बीच का समय।

**midyear** (मिड्´-इअः) *adj.* in or occurring at the halfway point of a year, छमाही; a midyear examination, छमाही परीक्षा।

**mien** (मीन्) ***n.*** a person's manner or appearance, व्यक्ति की चाल-ढाल या रूप-रंग।

**miffed** (मिफ़्ड्) *adj.* slightly angry, रुष्ट।

**might[1]** (माइट्) ***n.*** power, शक्ति, बल, पराक्रम। □ **with might and main,** पूरी शक्ति से, जी जान से।

**might[2]** ***aux. v.*** 1. used to express a weaker

M

or more remote possibility, संभावना है कि। 2. to express higher degree of politeness, अनुमति है क्या, आज्ञा है क्या।

**might-have-beens** ***n.*** (plu.) **the might-have-beens,** the events that might have happened, अघट घटनाएँ।

**mighty** (माइ´-टी) ***adj.*** 1. strong, powerful, पराक्रमी, बली, शक्तिशाली। 2. very large, बहुत बड़ा। 3. important, महत्त्वपूर्ण। □ **in high and mighty way,** ऐंठ दिखलाते हुए। ***adv.*** very, बहुत।

**migraine** (माइ´-ग्रेन्) ***n.*** a severe headache affecting only one side of the head, आधे सिर का दर्द, अधकपारी आधासीसी।

**migrant** (माइ´-ग्रन्ट्) ***n.*** one who migrates, प्रवासी।

**migrate** (माइ´-ग्रेट्) ***v.*** 1. to move from one country to settle in another, रहने के लिए विदेश जाना, प्रवास करना। 2. to go periodically from one place to another, (पक्षियों का) एक प्रदेश से दूसरे प्रदेश में विशिष्ट अवधि के लिए जाना, प्रवास करना।

**migration** (माइ-ग्रे´-शॅन्) ***n.*** the act of migrating, प्रवास।

**migratory** (माइ´-ग्रॅ-टॅ-री, माइ´-ग्रे-टॅ-री) ***adj.*** migrating, प्रवासी, प्रवासशील।

**mikado** (मि-का´-डो) ***n.*** the Japanese emperor, जापानी सम्राट।

**mike** (माइक्) ***n.*** a microphone, माइक।

**milch** (मिल्च्) ***adj.*** giving milk, दुधारू।

**milch cow** ***n.*** 1. a cow giving milk or kept for giving milk, दुधारू गाय। 2. a source of easy income, लाभ का सरल साधन।

**mild** (माइल्ड्) ***adj.*** 1. gentle, विनम्र, भला। 2. moderate, मध्यम कोटि का, सौम्य, सुहावना। 3. not strong in taste, हलका, नरम, मृदु।

**mildew** (मिल्´-ड्यू) ***n.*** a type of fungus, फफूँदी, भुकड़ी।

**mildly** (माइल्ड्´-ली) ***adv.*** in a mild manner, नरमी से, सौम्यतापूर्वक।

M

**mildness** (माइल्ड्´-निस्) ***n.*** the quality of being mild, सौम्यता, नरमी, हलकापन।

**mile** (माइल्) ***n.*** a unit of length of 1760 yards, मील।

**mileage, milage** (माइ´-लिज्) ***n.*** 1. distance measured in miles, मील-दूरी, माइलेज। 2. the total number of miles that a vehicle has travelled, माइलेज, मील-संख्या। 3. travelling expenses at a fixed rate per mile, माइलेज, मील-भत्ता।

**mileometre, mileometer** ***n.*** a device for counting mileage, मीलमापी, माइलोमीटर।

**milestone** (माइल्´-स्टोन्) ***n.*** 1. a roadside stone that shows the distance from one place to another, मील का पत्थर। 2. a significant event in life or history, जीवन या इतिहास की कोई महत्त्वपूर्ण घटना, मोड़।

**milieu** (मील्´-यू, मील्-यू´) ***n.*** 1. environment, वातावरण। 2. surroundings, परिस्थितियाँ।

**militancy** (मिल्´-इ-टॅन्-सी) ***n.*** aggressiveness, लड़ाकूपन, युयुत्सा, युद्धप्रियता।

**militant** (मिल्´-इ-टॅन्ट्) ***adj.*** aggressive, लड़ाकू, युयुत्सु, युद्धप्रिय। ***n.*** लड़ाकू।

**militarism** (मिल्´-इ-टॅ-रिज़्-अॅम्) ***n.*** predominance of military ideals, सैन्यवाद।

**militarize** (मिल्´-इ-टॅ-राइज़्) ***v.*** 1. to equip with armed forces, सशस्त्र सेना से सज्जित करना। 2. to infuse with military spirit, सैनिक भावना उत्पन्न करना।

**military** (मिल्´-इ-टॅ-री) ***n.*** the armed forces, सेना, फौज़। ***adj.*** 1. of soldiers, सैनिक। 2. of warlike matters, सामरिक।

**militate** (मिल्´-इ-टेट्) ***v.*** to serve as a strong influence, (to prevent something, विरोध में) संघर्षरत होना।

**militia** (मॅ-लिश्´-अॅ) ***n.*** citizens trained as soldiers, नागरिक सेना।

**milk** (मिल्क्) ***n.*** 1. a white fluid secreted by female mammals, दूध, दुग्ध। 2. a milklike liquid, दूध, दूधिया रस। ***v.*** 1. to draw milk (from), दूहना। 2. to exploit, दोहन करना।

**milk-and-water** ***adj.*** feeble, कमज़ोर, दुर्बल।

**milk bar** ***n.*** a bar for the sale of milk products, दुग्ध केंद्र।

**milk chocolate** ***n.*** chocolate made with

milk, दूधी या दुग्ध चॉकलेट।

**milker** (मिल्´-कॅ:) ***n.*** 1. one who milks cows, goats etc., दूध दूहनेवाला, ग्वाला। 2. an animal that gives milk, दूध देनेवाला पशु।

**milkiness** (मिल्´-कि-निस्) ***n.*** the quality of being milky, दूधियापन।

**milking machine *n.*** a machine for milking cows, दोहन-यंत्र, दूध-मशीन।

**milkmaid** (मिल्क्´-मेड्) ***n.*** a woman who milks cows, दूध दूहनेवाली स्त्री, ग्वालिन।

**milkman** (मिल्क्´-मॅन्) ***n.*** one who sells milk, दूधवाला, ग्वाला, दुग्ध-विक्रेता।

**milkpowder *n.*** a powder prepared from milk, दुग्धचूर्ण।

**milk round *n.*** a round on which milk is delivered to residential quarters, दूधवाले की फेरी।

**milk shake *n.*** a drink made with milk, मिल्क शेक।

**milksop** (मिल्क्´-सॉप्) ***n.*** a weak or timid boy, दुर्बल या भीरु बच्चा।

**milk tooth** (मिल्क्´-टुथ्) ***n.*** any of the first (temporary) teeth, दूध का दाँत।

**milky** (मिल्´-की) ***adj.*** 1. of or like milk, दुधिया, दूधिया। 2. not clear, धुँधला।

**mill** (मिल्) ***n.*** 1. a machine to grind flour, चक्की। 2. any machine, मशीन। 3. a factory, फ़ैक्टरी, मिल। □ **put through the mill,** कष्टपूर्ण प्रशिक्षण दिलवाना या कटु अनुभव कराना; **run of the mill,** साधारण। ***v.*** (milled, milling) 1. to grind, पीसना। 2. to process in a mill, कारख़ाने में तैयार करना। 3. to groove the edge (of a coin, सिक्के का) किनारा बनाना।

**millennium** (मि-लॅन्´-इ-ॲम्) ***n.*** 1. a period of thousand years, सहस्राब्दी।

**millepede, millipede** (मिल्´-इ-पीड्) ***n.*** a crawling creature, गोजर, कनखजूरा।

**miller** (मिल्´-ॲ:) ***n.*** a mill-owner, मिल-मालिक।

**millet** (मिल्´-इट्) ***n.*** a cereal plant and its seeds, ज्वार, बाजरा आदि, मोटा अनाज।

**milli** ***prefix.*** one thousandth, हज़ारवाँ भाग, मिली।

**milligram, milligramme** (मिल्´-इ-ग्राम् / ग्रैम्) ***n.*** one thousandth of a gram, ग्राम का हज़ारवाँ भाग, मिलीग्राम।

**millilitre milliliter** (मिल्´-इ-ली-टॅ:) ***n.*** one thousandth of a litre, लीटर का हज़ारवाँ भाग, मिलीलीटर।

**millimetre, millimeter** (मिल्´-इ-मी-टॅ:) ***n.*** one thousandth of a metre, मिलीमीटर।

**milliner** (मिल्´-इ-नॅ:) ***n.*** a person who makes or sells women's hats, औरतों की टोपियाँ बनाने या बेचनेवाला।

**millinery** (मिल्´-इ-नॅ-री, मिल्´-इ-नैर्-ई) ***n.*** milliner's work, औरतों की टोपियाँ बनाने या बेचने का काम।

**milling** (मिल्´-इंग्) ***n.*** 1. the act of grinding, पिसाई। 2. the act of grooving the edge of a coin, सिक्के का किनारा बनाना। □ **milling crowds,** भीड़भाड़।

**million** (मिल्´-यॅन्) ***adj. & n.*** one thousand thousand, दस लाख।

**millionaire** (मिल्-यॅ-नेॲ:) ***n.*** having million rupees, dollars etc., लखपति, करोड़पति।

**millionth** (मिल्´-यन्थ्) ***adj.*** of million, दस लाख-संबंधी।

**millisecond** (मिल्´-इ-सॅक्´-ॲन्ड्) ***n.*** one thousandth of a second, सेकंड का हज़ारवाँ भाग।

**millstone** (मिल्´-स्टोन्) ***n.*** 1. one of a pair of stones used to grind grain, (चक्की का) पाट। 2. (fig.) mental burden, मानसिक बोझ।

**millwheel** (मिल्´-व्हील्) ***n.*** the wheel of a mill, पनचक्की का चक्का।

**milometer** (माइ-लो´-मी-टॅ:) ***n.*** a device for counting mileage, मीलमापी।

**mime** (माइम्) ***n.*** 1. expression of ideas by gestures, इशारों द्वारा विचारों की अभिव्यक्ति, स्वाँग। 2. an actor of this type, मूक अभिनय करनेवाला, स्वाँगिया, स्वाँगी। 3. a jester, clown, नकल उतारनेवाला, मसख़रा। ***v.*** (mimed, miming) to express by gestures, स्वाँग करना या रचना, मूक अभिनय करना, नकल उतारना।

**mimesis** (मि-मी´-सिस्) *n.* imitation, नक़ल।

**mimetic** (मि-मेंट्´-इक्) *adj.* one who imitates, नक़ल उतारनेवाला, नक़लची।

**mimic** (मिम्´-इक्) *v.* (mimicked, mimicking) to imitate, नक़ल उतारना, अनुकरण करना। *n.* a person, animal or bird that copies, नकल उतारनेवाला, नक़लची।

**mimicry** (मिम्´-इ-क्री) *n.* an act of mimicking, नक़ल, अनुकरण।

**mimosa** (मि-मो´-सॅ) *n.* a plant, लाजवंती या छुईमुई का पौधा।

**minaret** (मिन्-अॅ-रेंट्´) *n.* a tower of a mosque, मीनार।

**minatory** (मिन्´-अॅ-टॅ-री) *adj.* threatening, धमकानेवाला, धमकी-भरा।

**mince** (मिन्स्) *v.* 1. to cut into very small pieces, कीमा करना, भुर्ता बनाना। 2. to walk or speak in an affected manner, बनना, ढोंग करना। □ **not to mince words,** दोटूक बात कहना। *n.* minced meat, क़ीमा।

**mincemeat** (मिन्स्´-मीट्) *n.* something minced and used as pie filling, पूर, भराव। □ **make mincemeat of,** (तर्क में) पछाड़ देना, धज्जियाँ उड़ा देना।

**mince pie** *n.* a pie filled with mincemeat, गुजिया की तरह का पकवान।

**mincing** (मिन्´-सिंग्) *adj.* affectedly elegant, बननेवाला, कृत्रिम आचरण करनेवाला।

**mind** (माइन्ड्) *n.* 1. brain, दिमाग, मन। 2. memory, स्मरणशक्ति, स्मृति। 3. thought, विचार। 4. opinion, राय, मत। 5. intention, इरादा, मंशा। 6. a sound mental state, मानसिक स्वस्थता। □ **bear or keep in mind,** स्मरण रखना; **be in two minds,** दुविधा में होना, अनिश्चय की स्थिति में होना; **be of one mind,** एकमत होना; **be out of one's mind,** विक्षिप्त होना; **blow someone's mind,** दिमाग घुमा देना; **bring to mind,** स्मरंण कराना; **change one's mind,** अपनी धारणा या राय बदल लेना; **come to mind,** मन में आना, सूझना; **give one's mind to something,** किसी बात पर ध्यान जमाना; **go out of one's mind,** दिमाग से उतर या निकल जाना, याद न रहना; **have a good mind to,** मन करना; **have a half mind to,** कुछ-कुछ मन करना, मन में हेस-नेस होना; **have a mind of one's own,** विचार तथा निश्चय करने में समर्थ होना; **in mind,** अपने विचार में; **make up one's mind,** निश्चय करना; **out of one's mind,** (i) विक्षिप्त (व्यक्ति), (ii) विस्मृत (बात); **out of sight, out of mind,** आँख ओट पहाड़ ओट, आँख से परे तो मन से भी परे; **piece of one's mind,** फटकार; **presence of mind,** सुध-बुध; **set one's mind on something,** किसी काम में दत्तचित हो जाना; **speak one's mind,** साफ़-साफ़ कह डालना; **take someone's mind off something,** किसी का ध्यान बँटा देना; **to one's mind,** किसी के मत से या राय में; **turn one's mind to something,** किसी बात पर ध्यान देना। *v.* 1. to take care of, ध्यान रखना। 2. to be opposed to, विरुद्ध होना। 3. to object to, आपत्ति करना। 4. to bear in mind, स्मरण रखना। □ **mind one's business,** अपने काम से लगना; **mind one's P's and Q's,** सोच-समझकर बोलना; **mind you,** यह जान लो कि; **never mind,** कोई बात नहीं, दुखी या चिंतित होने की बात नहीं; **never you mind,** दिमाग में भी मत लाना।

**mind-bending** (माइन्ड्´-बेंन्-डिंग्) *adj.* influencing the mind, दिमाग बदल देनेवाला।

**mind-blowing** (माइन्ड्´-ब्लो-इंग्) *adj.* affecting the mind, विक्षिप्त कर देनेवाला।

**mind-boggling** (माइन्ड्´-बॉग्-लिंग्) *adj.* astounding, विस्मयकारी।

**minded** (माइन्´-डिड्) *adj.* having certain interests, inclined, प्रवृत्ति या रुचिवाला; politically minded, राजनीति में रुचिवाला।

**mindful** (माइन्ड्´-फुल्) *adj.* aware, जागरूक।

**mindless** (माइन्ड्´-लिस्) *adj.* 1. stupid, मूर्ख। 2. careless, असावधान।

**mind's eye** (माइन्ड्स्´-आइ) *n.* the imagination, मानसिक चक्षु, कल्पना-शक्ति।

**e**[1] (माइन्) ***pron.*** something belonging to me, मेरा। ***adj.*** belonging to me, मेरा।

**e**[2] ***n.*** 1. a deposit of ore or minerals, खान। 2. an abundant source, विशाल स्रोत, भंडार। 3. an explosive device usu. buried in the ground, सुरंग। ***v.*** (mined, mining) 1. to dig from a mine, खान से निकालना, खुदाई करना। 2. to make a hole by digging, खोदना। 3. to lay explosive mines, बारूदी सुरंगें बिछाना।

**e detector** (माइन्´-डि-टेक्´-टॅ:) ***n.*** an instrument to detect mines, सुरंगों का पता लगानेवाला यंत्र।

**efield** (माइन्´-फ़ील्ड्) ***n.*** an area covered with mines, वह क्षेत्र जिसमें सुरंगें बिछी हों, सुरंग-क्षेत्र।

**elayer** (माइन्´-ले-अॅ:) ***n.*** a ship or aircraft for laying mines, सुरंगें बिछानेवाला जहाज़।

**er** (माइ´-नॅ:) ***n.*** one who works in a mine, खान खोदनेवाला, खनिक।

**eral** (मिन्´-अॅ-रॅल्) ***adj.*** excavated from the earth, खनिज। ***n.*** something excavated from the earth, खनिज पदार्थ।

**eralogical** (मिन्-अॅ-रॅ-लॉज्´-इ-कॅल्) ***adj.*** of mineralogy, खनिज-विज्ञान-संबंधी।

**eralogist** (मिन्-अॅ-रैल्´-अॅ-जिस्ट्) ***n.*** an expert in mineralogy, खनिजविज्ञानी।

**eralogy** (मिन्-अॅ-रैल्´-अॅ-जी) ***n.*** the scientific study of minerals, खनिज-विज्ञान।

**eral spring** ***n.*** a spring of natural mineral water, खनिज-मिश्रित जल का सोता।

**eral water** ***n.*** water containing mineral salts, खनिज जल।

**e sweeper** ***n.*** a ship that removes explosive mines, सुरंगें हटानेवाला जहाज़।

**gle** (मिंग्´-गॅल्) ***v.*** 1. to mix or blend, मिलाना। 2. to mix together in close association, मिलना-जुलना, घुल-मिल जाना।

**gy** (मिन्ज्´-ई) ***adj.*** 1. stingy, कंजूस, कृपण। 2. mean, कमीना, नीच।

**i** (मिन्´-ई) ***adj.*** small, छोटा, मिनी। ***n.*** 1. something distinctly smaller than others of its class, मिनी, लघु। 2. a miniskirt, मिनी स्कर्ट।

**miniature** (मिन्´-अॅ-चॅ:, मिन्´-इ-अॅ-चॅ:) ***n.*** 1. a very small model, लघु प्रतिकृति। 2. a very small painting, लघुचित्र। ***adj.*** very small, लघु।

**minibike** (मिन्´-इ-बाइक्) ***n.*** a small cycle, छोटी साइकिल।

**minibus** (मिन्´-इ-बस्) ***n.*** a small bus, मिनी बस।

**minim** (मिन्´-इम्) ***n.*** the smallest unit of liquid measure, बूँद-भर।

**minimal** (मिन्´-इ-मॅल्) ***adj.*** least in amount, नाममात्र का, थोड़ा, ज़रा-सा।

**minimize** (मिन्´-इ-माइज़्) ***v.*** 1. to reduce to the least possible amount, घटाकर न्यूनतम करना। 2. to belittle, महत्त्व घटा देना।

**minimum** (मिन्´-इ-मॅम्) ***adj.*** being the least possible in amount, कम-से-कम, न्यूनतम। ***n.*** the least possible amount, न्यूनतम राशि।

**mining** (माइन्´-इंग्) ***n.*** 1. the act of excavating minerals from the earth, खनन, खुदाई। 2. process of laying mines, सुरंगें बिछाना।

**minion** (मिन्´-यॅन्) ***n.*** 1. an employee of lowrank, अदना कर्मचारी। 2. a servile follower, ख़ुशामदी टट्टू, चाटुकार।

**miniskirt** (मिन्´-इ-स्क:र्ट) ***n.*** an extremely short skirt, मिनी स्कर्ट।

**minister** (मिन्´-इ-स्टॅ:) ***n.*** 1. the head of government department, मंत्री। 2. a clergyman, ईसाई पुरोहित। ***v.*** 1. to take care of, देखभाल करना। 2. to attend to the needs of others, दूसरों का ख़्याल रखना, सेवा करना।

**ministerial** (मिन्-इ-स्टिअॅर्´-इ-अॅल्) ***adj.*** 1. of a minister, मंत्री-संबंधी। 2. of ministry, मंत्रालय-संबंधी।

**ministerialist** (मिन्-इ-स्टिअॅर्´-अॅ-लिस्ट्) ***n.*** one who supports the ministry, शासन समर्थक।

**ministrant** ***n.*** (मिन्´-इ-स्ट्रॅन्ट) one who

M

ministers, सेवक।

**ministration** (मिन्-इ-स्ट्रे´-शॅन्) ***n.*** the act of ministering, सेवा-शुश्रूषा।

**ministry** (मिन्´-इ-स्ट्री) ***n.*** 1. a government department headed by a minister, मंत्रालय। 2. ministers collectively, मंत्रि-मंडल। 3. office and duty of a clergyman, ईसाई पुरोहित का पद तथा कार्य।

**mink** (मिंक्) ***n.*** 1. a weasel-like animal, ऊदबिलाव। 2. its fur, इसका फ़र।

**minnow** (मिन्´-ओ) ***n.*** a fresh water fish, एक छोटी मछली।

**minor** (माइ´-नॅः) ***adj.*** 1. lesser in amount or size, लघु, गौण। 2. not of legal age, अल्पवयस्क, अवयस्क, नाबालिग। ***n.*** a person under legal age, अवयस्क, नाबालिग।

**minority** (मि-नॉर्´-इ-टी) ***n.*** 1. the smaller of the two groups or factions, अल्पमत, अल्पसंख्यक। 2. the state of being minor, अवयस्कता। ***adj.*** relating to a minority, अल्पमत; a minority govt. अल्पमत सरकार।

**minster** (मिन्´-स्टॅः) ***n.*** a cathedral, बड़ा गिरजा।

**minstrel** (मिन्´-स्ट्रॅल्) ***n.*** a medieval musician or singer, मध्यकालीन गायक या वादक।

**mint**[1] (मिन्ट्) ***n.*** a place where money is coined, टकसाल। ***v.*** 1. to make coins by stamping metal, सिक्के ढालना या बनाना। 2. to coin, (नए शब्द या मुहावरे) गढ़ना। ☐ **minting money,** तेजी से रुपया कमाना।

**mint**[2] ***n.*** 1. a plant, पुदीना। 2. peppermint, पिपरमिंट।

**minuet** (मिन्-यु-ऍट्´) ***n.*** a court dance, दरबारी नृत्य।

**minus** (माइ´-नस्) ***prep.*** 1. reduced by, से घटाने को। 2. lacking, without, के बिना, से रहित। ***n.*** 1. the minus sign, ऋण-चिह्न (−)। 2. a loss or deficiency, घाटा, कमी। ***adj.*** 1. negative, ऋणात्मक। 2. less than zero, शून्य से कम।

**minuscule**, (मिन्´-अॅ-स्क्यूल्) ***adj.*** very small, minute, सूक्ष्म, बहुत छोटा।

**minute**[1] (मिन्´-इट्) ***n.*** 1. one-sixtieth of an hour, मिनट, क्षण। 2. very short tin अत्यंत अल्प समय। 3. (maths.) one-six eth of a degree used in measuri angles, कोण के नाप में एक अंश का सा भाग, मिनट। 4. (plu.) a record or a p ceedings at a meeting, कार्रवाई, का विवरण, कार्यवृत्त। ☐ **up to the minu** अब तक का, ताज़ा। ***v.*** to record in m utes, कार्य-विवरण लिखना।

**minute**[2] (माइ-न्यूट्´) ***adj.*** 1. very small, ब छोटा, सूक्ष्म। 2. detailed, ब्यौरेवार।

**minute book** (मिन्´-इट्-बुक्) ***n.*** the bo or register in which the proceedings the meeting is recorded, कार्य-विव पंजिका।

**minute hand** (मिन्´-इट्-हैन्ड्) ***n.*** the ha showing minutes, घड़ी की बड़ी सुई।

**minutely** (माइ-न्यूट्´-ली) ***adv.*** precise closely, सूक्ष्म रूप से, अत्यंत सावधानी से

**minuteness** (माइ-न्यूट्´-निस्) ***n.*** precisene सूक्ष्मता।

**minutia, minutiae** (मि/माइ-न्यू´-शि-अॅ, माइ-न्यू´-शि-ई) ***n.*** a small or unimp tant point, छोटी-मोटी बात।

**minx** (मिंक्स्) ***n.*** a cheeky or impud girl, शरारती या ढीठ लड़की।

**miracle** (मिर्´-अॅ-कॅल्) ***n.*** 1. a marvell event, wonder, चमत्कारपूर्ण घटना, चमत्क 2. a remarkable example, अनो उदाहरण।

**miraculous** (मि-रैक्´-यु-लॅस्) ***adj.*** 1. w derful, चमत्कारपूर्ण, चमत्कारी। 2. surp ing, अनोखा, आश्चर्यजनक।

**mirage** (मि-राज़्´) ***n.*** 1. an optical illus of water that seems to appear in desert, मृगमरीचिका, मरीचिका। 2. sor thing illusory, भ्रांतिजनक वस्तु, मृगतृष्णा

**mire** (माइः) ***n.*** mud, कीचड़। 2. a mars area, दलदल। ***v.*** (mired, miring) to s in a mire, दलदल में धँसना या फँसना।

**mirror** (मिर्´-अॅः) ***n.*** 1. a looking gla दर्पण, शीशा। 2. a thing that reflects depicts something else, दर्पण। ***v.*** to flect, प्रतिबिंबित करना/होना।

**rth** (म:थ्) *n.* 1. merriment, उल्लास, आमोद-प्रमोद। 2. laughter, हँसी-विनोद, ठहाका।

**rthful** (म:थ्´-फुल्) *adj.* full of mirth, उल्लसित, उल्लासपूर्ण।

**s** (मिस्) ***prefix.*** 1. bad, बुरा। 2. wrong, ग़लत। 3. lack of, अभाव।

**sadventure** (मिस्-ऐड्-वेंन्´-चं:) *n.* 1. misfortune, दुर्भाग्य; by misadventure, दुर्भाग्य से। 2. a mishap, दुर्घटना।

**sadvise** (मिस्-अॅड्/ऐड्-वाइज़्´) *v.* to give wrong advice, ग़लत राय/सलाह देना।

**santhrope** (मिस्´-अॅन्-थ्रॉप्) *n.* one who dislikes mankind, मानवद्वेषी।

**santhropy** (मिस्-ऐन्´-थ्रॅ-पी) *n.* dislike of people, मानवद्वेष।

**sapplication** (मिस्-ऐप्-लि-के´-शॅन्) *n.* wrong or bad application, दुरुपयोग।

**sapply** (मिस्-अॅ-प्लाइ´) *v.* to apply badly or wrongly, दुरुपयोग या दुष्प्रयोग करना।

**sapprehend** (मिस्-ऐप्-रि-हेंन्ड्´) *v.* to misunderstand, ग़लतफ़हमी होना, ग़लत समझ बैठना।

**sapprehension** (मिस्-ऐप्-रि-हेंन्´-शॅन्) *n.* a misunderstanding, ग़लतफ़हमी।

**sappropriate** (मिस्-अॅ-प्रो´-प्रि-एट्) *v.* to embezzle, ग़बन करना।

**sappropriation** (मिस्-अॅ-प्रो-प्रि-ए´-शॅन्) *n.* embezzlement, ग़बन।

**sbegotten** (मिस्-बि-गॉट्´-अॅन्) *adj.* 1. illegally begotten, illegitimate, जारज, दोगला। 2. contemptible, हेय, तुच्छ।

**sbehave** (मिस्-बि-हेव्´) *v.* to behave badly, दुर्व्यवहार करना, अभद्र व्यवहार करना।

**sbehaviour** (मिस्-बि-हेव्´-यॅं:) *n.* bad behaviour, दुर्व्यवहार, अभद्र व्यवहार, अभद्रता।

**sbelief** (मिस्-बि-लीफ़्´) *n.* a wrong conviction, ग़लत धारणा।

**sbelieve** (मिस्-बि-लीव्´) *v.* to have a wrong conviction, ग़लत धारण बना लेना।

**scalculate** (मिस्-कैल्´-क्यु-लेट्) *v.* to calculate wrongly, ग़लत अंदाज लगाना।

**miscalculation** (मिस्-कैल्-क्यु-ले´-शॅन्) *n.* wrong calculation, ग़लत तख़मीना/अंदाज़।

**miscall** (मिस्-का:ल्´) *v.* 1. to call by a wrong name, ग़लत नाम से बुलाना। 2. to abuse, गाली देना।

**miscarriage** (मिस्-कैर्´-इज्) *n.* 1. premature expulsion of a foetus, गर्भस्राव। 2. failure, विफलता। 3. the miscarrying (of a letter, पत्र को) ग़लत जगह पहुँचाना।

**miscegenation** (मिस्-अॅ-जॅ-ने´-शॅन्) *n.* interbreeding of races, विभिन्न जातियों का संकरण, जाति-मिश्रण।

**miscellaneous** (मि-सॅ-ले´-नि-अॅस्/मिस्-अॅ-ले´-नि-अॅस्) *adj.* of various kinds, प्रकीर्ण, विविध, फुटकर।

**miscellany** (मि-सें´-लॅ-नी, मिस´-अॅ-ले-नी) *n.* a collection of miscellaneous things, विविधतापूर्ण संकलन, विविधा।

**mischance** (मिस्-चान्स्´/ चैन्स्´) *n.* misfortune, दुर्भाग्य, बदक़िस्मती।

**mischief** (मिस्´-चिफ़्´) *n.* naughtiness, शरारत, शैतानी, नटखटपन, पाजीपन।

**mischievous** (मिस्´-ची-वॅस्) *adj.* 1. naughty, शैतान, नटखट, शरारती। 2. full of mischief, शरारत-भरा। 3. causing harm, उत्पाती।

**mischievously** (मिस्´-ची-वॅस्-ली) *adv.* in a mischievous manner, शरारत/शैतानी से।

**miscible** (मिसॅ्-इ-बॅल्) *adj.* capable of being mixed, जो मिश्रित हो सके।

**misconceive** (मिस्-कॅन्-सीव्´) *v.* to have an erroneous conception of, ग़लत धारणा बना लेना।

**misconception** (मिस्-कॅन्-सेंप्´-शॅन्) *n.* misunderstanding, ग़लत धारणा।

**misconduct** (मिस्-कॉन्´-डक्ट्) *n.* 1. bad, improper or unlawful behaviour, बुरा व्यवहार या आचरण। 2. adultery, व्यभिचार। 3. mismanagement, कुप्रबंध।

**misconstruction** (मिस्-कॅन्-स्ट्रक्´-शॅन्) *n.* misinterpretation, ग़लत अर्थ। □ **open to misconstruction,** जिसका ग़लत अर्थ लगाया जा सके।

**misconstrue** (मिस्-कॅन्-स्ट्रू´) *v.* to interpret

M

mistakenly, ग़लत अर्थ लगाना या करना।

**miscount** (मिस्-काउन्ट्´) *v.* to count incorrectly, ग़लत जोड़ लगाना। *n.* incorrect counting or total, ग़लत जोड़/गणना।

**miscreant** (मिस्´-क्री-ॲन्ट्) *n.* a villain or wrongdoer, गुंडा, बदमाश।

**misdeal** (मिस्-डील्´) *v.* (misdealt, misdealing) to deal out cards incorrectly, ग़लत पत्ते बाँटना। *n.* the act of misdealing, पत्तों की ग़लत बाँट।

**misdeed** (मिस्-डीड्´) *n.* a wrong act, बुरा काम, पाप, कुकर्म, दुष्कर्म।

**misdemeanour, misdemeanor** (मिस्-डी-मी´-नॅः) *n.* a minor offence, छोटा-मोटा अपराध।

**misdirect** (मिस्-डि/डाइ-रॅक्ट्´) *v.* 1. to give wrong direction, ग़लत निर्देश करना। 2. to address wrongly, ग़लत पता लिखना।

**misdoing** (मिस्-डू´-इंग्) *n.* a misdeed, दुष्कर्म, ग़लत काम।

**miser** (माइ´-ज़ॅः) *n.* a stingy person, कंजूस, कृपण।

**miserable** (मिज़्´-रॅ-बॅल्) *adj.* 1. full of misery, दुःखी, त्रस्त। 2. causing misery, दुखप्रद, क्लेशकारी। 3. wretchedly poor, दयनीय, दरिद्र। 4. inferior, घटिया, तुच्छ।

**miserably** (मिज़्´-रॅ-बॅ-ली) *adv.* in a wretched way, दयनीय रूप से।

**miserliness** (माइ´-ज़ॅः-लि-निस्) *n.* the state of being miserly, कंजूसी, कृपणता।

**miserly** (माइ´-ज़ॅः-ली) *adj.* niggardly, कंजूस।

**misery** (मिज़्´-ॲ-री) *n.* 1. extreme suffering, घोर दुख। 2. something causing this, मुसीबत। 3. poverty-stricken conditions, दरिद्रता। 4. a miserable person, दुखी व्यक्ति।

**misfire** (मिस्-फ़ाइः) *v.* 1. to fail to fire or fire incorrectly, निशाना चूक जाना। 2. to fail to start, (इंजन का) चालू न होना। 3. to fail to achieve intended result, वांछित फल प्राप्त न कर पाना।

**misfit** (मिस्´-फ़िट्/मिस्-फ़िट्´) *n.* 1. something that does not fit or fits badly, जो फिट, सटीक या उपयुक्त न हो। 2. a per[son] not suited to his work or environm[ent], अनुपयुक्त व्यक्ति।

**misfortune** (मिस्-फ़ॉः-चॅन्) *n.* 1. bad lu[ck], दुर्भाग्य, बदक़िस्मती। 2. an unfortu[nate] event, कोई बड़ी दुर्घटना।

**misgiving** (मिस्-गिव्´-इंग्) *n.* a feeling [of] doubt or suspicion, शंका, संदेह।

**misguide** (मिस्-गाइड्´) *v.* to guide ba[dly], ठीक ढंग से मार्गप्रदर्शन न कर पाना, गु[मराह] करना।

**misguided** (मिस्-गाइ´-डिड्) *adj.* show[ing] bad judgement, गुमराह, ग़लत।

**mishandle** (मिस्-हैन्ड्´-ॲल्) *v.* to han[dle] badly, ठीक से व्यवहार न कर पाना, दुर्व्य[वहार] करना।

**mishap** (मिस्´-हैप्/मिस्-हैप्´) *n.* an un[for]tunate accident, दुर्घटना।

**mishear** (मिस्-हिॲः) *v.* to hear in[cor]rectly, ठीक से न सुन पाना या कुछ का [कुछ] सुन लेना।

**mishit** (मिस्-हिट्´) *v.* (mishit, mishitti[ng]) to hit improperly, (गेंद को) सही [ढंग] में न मार पाना, ठीक से आघात न कर पा[ना]। *n.* an improper hit, ग़लत प्रहार।

**mishmash** (मिश्´-मैश्) *n.* a confused m[ix]ture, गड्ड-मड्ड, घाल-मेल।

**misinform** (मिस्-इन्-फ़ाःम्´) *v.* to g[ive] wrong information, ग़लत सूचना [देना,] गुमराह करना।

**misinterpret** (मिस्-इन्-टःं-प्रिट्) *v.* to in[ter]pret wrongly, ग़लत अर्थ करना।

**misjudge** (मिस्-जज्´) *v.* to judge in[cor]rectly, (व्यक्ति को) ठीक से समझ न पा[ना,] (किसी के बारे में) ग़लत धारणा बनाना।

**mislay** (मिस्-ले´) *v.* (mislaid, mislay[ing]) to put at a wrong place, ग़लत जगह रख देना।

**mislead** (मिस्-लीड्´) *v.* (misled, misle[ad]ing) 1. to guide in the wrong direct[ion], ग़लत रास्ते ले जाना, गुमराह करना। 2. to [de]ceive, धोखा देना। 3. to lead into er[ror], भुलावा देना।

M

**misleading** (मिस्-लीड्´-इंग्) *adj.* wrong, false, भ्रामक।

**mismanage** (मिस्-मैन्´-इज्) *v.* to manage badly, ठीक से प्रबंध न करना या न कर पाना, सँभाल या सलटा न पाना।

**mismanagement** (मिस्-मैन्´-इज्-मॅन्ट्) *n.* poor management, कुप्रबंध, दुर्व्यवस्था।

**mismatch** (मिस्-मैच्´) *n.* a bad match, बेमेल जोड़ा। *v.* to match badly, मेल न खाना, बेमेल होना।

**misnomer** (मिस्-नो´-मॅः) *n.* an incorrect name, ग़लत नाम।

**misogamist** (मि-सॉग्´-ॲ-मिस्ट्) *n.* one who hates marriage, विवाह से घृणा करनेवाला।

**misogamy** (मि-सॉग्´-ॲ-मी) *n.* hatred of marriage, विवाह से घृणा।

**misogynist** (मि-सॉज्´-इ-निस्ट्) *n.* one who hates women, औरतों से घृणा करनेवाला, नारी-द्वेषी।

**missogyny** (मि-सॉज्´-इ-नी) *n.* hatred of women, औरतों से घृणा, नारी-द्वेष।

**misplace** (मिस्-प्लेस्´) *v.* 1. to put (something) at a wrong place, (कोई चीज़) ग़लत जगह रख देना। 2. to bestow on a wrong person, ग़लत व्यक्ति पर भरोसा करना।

**misprint** (मिस्-प्रिंट्´) *v.* to print incorrectly, ग़लत छाप देना। *n.* an error in printing, छपाई की भूल, छापे की भूल।

**mispronounce** (मिस्-प्रॅ-नाउन्स्´) *v.* (mispronounced, mispronouncing) to pronounce wrongly, अशुद्ध उच्चारण करना।

**mispronunciation** (मिस्-प्रॅ-नन्-सि-ए´-शॅन्) *n.* incorrect pronunciation, अशुद्ध/ग़लत उच्चारण।

**misquote** (मिस्-कोट्´) *v.* to quote incorrectly, ग़लत उद्धरण देना।

**misread** (मिस्-रीड्´) *v.* (misread, misreading) to read incorrectly, ठीक से पढ़ न पाना, कुछ का कुछ पढ़ या समझ लेना।

**misrepresent** (मिस्-रॅप्-रि-ज़ॅन्ट्´) *v.* to represent misleadingly, ग़लत या मिथ्या विवरण देना, ग़लतबयानी करना।

**misrepresentation** (मिस्-रॅप्-रि-ज़ॅन्-टे´-शॅन्) *n.* the act of misrepresenting, मिथ्या या ग़लत विवरण।

**misrule** (मिस्-रूल्´) *n.* bad government, बुरा शासन, कुशासन।

**miss**[1] (मिस्) *n.* a title for an unmarried woman or girl, सुश्री।

**miss**[2] (मिस्) *v.* 1. to fail to reach or catch, न पहुँच पाना, न पकड़ पाना। 2. to fail to hear, see or understand, सुन, देख या समझ न पाना। 3. to fail to achieve or perform, विफल होना, चूक जाना। 4. to misfire, निशाना चूक जाना। 5. to feel the absence of, कमी महसूस करना। 6. to avoid or escape from, बच जाना या बच निकलना। □ **miss the boat,** मौका खोना। *n.* a failure to hit or succeed, चूक।

**missal** (मिस्´-ॲल्) *n.* a book containing prayers, मिस्सा-नियमावली।

**misshapen** (मिस्-शे´-पॅन्) *adj.* distorted, विकृत, अनगढ़, टेढ़ा-मेढ़ा।

**missile** (मिस्´-आइल्, मिस्´-ॲल्) *n.* 1. a weapon that is projected at a target, क्षेप्यास्त्र। 2. an object suitable for throwing at a target, फेंककर मारने योग्य वस्तु।

**missing** (मिस्´-इंग्) *adj.* 1. lost, खोया हुआ, लुप्त। 2. not present, अनुपस्थित, नदारद। 3. one whose whereabouts are unknown, लापता।

**missing link** *n.* any missing part in a series, लुप्त कड़ी।

**mission** (मिश्´-ॲन्) *n.* 1. a body of envoys to a foreign country, मिशन, शिष्टमंडल। 2. the duty or purpose for which these people are sent, मिशन, प्रयोजन, उद्देश्य। 3. the establishment of these persons, संस्थान, मिशन। 4. a person's vocation, जीवन-लक्ष्य, ध्येय, मिशन।

**missionary** (मिश्-ॲ-नॅ-री, मिश्´-ॲ-नॅर्-ई) *n.* 1. one sent to spread Christian faith in a foreign country, ईसाई धर्मप्रचारक, मिशनरी। 2. a propagandist for a belief, मत-प्रचारक। *adj.* 1. of missions, मिशन-संबंधी। 2. of or like missionaries, ईसाई

मिशनरियों के जैसा।

**missionary spirit** ***n.*** zeal or enthusiasm with which missioaries work, मिशनरी भावना, सेवा-भावना, सेवा-धर्म।

**misspell** (मिस्-स्पेॅल्´) ***v.*** (misspelled/misspelt, misspelling) to spell incorrectly, अशुद्ध वर्तनी लिखना या बताना।

**misspend** (मिस्-स्पेॅन्ड्´) ***v.*** (misspent, misspending) to spend badly, फ़िज़ूलख़र्ची करना।

**misstate** (मिस्-स्टेट्´) ***v.*** to state wrongly, ग़लत वक्तव्य या झूठा विवरण देना।

**misstatement** (मिस्-स्टेट्´-मॅन्ट्) ***n.*** a wrong statement, ग़लत वक्तव्य।

**misstep** (मिस्-स्टेॅप्´) ***n.*** a wrong step, ग़लत कदम।

**missus, missis** (मिस्´-इज़्) ***n.*** one's wife, पत्नी।

**mist** (मिस्ट्) ***n.*** mass of tiny drops of water suspended in the atmosphere, कोहरा, कुहासा, धुंध। ***v.*** to become covered with mist, कोहरा छा जाना।

**mistakable** (मि-स्टे´-कॅ-बॅल्) ***adj.*** that can be mistaken for another person or thing, जिससे धोखा (होता) हो, भ्रममूलक, भ्रामक।

**mistake** (मि-स्टेक्´) ***n.*** 1. an error, भूल, ग़लती, अशुद्धि। 2. a misunderstanding, ग़लतफहमी। ***v.*** (mistook, mistaken, mistaking) 1. to misunderstand, ग़लतफ़हमी हो जाना। 2. to choose incorrectly, ग़लती करना, ग़लत चुनाव करना। □ **by mistake,** ग़लती से।

**mistaken** (मि-स्टे´-कॅन्) ***adj.*** 1. wrong, ग़लत। 2. misunderstood, भ्रांतिपूर्ण, भ्रामक।

**mister, Mr.** (मिस्´-टॅ:) ***n.*** a formal form of address to a man, श्री, श्रीमान, महोदय।

**mistime** (मिस्-टाइम्) ***v.*** to time wrongly, ग़लत समय पर (कुछ) कहना या करना।

**mistletoe** (मिस्-ऑल्´-टो) ***n.*** a shrub, एक प्रकार की झाड़ी या बेल, मिसिल टो।

**mistreat** (मिस्-ट्रीट्´) ***v.*** to treat badly or abusively, दुर्व्यवहार करना, भला-बुरा कहना।

**mistreatment** (मिस्-ट्रीट्´-मॅन्ट्) ***n.*** bad treatment, बुरा बरताव, दुर्व्यवहार।

**mistress** (मिस्´-ट्रिस्) ***n.*** 1. a female master, मालकिन, स्वामिनी। 2. a person's illicit lover, रखेल। 3. a female teacher, अध्यापिका।

**misty** (मिस्´-टी) ***adj.*** 1. full of mist, कोहरे से भरा। 2. indistinct, धुँधला।

**misunderstand** (मिस्-अन्-डॅ:-स्टैन्ड्´) ***v.*** to understand incorrectly, ग़लतफ़हमी या धोखा होना, ग़लत अर्थ निकालना।

**misunderstanding** (मिस्-अन्-डॅ:-स्टैन्´-डिंग्) ***n.*** 1. a failure to understand correctly, भ्रांति, धोखा या ग़लतफ़हमी। 2. a disagreement, अनबन, झगड़ा।

**misusage** (मिस्-यू´-सिज्) ***n.*** misuse (of words, शब्दों का) दुरुपयोग, ग़लत प्रयोग।

**misuse** (मिस्-यूज़्´) ***v.*** to use badly or wrongly, दुरुपयोग करना। ***n.*** wrong use, ग़लत प्रयोग।

**mite** (माइट्) ***n.*** 1. an insect, कुटकी। 2. a small child, बच्चा। 3. a small contribution, अल्प अंशदान। □ **a mite**, a little, कुछ-कुछ।

**mitigate** (मिट्´-इ-गेट्) ***v.*** to make or become less severe or intense, मंद होना या करना, शामिल करना या होना, हलका होना या करना।

**mitten** (मिट्´-ऑन्) ***n.*** a kind of glove, एक तरह का दस्ताना जिसमें कलाई और हथेली ढके रहते और अंगुलियाँ बाहर निकली रहती हैं।

**mix** (मिक्स्) ***v.*** 1. to combine, मिलाना, एक करना। 2. to be social, मिलना-जुलना। □ **mix up,** (i) गड्ड-मड्ड करना, (ii) शामिल होना। ***n.*** 1. a mixture, मिश्रण। 2. a group of different things, घाल-मेल।

**mixed** (मिक्स्ड्) ***adj.*** combined, मिला-जुला, साँझा, मिश्रित।

**mixed blessing** ***n.*** a thing that has advantages and also disadvantages, ऐसी बात जिसमें कुछ लाभ भी हो और कुछ हानि भी।

**mixed farming** ***n.*** farming of both crops and live stock, कृषि तथा पशुपालन।

**mixed marriage** ***n.*** marriage between people of different religions, विभिन्न धर्मावलंबियों में होनेवाला विवाह, मिश्रित विवाह।

**mixed-up** (मिक्स्ड्-अप्´) ***adj.*** suffering from mental confusion, दुविधाग्रस्त, भ्रमित, चिंतित।

**mixer** (मिक्´-सॅ:) ***n.*** 1. a device for mixing, मिक्सर, मिश्रक, मिक्सी। 2. a sociable person, समाजशील व्यक्ति, मिलनसार व्यक्ति। 3. an informal party to help people become acquainted with one an other, गोष्ठी, मुलाकाती जमावड़ा।

**mixture** (मिक्स्´-चॅ:) ***n.*** something made by mixing, मिश्रण।

**mix-up** (मिक्स्´-अप्) ***n.*** a confused state. of things, गड्ड-मड्ड अवस्था, गड़बड़ी।

**mnemonic** (नि-मॉ´-निक्) ***adj.*** increasing the ability to remember, स्मृति बढ़ानेवाला, स्मृतिकारक, स्मृति-सहायक।

**mo** (मो) ***n.*** short of moment, क्षण।

**moan** (मोन्) ***n.*** 1. sound of sorrow or pain, कराह, ओह, ऊह, हाय-हाय। 2. complaint, grumble, शिकायत। ***v.*** 1. to make a sound like moan, कराहना, हाय-हाय करना। 2. to lament, विलाप करना, रोना-धोना।

**moanful** (मोन्´-फ़ुल्) ***adj.*** complaining, शिकायत या विलाप करता हुआ।

**moat** (मोट्) ***n.*** a ditch round a castle, खाई, परिखा।

**mob** (मॉब्) ***n.*** 1. a disorderly or riotous crowd, भीड़, भीड़-भाड़, उग्र भीड़। 2. the common people, जन-साधारण। 3. a criminal gang, अपराधियों की टोली या दल। ***v.*** (mobbed, mobbing) 1. to crowd around, भीड़ लगाना। 2. to attack in a group, भीड़ का चढ़ आना।

**mobile** (मो´-बाइल्/बील्) ***adj.*** 1. capable of moving or of being moved, चल, गतिशील, चलता-फिरता; mobile library, चल-पुस्तकालय; mobile shop, चलती-फिरती दुकान। 2. changing quickly in expression, भाव-भंगिमा बदल लेनेवाला।

**mobile home** ***n.*** a vehicle used as a residence, चलता-फिरता घर, चल-गृह।

**mobility** (मो-बिल्´-इ-टी) ***n.*** the state of being mobile, गतिशीलता।

**mobilization** (मो-बि-लाइ-ज़े´-शॅन्) ***n.*** the act of mobilizing or the state of being mobilized, लामबंदी, सैन्यीकरण; mobilization of resources, साधन-संग्रह।

**mobilize** (मो-बि´-लाइज़्) ***v.*** to assemble and prepare for war, लामबंद होना या करना।

**mobocracy** (मॉ-बा´-क्रे-सी) ***n.*** 1. mob rule, भीड़-तंत्र, भीड़शाही। 2. domination by a mob, हुल्लड़बाजी।

**mobster** (मॉब्´-स्टः) ***n.*** a member of a criminal gang, अपराधी दल का सदस्य।

**moccasin** (मॉक्´-अॅ-सिन्) ***n.*** a shoe of deer skin, मृगचर्म का मुलायम जूता।

**mocha** (मो´-का) ***n.*** a coffee of fine quality, एक प्रकार की बढ़िया काफ़ी।

**mock** (मॉक्) ***v.*** to deride or jeer, उपहास करना, खिल्ली या हँसी उड़ाना, मज़ाक उड़ाना। 2. to mimic, नक़ल उतारना। 3. to spoil or destroy, चौपट कर देना। ***n.*** 1. the act of mocking, उपहास, खिल्ली। 2. imitation, नकल। □ **make a mock of,** to make fun of, मज़ाक उड़ाना, उपहासास्पद बनाना। ***adj.*** not real, sham, झूठा, नक़ली, बनावटी; mock fight, नकली लड़ाई।

**mocker** (मॉक्´-अॅ:) ***n.*** 1. one who mocks, खिल्ली उड़ानेवाला। 2. one who imitates, नक़ल उतारनेवाला।

**mockery** (मॉक्´-अॅ-री) ***n.*** 1. derision, उपहास, हँसी। 2. a person or thing that is mocked, हँसी का पात्र, उपहास-पात्र।

**mock-up** (मॉर्क्-अप्) ***n.*** a full size model of a machine for testing, नमूने की मशीन।

**mod** (मॉड्) ***n.*** fashionable style of dress, नया फैशन। ***adj.*** modern, आधुनिक।

**modal** (मॉड्´-अॅल्) ***adj.*** of or concerning the mood of a verb, क्रियार्थद्योतक।

**mod cons** (मॉड्-कॉन्स्´) ***n.*** (plu.) 1. modern conveniences, आधुनिक जन-सुविधाएँ। 2. modern amenities of a household, सुख-

सुविधाएँ; बिजली, हीटर, फोन, टी.वी. आदि।

**mode** (मोड्) ***n.*** 1. way, manner, ढंग, रीति, पद्धति। 2. the current fashion, फ़ैशन, चाल, रिवाज। 3. (music) राग।

**model** (मॉड्´-अॅल्) ***n.*** 1. the small copy of an object, नमूना, प्रतिमान, मॉडल। 2. exact copy, प्रतिकृति, प्रतिरूप। 3. an example or standard to be imitated, उदाहरण, आदर्श। 4. a person employed to pose for an artist, मॉडल। 5. a person employed to display or advertising, मॉडल। 6. an article of clothing worn by a model, मॉडल द्वारा पहना हुआ वस्त्र। ***adj.*** exemplary, आदर्श। ***v.*** (modelled, modelling) 1. to make or construct, बनाना, गढ़ना। 2. to design, डिज़ाइन बनाना। 3. to work as an artist's model, मॉडल के रूप में काम करना। 4. to display clothes, वस्त्रों का प्रदर्शन करना।

**moderate** (मॉड्´-अॅ-रिट्) ***adj.*** 1. average, औसत दर्जे का। 2. within sensible limits, हलका, मर्यादित। 3. not holding extremist views, उदार, नरम दलीय। 4. temperate, संयमी। ***v.*** 1. to make or become moderate, औसत दर्जे का बनना या बनाना, मर्यादित करना या होना। 2. to reduce in force or degree, हलका करना, मर्यादित करना।

**moderately** (मॉड्´-अॅ-रिट्-ली) ***adv.*** to a moderate degree, औसत दर्जे से अधिक नहीं।

**moderation** (मॉड्-अॅ-रे´-शॅन्) ***n.*** the act of moderating, मर्यादित करना या बनाना, परिमार्जन।

**moderator** (मॉड्´-अॅ-रे-टॅ:) ***n.*** one who moderates, परिमार्जक।

**modern** (मॉड्´-अॅ:न्) ***adj.*** 1. of a recent time, आधुनिक। 2. of current fashion, नया। 3. not following traditional style, अपारंपरिक। 4. in use today, आजकल का, आधुनिक। ***n.*** 1. a person of modern times, आधुनिक व्यक्ति। 2. a person of modern ideas, आधुनिक विचारोंवाला व्यक्ति।

**modernism** (मॉड्´-अॅ:-निज्-अॅम्) ***n.*** modern tendencies or thoughts, आधुनिक प्रवृत्तियाँ या विचार, आधुनिकतावाद।

M

**modernist** (मॉड्´-अॅ:-निस्ट्) ***n.*** one who favours modernism, आधुनिकतावादी।

**modernistic** (मॉड्´-अॅ:-निस्´-टिक्) ***adj.*** of modernism, आधुनिकतावादी।

**modernity** (मॉ-ड:´-नि-टी) ***n.*** the state or quality of being modern, आधुनिकता।

**modernization** (मॉड्-अॅ:-नाइ-ज़े´-शॅन्) ***n.*** the act of modernizing or the state of being modernized, आधुनिकीकरण।

**modernize** (मॉड्´-अॅ:-नाइज़्) ***v.*** to make or become modern, आधुनिक बनना/बनाना।

**modest** (मॉड्´-इस्ट्) ***adj.*** 1. having or showing moderate estimation of oneself, humble, शालीन, विनयी। 2. shy, संकोची, लज्जालु। 3. of good character, सती, साध्वी। 4. moderate in size or amount, साधारण, मामूली।

**modestly** (-ली) ***adv.*** 1. in a modest manner, शालीनता से। 2. shyly, संकोचपूर्वक, शरमाते हुए। 3. in moderate size or amount, थोड़ी मात्रा में।

**modicum** (मॉड्´-इ-कॅम्) ***n.*** a small amount, अल्प राशि, थोड़ा-सा हिस्सा, लेशमात्र।

**modification** (मॉड्-इ-फ़ि-के´-शॅन्) ***n.*** the act of modifying or the state of being modified, हलका परिवर्तन, संशोधन।

**modifier** (मॉ´-डि-इ-फ़ाइ-अॅ:) ***n.*** a word that modifies, संज्ञा, क्रिया आदि की विशेषता बतलानेवाला शब्द, विशेषक।

**modify** (मॉड्´-इ-फ़ाई) ***v.*** (modified, modifying) 1. to make partial changes in, थोड़ा-बहुत परिवर्तन करना, संशोधन करना 2. to make less severe, हलका करना, मंद करना। 3. to qualify, विशेषता बतलाना विशेषित करना।

**modish** (मो´-डिश्) ***adj.*** in the current fashion, जो रिवाज या फैशन में हो, चलता हुआ।

**modulate** (माड्´-यु-लेट्) ***v.*** 1. to change the tone, सुर में परिवर्तन लाना, आरोह-अवरोह करना। 2. to pass from one key to another (in music) एक स्वर से दूसरे स्वर पर जाना, स्वर बदलना।

**modulation** (माड्-यू-ले´-शॅन्) *n.* the act of modulating or the state of being modulated, स्वर का आरोह या अवरोह, आरोहण-अवरोहण।

**module** (माड्´-यूल्) *n.* a standard of measurement, मापदंड, माप।

**modus operandi** (मो-डॅस्-ऑप्-ॲ-रैन्´-डाई) *n.* particular way of doing something, विशेष पद्धति, कार्य-प्रणाली या कार्यविधि।

**modus vivendi** (मो-डॅस्-वि-वेंन्´-डाई) *n.* a working compromise, विवादी पक्षों में होनेवाला अंतरिम समझौता।

**moggy** (मा´-गी) *n.* a cat, बिल्ली।

**mogul** (मो´-गॅल्) *n.* an important or powerful person, महत्त्वपूर्ण या शक्तिशाली व्यक्ति।

**mohair** (मो´-हेंॲ:) *n.* long silky hair of angora goat, अंगोरा बकरी के लंबे रेशमी बाल।

**moist** (मॉइस्ट्) *adj.* 1. damp, गीला, नम, तर, आर्द्र। 2. soiled, सीड़-भरा, सीलन-भरा।

**moisten** (मॉइ´-सॅन्) *v.* to become or make wet, भीग जाना या भिगो देना, नम होना या करना।

**moisture** (मॉइस्´-चॅ:) *n.* dampness, नमी, आर्द्रता।

**moisturize** (मॉइस्´-चॅ-राइज़्) *v.* to add moisture, नम करना, भिगोना।

**molar** (मो´-लॅ:) *n.* any of the grinding teeth, दाढ़।

**molasses** (मॅ-लैस्´-इज़्) *n.* unrefined sugar syrup, शीरा।

**mole**[1] (मोल्) *n.* a small dark raised mark on the skin, तिल।

**mole**[2] *n.* a break water, समुद्री प्राचीर, तटबंध।

**mole**[3] *n.* a small burrowing animal, छछूँदर।

**molecular** (मॉ´-लि-क्यू-लॅ:, मॅ-लेंक्´-यॅ-लॅ:) *adj.* of molecule, आणविक।

**molecule** (मॉल्´-इ-क्यूल्) *n.* the smallest unit of atoms, अणु।

**molehill** (मोल्´-हिल्) *n.* a small mound of loose earth thrown up by a mole, छछूँदर द्वारा बनाया/लगाया हुआ मिट्टी का ढेर। □ **make a mountain of a molehill,** राई का पहाड़ बनाना, तिल का ताड़ करना।

**molest** (मॅ-लेंस्ट्´) *v.* 1. to trouble and injure by attacking, घायल करना, रौंदना। 2. to attack sexually, छेड़छाड़ करना, छेड़खानी करना, रौंदना।

**molestation** (मो-लें-स्टे´-शॅन्) *n.* the act of molesting, छेड़छाड़, छेड़खानी।

**moll** (मॉल्) *n.* a female companion of a gangster, किसी अपराधी व्यक्ति की सहायिका।

**mollification** (मॉल्-इ-फ़ि-के´-शॅन्) *n.* the act of mollifying, प्रशमन।

**mollify** (मॉल्´-इ-फ़ाइ) *v.* (mollified, mollifying) to calm, शांत करना, प्रशमित करना।

**mollusc, mollusk** (मॉल्´-ॲस्क्) *n.* a class of animals usually covered with a shell, कवचधारी प्राणी, कवचित जीव।

**mollycoddle** (मॉल्´-ई-कॉड्-ॲल्) *v.* to pamper, लाड़-प्यार करना, दुलार करना।

**molt, moult** (मोल्ट्) *v.* (molted, molting; moulted, moulting) 1. to lose feather, पंख झाड़ना। 2. to shed skin, केंचुली उतारना। 3. to lose hair, बाल झड़ना। *n.* 1. the act of molting, (पंख) झाड़ना, (केंचुली) उतारना। 2. the cast off covering, झाड़े हुए पंख, उतारी हुई केंचुली।

**molten** (मोल्´-टॅन्) *adj.* melted, पिघला हुआ।

**mom** (मॉम्) *n.* mother, माँ, माता।

**moment** (मो´-मॅन्ट्) *n.* 1. a brief interval of time, पल, क्षण। 2. a specific point in time, समय, घड़ी। 3. a particular period of importance, महत्त्वपूर्ण समय। 4. importance, महत्त्व। □ **at the moment,** अभी; **for the moment,** फ़िलहाल; **in a moment,** क्षण भर में; **moment of truth,** संकट की घड़ी, परीक्षा की घड़ी; **not for a moment,** एक क्षण के लिए भी नहीं, बिल्कुल नहीं।

**momentarily** (मो´-मॅन्-ट्रॅ-ली, मो´-मॅन्-टॅर्-इ-ली) *adv.* for a short period, थोड़े समय के लिए।

**momentary** (मो´-मॅन्-टॅ-री) *adj.* lasting for a moment, क्षणिक।

**momently** (मो´-मॅन्ट्-ली) *adv.* from moment to moment, क्षण-क्षण।

**momentous** (मो´-मॅन्´-टॅस्) *adj.* of great importance, महत्त्वपूर्ण।

**momentum** (मो-मेॅन्´-टॅम्) *n.* 1. impetus gained by movement, संवेग। 2. (fig.) driving power or strength, तेज़ी, बल, वेग।

**mommy** (मॉम्´-ई) *n.* mother, माँ, माता।

**monarch** (मॉन्´-अॅ:क्) *n.* a king, राजा, महाराजा।

**monarchism** (मान्´-अॅ:-किज़्-अॅम्) *n.* the idea that monarchy is the best government, राजतंत्रवाद।

**monarchist** (मान्´-अॅ:-किस्ट्) *n.* one who favours monarchism, राजतंत्रवादी।

**monarchy** (मॉन्´-अॅ:-की) *n.* govt. by a monarch, राजतंत्र।

**monastery** (मॉन्´-अॅस्-टॅ-री) *n.* the dwelling place of monks, मठ, साधु-विहार, आश्रम।

**monastic** (मॅ-नैस्´-टिक्) *adj.* 1. of monks, साधुओं या मठवासियों का। 2. of monasteries, मठ-संबंधी।

**monasticism** (मॅ-नैस्´-टि-सिज़्-अॅम्) *n.* the way of life of monks, साधुओं का जीवन, साधुओं की दिनचर्या।

**Monday** (मन्´-डे) *n.* the second day of the week, सोमवार।

**monetary** (मॉन्´-इ-टॅ-री) *adj.* of or pertaining to money, मुद्रा-संबंधी, मौद्रिक।

**monetization** (मॉन्´-इ-ट्राइ-ज़े´-शॅन्) *n.* the act of monetizing or the state of being monetized, मुद्रीकरण।

**monetize** (मॉन्´-इ-टाइज़्) *v.* to establish as legal tender, मुद्रा के रूप में स्थापित करना।

**money** (मन्´-ई) *n.* 1. coins and bank notes (as medium of exchange), रुपया-पैसा, मुद्रा। 2. amount of money, धन, रक़म। 3. currency, मुद्रा। □ **get one's money's worth,** दाम वसूल हो जाना; **in the money,** जिसकी पाँचों उँगलियाँ घी में हों; **make money,** ख़ूब धन कमाना; **marry money,** रईस लड़की/लड़के से शादी करना; **put money on,** बाज़ी/शर्त लगाना।

**moneyback** (मन्´-ई-बैक्´) *adj.* promising to return a customer's money at intervals, धनवापसी; moneyback policy, धनवापसी पॉलिसी।

**moneybag** (मन्´-ई-बैग्) *n.* a purse, बटुआ।

**moneybags** (मन्´-ई-बैग्स्) *n.* a very rich person, धनाढ्य व्यक्ति।

**moneybox** (मन्´-ई-बॉक्स्) *n.* a box in which money is placed, पेटी, गुल्लक, गोलक।

**moneychanger** (मन्´-ई-चेन्-जॅ:) *n.* one who changes currencies, मुद्रा-परिवर्तक।

**moneyed** (मन्´-ईड्) *adj.* rich, धनी, धनाढ्य।

**money-grubber** (मन्´-ई-ग्रब्-अॅ:) *n.* one who is eager to become rich, धनलोलुप।

**moneylender** (मन्´-ई-लेॅन्-डॅ:) *n.* one who lends money at interest, महाजन, साहूकार।

**moneylending** (मन्´-ई-लेॅन्-डिंग्) *n.* act or profession of lending money at interest, महाजनी, साहूकारी।

**moneymaker** (मन्´-ई-मे-कॅ:) *adj.* earning profusely, कमाऊ।

**money order** *n.* a form to send money to someone through post office, धनादेश, मनीऑर्डर।

**money-spinner** (मन्´-ई-स्पिन्-अॅ:) *n.* a source of wealth, धन का अजस्र स्रोत।

**monger** (मांग्´-अॅ:) *n.* a dealer, व्यापारी।

**mongoose** (मांग्´-गूस्) *n.* a small mammal that kills snakes and rats, नेवला, न्योला।

**mongrel** (मांग्´-ग्रॅल्) *n.* a plant or animal of mixed breed, दोगली नस्ल का पशु या पौधा, संकर।

**monism** (मॉन्´-इज़्-अॅम्) *n.* the doctrine that reality consists of only one substance, अद्वैतवाद, एकात्मवाद।

**monist** (मॉन्´-इस्ट्) *n.* a follower or supporter of monism, अद्वैतवादी, एकात्मवादी।

**monistic** (मॅ-निस्´-टिक्) *adj.* of monism or monist, अद्वैतवादी।

**monitor** (मॉन्´-इ-टॅ:) *n.* 1. a leader of a class, मॉनीटर, कक्षानायक। 2. an electronic device of observing, checking or testing some process, मॉनीटर। *v.* to observe, check or test, पड़ताल करना, चेक करना, देखना।

M

**monk** (मंक्) *n.* a religious male person living in a monastery, विहार या आश्रम में रहनेवाला ईसाई साधु।

**monkey** (मङ्´-की) *n.* 1. a long-tailed tree-climbing animal, बंदर, वानर। 2. a playful child, शरारती बच्चा। *v.* 1. to imitate, नक़ल उतारना। 2. to play about mischievously, शरारत करना, उछल-कूद करना। 3. to deride, हँसी उड़ाना।

**monkey business** *n.* mischievous dealing, धोखेधड़ी का काम।

**monkey wrench** *n.* a wrench with adjustable jaws, चूड़ीदार रिंच।

**mono** (मॉन्-ओ) *prefix.* single, one, एक।

**monochromatic** (मॉन्-ओ-क्रो-मैट्´-इक्) *adj.* black and white, श्वेत-श्याम, एकरंगा।

**monocle** (मॉन्´-अ-कॅल्) *n.* an eyeglass for one eye only, एक आँख का चश्मा।

**monogamy** (मॅ-नॉग्´-अ-मी) *n.* the custom or practice of having only one wife/husband at a time, एक पति और एक पत्नी का सिद्धांत, एक विवाह-प्रथा।

**monogram** (मॉन´-अ-ग्राम्/ग्रैम्) *n.* a design of one or more letters, मोनोग्राम।

**monograph** (मॉन्´-अ-ग्राफ़्/ग्रैफ़्) *n.* an essay on one particular subject, एकबंध।

**monolingual** (मॉन्-अ-लिंग्´-ग्वल्) *adj.* knowing or using only one language, एकभाषी।

**monolith** (मॉन्´-अ-लिथ्) *n.* a large pillar of single stone, एकाश्म, एक ही पत्थर का बना बहुत बड़ा खंभा।

**monolithic** (मॉन्´-अ-लिथ्-इक्) *adj.* 1. of a monolith, एकाश्म-संबंधी। 2. very large, बहुत बड़ा।

**monologue** (मॉन्´-अ-लॉग्) *n.* 1. a long speech, लंबा भाषण। 2. a speech by an actor, esp. when alone, स्वगत भाषण।

**monomania** (मॉन्-अ-मे´-नि-अ) *n.* wild craze for one thing only, किसी एक काम या बात की झक।

**monoplane** (मॉन्´-अ-प्लेन्) *n.* a plane with one pair of wings, दुपंखी जहाज।

**monopolist** (मॅ-नॉप्´-अ-लिस्ट्) *n.* one who has a monopoly, एकाधिकारी।

**monopolistic** (मॅ-नॉप्´-अ-लिस्´-टिक्) *adj.* of or relating to a monopoly, एकाधिकार-संबंधी।

**monopolization** (मॅ-नॉप्-अ-लि-ज़े´-शॅन्) *n.* the act of monopolizing or the state of being monopolized, एकाधिकारीकरण।

**monopolize** (मॅ-नॉप्´-अ-लाइज़्) *v.* to obtain a monopoly of, एकाधिकार प्राप्त कर लेना।

**monopolized** (मॅ-नॉप्´-अ-लाइज़्ड्) *adj.* under monopoly, एकाधिकृत।

**monopoly** (मॅ-नॉप्´-अ-ली) *n.* a sole right of doing some business or dealing one commodity, एकाधिकार।

**monorail** (मॉन्´-अ-रेल्) *n.* 1. a railway with a single rail, एकल पटरी पर चलनेवाली गाड़ी। 2. the rail of such a railway, एकल पटरी।

**monosyllabic** (मॉन्-अ-सि-लैब्´-इक्) *adj.* consising of one syllable only, एकाक्षरी, एकाक्षर, एकाक्षरिक।

**monosyllable** (मॉन्-अ-सिल्-अ-बॅल्) *n.* a word of one syllable, एकाक्षर शब्द।

**monotheism** (मॉन्´-अ-थी´-इज़्-अम्) *n.* the theory of one god only, एकेश्वरवाद।

**monotheist** (मॉन्-अ-थी-इस्ट्) *n.* a supporter of monotheism, एकेश्वरवादी।

**monotheistic** (मॉन्-अ-थी-इस्´-टिक्) *adj.* of monotheism, एकेश्वरवादी।

**monotint** (मॉन्´-अ-टिन्ट्) *adj.* black and white, श्वेत-श्याम, इकरंगा।

**monotone** (मॉन´-अ-टोन्) *n.* the manner of singing in a single tone, एकतानता, एकस्वरता।

**monotonous** (मॅ-नॉट्´-अ-नॅस्) *adj.* repetitiously dull, एकरस, नीरस।

**monotony** (मॅ-नॉट्´-अ-नी) *n.* the state of being monotonous, एकरसता, नीरसता।

**monotype** (मॉन्´-अ-टाइप्) *n.* a machine for casting types, मॉनोटाइप।

**Monsieur** (मॅ-स्यः) *n.* Mr. or sir, श्रीयुत, श्रीमान्, महोदय। (फ्रांसासी)

M

**Monsignor** (मॉन-सी´-न्य:) ***n.*** a title of Roman Catholic priests, महामान्य। (फ़्रांसीसी)

**monsoon** (मॉन्-सून्´) ***n.*** 1. winds that bring rains from April to October, मानसून, पावस। 2. rainy season, बरसात, वर्षा ऋतु।

**monsoonal** (मॉन्-सून्´-अॅल्) ***adj.*** of or pertaining to monsoon, वर्षा ऋतु-संबंधी।

**monster** (मॉन्-स्टॅ:) ***n.*** 1. an imaginary person of abnormal size and power, दैत्य, राक्षस। 2. one who inspires horror and disgust, अत्याचारी या नृशंस व्यक्ति।

**monstrosity** (मॉन्-स्ट्रॉस्´-इ-टी) ***n.*** an object of terrifying size or force, दैत्याकार वस्तु।

**monstrous** (मॉन्´-स्ट्रॅस्) ***adj.*** 1. huge, भीमकाय, भीमाकार। 2. frightening, विकराल, विकट, डरावना। 3. disgusting, घिनौना, उबाऊ।

**montage** (मॉन-टॉज़्´) ***n.*** a picture produced by combining several pictures, विभिन्न चित्रों को जोड़कर बनाया जानेवाला चित्र, जोड़-चित्र।

**montane** (मॉन्´-टेन्) ***adj.*** of mountains, पहाड़ी।

**Montessori** (मॉन्-टॅ-सोर्´-ई) ***n., ~* method,** a method of teaching young children by directing their natural activities, मॉन्टेसरी पद्धति।

**month** (मन्थ्) ***n.*** one of the 12 named divisions of the year, महीना, मास, माह।

**monthly** (मन्थ्´-ली) ***adj.*** occurring, published or payable once a month, मासिक, माहवारी। ***n.*** a monthly magazine, मासिक पत्रिका। ***adv.*** once a month, प्रतिमास।

**monument** (मॉन्´-यु-मॅन्ट्) ***n.*** 1. a historical structure, स्मारक। 2. a tombstone, समाधि-शिला। 3. an outstanding achievement, महत्त्वपूर्ण उपलब्धि।

**monumental** (मॉन्-यु-मॅन्´-टॅल्) ***adj.*** 1. of monument, स्मारकीय। 2. extremely great, विशाल। 3. of permanent importance, चिरस्थायी, चिरस्मरणीय।

M

**monumentally** (मॉन्-यु-मॅन्´-टॅ-ली) ***adv.*** to a very great degree, बहुत अधिक या बहुत बड़ी मात्रा में।

**moo** (मू) ***n.*** the sound made by a cow, गाय के रंभाने का शब्द। ***v.*** (mooed, mooing) to make the sound that a cow makes, रंभाना।

**mooch** (मूच्) ***v.*** to obtain free, मुफ़्त में पाना। ☐ **mooch about,** मटरगश्ती करना।

**mood**[1] (मूड्) ***n.*** 1. a state of mind, मन:-स्थिति, मनोदशा। 2. disposition, स्वभाव, मिज़ाज, तबीयत। 3. a fit of bad temper, तुनकमिज़ाजी।

**mood**[2] ***n.*** any of three groups of forms of a verb i.e. indicative, imperative or subjunctive, क्रिया के संकेतार्थ, विध्यर्थ और संभावनार्थ तीन प्रकारों में से कोई एक।

**moody** (मू´-डी) ***adj.*** temperamental, मनमौजी, तुनकमिज़ाज।

**moon** (मून्) ***n.*** 1. the natural satellite of the earth, चंद्रमा, चाँद। 2. any natural satellite, उपग्रह। ☐ **cry for the moon,** चाँद के लिए मचलना, असंभव की प्राप्ति का प्रयत्न करना; **once in a blue moon,** शायद ही कभी; **over the moon,** अत्यंत प्रसन्न। ***v.*** (mooned, mooning) to wander about in a dreamy or aimless manner, बिना मतलब घूमते रहना।

**moon beam** ***n.*** a ray of moonlight, चाँद की किरण, चंद्रकिरण।

**mooncalf** (मून्´-काफ़्) ***n.*** a person of weak mind, भोंदू।

**moonlight** (मून्´-लाइट्) ***n.*** the light of the moon, चाँदनी, ज्योत्स्ना।

**moonlit** (मून्´-लिट्) ***adj.*** lit by the moon, चाँदनी में नहाया हुआ, ज्योत्स्ना-स्नात; moonlit night, चाँदनी रात।

**moonshine** (मून्´-शाइन्) ***n.*** 1. moonlight, चाँदनी। 2. foolish talk, मूर्खतापूर्ण बात। 3. illegally distilled whisky, अवैध शराब।

**moonstruck** (मून्´-स्ट्रक्) ***adj.*** mad, पागल, विक्षिप्त।

**moony** (मून्´-नी) ***adj.*** foolish, मूर्ख।

**moor**[1] (मूर्) ***v.*** (moored, mooring) to fasten (a boat or ship) by ropes or anchor, (नाव या जहाज़ को) लंगर डालकर या रस्से से

बाँधकर खड़ा करना।

**moor**[2] ***n.*** barren land, बंजर भूमि।

**mooring** (मूर्´-इंग्) ***n.*** 1. a place where boats are moored, नावें बाँधने का स्थान। 2. ropes or cables by which something is moored, नावें बाँधने के रस्से आदि।

**moorings** (मूर्´-इंग्स्) ***n.*** (plu.) moral principles, नैतिक नियम, रीति-नीति। ☐ **lose one's moorings,** नैतिक नियमों की परवाह न करना।

**moorland** (मूर्´-लैन्ड्) ***n.*** barren land, बंजर-भूमि।

**moose** (मूस्) ***n.*** a type of deer, हिरनों की एक जाति।

**moot** (मूट्) ***adj.*** 1. debatable, विवादास्पद। 2. undecided, अनिश्चित। ***v.*** to raise for discussion, बहस के लिए उठाना।

**moot court** ***n.*** a court for trying hypothetical questions, नक़ली कचहरी।

**moot point** ***n.*** an undecided point, विवाद-विषय।

**mop** (मॉप्) ***n.*** an implement for cleaning floor, फ़र्श पोंछने का उपकरण। ***v.*** (mopped, mopping) to clean with a mop, साफ़ करना, पोंछना।

**mope** (मोप्) ***v.*** (moped, moping) to be dejected, उदास होना।

**moped** (मो´-पेंड्) ***n.*** a motorbike, मोपेड।

**moquette** (मॉ´/मो´-कॅट्) ***n.*** a type of thick material, सन।

**moraine** (मॅ/मॉ-रेन्´) ***n.*** a mass of debris carried down by glacier, हिमनद द्वारा लाया हुआ मलबा।

**moral** (मॉर्´-ॲल्) ***adj.*** according to the established standard of good behaviour, सदाचारपूर्ण, नीतिपूर्ण, नैतिक। ***n.*** 1. the principle taught by a story or event, निष्कर्ष। 2. morals (plu.) rules of (sexual) conduct, सदाचार, नीति। ☐ **of loose morals,** भ्रष्ट, चरित्रहीन।

**morale** (मॅ-रैल्´/मॅ-राल्´) ***n.*** 1. mental confidence, मनोबल। 2. moral confidence, नैतिक बल।

**moralist** (मॉर्´-ॲ-लिस्ट्) ***n.*** a person who preaches or follows moral principles, नीतिज्ञ या सदाचारी व्यक्ति।

**moralistic** (मॉर्-ॲ-लिस्´-टिक्) ***adj.*** pertaining to the right or wrong conduct, सदाचार-संबंधी, नीति-संबंधी।

**moralistically** (मॉर्-अ-लिस्´-टि-कॅ-ली) ***adv.*** morally, नैतिक दृष्टि से।

**morality** (मॅ-रैल्´-इ-टी) ***n.*** 1. rightness of behaviour, नीति, सदाचार, नैतिकता। 2. moral principles, नैतिक सिद्धांत।

**moralize** (मॉर्´-ॲ-लाइज़्) ***v.*** to express one's thoughts about rightness and wrongness of a human behaviour, सदाचार की बातें करना, नीति बघारना।

**morally** (मॉर्´-ॲ-ली) ***adv.*** with regard to morals, नैतिक रूप/दृष्टि से।

**morass** (मॅ-रैस्´) ***n.*** a bog or marsh, दलदल।

**moratorium** (मॉर्-ॲ-टोर्´-इ-ॲम्) ***n.*** (plu. moratoria) an order of stopping or delaying an activity temporarily, अस्थायी निलंबन आदेश।

**morbid** (मॉ:-बिड्) ***adj.*** 1. unhealthy, रुग्ण, अस्वस्थ। 2. gruesome, भयावह, बीभत्स।

**morbidity** (मॉ:-बिड्´-इ-टी) ***n.*** 1. the state of being morbid, रुग्णता, रुग्णावस्था। 2. gruesomeness, बीभत्सता।

**mordant** (मॉ:-डॅन्ट्) ***adj.*** 1. sarcastic, व्यंग्यपूर्ण। 2. incisive, कटु, काटनेवाला, मर्मवेधी।

**more** (मो:) ***adj.*** 1. greater in number, और अधिक। 2. greater in size or degree, और बड़ा। 3. additional, अतिरिक्त। ***n.*** a greater quantity or number, अपेक्षया अधिक परिमाण या संख्या। ***adv.*** 1. in a greater degree, और अधिक। 2. again, दुबारा, पुनः, फिर। ☐ **more and more,** और भी अधिक; **more or less,** लगभग, करीब-करीब।

**morel** (मॅ-रैल्´) ***n.*** a mushroom, कुकुरमुत्ता, खुमी, गुच्छी।

**moreover** (मोर्-ओ´-वॅ:) ***adv.*** besides, इसके अतिरिक्त/सिवा।

**mores** (मोर्´-एज़्) ***n.*** (plu.) customs of community, रीति-रिवाज, लोकाचार, प्रथाएँ।

**morgue** (मा:ग्) ***n.*** a building in which dead bodies of unknown persons are kept temporarily, मुरदाघर।

**morning** (मा:´-निंग्) ***n.*** 1. the early part of the day, सुबह, सबेरा। 2. dawn, प्रात:, भोर। 3. the early period, आरंभिक काल। □ **morning, noon and night,** चौबीसो घंटे; **the morning after,** ख़ुमारी। ***adj.*** occurring in the morning, सुबह का, प्रात:-कालीन; morning tea, सुबह की चाय।

**morning glory** ***n.*** a plant and its flower, एक प्रकार का पौधा, कलदाना।

**morning sickness** ***n.*** nausea occurring in morning during early pregnancy, गर्भवती स्त्री को होनेवाली सुबह की मिचली।

**morning star** ***n.*** the bright planet seen in the east immediately before sunrise, सुबह का तारा, शुक्रग्रह।

**morocco** (मॅ-रॉक्´-ओ) ***n.*** a fine soft leather used in book binding, जिल्दबंदी के काम आनेवाला एक प्रकार का बढ़िया चमड़ा, अजाचर्म।

**moron** (मोर्´-ऑन्) ***n.*** 1. a person of weak mind, मंदबुद्धि, अल्पबुद्धि। 2. a stupid person, मूर्ख व्यक्ति।

**moronic** (मॅ-रॉन्´-इक्) ***adj.*** foolish or stupid, मूर्खतापूर्ण, मूर्खों का-सा।

**morose** (मॅ-रोस्´) ***adj.*** 1. ill-tempered, चिड़चिड़े स्वभाववाला। 2. sad, gloomy, उदास, खिन्न।

**morosely** (मॅ-रोस्´-ली) ***adv.*** angrily, चिड़चिड़ेपन से, खिन्नता से।

**morpheme** (मा:´-फ़ीम्) ***n.*** the smallest meaningful grammatical unit, रूपिम, रूपग्राम।

**morphemic** (मा:´-फ़ी´-मिक्) ***adj.*** of morphemes, रूपिम-संबंधी।

**morphemics** (मा:´-फ़ी´-मिक्स्) ***n.*** morphology, रूपिम-विज्ञान।

**morphine** (मा:´-फ़ीन्) ***n.*** a drug used for stopping pain, मार्फ़िया।

**morphological** (मा:-फ़ॅ-लॉज्´-इ-कॅल्) ***adj.*** of morphology, रूपिम।

**morphologist** (मा:´-फ़ॉल्´-ॲ-जिस्ट्) ***n.*** an expert in morphology, रूपिम विज्ञानी।

**morphology** (मा:-फ़ॉल्´-ॲ-जी) ***n.*** 1. the study of word formation, रूपिम-विज्ञान। 2. the science dealing with the form and structure of organisms, रूप-विज्ञान।

**morrow** (मॉर्´-ओ, मा:´-ओ) ***n.*** the following day, (आनेवाला) कल, (आगामी) कल।

**Morse code** (मा:स्-कोड्´) ***n.*** a code used in signalling, मार्स पद्धति (सैमुअल मार्स द्वारा अन्वेषित तार-पद्धति)।

**morsel** (मा:´-सॅल्) ***n.*** 1. a mouthful of food, कौर, ग्रास, निवाला। 2. a bit, टुकड़ा। □ **a bit of morsel,** रत्ती-भर।

**mortal** (मा:´-टॅल्) ***adj.*** 1. liable to death, मरणधर्मा, मरणशील, मर्त्य। 2. fatal, deadly, घातक, प्राणघातक। 3. fierce, violent, intense, प्रचंड, उग्र, विकट, घोर। ***n.*** a human being, आदमी, मानव, मनुष्य।

**mortality** (मा:´-टैल्´-इ-टी) ***n.*** 1. the state of being a mortal, मरणशीलता। 2. great loss of life, बहुत अधिक लोगों का मरना। 3. the number of deaths from a certain cause, मृत्यु-संख्या।

**mortally** (मा:´-टॅ-ली) ***adv.*** 1. fatally, घातक रूप से। 2. very greatly, deeply, अत्यधिक, जबरदस्त।

**mortar**[1] (मार्´-टॅ:) ***n.*** a mixture of lime, sand and water, गारा, मसाला। ***v.*** to plaster with a mortar, गारे या मसाले से प्लास्टर करना।

**mortar**[2] ***n.*** 1. a vessel for pounding, ऊखल, खरल। 2. a small cannon, छोटी तोप।

**mortar board** ***n.*** a black square academic cap, काली चौकोर टोपी।

**mortgage** (मा:´-गिज्) ***v.*** to give someone something as security for payment of a loan, रेहन या गिरवी रखना, बंधक रखना। ***n.*** 1. pledging of a property as security against loan, गिरवी रखी हुई वस्तु, बंधक, रेहन। 2. the deed of pledging, गिरवीनामा।

M

**ıortgagee** (मा:´-गि-जी´) ***n.*** one who keeps property as security against loan, रेहनदार, गिरवीदार, बंधकी।

**ıortgagor** (मा:´-गि-जॆं:) ***n.*** one who mortgages one's property, अपनी संपत्ति रेहन/गिरवी रखनेवाला, बंधकदाता।

**ıortician** (मा:-टिश्´-अॅन्) ***n.*** one who makes arrangements for funerals, अंत्येष्टि-प्रबंधक।

**ıortification** (मा:-टि-फ़ि-के´-शॅन्) ***n.*** the act of mortifying or the state of being mortified, नीचा दिखाना या देखना, शर्मिंदा करना या होना।

**ıortify** (मा:´-टि-फ़ाइ) ***v.*** (mortified, mortifying) to humiliate, शर्मिंदा करना, नीचा दिखाना, ज़लील करना।

**ıortise, mortice** (मा:´-टिस्) ***n.*** a hole cut in a piece of wood into which the end of another part is inserted, खाँचा, छेदा। ***v.*** 1. to cut a mortise in, खाँचा/सुराख़ करना। 2. to join with a mortise, चूल बैठाना।

**ıortuary** (मा:´-चॅ-री) ***n.*** a morgue, लाशघर।

**ıosaic** (मो-ज़े´-इक्) ***n.*** a design made up of small pieces of stone or glass, मोज़ैक।

**ıosey** (मो´-ज़ी) ***v.*** (moseyed, moseying) to move at an easy gait, धीरे-धीरे चलना, टहलना।

**ıosque** (मॉस्क्) ***n.*** a Muslim place of worship, मसजिद।

**ıosquito** (मॅस्/मॉस्-कीट्´-ओ, मॅ-स्की´-टो) ***n.*** a blood-sucking winged insect, मच्छर।

**ıosquito net** ***n.*** a net to keep mosquitoes out, मच्छरदानी, मसहरी।

**ıoss** (मॉस्/मा:स) ***n.*** a class of plants, काई, शैवाल।

**ıossback** (मा:स्´-बैक्) ***n.*** an old fashioned person, दकियानूस।

**ıossy** (मा:´-सी) ***adj.*** 1. covered in moss, काई से आच्छादित, काई-भरा। 2. like moss, काई के रंग का।

**ıost** (मोस्ट्) ***adj.*** greatest in number, अधिकतर, अधिकांश। ***n.*** the greatest number, अधिकांश। □ **at the most or at most,** अधिक से अधिक; **for the most part,** अधिकतर अवस्थाओं में, मुख्यत:; **make the most of,** अधिक से अधिक उपयोग करना या लाभ उठाना। ***adv.*** used as suffix, forming the superlative of greater number of adjectives and adverbs, बहुत अधिक, सबसे अधिक।

**mostly** (मोस्ट्´-ली) ***adv.*** chiefly, ज़्यादातर, अधिकतर।

**mote** (मोट्) ***n.*** a particle of dust, धूल का कण, धूलिकण, ज़र्रा।

**motel** (मो´-टॅल्) ***n.*** a hotel built for travelling motorists, वह होटल जिसमें गाड़ियों को ठहराने की व्यवस्था हो, मोटल।

**motet** (मो´-टॅट्) ***n.*** a devotional song, भजन।

**moth** (मॉथ्, मा:थ्) ***n.*** a winged insect, कपड़े में लगनेवाला कीड़ा, कपड़कीड़ा।

**mothball** (मा:थ्´-बा:ल्) ***n.*** a ball for keeping away moths from clothes, फ़िनायल की गोली। □ **put in mothballs,** (चीज़ या काम) बंद कर छोड़ना, रख छोड़ना।

**moth-eaten** (मॉथ्´-ई-टॅन्) ***adj.*** 1. eaten away by moths, कीड़ों द्वारा खाया हुआ, घुन लगा। 2. very worn out, सड़ा-गला।

**mother** (मद्´-अॅ:) ***n.*** 1. one's own female parent, माँ, माता, अम्मा, जननी। 2. a term of address for an old woman, माता (जी)। 3. a woman who is head of a religious order, माता, मादा। ***v.*** 1. to give birth to, जन्म देना, जनना। 2. to look after in a motherly way, लालन-पालन करना, पालना पोसना। ***adj.*** 1. motherly, माता-जैसा या माता का। 2. being a mother, मादा; a mother bird, मादा पक्षी।

**mother country** ***n.*** one's native country, मातृभूमि।

**mothercraft** (मद्´-अॅ:-क्राफ़्ट् / क्रैफ़्ट्) ***n.*** the art of rearing babies, शिशुपालन-कला।

**motherhood** (मद्´-अॅ:-हुड्) ***n.*** the state of being a mother, मातृत्व।

**mother-in-law** (मद्´-अॅ:-इन्-ला:) ***n.*** the mother of one's wife or husband, सास।

**motherland** (मद्´-अँ:-लैन्ड्) *n.* one's native country, मातृभूमि।

**motherlike** (मद्´-अँ:-लाइक्) *adj.* like a mother, मातृ-सदृश।

**motherly** (मद्´-अँ:-ली) *adj.* like a mother, माता के जैसा, माँ का-सा।

**mother-of-pearl** (मद्-अँ:-आ:फ़्-प:ल्´) *n.* the internal layer of certain shells, कुछ सीपियों की भीतरी चमकीली परत (जिससे बटन आदि बनते हैं)।

**mother-to-be** (मद्-अँ:-टु-बी´) *n.* (plu. mothers-to-be) a pregnant woman, गर्भवती स्त्री।

**mother tongue** *n.* one's native language, मातृभाषा, मादरी ज़बान।

**motif** (मो-टीफ़्´) *n.* underlying idea in a piece of literature or art, मूल भाव।

**motile** (मो´-टिल्) *adj.* capable of motion, गतिशील।

**motility** (मो-टिल्´-इ-टी) *n.* the state of being motile, गतिशीलता।

**motion** (मो´-शॅन्) *n.* 1. the act or state of moving, गति, चाल। 2. a gesture, इंगित, संकेत। 3. a proposal, प्रस्ताव। 4. the evacuation of the bowels, excrement, टट्टी, पाख़ाना। 5. a part of a moving mechanism, मशीन का चलनेवाला अंग। 6. the action of such a part, उक्त अंग की हरकत। □ **go through the motions,** दिखावटी या चलता काम करना; **in motion,** चलता हुआ, गतिशील; **of his own motion,** स्वप्रेरणा से; **put/set in motion,** चलाना, प्रवर्तन करना। *v.* (motioned, motioning) to make a gesture, इंगित/इशारा करना।

**motionless** (मो´-शॅन्-लिस्) *adj.* 1. not moving, गतिहीन, निश्चल। 2. out of senses, अचेत, बेसुध।

**motion picture** *n.* a film, चलचित्र।

**motivate** (मो´-टि-वेट्) *v.* to inspire, प्रेरणा देना, प्रेरित करना, अभिप्रेरित करना।

**motivation** (मो-टि-वे´-शॅन्) *n.* the act of motivating, प्रेरित करना, अभिप्रेरण।

**motive** (मो´-टिव्) *n.* the reason for certain course of action, हेतु, प्रयोजन, कार या अभिप्रेरणा। *adj.* acting as a motive कारणस्वरूप, अभिप्रेरक।

**motley** (मॉट्´-ले) *adj.* 1. varied, मिला-जुल खिचड़ी। 2. multicoloured, रंग-बिरंगा।

**motor** (मो´-टॅ:) *n.* 1. something that pro duces motion, मोटर। 2. an engine of vehicle, गाड़ी का इंजन। 3. a vehicl driven by an engine, मोटर, मोटरगाड़ी। to travel in an automobile, मोटर से या करना। *adj.* 1. driven by a motor, इंजन चालित। 2. producing motion, गतिकारक

**motorbike** (मोटॅ:´-बाइक्) *n.* a motorcycle मोटरसाइकिल।

**motorboat** (मो´-टॅ:-बोट्) *n.* a boat drive by a motor, मोटरबोट।

**motorcade** (मो´-टॅ:-केड्) *n.* a processio of motorcars, कारों का काफ़िला।

**motorcar** (मो´-टॅ:-का:) *n.* an automobile मोटरकार।

**motorcycle** (मो´-टॅ:-साइ-कॅल्) *n.* a two wheeled vehicle driven by a moto मोटरसाइकिल। *v.* to ride on a motor cycle, मोटरसाइकिल चलाना।

**motoring** (मो´-टॅर्-इंग्) *n.* 1. an act of driv ing a motor, मोटर-चालन। 2. a journe by a motor, मोटर यात्रा, मोटर द्वारा सैर।

**motorist** (मो´-टॅर्-इस्ट्) *n.* one who drive or travels in an automobile, मोटर या का चलानेवाला अथवा मोटर या कार में या करनेवाला।

**motorize** (मो´-टॅ-राइज़्) *v.* to equip wit motors, मोटर या इंजन लगाना।

**motorman** (मो´-टॅ:-मॅन्) *n.* 1. the opera tor of a motor, मोटर चलानेवाला। 2. a engine-driver, इंजन-चालक।

**mottled** (मॉट्´-अॅल्ड्) *adj.* marked wit different patches of colour, चित्तीदार।

**motto** (मोट्´-ओ) *n.* a word, phrase c sentence expresing a principle or goa नीति वाक्य, आदर्श वाक्यांश, उद्देश्य।

**mould**[1] (मोल्ड्) *n.* 1. a frame to give definite form to fluid, साँचा। 2. some thing shaped in a mould, साँचे में ढली वस्तु। 3. specific nature or character, स्वभाव, चरित्र। *v.* 1. to make in a mould, साँचे में ढालना। 2. to guide and control the development of, (चरित्र, आचार) निर्माण करना।

**mould[2]** *n.* a fungi, भुकड़ी, फफूँदी।

**moulder** (मोल्´-डॅ:) *v.* (mouldered, mouldering) to decay to dust, ढहना।

**moulding** (मोल्´-डिंग्) *n.* 1. the act of shaping in a mould, ढलाई। 2. something moulded, ढली हुई वस्तु।

**mouldy** (मॉल्´-डी) *adj.* 1. covered with mould or fungi, जिसपर भुकड़ी जमी हो, भुकड़ीदार, फफूँद लगा। 2. old, पुराना, दकियानूसी। 3. useless, रद्दी किस्म का।

**moult, molt** (मोल्ट्) *v.* to shed feathers or skin, पंख झाड़ना या केंचुली छोड़ना। *n.* the process of moulting, पंख झाड़ना या केंचुली छोड़ना।

**mound** (माउन्ड्) *n.* any heap or pile, टीला, ढूह।

**mount[1]** (माउन्ट्) *v.* (mounted, mounting) 1. to go up or climb, ऊपर जाना या चढ़ना। 2. to ride, सवारी करना या सवार होना। 3. to increase, बढ़ना। 4. to fix, जड़ना या मढ़ना। 5. to employ, नियुक्त करना। *n.* 1. a horse or other animal on which to ride, घोड़े आदि की सवारी। 2. the act of mounting, चढ़ना, ऊपर जाना। 3. something on which a thing mounted, आधार, चौखटा।

**mount[2]** *n.* a mountain, पहाड़।

**mountain** (माउन्´-टिन्) *n.* 1. a natural upward projection of the earth's surface, पहाड़, पर्वत। 2. a huge mass or heap, ढेर। 3. (fig.) anything of great quantity or size, पहाड़। *adj.* mountainous, पहाड़ी; mountain path, पहाड़ी रास्ता।

**mountain chain** *n.* a connected series of mountains, पर्वत-शृंखला, पर्वत-श्रेणी।

**mountaineer** (माउन्-टि-निअॅ:) *n.* 1. one who climbs mountains, पर्वतारोही। 2. one who lives in a mountainous area, पर्वतवासी।

**mountainous** (माउन्´-टि-नॅस्) *adj.* 1. full of mountains, पहाड़ी, पर्वतीय। 2. huge, विशाल, पर्वताकार, पर्वत-सदृश।

**mountain range** *n.* a group of mountains in a row, पर्वतमाला।

**mounted** (मॉउन्´-टिड्) *adj.* serving on a horse back, अश्वारोही।

**mourn** (मो:न्) *v.* 1. to express sorrow for the death of someone, शोक प्रकट करना। 2. to observe the customs of mourning, मातम मनाना।

**mourner** (मो:´-नॅ:) *n.* 1. one who attends a funeral, मुर्दनी या शवयात्रा में जानेवाला। 2. one who mourns, मातम मनानेवाला, मातमी।

**mournful** (मो:न्´-फुल्´) *adj.* showing grief, शोकपूर्ण, मातमी।

**mourning** (मो:´-निंग्) *n.* 1. grief, sorrow, शोक। 2. wearing of black clothes as a conventional sign of someone's death, किसी का मातम मनाने के लिए काले वस्त्र पहनना। 3. the period during which the death is mourned, शोक मनाने की अवधि। *adj.* of or relating to mourning, शोकमय, शोक-संबंधी।

**mouse** (माउस्) *n.* (pl. mice) 1. a rat, चूहा। 2. a shy person, संकोची या भीरु व्यक्ति। 3. a small device, कंप्यूटर का एक छोटा उपकरण। □ **as poor as Church mouse,** अत्यंत दरिद्र; **play cat and mouse with someone,** अत्यंत क्रूरतापूर्ण व्यवहार करना।

**mousetrap** (माउस्´-ट्रैप्) *n.* a trap for catching mice, चूहेदानी।

**mousse** (मूस्) *n.* a sweat dish, एक तरह की मिठाई।

**mousseline** (मूस्´-लिन्) *n.* muslin, मलमल।

**moustache** (मॅ-स्टैश्´/स्याश्´) *n.* hair growing on the upper lip, मूँछ, मूँछें।

**mousy, mousey** (माउ´-सी) *adj.* 1. of mice, चूहों का। 2. brownish grey, चूहों के रंग का। 3. infested with mice, चूहों से ग्रस्त। 4. shy, दब्बू। 5. unattractive,

आकर्षणविहीन, बदसूरत।

**mouth** (माउथ्) ***n.*** the opening through which animals take food into their bodies, मुँह, मुख। 2. any opening resembling a mouth, मुँह। 3. the opening of a container, मुँह। 4. the opening of a cave, द्वार। 5. a place where a river enters the sea, मुँहाना। □ **by word of mouth,** मुँहज़बानी, मौखिक रूप से; **down in the mouth,** मुँह लटकाए हुए; **keep one's mouth shut,** मुँह बंद रखना, चुप्पी साधे रहना; **put the mouth on someone,** किसी का बुरा चेतना; **put into someone's mouth,** पट्टी पढ़ाना; **shut one's mouth,** चुप हो जाना; **take the words out of someone's mouth,** किसी के मुँह की बात छीनना। ***v.*** 1. to take something into the mouth, मुँह में डालना। 2. to speak in a low tone, फुसफुसाना।

**mouthful** (माउथ्´-फुल्) ***n.*** as much as fills the mouth, कौर, ग्रास, निवाला।

**mouthorgan** (माउथ्´-ऑ:-गन्) ***n.*** a musical instrument, फूँककर बजाया जानेवाला एक बाजा, माउथऑर्गन।

**mouthpiece** (माउथ्´-पीस्) ***n.*** 1. a part of some instrument held in or near the mouth, बाजे का वह अंश जिसे मुँह में रखकर बजाया जाता है। 2. a person who speaks on someone's behalf, दूसरे की तरफ़ से बोलनेवाला। 3. an official paper of a party or institution, मुखपत्र।

**mouthwash** (माउथ्´-वाश्) ***n.*** a solution for cleaning the mouth, कुल्ला करने का सुगंधित द्रव्य।

**mouth-watering** (माउथ्´-वॉट्-अर्-इंग्) ***adj.*** very delicious as to cause saliva to flow, अति स्वादिष्ट, लार-टपकाऊ।

**movable** (मू´-वें-बॅल्) ***adj.*** able to be moved, not fixed, चल, जंगम।

**movables** (मू´-वें-बॅल्स्) ***n.*** (plu.) moveable articles, चल-संपत्ति।

**move** (मूव्) ***v.*** 1. to change in position or place, हिलना, हिलना-डुलना। 2. to cause to change in position or place, हिलाना, हिलाना-डुलाना। 3. to transfer (a piece) in a board game, (प्यादे आदि को) चलाना, बढ़ाना-हटाना। 4. to settle in a new place, जगह बदलना, अन्यत्र जा रहना। 5. to change hands commercially, बिकना। 6. to motivate, अभिप्रेरित करना। 7. to initiate (some action, कोई कार्य) शुरू करना। 8. to be active in a particular group, आना-जाना, मिलना-जुलना। 9. to provoke emotion in, द्रवित या अभिभूत करना। 10. to present a resolution, प्रस्ताव पेश करना। 11. to cause (bowels) to empty, शौच जाना। □ **move about,** बराबर चलते रहना; **move away,** दूर या कहीं और (रहने के उद्देश्य से) चले जाना; **move down,** नीचे लाना या करना, दर्जा घटाना; **move for,** (प्रस्ताव) उपस्थित करना; **move on,** आगे बढ़ना, आगे चलना; **move out,** (घर छोड़कर) चले जाना; **move over,** खिसकना, जगह देना; **move up,** ऊपर (ऊँचे स्तर पर) उठना या जाना। ***n.*** 1. the act of moving, हिलना-डुलना, आगे बढ़ना। 2. the change of residence, घर बदलना। 3. the act of moving a piece, मोहरे को चलाना। 4. player's turn to move a piece, मोहरा चलने की बारी, चाल। 5. a resolution, प्रस्ताव। □ **make a move,** (i) चाल चलना; (ii) प्रस्ताव उपस्थित करना।

**moveable** (मू´-वें-बॅल्) ***adj.*** = movable.

**movement** (मूव्´-मॅन्ट्) ***n.*** 1. the act of moving or the state of being moved, हिलना-डुलना, गति, हरकत। 2. a series of combined activities of a group, आंदोलन। 3. activity, चेष्टा, हलचल। 4. an evacuation of the bowels, निपटान, शौच। 5. the moving part of a machinery, मशीन का चलनेवाला पुर्ज़ा। 6. (plu.) activities, क्रियाकलाप, गतिविधियाँ।

**mover** (मू´-वें:) ***n.*** 1. one who moves a resolution, प्रस्तावक। 2. one who walks or moves, चलनेवाला। 3. one whose occupation is transporting furnishings,

M

वह जो गृहस्थी का सामान एक घर से उठाकर दूसरे घर तक ले जाता हो, वाहक।

**movie** (मू´-वी) ***n.*** 1. a motion picture, चलचित्र। 2. a motion picture theatre, सिनेमा, सिनेमाघर। 3. (plu.) film industry, फ़िल्म उद्योग।

**moving** (मू´-विंग्) ***adj.*** 1. that moves, चल, गतिमान। 2. touching, हृदयस्पर्शी।

**moving picture** ***n.*** a motion picture, चलचित्र।

**mow**[1] (मो) ***v.*** (mowed, mown, mowing) to cut down (grass, corn etc.,) with scythe or machine, (घास आदि) काटना। ☐ **mow down,** मार गिराना या ध्वस्त कर देना।

**mow**[2] ***n.*** a place for storing hay or grain, बखार।

**mower** (मो´-अॅ:) ***n.*** 1. a person that mows, घास काटनेवाला, घसियारा, लुनेरा। 2. a machine for mowing, घास काटने की मशीन, लुनाई मशीन।

**mowing** (मो´-इंग्) ***n.*** the act of cutting grass, घास काटने का काम, लुनाई।

**Mr.** (मिस्´-टॅ:) ***n.*** the title to a man's name, मिस्टर, श्री, श्रीमान, श्रीयुत्, जनाब।

**Mrs.** (मिस्´-इज़्) ***n.*** the title to a married woman's name, श्रीमती, मुसम्मात।

**Ms.** (मिज़्) ***n.*** the title to a married or unmarried woman's name, सुश्री।

**much** (मच्) ***adj.*** (more, most) great in quantity, degree or extent, बहुत ज़्यादा, अधिक। ***n.*** 1. a large quantity or amount, अधिक मात्रा या राशि। 2. something important, महत्त्वपूर्ण चीज़ या बात। ☐ **as much again,** जितना है उतना और; **as much as one can do,** अधिक से अधिक जितना कोई कर सके; **make much of,** (i) समझ में आना; (ii) महत्त्वपूर्ण समझना; **not up to much,** उतना अच्छा नहीं; **think much of,** महत्त्व देना; **so much for,** बस हो चुका; **too much for,** अत्यंत कठिन। ***adv.*** (more, most) 1. to a great degree, बहुत, अधिक। 2. almost, करीब-करीब। ☐ **how much,** कितना? **much as,** जितना; **so much,** उतना; **too much,** बहुत अधिक; **very much,** अत्यधिक।

**mucilage** (म्यू´-सि-लिज्) ***n.*** gum or glue, गोंद या लासा।

**muck** (मक्) ***n.*** 1. dung, गोबर। 2. filth, कूड़ा-करकट। ***v.*** to make dirty, गंदा करना। ☐ **muck about,** घाल-मेल करना; **muck out,** गोबर बाहर निकालना, सफ़ाई करना; **muck (something) up,** चौपट कर देना।

**muckrake** (मक्´-रेक्) ***v.*** to search out and expose misconduct of well-known people, प्रसिद्ध लोगों के दुराचरण का पता लगाना और भंडा फोड़ना।

**mucky** (मक्´-ई) ***adj.*** dirty, filthy, गंदा।

**mucous** (म्यू´-कॅस्) ***adj.*** secreting mucus, कफ़कारक।

**mucus** (म्यू´-कॅस्) ***n.*** a sticky substance secreted by mucous membranes, गले, नाक, आँख आदि से निकलनेवाला मल; कफ़, बलगम, कीचड़, रैंट आदि।

**mud** (मड्) ***n.*** 1. wet, sticky, soft earth, कीचड़, पंक। 2. slanderous charges, निंदा। ☐ **throw or sling mud at,** कीचड़ उछालना, बदनामी करना।

**mud bath** ***n.*** applying of mud on the body for health treatment, शरीर पर गीली मिट्टी का लेप करना या मलना, कीचड़-स्नान।

**mud brick** ***n.*** a brick of mud, कच्ची ईंट।

**muddiness** (मड्´-डि-निस्) ***n.*** the quality or state of being muddy, गंदलापन, धुँधलापन।

**muddle** (मड्´-अॅल्) ***v.*** 1. to mix up, घाल-मेल करना। 2. to confuse, भ्रम में डालना। ***n.*** 1. a muddled condition, घाल-मेल। 2. disorder, अव्यवस्था। 3. confusion, भ्रांति।

**muddle-headed** (मड्´-अॅल्-हेॅड्´-डिड्) ***adj.*** confused, भ्रमित।

**muddy** (मड्´-ई) ***adj.*** 1. filled with mud, कीचड़-भरा, पंकिल, गंदला। 2. not bright or clear, धुँधला। ***v.*** (muddied, muddying) to make muddy, गंदला कर देना।

**mudguard** (मड्´-गा:ड्) ***n.*** a cover over a vehicle's wheel, मडगार्ड।

**mudslinging** (मड्´-स्लिंग्-इंग्) ***n.*** speaking

evil of someone, कीचड़ उछालना, निंदा करना।

**muezzin** (म्यु-ऍज़्´-इन्) ***n.*** one who calls the Muslims to prayer from the mosque, अज़ाँ या बाँग देनेवाला, मुअज़्ज़िन।

**muff** (मफ़्) ***v.*** (muffed, muffing) to drop a catch, कैच छोड़ देना, गेंद को लपक न पाना। ***n.*** a dropped catch, छोड़ा हुआ कैच।

**muffin** (मफ़्´-इन्) ***n.*** a round cake, चपाती, फुलका, कुलचा।

**muffle** (मफ़्´-ऑल्) ***v.*** 1. to wrap up (the head) for warmth or protection, (सिर को) लपेट लेना। 2. to cover, ढकना। 3. to deaden the sound, आवाज़ दबा देना। ***n.*** something that muffles, लपेटने का वस्त्र, स्कार्फ़ या गुलूबंद।

**muffler** (मफ़्´-लॅ:) ***n.*** a heavy scraf worn round the neck, गुलूबंद, मफ़लर।

**mufti** (मुफ़्´-टी) ***n.*** 1. one who officially explains Muslim law, फतवा या व्यवस्था देनेवाला मुल्ला। 2. civilian dress, साधारण कपड़े। ☐ **in mufti,** साधारण कपड़ों में।

**mug**[1] (मग्) ***n.*** 1. a large drinking cup, बड़ा प्याला, मग। 2. the contents of this, प्याला-भर पदार्थ।

**mug**[2] ***n.*** 1. a face of a person, चेहरा। 2. a photograph of an arrested person, क़ैदी की फोटो। ***v.*** (mugged, mugging) 1. to make faces, मुँह बनाना। 2. to rob with violence, लूट-मार करना। ☐ **mug up,** परीक्षा के लिए ख़ूब तैयारी करना, विषय को घोट लेना।

**mugful** (मग्´-फुल्) ***n.*** the amount needed to fill a mug, प्याला-भर वस्तु।

**mugging** (मग्´-इंग्) ***n.*** a robbery with violence, लूट-मार।

**muggins** (मग्´-इन्ज़्) ***n.*** a simpleton, मूर्ख।

**muggy** (मग्´-ई) ***adj.*** humid, उमस-भरा, घुटन-भरा।

**mug's game** ***n.*** a worthless activity, व्यर्थ की भाग-दौड़।

M

**mugwump** (मग्´-व़म्प्) ***n.*** a person who keeps himself aloof from party politics, दलीय राजनीति से दूर रहनेवाला व्यक्ति।

**Muhammadan** (मु-हम्´-अॅ-डॅन्) ***n.*** a Muslim, मुसलमान।

**mujahedin** (मु-जा-हॅ-दीन्´) ***n.*** an armed person fighting in the name of Islam, मुजाहदीन।

**mulberry** (मल्´-बॅर्-ई) ***n.*** a tree and its fruit, शहतूत (पेड़ और फल)।

**mulch** (मल्च्) ***n.*** leaves and hay used for covering the roots of plant, पेड़-पौधों की जड़ों को ढकने के लिए प्रयुक्त पत्ते, घास आदि। ***v.*** to cover with mulch, पत्तों से ढकना।

**mule** (म्यूल्) ***n.*** 1. an offspring of male donkey and female horse, खच्चर। 2. a stubborn person, ज़िद्दी या हठी आदमी।

**muleteer** (म्यू-लॅ-टिअॅ:´) ***n.*** a driver of mules, खच्चर हाँकनेवाला, खच्चरवाला।

**mulish** (म्यू´-लिश्) ***adj.*** stubborn, हठी, अड़ियल।

**mull** (मल्) ***v.*** 1. to ponder, विचार करना। 2. to heat (wine or bear) with sugar, spices etc. to improve taste, स्वाद बढ़ाने के लिए (शराब या बीयर को) गरम मसाला, चीनी आदि मिलाकर गरम करना।

**mullah** (मुल्´-अॅ) ***n.*** a Muslim religious teacher, मुल्ला।

**multi** (मल्´-टी) ***prefix.*** many, अनेक, बहुत, बहु—।

**multifarious** (मल्-टि-फ़ॅऑर्´-इ-अॅस्) ***adj.*** of many kinds, विविध या विविधतापूर्ण।

**multiform** (मल्´-टि-फ़ॉ:म्) ***adj.*** of many forms or kinds, नानारूप, नानाविध।

**multilateral** (मल्-टि-लैट्´-अॅ-रॅल्) ***adj.*** involving many parties, बहुपक्षीय, बहुपक्षी।

**multinational** ***n.*** a multinational company, बहुराष्ट्रीय कंपनी। ***adj.*** involving many nations, बहुराष्ट्रीय।

**multiple** (मल्´-टि-पॅल्) ***adj.*** consisting of more than one individual or part, अनेक, विविध, बहुत, बहु—; multiple party system, बहुदलीय पद्धति; multiple choice, कई विकल्पोंवाला। ***n.*** a number which contains another number an exact number of times, अपवर्त्य, गुणज।

**nultiplex** (मल्´-टि-प्लेक्स्) *adj.* having many forms or parts, बहुविध।

**nultiplicand** (मल्-टि-प्लि-कैन्ड्´) *n.* the number that is to be multiplied by another, गुण्य।

**nultiplication** (मल्-टि-प्लि-के´-शॅन्) *n.* 1. the act of multiplying, गुणन। 2. increase, बढ़ोतरी।

**nultiplicator** (मल्´-टि-प्लि-के-टॅ:) *n.* multiplier, गुणक।

**nultiplicity** (मल्-टि-प्लिस्´-इ-टी) *n.* great variety, विविधता।

**nultiplier** (मल्´-टि-प्लाइ-अॅ:) *n.* the number by which a quantity is multiplied, गुणक।

**nultiply** (मल्´-टि-प्लाइ) *v.* (multiplied, multiplying) 1. to perform multiplication, गुणा करना। 2. to breed, प्रसव करना, जनना।

**nultipurpose** (मल्-टि-प:´-पॅस्) *adj.* having several purposes, बहुप्रयोजनीय, बहुप्रयोजन।

**nultiracial** (मल्-टी-रे´-शॅल्) *adj.* of people of many races, बहुजातीय।

**nultisense** (मल्´-टि-सेॅन्स्) *adj.* having several meanings, अनेकार्थ।

**nultistage** (मल्´-टि-स्टेज्) *adj.* having more than two sections, बहुस्तरीय।

**nultistorey** (मल्´-टि-स्टो-री) *adj.* having several storeys, बहुमंज़िला।

**nultitude** (मल्´-टि-ट्यूड्) *n.* 1. a great number of things or people, जमघट, भीड़। 2. the common people, जन-साधारण।

**nultitudinous** (मल्-टि-ट्यू´-डि-नॅस्) *adj.* very numerous, अधिसंख्य, बहुसंख्य।

**nultiversity** (मल्-टि-व:´-सि-टी) *n.* a large university, बहुत बड़ा विश्वविद्यालय।

**nultivitamin** (मल्-टि-वी´-टॅ-मिन्) *adj.* containing many vitamins, अनेक विटामिनों-वाला।

**num** (मम्) *adj.* not talking, चुप, शांत। □ **keep mum.** चुप रहो।

**numble** (मम्´-बॅल्) *v.* (mumbled, mumbling) to speak indistinctly, बुदबुदाना।

**mumbo jumbo** (मम्-बो, जम्´-बो) *n.* 1. foolish ritual, मूर्खतापूर्ण कर्मकांड। 2. foolish reverence, मूर्खतापूर्ण श्रद्धा, अंधश्रद्धा।

**mummery** (मम्´-री) *n.* hypocritical ceremony, ढोंग।

**mummify** (मम्´-इ-फ़ाइ) *v.* (mummified, mummifying) to preserve a corpse, शव को सुरक्षित रखना।

**mummy**[1] (मम्´-ई) *n.* a preserved corpse, ममी, सुरक्षित शव।

**mummy**[2] *n.* mother, माँ।

**mumps** (मम्प्स्) *n.* an acute painful swelling of the salivary glands, कनपेड़ा, गलसुआ।

**munch** (मंच्) *v.* to chew with a noise, चबड़-चबड़ करना।

**mundane** (मन्´-डेन्/मन्-डेन्´) *adj.* worldly, सांसारिक, संसार-विषयक।

**municipal** (म्यु-निस्´-इ-पॅल्) *adj.* of municipality, नगरपालिका-संबंधी; municipal school, नगरपालिका विद्यालय।

**municipal corporation** *n.* the governing body of a big city, नगर-निगम।

**municipality** (म्यु-निस्´-इ-पैल्´-इ-टी) *n.* self-governing town and its governing body, नगरपालिका।

**munificence** (म्यु-निफ़्´-इ-सॅन्स्) *n.* the state of being munificent, दानशीलता, उदारता।

**munificent** (म्यु-निफ़्´-इ-सॅन्ट्) *adj.* very generous, अत्यंत उदार, दानी।

**munitions** (म्यु-निश्´-अॅन्ज़्) *n.* military equipment and ammunition, युद्ध-सामग्री, गोला-बारूद।

**mural** (म्यूर्´-अॅल्) *adj.* of or on a wall, दीवार-संबंधी। *n.* a wall painting, दीवार पर बना चित्र, भित्तिचित्र।

**murder** (म:´-डॅ:) *n.* 1. an unlawful killing of a person, हत्या, वध, ख़ून। 2. something very unpleasant or painful, दुखद बात, नाश। *v.* 1. to kill, हत्या करना, ख़ून करना, वध करना, मारना। 2. to ruin, चौपट कर देना, नाश कर देना।

**murderer** (म:´-डॅ-रॅ:) *n.* one who murders someone, हत्यारा, ख़ूनी। [Fem. murderess, हत्यारिन]

**murderous** (म:´-डॅ-रॅस्) *adj.* 1. causing murder, ख़ूनी, प्राणघातक। 2. brutal, हिंसक।

**murk** (म:क्) *n.* 1. darkness, अंधकार, अँधेरा। 2. gloom, विषाद, उदासी।

**murky** (म:´-की) *adj.* 1. dark, अँधेरा। 2. gloomy, विषादपूर्ण। 3. unclear, cloudy, धुँधला।

**murmur** (म:´-मॅ:) *n.* 1. an indistinct utterance, बड़बड़ाहट। 2. a grumbled complaint, शिकायत। *v.* (murmured, murmuring) 1. to make a murmur, बड़बड़ाना। 2. to complain, शिकायत करना।

**muscle** (मस्´-अॅल्) *n.* 1. a tissue composed of cells, मांसपेशी। 2. muscular power, शारीरिक बल, बाहुबल। *v.* to force one's way, ज़बरदस्ती आगे बढ़ते जाना।

**muscle-bound** (मस्´-अॅल्-बाउन्ड्) *adj.* having stiff muscles, अकड़ी हुई मांसपेशियोंवाला, कड़ा।

**muscular** (मस्´-क्यु-लॅ:) *adj.* 1. of muscles, मांसपेशीय। 2. having well-developed muscles, गठीला, हृष्ट-पुष्ट, हट्टा-कट्टा।

**muse** (म्यूज़्) *v.* to ponder, विचार करना, चिंतन करना।

**Muse** *n.* a goddess of learning, विद्या की देवी सरस्वती। (युनान)

**museum** (म्यु-ज़ी´-अॅम्) *n.* a building in which objects of historical value are exhibited, संग्रहालय, अजायबघर, म्यूज़ियम।

**mush** (मश्) *n.* 1. soft pulp, गूदा। 2. feeble mentality, भावुकता।

**mushroom** (मश्´-रूम्) *n.* an umbrella-shaped fungus, कुकुरमुत्ता, छत्रक, खुंबी। *v.* (mushroomed, mushrooming) to grow rapidly, तेज़ी से बढ़ना या फैलना।

**mushy** (मश्´-ई) *adj.* 1. pulpy, गूदेदार। 2. sentimental, भावुक।

M

**music** (म्यू´-ज़िक्) *n.* pleasing combination of voices or sounds, संगीत। ☐ **face the music,** किया भुगतना।

**musical** (म्यू´-ज़ि-कॅल्) *adj.* 1. of music संगीत-संबंधी। 2. melodious, मधुर संगीतात्मक, संगीतमय। *n.* a musical comedy, संगीतात्मक प्रहसन।

**musical instrument** *n.* an instrument that plays tunes, बाजा, वाद्य।

**musicale** (म्यू-ज़ि-कैल्´) *n.* a programme of music, संगीत का कार्यक्रम, संगीत-समारोह।

**musician** (म्यू-ज़िश्´-अॅन्) *n.* 1. one skilled in composing music, संगीतकार। 2. one skilled in performing music, संगीतज्ञ।

**musicology** (म्यू-ज़ि-कॉल्´-अॅ-जी) *n.* the historical and scientific study of music संगीत विद्या।

**musk** (मस्क्) *n.* a substance secreted by male deer used in perfumery, कस्तूरी।

**musk deer** *n.* a deer that secretes musk कस्तूरी मृग।

**musket** (मस्´-किट्) *n.* a gun with a long barrel, पुरानी चाल की बंदूक, तुपक।

**musketeer** (मस्-कॅ-टिअॅ:´) *n.* a soldier armed with a musket, बंदूकची।

**musketry** (मस्´-कि-ट्री) *n.* 1. muskets बंदूकें। 2. those who fire muskets बंदूकचियों का दस्ता।

**muskrat** (मस्क्´-रैट्) *n.* a ratlike water animal, चूहे की तरह का एक जलजंतु।

**musky** (मस्´-की) *adj.* smelling like musk कस्तूरी जैसी गंधवाला।

**Muslim** (मुज़्´-लिम्, मुस्´-लिम्) *n.* a follower of Islam, मुसलमान, मुस्लिम। *adj.* of Muslims, मुसलमानी।

**muslin** (मज़्´-लिन्) *n.* a fine thin cotton fabric, मलमल।

**mussel** (मस्´-अॅल्) *n.* a kind of mollusk कवचधारी जंतु, सीपी, मुसेल।

**must** (मस्ट्) *aux. v.* indicating necessity obligation, inevitability, certainty, insistence etc., आवश्यकता, निश्चितता, आग्रह आदि की बोधक सहायक क्रिया। *n.* an absolute requirement, परम आवश्यकता।

**mustache** (मुस्´-टैश्/मु-स्टैश्´) *n.* the hair grown on the upper lip, moustache, मूँछ

**mustang** (मस्´-टैंग्) *n.* a wild horse (of Mexico, मेक्सिको का) जंगली घोड़ा।

**mustard** (मस्´-टॅ:ड्) *n.* a plant with yellow flowers and pungent seeds, सरसों; mustard oil, सरसों का तेल।

**muster** (मस्´-टॅ:) *v.* 1. to assemble, जमा होना या करना। 2. to gather up, जुटाना। □ **muster in,** सेना में भर्ती होना; **muster out,** सेना से बाहर होना। *n.* gathering, जमावड़ा, सभा।

**muster roll** *n.* an attendance register, हाज़िरी रजिस्टर।

**musty** (मस्´-टी) *adj.* 1. stale, बासी। 2. antiquated, प्राचीन, पुराना।

**mutable** (म्यू´-टॅ-बॅल्) *adj.* subject to change, fickle, परिवर्तनशील, विकारी।

**mutant** (म्यू´-टॅन्ट्) *n.* an organism having qualities different from its parents, वह जीव जिसमें अपने जनक और जननी से भिन्न गुण हों।

**mutate** (म्यू´-टेट्) *v.* 1. to undergo change, परिवर्तन होना, बदलना। 2. to cause to undergo change, परिवर्तन करना, बदलना।

**mutation** (म्यू-टे´-शॅन्) *n.* 1. a change, परिवर्तन। 2. change in name, नाम-परिवर्तन, दाखिल-ख़ारिज।

**mute** (म्यूट्´) *adj.* 1. not speaking, चुप। 2. not spoken, मूक (वर्ण)। 3. dumb, गूँगा (प्रायः बहरा और गूँगा)। *n.* 1. a deaf and mute person, गूँगा आदमी। 2. a device to deaden the sound of a musical instrument, वाद्यों के तारों की गूँज को कम करने की क्लिप। *v.* to deaden the sound of a musical instrument, किसी वाद्य की आवाज़ को धीमा करना।

**mutilate** (म्यू´-टि-लेट्) *v.* 1. to damage by cutting an important part, अंग भंग करना। 2. to disfigure, विकृत करना, रूप बिगाड़ देना।

**mutilated** (म्यू´-टि-ले-टिड्) *n.* 1. damaged, खंडित, भग्न। 2. disfigured, विकृत, विरूपति।

**mutineer** (म्यू-टि-निअॅ:´) *n.* one who mutinies, विद्रोही।

**mutinous** (म्यू´-टि-नॅस्) *adj.* rebellious, विद्रोहपूर्ण, विद्रोही।

**mutiny** (म्यू´-टॅ-नी) *n.* rebellion against authority, विद्रोह, बगावत। *v.* (mutinied, mutinying) to engage in mutiny, विद्रोह करना, बगावत करना।

**mutter** (मट्´-अॅ:) *v.* 1. to speak indistinctly in low tone, बुड़बुड़, बुड़बुड़ाना करना, बड़बड़ाना। 2. to grumble or complain, शिकायत करना। *n.* muttered words, बुड़बुड़ाहट।

**mutton** (मट्´-अॅन्) *n.* the flesh of a sheep or goat, भेड़/बकरी का गोश्त। □ **as dead as mutton,** बिल्कुल मरा हुआ।

**mutual** (म्यू´-चु-अॅल्) *adj.* 1. reciprocal, आपसी, पारस्परिक। 2. shared by both, साँझा।

**mutual fund** *n.* an investment company or fund, निवेश-संस्थान, निवेश-निधि।

**mutually** (म्यू´-चु-अॅ-ली) *adv.* reciprocally, आपस में, परस्पर।

**muu muu** (मू´-मू) *n.* a loose brightly coloured dress, ढीला-ढाला, चमकीला, रंगीन पहनावा।

**muzzle** (मज़्´-अॅल्) *n.* 1. the projecting jaw and nose of certain animals, थूथन। 2. a strap fitted over an animal's nose, मोहरा। 3. the front end of the barrel of a gun, नालमुख। *v.* (muzzled, muzzling) 1. to put a muzzle on, मोहरा पहनाना। 2. to restrain from expressing opinion, विचार या मत प्रकट करने से रोकना, मुँह बंद करना।

**muzzy** (मज़्´-ई) *adj.* 1. hazy, धुँधला, अस्पष्ट। 2. not thinking clearly, सही ढंग से सोच न पानेवाला।

**my** (माइ) *pron.* belonging to me, मेरा। *interj.* an exclamation of surprise, अरे!

**myopia** (माइ-ओ´-पि-अॅ) *n.* short sightedness, क्षीण दृष्टि (विशेषतः पास की चीज़ न देख पाना)।

**myopic** (माइ-ओप्´-इक) *adj.* shortsighted, क्षीण दृष्टि।

**myriad** (मिर्´-इ-ॲड्) ***n.*** a vast number, बहुत बड़ी संख्या। ***adj.*** innumerable, असंख्य।

**myrrh** (म:) ***n.*** a kind of resin, एक प्रकार का गोंद, बोल, लोबान।

**myself** (माइ-सॅल्फ़´) ***pron.*** reflexive form of I, स्वयं, ख़ुद।

**mysterious** (मि-स्टिअॅर्´-इ-अॅस्) ***adj.*** 1. full of mystery, रहस्यपूर्ण, रहस्यमय। 2. obscure, गूढ़। 3. puzzling, भ्रामक।

**mysteriously** (मि-स्टिअॅर्´-इ-अॅस्-ली) ***adv.*** in a mysterious way, रहस्यमय ढंग से।

**mystery** (मिस्´-टॅ-री) ***n.*** 1. an inexplicable event, रहस्यपूर्ण घटना, रहस्य। 2. anything that arouses suspense, दुविधा उत्पन्न करनेवाली बात। 3. a puzzle, पहेली। 4. a religious truth, सत्य, तत्त्व की बात।

**mystic** (मिस्´-टिक्) ***n.*** one who believes in mysticism, रहस्यवादी। ***adj.*** of mysticism, रहस्यात्मक।

**mystical** (मिस्´-टि-कॅल्) ***adj.*** = mystic.

**mysticism** (मिस्´-टि-सिज़्-अॅम्) ***n.*** union with God, रहस्यवाद।

**mystify** (मिस्´-टि-फ़ाइ) ***v.*** (mystified, mystifying) to confuse to be wilder, घबरा देना, हक्का-बक्का करना।

**mystique** (मिस्´-टिक्) ***n.*** an aura of mystery, रहस्यपूर्ण वातावरण, रहस्यात्मकता।

**myth** (मिथ्) ***n.*** 1. a traditional story, पौराणिक कथा, आख्यान। 2. a belief about natural phenomena or social customs, मिथ, काल्पनिक सत्य।

**mythical** (मिथ्´-इ-कॅल्) ***adj.*** 1. of myths, पौराणिक। 2. imaginary, कल्पित, मनगढ़ंत।

**mythological** (मिथ्-अॅ-लॉज्´-इ-कॅल्) ***adj.*** 1. of mythology, पुराण-संबंधी। 2. imaginary, काल्पनिक।

**mythologist** (मि-थॉल्´-अॅ-जिस्ट्) ***n.*** an expert in mythology, पुराणवेत्ता।

**mythology** (मि-थॉल्´-अॅ-जी) ***n.*** 1. a body of myths, पुराण। 2. the study of myths, पुराणों का अध्ययन।

**myxomatosis** (माइक्-सॅ-मॅ-टो´-सिस्) ***n.*** a disease of rats, चूहों की एक बीमारी।

# N

**N, n** (ऍन्) the fourteenth letter of the English alphabet, अंग्रेज़ी वर्णमाला का चौदहवाँ वर्ण, व्यंजन।

**nab** (नैब्) *v.* (nabbed, nabbing) 1. to arrest (a criminal) in the act, (अपराधी को) रँगे हाथ पकड़ना। 2. to seize or grab, पकड़ना, धर लेना।

**nabob** (ने´-बॉब्) *n.* a rich or powerful man, नवाब।

**nadir** (ने´-डिअ:) *n.* the lowest point, अधोबिंदु।

**naff** (नैफ़्) *adj.* worthless, निरर्थक, बेकार।

**nag[1]** (नैग्) *n.* a worthless horse, बेकार घोड़ा।

**nag[2]** *v.* (nagged, nagging) 1. to annoy by constant complaining or scolding, जान खाना, पीछे पड़ जाना। 2. to be a constant source of worry, आफ़त हो या बन जाना।

**nagger** (नैग्´-गॅ:) *n.* a constant source of worry, आफ़ती व्यक्ति।

**naiad** (ने´-ऐड् / ॲड्) *n.* a water nymph, जलपरी।

**nail** (नेल्) *n.* 1. a small metal pin, कील, काँटिया। 2. a fingernail, नख, नाखून। □ **fight tooth and nail,** डटकर या जमकर मुकाबला करना, **hard as nail,** कठोर, निर्दय, **hit the nail on the head,** पते की बात कहना; **drive a nail in someone's coffin,** किसी की जड़ खोदना; **on the nail,** फ़ौरन, तत्क्षण। *v.* 1. to fasten with a nail, कील जड़ना। 2. to arrest, पकड़ना, गिरफ़्तार करना। 3. to hit or strike, मारना, आघात करना।

**nail head** *n.* the top of a nail, कील का सिर, कील का माथा।

**nailing** (नेल्´-इंग्) *n.* the act of fastening with nail कीलबंदी, कील जड़ाई।

**nail polish** *n.* a coloured solution applied to the nails, नाख़ून-पालिश।

**nail scissors** *n.* a pair of scissors for trimming the nails, नाख़ून काटने की कैंची।

**naive** (नाइ-ईव्´, ने-ईव्´) *adj.* devoid of worldy experience, भोला-भाला, सीधा, नासमझ, निश्छल।

**naively** (नाइ-ईव्´, ने-ईव्´-ली) *adv.* in a naive manner. निश्छल भाव से, सीधे-सीधे।

**naivety** (नाइ-ई´-वॅ-टी) *n.* the state of being naive, भोलापन, सिधाई, सीधापन, निश्छलता।

**naked** (ने´-किड्) *adj.* 1. without clothes on, नंगा, नग्न। 2. without the usual covering, आवरण या खोल से रहित, खुला। 3. without embellishment, बिना सजावट का, बिना शृंगार का, नंगा।

**naked eye** *n.* the eye unassisted by an optical instrument, नग्न चक्षु, नंगी आँख।

**name** (नेम्) *n.* 1. the word or words that someone or something is called or known by, नाम। 2. reputation, ख्याति, नाम। 3. a famous person, नामी व्यक्ति। 4. bad name, बदनामी। □ **call a person names,** किसी को गालियाँ देना; **have to one's name,** नाम (लिखा या चढ़ा) होना, धारक होना; **in name only,** नाम मात्र का; **in the name of,** के नाम पर; **to one' name,** किसी के नाम; **under the name of,** ... नाम रखकर। *v.* (named, naming) 1. to give a name to, नामकरण करना, नाम रखना। 2. to mention by name, नाम लेना। 3. to nominate or appoint, नामित या नियुक्त करना। 4. to fix or specify, नियत करना, बतलाना, निर्धारित करना।

N

**nameable** (नेम्´-अ‌ॅ-बॅल्) *adj.* that can be named, जिसका नाम रखा जा सके।

**namedrop** (नेम्´-ड्रॉप्) *v.* (namedropped, namedropping) to mention famous people's name to influence others, बड़े लोगों का नाम लेकर दूसरों को प्रभावित करना तथा अपनी जानकारी बघारना।

**nameless** (नेम्´-लिस्) *adj.* 1. having no name, बिना नाम का, अनामी। 2. not known by name, anonymous, अनाम, अज्ञात। 3. indescribable, अवर्णनीय। 4. too bad to be named, नाम न लेने योग्य।

**namely** (नेम्´-ली) *adj.* that is to say, अर्थात्, यानी।

**name plate** *n.* a plate bearing the occupant's name, नामपट्टी, नेमप्लेट।

**namesake** (नेम्´-सेक्) *n.* a person with the same name as that of the other, नामराशि।

**nanny** (नैन्´-ई) *n.* a child's nurse, धाय, दाई।

**nanny goat** *n.* a female goat, बकरी।

**nap**[1] (नैप्) *n.* 1. a short sleep or doze, झपकी, उँघाई, ऊँघ। *v.* (napped, napping) to have a nap, झपकी लेना। □ **catch someone napping,** काम से असावधान व्यक्ति को पकड़ना।

**nap**[2] *n.* the raised fibres, (कपड़े में) निकले हुए रोंएँ।

**nape** (नेप्) *n.* the back part of the neck, गरदन।

**naphthalene** (नैफ़्´-थॅ-लीन्) *n.* 1. a moth repellent substance, नैफ़्थलीन।

**napkin** (नैप्´-किन्) a square piece of cloth used at meals to protect one's clothes, नैपकिन।

**nappy** (नै´-पी) *n.* a piece of cloth worn between the legs and around the waist of a baby, पोतड़ा, लंगोट।

**narcissism** (ना:´-सि-सिज़्-अ‌ॅम्) *n.* excessive admiration for oneself, अपना गुणगान, आत्मप्रशंसा।

**narcissist** (ना:´-सि-सिस्ट्) *n.* one who admires or loves oneself, आत्मप्रशंसक।

**narcissus** (ना:´-सिस्-अ‌ॅस्) *n.* a plant and its flower, नरगिस।

**narcosis** (ना:-को´-सिस्) *n.* deep unconsciousness produced by a drug, नशीली दवा से होनेवाली बेहोशी।

**narcotic** (ना: कॉट्´-इक्) *adj.* causing unconsciousness or drowsiness, बेहोशी लानेवाला, नशीला, स्वापक। *n.* a narcotic addict, स्वापक व्यसनी। 2. a drug, नशीली दवा, स्वापक ओषधि।

**narcotist** (ना:-कॉट्´-इस्ट्) *n.* one addicted to drugs, नशेबाज, नशेड़ी।

**narcotize** (ना:´-कॅ-टाइज़्) *v.* to make drug-addict, नशीले पदार्थों का आदी बनाना, नशेड़ी बना देना।

**nard** (ना:ड्) *n.* a plant and its flower, नरकुल।

**nark** (ना:क्) *v.* (narked, narking) to make angry, क्रुद्ध करना, ग़ुस्सा दिलाना, चिढ़ाना।

**narky** (ना:´-की) *adj.* bad-tempered, चिड़चिड़ा।

**narrate** (नॅ-रेट्, नैर्(-एट्) *v.* to describe or relate, वर्णन करना।

**narration** (नॅ-रे´-शॅन) *n.* 1. the act of narrating, वर्णन। 2. something narrated, वृत्तांत, आख्यान।

**narrative** (नैर्´-अ‌ॅ-टिव्) *n.* spoken or written account, वर्णन, वृत्तांत। *adj.* in the form of a narrative, वर्णनात्मक, आख्यानात्मक।

**narrator** (नै-रे´-टॅ:) *n.* one who narrates, वर्णनकर्ता।

**narrow** (नैर्´-ओ) *adj.* 1. of small width, तंग, सँकरा। 2. limited, सीमित, अत्यल्प। 3. narrow-minded, संकीर्ण, संकुचित। 4. with only a small margin, मुश्किल से (प्राप्त) होनेवाला; a narrow escape, बाल-बाल होनेवाला बचाव, करीबी बचाव। *v.* to make or become narrower, सँकरा करना या होना, संकीर्ण होना या बनाना।

**narrow gauge** *n.* a size of railway track which is less than 4 feet 8½ inches

N

wide, नैरोगेज।

**narrowly** (नैर्´-ओ-ली) ***adj.*** 1. hardly, बड़ी मुश्किल से। 2. by a small margin, बहुत ही थोड़े अंतर से। 3. in a thorough way, बड़े गौर से, सूक्ष्म दृष्टि से।

**narrow-minded** (नैर्´-ओ-माइन्´-डिड्) ***adj.*** bigoted or prejudiced, संकीर्ण-हृदय या पूर्वग्रही।

**narrow-mindedly** ***adj.*** with a prejudiced mind, अनुदारतापूर्वक, संकीर्ण भावना से।

**narrow-mindedness** ***n.*** the state of being narrow-minded, संकीर्ण-हृदयता, तंगदिली, अनुदारता।

**narrows** (नैर्´-ओज़्) ***n.*** a strait (जल के बीच का) संकरा रास्ता।

**nasal** (ने´-ज़ॅल्) ***adj.*** 1. of or pertaining to the nose, नासिका-संबंधी। 2. uttered so that most of the air is exhaled through the nose, नासिक या अनुनासिक (वर्ण)।

**nasalization** (ने-ज़ॅ-लाइ/लि-ज़े´-शॅन्) ***n.*** the act of nasalizing, नासिक्यकरण, अनुनासिकीकरण।

**nasalize** (ने´-ज़ॅ-लाइज़्) ***v.*** to make nasal, नासिक्य या अनुनासिक बनाना।

**nascent** (ने´-सॅन्ट्, नैस्(-अॅन्ट्) ***adj.*** 1. coming into existence, नवजात, प्रारंभिक। 2. in the process of developing, उदीयमान, होनहार।

**nasturtium** (नै-स्टः´-शॅम्, नॅ-स्टः´-शॅम्) ***n.*** a garden plant, जलकुंभी।

**nastiness** (नास्´/नैस्(-टि-निस्) ***n.*** the state of being nasty, बुराई; गंदगी; खराबी।

**nasty** (नास्´-टी, नैस्´-टी) ***n.*** 1. filthy, foul, गंदा, बुरा। 2. malicious, द्वेषपूर्ण। 3. spiteful, घृणित। 4. unpleasant, अप्रिय, ख़राब। 5. dangerous, ख़तरनाक।

**natal** (नेट्´-अॅल्) ***adj.*** relating to birth, पैदाइशी, जन्म-संबंधी।

**natality** (ने-टैल्´-इ-टी) ***n.*** the birth-rate, जन्म-दर।

**nation** (ने´-शॅन्) ***n.*** people of common descent, history, language or organised under one government, राष्ट्र, कौम।

**national** (नैश्´-नॅल्, नैश्´-अॅ-नॅल्) ***adj.*** of a nation, राष्ट्रीय, कौमी राष्ट्र-। ***n.*** a citizen of the country, राष्ट्रवासी।

**nationalism** (नैश्´-नॅ-लिज़्-अॅम्) devotion to one's nation, राष्ट्रभावना, राष्ट्रवाद।

**nationalist** (नैश्´-नॅ-लिस्ट्) ***n.*** a person devoted to one's nation, राष्ट्रवादी।

**nationality** (नैश्-नैल्´-इ-टी) ***n.*** the status of belonging to a particular nation, राष्ट्रीयता।

**nationalization** (नैश्-नॅ-लि-ज़े´-शॅन्) ***n.*** the act of nationalizing or the state of being nationalized, राष्ट्रीयकरण।

**nationalize** (नैश्´-नॅ-लाइज़्) ***v.*** to put (industries, bank etc.) under government control, राष्ट्रीयकरण करना।

**nationalized** (नैश्´-नॅ-लाइज़्ड्) ***adj.*** put under government control, राष्ट्रीयकृत, राष्ट्रीकृत।

**nationally** (नैश्´-नॅ-ली) ***adj.*** from nation's point of view, राष्ट्र के विचार से।

**nation-wide** (ने´-शॅन्-व़ाइड्) ***adj.*** extending throughout the whole nation, राष्ट्रव्यापी।

**native** (ने´-टिव्) ***n.*** 1. an original inhabitant, मूल वासी। 2. belonging to the place of one's birth, स्थानीय, देशीय। 3. natural, प्रकृत। 4. inborn, जन्मजात। 5. born in a specified place, देशज, देसी। 6. one's own by birth, जन्मजात।

**nativity** (नॅ-टिव्(-इ-टी) ***n.*** 1. birth, जन्म। 2. origin, उत्पत्ति।

**natter** (नैट्´-अॅः) ***v.*** (nattered, nattering) to chatter, बड़बड़ करना, बकवास करना।

**NATO** (नै´-टो) ***n.*** North Atlantic Treaty Organisation, नैटो।

**natty** (नैट्´-ई) ***adj.*** neat, clean and smart, बना-ठना, सुघड़, चाक-चौबंद।

**natural** (नैच्´-रॅल्, नैच्´-उ-रॅल्) ***adj.*** of nature or produced by nature, प्राकृतिक, नैसर्गिक, प्रकृत। 2. normal, स्वाभाविक, सहज, अकृत्रिम। 3. inborn, जन्मजात। 4. to be expected, प्रत्याशित। 5. distinguished, विशिष्ट। ***n.*** 1. a person obviously suited or qualified, सही व्यक्ति। 2. pale fawn

N

colour, हलका पीला रंग।

**natural history** ***n.*** the study of natural objects and organisms, प्रकृत इतिहास।

**naturalism** (नैच्´-रॅ-लिज़्-ॲम्) ***n.*** a movement for realistic description, प्रकृतवाद, यथार्थवाद।

**naturalist** (नैच्´-रॅ-लिस्ट्) ***n.*** one expert in natural history, प्रकृतिवादी, प्रकृतिवादी।

**naturalistic** (नैच्-रॅ-लिस्´-टिक्) ***adj.*** of naturalism, यथार्थवादी।

**naturalize** (नैच्´-रॅ-लाइज़्) ***v.*** (naturalized, naturalizing) 1. to grant full citizenship to, नागरिक बना लेना, नागरिकता प्रदान करना। 2. to adopt and acclimatize, अपना लेना, (अपने को) ढाल लेना।

**naturally** (नैच्´-रॅ-ली) ***adv.*** 1. of course, निस्संदेह। 2. according to the nature of someone or something, प्रकृतिशः, स्वभावतः। 3. in a manner to be expected, आशानुरूप। 4. as a natural result, आप से आप।

**nature** (ने´-चॅः) ***n.*** 1. the physical world, भौतिक सृष्टि, प्रकृति, निसर्ग। 2. inherent character, मूलभूत चारित्रिक गुण, स्वभाव, प्रकृति। 3. intrinsic quality, गुण, स्वभाव। 4. kind or type, प्रकार, किस्म, रूप। 5. primitive state, पुरातन अवस्था। 6. the universe, ब्राह्मांड। 7. the sum total of forces at work throughout the universe, ब्रह्मांड में सक्रिय शक्तियों का समूह, प्रकृति। □ **back to nature,** प्रकृति की ओर; **by nature,** प्रकृतिशः, प्रकृति से, स्वभाववश; **call of nature,** टट्टी-पेशाब की हाजत; **let nature takes its course,** प्रकृति को अपना काम करने देना।

**nature cure, naturopathy** ***n.*** healing by natural objects, प्राकृतिक चिकित्सा।

**naturism** (ने´-चॅ-रिज़्-ॲम्) ***n.*** nudism, नग्नवाद।

**naturopath** (ने´-चॅ-रो-पॅथ्) ***n.*** an expert in naturopathy, प्राकृतिक चिकित्सक ।

**naught** (नाःट्) ***n.*** 1. nothing, कुछ नहीं। 2. zero, शून्य, सिफ़र।

**naughtily** (नाःट्´-इ-ली) ***adv.*** in a naughty manner, शरारतन, पाजीपन से।

**naughtiness** (नाःट्´-इ-निस्) ***adj.*** 1. the quality of being naughty, पाजीपन। 2. a mischievous act, शरारत।

**naughty** (नाः-टी) ***adj.*** 1. behaving badly, mischievous, शरारती, नटखट। 2. improper, अनुचित, अशिष्टतापूर्ण।

**nausea** (नाः´-ज़ि/सि-ॲ) ***n.*** 1. a feeling of sickness accompanied by an involuntary impulse to vomit, मिचली, मतली, उबकाई। 2. a feeling of disgust, घिन, घृणा, जुगुप्सा।

**nauseate** (नाः´-ज़ि/सि-एट्) ***v.*** (nauseated, nauseating) 1. to have an inclination to vomit, जी मिचलाना। 2. to be hateful, घिन होना/करना।

**nauseous** (नाः´-शॅस्, नाः´-ज़ि/सि-ॲस्) ***adj.*** 1. causing nausea, उबकाई लानेवाला। 2. disgusting, घिनौना।

**nautical** (नाः´-टि-कॅल्) ***adj.*** 1. of sailors, नाविक-संबंधी। 2. of navigation, नौचालन-संबंधी। 3. of sea, समुद्री।

**naval** (ने´-वॅल्) ***adj.*** 1. of navy, नौसैनिक। 2. of warships, युद्धपोत-संबंधी।

**nave** (नेव्) ***n.*** the central place in a church, गिरजे का लंबा मध्य भाग।

**navel** (ने´-वॅल्) ***n.*** the mark in the centre of the abdomen, नाभि।

**navigability** (नैव्-इ-गॅ-बिल्´-इ-टी) ***n.*** the state of being navigable नौगम्यता ।

**navigable** (नैव्´-इ-गॅ-बॅल्) ***adj.*** 1. deep and wide enough to be sailed through, नौगम्य। 2. to be sailed, जिसे खेकर चलाया जा सके।

**navigate** (नैव्´-इ-गेट्) ***v.*** 1. to direct the path of a ship or aircraft, नौचालन करना, जहाज चलाना। 2. to voyage over water, संतरण करना, समुद्री यात्रा करना।

**navigation** (नैव्-इ-गे´-शॅन) ***n.*** 1. the act or practice of sailing, नौचालन। 2. voyage over water in a ship or boat, नौयात्रा। 3. air voyage, हवाई यात्रा।

N

**navigator** (नैव्´-इ-गे-टॅ:) ***n.*** one who controls the course of a ship or aircraft, जलयान या विमान का पथनिदेशक।

**navvy** (नै´-वी) ***n.*** a labourer, मज़दूर।

**navy** (ने´-वी) ***n.*** 1. all of the nation's warships, राष्ट्र के युद्धपोतों का समूह। 2. the officers and soldiers of these, नौसेना, जलसेना।

**navy blue** ***adj.*** very dark blue, गहरा नीला।

**nay** (ने) ***adv.*** 1. no, नहीं, न। 2. and moreover, और अधिक। ***n.*** 1. a vote against an idea, विरुद्ध मत। 2. a voter against an idea, विरोधी मतदाता।

**Nazi** (ना´-त्सी) ***n.*** 1. a member of the National Socialist German Working Party, नाज़ी। 2. anyone who thinks or acts like a Nazi, नाज़ी। ***adj.*** of Nazis, नाज़ियों का, नाज़ी।

**Neanderthal** (नि-ऐन्-डः´-थाल्) ***adj.*** 1. of or pertaining to the stone age, पाषाण युग-संबंधी। 2. old-fashioned, दकियानूसी।

**neap tide** (नीप्(-टाइड्) ***n.*** a tide of lowest range, भाटा, लघु ज्वार ।

**near** (निअँ:) ***adv.*** 1. close to, निकट, समीप, पास। 2. nearly, almost लगभग, प्रायः। ***adj.*** 1. close, नज़दीकी, समीपवर्ती; nearby, समीप-स्थित, निकटवर्ती। 2. closely related, नज़दीकी। 3. only just successful or just failing, करीबी; a near escape, करीबी बचाव, a near miss, जरा-सी चूक। ***v.*** to come to, निकट आना/पहुँचना; He is nearing his end. उसका अंत निकट है।

**nearly** (निअँ:´-ली) ***adv.*** 1. almost, लगभग, करीब-करीब, प्रायः। 2. closely, घनिष्ठ रूप से।

**nearness** (निअँ:´-निस्) ***n.*** the state of being near, निकटता, समीपता।

**neat** (नीट्) ***adj.*** 1. orderly, सुव्यवस्थित। 2. clean, स्वच्छ, साफ़, साफ़-सुथरा, परिष्कृत। 3. simple and exact, सरल और सही। 4. skillfully executed, चतुराई-भरा, दक्षता-पूर्ण। 5. undiluted, अमिश्रित (शराब), शुद्ध। 6. fine, बढ़िया।

**neatly** (नीट्´-ली) ***adv.*** 1. in orderly way, सुव्यवस्थित रूप में। 2. cleanly, साफ़-साफ़। 3. in a fine way, बहुत अच्छे ढंग से।

**neatness** (नीट्´-निस्) ***n.*** cleanliness, स्वच्छता, सफ़ाई।

**nebula** (नेंब्´-यँ-लँ) ***n.*** 1. a mass of gas or dust among the stars, धुंध। 2. a galaxy of distant stars, नीहारिका।

**nebular** (नेंब्(-यु-लँ:) ***adj.*** of or pertaining to the nebula नीहारिका-संबंधी।

**nebulous** (नेंब्(-यँ-लॅस्) ***adj.*** 1. hazy, indistinct, धुंधला, अस्पष्ट। 2. cloudy, बादलों से घिरा।

**necessaries** (नेंस्´-अँ-सेंर्-इज़्) ***n.*** (plu.) the things needed (for momething, किसी काम के लिए) आवश्यक वस्तुएँ।

**necessarily** (नेंस्´-अँ-सॅर्-इ-ली) ***adv.*** inevitably, आवश्यक रूप से, ज़रूरी है कि।

**necessary** (नेंस्-अँ-सँ-री, नेंस्´-अँ-सेंर्-ई) ***adj.*** 1. essential, आवश्यक, ज़रूरी। 2. inevitable, अपरिहार्य, अनिवार्य। ***n.*** something that is necessary, आवश्यक वस्तु।

**necessitate** (नँ-सेंस्´-इ-टेट्) ***v.*** to make necessary, अनिवार्य बनाना, आवश्यक/ज़रूरी कर देना।

**necessity** ( नँ-सेंस्´-इ-टी) ***n.*** 1. the state of being necessary, आवश्यकता, ज़रूरत। 2. something that is necessary, आवश्यक वस्तु। 3. the force exerted by circumstances, अपरिहार्यता, अनिवार्यता, दबाव।

**neck** (नेंक्) ***n.*** 1. the part of the body joining head and trunk, गर्दन, ग्रीवा। 2. the part of a garment around the neck, गरेबान। 3. a narrow part of anything, गला, गर्दन । 4. the length of the head and neck of a horse, घोड़े की गर्दन की लंबाई। 5. a narrow margin, थोड़ा-सा अंतर। ☐ **neck and neck,** बराबर; **save one's neck,** अपनी जान बचाना। ***v.*** to kiss and caress, प्यार-दुलार करना, चुम्मा-चाटी करना।

**neckerchief** (नेंक्´-अँ-चिफ़्) ***n.*** a square of cloth worn around the neck, गले में

बाँधने का रूमाल।

**necklace** (नेंक्´-लिस्) ***n.*** an ornament worn around the neck, गुलूबंद, कंठहार, कंठा।

**necktie** (नेंक्´-टाइ) ***n.*** a strip of cloth worn round the neck, टाई, नकटाई।

**neckwear** (नेंक्´-विअॅ:) ***n.*** a necktie, टाई।

**necrology** (नॅ-क्रॉल्-अॅ-जी) ***n.*** a list of persons who died in the recent past, मृतक सूची।

**necromancer** (नेंक्´-रॅ-मैन्-सॅ:) ***n.*** an expert in necromancy, भूतसिद्ध।

**necromancy** (नेंक्´-रॅ-मैन्-सी) ***n.*** the art of communicating with the spirits of the dead in order to predict future, भूतसिद्धि।

**necropolis** (नॅ-क्रॉप्´-अॅ-लिस्) ***n.*** a burial ground, cemetry, श्मशान, कब्रिस्तान।

**necropsy** (नॅ-क्राप्´-सी) ***n.*** autopsy, शव-परीक्षा।

**necrosis** (नॅ-क्रो´-सिस्) ***n.*** the death of bone tissues, ऊतक-क्षय, ऊतक परिगलन।

**nectar** (नेंक्´-टॅ:) ***n.*** 1. the drink of the gods, अमृत। 2. a delicious drink, मधुरस, मधुर पेय। 3. a sweet liquid secreted by flower, पराग।

**nectarine** (नेंक्´-टॅ-रीन्) ***n.*** a variety of the peach, नाशपाती।

**nee** (नी) ***n.*** (used to identify a married woman by her maiden family name, विवाहित स्त्री को उसके कुँआरेपन के नाम से पहचानने के लिए प्रयुक्त होता है) born with the name, पूर्वनाम, जन्मनाम; Mrs. Aggarwal, nee Garg, श्रीमती अग्रवाल, पूर्वनाम गर्ग।

**need** (नीड्) ***n.*** 1. necessity, आवश्यकता, जरूरत। 2. something desired or wanted, चाह, जरूरत, इच्छित वस्तु। 3. poverty, ग़रीबी। ***v.*** 1. to require, आवश्यक होना। 2. to be under a necessity, बाध्य होना।

**needful** (नीड्´-फ़ुल्) ***adj.*** necessary, आवश्यक, ज़रूरी। 2. poverty-stricken, ग़रीब, निर्धन। ***n.*** what is necessary i.e. money, धन।

**neediness** (नीड्´-इ-निस्) ***n.*** poverty, निर्धनता।

**needle** (नी´-डॅल्) ***n.*** 1. (a thin piece of steel for sewing purposes, सुई। 2. something resembling this in shape or use, सुई, सलाई। 3. a pointer of a compass, सुई, हाथ। 4. a needle like sharp projection of spine, साही का काँटा। □ **needle in a haystack,** ऐसी छोटी चीज़ जो अन्य वस्तु के अंबार में खोई हो। ***v.*** (needled, needling) to goad or tease, छेड़ना या तंग करना।

**needlecraft** (नी´-डॅल्-क्राफ़्ट् /क्रै फ़्ट्) ***n.*** skill in needlework, सुईकारी।

**needlepoint** (नी´-डॅल्-प्वॉइन्ट्) ***n.*** a kind of fineembroidery, बढ़िया सुईकारी।

**needless** (नीड्-लिस्) ***adj.*** unnecessary, अनावश्यक, निरर्थक।

**needlessly** (नीड्´-लिस्-ली) ***adj.*** unnecessarily, बिना मतलब, अनावश्यक रूप से, बेकार में।

**needlewoman** (नी´-डॅल्-वुम्-अॅन्) ***n.*** a woman expert in needlework, सिलाई-कढ़ाई या बुनाई के काम में निपुण स्त्री।

**needlework** (नी´-डॅल्-व़:क्) ***n.*** sewing and embroidery सिलाई, बुनाई या कढ़ाई।

**needs** (नीड्ज़्) ***adv.*** of necessity, ज़रूरत के कारण।

**needy** (नी´-डी) ***adj.*** (needier, neediest) 1. being in need, ज़रूरतमंद। 2. poor, निर्धन।

**ne'er** (नेंअॅ:) ***adv.*** never. कभी नहीं।

**ne'er-do-well** (नेंअॅ:´-ड्-वे़ल्) ***n.*** a worthless person, निकम्मा आदमी।

**nefarious** (नि-फ़ेंअॅर्´-इ-अॅस्) ***adj.*** evil, wicked, दुष्ट या दुष्टतापूर्ण, बुरा, निंद्य।

**nefariously** (नि-फ़ेंअॅर्´-इ-अॅस्-ली) ***adv.*** wickedly, दुष्टता से।

**nefariousness** (नि-फ़ेंअॅर्´-इ-अॅस्-निस्) ***n.*** wickedness, दुष्टता।

**negate** (नि-गेट्´) ***vt.*** 1. to nullify, निराकरण करना, निष्प्रभावी करना। 2. to disprove, अमान्य करना, रद करना। 3. to deny, इन्कार करना, झुठला देना।

**negation** (नि-गे´-शॅन्) ***n.*** the act of negating or the state of being negated, निराकरण, अमान्यकरण, इन्कार।

**negative** (नेंग्´-अॅ-टिव्) ***adj.*** 1. expressing

N

negation, refusal or denial, नकारात्मक, निषेधात्मक, निषेधक। 2. not positive or constructive, नकारात्मक, अभावात्मक। 3. denoting a quantity less than zero, ऋणात्मक। *n.* 1. a negative word, statement or reply, इन्कार, नकार, निषेध, खंडन, नकारात्मक उत्तर। 2. negative quantity or quality, ऋणात्मक संख्या या गुणवत्ता। 3. a negative photograph, नेगेटिव। □ **in the negative,** नहीं में, नकारात्मक रूप में।

**negativity** (नेंग्´-अॅ-टिव्-इ-टी) *n.* a negative attitude, नकारात्मक प्रवृत्ति।

**neglect** (नि-ग्लेंक्ट्´) *v.* 1. to ignore, उपेक्षा करना। 2. to fail to give proper attention to, लापरवाही कर जाना। 3. to omit to do something, छोड़ देना, भूल जाना। *n.* 1. the act of neglecting or the state of being neglected, उपेक्षित अवस्था। 2. negligence, लापरवाही।

**neglected** (नि-ग्लेंक्ट्´-इड्) *adj.* given little attention or care to, उपेक्षित।

**neglectful** (नि-ग्लेंक्ट्´-फुल्) *adj.* paying no heed or attention, असावधान, लापरवाह।

**negligee** (नेंग्-लि-ज़े´) *n.* a woman's gown, गाउन।

**negligence** (नेंग्´-लि-जॅन्स्) *n.* the condition of being negligent, प्रमाद, असावधानी, लापरवाही, बेख़बरी। 2. neglect, उपेक्षा।

**negligent** (नेंग्´-लि-जॅन्ट्) *adj.* habitually guilty of neglect, असावधान, लापरवाह, बेख़बर।

**negligible** (नेंग्´-लि-जॅ-बॅल्) *n.* 1. worthy of neglect, उपेक्ष्य। 2. नगण्य।

**negligibly** (नेंग्´-लि-जॅ-बॅ-ली) *adv.* heedlessly, without paying any attention, उपेक्षापूर्वक।

**negotiable** (नि-गो´-शि-अॅ-बॅल्) *adj.* that can be negotiated, जिसे वार्ता से सुलझाया जा सके, संलाप्य; जो दिया-लिया जा सके, जिसे पार किया जा सके।

**negotiate** (नि-गो´-शि-एट्) *v.* 1. to confer with a view to reach an agreement, समझौते के लिए बातचीत करना, समझौता-वार्ता करना, संलापन करना। 2. to transfer a cheque, title etc., in return for value received, लेन-देन करना, सौदा करना। 3. to get through (an obstacle, कठिनाई से) पार पाना। 4. to arrange for (a loan, ऋण की) व्यवस्था करना। □ **negotiate a bill etc.,** हुंडी भुनाना; **negotiate a fence,** बाड़ फाँदना; **negotiate a curve,** मोड़ मुड़ना।

**negotiated** (नि-गो´-शि-एट्-इड्) *adj.* (finalized through discussion, बातचीत द्वारा तय।

**negotiation** (नि-गो´-शि-ए´-शॅन्) *n.* (usu. plu.) discussion aimed at reaching an agreement, वार्ता, बातचीत, समझौता-वार्ता।

**negotiator** (नि-गो´-शि-ए-टॅ:) *n.* one who negotiates, वार्ताकार, समझौता-वार्ता करनेवाला।

**negress** (नी´-ग्रिस्) *n.* a female negro, हब्शिन।

**negro** (नि´-ग्रो) *n.* a person of dark-skinned race, हब्शी, नीग्रो।

**neigh** (ने) *n.* the sound made by a horse, घोड़े का हिनहिनाना। *v.* to make a neigh, हिनहिनाना।

**neighbour, neighbor** (ने´-बॅ:) *n.* one who lives near another, पड़ोसी, साथवाला, बगलवाला, प्रतिवेशी। *v.* (neighboured, neighbouring) to live close to, पड़ोस में रहना या होना। □ **neighbour on,** साथवाला होना, पड़ोस में होना।

**neighbourhood** (ने´-बॅ:-हुड्) *n.* 1. immediate environment, surroundings, पड़ोस, प्रतिवेश; in the neighbourhood, पड़ोस में। 2. people living near by, पड़ोसी लोग, पास-पड़ोसवाले। □ **in the neighbourhood of,** approximately, लगभग, करीब-करीब, आस-पास; He paid me something in the neighbourhood of Rs. 500/-. उसने मुझे लगभग ५०० रुपए दिए।

**neighbouring** (ने´-बॅ-रिंग्) *adj.* 1. living nearby पड़ोस का, प्रतिवेशी। 2. situated close by, समीपवर्ती, समीपी।

**neighbourly** (ने´-बॅ:-ली) *adj.* 1. of or concerning neighbours, पड़ोसियों का, पड़ोसाना।

N

2. friendly, अच्छे पड़ोसियों का-सा, मैत्रीपूर्ण।

**neither** (नाइ´-दॅ:, नी´-दॅ:) ***pron.*** not either, न यह न वह, कोई भी नहीं, Neither is living here, कोई भी यहाँ नहीं रहता। ***conj.*** not either, न तो, Neither Ram nor Shyam went, न तो राम गया न श्याम। ***adj.*** not either, कोई भी नहीं; Neither road is good, कोई भी सड़क अच्छी नहीं। ***adv.*** also not, भी नहीं।

**Nemesis** (नॅम्´-अॅ-सिस्) ***n.*** 1. the goddess of retribution, पाप का दंड देनेवाली देवी। 2. a powerful enemy, प्रबल शत्रु।

**neo** (नी´-ओ) ***prefix.*** new, नव-, नव्य-; neo-literate, नवसाक्षर।

**neoclassical** (नी-ओ-क्ले´-सि-कॅल्) ***adj.*** new but in classical style, नवशास्त्रीय।

**neocolonialism** (नी-ओ-कॅ-लो´-नि-अॅल्-इज़्-अॅम्) ***n.*** the act of retaining influence over former colonies by means of trade policies, नवउपनिवेशवाद।

**neolithic** (नी-ओ-लिथ्´-इक्) ***adj.*** of the later stone age, उत्तर-पाषाणकालीन।

**neologism** (नी-ऑल्´-अॅ-जिस्-अॅम्) ***n.*** 1. the coining of new words, नव-शब्दनिर्माण। 2. a new word, नया शब्द।

**neon** (नी´-ऑन्) ***n.*** a gaseous element which lights, नियॉन।

**neonate** (नी´-अॅ-नेट्) ***n.*** a newly born baby, नवजात शिशु।

**neon light** ***n.*** a glass tube filled with neon which lights when current goes through it, नियॉन दीप।

**neophyte** (नी´-अॅ-फ़ाइट्) ***n.*** 1. a beginner or novice, नौसिखिया। 2. a convert, नवधर्मी।

**nephew** (नेफ़्´-यू) ***n.*** 1. one's brother's or sister's son, भतीजा या भानजा।

**nephritis** (नि-फ़्राइ´-टिस्) ***n.*** inflammation of the kidneys, गुर्दे की सूजन।

**ne plus ultra** (नी-प्लस्-उल्´-ट्रॅ) ***n.*** the perfect point or state, पूर्णावस्था, परम स्थिति।

**nepotism** (नॅप्´-अॅ-टिज़्-अॅम्) ***n.*** act of favouring one's relatives and friends, भाई-भतीजावाद, कुनबापरस्ती।

**Neptune** (नॅप्´-चून्/टून्) ***n.*** 1. the Roman god of sea, जल-देवता। 2. a planet in the solar system, वरुण ग्रह।

**Neptunian** (नॅप्-चू´-नि-अॅन्) ***adv.*** of or pertaining to Neptune, वरुण-संबंधी।

**nerve** (न:व्) ***n.*** 1. any of the fibres of the body carrying feelings or messages to and from the brain, तंतु, स्नायु, तंत्रिका। 2. a vein in a leaf, नस, रेशा। 3. bravery, courage, वीरता, साहस, जीवट। 4. impudence, धृष्टता। □ **lose one's nerve,** साहस छोड़ देना, **strain every nerve,** जी-जान लड़ा देना। ***v.*** (nerved, nerving) to give courage to, हिम्मत बँधाना। □ **nerve oneself,** हिम्मत जुटाना, साहस जुटाना।

**nerveless** (न:व्´-लिस्) ***adj.*** 1. without courage, साहसहीन, कमज़ोर या भीरु। 2. not becoming nervous, जीवटवाला।

**nerve-racking** (न:व्´-रैक्-इंग्) ***adj.*** exhausting, हिम्मत छुड़ा देनेवाला, चूर-चूर कर देनेवाला।

**nerves** (न:वज़्) ***n.*** (plu) 1. self-control, संयम। 2. patience, धैर्य। 3. a condition of great nervousness, घबराहट, अधीरता। □ **get on someone's nerves,** किसी को चिढ़ा देना; **war of nerves,** जीवट की लड़ाई, शत्रु का हौसला पस्त करने की कोशिश।

**nervous** (न:´-वॅस्) ***adj.*** 1. of or related to the nerves or nervous system, स्नायु-तंत्र-संबंधी। 2. easily excited, घबरा जानेवाला, उत्तेजित हो जानेवाला। 3. timid, भीरु।

**nervous breakdown** ***n.*** s state of acute depression due to fatigue or irritability, स्नायविक विकार, स्नायु-विचलन।

**nervousness** (न:´-वॅस्-निस्) ***n.*** the state of being nervous, घबराहट।

**nervous system** ***n.*** the system of nerves throughout the body, स्नायु-तंत्र।

**nervy** (न:´-वी) ***adj.*** 1. nervous, घबराया हुआ, विचलित। 2. impudent, धृष्ट, ढीठ।

**ness** (निस्) ***n.*** a cape, अंतरीप, रास।

**-ness** (निस्, नॅस्) ***suffix.*** forming nouns

from adjectives, -पन, -ता।

**st** (नैंस्ट्) *n.* 1. a shelter made by a bird, घोंसला, नीड़। 2. a similar shelter for insects, fish etc. घरौंदा, बाँबी, घर, घोंसला। 3. a hut, झोंपड़ी, बसेरा। 4. a snug place or refuge, अड्डा, शरणस्थल। 5. a set of things designed to fit together, जोड़-सज्जा। *v.* (nested, nesting) 1. to make a nest, घोंसला बनाना। 2. to inhabit a nest, घोंसला बनाकर रहना। 3. to hunt for birds' nests, पक्षियों के घोंसले उजाड़ना।

**stegg** (नेस्´-ऍग्) *n.* a sum of money kept in reserve, बचाकर रखा हुआ धन।

**stle** (नॅस्´-अॅल्) *v.* 1. to lie snugly, सुख-पूर्वक लेटना या लेटाना। 2. to settle snugly, शांति से रहना ।

**stling** (नॅस्´-लिंग्) *n.* a young bird not yet fledged, घोंसले में रहनेवाले पक्षी का छोटा बच्चा, पोया।

**t**[1] (नेंट्) *n.* 1. an open work meshed fabric, जाली, जालदार काम। 2. a device of capturing animals made of meshed fabric, जाल। 3. something that entraps, जाल, फंदा। 4. (in some games) a strip of net that divides the playing area, जाल, नेट। 5. the goal in football, hockey etc. गोल, जाल। *v.* (netted, netting) 1. to catch in a net, जाल में पकड़ना या फँसाना। 2. to cover with a net, जाल लगाना, जाल से घेरना।

**t**[2] *adj.* 1. remaining after all deductions, निवल; शुद्ध, net profit, निवल लाभ; net loss निवल हानि; net value, निवल मूल्य; net yield, निवल उपज। 2. final, अंतिम, net result, अंतिम परिणाम।

**ther** (नेंद्´-अॅ:) *adj.* below, beneath, निचला, निम्न, अधो-; nether world, अधोलोक, पाताल।

**thermost** (नेंद्´-अॅ:-मोस्ट्) *adj.* lowest, निम्नतम।

**ting** (नेंट्´-इंग्) *n.* any netted fabric, जाली।

**tle** (नेंट्´-अॅल्) *v.* to irritate, क्षुब्ध करना, चिढ़ाना। *n.* a plant, बिच्छू बूटी।

**network** (नेंट्´-व:क्) *n.* 1. an open fabric in which cords, wires etc., cross at regular intervals, जाल। 2. an interconnected group or system, तंत्र, जाल; network of roads, सड़कों का जाल।

**neural** (न्यू´-रॅल्, नू´-रॅल्) *adj.* of nerves, स्नायु-संबंधी, तंत्रिकीय, स्नायवीय।

**neuralgia** (न्यू-रैल्´-जॅ) *n.* intense pain that occurs along a nerve, स्नायु-शूल।

**neuritis** (न्यू-राइ´-टिस्) *n.* inflammation of nerves, तंत्रिका-शोथ, स्नायु-शोथ।

**neuro** (न्यूर्´-ओ) *adj.* of nerves, तंत्रिका-संबंधी, तंत्रिकीय।

**neurological** (न्यूर्´-अॅ-लॉज्-इ-कॅल्) *adj.* of or pertaining to neurology, स्नायु-विज्ञान संबंधी, स्नायु-तंत्र संबंधी।

**neurologist** (न्यू-रॉल्´-अॅ-जिस्ट्) *n.* an expert in neurology, स्नायु-विज्ञानी, तंत्रिका-विज्ञानी।

**neurology** (न्यू-रॉल्´-अॅ-जी) *n.* the study of nervous system, तंत्रिका-विज्ञान, स्नायु-विज्ञान।

**neuron** (न्यू´-रॉन्) *n.* a nerve cell, स्नायु-कोशिका।

**neuronic** (न्यू-रॉन्´-इक्) *adj.* of neuron, स्नायु-कोशिका-संबंधी।

**neurosis** (न्यू-रो´-सिस्) *n.* 1. a mild disorder of the mind, हलका मनोविक्षेप। 2. a strong worry or fear, घोर चिंता या भय।

**neurosurgeon** (न्यूर्-ओ-स:´-जॅन्) *n.* an expert in neurosurgery, स्नायु-शल्यविज्ञानी।

**neurosurgery** (न्यूर्-ओ-स:´-जॅ-री) *n.* surgery concerned with the nervous system, स्नायु-शल्य विज्ञान।

**neurotic** (न्यू-रॉट्´-इक्) *adj.* of neurosis, मनोविक्षेप-संबंधी।

**neuter** (न्यू´-टॅ:) *adj.* 1. (of a noun) neither masculine nor feminine, नपुंसक लिंग। 2. without male or female parts, नपुंसक, क्लीव। *n.* 1. a neuter word, नपुंसक लिंग शब्द। 2. a neuter plant or animal, क्लीव पौधा/जंतु। *v.* to castrate, बधिया

N

करना।

**neutral** (न्यू´-ट्रॅल्) *adj.* 1. not siding with any party, तटस्थ; neutral zone, तटस्थ क्षेत्र। 2. belonging to neither side, निष्पक्ष। 3. disinterested, उदासीन। 4. having no hue, शांत, उदास, उदासीन; neutral vowel उदासीन स्वर। 5. neither positive nor negative, न्यूट्रल, उदासीन।

**neutralism** (न्यू´-ट्रॅ-लिज़्-ॲम्) *n.* the policy of neutrality, तटस्थता-नीति।

**neutrality** (न्यू-ट्रैल्´-इ-टी) *n.* the state of being neutral, तटस्थता, निष्पक्षता।

**neutralization** (न्यू-ट्रॅ-लि-ज़े´-शॅन्) *n.* the act or process of neutralizing, तटस्थीकरण; निष्प्रभावीकरण।

**neutralize** (न्यू´-ट्रॅ-लाइज़्) *v.* 1. to make neutral, तटस्थ बनाना। 2. to make ineffective, निष्प्रभावी करना, न्यूट्रल करना।

**neutron** (न्यू´-ट्रॉन्) *n.* a neutral particle, न्यूट्रॉन।

**never** (नेंव्´-ॲ:) *adv.* 1. at no time, कभी नहीं। 2. in no case, बिल्कुल नहीं। □ **never mind,** चिंता करने की ज़रूरत नहीं।

**never-ending** (नेंव्-ॲर्-ऍन्´-डिंग्) *adj.* without ending, अंतहीन, अनंत।

**never failing** *adj.* without fail, sure, अमोघ, अचूक, रामबाण।

**nevermore** (नेंव्´-ॲ:-मो:) *adv.* never again, दुबारा नहीं, फिर कभी नहीं।

**nevertheless** (नेंव्-ॲ:-दि-लेंस्´) *adv.* in spite of this, तो भी, तिस पर भी, फिर भी।

**new** (न्यू) *adj.* 1. not old, recent, नया, नवीन, नव। 2. markedly different from what was before, अभूतपूर्व, अनजाना, नया। 3. unfamiliar, unknown, अपरिचित, नया। 4. recently started or introduced, अभी-अभी आरंभ होनेवाला, नया। 5. changed, बदला हुआ, परिवर्तित। *adv.* recently, अभी हाल में।

**newborn** (न्यू´-बा:न्) *adj.* recently born, नवजात।

**newcomer** (न्यू´-कॅम्-ॲ:) *n.* a person who has arrived or joined recently, नवागंतुक, नवागत।

**newel** (न्यू´-ॲल्) *n.* a central pillar a winding staircase, सोपान-स्तंभ।

**newfangled** (न्यू´-फ़ैंग्´-गॅल्ड्) *adj.* excessive modern, अति आधुनिक, विशेषतः अटपटा

**newly** (न्यू´-ली) *adv.* recently, हाल का।

**newlywed** (न्यू´-ली-वेंड्) *adj.* newly marrie नया ब्याहा या नई ब्याही, नव-विवाहित।

**new moon** *n.* the bright thin edge of t moon, नवचंद्र, दूज का चाँद।

**newness** (न्यू´-निस्) *n.* the state or quali of being new, नयापन, नवीनता, नवलता

**news** (न्यूज़्, नूज़्) *n.* 1. information abo recent happenings, समाचार, ख़बर। 2. broadcast report of this, समाचार, ख़ब

**news-agent** (न्यूज़्´-ए-जॅन्ट्) *n.* a shopk eper selling newspapers, magazin etc., पत्र-पत्रिका विक्रेता।

**news-boy** (न्यूज़्´-बॉइ) *n.* a boy who delive newspapers, समाचार-पत्र बाँटनेवाला लड़क

**newscast** (न्यूज़्´-कैस्ट्/कास्ट्) *n.* a broadca of news (on radio or television, रेडि या दूरदर्शन पर) समाचार-प्रसारण।

**news conference** *n.* a press conferenc संवाददाता-सम्मेलन, प्रेस-सम्मेलन।

**news flash** *n.* a news flashed often inte rupting a radio or television pr gramme, तुरंत मिला संक्षिप्त समाचार जि रेडियो अथवा टेलीविज़न के कार्यक्रम को रोक सुनाया जाता है।

**newsletter** (न्यूज़्´-लेंट्-ॲ:) *n.* a periodic bulletin of an institution, संवाद-प वृत्त-पत्र।

**newsmonger** (न्यूज़्´-मॉङ्-गॅ:) *n.* one wh spreads gossip, गपोड़संख, गपोड़िया, गप्प

**newspaper** (न्यूज़्´-पे-पॅ:) *n.* a daily public tion giving news, समाचार-पत्र, अख़बा

**newsprint** (न्यूज़्´-प्रिंट्) *n.* the paper of t newspaper, अख़बारी काग़ज़।

**newsreel** *n.* a short film about new समाचार-फ़िल्म।

**newsvendor** (न्यज़्´-वेंन्-डॅ:) *n.* a pers who sells newspapers, अख़बार बेचनेवा

**ewsworthy** (न्यूज़्´-व:-दी) ***adj.*** that can be printed in a newspaper, छपने योग्य।

**ewsy** (न्यू´-ज़ी) ***adj.*** full of news, समाचारों से ओत-प्रोत, समाचारों से भरा।

**ewt** (न्यूट्) ***n.*** a lizard like animal living in water and on land, जल-गोधिका।

**ew Year** ***n.*** the year which has just begun, नववर्ष।

**xt** (नेंक्स्ट्) ***adj.*** 1. immediately following, अगला, बादवाला, आगामी। 2. immediately adjoining, साथवाला, बाजूवाला। ***n.*** the next person or thing, अगला आदमी या अगली वस्तु। ***prep.*** in the next place to, के अनंतर, के बाद में, के आगे।

**xt best** ***adj.*** second best, द्वितीय, नंबर दो।

**xtdoor** (नेंक्स्-डो:) ***adj.*** situated next door, ठीक बगलवाला।

**xus** (नेंक्´-सॅस्) ***n.*** 1. a link, कड़ी। 2. a connection between objects, ideas etc., अंतर्संबंध।

**b** (निब्) ***n.*** 1. the metal point of a pen, निब। 2. a beak, चोंच।

**bble** (निब्´-ऑल्) ***v.*** 1. to take small repeated bites (of something, किसी चीज़ को) कुतरना, टूँगना, खाना। 2. to eat in small amounts, बार-बार थोड़ा-थोड़ा खाते रहना। 3. to show signs of accepting an offer, लालायित होना, लार टपकाना। ***n.*** 1. the act of nibbling, कुतरना, टूँगना, खाना। 2. a small amount of food, अल्प खाद्य पदार्थ। 3. a small mouthful, छोटा कौर या ग्रास।

**e** (नाइस्) ***adj.*** 1. pleasant, excellent, बढ़िया, बहुत अच्छा, सुंदर, चारु। 2. gentle, भला, सहृदय। 3. subtle, सूक्ष्म। 4. difficult, bad or wrong, अच्छा-खासा; This is nice mess, यह अच्छा-खासा झमेला है।

**ely** (नाइस्´-ली) ***adv.*** in a nice way, बढ़िया ढंग से, बहुत अच्छी तरह।

**ety** (नाइ´-सॅ-टी) ***n.*** 1. precision, सूक्ष्मता, बारीकी। 2. dainty, चारुता। 3. a pleasant thing, बढ़िया चीज़।

**he** (निच्) ***n.*** 1. a hollow place in a wall, आला। 2. a suitable place or position, उपयुक्त स्थान।

**nick[1]** (निक्) ***n.*** a small cut, खरोंच। ☐ **in the nick of time,** ठीक समय पर। ***v.*** to make a nick, खरोंच डालना, खरोंचना।

**nick[2]** ***n.*** bodily condition, शारीरिक अवस्था। ☐ **in good nick,** टनाटन, पूर्णत:स्वस्थ।

**nickel** (निक्´-ऑल्) ***n.*** a hard silvery metal, निकल। ***v.*** (nickelled, nickelling) to put a thin layer of nickel, निकल चढ़ाना।

**nicknack** (निक्´-नैक्) ***n.*** = knicknack.

**nickname** (निक्´-नेम्) ***n.*** 1. a derisive name, छेड़ने या चिढ़ाने का नाम, छेड़, चिढ़; He got the nickname of fatty, उसकी चिढ़ मोटू थी। 2. a familiar name, प्रसिद्ध नाम। ***v.*** to give a nickname to, नाम धरना, छेड़ डालना, चिढ़ाना।

**nicotine** (निक्´-अॅ-टीन्) ***n.*** a toxic substance found in tobacco, तंबाकू में होनेवाला विषाक्त तत्त्व, निकोटीन।

**niece** (नीस्) ***n.*** one's brother's or sister's daughter, भतीजी या भान्जी।

**nifty** (निफ़्´-टी) ***adj.*** 1. nice, excellent, आकर्षक, उत्तम। 2. stylish, smart, बना-ठना।

**niggard** (निग्´-अॅ:ड्) ***n.*** a very stingy person, कंजूस व्यक्ति, मक्खीचूस।

**niggardly** (निग्´-अॅ:ड्-ली) ***adj.*** 1. stingy, कंजूस, मक्खीचूस। 2. meagre, टुच्चा, तुच्छ।

**niggle** (निग्´-अॅल्) ***v.*** 1. to criticise or pay too much attention on small details, छोटी-छोटी बातों पर बहुत समय बर्बाद करना, नुक्ताचीनी करना; to niggle over trifles, ज़रा-ज़रा सी बातों पर यों ही झींकते रहना। 2. to annoy, चिढ़ाना, अप्रसन्न करना।

**niggling** (निग्´-लिंग्) ***adj.*** 1. showing too much attention to details, नुक्ताचीन। 2. annoying, अप्रसन्न करनेवाला, चिढ़ानेवाला।

**nigh** (नाइ) ***adv.*** near, नज़दीक।

**night** (नाइट्) ***n.*** 1. the dark part of the day, रात, रात्रि। 2. the evening, संध्या, शाम। 3. a period of ignorance, misfortune etc., काली रात। ☐ **make a night**

N

N

**of it,** रात भर मज़े उड़ाना; **night after night,** हर रात, हर रात को; **night and day,** रात-दिन।

**nightcap** (नाइट्´-कैप्) ***n.*** a drink taken at bedtime, सोते समय पी जानेवाली मदिरा।

**nightclothes** (नाइट्´-क्लोद्ज़्) ***n.*** garments worn at bed time, रात में सोने के समय पहनने के कपड़े, रात्रि-परिधान।

**nightclub** (नाइट्´-क्लब्) ***n.*** an establishment providing meals and entertainment, open until late night, रात्रि क्लब।

**nightdress** (नाइट्´-ड्रेस्) ***n.*** a nightgown, स्त्रियों का रात्रिवेष, नाइटी।

**nightfall** (नाइट्´-फ़ा:ल्) ***n.*** the approach of darkness, रात पड़ना, अँधेरा होना, सांध्य-वेला। ☐ **at nightfall,** अँधेरा होते ही।

**nightgown** (नाइट्´-गाउन्) ***n.*** a nightdress, गाउन।

**nighthawk** (नाइट्´-हा:क्) ***n.*** 1. an owl, उल्लू। 2. one who works best at night, रात में अच्छा काम करनेवाला।

**nightingale** (नाइ´-टिंग्-गेल्) ***n.*** a song-bird, बुलबुल।

**nightlight** (नाइट्´-लाइट्) ***n.*** a low light which is kept burning through night, वह छोटी मद्धिम बत्ती जिसे जलाकर रात में सोते हैं, रतबत्ती।

**nightlong** (नाइट्´-लॉङ्ग्) ***adv. & adj.*** throughout night, सारी रात (चलनेवाला), सारी रात (का), रात-भर (का)।

**nightly** (नाइट्´-ली) ***adj.*** 1. of night, रात का। 2. happening every night, हर रात (को) होनेवाला।

**nightmare** (नाइट्´-मेंअॅ:) ***n.*** 1. a bad dream, बुरा सपना। 2. a dreadful dream, भयानक सपना, दु:स्वप्न। 3. unpleasant experience, कटु अनुभव।

**nights** (नाइट्स्) ***adv.*** regularly at night, रात को/में प्राय:, प्राय: रात को/में।

**night school** ***n.*** the school that holds classes at evening, रात्रि-विद्यालय।

**night shelter** ***n.*** a place for taking shelter at night, रैनबसेरा, रात्रि-निवास।

**night shift** ***n.*** a group of workers th work at night, रात्रि-पारी।

**nightstick** (नाइट्´-स्टिक्) ***n.*** a short cl carried by a policeman, बैंत, डंडा।

**night time** ***n.*** the time from sunset sunrise, रात का समय, रात्रिकाल।

**night watchman** ***n.*** a watchman ke at night for security, रात में पहरा देनेवा रात्रि-प्रहरी।

**nihilism** (नाइ´-अॅ-लिज़्-अॅम्) ***n.*** a doctri that totally rejects all prevailing valu and beliefs, शून्यवाद।

**nihilist** (नाइ´-अॅ-लिस्ट्) ***n.*** a believer nihilism, शून्यवादी।

**nil** (निल्) ***n.*** nothing, शून्य।

**nimble** (निम्´-बॅल्) ***adj.*** 1. agile, फुर्तील 2. alert, सावधान। 3. quick to lea and understand, जल्दी ही (कोई बात) सी और समझ लेनेवाला, सुजान।

**nimble-footed** (निम्´-बॅल्-फुट्´-इड्) ***a*** going quickly, तीव्रगामी, द्रुतगामी।

**nimbleness** ***n.*** the quality of being nimb फुर्तीलापन, फुर्ती।

**nimbus** (निम्´-बॅस्) ***n.*** 1. a rain clo वर्षा करनेवाला मेघ, वर्षामेघ। 2. a ha प्रभामंडल।

**nimrod** (निम्´-रॉड्) ***n.*** 1. a great hunt महान शिकारी। 2. a great sportsma महान खिलाड़ी।

**nincompoop** (निन्´-कॉम्-पूप्) ***n.*** a fool person, मूढ़ व्यक्ति।

**nine** (नाइन्) ***adj. & n.*** 1. one more th eight, नौ। 2. a card with n spots, नहला। ☐ **nine day's wond** अल्पकालिक चमत्कार, चार दिन की चाँदनी

**ninefold** (नाइन्´-फ़ोल्ड्) ***adj.*** having n folds, नौपहला।

**nineteen** (नाइन्´-टीन्) ***adj. & n.*** one m than eighteen, उन्नीस।

**nineteenth** (नाइन्´-टीन्थ्) ***adj.*** coming a eighteenth, उन्नीसवाँ।

**ninetieth** (नाइन्´-टि-अॅथ्) ***adj.*** one m than eighty-nine, नब्बेवाँ।

N

**ninety** (नाइन्´-टी) *n.* nine times ten, नब्बे।

**ninny** (निन्´-ई) *n.* a foolish person, मूर्ख व्यक्ति, बेवकूफ़।

**ninth** (नाइन्थ्, निन्थ्) *adj.* next after eight, नौवाँ।

**nip**[1] (निप्) *v.* (nipped, nipping) 1. to squeeze between the finger and thumb, चिकोटी काटना, चुटकी काटना, चुटकी भरना, दबा देना। 2. to bite quickly with the front teeth, दाँतों से नोच लेना। 3. to break off, तोड़ना। 4. to do harm, नुकसान पहुँचाना। 5. to hurry, जल्दी करना। *n.* 1. a grip, पकड़। 2. a sharp pinch, चिकोटी। 3. a bite, दाँत काटना। □ **nip in the bud,** जनमते ही मार देना, पनपने से पहले ही नष्ट कर देना।

**nip**[2] *n.* a cold wind, सर्द हवा।

**nip**[3] *n.* a small amount of drink, घूँट। *v.* (nipped, nipping) to take frequent nips, घूँट भरते रहना।

**nipper** (निप्´-अॅ:) *n.* a young boy, बच्चा।

**nippers** (निप्´-अॅ:स्) *n.* forceps, चिमटी।

**nipping** (निप्´-इंग्) *adj.* biting, sharp, तीक्ष्ण।

**nipple** (निप्´-अॅल्) *n.* 1. a small projection of breasts, चूची। 2. a rubber teat, निप्पल।

**nippy** (निप्´-ई) *adj.* 1. quick, फुर्तीला। 2. bitingly cold, बहुत ठंडा।

**nirvana** (निर्-वा´-नॅ) *n.* final release from the cycle of birth and death, निर्वाण, मोक्ष।

**nit** (निट्) *n.* the egg or larva of a louse, लीख।

**nitrate** (नाइ´-ट्रेट्) *n.* a salt of nitric acid, नाइट्रेट।

**nitric** (नाइ´-ट्रिक्) *adj.* of or containing nitrogen, नाइट्रोजनयुक्त, नाइट्रोजन-संबंधी।

**nitrogen** (नाइ´-ट्रो-जॅन्) *n.* a colourless gas that forms 78% of the air, नाइट्रोजन।

**nitrous** (नाइ´-ट्रॅस्) *adj.* of nitrogen, नाइट्रोजन-संबंधी।

**nitwit** (निट्´-विट्) *n.* a foolish person, मंदबुद्धि व्यक्ति।

**nix** (निक्स्) *n.* nothing, कुछ नहीं। *v.* (nix, nixing) to say no, न कहना, मना करना।

**no** (नो) *adv.* 1. used to express denial, नहीं। 2. not at all, बिल्कुल नहीं। *n.* 1. a negative reply, नहीं, नकार। 2. a negative vote, विरुद्ध मत। □ **in no time,** फौरन, तुरंत; **no go,** कोई सूरत दिखाई न देना; **no man's land,** आमने-सामने खड़ी सेनाओं के बीच की भूमि; **no one,** कोई नहीं; **no way,** कोई रास्ता नहीं। *adj.* 1. not any, कोई/कुछ भी नहीं। 2. far from being, थोड़े ही, नहीं।

**no-account** (नो´-अॅ-काउन्ट्) *adj.* worthless, निकम्मा।

**Noah** (नो´-आ) *n.* the patriarch of jews, यहूदियों का आदि पुरुष, नूह।

**Noah's ark** *n.* the ship built by Noah in which he saved his family and animals from the devastating flood, नूह द्वारा निर्मित पोत जिसमें बैठकर उन्होंने प्रलयंकर बाढ़ में अपनी तथा अपने परिवार और पशुओं की जान बचाई थी।

**nob** (नॉब्) *n.* 1. the head, सिर। 2. a rich person, धनाढ्य व्यक्ति।

**no-ball** (नो-बॉल्´) *n.* in cricket, a ball delivered not according to the rules, ग़लत बॉल, नो बॉल।

**nobble** (नॉ´-बॅल्) *v.* 1. to obtain or win something by underhand means, अनुचित ढंग से कुछ पा या जीत लेना। 2. to attract someone's attention, क़िसी का ध्यान आकृष्ट करना।

**Nobelist** (नो-बेॅल्´-इस्ट्) *n.* one who wins a Nobel Prize, नोबेल पुरस्कार विजेता।

**Nobel Prize** *n.* one of a group of prizes awarded annually, नोबेल पुरस्कार।

**nobility** (नो-बिल्´-इ-टी) *n.* 1. nobleness, moral excellence, कुलीनता, सच्चरित्रता। 2. aristocratic people, अभिजात वर्ग।

**noble** (नो´-बॅल्) *adj.* 1. of or belonging to nobility, अभिजात वर्ग का, कुलीन। 2. having or showing qualities of high moral character, नीतिवान, श्रेष्ठ, उदार। 3. exalted, ऊँचा, महान। *n.* a person of

N

noble birth or rank, अभिजात पुरुष, कुलीन व्यक्ति, अमीर।

**nobleman** (नो´-बॅल्-मॅन्) ***n.*** a member of the nobility, कुलीन व्यक्ति।

**noble-minded** (नो´-बॅल्-माइन्-डिड्) ***adj.*** noble in mind, उदारचरित।

**noblesse oblige** (नो-ब्लॅस्-ऑ-ब्लीज़्) ***n.*** the supposed obligation of the nobility to behave nobly, कुलीनों का कुलीनोचित व्यवहार करने का दायित्व। (फ्रांसीसी)

**nobody** (नो´-बॅड्-ई) ***pron.*** no person, कोई नहीं। ***n.*** an insignificant person, नगण्य व्यक्ति।

**no-confidence** (नो´-कॉन्-फ़ि-डॅन्स्) ***n.*** want of confidence, अविश्वास; no-confidence motion, अविश्वास प्रस्ताव।

**nocturnal** (नॉक्´-टॅ:-नॅल्) ***adj.*** of or in the night, रात्रिकालिक, रात्रिक।

**nocturnally** (नॉक्´-टॅ:-नॅ-ली) ***adv.*** in the night, रात में।

**nocturne** (नॉक्´-टःन्) ***n.*** a lyrical piece of music associated with night, निशा गीत।

**nod** (नॉड्) ***v.*** (nodded, nodding) 1. to lower and raise the head quickly to indicate agreement, सिर हिलाना। 2. to bow, सिर झुकाना। 3. to be drowsy, (बैठे-बैठे) ऊँघने लगना। 4. to dance, झूमना। ***n.*** 1. a quick down and up movement of the head, सिर हिलाना, हामी भरना या अभिवादन करना। 2. a signal to proceed, आगे बढ़ने का संकेत।

**nodding acquaintance** ***n.*** very slight familiarity, साधारण परिचय, दुआ-सलाम-भर।

**noddle** (नॉड्´-अॅल्) ***n.*** the head, सिर।

**node** (नोड्) ***n.*** 1. a knot or knob, गाँठ, ग्रंथि, गूमड़ा। 2. a joint, जोड़।

**no doubt** ***adv.*** certainly, निस्संदेह।

**nodule** (नॉड्´-ऊल्) ***n.*** a small knot or nob, गाँठ, गूमड़ा, ग्रंथि।

**Noel** (नो-ॲल्´) ***n.*** 1. the Christmas, बड़ा दिन। 2. the Christman season, बड़े दिन।

**noggin** (नॉग्´-इन्) ***n.*** a small measure of alcohol, थोड़ी-सी मदिरा।

**no-go-area** ***n.*** a danger zone, ख़तरनाक क्षेत्र।

**nogood** (नो´-गुड्) ***adj.*** 1. worthless, बेकार। 2. undependable, अविश्वसनीय।

**noise** (नॉइज़्) ***n.*** 1. sound, ध्वनि, आहट; noise pollution, ध्वनि-प्रदूषण। 2. uproar, शोर, हल्ला। ***v.*** to make public, ढिंढोरा पीटना।

**noiseless** (नॉइज़्´-लिस्) ***adj.*** quite, शांत।

**noisome** (नॉइ´-सॅम्) ***adj.*** 1. objectionable, आपत्तिजनक, नागवार। 2. harmful, हानिकर। 3. foul, गंदा, बदबूदार, घृणित।

**noisy** (नाइ´-ज़ी) ***adj.*** 1. making much noise, शोर करनेवाला/मचानेवाला, ऊधमी। 2. full of noise, शोर से भरा।

**nomad** (नो´-मैड्, नॉम्-ऐड्) ***n.*** a member of a roaming tribe, ख़ानाबदोश, यायावर।

**nomadic** (नो-मैड्´-इक्) ***adj.*** of nomads, खानाबदोशों का, यायावरी; nomadic tribe, यायावरी जनजाति।

**nom de plume** (नॉम्-डि-प्लूम्´) ***n.*** a pen name, उपनाम, तख़ल्लुस। (फ्रांसीसी)

**nomenclature** (नो´-मॅन्-क्ले-चॅ:) ***n.*** 1. the terminology used in a particular science, पारिभाषिक शब्दावली। 2. a set of names or ways of naming, नामावली, नामपद्धति।

**nominal** (नॉम्´-इ-नॅल्) ***adj.*** 1. existing in name only, नाममात्र (का), नाम को, सांकेतिक। 2. (of gram.) pertaining to nouns, संज्ञा-संबंधी। 3. insignificant, तुच्छ, नगण्य।

**nominally** (नॉम्´-इ-नॅ-ली) ***adv.*** 1. in name only, नाममात्र के लिए। 2. as noun, संज्ञा रूप में।

**nominate** (नॉम्´-इ-नेट्) ***v.*** 1. to propose as a candidate for election, नामांकित करना। 2. to appoint to an office, नामित/मनोनीत करना।

**nominated** (नॉम्´-इ-ने-टिड्) ***adj.*** proposed or appointed, नामन, नामांकित या मनोनीत।

**nomination** (नॉम्-इ-ने´-शॅन्) ***n.*** the act of nominating, नामांकन, मनोनयन, नामज़दगी।

N

**nominative case** (नाम्´-इ-ने-टिव्-केस्) *n.* the case indicating the subject of a verb, कर्ताकारक।

**nominee** (नॉम्-इ-नी´) *n.* a person who has been nominated, नामांकित/मनोनीत व्यक्ति।

**nonagenarian** (नॉन्-अॅ-जॅ-नेंअॅर्´-इ-अॅन्) *adj.* being between 90 and 100 years old, नब्बे और सौ वर्ष के बीच की अवस्थावाला।

**non-aggression** (नॉन्-अॅ-ग्रे´-शॅन्) *n.* the act of not attacking, अनाक्रमण; non-aggression pact, अनाक्रमण संधि।

**non-alcoholic** (नॉन्-ऐल्-को-हॉ´-लिक्) *adj.* containing no alcohol, एल्कोहल से रहित, मदिरारहित।

**non-aligned** (नॉन्-अॅ-लाइन्ड्´) *adj.* not in alliance with any power block, निर्गुट, तटस्थ, गुटनिरपेक्ष।

**non-alignment** (नॉन्-अॅ-लाइन्´-मॅन्ट्) *n.* the state of being non-aligned, तटस्थता, गुट-निरपेक्षता।

**nonassertive** (नॉन्-अॅ-सॅः´-टिव्) *adj.* submissive, meek, दब्बू।

**nonbailable** (नॉन्-बेल्´-अॅ-बॅल्) *adj.* not bailable, ग़ैरज़मानती; nonbailable warrant, ग़ैरज़मानती वारंट।

**nonchalance** (नॉन्´-शॅ-लॅन्स्) *n.* carefreeness, निश्चिंतता, बेफ़िक्री।

**nonchalant** (नॉन´-शॅ-लॅन्ट्) *adj.* carefree, निश्चिंत, बेफ़िक्र।

**nonchalantly** (नॉन्-शॅ-लैन्´-टॅ-ली) *adv.* carefreely, निश्चिंततापूर्वक, बेफ़िक्री से।

**non-combatant** (नॉन्-कॉम्´-बॅ-टॅन्ट्) *n.* a member of an armed forces whose duty excludes fighting, गैर-लड़ाकू सैनिक।

**non-commercial** (नॉन्-कॅ-मः´-शॅल्) *adj.* not commercial, अव्यवयासी, ग़ैर-पेशेवर; non-commercial play, अव्यवसायी नाटक।

**non-commissioned** (नॉन्-कॅ-मिश्´-अॅन्ड्) *adj.* not holding a commission, नॉन-कमिशन्ड।

**noncommittal** (नॉन्-कॅ-मिट्´-अॅल्) *adj.* not commiting oneself, अवचनबद्ध; to be noncommittal in answering, उत्तर देने में 'हाँ' या 'न' न करना।

**noncommitted** (नॉन्-कॅ-मिट्´-इड्) *adj.* having not committed oneself, अवचन-बद्ध, अनिबद्ध।

**nonconductor** (नॉन्-कॅन्-डक्´-टॅः) *n.* a substance that does not conduct electricity, अचालक।

**nonconformist** (नॉन्-कॅन्-फ़ाः´-मिस्ट्) *n.* one who does not conform to accepted customs, beliefs etc., रूढ़ियों को न माननेवाला, परंपराविरोधी, रूढ़िभंजक, रूढ़िविरोधी।

**nonconformity** (नॉन्-कॅन्-फ़ाः´-मि-टी) *n.* refusal to follow customary practices, रूढ़िविरोध, अपरंपरावादिता।

**non-co-operation** (नॉन्-को-ऑप्-अॅ-रे´-शॅन्) *n.* refusal to cooperate, असहयोग।

**nondairy** (नॉन्-डेंअॅर्´-ई) *adj.* containing no milk or dairy products, अदुग्ध।

**nondescript** (नॉन्-डि-स्क्रिप्ट्´) *adj.* very ordinary looking, साधारण, मामूली।

**nondiscriminatory** (नॉन्-डि-स्क्रिम्´-इ-नॅ-टॅ-री) *adj.* making no discrimination, अविभेदकारी।

**none** (नन्) ***pron.*** 1. not any, no amount or part, कुछ नहीं, कुछ भी नहीं। 2. no one, nobody, कोई नहीं, कोई भी नहीं। □ **have none of,** स्वीकार या अंगीकार न करना; **none but,** इसको छोड़कर, बस यही; **none other,** यही, कोई दूसरा नहीं। ***adv.*** not at all, बिल्कुल नहीं, कुछ भी नहीं।

**noneffective** (नॉन्-इ-फ़ॅक्´-टिव्) *adj.* not effective, अप्रभावी।

**nonentity** (नॉन्-अॅन्´-टि-टी) *n.* a person or thing of no importance, नगण्य वस्तु या व्यक्ति, तुच्छ वस्तु या व्यक्ति।

**nonessential** (नॉन्-अॅ-सॅन्´-शॅल्) *adj.* not necessary, अनावश्यक।

**nonesuch** (नॅन्´-सच्) *n.* an unrivalled person or thing, बेजोड़ व्यक्ति या वस्तु।

**nonetheless** (नॅन्-दि-लॅस्´) *adv.* however, फिर भी, तो भी।

N

**non-event** (नॉन्-इ-वेंन्ट्´) *n.* an ordinary event, साधारण घटना।

**non-fiction** (नॉन्-फ़िक्´-शॅन्) *n.* books of prose other than fiction, कथा-इतर गद्य साहित्य।

**nongazetted** (नॉन्-गॅ-ज़ेट्´-इड्) *adj.* other than gazetted, अराजपत्रित।

**noninterference** (नॉन्-इन्-टॅ:-फ़िअॅर्´-अॅन्स्) *n.* refusal to interfere, अहस्तक्षेप।

**nonintervention** (नॉन्-इन्-टॅ:-वेंन्´-शॅन्) *n.* refusal to intervene, अहस्तक्षेप।

**noninvolvement** (नॉन्-इन्-वॉल्व्´-मेंन्ट्) *n.* the state of being aloof or neutral, अलग रहना, विलग्नता।

**non-iron** (नॉन्-आइरन्´) *adj.* not to be ironed, (कपड़ा) जिसे धोने के बाद इस्त्री की आवश्यकता न हो।

**nonjudicial** (नॉन्-ज्यू´-डि´-शॅल्) *adj.* other than judicial, न्यायिकेतर।

**nonmember** (नॉन्-मेंम्´-बॅ:) *n.* other than the member, असदस्य, ग़ैर-सदस्य।

**nonmoral** (नॉन्-मॉ´-रॅल्´) *adj.* immoral, अनैतिक।

**non-official** (नॉन्-अॅ-फ़िश्´-अॅल्) *adj.* not official, ग़ैरसरकारी, अशासकीय।

**non-partisan** (नॉन्-पा:´-टि-ज़ॅन्) *adj.* not siding any party, निष्पक्ष।

**non-payment** (नॉन्-पे´-मॅन्ट्) *n.* act of not paying, भुगतान न करना, ग़ैर-अदायगी।

**nonplus** (नॉन्-प्लस्´) *v.* (nonplused, nonplusing) to confuse or confound, किंकर्तव्यविमूढ़ कर देना।

**nonpolitical** (नॉन्-पॅ-लिट्´-इ-कॅल्) *adj.* other than political, अराजनीतिक।

**nonproductive** (नॉन्-प्रो-डक्´-टिव्) *adj.* not productive, अनुत्पादक।

**nonrecurring** (नॉन्-रि-कर्´-इंग्) *adj.* not recurring, अनावर्ती, अनावर्तक।

**nonrenewable** (नॉन्-रि-न्यू´-अॅ-बॅल्) *adj.* not renewable, अनवीकरणीय।

**nonresident** (नॉन्-रेंज़्´-इ-डॅन्ट्) *adj.* not residing, अनिवासी।

**nonresidential** (नॉन्-रेंज़्-इ-डेंन्´-शॅल्) *adj.* not residential, जो रिहायशी न हो, अनावासिक।

**nonresistant** (नॉन्-रि-ज़िस्´-टॅन्ट्) *adj.* not resisting, अप्रतिरोधी।

**nonrestrictive** (नॉन्-रि-स्ट्रिक्´-टिव्) not restricting, न रोकनेवाला, अप्रतिबंधक।

**nonrigid** (नॉन्-रिज्´-इड्) *adj.* flexible, लचीला, ढीला, शिथिल।

**nonscheduled** (नॉन्-शेंड्´-ऊल्ड्) *adj.* operating without timetable, नियमित से भिन्न, अनियमित चलनेवाला।

**nonsense** (नॉन्´-सेंन्स्) *n.* 1. foolish behaviour, बेवक़ूफ़ी का व्यवहार। 2. absurd language, बेतुकी बातें। 3. useless thing, बेकार चीज़।

**nonsensical** (नॉन्-सेंन्´-सि-कॅल्) *adj.* 1. absurd, अंडबंड। 2. foolish, मूर्खतापूर्ण।

**nonsmoker** (नॉन्-स्मो´-कॅ:) *n.* one who does not smoke, तंबाकू न पीनेवाला।

**nonstandard** (नॉन्-स्टैन्´-डॅ:ड्) *adj.* not standard, अमानक, अस्तरीय।

**nonstarter** (नॉन्-स्टा:´-टॅ:) *n.* not taking initiative, पहल न करनेवाला, भाग न लेनेवाला।

**nonstop** (नॉन्-स्टॉप्´) *adj.* 1. without stopping, बिना रुके, सीधे। 2. without an interruption, लगातार।

**nonteaching** (नॉन्-टीच्´-इंग्) *adj.* other than teaching, अध्यापनेतर।

**nontechnical** (नॉन्-टेंक्´-नी-कॅल्) *adj.* not technical, ग़ैर-तकनीकी, अप्राविधिक।

**nontransferable** (नॉन्-ट्रैन्स्´-फ़ॅ-रॅ-बॅल्) *adj.* not transferable, अहस्तांतरणीय।

**non-vegetarian** (नॉन्-वेंज्-इ-टेंअॅर्´-इ-अॅन्) *adj.* other than vegetarian, मांसाहारी।

**non-violence** (नॉन्-वाइ´-अॅ-लॅन्स्) lack of violence, अहिंसा।

**non-violent** (नॉन्-वाइ´-अॅ-लॅन्ट्) *adj.* pertaining to non-violence, अहिंसात्मक। *n.* not taking part in violence, अहिंसावादी।

**nonvoter** (नॉन्-वो´-टॅ:) *n.* one has no voting rights, वह जो मतदाता न हो, ग़ैर-मतदाता।

**nonwhite** (नॉन्-व़ाइट्´) *adj. & n.* black-skinned, काली चमड़ीवाला, काला, अश्वेत।

**noodles** (नू´-डॅल्स्) ***n.*** (plu.) strips of dough, नूडल्स, सेवईं।

**nook** (नुक्) ***n.*** 1. a corner, कोना। 2. a hidden or secluded place, गुप्त स्थान या एकांत।

**noon** (नून्) ***n.*** midday, दोपहर, मध्याह्न।

**no one** (नो´-वॅन्´) ***pron.*** nobody, कोई नहीं।

**noose** (नूज़्) ***n.*** a loop of rope, फंदा।

**nor** (ना:) ***conj.*** and not, न (तो)।

**norm** (ना:म्) ***n.*** 1. desired standard or pattern, मानदंड, प्रतिमान, मानक। 2. an average level, सामान्य स्तर।

**normal** (ना:´-मॅल्) ***adj.*** 1. usual or standard, सामान्य या मानक। 2. free form physical or emotional disorder, सामान्य, प्रकृत। ***n.*** 1. a normal person, सामान्य व्यक्ति। 2. the usual state or level, सामान्य स्थिति या स्तर।

**normalcy** (ना:´-मॅल्-सी) ***n.*** the state of being normal, प्रसमता, सामान्य स्थिति।

**normality** (ना:-मैल्´-इ-टी) ***n.*** normalcy, प्रसमता, सामान्य स्थिति।

**normalize** (ना:´-मॅ-लाइज़्) ***v.*** to make normal, सामान्य बनाना।

**normally** (ना:´-मॅ-ली) ***adv.*** 1. in a normal way, सामान्य ढंग से, स्वभावत:। 2. in the normal conditions, सामान्यत:।

**normal school** ***n.*** a school that trains teachers of elementary classes, नॉर्मल स्कूल।

**normative** (ना:´-मॅ-टिव्) ***adj.*** 1. of norm, मानदंड-संबंधी, मर्यादा-संबंधी या मानक-संबंधी। 2. establishing a norm, मानक-स्थापक।

**north** (ना:थ्) ***n.*** 1. one of the four directions, उत्तर, उत्तर दिशा। 2. the northern part of some region, किसी प्रदेश का उत्तरी भाग।

**northbound** (नार्थ्´-बॉउन्ड्) ***adj.*** travelling northward, उत्तर की ओर जानेवाला, उत्तरोन्मुख।

**northeast** (नार्थ्-ईस्ट्´) ***n.*** the direction between north and east, उत्तर-पूर्वी कोण।

**northerly** (ना:´-दॅ:-ली) ***adj.*** towards or in the north, उत्तरी।

**northern** (ना:´-दॅन्) ***adj.*** of or in the north, उत्तरी; northernmost, धुर उत्तर का।

**northward** (ना:थ्´-वॅ:ड्) ***adj.*** toward the north, उत्तरोन्मुख।

**northwest** (ना:थ्-वॅस्ट्´) ***n.*** the direction midway between north and west, उत्तर-पश्चिम दिशा, वायुकोण। ***adj.*** उत्तर-पश्चिमी।

**northwestern** (ना:थ्-वेंस्ट्´-अॅ:न्) ***adj.*** of north-west, उत्तर-पश्चिमी।

**nose** (नोज़्) ***n.*** 1. the organ for breathing and smelling, नाक, नासिका, थूथन। 2. sense of smell. सूँघने की शक्ति, घ्राणशक्ति। 3. the front end of something, अग्रभाग। ☐ **as plain as the nose on someone's face,** हाथ कंगन को आरसी क्या; **bite someone's nose off,** मुँहतोड़ उत्तर देना; **cut off one's nose to spite one's face,** किसी के असगुन के लिए अपनी नाक कटा लेना, क्रोध में अपनी हानि कर बैठना; **follow one's nose,** नाक की सीध पकड़ना; **lead by the nose,** नकेल हाथ में रखना; **pay through the nose,** बहुत ऊँचा दाम देना; **put someone's nose out of joint,** किसी को ईर्ष्यालु बना देना; **rub somebody's nose in it,** अपमानजनक ढंग से किसी की ग़लती बताना; **turn up one's nose at,** उपेक्षापूर्वक मुँह फेर लेना; **under a person's nose,** किसी की आँखों के आगे या सामने; **with one's nose in the air,** अभिमानपूर्वक। ***v.*** (nosed, nosing) 1. to perceive by smell, सूँघकर पता लगाना। 2. to push with the nose, नाक से धकेलना। 3. to move or cause to move forward, आगे बढ़ना या बढ़ाना। ☐ **nose about,** सूँघ-सूँघकर पता लगाना; **nose into,** रुचि लेना; **nose out,** सूँघकर खोज निकालना।

**nosebag** (नोज़्´-बैग्) ***n.*** a bag containing fodder, hung around a horse's head, तोबड़ा।

**nosebleed** (नोज़्´-ब्लीड्) ***n.*** bleeding from the nose, नकसीर।

N

**nosedive** (नोज़्´-डाइव़्) ***v.*** 1. to dive straight down, आकाश में वायुयान का गोता लगाना, नाक के बल तेज़ी से नीचे आना। 2. to full sharply, (दाम) बहुत अधिक गिर जाना।

**nosegay** (नोज़्´-गे) ***n.*** a small bunch of flowers, फूलों का छोटा गुच्छा।

**nostalgia** (नॉ-स्टैल्´-जॅ) ***n.*** 1. longing for home, घर की याद। 2. longing for the things of the past, पुरानी (बातों की) याद।

**nostalgic** (नॉ-स्टैल्´-जिक्) ***adj.*** having a longing for home or the things of the past, जिसे घर की या पुरानी बातों की याद सता रही हो।

**nostril** (नॉज़्´-ट्रिल्) ***n.*** either of the holes of the nose, नासाद्वार, नथुना।

**nostrum** (नॉस्´-ट्रम्) ***n.*** 1. a quack medicine, नीम हकीम की दवा। 2. a quack remedy, नीम हकीम का उपचार।

**nosy, nosey** (नो´-ज़ी) ***adj.*** inquisitive, जिज्ञासु।

**not** (नॉट्) ***adj.*** expressing denial, refusal or negation, नहीं, न। □ **not at all,** बिल्कुल नहीं, इसकी ज़रूरत नहीं; **not to speak of,** का तो कहना ही क्या।

**nota bene** (नो´-ट्´-बी´-नी) ***n.*** (abbrviated form N.B.) note well, observe what follows, ध्यान दें। (लैटिन)

**notable** (नो´-ट्-बॅल्) ***adj.*** 1. remarkable, उल्लेखनीय। 2. important, महत्त्वपूर्ण।

**notably** (नो´-टॅ-ब्ली) ***adv.*** remarkably, विशेष रूप से।

**notary** (नोट्´-अॅ-री) ***n***. a person authorized to certify, नोटरी।

**notation** (नो-टे´-शॅन्) ***n.*** 1. accepted set of standard symbols, संकेत-समूह। 2. a system of such symbol, संकेत-पद्धति। 3. a brief note (संक्षिप्त) टिप्पणी।

**notch** (नॉच्) ***n.*** 1. a v-shaped cut, खाँचा। 2. a narrow pass, दर्रा। 3. one of the levels in graded system, स्तर। ***v.*** to make a notch, खाँचा बनाना।

**note** (नोट्) ***n.*** 1. a brief written record, टिप्पणी। 2. an official communication, चिट्ठी, पत्र। 3. a commentary, टीका। 4. a piece of paper currency, नोट। 5. (in music) a tone of definite pitch, स्वर। 6. a bird's sound, चहक, कलरव। 7. eminence, उत्कृष्टता। 8. attention, ध्यान। □ **take note of,** ध्यान देना। ***v.*** (noted, noting) 1. to pay attention, ध्यान देना। 2. to write down, नोट करना।

**notebook** (नोट्´-बुक्) ***n.*** a book of blank pages for notes, कापी, नोटबुक।

**noted** (नोट्´-इड्) ***adj.*** well-known, प्रसिद्ध।

**noteworthy** (नोट्´-व़:-दी) ***adj.*** 1. remarkable, उल्लेखनीय। 2. important, महत्त्वपूर्ण।

**nothing** (नथ्´-इंग्) ***pron.*** 1. not anything, कुछ नहीं। 2. non-existence, अस्तित्व न होना। 3. unimportant thing or person, नगण्य वस्तु या व्यक्ति। 4. zero, शून्य। □ **for nothing,** (i) बिना मूल्य, मुफ़्त में; (ii) बिल्कुल (भी) नहीं; He looks nothing like me, वह मुझ जैसा बिल्कुल भी नहीं लगता। **nothing doing,** कुछ मतलब नहीं, क्या लेना-देना।

**nothingness** (नथ्´-इंग्-निस्) ***n.*** 1. non-existence, कुछ न होने की अवस्था। 2. void, ख़ालीपन, सूनापन।

**notice** (नो´-टिस्) ***n.*** 1. an information about something, सूचना, ख़बर। 2. a written or printed announcement, सूचना। 3. attention, observation, ध्यान। 4. review (of a book), समीक्षा। □ **take no notice of,** उपेक्षा करना, ध्यान न देना। ***v.*** 1. to pay attention, ध्यान देना। 2. to comment on, समीक्षा करना। 3. to mention, ज़िक्र करना।

**noticeable** (नो´-टि-सॅ-बॅल्) ***adj.*** 1. worth noticing, ध्यान देने योग्य। 2. evident, स्पष्ट।

**noticeably** (नो´-टि-सॅ-बॅ-ली) ***adv***. clearly, स्पष्ट रूप से, साफ़-साफ़।

**noticeboard** (नो´-टिस्-बो:ड्) ***n.*** a board on which notices are fixed, सूचना-पट्ट।

**notification** (नो-टि-फ़ि-के´-शॅन्) ***n.*** 1. an act of notifying, अधिसूचन। 2. a formal notice, अधिसूचना, सूचना।

**notify** (नो´-टि-फ़ाइ) ***v.*** 1. to inform, सूचना देना। 2. to announce, घोषणा करना।

N

**notion** (नो´-शॅन्) ***n.*** 1. a vague opinion, धारणा। 2. understanding, समझ।

**notional** (नो´-शॅ-नॅल्) ***adj.*** 1. abstract, imaginary, अमूर्त, काल्पनिक। 2. having meaning, अर्थवान (शब्द)।

**notionally** (नो´-शॅ-नॅ-ली) ***adv.*** in imagination only, काल्पनिक रूप से।

**notions** (नो´-शन्स्) ***n.*** (plu.) small items used in sewing, सीने-पिरोने की छोटी-मोटी चीज़ें।

**notoriety** (नो-टॅ-राइ´-टी) ***n.*** the state or quality of being notorious, बदनामी, कुख्याति।

**notorious** (नो-टोर्´-इ-अॅस्) ***adj.*** 1. infamous, बदनाम, कुख्यात। 2. famous, प्रसिद्ध।

**notoriously** (-ली) ***adv.*** 1. infamously, कुख्यात रूप से। 2. notably, विशेष रूप से।

**notwithstanding** (नॉट्-विद्-स्टैन्´-डिंग्) ***prep.*** inspite of, के बावजूद (भी); ***adv.*** nevertheless, तो भी, फिर भी।

**nought** (नॉट्) ***n.*** naught, शून्य।

**noun** (नॉउन्) ***n.*** a word or phrase that refers to a person, place or thing, नाम, संज्ञा, संज्ञापद।

**nourish** (नर्´-इश्) ***v.*** 1. to provide with substance necessary for life and growth, पोषण/पोषित करना। 2. to encourage or foster, बढ़ावा देना।

**nourishing** (नर्´-इश्-इंग्) ***adj.*** giving nourishment, पोषक, पुष्टिकारक।

**nourishment** (नर्´-इश्-मॅन्ट्) ***n.*** 1. an act of nourishing, पोषण। 2. a substance that nourishes, पोषक आहार।

**nous** (नाउस्) ***n.*** common sense, सामान्य बुद्धि।

**nouveau riche** (नू´-वो-रीश्) ***n.*** one who has recently become rich, नवधनाढ्य, नया रईस।

**nova** (नो´-वॅ) ***n.*** a star which suddenly becomes brighter, ऐसा तारा जिसकी रोशनी एकाएक तेज़ हो गई हो।

**novel** (नॉव्´-अॅल्) ***adj.*** of a new kind, नया, नूतन। ***n.*** a fiction, उपन्यास।

**novelette** (नॉव्´-अॅ-लेंट्) ***n.*** a short novel, उपन्यासिका।

**novelist** (नॉव्´-अॅ-लिस्ट्) ***n.*** a writer of novels, उपन्यासकार, उपन्यास-लेखक।

**novelize** (नॉव्´-अॅ-लाइज़्) ***v.*** to convert into a novel, उपन्यास का रूप देना।

**novella** (नो-वेल्´-अॅ) ***n.*** a short novel, उपन्यासिका।

**novelty** (नॉव्´-अॅल्-टी) ***n.*** 1. the quality of being novel, नवीनता। 2. a novel thing, नवीन वस्तु।

**November** (नो-वेंम्´-बॅ:) ***n.*** the eleventh month of the year, नवंबर (माह)।

**novice** (नॉ´-विस्) ***n.*** 1. a beginner, नौसिखिआ, नवशिक्षु। 2. a person who has joined some other religion, नवदीक्षित, नवधर्मी।

**now** (नाउ) ***adv.*** 1. at this time, अब, इस समय। 2. immediately, अभी, इसी समय। □ **just now,** अभी-अभी; **now or never,** (या तो) अभी या फिर कभी नहीं। ***n.*** the present time, वर्तमान, यह समय।

**now-a-days** (नाउ´-ए-डेज़्) ***adv.*** in modern times, आजकल, इन दिनों।

**nowhere** (नो-वेंअॅ:) ***adv.*** not anywhere, कहीं नहीं। ***n.*** an unknown or remote place, अज्ञात या दूरस्थित स्थान। □ **come from nowhere,** सहसा आ पहुँचना; **get nowhere,** उन्नति न कर पाना, कुछ हासिल न कर पाना; **nowhere near,** बहुत दूर।

**noxious** (नॉक्´-शॅस्) ***adj.*** harmful. दूषित, हानिप्रद।

**nozzle** (नॉज़्´-अॅल्) ***n.*** a projecting part with an opening from which fluid is discharged, टोंटी।

**nuance** (न्यू´-आन्स्) ***n.*** a subtle difference in meaning, सूक्ष्म अर्थभेद, अर्थछटा, रंगत।

**nub** (नब्) ***n.*** 1. a small lump, ढेला। 2. a small protuberance, गुमड़ा, गाँठ। 3. core of a matter, सार, निचोड़।

**nubile** (न्यू´-बाइल्) ***adj.*** 1. marriageable, विवाह-योग्य (लड़की)। 2. attractive, आकर्षक।

**nuclear** (न्यू´-क्ली-अॅ:) ***adj.*** 1. of nucleus,

N

नाभिकीय। 2. of or using nuclear energy, नाभिकीय।

**nuclear energy** ***n.*** energy released from an atomic nucleus, नाभिकीय ऊर्जा।

**nuclear family** ***n.*** father, mother and their children, एकक परिवार (जिसमें पति-पत्नी और उनके बच्चे हों), छोटा परिवार।

**nuclear reactor** ***n.*** a device in which a nuclear chain reaction is started, नाभिकीय रिऐक्टर।

**nucleus** (न्यू´-क्लि-अॅस्) ***n.*** (pl. nuclei) 1. central part, केंद्रीय भाग, केंद्रक। 2. the central part of an atom, नाभिक।

**nude** (न्यूड्) ***adj.*** naked, नंगा, नग्न, निर्वस्त्र। ***n.*** a nude human figure, नग्न (मानव का) चित्र। □ **in the nude,** नग्न।

**nudge** (नज्) ***v.*** (nudged, nudging) to push with the elbow, कोहनी मारना।

**nudim** (न्यू´-डिम्) ***n.*** the belief or practice of going nude, नग्नतावाद, नग्नवाद।

**nudist** (न्यू´-डिस्ट्) ***n.*** one who believes that going unclothed is good for health, नग्नतावादी, नग्नवादी।

**nudity** (न्यू´-डि-टी) ***n.*** the state of being nude, नग्नता, नंगापन।

**nugatory** (न्यू´-गे-टॅ-री) ***adj.*** worthless, तुच्छ।

**nugget** (नग्´-इट्) ***n.*** a lump of gold, सोने का डला।

**nuisance** (न्यू´-सॅन्स्) ***n.*** a person or thing that is inconvenient or annoying, परेशानी, खुराफ़ात, काँटा। □ **nuisance value,** परेशान करने की क्षमता।

**null** (नल्) ***adj.*** 1. having no legal force, अमान्य, अवैध, रद। 2. insignificant, तुच्छ। 3. amounting to nothing, बेकार। □ **null and void,** अमान्य और शून्य।

**nullification** (नल्-इ-फ़ि-के´-शॅन) ***n.*** the act of nullifying or the state of being nullified, रद्दगी, व्यर्थ बना देना।

**nullify** (नल्´-इ-फ़ाइ) ***v.*** (nullified, nullifying) 1. to invalidate, अवैध ठहराना या रद करना। 2. to counteract. व्यर्थ कर देना।

**numb** (नम्ब्) ***adj.*** 1. unable to feel anything, सुन्न, निस्पंद, जड़। 2. stunned, (भय से) सन्न, निश्चेष्ट। ***v.*** to make numb, सन्न कर देना।

**number** (नम्´-बॅं:) ***n.*** 1. a member of the system used in counting and measuring, संख्या, नंबर। 2. the quantity or amount, राशि, संख्या; The crowd was small in number, वहाँ कम संख्या में ही लोग थे। 3. crowd, भीड़। 4. one item in a series, नंबर। 5. a numeral assigned to an object, person etc., for identification, नंबर, बारी; Your number has come up. तुम्हारा नंबर आ गया है या तुम्हारी बारी आ गई है। 6. an issue of magazine etc., अंक। 7. a category in grammar, वचन। □ **a number of,** कुछ; **any number,** अनेक; **numbers of,** काफ़ी; **by numbers,** नंबर से, संख्याओं से; **opposite number,** समानधर्मी; **to the number of,** के लगभग; **without number,** असंख्य, बेशुमार। ***v.*** 1. to reach as a total, संख्या में होना, गिनती में होना। 2. to count, गिनना। 3. to include in, शामिल करना। 4. to assign a number to, नंबर देना या डालना।

**numberless** (नम्´-बॅं:-लिस्) ***adj.*** countless, असंख्य, अगणित, बेशुमार।

**number one** ***adj.*** best, सर्वोत्तम। ***n.*** the chief person in an organisation, नंबर एक व्यक्ति।

**number plate** ***n.*** a plate showing its official number, नंबरप्लेट, अंकपट।

**numeral** (न्यू´-मॅ-रॅल्) ***n.*** a figure, अंक, संख्या।

**numerate** (न्यू´-मॅ-रेट्) ***v.*** to count, गिनना।

**numerator** (न्यू´-मॅ-रे-टॅ:) ***n.*** the number above the line in fraction, अंश।

**numerical** (न्यू-मॅर्´-इ-कॅल्) ***adj.*** of number, संख्यात्मक, संख्यावाचक।

**numerology** (न्यू´-मॅ-रॉल्-अॅ-जी) ***n.*** the study of the occult meaning of numbers, अंकविद्या, अंकार्थविज्ञान, संख्या-सगुनौती।

**numerous** (न्यू´-मॅ-रॅस्) ***adj.*** many, अनेक, बहुत।

**numerously** (न्यू´-मॅ-रॅस्-ली) ***adv.*** in large number, अत्यधिक/प्रचुर संख्या में ।

**numinous** (न्यू´-मि-नॅस्) ***adj.*** pertaining to

gods, दैवी, ईश्वरीय।

**numismatics** (न्यू-मिज़्´-मैट्´-इक्स्) ***n.*** the scientific study of coins, मुद्राशास्त्र।

**numismatist** (न्यू-मिज़्´-मैट्-इस्ट्) ***n.*** one expert in numismatics, मुद्राशास्त्री।

**nun** (नन्) ***n.*** a woman who belongs to a Christian religious order, भिक्षुणी, नन।

**nuncio** (नन्´-शि-ओ) ***n.*** Pope's representative, धर्मदूत।

**nunnery** (नर्न्-अॅ-री) ***n.*** a convent for nuns, ईसाई भिक्षुणी निवास, ननघर।

**nuptial** (नप्´-शॅल्) ***adj.*** of marriage, वैवाहिक।

**nuptials** (नप्´-शॅल्ज़्) ***n.*** (plu.) a wedding, विवाह, विवाहोत्सव।

**nurse** (न:स्) ***n.*** 1. a person trained to take care of the sick, नर्स। 2. a woman employed to take care of a young child, आया, धाय। ***v.*** (nursed, nursing) 1. to suckle, दूध पिलाना, स्तनपान कराना। 2. to act as a professional nurse, नर्स होना, देख-रेख करना, सेवा-शुश्रूषा करना। 3. to treat, इलाज करना। 4. to foster, पालन-पोषण करना, पालना। 5. to hold a bad feeling in mind, मन में रखना।

**nursemaid** (न:स्´-मेड्) ***n.*** nurse, नर्स, आया।

**nursery** (न:´-सॅ-री) ***n.*** 1. a room or playroom for children, बालकक्ष। 2. a nursery school, शिशुशाला, शिशुसदन, बालविद्यालय। 3. a place where plants are grown for sale, पौधशाला, नर्सरी।

**nurseryman** (न:´-सॅ-री-मॅन्) ***n.*** one who grows plants in a nursery, पौधकर्मी।

**nursery school** ***n.*** a school for young children, शिशुशाला, शिशु-पाठशाला।

**nursing** (न:´-सिंग्) ***n.*** the job of a nurse, नर्स का कार्य, रोगी की सेवा-शुश्रूषा, परिचर्या।

**nursing home** ***n.*** परिचर्या-गृह, नर्सिंग-होम।

**nursling** (न:स्´-लिंग्) ***n.*** a young animal that is being suckled, दूध पीनेवाला जानवर का बच्चा।

**nurture** (न:´-चॅ:) ***n.*** the process of nurturing, पालन-पोषण। ***v.*** 1. to care for by providing nourishment, खिलाना-पिलाना तथा पालना-पोसना। 2. to help the development of, विकसित करना।

**nut** (नट्) ***n.*** 1. a fruit with a hard shell, काष्ठफल। 2. its kernel, उक्त फल की गिरी, मेवा। 3. a foolish person, मूर्ख व्यक्ति। 4. a small block of a metal with a hole, नट। ☐ **a hard nut to crack,** टेढ़ी खीर, विकट समस्या या व्यक्ति; **nuts and bolts,** किसी विषय या कार्य-संबंधी सामान्य बातें।

**nutmeg** (नट्´-मॅग्) ***n.*** a seed of a tree, जायफल।

**nutrient** (न्यू´-ट्रि-अॅन्ट्) ***adj.*** providing nourishment, पोषक, पुष्टिकर।

**nutriment** (न्यू´-ट्रि-मॅन्ट्) ***n.*** nourishment, पोषण।

**nutrition** (न्यू´-ट्रि-शॅन्) ***n.*** 1. nourishment, पोषण। 2. something that nourishes, पोषक पदार्थ।

**nutritious** (न्यू-ट्रिश्´-अॅस्) ***adj.*** nourishig, पोषक, पौष्टिक।

**nutritive** (न्यू´-ट्रि-टिव्) ***adj.*** nutritious, पोषण-संबंधी। ***n.*** 2. nutriment, पोषक पदार्थ।

**nuts** (नट्स्) ***adj.*** crazy, सनकी। ***interj.*** a word for contempt or refusal, धत् तेरे की।

**nutshell** (नट्´-शेल्) ***n.*** the shell of a nut, अखरोट, बादाम आदि का मोटा कड़ा छिलका। ☐ **in a nutshell,** अति संक्षेप में।

**nuzzle** (नज़्´-अॅल्) ***v.*** to push or rub with a nose or snout, नाक से रगड़ना या धकेलना।

**nylon** (नाइ´-लॉन्) ***n.*** a synthetic fibre and the fabric made from it, नाइलॉन।

**nymph** (निम्फ़्) ***n.*** a female spirit, परी। 2. a beautiful girl or woman, सुंदर लड़की या युवती।

**nymphet** (निम्´-फॅट्) ***n.*** a young girl of about 10-14 years old, सुंदर आकर्षक युवती, किशोरी।

**nymphomania** (निम्-फॅ-मे´-नि-अॅ) ***n.*** abnormal sexual appetite in woman, स्त्रियों का कामोन्माद, अदम्य कामेच्छा।

**nymphomaniac** (निम्-फॅ-मे´-नि-ऐक्) ***n.*** a woman who has an excessive desire for sex, कामोन्मादिनी, अतिकामवती।

# O

**O, o** (ओ) the fifteenth letter of the English alphabet, अंग्रेज़ी वर्णमाला का पंद्रहवाँ वर्ण, स्वर। *interj.* a natural exclamation for sudden emotion or feeling, ओह!

**oaf** (औफ़) ***n.*** a clumsy person, बेढंगा आदमी।

**oak** (ओक्) ***n.*** a tree and its wood, शाहबलूत और उसकी लकड़ी।

**oar** (ओ:) ***n.*** a device to propel a boat, डाँड, चप्पू। □ **put one's oar in,** हस्तक्षेप करना।

**oarsman** (ओ:ज़्´-मॅन्) ***n.*** one who rows a boat, rower, मल्लाह, नाविक।

**oasis** (ओ-ए´-सिस्) ***n.*** 1. a green spot in a desert, मरुद्वीप, नखलिस्तान। 2. a pleasant place, रम्यस्थली।

**oat** (ओट्) ***n.*** 1. a cereal plant and its grain, जई, जुंदरी।

**oath** (ओथ्) ***n.*** a solemn promise to fulfil a pledge, सौगंध, कसम, शपथ। □ **on or under oath,** शपथपूर्वक, सौगंध खाकर/लेकर।

**oath-taking ceremony** ***n.*** a ceremony in which somone takes the oath of an office, शपथ-ग्रहण-समारोह।

**oatmeal** (ओट्´-मील्) ***n.*** meal made from oats, जुंदरी या जई से बना खाद्य पदार्थ।

**obduracy** (ऑब्´-डु-रे-सी) ***n.*** stubbornness, ढिठाई, हठ।

**obdurate** (ऑब्´-डु-रिट्) ***adj.*** stubborn, ढीठ, हठी।

**obdurately** (ऑब्-डु-रिट्-ली) ***adv.*** stubbornly, ढिठाई से, हठपूर्वक।

**obedience** (ओ-बी´-डी-ॲन्स्) ***n.*** the act of obeying, आज्ञाकारिता, आज्ञापालन।

**obedient** (ओ-बी´-डि-ॲन्ट्) ***adj.*** obeying or willing to obey, आज्ञाकारी, आज्ञापालक।

**obediently** (ओ-बी´-डि-ॲन्ट्-ली) ***adv.*** in an obedient manner, आज्ञापालन करते हुए।

**obeisance** (ओ-बे´-सॅन्स्, ओ-बी´-सॅन्स्) ***n.*** a bow expressing respect, प्रणति, नमन।

**obeisant** (ओ-बे´-सॅन्ट्, ओ-बी´-सॅन्ट्) ***adj.*** making obeisance, नमन करनेवाला।

**obelisk** (ऑब्´-ॲ-लिस्क्) ***n.*** a tall pointed stone pillar, पत्थर का स्तंभ।

**obese** (ओ-बीस्´) ***adj.*** very fat, बहुत मोटा।

**obesity** (ओ-बी´-सि-टी) ***n.*** fatness, मुटापा।

**obey** (ओ-बे´) ***v.*** 1. to carry out an order, आज्ञा का पालन करना, हुकुम बजा लाना। 2. to be obedient, किसी की आज्ञा के अनुसार चलना, आज्ञाकारी होना।

**obfuscate** (ऑब्´-फ़स्-केट्) ***v.*** 1. to make indistinct, अस्पष्ट या गूढ़ बना देना। 2. to confuse, गड़बड़ा देना, उलझा देना।

**obfuscation** (ऑब्-फ़ॅस्-के´-शॅन्) ***n.*** the act of obfuscating or the state of being obfuscated, अस्पष्टता, गड़बड़ी या उलझन।

**obit** (ओ´-बिट्) ***n.*** = obituary.

**obituary** (ओ-बिच्´-उ-ॲ-री) ***n.*** a death notice, शोक-समाचार, निधन-संबंधी समाचार।

**object**[1] (ऑब्´-जिक्ट्/जेॅक्ट्) ***n.*** 1. a thing, material thing, वस्तु, चीज़, पदार्थ। 2. a person or thing as a focus of attention, पात्र, भाजन। 3. aim, purpose, उद्देश्य, लक्ष्य। 4. a noun that is affected by the action of a verb, कर्म। □ **no object,** विचारणीय नहीं।

**object**[2] (ॲब्-जेॅक्ट्´) ***v.*** to present an opposing or dissenting argument, आपत्ति करना, प्रतिवाद करना।

**object glass** ***n.*** the glass of telescope or microscope, टेलीस्कोप या माइक्रोस्कोप का शीशा।

**objection** (ॲब्-जेॅक्´-शॅन्) ***n.*** 1. a statement

or feeling of opposing or disapproving, आपत्ति, एतराज़, प्रतिवाद। 2. an argument against, आपत्तिपरक तर्क, विरुद्ध तर्क।

**objectionable** (ऑब्-जेंक्´-शॅ-नॅ-बॅल्) *adj.* arousing disapproval, आपत्तिजनक।

**objective** (ऑब्-जेंक्´-टिव्) *adj.* 1. having to do with a material object, not subjective, विषयगत, वस्तुनिष्ठ। 2. real, वास्तविक, यथार्थ। 3. (gram.) of the objective case, कर्मवाचक, कर्मवाची। *n.* 1. the object of one's effort, goal, लक्ष्य, ध्येय, उद्देश्य; All our objectives were won, हमारे सभी उद्देश्य पूरे हुए। 2. (gram.) the objective case, कर्मकारक।

**objectively** (-ली) *adv.* 1. really, यथार्थतः, वस्तुतः। 2. impartially, निष्पक्ष भाव से।

**objectivity** (ऑब्-जेंक्´-टि-वि-टी) *n.* 1. objectiveness, वस्तुनिष्ठा। 2. reality, वास्तविकता।

**object lesson** *n.* a practical illustration, व्यावहारिक उदाहरण, मिसाल।

**objector** (ऑब्-जेंक्´-टॅ:) *n.* one who objects, आपत्तिकर्ता।

**objet d'art** (ऑब्-ज़े-डा:´) *n.* an object of artistic merit, कलावस्तु, कलाकृति। (फ्रांसीसी)

**oblation** (ऑ-ब्ले´-शॅन्) *n.* a religious offering to a deity, चढ़ावा, आहुति या अर्पण।

**oblatory** (ऑब्-ले´-टॅ-री) *adj.* of or pertaining to oblation, चढ़ावा, दान या आहुति-संबंधी।

**obligation** (ऑब्-लि-गे´-शॅन्) *n.* 1. a binding, बाध्यता, विवशता, बंधन। 2. duty, कर्तव्य, दायित्व। 3. the state of being obliged to do something, एहसान, आभार। ☐ **under an obligation,** एहसान के कारण।

**obligatory** (ऑ-ब्लिग्´-ऑ-टॅ-री) *adj.* compulsory, अनिवार्य।

**oblige** (ऑ-ब्लाइज्´) *v.* 1. to compel, विवश करना, बाध्य करना। 2. to make indebted, अनुगृहीत करना। 3. to do favour for, उपकृत करना।

**obliged** (ऑ-ब्लाइज्ड्´) *adj.* grateful, उपकृत, एहसानमंद।

**obliging** (ऑ-ब्लाइ´-जिंग्) *adj.* courteous and helpful, दयालु, कृपालु, उपकारी।

**obligingly** (-ली) *adv.* 1. by favour, एहसान के तौर पर। 2. kindly, दया/कृपा करके।

**oblique** (ऑ-ब्लीक्´) *adj.* 1. slanting or sloping, आड़ा, तिरछा, ढालुआँ। 2. not straightforward, कुटिल, वक्र। 3. evasive, टालू, अनिश्चित, अस्पष्ट। 4. (gram.) inflectional, विकारी। *n.* a mark used to separate numbers, words etc. तिर्यक रेखा।

**obliquely** (~ली) *adv.* slantingly, टेढ़े/तिरछे बल।

**obliqueness** (~निस्) *n.* the state or quality of being oblique, तिरछापन, वक्रता।

**obliterate** (ऑ-ब्लिट्´-ऑ-रेट्) *v.* 1. to destroy completely, पूर्ण रूप से नष्ट कर देना। 2. to wipe out, उन्मूलन करना, मिटा देना।

**obliteration** (ऑ-ब्लिट्-ऑ-रे´-शॅन्) *n.* the act of obliterating or the state of being obliterated, विनाश; उन्मूलन।

**oblivion** (ऑ-ब्लिव्´-इ-ॲन्) *n.* 1. forgetfulness, भुलक्कड़पन, विस्मरण, विस्मृति; fall into oblivion, विस्मृति के गर्त मे जा पड़ना। 2. the state of being oblivious, बेख़बरी।

**oblivious** (ऑ-ब्लिव्´-इ-ॲस्) *adj.* 1. unaware, बेख़बर। 2. forgetful, भुलक्कड़।

**oblong** (ऑब्´-लॉङ्ग्) *adj.* rectangular, आयताकार। *n.* a rectangular figure, आयत।

**obloquy** (ऑब्´-लॅ-क्वी) *n.* 1. censure, abusive language, निंदा, बुराई। 2. disgrace, ill-repute, बदनामी।

**obnoxious** (ॲब्/ऑब्-नॉक्´-शॅस्) *adj.* 1. nasty, offensive, घृणित, घिनौना, बीभत्स। 2. objectionable, आपत्तिजनक। 3. harmful, हानिकारक।

**obnoxiously** (~ली) *adv.* in an objectionble manner, आपत्तिजनक रूप में।

**oboe** (ओ´-बो) *n.* a woodwind instrument, शहनाई, नफ़ीरी।

**oboist** (ओ´-बो-इस्ट्) *n.* one who plays on an aboe, शहनाईवादक।

**obscene** (ॲब्-सीन्´) *adj.* 1. nasty, dirty, अश्लील, गंदा। 2. inciting lustful feeling,

कामुक, कामुकतापूर्ण।

**obscenely** (~ली) ***adv.*** in an obscene manner, अश्लीलतापूर्वक।

**obscenity** (ऑब्-सीन्´-इ-टी) ***n.*** 1. the state of being obscene, अश्लीलता। 2. an obscene action, कामुकतापूर्ण क्रिया। 3. an obscene word, अश्लील शब्द।

**obscurantism** (ऑब्-स्क्यु-रैन्´-टिज़्-ऑम्) ***n.*** opposition to reforms, रूढ़िवाद।

**obscurantist** (ऑब्-स्क्यु-रैन्´-टिस्ट्) ***adj.*** opposing reforms, रूढ़िवादी।

**obscure** (ऑब्-स्क्युर्´) ***adj*** 1. dark, indistinct, अस्पष्ट, धुँधला, धूमिल। 2. not easily understood, गूढ़, दुबोध। 3. hidden, छिपा हुआ, प्रच्छन्न। 4. not famous, अप्रसिद्ध। ***v.*** 1. to canceal or hide, छिपाना, ढकना। 2. to make difficult to understand, दुर्बोध बना देना।

**obscurely** (~ली) ***adv.*** indistinctly, अस्पष्ट रूप से ।

**obscurity** (ऑब्-स्क्युर्´-ऑ-टी) ***n.*** the state or quality of being obscure, धुँधलापन या अंधकार; गूढ़ता, दुर्बोधता, अस्पष्टता; प्रच्छन्नता।

**obsequies** (ऑब्´-सि-क्वीज्) ***n.*** (plu.) the last rites, अंतिम संस्कार, अंत्येष्टि।

**obsequious** (ऑब्-सी´-क्वि-ऑस्) ***adj.*** fawning, चापलूस, ख़ुशामदी।

**obsequiously** (ऑब्-सीं-क्वि-ऑस्-ली) ***adv.*** fawningly, बड़ी खुशामद से।

**observable** (ऑब्-ज़:´-वॅ-बॅल्) ***adj.*** 1. that can be observed, अनुपालनीय, पालनीय। 2. perceptible , दृष्टिगोचर।

**observance** (ऑब्-ज़:´-वॅन्स्) ***n.*** 1. the act of complying with a rule or law, अनुपालन, पालन। 2. the act of celebrating (a festival or holiday), मनाना।

**observant** (~ऑब्-ज़:´-वॅन्ट्) ***adj.*** 1. one who observes, पालक, अनुपालक। 2. alert, चौकस, सतर्क। 3. careful in observing religious ceremonies, सावधानी से धार्मिक कृत्य करनेवाला।

**observation** (ऑब्-ज़:-वे´-शॅन्) ***n.*** 1. an act of observing or noticing, अवलोकन, प्रेक्षण। 2. ability to notice things, दृष्टि, निगाह। 3. an act of watching, निगरानी, देख-रेख। 4. a remark, टिप्पणी, मंतव्य। 5. the viewing of facts for scientific analysis, निरीक्षण, अनुवीक्षण।

**observatory** (ऑब्-ज़:´-वॅ-टॅ-री) ***n.*** a place for scientific observation of stars or weather, वेधशाला।

**observe** (ऑब्-ज़:व्´) ***v.*** 1. to perceive or notice, देखना। 2. to watch attentively, ध्यानपूर्वक देखना, निरीक्षण करना, ग़ौर करना। 3. to make scientific observation of, अनुवीक्षण करना। 4. to comment, टिप्पणी करना। 5. to abide by, पालन करना, अनुपालन करना। 6. to celebrate, मनाना।

**observer** (ऑब्-ज़:व्´-ऑ:) ***n.*** one who observes, प्रेक्षक, निरीक्षक; अनुवीक्षक; पालनकर्ता या पालक; मनानेवाला।

**obsess** (ऑब्-सॅस्´) ***v.*** (obsessed, obsessing) to occupy the mind of excessively, दिमाग़ में भरा या समाया होना।

**obsession** (ऑब्-सॅश्´-ऑन्) ***n.*** 1. abnormal preoccupation with an unwanted feeling or idea, मनोग्रंथि, ग्रस्तता। 2. such feeling or idea, वहम, भ्रम, सनक।

**obsessional** (ऑब्-सेश्´-ऑ-नॅल्) ***adj.*** having obsession, वहमी।

**obsessive** (ऑब्-सॅस्´-इव्) ***adj.*** of or like an obsession, वहम-भरा, भ्रामक। ***n.*** a person having an obsession, वहमी व्यक्ति।

**obsolescence** (ऑब्-सॅ-लॅस्´-सॅन्स्) ***n.*** obsoleteness, लोप, लोपोन्मुखता।

**obsolescent** (ऑब्-सॅ-लॅस्´-ऑन्ट्) ***adj.*** obsolete, लुप्त, लोपोन्मुख।

**obsolete** (ऑब्´-सॅ-लीट्, ऑब्-सॅ-लीट्´) ***adj.*** 1. out of use, अप्रयुत्त, अप्रचलित। 2. out of date, दिनाप्त, पुराना।

**obstacle** (ऑब्´-स्टॅ-कॅल्) ***n.*** 1. anything that obstruct or hinders something, बाधा, अड़चन, विघ्न। 2. a fence used in jumping, अड़ंगा, अवरोध; obstacle race अवरोध-दौड़।

**obstetrician** (ऑब्-स्टि-ट्रिश्´-ऑन्) ***n.*** a specialist in obstetrics, प्रसव-विज्ञानी।

**obstetrics** (ऑब्-स्टे ´-ट्रिक्स्) ***n.*** the science of medicine and surgery concerning with childbirth, प्रसव-विज्ञान।

**obstinacy** (ऑब् ´-स्टि-ने-सी) ***n.*** stubbornness, हठ, जिद, दुराग्रह।

**obstinate** (ऑब-स्टि-निट्/नेट्) ***adj.*** 1. stubborn, हठी, जिद्दी, दुराग्रही। 2. not willing to obey, हठीला। 3. not easy to subdue or defeat, दुस्साध्य; obstinate disease, दुस्साध्य रोग।

**obstinately** (~ली) ***adv.*** stubbornly, हठपूर्वक।

**obstreperous** (ऑब्-स्ट्रेप् ´-ऑर्-ऑस्) ***adj.*** noisy and uncontrollable, ऊधमी या ऊधम-भरा, कोलाहलपूर्ण।

**obstruct** (ऑब्-स्ट्रक्ट् ´) ***v.*** 1. to block, prevent or hinder, अवरुद्ध कर देना, बंद कर देना। 2. to put difficulties in the way of, बाधाएँ खड़ी कर देना, रुकावटें डालना, रोड़े अटकाना।

**obstructed** (ऑब्-स्ट्रक् ´-टिड्) ***adj.*** blocked, बाधित, अवरुद्ध।

**obstuction** (ऑब्-स्ट्रक् ´-शॅन्) ***n.*** 1. the act of obstructing, अवरोध खड़ा करना, बाधक होना। 2. the person or thing that obstructs, बाधा, रुकावट, अड़चन।

**obstructionism** (ऑब्-स्ट्रक् ´-शॅ-निज़्-ऑम्) ***n.*** deliberate obstruction of proceeding, plan, law etc. अड़ंगेबाज़ी।

**obstructionist** (ऑब्-स्ट्रक् ´-शॅ-निस्ट्) ***n.*** one who deliberately obstructs, अवरोधी, अड़ंगेबाज़।

**obstructive** (ऑब्-स्ट्रक् ´-टिव्) ***adj.*** that obstructs, अवरोधकारी, बाधक, रुकावटी।

**obtain** (ऑब्-टेन् ´) ***v.*** to get or acquire, प्राप्त करना, हस्तगत करना।

**obtainable** (ऑब्-टे ´-नॅ-बॅल्) ***adj.*** that can be obtained, प्राप्य, सुलभ।

**obtrude** (ऑब्-ट्रूड् ´) ***v.*** 1. to force (oneself or one's ideas) upon others, थोपना, लादना, ज़बरदस्ती करना, बेजा दख़ल देना। 2. to push forward, धकेलना।

**obtrusion** (ऑब्-ट्रू ´-शॅन्) ***n.*** the act of obtruding, थोपने की क्रिया, धकेलने की क्रिया।

**obtrusive** (ऑ्-ट्रू ´-सिव्) ***adj.*** 1. obstructing, टाँग अड़ानेवाला, बाधक। 2. haughty, हठी।

**obtuse** (ऑब्-ट्यूस् ´) ***adj.*** 1. foolish, मूर्ख, मंदबुद्धि। 2. not sharp, not pointed, blunt, भोथरा, कुंद। 3. (maths.) ~ angle अधिक कोण।

**obtuseness** (ऑब्-ट्यूस् ´-निस्) ***n.*** 1. foolishness, मूर्खता। 2. bluntness, भोथरापन।

**obverse** (ऑब् ´-वःस्) ***n.*** 1. the front side of a coin, (सिक्के का) सामने का पहलू। 2. serving the counterpart, प्रतिवस्तु, पूरक। 3. the logical opposition of something, विपर्याय। ***adj.*** facing the observer, सामने का।

**obviate** (ऑब् ´-वि-एट्) ***v.*** to do away with, परे करना, दूर हटाना, भगाना।

**obvious** (ऑब् ´-वि-ऑस्) ***adj.*** evident, clear, स्पष्ट, प्रकट, प्रत्यक्ष।

**obviously** (~ली) ***adv.*** 1. evidently, clearly, plainly, प्रकट/स्पष्ट रूप से, प्रत्यक्ष रूप से। 2. actually, सचमुच, वास्तव में।

**occasion** (ऑ-के ´-ज़्हॅन्) ***n.*** an opportunity, उपयुक्त समय, अवसर, मौका। □ **on occasions,** कभी-कभी; **have no occasion,** कभी मौका न मिला या न पड़ा; **rise to the occasion,** समय पर खरा उतरना; **sense of occasion,** वक्त की पहचान; **take this occasion,** अवसर का सदुपयोग करना या उससे लाभ उठाना। ***v.*** to cause, उत्पन्न करना, (का) कारण होना।

**occasional** (ऑ-के ´-ज़्हॅ-नॅल्) ***adj.*** 1. occurring from time to time, समय-समय पर होनेवाला। 2. happening on occasions, अवसरोचित। 3. occurring on special occasion, प्रासंगिक।

**occasionally** (ऑ-के ´-ज़्हॅ-नॅ-ली) ***adv.*** not regularly, कभी-कभी।

**Occident** (ऑक् ´-सि-डॅन्ट) ***n.*** the countries of Europe and America, पश्चिमी देश।

**occidental** (ऑक्-सि-डॅन् ´-टॅल्) ***adj.*** of or from the Occident, पश्चिमी। ***n.*** a native of the western world, पश्चिम का निवासी।

**occult** (ऑ-कल्ट् ´, ऑक् ´-अल्ट्) ***adj.*** 1. secret,

गूढ़, रहस्यमय। 2. mystical or supernatural, जादू-टोना या तंत्र-मंत्र-संबंधी, तांत्रिक। *v.* to hide or become hidden, छिपना या छिपाना।

O

**occultism** (ऑ-कल्´-टिज़्-ऑम्) *n.* the act of practising occult arts, जादू-टोना, तंत्र-मंत्र।

**occupancy** (ऑक्´-यॅ-पॅन्-सी) *n.* the act of occupying or the state of being occupied, अधिकार, दख़ल, कब्ज़ा।

**occupant** (ऑक्´-यॅ-पॅन्ट्) *n.* one who has possession over a house etc., tenant, दख़लकार, काबिज़।

**occupation** (ऑक्-यॅ-पे´-शॅन्) *n.* the act of occupying or the state of being occupied, दख़ल, अधिकार। 2. taking possession by force, कब्ज़ा। 3. one's employment, धंधा, पेशा, रोज़गार, व्यवसाय।

**occupational** (ऑक्´-यॅ-पे-शॅ-नॅल्) *adj.* of one's occupation, धंधे का, पेशे का, व्यावसायिक।

**occupational hazard** *n.* risks connected with a particular job, व्यावसायिक जोखिम।

**occupational therapy** *n.* the treatment of the body or mind through creative employment, व्यवसायजन्य चिकित्सा, रचनात्मक क्रियाकलापों द्वारा उपचार।

**occupier** (ऑक्´-यॅ-पाइऑ:) *n.* one has occupied a house, shop, land etc., दखलकार, काबिज़।

**occupy** (ऑक्´-यॅ-पाइ) *v.* 1. to take and hold possession of, दख़ल कर लेना, अधिकार कर लेना। 2. to dwell in, रहना, बसना। 3. to hold (an office, किसी पद पर) आसीन होना। 4. to engage or busy (oneself, अपने को) व्यस्त रखना। 5. to fill (a space, जगह) घेरना। 6. to fill (a time, समय) लेना। □ **be occupied in,** में लगा होना; He was occupied in writing letters, वह पत्र लिखने में लगा रहा या व्यस्त रहा।

**occur** (ऑ-क:) *v.* (occurred, occurring) 1. to take place, घटित होना, घटना, होना। 2. to be found, मिलना, पाया जाना। 3. to come into mind, सूझना, एकाएक मन में आना।

**occurrence** (ऑ-क:´-ऑन्स्) *n.* 1. an ever घटना। 2. a rare occurrence, कोई अनहो घटना।

**ocean** (ओ´-शॅन्) *n.* 1. the great mass salt water, समुद्र, महासागर। 2. a hu quantity, विशाल राशि।

**oceanic** (ओ-शी-ऐन्´-इक्) *adj.* of the ocea समुद्री।

**oceanography** (ओ-शी-ऑ-नॉग्´-रॅ-फ़ी) the scientific study of the ocean समुद्र-विज्ञान।

**ocelot** (ओ´-सॅ-लॉट्) *n.* a leopard li animal, तेंदुए की जाति का एक जानवर।

**ochre** (ओ´-कॅ:) *n.* a brownish clay, गेरू।

**o'clock** (ऑ-क्लॉक्´) *adv.* according to t clock, बजे; I will come at 1 o'clock. मैं बजे आऊँगा। It is 2 o'clock. २ बजे हैं।

**octagon** (ऑक्´-टॅ-गॅन्, ऑक्´-टॅ-गॉन्) *n.* polygon having eight sides, अष्टभुज।

**octagonal** (ऑक्-टैग्´-ऑ-नॅल्) *adj.* havi eight sides, अष्टभुजाकार, अष्टभुजीय।

**octave** (ऑक्´-टेव्/टिव्) *n.* a group of eig things, आठ का समूह, अष्टक। 2. a peri of eight days, अठवाड़ा। 3. a group eight lines of the poetry, अष्टपद 4. (music), सरगम, सप्तक।

**octavo** (ऑक्-टे´-वो) *n.* the paperproduc by folding a sheet of paper 3 times as to give 8 leaves or 16 pages, अठपेज़

**octet** (ऑक्-टॅट्´) *n.* 1. a group of eig instruments, आठ वाद्यों का समूह। 2. group of eight persons playing instr ments, आठ बाजा बजानेवालों का समूह।

**October** (ऑक्-टो´-बॅ:) *n.* the tenth mor of the year, अक्तूबर।

**octogenarian** (ऑक्-टॅ-जॅ-नेंऑर्/नेर्´-इ-य *n.* a person who is in his (her) eighti ८० से ९० वर्ष के वय का व्यक्ति।

**octopus** (ऑक्´-टॅ-पॅस्) *n.* a marine mollu अष्टभुजी जलकीट।

**octosyllabic** (ऑक्-टो-सि-लैब्(-इक्) *a* having eight syllables, आठ अक्षरोंवा अष्टाक्षरी।

:troi (ऑक्´-ट्राय्) *n.* a toll tax, चुंगी।

:troi post *n.* a place where octroi is charged, चुंगी चौकी, चुंगी नाका।

:ular (ऑक्´-यु-लॅ:) *adj.* of eye, नेत्र-संबंधी; ocular disease, नेत्र रोग।

culist (ऑक्´-यु-लिस्ट्) *n.* an eye-doctor, ophthalmologist, नेत्र-चिकित्सक।

dd (ऑड्) *adj.* 1. strange, unusual, अजीब, विचित्र, विलक्षण। 2. not even, not divisible by two, विषम। 3. not part of a set, बेमेल। 4. not regular, अनियमित। 5. extra, अतिरिक्त। 6. eccentric, सनकी, ख़ब्ती। ☐ **odd man out,** वर्ग या समूह से भिन्न होने के कारण बहिष्कृत।

ddball (ऑड्´-बा:ल्) *n.* an eccentric person, सनकी व्यक्ति।

ddish (ऑड्´-इश्) *adj.* strange, unusual, विचित्र, विलक्षण।

ddity (ऑड्´-इ-टी) *n.* 1. strangeness, विचित्रता, विलक्षणता। 2. a strange person or thing, विचित्र वस्तु या व्यक्ति।

ddly (ऑड्´-ली) *adv.* strangely, विचित्र ढंग से।

ddment (ऑड्´-मॅन्ट्) *n.* something left over or remaining, कोई बची-खुची वस्तु।

dds (ऑड्ज़्) *n.* (plu.) liklihood, (spl. a ratio expressing the probability of an event), संभावना। ☐ **at odds with,** अनबन के चलते; **by all odds,** निश्चय ही; **odds and ends,** विविध वस्तुएँ या विषय।

dds-on (ऑड्ज़्´-ऑन्) *adj.* most likely to win, जिसके जीतने की प्रबल संभावना हो, संभावित विजेता।

de (ओड्´) *n.* a type of usually long poem, लंबी कविता, काव्य।

deum (ओ´-डि-ॲम्) *n.* a music hall, संगीतशाला।

dious (ओड्´-इ-ॲस्) *adj.* detestable, hateful, घिनौना, घृणित।

dium (ओ´-डी-ॲम्) *n.* 1. the condition of being odious, घिनौनापन। 2. disgrace resulting from hateful conduct, कलंक, लांछन।

**odometer** (ओ-डॉम्´-इ-टॅ:) *n.* a metre that shows travelled distance by a vehicle, mileometre, दूरीमापी।

**odorous** (ओ´-डोर्-ॲस्) *adj.* smelly, गंधमय, महकदार।

**odour, odor** (ओ´-डॅ:) *n.* smell, महक, गंध; strong odour, तीव्र गंध, तेज़ महक।

**odourless** (ओ´-डॅ:-लिस्) *adj.* without smell, गंधहीन।

**odyssey** (ऑड्´-इ-सी) *n.* a long, adventurous journey, लंबी साहसिक यात्रा।

**oesophagus** (इ-साफ़्´-ॲ-गॅस्) *n.* a gullet, ग्रास-नली, भोजन की नली।

**oestrus** (ई´-स्ट्रॅस्) *n.* a regularly occurring period of sexual receptivity in female mammals (except women), नियमित गर्भकाल।

**oeuvre** (अ:व्´-रॅ) *n.* all the works of a writer or artist, किसी लेखक या कलाकार की समस्त कृतियाँ। (फ्रांसीसी)

**of** (अव्, ऑव्) *prep.* 1. indicating relationship, concerning or belonging to, का। 2. from, से। 3. owing to, के कारण, से। 4. away from, से दूर। 5. about, के विषय में। 6. named, नामक।

**off** (ऑफ़्, आ:फ़्) *adv.* 1. away, दूर, परे; not far off. बहुत दूर नहीं। 2. so as to be unattached, अलग, पृथक। 3. so as to be fewer or smaller, थोड़ा, छोटा। 4. so as to be away from work or duty, बंद, खाली। 5. so as to get rid of, पीछा छुड़ाकर। 6. on a trip, यात्रा पर। 7. so as to be no longer taking place, ख़त्म, रद। ☐ **off and on,** यदा-कदा, कभी-कभी; *prep.* 1. so as to be removed or distant from, से दूर, से अलग, से हटकर। 2. situated near to or leading away from, के पास या से आगे। 3. from, से। 4. away or relieved from, से मुक्त। 5. by the means provided, उपलब्ध साधनों द्वारा। *adj.* 1. more distant or remote, दूरवर्ती। 2. detached, अलग, पृथक। 3. not continuing or functioning, बंद। 4. less, inferior or wrong, कम, घटिया या ग़लत।

5. absent, अनुपस्थित। 6. postponed, स्थगित। 7. concelled, रद। 8. having gone bad, ख़राब, दूषित। 9. fewer, कम। *n.* the half part of the field, right to the right handed batsman, ऑफ़ क्षेत्र, दक्षिण क्षेत्र।

O

**offal** (आ:´-फ़ॅल्, ऑफ़्´-अॅल्) *n.* 1. waste parts of a butchered animal, गोश्त का रद्दी अंश जो खाने के लिए उपयुक्त नहीं समझा जाता, छीछड़ा। 2. refuse, रद्दी चीज़।

**offbeat** (आफ़्-बीट्´) *adj.* unconventional, रूढ़िमुक्त, रूढ़िविरोधी।

**offcolour** (आ:फ़्´-कल्-अॅ:) *adj.* not in one's usual health, कुछ-कुछ अस्वस्थ, बुझा-सा।

**offence, offense** (अॅ-फ़ॅन्स्´) *n.* 1. a breach of law, अपराध। 2. a bad deed, crime, पाप, अपकर्म। 3. the act of attacking, आक्रमण। □ **take offence to,** कष्ट देना, पीड़ा पहुँचाना।

**offend** (अॅ-फ़ॅन्ड्´) *v.* 1. to cause displeasure to, नाराज़ करना, खिझाना। 2. to hurt the feelings of, ठेस या चोट पहुँचाना। 3. to be displeasing to, अप्रिय लगना। 4. to break law, कानून तोड़ना।

**offender** (अॅ-फ़ॅन्ड्´-अॅ:) *adj.* one who offends, अपराधी, पापी।

**offensive** (अॅ-फ़ॅन्´-सिव्) *adj.* 1. aggressive, आक्रामक। 2. repulsive, unpleasant, अरुचिकर, अप्रिय। 3. used in attacking, आक्रमण में काम आनेवाला। *n.* an agrassive action or campaign, चढ़ाई, आक्रमण। □ **take the offensive,** आक्रमण शुरू करना।

**offensively** (~ली) *adv.* aggressively, आक्रामक रूप से/में।

**offensiveness** (अॅ-फ़ेन्´-सिव्-निस्) *n.* the state of being aggressive, आक्रामकता।

**offer** (आ:´-फ़ॅ:, ऑफ़्´-अॅ:) *v.* 1. to present (for acceptance), प्रस्ताव रखना, प्रस्तुत करना, पेश करना या देना। 2. to give in worship, अर्पित करना। 3. to show willingness (to do something), इच्छा जतलाना, इच्छा प्रकट करना। 4. to be present, उपस्थित होना, आ जाना। 5. to propose as payment, दाम लगाना, बोली बोलना। 6. to make a proposal of marriage, विवाह का प्रस्ताव रखना। *n.* 1. a proposal, प्रस्ताव। 2. some thing offered to a deity, चढ़ावा, नैवेद्य भोग। 3. the amount offered, अर्पित राशि।

**offering** (आ:´-फ़ॅ-रिंग्) *n.* 1. something offered, अर्पित वस्तु (दान, भोग, चढ़त, बलि आदि)। 2. a sacrifice, बलि।

**offertory** (ऑफ़्´-अॅ:-टॅ-री) *n.* 1. the offerings, चढ़त, अर्पित की जानेवाली वस्तुएँ 2. the prayer said at the time of offering, प्रार्थना।

**offertory box** *n.* a box for offerings, दान-पात्र, दानपेटी।

**offhand** (ऑफ़्´-हैन्ड्) *adv. & adj.* without forethought, बिना विचारे (किया जानेवाला) आकस्मिक रूप से (होनेवाला)।

**office** (आ:´-फ़िस्, ऑ´-फ़िस्) 1. a room (or rooms) where business work is carried out, दफ़्तर, कार्यालय, ऑफ़िस। 2. a government department, दफ़्तर, ऑफ़िस, विभाग 3. the holding of an official position पद। 4. an action performed for another सहायता; through his good offices, उनकी सहायता से।

**officebearer** (आ:´-फ़िस्-बेंअॅर्´-अॅ:) *n.* a person holding a public office, पदाधिकारी।

**office boy** *n.* a servant doing minor work दफ़्तर का नौकर, चपरासी।

**officeholder** (आ:´-फ़िस्-होल्-डॅ:) *n.* an office-bearer, पदाधिकारी।

**office hours** *n.* the period of the day in which work in being done in the office, दफ़्तर का समय, कार्यालय समय।

**officer** (आ:´-फ़ि-सॅ:) *n.* a person who holds the position of authority in the office, अधिकारी, अफ़सर; officer on duty. नियत अधिकारी।

**officer-in-charge** *n.* प्रभारी अधिकारी।

**office work** *n.* the work of an office, दफ़्तर का काम।

**official** (अॅ-फ़िश्´-अॅल्) *n.* one who holds an office or position, अधिकारी, पदाधिकारी *adj.* 1. of or relating to the administration, शासकीय, राजकीय, सरकारी। 2. authoritative, आधिकारिक। 3. pertaining to an office, पद-संबंधी, पदीय। 4. formal, औपचारिक। 5. authorised, अधिकृत, प्राधिकृत।

**officialdom** (अॅ-फ़िश्´-अॅल्-डॅम्) ***n.*** 1. officer collectively, bureaucracy, अधिकारी-गण, अधिकारी वर्ग। 2. rigid adherence to official regulations, अफ़सरशाही।

**officialese** (अॅ-फ़िश्-अॅ-लीज़्) ***n.*** language of the official documents, दफ़्तरी भाषा।

**officially** (अॅ-फ़िश्´-अॅ-ली) ***adv.*** 1. authoritatively, आधिकारिक रूप से। 2. in an official manner, सरकारी तौर पर।

**officiate** (अॅ-फ़िश्´-इ-एट्) ***v.*** 1. to perform the duties and functions of an official, आधिकारिक रूप से कार्य करना, कार्यवहन करना। 2. to serve as a substitute, स्थानापन्न होना। 3. to conduct a religious ceremony, अनुष्ठान संपन्न कराना।

**officiating** (अॅ-फ़िश्´-इ-ए-टिंग्) ***adj.*** working at someone's place, स्थानापन्न।

**officious** (अॅ-फ़िश्´-अॅस्) ***adj.*** asserting one's authority, हुकुम चलानेवाला, हुकुमचलाऊ।

**officiously** ( ~ली) ***adv.*** in an officious manner, हुकुम चलाकर।

**offing** (आ:´-फ़िंग्) ***n.*** the part of the sea that can be seen from the shore, किनारे पर खड़े व्यक्ति को दिखाई देनेवाला समुद्र का भाग, दृष्ट क्षितिज। □ **in the offing,** (क) दूरी पर; (ख) जल्दी ही भविष्य में, जल्दी ही।

**off-print** (आ:फ़्´-प्रिंट्) ***n.*** a reprint of a piece of writing that was originally a part of a magazine or book, अनुमुद्रण।

**off-season** (आ:फ़्´-सी-ज़ॅन्) ***n.*** the period when business is fairly dull, मंदी का समय, बेमौसम। ***adv.*** in an off-season period, मंदी के दिनों में, बेमौसम में।

**offset** (आ:फ़्´-सॅट्) ***n.*** 1. a process of printing, ऑफ़सेट छपाई। 2. a machine for such printing, ऑफ़सेट मशीन।

**offshoot** (आ:फ़्´-शूट्) ***n.*** a shoot from a stem. शाखा, प्रशाखा।

**offshore** ***adv. & adj.*** away from the shore, तट से दूर (जानेवाला)।

**off-side** (आ:फ़्´-साइड्) ***adv.*** (of a player in hockey or football etc.) illegally in advance of the ball, near the opponents' goal, ऑफ़साइड।

**offspring** (आ:फ़्´-स्प्रिंग्) ***n.*** 1. progeny, संतान, संतति। 2. something that results from something else, फल, नतीजा, परिणाग।

**offstage** (आ:फ़्-स्टेज्´) ***adv.& adj.*** behind the stage, स्टेज से परे (होनेवाला), नेपथ्य में (होनेवाला)।

**off-street** (आ:फ़्´-स्ट्रीट्) ***adj. & adv.*** away from the main street, मुख्य गली से परे (होनेवाला)। □ **off street parking,** मुख्य मार्ग से परे का गाड़ी-अड्डा।

**off-the-record** (आ:फ़्-दॅ-रॅक्´-अॅ:ड्) ***adj.*** not written in the official record, ऑफ़-दी-रिकार्ड, अभिलेख-इतर।

**off-white** (आ:फ़्-व़ाइट्´) ***adj.*** a yellowish or greyish white, हलका सफ़ेद।

**oft** (ऑफ़्ट्, आ:फ़्ट्) ***adv.*** often, प्राय:।

**often** (आ:´-फॅन्) ***adv.*** frequently, अक्सर, प्राय:, बहुधा; □ **as often as not,** पचास प्रतिशत; **ever so often,** अक्सर, बहुधा; **more often than not,** पचास प्रतिशत से अधिक।

**oft-repeated** (आ:फ़्-रि-पी´-टिड्) ***adj.*** repeated so many times, घिसा-पिटा; oft-repeated story, घिसी-पिटी कहानी।

**ogle** (ओ´-गॅल्) ***n.*** an amorous look, चितवन। ***v.*** (ogled, ogling) to look amorously, प्रेमपूर्वक देखना, चितवना।

**ogre** (ओ´-गॅ:) ***n.*** a maneating giant, नरभक्षी दानव, राक्षस। [fem. ogress]

**oh** (ओह) ***interj.*** 1. an exclamation of surprise, fear etc., ओह! 2. an exclamation for emphasis, ज़ोर देने के लिए प्रयुक्त निपात; अच्छा!

**ohm** (ओम्) ***n.*** a unit of electrical resistance, विद्युत् प्रतिरोध की इकाई, ओम।

**oil** (ऑइल्, अॅइल्) ***n.*** 1. a fatty liquid, तेल, तैल। 2. flattery, ख़ुशामद। □ **burn the midnight oil,** देर रात तक पढ़ना-लिखना, **pour oil on the flames,** सुलगते या जलते हुए को भड़काना; **pour oil on troubled waters,**

झगड़ा शांत करना; **strike oil,** (i) (कुएँ में से) तेल मिलना; (ii) बहुत बड़ा आविष्कार होना/करना। *v.* (oiled, oiling) 1. to apply oil to, तेल देना, चिकनाना। 2. to rub with oil, तेल रगड़ना या मलना। □ **oil the wheels,** (i) पहियों मे तेल देना; (ii) रवाँ करना; **oil the palms,** मुट्ठी गर्म करना।

**oil-bearing** (ऑइल्´-बि-अॅ-रिंग्) *adj.* containing oil, तेलवाला (क्षेत्र), तेलयुक्त (भूभाग)।

**oilcake** (ऑइल्´-केक्) *n.* a cake of crushed oil seed's residue, खली।

**oilcan** (ऑइल्´-केन्) *n.* a can for keeping oil, कुप्पी।

**oilcloth** (ऑइल्´-क्लाःथ्) *n.* a kind of waterproof cloth, मोमजामा, लिनोलियम।

**oil colour** *n.* colour prepared in oil, तैलरंग।

**oil crusher** (ऑइल्-क्रश्´-अॅः) *n.* a device for crushing oil seeds, कोल्हू।

**oiled** (ऑइल्ड्) *adj.* well-oiled, तेल से युक्त।

**oiler** (ऑइल्´-अॅः) *n.* one who produces or sells oil, तेल बनाने या बेचने वाला, तेली।

**oilfield** (ऑइल्´-फ़ील्ड्) *n.* an area containing oil deposites, तैलक्षेत्र।

**oiliness** (ऑइ´-लि-निस्) *n.* 1. the quality of being oily, तेलहापन, चिकनापन। 2. flattery, चापलूसी।

**oil painting** *n.* a picture painted in oil colours, तैलचित्र।

**oil rig** (ऑइल्´-रिग्) *n.* an apparatus for digging underground oil, ज़मीन से तेल निकालनेवाला यंत्र।

**oils** (ऑइल्ज़्) *n.* (plu.) oil colour or paint, तैलरंग।

**oilseed** (ऑइल्´-सीड्) *n.* seeds from which oil is obtained, तिलहन।

**oilskin** (ऑइल्´-स्किन्) *n.* oilcloth, मोमजामा।

**oil slick** *n.* a thin sheet of oil floating on water, (पानी पर तैरती हुई) तेल की परत।

**oil tanker** *n.* a tanker for carrying oil, तेल-पोत।

**oil well** *n.* a hole made in the ground to dig oil, तेलकूप।

**oily** (ऑइ´-ली) *adj.* 1. of or like oil, तेल लगा, तेलहा, स्निग्ध, चुपड़ा। 2. flattering, चापलूसी-भरा।

**oink** (ऑइंक्) *n.* the sound made by a pig, सुअर की घुरघुर। *v.* (oinked, oinking) to make such a sound, घुरघुर करना।

**ointment** (ऑइन्ट्´-मॅन्ट्) *n.* an oily substance to be rubbed on the skin, मलहम।

**okay** (ओ-के´) *adj. & adv.* all right, ठीक, सही। *v.* to give one's approval or agreement, अनुमोदन करना, समर्थन करना। *n.* approval or agreement, समर्थन या सहमति।

**okra** (ओ´-क्रॅ) *n.* a plant and its beans, भिंडी।

**old** (ओल्ड्) *adj.* (older, oldest) 1. having lived or existed for a relatively long time, लंबी उम्रवाला, पुराना या बूढ़ा। 2. of a particular age, अवस्थावाला, उम्र का। 3. worn with use or age, घिसा-पिटा या जर्जर। 4. practiced, अभ्यस्त। 5. skilled through long experience, कुशल, निपुण। 6. out-of-date, unfashionable, दिनाप्त, दकियानूस।

**old age** *n.* the period of a person's life when one is old, बुढ़ापा, वृद्धावस्था।

**old boy** *n.* 1. a male ex-pupil of a school or college, किसी विद्यालय का पुराना छात्र। 2. an elderly man, बूढ़ा व्यक्ति।

**old country** *n.* mother country of an immigrant, मातृभूमि।

**olden** (ओल्´-डॅन्) *adj.* ancient, प्राचीन, पुरातन। □ **in olden times,** पुराने ज़माने में, प्राचीन काल में, बहुत पहले।

**old-fashioned** (ओल्ड्´-फ़ैश्´-अॅन्ड्) *adj.* no longer common or in use, पुरानी तरह का, पुराना, दकियानूसी।

**old guard** *n.* the conservative group, पुराणपंथियों या कट्टरवादियों का वर्ग।

**old hand** *n.* a seasoned workman, अनुभवी व्यक्ति।

**oldish** (ओल्ड्´-इश्) *adj.* fairly old, काफ़ी पुराना।

**old lady** *n.* one's mother or wife, माँ या पत्नी।

**old maid** *n.* an unmarried woman who is

no longer young. ऐसी कुँआरी स्त्री जिसकी जवानी ढल चुकी हो, प्रौढ़ा, बुढ़िया।

**old man** ***n.*** one's father, husband or employer, पिता, पति या नियोजक।

**old-stager, old-timer** (ओल्ड्-स्टेंग्´-अं: / टाइ´-मं:) ***n.*** an experienced person, अनुभवी व्यक्ति।

**oldster** (ओल्ड्´-स्टं:) ***n.*** an old person, बूढ़ा व्यक्ति, बुड्ढा।

**Old Testament** ***n.*** the first half of the Bible, बाइबिल का पहला भाग (जिसमें ईस्वी पूर्व यहूदियों और उनकी मान्यताओं का वर्णन है)।

**old-time** (ओल्ड्-टाइम्) ***adj.*** of former times, प्राचीन काल का।

**old-timer** (ओल्ड्-टाइ´-मं:) ***n.*** a person who has long experience or standing, पुराना जानकार।

**old-world** (ओल्ड्-व्:ल्ड्´) ***adj.*** belonging to past times, प्राचीन, पुराना।

**Old World** ***n.*** the Old World = युरोप, एशिया और अफ्रीका।

**oleander** (ओं-लि-ऐन्´-डं:) ***n.*** a poisonous shrub, एक प्रकार की ज़हरीली फूलदार झाड़ी।

**olfactory** (ऑल्-फ़ैक्´-टॅ-री) ***adj.*** of the sense of smell, घ्राण-संबंधी।

**oligarchic, oligarchical** (ऑल-इ-गा:´-किक्, ऑल्-इ-गा:´-किल्) ***adj.*** of, relaiting to, or based on an oligarchy, अल्पतंत्रीय।

**oligarchy** (ऑल्-इ-गा:´-की) ***n.*** 1. a government by the few, अल्पतंत्र, गुटतंत्र। 2. the such group which rules the state, उक्त गुट के लोग। 3. a state governed by the few, वह देश जहाँ उनका शासन हो।

**olive** (ऑ´-लाइव्, ऑल्´-इव्) ***n.*** a tree, its flowers and fruits, जैतून; olive oil, जैतून का तेल।

**olive branch** ***n.*** a sign of peace, शांति का सूचक प्रतीक (जैतून की डाली)। □ **hold out an olive branch to try to establish peace,** शांति-संकेत देना, सुलह का प्रस्ताव रखना।

**olive-green** (ऑ´-लाइव्-ग्रीन्) ***adj.*** green as olive leaves, जैतून (की तरह) हरा।

**Olympiad** (अॅ´-लिम्´-पि-ऐड्) ***n.*** a staging of the modern Olympic Games, ओलंपिक खेलों का आयोजन।

**Olympian** (ओ-लिम्´-पि-अॅन्) ***adj.*** majestic, प्रभावशाली, तेजस्वी, प्रतापी। ***n.*** a player in the Olympic Games, औलंपिक खिलाड़ी।

**Olympic** (ओ-लम्´-पिक्) ***adj.*** of the Olympic Games, ओलंपिक।

**Olympic Games** ***n.*** (plu.) modern international sports events held every fourth year, ओलंपिक गेम / खेल।

**ombudsman** (ओम्´-बड्स्-मॅन्) ***n.*** an investigation officer to whom applications about maladministration are lodged, लोकपाल, लोकायुक्त।

**omega** (ओ-मि´-गॅ, ओ-मे´-गॅ) ***n.*** the last letter of the Greek alphabet, यूनानी वर्णमाला का अंतिम (चौबीसवाँ) वर्ण। □ **alpha and omega,** आदि और अंत।

**omelet, omelette** (ऑम्´-लिट्) ***n.*** a dish of beaten eggs cooked in fat, आमलेट।

**omen** (ओ´-मॅन्) ***n.*** a sign of future good or evil, सगुन, शकुन।

**ominous** (ऑम्´-इ-नॅस्) ***adj.*** pertaining to an evil omen, अशुभ, अनिष्टसूचक।

**omission** (अॅ/ओ-मिश्´-अॅन्) ***n.*** 1. the act of omitting or the state of being omitted, छूट, भूल, चूक, त्रुटि। 2. something that has been omitted, छूट, चूक। □ **errors and omissions excepted,** भूल-चूक लेनी-देनी।

**omit** (अॅ/ओ-मिट्´) ***v.*** (omitted, omitting) 1. to leave out, छोड़ देना। 2. to fail to do, न करना। 3. not to insert or include, न जोड़ना।

**omnibus** (ऑम्´-नि-बॅस्) ***n.*** 1. a public bus, बस, ऑमनीबस। 2. a volume containing author's all or several works, रचनावली, समग्र। ***adj.*** comprising several items, विविध, नानाविध।

**omnifarious** (ऑम्-नि-फ़ेंअॅर्´-इ-अॅस्) ***adj.*** of many forms, नानारूप।

**omnipotence** (ऑम्-निप्´-अॅ-टॅन्स्) ***n.*** the

state or quality of being omnipotent, सर्वसमर्थकता, सर्वशक्तिमत्ता, सर्वकार्यक्षमता।

**omnipotent** (ऑम्-निप्´-अ-टॅन्ट्) *adj.* having unlimited powers, सर्वशक्तिमान, सर्वसमर्थ, सर्वकार्यक्षम।

O

**omnipresence** (ओम्-नि-प्रेंज़्´-ॲन्स्) *n.* the state or quality of being omnipresent, सर्वव्यापकता, सर्वव्याप्ति।

**omnipresent** (ऑम्-नि-प्रेंज़्´-ॲन्ट्) *adj.* present everywhere, सर्वव्यापक, सर्वव्यापी।

**omniscience** (ऑम्-निश्´-ॲन्स्) *n.* the state or quality of being omniscient, सर्वज्ञता।

**omniscient** (ऑम-निश्´-ॲन्ट्) *adj.* knowing everything, सर्वज्ञ।

**omnivorous** (ऑम-निव्´-ॲर्-ॲस्) *adj.* 1. eating both animal and vegetable substances, सर्वभक्षी, सर्वभक्षक। 2. reading whatever comes one's way, सर्वपाठी।

**omnivorousness** (ऑम्-निव्´-ॲ-रॅस्-निस्) *n.* act of feeding on both animal flesh and plants, सब-कुछ खाना-पीना, सर्वभक्षण।

**on** (ऑन्) *prep.* 1. in contact with the surface, पर। 2. concerning or attached to, पर, से संबद्ध। 3. to, towards, को, की ओर। 4. at the time of, (समय) पर; The train came on time, गाड़ी समय पर आई। 5. about, के बारे में, के विषय में। 6. by means of, पर, के द्वारा। 7. because of, के कारण। 8. with the support of, के सहारे। 9. in a state of (as on strike or on journey, हड़ताल/यात्रा) पर। 10. after, के बाद। 11. in the possession of, with, के पास। 12. being performed upon (as on television, टी.वी.) पर। 13. to indicate meeting or encounter, पर; A lion crept up on her. बाघ उसपर कूद पड़ा। 14. indicating the manner or way, पर। 15. addition or repetition, पर; error on errors, गलतियों पर गलती। *adv.* 1. continuously, निरंतर, बराबर। 2. further in space or time, आगे। 3. in a direction towards something, की तरफ़। 4. in or into operation, चालू रूप में। □ **on and off,** यदा-कदा, कभी-कभी, समय-समय पर। *adj.* 1. operating or functioning, चलता हुआ, काम में लगा या काम करता हुआ, चालू; The game will be on in two minutes, दो मिनट में खेल चालू हो जाएगा। 2. शर्त, बाज़ी या दाँव के रूप में लगाया हुआ; Hundred rupees on that player, उस खिलाड़ी पर सौ रुपए लगाए गए हैं। 3. charged to, देनेवाला; The tickets on me, टिकट के पैसे मेरे। 4. taking place, आरंभ या घटित होनेवाला; The test match is on for Sunday. टेस्ट मैच रविवार को आरंभ होगा। 5. practicable, व्यवहार्य। 6. pertaining to on side, वामक्षेत्र का। *n.* the part of the cricket field left to the righthanded batsman, बायाँ क्षेत्र, वाम क्षेत्र, वामभाग।

**once** (व़न्स्) *adv.* 1. one time, एक बार। 2. on one occasion, एक ही अवसर पर। 3. at some past time, पहले कभी। □ **all at once,** एकाएक; **at once,** अभी; **for once,** एक बार; **once for all,** आख़िरी बार, हमेशा के लिए; **once in a while,** कभी-कभी, बहुत कम; **once more,** एक बार और; **once or twice,** एक-दो बार, एकाध बार; **once upon a time,** एक समय, प्राचीन काल में। *n.* one time, एक-आध अवसर। *conj.* one time only, एक बार; Once is enough. एक बार बहुत है।

**oncoming** (ऑन्´-कम्-इंग्) *adj.* approaching, आता हुआ, पास आया हुआ।

**one** (व़न्) *adj.* 1. single, not two, एक। 2. being distinct from all others, एक ऐसा। 3. a specified, एक (निश्चित)। 4. an unspecified or indefinite, एक (अनिश्चित)। □ **all in one,** इकट्ठे; **all one,** एक से; **at one,** सहमत; **be made one,** विवाह में बँधकर एक हो जाना; **many a one,** अनेक व्यक्ति; **never a one,** एक भी नहीं; **one and all,** हर कोई; **one by one,** एक एक करके, बारी-बारी से; **one or two,** एक-दो, कुछ ही। *n.* 1. any indefinite on unspecified person, एक। 2. the smallest whole number, १, एक। 3. a person or thing, एक व्यक्ति या वस्तु। □ **one o' clock,**

एक बजे; **the one above,** परमात्मा।

**one-act play** ***n.*** a drama of one act, एकांकी।

**one another** (व़न्-ऐन्-अद्´-अ:) ***pron.*** each other, एक दूसरे को (के)।

**one-armed** (व़न्´-आ:म्ड्) ***adj.*** having only one arm, एक हाथवाला, एकबाहु, इकहत्था।

**one-eyed** (व़न्´-आइड्) ***adj.*** having only one eye, एकाक्ष, काना।

**one-fold** (व़न्´-फ़ोल्ड्) ***adj.*** folded once, इकहरा।

**one-horse** (व़न्´-हॉ:स्) ***adj.*** pulled by only one horse, एक घोड़ेवाली (गाड़ी)।

**one-legged** (व़न्´-लेंग्ड्) ***adj.*** having only one leg, एक डाँगवाला, इकटँगा।

**one-man** (व़न्´-मैन्´) ***adj.*** done or managed by one person, एक व्यक्ति द्वारा किया जाने या होनेवाला।

**oneness** (व़न्´-निस्) ***n.*** 1. the state of being one, एक होने का भाव, एकाकीपन। 2. the state of being united, एकता।

**one-piece** (व़न्-पीस्´) ***n.*** made in one piece only, वन-पीस।

**onerous** (ऑन्´-अॅ-रॅस्) ***adj.*** heavy, burdensome, भारी, मुश्किल, दुर्वह।

**oneself** (व़न्´-सेल्फ़्) ***pron.*** used reflexively, ख़ुद, स्वयं।

**one-sided** (व़न्´-साइ-डिड्) ***adj.*** 1. biased, इकतरफ़ा, पक्षपातपूर्ण। 2. unequal, असमान।

**one-storied** (व़न्-स्टोर्´-ईड्) ***adj.*** single storied, एकमंज़िला, इकतल्ला।

**one-time** (व़न्-टाइम्´) ***adj.*** former, पुराना, भूतपूर्व।

**one-track mind** ***n.*** a person obsessed with one idea or subject, एक ही तरफ़ या एक ही विषय पर सोचनेवाला व्यक्ति।

**one-up** (व़न्-अप्´) ***adj.*** having a lead over his competitor, आगे बढ़ा या निकला हुआ।

**one-way** (व़न्-वे´) ***adj.*** moving or allowing movement in only one direction, इकतरफ़ा।

**ongoing** (ऑन्´-गो-इंग्) ***adj.*** continuing, जारी, चालू।

**onion** (अन्´-यॅन्) ***n.*** a plant and its bulb, प्याज़। ☐ **know one's onions,** अपने काम या विषय की पूरी जानकारी होना।

**onlooker** (ऑन्´-लुक्-अॅ:) ***n.*** a spectator, दर्शक, द्रष्टा, तमाशबीन।

**only** (ओन्´-ली) ***adj.*** 1. alone in its kind or class, अकेला, इकलौता। 2. having no siblings, अकेला, जिसका भाई या बहन न हो। ☐ **one and only,** अद्वितीय। ***adv.*** 1. without anyone or anything, एकमात्र, सिर्फ़, केवल, मात्र। 2. no more than, सिर्फ़, अधिक नहीं। ☐ **only too,** अत्यधिक। ***conj.*** except that, के अलावा।

**onomatopoeia** (ऑन्-अॅ-मैट्-अॅ-पी´-अॅ) ***n.*** 1. the forming of a word by a vocal imitation of the sound associated with it, वस्तु से संबंधित ध्वनि के आधार पर उसका नाम रखना, अनुरणन। 2. such words, अनुरणनात्मक शब्द।

**onrush** (ऑन्´-रश्) ***n.*** an onward rush, बड़े ज़ोर या वेग से आगे बढ़ती हुई भीड़, रेला।

**onset** (ऑन्´-सेट्) ***n.*** 1. a beginning, शुरुआत। 2. an attack, आक्रमण, चढ़ाई, धावा।

**onshore** (ऑन्´-शोर्) ***adj.*** coming towards the shore, तटोन्मुख। ***adv.*** 1. towards the land, तट की ओर। 2. on land, धरती पर।

**onslaught** (ऑन्´-स्ला:ट्) ***n.*** a fierce attack, भीषण आक्रमण।

**on-stage** (ऑन्´-स्टेज्´) ***adj.*** being performed on the stage, मंच पर होनेवाला।

**onto** (ऑन्´-टू) ***prep.*** to a position or point on, पर; He jumped onto the horse, वह घोड़े पर कूदकर जा चढ़ा।

**ontology** (ऑन्-टॉल्´-अॅ-जी) ***n.*** the systematic study of the nature of existence, तत्त्व-विज्ञान, तत्त्वदर्शन, तत्त्वमीमांसा।

**onus** (ओ´-नॅस्) ***n.*** 1. burden, भार, दायित्व। 2. blame, आरोप, दोष।

**onward** (ऑन्´-व़:ड्) ***adv.*** in a direction that is ahead, आगे, आगे की ओर। ***adj.*** directing or moving forward, आगे की ओर बढ़ता हुआ।

**onwards** (ऑन्´-व़:ड्ज़्) ***adv.*** = onward.

**onyx** (ऑन्´-इक्स्) ***n.*** a gem stone. सुलेमानी

(पत्थर)।

**oodles** (ऊ´-डल्ज़्) ***n.*** (plu.) a great quantity, बड़ी मात्रा; He has oodles of money, उसके पास बड़ी मात्रा में धन है।

**ooh** (ऊ) ***interj.*** an exclamation of pleasure, pain or surprise, ओह!

**ooze**[1] (ऊज़्) ***v.*** 1. to trickle or leak slowly, रिसना, चूना, टपकना। 2. to emit moisture, नमी आना। 3. to show (a feeling, अनुभूति) प्रकट करना। 4. to disappear, धीरे-धीरें निकल जाना।

**ooze**[2] ***n.*** a soft thin mudlike sediment found at the bottom of rivers and lakes, नदियों तथा झीलों के तल में जमनेवाली मिट्टी की परत।

**opacity** (ओ-पैस्´-इ-टी) ***n.*** the state or quality of being opaque, अपारदर्शिता।

**opal** (ओ´-पॅल्) ***n.*** a white gem-stone used in jewellery, दूधिया पत्थर।

**opalescent** (ओ-पॅ-लेंस्´-ॲन्ट्) ***adj.*** iridescent like an opal, दूधिया पत्थर की तरह रंग बदलनेवाला।

**opaque** (ओ-पेक्´) ***adj.*** 1. not emitting or reflecting light, अपारदर्शी। 2. dull, धुँधला। 3. hard to understand, गहन, गूढ़।

**open** (ओ´-पॅन्) ***adj.*** 1. not closed, blocked or locked, खुला, विवृत। 2. not sealed, fastened or wrapped, खुला। 3. having no cover, खुला, अनावृत्त। 4. accessible to all, खुंला; open tournament, खुली खेल-प्रतियोगिता। 5. frank, निष्कपट। 6. not finally decided, अनिर्णीत। 7. available, उपलब्ध। 8. ready to entertain new ideas, नए विचारों का स्वागत करनेवाला। 9. vacant, रिक्त, खाली। 10. unprotected, अरक्षित। 11. liberal, उदार। □ **with open arms,** बाँहें फैलाकर, ख़ुशी-ख़ुशी। ***n.*** 1. open space, खुला मैदान। 2. an open competition, खुली स्पर्धा। □ **in the open air,** खुले में, घर के बाहर। ***v.*** (opened, opening) 1. to make or become open, खुलना या खोलना। 2. to begin or start, शुरू होना/करना, प्रवृत्त होना/करना। 3. to declare open, शुभारंभ करना। □ **open out,** खुलकर बातें करना।

**open-air** (ओ´-पॅन्-ॲॲ:) ***adj.*** taking place in the outdoors, खुले में होनेवाला।

**open-and-shut** (ओ-पॅन-ॲन्-शट्´) ***adj.*** 1. perfectly straightforward, सीधा-सीधा। 2. obvious, साफ़, स्पष्ट।

**open-door policy** ***n.*** trade policy without any restrictions, निर्बाध नीति, मुक्त-द्वार नीति।

**open-ended** (ओ-पॅन्-ऍन्ड्´-इड्) ***adj.*** without any fixed limit, निस्सीम।

**opener** (ओ´-पॅ-नॅ:) ***n.*** 1. a device for opening bottles, canes etc., बोतल आदि खोलने का उपकरण। 2. an opening batsman, प्रारंभिक या सलामी बल्लेबाज़।

**open-eyed** (ओ-पॅन्-आइड्´) ***adv.*** with the eyes wide open, खुली आँखों से। ***adj.*** having the eyes wide open, चौकस, चौकन्ना।

**open-handed** (ओ-पॅन्-हैन्´-डिड्) ***adj.*** generous, उदार, मुक्तहस्त।

**open-handedly** (ओ-पॅन्-हैन्´-डिड्-ली) ***adv.*** generously, उदारतापूर्वक, मुक्तहस्त होकर।

**open-hearted** (ओ-पॅन्-हा:ट्´-इड्) ***adj.*** kindly and warm, दयालु, कृपालु, उदार-हृदय, निष्कपट।

**open-heartedness** (~निस्) ***n.*** the state or quality of being open-hearted, दयालुता, निष्कपटता।

**open-heart surgery** ***n.*** surgery with the heart exposed, ओपन हार्ट सर्जरी, दिल का ऑपरेशन।

**opening** (ओ´-पॅ-निंग्) ***adj.*** coming first, प्रारंभिक, आरंभिक। ***n.*** 1. the act of making or becoming open, प्रारंभ, शुरुआत। 2. a hole, छेद। 3. a way, मार्ग, रास्ता। 4. a first performance, प्रथम अभिनय या प्रदर्शन। 5. an opening ceremony, उद्घाटन समारोह। 6. the first part of something, प्रारंभिक भाग।

**opening time** ***n.*** the time of opening an office, shop etc., खुलने का समय।

**open letter** ***n.*** a letter made public, खुला पत्र।

**openly** (ओ´-पॅन्-ली) ***adv.*** publicly, प्रकट रूप से, खुले खज़ाने।

**open-minded** (ओ-पॅन्-माइन्ड्´-इड्) ***adj.*** receptive to new ideas, arguments etc., खुले मस्तिष्कवाला, पूर्वग्रहमुक्त।

**open-mouthed** (ओ-पॅन्-माउथ्ड्´) ***adj.*** 1. greedy, लोभी, लालची। 2. surprised, चकित, हक्का-बक्का।

**openness** (ओ´-पॅन्-निस्) ***n.*** 1. the state or quality of being open, खुलापन। 2. frankness, स्पष्टवादिता।

**open question** ***n.*** a question that has not been yet decided, विवादित प्रश्न।

**open secret** ***n.*** a secret about which everyone knows, प्रकट रहस्य।

**open university** ***n.*** a university where students get education through television, lectures etc., खुला विश्वविद्यालय।

**open work** ***n.*** a pattern with spaces in between threads etc., जालीदार काम।

**opera** (ऑप्´-रॅ) ***n.*** a musical play, संगीत-नाटक, संगीतिका।

**operable** (ऑप्´-अॅ-रॅ-बॅल्) ***adj.*** 1. that can be operated, ऑपरेशन-योग्य। 2. practicable, करणीय, व्यवहार्य।

**opera house** ***n.*** a theatre built for operas, संगीत-नाट्यशाला।

**operate** (ऑप्´-अॅ-रेट्) ***v.*** 1. to perform a surgical operation, ऑपरेशन करना, चीर-फाड़ करना, शल्य-चिकित्सा करना। 2. to cause to function, to run, परिचालन या चालू करना, चलाना। 3. to function effectively, सही ढंग से कार्य करना, चलना या लागू होना। 4. to handle, manage, संचालन करना, प्रबंध करना।

**operatic** (ऑप्-अॅ-रैट्´-इक्) ***adj.*** relating to or suitable to opera, संगीत-नाटक-संबंधी।

**operating theatre** ***n.*** a room in which surgical operations are performed, ऑपरेशन-घर।

**operation** (ऑप्-अॅ-रे´-शॅन्) ***n.*** 1. the act or method of operating, प्रचालन, चलाना। 2. the condition of being operative, चलने या लागू होने की अवस्था। 3. a process, संक्रिया। 4. a surgical procedure, आपरेशन, चीर-फाड़, शल्यकर्म, शल्य-चिकित्सा। 5. a military action or project, सैनिक कार्रवाई। 6. (maths) any process performed according to specific rules, संक्रिया।

**operational** (ऑप्-अॅ-रे´-शॅ-नॅल्) ***adj.*** 1. of or relating to an operation, प्रचालन-संबंधी; संक्रियात्मक। 2. in working order or ready to use, चालू, व्यवहार्य। 3. of surgical operation, ऑपरेशन-संबंधी, शल्यकर्म-संबंधी।

**operative** (ऑप्´-अॅ-रे´-टिव्) ***adj.*** 1. being in operation, effective, लागू, प्रभावी, कार्यकारी। 2. of surgical operation, ऑपरेशन-संबंधी।

**operator** (ऑप्´-अॅ-रे-टॅ:) ***n.*** 1. one who operates a machine, परिचालक, मशीनमैन। 2. a linesman, लाइन्समैन। 3. a shrewd person, होशियार आदमी, तिकड़मी।

**operetta** (ऑप्´-अॅ-रेट्´-अॅ) ***n.*** a short opera, छोटा संगीत-नाटक।

**ophthalmic** (ऑफ़्-थैल्´-मिक्) ***adj.*** of or relating to the eye, नेत्र-संबंधी।

**ophthalmologist** (आफ़्-थैल्-मॉल्´-अॅ-जिस्ट्) ***n.*** a specialist in opthalmology, नेत्र-चिकित्सक।

**ophthalmology** (आफ़्-थैल्-मॉल्´-अॅ-जी) ***n.*** the science dealing with eyes and their diseases, नेत्र-चिकित्सा-विज्ञान।

**ophthalmoscope** (आफ़्-थैल्´-मॅ-स्कोप्) ***n.*** an instrument for examining the eyes, आँखों की जाँच करने का उपकरण।

**opiate** (ओ´-पि-एट्) ***n.*** a narcotic containing opium, निद्राकारी ओषधि।

**opine** (ओ-पाइन्´) ***v.*** to hold or express an opinion, राय बनाना या व्यक्त करना।

**opinion** (अॅ-पिन्´-यॅन्) ***n.*** 1. a belief held often without proof, मत, राय। 2. an expert's comment, विशेषज्ञ का विचार, मत, राय।

**opinionated** (अॅ-पिन्´-यॅ-ने-टिड्) ***adj.*** holding stubbornly to one's opinion, अड़ियल।

**opium** (ओ´-पि-ॲम्) ***n.*** a drug made from dried juice of poppies, अफ़ीम।

**opponent** (ॲ-पो´-नॅन्ट्) ***n.*** one who opposes another(s), विपक्षी, विरोधी।

**opportune** (ऑप्-ॲ:-चून्´) ***adj.*** occurring at an appropriate or favourable time, अवसरोचित या समयोचित।

**opportunism** (ऑप्-ॲ:-चू´-निज़्म्) ***n.*** the practice of taking advantage of an opportunity, अवसर से लाभ उठाने की प्रवृत्ति, अवसरवाद।

**opportunist** (ऑप्-ॲ:-चू´-निस्ट्) ***n.*** one who takes advantage of opportunities, अवसर-वादी।

**opportunity** (ऑप्-ॲ:-चू´-नि-टी) ***n.*** a favourable time for a certain purpose, अवसर, सुअवसर, मौका।

**oppose** (ॲ-पोज़्´) ***v.*** 1. to fight against or resist, विरोध करना। 2. to be in opposition to, विरोध में होना। □ **as opposed to,** के विपरीत।

**opposing** (ॲ-पो´-ज़िंग्) ***adj.*** contrary, opposite, विरोधी, विपरीत।

**opposite** (ऑप्´-ॲ-ज़िट्) ***adj.*** 1. situated on the other side, उधरवाला, सामनेवाला। 2. of a contrary kind, प्रतिकूल, विपरीत। 3. diametrically opposed, उलटा। ***n.*** one who is opposite to the other, विरोधी। ***prep.*** facing, के सामने। □ **one's opposite number,** समकक्ष पदाधिकारी।

**opposition** (ऑप्-ॲ-ज़िश्´-ॲन्) ***n.*** 1. the act of opposing or the state of being opposed, विरोध। 2. the people who oppose, विरोध-पक्ष, विरोधी दल। 3. **the opposition,** (i) विरोधी दल के सदस्य; (ii) प्रतिस्पर्धी।

**opposition party** ***n.*** a political party opposed to the ruling party, विरोधी दल।

**oppress** (ॲ-प्रॅस्´) ***v.*** 1. to treat with injustice and cruelty, दुखी करना, उत्पीड़ित करना, सताना, अत्याचार करना। 2. to burden unjustly, दबाना।

**oppression** (ॲ-प्रॅश्´-ॲन्) ***n.*** the act of oppressing or the state of being oppressed, उत्पीड़न, दमन, अत्याचार।

**oppressive** (ॲ-प्रॅस्´-इव्) ***adj.*** 1. cruel or harsh, क्रूर, कठोर, निर्मम। 2. causing oppression, उत्पीड़नकारी, दमनकारी। 3. causing discomfort, दुखदायी, कष्टकारी, बुरा।

**oppressor** (ॲ-प्रॅस्´-ॲ:) ***n.*** one who oppresses, उत्पीड़क, दमनकारी, अत्याचारी।

**opprobrious** (ॲ-प्रो´-ब्रि-ॲस्) ***adj.*** 1. expressing scorn or contempt, अपमान-सूचक, निंदासूचक। 2. shameful, लज्जाजनक।

**opprobrium** (ॲ-प्रो´-ब्रि-ॲम्) ***n.*** 1. reproach or censure, निंदा। 2. disgrace or ignominy, बदनामी, अपकीर्ति।

**opt** (ऑप्ट्) ***v.*** (opted, opting) to make a choice, चुनना, चयन करना। □ **opt out,** सम्मिलित न होना, बाहर या अलग रहना।

**optic** (ऑप्´-टिक्) ***adj.*** of the eye or vision, आँख या दृष्टि-संबंधी।

**optical** (ऑप्´-टि-कॅल्) ***adj.*** 1. of or relating to the sight, दृष्टि-संबंधी, चाक्षुष, दृक्-; optical illusion, दृष्टिभ्रम। 2. of or relating to optics, प्रकाश-विज्ञान-संबंधी।

**optician** (ऑप्-टिश्´-ॲन्) ***n.*** a maker or seller of spectacles, चश्मा निर्माता/विक्रेता।

**optics** (ऑप्´-टिक्स्) ***n.*** the scientific study of sight and its medium light, प्रकाश-विज्ञान।

**optimism** (ऑप्´-टि-मिज़्-ॲम्) ***n.*** hopefulness, आशावाद।

**optimist** (ऑप्´-टि-मिस्ट्) ***n.*** one who takes a hopeful view of things, आशावादी।

**optimistic** (ऑप्-टि-मिस्´-टिक्) ***adj.*** hopeful, आशावादी।

**optimistically** (ऑप्-टि-मिस्´-टि-कॅ-ली) ***adv.*** in an optimistic manner, आशापूर्वक।

**optimize** (ऑप्´-टि-माइज़्) ***v.*** to make (something) as good as possible, (किसी चीज़ को) अच्छे से अच्छा बनाना।

**optimum** (ऑप्´-टि-मॅम्) ***adj.*** most favourable or advantageous, best, इष्टतम, अनुकूलतम। ***n.*** (plu. optimuma) the most favourable conditions or amount,

अनुकूलतम परिस्थिति या राशि।

**option** (ऑप्´-शॅन्) ***n.*** 1. an alternative, विकल्प। 2. freedom to choose, चयन-स्वतंत्रता। 3. something chosen, चुनी या पसंद की हुई वस्तु। 4. the right to purchase or sell a thing at a certain time in the future at a fixed price, चयनाधिकार। □ **keep one's options open,** अपने को प्रतिबद्ध न करना, फैसले का अधिकार बाद के लिए सुरक्षित रखना।

**optional** (ऑप´-शॅ-नॅल्) ***adj.*** left to personal choice, not compulsory, वैकल्पिक, ऐच्छिक।

**optionally** (ऑप्´-शॅ-नॅ-ली) ***adv.*** by option, वैकल्पिक रूप से, विकल्प से।

**opulence** (ऑप्´-यु-लॅन्स्) ***n.*** 1. abundance, बहुतायत। 2. wealth, prosperity, दौलत, समृद्धि, संपन्नता।

**opulent** (ऑप्´-यु-लॅन्ट्) ***adj.*** 1. abundant, प्रचुर, विपुल। 2. wealthy, prosperous, धनाढ्य, समृद्ध।

**opulently** (ऑप्´-यु-लॅन्ट्-ली) ***adv.*** abundantly, बहुतायत से।

**opus** (ओ´-पॅस्) ***n.*** (pl. opera) a musical work, संगीतमय रचना।

**or** (ऑ:) ***conj.*** used to denote an alternative or synonymous expression, या, अथवा।

**-or** ***suffix.*** used to forming nouns from verbs, क्रियाओं से संज्ञा बनानेवाला प्रत्यय।

**oracle** (ऑर्(-ॲ-कॅल्) ***n.*** 1. a message of divine truth revealing God's will, आकाशवाणी। 2. an agency through which this message is transmitted, आकाशवाणी का माध्यम। 3. a wise person, विवेकी व्यक्ति।

**oracular** (ओ-रैक्´-यॅ-लॅ:) ***adj.*** 1. of or relating to an oracle, आकाशवाणी-संबंधी। 2. mysterious, रहस्यमय। 3. wise, विवेकपूर्ण।

**oral** (ओर्´-ॲल्) ***adj.*** 1. verbal, spoken, ज़बानी, मौखिक। 2. done or taken by the mouth, मुखीय। ***n.*** a spoken (not written) examination, मौखिक परीक्षा।

**orally** (ओर्´-ॲ-ली) ***adv.*** 1. verbally, मौखिक रूप से। 2. by mouth, मुख द्वारा।

**orange** (ऑर्´-इंज्) ***n.*** a tree and its round juicy citrus fruit, नारंगी, संतरा। ***adj.*** reddish yellow, नारंगी के रंग का, नारंगी।

**orangeade** (ऑर्´-इंज्-एड्) ***n.*** a beverage of orange juice, sugar and water, संतरे या नारंगी का शरबत।

**orangery** (ऑर्´-इंज्-ॲ-री) ***n.*** an orchard of trees that bear oranges, संतरों का बाग़।

**oration** (ओ-रे´-शॅन्) ***n.*** 1. a public speech, सार्वजनिक भाषण। 2. a long speech, लंबा भाषण।

**orator** (ऑर्´-ॲ-टॅ:) ***n.*** a public speaker, भाषणकर्ता। [fem. oratress, भाषणकर्त्री]

**oratorical** (ऑर्´-ॲ-टॉर्-इ-कॅल्) ***adj.*** of oratory, भाषण-कला-संबंधी।

**oratory** (ऑर्´-ॲ-टॅ-री) ***n.*** 1. the art of public speaking, भाषण-कला, वक्तृत्व-कला। 2. eloquent speech, ज़ोरदार भाषण। 3. a small room for private prayer, पूजा-घर।

**orb** (ऑ:ब्) ***n.*** 1. a sphere of globe, गोलाकार पिंड, मंडल। 2. an eye, आँख।

**orbicular** (आ:´-बि-क्यु-लॅ:) ***adj.*** spherical, circular, गोलाकार, मंडलाकार, वर्तुल।

**orbit** (ऑ:´-बिट्) ***n.*** 1. the circular path of a celestial body, कक्षा। 2. a sphere of influence, प्रभाव-क्षेत्र। ***v.*** to move in an orbit, कक्षा में घूमना, चक्कर लगाना।

**orbital** (आ:´-बि-टॅल्) ***adj.*** of an orbit, कक्षा-संबंधी। ***n.*** orbital path, कक्षा, मुद्रिका-पथ।

**orbiter** (ऑ:´-बि-टॅ:) ***n.*** a satellite, उपग्रह।

**orchard** (आ:´-चॅ:ड्) ***n.*** a garden of fruit trees, फलों का बाग़, फलोद्यान।

**orchestra** (ऑ:´-कि-स्ट्रॅ) ***n.*** 1. a group of musicians who play together on various instruments, वादकदल, वादकवृंद। 2. a set of different musical instruments, वाद्ययंत्रों का समूह, वाद्यवृंद।

**orchestral** (ऑ:-कॅस्´-ट्रॅल्) ***adj.*** of or by an orchestra, वादकवृंदीय।

O

O

**orchestrate** (ऑ:´-कि-स्ट्रेट्) *v.* to compose or arrange a piece of music for an orchestra, वाद्यवृंद के लिए संगीत तैयार करना।

**orchid** (ऑ:´-किड्) *n.* a plant and its flower, फूलदार पौधों की एक जाति, आर्किड।

**ordain** (ऑ:-डेन्´) *v.* 1. to make someone a priest, पुरोहित बनाना। 2. to order, आदेश देना।

**ordeal** (आ:-डील्´, आ:´-डील्) *n.* 1. a trying or painful experience, कटु या दुखद अनुभव। 2. a method of trial for determining someone's innocence, अग्नि-परीक्षा, कसौटी।

**order** (ऑ:´-डॅ:) *n.* 1. a logical arrangement, sequence, तर्कसंगत क्रम, सिलसिला। 2. condition or state, स्थिति। 3. a peaceful condition of society, व्यवस्था। 4. (often plural) a class or rank in society, वर्ग, श्रेणी। 5. a system of rules, पद्धति। 6. a command, आदेश, हुकुम। 7. a request to supply goods, आदेश, माँग। 8. such goods, माँगी हुई वस्तुएँ। 9. a written direction to pay money, आदेश (धनादेश)। 10. a kind, sort or quality, प्रकार या गुण। 11. an organisation, संघटन, संस्थान। □ **in order,** व्यवस्थित; **in order of merit,** श्रेष्ठता-क्रम से; **in order that,** जिसमें; **in order to,** के लिए; **keep order,** व्यवस्था बनाए रखना; **on order,** आदेश से या आदेश पर; **out of order** (i) अव्यवस्थित, (ii) ठप, बंद, ख़राब, (iii) अस्वीकार्य या अनुचित; **the order of the day,** प्रतिदिन की बात, रोज़-रोज़ की बात; **to order,** आदेशानुसार। *v.* 1. to arrange, सुव्यवस्थित करना, क्रम से रखना। 2. to give a command to, आदेश करना। 3. to request to be supplied with, आदेश भेजना, माँग करना। □ **order about,** आदेश पर आदेश देते चलना। *interj.* an exclamation demanding silence, शांत हो जाने के लिए प्रयुक्त आदेशसूचक विस्मयादिबोधक।

**ordered** (ऑ:´-डॅ:ड्) *adj.* 1. arranged in good order, क्रमबद्ध, सुव्यवस्थित। 2. regular, नियमित।

**orderliness** (ऑ:´-डॅ:-लि-निस्) *n.* the state of being orderly, सुव्यवस्था या क्रमबद्धता।

**orderly** (ऑ:´-डॅ:-ली) *adj.* 1. well-arranged सुव्यवस्थित। 2. peace-loving and well-behaved, शांतिप्रिय तथा सुशील। *n.* an attendant to an officer, अर्दली।

**ordinal** (ऑ:´-डि-नॅल्) *adj. & n.* (a number) showing order or position in a set, क्रमसूचक (संख्या)।

**ordinance** (ऑ:´-डि-नॅन्स्) *n.* an order given by a head of the state, अध्यादेश।

**ordinarily** (आ:ड्´-नॅ-रॅ-ली, ऑ:´-डि-नॅर्-इ-ली) *adj.* in an ordinary way, साधारणत: साधारणतया, सदा की भाँति।

**ordinary** (ऑ:ड्´-नॅ-री, ऑ:´-डि-नॅर्-ई) *adj.* common, usual, साधारण, मामूली। □ **in an ordinary way,** वैसे तो, सामान्यत:।

**ordination** (ऑ:-डि-ने´-शॅन्) *n.* the act of ordaining or the state of being ordained, पुरोहित बनने या होने की अवस्था या भाव

**ordnance** (ऑ:ड्´-नॅन्स्) *n.* 1. military supplies, especially weapons and ammunitions, युद्ध-सामग्री विशेषत: अस्त्र-शस्त्र और बारूद। 2. heavy guns, बड़ी तोपें।

**ordnance factory** *n.* a factory where weapons, ammunitions etc., are manufactured for military purposes, युद्ध-सामग्री निर्माणशाला।

**ordure** (ऑ:´-ड्यो:/ज़ॅ:) *n.* 1. excrement, मैला टट्टी। 2. dung, गोबर।

**ore** (ओ:) *n.* a mineral from which a metal can be extracted, कच्ची धातु, अयस्क।

**organ** (ऑ:´-गॅन्) *n.* 1. a musical instrument, एक प्रकार का बाजा, ऑरगन। 2. a distinct part of a living thing, अवयव अंग। 3. a body or agency that is a part of a larger organisation, अंग, भाग। 4. a periodical, पत्रिका, मुखपत्र।

**organdie, organdy** (ऑ:´-गॅन्-डी) *n.* a fine and stiff cotton fabric, आरगंज़ा।

**organic** (आ:-गैन्´-इक्) *adj.* 1. of or pertaining to living plants and animals, जैव। 2. of or pertaining to an organ o a body, अंगीय, आंगिक। 3. (of food) produced without the use of artificial fertilizers, बिना रासायनिक खाद का प्रयोग किए उत्पन्न किया गया (अन्न)। 4. organized, संघटित। *n.* any substance that is derived from animal or vegetable matter, जैव पदार्थ।

**organism** (ऑ:´-गॅ-निज़्-अॅम्) *n.* a living being, जीव।

**organist** (ऑ:´-गॅ-निस्ट्) *n.* one who plays the organ, ऑरगन (बाजा) बजानेवाला।

**organisation, organization** (ऑ:-गॅ-नाइ/नि-ज़े´-शॅन्) *n.* 1. the act of organising, संगठन, संघटन। 2. an organised group of people for a particular end, संगठन, संस्थान। 3. management, व्यवस्था, प्रबंध।

**organize, organise** (ऑ:´-गॅ-नाइज़्) *v.* 1. to arrange in a systematic way, संघटित करना। 2. to form an association or concern, संघटन बनाना। 3. to arrange, आयोजित करना।

**organizer, organiser** (ऑ:´-गॅ-नाइ-ज़ॅ:) *n.* one who organises, संगठन करनेवाला, संघटनकर्ता, आयोजक या प्रबंधक।

**organza** (ऑ:-गैन्´-ज़ॅ) *n.* a thin stiff fabric of silk, आरगंज़ा।

**orgasm** (आ:´-गैज़्-अॅम्) *n.* the most tense point during sexual excitement, संभोग का चरम क्षण, रति-सुख।

**orgiastic** (आ:-जि-ऐस्´-टिक्) *adj.* of the nature of an orgy, रति-समागम के रूप में होनेवाला।

**orgy** (आ:´-जी) *n.* 1. a wild gathering marked by unrestrained sexual activity, excessive drinking etc., मदनोत्सव, हुल्लड़-बाजी। 2. an excessive amount of a particular activity, घोर कृत्य, घोरता, प्रचंडता।

**Orient** (ओर्´-इ-अॅन्ट्, आ:´-इ-अॅन्ट्) *n.* **the Orient,** the countries of the East, पूर्वी देश, विशेषत: पूर्वी एशिया।

**orient** *adj.* eastern, पूर्वी, प्राच्य। *v.* (oriented, orienting) 1. to acquaint with a new environment, नए वातावरण से परिचित कराना। 2. to direct, दिशा-निर्देश करना।

**oriental** (ओर्´/आ:´-इ-ऍन्´-टॅल्) *adj.* eastern, पूर्वी, प्राच्य। *n.* a native of the Orient, पूरब का निवासी।

**orientalism** (ओर्/आ:´-इ-ऍन्´-टॅ-लिज़्-अॅम्) *n.* the study of the language & culture of eastern countries, प्राच्य देशों की भाषा तथा संस्कृति का अध्ययन, प्राच्यविद्या।

**orientalist** (ओर्/आ:´-इ-ऍन्´-टॅ-लिस्ट्) *n.* one who is expert in orientalism, प्राच्यविद्, प्राच्यवेत्ता।

**orientate** (ओर्´/आ:´-इ-अॅन्-टेट्) *v.* (orientated, orientating) = orient.

**orientated, -oriented** (ओर्/आ:-इ-अॅन्-टे´-टिड्, ओर्-इ-अॅन्´-टिड्) *adj.* directed towards, -संबंधी, -परक; sports -orientated, खेलकूदपरक।

**orientation** (ओर्/आ:-इ-अॅन्-टे´-शॅन्) *n.* the adjustment of oneself with the new situation or surroundings, नई स्थिति या परिस्थितियों के अनुकूल अपने को बनाना।

**orifice** (ऑ:´-इ-फ़िस्) *n.* an opening or vent, छेद, छिद्र, मुँह।

**origin** (ऑर्´-इ-जिन्) *n.* 1. the primary source (of something), मूल, उद्‌गम, स्रोत। 2. birth, जन्म। 3. ancestry, वंश, वंशक्रम।

**original** (अॅ-रिज्´-अॅ-नॅल्) *adj.* 1. of or pertaining to an origin or beginning, मूल, मौलिक, मूलभूत, प्रारंभिक। 2. novel, नवीन, नया। *n.* the first form of something, मूल रूप।

**originality** (अॅ-रिज्-इ-नैल्´-इ-टी) *n.* the quality of being of a new type, मौलिकता।

**originally** (अॅ-रिज्´-अॅ-नॅ-ली) *adv.* 1. in the beginning, प्रारंभ में या मूलत:। 2. in a new way, नए रूप में।

**originate** (अॅ-रिज्´-इ-नेट्) *v.* 1. to begin, आरंभ होना या करना। 2. to cause to begin, आरंभ कराना।

**origination** (अॅ-रिज्-इ-ने´-शॅन्) *n.* the state of being originated, प्रारंभण, प्रवर्तन, आरंभ।

**originator** (अॅ-रिज्´-इ-ने-टॅ:) *n.* one who

begins, प्रारंभकर्ता, प्रवर्तक, जन्मदाता।

**ormolu** (आ:´-मॅ-लू) ***n.*** a gold-coloured alloy used in painting furniture, एक मिश्र धातु।

**ornament** (आ:-नॅ-मॅन्ट्) ***n.*** a decorative object, something that adorns, आभूषण, अलंकार, गहना, शोभा बढ़ानेवाली वस्तु। ***v.*** to adorn or decorate, आभूषित करना, सजाना।

**ornamental** (आ:-नॅ-मेंन्´-टॅल्) ***adj.*** serving as an ornament, शोभा बढ़ानेवाला, आभूषण के रूप में होनेवाला, आलंकारिक।

**ornamentally** (आ:-नॅ-मॅन्-टॅ-ली) ***adv.*** in an ornamental way, आलंकारिक रूप से।

**ornamentation** (आ:-नॅ-मेंन्-टे´-शॅन्) ***n.*** 1. the act of ornamenting, आभूषित करना, सजाना। 2. something that decorates, अलंकरण।

**ornate** (आ:-नेट्´) ***adj.*** over-embellished, heavily ornamented, आभूषणों से लदा, अत्यधिक सजा-धजा।

**ornery** (आ:´-नि-री) ***adj.*** difficult to deal with, बेढब।

**ornithological** (आ:-नि-थॅ-लॉज्´-इ-कॅल्) ***adj.*** of or pertaining to ornithology, पक्षी-विज्ञान-संबंधी।

**ornithologist** (आ:-नि-थॉल्´-ॲ-जिस्ट्) ***n.*** an expert in ornithology, पक्षी-विज्ञानी।

**ornithology** (ऑ:-नि-थॉल्´-ॲ-जी) ***n.*** the scientific study of birds, पक्षी-विज्ञान।

**orotund** (ऑर्´-ओ-टन्ड्) ***adj.*** 1. sonorous, गूँजता हुआ। 2. bombastic, शब्दाडंबरपूर्ण।

**orphan** (आ:´-फ़ॅन्) ***n.*** 1. a child whose parents are dead, अनाथ, यतीम। 2. an abandoned child, त्यक्त बालक। ***v.*** (orphaned, orphaning) to deprive of parents, अनाथ बना देना।

**orphanage** (आ:´-फ़ॅ-निज्/नेज्) ***n.*** 1. the state of being an orphan, अनाथ होने की अवस्था या भाव, अनाथता। 2. an institution for orphans, अनाथालय, यतीमख़ाना।

**orthodontics** (आ:-थॅ-डॉन्´-टिक्स्) ***n.*** the science of correcting unaligned teeth, दंताकृति-विज्ञान।

**orthodox** (आ:´-थॅ-डॉक्स्) ***adj.*** 1. adhering to established standard esp. in religion, behaviour or attitude, रूढ़िवादी। 2. customary, रूढ़।

**orthodoxy** (आ:´-थॅ-डॉक्-सी) ***n.*** 1. the state or quality of being orthodox, रूढ़िवादिता। 2. an orthodox belief or policy, रूढ़िवादी विश्वास या नीति, रूढ़ि।

**orthography** (आ:-थॉग्´-रॅ-फ़ी) ***n.*** conventional spelling, स्थापित वर्तनी।

**orthopaedics** (आ:-थॅ-पी´-डिक्स्) ***n.*** the branch of medicine that deals with disorders of bones, muscles and joints, अस्थि-सुधार विज्ञान।

**oscar** (ऑस्´-कॅ:) ***n.*** an award for outstanding achievement in films, आस्कर।

**oscillate** (ऑस्´-इ-लेट्) ***v.*** 1. to move from side to side regularly, डोलना, दोलन करना। 2. to fluctuate, घटते-बढ़ते रहना। 3. to waver between opinions, बीच में झूलना, अनिश्चय की स्थिति में होना।

**oscillation** (ऑस्-इ-ले´-शॅन्) ***n.*** 1. the act of oscillating, दोलन। 2. uncertainty, अनिश्चय।

**osier** (ओ´-ज़ॅ:) ***n.*** a flexible twig used in basket work, खपाची, खपची।

**osmosis** (ऑज़्-मो´-सिस्) ***n.*** diffusion of fluid to another fluid through membrane, द्रव का छिद्रिल झिल्ली से निकलकर दूसरे द्रव में जा मिलना, विसारण।

**osprey** (ऑस्´-प्री) ***n.*** a fish eating hawk, जलपक्षी।

**ossification** (ऑस्-इ-फ़ि-के´-शॅन्) ***n.*** the act of ossifying, कठोर बनाना, कठोरीकरण।

**ossify** (ऑस्´-इ-फ़ाइ) ***v.*** (ossified, ossifying) 1. to change into bone, अस्थिमय करना। 2. to become rigid, कठोर हो जाना।

**ostensible** (ऑ-स्टेंन्´-सि-बॅल्) ***adj.*** seeming, professed, बाहरी, ऊपरी।

**ostensibly** (ऑ-स्टेंन्´-सि-बॅ-ली) ***adv.*** in an ostensible way, ऊपर ऊपर से, दिखाने भर के लिए।

**ostentation** (ऑस्-टॅन्-टे´-शॅन्) ***n.*** 1. pretentious display, दिखावा। 2. showy display, तड़क-भड़क, आडंबर।

**tentatious** (ऑस्-टेंन्-टे´-शॅस्) ***adj.*** 1. pretentious, दिखावे का, आडंबरपूर्ण। 2. showy, gaudy, भड़कीला।

**teopath** (ऑस्´-टि-ॲ-पैथ्) ***n.*** one who corrects abnormality of bones by manipulating them, हड्डी बैठानेवाला।

**tler** (ऑस्´-लॅ:) ***n.*** a stableman, तबेलची, साईस।

**tracism** (ऑस्´-ट्रॅ-सिज़्-ॲम्) ***n.*** the act of ostracizing or the state of being ostracized, जाति-बहिष्कार।

**tracize** (ऑस्´-ट्रॅ-साइज़्) ***v.*** to banish from a group or society, जाति से बहिष्कृत करना, हुक्का-पानी बंद कर देना।

**trich** (ऑस्´-ट्रिश्) ***n.*** 1. an African bird, शुतुरमुर्ग। 2. a person who refuses to face reality or facts, पलायनवादी।

**trich belief** ***n.*** self-deception, आत्म-प्रवंचना।

**her** (अद्´-ॲ:) ***adj.*** different, दूसरा, अन्य, भिन्न। □ **the other day,** उस दिन, कुछ दिन पहले; **the other week,** उस हफ़्ते, कुछ हफ़्ते पहले। ***n. & pron.*** other person or thing, अन्य व्यक्ति या वस्तु, वह। □ **the others,** बाकी लोग। ***adv.*** otherwise, अन्यथा। □ **other than,** से अलग या अतिरिक्त।

**herwise** (अद्´-ॲ:-व़ाइज़्) ***adv.*** 1. in a different way, differently, अन्यथा। 2. in other respects, वैसे तो।

**her-worldly** (अद्-ॲ:-वर्ल्ड्´-ली) ***adj.*** 1. of or relating to a world other than the actual world, पारलौकिक। 2. spiritual, आत्मा या अध्यात्म-संबंधी।

**iose** (ओ´-शि-ओस्) ***adj.*** useless, नाकारा, बेकार।

**ter** (ऑट्´-ॲ:) ***n.*** a mammal with webbed feet, ऊदबिलाव।

**toman** (ऑ´-टॅ-मॅन्) ***n.*** a sofa or divan, सोफ़ा या दीवान।

**ch** (आउच्) ***interj.*** an exclamation of sharp sudden pain, ओह, हाय!

**ought** (ऑट्) ***aux. v.*** expressing desirability or probability, चाहिए।

**ounce** (आउन्स्) ***n.*** a unit of weight, औंस (28.35 ग्राम)। ***adj.*** in a small quantity, थोड़ा सा।

**our** (ॲउ-ॲ:, आ:) ***possessive adj.*** belonging to us, हमारा।

**ours** (आउ:ज़्) ***prossessive pron.*** the things belonging to us, हमारा।

**ourselves** (आ:-सॅल्व्ज़्´) ***pron.*** reflexive, हम (खुद)।

**oust** (आउस्ट्) ***v.*** (ousted, ousting) to force out, निकाल बाहर करना।

**out** (आउट्) ***adv.*** 1. outside, बाहर। 2. away from home, घर से बाहर। 3. to exhaustion, समाप्ति पर। 4. to extinction, समाप्ति पर। 5. into the open, खुले में, सामने, बाहर। 6. not possible, असंभव। 7. unconscious, बेसुध। 8. completely, पूर्णत:। 9. on strike, हड़ताल पर। □ **out and out,** पूर्णतया; **out of,** के बाहर; **out of fashion,** जो फ़ैशन में अब न हो; **out of reach,** पहुँच के बाहर; **out to,** तत्पर होना; **worn out,** फटा हुआ। ***adj.*** 1. external, बाहरी। 2. located away, दूर स्थित। 3. (in cricket) no longer batting, आउट। 4. not at home, घर में नहीं। 5. complete, पूर्ण। 6. concluded, समाप्त, ख़त्म। 7. not available for use, प्रयोग में न आ सकने योग्य। □ **out and out,** अत्यंत। ***prep.*** out through, में से। ***interj.*** an exclamation for dismissal, get out, बाहर निकलो! ***v.*** (outed, outing) to be revealed, सर्वविदित होना, निकल आना, प्रकट होना, सामने आना। □ **to be out for,** फेर में होना, प्रयत्नशील होना। ***n.*** a way of escape, बच निकलने का रास्ता।

**outage** (आउट्´-इज्) ***n.*** 1. goods lost after storage or shipment, माल का नुकसान। 2. a period of power failure, बिजली न रहने की अवधि। 3. a period of machine stoppage, मशीन बंद रहने की अवधि।

**outback** (आउट्´-बैक्) ***n.*** remote place from the city, (नगर से दूर) निर्जन भूभाग।

O

**outbalance** (आउट्´-बै´-लॅन्स्) *v.* to outweigh, (अपेक्षाकृत) भारी या महत्वत्त्वपूर्ण होना।

**outbid** (आउट्´-बिड्) *v.* (outbid, outbidding) to bid higher than (someone, किसी से) बढ़कर बोली देना।

**outboard** (आउट्´-बो:ड्) *adj.* placed outside of the stern of a boat, नाव पर लगा (इंजन)।

**outbound** (आउट्´-बाउन्ड्) *adj.* outward bound, बाहर जानेवाला।

**outbreak** (आउट´-ब्रेक्) *n.* a sudden start of something, सहसा होनेवाला आरंभ, शुरुआत, प्रकोप।

**outbreeding** (आउट्´-ब्रीड्-इंग्) *n.* the interbreeding of relatively unrelated individuals, विजाति-प्रजनन, बहिर्प्रजनन।

**outbuilding** (आउट्´-बिल्-डिंग्) *n.* a building separate from the main building, उपभवन, उपगृह।

**outburst** (आउट्´-ब:स्ट्) *n.* 1. a sudden and violent expression of emotions, उद्‌गार, भड़ास। 2. explosion, धमाका, विस्फोट।

**outcast** (आउट्´-का:स्ट्, आउट्´-कैस्ट्) *n.* 1. a person who is excluded from friends or society, वर्ग-बहिष्कृत। 2. a vagabond, लफंगा।

**outcaste** (आउट्´-कैस्ट्) *n.* 1. a person who has been expelled from a caste, जाति-बहिष्कृत। 2. a person having no caste, वह व्यक्ति जिसकी कोई जाति न हो।

**outclass** (आउट्´-क्लैस्/क्लास्) *v.* to defeat easily, आसानी से परास्त कर देना, पछाड़ देना।

**outcome** (आउट्´-कम्) *n.* consequence, result, परिणाम, फल, नतीजा।

**outcrop** (आउट्´-क्रॉप्) *n.* a part of an underlying layer of rock or mineral that extends up above the soil level, धरती पर उभरी हुई चट्टान या खनिज का अंश।

**outcry** (आउट्´-क्राइ) *n.* 1. uproar, चिल्लपों, चीख-पुकार। 2. a strong protest, कड़ा विरोध।

**outdated** (आउट्´-डे-टिड्) *adj.* out of date, दिनातीत, पुराना।

**outdistance** (आउट्-डिस्´-टॅन्स्) *v.* to ge far ahead (of others, दूसरों से) बहुत आ निकल जाना, (दूसरों को) बहुत पीछे छोड़ देन

**outdo** (आउट्-डू´) *v.* (outdid, outdon outdoing) to surpass in performanc से आगे निकल जाना, हरा देना।

**outdoor** (आउट्´-डो:) *adj.* out-of-door, घ से बाहर का; outdoor games, मैदानी खेल outdoor clothes, बाहर पहनने के वस्त्र।

**outdoors** (आउट्-डो:ज़्´) *adv.* in the ope air, खुले में, बाहर। ☐ **the outdoor** भवनों से बाहर की दुनिया; खुली हवा।

**outer** (आउ´-टॅ:) *adj.* external, बाहरी।

**outermost** (आउ´-टॅ:-मोस्ट्) *adj.* farthe out, सबसे बाहर का, बाह्यतम।

**outer space** *n.* space beyond the limits the atmosphere of the earth, बाह्याकाश

**outface** (आउट्´-फ़ेस्) *v.* 1. to face bravel डटकर सामना करना। 2. to overcon with self-assured look, इस प्रकार घूरव देखना कि अगला बगलें झाँकने लगे।

**outfall** (आउट्´-फ़ाल्) *n.* the end of rive drain etc., दहाना।

**outfield** (आउट्´-फ़ील्ड्) *n.* the area of th field far away from the pitch, खेल पट्टी से दूर का क्षेत्र, बाह्यक्षेत्र।

**outfight** (आउट्-फ़ाइट्´) *v.* (outfought, ou fighting) to surpass in fighting, लड़ में जीतना, बेहतर लड़ाई करना।

**outfit** (आउट्´-फ़िट्) *n.* 1. clothing for a sp cial purpose, विशिष्ट प्रयोजन हेतु परिधा 2. equipment for a special purpos विशिष्ट प्रयोजन हेतु उपकरण। 3. an ass ciation of persons who work togethe एक साथ काम करनेवालों का संघ। *v.* (ou fitted, outfitting) to provide outf परिधान अथवा उपकरण सुलभ कराना।

**outflank** (आउट्´-फ़्लैंक्´) *v.* 1. to man euvre around the flank (of an enem शत्रु की सेना के) पार्श्व को घेर लेना। 2. get the better of, अपेक्षाकृत अच्छी स्थि में होना।

**utflow** (आउट्´-फ़्लो) ***n.*** anything that flows out, बहिर्प्रवाह, बाहर बह जाना।

**utfox** (आउट्´-फ़ॉक्स्) ***v.*** to surpass in cunning, धोखेधड़ी में बढ़कर निकलना।

**utgo** (आउट्´-गो) ***n.*** money that goes out, बाहर जानेवाला धन।

**utgoing** (आउट्´-गो-इंग्) ***adj.*** 1. going out, बाहर जानेवाला, निर्गामी, जावक। 2. just retired, जो हाल में पदनिवृत्त हुआ हो। 3. sociable, मिलनसार। 4. (plu.) the amount of money one spends, खर्च, व्यय।

**utgrow** (आउट्´-ग्रो) ***v.*** (outgrew, outgrown, outgrowing) 1. to grow larger and faster than, अपेक्षाकृत अधिक तेज़ी से बढ़ना। 2. to grow too large for, इतना बढ़ जाना कि पहनने की चीज़ छोटी पड़ जाए, (जूते, वस्त्र आदि का) छोटा हो जाना।

**utgrowth** (आउट्´-ग्रोथ्) ***n.*** 1. something that grows out of something else, ऐसी वस्तु जो किसी अन्य वस्तु से निकली हो, उद्‌वृद्धि। 2. development, विकास। 3. natural result, स्वाभाविक परिणाम।

**uthouse** (आउट्´-हाउस्) ***n.*** an outbuilding, उपभवन, उपगृह।

**uting** (आउ´-टिंग्) ***n.*** a pleasure trip, excursion, सैर-सपाटा।

**utlandish** (आउट्-लैन्´-डिश्) ***adj.*** queer, grotesque, फूहड़, गँवारू।

**utlast** (आउट्-ला:स्ट्´) ***v.*** to last longer than, अपेक्षया लंबी उम्र पाना, किसी से अधिक देर टिकना या चलना।

**utlaw** (आउट्´-ला:) ***n.*** a person living as a fugitive, विधिबहिष्कृत, भगोड़ा। ***v.*** (outlawed, outlawing) 1. to declare an outlaw, भगोड़ा घोषित करना। 2. to declare illegal, अवैध घोषित करना।

**utlay** (आउट्´-ले) ***n.*** an expenditure of money, व्यय, ख़र्च। ***v.*** (outlaid, outlaying) to spend, व्यय करना, ख़र्च करना।

**utlet** (आउट्´-लेट्) ***n.*** 1. a passage for exit, बाहर निकलने का रास्ता, मार्ग, निकास। 2. a means of expression, अभिव्यक्ति का साधन। 3. a market for goods, बाज़ार।

**outline** (आउट्´-लाइन्) ***n.*** 1. a line showing the outer boundary of a figure or object, बहिर्रेखा। 2. a sketch or drawing without shading, ख़ाका, रूपरेखा। 3. a summary, सारांश, संक्षिप्त विवरण। ***v.*** (outlined, outlining) 1. to sketch, रूपरेखा बनाना, ख़ाका तैयार करना। 2. to summarize, सारांश बनाना।

**outlive** (आउट्-लिव्´) ***v.*** to live longer than, अपेक्षया लंबी उम्र पाना।

**outlook** (आउट्´-लुक्) ***n.*** 1. the view from a place, दृश्य। 2. a mental attitude, दृष्टिकोण। 3. future prospects, आशा, संभावना।

**outlying** (आउट्´-लाइ-इंग्) ***adj.*** remote, बहिर्वर्ती, दूरस्थ।

**outmanoeuvre, outmaneuver** (आउट्-मॅ-नू´-वॅ:) ***v.*** to outdo in manoeuvring, तिकड़म में पछाड़ देना।

**outmarch** (आउट्´-मा:च्) ***v.*** to march faster than, (किसी की अपेक्षा) आगे निकल जाना।

**outmatch** (आउट्´-मैच्) ***v.*** to be more than match, (प्रतियोगी से) बीस होना।

**outmoded** (आउट्´-मो´-डिड्) ***adj.*** not in fashion, फ़ैशन से उठा हुआ, फ़ैशन-बाहर, पुराना।

**outnumber** (आउट्-नम्´-बॅ:) ***v.*** to be more numerous than, अपेक्षाकृत संख्या में अधिक होना।

**out-of-date** (आउट्-ऑफ़्-डेट्´) ***adj.*** outdated, दिनातीत, पुराना।

**out-of-the-way** (आउट्-ऑफ़्-दॅ-वे´) ***adj.*** 1. distant from more populous areas, आम रास्ते से हटा हुआ। 2. unusual, असाधारण।

**outpatient** (आउट्´-पे-शॅन्ट्) ***n.*** a patient not staying at the hospital, बाहरी रोगी, बहिर्रोगी।

**outplay** (आउट्-प्ले´) ***v.*** to surpass in playing, हरा देना, पछाड़ देना।

**outpoint** (आउट्-प्वाइंट्´) ***v.*** to score more points than, अंकों के आधार पर हरा देना।

**outpost** (आउट्-पोस्ट्´) ***n.*** a distant place

where soldiers are stationed, सीमा-चौकी।

**outpourings** (आउट्´-पोर्-इंग्स्) ***n.*** (plu.) expressed emotions, उद्गार, भावोद्गार।

O

**output** (आउट्´-पुट्) ***n.*** 1. the amount produced, उपज, उत्पादन। 2. the work done by a computer, कम्प्यूटर द्वारा किया हुआ काम, निकासी, आउटपुट।

**outrage** (आउट्´-रेज्) ***n.*** 1. a cruel act, नृशंसता। 2. violation of decency, अशिष्टता। 3. resentful anger, रोष। 4. insult, अपमान। 5. injury, आघात, चोट। ***v.*** 1. to offend, आघात पहुँचाना। 2. to rape, बलात्कार करना।

**outrageous** (आउट्-रे´-जॅस्) ***adj.*** 1. grossly offensive, अत्यधिक आघात पहुँचानेवाला। 2. unrestrained in behaviour, अतिचारी, अतिचारपूर्ण, बेहूदा।

**outrank** (आउट्-रैंक्´) ***v.*** to rank higher than, पद में किसी से ऊँचा होना।

**outre** (ऊ´-ट्रे, ऊ-ट्रे´) ***adj.*** 1. improper, अनुचित। 2. unusual, अजीब, विचित्र।

**outreach** (आउट्-रीच्´) ***v.*** 1. to go beyond, हद से परे जाना। 2. to surpass, आगे निकल जाना।

**outrider** (आउट्´-राइ-डॅ:) ***n.*** a mounted attendant, वह रक्षक जो घोड़े या मोटरसाइकिल पर किसी कार या काफ़िले के साथ चले।

**outright** (आउट्-राइट्´) ***adv.*** 1. entirely, पूरी तरह से, पूर्ण रूप से। 2. frankly, साफ़-साफ़। ***adj.*** without limitations, पूर्ण या पक्का।

**outrival** (आउट्´-राइ-वॅल्) ***v.*** to defeat, (प्रतिस्पर्धी को) हरा देना।

**outroot** (आउट्-रूट्´) ***v.*** to root out, जड़ से उखाड़ देना।

**outrun** (आउट्-रन्´) ***v.*** (outran, outrun, outrunning) 1. to run faster than, (अपेक्षया) अधिक तेज दौड़ना, आगे निकल जाना। 2. to flee, भाग जाना।

**outsell** (आउट्-सॅल्´) ***v.*** (outsold, outselling) to surpass in selling, अपेक्षया अधिक माल बेचना।

**outset** (आउट्´-सॅट्) ***n.*** the beginning, आरंभ, प्रारंभ। □ **from the outset,** शुरू से (ही)।

**outshine** (आउट्-शाइन्´) ***v.*** (outshone, ou[...] shining) to shine more brightly tha[...] (अपेक्षया) अधिक चमचमा उठना, अधि[...] प्रसिद्ध होना।

**outside** (आउट्´-साइड्/आउट्-साइड्´) ***n.*** 1. t[...] outer side, बाहरी तरफ़। 2. the spa[...] beyond a boundary, सीमा से परे का स्था[...] 3. the utmost limit, अधिकतम सीमा। ***a[...]*** 1. of outside, बाहरी। 2. remote, दूरस्थि[...] 3. greatest possible, संभावित। ***adv.*** [...] the outside, बाहर, खुले में। ***prep.*** 1. [...] the other side of, के उस तरफ़, के उध[...] 2. beyond the limits of, सीमा से प[...] 3. apart from, के अतिरिक्त।

**outsider** (आउट्-साइ´-डॅ:) ***n.*** 1. a pers[...] who is not part of a certain group [...] profession, बाहरी व्यक्ति, ग़ैर। 2. one w[...] has no chance in a race, दौड़ में जिस[...] जीतने की उम्मीद न हो।

**outsize** (आउट्´-साइज़्) ***adj.*** of unusua[...] large size, सामान्य से बहुत बड़े आकारवा[...] दीर्घकाय, दीर्घाकार।

**outskirts** (आउट्´-स्कःट्स्) ***n.*** (plu.) bord[...] ing areas of a city, नगर या बस्ती के बा[...] का भाग, बाह्यांचल।

**outspoken** (आउट्-स्पो´-कॅन्) ***adj.*** 1. bold [...] speech, very frank, स्पष्टवादी। 2. spok[...] without reserve, स्पष्ट (कथन)।

**outspread** (आउट्´-स्प्रॅड्) ***adj.*** spread o[...] फैलाया हुआ।

**outstanding** (आउट्-स्टैन्´-डिंग्) ***adj.*** 1. u[...] paid, बकाया; outstanding balance, बक[...] रकम। 2. excellent, उत्कृष्ट, प्रमुख।

**outstation** (आउट्´-स्टे-शॅन्) ***n.*** a stati[...] other than one's own, बाहर, दूसरा नगर [...] स्थान।

**outstay** (आउट्-स्टे´) ***v.*** to stay long[...] than, अपेक्षया ज़्यादा समय ठहर जाना।

**outstretched** (आउट्-स्ट्रॅच्ड्´) ***adj.*** stretch[...] out, फैलाया हुआ।

**outstrip** (आउट्-स्ट्रिप्´) ***v.*** to surpa[...] (अपेक्षया) आगे निकल/बढ़ जाना।

**outvote** (आउट्-वोट्´) ***v.*** to defeat by maj[...]

ity of votes, बहुत अधिक मतों से हरा देना।

**outward** (आउट्´-वॅ़:ड्) ***adj.*** 1. going toward the outside, बाहर जानेवाला। 2. external, बाहरी, बाह्य। □ **the outward man,** शरीर।

**outwardly** (आउट्´-वॅ़:ड्-ली) ***adv.*** on the outside, बाहर/ऊपर से।

**outwards** (आउट्´-वॅ़:ड्स्) ***adj.*** toward the outside, बाहर, बाहर की ओर।

**outwear** (आउट्´-वेंॲ:) ***n.*** garments worn over other clothes, ऊपर पहनने के कपड़े।

**outweigh** (आउट्-वे़´) ***v.*** to be greater in weight or importance, (अपेक्षया) भारी/महत्त्वपूर्ण हो जाना।

**outwit** (आउट्-वि़ट्´) ***v.*** (outwitted, outwitting) to get the better of by cunning, चतुराई में बीस निकलना।

**outwork** (आउट्´-वॅ़:क्) ***v.*** to work better than, (अपेक्षया) अच्छा काम करना।

**outworn** (आउट्-वो़:न्´) ***adj.*** worn out, जीर्ण-शीर्ण, घिसा-पिटा।

**ouzel** (ऊ´-ज़ेंल्) ***n.*** a European bird, यूरोप का एक पक्षी।

**ouzo** (ऊ´-ज़ो) ***n.*** a Greek liquor, यूनानी शराब।

**ova** (ओ´-वॅ) ***n.*** plu. of ovum.

**oval** (ओ´-वॅल्) ***adj.*** egg-shaped, अंडाकार।

**ovarian** (ओ-वेंॲर्´-इ-ॲन्) ***adj.*** of an ovary, अंडाशय-संबंधी।

**ovariotomy** (ओ-वेंॲर्´-इ-ऑट्-ॲ-मी) ***n.*** the surgical removal of an ovary, बच्चेदानी का निकाला जाना, अंडाशय-उच्छेदन।

**ovary** (ओ´-वॅ-री) ***n.*** 1. the female reproductive gland, अंडाशय। 2. the part of the pistil containing ovules, बीजाशय।

**ovate** (ओ´-वेट्) ***adj.*** oval, अंडाकार।

**ovation** (ओ-वे´-शॅन्) ***n.*** 1. enthusiastic applause, करतलध्वनि। 2. enthusiastic public welcome, अभिनंदन, जयजयकार।

**oven** (अ´-वन्, अव्´-ॲन्) ***n.*** a receptacle for heating, baking etc., ओवन; तंदूर, अँगीठी।

**over** (ओ´-वॅ:) ***prep.*** 1. above, के ऊपर। 2. on upon, पर। 3. above in authority, से ऊपर। 4. across, के आर-पार, के ऊपर। 5. on the other side, के उधर, की उस ओर। 6. in excess of, besides, से अधिक। 7. during, के दौरान। 8. along the length of, के साथ-साथ। 9. on account of, के विषय में, के लिए। 10. at the end, अंत में। □ **over and above,** के अतिरिक्त। ***adv.*** 1. above, ऊपर। 2. across, पार। 3. on the other side, दूसरी तरफ़। 4. completely, पूर्ण रूप से, पूर्णतया। 5. excessively, अत्यधिक। 6. repeatedly, बार-बार। 7. thoroughly, अच्छी तरह। □ **a little over,** कुछ अधिक; **over again,** दुबारा; **over against,** विपरीत, विरुद्ध; **over an over,** बार-बार; **over here,** यहाँ; **over there,** वहाँ; **over to you,** अब आपकी बारी। ***adj.*** 1. upper, ऊपरी। 2. higher, उच्चतर। 3. superior, श्रेष्ठतर। 4. covering, ढकनेवाला। 5. remaining, शेष। 6. finished, ended, समाप्त। 7. additional, अतिरिक्त। ***n.*** six balls delivered by a bowler at a time, ओवर। ***prefix.*** 1. above or outer, ऊपरी, बाहरी। 2. too much, अत्यधिक, अति—।

**overabundant** (ओ´-वॅ:-ॲ-बन्´-डॅन्ट्) ***adj.*** excessive, अतिबहुल, बहुत अधिक।

**overact** (ओ-वॅ:-ऐक्ट्´) ***v.*** to act in an exaggerated manner, ओवर-ऐक्टिंग करना, अस्वाभाविक अभिनय करना।

**overactive** (ओ-वॅ:-ऐक्´-टिव्) ***n.*** too active, अतिसक्रिय।

**overage** (ओ´-वॅ:-एज्´) ***adj.*** of more than the average age, अधिवयस, अधिकायु।

**overall** (ओ´-वॅ:-आ:ल्) ***adj.*** 1. including everything, कुल, पूरा। 2. on the whole, सभी दृष्टियों से होनेवाला। ***adv.*** 1. generally, सामान्यत:। 2. taken as a whole, कुल मिलाकर।

**overalls** (ओ´-वॅ:-आ:ल्ज़्) ***n.*** loose trousers worn over other clothes, (कारीगरों द्वारा) वस्त्रों के ऊपर पहना जानेवाला पाजामा।

**overanxious** (ओ´-वॅ:-ऐंग्´-शॅस्) ***adj.*** too anxious, अतिचिंतित, अतिव्यग्र।

**overarch** (ओ´-वॅ:-आ:च्) ***v.*** to form an arch over, (किसी वस्तु के ऊपर) मेहराब बनाना।

**overarm** (ओ-वॅ:-आ:म्) *adj.* executed with the arm raised above the shoulder, बाँह को कंधे से ऊँचा ले जाकर किया जानेवाला।

**overawe** (ओ-वॅ:-आ:´) *v.* to subdue with awe, आतंकित करना, धमकाना।

**overbalance** (ओ-वॅ:-बै´-लॅन्स्) *v.* 1. to become unbalanced, असंतुलित होना, डगमगा जाना या गिर पड़ना। 2. to cause to become unbalanced, असंतुलित कर देना, डगमगा देना।

**overbear** (ओ-वॅ:-बेंअॅ:´) *v.* (overbore, overborne, overbearing) 1. to press down, दबाना। 2. to dominate or repress, वशीभूत कर लेना, दबा देना। 3. to outweigh, भारी पड़ना।

**overbearing** (ओ-वॅ:-बेंअॅर्´-इंग्) *adj.* 1. domineering, दबंग, निरंकुश। 2. arrogant, हेकड़।

**overbearingly** (ओ-वॅ:-बेंअॅर्´-इंग्-ली) *adv.* in a domineering way, दबंगई से, निरंकुशतापूर्वक।

**overbid** (ओ-वॅ:-बिड्´) *v.* (overbid, overbidding) to out bid, बढ़कर बोली देना। *n.* a higher bid, ऊँची बोली।

**overblown** (ओ-वॅ:-ब्लोन्´) *adj.* 1. extremely blown, अत्यधिक फूला हुआ। 2. pompus, आडंबरपूर्ण।

**overboard** (ओ´-वॅ:-बो:ड्) *adv.* from a boat or ship, नाव या जहाज़ पर से। ☐ **go overboard,** अत्यधिक उत्सुकता दिखलाना; **throw overboard,** त्याग देना, छोड़ देना।

**overbold** (ओ´-वॅ:-बोल्ड्´) *adj.* rash, उतावला।

**overbook** (ओ-वॅ:-बुक्´) *v.* to book more than the seats, जितने लोगों के लिए स्थान उपलब्ध हो उससे अधिक लोगों को आरक्षण देना।

**overbridge** (ओ-वॅ:-ब्रिज्´) *n.* an overhead bridge, ऊपरी पुल, उपरिसेतु।

**overburdened** (ओ-वॅ:-ब:´-डॅन्ड्) *adj.* excessively burdened, लदा-फँदा, भाराक्रांत।

**overbusy** (ओ-वॅ:-बिज्´-ई) *adj.* too busy, अतिव्यस्त।

**overbuy** (ओ-वॅ:-बाइ´) *v.* (overbought, overbuying) to buy more than the need, बहुत ज्यादा मात्रा में खरीद लेना, अतिक्रय करना।

**overcareful** (ओ-वॅ:-केंअॅ:´-फुल्) *adj.* too careful, अतिसतर्क।

**overcast** (ओ-वॅ:-कैस्ट्´/कास्ट्´) *adj.* 1. cover with clouds, मेघाच्छादित। 2. gloomy, उदास, दुखी।

**overcautious** (ओ-वॅ:-का:´-शॅस्) *adj.* too cautious, अति सावधान, बहुत अधिक चौकन्ना।

**overcharge** (ओ-वॅ:-चा:ज्´) *v.* 1. to charge too much, बहुत अधिक दाम वसूल करना। 2. to fill to full, ख़ूब भर देना। *n.* an excessive charge, अपेक्षाकृत अधिक वसूल किया जानेवाला धन।

**overcoat** (ओ-वॅ:-कोट्´) *n.* a long heavy coat, ओवरकोट।

**overcome** (ओ-वॅ:-कम्´) *v.* (overcame, overcome, overcoming) 1. to succeed in subduing, अभिभूत या वशीभूत कर लेना। 2. to be victorious, विजयी होना।

**over-confident** (ओ-वॅ:-कॉन्´-फ़ि-डॅन्ट्) *adj.* too confident, अतिविश्वासी।

**over-cooked** (ओ-वॅ:-कुक्ड्´) *adj.* cooked for an excessive length of time, ज़्यादा देर तक पकाया या भूना हुआ।

**overcritical** (ओ-वॅ:-क्रिट्´-इ-कॅल्) *adj.* too much finding faults, छिद्रान्वेषी।

**overcrowded** (-इड्) *adj.* too crowded, भीड़ से भरा, भीड़-भरा।

**overdo** (ओ-वॅ:-डू´) *v.* (overdid, overdoing) 1. to do excess, अति कर देना, ज़्यादती करना। 2. to exaggerate, अतिरंजित करना। 3. to work too hard, कठोर परिश्रम करना। 4. to cook too long, ज़्यादा पका या भून देना।

**overdose** (ओ-वॅ:-डोज़्´) *n.* excessive dose of a drug etc., बड़ी या भारी ख़ुराक, अतिमात्रा।

**overdraft** (ओ´-वॅ:-ड्रैफ़्ट/ड्राफ़्ट्´) *n.* 1. the act of overdrawing an account, खाते में जमा से अधिक रकम निकालना। 2. the amount overdrawn, इस प्रकार निकाली हुई राशि, ओवरड्राफ़्ट।

**overdraw** (ओ-वॅ:-ड्रा:´) *v.* (overdrew, overdrawn, overdrawing) to withdraw more than the amount credited, (बैंक खाते

में) जमा से अधिक धन निकालना, ओवरड्राफ़्ट करना।

**overdress** (ओ-वॅ:-ड्रैस्´) ***v.*** to dress too formally or finely, सजना-सँवरना, बनना-ठनना।

**overdrive** (ओ´-वॅ:-ड्राइव्) ***n.*** a very high gear used at high speed, तेज़ गति में प्रयुक्त किया जानेवाला गियर।

**overdue** (ओ-वॅ:-ड्यू´) ***adj.*** 1. being unpaid after becoming due, अवधि बीतने पर भी जो चुकाया न गया हो, विलंबित। 2. delayed beyond an appointed time, विलंबित।

**overeager** (ओ´-वॅ:-ई´-गॅ:) ***adj.*** unduly eager, अतिउत्सुक, उतावला।

**overeat** (ओ-वॅ:-ईट्´) ***v.*** (overate, overeaten, overeating) to eat too much, अत्यधिक खा जाना या खा लेना।

**overeducated** (ओ-वॅ:-ऍज्´-उ-के-टिड्) ***adj.*** too much educated, अतिशिक्षित।

**overemphasis** (ओ-वॅ:-ऍम्´-फ़ॅ-सिस्) ***n.*** too much emphasis, अत्यधिक ज़ोर/बलाघात।

**overestimate** (ओ-वॅ:-ऍस्´-टि-मेट्) ***v.*** to estimate too highly, ज़्यादा दाम लगा देना, कुछ ज़्यादा ही महत्त्व समझ या आँक लेना।

**overexcited** (ओ-वॅ:-इक्-साइट्´-इड्) ***adj.*** too much excited, अतिउत्तेजित।

**overexert** (ओ-वॅ:-इग्-ज़:ट्´) ***v.*** to exert too much, अतिपरिश्रम करना, कुछ अधिक ही ज़ोर लगाना।

**overexpose** (ओ-वॅ:-इक्-स्पोज़्´) ***v.*** to expose too long, अधिक देर तक खुले में रखना।

**overfeed** (ओ-वॅ:-फ़ीड्) ***v.*** (overfed, overfeeding) to feed too much, बहुत अधिक खिलाना, ठुँसाना।

**overflow** (ओ-वॅ:-फ़्लो´) ***v.*** to flow over, (किनारे से बाहर) बहने लगना।

**overfly** (ओ-वॅ:-फ़्लाइ´) ***v.*** (overflew, overflown, overflying) to fly over (a place, किसी स्थान के) ऊपर उड़ना।

**overgrow** (ओ-वॅ:-ग्रो´) ***v.*** (overgrew, overgrown, overgrowing) to grow beyond normal size, बहुत अधिक बढ़ जाना।

**overgrowth** (ओ-वॅ:-ग्रोथ्´) ***n.*** abnormal growth, अतिवृद्धि।

**overhang** (ओ-वॅ:-हैंग्´) ***v.*** (overhung, overhanging) to extend beyond, आगे या बाहर निकलना, आगे या बाहर लटका होना।

**overhaul** (ओ-वॅ:-हा:ल्´) ***v.*** to make all the necessary repairs, पूरी तरह से मरम्मत करना, ओवरहाल करना।

**overhead** (ओ-वॅ:-हॅड्´) ***adj.*** 1. above the level of one's head, सिर के ऊपर से होनेवाला। 2. relating to the operating expenses (of a firm or office), ऊपरी ख़र्च से संबद्ध।

**overhear** (ओ-वॅ:-हिॲ:´) ***v.*** (overheard, overhearing) to hear without the knowledge of the speaker, छिपकर या चोरी से सुनना।

**overjoyed** (ओ-वॅ:-जॉइड्´) ***adj.*** filled with great joy, अतिप्रसन्न, खुशी से फूला हुआ।

**overkill** (ओ´-वॅ:-किल्) ***n.*** too much destructive capacity, अत्यधिक विनाशकारी क्षमता।

**overland** (ओ´-वॅ:-लैन्ड्) ***adv.*** by land, स्थल मार्ग से।

**overlap** (ओ-वॅ:-लैप्´) ***v.*** (overlapped, overlapping) to extend over and partly cover it, ढक लेना, आच्छादित कर लेना।

**overlay** (ओ-वॅ:-ले´) ***v.*** (overlaid, overlaying) to lay over or upon, ऊपर फैलाना। ***n.*** a thing laid over another, एक चीज़ के ऊपर फैलाई हुई दूसरी चीज़।

**overleaf** (ओ´-वॅ:-लीफ़्´) ***adv.*** on the other side of the page, पृष्ठ के उस तरफ़, पन्ने के दूसरी ओर।

**overload** (ओ-वॅ:-लोड्´) ***v.*** to load too much, अधिक लादना। ***n.*** a load that is too great, भारी बोझ।

**overlong** (ओ-वॅ:-लॉङ्ग्´) ***adj.*** too long, ज़रूरत से अधिक लंबा, अतिदीर्घ।

**overlook** (ओ-वॅ:-लुक्´) ***v.*** 1. to have a look from above, ऊपर से देखना। 2. to ignore deliberately, अनदेखी करना। 3. to fail to notice, ध्यान में न ला पाना।

**overly** (ओ´-वॅ:-ली) excessively, अत्यधिक।

**overmaster** (ओ-वॅ:-मास्´/ मैस्(-टॅ:) ***v.*** to

conquer, जीत लेना।

**overmatch** (ओ-वॅ:-मैच्´) ***v.*** to be more than the match of, भारी पड़ना।

**overmuch** (ओ-वॅ:-मच्´) ***adj.*** too much, ज़रूरत से अधिक, अत्यधिक।

**overnight** (ओ-वॅ:-नाइट्´) ***adv.*** 1. during the length of night, रात-भर, रात-भर में। 2. quickly, सहसा। ***adj.*** 1. staying for the night, रात-भर का। 2. occurring in the night, रात्रिकालीन।

**overpaid** (ओ-वॅ:-पेड्´) ***adj.*** paid heavily, जिसे बहुत अधिक वेतन दिया जाता हो, अतिदत्त।

**overpay** (ओ-वॅ:-पे´) ***v.*** (overpaid, overpaying) to pay too much, बहुत ऊँची तनख़्वाह देना।

**overplay** (ओ-वॅ:-प्ले´) ***v.*** to act with exaggeration, अति अभिनय करना, नाटक करना।

**overpopulated** (ओ-वॅ:-पॉप्´-यू-ले-टिड्) ***adj.*** having over population, अधिक जनसंख्यावाला।

**overpower** (ओ-वॅ:-पाउ´-अॅ:) ***v.*** to subdue or overwhelm, (को) अभिभूत/पराजित करना।

**overprint** (ओ-वॅ:-प्रिन्ट्´) ***v.*** to print too many copies of, अतिमुद्रण करना, अत्यधिक छापना।

**overproduction** (ओ-वॅ:-प्रॅ-डक्´-शॅन्) ***n.*** the producing of too much, अतिउत्पादन।

**overrate** (ओ-वॅ:-रेट्´) ***v.*** to assess too highly, अधिक मूल्यांकन करना।

**overreach** (ओ-वॅ:-रीच्´) ***v.*** 1. to reach over or beyond, परे निकल जाना। 2. to get the better of by trickery, धोखे/चालाकी से दबा देना।

**override** (ओ-वॅ:-राइड्´) ***v.*** (overrode, overridden, overriding) 1. to trample upon, कुचल देना। 2. to set aside, निरस्त कर देना।

**overripe** (ओ´-वॅ:-राइप्´) ***adj.*** overriped, अत्यधिक पका हुआ।

**overrule** (ओ-वॅ:-रूल्´) ***v.*** to rule or decide against, निरस्त या रद कर देना।

**overruling** (ओ-वॅ:-रूल्´-इंग्) ***n.*** an act of overruling, निरस्त करना।

**overrun** (ओ-वॅ:-रन्´) ***v.*** (overran, overrun, overrunning) 1. to spread or swarm over, छा जाना, फैल जाना। 2. to exceed, आगे बढ़ जाना। 3. to defeat, हरा देना।

**overseas** (ओ´-वॅ:-सीज़्´) ***adv.*** beyond the sea, समुद्र पार।

**oversee** (ओ-वॅ:-सी´) ***v.*** (oversaw, overseen, overseeing) to inspect, निरीक्षण करना।

**overseer** (ओ´-वॅ:-सिअॅ:) ***n.*** one whose job is to oversee something, ओवरसियर।

**oversell** (ओ-वॅ:-सॅल्´) ***v.*** (oversold, overselling) 1. to sell more than one can deliver, माल से अधिक की बिक्री करना। 2. to exaggerate the merits of, बढ़ा-चढ़ाकर गुण बताना।

**oversensitive** (ओ-वॅ:-सॅन्´-सि-टिव्) ***adj.*** too much sensitive, अतिसंवेदनशील।

**oversensitiveness** (-निस्) ***n.*** the state or quality of being oversensitive, अति-संवेदनशीलता।

**oversexed** (ओ-वॅ:-सॅक्स्ड्´) ***adj.*** exhibiting unusually great sexual desire, कामांध।

**overshadow** (ओ-वॅ:-शैड्´-ओ) ***v.*** 1. to cast a shadow over, परछाईं से ढक देना, दबा देना। 2. to surpass in importance, महत्त्व में बढ़-चढ़कर होना।

**overshoe** (ओ-वॅ:-शू´) ***n.*** a shoe worn over an ordinary shoe, जूते के ऊपर पहना जाने-वाला बड़ा जूता।

**overshoot** (ओ-वॅ:-शूट्´) ***v.*** (overshot, overshooting) to shoot over or beyond, निशाना चूक जाना।

**overshot** (ओ´-वॅ:-शॉट्´) ***adj.*** (a wheel) driven by the flow of water, पानी के बहाव से घूमनेवाला (पहिया)।

**oversight** (ओ´-वॅ:-साइट्) ***n.*** an unintentional omission, दृष्टिभ्रम, चूक, भूल-चूक।

**oversimplify** (ओ-वॅ:-सिम्´-प्लि-फ़ाइ) ***v.*** (oversimplified, oversimplifying) to make too simple, कुछ ज़्यादा ही सरल बना देना, फलतः विकृत कर देना।

**oversize** (ओ´-वॅ:-साइज़्) ***adj.*** of unusual size, असाधारण आकार-प्रकारवाला, बहुत बड़ा।

**oversleep** (ओ-वॅ:-स्लीप्´) *v.* (overslept, oversleeping) to sleep beyond the usual time, देर से उठना, अधिक देर तक सोते रह जाना।

**overstaffed** (ओ-वॅ:-स्टाफ़्ड्´) *adj.* having more persons working than needed, अपेक्षया ज़्यादा कर्मचारी होना।

**overstate** (ओ-वॅ:-स्टेट्´) *v.* to exaggerate, बढ़ा-चढ़ाकर कहना, अत्युक्ति करना।

**overstatement** (ओ-वॅ:-स्टेट्´-मॅन्ट्) *n.* an exaggerated statement, अत्युक्तिपूर्ण कथन।

**overstay** (ओ-वॅ:-स्टे´) *v.* to stay longer than, अपेक्षया अधिक समय ठहरना।

**oversteer** (ओ-वॅ:-स्टिअॅ:) *v.* to steer dangerously, (गाड़ी को) कुछ ज़्यादा ही घुमा देना।

**overstep** (ओ-वॅ:-स्टॅप्´) *v.* (overstepped, overstepping) to go beyond, हद से परे जाना।

**overstock** (ओ-वॅ:-स्टॉक्´) *v.* to stock too much of (something किसी चीज़ का) अधिक मात्रा में संचय करना।

**overstrain** (ओ-वॅ:-स्ट्रेन्´) *v.* to strain too much, अत्यधिक परिश्रम करना।

**overstrict** (ओ´-वॅ:-स्ट्रिक्ट्´) *adj.* excessively strict, अत्यंत कठोर, बहुत कड़ा।

**overstuffed** (ओ´-वॅ:-स्टफ़्स्ड्´) *adj.* stuffed too much, (गदेले की तरह) भरा-भरा।

**oversubscribed** (ओ-वॅ:-सॅब्-स्क्राइब्ड्´) *adj.* subscribed more than applied, अधिप्रदत्त।

**overt** (ओ´-व:ट्/ओ-व:ट्´) *adj.* open, खुला, प्रकट, प्रत्यक्ष।

**overtake** (ओ-वॅ:-टेक्´) *v.* (overtook, overtaken, overtaking) 1. to get past, पीछे से तेज़ी से आकर किसी व्यक्ति, गाड़ी आदि से आगे निकल जाना। 2. to take by surprise, चकित कर देना।

**overtax** (ओ-वॅ:-टैक्स्´) *v.* 1. to tax too heavily, भारी कर लगाना। 2. to put too heavy burden on, भारी बोझ लाद देना।

**overthrow**[1] (ओ-वॅ:-थ्रो´) *v.* (overthrew, overthrown, overthrowing) 1. to overturn, (तख़्ता) उलट देना। 2. to throw past, दूर फेंकना।

**overthrow**[2] (ओ´-वॅ:-थ्रो) *n.* a ball thrown past the fielder, (क्रिकेट में) किसी क्षेत्र-रक्षक द्वारा फेंकी हुई वह गेंद जो दूसरे रक्षक से आगे निकल जाए।

**overtime** (ओ´-वॅ:-टाइम्) *n.* 1. working hours in addition to the regular schedule, ओवरटाइम, अतिरिक्त समय। 2. the payment for such work, ओवरटाइम (का भुगतान)। *adv.* beyond the regular time, समयोपरि, अतिकालिक, नियत समय के बाद।

**overtly** (ओ-व:ट्´-ली) *adv.* openly, खुले आम।

**overtone** (ओ-वॅ:-टोन्´) *n.* 1. (music) higher tone, अधिस्वर। 2. an additional meaning or implication, छाया, रंगत, आभा; गूढ़ार्थ। 3. (plu.) a hint, इंगित।

**overtop** (ओ-वॅ:-टॉप्´) *v.* (overtopped, overtopping) 1. to tower above, (ऊँचाई में) बढ़कर होना। 2. to surpass, आगे निकल जाना।

**overtrump** (ओ-वॅ:-ट्रम्प्´) *v.* to play a bigger trump than, (अपेक्षाकृत बढ़कर) तुरुप चलना।

**overture** (ओ´-वॅ:-चॅ:) *n.* a gesture initiating a relationship, संबंध बढ़ाने का इशारा।

**overturn** (ओ-वॅ:-ट:न्´) *v.* 1. to turn over, उलट जाना। 2. to overthrow, उलट देना, पलट देना।

**overuse** (ओ-वॅ:-यूज़्´) *v.* to use excessively, बहुत अधिक काम में लाना।

**overvalue** (ओ-वॅ:-वैल्´-यु) *v.* to put too high value on, बहुत बढ़ा-चढ़ाकर मूल्य आँकना या लगाना।

**overview** (ओ´-वॅ:-व्यू) *n.* a general survey, सिंहावलोकन।

**overweight** (ओ´-वॅ:-वे़ट्) *adj.* weighing more than normal, अपेक्षाकृत अधिक वज़नवाला, भारी शरीरवाला।

**overwhelm** (ओ-वॅ:-ह्वॅल्म्´) *v.* (overwhelmed, overwhelming) 1. to overcome, अभिभूत कर लेना। 2. to overpower, पराभूत कर लेना, हावी हो जाना। 3. to bury, गाड़ या दबा देना।

**overwhelming** (ओ-वॅ:-ह्वॅल्´-मिंग्) *adj.* very strong or excessive, ज़ोरदार, अत्यधिक, भारी।

**overwind** (ओ-वॅ:-वाइन्ड्´) *v.* (overwound, overwinding) to wind excessively, (घड़ी आदि में) अधिक चाबी भरना।

**overwork** (ओ-वॅ:-वॅ:क्´) *v.* 1. to work too long, ज़्यादा देर काम करना। 2. to work too hard, अत्यधिक मेहनत करना। 3. to use too often, ज़्यादा ही इस्तेमाल करना। *n.* excessively tiring work, बहुत अधिक थकाऊ काम।

**overwrite** (ओ-वॅ:-राइट्´) *v.* (overwrote, overwritten, overwriting) 1. to write too much, अत्यधिक लिखना। 2. to write over other writing, लिखे पर लिखना।

**overwrought** (ओ-वॅ:-रा:ट्´) *adj.* 1. very excited, अतिउद्विग्न, अतिउत्तेजित। 2. extremely elaborate, अतिविस्तृत, लंबा-चौड़ा।

**overzealous** (ओ´-वॅ:-ज़ेल्´-अॅस्) *adj.* too zealous, अतिउत्साही।

**ovoid** (ओ´-वा:इड्) *adj.* egg-shaped, अंडाकार।

**ovulate** (ओव्´-यु-लेट्) *v.* (ovulated, ovulating) to discharge ova, अंडाणु उत्पन्न करना।

**ovule** (ओ´-व्यूल्) *n.* a small part that becomes a plant seed after fertilization, डिंब, अंडाणु।

**ovum** (ओ´-वम्) *n.* (plu. ova) a female reproductive egg cell, डिंब, अंडाणु।

**owe** (ओ) *v.* (owed, owing) 1. to have to pay to an obligation due to be in debt to, देनदार होना। 2. to be morally obliged to, आभारी होना। 3. to have as a result of, परिणाम होना। 4. to hold in the heart, दिल में रखना।

**owing** (ओ´-इंग्) *adj.* owed and not yet paid, देय। ☐ **owing to,** के कारण, के परिणामस्वरूप।

**owl** (आउल्) *n.* a bird that flies in the night, उल्लू।

**owlish** (आउ´-लिश्) *adj.* like an owl, उल्लू की तरह का, उल्लू जैसा।

**own** (ओन्) *adj.* of or belonging to oneself, अपना, निजी। ☐ **come to one's own,** सही स्थिति में आ जाना; **get one's own back,** बदला लेना; **hold one's own,** जमे रहना, टिके रहना; **on one's own,** (i) अपने दम पर, अपने बूते पर; (ii) पूर्ण स्वतंत्र। *v.* (owned, owning) 1. to have or possess, पास होना, धारणा करना, रखना। 2. to acknowledge or admit, स्वीकार करना। ☐ **own up,** कबूल करना। *n.* something that belongs to one, अपनी चीज़।

**owner** (ओ´-नॅ:) *n.* one who owns something, possessor, proprietor, स्वामी, मालिक।

**ownerless** (ओ´-नॅ:-लिस्) *adj.* having no owner, without owner, स्वामित्वहीन, लावारिस।

**ownership** (ओ´-नॅ:-शिप्) *n.* the state of being an owner, स्वामित्व, स्वत्व।

**ox** (ऑक्स्) *n.* (plu. oxen) a castrated bull, बैल।

**Oxbridge** (ऑक्स्´-ब्रिज्) *n.* the old academic institutions of Oxford University and Cambridge University, ऑक्सफ़ोर्ड और कैंब्रिज दोनो विश्वविद्यालय।

**oxidation** (ऑक्-सि-डे´-शॅन्) *n.* the act or process of oxidizing, ऑक्सीकरण।

**oxide** (ऑक्´-साइड्) *n.* a compound of oxygen and one other element, ऑक्साइड।

**oxidization, oxidisation** (ऑक्-सि-ज़े´-शॅन्) *n.* = oxidation.

**oxidize, oxidise** (ऑक्´-सि-डाइज़्) *v.* 1. to combine with oxygen, ऑक्सीकरण करना। 2. to become rusty, जंग लगना।

**oxygen** (ऑक्´-सि-जॅन्) *n.* a gaseous element, ऑक्सीजन।

**oxygenate** (ऑक्´-सि-जॅ-नेट्) *v.* to mix with oxygen, ऑक्सीजन से मिश्रित करना।

**oyster** (ऑइ´-स्टॅ:) *n.* a kind of shellfish, खाद्य-शुक्ति, एक प्रकार की घोंघा मछली।

**ozone** (ओ´-ज़ोन्) *n.* a form of oxygen, ओज़ोन।

# P

**P, p** (पी) ***n.*** 1. the sixteenth letter of the English alphabet, अंग्रेज़ी वर्णमाला का सोलहवाँ वर्ण। □ **mind one's p's and q's,** भाषा के प्रयोग में सावधानी बरतना।

**pace** (पेस्) ***n.*** 1. a single step, पग, कदम, डग। 2. the distance covered by a step, पग, कदम, डग। 3. speed of walking or running, गति, रफ़्तार, स्पीड। 4. manner of walking, चाल, चलने का ढंग। 5. the rate of progress, प्रगति की दर। 6. a horse's gait in which the two legs of the same side move together, घोड़े की एक चाल जिसमें एक तरफ़ की दोनो टाँगें एक साथ उठती हैं। □ **keep pace with,** (किसी से) कदम/चाल मिलाकर चलना; **put one through one's pace,** किसी की योग्यता परखना; **set the pace,** क्रम चलाना या बाँधना; **show one's pace,** अपनी योग्यता दरशाना; **stand the pace,** दूसरों से बराबरी करना। ***v.*** (paced, pacing) 1. to walk with regular pace, बँधी हुई चाल से चलना। 2. to set the pace for, क्रम चलाना या बाँधना, गति निर्धारित करना। 3. to train in a particular gait, (घोड़े को) किसी चाल में साधना। 4. to measure by pacing, कदमों से नापना। 5. to walk to and fro across (a room, कमरे में) इधर से उधर बराबर आना-जाना, चक्कर लगाना।

**pace bowler** ***n.*** a fast bowler, तेज़ गेंदबाज़।

**pace-maker** (पेस्´-मे-कॅ:) ***n.*** 1. one who sets the pace, क्रम-निर्धारक, गति-निर्धारक। 2. the leader in particular activity, उदाहरण प्रस्तुत करनेवाला, अगुआ। 3. a device to control the heartbeat, हृदय की धड़कन को नियमित करनेवाला यंत्र, पेस-मेकर।

**pacesetter** (पेस्´-सेंट्-अॅ:) ***n.*** a person who sets the standard of achievement, आदर्श स्थापक, मानक-स्थापक।

**pachyderm** (पैक्´-इ-डॅ:म्) ***n.*** a thick skinned mammal, मोटी चमड़ीवाला प्राणी (जैसे—हाथी)।

**Pacific** (पॅ-सिफ़्´-इक्) ***n.*** the Pacific Ocean, प्रशांत महासागर।

**pacific** ***adj.*** peaceful, शांतिप्रिय, शांतिपूर्ण।

**pacification** (पैस्-इ-फ़ि-के´-शॅन्) ***n.*** the act of pacifying, शांत करना।

**pacifism** (पैस्´-इ-फ़िज़्-अॅम्) ***n.*** the belief that disputes should be settled by peaceful means, शांति का सिद्धांत, शांतिवाद।

**pacifist** (पॅस्´-इ-फ़िस्ट्) ***n.*** one who believes in pacifism, शांतिवादी, युद्धविरोधी।

**pacify** (पैस्´-इ-फ़ाइ) ***v.*** (passified, pacifying) 1. to calm the anger, शांत/ठंडा करना। 2. to restore peace, शांति स्थापित करना।

**pack** (पैक्) ***n.*** 1. a bundle, पुलिंदा, गठरी, पोटली, बंडल। 2. a complete set of playing cards, ताश की गड्डी। 3. a group of animals, झुंड, समूह। 4. a gang or organised group, जत्था, टोली। 5. a large amount or collection, पुलिंदा, ढेरी। 6. a small container, डिब्बा, डिबिया, पैकट। ***v.*** 1. to wrap or put into a container, (चीज़ों को) लपेटना, बाँधना या गठियाना, पैक करना। 2. to be able to be packed, पैक किए जाने योग्य होना। 3. to cram or press into, भरना, ठूँसना। 4. to carry something regularly, लादे फिरना। □ **pack it in,** (काम) बंद कराना; **pack off,** चलता करना; **pack up,** सामान बाँधे तैयार खड़े होना, चलने की तैयारी करना; **send packing,** सहसा

पदच्युत कर देना, चलता करना।

**package** (पैक्´-इज्) ***n.*** 1. a bundle or parcel, बंडल, पार्सल, पैकेज। 2. a small container, पैकट, पेटी, बक्सा। 3. a sale offer of a few or more things, कई चीज़ों का इकट्ठा सौदा। 4. a set of proposals, प्रस्तावावली (प्रस्ताव + अवली) ***v.*** to make into a package, पैक करना, बंडल बनाना।

P

**package deal** ***n.*** a number of things jointly offered for sale, एकमुश्त सौदा।

**package tour** ***n.*** an arranged tour, पैकेज टूर।

**pack animal** ***n.*** an animal used to transport goods, लद्दू घोड़ा, बैल आदि।

**packed** (पैक्ड्, पैक्ट्) ***adj.*** 1. placed in a container, पैक किया हुआ। 2. filled or full, भरा हुआ, खचाखच, ठसाठस।

**packer** (पैक्´-अ:) ***n.*** one who packs, बंडल, पैकेट आदि बाँधनेवाला कर्मचारी।

**packet** (पैक्´-इट्) ***n.*** a small package, पैकेट, डिबिया।

**packing** (पैक्´-इंग्) ***n.*** 1. the act or process of wrapping or tying up things, बंडल बाँधना, पैक करना, संवेष्ठन। 2. material used for packing things, टाट, मलट आदि जिनमें वस्तुएँ बाँधते हैं।

**pack needle** ***n.*** a large needle, सूजा, सुआ।

**pack saddle** ***n.*** a saddle used on a pack animal, खुरजी।

**pack thread** ***n.*** a thick thread for sewing packs, सुतली।

**pact** (पैक्ट्) ***n.*** 1. an agreement, समझौता, ठहराव। 2. a treaty, संधि।

**pacy** (पे´-सी) ***adj.*** moving quickly, तेज़ी से चलता या आगे बढ़ता हुआ।

**pad** (पैड्) ***n.*** 1. something soft that serves as a cushion, गद्दी, पैड। 2. number of sheets of paper glued together, पैड। 3. a flat surface, चौरस भूमि। 4. an apartment, फ्लैट। ***v.*** (padded, padding) 1. to fill with soft material, नरम चीज़ भरना। 2. to stuff, भरना। 3. to expand unnecessarily, व्यर्थ विस्तार बढ़ाना। 4. to walk slowly on foot, धीरे-धीरे पैदल चलना।

**padding** (पैड्´-इंग्) ***n.*** soft material used to pad things, भरान, पैड।

**paddle[1]** (पैड्´-अॅल्) ***n.*** 1. an oar, चप्पू, डाँड। 2. an oar like instrument, बेलचा। ***v.*** (paddled, paddling) to row, नाव खेना। □ **paddle one's own canoe,** आत्मनिर्भर होना।

**paddle[2]** ***v.*** (paddled, paddling) to wade, पानी या कीचड़ में चलना।

**paddock** (पैड्´-अॅक्) ***n.*** a field or enclosure in which horses are exercised, घोड़ों को कावा कराने का मैदान या बाड़ा।

**paddy** (पैड्´-ई) ***n.*** 1. a rice field, धान का खेत। 2. rice in the husk, धान। 3. rice, चावल।

**padlock** (पैड्´-लॉक्) ***n.*** a kind of lock, ताला। ***v.*** (padlocked, padlocking) to fasten with a padlock, ताला लगाना।

**padre** (पा´-ड्रे) ***n.*** a priest, पादरी। (स्पेनी)

**paean** (पी´-अॅन्) ***n.*** 1. a hymn, स्तुति। 2. a song of victory. विजयगान।

**paediatric** (पी-डि-ऐट्´-रिक्) ***adj.*** of pertaining to or for sick childern, बाल-रोगियों से संबद्ध।

**paediatrician** (पी-डि-अॅ-ट्रिश्-अॅन्) ***n.*** a specialist in paediatrics, बाल-रोग चिकित्सक।

**paediatrics** (पी-डि-ऐट्´-रिक्स्) ***n.*** the science concerned with the diseases of children, बाल-रोग चिकित्सा।

**paella** (पाइ-ऍल्´-अॅ) ***n.*** a Spanish dish of rice, स्पेनी पुलाव।

**pagan** (पे´-गॅन्) ***n.*** a heathen, काफ़िर, विधर्मी। ***adj.*** heathen, दूसरे धर्म का, विधर्मी, काफ़िराना।

**paganism** (पे´-गॅन्-इज़्-अॅम्) ***n.*** a religion other than one's own, विधर्म।

**page[1]** (पेज्) ***n.*** one side of one of the leaves of a book etc., पृष्ठ, सफ़ा। ***v.*** (paged, paging) to number the pages of a book etc., पृष्ठों पर नंबर लगाना, पृष्ठांकन करना।

**page[2]** ***n.*** one employed to run errands, लड़का, नौकर।

**page³** *v.* (paged, paging) to call the name of a person (at a public place) to deliver him the message, (किसी सार्वजनिक स्थल पर) कोई संदेश देने के लिए किसी का नाम पुकारना।

**pageant, pageantry** (पैज्´-अॅन्ट्, पैज्´-अॅन्ट्-री) *n.* a colourful procession of people, जुलूस, शोभायात्रा।

**pager** (पे´-ज्:) *n.* a device for receiving messages, संदेश प्राप्त करने का एक उपकरण, पेजर।

**pagoda** (पॅ-गो´-डॅ) *n.* a Buddhist tower with several stories, स्तूप, पगोड़ा।

**paid** (पेड्) *adj.* p.t. & p.p. of pay. *adj.* receiving, pay, hired, वेतनभोगी।

**paid-up** (पेड्´-अप्) *adj.* given in payment, चुकता, प्रदत्त, अदा।

**pail** (पेल्) *n.* a bucket, बालटी, डोल।

**pailful** (पेल्´-फ़ुल्) *n.* as much as a pail will hold, बालटी-भर।

**pain** (पेन्) *n.* 1. suffering, पीड़ा, दर्द। 2. mental suffering, व्यथा, वेदना। 3. trouble taken, कष्ट। 4. (plu.) great care or effort, सावधानी या प्रयत्न। *v.* to cause pain to, दुख देना।

**pained** (पेन्ड्) *adj.* distressed, पीड़ित, दुखी।

**painful** (पेन्´-फ़ुल्) *adj.* 1. causing pain, कष्ट या दुख देनेवाला। 2. suffering pain, दर्द-भरा, दुखनेवाला, दुखता हुआ। 3. hardworking, परिश्रमी, मेहनती, लगकर काम करनेवाला।

**painkiller** (पेन्´-किल्-अॅ:) *n.* a pain relieving medicine, वेदनाहर या पीड़ानाशक ओषधि।

**painless** (पेन्´-लिस्) *adj.* not causing pain, जिससे पीड़ा न हो, पीड़ाशून्य।

**painstaking** (पेन्ज़्´-टे-किंग्) *adj.* 1. very careful, अति सावधान। 2. done with great care, विशेष सावधानी से किया हुआ। 3. hard working, परिश्रमी।

**paint** (पेन्ट्) *n.* a mixutre for colouring a surface, रोगन, पेंट। *v.* 1. to coat with paint, रोगन करना, पेंट करना, रँगाई करना। 2. to portray, चित्रांकन करना, पेंट करना। 3. to describe vividly, सजीव वर्णन या चित्रण करना। □ **paint the town red,** जश्न मनाना।

**paint box** *n.* a box holding dry paints, रंग का डिब्बा।

**paint brush** *n.* a brush used for applying paint, रंग करने का ब्रुश।

**painter¹** (पेन्´-टॅ:) *n.* 1. one who paints, रंगसाज़ 2. one who paints pictures, चित्रकार।

**painter²** *n.* a rope attached with a boat, नाव में लगी रस्सी, गून।

**painting** (पेन्´-टिंग्) *n.* 1. the art of applying paints, रँगने का काम। 2. a painted picture, रंगीन चित्र।

**pair** (पेंअॅ:) *n.* 1. two similar or corresponding things, जोड़ा, जोड़ी। 2. a couple, पति और पत्नी, प्रेमी और प्रेमिका, जोड़ा, युगल। 3. two mated animals, जोड़ा। □ **a pair of scissors,** कैंची; **a pair of trousers,** पतलून; **in pairs,** जोड़ों में। *v.* (paired, pairing) 1. to arrange people in groups of twos, जोड़ियाँ बनाना। 2. to mate, जोड़ा खाना। □ **pair up,** जोड़ी बनाना।

**pairwise** (पेंअॅ:-वाइज़्) *adv.* in pairs, जोड़ों में।

**paisley** (पेज़्´-ली) *adj.* made of soft wool, मुलायम ऊन का बना हुआ।

**pal** (पैल्) *n.* a close friend, घनिष्ठ मित्र, पक्का यार। *v.* (palled, palling) to associate as friends, यारी होना, घनिष्ठता होना।

**palace** (पैल्´-इस्) *n.* 1. the sovereign's residence, महल, राजमहल। 2. a large or splendid residence, कोठी, हवेली।

**palaeo** (पैल्´-इ-ओ) *prefix.* prehistoric, old, पुरा—।

**palaeography** (पैल्-इ-ओ-ग्रा´/ ग्रै´-फ़ी) *n.* = paleography.

**palanquin** (पैल्-अॅन्-कीन्´) *n.* a covered litter carried by four persons, पालकी।

**palatable** (पैल्´-अॅ-टॅ-बॅल्) *adj.* 1. agreeable to the taste, स्वादिष्ट, ज़ायकेदार। 2. acceptable to mind, अनुकूल, रुचिकर।

**palatal** (पैल्´-अॅट्-अॅल्) *adj.* of or relating

to the palate, तालु-संबंधी, तालव्य।

**palate** (पैल्´-अट्/इट्) ***n.*** 1. the roof of the mouth, तालु। 2. taste, स्वाद।

**palatial** (पॅ-ले´-शॅल्) ***adj.*** 1. like a palace, महल जैसा। 2. spacious and splendid, विशाल और भव्य।

**palaver** (पॅ-लाव्´/लैव्´-अॅ:) ***n.*** 1. idle talk, गपशप, बकवाद। 2. fuss, झमेला, झिकझिक।

**pale**[1] (पेल्) ***adj.*** 1. yellowish in complexion, पीत, पीला, ज़र्द। 2. dim, faint, मंद, मुरझाया हुआ, विवर्ण। ***v.*** (paled, paling) 1. to turn pale, पीला पड़ जाना। 2. to become dim or faint, मंद पड़ जाना, दब जाना।

**pale**[2] ***n.*** 1. a wooden post forming part of fence, खंभा, डंडा। 2. a boundary, चौहद्दी। □ **beyond the pale,** चौहद्दी से परे।

**paleface** (पेल्´-फ़ेस्) ***n.*** a white person, गोरा व्यक्ति। (उपेक्षासूचक)

**paleness** (पेल्´-निस्) ***n.*** the quality or state of being pale, पीलापन, ज़र्दी।

**paleographer** (पे-लि-ऑग्´-रॅ-फ़ॅ:) ***n.*** an expert in paleography, पुरालिपि-विशेषज्ञ।

**paleographic** (पे-लि-ऑग्´-रॅ-फ़िक्) ***adj.*** of or pertaining to paleography, पुरालिपि-संबंधी।

**paleography** (पे-लि-ऑग्´-रॅ-फ़ी) ***n.*** 1. the study of the ancient inscriptions and manuscripts, पुरालिपि-विज्ञान। 2. a handwriting of the past, पुरालिपि।

**paleolithic** (पे-लि-अॅ-लिथ्´-इक्) ***n.*** the early period of stone age, पूर्व-पाषाणयुग। ***adj.*** of this age, पूर्व-पाषाणयुगीन।

**paleontology** (पेल्-इ-अॅन्-टॉल्´-अॅ-जी) ***n.*** the study of fossils, जीवाश्म-विज्ञान।

**Palestinian** (पैल्-इ-स्टिन्´-इ-अॅन्) ***adj.*** of Palestine, फ़िलस्तीनी। ***n.*** an inhabitant of Palestine, फ़िलस्तीनी।

**palette** (पैल्´-अॅट्/इट्) ***n.*** 1. a thin board on which an artist mixes colours, रंग-पट्टिका। 2. colours used by a particular artist, किसी चित्रकार द्वारा प्रयुक्त रंग।

**palette knife** ***n.*** the knife with which artist mixes colours, रंग मिलाने की छुरी।

**palfrey** (पा:ल्´-फ़्री) ***n.*** a light saddle horse esp. suitable for a woman, टट्टू।

**palindrome** (पैल्´-इन्-ड्रोम्) ***n.*** a word or phrase that reads the same backwards as it does forwards, आगे तथा पीछे से एक समान पढ़ा जानेवाला शब्द या पद, वे शब्द या पद जो उलटे-सीधे एक समान हों। (e.g. rotator; उदाहरणार्थ—जहाज)।

**paling** (पे´-लिंग्) ***n.*** 1. a post of a fence, बाड़ या घेरे का डंडा। 2. (plu.) a fence made of posts, बाड़, घेरा।

**palisade** (पैल्-इ-सेड्´) ***n.*** a fence made of posts, बाड़, घेरा।

**palish** (पेल्´-इश्) ***adj.*** somewhat pale पीला-सा, पीला, पीताभ।

**pall** (पा:ल्) ***n.*** 1. a cloth covering for a coffin or bier, ताबूत या अर्थी के ऊपर डाली जानेवाली चादर। 2. a cover, covering आवरण, आच्छादन; a pall of smoke, धुएं का आवरण या पर्दा। ***v.*** (palled, palling) to become boring, उबाऊ होना।

**pallbearer** (पा:ल्´-बेंअॅर्-अॅ:) ***n.*** one who carries the coffin or bier, ताबूत या अर्थी उठानेवाला।

**pallet**[1] (पैल्´-इट्) ***n.*** 1. a mattress stuffed with straws, फूस/पयाल का गद्दा। 2. makeshift bed, उठौआ चारपाई। 3. a large tray, बड़ी ट्रे।

**pallet**[2] ***n.*** a potter's instrument for shaping, थापी।

**palliate** (पैल्´-इ-एट्) ***v.*** to make less severe, हलका कर देना, उपशमन करना।

**palliation** (पैल्-इ-ए´-शॅन्) ***n.*** the act of palliating, उपशमन।

**palliative** (पैल्´-इ-अॅ-टिव्) ***adj.*** something that palliates, उपशामक।

**pallid** (पैल्´-इड्) ***adj.*** pale, पीला, ज़र्द।

**pallor** (पैल्´-अॅ:) ***n.*** paleness, पीलापन, ज़र्दी।

**pally** (पैल्´-ई) ***adj.*** on friendly terms मित्रतापूर्ण, घनिष्ठ।

**palm**[1] (पाम्) ***n.*** 1. the inner surface

the hand, हथेली, करतल। 2. the breadth or length of the hand, बालिश्त, बित्ता। □ **in the palm of one's hand,** किसी की मुट्ठी में, किसी की दया पर। *v.* (palmed, palming) 1. to conceal in one's hand, हाथ में छिपा लेना। 2. to get (something) fraudulently, तिकड़म से ले लेना।

**palm²** *n.* a tall tree with large leaves, खजूर या ताड़।

**palmist** (पाम्´-इस्ट्) *n.* a person skilled in palmistry, ज्योतिषी, सामुद्रिक।

**palmistry** (पा´-मि-स्ट्री) *n.* the art of telling fortunes by examining the lines and bumps on the palm, हस्तरेखा-विज्ञान, सामुद्रिक विद्या।

**palmleaf** (पाम्´-लीफ़्) *n.* a leaf of the palm tree, तालपत्र।

**palm oil** *n.* the oil obtained from the fruit of palm trees, खजूर का तेल।

**palm wine** *n.* juice obtained from the fruit of palm trees, ताड़ी।

**palmy** (पा´-मी) *adj.* 1. full of palm trees, ताड़ के वृक्षों से भरा। 2. flourishing, फूलता-फलता हुआ, समृद्ध। □ **palmy days,** best period of ones life, जीवन के अच्छे दिन, सुख-समृद्धि के दिन।

**palpable** (पैल्´-पॅ-बॅल्) *adj.* 1. obvious, सुस्पष्ट, साफ़। 2. able to be touched or felt, इंद्रियगोचर।

**palpitate** (पैल्´-पि-टेट्) *v.* 1. to throb rapidly, धकधक करना; धड़कना। 2. to quiver, काँपना।

**palpitation** (पैल्-पि-टे´-शॅन्) *n.* the act of palpitating, धड़कन, धकधक, धड़क।

**palsied** (पा:ल्´-ज़ीड्) *adj.* paralytic, लकवे से पीड़ित।

**palsy** (पा:ल्´-ज़ी) *n.* paralysis, लकवा, पक्षाघात।

**palsy-walsy** (पैल्´-ज़ी-वैल्´-ज़ी) *adj.* very friendly, अत्यंत घनिष्ठ।

**palter** (पा:ल्´-टॅ:) *v.* 1. to talk or act insincerely, छल करना। 2. to haggle, मोल-भाव करना।

**paltry** (पा:ल्´-ट्री) *adj.* insignificant, थोड़ा, अल्प, नगण्य।

**pampas** (पैम्´-पॅज़्) *n.* (plu.) wide treeless plains in South America, दक्षिण अमरीका के विशाल वृक्षहीन मैदान।

**pamper** (पैम्´-पॅ:) *v.* to cuddle, दुलार करना, दुलारना।

**pamphlet** (पैम्´-फ़्लिट्) *n.* a leaflet or folder containing information, पेंफ़्लेट, छोटी पुस्तक, इश्तहार।

**pamphleteering** (पैम्-फ़्लि-टिअॅर्´-इंग्) *n.* publishing of pamphlets, in favour of or against someone, पेंफ़लेटबाज़ी, इश्तहारबाज़ी।

**pan¹** (पैन्) *prefix.* all, अखिल, सर्व—; pan-Africanism, सर्व-अफ्रीकावाद।

**pan²** *n.* 1. a flat base container for cooking purposes, पैन, तवी। 2. the bowl of a pair of scales, पलड़ा। *v.* (panned, panning) 1. to wash (gravel) in pan, पैन में रखकर धोना (नदी, नाली आदि की गंदगी को इस प्रकार धोना कि उसमें से गिरी-पड़ी बहुमूल्य चीजें ढूँढ़ निकाली जा सकें)। 2. to criticize severely, कड़ी आलोचना करना। □ **pan out,** रंग लाना।

**pan³** *v.* (panned, panning) to move camera to obtain a panoramic effect, (फ़िल्मी कैमरे को) घुमाते हुए चित्र लेना।

**panacea** (पैन्-अॅ-सी´-अॅ) *n.* a remedy for all troubles, रामबाण।

**panache** (पॅ-नैश्´) *n.* 1. a plume, कलगी। 2. a stylish manner, ढंग, शैली।

**panama** (पैन्´-अॅ-मा) *n.* a kind of hat, टोपी।

**pancake** (पैन्´-केक्) *n.* a thin flat cake, पुआ, चिल्लड़ा, चीला।

**pancreas** (पैन्´-क्री-अॅस्) *n.* a gland that produces insulin, अग्न्याशय।

**pancreatic** (पैन्-क्री-एट्´-इक्) *adj.* of or pertaining to the pancreas, अग्न्याशय-संबंधी, अग्न्याशयी।

**panda** (पैन्´-डॅ) *n.* a bearlike mammal, पंडा।

**pandemic** (पैन्-डेम्´-इक्) *adj.* occurring over a vast region, दूर-दूर तक फैला हुआ (रोग)।

**pandemonium** (पैन्-डॅ-मो´-नि-अॅम्) *n.* uproar, tumult, शोर, कोलाहल; घोर अव्यवस्था।

**pander** (पैन्´-डॅं:) ***n.*** a pimp, go-between, दलाल, कुटना। ***v.*** (pandered, pandering) 1. to act as a pander, दलाली करना। 2. to gratify a person's lower tastes, दूसरों की निम्न कोटि की इच्छाएँ पूरी करना।

P

**pandora's box** ***n.*** a box containing all the ills, आफ़त का पिटारा।

**pane** (पेन्) ***n.*** a sheet of glass in a window or door, पल्लें या चौखट में जड़ा शीशा।

**panegyric** (पैन्-इ-जिर्´-इक्) ***n.*** high praise, commendation, विरुदावली, स्तुतिगान।

**panel** (पैन्´-ॲल्) ***n.*** 1. a flat rectangular framed piece, दिलहा, फलक। 2. a list or group of persons selected to act as a team, नामसूची, पैनल, नामिका। 3. a group of persons participating in a discussion, विचार-विमर्श में सम्मिलित होनेवाले व्यक्तियों का समूह। ***v.*** (panelled, panelling) to furnish with panels, (चौखट में) दिलहा लगाना, जड़ना या भरना।

**panelled** (पैन्´-ॲल्ड्) ***adj.*** furnished with panels, दिलहेदार।

**panelling** (पॅन्´-ॲ-लिंग्) ***n.*** 1. the act of panelling, दिलहेबंदी। 2. wood used for making panels, दिलहे की लकड़ी।

**panellist** (पॅन्´-ॲ-लिस्ट्) ***n.*** a member of a panel, जिसका नाम नामसूची में हो, नामिक।

**pang** (पैंग्) ***n.*** sudden sharp sensation, as of pain, टीस, कसक। ☐ **pang of regret,** ग्लानि; **pang of sadness,** विषाद; **pangs of hunger,** उदरज्वाला।

**panhandle** (पैन्´-हैन्-डॅल्) ***v.*** to beg in the streets, गली-गली भीख माँगते फिरना।

**panhandler** (पैन्´-हैन्-डॅ-लॅं:) ***n.*** one who panhandles, भिखमंगा, भिखारी।

**panic** (पैन्´-इक्) ***n.*** 1. a sudden overwhelming feeling of terror, तहलका, आतंक। 2. a sudden overwhelming feeling of anxiety, खलबली। ***v.*** (panicked, panicking) 1. to be affected with panic, तहलका या खलबली मचना। 2. to cause to feel panic, तहलका या खलबली मचाना।

**panicky** (पैन्´-इ-की) ***adj.*** filled with terror, आतंकित।

**panic monger** ***n.*** one who spreads panic, आतंक फैलानेवाला।

**panic-stricken** ***adj.*** filled with panic, आतंकित।

**pannier** (पैन्´-यॅं:, पॅन्´-इ-ॲं:) ***n.*** a large basket, झाबा, पिटारा।

**panoply** (पैन्-ॲ-प्ली) ***n.*** a splendid collection, उत्कृष्ट संग्रह।

**panorama** (पैन्-ॲ-रा´-मॅ, पैन्-ॲ-रैम्´-ॲ) ***n.*** 1. a view of unlimited area, परिदृश्य। 2. a picture or photograph of this, परिदृश्य। 3. a view of a constantly changing scene of events, परिदृश्य।

**panoramic** (पैन्-ॲ-रैम्´-इक्) ***adj.*** having the nature of a panorama, परिदृश्यपरक, विशाल; panoramic view, विशाल दृश्य; panoramic camera, विशालदर्शी कैमरा।

**panpipes** (पैन्´-पाइप्स्) ***n.*** (plu.) a primitive musical instrument, बाँसुरी की तरह का पुराना बाजा।

**pansy** (पैन्´-ज़ी) ***n.*** 1. a garden plant, पैंज़ी। 2. an effeminate man, स्त्रियों की-सी शक्ल-सूरतवाला व्यक्ति, पौरुषहीन पुरुष।

**pant** (पैन्ट्) ***v.*** 1. to breathe rapidly and heavily, हाँफना। 2. to utter breathlessly, हाँफते हुए (कुछ) कहना। 3. to be extremely eager, बेताब होना, छटपटाना। 4. to smoke in loud puffs, लंबे कश लेना। 5. to throb, धड़कना। ***n.*** 1. the act or instance of panting, हँफनी। 2. extreme eagerness, बेताबी, छटपटाहट।

**pantaloons** (पैन्-टॅ-लून्ज़्´) ***n.*** (plu.) men's trousers, पैंट, पतलून।

**pantheism** (पैन्´-थी-इज़्-ॲम्) ***n.*** the belief that God is everywhere and everything is God, सर्वेश्वरवाद।

**pantheist** (पैन्´-थी-इस्ट्) ***n.*** a believer in pantheism, सर्वेश्वरवादी।

**pantheistic** (पैन्-थी-इस्´-टिक्) ***adj.*** of or pertaining to pantheism, सर्वेश्वरवादी।

**pantheon** (पैन्´-थी-ऑन्) ***n.*** a temple for

all the gods, सर्वधर्म देवालय, देवमंदिर।

**panther** (पैन्´-थॅ:) ***n.*** a large wild cat, तेंदुआ।

**pantheress** (पैन्´-थॅ-रिस्) ***n.*** she-panther, तेंदुई, मादा तेंदुआ।

**pantherine** (पैन्´-थॅ-राइन्) ***adj.*** like panther, तेंदुए-जैसा।

**panties** (पैन्´-टीज़्) ***n.*** (plu.) short underpants for women or children, जाँघिया।

**pantile** (पैन्´-टाइल्) ***n.*** a curved roof tile, खपड़ा, खपरैल।

**pantomime** (पैन्´-टॅ-माइम्) ***n.*** a type of theatrical entertainment, in which bodily movements in place of words, are the means of expression, मूक अभिनय। ***v.*** (pantomimed, pantomiming) to act in pantomime, मूक-अभिनय करना।

**pantry** (पैन्´-ट्री) ***n.*** 1. a small room for storing food, dishes etc., रसोई-भंडार, भंडारगृह। 2. a large cupboard for keeping food etc., रसोई का सामान रखने की आलमारी।

**pantryman** (पैन्´-ट्री-मॅन्) ***n.*** a cook, रसोइया।

**pants** (पैन्ट्स्) ***n.*** (plu.) 1. trousers, पैंट। 2. underpants, जाँघिया, कच्छा। □ **pants off,** उबा देना।

**pap** (पैप्) ***n.*** soft and easily digestible food, दलिया, लपसी आदि।

**papa** (पॅ-पा´, पा´-पॅ) ***n.*** father, पापा, पिताजी।

**papacy** (पे´-पॅ-सी) ***n.*** 1. office or term of office of Pope, पोप का पद या शासनकाल। 2. the system of government in which Pope is head, पोपतंत्र।

**papal** (पे´-पॅल्) ***adj.*** of Pope or papacy, पोप-संबंधी, पोपीय।

**papaya** (पॅ-पा´-यॅ) ***n.*** a plant and its fruit, पपीता।

**paper** (पे´-पॅ:) ***n.*** 1. a material used for writing, काग़ज़। 2. a newspaper, समाचार-पत्र, अख़बार। 3. an essay, निबंध; He read a paper on music, उसने संगीत पर एक निबंध पढ़ा। 4. a research paper, शोधपत्र। 5. a question paper, प्रश्नपत्र। 6. (plu.) documents, काग़ज़-पत्र, दस्तावेज। □ **on paper,** लिखत में। ***adj.*** 1. made of paper, काग़ज़ी। 2. artificial, कृत्रिम, काग़ज़ी। ***v.*** 1. to cover with wall paper, (दीवार पर) काग़ज़ लगाना, काग़ज़ मढ़ना। 2. to wrap in a sheet of paper, काग़ज़ में लपेटना।

**paperback** (पे´-पॅ:-बैक्) ***n.*** a book with a flexible paper binding, ऐसी पुस्तक जिसकी जिल्द काग़ज़ या कार्डबोर्ड की हो, पेपरबैक।

**paperboy** (पे´-पॅ:-बॉइ) ***n.*** a boy who delivers newspapers, घर-घर अख़बार पहुँचानेवाला, अख़बारवाला।

**paper hanger** (पे´-पॅ:-हैंग्´-अॅ:) ***n.*** one who covers walls with wall paper, दीवारों पर वालपेपर चिपकानेवाला।

**paper pulp** ***n.*** pulp used in manufacturing paper, लुगदी।

**paper tiger** ***n.*** one who looks ferocious but is not really so, क़ाग़ज़ी शेर, मिट्टी का शेर।

**paperweight** (पे´-पॅ:-वे़ट्) ***n.*** a small heavy object to keep papers in place, दाब।

**paperwork** (पे´-पॅ:-व़:क्) ***n.*** clerical work, काग़ज़ी कार्रवाही।

**papery** (पे´-पॅ-री) ***adj.*** like paper, काग़ज़ी, पतला और मुलायम।

**papier-mache** (पे-पॅ:-मॅ-शे´) ***n.*** 1. paper pulp, लुगदी। 2. any object made of papier-mache, लुगदी से बना सामान। (फ्रांसीसी)

**papist** (पे´-पिस्ट्) ***n.*** a Roman Catholic, रोमन कैथोलिक (उपेक्षासूचक)।

**paprika** (पै´-प्रि-कॅ, पै-प्री´-कॅ) ***n.*** powder of red pepper, पीसी हुई लाल मिर्च।

**papyrus** (पॅ-पाइ´-रॅस्) ***n.*** 1. a reed like plant, एक प्रकार का सरकंडा। 2. paper made of it, उक्त से बना काग़ज़।

**par** (पा:) ***n.*** 1. normal average, सामान्य औसत। 2. face value, अंकित मूल्य। □ **above par,** बाज़ार भाव से ऊपर; **at par,** बाज़ार भाव या अंकित मूल्य पर; **below par,** बाज़ार भाव से नीचे; **on par with,** बराबरी पर, एक समान।

**parable** (पैर्´-अॅ-बॅल्) ***n.*** 1. a moral story,

नीति-कथा, शिक्षाप्रद कथा। 2. spiritual truth, आध्यात्मिक सत्य।

**parabola** (पॅ-रैब्´-अॅ-लॅ) *n.* (maths.) a curve like path, परवलय।

**parabolic** (पैर्-अॅ-बॉल्´-इक्) *adj.* परवलयिक।

**parachute** (पैर्´-अॅ-शूट्) *n.* 1. an umbrella-shaped device used for descending from the aircraft, हवाई छतरी, पैराशूट। 2. its cloth, उक्त छाते का कपड़ा। *v.* (parachuted, parachuting) to descend or drop by parachute, पैराशूट की सहायता से उतरना या गिराना।

P

**parachutist** (पैर्-अॅ-शूट्-इस्ट्) *n.* one who descends by parachute, हवाई छतरी से उतरनेवाला।

**parade** (पॅ-रेड्´) *n.* 1. a ceremonial public procession, जुलूस। 2. a military display or march, क़वायद, परेड। *v.* (paraded, parading) 1. to march or walk as if in parade, परेड करना, जुलूस निकालना। 2. to exhibit ostentatiously, दिखावा करना, प्रदर्शन करना। □ **on parade,** प्रदर्शनार्थ।

**parade ground** *n.* the ground where soldiers do exercises, परेड ग्रॉउन्ड।

**paradigm** (पैर्´-अॅ-डाइम्/डिम्) *n.* 1. a list of all the inflectional forms of a word, रूप-तालिका। 2. a pattern or example, प्रतिमान, उदाहरण।

**paradigmatic** (पैर्-अॅ-डिग्-मैट्´-इक्) *adj.* exemplary, उदाहरणात्मक।

**paradise** (पैर्´-अॅ-डाइस्/डाइज़्) *n.* 1. heaven, स्वर्ग, बहिश्त, जन्नत। 2. a place of perfect happiness, अत्यंत सुखद स्थल, दिव्यभूमि। 3. a place of perfect beauty, सौंदर्यलोक।

**paradox** (पैर्´-अॅ-डॉक्स्) *n.* a situation that seems contradictory or absurd but that may be true in fact, विरोधाभास।

**paradoxical** (पैर्-अॅ-डॉक्स्´-इ-कॅल्) *adj.* of or relating to a paradox, विरोधाभासी।

**paraffin** (पैर्´-अॅ-फ़िन्) *n.* a white waxy substance obtained from petroleum, मोम।

**paragon** (पैर्´-अॅ-गॉन्) *n.* a model of excellence, आदर्श, प्रतिमान।

**paragraph** (पैर्´-अॅ-ग्राफ़् / ग्रैफ़्) *n.* a distinct subdivision of a chapter, dealing with a particular point, अनुच्छेद, पैरा। *v.* to arrange in paragraphs, पैरों में बाँटना।

**parakeet** (पैर्´-अॅ-कीट्) *n.* a small parrot with a long tail, टुइयाँ।

**parallel** (पैर्´-अॅ-लॅल्) *adj.* 1. (of lines) separated by equal distance at every point, समानांतर, समांतर। 2. similar, corresponding, अनुरूप, तुल्य। *n.* 1. a set of parrallel lines, समांतर रेखाएँ। 2. similarity, अनुरूपता। 3. comparison, तुलना। 4. any of the imaginary lines parallel to the equator, अक्षांश। *v.* (parallelled, parallelling) 1. to be parallel to, समांतर होना। 2. to be equal, समान होना। 3. to compare, तुलना करना।

**parallelism** (पैर्´-अॅ-लॅल्-इज़्-अॅम्) *n.* 1. the state of being parallel, समांतरता। 2. close resemblance, सटीक अनुरूपता।

**parallelogram** (पैर्-अॅ-लॅल्´-अॅ-ग्राम्/ग्रैम्) *n.* a four-sided figure having the opposite sides parallel and equal, समांतर चतुर्भुज।

**paralyse, paralyze** (पैर्´-अॅ-लाइज़्) *v.* 1. to be affected with paralysis, लकवा मार जाना। 2. to bring to a standstill, ठप कर देना।

**paralysis** (पॅ-रैल्´-इ-सिस्) *n.* 1. loss of ability to move a part of the body, लकवा, पक्षाघात। 2. cessation of activity, ठप हो जाना।

**paralytic** (पैर्-अॅ-लिट्´-इक्) *adj.* & *n.* affected with paralysis, लकवे से पीड़ि(त) (व्यक्ति)।

**paramedical** (पै-रॅ-मॅड्´-इ-कॅल्) *adj.* assisting medical professionals, चिकित्सक सहायक।

**parameter** (पॅ-रैम्´-इ-टॅः) *n.* (maths.) constant factor, पैरामीटर, प्राचल।

**paramilitary** (पॅर्-अॅ-मिल्´-इ-टॅ-री) *adj.* assisting armed services, सेना-सहायक

**paramount** (पैर्´-अॅ-माउन्ट्) *adj.* suprem

सर्वोपरि, परमोच्च।

**paramour** (पैर्´-अॅ-मु:) *n.* a lover, प्रेमी या प्रेमिका, यार या रखैल।

**paranoia** (पैर्-अॅ-नॉइ´-अॅ) *n.* 1. a mental disorder characterised by delusions, भ्रांतिरोग, व्यामोह। 2. a tendency to mistrust others, दूसरों पर अविश्वास करने की प्रवृत्ति।

**paranoiac** (पैर्-अॅ-नॉइ´-इक्) *adj.* suffering from paranoia, भ्रांति रोग से पीड़ित।

**paranoid** (पैर्´-अॅ-नॉइड्) *n.* a person suffering from paranoia, भ्रांति रोग से पीड़ित।

**parapet** (पैर्´-अॅ-पिट्) *n.* 1. a low wall along the edge of a roof, मुँडेर। 2. an embankment, बंधा, रक्षाभित्ति।

**paraphernalia** (पैर्-अॅ-फ़:-नेल्´-यें) *n.* 1. personal belongings, वैयक्तिक सामान, लवाज़मा। 2. the articles used in an activity, साज-सामान, साज, सज्जा।

**paraphrase** (पैर्´-अॅ-फ़्रेज़्) *v.* to express a passage in other words, पदच्छेद करना, भावानुवाद करना। *n.* rewording in this way, पदच्छेद।

**paraplegia** (पैर्´-अॅ-प्ली´-जि-अॅ) *n.* paralysis of the lower half of the body, कमर से निचले हिस्से का लकवा।

**paraplegic** (पैर्-अॅ-प्ली´-जिक्) *adj.* of paraplegia, लकवे से संबद्ध।

**parapsychology** (पैर्-अॅ-साइ-कॉल्´-अॅ-जी) *n.* the study of telepathy and clairvoyance, परा-मनोविज्ञान।

**parasite** (पैर्´-अॅ-साइट्) *n.* 1. an organism that lives on another organism, परजीवी। 2. a person who lives at the expense of others, परजीवी।

**parasitic** (पैर्-अॅ-सिट्´-इक्) *adj.* living at the expense of others, परजीवी।

**parasitical** (पैर्-अॅ-सिट्´-इ-कॅल्) *adj.* = parasitic.

**parasol** (पैर्´-अॅ-सा:ल्) *n.* a light umbrella, छोटा छाता।

**parathyroid** (पैर्-अॅ-थाइ´-रॉइड्) *n.* the gland adjacent to the thyroid, परावटु, पैराथाइरॉयड।

**paratrooper** (पैर्´-अॅ-ट्रूप्-अॅ:) *n.* a soldier equipped to parachute, छतरी सैनिक।

**paratroops** (पैर्´-अॅ-ट्रूप्स्) *n.* (plu.) troops equipped to parachute, छतरी सेना।

**paratyphoid** (पैर्-अॅ-टाइ´-फ़ॉइड्) *n.* a fever resembling typhoid, एक प्रकार का आंत्रज्वर, परा-आंत्रज्वर।

**parboil** (पा:´-बॉइल्) *v.* (parboiled, parboiling) to boil briefly, हलका उबाला देना।

**parboiled rice** *n.* a kind of rice, भुजिया चावल।

**parcel** (पा:´-सॅल्) *n.* 1. a package, पार्सल। 2. a piece of land, भूखंड। *v.* (parceled/parcelled, parceling/parcelling) 1. to make a parcel of, पार्सल बनाना। 2. to divide into portions, विभक्त करना, बाँटना।

**parch** (पा:च्) *v.* 1. to dry up, सुखा देना या सूख जाना। 2. to roast, भूनना। 3. to make thirsty, प्यास लगाना, प्यासा बना देना।

**parchment** (पा:च्´-मॅन्ट्) *n.* 1. the skin of a sheep used for manuscripts, चर्मपत्र, चमड़ा-कागज़। 2. a manuscript, पांडुलिपि। 3. a kind of paper, एक तरह का कागज़।

**pardon** (पा:´-डॅन्) *v.* to forgive, क्षमा करना, माफ़ कर देना। *n.* forgiveness, क्षमा, माफ़ी; I beg your pardon. कृपया क्षमा करें।

**pardonable** (पा:´-डॅ-नॅ-बॅल्) *adj.* that can be pardoned, क्षमा-योग्य, क्षम्य।

**pardoner** (पा:´-डॅ-नॅ:) *n.* one who releases from punishment, क्षमाकर्ता, क्षमाशील।

**pare** (पेंअॅ:) *v.* 1. to peel, छिलका उतारना, छीलना। 2. to cut (nails, नाख़ून) कतरना, काटना। 3. to reduce little by little, धीरे-धीरे कम करना, घटाते चलना।

**parent** (पेंअॅर्´-अॅन्ट्) *n.* 1. a father or mother, माता या पिता। 2. a source, origin, मूल, उद्गम; parent company, मूल कंपनी। 3. (plu.) father and mother, माता-पिता, माँ-बाप।

**parentage** (पेंअॅर्´-अॅन्-टिज्) *n.* 1. parenthood, जनक या जननी होने का भाव, जनकता। 2. origin, बाप-दादा आदि पूर्वज। 3. lineage,

वंश, वंशानुक्रम। 4. birth, जन्म, पैदाइश।

**parental** (पॅ-रॅन्´-टॅल्) ***adj.*** of parents, माता-पिता-संबंधी, पैतृक।

**parenthesis** (पॅ-रॅन्´-थि-सिस्) ***n.*** 1. either of a pair of characters ( ), कोष्ठक के दो चिह्नों में से कोई एक। 2. a word, phrase or sentence placed in brackets, कोष्ठक में रखा हुआ शब्द या वाक्य।

P

**parenthetic** (पैर्-अॅन्-थेंट्´-इक्) ***adj.*** of parenthesis, कोष्ठकीय।

**parenthood** (पेंअॅर्´-अॅन्ट्-हुड्) ***n.*** the state of being a parent, जनकता।

**paresis** (पॅ-री´-सिस्) ***n.*** partial paralysis, आंशिक पक्षाघात।

**par excellence** ***adv.*** beyond comparison, सबसे बढ़कर।

**pariah** (पॅ-राइ´-अॅ) ***n.*** a social outcaste, अछूत, छोटी जाति का व्यक्ति।

**parietal** (पॅ-राइ´-अॅ-टॅल्) ***adj.*** of the wall of the body or cavity, पार्श्विक।

**paring** (पेंअॅर्´-इंग्) ***n.*** a piece or part pared off, छिलका, छीलन।

**parish** (पैर्´-इश्) ***n.*** 1. a subdivision of a diocese, पल्ली। 2. the people of a parish, पल्ली के निवासी।

**parishioner** (पॅ-रिश्´-अॅ-नॅ:) ***n.*** a member of a particular parish, पल्लीवासी।

**parish priest** ***n.*** the priest of a parish church, पल्ली-पुरोहित।

**Parisian** (पॅ-रिज़्´-इ-अॅन्) ***n.*** a native of Paris, पेरिसवासी। ***adj.*** of Paris, पेरिस-संबंधी।

**parity** (पैर्´-इ-टी) ***n.*** 1. equality, बराबरी, साम्य। 2. amount of foreign currency equal to a specific sum of domestic currency, तुल्यराशि।

**park** (पा:क्) ***n.*** 1. a ground or garden for public recreation, सार्वजनिक उद्यान, पार्क। 2. a playing field, खेल का मैदान। ***v.*** to place and leave a car, scooter etc. temporarily, थोड़ी देर के लिए गाड़ी, स्कूटर आदि कहीं ठहराना और छोड़ देना।

**parkinson's disease** (पा:´-किन्-सॅन्ज़्-डि-सीज़्) ***n.*** a disease of the nervous system characterized by muscular tremor, काँपा, कँपनी, झूलन रोग।

**parlance** (पा:´-लॅन्स्) ***n.*** 1. a particular manner of speaking, बोल-चाल, बात-चीत का ढंग, वाग्व्यवहार। 2. language, भाषा। □ **in common parlance,** बोल-चाल में।

**parley** (पा:´-ली) ***n.*** a discussion between opponents so as to make peace, संधिवार्ता। ***v.*** to hold a parley, संधिवार्ता करना।

**parliament** (पा:´-लॅ-मॅन्ट्) ***n.*** the national legislative assembly, संसद्, पार्लियामेंट।

**parliamentarian** (पा:-लॅ-मॅन्-टेंअॅर्´-इ-अॅन्) ***n.*** 1. a person skilled in parliamentary business, संसदीय विधान का ज्ञाता। 2. a member of parliament, संसद् सदस्य, सांसद।

**parliamentary** (पा:-लॅ-मॅन्´-टॅ-री) ***adj.*** of or pertaining to a parliament, संसद्-संबंधी, संसदीय।

**parlour, parlor** (पा:´-लॅ:) ***n.*** 1. a room in a house for entertaining visitors, बैठक, आगत-कक्ष। 2. an establishment for a particular business, पार्लर, कक्ष।

**parlour game** ***n.*** an indoor game, घरेलू खेल।

**parlous** (पा:´-लॅस्) ***adj.*** 1. dangerous, भयंकर, भयावह। 2. difficult, मुश्किल, कठिन।

**parochial** (पॅ-रो´-कि-अॅल्) ***adj.*** 1. of or pertaining to a parish, पल्ली-संबंधी। 2. local, स्थानीय। 3. narrow, limited, संकीर्ण।

**parochialism** (पॅ-रो´-कि-अॅ-लिज़्-अॅम्) ***n.*** narrow mindedness, संकीर्णता।

**parodist** (पॅ-रो´-डिस्ट्) ***n.*** well-versed in making parodies, पैरोडीकार।

**parody** (पैर्´-अॅ-डी) ***n.*** a satirical imitation of a well-known literary work, पैरोडी। ***v.*** (parodied, parodying) to compose a parody of, पैरोडी करना।

**parole** (पॅ-रोल्´) ***n.*** 1. release of a prisoner from a prison on condition of good behaviour, जेल से क़ैदी की सशर्त रिहाई, पैरोल। 2. a conditional release before termination of period of imprisonment, क़ैदी की अवधि समाप्त होने से पूर्व सशर्त रिहाई; उक्त अवधि के दौरान किसी विशेष समय के लिए रिहाई। 3. a promise, वचन। □ **on parole,** पैरोल पर; **break one's parole,** वचन भंग करना। *v.* (paroled, paroling) to release on parole, पैरोल पर रिहा करना।

**paroxysm** (पैर्´-ऑक्-सिज़्-ऑम्) *n.* 1. a sudden attack of a disease, दौरा। 2. a sudden outburst of emotion, भावावेश।

**parquet** (पा:-के´) *n.* a wooden flooring, काठ का फ़र्श, लकड़ी का फ़र्श।

**parquetry** (पा:´-कि-ट्री) *n.* a pattern of inlaid pieces of wood, लकड़ी के टुकड़ों की जड़ाई का ढंग।

**parricide** (पैर्´-इ-साइड्) *n.* 1. an act of killing one's parent, माता या पिता की हत्या। 2. one who kills his or her parent, माता या पिता का हत्यारा, मातृहंता या पितृहंता।

**parrot** (पैर्´-अॅट्) *n.* a bird with a short hooked bill, तोता। *v.* 1. to imitate without understanding, बिना समझे नकल करना। 2. to repeat mechanically, यंत्रवत् दोहराना, रटना।

**parrotry** (पैर्´-अॅट्-री) *n.* mechanical repetition, तोते की-सी रट, रटन।

**parry** (पैर्´-ई) *v.* (parried, parrying) 1. to ward off, (वार) बचा जाना। 2. to evade, टाल देना, किनारा कर जाना।

**parse** (पा:ज़्/पा:स्) *v.* (parsed, parsing) to give grammatical details of a word or phrase, शब्द या पद का परिचय देना।

**parsing** (पा:´-ज़िंग्) *n.* grammatical details about a word or phrase, पद-परिचय।

**parsimonious** (पा:-सि-मो´-नि-अॅस्) *adj.* stingy, कंजूस।

**parsimony** (पा:´-सि-मॅ-नी) *n.* stinginess, कंजूसी।

**parsley** (पा:स्´-ली) *n.* a garden plant and its leaves, अजमोद, अजवायन।

**parsnip** (पा:स्´-निप्) *n.* a plant and its edible root, चुकंदर।

**parson** (पा:´-सॅन्) *n.* a parish priest, पल्ली-पुरोहित।

**parsonage** (पा:´-सॅ-निज्) *n.* a residence of a parson, पुरोहिताश्रम।

**part** (पा:ट्) *n.* 1. a piece, portion or division, भाग, हिस्सा। 2. a bit, टुकड़ा। 3. a component of a machine, पुर्ज़ा। 4. an actor's role, भूमिका, रोल। 5. duty, कर्तव्य, फर्ज़। 6. a side in an agreement or dispute, पक्ष। 7. (plu.) a territory, भूभाग। □ **for my part,** मेरी ओर से; **for the most part,** सामान्यत:; **in part,** आंशिक रूप से; **on the part of,** की ओर से; **part and parcel of,** का अनिवार्य अंग; **play a part,** योगदान करना; **take part in,** हिस्सा लेना, भाग लेना, सम्मिलित होना। *v.* 1. to divide into separate parts, विभक्त करना। 2. to keep apart, अलग-अलग करना। 3. to break, टुकड़े करना। 4. to distribute, वितरण करना, बाँटना। 5. to do away, विदा या अलग होना, चले जाना। □ **part company,** अलग हो जाना, साथ छोड़ देना; **part with,** स्वत्व छोड़ देना, सौंप देना, त्याग देना। *adv.* partly, अंशत:। *adj.* partial, आंशिक; part payment, आंशिक भुगतान।

**partake** (पा:-टेक्´) *v.* (partook, partaken, partaking) to participate, सम्मिलित/शरीक होना, शिरकत करना।

**Parthian shot** (पा:´-थि-अॅन्-शॉट्) *n.* a sharp or hostile remark delivered while departing, विदाई के समय कहा जानेवाला कटु वचन।

**partial** (पा:´-शॅल्) *adj.* 1. relating to only a part, आंशिक। 2. incomplete, अधूरा, अपूर्ण, खंड; partial eclipse, खंडग्रास। 3. biased, पक्षपातपूर्ण। 4. particularly fond, चहेता, विशेष ग्राहक। □ **be partial to,** विशेष रूप से चाहना, तरफ़दारी करना।

**partiality** (पा:-शि-ऐल्´-इ-टी) *n.* 1. bias, पक्षपात, तरफ़दारी। 2. a strong liking, चाहत, बेहद पसंदगी।

**partially** (पा:´-शॅ-ली) *adv.* 1. partly, अंशत:। 2. with bias, पक्षपातपूर्वक।

**participant** (पा:-टिस्´-इ-पॅन्ट्) *n.* one who

participates, सहभागी, भागीदार।

**participate** (पा:-टिस्´-इ-पेट्) *v.* (participated, participating) to take part in something, सम्मिलित या शामिल होना, शिरकत करना।

**participation** (पा:-टिस्-इ-पे´-शॅन्) *n.* the act of participation, or the state of being participated, सम्मिलन, शिरकत, भाग लेना, सहभागिता।

P

**participial** (पा:-टि-सिप्´-इ-अॅल्) *adj.* of a participle, कृदंतीय।

**participle** (पा:´-टि-सिप्-अॅल्) *n.* a word formed from a verb, कृदंत।

**particle** (पा:´-टि-कॅल्) *n.* 1. a very small piece or part, कण, ज़र्रा। 2. the smallest possible amount, लवलेश। 3. (gram.) a short and undeclinable part of speech, निपात।

**particular** (पॅ:-टिक्´-यॅ-लॅ:) *adj.* 1. separate and distinct from others, विशिष्ट, विशेष, ख़ास। 2. careful, सतर्क, सावधान, जागरूक। ☐ **in particular,** विशेष रूप से। *n.* (plu.) details, ब्योरा, विवरण, तफ़सील।

**particularity** (पॅ:-टिक्-यॅ-लैर्´-इ-टी) *n.* characteristic quality, विशिष्टता, विशेषता।

**particularization** (पॅ:-टिक्-यॅ-लॅ-रॅ-ज़े´-शॅन्) *n.* the act of particularizing, विशिष्टीकरण।

**particularize** (पॅ:-टिक्´-यॅ-लॅ-राइज़्) *v.* (particularized, particularizing) 1. to give particulars, विवरण या ब्योरा देना। 2. to state in detail, विस्तारपूर्वक कहना, विस्तार से कहना।

**parting** (पा:´-टिंग) *n.* 1. separation, अलगाव, विभाजन, पृथक्करण। 2. a departure or leave-taking, विदा, रुख़स्त। 4. death, मृत्यु। *adj.* 1. dividing, अलग करनेवाला, पृथक्कर। 2. departing, विदा होनेवाला। 3. of the time of parting, विदा के समय का।

**partisan** (पा:´-टि-ज़ॅन्) *n.* 1. a strong supporter, घोर या कट्टर समर्थक। 2. a guerilla, गुरिल्ला।

**partisanship** (पा:´-टि-ज़ॅन्-शिप्) *n.* strong support, घोर समर्थन, अंधभक्ति।

**partition** (पा:-टिश्´-अॅन्) *n.* 1. division into parts, विभाजन, बँटवारा। 2. a structure that divides (a room, कमरे को) बाँटनेवाला पर्दा, दीवार आदि। *v.* (partitioned, partitioning) 1. to divide, विभाजन या बँटवारा करना। 2. to divide by a partition, आड़ या व्यवधान खड़ा करना।

**partitioned** (पा:-टिश्´-अॅन्ड्) *adj.* divided into parts, विभाजित।

**partitive** (पा:´-टि-टिव्) *adj.* 1. dividing, विभाजक। 2. involving only a part of a whole, अंशबोधक।

**partly** (पा:ट्´-ली) *adv.* in part, not fully or completely, कुछ अंशों में, अंशत:।

**partner** (पा:ट्´-नॅं:) *n.* 1. a companion, खेल का साथी, गुइयाँ। 2. one of a pair of dancers, भागीदार, जोड़ीदार। 3. a member of a partnership, भागीदार, सहभागी, साझेदार। *v.* (partnered, partnering) 1. to be a partner, भागीदार बनना। 2. to cause to be a partner, भागीदार बनाना।

**partnership** (पा:ट्´-नॅं:-शिप्) *n.* the relationship of partners, साझा, साझेदारी, भागीदारी।

**part of speech** *n.* (gram.) शब्दभेद।

**partook** (पा:-टुक्´) *v.* p.t. of partake.

**partridge** (पा:´-ट्रिज़्) *n.* a bird of pheasant family, तीतर या चकोर।

**part-time** (पा:ट्-टाइम्´) *adj.* for only a part of the working day, अंशकालिक।

**part-timer** (पा:ट्-टाइ´-मॅं:) one who works for a part of the working day, अंशकालिक कर्मचारी, थोड़े समय के लिए काम करनेवाला।

**parturition** (पा:-ट्यु/च्यु-रिश्´-अॅन्) *n.* the act of giving birth, प्रसव करना, प्रसवन।

**part-way** (पा:ट्´-वे) *adv.* partly, अंश रूप में

**party** (पा:´-टी) *n.* 1. an organized political group, दल, पार्टी। 2. a group, जत्था, टोली 3. a social gathering, सामाजिक गोष्ठी 4. a person entering into a contract पक्ष। 5. a person taking part in a lega[l] proceedings, पक्ष, पार्टी। ☐ **be a party to** का पक्षधर होना। *adj.* of or relating to th[e] party, दलीय, दलगत; party politics, दलग[त]

राजनीति।

**party line** *n.* the policy of a party, दलनीति।

**party spirit** *n.* enthusiasm for one's party, दल-भावना।

**party system** *n.* दल-प्रथा, दल-प्रणाली।

**party wall** *n.* common wall, साँझी दीवार।

**parvenu** (पा:´-वें-नु) *n.* a new rich, नया रईस।

**pas** (पा) *n.* (plu. pas) a step in dancing, नृत्य में भरा हुआ डग।

**paschal** (पैस्´-कॅल्) *n.* of Easter, ईस्टर-संबंधी।

**pasha** (पा´-शॅ) *n.* a title of a high rank Turkish officer, पाशा।

**pass** (पास्/पैस्) *v.* 1. to move or cause to move, to go through, निकलना/निकालना, बीतना/बिताना, गुज़रना/गुज़ारना। 2. to proceed, to go forward or move over, to go beyond, आगे बढ़ना/बढ़ाना, आगे निकल जाना। 3. to go from one person to another, एक हाथ से दूसरे हाथ जाना, हस्तांतरित होना। 4. to run or extend, जाना, निकलना। 5. to happen, होना। 6. to transfer (the ball) to the teammate, (गेंद) अपने साथी की ओर बढ़ाना। 7. to utter or pronounce, कहना, बोलना। 8. to get through the examination, उत्तीर्ण या सफल होना। 9. to transfer, एक से दूसरे के हाथ या अधिकार में जाना, दिया या सौंपा जाना। 10. to examine and approve, जाँचकर पारित करना। 11. to elapse or allow to elapse, समाप्त होना या करना, बीतना या बिताना। 12. to undergo, भुगतना, बर्दाश्त करना। 13. to opt not to use one's right, अधिकार का प्रयोग न करना। ☐ **bring to pass,** (घटित) होने देना; **come to pass,** घटित होना; **pass away,** गुज़र ज़ाना, मर जाना; **pass by,** (i) आगे निकल जाना, (ii) उपेक्षा करना; **pass down,** हस्तांतरित करना, सौंपना; **pass off,** निकल जाना, समाप्त हो जाना; **pass on,** (i) आगे बढ़ना या बढ़ाना, (ii) हस्तांतरण करना, (iii) मर जाना; **pass out,** (i) मूर्च्छित हो जाना, (ii) सैनिक-शिक्षा पूरी करना; **pass over** (i) उपेक्षा करना, (ii) अनदेखी करना; **pass through,** बीच से निकल जाना; **pass up,** निकल जाने देना, चूकना; **pass water,** पेशाब करना। *n.* 1. the act of passing, निकलना, गुज़रना, पार जाना। 2. a narrow passage between mountains, दर्रा। 3. a permit, प्रवेशपत्र, पारपत्र। 4. an attempt, प्रयत्न, प्रयास। 5. a difficult situation, कठिन परिस्थिति। 6. act of giving a ball to a teammate, साथी की ओर गेंद बढ़ाना। 7. to refuse to make a bid, (ताश के खेल में) बोली या हाथ न बोलना। 8. a sexual invitation or overture, काम-संकेत, रति-आमंत्रण।

**passable** (पास्´/पैस्´-अॅ-बॅल्) *adj.* 1. capable of being passed or traversed, गम्य, जाने लायक। 2. fairly good, satisfactory, अच्छा-ख़ासा, संतोषजनक।

**passably** (पैस्´-अॅ-ब्ली) *adv.* 1. so as to be passable, जाने या पार किए जाने योग्य। 2. fairly, ठीक-ठीक।

**passage** (पैस्´-इज़्) *n.* 1. the act of passing, गमन, पारण। 2. a path, रास्ता, मार्ग, पथ। 3. a corridor, गलियारा। 4. a journey by sea or air, समुद्री या हवाई यात्रा। 5. the right to travel, पारण-अधिकार, मार्गाधिकार। 6. passenger accommodation on a ship, जहाज़ में प्राप्त स्थान या सीट। 7. a brief portion of a speech or written work, लेखांश, उद्धरण, अंश। 8. the enactment of law, विधायन। 9. that which takes place between persons mutually, हाथापाई, झगड़ा आदि। *v.* (passaged, passaging) 1. to make a journey, यात्रा करना। 2. to take part in a fight or quarrel, लड़ना, झगड़ना।

**passage way** *n.* a corridor, गलियारा।

**passbook** (पास्´-बुक्, पैस्´-बुक्) *n.* a small book given to a customer by the bank in which account is maintained, पासबुक।

**passe** (पा´-से, पै-से´) *adj.* no longer fashionable, प्रचलन से बाहर, दकियानूसी।

**passenger** (पैस्´-अॅन्-जॅ:) *n.* a person travelling in a vehicle, यात्री या सवारी, यात्री गाड़ी।

**passenger train** *n.* a train that carries passengers, सवारी गाड़ी।

**passer-by** (पैस्´-अॅ:-बाइ) *n.* a person who

P

happens to pass by, राहचलता, बटोही।

**passim** (पैस्´-इम्) *adv.* 1. frequently, बहुधा, प्राय:। 2. in various parts, अनेक स्थलों पर।

**passing** (पास्´/पैस्´-इंग्) *adj.* 1. of brief duration, अल्पकालिक, क्षणिक। 2. casual, आकस्मिक। *n.* 1. the act of going, गमन। 2. death, मृत्यु। ☐ **in passing,** by the way, यों ही, ऐसे ही।

P

**passing-bell** *n.* a bell tolled to indicate death, शोकसूचक घंटा।

**passion** (पैश्´-ॲन्) *n.* 1. strong emotion, आवेश, भावावेश, भावावेग, राग। 2. ardent love, उत्कट प्रेम, दीवानगी, दीवानापन। 3. sexual love, कामवासना, कामुकता। 4. great enthusiasm, उमंग, जोश।

**passionless** (पैश्´-ॲन्-लिस्) *adj.* without passion, निरावेश, निरावेग, रागविहीन।

**passionate** (पैश्´-ॲ-नॅट्) *adj.* 1. full of passion, exhibiting intense sexual feeling, कामोत्तेजित। 2. characterized by strong emotion, भावविह्वल। 3. quick-tempered, चिड़चिड़ा, क्रोधी।

**passionately** (पैश्´-ॲ-नॅट्-ली) *adv.* 1. lustfully, कामुकतापूर्वक। 2. with enthusiasm, उत्साहपूर्वक, जोश से।

**passive** (पैस्´-इव्) *adj.* 1. not active, अक्रिय, निष्क्रिय। 2. not resisting, प्रतिरोध-विहीन। 3. denoting the voice of verbs in sentences in which the subject of the sentence receives the action, कर्मवाचक। *n.* the passive voice, कर्मवाच्य।

**passive resistance** *n.* resistance to a government without violence, सत्याग्रह।

**passivity** (पै-सिव्´-इ-टी) *n.* the state or quality of being passive, अक्रियता, निष्क्रियता।

**passkey** (पास्´/पैस्´-की) *n.* 1. a key, ताली, कुंजी। 2. a master key, मास्टर कुंजी।

**Passover** (पास्´/पैस्´-ओ-वॅः) *n.* a Jewish festival, यहूदियों का एक उत्सव, जिसे वे मुक्ति-दिवस के रूप में मनाते हैं।

**passport** (पास´-पोःट्, पैस्´-पोःट्) *n.* a document granting permission to travel abroad, पासपोर्ट, पारपत्र।

**password** (पास्´-व़ःड्, पैस्´-व़ःड्) *n.* a secret word (to distinguish friend from enemy), संकेत शब्द।

**past** (पास्ट्/पैस्ट्) *adj.* 1. of a former time, भूतकालिक, बीते हुए समय से संबद्ध, गत, भूतपूर्व। 2. immediately preceding, गत, पिछला। 3. having served formerly, भूतपूर्व, निवर्तमान, निवृत। *n.* 1. the past tense, भूतकाल। (gram.) 2. the time before the present, विगत समय। 3. a verb form in the past tense, क्रिया का भूतकालिक रूप। *prep.* 1. beyond in time, के बाद। 2. beyond in place, से आगे। 3. above the reach, limit or scope of, के परे। *adv.* 1. ago, पहले। 2. on or onward, आगे।

**pasta** (पास्´-टॅ, पैस्´-टॅ) *n.* 1. dried paste made of flour in various forms, पास्ता। 2. a dish made with this, पास्ता।

**paste** (पेस्ट्) *n.* 1. dough, गुँधा हुआ आटा, बेसन आदि। 2. dough like smooth-textured substance, लेई, पीठी आदि, पेस्ट। 3. moistened clay, (बर्तन बनाने की) गीली मिट्टी। *v.* 1. to cause to adhere by applying paste, लेई से चिपकाना। 2. to punish, दंडित करना।

**paste board** (पेस्ट्´-बोःड्) *n.* a board made of sheets pasted together, कागज़ के तावों को परस्पर चिपकाकर बनाई हुई दफ़्ती, जोड़-दफ़्ती।

**pastel** (पैस्´-टॅल्) *n.* a coloured pencil, रंगीन पेंसिल।

**pastern** (पैस्´-टॅःन्) *n.* the part of a horse's foot between the fetlock and the hoof, (घोड़े का) टखना, गमची।

**pasteurization** (पैस्-चॅ-राइ/री-ज़े´-शॅन्) *n.* a method of destroying bacteria by heating (milk) to a certain temperature and then cool it, (दूध आदि को) कीटाणु-विहीन करना।

**pasteurize** (पैस्´-चॅ-राइज़्) *v.* to subject to pasteurization, कीटाणुविहीन करना, निष्कीटन करना।

**pastiche** (पै-स्टीश्´) ***n.*** a literary or artistic composition made up of bits from various sources, मिश्रित रचना।

**pastille** (पै-स्टील्´) ***n.*** a candy for sucking, चूसने की टिकिया।

**pastime** (पास्´-टाइम्, पैस्´-टाइम्) ***n.*** an activity that occupies one's time pleasantly, खेल, क्रीड़ा, मनोरंजन।

**pastmaster** (पास्´-मा-स्टॅ:, पैस´-मैस्-टॅ:) ***n.*** an expert, विशेषज्ञ।

**pastor** (पास्´/पैस्´-टॅ:) ***n.*** a priest in charge of a congregation, पल्ली-पुरोहित।

**pastoral** (पास्´/पैस्´-टॅ-रॅल्) ***adj.*** 1. of pasture, चरागाह-संबंधी, चरागाही। 2. of pastoralist, चरवाहे का, ग्वाल-संबंधी। 3. of rural life, ग्राम्य, ग्रामीण। 4. of a pastor, पुरोहितीय। ***n.*** a poem, picture etc., depicting rural life, ग्राम्यकाव्य, ग्राम्यचित्र।

**past participle** ***n.*** a form of verb modifying a noun, भूतकृदंत।

**past perfect** ***n.*** a tense expressing action completed before a given time, पूर्ण भूतकाल।

**pastry** (पे´-स्ट्री) ***n.*** a baked paste of flour, पेस्ट्री, मिष्टान्न।

**pasturable** (पास्´-चॅ-रॅ-बॅल्, पैर्स्-चॅ-रॅ-बॅल्) ***adj.*** that can be used for pasture, चरने योग्य (भूमि)।

**pasturage** (पास्´-चॅ-रिज्, पैस्´-चॅ-रिज्) ***n.*** 1. a pasture, चरागाह, चरी। 2. the pasturing of cattle, चराने की क्रिया, चराई। 3. the business of pasturing cattle, पशु चराने का धंधा।

**pasture** (पास्´/पैस्´-चॅ:) ***n.*** 1. a piece of land on which animals graze, चरागाह, गोचर-भूमि। 2. the grass growing on it, चरी, घास।

**pasty** (पे´-स्टी) ***n.*** a pie, गुझिया। ***adj.*** pale, yellow, पीला, ज़र्द।

**pat** (पैट्) ***v.*** (patted, patting) 1. to stroke lightly with the palm of hand, थपथपाना, थपकी देना। 2. to shape with the palm, हाथ से बनाना या ढालना। ***n.*** 1. a light stroke, थपकी। 2. congratulation, शाबाशी। □ **a pat on the back,** पीठ ठोकना। ***adj.*** exactly right, सही, उपयुक्त, अनुकूल। ***adv.*** 1. at once, तुरंत, तत्क्षण। 2. perfectly, पूर्णरूपेण।

**patch** (पैच्) ***n.*** 1. a piece of cloth used to mend a garment, पैबंद, थिगली, चिकत्ती। 2. a piece of land, भूमि का टुकड़ा, भूखंड। 3. a period of time, समय-खंड, अवधि। ***v.*** (patched, patching) to mend a garment with a patch, थिगली/पैबंद लगाना, चकती लगाकर सीना, मरम्मत करना। □ **patch up,** to settle, तय करना, निपटाना।

**P**

**patch work** (पैच्´-व:क्) ***n.*** anything consisting of pieces of various colours, shapes and sizes, पैचवर्क, पैबंदी रचना, जोड़-जाड़।

**patchy** (पैच्´-ई) ***adj.*** 1. having or forming patches, पैबंदों से बना, पैबंदी। 2. not uniform, irregular, असमरूप, अनियमित।

**pate** (पेट्) ***n.*** 1. the head, सिर। 2. the top of the head, खोपड़ी।

**patella** (पॅ-टॅल्´-अॅ) ***n.*** the knee cap, चपनी।

**paten** (पेट्´-अॅन्) ***n.*** a thin plate, तश्तरी।

**patent** (पैट्´-अॅन्ट्, पेट्´-अॅन्ट्) ***n.*** 1. the document granting a sole right to an inventor to make, use or sell his or her product, पेटेंट अधिकार। 2. something that is protected by a patent, पेटेंट। ***adj.*** 1. protected by a patent, पेटेंट द्वारा रक्षित। 2. obvious, स्पष्ट, प्रत्यक्ष। ***v.*** 1. to obtain a patent for, पेटेंट कराना। 2. to grant by patent, पेटेंट कर देना।

**patentee** (पैट्/पेट्-अॅन्-टी´) ***n.*** a person who has been granted a patent, पेटेंटधारी।

**patently** (पे´-टॅन्ट्-ली) ***adv.*** obviously, स्पष्ट रूप से, स्पष्टतया।

**pater** (पे´-टॅ:) ***n.*** a father, पिता, जनक।

**paternal** (पॅ-ट:´-नॅल्) ***adj.*** 1. of a father, related to the father or inherited from the father, पैतृक, पित्रीय। 2. fatherly, पितृसुलभ।

P

**paternal grandfather** ***n.*** पितामह, दादा।

**paternal grandmother** ***n.*** पितामही, दादी।

**paternalism** (पॅ-टः´-नॅं-लिज़्-अॅम्) ***n.*** the practice of treating the people in a fatherly manner, पितृतुल्य व्यवहार, पितृवृत्ति।

**paternally** (पॅ-टः´-नॅं-ली) ***adv.*** in a fatherly way, पितृवत्।

**paternity** (पॅ-टः´-नि-टी) ***n.*** 1. the state of being a father, पितृत्व। 2. origin, उद्गम, स्रोत।

**path** (पाथ्/पैथ्) ***n.*** 1. a way, route or course, पथ, मार्ग, रास्ता। 2. a footpath, पगडंडी। 3. a course of action, कार्य-प्रणाली, कार्यविधि। □ **beat a path,** रास्ता बनाना; **cross somebody's path,** रास्ते में अचानक किसी का मिल जाना; **stand in somebody's path,** किसी के काम में बाधक होना।

**pathetic** (पॅ-थॅट्´-इक्) ***adj.*** 1. arousing pity, moving, करुणाजनक, दयनीय। 2. inadequate, अपर्याप्त, कम, नाकाफ़ी।

**pathfinder** (पाथ्´/पैथ्´-फ़ाइन्-डॅः) ***n.*** one who discovers a way, रास्ता खोजनेवाला, पथ-अन्वेषक।

**pathogenic** (पैथ्-अॅ-जॅन्´-इक्) ***adj.*** causing disease, रोगजनक, व्याधिकारक।

**pathological** (पैथ्-अॅ-लॉज्´-इ-कॅल्) ***adj.*** 1. of pathology, व्याधि-विज्ञान-संबंधी। 2. of or concerned with diseases, रोग-जन्य, व्याधिक।

**pathologically** (पैथ्-अॅ-लॉज्´-इ-कॅ-ली) ***adv.*** of or with reference to pathology, व्याधि-विज्ञान की दृष्टि में/से।

**pathologist** (पॅ-थॉल्´-अॅ-ज़िस्ट्) ***n.*** an expert in pathology, रोग-विज्ञानी, व्याधि-विज्ञानी।

**pathology** (पॅ-थॉल्´-अॅ-जी) ***n.*** the scientific study of diseases, रोग-विज्ञान, व्याधि-विज्ञान।

**pathos** (पे´-थॉस्) ***n.*** the quality or power of arousing feelings of pity, करुणभाव, करुण रस।

**pathway** (पाथ्´/पैथ्´-वे) ***n.*** a path, पथ, मार्ग।

**pathy** (पैथ्´-ई) ***n.*** a system of treating diseases, उपचार-विधि।

**patience** (पे´-शॅन्स्) ***n.*** 1. tolerance, composure, धैर्य, सहनशीलता, सहिष्णुता। 2. the power to bear pain etc., without complaining, सहनशीलता, सहनशक्ति। 3. a card game for one player, solitaire, ताश का ऐसा खेल जिसे एक ही व्यक्ति अकेला खेलता है।

**patient** (पे´-शॅन्ट्) ***adj.*** tolerant, composed, धैर्यवान, सहनशील, सहिष्णु। ***n.*** one under medical treatment, मरीज़, रोगी।

**patiently** (पे´-शॅन्ट्-ली) ***adv.*** with patience, धैर्यपूर्वक।

**patina** (पैट्´-इ-नॅं) ***n.*** 1. crust formed on the surface of old bronze, पुराने ताँबे पर जमनेवाली नीले रंग की पपड़ी। 2. mould, काई या मोरचा।

**patio** (पैट्´-इ-ओ) ***n.*** inner courtyard, आँगन।

**patisserie** (पॅ-टी´-सॅ-री) ***n.*** a shop selling pastries and cakes, पेस्ट्री और केक की दुकान।

**patois** (पैट्´-वा) ***n.*** a dialect, बोली। (फ्रांसीसी)

**patri-** (पेट्´-री) ***prefix.*** meaning father, पितृ।

**patriarch** (पे´-ट्रि-आःक्) ***n.*** 1. the male head of a family or tribe, कुलपिता, मुखिया या सरदार। 2. a bishop of high rank, ईसाई धर्माधिकारी, बिशप। 3. a venerable old man, बुज़ुर्ग।

**patriarchal** (पे-ट्रि-आः´-कॅल्) ***adj.*** 1. ruled by a patriarch, कुलपिता द्वारा शासित, पितृतंत्रात्मक, पितृतंत्रीय। 2. ruled by men, पुरुषतंत्रीय।

**patriarchy** (पे´-ट्रि-आः-की) ***n.*** 1. a form of social system in which a male is the head of the family or tribe, पुरुष प्रधान परिवार का शासन, पितृतंत्र। 2. the government of men, पुरुषों का शासन।

**patrician** (पॅ-ट्रिश्´-अॅन्) ***n.*** an aristocrat, अभिजात। ***adj.*** aristocratic, अभिजात, कुलीन।

**patriciate** (पॅ-ट्रिश्´-इ-एट्) ***n.*** the patrician class, अभिजात वर्ग।

**patricide** (पैट्´-रि-साइड्) ***n.*** 1. the act of killing one's own father, पितृहत्या, पितृघात 2. one who kills one's own father, पित

का हत्यारा, पितृहंता।

**patrimonial** (पैट्-रि-मॅ´-नि-अॅल्) *adj.* hereditary, पैतृक, पुश्तैनी।

**patrimony** (पैट्´-रि-मॅ-नी) *n.* property inherited from one's father, पैतृक संपत्ति।

**patriot** (पै´/पे´-ट्रि-अॅट्) *n.* one who is loyal to one's country, देशभक्त।

**patriotic** (पै´/पे´-ट्रि-अॅ-टिक्) *adj.* inspired by partiotism, देशभक्तिपूर्ण।

**patriotically** (पै´/पे´-ट्रि-अॅ-टि-कॅ-ली) *adv.* in a patriotic manner, देशभक्ति के भाव से।

**patriotism** (पै´/पे´-ट्रि-अॅ-टिज़्-अॅम्) *n.* loyalty towards one's country, देशभक्ति।

**patrol** (पॅ-ट्रोल्´) *v.* (patrolled, patrolling) to walk around and guard, गश्त लगाना। *n.* 1. the act of patrolling, गश्त। 2. one whose duty is to patrol, गश्त लगानेवाला।

**patrol car** *n.* a car that patrols, गश्ती कार।

**patrolman** (पॅ-ट्रोल्´-मॅन्) *n.* a police man who patrols an area, गश्ती सिपाही।

**patron** (पे´-ट्रॅन्) *n.* 1. a protector, helper or benefactor, संरक्षक, आश्रयदाता। 2. a regular customer, नियमित ग्राहक।

**patronage** (पै´/पे´-ट्रॅ-निज्) *n.* 1. support given by a patron, संरक्षण। 2. the status of a patron, संरक्षण। 3. the financial support given to a concern by the customers, प्रश्रय। 4. customers, ग्राहकों का समूह।

**patroness** (पै´/पे´-ट्रॅ-निस्) *n.* a female patron, संरक्षिका।

**patronize, patronise** (पै´/पे´-ट्रॅ-नाइज़्) *v.* 1. to act as a patron toward, संरक्षक की तरह व्यवहार करना। 2. to be a regular customer, नियमित ग्राहक होना। 3. to behave in a condescending way, दया दिखलाना।

**patronizing** (पै´/पे´-ट्रॅ-नाइ-ज़िंग्) *adj.* behaving patronizingly, कृपालु।

**patronymic** (पैट्´-रॅ-निम्-इक्) *n.* a name received from a paternal ancestor, कुलनाम, गोत्र।

**patroon** (पॅ-टून्´) *n.* a feudal landlord, जागीरदार, सामंत।

**patsy** (पैट्´-सी) *n.* one who is victimized, त्रस्त, पीड़ित।

**patter**[1] (पैट्´-अॅ:) *n.* a series of light, rapid taps, खटखट, पटपट, टपटप। *v.* to make a patter, टपटप, खटखट या पटपट करना।

**patter**[2] *n.* 1. the glib, चटर-चटर। 2. a language peculiar to a group, बोली। *v.* to glib, चटर चटर बोलना, जल्दी-जल्दी बोलना।

**pattern** (पैट्´-अॅ:न्) *n.* 1. a model or design according to which something is made, नमूना, प्रतिमान। 2. an excellent example, उत्कृष्ट उदाहरण। 3. sample, बानगी, नमूना। *v.* to make something as per pattern, प्रतिमान के अनुरूप बनाना या रचना करना।

**patty** (पैट्´-ई) *n.* a small pie, छोटी गुजिया।

**paucity** (पा:´-सि-टी, पा:´-सॅ-टी) *n.* scarcity, कमी, अभाव।

**paunch** (पा:न्च्) *n.* a protruding abdomen, तोंद।

**paunchy** (पा:न्´-ची) *adj.* having a protruding abdomen, तोंदवाला, तुंदिल।

**pauper** (पा:´-पॅ:) *n.* a very poor person, कंगाल, अकिंचन।

**pauperism** (पा:´-पॅ:-इज़्-अॅम्) *n.* the quality or state of being a pauper, कंगाली, अकिंचनता।

**pauperize** (पा:´-पॅ-राइज़्) *v.* to make a pauper (of), कंगाल कर या बना देना।

**pause** (पा:ज़्) *v.* (paused, pausing) 1. to suspend an action for a time, रुकना, ठहरना। 2. hesitate, हिचकना। *n.* 1. a temporary stop, विराम, यति। 2. hesitation, हिचक, झिझक।

**pausingly** (पाज़्´-इंग्-ली) *adv.* intermittently, रुक-रुककर।

**pave** (पेव्) *v.* (paved, paving) to cover (a road) with concrete, asphalt, brick etc., (सड़क पर) मिट्टी, सीमेंट, अलकतरा आदि डालकर पक्का बनाना। ☐ **pave the way,** मार्ग प्रशस्त करना।

**pavement** (पेव्´-मॅन्ट्) *n.* 1. a paved surface, पक्का फ़र्श। 2. a raised path at the side of a road for people to walk on, पटरी।

**pavement artist** ***n.*** an artist who makes pictures at a paved surface, पथ-चितेरा, पटरी-चित्रकार।

**pavilion** (पॅ-विल्´-इ-ॲन्) ***n.*** an open structure made for spectators, दर्शक-दीर्घा, दर्शक-मंडप।

P

**paving** (पेव्´-इंग्) ***n.*** 1. a pavement, पटरी। 2. material for a pavement, पटरी पर बिछी हुई ईंटें, पत्थर आदि।

**paw** (पा:) ***n.*** 1. the clawed foot of an animal, पंजा, चंगुल। 2. a person's hand, हाथ। ***v.*** 1. to strike with a paw, पंजा मारना। 2. to handle rudely, मसलना, दुर्दशा कर देना।

**pawn**[1] (पा:न्) ***n.*** anything given as a security, रेहन रखी हुई वस्तु। □ **in pawn,** रेहन रखा हुआ, बंधक। ***v.*** to deposit as a pawn, रेहन या गिरवी रखना, बंधक रखना।

**pawn**[2] ***n.*** 1. the chessman of the smallest size and least value, प्यादा। 2. a person manipulated by another, कठपुतली।

**pawnbroker** (पा:न्´-ब्रो-कॅ:) ***n.*** one who lends money on personal property left as security, गिरवी रखनेवाला, महाजन, साहूकार।

**pawnbroking** (पा:न्´-ब्रो-किंग्) ***n.*** the profession of lending money, गिरवी का काम, महाजनी, साहूकारी।

**pawnee** (पा:-नी´) ***n.*** one who deposits something as security against loan, रेहनदार, गिरवीदार।

**pawn shop** ***n.*** the office of a pawnbroker, महाजनी कोठी।

**pay** (पे) ***v.*** (paid, paying) 1. to give money in turn of goods or services, देना, चुकाना, भुगतान करना। 2. to give or bestow, देना, अर्पित करना। 3. to discharge a debt, ऋण चुकाना, शोधन करना। 4. to be profitable, लाभप्रद होना। 5. to suffer the consequences of, भोगना, बर्दाश्त करना। 6. to yield a return of, प्राप्ति कराना, देना। □ **pay attention,** ध्यान देना; **pay a visit,** भेंट/मुलाकात करने जाना; **pay back,** (i) वापस करना, (ii) बदला चुकाना; **pay for,** का फल भोगना, खामियाज़ा उठाना; **pay in/into,** (बैंक खाते में) जमा करना; **pay off,** (i) दे जाना, (ii) सफल होना; **pay one's respects,** अभिवादन करना, **pay one's way,** अपना गुज़ारा चला लेना; **pay out,** थोड़ा-थोड़ा करके देना; **pay over,** भुगतान करना; **pay up,** (अनिच्छापूर्वक) चुकाना। ***n.*** 1. salary or wages, वेतन, तनख्वाह। 2. payment, भुगतान।

**payable** (पे´-ॲ-बॅल्) ***adj.*** 1. that must be paid, देय, शोध्य। 2. profitable, लाभकर। □ **pay at sight,** प्रस्तुत किए जाने पर देय; **pay to order,** आदेश पर देय।

**pay day** ***n.*** the date on which the salary is disbursed, वेतन-दिवस।

**payee** (पे-ई´) ***n.*** the person to whom the money or cheque should be delivered, पानेवाला, प्रापक, आदाता।

**payer** (पे´-ॲ:) ***n.*** one who pays, दाता, भुगतानकर्ता।

**paying guest** (पे´-इंग्-गेस्ट्) ***n.*** a person who lives in somebody's house and pays for his/her food and lodging, वह व्यक्ति जो किसी के घर में रहता और खाता हो तथा रहने-खाने का भुगतान करता हो, पेइंग गेस्ट।

**paymaster** (पे´-मास्/मैस्-टॅ:) ***n.*** 1. a person in charge of paying wages or salaries, वेतनदाता। 2. a person who pays, देनेवाला, देवाल।

**payment** (पे´-मॅन्ट्) ***n.*** 1. act of paying, भुगतान। 2. the amount paid, प्रदत्त राशि, भुगतान।

**pay-off** (पे´-आ:फ़्) ***n.*** 1. the act of paying wages etc., to employees, कर्मचारियों को किया जानेवाला भुगतान, अदायगी। 2. final settlement, निपटारा, शोधन। 3. revenge, बदला। 4. the climax (of a story, कहानी का) चरमोत्कर्ष। 5. a bribe, घूस, रिश्वत।

**pay-office** (पे´-आफ़्´-इस्) ***n.*** भुगतान-कार्यालय।

**payola** (पे-ओ´-लॅ) ***n.*** a bribe, घूस, रिश्वत।

**pay-order** (पे-आ:´-डॅ:) ***n.*** an order to pay, देयादेश।

**payroll** (पे´-रोल्) ***n.*** a list of employees and wages due to each, वेतन-चिट्ठा, चिट्ठा।

**paysheet** (पे´-शीट्) ***n.*** a payroll, वेतन-चिट्ठा, वेतन-पत्रक, चिट्ठा।

**pea** (पी) ***n.*** a climbing plant and its round edible seeds, मटर।

**peace** (पीस्) ***n.*** 1. freedom from clamour and confusion, शांति। 2. the state of harmony, शांति, अमन। 3. the state of law and order, शांति, अमन। 4. the state of stillness, शांति, नीरवता, चुप्पी। □ **at peace,** शांति से, शांतिपूर्वक; **keep one's peace,** चुप्पी लगाए रखना, मुँह न खोलना; **keep the peace,** शांति बनाए रखना; **peace of mind,** मन की शांति।

**peaceable** (पी´-सॅ-बॅल्) ***adj.*** 1. calm, शांत। 2. inclined towards peace, शांतिप्रिय। 3. peaceful, शांतिपूर्ण, शांतिमय।

**Peace Corps** ***n.*** an organization of volunteers, शांति सेना।

**peaceful** (पीस्´-फ़ुल्) ***adj.*** characterized by peace, शांतिमय।

**peacefully** (पीस्´-फ़ु-ली) ***adv.*** in a peaceful manner, शांतिपूर्वक, शांत भाव से।

**peacemaker** (पीस्´-मे-कॅ:) ***n.*** one who establishes peace, शांतिस्थापक।

**peace negotiation** ***n.*** negotiations for establishing peace, शांतिवार्ता।

**peacetime** (पीस्´-टाइम्) ***n.*** time of peace, शांतिकाल।

**peach** (पीच्) ***n.*** 1. a tree and its edible fruit, आड़ू। 2. a light yellowish pink colour, पीलापन लिये गुलाबी रंग। 3. an attractive young woman, सुंदर युवती, रूपसी। 4. a greatly admired person, प्रशंसनीय व्यक्ति।

**peacock** (पी´-कॉक्) ***n.*** 1. a male crested bird having a fanlike tail, मोर, मयूर। 2. a proud person, घमंडी व्यक्ति।

**peacock blue** ***adj.*** blue like the feathers on a peacock's neck, मोर-जैसा नीला।

**peacock feather** ***n.*** the feather of a peacock, मोरपंख, मोरपंखी।

**pea green** ***adj.*** green like the seeds of pea, मटर-जैसा हरा।

**peahen** (पी´-हॅन्) ***n.*** a female peacock, मोरनी।

**peak** (पीक्) ***n.*** 1. a pointed top of a mountain, चोटी, शिखर। 2. the point of highest value, development etc., चरम बिंदु, पराकाष्ठा, चोटी। □ **at peak hours,** भीड़-भाड़ के समय, व्यस्ततम समय में। ***v.*** to reach a peak, चोटी पर पहुँचना। □ **peak and pine,** (चिंता/दुख के कारण) दुर्बल हो जाना।

**peaked** (पी´-किड्) ***adj.*** pale and sickly, पीतवर्ण तथा रुग्ण।

**peak load** ***n.*** maximum load, चरम भार।

**peaky** (पी´-की) ***adj.*** 1. lean and thin, क्षीणकाय। 2. sick, रुग्ण।

**peal** (पील्) ***n.*** 1. the loud ringing of a bell or bells, घंटे या घंटियों की टनटन, टनटनाहट। 2. a set of bells, घंटे-घंटियाँ। □ **peals of laughter,** ठहाके, अट्टहास; **a peal of thunder,** (मेघ-) गर्जन, गड़गड़ाहट। ***v.*** to sound with peals, ज़ोर-ज़ोर से घंटे-घड़ियाल बजाना।

**peanut** (पी´-नट्) ***n.*** 1. groundnut, मूँगफली। 2. (plu.) a very small amount of money, टुच्ची रकम, अल्प राशि।

**pear** (पिअॅ:) ***n.*** a tree and its fruit, नाशपाती।

**pearl** (प:ल्) ***n.*** 1. a rounded lustrous mass formed inside the shells, मोती; artificial pearl, नकली मोती; cultured pearl, कल्चरी मोती; real pearl, असली मोती। 2. yellowish white, पीलापन लिये सफ़ेद रंग। □ **cast pearls before swine,** किसी व्यक्ति को ऐसी मूल्यवान वस्तु देना जिसकी वह कद्र न जानता हो। ***v.*** (pearled, pearling) to dive for pearls, मोतियों के लिए डुबकी लगाना।

**pearl barley** ***n.*** barley ground into small round grains, जौ की गूरी, मोतिया जौ।

**pearly** (प:´-ली) ***adj.*** 1. decorated with pearls, मोतियों से सज्जित, मुक्ताजड़ित। 2. like pearls, मोती-सा, मोतिया।

**peasant** (पेंज़्´-अॅन्ट्) ***n.*** 1. a farmer, किसान,

खेतिहर। 2. a farm labourer, खेतिहर मज़दूर। 3. an uncultured person, असभ्य व्यक्ति, गँवार।

**peasantry** (पेंज़्´-ॲन्-ट्री) *n.* peasants as class, किसानों का वर्ग, कृषक समुदाय।

**peat** (पीट्) *n.* partially decomposed vegetable matter, (जलावन या खाद के काम आनेवाला) सड़ा-गला घास-पात।

P

**pebble** (पेंब्´-ॲल्) *n.* a small rounded stone, रोड़ी, बजरी। *v.* (pebbled, pebbling) to cover with pebbles, रोड़ी बिछाना।

**peccable** (पेंक्´-ॲ-बॅल्) *adj.* liable to sin, पापोन्मुख।

**peccadillio** (पेंक्´-ॲ-डिल्-ओ) *n.* 1. a petty sin, छोटा-मोटा पाप। 2. a petty offence, छोटा-मोटा अपराध।

**peccant** (पेंक्´-ॲन्ट्) *adj.* breaking a rule, नियम तोड़नेवाला, दोषी।

**peccary** (पेंक्´-ॲ-री) *n.* a pig like animal, सुअर की जाति का एक पशु।

**peck**[1] (पेंक्) *v.* 1. to stroke or kick up with a beak, चोंच मारना, टोंचना। 2. to make a hole with a beak, चोंच से छेद करना। 3. to kiss, चुंबन लेना। *n.* 1. a stroke with the beak, चंचु-प्रहार। 2. a kiss, चुंबन।

**peck**[2] *n.* 1. measure of grain, अन्न की एक तौल। 2. a large number or quantity, ढेरों।

**peckish** (पेंक्´-इश्) *adj.* hungry, भूखा।

**pectin** (पेंक्´-टिन्) *n.* a sugarlike substance found in ripe fruit, पेकटिन।

**pectoral** (पेंक्´-टॅ-रॅल्) *adj.* 1. of chest or breast, छाती-संबंधी, वक्ष-संबंधी। 2. worn on breast, छाती पर पहना जानेवाला।

**peculate** (पेंक्´-यॅ-लेट्) *v.* to embezzle, ग़बन करना, हेराफेरी करना।

**peculation** (पेंक्-यॅ-ले´-शॅन्) *n.* the act of peculating, गबन, हेराफेरी।

**peculiar** (पि-क्यूल्´-इ-ॲ:) *adj.* 1. strange, unusual, विचित्र, अजीब। 2. distinct, विशेष, अनूठा। 3. belonging to a particular person or class, विशिष्ट।

**peculiarity** (पि-क्यूल्-इ-ऐर्´-इ-टी) *n.* 1. strangeness, विचित्रता। 2. distinctness, अनूठापन। 3. a characteristic, विशिष्टता।

**peculiarly** (पि-क्यूल्´-इ-ॲ:-ली) *adv.* 1. in a peculiar way, विचित्र ढंग से। 2. more than usually, असाधारण तरीके से।

**pecuniary** (पि-क्यू´-नि-ॲ-री) *adj.* of or relating to money, आर्थिक, धन-सबंधी।

**pedagogical** (पेंड्-ॲ-गॉग´-इ-कॅल्) *adj.* of pedagogy, शिक्षाशास्त्री-संबंधी।

**pedagogue** (पेंड्´-ॲ-गॉग्) *n.* 1. a teacher, अध्यापक, शिक्षक। 2. a pedantic teacher, पांडित्य-प्रदर्शक शिक्षक।

**pedagogy** (पेंड्´-ॲ-गो-जी) *n.* teaching the art of teaching, शिक्षाशास्त्र, अध्यापन-कला।

**pedal** (पेंड्´-ॲल्) *n.* a lever operated by the foot, पैडल। *adj.* of foot, पैर-संबंधी। *v.* (pedaled/pedalled, pedaling/pedalling) 1. to operate a pedal, पैडल चलाना। 2. to ride a cycle, साइकिल चलाना।

**pedant** (पेंड्´-ॲन्ट्) *n.* one who is concerned with insignificant details of learning, दंभी अध्यापक, कोरा पंडित।

**pedantic** (पि-डैन्´-टिक्) *adj.* of a pedant or pedantry, पंडिताऊ।

**pedantry** (पेंड्´-ॲन्-ट्री) *n.* display of useless knowledge, पांडित्य-प्रदर्शन।

**peddle** (पेंड्´-ॲल्) *v.* to travel about selling goods, फेरी लगाना, घूम घूमकर सौदा बेचना।

**peddler** (पेंड्´-लॅ:) *n.* one who sells door to door, घर-घर जाकर सामान बेचनेवाला, फेरीवाला।

**pedestal** (पेंड्´-ॲस्ट्-ॲल्) *n.* a base for column or statue, आधार, स्तंभाधार। □ **put or set on a pedestal,** ऊँचा पीढ़ा देना, अत्यधिक प्रशंसा करना।

**pedestrian** (पॅ-डेंस्´-ट्रि-ॲन्) *n.* one travelling or foot, पैदल चलनेवाला, पदयात्री। *adj.* 1. going on boot, पैदल। 2. dull, नीरस।

**pediatrician** (पी-डि-ॲ-ट्रिश्´-ॲन्) *n.* specialist in pediatrics, बाल चिकित्साशास्त्री।

**pediatrics** (पी-डि-ऐट्´-रिक्स्) *n.* the branch of medicine dealing with the diseas of children, बाल-चिकित्साशास्त्र।

**pedicure** (पेंड्´-इ-क्यु:) *n.* the act of trimming and polishing of the toenails, पैरों के नाख़ून काटने तथा उनपर पालिश करने की क्रिया।

**pedigree** (पेंड्´-इ-ग्री) *n.* 1. a family tree, वंशवृक्ष, वंशावली। 2. a recorded line of descent of an animal, किसी पशु का नस्ली विवरण।

**pediment** (पेंड्´-इ-मॅन्ट्) *n.* a triangular decorative element in a building, (मकान के अग्रभाग के ऊपर की) त्रिकोणिका।

**pedlar** (पेंड्´-लॅ:) *n.* a peddler, फेरीवाला।

**pedology** (पि-डॉल्´-अॅ-जी) *n.* the systematic study of the behaviour and development of children, बाल-व्यवहार विज्ञान।

**pedometer** (पॅ-डॉम्´-अॅ-टॅ:) *n.* a device measuring distance by registering the number of steps taken, पगों की गिनती करके दूरी बतानेवाला यंत्र।

**pee** (पी) *v.* (peed, peeing) to urinate, पेशाब करना।

**peek** (पीक्) *n.* to peep, झाँकना।

**peel** (पील्) *n.* the skin of vegetables and fruits, छिलका। *v.* (peeled, peeling) 1. to remove the peel of, छिलका उतारना या छीलना। 2. to lose or shed skin, केंचुली आदि उतारना।

**peeling** (पी´-लिंग्) *n.* anything peeled off, छिलका, खाल आदि।

**peep**[1] (पीप्) *v.* (peeped, peeping) to look furtively, लुक-छिपकर देखना, ताक-झाँक करना। *n.* a brief or furtive look, ताक-झाँक।

**peep**[2] *v.* to chirp like a baby bird, चींचीं करना। *n.* a chirp, चींचीं।

**peephole** (पीप्-होल्) *n.* a small hole to peep through, छेद, मोखा, झरोखा।

**Peeping Tom** *n.* a person who watches others from a place of concealment, ताक-झाँक करनेवाला, चोरी-छिपे देखनेवाला।

**peer** (पिअॅ:) *n.* 1. one who is equal to another, समकक्ष व्यक्ति, समकक्षी। 2. a member of a peerage, अभिजात वर्ग का व्यक्ति। *v.* to look intently, गौर से देखना।

**peerage** (पिअॅर्´-इज्) *n.* the nobility, अभिजात वर्ग।

**peeres** (पिअॅर्´-अॅस्) *n.* 1. a female peer, अभिजात स्त्री। 2. the wife of a peer, अभिजात की पत्नी।

**peerless** (पिअॅर्´-लिस्) *adj.* without equal, unmatched, अद्वितीय, लाजवाब।

**peeve** (पीव्) *v.* to annoy, चिढ़ना या चिढ़ाना। *n.* a cause of annoyance, चिढ़ने या चिढ़ानेवाली बात, चिढ़।

**peevish** (पी´-विश्) *adj.* irritable, चिड़चिड़ा।

**peg** (पेंग्) *n.* 1. a wooden pin, खूँटा, खूँटी। 2. a wooden screw of a violin, खूँटी। 3. a measured drink, esp. of whisky or brandy with soda water in it, सोडावाटर मिश्रित ह्विस्की, ब्रांडी आदि की एक निश्चित मात्रा। *v.* (pegged, pegging) 1. to put a peg into, खूँटा गाड़ना। 2. to fasten, बाँधना। 3. to keep prices at a fixed amount, क़ीमत स्थिर रखना। □ **peg away,** परिश्रम से काम करना; **take a person down a peg,** घमंड चूर करना।

**pejorative** (पेंज्´-अॅ-रेंट्-इव्, पि-जॉर्´-अॅ-टिव्) *adj.* derogatory, अवमानसूचक।

**pelagic** (पॅ-लैज्´-इक्) *adj.* of or pertaining to the open sea, समुद्री।

**pelf** (पेंल्फ़्) *n.* wealth, धन।

**pelican** (पेंल्´-इ-कॅन्) *n.* a fish-eating large water bird, जलपक्षी।

**pellagra** (पॅ-लेंग्´-रॅ) *n.* a disease marked by the skin eruptious, एक चर्म रोग।

**pellet** (पेंल्´-इट्) *n.* 1. a small bullet or shot, गोली या छर्रा। 2. a small ball of a medicine, गोली, टिकिया। 3. a little ball of clay, खलेला, ढेला।

**pell-mell** (पेंल्-मेंल्´) *adv.* in disorderly haste, हड़बड़ाते हुए, हड़बड़ाकर।

**pellucid** (पॅ-ल्यू´/लू´-सिड्) *adj.* very clear, सुस्पष्ट, बिल्कुल साफ़।

**pelmet** (पेंल´-मेंट्) *n.* a wooden structure over a door or window for hanging

P

curtains, पेलमेट।

**pelt**[1] (पेंल्ट्) ***n.*** the skin of a fur-bearing animal, फर।

**pelt**[2] ***v.*** 1. to throw missiles at, ढेले चलाना या मारना। 2. to beat heavily, पिटाई करना। 3. (of rain) come down fast, मूसलधार वर्षा होना।

P

**peltry** (पेंल्´-ट्री) ***n.*** the collection of furs, फरों का संग्रह।

**pelvic** (पेंल्´-विक्) ***adj.*** of pelvis, श्रोणीय।

**pelvis** (पेंल्´-विस्) ***n.*** the basin-shaped structure that supports the spinal column, श्रोणी।

**pen**[1] (पेंन्) ***n.*** an instrument for writing, कलम, पेन। ***v.*** (penned, penning) to write with a pen, कलम से लिखना, कलम चलाना।

**pen**[2] ***n.*** 1. an enclosure for cattle, बाड़ा। 2. an enclosure for birds, दड़बा। ***v.*** (penned, penning) to shut in a pen, बाड़े या दड़बे में बंद करना।

**pen**[3] ***n.*** a female swan, मादा हंस, हंसनी।

**pen**[4] ***n.*** a prison, जेल, कारागार।

**penal** (पी´-नॅल्, पीन्´-ॲल) ***adj.*** 1. of or pertaining to punishment, दंड-संबंधी, दांडिक। 2. making a person liable to punishment, दंडनीय।

**penal code** ***n.*** a body of laws dealing with various crimes and their legal penalties, दंड-संहिता।

**penalize** (पी´-नॅ-लाइज़्, पीन्´-ॲल्-आइज़्) ***v.*** 1. to subject to a penalty, दंडित करना, दंड लगाना। 2. to put to a disadvantage, परेशानी उत्पन्न करना, परेशानी में डालना।

**penalty** (पेंन्´-ॲल्-टी) ***n.*** 1. a punishment for breaking a law, दंड, सज़ा। 2. disadvantage imposed on an offender, दंड, सज़ा। ☐ **pay the penalty,** दंड भरना या भोगना।

**penalty area** ***n.*** an area in front of the goal on a hockey or football field, दंड-क्षेत्र।

**penalty corner** ***n.*** the kick from the corner, पेनल्टी कॉर्नर।

**penalty stroke** ***n.*** a free kick at goal awarded as a penalty, पेनल्टी स्ट्रोक।

**penance** (पेंन्´-ॲन्स्) ***n.*** 1. the confession of a sin and submission to penalties imposed, प्रायश्चित्त। 2. any voluntary suffering as a religious act, तपस्या, तप।

**pence** (पेंन्स्) ***n.*** plural of penny, पेंस।

**penchant** (पेंन्´-चॅन्ट्/पान्-शान्´) ***n.*** strong inclination, पसंद, रुझान, झुकाव।

**pencil** (पेंन्-सिल्) ***n.*** 1. an instrument for drawing and writing, पेंसिल। 2. a brush for painting, कूँची, तूलिका। ***v.*** (pencilled, pencilling) to write or draw with a pencil, पेंसिल से लिखना या चित्रित करना।

**pendant** (पेंन्´-डॅन्ट्) ***n.*** a hanging object attached to a chain, लटकन।

**pendency** (पेंन्´-डॅन्-सी) ***n.*** the state of being pending, लंबन।

**pendent** (पेंन्´-डॅन्ट्) ***adj.*** 1. hanging, लटकता हुआ, लटकौआँ। 2. not yet decided, अनिर्णीत, विचाराधीन, लंबित।

**pending** (पेंन्´-डिंग्) ***adj.*** not yet decided, अनिर्णीत तथा विचाराधीन, लंबित। ***prep.*** 1. during, इस दौरान। 2. until, जब तक।

**pendulous** (पेंन्´-डु-लॅस्) ***adj.*** hanging or swinging, लटकता या झूलता हुआ।

**pendulum** (पेंन्´-डु-लॅम्) ***n.*** a hanging object that swings freely, लोलक।

**penetrable** (पेंन्´-ॲ-ट्रॅ-बॅल्) ***adj.*** that can be penetrated, वेधनीय, भेद्य।

**penetrate** (पेंन्´-ॲ-ट्रेट्) ***v.*** 1. to enter into, घुसाना, घुसेड़ना। 2. to enter by piercing, वेधन या भेदन करना। 3. to grasp mentally, समझना। 4. to permeate, अंदर फैलना या फैलाना। 5. to affect deeply, अत्यधिक प्रभावित करना।

**penetrating** (पेंन्´-ॲ-ट्रे-टिंग्) ***adj.*** 1. that can penetrate, भेदक। 2. sharp, तेज, उग्र। 3. discerning, विवेकपूर्ण, विचक्षण।

**penetration** (पेंन्-ॲ-ट्रे´-शॅन्) ***n.*** 1. the act of penetrating, वेधन, भेदन, धँसाव। 2. the ability to penetrate, पैठ। 3. keenness of mind, विचक्षणता।

**penetrative** (पेंन्´-अॅ-ट्रे-टिव्) ***adj.*** 1. that penetrates, भेदक। 2. keen, विचक्षण।

**pen-friend** (पेंन्´-फ्रेंन्ड्) ***n.*** a friend with whom a person corresponds without meeting, लेखनी-मित्र, कलम-दोस्त।

**penguin** (पेंग्´-ग्विन्) ***n.*** a flightless bird, पेंग्विन (जलपक्षी)।

**penholder** (पेंन्´-होल्-डॅः) ***n.*** a holder in which nib is fitted to write with, पेन-होल्डर।

**penicillin** (पेंन्-अॅ-सिल्´-इन्) ***n.*** an antibiotic, पेंसिलीन।

**peninsula** (पॅ-नेंन्´-सु-लॅ) ***n.*** a long projection of land into water, प्रायद्वीप।

**peninsular** (पॅ-नेंन्´-सु-लॅः) ***adj.*** of or pertaining to a peninsula, प्रायद्वीपीय।

**penis** (पी´-निस् / नॅस्) ***n.*** the male organ of urination, पुरुषेंद्रिय, लिंग, शिश्न।

**penitence** (पेन्´-इ-टॅन्स्) ***n.*** remorse, पश्चात्ताप।

**penitent** (पेंन्´-इ-टॅन्ट्) ***adj.*** a repentant, पश्चात्ताप करनेवाला।

**penitential** (पेंन्-इ-टेंन्´-शॅल्) ***adj.*** of penitence, पश्चात्तापीय, पश्चात्ताप-संबंधी।

**penitentiary** (पेंन्-इ-टेंन्´-शॅ-री) ***n.*** a prison, कारागृह।

**pen-knife** (पेंन्´-नाइफ़्) ***n.*** a small folding knife carried in a pocket, जेबी चाकू।

**pen-light** (पेंन्´-लाइट्) ***n.*** a pen-sized pocket light, जेबी टार्च।

**penman** (पेंन्´-मॅन्) ***n.*** 1. an expert in penmanship, कुशल हस्तलेखक। 2. an author, लेखक।

**penmanship** (पेंन्´-मॅन्-शिप्) ***n.*** the art or style of handwriting, हस्तलेखन-कला।

**pen name** ***n.*** an author's pseudonym, उपनाम।

**pennant** (पेंन्´-अॅन्ट्) ***n.*** a small triangular flag, झंडी।

**penniless** (पेंन्´-इ-लिस्) ***adj.*** extremely poor, धनहीन, अकिंचन, कंगाल।

**pennon** (पेंन्´-अॅन्) ***n.*** a nautical flag, नाविक झंडा।

**penny** (पेंन्´-ई) ***n.*** 1. a British bronze coin worth one-hundredth of a pound, पेनी। 2. a cent, सेंट। 3. a sum of money, राशि, रक़म। □ **a pretty penny,** बड़ी राशि, लंबी रक़म; **turn an honest penny,** हलाल का पैसा कमाना।

**penny-pincher** (पेंन्´-ई-पिन्-चॅः) ***n.*** niggardly, miser, सूम, कंजूस।

**penny-wise** (पेंन्´-ई-वाइज़्) ***n.*** thrifty in regard to small matters, छोटी-मोटी चीज़ों में कंजूसी करनेवाला। □ **penny-wise pound-foolish,** छोटी-मोटी बातों में कंजूस और बड़ी बातों में शाह; अशरफ़ियाँ लुटें, कोयलों पर मुहर।

**pennyworth** (पेंन्´-ई-वः़थ्) ***n.*** the amount that can be bought for one penny, वह सामान जिसका मूल्य एक पेनी हो, बहुत थोड़ा।

**penologist** (पि-नॉल्´-अॅ-जिस्ट्) ***n.*** an expert in penology, दंडशास्त्री।

**penology** (पि-नॉल्´-अॅ-जी) ***n.*** the science of prison management and criminal rehabilitation, दंडशास्त्र, दंड-विज्ञान।

**penpal** (पेंन्´-पाल्) ***n.*** a pen-friend, लेखनी-मित्र, कलम-दोस्त।

**penpusher** (पेंन्´-पुश्´-अॅः) ***n.*** a clerk, लिपिक।

**pensile** (पेंन्´-सिल्) ***adj.*** hanging, लटकता हुआ।

**pension** (पेंन्´-शॅन्) ***n.*** a periodic payment made to a retired employee, पेंशन। □ **pension off,** पेंशन देकर (ज़बरदस्ती) सेवामुक्त करना। ***v.*** to grant pension to, पेंशन देना।

**pensionable** (पेंन्´-शॅन्-अॅ-बॅल्) ***adj.*** having or giving right to a pension, पेंशन के योग्य।

**pensioner** (पेंन्´-शॅ-नॅः) ***n.*** receiving a pension, पेंशनभोगी, पेंशनर।

**pensive** (पेंन्´-सिव्) ***adj.*** 1. thoughtful, ध्यानमग्न, विचारमग्न। 2. thoughtful and gloomy, उदास, विषादग्रस्त।

**pensively** (पेंन्´-सिव्-ली) ***adv.*** in a pensive manner, ध्यानमग्न अवस्था में।

**pensiveness** (पेंन्´-सिव्-निस्) ***n.*** 1. the state of being pensive, ध्यानमग्नता, विचारमग्नता। 2. gloominess, उदासी, विषाद।

**pent** (पेंन्ट्) ***adj.*** shut up, बंद। □ **pent up,**

रोका या दबाया हुआ।

**pentad** (पेंन्´-टैड्) *n.* 1. a group of five, पाँच का समूह, पंचवर्ग, पंचक। 2. a five-year period, पाँच वर्ष का काल।

**pentagon** (पेंन्´-टॅ-गॉन्) *n.* 1. a plane figure with five sides, पंचभुज। 2. the Pentagon, the headquarters of the U.S. Defence Ministry, अमेरिकी रक्षा-मंत्रालय का भवन।

P

**pentagonal** (पेंन्-टैग्´-अॅ-नॅल्) *adj.* having five sides, पंचभुजीय।

**pentameter** (पेंन्´-टैम्´-अॅ-टॅ:) *n.* a verse composed of five metrical feet, पाँच चरणोंवाली कविता।

**penthouse** (पेंन्ट्´-हॉउस्) *n.* a shed on the roof of a building, सायबान।

**pennltimate** (पेंन्-अल्´-टि-मिट्/मेट्) *adj.* next to last, अंतिम से ठीक पहला, उपांत्य, उपांतिम।

**penumbra** (पि-नम्´-ब्रॅ) *n.* a partial shadow outside the full shadow, उपच्छाया।

**penurious** (पॅ-न्युअॅर्´-इ-अॅस्, पि-नूर´-इ-अॅस्) *adj.* 1. poverty-stricken, निर्धन, बहुत ग़रीब, दरिद्र। 2. stingy, कंजूस।

**penury** (पेंन्´-यॅ-री) *n.* extreme poverty, बेहद ग़रीबी, निर्धनता, दरिद्रता।

**peon** (पी´-अॅन्/ऑन्) *n.* 1. an attendant, चपरासी। 2. an unskilled labourer, मज़दूर। 3. a servant, नौकर, चाकर।

**peonage** (पी´-अॅ-निज्/नेज्) *n.* the condition of a peon, चपरासीगीरी।

**peony** (पी´-अॅ-नी) *n.* a garden plant, एक प्रकार का फूलदार पौधा।

**people** (पी´-पॅल्) *n.* (plu.) 1. human beings, लोग। 2. ordinary persons, साधारण लोग। 3. (singular) the persons comprising a tribe, race or nation, लोग। 4. peoples (plu.) a group sharing a common religion, language or culture, लोग। *v.* to fill with people, लोगों को भर या बसा देना।

**pep** (पेंप्) *n.* energy, vigour, जोश, उत्साह। *adj.* full of vigour, peppy, जोशीला, उत्साहवर्धक। *v.* (pepped, pepping) to invigorate, जोश दिलाना, उत्साह बढ़ाना।

**pepper** (पेंप्´-अॅ:) *n.* a vine; its fruit used as a condiment, काली मिर्च। *v.* 1. to season with pepper, मिर्च का तड़का लगाना। 2. to sprinkle around pepper, मिर्च छिड़कना।

**pepper and salt** *adj.* (cloth) woven with white and dark threads, काला और सफ़ेद (कपड़ा)।

**pepperbox, pepper-pot** (पेंप्´-अॅ:-बॉक्स्/पॉट्) *n.* a container for sprinkling pepper, मिर्चदानी।

**pepper corn** (पेंप्´-अॅ:-कॉ:न्) *n.* the berry of the pepper plant, मिर्च।

**peppermint** (पेंप्´-अॅ:-मिन्ट्) *n.* a flavouring oil, पिपरमिंट।

**peppery** (पेंप्´-अॅ-री) *adj.* 1. containing much pepper, तीखा, चरपरा। 2. hot-tempered, तेज-मिज़ाज, चिड़चिड़ा।

**peppy** (पेंप्´-ई) *adj.* full of pep, जोश-भरा, जोशीला।

**pepsin** (पेंप्´-सिन्) *n.* an enzyma in the stomach, पाचक रस।

**peptic** (पेंप्´-टिक्) *adj.* of pepsin, पाचक।

**peptic ulcer** *n.* an ulcer in the stomach, पेट का फोड़ा।

**per** (पॅ:) *prep.* 1. for each, प्रति, फ़ी। 2. according to, के अनुसार। 3. by, के द्वारा।

**perambulation** (पॅ-रैम्-ब्यु-ले´-शॅन्) *n.* stroll, टहलना, चहलकदमी।

**perambulator** (पॅ-रैम्´-ब्यु-ले-टॅ:) *n.* a baby carriage, बच्चों को टहलाने की गाड़ी।

**per capita** *adv, adj.* per person, प्रतिव्यक्ति।

**perceivable** (पॅ:-सीव्´-अॅ-बॅल्) *adj.* that can be perceived, दिखाई देने या समझ में आनेवाला।

**perceive** (पॅ:-सीव्´) *v.* 1. to observe or recognize, इंद्रियों द्वारा ग्रहण करना, देखना, दिखाई देना। 2. to become aware of, जानना, समझना, पता चलना, बोध होना।

**percent** (पॅ:-सेंन्ट्´) *adv.* out of each hundred, प्रतिशत।

**percentage** (पॅ:-सेंन्-टिज्, पॅ:-सेंन्ट्´-इज्) *n.* 1. the rate, amount or number in each hundred, प्रतिशत-दर, प्रतिशतता। 2. profit,

लाभ। 3. portion, अंश, भाग।

**perceptibility** (पॅ:-सॅप्-टि-बिल्´-इ-टी) ***n.*** the state of being perceptible, बोधगम्यता, प्रतीति।

**perceptible** (पॅ:-सॅप्´-टि-बॅल्) ***adj.*** that can be perceived, बोधगम्य, दिखाई देने या प्रतीत होनेवाला।

**perception** (पॅ:-सॅप्´-शॅन्) ***n.*** 1. the act of perceiving, इंद्रियों द्वारा ग्रहण, बोध। 2. the result of perceiving, प्रत्यक्ष ज्ञान, प्रत्यक्षण, बोध। 3. the ability to perceive, बोध-क्षमता।

**perceptive** (पॅ:-सॅप्´-टिव्) ***adv.*** having sensitive understanding, बोधक्षम, ग्रहणशील।

**perceptivity** (पॅ:-सॅप्-टिव्´-इ-टी) ***n.*** the state of being perceptive, ग्रहणशीलता।

**perceptual** (पॅ:-सॅप्´-चु-अॅल्) ***adj.*** of or involving perception, बोध्य, प्रात्यक्षिक।

**perch**[1] (पॅ:च्) ***n.*** a bird's resting place, अड्डा। ***v.*** to alight or rest on perch, (पक्षी का) अड्डे पर बैठना।

**perch**[2] ***n.*** a fresh water fish, कवई मछली।

**perchance** (पॅ:-चान्स्´/चैन्स्´) ***adv.*** perhaps, शायद।

**percipient** (पॅ:-सिप्´-इ-अॅन्ट्) ***adj.*** perceptive, परिग्राहक, ग्रहणशील।

**percolate** (प:´-कॅ-लेट्) ***v.*** 1. to pass through a fine mesh, महीन छलनी या कपड़े से छनना या छानना। 2. to penetrate gradually, धीरे-धीरे रिसना, बहना या फैलना।

**percolation** (प:-कॅ-ले´-शॅन्) ***n.*** the act of percolating, छनाई।

**percolator** (प:´-कॅ-ले-टॅ:) ***n.*** an apparatus for preparing and filtering coffee, कॉफी-यंत्र।

**percussion** (पॅ:-कश्´-अॅन्) ***n.*** 1. the striking together of two bodies, समाघात। 2. the sound, shock or vibration caused by this, समाघात से उत्पन्न शब्द, आघात या कंपन। 3. a musical instrument in which sound is produced by striking, ढोलक, तबला आदि।

**perdition** (पॅ:-डिश्´-अॅन्) ***n.*** 1. hell, नरक। 2. utter destruction, पूर्ण विनाश।

**peregrination** (पॅर्-इ-ग्रि-ने´-शॅन्) ***n.*** a long but slow journey, लंबी पर मंदगति से होनेवाली यात्रा।

**peregrinator** (पॅर्-इ-ग्रि-ने´-टॅ:) ***n.*** a traveller, यात्री।

**peregrine** (पॅर्´-अॅ-ग्रिन्) ***n.*** a large falcon, बाज़ पक्षी।

**peremptory** (पॅ-रॅम्प्´-टॅ-री) ***adj.*** 1. decisive, निर्णायक। 2. that cannot be changed, opposed or denied, अंतिम; peremptory ultimatum, अंतिम चेतावनी। 3. imperative, अनिवार्य, बाध्यकर। 4. dictatorial, तानाशाही।

**perennial** (पॅ-रॅन्´-इ-अॅल्) ***adj.*** 1. lasting or active throughout the year, बारहमासी। 2. lasting for ever, चिरस्थायी। 3. constantly recurring, निरंतर होता या बना रहनेवाला।

**perestroika** (पॅर्-अॅ-स्त्रॉइ´-का) ***n.*** reconstruction, पुनर्निर्माण। (रूसी)

**perfect** (प:´-फ़िक्ट्/फ़ॅक्ट्) ***adj.*** 1. complete, lacking nothing, पूर्ण, परिपूर्ण। 2. faultless, निर्दोष, त्रुटिहीन। 3. excellent, उत्तम, श्रेष्ठ। 4. exact, सही, सटीक, ठीक। ***v.*** (perfected, perfecting) to make perfect, पूर्ण बनाना, परिपूर्ण करना, त्रुटिरहित बनाना।

**perfectibility** (पॅ:-फ़ॅक्-टॅ-बिल्´-अॅ-टी) ***n.*** the state of being perfectible, परिपूर्णता।

**perfectible** (पॅ:-फ़ॅक्´-टॅ-बॅल्) ***adj.*** capable of being made perfect, परिपूर्णीय।

**perfection** (पॅ:-फ़ॅक्´-शॅन्) ***n.*** 1. the quality of being perfect, परिपूर्णता। 2. the act of making perfect, परिपूर्ण बनाना। 3. an embodiment of perfection, पूर्णात्मा।

**perfectionism** (पॅ:-फ़ॅक्´-शॅ-निज़्-अॅम्) ***n.*** a doctrine that perfection should be attained, पूर्णतावाद।

**perfectionist** (पॅ:-फ़ॅक्´-शॅ-निस्ट्) ***n.*** one who believes in a doctrine of perfectionism, पूर्णतावादी।

**perfectly** (पॅ:-फ़िक्ट्´-ली) ***adv.*** 1. completely, पूरी तरह से, पूर्ण रूप से, पूर्णत:। 2. in a perfect way, सही रूप से, सही ढंग से।

**perfecto** (पॅ:-फ़ॅक्´-टो) ***n.*** a kind of cigar,

एक प्रकार का सिगार।

**perfect tense** ***n.*** a verb form expressing a completed action, पूर्ण काल। ☐ **past perfect tense,** पूर्ण भूत काल; **present perfect tense,** पूर्ण वर्तमान काल; **future perfect tense,** पूर्ण भविष्य काल।

**perfidious** (पॅ:-फ़िड्´-इ-ॲस्) ***adj.*** 1. treacherous, विश्वासघाती। 2. disloyal, बेवफ़ा।

**perfidiously** (पॅ:-फ़िड्´-इ-ॲस्-ली) ***adv.*** in a perfidious way, विश्वासघात द्वारा, बेवफ़ाई से।

**perfidy** (प:´-फ़ि-डी) ***n.*** 1. treachery, विश्वास-घात। 2. disloyalty, बेवफ़ाई।

**perforate** (पॅ:-फ़ॅ-रेट्) ***v.*** to make a hole or holes by punching, छेदन करना, परफोरेट करना।

**perforated** (पॅ:´-फ़ॅ-रेट्-इड्) ***adj.*** punched, छेदा हुआ, छिद्रित।

**perforating machine** ***n.*** an apparatus for punching, छिद्रण यंत्र, छेदा मशीन।

**perforation** (पॅ:-फ़ॅ-रे´-शॅन्) ***n.*** 1. act of perforation, छेदन, छिद्रण। 2. a hole or holes punched, यंत्र द्वारा किया हुआ/किए हुए छेद, छिद्र।

**perforce** (पॅ:-फ़ो:स्´) ***adv.*** 1. by necessity, विवशतापूर्वक। 2. by force, बलात्, ज़बरदस्ती।

**perform** (पॅ:-फ़ॉ:म्´) ***v.*** 1. to carry out, करना, पूरा करना, पालन करना। 2. to execute, निष्पादन करना। 3. to function, काम करना, ठीक चलना। 4. to act in a play, अभिनय करना।

**performance** (पॅ:-फ़ॉ:´-मॅन्स्) ***n.*** 1. the act or manner of performing, पालन, निष्पादन। 2. accomplishment or deed, उपलब्धि, महत्त्वपूर्ण कार्य। 3. operation or functioning, काम करना, चलना। 4. acting, अभिनय, अदाकारी।

**performer** (पॅ:-फ़ॉ:´-मॅ:) ***n.*** 1. an actor, अदाकार, अभिनेता। 2. an executor, निष्पादक।

**perfume** (पॅ:´-फ़्यूम्/पॅ:-फ़्यूम्´) ***n.*** 1. a sweet smell, सुगंध, सुवास। 2. fragrant liquid, scent, इतर। ***v.*** to apply perfume to, इतर लगाना, सुवासित करना।

**perfumer** (पॅ:-फ़्यूम्´-ॲ:) ***n.*** one who makes or sells perfumes, अत्तार, गंधी, इत्रफ़रोश।

**perfumery** (पॅ:-फ़्यू´-मॅ-री) ***n.*** 1. a place where perfume is made or sold, गंधहाट, सुगंधशाला। 2. the business of a perfumer, गंधी का व्यवसाय। 3. perfumes collectively, सभी प्रकार के इत्र।

**perfunctorily** (पॅ:-फ़ंक्´-टॅ-रि-ली) ***adv.*** in a perfunctory way, बेपरवाही से।

**perfunctory** (पॅ:-फंक्´-टॅ-री) ***adj.*** 1. done with little interest or care, बेपरवाही से किया हुआ। 2. dull or uninteresting, नीरस।

**pergola** (प:´-गॅ-लॅ) ***n.*** a framework supported on posts for climbing plants, बेल चढ़ाने के लिए बनाया गया ठाठ, परगोला, मडवा।

**perhaps** (पॅ:-हैप्स्´) ***adv.*** may be, possibly, शायद, कदाचित्।

**per head** ***adv.*** of or for each person, प्रति व्यक्ति।

**perihelion** (पेॅर्-इ-ही´-लि-ॲन्) ***n.*** the point in the orbit of a satellite nearest to the sun, रवि-नीच।

**peril** (पेॅर्´-इल्) ***n.*** 1. serious danger, आपदा, ख़तरा, संकट। 2. something that endangers, जोखिम। ***v.*** (periled/perilled, periling/perilling) to risk, ख़तरा उठाना, जोखिम उठाना।

**perilous** (पेॅर्´-ॲ-लॅस्) ***adj.*** exposed to danger, risky, ख़तरनाक, जोखिम-भरा।

**perimeter** (पॅ-रिम्´-इट्-ॲ:) ***n.*** the outer boundary of a figure or closed area, घेरा।

**perineum** (पेॅर्-इ-नी´-ॲम्) ***n.*** the region of the body between the anus and the genital organ, गुदा और अंडकोष या योनि के बीच का भाग, मूलाधार, सीवन।

**period** (पिॲर्-इ-ॲड्, पीर्´-इ-ॲड्) ***n.*** 1. a portion of time, अवधि, कालावधि, मियाद। 2. a division of time, युग। 3. a division of time of the academic day, घंटा। 4. a punctuation mark indicating full pause, पूर्णबिंदु, पूर्णविराम। 5. an instance of menstruation, मासिक। *adj.* of certain period or age, युग विशेष का।

**periodic** (पिॲर्-इ-ऑड्´-इक्, पीर्-इ-ऑड्´-इक्) *adj.* occurring or happening at regular intervals, मियादी, आवधिक, आवर्ती।

**periodical** (पिॲर् / पीर्-इ-ऑड्´-इ-कॅल्) *adj.* periodic, आवधिक। *n.* a magazine, पत्रिका।

**periodically** (पिॲर् / पीर्-इ-ऑड्´-इ-कॅ-ली) *adv.* at regular intervals, समय-समय पर, नियत समय पर।

**peripatetic** (पॅर्-इ-पॅ-टॅट्´-इक्) *adj.* moving from place to place, भ्रमणशील।

**peripheral** (पॅ-रिफ़्´-ॲ-रॅल्) *adj.* 1. of periphery, परिरेखीय, परिधीय। 2. external, बाहरी।

**peripherally** (पॅ-रिफ़्´-ॲ-रॅ-ली) *adv.* so as to be peripheral, बाहर-बाहर, परिधि पर।

**periphery** (पॅ-रिफ़्´-ॲ-री) *n.* 1. the boundary of a figure or area, परिरेखा, परिधि। 2. the outside surface of something, बाह्यतल।

**periscope** (पॅर्´-इ-स्कोप्) *n.* an optical instrument through which one can see the objects not in a direct line of sight, परिवीक्षण-यंत्र, पेरिस्कोप।

**perish** (पॅर्´-इश्) *v.* (perished, perishing) to be utterly destroyed, नष्ट हो जाना।

**perishable** (पॅर्´-इ-शॅ-बॅल्) *adj.* likely or liable to dacay, शीघ्र सड़-गल जानेवाला, विनाशी, नश्वर।

**perishables** (पॅर्´-इ-शॅ-बॅल्ज़्) *n.* (plu.) things that spoil easily, जल्दी सड़-गल जानेवाले पदार्थ।

**perishing** (पॅर्´-इ-शिंग्) *adj.* 1. very cold, गलन उत्पन्न करनेवाला, गलाऊ। 2. damn, कंबख्त।

**peristalsis** (पॅर्-इ-स्टाःल्´-सिस्) *n.* (plu.) wavelike muscular contractions that move the contents of the tube onward, मांसपेशियों का आकुंचन।

**peristyle** (पॅर्´-इ-स्टाइल्) *n.* a row of columns surrounding a building, स्तंभ-पंक्ति, स्तंभावली।

**peritoneum** (पॅर्-इ-टॅ-नी´-ॲम्) *n.* (plu. peritonea) the membrane lining the abdomen, आँतों की झिल्ली।

**peritonitis** (पॅर्-इ-टॅ-नाइ´-टिस्) *n.* the inflammation of the peritoneum, आँतों की झिल्ली की सूजन।

**periwig** (पॅर्´-इ-विग्) *n.* a wig, बालों की टोपी, विग।

**periwinkle** (पॅर्´-इ-विंक्-कॅल्) *n.* a plant with blue or white flowers, एक फूलदार पौधा।

**perjure** (पः´-जॅः) *v.* 1. to testify falsely under oath, शपथ लेकर झूठी गवाही देना। 2. to be guilty of the breaking of any oath, शपथ तोड़ने का दोषी होना।

**perjurer** (पः´-जॅर्-ॲः) *n.* a person guilty of perjury, झूठी गवाही देनेवाला, मिथ्यासाक्षी।

**perjury** (पः´-जॅर्-ई) *n.* the wilful telling of lie while on oath, झूठी गवाही, शपथ-भंग।

**perk**[1] (पॅःक्) *v.* (perked, perking) to raise the head, सिर ऊँचा करना। □ **perk up,** खोया विश्वास फिर से प्राप्त कर लेना।

**perk**[2] *n.* perquisite, परिलब्धि।

**perky** (पः´-की) *adj.* gay, spirited, प्रफुल्ल, जीवंत।

**perm** (पॅःम्) *v.* (permed, perming) to give (hair) a permanent wave, बालों को घुँघराला बनाना।

**permanence** (पः´-मॅ-नॅन्स्) *n.* the state or quality of being permanent, स्थायित्व।

**permanency** (पः´-मॅ-ॲ-नॅन्-सी) *n.* 1. permanence, स्थायित्व। 2. permanent thing, स्थायी वस्तु।

**permanent** (पः´-मॅ-ॲ-नॅन्ट्) *adj.* lasting, स्थायी, चिरस्थायी, टिकाऊ।

**permanently** (पः´-मॅ-ॲ-नॅन्ट्-ली) *adv.* in a permanent way, स्थायी रूप से, सदा के लिए।

**permeability** (पॅः-मी-ॲ-बिल्´-इ-टी) *n.* the quality or state of being permeable, व्याप्ति, परिगम्यता।

**permeable** (पॅः´-मी-ॲ-बॅल्) *adj.* that can be permeated, व्याप्त, परिगम्य।

**permeate** (पॅः´-मी-एट्) *v.* to penetrate and

spread through, व्याप्त हो जाना, परिगमन करना।

**permeation** (पॅ:-मी-ए´-शॅन्) ***n.*** the act of permeating or the state of being permeated, व्याप्ति, परिगमन।

**permissible** (पॅ:-मिस्´-अॅ-बॅल्) ***adj.*** allowable, अनुज्ञेय, स्वीकार्य।

P

**permission** (पॅ:-मिश्´-अॅन्) ***n.*** formal consent, अनुज्ञा, स्वीकृति, आज्ञा, अनुमति, छूट।

**permissive** (पॅ:-मिस्´-इव्) ***adj.*** 1. granting permission, स्वीकृति, छूट या अनुज्ञा देनेवाला। 2. permitted, जिसे स्वीकृति या छूट प्राप्त हो। 3. allowing great freedom, lenient or tolerant, खुला या सहिष्णु; permissive society, खुला समाज, सहिष्णु समाज।

**permissively** (पॅ:-मिस्´-इव्-ली) ***adv.*** in a permissible manner, स्वीकार्य रूप से।

**permissiveness** (पॅ:-मिस्´-इव्-निस्) ***n.*** the state of being permissive, खुली छूट।

**permit** (पॅ:-मिट्´) ***v.*** (permitted, permitting) 1. to allow, अनुमति देना, अनुज्ञा देना। 2. to give opportunity, अवसर प्रदान करना। ***n.*** a written permission, अनुमति-पत्र, अनुज्ञा, परमिट।

**permutable** (पॅ:-म्यु´-टॅ-बॅल्) ***adj.*** that can be permuted, जिसका क्रम-परिवर्तन हो सके।

**permutation** (पॅ:-म्यु-टे´-शॅन्) ***n.*** transformation made by reordering a given set of things in a group, क्रम-परिवर्तन; permutation of letters, अक्षरों का क्रम-परिवर्तन।

**permute** (पॅ:-म्यूट्´) ***v.*** to rearrange the order, क्रम-परिवर्तन करना।

**pernicious** (पॅ:-निश्´-अॅस्) ***adj.*** causing injury or destruction, हानिकर, विनाशकारी।

**pernickety** (पॅ:-निक्´-अॅ-टी) ***adj.*** 1. fastidious, difficult to please, नकचढ़ा। 2. deserving particular attention, सावधानी से करने योग्य, जोख़िम-भरा।

**perorate** (पॅर्´-अॅर्-एट्) ***v.*** (perorated, perorating) 1. to sum up, उपसंहार करना। 2. to speak at great length, लंबा-चौड़ा भाषण देना।

**peroration** (पॅर्-अॅ-रे´-शॅन्) ***n.*** 1. act of perorating, उपसंहार करना। 2. a long speech, लंबा-चौड़ा भाषण।

**perpendicular** (प:-पॅन्-डिक्´-यॅ-लॅ:) ***n.*** a straight line at right angles to another line, लंब। ***adj.*** exactly upright, सही-सही खड़ा, लंबवत्।

**perpendicularity** (प:-पॅन्-डिक्-यॅ-लॅर्´-इ-टी) ***n.*** the state or quality of being perpendicular, लंबता।

**perpendicularly** (प:-पॅन्-डिक्´-यॅ-लॅर्-ली) ***adv.*** in a perpendicular position, लंबत:।

**perpetrate** (प:´-पॅ-ट्रेट्) ***v.*** to do something wrong, ग़लत काम करना, खुटाई करना।

**perpetration** (प:-पॅ-ट्रे´-शॅन्) ***n.*** 1. the act of perpetrating, ग़लत काम करना। 2. something perpetrated, किया हुआ ग़लत काम।

**perpetrator** (प:-पॅ-ट्रे´-टॅ:) ***n.*** one who perpetrates, ग़लत काम करनेवाला।

**perpetual** (पॅ:-पॅच्´-उ-अॅल्) ***adj.*** 1. everlasting, seemingly ceaseless, शाश्वत, स्थायी। 2. often repeated, बार-बार का, नित्य का, रोज़-रोज़ का।

**perpetually** (पॅ:-पॅच्´-उ-अॅ-ली) ***adv.*** 1. forever, सदा के लिए। 2. constantly, निरंतर।

**perpetuate** (पॅ:-पॅच्´-उ-एट्) ***v.*** to make perpeptual, स्थायी/शाश्वत बना देना।

**perpetuation** (पॅ:-पॅच्-उ-ए´-शॅन्) ***n.*** 1. the act of perpetuating, स्थायीकरण। 2. the state of being perpetuated, स्थायित्व।

**perpetuity** (पॅ:-पॅ-च्यू´-अॅ-टी) ***n.*** the state or quality of being perpetual, स्थायित्व, शाश्वतता।

**perplex** (पॅ:-प्लॅक्स्´) ***v.*** to puzzle or confuse, हैरान कर देना, घबरा देना; किंकर्तव्यविमूढ़, क्षुब्ध, विचलित या हतप्रभ कर देना।

**perplexed** (पॅ:-प्लॅक्स्ड्´) ***adj.*** 1. puzzled, हैरान, हतबुद्धि, किंकर्तव्यविमूढ़। 2. confusing, क्षोभकारी, भ्रामक, पेचीदा, जटिल।

**perplexity** (पॅ:-प्लॅक्´-सि-टी) ***n.*** 1. the state of being perplexed, हतप्रभता, क्षोभ, घबराहट। 2. anything that perplexes, समस्या, उलझन, परेशानी।

**perquisite** (प:´-क्वि-ज़िट्, प:´-क्विॅ-ज़ॅट्) ***n.*** a benefit received in addition to one's pay or salary, परिलब्धि।

**perse** (पॅ:-से´) ***adv.*** in or by itself, में, अपने में।

**persecute** (पॅ:´-सि-क्यूट्) ***v.*** 1. to trouble constantly, निरंतर तंग करना, सताना। 2. to harass or maltreat, उत्पीड़ित करना, अत्याचार करना।

**persecution** (पॅ:-सि-क्यू´-शॅन्) ***n.*** 1. the act of persecuting, उत्पीड़न, अत्याचार। 2. the state of being persecuted, उत्पीड़न।

**persecutor** (पॅ:-सि-क्यू´-टॅ:) ***n.*** one who persecutes, उत्पीड़क, अत्याचारी।

**perseverance** (पॅ:-सि-विअॅर्´-अॅन्स्, पॅ:-सॅ-विअॅर्´-अॅन्स्) ***n.*** the act of persevering, अध्यवसाय, निरंतर परिश्रम करना।

**perseverant** (पॅ:-सि-विअॅर्´-अॅन्ट्) ***n.*** one who perseveres, अध्यवसायी, निरंतर परिश्रम करनेवाला।

**persevere** (पॅ:-सि-विअॅ:´) ***v.*** be resolved to do (something difficult, कोई कठिन काम) परिश्रमपूर्वक करना, जमकर करना, लगे रहना।

**Persian** (पॅ:´-शॅन्) ***adj.*** 1. of Persia, फ़ारस का, फारसी। 2. of the people or language of Persia, फ़ारसी। ***n.*** 1. the language of Persia, पुरानी फ़ारसी। 2. the language of Iran, फ़ारसी। 3. the inhabitant of Persia, फ़ारस-निवासी।

**Persian cat** ***n.*** a long-haired cat, लंबे बालोंवाली बिल्ली।

**Persian lamb** ***n.*** a kind of silky fur of a lamb, भेड़ के बच्चे की बढ़िया किस्म का फर।

**persimmon** (पॅ:-सिम्´-अॅन्) ***n.*** a tree and its plumlike fruit, परसिमन।

**persist** (पॅ:-सिस्ट्´) ***v.*** 1. to continue steadfastly or obstinately, दृढ़ता या हठपूर्वक किसी काम को करते रहना, डटे या तुले रहना। 2. to continue in existence, अस्तित्व बनाए रखना या बने रहना।

**persistence** (पॅ:-सिस्´-टॅन्स्) ***n.*** the act of persisting, ज़िद, हठ, दुराग्रह।

**persistent** (पॅ:-सिस्´-टॅन्ट्) ***adj.*** 1. stubborn, refusing to relent, ज़िद्दी, हठी, दुराग्रही। 2. continue to exist or endure, अस्तित्व बनाए रखनेवाला।

**person** (पॅ:स्´-अॅन्-पॅ:-सॅन्) ***n.*** 1. a human being, आदमी, व्यक्ति। 2. the living body of human being, शरीर। 3. (gram.) any of the three groups of pronouns, पुरुष; first person, उत्तम पुरुष; second person, मध्यम पुरुष; third person, अन्य पुरुष। □ **in person,** स्वयं, उपस्थित।

**persona** (पॅ:-सो´-नॅ) ***n.*** 1. a person, व्यक्ति। 2. (plu.) the characters of a play, novel etc., नाटक, उपन्यास आदि के चरित्र या पात्र।

**personable** (प:´-सॅ-नॅ-बॅल्) ***adj.*** good looking, handsome, सुंदर, रूपवान।

**personage** (प:´-सॅ-निज्) ***n.*** 1. a notable person, महत्त्वपूर्ण व्यक्ति। 2. a character of a play, novel etc., नाटक का चरित्र या पात्र।

**persona grata** (पॅ:-सो´-नॅ-ग्रेट्-अॅ) ***n.*** a person who is acceptable, स्वीकार्य व्यक्ति, वांछित व्यक्ति। (लैटिन)

**personal** (प:´-सॅ-नॅल्) ***adj.*** 1. private or relating to private life, वैयक्तिक, व्यक्तिगत, निजी। 2. belonging to a particular person, स्वकीय, निजी। 3. of grammatical person, पुरुषवाचक। 4. relating to movable property, चल संपत्ति-संबंधी।

**personality** (प:-सॅ-नैल्´-अॅ-टी) ***n.*** 1. the quality of being a person, व्यक्तित्व। 2. the totality of distinctive traits of a person, individuality, व्यक्तित्व, स्वरूप। 3. a celebrity, विशिष्ट महानुभाव, महान व्यक्ति या व्यक्तित्व। 4. (plu.) an offensive remark, कटु टिप्पणी।

**personality cult** ***n.*** heroworship, वीरपूजा, व्यक्तिपूजा।

**personalize** (प:´-सॅ-नॅ-लाइज़्) ***v.*** 1. to make personal, वैयक्तिक बनाना या रूप देना। 2. to have one's name printed, (किसी चीज़ पर) अपना नाम छपवा या लिखवा लेना। 3. to personify, मानवीकरण करना।

**personally** (प:´-सॅ-नॅ-ली) ***adv.*** 1. without

P

the help of another person, स्वयं। 2. in one's own opinion, अपनी दृष्टि में। 3. as a person, व्यक्तिशः। 4. as though directed at one's person, अपने ऊपर। 5. as if referring to oneself, व्यक्तिगत रूप से।

**persona non grata** (पॅ:-सो´-नॅ-नॉन्-ग्राट्´-अॅ) ***n.*** a person not acceptable to, अग्राह्य व्यक्ति, अवांछित व्यक्ति।

P

**personate** (पॅ:स्´-अॅन्-एट्) ***v.*** 1. to create a wrongful appearance of being someone other than oneself, छद्म रूप धारण करना, प्रतिरूपण करना। 2. to act the part of, अभिनय करना।

**personification** (पॅ:-सॉन्-इ-फ़ि-के´-शॅन्) ***n.*** the act of personifying or the state of being personified, मानवीकरण, मूर्तिकरण।

**personify** (पॅ:-सॉन्´-इ-फ़ाइ) ***v.*** 1. to speak of a thing as a person, मानवीकरण करना, मूर्त रूप देना। 2. to embody in one's life or behaviour, अपने जीवन या व्यवहार में उतारना, प्रतिमूर्त करना।

**personnel** (पॅ:´-सॅ-नॅल्, पॅ:स्(-अॅन्-अॅल्) ***n.*** 1. the people employed in any work or organisation, कार्यकर्तागण, कर्मचारीगण। 2. the department dealing with the employees, कर्मचारियों से संबद्ध विभाग।

**perspective** (पॅ:-स्पॅक्´-टिव्) ***n.*** 1. the way of representing three dimensional objects on a two dimensional surface, त्रि-आयामी चित्रण, परिप्रेक्ष्य। 2. the relationship of aspects of a subject to each other and to a whole, परिप्रेक्ष्य। 3. point of view, दृष्टिकोण।

**perspicacious** (पः-स्पी-के´-शॅस्, पः-स्पॅ-के´-शॅस्) ***adj.*** having keen understanding or judgment, कुशाग्र बुद्धि, बुद्धिशील, विचक्षण।

**perspicacity** (पॅ:-स्पि-कैस्´-अॅ-टी) ***n.*** keen understanding, acuteness of perception, विचक्षणता, मानसिक कुशाग्रता, बुद्धिशीलता।

**perspiration** (पॅ:-स्पॅ-रे´-शॅन्) ***n.*** sweat, पसीना, स्वेद।

**perspire** (पॅ:-स्पाइः´) ***v.*** 1. to sweat, पसीना आना। 2. to work hard, पसीना बहाना।

**persuade** (पॅ:-स्वे़ड्´) ***v.*** 1. to induce a person to believe or do something, समझाना-बुझाना। 2. to convince, राज़ी करना, मनाना। 3. to inspire, प्रेरित करना।

**persuasion** (पॅ:-स्वे़´-ज़्हॅन्) ***n.*** 1. the act of persuading or the state of being persuaded, समझाव-बुझाव, मनावन। 2. the ability to persuade, समझाने-बुझाने या मनाने की क्षमता। 3. religious belief or conviction, धारणा, मत, धार्मिक विश्वास।

**persuasive** (पॅ:-स्वे़´-सिव्) ***adj.*** having the ability to persuade, समझा-बुझा लेनेवाला, राज़ी या प्रेरित कर लेनेवाला।

**persuasively** (पॅ:-स्वे़´-सिव्-ली) ***adv.*** in a persuasive way, समझा-बुझाकर, राज़ी करके, मनाकर।

**pert** (पॅ:ट्) ***adj.*** 1. clever, चलता-पुर्ज़ा, चपल। 2. impudent, उद्धत, ढीठ, गुस्ताख़।

**pertly** (पॅ:ट्´-ली) ***adv.*** 1. cleverly, चतुराई से। 2. impudently, उद्धततापूर्वक, ढिठाई से।

**pertness** (पॅ:ट्´-निस्) ***n.*** the quality of being pert, चतुराई, चपलता; उद्धतता, ढिठाई, गुस्ताख़ी।

**pertain** (पॅ:-टेन्´) ***v.*** 1. to be a part of, अंग होना, लगा या जुड़ा होना। 2. to be relevant, संबद्ध होना।

**pertinacious** (पः-टि-ने´-शॅस्) ***adj.*** 1. determined, निश्चयबद्ध, दृढ़ संकल्प। 2. unyielding, obstinate, अड़ियल, हठी, दुराग्रही।

**pertinacity** (पॅ:-टि-नैस्´-इ-टी) ***n.*** 1. determination, दृढ़ता। 2. obstinacy, हठीलापन, दुराग्रह।

**pertinence** (पः´-टि-नॅन्स्) ***n.*** the state of being pertinent, प्रासंगिकता।

**pertinent** (पः´-टि-नॅन्ट्) ***adj.*** to the point, relevant, प्रासंगिक, उपयुक्त।

**pertinently** (पॅ:´-टि-नॅन्ट्-ली) ***adv.*** in a pertinent way, प्रासंगिक रूप से।

**perturb** (पॅ:-टःब्´) ***v.*** 1. to cause to upset, क्षुब्ध कर देना। 2. to make anxious, चिंतित कर देना।

**perturbation** (पः-टॅः-बे´-शॅन्) ***n.*** 1. act of perturbing or the state of being perturbed, क्षुब्ध करना या होना। 2. something that perturbs, क्षोभकारी बात या तत्त्व।

**perusal** (पॅ-रूज़्´-अॅल्) *n.* study, अध्ययन, अनुशीलन, परिशीलन।

**peruse** (पॅ-रूज़्´) *v.* (perused, perusing) to study, अध्ययन करना, अनुशीलन करना।

**pervade** (पॅ:-वेड्´) *v.* to pass and spread throughout, रच-बस जाना, व्याप्त होना, फैल जाना।

**pervasion** (पॅ:-वे´-ज़्हॅन्) *n.* the act of pervading or the state of being pervaded, रचाव-बसाव, व्याप्ति, फैलाव।

**pervasive** (पॅ:-वे´-सिव्) *adj.* pervading, रचा-बसा, व्यापक।

**pervasiveness** (पॅ:-वे´-सिव्-निस्) *n.* the quality of being pervasive, व्याप्ति, फैलाव।

**perverse** (पॅ:-वॅ:स्´, पॅ:´-वॅ:स्) *adj.* 1. directed away from what is normal, right or acceptable, पतित, भ्रष्ट, कुमार्गी, पथभ्रष्ट। 2. perverted, विकृत रुचिवाला। 3. wicked, दुष्ट। 4. persisting in error or fault, जो ग़लत काम या राह न छोड़ता हो।

**perversion** (पॅ:-वॅ:´-ज़्हॅन्) *n.* 1. the act of perverting or the state of being perverted, विकार, विकृति। 2. abnormal sex act, विकृत रति-क्रिया।

**perversity** (पॅ:-वॅ:´-सि-टी) *n.* = perversion.

**perversive** (पॅ:-वॅ:´-सिव्) *adj.* tending to pervert, विकृत-प्रवृत्ति।

**pervert** (पॅ:-वॅ:ट्´) *v.* 1. to debase or corrupt, पतित या भ्रष्ट करना या होना। 2. to misuse, दुरुपयोग करना। 3. to interpret incorrectly, ग़लत निर्वचन करना। *n.* a person who practises sexual perversion, विकृत रति-क्रियाओं में लिप्त व्यक्ति, विकृत-काम।

**peseta** (पॅ-सेट्´-अॅ) *n.* the unit of money in Spain, स्पेनी सिक्का।

**pesky** (पॅस्´-की) *adj.* troublesome, दुखदायी।

**pessary** (पॅस्´-अॅ-री) *n.* a contraceptive device placed in a woman's vagina, गर्भ-निरोधक उपकरण।

**pessimism** (पॅस्´-इ-मिज़्-अॅम्) *n.* the tendency to take darker or gloomy view of things, निराशावाद।

**pessimist** (पॅस्´-इ-मिस्ट्) *n.* one who takes darker or gloomy side of things, निराशावादी।

**pessimistic** (पॅस्-इ-मिस्´-टिक्) *adj.* of pessimism, निराशावादी।

**pest** (पॅस्ट्) *n.* 1. any destructive insect, टिड्डी, दीमक आदि कीड़ा। 2. a troublesome person or thing, दुखदायी वस्तु/व्यक्ति।

**pester** (पॅस्´-टॅ:) *v.* to harass or bother continually, तंग/परेशान करना, पीछे पड़ जाना।

**pesticide** (पॅस्´-टि-साइड्) *n.* a substance used to kill pests, कीटनाशक पदार्थ।

**pestilence** (पॅस्´-टि-लॅन्स्) *n.* a fatal infectious disease, महामारी।

**pestilent, pestilential** (पॅस्´-टि-लॅन्ट्, -लॅन्-शॅल्) *adj.* 1. troublesome, दुखदायी, कष्टप्रद। 2. fatal, घातक। 3. harmful, हानिकर, नुकसानदेह। 4. likely to cause epidemic, महामारी फैलानेवाला।

**pestle** (पॅस्´-अॅल्) *n.* a tool used to pound substances, मूसल।

**pet** (पॅट्) *n.* 1. a domesticated animal kept for amusement, पालतू पक्षी या जानवर। 2. a darling, लाड़ला या दुलारा व्यक्ति। *adj.* 1. kept and treated as a pet, पालतू। 2. particularly cherished, दुलारा। *v.* (petted, petting) 1. to fondle, प्यार-दुलार करना। 2. to pat gently, थपथपाना। 3. to keep as a pet, पालतू रूप में रखना।

**petal** (पॅट्´-अॅल्) *n.* any of the separate parts of a flower head, (फूल की) पंखुड़ी।

**petaled, petalled** (पॅट्´-अॅल्ड्) *adj.* having petals, पंखुड़ीदार।

**petard** (पि-टा:ड्´) *n.* a craker, पटाका।

**peter** (पी´-टॅ:) *v.* □ **peter out,** धीरे-धीरे क्षीण हो जाना, क्षय हो जाना, बीच में ही रह जाना।

**petiole** (पॅट्´-इ-ओल्) *n.* the stalk to which a leaf is attached, पत्ती का डंठल, पर्णवृंत।

**petit bourgeois** (पॅ-टी-बु:ज़्ह्-वा) *n.* a member of the lower middle class,

P

निम्न मध्यमवर्गीय व्यक्ति।

**petite** (पॅ-टीट्´) *adj.* (a woman) of small size and trim, ठिगनी और सजी-धजी (स्त्री)।

**petition** (पॅ-टिश्´-ॲन्) *n.* 1. a written application soliciting some favour, याचिका। 2. a request, आवेदन, प्रार्थना। *v.* 1. to make a petition, याचिका प्रस्तुत करना। 2. to request, प्रार्थना करना।

P

**petitionary** (पॅ-टिश्´-ॲ-नॅ-री) *adj.* of petition, याचिका-संबंधी।

**petitioner** (पॅ-टिश्´-ॲ-नॅ:) *n.* 1. one who petitions, याचिकादाता, याची। 2. one who makes a request, आवेदक, प्रार्थी।

**pet name** *n.* a term of address used to express affection, प्यार का नाम, दुलार-नाम।

**petrel** (पॅट्´-रॅल्) *n.* a seabird, एक जलपक्षी।

**petrifaction** (पॅट्-रि-फ़ि-के´-शॅन्) *n.* act of petrifying or the state of being petrified, पत्थरवत् कर देना या हो जाना, पथराना।

**petrify** (पॅट्´-रि-फ़ाइ) *v.* 1. to change into stony substance, पत्थर हो जाना। 2. to make rigid, कठोर बना देना। 3. to stun, स्तब्ध हो जाना, हक्का-बक्का हो जाना।

**petrodollar** (पॅट्´-रॅ-डॉल्-ॲ:) *n.* money earned by a country by exporting oil, तेल के निर्यात द्वारा किसी देश द्वारा अर्जित धन।

**petrol** (पॅट्´-रॅल्) *n.* an oil obtained from petroleum, पेट्रोल।

**petroleum** (पॅ-ट्रो´-लि-ॲम्) *n.* a mineral oil, खनिज तेल।

**petrology** (पॅ-ट्रॉल्´-ॲ-जी) *n.* the scientific study of rocks, शैल-विज्ञान, शैलिकी।

**petticoat** (पॅट्´-इ-कोट्) *n.* a woman's undergarment, साया, लहँगा, घघरी, पेटीकोट।

**petticoat government** *n.* the dominance of women in home or in politics, जनाना सरकार, स्त्री-राज्य।

**pettifog** (पॅट्´-इ-फ़ॉग्) *v.* to resort to trickery, to quibble, (वकील द्वारा) तिकड़म का सहारा लेना, वाक्छल करना।

**pettifogger** (पॅट्´-इ-फ़ॉग्´-ॲ:) *n.* a dishonest lawyer who resorts to trickery, वह वकील जो वाक्छल करता या तिकड़म से काम लेता हो, बेईमान वकील।

**pettish** (पॅट्´-इश्) *adj.* 1. ill-tempered, क्रोधी, बदमिज़ाज। 2. irritable, peevish, चिड़चिड़ा।

**petty** (पॅट्´-ई) *adj.* 1. trivial, छोटा-मोटा, मामूली, साधारण। 2. small-minded, संकीर्ण विचारोंवाला।

**petulance** (पॅच्´-ॲ-लॅन्स्) *n.* irritability, peevishness, चिड़चिड़ापन, बदमिज़ाजी।

**petulant** (पॅच्´-ॲ-लॅन्ट्) *adj.* 1. irritable, चिड़चिड़ा। 2. ill-tempered, बदमिज़ाज।

**pew** (प्यू) *n.* a long bench, लंबी बेंच।

**pewter** (प्यू´-टॅ:) *n.* 1. an alloy of tin and lead, टीन और जस्ते से बनी मिश्र धातु। 2. an article made of this, इस धातु से बनी वस्तु।

**phaeton** (फ़े´-ॲ-टॅन्) *n.* a horse drawn carriage, घोड़ागाड़ी।

**phalanx** (फ़ै´-लैंग्स्) *n.* 1. a mass of people, जनसमूह। 2. a number of people united for a common purpose, संघटित लोग, दल।

**phallic** (फ़ैल्´-इक्) *adj.* of the phallus, लिंग-संबंधी, लैंगिक; phallic worship, लिंगपूजा, लिंगोपासना।

**phallus** (फ़ैल्´-ॲस्) *n.* 1. penis, लिंग। 2. an image of the penis, लिंग-चिह्न।

**phantasm** (फ़ैन्´-टैज़्-ॲम्) *n.* 1. an illusion, माया। 2. a phantom, प्रेत, भूत।

**phantasy** *n.* see fantacy.

**phantom** (फ़ैन्´-टॅम्) *n.* 1. a ghost, प्रेतात्मा, प्रेतच्छाया, प्रेत-छाया, बैताल। 2. something without reality, माया।

**Pharaoh** (फ़ेंॲर्´-ओ) *n.* the title of the kings of Egypt, फ़ैरो (मिस्र के सम्राटों की उपाधि)।

**pharisaic, pharisaical** (फ़ैर्-ॲ-से´-इक्, फ़ैर्-ॲ-से´-इ-कॅल्) *adj.* hypocritical, पाखंडपूर्ण।

**Pharisee** (फ़ैर्´-ॲ-सी) *n.* a member of an ancient Jewish sect, फ़रीसी।

**pharmaceutic, pharmaceutical** (फ़ा:-मॅ-स्यूट्´-टिक्, फ़ा:-मॅ-स्यूट्´-इ-कॅल्) *adj.* of medicinal drugs, औषधीय, भेषजीय।

**pharmaceutics** (फ़ा:-मॅ-स्यूट्´-इक्स्) *n.* pharmacy, भेषज-विज्ञान।

**pharmacist** (फ़ा:´-मॅ-सिस्ट्) *n.* a druggist,

ओषधि-निर्माता तथा विक्रेता, भेषजिकी, भेषजज्ञ।

**pharmacology** (फ़ा:-मॅ-कॉल्´-अॅ-जी) ***n.*** the scientific study of medicinal drugs, भेषज-विज्ञान, औषध-विज्ञान।

**pharmacy** (फ़ा:´-मॅ-सी) ***n.*** 1. the art of preparing and dispensing drugs, औषध-निर्माण। 2. a factory of drugs, औषधालय, औषधशाला। 3. a drugstore, दवाखाना।

**pharos** (फ़ॆअॅर्´-ऑस्) ***n.*** a lighthouse, प्रकाशगृह।

**pharyngitis** (फ़ैर्-इन्-जाइ´-टिस्) ***n.*** inflammation of the pharynx, गले की झिल्ली की सूजन, ग्रसनीशोथ।

**pharynx** (फ़ैर्´-इंक्स्) ***n.*** the part of the alimentary canal at the back of nose and throat, ग्रसनी।

**phase** (फ़ेज़्) ***n.*** 1. a distinct stage, विशेष अवस्था या स्थिति, प्रावस्था। 2. any of the shapes of the moon, कला। 3. a side or aspect, पहलू, पक्ष। 4. a part, भाग, हिस्सा। ***v.*** to carry out in stages, थोड़ा-थोड़ा करके कई बार में (काम को) पूरा करना। □ **phase in,** धीरे-धीरे काम में लाना; **phase out,** धीरे-धीरे बाहर करना या निकाल देना।

**pheasant** (फ़ॆज़्´-ॲन्ट्) ***n.*** 1. any longtailed chicken like bird, तीतर, चेड़ या चकोर। 2. its flesh used as food, उक्त पक्षी का मांस।

**phenix** (फ़ि-निक्स्) ***n.*** = phoenix.

**phenol** (फ़ी´-नॅल्) ***n.*** carbolic acid, कारबोलिक एसिड।

**phenomenal** (फ़ि-नॉम्´-इ-नॅल्) ***adj.*** 1. of a phenomenon, दृश्यमान, दृष्टवान। 2. outstanding, असाधारण, उल्लेखनीय। 3. perceived by seness, इंद्रियग्राह्य, गोचर।

**phenomenally** (फ़ि-नॉम्´-इ-नॅ-ली) ***adv.*** in an outstanding way, उल्लेखनीय रूप से।

**phenomenon** (फ़ि-नॉम्´-अॅ-नॉन्/नॅन्) ***n.*** (plu. phenomena) 1. any event or fact that can be perceived by the senses, इंद्रिय-ग्राह्य विषय, दृग्विषय। 2. a remarkable event, person or thing, कोई असाधारण घटना, व्यक्ति, वस्तु आदि।

**phenyl** (फ़ी´-नाइल्) ***n.*** फिनाइल।

**phew** (फ़्यू) ***interj.*** an exclamation of reliei, surprise etc., ओह।

**phial** (फ़ाइ´-अॅल्) ***n.*** a small bottle, शीशी।

**philander** (फ़ि-लैन्´-डॅ:) ***v.*** to make love without serious intent, (किसी पुरुष का किसी स्त्री से) इश्क लड़ाना।

**philanderer** (फ़ि-लैन्´-डॅ-रॅ:) ***n.*** one who philanders, इश्कबाज़।

**philanthropic** (फ़िल्-ॲन्-थ्रॉप्´-इक्) ***adj.*** benevolent, परोपकारी।

**philanthropically** (फ़िल्-ॲन्-थ्रॉप्´-इ-कॅ-ली) ***adv.*** in a philanthropic way, परमार्थ की भावना से।

**philanthropist** (फ़ि-लैन्´-थ्रॅ-पिस्ट्) ***n.*** a benevolent person, परोपकारी व्यक्ति।

**philanthropy** (फ़ि-लैन्´-थ्रॅ-पी) ***n.*** benevolence, परोपकार।

**philatelist** (फ़ि-लैट्´-अॅल्-इस्ट्) ***n.*** a stamp collector, टिकट-संग्राहक।

**philately** (फ़ि-लैट्´-अॅ-ली) ***n.*** the collection of stamps, टिकट-संग्रह।

**philharmonic** (फ़िल्-हा:-मोन्´-इक्) ***adj.*** devoted to music, संगीत-प्रेमी।

**philippic** (फ़ि-लिप्´-इक्) ***n.*** a speech intended to arouse opposition, विरोध जगाने के लिए किया जानेवाला भाषण।

**philistine** (फ़िल्´-इस्-टाइन्, फ़िल्´-अॅ-स्टीन्) ***n.*** a person indifferent to artistic and cultural values, असभ्य या फूहड़ व्यक्ति।

**philologist** (फ़ि-लॉल्´-अॅ-जिस्ट्) ***n.*** a linguistic, भाषा-विज्ञानी।

**philology** (फ़ि-लॉल्´-अॅ-जी) ***n.*** linguistics, भाषा-विज्ञान।

**philosopher** (फ़ि-लॉस्´-अॅ-फ़ॅ:) ***n.*** an expert in philosophy, दर्शनशास्त्री, दार्शनिक।

**philosophical** (फ़िल्-अॅ-सॉफ़्´-इ-कॅल्) ***adj.*** 1. of philosophy, दर्शन-संबंधी। 2. calm and rational, शांत और सौम्य।

**philosophize** (फ़ि-लॉस्´-अॅ-फ़ाइज़्) ***v.*** to explain or act philosophically, दार्शनिकों की तरह व्यवहार या व्याख्या करना, तत्त्वज्ञान की बातें करना।

**philosophy** (फ़ि-लॉस्´-अॅ-फ़ी) ***n.*** 1. speculative inquiry concerning the source and nature of human knowledge, दर्शनशास्त्र। 2. a system of principles for the conduct of life, दर्शनशास्त्र। 3. advance learning in general, उन्नत ज्ञान।

**phlegm** (फ़्लेंम्) ***n.*** mucus ejected through mouth, कफ़, बलग़म, श्लेष्मा।

**P**

**phlegmatic** (फ़लेंग्-मैट्´-इक्) ***adj.*** 1. of phlegm, श्लैष्मिक। 2. unemotional, शांत।

**phobia** (फ़ो´-बि-अॅ) ***n.*** dread, भीति, भय।

**phoenix** (फ़ी´-निक्स्) ***n.*** 1. a legendary bird, ऐसा कल्पित पक्षी जो स्वयं जलकर मर जाता है और उसी राख से पुनः पैदा हो जाता है, अमर-पक्षी। 2. a unique person, अद्वितीय व्यक्ति। 3. a beautiful person, अति सुंदर व्यक्ति।

**phone** (फ़ोन्) ***n.*** a telephone, टेलीफ़ोन, दूरभाष। ***v.*** to telephone, टेलीफ़ोन करना। ☐ **on the phone,** टेलीफ़ोन पर; **over the phone,** टेलीफ़ोन से।

**phoneme** (फ़ो´-नीम्) ***n.*** one of the smallest units of speech that serves to distinguish one word from the other, स्वनिम, धवनिग्राम।

**phonetic** (फ़ो-नेंट्´-इक्) ***adj.*** 1. of phonetics, स्वनिक, ध्वनि-विज्ञान-संबंधी। 2. conforming to pronunciation, ध्वन्यात्मक।

**phonetician** (फ़ो-नॅ-टिश्´-अॅन्) ***n.*** an expert in phonetics, ध्वनि-विज्ञानी।

**phonetics** (फ़ॅ-नेंट्´-इक्स्) ***n.*** the study of speech sounds, स्वन-विज्ञान, ध्वनि--विज्ञान।

**phoney, phony** (फ़ो´-नी) ***adj.*** not genuine, fake, बनावटी, नकली।

**phonics** (फ़ॉन्´-इक्स्) ***n.*** 1. the study of sound, स्वन-विज्ञान, ध्वनि-विज्ञान। 2. the science of pronunciation, उच्चारण-विज्ञान।

**phonogram** (फ़ो´-नॅ-ग्राम्/ग्रैम्) ***n.*** a telegram through telephone, फ़ोन-तार।

**phonograph** (फ़ो´-नॅ-ग्राफ़्/ग्रैफ़्) ***n.*** a gramophone, फ़ोनोग्राफ़।

**phonology** (फ़ो-नॉल्´-अॅ-जी) ***n.*** the study of sounds in a language, स्वन-विज्ञान, स्वनिम-विज्ञान, ध्वानिकी।

**phooey** (फ़ू´-इ) ***interj.*** an exclamation of disgust, ऊँह; I don't believe what you have said, आपने जो कहा है उसपर मुझे यक़ीन नहीं हो रहा है।

**phosphate** (फ़ॉस्´-फ़ेट्) ***n.*** a salt of phosphoric acid, फ़ास्फ़ोरिक अम्ल का लवण, फ़ॉस्फ़ेट।

**phosphorescence** (फ़ॉस्-फ़ॅ-रेंस्´-सॅन्स्) ***n.*** the quality or state of being phosphorescent, टिमटिमाहट।

**phosphorescent** (फ़ॉस्-फ़ॅ-रेंस्´-अॅन्ट्) ***adj.*** glowing with a faint light, टिमटिमाता हुआ।

**phosphoric** (फ़ॉस्-फ़ॉर्´-इक्) ***adj.*** of or pertaining to phosphorus, फ़ास्फ़ोरसी।

**phosphorus** (फ़ॉस्´-फ़ॅ-रॅस्) ***n.*** a chemical element that ignites spontaneously at room temperature, फ़ास्फ़ोरस।

**photo** (फ़ो´-टो) ***n.*** a photograph, फ़ोटो।

**photochromy** (फ़ोट्-अॅ-क्रो´-मी) ***n.*** colour photography, रंगीन फ़ोटोग्राफ़ी।

**photocopy** (फ़ोट्´-अॅ-कॉप्-ई) ***n.*** a photographic copy of the original, फ़ोटो-प्रतिलिपि। ***v.*** to make a photocopy (of, की) फ़ोटो प्रतिलिपि तैयार करना।

**photo finish** ***n.*** a race finish so close that the winner can be decided by the photograph only, ऐसी दौड़ जिसमें जीतनेवाले का पता फ़ोटो से ही हो सके, कड़ी स्पर्धा।

**photoflash** (फ़ोट्´-अॅ-फ़्लैश्) ***n.*** a flash bulb, फ्लैश बल्ब।

**photogenic** (फ़ोट्-अॅ-जेंन्´-इक्) ***adj.*** artistically suitable for being photographed, जिसका चित्र सुंदर उतरता हो, चित्रोचित।

**photograph** (फ़ोट्´-अॅ-ग्राफ/ग्रैफ़्) ***n.*** a picture made by photography, फ़ोटो, फ़ोटोग्राफ़, फ़ोटोचित्र। ***v.*** 1. to take a photograph of, फ़ोटो खींचना। 2. to practise photography, फ़ोटोग्राफ़ी करना।

**photographer** (फ़ॅ-टॉग्´-रॅ-फ़ॅ:) ***n.*** one who takes photographs, फ़ोटोग्राफ़र, छाया-चित्रकार।

**photographic** (फ़ॅ-टॅ-ग्रैफ़्´-इक्) ***adj.*** 1. of photograph, फ़ोटोग्राफ़-संबंधी। 2. of photography, फ़ोटोग्राफ़ी-संबंधी। 3. recalling accurately, तीव्र स्मरणशक्तिवाला।

**photographically** (फ़ॅ-टॅ-ग्रैफ़्´-इ-कॅ-ली) ***adv.*** in a photographic manner, फोटोग्राफ़ी द्वारा।

**photography** (फ़ॅ-टॉग्´-रॅ-फ़ी) ***n.*** the art or profession of taking photographs, फ़ोटो-चित्रण, फ़ोटोग्राफ़ी।

**photostat** (फ़ोट्´-ॲ-स्टैट्) ***n.*** 1. a machine that makes photographic copies, फ़ोटोस्टैट। 2. a copy made by such machine, फ़ोटोस्टैट कापी।

**photosynthesis** (फ़ोट्-ॲ-सिन्´-थॅ-सिस्) ***n.*** प्रकाश-संश्लेषण।

**phrasal** (फ्रे´-ज़ल्) ***adj.*** of or pertaining to a phrase or phases, पदबंधीय।

**phrase** (फ्रेज़्) ***n.*** a group of words forming a unit, पदबंध। ☐ **coin a phrase,** पदबंध गढ़ना। ***v.*** (phrased, phrasing) to express in words, शब्दों में व्यक्त करना।

**phraseology** (फ्रे-ज़ी-ऑल्´-ॲ-जी) ***n.*** the way in which words and phrases are used, शब्दों के प्रयोग तथा विन्यास का ढंग, पदविन्यास।

**phut** (फ़ट्) ***n.*** a dull sound, फटने का शब्द, फट। ☐ **go phut,** चौपट हो जाना।

**phylum** (फ़ाइ´-लॅम्) ***n.*** (plu. phyla) any of the basic divisions of plants, animals, languages etc., पौधों, पशुओं, भाषाओं आदि के मूल समूहों में से कोई एक।

**physical** (फ़िज़्´-इ-कॅल्) ***adj.*** 1. of the matter, भौतिक पदार्थों से संबद्ध, भौतिक, वस्तुगत। 2. of or relating to the nature, प्राकृतिक नियमों पर आधारित, प्राकृतिक। 3. of the body, शरीर-संबंधी, शारीरिक। 4. experienced through senses, इंद्रियगोचर। 5. of or relating to physics, भौतिकीय।

**physical anthropology** ***n.*** भौतिक नृविज्ञान।

**physical education** ***n.*** शारीरिक शिक्षा।

**physical geography** ***n.*** भौतिक भूगोल।

**physicality** (फ़िज़्-इ-कैल्´-इ-टी) ***n.*** the condition or quality of being physical, शरीर-भाव; इंद्रियगोचरता, भौतिकता।

**physically** (फ़िज़्´-इ-कॅ-ली) ***adj.*** 1. with regard to the body, शारीरिक दृष्टि से। 2. according to the laws of nature, प्राकृतिक रूप से।

**physical training** ***n.*** training relating to the body and its needs, शारीरिक प्रशिक्षण।

**physician** (फ़ि-ज़िश्´-ॲन्) ***n.*** a medical practitioner, वैद्य, डॉक्टर या हकीम।

**physicist** (फ़िज़्´-इ-सिस्ट्) ***n.*** an expert in physics, भौतिक-विज्ञानी।

**physics** (फ़िज़्´-इक्स्) ***n.*** the science of matter and energy and of the interactions between the two, भौतिक शास्त्र, भौतिकी।

**physiognomist** (फ़िज़्-इ-ऑग्(-नॅ-मिस्ट्) ***n.*** an expert in physiognomy, आकृति-विज्ञानी।

**physiognomy** (फ़िज़्-इ-ऑग्´-नॅ-मी) ***n.*** the art of judging character from physical features, आकृति-विज्ञान, आकृतिकी।

**physiological** (फ़िज़्-इ-ॲ-लॉज्´-इ-कॅल्) ***adj.*** of or pertaining to physiology, शारीरिक, शरीरतंत्रीय।

**physiology** (फ़िज़्-इ-ऑल्(-ॲ-जी) ***n.*** the science concerned with the functioning of organisms, शरीर-विज्ञान, शारीरिकी, दैहिकी।

**physiotherapy** (फ़िज़्-इ-ओ-थॅर्´-ॲ-पी) ***n.*** physical therapy, व्यायाम, मालिश; ताप, बिजली के झटके आदि देकर की जानेवाली चिकित्सा।

**physique** (फ़ि-ज़ीक्´) ***n.*** the constitution of the body, शरीर की बनावट या गठन, अंगलेट।

**pi** (पाइ) ***n.*** any jumble or mixure, घाल-मेल, गड्ड-मड्ड। ***v.*** (pied, pieing) to mix up, घाल-मेल करना, गड्ड-मड्ड करना।

**pianissimo** (पि-ॲ-निस्´-इ-मो) ***adv.*** very softly, अत्यंत मंद स्वर में।

**pianist** (पि-ऐन्´-इस्ट्/पी´-ॲ-निस्ट्) ***n.*** one who plays piano, पियानोवादक।

**piano** (पि-ऐन्´-ओ) ***n.*** a musical instrument played by depressing keys, पियानो।

**piazza** (पि-ऐट्´-सॅ) ***n.*** 1. crossing, चौराहा। 2. a porch, पोर्च।

**pica** (पाइ´-कॅ) ***n.*** a size of printer's type equal to one sixth of an inch, पाइका, १२

प्वाइंट का टाइप।

**picaresque** (पिक्-ॲ-रेस्क्´, पि-कॅ-रेस्क्´) *adj.* relating to the adventures of a rogue, किसी दुष्ट व्यक्ति के साहसिक क्रियाकलापों से संबद्ध।

**piccanin** (पिक्´-ॲ-निन्) *n.* a Black African child, काला अफ़्रीकी बच्चा।

P

**piccaninny** (पिक्-ॲ-नी´-नी) *n.* a small Negro child, हब्शी बालक।

**pick** (पिक्) *v.* 1. to select, छाँटना, चुनना। 2. to gather, इकट्ठा करना। 3. to pluck, (फूल) तोड़ना, चुनना। 4. to nibble, चुगना। 5. to dig, कुरेदना, खोदना। 6. to steal, चुराना। 7. to provoke, उकसाना। □ **pick and choose,** सोच-विचार कर चुनना; **pick at,** टूँगना; **pick holes in,** छिद्रान्वेषण करना; **pick off,** एक-एक करके भून डालना या उड़ा देना; **pick on,** चयन करना; **pick one's steps,** सँभालकर कदम रखना; **pick out,** छाँटना; **pick over,** चुनना-बीनना। **pick up,** (i) इकट्ठा करना; (ii) प्राप्त करना; (iii) सुधार होना; (iv) धीरे-धीरे सीखना; (v) गाड़ी में बैठा लेना; (vi) गति बढ़ाना; (vii) संकेत प्राप्त करना। *n.* 1. a tooth pick, दंत-खोदनी। 2. selection, चयन। 3. a person preferred, चुनिंदा व्यक्ति। 4. the best part of the lot, चुनिंदा हिस्सा।

**pickaxe, pickax** (पिक्´-ऐक्स्) *n.* a tool for breaking up hard ground, गैंती।

**picked** (पिक्ड्) *adj.* selected, चुना हुआ, चुनिंदा।

**picket** (पिक्´-इट्) *n.* 1. a worker or group of workers stationed before the entrance to a factory to persuade other workers from entering during strike, धरना। 2. a group of such workers, धरना देनेवाले लोग। *v.* to act as a picket, धरना देना।

**picketing** (पिक्´-इट्-इंग्) *n.* the act of holding a picket, धरना देने की क्रिया या भाव।

**picket line** *n.* a line or group of pickets, धरना देनेवालों की कतार या समूह।

**pickiness** (पिक्´-इ-निस्) *n.* fastidiousness, नाज़-नख़रा।

**picking** (पिक्´-इंग्) *n.* the act of selecting, चयन।

**pickings** (पिक्´-इंग्ज़्) *n.* 1. leftovers, बचे-खुचे टुकड़े। 2. a share of spoil, लूट का हिस्सा।

**pickle** (पिक्´-ॲल्) *n.* 1. vegetables preserved in mustered oil, vinegar, etc., अचार। 2. a difficult situation, कठिन स्थिति। *v.* to preserve in oil or vinegar, अचार डालना।

**pickled** (पिक्´-ॲल्ड्) *adj.* drunk, नशे में चूर।

**pick-me-up** (पिक्´-मी-अप्) *n.* a tonic as a stimulant, टॉनिक।

**pickpocket** (पिक्´-पॉक्-इट्) *n.* one who steals money from other people's pockets, जेबकतरा, गिरहकट।

**pick-up** (पिक्´-अप्) *n.* 1. a small open truck, माल ढोने की खुली गाड़ी, पिकअप, पिकप। 2. ability to accelerate rapidly, सहसा गति बढ़ाने का गुण। 3. a casual acquaintance, आकस्मिक मुलाक़ाती। 4. a stop to collect passengers, goods, etc., स्टॉप, अड्डा।

**picky** (पिक्´-ई) *adj.* excessively fastidious, नख़रेबाज़, मीनमेखी।

**picnic** (पिक्´-निक्) *n.* 1. a meal eaten outdoor on excursion, सैर-सपाटा, पिकनिक। 2. an easy task, सरल काम, सुसाध्य कार्य। *v.* (picnicked, picnicking) to go on a picnic, सैर-सपाटे पर जाना, पिकनिक पर जाना।

**picnicker** (पिक्´-निक्-ॲ:) *n.* a person taking part in a picnic, सैर-सपाटे पर जानेवाला, पिकनिक मनानेवाला।

**picnic spot** *n.* a place for enjoying picnics, पिकनिक-स्थल।

**picot** (पी´-को) *n.* one of a series of small loops forming an ornamental edging, पीको।

**pictorial** (पिक्-टोर्´-इ-ॲल्) *adj.* illustrated by pictures, सचित्र, चित्रीय। *n.* an illustrated periodical, सचित्र पत्रिका।

**picture** (पिक्´-चॅ:) *n.* 1. an image painted, drawn or photographed, चित्र, तस्वीर। 2. something that looks beautiful,

चित्र-सी सुंदर वस्तु। 3. a painting, चित्र। 4. a film, motion picture, फ़िल्म। 5. an account or description, वर्णन। 6. the image on the television screen, पिक्चर। 7. the general situation, वस्तुस्थिति। □ **in the picture,** महत्त्वपूर्ण। *v.* (pictured, picturing) 1. to make a picture, तस्वीर बनाना, चित्रित करना। 2. to describe vividly, वर्णन करना, चित्रित करना।

**picture card** ***n.*** a postcard with a picture on one side, चित्रकार्ड, चित्रपत्रक।

**picture gallery** ***n.*** a hall containing a collection of pictures, चित्रशाला।

**picture house** ***n.*** a cinema, सिनेमाघर, छविगृह।

**picturesque** (पिक्-चॅ-रॅस्क्´) ***adj.*** 1. like a picture, चित्रात्मक, चित्रवत्, चित्रोपम, सजीव। 2. very beautiful, अति सुंदर। 3. very expressive, अभिव्यंजक।

**picturize** (पिक्´-चॅ-राइज़्) ***v.*** to make into a motion picture, फ़िल्म बनाना, फ़िल्मांकन करना।

**piddle** (पिड्´-अॅल्) ***v.*** 1. to urinate, पेशाब करना। 2. to spend time idly, समय गँवाना या नष्ट करना। 3. to work sluggishly, सुस्ती या लापरवाही से काम करना।

**piddling** (पिड्´-लिंग्) ***adj.*** trifling, तुच्छ।

**pidgin** (पिज्´-इन्) ***n.*** a language made up of elements of two or more languages, खिचड़ी भाषा।

**pie** (पाइ) ***n.*** 1. a pastry type baked dish, कचौड़ी। 2. a mixed disordered collection of types, पाई। 3. a disordered collection, घाल-मेल, खिचड़ी।

**piebald** (पाइ´-बाःल्ड्) ***adj.*** spotted, चितकबरा, विशेषत: सफ़ेद और काला।

**piece** (पीस्) ***n.*** 1. a portion or slice, टुकड़ा, खंड। 2. a part, अंश, भाग, हिस्सा। 3. a chessman or other small object moved on a board, गोटी। 4. an instance or sample, उदाहरण, नमूना। 5. an artistic, musical or literary work, कलाकृति, रचना। 6. a fixed unit of work, छोटा-मोटा काम। □ **go to pieces,** (i) अपने पर नियंत्रण खो बैठना, (ii) टुकड़े-टुकड़े हो जाना, बिखर जाना, चौपट हो जाना; **give someone's a piece of one's mind,** खरी-खरी सुनाना, डाँटना। *v.* (pieced, piecing) to add a piece or pieces to, टुकड़ा या टुकड़े जोड़ना, थिगली लगना, मरम्मत करना।

**piece-de-resistance** (पॅस्´-डि-रॅं-ज़िस्-टास्) ***n.*** 1. the principal dish of a meal, भोजन का मुख्य व्यंजन। 2. an outstanding item, प्रमुख मद/चीज़। (फ्रांसीसी)

**piecemeal** (पीस्´-मील्) ***adv.*** one piece at a time, एक-एक करके। ***adj.*** made piece by piece, एक-एक कर बनाया हुआ।

**piecework** (पीस्´-वःक्) ***n.*** work paid for according to the quantity produced, खुदरा काम, उजरती काम।

**pied** (पाइड्) ***adj.*** having two or more colours, रंग-बिरंगा, चितकबरा।

**pied-a-terre** (पी-एड्-अॅ-टॅअॅः´) ***n.*** a second or temporary lodging, दूसरा घर। (फ्रांसीसी)

**pier** (पिअॅः) ***n.*** 1. the structure built over the water used as a landing place, पोत-घाट। 2. a pillar of a bridge, पाया।

**pierce** (पिअॅःस्) ***v.*** 1. to pass through like a sharp-pointed instrument, घुसेड़ना, भोंकना, चुभोना। 2. to force one's way through, (भीड़ को चीरते हुए) रास्ता निकालना। 3. to sound sharply, कान फोड़ना।

**piercing** (पिअॅः´-सिंग्) ***adj.*** 1. penetrating sharply, भेदक। 2. sharp, तेज़, प्रचंड।

**piercingly** (पिअॅः´-सिंग्-ली) ***adv.*** sharply, प्रचंड रूप से।

**pierrot** (पी´-अॅ-रो) ***n.*** a clown, विदूषक। (फ्रांसीसी)

**pieta** (पी-ए-टा´, प्या-टा´) ***n.*** a picture in which Mary is weeping over the body of Jesus after the crucifixion, ईसा के शव पर रुदन करती हुई मेरी का चित्र या प्रतिमा।

**piety** (पाइ´-अॅ-टी) ***n.*** piousness, पवित्रता या सच्चरित्रता।

**piezo-electric** (पी-ए-ज़ो-इ-लॅक्´-ट्रिक्) ***adj.*** becoming electrically polarized under pressure, दाबविद्युती।

P

**piezo-electricity** (पि-ए-ज़ो-इ-लेंक्-ट्रिस्´-इ-टी) ***n.*** the generation of electricity by mechanically stressing crystals, दाबविद्युत।

**piffle** (पिफ़्´-अॅल्) ***n.*** trivial nonsense, बकवाद, बकबक। ***v.*** (piffled, piffling) to talk nonsense, बकवाद करना।

**piffling** (पिफ़्´-लिंग्) ***adj.*** worthless, तुच्छ, नगण्य।

**pig** (पिग्) ***n.*** 1. a domestic or wild mammal having a broad nose, सुअर। 2. a dirty and greedy person, गंदा और लोभी व्यक्ति। ☐ **buy a pig in a poke,** बिना देखे-भाले कोई चीज़ खरीद लेना।

**pigeon** (पिज्´-अॅन्, पिज्´-इन्) ***n.*** a bird of the dove family, कबूतर, कपोत।

**pigeonhole** (पिज्´-अॅन्-होल्) ***n.*** 1. a compartment in a desk, ख़ाना। 2. a set of small boxes for pigeons to nest in, दरबा। ***v.*** 1. to put in a pigeonhole, ख़ाने में रखना। 2. to put aside and ignore, रद्दी की टोकरी में फेंकना।

**piggery** (पिज्´-अॅ-री) ***n.*** a place where pigs are kept, pigsty, सुअर-बाड़ा।

**piggish** (पिग्´-इश्) ***adj.*** 1. haughty, जिद्दी, हठी। 2. greedy, लालची। 3. dirty, गंदा, नीच।

**piggishly** (पिग्´-इश्-ली) ***adv.*** like a pig, सुअर की तरह, हठपूर्वक।

**piggishness** (पिग्´-इश्-निस्) ***n.*** haughtiness, जिद्दीपन, हठ।

**piggy** (पिग्´-ई) ***adj.*** 1. like a pig, सुअर-जैसा। 2. a piglet, सुअर का बच्चा।

**pigheaded** (पिग्´-हेंड्-इड्) ***adj.*** stubborn, जिद्दी।

**pig iron** ***n.*** crude iron that is the direct product of the blast furnace, कच्चा/ढलवाँ लोहा।

**piglet** (पिग्´-लिट्) ***n.*** a young pig, सुअर का बच्चा।

**pigment** (पिग्´-मॅन्ट्) ***n.*** colouring matter, रंगद्रव्य, वर्णक।

**pigmentation** (पिग्-मॅन्-टे´-शॅन्) ***n.*** colouration caused by the presence of pigments, रंजन, वर्णकता।

**pigpen** (पिग्´-पेंन्) ***n.*** a pigsty, सुअर-बाड़ा।

**pigskin** (पिग्´-स्किन्) ***n.*** the skin of a pig, सुअर की खाल।

**pigsticking** (पिग्´-स्टिक्-इंग्) ***n.*** hunting of wild pigs, जंगली सुअरों का शिकार।

**pigsty** (पिग्´-स्टाइ) ***n.*** 1. a place where pigs are kept, सुअर-बाड़ा। 2. a dirty place, गंदा स्थान।

**pigtail** (पिग्´-टेल्) ***n.*** 1. a braid of hair, लट। 2. ponytail, स्त्रियों की कमर पर लटकती वेणी।

**pike** (पाइक्) ***n.*** 1. a fish with a long narrow snout, एक तरह की मछली। 2. a spear, भाला, बरछा। ***v.*** to kill or pierce with a pike, भाले से प्रहार करना, बरछा भोंकना।

**pikeman** (पाइक्´-मॅन्) ***n.*** a person armed with a pike, भालाबरदार।

**piker** (पाइ´-कॅ:) ***n.*** a petty person, तुच्छ या नगण्य व्यक्ति।

**pilaster** (पि-लैस्´-टॅ:) ***n.*** a rectangular column, आयताकार खंभा।

**pile[1]** (पाइल्) ***n.*** 1. a heap, ढेर, अंबार, चट्टा। 2. a large accumulation, बड़ा भारी संग्रह, संचय, अंबार। 3. a funeral pyre, चिता। ***v.*** (piled, piling) 1. to heap up, ढेर लगाना। 2. to accumulate, संग्रह करना, इकट्ठा करना। 3. to crowd, भीड़-भाड़ करना।

**pile[2]** ***n.*** a heavy beam driven into the earth as a support for a structure, लकड़ी की चाँड़, बल्ली, खंभा।

**piles** (पाइल्ज़्) ***n.*** (plu.) haemorrhoids, बवासीर।

**pileup** (पाइल्´-अप्) ***n.*** a collision of several motor vehicles, कई मोटर गाड़ियों की भिड़ंत।

**pilfer** (पिल्´-फ़ॅ:) ***v.*** to steal small items, छोटी-मोटी चीज़ें चुराना/उड़ा ले जाना, उचक्कागीरी/उठाईगीरी करना।

**pilferage** (पिल्´-फ़ॅ-रिज्) ***n.*** the act of pilfering, उचक्कागीरी, उठाईगीरी।

**pilferer** (पिल्´-फ़ॅर्-अॅ:) ***n.*** one who pilfers, उचक्का, उठाईगीर, चोर।

**pilgrim** (पिल्´-ग्रिम्) ***n.*** 1. a person who

goes on a pilgrimage, तीर्थयात्री। 2. a traveller, यात्री।

**pilgrimage** (पिल्´-ग्रॅ-मिज्) ***n.*** a journey to a sacred place, तीर्थयात्रा, यात्रा।

**pill** (पिल्) ***n.*** a small ball of medicine, दवा की गोली, बटी। ☐ **swallow a bitter pill,** कड़वा घूँट पी जाना; **sweeten the pill,** कड़वी बात को मीठे शब्दों में लपेटकर कहना।

**pillage** (पिल्´-इज्) ***v.*** 1. to plunder, लूट-पाट करना। 2. to take as a spoil, लूट का माल प्राप्त करना। ***n.*** 1. plunder, लूट-पाट। 2. booty, लूट का माल।

**pillar** (पिल्´-अॅ:) ***n.*** 1. a column, खंभा, स्तंभ। 2. a chief supporter, प्रमुख या दृढ़ समर्थक। ☐ **from pillar to post,** दर-दर।

**pillbox** (पिल्´-बॉक्स्) ***n.*** 1. a small box for pills, गोलियाँ रखने का डिब्बा। 2. a fortified underground shelter, वह पक्की कोठरी जिससे सैनिक गोलियाँ छोड़ते हैं, पिलबॉक्स।

**pillion** (पिल्´-इअॅन्) ***n.*** a seat behind the driver of a scooter, motorcycle etc., स्कूटर, मोटरसाइकिल आदि की पिछली सीट; to ride pillion, पिछली सीट पर बैठना।

**pillory** (पिल्´-अॅ-री) ***n.*** a wooden framework in which offenders were locked in olden times, दंडित करने के लिए अपराधी को जकड़कर रखने का लकड़ी का ढाँचा, टिकठी। ***v.*** (pilloried, pillorying) to put into the pillory, काठ के ढाँचे में अपराधी को जकड़ देना।

**pillow** (पिल्´-ओ) ***n.*** a pillow used to support the head, तकिया। ***v.*** to rest one's head on the pillow, तकिया लेना/लगाना।

**pillowcase, pillowslip** (पिल्´-ओ-केस्/स्लिप्) ***n.*** a cover for a pillow, तकिए की खोली।

**pilot** (पाइ´-लॅट्) ***n.*** 1. an operator of an aircraft, विमानचालक। 2. a leader or guide, नेता या मार्गप्रदर्शक। ***v.*** (piloted, piloting) 1. to serve as the pilot of, विमान चलाना। 2. to lead or guide, मार्गप्रदर्शन करना। ***adj.*** experimental, प्रयोगात्मक।

**pilot car** ***n.*** a car that guides the procession, पायलट गाड़ी, मार्गदर्शी गाड़ी।

**pilotless** (पाइ´-लॅट्-लिस्) ***adj.*** having no pilot, चालकविहीन।

**pimento** (पि-मेंन्´-टो) ***n.*** a sweet pepper, मीठी मिर्च।

**pimp** (पिम्प्) ***n.*** one who procures customers for a prostitute, रंडी या रंडियों का दलाल, कुटना। ***v.*** to serve as a pimp, दलाली करना।

**pimple** (पिम्´-पॅल्) ***n.*** any small inflamed swelling of the skin, फुंसी, मुँहासा आदि।

**pimply** (पिम्´-प्ली) ***adj.*** full of pimples, फुंसियों-भरा, मुँहासों से युक्त।

**pin** (पिन्) ***n.*** 1. a short, stiff and pointed piece of wire for fastening things together, पिन, आलपीन। 2. a nail, कील। 3. a peg, खूँटी। 4. a stick with a flag on it, शलाका। 5. a hairpin or safety pin, बालों की सुई, बक्सुआ आदि। ☐ **not to care two pins,** बिल्कुल परवाह न करना। ***v.*** (pinned, pinning) 1. to fasten with a pin, पिन लगाकर नत्थी करना। 2. to attach, जोड़ना, लगाना। ☐ **pin back one's ears,** कान लगाकर सुनना; **pin down,** बाँधकर रखना; **pin one's hopes on someone,** सहायता के लिए किसी पर आस लगाए होना।

**pinafore** (पिन्´-अॅ-फा:) ***n.*** an appron, वस्त्ररक्षक।

**pince-nez** (पैन्स्-ने´) ***n.*** a pair of glasses that clips on the nose, एक प्रकार का चश्मा जिसमें कमानी नहीं होती।

**pincers** (पिन्´-सॅ:ज़्) ***n.*** a tool for pulling nails. एक तरह की चिमटी या सँड़सी, पिंसर।

**pinch** (पिंच्) ***v.*** 1. to press lightly between finger and thumb, चिकोटी काटना, चुटकी भरना। 2. to press or tighten, दबाना, जकड़ना, कसना। 3. to steal or take without asking, चुरा लेना या उठा ले जाना। ***n.*** 1. a squeeze, चिकोटी, चुटकी। 2. a very small quantity, चुटकी-भर सामान। 3. painful stress, कष्टकारी दबाव, तकलीफ़।

**pincode** (पिन्´-कोड्) a group of numbers allotted to a particular city or area as part of address, पिनकोड।

**pincushion** ***n.*** a pad for pins, पिनगद्दी,

P

पिनकुशन।

**pindrop silence** ***n.*** total silence, पूर्ण नीरवता, निस्तब्धता।

**pine**[1] (पाइन्) ***v.*** (pined, pining) 1. to become thin through worry, चिंता से सूख जाना। 2. to yearn, लालसा करना।

**pine**[2] ***n.*** 1. an evergreen tree, चीड़ या देवदार। 2. its wood, चीड़ या देवदार की लकड़ी।

P

**pineapple** (पाइ´-नेंप्-अॅल्) ***n.*** a plant and its fruit, अनानास, अनन्नास।

**ping** (पिंग्) ***n.*** a sharp ringing sound, तड़तड़, तड़तड़ाहट। ***v.*** to make this sound, तड़तड़ाना।

**pingpong** (पिंग्´-पॉङ्ग्) ***n.*** = table tennis.

**pinhead** (पिन्´-हेंड्) ***n.*** 1. the head of a pin, पिन का माथा। 2. a foolish person, मूर्ख व्यक्ति।

**pinion** (पिन्´-इअॅन्) ***n.*** 1. a bird's wing, डैना, पंख। 2. a fogwheel, दाँतेदार चक्र, गरारी। ***v.*** 1. to clip the wings of a bird, पक्षी के पर या डैने बाँध या काट देना। 2. to fix in one place, जकड़ देना, बाँध देना।

**pink** (पिंक्) ***adj.*** 1. pale red, गुलाबी। 2. having slightly left-wing political views, जिसका कुछ-कुछ झुकाव वामपंथ की ओर हो। ***n.*** 1. a pale reddish colour, गुलाबी रंग। 2. highest degree of excellence, पूर्णावस्था। ***v.*** 1. to pierce or stab lightly, हथियार से छेदना। 2. to decorate with a pattern of small holes, छोटे-छोटे छेदों से (चमड़े को) सजाना। 3. to cut with a pinking shears, दाँतेदार कैंची से काटना।

**pinkie, pinky** (पिंक्´-की) ***n.*** the little finger of the hand, छोटी उँगली, कनिष्ठिका।

**pinking shears** ***n.*** a scissors with notched blades, कपड़ा काटने की दाँतेदार कैंची।

**pinkish** (पिंक्´-किश्) ***adj.*** rather pink, हलका गुलाबी।

**pin money** ***n.*** an allowance by a husband to his wife, पति द्वारा पत्नी को दिया जानेवाला जेबखर्च।

**pinnacle** (पिन्´-अॅ-कॅल्) ***n.*** 1. a peak, चोटी, शिखर। 2. a tower, बुर्ज, मीनार। 3. the highest point, चरमबिंदु, पराकाष्ठा।

**pinny** (पिन्´-ई) ***n.*** a child's apron, बच्चों की पोशाक के ऊपर का आवरण/वस्त्ररक्षक।

**pinpoint** (पिन्´-पॉइन्ट्) ***n.*** 1. an insignificant thing, नगण्य वस्तु। 2. the point of the pin, पिन की नोक। ***adj.*** exact, सही, सटीक, सुनिश्चित। ***v.*** to show the exact location of, सही जगह बताना।

**pinprick** (पिन्´-प्रिक्) ***n.*** 1. the sensation or pain caused by pricking a pin, पिन की चुभन। 2. a small irritation, मामूली कष्ट, खिझानेवाली बात।

**pint** (पाइन्ट्) ***n.*** 1. a measure of liquid equal to 0.568 litre, पिंट। 2. a pint of bear or whiskey, अद्धा।

**pintsize, pintsized** (पाइन्ट्´-साइज़्, पाइन्ट्´-साइज़्ड्) ***adj.*** very small, बहुत छोटा, नगण्य।

**pin-up** (पिन्´-अॅप्) ***n.*** a picture of a sexually attractive woman partially or totally undressed pinned up on a wall, दीवार पर लगा नग्न या अर्धनग्न स्त्री का कामुक चित्र।

**pioneer** (पाइ-अॅ-निअॅ:´) ***n.*** a person who initiates something new, अग्रगामी, पुरोगामी, पथप्रदर्शक। ***v.*** to initiate or lead, पहल करना या पथप्रदर्शन करना।

**pioneering** (पाइ-अॅ-निअॅर्´-इंग्) ***adj.*** introducing new ideas or methods, नए विचारों या पद्धतियों को अपनानेवाला।

**pious** (पाइ´-अॅस्) ***adj.*** 1. devout, धर्मपरायण, धर्मशील। 2. holy, पवित्र, पावन, पाक। 3. ostentatious, आडंबरी।

**piousness** (पाइ´-अॅस्-निस्) ***n.*** 1. religious devoutness, धर्मपरायणता, धर्मशीलता। 2. sacredness, पवित्रता, पावनता।

**pip** (पिप्) ***n.*** 1. a dot on a playing card or dice, बिंदी, बुँदकी। 2. a seed of an orange, apple etc., संतरे, सेब आदि का बीज। 3. a short high sound used as a time signal, टिक, पिप।

**pipe** (पाइप्) ***n.*** 1. a tube used to convey a fluid or gas, पाइप, नली। 2. a flute, बाँसुरी। 3. boat's whistle, (नाविक की) सीटी। 4. a chirp, चींचीं। 5. a container (of whiskey, शराब का) पीपा। ***v.*** (piped, piping) 1. to convey through pipes, पाइप/नल से ले जाना। 2. to play on a flute, बाँसुरी/सीटी बजाना। 3. to chirp, (पक्षियों का) बोलना, चहकना। 4. to ornament with piping, गोट या झालर लगाना। □ **pipe down,** चुप करना; **pipe up,** गाने लगना, चहकना, चिल्लाना।

**pipe dream** ***n.*** a fanciful plan, काल्पनिक योजना।

**pipeline** (पाइप्´-लाइन्) ***n.*** 1. a pipe for conveying petroleum, gas etc., पाइपलाइन। 2. a channel of supply, पूर्ति का मार्ग। 3. a channal of information, सूचना का मार्ग।

**piper** (पाइ´-पॅ:) ***n.*** a person who plays on a pipe, बाँसुरीवादक; one who pays the piper calls the tune, जिसका पैसा उसकी धुन, जो खर्चा उठाता है वही मनचाहा काम कराता है।

**pipes** (पाइप्स्) ***n.*** a bagpipes, मशकबीन।

**pipette** (पाइ-पॅट्´) ***n.*** a glass tube for measuring liquids, नलिका।

**piping** (पाइ´-पिंग्) ***n.*** 1. system of pipes, नल-तंत्र। 2. the art of playing a pipe, बाँसुरी-वादन। 3. a narrow band used as a trimming on fabric, गोट, झालर, पाइपिंग। □ **piping hot,** बहुत गर्म।

**pipit** (पिप्´-इट्, पिप्´-ऑट्) ***n.*** a song bird, गानेवाली चिड़िया।

**pipsqueak** (पिप्´-स्क्वीक्) ***n.*** a contemptlible person or thing, हेय व्यक्ति या वस्तु।

**piquancy** (पी´-कॅन्-सी) ***n.*** pungency, चटपटापन।

**piquant** (पी´-कॅन्ट्/कान्ट्) ***adj.*** 1. pleasantly pungent, चटपटा, मसालेदार। 2. stimulating, उद्दीपक, उत्तेजक। 3. interesting and exciting, मन में खलबली पैदा करनेवाला, रोचक; a piquant situation, रोचक स्थिति।

**pique**[1] (पीक्) ***v.*** (piqued, piquing) to cause to feel resentment, खिझाना, चिढ़ाना। ***n.*** the feeling of resentment, खीझ, चिढ़।

**pique**[2] ***n.*** a cotton fabric, एक प्रकार का बढ़िया गफ़ सूती कपड़ा।

**piquet** (पि-के´) ***n.*** a card game, ताश का एक खेल।

**piracy** (पाइ´-रॅ-सी) ***n.*** 1. robbery of ships, समुद्री डकैती, जलदस्युता। 2. unauthorised use of a patented or copyrighted work, पेटेंट या कापीराइट की चोरी, साहित्यिक चोरी।

**pirate** (पाइ´-रॅट्) ***n.*** 1. a sea-robber, समुद्री डाकू, जलदस्यु। 2. one who infringes another's copyright, चोर, कापीराइट की चोरी करनेवाला, साहित्यिक चोर। ***v.*** (pirated, pirating) to reproduce someone's work illicitly, साहित्यिक चोरी करना।

**piratic, piratical** (पि-रैट्´-इक्, पी-रैट्´-इ-कॅल्) ***adj.*** of or like a pirate, जलदस्यु का, जलदस्युवत्, चोरी का।

**pirouette** (पिर्-उ-ऑट्´) ***n.*** a full turn of the body on the toes or the ball of the foot, पंजे या एड़ी के बल लगाया हुआ चक्कर। ***v.*** (pirouetted, pirouetting) to perform a pirouette, पंजे या एड़ी के बल घूम जाना।

**Piscean** (पाइ´-सि-ऑन्) ***adj.*** 1. of Pisces, मीन राशि-संबंधी। 2. born in Pisces, मीन राशि में जन्मा।

**Pisces** (पाइ´-सीज़्) ***n.*** the twelfth sign of Zodiac, मीन राशि।

**pisciculture** (पिस्´-इ-कॅल्-चॅ:) ***n.*** breeding and rearing of fish, मछलीपालन, मत्स्य-पालन।

**piss** (पिस्) ***v.*** 1. to urinate, पेशाब करना, मूतना। 2. to discharge with the urine, पेशाब के रास्ते (मवाद, ख़ून आदि) जाना। ***n.*** urine, पेशाब, मूत्र।

**pissed** (पिस्ड्, पिस्ट्) ***adj.*** drunk, नशे में धुत।

**pistachio** (पि-स्टैश्´-इ-ओ) ***n.*** a tree and its nut, पिस्ता।

**pistachio green** ***adj.*** of the colour of pistachio, पिस्ते के रंग का, पिस्तई।

**pistil** (पिस्´-टिल्) ***n.*** (Bot.) the female reproductive part of a flower, फूल का बीजोत्पादक मादा हिस्सा, स्त्रीकेसर, गर्भकेसर।

**pistol** (पिस्ट्´-ऑल्, पिस्´-टॅल्) ***n.*** a small firearm, पिस्तौल। ***v.*** (pistolled, pistolling) to shoot with a pistol, पिस्तौल से मार डालना।

**pistol-whip** (पिस्ट्-ऑल्-ह्विप्´) ***v.*** (pistol-

P

whipped, pistol-whipping) to beat with a pistol barrel, पिस्तौल की दुनाली से आघात करना।

**piston** (पिस्´-टॅन्) ***n.*** a cylinder or disc that slides in a hollow, पिस्टन।

**pit**[1] (पिट्) ***n.*** 1. a hole in the ground, गड्ढा। 2. a pitfall, चोरगड्ढा। 3. a depression in the skin, गड्ढा। 4. a mine, खान। 5. the seat of musicians at the theatre, रंगशाला में वादकों के बैठने का स्थान। ***v.*** (pitted, pitting) to make pits, गड्ढे बनाना। □ **pit against,** सामना करना।

**pit**[2] ***n.*** the stone of a fruit, गुठली।

**pit-a-pat** (पिट्´-अॅ-पैट्) ***n.*** a quick tapping sound, थपथप, तड़तड़, धकधक। ***adv.*** with quick light taps, थपथपाते हुए, थपथप करते हुए, तड़तड़ाते हुए। ***v.*** (pit-a-pated, pit-a-pating) to make quick light taps, थपथपाना, थपथप करना।

**pitch**[1] (पिच्) ***v.*** (pitched, pitching) 1. to hurl or throw, फेंकना। 2. to erect (a tent, टेंट) खड़ा करना। 3. to encamp, पड़ाव डालना। 4. to establish, स्थापित करना। 5. to fall heavily, धड़ाम से गिरना। 6. to set a tune, सुर बाँधना। 7. to establish trump, रंग खोलना। 8. to plunge, डुबकी लगाना। □ **pitch in,** (i) ज़ोर-शोर से शुरू करना; (ii) सहयोग करना; **pitch into,** डाँटना-डपटना। ***n.*** 1. an act or manner of throwing the ball, बाल फेंकने का ढंग। 2. the degree of elevation or depression, ऊँचाई या निचाई का मान। 3. slope, ढाल। 4. the area between the stumps, पिच, खेल-पट्टी। 5. the degree of highness or lowness of the voice or a musical note, स्वर की ऊँचाई या मंदी की मात्रा। 6. a point or stage of development, विकास की स्थिति।

**pitch**[2] ***n.*** tar or asphalt, अलकतरा। ***v.*** (pitched, pitching) to apply pitch to, अलकतरा डालना।

**pitchblack** (पिच्´-ब्लैक्) ***adj.*** extremely dark, गहरा काला, एकदम काला।

**pitchdark** (पिच्´-डा:क्) ***n.*** extremely dark, अंधेरा-घुप्प।

**pitched battle** ***n.*** 1. in former times, a battle on a chosen ground between complete forces, घमासान युद्ध। 2. any fierce encounter, ज़ोरदार भिड़ंत।

**pitcher**[1] (पिच्´-अॅ:) ***n.*** an earthen vessel with a narrow neck, घड़ा, मटका, सुराही।

**pitcher**[2] ***n.*** a baseball player who throws the ball, पिचर।

**pitcherful** (पिच्´-अॅ:-फ़ुल्) ***n.*** as much as a pitcher can hold, घड़ा-भर।

**pitchfork** (पिच्´-फ़ॉ:क्) ***n.*** a fork for lifting hay, पाँचा।

**pitchy** (पिच्´-ई) ***adj.*** of pitch, अलकतरे का।

**piteous** (पिट्´-इ-अॅस्) ***adj.*** arousing pity, दयनीय, कारुणिक, करुण।

**pitfall** (पिट्´-फ़ा:ल्) ***n.*** 1. a covered pit used as a trap, चोर-गड्ढा। 2. a difficulty or danger, झमेला, ख़तरा।

**pith** (पिथ्) ***n.*** 1. the spongy substance, गूदा, मज्जा। 2. the essential part, सार, सारांश। 3. force, strength, शक्ति, ज़ोर, दबाव।

**pithily** (पिथ्´-इ-ली) ***adv.*** forcefully, शक्ति-पूर्वक।

**pithy** (पिथ्´-ई) ***adj.*** 1. full of pith, गूदेदार। 2. (fig.) full of meaning, अर्थपूर्ण, सारगर्भित।

**pitiable** (पिट्´-इ-अॅ-बॅल्) ***adj.*** 1. arousing pity, दयनीय, करुणाजनक। 2. deserving contempt, घृणित।

**pitiful** (पिट्´-इ-फ़ुल्) ***adj.*** 1. pitiable, दयनीय, करुणाजनक। 2. contemptible, हेय।

**pitiless** (पिट्´-इ-लिस्) ***adj.*** 1. showing no pity or mercy, दयाविहीन। 2. without mercy, निर्दय, कठोर, प्रचंड।

**pittance** (पिट्´-अॅन्स्) ***n.*** a meagre allowance or salary, नाम मात्र का भत्ता या वेतन।

**pitted** (पिट्´-इड्) ***adj.*** 1. marked with pits, गड्ढोंवाला। 2. with pits removed, (फल) जिसकी गुठलियाँ या बीज निकाल दिए गए हों।

**pituitary** (पि-ट्यू´-इ-टॅ-री) ***n.*** a gland secreting mucus, श्लेष्मा ग्रंथि, पियुषिका।

**pity** (पिट्´-ई) ***n.*** 1. compassion, दया, तरस,

रहम। 2. cause of regret, खेद की बात, बुरी बात। □ **for pity's sake,** दया करके; **take pity on,** दया आना। *v.* (pitied, pitying) to feel pity for, दया करना, तरस खाना।

**pivot** (पिव्´-अॅट्) *n.* 1. the rod or shaft on which something rotates, धुरी, कीली। 2. a central point, केंद्र, केंद्रबिंदु। *v.* (pivoted, pivoting) to turn on a pivot, धुरी पर घूमना। □ **pivot on,** निर्भर होना।

**pivotal** (पिव्´-अॅ-टॅल्) *adj.* 1. of or being a pivot, धुरीवाला, अक्षीय। 2. of central importance, अत्यंत महत्त्वपूर्ण, प्रधान, केंद्रीय।

**pixie, pixy** (पिक्´-सी) *n.* a fairy, परी।

**pizza** (पिज़्´-अॅ) *n.* an Italian dish, पिज़ा।

**placable** (प्ले´-कॅ-बॅल्) *adj.* forgiving, क्षमाशील, आसानी से मान जानेवाला।

**placard** (प्ले´-का:ड्) *n.* a poster, पोस्टर, इश्तहार। *v.* to stick posters on the wall, पोस्टर लगाना, इश्तहार लगाना।

**placate** (प्ले´-केट्) *v.* to pacify, to calm and satisfy, समझाना-बुझाना, राज़ी करना।

**placatory** (प्ले´-के-टॅ-री) *adj.* serving to placate, समझा-बुझाकर शांत करनेवाला।

**place** (प्लेस्) *n.* 1. a portion of space, जगह, स्थान। 2. a definite location, स्थल। 3. importance, महत्त्व। 4. a particular spot, विशिष्ट स्थल या बिंदु। 5. usual or proper position, ठीक जगह। 6. a person's position, पद, स्थिति। 7. a particular part of a book, पुस्तक का विशिष्ट अंग। 8. a relative position in a series, क्रमिक स्थान। 9. in position of a figure after a decimal point, दशमलव के बादवाले अंक की स्थिति। □ **go places,** सफल होना; **in place,** सही स्थान पर; **in place of,** की जगह; **take place,** होना, घटना; **over the place,** सब जगह। *v.* (placed, placing) 1. to put, रखना। 2. to appoint, नियुक्त करना। 3. to rank, पद या पदवी देना, किसी वर्ग में रखना। 4. to make, करना। 5. to request formally, प्रार्थना या निवेदन करना। 6. to finish among the first three, प्रथम तीन में स्थान प्राप्त करना। □ **place an order,** आदेश देना।

**placebo** (प्ले´-सी´-बो) *n.* a medicine having no physical effect, नाममात्र की ओषधि, सादी पुड़िया।

**placement** (प्लेस्´-मॅन्ट्) *n.* 1. the act of placing or the state of being placed, स्थापन, स्थानन। 2. arrangement, विन्यास। 3. the process of finding employment, नौकरी की ढूँढ़-खोज।

**placenta** (प्लॅ-सॅन्´-टॅ) *n.* an organ formed in the womb of a mammal in pregnancy, गर्भनाल, खेड़ी।

**placid** (प्लैस्´-इड्) *adj.* calm and peaceful, सौम्य, शांत।

**placidity** (प्लॅ-सिड्´-इ-टी) *n.* the quality or state of being placid, सौम्यता, शांति।

**placidly** (प्लै-सिड्´-ली) *adv.* in a placid manner, सौम्यतापूर्वक।

**placing** (प्ले´-सिंग्) *n.* the position in a list or in an order, क्रमिक स्थान।

**plagiarism** (प्ले´-जॅ-रिज़्-अॅम्) *n.* the act of plagiarizing, विचार-हरण, भाव-हरण।

**plagiarist** (प्ले´-जॅ-रिस्ट्) *n.* one who plagiarizes, दूसरों के विचारों की चोरी करनेवाला।

**plagiarize** (प्ले´-जॅ-राइज़्) *v.* to steal and use the ideas of others, दूसरों के विचारों की चोरी करना।

**plague** (प्लेग्) *n.* 1. a contagious epidemic, प्लेग, ताऊन। 2. a cause of annoyance, परेशानी का कारण। *v.* (plagued, plaguing) to pester, बराबर तंग करना, दुख देना।

**plaid** (प्लैड्) *n.* a piece of woolen cloth worn over the shoulders, दुशाला।

**plain**[1] (प्लेन्) *n.* a large level area, विस्तृत तथा समतल भूभाग, सपाट मैदान। *adj.* 1. flat, level, समतल, सपाट। 2. unembellished, ordinary, अनलंकृत, साधारण। 3. clear, evident, स्पष्ट, सुस्पष्ट, बोधगम्य। 4. simple, सादा। 5. frank, स्पष्टवादी। 6. lacking beauty, असुंदर, अनाकर्षक। *adv.* clearly, साफ़-साफ़।

**plain**[2] *v.* to beat the breast, छाती पीटना।

**plainclothes** (प्लेन्´-क्लोद्ज़्) *n.* civilian clothes, साधारण पोशाक (युनिफ़ार्म से भिन्न)।

P

**plainclothes man** *n.* 1. a detective, जासूस (जो साधारण कपड़ों में रहता है)। 2. a person in ordinary clothes, not in uniform, साधारण कपड़ों में होनेवाला व्यक्ति, बिना वर्दी का आदमी।

**plainly** (प्लेन्´-ली) *adv.* in a plain manner, साफ़-साफ़, स्पष्ट रूप से।

**plain spoken** (प्लेन्´-स्पो´-कॅन्) *adj.* frank, स्पष्टवादी।

**plaint** (प्लेन्ट्) *n.* 1. a complaint made to court of law, अर्ज़ी, वादपत्र, अर्ज़ी-दावा। 2. a lamentation, रोना-धोना।

**plaintiff** (प्लेन्´-टिफ़्) *n.* a complainant, मुद्दई, वादी।

**plaintive** (प्लेन्´-टिव्) *adj.* expressing sorrow, करुण, शोकपूर्ण, विषादमय।

**plait** (प्लेट्) *n.* 1. a braid, चोटी, वेणी। 2. a pleat, (सिलाई में) प्लेट। *v.* 1. to make a plait, चोटी गूँथना। 2. to make by plaiting, (सिलाई में) प्लेट या प्लेटें डालना।

**plan** (प्लैन्) *n.* 1. a detailed scheme, योजना। 2. programme, कार्यक्रम या कार्य-प्रणाली। 3. an outline, sketch, drawing, रेखाचित्र, नक़्शा, रूपरेखा। *v.* (planned, planning) 1. to formulate a plan, योजना बनाना। 2. to draw a plan, नक़्शा बनाना। 3. to intend, इरादा करना।

**planchette** (प्लैन्-चेंट्´) *n.* a board for writing used in seances, प्लानचट।

**plane**[1] (प्लेन्) *adj.* level, समतल, सपाट। *n.* 1. a level surface, समतल भूमि या सतह। 2. a level of thought, वैचारिक धरातल। 3. a level of development, विकास की स्थिति। 4. an airplane, वायुयान।

**plane**[2] *n.* a tool for smoothing the surface of wood etc., रंदा। *v.* to smooth with a plane, रंदे से समतल करना, चौरस करना।

**planet** (प्लैन्´-इट्) *n.* any celestial body revolving around the Sun, ग्रह।

**planetarium** (प्लैन्´-ॲ-टेंॲर्´-इ-ॲम्) *n.* a model representing the solar system, (कृत्रिम) तारागृह।

**planetary** (प्लैन्´-ॲ-टॅ-री, प्लैन्´-ॲ-टॅर्-ई) *adj.* 1. of a planet, ग्रह-संबंधी। 2. global, भूमंडलीय।

**planetoid** (प्लैन्´-ॲ-टॉइड्) *n.* an asteriod, क्षुद्रग्रह, ग्रहिका।

**plangent** (प्लैन्-जॅन्ट्) *adj.* reverberative, गुँजायमान।

**plank** (प्लैंक्) *n.* 1. a thick piece of lumber, तख़्ता, पटरा। 2. one of the basic principles of a political platform, (राजनीतिक मंच का) नारा। *v.* (planked, planking) 1. to cover with planks, तख़्ते बिछाना, तख़्तों से पाट देना। 2. to serve on a board, पटल पर परोसना।

**plankton** (प्लैंक्´-टॅन्) *n.* the tiny form of plant or animal organism that floats in water, जल में तैरने वाला सूक्ष्म जीव।

**planned** (प्लैन्ड्) *adj.* schemed, योजनाबद्ध, नियोजित; planned family, नियोजित परिवार।

**planner** (प्लैन्´-ॲः) *n.* one who makes plans, योजना-निर्माता, योजनाकार।

**planning** (प्लैन्´-इंग्) *n.* the act of making plans, योजनाएँ बनाना।

**planning commission** *n.* a committee of planners, योजना आयोग।

**plant** (प्लान्ट्, प्लैन्ट्) *v.* 1. to sow, बोना, रोपना, लगाना। 2. to place firmly, जमाना, लगाना, रोपना। 3. to establish, स्थापित करना। 4. to place for the purpose of spying or deception, किसी के यहाँ कोई चीज़ चोरी से रख या छिपा देना। *n.* a living organism that is smaller than a shrub or tree, पौधा, पादप। 2. a factory or its machinery, संयंत्र, प्लांट। 3. a thing positioned secretly for discovery by another, चोरी से किसी के यहाँ छिपाई हुई वस्तु।

**plantain** (प्लैन्´-टिन्) *n.* a banana-like plant, केले के पेड़ की तरह का पौधा।

**plantation** (प्लैन्-टे´-शॅन्) *n.* 1. a group of cultivated plants or trees, उगाया हुआ पादप-समूह या वृक्ष-समूह। 2. the area of land on which they grow, बागान।

**planter** (प्लैन्´-टॅः) *n.* 1. the owner of a plantation, बागान-मालिक। 2. a machine for planting of seeds, बीज बोने का यंत्र। 3. a container for decorative plants, गमला।

**plaque** (प्लाक्, प्लेक्) ***n.*** 1. an commemorative inscribed plate, स्मृतिपट, स्मृतिफलक। 2. a badge of membership, सदस्यता का चिह्न। 3. a film on teeth, दाँतों पर जमी हुई मैल या काई।

**plasma** (प्लैज़्´-में) ***n.*** the yellowish fluid portion of blood, रक्त का पीला तरल भाग, प्लाविका।

**plaster** (प्लास्´-टं:, प्लैस्´-टं:) ***n.*** 1. a mixture of cement, sand and water that is applied to walls, पलस्तर। 2. plaster of paris, पैरिस प्लास्टर। ***v.*** to apply a plaster to, पलस्तर करना या प्लास्टर लगाना।

**plastic** (प्लैस्´-टिक्) ***n.*** a synthetic compound that can be moulded in any shape when it is hot, प्लास्टिक। ***adj.*** 1. made of plastics, प्लास्टिक का बना हुआ; plastic bag, प्लास्टिक का थैला। 2. able to be shaped or moulded, जिसे गढ़ा और सँवारा जा सके, सुनम्य।

**plastic surgery** ***n.*** repair or restoration of damaged or deformed parts of the body by transfer of tissue प्लास्टिक शल्यकर्म।

**plate** (प्लेट्) ***n.*** 1. a small flat utensil for serving a dish, प्लेट, तश्तरी, रकाबी। 2. anything served in the plate, प्लेट में रखी हुई वस्तु। 3. a sheet, शीशे, धातु आदि का पतला खंड। 4. a thin layer of a metal, पत्तर, चद्दर। ***v.*** 1. to cover with a thin layer of metal, पत्तर चढ़ाना, चद्दर मढ़ना। 2. to electroplate, मुलम्मा चढ़ाना।

**plateau** (प्लै-टो´) ***n.*** 1. a tableland, पठार। 2. a stable condition, स्थिर स्थिति।

**plated** (प्ले´-टिड्) ***adj.*** coated with a thin layer of metal, पत्तर चढ़ा हुआ।

**plateful** (प्लेट्´-फुल्) ***adj.*** as much as a plate will hold, प्लेट-भर।

**platen** (प्ले´-टॅन्) ***n.*** a flat plate in a printing machine that presses the paper against the type, प्लेटन।

**platform** (प्लैट्´-फ़ॉ:म्) ***n.*** 1. a raised area at a railway station, रेलवे प्लेटफ़ार्म। 2. a raised area from where a speaker gives a speech, मंच। 3. the programme of a political party, राजनीतिक दल का कार्यक्रम।

**plating** (प्लेट्´-इंग्) ***n.*** a coating of a thin layer of a metal, पत्तर की परत।

**platinum** (प्लैट्´-इ-नॅम्, प्लैट्´-नॅम्) ***n.*** an element, प्लेटिनम।

**platitude** (प्लै´-टि-ट्यूड्) ***n.*** a hackneyed remark, घिसी-पिटी बात, निस्सार उक्ति।

**platitudinous** (प्लैट्-इ-ट्यू´-डि-नॅस्) ***adj.*** hackneyed, घिसा-पिटा, निस्सार।

**platonic** (प्लॅ-टॉन्´-इक्) ***adj.*** 1. of or relating to Plato, प्लैटो-संबंधी, अफ़लातूनी। 2. spiritual, आत्मिक, आध्यात्मिक।

**platoon** (प्लॅ-टून्´, प्लै-टून्´) ***n.*** 1. a subdivision of military company, पलटन। 2. a group of persons working together, एक साथ काम करनेवालों का समूह।

**platter** (प्लैट्´-अं:) ***n.*** 1. a dish of wood, काठ की रकाबी। 2. a dish, तश्तरी।

**platypus** (प्लैट्´-इ-पॅस्) ***n.*** a duck-like mammal, बतख की तरह का एक पक्षी, प्लैटीपस।

**plaudits** (प्ला:´-डिट्स्) ***n.*** (plu.) an expression of praise, तालियों की गड़गड़ाहट, करतलध्वनि, वाहवाही, साधुवाद।

**plausible** (प्ला:´-ज़ि-बॅल्) ***adj.*** 1. apparently valid or truthful, ऊपर से देखने में सही या सच्चा लगनेवाला, सत्याभासी। 2. apparently believable, विश्वसनीय प्रतीत होनेवाला।

**play** (प्ले) ***v.*** 1. to occupy oneself in sport or amusement, खेलना, क्रीड़ा करना, विहार करना। 2. to take part in a game, खेलना। 3. to move (a piece, मोहरा) चलना। 4. to put (a card, पत्ता) खेलना या चलना। 5. to act (a role, पात्र का) अभिनय करना। 6. to perform (on a musical instrument, बाजा) बजाना। 7. to move lightly, धीरे-धीरे चलना या बहना। 8. to cause (a record or tape recorder) to sound, बजाना। 9. to toy, खिलवाड़ करना। 10. to gamble,

जुआ खेलना, बाज़ी लगाना। 11. to be active, सक्रिय होना। □ **make a play for,** (प्रेमिका या प्रेमी के) जीतने का प्रयास करना; **play along,** बेमन से सहयोग देना; **play around,** खिलवाड़ करना, उत्तरदायित्वहीन व्यवहार करना; **play down,** महत्त्व न देना; **played out,** समाप्त या परिश्रांत; **play fair,** नियमों के अनुसार खेलना या व्यवहार करना; **play for time,** व्यर्थ समय बिताना; **play into someone's hands,** (किसी के) हाथ में खेलना; **play off,** (दो प्रतिस्पर्धियों को) एक दूसरे के सामने ला खड़ा करना; जिच्च होने पर पुनः खेल कराना; **play on,** (दूसरे की भावना से) लाभ उठाना; **play one's cards well,** अपने साधनों का सही उपयोग करना, सही चाल चलना; **play out,** अंत तक खेलना; **play safe,** अधिक सुरक्षा बरतना; **play second fiddle,** द्वितीय पंक्ति में होना, किसी की अपेक्षा कम महत्त्व की भूमिका निभाना; **play up to,** ख़ुशामद कर के अपना काम निकालना; **play with,** खिलवाड़ करना। ***n.*** 1. a drama, नाटक। 2. the performance of a drama, नाटक का खेलना या खेला जाना। 3. an activity undertaken for pleasure, खेल, क्रीड़ा, मनोरंजन। 4. a fun, मज़ाक़। 5. the act of playing a game, खेल, खेलने की क्रिया। 6. a move in a game, चाल। 7. action or use, क्रिया, प्रयोग। 8. free movement, गतिविधि।

**playable** (प्ले´-अॅ-बॅल्) ***adj.*** capable of being played, खेलने-योग्य, क्रीड़ा-योग्य।

**playback** (प्ले´-बैक्) ***n.*** the act of reproducing the recording, फिर से बजाना। ***v.*** to reproduce (recorded material), फिर से बजाना।

**playback singer** ***n.*** one who sings behind the scene, पार्श्वगायक।

**playboy** (प्ले´-बॉइ) ***n.*** a pleasure-loving wealthy man, मौज-मस्ती में डूबा रहनेवाला धनी व्यक्ति, मस्त-मौला।

**player** (प्ले´-अॅ:) ***n.*** 1. one who participates in a game, खिलाड़ी। 2. an actor, अभिनेता। 3. a performer on a musical instrument, वादक।

**playful** (प्ले´-फ़ुल्) ***adj.*** 1. full of fun, मज़ाकिया, खिलवाड़ी या चंचल। 2. merry, ख़ुशदिल। 3. not serious, किसी काम या बात को हलके ढंग से लेनेवाला, अगंभीर।

**playfulness** (प्ले´-फ़ुल्-निस्) ***n.*** the state of being playful, मज़ाकियापन, खिलवाड़ीपन या चंचलता।

**playground** (प्ले´-ग्राउन्ड्) ***n.*** a field for outdoor games, खेल का मैदान, क्रीड़ाक्षेत्र।

**playhouse** (प्ले´-हाउस्) ***n.*** a theatre, रंगशाला।

**playing cards** ***n.*** (plu.) cards used in playing various games, ताश।

**play-let** (प्ले´-लेंट्) a short play, नाटिका।

**playmate** (प्ले´-मेट्) ***n.*** a friend or partner in play, खेल का साथी, क्रीड़ा-मित्र।

**play-off** (प्ले´-आ:फ़्) ***n.*** an extra contest to decide the winner, अतिरिक्त निर्णायक खेल या बाज़ी।

**playroom** (प्ले´-रूम्) ***n.*** a room for playing, क्रीड़ा-कक्ष।

**plaything** (प्ले´-थिंग्) ***n.*** 1. a toy, खिलौना। 2. a person regarded as a toy, खिलौने की तरह प्रयुक्त व्यक्ति, खिलौना।

**playwright** (प्ले´-राइट्) ***n.*** a dramatist, नाटककार।

**plaza** (प्ला´-ज़ॅं, प्लै´-ज़ॅं) ***n.*** 1. a public square, चौक, चौमुहानी। 2. a market place, बाज़ार।

**plea** (प्ली) ***n.*** 1. a statement in defence of justification, सफ़ाई, अभिवचन, दलील, तर्क। 2. an appeal or request, अपील, निवेदन। 3. an excuse, बहाना, युक्ति।

**plead** (प्लीड्) ***v.*** 1. to argue for or against, सफ़ाई या दलील देना, अभिवचन करना। 2. to appeal or request, अपील या निवेदन करना। □ **plead guilty,** दोषी होने का अभिवचन करना, अपराध स्वीकार करना।

**pleader** (प्ली´-डॅ:) ***n.*** one who pleads, अभिवक्ता, वकील।

**pleadings** (प्ली´-डिंग्स्) ***n.*** (plu.) the answer of the defendant, अभिवचन, प्रतिवाद।

**pleasant** (प्लेंज़्´-अॅन्ट्) ***adj.*** 1. pleasing, delightful, सुहावना, रमणीय, रूचिर। 2. having an agreeable manner, प्यारा।

**pleasantry** (प्लेज़्´-ॲन्-ट्री) ***n.*** a pleasant remark, चुटकुला, हँसी-मज़ाक की बात।

**please** (प्लीज़्) ***v.*** 1. to make glad, प्रसन्न करना। 2. to think desirable, ठीक समझना, चाहना; Do whatever you please, जो इच्छा हो, करें। □ **please oneself,** जो चाहे, सो करो।

**pleased** (प्लीज़्ड्) ***adj.*** feeling satisfaction or pleasure, संतुष्ट, प्रसन्न, ख़ुश।

**pleasing** (प्ली´-ज़िंग्) ***adj.*** pleasant, मनोहर या प्यारा।

**pleasurable** (प्लेज़्ह्´-ॲर्-ॲ-बॅल्) ***adj.*** giving or causing pleasure, सुखद, सुखदायक।

**pleasure** (प्लेज़्ह्´-ॲ:) ***n.*** 1. a feeling of joy or satisfaction, सुख, मज़ा, आनंद। 2. a source of pleasure, सुख का स्रोत या कारण। 3. choice or desire, पसंद, इच्छा। 4. grace, प्रसाद, अनुग्रह। □ **at your pleasure,** जैसी आपकी इच्छा हो; **during the pleasure of ,** के प्रसाद पर्यंत; **with pleasure,** ख़ुशी-ख़ुशी, प्रसन्नतापूर्वक।

**pleasure ground** ***n.*** a recreation ground, आनंदभूमि।

**pleasure resort** ***n.*** a place for recreation, आनंदस्थली, सैरगाह।

**pleasure seeking** ***adj.*** desirous of pleasures, सुख चाहनेवाला, विलासप्रिय।

**pleat** (प्लीट्) ***n.*** a flat fold in cloth made by doubling the material upon itself, चुनट। ***v.*** (pleated, pleating) to make pleats in, चुनट डालना।

**pleated** (प्लीट्´-इड्) ***adj.*** having pleats, चुनटदार।

**plebeian** (प्लॅ/प्लि-बी´-ॲन्) ***adj.*** of the lower social class, निम्नवर्गीय। ***n.*** a person of lowest class, निम्नवर्गीय व्यक्ति।

**plebiscite** (प्लेब्´-इ-साइट्) ***n.*** a referendum, जनमत-संग्रह।

**plectrum** (प्लेक्´-ट्रॅम्) ***n.*** (plu. plectruma) a small piece of metal for playing a stringed instrument, मिज़राब।

**pledge** (प्लेज्) ***n.*** 1. a solemn promise, प्रण, प्रतिज्ञा, वचन। 2. a person or thing given or held as security, धरोहर, अमानत। 3. a token of something, निशानी। □ **take the pledge,** शराब न पीने की प्रतिज्ञा करना। ***v.*** 1. to promise solemnly, वचन देना, प्रतिज्ञा करना। 2. to deposit as a pledge, धरोहर रखना।

**pledgee** (प्लेज्´-ई) ***n.*** a person with whom a pledge is deposited, महाजन, साहुकार।

**pledger** (प्लेज्´-ॲ:) ***n.*** a person who pledges, रेहनकर्ता, गिरवीकर्ता।

**plenary** (प्ली´-नॅ-री) ***adj.*** 1. complete, full, परिपूर्ण, पूर्ण। 2. attended by all members, जिसमें सभी सदस्य उपस्थित हों, पूर्ण, भरा, पूरा।

**plenipotentiary** (प्लेन्-इ-पॅ-टेन्´-शि-ॲ-री) ***n.*** an envoy with full powers, पूर्ण अधिकार-संपन्न दूत। ***adj.*** having these powers, पूर्णाधिकार-प्राप्त।

**plenitude** (प्लेन्´-इ-ट्यूड्) ***n.*** abundance, plenty, बहुतायत, प्रचुरता।

**plenteous** (प्लेन्ट्´-ई-ॲस्) ***adj.*** abundant, plentiful, प्रचुर, विपुल।

**plenty** (प्लेन्ट्´-ई) ***n.*** abundance, प्रचुरता, विपुलता। □ **in plenty,** (i) प्रचुरता से, प्रचुर मात्रा में, (ii) समृद्ध स्थिति में। ***adv.*** in abundance, प्रचुर मात्रा में।

**plethora** (प्लेथ्´-ॲ-रॅ) ***n.*** an over abundance, अतिप्रचुरता।

**plethoric** (प्लॅ-थार्´-इक्, प्लेथ्-ॲ-रिक्) ***adj.*** excessively abundant, अति-प्रचुर।

**pleura** (प्लूर्´-ॲ) ***n.*** a membrane that envelops the lungs, फेफड़े की झिल्ली।

**pleurisy** (प्लूर्´-इ-सी) ***n.*** inflammation of the pleura, फेफड़े की झिल्ली की सूजन, प्लूरिसि।

**plexus** (प्लेक्´-सॅस्) ***n.*** 1. a network of nerves or blood vessels, तंतुजाल, नाड़ीजाल, जालिका। 2. a network, जाल।

**pliability** (प्लाइ-ॲ-बिल्´-इ-टी) ***n.*** the state or quality of being pliable, लचीलापन, आनम्यता।

**pliable** (प्लाइ´-ॲ-बॅल्) ***adj.*** 1. flexible, लचीला, आनम्य। 2. easily influenced, जिसे प्रभावित किया जा सके, दब्बू, कमज़ोर।

**pliancy** (प्लाइ´-ॲन्-सी) ***n.*** = pliability.

**pliant** (प्लाइ´-अॅन्ट्) *adj.* = pliable.

**pliers** (प्लाइ´-अॅ:ज़्) *n.* (plu.) a tool for handling small objects, चिमटी।

**plight**[1] (प्लाइट्) *n.* 1. a condition of adversity, दुर्दशा। 2. a difficult condition, कठिन परिस्थिति।

**plight**[2] *v.* (plighted, plighting) to promise, वचन देना। □ **plight one's troth,** विवाह करने का वचन देना।

P

**plimsoll** (प्लिम्´-सॉल्/सॅल्) *n.* a canvas shoe, कपड़े का जूता।

**plinth** (प्लिन्थ्) *n.* a base of a statue, column etc., कुर्सी।

**pliocene** (प्लाइ´-अॅ-सीन्) *adj.* (geology) of the latest geologic epoch of the Tertiary period, अतिनूतन (युग)।

**plod** (प्लॉड्) *v.* (plodded, plodding) 1. to walk heavily or laboriously, यत्नपूर्वक चलते चलना, पाँव घसीटना, ज़ोर लगाकर धीरे-धीरे चलना। 2. to work slowly, मंद गति से काम करना।

**plodder** (प्लॉड्´-अॅ:) *n.* a steady worker, परिश्रमी व्यक्ति, कोल्हू का बैल, अध्यवसायी।

**plodding** (प्लॉड्´-इंग्) *adj.* laborious, परिश्रमी।

**plop** (प्लॉप्) *n.* the sound of something dropping into water, डुप, गड़प, छप। *v.* (plopped, plopping) to cause to drop heavily, इस प्रकार डालना कि डुप या छप का शब्द हो।

**plot** (प्लॉट्) *n.* 1. a piece of land, भूखंड। 2. the story of a novel, film, drama etc., कथानक, कथावस्तु। 3. a secret plan, conspiracy, षड्यंत्र, कुचक्र। *v.* (plotted, plotting) 1. to divide in plots, भूखंडों में बाँटना। 2. to make a map, नक्शा बनाना। 3. to conspire, षड्यंत्र रचना, कुचक्र रचना।

**plotter** (प्लॉट्´-अॅ:) *n.* one who conspires, conspirator, षड्यंत्रकारी, कुचक्री।

**plough, plow** (प्लाउ) *n.* 1. a farm implement for turning the soil, हल। 2. a snow-plough, बर्फ हटाने का उपकरण। *v.* 1. to break and turn up earth with a plough, जोतना, हल चलाना। 2. to move or proceed forcefully, रास्ता निकालना। □ **plough back,** व्यापार में कमाई को लगाया जाना।

**ploughable** (प्लाउ´-अॅ-बॅल्) *adj.* that can be ploughed, जोतने योग्य, कृष्य।

**ploughman** (प्लाउ´-मॅन्) *n.* a man who ploughs, हलवाहा।

**ploughshare** (प्लाउ´-शे-अॅ:) *n.* the cutting blade of a plough, (हल का) फाल।

**plover** (प्लो´-वॅ:) *n.* a wading bird, एक जलपक्षी।

**ploy** (प्लॉइ) *n.* 1. a manoeuvre, चाल, तिकड़म। 2. a hobby or business, शौक या धंधा। 3. a frolic, क्रीड़ा, कलोल, उछल-कूद।

**pluck** (प्लक्) *v.* 1. to pick (फूल) चुनना, तोड़ना, बीनना। 2. to pull out or snatch, नोचना, तोड़ डालना। □ **pluck up courage,** साहस जुटाना। *n.* 1. a jerk, झटका। 2. animal's liver or heart used as food, कलेजी। 3. courage, हिम्मत, साहस।

**plucky** (प्लक्´-ई) *adj.* brave, courageous, हिम्मती, साहसी, दिलेर।

**plug** (प्लग्) *n.* 1. a stopper for a hole, छेद या मुँह बंद करने की वस्तु, डाट। 2. an electrical device, (बिजली का) प्लग। *v.* (plugged, plugging) to put a plug into, डाट या प्लग लगाना। □ **plug away,** जमकर काम करना; **plug in,** प्लग जोड़कर बिजली चालू करना।

**plum** (प्लम्) *n.* a fruit of the peach family, आलूबुखारा, आलूचा।

**plumage** (प्लू´-मिज्) *n.* a bird's feathers, पंख, पर।

**plumb** (प्लम्) *n.* a device to determine vertical direction or the depth of water, साहुल। *adj.* 1. vertical, सीधा, लंब। 2. exactly, ठीक, सही। *v.* (plumbed, plumbing) 1. to determine the depth of water, गहराई नापना, थाहना, थाह लेना। 2. to test the alignment with a plumb, साहुल से नापना, सीधा करना। 3. to hang, लटकाना।

**plumber** (प्लम्´-अॅ:) *n.* one who fits and

repairs water pipes, नलकार, प्लंबर।

**plumbing** (प्लम्´-इंग्) ***n.*** 1. a system of water pipes, नल लगाना, नलतंत्र। 2. the job of a plumber, नलकारी, प्लंबर का काम।

**plume** (प्लूम्) ***n.*** 1. a feather, पंख, पर। 2. something resembling a feather, पंख के आकार की वस्तु; a plume of smoke, पंखाकार धुँआ।

**plumed** (प्लूम्ड्) ***adj.*** ornamented with plumes, पंखों से सज्जित।

**plummet** (प्लम्´-इट्) ***n.*** a plumb tied to a cord, साहुल-सूत्र।

**plump** ***adj.*** 1. fleshy, fat, स्थूल, मांसल, मोटा। 2. full and rounded in form, गोल-मटोल। ***v.*** (plumped, plumping) to make or become plump, गोल-मटोल होना या बनाना।

**plunder** (प्लन्´-डॅ:) ***v.*** to rob forcibly, लूटना, लूटपाट करना। ***n.*** 1. property robbed forcibly, लूट का माल। 2. the act of plundering, लूट, लूट-मार।

**plunge** (प्लन्ज्) ***v.*** 1. to dive, डुबकी लगाना, गोता लगाना। 2. to thrust, ज़बरदस्ती डालना या घुसेड़ना। 3. to snatch, झपटना, लपकना। 4. to be immersed, डूब जाना। 5. to gamble heavily, लंबा जुआ खेलना। ***n.*** 1. a dive, डुबकी, गोता। 2. the act of snatching, झपट्टा, लपक।

**plunged** (प्लन्ज्ड्) ***adj.*** immersed, लीन, मग्न।

**plunger** (प्लन्´-जॅ:) ***n.*** 1. a diver, गोताख़ोर। 2. a reckless gambler, लापरवाह जुआरी। 3. a device to unclog drains and pipes, बंद पाइपों को साफ़ करने का एक उपकरण, जिसके मुँह पर रबर का कप लगा रहता है।

**pluperfect** (प्लू-प:-फ़िक्ट्) ***n.*** (gram.) past perfect, पूर्ण भूतकाल।

**plural** (प्लूर्´-अॅल्) ***n.*** the form of a noun or verb denoting more than one person or thing, बहुवचन। ***adj.*** of this form, बहुवचन का सूचक।

**pluralism** (प्लूर्´-अॅ-लिज़्-अॅम्) ***n.*** 1. dualism, द्वैतवाद। 2. the doctrine that people of different religion can live together in one society or country, बहुलवाद।

**plurality** (प्लू-रैल्´-इ-टी) ***n.*** the state of being plural, बहुवचनत्व, अनेकत्व, बहुलता।

**plus** (प्लस्) ***prep.*** 1. with the addition of, में जमा करने से। 2. and more, और साथ ही। 3. above zero, शून्य से ऊपर। ***n.*** 1. the plus sign, धन चिह्न (+)। 2. an advantage, लाभ, अच्छी बात। ***adj.*** more than the quantity indicated, धनात्मक, धन, अतिरिक्त।

**plus-fours** ***n.*** (plu.) a knicker of a golfer, एक तरह की निकर जो घुटनों से चार इंच नीची होती थी, गोल्फ़ खेलनेवालों की पाजामी, बिरजिस।

**plush** (प्लश्) ***n.*** a kind of fabric, मखमल, प्लश। ***adj.*** luxurious, विलासितापूर्ण।

**plushy** (प्लश्´-ई) ***adj.*** of or like plush, मखमली।

**Pluto** (प्लूट्´-ओ, प्लू´-टो) ***n.*** 1. a planet in the solar system, प्लूटो। 2. the god of the dead, यमदेवता।

**Plutocracy** (प्लू-टॉक्´-रॅ-सी) ***n.*** government by the wealthy, धनिकतंत्र।

**plutocrat** (प्लू´-टॅ-क्रेट्) ***n.*** a powerful wealthy person, शक्तिशाली धनी व्यक्ति।

**plutonium** (प्लू-टो´-नी-अॅम्) ***n.*** a metallic element, प्लूटोनियम (तत्त्व)।

**Plutus** ***n.*** a God personifying wealth, धन का देवता, कुबेर।

**pluvial** (प्लू´-वि-अॅल्) ***adj.*** 1. of rain, rainy, वर्षा-संबंधी, बरसाती। 2. marked by abundant rain, ख़ूब वर्षावाला।

**pluviometer** (प्लू-वि-ऑम्´-इ-टॅ:) ***n.*** a rain gauge, वर्षामापी।

**ply¹** (प्लाइ) ***v.*** (plied, plying) 1. to carry on, चलाए चलना। 2. to use, काम में लाना, प्रयुक्त करना। 3. to sell, बेचना। 4. to keep offering or supplying, देते चलना, पूर्ति करते चलना, भरमार करना। 5. to travel regularly, नियमित रूप से यात्रा करते रहना, आते-जाते रहना।

**ply²** ***n.*** 1. a thickness of cloth or wood, कपड़े या लकड़ी की मोटाई। 2. a layer of cloth or wood, कपड़े या लकड़ी की परत। 3. a strand of yarn, लड़; three ply

P

wool, तीन लड़ोंवाला ऊन।

**plywood** (प्लाइ´-वुड्) ***n.*** a board consisting of thin layers, प्लाइवुड।

**pneumatic** (न्यू-मैट्´-इक्) ***adj.*** of, filled with or operated by air or gas, वायवीय, वायु-चालित; pneumatic tyre, हवा से भरा टायर।

P

**pneumonia** (न्यू-मोन्´-यॅ) ***n.*** inflammation of a lung or lungs, एक रोग जिसमें फेफड़ों में सूजन तथा जकड़न होती है, निमोनिया।

**poach**[1] (पोच्) ***v.*** to simmer in a water, milk etc., सिझाना, उबलते पानी में पकाना।

**poach**[2] ***v.*** to hunt illegally, चोरी से शिकार करना।

**poacher** (पो´-चॅ:) ***n.*** a person who poaches, चोर-शिकारी।

**pock** (पॉक्) ***n.*** any pustule that erupts on the skin in smallpox, दाना, छाला।

**pocked** (पॉक्ड्) ***adj.*** 1. having pocks, दानों या छालों से भरा। 2. having holes, छेदों या गड्ढों से भरा।

**pocket** (पॉक्´-इट्) ***n.*** 1. a pouch in a garment, जेब, पाकेट। 2. financial means, आर्थिक स्रोत। 3. a pouchlike compartment, ख़ाना। 4. a cavity in earth, गड्ढा, गर्त। 5. a small isolated area, अलग-थलग छोटा क्षेत्र, लघुक्षेत्र। □ **have someone in one's pocket,** किसी को अपनी ज़ेब में अर्थात् पूरी तरह से वश में रखना; **in one's pocket,** पूरी तरह से वश में; **line one's pockets,** अपनी जेब भरना; **live in each other's pockets,** सदा साथ-साथ रहना। ***adj.*** small, लघु, जेबी; pocket camera, जेबी कैमरा; pocket edition, लघु संस्करण। ***v.*** 1. to place in a pocket, जेब में डालना। 2. to earn unlawfully, अनुचित ढंग से कमाना।

**pocketbook** (पॉक्´-इट्-बुक्) ***n.*** 1. a small bag for money or papers, बटुआ, बैग। 2. a small book that can be carried in the pocket, जेबी पुस्तक, गुटका। 3. a small book for writing in, नोटबुक।

**pocket expenses** ***n.*** money given to children or ladies as an allowance, जेबख़र्च।

**pocketful** (पॉक्´-इट्-फुल्) ***n.*** as much as a pocket will hold, जेब-भर वस्तु या सामान।

**pocket money** ***n.*** pocket expenses, जेबख़र्च।

**pockmark** (पॉक्´-मा:क्) ***n.*** a pit like scar left on the skin by smallpox, चेचक आदि के दाने का निशान।

**pockmarked** (पॉक्´-मा:क्ड्) ***adj.*** having pockmarks, चेचक के दागवाला।

**pod** (पॉड्) ***n.*** a seed case as of a pea, फली। ***v.*** (podded, podding) to bear pods, फलियाँ लगना।

**podgy** (पाज्´-ई) ***adj.*** chubby, गोल-मटोल।

**podiatry** (पॅ-डाइ´-अॅ-ट्री) the study and treatment of foot ailments, पादरोग-विज्ञान।

**podium** (पोड्´-इ-अॅम्) ***n.*** 1. a dais, चबूतरा, मंच। 2. a pedestal, पीठिका।

**poem** (पो´-अॅम्/इम्) ***n.*** a composition in verse, कविता, नज़्म।

**poesy** (पो´-अॅ-ज़ी) ***n.*** 1. a poem, कविता। 2. the art of poetry, कवित्व।

**poet** (पो´-अॅट, पो´-इट्) ***n.*** a writer of poems, कवि, शायर। [fem. poetess, कवयित्री]

**poetaster** (पो´-इट्-ऐस्-टॅ:) ***n.*** a writer of inferior verse, तुक्कड़, तुकबंद।

**poetic** (पो-अॅट्´-इक्) ***adj.*** 1. of poetry, काव्यात्मक। 2. having the characteristics of poetry, कवित्वपूर्ण, काव्योचित। 3. in verse, छंदोबद्ध, पद्यात्मक। 4. having the characteristics of a poet, कवि-सुलभ, भावपूर्ण।

**poetical** (पो-अॅट्´-इ-कॅल्) ***adj.*** = poetic.

**poetic justice** ***n.*** a deserved punishment or reward, उचित न्याय।

**poetic licence** ***n.*** freedom allowed to a poet, कवि-स्वातंत्र्य।

**poet laureate** ***n.*** one who writes poems for state occasions, राजकवि।

**poetry** (पो´-अॅ-ट्री) ***n.*** 1. the art of a poet, काव्यकला। 2. poems in general, काव्य। 3. verse, पद्य। 4. the quality or characteristic of the poetic experience, कवित्व।

**pofaced, po-faced** (पो´-फ़ेस्ड्) ***adj.*** wearing a disapproving stern expression, जिसके

चेहरे पर मुर्दनी छाई हो।

**pogrom** (पॉ´-ग्रॅम्, पो´-ग्रॅम्) ***n.*** an organized massacre of an ethnic group, किसी जाति के लोगों का योजनाबद्ध संहार, जनसंहार।

**poignancy** (पॉइन्´-यॅन्-सी, पाइ´-न्यॅन्-सी) ***n.*** the quality or state of being poignant, मार्मिकता; कटुता, तीक्ष्णता, चरपरापन, तीखापन।

**poignant** (पॉइन्´-यॅन्ट्, पॉइ´-अॅन्ट्) ***adj.*** 1. deeply moving, मर्मस्पर्शी, मार्मिक, हृदयविदारक। 2. pungent, कटु, तीक्ष्ण, चरपरा, तीखा।

**poignantly** (पॉइन्´-यॅन्ट्-ली, पॉइ´-न्यॅन्ट्-ली) ***adv.*** in a poignant manner, मार्मिक रूप से।

**point** (पॉइन्ट्) ***n.*** 1. a dot, बिंदु। 2. the sharp end, नोक। 3. a particular space or time, स्थान, समय आदि का अंश, स्थल या घड़ी। 4. aim, purpose or reason, लक्ष्य, उद्देश्य, प्रयोजन, अभिप्राय। 5. a distinctive feature, गुण, विशेषता। 6. a thing under discussion, विचाराधीन बात या विषय, मुद्दा, बिंदु। 7. an important or essential factor or idea, महत्त्वपूर्ण तथ्य या विचार। 8. a distinctive quality, विशिष्टता, गुण। 9. a single unit, इकाई। 10. an electrical contact, प्वाइंट। 11. in cricket, a field position in the off side near the batsman, प्वाइंट। 12. an individual mark or score, अंक। 13. a junction of railway tracks, काँटा। 14. a question, प्रश्न। □ **a point of honour,** प्रतिष्ठा से संबद्ध कोई महत्त्वपूर्ण विषय या बात; **at all points,** सभी बातों में; **at gun point,** बंदूक की नोक पर; **away from the point,** प्रसंग से दूर; **beside the point,** अप्रासंगिक; **in point of,** के संदर्भ में, की दृष्टि से; **in point of fact,** तथ्य की दृष्टि से; **make a point of/to,** को गाँठ बाँध लेना; **off the point,** विषय से दूर; **on the point of,** बिल्कुल तैयार; **point of law,** विधि-प्रश्न; **point of order,** औचित्य का प्रश्न; **point of view,** दृष्टिकोण; **point to point,** एक-एक मुद्दे पर; **stretch a point,** खींचतान करना; **to the point,** मद्द या विषय के अनुसार, सही-सही; **to the point of,** की सीमा तक। ***v.*** (pointed, pointing) 1. to bring to notice, to indicate the position or direction, संकेत करना, बतलाना। 2. to face or be turned in a particular direction, (किसी ओर) मुँह होना या करना, उन्मुख होना या करना। 3. to stress, ज़ोर देना। □ **point to,** इंगित करना।

**point-blank** (पॉइन्ट्-ब्लैंक्´) ***adj.*** aimed or fired at very close range, बहुत नज़दीक से किया जानेवाला, सटाकर किया जानेवाला। ***adv.*** in point-blank manner, बिल्कुल नजदीक से, सटकर या सटाकर।

**pointed** (पॉइन्´-टिड्) ***adj.*** 1. having a point, incisive, नुकीला, पैना। 2. obviously directed toward a particular person or thing, लक्षित किया हुआ, अभिहित, संकेतपूर्ण। 3. clearly evident, साफ़, सुस्पष्ट।

**pointedly** (पॉइन्´-टिड्-ली) ***adv.*** in a pointed manner, लक्ष्य करके, संकेत करते हुए।

**pointedness** (पॉइन्´-टिड्-निस्) ***n.*** the state or quality of being pointed, नुकीलापन, पैनापन।

**pointer** (पॉइन्´-टॅ:) ***n.*** 1. an indicator, संकेतक, सूचक। 2. a suggestion, सुझाव। 3. a hunting dog, एक शिकारी कुत्ता।

**pointing** (पॉइन्´-टिंग्) ***n.*** the act of finishing joints in brick work, टीप करना।

**pointless** (पॉइन्ट्´-लिस्) ***adj.*** 1. meaningless, निरर्थक, बेमतलब। 2. irrelevant, अप्रासंगिक।

**point of no return** ***n.*** a point at which retreating is impossible, वह स्थिति जिसमें पीछे हटने का प्रश्न ही न हो।

**poise** (पॉइज़्) ***n.*** 1. balance, संतुलन। 2. stability, स्थिरता। 3. a composure, मन:संतुलन, गंभीरता, धीरता। ***v.*** (poised, poising) 1. to balance or be balanced, संतुलित करना या होना। 2. in a state of readiness to act or move, प्रवृत्त होना, उन्मुख होना, सुनिश्चित होना।

**poison** (पॉइ´-ज़न्) ***n.*** 1. a substance that causes death, जहर, विष। 2. anything that corrupts, ज़हर, विष। ***v.*** (poisoned, poisoning) 1. to give poison to, जहर देना।

2. to add poison to, ज़हर मिला देना। 3. to turn someone's mind (against someone, किसी के प्रति) किसी के मन में ज़हर भर देना। 4. to spoil or ruin (something, कोई चीज़ या काम) ज़हर कर देना, चौपट या नष्ट कर देना; That quarrel poisoned our meal. उस झगड़े ने हमारा भोजन ज़हर कर दिया।

**poisonous** (पॉइ´-ज़ॅ-नॅस्) *adj.* 1. containing poison, ज़हरीला, विषैला, विषाक्त। 2. likely to corrupt people, भ्रष्ट करनेवाला।

**poison-pen letter** *n.* a letter usually written anonymously to frighten someone, ऐसा गुमनाम पत्र जिसमें किसी को धमकाया गया हो।

**poke** (पोक्) *v.* 1. to push or thrust, ठेलना, धकेलना या घुसेड़ना। 2. to make by poking, ठेल या घुसेड़कर बनाना। 3. to push sharply out of or through an opening, झाँकना; His elbow was poking through a torn shirt, फटी कमीज़ में से उसकी कोहनी झाँक रही थी। 4. to stir (the fire, आग को) हिलाना, छेड़ना। 5. to harass, परेशान करना। 6. to meddle, हस्तक्षेप करना। 7. to make a hasty search, ढूँढ़-खोज करना। ☐ **poke fun at,** मज़ाक उड़ाना; **poke one's nose into something,** बेमतलब पूछताछ करना। *n.* a push, thrust, धक्का।

**poker** (पो´-कॅ:) *n.* 1. a metal rod for stirring fire, कुरेदनी, सीख। 2. a game of cards, ताश का एक खेल।

**poky** (पो´-की) *adj.* small and uncomfortable, छोटा और असुविधाजनक।

**polar** (पो´-लॅ:) *adj.* 1. of the North Pole or South Pole, ध्रुव-संबंधी, ध्रुवीय। 2. directly opposite, ठीक उलटा, विपरीत।

**polarity** (पो-लैर्´-इ-टी) *n.* the manifestation of two opposite qualities, दो विभिन्न गुणों या प्रवृत्तियों का प्रादुर्भाव।

**polarization** (पो-लॅ-रि-ज़े´-शॅन्) *n.* the producing of polarity in something, दो ध्रुवों का बनना, दो ध्रुवों में बँटना, ध्रुवण, ध्रुवीकरण।

**polarize** (पो´-लॅ-राइज़्) *v.* to produce polarization in, ध्रुवीकरण करना।

**polaroid** (पो´-लॅ-रॉइड्) *n.* a kind of camera, एक तरह का कैमरा, जिसमें से कुछ क्षणों में ही तैयार फोटो निकलती है।

**pole** (पोल्) *n.* 1. a long straight round post used as a support, खंभा। 2. a shaft, (ताँगे/बग्घी का) बम। 3. the North Pole or South Pole, उत्तरी ध्रुव या दक्षिणी ध्रुव। 4. the end or extremity, सिरा। ☐ **be poles apart,** बिल्कुल पृथक् या भिन्न होना।

**Pole** (पोल्) *n.* a Polish person, पोलैंड का निवासी।

**pole-axe** (पोल्´-ऐक्स्) *n.* a long handled battle-axe, फरसा, कुठार, परशु। *v.* 1. to hit with a heavy blow, भारी आघात करना। 2. to surprise and distress greatly, हक्का-बक्का कर देना।

**polecat** (पोल्´-कैट्) *n.* a weasellike mammal emitting very unpleassant smell, गंधमार्जार।

**polemic** (पॅ-लॅम्´-इक्) *n.* 1. a controversy, वाद-विवाद। 2. a disputant, विवादी।

**polemical** (पॅ-लॅम्´-इ-कॅल्) *adj.* controversial, विवादपूर्ण, विवादास्पद।

**polemics** (पॅ-लॅम्´-इक्स्) *n.* the practice of argumentation, शास्त्रार्थ, खंडन-मंडन।

**pole star** *n.* a bright star near the North Pole, ध्रुवतारा।

**pole vault** *n.* a jump made over a high raised bar, लग्गा-कूद (एक खेल)।

**police** (पॅ-लीस्´) *n.* a govt. department for keeping public order, पुलिस। *v.* 1. to control by police, पुलिस द्वारा नियंत्रण करना। 2. to deploy policemen, पुलिस तैनात करना। 3. to keep a watch on, निगरानी रखना।

**policeman** (पॅ-लीस्´-मॅन्) *n.* a member of the police force, सिपाही, पुलिसमैन।

**police station** *n.* the office of the police force, थाना, नाका, कोतवाली।

**policy**[1] (पॉल्´-अॅ-सी) *n.* a general plan of action adopted by an individual, party or government, नीति, कार्य-योजना।

**policy**[2] *n.* a document containing a contract of insurance, पॉलिसी।

**policyholder** (पॉल्´-अॅ-सी-होल्-डॅः) ***n.*** one who holds an insurance contract or policy, पॉलिसीधारक, बीमाधारी।

**policymaker** (पॉल्´-अॅ-सी-मे-कॅः) ***n.*** a person or committee which determines the policy of a party or government, नीति-निर्धारक, नीति-निर्माता।

**polio** (पो´-लि-ओ) ***n.*** poliomyelitis, पोलियो।

**poliomyelitis** (पो-लि-ओ-माइ-अॅ-लाइ´-टिस्) ***n.*** an acute infectious viral disease producing temporary or permanent paralysis esp. affecting children, पोलियो।

**polish** (पॉल्´-इश्) ***v.*** 1. to make shiny by rubbing, रगड़कर चमकाना, पॉलिश करना। 2. to become shiny, चमक जाना, पॉलिश होना। 3. to refine, परिष्कृत करना। ☐ **polish off,** फटाफट ख़त्म करना; **polish up,** चमकाना, सुधारना। ***n.*** 1. the act of polishing or the state of being polished, चमकाने की क्रिया या चमकने की अवस्था। 2. shine, चमक, पॉलिश। 3. a substance of polishing, पॉलिश, रोगन। 4. refinement, परिष्कार।

**Polish** (पो´-लिश्) ***adj.*** of Poland, पोलैंड का। ***n.*** 1. the language of Poland, पोलैंड की भाषा। 2. the Polish, पोलैंडवासी।

**polished** (पॉल्´-इश्ड्) ***adj.*** 1. coated with polish, पॉलिशदार, चमचमाता हुआ। 2. refined, परिष्कृत।

**polisher** (पॉल्´-इश्-अॅः) ***n.*** one who polishes, पॉलिश करनेवाला, पॉलिशवाला।

**Politburo** (पॉल्´-इट्-ब्यूर्-ओ) ***n.*** the policy-making committee of Communist Party, साम्यवादी दल की नीति-निर्धारक समिति, पोलित ब्यूरो।

**polite** (पॅ-लाइट्´) ***adj.*** 1. courteous, mannerly, नम्र, शिष्ट। 2. refined, सुसंस्कृत।

**politely** (पॅ-लाइट्´-ली) ***adv.*** in a polite way, नम्रता से, नम्रतापूर्वक, भद्रता से, भद्रतापूर्वक।

**politeness** (पॅ-लाइट्´-निस्) ***n.*** the quality or state of being polite, नम्रता, शिष्टता, भद्रता।

**politic** (पॉल्´-इ-टिक्) ***adj.*** 1. prudent, wise, सयाना, नीतिकुशल। 2. artful, चालाक।

**political** (पॅ-लिट्´-इ-कॅल्) ***adj.*** of or relating to politics, or to government policymaking, राजनीतिक।

**politicalization** (पॅ-लिट्-इ-कॅ-लाइ-ज़े´-शॅन्) ***n.*** the act of politicizing, राजनीतीकरण।

**politically** (पॅ-लिट्´-इ-कॅ-ली) ***adv.*** in a political manner, राजनीतिक दृष्टि से।

**politician** (पॉल्-इ-टिश्´-अॅन्) ***n.*** a person engaged in politics, राजनीतिज्ञ।

**politicize** (पॅ-लिट्´-इ-साइज़्) ***v.*** 1. to give a political character, to make political, राजनीतिक रूप देना। 2. to participate in political activities, राजनीति में भाग लेना।

**politick** (पॉल्´-इ-टिक्) ***v.*** to engage in politics esp. to win votes, राजनीति करना।

**politico** (पॅ-लिट्´-इ-को) ***n.*** a politician, राजनीतिज्ञ। (उपेक्षासूचक)

**politics** (पॉल्´-इ-टिक्स्) ***n.*** 1. the art or science of political government, राजनीति-शास्त्र। 2. the policies or affairs of a government, सरकारी नीतियाँ और कार्य। 3. politicial activities of a party, दलीय राजनीतिक क्रियाकलाप। 4. manoeuvring for power etc., within group, कूटनीति, चालबाजी, राजनीति। 5. (plu.) political principles, राजनीतिक सिद्धांत।

**polity** (पॉल्´-इ-टी) ***n.*** 1. a form of government, शासन-प्रणाली। 2. politicaly organized society, राजनीतिक दृष्टि से संघटित समाज, राज्य।

**polka** (पोल्´-कॅ) ***n.*** a lively dance for couples, एक प्रकार का युगल-नृत्य।

**Poll** (पोल्) ***n.*** तोता (कहानियों में प्रयुक्त नाम)।

**poll** (पोल्) ***n.*** 1. the casting of votes in an election, मतदान। 2. the number of votes cast, पड़े हुए मत। 3. the survey of public opinion, जनमत-सर्वेक्षण। 4. (plu.) the place where voting is held, मतदान-केंद्र। ***v.*** 1. to vote at an election, मतदान करना। 2. to receive as votes, (प्रत्याशी

द्वारा) मत प्राप्त करना। 3. to clip or shear, काटना, छाँटना, कतरना। 4. to cut the horns of, सींग काटना।

**pollard** (पॉ´-लाःड्) ***n.*** 1. a tree with its top branches cut, ठूँठ। 2. a hornless animal, सींगविहीन पशु। ***v.*** to change into a pollard, शाखाविहीन या सींगविहीन कर देना।

P

**pollen** (पॉल्´-अॅन्) ***n.*** a powder-like substance produced by flowering plants, पराग।

**pollinate** (पॉल्´-इ-नेट्) ***v.*** to fertilize with pollen, परागण करना।

**pollination** (पॉल्-इ-ने´-शॅन्) ***n.*** the act of pollinating, परागण।

**polling** (पोल्´-इंग्) ***n.*** the act of casting votes, मतदान; polling booth, मतदान-कोष्ठ; polling station, मतदान-केंद्र।

**pollster** (पोल्´-स्टॅः) ***n.*** one who conducts opinion polls, जनमत-सर्वेक्षक।

**pollutant** (पॅ-ल्यू´-टॅन्ट्) ***n.*** a substance that pollutes, प्रदूषक पदार्थ।

**pollute** (पॅ-ल्यूट्´) ***v.*** 1. to make dirty, impure or unclean, प्रदूषण फैलाना, प्रदूषित करना, गंदा करना। 2. to corrupt, भ्रष्ट करना।

**pollution** (पॅ-ल्यू´-शॅन्) ***n.*** the act of polluting or the state of being polluted, प्रदूषण; air pollution, वायु-प्रदूषण; sound pollution, ध्वनि-प्रदूषण।

**polo** (पो´-लो) ***n.*** a game played by two teams on horseback, पोलो, चौगान।

**poltergeist** (पोल्´-टॅः-जाइस्ट्) ***n.*** a noisy ghost, उत्पात करनेवाली प्रेतात्मा, भूत।

**poly** (पॉ´-ली) ***prefix.*** many-, बहु-।

**polyandrous** (पॉल्-इ-ऐन्´-ड्रॅस्) ***adj.*** married to more than one husband, जिसके कई पति हों, बहुपतिका।

**polyandry** (पॉल्-इ-ऐन्´-ड्री) ***n.*** the practice of marrying more than one husband at the same time, बहुपति प्रथा।

**polyclinic** (पॉल्-इ-क्लिन्´-इक्) ***n.*** a hospital devoted to treatment of all diseases, वह अस्पताल जिसमें सभी रोगों का निदान होता हो।

**polyester** (पॉल्-इ-ॲस्´-टॅः) ***n.*** a synthetic fibre, पॉलिएस्टर, पॉलिस्टर।

**polyethylene** (पॉल्-इ-ॲथ्´-इ-लीन्) ***n.*** a synthetic resin, पॉलिथीन।

**polygamist** (पॅ-लिग्´-ॲ-मिस्ट्) ***n.*** a person having more than one wife, वह जिसकी एक से अधिक पत्नियाँ हों, बहुपत्नीक।

**polygamous** (पॅ-लिग्´-ॲ-मॅस्) ***adj.*** 1. of polygamy, बहुपत्नी-प्रथा-संबंधी। 2. having more than one wife, बहुपत्नीक।

**polygamy** (पॅ-लिग्´-ॲ-मी) ***n.*** the system of having more than one wife at a time, बहुपत्नी-प्रथा।

**polyglot** (पॉल्´-इ-ग्लॉट्) ***adj.*** 1. knowing many languages, बहुभाषी। 2. written in many languages, अनेक भाषाओं में लिखित।

**polygon** (पॉल्´-इ-गॉन्/गॅन्) ***n.*** a figure having five or more sides, पाँच या अधिक भुजाओंवाली आकृति, बहुभुज।

**polymath** (पॉल्´-इ-मैथ्) ***n.*** a great scholar, महापंडित।

**polymorphous** (पॉ-लि-माः´-फ़ॅस्) ***adj.*** having or taking many forms, बहुरूपी।

**polyp** (पॉल्´-इप्) ***n.*** a tube-shaped organism, पोलिप।

**polyphonic** (पॉल्-इ-फ़ॉन्´-इक्) ***adj.*** composed of two or more melodies, कई स्वरोंवाला।

**polyphony** (पॅ-ली´-फ़ॅ-नी) ***n.*** the combination of two or more melodies, स्वर-संगति।

**polypod** (पॉ´-लि-पॉड्) ***adj.*** having more than two feet, बहुपाद।

**polystyrene** (पॉल्-इ-स्टाइ´-रीन्) ***n.*** a kind of hard plastic, पालिस्ट्रीन।

**polysyllabic** (पॉल्-इ-सि-लैब्´-इक्) ***adj.*** having more than three syllables, बहुआक्षरिक।

**polytechnic** (पॉल्-इ-टॅक्´-निक्) ***n.*** a technical training institution, बहुशिल्प केंद्र। ***adj.*** relating to technical instruction, बहुशिल्पीय, बहुशिल्प-।

**polytheism** (पॉल्´-इ-थी-इज़्-ॲम्) ***n.*** the worship of more than one god or belief in more than one god, बहुदेववाद।

**polytheistic** (पॉल्-इ-थी-इस्´-टिक्) *adj.* of polytheism, बहुदेववादी।

**polythene** (पॉ´-लि-थीन्) *n.* a synthetic material for making bags, पॉलिथीन।

**polyuria** (पॉ-लि-यू´-रि-अॅ) *n.* excessive urination, बहुमूत्र, बहुमूत्रण।

**pomegranate** (पॉम्´-इ-ग्रैन्-इट्) *n.* a tree and its round fruits, अनार।

**pomeranian** (पॉम्-इ-रे´-नि-अॅन्) *n.* a dog of small breed, छोटे कद के तथा लंबे बालोंवाले कुत्तों की एक जाति।

**pomiculture** (पो´-मि-कॅल्-चें:) *n.* cultivation of fruit, फल-कृषि।

**pommel** (पॉम्´-अॅल्) *n.* 1. a knob on the hilt of a sword, (तलवार की मुठिया की) गाँठ। 2. the upper front part of a saddle, काठी का आगे का भाग, हरना।

**pomp** (पॉम्प्) *n.* 1. splendour, शान, ठाट-बाट; pomp and show, तड़क-भड़क, शानोशौकत। 2. ostentatious display, आडंबर, दिखावा।

**pompadour** (पॉम्´-पॅ-डो:) *n.* a hairdo, बाल सँवारने का एक ढंग जिसमें बाल माथे से आगे छत्ते की तरह निकले रहते हैं।

**pompom** (पॉम्´-पॉम्) *n.* a tuft on a cap, फुँदना।

**pomposity** (पॉम्-पॉस्´-इ-टी) *n.* the state or quality of being pompous, शान, तड़क-भड़क, आडंबरप्रियता।

**pompous** (पॉम्´-पॅस्) *adj.* 1. splendid, भव्य, शानदार। 2. ostentatious, तड़क-भड़कवाला, आडंबरपूर्ण। 3. ostentatiously self-important, आडंबरप्रिय।

**ponce** (पॉन्स्) *n.* an effeminate person, औरतों जैसे स्वभाववाला आदमी, जनाना आदमी।

**poncho** (पॉन्´-चो) *n.* a blanket-like cloak with a hole in the centre for the head, गर्म कपड़े का बिना सिला लबादा।

**pond** (पॉन्ड्) *n.* a still body of water, पोखरा, ताल, तालाब, कुंड।

**ponder** (पॉन्´-डॅं:) *v.* 1. to consider carefully, सोच-विचार करना, सोचना-विचारना। 2. to meditate, मनन करना।

**ponderous** (पॉन्´-डॅ-रॅस्) *adj.* 1. heavy, huge, भारी, भारी-भरकम। 2. dull, भद्दा।

**ponderously** (पॉन्´-डॅ-रॅस्-ली) *adv.* in ponderous manner, भद्दे ढंग से।

**pong** (पॉङ्ग्) *n.* offensive smell, बू, दुर्गंध।

**pongee** (पॉन्´-जी) *n.* a soft thin silk cloth, महीन रेशमी कपड़ा।

**poniard** (पॉन्-यॅं:ड्) *n.* a small dagger, कटार, ख़ंजर।

**pontiff** (पॉन्´-टिफ़्) *n.* 1. a bishop, धर्माचार्य। 2. the Pope, पोप।

**pontifical** (पॉन्-टिफ़ॅ´-इ-कॅल्) *adj.* of a pontiff, धर्माध्यक्षीय।

**pontificate** (पॉन्-टिफ़´-इ-केट्) *v.* to speak or bahave like a pontiff, धर्माचार्य की तरह बोलना या व्यवहार करना।

**pontoon-bridge** (पॉन्-टून्´-ब्रिज्) *n.* a temporary bridge of hollow metal cylinders, पीपे का पुल।

**pony** (पो´-नी) *n.* 1. a horse of small breed, टट्टू। 2. something smaller than standard, सामान्य से छोटे आकार-प्रकार की वस्तु।

**ponytail** (पो´-नि-टेल्) *n.* a hair style in which hair hangs like a horse tail, टट्टू की पूँछ की तरह लटकती हुई चोटी।

**pony-trekking** *n.* act of travelling on the back of a pony, टट्टू की सवारी।

**pooch** (पूच्) *n.* a dog, कुत्ता।

**poodle** (पू´-डॅल्) *n.* a dog with curly hair, घुँघराले बालोंवाले कुत्तों की एक जाति।

**poof** (पूफ़्) *n.* a male homosexual, समलिंगकामी।

**pooh** (पू) *interj.* an exclamation of disdain; contempt etc., छी, उँह।

**pooh-pooh** (पू-पू´) *v.* to express disdain for, तिरस्कार करना, घिन करना।

**pool[1]** (पूल्) *n.* 1. a small area of still water, पोखरा, ताल। 2. a shallow patch of water, blood etc., गिरा-पड़ा पानी, खून आदि। 3. a deep place in a river, नदी का गहरा स्थान। 4. a swimming pool, तरणताल।

**pool[2]** *n.* 1. common fund for speculation, निधि, साझी निधि। 2. a combination of business firms, व्यापारिक गठजोड़। *v.*

P

(pooled, pooling) to contribute to the common fund, निधि स्थापित करना।

**poop**[1] (पूप्) ***n.*** the stern of a ship, जलयान का पिछला भाग, दुंबाल।

**poop**[2] ***n.*** faeces, गूह, मल।

**pooped** (पूप्ड्) ***adj.*** tired, थका हुआ, श्रांत।

**poor** (पुअॅ:) ***adj.*** 1. poverty-stricken, ग़रीब, निर्धन, अकिंचन। 2. unfortunate, अभागा, बेचारा, दीनहीन। 3. scanty, अपर्याप्त, अल्प। 4. bad, ख़राब, बुरा। 5. despicable, तुच्छ। 6. deserving sympathy, दया का पात्र, दीनहीन।

P

**poorbox** (पुअॅ:´-बॉक्स्) ***n.*** a box for collecting alms, दानपात्र, दानपेटी।

**poorhouse** (पुअॅ:´-हाउस्) ***n.*** a residential place for paupers, दीननिवास, दरिद्रनिवास।

**poorly** (पुअॅ:´-ली) ***adj.*** in a poor health, ill, अस्वस्थ। ***adv.*** badly, बहुत ख़राब (ढंग से)।

**poorness** (पुअॅ:´-निस्) ***n.*** 1. poverty, ग़रीबी, दरिद्रता। 2. shortage, lack, कमी, अभाव।

**pop**[1] (पॉप्) ***n.*** a small sharp explosive sound, तड़, फट। ***v.*** (popped, popping) 1. to make a pop, तड़ शब्द करना, फट शब्द करना। 2. to heat corn until it bursts open, मक्की का तड़-तड़ शब्द करते हुए भूना जाना, फूट जाना। 3. to come or go rapidly, जल्दी से आना या जाना। 4. to protrude, बाहर निकला होना। 5. to shoot, दागना, गोली मारना। 6. to put suddenly, जल्दी से डाल देना। □ **pop off,** तड़तड़ बोलते जाना; **pop the question,** शादी का प्रस्ताव करना।

**pop**[2] ***n.*** music of general appeal, पॉप संगीत। ***adj.*** in a popular modern style, आधुनिक तथा लोकप्रिय।

**popcorn** (पॉप´-कॉ:न्) ***n.*** the puffed kernels of maize, मक्की का लावा।

**pope** (पोप्) ***n.*** the head of Roman Catholic Church, ईसाई धर्मगुरु, पोप।

**popedom** ***n.*** office of Pope, पोप का पद।

**popery** (पोप्´-अॅर्-ई) ***n.*** the doctrines of Roman Catholic Church, पोपवाद।

**pop-eyed** (पोप्´-आइड्) ***adj.*** with bulging eyes, बड़ी-बड़ी आँखोंवाला।

**popgun** (पॉप्´-गन्) ***n.*** a child's toy gun, बच्चों के खेलने की बंदूक।

**popinjay** (पॉप्´-इन्-जे) ***n.*** a vain person, दंभी व्यक्ति।

**poplar** (पॉप्´-लॅ:) ***n.*** a tree, पहाड़ी पीपल।

**poplin** (पॉप्´-लिन्) ***n.*** a fine cotton fabric, पॉपलिन।

**poppet** (पॉप्´-इट्) ***n.*** a little person, नाटा आदमी।

**poppy** (पॉप्´-ई) ***n.*** 1. a plant, पोस्ते का पौधा। 2. opium, अफीम।

**poppycock** (पॉप्´-इ-कॉक्) ***n.*** nonsense, बकवास।

**poppy seed** ***n.*** the seed of the poppy, पोस्ते का दाना।

**populace** (पॉप्´-यॅ-लिस्/लेस्) ***n.*** 1. the common people, जनता। 2. population, आबादी।

**popular** (पॉप्´-यॅ-लॅ:) ***adj.*** 1. liked by the common people, लोकप्रिय, जनप्रिय। 2. favoured by an individual, प्रिय, चहेता। 3. common, public, जनता-संबंधी, लोक-; popular movement, जन-आंदोलन। 4. appealing to the layman, जनाकर्षक, लोकप्रिय।

**popularity** (पॉप्-यॅ-लैर्´-इ-टी) ***n.*** the state or quality of being popular, लोकप्रियता।

**popularize** (पॉप्´-यॅ-लॅ-राइज़्) ***v.*** 1. to make popular, लोकप्रिय बनाना। 2. to make easily understandable, सुबोध या सुगम बनाना।

**popularly** (पॉप्´-यॅ-लॅ:-ली) ***adv.*** by the people generally, आम तौर से।

**populate** (पॉप्´-यॅ-लेट्) ***v.*** 1. to supply with inhabitants, (स्थान का) बसना/बसाना, आबाद होना/करना। 2. to live, रहना, बसना।

**population** (पॉप्-यॅ-ले´-शॅन्) ***n.*** the total inhabitant of a place or country, जनसंख्या, आबादी।

**populism** (पॉप्´-यॅ-लिस्-अॅम्) ***n.*** a philosophy opposing the concentration of power in the hands of government or bureaucracy, लोकवाद।

**populist** (पॉप्´-यॅ-लिस्ट्) *n.* one who believes in populism, लोकवादी।

**populous** (पॉप्´-यॅ-लॅस्) *adj.* containing many inhabitants, घना बसा हुआ (स्थान)।

**porcelain** (पोः´-सॅ-लीन्) *n.* 1. a hard white ceramic, चीनी मिट्टी। 2. an object made of porcelain, चीनी मिट्टी का पात्र।

**porch** (पोःच्) *n.* a roofed structure at an entrance to a house, ड्योढ़ी, द्वारमंडप, पोर्च।

**porcine** (पॉः´-साइन्) *adj.* of or like pigs, सुअर का, सुअर-जैसा, शूकरीय।

**porcupine** (पाः´-क्यु-पाइन्) *n.* a rodent covered with long sharp spines, साही (जंतु)।

**pore** (पोः) *n.* 1. a tiny opening in the skin, रोमकूप। 2. a small hole, छिद्र। *v.* to think deeply about, ध्यान देना, ग़ौर करना।

**pork** (पोःक्) *n.* the flesh of a pig, सुअर का गोश्त, शूकर-मांस।

**porker** (पोः´-कॅः) *n.* a fattened pig, मोटा-ताज़ा सुअर।

**porky** (पोः´-की) *adj.* fat, मोटा।

**pornographer** (पोः-नॅ-ग्रैफ़्´-अॅः) *n.* a writer of pornographic literature, अश्लील लेखक।

**pornographic** (पोः-नॅ-ग्रैफ़्´-इक्) *adj.* of pornography, अश्लील।

**pornography** (पोः-नॉग्´-रॅ-फ़ी) *n.* writings, pictures, films etc. to arouse sexual desire, अश्लील लेखन, अश्लील साहित्य।

**porosity** (पो-रॉस्´-इ-टी) *n.* the quality or state of being porous, सरंध्रता।

**porous** (पोर्´-अॅस्) *adj.* full of pores, छेदों से भरा, सरंध्र, छिद्रिल।

**porpoise** (पाः´-पॅस्) *n.* a sea animal having a snout and many teeth, सूँस।

**porridge** (पॉर्´-इज्) *n.* boiled cereal esp, oatmeal, दलिया।

**port**[1] (पोःट्) *n.* 1. a harbour, बंदरगाह, पत्तन। 2. an airport where goods pass in and out, वह हवाई अड्डा जहाँ से जलयान द्वारा सामान लाने-ले जाने की व्यवस्था हो।

**port**[2] *n.* 1. a side entrance in a ship for loading and unloading, वह दरवाज़ा जिसमें से जहाज़ का सामान उतारा-चढ़ाया जाता है। 2. the left hand side of a ship, जहाज़ का बायाँ पहलू। *v.* to turn left hand side, बाईं ओर मोड़ना या मुड़ना।

**portable** (पोः´-टॅ-बॅल्) *adj.* able to be carried easily, सुवाह्य, उठौआ, पोर्टेबल।

**portage** (पोः´-टिज्/टेज्) *n.* the transporting of boats overland between two rivers, नावों की ढुलाई, नाव-ढुलाई।

**portal** (पोः´-टॅल्) *n.* a gateway, प्रवेशद्वार, मुख्यद्वार, सिंहद्वार।

**portcullis** (पोःट्-कल्´-इस्) *n.* a sliding gate, खिसकौआ फाटक।

**portend** (पोः´-टॅन्ड्) *v.* to give warning of, पूर्वसूचना या चेतावनी देना।

**portent** (पोः´-टॅन्ट्) *n.* 1. a warning, पूर्वसूचना या चेतावनी। 2. an omen, शकुन/अपशकुन।

**portentous** (पोः-टॅन्´-टॅस्) *adj.* 1. of or pertaining to a portent, पूर्वसूचना या चेतावनी देनेवाला, पूर्वसूचक। 2. impressive, प्रभावपूर्ण।

**porter**[1] (पोः´-टॅः) *n.* 1. a man employed to carry traveller's luggage, सामान ढोनेवाला मज़दूर, कुली, भारिक। 2. an attendant of a coach, यात्री-सहायक।

**porter**[2] *n.* a gatekeeper, द्वारपाल, दरबान।

**portfolio** (पोःट्-फ़ो´-लि-ओ) *n.* 1. a case for holding loose papers, कागज़-पत्र रखने का चमड़े का बैग, पोर्टफ़ोलियो। 2. the post of a cabinet member, मंत्री को दिया जानेवाला विभाग; minister without portfolio, निर्विभागीय मंत्री।

**porthole** (पोःट्´-होल्) *n.* a window of a ship, मोखा।

**portico** (पोः´-टि-को) *n.* a covered entrance to a building, द्वारमंडप, पोर्टिको।

**portiere** (पोः´-टी-अॅः,) *n.* a heavy curtain hung across a doorway, दरवाज़े का मोटा पर्दा।

**portion** (पोः´-शॅन्) *n.* 1. a part of something, अंश, हिस्सा, भाग। 2. a dowry, दहेज। 3. one's destiny, भाग्य, तक़दीर। *v.* to divide into portions, हिस्से लगाना, बाँटना।

**portly** (पोःट्´-ली) *adj.* 1. stout, हट्ठा-कट्टा।

P

2. impressive, प्रभावपूर्ण।

**portmanteau** (पो:ट्-मैन्´-टो) ***n.*** a large leather suitcase, चमड़े का बड़ा संदूक।

**portmanteau word** ***n.*** a word coined by the parts of two words, ऐसा शब्द जो दो शब्दों के अंशों को जोड़कर बनाया गया हो, जैसे moter और hotel से motel.

P

**portrait** (पो:´-ट्रेट्/ट्रिट्) ***n.*** 1. a painting or photograph, तस्वीर, चित्र, फोटो। 2. a description in words, शब्दचित्र।

**portray** (पो:-ट्रे´) ***v.*** 1. to depict pictorially, चित्रित करना। 2. to describe in words, शब्दचित्र प्रस्तुत करना। 3. to play the role, भूमिका निभाना, अभिनय करना।

**portrayal** (पो:-ट्रे´-अॅल्) ***n.*** 1. the act of portraying, चित्रण। 2. a description in words, शब्द-चित्र।

**pose** (पोज़्) ***v.*** 1. to assume a desired position (for a photograph etc., फोटो आदि खिंचवाने के लिए) कोई विशिष्ट मुद्रा धारण करना। 2. to affect an attitude in order to impress others, मुद्रा बनाना। 3. to pretend, बनना। 4. to ask, पूछना। 5. to present, प्रस्तुत करना। ***n.*** 1. a physical attitude, ठवन, भंगिमा, मुद्रा, पोज़। 2. an attitude, रुख़। 3. a pretence, ढोंग, आडंबर, बनावट।

**poser** (पो´-ज़ॅ:) ***n.*** 1. one who poses, मुद्रा धारण करनेवाला। 2. a baffling question, विकट प्रश्न या समस्या।

**poseur** (पो-ज़ः´) ***n.*** one who behaves affectedly, ढोंगी।

**posh** (पॉश्) ***adj.*** 1. of the upper class, उच्च-वर्गीय। 2. fashionable, smart, फैशनेबुल।

**posit** (पॉज़्´-इट्) ***v.*** 1. to put forward as a fact, तथ्य प्रस्तुत करना। 2. to assume as a fact, तथ्य मानकर चलना।

**position** (पॅ-ज़िश्´-अॅन्) ***n.*** 1. place, situation or location, स्थिति। 2. a situation in relation to other people or things, स्थिति। 3. a point of view, दृष्टिकोण। 4. rank or status, पदवी। 5. a post of employment, पद। ☐ **take position,** (खेल में) अपनी जगह सँभालना। ***v.*** to put in a particular place or position, स्थित करना, स्थापित करना, रखना।

**positional** (पॅ-ज़िश्´-अॅ-नॅल्) ***adj.*** of or relating to position, स्थिति-संबंधी, स्थितिपरक।

**positive** (पॉज़्´-इ-टिव्) ***adj.*** 1. displaying affirmation, सकारात्मक, स्वीकारात्मक। 2. definite, सुस्पष्ट, सुनिश्चित। 3. real, वास्तविक। 4. certain, निश्चित। 5. assured, विश्वस्त। 6. (gram.) denoting the simple degree of an adjective or adverb, अस्तिवाचक, सकारात्मक। 7. (photo) having the lights and shades in the actual, सहिक। 8. (maths. & elect.) greater than zero, धनात्मक।

**positively** (पॉज़्´-इ-टिव्-ली) ***adv.*** certainly, निश्चित रूप से।

**positiveness** (पाज़्´-इ-टिव्-निस्) ***n.*** the state or quality of being positive, सुनिश्चितता, सकारात्मकता।

**positron** (पॉज़्´-इ-ट्रॉन्) ***n.*** the anti-particle of the electron, धनाणु, पॉज़िट्रॉन।

**posse** (पॉस´-ई) ***n.*** a group of people summoned by a sheriff to aid in law enforcement, व्यवस्था स्थापित करनेवालों का दल।

**possess** (पॅ-ज़ेस्´) ***v.*** 1. to own, होना, रखना, पास होना। 2. to have as an attribute (गुण) होना। 3. to have (knowledge, जानकारी) होना। 4. to keep control over, नियंत्रण रखना। 5. to be under the influence of, अभिभूत होना।

**possessed** (पॅ-ज़ेस्ड्´) ***adj.*** controlled by an evil spirit, प्रेतग्रस्त, बाधाग्रस्त।

**possession** (पॅ-ज़ेश्´-अॅन्) ***n.*** 1. the act or fact of possessing, कब्ज़ा, स्वामित्व। 2. something owned, धारण की हुई वस्तु, अपनी या अधिकृत वस्तु, संपत्ति। 3. a right, अधिकार। 4. the state of being dominated by an evil spirit, भूतावेश, भूत-बाधा।

**possessive** (पॅ-ज़ेस्´-इव्) ***adj.*** 1. of or pertaining to possession, स्वामित्व या स्वत्वबोधक। 2. (gram.) genitive, संबंध-वाचक; possessive case, संबंधकारक, षष्ठी।

**possessor** (पॅ-ज़ेस्´-अ:) ***n.*** one who possesses, स्वामी, धारक।

**possibility** (पॉस्-इ-बिल्´-इ-टी) ***n.*** the condition or fact of being possible, संभावना।

**possible** (पॉस्´-अॅ-बॅल्) ***adj.*** capable of being in existence, taking place, being done or used, संभव, संभावित।

**possibly** (पॉस्´-अॅ-ब्ली) ***adv.*** may be, perhaps, संभवत:, शायद।

**possum** (पॉस्´-अॅम्) ***n.*** an opossum, कंगारू की जाति का एक पशु। □ **play possum,** किसी को धोखा देने के लिए इस प्रकार पड़े रहना कि सोया हुआ या मृत जान पड़े।

**post**[1] (पोस्ट्) ***n.*** 1. a pillar, खंभा। 2. a peg, खूँटा। 3. the starting or winning post in a race, दौड़ का खंभा। ***v.*** (posted, posting) to fasten a notice at public place, सूचना, पोस्टर आदि चिपकाना या लगाना।

**post**[2] ***n.*** 1. a military base, सैनिक स्थल। 2. an assigned position of a sentry, सिपाही या सैनिक का नियुक्ति-स्थल, पोस्ट, चौकी। 3. a position of employment, पद। ***v.*** 1. to assign to a specific position or station, स्थान विशेष पर नियुक्त करना, तैनाती करना। 2. to put forward, प्रस्तुत करना, पेश करना।

**post**[3] ***n.*** 1. the system of transporting and delivering mail, डाक-व्यवस्था। 2. a post office, डाक-घर। 3. a letter or package sent by post office, डाक। ***v.*** 1. to mail, डाक से पत्र आदि भेजना। 2. to enter an item in a ledger, खतियाना, खाते में चढ़ाना, इंदराज। ***adv.*** rapidly, तेज़ी से।

**post**[4] ***prefix.*** after, पश्च-, उत्तर-।

**postage** (पो´-स्टिज्) ***n.*** the charge for mailing a letter, package etc., डाकव्यय।

**postage stamp** ***n.*** a ticket for attaching to mail, डाक-टिकट।

**postal** (पो´-स्टॅल्) ***adj.*** of post office or mail, डाक या डाकघर-संबंधी।

**postbox** (पोस्ट्´-बॉक्स्) ***n.*** a box in which letters to be sent by post are placed, डाक-बक्स, पोस्ट बॉक्स।

**postcard** (पोस्ट्´-का:ड्) ***n.*** a card sent by post, पोस्टकार्ड।

**postcode** (पोस्ट्´-कोड्) ***n.*** pincode, पिनकोड, पिन।

**postdate** (पोस्ट्-डेट्´) ***v.*** to write a future date, आगे की तिथि डालना।

**postdated** (पोस्ट्-डे´-टिड्) ***adj.*** having a future date, उत्तरदिनांकित, बाद की तारीख़वाला।

**poster** (पो´-स्टॅ:) ***n.*** an advertisement posted in a public place, इश्तहार, पोस्टर।

**poste restante** (पोस्ट्-रि-स्टैन्ट्´) ***n.*** the department that collects letters sent care of post master, डाकपाल की मार्फ़त मँगवाए हुए पत्रों को रखने का विभाग। (फ़्रांसीसी)

**posterior** (पॉ-स्टिअॅर्´-इ-अ:) ***adj.*** 1. rear, पश्च, पिछला। 2. subsequent, परवर्ती। 3. later, उत्तरकालीन। ***n.*** the buttocks, नितंब, चूतड़।

**posterity** (पॉ-स्टॅर्´-इ-टी) ***n.*** 1. future generation, भावी पीढ़ी। 2. one's descendants, अपने वंशज।

**postern** (पो´-स्टॅ:न्) ***n.*** a gate at the back side of a fortress, किले का पिछला दरवाज़ा।

**postgraduate** (पोस्ट्-ग्रैज्´-उ-अॅट्) ***adj.*** involving or pursuing studies after taking a bachelor's degree, स्नातकोत्तर। ***n.*** one who is pursuing studies for a more advanced qualification, स्नातकोत्तर विद्यार्थी।

**posthumous** (पॉस्´-चॅ-मॅस्) ***adj.*** 1. born after the death of the father, पिता की मृत्यु के बाद उत्पन्न होनेवाला। 2. given or happening after one's death, मरणोत्तर; posthumous award, मरणोत्तर पुरस्कार।

**posthumously** (पॉस्´-चॅ-मॅस्-ली) ***adv.*** after one's death, मरणोपरांत।

**postman** (पोस्ट्´-मॅन्) ***n.*** one who carries and delivers mail, डाकिया, पोस्टमैन।

**postmark** (पोस्ट्´-मा:क्) ***n.*** a mark stamped on a mail, डाकघर द्वारा चिट्ठियों आदि पर लगाई जानेवाली मोहर।

**postmaster** (पोस्ट्´-मास्-टॅ:, पोस्ट्´-मैस्-टॅ:) ***n.***

P

a person in charge of a post office, डाकपाल, पोस्टमास्टर।

**post meridiem (p.m.)** (पोस्ट्-मॅ-रिड्´-इ-ॲम्) *n.* afternoon, अपराह्न।

**post-mortem** (पोस्ट्-मॉ:´-टॅम्) *n.* 1. a medical examination of the dead body, शव-परीक्षण, पोस्टमार्टम। 2. analysis of a recent event, किसी ताज़ा घटना की समीक्षा।

P

**postnatal** (पोस्ट्-ने´-टॅल्) *adj.* occurring after birth, जन्मोत्तर।

**post office** (पोस्ट्´-आ:-फ़िस्) *n.* an office where postal business is conducted, डाकघर, पोस्ट ऑफ़िस।

**post-operative** (पोस्ट्-ऑप्´-ॲ-रे-टिव्, पोस्ट-ऑप्´-ॲर्-ॲ-टिव्) *adj.* occurring or executed after surgery, ऑपरेशन के बाद का।

**postpaid** (पोस्ट्-पेड्´) *adj.* with the postage paid in advance, जिसका डाक-शुल्क पहले ही दे दिया गया हो, पूर्वप्रदत्त।

**postpone** (पोस्ट्-पोन्´) *v.* to put off or delay until a future time, स्थगित करना, मुलतवी रखना।

**postponement** (पोस्ट्-पोन्´-मॅन्ट्) *n.* the act of postponing or the state of being postponed, स्थगन, मुलतवी।

**postposition** (पोस्ट्-पो-ज़ी´-शॅन्) *n.* a connective used after a noun or pronoun, परसर्ग।

**postscript** (पोस्ट्´-स्क्रिप्ट्) *n.* 1. a message added at the end of a letter, esp. after signature, पुनश्च। 2. a supplement, पूरक।

**postulant** (पॉस्´-चॅ-लैन्ट्) *n.* a candidate for admission into a religious order, दीक्षार्थी।

**postulate** (पॉस्´-चॅ-लेट्) *v.* to assume to be true, मान लेना।

**posture** (पॉस्´-चॅ:) *n.* 1. a position of the body, ठवन, मुद्रा। 2. a condition, स्थिति। 3. an attitude, रुख़, अभिवृत्ति।

**post-war** (पोस्ट्´-वा:´) *adj.* occurring after a war, युद्धोत्तर।

**posy** (पो´-ज़ी) *n.* a bunch of flowers, गुलदस्ता।

**pot** (पॉट्) *n.* 1. a vessel, बर्तन, पात्र। 2. something resembling a vessel, बर्तन के आकार की वस्तु। 3. a wicker trap for catching fish, मछलियाँ पकड़ने का झाबा। 4. a prize, पुरस्कार। 5. a trophy, ट्रॉफ़ी। □ **keep the pot boiling,** गुज़ारे भर के लिए कमा पाना; **the pot calling the kettle black,** जो दूसरे पर दोष लगा रहा है, वह दोष उसमें भी है। *v.* (potted, potting) 1. to put in a pot, बर्तन में रखना। 2. to plant, रोपना। 3. to shoot a game for food, मांस के लिए शिकार करना।

**potable** (पो´-टॅ-बॅल्) *adj.* fit to drink, पीने-योग्य, पेय।

**potash** (पॉट्´-ऐश्) *n.* potassium carbonate, पोटाश (खाद आदि में प्रयुक्त)।

**potassium** (पॅ-टैस्´-इ-ॲम्) *n.* a metallic element, पोटेशियम।

**potato** (पॅ-टे´-टो) *n.* a plant and its edible root, आलू।

**potato chip** *n.* a thin fried slice of potato, आलू की कचरी।

**potbelly** (पॉट्´-बेॅल्-ई) *n.* a protruding belly, तोंद।

**potboiler** (पॉट्´-बॉइ-लॅ:) *n.* a literary or artistic work of little importance, नगण्य कृति, क्षुद्रकृति।

**potency** (पो´-टॅन्-सी) *n.* power, force, शक्ति, सामर्थ्य।

**potent** (पो´-टॅन्ट्) *adj.* 1. powerful, forceful, सशक्त, तेज़। 2. influential, प्रभावी। 3. convincing, आश्वस्त करनेवाला।

**potentate** (पो´-टॅन्-टेट्) *n.* a monarch, राजा।

**potential** (पॅ-टॅन्´-शॅल्) *adj.* 1. having potency, सशक्त, समर्थ। 2. that can develop into something in future, संभाव्य, संभावी, संभावित। 3. latent, अंतर्हित, गर्भित, प्रच्छन्न। 4. (gram.) expressing possibility, विध्यर्थक। *n.* 1. possibility, संभाव्यता, संभावना। 2. latent ability or power, छिपी शक्ति, अंतर्निहित शक्ति, प्रभविष्णुता।

**potentiality** (पॅ-टॅन्-शि-ऐल्´-इ-टी) *n.* latent ability or power, अंतर्निहित शक्ति, सामर्थ्य।

**potentially** (पॅ-टॅन्´-शि-ॲ-ली) *adv.* in

possibility, संभवत:।

**pothead** (पॉट्´-हॅड्) *n.* an addict of drugs, नशाख़ोर व्यक्ति, नशेड़ी।

**pother** (पॉथ्´-अ:) *n.* 1. a commotion, हो-हल्ला, उपद्रव। 2. a cloud of dust or smoke, धूल या धुएँ का अंबार।

**pothole** (पॉट्´-होल्) *n.* a deep hole, गहरा गड्ढा।

**potion** (पो´-शॅन्) *n.* a medicinal drink, काढ़ा।

**pot-pourri** (पॅड्-पु-री´) *n.* 1. fragrant dried petals, सूखी सुगंधित पत्तियाँ। 2. a collection of unrelated items, बेमेल संग्रह। 3. a medley of tunes, स्वर-संगम।

**potsherd** (पॉट्´-शॅ:ड्) *n.* a broken piece of earthenware, ठीकरा।

**potshot** (पॉट्´-शॉट्) *n.* a chance shot, अंधा निशाना।

**potted** (पॉट्´-इड्) *adj.* 1. placed in a pot, बर्तन में रखा हुआ। 2. grown in a pot, गमले में उगाया जानेवाला। 3. abridged, संक्षिप्त।

**potter**[1] (पॉट्´-अ:) *v.* 1. to move aimlessly, इधर-उधर घूमना। 2. to waste time, समय गँवाना।

**potter**[2] *n.* a person who makes pottery, कुम्हार।

**potter's wheel** *n.* a disc of a potter, (कुम्हार का) चाक।

**pottery** (पॉट्´-अॅ-री) *n.* 1. earthenware, मिट्टी के बर्तन। 2. the business of a potter, मिट्टी के बर्तन बनाने तथा बेचने का व्यवसाय, कुम्हारी। 3. a potter's workshop, वह स्थान जहाँ कुम्हार बर्तन बनाता है।

**potty** (पॉट्´-ई) *n.* a small pot used by children as a toilet, छोटे बच्चों के टट्टी-पेशाब करने का पात्र, शौच-पात्र, कमोड, टट्टीदान। *adj.* 1. foolish, मूर्खतापूर्ण। 2. trivial, तुच्छ।

**pouch** (पाउच्) *n.* 1. a small bag, थैली। 2. a pouch like cavity, थैलीनुमा अंग, थैली। *v.* to put in a pouch, थैली में रखना।

**pouffe, pouf** (पूफ़्) *n.* 1. a cushion used as a seat, मोटी गद्दी। 2. a pad set in the hair, जूड़े में लगाने की गद्दी।

**poulterer** (पोल्´-टॅ-रॅ:) *n.* one who rears domestic fowls, मुर्गीपालक।

**poultice** (पोल्´-टिस्) *n.* a soft heated dressing applied to aching or inflamed part of the body, पुलटिस।

**poultry** (पोल्´-ट्री) *n.* chickens, ducks etc. raised for meat or eggs, मांस या अंडों के लिए पाली जानेवाली मुर्गियाँ, बतखें आदि।

**poultry farm** *n.* a place for rearing chickens, ducks etc., मुर्गी-फ़ार्म।

**pounce** (पाउन्स्) *v.* 1. to fall up on to snatch something, झपट्टा मारना। 2. to swoop upon one's prey, झपट पड़ना, दबोच लेना। 3. to throb heavily, धड़कना। *n.* the act of pouncing, झपट्टा।

**pound**[1] (पाउन्ड्) *v.* 1. to strike heavily with repeated blows, कूटना या पीटना। 2. to beat to a pulp, crush, कुचल डालना, कचूमर निकाल देना, पीस डालना। 3. to gunfire, गोलाबारी करना। 4. to instil by persistent repetition, बार-बार दुहराकर हृदयंगम करना।

**pound**[2] *n.* 1. a unit of weight equal to 16 ounces, पौंड। 2. the standard monetary unit of England, पौंड। □ **one's pound of flesh,** अपना लेना।

**pound**[3] *n.* an enclosure for the confinement of stray animals, कांजी-हाउस। *v.* 1. to confine in a pound, कांजी हाउस में बंद करना। 2. to imprison, जेल में बंद करना।

**poundage** (पाउन्´-डिज्) *n.* 1. a weight expressed in pounds, पौंड-भार। 2. charge based on weight in pounds, प्रति पौंड के हिसाब से लगाई हुई दर, लागत आदि।

**pound-foolish** (पाउन्ड्´-फ़ू´-लिश्) *n.* foolish about large sums of money, धन-उजाड़ू।

**pour** (पो:) *v.* 1. to flow or cause to flow in a stream, उँड़ेलना। 2. to rain heavily, मूसलधार वर्षा होना। □ **pour cold water on,** हतोत्साहित करना; **pour oil on troubled waters,** झगड़ा शांत करना; **pour out,** व्यक्त करना।

**pout** (पाउट्) *v.* 1. to push out one's lips in displeasure, होंठ बिचकाना। 2. to show displeasure, अप्रसन्नता व्यक्त करना।

**poverty** (पॉव्´-अ:-टी) *n.* 1. lack of money, गरीबी, निर्धनता। 2. lack, deficiency, अभाव, कमी। 3. infertility, अनुर्वरता।

**poverty-stricken** (पॉव्´-अ:-टी-स्ट्रिक्-अॅन्) *adj.* extremely poor, ग़रीबी का मारा, भूखा-नंगा।

P

**powder** (पाउ´-डॅ:) *n.* 1. a mass of fine solid particles, चूर्ण, चूरा, बुकनी, पाउडर। 2. face powder, मुँह पर लगाने का पाउडर। 3. gun powder, बारूद, मसाला। *v.* (powdered, powdering) 1. to pulverize, पीसना। 2. to cover with powder, पाउडर लगाना।

**powdered** (पाउ´-डॅ:ड्) *adj.* pulverized, चूर्णित, बूका हुआ।

**powder magazine** *n.* a place where gun-powder is stored, बारूदख़ाना।

**powdery** (पाउ´-डॅ-री) *adj.* 1. powderlike, पाउडर-जैसा, भुरभुरा। 2. covered with powder, पाउडर-पुता।

**power** (पाउ´-अॅ:) *n.* 1. strength, force, बल, शक्ति, क्षमता। 2. authority, सत्ता। 3. a powerful nation, शक्तिशाली राष्ट्र। 4. horse power, अश्वशक्ति, अश्वबल। 5. (maths.) an exponent, घात। 6. a particular form of energy, शक्ति; nuclear power, नाभिकीय शक्ति। *v.* 1. to supply power to, बिजली देना, शक्तियुक्त करना, बल से चलाना। 2. to move forward very quickly, तेज़ी से आगे बढ़ना।

**powercut** (पाउ´-अॅ:-कट्´) *n.* a temporary reduction in the supply of electrical power, बिजली-कटौती।

**powerful** (पाउ´-अॅ:-फ़ुल्) *adj.* having great power, शक्तिशाली।

**powerfully** (पाउ´-अॅ:-फ़ु-ली) *adv.* strongly, शक्तिपूर्वक।

**powerhouse** (पाउ-अॅ:-हॉउस्) *n.* a building where electricity is generated, बिजली-घर।

**powerless** (पाउ´-अॅ:-लिस्) *adj.* without power, शक्तिहीन, निर्बल, लाचार।

**powerloom** (पाउ´-अॅ:-लूम्) *n.* a loom operated by electricity, पावरलूम।

**power of attorney** *n.* the legal authority to act for another person, मुख़्तारनामा।

**power-politics** *n.* political action based on threats to use force, बलप्रयोग आधारित राजनीति।

**power station** *n.* a building where electric power is generated, बिजली-घर।

**practicability** (प्रैक्´-टि-कॅ-बिल्-इ-टी) *n.* the quality or state of being practicable, व्यवहार्यता, साध्यता।

**practicable** (प्रैक्´-टि-कॅ-बॅल्) *adj.* capable of being done, that can be carried out, व्यवहार्य, साध्य।

**practical** (प्रैक्´-टि-कॅल्) *adj.* 1. feasible, workable, not theoretical, व्यावहारिक। 2. clever at doing or making things, व्यवहारशील, व्यवहारकुशल। 3. obtained through practice or action, प्रायोगिक, प्रयोगात्मक। 4. virtual, वास्तविक, यथार्थ। *n.* a practical examination, प्रायोगिक परीक्षा।

**practicality** (प्रैक्-टि-कैल्´-इ-टी) *n.* the state or quality of being practical, व्यावहारिकता।

**practically** (प्रैक्´-टि-कॅ-ली) *adv.* 1. in a practical manner, व्यावहारिक। 2. from a practical view point, व्यावहारिक दृष्टि से। 3. in effect, वस्तुत:।

**practice** (प्रैक्´-टिस्) *n.* 1. a custom, रिवाज, प्रथा, चलन, दस्तूर। 2. a habit, आदत। 3. repeated performance or exercise, बार-बार करना, अभ्यास, मश्क़; Practice makes perfect, पूर्णता अभ्यास से ही आती है/काम को काम सिखाता है। 4. business, profession, व्यवसाय, पेशा; legal practice, वकालत। □ **out of practice,** जिसका अभ्यास छूट गया हो, अभ्यासच्युत।

**practise** (प्रैक्´-टिस्) *v.* 1. to do or perform repeatedly to become efficient, अभ्यास करना। 2. to make a habit of, आदत डालना। 3. to carry out in action, अमल करना। 4. to work at or follow a profession, व्यवसाय करना।

**practised** (प्रैक्´-टिस्ट्/टिस्ड्) *adj.* 1. skilled, proficient, अभ्यस्त, कुशल। 2. experienced, अनुभवी।

**practitioner** (प्रैक्-टिश्´-ॲ-नॅ:) *n.* a person practices a profession, व्यवसायी।

**pragmatic** (प्रैग्-मैट्´-इक्) *adj.* 1. practical, व्यावहारिक। 2. of practical point of view, व्यवहारशील।

**pragmatism** (प्रैग्´-मॅ-टिज्-ॲम्) *n.* the act or method of solving problems by practical means, व्यवहारशीलता।

**prairie** (प्रेंॲर्´-ई) *n.* a treeless grassy plain, घास का मैदान, शाद्वल क्षेत्र।

**praise** (प्रेज़्) *v.* 1. to express admiration (for, की) प्रशंसा करना, सराहना, तारीफ़ करना। 2. to extol, स्तुति करना, गुणगान करना। *n.* 1. admiration, प्रशंसा, सराहना, तारीफ़। 2. the extolling of a diety or ruler, स्तुति, गुणगान।

**praiseworthy** (प्रेज़्´-वॅ:-दी) *adj.* commendable, प्रशंसनीय, श्लाघ्य, स्तुत्य।

**pram** (प्रैम्) *n.* (perambulator, का संक्षिप्त रूप) बच्चागाड़ी, शिशुयान।

**prance** (प्रा:न्स्/प्रैन्स्) *v.* (pranced/pranst, prancing) 1. to rise upon hind legs, (घोड़े का) पिछले पैरों पर खड़ा होना। 2. to ride on a prancing horse, घोड़े को पिछले पैरों पर नचाना। 3. to strut, इठलाना।

**prang** (प्रैङ्ग्) *n.* 1. an accident or crash, दुर्घटना। 2. air raid, हवाई हमला। *v.* (prang, pranging) to damage by bombing, बमबारी से नष्ट करना।

**prank** (प्रैङ्क्) *n.* 1. a mischievous trick, शरारत, चुहल। 2. a mischievous joke, शरारत-भरा मज़ाक।

**prankster** (प्रैङ्क्´-स्टॅ:) *n.* a trickster, चुहलबाज़।

**prankish** (प्रैङ्क्´-किश्) *adj.* full of pranks, mischievous, चुहल-भरा।

**prate** (प्रेट्) *v.* (prated, prating) to talk too much, chatter, बकबक करना, ढेरों बातें करना।

**prater** (प्रेट्´-ॲ:) *n.* one who prates, बकवादी।

**pratingly** (प्रेट्´-इंग्-ली) *adv.* talking idly, बकबक करते हुए।

**prattle** (प्रैट्´-ॲल्) *v.* to talk in a childish way, बच्चों की तरह बोलना, बड़बड़ करना।

**prawn** (प्रा:न्) *n.* a small edible fish, झींगा (मछली)।

**praxis** (प्रैक्´-सिस्) *n.* a custom or accepted practice, रस्म-रिवाज, प्रथा, रीति।

**pray** (प्रे) *v.* 1. to utter a prayer, प्रार्थना/अनुनय करना। 2. to entreat, चिरौरी करना।

**prayer** (प्रेंॲ:) *n.* 1. a solemn request to God, प्रार्थना, विनती। 2. an earnest request, अनुनय, याचना।

**prayer book** *n.* a book containing prayers, प्रार्थना-पुस्तक।

**prayer carpet, prayer mat** *n.* the small carpet on which Muslims pray and kneel, मुसल्ला, जानमाज़।

**prayer meeting** *n.* a gathering held for a prayer, प्रार्थना-सभा।

**pre-** (प्रि) *prefix.* before in time, position etc., पूर्ववर्ती, पूर्व-।

**preach** (प्रीच्) *v.* 1. to give a sermon on religious instructions, प्रवचन करना, उपदेश करना। 2. to give moral instructions, सीख/शिक्षा देना। 3. to advocate, प्रचार करना।

**preacher** (प्री´-चॅ:) *n.* one who delivers sermons, धर्मोपदेशक, उपदेशक।

**preaching** (प्री´-चिंग्) *n.* 1. a sermon, प्रवचन। 2. an advice, सीख।

**preamble** (प्री´-ऐम्-बॅल्) *n.* an introductory statement, आमुख, प्रस्तावना।

**prearm** (प्री-आ:म्´) *v.* to arm in advance, पहले से शस्त्र-सज्जित होना।

**prearrange** (प्री-ॲ-रेंज्´) *v.* to arrange before hand, पहले से तैयारी कर रखना, पूर्वायोजन करना।

**precalculate** (प्रि-कैल्´-कु-लेट्) *v.* to calculate before hand, पहले से आकलन कर रखना, पूर्वाकलन करना।

**precarious** (प्री-केर्´-इ-ॲस) *adj.* danger-

P

ous, unsafe, खतरनाक, असुरक्षित।

**precaution** (प्रि-का:´-शॅन्) ***n.*** an action taken before hand to protect against possible danger, एहतियात, पूर्वोपाय।

**precautionary** (प्रि-का:´-शॅ-नॅ-री) ***adj.*** of the nature of precaution, एहतियाती; precautionary measure, एहतियाती उपाय/ कार्यवाही।

P

**precede** (प्रि-सीड्´) ***v.*** to be before in time, place etc., से पहले होना; से पहले आना, पहुँचना या जाना।

**precedence** (प्रॅस्´-इड्-ॲन्स्, प्रॅस्´-इ-डॅन्स्) ***n.*** priority, अग्रता। □ **take precedence,** अग्रता प्राप्त होना।

**precedent** (प्रॅस्´-इड्-ॲन्ट्, प्रॅस्´-इ-डॅन्ट्) ***adj.*** a previous example, convention, नज़ीर, पूर्वोदाहरण, मिसाल।

**preceding** (प्रि-सीड्´-इंग्) ***adj.*** coming or going before, पूर्ववर्ती, पूर्वगामी।

**precept** (प्री´-सॅप्ट्) ***n.*** a rule or principle for action, नीतिवचन, उपदेश, सीख़।

**preceptor** (प्रिं-सॅप्´-टॅ:) ***n.*** an instructor, अनुदेशक।

**precinct** (प्री´-सिंक्ट्) ***n.*** 1. an area reserved for a particular activity, किसी विशेष कार्य के लिए आरक्षित क्षेत्र। 2. an enclosed area, अहाता। 3. a district, जिला, क्षेत्र या प्रदेश। 4. a boundary, सीमा। 5. (plu.) the area surrounding a place, आसपास का क्षेत्र, परिक्षेत्र।

**precious** (प्रॅश्´-ॲस्) ***adj.*** 1. of great value, very costly, मूल्यवान, बहुमूल्य। 2. beloved, प्रिय। 3. fastidious, affected, बनावट-भरा, कृत्रिम। ***adv.*** very, अत्यधिक।

**precious stone *n.*** a gem, रत्न, मणि।

**precipice** (प्रॅस्´-इ-पिस्) ***n.*** a very steep cliff, खड़ी चट्टान। □ **edge of a precipice,** कगार।

**precipitance** (प्रि-सिप्´-इ-टॅन्स्) ***n.*** the quality or state of being precipitant, उतावली, हड़बड़ी।

**precipitant** (प्रि-सिप्´-इ-टॅन्ट्, प्रि-सी´-पि-टॅन्ट्) ***adj.*** 1. rash, उतावला, हड़बड़िया। 2. sudden, आकस्मिक।

**precipitate** (प्रि-सिप्´-इ-टेट्) ***v.*** 1. to throw down headlong, धकेलना, झोंकना। 2. to hasten, जल्दी करना, हड़बड़ी मचाना। 3. to condense and cause to fall as rain, snow etc., वाष्प का जमकर ओस, ओले या वर्षा के रूप में गिरना। 4. (chem.) to cause to deposit in solid form, घोल में से ठोस पदार्थ तैयार करना या निकालना। ***adj.*** done rashly, जल्दी में या हड़बड़ाकर किया हुआ, अंधाधुंध, अविचारित। ***n.*** a substance separated out of a solution, रासायनिक अनुक्रिया से किसी घोल से तैयार होनेवाला ठोस पदार्थ, अवक्षेप।

**precipitated** (प्रि-सिप्´-इ-टे-टिड्) ***adj.*** condensed, घनीभूत।

**precipitation** (प्रि-सिप्-इ-टे´-शॅन्) ***n.*** 1. hastiness, haste, हड़बड़ी, उतावली। 2. rain or snow formed by condensation, वृष्टि, वर्षण। 3. (chem.) the formation of a precipitate, अवक्षेपण।

**precipitous** (प्रि-सिप्´-इ-टॅस्) ***adj.*** 1. steep, खड़ा। 2. sudden and dramatic, आकस्मिक तथा नाटकीय।

**precis** (प्रे´-सी) ***n.*** a concise summary, abstract, संक्षेप, सार। ***v.*** (precised, precising) to make a precis of, संक्षेप तैयार करना।

**precise** (प्रि-साइस्´) ***adj.*** 1. exact, correct, सही-सही। 2. particular, विशेष। 3. stated clearly, स्पष्ट। 4. taking care to be exact, सही ढंग से काम करनेवाला।

**precisely** (प्रि-साइस्´-ली) ***adv.*** 1. in a precise manner, सही-सही, ठीक-ठीक। 2. used to express agreement with a statement, ठीक।

**precision** (प्रि-सिज़्ह्´-ॲन्) ***n.*** accuracy, परिशुद्धता, यथार्थता।

**preclude** (प्री-क्लूड्´) ***v.*** 1. to make impossible, असंभव कर या बना देना, होने न देना। 2. to prevent, रोक देना।

**preclusion** (प्रि-क्लू´-सॅन्) ***n.*** the act of precluding, निवारण, प्रतिषेध।

**preclusive** (प्रि-क्लू´-सिव्) *adj.* tending to prevent, निवारक, प्रतिषेधक।

**precocious** (प्रि-को´-शॅस्) *adj.* 1. developed earlier than usual, अकाल प्रौढ़। 2. showing premature development, अकालिक प्रौढ़ता का सूचक।

**precocity** (प्रि-कॉस्´-इ-टी) *n.* the quality or state of being precocious, अकाल प्रौढ़ता।

**precognition** (प्रि-कॉग्´-नि-शॅन्) *n.* the ability to see future events, भावी घटनाओं को जान लेने की क्षमता, पूर्वज्ञान, भविष्यदर्शन।

**preconceive** (प्री-कॅन्-सीव्´) *v.* to form an idea before hand, पहले से धारणा बना रखना।

**preconceived** (प्री-कॅन्-सीव्ड्´) *adj.* formed before hand, जिसकी धारणा पहले से बना रखी हो, पूर्वधारित।

**preconception** (प्री-कॅन्-सॅप्´-शॅन्) *n.* 1. the act of preconceiving, पूर्वधारण। 2. something preconceived, पूर्वधारणा।

**precondition** (प्री-कॅन्-डिश्´-ॲन्) *n.* a condition to be fulfilled first, पूर्व शर्त।

**precursor** (प्रि-कः´-सः) *n.* 1. one that precedes, पूर्वगामी व्यक्ति या वस्तु। 2. a predecessor, पूर्ववर्ती अधिकारी।

**precursory** (प्रि-कः´-सॅ-री) *adj.* 1. serving as a precursor, पूर्वगामी, पूर्ववर्ती। 2. preliminary, प्राथमिक।

**predated** (प्री-डे´-टिड्) *adj.* having an earlier date, पूर्वदिनांकित।

**predator** (प्रॅड्´-ॲ-टः, प्रॅड्´-ॲट्-ॲः) *n.* 1. a predatory animal, जीवभक्षी पशु। 2. one who plunders, लुटेरा।

**predatory** (प्रॅ´-डॅ-टॅ-री) *adj.* living by seizing prey, जीवभक्षी (प्राणी)।

**predawn** (प्री´-डाःन्) *n.* the period just before dawn, भोर से कुछ पहले का समय।

**predecease** (प्री-डि-सीस्´) *v.* to die before (another person, किसी व्यक्ति से) पहले मरना।

**predecessor** (प्रॅड्´-ॲ-सॅस्-ॲः) *n.* 1. one who precedes another in an office, पूर्ववर्ती अधिकारी, पूर्वाधिकारी। 2. an ancestor, पूर्वज।

**predestination** (प्रि-डॅस्-टि-ने´-शॅन्) *n.* the doctrine that God has foreordained all that happens, नियतिवाद।

**predestine** (प्री-डॅस्´-टिन्) *v.* to destine or settle before hand, पहले से नियत कर रखना।

**predetermine** (प्री-डि-टः´-मिन्) *v.* to decide in advance, पहले से निश्चय कर लेना, पूर्वनिश्चय करना।

**predicament** (प्रि-डिक्´-ॲ-मॅन्ट्) *n.* a difficult or unpleasant situation, विकट या अप्रिय स्थिति, विस्थिति।

**predicate**[1] (प्रॅड्´-इ-किट्) *n.* (gram.) the part of a sentence that expresses what is said about the subject, विधेय।

**predicate**[2] (प्रॅड्´-इ-केट्) *v.* to assert, ज़ोरदार ढंग से कहना, मानना या दावा करना।

**predicative** (प्रॅड्-इ-के´-टिव्) *adj.* pertaining to the predicate, विधेयात्मक।

**predict** (प्रि-डिक्ट्´) *v.* (predicted, predicting) to foretell, भविष्यवाणी करना।

**predictability** (प्रि-डिक्-टॅ-बिल्´-इ-टी) *n.* the state of being predictable, पूर्वकथनीयता।

**predictable** (प्रि-डिक्´-टॅ-बॅल्) *adj.* able to be predicted, जिसके संबंध में भविष्यवाणी की जा सके, पूर्वकथनीय।

**prediction** (प्रि-डिक्´-शॅन्) *n.* 1. something predicted, भविष्यवाणी। 2. the act of predicting, भविष्यकथन।

**predilection** (प्री-डि-लॅक्´-शॅन्) *n.* 1. liking, पसंद, अभिरुचि। 2. preference, वरीयता।

**predispose** (प्रि-डि-स्पोज़्´) *v.* to incline to something before hand, पहले से झुकाव/प्रवृत्ति होना, पूर्ववृत्ति होना।

**predisposition** (प्री-डिस्-पॅ-ज़िश्´-ॲन्) *n.* previous tendency, पूर्ववृत्ति।

**predominance** (प्रि-डॉम्´-इ-नॅन्स्) *n.* 1. the quality or condition of being predominant, आधिपत्य, प्राधान्य। 2. excess, आधिक्य।

**predominant** (प्रि-डॉम्´-इ-नॅन्ट्) *adj.* 1. superior in power or importance, जिसका आधिपत्य या प्राधान्य हो, प्रधान। 2. most common or numerous, अपेक्षया अधिक मात्रा में होनेवाला, सर्वाधिक।

**predominate** (प्रि-डॉम्´-इ-नेट्) ***v.*** 1. to be of greater power or importance, अधिक शक्तिशाली या महत्त्वपूर्ण होना। 2. to have controlling influence, प्रभुत्व होना।

**pre-eminence** (प्री-ऍम्´-इ-नॅन्स्) ***n.*** the state or quality of being eminent, प्रकृष्टता।

**pre-eminent** (प्री-ऍम्´-इ-नॅन्ट्) ***adj.*** extremely eminent, अति उत्कृष्ट, प्रकृष्ट।

**pre-empt** (प्री-ऍम्प्ट्´) ***v.*** (pre-empted, pre-empting) to have a right to purchase something before others, हक़शफ़ा होना।

**pre-emption** (प्री-ऍम्प्´-शॅन्) ***n.*** the right to purchase property before others, हक़शफ़ा।

**preen** (प्रीन्) ***v.*** 1. to clean with the beak, (पक्षियों का अपने परों को) चोंच से साफ़ करना। 2. to dress up, सजना-सँवरना, बनना-ठनना। ☐ **preen oneself on,** पर गर्व करना या आत्मसंतोष व्यक्त करना।

**pre-exist** (प्री-इग्-ज़िस्ट्´) ***v.*** to exist before, पहले से अस्तित्व में होना।

**pre-existence** (प्री-इग्-ज़िस्´-टॅन्स्) ***n.*** the state of existing before, पूर्व-अस्तित्व।

**pre-existent** (प्री-इग्-ज़िस्´-टॅन्ट्) ***adj.*** existing before, जिसका अस्तित्व पहले से रहा हो।

**prefab** (प्री´-फ़ैब्) ***n.*** a building that is prefabricated, पूर्वरचित भवन।

**prefabricate** (प्री-फ़ैब्´-रि-केट्) ***v.*** to fabricate before hand, पहले से रचना कर लेना, पूर्व रचना करना।

**prefabricated** (प्री-फ़ैब्´-रि-के-टिड्) ***adj.*** fabricated before hand, पूर्वरचित, पूर्वविरचित।

**prefabrication** (प्री-फ़ैब्-रि-के´-शॅन्) ***n.*** the act of prefabricating or the state of being prefabricated, पूर्वरचना।

**preface** (प्रॅफ़्´-ऑस्) ***n.*** a foreword, introduction, प्रस्तावना, आमुख, भूमिका। ***v.*** 1. to write an introduction, प्रस्तावना लिखना। 2. to begin, आरंभ करना।

**prefatory** (प्रॅफ़्´-ऑ-टॅ-री) ***adj.*** 1. of or pertaining to the preface, प्रस्तावना-संबंधी। 2. elementary, प्रारंभिक।

**prefect** (प्री´-फ़ॅक्ट्) ***n.*** an administative official, प्रशासक।

**prefecture** (प्री-फ़ॅक्´-चॅ:) ***n.*** 1. the office of a prefect, प्रशासक का कार्यालय या पद। 2. a state, प्रांत, राज्य।

**prefer** (प्रि-फ़:´) ***v.*** 1. to like better, अधिक पसंद करना, वरीयता देना, तरजीह देना। 2. to promote, प्रोन्नत करना।

**preferable** (प्रॅफ़्´-ऑ-रॅ-बॅल्) ***adj.*** more desirable, वरीय।

**preference** (प्रॅफ़्´-ऑ-रॅन्स्) ***n.*** the liking for something over another, वरीयता, अधिमान।

**preferential** (प्रॅफ़्-ऑ-रॅन्´-शॅल्) ***adj.*** giving or receiving preference, वरीय।

**preferment** (प्रि-फ़:´-मॅन्ट्) ***n.*** promotion, प्रोन्नति।

**prefight** (प्री´-फ़ाइट्´) ***adj.*** occurring before fight, लड़ाई से पहले का।

**prefigure** (प्री-फ़िग्´-ऑ:) ***v.*** 1. to represent in advance, पहले से चित्रण कर रखना। 2. to imagine in advance, पहले से कल्पना कर रखना।

**prefix** (प्री´-फ़िक्स्) ***n.*** 1. the affix that precedes the stem, उपसर्ग। 2. something coming or placed before the name, नाम के पहले लगनेवाला शब्द। ***v.*** to fix or place before, पहले रखना या लगाना, पूर्वयोजन करना।

**pregnable** (प्रॅग्´-नॅ-बॅल्) ***adj.*** assailable, vulnerable, भेद्य।

**pregnancy** (प्रॅग्´-नॅन्-सी) ***n.*** the state of being pregnant, गर्भावस्था।

**pregnant** (प्रॅग्´-नॅन्ट्) ***adj.*** 1. having a young developing in the womb, गर्भवती। 2. meaningful, सगर्भ, सारगर्भित। 3. full of, भरा हुआ, परिपूर्ण। 4. prolific, प्रचुर। 5. inventive or imaginative, आविष्कारी, कल्पनाशील।

**prehensile** (प्रि-हॅन्´-सिल्/साइल्) ***adj.*** 1. adapted for seizing or holding, जिसे पकड़ा जा सके, जो पकड़ने के लिए बना हो, परिग्राही। 2. adapted for grasping, बोध्य।

**prehension** (प्रि-हॅन्´-शॅन्) ***n.*** 1. a seizing, परिग्रहण, पकड़। 2. mental apprehension, बोध।

**prehistoric, prehistorical** (प्री-हि-स्टॉर्´-इक्/-इ-कॅल्) *adj.* of the period before the recorded history, पूर्व-ऐतिहासिक, इतिहास-पूर्व।

**prehistory** (प्री-हिस्´-टॅ-री) *n.* history before recorded history, पूर्व इतिहास।

**prehuman** (प्री-ह्यू´-मॅन्) *adj.* existing before the appearance of human beings, मानवपूर्व।

**prejudge** (प्री-जज्´) *v.* to judge beforehand, पहले से निर्णय कर लेना, पूर्वनिर्णय करना।

**prejudice** (प्रेज्´-उ-डिस्) *n.* 1. bias, पहले से बना रखी हुई धारणा, कुभाव, पूर्वग्रह। 2. dislike for a person, group, custom etc., कुभाव। 3. harm, injury, प्रतिकूल प्रभाव, क्षति, हानि। *v.* 1. to cause to have a prejudice, पूर्वग्रह उत्पन्न करना। 2. to harm, क्षति पहुँचाना।

**prejudiced** (प्रेज्´-उ-डिस्ट्) *adj.* having a prejudice, पूर्वग्रहयुक्त, पूर्वग्रही।

**prejudicial** (प्रेज्-उ-डिश्´-अॅल्) *adj.* causing prejudice, कुभाव या पूर्वग्रह उत्पन्न करनेवाला; क्षतिकारक।

**prelacy** (प्रेल्´-अॅ-सी) *n.* the office of a prelate, धर्माधिकारी का पद।

**prelate** (प्रेल्´-अॅट्) *n.* a high ranking clergyman, धर्माधिकारी।

**preliminary** (प्रि-लिम्´-इ-नॅ-री) *adj.* introductory, प्रारंभिक, प्राथमिक। *n.* (plu.) preliminary procedure, प्रारंभिक तैयारी, उपोद्घात।

**prelude** (प्रे-लूड, प्रेल्´-यूड) *n.* 1. an introduction, भूमिका, प्रस्तावना। 2. an introductory performance or event, पूर्वरंग, मंगलाचरण।

**premarital** (प्री-मैर्´-इ-टॅल्) *adj.* of the time before marriage, विवाह-पूर्व।

**premature** (प्री-मॅ-च्यो:´) *adj.* 1. too early, समय से पूर्व होनेवाला, अकालिक, समयपूर्व। 2. born before time, अधूरा, कच्चा।

**premedical** (प्री-मेंड्´-इ-कॅल्) *adj.* preparing for the study of medicine, पूर्व-आयुर्वेदीय।

**premeditate** (प्रि-मेंड्´-इ-टेट्) *v.* to consider before hand, पूर्वमनन करना।

**premeditation** (प्रि-मेंड्-इ-टे´-शॅन्) *n.* the act of premeditating, पूर्वमनन।

**premenstrual** (प्री-मेंन्´-स्ट्रु-अॅल्) *adj.* happening before each menstruation, रजोधर्मपूर्व।

**premier** (प्रें´-मिअॅ:, प्रि-मिअॅ:´) *n.* 1. Prime Minister, प्रधानमंत्री। 2. Chief Minister, मुख्यमंत्री। *adj.* 1. chief, प्रधान, मुख्य। 2. first, earliest, सर्वप्रथम।

**premiership** (प्रें´-मिअॅ:-शिप्, प्रि-मिअॅ:´-शिप्) *n.* the office of a Prime or Chief Minister, प्रधानमंत्रित्व; मुख्यमंत्रित्व।

**premiere** (प्रि-मिअॅ:´) *n.* a first public presentation of a film or play, सर्वप्रथम प्रदर्शन।

**premise** (प्रि-माइज़्´, प्रेंम्´-इस्) *n.* (log.) the basis of a proposition, आधार-वाक्य।

**premises** (प्रेंम्´-अॅ-सिज़्) *n.* (plu.) the land and the buildings on it, कोई भूखंड तथा उसपर बनी इमारतें, परिसर।

**premium** (प्री´-मि-अॅम्) *n.* 1. an instalment for an insurance policy, बीमे की क़िस्त, प्रीमियम। 2. a prize, reward, पुरस्कार। 3. the amount charged in addition to standard price, मानक मूल्य से ली जानेवाली अधिक रक़म, अधिशुल्क। □ **at a premium,** अधिमूल्य पर।

**premonition** (प्री-मॅ-निश्´-अॅन्) *n.* 1. an intuition of a future, पूर्वबोध, अग्रबोध। 2. an early warning, पहले से दी हुई चेतावनी।

**premonitory** (प्री-मॉन्´-इ-टॅ-री) *adj.* serving as a premonition, पूर्वबोधी, अग्रबोधी।

**prenatal** (प्रि-ने´-टॅल्) *adj.* existing before birth, जन्मपूर्व, प्रसवपूर्व।

**prenuptial** (प्री-नप्-शॅल्) *adj.* before marriage विवाह-पूर्व।

**preoccupation** (प्री-ऑक्-यु-पे´-शॅन्) *n.* engrossment, तल्लीनता, निमग्नता।

**preoccupied** (प्री-ऑक्´-यु-पाइड्) *adj.* engrossed, immersed, तल्लीन, निमग्न।

**preoccupy** (प्री-ऑक्´-यु-पाइ) *v.* 1. to engross, तल्लीन होना। 2. to occupy before another, किसी से पहले कब्ज़ा कर लेना।

**preoption** (प्री-ऑप्´-शॅन्) *n.* the right to choose first, पहले चुनने का अधिकार, पूर्व विकल्प।

**preordain** (प्री-ऑ:-डेन्´) *v.* to ordain before hand, पूर्वनिर्धारण करना।

**prepack, prepackage** (प्री-पैक्´, -इज्) *v.* to pack before marketing, पहले से पैकेट बना रखना।

P

**prepaid** (प्री-पेड्´) *adj.* paid before hand, पेशगी दिया हुआ, पूर्वदत्त।

**preparation** (प्रेप्-अॅ-रे´-शॅन्) *n.* 1. the act of preparing, तैयारी, उपक्रम। 2. (plu.) preliminary measures, प्रारंभिक उपाय।

**preparative** (प्रि-पैर्-अॅट्-इव्) *adj.* preparatory, प्रारंभिक।

**preparatory** (प्रि-पैर्´-अॅ-टॅ-री) *adj.* serving to prepare, तैयारी के रूप में होनेवाला, प्रारंभिक।

**prepare** (प्रि-पेॲ:) *v.* 1. to become or make ready, तैयार होना/करना। 2. to make ready for use, बनाना।

**prepared** (प्रि-पेॲ:ड्´) *adj.* ready, तैयार, उद्यत।

**preparedness** (प्रि-पेॲर्´-अॅड्-निस्) *n.* the state of being prepared, तैयारी, सन्नद्धता।

**prepay** (प्रि-पे´) *v.* (prepaid, prepaying) to pay before hand, पूर्वभुगतान/अग्रभुगतान करना।

**preplan** (प्री-प्लैन्) *v.* to plan beforehand, पहले से योजना बनाना।

**preplanned** (प्रि-प्लैन्ड्´) *adj.* planned beforehand, पूर्वयोजनाबद्ध, पूर्वयोजित।

**preplanning** (प्रि-प्लैन्´-इंग्) *n.* a plan in advance, पूर्वयोजना।

**preponderance** (प्रि-पॉन्´-डॅ-रॅन्स्) *n.* the state of being preponderant, महत्ता; प्रचुरता।

**preponderant** (प्रि-पॉन्´-डॅ-रॅन्ट्) *adj.* 1. that preponderates, अधिक शक्तिशाली, महत्त्वपूर्ण या वज़नी। 2. greater in amount, प्रचुर।

**preposition** (प्रेप्-पॅ-ज़िश्´-अॅन्) *n.* (gram.) a word used before nouns to show its relation to another word, पूर्वसर्ग।

**prepositional** (प्रेप्-पॅ-जिश्´-अॅ-नॅल्) *adj.* of or pertaining to a preposition, पूर्वसर्गीय।

**prepossess** (प्री-पॅ-ज़ेस्´) *v.* 1. to prejudice, पूर्वग्रह उत्पन्न करना। 2. to impress, प्रभावित करना।

**prepossessed** (प्री-पॅ-ज़ेस्ड्´) *adj.* 1. impressed, प्रभावित, अनुप्राणित। 2. prejudice, पूर्वग्रही।

**prepossessing** (प्री-पॅ-ज़ेस्´-इंग्) *adj.* impressive or attractive, प्रभावपूर्ण या आकर्षक।

**prepossession** (प्री-पॅ-ज़ेस्´-अॅन्) *n.* prejudice, पूर्वग्रह, पूर्वधारणा।

**preposterous** (प्रि-पॉस्´-टॅ-रॅस्) *adj.* 1. ridiculous, हास्यास्पद। 2. absurd, भद्दा, बेतुका, असंगत।

**preposterously** (प्रि-पॉस्´-टॅ-रॅस्-ली) *adv.* in a preposterous manner, हास्यास्पद रूप में, असंगत या भद्दे ढंग से।

**preprimary** (प्रि-प्राइ´-मॅ-री) *adj.* of the time or age before a child is old enough to join primary school, पूर्व-प्राथमिक।

**prepuce** (प्री´-प्यूस्) *n.* the skin covering the tip of the penis, शिश्नाग्र चर्म।

**prerecord** (प्री-रि-कॉ:ड्´) *v.* to record before broadcasting, प्रसारण के पूर्व रिकार्ड करना।

**prerequisite** (प्रि-रेक्´-वि-ज़िट्) *adj.* required as a prior condition, पूर्वापेक्षित। *n.* something required as a prior condition, पूर्वापेक्षित शर्त।

**prerogative** (प्रि-रॉग्´-अॅ-टिव्) *n.* an exclusive right, परमाधिकार, विशिष्टाधिकार।

**presage** (प्रि-सेज्´, प्रेस्´-इज्) *n.* 1. an omen, सगुन, लक्षण। 2. foreboding, पूर्वाभास। *v.* 1. to be a omen, शकुन होना। 2. to predict, भविष्यवाणी करना।

**presbyter** (प्रेज़्´-बि-टॅ:) *n.* a priest, पादरी।

**preschool** (प्री-स्कूल्´) *adj.* of the time before joining the school, विद्यालय-पूर्व।

**prescient** (प्रे´/ प्री´-शि-अॅन्ट्) *adj.* having fore-knowledge, दूरदर्शी, पूर्वज्ञानी।

**prescribe** (प्रि-स्क्राइब्´) *v.* 1. to set down as a rule, नियम के रूप में निर्धारित करना। 2. to recommend, सिफ़ारिश करना, आवश्यक बतलाना। 3. to advise the use of a medicine, नुस्ख़ा लिखना।

**prescribed** (प्रि´-स्क्राइब्ड्´) *adj.* 1. that has to be followed, studied etc., निर्धारित।

**prescript** (प्री´-स्क्रिप्ट्) *n.* a rule or command, आदेश।

**prescription** (प्रि-स्क्रिप्´-शॅन्) *n.* 1. the act of prescribing, निर्धारण। 2. a written instruction, लिखित आदेश या नुस्ख़ा।

**prescriptive** (प्रि-स्क्रिप्´-टिव्) *adj.* 1. customary, रूढ़िगत, पारंपरिक। 2. laying down rules, नियम-निर्धारक।

**presence** (प्रें´-ॲन्स्) *n.* 1. the state of being present, उपस्थिति, मौजूदगी, विद्यमानता। 2. one that is present, attendance, हाज़िरी, उपस्थिति। 3. person's bearing, व्यक्तित्व। ☐ **in some one's presence,** किसी की उपस्थित में; **make one's presence felt,** अपना महत्त्व जतलाना; **presence of mind,** सुध-बुध, होश-हवास।

**present**[1] (प्रेंज़्´-ॲन्ट्) *adj.* 1. in attendance, उपस्थित, हाज़िर। 2. existing, विद्यमान, वर्तमान। 3. now being discussed, जिसकी चर्चा हो रही हो। 4. (gram.) of present tense, वर्तमानकालिक। *n.* 1. the present time, वर्तमान। 2. (gram.) the present tense, वर्तमान काल। ☐ **at present,** इस समय, अब, संप्रति; **for the present,** फिलहाल, अभी तो, संप्रति।

**present**[2] (प्रि-ज़ेन्ट्´) *v.* 1. to offer formally, भेंट करना, प्रदान करना। 2. to offer for consideration, विचारार्थ उपस्थित करना। 3. to bring (a charge, अभियोग) लगाना। 4. to show, दिखाना, प्रस्तुत करना। 5. to act, अभिनय करना। 6. to appear, उपस्थित होना। 7. to aim (a weapon), निशाना साधना।

**presentable** (प्रि-ज़ेन्´-टॅ-बॅल्) *adj.* 1. fit to be presented, भेंट करने के योग्य। 2. fit to be displayed, प्रस्तुत करने के योग्य, प्रस्तुति के योग्य, प्रस्तुत्य। ☐ **make oneself presentable,** सजना-सँवरना।

**presentably** (प्रि-ज़ेन्´-टॅ-ब्ली) *adv.* in a presentable manner, सज-सँवरकर या सजा-सँवारकर।

**presentation** (प्रेंज़्-ॲन्-टे´-शॅन्, प्रि-ज़ेन्-टे´-शॅन्) *n.* 1. the act of presenting or the state of being presented, प्रदान। 2. a gift, उपहार, भेंट। 3. a preformance of a play, प्रस्तुति, प्रस्तुतीकरण। 4. the formal introduction, उपस्थापन। 5. nomination, मनोनयन।

**present-day** (प्रेंज़्´-ॲन्ट्-डे´) *adj.* of the modern day, आजकल का, वर्तमान।

**presentiment** (प्रि-ज़ेन्´-टि-मॅन्ट्) *n.* premonition (किसी घटना का) पूर्वज्ञान।

**presently** (प्रेंज़्´-ॲन्ट्-ली) *adv.* 1. in the present time, आजकल, इन दिनों, संप्रति। 2. in a short time, soon, थोड़ी ही देर में, जल्दी।

**present participle** *n.* a participle that expresses present action or condition, वर्तमानकालिक कृदंत।

**present perfect** *n.* denoting a tense of actions that have been completed, आसन्न भूत।

**preservable** (प्रि-ज़ॅः´-वॅ-बॅल्) *adj.* that can be preserved, परिरक्ष्य, परिरक्षणीय।

**preservation** (प्रेंज़्-ॲः-वे´-शॅन्) *n.* the act of preserving, हिफ़ाज़त, सुरक्षा, परिरक्षण।

**preservative** (प्रि-ज़ः-वॅट्-इव्) *n.* a chemical added to foods to preserve them, खाद्य पदार्थों को परिरक्षित रखनेवाला रासायनिक पदार्थ।

**preserve** (प्रि-ज़ॅःव्´) *v.* 1. to keep safe, to protect, हिफ़ाजत से रखना, सँभालकर रखना, रक्षा करना, बचाना, परिरक्षण करना। 2. to maintain, keep up, बनाए रखना। 3. to protect from decay or fermentation, (खाद्य वस्तु को) सड़ने-गलने या विकृत होने से बचाना, परिरक्षण करना। 4. to rear, (जीवों को) जीवित बनाए रखना, परिरक्षण करना। *n.* 1. preserved fruit, jam, मुरब्बा, जैम। 2. an area reserved for some activity, परिरक्षित क्षेत्र। 3. special domain, विशिष्ट क्षेत्र।

**preset** (प्री-सेट्´) *v.* to set, पहले से ठीक करना, लगाना या बैठाना, पूर्व-स्थापित करना।

**preshrunk** (प्रि-श्रंक्´) *adj.* without shrinkage, (नया कपड़ा) जो पहले से धुला हो, (फिर) धोने से न सिकुड़े।

**preside** (प्रि-ज़ाइड्´) *v.* 1. (presided, presiding)

P

1. to chair the meeting, अध्यक्षता करना। 2. to exercise authority, अधिकार का प्रयोग करना, नियंत्रित करना।

**presidency** (प्रेज़्´-इ-डॅन्-सी) ***n.*** 1. the office of a president, राष्ट्रपति का पद। 2. the term of a president, राष्ट्रपति का कार्यकाल। 3. province, प्रांत।

P

**president** (प्रेज़्´-इ-डॅन्ट्) ***n.*** 1. the head of a company or institution, अध्यक्ष, प्रधान। 2. the head of a republic, राष्ट्रपति।

**presidential** (प्रेज़्-इ-डॅन्´-शॅल्) ***adj.*** of or relating to a president, राष्ट्रपतीय।

**presiding** (प्रि-ज़ाइड्´-इंग्) ***adj.*** taking charge of a meeting, office etc, पीठासीन; presiding officer, पीठासीन अधिकारी।

**presidium** (प्रि-सिड्´-इ-ॲम्) ***n.*** a powerful committee as a governing body, प्रधान परिषद, प्रेसीडियम।

**press** (प्रेस्) ***v.*** 1. to apply weight or force, दबाना, ज़ोर लगाना। 2. to squeeze, निचोड़ना। 3. to iron (the clothes, कपड़ों को) इस्त्री करना। 4. to demand insistently, दबाव या ज़ोर डालना। 5. to force the acceptance of, मजबूर करना। 6. to throng closely, भीड़ लगाना। 7. to carry on, चलाए चलना, लगे रहना। □ **be pressed for,** कमी अनुभूत होना। ***n.*** 1. a machine for applying pressure, कोल्हू। 2. a printing machine, छपाई मशीन। 3. a printing establishment, प्रेस-प्रतिष्ठान। 4. the art of printing, छपाई कला, मुद्रण-कला। 5. the body of printers, मुद्रकों का निकाय, प्रेस के लोग। 6. newspapers and magazines, समाचार-पत्र तथा पत्रिकाएँ। 7. a large gathering, भीड़, सभा। 8. the act of applying pressure, दबाव। 9. setting of proper crease in a garment, इस्त्री करना। □ **go to press,** छपने जाना।

**press box** ***n.*** a section set apart for journalists, पत्रकार-कक्ष।

**press conference** ***n.*** an interview held for newsmen, पत्रकार-सम्मेलन।

**press copy** ***n.*** subject-matter given for printing, मुद्रण-प्रति।

**press gallery** ***n.*** a sitting place for newsmen, पत्रकार-दीर्घा।

**pressing** (प्रेस्´-इंग्) ***adj.*** 1. urgent, अत्यावश्यक, निहायत ज़रूरी। 2. persisting, आग्रहपूर्ण।

**pressman** (प्रेस्´-मॅन्) ***n.*** an operator of a printing machine, मशीनमैन।

**pressroom** (प्रेस्´-रूम्) ***n.*** the room where the printing machines are established, छपाई-कक्ष।

**press release** ***n.*** information given to the press, प्रेस-विज्ञप्ति।

**pressure** (प्रेश्´-अॅ:) ***n.*** 1. the exertion of force, दबाव, दाब। 2. influence, प्रभाव, दबाव। □ **put on pressure,** दबाव डालना; **under pressure,** दबा हुआ।

**pressure cooker** ***n.*** a cooking apparatus, वाष्पीय कुकर, प्रेशरकुकर।

**pressure gauge** ***n.*** a device for showing the pressure of steam, air etc, दाबमापी।

**pressure group** ***n.*** a group that exerts pressure on the members of a legislature to advance its interests, प्रभावी दल।

**pressurize** (प्रेश्´-अॅ-राइज़्) ***v.*** 1. to keep (a cabin) at a constant atmospheric pressure, वायु का एक सा दबाव बनाए रखना। 2. to increase or apply pressure to, दबाव डालना या बढ़ाना।

**prestidigitation** (प्रेस्-टॅ-डिज्-इ-टे´-शॅन्) ***n.*** sleight of hand, हाथ की सफ़ाई।

**prestige** (प्रे-स्टीज्´) ***n.*** reputation, प्रतिष्ठा।

**prestigious** (प्रे-स्टिज्´-ॲस्) ***adj.*** renowned, प्रतिष्ठापूर्ण।

**presto** (प्रेस्´-टो) ***adv.*** (music) quickly, जल्दी-जल्दी, द्रुतगति से।

**presumably** (प्रि-ज़्यू´-मॅ-बॅ-ली) ***adv.*** in all likelihood or probability, संभाव्यत:, अनुमानत:।

**presume** (प्रि-ज़्यूम्´) ***v.*** 1. to take for granted, मान लेना, अनुमान कर लेना। 2. to dare, धृष्टता करना।

**presumption** (प्रि-जम्प्´-शॅन्) ***n.*** the act of

presuming or something presumed, अनुमान, प्रकल्पना।

**presumptive** (प्रि-ज़म्प्´-टिव्) *adj.* presumed, अनुमानित, प्रकल्पित।

**presumptuous** (प्रि-ज़म्प्´-चु-अॅस्) *adj.* bold, impudent, अक्खड़, ढीठ, धृष्ट।

**presuppose** (प्रि-सॅ-पोज़्´) *v.* 1. to take for granted, पहले से मान लेना। 2. to require as a necessary prior condition, की अपेक्षा रखना।

**presupposition** (प्रि-सॅप्-अॅ-ज़िश्´-अॅन्) *n.* the act of presupposing or something presupposed, पूर्वमान्यता, पूर्वकल्पना।

**pretence, pretense** (प्री´-टॅन्स्/ प्रि-टॅन्स्´) *n.* 1. a pretext, बहाना, हीला। 2. a false action to deceive, ढोंग। 3. an outward appearance, दिखावा, प्रदर्शन। 4. a claim, दावा। □ **under false pretences,** बहानेबाज़ी करके, स्वाँग रचकर।

**pretend** (प्रि-टॅन्ड्´) *v.* 1. to create a false appearance of something, ढोंग रचना। 2. to presume, मान लेना। 3. to make a claim, दावा करना।

**pretended** (प्रि-टॅन्´-डिड्) *adj.* 1. not genuine, नकली, बनावटी। 2. false, मिथ्या, झूठा।

**pretender** (प्रि-टॅन्´-डॅ:) *n.* a person whose claim to something is disputed, दावा जतलाने या दिखलानेवाला, ढोंगी।

**pretension** (प्रि-टॅन्´-शॅन्) *n.* 1. a false claim, झूठा दावा। 2. an unfounded allegation, झूठा आरोप। 3. outward show, आडंबर, दिखावा।

**pretentious** (प्रि-टॅन्´-शॅस्) *adj.* showy, आडंबरी, ढोंगी।

**preternatural** (प्रि-टॅ:-नैच्´-उ-रॅल्) *adj.* unusual, असाधारण, अलौकिक, अप्राकृतिक।

**pretext** (प्री´-टॅक्स्ट्) *n.* a pretence, बहाना।

**prettify** (प्रॅट्´-इ-फ़ाइ) *v.* (prettified, prettifying) to make pretty, आकर्षक बनाना।

**prettily** (प्रॅट्´-इ-ली) *adv.* in a pretty manner, मनोहर ढंग से।

**prettiness** (प्रॅट्´-इ-निस्) *n.* pretty quality or state, कमनीयता, चारूता, मनोहरता, रमणीयता।

**pretty** (प्रिट्´-ई, प्रॅट्´-ई) *adj.* 1. pleasing in a graceful way, कमनीय, चारु, मनोरम, मनोहर, रमणीय। 2. excellent, fine, उत्तम, बढ़िया। 3. considerable, बहुत अधिक। □ **sitting pretty,** सुखद स्थिति में; **a pretty penny,** ढेरों रुपया। *adv.* fairly, बहुत कुछ, एक सीमा तक।

**prevail** (प्रि-वेल्´) *v.* 1. to win out, to succeed, अभिभूत कर लेना, जीत जाना। 2. to be common or frequent, व्याप्त या प्रचलित होना। □ **prevail or on upon,** राजी कर लेना, मना लेना।

**prevailing** (प्रि-वेल्´-इंग्) *adj.* prevalent, प्रचलित, व्याप्त।

**prevalence** (प्रॅव्´-अॅ-लॅन्स्) *n.* widespread existence, प्रचलन, व्याप्ति।

**prevalent** (प्रॅ-वॅ-अॅ-लॅन्ट्) *adj.* current, existing and widespread, प्रचलित, चालू, व्याप्त।

**prevaricate** (प्रि-वैर्´-इ-केट्) *v.* 1. to speak falsely, झूठ बोलना, वाक् छल करना। 2. to act falsely, मिथ्या आचरण करना।

**prevarication** (प्रि-वैर्-इ-के´-शॅन्) *n.* the act of prevaricating, वाक्छल, टाल-मटोल।

**prevent** (प्रि-वॅन्ट्´) *v.* 1. to keep from doing something, (कोई काम) न करने देना। 2. to keep from happening, रोक-थाम करना, निवारण करना।

**prevention** (प्रि-वॅन्´-शॅन्) *n.* the act of preventing, रोक, रोक-थाम, निवारण, परहेज़।

**preventive** (प्रि-वॅन्´-टिव्) *adj.* preventing something (sply. disease), रोकनेवाला, निरोधक, निवारक; preventive detention, निवारक नज़रबंदी।

**preview** (प्री´-व्यू) *n.* an advance showing before public presentation (of a film or play, किसी नाटक या फ़िल्म का) अग्रप्रदर्शन।

**previous** (प्री´-वि-अॅस्) *adj.* 1. coming before in time, पहले का, पहला। 2. coming before in order, पिछला, पूर्व, पूर्ववर्ती।

**previous to** *prep.* before, से पहले।

**previously** (-ली) *adv.* at a previous time,

पहले।

**prewar** (प्री´-वा:´) ***adj.*** before the war, युद्ध से पहले होनेवाला, युद्धपूर्व।

**prey** (प्रे) ***n.*** 1. an animal or bird hunted or caught, शिकार। 2. one who is injured, harmed or cheated, victim शिकार। □ **bird of prey,** शिकार करनेवाला पक्षी। ***v.*** to seek as a prey, शिकार खेलना। 2. to take as a prey, शिकार करना। 3. to rob, लूटना।

P

**price**(प्राइस्) ***n.*** 1. the amount of money asked or given for something, क़ीमत, दाम, मूल्य। 2. what must be given to achieve something, क़ीमत, मूल्य। 3. worth, मूल्य, महत्त्व।

**priceless** (प्राइस्´-लिस्) ***adj.*** invaluable, अनमोल, अमूल्य।

**price list** ***n.*** a list of current prices of commodities, मूल्य-सूची।

**price tag** ***n.*** a label showing the price of something, मूल्य-पर्ची।

**pricey, pricy** (प्राइ´-सी) ***adj.*** costly, महँगा।

**prick** (प्रिक्) ***v.*** 1. to pierce slightly, चुभाना, गोदना, वेधना। 2. to goad, कचोटना, सालना; Her conscience pricked her. उसकी आत्मा उसे कचोटती रही। 3. to feel pricking sensation, चुभन होना। □ **prick up one's ears,** कान खड़े होना, सहसा सावधान होना। ***n.*** 1. a hole, छेद, सुराख। 2. pricking sensation, चुभन। 3. a pain caused by being pricked, कचोट, टीस। 4. a sharp object, नुकीला पदार्थ, जैसे काँटा।

**pricker** (प्रिक्´-अॅ:) ***n.*** a pricking instrument, छेद करने का यंत्र, वेधनी।

**prickle** (प्रिक्´-अॅल्) ***v.*** 1. to prick, चुभाना। 2. to feel or give pricking sensation, चुभन होना, गोदना। ***n.*** having thorns, काँटा।

**prickly** (प्रिक्´-ली) ***adj.*** 1. having thorns, कँटीला, काँटेदार। 2. pricking, itching, काँटे की तरह चुभनेवाला। 3. irritable, चिड़चिड़ा। 4. full of difficulties, कठिनाइयों से भरा, कठिन।

**prickly heat** ***n.*** an acute itching irruption of the skin, पित्ती, पित्त, गर्मी दाना, अम्होरी।

**prickly pear** ***n.*** a plant, नागफनी।

**pride** (प्राइड्) ***n.*** 1. unduly high opinion of one's merits, घमंड, अहंकार, अभिमान। 2. self-respect, गर्व, गौरव, आत्मसम्मान। 3. a source of pride, गर्व की बात। ***v.*** to indulge in self-esteem, आत्मप्रशंसा करना।

**prideful** (प्राइड्´-फ़ुल्) ***adj.*** full of pride, अभिमानी, गर्वीला।

**prier** (प्राइअॅ:) ***n.*** one who pries, ताक-झाँक करनेवाला।

**priest** (प्रीस्ट्) ***n.*** a clergyman, पादरी, याजक, पुरोहित, पुजारी। [Fem. priestess]

**priestcraft** (प्रीस्ट्-क्रैफ़्ट्´/क्राफ़्ट्´) ***n.*** the policies or methods of priests, पुरोहितों के कार्य-व्यापार तथा रंग-ढंग।

**priesthood** (प्रीस्ट्´-हुड्) ***n.*** the office of a priest, पुरोहिताई, पौरोहित्य। 2. priests collectively, पुरोहितों का वर्ग।

**priestly** (प्रीस्ट्´-ली) ***adj.*** of or pertaining to a priest, पुरोहितीय, याजकीय।

**prig** (प्रिग्) ***n.*** a smug, दंभी व्यक्ति।

**priggesh** (प्रिग्´-इश्) ***adj.*** of or like a prig, दंभपूर्ण।

**prim** (प्रिम्) ***adj.*** fastidious, तुनकमिज़ाज, दंभी।

**primacy** (प्राइ´-मॅ-सी) ***n.*** supremacy, श्रेष्ठता, प्रमुखता, प्रधानता।

**prima donna** (प्री´-मॅ-डो´-नॅ) ***n.*** 1. a leading woman opera singer, किसी संगीत-नाटिका की मुख्य गायिका। 2. a temperamental person, चिड़चिड़ा या बदमिज़ाज आदमी।

**prima facie** (प्राइ-मॅ-फ़े´-सी) ***adv.*** as it seems at first, ऊपर से देखने पर, प्रत्यक्षत:; a prima facie case against somebody, किसी के विरुद्ध ऐसा मामला जो प्रत्यक्षत: ठीक हो।

**primal** (प्राइ´-मॅल्) ***adj.*** 1. original, first, आदिम, आद्य। 2. most important, सबसे महत्त्वपूर्ण।

**primarily** (प्राइ-मॅर्´-इ-ली) ***adv.*** 1. originally, at first, मूलत:, आद्यत:। 2. chiefly, mainly, प्रधानतया, प्रमुखत:।

**primary** (प्राइम्´-अॅ-री, प्राइ´-में-री) ***adj.*** 1. initial, first in the series, प्राथमिक, प्रारंभिक। 2. basic, fundamental, मौलिक, मूलभूत।

**primate** (प्राइ´-मेट्) ***n.*** an archbishop, प्रधान पादरी।

**prime** (प्राइम्) ***adj.*** 1. first, पहला, प्रथम। 2. main, chief, प्रधान, मुख्य, मूल। 3. (maths.) (number) that can be divided exactly only by itself, अभाज्य, रूढ़। ***n.*** 1. the state of greatest perfection, परिपूर्णता। 2. the best part, उत्तम भाग। 3. prime number, अभाज्य या रूढ़ संख्या। ***v.*** (primed, priming) 1. to prepare, to make ready, तैयारी करना, तैयार करना। 2. to apply a primer, अस्तर लगाना। 3. to brief, अवगत कराना।

**primer** (प्राइ´-मँ:) ***n.*** 1. an elementary or introductory text book, प्रवेशिका। 2. a paint applied to surface at base, पहला अस्तर।

**primeval** (प्राइ-मी´-वॅल्) ***adj.*** of the earliest times, आद्य, आदिकालीन।

**primitive** (प्रिम्´-टिव्, प्रिम्´-अँट्-इव्) ***adj.*** 1. of earliest times, आदिम, आदिकालीन। 2. old, ancient, प्राचीन, पुरातन। 3. uncivilized, असभ्य। 4. crude, अनगढ़, अपरिष्कृत। ***n.*** 1. a primitive person, आदि मानव। 2. an artist that has a primitive style, पुरानी शैली का चित्रकार।

**primogenitor** (प्राइ-मॅ-ज़ेंन्´-अॅ-टॅ:) ***n.*** the earliest ancestor, आदिपूर्वज।

**primogeniture** (प्राइ-मॅ-जेंन्´-अॅ-चॅ:) ***n.*** the state of the first born child of the same parents, पहलौठापन, ज्येष्ठता। 2. the right of the eldest son, ज्येष्ठ पुत्र का अधिकार, ज्येष्ठाधिकार।

**primordial** (प्राइ-मॉ:ड्´-इ-अॅल्) ***adj.*** primitive, आदिकालीन।

**primrose** (प्रिम्´-रोज़्) ***n.*** 1. a plant, पीले रंग के फूलोंवाला एक पौधा। 2. its flower उक्त का फूल। 3. yellowish colour, हलका पीला रंग। □ **the primrose path,** मौज-मस्ती का ढर्रा, मस्ती का रंग-ढंग।

**primus stove** (प्राइ´-मॅस्-स्टोव्) ***n.*** a cooking stove, प्राइमस स्टोव।

**prince** (प्रिन्स्) ***n.*** 1. a son of a sovereign, राजकुमार। 2. a ruler, छोटी-मोटी रियासत का राजा, नरेश। 3. an outstanding man, उल्लेखनीय व्यक्ति; श्रेष्ठ, सफल तथा सशक्त व्यक्ति।

**Prince Consort** ***n.*** the title of the husband of a female sovereign, रानी के पति की उपाधि।

P

**princedom** (प्रिंस्´-डॅम्) ***n.*** 1. the state over which a prince rules, रियासत, राज्य। 2. the rank of a prince, राजकुमार का पद।

**princely** (प्रिंस्´-ली) ***adj.*** 1. of a prince, राजकुमारीय। 2. royal, राजसी, शाही, शानदार, प्रतापपूर्ण। 2. generous, उदार।

**princess** (प्रिन्´-सिस्/सॅस्) ***n.*** 1. a female member of a royal family, राजकुमारी। 2. the consort of a prince, रानी।

**principal** (प्रिन्´-सि-पॅल्) ***adj.*** chief, main, प्रधान, मुख्य। ***n.*** 1. the head of a college, प्रिंसिपल, प्रधानाचार्य। 2. capital, मूलधन। 3. a person who plays the leading role, (किसी नाटक का) मुख्य कलाकार।

**principal boy** ***n.*** an actress playing the chief male character in a play, नाटक में मुख्य पुरुष पात्र की भूमिका करनेवाली अभिनेत्री।

**principality** (प्रिन्´-सि-पैल्´-इ-टी) ***n.*** a country ruled by a prince, वह प्रदेश जो राजकुमार के अधीन हो, रियासत।

**principally** (प्रिन्´-सि-पॅ-ली) ***adv.*** chiefly, मुख्यतया।

**principle** (प्रिन्´-सि-पॅल्) ***n.*** 1. a rule, सिद्धांत, नियम। 2. a basic source, मूल तत्त्व, आधारभूत कारण। 3. a basic truth, मूल सत्य। 4. a policy, नीति। □ **in principle,** सिद्धांत रूप में; **on principle,** सिद्धांतों के आधार पर या के कारण।

**principled** (प्रिन्´-सि-पॅल्ड्) ***adj.*** based on principles, सिद्धांतों पर आधारित।

**print** (प्रिन्ट्) ***v.*** (printed, printing) 1. to make a mark by pressing or stamping, ठप्पा लगाना। 2. to make marks by types or machine, छापना, छपाई करना, मुद्रण करना। *n.* 1. a mark made by pressure or stamping, ठप्पा, छाप। 2. lettering produced in ink, छपाई, मुद्रण। 3. a design or picture reproduced by printing, छाप, छपाई। 4. a fabric with a stamped dyed pattern, छींट। ☐ **out of print,** अनुपलब्ध, अप्राप्य (पुस्तक)।

P

**printable** (प्रिन्´-टॅ-बॅल्) *adj.* fit for printing or publishing, छापने या प्रकाशित करने योग्य।

**printed** (प्रिन्´-टिड्) *adj.* 1. produced by printing, मुद्रित; printed matter, छपी/मुद्रित सामग्री। 2. a machine that prints, छपाई मशीन, मुद्रणयंत्र।

**printer's devil** *n.* 1. an apprentice in a press, मुद्रणालय में काम सीखनेवाला लड़का, मुद्राराक्षस। 2. a printing mistake, छपाई की भूल, मुद्रण-दोष।

**printer** (प्रिन्´-टॅ:) *n.* 1. one who prints, मुद्रक। 2. a machine that prints, छपाई मशीन, मुद्रण-यंत्र, प्रिंटर।

**printing** (प्रिन्´-टिंग्) *n.* the art or business of producing printed matter, मुद्रण-कला, मुद्रण, छपाई।

**printing press** *n.* 1. a place where printing is done, मुद्रणालय, मुद्रणगृह, छपाईख़ाना। 2. machine for printing, छपाई की मशीन, मुद्रणयंत्र।

**printout** (प्रिंट्´-आउट्) *n.* material produced in printed form from a printer, प्रिंटर से निकली छपी प्रति।

**prior** (प्राइ´-अॅ:) *adj.* 1. previous, पूर्व, पूर्ववर्ती। 2. taking precedence in order or importance, अग्र, वरीय। ☐ **prior to,** से पहले।

**priority** (प्राइ-ऑर्´-अॅ-टी) *n.* the state of being prior, पूर्वर्तिता; अग्रता, वरीयता।

**priory** (प्राइ´-अॅ-री) *n.* a monastery, ईसाई मठ।

**prism** (प्रिज़्´-अॅम्) *n.* a triangular body of glass that breaks up light into a spectrum, समपार्श्व, प्रिज़्म।

**prismatic** (प्रिज़्-मैट्´-इक्) *adj.* of or produced by a prism, समपार्श्वीय, प्रिज़्मी।

**prison** (प्रिज़्´-अॅन्) *n.* a building used to confine convicted criminals, बंदीगृह, कारागार, क़ैदखाना, जेलख़ाना, कारा, जेल, हवालात।

**prison camp** *n.* a camp for prisoners, बंदी-शिविर।

**prisoner** (प्रिज़्´-अॅ-नॅ:) *n.* a person kept in a prison, बंदी, कैदी; prisoner of war, युद्धबंदी।

**prissy** (प्रिस्´-ई) *adj.* fussy, नकचढ़ा।

**pristine** (प्रिस्´-टीन्) *adj* 1. primitive, आदिम, आद्य। 2. new, नया, नूतन।

**privacy** (प्राइ´-वॅ-सी) *n.* 1. the condition of being secluded, एकांत, एकांतता, एकांतवास। 2. freedom from public interference, secrecy, गोपनीयता, एकांत।

**private** (प्राइ´-विट्/वेट्) *adj.* 1. own, निजी, स्वकीय। 2. personal, वैयक्तिक, व्यक्तिगत। 3. not holding a public office, ग़ैर-सरकारी, अराजकीय। 4. secluded (place), निर्जन, शांत। ☐ **in private,** (i) अकेले में; (ii) व्यक्तिगत जीवन में; **private parts,** गुप्तांग। *n.* a soldier, सिपाही, सैनिक।

**privateer** (प्राइ-वँ-टिअॅ:´) *n.* 1. a private armed vessel, निजी युद्धपोत। 2. its commander, उक्त पोत का कप्तान।

**privately** (प्राइ´-वेट्-ली) *adj.* 1. personally, व्यक्तिगत रूप से। 2. in isolation, एकांत में।

**privation** (प्राइ-वे´-शॅन्) *n.* 1. lack of the necessities of life, जीवन की आवश्यकताओं अथवा सुख-सुविधाओं का अभाव। 2. deprivation, वंचन, राहित्य, तंगी।

**privatize** (प्राइ´-वॅ-टाइज़्) *v.* to transfer something from state control to private ownership, (उद्योगों का) निजीकरण करना।

**privet** (प्रिव्´-अॅट्) *n.* a shrub used for hedges, एक झाड़ी जिसकी बाड़ लगाई जाती है।

**privilege** (प्रिव्´-अॅ-लिज्) *n.* a special right, विशेषाधिकार, प्राधिकार। *v.* to grant a privilege to, विशेषाधिकार देना।

**privileged** (प्रिव्´-अॅ-लिज्ड्) *adj.* having a

privilege, विशेषाधिकार-प्राप्त।

**privily** (प्रिव्´-अॅ-ली) ***adv.*** 1. personally, निजी रूप से। 2. secretly, गुप्त रूप से।

**privy** (प्रिव्´-ई) ***adj.*** (priever, priviest) secret, गुप्त, प्रच्छन्न। ***n.*** a latrine, शौचालय।

**privy council** ***n.*** the private council of the sovereign, प्रिवी कौंसिल।

**privy purse** ***n.*** the allowance given to a former prince, प्रिवी पर्स।

**prize** (प्राइज़्) ***n.*** 1. something offered or won as an award, पुरस्कार, इनाम। 2. something striven for, अभीप्सित वस्तु, नेमत। 3. any property captured in time of war, युद्ध के दौरान लूटी या पकड़ी हुई वस्तु। ***v.*** to value highly, अत्यधिक महत्त्व देना।

**prize distribution** ***n.*** the act of distributing the prizes, पुरस्कार-वितरण।

**prizefight** (प्राइज़्´-फ़ाइट्) ***n.*** a boxing match for a prize, मुक्केबाजी का ऐसा मुकाबला जिसमें पुरस्कार मिले।

**pro**[1] (प्रो) ***n.*** 1. supporter, समर्थक। 2. a favourable argument, अनुकूल तर्क। □ **the pros and cons,** किसी बात के पक्ष तथा विपक्ष में होनेवाले तर्क, तर्क-वितर्क। ***adv.*** in favour, पक्ष में।

**pro**[2] ***n.*** a professional, पेशेवर, व्यक्ति।

**pro**[3] ***pref.*** in front of, सामने।

**probability** (प्रॉब्-अॅ-बिल्´-इ-टी) ***n.*** 1. the condition of being probable, प्रायिकता, संभावना। 2. a probable event, संभावित घटना। □ **in all probability,** पूरी संभावना है कि।

**probable** (प्रॉब्´-अॅ-बॅल्) ***adj.*** likely to happen, संभावित, प्रायिक, संभाव्य। ***n.*** a person likely to be chosen in a team, वह जिसकी टीम में चुने जाने की संभावना हो, संभावित खिलाड़ी।

**probably** (प्रॉब्´-अॅ-ब्ली) ***adv.*** in all likelihood, संभवत:।

**probate** (प्रो´-बेट्) ***n.*** a certificate stating a will to be genuine, वसीयतनामे का प्रमाण-पत्र।

**probation** (प्रो-बे´-शॅन्) ***n.*** 1. a trial of person's character or ability, आचरण या योग्यता का परीक्षण, परिवीक्षा। 2. a trial period, परिवीक्षा-अवधि। □ **on probation,** परिवीक्षाधीन।

**probationary** (प्रो-बे´-शॅ-नॅ-री) ***adj.*** undergoing probation, परिवीक्ष्य, परिवीक्षाधीन।

**probationer** (प्रो-बे´-शॅ-नॅ:) ***n.*** a person on probation, जिसकी परिवीक्षा चल रही हो, परिवीक्षार्थी, परिवीक्षाधीन।

**probation officer** ***n.*** परिवीक्षा अधिकारी।

**probe** (प्रोब्) ***n.*** 1. a surgical instrument for exploring a wound, वह सलाई जिससे डॉक्टर घाव आदि देखते-परखते हैं, शलाका। 2. the act of probing or investigating, जाँच, परख, अनुसंधान। ***v.*** 1. to explore with a probe, शलाका से देखना-परखना। 2. to investigate, सूक्ष्मतापूर्वक जाँच-पड़ताल करना।

**probity** (प्रो´-बि-टी) ***n.*** integrity, honesty, सत्यनिष्ठा, ईमानदारी।

**problem** (प्रॉब्´-लॅम्) ***n.*** 1. a question or situation that presents difficulty or uncertainty, समस्या। 2. a source of trouble, समस्या उत्पन्न करनेवाला व्यक्ति, जटिल व्यक्ति। 3. a question put forward for solution, प्रश्न, सवाल।

**problematic** (प्रॉब्-लॅ-मैट्´-इक्) ***adj.*** 1. having the nature of a problem, समस्यात्मक, समस्यापूर्ण, समस्याग्रस्त, जटिल। 2. uncertain, संदिग्ध, अनिश्चित।

**problematical** (प्रॉब्-लॅ-मैट्´-इ-कॅल्) ***adj.*** = problematic.

**procedural** (प्रॅ-सी´-ज़-रॅल्) ***adj.*** of or according to a procedure, कार्यविधिक।

**procedure** (प्रॅ-सी´-जॅ:) ***n.*** 1. a way or course of action, कार्यविधि, कार्य-पद्धति, क्रिया-प्रणाली। 2. a particular or established way of doing something, विशिष्ट विधि, बँधा व्यवहार।

**proceed** (प्रो-सीड्´) ***v.*** 1. to advance or carry on, अग्रसर होना, आगे बढ़ना। 2. to continue, जारी रखना। 3. to arise, उत्पन्न होना, खड़ा होना। □ **proceed against,**

(किसी के विरुद्ध) मुक़दमा दायर करना।

**proceeding** (प्रॅ-सी´-डिंग्) *n.* 1. a course of action, procedure, कार्रवाई, कार्यवाही, कार्यविवरण। 2. (plu.) transactions of an organization, अर्थागम। 3. legal action, कानूनी कार्रवाई।

**proceeds** (प्रो´-सीड्ज़्) *n.* (plu.) 1. the amount of money derived from a commercial firm or fund raising venture, बिक्री या चंदे से प्राप्त धन, अर्थागम, आय, आमदनी। 2. profit, लाभ।

**process** (प्रो´-सेंस्, प्रॉस्´-ॲस्) *n.* 1. a method of doing something, क्रिया-पद्धति, प्रक्रिया, प्रक्रमण। 2. a series of natural changes, घटनाचक्र, समयचक्र। 3. a law suit, मुक़दमा। 4. a summon to appear in a court, सम्मन। □ **in the process of,** की प्रक्रिया में। *v.* 1. to subject to a special process, अनेक प्रक्रियाओं द्वारा कोई वस्तु तैयार करना। 2. to serve a process on, (पर) कार्रवाई करना। 3. (computer) to perform operations to obtain required information, अपेक्षित सूचना प्राप्त करने के लिए विशिष्ट प्रक्रियाएँ करना, संसाधित करना।

**procession** (प्रॅ-सेंश्´-ॲन्) *n.* a group of persons or vehicles moving forward in a formal manner, जुलूस, शोभायात्रा।

**processional** (प्रॅ-सेंश्´-ॲ-नॅल्) *adv.* of or pertaining to a procession, शोभायात्रा-संबंधी।

**processor** (प्रॅ-सेंश्´-अ:) *n.* a person or machine that carries out a process, प्रक्रमणक।

**proclaim** (प्रो-क्लेम्´) *v.* 1. to announce officially, एलान करना। 2. to announce publicly, सार्वजनिक घोषणा करना, उद्घोषणा करना।

**proclamation** (प्रॉक्-लॅ-मे´-शॅन्) *n.* an official announcement, ऐलान, उद्घोषणा।

**proclivity** (प्रो-क्लिव्´-इ-टी) *n.* a natural inclination, स्वाभाविक प्रवृत्ति, रुझान, झुकाव।

**procommunal** (प्रो-कम्-यु´-नॅल्) *adj.* characterized by communalism, सांप्रदायिक।

**procreate** (प्रो´-क्रि-एट्) *v.* produce or beget, पैदा करना, प्रजनन करना।

**procreation** (प्रो-क्रि-ए´-शॅन्) *n.* the act of procreating, प्रजनन।

**procreative** (प्रो´-क्रि-एट्-इव्) *adj.* that can produce or beget, प्रजनन-क्षम, प्रजननशील।

**proctor** (प्रॉक्´-टॅ:) *n.* one appointed to supervise students, प्रॉक्टर, अनुशासन अधिकारी।

**procurable** (प्रो/प्रॅ-क्योर्´-ॲ-बॅल्) *adj.* that can be procured, प्रापणीय, प्राप्य।

**procure** (प्रॅ-क्युॲर्´, प्रॅ-क्यो:´) *v.* 1. to obtain, प्रयास से प्राप्त करना, प्रापण करना। 2. to obtain women to act as prostitutes, (औरतों की) दलाली करना।

**procurement** (प्रॅ-क्युॲ:´-मॅन्ट्) *n.* act of procuring, प्रापण, प्राप्ति।

**procurer** (प्रॅ-क्युॲर्´-ॲ:) *n.* 1. one who obtains, प्राप्त करने या करानेवाला, प्रापणकर्ता। 2. a pimp, (औरतों का) दलाल।

**procuress** (प्रॅ-क्युॲर्´-ॲस्) *n.* a woman who procures girls for the purpose of prostitution, कुटनी।

**prod** (प्रॉड्) *v.* (prodded, prodding) 1. to poke with a pointed instrument, कोंचना, तंग करना। 2. to stir, प्रेरित करना, उकसाना। *n.* a pointed instrument, अंकुश।

**prodigal** (प्रॉड्´-इ-गॅल्) *adj.* 1. extravagant, अपव्ययी, फ़िज़ूलख़र्च। 2. lavish, मुक्तहस्त, उदार। 3. abundant, प्रचुर, विपुल।

**prodigally** (प्रॉड्´-इ-गॅ-ली) *adv.* lavishly, मुक्तहस्त होकर, उदारतापूर्वक।

**prodigality** (प्रॉड्´-इ-गैल्´-ॲ-टी) *n.* 1. wastefulness, अपव्यय, फ़िज़ूलख़र्ची। 2. lavishness, उदारता। 3. abundance, विपुलता, प्रचुरता।

**prodigious** (प्रॅ-डिज्´-ॲस्) *adj.* 1. amazing, आश्चर्यजनक। 2. huge, enormous, बहुत बड़ा, विशाल।

**prodigy** (प्रॉड्´-इ-जी) *n.* a young person with remarkable abilities, असाधारण प्रतिभाशाली युवक।

**produce** (प्रो-ड्यूस्´, प्रॅ-ड्यूस्´) *v.* 1. to yield,

उत्पन्न करना। 2. to bear crops from the ground to manufacture (goods), उत्पादन करना। 3. to give birth to, बच्चे देना, पैदा करना। 4. to make, बनाना, रचना। 5. to present, प्रस्तुत/पेश करना। *n.* 1. yield, उपज, पैदावार। 2. production, product, उत्पादन, उत्पाद।

**produced** (प्रॅ-ड्यूस्ड्´) *adj.* 1. yielded, उत्पादित, उत्पन्न। 2. presented, प्रस्तुत।

**producer** (प्रॅ-ड्यू´-सॅ:) *n.* one who produces, उत्पादक, (फ़िल्म आदि का) निर्माता, प्रस्तुतकर्ता।

**producible** (प्रॅ-ड्यू´-सि-बॅल्) *adj.* that can be produced, उत्पाद्य, प्रस्तुत्य।

**product** (प्रॉड्´-अॅक्ट्) *n.* 1. something produced, उत्पाद, उपज, पैदावार। 2. (maths.) the result of the multiplication of two or more quantities, गुणनफल। 3. a result, परिणाम, फल।

**production** (प्रॅ-डॅक्´-शॅन्, प्रो-डॅक्´-शॅन्) *n.* 1. the act of producing, उत्पादन। 2. something produced, उपज, पैदावार। 3. the presentation of a play, नाटक की प्रस्तुति, प्रस्तुतीकरण।

**productive** (प्रॅ-डॅक्´-टिव्) *adj.* 1. producing abundantly, ख़ूब उत्पादन करनेवाला, उत्पादक। 2. fertile, उर्वर, उपजाऊ। 3. yielding favourable result, सुपरिणामदायक, फलप्रद।

**productivity** (प्रॉ-डॅक्-टिव्´-इट्-ई) *n.* 1. the quality or state of being productive, उत्पादकता। 2. fertility, उर्वरता, उपजाऊपन।

**profane** (प्रो-फ़ेन्´) *v.* 1. to treat with disrespect, अनादर करना। 2. to put to an unworthy use, दुरुपयोग करना। *adj.* 1. disrespectful, irreverent, अवमानकारी। 2. not sacred, अपावन, अपवित्र।

**profanity** (प्रो-फ़ैन्´-अॅ-टी) *n.* 1. irreverence, अवमानना। 2. irreverent language, अपमानसूचक भाषा, गाली। 3. lack of sacredness, अपवित्रता, ईश्वरनिंदा, धर्मनिंदा।

**profess** (प्रो-फ़ॅस्´, प्रॅ-फ़ॅस्´) *v.* 1. to acknowledge or admit, स्वीकार करना। 2. to declare, घोषणा करना, जतलाना। 3. to claim, दावा करना। 4. to affirm one's faith in a religion, धर्म में विश्वास प्रकट करना।

**professed** (प्रॅ-फ़ॅस्ट्´/फ़ॅस्ड्´) *adj.* 1. declared, घोषित। 2. acknowledged, माना हुआ। 3. having taken the vow, प्रतिज्ञाबद्ध। 4. falsely claiming to be something, झूठा दावा करनेवाला।

**professedly** (प्रॅ-फ़ॅस्´-इड्-ली) *adv.* in a professed manner, खुलेआम, प्रकट रूप से।

**profession** (प्रॅ-फ़ॅश्´-अॅन्) *n.* 1. calling, business, पेशा, व्यवसाय, वृत्ति। 2. the body of people in a particular calling or occupation, किसी पेशे के सभी लोग। 3. a declaration or avowal, अपनी धारणा, विश्वास या निष्ठा का प्रकटन।

**professional** (प्रॅ-फ़ॅश्´-अॅ-नॅल्) *adj.* 1. of profession or engaged in a profession, जो किसी पेशे में लगा हो, व्यावसायिक, वृत्तिक, पेशेवर। 2. engaged in a special activity as a source of livelihood, जीविका के निमित किसी विशिष्ट क्रियाकलाप में लगा हुआ, पेशेवर। *n.* a person following a profession, किसी पेशे में लगा हुआ व्यक्ति, पेशेवर व्यक्ति।

**professionalism** (प्रॅ-फ़ॅश्´-अॅ-नॅ-लिज़्-अॅम्) 1. the qualities of a profession, व्यावसायिक गुण। 2. the standards of a profession, व्यावसायिक मानक।

**professionally** (प्रॅ-फ़ॅश्´-अन्-ली) *adj.* in a professional manner, व्यावसायिक रूप से।

**professor** (प्रॅ-फ़ॅस्´-अॅ:) *n.* a university teacher, प्राध्यापक, आचार्य, प्रोफ़ेसर।

**professorial** (प्रो-फ़ॅ-सोर्´-इ-अॅल्) *adj.* of or pertaining to a professor, प्राध्यापकीय, प्रोफ़ेसर-जैसा।

**professorship** (प्रॅ-फ़ॅस्´-अॅ:-शिप्) *n.* the position or rank of a professor, प्राध्यापकी, प्राध्यापकता, प्रोफ़ेसरी।

**proffer** (प्रॉफ़्´-अॅ:) *v.* to offer, (अमूर्त वस्तु) अर्पित करना, पेश करना, देना। *n.* an offer, अपर्ण, नज़र, भेंट।

**proficiency** (प्रॅ-फ़िश्´-अॅन्-सी) *n.* the state or quality of being proficient, dexterity, competence, प्रवीणता, निपुणता।

**proficient** (प्रॅ-फ़िश्´-ॲन्ट्) *adj.* expert in an art, dexterous, प्रवीण, निपुण।

**proficiently** (प्रॅ-फिश्´-ॲन्ट्-ली) *adv.* in a proficient manner, प्रवीणता से, निपुणता से।

**profile** (प्रो´-फ़ाइल्) *adv.* 1. a side view of a person or thing, पार्श्वचित्र, पार्श्वदृश्य। 2. outline, रेखाचित्र, रूपरेखा। 3. a short account of a person's character or career, संक्षिप्त चरित्र-चित्रण, संक्षिप्त जीवनी, चारित्रिक लेख, ख़ाका। □ **keep a high profile,** आगे-आगे रहना, बढ़-चढ़ कर भाग लेना; **keep a low profile,** कम दिखाई देना, आगे न आना, पीछे रहना। *v.* to represent in profile, व्यक्ति के चरित्र या कार्यकलापों के संबंध में लेख लिखना, पार्श्वचित्र या रेखाचित्र खींचना।

**profit** (प्रॉफ़्´-इट्) *n.* 1. gain, लाभ, मुनाफ़ा, फ़ायदा। 2. benefit, advantage, हित, कल्याण, भला, भलाई। *v.* to obtain or bring an advantage, लाभ प्राप्त करना, फ़ायदा होना, भलाई होना।

**profitable** (प्राफ़्´-इ-टॅ-बॅल्) *adj.* bringing profit, लाभदायक, फ़ायदेमंद।

**profitably** (प्रॉफ़्´-इ-टॅ-ब्ली) *adv.* in a profitable manner, लाभ प्राप्त करते हुए।

**profiteer** (प्रॉफ़्-इ-टिअ:´) *n.* one who makes excessive profits, मुनाफ़ाख़ोर। *v.* to make excessive profits, मुनाफ़ाख़ोरी करना।

**profiteering** (प्रॉफ़्-इ-टिअॅर्´-इंग्) *n.* an act of making excessive profits, मुनाफ़ाख़ोरी।

**profitless** (प्रॉफ़्´-इट्-लिस्) *adj.* without profit, बिना, लाभ का, अलाभकर, अलाभकारी।

**profligacy** (प्रॉफ़्´-लि-गे-सी) *n.* 1. extravagance, अपव्यय। 2. wantoness, dissoluteness, अनाचार, लंपटता।

**profligate** (प्रॉफ़्´-लि-गिट्/गेट्) *adj.* 1. extravagant, अपव्ययी। 2. abandoned to vice, लंपट, अनाचारी।

**pro forma, proforma** (प्रो-फ़ॉ:´-मॅ) *n.* an invoice, बीजक। (लैटिन)

**profound** (प्रॅ-फ़ाउन्ड्´) *adj.* 1. very deep, अत्यंत गहरा, गंभीर, अथाह। 2. deeply felt, अत्यंत गहरा, हार्दिक। 3. marked by intellectual depth, प्रभूत, प्रकांड। 4. full or unbroken, पूर्ण, अखंड। 5. dense, घना।

**profoundly** (प्रॅ-फ़ाउन्ड्´-ली) *adv.* in a profound manner, गहराई से, गंभीरता से।

**profundity** (प्रॅ-फ़न्´-डि-टी) *n.* the state or quality of being profound, गंभीरता; हार्दिकता; प्रभुता; पूर्णता।

**profuse** (प्रॅ-फ़्यूज़्´) *adj.* 1. plentiful, विपुल, प्रचुर, अत्यधिक। 2. generous, मुक्तहस्त। 3. extravagant, फ़िज़ूलख़र्च।

**profusely** (प्रॅ-फ्यूज़्´-ली) *adv.* in a profuse manner, प्रचुरता से, मुक्तहस्त होकर, फ़िज़ूल-खर्च करते हुए।

**profusion** (प्रॅ-फ़्यू´-ज़्हॅन्) *n.* 1. abundance, प्रचुरता। 2. generosity, उदारता। 3. extravagance, फ़िज़ूलख़र्ची।

**progenitor** (प्रो-जॅन्´-इ-टॅ:) *n.* a father or founder, प्रजननकर्ता, प्रजनक, प्रतिष्ठापक। 2. an ancestor, पूर्वपुरुष, पुरखा, पूर्वज।

**progeny** (प्रॉज्´-ॲ-नी) *n.* 1. children, descendants, संतान, संतति, बाल-बच्चे, औलाद। 2. result, फल, परिणाम।

**prognathous** (प्रॉग्´-नॅ-थॅस्) *adj.* having a jaw projecting abnormally, जिसका जबड़ा बाहर निकला हो।

**prognosis** (प्रॉग्-नो´-सिस्) *n.* 1. a prediction of a disease, रोग की पूर्व सूचना, अग्रसूचना। 2. a forecast or prediction, भविष्यवाणी।

**prognostic** (प्रॉग्-नॉस्´-टिक्) *adj.* predictive, पूर्वसूचक, अग्रसूचक।

**prognosticate** (प्रॉग्-नॉस्´-टि-केट्) *v.* to forecast, भविष्यवाणी करना।

**progovernment** (प्रो-गॅव्´-अ:न्-मॅन्ट्) favouring the party in power, सत्तापक्ष के अनुकूल।

**programme, program** (प्रो´-ग्रैम्, प्रो´-ग्रॅम्) *n.* a list of procedures, कार्यक्रम, प्रोग्राम। *v.* to design as a programme, कार्यक्रम बनाना।

**progress** (प्रॅ-ग्रॅस्´, प्रॉग्´-रॅस्) *n.* steady advance or improvement, प्रगति। *v.* (progressed, progressing) to move toward perfection, प्रगति करना।

**progression** (प्रॅ-ग्रेश्´-अॅन्) ***n.*** 1. advance, progress, प्रगति। 2. sequence, प्रगति-क्रम, सिलसिला, अनुक्रम।

**progressional** (प्रॅ-ग्रेश्´-नॅल्) ***adj.*** pertaining to progress, प्रगतिविषयक, प्रगत्यात्मक।

**progressive** (प्रॅ-ग्रेस्´-इव्) ***adj.*** 1. pertaining to progress, प्रगामी। 2. successive, क्रमिक, उत्तरोत्तर। 3. favouring social or political reforms, प्रगतिशील। ***n.*** one who favours a progressive policy, प्रगतिवादी, सुधारवादी।

**progressivism** (प्रॅ-ग्रेस्´-इ-विज्-अॅम्) ***n.*** the doctrine of progressive policy, प्रगतिवाद।

**prohibit** (प्रॅ/प्रो-हिब्´-इट्) ***n.*** 1. to forbid by authority, निषेध करना, निषिद्ध करना। 2. to prevent, रोकना।

**prohibition** (प्रो-इ-बिश्´-अॅन्) ***n.*** 1. the act of prohibiting, निषेध, मनाही। 2. forbidding by law the cousumption of a alcoholic beverages, मद्यनिषेध।

**prohibitionist** (प्रो-अॅ-बिश्´-अॅ-निस्ट्) ***n.*** a person who supports prohibition, मद्यनिषेधवादी।

**prohibitive** (प्रॅ/प्रो-हिब्´-इ-टिव्) ***adj.*** 1. forbidding, निषेधात्मक। 2. discouraging sale or purchase, बिक्री या ख़रीद के लिए अनुत्साहजनक। □ **prohibitive price,** excessive price, अत्यधिक मूल्य, निषेधी मूल्य।

**prohibitory** (प्रॅ/प्रो-हिब्´-इ-टॅ-री) ***adj.*** intending to prohibit, निषेधात्मक।

**project**[1] (प्रॉ´-जेंक्ट्, प्रॅज्´-ऍक्ट्) ***n.*** a scheme or plan, परियोजना।

**project**[2] (प्रॅ-जेंक्ट्´) ***v.*** 1. to cast or throw outward, प्रक्षिप्त करना, प्रक्षेपण करना, फेंकना। 2. to extend outward, बाहर निकालना या बढ़ाना। 3. to cause an image to appear, छायाचित्र बनाना। 4. to present, प्रस्तुत करना, चित्रित करना। 5. to present someone or oneself in a way to gain favourable impression, ज़ोरदार ढंग से सामने लाना, प्रस्तुत करना।

**projectile** (प्रॅ-जेंक्´-टिल्/टाइल्) ***adj.*** that can be projected, प्रक्षेप्य। ***n.*** a missile, प्रक्षेप्यास्त्र।

**projection** (प्रॅ-जेंक्´-शॅन्) ***n.*** 1. a thing that is projected, झाँप। 2. act of projecting, प्रक्षेपण। 3. a scheme or plan, योजना। 4. the process of showing film on a screen, पर्दे पर फ़िल्म का प्रदर्शन, छायाचित्रण।

**projective** (प्रॅ-जेंक्´-टिव्) ***adj.*** pertaining to projection, प्रक्षेपीय।

**projector** (प्रॅ-जेंक्´-टॅ:) ***n.*** an instument that shows film on a screen, प्रोजेक्टर, प्रक्षेपित्र (यंत्र)।

**prolapse** (प्रो-लैप्स्´) ***v.*** to slip out of place, (अंग का अपने स्थान से) खिसक या हट-बढ़ जाना।

**prole** (प्रोल्) ***n.*** a proletarian, सर्वहारा।

**proletarian** (प्रो-लॅ-टॅर्´-इ-अॅन्) ***n.*** a member of the proletariat, श्रमजीवी, सर्वहारा।

**proletariat** (प्रो-लॅ-टेंअॅर´-इ-अॅट्) ***n.*** all wage-earners collectively, श्रमजीवियों का वर्ग, सर्वहारा वर्ग।

**proliferate** (प्रॅ-लिफ़्´-अॅ-रेट्) ***v.*** to increase in numbers or reproduce rapidly, तेज़ी से संख्या में बढ़ना या संतान उत्पन्न करना।

**proliferation** (प्रॅ-लिफ़्-अॅ-रे´-शॅन्) ***n.*** the act of proliferating, बहुप्रजनन, बहुप्रजता।

**proliferous** (प्रॅ-लिफ़्´-अॅ-रॅस्) ***adj.*** producing in abundence, बहुप्रजनक।

**prolific** (प्रॅ-लिफ़्´-इक्) ***adj.*** 1. proliferous, बहुप्रजनक, बहुप्रज। 2. producing abundant works or results, ढेरों काम करनेवाला, ढेरों परिणाम दिखानेवाला।

**prolix** (प्रो´-लिक्स्, प्रो-लिक्स्´) ***adj.*** 1. wordy, शब्दाडंबरी, बोझिल। 2. lengthy, लंबा-चौड़ा। 3. tiresome, उबाऊ, नीरस।

**prologue** (प्रो´-ला:ग्) ***n.*** an introduction (to a play, नाटक की) भूमिका।

**prolong** (प्रॅ-ला:ङ्ग्´) ***v.*** to lengthen in extent, विस्तार देना, लंबा करना, दीर्घ बनाना, खींचना।

**prolongation** (प्रो-लाङ्-गे´-शॅन्) ***n.*** the act of prolonging, दीर्घीकरण।

**prolonged** (प्र-ला:ङ्ग्ड्´) ***adj.*** lengthened, दीर्घ, लंबा।

**prom** (प्रॉम्) ***n.*** a dance, नृत्य।

**promenade** (प्रॉम्´-इ-नाइ्/नेड्) ***n.*** 1. a leisurely walk, stroll, सैर, टहलान, चहलक़दमी। 2. a place for strolling, सैरगाह विशेषत: तटपथ। ***v.*** to stroll, टहलना, घूमना, सैर करना।

**prominence** (प्रॉम्´-इ-नॅन्स्) ***n.*** 1. the state of being prominent, प्रमुखता, प्रधानता। 2. something or someone prominent, विशिष्ट स्थान/व्यक्ति।

P

**prominent** (प्रॉम्´-इ-नॅन्ट्) ***n.*** 1. eminent, प्रमुख, प्रधान। 2. well-known, लब्धप्रतिष्ठ, महत्त्वशाली। 3. projecting, बाहर निकला हुआ, प्रक्षिप्त। 4. conspicuous, स्पष्ट, सुव्यक्त।

**prominently** (प्रॉम्´-इ-नॅन्ट्-ली) ***adv.*** in a prominent way, प्रमुखता से।

**promiscuity** (प्रॉम्-इस्-क्यू´-इ-टी) ***n.*** 1. the quality or state of being promiscuous, लंपटपना। 2. jumble, घाल-मेल, गड्ड-मड्ड।

**promiscuous** (प्रॅ-मिस्-क्यु´-अॅस्) ***adj.*** 1. having sexual relations with many persons, लंपट, स्वच्छंदाचारी। 2. indiscriminate, अविवेकी। 3. jumbled, गड्ड-मड्ड।

**promiscuously** (प्रॅ-मिस्-क्यु´-अॅस्-ली) ***adv.*** in a promiscuous manner, लंपटपने से, अविवेकपूर्वक।

**promise** (प्रॉम्´-इस्) ***n.*** 1. a commitment, an undertaking, वचन, वादा, प्रतिज्ञा। 2. an assurance, आश्वासन, आशा, प्रत्याशा। ***v.*** 1. to give an undertaking, वचन देना, वादा करना। 2. to assure, विश्वास दिलाना, आश्वासन देना। 3. to hold out a hope, आशा बँधाना।

**promising** (प्रॉम्´-इ-सिंग्) ***adj.*** 1. full of promise, आशाजनक। 2. up and coming होनहार, उदीयमान।

**promissory** (प्रॉम्´-इसॅ-अॅ-री-ई) ***adj.*** containing a promise, सप्रतिज्ञ, वचनात्मक।

**promissory note** ***n.*** a signed document containing a promise to pay a sum of money on demand, वचन-पत्र, प्रॉमिसरी नोट।

**promontory** (प्रॉम्´-अॅन्-टॅ-री) ***n.*** a projecting part of the land into the sea or lake, अंतरीप।

**promote** (प्रॅ-मोट्´) ***v.*** 1. to raise in position or rank, पदोन्नत करना, दर्जा चढ़ाना। 2. to further, आगे बढ़ाना। 3. to advocate or publicize, प्रचारित करना।

**promoter** (प्रॅ-मोट्´-अॅ:) ***n.*** one who promotes, प्रोत्साहक, संवर्धक।

**promotion** (प्रॅ-मो´-शॅन्) ***n.*** 1. the act of promoting or the state of being promoted, पदोन्नति, तरक्की, पदवृद्धि। 2. publicity, प्रचार, बढ़ावा, प्रोत्साहन।

**prompt** (प्रॉम्प्ट्) ***adj.*** 1. swift, quick, त्वरित, सत्वर, तात्कालिक, अविलंब। 2. punctual, समयनिष्ठ। ***v.*** 1. to urge or encourage, प्रेरित/प्रोत्साहित करना। 2. to help or suggest, सहायता या सुझाव देना। 3. to remind the line forgotten during the performance, (नाटक में) पर्दे के पीछे से अनुबोधन करना।

**prompter** (प्रॉम्प्´-टॅ:) ***n.*** one who prompts on the stage, अनुबोधनकर्ता, अनुबोधक।

**promptly** (प्रॉम्प्ट्´-ली) ***adv.*** immediately, तत्परता से, शीघ्रतापूर्वक, अविलंब।

**promptness** (प्रॉम्प्ट्´-निस्) ***n.*** swiftness, quickness, तत्परता, शीघ्रता, सत्वरता।

**promulgate** (प्रॉम्´-अॅल्-गेट्) ***v.*** to put into effect by formal declaration, घोषणा द्वारा कोई नियम लागू करना, प्रख्यापन करना।

**promulgation** (प्रॉम्-अॅल्-गे´-शॅन्) ***n.*** the act of promulgating, प्रख्यापन।

**prone** (प्रोन्) ***adj.*** 1. having a tendency, inclined, उन्मुख, प्रवण, प्रवृत्त। 2. lying with the face downward, अधोमुख, औंधा।

**proneness** (प्रोन्´-निस्/नॅस्) ***n.*** the quality or state of being prone, inclination, उन्मुखता, प्रवणता, प्रवृत्ति।

**prong** (प्रॉङ्ग्) ***n.*** one of the sharply pointed end of fork, काँटे का कोई सिरा।

**pronged** (प्रॉङ्ग्ड्) ***adj.*** 1. having prongs, नुकीले सिरोंवाला। 2. having a number of sides, -तरफ़ा; two-pronged, दुतरफ़ा; three-pronged, तिनतरफ़ा।

**pronoun** (प्रो´-नाउन्) ***n.*** a substitute for a noun, सर्वनाम।

**pronounce** (प्रॅ-नाउन्स्´) *v.* 1. to utter, उच्चारण करना। 2. to declare officially, घोषणा करना।

**pronounceable** (प्रॅ-नाउन्´-सि-बॅल्) *adj.* that can be pronounced, उच्चारणीय, उच्चारण-योग्य।

**pronounced** (प्रॅ-नाउन्स्ड्´) *adj.* 1. uttered, उच्चारित। 2. definite, एकदम स्पष्ट।

**pronouncedly** (प्रॅ-नाउन्स्ड्´-ली) *adv.* distinctly, स्पष्ट रूप से।

**pronouncement** (प्रॅ-नाउन्स´-मॅन्ट्) *n.* a declaration, announcement, घोषणा।

**pronto** (प्रॉन्´-टो) *adv.* at once, जल्दी से, तुरंत।

**pronunciation** (प्रॅ-नन्-सि-ए´-शॅन्) *n.* the act or manner of pronouncing sounds, उच्चारण।

**proof** (प्रूफ़्) *n.* 1. the evidence that helps to show the truth or validity of something, प्रमाण, सबूत। 2. test, जाँच। 3. a trial impression of printed matter, प्रूफ़। 4. the alcoholic contents of a liquor, मद्यशक्ति। *adj.* able to resist, fully resistant, -सह; waterproof, जलसह; heatproof, तापसह।

**proof reader** *n.* one who corrects proofs, प्रूफ़ पढ़नेवाला, प्रूफ़-शोधक।

**proof reading** *n.* act of correcting the proofs, प्रूफ़-शोधन।

**prop** (प्रॉप्) *n.* a support used to keep something from falling, टेक, थूनी, आश्रय, सहारा। *v.* (propped, propping) to support, सहारा देकर खड़ा करना, सहारा देना।

**propaganda** (प्रॉप्-अॅ-गैन्´-डॅ) *n.* publicity, प्रचार, प्रोपेगैंडा।

**propagandist** (प्रॉप्-अॅ-गैन्´-डिस्ट्) *n.* one who propagates, प्रचारक।

**propagate** (प्रॉप्´-अॅ-गेट्) *v.* 1. to publicize, प्रचार करना। 2. to broadcast, प्रसारित करना। 3. to reproduce or breed, उपजाना, उपजाकर बढ़ाना।

**propagation** (प्रॉप्-अॅ-गे´-शॅन्) *n.* 1. the act of propagating, प्रसारण। 2. publicity, प्रचार, प्रचार। 3. procreation, प्रजनन।

**propel** (प्रॅ-पॅल्´) *v.* (propelled, propelling) 1. to cause to continue in motion, to drive, आगे बढ़ना, चलाना, नोदन करना। 2. to impel, उकसाना, बढ़ावा देना, ठेलना।

**propellant, propellent** (प्रॅ-पॅल्´-अॅन्ट्) *n.* that propels, नोदक।

**propeller** (प्रॅ-पॅल्´-अॅ:) *n.* a device that propels something, (पोत या वायुयान का) नोदक।

**propensity** (प्रॅ-पॅन्´-सि-टी) *n.* tendency or inclination, प्रवृत्ति या झुकाव।

**proper** (प्रॉप्´-अॅ:) *adj* 1. appropriate, suitable, उचित, समुचित। 2. correct, right, सही। 3. in the strict sense of a word, सही अर्थवाला, ठीक; proper city, ठीक शहर।

**properly** (-ली) *adv.* in a proper manner, ठीक ढंग से, उचित रीति से।

**proper noun** *n.* the name of a particular person, place etc, व्यक्तिवाचक संज्ञा।

**propertied** (प्रॉप्´-अॅ:ट्-ईड्) *adj.* owning property, संपत्तिशाली।

**property** (प्रॉप्´-अॅ:-टी) *n.* 1. a thing owned, holding, संपत्ति, जायदाद। 2. ownership, स्वामित्व। 3. characteristic quality, गुण, गुणधर्म।

**prophecy** (प्रॉफ़्´-अॅ-सी) *n.* a forecast or prediction, भविष्यवाणी।

**prophesy** (प्रॉफ़्´-अॅ-साइ) *v.* (prophesied, prophesying) to foretell, भविष्यवाणी करना।

**prophet** (प्राफ़्´-इट्) *adj.* 1. a divinely inspired teacher, पैगंबर। 2. one who foretells, भविष्यवक्ता। 3. a spokesman for a movement or doctrine, प्रवक्ता। [Fem. prophetess]

**prophetic** (प्रॅ-फ़ॅट्´-इक्) *adj.* 1. of or pertaining to a prophet, पैगंबर-संबंधी। 2. of or pertaining to prophecy, भविष्य-वाणी-संबंधी।

**prophylactic** (प्रो-फ़ि-लैक्´-टिक्) *adj.* 1. preventing disease, रोग-निरोधी। 2. preventing misfortune, दुर्भाग्य-निवारक।

**propinquity** (प्रॅ/प्रो-पिंग्´-क्वि-इ-टी) *n.* nearness, समीपता, नज़दीकी।

**propitiate** (प्रॅ-पिश्´-इ-एट्) *v.* to placate,

P

शांत करना, राज़ी करना।

**propitiation** (प्रॅ-पिश्-इ-ए´-शॅन्) ***n.*** the act of propitiating, प्रशमन, शांत करना।

**propitious** (प्रॅ-पिश्´-अॅस्) ***adj.*** 1. auspicious or favourable, शुभ या अनुकूल। 2. kind, generous, favourable, कृपालु, दयालु, उदार।

**propitiously** (-ली) ***adv.*** favourably, अनुकूल रूप से, उदारतापूर्वक।

P

**proponent** (प्रॅ-पो´-नॅन्ट्) ***n.*** a supporter, समर्थक।

**proportion** (प्रॅ-प्रो:´-शॅन्) ***n.*** 1. a ratio or correct relationship, सही अनुपात या संबंध, समानुपात। 2. a part or share, अंश। 3. harmonious relation, संतुलन, साम्य। □ **in proportion to,** के अनुपात से; **out of all proportion,** अनुपात से बहुत अधिक; **sense of proportion,** साम्य बुद्धि।

**proportional** (प्रॅ-पो:´-शॅ-नॅल्) ***adj.*** in correct proportion, समानुपातिक, समानुपाती।

**proportionally** (प्रॅ-पो:´-शॅ-नॅ-ली) ***adv.*** in a proportionate manner, सही अनुपात में, समानुपात से।

**proportionate** (प्रॅ-प्रो:´-शॅ-नेट्/निट्) ***adj.*** proportional, सही अनुपात में होनेवाला, समानुपातिक।

**proportionately** (-ली) ***adv.*** in a proportionate manner, समानुपात से, यथानुपात।

**proportioned** (प्रॅ-पो:´-शॅन्ड्) ***adj.*** in proportion, आनुपातिक, समानुपातिक।

**proposal** (प्रॅ-प्रो´-ज़ल्) ***n.*** 1. a plan or offer presented for acceptance or consideration, प्रस्ताव। 2. an offer of a marriage, विवाह-प्रस्ताव।

**propose** (प्रॅ-पोज़्´) ***v.*** 1. to put forward, प्रस्तुत या पेश करना। 2. to recommend or nominate, परामर्श देना, संस्तुति करना या नामांकित करना। 3. to make an offer (of marriage, विवाह का) प्रस्ताव करना। 4. to intend, इरादा करना। □ **propose a toast,** भोज आरंभ करते समय किसी के लिए मंगल-कामना करना।

**proposed** (प्रॅ-पोज़्ड्´) ***adj.*** put forward, प्रस्तावित।

**proposer** (प्रॅ-पोज़्´-अॅ:) ***n.*** one who proposes, प्रस्तावक।

**proposition** (प्रॉप्-अॅ-ज़िश्´-अॅन्) ***n.*** 1. a proposal, प्रस्ताव। 2. a subject for discussion, विचारार्थ विषय। 3. a problem, समस्या। 4. an opinion, राय, मत। 5. (math) a theorem usually containing its proof, प्रमेय। ***v.*** to make a (sexual) proposal, (संभोग का) प्रस्ताव करना।

**propound** (प्रॅ-पाउन्ड्´) ***v.*** to put forward for consideration, विचारार्थ प्रस्तुत करना।

**proprietary** (प्रॅ-प्राइ´-अॅ-टॅ-री, प्रॅ-प्रि´-इ-टॅ-री) ***adj.*** belonging to a proprietor, मालिकाना, स्वामीय।

**proprietor** (प्रॅ-प्राइ´-इ-टॅ:) ***n.*** an owner, मालिक, स्वामी। [Fem. proprietress, स्वामिनी]

**proprietorship** ((प्रॅ-प्राइ´-इ-टॅ:-शिप्) ***n.*** ownership, स्वामित्व, मालकियत।

**propriety** (प्रॅ-प्राइ´-इ-टी) ***n.*** appropriateness, fitness, औचित्य, मर्यादा, सही रंग-ढंग। □ **a breach of propriety,** औचित्य-भंग।

**propulsion** (प्रॅ-पल्´-शॅन्) ***n.*** 1. the act of propelling, आगे बढ़ाने की क्रिया या भाव, नोदन। 2. the force of propelling, नोदन-शक्ति। 3. impulse, प्रेरणा।

**propulsive** (प्रॅ-पल्´-सिव्) ***adv.*** propelling, नोदक।

**pro rata** (प्रो-रा´/रे´-टॅ) ***adv.*** in proportion, यथानुपात। ***adj.*** proportional, आनुपातिक।

**prorate** (प्रो-रेट्´) ***v.*** to divide proportionately, अनुपात में बाँटना।

**prorogation** (प्रो-रो-गे´-शॅन्) ***n.*** an act of proroguing, सत्रावसान।

**prorogue** (प्रो-रोग्´) ***v.*** to discontinue or end the session (of the legislature), सत्रावसान करना।

**prosaic** (प्रो-ज़े´-इक्) ***adj.*** 1. dull, शुष्क। 2. having the characteristics of prose, गद्यात्मक, इतिवृत्तात्मक। 3. lacking imagination or interest, कल्पनाविहीन या अरोचक।

**proscenium** (प्रॅ/प्रो-सी´-नि-अॅम्) ***n.*** the front part of the stage, रंगमंच का अग्रभाग, अग्रमंच।

**proscribe** (प्रॅ/प्रो-स्क्राइब्´) *v.* 1. to prohibit or outlaw, निषिद्ध करना, गैरकानूनी ठहराना। 2. to condemn, निंदा करना या दोषी ठहराना।

**proscription** (प्रो-स्क्रिप्´-शॅन्) *n.* the act of proscribing, निषेध, अस्वीकरण।

**prose** (प्रोज़्) *n.* written or spoken language different from poetry, गद्य। *adj.* 1. of prose or in prose, गद्यात्मक। 2. dull, नीरस।

**prosecutable** (प्रॉस्´-इ-क्यू-टॅ-बॅल्) *adj.* that can be prosecuted, अभियोज्य।

**prosecute** (प्रॉस्´-इ-क्यूट्) *v.* 1. to bring a criminal charge or action against, मुक़दमा चलाना, अभियोजन करना। 2. to continue to do, जारी/चालू रखना।

**prosecution** (प्रॉस्-इ-क्यू´-शॅन्) *n.* 1. the act of prosecuting or the state of being prosecuted, मुक़दमा, अभियोजन। 2. the prosecution, the party prosecuting another for the crime, अभियोजन-पक्ष।

**prosecutor** (प्रॉस्´-इ-क्यू-टॅ:) *n.* one who prosecutes, अभियोक्ता। [Fem. prosecutrix, महिला-अभियोक्ता]

**proselytize** (प्रॉस्´-इ-लि-टाइज़्) *v.* to make converts, नवदीक्षित करना, धर्मांतरण कराना।

**prosody** (प्रॉस्´-अॅ-डी) *n.* the study of metrical structures of verse, छंदशास्त्र।

**prospect** (प्रॉस्´-पॅक्ट्) *n.* 1. a probability of future success, आसार, लक्षण। 2. (plu.) chances, सुयोग। 3. a view or scene, चारो ओर का विस्तृत दृश्य, परिदृश्य। 4. (mining) a known or likely deposit or ore, कच्ची धातु का ज्ञात या संभावित भंडार। □ **in prospect,** जिसके घटित होने के आसार हों। *v.* to explore mineral deposits, खनिज भंडारों का पता लगाना।

**prospective** (प्रॅ-स्पॅक्´-टिव्) *adj.* expected, probable, जिसके आसार हों, संभावित, प्रत्याशित।

**prospectus** (प्रॅ-स्पॅक्´-टॅस्) *n.* a printed document outlining the main features of a business venture or a forthcoming project, विवरण-पत्रिका, विवरणिका।

**prosper** (प्रॉस्´-पॅ:) *v.* to thrive or flourish, फूलना-फलना, पनपना।

**prosperity** (प्रॉ-स्पॅर्´-इ-टी) *n.* the state of being prosperous, समृद्धि, सुख-समृद्धि।

**prosperous** (प्रास्´-पॅर्-अॅस्) *adj.* flourishing or well-off, समृद्ध, संपन्न, ख़ुशहाल।

**prostate gland** (प्रॉस्´-टेट् -ग्लैंड्) *n.* a gland in the male mammals, पुरस्थ ग्रंथि।

**prosthesis** (प्रॉस्´-थी-सिस्) *n.* an artificial part of a body, कृत्रिम अंग, कृत्रिमांग।

**prostitute** (प्रॉस्´-टि-ट्यूट्/च्यूट्) *n.* a woman who engages in sexual intercourse for money, वेश्या, रंडी। *v.* 1. to offer oneself for sexual acts in return of money, वेश्यावृत्ति करना। 2. to devote to unworthy cause, ग़लत कामों में लगना, फलत: अपनी शक्ति का दुरुपयोग करना।

**prostitution** (प्रॉस्´-टि-ट्यू´-शॅन्) *n.* 1. the trade of a prostitute, वेश्यावृत्ति। 2. abuse, दुरुपयोग।

**prostrate** (प्रॉस्´-ट्रेट्) *adj.* 1. lying face downward, साष्टांग दंडवत करता हुआ, प्रणत। 2. exhausted or defeated, थका हारा या पराजित। 3. helpless, बेचारा, निस्सहाय। *v.* 1. to lay down flat, प्रणत होना। 2. to throw down flat, धराशायी करना। 3. to make helpless, निस्सहाय कर देना, लाचार कर देना। □ **prostrate oneself,** साष्टांग प्रणाम करना।

**prostration** (प्रॉस्´-ट्रे-शॅन्) *n.* 1. an act of prostrating, साष्टांग प्रणाम, दंडवत्। 2. defeat, पराजय, पराभव।

**prosy** (प्रो´-ज़ी) *adj.* (prosier, prosiest) 1. prosaic, गद्यात्मक। 2. dull, नीरस, शुष्क।

**protagonist** (प्रॅ-टैग्´-अॅ-निस्ट्) *n.* 1. a main character, प्रमुख चरित्र या नायक। 2. a leader of a movement, आंदोलन का नेता, अगुआ।

**protean** (प्रो´-टी-अॅन्) *adj.* very changeable, बराबर बदलनेवाला, परिवर्तनशील।

**protect** (प्रॅ-टॅक्ट्´) *v.* 1. to save from injury, harm or attack, बचाव करना, रक्षा करना, हिफ़ाज़त करना। 2. to assist, (domestic industries, घरेलू उद्योगों की) सहायता करना

या संरक्षण देना।

**protection** (प्रॅ-टॅंक्´-शॅन्) *n.* 1. act of protecting, बचाव, रक्षण, रक्षा, हिफ़ाज़त। 2. the act of guarding, निगरानी। 3. the system of protecting domestic products, संरक्षण।

**protectionism** (प्रॅ-टॅंक्´-शॅ-निज़्-ॲम्) *n.* the policy of protection, संरक्षणवाद।

P

**protective** (प्रॅ-टॅंक्´-टिव्) *adj.* 1. that protects, रक्षात्मक, सुरक्षात्मक, रक्षाकारी, बचावी, हिफ़ाज़ती। 2. giving protection, संरक्षणात्मक।

**protector** (प्रॅ-टॅंक्´-टॅ:) *n.* 1. one who protects, रक्षक। 2. the head of a state, राज्याध्यक्ष।

**protectorate** (प्रॅ-टॅंक्´-टॅ-रिट्/रेट्) *n.* the territory under a protector, राज्य।

**protege** (प्रा´/प्रो´-टॅ-ज़्हे) *n.* a person aided and guided by some influential person, चेला या पिट्ठू, चमचा, आश्रित। (लैटिन)

**protegee** (प्रा´/प्रो´-टॅ-ज़्हे) *n.* a female protege, आश्रिता, चमची।

**protein** (प्रो´-टीन्) *n.* any of the organic compounds in all living beings that is essential for growth, प्रोटीन।

**protem** (प्रो-टॅम्´) *adv.* for the time being, temporarily, थोड़े समय के लिए। (लैटिन)

**protest** (प्रो´-टॅस्ट्) *v.* 1. to express strong objections (to), एतराज करना, आपत्ति करना। 2. to express disapproval, विरोध/प्रतिवाद करना। *n.* 1. an objection, आपत्ति, एतराज। 2. disapproval, विरोध, प्रतिवाद। 3. a written protest, विरोध-पत्र। □ **under protest,** विरोधपूर्वक; **without protest,** बिना किसी विरोध के, चुपचाप।

**Protestant** (प्रॉ´-टिस्-टंट्, प्रॉट्´-ॲ-स्टंट्) *n.* a Christian other than the Roman Catholic or the Eastern Church, प्रोटेस्टैन्ट।

**protestation** (प्रॉ-टॅ-स्टे´-शॅन्, प्रॉ-टॅस्-टे´-शॅन्) *n.* 1. a firm declaration, पक्की घोषणा। 2. the act of protesting, प्रतिवाद, खंडन।

**proto** (प्रो´-टो) ***prefix.*** first, original, अद्य-, आदि-, पूर्व- अग्र-, प्राक्-।

**protocol** (प्रो´-टॅ-का:ल्) *n.* the forms of ceremony and etiquette observed by diplomats, राजनयिक आचार-संहिता।

**proton** (प्रो´-टॉन्) *n.* a particle with a positive electric charge, प्रोटॉन।

**protoplasm** (प्रो´-टॅ-प्लैज़्-ॲम्) *n.* a semi-fluid constituent of all animal and vegetable cells, जीवद्रव्य, प्रोटोप्लाज़्म।

**prototype** (प्रो´-टॅ-टाइप्) *n.* an original form or first model, प्रारूप, मूल स्वरूप।

**protozoa** (प्रो-टॅ-ज़ो´-ॲ) *n.* a single-celled microscopic organism, प्रजीवाणु।

**protozoan** (प्रो-टॅ-ज़ो´-ॲन्) *n.* a group of one-celled microscopic organisms, प्रजीवाणु-समूह।

**protract** (प्रॅ-ट्रैक्ट्´) *v.* to lengthen or prolong, लंबा करना, खींचना, बढ़ाना।

**protraction** (प्रॅ-ट्रैक्´-शॅन्) *n.* the act of protracting, खींचतान, बढ़ाव।

**protractor** (प्रॅ-ट्रैक्´-टॅ:) *n.* an instrument for measuring angles, कोणमापक, चाँदा।

**protrude** (प्रॅ-ट्रूड्´) *v.* to project from a surface, उभरना या उभारना, बाहर निकला हुआ होना।

**protrusion** (प्रॅ-ट्रू´-ज़्हॅन्) *n.* the state of being protruded, उभार, बाहर निकला हुआ होना।

**protrusive** (प्रॅ-ट्रू´-सिव्) *adj.* bulging out, बाहर निकला हुआ, उभरा हुआ।

**protuberance** (प्रॅ-ट्यू´-बॅ-रॅन्स्) *n.* 1. a part or thing that protrudes, उभार, गुमटा। 2. projection, बाहर निकला हुआ भाग।

**protuberant** (प्रॅ-ट्यू´-बॅ-रॅन्ट्) *adj.* bulging out, उभारदार, बाहर को निकला हुआ।

**proud** (प्राउड्) *adj.* (prouder, proudest) 1. conceited, haughty, अभिमानी, घमंडी। 2. self-respecting, स्वाभिमानी, गर्वीला। 3. highly respected, गौरवशाली, गौरवपूर्ण। 4. stately, राजसी।

**proudly** (प्राउड्´-ली) *adv.* in a proud manner, अभिमानपूर्वक।

**provable** (प्रू´-वॅ-बॅल्) *adj.* that can be proved, साबित करने योग्य, साध्य, प्रमाण्य।

**prove** (प्रूव्´) *v.* 1. to establish (something)

true, सिद्ध करना, प्रमाणित करना। 2. to test, जाँचना, परखना। 3. to be found by trial or experience, सिद्ध होना, निकलना। 4. to establish the genuineness of (a will, वसीयतनामे को) प्रमाणित करना।

**proven** (प्रू´-वॅन्) *adj.* tested, सिद्ध, प्रमाणित।

**provenance** (प्रॉव्´-अॅ-नॅन्स्) *n.* a place of origin, उद्गम-स्थल।

**provender** (प्रॉव्´-ॲन्-डॅ:) *n.* 1. fodder, चारा, चरी। 2. food, खाद्य पदार्थ, भोजन।

**proverb** (प्रॉव्´-अ:ब्) *n.* a short saying, a short popular saying, कहावत, लोकोक्ति।

**proverbial** (प्रॅ-व:´-बि-ॲल्) *adj.* 1. of the nature of a proverb, कहावती, लोकोक्तीय। 2. well-known, जाना-माना, लोकप्रसिद्ध।

**proverbially** (प्र-व:´-बि-ॲ-ली) *adv.* 1. by means of a proverb, लोकोक्ति द्वारा। 2. notoriously, जग-ज़ाहिर।

**provide** (प्रॅ-वाइड्´) *v.* 1. to supply or furnish, उपलब्ध कराना, मुहैया करना, अभिपूर्ति करना। 2. to give the necessities of life, सुख-सुविधाएँ देना। 3. to afford or yield, प्रदान करना। 4. to prepare (for), तैयार होना, तैयारी करना। 5. to state as condition, शर्त लगाना।

**provided** (प्रॅ-वाइ´-डिड्) *conj.* on the condition, इस शर्त पर कि।

**Providence** (प्रॉव्´-इ-डॅन्स्) *n.* God, ईश्वर।

**providence** (प्रॉव्´-इ-डॅन्स्) *n.* divine care, ईश्वरीय संरक्षण, ईश्वर की कृपा।

**provident** (प्रॉव्´-इ-डॅन्ट्) *adj.* providing for future needs, भावी आवश्यकताओं की पूर्ति करनेवाला।

**provident fund** *n.* a fund for future needs, भविष्यनिधि।

**providential** (प्रॉव्-इ-डॅन्´-शॅल्) *adj.* 1. resulting from divine providence, ईश्वर की कृपा से होनेवाला, दैवकृत। 2. happening very luckily, सौभाग्यपूर्ण।

**provider** (प्रॅ-वाइ´-डॅ:) *n.* an earning member of the family, कमाऊ व्यक्ति, पालनकर्ता।

**providing** (प्रॅ-वाइ´-डिंग्) *conj.* □ **providing that,** only if, शर्त यह है कि।

**province** (प्रॉव्´-इन्स्) *n.* 1. an administrative division of a country, region, प्रांत, प्रदेश। 2. an area of activity, learning etc., कार्यक्षेत्र।

**provincial** (प्रॅ-विन्´-शॅल्) *adj.* of a region, प्रांतीय, प्रादेशिक।

**provincialism** (प्रॅ-विन्´-शॅल्-इज़्-अॅम्) *n.* the tendency to favour the people of one's province, प्रांतीयता, प्रांतवाद।

**provision** (प्रॅ-विझ़्´-ॲन्) *n.* 1. the act of providing, अभिपूर्ति। 2. something that is provided, वह वस्तु जिसकी पूर्ति की गई हो, रसद। 3. a stock of food, भंडार। 4. a preparatory measure, तैयारी। 5. a stipulation, शर्त, प्रावधान। *v.* to supply provisions, रसद भेजना।

**provisional** (प्रॅ-विज़्´-अॅ-नॅल्) *adj.* not final, temporary, अनंतिम, अस्थायी।

**proviso** (प्रॅ-वाइ´-ज़ो) *n.* a stipulation, शर्त, प्रावधान।

**provocation** (प्रॉव्-अॅ-के´-शॅन्) *n.* 1. the act of provoking, उत्तेजन, उत्तेजना। 2. something that provokes, उत्तेजनात्मक कार्रवाई, उत्तेजित करनेवाली बात, छेड़खानी।

**provocative** (प्रॅ-वॉक्´-अॅ-टिव्) *adj.* that provokes, उत्तेजनापूर्ण, उत्तेजक।

**provocatively** (प्रॅ-वॉक्´-अॅ-टिव्-ली) *adv.* in a provocating manner, उत्तेजना में आकर।

**provoke** (प्रॅ-वोक्´) *v.* 1. to excite, उत्तेजित करना। 2. to irritate, बौखला देना, छेड़खानी/छेड़खानी करना। 3. to call forth, बुलाना, आह्वान करना।

**provost** (प्रॉ´-वॅस्ट्, प्रो´-वोस्ट्) *n.* 1. the head of a college, प्रधानाचार्य। 2. the head of a church, धर्माध्यक्ष, धर्माचार्य।

**prow**[1] (प्राउ) *n.* the forward part of a ship, पोत का बाहर की ओर निकला हुआ भाग, पोताग्र।

**prow**[2] *adj.* brave, वीर, बहादुर।

**prowess** (प्राउ´-इस्) *n.* 1. bravery, शौर्य, वीरता। 2. unusual ability or skill, प्रवीणता।

**prowl** (प्राउल्) *v.* to roam about furtively for a prey, शिकार के लिए दबे पाँव निकलना।

P

*n.* the act of roaming for a prey, शिकार के लिए दबे पाँव निकलना।

**prowler** (प्राउ´-लें:) *n.* a wild animal that roams for a prey, शिकारी पशु।

**proximal** (प्रॉक्´-सि-मॅल्) *adj.* nearest, समीपस्थ, निकटस्थ।

**proximate** (प्रॉक्´-सि-मिट्/मेट्) *adj.* 1. nearest, सन्निकट, समीपस्थ। 2. next, आगामी। 3. approximate, अनुमानित।

P

**proximity** (प्रॉक्-सिम्´-इ-टी) *n.* nearness, समीपता, निकटता, आसन्नता, सन्निकटता।

**proxy** (प्रॉक्´-सी) *n.* 1. the authority to act for another, प्रतिनिधि के रूप में काम करने का अधिकार, प्रतिनिधायन। 2. a person empowered to act or vote for another, प्रतिनिधि।

**prude** (प्रूड्) *n.* 1. a person excessively careful to one's propriety of decorum, शिष्टाचार या भाषा की बारीकियों का अत्यधिक ध्यान रखने का दिखावा करनेवाला व्यक्ति। 2. a woman who shows or affects extreme modesty, अति शालीनता अथवा लज्जा का दिखावा करनेवाली स्त्री।

**prudence** (प्रू´-डेंन्स्) *n.* the quality of being prudent, सयानापन, विवेकशीलता, दूरदर्शिता।

**prudent** (प्रू´-डॅन्ट्) *adj.* sensible, discreet, सयाना, विवेकी, दूरदर्शी।

**prudential** (प्रू-डेंन्´-शॅल्) *adj.* discretionary, विवेकपूर्ण।

**prudentially** (प्रू-डेंन्´-शॅ-ली) *adv.* in a prudent manner, विवेकपूर्वक, दूरदर्शिता से।

**prudently** (प्रू´-डॅन्ट्-ली) *adv.* in a prudent manner, विवेकपूर्वक, विवेक से।

**prudish** (प्रू´-डिश्) *adj.* too modest, अतिशालीन, पाखंडी।

**prudishness** (प्रू´-डिश्-निस्) *n.* exaggerated modesty, prudery, पाखंड।

**prune[1]** (प्रून्) *n.* a dried plum, आड़ू या आलूबुख़ारा।

**prune[2]** *v.* 1. to remove by cutting off, काटना-छाँटना। 2. to remove, हटाना।

**pruning** (प्रून्´-इंग्) *n.* the act of removing by cutting off, काट-छाँट, छँटाई।

**prurient** (प्रूर्´-इ-अॅन्ट्) *adj.* lustful, lewd, कामुक, लंपट।

**pruritus** (प्रु-राइ´-टॅस्) *n.* intense itching, खाज।

**prussian blue** (प्र´-शॅन्-ब्लू) *n.* deep blue colour, गहरा नीला रंग।

**pry** (प्राइ) *v.* (pried, prying) 1. to inquire or peer impertinently, कुछ जानने के लिए खोद-खोदकर पूछना या ताक-झाँक करना। 2. to get with difficulty, मुश्किल से प्राप्त करना।

**psalm** (साम्) *n.* a sacred song, भजन, स्तुतिगान, स्तोत्र।

**psalmist** (सा´-मिस्ट्) *n.* one who writes psalms, भजन-लेखक, स्तोत्रकार।

**pseud** (स्यूड्) *n.* = pseudonym.

**pseudo** (स्यू´-डो, सू´-डो) *adj.* false, छद्म, कूट।

**pseudonym** (स्यू´-डॅ-निम्, सूॅ´-डॅ-निम्) *n.* a fictitious name used by an author, छद्म नाम, कूटनाम।

**psoriasis** (सॅ-राइ´-अॅ-सिस्) *n.* a skin disease characterized by red patches, चकत्ते पड़ने का रोग।

**psych** (साइक्) *v.* (psyched, psyching) to analyse, विश्लेषण करना।

**psyche** (साइ´-की) *n.* 1. the human soul, जीवात्मा, आत्मा। 2. the human mind, मानव मस्तिष्क।

**psychiatrist** (सि-काइ´-अॅ-ट्रिस्ट्) *n.* an expert in psychiatry, मनोचिकित्सक।

**psychiatry** (सि-काइ´-अॅ-ट्री) *n.* medical treatment of mental disorder, मनो-चिकित्सा।

**psychic** (साइ´-किक्) *adj.* 1. of the soul, आत्मा-संबंधी, आत्मिक। 2. of the mind, मन-संबंधी, मानसिक। 3. beyond natural laws or physical world, अतींद्रिय। *n.* a medium, (आत्माओं से संपर्क स्थापित करने का) माध्यम।

**psychical** (साइ´-कि-कॅल्) *adj.* = psychic.

**psycho** (साइ´-को) *n.* 1. spirit, आत्मा। 2. mind, मन।

**psychoanalysis** (साइ-को-अॅ-नैल्´-अॅ-सिस्) *n.* analysis of feeling and behaviour to investigate mental disorder, मनोविश्लेषण।

**psychoanalyst** (साइ-को-ऐन्´-अॅ-लिस्ट्) ***n.*** an expert in psychoanalysis, मनोविश्लेषक।

**psychoanalytic** (साइ-को-ऐन्-अॅ-लि´-टिक्) ***adj.*** of or pertaining to psychoanalysis, मनोविश्लेषी।

**psychogenic** (साइ-को-जेंन्´-इक्) ***adj.*** originating in the mind, मनोजन्य।

**psychological** (साइ-कॅ-लॉज्´-इ-कॅल्) ***adj.*** of phychology, मनोवैज्ञानिक।

**psychologist** (साइ-कॉल्´-अॅ-जिस्ट्) ***n.*** an expert in psychology, मनोविज्ञानी, मनोवैज्ञानिक।

**psychology** (साइ-कॉल्´-अॅ-जी) ***n.*** 1. the study of mind and its working, मनोविज्ञान। 2. mental characteristics, मानसिक विशेषताएँ।

**psychopath** (साइ´-कॅ-पैथ्) ***n.*** a person suffering from severe mental disorder, मनोरोगी।

**psychopathy** (साइ´-कॅ-पै-थी) ***n.*** mental disorder, mental illness, मनोरोग।

**psychosis** (साइ-को´-सिस्) ***n.*** serious mental disorder, मनोविकृति।

**psychosomatic** (साइ-को-सॅ-मैट्´-इक्) ***adj.*** involving both the mind and the body, मनो-दैहिक, मनोकायिक।

**psychotherapy** (साइ-को-थॅर्´-अॅ-पी) ***n.*** the psychological treatment of nervous disorder, मनोचिकित्सा, मनश्चिकित्सा।

**pterodactyl** (टॅर्-अॅ-डैक्´-टाइल्) ***n.*** a flying reptile, उड़नेवाला साँप, पक्षि-सर्प।

**P.T.O.** please turn over ( a page, पृष्ठ) उलटें।

**pub** (पब्) ***n.*** a bar, मदिरालय।

**puberty** (प्यू´-बॅ:-टी) ***n.*** the state of maturation in which a person becomes capable of sexual reproduction, तरुणाई।

**pubescent** (प्यु-बॅस्´-अॅन्ट्) ***adj.*** having arrived at puberty, तरुण।

**pubic** (प्यू´-बिक्) ***adj.*** of the lower part of the abdomen, पेड़ू के नीचे के भाग से संबद्ध; pubic hair, झाँट।

**public** (पब्´-लिक्) ***adj.*** 1. of the people, for or used by the people, सार्वजनिक, लोक-, जन-; public good, जनहित, लोकहित। 2. widely known, सर्वविदित। ☐ **go public,** (किसी कंपनी के शेयर) जनता के लिए खोल देना। ***n.*** 1. the people as a whole, आम लोग, जनता, जन-साधारण। 2. a group of people sharing a common interest, जनवर्ग, जनसमूह। ☐ **in public,** सबके सामने।

**publican** (पब्´-लि-कॅन्) ***n.*** 1. a keeper of a public house, मदिरालय का मालिक, सुरागृह का स्वामी। 2. a tax collector, कर-समाहर्ता।

**publication** (पब्-लि-के´-शॅन्) ***n.*** 1. the art of publishing, प्रकाशन। 2. something published, प्रकाशन (पुस्तक या समाचार-पत्र)।

**public bar** ***n.*** a tavern or bar, मदिरालय, मधुशाला।

**public carrier** ***n.*** a truck employed for transporting, सार्वजनिक वाहन, लोक-वाहन।

**public convenience** ***n.*** a public lavatory, सार्वजनिक शौचालय।

**public cooperation** ***n.*** help given by the public, जन-सहयोग।

**public house** ***n.*** a bar, मदिरालय, मधुशाला।

**publicist** (पब्´-लि-सिस्ट्) ***n.*** one who publicizes, प्रचारक।

**publicity** (पब्-लिस्´-इ-टी) ***n.*** the process of drawing public attention to a thing or person, प्रचार।

**publicize** (पब्´-लि-साइज़्) ***v.*** to give publicity to, प्रचार करना।

**publicly** (पब्´-लिक्-ली) ***adv.*** openly, in public, खुले आम, सार्वजनिक रूप से।

**public notice** ***n.*** सार्वजनिक सूचना।

**public notification** ***n.*** सार्वजनिक अधिसूचना।

**public nuisance** ***n.*** a person or act that harms people in general, जनता की परेशानी, लोककंटक।

**public ownership** ***n.*** जन-स्वामित्व, लोक-स्वामित्व।

**public opinion** ***n.*** जनमत।

**public prosecutor** ***n.*** लोक अभियोजक।

**public sector** ***n.*** वे उद्योग जो राज्य के नियंत्रण

P

में हों, सार्वजनिक क्षेत्र।

**public servant** *n.* लोकसेवक, जनसेवक।

**public service** *n.* जनसेवा, लोकसेवा।

**public service commission** *n.* लोक सेवा आयोग।

**public spirited** *adj.* devoted to public welfare, लोकहितैषी, जनहितैषी।

P

**public trial** *n.* खुला मुकदमा।

**public utility** *n.* a business enterprise that supplies electricity, gas, water etc. to public, जन-संघटन, सेवा-संस्था।

**public works department** *n.* लोक-निर्माण विभाग।

**publish** (पब्´-लिश्) *v.* 1. to issue a book, newspaper, pamphlet etc. to the public, प्रकाशित करना। 2. to announce, घोषणा करना।

**publisher** (पब्´-लि-शॅ:) *n.* one who publishes books etc., प्रकाशक।

**publisher's note** *n.* प्रकाशकीय टिप्पणी।

**publishing** (पब्´-लिश्-इंग्) *n.* the business of a publisher, प्रकाशन-व्यवसाय, प्रकाशन।

**puce** (प्यूस्) *adj.* brownish purple, बैंगनी, भूरा।

**puck** (पक्) *n.* a hard rubber disc used in ice hockey, रबर की छोटी गेंद जिससे बर्फ पर हॉकी खेली जाती है, पक।

**pucker** (पक्´-अॅ:) *n.* 1. a wrinkle, झुर्री। 2. a fold, सिकुड़न। *v.* 1. to gather into wrinkles, झुर्रियाँ पड़ना। 2. to gather into folds, सिकुड़न पड़ना।

**puckish** (पक्´-इश्) *adj.* mischievous, शरारती।

**pudding** (पुड्´-इंग्) *n.* a sweet dessert, फिरनी की तरह जमाया हुआ व्यंजन, पुडिंग।

**pudding head** *n.* a stupid person, मूर्ख व्यक्ति।

**puddle** (पड्´-अॅल्) *n.* a small pool of water left after rain, बरसाती पोखरा।

**pudenda** (प्यु-डेंन्´-डॅ) *n.* the genitals of a woman, स्त्री के गुप्तांग।

**pudgy** (पज्´-ई) *adj.* short and fat, chubby, गोल-मटोल, स्थूल।

**puerile** (प्यु´-अॅर्-आइल्, प्यु´-अॅ-रिल्) *adj.* childish, बचकाना।

**puerility** (प्यु-अॅर्-इल्´-इ-टी, प्यु-अॅ-रिल्´-इ-टी) *n.* 1. childishness, बचकानापन। 2. a childish action, बचकानी हरकत।

**puff** (पफ़्) *n.* 1. a short sudden gust, झोंका। 2. a bit of smoke or air expelled at one time, फूँक, साँस, कश। 3. a powder puff, पाउडर लगाने की गद्दी। 4. a stuffed pastry, गुजिया। 5. a piece of extravagant praise, अतिप्रशंसा। *v.* 1. to send out a puff or puffs, थोड़ा-थोड़ा धुआँ, साँस आदि छोड़ना। 2. to pant, हाँफना। 3. to swell, फूलना।

**puffed** (पफ़्ड्/पफ़्ट्) *adj.* swollen, फूला हुआ।

**puffer** (पफ़्´-अॅ:) *n.* one who puffs, धुआँ छोड़नेवाला, फूँक मारनेवाला।

**pug**[1] (पग्) *n.* a small sized dog, छोटे कद का कुत्ता।

**pug**[2] *n.* a boxer, मुक्केबाज़।

**pugilism** (प्यू´-जि-लिज़्-अॅम्) *n.* boxing, मुक्केबाज़ी।

**pugilist** (प्यू´-जि-लिस्ट्) *n.* a boxer, पेशेवर मुक्केबाज़।

**pugnacious** (पग्-ने´-शॅस्) *n.* aggressive, आक्रामक, लड़ाकू, झगड़ालू।

**pugnaciously** (पग्-ने´-शॅस्-ली) *adv.* in a pugnacious manner, आक्रामक रूप से।

**pugnacity** (पग्-नैस्´-इ-टी) *n.* aggressiveness, आक्रामकता, लड़ाकूपन, झगड़ालूपन।

**pule** (प्यूल्) *v.* (puled, puling) to whimper, पिनपिनाना, चिल्लाना।

**puling** (प्यू´-लिंग्) *n.* an act of whimpering, पिनपिनाहट। *adj.* whimpering, पिनपिनहाँ।

**pull** (पुल्) *v.* 1. to draw, drag or attract, (किसी दिशा में) खींचना, घसीटना; push and pull, धकेलना और घसीटना। 2. to draw or pluck, खींचकर लाना, खींच ले जाना। 3. to propel (a boat) by pulling on its oars, (नाव को) खींचना, खेना। 4. to hit a ball in a curve, (क्रिकेट में) पुल करना। 5. to attract, आकर्षित करना; pull the crowds, भीड़ को आकृष्ट करना। 6. to arrest, गिरफ़्तार करना। 7. to rein in, लगाम खींचना। ☐ **pull apart**, आलोचना करना; **pull down,** (i) नीचा दिखाना, (ii) गिराना, नष्ट

करना; **pull for**, आशान्वित होना; **pull off**, पूरा करना, निष्पन्न करना; **pull oneself together**, अपनी हिम्मत जुटाना; **pull out**, छोड़ आना, छोड़ देना; **pull through**, पार पाना; **pull up**, (i) उखाड़ना, (ii) रोकना, (iii) डाँटना।

**pullet** (पुल्´-इट्) ***n.*** a young hen, चूज़ा।

**pulley** (पुल्´-ई) ***n.*** a small wheel in which a rope runs, पुली, घिरनी, गड़ारी, चर्ख़ी।

**pull-out** (पुल्´-आउट्) ***n.*** retreat, पीछे हटना।

**pullover** (पुल्´-ओ-वँ:) ***n.*** a sweater, जर्सी, स्वैटर।

**pulmonary** (पल्´-मँ-नँ-री) ***adj.*** of or pertaining to lungs, फेफड़े का, फुप्फुस; pulmonary tuberculosis, फेफड़े का तपेदिक।

**pulp** (पल्प्) ***n.*** 1. the soft part of a fruit, गूदा। 2. any soft moist ground-up mass, लुगदी। 3. beaten moist mass, कचूमर, भुरता। 4. the soft tissue inside a tooth, दाँत के अंदर का गूदा। ***v.*** to reduce to pulp, गूदा कर देना।

**pulpit** (पुल्´-पिट्) ***n.*** a stage, मंच।

**pulpy** (पल्´-पी) ***adj.*** like or containing pulp, गूदेदार।

**pulsate** (पल्´-सेट्) ***v.*** to quiver or throb, काँपना, सिहरना, स्पंदित होना, फड़कना।

**pulsatile** (पल्´-से-टाइल्) ***adj.*** quivering, throbbing, काँपता हुआ, धड़कता हुआ।

**pulsation** (पल्-से´-शँन्) ***n.*** vibration, throbbing, स्पंदन, सिहरन।

**pulsatory** (पल्´-सँ-टँ-री) ***adj.*** throbbing, स्पंदन करता हुआ, धड़कता या फड़कता हुआ।

**pulse**[1] (पल्स्) ***n.*** 1. throbbing of an artery, नाड़ी का स्पंदन। □ **feel someone's pulse,** (i) नाड़ी देखना, (ii) रुख देखना; **stir someone's pulses,** उत्तेजित करना। ***v.*** (pulsed, pulsing) to pulsate, स्पंदित, होना फड़कना या धड़कना।

**pulse**[2] ***n.*** the edible seeds of plants having pods, दाल।

**pulverization** (पल्-वँ-राइ/रि-ज़े´-शँन्) ***n.*** an act of pulverizing, पिसाई, पेषण।

**pulverize** (पल्´-वँ-राइज़्) ***v.*** 1. to grind into powder, पीसना। 2. to crush, पीस डालना, कुचल डालना।

**puma** (प्यू´-मँ) ***n.*** a tiger, बाघ।

**pumice** (पम्´-इस्) ***n.*** a piece of porous lightweight volcanic rock, झाँवाँ।

**pummel** (पम्´-अँल्) ***v.*** (pummelled, pummelling) to pound with the fists, मुक्के या घूँसे मारना।

**pump** (पम्प्) ***n.*** 1. a device for filling in or drawing out water, air etc., पंप। 2. a kind of shoe, एक प्रकार का जूता। ***v.*** 1. to draw out, बाहर निकालना। 2. to fill in, भरना।

**pumping set** ***n.*** a device for lifting underground water, पंपिंग सेट।

**pumpkin** (पम्प्´-किन्) ***n.*** a gourdlike fruit, कद्दू, लौकी, घीया।

**pun** (पन्) ***n.*** a humorous use of a word or phrase that has two meanings or of words having similar sound but different meanings, श्लेष (अलंकार)। ***v.*** (punned, punning) to make a pun, श्लेष का प्रयोग करना।

**punch**[1] (पंच्) ***n.*** a tool driven or pressed against a surface, छेदन यंत्र। ***v.*** to pierce with a punch, छेदना।

**punch**[2] ***n.*** a blow with a fist, मुक्के का प्रहार। ***v.*** to blow with a fist, मुक्का मारना।

**puncheon** (पन्´-चँन्) ***n.*** a large cask, पीपा।

**punch-up** (पंच्´-अप्) ***n.*** a physical fight, मार-पीट।

**punchy** (पन्´-ची) ***adj.*** forceful, ज़ोरदार।

**punctilio** (पंक्´-टिल्-इ-ओ) ***n.*** 1. observance of petty formalities, छोटी-मोटी औपचारिकताओं का पालन। 2. a formality, औपचारिकता।

**punctilious** (पंक्-टिल्´-इ-अँस्) ***adj.*** very formal or exact, अत्यौपचारिक, मीनमेखी।

**punctual** (पंक्´-चु-अँल्) ***adj.*** acting or arriving at an appointed time, समयपालक, समयनिष्ठ, वक्त का पाबंद।

**punctually** (पंक्´-चु-अँ-ली) ***adv.*** at an appointed time, ठीक समय पर।

**punctuate** (पंक्´-चु-एट्) ***v.*** 1. to insert or

divide punctuation marks, विराम-चिह्न लगाना। 2. to interrupt, बीच में रोकना। 3. to emphasize, बल देना।

**punctuation mark** ***n.*** any of the signs used in punctuation, विराम-चिह्न।

**puncture** (पंक्´-चें:) ***n.*** 1. a hole made by a sharp point in a tube, ट्यूब में होनेवाला छेद, पंचर। 2. the act of piercing with a sharp point, छेदना। ***v.*** to pierce or to be pierced with a sharp point, पंचर होना या करना।

P

**pundit** (पन्´-डित्) ***n.*** a learned person, पंडित।

**pungency** (पन्´-जॅन्-सी) ***n.*** 1. acridness, तिक्तता, तीतापन। 2. sharpness, तीक्ष्णता, तीखापन।

**pungent** (पन्´-जॅन्ट्) ***adj.*** 1. acrid, तीता, तिक्त। 2. sharp, तीक्ष्ण, कटु, तीखा।

**punish** (पन्´-इश्) ***v.*** 1. to give punishment, दंड देना, दंडित करना, सज़ा देना। 2. to treat roughly, पिटाई करना, धुनना।

**punishable** (पन्´-इशॅ-अॅ-बॅल्) ***adj.*** deserving punishment, दंडनीय, दंड्य।

**punishment** (पन्´-इश्-मॅन्ट्) ***n.*** 1. a penalty imposed for wrong-doing, दंड, सज़ा। 2. rough handling, धुनाई, पिटाई, मार।

**punitive** (प्यु´-नि-टिव्) ***adj.*** intended to inflict punishment, दंडात्मक।

**punk** (पंक्) ***n.*** a worthless person or thing, बेकार व्यक्ति या वस्तु। ***adj.*** worthless, useless, व्यर्थ का, बेकार।

**punnet** (पन्´-इट्) ***n.*** a small basket (for fruit, फल रखने की) छोटी टोकरी।

**punster** (पन्´-स्टें:) ***n.*** fond of making puns, श्लेष के प्रयोग में सिद्धहस्त, श्लेषवादी।

**punt**[1] (पंट्) ***n.*** a flat-bottomed boat, डोंगी। ***v.*** to propel a boat, डोंगी खेना।

**punt**[2] ***v.*** (punted, punting) to gamble, जुआ खेलना, दाँव लगाना। ***n.*** gamble, जुआ, दाँव।

**punter** (पन्´-टें:) ***n.*** one who gambles or bets, जुआ खेलनेवाला, दाँव लगानेवाला, जुआरी।

**puny** (प्यु´-नी) ***adj.*** small and insignificant, कमज़ोर और ठिगना, पिद्दी-सा।

**pup** (पप्) ***n.*** a puppy, कुत्ते, ऊदबिलाव आदि का बच्चा, पिल्ला। ***v.*** (pupped, pupping) to give birth to pups, कुतिया आदि का ब्याना।

**pupa** (प्यू´-पॅ) ***n.*** an insect after larva stage, प्यूपा।

**pupate** (प्यू´-पेट्) ***v.*** to become pupa, प्यूपा की अवस्था प्राप्त करना।

**pupil** (प्यू´-पिल्) ***n.*** 1. one who is taught by another, शिष्य, चेला, शागिर्द। 2. a part of the eye, आँख की पुतली।

**puppet** (पप्´-इट्) ***n.*** 1. a small doll moved by strings, कठपुतली। 2. a person whose actions are controlled by another, कठपुतली।

**puppeteer** (पप्-इ-टिअॅ:´) ***n.*** one who manipulates puppets, पुतली नचानेवाला।

**puppet show** ***n.*** an entertainment using puppets, पुतली या पुतलियों का नाच।

**puppy** (पप्´-ई) ***n.*** a young dog, पिल्ला।

**purchasable** (प:´-चेज़्-अॅ-बॅल्) ***adj.*** that can be purchased, क्रय करने योग्य, क्रेय।

**purchase** (प:´-चिज़्, प:´-चॅज़्) ***v.*** 1. to buy, (क़ीमत देकर) मोल लेना, ख़रीदना, क्रय करना। 2. to obtain by sacrifice or effort, अर्जित या प्राप्त करना। ***n.*** 1. act of buying, खरीदारी। 2. something bought, खरीदी हुई वस्तु, सौदा।

**purchaser** (प:´-चॅ/चि-ज़ॅ:) ***n.*** one who purchases, ख़रीदार, विक्रेता।

**purchasing** ***n.*** 1. the power to purchase (something), क्रय-शक्ति। 2. the activity of buying things, खरीदारी।

**purdah** (प:´-डॅ) ***n.*** 1. a veil or curtain, पर्दा। 2. a system of keeping women from the sight of elders or strangers, पर्दा-प्रथा।

**pure** (प्यो:) ***adj.*** 1. genuine, unmixed, शुद्ध, विशुद्ध, ख़ालिस। 2. free from tainting matter, शुद्ध, विशुद्ध, निर्मल। 3. mere, विशुद्ध। 4. free from evil or sin, निर्दोष, निष्पाप, पवित्र; pure fire, पवित्र अग्नि। 5. chaste, पवित्र। 6. dealing with theory only, शुद्ध।

**purebred** (प्यो:´-ब्रेड्) ***adj.*** of unmixed descent, ख़ालिस नस्लवाला, असंकर।

**puree** (प्यू´-री) ***n.*** the thick liquid of tomatoes, प्यूरी।

**purely** (प्योः´-ली) ***adv.*** 1. in a pure manner or way, विशुद्ध रूप से। 2. entirely, पूर्णतया। 3. merely, केवल, सिर्फ़।

**purgative** (पः´-गॅ-टिव्) ***adj.*** laxative, विरेचक। ***n.*** a drug for purging the bowels, जुलाब।

**purgatory** (पः´-गॅ-टॅ-री) ***n.*** 1. a place where souls undergo a limited amount of suffering before entering the Heaven, ईसाई धर्म के अनुसार वह स्थान जहाँ आत्मा पापों का फल भोग लेने के बाद स्वर्ग में प्रवेश करती है, पापमोचन स्थल। 2. a place of suffering, नरक।

**purge** (पःज्) ***v.*** 1. to empty the bowels by taking a purgative, जुलाब लेना। 2. to cause (a person) to empty his bowels, जुलाब देना। 3. to clear (a person) of a charge, दोषमुक्त करना। 4. to be purified, निर्मल या पवित्र होना। 5. to get rid of, पीछा छुड़ाना। ***n.*** 1. a purgative, जुलाब। 2. purification. शुद्धि, परिष्करण।

**purification** (प्यु-रि-फ़ि-के´-शॅन्) ***n.*** the act of purifying or the state of being purified, शुद्धिकरण, शोधन।

**purifier** (प्यु´-रि-फ़ाइ-अॅः) ***adj.*** that purifies, शोधक, शुद्धि करनेवाला।

**purify** (प्यु´-रि-फ़ाइ) ***v.*** (purified, purifying) to make pure, शोधन करना, शुद्ध करना।

**purism** (प्युर्´-इज़्-अॅम्) ***n.*** observance of strict purity in language, शुद्धतावाद।

**purist** (प्यु´-रिस्ट्) ***n.*** an advocate of purism, शुद्धतावादी।

**puritan** (प्युर्´-इ-टॅन्) ***n.*** one who adheres to strict moral or religious principles, नियमनिष्ठ, धर्मनिष्ठ, शुद्धाचारवादी।

**puritanical** (प्युर्-इ-टैन्´-इ-कॅल्) ***adj.*** of or pertaining to moral or religious principles, नीतिवादी।

**purity** (प्युर्´-इ-टी) ***n.*** the state or quality of being pure, शुद्धता, विशुद्धता, शुचिता।

**purl**[1] (पःल्) ***n.*** a backward stitch, उलटा फंदा।

**purl**[2] ***v.*** to move with a murmuring sound, कलकल करते हुए (नदी का) बहना। ***n.*** murmuring sound, कलकल।

**purlieu** (पः´-ल्यूज़्) ***n.*** a neighbouring area, संलग्न क्षेत्र।

**purloin** (पः-लॉइन्´) ***v.*** to steal, चुराना।

**purple** (प; ´-पॅल्) ***adj.*** reddish blue, बैंगनी।

**purplish** (पः´-प्लिश्) ***adj.*** somewhat purple, बैंगनी-सा।

**purport** (पः´-पाःट्) ***n.*** meaning, sense, अर्थ आशय। ***v.*** to mean, अर्थ देना।

**purpose** (पः´-पॅस्) ***n.*** 1. an aim, design, प्रयोजन, उद्देश्य, लक्ष्य। 2. will-power, इच्छाशक्ति, संकल्पशक्ति। □ **on purpose,** किसी उद्देश्य से। ***v.*** ( purposed, purposing) to intend, इरादा करना या रखना, मतलब होना।

**purposeful** (पः´-पॅस्-फुल्) ***adj.*** 1. having a purpose, उद्देश्यपूर्ण। 2. meaningful, अर्थगर्भित।

**purposeless** (-लिस्) ***adj.*** without a purpose, उद्देश्यहीन, निरुद्देश्य।

**purposely** (-ली) ***adv.*** 1. on purpose, उद्देश्य से। 2. intentionally, जानबूझकर।

**purr** (पः) ***n.*** the sound made by a cat, घुर-घुर।

**purse** (पःस्) ***n.*** a small bag for carrying money, बटुआ, पर्स। 2. money, रुपया। 3. a sum of money as a prize or present, पुरस्कार, भेंट, नज़र। ***v.*** to contract lips, होंठ बंद करना। □ **beyond one's purse,** किसी की क्रयशक्ति से बाहर, बूते से बाहर; **hold the purse strings,** ख़र्चे पर नियंत्रण करना या रखना; **purse proud,** धन के कारण घमंडी।

**pursuable** (पॅः-स्यु´-अॅ-बॅल्) ***adj.*** that can be pursued, जिसका पीछा किया जा सके, अनुसरणीय।

**pursuance** (पः-स्यू´-अॅन्स्) ***n.*** the carrying out (of a action or plan; कार्य या योजना का) किया जाना, कार्यान्वयन, अनुवर्तन।

**pursue** ((पॅः-स्यू´, पॅः-सू´) ***v.*** 1. to chase, पीछा करना। 2. to follow closely or persistently, पीछे लगना, पीछे पड़ना। 3. to apply oneself to, रत होना, लगे रहना। 4. to discuss or argue continually, तर्क-वितर्क करते रहना।

**pursuer** (पॅ:-स्यू´-अॅ:) ***n.*** one who pursues, पीछा करनेवाला।

**pursuit** (पॅ:-स्यूट्´/सूट्´) ***n.*** 1. the act of pursuing, पीछा। 2. an activity, क्रिया-कलाप, धंधा, पेशा आदि।

P

**purulent** (प्युअॅर्´-अॅ-लॅन्ट्) ***adj.*** 1. full of pus, मवाद-भरा, पीपदार। 2. discharging pus, जिसमें से मवाद निकल रहा हो।

**purvey** (पॅ:-वे´) ***v.*** to supply, पूर्ति करना।

**purveyance** (पॅ:-वे´-अॅन्स्) ***n.*** supply, पूर्ति।

**purveyor** (पॅ:-वे´-अ:) ***n.*** a supplier, पूर्तिकर्ता।

**purview** (प:´-व्यु) ***n.*** 1. scope of operation, कार्यक्षेत्र। 2. range of outlook, दृष्टि-क्षेत्र। □ **outside the purview of,** की सीमा से बाहर; **within the purview of,** की सीमा के अंदर।

**push** (पुश्) ***v.*** (pushed, pushing) 1. to exert force against, धक्का देना, धकेलना। 2. to move by exerting force, खिसकाना, धकेलना। 3. to put pressure, जोर डालना, दबाव डालना। 4. to inspire, उकसाना, प्रेरित करना। ***n.*** 1. pressure, दबाव, दाब। 2. thrust, धक्का। 3. an attempt to advance, बढ़ाव, बढ़ावा।

**push back chair** ***n.*** ढालवीं/ढालू कुर्सी।

**push-bike** ***n.*** साइकिल।

**push-button** ***n.*** a small button that activates an electric current, दाब-बटन। ***adj.*** automatic, स्वचालित।

**pushcart** (पुश्´-का:ट्) ***n.*** ठेला।

**pusher** (पुश्´-अॅ:) ***n.*** an ambitious person, उच्चाकांक्षी, महत्त्वाकांक्षी।

**pushing** (पुश्´-इंग्) ***adj.*** ambitious, उच्चाकांक्षी, उद्यमी, उत्साही।

**push-over** (पुश्-ओ´-वॅ:) ***n.*** an easily defeated person or team, वह व्यक्ति या दल जिसे सरलता से हराया गया हो।

**pusillanimity** (प्यू-सि-लॅ-निम्´-इ-टी) ***n.*** timidness, कायरता, भीरुता।

**pusillanimous** (प्यू-सि-लैन्´-इ-मॅस्) ***adj.*** lacking courage, timid, कायर, डरपोक, भीरु।

**pussy** (पुस्´-ई) ***n.*** a cat, बिल्ली।

**pussycat** (पुस्´-इ-कैट्) ***n.*** 1. a cat or kitten, बिल्ली या बिलौटा। 2. a sweet person, प्रिय व्यक्ति।

**pussyfoot** (पुस्´-ई-फुट्) ***v.*** 1. to move stealthily, दबे पाँव चलना। 2. to avoid committing oneself, किसी बात से अपने को बँधने न देना।

**pustule** (पस्´-चूल्, पुस्´-चूल्) ***n.*** a small elevation of the skin containing pus, फुंसी।

**put** (पुट्) ***v.*** (put, putting) 1. to place or set, रखना। 2. to subject, डालना। 3. to attribute, लगाना। 4. to throw, फेंकना। 5. to express, व्यक्त करना। 6. to estimate, कूतना। 7. to impose, लगाना। 8. to bring up, उठाना, (प्रश्न) करना। 9. to translate, उलटा करना। 10. to adapt, अनुकूलित करना। 11. to apply, लगाना। □ **put across,** (i) समझाना, (ii) अच्छे ढंग से प्रस्तुत करना; **put ahead,** (i) सामने रखना, पेश करना, (ii) पूर्वदिनांकित करना; **put aside,** (i) अलग रख देना, (ii) उपेक्षा करना; **put at,** अनुमान लगाना; **put away,** (i) रख देना, (ii) छोड़ देना, त्याग देना; **put back,** पीछे कर देना; **put by,** बचा रखना, रख छोड़ना; **put down,** (i) लिख या टाँक लेना, (ii) दमन करना, दबा देना, (iii) गाड़ी से उतार देना, (iv) अस्वीकृत कर देना, (v) सिर नीचा कर देना; **put down as,** लगना, प्रतीत होना; **put down for,** नाम में लिखना; **put down to,** का कारण बताना; **put forth,** लगाना, प्रयुक्त करना; **put forward,** (i) प्रस्तुत या प्रस्तावित करना, (ii) आगे करना; **put in,** (i) के अंदर रख देना, सन्निविष्ट कर देना, (ii) सेवारत या कार्यरत रहना; **put into,** (i) बरतना, (ii) व्यक्त करना; **put off,** (i) उतारना, (ii) टालना, स्थगित कर देना; **put on,** (i) पहनना, धारण करना, (ii) मंचन करना; (iii) भ्रमित करना, (iv) बहाना करना; **put on one's foot down,** (i) अड़े रहना, (ii) लगाना; **put out,** (i) बुझाना, (ii) खिझलाना, क्रुद्ध करना; **put over,** (i) पार उतारना, (ii) टाल देना, स्थगित कर देना; **put**

**through,** (i) निष्पादन करना, (ii) टेलीफ़ोन (का नंबर) मिलाना, (iii) मुसीबत में डालना; **put to bed,** सुला देना; **put together,** जोड़ना; **put up,** (i) ठहरना या ठहराना, (ii) उठाना, दिखाना, प्रदर्शित करना, (iii) प्रस्तुत या पेश करना; **put one's hair up,** जूड़ा बाँधना; **put up to,** उभाड़ना, खड़ा करना; **put up with,** बर्दाश्त करना, सहना।

**putative** (प्यू´-टॅ-टिव्) *adj.* supposed, माना हुआ, नाम से प्रसिद्ध।

**putdown** (पुट्´-डॉउन्) *n.* a snub, झिड़की, डाँट।

**put-on** (पुट्´-ऑन्) *adj.* misleading, भ्रामक।

**putrefaction** (प्यू-ट्रि-फ़ैक्´-शॅन्) *n.* the process of putrefying, सड़न।

**putrefy** (प्यू´-ट्रि-फ़ाइ) *v.* ( putrefied, putrefying) to decay or rot, सड़ना।

**putrescence** (प्यू-ट्रॅस्´-सॅन्स्) *n.* 1. the quality or state of being putrescent, सड़न, पूति। 2. a rotten thing, सड़ी वस्तु।

**putrescent** (प्यू´-ट्रॅ-सॅन्ट्) *adj.* rotten, decaying, सड़ा हुआ, सड़ता हुआ।

**putrid** (प्यू´-ट्रिड्) *adj.* 1. rotten, decaying, सड़ा हुआ। 2. foul smelling, दुर्गंधपूर्ण। 3. distasteful, बेस्वाद। 4. very bad, बहुत खराब।

**putsch** (पुच्) *n.* rebellion, विद्रोह, राजक्रांति।

**putt** (पुट्) *v.* (putted, putting) to strike a ball lightly, गेंद पर धीरे से प्रहार करना।

**putty** (प´-टी, पट्´-ई) *n.* a paste for filling up holes of window and door frames, पुटीन।

**puzzle** (पज़्´-ऑल्) *n.* 1. a problem to test one's knowledge, पहेली, प्रहेलिका। 2. a problem, उलझन, समस्या। *v.* 1. to perplex, हैरान कर देना, घबरा देना। 2. to be perplexed, हैरान हो जाना, घबरा जाना।

**puzzled** (पज़्´-ऑल्ड्) *adj.* perplexed, घबराया हुआ, उलझन में पड़ा हुआ, भ्रांत।

**puzzling** (पज़्´-लिंग्) *adj.* 1. perplexed, घबरा देनेवाला, उलझन पैदा करनेवाला। 2. mysterious, रहस्यमय।

**pygmy** (पिग्´-मी) *n.* a dwarf, बौना। *adj.* very small, ठिगना, बौना।

**pyjamas** (प-जा´-मॅज़्) *n.* pajamas, पायजामा।

**pylon** (पाइ´-लॉन्) *n.* 1. a post or tower for guiding pilots, विमान-चालकों के लिए दिशा-निर्देशक ऊँचा खंभा। 2. a towerlike structure for holding electric wires, वह ऊँचा ढाँचा जिसपर से बिजली के तार ले जाते हैं; बिजली के तारों को ऊँचा ले जाने के लिए लोहे के ऊँचे खंभों का ठाठ।

**pyorrhoea** (पाइ-अॅ-री´-अॅ) *n.* 1. inflammation of the gums, पाइरिया।

**pyramid** (पिर्´-अॅ-मिड्) *n.* a royal tomb built by the ancient Egyptians, पिरामिड।

**pyre** (पाइ:, पाय:) *n.* a pile of wood on which a dead body is burned, चिता।

**pyro** (पाइ´-रो) *prefix* ताप-, अग्नि-।

**pyrogenic** (पाइ-रो-जेंन्´-इक्) *adj.* 1. producing heat, तापोत्पादक। 2. produced by heat, तापोत्पन्न।

**pyromania** (पाइ-रो-मे´-नि-अॅ) *n.* an impulse to start destructive fire, आग लगाने का जोश।

**pyrophobia** (पाइ-रॅ-फ़ो´-बि-अॅ) *n.* fear of fire, अग्नि-भीति।

**pyrotechnics** (पाइ-रॅ-टॅक्´-निक्स्) *n.* a display of fireworks, आतिशबाज़ी। 2. a dazzling display, चमत्कारिक प्रदर्शन।

**pyrrhic victory** (पिर्´-इक्-विक्´-टॅ-री) *n.* a victory gained at a heavy cost, ऐसी विजय जिसकी क़ीमत बहुत अधिक चुकानी पड़ी हो, बहुत महँगी जीत।

**python** (पाइ´-थॅन्, पाइ´-थॉन्) *n.* a large snake, अजगर।

**pythonic** (पाइ´-थॉन्-इक्) *adj.* 1. of or pertaining to python, अजगर का। 2. huge, विशालकाय।

P

# Q

**Q, q** (क्यू) ***n.*** the seventeenth letter of the English alphabet, अंग्रेज़ी वर्णमाला का सत्रहवाँ वर्ण, व्यंजन।

**qua** (क्वा/क्वे) ***prep.*** in the capacity, की हैसियत से, के नाते, के रूप में।

**quack**[1] (क्वैक्) ***n.*** the cry of a duck, बतख की काँकाँ, क्वैंक्वैं। ***v.*** (quacked, quacking) to utter this sound, काँकाँ या क्वैंक्वैं करना।

**quack**[2] ***n.*** an unqualified medical practitioner, नीमहकीम, कठवैद।

**quackery** (क्वैक्´-अ‌र्-ई) ***n.*** the profession or behaviour of a quack, नीमहकीमी, कठवैदी।

**quackish** (क्वैक्´-इश्) ***adj.*** quack-like, नीमहकीम/कठवैद जैसा।

**quad, quadrangle** (क्वॉड्, क्वॉड्´-रैंग्-गॅल्) ***n.*** a figure with four corners, चतुष्कोण।

**quadrangular** (क्वॉड्-रैंग्´-ग्यु-लॅः) ***adj.*** having four angles, चतुष्कोणीय।

**quadrant** (क्वॉड्´-रॅन्ट्) ***n.*** a quarter (of a circle, वृत्त का) चतुर्थांश, चरण।

**quadrilateral** (क्वॉड्-रि-लैट्´-अॅ-रॅल्) ***n.*** a figure with four sides, चतुर्भुज।

**quadrille** (क्वॉ´-ड्रिल्) ***n.*** a dance for four couples, चार जोड़ों का नृत्य।

**quadruped** (क्वॉड्´-रु-पॅड्) ***n.*** a four-footed animal, चौपाया।

**quadruple** (क्वॉ-ड्रू´-पॅल्) ***adj.*** 1. four times as much as, चौगुना। 2. fourfold, चौहरा। 3. consisting of four (persons or parts), चतुष्क।

**quadruplet** (क्वॉ-ड्रू´-प्लिट्) ***n.*** one of four children born at one birth, एक साथ जन्मे हुए चार बच्चों में से कोई एक।

**quadruplicate** (क्वॉ-ड्रू´-प्लि-किट्) ***adj.*** four fold, चौगुना। ☐ **in quadruplicate,** चार प्रतियों में।

**quadruplication** (क्वॉ-ड्रू-प्लि-के´-शॅन्) ***n.*** the act of making four times as much as, चौगुना करना।

**quaff** (क्वॉफ़्/क्वैफ़्) ***n.*** a long draft, लंबा घूँट। ***v.*** to drink in long draughts, लंबे-लंबे घूँट भरना, घूँटना।

**quagga** (क्वै´-गॅ) ***n.*** a donkey with zebra like stripes, अफ़्रीका का एक चौपाया, दरियाई गधा।

**quagmire** (क्वैग्´-माइः) ***n.*** 1. an area of soft wet ground, bog, दलदल। 2. an awkward situation, बेढंगी स्थिति।

**quail**[1] (क्वेल्) ***n.*** a chicken like short-tailed bird, बटेर।

**quail**[2] (क्वेल्) ***v.*** to shrink back in fear, सहम जाना, सिहर उठना।

**quaint** (क्वेन्ट्) ***adj.*** unusual, विचित्र, अनोखा।

**quake** (क्वेक्) ***n.*** 1. shake or tremble, कँपकँपी, थरथराहट, कंपन। 2. an earth quake, भूकंप। ***v.*** to shake or tremble, काँपना, सिहरना।

**qualification** (क्वॉल्-इ-फ़ि-के´-शॅन्) ***n.*** an ability, quality or attribute, योग्यता, अर्हता।

**qualified** (क्वॉल्´-इ-फ़ाइड्) ***adj.*** 1. having qualifications, योग्यता-प्राप्त, अर्हता-प्राप्त। 2. limited, सीमित।

**qualifier** (क्वॉल्´-इ-फ़ाइः) ***n.*** a word that qualifies, विशेषण, विशेषक।

**qualify** (क्वॉल्´-इ-फ़ाइ) ***v.*** (qualified, qualifying) 1. to become eligible or competent, उपयुक्त/योग्य होना। 2. to attribute some quality to, विशेषित/मर्यादित करना। 3. to make less strong, सीमित/हलका

कर देना।

**qualitative** (क्वॉल्´-इ-टे-टिव्) ***adj.*** 1. concerned with quality, गुणात्मक। 2. (gram.) having some qualities, गुणवाचक।

**qualitatively** (क्वॉल्´-इ-टे-टिव्-ली) ***adv.*** in a qualitative manner, गुणात्मक रूप से।

**quality** (क्वॉल्´-इ-टी) ***n.*** 1. a distinguishing characteristic, गुण, लक्षण। 2. degree of excellence, गुणवत्ता। 3. kind, प्रकार, किस्म।

**qualm** (क्वाम्) ***n.*** 1. a sudden feeling of sickness or nausea, मिचली। 2. faintness, बेहोशी। 3. a pang of doubt, संदेह की टीस।

**quandary** (क्वॉन्´-डॅ-री) ***n.*** a state of perplexity, predicament, असमंजस, दुविधा। 2. uncertainty, अनिश्चितता। 3. a difficult situation, उलझन, परेशानी।

**quantify** (क्वॉन्´-टि-फ़ाइ) ***v.*** to express the quantity of, परिमाण बताना।

**quantitative** (क्वॉन्´-टि-टे-टिव्) ***adj.*** of or concerned with quantity, मात्रात्मक, परिमाणवाचक, परिमाणात्मक।

**quantity** (क्वॉन्´-टि-टी) ***n.*** 1. a specified amount or number, उल्लिखित परिमाण या मात्रा। 2. a large amount or number, अत्यधिक मात्रा या परिमाण।

**quantum** (क्वॉन्´-टॅम्) ***n.*** 1. quantity or amount, मात्रा या राशि। 2. the smallest quantity, अल्पतम मात्रा।

**quarantine** (क्वॉर्´-अॅन्-टीन्) ***n.*** a period of isolation or detention to prevent the spread of disease, संगरोधन। ***v.*** to put into quarantine, संगरोधन करना।

**quark** (क्वा:क्) ***n.*** (phy.) an elementary particle, एक प्रकार का प्राथमिक कण (जिससे परमाणु बनते हैं), क्वार्क।

**quarrel** (क्वॉर्´-अॅल्) ***n.*** 1. discord, angry disagreement, झगड़ा, लड़ाई-झगड़ा। 2. a cause of grievance, शिकायत का सबब। ***v.*** (quarrelled, quarrelling) 1. to engage in quarrel, झगड़ा करना, झगड़ना। 2. to disagree, असहमत होना।

**quarrelsome** (क्वॉर्´-अॅल्-सॅम्) ***adj.*** inclined to quarrel, झगड़ालू, लड़ाका।

**quarrier** (क्वा´-रि-अॅ:) ***n.*** one who works in a quarry, खदान-मजदूर, खनिक।

**quarry**[1] (क्वॉ´-री, क्वेंअर्´-ई) ***n.*** a mine, खदान, खान। ***v.*** (quarried, quarrying) to extract from a quarry, खुदाई करना, खनना।

**quarry**[2] ***n.*** 1. a prey, शिकार। 2. anything pursued, ऐसा विषय या बात जिसकी तलाश हो।

**quart** (क्वा:ट्) ***n.*** a quarter of a gallon, चौथाई गैलन, क्वार्ट।

**quartan** (क्वा:´-टॅन्) ***n.*** occurring every fourth day, हर चौथे दिन होनेवाला, चौथिया; quartan fever, चौथिया ज्वर।

**quarter** (क्वा:´-टॅ:) ***n.*** 1. one of four equal parts, चतुर्थांश। 2. a quarter of a dollar, २५ सेंट का अमरीकी सिक्का। 3. a fourth part of a calendar year, तिमाही। 4. a point of time fifteen minutes before or after every hour, १५ मिनट का समय। 5. a district, क्षेत्र, प्रदेश। 6. a source of help, सहायता का स्रोत। 7. (plu.) lodgings, क्वाटर। ☐ **at close quarters,** बहुत पास से। ***v.*** 1. to divide into four equal parts, बराबर-बराबर चार हिस्से करना/लगाना। 2. to put soldiers into lodgings, सेना ठहराना।

**quarter-final** (क्वा:´-टॅ:-फ़ाइ-नॅल्) ***n.*** one of the matches before semifinal, क्वार्टर-फाइनल।

**quarterly** (क्वा:´-टॅ:-ली) ***adj.*** occurring once in three months, त्रैमासिक, तिमाही। ***adv.*** once every three months, हर तीसरे महीने। ***n.*** a periodical issued every three months, त्रैमासिक पत्रिका।

**quartermaster** (क्वा:´-टॅ:-मास/मैस्-टॅ:) ***n.*** a military personnel in charge of stores, सेना का रसद-अधिकारी।

**quartet** (क्वा:-टॅट्´) ***n.*** a set of four, चार का समूह, चौका।

**quarto** (क्वा:´-टो) ***n.*** the page size obtained by folding a sheet into four leaves, चौपेजी आकार।

**quartz** (क्वा:ट्स्) ***n.*** a kind of hard mine-

Q

ral, स्फटिक, बिल्लौर।

**quash** (क्वॉश्) ***v.*** (quashed, quashing) 1. to suppress, दबा या कुचल देना। 2. to reject, रद कर देना, निरस्त कर देना।

**quasi-** (क्वे´-ज़ी) ***prefix.*** 1. seeming to be something but not really so, as if, प्रतिभासिक, मानो। 2. so-called, तथाकथित। 3. almost, लगभग। 4. half, अर्ध।

**quatercentenary** (क्वै-टॅ:-सॅन्-टी´-नॅ-री) ***n.*** a four hundredth anniversary, चारसौवीं सालगिरह, चतुश्शती।

**quaternary** (क्वै´-टॅ:-नॅ-री) ***adj.*** of or denoting the most recent period of geological time, चतुर्थयुगीन।

**quatrain** (क्वॉ´-ट्रेन्) ***n.*** a stanza of four lines, चार चरणों का पद्य, चतुष्पदी।

**quaver** (क्वे´-वॅ:) ***v.*** 1. to quiver or tremble, काँपना/कँपाना। 2. to sing with a trembling voice, काँपती हुई आवाज़ में बोलना। ***n.*** a quavering sound, काँपती हुई आवाज़।

**quay** (की) ***n.*** a platform in a harbour, बंदरगाह में जहाज़ों पर माल उतारने तथा लादने का मंच।

**queasily** (क्वी´-ज़ि-ली) ***adv.*** in a queasy manner, तुनुकमिज़ाजी से।

**queasy** (क्वी´-ज़ी) ***adj.*** 1. feeling slightly sick, वमनकारी, वमनेच्छु; to feel queasy, जी मिचलाना। 2. causing a feeling of sickness, जिसे देखकर कै आती हो। 3. fastidious, तुनुकमिज़ाज, नकचढ़ा। □ **queasy conscience,** पापभीरू अंत:करण।

**queen** (क्वीन्) ***n.*** 1. the wife of a king or the female sovereign, रानी, महारानी, बेगम; queen consort, राजा की पत्नी। 2. a beautiful woman, सुंदरी। 3. a playing card bearing the picture of a queen, (ताश की) बेगम, रानी, बीवी; queen of hearts, पान की बेगम। 4. a most powerful piece in chess, (शतरंज की) रानी, वज़ीर। 5. the only fertile female in a colony of bees, ants etc., रानी-मक्खी या रानी-चींटी।

**queenly** (क्वीन्´-ली) ***adj.*** like a queen, रानियों के जैसा, रानी-जैसा।

**queen mother** ***n.*** the mother of a queen, राजमाता।

**queer** (क्विअॅ:) ***adj.*** 1. odd, strange, विचित्र, अजीब। 2. slightly ill, अस्वस्थ, अनमना। 3. eccentric, सनकी, पागल। 4. of questionable character, संदिग्ध। □ **in queer street,** कठिन परिस्थिति में, पैसे से परेशान, कर्ज़ से दबा हुआ। ***n.*** a homosexual, समलिंगीकामी।

**queerly** (क्विअॅ:-ली) ***adv.*** in a queer way, विचित्र ढंग से।

**quell** (क्वॅल्) ***v.*** to suppress, कुचल या दबा देना, दमन या शमन करना।

**quench** (क्वॅन्च्) ***v.*** 1. to extinguish, (आग) बुझाना, शमन करना। 2. to satiate, (प्यास) बुझाना, तृप्त होना। 3. to cool, ठंडा करना।

**quern** (क्व:न्) ***n.*** a stone hand mill for grinding corn, चक्की, जाँता।

**querulous** (क्वॅर्´-उ-लॅस्) ***adj.*** peevish, झींखनेवाला, चिड़चिड़ा।

**querulously** (क्वॅर्´-उ-लॅस्-ली) ***adv.*** in a peevish manner, झींखते हुए।

**query** (क्वॅर्´-ई) ***n.*** 1. a question, प्रश्न, सवाल, शंका। 2. a question-mark, प्रश्न-चिह्न। ***v.*** (queried, querying) 1. to question, प्रश्न/सवाल करना, पूछताछ करना। 2. to express doubt, संदेह प्रकट करना।

**quest** (क्वॅस्ट्) ***n.*** search, खोज, तलाश। ***v.*** to go in search (of, की) खोज करना।

**question** (क्वॅस्´-चॅन्) ***n.*** 1. a sentence requesting answer or information, प्रश्न, सवाल। 2. a problem, समस्या, विवाद। 3. an issue, विषय, बात। 4. doubt, संदेह, शंका। □ **beyond question,** निस्संदेह; **in question,** विचाराधीन; **no question of,** कोई संभावना नहीं; **out of question,** असंभव। ***v.*** 1. to ask question, प्रश्न करना, सवाल पूछना। 2. to express doubt, शंका प्रकट करना।

**questionable** (क्वॅस्´-चॅ-नॅ-बॅल्) ***adj.*** open to doubt, dubious, संदेहास्पद, शंकास्पद, संदिग्ध, संदेहात्मक।

**questionably** (क्वॅस्´-चॅ-नॅ-ब्ली) ***adv.*** in a

questionable manner, संदेहात्मक रूप में।

**question mark** *n.* a mark placed after a question, ? (प्रश्नचिह्न)।

**questionnaire** (क्वेॅस्-चॅ-नेंअॅ:) *n.* a list of questions, प्रश्नावली, प्रश्नमाला।

**question time** *n.* the time when ministers give answers in Parliament, प्रश्नकाल।

**queue** (क्यू) *n.* a line, लाइन, पंक्ति, कतार, ताँता। *v.* (queued, queuing) to wait in a queue, लाइन लगाना, लाइन में खड़े हो जाना।

**quibble** (क्विब्´-अॅल्) *n.* a trivial objection, झूठमूठ की आपत्ति, झिकझिक। *v.* to argue about small differences, झूठमूठ की आपत्ति करना, बाल की खाल निकालना।

**quick** (क्विक्) *adj.* 1. fast, तेज़। 2. swift, prompt, फुर्तीला, शीघ्र काम करनेवाला। 3. brief, संक्षिप्त। 4. deft, कुशल। 5. lively, जीवंत, जीवित। *n.* a sensitive area under a fingernail or toenail, नाखून के नीचे का सजीव मांस। □ **cut to the quick,** मर्म पर चोट करना।

**quicken** (क्विक्´-अॅन्) *v.* (quickened, quickening) 1. to make or become quicker, तेज़ करना या होना। 2. to stimulate, उत्तेजित करना, अनुप्राणित करना।

**quickie** (क्विक्´-ई) *adj.* something made or done hastily, जल्दी में किया या बनाया हुआ।

**quickly** (क्विक्´-ली) *adv.* 1. rapidly, झटपट, शीघ्रतापूर्वक, जल्दी से। 2. in a lively manner, सजीवतापूर्वक, प्रफुल्लतापूर्वक।

**quickness** (क्विक्´-निस्) *n.* promptness, शीघ्रता, जल्दी।

**quick-sighted** (क्विक्´-साइ-टिड्) *adj.* having a keen eye, तीक्ष्ण दृष्टि।

**quick-tempered** (क्विक्´-टेॅम्-पॅ:ड्) *adj.* easily angered, तेज मिज़ाज, गुस्सैल।

**quick-witted** (क्विक्´-विट्-इड्) *adj.* nimble of mind, हाज़िर-जवाब, प्रत्युत्पन्नमति।

**quid** (क्विड्) *n.* 1. a lump of tobacco for chewing, सुर्ती। 2. a pound, पौंड।

**quid pro quo** (क्विड्-प्रो-क्वो´) *n.* 1. something given in compensation, क्षतिपूर्ति। 2. something given in return for something, बदले में दी हुई वस्तु, प्रतिदान।

**quiescence** (क्वि-अेॅस्´-अॅन्स्) *n.* the state or quality of being quiescent, निष्क्रियता; सुप्तता।

**quiescent** (क्वि-अेॅस्´-अॅन्ट्) *adj.* 1. inactive, निष्क्रिय। 2. dormant, सुप्त।

**quiet** (क्वाइ´-इट्) *adj.* 1. calm, चुप, मौन, नीरव। 2. tranquil, untroubled, शांत, स्थिर। 3. peaceful, शांत। 4. private or secret, वैयक्तिक, गुप्त। 5. (of colour) not showy, subdued, हलका। *n.* quiteness, नीरवता, शांति, चुप्पी। *v.* to make or become quite, शांत होना या करना, चुप होना या करना।

**quieten** (क्वाइ´-टॅन्) *v.* to quiet, शांत होना या करना, चुप करना या कराना।

**quietly** (क्वाइट्´-ली) *adv.* in a quiet manner, शांतिपूर्वक, चुपचाप।

**quietness** (क्वाइट्´-निस्) *n.* the state of being quiet, शांति, निश्चलता, नीरवता।

**quietude** (क्वाइ´-अॅ-ट्यूड्) *n.* quietness, नीरवता, मौन, निस्तब्धता, शांति।

**quietus** (क्वाइ´-अॅ-टॅस्) *n.* 1. release, छुटकारा। 2. death, जीवन से छुटकारा, मृत्यु। 3. discharge from debts, कर्ज़ से छुटकारा, ऋणमुक्ति।

**quiff** (क्विफ़्) *n.* a tuft of hair, अलक, लट।

**quill** (क्विल्) *n.* 1. a large feather, पंख। 2. the long hollow part of a feather, पंख की डंडी। 3. a feather made into a pen, पंख की कलम। 4. any of the spines of a porcupine, साही का काँटा।

**quilt** (क्विल्ट्) *n.* a thick bed cover, गद्दा।

**quinary** (क्वि´-नॅ-री) *n.* a set of five, पाँच वस्तुओं का समूह, पंजा, पंचक।

**quince** (क्विन्स्) *n.* a fruit and its tree, बीही।

**quincentenary** (क्विन्-सेॅन्´-टॅ-नॅ-री) *n.* a five hundredth centenary, पंचशती।

**quinine** (क्वि´-नीन्/क्वाइ´-नाइन्) *n.* a drug to treat malaria, कुनैन।

**quinquennial** (क्विन्-क्वेॅन्´-इ-अॅल्) *adj.* lasting for five years or happening every five years, पंचवर्षीय।

**quinsy** (क्विन्´-ज़ी) ***n.*** inflammation of the tonsils, गले की सूजन, कंठप्रदाह।

**quintal** (क्विन्ट्´-अॅल्) ***n.*** a unit of weight equal to 100 kilograms, क्विन्टल।

**quintessence** (क्विन्-टॅस्´-अॅन्स्) ***n.*** essence, सारतत्व, सार, निचोड़, सारांश।

**quintet** (क्विन्´-टॅट्) ***n.*** 1. a set of five, पंचक, पंजा। 2. a group of five singers, पाँच गवैयों का दल।

**quintuplet** (क्विन्-टप्´-लिट्) ***n.*** one of five children born at one birth, एक साथ जन्मे पाँच बच्चों में से कोई एक।

Q

**quip** (क्विप्) ***n.*** 1. a sarcastic remark, ताना, व्यंग्य, बोली। 2. a witty saying, चुटकुला। ***v.*** (quipped, quipping) to make a quip, ताना देना, व्यंग्य करना; चुटकुला छोड़ना।

**quire** (क्वाइ:) ***n.*** a set of twenty-five sheets, (कागज का) दस्ता।

**quirk** (क्व:क्´) ***n.*** 1. a trick of fate, भाग्य का खेल। 2. an accident, दुर्घटना। 3. peculiar behaviour, विचित्र व्यवहार।

**quirt** (क्व:ट्) ***n.*** a whip, कोड़ा।

**quisling** (क्विज़्´-लिंग्) ***n.*** one who collaborates with foreign rulers, विदेशी शासकों का पिट्ठू, देशद्रोही।

**quit** (क्विट्) ***v.*** (quit/quitted, quitting) 1. to give up, छोड़ देना, छोड़ना, खाली कर देना। 2. to depart from, चल देना।

**quite** (क्वाइट्) ***adv.*** 1. completely, बिल्कुल। 2. really, सचमुच। 3. to some extent, बहुत-कुछ।

**quits** (क्विट्स्) ***adj.*** on even terms, बराबर। ☐ **call it quits,** बराबरी पर छूटना।

**quiver**[1] (क्वि्´-वं:) ***n.*** a case for holding arrows, तरकस।

**quiver**[2] ***v.*** to tremble, काँपना। ***n.*** an act or state of trembling, कंपन, कँपकँपी।

**quixotic** (क्विक्-सॉट्´-इक्) ***adj.*** impractically idealistic, अतिआदर्शवादी, अव्यवहारशील।

**quiz** (क्विज़्) ***v.*** (quizzed, quizzing) to examine by questioning, पूछताछ करना। ***n.*** a short test, पूछताछ या पहेली।

**quizzical** (क्विज़्´-इ-कॅल्) ***adj.*** 1. comical, उपहासास्पद। 2. done in a questioning way, प्रश्नात्मक।

**quizzically** (क्विज़्´-इ-कॅ-ली) ***adv.*** in a quizzical way, प्रश्नात्मक ढंग से या उपहासपूर्वक।

**quod** (क्वाड्) ***n.*** jail, जेल।

**quoin** (कॉइन्) ***n.*** the external angle of a building, मकान का बाहरी कोना।

**quoit** (क्वाइट्) ***n.*** a ring of rubber, plastic etc., प्लास्टिक या रबर का बड़ा छल्ला।

**quorum** (क्वा:र्´-अॅम्) ***n.*** minimum number of members to be required to start a meeting, गणपूर्ति, कोरम।

**quota** (क्वो´-टॅ) ***n.*** fixed share, नियतांश, कोटा।

**quotable** (क्वोट्´-अॅ-बॅल्) ***adj.*** worth quoting, उद्धरणीय।

**quotation** (क्वो-टे´-शॅन्) ***n.*** 1. a passage quoted, उद्धरण। 2. the rated state for doing some work or for supplying some commodity, कोटेशन।

**quotation mark** ***n.*** marks to punctuate a quotation, उद्धरण चिह्न ("...")।

**quote** (क्वोट्) ***v.*** (quoted, quoting) 1. to produce or recite as a quotation, उद्धरण देना, उद्धृत करना। 2. to offer rate for doing a job or supplying a commodity, रेट देना।

**quotidian** (क्वो-टिड्´-अॅन्) ***adj.*** 1. daily, दैनिक। 2. ordinary, साधारण। ***n.*** a fever that comes daily, प्रतिदिन होनेवाला ज्वर।

**quotient** (क्वो´-शॅन्ट्) ***n.*** the result of the division of one quantity by another, भागफल, लब्धि।

# R

**R, r** (आ:) ***n.*** the eighteenth letter of the English alphabet, अंग्रेज़ी वर्णमाला का अठारहवाँ वर्ण (व्यंजन)।

**rabbi** (रैब्´-आइ) ***n.*** a religious leader of a Jewish congregation, यहूदियों का धार्मिक गुरु, रब्बी।

**rabbit** (रैब्´-इट्) ***n.*** a hare, ख़रगोश।

**rabble** (रैब्´-अॅल्) ***n.*** 1. a mob, भीड़, भीड़-भाड़। 2. **the rabble,** निम्न वर्ग, जनसाधारण।

**rabble-rouser** (रैब्´-अॅल्-राउ-ज़ॅ:) ***n.*** one who stirs up people's emotions, जन-साधारण की भावनाएँ उभाड़नेवाला व्यक्ति।

**rabid** (रे´-बिड्, रैब्´-इड्) ***adj.*** 1. furious, घोर, उग्र। 2. fanatical, कट्टर। 3. relating to rabies, जलातंक-संबंधी।

**rabies** (रे´-बीज़्) ***n.*** a fatal disease of animals esp. dogs, transmitted to man by the bite, जलातंक।

**raccoon** (रै-कून्´) ***n.*** 1. a nocturnal animal known for its greyish brown fur, एक अमरीकी रात्रिचर पशु, रैकून। 2. its fur, रैकून का फर।

**race¹** (रेस्) ***n.*** 1. a contest of speed, दौड़। 2. any competition, प्रतियोगिता। 3. a contest of supremacy, श्रेष्ठता या सत्ता प्राप्त करने की दौड़। 4. a strong fast current, तेज़ धारा। ***v.*** (raced, racing), 1. to compete in race, दौड़ में हिस्सा लेना। 2. to operate with full speed, (मशीन) दौड़ा देना, दौड़ाना। 3. to rash, दौड़ना-भागना।

**race²** ***n.*** a group of people having certain physical characteristics in common, प्रजाति। 2. a breed, नस्ल, जाति।

**racecourse** (रेस्´-को:स्) ***n.*** a track for race, धावन-पथ, रेसकोर्स।

**racer** (रेस्´-अॅ:) ***n.*** a person, car, boat or horse etc., that competes in races, दौड़ में हिस्सा लेनेवाला व्यक्ति, घोड़ा, कार, नाव आदि।

**racetrak** (रेस्´-ट्रैक्) ***n.*** = racecourse.

**racial** (रे´-शॅल्) ***adj.*** 1. of a race, प्रजाति-संबंधी, प्रजातीय। 2. occurring between races, जातिगत, जातीय।

**racial discrimination** ***n.*** racial segregation, प्रजातीय भेदभाव, रंगभेद।

**racialism** (रे´-शॅ-लिज़्-ॲम्) ***n.*** racism, जातिवाद, प्रजातिवाद।

**racialist** (रे´-शॅ-लिस्ट्) ***n.*** of racism, जाति-वादी, प्रजातिवादी।

**racism** (रे´-सिज़्-ॲम्) ***n.*** 1. a belief that a particular race is better than others, जातिवाद, प्रजातिवाद, प्रजातीयता। 2. racial discrimination, प्रजातिगत भेदभाव, रंग-भेद।

**rack¹** (रैक्) ***n.*** 1. a stand, सामान आदि रखने का लकड़ी/लोहे का टाँडदार ढाँचा, रैक। 2. a toothed bar, दंतुरदंड। 3. an instrument for torture, यातना देने का शिकंजा। ***v.*** 1. to torture on the rack, शिकंजे में कसना। 2. to cause great suffering to, घोर कष्ट देना, सताना। □ **rack one's brains,** सिर खपाना; **rack up,** सफलता पाना।

**rack²** ***n.*** destruction, तबाही।

**racket¹** (रैक्´-इट्) ***n.*** 1. clamour, din, शोरगुल, कोलाहल, होहल्ला, शोर-शराबा। 2. a fraudulent business, ठगी, धोखाधड़ी।

**racket²** ***n.*** a bat for playing tennis, रैकिट।

**racketteer** (रैक्´-इ-टिअॅ:) ***n.*** a dishonest businessman, धोखेबाज़ या दुष्ट व्यापारी।

**racketeering** (रैक्´-इ-टिअॅर्-इंग्) ***n.*** dishonest business, धोखाधड़ी।

**rackety** (रैक्´-इ-टी) ***adj.*** noisy, कोलाहलपूर्ण।

**rack rent** *n.* extortionate rent, कमरतोड़ किराया।

**raconteur** (रैक्-ऑन्-टः´) *n.* one skilled in telling anecdotes or stories, कुशल चुटकुलेबाज़ या कथाकार।

**racy** (रे´-सी) *adj.* 1. lively, सजीव, जीवंत। 2. interesting, रोचक। 3. slightly indecent, कुछ-कुछ अश्लील, अश्लील-सा।

**radar** (रे´-डा:) *n.* a device for deducting distant objects, राडार।

**raddled** (रैड्´-अॅल्ड्) *adj.* very tired, थका-टूटा।

**radial** (रे´-डि-अॅल्) *adj.* 1. relating or pertaining to rays, किरणीय, रश्मिगत। 2. of a radius, त्रिज्य।

**radian** (रे´-डि-यॅन्) *n.* the angle between two radii of a circle, त्रिज्या-कोण, रेडियन।

**radiance** (रे´-डि-अॅन्स्) *n.* glow, brightness, कांति, चमक।

**radiant** (रे´-डि-अॅन्ट्) *adj.* 1. sending out rays of light, विकिरणकारी, विकिरक। 2. showing pleasure or joy, उत्फुल्ल, प्रफुल्ल।

**radiate** (रे´-डि-एट्) *v.* to send out rays (of light or heat), विकिरण करना, फैलाना।

**radiating** (रे´-डि-ए-टिंग्) *adj.* emitting rays, विकिरणकारी।

**radiation** (रे-डि-ए´-शॅन्) *n.* act of sending out radioactive particles, विकिरणन, विकिरण।

**radiator** (रे´-डि-ए-टॅः) *n.* an apparatus that radiates, विकिरणक, रेडिएटर।

**radical** (रैड्´-इ-कॅल्) *adj.* 1. basic, fundamental, मूलभूत, आधारभूत। 2. advocating extreme changes or reforms, अति-सुधारवादी, अतिवादी। 3. drastic, प्रचंड, आमूल; radical change, आमूल परिवर्तन। *n.* a person with radical, views, आमूल परिवर्तनवादी।

**radicalism** (रैड्´-इ-कॅल्-इज़्-अॅम्) *n.* radical principles, अतिवादी सिद्धांत, आमूल परिवर्तनवाद, उग्रवाद।

**radicalize** (रैड्´-इ-कॅ-लाइज़्) *v.* (radicalized, radicalizing) to make radical, अतिवादी बनाना।

**radically** (रैड्´-इ-कॅ-ली) *adv.* 1. basically, मूलत:। 2. completely, आमूलत:।

**radio** (रे´-डि-ओ) *n.* 1. the process of sending and receiving messages without wires, विद्युत् लहरों के द्वारा ध्वनियाँ प्रेषण तथा ग्रहण करने की पद्धति, रेडियो। 2. an equipment for sending or receiving such messages, उक्त ध्वनियाँ प्रेषित करने या ग्रहण करनेवाला यंत्र, रेडियो।

**radioactive** (रे´-डि-ओ-ऐक्´-टिव्) *adj.* of or showing radioactivity, रेडियोधर्मी।

**radioactivity** (रे-डि-ओ-ऐक्-टिव्´-इ-टी) *n.* the property of having atoms that radiate, रेडियोधर्मिता।

**radiogenic** (रे-डि-ओ-जॅन्´-इक्) *adj.* produced by radioactivity, रेडियोधर्मिता द्वारा उत्पन्न।

**radiogram** (रे´-डि-ओ-ग्राम/ग्रैम्) *n.* a message transmitted by radiotelegraphy, रेडियोग्राम।

**radiograph** (रे´-डि-ओ-ग्राफ़्/ग्रैफ़्) *n.* an image produced by X-rays, एक्स-रे चित्र, रेडियोग्राफ़।

**radiography** (रे-डि-ऑग्´-रॅ-फ़ी) *n.* production of radiographs, विकिरणी-चित्रण, रेडियोग्राफ़ी, एक्स-रे चित्रण।

**radiology** (रे-डि-ऑल्´-अॅ-जी) *n.* the scientific study of X-rays in medicine, विकिरण-चिकित्सा।

**radiotherapy** (रे-डि-ओ-थॅर्´-अॅ-पी) *n.* the treatment of disease by X-rays, विकिरण-चिकित्सा।

**radish** (रैड्´-इश्) *n.* a plant and its edible root, मूली।

**radium** (रे´-डि-अॅम्) *n.* a radioactive metallic element, रेडियम नामक तत्त्व।

**radius** (रे´-डि-अॅस्) *n.* 1. a straight line joining the centre of a circle with any point on its surface, त्रिज्या, व्यासार्ध। 2. the circular area, घेरा। 3. a bone of the forearm, कुहनी की हड्डी, बहिर्प्रकोष्ठिका।

**raffish** (रैफ़्´-इश्) *adj.* 1. disreputable, बदनाम, अप्रतिष्ठित। 2. vulgar, अश्लील।

**raffle** (रैफ़्´-ऑल्) *n.* a lottery that offers prizes, लॉटरी। *v.* to offer as a prize in a raffle, लॉटरी द्वारा पुरस्कार देना।

**raft** (रैफ़्ट्) *n.* a floating platform, बेड़ा, तरापा। *v.* to travel on a raft, बेड़े पर यात्रा करना।

**rafter** (रैफ़्´-टॅ:) *n.* a beam, शहतीर, धरन।

**rag**[1] (रैग्) *n.* 1. a scrap of cloth, लत्ता, चिथड़ा। 2. a piece or shred, टुकड़ा। □ **in rags,** चिथड़े पहने हुए।

**rag**[2] *v.* (ragged, ragging) 1. to play rough jokes, घटिया मज़ाक करना। 2. to tease, तंग करना, छेड़छाड़ करना।

**ragamuffin** (रैग्´-ॲ-मफ़्-इन्) *n.* a ragged person, वह जो चिथड़े लपेटे हो, गूदड़साईं।

**rage** (रेज्) *n.* 1. fury, गुस्सा, क्रोध, रोष। 2. a fad or craze, सनक, झक। *v.* (raged, raging) 1. to feel or exhibit intense anger, क्रुद्ध होना, गुस्सा खाना। 2. to be violent, प्रचंड रूप धारण करना। □ **rage out,** गुस्सा ठंडा होना या पड़ना।

**ragged** (रैग्´-इड्) *adj.* 1. torn, worn out, फटा-पुराना (कपड़ा)। 2. wearing torn clothes, चिथड़े पहने हुआ, फटीचर। 3. uneven, rough, ऊबड़-खाबड़, खुरदरा। 4. faulty, दोषपूर्ण, बेतुका, बेठिकाने का।

**raglan** (रैग्´-लॅन्) *n.* a coat or jumper with sleeves that continues to the neck, रैगलान।

**ragout** (रै-गू´) *n.* a stew, सब्ज़ी के साथ पकाया हुआ गोश्त।

**ragtag** (रैग´-टैग्) *n.* common people, जन-साधारण।

**rah** (रा) *interj.* hurrah! वाह!

**raid** (रेड्) *n.* 1. a sudden surprise attack, धावा; air raid, हवाई धावा। 2. a surprise visit by authorities or police to arrest or seize, छापा। *v.* (raided, raiding) to make a raid, धावा बोलना; छापा मारना।

**raider** (रेड्´-ॲ:) *n.* one who raids, धावा बोलनेवाला; छापा मारनेवाला।

**rail**[1] (रेल्) *n.* 1. a horizontal bar of wood or metal in a fence, डंडा, छड़। 2. a line of metal bar, पटरी, लाइन। 3. railing, जंगला, रेलिंग। 4. rail transport, रेल परिवहन। □ **off the rail,** अव्यवस्थित। *v.* (railed, railing) to provide with a rail, छड़ या डंडा लगाना।

**rail**[2] *v.* (railed, railing) to complain bitterly, कोसना, निंदा करना, शिकायत करना।

**railhead** (रेल्´-हॅड्) *n.* a terminal of railway, वह स्थान जहाँ रेलपथ समाप्त हो, रेल-सिरा, टर्मिनल।

**railing** (रे´-लिंग्) *n.* a set of rails supported by posts, जंगला, रेलिंग।

**raillery** (रे´-लॅ-री) *n.* lighthearted joking, हँसी-मज़ाक, ठिठोली, फबती, चुहलबाज़ी।

**rails** (रेल्स्) *n.* a track for trains, रेलपथ, पटरी। □ **go off the rails,** (i) पटरी से उतर जाना, (ii) सही रास्ते से विमुख हो जाना, (iii) पागल हो जाना।

**railway** (रेल्´-वे) *n.* 1. a track for trains, रेलपथ। 2. the organisation responsible for the operation of rail-system, रेल-संघटन, रेल-तंत्र, रेलवे।

**raiment** (रे´-मॅन्ट्) *n.* clothing, कपड़े, परिधान।

**rain** (रेन्) *n.* 1. shower, वर्षा, बरसात। 2. a large quantity of anything, बौछार। □ **rain or shine,** चाहे धूप निकले चाहे पानी बरसे। *v.* (rained, raining) to fall as or like rain, बरसना। □ **be rained off,** वर्षा के कारण (मैच) चौपट या रद हो जाना; **rain cats and dogs,** मूसलाधार पानी बरसना।

**rainbow** (रेन्´-बो) *n.* a coloured arc in the sky, इंद्रधनुष।

**raincoat** (रेन्´-कोट्) *n.* a waterproof coat, बरसाती कोट, बरसाती।

**raindrop** (रेन्´-ड्रॉप्) *n.* a single drop of a rain, वर्षा के पानी की बूँद।

**rainfall** (रेन्´-फ़ा:ल्) *n.* the amount of water fallen in a given time, वर्षामान।

**rain gauge** *n.* an instrument for measuring rainfall, वर्षामापी।

**rainproof** (रेन्´-प्रूफ़) *adj.* not permitting rain to come through, वर्षासह।

R

**rain shower** ***n.*** a long spell of rain, वर्षा की झड़ी।

**rain storm** ***n.*** a storm accompanied by rain, झंझावात, वर्षा-तूफ़ान।

**rainwater** (रेन्´-वा:-टॅ:) ***n.*** the water that falls as rain, बरसाती पानी।

**rainy** (रे´-नी) ***adj.*** characterized by heavy rains, वर्षा-संबंधी; rainy day, बरसात का दिन; rainy season, वर्षा-ऋतु।

**rainy day** ***n.*** a time of need or emergency, कुसमय या संकट की घड़ी। □ **for a rainy day,** दुर्दिन के लिए।

**raise** (रेज़्) ***v.*** 1. to move to higher level, to elevate, ऊँचा करना, खड़ा करना, उठाना। 2. to build or construct, निर्मित करना, बनाना। 3. to increase, बढ़ाना। 4. to stir up, उद्वेलित करना, उकसाना। 5. to improve, सुधारना, ऊँचा उठाना। 6. to bring to end, उठाना, ख़त्म करना। 7. to gather or collect, एकत्र करना, जुटाना। 8. to bring up, (बच्चों आदि का) पालन-पोषण करना, पालना। □ **raise hell,** घोर प्रतिरोध करना; **raise one's orice,** विरोध जतलाना। ***n.*** an increase, बढ़ती, बढ़ोतरी।

**raisin** (रे´-ज़िन्) ***n.*** a sweet dried grape, किशमिश।

**raison d'etre** (रे-ज़ोन्-डें´-ट्रॅ) ***n.*** the reason for existence, अस्तित्व का कारण। (फ्रांसीसी)

**rake**[1] (रेक्) ***n.*** a long handle with prongs, पाँचा। ***v.*** (raked, raking) to gather or collect with a rake, पाँचे से इकट्ठा करना।

**rake**[2] ***n.*** an immoral person, लंपट या दुराचारी व्यक्ति।

**rake-off** (रेक्´-आ:फ़्) ***n.*** a share of illegal profit given as a bribe, रिश्वत के रूप में दिया जानेवाला अनुचित लाभ का हिस्सा।

**rakish** (रे´-किश्) ***adj.*** given to immoral conduct, dissolute, लंपट, दुराचारी।

**rally**[1] (रेल्´-ई) ***v.*** (rallied, rallying) 1. to come or bring together for a common purpose, एकजुट होना या करना। 2. to re-assemble (after defeat, पराजय के बाद) पुन: एकजुट होना। 3. to rouse, उठ खड़े होना। 4. to recover one's strength after illness, स्वस्थ होना। ***n.*** 1. an act of rallying, जुटने की क्रिया या भाव, जमावड़ा। 2. a mass meeting to generate enthusiasm, विशाल जनसभा, रैली। 3. a notable rise in prices (after decline, उतार के बाद) कीमतों में चढ़ाव। 4. a long distance race of cars etc., over public roads, रैली।

**rally**[2] ***v.*** (rallied, rallying) to tease or ridicule, चिढ़ाना या मज़ाक उड़ाना, उपहास करना।

**ram** (रैम्) ***n.*** 1. a male sheep, मेढ़ा, भेड़ा। 2. Aries, मेष राशि। 3. a bar used to drive, batter or crush, थापी, दुरमुस आदि। ***v.*** (rammed, ramming) 1. to strike with a ram, दुरमुस से पीटना। 2. to force into, धकेलना। 3. to collide, टकराना, भिड़ जाना।

**Ramadan** (रैम्´-अॅ-डान्) ***n.*** the ninth month of the Muslim year, रमज़ान।

**ramble** (रैम्´-बॅल्) ***v.*** 1. to wander aimlessly, घूमना, भ्रमण/सैर करना। 2. to write or talk disconnectedly, ऊटपटाँग ढंग से लिखना या बोलना। ***n.*** a leisurely stroll, सैर, भ्रमण।

**rambler** (रैम्´-ब्लॅ:) ***n.*** 1. one who rambles, भ्रमणकर्ता, घुमक्कड़। 2. a climbing rose, गुलाब की बेल।

**rambunctious** (रैम्-बंक्´-शॅस्) ***adj.*** unruly, उपद्रवी, ऊधमी।

**ramekin** (रैम्´-अॅ-किन्) ***n.*** something baked, सेंका हुआ पकवान।

**ramification** (रैम्-इ-फ़ि-के´-शॅन्) ***n.*** 1. the act of ramifying or the state of being ramified, शाखा निकलने की प्रक्रिया, प्रशाखन। 2. a part of a complex structure, उपशाखा।

**ramp** (रैम्प्) ***n.*** a sloping surface that joins two levels of floor, दो फ़र्शों को जोड़नेवाली ढाल। 2. a movable set of stairs put beside an aircraft by which passangers enter and leave, वायुयान पर यात्रियों को चढ़ाने-उतारने की सीढ़ी। 3. a swindle, ठगी।

**rampage** (रैम्´-पेज्) ***v.*** to act or behave violently, ऊधम मचाना, तहस-नहस कर डालना। ***n.*** a violent frenzied action or behaviour, उत्पात, ऊधम, तहस-नहस। □ **go on the rampage,** तहस-नहस करते चलना, आफ़त मचा देना।

**rampant** (रैम्´-पॅन्ट्) ***adj.*** 1. unrestrained, अनियंत्रित। 2. growing or spreading unchecked, बेतहाशा बढ़ने या फैलनेवाला।

**rampantly** (रैम्´-पॅन्ट्-ली) ***adv.*** in a rampant way, अनियंत्रित रूप से, ज़ोरों से, बेतहाशा।

**rampart** (रैम्´-पाःट्) ***n.*** surrounding wall or embankment of a fort, परकोटा। ***v.*** (ramparted, ramparting) to provide with a rampart, परकोटा बनाना।

**ramrod** (रैम्´-रॉड्) ***n.*** 1. an iron rod for cleaning the barrel of a rifle, बंदूक की नाली साफ़ करने का गज़। 2. a person hard to please, कठोर व्यक्ति। ***adj.*** कठोर।

**ramshackle** (रैम्´-शैक्-अॅल्) ***adj.*** dilapidated, crumbling, ज़र्जर, ख़स्ता।

**ranch** (रान्च्, रैन्च्) ***n.*** a farm for rearing certain animals, पशुफ़ार्म। ***v.*** (ranched, ranching) to manage a ranch, पशुफ़ार्म चलाना।

**rancher** (रान्च्´/रैन्च्´-अः) ***n.*** one who owns a ranch, पशुफ़ार्म का मालिक।

**ranch house** ***n.*** a building connected with a ranch, पशुफ़ार्म पर का निवास।

**rancid** (रैन्´-सिड्) ***adj.*** smelling or tasting unpleasant, stale, बासी।

**rancidity** (रैन्-सिड्´-इ-टी) ***n.*** the quality or state of being rancid, बासीपन।

**rancorous** (रैंक्´-कॅर्-अॅस्) ***adj.*** malicious, विद्वेषपूर्ण।

**rancorously** (रैंक्´-कॅर्-अॅस्-ली) ***adv.*** with rancour, विद्वेषपूर्वक।

**rancour, rancor** (रैंक्´-कः) ***n.*** deep-seated ill will, द्वेष, विद्वेष।

**rand** (रैन्ड्) ***n.*** the unit of money of the Republic of South Africa, रैंड।

**random** (रैन्´-डॅम्) ***adj.*** haphazard, बिना सोचे-विचारे होनेवाला, संयोगजन्य, सांयोगिक, इत्तफ़ाकिया। □ **at random,** यों ही, बेतरतीब।

**randy** (रैन्´-डी) ***adj.*** lustful, कामुक, कामातुर।

**range** (रेन्ज्) ***n.*** 1. a series of mountains, पर्वतमाला, पर्वतश्रेणी। 2. a kind or class, श्रेणी, वर्ग, प्रकार। 3. the distance over which a bullet or missile can travel, (बंदूक की) मार, परास। 4. the area or sphere of activity, प्रभाव-क्षेत्र, क्रियाक्षेत्र, क्षेत्र। 5. a large open area on which livestock graze, चरागाह। 6. a place for shooting practice, शिकारगाह, चाँदमारी। ***v.*** (ranged, ranging) 1. to arrange in specified way, क्रम से रखना या लगाना। 2. to vary between limits, घटना-बढ़ना। 3. to wander, घूमना-फिरना।

**ranger** (रेन्´-जः) ***n.*** a forest officer, वन-रक्षक, वनपाल।

**rangy** (रेन्´-जी) ***adj.*** long-legged, लंबी टाँगोंवाला, लमटंगा।

R

**rank[1]** (रैंक्) ***n.*** 1. official position, पदवी। 2. eminent position, ऊँचा या महत्त्वपूर्ण पद। 3. a row or line, पंक्ति। 4. a series, माला, श्रेणी। ***v.*** 1. to arrange in rows, पंक्तिबद्ध करना। 2. to assign a rank to, पदवी देना। 3. to have a certain rank, पद प्राप्त होना।

**rank[2]** ***adj.*** 1. growing profusely, ख़ूब बढ़ने या फैलनेवाला। 2. disagreeable, अप्रिय। 3. out and out, घोर, सरासर, नितांत।

**ranking** (रैंग्´-किंग्) ***adj.*** senior in position, उच्च पदस्थ। ***n.*** a position in a scale, स्थिति।

**rankle** (रैंक्´-कॅल्) ***v.*** to cause severe and continuous irritation or annoyance, रड़कना, खटकना, कसकना, चुभना।

**ransack** (रैन्´-सैक्) ***v.*** 1. to search thoroughly, तलाशी लेना, छान डालना। 2. to plunder or rob, लूटना-खसोटना।

**ransom** (रैन्´-सॅम्) ***n.*** the price demanded for the release of a captive, फिरौती। ***v.*** to obtain the release of a captive in return for money, फिरौती देकर अपहृत व्यक्ति को छुड़ाना।

**rant** (रैन्ट्) ***v.*** to speak loudly and at length, प्रलाप करना, गला फाड़ना।

**rap[1]** (रैप्) ***v.*** (rapped, rapping) to strike sharply, to knock, ठकठक/खटखट करना।

☐ **rap out,** कह डालना; **rap over the knuckles,** कोसना, झाड़ना। *n.* 1. a quick sharp sound, knock, ठकठक, खटखट। 2. a blame, दोषारोपण, लांछन।

**rap**[2] *n.* the least amount, लवलेश। ☐ **not to care a rap,** ज़रा भी परवाह न करना।

**rapacious** (रॅ-पे´-शॅस्) *adj.* greedy, लोभी।

**rapaciously** (रॅ-पे´-शॅस्-ली) *adv.* with greed, लोभवश।

**rapacity** (रॅ-पैस्´-इ-टी) *n.* greed, लोभ।

**rape** (रेप्) *n.* 1. a sexual act committed by force, बलात्कार। 2. the crime of forcing a woman to submit to sexual intercourse, बलात्कार। 3. the act of spoiling, चौपट करना, विनाश। *v.* 1. to commit rape upon, बलात्कार करना। 2. to destroy, नष्ट करना।

**rapid** (रैप्´-इड्) *adj.* quick, swift, तीव्रगामी, तेज़ द्रुत, द्रुतगामी। *n.* a swift current, तेज़ धारा।

**rapidity** (रॅ-पिड्´-इ-टी) *n.* quickness, तीव्रगति, तेज़ी, द्रुतगति।

**rapidly** (रैप्´-इड्-ली) *adv.* quickly, swiftly, तेज़ी से, तीव्रगति से।

**rapids** (रैप्´-इड्स्) *n.* (plu.) the part of a river where the current is very fast, नदी का वह स्थान जहाँ बहाव अत्यधिक तेज़ हो।

**rapier** (रे´-पिअॅ:) *n.* a double-edged sword, कटार।

**rapist** (रैप्´-इस्ट्) *n.* one who rapes, बलात्कार करनेवाला, बलात्कारी।

**rapport** (रै-पो:´) *n.* sympathetic or close relationship, मेल-जोल, घनिष्ठता।

**rapprochement** (रै-प्रोच्´-मॅन्ट्) *n.* the establishment of cordial relations, मेल-मिलाप।

**rapt** (रैप्ट्) *adj.* 1. engrossed, तन्मय, मग्न। 2. enthralled, मुग्धकारी, मनोहर।

**rapture** (रैप्´-चॅ:) *n.* intense delight, आनंद, हर्ष, ख़ुशी। ☐ **be in raptures,** ख़ुशी से फूले न समाना, ख़ुशी से झूम उठना।

**rapturous** (रैप्´-चॅर्-अॅस्) *adj.* intensely delighted, हर्षोन्मत्त, आनंदविभोर, प्रहर्षित।

**rare** (रेअॅ:) *adj.* 1. seldom found, विरल, विरला, दुर्लभ। 2. unusually great or fine, असाधारण; rare feat, असाधारण करतब, कमाल। *adj.* somewhat cooked, अधपका।

**rarely** (रेअॅ:´-ली) *adv.* on only a few occasions, विरले रूप से, कदाचित ही, कभी-कभार।

**raring** (रेअॅर्´-इंग्) *adj.* enthusiastic, उत्साही, उतावला; raring to go, जाने के लिए उतावला।

**rarity** (रेअॅर्´-इ-टी) *n.* 1. a rare thing, विरल वस्तु। 2. rareness, विरलता, दुर्लभता।

**rascal** (रास्´-कॅल्, रैस्´-कॅल्) *n.* a mischievous person, धूर्त, दुष्ट, बदमाश।

**rascality** (रै-स्कैल्´-इ-टी) *n.* mischievousness, धूर्तता, दुष्टता, बदमाशी।

**rash**[1] (रैश्) *adj.* too hasty, जल्दबाज़ी-भरा, दुस्साहसपूर्ण।

**rash**[2] *n.* 1. an eruption on the skin, चकत्ता, ददोरा। 2. an outbreak of many occurrences within a brief period, ताँता, सिलसिला, क्रम; a rash of burglaries, चोरियों का ताँता।

**rasher** (रैश्´-अॅ:) *n.* a slice of ham, सुअर के मांस का टुकड़ा।

**rashly** (रैश्´-ली) *adv.* in a rash manner, जल्दबाज़ी में, अंधाधुंध।

**rashness** (रैश्´-निस्) *n.* the quality of being rash, उतावली, जल्दबाज़ी, दुस्साहस, अंधापन।

**rasp** (रैस्प्) *n.* a coarse file, रेती। *v.* (rasped, rasping) 1. to rub with a rasp, रेती से रगड़ना, रेतना। 2. to utter gratingly, चिढ़कर बोलना, कर्कश ध्वनि करना।

**raspberry** (रैज़्´-बॅर्-ई) *n.* a shrub and its fruit, मकोय, रसभरी।

**rat** (रैट्) *n.* 1. a mouse, चूहा। 2. a scoundrel, दुष्ट व्यक्ति। ☐ **smell a rat,** to guess that something wrong is happening, दाल में कुछ काला प्रतीत होना। *v.* (ratted, ratting) 1. to hunt or kill rats, चूहों का शिकार करना, चूहे मारना। 2. to betray the trust, वचन तोड़ना, वचन-भंग करना।

**rat-a-tat** (रैट्-अॅ-टैट्´) *n.* the sound of knocking on a door, दरवाज़ा खटखटाने का शब्द, खटखट।

**ratchet** (रैच्´-इट्) *n.* a toothed wheel, दाँतेदार पहिया जो एक दिशा में घूमता है, गरारी।

**rate**[1] (रेट्) ***n.*** 1. the amount of one thing in relation to units of something else, दर, भाव; rate of exchange, विनिमय दर। 2. a fixed ratio, अनुपात। 3. price or value, मूल्य। 4. speed, गति, रफ़्तार। 5. a class or rank, कोटि; of first rate, उत्तम कोटि का। □ **at any rate,** (i) चाहे जो हो; (ii) किसी भी तरह। ***v.*** (rated, rating) 1. to estimate the value of, दाम आँकना या लगाना। 2. to put into a particular class, किसी विशिष्ट श्रेणी में रखना। 3. to esteem, महत्त्व देना या मानना।

**rate**[2] ***v.*** (rated, rating) 1. to scold, डाँटना, डपटना, फटकारना। 2. to consider to set a value on, मानना, कद्र करना, मूल्यांकन करना; I rate him high. मैं उसकी बहुत कद्र करता हूँ।

**rate of exchange** ***n.*** विनिमय दर।

**rate-list** (रेट्´-लिस्ट्) ***n.*** a list in which rate of items is given, मूल्य-सूची, दर-सूची।

**ratepayer** (रेट्´-पेंअ:) ***n.*** a tax-payer, करदाता।

**rather** (राद्´-अ:, रैद्´-अ:) ***adv.*** 1. slightly, कुछ-कुछ, कुछ, किंचित्। 2. more exactly, वस्तुत:, निश्चय ही। 3. by preference, ज़्यादा करके। 4. on the contrary, but, बल्कि, उलटे। □ **rather than,** (i) के बदले, के बजाय, (ii) पर, बल्कि।

**ratification** (रैट्-इ-फ़ि-के´-शॅन्) ***n.*** an act of ratifying, confirmation, अभिपुष्टि।

**ratified** (रैट्´-इ-फ़ाइड्) ***adj.*** confirmed, अभिपुष्ट।

**ratify** (रैट्´-इ-फ़ाइ) ***v.*** to give formal sanction to, अभिपुष्टि करना।

**rating** (रे´-टिंग्) ***n.*** 1. rank or grade, श्रेणी, कोटि। 2. a placement in a certain rank, किसी श्रेणी या कोटि में रखा जाना, क्रम-निर्धारण। 3. an estimate of financial status, आर्थिक स्थिति का निर्धारण, मूल्य-निर्धारण। 4. an amount determined as a rate, दर के रूप में निश्चित की हुई राशि, निर्धारित मूल्य।

**ratio** (रे´-शो) ***n.*** proportion, दर।

**ratiocination** (रैट्/रैश्-इ-ऑस्-इ-ने´-शॅन्) ***n.*** methodical reasoning, सही सोच, तर्कना।

**ration** (रैश्´-ऑन्, रे´-शॅन्) ***n.*** 1. fixed quantity or allotment of food or provisions, नियत अंश, नियतांश, राशन। 2. (plu.) food, खाद्य पदार्थ, रसद, राशन। ***v.*** (rationed, rationing) 1. to supply with rations, राशन देना, नियत मात्रा में खाद्यान्न देना। 2. to restrict to limited allotments, राशनिंग करना, कंट्रोल लगाना, नियंत्रण लगाना।

**rational** (रैश्´-ॲ-नॅल्) ***adj.*** 1. sane, intelligent, (व्यक्ति) बुद्धिशील, तर्कशील। 2. reasonable, बुद्धिसंगत, तर्कसंगत, तर्कमूलक।

**rationally** (रैश्´-ॲ-नॅ-ली) ***adv.*** in a rational manner, तर्कसंगत रूप से।

**rationale** (रैश्-ॲ-नैल्´) ***n.*** 1. logical basis, तर्कसंगत आधार। 2. explanation of principles, सिद्धांतों का स्पष्टीकरण।

**rationalism** (रैश्´-ॲ-नॅ-लिज़्-ॲम्) ***n.*** the theory that reason is the true source of knowledge, बुद्धिवाद।

**rationalist** (रैश्´-ॲ-नॅ-लिस्ट्) ***n.*** one who believes in rationalism, बुद्धिवादी।

**rationalistic** (रैश्-ॲ-नॅ-लिस्´-टिक्) ***adj.*** of or pertaining to rationalism, बुद्धिवादी।

**rationalization** (रैश्-ॲ-नॅ-लाइ/लि-ज़े´-शॅन्) ***n.*** the act of rationalizing, तर्क-सम्मतीकरण, सुव्यवस्थीकरण।

**rationalize** (रैश्´-नॅ-लाइज़्) ***v.*** (rationalized, rationalizing) 1. to make logical, तर्क-सम्मत बनाना। 2. to cause to appear logical, देखने में तर्कसंगत बनाना।

**ratline** (रेट्´-लिन्) ***n.*** a ladder of rope for climbing aloft, मस्तूल पर लगी रस्सी-सीढ़ी।

**rat race** ***n.*** a continual or exhausting routine of competitive struggle to maintain one's position, अंधी दौड़।

**rat-tat** (रैट्-टैट्´) ***n.*** rat-a-tat, खटखट, दरवाज़ा खटखटाने का शब्द।

**ratter** (रैट्´-अ:) ***n.*** a dog or cat that catches rats, चूहे पकड़नेवाला कुत्ता या बिल्ली।

**ratting** (रैट्´-इंग्) ***n.*** the act of catching rats, चूहे पकड़ने की क्रिया।

**rattle** (रैट्´-ॲल्) ***v.*** (rattled, rattling) to make a series of short sharp sounds,

R

खड़खड़ करना, खनखनाना। □ **rattle off,** तेज़ी से बोलना; **rattle through something,** जल्दी से कोई काम करना। ***n.*** a rapid succession of sharp short sounds, खड़खड़, खड़खड़ाहट, खनखन।

**rattler** (रैट्´-लॅ:) ***n.*** 1. a rattle snake, अमरीका का ज़हरीला साँप जिसकी पूँछ खड़खड़ाती है। 2. a thing that rattles, खनखन करनेवाली वस्तु, कमाल की वस्तु।

**rattle trap *n.*** an old car, पुरानी छकड़ा गाड़ी।

**rattling** (रैट्´-लिंग्) ***adj.*** 1. vigorous, ज़ोरदार। 2. very much, अत्यधिक, बहुत; a rattling good story, बहुत बढ़िया कहानी।

R

**ratty** (रैट्´-ई) ***adj.*** 1. infested with rats, चूहों से ग्रस्त। 2. angry, क्रुद्ध।

**raucous** (रा:´-कॅस्) ***adj.*** loud and harsh sounding, कर्कश या फटी-फटी आवाज़वाला।

**raunchiness** (रा:न्´-चि-निस्) ***n.*** lechery, लंपटता।

**raunchy** (रा:न्´-ची) ***adj.*** 1. lecherous, लंपट। 2. dirty, गंदा, अश्लील।

**ravage** (रैव्´-इज्) ***v.*** to devastate, तहस-नहस करना, नष्ट कर देना।

**ravages** (रैव्´-अॅ-जिज़्) ***n.*** (plu.) devastation, तहस-नहस, बरबादी, विध्वंस।

**rave** (रेव्) ***v.*** 1. to talk wildly as if in fever or mad, (बेहोशी में) बड़बड़ाना। 2. to roar, गर्जन करना, गरजना। 3. to praise enthusiastically, ख़ूब प्रशंसा करना।

**ravel** (रैव्´-अॅल्) ***v.*** (ravelled, ravelling) to separate knitted fabric into threads, उधेड़ना। 2. to be tangled, उलझना। □ **ravel out,** सुलझाना या सुलझना।

**raven**[1] (रे´-वॅन्) ***n.*** a large black bird, काला कौआ, डोम कौआ। ***adj.*** glossy black, काला और चमकीला।

**raven**[2] (रैव्´-अॅन्) ***v.*** (ravened, ravening) 1. to devour greedily, भकोसना। 2. to have a voracious appetite, भुक्खड़ या पेटू होना। 3. to plunder, लूटना-खसोटना।

**raven-haired *adj.*** having glossy black hair, काले चमकीले बालोंवाला।

**ravening** (रैव्´-अॅ-निंग्) ***adj.*** dangerous because of hunger, बहुत भूखा।

**ravenous** (रैव्´-अॅ-नॅस्) ***adj.*** 1. starving, भुखमरा। 2. very hungry, बहुत भूखा। 3. greedy लोभी।

**rave-up** (रेव्´-अप्) ***n.*** a party with drinking and dancing, नाच और शराब की पार्टी।

**ravine** (रॅ-वीन्´) ***n.*** a deep narrow valley, गहरी संकरी घाटी।

**raving** (रे´-विंग्) ***adj.*** 1. talking wildly, delirious, बड़बड़ाता हुआ, उन्मत्त। 2. notable, उल्लेखनीय, महत्त्वपूर्ण।

**ravings** (रे´-विंग्स्) ***n.*** (plu.) wild or mad talk, प्रलाप।

**ravioli** (रैव्´-इ-ओ-ली) ***n.*** an Italian dish, एक प्रकार का इतालवी व्यंजन।

**ravish** (रैव्´-इश्) ***v.*** (ravished, ravishing) 1. to rape, बलात्कार करना। 2. to enrapture, प्रफुल्लित होना।

**ravishing** (रैव्´-इ-शिंग्) ***adj.*** 1. delightful, आनंददायक। 2. very beautiful, अतिसुंदर।

**ravishingly** (-ली) ***adv.*** very, बहुत; ravishingly beautiful, अतिसुंदर।

**raw** (रा:) ***adj.*** 1. not cooked, अपक्व, कच्चा। 2. in a natural and unrefined state, not fully processed, कच्चा, अपरिष्कृत, अनगढ़; raw material, कच्चा माल। 3. unskilled, ignorant, अनाड़ी, अकुशल। 4. harshly cold or damp, बहुत ठंडा या सीलन-भरा। 5. unjust, अनुचित। □ **in the raw,** (i) अनगढ़, (ii) नग्न।

**raw-boned** (रा:´-बोन्ड्) ***adj.*** gaunt, दुबला-पतला, मरियल।

**raw deal *n.*** unfair treatment, बुरा बर्ताव।

**rawhide** (रा:´-हाइड्) ***n.*** untanned leather, खाल।

**rawness** (रा:´-निस्) ***n.*** the quality or state of being raw, कच्चापन; अनगढ़पन।

**ray** (रे) ***n.*** 1. a beam of light, किरण, रश्मि। 2. a light indication, हलका संकेत।

**rayon** (रे´-ऑन्) ***n.*** a synthetic fibre, रेयॉन।

**raze** (रेज़्) ***v.*** to demolish, to destroy completely, पूरी तरह ध्वस्त करना, पूरी तरह ढाना। □ **raze to the ground,** भूमिसात

या मटियामेट कर देना।

**razor** (रे´-ज़ॅ:) ***n.*** an instrument with a sharp blade for shaving, उस्तरा। □ **on a razor's edge**, विकट स्थिति में।

**razor-edged, razor-sharp** ***adj.*** very sharp, अतितीक्ष्ण, पैनी धारवाला।

**razz** (रैज़्) ***v.*** (razzed, razzing) to ridicule, उपहास करना, हँसी उड़ाना।

**razzle-dazzle** (रैज़्´-अॅल्-डैज़्´-अॅल्) ***n.*** 1. showy fuss, होहल्ला। 2. spree, रंगरली।

**re** (रि) ***prefix.*** again, पुनर्।

**reach** (रीच्) ***v.*** 1. to stretch out or extend, पहुँच होना, हाथ ले जाना। 2. to arrive at, पहुँचना। 3. to touch, छूना। 4. to establish communication with, संपर्क करना। 5. to amount to, जा पहुँचना; to reach one hundred, सौ तक जा पहुँचना। ***n.*** 1. the act of reaching, पहुँच; out of reach, पहुँच के बाहर। 2. the extent covered by one's mental power or ability, उड़ान, पहुँच।

**reachable** (री´-चॅ-बॅल्) ***adj.*** able to be reached, (स्थान) जिस तक पहुँचा जा सके।

**react** (री-ऐक्ट्´) ***v.*** to act in response to something in a contrary manner, प्रतिक्रिया करना।

**reaction** (री-ऐक्´-शॅन्) ***n.*** an opposing action, प्रतिक्रिया।

**reactionary** (री-ऐक्´-शॅ-नॅ-री) ***adj.*** opposed to change or reform, प्रतिगामी, प्रतिक्रियावादी।

**reactivate** (री-ऐक्´-टि-वेट्) ***v.*** to activate again, दुबारा सक्रिय करना।

**reactive** (री-ऐक्´-टिव्) ***adj.*** tending to react, प्रतिक्रियक, प्रतिक्रियात्मक।

**reactivity** (री-ऐक्-टिव्´-इ-टी) ***n.*** ability to react, प्रतिक्रियक क्षमता।

**reactor** (री-ऐक्´-टॅ:) ***n.*** an apparatus for the controlled production of nuclear energy, नाभिक ऊर्जा उत्पन्न करने का यंत्र, रिएक्टर।

**read** (रीड्) ***v.*** (read, reading) 1. to understand the meaning of something written or printed, पढ़ना, पढ़ लेना। 2. to speak aloud something written or printed, ज़ोर से पढ़ना या पढ़ कर सुनाना। 3. to determine the intent or mood of, to comprehend, समझना, भाँपना, ताड़ना। 4. to indicate, बताना, बतलाना। 5. to foretell or predict, भविष्यवाणी करना। 6. to undertake a course of study, पढ़ना, अध्ययन करना; to read history, इतिहास पढ़ना। □ **read between the lines,** छिपा अर्थ ढूँढ़ निकालना; **read oneself to sleep,** पढ़ते-पढ़ते सो जाना; **read out,** ऊँचे स्वर में (लिखा हुआ) पढ़ना, बोलना; **read up,** पढ़ जाना। ***n.*** an act of reading, पढ़ना, पठन।

**readability** (री-डॅ-बिल्´-इ-टी) ***n.*** 1. the quality of being readable, सुपाठ्यता, रोचकता। 2. ability to read, पठन-योग्यता।

**readable** (री´-डॅ-बॅल्) ***adj.*** 1. able to be read, सुपाठ्य। 2. interesting, रोचक।

**readdress** (री-अॅ-ड्रेस्´) ***v.*** to alter address (on a letter, पत्र पर का) पता बदलना, दूसरा पता लिखना।

**reader** (री´-डॅ:) ***n.*** 1. one who reads, पढ़नेवाला, पाठक, वाचक। 2. a senior university lecturer, रीडर, उपाचार्य। 3. a clerk in a court, पेशकार, प्रस्तुतकार, रीडर। 4. a text book, पाठ्य पुस्तक। 5. a proofreader, प्रूफ़-संशोधक, प्रूफ़-रीडर।

**readership** (री´-डॅ:-शिप्) ***n.*** 1. all the readers collectively, पाठक-संख्या। 2. the post of a reader, रीडर या उपाचार्य का पद।

**readily** (रैंड्´-इ-ली) ***adv.*** 1. willingly, ख़ुशी-ख़ुशी। 2. easily, आसानी से, सुगमता से। 3. promptly, quickly, तत्परतापूर्वक, शीघ्रतापूर्वक।

**readiness** (रैंड्´-इ-निस्) ***n.*** the state or quality of being ready, तैयारी, तत्परता, उपलब्धता।

**reading** (री´-डिंग्) ***n.*** 1. an act of a person who reads, पढ़ना, पठन। 2. written or printed text, लिखित या छपी हुई सामग्री। 3. the formal recital of a bill, (संसद् या विधानसभा में) नए विधेयक का पढ़ा जाना, वाचन। 4. study, अध्ययन। 5. interpretation, व्याख्या, भाष्य। 6. measurement indicated by an instrument, उपकरण द्वारा अंकित संख्या, रीडिंग। 7. the form of a particular word in a particular work, पाठांतर।

**reading room** ***n.*** a room for reading (in a club or library), वाचनालय।

**readjust** (री-ॲड्-जॅस्ट्´) ***v.*** to adjust again, पुन:समायोजित करना।

**readjustment** (री-ॲड्-जॅस्ट्´-मॅन्ट्) ***n.*** the state of being readjusted, पुन:समायोजन।

**readmission** (री-ॲड्-मिश्´-ॲन्) ***n.*** the act of readmitting, पुनर्प्रवेश, पुनर्प्रवेशन।

**readmit** (री-ॲड्-मिट्´) ***v.*** to admit again, पुनर्प्रवेश करना/कराना।

R

**ready** (रॅंड्´-ई) ***adj.*** 1. prepared, प्रस्तुत, तैयार। 2. willing or eager, इच्छुक या उत्सुक। 3. prompt, तत्पर, उद्यत। 4. quick in understanding, विचक्षण। 5. quick in responding, हाज़िरजवाब। 6. available for action or use, तैयार, उपलब्ध। ***n.*** cash available for immediate use, नकद रुपया।

**readymade** (रॅंड्-इ-मेड्´) ***adj.*** 1. already made, सिला-सिलाया, बना-बनाया, तैयार। 2. conventional, रूढ़। 3. extremely convenient, अत्यंत सुविधाजनक।

**ready-reckoner** (रॅंड्-इ-रॅक्´-ॲ-नॅ:) ***n.*** a table of number for simple calculations, गणन-फलक।

**reaffirm** (री-ॲ-फ़:म्´) ***v.*** to affirm again, पुष्टि करना।

**reagent** (री-ए´-जॅन्ट्) ***n.*** (chem.) a substance used to produce chemical change, रीएजेंट।

**real** (री´-ॲल्) ***adj.*** 1. actual, असली, वास्तविक। 2. not imaginary, यथार्थ, सच्चा। 3. genuine, विशुद्ध, असली। 4. serious, गंभीर। 5. pertaining to fixed property, स्थावर।

**real estate** ***n.*** land and including permanent building on it, ज़मीन-जायदाद, भूसंपत्ति।

**realism** (री´-ॲ-लिज़्-ॲम्) ***n.*** the depiction of reality, यथार्थ चित्रण; यथार्थवाद।

**realist** (री´-ॲ-लिस्ट्) ***n.*** a believer in realism, यथार्थवादी।

**realistic** (री-ॲ-लिस्´-टिक्) ***adj.*** of or pertaining to realism, यथार्थवादी।

**realistically** (री-ॲ-लिस्´-टि-कॅ-ली) ***adv.*** in a realistic way, यथार्थ रूप से, यथातथ्य।

**reality** (री-ऐल्´-इ-टी) ***n.*** the quality or state of being real, actuality, वास्तविकता, यथार्थता, असलियत। 2. truth, सच्चाई। □ **in reality,** वस्तुत:, यथार्थ में।

**realizable** (री´-ॲ-लाइ-ज़ॅ-बॅल्) ***adj.*** that can be realized, वसूलने योग्य।

**realization** (री-ॲ-लाइ-ज़े´-शॅन्) ***n.*** 1. the act of realizing or something realized, वसूली, उगाही। 2. achievement, उपलब्धि, सिद्धि, प्राप्ति। 3. comprehension, बोध, अनुभूति।

**realize** (री´-ॲ-लाइज़्) ***v.*** 1. to collect, वसूल करना, उगाहना। 2. to obtain, उपलब्ध/प्राप्त करना। 3. to bring to fruition, परिणत/चरितार्थ करना, पूरा करना। 4. to convert into money by selling, दाम खड़ा करना 5. to become aware of, अनुभूत या महसूस करना, बोध/भान होना, समझना।

**really** (री´-ॲ-ली) ***adj.*** in fact, in reality सचमुच, दरअसल, वस्तुत:।

**realm** (रॅल्म्) ***n.*** 1. a kingdom, राज्य। 2. a field, क्षेत्र।

**realty** (री´-ॲल्-टी) ***n.*** 1. (law) real estate भूसंपत्ति, जमीन-जायदाद। 2. honesty ईमानदारी।

**ream[1]** (रीम्) ***n.*** five hundred sheets of paper, रीम।

**ream[2]** (रीम्) ***v.*** (reamed, reaming) to clear or enlarge with a reamer, रीमर से साफ़ करना।

**reamer** (री´-मॅ:) ***n.*** a tool for cleaning and enlarging the holes, रीमर।

**reams** (रीम्स्) ***n.*** a large quantity of written paper, ढेरों लिखे हुए कागज़।

**reanimate** (री-ऐन्´-इ-मेट्) ***v.*** to animate again, पुनर्जीवित करना।

**reap** (रीप्) ***v.*** (reaped, reaping) 1. to cut

crop, फ़सल काटना, कटनी करना, लुनना। 2. to get as a reward of some action, भरना, पाना, प्राप्त करना, किए का फल पाना या भोगना; As you sow, so shall your reap. जैसा बोओगे वैसा काटोगे।

**reaper** (रीप्´-अ:) ***n.*** 1. one who reaps, लुनेरा। 2. a machine for reaping, रीपर।

**reaping** (रीप्´-इंग्) ***n.*** the act of one who reaps, लुनाई, लवनी, कटनी।

**reappear** (री-अ-पिअ:´) ***v.*** to appear again, पुनः प्रकट होना।

**reappearance** (री-अ-पिअर्´-अन्स्) ***n.*** the act of reappearing or the state of being reappeared, पुनर्प्रकटन।

**reapply** (री-अ-प्लाइ´) ***v.*** (reapplied, reapplying) to apply again, पुनरावेदन करना।

**reappraisal** (री-अ-प्रेज्´-अल्) ***n.*** an act of appraising again, पुनर्मूल्यन।

**rear[1]** (रिअ:) ***n.*** 1. the back part of something, पिछला भाग, पिछवाड़ा, पृष्ठभाग। 2. the part of the military deployment farthest from the fighting front, चंडावल। ***adj.*** of or located at the rear, पिछला।

**rear[2]** ***v.*** (reared, rearing) 1. to bring up, पालना-पोसना। 2. to lift upright on the hind legs, (घोड़े आदि का) पिछले पैरों पर खड़े होना। 3. to lift up, ऊपर उठाना। 4. to build, निर्मित करना। 5. to breed, नस्ल बढ़ाना, पालना।

**rearguard** (रिअ:´-गा:ड्) ***n.*** a detachment to protect the rear of a military, सेना के पृष्ठ भाग का रक्षक दस्ता।

**rearm** (री-आ:म्´) ***v.*** to arm again, पुनरस्त्रीकरण करना।

**rearmament** (री-आ:´-म-मन्ट्) ***n.*** the act of rearming or the state of being rearmed, पुनरस्त्रीकरण।

**rearmost** (रिअ:´-मोस्ट्) ***n.*** farthest in the rear, सबसे पिछला।

**rearrange** (री-अ-रेन्ज्´) ***v.*** to arrange again, दुबारा क्रम से लगाना, पुनर्विन्यास करना।

**rearrangement** (री-अ-रेन्ज्´-मन्ट्) ***n.*** the act of rearranging, पुनर्विन्यास।

**rearward** (रिअ:´-व:ड्) ***adv.*** toward the rear, पीछे की ओर।

**reason** (री´-ज़न्) ***n.*** 1. a cause or justification for something, तर्क, दलील, कारण, हेतु। 2. sanity, sound mind, intelligence, बुद्धि, विवेक; Have you lost your reason? क्या तुम अपना विवेक खो बैठे हो ? □ **bring to reason,** युक्तियुक्त या तर्कसंगत बनाना; **by reason of,** के कारण; **out of all reason,** अयुक्तियुक्त; **stand to reason,** युक्तियुक्त होना; **with reason,** सकारण। ***v.*** (reasoned, reasoning) 1. to think logically, सही ढंग से सोचना, तर्क करना। 2. to work out by reasoning, तर्क से काम निकालना। 3. to persuade (someone) by argument, समझाना-बुझाना।

**reasonable** (री´-ज़्-न-बल्) ***adj.*** 1. sensible, समझदार, विवेकशील। 2. in accordance with reason, युक्तियुक्त, तर्कसंगत। 3. moderate, उचित, समीचीन।

**reasonably** (री´-ज़-न-ब्ली) ***adv.*** in a reasonable manner, समझदारी से, विवेकपूर्वक।

**reasoned** (री´-ज़न्ड्) ***n.*** logical, सुविचारित, तर्कसम्मत।

**reasoning** (री´-ज़-निंग्) ***n.*** 1. the act of drawing conclusions from facts etc., तर्कणा, विचारण। 2. the use of one's reason, विवेकशक्ति। 3. an argument, तर्क।

**reasonless** (री´-ज़न्-लिस्) ***adj.*** 1. illogical, तर्कहीन। 2. not able to reason, अविवेकी।

**reassure** (री´-अ-श्योः) ***v.*** to assure again, फिर से आश्वस्त करना।

**rebate** (री´-बेट्) ***n.*** discount, कमीशन, बट्टा। ***v.*** to give as a rebate, कमीशन देना या छोड़ना।

**rebel[1]** (रि-बेल्´) ***v.*** (rebelled, rebelling) to resist by force an established government, ruling authority or convention, विद्रोह करना, बगावत करना।

**rebel[2]** (रें´-बल्) ***n.*** one who rebels, विद्रोही, बगावत करनेवाला।

**rebellion** (रि-बेल्´-यन्) ***n.*** armed resistance to a government, बगावत, विद्रोह।

R

**rebellious** (रि-बेल्´-यस्) ***adj.*** 1. showing a tendency toward rebellion, विद्रोहपूर्ण, विद्रोहात्मक, अवज्ञापूर्ण। 2. unruly, उच्छृंखल, बेक़ाबू, दुर्दमनीय।

**rebirth** (री-ब:र्थ्´) ***n.*** 1. a second birth, पुनर्जन्म। 2. revival, पुनर्जीवन।

**reborn** (री-बा:न्´) ***adj.*** 1. born again, पुनर्जात। 2. brought back to life, पुनर्जीवित।

**rebound**[1] (रि-बाउन्ड्´) ***v.*** to bounce back, फेंकी हुई वस्तु का किसी चीज़ से टकराकर फिर वापस आना, प्रतिक्षेप होना।

**rebound**[2] (री´-बाउन्ड्) ***n.*** 1. the act of springing back, प्रतिक्षेप। 2. reaction, प्रतिक्रिया।

R

**rebuff** (रि-बफ़्´) ***n.*** blunt refusal or rejection, रूखा या कठोर जवाब। ***v.*** to snub, रुखाई से प्रत्युत्तर देना।

**rebuild** (री-बिल्ड्´) ***v.*** (rebuilt, rebuilding) to build again, पुनर्निर्माण करना।

**rebukable** (री-ब्यूक्´-अॅ-बॅल्) ***adj.*** that ought to be rebuked, फटकारने योग्य/लायक।

**rebuke** (री-ब्यूक्´) ***v.*** to scold, डाँटना-फटकारना। ***n.*** a sharp reproof, डाँट-फटकार।

**rebus** (री´-बॅस्) ***n.*** a puzzle in which pictures represent words, चित्र-पहेली।

**rebut** (रि-बट्´) ***v.*** (rebutted, rebutting) to refute, मानने से इन्कार करना, खंडन करना।

**rebuttal** (रि-बट्´-अॅल्) ***n.*** an act of refuting, खंडन, काट।

**recalcitrance** (रि-कैल्´-सि-ट्रॅन्स्) ***n.*** the state or quality of being recalcitrant, अवज्ञा, अड़ियलपन, जिद, उद्धतता।

**recalcitrant** (रि-कैल्´-सि-ट्रॅन्ट्) ***adj.*** disobedient, अवज्ञाकारी, अड़ियल, उद्धत।

**recall** (रि-का:ल्´) ***v.*** 1. to call back, वापस बुलाना। 2. to remember or recollect, याद करना, स्मरण करना। 3. to cancel, रद करना, वापस लेना। 4. to restore, पुनर्स्थापित करना। ***n.*** 1. the act of recalling, वापस बुलाना, वापसी की बुलाहट। 2. recollection, स्मरण, अनुस्मरण। 3. cancellation, रद करना, निरस्त करना, निरसन। ☐ **right of recall,** मतदाताओं को अपने निर्वाचित प्रतिनिधि को वापस बुलाने का अधिकार।

**recant** (रि-कैन्ट्´) ***v.*** 1. to make a formal denial or repudiation of a previously held belief, अपना मतत्याग करना। 2. to retract, मुकर जाना।

**recantation** (री-कैन्-टे´-शॅन्) ***n.*** the act of recanting, मतत्याग करना, मतत्याग।

**recapitulate** (री-कॅ-पिच्´-उ-लेट्) ***v.*** to repeat briefly, सार रूप में फिर से कहना, संक्षेप में दुहराना।

**recapitulation** (री-कॅ-पिच्-उ-ले´-शॅन्) ***n.*** the act of recapitulating or something recapitulated, सारकथन।

**recapture** (री-कैप्´-चॅ:) ***v.*** 1. to capture again, पुन: क़ब्जा करना, पुन: अपने अधिकार में कर लेना। 2. to recollect, अनुस्मरण करना। ***n.*** 1. the act of recapturing, फिर से होनेवाला क़ब्जा। 2. recollection, अनुस्मरण।

**recast** (री-कास्ट्´/कैस्ट्´) ***v.*** (recast, recasting) 1. to cast again, फिर से ढालना, नया रूप देना। 2. to reconstruct, फिर से बनाना, लिखना आदि। 3. to provide a new cast for a play, पात्र बदल देना।

**recede** (रि-सीड्´) ***v.*** 1. to move back, पीछे हटना। 2. to diminish, घटना। 3. to slope backward, पीछे की ओर झुका होना। 4. to become indistinct, धूमिल पड़ जाना।

**receipt** (रि-सीट्´) ***n.*** 1. the act of receiving, प्राप्ति। 2. a written acknowledgment, पावती, रसीद। 3. (plu.) the amount of money received, आय, धनराशि। ***v.*** to write a receipt (for), रसीद लिखना या लिख देना।

**receivable** (रि-सी´-वॅ-बॅल्) ***adj.*** that can be received, due, प्राप्य, प्राप्तव्य।

**receive** (रि-सीव्´) ***v.*** 1. to get, accept or acquire, प्राप्त करना, पाना, ग्रहण करना। 2. to greet on arrival, आनेवाले का स्वागत करना। 3. to experience, सहना, भोगना। 4. to take in or contain, धारण करना। ☐ **on the receiving end,** भुगतनेवाला।

**received** (रि-सीव्ड्´) ***adj.*** standard, मानक; received pronunciation, मानक उच्चारण।

**receiver** (रि-सी´-वॅ:) ***n.*** 1. one who receives, प्राप्तकर्ता, पानेवाला। 2. a person appointed by a court to administer the property of parties involved in a law suit, आदाता, रिसीवर। 3. a device for receiving electrical waves, रिसीवर।

**receivership** (रि-सी´-वॅ:-शिप्) ***n.*** the office of a receiver, आदाता का पद।

**receiving set** ***n.*** a radio or television, रेडियो या टेलीविज़न।

**recency** (री´-सॅन्´-सी) ***n.*** newness, नूतनता।

**recent** (री´-सॅन्ट्) ***adj.*** new, modern, नूतन, अर्वाचीन, आधुनिक, हाल का।

**recently** (री´-सॅन्ट्-ली) ***adv.*** at a recent time, lately, अभी हाल में।

**receptacle** (रि-सॅप्´-टॅ-कॅल्) ***n.*** a container, आधान, पात्र।

**reception** (रि-सॅप्´-शॅन्) ***n.*** 1. a welcome, स्वागत, अगवानी। 2. a formal party for guests, स्वागत-समारोह। 3. an area in a hotel where visitors are received, स्वागत-कक्ष, स्वागत विभाग। 4. (tech.) receiving of electromagnetic signals, अभिग्रहण।

**reception committee** ***n.*** a committee for receiving and looking after the guests, स्वागत-समिति।

**receptionist** (रि-सॅप´-शॅ-निस्ट्) ***n.*** a person who receives callers and answers the telephone, स्वागती, स्वागत अधिकारी।

**receptive** (रि-सॅप्´-टिव्) ***adj.*** quick to receive new ideas or suggestions, ग्रहण-शील। ***n.*** an apparatus that receives signals, अभिग्राही।

**receptivity** (रि-सॅप्-टिव्´-इ-टी) ***n.*** the state or quality of being receptive, ग्रहण-शीलता, अभिग्राहिता।

**receptor** (रि-सॅप्´-टॅ:) ***n.*** (tech.) a receptive, अभिग्राही।

**recess** (रि-सॅस्´ री´-सॅस्) ***n.*** 1. a temporary cessation from business, अवकाश, विराम, विश्रांति, छुट्टी। 2. a break between classes at school, छुट्टी, मध्यावकाश। 3. a small cavity, छिद्र, छेद, गड्ढा। 4. a niche, ताक, आला। ***v.*** (recessed, recessing) 1. to suspend for a recess, अवकाश के लिए स्थगित करना। 2. to place in a recess, आले में रखना।

**recession** (रि-सॅश्´-ऑन्) ***n.*** 1. the act of withdrawing, पीछे हटने की क्रिया, पश्चगमन। 2. a temporary decline in economic activity, (व्यापारिक) मंदी।

**recessive** (रि-सॅस्´-इव्) ***adj.*** 1. tending to recede or go backward, अपगामी। 2. incapable of being manifested, (वंशानुगत गुण) अप्रभावी।

**recharge** (री-चा:ज्´) ***v.*** to charge again, (बैटरी को) पुन: चार्ज करना, पुन:पूरण करना।

**rechargeable** (री-चा:´-जॅ-बॅल्) ***adj.*** able to be recharged, जिसे पुन: चार्ज किया जा सके, चार्जेबुल।

R

**recherche** (रि-शॅअॅ:´-शे) ***adj.*** farfetched, क्लिष्ट-कल्पित, दूर का।

**recidivism** (रि-सिड्´-ऑ-विज़्-ऑम्) ***n.*** the tendency to return to criminal habits, अपराधवृत्ति, अपराधशीलता।

**recidivist** (रि-सिड्´-ऑ-विस्ट्) ***n.*** a habitual criminal, स्वभाव से अपराधी, अपराधशील।

**recipe** (रॅस्´-इ-पी) ***n.*** 1. directions for preparing food, पाकविधि। 2. a way of achieving something, प्राप्त करने की विधि या ढंग।

**recipient** (रि-सिप्´-इ-ऑन्ट्) ***n.*** one who receives, प्राप्तकर्ता।

**reciprocal** (रि-सिप्´-रॅ-कॅल्) ***adj.*** mutual, पारस्परिक, आपसी, अन्योन्य।

**reciprocally** (रि-सिप्´-रॅ-कॅ-ली) ***adv.*** mutually, पारस्परिक रूप से।

**reciprocate** (रि-सिप्´-रॅ-केट्) ***v.*** (reciprocated, reciprocating) 1. to interchange, आदान-प्रदान करना, लेना-देना। 2. to move backwards and forwards, मशीन के पुर्ज़े का एक बार आगे और दूसरी बार पीछे जाना।

**reciprocity** (रॅस्-इ-प्रॉस्´-इ-टी) ***n.*** mutual exchange, आदान-प्रदान, परस्परता, अन्योन्यता।

**recital** (रि-साइ´-टॅल्) ***n.*** 1. the act of reciting, उद्धरणी, पाठ। 2. description, विवरण, वृत्तांत। 3. a programme given by a soloist, एकल वादक द्वारा प्रस्तुत कार्यक्रम।

**recitation** (रॅस्-इ-टे´-शॅन्) ***n.*** 1. a recital, पढ़ने की क्रिया या भाव, पठन, पाठ। 2. an account, विवरण। 3. something recited, उद्धरणी।

**recitative** (रॅस्-इ-टॅ-टीव्´) ***n.*** a style of vocal music intermediate between speaking and singing, मौखिक संगीत का एक प्रकार।

**recite** (रि-साइट्´) ***v.*** 1. to repeat from memory, पढ़ना, सुनाना, पाठ करना। 2. to state facts in order, तथ्यों को क्रम से कहना।

**reckless** (रॅक्´-लिस्) ***adj.*** 1. heedless, careless, लापरवाह। 2. rash, जल्दबाज़, उतावला।

R

**recklessly** (रॅक्´-लिस्-ली) ***adv.*** heedlessly, rashly, बिना विचारे, लापरवाही से, जल्दबाज़ी में।

**recklessness** (रॅक्´-लिस्-निस्) ***n.*** 1. carelessness, लापरवाही। 2. rashness, जल्दबाज़ी।

**reckon** (रॅक्´-अॅन्) ***v.*** 1. to count, गिनना, गिनती करना। 2. to consider as, मानना, समझना। 3. to estimate, अनुमान लगाना। 4. to rely or depend, भरोसा करना। □ **a force to be reckoned with,** वह जो महत्त्वपूर्ण हो।

**reckoner** (रॅक्´-अॅन्-अॅ:) ***n.*** 1. a person who reckons, गणक। 2. a book of mathematical tables, गणन-तालिका।

**reckoning** (रॅक्´-अॅ-निंग्) ***n.*** 1. the act of counting, गिनती। 2. guess, अनुमान। □ **a day of reckoning,** कयामत का दिन।

**reclaim** (री-क्लेम्´) ***v.*** 1. to regain possession (of something, किसी चीज़ को) पुन: प्राप्त करना। 2. to make (land) usable for growing crops, कृषियोग्य बनाना। 3. to reform, सुधारना, सन्मार्ग पर लाना।

**reclaimable** (री-क्लेम्´-अॅ-बॅल्) ***adj.*** 1. that can be reclaimed, जिसे पुन: प्राप्त किया जा सके। 2. that can be reformed, जिसे सुधारा जा सके।

**reclamation** (रॅक्´-लॅ-मे´-शॅन्) ***n.*** 1. the act of reclaiming, पुन: प्राप्त करने की क्रिया। 2. a reform, सुधार।

**recline** (रि-क्लाइन्´) ***v.*** to rest in a leaning position, (सुस्ताने के लिए) लुढ़कना, ढलकना, टिकना।

**recluse** (रि-क्लूस्´/रॅक्´-लूस्) ***n.*** one who lives in solitude, एकांतवासी साधु, संन्यासी।

**recognition** (रॅक्-अॅग्-निश्´-अॅन्) ***n.*** 1. the act of recognizing, पहचान, अभिज्ञान। 2. approval, मान्यता।

**recognizable** (रॅक्´-अॅग्-नाइ/नि-ज़ॅ-बॅल्) ***adj.*** that can be recognized, जिसे पहचाना जा सके, पहचानने योग्य।

**recognize** (रॅक्´-अॅग्-नाइज़्) ***v.*** 1. to identify, पहचान लेना। 2. to approve of, to acknowledge formally, मान्यता देना। 3. to accept, स्वीकार करना।

**recognized** (रैक्´-अॅग्-नाइज़्ड्) ***adj.*** 1. identified, पहचाना हुआ, अभिज्ञात। 2. given recognition, मान्यताप्राप्त, मान्य।

**recoil** (रि-कॉइल्´) ***v.*** (recoiled, recoiling) 1. to shrink back, पीछे हटना, दुबकना। 2. to jerk back, (बंदूक का) पीछे आघात करना, झटका देना। ***n.*** a jerk back, झटका, पश्चाघात।

**recollect** (रॅक्-अॅ-लॅक्ट्´) ***v.*** to call back to mind, याद करना, स्मरण करना।

**recollection** (रॅक्-अॅ-लॅक्´-शॅन्) ***n.*** 1. the act of recollecting, स्मरण, याद। 2. the power of recollecting, स्मरणशक्ति।

**recommence** (री-कॅ-मॅन्स्´) ***v.*** to commence or begin again, पुन: आरंभ करना, पुनरारंभ करना, नई शुरुआत करना।

**recommend** (रॅक्-अॅ-मॅन्ड्´) ***v.*** 1. to advise as the best choice, सिफ़ारिश करना, अनुशंसा करना। 2. to advise, राय देना, सलाह देना। 3. to make attractive or acceptable, आकर्षक या स्वीकार्य बना देना।

**recommendation** (रॅक्-अॅ-मॅन्-डे´-शॅन्) ***n.*** 1. an act of recommending, सिफ़ारिश करना। 2. a letter recommending a person or thing, सिफ़ारिशी पत्र। 3. advice, राय, परामर्श, सिफ़ारिश। 4. a quality or ability (that makes a person acceptable), गुण या योग्यता।

**recompense** (रॅक्´-अॅम्-पॅन्स्) ***n.*** 1. repayment, अदायगी। 2. compensation, क्षतिपूर्ति।

**reconcile** (रॅक्´-ॲन्-साइल्) *v.* 1. to restore friendship between, आपस में समझौता या मेल करना। 2. to bring (oneself) to accept, राजी हो जाना। 3. to settle a dispute, झगड़ा निपटाना। 4. to make consistent, संगति बैठाना।

**reconciliation** (रॅक्-ॲन्-सिल्-इ-ए´-शॅन्) *n.* the act of reconciling or the state of being reconciled, मेल, मेल-मिलाप, समझौता, संराधन।

**reconciliatory** (रॅक्´-ॲन्-साइ-ले-टॅ-री) *adj.* tending to reconcile, मेल करानेवाला, समझौता करानेवाला, संराधनपरक।

**recondite** (रि-कॉन्´-डाइट्, रॅक्´-ॲन्-डाइट्) *adj.* 1. abstruse, (विषय) दुर्बोध, गूढ़। 2. concealed, छिपा हुआ।

**recondition** (री-कॅन्-डिश्´-ॲन्) *v.* to restore to good condition, (मशीन की) मरम्मत करके (उसे) नया बना देना।

**reconnaissance** (रि-कॉन्´-ॲ-सॅन्स्) *n.* a close survey of a region, गहन सर्वेक्षण।

**reconnoitre** (री-कॅ-नॉइ´-टॅ:) *v.* to make a close survey of a region, गहन सर्वेक्षण करना।

**reconsider** (री-कॅन्-सिड्´-ॲ:) *v.* to consider again, पुनर्विचार करना।

**reconsideration** (री-कॅन्-सिड्-ॲ-रे´-शॅन्) *n.* the act of reconsidering or the state of being reconsidered, पुनर्विचार।

**reconstitute** (री-कॉन्´-स्टि-ट्यूट्) *v.* to constitute again, पुनर्गठन करना।

**reconstruct** (री-कॅन्-स्ट्रक्ट्´) *v.* to construct again, पुनर्निर्माण करना।

**reconstruction** (री-कॅन्-स्ट्रक्´-शॅन्) *n.* the act of reconstructing or the state of being reconstructed, पुनर्निर्माण।

**record** (रॅक्´-ॲ:ड्) *v.* 1. to set down in writing, दर्ज़ करना, लिख लेना, अभिलिखित करना। 2. to indicate, सूचित करना, बतलाना। 3. to serve as evidence of, साक्षी देना, प्रमाणित करना। *n.* 1. a written account, अभिलेख। 2. a recorded fact about anything, लिखित तथ्य, प्रमाण। 3. the best performance, कीर्तिमान, रिकार्ड। 4. a flat disc on which sound has been recorded, रिकार्ड, तवा। □ **break the record,** कीर्तिमान स्थापित करना; **go on record,** सार्वजनिक रूप से अपनी राय प्रकट करना; **off the record,** जो प्रकाशनार्थ न हो; **on record,** सार्वजनिक रूप से घोषित, जो अभिलिखित हो।

**record-breaking** (रॅक्´-ॲ:ड्-ब्रे-किंग्) *adj.* that breaks a record, कीर्तिमान-भंजक, कीर्तिमान-स्थापक।

**recorded** (रॅक्´-ॲ:-डिड्) *adj.* on record, अभिलिखित, अभिलेखबद्ध।

**recorder** (रि-कॉ:´-डॅ:) *n.* 1. one who keeps records, अभिलेखपाल। 2. a machine that records, (यंत्र) अभिलेखी।

**recording** (रि-कॉ:´-डिंग्) *n.* the registering of sound, अभिलेखन, रिकार्डिंग।

**record player** *n.* a machine for playing records, रिकार्ड प्लेयर।

**recount** (रि-काउन्ट्´) *v.* 1. to count again, दुबारा या फिर से गिनना, पुनर्गणना करना। 2. to narrate or relate, विवरण देना। *n.* the act of recounting, पुनर्गणना।

**recoup** (रि-कूप्´) *v.* 1. to recover what one has lost, पुनर्प्राप्त करना, पुनः हस्तगत करना, दुबारा पाना। 2. to compensate, क्षतिपूर्ति करना।

**recourse** (री´-को:स्) *n.* a turning to someone for protection or help, शरण या सहायता की पेशकश। □ **without recourse to,** बिना सहायता लिये।

**recover** (रि-कव्´-ॲ:) *v.* 1. to find again, पुनः प्राप्त करना। 2. to obtain the return of something lost, बदले में पाना। 3. to gain a normal condition, सामान्य अवस्था प्राप्त करना, चंगा हो जाना। 4. to receive a favourable judgment, अनुकूल निर्णय प्राप्त करना। 5. to collect, वसूल करना।

**recoverable** (रि-कव्´-ॲर्-ॲ-बॅल्) *adj.* that can be recovered, वसूलने योग्य।

**recovery** (रि-कव्´-ॲर्-ई) *n.* 1. the act of recovering or the state of being re-

R

covered, पुनर्प्राप्ति, वसूली। 2. a return to normal state of health, स्वास्थ्य-लाभ।

**recreate**[1] (रेंक्´-रि-एट्) *v.* to refresh mentally or physically, मनबहलाव करना।

**re-create**[2] (री-क्रि-एट्´) *v.* to reproduce, दुबारा पैदा करना, पुनः सृजित करना।

**recreation**[1] (रेंक्-रि-ए´-शॅन्) *n.* enjoyment, मनबहलाव, मनोविनोद।

**re-creation**[2] (री-क्रि-ए´-शॅन्) *n.* rebirth, पुनर्जन्म।

**recreational** (रेंक्-रि-ए´-शॅ-नॅल्) *adj.* pertaining to recreation, मनोरंजन-संबंधी, मनोविनोदात्मक।

R

**recriminate** (रि-क्रिम्´-इ-नेट्) *v.* (recriminated, recriminating) to accuse in return, दोष लगानेवाले पर दोष लगाना, प्रत्यारोप करना।

**recrimination** (रि-क्रिम्-इ-ने´-शॅन्) *n.* the act of recriminating or an accusation made in retaliation, प्रत्यारोप।

**recriminatory** (रि-क्रिम्´-इ-ने-टॅ-री) *adj.* of or pertaining to a recrimination, प्रत्यारोप-संबंधी, प्रत्यारोपी।

**recrudesce** (री-क्रू-डेंस्´) *v.* (recrudesced, recrudescing) to break out again, दुबारा भड़क उठना या फैल जाना।

**recrudescence** (री-क्रू-डेंस्´-सॅन्स्) *n.* the act of recrudescing or the state of being recrudesced, दुबारा भड़क उठने या फैलने की क्रिया या भाव।

**recruit** (रि-क्रूट्´) *n.* a new and unexperienced member of the armed forces, रंगरूट। *v.* to enlist as a recruit, रंगरूट भर्ती करना।

**rectal** (रेंक्´-टॅल्) *n.* of or pertaining to the rectum, गुदा-संबंधी।

**rectangle** (रेंक्´-टैंग्-गॅल्) *n.* (maths.) a four-sided figure with four right angles, आयत।

**rectangular** (रेंक्-टैंग्´-ग्यु-लॅ:) *adj.* having the shape of a rectangle, आयताकार।

**rectification** (रेंक्-टि-फ़ि-के´-शॅन्) *n.* the act of rectifying, परिशोधन।

**rectifier** (रेंक्´-टि-फ़ाइ-ॲ:) *n.* that rectifies, परिशोधक।

**rectify** (रेंक्´-टि-फ़ाइ) *v.* (rectified, rectifying) to put right, सुधारना, परिशोधन करना।

**rectilinear** (रेंक्-टि-लिन्´-इ-ॲ:) *adj.* consisting of or formed by a straight line or lines, ऋजुरेखीय।

**rectitude** (रेंक्´-टि-ट्यूड्) *n.* moral correctness, ईमानदारी, सदाचार।

**rector** (रेंक्´-टॅ:) *n.* 1. a clergyman in charge of a parish, पल्ली पुरोहित, रेक्टर। 2. a head of a college or university, अधिष्ठाता, रेक्टर।

**rectory** (रेंक्´-टॅ-री) *n.* the dwelling of a rector, रेक्टर का निवास।

**rectum** (रेंक्´-टॅम्) *n.* the lower end of the alimentary canal, गुदा।

**recumbent** (रि-कम्´-बॅन्ट्) *adj.* 1. reclining, लुढ़का या ढुलका हुआ। 2. lying down, लेटा हुआ।

**recuperate** (रि-कू´-पॅ-रेट्) *v.* to recover, स्वास्थ्य-लाभ करना।

**recuperative** (रि-कू´-पॅ-रे-टिव्) *adj.* tending to recovery, स्वास्थ्यवर्धक।

**recur** (रि-क:´) *v.* (recurred, recurring) 1. to happen again, दुबारा घटित होना। 2. to come up again, दुबारा प्रकट होना। 3. to come back to the mind, स्मरण हो आना।

**recurrence** (रि-कर्´-ॲन्स्) *n.* the act of recurring or the state of being recurred, दुबारा या बार-बार होना, पुनरावृत्ति।

**recurrent** (रि-कर्´-ॲन्ट्) *adj.* occurring again and again, आवर्तक, आवर्ती।

**recurring** (रि-कर्´-इंग्) *adj.* occurring again and again, आवर्तक, आवर्ती।

**recurved** (री-क:व्ड्´) *adj.* bent backward, पीछे/अंदर की ओर मुड़ा हुआ; recurved horns, अंदर की ओर मुड़े हुए सींग।

**recusant** (रेंक्´-यॅ-ज़ॅन्ट्) *adj.* refusing to submit to the authority, बागी, विद्रोही।

**red** (रेंड्) *adj.* 1. of the colour of blood, रक्तवर्ण, लाल, सुर्ख। 2. flushed with shame or anger, लाल, लाज-भरा। 3. communist, कम्युनिस्ट, साम्यवादी, लाल। *n.* 1. a red colour, लाल रंग। 2. red cloth or clothing, लाल रंग के कपड़े, लाल पोशाक। 3. a communist, कम्युनिस्ट, वामपंथी, साम्यवादी। □ **in the red,** लाल स्याही से लिखा हुआ (ऋण या घाटे का सूचक); **paint the town red,** मौज-मस्ती करना तथा गुलछर्रे उड़ाना; **see red,** आपे से बाहर हो जाना।

**red alert** (रॅड्-अॅ-ल:ट्´) *n.* an order to make alert the police force for an emergency to occur, रेड अलर्ट।

**red-blooded** (रॅड्´-ब्लड्´-इड्) *adj.* strong, virile, मर्दाना, पौरुषयुक्त।

**redcap** (रॅड्´-कैप्) *n.* 1. a policeman wearing a red cap, लाल टोपीवाला सिपाही। 2. a coolie, कुली।

**red carpet** *n.* privileged treatment given to an important visitor, हार्दिक स्वागत। □ **give a red carpet welcome,** (किसी के) स्वागत में पलक-पाँवड़े बिछा देना।

**Red Cross** (रॅड्-क्रॉस्´) *n.* an international organization, रेड क्रॉस।

**red deer** (रॅड्-डिअॅ:) *n.* a deer with a red-brown coat, भूरा हिरन।

**redden** (रॅड्´-अॅन्) *v.* to make or become red, लाल करना या होना।

**reddish** (रॅड्´-इश्) *adj.* rather red, कुछ-कुछ लाल।

**redecorate** (री-डॅक्´-अॅ-रेट्) *v.* to decorate again, फिर से सज्जित करना या सजाना।

**redeem** (रि-डीम्´) *v.* 1. to set free, उद्धार करना, मुक्त करना या कराना। 2. to fulfil (a promise, वचन) निभाना, पूरा करना। 3. to make amends for, ग़लती सुधारना। 4. to buy back, पुनः ख़रीद लेना, पुनः प्राप्त करना। 5. to atone for, प्रायश्चित्त करना। 6. to compensate, क्षतिपूर्ति करना।

**redeemable** (रि-डी´-मॅ-बॅल्) *adj.* that can be redeemed, उद्धार करने योग्य प्रतिदेय।

**redeeming** (रि-डी´-मिंग्) *adj.* that redeems, सुधार करनेवाला। □ **redeeming feature,** something good in a thoroughly bad person or thing, सराहनीय गुण, ख़ूबी, अच्छी बात; His only redeeming feature is his honesty. उसमें बड़ा गुण यह है कि वह ईमानदार है।

**redemption** (रि-डेंम्प्´-शॅन्) *n.* 1. the act of redeeming or the state of being redeemed, उद्धार, छुटकारा, मुक्ति; शोधन। 2. atonement, प्रायश्चित्त। 3. compensation, क्षतिपूर्ति। □ **redemption of debt,** ऋण-शोधन, ऋण से छुटकारा; **redemption of mortgage,** बंधक, रेहन या गिरवी छुड़ाना।

**redemptive** (रि-डेंम्प्´-टिव्) *adj.* that redeems, मुक्तिकारक।

**redeploy** (री-डि-प्लाइ´) *v.* to move (troops) from one front to another, एक स्थान से दूसरे स्थान पर (सेना) भेजना या लगाना।

**red-handed** (रॅड्´-हैन्-डिड्) *adv.* in the act of doing something wrong, रँगे हाथ।

**redhead** (रॅड्´-हॅड्) *n.* a person with red hair, लाल बालोंवाला व्यक्ति।

**red herring** (रॅड्´-हॅर्-इंग्) *n.* anything that diverts attention, ध्यान बँटानेवाली बात।

**redhot** (रॅड्´-हॉट्´) *adj.* 1. very hot, लाल, जलता हुआ। 2. new, recent, नवीन, नवीनतम।

**redirect** (री-डाइ-रॅक्ट्´) *v.* to send to another address or place, दूसरे पते से भेजना, पुनर्प्रेषण करना।

**redistribute** (री-डि-स्ट्रि´-ब्यूट्) *v.* to distribute again or in a different way, पुनः वितरण करना।

**red lead** *n.* oxide of lead, सिंदूर।

**redletter** (रॅड्-लॅट्´-अॅ:) *adj.* 1. memorable, स्मरणीय। 2. happy, सुखद।

**red light** *n.* 1. a red signal, ख़तरे का निशान, लाल बत्ती। 2. a signal to stop, रुकने का संकेत।

**redlight area** *n.* an area of prostitutes, वेश्याओं का मुहल्ला, चकला, शृंगारहाट।

**red meat** *n.* beef or mutton, गाय या भेड़ का गोश्त।

**redness** (रॅड्´-निस्) *n.* the state or quality of being red, लाली, सुर्ख़ी।

**redo** (री-डू´) *v.* (redid, redone, redoing) 1. to do again, दुबारा करना। 2. to redecorate, दुबारा सजाना।

**redolence** (रॅड्´-अ-लॅन्स्) ***n.*** odour, smell, गंध, महक।

**redolent** (रॅड्´-अ-लॅन्ट्) ***adj.*** 1. having the odour or smell, तेज गंधवाला, गंधयुक्त, महकदार। 2. suggestive, सूचक, संकेतक।

**redouble** (री-डब्´-अॅल्) ***v.*** 1. to double again, दुगना करना या होना। 2. to make or become much greater, बहुत अधिक करना या होना।

**redoubt** (रि-डाउट्´) ***n.*** a fortress, छोटा किला, गढ़ी, बाहरी मोर्चाबंदी।

**redoubtable** (रि-डाउ´-टॅ-बॅल्) ***adj.*** 1. worthy of respect, आदरणीय, महान। 2. formidable, प्रबल, ज़बरदस्त।

R

**redound** (रि-डाउन्ड्´) ***v.*** 1. to accrue, उत्पन्न होना। 2. to have an effect, छाप छोड़ना। 3. to add to, बढ़ाना, चार चाँद लगाना; This will redound to your credit. इससे आपकी साख बढ़ेगी।

**red pepper** ***n.*** a plant and its fruit, लाल मिर्च।

**redress** (रि-ड्रॅस्´) ***v.*** 1. to set right, rectify, (ग़लती को) सुधारना। 2. to compensate, क्षतिपूर्ति करना। ***n.*** 1. correction, सुधार। 2. compensation, क्षतिपूर्ति।

**redskin** (रॅड्´-स्किन्) ***n.*** a North American Indian, अमरीकी आदिवासी।

**red tape** ***n.*** official time-consuming procedures, लालफ़ीताशाही।

**reduce** (रि-ड्यूस्´) ***v.*** 1. to diminish, कम करना या होना, घटाना या घटना। 2. to make lower in status, दर्जा घटना, पदावनत करना। 3. to bring to a certain condition, किसी विशिष्ट स्थिति में ला देना, परिवर्तित कर देना। 4. to subdue, वशीभूत करना, दमन करना, नियंत्रित करना। 5. to restore (a dislocated bone) to its proper place, (टूटी हड्डी) बैठाना। 6. (maths.) to change an expression to its simple form, (किसी समीकरण को) सरल बनाना। 7. (chem.) to make thin, तनुकरण/अपचयन करना।

**reduced** (रि-ड्यूस्ड्´) ***adj.*** diminished, घटा या घटाया हुआ, ह्रसित, लघुकृत।

**reducible** (रि-ड्यू´-सि-बॅल्) ***adj.*** that can be reduced, जिसे घटाया जा सके।

**reduction** (रि-डक्´-शॅन्) ***n.*** 1. the act of reducing or the state of being reduced, कमी, घटाव, घटती, ह्रास। 2. commission, छूट, बट्टा, कटौती। 3. anything made by reducing, लघु प्रति।

**reduction sale** ***n.*** selling of goods on reduced prices, घटे दामों पर होनेवाली बिक्री, सस्ती बेची।

**redundancy** (रि-डन्´-डॅन्-सी) ***n.*** 1. the state or quality of being redundant, फ़ालतूपन। 2. verbosity, शब्दाडंबर।

**redundant** (रि-डन्´-डॅन्ट्) ***adj.*** 1. superfluous, excessive, अनावश्यक, फ़ालतू, बेकार। 2. verbose, शब्दाडंबरपूर्ण।

**redundantly** (रि-डन्´-डॅन्ट्-ली) ***adv.*** excessively, अनावश्यक रूप से, बेकार।

**redwood** (रॅड्´-वुड्) ***n.*** a tree with reddish wood, एक अमरीकी वृक्ष जिसकी लकड़ी इमारत के काम आती है।

**reed** (रीड्) ***n.*** 1. a tall, hollow-stemmed plant, सरकंडा, नरकट, नरकुल। 2. a thin piece of this plant used in a wind instrument to produce various sound, पत्ती। 3. a flute, बाँसुरी। □ **a broken reed,** an undependable person, जिसपर भरोसा न किया जा सके, कमज़ोर व्यक्ति या वस्तु।

**reedy** (री´-डी) ***adj.*** 1. full of reeds, सरकंडों से भरा। 2. melodious, सुरीला, मधुर।

**reef** (रीफ़्) ***n.*** a line or ridge of rock or sand lying near the surface of water, समुद्र में स्थित चट्टान या बालू की श्रेणी, शैलभित्ति।

**reefer** (री´-फ़ॅ:) ***n.*** a marijuana cigarette, वह सिगरेट जिसमें मारीजुआना हो।

**reef knot** (रीफ़-नॉट्´) ***n.*** a common square knot, दुहरी गाँठ, पोल गाँठ।

**reek** (रीक्) ***n.*** 1. a strong foul smell, बदबू, दुर्गंध। 2. smoke, steam etc., धुआँ, भाप आदि। ***v.*** (reeked, reeking) 1. to emit strong smell, बदबू करना/देना। 2. to emit smoke, steam etc., धुआँ छोड़ना या देना।

**reel** (रील्) ***n.*** 1. a spool on which something is wound, रील। 2. the quantity of material wound on one reel, रील पर लपेटा धागा। ***v.*** (reeled, reeling) 1. to wind on a reel, रील पर लपेटना। 2. to say or write fluently, धड़ल्ले से बोलना या लिखना।

**re-elect** (री-इ-लेंक्ट्´) ***v.*** (re-elected, re-electing) to elect again, दुबारा चुनना।

**re-election** (री-इ-लेंक्´-शॅन्) ***n.*** the act or process of electing again, दुबारा चुनाव, पुनर्निर्वाचन।

**re-enact** (री-ॲन्-ऐक्ट्´) ***v.*** to enact again, (अधिनियम) दुबारा बनाना।

**re-enter** (री-ॲन्´-टॅ:) ***v.*** to enter again, पुनर्प्रवेश करना।

**re-entry** (री-ॲन्´-ट्री) ***n.*** the act of entering again, (अंतरिक्ष की कक्षा में) पुनर्प्रवेश।

**re-establish** (री-ॲ-स्टेब्´-लिश्) ***v.*** to establish again, पुनर्स्थापित करना, पुनर्प्रतिष्ठित करना।

**re-examination** (री-इग्-ज़ॅम्´-इ-ने´-शॅन्) ***n.*** a repeated examination, पुनर्परीक्षा।

**re-examine** (री-इग्-ज़ॅम्´-इन्) ***v.*** to examine again, फिर से परीक्षा लेना।

**refectory** (रि-फ़ॅक्´-टॅ-री) ***n.*** a dining hall, भोजन-कक्ष।

**refer** (रि-फ:´, रॅफ़्´-ॲ:) ***v.*** (referred, referring) 1. to direct to a source of help, अभिदेश करना, निर्दिष्ट करना। 2. to mention, उल्लेख/ज़िक्र करना। 3. to direct to (some authority, किसी अधिकारी) के पास भेजना, पेश करना। 4. to turn (to a thing) for information, (कोई चीज़) देखना। 5. to concern, से संबंध रखना, के बारे में होना।

**referable** (रॅफ़्´-ॲ-रॅ-बॅल्) ***adj.*** that can be referred, अभिदेश के योग्य, अभिदेश्य।

**referee** (रॅफ़्-ॲ-री´) ***n.*** a person to whom anything is referred for decision, रेफ़री। ***v.*** to act as a referee, रेफ़री का काम करना।

**reference** (रॅफ़्´-ॲ-रॅन्स्) ***n.*** 1. the act of referring, अभिदेशन। 2. something that can be referred to, संदर्भ, हवाला। 3. mention, उल्लेख, ज़िक्र। 4. connection, संबंध। 5. a person to whom one refers for testimony, प्रमाणित करनेवाला व्यक्ति, प्रमाणपत्र देनेवाला व्यक्ति।

**referendum** (रॅफ़्-ॲ-रॅन्´-डॅम्) ***n.*** the referring of a question to a direct popular vote, जनमत-संग्रह।

**referential** (रॅफ़्´-ॲ-रॅन्-शॅल्) ***adj.*** of reference, संदर्भगत।

**refill** (री´-फ़िल्) ***v.*** to fill again, फिर से भरना। ***n.*** a new filling, रिफ़िल।

**refine** (रि-फ़ाइन्´) ***v.*** to purify, शोधन/परिष्कार करना।

**refined** (रि-फ़ाइन्ड्´) ***adj.*** 1. purified, शोधित, परिष्कृत। 2. cultured, polished, शिष्टतापूर्ण, शिष्ट, सभ्य।

**refinement** (रि-फ़ाइन्´-मॅन्ट्) ***n.*** 1. the act of refining, शोधन, परिष्कार। 2. elegance of behaviour, शिष्टता, व्यवहारशीलता।

**refiner** (रि-फ़ाइ´-नॅ:) ***n.*** one who refines crude oil, तेलशोधक, शोधक, परिष्कारक।

**refinery** (रि-फ़ाइ´-नॅ-री) ***n.*** a plant for refining crude oil, तेलशोधक कारखाना, शोधनशाला।

**reflect** (रि-फ़्लॅक्ट्´) ***v.*** 1. to throw backward, परावर्तित करना। 2. to mirror, प्रतिबिंबित करना। 3. to ponder, विचार करना। 4. to express, व्यक्त करना।

**reflection** (रि-फ़्लॅक्´-शॅन्) ***n.*** 1. the act of reflecting, परावर्तन। 2. a reflected image, प्रतिबिंब। 3. deep thought, चिंतन, मनन, सोच-विचार। □ **cast a reflection on,** आलोचना या टीका-टिप्पणी करना; **on further reflection,** और आगे सोच-विचार करने पर।

**reflective** (रि-फ़्लॅक्´-टिव्) ***adj.*** 1. thoughtful, विचारशील। 2. produced by reflection, परावर्तक।

**reflector** (रि-फ़्लॅक्´-टॅ:) ***n.*** a thing that reflects images, light, heat etc., परावर्तक।

**reflex** (री´-फ़्लॅक्स्) ***n.*** reaction, प्रतिक्रिया। ***adj.*** reflected back, परावर्ती।

**reflexive** (रि-फ़्लेक्‌´-सिव्) *adj.* (gram.) referring back to the subject, निजवाचक।

**reform** (रि-फ़ॉ:म्´) *v.* 1. to correct, सुधरना/सुधारना। 2. to make better, सुधार करना। *n.* improvement, सुधार।

**re-form** (री-फ़ॉ:म्´) *v.* (reformed, reforming) to form again, पुनर्गठित करना।

**reformation** (रॅफ़्-ऑ:-मे´-शॅन्) *n.* a better change, सुधार।

**reformatory** (रि-फ़ॉ:´-मॅ-टॅ-री) *n.* an institution to discipline young offenders, बाल-सुधारगृह।

**refract** (रि-फ्रैक्ट्´) *v.* to deflect, (की) दिशा बदलना या मोड़ना, अपवर्तन करना।

R

**refraction** (रि-फ्रैक्´-शॅन्) *n.* the bending of a ray of light, heat or sound, अपवर्तन।

**refractory** (रि-फ्रैक्´-टॅ-री) *adj.* 1. stubborn, हठी, अड़ियल। 2. not yielding to treatment, असाध्य (रोग)। 3. resistant to heat, ऊष्मासह।

**refrain**[1] (रि-फ्रेन्´) *v.* to hold oneself back from doing something, बाज़ आना।

**refrain**[2] *n.* a line repeated at intervals in a poem or song, टेक।

**refresh** (रि-फ्रॅश्´) *v.* to make or become fresh, तरोताज़ा होना या करना।

**refresher course** (रि-फ्रॅश्´-अॅ:-को:स्) *n.* a course to keep abreast, पुनश्चर्या पाठ्यक्रम।

**refreshment** (रि-फ्रॅश्´-मॅन्ट्) *n.* 1. the act of refreshing or the state of being refreshed, ताज़गी। 2. food and drink, भोज्य तथा पेय पदार्थ।

**refreshments** (रि-फ्रॅश्´-मॅन्ट्स्) *n.* (plu.) a light meal, नाश्ता।

**refrigerate** (रि-फ्रिज्´-अॅ-रेट्) *v.* to cool or chill, प्रशीतन करना।

**refrigeration** (रि-फ्रिज्-अॅ-रे´-शॅन्) *n.* the act of refrigerating, प्रशीतन।

**refrigerator** (रि-फ्रिज्´-अॅ-रे-टॅ:) *n.* an apparatus for refrigerating, प्रशीतक, रिफ़्रिजिरेटर।

**refuel** (रि-फ़्यू´-अॅल्) *v.* (refuelled, refuelling) 1. to supply again with fuel, पुनः ईंधन भरना। 2. to be filled again with fuel, पुनः ईंधन भरा जाना।

**refuge** (रॅफ़्´-यूज्) *n.* 1. a structure to give protection, shelter, शरण, आश्रयस्थल 2. one who gives shelter, शरणदाता।

**refugee** (रॅफ़्´-यु-जी) *n.* one who has been forced to leave his/her home or country and seeks refuge elsewhere, शरणार्थी।

**refulgence** (रि-फ़ल्´-जॅन्स्) *n.* shine, दीप्ति, चमक-दमक।

**refulgent** (रि-फ़ल्´-जॅन्ट्) *adj.* shining, देदीप्यमान, चमकदार।

**refund** (रि-फ़न्ड्´) *v.* to give back, वापस करना, लौटाना, परिशोधन करना। *n.* the act of refunding or something refunded, वापसी रकम, लौटान, परिशोधन।

**refundable** (रि-फ़न्ड्´-अॅ-बॅल्) *adj.* that can be refunded, जो लौटाया जा सके, प्रतिदेय।

**refurbish** (री-फ़ॅ:´-बिश्) *v.* 1. to redecorate, फिर से सजाना, पुनर्सज्जित करना। 2. to renovate, नया रूप देना। 3. to brighten up, चमकाना, सँवारना।

**refusal** (रि-फ़्यू´-ज़ल्) *n.* denial, इन्कार, अस्वीकृति। ☐ **the first refusal,** हकशफ़ा।

**refuse**[1] (रि-फ़्यूज़्´) *v.* to decline to accept or grant, इन्कार कर देना।

**refuse**[2] *n.* waste, rubbish, कूड़ा, क़तवार।

**refuse dump** *n.* a place where rubbish is dumped, कूड़ाख़ाना, क़तवारख़ाना, घूरा।

**refutable** (रि-फ़्यू´-टॅ-बॅल्) *adj.* that can be refuted, खंडनीय।

**refutation** (रॅफ़्-यु-टे´-शॅन्) *n.* the act of refuting, खंडन।

**refute** (रि-फ़्यूट्´) *v.* to prove wrong or false, खंडन करना, (तर्क) काटना।

**regain** (रि-गेन्´) *v.* 1. to obtain again, to get back, पुनः प्राप्त कर लेना, पुनर्प्राप्त करना। 2. to reach again, पुनः पहुँच जाना।

**regal** (री´-गॅल्) *adj.* royal, राजसी, शाही, भव्य।

**regale** (रि-गेल्´) *v.* to entertain thoroughly, भरपूर मनोरंजन करना, आह्लादित करना। 2. to feed sumptuously, अघा देना।

**regalia** (रि-गे´-लि-अॅ) ***n.*** the emblems or robes of royalty, राजसी वस्त्र, आभूषण, मुकुट आदि; राजचिह्न।

**regard** (रि-गा:ड्´) ***n.*** 1. esteem, आदर, आदर-भाव। 2. a look, gaze, टकटकी। 3. attention, heed, ध्यान। 4. (plu.) greetings, अभिवादन। □ **in this regard,** इस विषय में; **with regards,** आदरपूर्वक, आदरसहित; **with kind regards,** सद्‌भावनापूर्वक, मंगलकामनापूर्वक। ***v.*** (regarded, regarding) 1. to hold in respect, आदर करना, आदरभाव दिखलाना। 2. to look upon in a specified way, मानना। 3. to give attention, ध्यान/तवज्जह देना।

**regarding** (रि-गा:´-डिंग्) ***prep.*** in respect of, के विषय में।

**regardless** (रि-गा:ड्´-लिस्) ***adv.*** inspite of everything, बिना परवाह किए, चाहे जो हो।

**regatta** (रि-गैट्´-अॅ) ***n.*** an organized series of races of boats, नौका-दौड़ की शृंखला।

**regency** (री´-जॅन्-सी) ***n.*** the office or duration of a regent, शासक या प्रशासक का पद या कार्यकाल।

**regenerate** (रि-जॅन्´-अॅ-रेट्) ***v.*** 1. to reform, सुधार करना, सुधारना। 2. to form or create anew, नवीन रूप देना, नया बना देना।

**regeneration** (रि-जॅन्-अॅ-रे´-शॅन्) ***n.*** the act of regenerating or the state of being regenerated, सुधार, नवीन रूप, पुनरुत्थान।

**regent** (री´-जॅन्ट्) ***n.*** a ruler or administrator of a country, शासक या प्रशासक।

**regicide** (रॅज्´-इ-साइड्) ***n.*** 1. the killing of a king, राजा की हत्या, राजवध। 2. a person who kills a king, राजा का वध करनेवाला व्यक्ति, राजहंता।

**regime** (रॅ-ज़्हीम्´, रे-ज़्हीम्) ***n.*** 1. a system of government, शासन-पद्धति। 2. a social system, सामाजिक पद्धति। 3. = regimen.

**regimen** (रॅज्´-अॅ-मॅन्) ***n.*** 1. a prescribed diet, exercise, behaviour etc., नियत आहार-विहार। 2. administration, प्रशासन।

**regiment** (रॅज्´-इ-मॅन्ट्, रॅज्´-अॅ-मॅन्ट्) ***n.*** 1. an army unit, सैन्य दल। 2. army, फ़ौज। ***v.*** to control strictly कठोर शासन में रखना।

**regimental** (रॅज्-इ-मॅन्´-टॅल्) ***n.*** of an army regiment, सैन्य दल-संबंधी।

**region** (री´-जॅन्) ***n.*** 1. an area considered as a unit, भूभाग। 2. a division of a country, प्रदेश, क्षेत्र। 3. a part of the body, हिस्सा, अंग। □ **the lower regions,** पाताल, नरक।

**regional** (री´-जॅ-नॅल्) ***adv.*** of or pertaining to some regions, प्रादेशिक, क्षेत्रीय।

**regionalism** (री´-जॅ-नॅ-लिज़्-अॅम्) ***n.*** 1. a characteristic of a region, क्षेत्रीय विशेषता। 2. giving favour to one's region and its people, प्रांतीयता, प्रादेशिकता, क्षेत्रीयता, क्षेत्रवाद।

R

**register** (रॅज्´-इ-स्टॅ:) ***n.*** 1. an official list or record, आधिकारिक अभिलेख या सूची। 2. a book in which this is kept, रजिस्टर, पंजी। 3. a form of language of a particular social situation, उपभाषा। ***v.*** (registered, registering) 1. to record officially, आधिकारिक रूप से रजिस्टर में लिखना। 2. to express, अभिव्यक्त करना। 3. to send by registered post, रजिस्ट्री से भेजना।

**registered post** ***n.*** a post office service in which letters, packets are recorded in a register, रजिस्ट्री, पंजीकृत डाक।

**registrar** (रॅज्´-इ-स्ट्रा:, रॅज्-इ-स्ट्रा:´) ***n.*** an official who keeps records, रजिस्ट्रार, निबंधक, पंजीयक।

**registration** (रॅज्-इ-स्ट्रे´-शॅन्) ***n.*** an entry in a register, पंजीयन, निबंधन, रजिस्ट्रीकरण।

**registry** (रॅज्´-इस्-ट्री) ***n.*** a place where records are kept, निबंधन-गृह, पंजीयन-कार्यालय।

**regress** (रि-ग्रॅस्´) ***v.*** to go back to previous condition, पहलेवाली स्थिति को पुनः प्राप्त होना, प्रत्यावर्तन होना।

**regression** (रि-ग्रॅश्´-अॅन्) ***n.*** the act of regressing or the state of being regressed, प्रत्यावर्तन।

**regressive** (रि-ग्रॅस्´-इव्) ***adj.*** tending to regress, प्रत्यावर्ती।

**regret** (रि-ग्रेट्´) *v.* (regretted, regretting) to feel sorry, खेद प्रकट करना, खेद प्रकाश करना। *n.* sorrow, grief, खेद। □ **have no regrets,** किसी प्रकार का खेद न होना।

**regretful** (रि-ग्रेट्´-फुल्) *adj.* feeling regret, जिसे खेद हो, खिन्न, दुखी।

**regretfully** (-फु-ली) *adv.* in a regretful manner, खेदपूर्वक।

**regrettable** (रि-ग्रेट्´-अ-बॅल्) *adj.* that is regretted, sad, खेदजनक।

**regroup** (री-ग्रूप्´) *v.* to group again, to make a new group, फिर से दल/समूह बनाना, नया दल/समूह बनाना।

R

**regular** (रेंग्´-यॅ-लॅ:) *adj.*1. occurring at fixed time or in a uniform manner, usual, normal, नियमित। 2. permanent, स्थायी। 3. (maths.) equilateral and equiangular, सम। 4. (gram.) belonging to a standard mode of inflection, सामान्य। *n.* 1. a member of the permanent armed forces, नियमित सैनिक। 2. a regular customer, नियमित ग्राहक।

**regularity** (रेंग्´-यॅ-लैर्´-इ-टी) *n.* the state of being regular, नियमितता।

**regularize** (रेंग्´-यॅ-लॅ-राइज़्) *v.* 1. to make regular, नियमित करना या बनाना। 2. to make lawful, वैध रूप देना, नियमन करना।

**regularly** (रेंग्´-यॅ-लॅ:-ली) *adv.* 1. at regular times or intervals, नियमित समय पर। 2. in a regular manner, नियमित ढंग से।

**regulate** (रेंग्´-यु-लेट्) *v.* 1. to bring into conformity with a rule, विनियमित करना। 2. to adjust or control, ठीक करना, व्यवस्थित करना।

**regulation** (रेंग्-यु-ले´-शॅन्) *n.* 1. the act of regulating, विनियमन। 2. a principle, rule or law, विनियम; rules and regulations, नियम और विनियम। 3. a governmental order, आधिकारिक आदेश या नियम, विनियम।

**regulator** (रेंग्´-यु-ले-टॅ:) *n.* a device for controlling flow, pressure, temperature etc., विनियामक, रेगुलेटर।

**regurgitate** (रि-गः´-जि-टेट्) *v.* 1. to vomit, कै करना, वमन करना। 2. to repeat, दुहराना।

**rehabilitate** (री-अॅ-बिल्´-इ-टेट्) *v.* 1. to restore (a building) to a good condition, (मकान की) मरम्मत कराना, रहने योग्य बनाना। 2. to give shelter to refugees, पुनर्वास करना, फिर से बसाना। 3. to restore to usual life, सामान्य जीवन व्यतीत करने योग्य बनाना। 4. to reinstate, बहाल करना।

**rehabilitation** (री-अॅ-बिल्-इ-टे´-शॅन्) *n.* the act of rehabilitating, पुनर्वास; बहाली।

**rehash** (री-हैश्´) *v.* to put into new form, नया रूप देना। *n.* 1. the act of rehashing, नव-रूपण। 2. new form, नया रूप। 3. something rehashed, वह जिसे नया रूप दिया गया हो।

**rehear** (री-हिअॅ:) *v.* to hear for a second time, दुबारा सुनना।

**rehearsal** (रि-हः´-सॅल्) *n.* the act of rehearsing, पूर्वाभ्यास, पुनरभ्यास, रिहर्सल।

**rehearse** (रि-हःस्´) *v.* to practise in preparation, पूर्वाभ्यास/रिहर्सल करना।

**Reich** (राइक्) *n.* Roman Empire, रोमन साम्राज्य।

**reign** (रेन्) *n.* 1. a sovereign's rule, शासन, राजकाल। 2. dominance, प्रभुत्व; reign of terror, आतंक का प्रभुत्व, आतंक राज्य। *v.* 1. to exercise sovereignty, राज्याध्यक्ष होना, राज करना। 2. to be prevalent, प्रचलित होना, व्याप्त होना, छा जाना।

**reigning beauty** *n.* a beauty queen, सुंदरियों की रानी, सर्वसुंदरी।

**reimburse** (री-इम्-बःस्´) *v.* to repay or refund, to pay back, वापस कर देना, चुकाना, अदा करना, प्रतिपूर्ति करना।

**reimbursement** (री-इम्-बःस्´-मॅन्ट्) *n.* the act of reimbursing or the state of being reimbursed, चुकौती, अदायगी, प्रतिपूर्ति।

**rein** (रेन्) *n.* a strap to control and guide the horse, लगाम, रास, बागडोर। □ **give free rein to,** खुली छूट देना; **take the reins,** बागडोर संभालना। *v.* to hold reins, लगाम खींचना/लगाना।

**reincarnate** (री-इन्-का:´-नेट्) *v.* to be

reborn in another body, पुनर्जन्म लेना।

**reincarnation** (री-इन्-का:-ने´-शॅन्) ***n.*** the act of reincarnating or the state of being reincarnated, पुनर्जन्म।

**reindeer** (रेन्-डिअ:´) ***n.*** a large deer with branched antlers, बारहसिंगा, रेनडियर।

**reinforce** (री-इन्-फ़ो:स्´) ***v.*** 1. to strengthen, प्रबलित करना, सहायता करना। 2. to strengthen with additional troops, अतिरिक्त कुमुक या सहायता भेजकर प्रबलित करना। 3. to stress, ज़ोर देना।

**reinforced** (री-इन्-फ़ो:स्ड्´) ***adj.*** strengthened, प्रबलित।

**reinforcement** (री-इन्-फ़ो:स्´-मॅन्ट्) ***n.*** 1. the act of reinforcing, प्रबलन, सहायता। 2. (plu.) additional troops, कुमुक।

**reinstate** (री-इन्-स्टेट्´) ***v.*** to restore to a prior position, बहाल करना, पुनर्स्थापन।

**reinstatement** (री-इन्-स्टेट्´-मॅन्ट्) ***n.*** the act of reinstating or the state of being reinstated, बहाली, पुनर्स्थापना।

**reissue** (री-इश्´-ऊ) ***v.*** to issue again, दुबारा जारी करना।

**reiterate** (री-इट्´-अॅ-रेट्) ***v.*** to repeat, बार-बार दुहराना, आवृत्ति करना।

**reiteration** (री-इट्-अॅ-रे´-शॅन्) ***n.*** the act of reiterating or the state of being reiterated, आवृत्ति।

**reject** (रि-जेंक्ट्´) ***v.*** 1. to refuse to accept, to deny, अस्वीकार करना। 2. to throw out, to discard, ख़ारिज कर देना, ठुकरा देना।

**rejection** (रि-जेंक्´-शॅन्) ***n.*** the act of rejecting or discarding, अस्वीकरण।

**rejoice** (री-जॉइस्´) ***v.*** to feel or express great joy, ख़ुशियाँ मनाना, रंगरलियाँ मनाना।

**rejoicing** (रि-जॉइस्´-इंग्) ***n.*** merrymaking, jubilation, आनंद-मंगल, रंगरलियाँ।

**rejoin**[1] (रि-जॉइन्´) ***v.*** to respond or answer, उत्तर देना, जवाब देना।

**rejoin**[2] (री-जॉइन्´) ***v.*** 1. to join again, फिर से शामिल हो जाना, फिर से मिल जाना। 2. to join together again, फिर से जोड़ या मिला देना।

**rejoinder** (रि-जॉइन्´-डॅ:) ***n.*** 1. a reply, जवाब। 2. a defendant's reply to a plaintiff, प्रतिवादी का उत्तर।

**rejuvenate** (रि-जु´-वॅ-नेट्) ***v.*** to restore the youthful vigour or appearance, युवा बना देना, जीवंत बना देना, कायाकल्प कर देना।

**rejuvenation** (रि-जु-वॅ-ने´-शॅन्) ***n.*** the act of rejuvenating or the state of being rejuvenated, यौवन की पुनर्प्राप्ति, कायाकल्प, जीवंतता।

**relapse** (रि-लैप्स्´) ***v.*** to lapse back to former condition after some recovery, फिर से पहलेवाली (ख़राब) स्थिति में आ जाना, पलटा खा जाना। ***n.*** the act of relapsing or the state of being relapsed, पलटा, पलटाव।

**relate** (रि-लेट्´) ***v.*** 1. to tell, narrate or describe, सुनाना, बतलाना, वर्णन करना। 2. to bring into relation, संबंध जोड़ना। 3. to have connection with, संबद्ध होना।

**related** (रि-ले´-टिड्) ***adj.*** connected by marriage or having a common descent, संबद्ध।

**relation** (रि-ले´-शॅन्) ***n.*** 1. the state of being related, रिश्ता, नाता। 2. a relative, रिश्तेदार, नातेदार। 3. (plu.) dealings or associations with others, व्यवहार या संबंध।

**relationship** (रि-ले´-शॅन्-शिप्) ***n.*** association by blood or marriage, नाता, संबंध।

**relative** (रॅल्´-अॅ-टिव्) ***n.*** a person who is related by blood or marriage, रिश्तेदार। ***adj.*** 1. connected, संबद्ध, संबंधित। 2. considered in relation to something else, सापेक्ष। 3. (gram.) referring to an antecedent, संबंधवाचक; relative pronoun, संबंधवाचक सर्वनाम।

**relatively** (रॅल्´-अॅ-टिव्-ली) ***adv.*** in relation to something else, सापेक्षत:।

**relativity** (रॅल्-अॅ-टिव्´-इ-टी) ***n.*** 1. the condition or quality of being relative, सापेक्षता। 2. a theory that all motion is relative, सापेक्षवाद।

**relaunch** (री-ला:न्च्´) ***v.*** to start something again, पुनरारंभ करना।

R

**relax** (रि-लैक्स्´) *v.* 1. to take rest, विश्राम करना। 2. to make (muscles) less tense, ढीला छोड़ना, शिथिल करना। 3. to make (rules) less rigid, शिथिल करना या बनाना।

**relaxation** (री-लैक्´-से´-शॅन्) *n.* the act of relaxing, विश्राम, शिथिलता।

**relaxant** (रि-लैक्´-सॅन्ट्) *n.* a drug causing relaxation, मन को विश्राम देनेवाली ओषधि।

**relay** (री´-ले) *n.* a fresh set of people or animals to relieve others in work, पड़ाव-पड़ाव पर बदलने के लिए नए जानवर या आदमी। *v.* (relayed, relaying) to receive and broadcast on, सह-प्रसारण करना।

**release** (रि-लीस्´) *v.* 1. to set free or liberate, मुक्त करना, रिहा करना। 2. to issue for sale, circulation etc., जारी करना, विमोचन करना, निकालना, प्रकाशित करना। *n.* 1. the act of freeing, मुक्ति, छुटकारा। 2. the act of issuing, विमोचन, प्रकाशन।

**relegate** (रॅल्´-अॅ-गेट्) *v.* 1. to assign to a less important place, दर्जा घटाना, नीचे लाना या करना, हीन दर्जा देना। 2. to transfer, हस्तांतरित/अंतरित करना।

**relent** (रि-लॅन्ट्´) *v.* to become less severe or soften, नरम पड़ जाना, पसीजना।

**relentless** (रि-लॅन्ट्´-लिस्) *adj.* pitiless, निर्दय, निष्ठुर, निर्मम।

**relevance** (रॅल्´-अॅ-वॅन्स्) *n.* the state or quality of being relevant, प्रासंगिकता, संबद्धता।

**relevant** (रॅल्´-अॅ-वॅन्ट्) *adj.* related to the matter in hand, प्रासंगिक, संबद्ध।

**reliability** (रि-लाइ-अॅ-बिल्´-इ-टी) *n.* the state or quality of being reliable, विश्वसनीयता।

**reliable** (रि-लाइ´-अॅ-बॅल्) *adj.* dependable, trustworthy, विश्वसनीय, भरोसेमंद।

**reliably** (रि-लाइ´-अॅ-ब्ली) *adv.* in a reliable manner, विश्वसनीय रूप से।

**reliance** (रि-लाइ´-अॅन्स्) *n.* 1. trust, dependence, विश्वास, भरोसा। 2. someone or something relied on, वह जिसपर भरोसा किया जाए।

**reliant** (रि-लाइ´-अॅन्ट्) *adj.* having or showing trust, भरोसा करनेवाला, विश्वासी।

**relic** (रॅल्´-इक्) *n.* 1. something that has historic interest, स्मृति-चिह्न। 2. (plu.) the body or the part of the body of a dead person, अस्थि-अवशेष, अस्थियाँ।

**relief** (रि-लीफ़्´) *n.* 1. ease from discomfort, pain or anxiety, राहत, चैन, छुटकारा। 2. a diversion from monotony, चैन, आराम, छुटकारा। 3. assistance given to the needy, सहायता, मदद। 4. the projection of figures or forms from a flat background, उभारदार नक़्क़ाशी या चित्रण। 5. redress of a grievance, दुःखनिवारण, क्षतिपूर्ति। 6. reinforcement, कुमुक। 7. a person who replaces another at some task or duty, स्थानापन्न व्यक्ति।

**relieve** (री-लीव्´) *v.* 1. to lessen, to ease, राहत देना, चैन पहुँचाना, (पीड़ा) कम करना। 2. to free from fear, pain or anxiety, मुक्त करना। 3. to free from duty or burden, भारमुक्त करना। 4. to raise the siege (of a town, नगर से) घेरेबंदी उठाना। □ **relieve oneself,** टट्टी या पेशाब करके राहत पाना।

**religion** (रि-लिज्´-अॅन्) *n.* an organized system of beliefs and rituals usually expressed in worship, मत, धर्म।

**religiosity** (रि-लिज्´-ऑस्´-इ-टी) *n.* the state of being religious, धार्मिकता।

**religious** (रि-लिज्´-अॅस्) *adj.* 1. of or relating to a religion, धार्मिक। 2. pious, godly, धर्मपरायण, धर्मनिष्ठ। 3. scrupulous, अतिसावधान।

**relinquish** (रि-लिंक्´-क्विश्) *v.* 1. to give up, त्याग देना, परित्याग करना। 2. to cease to hold, छोड़ देना।

**reliquary** (रॅल्-इ-क्वॅर्´-ई, रॅल्-इ-क्वॅर्-ई) *n.* a receptacle for relics, अस्थि-अवशेष रखने का पात्र, अस्थि-पात्र, अस्थि-कलश।

**relish** (रॅल्´-इश्) *n.* 1. enjoyment of something eaten or experienced, स्वाद, लुत्फ़, मज़ा। 2. a spicy condiment served with other food, मसाला। *v.* to enjoy, स्वाद लेना, मज़ा लेना।

**elive** (री-लिव्´) *v.* 1. to live again, पुन: जीवन प्राप्त करना। 2. to experience, अनुभव करना।

**eload** (री-लोड्´) *v.* to load again, दुबारा लादना।

**elocate** (री-लो´-केट्) *v.* to move to a different place, नई जगह जाना।

**elocation** (री-लो-के´-शन्) *n.* the act of relocating, अन्यत्र स्थापित होना।

**eluctance** (रि-लक्´-टॅन्स्) *n.* disinclination, अनिच्छा।

**eluctant** (रि-लक्´-टॅन्ट्) *adj.* disinclined, unwilling, अनिच्छुक।

**ely** (रि-लाइ´) *v.* (relied, relying) to depend (on), निर्भर करना, भरोसा करना।

**emain** (रि-मेन्´) *v.* 1. to stay behind, पीछे रहना। 2. to continue to be, बना रहना। 3. to be left, बाकी बचना, शेष रह जाना। 4. to be left to be done, बचा रहना।

**emainder** (रि-मेन्´-डॅ:) *n.* the quantity left after subtraction, बाकी, शेष, शेषफल।

**emaining** (रि-मेन्´-इंग्) *adj.* left, residual or surviving, शेष।

**emains** (रि-मेन्ज़्´) *n.* 1. (plu.) ancient buildings or their parts that have survived, अवशेष। 2. a dead body, शव।

**emake** (रि-मेक्´) *v.* to make again, फिर से बनाना, पुनर्निर्माण करना। *n.* a thing remade, फिर से बनाई हुई वस्तु।

**emand** (रि-मान्ड्´/मैन्ड्´) *v.* to send back (to custody, जेल) वापस भेजना। *n.* the act of sending back, न्यायालय द्वारा अभियुक्त को फिलहाल हिरासत में रखने के लिए कहा जाना।

**emark** (रि-मा:क्´) *v.* 1. to make a comment, टिप्पणी करना। 2. to notice, ध्यान से देखना। *n.* 1. a comment, टिप्पणी। 2. the act of noticing, ध्यान, अवलोकन।

**emarkable** (रि-मा:´-कॅ-बॅल्) *adj.* 1. worthy of notice, ध्यान देने योग्य, उल्लेखनीय। 2. extraordinary, विशिष्ट, उत्कृष्ट।

**remarriage** (रि-मैर्´-इज्) *v.* the act of marrying again, दुबारा या दूसरा विवाह करना, पुनर्विवाह करना। *n.* second marriage, दूसरा विवाह।

**remediable** (रि-मी´-डि-अॅ-बॅल्) *adj.* curative, उपचार-योग्य, चिकित्स्य, साध्य।

**remedial** (रि-मी´-डि-अॅल्) *adj.* providing a remedy for a disease, उपचारात्मक।

**remedy** (रॅम्´-इ-डी) *n.* 1. a drug, दवा, ओषधि। 2. treatment, इलाज, उपचार, चिकित्सा। 3. something that corrects an error or evil, उपचार, उपाय। *v.* 1. to cure, उपचार करना। 2. to rectify, सुधारना।

**remember** (रि-मॅम्´-बॅ:) *v.* 1. to keep in one's mind, याद रखना। 2. to racall to one's mind, याद करना, स्मरण करना। 3. to mention or think with respect, आदर-पूर्वक उल्लेख करना। □ **remember somebody to somebody,** एक का अभिवादन दूसरे तक पहुँचाना।

**remembrance** (रि-मॅम्´-ब्रॅन्स्) *n.* 1. the act of remembering or the state of being remembered, स्मरण। 2. a keepsake, स्मृति-चिह्न, चिह्नानी। 3. something remembered, याद रखी हुई बात।

**Remembrance Day** *n.* स्मृति दिवस।

**remind** (रि-माइन्ड्´) *v.* to cause to remember, याद दिलाना।

**reminder** (रि-माइन्´-डॅ:) *n.* a letter sent to remind someone, स्मरण-पत्र।

**reminisce** (रॅम्-इ-निस्´) *v.* to talk or write about past events and experiences, संस्मरण सुनाना या लिखना।

**reminiscence** (रॅस्-इँ-निस्´-अॅन्स्) *n.* a narration of past experiences, संस्मरण।

**reminiscent** (रॅम्-अॅ-निस्´-अॅन्ट्) *adj.* recalling to the mind, suggestive, स्मरण-कारक, स्मरण करानेवाला, संकेतक।

**remiss** (रि-मिस्´) *adj.* negligent, लापरवाह, असावधान।

**remission** (रि-मिश्´-अॅन्) *n.* 1. forgiveness for sin, क्षमादान, माफ़ी। 2. release from obligation or penalty, छूट। 3. lessening of pain, पीड़ा में होनेवाली कमी।

**remissness** (रि-मिस्´-निस्) ***n.*** negligence, असावधानी, लापरवाही।

**remit** (रि-मिट्´) ***v.*** 1. to send (money, पैसा) भेजना। 2. to forgive, क्षमा करना।

**remittal** (रि-मिट्´-ऑल्) ***n.*** = remittance.

**remittance** (रि-मिट्´-ऑन्स्) ***n.*** 1. the act of remitting, प्रेषण। 2. money sent to someone, भेजी हुई राशि।

**remittent** (रि-मिट्´-ऑन्ट्) ***adj.*** slackening for a while or at intervals, घटता-बढ़ता रहनेवाला (ज्वर या अन्य व्याधि)।

**remnant** (रैम्´-नॅन्ट्) ***n.*** 1. a part left over, शेषांश, शेष। 2. a piece of material from the end of a roll, थान का बचा टुकड़ा, कटपीस।

R

**remodel** (री-मॉड्´-ऑल्) ***v.*** (remodelled, remodelling) to model again, नया आकार-प्रकार या रूप देना।

**remonstrance** (रि-मॉन्´-स्ट्रॅन्स्) ***n.*** the act of remonstrating or something remonstrated, आपत्ति, विरोध।

**remonstrant** (रि-मॉन्´-स्ट्रॅन्ट्) ***n.*** one who remonstrates, आपत्तिकर्ता, विरोध करनेवाला।

**remonstrate** (रि-मॉन्´-स्ट्रेट्) ***v.*** to argue in protest, आपत्ति करना, विरोध करना।

**remorse** (रि-मॉ:स्´/मो:स्´) ***n.*** a sense of guilt felt for one's wrong actions, ग्लानि, पश्चात्ताप।

**remorseful** (रि-मॉ:स्´-फ़ुल्) ***adj.*** caused by remorse, ग्लानिपूर्ण, ग्लानि-भरा।

**remote** (रि-मोट्´) ***adj.*** 1. distant, दूरस्थ, सुदूर, दूर का। 2. distant related, दूर का। 3. slight or faint, हलका, मंद।

**remote control** ***n.*** a control of an apparatus from a distance, रिमोट कंट्रोल, दूरस्थ नियंत्रक।

**remould** (री-मोल्ड्´) ***v.*** to mould again, दुबारा साँचे से निकालना या ढालना।

**remount** (री-माउन्ट्´) ***v.*** to mount again, फिर से चढ़ना या सवार होना। ***n.*** a fresh horse, ताज़ादम घोड़ा।

**removable** (रि-मू´-वॅ-बॅल्) ***adj.*** that can be removed, जिसे हटाया जा सके।

**removal** (रि-मू´-वॅल्) ***n.*** the act of taking away or being taken away, हटाने या हटाए जाने की क्रिया या भाव, निष्कासन या पदच्युति

**remove** (रि-मूव्´) ***v.*** 1. to take away, परे करना, हटा देना। 2. to take off, उतार देना 3. to dismiss, निकाल या हटा देना, बर्ख़ास्त करना। 4. to wipe out, ख़त्म करना। ***n.*** 1. a step, कदम। 2. change or transfer (of one's residence, घर का) बदलना या बदला जाना, परिवर्तन।

**remunerate** (रि-म्यू´-नॅ-रेट्) ***v.*** to pay as remuneration, पारिश्रमिक या मेहनताना देना।

**remuneration** (रि-म्यू-नॅ-रे´-शॅन्) ***n.*** pay or reward for a work, पारिश्रमिक, मेहनताना।.

**renaissance** (रि-ने´-सॅन्स्, रैन्´-ऑ-सान्स्) ***n.*** 1. a new birth, नया जन्म। 2. revival of art, culture or literature, कला, साहित्य या संस्कृति का पुनर्जन्म या नवजागरण, पुनर्जागरण।

**renal** (री´-नॅल्) ***adj.*** of or pertaining to kidneys, गुर्दे का, वृक्कीय।

**rename** (रि-नेम्´) ***v.*** to name again, फिर से नाम रखना, नया नाम रखना।

**renascent** (रि-नैस्´-ऑन्ट्) ***adj.*** reviving, फिर से जाग्रत, पुनर्जाग्रत।

**rend** (रैन्ड्) ***v.*** (rent, rending) 1. to tear or rip, (कपड़ा) फाड़ या नोच डालना। 2. to remove forcibly, ज़बरदस्ती हटाना या उठा ले जाना। 3. to disturb, विक्षुब्ध कर देना। 4. to distress, कष्ट देना।

**render** (रैन्´-डॅ:) ***v.*** 1. to present or submit, प्रस्तुत या पेश करना। 2. to give or make available, देना, उपलब्ध कराना। 3. to cause to become, बना देना, कर देना; He renders me helpless. उसने मुझे लाचार कर दिया। 4. to translate, अनुवाद करना। 5. to depict, वर्णन या चित्रण करना। 6. to make (a payment, भुगतान) करना।

**rendering** (रैन्´-डॅ-रिंग्) ***n.*** 1. the act of presenting, प्रस्तुतीकरण। 2. the act of translating, अनुवाद करना। 3. the act of making payment, भुगतान करना।

**rendezvous** (रान्´-डि-वू, रान्´-डॅ-वू) ***n.*** 1. a

pre-arranged meeting place, पहले से निश्चित मिलने की जगह, अभिसार-स्थल। 2. a popular gathering place, अड्डा। 3. a pre-arranged meeting, पहले से तय किया हुआ मिलन। *v.* to meet at certain time and place, निश्चित किए हुए समय तथा स्थान पर मिलना, अभिसार करना।

**rendition** (रॅन्-डिश्´-ऑन्) *n.* the act of rendering, प्रस्तुतीकरण; प्रदान।

**renegade** (रॅन्´-इ-गेड्) *n.* a rebel or traitor, विद्रोही, विश्वासघाती।

**renege** (रि-नेंग्´/निग्´) *v.* to play a card of another suit deliberately, जानबूझकर ग़लत रंग का पत्ता चलना, बेईमानी करना।

**renew** (रि-न्यू´, रि-नू´) *v.* 1. to recommence, फिर से शुरू करना। 2. to grant or obtain the extension of, नवीकरण करना। 3. to regain or recover, पुन: प्राप्त करना।

**renewable** (रि-न्यू´-अॅ-बॅल्) *adj.* that can be renewed, नवीकरणीय।

**renewal** (रि-न्यू´-ऑल्) *n.* the act of renewing or the state of being renewed, नवीकरण।

**rennet** (रॅन्´-इट्) *n.* anything used to curdle milk, जामन।

**renounce** (रि-नाउन्स्´) *v.* 1. to give up, छोड़ देना, त्याग देना। 2. to repudiate or disown, अस्वीकार करना, परित्याग करना, संबंध तोड़ लेना।

**renovate** (रॅन्´-अॅ-वेट्) *v.* 1. to restore to good condition, अच्छी हालत में लाना, नया रूप देना, नया कर देना। 2. to repair, मरम्मत करना।

**renovation** (रॅन्-अॅ-वे´-शॅन्) *n.* 1. the act of renovating or the state of being renovated, नया रूप देना या प्राप्त करना, नवीकरण। 2. the act of repairing, मरम्मत।

**renown** (रि-नाउन्´) *n.* fame, प्रसिद्धि।

**renowned** (रि-नाउन्ड्´) *adj.* famous, reputed, प्रसिद्ध, प्रतिष्ठित, विख्यात।

**rent**[1] (रॅन्ट्) *n.* periodic payment for the use of another's property, किराया, भाड़ा या लगान। *v.* (rented, renting) 1. to let out on rent, किराए पर देना, भाड़े पर चढ़ाना। 2. to pay rent for the use of, किराए पर लेना।

**rent**[2] *n.* 1. a torn place in a garment, चीफटा अंश। 2. split ( in a political party (राजनीतिक दल में) टूट, टूटन।

**rentable** (रॅन्´-टॅ-बॅल्) *adj.* that can be rented, किराए पर देने लायक।

**rental** (रॅन्´-टॅल्) *n.* the amount paid or received as rent, किराया, भाड़ा।

**rent-free** (रॅन्ट्-फ़्री´) *adj.* without payment of rent, बिना भाड़े का, नि:शुल्क।

**renunciation** (रि-नन्-सि-ए´-शॅन्) *n.* the act of renouncing, त्याग, परित्याग।

**reopen** (री-ओ´-पॅन्) *v.* to open again, फिर से खोलना, दुबारा चालू करना।

**reorder** (री-आ:´-डॅ:) *v.* (reordered, reordering) to order again, दुबारा आदेश देना या भेजना।

**reorganization** (री-आ:-गॅ-नाइ-ज़े´-शॅन्) *n.* the act of reorganizing, पुनर्गठन।

**reorganize** (री-आ:´-गॅ-नाइज़्) *v.* (reorganized, reorganizing) to organize again or anew, फिर से गठित करना, पुनर्गठन करना।

**repair** (रि-पेंअॅ:´) *v.* (repaired, repairing) to restore to good condition, मरम्मत करना, ठीक करना। *n.* the act or process of repairing, मरम्मत, सुधार, जीर्णोद्धार।

**repairable** (रि-पेंअॅ:´-अॅ-बॅल्) *adj.* that can be repaired or remedied, सुधारने-लायक, सुधरने लायक।

**reparation** (रॅप्-अॅ-रे´-शॅन्) *n.* 1. compensation, क्षतिपूर्ति। 2. (plu.) something required from a defeated nation as compensation for damage inflicted during a war, पराजित देश द्वारा (युद्ध-समाप्ति पर) की जानेवाली क्षतिपूर्ति, हानिपूर्ति।

**repartee** (रॅप्-अॅ:-टी´) *n.* a quick witty reply, सहसा दिया जानेवाला व्यंग्यपूर्ण उत्तर।

**repast** (रि-पास्ट्´, रि-पैस्ट्´) *n.* a meal, भोजन।

**repatriate** (री-पै´-ट्रि-एट्) *v.* (repatriated, repatriating) to send back to one's country, स्वदेश वापस भेजा जाना।

R

**repatriation** (री-पै-ट्रि-ए´-शॅन्) *n.* the act of repatriating, स्वदेश-वापसी।

**repay** (रि-पे´) *v.* (repaid, repaying) 1. to pay back, लौटाना, चुकाना, शोधन करना। 2. to give in return, बदले में देना, बदला चुकाना।

**repayable** (री-पे´-अॅ-बॅल्) *adj.* needing to be repaid, प्रतिदेय, शोध्य, चुकाने योग्य।

**repayment** (रि-पे´-मॅन्ट्) *n.* the act of repaying or something repaid, शोधन, वापसी, चुकौती, प्रतिदान।

**repeal** (रि-पील्´) *v.* to annul officially, निरस्त करना, रद करना। *n.* the act of repealing, निरसन, रद्दगी।

R

**repeat** (रि-पीट्´) *v.* to do, say or recur again once or several times, दुहराना, पुनरावृत्ति करना। *n.* the act of repeating, दुहराई, पुनरावृत्ति।

**repeated** (रि-पी´-टिड्) *adj.* recurring or done again and again, आवर्ती, बार-बार होने या किया जानेवाला।

**repeating** (रि-पीट्´-इंग्) *adj.* capable of discharging several shots, आवर्ती।

**repel** (रि-पेॅल्´) *v.* (repelled, repelling) 1. to force or drive back, पीछे धकेलना। 2. to produce a feeling of aversion, विकर्षण उत्पन्न करना।

**repellent** (रि-पेॅल्´-अॅन्ट्) *adj.* 1. tending to repel, repulsive, विकर्षक। 2. resistant, प्रतिरोधक।

**repent** (रि-पेॅन्ट्´) *v.* to feel regret or remorse for, पश्चात्ताप करना, पछताना।

**repentance** (रि-पेॅन्ट्´-अॅन्स्) *n.* the act of repenting, पश्चात्ताप, पछतावा।

**repentant** (रि-पेॅन्ट्´-अॅन्ट्) *adj.* repenting, पछतानेवाला, पश्चात्तापी।

**repercussion** (री-पॅ:-कश्´-अॅन्) *n.* 1. the recoil of something after impact, झटका, प्रतिघात। 2. an indirect effect of an event, फल, परिणाम या प्रतिक्रिया।

**repertoire** (रेॅप्´-अॅ:-ट्वा:) *n.* all the works that a company performs, मंडली द्वारा खेले जानेवाले सभी नाटक।

**repertory** (रेॅप्´-अॅ:-टॅ-री) *n.* 1. = repertoire. 2. a repository, संग्रह-स्थल।

**repetition** (रेॅप्-अॅ-टिश्´-अॅन्) *n.* the act of repeating, पुनरावृत्ति।

**repetitious** (रेॅप्-अॅ-टिश्´-अॅस्) *adj.* repetitive, दुहराया जानेवाला, आवृत्तीय।

**repine** (रि-पाइन्´) *v.* to be fretful, खीझना, कुढ़ना।

**replace** (रि-प्लेस्´) *v.* to put in place of, प्रतिस्थापन करना।

**replaceable** (रि-प्ले´-सॅ-बॅल्) *adj.* that can be replaced, प्रतिस्थाप्य।

**replacement** (रि-प्लेस्´-मॅन्ट्) *n.* 1. the act of replacing, प्रतिस्थापन। 2. a person or thing that replaces another, दूसरे की जगह लेनेवाला व्यक्ति या पदार्थ, प्रतिस्थापक।

**replanting** (रि-प्लैन्´-टिंग्, रि-प्लान्´-टिंग्) *n.* the act of planting again, पुनर्रोपण।

**replay** (रि-प्ले´) *v.* 1. to play (a match) again, (मैच) दुबारा खेलना। 2. to play (a record etc.) again, (रिकार्ड) दुबारा बजाना या चलाना। *n.* 1. a rematch, दुबारा खेला जानेवाला खेल, पुनर्खेल। 2. an act of playing again a record etc., फिर से बजाना, पुनर्वादन।

**replenish** (रि-प्लेॅन्´-इश्) *v.* to fill again, to put fresh fuel on, फिर से भरना।

**replete** (रि-प्लीट्´) *adj.* 1. full, भरा हुआ, ठसाठस। 2. abounding, भरपूर, अत्यधिक। 3. satiated, तृप्त।

**repletion** (रि-प्ली´-शॅन्) *n.* complete satisfaction, पूर्ण तृप्ति।

**replica** (रेॅप्´-लि-कॅ) *n.* an exact copy, प्रतिकृति।

**replicate** (रेॅप्´-लि-केट्) *v.* 1. to make a replica of, प्रतिकृति बनाना। 2. to repeat, दुहराना।

**reply** (रि-प्लाइ´) *v.* (replied, replying) to say or give as answer, उत्तर देना, जवाब देना। *n.* an answer, उत्तर, जवाब।

**reply-paid** (रि-प्लाइ´-पेड्) *adj.* for reply of which the payment has already been made, जवाबी; reply-paid postcard, जवाबी पोस्टकार्ड।

**report** (रि-पोःट्´) ***n.*** 1. a formal written account of something, रिपोर्ट, रपट, औपचारिक लिखित विवरण। 2. a rumour, अफ़वाह। 3. an explosive noise, धमाका। ***v.*** 1. to tell or write about an event, to present an account of, किसी घटना के संबंध में बताना या लिखना, रिपोर्ट करना। 2. to serve as a reporter, संवाद भेजना। 3. to present oneself, उपस्थित होना, हाज़िरी देना।

**reportage** (रि-पोः´-टिज्/रॅप्-अॅः-ताज्´) ***n.*** 1. a typical style of reporting news, समाचार-लेखन की कोई विशिष्ट शैली। 2. a written account based on this style, रिपोर्ताज।

**reportedly** (रि-पोः´-टिड्-ली) ***adv.*** according to the news, ख़बरों के अनुसार, समाचारों के अनुसार, रिपोर्ट के अनुसार।

**reported speech** ***n.*** indirect speech, अप्रत्यक्ष कथन।

**reporter** (रि-पोः´-टॅः) ***n.*** one who gathers news for a newspaper, संवाददाता।

**repose** (रि-पोज़्´) ***v.*** 1. to lie at rest, लेटना, आराम करना। 2. to lie supported by something, टेक या सहारा लेकर लेटना। 3. to lie in the grave, क़ब्र में लेटना। 4. to be based on, आधारित होना। 5. to place (trust etc. विश्वास आदि) रखना, धरना। ***n.*** 1. the act of resting, विश्राम, श्रांति। 2. peace, शांति। 3. composure, धैर्यशीलता, शालीनता।

**repository** (रि-पॉज़्´-इ-टॅ-री) ***n.*** 1. a place where things are stored, संग्रह-स्थल, भंडार। 2. a place of burial, क़ब्रगाह। 3. a confidant, विश्वस्त व्यक्ति।

**repossess** (री-पॅ-ज़ेंस्´) ***v.*** to take back possession of, पुनः अधिकार या क़ब्ज़े में लेना।

**reprehend** (रॅप्-रि-हॅन्ड्´) ***v.*** 1. to rebuke, झिड़कना, फटकारना, डाँटना-डपटना। 2. to criticize, आलोचना करना, भर्त्सना करना।

**reprehensible** (रॅप्-रि-हॅन्´-सि-बॅल्) ***adj.*** 1. deserving rebuke, झिड़कने लायक, भर्त्सना-योग्य। 2. blame worthy, दोषी।

**reprehension** (रॅप्-रि-हॅन्´-शॅन्) ***n.*** 1. the act of reprehending, झिड़कने की क्रिया या भाव। 2. a reproof, झिड़की।

**represent** (रॅप्-रि-ज़ेंन्ट्) ***v.*** 1. to symbolize, प्रतीक होना। 2. to depict, चित्रित करना, वर्णन करना। 3. to serve as an example of, उदाहरण होना। 4. to serve as a representative, प्रतिनिधि होना या प्रतिनिधित्व करना।

**representation** (रॅप्-रि-ज़ेंन्-टे´-शॅन्) ***n.*** 1. the act of representing, प्रतिनिधित्व, प्रतिनिधायन। 2. a dramatic performance, अभिनय या प्रदर्शन।

**representative** (रॅप्-रि-ज़ेंन्´-टॅ-टिव्) ***n.*** one who represents someone else, प्रतिनिधि। ***adj.*** representing, प्रतिनिधात्मक, प्रतिनिधिक।

**repress** (रि-प्रॅस्´) ***v.*** 1. to suppress, दमन करना। 2. to hold back, रोक रखना, दबाना।

**repression** (रि-प्रॅश्´-अॅन्) ***n.*** the act of suppressing, दमन।

**repressive** (रि-प्रॅस्´-इव्) ***adj.*** suppressive, दमनकारी, दमनात्मक।

**reprieve** (रि-प्रीव्´) ***v.*** 1. to postpone or remit the punishment, माफ़ी देना या सज़ा घटाना, जान बख़्शना। 2. to give temporary relief, राहत देना। ***n.*** 1. the postponement or remitting of a punishment, माफ़ी या सज़ा की कमी। 2. temporary relief, राहत।

**reprimand** (रॅप्´-रि-मैन्ड्) ***n.*** a rebuke, डाँट, फटकार। ***v.*** to rebuke, डाँटना-फटकारना।

**reprint** (री-प्रिन्ट्´) ***v.*** to print again, दुबारा छापना, पुनर्मुद्रण करना। ***n.*** 1. a reproduction in print, पुनर्मुद्रण। 2. a new printing of a book, पुनर्मुद्रित पुस्तक।

**reprisal** (रि-प्राइ´-ज़ॅल्) ***n.*** 1. a revenge, बदला, प्रतिशोध। 2. (plu.) retaliatory action, बदले की कार्रवाई।

**reproach** (रि-प्रोच्´) ***v.*** 1. to rebuke severely, कड़ी भर्त्सना करना। 2. to blame, दोषारोपण करना। ***n.*** 1. a severe rebuke, कड़ी फटकार। 2. a blame, दोषारोप। 3. disgrace, अपमान।

**reproachful** (रि-प्रोच्´-फुल्) *adj.* expressing reproach, डाँटने-फटकारनेवाला।

**reprobate** (रॅप्´-रॅ-बेट्) *adj.* 1. immoral, अनैतिक, भ्रष्ट। 2. unprincipled, सिद्धांतहीन।

**reprobation** (रॅप्-रॅ-बे´-शॅन्) *n.* strong condemnation, भर्त्सना, डाँट-फटकार।

**reprocess** (री-प्रॉस्´-ऍस्, री-प्रो´-सॅस्) *v.* to process again, दुबारा संसाधित करना।

**reproduce** (री-प्रॅ-ड्यूस्´) *v.* 1. to produce again, दुबारा बनाना, दुबारा पैदा करना, पुनरुत्पादन करना। 2. to bear offspring, बच्चा देना, जनना।

**reproducible** (री-प्रॅ-ड्यू´-सि-बॅल्) *adj.* that can be reproduced, पुनरुत्पाद्य।

**reproduction** (री-प्रॅ-डक्´-शॅन्) *n.* the act of reproducing, पुररुत्पादन; प्रजनन।

**reproductive** (री-प्रॅ-डक्´-टिव्) *adj.* of or pertaining to reproduction, पुनरुत्पादक; प्रजनक।

**reproof** (रि-प्रूफ़्´) *n.* a rebuke, फटकार, निंदा।

**reprove** (रि-प्रूव्´) *v.* to reprehend, फटकारना, भर्त्सना करना।

**reptile** (रॅप्´-टाइल्/टिल्) *n.* a class of animals that moves about on its belly or short legs, रेंगनेवाला जंतु, सरीसृप।

**reptilian** (रॅप्-टिल्´-इ-अॅन्) *adj.* of reptiles, रेंगनेवाला, सरीसृप-संबंधी।

**republic** (रि-पब्´-लिक्) *n.* a country ruled by its elected representatives, प्रजातंत्र, गणतंत्र।

**republican** (रि-पब्´-लि-कॅन्) *adj.* pertaining to a republic, गणतंत्रीय। *n.* an advocate of a republican form of government, प्रजातंत्रवादी, गणतंत्रवादी।

**repudiate** (रि-प्यू´-डि-एट्) *v.* 1. to refuse or reject, जवाब दे देना, इन्कार कर देना, खंडन करना। 2. to cast off or disown, छोड़ देना, परित्याग करना।

**repudiation** (रि-प्यू-डि-ए´-शॅन्) *n.* the act of repudiating, जवाब, इन्कार; खंडन; परित्याग।

**repudiator** (रि-प्यू´-डि-ए-टॅ:) *n.* one who repudiates, खंडनकर्ता; परित्यागी।

**repugnance** (रि-पग्´-नॅन्स्) *n.* 1. inconsistency, असंगति, प्रतिकूलता। 2. dislike, बेहद नापसंदगी, नफ़रत।

**repugnant** (रि-पग्´-नॅन्ट्) *adj.* 1. contrary, inconsistent, असंगत, प्रतिकूल। 2. distasteful, अप्रिय, बेहद नापसंद।

**repulse** (रि-पल्स्´) *v.* 1. to drive back, भगा देना, हटा देना, खदेड़ देना। 2. to reject with coldness, ठुकरा देना।

**repulsion** (रि-पल्´-शॅन्) *n.* 1. the act of repulsing, खदेड़ने की क्रिया या भाव। 2. the feeling of aversion, घृणा, नफ़रत।

**repulsive** (रि-पल्´-सिव्) *adj.* 1. disgusting, घृणित, घिनौना। 2. that repulses, विकर्षक।

**reputable** (रॅप्´-यॅ-टॅ-बॅल्) *adj.* having a good reputation, ख्यात, प्रसिद्ध।

**reputation** (रॅप्-यु-टे´-शॅन्) *n.* renown, ख्याति, प्रसिद्धि, नेकनामी, कीर्ति।

**repute** (रि-प्यूट्´) *n.* renown, ख्याति, प्रसिद्धि।

**reputed** (रि-प्यू´-टिड्) *adj.* said or thought to be such, कथित या माना हुआ, ख्यात।

**request** (रि-क्वॅस्ट्´) *v.* to ask for, निवेदन या प्रार्थना करना। *n.* the act of requesting, प्रार्थना, निवेदन। □ **on request,** प्रार्थना करने पर।

**requiem** (रॅक्´-वि-अॅम्) *n.* 1. a mass ceremony for the dead, मृतक की आत्मा की शांति के लिए की जानेवाली सामूहिक प्रार्थना, शांति-प्रार्थना। 2. a piece of music written for this ceremony, शोक-गीत या शांति-प्रार्थना।

**require** (रि-क्वाइ:´) *v.* 1. to need, अपेक्षा होना। 2. to call upon or insist upon, कहना, अनुरोध करना, ज़ोर देना।

**requirement** (रि-क्वाइ:´-मॅन्ट्) *n.* a need, अपेक्षा, ज़रूरत, आवश्यकता।

**requisite** (रॅक्´-वि-ज़िट्) *adj.* 1. required, अपेक्षित। 2. necessary, आवश्यक। *n.* a necessity, आवश्यकता, अपेक्षा।

**requisition** (रॅक्-वि-ज़िश्´-अॅन्) *n.* 1. a formal request or demand, अपेक्षा, माँग। 2. the official form on which such a demand is made, माँगपत्र। *v.* to demand by a requisition, माँग करना, अधिग्रहण करना।

**requisitionist** (रेंक्-वि-ज़िश्´-अॅ-निस्ट्) ***n.*** one who requisitions, अधिग्राही।

**requital** (रि-क्वाइट्´-अॅल्) ***n.*** the act of requiting, बदला, प्रतिदान।

**requite** (रि-क्वाइट्´) ***v.*** to repay, प्रतिदान करना, बदला चुकाना।

**rerun** (री-रन्´) ***v.*** (reran, rerun, reruning) to run a film again, (फ़िल्म) फिर से दिखाना।

**resalable** (री-सेल्´-अॅ-बॅल्) ***adj.*** that can be sold again, जिसे दुबारा बेचा जा सके।

**resale** (री-सेल्´) ***n.*** sale of something one has bought, पुनर्विक्रय।

**rescind** (रि-सिंड्´) ***v.*** to cancel, रद करना।

**rescue** (रेंस्´-क्यू) ***v.*** to save, बचाना, उद्धार करना। ***n.*** the act of rescuing or the state of being rescued, उद्धार।

**research** (री-स:च्´) ***n.*** a scholarly or scientific study of a subject, शोध, अनुसंधान। ***v.*** to do research, शोध करना, अनुसंधान करना।

**researcher** (रि-स:च्´-अॅ:) ***n.*** one who is doing research work, शोधकर्ता, अनुसंधानकर्ता।

**resell** (री-सेंल्´) ***v.*** (resold, reselling) to sell again, दुबारा या फिर बेच देना, पुनर्विक्रय करना।

**resection** (रि-सेंक्´-शॅन्) ***n.*** the surgical removal of an organ, शल्य-चिकित्सा द्वारा काटकर किसी अंग का निकाला जाना।

**resemblance** (रि-ज़ेंम्´-ब्लॅन्स्) ***n.*** a similarity, सादृश्य, समरूपता, शक्ल-सूरत का मिलना।

**resemble** (रि-ज़ेंम्´-बॅल्) ***v.*** to be like, मिलता-जुलता होना।

**resent** (रि-ज़ेंन्ट्´) ***v.*** to feel angry, अप्रसन्नता प्रकट करना, नाराज़गी दिखलाना, नाराज़ होना।

**resentful** (रि-ज़ेंन्ट्´-फुल्) ***adj.*** angry, अप्रसन्न, रुष्ट, नाराज़।

**resentment** (रि-ज़ेंन्ट्´-मॅन्ट्) ***n.*** displeasure, anger, अप्रसन्नता, रोष, नाराज़गी।

**reservation** (रेंज़्-अॅ:-वे´-शॅन्) ***n.*** 1. the act of reserving, आरक्षण। 2. something reserved, आरक्षित स्थान, पद आदि। 3. an act of withholding, रोक रखना। 4. a condition, शर्त।

**reserve** (रि-ज़:व्´) ***v.*** 1.to set apart for a particular person or use, आरक्षण करना, रिज़र्व करना। 2. to set aside for future use, सुरक्षित रखना। 3. to postpone, स्थगित करना। ***n.*** 1. assets kept for future or particular use, बचाकर रखा हुआ धन, निधि। 2. the condition of being reserved, रक्षित होना। 3. a reserved tract of land, रक्षित भूभाग। 4. a substitute, स्थानापन्न। 5. armed services not in active service, रिज़र्व सेना। 6. self-restraint, आत्मसंयम। □ **without reserve,** पूर्णत:।

**reserved** (रि-ज़:व्ड्´) ***adj.*** 1. held for a particular person, आरक्षित। 2. not showing his/her feelings openly, restrained, संयत। 3. quite, चुप्पी।

**reservedly** (रि-ज़:´-विड्-ली) ***adv.*** in a reserve manner, संयत भाव से, संकोचपूर्वक।

**reservoir** (रेंज़्´-अॅ:-व्हा:) ***n.*** 1. a body of water, जलाशय, तालाब। 2. a tank, टंकी। 3. a source, स्रोत, भंडार, ख़ज़ाना।

**resettle** (रि-सेंट्´-अॅल्) ***v.*** to colonize, किसी देश में जाकर बसना या बसाना।

**resettlement** (रि-सेंट्´-अॅल्-मॅन्ट्) ***n.*** a colony, उपनिवेश।

**reshuffle** (री-शफ़्´-अॅल्) ***v.*** 1. to shuffle again, (पत्ते) दुबारा फेंटना, फेंटाई करना। 2. to make changes, परिवर्तन करना। ***n.*** an act of reshuffling, फेंटाई, फेरबदल; रद्दोबदल।

**reside** (रि-ज़ाइड्´) ***v.*** 1. to dwell, वास करना, रहना। 2. to be inherently present, निहित होना।

**residence** (रेंज़´-इ-डॅन्स्) ***n.*** 1. an abode, आवास, निवास, निवास-स्थान। 2. a mansion, प्रासाद, महल।

**residency** (रेंज़´-इ-डॅन्-सी) ***n.*** 1. a residence, निवास। 2. an employment of a person for a particular job at a particular place for a period of time, नियत समय के लिए किसी विशेष स्थान पर होनेवाली नियुक्ति।

**resident** (रेंज़´-इ-डॅन्ट्) ***adj.*** residing, वासी, निवासी; resident engineer, स्थानीय अभियंता।

**residential** (रेंज़्-इ-डेंन्´-शॅल्) ***adj.*** suitable for residence, रिहाइशी, आवासिक।

**residual** (रि-ज़िड्´-उ-अॅल्) ***adj.*** remaining, बचा हुआ, शेष, अवशिष्ट।

**residue** (रेंज़्´-इ-ड्यू) ***n.*** remainder, अवशिष्ट अंश, अवशेष।

R

**resign** (रि-ज़ाइन्´) ***v.*** 1. to give up a job or office, पदत्याग करना, इस्तीफ़ा देना। 2. to relinquish, छोड़ देना। 3. to yield or submit, झुक जाना या अर्पित कर देना।

**resignation** (रेंज़्-इग्-ने´-शॅन्) ***n.*** 1. the act of resigning, पदत्याग। 2. a letter of stating one's wish to resign, त्यागपत्र, इस्तीफ़ा। 3. passive acquiescence, मौन स्वीकृति। 4. submission, अर्पण।

**resigned** (रि-ज़ाइन्ड्´) ***adj.*** 1. patient, धैर्यवान। 2. acquiescent, राज़ी, सहमत, संतुष्ट।

**resilience** (रें-ज़ी´-लि-ऍन्स्, रि-ज़िल्-ई-अॅन्स्) ***n.*** 1. elasticity, लचीलापन, लोच। 2. the ability of objects to spring back after being stretched or bent, प्रतिस्कंदन।

**resilient** (रि-जिल्´-यॅन्ट्, रि-ज़िल्´-ई-अॅन्ट्) ***adj.*** 1. elastic, लचीला, लोचदार। 2. recovering quickly, शीघ्र तंदुरुस्त हो जानेवाला।

**resin** (रेंज़्´-इन्) ***n.*** 1. a semisolid substance secreted by some trees, राल। 2. synthetic adhesive, कृत्रिम गोंद।

**resist** (रि-ज़िस्ट्´) ***v.*** to oppose, to counteract, प्रतिरोध करना।

**resistance** (रि-ज़िस्´-टॅन्स्) ***n.*** 1. the act of resisting, प्रतिरोध। 2. the force to resist, प्रतिरोधन-शक्ति।

**resistant** (रि-ज़िस्´-टॅन्ट्) ***adj.*** offering resistance, प्रतिरोधक, प्रतिरोधी।

**resistible** (रि-ज़िस्´-टि-बॅल्) ***adj.*** that may be resisted, प्रतिरोध्य।

**resistivity** (रि-ज़िस्-टिव्´-इ-टी) ***n.*** the power of resisting, प्रतिरोधकता।

**resistor** (रि-ज़िस्´-टॅ:) ***n.*** an electrical device having resistance to the passage of electric current, प्रतिरोधक।

**resit** (री´-सिट्) ***v.*** (resat, resitting) to take an examination again, पुन: परीक्षा लेना।

**resolute** (रेंज़्´-अॅ-ल्यूट्) ***adj.*** showing great determination, bold, firm, दृढ़-निश्चयी, संकल्पशील, दृढ़।

**resolution** (रेंज़-अॅ-ल्यू´-शॅन्) ***n.*** 1. determination, दृढ़ निश्चय, संकल्प। 2. a proposal, प्रस्ताव। 3. decision, निश्चय। 4. verdict, निर्णय। 5. solution, समाधान।

**resolvable** (रि-ज़ॉल्व्´-अॅ-बॅल्) ***adj.*** that may be resolved, समाधान के योग्य, समाधेय।

**resolve** (रि-ज़ॉल्व्´) ***v.*** 1. to determine, निश्चय/संकल्प करना। 2. to solve or settle, समाधान करना, निपटाना। ☐ **resolve into,** विभक्त हो जाना।

**resonance** (रेंज़्´-अॅ-नॅन्स्) ***n.*** echo, अनुनाद, गूँज।

**resonant** (रेंज़्´-अॅ-नॅन्ट्) ***adj.*** echoing, resounding, गूँजनेवाला, अनुनादी।

**resonate** (रेंज़्´-अॅ-नेंट्) ***v.*** to resound, गूँजना।

**resorption** (रि-सॉ:प्´-शॅन्) ***n.*** the act of absorbing again, पुनर्शोषण।

**resort** (रि-ज़ा:ट्´) ***n.*** 1. a place to which people generally go for a picnic or recreation, घूमने-फिरने या छुट्टी मनाने के लिए उपयुक्त स्थल, आनंद-स्थली, सैरगाह। 2. the use of something as a help or recourse, उपाय या सहारा। ☐ **last resort,** आख़िरी सहारा या उपाय। ***v.*** 1. to have recourse to, उपाय अपनाना, सहारा लेना; He resorted to violence, उसने फिर हिंसा का सहारा लिया/वह हिंसा पर उतर आया। 2. to go often or habitually, (कहीं) प्राय: जाते रहना।

**resound** (रि-ज़ाउन्ड्´) ***v.*** 1. to reverberate, गूँजना, प्रतिध्वनित होना। 2. to be famed, प्रसिद्ध होना।

**resounding** (रि-ज़ाउन्´-डिंग्) ***adj.*** 1. vibrating, गूँजता हुआ, प्रतिध्वनित। 2. notable, उल्लेखनीय, गौरवपूर्ण, महान।

**resource** (री´-सो:स्, रि-सो:स्´) ***n.*** 1. a source of support or help, साधन, स्रोत। 2. the ability to deal with a situation, क्षमता, योग्यता। 3. (plu.) means, उपाय, साधन।

**resourceful** (रि-सो:स्´-फ़ुल्) ***adj.*** capable and clever, सक्षम तथा चतुर, साधनसंपन्न, साधनशाली।

**resourcefulness** (रि-सो:स्´-फ़ुल्-निस्) ***n.*** the state of being resourceful, साधनसंपन्नता।

**respect** (रि-स्पेंक्ट्´) ***n.*** 1. esteem, regard, आदर, इज़्ज़त। 2. attention, consideration, ध्यान, विचार। 3. relation, reference, संबंध, विषय; in respect of, के संबंध में। 4. a particular detail or aspect, विशेष बात या पहलू। 5. (plu.) greetings, अभिवादन, नमस्कार। ***v.*** (respected, respecting) 1. to have respect, आदर-भाव रखना। 2. to show respect for, आदर करना, सम्मान करना। 3. to pay proper attention to, पूरा ध्यान रखना।

**respectable** (रि-स्पेंक्´-टॅ-बॅल्) ***adj.*** 1. worthy of respect, आदरणीय, सम्मानित। 2. having social standing, प्रतिष्ठित। 3. fairly good, ठीक-ठाक या अच्छा-खासा।

**respectably** (रि-स्पेंक्´-टॅ-ब्ली) ***adv.*** in respectable manner, प्रतिष्ठापूर्वक; सही ढंग से।

**respectful** (रि-स्पेंक्ट्´-फ़ुल्) ***adj.*** showing respect or full of respect, श्रद्धालु, श्रद्धापूर्ण।

**respecting** (रि-स्पेंक्ट्´-इंग्) ***prep.*** with respect to, concerning, के विषय में।

**respective** (रि-स्पेंक्´-टिव्) ***adj.*** 1. relating to each person or thing mentioned, हर एक की दृष्टि से उसका, अपना-अपना। 2. particular, विशेष, विशिष्ट।

**respectively** (रि-स्पेंक्´-टिव्-ली) ***adv.*** each in the order named, क्रमशः, क्रमानुसार।

**respiration** (रॅस्-पि-रे´-शॅन्) ***n.*** act of breathing, साँस लेना और छोड़ना, श्वसन।

**respirator** (रॅस्´-पि-रे-टॅ:) ***n.*** a device for artificial respiration, साँस लेने में सहायक उपकरण, श्वसन-यंत्र, श्वसित्र।

**respiratory** (रॅस्´-पि-रे-टॅ-री) ***adj.*** of or pertaining to respiration, श्वसन या श्वास-संबंधी; respiratory diseases, साँस की बीमारियाँ, श्वास-रोग।

**respire** (रि-स्पाइ:´) ***v.*** to inhale and exhale, साँस लेना और छोड़ना।

**respite** (रॅस्´-पाइट्/पिट्) ***n.*** 1. a short interval of relief, थोड़े समय की राहत। 2. a short interval of rest, अल्पविश्राम, थोड़ी फ़ुर्सत। 3. postponement, स्थगन।

**resplendence** (रि-स्पलेंन्´-डॅन्स्) ***n.*** shine, brightness, चमक, चमचमाहट।

**resplendent** (रि-स्पलेंन्´-डॅन्ट्) ***adj.*** 1. shining, चमाचम, झकाझक। 2. very good, बहुत बढ़िया।

**respond** (रि-स्पॉन्ड्´) ***v.*** 1. to reply, उत्तर देना, जवाब देना। 2. to act in response, अनुक्रिया करना।

**respondent** (रि-स्पॉन्´-डॅन्ट्) ***n.*** a defendant, अपने ऊपर लगाए हुए अभियोगों का उत्तर देनेवाला, प्रतिवादी।

**response** (रि-स्पॉन्स्´) ***n.*** 1. a reply or answer, उत्तर, जवाब। 2. a reaction to a particular stimulus, अनुक्रिया, प्रतिक्रिया।

**responsibility** (रि-स्पॉन्-सि-बिल्´-इ-टी) ***n.*** 1. the state or quality of being responsible, जवाबदेही, ज़िम्मेदारी, उत्तरदायित्व। 2. a thing or person that one is responsible for, वह जिसकी ज़िम्मेदारी ली गई हो, दायित्व।

**responsible** (रि-स्पॉन्´-सि-बॅल्) ***adj.*** 1. liable to be called to account for something, जवाबदेह, ज़िम्मेदार, उत्तरदायी। 2. being the cause or source of something, जो किसी बात का कारण हो; The plague was responsible for many deaths. बहुत सी मौतों का कारण महामारी थी। 3. involving important duties, उत्तरदायित्वपूर्ण। 4. trustworthy, विश्वसनीय। □ **be responsible for,** के लिए उत्तरदायी होना।

**responsibly** (रि-स्पॉन्´-सि-ब्ली) ***adv.*** in a

R

responsible manner, उत्तरदायी ढंग से, (पूरी) ज़िम्मेदारी से।

**responsive** (रि-स्पॉन्´-सिव्) ***adj.*** reacting favourably to a suggestion, अनुकूल क्रिया करनेवाला, अनुक्रियक।

**rest**[1] (रॅस्ट्) ***n.*** 1. a period of relaxation, आराम, विश्राम। 2. sleep, नींद। 3. any relief from worry, राहत। 4. calm, शांति, चैन। 5. cessation from motion, खड़ा रहना, बंद होना। 6. a shelter, आश्रय। 7. a support, टेक। 8. a base, आधार। 9. remainder, शेष। 10. a pause, यति, विराम। ☐ **at rest,** स्थिर, निश्चल; **come to rest,** रुकना; **lay to rest,** क़ब्र में लिटाना; **put something to rest,** असत्य सिद्ध कर देना। ***v.*** 1. to take rest, आराम करना, सुस्ताना, विश्राम करना। 2. to give rest, आराम देना, राहत पहुँचाना। 3. to be at ease, be calm, शांति से बैठना, चैन से बैठना। 4. to cease to move, खड़ा हो जाना, स्थिर होना, बंद होना। 5. to remain without further attention, पड़ा रहना, रखा रहना। 6. to be directed, (आँखों का) टिकना। 7. to rely, भरोसा करना। 8. to be a responsibility, ज़िम्मेदारी होना, दायित्व होना। 9. to place or be placed for support, सहारा लेना या देना, टेक लगाना या लगना।

**rest**[2] ***n.*** 1. remainder, शेष। 2. the others, अन्य लोग, अन्य सभी। ***v.*** (rested, resting) to remain, रहना। ☐ **rest assured,** निश्चिंत रहो।

**restate** (रि-स्टेट्´) ***v.*** to state again, पुनर्कथन करना, फिर से कहना।

**restatement** (रि-स्टेट्´-मॅन्ट्) ***n.*** second or revised statement, पुनर्कथन।

**restaurant** (रॅस्´-टॅ-रॅन्ट्) ***n.*** a place where meals are served to the customers, रेस्टोरेंट, रेस्त्राँ।

**restaurant car** ***n.*** a railway coach in which meals are served, भोजनयान।

**restaurateur** (रॅस्-टॅ-रॅ-टः´) ***n.*** the proprietor of a restaurant, भोजनालय का स्वामी।

**rest cure** ***n.*** rest as a course of medical treatment, विश्राम-चिकित्सा।

**restful** (रॅस्ट्´-फ़ुल्) ***adj.*** calm, tranquil, शांत, शांतिपूर्ण, सुखद।

**rest home** ***n.*** an establishment for elderly or sick people, वृद्धावास, वृद्धनिवास, वृद्धाश्रम।

**rest house** ***n.*** a building for resting or temporary stay, विश्रामगृह।

**resting place** ***n.*** a place for resting, विश्रामस्थल।

**restitution** (रॅस्-टि-ट्यू´-शॅन्) ***n.*** 1. the act of giving back something that has been lost or stolen to its rightful owner, खोई हुई या चोरी गई हुई वस्तु उसके सही मालिक को लौटाने की क्रिया। 2. compensation for injury or damage, क्षतिपूर्ति, हरजाना, भराई।

**restive** (रॅस्´-टिव्) ***adj.*** 1. restless, बेचैन, अशांत। 2. difficult to restrain or control, जिसको नियंत्रित करना मुश्किल हो, अड़ियल।

**restiveness** (रॅस्´-टिव्-निस्) ***n.*** the state or quality of being restive, बेचैनी; अड़ियलपन।

**restless** (रॅस्ट्´-लिस्) ***adj.*** 1. unable to rest or sleep, जिसे विश्राम न मिलता हो, विश्रामहीन, निद्राहीन। 2. worried, चिंतित, बेचैन, व्यग्र। 3. causing worry, बेचैनी उत्पन्न करनेवाला।

**restlessly** (रॅस्ट्´-लिस्-ली) ***adv.*** in a restless manner, बेचैनी से, व्यग्रतापूर्वक।

**restlessness** (रॅस्ट्´-लिस्-निस्) ***n.*** the state of being restless, बेचैनी, व्यग्रता।

**restoration** (रॅस्-टॅ-रे´-शॅन्) ***n.*** 1. the act of restoring to a former condition or place, पुनरुद्धार; पुनर्स्थापन। 2. an object restored to its original state, पुनर्स्थापित वस्तु।

**restorative** (रि-स्टाःर्´-अॅ-टिव्) ***adj.*** tending to restore health or strength, स्वास्थ्यकारक या पौष्टिक।

**restore** (रि-स्टोः´) ***v.*** 1. to bring back to its original condition, पूर्व स्थिति में लाना,

पुनरुद्धार करना, पुनर्स्थापन करना। 2. to bring back to good health, पुन: अच्छा स्वास्थ्य प्रदान करना। 3. to reinstate, बहाल करना।

**restrain** (रि-स्ट्रेन्´) *v.* 1. to restrict or hold back, to keep (one's emotions) under control, बाँध रखना, रोक रखना, नियंत्रित रखना। 2. to limit, सीमित रखना।

**restrained** (रि-स्ट्रेन्ड्´) *adj.* 1. calm and controlled, शांत और संयत। 2. temperate, संयमी। 3. reasonable or discreet, युक्ति-पूर्वक या विवेकपूर्वक होनेवाला।

**restraint** (रि-स्ट्रेन्ट्´) *n.* 1. the act of restraining or the state of being restrained, संयमन, संयम। 2. the ability to control one's passions, मनोनिग्रह। 3. a curb, रोक, बंधन।

**restrict** (रि-स्ट्रिक्ट्´) *v.* 1. to keep within limits, रोक रखना, प्रतिबंध लगाना। 2. to limit, सीमित करना।

**restricted** (रि-स्ट्रिक्´-टिड्) *adj.* 1. kept under control or limits, प्रतिबंधित, सीमित। 2. open or available only to certain people, सीमित लोगों के लिए होनेवाला।

**restriction** (रि-स्ट्रिक्´-शॅन्) *n.* 1. the act of restricting, प्रतिबंध लगाना, रोक लगाना। 2. something that restricts, प्रतिबंध, पाबंदी।

**restrictive** (रि-स्ट्रिक्´-टिव्) *adj.* tending to limit the freedom, प्रतिबंधात्मक, प्रतिबंधक।

**result** (रि-ज़ल्ट्´) *n.* 1. consequence, outcome, परिणाम, नतीजा। 2. the final outcome of a match, परिणाम, नतीज़ा, फैसला। 3. examination's outcome, परीक्षाफल। *v.* 1. to be the consequence, परिणाम निकलना, नतीजा होना। 2. to culminate or end, परिणत होना।

**resultant** (रि-ज़ल्´-टॅन्ट्) *adj.* that results, परिणाम के रूप में होनेवाला, परिणामी।

**resume** (रि-ज़्यूम्´/ज़ूम्´) *v.* 1. to begin again, फिर से आरंभ करना, पुनरारंभ करना। 2. to occupy or assume again, (स्थान) फिर ग्रहण करना।

**resume** (रेंज़्´-उ-मे) *n.* a summary, सारांश।

**resumption** (रि-ज़म्प्´-शॅन्) *n.* the act of resuming or the state of being resumed, पुनरारंभ।

**resupply** (री-सॅ-प्लाइ´) *v.* to supply again, दुबारा पूर्ति करना, पुनर्पूर्ति करना।

**resurface** (रि-सः´-फ़िस्) *v.* 1. to make a surface again, (सड़क आदि पर) नई परत या तह बिछाना। 2. to appear again, फिर से प्रकट होना या पुनर्प्रकट करना।

**resurgence** (रि-सः´-जॅन्स्) *n.* the act of rising again, पुनरुत्थान, नवजीवन, पुनर्जीवन।

**resurgent** (रि-सः´-जॅन्ट्) *adj.* rising again, फिर से उठनेवाला, फिर से जाग्रत होनेवाला।

**resurrect** (रेंज़्-अॅ-रेंक्ट्´) *v.* to bring or brought back to life again, नवजीवन पाना या देना, पुनर्जीवित करना या होना।

**resuscitate** (रि-सस्´-इ-टेट्) *v.* 1. to restore to consciousness, होश में लाना। 2. to revive, पुन: प्रचलन में लाना। 3. to breathe new life into, पुनर्जीवित करना, नया जीवन देना।

**resuscitation** (रि-सस्-इ-टे´-शॅन्) *n.* the act of resusciting or the state of being resuscitated, पुनर्जीवन, नया जीवन।

**retail** (री´-टेल्) *n.* the sale of commodities individually to customers, फुटकर बिक्री, परचून। *v.* 1. to sell in small quantities to customers, फुटकर बेचना। 2. to relate in detail विस्तार से कहना।

**retailer** (री´-टेल्-अॅः) *n.* one who sells good in small quantities to customers, फुटकर विक्रेता, परचूनिया।

**retain** (रि-टेन्´) *v.* 1. to keep possession of, अपने पास रखे रहना। 2. to be able to hold or contain, धारण किए रहना, प्रतिधारण करना। 3. to be able to remember, स्मरण रखना। 4. to engage (a vakil, वकील) करना या रखना।

**retainer** (रि-टेन्´-अॅः) *n.* 1. a fee paid to a vakil for retaining him, वकील करने या रखने की फ़ीस। 2. a servant, सेवक, परिचर। ☐ **old retainer,** पुराना वफ़ादार नौकर।

**retake** (रि-टेक्´) *v.* (retook, retaken, retaking) 1. to take again, फिर से अधिकार

या कब्ज़े में लेना। 2. to shoot (a scene) again, दुबारा (चित्र) लेना। ***n.*** a rephotographed scene, दुबारा लिया हुआ चित्र।

**retaliate** (रि-टैल्´-इ-एट्) ***v.*** 1. to give tit for tat, to strike back, ईंट का जवाब पत्थर से देना, मुँहतोड़ जवाब देना। 2. to take revenge, बदला लेना।

**retaliation** (रि-टैल्´-इ-ए´-शॅन्) ***n.*** revenge, बदला, प्रतिकार।

**retaliatory** (रि-टैल्´-इ-अॅ-टॅ-री) ***adj.*** retaliating, प्रतिकारात्मक।

**retard** (रि-टा:ड्´) ***v.*** 1. to slow down (the speed or progress, गति या प्रगति) धीमी कर देना। 2. to check or impede, रोक देना या अवरुद्ध कर देना।

R

**retarded** (रि-टा:´-डिड्) ***adj.*** 1. undeveloped, अविकसित। 2. underdeveloped, विकासरुद्ध, अपूर्ण विकसित।

**retardant** (रि-टा:´-डॅन्ट्) ***adj.*** capable of retarding, गति या प्रगति, मंद कर देनेवाला, विकास-रोधक।

**retardate** (रि-टा:´-डेट्) ***n.*** mentally retarded person, वह जिसका मानसिक विकास न हो पाया हो।

**retardation** (रि-टा:´-डेश्´-अॅन्) ***n.*** mental deficiency, मानसिक दुर्बलता।

**retch** (रॅच्) ***n.*** an effort to vomit, मिचली, उबकाई। ***v.*** to try to vomit, मिचली होना, उबकाई आना।

**retell** (री-टॅल्´) ***v.*** (retold, retelling) to tell again, फिर से कहना, पुनर्कथन करना।

**retention** (रि-टॅन्´-शॅन्) ***n.*** the act of retaining, धारण, अवधारण।

**retentive** (रि-टॅन्´-टिव्) ***adj.*** able to retain, अवधारक, अवधारणक्षम।

**rethink** (री-थिंक्´) ***v.*** (rethought, rethinking) to think again and differently, पुन: सोच-विचार करना, फिर से या नए सिरे से सोचना।

**reticence** (रॅट्´-इ-सॅन्स्) ***n.*** the state or quality of being reticent, घुन्नापन, अल्पभाषिता।

**reticent** (रॅट्´-इ-सॅन्ट्) ***adj.*** 1. disinclined to speak out, घुन्ना, चुप्पा। 2. reserved, कम बोलनेवाला, अल्पभाषी।

**retina** (रॅट्´-इ-नॅ) ***n.*** a light sensitive membrane at the back of the eyeball, दृष्टिपटल।

**retinue** (रॅट्´-इ-न्यू) ***n.*** a group of aides and retainers that accompany a person of rank, किसी बड़े आदमी के आगे-पीछे रहनेवाले लोग, अनुचरों तथा परिचरों का समूह।

**retire** (रि-टाइ:´) ***v.*** 1. to give up one's regular work or public life, अवकाश-ग्रहण करना, सेवानिवृत्त होना, निवृत्त होना, रिटायर होना। 2. to go to bed, to rest, सोने जाना, विश्राम करने लगना। 3. to pull back, (सेना का) पीछे हटना। 4. to stop playing due to injury, (खेल के बीच में) खेलना छोड़ देना।

**retired** (रि-टाइ:ड्´) ***adj.*** 1. withdrawn from regular work or public life, सेवानिवृत्त। 2. secluded, निर्जन; They live in a very retired spot. वे अत्यंत निर्जन स्थान में रहते हैं।

**retiree** (रॅ-टाइ-री´) ***n.*** one who has been retired from the work, सेवानिवृत्त व्यक्ति।

**retirement** (रि-टाइ:´-मॅन्ट्) ***n.*** the state of being retired, अवकाशग्रहण, सेवानिवृत्ति।

**retiring** (रि-टाइर्´-इंग्) ***adj.*** shy, लजालु।

**retiringly** (-ली) ***adv.*** shyly, लजाते हुए।

**retort** (रि-टा:ट्´) ***v.*** to reply to in a quick and resentful manner, मुँहतोड़ जवाब देना। ***n.*** a quick and resentful remark, मुँहतोड़ जवाब।

**retouch** (री-टॅच्´) ***v.*** to improve by making minor alterations, (चित्र/फ़ोटो आदि को) कूँची से कहीं-कहीं छूकर सुंदर बनाना, सँवारना, परिष्कार करना।

**retrace** (रि-ट्रेस्´) ***v.*** 1. to trace again, फिर से खोज करना। 2. to follow the route taken by someone else, किसी के द्वारा अपनाए हुए मार्ग पर चलना, लीक पर चलना।

**retract** (रि-ट्रैक्ट्´) ***v.*** 1. to draw in, खींच लेना, सिकोड़ लेना। 2. to withdraw, पीछे हटना।

**retractable** (रि-ट्रैक्´-टॅ-बॅल्) ***adj.*** that can

be retracted, आकुंचनीय।

**retraction** (रि-ट्रैक्´-ए´-शॅन्) ***n.*** the act of retracting, आकुंचन।

**retread** (री-ट्रॅड्´) ***v.*** to put a new tread on, पुराने टायर को नया सा कर देना, रीट्रीडन करना। ***n.*** a retreaded tire, रीट्रीडित टायर।

**retreading** (री-ट्रॅड्´-इंग्) ***n.*** an act of retreading, रीट्रीडन।

**retreat** (री-ट्रीट्´) ***v.*** to withdraw, (सेना का) पीछे हटना, वापस होना। ***n.*** 1. the act of retreating or withdrawing, पीछे हटना, वापसी। 2. withdrawal into seclusion, एकांतवास। 3. a place to which one may retire, आश्रय या एकांत। ☐ **go into retreat,** संन्यास लेना; **beat a retreat,** पीछे हटना; **make good one's retreat,** सकुशल बच निकलना।

**retrench** (रि-ट्रॅन्च्´) ***v.*** 1. to cut down, कटौती करना। 2. to reduce, कम करना, छँटनी करना।

**retrenchment** (रि-ट्रॅन्च्´-मॅन्ट्) ***n.*** the act of retrenching or the state of being retrenched, कटौती, छँटनी।

**retrial** (री-ट्राइ´-अॅल्) ***v.*** to try again, पुन: मुकदमा चलाना। ***n.*** a second trial, दुबारा चलाया हुआ मुकदमा।

**retribution** (रॅ-ट्रि-ब्यू´-शॅन्) ***n.*** a deserved punishment, उचित दंड, सही सज़ा।

**retributive** (रि-ट्रिब्´-यु-टिव्) ***adj.*** having the nature of retribution, दंडात्मक, प्रतिकारात्मक।

**retrievable** (रि-ट्रीव्´-अॅ-बॅल्) ***adj.*** that can be retrieved, पुन: प्राप्य; सुधार्य।

**retrieval** (रि-ट्रीव्´-अॅल्) ***n.*** recovery, पुन: प्राप्ति; सुधार।

**retrieve** (रि-ट्रीव्´) ***v.*** 1. to recover, पुन: प्राप्त करना। 2. to retrieve, सुधार होना, सुधरना। 3. to make amends, ग़लती सुधारना। 4. to recall to mind, स्मरण करना। 5. to find and bring back (killed or wounded game, मृत या घायल शिकार को) खोज और उठा लाना। ***n.*** retrieval, पुन: प्राप्ति; सुधार।

**retro** (रॅ´-ट्रो) ***prefix.*** back or backward, पश्च-, पूर्व-।

**retroactive** (रॅ-ट्रो-ऐक्´-टिव्) ***adj.*** effective as from a past date, पश्चव्यापी, पूर्वव्यापी।

**retroflex** (रॅ´-ट्रो-फ़्लॅक्स्) ***adj.*** bent or turned backward, पीछे को हटा या मुड़ा हुआ।

**retrogress** (रॅ-ट्रॅ-ग्रॅस्´) ***v.*** to deteriorate, बिगड़ना, भ्रष्ट होना, अवनत होना।

**retrogression** (रॅ-ट्रॅ-ग्रॅश्´-अॅन्) ***n.*** degeneration, अवनति, भ्रष्टता।

**retrogressive** (रॅ-ट्रॅ-ग्रॅस्´-इव्) ***adj.*** degenerative, अवनत, भ्रष्ट, बिगड़ा हुआ।

**retrospect** (रॅ´-ट्रॅ-स्पॅक्ट्) ***n.*** a survey of past events or time, पश्चावलोकन। ☐ **in retrospect,** पुरानी बातों या तथ्यों के विचार से।

R

**retrospection** (रॅ-ट्रॅ-स्पॅक्´-शॅन्) ***n.*** the act of reviewing the past events, पश्चावलोकन।

**restropective** (रॅ-ट्रॅ-स्पॅक्´-टिव्) ***adj.*** applying to the past, पूर्वव्यापी, पूर्वप्रभावी। ***n.*** an exhibition of an artist's life's work, कलाकार के जीवन-भर के चित्रों की प्रदर्शनी।

**return** (रि-टःन्´) ***v.*** 1. to go back, वापस जाना। 2. to come back, वापस आना। 3. to send back, वापस भेजना, लौटाना। 4. to carry back, वापस उठा लाना। 5. to repay, चुकाना। 6. to say in reply, उत्तर देना। 7. to elect, चुनना, निर्वाचित करना। 8. to yield, (मुनाफ़ा) देना, पैदा कराना। 9. to submit (a report etc.) पेश करना। ***n.*** 1. coming or going back, वापस आना या जाना। 2. sending or paying back, वापस करना या चुकाना। 3. the profits of a transaction, मुनाफ़ा। 4. a reply, उत्तर। 5. a return ticket, वापसी टिकट। 6. a formal report, औपचारिक रपट या निवेदन। 7. a form on which one's taxable income is made, विवरणी, आयकर का प्रपत्र। 8. a statement of taxable income, कर-योग्य आय का विवरण। ☐ **by return of post,** वापसी डाक से; **many happy returns,** जन्मदिन की बधाई, जन्मदिन मुबारक।

**returnable** (रि-टः´-नॅ-बॅल्) ***adj.*** that can

be returned, वापस करने योग्य, प्रत्यावर्तनीय।

**returned** (रि-टःन्ड्´) *adj.* elected, निर्वाचित।

**returnee** (रि-टः´-नी) *n.* one who returns from abroad, वह जो विदेश से लौटा हो।

**returning officer** *n.* an officer of an election booth, मतदान-केंद्र का अधिकारी, चुनाव-अधिकारी।

**reunion** (री-यून्´-यॅन्) *n.* 1. an act of re-uniting, पुनर्मिलन। 2. a social gathering of friends and relatives, मित्र-समागम।

**reunite** (री-यू-नाइट्´) *v.* (reunited, reuniting) to unite again, मिलाप होना।

**reusable** (री-यूज़्´-अॅ-बॅल्) *adj.* that can be reused, पुनर्प्रयोग्य।

R

**reuse** (री-यूस्´) *n.* the act of using again, पुनर्प्रयोग। *v.* (reused, reusing) to use again, दुबारा काम में लाना, फिर से इस्तेमाल करना।

**revaluation** (री-वैल्-यू-ए´-शॅन्) *n.* the act of revaluing, पुनर्मूल्यन।

**revalue** (री-वैल्´-यू) *v.* to reassess the value of, पुनर्मूल्यन करना।

**revamp** (री-वैम्प्´) *v.* 1. to repair, मरम्मत करना। 2. to renovate, पुनरुद्धार करना।

**reveal** (रि-वील्´) *v.* to expose to view, to uncover, प्रकट करना, बतलाना या दिखलाना।

**reveillie** (री-वैल्´-ई, रॅव्´-अॅ-ली) *n.* a morning bugle (to awaken soldiers), तंबूर, प्रभातघोष।

**revel** (रॅव्´-अॅल्) *v.* (revelled, revelling) to take great pleasure, रंगरलियाँ मनाना, मौज-मस्ती करना।

**revelation** (रॅव्-अॅ-ले´-शॅन्) *n.* 1. the act of revealing (something secret, रहस्य का) प्रकटीकरण या उद्घाटन। 2. something revealed, प्रकट रहस्य।

**revenge** (रि-वेंन्ज्´) *v.* to avenge, बदला (ले) लेना, परास्त कर देना। *n.* 1. the act of revenging, बदला, प्रतिकार, प्रतिशोध। 2. a desire to take revenge, प्रतिशोध की भावना, बदले की भावना।

**revengeful** (रि-वेंन्ज्´-फुल्) *adj.* feeling or showing a desire for revenge, प्रतिशोधी।

**revenue** (रॅव्´-अॅ-न्यू / नू) *n.* a country's annual income, राजस्व; revenue stamp, रसीदी टिकट।

**reverberate** (रि-वः´-बॅ-रेट्) *v.* 1. to echo, प्रतिध्वनित होना या करना, गूँजना या गुँजाना। 2. to reflect, परावर्तन करना।

**reverberation** (रि-वः-बॅ-रे´-शॅन्) *n.* 1. echo, प्रतिध्वनि। 2. reflection, परावर्तन।

**revere** (रि-विअॅः´) *v.* to regard with great respect, आदर करना, श्रद्धा प्रकट करना।

**reverence** (रॅव्´-अॅर्-अॅन्स्) *n.* a feeling of respect, आदर-सम्मान, श्रद्धा। *v.* to feel or show reverence towards, आदर प्रकट करना, सम्मान करना, श्रद्धा होना।

**reverend** (रॅव्´-अॅर्-अॅन्ड, रॅव्´-रॅन्ड) *adj.* worthy of reverence, श्रद्धेय।

**reverent, reverential** (रॅव्´-अॅर-अॅन्ट, रॅव-अॅ-रॅन्´-शॅल्) *adj.* feeling or showing reverence, समादरपूर्ण, श्रद्धामय।

**reverie** (रॅव्´-अॅ-री) *n.* a day-dream, दिवा-स्वप्न।

**reversal** (रि-वः´-सॅल्) *n.* 1. the act of reversing or the state of being reversed, उलटाव, पलटाव। 2. a change from better to worse, पलटा, बदलाव। 3. (law) change or annulment, परिवर्तन या निरसन।

**reverse** (रि-वःस्´) *adj.* turned backward in order, direction, position etc., उलटा, प्रतिकूल, विपरीत; in reverse order, उलटे क्रम से। *v.* 1. to turn backward or inside out, उलटना या उलटाना। 2. to move or cause to move backward, पीछे मुड़ना या मोड़ना, पलटना या पलटा खाना। 3. to change completely, पूरी तरह बदल देना। 4. to exchange, अदला-बदली करना। 5. to annul or revoke, रद करना या पलट देना। *n.* 1. the opposite or contrary of something, उलटी तरफ़। 2. the back or rear of something, पृष्ठभाग, पिछला हिस्सा। 3. a change from good fortune to bad, पलटा।

**reversible** (रि-वः´-सि-बॅल्) *adj.* that can be reversed, उलटने योग्य।

**reversion** (रि-वः´-ज़्हॅन्) *n.* 1. reversal, पलटा, उलटाव। 2. a return, वापसी।

**revert** (रि-वःट्´) *v.* 1. to return to a former position, belief etc., पलट जाना, फिर अपना लेना। 2. to go back to former owner, प्रत्यावर्तन होना।

**review** (रि-व्यू´) *v.* 1. to look over or study again, पुनरावलोकन करना। 2. to re-examine or reconsider, पुनरीक्षण या पुनर्विचार करना। 3. to give a critical report on, समीक्षा करना। *n.* 1. a viewing again or studying again, पुनरावलोकन। 2. re-examination or reconsideration, पुनरीक्षण या पुनर्विचार। 3. a critical discussion dealing with a book, समीक्षा।

**reviewer** (रि-व्यू´-अः) *n.* a person who reviews, समीक्षक।

**revile** (रि-वाइल्´) *v.* to criticize in abusive language, गाली देना।

**revise** (रि-वाइज़्´) *v.* 1. to re-examine and improve, पुनरीक्षण करना, संशोधन करना, पुनरीक्षित, संशोधित करना। 2. to study again, दुहराना।

**revised** (रि-वाइज़्ड्´) *adj.* 1. re-examined and improved, संशोधित। 2. studied again, दुहराया हुआ।

**revision** (रि-विज़्ह्´-अॅन्) *n.* the act of revising, पुनरीक्षण, संशोधन; दुहराई, पुनरावृत्ति।

**revisionism** (रि-विज़्ह्´-अॅ-निज़्-अॅम्) *n.* advocacy of revision of a doctrine, संशोधनवाद।

**revitalization** (री-वाइ-टॅ-लाइ/लि-ज़े´-शॅन्) *n.* the act of revitalizing, नव-प्राणन, नए जीवन का संचार करना।

**revitalize** (री-वाइ´-टॅ-लाइज़्) *v.* to give new life to, नया जीवन देना, जान डाल देना।

**revival** (रि-वाइ´-वॅल्) *n.* 1. the act of reviving or the state of being revived, पुनर्जीवन। 2. restoration to activity, सक्रियकरण। 3. a stirring up, नवजागरण, पुनरुत्थान।

**revive** (रि-वाइव्´) *v.* 1. to live again after death, पुनर्जीवित होना। 2. to bring back into use, to make effective, सक्रिय करना, पुनर्जीवित करना, जान डाल देना।

**revivify** (रि-विव्´-इ-फ़ाइ) *v.* to put new life or vigour into, नवजीवन प्रदान करना, कायाकल्प कर देना।

**revocable** (रेॅव्´-अॅ-कॅ-बॅल्) *adj.* that can be withdrawn or revoked, वापस लिये या निरस्त किए जाने योग्य।

**revocation** (रेॅव्-अॅ-के´-शॅन्) *n.* (law) withdrawal or cancellation, वापसी, निरसन, रद्दगी।

**revoke** (रि-वोक्´) *v.* to withdraw or cancel, वापस लेना या रद करना।

**revolt** (रि-वोल्ट्´) *n.* 1. a rebellion, बगावत, विद्रोह। 2. sense of disgust, घृणा। *v.* 1. to take part in a rebellion, बगावत करना, विद्रोह करना। 2. to feel strong disgust, घृणा करना।

**revolting** (रि-वोल्´-टिंग्) *adj.* 1. rebellious, विद्रोही। 2. disgusting, बीभत्स, घृणित।

**revolution** (रेॅव्-अॅ-लू´-शॅन्) *n.* 1. a political overthrow, क्रांति। 2. any complete change, क्रांति, क्रांतिकारी परिवर्तन।

**revolutionary** (रेॅव्-अॅ-ल्यू´-शॅ-नॅ-री) *adj.* of a revolution, क्रांतिकारी। *n.* a revolutionary person, क्रांतिकारी।

**revolutionist** (रेॅव्-अॅ-ल्यू´-शॅ-निस्ट्) *n.* one who takes an active part in a revolution, क्रांतिकारी।

**revolutionize** (रेॅव्-अॅ-ल्यू´-शॅ-नाइज़्) *v.* to alter radically, क्रांति लाना।

**revolve** (रि-वॉल्व्) *v.* (revolved, revolving) 1. to turn around, परिक्रमा करना, चक्कर लगाना। 2. to move in a circular orbit, घूमना, चक्कर खाना।

**revolver** (रि-वॉल्´-वंः) *n.* a kind of a pistol, रिवॉल्वर।

**revolving** (रि-वॉल्´-विंग्) *adj.* that revolves or turns around, परिक्रमी, आवर्ती।

**revue** (रि-व्यू´) *n.* a satirical show, प्रहसन, नौटंकी।

**revulsion** (रि-वल्´-शॅन्) *n.* 1. a feeling of disgust, घृणा। 2. withdrawing from

R

something, पीछे हट जाने की क्रिया या भाव। 3. a sudden violent change, आकस्मिक परिवर्तन।

**reward** (रि-वा:ड्´) ***n.*** 1. something given for a special service, पारितोषिक, पुरस्कार, इनाम। 2. remuneration, पारिश्रमिक। 3. profit, लाभ, प्रतिफल। ***v.*** to give as a reward, पुरस्कार देना, पुरस्कृत करना।

**rewarding** (रि-वा:´-डिंग्) ***adj.*** 1. profitable, लाभप्रद। 2. doable, करने-योग्य।

**rewind** (रि-वाइन्ड्´) ***v.*** (rewound, rewinding) to wind again, फिर से लपेटना।

**rewire** (री-वाइ:´) ***v.*** to wire again, दुबारा बिजली की तारों की फ़िटिंग करना।

R

**reword** (री-व:ड्´) ***v.*** to change the wording of, शब्द बदल देना।

**rework** (री-व:क्´) ***v.*** to do again, पुन: करना, दुबारा करना।

**rewrite** (री-राइट्´) ***v.*** (rewrote, rewriting) to write again, फिर से लिखना।

**rhapsodize** (रैप्´-सॅ-डाइज़्) ***v.*** to express rhapsodically, प्रशस्ति गाना, यशगान करना।

**rhapsody** (रैप्´-सॅ-डी) ***n.*** any estatic utterance, यशगान, प्रशंसा।

**rhetoric** (रैट्´-अॅ-रिक्) ***n.*** 1. a science of figures of speech, अलंकारशास्त्र। 2. eloquence, वक्तृता, वाक्पटुता, वाग्मिता।

**rhetorical** (रि-टॉर्´-इ-कॅल्) ***adj.*** according to rhetoric, आलंकारिक।

**rhetorician** (रैट्-अॅ-रिश्´-अॅन्) ***n.*** an expert in rhetoric, अलंकारशास्त्री।

**rheumatic** (रु-मैट्´-इक्) ***adj.*** of or caused by rheumatism, वातजन्य, वातपीड़ित। ***n.*** 1. a person who has rheumatism, वातरोगी। 2. (plu.) rheumatism, संधिवात, गठिया।

**rheumatism** (रू´-मॅ-टिज़्-अॅम्) ***n.*** a disease characterized by inflammation and pain of the joints, संधिवात, गठिया।

**rhinestone** (राइन्´-स्टोन्) ***n.*** an artificial gem, बिल्लौर।

**rhino** (राइन्´-ओ) ***n.*** (plu. rhino, rhinos) = rhinoceros.

**rhinoceros** (राइ-नॉस्´-अॅ-रॅस्) ***n.*** a large thick-skinned animal with a horn on its nose, गैंडा।

**rhombus** (रॉम्´-बॅस्) ***n.*** (geom.) a parallelgram with four equal sides and oblique angles, समचतुर्भुज।

**rhyme** (राइम्) ***n.*** 1. correspondence of terminal sounds of words or lines of verse, तुक, अंत्यानुप्रास, क़ाफ़िया। 2. poetry in rhyme, तुकबंदी। □ **without rhyme or reason,** झूठमूठ या बेमतलब। ***v.*** to form a rhyme, तुक जोड़ना, मिलाना या लगाना।

**rhymester** (राइम्´-स्टॅ:) ***n.*** one who is expert in making rhymes, तुकबंद शायर या कवि।

**ryhthm** (रिद्´-अॅम्) ***n.*** a pattern of flow or movement in music, poetry etc., लय।

**rhythmic, rhythmical** (रिद्´-मिक्, रिद्´-मिकॅल्) ***adj.*** having rhythm, लयात्मक, लयबद्ध।

**rib** (रिब्) ***n.*** 1. one of the curved bones around the chest, पसली। 2. the vein of a leaf, शिरा, नस। 3. any narrow rib-like piece, that supports a structure, तीली। 4. a raised ridge in knitted material, उठी हुई पट्टी। ***v.*** (ribbed, ribbing) 1. to support with ribs, तीलियों से खड़ा करना। 2. to tease, तंग करना।

**ribald** (रिब्´-अॅल्ड्) ***adj.*** vulgar, फूहड़।

**ribaldry** (रिबॅ´-अॅल्-ड्री) ***n.*** 1. a vulgar humour, फूहड़ मज़ाक़। 2. vulgar language, फूहड़ भाषा।

**riband** (रिब्´-अॅन्ड्) ***n.*** = ribbon

**ribbed** (रिब्ड्) ***adj.*** with raised ridges, ऊँचे कगारोंवाला।

**ribbon** (रिब्´-अॅन्) ***n.*** 1. a narrow strip of fabric, फीता, रिबन। 2. (plu.) rags, चिथड़े।

**rice** (राइस्) ***n.*** 1. a grass producing seeds, धान। 2. its seeds, चावल।

**rice paper** ***n.*** of fine quality thin paper, एक प्रकार का बढ़िया पतला काग़ज़।

**rice pudding** ***n.*** a dish prepared with rice, milk and sugar, एक प्रकार की फ़िरनी

या खीर।

**rich** (रिच्) ***adj.*** 1. having much wealth, अमीर, धनी, धनाढ्य, रईस। 2. abundant, प्रचुर, विपुल। 3. having great value, बहुमूल्य। 4. prosperous, समृद्ध। 5. fertile, उर्वर। 6. deep or strong, गहरा या तीव्र। 7. having great food value, पौष्टिक। ***n.*** **the rich,** the people having great wealth, अमीर लोग, रईस।

**riches** (रिच्´-इज़्) ***n.*** (plu.) valuable or precious possessions, दौलत, धन-दौलत।

**richly** (रिच्´-ली) ***adv.*** 1. fully, amply, पूर्ण रूप से। 2. in a good manner, अच्छी तरह, भली-भाँति।

**richness** (रिच्´-निस्) ***n.*** 1. the state of being a rich person, अमीरी, दौलतमंदी। 2. abundance, विपुलता। 3. prosperity, समृद्धि। 4. fertility, उर्वरता।

**rick** (रिक्) ***n.*** a built stack of hay or straw, घास आदि का अंबार/ढेर। ***v.*** (ricked, ricking) to form into a rick or ricks, अंबार लगाना।

**rickets** (रिक्´-इट्स्) ***n.*** a children's disease resulting in softening and deformity of bones, सूखा, सुखंडी।

**rickety** (रिक्´-इ-टी) ***adj.*** 1. affected with rickets, सुखंडी। 2. weak, feeble, कमज़ोर।

**rickshaw** (रिक्´-शा:) ***n.*** a two or three-wheeled mandrawn carriage, रिक्शा।

**ricochet** (रिक्´-अॅ-शे, रिक्-अॅ-शे´) ***v.*** (ricocheted, ricocheting) to rebound from the surface, टप्पा खाना। ***n.*** a rebound, टप्पा।

**rid** (रिड्) ***v.*** (rid/ridded, ridding) to make free, मुक्त करना, छुटकारा देना। ☐ **get rid of,** पीछा छुड़ाना।

**riddance** (रिड्´-अॅन्स्) ***n.*** deliverance, छुटकारा।

**ridden** (रिड्´-अॅन्) ***adj.*** full of or dominated by, भरा हुआ, ग्रस्त; rat-ridden, चूहों से भरा; bed-ridden, शय्याग्रस्त।

**riddle**[1] (रिड्´-अॅल्) ***n.*** a puzzle, पहेली, बुझौवल।

**riddle**[2] ***v.*** 1. to make holes in, छेद करना, छेद डालना। 2. to sift, छानना। ***n.*** a sieve, छलनी।

**ride** (राइड्) ***v.*** (rode, ridden, riding) 1. to sit on (a horse etc.), सवार होना, सवारी करना, (पर) चढ़ना। 2. to be conveyed in a vehicle, सवारी से सफ़र करना। 3. to travel over a surface, (गाड़ी आदि का) चलना। 4. to go ahead, आगे बढ़ना। 5. to float, तैरना, तिरना। 6. to tease, परेशान करना, छेड़ना; Stop riding her. उसे परेशान मत करो। ☐ **Let it ride.** आगे कोई कार्रवाई न करना; **ride down,** (घुड़सवार द्वारा) घोड़े से रौंदवा देना; **ride for a fall,** जोखिम का काम करना; **ride high,** सफल होना; **ride out the storm,** तूफ़ान से बच निकलना; **take for a ride,** (i) (किसी को) कार से ले जाना और (उसकी) हत्या कर डालना। (ii) बहकाना, ठगना। ***n.*** 1. a journey in a vehicle, सवारी से की हुई यात्रा, सवारी यात्रा। 2. a path made for riding, सवारी-पथ। 3. an act of riding, सवारी करना।

**rider** (राइ´-डॅ:) ***n.*** 1. a person who rides, सवार। 2. (law) an addition to a document, अतिरिक्त धारा।

**riderless** (राइ´-डॅ:-लिस्) ***adj.*** without a rider, बिना सवार का, बिनसवार।

**ridge** (रिज्) ***n.*** 1. the long narrow top of something, शिखर पर का ऊँचा लंबा किनारा, सिरा। 2. a range of hills, पर्वत-श्रेणी। 3. a narrow raised strip on fabric, पट्टी। 4. any raised strip, मेड़।

**ridicule** (रिड्´-इ-क्यूल्) ***v.*** to make fun of, उपहास करना, मखौल उड़ाना, हास्यास्पद बनाना। ***n.*** making fun of someone, उपहास, मख़ौल। ☐ **lay oneself open to ridicule,** अपनी हँसी स्वयं उड़वाना।

**ridiculous** (रि-डिक्´-यॅ-लॅस्) ***adj.*** 1. deserving to be laughed at, हास्यास्पद। 2. absurd, foolish, बेतुका, मूर्खतापूर्ण।

**riding** (राइड्´-इंग्) ***n.*** the act of a person who rides, घुड़सवारी।

**rife** (राइफ़्) ***adj.*** 1. widespread, व्याप्त।

R

2. prevalent, प्रचलित। 3. full, भरा हुआ। 4. abounding, प्रचुर, अत्यधिक।

**riff** (रिफ़्) ***n.*** a short repeated phrase, बार-बार दुहराया जानेवाला छोटा पदबंध।

**riffle**[1] (रिफ़्´-ॲल्) ***v.*** 1. to turn (pages) in quick succession, जल्दी-जल्दी (पन्ने) पलटना। 2. to shuffle (playing cards) rapidly, जल्दी-जल्दी (पत्ते) फेंटना।

**riffraff** (रिफ़्´-रैफ़्) ***n.*** (plu.) badly behaved people of the lowest class, निम्न वर्ग के लोग, कुली-कबाड़ी।

**rifle**[1] (राइ´-फ़ल्) ***n.*** 1. a gun with a long barrel containing spiral grooves, राइफ़ल। 2. (plu.) troops equipped with rifles, राइफ़लधारी सेना।

R

**rifle**[2] ***v.*** (rifled, rifling) to steal or rob, चुराना या लूटना।

**rifleman** (राइ´-फ़ॅल्-मॅन्) ***n.*** a person armed with a rifle, राइफ़लधारी।

**rifling** (राइफ़्´-लिंग्) ***n.*** the act of cutting spiral grooves in a gun barrel, राइफ़ल की नाली में खाँचे बनाने का काम।

**rift** (रिफ्ट्) ***n.*** 1. a crack, दरार। 2. a break in friendly relation, अनबन, खींचातानी।

**rig**[1] (रिग्) ***v.*** (rigged, rigging) to fit or equip, (जलयान आदि को) पाल, मस्तूल आदि उपकरणों से सज्जित करना, साज-सामान जुटाना। □ **rig out,** कपड़े पहनना या पहनाना; **rig up,** कामचलाऊ ढंग से बनाना या खड़ा करना। ***n.*** 1. the way the ships masts and sails are arranged, पोत के मस्तूल तथा पाल लगाने का ढंग। 2. a machine or equipment for drilling a well, गहरा कुआँ खोदने का यंत्र या उपकरण। 3. an apparatus, उपकरण। 4. an outfit of clothes, पोशाक।

**rig**[2] ***v.*** (rigged, rigging) to manage fraudulently, बेईमानी या हेराफेरी करना, छल करना।

**rigging** (रिग्´-इंग्) ***n.*** 1. the equipment of a vessel, पोत का साज़-सामान। 2. a fraudulent act, छल; हेराफेरी; election rigging, चुनाव में की जानेवाली हेराफेरी।

**right** (राइट्) ***adj.*** 1. good, ठीक, सही। 2. straight, सरल और सीधा। 3. proper, correct, उचित, उपयुक्त, न्यायसंगत। 4. of the right hand side, दाहिना, दायाँ, दक्षिण। 5. sound, स्वस्थ। 6. conservative, अनुदारवादी। 7. of the right wing, दक्षिण-पंथी। ***n.*** 1. something one is entitled to, अधिकार, हक। 2. justice, न्याय, इंसाफ़। 3. propriety, औचित्य। 4. the right-handed part of a person thing etc., दाहिना अंग या भाग। 5. the right wing, दक्षिणपंथ। □ **in one's own right,** अपने अधिकार से। ***adv.*** 1. on the right hand side, दाहिने। 2. straight, सीधे। 3. rightly, उचित रीति से, अच्छी तरह, भली-भाँति। 4. immediately, तुरंत। 5. completely, पूरी तरह। 6. exactly, ठीक-ठीक, ठीक। □ **right and left,** चारो ओर; **right away**, बेहिचक; **right off,** बेहिचक; **right on,** बिल्कुल ठीक। ***v.*** (righted, righting) 1. to become right or straight, ठीक हो जाना, सुधरना। 2. to set right, ठीक कर देना, सुधारना। ***interj.*** to agree to a request or to get peoples attention, ठीक! अच्छा!

**right-about turn** ***n.*** पीछे घूमना।

**righteous** (राइ´-चॅस्) ***adj.*** 1. upright, virtuous, नीतिपरायण, सदाचारी या धर्मपरायण (व्यक्ति)। 2. ethical, just, right, सदाचार-पूर्ण या न्यायसंगत (व्यवहार)।

**rightful** (राइट्´-फुल्) ***adj.*** 1. just, उचित। 2. legal, वैध, वैधानिक; a rightful claim, वैधानिक अधिकार।

**right-hand** (राइट्´-हैन्ड्) ***adj.*** of or located toward the right side, दाहिनी ओर का। □ **one's right-hand man,** विश्वसनीय तथा उपयोगी सहायक।

**right-handed** (राइट्-हैन्ड्´-इड्) ***adj.*** 1. using right hand with great care, दाहिने हाथ से काम करनेवाला, अपसव्य। 2. performed with the right hand, जिसका उपयोग दाहिने हाथ से किया जाता हो।

**right-hander** (राइट्-हैन्ड्´-अॅ: ) ***n.*** a right-handed person, दाहिने हाथ से काम करने-वाला व्यक्ति, अपसव्य।

**rightism** (राइट्´-इज़्-अॅम्) ***n.*** a right wing

of a political party, दक्षिणपंथ।

**rightist** (राइट्´-इस्ट्) ***n.*** a political reactionary, दक्षिणपंथी।

**rightly** (राइट्´-ली) ***adv.*** 1. in a right way, सही ढंग से, उचित रीति से। 2. properly, ठीक। 3. really, असल में, वस्तुतः, ठीक-ठीक।

**right-minded** (राइट्-माइन्´-डिड्) ***adj.*** having honest principles, नीतिवादी, ईमानदार।

**righty** (राइ´-टी) ***n.*** a right-handed person, दाहिने हाथ से काम करनेवाला व्यक्ति, अपसव्य।

**rightward** (राइट्´-व:ड्) ***adv.*** to the right, दाईं ओर, दाहिने।

**right wing** ***n.*** the conservative faction of a party, दक्षिणपंथ।

**right winger** ***n.*** a rightist, दक्षिणपंथी।

**rigid** (रिज्´-इड्) ***adj.*** 1. not bending, अनम्य, दृढ़। 2. not yielding, strict, harsh, कठोर, सख़्त।

**rigidity** (रि-जिड्´-इ-टी) ***n.*** 1. inflexibility, अनम्यता, दृढ़ता। 2. strictness, कठोरता, सख़्ती।

**rigmarole** (रिग्´-मॅ-रोल्) ***n.*** 1. nonsense, बकवास। 2. a complicated procedure, जटिल या लंबी-चौड़ी प्रक्रिया।

**rigor** (रिग्´-अॅ:) ***n.*** 1. strictness, सख़्ती। 2. severity, कठोरता।

**rigor mortis** ***n.*** the stiffening of the body after death, मृत्यु के बाद होनेवाली अकड़न।

**rigorous** (रिग्´-अॅ-रॅस्) ***adj.*** 1. severe, harsh, कठोर। 2. logically correct, तार्किक दृष्टि से सही।

**rigour** (रिग्´-अॅ:) ***n.*** 1. strictness, सख़्ती। 2. severity, कठोरता।

**rile** (राइल्) ***v.*** (riled, riling) to annoy or irritate, खीजना या खिजाना, चिढ़ना या चिढ़ाना।

**rill** (रिल्) ***n.*** 1. a small stream, नाला, धारा। 2. a brook, सोता, चश्मा।

**rim** (रिम्) ***n.*** 1. the outer edge of a wheel, रिम। 2. the border, किनारा।

**rime** (राइम्) ***n.*** frost, पाला, तुषार।

**rimed** (रिम्ड्) ***adj.*** coated with frost, पाले से आच्छादित।

**rind** (रिन्ड्, रीन्ड्) ***n.*** 1. a tough outer covering of some fruit, कुछ फलों का ऊपरी मोटा कड़ा छिलका। 2. bark, पेड़ की छाल।

**rinderpest** (रिन्´-डॅ:-पेॅस्ट्) ***n.*** diarrhoea of cattle, पोंकनी (पशु रोग)।

**ring**[1] (रिंग्) ***n.*** 1. the outline of a circle, घेरा, चक्र, मंडल। 2. any object that is circular, चक्राकार वस्तु। 3. a circular band worn on a finger, छल्ला, अँगूठी। 4. a group of persons so as to form a circle, घेरा। 5. an enclosed space, घेरा। 6. a raised platform for wrestling, अखाड़ा। ***v.*** (ringed, ringing) 1. to form a ring, घेरा बनाना। 2. to encircle, घेरना। 3. to fit a ring, छल्ला बैठाना, या लगाना।

**ring**[2] ***v.*** (rang, rung, ringing) 1. to give out a resonant sound, घंटी गुंजाना। 2. to cause a bell to do this, घंटी बजाना। 3. to be filled with sound, गूँज उठना। □ **give someone a ring,** किसी को टेलीफ़ोन करना।

**ringer** (रिंग्´-अॅ:) ***n.*** a thing or person that encircles, घेरनेवाला व्यक्ति या वस्तु।

**ring finger** ***n.*** अनामिका (उँगली)।

**ring leader** ***n.*** one who leads others (in illegal acts, ग़लत कामों में) अगुवाई करनेवाला नेता, रिंगलीडर।

**ringlet** (रिंग्´-लिट्) ***n.*** 1. a small ring, छोटी अँगूठी। 2. a curly lock of hair, अलक, लट।

**ringmaster** (रिंग्´-मास् / मैस्-टॅ:) ***n.*** the master in charge of a circus performance, सर्कस का कार्यक्रम-संचालक।

**ring road** ***n.*** a circular road encircling the city, मुद्रिका-पथ।

**ringworm** (रिंग्´-व:म्) ***n.*** an itching circular patch on the skin, दाद।

**rink** (रिंक्) ***n.*** a stretch of ice used for skating, हिमतल (जिसपर स्केटिंग करते हैं)।

**rinse** (रिन्स्) ***v.*** to wash with water, to wash out soap from, धोना, धुलाई करना, साफ़ करना। ***n.*** 1. the act of rinsing, धुलाई। 2. a solution used in colouring the hair, बाल रंगने का घोल।

**riot** (राइ´-अॅट्) ***n.*** 1. public disturbance,

R

दंगा, दंगा-फ़साद। 2. uproar or unrestrained merrymaking, गुलगपाड़ा। □ **a riot of colour,** रंगों की बहार; **run riot,** उपद्रव करना, उधम मचाना; **riot in,** रंगरलियाँ मनाना। *v.* 1. to take part in a riot, उपद्रव मचाना, दंगा करना। 2. to behave without restraint, गुलगपाड़ा मचाना।

**riotous** (राइ´-अॅ-टॅस्) *adj.* 1. unruly, ऊधमी। 2. boisterous, शोरगुल-भरा, उत्तेजनापूर्ण, उत्तेजित। 3. unrestrained, अनियंत्रित।

**rip**[1] (रिप्) *v.* (ripped, ripping) 1. to tear apart, फाड़ देना। 2. to be torn, फट जाना, चिर जाना। 3. to move violently, तेज़ी से या बेतहाशा भागना। 4. to saw, लकड़ी चीरना। □ **let rip,** बौखलाने या बरसने लगना; **rip off,** नोच डालना, फाड़ डालना। *n.* a tear, चीर।

**rip**[2] *n.* 1. a strong current, तेज धारा। 2. a body of water roughened by the meeting of opposing tides or currents, नदी या समुद्र का विक्षुब्ध स्थल जहाँ बहुत लहरें उठ रही हों। 3. a worthless horse, निकम्मा घोड़ा। 4. a libertine, विलासी व्यक्ति।

**riparian** (रि-पेंअॅर्´-इ-अॅन्) *adj.* situated on the bank of a river, नदी तट पर स्थित।

**ripe** (राइप्) *adj.* 1. matured and ready to be used, पका हुआ (फल)। 2. ready to be gathered, पकी (फसल)। 3. suitable, उपयुक्त; The time is ripe. उपयुक्त समय आ गया है। 4. matured, प्रौढ़।

**ripen** (राइ´-पॅन्) *v.* (ripened, ripening) to make or become ripe, पकाना या पकना।

**ripoff** (रिप्´-आःफ़्) *n.* 1. a fraudulant act, धूर्ततापूर्ण कार्य, छल, धोखा। 2. exploitation, शोषण।

**riposte** (रि-पॉस्ट्´) *n.* 1. a counter-attack, जवाबी वार, जवाबी हमला। 2. a retort, मुँहतोड़ जवाब। *v.* to deliver a riposte, जवाबी हमला करना, जवाबी वार करना।

**ripple** (रिप्´-अॅल्) *n.* 1. a small wave, लहर। 2. a series of small waves, लहरों का ताँता, झुंड या दल। 3. a sound like rippling water, कलकल। *v.* to form ripples, लहरें उठना।

**rip-roaring** (रिप्´-रोर्-इंग्) *adj.* noisy, कोलाहलपूर्ण।

**rise** (राइज़्) v. (rose, risen, rising) 1. to get up, उठना, खड़ा होना या जाग उठना। 2. to stand, खड़ा होना। 3. to ascend, चढ़ना, ऊपर उठना। 4. to grow, उगना। 5. to rebel, बगावत करना, विरोध में उठ खड़े होना। 6. to increase in amount, बढ़ना। 7. to achieve a higher position, उन्नति करना। 8. to begin to flow, निकलना। □ **rise to the occasion,** पूरी योग्यता से काम करना, स्थिति से निपट पाना। *n.* 1. an act of rising, ऊपर उठना, उदित होना, उन्नति करना। 2. a beginning, उद्‌गम, शुरुआत, आरंभ। □ **rise and fall,** उत्थान-पतन, उतार-चढ़ाव।

**riser** (राइ´-ज़ॅः) *n.* 1. a vertical part of a stair, सीढ़ी की ऊँचान। 2. one who rises (from the bed), उठनेवाला; an early riser, सुबह जल्दी उठनेवाला व्यक्ति।

**risible** (रिज़्´-अॅ-बॅल्) *adj.* 1. funny, मज़ाकिया, हँसानेवाला। 2. disposed to laugh, जिसे जल्दी हँसी आ जाए। 3. of or concerning laughter, हँसी से संबंधित, हँसने का। 4. ridiculous, हास्यास्पद।

**rising** (राइ-ज़िंग्) *n.* a revolt, बगावत।

**risk** (रिस्क्) *n.* the possibility of incurring loss, जोखिम, ख़तरा, रिस्क। □ **at one's own risk,** जोखिम अपने सिर पर, अपनी ज़िम्मेदारी पर; **run the risk (of,** का) जोखिम उठना। *v.* to take a risk, जोखिम या ख़तरा उठाना, रिस्क लेना।

**risky** (रिस्´-की) *adj.* full of risk, जोखिमी, ख़तरनाक।

**risque** (रि-स्के´) *adj.* bordering on impropriety, अमर्यादापूर्ण, अमर्यादित-सा।

**rissole** (रिस्´-ओल्) *n.* a preparation of minced meat coated in egg and fried, पकौड़ा, कोफ़्ता।

**rite** (राइट्) *n.* the formal procedure of conducting a religious ceremony or other solemn act, रीति, अनुष्ठान, विधि, ढंग।

**ritual** (रिच्´-उ-अॅल्, रिच्´-ऊ-अॅल्) *n.* 1. a

rite, रीति, विधि। 2. a customary procedure, रीति-रिवाज। *adj.* of rituals, रीतिक, रिवाजी।

**ritualism** (रिच्´-उ-अॅल्-इज़्-अॅम्) *n.* observance of rituals, कर्मकांडवाद, अनुष्ठान-परायणता।

**ritualist** (रिच्´-उ-अॅल्-इस्ट्) *n.* one who practices rituals, कर्मकांडी, अनुष्ठान-परायण।

**ritualistic** (रिच्-उ-अॅल्-इस्´-टिक्) *adj.* of rituals or ritualism, कर्मकांडी, कर्मकांड-संबंधी।

**ritzy** (रिट्´-सी) *adj.* 1. luxurious, विलासिता-पूर्ण। 2. elegant, उत्कृष्ट।

**rival** (राइ´-वॅल्) *n.* a competitor, प्रतिद्वंद्वी, प्रतिस्पर्धी। *v.* (rivalled, rivalling) to attempt to equal or surpass, प्रतिस्पर्धा करना, बराबरी करना।

**rivalry** (राइ´-वॅल्-री) *n.* competition, प्रति-द्वंद्विता, प्रतिस्पर्धा।

**rive** (राइव्) *v.* (rived, riven / rived, riving) to split or tear, फाड़/तोड़ देना।

**river** (रिव्´-अॅ:) *n.* a large natural stream of fresh water, नदी, दरिया; river basin, नदी-क्षेत्र; riverbed, नदी-तल; riverhead, उद्‌गम; riverside, नदी तट।

**riverine** (रिव्´-अॅ-राइन्) *adj.* 1. of a river, नदी-संबंधी। 2. on the bank of a river, नदी तट पर का।

**riverside** (रिव्´-अॅ:-साइड्) *n.* a bank of a river, नदी तट। *adj.* on a bank of river, नदी तट पर स्थित।

**rivet** (रिव्´-इट्) *n.* a short metal pin for fastening two pieces of metal together, रिबट। *v.* (riveted, riveting) 1. to fasten with a rivet, रिबट जड़ना/लगाना। 2. to attract, आकृष्ट करना; All eyes were riveted at the queen. सबकी आँखें रानी पर टिकी थीं।

**rivulet** (रिव्´-यॅ-लिट्) *n.* a little stream, छोटी नदी या झरना।

**roach** (रोच्) *n.* a cockroach, तिलचट्टा।

**road** (रोड्) *n.* 1. an open way providing passage from one place to another, सड़क, रोड, गली। 2. a path, रास्ता, मार्ग। ☐ **on the road,** (i) सड़क पर, (ii) बिना सहारे; **royal road,** सरल मार्ग।

**roadability** (रो-डॅ-बिल्´-इ-टी) *n.* the desirable qualities of an automobile on the road, वाहन-योग्यता।

**roadbed** (रोड्´-बॅड्) *n.* the foundation of a road, सड़क की नींव।

**roadblock** (रोड्´-ब्लॉक्) *n.* a blockade set up on a road, मार्गरोध, मार्गावरोध।

**road hog** *n.* a blind or aggressive driver, अंधाधुंध गाड़ी चलानेवाला चालक।

**road house** *n.* an inn on a road, सड़क के किनारे स्थित सराय।

**road metal** *n.* the stone used for making road, रोड़ी, गिट्टी।

**road sense** *n.* the sense of how to proceed on a road, सड़क-बोध, मार्ग-बोध।

**roadside** (रोड्´-साइड्) *adj.* situated on the road, सड़क के किनारे (पर) का।

**roadway** (रोड्´-वे) *n.* a road, सड़क। ☐ **on the roadway,** सड़क के बीचोबीच।

**roadworthy** (रोड्´-व:-दी) *adj.* fit for use on the road, सड़क पर चलाने योग्य, सड़क-लायक।

**roam** (रोम्) *v.* to move or travel purposelessly, बिना प्रयोजन घूमना, मटरगश्ती करना।

**roamer** (रोम्´-अॅ:) *n.* one who roams, घुमक्कड़, सैलानी।

**roan** (रोन्) *adj.* having coat thickly sprinkled with white or grey, चितकबरा, चित्तीदार।

**roar** (रो:) *v.* (roared, roaring) 1. to utter a loud deep sound, चिल्लाना, दहाड़ना, गरजना। 2. to laugh loudly, ज़ोर-ज़ोर से हँसना, ठहाके लगाना। *n.* 1. a loud deep sound, चिल्लाहट, दहाड़ या गरज। 2. noise, शोर, होहल्ला।

**roaring** (रोर्´-इंग्) *n.* a loud prolonged cry, चीख, चिल्लाहट, दहाड़, गरज। *adj.* 1. noisy, कोलाहलपूर्ण। 2. brisk or profitable, तेज़ या लाभप्रद। *adv.* noisily, दहाड़ते

या गरजते हुए।

**roast** (रोस्ट्) *v.* (roasted, roasting) 1. to cook or to be cooked over an open fire, भूनना/भुनना, लाल करना/होना। 2. to bake, सेंकना या सिकना।

**roaster** (रो´-स्टॅं:) *n.* a pan or oven for roasting meat, रोस्टर।

**roasting** (रो´-स्टिंग्) *adj.* very hot, बहुत गर्म।

**rob** (रॉब्) *v.* (robbed, robbing) to take something by force, छीन लेना, लूट लेना।

**robber** (रॉब्´-अॅं:) *n.* a person who robs, लुटेरा, डाकू।

**robbery** (रॉब्´-अॅ-री, रॉब्´-अॅर्-ई) *n.* an act or instance of robbing, लूट, लूटपाट।

**robe** (रोब्) *n.* a long loose flowing garment, लबादा। *v.* (robed, robing) to dress in a robe, लबादा पहनना।

**robin** (रॉब्´-इन्) *n.* a small songbird, गानेवाली छोटी चिड़िया।

**robot** (रो´-बॉट्) *n.* a machine that resembles a human being and capable of performing simple manual tasks, यंत्रमानव, रोबोट।

**robust** (रो´-बस्ट्, रो-बस्ट्´) *adj.* sturdily built, healthy and strong, हट्टा-कट्टा, हृष्ट-पुष्ट।

**rock**[1] (रॉक्) *n.* a large stone, चट्टान, शैल। □ **on the rocks,** तबाह, बरबाद।

**rock**[2] *v.* (rocked, rocking) 1. to move or swing to and forth in a rhythmic motion, झूलना या झुलाना। 2. to shake violently, झकझोर देना।

**rock and roll** (रॉक्-अॅन्-रोल्´) *n.* a kind of popular music, रॉक एंड रोल।

**rock-bottom** (रॉक्-बॉट्´-अॅम्) *n.* the lowest point or level, निम्नतम बिंदु या स्तर।

**rockbound** (रॉक्´-बाउन्ड्´) *adj.* full of rocks, चट्टानों से भरा, चट्टानी।

**rocker** (रॉक्´-अॅं:) *n.* 1. a curved piece on which a cradle or chair rocks, दोलक, रॉकर। 2. a rocking chair, दोलन कुर्सी।

**rockery** (रॉक्´-अॅर्-ई) *n.* a rock-garden, शैल उद्यान।

**rocket** (रॉक्´-इट्) *n.* 1. a firework containing explosives that rises into the air when ignited and then explodes, गोला, रॉकेट। 2. a weapon of this kind, रॉकेट। *v.* (rocketed, rocketing) to move swiftly upward, तेज़ी से ऊपर उठाना या जाना।

**rocketry** (रॉक्´-इ-ट्री) *n.* the science of launching of rockets, रॉकेट-विद्या।

**rock-garden** (रॉक्´-गार्-डॅन्) *n.* a garden of rocks, शैल उद्यान।

**rocking horse** *n.* a toy horse that rocks, दोलन अश्व (खिलौना)।

**rocky** (रॉक्´-ई) *adj.* 1. full of rocks, चट्टानों से भरा, चट्टानी। 2. shaky, कमज़ोर।

**rod** (रॉड्) *n.* 1. a thin long straight bar, छड़, सरिया या सलाई। 2. a cane for flogging people, बेंत।

**rodent** (रो´-डॅन्ट्) *n.* a rat or squirrel, चूहा या गिलहरी।

**rodeo** (रो´-डि-ओ) *n.* a round up of cattle, पशुओं को हाँकने का काम, हँकाई।

**roe** (रो) *n.* a kind of small deer, छोटा हिरण।

**rogue** (रोग्) *n.* 1. a mischievous or dishonest person, दुष्ट या बेईमान व्यक्ति। 2. a scoundrel, बदमाश। 3. a wild animal driven away from the herd, झुंड से अलग बिछड़ा हुआ पशु। □ **rogue's gallery,** अपराधियों के चित्रों का संग्रह।

**roguery** (रो´-गॅर्-ई) *n.* 1. cheating, धोखाधड़ी, छल। 2. a playful mischief, शरारत।

**roguish** (रो´-गिश्) *adj.* 1. dishonest, बेईमान। 2. playfully mischievous, शरारती।

**roister** (रॉइ´-स्टॅं:) *v.* to engage in unrestrained merrymaking, मौज-मस्ती या रंगरलियाँ मनाना।

**roisterer** (रॉइ´-स्टॅर्-अॅं:) *n.* one who roisters, रंगरलियाँ मनानेवाला, मस्त-मौजी।

**role** (रोल्) *n.* 1. an actor's part in a play or film, भूमिका। 2. usual function, सामान्य कृत्य या कार्यकलाप।

**roll** (रोल्) *v.* (rolled, rolling) 1. to move along by turning over and over,

कलाबाज़ी खाना, लुढ़कना। 2. to cause to move along by turning over and over, लुढ़काना, कलाबाज़ी खिलाना। 3. to revolve, घूमना। 4. to cause to revolve, घुमाना। 5. to form into a cylindrical shape, लपेटना। 6. to curl, घुमाव डालना। 7. to roar, गरजना। 8. to walk with a swaying gate, लड़खड़ाते हुए चलना। 9. to begin to operate, (मशीन का) चलना। 10. to make progress, प्रगति करना। □ **roll back,** पीछे धकेलना; **roll by,** सामान्य गति से आगे बढ़ना; **roll in,** (i) आना, प्राप्त होना, (ii) लपेटना; **roll on,** धारा का तीव्र गति से बहना; **roll out,** बिस्तर छोड़ना; **roll up,** गाड़ी से पहुँचना; **start the ball rolling,** (कोई कार्यकलाप) आरंभ करना। ***n.*** 1. anything rolled up, गोला, मुट्ठा, रोला। 2. a scroll, खर्रा। 3. a register, रजिस्टर, पंजी। 4. a list of names, नामावली, सूची; roll of honour, सम्मानित लोगों की सूची।

**roll call** ***n.*** the reading aloud of a list of names to mark attendance, हाज़िरी।

**rolled gold** ***n.*** a metal coated with a thin layer of gold, रोल्ड गोल्ड।

**roller** (रो´-लं:) ***n.*** 1. a cylinder for flattening things, रोलर, बेलन। 2. a long swelling wave, ऊँची लहर, हिलोर।

**rollicking** (रोल्´-इ-किंग्) ***adj.*** full of boisterous high spirits, मौज-मस्ती और कोलाहल-भरा।

**rolling mill** ***n.*** a factory where sheets are rolled, रोलिंग मिल।

**rolling stock** ***n.*** the wheeled vehicles collectively used on a railway, रेलवे के सभी पहिएदार डिब्बे, इंजन आदि, रेलयान।

**rolling stone** ***n.*** a wandering person, घुमंता।

**roll number** ***n.*** a number that identifies an examinee, रोल नंबर।

**roly-poly** (रो-ली-पो´-ली) ***adj.*** short and fat, गोल-मटोल। ***n.*** a sweet, एक तरह की मिठाई।

**Roman** (रो´-मॅन्) ***adj.*** 1. of Rome, रोम-संबंधी। 2. printed in Roman, रोमन; Roman numeral, रोमन अंक। ***n.*** 1. an inhabitant of Rome, रोमवासी। 2. the Latin language, लैटिन भाषा। 3. a type, एक तरह का टाईप।

**Roman Catholic** (रो-मन्-कै´-थो-लिक्) ***n.*** a member of the Roman Catholic Church, रोमन कैथोलिक। ***adj.*** of the Roman Catholic Church, रोमन कैथोलिक।

**romance** (रो-मैन्स्´, रो-मान्स्´) ***n.*** 1. a love story, प्रेम-कथा, प्रेमाख्यान। 2. a love affair, प्यार का चक्कर, प्रेम-प्रपंच, प्रेम-लीला। 3. romantic love, स्वच्छंद प्रेम, रोमांस। 4. improbable lie, निरा झूठ। ***v.*** 1. to engage in romantic activites, प्रेमाचार करना। 2. to tell improbable lies, निरा झूठ बोलना।

R

**romantic** (रो-मैन्´-टिक्) ***adj.*** 1. involving a love affair, प्रेम-संबंधी, रोमानी, रूमानी। 2. imaginary, fictitious, काल्पनिक। 3. unpractical, अव्यावहारिक।

**romanticism** (रो-मैन्´-टि-सिज़्-अॅम्) ***n.*** 1. an artistic and literary movement of 18th century usually opposed to classicism, स्वच्छंदतावाद। 2. romantic behaviour, स्वच्छंद आचरण, रोमानी व्यवहार।

**romanticist** (रो-मैन्´-टि-सिस्ट्) ***n.*** an adherent of Romanticism, स्वच्छंदतावादी।

**romanticize** (रो´-मैन्´-टि-साइज़्) ***v.*** to make romantic, रोमानी रंग चढ़ाना, रोमानी बनाना।

**Romany** (रो´-मॅ-नी, रॉम्´-अ-नी) ***adj.*** 1. a Gypsy, जिप्सी। 2. the language of Gypsies, जिप्सी भाषा।

**romp** (रॉम्प्) ***v.*** 1. to play or run joyfully and boisterously, उछल-कूद मचाना। 2. to win a race easily, सरलता से दौड़ जीत लेना।

**romper** (रॉम्´-पं:) ***n.*** one who romps, उछल-कूद मचानेवाला।

**rompers** (रॉम्´-पं:ज़्) ***n.*** (plu.) a one-piece garment combining waist and short for small children, छोटे बच्चों का एक में सिला कच्छा और कमीज़।

**rood** (रूड्) ***n.*** a crucifix, सूली-चिह्न, क्रॉस।

**roof** (रूफ़्) ***n.*** 1. the top covering of a

building, छत। 2. the top of a car, छत। 3. the highest part, शिखर। 4. the upper part of a mouth, तालु। *v.* (roofed, roofing) to cover with a roof, छत डालना। □ **hit the roof,** क्रोध से चिल्लाने लगना, आसमान सिर पर उठा लेना; **roof in,** छा देना; **have a roof over one's head,** रहने का स्थान होना।

**roofer** (रूँ-फ़ँ:) *n.* one who makes or mends roofs, छतें बनाने या उनकी मरम्मत करनेवाला कारीगर।

**roofing** (रू´-फ़िंग्) *n.* material used in constructing a roof, छत बनाने का सामान।

R

**roofless** (रूफ़्´-लिस्) *adj.* 1. without a roof, बिना छत का। 2. without a home, गृहहीन।

**roof-rack** (रूफ़्´-रैक्) *n.* a rack attached to the roof of a car for carrying luggage, कार की छत पर सामान रखने का ढाँचा, लगेज कैरियर।

**rook**[1] (रूक्) *n.* 1. a black crow, एक प्रजाति का डोम कौआ। 2. one who cheats at cards, ताश के खेल में बेईमानी करनेवाला। *v.* to cheat, छल करना, धोखाधड़ी करना।

**rook**[2] *n.* a chess piece that moves horizontally or vertically, रुख़, हाथी।

**rookery** (रुक्´-अँ-री) *n.* a colony of rooks, कौओं का गढ़, काक-बसेरा।

**rookie** (रुक्´-ई) *n.* a new recruit, रंगरूट।

**room** (रूम्) *n.* 1. an area of building surrounded by walls, कमरा, कक्ष। 2. people gathered in a room, कमरे में बैठे लोग। 3. space, जगह। 4. scope or opportunity, गुंजाइश, जगह। 5. (plu.) a set of rooms, खंड।

**roomer** (रू´-मँ:) *n.* a person who rents a room or rooms, किराए पर रहनेवाला, किराएदार।

**roommate** (रूम्´-मेट्) *n.* a person with whom one shares a room, जिसके साथ मिलकर किसी ने कमरा या कमरे किराए पर लिये हों, संगी।

**roomy** (रू´-मी) *adj.* spacious, खुला, विस्तृत।

**roost** (रूस्ट्) *n.* a place where birds rest or sleep, पक्षियों का अड्डा, बसेरा। □ **come home to roost,** किया पाना; **rule the roost,** अगुआ बनना, अगुआई करना। *v.* to rest or sleep, विश्राम करना या सोना।

**rooster** (रू´-स्टँ:) *n.* a male domestic fowl, मुर्गा।

**root**[1] (रूट्) *n.* 1. the underground part of a plant that draws water and nourishment, जड़। 2. origin, source, मूल, उद्‌गम। 3. (maths.) a number that when used as a factor in multiplication a given number of times produces a specified product, मूल। 4. (gram.) a word or word element from which other words are formed, धातु; root sign, धातु, चिह्न। *v.* (rooted, rooting) 1. to take root, जड़ जमना। 2. to cause to take root, जड़ जमाना। □ **root out,** जड़ से उखाड़ फेंकना।

**root**[2] *v.* (rooted, rooting) to support by applause, तालियाँ बजाकर उत्साहवर्धन करना।

**root**[3] *v.* (rooted, rooting) 1. to dig with the snout, थूथन से कुरेदना या खोदना। 2. to search thoroughly, छान-बीन करना।

**rootage** (रूट्´-इज्) *n.* the roots of plant collectively, जड़ें।

**rootless** (रूट्´-लिस्) *adj.* 1. without roots, बिना जड़ या जड़ोंवाला, जड़हीन। 2. having no ties with a particular place, जिसका संबंध या लगाव किसी स्थान से न हो।

**rope** (रोप्) *n.* 1. a thick cord, रस्सा। 2. a string of items, माला। 3. (plu.) specialized techniques, विशिष्ट विधियाँ। 4. freedom of action, स्वच्छंदता, ढील। 3. to catch with a lasso, फंदे में फँसाना। □ **give (someone) enough rope,** ढील देना। *v.* (roped, roping) 1. to fasten with a rope, रस्से से बाँधना। 2. to fence with ropes, रस्सों से घेरा बनाना। □ **on the rope,** पराजय के द्वार पर; **rope in,** घसीट लेना।

**rope-dancer** (रोप्´-डैन्स्-अँ:, रोप्´-डान्स्-अँ:) *n.* one who dances on a rope, रस्से पर नाचनेवाला नट।

**rope-ladder** (रोप्´-लैड्-अ:) *n.* a ladder made of ropes, रस्से की सीढ़ी या कमंद।

**ropey, ropy** (रो´-पी) *adj.* 1. resembling a rope, रस्से-जैसा। 2. inferior, रद्दी किस्म का।

**rosaceous** (रो-ज़े´-शॅस्) *adj.* of a rose, गुलाब-जैसा, गुलाबी।

**rosary** (रो´-ज़ॅ-री) *n.* 1. a string of beads, माला, सुमिरनी।

**rose** (रोज़्) *n.* 1. a bush and its flower, गुलाब (पौधा और फूल)। 2. deep pink colour, गुलाब का रंग, गुलाबी रंग। □ **a bed of roses,** फूलों की सेज, पुष्प-शैया। *adj.* deep pink, गुलाबी।

**roseate** (रो´-ज़ि-इट्) *adj.* rosy, गुलाबी।

**rosebud** (रोज़्´-बड्) *n.* a bud of a rose, गुलाब की कली।

**rose-coloured** (रोज़्´-कल्-अ:ड्) *adj.* 1. rosy, गुलाबी। 2. cheerful, उत्फुल्ल।

**rosemary** (रोज़्´-मॅ-री) *n.* a fragrant shrub, मेहंदी।

**rosette** (रो-ज़ेट्´) *n.* 1. a rose-shaped badge, गुलाब की शक्ल का बिल्ला। 2. a rose-shaped carving, गुलाब के फूल की नक़्क़ाशी।

**rosewater** (रोज़्´-व़ा:-टॅ:) *n.* a liquid perfumed with roses, गुलाब जल। *adj.* delicate, नरम, मुलायम।

**rosin** (रोज़्´-इन्) *n.* a substance used in varnish, गंधराल, रोजिन।

**roster** (रोस्´-टॅ:) *n.* a list of names, नामावली, तालिका।

**rostrum** (रॉस्´-ट्रम्) *n.* (plu. rostra, rostrums) a raised platform for public speaking, मंच।

**rosy** (रो´-ज़ी) *n.* 1. having a rose colour, deep pink, गुलाबी। 2. promising, bright, आशापूर्ण, उज्ज्वल, शुभ; a rosy future, उज्ज्वल भविष्य।

**rot** (रॉट्) *v.* (rotted, rotting) to decay or decompose, सड़-गल जाना, क्षय हो जाना। *n.* 1. the process of rotting, सड़न-गलन, क्षय। 2. something rotten, सड़ी-गली चीज़। 3. something worthless, बेकार चीज़।

**Rotarian** (रो-टेर्´-इ-अॅन्) *n.* a member of the Rotary International, रोटरी क्लब का सदस्य।

**rotary** (रो´-टॅ-री) *adj.* 1. operating by rotation, घूमनेवाला, चक्रिल, घूर्णी। 2. having a part that rotates (मशीन) जिसका कोई हिस्सा घूमता हो।

**rotate** (रो´-टेट, रो-टेट्´) *v.* (rotated, rotating) to revolve, घूर्णन करना, घूमना, चक्कर लगाना।

**rotation** (रो-टे´-शॅन्) *n.* the act or process of rotating, घूर्णन। □ **in rotation,** बारी-बारी से।

**rotative** (रो´-टे-टिव्) *adj.* of or caused by rotation, घूर्णात्मक, चक्राकार।

**rote** (रोट्) *n.* a fixed way, routine, नियत क्रम। □ **by rote,** रटकर।

**rotten** (रॉट्´-अॅन्) *adj.* 1. decayed, decomposed, गला-सड़ा। 2. corrupt, भ्रष्ट। 3. worthless, बेकार। 4. unpleasant, अप्रिय, बुरा।

**rotund** (रो-टन्ड्´) *adj.* rounded, plump, गोल-मटोल।

**rotunda** (रो-टन्´-डॅ) *n.* 1. a circular room, गोल कमरा। 2. a circular building, गोल या वर्तुल भवन।

**rouble** (रू´-बॅल्) *n.* a monetary unit of Russia, रूबल, रूस की मुद्रा।

**roue** (रु-ए´) *n.* a rake, व्यभिचारी, लंपट।

**rouge** (रूज़्ह्) *n.* a fine red powder for colouring the cheeks, गालों पर लगाने का गुलाबी पाउडर, रूज़। *v.* (rouged, rouging) to colour with rouge, गालों पर रूज़ लगाना।

**rough** (रफ़् ) *adj.* 1. not smooth, coarse, खुरदरा। 2. uneven, ऊबड़-खाबड़। 3. rude, unmannerly, रूखा, रूक्ष, अशिष्ट। 4. harsh, कर्कश, बेसुरा। 5. violent, stormy, उग्र, प्रचंड। 6. crude, अनगढ़ या अपरिष्कृत। 7. difficult, taxing, कठोर, विकट। 8. not complete, exact or approximate, अपूर्ण, अनुमानित, कच्चा; rough draft, कच्चा मसौदा। *v.* (roughed, roughing) 1. to make rough, खुरदरा बनाना। 2. to sketch roughly, कच्चा मसौदा तैयार करना। □ **rough up,** मारना-पीटना।

**roughage** (रफ़्´-इज्) ***n.*** the coarse indigestible contents of food, फ़ुज़्ला, खुज्जा, फोक।

**rough-and-tumble *n.*** a fight or scuffle, मार-पीट, हाथापाई।

**roughen** (रफ़्´-अॅन्) ***v.*** to make or become rough, खुरदरा बनाना या बनना।

**rough-hew** (रफ़्´-ह्यू) ***v.*** (rough-hewed, rough-hewn, hewing) to shape roughly, अनगढ़ बनाना।

**roughhewn** (रफ़्´-ह्यून्) uncouth, अनगढ़, अपरिष्कृत, अशिष्ट।

**roughhouse** (रफ़्´-हाउस्) ***n.*** noisy behaviour, उछल-कूद।

**roughly** (रफ़्´-ली) ***adv.*** 1. in a rough manner, बेक़ायदे, ओछेपन से। 2. approximately, अंदाज़न, मोटे तौर पर।

**roughneck** (रफ़्´-नेंक्) ***n.*** an unruly person, गुंडा।

**roughness** (रफ़्´-निस्) ***n.*** the state or quality of being rough, खुरदरापन; रूखापन, रूक्षता।

**roughshod** (रफ़्´-शॉड्) ***adj.*** (of a horse) having shoes with projecting nail heals, कीलित नालों वाला (घोड़ा)। □ **ride roushshod over,** कठोरता से पेश आना, सख़्ती करना।

**round** (राउन्ड्) ***adj.*** 1. shaped like a circle, गोल, वर्तुल। 2. plump, गोल-मटोल। 3. approximate, स्थूल। 4. full, पूर्ण, पूरा। 5. pronounced with rounded lips, होंठों को गोल करके बोले जोनेवाले अक्षर या शब्द। □ **in round figures,** पूर्ण अंकों में। ***n.*** 1. something round, गोल वस्तु, गोला। 2. a circular course, फेरा, फेरी। 3. series, शृंखला। 4. a stage of a competition, चक्र; in second round, द्वितीय चक्र में। 5. beat, गश्त। 6. tour of inspection, दौरा। ***v.*** 1. to make round, गोल बनाना। 2. to become round, गोल बनना। 3. to make into round figures, पूर्ण अंकों में बनाना। 4. to surround, घेरना। □ **round up,** बटोरना। ***adv.*** around, चारो तरफ़। ***prep.*** around, के चारो तरफ़। □ **go the rounds,** फेरी लगाना; **round off,** (i) गोल बनाना, (ii) पूरा करना; **round up,** (i) एक साथ हाँकना, (ii) इकट्ठा करना, (iii) गिरफ़्तार करना।

**roundabout** (राउन्ड्´-अॅ-बाउट्) ***adj.*** circuitous, चक्करदार, घुमाव-फिराववाला; roundabout course, चक्करदार रास्ता।

**roundish** (राउन्´-डिश्) ***adj.*** somewhat round, कुछ-कुछ गोल, गोल-सा।

**roundly** (राउन्ड्´-ली) ***adv.*** 1. severely, सख़्ती से, अच्छी तरह। 2. in a round form, गोलाकार रूप में। 3. frankly, स्पष्ट रूप से।

**roundsman** (राउन्ड्स्´-मॅन्) ***n.*** a person who makes rounds of inspection, दौरा-निरीक्षक।

**roundness** (राउन्ड्´-निस्) ***n.*** the state or quality of being round, गोलाई।

**round table *n.*** a large table around which people gather together for a discussion, गोलमेज़; round table conference, गोलमेज़ सम्मेलन।

**round-the-clock *adj.*** day and night, continuous, रात-दिन होने या चलनेवाला; round-the-clock service, दिन-रात की सेवा।

**round-up** (राउन्ड्´-अप्) ***n.*** 1. the act of gathering animals, peoples, things etc., एकत्रीकरण। 2. summary, सारांश।

**roundworm** (राउन्ड्´-व़:म्) ***n.*** a worm with a rounded body living in the intestines of men, केंचुआ।

**rouse** (राउज़्) ***v.*** (roused, rousing) 1. to wake, जागना। 2. to cause to wake, जगाना, जाग्रत करना। 3. to cause to become active, to stir up, सक्रिय बनाना। 4. to excite, उत्तेजित करना।

**rousing** (राउ´-ज़िंग्) ***adj.*** grand, भव्य, शानदार।

**roustabout** (राउस्´-टॅ-बाउट्) ***n.*** an unskilled, (oilfield) worker, अकुशल मज़दूर।

**rout**[1] (राउट्) ***v.*** 1. to defeat completely, पूरी तरह से पराजित करना। 2. to put to flight, खदेड़ देना। *n.* 1. utter defeat, पूर्ण पराजय। 2. retreat of defeated forces, सेना का पीठ दिखाकर भाग खड़े होना।

**rout²** *v.* to force out, बाहर करना या निकालना।

**route** (रूट्) *n.* a customary course to travel, बँधा हुआ मार्ग, रास्ता, पथ। *v.* to send by a certain route, किसी बँधे हुए मार्ग से भेजना।

**route march** *n.* the distance covered by marching troops, रूट मार्च।

**routine** (रू-टीन्´) *n.* 1. regular or habitual procedure, नेम, नित्यकर्म। 2. prescribed procedure, पद्धति-क्रम। *adj.* regular, नियमित।

**rove** (रोव्) *v.* to roam, घूमना, भ्रमण करना।

**rover** (रोव्´-अ:) *n.* one who roves or wanders, घुमक्कड़।

**row¹** (रो) *n.* 1. a straight line (of people or things), सीधी पंक्ति, कतार। 2. a line of seats across a theatre, किसी छविगृह में बैठने की पंक्ति। 3. a continuous line of buildings, इमारतों की कतार।

**row²** *v.* (rowed, rowing) to propel a boat by using oars, नाव खेना या चलाना। *n.* a trip in a boat, नाव की सैर।

**row³** (राउ) *n.* 1. a loud noise, ज़ोर का शोर। 2. a quarrel, झगड़ा। 3. severe reproof, डाँट, फटकार। *v.* (rowed, rowing) 1. to quarrel, झगड़ा करना, कहासुनी करना। 2. to reprimand, डाँटना।

**rowdy** (राउ´-डी) *adj.* 1. noisy, हुल्लड़बाज़। rough and disorderly, क्षुब्ध और अव्यवस्थित।

**rowdyism** (राउ´-डि-इज़्-अॅम्) *n.* the behaviour of a rowdy, हुल्लड़बाज़ी।

**rower** (रो´-अ:) *n.* one who rows, खेवैया, मल्लाह।

**royal** (रॉइ-अॅल्) *adj.* 1. of kings or queens, राजसी, शाही। 2. of a government, राजकीय, सरकारी। 3. stately, majestic, शानदार, भव्य, उत्कृष्ट। *n.* a large size of paper (20 by 25 inches), रायल।

**royalist** (राइ´-अॅ-लिस्ट्) *n.* one who favours monarchy, राजभक्त।

**royal road** *n.* a way of attaining something without trouble, सरल रास्ता, सीधा मार्ग।

**royalty** (राइ´-अॅल्-टी) *n.* 1. royal position, sovereignty, राजत्व, राजसत्ता। 2. royal persons collectively, राजघराने के लोग। 3. a share of proceeds paid to an author or to the owner of a right, स्वामित्व, रॉयल्टी।

**rub** (रब्) *v.* (rubbed, rubbing) 1. to apply pressure and friction to, रगड़ना, घिसना। 2. to spread with pressure, मलना, लगाना। 3. to remove by rubbing, रगड़कर साफ़ करना, दाग हटाना। 4. to polish by rubbing, रगड़कर चमकाना। □ **rub down,** (i) मालिश करना, (ii) पालिश करना; **rub out,** रगड़कर मिटा देना; **rub the wrong way,** (किसी व्यक्ति को) चिढ़ाना। *n.* the act or process of rubbing, रगड़, रगड़ाई।

**rubber** (रब्´-अ:) *n.* a tough elastic substance, रबर।

**rubberize** (रब्´-अॅ-राइज़्) *v.* to coat with rubber, रबर चढ़ाना।

**rubberneck** (रब्´-अ:-नेक्) *n.* one who stares inquisitively, ताक-झाँक करनेवाला।

**rubber stamp** *n.* 1. a device for printing a mark, रबर की मोहर। 2. one who okayes decisions of others, आँखें मूँदकर पुष्टि करनेवाला।

**rubbery** (रब्´-अॅ-री) *adj.* like rubber, रबर-जैसा।

**rubbish** (रब्´-इश्) *n.* 1. waste, कूड़ा-करकट; rubbish dump, घूरा। 2. worthless material, काठ-कबाड़।

**rubbishy** (रब्´-इश्-ई) *adj.* worthless, बेकार।

**rubble** (रब्´-अॅल्) *n.* broken pieces of bricks, रोड़े-पत्थर।

**rubicund** (रू´-बि-कुंड्) *adj.* reddish, लाल।

**rubric** (रू´-ब्रिक्) *n.* a title, headline, शीर्षक।

**ruby** (रू´-बी) *n.* 1. a red precious gem, लाल, माणिक, रूबी। 2. deep red colour, गहरा लाल रंग।

R

**ruche** (रूश्) ***n.*** a lace, झालर।

**ruched** (रूश्ड्) ***adj.*** decorated with a lace, झालरदार।

**ruck** (रक्) ***n.*** 1. a wrinkle or crease, शिकन। 2. a large number or people of things, जमावड़ा, भीड़।

**rucksack** (रक्´-सैक्) ***n.*** a bag carried on the back, पीठ पर का थैला।

**ruction** (रक्´-शॅन्) ***n.*** 1. uproar, हो-हल्ला। 2. disturbance, उपद्रव।

**rudder** (रड्´-अॅ:) ***n.*** a device to steer a boat, ship etc., पतवार।

**ruddle** (रॅड्´-अॅल्) ***n.*** red ocher, गेरू।

R

**ruddy** (रड्´-ई) ***adj.*** red or reddish, लाल, गुलाबी।

**rude** (रूड्) ***adj.*** 1. boorish, uncivilized, ill-mannered, बदतमीज़, उजड्ड, अशिष्ट, अभद्र। 2. harsh, कर्कश, रूखा, अशिष्टतापूर्ण। 3. uneducated, अशिक्षित, गँवार। 4. startling, आकस्मिक तथा चौंकानेवाला। 5. violent, ज़ोर, तीव्र, प्रचंड। 6. obscene, अश्लील, गंदा। □ **in rude health,** हृष्ट-पुष्ट, तगड़ा।

**rudely** (रूड्-ली) ***adv.*** in a rude manner, बदतमीज़ी से, रुखाई से, अशिष्टतापूर्वक।

**rudeness** (रूड्-निस्) ***n.*** rude behaviour, उद्दंडतापूर्ण व्यवहार, रूखापन, अशिष्टता।

**rudiment** (रू´-डि-मॅन्ट्) ***n.*** 1. a fundamental principle, मूल सिद्धांत। 2. (plu.) partially developed form of something, अल्पविकसित रूप, आरंभिक रूप।

**rudimentary** (रू-डि-मॅन्´-टॅ-री) ***adj.*** 1. elementary, प्रारंभिक। 2. partially developed, अल्पविकसित।

**rue**[1] (रू) ***v.*** (rued, ruing) to feel remorse for, पश्चात्ताप करना।

**rue**[2] ***n.*** an aromatic plant, ब्राह्मी (बूटी)।

**rueful** (रू´-फ़ुल्) ***adj.*** 1. feeling or expressing sorrow, पश्चात्ताप करनेवाला। 2. causing sorrow, करुण, करुणाजनक।

**ruff** (रफ़्) ***n.*** coloured hair around the neck of certain birds or animals, कंठी।

**ruffian** (रफ़्´-इ-अॅन्) ***n.*** a rowdy fellow, hoodlum, गुंडा, बदमाश।

**ruffle**[1] (रफ़्´-अॅल्) ***n.*** a strip of frilled fabric, पट्टी, झालर।

**ruffle**[2] ***v.*** 1. to disturb the smoothness, अस्त-व्यस्त कर देना। 2. to become irregular, अनियमित या अस्त-व्यस्त हो जाना। 3. to annoy, चिढ़ाना। 4. to decompose, विघटित करना।

**rug** (रग्) ***n.*** 1. a carpet, गलीचा। 2. a blanket, कंबल।

**ruga** (रू´-गॅ) ***n.*** a wrinkle or crease, सिकुड़न, झुर्री।

**rugby** (रग्´-बी) ***n.*** a kind of football, फुटबॉल की तरह का खेल जिसे १३ या १५ खिलाड़ियों की दो टीमें खेलती हैं।

**rugged** (रग्´-इड्) ***adj.*** 1. having a rough surface, ऊबड़-खाबड़, खुरदरा। 2. stern, harsh, कड़ा, कठोर।

**ruin** (रू´-इन्) ***n.*** 1. severe destruction, विनाश, तबाही। 2. (plu.) see ruins. ***v.*** to bring into ruined condition, नष्ट या बरबाद कर देना, तबाह कर देना।

**ruination** (रू-इ-ने´-शॅन्) ***n.*** the act of ruining or the state of being ruined, बरबादी, तबाही, विनाश।

**ruinous** (रू´-इ-नॅस्) ***adj.*** 1. destructive, विनाशकारी। 2. fallen into ruin, ध्वस्त, विनष्ट, खंडहर-सा।

**ruins** (रू´-इन्स्) ***n.*** (plu.) the remains of something decayed or destroyed, अवशेष, खंडहर। □ **in ruins,** खंडहर रूप में, ध्वस्त, विनष्ट।

**rule** (रूल्) ***n.*** 1. an authoritative direction, नियम। 2. a customary form or procedure, प्रथा, रिवाज, दस्तूर। 3. reign, शासन, हुकूमत। 4. a strip of metal, wood etc., रूला, रूल, पट्टी। □ **according to rule,** नियमानुसार; **as a rule,** नियम यह है कि, सामान्यतया। ***v.*** (ruled, ruling) 1. to govern, reign or control, शासन/हुकूमत करना। 2. to decide authoritatively, व्यवस्था देना। □ **as a rule,** सामान्यतया, प्राय:; **rule out,** रद या ख़ारिज कर देना।

**ruler** (रू´-लॅ:) ***n.*** 1. one who rules, शासक,

हाकिम। 2. a thin strip of wood, metal etc., for measuring or drawing purposes, रूलर, पटरी, रेखक।

**ruling** (रू´-लिंग्) *n.* the decision of the chair, व्यवस्था। *adj.* 1. predominating, प्रबल। 2. governing, शासनिक, शासी। 3. prevalent, प्रचलित।

**rum** (रम्) *n.* an alcoholic liquor, रम।

**rumble** (रम्´-बॅल्) *v.* 1. to make a deep, long rolling sound, गरजना, चिंघाड़ना। 2. to move with such a sound, गरजते हुए आगे बढ़ना। *n.* 1. rumbling sound, गड़गड़, गरज। 2. a murmur of discontent, असंतोष का मंद स्वर, बुड़बुड़ाहट।

**ruminant** (रू´-मि-नॅन्ट्) *adj.* cud-chewing, जुगाली करनेवाला।

**ruminate** (रू´-मि-नेट्) *v.* 1. to chew the cud, जुगाली करना। 2. to meditate, मनन या चिंतन करना।

**rumination** (रू-मि-ने´-शॅन्) *n.* the act of ruminating, जुगाली।

**ruminative** (रू´-मि-ने-टिव्) *adj.* meditating, मननशील।

**rummage** (रम्´-इज्) *v.* to search thoroughly, छानबीन करना, तलाशी लेना। *n.* the act of rummaging, छानबीन, तलाशी।

**rummy** (रम्´-ई) *n.* a card game, (ताश का खेल) रमी।

**rumour** (र्यू´-मॅ:, रू´-मॅ:) *n.* 1. a report of uncertain truthfulness, उड़ती ख़बर, अफ़वाह। 2. hearsay, किंवदंती। *v.* to spread by rumour, अफ़वाह फैलाना।

**rumour-monger** (र्यू´-मॅ:-मंग्´-गॅ:) *n.* one who spreads a rumour, अफ़वाह उड़ानेवाला, अफ़वाह-उड़ाऊ, गप्पी।

**rump** (रम्प्) *n.* 1. the hindquarters of an animal, पुट्ठा। 2. a person's buttocks, चूतड़।

**rumple** (रम्´-पॅल्) *v.* to make or become crumpled, शिकन डालना या पड़ना, अव्यवस्थित होना या करना।

**rumpus** (रम्´-पॅस्) *n.* a noisy disturbance, उपद्रव, हो-हल्ला, हुल्लड़।

**run** (रन्) *v.* (ran, run, running) 1. to move on foot faster than walking, दौड़ना। 2. to move at rapid gait (said of animals), भागना। 3. to perform as by running, दौड़-दौड़कर काम करना, जल्दी-जल्दी काम करना। 4. to take part in a race, दौड़ना। 5. to compete for elected office, (चुनाव में) खड़ा होना। 6. to move (freely), चलना, खिसकना, फिसलना। 7. to be in operation, (मशीन का) चलना। 8. to flow, बहना। 9. to be wet (with), तर होना; The streets were running with blood. गलियाँ ख़ून से लबरेज़ थीं। 10. to spread rapidly, तेज़ी से फैलना। 11. to be effective, प्रभावी होना। 12. to become payable, देय होना। 13. to thrust, घुसेड़ना। 14. to drive or ply, चलाना। 15. to manage, व्यवस्था करना, चलाना। 16. to extend, विस्तृत होना, फैला होना। 17. to incline, झुकाव या नति होना। 18. to be stated or reported, कहा जाना। 19. to publish or print, छापना या प्रकाशित करना। 20. to get or pass through, निकलना, निकल जाना। 21. to score a run, रन लेना या बनाना। 22. to be subjected to, ग्रस्त होना। 23. to incur, उठाना; to run a risk, जोखिम उठाना। □ **run about,** भागते फिरना; **run across,** मुलाक़ात हो जाना; **run after,** (i) पीछे भगना, पीछे-पीछे दौड़ना, (ii) पीछा करना; **run along,** चलो भागो; **run amok,** पागल की तरह दौड़ते फिरना; **run at,** (किसी पर) टूट पड़ना; **run away,** (i) बच निकलना, (ii) भाग जाना, (iii) कम करना, (iv) दबा देना, (v) पकड़ना, (vi) तेज़ी से पढ़ना; **run away with,** भगा या उठा ले जाना; **run down,** (i) पटक देना, (ii) पीछा करके पकड़ लेना, (iii) नीचा दिखाना, (iv) चुक जाना; **run in,** (i) गिरफ़्तार करना, (ii) सम्मिलित करना, (iii) पहुँचना; **run into,** (i) भोंक देना, (ii) भिड़ा देना; (iii) किसी से अचानक मुलाक़ात होना, (iv) तक पहुँच या बढ़ जाना; His income runs into crores. उसकी आमदनी करोड़ों तक पहुँच गई है। The report runs

R

into 250 pages. रिपोर्ट २५० पृष्ठों तक जा पहुँची। **run off,** भाग जाना; **run off with,** (किसी के) साथ भाग जाना; **run on,** (i) जारी रहना, (ii) बहुत बोलना, (iii) (लिखाई में) अक्षरों का मिला हुआ होना, (iv) (मुद्रण में) एक वाक्य समाप्त होने पर उसी पंक्ति में दूसरा वाक्य शुरू कर देना; **run out,** समाप्त हो जाना, निकल जाना; **run out on,** छोड़ देना; **run out of,** समाप्त हो जाना; **run over,** (i) दबा या कुचल देना, (ii) (पात्र के भर जाने से) तरल पदार्थ का बहने लगना, (iii) सरसरी निगाह से निरीक्षण या परीक्षण करना, (iv) सीमा लाँघ जाना; **run short of,** की कमी पड़ जाना; **run through,** (i) भोंक देना, (ii) ख़त्म हो जाना, (iii) सरसरी निगाह से देख जाना, (iv) अभ्यास करना; **run to,** यथेष्ट होना; **run up,** (i) इकट्ठा करना, (ii) जोड़ देना, सी देना, (iii) फहराना। ***n.*** 1. a pace faster than the walk, दौड़। 2. a score of one obtained by running between the wickets, दौड़, रन (क्रिकेट में)। 3. flow, rush, गति, प्रवाह। 4. route, मार्ग। 5. unrestricted freedom, स्वतंत्रता। 6. demand, ज़ोरदार माँग। □ **in the long run,** लंबी अवधि में।

R

**runabout** (रन्´-अॅ-बाउट्) ***n.*** 1. a person who runs about from one place to another, भागने-फिरने का काम करनेवाला। 2. a small open car, छोटी खुली कार।

**runaround** (रन्´-अॅ-राउन्ड्) ***n.*** an evasive response, टाल-मटोल।

**runaway** (रन्´-अवे) ***n.*** a fugitive, भगोड़ा। ***adj.*** having run away, जो भाग गया हो। ***v.*** 1. to leave home, घर छोड़कर भाग जाना। 2. to leave one's husband, पति को छोड़ भाग जाना।

**rundown** (रन्´-डाउन्) ***adj.*** 1. tired, थका-माँदा। 2. dilapidated, जीर्ण-शीर्ण। ***n.*** a detailed analysis, विस्तृत विवरण।

**rune** (रून्) ***n.*** something inscribed, उत्कीर्ण अक्षर, चित्र आदि।

**rung** (रंग्) ***n.*** one of a cross pieces of a ladder, सीढ़ी का डंडा।

**runlet** (रन्´-लिट्) ***n.*** a small stream, छोटी नदी।

**runnel** (रन्´-अॅल्) ***n.*** a brook, झरना।

**runner** (रन्´-अॅ:) ***n.*** 1. one who runs, दौड़नेवाला, दौड़ाक। 2. a messenger, दूत, पत्रवाहक।

**runner-up** (रन्-अॅ:-अप्´) ***n.*** a contestant finishing a competition in second place, उपविजेता।

**running** (रन्´-इंग्) ***n.*** the act of one that runs, दौड़ना, दौड़। □ **in the running,** जिसके जीत सकने या कोई पद प्राप्त कर सकने की उम्मीद हो; **out of running,** जिसके जीतने या कोई पद प्राप्त कर सकने की आशा न हो। ***adj.*** 1. continuous, लगातार होनेवाला, सतत। 2. prevalent, प्रचलित, विद्यमान।

**running commentary** ***n.*** description of events as they occur, चल-विवरण, आँखों देखा हाल।

**running cost** ***n.*** cost for running a machine etc., परिचालन-व्यय।

**runout** (रन्-आउट्´) ***v.*** (ranout, runout, running out) to exhaust, ख़त्म होना, कम पड़ जाना। ***n.*** dismissal of a batsman by running him out, रन आउट।

**runway** (रन्´-वे) ***n.*** a path over which aircrafts take off and land, धावन-पथ।

**rupee** (रू´-पी, रू-पी´) ***n.*** a standard monetary unit of India, रुपया।

**rupture** (रप्´-चॅ:) ***n.*** 1. the act of breaking or bursting, टूटना, फटना। 2. the breach of friendly relation, अनबन, बिगाड़। 3. hernia, हर्निया। ***v.*** 1. to become burst, फटना, टूटना। 2. to cause a relationship to end, संबंध तोड़ देना। 3. to affect with hernia, हर्निया से ग्रस्त होना।

**rural** (रूर्´-अॅल्) ***adj.*** of or pertaining to the country or village, ग्राम्य, ग्रामीण।

**ruse** (रूज़्) ***n.*** 1. deception, छल। 2. trick, चाल।

**rush** (रश्) ***n.*** 1. an eager movement of many persons to one place all at once, भीड़। 2. press of work, काम का दबाव या ज़ोर। 3. haste, जल्दी, हड़बड़ी। ***adj.*** necessitating haste, जल्दी-भरा, हड़बड़ाहट-भरा। *v.* (rushed, rushing) 1. to act hastily, जल्दी मचाना/करना। 2. to assault, धावा बोलना।

**rusk** (रस्क्) *n.* a cake toasted in an oven, रस।

**Russian** (र´-शॅन्) *adj.* of Russia, रूसी।

**rust** (रस्ट्) *n.* 1. oxide formed on iron, ज़ंग, मोरचा। 2. any injurious habit, बुरी आदत। *v.* (rusted, rusting) 1. to be affected with rust, जंग लगना, जंग खा जाना। 2. to lose efficiency, अकर्मण्य हो जाना।

**rustic** (रस्´-टिक्) *adj.* 1. typical of country life, गँवाऊ। 2. simple, सीधा-सादा, भोला। *n.* a rural person, देहाती, गँवारू।

**rusticate** (रस्´-टि-केट्) *v.* 1. to go to or live in the country, गाँव चले जाना, गाँव में जा बसना। 2. to expel from the school or college, स्कूल या कॉलेज से निकाल देना, बहिष्कृत करना।

**rustication** (रस्´-टि-के´-शॅन्) *n.* 1. living in the country, गाँव में रहना या बसना, ग्रामवास। 2. an act of expelling or state of being expelled, बहिष्करण, निष्कासन।

**rusticity** (रस्-टिस्´-इ-टी) *n.* the quality or state of being rustic, देहातीपन, गँवारपन।

**rustle** (रस्´-अॅल्) *v.* 1. to make a crisp or cracking sound, सरसर करना, फड़फड़ करना। 2. to steal, चुराना। *n.* rustling sound, सरसर, फड़फड़।

**rustproof** (रस्ट्´-प्रूफ़्) *adj.* not liable to rust, जिसे जंग न लगे, ज़ंगरोधी।

**rusty** (रस्´-टी) *adj.* 1. affected with rust, ज़ंग-लगा। 2. old fashioned, दक़ियानूसी। 3. impaired, विकृत, क्षतिग्रस्त।

**rut** (रट्) *n.* a groove made in the ground by the wheel of a vehicle, पहिए की लकीर, लीक।

**ruth** (रूथ्) *n.* pity, compassion, दया।

**ruthful** (रूथ्´-फ़ुल्) *adj.* feeling or showing pity, दयालु।

**ruthless** (रूथ्´-लिस्) *adj.* without ruth, निर्दय, निष्ठुर, नृशंस।

**rux** (रक्स्) *n.* anger, impulse, क्रोध, आवेग।

**rye** (राइ) *n.* a grass and its grain, एक पौधा और उसके बीज।

R

# S

**S, s** (ऍस्) *n.* The nineteenth letter of the English alphabet, अंग्रेज़ी वर्णमाला का उन्नीसवाँ वर्ण।

**Sabbath** (सैब्´-अॅथ्) *n.* 1. a rest day, विश्राम-दिवस। 2. Sunday, रविवार (ईसाइयों का विश्राम-दिवस)। 3. Saturday, शनिवार (यहूदियों का विश्राम-दिवस)।

**sabbatical** (सॅ-बैट्´-इ-कॅल्) *adj.* of the Sabbath, विश्राम-दिवस संबंधी।

**sable** (से´-बॅल्) *n.* 1. a weasel-like animal, नेवले की जाति का एक पशु। 2. its fur, इस पशु की फर। 3. its colour, काला रंग। *adj.* 1. pertaining to the fur, फर-संबंधी। 2. black, काला। 3. shineless, कांतिहीन।

**sabotage** (सैब्´-अॅ-टाज़्ह्) *n.* the deliberate destruction or disruption, तोड़-फोड़, विध्वंस। *v.* to destruct or disrupt, तोड़ना-फोड़ना, विध्वस्त करना।

**saboteur** (सैब्´-अॅ-टः) *n.* one who commits sabotage, तोड़-फोड़ करनेवाला, विध्वंसक।

**sabre, saber** (से´-बॅः) *n.* a sword with curved blade, कटार।

**sabre-rattling** (से´-बॅः-रैट्´-लिंग्) *n.* a display of military strength to frighten the enemy, सैन्य शक्ति का प्रदर्शन, युद्ध की धमकी।

**sac** (सैक्) *n.* a pouch-like part in an animal or plant, किसी पशु या पादप में होनेवाला थैलीनुमा अंग, थैली।

**saccharin** (सैक्´-अॅ-रिन्) *n.* a substitute for sugar, सैक्रीन।

**saccharine** (सैक्´-अॅ-रीन्) *adj.* excessively and unpleasantly sweet, अत्यधिक मीठा।

**sacerdotal** (सैक्/सैस्-अॅः-डो´-टॅल्) *n.* of priests or priesthood, पुरोहित-संबंधी, पुरोहिताई-संबंधी, पौरोहित्यिक।

**sachet** (सै-शे´) *n.* a small pouch containing perfumed powder used to scent clothes, सुगंधित चूर्ण की थैली।

**sack¹** (सैक्) *n.* 1. a large bag used as a container, बोरा, बोरी, थैला। 2. the substance contained in a sack, बोरे में भरा सामान। 3. dismissal, बर्ख़ास्तगी, पदच्युति। *v.* 1. to put into a sack or sacks, बोरा या बोरे भरना। 2. to dismiss from employment, नौकरी से निकाल देना।

**sack²** *v.* to loot or plunder (a place, किसी स्थान को) लूटना, लूट-पाट करना। *n.* the act of sacking, लूट-पाट, लूट-मार।

**sackcloth** (सैक्´-क्लाथ्) *n.* a rough coarse cloth, टाट। □ **in sack and ashes,** टाट पहने और भस्म लगाए हुए।

**sacking** (सैक्´-इंग्) *n.* a coarse cloth for making sacks, टाट।

**sacrament** (सैक्´-रॅ-मॅन्ट्) *n.* any of the sacred religious rites, धार्मिक अनुष्ठान या संस्कार।

**sacramental** (सैक्-रॅ-मॅन्´-टॅल्) *adj.* of a sacrament, संस्कार-संबंधी, सांस्कारिक।

**sacred** (से´-क्रिड्) *adj.* 1. holy, पवित्र, पावन। 2. religious, धार्मिक; sacred law, धर्मविधि। 3. worthy of reverence, पूज्य, आदरणीय।

**sacred cow** *n.* 1. a cow treated as a sacred animal, गौ-माता। 2. anything held to be beyond criticism, ऐसी पवित्र और पूज्य वस्तु जिसकी आलोचना अनुचित मानी जाती हो।

**sacrifice** (सैक्´-रि-फ़ाइस्) *n.* 1. a ritual killing of a man or animal to please a deity, बलि, पशुबलि। 2. an offering to a deity, चढ़ावा। 3. giving up of anything valuable for a good cause, बलिदान, क़ुर्बानी, उत्सर्ग। 4. loss, घाटा, हानि। ☐ **sell at a sacrifice,** घाटे पर बेचना। ***n.*** 1. to kill to please a deity , बलि चढ़ाना। 2. to give up, क़ुर्बानी देना, बलिदान करना, उत्सर्ग करना।

**sacrificial** (सैक्-रि-फ़िश्´-ॲल्) ***adj.*** of a sacrifice, बलि या बलिदान-संबंधी; sacrificial alter, बलिवेदी, यज्ञवेदी।

**sacrilege** (सैक्´-रॅ-लिज्) ***n.*** the misuse or desecration of something regarded as sacred, अपवित्रीकरण।

**sacrilegious** (सैक्-रि-लिज्´-ॲस्) ***adj.*** profane, अपवित्रीकारी।

**sacristan** (सैक्´-रि-स्टॅन्) ***n.*** one in charge of a sacristy, पुजारी।

**sacristy** (सैक्´-रि-स्टी) ***n.*** the place in a church where sacred vessels are kept, गर्भगृह।

**sacrosanct** (सैक्´-रॅ-सैंक्ट्) ***adj.*** sacred, holy, पवित्र, पावन।

**sad** (सैड्) ***adj.*** 1. feeling or showing sorrow, उदास, दुखी। 2. regrettable, दुखद, खेदजनक। 3. deplorable, शोचनीय। ☐ **sad sack,** अत्यंत अयोग्य व्यक्ति; **sad to say,** दुर्भाग्य से।

**sadden** (सैड्´-ॲन्) ***v.*** 1. to become sad, उदास या दुखी होना। 2. to make sad, उदास या दुखी करना।

**saddle** (सैड्´-ॲल्) ***n.*** 1. a seat placed on a horse's back, काठी। 2. a seat on a bicycle, सीट। ***v.*** 1. to put a saddle on, काठी लगाना। 2. to load or burden, भार या बोझा लादना, दायित्व सौंपना।

**saddle-bag** (सैड्´-ॲल्-बैग्) ***n.*** a bag placed on the back of a horse or donkey, खुर्जी, गून।

**sadism** (सै´-डिज़्-ॲम्, सैड्´-इज़्-ॲम्) ***n.*** 1. the getting of sexual pleasure by hurting one's partner, यातना द्वारा प्राप्त रति-सुख, परपीड़न-रति। 2. the getting of pleasure from hurting others, यातना देकर प्राप्त होनेवाला सुख, परपीड़न-सुख।

**sadist** (सै´-डिस्ट्, सैड्´-इस्ट्) ***n.*** one who gets pleasure by hurting others, दूसरों को दुख देकर सुख की अनुभूति करनेवाला, परपीड़नकामी।

**sadistic** (सॅ-डिस्´-टिक्) ***adj.*** of sadism, परपीड़न-संबंधी।

**sadly** (सैड्´-ली) ***adj.*** 1. in a sad manner, मुँह लटकाए। 2. unfortunately, दुर्भाग्य से।

**safari** (सॅ-फ़ार्´-ई) ***n.*** 1. a journey for hunting expedition, शिकार-यात्रा, आखेट-यात्रा। 2. an expedition, अभियान।

**safe** (सेफ़्) ***adj.*** 1. free from danger, जिसे कोई ख़तरा न हो, सुरक्षित, सही-सलामत। 2. without a risk, निरापद। ☐ **on the safe side,** सुरक्षा-दृष्टि से; **play safe,** जोखिम न उठाना। ***n.*** a box for storing valuables, तिजोरी।

**safebreaker** (सेफ़्´-ब्रे-कॅ:) ***n.*** a person who breaks open safes to rob them, तिजोरी तोड़नेवाला, तिजोरी-तोड़।

**safe-deposit vault** ***n.*** a room in a bank for storing valuables, तिजोरी-घर।

**safeguard** (सेफ़्´-गा:ड्) ***n.*** a precautionary measure, सुरक्षोपाय। ***v.*** to protect, बचाव करना, रक्षा करना।

**safekeeping** (सेफ़्´-की-पिंग्) ***n.*** 1. protection, सुरक्षा। 2. care, सावधानी।

**safely** (सेफ़्´-ली) ***adv.*** in a safe manner, सुरक्षित रूप से।

**safety** (सेफ़्´-टी) ***n.*** freedom from danger, सुरक्षा, क्षेम, बचाव।

**safety match** ***n.*** a match that will light only when struck against a particular surface, दियासलाई।

**safety pin** ***n.*** a spring wire clasp, (आलपिन से अलग) सेफ़्टी पिन।

**safety razor** ***n.*** a razor with a guard over the blade to prevent cutting of the skin, सेफ़्टी रेज़र, सुरक्षा-क्षुर।

**safety valve** ***n.*** a valve that automatically opens at excess pressure, सुरक्षा-वाल्व।

**safety zone** ***n.*** a safe area, निरापद क्षेत्र।

**saffron** (सैफ़्´-रॅन्/रॉन्) ***n.*** yellow dried

stigmas of a particular plant used for colouring and flavouring food, केसर। *adj.* of saffron colour, केसरिया।

**sag** (सैग्) *v.* (sagged, sagging) 1. to hang downward, झुक, झूल, धँस, ढलक या लटक जाना। 2. to fall (in prices, दाम) गिर जाना। *v.* (sagged, sagging) the act or instance of sagging, झुकाव, झूल, लटकाव, ढलकाव, धँसाव।

**saga** (सा´-गॅ) *n.* a long heroic tale, लंबी वीरगाथा।

**sagacious** (सॅ-गे´-शॅस्) *adj.* shrewd and wise, सयाना, बुद्धिमान, दूरदर्शी।

**sagacity** (सॅ-गैस्´-इ-टी) *n.* the quality or state of being sagacious, सयानापन, बुद्धिमत्ता, दूरदर्शिता।

**sage** (सेज्) *n.* a profoundly wise person, ऋषि, मनीषी, संत।

S

**sago** (से´-गो) *n.* a type of hard white grain, साबूदाना।

**sahib** (सा´-इब्) *n.* sir, master, साहिब, मालिक।

**said** (सेंड्) *v.* pt. and pp. of say. *adj.* aforementioned, उक्त, उपरोक्त।

**sail** (सेल्) *n.* 1. a piece of canvas that aids in propelling a ship, boat etc., पाल। 2. a sailing ship, पाल से चलनेवाली नाव, पाल-नौका। 3. a journey by ship or boat, नौका-यात्रा। *v.* (sailed, sailing) 1. to travel in a ship or boat, जलयान या नाव में यात्रा करना। 2. to move fast, तेज़ी से चलना। 3. to walk in a stately manner, ठाठ से चलना। 4. sail through, पार उतरना।

**sailcloth** (सेल्´-क्लाथ्) *n.* canvas for sails, पाल का कपड़ा।

**sailing** (से´-लिंग्) *n.* a sea voyage, समुद्री यात्रा।

**sailor** (से´-लॅ:) *n.* any member of a ship's crew, नाविक।

**saint** (सेन्ट्) *n.* 1. a person of exceptional holiness, संत, पवित्रात्मा, महात्मा। 2. a very good person, भला आदमी।

**saintliness** (सेन्ट्´-लि-निस्) *n.* the state or quality of being a saint, संतपन, साधुता।

**saintly** (सेन्ट्´-ली) *adj.* like a saint, संतसदृश, पवित्र आत्मा, धर्मात्मा।

**sake**[1] (सेक्) *n.* □ **for the sake of,** के कारण, के लिए; **for your own sake,** अपनी भलाई के लिए, अपने हित के विचार से।

**sake**[2] (सा´-के) *n.* a Japanese wine, (चावल की बनी) जापानी शराब, साके।

**salaam** (सॅ-लाम्´) *n.* a low bow, सलाम। *v.* to make a salaam to, सलाम करना, सलाम ठोकना।

**salable** (से´-लॅ-बॅल्) *adj.* fit for sale, saleable, बिक्री-योग्य, विक्रेय।

**salacious** (सॅ-ले´-शॅस्) *adj.* 1. lewd, lustful, कामुक। 2. obscene, अश्लील।

**salacity** (सॅ-लैस्´-इ-टी) *n.* 1. lewdness, कामुकता। 2. obscenity, अश्लीलता।

**salad** (सैल्´-ॲड्) *n.* a dish of chopped raw vegetables, सलाद। □ **salad days,** गधापचीसी के दिन, कच्ची उम्र।

**salaried** (सैल्´-ॲ-रीड्) *adj.* 1. receiving a salary, वेतनभोगी। 2. yielding a salary, वैतनिक।

**salary** (सैल्´-ॲ-री) *n.* regular payment for services, वेतन, तनख़्वाह, पगार।

**sale** (सेल्) *n.* 1. the exchange of goods for money, बिक्री। 2. the amount sold, बिक्री। 3. a special sale of goods at reduced rates, सेल। □ **on sale,** (i) विक्रयार्थ, (ii) नीलामी के लिए प्रस्तुत; **on sale or return,** जाकड़ बिक्री।

**saleable** (से´-लॅ-बॅल्) *adj.* = salable.

**saleroom** (सेल्´-रूम्) *n.* a room where goods are auctioned, नीलाम-घर।

**salesgirl** (सेल्ज़्´-ग:ल्) *n.* a girl employed to sell goods, विक्रयकर्त्री, विक्रेत्री, सेलगर्ल।

**salesman** (सेल्ज़्´-मॅन्) *n.* a man employed to sell goods, विक्रेता, सेल्समैन।

**salesmanship** (सेल्ज़्´-मॅन्-शिप्) *n.* skill in selling, बेचने की कला, विक्रय-कला।

**sales tax** (सेल्ज़्´-टैक्स्) *n.* a tax levied on the prices of goods sold, बिक्री-कर।

**salient** (से´-लि-ॲन्ट्) *adj.* striking, most noticeable, मुख्य, प्रमुख, उल्लेखनीय।

**saline** (से´-लाइन्) *adj.* containing salt, नमकीन, खारा।

**salinity** (सॅ-लिन्´-अॅ-टी) *n.* the state or quality of being saline, नमकीनपन, खारापन।

**saliva** (सॅ-लाइ´-वॅ) *n.* a watery fluid discharged by salivary glands, लार।

**salivary** (सैल्´-इ-वॅर्-ई) *adj.* of saliva, लार-संबंधी।

**salivary gland** *n.* saliva producing gland, लार-ग्रंथि।

**salivate** (सैल्´-इ-वेट्) *v.* to produce saliva, लार उत्पन्न करना, लार बहना।

**sallow** (सैल्´-ओ) *adj.* 1. of pale or yellowish colour, पीला। 2. unhealthy, अस्वस्थ।

**sally** (सैल्´-ई) *n.* 1. a sudden assault, धावा। 2. excursion, सैर। 3. a witty remark, व्यंग्य। *v.* (sallied, sallying) to attack, धावा बोल देना।

**salmon** (सैम्´-अॅन्) *n.* a large fish, सामन मछली।

**salon** (सैल्´-ऑन्, सॅ-लॉन्´) *n.* 1. a guest-room, अतिथि-कक्ष, दीवानख़ाना, बैठक। 2. a gathering in such a room, अतिथि-कक्ष में बैठे हुए लोग, अतिथिगण। 3. a beauty parlour, सौंदर्यकक्ष।

**saloon** (सॅ-लून्´) *n.* 1. a large public room on a ship, जलयान का बड़ा सार्वजनिक कक्ष। 2. a large room (for specific purpose), बड़ा कमरा, हाल। 3. a bar, मदिरालय। 4. a type of car, बोगी, कार।

**salt** (सा:ल्ट्) *n.* 1. sodium chloride, नमक, लवण। 2. liveliness, जीवंतता। 3. beauty, लावण्य। □ **take with a pinch of salt,** (किसी बात पर) पूरी तरह विश्वास न करना; **worth one's salt,** महँगा नहीं। *adj.* salty, खारा, नमकीन। *v.* 1. to season with salt, नमकीन बनाना। 2. to preserve with salt, नमक लगाकर रखना। 3. to put aside for the future, भविष्य के लिए बचाकर रखना।

**saltcellar** (सा:ल्ट्´-सॅल्-अॅ:) *n.* a container for salt, नमकदानी।

**saltpetre, saltpeter** (सा:ल्ट्-पी´-टॅ:) *n.* potassium nitrate, शोरा।

**salty** (सा:ल्´-टी) *adj.* 1. containing salt, नमकीन। 2. sharp, तेज़।

**salubrious** (सॅ-ल्यू´/लू´-ब्रि-अॅस्) *adj.* favourable to health, स्वास्थ्यवर्धक, स्वास्थ्यकर।

**salutary** (सै-ल्यू´-टॅ-री) *adj.* 1. beneficial, हितकर, लाभप्रद, अच्छा। 2. health-promoting, स्वास्थ्यवर्धक।

**salutation** (सैल्-यु-टे´-शॅन्) *n.* 1. an expression of respect and greeting, अभिवादन, नमस्कार, सलाम। 2. a word or words used as courtesy at the time of giving a speech, संबोधन (महाशय, मान्यवर, आदरणीय आदि)।

**salute** (सॅ-ल्यूट्´/लूट्´) *v.* 1. to greet, नमस्कार करना, सलाम करना, अभिवादन करना। 2. to honour formally, सलामी देना। □ **take the salute,** सलामी लेना।

**salvage** (सैल्´-विज्) *n.* 1. rescue (of a ship, जलयान) का बचाव, निस्तारण, उद्धार। 2. rescued property, बचाई गई संपत्ति। *v.* to rescue from destruction, नष्ट होने से बचा लेना, उद्धार करना।

**salvation** (सैल्-वे´-शॅन्) *n.* 1. the state of being saved, उद्धार, निस्तार, बचाव। 2. final deliverance, मोक्ष, निर्वाण, मुक्ति; Salvation Army ईसाइयों की मुक्ति-सेना।

**salve** (सैल्व्) *n.* 1. a soothing ointment, मरहम। 2. solace, सांत्वना। *v.* 1. to apply salve to, मरहम लगाना। 2. to solace, सांत्वना देना।

**salver** (सैल्´-वॅ:) *n.* a serving tray, ट्रे।

**salvo** (सैल्´-वो) *n.* 1. a simultaneous discharge of guns on a ceremonial occasion, तोपों की सलामी। 2. a volley of applause, तालियों की गड़गड़ाहट।

**samba** (साम्´-बॅ) *n.* a ballroom dance, एक प्रकार का नृत्य।

**same** (सेम्) *adj.* 1. identical in kind, alike, समान, वैसा ही, सदृश। 2. being the very one, वही। 3. previously mentioned, पूर्वोक्त, वही। 4. unchanged, ठीक वैसा ही। □ **at the same time,** ठीक उसी समय; **in the same boat,** एक सी दशा में; **in the**

S

**same breath,** एक ही साँस में; **one and the same,** ठीक वही। *pron.* the same thing or person, वही; Same to you. आपको भी (बधाई या धन्यवाद)। *adj.* in an identical manner, वैसे ही, उसी प्रकार।

**sameness** (सेम्´-निस्) *n.* 1. similarity, समानता, अभिन्नता। 2. uniformity, identity, एकरूपता, समानता। 3. monotony, एकरसता, नीरसता।

**sample** (सैम्´-पॅल्) *n.* 1. a portion, piece or segment representative of whole, नमूना, बानगी। 2. an example, उदाहरण। *v.* to take a sample (of किसी चीज़ का) नमूना लेना।

**sampler** (सैम्´-प्लें:) *n.* 1. one who takes samples, नमूना लेनेवाला। 2. a piece of cloth embroidered with many designs, तरह-तरह की कढ़ाई का नमूना।

**sampling** (सैम्´-प्लिंग्) *n.* the act of taking samples, नमूने इकट्ठे करना।

**samurai** (सै´-मु-राइ) *n.* a person of the military class in Japan in olden times, समुराई।

**sanatorium** (सैन्-अॅ-टा:´-रि-अॅम्´) *n.* an establishment for treating tuberculous patients, स्वास्थ्य-सुधारगृह, आरोग्याश्रम।

**sanctification** (सैंक्-टि-फ़ि-के´-शॅन्) *n.* the act of sanctifying or the state of being sanctified, पवित्रीकरण।

**sanctify** (सैंक्-टि-फ़ाइ) *v.* 1. to make holy, पवित्र करना। 2. to free from sins, पापों से छुड़ाना। 3. to make something seem right, उपयुक्त बनाना, सही कर देना।

**sanctimonious** (सैंक्-टि-मो´-नि-अॅस्) *adj.* making a show of holiness or righteousness, पाखंडी, ढोंगी।

**sanctimoniously** (सैंक्-टि-मो´-नि-अॅस्-ली) *adv.* in a sanctimonious manner, ढोंग रचते हुए।

**sanctimony** (सैंक्´-टि-मो-नी) *n.* hypocritical righteousness, पाखंड, ढोंग।

**sanction** (सैंक्´-शॅन्) *n.* 1. authoritative permission, स्वीकृति, मंजूरी, संस्वीकृति। 2. confirmation, पुष्टि। 3. a coercive measure, दंडित करने का उपाय, दंडोपाय। 4. a penalty, दंड। *v.* 1. to give sanction to, स्वीकृति देना, मंजूरी देना, पुष्टि करना। 2. to impose sanctions दंडोपाय लगाना।

**sanctioned** (सैंक्´-शॅन्ड्) *adj.* 1. approved, मंजूर किया हुआ, संस्वीकृत। 2. confirmed, पुष्ट।

**sanctity** (सैंक्´-टि-टी) *n.* sacredness, holiness, पवित्रता, पावनता।

**sanctuary** (सैंक्´-चु-अॅ-री) *n.* 1. a place for protection or refuge, शरणस्थल, शरणालय। 2. a place where birds and wild animals live freely, जंगली जानवरों के विहार करने के लिए सुरक्षित भूभाग, जंतु-विहार, अभयारण्य।

**sanctum** (सैंक्´-टम्) *n.* 1. a holy place, पावन-स्थली, मंदिर आदि। □ **sanctum sanctorm,** पवित्रतम स्थान, मंदिर का अंतरतम स्थान, गर्भगृह। 2. a place of total privacy, एकांत। 3. a study room, अध्ययन-कक्ष।

**sand** (सैन्ड्) *n.* 1. very fine loose fragments of rocks, रेत, बालू। 2. (plu.) a sandy area, रेतीला मैदान, रेती। *v.* 1. to sprinkle or cover with sand, बालू छिड़कना या फैलाना। 2. to polish with sand, बालू से रगड़कर चमकाना।

**sandal** (सैन्´-डॅल्) *n.* a light shoe, सैंडल।

**sandalwood** (सैन्´-डॅल्-वुड्) *n.* a kind of scented wood, चंदन की लकड़ी।

**sandbag** (सैन्ड्´-बैग्) *n.* a bag filled with sand, बालू की बोरी। *v.* (sandbagged, sandbagging) 1. to protect with sandbags, बालू की बोरियों की दीवार खड़ी करके रक्षा करना। 2. to coerce, सताना।

**sandbank** (सैन्ड्´-बैंक्) *n.* a deposit of sand under water, (नदी में) रेत का ढूह/टीला।

**sandbar** (सैन्ड्´-बा:) *n.* a ridge of sand in a river, बालूभित्ती।

**sandblast** (सैन्ड्´-ब्ला:स्ट्) *n.* a blast of air carrying sand, रेत का झोंका।

**sandbox** (सैन्ड्´-बॉक्स्) *n.* a box filled with sand, बालूदानी।

**sandcastle** (सैन्ड्´-का:सॅल्) ***n.*** a mass of sand moulded into a castle, बालू का घरौंदा।

**sandfly** (सैन्ड्´-फ़्लाइ) ***n.*** a big fly, बड़मक्खी।

**sandpaper** (सैन्ड्´-पे-पॅ:) ***n.*** a paper with a coating of sand, बालू-कागज़, रेगमाल। ***v.*** to smoothen with sandpaper, रेगमाल से रगड़ना।

**sandpiper** (सैन्ड्´-पाइ-पॅ:) ***n.*** a small bird, टिटहरी।

**sandstone** (सैन्ड्´-स्टोन्) ***n.*** a rock consisting of sand, बलुआ पत्थर।

**sandstorm** (सैन्ड्´-स्टा:म्) ***n.*** a strong wind carrying clouds of sand, रेत की आँधी।

**sandwich** (सैन्ड्´-विच्) ***n.*** two slices of bread with filling placed between them, सैंडविच। ***v.*** 1. to insert (a thing) between two things, बीच में भरना/डालना। 2. to press between other things or persons, दबाना, दबा देना।

**sandy** (सैन्´-डी) ***adj.*** 1. covered with sand, रेतीला, बलुआ। 2. yellow, (बालों का रंग) पीला।

**sane** (सेन्) ***adj.*** 1. of sound mind, स्वस्थ-चित्त। 2. showing reason, समझदार।

**sanforized** (सैन्´-फ़ॅ-राइज़्ड्) ***adj.*** (of fabric) treated to resist shrinking, सैनफ्राइज़्ड सिकुड़न-प्रूफ़।

**sang-froid** (सॉन्-फ़्रवा´) ***n.*** composure, धैर्य, आत्मसंयम। (फ्रांसीसी)

**sanguinary** (सैंग्´-ग्वि-नॅ-री) ***adj.*** 1. blood thirsty, रक्तपिपासु। 2. bloody, ख़ूनी, रक्तमय।

**sanguine** (सैंग्´-ग्विन्) ***adj.*** hopeful, optimistic, आशावादी।

**sanguinity** (सैंग्´-ग्वि-नि-टी) ***n.*** optimism, आशावादिता।

•**sanitarium** (सैन्-इ-टा:र्´-इ-ॲम्) ***n.*** = sanatorium.

**sanitary** (सैन्´-इ-टॅ-री) ***adj.*** 1. hygienic, स्वास्थ्यपरक। 2. of sanitation, स्वच्छता-संबंधी, स्वच्छ।

**sanitary napkin** ***n.*** an absorbent pad worn during menstruation, रजस्वला द्वारा प्रयुक्त पैड या गद्दी।

**sanitation** (सैन्-इ-टे´-शॅन्) ***n.*** 1. arrangements to protect public health, स्वास्थ्य-व्यवस्था, स्वास्थ्य-रक्षा। 2. cleanliness, स्वच्छता, सफ़ाई। 3. drainage and disposal of sewage, नालियों की सफ़ाई।

**sanitize** (सैन्´-इ-टाइज़्) ***v.*** to make hygienic, साफ़-सुथरा बनाना।

**sanity** (सैन्´-इ-टी) ***n.*** 1. the state or quality of being sane, स्वस्थचित्तता। 2. good sense, समझदारी।

**sans** (सैन्ज़्) ***prep.*** without, के बिना।

**Santa Claus** (सैन्´-टॅ-क्ला:ज़्) ***n.*** an imaginery person which brings gifts for children at Christmas, एक कल्पित व्यक्ति जो बड़े दिन पर बच्चों के लिए उपहार लाता है।

**sap** (सैप्) ***n.*** 1. watery fluid that circulates through a plant, पौधे का दूध, रस। 2. energy, vitality, ओज, तेज, स्फूर्ति। 3. a foolish person, मूर्ख व्यक्ति। 4. a trench, सुरंग, खंदक। ***v.*** (sapped, sapping) 1. to dig a sap, सुरंग/खंदक खोदना। 2. to exhaust gradually, धीरे-धीरे क्षीण होना।

**sapience** (से´-पि-ॲन्स्) ***n.*** wisdom, ज्ञान, विवेक।

**sapient** (से´-पि-ॲन्ट्) ***adj.*** wise, ज्ञानी, विवेकी।

**sapless** (सैप्´-लिस्) ***adj.*** 1. without energy, निस्तेज, ओजहीन, स्फूर्तिहीन। 2. without sap, रसविहीन।

**sapling** (सैप्´-लिंग्) ***n.*** 1. a young tree, बाल-वृक्ष, किशोरतरु। 2. a youth, युवा।

**saponify** (सॅ-पॉन्´-इ-फ़ाइ) ***v.*** to turn oil into soap, तेल को साबुन में बदल देना।

**sapper** (सैप्´-ॲ:) ***n.*** a soldier employed in digging saps, खंदक खोदनेवाला सैनिक।

**sapphire** (सैफ़्´-आइ:) ***n.*** a blue gemstone, नीलम।

**sarcasm** (सा:´-कैज़्-ॲम्) ***n.*** an ironical remark, taunt, कटाक्ष, व्यंग्य, ताना, बोली।

**sarcastic** (सा:-कैस्´-टिक्) ***adj.*** ironical, taunting, व्यंग्यपूर्ण, तीखा, कटु।

**sarcastically** (सा:-कैस्´-टि-कॅ-ली) ***adv.*** in a sarcastic manner, व्यंग्यपूर्वक।

**sarcophagus** (सा:-कॉफ़्´-ॲ-गॅस्) ***n.*** a stone

S

coffin, वह पत्थर की पेटी जिसमें शव रखकर गाड़ा जाता है, शवपेटी, ताबूत।

**sardine** (सा:´-डीन्) ***n.*** a small fish, सार्डीन मछली।

**sardonic** (सा:-डॉन्´-इक्) ***adj.*** 1. sarcastic, व्यंग्यपूर्ण। 2. disdainfully sneering, कटु एवं तीक्ष्ण, चुभता हुआ।

**sarong** (सॅ-रॉङ्ग्´) ***n.*** a skirt like garment worn in Srilanka, लुंगी।

**sarsaparilla** (सा:-सॅ-पॅ-रिल्´-ॲ) ***n.*** a plant and its root, चिरायता।

**sartorial** (सा:-टा:´-रि-ॲल्) ***adj.*** 1. of tailoring, सिलाई-संबंधी। 2. of a tailor, दर्जी-संबंधी।

**sash** (सैश्) ***n.*** 1. a long strip of cloth worn over one's shoulder, अंगवस्त्र। 2. the frame of a window, खिड़की का चौखट।

S

**sass** (सैस्´) ***n.*** impudence, उद्धतता।

**Satan** (से´-टॅन्) ***n.*** the devil, शैतान।

**satanic** (सॅ-टैन्´-इक्) ***adj.*** of Satan, devilish, शैतान-जैसा।

**satanism** (से´-टॅ-निज़्-ॲम्) ***n.*** worship of Satan, शैतान की पूजा, राक्षस-वंदना।

**satchel** (सैच्´-ॲल्) ***n.*** a bag for carrying school books, स्कूली बस्ता।

**sate** (सेट्´) ***v.*** 1. to satisfy, संतुष्ट होना, अघाना, जी भर जाना। 2. to indulge to excess, अति कर देना।

**satellite** (सैट्´-ॲ-लाइट्) ***n.*** 1. a heavenly body orbiting around a planet, उपग्रह। 2. an artificial body orbiting around a planet, उपग्रह। 3. a person's follower, अनुयायी, अनुगामी।

**satiability** (से-शॅ-बिल्´-इ-टी) ***n.*** satisfaction, संतुष्टि, तृप्ति, तृप्यता।

**satiable** (से´-शॅ-बॅल्) ***adj.*** that can be satisfied, जिसे संतुष्ट या तृप्त किया जा सके, तृप्य।

**satiate** (से´-शि-एट्) ***v.*** to satisfy fully, पूर्णत: तृप्त कर देना।

**satiation** (से-शि-ए´-शॅन्) ***n.*** satiety, तृप्ति, संतुष्टि।

**satiety** (सॅ-टाइ´-इ-टी) ***n.*** the state of being satiated, तृप्ति, अघाव।

**satin** (सैट्´-इन्) ***n.*** a glossy silken cloth, साटिन (कपड़ा)।

**satiny** (सैट्´-इन्-ई) ***adj.*** glossy and smooth, चिकना और चमकीला।

**satire** (सैट्´-आइॲ:) ***adj.*** 1. the use of ridicule or sarcasm to deride follies, उपहास, व्यंग्य। 2. a satirical novel, film, poem etc., व्यंग्यप्रधान उपन्यास, फ़िल्म या कविता।

**satiric** (सॅ-टिर्´-इक्) ***adj.*** = satirical.

**satirical** (सॅ-टिर्´-इ-कॅल्) ***adj.*** containing satire, ironical, व्यंग्यपूर्ण, उपहासपूर्ण।

**satirist** (सैट्´-इ-रिस्ट्) ***n.*** one who writes satires, व्यंग्य-लेखक।

**satirize** (सैट्´-इ-राइज़्) ***v.*** to deride by means of satire, व्यंग्य करना, उपहास करना।

**satisfaction** (सैट्-इस्-फ़ैक्´-शॅन्) ***n.*** 1. the act of satisfying or the state of being satisfied, संतोष, संतुष्टि, परितोष। 2. something that satisfies, संतोष देनेवाली वस्तु या बात। 3. compensation, क्षतिपूर्ति।

**satisfactory** (सैट्-इस्-फ़ैक्´-टॅ-री) ***adj.*** giving satisfaction, संतोषजनक, संतोषप्रद।

**satisfy** (सैट्-इस्´-फ़ाइ) ***v.*** (satisfied, satisfying) 1. to make contented, संतुष्ट करना। 2. to comply with, (नियम, शर्त आदि) पूरा करना, पूर्ति करना। 3. to convince, क़ायल करना, प्रसन्न करना।

**satisfying** (सैट्´-इस्-फ़ाइ-इंग्) ***adj.*** giving satisfaction, संतोषप्रद, तुष्टिदायक।

**satrap** (से´-ट्रैप्) ***n.*** a governor, राज्यपाल, क्षत्रप।

**saturate** (सैच्´-उ-रेट्) ***v.*** 1. to make thoroughly wet, तर या गीला करना, भिगोना। 2. to fill thoroughly, भर देना, लाद देना।

**saturation** (सैच्-उ-रे´-शॅन्) ***n.*** the act of saturating or being saturated, गीला होना या करना, तरी।

**Saturday** (सैट्´-ॲ:-डे) ***n.*** the day after Friday, शनिवार, शनि।

**Saturn** (सैट्´-ॲ:न्) ***n.*** a planet in the solar system, शनिग्रह।

**saturnalia** (सैट्-ॲ:-ने´-लि-ॲ) ***n.*** revelry,

merrymaking, रंगरलियाँ।

**saturnine** (सैट्´-अ:-नाइन्) ***adj.*** 1. sad, उदास। 2. lazy, सुस्त, मंद।

**satyr** (से´-टॅ:/टि:) ***n.*** a deity in human form but having goat's ears, tail and legs, मनुष्य की शक्ल का परंतु बकरी के जैसे कानों, दुम तथा टाँगोंवाला देवता।

**sauce** (सा:स्) ***n.*** 1. a liquid dressing served with food, चटनी, सॉस। 2. rude behaviour, रूखा बरताव। ***v.*** (sauced, saucing) to flavour with sauce, सॉस मिलाना।

**saucepan** (सा:स्´-पैन्) ***n.*** a cooking pot with a long handle, हत्थेवाला पकाने का एक बर्तन।

**saucer** (सा:´-सॅ:) ***n.*** a small shallow dish for holding a cup, तश्तरी; flying saucer, उड़न-तश्तरी।

**sauciness** (सा:´-सि-निस्) ***n.*** impudence, rudeness, धृष्टता, ढिठाई।

**saucy** (सा:´-सी) ***adj.*** impudent, rude, ढीठ, धृष्ट।

**sauna** (सा:´-नॅ) ***n.*** 1. steambath, वाष्प-स्नान। 2. a room in which people take steambath, वाष्प-स्नान के लिए बना कमरा, वाष्प-स्नानागार।

**saunter** (सा:न्´-टॅ:) ***v.*** to walk leisurely, धीरे-धीरे चलना। ***n.*** a leisurely stroll, चहलकदमी।

**sausage** (सा:´-सिज्) ***n.*** chopped seasoned meat, कबाब। □ **not a sausage,** कुछ भी नहीं।

**saute** (सा:-टे´) ***v.*** (sauteed, sauteing) to fry, तलना।

**savage** (सैव्´-इज्) ***adj.*** 1. wild, untamed, जंगली, वहशी। 2. not civilized, असभ्य। 3. ferocious, ख़ूँखार, बर्बर। ***n.*** 1. a brutal person, बर्बर व्यक्ति। 2. a rude person, उद्धत व्यक्ति। ***v.*** to attack brutally, बर्बरतापूर्वक आक्रमण करना, झपट पड़ना।

**savagely** (-ली) ***adv.*** in a savage manner, बर्बरतापूर्वक।

**savagery** (सैव्´-इज्-री) ***n.*** a savage act, बर्बरता, जंगलीपन, वहशीपन, पाशविकता।

**savanna** (सॅ-वैन्´-अॅ) ***n.*** a grassy plain, घास का मैदान।

**savant** (सै´-वॅन्ट्, सै-वान्ट्´) ***n.*** a learned person, विद्वान, पंडित।

**save** (सेव) ***v.*** (saved, saving) 1. to rescue from danger, बचाना, बचाव करना, उद्धार करना। 2. to preserve, सुरक्षित रखना। 3. to set aside for future use, भविष्य के लिए बचाकर रखना। 4. to avoid wasting, बचाना। 5. to save an opponent (from scoring), विपक्षी को (अंक जीतने से) रोकना या विपक्षी से बचाना। ***n.*** the act of saving, बचाव। ***prep.*** except, but, को छोड़कर, के अतिरिक्त; all the questions save one, एक को छोड़कर सारे प्रश्न।

**saving** (से´-विंग्) ***prep.*** except, के अतिरिक्त।

**savings** (से´-विंग्स्) ***n.*** (plu.) money saved for future use, बचत।

**savings account** ***n.*** a bank account that draws interest, बचत खाता।

**savings bank** ***n.*** a bank that pays interest on savings account, बचत बैंक।

**saviour** (सेव्´-यॅ:) ***n.*** one who saves, रक्षक।

**savoir-faire** (सैव्-वा:´-फ़ेॲ:) ***n.*** tact, ready knowledge, व्यवहारकुशलता।

**savory** (से´-वॅ-री) ***n.*** a herb used in cooking, पुदीने की जाति की एक वनस्पति।

**savour, savor** (से´-वॅ:) ***n.*** 1. the taste of something, स्वाद, ज़ायक़ा। 2. the smell of something, सुगंध। 3. interest, दिलचस्पी। ***v.*** 1. to taste or smell a thing, चखना, स्वाद देखना। 2. to have a certain taste or smell, (अपना) स्वाद या ज़ायक़ा होना।

**savoury** (से´-वॅ-री) ***adj.*** delicious, tasty, स्वादिष्ट, मज़ेदार। 2. having good smell, सुगंधित। 3. spicy, चटपटा, मसालेदार।

**savoy** (सॅ-वॉय्´) ***n.*** a kind of cabbage, बंदगोभी।

**savvy** (सै´-वी) ***v.*** (savvied, savvying) to comprehend, समझना। ***n.*** understanding, समझ।

**saw**[1] (सा:) ***n.*** a tool for cutting wood, आरा। ***v.*** (sawed, sawn/sawed, sawing) 1. to

S

cut with a saw, आरे से चीरना या काटना। 2. to form by sawing, काट या चीरकर बनाना।

**saw²** *n.* a proverb, कहावत।

**sawdust** (सा:´-डस्ट्) *n.* particles of wood formed by sawing, बुरादा।

**sawmill** (सा:´-मिल्) *n.* a mill where timber is cut, आरा मशीन।

**sawtoothed** (सा:´-टूथ्ड्) *adj.* shaped like the teeth of a saw, दाँतेदार।

**sawyer** (सा:´-यॅ:) *n.* a person who saws timber, आराकश।

**saxophone** (सैक्´-सॅ-फ़ोन्) *n.* a wind instrument, एक तरह का बाजा, सैक्सोफ़ोन।

**say** (से) *v.* (said, saying) 1. to speak, कहना, बोलना। 2. to tell, बतलाना। 3. to suppose, मान लेना। ☐ **go without saying,** प्रत्यक्ष होना; **that is to say,** दूसरे शब्दों में। *adj.* 1. approximately, लगभग। 2. for example, उदाहरण के लिए। *n.* 1. the power to decide, (निर्णय का) अधिकार। 2. the chance to speak, बोलने का अवसर। 3. a statement or opinion, बात, मत।

**saying** (से´-इंग्) *n.* a proverb, कहावत, लोकोक्ति।

**scab** (स्कैब्) *n.* a crust like surface formed on healing wound, खुरंड।

**scabby** (स्कै´-बी) *adj.* having scabies, खुजली से पीड़ित।

**scabies** (स्कै´-बीज़्) *n.* a skin disease, खुजली।

**scabrous** (स्कैब्´-रॅस्) *adj.* indecent, अश्लील।

**scaffold** (स्कैफ़्´-ऑल्ड्) *n.* 1. a temporary framework used by construction workers, ढड्ढा, ढाँचा, पाइट, पाड़, मचान। 2. a platform on which criminals are executed, फाँसी का तख़्ता। ☐ **mount the scaffold,** to be hanged, फाँसी चढ़ना।

**scalable** (स्कै´-लॅ-बॅल्) *adj.* that can be scaled, आरोह्य।

**scald** (स्का:ल्ड्) *v.* 1. to clean with boiling water, गर्म पानी से धोना या साफ़ करना। 2. to heat, गर्म करना। 3. to be injured with hot water or steam, गर्म पानी या भाप से जल या झुलस जाना। *n.* an injury caused by scalding, झुलसना।

**scale** (स्केल्) *n.* 1. (often plu.) an instrument or machine for weighing, तुला, तराज़ू। 2. a measuring rod, पैमाना, मापनी। 3. a series of steps or degrees, मापक्रम, अनुमाप श्रेणी। 4. a series of tones arranged in a sequence, स्वरग्राम। ☐ **on a large scale,** बड़े परिमाण में। *v.* 1. to weigh, तौलना। 2. to ascend, ऊपर चढ़ना, फाँदना, लाँघना।

**scalene** (स्के´-लीन्, स्के-लीन्) *adj.* having unequal sides, विषम, विषमबाहु (त्रिभुज)।

**scallop** (स्कॉल्´-अप्, स्कैल्´-ऑप्) *n.* an edible ribbed shellfish, घोंघा।

**scalp** (स्कैल्प्) *n.* the skin of the head, खोपड़ी की चमड़ी।

**scalpel** (स्कैल्´-पॅल्) *n.* a surgeon's knife, सर्जन की छुरी।

**scam** (स्कैम्) *n.* a fraudulent scheme for making money quickly, धोखेधड़ी की योजना, कपट-योजना, स्कैम, घोटाला।

**scamp** (स्कैम्प्) *n.* a rascal, बदमाश।

**scamper** (स्कैम्´-पॅ:) *v.* to run hastily, तेज़ी से दौड़ना।

**scan** (स्कैन्) *v.* (scanned, scanning) 1. to look intently, गौर से देखना। 2. to analyse, विश्लेषित करना। 3. to analyse the coloured picture, चित्रों को रंगों में विभक्त करना।

**scandal** (स्कैन्´-डॅल्) *n.* 1. shameful or disgraceful act, ग़लत काम, अनैतिक कार्य, कुकर्म, कलंक। 2. shame, public disgrace, किसी कुकर्म से होनेवाली बदनामी। 3. malicious gossip, चुगली।

**scandalize** (स्कैन्´-डॅ-लाइज़्) *v.* to offend by one's immoral behaviour, (अपने) कुकर्म से दूसरों को दुखी करना।

**scandalmonger** (स्कैन्´-डॅल्-मॉङ्ग्-गॅ:) *n.* one who spreads or enjoys scandals, बदनामी फैलानेवाला, चुगली करता-फिरता रहनेवाला।

**scandalous** (स्कैन्´-डॅ-लॅस्) *adj.* shameful or disgraceful, लज्जास्पद या बदनामी-भरा।

**Scandinavian** (स्कैन्-डि-ने´-वि-ॲन्) ***adj.*** of Scandinavia, उत्तरी यूरोप के देशों (डेनमार्क, स्वीडन, नार्वे, आइसलैंड) से संबद्ध।

**scansion** (स्कैन्´-शॅन्) ***n.*** the analysis of the metrical structure of verse, छंद-विश्लेषण।

**scant, scanty** (स्कैन्ट्, स्कैन्´-टी) ***adj.*** insufficient, बहुत थोड़ा, अपर्याप्त।

**scapegoat** (स्केप्´-गोट्) ***n.*** one bearing blame of others, बलि का बकरा।

**scapula** (स्कैप्´-यु-लॅ) ***n.*** the shoulder blade, कंधे की हड्डी, स्कंधास्थि।

**scapular** (स्कैप्´-यु-लॅ:) ***adj.*** 1. of scapula, कंधे की हड्डी से संबद्ध। 2. a monk's cloak, ईसाई भिक्षु के गले में पहनने का कपड़ा।

**scar** (स्का:) ***n.*** 1. a mark of an old injury, घाव का निशान, व्रणचिह्न। 2. a mark left by damage, चोट का निशान, चर्मक्षत। 3. a lasting effect, गहरा प्रभाव। ***v.*** (scarred, scarring) 1. to mark with a scar, निशान डालना। 2. to be marked with a scar, निशान पड़ना।

**scarab** (स्कैर्´-ॲब्) ***n.*** a black beetle (as a symbol of the soul, आत्मा का प्रतीक) काला भौंरा।

**scarce** (स्कैंॲ:स्´) ***adj.*** 1. rare, विरल। 2. not plentiful, दुष्प्राप्य। □ **make oneself scarce,** चुपचाप चल देना। ***adv.*** scarcely, बहुत ही कम।

**scarcely** (स्कैंॲ:स्´-ली) ***adv.*** 1. hardly at all, मुश्किल से। 2. almost not, शायद ही।

**scarceness** (स्कैंॲ:स्´-निस्) ***n.*** = scarcity.

**scarcity** (स्कैंॲ:´-सि-टी) ***n.*** 1. shortage, कमी, अभाव, तंगी। 2. rarity, विरलता।

**scare** (स्कैंॲ:) ***v.*** 1. to frighten, डराना-धमकाना, भयभीत करना। 2. to be frightened, डरना, भयभीत होना। 3. to drive away, दूर भगाना। ***n.*** alarm, fright, डर, भय।

**scarecrow** (स्कैंॲ:´-क्रो) ***n.*** 1. an object in the shape of a man to scare birds from crops, बिजूखा, धोखा। 2. an untidy looking person, फटेहाल व्यक्ति।

**scared** (स्कैंॲ:ड्) ***adj.*** frightened, भयभीत।

**scaremonger** (स्कैंॲ:´-मॉङ्ग्-गॅ:) ***n.*** one who creates panic or takes delight in spreading rumours, आतंक-प्रसारक, सनसनी फैलानेवाला।

**scarf** (स्का:फ्) ***n.*** (plu. scarves, searfs) a long narrow piece of cloth worn around the neck, स्कार्फ़, रूमाल, दुपट्टा।

**scarlet** (स्का:´-लिट्) ***adj.*** deep orange red, गहरा तथा चमकीला लाल, सिंदूरी; scarlet fever लाल बुखार; scarlet woman, वेश्या।

**scarp** (स्का:प्) ***n.*** a steep slope, ढाल।

**scary** (स्कैंॲर्´-ई) ***adj.*** 1. frightening, भयावह। 2. timid, भीरु। 3. afraid, scared, डरा हुआ।

**scat** (स्कैट्) ***v.*** (scatted, scatting) to go away in haste, (जल्दी से) चल देना।

**scathe** (स्केथ्) ***v.*** (scathed, scathing) to criticize severely, कटु आलोचना करना, भर्त्सना करना।

**scathing** (स्के´-दिंग्) ***adj.*** harsh, severe, कटु, तीखा।

**scatter** (स्कैट्´-ॲ:) ***v.*** to spread loosely, छितराना, बिखेरना। ***n.*** the act of scattering, छितराव, बिखराव।

**scatterbrain** (स्कैट्´-ॲ:-ब्रेन्) ***n.*** one who is unable to concentrate, वह जिसका मन एकाग्रचित न हो।

**scatty** (स्कै´-टी) ***adj.*** empty-headed, खर-दिमाग, मूर्ख।

**scaup** (स्का:प्) ***n.*** a type of diving duck, एक तरह की गोताखोर बतख़।

**scavenge** (स्कैव्-इंज्) ***v.*** 1. to clean up filth (from streets etc. गलियों आदि की) सफ़ाई करना। 2. to search for decaying flesh as food, (पशुओं का) सड़े-गले मांस की तलाश करना।

**scavenger** (स्कैव्´-इन्-जॅ:) ***n.*** one who scavenges, सफ़ाई करनेवाला, सफ़ाई कर्मचारी, झाड़ूबरदार, भंगी।

**scenario** (सि-नार्´/ नैर्´-इ-ओ) ***n.*** 1. a script or outline of a film, फ़िल्म की पटकथा या रूपरेखा। 2. an outline of possible future events, भावी घटनाओं की संभावित रूपरेखा।

**scene** (सीन्) ***n.*** 1. a subdivision of an act,

S

a stage set, दृश्य। 2. an event, घटना। 3. a place of occurrence, घटनास्थल। 4. the scenery, दृश्यबंध, दृश्यावली। 5. a display of temper, तमाशा। □ **behind the scenes,** पर्दे के पीछे, **on the scene,** पर्दे पर; **set the scene,** दृश्य तैयार करना।

**scenery** (सी´-नॅ-री) ***n.*** 1. the general or picturesque features of a landscape, दृश्यबंध, दृश्यावली। 2. the painted backdrops, मंच के चित्रित पर्दे।

**scenic** (सी´-निक्) ***adj.*** 1. of or relating to the scenery, दृश्यावली-संबंधी। 2. having beautiful natural scenery, सुंदर दृश्यावलीवाला, दृश्योपम।

**scent** (सॅन्ट्) ***n.*** 1. a distinctive smell of something, गंध, महक। 2. a pleasant smell, सुगंध। 3. sense of smell, घ्राण-शक्ति। 4. an instinctive ability for detecting, (गंध से) पीछा करने की शक्ति। 5. perfume, इत्र। ***v.*** 1. to recognize by smell, गंध से जान लेना। 2. to have an inkling of, आभास होना। 3. to put scent on, सुगंधित/सुवासित करना।

**sceptic, sceptical** (स्कॅप्´-टिक्, स्कॅप्´-टि-कॅल्) ***n.*** one who doubts the truth, संशयात्मा, संशयवादी। ***adj.*** doubtful, संशयपूर्ण।

**scepticism** (स्कॅप्´-टि-सिज़्-ऑम्) ***n.*** 1. a doubt, संशय, अविश्वास। 2. doubt or disbelief of religious doctrines, संशयवाद।

**sceptre** (सॅप्´-टॅ:) ***n.*** a staff carried by a sovereign, राजदंड।

**schedule** (शॅड्´-ऊल्, शॅज्´-ऊल्) ***n.*** 1. a list of items, सूची। 2. a programme, कार्यक्रम। 3. a timetable, समयसारणी। 4. a production plan, उत्पादन-योजना। 5. an appended list, अनुसूची। □ **ahead of schedule,** निश्चित समय से पहले; **behind schedule,** अनुसूचित समय के बाद, पिछड़ा हुआ; **on schedule,** ठीक समय पर। ***v.*** 1. to put in a schedule, सूची में डालना। 2. to make a schedule, सूची बनाना।

**scheduled** (शॅड्´-यूल्ड्) ***adj.*** 1. placed in the schedule, अनुसूचित; scheduled bank, अनुसूचित बैंक; scheduled castes, अनुसूचित जातियाँ। 2. fixed, नियत।

**schema** (स्कीम्´-ऑ) ***n.*** an outline of a plan, योजना की रूपरेखा, प्रारूप।

**schematic** (स्कि-मैट्´-इक्) ***adj.*** 1. of a scheme, योजना-संबंधी। 2. planned, योजनाबद्ध।

**scheme** (स्कीम्) ***n.*** 1. a systematic plan, योजना, स्कीम। 2. an underhand plan, तिकड़म, चाल, षड्यंत्र। ***v.*** (schemed, scheming) 1. to plan, योजना बनाना। 2. to plan in a secret way, षड्यंत्र रचना, कुचक्र रचना।

**schemer** (स्की´-मॅ:) ***n.*** a person well-versed in making plots, तिकड़मी व्यक्ति, षड्यंत्रकारी, कुचक्री।

**scheming** (स्की´-मिंग्) ***adj.*** well-versed in making plots, तिकड़मी, छलछंदी।

**schism** (सिज़्´-ऑम्) ***n.*** a division into groups, गुटबाज़ी, गुटबंदी।

**schismatic** (स्कि-मैट्´-इक्) ***adj.*** of schism, गुटबंदी-संबंधी। ***n.*** one who takes part in a schism, गुटबाज़।

**schist** (शिस्ट्) ***n.*** a rock having layers, परतदार चट्टान।

**scholar** (स्कॉल्´-अॅ:) ***n.*** 1. a learned person, विद्वान, पंडित, मर्मज्ञ। 2. one who studies, विद्याव्यसनी, अध्ययनकर्ता। 3. one who holds a scholarship, वृत्तिधारक छात्र।

**scholarly** (स्कॉल्´-अॅ:-ली) ***adj.*** 1. pertaining to learning, विद्वत्तापूर्ण। 2. intellectual, बौद्धिक।

**scholarship** (स्कॉल्´-अॅ:-शिप्) ***n.*** 1. learning, विद्वत्ता, पांडित्य, अध्ययनशीलता। 2. a grant awarded to a student, छात्रवृत्ति।

**scholastic** (स्कॅ-लैस्´-टिक्) ***adj.*** 1. of schools, विद्यालय-संबंधी। 2. of education, शिक्षा-संबंधी, शैक्षिक। 3. classical, शास्त्रीय। 4. pedantic, पंडिताऊ।

**scholasticism** (स्कॅ-लैस्´-टि-सिज़्-ऑम्) ***n.*** the philosophy of the Middle Ages, मध्यकाल का दर्शन, मध्यकालीन दर्शन।

**school[1]** (स्कूल्) ***n.*** 1. an institution for educating children etc., विद्यालय, पाठशाला,

स्कूल। 2. its building or buildings, स्कूल का/के भवन। 3. its pupils, विद्यालय के विद्यार्थी। 4. a particular group of artists, philosophers etc., शाखा, वर्ग। *v.* 1. to educate, शिक्षित करना। 2. to train or discipline, प्रशिक्षित या अनुशासित करना।

**school[2]** ***n.*** a group of fish that swim together, मछलियों का गोल।

**schoolboy** (स्कूल्´-बॉइ) ***n.*** a child attending school, छात्र।

**schoolgirl** (स्कूल्´-ग:ल्) ***n.*** a girl attending school, छात्रा।

**schooling** (स्कूल्´-इंग्) ***n.*** education received at school, स्कूली शिक्षा।

**schoolmaster** (स्कूल्´-मास्/मैस्-टॅ:) ***n.*** a teacher, अध्यापक, शिक्षक।

**schoolmate** (स्कूल्´-मेट्) ***n.*** a school fellow, स्कूल-संगी, सहपाठी।

**schoolmistress** (स्कूल्´-मिस्-ट्रिस्) ***n.*** a female school teacher, अध्यापिका, मास्टरानी।

**schoolteacher** (स्कूल्´-टी-चॅ:) ***n.*** a teacher in a school, स्कूल मास्टर, अध्यापक।

**schooner** (स्कू´-नॅ:) ***n.*** 1. a ship with two or more masts, दो या अधिक मस्तूलोंवाला पोत। 2. a large glass, बड़ा गिलास।

**schwa** (श्वा) ***n.*** an unstressed a, अ का ह्रस्व रूप अॅ।

**sciatic** (साइ-ऐट्´-इक्) ***adj.*** of the hip and thigh, नितंब-संबंधी, रान या जाँघ-संबंधी।

**sciatica** (साइ-ऐट्´-इ-कॅ) ***n.*** chronic neuralgic pain in the area of hip and thigh, जाँघ तथा नितंब में होनेवाली पीड़ा, गृध्रसी, साइटिका।

**science** (साइ´-अॅन्स्) ***n.*** a branch of knowledge dealing with natural laws, विज्ञान।

**science fiction** ***n.*** a fiction based on imaginary future scientific discoveries, वैज्ञानिक उपन्यास।

**scientific** (साइ-अॅन्-टिफ़्´-इक्) ***adj.*** of science or conforming with the methods used in science, वैज्ञानिक।

**scientifically** (साइ-अॅन्-टिफ़्´-इ-कॅ-ली) ***adv.*** in a scientific manner, वैज्ञानिक ढंग से।

**scientist** (साइ´-अॅन्-टिस्ट्) ***n.*** an expert in any science, वैज्ञानिक, विज्ञानी, विज्ञानवेत्ता।

**scimitar** (सिम्´-इ-टॅ:) ***n.*** a short curved sword, खंजर, कटार, शमशीर।

**scintilla** (सिन्-टिल्´-अॅ) ***n.*** a small amount, लवलेश।

**scintillant** (सिन्´-टि-लैन्ट्) ***adj.*** sparkling, चमकता हुआ।

**scintillate** (सिन्´-टि-लेट्) ***v.*** (scintillated, scintillating) 1. to sparkle, चिंगारियाँ छोड़ना। 2. to be brilliant, चमकना।

**scion** (साइ´-अॅन्) ***n.*** 1. a descendant, वंशज, संतति। 2. a shoot used as a graft, (पौधे की) क़लम।

**scissor** (सिज़्´-अॅ:) ***v.*** to cut with scissors, कैंची से काटना या कतरना।

**scissors** (सिज़्´-अॅ:ज़्) ***n.*** (plu.) a cutting instrument made of two blades, कैंची।

**scoff[1]** (स्कॉफ़्) ***v.*** to jeer, खिल्ली उड़ाना, हँसी उड़ाना। ***n.*** 1. derision, खिल्ली, हँसी। 2. an object of derision, हँसी का पात्र।

**scoff[2]** ***v.*** to eat greedily, भकोसना, ठूँसना।

**scold** (स्कोल्ड्) ***v.*** to reprimand harshly, डाँटना-डपटना, झिड़कना।

**scolding** (स्कोल्´-डिंग्) ***n.*** rebuke, डाँट-डपट, झिड़की।

**sconce** (स्कॉन्स्´) ***n.*** a bracket fixed to a wall to hold lights, दीवारगीर, बत्तीदान।

**scone** (स्कॉन्) ***n.*** a cake, एक तरह का केक।

**scoop** (स्कूप्) ***n.*** 1. a ladle, कलछी, पली। 2. the quantity taken up by a scoop, कलछी-भर सामग्री। 3. a sensational news or story, सनसनी फैला देनेवाला समाचार। ***v.*** 1. to lift with a scoop, कलछी आदि से (अन्न आदि) निकालना। 2. to print a sensational news or story (before others, औरों से पहले) कोई सनसनीखेज़ समाचार या कहानी छापना।

**scooter** (स्कू´-टॅ:) ***n.*** a small or lightweight motorcycle, स्कूटर।

**scope[1]** (स्कोप्) ***n.*** 1. the range of something, क्षेत्र। 2. the range of some activities,

S

कार्यक्षेत्र। 3. breadth, विस्तार, व्याप्ति, परिधि। 4. opportunity to function, गुंजाइश।

**scope²** ***n.*** a viewing instrument, दर्शी; microscope, सूक्ष्मदर्शी।

**scorbutic** (स्का:-ब्यू´-टिक्) ***adj.*** of or affected by scurvy, स्कर्वी-ग्रस्त, स्कर्वी-संबंधी।

**scorch** (स्का:च्) ***v.*** 1. to burn the surface of, झुलसना या झुलसाना। 2. to burn so as to affect the taste, जल जाना। 3. to be very hot, बहुत गर्म होना। ***n.*** a slight burn, झुलसन।

**scorched** (स्का:च्ड्) ***adj.*** 1. slightly burned, parched, झुलसा हुआ। 2. scorched earth policy, सर्वक्षार नीति।

**scorching** (स्कॉ:-चिंग्) ***adj.*** very hot, बहुत गर्म, झुलसानेवाला।

S

**score** (स्को:) ***v.*** 1. to gain (a point, अंक) प्राप्त करना। 2. to make a total score of, अंकों का ब्योरा तैयार करना, हिसाब रखना। 3. to achieve, प्राप्त करना। 4. to compose music, स्वरलिपि तैयार करना। 5. to scratch, खरोंचना। 6. to notch, खाँचे बनाना। ***n.*** 1. the points scored, बनाए/जीते हुए अंक, गोल, रन आदि, प्राप्तांक। 2. a record of points scored, अंक-गणना, हिसाब। 3. a group of twenty items, कौड़ी, बीसी। 4. a reason, तर्क, दलील। 5. a line or mark cut into something, खाँचा, खरोंच। 6. the written form of a musical composition, स्वरलिपि। 7. reality, वास्तविकता। □ **settle a score,** (i) बदला लेना या चुकाना, (ii) ऋण चुकता करना।

**scoreboard** (स्को:´-बो:ड्) ***n.*** a board on which the score is displayed, अंकपट।

**scorebook** (स्को:´-बुक्) ***n.*** a book in which scores are recorded, अंक-पुस्तिका।

**scorer** (स्को´-रॅ:) ***n.*** one who scores, अंक बनानेवाला।

**scorn** (स्का:न्) ***n.*** strong contempt, disdain, तिरस्कार, घृणा, अवमानना। ***v.*** 1. to feel or show strong contempt for, घृणा करना, तिर ार करना। 2. to reject with contempt, दुत्कार देना, ठुकरा देना।

**scornful** (स्का:न्´-फुल्) ***adj.*** feeling or showing scorn, तिरस्कार-भरा।

**scornfully** (स्का:न्´-फु-ली) ***adv.*** in a scornful manner, तिरस्कारपूर्वक।

**Scorpio** (स्का:´-पि-ओ) ***n.*** the sign of the scorpion, वृश्चिक (राशि)।

**scorpion** (स्का:´-पि-अॅन्) ***n.*** an insect, having a venomous sting, बिच्छू, वृश्चिक।

**Scot** (स्कॉट्) ***n.*** an inhabitant of Scotland, स्कॉटलैंडवासी।

**scotch** (स्कॉच्) ***v.*** 1. to put an end to, ख़त्म कर देना। 2. to crush, कुचल देना।

**Scotch** (स्कॉच्´) ***n.*** a whisky from Scotland, स्कॉच या स्कॉट ह्विस्की।

**scot-free** (स्कॉट्´-फ़्री) ***adv.*** without harm, loss or punishment, बेदाग।

**Scotland Yard** ***n.*** the headquarters of the London Police, लंदन पुलिस का मुख्य कार्यालय।

**Scots** (स्कॉट्स्) ***adj.*** of Scotland, its people or its language, स्कॉटलैंड, उसके वासियों या भाषा से संबंधित।

**Scottish** (स्कॉ´-टिश्) ***adj.*** 1. of Scotland, स्कॉटलैंड का। 2. of the people or the language of Scotland, स्कॉटलैंड के लोगों या उनकी भाषा से संबंधित।

**scoundrel** (स्कॉउन्´-ड्रॅल्) ***n.*** a villainous person, बदमाश, दुष्ट।

**scour** (स्कॉउ:) ***v.*** 1. to clean by rubbing, रगड़कर साफ़ करना, माँजना। 2. to remove dust from, साफ़ करना, सफ़ा करना। 3. to search thoroughly, छान मारना, खोज-ढूँढ़ करना। 4. to move swiftly, दौड़ना, भागना।

**scourer** (स्कॉउ´-रॅ:) ***n.*** 1. one who scours, सफ़ाई करनेवाला, माँजनेवाला। 2. a small ball-like tool for scouring, माँजने का यंत्र।

**scourge** (स्क:ज्) ***n.*** 1. an instrument for flogging, whip, कोड़ा। 2. a cause of great suffering, संकट, अनिष्ट, विपत्ति, बला। ***v.*** 1. to whip, कोड़े लगाना। 2. to punish severely, कठोर यातना या यंत्रणा देना।

**Scout** (स्कॉउट्) ***n.*** the member of a world wide organization of young persons to serve humanity, स्काउट, बालचर।

**scout** (स्कॉउट्) ***n.*** one sent out to gather information, गुप्तचर, भेदिया। ***v.*** 1. to act as a scout भेद लेना। 2. to make a search, खोज में निकलना, खोजना-ढूँढ़ना।

**scow** (स्कॉउ) ***n.*** a flat-bottomed boat used for freight बालू, पत्थर आदि ढोने की चौड़ी नाव, पटेला।

**scowl** (स्कॉउल्) ***v.*** (scowled, scowling) to contract the brows in a threatening manner, त्योरी चढ़ाना, घूरना। ***n.*** a look of angry expression, त्योरी।

**scrabble** (स्क्रैब्´-अॅल्) ***v.*** 1. to scratch, खुरचना, खरोंचना। 2. to scribble, घसीट लिखना। 3. to grope, टटोलना। 4. to endeavour or struggle, हाथ-पाँव मारना, चेष्टा करना। ***n.*** 1. the act or instance of scrabbling, खुरचने, टटोलने या घसीट लिखने की क्रिया या भाव। 2. a game in which words are built up from letters, एक खेल जिसमें वर्ण-चिह्नों को जोड़कर शब्द बनाए जाते हैं, स्क्रैबॅल।

**scrag** (स्क्रैग्) ***v.*** (scragged, scragging) to twist the neck of, गरदन मरोड़ना।

**scraggly** (स्क्रैग्´-ली) ***adj.*** 1. not tidy, मलिन, गंदा। 2. irregular, अनियमित।

**scraggy** (स्क्रैग्´-ई) ***adj.*** lean or bony, दुबला या हड्डियों का ढाँचा।

**scram** (स्क्रैम्) ***v.*** (scrammed, scramming) to go away, चल देना; Let us scram. अब चला या निकला जाए।

**scramble** (स्क्रैम्´-बॅल्) ***v.*** 1. to move or climb hastily, तेज़ी से चलना या चढ़ना। 2. to compete frantically, छीन-झपट करना। 3. to mix haphazardly, गड्ड-मड्ड करना। 4. to take off (an aircraft) hurriedly (वायुयान को) झटपट उड़ा ले जाना। 5. to render (speech) unintelligible, अस्पष्ट बना देना। 6. to cook while mixing and stirring, चलाते हुए तलना या भूनना। ***n.*** 1. an act of climbing, चढ़ाई। 2. struggle, संघर्ष। 3. race of motorcycles, मोटरसाइकिलों की दौड़।

**scrap**[1] (स्क्रैप्) ***n.*** 1. a small bit or fragment, टुकड़ा, कतरन, छीलन। 2. waste material, रद्दी सामान विशेषत: धातु आदि के बचे टुकड़े, छीलन आदि। 3. (plu.) leftover food, जूठन। ***v.*** (scrapped, scrapping) to discard as useless, रद्दी करना, व्यर्थ समझकर त्याग देना।

**scrap**[2] (स्क्रैप्) ***n.*** 1. a quarrel, झगड़ा। 2. a fight, लड़ाई। ***v.*** (scrapped, scrapping) 1. to quarrel, झगड़ा करना। 2. to fight, लड़ाई करना।

**scrap book** ***n.*** an album in which pictures, cuttings etc. are mounted, वह पंजी जिसमें कतरनें चिपकाई जाती हों, स्क्रैपबुक।

**scrape** (स्क्रेप्) ***v.*** 1. to make smooth (a surface), रगड़ना, खुरचना, कुरेदना। 2. to rub and clean, रगड़कर माँजना, साफ़ करना, चमकाना। 3. to come into abrasive contact, to injure by rough contact, रगड़ खा जाना, छिल जाना। 4. to be very economical, हाथ खींचकर खर्च करना। □ **scrape through,** किसी तरह से बच निकलना या जान बचा पाना। ***n.*** 1. the act of scraping, रगड़, खरोंच। 2. an awkward predicament, मुसीबत, झंझट।

**scraper** (स्क्रे´-पॅ:) ***n.*** a device for scraping things, खुरचनी।

**scrapings** (स्क्रे´-पिंग्स्) ***n.*** (plu.) fragments produced or collected by scraping, खुरचन।

**scrappy** (स्क्रैप्´-ई) ***adj.*** 1. fragmentary, छोटे-छोटे टुकड़ों से बना हुआ। 2. scattered, अस्त-व्यस्त। 3. disconnected, असंबद्ध।

**scratch** (स्क्रैच्) ***v.*** 1. to make a shallow cut (on the surface) with a sharp instrument, नोचना, बकोटना या खुजलाना। 3. to tear or erase by scraping, नोचना-खसोटना, फाड़ना-फूड़ना। 4. to make a thin scraping sound, खड़खड़ाना। 5. to withdraw from a competition, (दौड़/प्रतियोगिता आदि से) हट जाना। 6. to write or draw awkwardly, घसीट लिखना, लकीरें खींचना, कलम घसीटना। 7. to earn living

S

with difficulty, जैसे-तैसे गुज़ारा करना। *n.* a mark made by scratching, a slight injury, खरोंच। ☐ **without a scratch,** (i) बिना ज़रा सी खरोंच लगे, (ii) बिना हानि उठाए; **starting from scratch,** शुरू से शुरू करना; **upto scratch,** सही स्थिति में।

**scratchy** (स्क्रै´-ची) ***adj.*** 1. having scratch or scratches, खरोंच लगा, खरोंचों से भरा। 2. (of a drawing) looking like a series of scratches, लकीरें घसीटकर लापरवाही से बनाया हुआ। 3. awkward, भद्दा, भोंडा।

**scrawl** (स्क्रा:ल्) ***n.*** bad or illegible hand-writing, अस्पष्ट लिखावट, गिचपिच। ***v.*** to write hastily and illegibly, गिचपिच लिखना।

**scrawny** (स्क्रा:´-नी) ***adj.*** lean and bony, skinny, हड्डियों का ढाँचा।

**scream** (स्क्रीम्) ***v.*** 1. to make a piercing cry, चीखना, चिल्लाना। 2. to utter in a screaming tone, चिल्लाकर बोलना, चिल्लाना। 3. to laugh in a wild manner, ठहाका लगाना। ***n.*** 1. a screaming cry, चीख़। 2. a thing or person that causes great amusement, हास्यास्पद वस्तु या व्यक्ति।

**screamingly** (स्क्री´-मिंग्-ली) ***adj.*** in an amusing way, हास्यास्पद रूप से।

**scree** (स्क्री) ***n.*** a mass of rock fragments that slide when trodden on, पहाड़ों से फिसलनेवाले पत्थर।

**screech** (स्क्रीच्´) ***v.*** to scream, चीखना, चिल्लाना। ***n.*** a sound that resembles the screech, मशीन आदि की एकाएक रुकने की ध्वनि, फस।

**screed** (स्क्रीड्) ***n.*** a long tiresome speech or writing, लंबा तथा उबाऊ लेख, भाषण आदि।

**screen** (स्क्रीन्) ***n.*** 1. a structure to divide or conceal, आड़, ओट। 2. a curtain to divide or conceal, पर्दा, पट। 3. the curtain or surface on which movies are projected, रजतपट, चित्रपट। 4. a coarse mesh of wire, sieve, बड़ी छलनी, चलना। 5. motion pictures collectively, सिने चित्रों का समूह, रजतपट। ***v.*** 1. to conceal or protect, आड़ करना, आड़ में कर देना। 2. to show on a screen, पर्दे पर दिखाना। 3. to provide with a screen, पर्दा लगाना। 4. to make a film, फ़िल्मांकन करना, चल-चित्र बनाना। 5. to pass through a sieve, छानना। 6. to examine carefully, निरीक्षण करना, जाँच-पड़ताल करना।

**screening** (स्क्री´-निंग्) ***n.*** 1. fine mesh for making screen, बढ़िया जाली। 2. the showing of a film, फ़िल्म का प्रदर्शन।

**screenplay** (स्क्रीन्´-प्ले) ***n.*** the script of a film, फ़िल्म-कथा, पटकथा।

**screen writer** ***n.*** one who writes film scripts, पटकथा-लेखक।

**screw** (स्क्रू) ***n.*** 1. a metal pin with threads, पेच, स्क्रू, खूँटी। 2. its thread, पेच की चूड़ी। ☐ **have a screw loose,** दिमाग का पुर्ज़ा ढीला होना। ***v.*** 1. to fasten with a screw, पेच से कसना। 2. to make a screw thread, चूड़ी बनाना। 3. to coerce, सताना। 4. to force, मजबूर करना।

**scribe** (स्क्राइब्) ***n.*** a person who copies documents, copyist, लिपिक, मुंशी।

**scrim** (स्क्रिम्) ***n.*** a loosely woven cotton fabric, जाली, अस्तर लगाने का कपड़ा, टाट, दुसूती।

**scrimmage** (स्क्रिम्´-इज्) ***n.*** scuffle, rough struggle, हाथापाई, छीनाझपटी, गुत्थमगुत्था। ***v.*** to engage in a scrimmage, हाथापाई करना।

**scrimp** (स्क्रिम्प्) ***v.*** to economize severely, हाथ खींचकर गुज़ारा करना।

**scrimshaw** (स्क्रिम्´-शा:) ***n.*** the art of carving on shells, ivory, bones etc., (घोंघे/हाथीदाँत आदि पर की जानेवाली) पच्चीकारी, नक़्क़ाशी।

**scrip** (स्क्रिप्) ***n.*** 1. a provisional certificate that entitles the holder to receive something, परची, पुर्ज़ा। 2. a receipt, पावती, रसीद। 3. a share, शेयर, अंश।

**script** (स्क्रिप्ट्) ***n.*** 1. hand-writing, हाथ की लिखावट, हस्तलिपि। 2. alphabet, वर्णमाला, लिपि। 3. a manuscript, पांडुलिपि। 4. the text of a play or motion picture, पटकथा।

**scriptwriter** (स्क्रिप्ट्´-राइ-टॅः) ***n.*** one who writes scripts for films, पटकथा-लेखक।

**scriptural** (स्क्रिप्´-चॅ-रॅल्) ***adj.*** of or written in scriptures, धर्मग्रंथीय।

**scripture** (स्क्रिप्´-चॅः) ***n.*** any sacred religious writing, धर्मग्रंथ, शास्त्र।

**scrivener** (स्क्राइव्´-नॅः) ***n.*** 1. a scribe, लिपिक, मुंशी। 2. a writer, लेखक।

**scrofula** (स्क्रॉफ़्´-यु-लॅ) ***n.*** a grandular disease, कंठमाला।

**scroll** (स्क्रोल्) ***n.*** 1. a roll of paper, खर्रा। 2. a list, सूची, नामावली। 3. a decorative carving, बेलबूटों की नक़्क़ाशी। ***v.*** 1. to roll up like a scroll. खर्रे की तरह लपेटना। 2. to carve, नक़्क़ाशी करना।

**scrooge** (स्क्रूज्) ***n.*** a miser, कंजूस।

**scroop** (स्क्रूप्) ***n.*** creak, grating sound, चरचर, चरचराहट। ***v.*** to make a grating sound, चरचराना, चरचर करना।

**scrotum** (स्क्रो´-टम्) ***n.*** the sack of skin containing the testicles in most mammals, नर पशुओं के अंडकोश की थैली, फोता।

**scrounge** (स्क्राउन्ज्) ***v.*** 1. to pilfer, उठा या उड़ा लेना। 2. to obtain by begging, भीख में प्राप्त करना, मुफ़्त में पाना।

**scrub** (स्क्रब्) ***v.*** (scrubbed, scrubbing) 1. to clean by rubbing, माँजना-रगड़ना, चमकाना। 2. to remove by brushing, झाड़ू-पोंछा लगाना, झाड़ना-पोंछना। 3. to cancel or scrap, नामावली से नाम काटना। 4. to wash the hands and arms before operating, शल्य-चिकित्सा से पूर्व शल्यकर्ता द्वारा हाथ धोकर साफ़ करना। ***n.*** 1. a stunted shrub, बौनी झाड़ी। 2. a small person, बौना। 3. useless or worthless fellow, बेकार या महत्त्वहीन व्यक्ति।

**scrubber** (स्क्रब्´-अॅः) ***n.*** 1. a gas-purifying device, गैस शुद्ध करने का उपकरण। 2. a promiscuous girl, अनेक पुरुषों से प्रेम करनेवाली लड़की।

**scrubby** (स्क्रब्´-ई) ***n.*** small, stunted, छोटा, बौनी जाति का।

**scruff** (स्क्रफ़्) ***n.*** the back of the neck, गरदन; to grab by the scruff of the neck, गरदन से पकड़ लेना।

**scruffy** (स्क्रफ़्´-ई) ***adj.*** dirty, shabby, गंदा, मैला-कुचैला।

**scrumptious** (स्क्रम्प्´-शॅस्) ***adj.*** 1. delicious, स्वादिष्ट। 2. delightful, हर्षप्रद।

**scrunch** (स्क्रन्च्) ***v.*** to crush, कुचलना। ***n.*** the act or sound of scrunching, कुचलने की क्रिया या कुचलने से होनेवाला शब्द।

**scruple** (स्क्रू-पॅल्) ***n.*** 1. a feeling of hesitancy, हिचक। 2. a dictate of conscience, आत्मा की पुकार। ***v.*** to hesitate, हिचकना।

**scrupulous** (स्क्रू´-पॅ-लॅस्) ***adj.*** 1. very honest, सत्यनिष्ठ, सत्यवादी, ईमानदार। 2. principled, सिद्धांतवादी। 3. careful, सावधान।

**scrupulously** (स्क्रू´-पॅ-लॅस्-ली) ***adv.*** in a scrupulous manner, ईमानदारी से; सावधानी से।

**scrutineer** (स्क्रू´-टि-निअॅः) ***n.*** one who scrutinizes, समीक्षक, संवीक्षक।

**scrutinize** (स्क्रू´-टि-नाइज़्) ***v.*** 1. to examine carefully or in minute detail, सावधानी से देखना, छानबीन करना। 2. to inspect minutely, संवीक्षा करना।

**scrutiny** (स्क्रू´-टि-नी) ***n.*** 1. close careful examination, सूक्ष्म परीक्षण, छान-बीन। 2. minute inspection, संवीक्षा।

**scruba** (स्क्रू´-बॅ) ***n.*** a breathing apparatus for divers, गोताख़ोरों का श्वासयंत्र।

**scud** (स्कड्) ***v.*** (scudded, scudding) to move along swiftly and smoothly, (मेघों, पोतों आदि का) तेज़ी से उड़ना, चलना, दौड़ना, बहना। ***n.*** 1. the act of scudding, दौड़, बहाव, उड़ान। 2. a sudden shower or gust of wind, एकाएक आनेवाला हवा का झोंका या पानी की बौछार।

**scuff** (स्कफ़्) ***v.*** (scuffed, scuffing) 1. to drag while walking, पैर घसीटते हुए चलना। 2. to scratch by dragging, (किसी चीज़ को) इस प्रकार घसीटना कि ज़मीन पर गड्ढे बन जाएँ।

**scuffle** (स्कफ़्´-ॲल्) ***n.*** a disorderly struggle, हाथापाई। ***v.*** (scuffled, scuffling) to fight in a disorderly manner, हाथापाई करना।

**scull** (स्कल्) ***n.*** 1. one of the pair of oars, (नाव खेने का) डाँड़। 2. an act of sculling, डाँड़ों से नाव खेने का कार्य। ***v.*** to propel with a scull or sculls, डाँड़ या डाँड़ों से नाव खेना।

**scullery** (स्कॅल्´-ॲ-री) ***n.*** a room where dishes are washed, बर्तन साफ़ करने की कोठरी।

**scullion** (स्कल्´-यॅन्) ***n.*** a person who washes kitchen utensils, बर्तन माँजनेवाला।

**sculpt** (स्क्ल्प्ट्) ***v.*** (sculpted, sculpting) to sculpture, मूर्ति गढ़ना या बनाना।

**sculptor** (स्कल्प्´-टॅ:) ***n.*** one who makes sculptures, मूर्तिकार।

**sculptural** (स्कल्प्´-चॅ-रॅल्) ***adj.*** of sculptures, मूर्तिकला-संबंधी।

S

**sculpture** (स्कल्प्´-टॅ:/च:) ***n.*** 1. the art of shaping, carving, chiselling or modelling figures, मूर्तिकला। 2. work made in this way, मूर्ति। ***v.*** to shape (stone wood, clay) into sculpture, मूर्ति बनाना या गढ़ना।

**scum** (स्कम्) ***n.*** 1. a filmy layer of impure matter, गंदी झिल्ली, मैल। 2. a waste matter, रद्दी, कूड़ा। 3. a worthless person or group, हेय व्यक्ति या हेय व्यक्तियों का समूह।

**scumble** (स्कम्´-बॅल्) ***v.*** to apply a thin coating of colour in painting, रंग की पतली परत (किसी दूसरे रंग पर) लगाना।

**scupper** (स्कप्´-ॲ:) ***n.*** a drain to carry off water from the deck of a ship, (पोत का) परनाला। ***v.*** to destroy or ruin, चौपट या तहस-नहस कर देना।

**scurf** (स्क:फ़्) ***n.*** 1. flakes of dry skin, रूसी। 2. dry scaly matter on a surface, पपड़ी।

**scurrility** (स्कॅ-रिल्´-इ-टी) ***n.*** 1. indecency, coarseness, फ़ूहड़पन। 2. indecency of language, abusive language, फ़ूहड़/गंदी भाषा, फक्कड़पन।

**scurrilous** (स्कर्´-इ-लॅस्) ***adj.*** 1. indecent, coarse, फूहड़, गंदा। 2. abusive, गाली-गुफ़्तार बकनेवाला।

**scurry** (स्कर्´-ई) ***v.*** (scurried, scurrying) 1. to hurry, जल्दी करना या मचाना, आफ़त जोतना। 2. to run hurriedly, दौड़ना, भागना। ***n.*** the act of scurrying, जल्दबाज़ी, दौड़-भाग।

**scurvy** (स्क:´-वी) ***n.*** a disease marked by swollen and bleeding gums, मसूढ़ों से रक्त बहने की बीमारी।

**scut** (स्कट्) ***n.*** the short tail of animals, (ख़रगोश आदि की) छोटी दुम या पूँछ।

**scuttle**[1] (स्कट्´-ॲल्) ***n.*** a shallow basket for carrying vegetables, झाबा।

**scuttle**[2] ***v.*** to hurry away, भाग जाना।

**scuttle**[3] ***n.*** an opening in a ship's deck, जहाज़ के डेक में होनेवाला छेद। ***v.*** to sink the ship by boring holes in the bottom, जहाज़ के पेंदे में छेद करके उसे डुबो देना।

**scythe** (साइद्) ***n.*** a long-handled curved implement for mowing grass, हँसिया। ***v.*** to cut with a scythe, हँसिया से काटना।

**sea** (सी) ***n.*** the mass of salt water that covers the most part of the land, समुद्र, सागर, जलराशि। □ **at sea,** (i) समुद्र पर, (ii) भ्रमजाल में; **beyond the sea,** समुद्र के उस पार; **by sea,** समुद्र के रास्ते, जलयान द्वारा; **on the sea**, जलयान में; **the high seas,** खुला समुद्र, तट से दूर; **the Seven Seas,** सात महासागर।

**sea anemone** ***n.*** a small marine animal, एक समुद्री जीव।

**seabath** (सी´-बा:थ्) ***n.*** a bath in the sea, सागर-स्नान, समुद्र-स्नान।

**seabed** (सी´-बेंड्) ***n.*** the bottom of the sea, समुद्रतली।

**seabird** (सी´-ब:ड्) ***n.*** a bird living on or near the sea, समुद्री चिड़िया।

**seaboard** (सी´-बो:ड्) ***n.*** the land bordering on the sea, समुद्रतटीय प्रदेश, समुद्रतट।

**seaborne** (सी´-बो:न्) ***adj.*** 1. conveyed by sea, समुद्र द्वारा लाया या ले जाया हुआ। 2. transported by the ship, जलयान द्वारा

लाया या ले जाया हुआ।

**sea-breeze** (सी´-ब्रीज़्) ***n.*** a wind blowing from the sea to the land, समुद्री हवा, सागर-समीर।

**sea captain** ***n.*** the captain of the mercantile ship, वाणिज्य पोत का कप्तान।

**seacoast** (सी´-कोस्ट्) ***n.*** the land bordering on the sea, समुद्रतट।

**sea cow** ***n.*** a sea animal, समुद्री गाय, दरियाई घोड़ा।

**sea dog** ***n.*** an old experienced sailor, अनुभवी नाविक।

**seafarer** (सी-फ़ेंअॅर्-अॅ:) ***n.*** a sailor, नाविक।

**seafaring** (सी´-फ़ेंअॅर्-इंग्) ***adj.*** travelling on the sea, समुद्री यात्रा-संबंधी, सागरगामी। ***n.*** sea-voyage, समुद्री यात्रा।

**sea fight** ***n.*** naval fight, समुद्री लड़ाई।

**seafood** (सी´-फुड्) ***n.*** edible marine fish or shellfish, समुद्री भोजन (मछली, घोंघा आदि)।

**seafront** (सी´-फ़्रन्ट्) ***n.*** the part of a city facing the sea, समुद्र की ओर खुलता हुआ नगर का भाग।

**seagod** (सी´-गॉड्) ***n.*** a god of the sea, वरुण देवता।

**seagoing** (सी´-गो-इंग्) ***adj.*** 1. made or used for sea voyages, समुद्री यात्रा में काम आनेवाला। 2. oceangoing, समुद्रगामी।

**seagull** (सी´-गल्) ***n.*** a gull living near seacoast, समुद्री चिड़िया।

**seahog** (सी´-हॉग्) ***n.*** a porpoise, सूँस।

**seahorse** (सी´-हा:स्) ***n.*** a fish having horselike head, एक तरह की छोटी समुद्री मछली, अश्वमीन।

**seal** (सील्) ***n.*** 1. an equatic mammal, सील मछली। 2. a die for stamping, मोहर, मुद्रा, सील; seal of office, पद-मुद्रा। 3. a symbol, चिह्न, प्रतीक। □ **given under my hand and seal,** मेरे द्वारा हस्ताक्षरित तथा मोहर (सील) लगा हुआ। ***v.*** 1. to affix a seal to, मोहर लगाना। 2. to close, बंद कर लेना या देना। 3. to settle or decide, पक्का करना, सुनिश्चित बनाना। □ **seal in,** (अंदर) बंद कर या रोक रखना; **seal off,** (रास्ता) बंद कर देना; **seal one's doom,** दुर्भाग्य को न्योता देना।

**sealed** (सील्ड्) ***adj.*** affixed with a seal, मोहरबंद, मुद्रांकित; sealed tender, मोहरबंद निविदा।

**sealing** (सील्´-इंग्) ***n.*** 1. hunting of seals, सील मछलियों का शिकार। 2. the act of affixing a seal, मोहर या सील लगाना, मुद्रांकन।

**sealing wax** ***n.*** a hard material used for sealing letters, लाख।

**seam** (सीम्) ***n.*** 1. the line along which two pieces of fabric are joined or sewn together, सीवन जोड़, मगज़ी जोड़। 2. a surface line, संधि-रेखा, जोड़। 3. a layer, परत। 4. a fissure, दरार। 5. a scar, क्षत-चिह्न। ***v.*** 1. to join, सीना, टाँके लगाना। 2. to make lines in knitting, धारियाँ बनाना। 3. to crack, दरार पड़ना।

**seaman** (सी´-मॅन्) ***n.*** a sailor, नाविक।

**seamanship** (सी´-मॅन-शिप्) ***n.*** the skill in operating a vessel, पोतचालन-कला।

**seam bowler** ***n.*** a fast bowler, तेज़ गेंदबाज़।

**sea mist** ***n.*** the mist over the sea, समुद्री कोहरा।

**seamstress** (सीम्´-स्ट्रॅस्) ***n.*** a woman whose job is sewing clothes, दर्जिन, सिलाई करनेवाली।

**seamy** (सी´-मी) ***adj.*** 1. showing seams, जिसकी सीवन दिखाई दे। 2. unpleasant, अप्रिय। □ **the seamy side of life,** जीवन का अरोचक, अनैतिक या गंदा पहलू।

**seance** (से´-आन्स्) ***n.*** a meeting at which the spirit of the dead person is called, वह गोष्ठी जिसमें मृतक की आत्मा से संबंध स्थापित किया जाता हो, आत्मा-आह्वान गोष्ठी।

**seaplane** (सी´-प्लेन्) ***n.*** an aircraft designed to land on and take off from water, वह विमान जो समुद्र में उतर सकता हो तथा समुद्र से उड़ भी सकता हो।

**seaport** (सी´-पो:ट्) ***n.*** a harbour, बंदरगाह।

**sea power** ***n.*** 1. naval force, नौशक्ति, नौसेना। 2. a country having strong naval force,

S

सशक्त नौसेनावाला देश।

**sear** (सिअॅ:) *v.* 1. to get burned slightly, झुलसना। 2. to brand with hot iron, दागना।

**search** (स:च्) *v.* 1. to examine thoroughly to find out something, खोजना, ढूँढ़ना, खोजबीन करना। 2. to examine the clothes and body of (a person) तलाशी लेना। 3. to discover by investigation, अनुसंधान करना, शोध करना। □ **search out,** खोज निकालना; **search into,** जाँच-पड़ताल करना। *n.* the act of searching, खोज, ढूँढ़, शोध, अनुसंधान।

**searching** (स:´-चिंग्) *adj.* 1. keenly penetrating, भेदक, searching look भेदक दृष्टि। 2. seeking the truth, सत्यान्वेषी।

**search-light** (स:च्´-लाइट्) *n.* a powerful light equipped with a reflector, खोज-बत्ती, बिजली की बड़ी तेज़ रोशनी का लैंप।

**search-party** (स:च्´-पा:-टी) *n.* a party of searchers, अनुसंधान-दल, खोजी दल।

**search warrant** *n.* a written order to search someone's place, तलाशी का परवाना।

**searing** (सिअॅर्´-इंग्) *adj.* very hot, burning, तप्त, गर्म, झुलसानेवाला; searing rod, दागने का लोहा/छड़।

**seascape** (सी´-स्केप्) *n.* a view of the sea, समुद्र का दृश्य।

**seashell** (सी´-शेॅल्) *n.* an empty shell (of a marine mollusc), सीप, घोंघा या शंख।

**seashore** (सी´-शो:) *n.* the land bordering on the sea, समुद्र-तट।

**seasick** (सी´-सिक्) *adj.* made sick and dizzy by the motion of a ship, जलयान के सफ़र से बीमार होनेवाला।

**seasickness** (सी´-सिक्-निस्) *n.* dizziness resulting by the motion of a ship, जलयान के सफ़र के कारण होनेवाली मितली।

**seaside** (सी´-साइड्) *n.* the seashore, समुद्र-तट।

**season**[1] (सी´-ज़न्) *n.* 1. one of the four (or six) parts of the year, ऋतु, मौसम, सीज़न। 2. a period of the year when something is common or plentiful, मौसम, अवधि, समय; busy season, व्यस्त समय; slack season मंदा समय; season ticket, मियादी टिकट, नियतावधि टिकट। □ **in season,** (i) सामान्यतया उपलब्ध, (ii) गर्भाधान के लिए उपयुक्त; **in season and out of season,** मौक़े-बेमौक़े, हर समय।

**season**[2] *v.* 1. to add spices to, छौंक लगाना, छौंकना, बघारना। 2. to dry (lumber) until usable, (लकड़ी को) सुखाना, सिझाना। 3. to make experienced, अनुभवी बनाना।

**seasonable** (सी´-ज़ॅ-नॅ-बॅल्) *n.* timely, opportune, समयानुकूल, अवसरोचित।

**seasonal** (सी´-ज़ॅ-नॅल्) *adj.* of or relating to a particular season, मौसम-संबंधी, मौसमी।

**seasoning** (सी´-ज़ॅ-निंग्) *n.* spices used to flavour food, बघार, छौंक।

**seat** (सीट्) *n.* 1. a place for sitting, बैठने की जगह या स्थान। 2. a thing used for sitting on, सीट, आसन, पीढ़ा, काठी आदि। 3. a membership or the right to membership in a council, सीट, पद। 4. a constituency, निर्वाचन-क्षेत्र। 5. the buttocks, चूतड़। 6. the part of a trousers, skirt etc., covering the buttocks, कपड़े का वह भाग जो नितंबों पर पड़ता हो। 7. a capital, राजधानी। 8. the place where anything is located, पीठ; the seat of learning विद्यापीठ। *v.* 1. to place on a seat, बैठाना, आसीन करना। 2. to provide with seats, आसन/सीटें लगाना। 3. to set firmly in place, स्थापित करना।

**seat belt** (सीट्´-बेल्ट्) *n.* a strap worn in the aircraft to restrain forward motion, सीट से बाँधे रखनेवाली पेटी।

**seated** (सी´-टिड्) *adj.* sitting, बैठा हुआ।

**seating** (सी´-टिंग्) *n.* the seats in a theatre, रंगशाला की आसन-व्यवस्था।

**seawall** (सी´-व़ा:ल्) *n.* an embankment to check the sea, समुद्री-बंधा।

**seaward** (सी´-वॅ:ड्) *adj.* moving towards

the sea, समुद्रगामी। *adv.* towards the sea, समुद्र की ओर।

**seawater** (सी´-वा़:-टॅ:) *n.* the water of the sea, समुद्र-जल।

**seaway** (सी´-वे़) *n.* a route across the sea, समुद्री मार्ग।

**seaworthy** (सी´-व़:-दी) *n.* in a fit condition for a sea voyage, समुद्र-यात्रा के योग्य।

**sebaceous** (सि-बे´-शॅस्) *adj.* (of the gland) secreting an oily substance, (ऐसी ग्रंथि) जिसमें से स्निग्ध पदार्थ रिसता हो।

**secateurs** (सेंक्´-अॅ-टॅ:ज़्) *n.* a pair of shears for pruning, कैंचा।

**secede** (सि-सीड्´) *v.* to withdraw from (any organisation किसी संस्था से) अलग हो जाना।

**secession** (सि-सेंश्´-अॅन्) *n.* withdrawal (from confederation, संघ से) पृथकता, अलगाव।

**secessionist** (सि-सेंश्´-अॅन्-इस्ट्) *adj.* & *n.* (a person or group) supporting the right of secession, पृथकतावादी।

**seclude** (सि-क्लूड्´) *v.* 1. to keep away or apart (from others, दूसरों से) दूर या अलग रहना। 2. to be isolated, अलग-थलग होना।

**secluded** (सि-क्लू´-डिड्) *adj.* 1. kept apart from the company of others, अलग-थलग। 2. isolated, निर्जन, दूर-दराज का, एकांत।

**seclusion** (सि-क्लू´-ज़्हॅन्) *n.* the act of secluding or the state of being secluded, एकांतता, पृथकता। 2. isolation, एकांतवास।

**seclusive** (सि-क्लू´-सिव्) *adj.* 1. fond of isolation, एकांतप्रिय, एकांतवासी। 2. tending to seclude oneself, अलग-थलग रहनेवाला।

**second** (सेंक्´-अॅन्ड्) *n.* 1. a unit of time equal to 1/60 of a minute, सेकंड। 2. a short period of time, पल, क्षण। 3. one that is next from first, something that is second, वह जो द्वितीय स्थान पर हो। 4. one of the two equal parts, आधा भाग। 5. (plu.) articles of inferior quality, घटिया वस्तुएँ। *adj.* 1. next after the first, (क्रम के विचार से) दूसरा, द्वितीय। 2. inferior or secondary, subordinate, दूसरे दर्जे का, मध्यम श्रेणी का या घटिया, गौण। 3. another, additional, अन्य, दूसरा। □ **second to none,** जो किसी से कम न हो, अद्वितीय, सर्वोत्तम। *v.* (seconded, seconding) 1. to assist, सहायता करना। 2. to attend as an assistant, सहायक होना। 3. to endorse, समर्थन करना। *adv.* 1. in second place, दूसरे स्थान पर। 2. as the second point, दूसरे।

**secondarily** (सेंक्´-अॅन्-डॅ-रॅ-ली) *adv.* in a secondary manner, गौण रूप से, गौणत:।

**secondary** (सेंक्´-अॅन्-डॅ-री) *adj.* 1. one grade after the first, दोयम, द्वितीय श्रेणी का, दूसरे दर्जे का। 2. next in importance, गौण। 3. relating to the education of students of the age of eleven to eighteen, माध्यमिक।

**second best** *adj.* next to the best, सर्वोत्तम के बाद का।

**second childhood** *n.* senility, dotage, बुढ़ापा।

**second class** *adj.* 1. of the class next to the first, द्वितीय श्रेणी का। 2. second-rate, घटिया। *n.* the class next to the first, द्वितीय श्रेणी।

**seconder** (सेंक्´-अॅन्-डॅ:) *n.* one who endorses, समर्थक, अनुमोदक।

**secondhand** (सेंक्-अॅन्-हैन्ड्) *adj.* 1. previously owned or used, not new, बरता हुआ, पुराना। 2. obtained from others, इधर-उधर का, सुना-सुनाया। 3. dealing in used merchandise, पुरानी चीज़ों का लेन-देन करनेवाला।

**secondly** (सेंक्´-अॅन्ड्-ली) *adv.* as the second point, दूसरे।

**second nature** *n.* a habit, बनी हुई आदत, बान, टेक।

**second person** *n.* the form of a word that refers to the person (s) spoken to, मध्यम पुरुष।

**second-rate** (सेंक्-अॅन्ड्-रेट्´) *adj.* second in quality, second-class, घटिया, साधारण।

**second-string** (सेंक्-अॅन्ड्-स्ट्रिंग्´) *adj.* of or being a substitute, स्थानापन्न, दूसरे दर्जे का।

**second thought** *n.* an idea that occurs afterward, बाद में सूझनेवाली बात।

**secrecy** (सी´-क्रॅ-सी) *n.* 1. the condition of being secret, गोपनीयता। 2. ability to keep secrets, रहस्य-गोपन। 3. mystery, रहस्य।

**secret** (सी´-क्रिट्) *adj.* kept from the knowledge of others, गुप्त, गोपनीय; secret ballot, गुप्त मतदान, secret pact, गुप्त समझौता। *n.* 1. something kept hidden, भेद, गोपनीय बात। 2. something beyond understanding, mystery, रहस्य, मर्म।

**secret agent** *n.* a person employed in espionage, गुप्तचर।

**secretarial** (सेंक्-रॅ-टिअॅर्´-इ-अॅल्) *adj.* of a secretary, सचिवीय।

**secretariat** (सेंक्-रॅ-टिअॅर्´-इ-अॅट्) *n.* 1. the office of a secretary, सचिवालय। 2. the building occupied by the secretaries, सचिवालय।

**secretary** (सेंक्´-रॅ-टॅ-[illegible]) *n.* 1. one employed to do clerical work, मुंशी, लिपिक। 2. an official incharge of an administrative department of the government, सचिव।

**secretary general** *n.* a chief administrative official, महासचिव।

**secretaryship** (सेंक्´-रॅ-टॅ-री-शिप्) *n.* the post of a secretary, सचिव का पद।

**secrete**[1] (सि-क्रीट्´) *v.* to generate and release (a secretion, स्राव) देना, निकालना या छोड़ना, रिसना।

**secrete**[2] *v.* to hide, छिपाना, लुकाना-छिपाना।

**secretion** (सि-क्री´-शॅन्) *n.* the fluid secreted by a gland or organ, स्राव।

**secretive** (सि-क्री´-टिव्) *adj.* close-mouthed, uncommunicative, चुप्पा, घुन्ना।

**secretly** (सी´-क्रिट्-ली) *adv.* in a secret manner, without giving an inkling to anyone, लुक-छिपकर, चोरी-छिपे।

**sect** (सेंक्ट्) *n.* 1. a subdivision of any religious group, पंथ, मत। 2. a religious body, संप्रदाय।

**sectarian** (सेंक्-टेंअॅर्´-इ-अॅन्) *n.* a member of a sect, संप्रदायवादी, पंथी। *adj.* 1. pertaining to a sect, संप्रदायवादी, मतावलंबी। 2. narrow in outlook, संकीर्ण, कट्टर।

**sectarianism** (सेंक्-टेंअॅर्´-इ-अॅन्-इज़्-अॅम्) *n.* the idea to favour people of one's own sect, संप्रदायवाद, फ़िरकापरस्ती।

**section** (सेंक्´-शॅन्) *n.* 1. a part of something, अंश, भाग, खंड। 2. a subdivision of a book, परिच्छेद। 3. a distinct part of a country or population, वर्ग। 4. a subdivision of a department, अनुभाग। *v.* to cut into sections, विभाजन करना, बाँटना।

**sectional** (सेंक्´-शॅ-नॅल्) *adj.* 1. of or relating to a section, अनुभागीय। 2. of a group or community, सांप्रदायिक, वर्गीय। 3. partial, आंशिक।

**sectionalism** (सेंक्´-शॅ-नॅ-लिज़्-अॅम्) *n.* too much concern for one's section, वर्ग-भावना, सांप्रदायिक भावना।

**sector** (सेंक्´-टॅ:) *n.* 1. the part of the circle between two radii and the arc, वृत्त की दो त्रिज्याओं के बीच का क्षेत्र, वृत्तखंड। 2. a division of a city, अंचल, सेक्टर। 3. area, क्षेत्र; private sector, निजी क्षेत्र; public sector, सार्वजनिक (सरकारी) क्षेत्र।

**sectorwise** (सेंक्´-टॅ:-वाइज़्) *adj.* with reference to the sectors, क्षेत्रों के अनुसार होनेवाला, क्षेत्रवार।

**secular** (सेंक्´-यु-लॅ:) *adj.* 1. not concerned with religious affairs or views, धर्मनिरपेक्ष, सैकुलरी। 2. worldly, लौकिक, सांसारिक।

**secularism** (सेंक्´-यु-लॅ-रिज़्-अॅम्) *n.* a system or belief that religion should have no place in civil affairs, धर्मनिरपेक्षता, धर्मनिरपेक्षवाद।

**secularistic** (सेंक्´-यु-लॅ-रिस्-टिक्) *adj.* of secularism, धर्मनिरपेक्ष।

**secularize** (सेंक्´-यु-लॅ-राइज़्) *v.* to make secular, धर्मनिरपेक्ष बनाना।

**secure** (सि-क्युअॅ:´, सि-क्यू:´) *adj.* 1. safe, free

from danger, सुरक्षित, सुरक्षाप्राप्त, निरापद। 2. stable, सुदृढ़, मज़बूत, पक्का। 3. trustworthy, reliable, विश्वसनीय। 4. sure, निश्चित। *v.* 1. to obtain, प्राप्त कर लेना। 2. to make secure, सुरक्षित करना, निरापद बनाना। 3. to assure by giving security, सुनिश्चित करना। 4. to make firm, दृढ़ बनाना।

**secured** (सि-क्युːड्´) *adj.* safe, सुरक्षित।

**security** (सि-क्युर्´-इ-टी) *n.* 1. safety (of a person, nation etc.), सुरक्षा; Security Council, सुरक्षा-परिषद। 2. a thing given as a guarantee or pledge, ज़मानत, प्रतिभूति। 3. (plu.) stocks or bonds, बंधपत्र।

**sedan** (सि-डैन्´) *n.* an enclosed box containing a seat for one person carried by two bearers, पालकी।

**sedate** (सि-डेट्´) *adj.* calm and composed, sober, धीर, गंभीर, शांत।

**sedative** (सेंड्´-अॅ-टिव्) *adj.* having a soothing or calming effect, राहत या आराम पहुँचानेवाला, शांतिदायक।

**sedentary** (सेंड्´-अॅन्-टॅ-री) *adj.* involving or requiring sitting, बैठे-बैठे किया जानेवाला। 2. moving about very little, बहुत कम चलने-फिरनेवाला। 3. one who stays at home all the time, घरघुस्सू।

**sedge** (सेंज्) *n.* a grasslike plant growing on wet ground, नरकट।

**sediment** (सेंड्´-इ-मेंन्ट्) *n.* the matter that settles at the bottom of a liquid, तलछट, अवसाद।

**sedimentary** (सेंड्-इ-मेंन्´-टॅ-री) *adj.* of or like sediment, तलछट से बना हुआ, तलछटी, अवसादिक।

**sedimentation** (सेंड्-इ-मेंन्-टे´-शॅन्) *n.* the depositing of sediment, तलछट का जमा होना, अवसादन।

**sedition** (सि-डिश्´-अॅन्) *n.* the conduct or language that makes people rebel against the authority of a state, राजद्रोह।

**seditionary** (सि-डिश्´-अॅ-नॅ-री) *adj.* 1. charged with sedition, राजद्रोही। 2. seditious, राजद्रोहात्मक।

**seditious** (सि-डिश्´-अॅस्) *adj.* pertaining to sedition, राजद्रोहात्मक, राजद्रोहपूर्ण।

**seduce** (सि-ड्यूस्´) *v.* 1. to tempt, बहकाना-फुसलाना। 2. to persuade to do something wrong, ग़लत काम करने के लिए दबाव डालना, भ्रष्ट कर देना।

**seduction** (सि-डक्´-शॅन्) *n.* 1. the act of seducing, बहकावा। 2. temptation, प्रलोभन।

**seductive** (सि-डक्´-टिव्) *adj.* 1. tending to seduce, बहकानेवाला। 2. alluring, प्रलोभनकारी, मोहक, आकर्षक।

**sedulity** (सि-ड्यू´-लि-टी) *n.* the quality of being sedulous, अध्यवसाय, परिश्रम।

**sedulous** (सेंज्´-यु-लॅस्) *adj.* persevering, diligent, अध्यवसायी, परिश्रमी।

**see**[1] (सी) *v.* (saw, seen, seeing) 1. to perceive with the eyes, देखना, अवलोकन करना। 2. to examine, जाँचना, निरीक्षण करना। 3. to understand, समझना। 4. to experience, अनुभव प्राप्त करना। 5. to pay attention, गौर से देखना, ध्यान देना। 6. to consider, विचार करना। 7. to meet, मिलना, मुलाक़ात करना। 8. to discover, जान जाना। 9. to consult, विचार-विमर्श करना। 10. to escort, साथ चलकर पहुँचाना। 11. to make sure, आश्वस्त करना। □ **see copy,** यथामूल।

**see**[2] *n.* the position or authority of a Bishop, ईसाई धर्माध्यक्ष का पद या अधिकार।

**seed** (सीड्) *n.* 1. a fertilized ovule of a plant, बीज, मूल। 2. seeds collectively, बीज। 3. semen, शुक्र। 4. a source, स्रोत, मूल। 5. offspring, संतान। 6. ancestry, वंशानुक्रम। 7. a seeded player, मानांकित खिलाड़ी। □ **go or run to seed,** (i) बीज निकलना बंद हो जाना, विकास रुक जाना, (ii) क्षय हो जाना। *v.* 1. to plant seeds in, बीज बोना, बीज डालना। 2. to remove seeds from (fruit) बीज निकालना। 3. to give a player ranking, मानांकन करना।

**seedbed, seedplot** (सीड्´-बेंड्, (सीड्´-प्लॉट्)) *n.* a bed of soil in which small plants are grown for transplanting, बेनौर, पौधक्यारी।

S

**seed-coat** (सीड्´-कोट्) ***n.*** the outer coat of a seed, बीजावरण।

**seeder** (सीड्´-अः) ***n.*** a machine that sows seeds, बीज बोने का यंत्र।

**seediness** (सीड्´-इ-निस्) ***n.*** the quality of being seedy, बीजों से भरे होने की अवस्था।

**seedless** (सीड्´-लिस्) ***adj.*** not containing seeds, बिना बीज का।

**seedling** (सीड्´-लिंग्) ***n.*** a very young plant growing from a seed, बीज से निकला छोटा पौधा, पौध।

**seed-pearl** (सीड्´-पःल्) ***n.*** a very small pearl, बहुत छोटा मोती।

**seed-time** (सीड्´-टाइम्) ***n.*** the right time of sowing seeds, बीज बोने का समय।

**seedy** (सी´-डी) ***adj.*** 1. full of seeds, containing too much seeds, बीजों से भरा, बिजैला। 2. shabby, फटीचर, फटेहाल।

S

**seeing** (सी´-इंग्) ***conj.*** in view of the fact that, in as much as यह देखते हुए कि, इसलिए कि। ***n.*** 1. vision, दृष्टि। 2. the act of seeing, अवलोकन, दृष्टिपात।

**seek** (सीक्) ***v.*** (sought, seeing) 1. to search of, खोजना, ढूँढ़ना, खोज-ढूँढ़ करना। 2. to try, प्रयास करना। 3. to endeavour to obtain or reach, प्रयास द्वारा प्राप्त करना। 4. to go to, जाना। □ **seek one's fortune,** क़िस्मत आज़माना; **seek out,** अलगाना; **seek through,** खोज करना, खोज निकालना।

**seeker** (सीक्´-अः) ***n.*** one who seeks, खोजनेवाला, अन्वेषी।

**seem** (सीम्) ***v.*** 1. to be evident, to appear, जान पड़ना, प्रतीत होना, लगना। 2. to be apparently true, ऊपर से सही दिखना।

**seeming** (सी´-मिंग्) ***adj.*** apparent, ऊपर से दिखनेवाला, ऊपरी, प्रकट।

**seemingly** (सी´-मिंग्-ली) ***adv.*** apparently, प्रकट रूप से, देखने में।

**seemly** (सीम्´-ली) ***adj.*** 1. proper, उचित। 2. of pleasing appearance, भला।

**seen** p.p. of see.

**seep** (सीप्) ***v.*** to ooze or leak, रिसना, बहना।

**seepage** (सी´-पिज्) ***n.*** 1. the act of seeping or the amount that seeped, रिसाव, रिसन। 2. a small spring, सोता।

**seer** (सी´-अः) ***n.*** a prophet, भविष्यद्रष्टा, ऋषि, द्रष्टा, पैगंबर।

**see-saw** (सी´-साः) ***n.*** 1. a long plank balanced on a central support for riding up and down alternately, झुलानेवाला तख़्ता, झूला-पट्टी, झुलावा। 2. an up and down movement that is constantly repeated, बार-बार ऊपर-नीचे जाना, झुलावा, उतार-चढ़ाव, घटती-बढ़ती। 3. a back and forth movement that is constantly repeated, कभी आगे की ओर बढ़ना और कभी पीछे हटना, बढ़ाव-हटाव।

**seethe** (सीद्) ***v.*** 1. to boil, उबाल आना, खौलना। 2. to soak in liquid, तर करना। 3. to be agitated, विकल हो जाना, व्यग्र हो जाना।

**see-through** (सी´-थ्रू) ***adj.*** transparent, पारदर्शी।

**segment** (सेंज्´-मॅन्ट्) ***n.*** a part, portion, slice or wedge, टुकड़ा, खंड, परिच्छेद, फाँक। ***v.*** 1. to divide into segments, खंड-खंड करना, विभाजन करना।

**segmentation** (सेंज्-मॅन्-टे´-शॅन्) ***n.*** the act of segmenting, खंडीकरण।

**segregate** (सेंग्´-रि-गेट्) ***v.*** to separate from the main group according to their race, (विभिन्न जातियों के लोगों को) अलग-अलग करना, अलग-अलग बसाना।

**segregation** (सेंग्-रि-गे´-शॅन्) ***n.*** the act of segregating or the state of being segregated, पार्थक्य, पृथक्करण, पृथग्वासन।

**seism** (साइ´-ज़ॅम्) ***n.*** an earthquake, भूकंप।

**seismic** (साइज़्´-मिक्) ***adj.*** of, caused by or relating to earthquakes, भूकंप-संबंधी, भूकंपीय।

**seismograph** (साइज़्´-मॅ-ग्राफ़्/ग्रैफ़) ***n.*** an instrument for detecting and measuring earthquakes, भूकंपलेखी।

**seismology** (साइज़्-मॉल्´-अॅ-जी) ***n.*** the study of earthquakes, भूकंप-विज्ञान।

**seismometre** (साइज़्-मॉम्´-अॅ-टः) ***n.*** an instrument showing the force, direction and distance of earthquake, भूकंप की तीव्रता, दिशा तथा दूरी बतानेवाला उपकरण।

**seizable** (सीज़्´-अ-बॅल्) *adj.* that can be seized, पकड़ने योग्य, छीन लेने योग्य।

**seize** (सीज़्) *v.* 1. to take hold of (a thing) forcibly, to confiscate, छीन लेना, ज़ब्त कर लेना, पकड़ लेना, कब्जे में लेना। 2. to arrest or take into custody, पकड़ लेना, गिरफ़्तार कर लेना। 3. to have a sudden effect upon, आक्रांत कर लेना, दबोच लेना, ग्रस्त कर लेना।

**seizure** (सी´-ज़्हॅ:) *n.* 1. the act of seizing or the state of being seized, जब्ती। 2. arrest, गिरफ़्तारी। 3. a sudden attack of a disease, बीमारी का झटका, दौरा।

**seldom** (सेॅल्´-डॅम्) *adv.* not often, rarely, शायद ही कभी, कदाचित्, बिरले ही।

**select** (सि-लेॅक्ट्´) *v.* to choose among several, चयन करना, चुनना।

**select committee** *n.* a committee appointed to make a special investigation, चयन समिति, प्रवर समिति।

**selection** (सि-लेॅक्´-शॅन्) *n.* 1. the act of selecting or the state of being selected, चयन, वरण। 2. the things or persons selected, संकलन, चयन, चयनिका।

**selective** (सि-लेॅक्´-टिव्) *adj.* 1. chosen, चुना हुआ, चयनित। 2. choosing carefully, चयनक्षम, चयनशील। 3. of selection, चयनात्मक।

**selector** (सि-लेॅक्´-टॅ:) *n.* one who has right or power to select, चयनकर्ता, वरणकर्ता।

**self** (सेॅल्फ़्) *n.* 1. a person as an individual, स्वयं (व्यक्ति), अपना; a ticket for self and wife अपने लिए और अपनी पत्नी के लिए टिकट; People think only for self. लोग केवल अपने लिए सोचते हैं। 2. a person's own nature, स्वप्रकृति, आपा; She is her old self again. फिर वह अपने आपे में आ ही गई। 3. one's own interest, हित, लाभ। *adj.* 1. of the same material, वैसा ही। 2. pertaining to self, of oneself, अपने से संबद्ध, आत्म।

**self-abasement** (सेॅल्फ़्-अ-बेस्-मॅन्ट्) *n.* abasement of oneself, आत्मदैन्य।

**self-abnegation** (सेॅल्फ़्-ऐब-नि-गे´-शॅन्) *n.* self-denial, आत्मत्याग।

**self-absorbed** (सेॅल्फ़्-अॅब्-सा:ब्ड्´) *adj.* only concerned about oneself, आत्ममग्न।

**self-abuse** (सेॅल्फ़्-अॅ-ब्यूस्´) *n.* masturbation, हस्तमैथुन।

**self-acquired** (सेॅल्फ़्-अॅ-क्वाइ:ड्) *adj.* acquired by one's own labour, स्वार्जित।

**self-addressed** (सेॅल्फ़्-अॅ-ड्रेस्ड्) *adj.* addressed to oneself, अपना पता लिखा हुआ।

**self-assertion** (सेॅल्फ़्-अॅ-स:´-शॅन्) *n.* an act of asserting upon one's rights, अपने अधिकारों पर दिया जानेवाला ज़ोर, स्वत्वाग्रह।

**self-assured** (सेॅल्फ़्-अॅ-श्यो:ड्´) *adj.* self-confident, आत्मविश्वासी।

**self-centred** (सेॅल्फ़्-अॅ-सेॅन्-टॅ:ड्) *adj.* selfish, आत्मरत, आत्मकेंद्रित, स्वार्थी।

**self-complacent** (सेॅल्फ़्-कॅम्-प्ले´-ज़ॅन्ट्) *adj.* pleased with oneself or with one's abilities, आत्मतुष्ट।

**self-confident** (सेॅल्फ़्-कॉन्´-फ़ि-डॅन्ट्) *n.* having full confidence in oneself, आत्मविश्वासी।

**self-conscious** (सेॅल्फ़्-कॉन्´-शॅस्) *adj.* 1. conscious of oneself or one's ego, अस्मिताबोधी, आत्मचेतन। 2. shy, संकोची।

**self-contained** (सेॅल्फ़्-कॅन्-टेन्ड्) *adj.* 1. complete in oneself, आत्मपूर्ण, स्वत:-पूर्ण। 2. having all amenities, सभी सुविधाओं से युक्त।

**self-contradictory** (सेॅल्फ़्-कॉन्-ट्रॅ-डिक्-टॅ-री) *adj.* inconsistent, अंतर्विरोधी।

**self-control** (सेॅल्फ़्-कॅन्-ट्रोल्´) *n.* control of one's desires, emotions, actions etc., आत्मनिग्रह, आत्मसंयम।

**self-criticism** (सेॅल्फ़्-क्रिट्´-इ-सिज़्-अॅम्) *n.* criticism of one's own actions, thoughts etc., आत्मसमीक्षा, आत्मालोचन।

**self-deception** (सेॅल्फ़्-डि-सेॅप्´-शॅन) *n.* the act of deceiving oneself, आत्मवंचना।

**self-defeating** (सेॅल्फ़्-डि-फ़ी´-टिंग्) *adj.* in-

S

jurious to one's own welfare, आत्मघाती।

**self-defence** (सेंल्फ़्-डि-फ़ेन्स्´) *n.* the act of defending oneself, आत्मरक्षा, स्वरक्षा।

**self-denial** (सेंल्फ़्-डि-नाइ´-ॲल्) *n.* sacrifice of one's own desires or pleasures, आत्मत्याग, अपनी इच्छाओं को मारना।

**self-dependent** (सेंल्फ़्-डि-पेंन्´-डॅन्ट्) *adj.* self-reliant, आत्मनिर्भर।

**self-determination** (सेंल्फ़्-डि-टॅ:-मि-ने´-शॅन्) *n.* the right of people to determine their own form of government, आत्मनिर्णय।

**self-discipline** (सेंल्फ़्-डिस्´-ॲ-प्लिन्) *n.* the training of oneself to control one's actions and desires, स्वानुशासन।

**self-display** (सेंल्फ़्-डि-स्प्ले´) *n.* the act of demonstrating one's skill and abilities, आत्मप्रदर्शन।

S

**self-drive** (सेंल्फ़्-ड्राइव्´) *adj.* hired and driven by oneself, स्वयं चलाई जानेवाली भाड़े की (गाड़ी)।

**self-educated** (सेंल्फ़्-ऍज्´-उ-के-टिड्) *adj.* educated through one's own efforts and not formally in a school, स्वशिक्षित।

**self-effacing** (सेंल्फ़्-इ-फ़े´-सिंग्) *adj.* tending to avoid the attention of others, दूसरों की नज़र से अपने को बचानेवाला।

**self-employed** (सेंल्फ़्-ऍम्-प्लॉइड्) *adj.* working independently, स्वनियोजित।

**self-esteem** (सेंल्फ़्-इ-स्टीम्´) *n.* self-respect, स्वाभिमान, आत्मसम्मान।

**self-evident** (सेंल्फ़्-ऍव्´-इ-डॅन्ट्) *adj.* evident without need of proof, स्वस्पष्ट।

**self-examination** (सेंल्फ़्-इग्-ज़ैम्-इ-ने´-शॅन्) *n.* examination of one's own actions, आत्मपरीक्षण।

**self-explanatory** (सेंल्फ़्-इक्-स्प्लेन्´-ॲ-टॅ-री) *adj.* explaining itself, not needing further explanation, स्वप्रकाशक, स्वस्पष्टीकारक।

**self-expression** (सेंल्फ़्-इक्-स्प्रेश्´-ॲन्) *n.* the expression of one's own thoughts, आत्माभिव्यक्ति।

**self-government** (सेंल्फ़्-गव्´-ॲ:न्-मॅन्ट्) *n.* government free from outside control or influence, स्वशासन, स्वराज्य।

**self-help** (सेंल्फ़्-हेंल्प्´) *n.* the act of providing means to help oneself without relying on the assistance of others, स्वसहायता।

**self-importance** (सेंल्फ़्-इम्-पॉ:´-टॅन्स्) *n.* too high an opinion of one's own importance, अहंभाव, अहंकार।

**self-imposed** (सेंल्फ़्-इम्-पोज़्ड्´) *adj.* that one has forced oneself to accept, स्वारोपित।

**self-improvement** (सेंल्फ़्-इम्-प्रूव्´-मॅन्ट्) *n.* improvement of one's conditions, habits etc., through one's own efforts, आत्मसुधार।

**self-indulgence** (सेंल्फ़्-इन्-डल्´-जॅन्स्) *n.* excessive indulgence of one's own desires, विषयासक्ति, असंयम।

**self-indulgent** (सेंल्फ़्-इन्-डल्´-जॅन्ट्) *adj.* showing self-indulgence, विषयासक्त, असंयमी।

**self-interest** (सेंल्फ़्-इन्´-ट्रिस्ट्) *n.* selfish regard for one's personal interest, स्वार्थ।

**self-interested** (सेंल्फ़्-इन्´-ट्रिस्ट्-इड्) *adj.* showing self-interest, selfish, स्वार्थी।

**selfish** (सेंल्फ़्´-इश्) *adj.* concerned only with one's personal interests, स्वार्थी।

**self-knowledge** (सेंल्फ़्-नॉर्ल्-इज्) *n.* knowledge of one's being, nature etc., आत्मज्ञान।

**selfless** (सेंल्फ़्´-लिस्) *adj.* without concern for oneself, unselfish, निस्स्वार्थ।

**selflessness** (सेंल्फ़्´-लिस्-निस्) *n.* the quality or state of being selfless, निस्स्वार्थता।

**self-love** (सेंल्फ़्´-लव्) *n.* regard for one's own happiness, आत्मप्रेम।

**self-made** (सेंल्फ़्´-मेड्) *adj.* made by one's own efforts, स्वनिर्मित।

**self-observation** (सेंल्फ़्-ऑब्-ज़ॅ:-वे´-शॅन्) *n.* examination of one's own actions, आत्मपरीक्षण।

**self-opinionated** (सेंल्फ़्-ॲ-पिन्´-यॅ-ने-टिड्)

*adj.* holding firmly on to one's opinion, स्वमताग्रही।

**self-pity** (सेॅल्फ़्-पिट्´-ई) *n.* pity for one's own miserable condition, आत्मदया, अपने प्रति दया।

**self-possessed** (सेॅल्फ़्-पॅ-ज़ेॅस्ड्´) *adj.* calm, composed, धीर, शांत।

**self-praise** *n.* (सेॅल्फ़्´-प्रेज़्) praise for one's deeds or abilities, आत्मप्रशंसा।

**self-preservation** (सेॅल्फ़्-प्रेॅज़्-अ:-वे´-शॅन्) *n.* the urge to preserve oneself, स्वरक्षण।

**self-reliance** (सेॅल्फ़्-रि-लाइ´-ॲन्स्) *n.* self-dependence, आत्मनिर्भरता।

**self-repression** (सेॅल्फ़्-रि-प्रेॅश्´-ॲन्) *n.* the act of repressing one's own desires, आत्मदमन।

**self-respect** (सेॅल्फ़्-रि-स्पेॅक्ट्´) *n.* proper respect for oneself, आत्मसम्मान।

**self-restraint** (सेॅल्फ़्-रि-स्ट्रेन्ट्´) *n.* self control, आत्मसंयम।

**self-rule** (सेॅल्फ़्´-रूल्) *n.* self-government, स्वशासन।

**self-sacrifice** (सेॅल्फ़्-सैक्´-रि-फ़िस्) *n.* sacrifice of one's personal interests, आत्मत्याग, आत्मबलिदान।

**self-satisfaction** (सेॅल्फ़्-सैट्-इस्-फ़ैक्´-शॅन्) *n.* satisfaction about one's achievements, आत्मसंतोष।

**self-seeker** (सेॅल्फ़्-सी´-कॅ:) *n.* selfish, स्वार्थी।

**self-service** (सेॅल्फ़्-स:´-विस्) *n.* the act of serving oneself in a store, restaurant etc., स्वयंसेवा।

**self-starter** (सेॅल्फ़्-स्टा:´-टॅ:) *adj.* starting by itself, स्वचल, स्वत: चालक।

**self-styled** (सेॅल्फ़्-स्टाइल्ड्´) *adj.* so-called or considered by oneself, स्वकथित, स्वघोषित; self-styled leader, स्वघोषित नेता।

**self-sufficiency** (सेॅल्फ़्-सॅ-फ़िश्´-ॲन्-सी) *n.* self-reliance, आत्मनिर्भरता।

**self-supporting** (सेॅल्फ़्-सॅ-पो:´-टिंग्) *adj.* self-reliant, स्वावलंबी।

**self-torture** (सेॅल्फ़्-टॉ:´-चॅ:) *n.* any torture inflicted on oneself, आत्मपीड़न, आत्म-यंत्रणा।

**self-will** (सेॅल्फ़्-विल्´) *n.* willfulness, obstinacy, अपनी इच्छा, स्वमत, हठ।

**self-willed** (सेॅल्फ़्-विल्ड्´) *adj.* willful, obstinate, हठी, ज़िद्दी।

**self-winding** (सेॅल्फ़्-वाइन्´-डिंग्) *adj.* winding automatically, जिसमें अपने आप चाबी भर जाती हो।

**sell** (सेॅल्) *v.* (sold, selling) 1. to dispose of something to a purchaser in exchange for money, बेचना, बिक्री करना। 2. to be disposed of in exchange for money, बिकना, बिक्री हो जाना। 3. to deal in, धंधा या रोजगार करना। □ **sell like hot cakes,** धड़ाधड़ बिकना, हाथोहाथ बिकना; **sell off,** औने-पौने दाम पर निकालना; **sell one's soul,** आत्मा का हनन करना, पैसे के लिए सिद्धांत बेच खाना; **sell out,** (i) (दुकान का) पूरा का पूरा माल निकाल देना, (ii) धोखा देना, बेच खाना; **sell up,** धंधा ख़त्म करना।

**seller** (सेॅल्´-ॲ:) *n.* 1. one who sells something, बेचनेवाला, विक्रेता। 2. a thing that sells well, ख़ूब बिकनेवाला माल।

**selling** (सेॅल्´-इंग्) *adj.* 1. of sale, बिक्री-संबंधी। 2. in great demand, जिसकी खूब माँग हो, ख़ूब बिकनेवाला (माल)।

**sell-out** (सेॅल्´-आउट्) *n.* 1. the selling of all tickets of a show, किसी कार्यक्रम की सभी टिकटों का बिक जाना। 2. a betrayal, विश्वासघात।

**selvage** (सेॅल्´-विज्) *n.* the edge of a cloth to prevent ravelling, (कपड़े का) किनारा, कन्नी, गोटा।

**semantic** (सि-मैन्´-टिक्) *adj.* related to meaning in language, शब्दार्थ-विषयक, अर्थ-संबंधी; semantic change अर्थ-विकार।

**semantics** (सि-मैन्´-टिक्स्) *n.* the science dealing with meanings, अर्थविज्ञान।

**semaphore** (सेॅम्´-ॲ-फ़ो:) *n.* 1. an apparatus with coloured lights for giving signals, रेलवे का बत्तियोंवाला सिग्नल, प्रकाश-संकेतक। 2. a system of sending messages using flags, झंडियों द्वारा संदेश

S

भेजने या संकेत देने की पद्धति, झंडी-पद्धति।

**semblance** (सॅम्´-ब्लॅन्स्) ***n.*** 1. an outward form or appearance, बाह्य रूप या आकार। 2. resemblance, likeness, सादृश्य, समानता। 3. a show, the barest trace, प्रदर्शन, झलक, आभास।

**semen** (सी´-मॅन्) ***n.*** the whitish sperm-bearing liquid produced by sex organ of males, वीर्य, शुक्र।

**semester** (सि-मॅस्´-टॅः) ***n.*** one of the two terms of an academic year, term, छह महीने का अध्ययनक्रम, सत्र।

**semi-** (सॅम्´-इ) ***prefix.*** 1. exactly half, आधा, अर्ध-; semi-circular अर्धवृत्ताकार। 2. partly, अल्प; semi-precious अल्पमूल्य।

**semi-annual** (सॅम्-इ-ऐन्´-यु-अॅल्) ***adj.*** occurring twice a year, छमाही।

**semi-automatic** (सॅम्-इ-आः-टॅ-मैट्´-इक्) ***adj.*** partially automatic, अल्प-स्वचालित।

**semicircle** (सॅम्-इ-सः´-कॅल्) ***n.*** half of a circle, अर्धवृत्त।

**semi-circumference** (सॅम्-इ-सः´-कॅम्-फ़ॅ-रॅन्स्) ***n.*** half of a circumference, वृत्त की आधी परिधि, अर्धपरिधि।

**semicolon** (सॅम्-इ-को´-लॅन्) ***n.*** a mark used in writing, अर्धविराम (;)।

**semiconscious** (सॅम्-इ-कॉन्´-शॅस्) ***adj.*** not fully conscious, अर्धचेतन।

**semi-final** (सॅम्-इ-फ़ाइ´-नॅल्) ***n.*** the match or round preceding the final, सेमीफ़ाइनल।

**seminal** (सॅम्´-इ-नॅल्) ***adj.*** 1. of or pertaining to semen, वीर्य-संबंधी, शुक्रीय। 2. highly original, बिल्कुल नया, अत्यंत मौलिक, प्रारंभिक।

**seminar** (सॅम्´-इ-नाः) ***n.*** a meeting for holding discussions on an important subject, अध्ययन-गोष्ठी, परिसंवाद।

**seminary** (सॅम्´-इ-नॅ-री, सॅम्´-इ-नॅर्-ई) ***n.*** 1. a school for training priests, रोमन कैथोलिक पुरोहितों का प्रशिक्षणालय, पुरोहित प्रशिक्षणालय। 2. a school, विद्यालय, शिक्षणालय।

**semination** (सॅम्-इ-ने´-शॅन्) ***n.*** the act of sowing seeds, बोआई, बुआई, वपन।

**semiofficial** (सॅम्-इ-अॅ-फ़िश्´-अॅल्) ***adj.*** partly official, अर्धसरकारी।

**semiotics** (सॅम्-इ-ऑट्´-इक्स्) ***n.*** the study of signs and symbols, लक्षण-विज्ञान, लाक्षणिकी।

**semi-permanent** (सॅम्-इ-पः´-मॅ-नॅन्ट्) ***adj.*** partly permanent, अर्धस्थायी।

**semi-precious** (सॅम्-इ-प्रॅश्´-अॅस्) ***adj.*** of lower value, अल्पमूल्य।

**semi-skilled** (सॅम्-इ-स्किल्ड्´) ***adj.*** partly skilled, अर्धकुशल।

**Semite** (सी´-माइट्, सॅम्´-आइट्) ***n.*** a member of any of various ancient and modern peoples including the Hebrews and Arabs, सामी।

**Semitic** (सि-मिट्´-इक्) ***adj.*** of the Semities i.e. Jews and Arabs, सामी।

**semi-tropical** (सॅम्-इ-ट्रॉप्´-इ-कॅल्) ***adj.*** sub-tropical, अर्धोष्ण कटिबंधी।

**semi-vowel** (सॅम्´-इ-वॉव्-अॅल्) ***n.*** an intermediate sound between a vowel and a consonant, अर्धस्वर।

**semolina** (सॅम्-अॅ-ली´-नॅ) ***n.*** hard grains of crushed wheat, सूजी, दलिया।

**senate** (सॅन्´-इट्) ***n.*** 1. an upper house of the Parliament, सीनेट, राज्यसभा। 2. the governing body of a university, विश्वविद्यालय का शासन-निकाय, विद्वद् परिषद्।

**senator** (सॅन्´-अॅ-टॅः) ***n.*** 1. a member of a senate, सीनेटर, राज्यसभा का सदस्य। 2. the member of the governing body of a university, विद्वद् परिषद् का सदस्य।

**senatorial** (सॅन्-अॅ-टोर्´-इ-अॅल्) ***adj.*** of or relating to a senate, सिनेट या सिनेटर-संबंधी।

**send** (सॅन्ड्) ***v.*** (sent, sending) 1. to cause to be conveyed, भेजना। 2. to direct, command or request to go, भेजना। 3. to produce from itself, देना, निकालना, छोड़ना। 4. to transmit, प्रेषित करना। □ **send away,** (दूर) भेजना; **send down,** (i) आदेश या संदेश भेजना (प्रायः अधीनस्थों को), (ii) जेल भेजना; **send off,** (i) विदा देना, (ii)

(मैदान से खिलाड़ी को) बाहर भेजना, (iii) डाक से भेजना; **send up,** ऊपर चढ़ना या चढ़ाना; **send word,** जानकारी या सूचना भेजना।

**sender** (सेंन्´-डॅः) ***n.*** one who sends or despatches, भेजनेवाला, प्रेषक।

**send-off** (सेंन्ड्´-ऑःफ़्) ***n.*** a demonstration of good wishes for a person setting out on a trip, विदाई।

**senescence** (सि-नेंस्´-अॅन्स्) ***n.*** the condition of growing old, वृद्धावस्था, साठापन, सठियाव।

**senescent** (सि-नेंस्´-सॅन्ट्) ***adj.*** growing old, जो बूढ़ा हो चला हो, ज़राग्रस्त।

**senile** (सी´-नाइल्) ***adj.*** suffering from weakness because of old age, जराग्रस्त, जराजन्य; senile dementia, जराजन्य मनोभ्रंश।

**senility** (सि-निल्´-इ-टी) ***n.*** the weakness caused by old age, जरा, बुढ़ापा।

**senior** (सीन्´-यॅः) ***adj.*** 1. older in age, ज्येष्ठ; senior citizen, ज्येष्ठ नागरिक। 2. higher in rank, वरिष्ठ; senior editor, वरिष्ठ संपादक; senior most, वरिष्ठतम। 3. for older children, बड़े बच्चों के लिए होनेवाला, senior school, किशोर विद्यालय।

**seniority** (सीन्-यॉर्´-इ-टी) ***n.*** 1. the state of being senior, ज्येष्ठता, वरिष्ठता; seniority list, वरिष्ठता-सूची। 2. precedence by reason of length of service, ज्येष्ठता; seniority list ज्येष्ठता-सूची।

**senna** (सेंन्´-अॅ) ***n.*** dried leaves of a tropical plant, सनाय।

**senor** (सेंन्-योः´) ***n.*** Mr. श्री, श्रीमान। (स्पैनिश)

**senora** (सेंन्-योर्´-अॅ) ***n.*** Mrs. श्रीमती। (स्पैनिश)

**sensation** (सेंन्-से´-शॅन्) ***n.*** 1. a feeling coming from the senses, संवेदन, संवेदना, अनुभूति। 2. a condition of intense interest and excitement, सनसनी, उत्तेजना।

**sensational** (सेंन्-से´-शॅ-नॅल्) ***adj.*** 1. causing sensation, producing excitement, सनसनीखेज़। 2. wonderful, आश्चर्यजनक।

**sensationalism** (सेंन्-से´-शॅ-नॅ-लिज़्-अॅम्) ***n.*** the use of sensational language to produce emotional excitement in the people, सनसनी फैलाने का कार्य।

**sense** (सेंन्स्) ***n.*** 1. any of the faculties of sight, hearing, smell, taste or touch, ज्ञानेंद्रिय। 2. feeling perceived through one of the senses, इंद्रियजन्य ज्ञान, अनुभूति। 3. mental perception, भावना, बोध; sense of guilt, अपराध-भावना, sense of proportion, अनुपात-बोध, औचित्य-बोध। 4. moral discernment, विवेक, बुद्धि। 5. correct judgment, सही निर्णय। 6. meaning or import, अर्थ या आशय। □ **come to one's senses,** होश आना; **in a sense,** एक अर्थ में; **make sense,** (कुछ) आशय होना या निकलना। ***v.*** (sensed, sensing) 1. to become aware of, पता चलना, अनुभूत होना, महसूस होना, लगना, प्रतीत होना। 2. to understand, समझना, समझ में आना।

**senseless** (सेंन्स्´-लिस्) ***adj.*** 1. unconscious, अचेत, बेसुध, बेहोश। 2. meaningless, absurd, बेतुका, ऊटपटाँग, अर्थहीन। 3. foolish, मूर्ख, मूर्खतापूर्ण।

**sensex** (सेंन्´-सेंक्स्) ***n.*** the figure showing the relative price level of shares at the particular time of the day, सूचकांक।

**sensibility** (सेंन्-सि-बिल्´-इ-टी) ***n.*** 1. समझदारी, समझ। 2. sensitiveness, संवेदनशीलता, भावुकता।

**sensible** (सेंन्´-सि-बॅल्) ***adj.*** 1. having or showing good sense, समझदार या समझदारी का। 2. aware, चौकन्ना, चौकस, सचेत। 3. reasonable, युक्तियुक्त या युक्तिशील। 4. sensitive, संवेदनशील। 5. capable of being apprehended by the senses, इंद्रिय-ग्राह्य। 6. readily perceived, जो आसानी से समझ में आ जाए, सुबोध। 7. considerable, appreciable, अच्छा-खासा, काफ़ी, पर्याप्त। 8. considerable, पर्याप्त मात्रा में होनेवाला।

**sensitive** (सेंन्´-सि-टिव्) ***adj.*** 1. aware of and responsive to external conditions or the feeling of others, receptive, संवदेनशील, सुग्राही। 2. easily offended, भावुक, नाज़ुक-मिज़ाज। 3. delicate, नाज़ुक, सुकुमार।

S

**sensitive plant** *n.* a very delicate plant, छुईमुई, लाजवंती।

**sensitivity** (सेंन्-सि-टिव्´-इ-टी) *n.* 1. the quality or state of being sensitive, receptiveness, संवदेनशीलता, सुग्राहिता। 2. sentimentally, भावुकता। 3. peevishness, तुनकमिज़ाजी, चिड़चिड़ापन।

**sensitize** (सेंन्´-सि-टाइज़्) *v.* 1. to make sensitive, संवेदनशील बनाना। 2. to become more sensitive, अधिक समझदार हो जाना।

**sensory** (सेंन्´-सॅ-री) *adj.* pertaining to the senses, इंद्रिय-संबंधी, ऐंद्रिय।

**sensual** (सेंन्´-शु-ॲल्) *adj.* 1. of or pertaining to the senses, ऐंद्रिय। 2. concerned with sexual pleasures, विषयासक्त, विषय-वासना-संबंधी, वैषयिक। 3. tending to arouse sexual appetite, कामभावना जाग्रत करनेवाला, कामज।

S

**sensualist** (सेंन्´-शु-ॲ-लिस्ट्) *n.* a person very interested in sensual pleasures, विषयभोगी, इंद्रियलोलुप, कामासक्त व्यक्ति।

**sensuality** (सेंन्-शु-ऐल्´-इ-टी) *n.* fondness for sensual pleasures, भोगविलास।

**sensuous** (सेंन्´-शु-ॲस) *adj.* appealing to the senses, pleasing to the senses, इंद्रियगत, इंदियगम्य; sensous pleasure, ऐंद्रियसुख।

**sentence** (सेंन्´-टॅन्स्) *n.* 1. a group of words as an expression of thought, वाक्य। 2. a punishment awarded by a law court to a person found guilty, सज़ा, दंडादेश, दंडाज्ञा; sentence of death, मौत की सज़ा। *v.* to pass sentence on, दंडादेश देना।

**sentenced** (सेंन्´-टॅन्स्ड्) *adj.* convicted and punished, मृत्युदंड-प्राप्त।

**sentential** (सेंन्-टॅन्´-शॅल्) *adj.* 1. pertaining to a sentence, वाक्यगत, वाक्य-संबंधी। 2. of judicial sentence, दंडात्मक, दंडादेश-संबंधी।

**sententious** (सेंन्-टॅन्´-शॅस्) *adj.* 1. moralizing, नीतिविषयक, उपदेशात्मक। 2. pithy, अर्थगर्भित, सारगर्भित।

**sentient** (सेंन्´-टि-ॲन्ट्, सेंन्´-शॅन्ट्) *adj.* aware, conscious, जागरूक, सावधान, सचेत।

**sentiment** (सेंन्´-टि-मॅन्ट्) *n.* 1. exaggerated emotion or feeling, भावुकता। 2. a thought, opinion or view coloured with emotion, विचार, भाव, भावना।

**sentimental** (सेंन्-टि-मेंन्´-टॅल्) *adj.* 1. swayed by sentiment, influenced by tender feeling, भावुक। 2. concerning the emotion, emotional, भावपूर्ण, भावुकतापूर्ण।

**sentimentality** (सेंन्-टि-मेंन्-टैल्´-इ-टी) *n.* the state or quality of being sentimental, भावुकता, भावप्रवणता, भावावेश।

**sentimentalize** (सेंन्-टि-मेंन्´-टॅ-लाइज़्) *v.* to be sentimental, भावुक हो उठना।

**sentinel, sentry** (सेंन्´-टि-नॅल्, सेंन्´-ट्री) *n.* a guard or watchman, संतरी, प्रहरी।

**sepal** (सें´/सी´-पॅल्) *n.* any of the leaves forming a calyx, (फूल का) बाह्यदल।

**separable** (सेंप्´-ॲ-रॅ-बॅल्) *adj.* that can be separated, जो अलगाया जा सके, पृथक्करणीय।

**separate** (सेंप्´-ॲ-रेट्) *v.* 1. to put apart or divide, अलग-अलग करना, अलगाना। 2. to part, जुदा या अलग हो जाना, साथ छोड़ देना। *adj.* 1. not joined, united or connected, अलग, पृथक्, जुदा। 2. different, भिन्न। *n.* anything separate, अलग चीज़ या वस्तु।

**separating** (सेंप्-ॲ-रे्´-टिंग्) *adj.* that separates or disjoins, पृथक्कारी।

**separation** (सेंप्-ॲ-रे´-शॅन्) *n.* the act of separating or the state of being separated, अलगाव, पृथक्करण, वियुक्ति। 2. the formal agreement to live separately, पार्थक्य, विच्छेद। 3. division, विभाजन।

**separatist** (सेंप्´-ॲ-रॅ-टिस्ट्) *n.* a person or party who favours separation from a larger unit, अलगाववादी, पृथकतावादी।

**separative** (सेंप्´-ॲ-रे-टिव्) *adj.* tending to cause separation, पृथक्कारी।

**separator** (सेंप्´-ॲ-रे-टॅ:) *n.* a device that separates cream from milk, मथानी।

**sepoy** (सी´-पॉइ) *n.* a policeman, सिपाही।

**sepsis** (सेंप्´-सिस्) *n.* the infection caused by poisonous bacteria in the body, पूति।

**sept** (सेंप्ट्) ***n.*** a clan, वंश, कुल, घराना।

**septangular** (सेंप्-टैंग्´-यॅ-ल:) ***adj.*** having seven angles, सप्तकोणीय।

**September** (सेंप्-टेंम्´-बं:) ***n.*** the ninth month of the year, सितंबर।

**septet** (सेंप्-टेंट्´) ***n.*** a group of seven, सप्तक।

**septic** (सेंप्´-टिक्) ***adj.*** of or caused by poisonous bacteria, पूतिक, सेप्टिक।

**septicaemia, septicemia** (सेंप्-टि-सी´-मि-अॅ) ***n.*** blood poisoning, ख़ून की ख़राबी, पूतिरक्तता।

**septic tank** ***n.*** an underground tank for disposing of sewage, सेप्टिक टैंक।

**septuagenarian** (सेंप्-टु-अॅ-जॅ-नेंअॅर्´-इ-अॅन्) ***n.*** a person in his (her) seventies, वह जिसकी अवस्था ७० और ८० वर्ष के बीच हो।

**sepulchre, sepulcher** (सेंप्´-अॅल्-चं:) ***n.*** a tomb or grave, क़ब्र, मक़बरा, समाधि। ***v.*** to bury in a sepulchre, क़ब्र में रखना या डालना, दफ़नाना।

**sequel** (सी´-क्वॅल्) ***n.*** 1. a consequence, परिणाम, फल। 2. a novel or play that continues the story of an earlier one, उत्तर कथा।

**sequence** (सी´-क्वॅन्स्) ***n.*** 1. a set of things, events or actions following each other continuously or in a particular order, अनुक्रम, सिलसिला। 2. a consequence, परिणाम। 3. a related or continuous series, अवली, श्रेणी; sequence of tenses कालावली (काल+अवली)।

**sequential** (सि-क्वेंन्´-शॅल्) ***adj.*** 1. forming a sequence, सिलसिलेवार, आनुक्रमिक। 2. consequent, परिणामिक।

**sequester** (सि-क्वेंस्´-टं:) ***v.*** 1. to seize or confiscate, ज़ब्त कर लेना, क़ब्ज़े में कर लेना। 2. to seclude, एकांतवास करना।

**sequestrate** (सि-क्वेंस्´-ट्रेट्) ***v.*** to seize, ज़ब्त कर लेना।

**sequin** (सी´-क्विन्) ***n.*** a small shiny ornamental disc used to decorate garments, कपड़ों पर टाँकने की सीप, कटोरी।

**seraglio** (सि-रेंल्´-यो) ***n.*** a harem, रनिवास।

**seraph** (सेंर्´-अॅफ़्) ***n.*** an angel of the highest rank, देवदूत।

**seraphic** (सॅ-रैफ़्´-इक्) ***adj.*** of or pertaining to the seraphs, देवदूत-संबंधी।

**sere, sear** (सिअॅ:) ***adj.*** 1. withered, कुम्हलाया हुआ। 2. dried up, सूखा हुआ।

**serenade** (सेंर्-अॅ-नेड्) ***n.*** a song sung or music played by a lover under the window of his beloved, प्रेमगीत या प्रेम-संगीत। ***v.*** to play or sing a serenade, प्रेमगीत गाना या प्रेम-संगीत बजाना।

**serendipity** (सेंर्-अॅन्-डिप्´-इ-टी) ***n.*** the natural ability to make discoveries, आविष्करण-प्रवृत्ति।

**serene** (सॅ-रीन्´) ***adj.*** completely calm and peaceful, शांत, शांतचित्त, धीर।

**serenely** (सॅ-रीन्´-ली) ***adv.*** in a serene manner, शांत भाव से, शांतचित्त होकर।

**serenity** (सॅ-रेंन्´-इ-टी) ***n.*** calmness, repose, शांति, धैर्य, गंभीरता।

**serf** (स:फ़्) ***n.*** a person in feudal servitude bound to the land, मध्यकालीन सामंतों का बंधुआ मज़दूर, भूदास।

**serfdom** (स:फ़्´-डॅम्) ***n.*** the state of being a serf, बंधुआपन, भूदासता।

**serge** (स:ज्) ***n.*** twilled woollen cloth, एक प्रकार का ऊनी कपड़ा, सर्ज।

**sergeant** (सा:´-जॅन्ट्) ***n.*** an army officer, सेनाधिकारी; sergeant at arms, संसद् आदि में शांति-व्यवस्था स्थापित करनेवाला सैनिक अधिकारी।

**serial** (सिअॅर्´-इ-अॅल्) ***n.*** a story broadcast or published in a series of regular instalments, धारावाहिक, सीरियल। ***adj.*** 1. of or forming a serial, धारावाहिक रूप में होनेवाला, क्रमिक, सिलसिलेवार। 2. of or arranged in series, शृंखलाबद्ध।

**serialize** (सिअॅर्´-इ-अॅ-लाइज़्) ***v.*** to present as a serial, धारावाहिक रूप में छापना या दिखाना।

**serial number** ***n.*** a number, usually one of series that identifies one item, क्रमांक।

**sericulture** (सेंर´-इ-कॅल्-चं:) ***n.*** the busi-

S

ness of raising silk worms, कोया उद्योग।

**series** (सिअॅर्´-ईज़्) ***n.*** a group of things coming one after another, माला, शृंखला, श्रेणी, अवली।

**serious** (सिअॅर्´-इ-अॅस्) ***adj.*** 1. grave, sober, thoughtful, गंभीर, गंभीरतापूर्ण; serious face गंभीर मुखमुद्रा। 2. causing anxiety, चिंताजनक चिंतनीय, घोर; serious illness, घोर या चिंताजनक बीमारी; serious situation, गंभीर स्थिति। 3. not slight, important, घोर; serious inconvenience, घोर असुविधा। 4. not light hearted, sincere, जो हँसी-मज़ाक के रूप में न हो, सही, सच्चा। 5. difficult, कठिन, विकट।

**seriously** (सिअॅर्´-इ-अॅस्-ली) ***adv.*** in a serious way, गंभीरता से, गंभीरतापूर्वक। ☐ **take something seriously,** गंभीरता से लेना, गंभीर या महत्त्वपूर्ण समझकर उपभोग या व्यवहार करना।

**seriousness** (सिअॅर्´-इ-अॅस्-निस्) ***n.*** 1. the quality or state of being serious, गंभीरता। 2. danger, ख़तरा। 3. importance, महत्त्व।

**sermon** (स:´-मॅन्) ***n.*** a religious discourse, प्रवचन, उपदेश।

**sermonize** (स:´-मॅ-नाइज़्) ***v.*** to deliver a religious discourse (often tedious, प्राय: लंबा और थकाऊ) प्रवचन करना, उपदेश देना।

**sermonizer** (स:´-मॅ-नाइ-ज़ॅ:) ***n.*** one who delivers sermons, प्रवचनकर्ता, उपदेशक।

**serpent** (स:´-पॅन्ट्) ***n.*** 1. a large snake, बड़ा साँप, नाग। 2. a wicked person, दुष्ट व्यक्ति।

**serpentine** (स:´-पॅन्-टाइन्) ***adj.*** snake-like, सर्पिल।

**serrated** (सि-रे´-टिड्) ***adj.*** saw-like, दाँतेदार।

**serried** (सॅर्´-ईड्) ***adj.*** pressed closely together, सटा हुआ, घना; in serried ranks, कंधे से कंधा भिड़ाए हुए।

**serum** (सिअॅर्´-अॅम्) ***n.*** 1. the watery fluid separated from the blood, रक्त का जलीय अंश, सीरम। 2. a fluid of this kind obtained from an animal used for inoculations, सीरम।

**servant** (स:´-वॅन्ट्) ***n.*** 1. one employed to do domestic work, नौकर, चाकर। 2. an employee, कर्मी, कार्यकर्ता, नौकर, सेवक। ☐ **your humble servant,** दास, दासानुदास।

**serve** (स:व्) ***v.*** (served, serving) 1. to work for, सेवा करना, ख़िदमत करना। 2. to spend (time, समय) काटना या भुगतना। 3. to attend to, हाज़िरी बजाना, सेवा में उपस्थित होना। 5. to meet a need, आवश्यकता पूरी करना, काम चलाना, काम आना। 6. to be of assistance to, सहायक होना, मददगार होना। 7. to place (food) before, परसना, परोसना, देना या लगाना। 8. to put a ball in play, (टेनिस, बैडमिंटन आदि खेलों में) सर्विस करना। 9. (law) to deliver (a summons, समन) तामील करना।

**server** (स:´-वॅ:) ***n.*** one whose duty is to serve food in hotels etc., परोसनेवाला।

**service** (स:´-विस्) ***n.*** 1. the act of serving, the act of help or assistance, सेवा, सेवा-कार्य; public service, जनसेवा। 2. the occupation of a servant, नौकरी, चाकरी, सेवा। 3. a government department, राजकीय विभाग, महकमा; Indian Administrative Service भारतीय प्रशासनिक सेवा। 4. helpful or beneficial work, सेवा, टहल, जनहित कार्य। 5. public worship (in certain prescribed forms), अनुष्ठान, पूजा, अर्चना। 6. maintenance and repairs provided by a dealer, सर्विस। 7. the act or manner of serving food, (भोजन) परोसने का कार्य या ढंग। 8. the serving (of a summons, समन) तामील करना। 9. to serve in a game, सर्विस करना। ☐ **in the services,** फौज में, सेना में। ***v.*** (serviced, servicing) 1. to repair or overhaul, मरम्मत या ओवरहॉलिंग करना। 2. to provide service to, सेवा अर्पित करना, सेवा करना। 3. to mate with (a female animal) जोड़ा खाना।

**serviceability** (स:-वि-सॅ-बिल्´-इ-टी) ***n.*** the quality of being serviceable, उपयुक्तता, उपयोज्यता।

**serviceable** (स:´-वि-सॅ-बॅल्) ***adj.*** 1. usable, काम में लाने योग्य। 2. durable, टिकाऊ,

मज़बूत।

**service book** ***n.*** the book in which the records of the serviceman are maintained, सेवा-पुस्तिका।

**service charge** ***n.*** the amount of money charged for the service done, सेवा-प्रभार।

**service hours** ***n.*** working hours, कार्य घंटे।

**serviceman** (स:´-विस्-मॅन्) ***n.*** a male member of the army, फौजी, सैनिक।

**services** (स:´-वि-सिज़्) ***n.*** (plu.) 1. work performed for remuneration, सेवा, ख़िदमत, सेवाकार्य। 2. the armed forces, सेना, फ़ौज। 3. a system to provide the public with water, electricity, telephone etc., सेवा।

**service station** ***n.*** a place where automobile-repair is available, सेवा-केंद्र, सर्विस स्टेशन। 2. a filling station, पेट्रोल पंप।

**service woman** ***n.*** a female member of the army, महिला सैनिक।

**serviette** (स:-वि-ऍट्´) ***n.*** a napkin, नैपकिन।

**servile** (स:´-वाइल्) ***adj.*** 1. of a slave, दासोचित। 2. mean, हेय, नीच। 3. too submissive, जी-हज़ूर। 4. flattering, चापलूस।

**servility** (स:-विल्´-इ-टी) ***n.*** the quality or state of being servile, दासों के लिए उचित होने की अवस्था या भाव; जी-हजूरी; चापलूसी।

**servitude** (स:´-वि-ट्यूड्) ***n.*** slavery, bondage, दासता, गुलामी।

**servo** (स:´-वो) ***n.*** a mechanism that controls larger mechanism, किसी बड़े यंत्र-तंत्र को नियंत्रित करनेवाली यंत्र-पद्धति।

**sesame** (सेंस्´-ॲ-मी) ***n.*** oil seeds of a plant, तिल।

**session** (सेंश्´-ॲन्) ***n.*** 1. a meeting of a legislature etc., अधिवेशन, सत्र, बैठक। 2. an academic term, सत्र।

**sessional** (सेंश्´-ॲ-नॅल्) ***adj.*** of or pertaining to a session, सत्रीय, सत्र-संबंधी

**sessions** (सेंश्´-अन्ज़्) ***n.*** (plu.) any of certain meetings of a law court, सत्र; sessions judge सत्र न्यायाधीश।

**set** (सेंट्) ***v.*** (set, setting) 1. to put or place in a specified position, रखना, धरना। 2. to fix or adjust, जड़ना, बैठाना, लगाना। 3. to prescribe or determine, नियत करना, निश्चित करना। 4. to arrange or restore to proper state, व्यवस्थित करना, (खाने की मेज़) लगाना, (अक्षर) बैठाना। 5. to establish, स्थापित या प्रस्थापित करना। 6. to give (a piece of work) to do, काम देना। 7. to disappear below the horizon, अस्त होना, डूबना। 8. to become solid, जम जाना, पत्थर हो जाना। 9. to give a particular setting पृष्ठभूमि तैयार करना। □ **all set,** तैयार; **set about,** आरंभ करना; **set against,** (i) तुलना करना, (ii) शत्रु बनाना, (iii) अवैध ठहराना; **set back,** (i) पीछे करना, (ii) पीछे धकेलना; **set down,** (i) उतारना, (ii) नीचे रखना, (iii) लिख या टाँक लेना; **set forth,** (i) व्यक्त करना, (ii) प्रकाशित करना; **set in,** (i) आरंभ होना, आना, चल पड़ना, (ii) जड़ना, लगाना; **set off,** (i) कार्य आरंभ करना, (ii) यात्रा आरंभ करना, (iii) विस्फोट करना; **set on,** (i) उकसाकर पीछे लगाना, (ii) आक्रमण करना; **set out,** (i) रवाना होना, (ii) शुरू करना, (iii) व्यक्त करना, व्याख्या करना; **set right,** ठीक कर देना; **set to,** आरंभ करना; **set up,** खड़ा करना, लगाना, स्थापित करना; **set upon,** आक्रमण करना। ***adj.*** 1. fixed, predetermined, नियत, निश्चित, पूर्व-निर्धारित। 2. firm, स्थिर, अटल, दृढ़। 3. ready, प्रस्तुत, तैयार। ***n.*** 1. a group of certain connected things forming a unit, सेट। 2. a collection of things having a common property, कुलक, समुच्चय, सेट। 3. a gang, गिरोह, दल।

**setback** (सेंट्´-बैक्) ***n.*** 1. a blow, आघात। 2. defeat, पराजय।

**set square** ***n.*** (maths) a triangular piece of wood, plastic etc., having one of its angles as right angle, कोनिया।

**settee** (सें-टी´) ***n.*** a seat for two or more people, a small sofa, बेंच, सेटी।

**setter** (सें-टः´) ***n.*** 1. one who sets something, स्थापित करनेवाला, रखनेवाला, बैठानेवाला। 2. a hunting dog, एक शिकारी कुत्ता।

S

**setting** (सेंट्´-इंग्) ***n.*** 1. the surroundings in which something is set, पृष्ठभूमि, परिवेश। 2. a set of tableware at one place on a table, मेज़ पर एक जगह रखे जानेवाले बर्तन। 3. stage scenery, मंच-दृश्य। 4. the place or period in which a story or play takes place, पृष्ठभूमि। 5. a frame for a jewel etc., घर, आधार।

**settle** (सेंट्´-अॅल्) ***v.*** (settled, settling) 1. to put into order, व्यवस्थित करना। 2. to put, plant or set in place, लगाना, जमाना या बैठाना। 3. to establish, स्थापित करना। 4. to establish residence in, बसना या रहना। 5. to cause to sink, (तलछट को) जमने देना या जमाना। 6. to decide or determine, निर्णीत करना, निश्चित करना। 7. to end (a dispute, झगड़ा) निपटाना, तय करना। 8. to become composed, शांत होना। 9. to come to rest, स्थिर या स्थित होना, बैठना या ठहरना। 10. to descend, उतरना। 11. to become localized, केंद्रित होना। 12. to become firm or compact, जम जाना, बैठ जाना, स्थिर हो जाना। □ **settle down,** स्थायी रूप से बसना या रहना; **settle upon,** निश्चय करना; **settle with,** समझौता करना, क़रार करना।

**settled** (सेंट्´-अॅल्ड्) ***adj.*** 1. inhabited, बसा हुआ, आबाद। 2. stable, स्थिर। 3. decided, निपटाया हुआ, निश्चित। 4. arranged, व्यवस्थित। 5. paid, चुकता।

**settlement** (सेंट्´-अॅल्-मॅन्ट्) ***n.*** 1. a newly colonized region, बस्ती, उपनिवेश। 2. residence, आवास। 3. arrangement, व्यवस्था, बंदोबस्त। 4. agreement, क़रार, समझौता, निपटारा। 5. payment, भुगतान, देना।

**settler** (सेंट्´-लॅ:) ***n.*** a person who settles in a new country, नए देश में बस जानेवाला।

**seven** (सेंव्´-अॅन्) ***adj & n.*** 1. the number equal to the sum of six plus one, सात। 2. the card with seven points, सत्ता। □ **seven seas,** संसार के सातों समुद्र।

**seventeen** (सेंव्´-अॅन्-टीन्) ***n.*** the cardinal number between sixteen and eighteen, सत्रह (१७); seventeenth, सत्रहवाँ।

**seventh** (सेंव्´-अॅन्थ्) ***adj.*** coming after sixth, सातवाँ। □ **in the seventh heaven,** सातवें स्वर्ग में अर्थात् अत्यंत सुखद स्थिति में।

**seventieth** (सेंव्´-अॅन्-टि-अॅथ्) ***adj.*** followed by sixty-nine. सत्तरवाँ।

**seventy** (सेंव्´-अॅन्-टी) ***n.*** the cardinal number between sixty-nine and seventy-one, सत्तर (७०)।

**sever** (सेंव्´-अॅ:) ***v.*** 1. to cut, break off or separate, कटना या काटना, अलग करना या होना। 2. to dissolve, विघटित करना या होना।

**severable** (सेंव्´-अॅ-रॅ-बॅल्) ***adj.*** that can be severed, जो कट सके या काटा जा सके, जो अलग हो सके या अलग किया जा सके।

**several** (सेंव्´-अॅ-रॅल्) ***adj.*** 1. many, अनेक, कई। 2. different, separate, विभिन्न या पृथक्।

**severally** (सेंव्´-अॅ-रॅ-ली) ***adv.*** separately, respectively, अलग-अलग, पृथक्-पृथक्।

**severance** (सेंव्´-अॅ-रॅन्स्) ***n.*** the act of severing or the state of being severed, विच्छेदन, पृथक्करण/अलगाव, संबंध-विच्छेद।

**severe** (सॅ-विअॅ:´) ***adj.*** 1. stern, strict, कड़ा, कठोर। 2. violent, intense, घोर, प्रचंड, तीव्र। 3. sharp, rigorous, तेज़, तीक्ष्ण, तीखा। 4. extremely plain or simple, सीधा-सादा, सादा, सादगी-भरा।

**severely** (सॅ-विअॅ:´-ली) ***adv.*** sternly, strictly, कठोरतापूर्वक, सख़्ती से।

**severity** (सॅ-वेंर्´-इ-टी) ***n.*** 1. strictness, कड़ाई, कठोरता। 2. seriousness, गंभीरता।

**sew** (स्यु, सो) ***v.*** (sewed, sewn/sewed, sewing) to fasten with a needle and thread, सीना, सिलाई करना। □ **sew up,** (i) (कोई चीज़) सी डालना, (ii) क़ब्ज़े में कर लेना।

**sewage** (स्यू´-इज्, सू´-इज्) ***n.*** the water and waste matter carried off by sewers, नालियों तथा सीवरों द्वारा बहा ले जाया जानेवाला पानी और कूड़ा-करकट।

**sewer** (स्यू´-अॅ:, सू´-अॅ:) ***n.*** underground pipe or drains for carrying off water and waste matter, मलनाली, सीवर।

**sewerage** (स्यू´-अॅ:-इज्, सू´-अॅ:-इज्) ***n.*** the system of sewers, सीवेज, सीवर-प्रणाली, सीवर-व्यवस्था।

**sewing** (स्यू´-इंग्, सू´-इंग्) ***n.*** the act or occupation of a person who sews, सिलाई।

**sex** (सेंक्स्) ***n.*** 1. either of the two divisions of the organisms as male or female, प्राणियों के दो विभाग—नर और मादा, स्त्री और पुरुष; sex ratio, स्त्री-पुरुष अनुपात। 2. males or females collectively, नर-समूह, मादा-समूह, नर जाति, मादा जाति। 3. sexual urge, कामावेग, कामेच्छा। 4. sexual intercourse, मैथुन, संभोग, सहवास। 5. all the activity between males and females which is connected with this act, यौन-क्रियाकलाप।

**sexagenarian** (सेंक्-सॅ-जि-नेंअॅर्´-इ-अॅन्) ***n.*** a person between sixty and seventy years of age, साठ और सत्तर वर्ष के बीच का व्यक्ति।

**sex appeal** ***n.*** the physical charm that attracts the members of opposite sex, यौनाकर्षण।

**sexblind** (सेंक्स्´-ब्लाइन्ड्) ***adj.*** having erotic desire for sex, कामांध।

**sexed** (सेंक्स्ट्, सेंक्स्ड्) ***adj.*** dominated by sexual desire, कामासक्त; over-sexed, अतिकामासक्त।

**sexiness** (सेंक्´-सि-निस्) ***n.*** the quality or state of being sexy, कामुकता।

**sexism** (सेंक्´-सिज़्-अॅम्) ***n.*** discrimination by members of one sex against the other, लिंग-भेद की भावना, लैंगिक भेदभाव।

**sexless** (सेंक्स्´-लिस्) ***adj.*** 1. without love, कामरहित। 2. neither male nor female, न नर न माद्दा, लिंगविहीन। 3. impotent, नपुंसक।

**sexology** (सेंक्-सॉल्´-अॅ-जी) ***n.*** the science dealing with sex-behaviour, यौन-विज्ञान।

**sex organ** ***n.*** the organ of sex, कामेंद्रिय।

**sex pervert** ***n.*** one whose sexual behaviour is different from natural, काम-विपर्यस्त।

**sexridden** (सेंक्स्´-रिड्-अॅन्) ***adj.*** dominated by sexual desire, कामातुर, कामोन्मत्त।

**sextant** (सेंक्स्´-टॅन्ट्) ***n.*** an instrument for measuring altitudes of the celestial bodies, आकाशीय पिंडों की दूरी नापने का यंत्र।

**sextet** (सेंक्स्-टेंट्´) ***n.*** a group of six musicians, छह गायकों या वादकों का दल।

**sexton** (सेंक्स्´-टॅन्) ***n.*** a person responsible for the maintenance of church property, [illegible]रजे का संपत्ति-रक्षक।

**sextupel** (सेंक्स्´-टू´-पॅल्) ***adj.*** having six parts, जिसके छह भाग हों।

**sextuplet** (सेंक्स्-टप्´-लिट्) ***n.*** one of six offsprings delivered at one birth, एक साथ छह जनमे बच्चों में से कोई एक।

**sexual** (सेंक्´-शू-अॅल्) ***adj.*** of or pertaining to sex or sexes, यौन-संबंधी, काम-संबंधी।

**sexuality** (सेंक्-शू-ऐल्´-इ-टी) ***n.*** sexual desire, कामवासना, कामभाव, यौनभाव।

**sexually** (सेंक्´-शू-अॅल्-ई) ***adv.*** 1. with reference to sex, यौन-दृष्टि से। 2. in a sexual manner, कामभाव से।

**sexy** (सेंक्´-सी) ***adj.*** arousing sexual desire, कामोद्दीपक, कामोत्तेजक।

**shabby** (शैब्´-ई) ***adj.*** 1. worn-out, फटा-पुराना, चिथड़ा। 2. dirty, मैला-कुचैला। 3. badly dressed, फटीचर। 4. showing neglect or improper care, फूहड़, भद्दा। 5. stingy, कंजूस।

**shabbily** (शैब्´-इ-ली) ***adv.*** in a shabby manner, भद्दे ढंग से, फूहड़पन से।

**shack** (शैक्) ***n.*** a small house or hut, साधारण छोटा मकान, झोंपड़ी, झुग्गी। ☐ **shack up,** (i) रात बिताना या गुज़ारना, (ii) संभोग करना।

**shackle** (शैक्´-अॅल्) ***n.*** 1. a metal fastening for encircling the wrist or ankle of a prisoner, हथकड़ी या बेड़ी। 2. a device for fastening the door, कुंडी। 3. (plu.) something that restrains, बंधन। ***v.*** to put shackles on, हथकड़ी या बेड़ी पहनाना।

**shade** (शेड्) ***n.*** 1. comparative darkness or partial light, छाया। 2. representation of darkness in painting or drawing, छायांकन। 3. a small difference or shade,

छाया, रंगत, बारीकी। 4. a touch or trace, पुट, थोड़ा-सा अंश। 5. a device to screen from light, छाया करनेवाला भाग, झाँप। 6. anything lacking reality, अवास्तविक वस्तु, छायाभास, छाया। 7. a spirit or ghost, प्रेतात्मा। □ **put (something) into the shade,** महत्त्व गिरा देना, उपेक्षा करना। *v.* (shaded, shading) 1. to protect or screen from light or heat, छाया करना। 2. to put a shade on, शेड लगाना। 3. to make dim, धुँधला करना। 4. to darken, छायांकन करना।

**shadeless** (शेड्´-लिस्) without shade, छाया-विहीन।

**shading** (शे´-डिंग्) ***n.*** the representation of light or shade in a picture, छायांकन।

**shadow** (शैड्´-ओ) ***n.*** 1. shade cast upon a surface, परछाईं, साया। 2. image, प्रतिबिंब। 3. a person's inseparable companion or attendant, छाया की तरह किसी के साथ लगा रहनेवाला व्यक्ति। 4. gloom, depression, अवसाद, विषाद। 5. a slight trace, लेशमात्र। 6. a ghost, भूत, प्रेत। 7. something unreal, छायाभास, मरीचिका। □ **in the shadow of,** अत्यंत निकट; **under the shadow of,** के ख़तरे में। *v.* 1. to cast shadow over, छाया डालना, परछाईं डालना। 2. to protect, रक्षा करना। 3. to make dark, धुँधला करना। 4. to make gloomy, उदास या खिन्न करना। 5. to foreshadow, आभास देना। 6. to follow, पीछा करना। ***adj.*** imaginary, काल्पनिक, नक़ली; shadow-boxing नकली मुक्केबाज़ी, shadow cabinet, छाया मंत्रिमंडल।

**shadowgraph** (शै´-डो-ग्राफ़्/ग्रैफ़्) ***n.*** an X-ray photograph, छायाचित्र।

**shadowy** (शै´-डो-ई) ***adj.*** 1. shady, छायादार। 2. shaded, छायांकित। 3. dim, धुँधला, अस्पष्ट।

**shady** (शे´-डी) ***adj.*** 1. giving shade, छायादार। 2. of dubious character, निंद्य, कुत्सित, गर्हित।

**shaft** (शैफ़्ट्) ***n.*** 1. long stem (of a spear, arrow, axe etc., भाले, तीर, कुल्हाड़े आदि का) दंड/डंडा। 2. the handle of a hammer etc., डंडा, बेट। 3. a revolving rod, axle, धुरा। 4. a beam, शहतीर, धरन, बल्ली। 5. a ray, प्रकाश-किरण। 6. a sloping passage giving access to a mine, खान में जाने का ढालुआँ रास्ता।

**shag** (शैग्) ***n.*** 1. a mass of matted hair, झबरे बाल या उलझे रेशों का गुच्छा। 2. a napped fabric, रोएँदार कपड़ा। 3. shredded coarse tobacco, कटा तंबाकू।

**shaggy** (शैग्´-ई) ***adj.*** 1. having long coarse hair or fibre, बड़े-बड़े बालों या रेशोंवाला, झबरा। 2. rough, ख़ुरदरा।

**shaggy-dog story** ***n.*** a long silly joke, लंबा-चौड़ा मूर्खतापूर्ण मज़ाक।

**shake** (शेक) ***v.*** (shook, shaken, shaking) 1. to cause to move with short, quick movements, ज़ोर से हिलाना, झकझोरना। 2. to tremble or quiver, हिल उठना, थर्राना, कँपाना। 3. to unsettle, विचलित होना/करना। 4. to stagger, लड़खड़ाना, डगमगाना। □ **shake down,** झकझोर देना; **shake off,** पीछा या पिंड छुड़ाना; **shake out,** झकझोरकर गिराना; **shake up,** (i) हिला-डुलाकर मिलाना, (ii) तंग करना।

**shakedown** (शेक्´-डाउन्) ***n.*** a thorough search, तलाशी।

**shake-up** (शेक्´-अप्) ***n.*** reorganisation of drastic nature, आमूल परिवर्तन, पुनर्संघटन।

**shaky** (शे´-की) ***adj.*** 1. unstable, trembling, अस्थिर, डाँवाँडोल। 2. unsafe, weak, असुरक्षित, कमज़ोर।

**shale** (शेल्) ***n.*** a fine grained rock, स्लेटी पत्थर।

**shall** (शैल्) ***v.*** used as an auxiliary verb indicating future predictions, भविष्यत्काल की सूचक सहायक क्रिया।

**shallot** (शैल्´-अॅट्, शॅ-लॉट्´) ***n.*** an onion like plant, प्याज़ की तरह का एक पौधा।

**shallow** (शैल्´-ओ) ***adj.*** 1. not deep, छिछला, उथला। 2. lacking depth of meaning, character etc., उथला, ओछा। 3. superficial, सतही।

**shallowness** (शैल्´-ओ-निस्) ***n.*** the state of

being shallow, छिछलापन, उथलापन।

**sham** (शैम्) ***n.*** 1. a pretence, बहाना। 2. something not genuine, दिखावा, ढोंग या धोखा। 3. a person who falsely affects a certain character, स्वाँग रचनेवाला, ढोंगी, पाखंडी। ***adj.*** 1. not genuine, नक़ली। 2. pretended, ढोंग-भरा, पाखंड-भरा। ***v.*** (shammed, shamming) 1. to pretend, बहाना करना। 2. to pretend to be, बनना।

**shaman** (शा´-मॅन्, शैम्´-अॅन्) ***n.*** a religious person who can summon spirits, आत्माओं का आवाहन करनेवाला धर्माचार्य।

**shamble** (शैम्´-बॅल्) ***v.*** to move along in an awkward or unsteady way, पैर घसीटते हुए या भद्दे ढंग से चलना। ***n.*** an awkward or unsteady walk, घसीट चाल, भद्दी चाल।

**shambles** (शैम्´-बॅल्ज़्) ***n.*** 1. a slaughter-house, बूचड़ख़ाना। 2. a scene of blood-shed, रक्तरंजित स्थल। 3. condition of great destruction, विनाश-लीला। 4. condition of great disorder, खड़मंडल, अस्त-व्यस्तता।

**shame** (शेम्) ***n.*** 1. disgrace, ignominy, लज्जा, शर्म, शर्मिंदगी। 2. something that brings disgrace, लज्जा की बात या काम, बेशर्मी की बात। ***v.*** to make ashamed, शर्मिंदा करना।

**shamefaced** (शेम्´-फ़ेस्ट्´/फ़ेस्ड्) ***adj.*** 1. bashful, लाज-भरा, लज्जालु, शर्मीला। 2. ashamed, लज्जित, शर्मिंदा।

**shamefacedly** (शेम्´-फेस्ड्-ली) ***adv.*** in a shamefaced manner, लजाते हुए।

**shameful** (शेम्´-फुल्) ***adj.*** bringing or causing shame, लज्जाजनक, शर्मनाक।

**shamefully** (शेम्´-फु-ली) ***adv.*** in a shameful manner, बेशर्मी से, बेहयाई से, निर्लज्जतापूर्वक।

**shameless** (शेम्´-लिस्) ***adj.*** 1. having no feeling of shame, निर्लज्ज, बेशर्म, बेहया। 2. obstinate, impudent, ढीठ, उद्धत।

**shamelessly** (शेम्´-लिस्-ली) ***adv.*** shamefully, निर्लज्जतापूर्वक, बेहयाई से।

**shamelessness** (शेम्-लिस्-निस्) ***n.*** impudence, obstinacy, निर्लज्जता, बेहयाई।

**shammy** (शैम्´-ई) ***n.*** chamois, मृगछाला।

**shampoo** (शैम्-पू´) ***v.*** (shampooed, shampooing) to wash the hair, सिर धोना, केश धोना। ***n.*** 1. the washing of hair, केश-धुलाई, सिर-धुलाई। 2. a preparation of soap to wash hair, शैंपू।

**shamrock** (शैम्´-रॉक्) ***n.*** a plant, तिपतिया (पौधा)।

**shanghai** (शैंग्´-हाइ, शैंग्-हाइ´) ***v.*** (shanghaied, shanghaiing) to take (a person) by force or trickery and compel him to do something, (किसी का) अपहरण करना और (उसे) कुछ करने के लिए विवश करना।

**Shangri-La** (शैंग्-ग्रि-ला´) ***n.*** an imaginary paradise on earth, धरती का काल्पनिक स्वर्ग।

**shank** (शैंक्) ***n.*** 1. the part of the human leg between the knee and ankle, पिंडली। 2. a cut of meat from the leg of an animal, पिंडली का मांस। 3. a long narrow middle part of something, डंडी।

**shanks's pony** ***n.*** one's own legs used for walking, अपनी टाँगें; The car is broken down so we will use the shank's pony. कार ख़राब हो गई है, चलिए अपनी टाँगें सलामत हैं। ***adv.*** on foot, पैदल।

**shantung** (शैन्-टंग्´) ***n.*** a heavy silk fabric, एक प्रकार का मोटा रेशमी कपड़ा।

**shanty** (शैन्´-टी) ***n.*** a small house or hut, shack, झुग्गी, झोंपड़ी।

**shanty town** ***n.*** the part of a city full of shanties, मलिन बस्ती।

**shapable** (शेप्´-अॅ-बल्) ***adj.*** that can be shaped or moulded, गढ़ने योग्य, सुघट्य।

**shape** (शेप्) ***n.*** 1. a form with a definite outline, आकृति, शक्ल, रूप। 2. organized or definite form, शक्ल, सूरत। 3. mould, ढाँचा। 4. pattern, प्रतिमान, नमूना। 5. condition, स्थिति। ☐ **out of shape,** ख़राब स्थिति में; **take shape,** रूप धारण करना। ***v.*** 1. to give a particular form to, रूपायित करना। 2. to take a particular form, रूपायित होना। 3. to plan or devise, चरितार्थ करना, रूपायित करना। 4. to develop, विकास करना।

S

**shapeless** (शेप्´-लिस्) *adj.* without shape, आकृतिहीन, अरूप, निराकार।

**shapely** (शेप्´-ली) *adj.* 1. having a pleasing shape, सुंदर आकृतिवाला, नयनाभिराम। 3. well-formed, सुडौल, सुगठित।

**shaper** (शेप्´-अ:) *n.* 1. a person who shapes material etc., गढ़ैया। 2. a machine that shapes material etc., शेपर मशीन।

**shard** (शा:ड्) *n.* a broken piece of pottery, मिट्टी के बर्तन का छोटा टुकड़ा, ठीकरा।

**share** (शेंअ:) *n.* 1. a part or portion belonging to someone, अंश, हिस्सा, भाग। 2. one of the equal parts forming a business company's capital, पत्ती, शेयर, हिस्सा। 3. the portions into which some property is divided, अंश, भाग, हिस्सा। *v.* 1. to distribute in shares, to divide in portion, हिस्से लगाना/बाँटना। 2. to participate, हिस्सा लेना, सम्मिलित होना। 3. to have a share of, हिस्सा होना।

**sharecropper** (शेंअ:´-क्रॉप्-अ:) *n.* a farmer who gives a share of crop to the landlord, बँटाईदार।

**shareholder** (शेंअ:´-होल्-ड:) *n.* one who holds a share, अंशधारी, शेयर-होल्डर।

**shark** (शा:क्) *n.* 1. a large sea fish, शार्क। 2. (fig.) a cheat, धोखेबाज़, ठग।

**sharp** (शा:प्) *adj.* 1. having a fine edge for cutting, तेज़ धारवाला, धारदार, पैना, तीक्ष्ण, तीखा। 2. clear, distinct, पूर्णत: स्पष्ट, सुस्पष्ट, तीखा; sharp features, तीखे नाक-नक़्श। 3. biting, काटनेवाला, कटहा। 4. severe, प्रचंड, तीव्र। 5. intelligent, बुद्धिमान, कुशाग्र-बुद्धि। 6. vigorous, कर्मठ या उत्साही। 7. harsh, कटु, कठोर, तीखा। 8. pungent, चरपरा, तीता। 9. involving a sudden change in direction, अंधा; sharp turn, अंधा मोड़। *adv.* 1. exactly, ठीक; 5 p.m. sharp, ठीक पाँच बजे। 2. in a sharp manner, होशियारी से। *n.* a swindler, धूर्त व्यक्ति।

**sharpen** (शा:´-पॅन्) *v.* 1. to make sharp, तेज़ करना, धार तेज़ करना, धार रखना या लगाना। 2. to become sharp, तेज़ होना।

**sharpener** (शा:´-पॅ-नॅ:) *n.* 1. one who sharpens the knives, tools etc., सान लगाने या धरनेवाला। 2. a device for sharpening the pencil, शार्पनर।

**sharper** (शा:´-पॅ:) *n.* 1. a swindler, धोखेबाज़, ठग। 2. a swindler at cards, पत्ते लगानेवाला।

**sharp-eyed** (शा:प्-आईड्´) *adj.* quick at noticing things, तेज़ नज़रवाला, तीक्ष्ण दृष्टि।

**sharpness** (शा:प्´-निस्) *n.* the quality or state of being sharp, तेज़ी, तीक्ष्णता, पैनापन।

**sharp-shooter** (शा:र्प्´-शू-टॅ:) *n.* a skilled marksman, कुशल निशानेबाज़।

**sharp-sighted** (शा:प्´-साइ-टिड्) *adj.* having a sharp eyesight, पैनी दृष्टिवाला।

**sharp-tongued** (शा:प्´-टन्ड्) *adj.* using harsh language, (ज़बान का) कड़वा, बदज़बान।

**sharp-witted** (शा:प्´-विट्-इड्) *adj.* keenly observant, प्रत्युत्पन्नमति।

**shatter** (शैट्´-अ:) *v.* 1. to break violenty into pieces, चूर-चूर करना, चकनाचूर करना। 2. to burst suddenly into pieces, चूरचूर होना, चकनाचूर होना। 3. to destroy, नष्ट करना।

**shavable** (शेव्´-अॅ-बल्) *adj.* that can be shaved, (दाढ़ी) बनाने योग्य, मूँड़ने योग्य।

**shave** (शेव्) *v.* (shaved, shaven/shaved, shaving) 1. to cut the beard with a razor, दाढ़ी बनाना। 2. to cut the hair, बाल काटना या मूँड़ना। 3. to cut off in very thin pieces or slices, पतले-पतले टुकड़े करना। 4. to come close to in passing, बच जाना। *n.* an act, process or result of shaving, दाढ़ी बनाने का काम या बनी दाढ़ी। □ **close/narrow shave,** बाल-बाल बचाव।

**shaver** (शे´-वॅ:) *n.* 1. a shaving device, दाढ़ी बनाने की मशीन। 2. a razor, उस्तरा। 3. a person who shaves, नाई, हज्जाम।

**shaving** (शेविंग्) *n.* 1. the act of closely cutting the hair, हजामत। 2. something shaved off, छीलन।

**shavings** (शे´-विंग्स्) *n.* (plu.) thin strips of wood, छीलन।

**shawl** (शाःल्) ***n.*** a piece of fabric used as covering, शाल।

**she** (शी) ***pron.*** used for female person or thing, वह (plu. they वे)। ***n.*** a female animal, मादा प्राणी; she-goat बकरी।

**sheaf** (शीफ़्) ***n.*** a bunch or bundle of cut stalks of grain, पूला, पुलिंदा।

**shear** (शिअॅः) ***v.*** (sheared, shorn/sheared, shearing) 1. to remove (wool) by cutting, (भेड़ आदि को) मूँड़ना, ऊन कतरना। 2. to deprive, छीन लेना, लूटना-खसोटना। □ **be shorn of,** मूँड़ा जाना, रहित कर दिया जाना।

**shears** (शिअॅःज़्) ***n.*** a large-sized scissors, बड़ी कैंची, कैंचा।

**sheath** (शीथ्) ***n.*** 1. a case for the blade of a sword, म्यान, असिकोष। 2. any similar close fitting covering or case, आवरण, गिलाफ़। 3. a condom, निरोध।

**sheathe** (सीद्) ***v.*** (sheathed, sheathing) 1. to put into a sheath, म्यान में डालना या रखना।

**sheathing** (शी´-दिंग्) ***n.*** 1. case or covering, खोल, आवरण, गिलाफ़ आदि। 2. the act of putting something in a sheath, म्यान में रखने की क्रिया या भाव।

**sheave** (शीव्) ***v.*** a pulley, पुली।

**shebeen** (शि-बीन्´) ***n.*** a place where alcoholic drink is sold illegally, अवैध शराब बिकने का अड्डा।

**shed**[1] (शॅड्) ***n.*** a small structure for storage or shelter, सायबान, शेड।

**shed**[2] ***v.*** (shed, shedding) 1. to pour forth, बहना। 2. to cause to pour forth, बहाना। 3. to take off, उतारना। 4. to lose, झड़ना। 5. to repel, हटाना, दूर करना। □ **shed light upon,** स्पष्टीकरण करना, (मामले) पर प्रकाश डालना।

**sheen** (शीन्) ***n.*** 1. lustre, चमक, चमक-दमक, दीप्ति। 2. pomp and show, तड़क-भड़क।

**sheeny** (शीन्´-ई) ***adj.*** shining, चमकीला, चमकदार।

**sheep** (शीप्) ***n.*** (sing. & plu.) 1. a grass-eating animal, भेड़। 2. a timid or meek fellow, भीरु या दब्बू व्यक्ति।

**sheepdog** (शीप्´-डाःग्) ***n.*** a dog reared for herding sheep, वह कुत्ता जो भेड़ों की रखवाली करता हो।

**sheepfold** (शीप्´-फ़ोल्ड्) ***n.*** an enclosure for sheep, भेड़ों का बाड़ा।

**sheepish** (शी´-पिश्) ***adj.*** 1. timid, meek or bashful, भीरु, डरपोक, शर्मीला। 2. embarrassed, विकल, व्याकुल, घबराया हुआ।

**sheer**[1] (शिअॅः) ***adj.*** 1. pure, विशुद्ध। 2. absolute, नितांत, निरा, सिर्फ़। 3. very thin and transparent, पतला और पारदर्शक। 4. very steep, खड़ा; sheer cliff, खड़ी चट्टान। ***adv.*** 1. absolutely, completely, पूर्णतया, बिल्कुल, एकदम। 2. steeply, खड़े बल में।

**sheer**[2] ***v.*** 1. to deviate from the course, सही रास्ते से भटक जाना। 2. to avoid (an unpleasant person) किनारा करना।

**sheet**[1] (शीट्) ***n.*** 1. a rectangular piece of cotton used as a bedsheet, चादर। 2. rectangular thin piece of metal, चद्दर। 3. a rectangular piece of paper, ताव। 4. a wide expanse of snow or water, विस्तृत सतह या तल। ***v.*** 1. to spread a sheet, चादर बिछाना। 2. to cover or wrap with a sheet, चादर ओढ़ाना या चादर से लपेटना।

**sheet**[2] ***n.*** a chain or rope attached to a sail, पाल से लगा हुआ रस्सा या जंजीर (जिससे पाल को ठीक करते हैं)।

**sheet-anchor** (शीट्´-ऐंग्-कः) ***n.*** 1. a large anchor for use in emergency, बड़ा लंगर जिसका उपयोग संकट के समय करते हैं। 2. main or last resort, मुख्य आधार, अंतिम अवलंब।

**sheeting** (शीट्´-इंग्) ***n.*** a fabric from which sheets are cut, वह कपड़ा जिसमें से चादरें काटी या निकाली जाती हैं।

**sheikh** (शेक्) ***n.*** 1. a religious leader, शेख़। 2. the leader of an Arab tribe, अरब जनजाति का मुखिया शेख़।

**sheikhdom** (शेक्´-डम्) ***n.*** the territory of a sheikh, शेख़ की सल्तनत।

**shelf** (शेल्फ़्) ***n.*** 1. a flat piece of wood,

S

metal etc., fixed in a wall or almirah for supporting objects, टाँड़, शेल्फ़, ख़ाना। □ **on the shelf,** निष्क्रिय, बेकार।

**shell** (शॅल्) ***n.*** 1. the hard outer covering of snails, tortoises etc., बाहरी कड़ा आवरण, खोल (जैसे सीपी, शंख, आदि का)। 2. the hard outer layer of some fruits, मोटा कड़ा छिलका। 3. a cartridge designed to explode in the air, बारूद का गोला, तोप का गोला। 4. the external structure of an unfinished building, ढाँचा। □ **come out of one's shell,** धड़ल्ले से सामने आना। ***v.*** 1. to remove the shell of, खोल या छिलका उतारना। 2. to fire explosive shells at, गोले/बम बरसाना। □ **shell out,** (धन) देना, चुकाना।

**shellac** (शॅ-लैक्´) ***n.*** the flakes of lac, चपड़ा, लाख की पपड़ी।

**shellfire** (शॅल्´-फ़ाइ:) ***n.*** the firing of explosive shells, गोलाबारी।

**shellfish** (शॅल्´-फ़िश्) ***n.*** any aquatic animal having a shell like outer covering, शंखमीन।

**shellproof** (शॅल्´-प्रूफ़्) ***adj.*** resisting shellfire, जिसपर बमबारी का असर न हो।

**shelter** (शॅल्-टॅ:) ***n.*** 1. something that provides protection, आश्रय। 2. the state of being sheltered, शरण। ***v.*** 1. to provide with shelter, आश्रय देना। 2. to protect, बचाना, रक्षा करना। 3. to find or take shelter, आश्रय पाना, शरण लेना।

**shelve** (शॅल्व्) ***v.*** 1. to put on a shelf, टाँड़ पर रखना। 2. to arrange on a shelf, टाँड़ पर सजाकर रखना। 3. to provide with shelves, टाँड़ लगाना। 4. to postpone, to put aside, उठा रखना, स्थगित करना। 5. to dismiss, अलग कर देना, निकाल देना। 6. to slope gently, थोड़ा-थोड़ा ढलवाँ होना।

**shepherd** (शॅप्´-ॲ:ड्) ***n.*** one who tends sheep, भेड़ें चरानेवाला, गड़रिया। [*Fem.* shepherdess, गड़ेरिन]। ***v.*** 1. to graze sheep, भेड़ें चराना। 2. to guide (people, लोगों को) राह दिखलाना, सँभालकर ले चलना।

**sherd** (श:ड्) ***n.*** = shard.

**sheriff** (शॅर्´-इफ़्) ***n.*** an executive officer, शासनाधिकारी।

**sherpa** (शॅ:´-पॅ) ***n.*** a mountaineer-cum-labourer of Nepal, शेरपा।

**sherry** (शॅर्´-ई) ***n.*** a Spanish wine, शैरी।

**shibboleth** (शिब्´-ॲ-लॅथ्) ***n.*** 1. the language of a particular group, बोली। 2. an old idea or phrase, पुराना विचार या पदबंध।

**shield** (शील्ड्) ***n.*** 1. an armour to protect the body, कवच, ढाल। 2. a trophy, ट्राफ़ी। ***v.*** 1. to protect, रक्षा करना। 2. to screen, छिपाना।

**shift** (शिफ़्ट्) ***v.*** 1. to move for another place, जगह बदलना, स्थान परिवर्तित करना, एक जगह से दूसरी जगह जाना। 2. to change from one position to another, दूसरे पद पर जाना। 3. to remove, हटाना। 4. to change (gear, गियर) बदलना। ***n.*** 1. the act of shifting, स्थानांतरण, स्थान-परिवर्तन। 2. the group of workers who start work as another set finishes, पारी। 3. a change of direction or attitude, बदलाव, अंतरण। 4. an undershirt, बनियान। □ **shift one's ground,** तर्क का आधार बदलना।

**shiftless** (शिफ़्ट्´-लिस्) ***adj.*** 1. lazy, आलसी। 2. lacking resourcefulness, साधनहीन।

**shifty** (शिफ़्´-टी) ***adj.*** 1. given to evasions, बहानेबाज़। 2. untrustworthy, अविश्वसनीय।

**shilling** (शिल्´-इंग्) ***n.*** a former British coin, शिलिंग।

**shilly-shally** (शिल्´-ई-शैल्-ई) ***v.*** (shilly-shallied, shilly-shallying) to hesitate or waver, हिचकिचाना, असमंजस में पड़ जाना। ***adj.*** indecisive, हिचकिचानेवाला, असमंजस में पड़ा हुआ।

**shim** (शिम्) ***n.*** a wedge, पच्चर। ***v.*** (shimmed, shimming) to adjust with the use of a shim, पच्चर लगाना, बैठाना या ठोकना।

**shimmer** (शिम्´-ॲ:) ***v.*** to shine with a flickering light, टिमटिमाना। ***n.*** flickering light, टिमटिमाहट।

**shin** (शिन्) ***n.*** 1. the front of the leg below

the knee, घुटने के नीचे की नली। 2. a cut of beef of the lower part of the foreleg of a cattle, पशु की अगली टाँग के निचले भाग का गोश्त। *v.* (shinned, shinning) to climb by using hands and legs, (पेड़, खंभे आदि पर) चढ़ना।

**shinbone** (शिन्´-बोन्) *n.* the larger of the two bones from knee to ankle, घुटने और टखने के बीच की दो हड्डियों में से बड़ी हड्डी, बड़ी नली।

**shinding** (शिन्´-डिंग्) *n.* = shindy.

**shindy** (शिन्´-डी) *n.* 1. a boisterous festive gathering, उत्सव तथा हल्ला-गुल्ला मचाते हुए लोगों का समूह। 2. a commotion, झगड़ा-फ़साद, हंगामा।

**shine** (शाइन्) *v.* (shone, shining) 1. to emit light, to glow, चमकना। 2. to cause to shine, चमकाना। 3. to excel, आगे निकलना, चमकना। *n.* 1. lustre, चमक। 2. a high polish, पॉलिश, चमक-दमक। □ **come rain or shine,** मौसम चाहे कैसा भी रहे।

**shingle** (शिंग्´-गॅल्) *n.* 1. a thin rectangular piece of wood, पट्टा, तख़्ता। 2. the pebbles, बजरी। 3. a woman's short-cropped hair style, औरतों के बाल सजाने का एक प्रकार। *v.* (shingled, shingling) to cover with shingles, (छत को) तख़्तों से पाटना।

**Shinto** (शिन्´-तो) *n.* a religion of Japan, जापानी धर्म, शिंतो।

**shinty** (शिन्´-टी) *n.* the stick used in the game of hockey, हॉकी।

**shiny** (शाइ´-नी) *adj.* shining, चमकदार, चमकीला।

**ship** (शिप्) *n.* 1. a large floating vessel, जलयान, पोत, पानी का जहाज़। 2. an airship, वायुयान। *v.* (shipped, shipping) 1. to put or take on board a ship, जहाज़ पर लादना या सवार होना। 2. to send or transport by any carrier, किसी भी साधन से माल आदि भेजना।

**shipman** (शिप्´-मॅन्) *n.* a sailor, नाविक।

**shipmate** (शिप्´-मेट्) *n.* a fellow sailor, साथी नाविक।

**shipment** (शिप्´-मेंन्ट्) *n.* 1. the act of sending goods by a ship, जलयान या पोत द्वारा माल भेजने का कार्य, पोत-प्रेषण। 2. a load of goods in a ship, पोत-लदान।

**shipper** (शिप्´-अॅ:) *n.* a person who ships goods, जलयान से माल भेजनेवाला।

**shipping** (शिप्´-इंग्) *n.* 1. the business of transporting goods by ships, जहाज़रानी, जहाज़ से माल भेजना, नौपरिवहन। 2. ships as a group, पोतसमूह, जहाजी बेड़ा।

**shipshape** (शिप्´-शेप्) *adj.* trim, orderly, tidy, सुव्यवस्थित, साफ़-सुथरा, ठीक-ठाक।

**shipwreck** (शिप्´-रॅक्) *n.* the destruction of a ship, पोत-ध्वंस। *v.* to cause to wreck ship, पोत को ध्वस्त कर देना।

**shipwright** (शिप्´-राइट्) *n.* a ship-builder, जहाज़-निर्माता, पोत-निर्माता।

**shipyard** (शिप्´-या:ड्) *n.* a yard where ships are built or repaired, पोतशाला।

**shire** (शाइ:) *n.* a county, प्रांत, क्षेत्र।

**shirk** (श:क्) *v.* to avoid work or duty, काम से भागना, जी चुराना। *n.* a person who evades work, कामचोर।

**shirker** (श:क्´-अॅ:) *n.* a person who shirks, काम से जी चुराने या भागनेवाला, कामचोर।

**shirt** (श:ट्) *n.* a garment worn in the upper part of the body, कमीज़। □ **keep one's shirt on,** आपे में रहना, आपे से बाहर न होना; **lose one's shirt,** पूँजी गँवाना, नुकसान उठाना; **put one's shirt on,** अपना सबकुछ दाँव पर लगा देना।

**shirting** (श:´-टिंग्) *n.* fabric used in making shirts, कमीज़ का कपड़ा।

**shirty** (श:´-टी) *adj.* bad-tempered, बद-मिज़ाज, चिड़चिड़ा।

**shit** (शिट्) *n.* faeces, excrement, गूह, मल।

**shiver[1]** (शिव्´-अॅ:) *v.* to tremble, काँपना, सिहर उठना।

**shiver[2]** *v.* to break into fragments, टुकड़े-टुकड़े करना या होना। *n.* a fragment, टुकड़ा।

**shivery** (शिव्´-अॅ-री) *adj.* trembling, काँपता हुआ, कंपित।

**shoal[1]** (शोल्) *n.* 1. a group of fish, मछलियों

S

का झुंड, गोल। 2. a large group of people, भीड़।

**shoal**[2] ***n.*** 1. a shallow place, वह स्थान जहाँ पानी छिछला हो। 2. (plu.) dangers, ख़तरे।

**shock** (शॉक्) ***n.*** 1. a violent impact or blow, धक्का, आघात, प्रघात। 2. a sudden violent blow on one's mind, मानसिक आघात, धक्का, सदमा। 3. the disturbance of mental equilibrium, दहशत। 4. tangled mass of hair, जटा-जूट, जटा। 5. an electric shock, बिजली का झटका। ***v.*** 1. to give a shock, धक्का देना या लगाना, सदमा पहुँचाना। 2. to make dumbfounded, चकित या स्तब्ध कर देना।

**shocker** (शॉक्´-अॅ:) ***n.*** 1. a person or thing that shocks, आघातकारी, प्रघातकारी। 2. a sensational piece of writing, सनसनीखेज़ लेख।

**shockheaded** (शॉक्´-हेॅड्-इड्) ***adj.*** having a thick bushy head of hair, जटाधारी, झबरा।

**shocking** (शॉक्´-इंग्) ***adj.*** highly offensive, घोर, भयावह या अपयशकर।

**shockingly** (-ली) ***adv.*** 1. extremely, अत्यधिक। 2. very badly, बुरी तरह से।

**shockproof** (शॉक्´-प्रूफ़्) ***adj.*** that resists shocks, आघात-सह।

**shock treatment** ***n.*** giving of electric shocks, प्रघात-चिकित्सा।

**shock wave** ***n.*** a wave of shocks, प्रघाती तरंग।

**shod** (शॉड्) ***v.*** p.t. & p.p. of shoe,

**shoddy** (शॉड्´-ई) ***adj.*** inferior, घटिया। 2. dishonest, बेईमानी-भरा, अनुचित। ***n.*** 1. fibre made from old clothes, पुराने वस्त्रों से निकाला हुआ धागा। 2. cloth made from this, उक्त धागे से बुना हुआ कपड़ा।

**shoe** (शू) ***n.*** 1. a covering for the human foot, जूता। 2. a horse shoe, (घोड़े की) नाल। ☐ **fill someone's shoes,** किसी का स्थान ग्रहण करना, किसी के पद पर बैठना; **where the shoe pinches,** कष्ट का कारण। ***v.*** (shod/shoed, shoeing) to furnish with shoes, जूता पहनाना।

**shoe-flower** (शू´-फ़्लाउ-अॅ:) ***n.*** a plant and its flower, अड़हुल, गुड़हल, जवा।

**shoehorn** (शू´-हॉ:न्) ***n.*** an appliance for putting on shoes, सीगड़ा (जिसकी सहायता से जूता पहना जाता है)।

**shoelace** (शू´-लेस्) ***n.*** a lace for fastening shoes, जूते का फ़ीता, तस्मा।

**shoemaker** (शू´-मे-कॅ:) ***n.*** one who makes or repairs shoes, मोची।

**shoeshine** (शू´-शाइन्) ***n.*** the polishing of shoes, जूतों की पॉलिश करना।

**shoestring** (शू´-स्ट्रिंग्) ***n.*** 1. a lace for fastening shoes, तस्मा। 2. a very small amount of money, थोड़ा-सा धन।

**shoetree** (शू´-ट्री) ***n.*** a foot-shaped block inserted in a shoe to preserve its shape, जूते बनाने का लकड़ी या प्लास्टिक का ढाँचा, कलबूत।

**shoo** (शू) ***interj.*** used to scare away birds or animals, पक्षियों या पशुओं को भगाने के लिए किया जानेवाला शब्द, शू। ***v.*** (shooed, shooing) to scare away, शू करना।

**shoot** (शूट्) ***v.*** (shot, shooting) 1. to discharge a bullet or arrow, गोली या तीर चलाना, दागना। 2. to kill with a bullet or arrow, गोली या तीर मारना या से मार डालना। 3. to grow or sprout, अंकुरित होना, कल्ला निकलना। 4. to record on films, (कैमरे से) फोटो लेना, चित्र लेना। ☐ **shoot at,** (कुछ प्राप्त करने का) प्रयास करना; **shoot down,** (जहाज़ को) मारकर गिरा देना; **shoot off,** (i) दागना, (ii) घटना; **shoot one's mouth off,** कहनी-अनकहनी कहना, बिना विचारे अंडबंड बोलना; **shoot out,** बाहर निकलना या निकालना; **shoot up,** (i) उगना, बढ़ना या पनपना, (ii) गोले बरसाना। ***n.*** 1. a new growth of a plant, अंकुर, कल्ला। 2. a shooting tournament, गोली चलाने या तीरंदाज़ी की प्रतियोगिता, बंदूकबाज़ी की प्रतियोगिता।

**shooting** (शूट्´-इंग्) ***n.*** 1. the act of taking photographs, फ़िल्मांकन करना। 2. the discharging of bullets, गोलियाँ चलाना।

**shooting pain** ***n.*** a sudden severe pain,

टीस, चमक।

**shooting range** ***n.*** an area in which shooting exercises are being done, चाँदमारी-क्षेत्र।

**shooting star** ***n.*** a meteor, उल्का।

**shop** (शॉप्) ***n.*** 1. a retail store, दुकान। 2. a workshop, कार्यशाला। ***v.*** (shopped, shopping) to visit shops to buy things, दुकान या दुकानों पर जाकर ख़रीदारी करना। ☐ **shop around,** कई जगह देखकर अच्छी चीज़ खरीदना।

**shoplifter** (शॉप्´-लिफ़्-टॅ:) ***n.*** one who steals goods from a shop, उचक्का, उठाईगीरा।

**shopper** (शॉप्´-अॅ:) ***n.*** one who shops, ख़रीदार।

**shopping** (शॉप्´-इंग्) ***n.*** the act of buying goods, ख़रीदारी करना, चीज़ खरीदना।

**shopping centre** (शॉप्´-इंग्-सेंन्´-टॅ:) ***n.*** a market place, विक्रय-केंद्र।

**shopsoiled** (शॉप्´-सॉइल्ड्) ***adj.*** worn or faded from being displayed in a shop, ख़राब, मुरझाया या फटा हुआ।

**shore**[1] (शो:) ***n.*** 1. the land along the edge of a river, sea etc., समुद्रतट, तीर।

**shore**[2] ***n.*** a support, थूनी, टेक। ***v.*** to make safe with a prop, टेक या थूनी लगाना।

**shoreline** (शो:´-लाइन्) ***n.*** the edge of a body of water, तटरेखा।

**short** (शा:ट्) ***adj.*** (shorter, shortest) 1. of little length, not long, small, छोटा, लघु, संक्षिप्त, ह्रस्व। 2. of limited duration, अल्पकालिक; short notice, अल्प सूचना। 3. inadequate deficient; कम, अल्प। 4. needful, जरूरतमंद। 5. brief, छोटा, संक्षिप्त। 6. rude, रूखा, टुच्चा। 7. (vowel) not long, ह्रस्व। 8. without reaching a target, ओछा (निशाना)। ☐ **in short,** संक्षेप में, थोड़े में, **nothing short of,** ज़रा भी कम नहीं; **make short work of,** जल्दी से ख़त्म करना, निपटा डालना; **short for,** संक्षिप्त रूप, **short of,** का संक्षिप्त रूप। ***n.*** 1. anything that is short, छोटे आकार-प्रकार की वस्तु। 2. a short drink, एक तरह की कड़वी शराब। 3. (plu.) men's under-shorts, जाँघिया, कच्छा। ***adv.*** abruptly, quickly, सहसा, अचानक। 2. not to reach the target, ओछा; ☐ **cut short,** (i) छोटा बना देना, (ii) बीच में ख़त्म कर देना; **fall short of,** से कम पड़ जाना; **go or ran short of,** की कमी पड़ जाना; **short of,** को छोड़कर।

**shortage** (शॉ:´-टिज्) ***n.*** insufficiency, deficiency, कमी, अभाव, अल्पता।

**shortchange** (शॉ:ट´-चेन्ज्) ***v.*** 1. to rob by giving insufficient change, कम रेज़गारी देकर ठगना या लूटना। 2. to cheat, धोखा देना।

**short-circuit** (शॉ:ट´-स:-किट्) ***n.*** the flow of current by shorter route than the normal one, शॉर्ट सर्किट, लघु परिपथ।

**shortcoming** (शॉ:ट्´-कम्-इंग्) ***n.*** 1. deficiency, कमी, कमज़ोरी। 2. a fault, दोष।

**short credit** ***n.*** a sum of money lent for a small period, अल्पकालीन ऋण।

**shortcut** (शॉ:ट्´-कट्) ***n.*** a shorter route, छोटा रास्ता।

**shorten** (शॉ:´-टॅन्) ***v.*** 1. to make shorter, छोटा करना/बनाना। 2. to become shorter, छोटा हो जाना।

**shortening** (शॉ:-टॅ-निंग्) ***n.*** butter or other fat used to make pastry, पेस्ट्री में मिलाया जानेवाला मक्खन या अन्य स्निग्ध पदार्थ।

**shortfall** (शॉ:ट्´-फ़ा:ल्) ***n.*** shortage, deficit, कमी, न्यूनता।

**shorthand** (शा:ट्´-हैन्ड्) ***n.*** a system of rapid handwriting using symbols, आशुलिपि।

**shorthanded** (शॉ:ट्´-हैन्-डिड्) ***adj.*** lacking the necessary number of workers, जिसके पास मज़दूरों या हाथों की कमी हो।

**shorthorn** (शॉ:ट्´-हॉ:न्) ***n.*** a breed of cattle having short horns, छोटे सींगोंवाले पशुओं की जाति।

**short-lived** (शॉ:ट्´-लिव्ड्) ***adj.*** having a short life, अल्पजीवी।

**shortly** (शॉ:ट्´-ली) ***adv.*** 1. in a short time, soon, जल्दी ही। 2. in brief, briefly,

S

संक्षेप में। 3. in a rude manner, रूखेपन से, रुखाई से।

**shortness** (शॉट्´-निस्) *n.* deficiency, shortage, न्यूनता, लघुता, अल्पता।

**short-range** (शॉ:ट्´-रेन्ज्) *adj.* having a short range, लघु-परास।

**shortsighted** (शॉ:ट्´-साइ -टिड्) *adj.* lacking foresight, अदूरदर्शी।

**short-sleeved** (शॉ:ट्´-स्लीव्ड्) *adj.* with sleeves not reaching below the elbow, छोटी बाँहोंवाला, आधी बाँहोंवाला।

**short story** *n.* a brief story, लघुकथा, छोटी कहानी।

**short-tempered** (शॉ:ट्´-टॅम्-पॅ:ड्) *adj.* easily angered, चिड़चिड़ा, बदमिज़ाज।

**shortterm** (शॉ:ट्´-टॅ:म्) *adj.* of a short period, for a short period, अल्पकालिक, अल्पावधिक।

S

**shortwave** (शॉ:ट्´-वेव्) *adj.* a wave in the range of 10-100 metres, लघु-तरंग।

**shorty, shortie** (शॉ:´-टी) *n.* 1. a person having a short stature, नाटा व्यक्ति। 2. a nightdress, रात्रि-परिधान।

**shot** (शॉट्) *n.* 1. the firing of a gun etc., प्रहार, प्रक्षेपण, (का) छोड़ा जाना। 2. a bullet of iron ball, गोली, छर्रा। 3. a person who shoots, निशानेबाज़। 4. a stroke with a bat, (गेंद पर किया जानेवाला) बल्ले से ज़ोरदार आघात। 5. the launching (of a rocket, रॉकेट, अंतरिक्षयान आदि का) क्षेपण, छोड़ा जाना। 6. a single photograph, फ़ोटो, चित्र। 7. guess, अनुमान, अंदाज़। 8. an injection, सुई। 9. an attempt, प्रयास, प्रयत्न। 10. a heavy metal ball, गोला। 11. a drink of liquor, शराब। □ **a shot in the arm,** हिम्मत बढ़ानेवाली बात; **a shot in the dark,** अटकल-पच्चू काम; **big shot,** बड़ा आदमी; **call one's shot,** अपना मंतव्य स्पष्ट करना; **like a shot,** तीर की तरह, बहुत तेज़ी से; **have a shot at,** प्रयास करना। *adj.* 1. streaked with colours, धारीदार या रंगबिरंगा। 2. exhausted, थका हुआ, श्रांत। *v.* p.t. & p.p. of shoot.

**shotgun** (शॉट्´-गन्) *n.* a gun for hunting small games, वह बंदूक जिससे छोटे जानवरों का शिकार करते हैं, छर्रेवाली बंदूक।

**shot put** (शॉट्´-पुट्) *n.* a game in which a metal ball is hurled as far as possible, गोला-प्रक्षेपण।

**should** (शुड्) *aux. v.* used to express, (i) duty or obligation; You should have told us. आपको हमें बताना चाहिए था। (ii) an expected future event; They should be here at this moment. इस समय उन्हें यहाँ पहुँच जाना चाहिए था। (iii) a possible event; If you should happen to see me.... यदि तुम फिर मुझसे मिले तो...। (iv) to form the subjunctive mood with I or we; I should like to see you, मैं तुमसे मिलना चाहता हूँ।

**shoulder** (शोल्´-डॅ:) *n.* 1. the part of the body at which the arm, foreleg or wing is attached, कंधा, स्कंध। 2. the part of a garment covering the shoulder, (कोट, कमीज़ आदि का) कंधा। 3. a cut of meat of the upper foreleg of a cattle, अगली टाँग के ऊपरी हिस्से का मांस। □ **give someone the cold shoulder,** उपेक्षा या अवहेलना करना; **old head on young shoulders,** छोटी उम्र में सयानों जैसी बातें करनेवाला; **of broad shoulders,** चौड़े कंधोंवाला, बलवान, पुष्ट; **open one's shoulders,** पूरी शक्ति से प्रहार करना; **rub shoulders with,** कंधे से कंधा मिलाना, सहयोग करना; **shoulder to shoulder,** साथ-साथ मिलकर; **straight from the shoulder,** स्पष्ट रूप से, साफ़-साफ़। *v.* 1. to push with one's shoulders, कंधे से मारना, कंधा मारना। 2. to carry on one's shoulders, कंधे पर रखना या लादना, कंधे पर ले जाना। 3. to take upon oneself, अपने ऊपर लेना, ओढ़ना।

**shoulderhigh** (शोल्´-डॅ:-हाई) *adj.* as high as the shoulders, कंधे तक की ऊँचाई का।

**shouldn't** (शुड्´-अॅन्ट्) *v.* = should not.

**shout** (शाउट्) *v.* (shouted, shouting) to

utter loudly, चिल्लाना, चीखना, शोर करना या मचाना। □ **shout oneself hoarse,** चीख-चीखकर गला बैठा लेना; **shout down,** चीखकर किसी का मुँह बंद कर देना। *n.* 1. a loud cry, चिल्लाहट, चीख, शोर। 2. a round, दौर (शराब का)।

**shouting** (शाउ´-टिंग्) *n.* shout, noise, चीख-पुकार, शोर।

**shove** (शव्) *n.* a rude push, ज़ोर का धक्का। *v.* (shoved, shoving) 1. to push roughly, धक्का देना, धकियाना। 2. to put, रखना। □ **shove off,** (i) (नाव को धक्का देकर) दूर हटा देना। (ii) चल देना।

**shovel** (श´-वॅल्) *n.* a tool for picking up dirt, snow etc., बेलचा, खनित्र, खंती। *v.* (shovelled, shovelling) 1. to move with a shovel, बेलचे से हटाना-बढ़ाना। 2. to thrust, ठूँसना।

**show** (शो) *v.* (showed, shown/showed, showing) 1. to cause or allow to be seen, दिखलाना, दिखाना। 2. to display, exhibit or express, प्रदर्शित करना, प्रकट या व्यक्त करना। 3. to be able to be seen, दिखना, दिखाई पड़ना, दिखाई देना। 4. to prove (one's ability, अपनी योग्यता) सिद्ध करना। 5. to allege, आरोप लगाना। 6. to guide, राह दिखाना। □ **show in,** ले जाना, पहुँचाना, राह दिखाना; **show off,** दिखावा करना; **show up,** दिखना, सामने लाना, प्रकट करना। *n.* 1. the act of showing, दिखाने की क्रिया या भाव, दिखावा। 2. the state of being shown, तमाशा, प्रदर्शन, दिखावा। 3. exhibition, प्रदर्शनी। 4. any public performance, शो; चित्र, खेल आदि का दिखाया जाना। □ **for show,** दूसरों का ध्यान आकृष्ट करने के लिए; **steal the show,** सबसे अच्छा प्रदर्शन करके वाहवाही लूट ले जाना।

**showbiz** (शो´-बिज़्) *n.* = show business.

**show business** *n.* the theatre, circus or motion pictures as a business, मनोरंजन व्यवसाय।

**showcase, show-window** (शो´-केस्, शो´-विन्-डो) *n.* a glass-covered case in a store for displaying articles, प्रदर्शन-मंजूषा, प्रदर्शन-खिड़की।

**showdown** (शो´-डॉउन्) *n.* an event that forces an issue to a conclusion, दो-दो हाथ, उठा-पटक, अंतिम परीक्षा/लड़ाई।

**shower** (शॉव्´-अ:) *n.* a brief fall of rain, फुहार, वर्षा। 2. a device in which water is sprayed on a person's body, फुहारा। 3. a brief fall of dust, stones, bullets etc., बौछार। *v.* 1. to pour down, बरसना या बरसाना। 2. to sprinkle or spray, फूल आदि बरसाना या गिराना। 3. to bathe in sprayed water, फुहार में नहाना।

**showery** (शो´-अॅ-री) *adj.* with many showers, रुक-रुककर या बार-बार बरसने या बरसानेवाला।

**show girl** *n.* a girl in a musical show, गायक दल की बाला।

**showing** (शो´-इंग्) *n.* an act of putting on view, प्रदर्शन।

**showman** (शो´-मॅन्) *n.* an organizer of a show business, प्रदर्शनकर्ता।

**show-off** (शो´-आ:फ़्) *n.* one who tries to impress others, दूसरों को प्रभावित करनेवाला व्यक्ति।

**showpiece** (शो´-पीस्) *n.* an outstanding specimen, नमूना।

**showroom** (शो´-रूम्) *n.* a room in which goods are exhibited for sale, प्रदर्शन-कक्ष।

**showy** (शो´-ई) *adj.* 1. gaudy, भड़कीला। 2. ostentatious, आडंबरपूर्ण, दिखावटी।

**shrank** (श्रैङ्क्) *v.* p.t. of shrink.

**shrapnel** (श्रैप्´-नॅल्) *n.* a shell that scatters bullets when exploded, एक प्रकार का बम।

**shred** (श्रेड्) *n.* 1. a small piece torn from something, धज्जी। 2. a small amount, लेश, कण। *v.* to cut into shreds, धज्जियाँ, पट्टियाँ या लच्छे निकालना या बनाना।

**shrew** (श्रू) *n.* 1. a small mouse like animal, छछूँदर। 2. a sharptempered woman, झगड़ालू औरत, कर्कशा, चंडी।

**shrewd** (श्रूड्) *adj.* 1. showing common sense, सयाना, समझदार। 2. cunning, घुटा

S

हुआ, धूर्त, चालाक। 3. well-reasoned, युक्तिशील, युक्तियुक्त।

**shrewish** (श्रू´-इश्) *adj.* short-tempered, चिड़चिड़ी (स्त्री)।

**shriek** (श्रीक्) *n.* a shrill and piercing cry, चीख, कराह। *v.* to make a shriek, चीखना, कराहना।

**shrill** (श्रिल्) *adj.* high and sharp, तीक्ष्ण, कर्णकटु। *v.* to produce a shrill sound, चीखना, कराहना।

**shrimp** (श्रिम्प्) *n.* 1. a small shellfish, शंखमीन। 2. a very small person, छुटभैया।

**shrine** (श्राइन्) *n.* a temple, देवमंदिर, देवालय।

**shrink** (श्रिंक्) *v.* (shrank/shrunk, shrunk/shrunken, shrinking) 1. to contract or become smaller in size, सिकुड़ना। 2. to cause to contract, सिकोड़ना। 3. to withdraw, पीछे हट जाना, मुँह मोड़ लेना। 4. to hesitate, हिचकना।

S

**shrinkable** (श्रिंक्´-कॅ-बॅल्) *adj.* that can shrink, सिकुड़ जानेवाला, सिकुड़वाँ।

**shrinkage** (श्रिंक्´-किज्) *n.* 1. the act or fact of shinking, सिकुड़ना। 2. the amount by which something has shrunk, सिकुड़न।

**shrivel** (श्रिव्´-ऑल्) *v.* (shrivelled, shrivelling) 1. to become withered, कुम्हला, मुरझा या सूख जाना। 2. to make withered, कुम्हला देना, सुखा देना, मुरझा देना।

**shroud** (श्राउड्) *n.* 1. a garment or piece of cloth in which a dead body is wrapped, कफ़न। 2. anything that envelops, आवरण। *v.* 1. to wrap in a shroud, कफ़न में लपेटना। 2. to cover or hide, छिपाना, ढकना; shrouded in darkness, अँधेरे से घिरा।

**shroudless** (श्राउड्´-लिस्) *adj.* without a shroud, कफ़नविहीन, बिना कफ़न का।

**shrub** (श्रब्) *n.* a low woody plant with several stems, झाड़ी।

**shrubbery** (श्रब्´-ॲ-री) *n.* shrubs collectively, झाड़-झंखाड़।

**shrug** (श्रग्) *v.* (shrugged shrugging) to raise and drop one' shoulders abruptly as a gesture of indefference or doubt, (उपेक्षा या संदेह प्रकट करने के लिए) कंधे उचकाना। □ **shrug off,** उपेक्षा करना।

**shuck** (शक्) *n.* 1. husk, भूसी। 2. rind, छिलका। *v.* (shucked, shucking) to remove the husk of, भूसी या छिलका उतारना।

**shudder** (शॅड्´-ॲ:) *v.* to tremble violently, काँप उठना, थरथरा जाना। *n.* a shuddering movement, कँपकँपी, थरथराहट।

**shuffle** (शॅफ़्´-ॲल्) *v.* 1. to drag (one's feet, पैर) घसीटते हुए चलना। 2. to mix (the playing cards, ताश के पत्तों को) फेंटना। 3. to get rid of, पीछा छुड़ाना, पिंड छुड़ाना। *n.* 1. the act of shuffling, घसीट चलाई। 2. mixing of cards, फेंटाई। 3. rearrangement, फेर-बदल, बदलाव, परिवर्तन।

**shun** (शन्) *v.* (shunned, shunning) to keep away from, दूर रहना, भागना, किनारा करना।

**shunt** (शंट्) *v.* to move (a train) on to a side-track, शंटिंग करना। *n.* the act of shunting, शंटिंग, पार्श्व-पथन। 2. a side-track, दूसरा पथ या पटरी।

**shunter** (शन्´-टॅ:) *n.* one who shunts, शंटन करनेवाला ड्राइवर।

**shunting** (शन्´-टिंग्) *n.* the act of a person who shunts, शंटन, पार्श्व-पथन।

**shush** (शश्) *interj.* used to demand silence, चुप! *v.* (shushed, shushing) to silence by saying `shush', चुप कराना।

**shut** (शट्) *v.* (shut, shutting) 1. to close, बंद करना। 2. to become closed, बंद होना। 3. to confine, रोकना। 4. to desist, विरत रहना। □ **shut down,** बंद कर देना, ख़त्म करना; **shut off,** बंद कर देना, रोक देना; **shut up,** (i) बंद कर देना, हवालात में रखना, (ii) चुप रहो।

**shut-down** (शट्´-डाउन्) *n.* the closing of a business, कामबंदी।

**shutter** (शट्´-ॲ:) *n.* a panel that can be closed over a door, कपाट, झिलमिली, शटर।

**shuttle** (शट्´-ॲल्) *n.* 1. an instrument carrying the weft thread to and fro across the loom in weaving, ढरकी, भरनी।

2. a shuttecock, कॉर्क की बनी बैडमिंटन की चिड़ी, चिड़िया। 3. a train that plies between two places, शटल गाड़ी।

**shuttlecock** (शट्´-अॅल्-कॉक्) ***n.*** a cork with a ring of feathers used in badminton, कॉर्क की बनी बैडमिंटन की चिड़ी, चिड़िया।

**shy**[1] (शाइ) ***adv.*** 1. lacking confidence and timid, शर्मीला, झेंपू। 2. showing shyness, लजालु, लाज-भरा। 3. easily startled, चौंक या भड़क उठनेवाला। ***v.*** (shied, shying) to jump or move suddenly in alarm, चौंक उठना, भड़क उठना।

**shy**[2] ***v.*** (shied, shying) to throw or fling, फेंकना।

**shylock** (शाइ´-लॉक्) ***n.*** a hard-hearted money-lender, निर्मम महाजन, ज़ालिम ब्याजिया।

**shyster** (शाइ´-स्टॅ:) ***n.*** a dishonest or tricky lawyer, बेईमान वकील, धोखबाज़ वकील।

**Siamese Twins** (साइ-अॅ-मीज़्-ट्विन्स्´) ***n.*** twin babies joined in some way at birth, जुड़वाँ बच्चे जो आपस में जुड़े भी हों, श्यामी जुड़वाँ बच्चे।

**Siberian** (साइ-बिअॅर्´-इ-अॅन्) ***adj.*** of Siberia, साइबेरिया-संबंधी।

**sibilant** (सिब्´-इ-लॅन्ट्) ***n.*** 1. a hissing sound, सीत्कार, सिसकारी। 2. a consonant with a hissing sound, ऊष्म वर्ण। ***adj.*** producing or having hissing sound, ऊष्म।

**sibling** (सिब्´-लिंग्) ***n.*** a real brother or sister, सगा भाई या बहन।

**sic**[1] (सिक्) ***adv.*** so, thus, इस प्रकार।

**sic**[2] ***v.*** (sicked, sicking) to urge (a dog) to attack, (कुत्ते को) आक्रमण करने के लिए हड़काना।

**sick** (सिक्) ***adj.*** 1. unwell, बीमार, रुग्ण। 2. nauseated, जिसे मतली हो रही हो। 3. disgusted, खिन्न, दुखी, ऊबा हुआ। □ **be sick of,** से ऊब जाना; **be sick for,** के लिए छटपटाना; **to feel sick,** जी मिचलाना; **sick of the world,** संसार से विरक्त।

**sickbay** (सिक्´-बे) ***n.*** a dispensary of a ship, जलयान का निदान-केंद्र।

**sickbed** (सिक्´-बेड्) ***n.*** the bed of a sick person, रोगी-शय्या।

**sicken** (सिक्´-अॅन्) ***v.*** 1. to become sick, बीमार हो जाना। 2. to make sick, बीमार कर देना। 3. to become nauseated, मतली आना।

**sickening** (सिक्´-अॅ-निंग्) ***adj.*** disgusting, उबाऊ या घिनौना।

**sickle** (सिक्´-अॅल्) ***n.*** a tool with curved blade for cutting grain, हँसिया।

**sick leave *n.*** leave of absence because of illness, बीमारी की छुट्टी।

**sick list *n.*** a list of people who are ill, रोगियों की सूची। □ **be on the sick list,** बीमार होना।

**sickly** (सिक्´-ली) ***adj.*** 1. often ill, अकसर बीमार रहनेवाला। 2. causing ill health, बीमारी लानेवाला, रोग पैदा करनेवाला।

**sickness** (सिक्´-निस्) ***n.*** 1. disease, बीमारी, रोग। 2. vomiting, मतली।

**side** (साइड्) ***n.*** 1. a surface of an object, पहलू, पार्श्व। 2. either of the two surfaces of a flat object, तरफ़। 3. the space immediately next to someone or something, ओर, तरफ़। 4. an area separated from another by some intervening line, ओर, तरफ़। 5. one or two or more opposing groups or teams, दल, पक्ष, तरफ़, ओर। 6. an edge or border, किनारा। 7. an aspect, पहलू। 8. the line of descent, वंश-परंपरा। □ **take sides,** पक्ष लेना। ***adj.*** 1. at or on the side, बगली। 2. additional, अतिरिक्त। ***v.*** (sided, siding) to associate oneself with a faction, interest etc., पक्ष लेना।

**sidearm** (साइड्´-आ:म्) ***n.*** a small weapon carried at the waist, कटार, तलवार या पिस्तौल जिसे कमर में रखते हैं।

**sideboard** (साइड्´-बो:ड्) ***n.*** a piece of furniture in a dinning room for holding articles of table service, वह आलमारी जिसमें भोजन परोसने के बर्तन रखे रहते हैं।

**sideburns** (साइड्´-ब:न्ज़्) ***n.*** (plu.) long whiskers, गलमुच्छे।

S

**sidecar** (साइड्´-का:) ***n.*** a vehicle attached to a motor cycle, पार्श्वगाड़ी।

**sided** (साइ´-डिड्) ***adj.*** having a side or sides, पहलू या पहलुओंवाला; four-sided, चार पहलुओंवाला, चार पार्श्वोंवाला।

**side effect** ***n.*** any secondary effect, गौण प्रभाव।

**sidekick** (साइड्´-किक्) ***n.*** a close companion, घनिष्ठ मित्र, साथी।

**sidelight** (साइड्´-लाइट्) ***n.*** the light from one side, बग़ली बत्ती, पार्श्वप्रकाश।

**sideline** (साइड्´-लाइन्) ***n.*** 1. a secondary job, उपजीविका। 2. a line marking the limit of a field, सीमा-रेखा। ***v.*** (sidelined, sidelining) to remove from a game, (खिलाड़ी को) न खिलाना।

**sidelong** (साइड्´-ला:ङ्ग्) ***adj.*** oblique, directed to one side, तिरछा, आड़ा। ***adv.*** obliquely, तिरछे, आड़े।

S

**sidereal** (साइ -डिर्´-ई-अॅल्) ***adj.*** of the stars, नक्षत्र-संबंधी, नाक्षत्र; sidereal time नाक्षत्र-काल।

**sideshow** (साइड्´-शो) ***n.*** a minor show, (किसी बड़े खेल या प्रदर्शन के साथ होनेवाला) कोई छोटा-मोटा खेल या प्रदर्शन।

**sideslip** (साइड्´-स्लिप्) ***n.*** a sideway skid, एक तरफ़ फिसल जाना।

**sidesplitting** (साइड्´-स्प्लिट्-इंग्) ***adj.*** very funny, हास्यकर, लोट-पोट करनेवाला।

**sidestep** (साइड्´-स्टॅप्) ***v.*** (sidestepped, sidestepping) to evade, कतराना, कतरा जाना।

**sidestreet** (साइड्´-स्ट्रीट्) ***n.*** a narrow less-travelled street, पतली तथा कम चलती गली, बग़ली गली।

**sideswipe** (साइड्´-स्वाइप्) ***n.*** a blow from the side, बग़ली प्रहार।

**sidetrack** (साइड्´-ट्रैक्) ***v.*** to divert from the main issue, ध्यान बँटाना।

**sidewalk** (साइड्´-वा:क्) ***n.*** pavement, पटरी।

**sidewards** (साइड्´-व:ड्ज़्) ***adv.*** to one side, एक तरफ़।

**sideways** (साइड्´-वेज़्) ***adv.*** towards or from one side, एक तरफ़।

**siding** (साइ´-डिंग्) ***n.*** a short stretch of a railroad track, पार्श्वपथ, बग़ली लाइन।

**sidle** (साइ´-डॅल्) ***v.*** (sidled, sidling) 1. to move along sideways, किनारे-किनारे चलना। 2. to move in a furtive or stealthy manner, किनारे होकर या बचकर निकलना।

**siege** (सीज़्) ***n.*** the surrounding of a fortified place by the opposing forces, (क़िले की) घेरेबंदी, घेरा। □ **lay siege to,** को घेरा डालना; **raise a siege,** घेरेबंदी हटाना।

**sienna** (सि-ॲन्´-ॲ) ***n.*** a kind of clay used as colouring matter, सिएना मिट्टी।

**sierra** (सि-ॲर्´-ॲ) ***n.*** a row of sharply pointed mountains, नुकीली चोटियोंवाली पर्वतमाला।

**siesta** (सि-ॲस्´-टॅ) ***n.*** a short sleep after the midday meal, दुपहरी झपकी।

**sieve** (सीव्) ***n.*** a device for separating, straining, sifting etc., चलनी, छलनी। ***v.*** to put through a sieve, (चलनी से) छानना।

**sift** (सिफ़्ट्) ***v.*** 1. to pass through a sieve, छनना या छानना। 2. to examine closely, जाँच या छानबीन करना।

**siftings** (सिफ़्´-टिंग्स्) ***n.*** something removed by sifting, residue, चोकर।

**sigh** (साइ) ***n.*** a long deep breath expressing sorrow or relief, आह, ठंडी साँस। ***v.*** 1. to exhale a long deep breath as in sorrow or relief, आह भरना, ठंडी साँस लेना। 2. to lament, विलाप करना। 3. to feel the longing for, चाह होना।

**sight** (साइट्) ***n.*** 1. something that is seen, दृश्य, नज़ारा। 2. the sense of seeing, दृष्टि, निगाह। 3. a place worth seeing, दर्शनीय स्थल। □ **a sight for sore eyes,** सुखद दृश्य; **at sight,** देखने पर, देखते ही, तुरंत; **catch sight of,** झलक पाना या मिलना; **in the sight of,** की दृष्टि में; **know someone by sight,** शक्ल से पहचानना; **out of sight,** ओझल।

**sighted** (साइ´-टिड्) ***adj.*** 1. able to see, दृष्टिसंपन्न। 2. having sight, not blind,

आँखवाला, जिसे दिखाई देता हो; long-sighted, दूरदृष्टि; short-sighted अल्पदृष्टि।

**sightless** (साइट्´-लिस्) *adj.* blind, अंधा।

**sightly** (साइट्´-ली) *adj.* pleasant-looking, देखने में अच्छा, मनोहर, नयनाभिराम।

**sightseeing** (साइट्´-सी-इंग्) *n.* visiting places of interest (in a town), दर्शनीय स्थानों की सैर, सैर-सपाटा।

**sightworthy** (साइट्´-व़:-दी) *adj.* worth seeing, beautiful, देखने-योग्य, दर्शनीय।

**sign** (साइन्) *n.* 1. a mark, चिह्न, निशान। 2. a gesture, संकेत, इशारा। 3. a board or placard, बोर्ड, इश्तहार। 4. a portent, लक्षण। 5. a signature, हस्ताक्षर, दस्तख़त। *v.* 1. to affix a signature, हस्ताक्षर करना, दस्तखत करना। 2. to make a sign, चिह्न बनाना। 3. to indicate by a sign, संकेत करना। 4. to approve or ratify, स्वीकृति देना, पुष्टि करना।

**signal** (सिग्´-नॅल्) *n.* 1. an indication, संकेत। 2. an indicator, संकेतक। 3. traffic light, सिग्नल। 4. a railway apparatus for communicating information to trains, सिग्नल। *adj.* notable, important, उल्लेखनीय, महत्त्वपूर्ण। *v.* (signalled, signalling) to express by a signal, संकेत करना, सिग्नल देना।

**signalize** (सिग्´-नॅ-लाइज़्) *v.* to show as important, महत्त्व देना, विशिष्टता प्रदान करना।

**signalman** (सिग्´-नॅल्-मॅन्) *n.* one who is in charge of railway signals, सिग्नलमैन।

**signally** (सिग्´-नॅल्-ई) *adv.* clearly, सुस्पष्ट रूप से, साफ़-साफ़, अच्छी तरह।

**signatory** (सिग्´-नॅ-टॅ-री) *n.* one who has signed an agreement, हस्ताक्षरी, हस्ताक्षर-कर्ता।

**signature** (सिग्´-नॅ-चॅ:) *n.* 1. the name of a person written by himself or herself, हस्ताक्षर, दस्तख़त। 2. a quality which distinguishes someone from others, हस्ताक्षर।

**signboard** (साइन्´-बोःड्) *n.* a board bearing a sign, सूचनापट्ट, नामपट्ट।

**signer** (साइन्´-अॅ:) *n.* one who signs, हस्ताक्षरकर्ता, हस्ताक्षरी।

**signet** (सिग्´-निट्) *n.* an official seal, मुहर।

**significance** (सिग्-निफ़्´-इ-कॅन्स्) *n.* 1. importance, महत्त्व। 2. meaning, purport, अर्थ, अभिप्राय।

**significant** (सिग्-निफ़्´-इ-कॅन्ट्) *adj.* 1. important, notable, महत्त्वपूर्ण। 2. meaningful, suggestive, अर्थपूर्ण, अर्थगर्भित।

**signification** (सिग्-निफ़्-इ-के´-शॅन्) *n.* sense of a word, आशय, अभिप्राय, भाव।

**signify** (सिग्´-नि-फ़ाइ) *v.* (signified, signification) 1. to indicate or suggest, संकेत करना। 2. to stand as a symbol, प्रतीक होना। 3. to imply, आशय देना।

**signor** (सीन्´-योः) *n.* an Italian title equivalent to Mr., श्री, श्रीमान्, श्रीयुत्।

**signora** (सीन्-योर्´-अॅ) *n.* a title for a married Italian woman, श्रीमती।

**signorina** (सीन्-यॅ-री´-नॅ) *n.* a title for an unmarried Italian girl, सुश्री, कुमारी।

**signpost** (साइन्´-पोस्ट्) *n.* a post supporting a sign that gives information, संकेतपट।

**silage** (साइ´-लिज्) *n.* green fodder stored in a silo, खत्ते में रखा हुआ हरा चारा।

**silence** (साइ´-लॅन्स्) *n.* 1. calm, noiselessness, शांति, नीरवता, सन्नाटा। 2. the absence or avoidance of speech, मौन, चुप्पी, ख़ामोशी। *v.* 1. to bring to silence, शांत करना या चुप कराना। 2. to suppress, दबा देना। *interj.* quite please, शांत रहें, शांति बनाए रखें।

**silencer** (साइ´-लॅन्-सॅ:) *n.* a device for reducing noise, साइलेंसर।

**silent** (साइ´-लॅन्ट्) *adj.* 1. unspeaking, जो बोल न रहा हो, चुप, मौन। 2. calm, quiet, noiseless, शांत, नीरव, निःशब्द। 3. mute, मूक। 4. voiceless, अनुच्चरित (वर्ण/ध्वनि)।

**silhouette** (सिल्-उ-ऍट्´) *n.* a dark outline, छायाकृति, रेखाचित्र, रेखांकन। *v.* to represent in outline, रेखांकन करना, रेखाचित्र बनाना।

**silica** (सिल्´-इ-कॅ) *n.* a chemical compound, सेलखड़ी, सिलिका।

**silicate** (सिल्´-इ-केट/किट्) *n.* a compound of silicon, सिलिकेट।

S

**silicon** (सिल्´-इ-कॅन्) ***n.*** a non-metallic element found in earth's crust, सिलिकॉन।

**silicosis** (सिल्-इ-को´-सिस्) ***n.*** a lung disease caused by the inhaling of silica dust, फेफ़ड़ों का एक रोग जो गर्द के कारण होता है।

**silk** (सिल्क्) ***n.*** the fabric made from fibre produced by silkworms, रेशम, सिल्क।

**silken** (सिल्´-कॅन्) ***adj.*** 1. made of silk, रेशमी। 2. soft and delicate, मुलायम, नरम।

**silkworm** (सिल्क्´-व़:म्) ***n.*** an insect that produces silk fibre, रेशम का कीड़ा।

**silky** (सिल्´-की) ***adj.*** 1. made of silk, रेशमी। 2. glossy, चमकीला। 3. soft, मुलायम, नरम।

**sill** (सिल्) ***n.*** the flat piece of wood or stone below a window or door, दहलीज़, दासा।

S

**silly** (सिल्´-ई) ***adj.*** 1. foolish, मूर्ख, बेवकूफ़। 2. ridiculous, उपहासास्पद, बेतुका।

**silly point** ***n.*** a position very close to the batsman, क्रिकेट के मैदान में बल्लेबाज़ के अत्यंत निकट का स्थान, सिली प्वाइंट।

**silo** (साइ´-लो) ***n.*** an enclosure or pit in which fodder is stored, खत्ता, बखार।

**silt** (सिल्ट्) ***n.*** a deposit of mud, sand etc. found at the bottom of rivers, गाद। ***v.*** (silted, silting) to fill or become filled with silt, गाद से भरना या भरा जाना।

**silty** (सिल्´-टी) ***adj.*** full of silt, गाद से भरा।

**silvan** (सिल्´-वॅन्) ***adj.*** of or relating to woods or forest regions, वन्य, जंगली।

**silver** (सिल्´-वॅं:) ***n.*** 1. a white metal used in jewellery, चाँदी, रजत। 2. a silver coin, चाँदी का सिक्का, रुपया। 3. tablewares made of silver, चाँदी के बर्तन। ***adj.*** 1. made of silver, चाँदी का, रुपहला। 2. like silver in colour, रुपहला, रजत; silver screen, रजत-पट। 3. denoting the 25th in a series, रजत; silver jubilee, रजत जयंती। 4. eloquent, वाग्मितापूर्ण; silver tongue, वाक्पटु। ☐ **be born with a silver spoon in one's mouth,** अति समृद्ध घर में जन्म लेना। ***v.*** 1. to cover or coat with silver, चाँदी की परत या पानी चढ़ाना, चाँदी का मुलम्मा करना। 2. to become or cause to become silvery in colour, चाँदी की तरह चमकाना या चमकने लगना।

**silverfish** (सिल्´-वॅं:-फ़िश्) ***n.*** 1. a fish having a silvery colour, रजतमीन। 2. an insect of a silvery colour feeding on paper, cloth etc., रजतकीट, रुपहला कीड़ा।

**silver plating** (सिल्´-वॅं:-प्लेट्-इंग्) ***n.*** the act of coating with silver, चाँदी का मुलम्मा, चाँदी-मढ़ाई।

**silversmith** (सिल्´-वॅं:-स्मिथ्) ***n.*** one who makes articles of silver, चाँदी के आभूषण, बर्तन आदि बनानेवाला, चाँदिया।

**silver-tongued** (सिल्´-वॅं:-टन्ग्ड्) ***adj.*** eloquent, वाक्पटु।

**silverware** (सिल्´-वॅं:-वे़अॅ:) ***n.*** articles made of silver, चाँदी के बर्तन।

**silvery** (सिल्´-वॅं-री) ***adj.*** 1. made of silver, चाँदी का, रुपहला। 2. like silver in colour, रुपहला, झलझल करता हुआ।

**simian** (सिम्´-इ-अॅन्) ***adj.*** of or like a monkey, बंदर-संबंधी, वानरी।

**similar** (सिम्´-इ-लॅं:) ***adj.*** alike, resembling, मिलता-जुलता, समान, समरूप।

**similarity** (सिम्-इ-लैर्´-इ-टी) ***n.*** likeness, resemblance, समानता, समरूपता।

**similarly** (सिम्´-इ-लैः-ली) ***adv.*** 1. in a similar way, so as to be similar, समान रूप से। 2. likewise, उसी प्रकार, उसी तरह।

**simile** (सिम्´-इ-ली) ***n.*** a figure of speech that makes comparison between two different things, उपमा अलंकार।

**similitude** (सि-मिल्´-इ-ट्यूड्) ***n.*** similarity, समानता, अनुरूपता।

**simmer** (सिम्´-अॅ:) ***v.*** 1. to boil gently with a murmuring sound, खदबदाना। 2. to be filled with anger, उबलने लगना, खदबदाना। ☐ **simmer down,** शांत होना।

**simper** (सिम्´-पॅं:) ***v.*** to smile in a silly manner, खीखी करना, दाँत निपोरना।

**simperingly** (सिम्´-पॅं:-इंग्-ली) ***adv.*** in a simpering manner, दाँत निपोरते हुए।

**simple** (सिम्´-पॅल्) *adj.* 1. ordinary, साधारण, मामूली। 2. easy, सरल, सहज। 3. plain, unadorned, सजावट से रहित, अनलंकृत, सादा। 4. uncomplicated, जटिलताविहीन, साधारण। 5. unblended, अमिश्रित,। 6. artless, निष्कपट, भोला-भाला।

**simple interest** *n.* an interest paid on the principal alone, सादा ब्याज।

**simple-hearted** (सिम्-पॅल्-हा:´-टिड्) *adj.* artless, innocent, निष्कपट।

**simple-minded** (सिम्-पॅल्-माइन्´-डिड्) *adj.* 1. foolish, मूर्ख, बुद्धू। 2. naive, गँवार, नादान।

**simpleton** (सिम्´-पॅल्-टॅन्) *n.* a stupid person, बुद्धू, भोंदू।

**simplicity** (सिम्-प्लिस्´-इ-टी) *n.* 1. the quality of being simple, सादगी, सरलता, भोलापन। 2. absence of showiness, अकृत्रिमता, सादगी। 3. foolishness, मूर्खता।

**simplification** (सिम्-प्लि-फ़ि-के´-शॅन्) *n.* the act of simplifying, सरलीकरण।

**simplified** (सिम्´-प्लि-फ़ाइड्) *adj.* made easy सरल बनाया हुआ, सरलीकृत।

**simplify** (सिम्´-प्लि-फ़ाइ) *v.* (simplified, simplifying) 1. to make simple, सरल बनाना, सरलीकरण करना। 2. to make intelligible, समझ में आने योग्य बनाना।

**simplistic** (सिम्-प्लिस्´-टिक्) *adj.* 1. made simple, सरल किया या बनाया हुआ, सरलित। 2. one-sided, एकांगी, एकपक्षीय।

**simply** (सिम्´-प्ली) *adv.* 1. in a simple manner, सादगी से। 2. easily, सरलता से। 3. merely, just, सिर्फ़, बस। 4. absolutely, बिल्कुल। 5. really, सचमुच।

**simulacrum** (सिम्-यु-ले´-क्रम्) *n.* (plu. simulacra) 1. an image, प्रतिकृति। 2. deceptive likeness, आभास।

**simulate** (सिम्´-उ-लेट्) *v.* to imitate, नक़ल करना, अनुकरण करना।

**simulated** (सिम्´-उ-ले-टिड्) *adj.* imitated, अनुकृत, अनुकरण पर बनाया हुआ।

**simulation** (सिम्-उ-ले´-शॅन्) *n.* 1. the act of imitating, अनुकरण, नक़ल। 2. a representation, अनुकृति।

**simulator** (सिम्´-उ-ले-टॅ:) *n.* one who imitates, नक़लची, अनुकर्ता।

**simultaneity** (साइ-मॅल्-टॅ-नी´-इ-टी) *n.* the state of being or occurring at the same time, युगपत्ता, सहकालिकता।

**simultaneous** (साइ-मॅल्-टे´-नि-अँस्) *adj.* occurring at the same time, contemporaneous, एक साथ होनेवाला, युगपत्, सहकालिक।

**simultaneously** (-ली) *adv.* 1. at the same time, एक ही समय में, साथ-साथ। 2. in the same breath, एक ही साँस में।

**sin** (सिन्) *n.* 1. any offence against a religious or moral law, पाप, गुनाह। 2. a serious fault, बहुत बड़ी भूल। *v.* (sinned, sinning) to commit a sin, पाप करना।

**since** (सिन्स्) *adv.* 1. at a time between then and now, तब से अब तक। 2. ago, पहले; long ago, बहुत पहले। □ **ever since,** तब से; **long since,** बहुत पहले से; **not long since,** हाल ही में। *prep.* 1. from till now, उस समय से, तब से। 2. from the time when, तभी से। *conj.* because, क्योंकि।

**sincere** (सिन्-सिअँ:´) *adj.* 1. honest, true, ईमानदार, सच्चा, निष्ठावान। 2. heartfelt, genuine, हार्दिक। 3. real, वास्तविक।

**sincerely** (सिन्-सिअँ:´-ली) *adv.* honestly, in good faith, ईमानदारी से, निष्ठापूर्वक। □ **yours sincerely,** आपका, भवदीय।

**sincerity** (सिन्-सेँर्´-इ-टी) *n.* honesty, good faith, ईमानदारी, सच्चाई, सद्भाव। □ **in all sincerity,** पूरी ईमानदारी से।

**sine** (साइन्) *n.* (maths.), fraction, ज्या, साइन।

**sinecure** (साइ´-नें-क्योः/क्यूः) *n.* a well-paid job in which one has to do nothing, ऐसी नौकरी जिसमें अच्छा वेतन तो मिलता हो पर काम कुछ न करना पड़ता हो, आराम की नौकरी।

**sine die** (साइ-नी-डाइ´-ई) *adv.* indefinitely, अनिश्चित काल के लिए।

**sine qua non** (साइ-नी-क्वे-नॉन्´) *n.* a necessary condition, अनिवार्य शर्त।

**sinew** (सिन्´-यू) *n.* 1. a tendon, नस। 2. physical strength, muscle power,

शारीरिक बल। 3. (plu.) resources of power, शक्तिस्रोत, शक्ति-साधन।

**sinewless** (सिन्´-यु-लिस्) ***adj.*** without strength, अशक्त, कमज़ोर, शक्तिहीन।

**sinewy** (सिन्´-यु-ई) ***adj.*** 1. tough, चीमड़। 2. muscular, बलवान। 3. forceful, ज़ोरदार।

**sinful** (सिन्´-फ़ुल्) ***adj.*** full of sins, पापी या पापपूर्ण, अधर्मी।

**sing** (सिंग्) ***v.*** (sang, sung, singing) 1. to produce musical sound with the voice, गाना। 2. to make a humming or buzzing sound, चहचहाना या भिनभिनाना। ☐ **sing praises,** गुणगान करना; **sing up,** ज़ोर से गाना; **sing out,** चिल्लाकर कहना; **sing to sleep,** गाकर सुलाना।

**singe** (सिंज्) ***v.*** (singed, singeing) to burn slightly, to scorch, झुलसना या झुलसाना।

**singer** (सिंग्´-अॅ:) ***n.*** one who sings, गायक।

**Singhalese** (सिंग्-गॅ-लीज़्´) ***adj.*** of Sri Lanka or its people or language, सिंहली।

**Singh** (सिंग्) ***n.*** a title of a Sikh, Rajput etc., सिंह।

**single** (सिंग्´-अॅल्) ***adj.*** 1. one only, सिर्फ़ एक, एक ही, अकेला। 2. for one person or user, एक व्यक्ति के लिए होनेवाला; single bed, एक व्यक्ति के निमित चारपाई। 3. lonely, अकेला, एकाकी। 4. unmarried, अकेला, अविवाहित। 5. even one, एक भी। 6. separate, अलग, भिन्न। ***n.*** 1. a separate person or thing, कोई एक व्यक्ति या चीज़। 2. an unmarried person, अविवाहित व्यक्ति। 3. a single run (scored), एक रन। 4. (plu.) a match between two players, एकल (मैच)।

**single-handed** (सिंग्-गॅल्-हैन्´-डिड्) ***adj.*** 1. done or operated by one hand only, एक हाथ से होनेवाला, इकहत्था। 2. done by a single person, unaided, एक ही व्यक्ति द्वारा होनेवाला, अकेले ही किया हुआ, एकाकी।

**single-minded** (सिंग्-गॅल्-माइन्´-डिड्) ***adj.*** having but one purpose, undeviating, steadfast, एकनिष्ठ, एकाग्रचित्त, अनन्य।

**singleness** (सिंग्´-गॅल्-निस्) ***n.*** 1. the state or quality of being single or solitary, अकेलापन, एकाकीपन। 2. earnestness, एकाग्रता; singleness of mind, एकाग्रचित्तता।

**single out** ***v.*** to select from a group of people or things, बहुतों में से किसी एक को छाँटना या चुनना।

**singlestick** ***n.*** a swordlike wooden stick, गतका।

**singleton** (सिंग्´-गॅल्-टॅन्) ***n.*** 1. a single playing card of its suit in a player's hand, खिलाड़ी के हाथ में होनेवाला रंग का अकेला पत्ता। 2. a single object, अकेली वस्तु।

**singly** (सिंग्´-ली) ***adv.*** 1. alone, unaided, अकेले ही। 2. one by one, एक-एक करके।

**singsong** (सिंग्´-सॉङ्ग्) ***n.*** monotonous regularity of rhyme, एकसुरा या एकरस गाना। ***adj.*** monotonous, एकसुरा, एकरस, विरस।

**singular** (सिंग्´-ग्यॅ-लॅ:) ***adj.*** 1. being only one, अकेला। 2. (gram.) denoting a single person or thing, एकवचन। 3. extraordinary, असाधारण। ***n.*** the singular number, एकवचन।

**singularity** (सिंग्-ग्यु-लैर्´-इ-टी) ***n.*** 1. the state or quality of being singular, अकेलापन, एकाकीपन। 2. a single person or thing, अकेला व्यक्ति या वस्तु।

**singularize** (सिंग्´-ग्यु-लॅ-राइज़्) ***v.*** 1. to make singular, एकवचन बनाना। 2. to separate from others, औरों से अलग करना।

**singularly** (सिंग्´-ग्यु-लॅ:-ली) ***adv.*** 1. in an extraordinary way, असाधारण रूप से। 2. very much, अत्यधिक।

**sinister** (सिन्´-इ-स्टॅ:) ***adj.*** suggesting or threatening harm, हानिकारक, अमंगलकारी, बुरा, दूषित।

**sink** (सिंक्) ***v.*** (sank/sunk, sunk/sunken, sinking) 1. to go beneath the surface of water or liquid, डूबना। 2. to cause to descend beneath the surface of water or liquid, डुबोना, डुबाना। 3. to fall or descend gradually, धीरे-धीरे नीचे आना या गिरना, घटना। 4. to become lower in level, उतरना, स्तर नीचा होना। 5. to dig or drill, खोदना या धँसाना। 6. to become understood, समझ में आना। 7. to become weaker or less forceful, कमज़ोर होना। 8. to approach death gradually, मरणासन्न होना। 9. to invest money, धन का निवेश करना। 10 to lose money, धन गँवाना। 11. to put in a hole, डालना। □ **sink in,** दिमाग में घुसना। *n.* 1. a basin fixed to a wall, सिंक। 2. a drain or sewer, मोरी या परनाला। 3. a place of vice or corruption, दुराचार या भ्रष्टाचार का स्थल।

**sinkable** (सिंक्´-अॅ-बॅल्) *adj.* able to be sunk, डूबने योग्य।

**sinker** (सिंक्´-अॅ:) *n.* a weight used to sink a fishing line, डुबाऊ, निमज्जक, सिंकर।

**sinkhole** (सिंक्´-होल्) *n.* low land where drainage collects, वह नीची भूमि जहाँ गंदा पानी इकट्ठा होता हो।

**sinless** (सिन्´-लिस्) *adj.* free from sin, without sin, निष्पाप, बेगुनाह।

**sinner** (सिन्´-अॅ:) *n.* a person who sins, wrongdoer, पापी, गुनाहगार।

**Sino** (साइ´-नो) *prefix.* Chinese, चीनी; Sino-India relations, चीन-भारत संबंध।

**sinuous** (सिन्´-यु-अॅस्) *adj.* 1. serpentine, wavy, सर्पिल, लहरदार। 2. crooked, not honest, धूर्त, बेईमान।

**sinus** (साइ´-नॅस्) *n.* 1. a cavity in a bone, अस्थि-रंध्र। 2. a passage leading to a cavity containing pus, नासूर। 3. a bend or curve, मोड़, चाप।

**sip** (सिप्) *v.* (sipped, sipping) 1. to drink only a little at a time, चुस्की भरना या लेना। 2. to drink little by little, चुस्कियाँ भरना, सुरकना। *n.* a small quantity sipped, चुस्की।

**siphon** (साइ´-फ़न्) *n.* an unshaped apparatus for forcing liquid to flow to the other end, साइफ़न। *v.* (siphoned, siphoning) to flow through a siphon, साइफ़न से निकलना, बहना।

**Sir** (सॅ:) *n.* a title of a knight, सर।

**sir** (स:) *n.* a form of address to a man, सर, श्रीमान्, महोदय।

**sire** (स:) *n.* a male parent of an animal, पशु का जनक, प्रजनक। *v.* (sired, siring) to beget, पैदा करना, जन्म देना।

**siren** (साइर्´-अॅन्) *n.* 1. a device to make a loud prolonged sound as a signal, भोंपू। 2. a dangerously fascinating woman, मायाविनी, मोहिनी।

**Sirius** (सिर्´-इ-अॅस्) *n.* a star, लुब्धक (तारा)।

**sirloin** (स:´-लॉइन्) *n.* the upper of loin of beef, पुट्ठे का मांस।

**sirocco** (सि-रॉक्´-ओ) *n.* a hot dusty wind, धूल-धक्कड़ भरी गर्म हवा।

**sisal** (साइ´-सॅल, सिस्´-अॅल्) *n.* a plant that yields fibres for making ropes, (मेक्सिको का) एक पौधा, जिसके रेशों से रस्से बनते हैं।

**sissy** (सिस्´-ई) *n.* 1. an effeminate person, जनखा, हिजड़ा। 2. a timid person, डरपोक व्यक्ति।

**sister** (सिस्´-टॅ:) *n.* 1. a female having the same parents as another person, बहन, दीदी। 2. a fellow woman, धर्म-बहन, बहन, दीदी। 3. a nun, सिस्टर। 4. a nurse of a hospital, सिस्टर। 5. something of the same type, समरूप वस्तु; sister concern, सहयोगी संस्था।

**sisterhood** (सिस्´-टॅ:-हुड्) *n.* the state of being related as a sister or sisters, बहनापा।

**sister-in law** (सिस्´-टॅ:-इन्-ला:) *n.* (plu. sisters-in-law) 1. the sister of one's husband or wife, ननद या साली। 2. the wife of one's brother, भाभी या भौजी।

**sit** (सिट्) *v.* (sat, sitting) 1. to take rest on one's buttocks, बैठना। 2. to cause to sit, बैठाना, आसन देना। 3. to pose for a portrait, तस्वीर खिंचवाने के लिए चित्रकार या कैमरे के सामने बैठना। 4. to hatch, सेना। 5. to be situated, स्थित होना। 6. to appear, (परीक्षा आदि में) सम्मिलित होना। 7. to work as baby-sitter, बच्चे की रखवाली करना। □ **be sitting pretty,** चैन की बंसी बजाना; **sit about,** (ख़ाली) बैठे या पड़े रहना;

sit back, (काम के समय) आराम से बैठना; sit in, धरना देना; sit on, विलंब करना, लटका देना; sit tight, धैर्यपूर्वक प्रतीक्षा करना; sit out, (i) अंत तक रुकना, (ii) शामिल न होना; sit up, (i) उठ बैठना, (ii) प्रतीक्षा करना।

**sit-down strike** (सिट्´-डाउन्-स्ट्राइक्) *n.* a strike in which the strikers stay inside the office or factory but refuse to work, बैठकी-हड़ताल, धरना।

**site** (साइट्) *n.* 1. a plot of land on which a town or building stood, stands or is to stand, स्थल, स्थान। 2. a place where some event took place, घटना-स्थल। *v.* (sited, siting) 1. to locate, स्थित होना। 2. to install, स्थापित करना।

**sit-in** (सिट्´-इन्) *n.* occupation of a building as a form of protest, धरना।

**sitter** (सिट्´-अॅ:) *n.* 1. a person who is posing for a portrait, बैठकर चित्र बनवाने या फ़ोटो खिंचवानेवाला। 2. a person employed to stay with a child or children, बच्चे या बच्चों की रखवाली करनेवाला।

S

**sitting** (सिट्´-इंग्) *n.* 1. a continuous period of being seated, बैठक, बैठकी। 2. a term or session, बैठक, अधिवेशन। *adj.* 1. seated, बैठा हुआ। 2. present, वर्तमान।

**sitting duck** *n.* a defenceless person, मुट्ठी में का शिकार।

**sitting member** *n.* a present member of a body, वर्तमान सदस्य।

**sitting room** *n.* a room used for sitting in, बैठक।

**situate** (सिच्´-उ-एट्) *v.* to place or put in a certain position, स्थित करना, स्थापित करना। □ **be situated,** स्थित होना।

**situated** (सिच्´-उ-ए-टिड्) *adj.* located, स्थित।

**situation** (सिच्-उ-ए´-शॅन्) *n.* 1. position, स्थिति, दशा। 2. location, स्थल, स्थान। □ **situation wanted,** स्थान रिक्त है, (किसी विशिष्ट काम के लिए) आदमी चाहिए, आवश्यकता है।

**situs** (साइ´-टॅस्) *n.* location, स्थान।

**six** (सिक्स्) *adj. & n.* one more than five, छह। □ **at sixes and sevens,** अस्त-व्यस्त।

**sixfigure** (सिक्स्´-फ़िग्-अॅ:) *adj.* of more that 99999 rupees, dollars, pounds etc., छह अंकों में होनेवाला।

**sixfold** (सिक्स्´-फ़ोल्ड्) *adj.* having six folds, छहपहला।

**six-footer** (सिक्स्´-फ़ुट्-अॅ:) *n.* a person six feet tall, छह फुट लंबा व्यक्ति, छहफुटा।

**six-shooter** (सिक्स्´-शू-टॅ:) *n.* a revolver that fires six times, छह गोलियोंवाली पिस्तौल, छगोलिया।

**sixteen** (सिक्स्-टीन्´) *adj.* one more than fifteen, सोलह।

**sixth** (सिक्स्थ्) *adj.* next after fifth, छठा।

**sixth sense** *n.* insight, अंतर्दृष्टि, अंतर्बोध।

**sixties** (सिक्स्´-टीज़्) *n.* (plu.) the number of years from sixty to sixty nine, ६० से ६९ वर्ष।

**sixtieth** (सिक्स्´-टि-ॲथ्) *adj.* preceded by sixty nine others, साठवाँ।

**sixty** (सिक्स्´-टी) *adj. & n.* one more than fifty nine, साठ।

**sizable, sizeable** (साइ´-ज़ॅ-बॅल्) *adj.* quite large, of considerable size, अच्छे-ख़ासे आकारवाला, काफ़ी बड़ा।

**size** (साइज़्) *n.* 1. extent of something, माप, साइज। 2. measurements, आकार-प्रकार। □ **cut someone (down) to size,** किसी को उसका असली रूप या औक़ात बता देना, ऐसी की तैसी करना; **size up,** थाह लेना या लगाना। *v.* (sized, sizing) to arrange according to size, नाप-जोख के अनुसार बनाना।

**sizzle** (सिज़्´-ॲल्) *v.* 1. to make a hissing sound of frying, छनछनाना, कड़कड़ाना। 2. to seethe with anger, बौखलाना, उत्तेजित होना। 3. to be very hot, अत्यंत गर्म होना, उत्तप्त होना, जलना। *n.* a hissing sound, छनछन, कड़कड़।

**sizzling** (सिज़्´-लिंग्) *adj.* 1. extremely hot, बहुत गर्म, जलता हुआ। 2. very exciting, अत्यंत उत्तेजक; sizzling dance, अत्यधिक

कामोत्तेजक नृत्य; sizzling speech, आग उगलता भाषण।

**skate** (स्केट्) ***n.*** a shoe or plate for gliding over the ice, स्केट। ***v.*** (skated, skating) to move on skates, स्केटिंग करना।

**skating** (स्केट्´-इंग्) ***n.*** 1. the work of one who skates, स्केटिंग करना। 2. the sport of moving on skates, स्केटिंग।

**skedaddle** (स्कि-डैड्´-ऑल्) ***v.*** to go away quickly, भाग खड़े होना, भगदड़ मच जाना।

**skeet** (स्कीट्) ***n.*** a form of trapshooting, उड़ती चीज़ पर निशाना लगाने की कला, गति-भेदन।

**skein** (स्केन्) ***n.*** 1. loosely coiled bundle of thread or yarn, अंटी, लच्छी। 2. a flock of flying geese, उड़ते हंसों की टोली।

**skeletal** (स्कैल्´-अॅ-टॅल्) ***adj.*** 1. of the skeleton, कंकाल-संबंधी। 2. very thin, like a skeleton, कंकाल-सा, ठठरीनुमा, मरियल।

**skeleton** (स्कैल्´-इ-टॅन्) ***n.*** 1. the internal supporting framework of animal body, हड्डियों का ढाँचा, ठठरी, कंकाल। 2. a supporting structure or framework, ढाँचा, ढड्ढा। 3. a very lean person or animal, दुबला-पतला व्यक्ति या मरियल पशु। 4. an outline or sketch, रूप-रेखा। □ **skeleton at the feast,** राग-रंग को उदासी या विषाद में बदलनेवाली बात; **skeleton in the closet,** छिपाकर रखी हुई ऐसी बातें जिनसे शर्मिंदा होना पड़े।

**skeleton key** ***n.*** a key that can unlock many different locks, ऐसी ताली जिससे कई तरह के ताले खुल जाएँ, चोर-कुंजी।

**skep** (स्कैप्) ***n.*** 1. a basket of wicker, सीकों से बनी टोकरी। 2. a beehive, मधुमक्खियों का छत्ता।

**skeptic** (स्कैप्´-टिक्) ***adj.*** = sceptic.

**sketch** (स्कैच्) ***n.*** 1. an outline, ख़ाका, रूप-रेखा। 2. a brief account of something, रेखाचित्र। ***v.*** to make a sketch (of), रूप-रेखा/रेखाचित्र तैयार करना।

**sketchily** (स्कैच्´-इ-ली) ***adv.*** in a sketchy manner, अधूरे रूप में।

**sketchy** (स्कैच्´-ई) ***adj.*** rough and not detailed, कच्चा और अधूरा, अपूर्ण, सतही।

**skew** (स्क्यू) ***adj.*** slanting, oblique, तिरछा, टेढ़ा, ढलवाँ। ***v.*** (skewed, skewing) 1. to make slanting, तिरछा बनाना। 2. to bias, तरफ़दारी करना, पक्षपात करना। 3. to take an oblique course, तिरछे/टेढ़े चलना।

**skewer** (स्क्यू´-अॅ:) ***n.*** a long pin for holding meat while cooking, (कबाब की) सीख़। ***v.*** (skewered, skewering) to pierce and hold with a skewer, सीख़ में मांस को पिरोना।

**skew-eyed** (स्क्यू´-आइड्) ***adj.*** squint-eyed, भेंगा।

**ski** (स्की) ***n.*** one of a pair of long narrow strips of wood attached to a boot for gliding over snow, (बर्फ़ पर फिसलने के लिए) लकड़ी का पतला लंबा जूता, स्की। ***v.*** (skied, sking) to travel on skis, स्की पहनकर बर्फ़ पर फिसलना, स्कीयन करना।

**skid** (स्किड्) ***v.*** (skidded, skidding) to slide uncontrollably on slippery grounds, फिसलना। ***n.*** the act of slipping, फिसलने की क्रिया। □ **on the skids,** बरबादी या विनाश की ओर।

**skier** (स्की´-अॅ:) ***n.*** one who skis, स्कीयन करनेवाला, स्कीयक।

**skiff** (स्किफ़्) ***n.*** a small, flat-bottomed open boat, छोटी नाव, डोंगी।

**skilful** (स्किल्´-फुल्) ***adj.*** 1. possessing or displaying skill, कुशल, दक्ष। 2. requiring skill, जिसके संपादन के लिए कुशलता की अपेक्षा हो।

**skill** (स्किल्) ***n.*** the ability to do something well, कौशल, दक्षता।

**skilled** (स्किल्ड्) ***adj.*** 1. skilful, highly trained, दक्षताप्राप्त, कुशल, निपुण। 2. (of work) requiring special skill, (कार्य) जिसके लिए विशेष दक्षता की आवश्यकता हो।

**skillet** (स्किल्´-इट्) ***n.*** a frying pan, कड़ाही, तवी, फ्राइंगपैन।

**skim** (स्किम्) ***v.*** (skimmed, skimming) 1. to remove floating matter from milk or

S

any other liquid, मलाई या झाग उतारना। 2. to glide smoothly, आसानी से फिसलना। 3. to read through quickly, सरसरी निगाह से देख या पढ़ जाना। 4. to hide profit, लाभ छिपाना, आय छिपाना।

**skimmed milk** (स्किम्ड्´-मिल्क्) ***n.*** milk with cream removed, मखनिया दूध, सप्रेटा।

**skimmer** (स्किम्´-अ:) ***n.*** a utensil for skimming, पोनी।

**skimp** (स्किम्प्) ***v.*** 1. to be stingy, कंजूस होना। 2. to keep expenses very low, कंजूसी करना। 3. to do carelessly, बेगार टालना।

**skimpy** (स्किम्´-पी) ***adj.*** 1. stingy, कंजूस। 2. inadequate, अपर्याप्त, अयथेष्ट, थोड़ा।

**skin** (स्किन्) ***n.*** 1. outer covering of an animal, त्वचा। 2. the outer covering of fruit, छिलका। 3. a container made of animal's skin, मशक। 4. film, झिल्ली, पपड़ी। □ **by the skin of one's teeth,** बड़ी मुश्किल से; **get under a person's skin,** किसी को अत्यधिक रिझाना; **save one's skin,** चोट, वार या हानि बचा जाना; ***v.*** (skinned, skinning) 1. to remove skin from, खाल उतारना। 2. to injure by scraping, छिल जाना। 3. to cheat, ठगना।

**skindeep** (स्किन्-डीप्´) ***adj.*** 1. not deep, छिछला। 2. superficial, ऊपरी, सतही।

**skin-disease** (स्किन्-डि-सीज़्´) ***n.*** the disease of a skin, त्वचा रोग।

**skindive** (स्किन्´-डाइव्) ***v.*** to swim deeper under water (with flippers and breathing apparatus, (उपकरणों की सहायता से) पानी के अंदर तैरना।

**skin flick** ***n.*** a pornographic film, अश्लील फ़िल्म।

**skinflint** (स्किन्´-फ़्लिंट्) ***n.*** a miser, कंजूस।

**skin game** ***n.*** any swindling trick, निरी ठगी, धोखाधड़ी।

**skingraft** (स्किन्-ग्राफ़्ट्´) ***n.*** the act of removing a piece of skin from one place of the body and grafting it to another place, त्वचारोपण।

**skinned** (स्किन्ड्) ***adj.*** having a skin, चमड़ीवाला; dark-skinned, काली चमड़ीवाला।

**skinny** (स्किन्´-ई) ***adj.*** very thin, दुबला-पतला, सींक-सलाई।

**skint** (स्किंट्) ***adj.*** without money, छूछा, मुफ़लिस, निर्धन।

**skintight** (स्किन्´-टाइट्) ***adj.*** very close-fitting, बहुत कसा हुआ, चुस्त।

**skip** (स्किप्) ***v.*** (skipped, skipping) 1. to spring, फुदकना, उछलना-कूदना। 2. to leap, फाँदना। 3. to pass over, omit, छोड़ देना, लंघन कर जाना; He has skipped a chapter of the book. उसने एक अध्याय छोड़ दिया है। 4. to leave hastily, खिसक जाना। ***n.*** 1. a skipping movement, उछल-कूद, फुदकना। 2. the act of omitting, लंघन।

**skipper** (स्किप्´-अ:) ***n.*** a captain, कप्तान। ***v.*** to captain, कप्तानी करना, नेतृत्व करना।

**skirl** (स्क:ल्) ***n.*** the sound of a bagpipe, मशकबीन की ध्वनि।

**skirmish** (स्क:´-मिश्) ***n.*** 1. a minor encounter in war, मुठभेड़, भिड़ंत। 2. any brisk conflict, झड़प।

**skirt** (स्क:ट्) ***n.*** 1. a female garment hanging from the waist, स्कर्ट। 2. the part of the dress below the waist, घेरा या पल्ला। 3. (plu.) an outlying area, बाह्यांचल। ***v.*** 1. to lie along the edge, किनारे पर होना। 2. to avoid, बचा जाना, छोड़ देना।

**skit** (स्किट्) ***n.*** a short comic theatrical sketch, प्रहसन, व्यंगिका।

**skitter** (स्किट्´-अ:) ***v.*** to skip or glide, फिसलना।

**skittish** (स्किट्´-इश्) ***adj.*** 1. playful, खिलवाड़ी। 2. nervous, घबराया हुआ। 3. whimsical, सनकी।

**skittle** (स्किट्´-अॅल्) ***n.*** a wooden pin ( in the game of bowling) लकड़ी का पिन।

**skive** (स्काइव्) ***v.*** to avoid (work or responsibility, काम या उत्तरदायित्व से) भागना।

**skiver** (स्काइ´-वॅ:) ***n.*** the leather used in bookbinding, जिल्दबंदी के काम आनेवाला पतला चमड़ा।

**skivvy** (स्किव्´-ई) ***n.*** 1. a man's undershirt,

बनियान, गंजी। 2. (plu.) an underwear, जाँघिया।

**skoal** (स्कोल्) ***interj.*** to your health! आपके स्वास्थ्य के लिए।

**skul(l)duggery** (स्कॅल्-डग्´-इ-री) ***n.*** deception, trickery, धोखाधड़ी, चालबाज़ी।

**skulk** (स्कल्क्) ***v.*** 1. to move about stealthily, दुबककर चलना। 2. to shirk, (काम या उत्तरदायित्व से) भागना। 3. to lie in wait, घात में बैठना।

**skull** (स्कल्) ***n.*** the bony framework of the head, खोपड़ी।

**skunk** (शंक्) ***n.*** 1. a small bushy-tailed American mammal, बिल्ली के आकार का एक अमरीकी स्तनपायी पशु। 2. a despicable person, घृणित व्यक्ति।

**sky** (स्काइ) ***n.*** 1. the upper atmosphere, आसमान, आकाश। 2. heaven, स्वर्ग। □ **praise someone to the skies,** आसमान पर चढ़ा देना, बेहद प्रशंसा करना; **the sky is the limit;** कोई सीमा नहीं, कोई ओर-छोर नहीं। ***v.*** (skied, skying) to hit high in the air, आकाश में (ऊँचा) उछाल देना।

**sky-blue** (स्काइ-ब्लू´) ***adj.*** of the colour of the sky, आसमानी। ***n.*** a light blue colour, आसमानी रंग।

**skydiving** (स्काइ´-डाइ-विंग्) ***n.*** the sport of jumping from the airplane and performing acrobatics in the air, हवाई जहाज़ से कूदकर दिखाई जानेवाली कलाबाज़ी, हवाबाज़ी।

**sky-high** (स्काइ-हाइ´) ***adj.*** very high, गगनचुंबी, बहुत ऊँचा।

**skyjack** (स्काइ´-जैक्) ***v.*** to highjack an airplane, उड़ते हुए हवाई जहाज़ का अपहरण कर लेना।

**skylark** (स्काइ´-ला:क्) ***n.*** a bird noted for its singing while in flight, भरल। ***v.*** to frolic, खिलवाड़ या क्रीड़ा करना।

**skylight** (स्काइ´-लाइट्) ***n.*** a window in a roof or ceiling, रोशनदान, झरोखा।

**skyline** (स्काइ´-लाइन्) ***n.*** 1. the horizon, क्षितिज। 2. an outline, रूपरेखा।

**skyrocket** (स्काइ´-रॉक्-इट्) ***v.*** to rise rapidly, तेज़ी से ऊपर उठना।

**skyscraper** (स्काइ´-स्क्रे-पॅ:) ***n.*** a very tall building, गगनचुंबी अट्टालिका।

**skyward** (स्काइ´-व़:ड्) ***adv.*** toward the sky, आसमान की तरफ़।

**skywriting** (स्काइ´-राइ-टिंग्) ***n.*** the words formed in the sky by the smoke emitted by an airplane, आकाश-लेख, धूम्रलेख।

**slab** (स्लैब्) ***n.*** 1. a broad thick piece of stone, पटिया। 2. a broad thick piece of concrete, सीमेंट की पटिया, स्लैब।

**slack** (स्लैक्) ***adj.*** 1. loose, ढीला, शिथिल। 2. characterized by little trade or business, मंदा। 3. sluggish, सुस्त। 4. careless, असावधान। ***v.*** 1. to loosen, ढीला करना या होना। 2. to neglect (one's duty, कर्तव्य की) उपेक्षा करना। ***n.*** 1. the state of being hanging loose, ढील, शिथिलता। 2. the period of decreased activity, मंदी।

**slacken** (स्लैक्´-अॅन्) ***v.*** 1. to make slack, ढीला करना। 2. to become slack, ढीला होना।

**slacker** (स्लैक्´-अॅ:) ***adj.*** one who shirks duty, कामचोर, आलसी, आराम-तलब।

**slack-jawed** (स्लैक्-जा:ड्´) ***adj.*** having one's mouth open, मुँह बाए हुआ।

**slack water** ***n.*** the period of still water, वह समय जब समुद्र में न ज्वार हो और न भाटा, शांत जल।

**slain** (स्लेन्) ***v.*** p.p. of slay.

**slag** (स्लैग्) ***n.*** the dross left after smelting ore, धातुमल।

**slake** (स्लैक्) ***v.*** 1. to quench, (प्यास) बुझाना। 2. to combine water (with lime, चूना) बुझाना।

**slam[1]** (स्लैम्) ***v.*** (slammed, slamming) 1. to shut with force and loud noise, (दरवाज़ा) ज़ोर से भिड़काना या बंद करना। 2. to strike, आघात करना, प्रहार करना। 3. to criticize harshly, कटु आलोचना करना। □ **slam a century,** (क्रिकेट में) ज़ोर-शोर से शतक बनाना।

**slam[2]** ***n.*** the winning of all but one trick in a card game, ताश के खेल में एक छोड़कर

सभी हाथ बनाना।

**slam-bang** (स्लैम्-बैंग्´) *adv.* 1. noisily, शोर करते हुए, ज़ोर-शोर से। 2. recklessly, लापरवाही से।

**slammer** (स्लैम्´-अॅ:) *n.* a jail or prison, कारागृह, बंदीगृह।

**slander** (स्लैन्´-डॅ:) *n.* a false or malicious statement that damages the reputation of someone, निंदा, बुराई, मानहानि। *v.* to utter slander (about, किसी की) निंदा करना, बुराई करना।

**slanderer** (स्लैन्´-डॅर्-अॅ:) *n.* one who slanders, बुराई करनेवाला, निदंक।

**slanderous** (स्लैन्´-डॅ-रस्) *adj.* defamatory, निंदापूर्ण, निंदात्मक।

**slang** (स्लैंग्) *n.* non-standard colloquial usage, बोलचाल के ऐसे प्रयोग जिनका इस्तेमाल औपचारिक प्रसंगों में न किया जाता हो, अपशब्द, अपप्रयोग या अपभाषा। *v.* to abuse, अपवचन कहना।

S

**slant** (स्लैन्ट्) *v.* 1. to slope, ढालू होना या ढालू करना, तिरछा होना या तिरछा करना। 2. to bend, झुकना या झुकाना। 3. to be biased, पूर्वग्रह से युक्त होना। 4. to present (news) with a biased attitude, (समाचार को) विशेष दृष्टिकोण से प्रस्तुत करना। *n.* 1. slope, ढाल। 2. bend, झुकाव। 3. biased attitude, पूर्वग्रहयुक्त दृष्टिकोण, तरफ़दारी।

**slantingly** (स्लैन्´-टिंग्-ली) *adv.* obliquely, तिरछे।

**slantwise** (स्लैंट्´-वाइज़्) *adv.* slantingly, तिरछे।

**slap** (स्लैप्) *n.* 1. a blow with the open hand, चपत, थप्पड़, चाँटा। 2. to insult, अपमान। 3. to reprimand, बिगड़ना, भर्त्सना करना। □ **a slap in the face,** तमाचा; **a slap on the back,** शाबासी। *v.* (slapped, slapping) 1. to strike with a slap, चपत मारना, तमाचा जड़ना। 2. to insult, अपमान करना। *adv.* 1. suddenly, अचानक। 2. forcibly, बलात्, ज़बरदस्ती। 3. abruptly, अचानक, सहसा।

**slapdash** (स्लैप्´-डैश्) *adj.* 1. hasty, जल्दबाज़। 2. careless, लापरवाह। *adv.* hastily, ज़ल्दबाज़ी में।

**slap-happy** (स्लैप्-हैप्´-ई) *adj.* cheerful, प्रसन्न, हर्षित।

**slap-up** (स्लैप्´-अप्) *adj.* excellent, उम्दा, बढ़िया।

**slash** (स्लैश्) *v.* 1. to cut with a violent sweeping stroke, (तलवार आदि से) झटके से चीर या काट डालना। 2. to make a cut in, चीरा देना। 3. to lash with a whip, कोड़े लगाना। 4. to reduce drastically, एकदम कम कर देना, भारी कमी करना। 5. to criticize severely, कटु आलोचना करना। *n.* 1. a cut or gash, चीरा। 2. a deep wound, गहरा घाव। 3. the act of urinating, पेशाब करना, मूतना।

**slashing** (स्लैश्´-इंग्) *adj.* sharp, violent, उग्र, प्रचंड।

**slat** (स्लैट्) *n.* a narrow strip of wood or metal, लकड़ी या धातु की पट्टी।

**slate** (स्लेट्) *n.* 1. a smooth fine-grained rock that splits into thin layers, स्लेटी पत्थर। 2. a writing tablet of slate, स्लेट। 3. grey colour, स्लेटी रंग। 4. a list of candidates of a particular party running for various offices, चुनाव के लिए किसी दल के प्रत्याशियों की सूची, प्रत्याशी-सूची। *v.* (slated, slating) 1. to cover with slates, पटिया से छाना। 2. to hold elections, चुनाव कराना। 3. to criticize harshly, कटु आलोचना करना।

**slather** (स्लैथ्´-अॅ:) *v.* 1. to spread thickly, मोटी परत लगाना या फैलाना। 2. to squander, फ़िज़ूल ख़र्च करना, बरबाद करना।

**slattern** (स्लैट्´-अॅ:न्) *n.* a slovenly woman or girl, मैले-कुचैले कपड़े पहननेवाली स्त्री या लड़की।

**slaughter** (स्ला:´-टॅ:) *n.* 1. the killing of animals for food, पशुओं का काटा जाना, पशुवध। 2. a massacre, संहार, नरसंहार या पशुसंहार। *v.* 1. to kill animals for food, पशुओं का काटा जाना, वध। 2. to kill in great numbers, संहार करना।

**slaughterer** (स्ला:´-टॅ:-अॅ:) *n.* 1. one who slaughters, बूचड़, कसाई। 2. a killer, हत्यारा।

**slaughter-house** (स्ला:´-टॅ:-हाउस्) *n.* a place where animals are killed for food, बूचड़ख़ाना, कसाईख़ाना।

**slave** (स्लेव्) *n.* a person who is held in bondage by another, ग़ुलाम, दास। *v.* to work like a slave, ग़ुलाम की तरह काम करना, कठोर परिश्रम करना।

**slaver** (स्लैव्´-अॅ:) *v.* 1. to have saliva flowing from the mouth, लार टपकाना। 2. to show great desire for, उत्कंठित होना, लार टपकाना। *n.* 1. saliva dribbling from the mouth, लार। 2. a person who deals in slaves, दास-व्यापारी।

**slaverer** (स्लैव्´-अॅ-रॅ:) *n.* 1. one who slavers, लार बहानेवाला। 2. a flatterer, चापलूस।

**slavery** (स्ले´-वॅ-री) *n.* 1. the state or condition of being a slave, दासता, ग़ुलामी। 2. the owning or keeping of slaves, दास-प्रथा। 3. hard work, कठोर परिश्रम।

**slavish** (स्ले´-विश्) *adj.* 1. like slaves, दासों का-सा, दासीय। 2. imitative, नक़ली, अनुकृत।

**Slavonic** (स्लॅ-वॉन्´-इक्) *n.* a branch of Indo-European family of languages, स्लवानिक भाषा-समूह। *adj.* of Slavonic languages, स्लवानिक भाषाओं से संबद्ध।

**slay** (स्ले) *v.* (slew, slain, slaining) to kill, मार डालना, क़त्ल करना।

**slayer** (स्ले´-अॅ:) *n.* one who slays or kills, हत्यारा, वधिक।

**sleazy** (स्ली´-ज़ी) *adj.* cheap and dirty, दो कौड़ी का, गया-गुज़रा, फूहड़।

**sledge** (स्लॅज्) *n.* a vehicle mounted on runners drawn by dogs or horses for carrying loads across snow, हिमगाड़ी। *v.* to travel by sledge, हिमगाड़ी से यात्रा करना।

**sledge-hammer** (स्लॅज्´-हॅम्-अॅ:) *n.* a long heavy hammer, बड़ा हथौड़ा, घन।

**sleek** (स्लीक्) *adj.* 1. smooth, glossy, चिकना-चुपड़ा। 2. trim, graceful, बना-ठना। *v.* to make smooth or glossy, चिकना बनाना।

**sleep** (स्लीप्) *n.* a state of rest during which consciousness is suspended, नींद। ☐ **go to sleep,** सोना; **lose sleep,** नींद गँवा बैठना; **put to sleep,** (i) सुलाना, (ii) बेहोश कर देना, (iii) सदा के लिए सुला देना। *v.* (slept, sleeping) to be in a state of sleep, सोना, नींद लेना। ☐ **sleep around,** कइयों से सहवास करना; **sleep in,** काम की जगह पर सोना; **sleep off,** सोकर (ख़ुमारी या परेशानी से) पिंड छुड़ाना; **sleep on,** सोच में रात बिताना; **sleep out,** खुले में सोना; **sleep through,** गहरी नींद में सोना; **sleep together,** सहवास करना; **sleep with,** सहवास करना।

**sleeper** (स्ली´-पॅ:) *n.* 1. सोनेवाला व्यक्ति। 2. a sleeping car, शयनयान। 3. a heavy timber beam, शहतीर, स्लीपर।

**sleep in** (स्लीप्´-इन्) *v.* to sleep at one's place of work, अपने काम की जगह पर ही सोना।

**sleeping bag** *n.* a bag in which a person may sleep, शयन-थैला।

**sleeping berth** *n.* any berth in a sleeping car, शायिका।

**sleeping car** *n.* a railway car with accommodation for sleeping, शयनयान, शयनिका।

**sleeping partner** *n.* a partner in a business who does not play an active role, अक्रिय भागीदार, निष्क्रिय भागीदार।

**sleeping pill** *n.* a pill that induces sleep, नींद की गोली।

**sleeping room** *n.* a room for sleeping, शयन-कक्ष।

**sleeping sickness** *n.* a disease characterized by fever and lethargy, एक रोग जिसमें बुख़ार के साथ-साथ अत्यधिक सुस्ती अ ाती है।

**sleeping suit** *n.* clothes for sleeping, सोने के कपड़े, शयन-परिधान।

**sleepless** (स्लीप्´-लिस्) *adj.* 1. without sleep, unable to sleep, निद्रारहित, उन्निद्र।

S

2. always alert, सदा जागरूक रहनेवाला।

**sleepwalker** (स्लीप्´-वा:-कॅ:) ***n.*** a person who walks while asleep, नींद में चलने-वाला, निद्राचर।

**sleepy** (स्ली´-पी) ***adj.*** (sleepier, sleepiest) 1. ready to sleep, drowsy, जिसे नींद आ रही हो, उनींदा, तंद्रिल। 2. inactive, अक्रिय, निष्क्रिय। 3. quiet, शांत।

**sleepyhead** (स्ली´-पी-हॅड्) ***n.*** a sleepy person, अक्रिय व्यक्ति।

**sleet** (स्लीट्) ***n.*** 1. falling of hail-stones, उपल-वृष्टि। 2. an icy glaze, बर्फ़ की चमक। ***v.*** to shower in the form of sleet, उपलवृष्टि होना।

**sleeve** (स्लीव्) ***n.*** the part of a garment that covers the arm, आस्तीन। □ **laugh up one's sleeves,** मन ही मन प्रसन्न होना; **roll up one's sleeves,** भिड़ने के लिए तैयार हो जाना।

S

**sleeveless** (स्लीव्´-लिस्) ***adj.*** without sleeves, बिना आस्तीन का, बिना बाँह का।

**sleigh** (स्ले) ***n.*** a light vehicle for use on snow, हिमगाड़ी, स्लेज।

**sleight of hand** ***n.*** great skill in performing a trick, हाथ की सफ़ाई, हस्तकौशल।

**slender** (स्लेंन्´-डॅ:) ***adj.*** 1. of small width relative to height, छरहरा, पतला-दुबला। 2. inadequate, अयथेष्ट।

**slenderness** (स्लेंन्´-डॅ:-निस्) ***n.*** the state of being slender, छरहरापन।

**slenderize** (स्लेंन्´-डॅ-राइज़्) ***v.*** 1. to become slender, छरहरा हो जाना। 2. to make slender, छरहरा बना देना।

**slept** (स्लेप्ट्) ***v.*** p.t. & p.p. of sleep.

**sleuth** (स्लूथ्) ***n.*** a detective, जासूस, भेदिया; sleuth hound, भेदिया कुत्ता। ***v.*** (sleuthed sleuthing) to track or follow, पीछा करना।

**slew**[1] (स्लू) ***v.*** p.t. of slay.

**slew**[2] ***n.*** a large number or amount, बहुत बड़ी संख्या या राशि।

**slice** (स्लाइस्) ***n.*** 1. a thin flat piece cut from a larger object, कतला, फाँक। 2. a portion or share, अंश, भाग। 3. the flight of a ball that travels obliquely, गेंद की तिरछी उड़ान। ***v.*** (sliced, slicing) 1. to cut with a knife, छुरी से काटना। 2. to divide with a knife, फाँकें निकालना, काटना। 3. to hit a ball with a slice, गेंद को तिरछे उड़ाना।

**slicer** (स्लाइ´-सॅ:) ***n.*** a tool for slicing, छुरी।

**slick** (स्लिक्) ***adj.*** 1. smooth, चिकना। 2. flattering and glib, वाक्चपल। 3. deftly executed, दक्षतापूर्वक किया हुआ। 4. shrewd, सयाना, चालक। 5. superficially attractive, सतही रूप से आकर्षक। ***n.*** smooth surface, चिकना तल। ***v.*** to make smooth, चिकना बनाना।

**slicker** (स्लिक्´-ऑ:) ***n.*** 1. a raincoat, एक तरह की चमकीली बरसाती। 2. a person with stylish clothing and manners, चलता पुर्ज़ा।

**slide** (स्लाइड्) ***v.*** (slid, sliding) 1. to move or cause to move over smooth surface in continual contact with it, फिसलना या फिसलाना, सरकना या सरकाना। 2. to slip, खिसक जाना। □ **let something slide,** (हाथ से) कोई चीज़ निकल जाने देना। ***n.*** 1. a sliding movement or action, फिसलाव, सरकन, सर्पण। 2. a land-slide, भूस्खलन।

**sliding** (स्लाइ´-डिंग्) ***n.*** the act of a person or thing that slides, सर्पण।

**sliding door** ***n.*** a door that slides, सरकवाँ दरवाज़ा, सर्पी किवाड़।

**sliding knot** ***n.*** a kind of knot, सरक-गाँठ।

**sliding scale** ***n.*** a scale in which indicated prices, wages vary etc. in accordance with some other factor, विसर्पी मापनी।

**slight** (स्लाइट्) ***adj.*** 1. slender, not stout, दुर्बल, कमज़ोर। 2. small in amount or extent, अल्प, थोड़ा। 3. lacking weight, हलका। □ **not in the slightest,** बिल्कुल नहीं। ***n.*** disrespectful treatment, insult, तिरस्कार, अनादर, उपेक्षा। ***v.*** to treat with disrespect, अनादर या उपेक्षा करना।

**slighting** (स्लाइट्´-इंग्) ***adj.*** full of slight,

अनादरपूर्ण, तिरस्कारपूर्ण, अपमानजनक।

**slightly** (स्लाइट्´-ली) ***adv.*** in a slight degree, थोड़ी मात्रा में, कुछ-कुछ।

**slightly-built** (स्लाइट्´-लि-बिल्ट्) ***adj.*** feeble, कमज़ोर।

**slightness** (स्लाइट्´-निस्) ***n.*** 1. disrespectful treatment, तिरस्कार, अनादर, अवमानना। 2. weakness, कमज़ोरी, दुर्बलता।

**slily** (स्लाइ´-ली) ***adv.*** 1. secretly, चोरी-चोरी, चोरी-छिपे। 2. cleverly, चालाकी से।

**slim** (स्लिम्) ***adj.*** 1. thin, पतला-दुबला (परंतु आकर्षक)। 2. meagre, scanty, तुच्छ, अल्प। ***v.*** (slimmed, slimming) to make or become slim, पतला-दुबला बनाना या बनना।

**slime** (स्लाइम्) ***n.*** slippery substance, लिसलिसा पदार्थ।

**slimy** (स्लाइ´-मी) ***adj.*** 1. full of slime, लिसलिसा, चिपचिपा। 2. filthy, गंदा।

**sling** (स्लिंग्) ***v.*** (slung, slinging) to hurl or throw, फेंकना, उछालना। □ **sling mud at someone,** किसी पर कीचड़ उछालना। ***n.*** a device for shooting small stones, गुलेल।

**slink** (स्लिंक्) ***v.*** (slunk, slinking) to move in a shamefaced way, मुँह छिपाकर, शरमा कर या लजाते हुए जाना।

**slinky** (स्लिंक्´-की) ***adj.*** moving in a slinking way, मुँह छिपाकर या शरमाते हुए जानेवाला।

**slip**[1] (स्लिप्) ***v.*** (slipped, slipping) 1. to move quitely and stealthily, चुपके से खिसक जाना। 2. to miss or lose one's footing, फिसल जाना। 3. to slide, फिसलना, सरकना। 4 to detach, छोड़ देना या छूट जाना। 5. to make a careless mistake, चूक करना। ***n.*** 1. the act of slipping, फिसलना, सरकना। 2. a blunder, चूक, ग़लती। 3. a petticoat, पेटीकोट। 4. a pillowcase, तकिए की खोली। □ **give the slip,** साथ छोड़कर खिसक जाना; **let slip,** मुँह से निकल जाने देना; **slip over,** जाने देना।

**slip**[2] ***n.*** 1. a small piece of paper bearing some information, चिट, पुर्ज़ा, पट्टी, धज्जी आदि। 2. a part of a plant cut off for planting or grafting, क़लम। 3. (in cricket) the position of a fielder to catch a snicked ball, स्लिप।

**slipcover** (स्लिप्´-कव्-अॅ:) ***n.*** a cloth cover for a piece of furniture, सोफ़े आदि की खोली।

**slipper** (स्लिप्´-अॅ:) ***n.*** a light shoe, घर में पहनने की चप्पल, स्लीपर।

**slippery** (स्लिप्´-अॅ-री) ***adj.*** 1. liable to cause slipping, फिसलन-भरा, फिसलना; slippery stone, फिसलना पत्थर। 2. difficult to understand, दुरूह, दुर्बोध।

**slipshod** (स्लिप्´-शॉड्) ***adj.*** 1. careless, असावधान या असावधानी-भरा। 2. poorly made or done, slovenly, फूहड़, बेढंगा।

**slip-up** (स्लिप्´-अप्) ***n.*** a mistake, छोटी-मोटी भूल, भूल-चूक।

**slipway** (स्लिप्´-वे) ***n.*** the sloping area on which a vessel is launched, समुद्रतट का वह घाट जहाँ से जहाज़ पानी में उतारे तथा बाहर निकाले जाते हैं, जलावतरण-मंच।

**slit** (स्लिट्) ***n.*** a long narrow cut, चीर। ***v.*** (slit, slitting) to make a long cut, चीरा देना, चीरना, फाड़ना।

**slither** (स्लिद्´-अॅ:) ***v.*** 1. to slip and slide, फिसलते हुए आगे बढ़ना। 2. to move as a snake does, साँप की तरह सर्पिल गति से आगे बढ़ना।

**slithery** (स्लिद्´-अॅ-री) ***adj.*** slippery, फिसलन-भरा।

**sliver** (स्लिव्´-अॅ:) ***n.*** a thin long piece, पतला लंबा टुकड़ा, पट्टी। ***v.*** (slivered, slivering) to cut into slivers, पट्टियाँ निकालना।

**slob** (स्लॉब्) ***n.*** a clumsy fellow, फूहड़ व्यक्ति।

**slobber** (स्लॉब्´-अॅ:) ***v.*** to dribble saliva or food from the mouth, मुँह से लार आदि टपकना या टपकाना। □ **slobber over a person,** लाड़-प्यार करना। ***n.*** 1. slaver, लार। 2. sentimental behaviour, लाड़-प्यार, दुलार।

**sloe** (स्लो) ***n.*** fruit of the blackthorn, जंगली आलूचा।

S

**slog** (स्लॉग्) *v.* (slogged, slogging) 1. to hit with a heavy blow, भारी आघात करना। 2. to work hard, कड़ा परिश्रम करना। *n.* 1. hard work, कठिन काम, मेहनत का काम। 2. a hard hit, तीव्र आघात, प्रहार।

**slogan** (स्लो´-गॅन्) *n.* a phrase adopted as a motto, नारा। □ **shout a slogan,** नारा लगाना।

**sloop** (स्लूप्) *n.* a single-masted vessel, एक मस्तूलवाला जलयान।

**slop** (स्लॉप्) *v.* (slopped, slopping) 1. to spill over or cause to spill over, छलकना या छलकाना। 2. to tramp or plod through mud, कीचड़ में चलना। 3. to feed (waste food) to pigs, सुअरों को (जूठन या बचा-खुचा सामान) खिलाना। *n.* 1. a puddle of spilled liquid, छलके हुए पानी का ढेर। 2. waste food, जूठन या बचा-खुचा खाने का सामान। 3. a loose outer garment of a workman, कर्मचारी द्वारा पहना हुआ ढीला-ढाला लबादा।

**slope** (स्लोप्) *n.* an inclined surface, ढाल; steep slope, (i) खड़ी ढाल, (ii) खड़ी चढ़ाई। *v.* (sloped, sloping) to incline downward, ढालुआँ होना, ढाल होना। □ **slope off,** चुपचाप खिसक जाना।

**sloping** (स्लोप्´-इंग्) *adj.* that slopes or slants, ढालुआँ।

**sloppy** (स्लॉप्´-ई) *adj.* 1. (of food) watery, पानियल, पतला। 2. wet, गीला। 3. untidy, मैला-कुचैला, गंदा या फूहड़। 4. careless, लापरवाह। 5. loose, ढीला-ढाला (पाजामा)।

**slot** (स्लॉट्) *n.* 1. a narrow opening, झिरी, छेद। 2. a groove or slit, खाँचा। *v.* (slotted, slotting) to make a slot, झिरी डालना; खाँचा बनाना।

**sloth** (स्ला:थ्) *n.* 1. laziness, सुस्ती, आलस्य। 2. a slow-moving mammal, अत्यंत धीरे चलनेवाला एक स्तनपायी पशु।

**slothful** (स्ला:थ्´-फुल्) *adj.* lazy, आलसी, सुस्त।

**slot machine** *n.* a machine operated by a coin put in a slot, स्लॉट-मशीन, सिक्का-मशीन।

**slouch** (स्लाउच्) *n.* an awkward drooping posture or gait, झुककर बैठने, खड़े होने या चलने की क्रिया या भाव। *v.* (slouched, slouching) to stand, sit or move droopingly, झुककर बैठना, खड़े होना या चलना।

**slough**[1] (स्लो, स्लू) *n.* 1. a swamp or marshy place, दलदल। 2. despair, निराशा। 3. depression, विषाद।

**slough**[2] (स्लफ़्) *n.* 1. a snake's cast skin, केंचुली। 2. an outer layer of a wound, खुरंड। *v.* (sloughed, sloughing) to cast dead skin, केंचुली छोड़ना।

**Slovak** (स्लो´-वैक्) *n.* 1. an inhabitant of Slovakia, स्लोवाकिया का निवासी। 2. the language of Slovaks, स्लोवाकिया की भाषा।

**slovenly** (स्लव्´-अॅन्-ली) *adj.* 1. untidy, फूहड़, बेढंगा। 2. careless, लापरवाह।

**slow** (स्लो) *adj.* 1. not quick or fast, sluggish, धीमा, मंद। 2. mentally dull, मंद, मंदबुद्धि। 3. dull, मंदा। 4. (of a clock) indicating a time earlier than the correct time, धीमी गति से चलनेवाला। *v.* to decrease or cause to decrease in speed, धीमा करना या होना।

**slowcoach** (स्लो´-कोच्) *n.* one who moves or works slowly, दीर्घसूत्री।

**slowdown** (स्लो´-डॉउन्) *n.* an intentional slowing down of production, जानबूझकर उत्पादन की मात्रा घटाना।

**slowly** (स्लो´-ली) *adv.* in a slow manner, धीरे-धीरे, मंद गति से।

**slow-witted** (स्लो´-विट्-इड्) *adj.* dull, मंद-बुद्धि।

**slowworm** (स्लो´-व:म्) *n.* a legless lizard, एक तरह का गिरगिट।

**sludge** (स्लज्) *n.* 1. mud, mire, कीचड़। 2. sediment, तलछट, गंदगी।

**sludgy** (स्लज्´-ई) *adj.* muddy, दलदल-भरा।

**sluggard** (स्लग्´-अॅ:ड्) *n.* a lazy person, आलसी आदमी।

**sluggish** (स्लग्´-इश्) *adj.* lazy, slow, सुस्त।

**sluggishly** (-ली) *adv.* in a sluggish manner, सुस्ती से, आलस्यपूर्वक।

**sluggishness** (स्लग्´-इश्-निस्) ***n.*** the quality of being sluggish, सुस्ती, आलस्य।

**sluice** (स्लूस्) ***n.*** 1. a man-made channel, नहर। 2. a gate that controls the channel, जल-कपाट। ***v.*** 1. to let out water, (नहर में) पानी छोड़ना। 2. to wash in a sluice, नहर में धोना। 3. to flush, बहा देना।

**slum** (स्लम्) ***n.*** an urban area inhabited by poor people, गंदी बस्ती, मलिन बस्ती, झुग्गी-झोंपड़ीवाला क्षेत्र। ***v.*** to visit a slum for curiosity, जिज्ञासावश मलिन बस्ती में जाना।

**slumber** (स्लम्´-बं:) ***v.*** 1. to sleep, सोना। 2. to doze, झपकी लेना। ***n.*** 1. sleep, नींद। 2. doze, झपकी।

**slummer** (स्लम्´-अं:) ***n.*** one who lives in a slum, गंदी बस्ती में रहनेवाला।

**slump** (स्लम्प्) ***n.*** 1. a great fall in the demand of goods, मंदी। 2. a great fall in prices, क़ीमतों में भारी गिरावट, मूल्यह्रास। ***v.*** (slumped, slumping) 1. to decline, गिरना, कम हो जाना। 2. to deteriorate, गिर जाना।

**slung** (स्लंग्) ***v.*** p.t. and p.p. of sling.

**slunk** (स्लंक्) ***v.*** p.t. and p.p. of slink.

**slur** (स्ल:) ***v.*** (slurred, slurring) 1. to pronounce indistinctly, अस्पष्ट उच्चारण करना। 2. to speak slightingly or disparagingly, लांछन लगाना। ***n.*** indistinct pronunciation, अस्पष्ट उच्चारण।

**slurp** (स्ल:प्) ***v.*** to eat or drink noisily, इस प्रकार खाना या पीना कि मुँह से आवाज़ हो।

**slurry** (स्लर्´-ई) ***n.*** a thin mixture of water and cement, पतला मसाला।

**slush** (स्लश्) ***n.*** 1. partially melted snow or ice, अधघुली बर्फ़। 2. mud, कीचड़। 3. silly senseless talk, बकबक।

**slut** (स्लट्) ***n.*** 1. a prostitute, वेश्या। 2. a bitch, कुतिया।

**sly** (स्लाइ) ***adj.*** 1. cunning, कपटी या कपटपूर्ण। 2. mischievous, दुष्ट या दुष्टतापूर्ण।

**slyly** (स्लाइ´-ली) ***adv.*** cunningly, कपटपूर्वक, धूर्ततापूर्वक।

**slyness** (स्लाइ´-निस्) ***n.*** cunningness, कपट, धूर्तता।

**smack[1]** (स्मैक्) ***v.*** 1. to kiss noisily, ज़ोर से चुम्मा लेना। 2. to slap noisily, ज़ोर से थप्पड़ लगाना। 3. a hard hit, ज़ोरदार प्रहार। ***n.*** 1. a noisy kiss, चुम्मा। 2. a loud slap, थप्पड़। ***adv.*** directly, सीधे, सीधे-सीधे। □ **run smack,** भिड़ जाना।

**smack[2]** ***n.*** flavour, गंध, पुट, स्वाद। ***v.*** to have the flavour of, (किसी चीज़ की) गंध आना।

**smack[3]** ***n.*** heroin, हेरोइन, नशीली ओषधि।

**smacker** (स्मैक्´-अं:) ***n.*** 1. a noisy kiss, चुम्मा। 2. a dollar, डॉलर।

**smacking** (स्मैक्´-इंग्) ***adj.*** brisk, lively, फुर्तीला, जीवंत।

**small** (स्मा:ल्) ***adj.*** 1. little in size, छोटा, नन्हा, लघु। 2. little in quantity, थोड़ा, अल्प; small savings, अल्प बचत। 3. of little importance, साधारण, नगण्य। 4. not fully grown, अवयस्क, छोटा। 5. small-minded, अनुदार। 6. mean, कमीना, अधम। ***adv.*** 1. in small size, छोटे आकार में। 2. in small pieces, छोटे-छोटे टुकड़ों या दानों में। ***n.*** 1. a small slender part of something, किसी वस्तु का छोटा पतला अंश। 2. (plu.) small articles collectively, छोटी-छोटी चीज़ों का समूह।

**small arms** ***n.*** firearms that can be carried in a hand, छोटे हथियार।

**small change** ***n.*** coins of low denomination, रेजगारी, खुदरा, छुट्टा।

**small fry** ***n.*** an insignificant person or thing, तुच्छ व्यक्ति या वस्तु।

**small hours** ***n.*** the first few hours following midnight, आधी रात के ठीक बाद का समय।

**small intestine** ***n.*** the upper part of the intestines, छोटी आँत, क्षुद्रांत्र।

**smallish** (स्मा:ल्´-इश्) ***adj.*** rather small, छोटा-सा।

**small-minded** (स्मा:ल्´-माइन्-डिड्) ***adj.*** 1. mean, कमीना। 2. selfish, स्वार्थी।

**smallpox** (स्मा:ल्´-पॉक्स्) ***n.*** an acute in-

S

fectious disease that causes skin eruptions, चेचक, माता।

**small-scale** (स्मा:ल्-स्केल्´) *adj.* of limited size, छोटे पैमाने पर होनेवाला।

**small talk** *n.* light conversation, साधारण बातचीत, बतकही, गपशप।

**small-time** (स्मा:ल्´-टाइम्) *adj.* minor or insignificant, छोटा-मोटा, थोड़ा-बहुत, साधारण।

**smarm** (स्मा:म्) *v.* to flatten (the hair) with grease, (बालों को) चुपड़ना, चिकनाना।

**smarmy** (स्मा:´-मी) *adj.* flattering, चापलूस।

**smart** (स्मा:ट्) *adj.* 1. intelligent, होशियार। 2. shrewd, सयाना। 3. quick and witty, चुस्त और हाज़िरजवाब। 4. forceful, ज़ोरदार। 5. neat and elegant, बना-ठना, सजीला, चाकचौबंद। 6. sharp, तेज़, तीव्र। *n.* 1. stinging pain, चमक, टीस। 2. a stinging feeling, चुभन, टीस, व्यथा। *v.* 1. to feel a stinging pain, टीस उठना, चुभन होना। 2. to suffer a penalty, दंड भरना।

**smarten** (स्मा:´-टॅन्) *v.* to make or become smart, चुस्त-दुरुस्त बनना या बनाना, सजना-सँवरना या सजाना-सँवारना।

**smartness** (स्मा:ट्´-निस्) *n.* the state of being smart, चुस्ती, दुरुस्ती; होशियारी, सयानापन।

**smash** (स्मैश्) *v.* 1. to break into with noise or violence, चकनाचूर हो जाना या कर देना। 2. to collide with crushing force, तेज़ी से भिड़ या टकरा जाना, भिड़ंत होना। 3. to hit with a hard heavy blow, ज़ोरदार आघात क़रना। 4. to ruin completely, नष्ट या ध्वस्त कर देना। 5. to defeat utterly, बुरी तरह हरा देना। *n.* 1. the sound of smashing, चकनाचूर होने का शब्द। 2. a collision, टक्कर, भिड़ंत। 3. a disaster, बरबादी, विनाश।

**smashed** (स्मैश्ड्) *adj.* drunk, नशे में चूर, मत्त।

**smasher** (स्मैश्´-अॅ:) *n.* an excellent person, अत्युत्तम या उत्कृष्ट व्यक्ति।

**smashing** (स्मैश्´-इंग्) *adj.* excellent, superb, अति उत्तम, उत्कृष्ट।

**smash-up** (स्मैश्´-अॅप्) *n.* 1. a complete smash, विनाश-लीला। 2. a violent collision, भीषण टक्कर।

**smattering** (स्मैट्´-अॅ-रिंग्) *n.* 1. slight knowledge, हलकी-फुलकी जानकारी, थोथा ज्ञान। 2. a small amount, अल्पराशि।

**smear** (स्मिअॅ:) *v.* 1. to cover with oil, grease etc., लेप करना, लीपना-पोतना, लगाना। 2. to become smeared, लिप-पुत जाना, लग जाना। 3. to defame, बदनाम करना। *n.* 1. something smeared on the surface, लेप। 2. a smug or blot, धब्बा। 3. defamation, बदनामी।

**smell** (स्मॅल्) *v.* (smelled/smelt, smelling) 1. to perceive the smell of, सूँघना। 2. to emit an odour, महकना। 3. to give off an unpleasant smell, गंधाना, बू देना। 4. to give indications (of), बू आना; He smells of money. उसमें धन की बू है। □ **smell out,** सूँघकर पता लगाना। *n.* 1. the sense by which odours are perceived, सूँघने की शक्ति, घ्राणशक्ति। 2. the odour of something, गंध, महक। 3. the act of smelling something, सूँघना। 4. a distinctive quality, विशिष्ट गुण।

**smelly** (स्मॅल्´-ई) *adj.* having an unpleasant odour, बदबूदार।

**smelt**[1] (स्मॅल्ट्) *v.* (smelted, smelting) to melt ore in order to get metal, अयस्क को गलाकर धातु निकालना।

**smelt**[2] *v.* p.t. & p.p. of smell.

**smelter** (स्मॅल्´-टॅ:) *n.* a person engaged in smelting, अयस्क गलानेवाला।

**smile** (स्माइल्) *n.* a facial expression showing pleasure or derision, मुस्क़ान, मुस्कराहट। *v.* (smiled, smiling) 1. to have a smile, मुस्काना, मुस्कराना। 2. to express approval, सहमति जतलाना। 3. to look bright or favourable, अनुकूल होना; Fortune smiled on us. भाग्य हम पर मेहरबान हुआ।

**smiling** (स्माइ´-लिंग्) *adj.* happy, प्रसन्न, हँसता हुआ, मुस्कराता हुआ।

**smilingly** (स्माइ´-लिंग्-ली) *adv.* cheerfully,

प्रसन्नतापूर्वक, मुस्कराते हुए।

**smirk** (स्मःक्) ***v.*** to smile in an obnoxious or offensive manner, आपत्तिजनक ढंग से मुस्कराना। ***n.*** obnoxious smile, आपत्तिजनक मुस्कान।

**smite** (स्माइट्) ***v.*** (smote/smitten, smiting) 1. to hit hard, ज़बरदस्त आघात करना। 2. to have a (sudden) effect on, प्रभावित करना, अभिभूत कर लेना।

**smith** (स्मिथ्) ***n.*** a metalworker, धातुकर्मी; blacksmith, लुहार; goldsmith, सुनार।

**smithereens** (स्मिद्-अॅ-रीन्ज़्´) ***n.*** (plu.) bits, pieces, टुकड़े, तार-तार।

**smithy** (स्मिद्´-ई, स्मिथ्´-ई) ***n.*** 1. a blacksmith, लुहार। 2. his workshop, लुहार का कारख़ाना।

**smitten** (स्मिट्´-अॅन्) ***adj.***; □ **smitten with,** deeply affected by, से प्रभावित, से ग्रस्त।

**smock** (स्मॉक्) ***n.*** a loose outer garment, ऊपरी लबादा या ढीला-ढाला कुरता।

**smocking** (स्मॉक्´-इंग्) ***n.*** a decorative stitching used to gather material in a honeycomb pattern, स्मॉकिंग, चुन्नटदार सिलाई।

**smog** (स्मॉग्) ***n.*** a mixture of smoke and fog, धुएँ और कोहरे का मिला-जुला रूप; धुंधुआँ (धुंध+धुआँ)।

**smoke** (स्मोक्) ***n.*** 1. the vaporous matter arising from burning coal, wood etc., धुआँ, धूम्र। 2. the act of smoking tobacco etc., धूम्रपान। ***v.*** (smoked, smoking) 1. to emit smoke, धुआँ छोड़ना। 2. to draw the smoke of tobacco, (तंबाकू या सिगरेट) पीना। 3. to subject to smoke, धुआँ दिखाना। □ **smoke out,** धुएँ से भगाना।

**smoker** (स्मो´-कॅः) ***n.*** one who habitually smokes tobacco, तंबाकू पीनेवाला, धूम्रपान करनेवाला।

**smokeless** (स्मोक्´-लिस्) ***adj.*** producing little or no smoke, निधूर्म, बिना धुएँ का।

**smoke screen** ***n.*** a mass of dense smoke to screen the military operations, धूम्रपट।

**smokestack** (स्मोक्´-स्टैक्) ***n.*** a tall chimney through which the smoke is discharged, कारख़ाने की ऊँची चिमनी।

**smoking** (स्मो´-किंग्) ***n.*** act of smoking tobacco, तंबाकू पीना, धूम्रपान, धूमन।

**smokingroom** (स्मो´-किंग्-रूम्) ***n.*** a room set apart for smoking, धूम्रपान के लिए नियत कक्ष।

**smoky** (स्मो´-की) ***adj.*** 1. full of smoke, filled with smoke, धुएँ से भरा। 2. giving much smoke, बहुत अधिक धुआँ देनेवाला। 3. having the colour of a smoke, धुएँ के रंग का, काला।

**smolder** (स्मोल्´-डॅः) ***v.*** (smoldered, smoldering) see 'smoulder'.

**smooch** (स्मूच्) ***n.*** a kiss, चुंबन। ***v.*** (smooched, smooching) to kiss, चुंबन लेना, चूमना।

**smooth** (स्मूद्) ***adj.*** (smoother, smoothest) 1. free from roughness, चिकना। 2. even, बराबर, समतल। 3. having fine texture, मुलायम, नरम। 4. pleasantly polite, मृदु। 5. having no obstructions or difficulties, सहज, सरल। ***adv.*** smoothly, सहज रूप से, सरलतापूर्वक। ***v.*** 1. to make smooth, चिकना या चौरस करना। 2. to become smooth, चिकना या चौरस बनना या होना। 3. to make calm, शांत करना। 4. to remove hinderances, बाधाएँ दूर करना। 5. to make easier, सहज कर या बना देना।

**smooth-tongued** (स्मूद्´-टंग्ड्) ***adj.*** speaking in a polite and flattering manner, मृदुभाषी, ख़ुशामदी।

**smother** (स्मद्´-अॅः) ***v.*** 1. to suffocate or be suffocated, दम घोटना या दम घुटना। 2. to put down (fire by heaping ash on it), (राख से आग को) दबा देना। 3. to suppress or be suppressed, दबाना या दबना। 4. to serve (food) thickly covered with butter, sauce etc., (मक्खन, सॉस की) मोटी परत लगाकर (कोई चीज) परोसना। ***n.*** a cloud of smoke that stifles, दमघोंटू धुएँ का गुबार।

**smothery** (स्मद्´-री) ***adj.*** suffocating,

S

गला-घोंटू, श्वासरोधक।

**smoulder** (स्मोल्´-डॅ:) *v.* 1. to burn slowly without flame, सुलगना। 2. to have or show violent feelings that are kept from being expressed, अंदर ही अंदर जलना, सुलगना, जलना-भुनना। *n.* dense smoke resulting from slow combustion, घना धुआँ, धुएँ का अंबार।

**smudge** (स्मज्) *v.* 1. to smear or blur, गंदा करना, मलिन करना। 2. to blot, धब्बे डालना। *n.* 1. stain, धब्बा। 2. a smoky fire used as protection against insects, कीड़ों को भगाने के लिए दिखाया जानेवाला धुआँ।

**smug** (स्मग्) *adj.* (smuger, smugest) 1. self-satisfied, आत्मतुष्ट। 2. smart in dress, बाँका, छैला।

**smuggle** (स्मग्´-अॅल्) *v.* to bring or import dutiable goods illicitly, तस्करी करना।

**smuggler** (स्मग्´-लॅ:) *n.* a person engaged in smuggling, तस्कर।

**smuggling** (स्मग्´-लिंग्) *n.* an act of smuggling, तस्करी।

**smugness** (स्मग्´-निस्) *n.* 1. self-satisfaction, आत्मतुष्टि। 2. tidiness, neatness, स्वच्छता।

**smut** (स्मट्) *n.* 1. a particle of dirt or soot, धूल या कालिख का कण। 2. a stain, धब्बा।

**smutty** (स्मट्´-ई) *adj.* 1. dirty, गंदा, मलिन। 2. obscene, अश्लील।

**snack** (स्नैक्) *n.* a light meal, हलका नाश्ता, खाने की कोई छोटी-मोटी चीज़, स्नैक। *v.* to eat a snack, हलकी-फुलकी चीज़ लेना या खाना।

**snack bar** *n.* a place where snacks are sold, नाश्ता-घर, जलपान-गृह।

**snaffle** (स्नैफ्´-अॅल्) *v.* to take something quickly usually before others have a chance, दूसरों से पहले (खाने की कोई चीज़) उठा लेना।

**snafu** (स्नै-फ़ू´) *n.* a state of utter confusion, भ्रामक स्थिति।

**snag** (स्नैग्) *n.* 1. a jagged or sharp projecting part, नुकीला सिरा, कोना या खूँट। 2. a tear in fabric caused by a snag or sharp object, खरोंच। 3. an unforeseen or hidden obstacle, कोई अदृश्य या गुप्त बाधा। *v.* (snagged, snagging) 1. to tear or damage on a snag, खरोंच लगना। 2. to halt or impede, अटकना या फँसना।

**snail** (स्नेल्) *n.* 1. any of the slow moving molluscs with a shell, घोंघा। 2. a slow moving person or animal, मंथर गति से चलनेवाला व्यक्ति या पशु। □ **at a snail's pace,** अत्यंत धीमी गति से, चींटी की चाल।

**snail-paced** (स्नेल´-पेस्ड्) *adj.* moving very slowly, मंथर, सुस्त।

**snake** (स्नेक्) *n.* 1. a reptile with a long narrow body and no legs, साँप, नाग। 2. a worthless or treacherous fellow, निकम्मा या कपटी साथी। □ **snake in the grass,** धोखेबाज़ मित्र, कपटी मित्र, आस्तीन का साँप। *v.* (snaked, snaking) to move like a snake, साँप की तरह चलना, सर्पण करना।

**snakebite** (स्नेक्´-बाइट्) *n.* a wound inflicted by a snake, सर्पदंश, साँप का काटा।

**snake charmer** *n.* one who charms or hypnotizes snakes, सँपेरा।

**snakes and ladders** *n.* a game, साँप-सीढ़ी का खेल।

**snakily** (स्नेक्´-इ-ली) *adj.* in a snaky manner, छलपूर्वक, कपटपूर्वक।

**snaky** (स्नेक्´-ई) *adj.* 1. of or like a snake, साँप-जैसा, सर्पिल। 2. treacherous, छली, कपटी। 3. infested with snakes, साँपों से भरा, सर्पग्रस्त।

**snap** (स्नैप्) *v.* (snapped, snapping) 1. to make or cause to make a sharp cracking sound, चिटकना या चिटकाना। 2. to break or cause to break suddenly, तड़कना या तड़काना, चटकना या चटकाना, टूटना या तोड़ना। 3. to bite, काटना। 4. to seize with a snatching motion, झपट पड़ना, छीन-झपट करना। 5. to speak sharply, गुर्राना। 6. to take a snapshot, छोटे कैमरे से फ़ोटो लेना। 7. to take or accept eagerly, ले लेना। 8. to move or act suddenly, सहसा सक्रिय हो उठना। □ **snap**

**head off,** बुरा-भला कहना; **snap one's fingers,** अनदेखी करना, उपेक्षा करना; **snap out of it,** सुधरना, सुधार होना; **snap up,** सहसा ले लेना। ***n.*** 1. a sharp cracking sound, चिटक, चटक, तड़क। 2. a sudden grab, पकड़, जकड़। 3. a sudden bite, सहसा काट खाना। 4. a short spell of cold weather, शीत लहर। 5. a photo, फ़ोटो। ***adj.*** happening unexpectedly, आकस्मिक; snap vote, आकस्मिक मतदान या मतसंग्रह। ***adv.*** with a snap, चटकाते हुए।

**snapper** (स्नैप्´-अॅ:) ***n.*** a food fish, एक तरह की मछली।

**snappish** (स्नैप्´-इश्) ***adj.*** bad-tempered, चिड़चिड़ा, खटकना।

**snappy** (स्नैप्´-ई) ***adj.*** 1. vigorous, जीवंत, जानदार। 2. neat and clean, साफ़-सुथरा।

**snapshot** (स्नैप्´-शॉट्) ***n.*** an informal photograph taken with a small camera, स्नैपशॉट।

**snare** (स्नेंअॅ:) ***n.*** 1. a trap, जाल, फंदा। 2. (fig.) anything that entraps, जाल, फंदा। ***v.*** to trap in a snare, जाल या फंदे में फँसाना, पकड़ना।

**snarl** (स्ना:ल्) ***n.*** 1. a tangled mass of thread, hair etc., उलझट्टा, उलझाव। 2. a complication or tangle, उलझन। 3. a growl, दाँत निपोरने की क्रिया या भाव, गुर्राहट। ***v.*** 1. to make entangled, उलझा देना। 2. to become entangled, उलझ जाना। 3. to speak angrily or threateningly, उलझ पड़ना, बरस पड़ना। 4. to growl while baring the teeth, गुर्राना। 5. to knot, गाँठ लगाना।

**snatch** (स्नैच्) ***v.*** 1. to grab suddenly, छीन या झपट लेना। 2. to avail (a chance, मौक़े का) उपयोग करना। □ **snatch at,** (मौक़े का लाभ उठाने के लिए) झपट पड़ना। ***n.*** 1. the act of snatching, छीना-झपटी, झपट्टा। 2. a bit or fragment, अंश, भाग। 3. a brief period, अल्पकाल, दौर।

**snazzy** (स्नैज़्´-ई) ***adj.*** smart, चुस्त-दुरुस्त।

**sneak** (स्नीक्) ***v.*** 1. to move in a stealthy way, चुपके-चुपके चलना। 2. to give or take in a quite stealthy way, चुपके-चुपके लेन-देन करना। 3. to steal, चुराना, उड़ा लेना। 4. to leave quitely, खिसक जाना, चुपके से चल देना। □ **sneak up,** छिपे-छिपे पीछे लगे रहना। ***n.*** 1. a stealthy or underhand person, चोरी-छिपे काम करनेवाला व्यक्ति, धूर्त व्यक्ति। 2. an informer, मुख़बिर।

**sneaker** (स्नी´-कॅं:) ***n.*** one who sneaks, चोरी-छिपे काम करनेवाला व्यक्ति।

**sneakers** (स्नी´-क:ज़्) ***n.*** (plu.) canvas shoes, कैनवस के जूते।

**sneaking** (स्नी´-किंग्) ***adj.*** 1. underhand, धूर्ततापूर्ण, चोरी-छिपे किया जानेवाला। 2. secret, गुप्त।

**sneaky** (स्नी´-की) ***adj.*** 1. sneaking, चोरी-छिपे काम करनेवाला। 2. cowardly, कायरता-भरा, कायरतापूर्ण।

**sneer** (स्निअॅ:) ***v.*** to smile scornfully, खिल्ली उड़ाना, उपहास करना। ***n.*** an act of sneering, खिल्ली, उपहास।

**sneerful** (स्निअॅ:´-फुल्) ***adj.*** scornful, उपहासपूर्ण।

**sneeze** (स्नीज़्) ***v.*** to make a sudden violent audible expiration of breath, छींक मारना, छींकना। □ **not to be sneezed at,** उपेक्षा के योग्य नहीं, न ठुकराने योग्य। ***n.*** an act of sneezing, छींक।

**snick** (स्निक्) ***n.*** 1. a notch, खाँचा। 2. in cricket, a glance with the edge of a bat, गेंद की बल्ले के किनारे से लगकर होनेवाली उछाल। ***v.*** (snicked, snicking) 1. to cut a notch, खाँचा काटना। 2. to hit a glancing blow, गेंद को बल्ले के किनारे से उछाल देना।

**snicker** (स्निक्´-अॅ:) ***n.*** & ***v.*** see 'snigger'.

**snide** (स्नाइड्) ***adj.*** malicious, दुर्भावनापूर्ण।

**sniff** (स्निफ़्) ***v.*** 1. to inhale audibly through the nose, नाक से इस प्रकार साँस लेना कि सूँ सूँ शब्द हो। 2. to smell by inhalation through nose, सूँघना। 3. to show disdain, तिरस्कार करना। □ **sniff at,** (किसी चीज़ या बात) पर नाक-भौंह सिकोड़ना, तिरस्कार करना; **sniff out,** पता लगा

लेना। *n.* 1. the act of sniffing, नाक से (सूँ सूँ करते हुए) साँस लेना। 2. a smell, गंध।

**sniffle** (स्निफ़्´-अॅल्) *v.* to sniff slightly or repeatedly so as to check mucus running from the nose, नाक को बहने से रोकने के लिए बार-बार सूँ सूँ करना।

**sniffles** (स्निफ़्´-अॅल्स्) *n.* (plu.) 1. a head cold, सर्दी के कारण सिर-नाक का जकड़ना। 2. the sound of sniffling, सूँ सूँ।

**sniffy** (स्निफ़्´-ई) *adj.* 1. disdainful, scornful, नकचढ़ा। 2. smelly, गँधैला, महकदार।

**snigger** (स्निग्´-अॅ:) *n.* a sly laugh, खिल्ली। *v.* to utter such a laugh, खिल्ली उड़ाना।

**snip** (स्निप्) *v.* (snipped, snipping) to cut with short quick strokes, कतरना, कुतरना। *n.* 1. a cut made with scissors, चीर, टुक। 2. a small piece clipped, कतरन, टुकड़ा।

**snipe** (स्नाइप्) *n.* a long-billed wading bird, चाहा (पक्षी)। *v.* to fire from a place of concealment, घात में बैठकर गोली दागना।

**sniper** (स्नाइ´-पॅ:) *n.* a person who fires shots from a hiding place, घात में बैठकर निशाना साधनेवाला।

**snippet** (स्निप्´-इट्) *n.* a fragment, टुकड़ा।

**snivel** (स्निव्´-अॅल्) *v.* (snivelled, snivelling) 1. to run at the nose, नाक बहना। 2. to whine, रिरियाना, पिनपिनाना, ठिनकना।

**snob** (स्नॉब्) *n.* one who has offensive air of superiority, अकड़ू, दंभी, गुमानी, घमंडी।

**snobbery** (स्नॉब्(-अॅर्-ई) *n.* snobbish behaviour or character, अकड़, दंभ, गुमान।

**snobbish** (स्नॉब्´-इश्) *adj.* having the characteristics of a snob, दंभी, दंभपूर्ण।

**snog** (स्नॉग्) *v.* (snogged, snogging) to kiss and hug, चूमना और गले लगाना।

**snood** (स्नूड्) *n.* a net like bag for holding woman's hair at the back, जूड़े की जालीदार थैली।

**snooker** (स्नू´-कॅ:) *n.* a game played on a billiard table, स्नूकर।

**snoop** (स्नूप्) *v.* to pry, ताक-झाँक करना। *n.* a person who snoops, ताक-झाँक करनेवाला।

**snooty** (स्नू´-टी) *adj.* haughty, घमंडी, दंभी।

**snooze** (स्नूज़्) *v.* (snoozed snoozing) to take a nap, झपकी लेना। *n.* a nap, झपकी।

**snore** (स्ना:, स्नो:) *v.* to breathe during sleep with a hoarse noise, खर्राटे भरना। *n.* the act or noise of snoring, खर्राटा।

**snorkel** (स्ना:´/स्नो:´-कॅल्) *n.* a device allowing a diver to breathe, गोताख़ोर का (साँस लेने का) उपकरण।

**snort** (स्नॉ:ट्) *v.* 1. to force breath suddenly and violently through the nose, फुफकारना। 2. to express anger, क्रुद्ध होना, गुस्साना। *n.* 1. the act or sound of snorting, फुफकार। 2. anger, क्रोध।

**snot** (स्नॉट्) *n.* 1. nasal discharge, रेंट। 2. a contemptible person, घृणित व्यक्ति।

**snotty** (स्नॉ´-टी) *adj.* 1. contemptible, घिनौना। 2. haughty, घमंडी।

**snout** (स्नॉउट्) *n.* 1. the projecting nose and jaws of an animal, थूथन, नथुना। 2. human nose, नाक।

**snow** (स्नो) *n.* 1. ice, बर्फ़, हिम। 2. anything resembling snow in whiteness or softness, बर्फ़ की तरह सफ़ेद या मुलायम वस्तु। *v.* (snowed, snowing) 1. (of snow) to fall, बर्फ़ गिरना या पड़ना। 2. to cover with snow, बर्फ़ से ढकना या आच्छादित होना।

**snowball** (स्नो´-बा:ल्) *n.* snow pressed into a small ball for playing, बर्फ़ का गोला। *v.* (snowballed, snowballing) 1. to throw snowballs (at), बर्फ़ के गोले (किसी पर) फेंकना। 2. to grow rapidly in size, importance etc., तेज़ी से बढ़ना, ज़ोर पकड़ना।

**snow blindness** *n.* temporary blindness caused by the reflection of the rays from snow, बर्फ़ से परावर्तित किरणों से होनेवाली चौंध, हिमांधता।

**snowbound** (स्नो´-बाउन्ड्) *n.* blocked by heavy snow, हिमपात के कारण अवरुद्ध।

**snowcapped** (स्नो´-कैप्ट्/कैप्ड्) *adj.* covered at the top with snow, हिममंडित।

**snowclad** (स्नो´-क्लैड्) *adj.* covered with snow, बर्फ़ से ढका, हिमाच्छादित।

**snowdrift** (स्नो´-ड्रिफ़्ट्) *n.* a pile of drifted

snow, बर्फ का खिसकता हुआ ढेर या पिंड।

**snowdrop** (स्नो´-ड्रॉप्) *n.* a plant with drooping white flowers, गुलचाँदनी।

**snowfall** (स्नो´-फ़ा:ल्) *n.* a fall of snow, हिमपात।

**snowfield** (स्नो´-फ़ील्ड्) *n.* a permanent wide expanse of snow, हिमक्षेत्र।

**snowflake** (स्नो´-फ़्लेक्) *n.* a flake of snow, हिमकण।

**snowhouse** (स्नो´-हॉउस्) *n.* a building made of snow, हिमगृह।

**snowline** (स्नो´-लाइन्) *n.* the lower boundary of a perennial snowfield, हिमरेखा।

**snowman** (स्नो´-मॅन्) *n.* a figure of a man made in snow, हिममानव।

**snowplough** (स्नो´-प्लॉड) *n.* a machine for clearing snow, बर्फ़ हटानेवाली गाड़ी।

**snowstorm** (स्नो´-स्टा:म्) *n.* a storm with heavy snow, बर्फ़ानी तूफ़ान, हिम-झंझावात।

**snow-white** (स्नो´-ह्वाइट्´) *adj.* white as snow, बर्फ़ की तरह सफ़ेद, हिमश्वेत।

**snowy** (स्नो´-ई) *adj.* (snowier, snowiest) 1. marked by or covered with snow, बर्फ़ीला। 2. snow-white, हिमश्वेत।

**snub** (स्नब्) *v.* (snubbed, snubbing) 1. to rebuke, झिड़की देना, झिड़कना। 2. to suppress, दमन करना। *n.* a rebuke, झिड़की।

**snuff** (स्नफ़्) *n.* powdered tobacco for sniffing up the nostrils, सुँघनी, नसवार। *v.* 1. to put out (the candle), (मोमबत्ती) बुझाना। 2. to suppress, दमन करना, दबा देना।

**snuffle** (स्नफ़्´-अॅल्) *v.* 1. to breathe noisily through a partly blocked nose, सूँ सूँ करना। 2. to say or speak in a nasal tone, नकियाकर बोलना, नकियाना।

**snug** (स्नग्) *adj.* (snugger, snuggest) 1. cosy, सुखद, आरामदेह। 2. fitting closely, चुस्त।

**snuggery** (स्नग्´-री) *n.* a comfortable room, आरामदेह कमरा, सुखद कक्ष।

**snuggle** (स्नग्´-अॅल्) *v.* to draw close, (किसी के साथ) जुड़कर बैठना। *n.* the act of snuggling, जुड़कर बैठने का भाव या क्रिया।

**so** (सो) *adv.* 1. thus, इस प्रकार, इसी प्रकार। 2. in a way that is suggested, उक्त ढंग से, उसी तरह। 3. to such an extent, इतना। 4. too, भी। 5. to the same extent as, वैसे ही। 6. to a great extent, very, अत्यधिक। 7. for the reason, इसलिए। 8. most certainly, निश्चय ही। □ **and so on, and so forth,** इत्यादि; **so as,** जैसे, वैसे; **even so,** फिर भी, तब भी; **just as so,** जैसा-वैसा, जैसे-वैसे; **or so,** लगभग; **so as,** उतना, जितना; **so as to,** जिससे, ताकि; **so far as may be,** जहाँ तक हो सके; **so long as,** जब तक; **so that,** जिससे, ताकि। *conj.* 1. with the result that, परिणामस्वरूप, फलत:, इसलिए। 2. in order that, जिससे। □ **so what?** तो क्या हुआ? *adj.* true, factual, सही, तथ्यपूर्ण। □ **just so,** बिल्कुल वैसा ही। *interj.* used to express surprise or comprehension, ओह!

**soak** (सोक्) *v.* 1. to absorb, जज़्ब करना, सोख या चूस लेना। 2. to be immersed, to become thoroughly wet, भिगोया जाना, तर होना। 3. to make thoroughly wet, भिगोना, तर करना, गीला करना। 4. to drink excessively, बहुत शराब पी लेना। 5. to overcharge, अधिक दाम वसूलना। *n.* 1. the act of soaking, सोखने की क्रिया। 2. a heavy drinker, भारी पियक्कड़।

**soaked** (सोक्ड्) *adj.* wet, drenched, भीगा हुआ, तर-ब-तर।

**so-and-so** (सो´-अॅन्-सो) *n.* a person or thing that need not be named, अमुक, फ़लाँ।

**soap** (सोप्) *n.* 1. a cleaning agent or substance, साबुन। 2. a block of such a substance, साबुन की टिकिया। 3. a serial dealing with the daily life of some characters, ऐसा धारावाहिक जिसमें उसके किसी एक पात्र या कुछ पात्रों के जीवन की झाँकी हो। *v.* (soaped, soaping) to apply soap to, साबुन लगाना।

**soapstone** (सोप्´-स्टोन्) *n.* a soft stone, सेलखड़ी।

**soapsuds** (सोप्´-सड्स्) *n.* (plu.) foam or lather made from soap, साबुन की झाग।

**soapy** (सो´-पी) *adj.* (soapier, soapiest)

S

1. of or like soap, साबुन-जैसा, झाग-भरा, साबुनी। 2. oily, चिकना।

**soar** (सो:) *v.* 1. to rise high, ऊँचा उठना। 2. to fly high, ऊँचाई पर उड़ना, ऊँचे उड़ना। 3. to climb swiftly, तेज़ी से ऊपर चढ़ना।

**sob** (सॉब्) *v.* (sobbed, sobbing) 1. to weep with convulsive gasps, सिसकियाँ भरना, सिसकना। 2. to utter with sobs, सिसकियाँ भरते हुए कहना। *n.* the act or sound of sobbing, सिसकी।

**sober** (सो´-बॅ:) *adj.* 1. temperate, संयमी, मर्यादित। 2. not intoxicated, जो नशे में न हो, सौम्य। 3. serious and sensible, धीर-गंभीर। 4. without exaggeration, अत्युक्ति-रहित, अतिशयोक्तिविहीन।

**sobriety** (सो-ब्राइ´-ॲ-टी) *n.* the state or quality of being sober, संयम; सौम्यता; गंभीरता; अत्युक्तिविहीनता।

S

**so-called** (सो-का:ल्ड्´) *adj.* so named or designated, तथाकथित।

**soccer** (सॉक्´-ॲ:) *n.* football, फुटबॉल का खेल।

**sociability** (सो-शॅ-बिल्´-इ-टी) *n.* the state or quality of being sociable, समाज-शीलता, मिलनसारी।

**sociable** (सो´-शॅ-बॅल्) *adj.* friendly and companionable, समाजशील, मिलनसार, मैत्रीपूर्ण।

**social** (सो´-शॅल्) *adj.* living in a community or group, सामाजिक। *n.* an informal gathering, अनौपचारिक गोष्ठी, मेला।

**socialism** (सो´-शॅ-लिज़्-ॲम्) *n.* a political and economic theory advocating ownership of society of the means of production, distribution etc., समाजवाद।

**socialist** (सो´-शॅल्-इस्ट्) *adj.* socialistic, समाजवादी। *n.* one who advocates or practices socialism, समाजवादी।

**socialistic** (सो-शॅ-लिस्´-टिक्) *adj.* of socialism, समाजवाद-संबंधी, समाजवादी।

**socialite** (सो´-शॅ-लाइट्) *n.* a person who is prominent in fashionable society, फ़ैशनपरस्त समाज में अग्रगण्य।

**socialization** (सो-शॅ-लाइ/लि-ज़े´-शॅन्) *n.* the act or process of socializing, समाजीकरण।

**socialize** (सो´-शॅ-लाइज़्) *v.* 1. to place under public ownership or control, समाजीकरण करना। 2. to take part in social activities, सामाजिक क्रियाकलापों में सम्मिलित होना। 3. to behave in a friendly or sociable manner, सामाजिक होना या बनना।

**society** (सो-साइ´-इ-टी) *n.* 1. a group of people having common culture or way of life, समाज। 2. a group of persons who unite to share common interest, संस्था। 3. the rich and fashionable social class, उच्चवर्ग। 4. companionship, company, साहचर्य, संगत। 5. a community, समुदाय।

**socio** (सो´-शि-ओ) *pre.* 1. society, समाज। 2. social, सामाजिक।

**socio-economic** (सो´-शो-ऍक्-ॲ-नॉम्´-इक्) *adj.* of or relating to a combination of social and economic factors, सामाजिक-आर्थिक, सामार्थिक।

**sociological** (सो-शि-ॲ-लॉज्´-इ-कॅल्) *adj.* of or relating to sociology, समाज-वैज्ञानिक।

**sociologist** (सो-शि-ऑल्´-ॲ-जिस्ट्) *n.* a specialist in sociology, समाजविज्ञानी।

**sociology** (सो´-शि-ऑल्´-ॲ-जी) *n.* the science of society, social institutions and social relationships, समाज-विज्ञान।

**sociopolitical** (सो´-शि-ॲ-पॅ-लिट्-इ-कॅल्) *adj.* of or relating to a combination of social and political factors, सामाजिक-राजनीतिक।

**sock**[1] (सॉक्) *n.* 1. a short stocking, मोज़ा, जुर्राब। 2. a comic drama, हास्य नाटक।

**sock**[2] *v.* (socked, socking) to hit forcefully, ज़ोरदार आघात करना।

**socket** (सॉक्´-इट्) *n.* an opening or hollow place that forms a hollow space for something, गड्ढा, कोटर, घर।

**Socratic** (सॅ-क्रैट्´-इक्) *adj.* of Socrates, सुकरात-संबंधी, सुकराती।

**sod**[1] (सॉड्) ***n.*** 1. an obnoxious person, घिनौना व्यक्ति। 2. a thing that causes problems, समस्याकारक वस्तु या व्यक्ति।

**sod**[2] ***n.*** a piece of grass-covered surface, घास का मैदान। ***v.*** (sodded, sodding) to cover with sods, घास लगाना।

**soda** (सो´-डॅ) ***n.*** any compounds of sodium, सोडा।

**soda water** ***n.*** a beverage charged with carbonic acid gas, सोडावाटर।

**sodden** (सॉड्´-ॲन्) ***adj.*** heavy with moisture or water, तर, तर-बतर, भीगा हुआ, गीला। ***v.*** to make sodden, तर करना।

**sodium** (सो´-डि-ॲम्) ***n.*** a soft silver-white metal, सोडियम।

**sodomite** (सॉड्´-ॲ-माइट्) ***n.*** one who practises sodomy, लौंडेबाज़।

**sodomy** (सॉड्´-ॲ-मी) ***n.*** unnatural copulation between male persons or between a male person and an animal, लौंडेबाज़ी, गुदामैथुन।

**sofa** (सो´-फ़ॅ) ***n.*** a long seat with a back and arms, सोफ़ा।

**soft** (सा:फ़्ट्, सॉफ़्ट्) ***adj.*** 1. not hard or firm, मुलायम, नरम, कोमल, मृदु; soft wood, मृदुकाष्ठ। 2. smooth, चिकना। 3. light, weak, हलका, दुर्बल। 4. comfortable, gentle, soothing, सुखद, प्रिय। 5. easy, सरल। 6. nonalcoholic, मद्यरहित। 7. (of water) free from mineral salts, सादा (पानी)। 8. (of colour) not bright or dazzling, सादा, हलका। 9. (of consonants) not hard, अल्पप्राण (व्यंजन)। 10. tenderhearted, भावुक। □ **be soft on,** नरमी से पेश आना। ***adv.*** in a soft manner, नरमी से, कोमल ढंग से।

**soft-boiled** (सा:फ़्ट्´-बाइल्ड्) ***adj.*** half-boiled, आधा उबाला हुआ (अंडा)।

**softbound** (सा:फ़्ट्´-बॉउन्ड्) ***adj.*** paper-bound, सादी जिल्दवाला।

**soft coal** ***n.*** bituminous coal, एक प्रकार का कोयला।

**soften** (सा:´-फ़ॅन्) ***v.*** to make or become soft, नरम होना या बनाना, मुलायम होना या बनाना। □ **soften up,** कमज़ोर कर देना।

**soft-headed** (सा:फ़्ट्-हॅड्´-इड्) ***adj.*** foolish, मूर्ख।

**softhearted** (सा:फ़्ट्-हा:´-टिड्) ***adj.*** compassionate, कोमल-हृदय, दयालु।

**softhness** (सा:फ़्ट्-निस्) ***n.*** the quality or state of being soft, मृदुता, कोमलता।

**soft palate** ***n.*** the soft back portion of the roof of the mouth, कोमल तालु।

**soft-spoken** (सा:फ़्ट्´-स्पो-कॅन्) ***adj.*** 1. speaking with a soft gentle voice, मृदुभाषी। 2. said with a soft gentle voice, कोमल।

**softspot** (सा:फ़्ट्´-स्पॉट्) ***n.*** a sentimental fondness, कोमल भाव, स्नेह।

**softly** (सा:फ़्ट्´-ली) ***adv.*** in a soft manner, नरमी से, कोमलतापूर्वक।

**software** (सा:फ़्ट्´-वेॲ:) ***n.*** computer programmes, कंप्यूटर-कार्यक्रम, प्रक्रिया-सामग्री, सॉफ़्टवेअर।

**softy** (सॉफ़्´-टी) ***adj.*** foolish, बोदा, बुद्धू।

**soggy** (सॉग्´-ई) ***adj.*** 1. wet, गीला, तर, तर-बतर। 2. marshy, दलदल-भरा, दलदला।

**soil**[1] (सॉइल्) ***n.*** 1. the upper layer of the earth, भूमि, धरती, ज़मीन।

**soil**[2] ***v.*** (soiled, soiling) to make or become dirty, गंदा होना या करना। ***n.*** refuse, manure or excrement, कूड़ा, खाद या मल।

**soiree** (स्वा-रे´) ***n.*** an evening party, सांध्यगोष्ठी। (फ्रांसीसी)

**sojourn** (सो´-जः:न्) ***v.*** to stay at a place temporarily, अस्थायी रूप से कहीं ठहरना या टिकना, प्रवास करना। ***n.*** a temporary stay, अस्थायी निवास, प्रवास।

**sojourner** (सो´-जॅ:-नॅ:) ***n.*** a temporary resident, अस्थायी निवासी, प्रवासी।

**solace** (सो´-लेस, सॉल्´-इस्) ***n.*** comfort in misery or disappointment, तसल्ली, ढारस, सांत्वना। ***v.*** (solaced, solacing) to console, तसल्ली देना, सांत्वना देना, ढारस बँधाना।

**solar** (सो´-लॅ:) ***adj.*** of or relating to the sun, सूर्य-संबंधी, सौर; solar month, सौर मास।

**solarium** (सो-लेंअॅर्´-इ-अॅम्) ***n.*** a room exposed to the sun, धूपदार कमरा।

**sold** (सोल्ड्) ***v.*** p.t. & p.p. of sell.

**solder** (सोल्´-डॅः, सॉड्´-अॅः) ***n.*** a metal alloy for cementing metal parts, राँगा। ***v.*** (soldered, soldering) to join with solder, राँगे से टाँका लगाना, झालना।

**soldering** (सोल्-डॅ-रिंग्) ***n.*** the act of a person who solders, झलाई, सोल्डरन।

**soldier** (सोल्ज़्´-अॅः) ***n.*** 1. one engaged in military service, सैनिक, फ़ौजी। 2. a skilled warrior, योद्धा। 3. a militant worker, कर्मठ कार्यकर्ता। ***v.*** (soldiered, soldiering) 1. to work as soldier, सैनिक की तरह काम करना। 2 to make a pretence of working while really loafing, करना आवारागर्दी पर बहाना बनाना काम का। □ **soldier on,** कटिबद्ध रहना।

S

**soldiering** (सोल्ज़्´-अॅ-रिंग्) ***n.*** the life or service of a soldier, सैनिक जीवन।

**soldierly** (सोल्ज़्´-अॅः-ली) ***adj.*** like a soldier, सैनिक-जैसा।

**soldiery** (सोल्ज़्´-अॅ-री) ***n.*** a body of soldiers, सेना, फौज।

**sole**[1] (सोल्) ***n.*** 1. the under surface of a foot, (पैर का) तलवा। 2. the part of a footwear on which the sole rests, (जूते का) तल्ला। ***v.*** to furnish with a sole, तल्ला लगाना।

**sole**[2] ***adj.*** 1. being only one, इकलौता, अकेला, एकल। 2. having no companion, एकाकी। 3. belonging exclusively to one, एकमात्र।

**solecism** (सॉल्-अॅ-सिज़्-अॅम्) ***n.*** 1. not-standard grammatical construction, अमानक व्याकरणिक रचना, भाषा-संबंधी अशुद्धि। 2. a mistake, भूल। 3. a breach of etiquette, अशिष्टता, त्रुटि।

**solely** (सो´-ली) ***adv.*** 1. without another, अकेले। 2. exclusively, सिर्फ़।

**solemn** (सॉल्´-अॅम्) ***adj.*** 1. performed with full ceremony, रीतिपूर्वक या विधिवत् किया जानेवाला, रीतिपूर्ण, विधिपूर्ण। 2. having a sense of religious like importance, सत्यनिष्ठ; solemn declaration, सत्यनिष्ठ घोषणा। 3. grave, गंभीर। 4. gloomy, विषादपूर्ण। 5. magnificent, भव्य।

**solemnity** (सॅ-लेंम्´-नि-टी) ***n.*** 1. the quality of being solemn, सत्यनिष्ठा। 2. a solemn event, पर्व, उत्सव, समारोह। 3. formality, औपचारिता। 4. a formal religious act, अनुष्ठान। 5. holiness, पवित्रता। 6. seriousness, गंभीरता।

**solemnization** (सॉल्-अॅम्-नाइ/नि-ज़े´-शॅन्) ***n.*** the act of solemnizing or the state of being solemnized, मनाना, रचाना।

**solemnize** (सॉल्´-अॅम्-नाइज़्) ***v.*** 1. to perform with ceremony, रीतिपूर्वक या विधिवत् करना, अनुष्ठान करना। 2. to celebrate, मनाना, धूमधाम से मनाना, रचाना।

**solemnly** (सॉल्´-अॅम्-ली) ***adv.*** 1. in a solemn manner, रीतिपूर्वक, विधिवत्। 2. magnificently, धूमधाम से। 3. firmly, दृढ़तापूर्वक।

**solemnness** (सॉल्´-अॅम्-निस्) ***n.*** gravity, गंभीरता।

**solicit** (सॅ-लिस्´-इट्) ***v.*** 1. to entreat, याचना करना, चिरौरी करना। 2. to try to obtain by asking, माँगना। 3. to strongly urge, उत्प्रेरित करना। 4. to accost (a man) for immoral purposes, (वेश्या द्वारा पुरुष को) बुलाना।

**solicitation** (सॅ-लिस्-इ-टे´-शॅन्) ***n.*** the act of soliciting, याचना, अनुनय-विनय।

**solicitor** (सॅ-लिस्´-इ-टॅः) ***n.*** a lawyer who advises his clients and prepares cases for barristers etc., सॉलिसिटर।

**solicitous** (सॅ-लिस्´-इ-टॅस्) ***adj.*** 1. eager, उत्सुक, इच्छुक। 2. showing concern (for someone), चिंतित।

**solicitude** (सॅ-लिस्´-इ-ट्यूड्) ***n.*** 1. eagerness, उत्सुकता। 2. concern, ध्यान, चिंता।

**solid** (सॉल्´-इड्) ***adj.*** 1. having a definite shape, not liquid or gaseous, ठोस। 2. not hollowed out, ठोस। 3. of good quality and substance, ठोस, मज़बूत। 4. sound, पक्का, मज़बूत। 5. financially sound, ठोस; तगड़ा; solid party, तगड़ा असामी।

6. dependable, reliable, विश्वसनीय। 7. unanimous, सर्वसम्मत। 8. continuous, निरंतर होने या चलनेवाला। 9. pure, ख़ालिस, खरा। *n.* a solid figure, पिंड, घनाकृति।

**solidarity** (सॉल्-इ-डैर्´-अॅ-टी) *n.* 1. unity of interest, purposes, sympathies among group or class, एकजुटता, एकता। 2. fellow-feeling, भाईचारा, बंधुभाव।

**solidification** (सॅ-लिड्-इ-फ़ि-के´-शॅन्) *n.* the act of solidifying or the state of being solidified, घनीभवन, घनीकरण।

**solidify** (सॅ-लिड्´-इ-फ़ाइ) *v.* (solidified, solidifying) to make or become solid, ठोस होना या बनाना।

**solidity** (सॅ-लिड्´-इ-टी) *n.* 1. the quality of being solid, ठोसपन। 2. soundness, firmness, दृढ़ता। 3. something solid, कोई ठोस पदार्थ।

**solid-state** (सॉल्´-इड्-स्टेट्) *adj.* consisting of or concerned with solid matter, घनीभूत।

**soliloquy** (सॅ-लिल्´-अॅ-क्वी) *n.* the act of speaking to oneself, स्वगत कथन।

**solitaire** (सॉल्´-इ-टेंॲ:) *n.* 1. a gemstone set alone, इकनगा गहना। 2. a card game, patience, एक व्यक्ति द्वारा खेला जानेवाला ताश का खेल, पेशंस।

**solitarily** (सॉल्´-इ-टॅ-रि-ली) *adv.* so as to be solitary, अकेले।

**solitary** (सॉल्´-इ-टॅ-री) *adj.* 1. alone, एकाकी, अकेला। 2. sole, एकमात्र। 3. lonely, unfrequented, तन्हा, निस्संग, एकांत में होनेवाला; solitary confinement, कैद तन्हाई।

**solitude** (सॉल्´-इ-च्यूड्/ट्यूड्) *n.* 1. the condition of being alone, एकाकीपन, अकेलापन। 2. a lonely place, एकांत।

**solo** (सो´-लो) *n.* 1. a musical composition for a single voice or instrument, एक व्यक्ति के लिए गाने या बजाने के लिए तैयार की गई रचना। 2. a flight in which a pilot is unaccompanied, बिना चालक के अकेले भरी जानेवाली उड़ान। 3. a performance carried out by a single person, एकल प्रदर्शन। *adj.* sole, alone, अकेला, एकल।

**soloist** (सो´-लो-इस्ट्) *n.* a person who plays on a solo, एकल वादक या गायक।

**solstice** (सॉल्´-स्टिस्) *n.* either of the times in the year when the sun is farthest from the equator, दिन और रात के बराबर होने की अवस्था, एक अयन की समाप्ति और दूसरे का आरंभ, अयनांत; summer solstice, कर्क संक्रांति; winter solstice, मकर संक्रांति।

**solubility** (सॉल्-यु-बिल्´-इ-टी) *n.* the quality or state of being soluble, घुलनशीलता, विलेयता।

**soluble** (सॉल्´-यु-बॅल्) *adj.* 1. capable of being dissolved, घुलनशील, विलेय। 2. solvable, समाधेय।

**solution** (सॅ-ल्यू´-शॅन्) *n.* 1. a liquid in which something is dissolved, सलूशन, घोल। 2. the act of solving a problem, समाधान, हल। 3. an answer to a problem, हल, समाधान।

**solvable** (सॉल्´-वॅ-बॅल्) *adj.* that can be solved, जिसे हल किया जा सके, समाधेय।

**solve** (सॉल्व्) *v.* (solved, solving) to find a solution to, हल करना, समाधान करना।

**solvency** (सॉल्´-वॅन्-सी) *n.* the quality or state of being solvent, ऋण चुकाने की सक्षमता।

**solvent** (सॉल्´-वॅन्ट्) *adj.* 1. having enough money to pay one's debts, ऋण चुकाने में सक्षम। 2. capable of dissolving another substance, विलायक। *n.* a liquid capable of dissolving another substance, विलायक।

**sombre, somber** (सॉम्´-बॅ:) *adj.* 1. sad, melancholy, खिन्न, दुखी। 2. grave, गंभीर। 3. gloomy, निराशाजनक। 4. dark, काला।

**sombrero** (सॉम्-ब्रेअॅर्´-ओ) *n.* a straw hat, एक प्रकार का टोप।

**some** (सम्) *adj. & pron.* 1. being an unknown or unspecified one, कोई; Some person may reject. कोई व्यक्ति अस्वीकार कर सकता है। 2. an unspecified number, quantity or extent, an amount

S

that is less than the whole, कुछ; after some days, कुछ दिनों बाद। *adv.* 1. approximately, लगभग। 2. somewhat, कुछ-कुछ, कुछ; to some extent, कुछ सीमा तक।

**somebody** (सम्´-बॅ-डी, सम्´-बॉड्-ई) ***n. & pron.*** 1. an unspecified person, कोई। 2. a person of importance, विशिष्ट व्यक्ति।

**someday** (सम्´-डे) ***adv.*** in the future, एक दिन, किसी दिन।

**somehow** (सम्´-हाउ) ***adv.*** by some (unknown) means, किसी तरह, किसी न किसी तरह।

**someone** (सम्´-वॅन्) ***n. & pron.*** somebody, कोई।

**somersault** (सम्´-अॅ:-सा:ल्ट्) ***n.*** a leap or roll in which a person turns his heels over his head, कलैया, कलाबाज़ी। ***v.*** to perform a somersault, कलैया लगाना/मारना, कलाबाज़ी खाना।

S

**something** (सम्´-थिंग्) ***n. & pron.*** some unspecified thing, कुछ, कोई चीज़। ***adv.*** in some degree, लगभग।

**sometime** (सम्´-टाइम्) ***adv.*** at some time (in future), किसी समय (भविष्य में), कभी। ***adj.*** former, late, पुराना, भूतपूर्व।

**sometimes** (सम्´-टाइम्ज़्) ***adv.*** sometimes but not always, occasionally, कभी-कभी।

**someway** (सम्´-वे) ***adv.*** somehow, in some manner, किसी तरह।

**somewhat** (सम्´-ह्वॉट्) ***adv.*** to some extent, कुछ, कुछ-कुछ।

**somewhere** (सम्´-ह्वेंअॅ:) ***adv.*** to a place unspecified or unknown, कहीं।

**somnambulism** (सॉम्-नैम्´-ब्यॅ-लिज़्´-अॅम्) ***n.*** sleepwalking, नींद में चलना।

**somnambulist** (सॉम-नैम्´-ब्यॅ-लिस्ट्) ***adj.*** a sleepwalker, नींद में चलनेवाला, निद्राचर।

**somnolent** (सॉम्´-नॅ-लॅन्ट्) ***adj.*** 1. sleepy, drowsy, उनींदा, निद्रालु। 2. causing sleep or drowsiness, निद्राकारक।

**son** (सन्) ***n.*** 1. a male offspring of human beings, बेटा, पुत्र, लड़का। 2. any male person considered as the product of a given school, native land etc., लाल। ☐ **son of a bitch,** दोगला।

**sonata** (सॅ-ना´-टॅ) ***n.*** a musical composition for one instrument or two, वाद्य-रचना, सोनाटा।

**song** (सा:ङ्ग्) ***n.*** 1. a brief musical composition written for singing, गाना, गान। 2. an act or art of singing, गायन। ☐ **for a song,** बहुत कम मूल्य पर।

**songbird** (सा:ङ्ग्´-ब:ड्) ***n.*** a bird with a melodious call, गानेवाली चिड़िया।

**sonic** (सॉन्´-इक्) ***adj.*** of or relating to sound waves, ध्वनि तरंगों से संबद्ध, ध्वनिक।

**son-in-law** (सन्´-इन्-ला:) ***n.*** (plu. sons-in-law) the husband of one's daughter, दामाद।

**sonnet** (सॉन्´-इट्) ***n.*** a poem of fourteen lines, चतुष्पदी।

**sonny** (सन्´-ई) ***n.*** a form of address to a boy, बेटा!

**sonority** (सॅ-नॉर्´-इ-टी) ***n.*** 1. resonance, गूँज, निनादिता। 2. melodious quality, सुरीलापन।

**sonorous** (सॉ´-नॅ-रॅस्, सॅ-नोर्´-अॅस्) ***adj.*** resonant, गूँजता हुआ, निनादी। 2. melodious, सुरीला। 3. impressive, प्रभावपूर्ण।

**soon** (सून्) ***adv.*** 1. immediately, जल्दी ही। 2. at once, promptly, फ़ौरन, तुरंत। ☐ **as soon as,** ज्यों ही, जैसे ही; **no sooner...... than,** ज्यों ही....त्यों ही; **sooner or later,** देर-सवेर, अंततः; **sooner the better,** जितनी जल्दी हो सके उतना ही अच्छा।

**soot** (सूट्) ***n.*** a black substance formed by combustion, कालिख।

**soothe** (सूद्) ***v.*** (soothed, soothing) 1. to calm, शांत करना। 2. to ease, राहत पहुँचाना।

**soothing** (सूद्´-इंग्) ***adj.*** calming, शांतिदायक, आराम देनेवाला।

**soothsayer** (सूथ्´-से-अॅ:) ***n.*** a person who foretells the future, भविष्यवक्ता, ज्योतिषी।

**sooty** (सूट्´-ई) ***adj.*** 1. covered with soot, कालिख-लगा। 2. like soot, काला।

**sop** (सॉप्) ***v.*** (sopped, sopping) 1. to dip

(in a liquid, तरल पदार्थ में) भिगोना, तर करना। 2. to take up by absorption, सोख लेना। *n.* 1. a piece of bread dipped in a liquid, तरल पदार्थ में भिगोया हुआ रोटी का टुकड़ा या कौर। 2. something given as appeasement, मुँह-भराई, रिश्वत, घूस।

**sophisticate[1]** (सॅ-फ़िस्´-टि-केट्) *v.* to make sophisticated, सयाना या शिष्ट बनाना।

**sophisticate[2]** (सॅ-फ़िस्´-टि-किट्) *n.* a sophisticated person, सयाना आदमी, शिष्ट व्यक्ति।

**sophisticated** (सॅ-फ़िस्´-टि-कें-टिड्) *adj.* 1. worldly-wide, दुनियादार, सयाना। 2. appealing to the taste of sophisticates, शिष्ट, शिष्टतापूर्ण। 3. complicated, जटिल। 4. refined, परिष्कृत।

**sophistication** (सॅ-फ़िस्-टि-के´-शॅन्) *n.* 1. the state or quality of being sophisticated, दुनियादारी, सयानापन। 2. refinement, परिष्करण, सुसंस्करण नफ़ासत।

**sophistry** (सॉफ़्´-इ-स्ट्री) *n.* 1. misleading argumentation, कुतर्क करना। 2. an instance of this, कुतर्क, वितंडा।

**sophomore** (सॉफ़्´-अॅ-मो:) *n.* a high school student, हाई स्कूल का (विशेषत: द्वितीय वर्ष का) विद्यार्थी।

**soporific** (सॉप्´-अॅ-रिफ़्´-इक्) *adj.* 1. causing sleep, नींद लानेवाला। 2. drowsy, निद्रालु।

**sopping** (सॉप्´-इंग्) *adj.* drenched, very wet, भीगा हुआ, तर-ब-तर।

**soppy** (सॉप्´-ई) *adj.* 1. drenched, very wet, तर-ब-तर। 2. sentimental, भावुक।

**soprano** (सॅ-प्रा:´-नो) *n.* 1. highest singing voice, गाने में उच्चतम स्वर। 2. a singer with such a voice, उच्चतम स्वरवाला गायक।

**sorcerer** (सॉ:´-सॅ-रॅ:) *n.* a person who practises sorcery, झाड़-फूँक करनेवाला, ओझा।

**sorcery** (सॉ:´-सॅ-री) *n.* witchcraft, जादू-टोना, ओझाई, झाड़-फूँक।

**sordid** (सा:´-डिड्) *adj.* 1. foul, filthy, मलिन, गंदा, मैला-कुचैला। 2. wretched, हेय, घिनौना।

**sordidness** (सा:´-डिड्-निस्) *n.* 1. the state or quality of being sordid, मलिनता, गंदगी। 2. wretchedness, हेयता, घिनौनापन।

**sore** (सो:) *adj.* 1. causing annoyance, कष्टदायक। 2. distressed, दुखी। *n.* a sore place, दुखता अंग।

**sorehead** (सो:´-हॅंड्) *adj.* a person easily angered, बदमिज़ाज, चिड़चिड़ा।

**sorely** (सो:´-ली) *adv.* badly, बुरी तरह से।

**sorority** (सॅ-रॉर्´-इ-टी) *n.* a women club at a college, छात्रा-क्लब, महिला-सभा।

**sorrel** (सॉर्´-अॅल्) *n.* 1. reddish brown colour, लाली लिये भूरा रंग। 2. a horse of this colour, उक्त रंग का घोड़ा।

**sorrow** (सॉर्´-ओ) *n.* 1. sadness or grief, due to disappointment or loss, दुख, व्यथा, शोक। 2. a cause of sadness or grief, दुख का कारण। *v.* 1. to feel sorrow, दुखी होना। 2. to express sorrow, व्यथा व्यक्त करना।

**sorrowful** (सॉर्´-अॅ-फुल्) *adj.* feeling or showing sorrow, दुखी।

**sorrow-stricken** (सॉर्´-ओ-स्ट्रिक्´-अॅन्) *adj.* sad due to someone's loss, शोकमग्न।

**sorry** (सॉर्´-ई) *adj.* (sorrier, sorriest) feeling regret or sympathy, दुखी। *interj.* used to express mild regret or for apologizing, खेद या क्षमा द्योतित करने के लिए प्रयुक्त; I am sorry. मुझे खेद है।

**sort** (सा:ट्) *n.* a particular kind or variety, प्रकार, किस्म, तरह। □ **of sorts,** (i) तरह-तरह का, (ii) हलकी किस्म का; **out of sorts,** (i) अस्वस्थ-सा, (ii) कुछ-कुछ क्रुद्ध; **sort of,** कुछ-कुछ। *v.* 1. to arrange according to class, size, address etc., छाँटना, छँटनी करना। 2. to put into working order, सुधारना, मरम्मत करना। □ **sort out,** (i) छाँटना, (ii) हल खोजना।

**sortable** (सा:ट्´-अॅ-बॅल्) *adj.* that can be sorted, छाँटने योग्य।

**sortie** (सा:´-टी) *n.* 1. a trip, (छोटी-मोटी) यात्रा। 2. a flight of a combat warplane, बमबारी के लिए वायुयान द्वारा भरी गई उड़ान। 3. an armed attack, चढ़ाई, धावा।

**SOS** (अॅस्-ओ-अॅस्´) *n.* a call for help,

S

(संकट में फँसे जलयान द्वारा की हुई) सहायता के लिए पुकार, गुहार।

**so-so** (सो´-सो) ***adj.*** mediocre, सामान्य-सा।

**sot** (सॉट्) ***n.*** 1. a drunkard, शराबी। 2. a habitual drunkard, पियक्कड़।

**sotto voce** (सॉट्-ओ-वो´-ची) ***adv.*** in an undertone, अत्यंत धीमे स्वर में।

**sou** (सू) ***n.*** very small amount of money, दमड़ी, अधेला या पाई; I have not a sou. मेरे पास तो अधेला भी नहीं।

**sough** (सफ़, साउ) ***n.*** a whistling sound of wind, सरसर (ध्वनि)। ***v.*** to make such a sound, सरसराना।

**sought after** (सा:ट्´-एफ़्´-टॅ:) ***adj.*** much sought for purchase or use, (वस्तु) जिसके लिए हाय-तौबा मची हो।

**soul** (सोल्) ***n.*** 1. the immortal element in a person, आत्मा। 2. a human being, person, जीवात्मा, जीव। 3. a spirit or ghost, आत्मा, भूत। 4. the central or vital part of something, प्राण, जान। 5. a person's feeling or moral nature, अंतरात्मा, अंत:करण। □ **animating soul,** जीवात्मा; **departed soul,** मृतात्मा; **life and soul,** प्राण और आत्मा, सर्वस्व; **supreme soul,** परमात्मा; **heart and soul,** तन-मन से, पूरी शक्ति तथा निष्ठा से।

**soul-destroying** (सोल्´-डि-स्ट्राइ-इंग्) ***adj.*** continually monotonous, ऊबाऊ, नीरस।

**soulful** (सोल्´-फ़ुल्) ***adj.*** 1. causing sad feeling, विषादपूर्ण। 2. emotional, भावपूर्ण।

**soulless** (सोल्´-लिस्) ***adj.*** 1. lacking noble qualities, निष्प्राण। 2. uninteresting, नीरस।

**soul mate** (सोल्´-मेट्) ***n.*** a partner in an illicit relationship, प्रेमी या प्रेमिका।

**soul-searching** (सोल्´-स:च्-इंग्) ***n.*** examination of one's own conscience, आत्म-निरीक्षण।

**soul-stirring** (सोल्´-स्टर्-इंग्) ***adj.*** that stirs the soul, आत्मा को मथनेवाला, मर्मभेदी।

**sound** (साउन्ड्) ***n.*** 1. a distinctive noise, anything that can be heard, आवाज़, ध्वनि; sound wave, ध्वनि तरंग। 2. an articulation made by the vocal apparatus, मुँह से निकलनेवाली ध्वनि, शब्द। 3. sound reproduced in a film etc., ध्वनि। 4. impression, implication or meaning, छाप, विवक्षा या अर्थ। ***v.*** (sounded, sounding) 1. to make a sound, आवाज़ करना, ध्वनित करना। 2. to utter, (वर्ण) बोलना। 3. to seem to be, प्रतीत होना। 4. to summon or signal by a sound, (ध्वनि द्वारा) बुलाना, संकेत करना। □ **sound off,** ज़ोरदार ढंग से कहना; **sound out,** राय जानना। ***adj.*** 1. healthy, स्वस्थ। 2. free from damage, सुरक्षित। 3. based on valid reasoning, तर्कसंगत। 4. deep, गहरा। 5. thorough, मज़े का, अच्छा-ख़ासा।

**soundless** (साउन्ड्´-लिस्) ***adj.*** making no sound, ध्वनिविहीन।

**soundly** (साउन्ड्´-ली) ***adv.*** 1. in a sound manner, अच्छी तरह। 2. completely, पूर्ण रूप से।

**soundproof** (साउन्ड्´-प्रूफ़्) ***adj.*** allowing no sound to penetrate, ध्वनिसह, साउन्डप्रूफ़।

**soundtrack** (साउन्ड्´-ट्रैक्) ***n.*** a narrow strip at the side of motion picture film that carries the sound recording, ध्वनि-पट्टी।

**soup** (सूप्) ***n.*** a liquid food made by boiling vegetables, meat, fish etc., सूप, रसा, शोरबा। □ **in the soup,** संकट में; **soup up,** गति या क्षमता बढ़ाना।

**soupcon** (सूप्-सॉन्´) ***n.*** a very small quantity or amount, लेश, पुट।

**soupy** (सूप्´-ई, सू´-पी) ***adj.*** 1. like soup, रसेदार। 2. cloudy, मेघाच्छन्न। 3. over-sentimental, अति-भावुक।

**sour** (साउअॅ:) ***adj.*** 1. having a sharp taste, खट्टा, अमल। 2. spoiled, ख़राब। 3. unpleasant, अप्रिय। 4. bad-tempered, क्रोधी, चिड़चिड़ा। ***v.*** (soured, souring) to become sour, खट्टा या खराब हो जाना।

**source** (सो:स्) ***n.*** 1. a place of origin of a river, उद्गम, मूल। 2. the place from which something comes or is obtained, स्रोत। 3. a person or book that supplies information, सूचना-स्रोत; source book, स्रोत पुस्तक। □ **at source,** आरंभ या मूल में।

**sourness** (साउअ:´-निस्) ***n.*** 1. the quality of being sour, खट्टापन, अम्लता। 2. bitterness, कटुता।

**sourpuss** (साउ:´-पस्) ***n.*** a sour-tempered person, तेजमिज़ाज, गुस्सैल।

**souse** (साउस्) ***v.*** (soused, sousing) 1. to plunge (something) into water or other liquid, पानी या तरल पदार्थ में (कोई चीज़) डुबोना। 2. to drench, तर करना। 3. to be drenched, तर होना, गीला होना। 4. to make intoxicated, नशे में लाना।

**soused** (साउस्ट्, साउस्ड्) ***adj.*** drunk, नशे में चूर।

**south** (साउथ्) ***n.*** the direction opposite north, दक्षिण, जनूब। ***adj.*** of or toward south, दक्षिणी, जनूबी।

**southbound** (साउथ्´-बॉउन्ड्) ***adj.*** going southward, दक्षिणाभिमुखी।

**southeast** (साउथ्-ईस्ट्´) ***n.*** the direction midway between south and east, दक्षिण-पूर्व। ***adj.*** of, toward or facing southeast, दक्षिण-पूर्वी।

**southerly** (सद्´-अ:-ली) ***adj.*** of or from the south, दक्षिणी।

**southern** (सद्´-अ:न्) ***adj.*** of, toward or facing the south, दक्षिणी।

**southerner** (सद्´-अ:-नं:) ***n.*** a native of the south, दक्षिणवासी।

**southwest** (साउथ्-वेंस्ट्´) ***n.*** the direction midway between south and west, दक्षिण-पश्चिम। ***adj.*** of, toward or facing southwest, दक्षिण-पश्चिमी।

**southwesterly** (साउथ्-वेंस्´-टं:-ली) ***adj.*** 1. of or from southwest, दक्षिण-पश्चिमी। 2. toward the southwest, दक्षिण-पश्चिम की ओर जानेवाला।

**souvenir** (सु-वि-निअ:´) ***n.*** 1. something serving as a reminder of a person, place or occasion, स्मृतिचिह्न, सौग़ात, निशानी। 2. a magazine serving as a reminder, स्मारिका।

**sovereign** (सॉव्´-रिन्) ***n.*** 1. a supreme ruler, राजा, महाराजा या प्रधान शासक, संप्रभु। 2. British gold coin, एक पौंड का सिक्का, अशरफ़ी, गिन्नी। ***adj.*** possessing sovereign power, संप्रभु, प्रभुसत्तासंपन्न, प्रभुत्वसंपन्न।

**sovereignty** (सॉव्´-रिन्-टी) ***n.*** 1. soereign power, प्रभुसत्ता। 2. complete independence, पूर्ण स्वराज्य। 3. royal rank, राजपद।

**Soviet** (सो´-वि-अॅट्) ***adj.*** Russian, रूसी।

**soviet** ***n.*** a legislative assembly of Soviet Union, सोवियत संसद्।

**sow** (सो) ***v.*** (sowed, sowed/sown, sowing) 1. to plant seed in, बोना, बुआई करना। 2. to implant, introduce or spread, बीजारोपित करना, रोपना या छितराना। ***n.*** fully grown female pig, मोटी-ताज़ी सुअरनी।

**sowing** (सो´-इंग्) ***n.*** the act of one who sows, बुआई, बोआई, बोनी।

**soy** (सॉइ, सॉय) ***n.*** the soyabean, सोयाबीन।

**soya bean** (सॉइ´-बीन्) ***n.*** a kind of bean used as food, सोयाबीन।

**soy sauce** (सॉइ´-सास्) ***n.*** a sauce made from fermented soya beans, सोयसॉस।

**sozzled** (सॉ´-ज़ॅल्ड्) ***adj.*** drunk, नशे में धुत्त।

**spa** (स्पा) ***n.*** a mineral spring, खनिज जलवाला सोता, खनिज-सोता।

**space** (स्पेस्) ***n.*** 1. the expanse in which solar system exists, आकाश; outer space, बाह्याकाश, अंतरिक्ष। 2. distance, अंतराल, दूरी, फ़ासला। 3. a blank or empty area, ख़ाली जगह। 4. an area as an accommodation, जगह, ख़ाली जगह। 5. a period or interval of time, अंतराल, बीच का समय। ***v.*** (spaced, spacing) to arrange with spaces between, बीच-बीच में जगह रखना, अंतर देना।

**spacecraft, spaceship** (स्पेस्´-क्राफ़्ट्/शिप्) ***n.*** a vehicle for travelling in outer space, अंतरिक्ष-यान।

**spacial** (स्पे´-शॅल्) ***adj.*** = spatial.

**spacing** (स्पे´-सिंग्) ***n.*** space between the printed words, अंतर, अंतरण।

**spacious** (स्पे´-शॅस्) ***adj.*** having a large

S

capacity or space, खुला, विस्तृत।

**spade** (स्पेड्) ***n.*** 1. a tool for digging ground, कुदाल, फावड़ा। 2. any of a suit of playing cards with a inverted heart-shaped leaf, हुकुम (का पत्ता)। ***v.*** to dig with a spade, फावड़ा चलाना। □ **call a spade a spade,** साफ़ शब्दों में कह डालना।

**spadework** (स्पेड्´-व़:क्) ***n.*** preparatory work, प्रारंभिक कार्य या तैयारी।

**spaghetti** (स्पॅ-गेंट्´-ई) ***n.*** pasta made in solid sticks, स्पगेटी।

**spam** (स्पैम्) ***n.*** a canned meat, टिनबंद गोश्त।

**span** (स्पैन्) ***n.*** 1. space or interval (between two points, बीच का) फैलाव या विस्तार। 2. the distance between the tip of the thumb and the tip of the little finger when extended, बालिश्त, बित्ता। 3. a period of time, अवधि; span of life, जीवन-काल। 4. the distance or part between the one support of the bridge to another, पुल के दो खंभों के बीच की दूरी या भाग। 5. a matched pair of horses, घोड़ों की जोड़ी। ***v.*** (spanned, spanning) 1. to measure with a hand, बित्ते से नापना। 2. to bridge, पारना।

**spangle** (स्पैंग्´-गॅल्) ***n.*** a small thin piece of glittering material, चमकी, सितारा। ***v.*** (spangled, spangling) to cover with spangles, चमकी लगाना, सितारे लगाना।

**Spaniard** (स्पैन्´-यॅ:ड्) ***n.*** a native of Spain, स्पेनवासी।

**spaniel** (स्पैन्´-यॅल्) ***n.*** a kind of dog with a silky coat and drooping ears, लटकते कानोंवाला झबरा कुत्ता।

**Spanish** (स्पैन्´-इश्) ***adj.*** of Spain or its people or language, स्पेन का, स्पेनी। ***n.*** the language of Spain, स्पेनी भाषा।

**spank** (स्पैंक्) ***v.*** to slap on the buttocks, चूतड़ पर प्रहार करना।

**spanner** (स्पैन्´-अॅ:) ***n.*** a type of wrench, पाना, रैंच, स्पैनर। □ **spanner in the works,** कार्य में खड़ी की जानेवाली बाधा।

**spar**[1] (स्पा:) ***n.*** a mast, मस्तूल।

**spar**[2] ***v.*** (sparred, sparring) 1. to box, मुक्केबाज़ी करना। 2. to wrangle, झगड़ा करना।

**spare** (स्पेंअॅ:) ***v.*** (spared, sparing) 1. to refrain from killing, छोड़ देना, बख़्श देना। 2. to refrain from destroying, छोड़ देना। 3. to exempt, जाने देना, छोड़ देना। 4. to use with great restraint, बचा रखना, सँभाले रहना। 5. to part with, छोड़ना; We can't spare him until tomorrow. हम कल तक उसे नहीं छोड़ सकते। 6. to save, बचा रखना, पीछे रखना। ***adj.*** 1. extra, free, अतिरिक्त, फ़ालतू, ख़ाली। 2. kept in reserve, बचाकर रखा हुआ। 3. simple and plain, सादा, साधारण। ***n.*** a thing kept as a replacement in case of damage or loss, कोई अतिरिक्त पुर्ज़ा/वस्तु।

**sparing** (स्पेंअॅर्´-इंग्) ***adj.*** thrifty, frugal, किफ़ायत करनेवाला, मितव्ययी।

**sparingly** (स्पेंअॅर्´-इंग्-ली) ***adv.*** 1. thriftly, frugally, किफ़ायत से। 2. sometimes, कभी-कभी।

**spark** (स्पा:क्) ***n.*** 1. a glowing particle, as one thrown off by a burning substance, चिनगारी, स्फुलिंग। 2. a brief flash of light, प्रकाशकण। 3. a particle (of something, किसी चीज़ का) कण, लेश। ***v.*** to give off sparks, चिनगारियाँ छोड़ना। □ **spark off,** उत्पन्न करना, शुरुआत करना।

**sparkle** (स्पा:´-कॅल्) ***v.*** to glitter, चमचम करना, चमकना-दमकना। ***n.*** 1. a spark, चिनगारी। 2. gleam, चमक, दीप्ति।

**sparkling** (स्पा:क्´-लिंग्) ***adj.*** 1. glittering, चमचमाता हुआ, जगमग। 2. lively, ज़िंदादिल, रसिक, सहृदय।

**sparrow** (स्पैर्´-ओ) ***n.*** a small bird, the house sparrow, चिड़िया, गौरैया।

**sparrowhawk** (स्पैर्´-ओ-हा:क्) ***n.*** a small falcon that preys on sparrows, छोटा बाज़।

**sparse** (स्पा:स्) ***adj.*** (sparser, sparsest) 1. not dense, झिल्लड़। 2. scattered, छितराया हुआ।

**Sparten** (स्पा:´-टॅन्) ***adj.*** 1. of or pertaining

to the ancient Greek city of Sparta, स्पार्टा-संबंधी। 2. very strict, कठोर, अनुशासनप्रिय। 3. courageous, साहसी, दिलेर। *n.* a citizen of Sparta, स्पार्टा का निवासी।

**spasm** (स्पैज़्´-ऑम्) *n.* 1. muscular contraction, मांसपेशियों में होनेवाली सिकुड़न, ऐंठन या तनाव। 2. a sudden brief spell of activity or emotion, दौरा, प्रकोप।

**spasmodic** (स्पैज़्-मॉड्´-इक्) *adj.* 1. of or like spasm, सिकुड़न या ऐंठन-संबंधी, जिसमें सिकुड़न या ऐंठन हो। 2. intermittent, बीच-बीच में या रह-रहकर होना। 3. irregular, अनियमित।

**spastic** (स्पैस्´-टिक्) *adj.* 1. suffering from cerebral palsy, दिमागी लकवे से पीड़ित। 2. incompetent, incapable, अक्षम, असमर्थ।

**spat**[1] (स्पैट्) *v.* (spatted, spatting) to have a slight quarrel, कहासुनी होना। *n.* a slight quarrel, कहासुनी।

**spat**[2] *v.* p.t. & p.p. of spit.

**spate** (स्पेट्) *n.* 1. a sudden flood, अचानक आनेवाली बाढ़। 2. a sudden rush, अचानक होनेवाली भीड़ या अधिकता।

**spatial** (स्पे´-शॅल्) *adj.* of space, अवकाश-संबंधी, अंतरिक्ष-संबंधी।

**spatter** (स्पैट्´-अॅ:) *v.* 1. to sprinkle, छिड़कना, छिड़काव करना। 2. to scatter, बिखेरना। 3. to splash, छींटे डालना, छपछपाना। *n.* a splash, छींटा।

**spatula** (स्पैच्´-उ-लॅ) *n.* a utensil with a broad flexible blade for lifting or stirring food, उथला चम्मच, चमची।

**spawn** (स्पा:न्) *n.* 1. the mass of eggs of fish, frogs etc., मछली, मेढक आदि के अंडों की ढेरी। 2. offspring, संतति। 3. product, उत्पाद। *v.* 1. to produce eggs, अंडे देना। 2. to produce offspring, बच्चे देना। 3. to produce in great numbers, अधिक मात्रा में पैदा करना।

**spay** (स्पे) *v.* to remove the ovaries (of a female animal, मादा पशु की) बच्चेदानी निकाल देना।

**speak** (स्पीक्) *v.* (spoke, spoken, speaking) 1. to utter, बोलना, बोलना-चालना। 2. to say, express, कहना, बतलाना, अभिव्यक्त करना। 3. to hold a conversation, बात-चीत करना। 4. to make a speech, भाषण देना। 5. to be indicative or suggestive, सांकेतिक होना। □ **be on speaking terms,** आपस में बोल-चाल होना; **not to speak of,** नहीं के बराबर; **so to speak,** इस प्रकार कह सकते हैं कि; **speak for oneself,** अपनी राय प्रकट करना; **speak one's mind,** स्पष्ट शब्दों में अपना विचार रखना; **speak out,** ऊँचे स्वर में कहना।

**speakeasy** (स्पीक्´-ई-ज़ी) *n.* a place where alcoholic drinks are illegally sold during the period of prohibition, वह स्थान जहाँ मद्यनिषेध या नशेबंदी के दिनों में शराब चोरी-छिपे बिकती हो।

**speaker** (स्पी´-कॅ:) *n.* 1. one who speaks, वक्ता। 2. the chairperson of a legislature, अध्यक्ष, प्रमुख। 3. a loudspeaker, लाउडस्पीकर।

**speakership** (स्पी´-कॅ:-शिप्) *n.* the office of a speaker, अध्यक्ष/प्रमुख का पद।

**speaking** (स्पीक्´-इंग्) *adj.* 1. able to speak, बोलनेवाला। 2. able to speak a particular language, बोलनेवाला, भाषी; Hindi speaking, हिंदी-भाषी।

**spear** (स्पिअॅ:) *n.* a long shaft with a sharp blade, बरछा, भाला, नेज़ा।

**spearhead** (स्पिअॅ:´-हैंड्) *n.* 1. the sharp head of the blade of a spear, बरछे की नोक, शूलाग्र। 2. one who leads the attack, सेना की अगुआई करनेवाला। 3. a leading force, अगुआई करनेवाला, अग्रणी। *v.* to be the spearhead of, अगुआ होना, अगुवाई करना।

**spearmint** (स्पिअॅ:´-मिन्ट्) *n.* a garden mint, पुदीना।

**special** (स्पेंश्´-अॅल्) *adj.* 1. not general, distinct or exceptional, विशेष, विशिष्ट, ख़ास। 2. extra, अतिरिक्त। *n.* a special thing or person, विशिष्ट वस्तु या व्यक्ति।

S

**specialist** (स्पेश्´-अॅ-लिस्ट्) *n.* one who has specialized in a special branch of learning or activity, विशेषज्ञ।

**speciality** (स्पेश्-ऐल्´-इ-टी) *n.* 1. a special quality, विशेष गुण। 2. a special product, विशेष उत्पाद। 3. a special feature, विशेषता, विशिष्टता।

**specialization** (स्पेश्-अॅ-लाइ-ज़े´-शॅन्) *n.* the act of specializing, विशेषज्ञता प्राप्त करने की क्रिया या भाव।

**specialize** (स्पेश्´-अॅ-लाइज़्) *v.* to devote oneself to special activity or study, विशेष ज्ञान प्राप्त करना, (विषय का) विशेषज्ञ बनना।

**specially** (स्पेश्´-अॅ-ली) *adv.* in a special manner, विशेष रूप से, ख़ास तौर से, विशेषतः।

S

**species** (स्पी´-शीज़्) *n.* a kind, sort or variety, प्रजाति, जाति, वर्ग।

**specific** (स्पॅ-सिफ़्´-इक्) *adj.* 1. particular, विशेष, ख़ास। 2. definite, निश्चित।

**specifically** (स्पॅ-सिफ़्´-इक्-ली) *adv.* particularly, विशेष रूप से।

**specification** (स्पेस्-इ-फ़ि-के´-शॅन्) *n.* 1. an act of specifying, विनिर्देशन। 2. a description of what is required, विवरण, ब्योरा, विनिर्देश।

**specifics** (स्पॅ-सिफ़्´-इक्स्) *n.* (plu.) details, ब्योरा, विवरण।

**specify** (स्पेस्´-इ-फ़ाइ) *v.* (specified, specifying) to state in detail, ब्योरा देना, विस्तारपूर्वक वर्णन करना, विनिर्देश करना।

**specimen** (स्पेस्´-इ-मॅन्) *n.* an example of a whole or class, sample, नमूना, बानगी।

**specious** (स्पी´-शॅस्) *adj.* 1. seeming true or correct but actually false or wrong, सत्याभासी। 2. useless, निरर्थक।

**speck** (स्पेक्) *n.* a very small spot or particle, बिंदु, कण। □ **not a speck of,** कण-भर भी नहीं, तिल-भर भी नहीं, ज़रा भी नहीं।

**speckle** (स्पेक्´-अॅल्) *n.* a spot or mark, धब्बा या चिह्न, चित्ती, बूटी।

**speckled** (स्पेक्´-अॅल्ड्) *adj.* marked with spots or marks, चित्तीदार, चितियोंवाला, बूटीदार।

**spectacle** (स्पेक्´-टॅ-कॅल्) *n.* 1. an interesting or impressive sight, तमाशा, नज़ारा। 2. an unusual person or thing, तमाशा।

**spectacled** (स्पेक्´-टॅ-कॅल्ड्) *adj.* wearing spectacles, चश्मेवाला, चश्माधारी।

**spectacles** (स्पेक्´-टॅ-कॅल्ज़्) *n.* (plu.) eye-glasses, चश्मा, ऐनक।

**spectacular** (स्पेक्-टैक्´-यॅ-लॅः) *adj.* 1. grand, चमत्कारपूर्ण, शानदार। 2. dramatic, नाटकीय।

**spectator** (स्पेक्-टे´-टॅः) *n.* an onlooker, viewer, दर्शक, तमाशबीन।

**spectral** (स्पेक्´-ट्रॅल्) *adj.* 1. of or like a spectre, प्रेत-संबंधी। 2. of or pertaining to a spectrum, वर्णपट-संबंधी।

**spectre** (स्पेक्´-टॅः) *n.* 1. a ghost, प्रेत, भूत; spectre of war, युद्ध का भूत। 2. phantom, (काली) छाया।

**spectroscope** (स्पेक्´-ट्रो-स्कोप्) *n.* an instrument for producing and examining spectra, स्पेक्ट्रमलेखी, स्पेक्ट्रोस्कोप।

**spectrum** (स्पेक्´-ट्रम्) *n.* (plu. spectra) 1. the distribution of colours produced when white light is dispersed by a prism, वर्णक्रम, स्पेक्ट्रम। 2. reflection, प्रतिबिंब, परछाई।

**speculate** (स्पेक्´-यु-लेट्) *v.* 1. to reflect, मनन करना, चिंतन करना। 2. to assume a business risk in the hope of gain, सट्टा खेलना, सट्टेबाज़ी करना। 3. to guess, अनुमान लगाना।

**speculation** (स्पेक्-यु-ले´-शॅन्) *n.* the act of speculating, चिंतन, अनुमान; सट्टा, सट्टेबाज़ी।

**speculative** (स्पेक्´-यु-ले-टिव्) *adj.* 1. of speculation, आनुमानिक। 2. theoretical, सैद्धांतिक। 3. uncertain, अनिश्चित।

**speculator** (स्पेक्´-यु-ले-टः) *n.* one who speculates, सट्टेबाज़, सटोरिया, फाटकेबाज़।

**speech** (स्पीच्) *n.* 1. the act of speaking, भाषण। 2. the power of speaking, वाक्शक्ति। 3. that which is spoken, उक्ति, कथन। 4. a language, भाषा।

**speechify** (स्पी´-ची-फ़ाइ) *v.* ( speechified, speechifying) 1. to make a speech, भाषण देना। 2. to talk boringly, लंबे चौड़े भाषण से उबा देना।

**speechless** (स्पीच्´-लिस्) *adj.* unable to speak, मूक।

**speed** (स्पीड्) *n.* 1. rate of motion, गति, रफ़्तार, चाल। 2. rapidity, तेज़ी। *v.* (sped/ speeded, speeding) 1. to move rapidly, तेज़ी से चलना, जल्दी करना। 2. to drive at excessive or illegal speed, बहुत तेज़ गाड़ी चलाना, गति-सीमा का उल्लंघन करना। ☐ **speed up,** गति बढ़ाना।

**speeding** (स्पीड्´-इंग्) *n.* the act of driving at illegal speed, निर्धारित गति-सीमा का उल्लंघन।

**speed-limit** (स्पीड्´-लि-मिट्) *n.* the limit of speed at which a vehicle may travel on certain roads, गति-सीमा।

**speedometre** (स्पि-डॉम्´-अॅ-टॅ:) *n.* an instrument for measuring the speed of a vehicle, गतिसूचक यंत्र, गतियंत्र।

**speedy** (स्पी´-डी) *adj.* (speedier, speediest) moving speedily, तीव्रगामी, तेज़।

**spell**[1] (स्पेॅल्) *v.* 1. to name or write in correct order the letters (of a word, किसी शब्द के) क्रमिक वर्णों को लिखना या बोलना, वर्णोच्चारण करना। 2. to mean, सूचित या व्यक्त करना। ☐ **spell out,** विस्तार से स्पष्टीकरण करना।

**spell**[2] *n.* 1. a word or formula believed to have magic power, जादू, सम्मोहन, वशीकरण, सम्मोहिनी। 2. a strong attraction, तीव्र आकर्षण।

**spell**[3] *n.* 1. a short period, अल्पावधि, दौर। 2. a period of rest from work, विश्रांति। 3. a period of illness or distress, दुख या बीमारी की घड़ी।

**spellbinder** (स्पेॅल्´-बाइन्-डॅ:) *n.* a person who can hold audience spellbound, मोहिनी डालनेवाला, मंत्रमुग्ध करनेवाला।

**spellbinding** (स्पेॅल्´-बाइंड्-इंग्) *adj.* holding the attention completely, मंत्रमुग्ध करनेवाला।

**spellbound** (स्पेॅल्´-बॉउन्ड्) *adj.* fascinated, मंत्रमुग्ध।

**speller** (स्पेॅल्´-अॅ:) *n.* 1. one who is skilled in spelling, वर्तनी-पटु। 2. a book with exercises for teaching spelling, उच्चारण-पुस्तिका।

**spelt** (स्पेॅल्ट्) *v.* p.t. & p.p. of spell.

**spelling** (स्पेॅल्´-इंग्) *n.* the letters composing the words, वर्तनी, हिज्जे।

**spend** (स्पेॅन्ड्) *v.* (spent, spending) 1. to pay out money in buying something, ख़र्च करना, व्यय करना। 2. to use up, उपयोग करना। 3. to pass, बीतना, गुज़ारना, व्यतीत करना। 4. to waste, ज़ाया करना, व्यर्थ गँवाना।

**spendthrift** (स्पेॅन्ड्´-थ्रिफ़्ट्) *n.* one who spends money in an extravagant manner, फ़िज़ूलख़र्च, अपव्ययी, उड़ाऊ-खाऊ।

**spent** (स्पेॅन्ट्) *adj.* 1. having lost its force or strength, बेदम, बेजान, निढाल। 2. exhausted, चुका हुआ, समाप्त।

**sperm** (स्प:म्) *n.* 1. a male reproductive cell, शुक्राणु। 2. semen, वीर्य, शुक्र।

**spermatic** (स्प:-मैट्´-इक्) *adj.* of sperm, शुक्राणु-संबंधी, वीर्य-संबंधी।

**spermicide** (स्प:´-मि-साइड्) *n.* a substance that kills sperms, शुक्राणुओं को नष्ट करनेवाला पदार्थ।

**spew** (स्प्यू) *v.* 1. to vomit, वमन करना। 2. to cast out in a stream, धार के रूप में फूट निकलना, बह निकलना।

**sphagnum** (स्फ़ैग्´-नम्) a kind of moss that grows in wet areas, दलदल में जमनेवाली एक प्रकार की काई।

**sphere** (स्फ़िअॅ:) *n.* 1. a round solid figure, गोल पिंड, गोला। 2. a planet, star or any other globular body, नक्षत्र, ग्रह आदि गोल पिंड। 3. a ball, गेंद। 4. an area of influence, control or significance, अधिक्षेत्र, क्षेत्र।

**spherical** (स्फ़ेॅर्´-इ-कॅल्) *adj.* having the form of a sphere, गोलाकार, गोलीय।

**spherically** (स्फ़ेॅर्´-इ-कॅ-ली) *adv.* in the

S

form of a sphere, गोले के रूप में।

**spheroid** (स्फ़िअर्´-ऑइड्) ***n.*** a figure resembling a sphere, गोलाभ।

**sphincter** (स्फ़िंक्´-टॅ:) ***n.*** a ring-shaped muscle, गोलाकार मांसपेशी।

**sphinx** (स्फ़िंक्स्) ***n.*** any of the ancient stone statues in Egypt having the body of a lion and the head of a man, ram or hawk, मिस्र की प्राचीन ऐसी प्रस्तर मूर्ति जिसका धड़ शेर का और सिर आदमी, भेड़े या बाज़ का हो।

**spice** (स्पाइस्) ***n.*** 1. any of various vegetable substances used as flavouring, मसाला। 2. any interesting or stimulating thing, कोई मनोरंजक या उद्दीपक बात। ***v.*** (spiced, spicing) to flavour with spice, मसाला डालना, स्वादिष्ट बनाना, मज़ेदार बनाना।

S

**spicery** (स्पाइस्´-ॲर्-ई) ***n.*** spices, मसाले।

**spick-and-span** ***adj.*** 1. neat and clean, चमाचम, नया-जैसा, बना-ठना, चुस्त-दुरुस्त। 2. spotless, बेदाग़।

**spicule** (स्पिक्´-ॲल्) ***n.*** a small needle-like part, सुई की तरह का छोटा अंग, कटिका।

**spicy** (स्पाइ´-सी) ***adj.*** 1. containing spices, मसालेदार, चटपटा। 2. suggestive of sex or scandal, अश्लील या अपयशकर।

**spider** (स्पाइ´-डॅ:) ***n.*** an insect that spins webs, मकड़ी, लूता।

**spidery** (स्पाइ´-डॅ-री) ***adj.*** like a spider or spider's web, मकड़ी या मकड़जाल-जैसा।

**spiel** (स्पील्) ***n.*** a long speech, लंबा भाषण।

**spigot** (स्पिग्´-ॲट्) ***n.*** 1. a tape, टोंटी। 2. a plug or peg, डाट।

**spike**[1] (स्पाइक्) ***n.*** 1. a sharp point, नोक। 2. a large nail, बड़ा कील, काँटा। 3. (plu.) shoes used by athletes, खिलाड़ियों के जूते। ***v.*** 1. to secure with a spike, कील जड़कर मज़बूत बनाना। 2. to pierce with a spike, कील से छेदना। □ **spike the guns,** योजनाएँ चौपट कर देना।

**spike**[2] ***n.*** an ear of a corn, बाल।

**spiky** (स्पाइ´-की) ***adj.*** long and pointed like an ear of a corn, लंबा और नुकीला।

**spill** (स्पिल्) ***v.*** (spilled/spilt, spilling) 1. to cause to run, flow or fall out from a container, छलक उठना या छलका देना, गिर जाना, छितरा जाना। 2. to throw off, गिरा देना, फेंक देना। 3. to shed (blood, रक्त) बहाना। 4. to divulge, प्रकट कर देना, खोल देना। □ **spill the beans,** रहस्य प्रकट कर देना। ***n.*** 1. an act of spilling or the state of being spilled, छलकना या छलकाना। 2. the amount spilled, छलकी हुई राशि। 3. a fall from a horse, घोड़े से गिरना।

**spillage** (स्पिल्´-इज्) ***n.*** 1. an act of spilling or the state of being spilled, छलकाना, छलकना। 2. the amount spilled, छलकी हुई राशि।

**spin** (स्पिन्) ***v.*** (spun, spinning) 1. to rotate on an axis, धुरी पर घूमना, चक्कर लगाना। 2. to cause to rotate, घुमाना। 3. to draw out and twist into threads, कातना, कताई करना। 4. to form thread from a fluid emitted from the body, बनाना, बुनना। 5. to tell (a story, कहानी) सुनाना। 6. to seem to be spinning from dizziness, (सिर) घूमना। 7. (in cricket) to cause to turn a ball, स्पिन कराना, प्रचक्रण करना। □ **spin a yarn,** मनगढ़ंत कहानी सुनाना। ***n.*** spinning movement, स्पिन, प्रचक्रण।

**spinach** (स्पिन्´-इच्, स्पिन्´-इज्) ***n.*** a vegetable with dark green leaves, पालक।

**spinal** (स्पाइ´-नॅल्) ***adj.*** of the spine, मेरुदंडीय; spinal column, मेरुदंड; spinal cord, मेरुरज्जु।

**spindle** (स्पिन्´-डॅल्) ***n.*** 1. a slender rounded rod on which fibres are twisted, तकला, तकुआ। 2. a pin axis that revolves, धुरी।

**spindly** (स्पिन्ड्-ली) ***adj.*** (spindlier, spindliest) 1. long, thin and weak, लंबा तथा पतला-दुबला, लमतड़ंग। 2. one having spindly legs, लमटंगा।

**spine** (स्पाइन्) ***n.*** 1. the backbone, रीढ़, मेरुदंड। 2. a bound edge of a book, (किताब का) पुट्ठा। 3. needle-like projection of certain vegetables or animals, (पशु/पक्षी का) काँटा, खाँग।

**spine-chilling** (स्पाइन्´-चिल्-इंग्) *adj.* causing a thrill, रोमांचकारी।

**spineless** (स्पाइन्´-लिस्) *adj.* 1. having no backbone, बिना रीढ़ का, मेरुदंडविहीन। 2. lacking courage or strength of character, साहसविहीन, दब्बू या ढुलमुल।

**spinner** (स्पिन्´-अ:) *n.* 1. a person who spins, कातनेवाला व्यक्ति। 2. a machine that spins, कताई मशीन। 3. a bowler who bowls ball with a spinning motion, स्पिनर, चक्री गेंदबाज़। 4. a ball that is bowled with a spinning motion, चक्री गेंद, स्पिनर।

**spinney** (स्पिन्´-ई) *n.* a thicket or grove, झुरमुट या कुंज।

**spinning** (स्पिन्´-इंग्) *n.* the act of making thread from fibre or yarn, कताई।

**spinning wheel** *n.* a wheel-like machine for spinning, चरखा।

**spinster** (स्पिन्´-स्टॅ:) *n.* a woman who has not married, अविवाहित स्त्री।

**spiny** (स्पाइ´-नी) *adj.* (spinier, spiniest) full of spines, काँटों से भरा, काँटेदार।

**spiral** (स्पाइर्´-ॲल्) *adj.* circling continuously around a point or centre in curves that constantly increase or decrease in size, सर्पिल, चक्करदार, पेंचदार। *n.* 1. a spiral line, सर्पिल रेखा। 2. a thing of spiral form, कुंडली, पेचक आदि। 3. a continuous upward or downward movement (in prices, दामों में होनेवाली) निरंतर बढ़ोतरी या कमी। *v.* (spiralled, spiralling) to assume spiral shape or course, सर्पिल रूप या चक्राकार रास्ता अपनाना।

**spirally** (स्पाइ´-रॅ-ली) *adv.* in the form of a spiral, सर्पिल आकार में, चक्करदार रूप में।

**spire** (स्पाइ:) *n.* a pointed structure in the form of a tall cone, नुकीला शिखर, मीनार, लाट।

**spirit** (स्पिर्´-इट्) *n.* 1. the animating force of living things, जीवनी शक्ति। 2. soul, आत्मा। 3. life, प्राण, जान। 4. a ghost, प्रेतात्मा, भूत। 5. a person's nature, मनुष्य की प्रकृति। 6. a person with certain qualities, मनीषी, महापुरुष। 7. the characteristic quality or mood of something, मुख्य गुण, मनोदशा या प्रकृति। 8. courage, साहस। 9. strong loyalty, दृढ़ निष्ठा। 10. dedication, समर्पण, समर्पित भावना। 11. an alcoholic solution or beverage, मद्यसार, मद्य। 12. a fairy, परी। □ **in spirit,** विचारों की दृष्टि से; **out of spirits,** दुखी, विषादपूर्ण; **the Spirits,** परमात्मा।

**spirited** (स्पिर्´-इ-टिड्) *adj.* 1. lively, vigorous, जीवंत, ज़ोरदार, साहसपूर्ण। 2. having spirits of certain kind, भावना-वाला; public-spirited, जन-भावनावाला।

**spiritless** (स्पिर्´-इट्-लिस्) *adj.* 1. not spirited, निर्जीव, निस्तेज। 2. sad, उदास, खिन्न।

**spiritual** (स्पिर्´-इ-चु-ॲल्) *adj.* 1. of the human spirit, आत्मा-संबंधी, आत्मिक। 2. not temporal, अध्यात्म-संबंधी, आध्यात्मिक। 3. of a church or religion, धार्मिक या पवित्र; spiritual songs, भजन।

**spiritualism** (स्पिर्´-इ-चु-ॲ-लिज़्-ॲम्) *n.* 1. the philosophical doctrine that reality is immaterial and therefore spiritual, अध्यात्मवाद। 2. the belief that the spirit of the dead communicates with the living, प्रेतात्मवाद, प्रेतविद्या।

**spirituality** (स्पिर्-इ-चु-ऐल्´-इ-टी) *n.* the quality or state of being spiritual, आध्यात्मिकता।

**spiritualize** (स्पिर्´-इ-चु-ॲ-लाइज़्) *v.* to make spiritual, आध्यात्मिक बना देना, पवित्र तथा धार्मिक बना देना।

**spirt** (स्पॅ:ट्) *v.* = spurt.

**spit[1]** (स्पिट्) *v.* (spat/spit, spitting) 1. to expel saliva from the mouth, थूकना, लार टपकाना। 2. to utter violenty, क्रोधपूर्वक बोलना। 3. to show anger, क्रोध प्रदर्शित करना। *n.* 1. spittle, थूक। 2. saliva, लार। 3. the act of spitting, थूकना।

**spit[2]** *n.* 1. a slender pointed rod on which

S

meat is skewered and roasted, सीख। 2. a narrow point of land extending into a body of water, भूजिह्वा। *v.* (spitted, spitting) to thrust a pointed rod through, सीख में अटकाना या पिरोना।

**spite** (स्पाइट्) *n.* 1. an evil feeling against, malice, द्वेष, विद्वेष। 2. envy, ईर्ष्या। *v.* (spited, spiting) 1. to treat maliciously, द्वेष करना, ईर्ष्या करना। 2. to vex, परेशान करना।

**spiteful** (स्पाइट्´-फुल्) *adj.* 1. full of spite, विद्वेषपूर्ण। 2. caused by spite, विद्वेषजन्य।

**spitfire** (स्पिट्´-फ़ाइ:) *n.* a quick-tempered person, अत्यंत क्रोधी, दुर्वासा।

**spittle** (स्पिट्´-ॲल्) *n.* spit or saliva, थूक या लार।

**spittoon** (स्पि-टून्´) *n.* a vessel for spitting into, थूकदान, पीकदान, उगालदान।

S

**splash** (स्प्लैश्) *v.* (splashed, splashing) 1. to cause (a liquid) to fly or scatter, (जल आदि) छींटना, उछालना, छपछप करना। 2. to dash (a liquid) upon, डालना, फेंकना। 3. to be splashed, फेंका जाना, (छींटें) पड़ना। 4. to display in large prints, (अख़बार आदि में) मोटे अक्षरों में छापना या महत्त्वपूर्ण स्थान पर छापना, उछालना। *n.* 1. the act or sound of splashing, छपछप, छपाक। 2. a quantity of liquid splashed, छींटा। 3. a patch, धब्बा।

**splashdown** (स्प्लैश्´-डाउन्) *n.* the landing of an aircraft in the ocean, समुद्र में वायुयान का उतरना।

**splashy** (स्प्लै´-शी) *adj.* full of mud, कीचड़ से भरा।

**splatter** (स्प्लैट्´-ॲ:) *v.* to splash noisily, ज़ोर-ज़ोर से छपछपाना। *n.* a noisy splashing sound, ज़ोर की छपछप।

**splay** (स्प्ले) *v.* to spread apart, फैलाना। *n.* a splayed position, फैलाव।

**splay-footed** (स्प्ले´-फुट्-इड्) *adj.* having broad flat feet, चपटे पैरोंवाला।

**spleen** (स्प्लीन्) *n.* an organ at the left of stomach functioning as a blood filter, तिल्ली। □ **vent one's spleen,** गुस्सा उतारना, भड़ास निकालना।

**splendid** (स्प्लें´न्-डिड्) *adj.* 1. magnificent, शानदार, भव्य, वैभवपूर्ण। 2. excellent, उत्कृष्ट।

**splendidly** (स्प्लेंन्´-डिड्-ली) *adj.* in a splendid way, भव्य रूप से, बड़ी शान से।

**splendour** (स्प्लेंन्´-डॅ:) *n.* 1. great light or lustre, चमक-दमक। 2. magnificence, grandeur, शान, वैभव, गौरव।

**splenetic** (स्प्लि-नेंट्´-इक्) *adj.* peevish, ill-tempered, चिड़चिड़ा या गुस्सैल।

**splice** (स्प्लाइस्) *v.* 1. to join the ends (of a rope) by weaving together, (रस्से के) दो सिरों को जोड़ना, गूँथना, गाँठना, सटाना। 2. to join together, जोड़ना। *n.* a joint made by splicing, जोड़, गाँठ।

**splicer** (स्प्लाइस्´-ॲ:) *n.* a machine for joining the ends of tapes, films etc., जोड़-मशीन।

**splint** (स्प्लिन्ट्) *n.* a thin flexible wooden strip, खपची।

**splinter** (स्प्लिन्´-टॅ:) *n.* a thin sharp piece of a glass, stone, wood etc., किरच। *adj.* broken off, विच्छिन्न, टूटा हुआ।

**splinter group** *n.* a small group that has broken away from a larger group, किसी दल से टूटकर अलग हुआ छोटा दल।

**split** (स्प्लिट्) *v.* (split, splitting) 1. to cut or divide into two or more parts, टुकड़े करना, काटना, चीरना या विभक्त करना। 2. to become broken into parts, टुकड़े-टुकड़े होना, फूटना, चिरना, विभक्त होना। 3. to part company, साथ छोड़ना, अलग होना। 4. to divide and share, बाँटना। 5. to separate or be separated into factions, गुटों में विभक्त करना या होना। □ **split hairs,** सूक्ष्म किंतु निरर्थक अंतर करना, बाल की खाल निकालना; **split one's sides,** इस प्रकार हँसना कि अँतड़ियों में बल पड़ने लगें; **split up,** संबंध विच्छेद हो जाना, अलहदा हो जाना। *n.* 1. the act or process of splitting, टूटने, फूटने या विभक्त होने की क्रिया या भाव, टूट-फूट, विभाजन, विच्छेद। 2. the place where something has split or torn, टूटी या फूटी हुई जगह। 3. something split or divided, टूटी, फूटी या विभक्त वस्तु। 4. arrangement or process of dividing, बाँट, बँटवारा।

**split personality** ***n.*** a person who behaves differently at different occasions, ऐसा व्यक्ति जिसके स्वभाव में जल्दी-जल्दी परिवर्तन होता हो, विखंडित व्यक्तित्व।

**split-second** (स्प्लिट्-सेंक्´-ॲन्ड्) ***n.*** a very small period of time, क्षणांश (क्षण + अंश)। ***adj.*** very rapid or accurate, बहुत तेज़ या सही।

**splitting** (स्प्लिट्´-इंग्) ***adj.*** 1. that splits, तोड़ने, फोड़ने या विभक्त करनेवाला, फोड़नेवाला, चीरनेवाला। 2. very severe, बहुत तेज़ (सिरदर्द)।

**split-up** (स्प्लिट्´-ॲप्) ***n.*** separation, अलगाव, विच्छेद, पार्थक्य।

**splodge** (स्प्लाज्) ***n.*** a stain, धब्बा, दाग या चित्ती। ***v.*** (splodged, splodging) to mark with splodges, दाग लगाना, धब्बे या चित्तियाँ डालना।

**splotch** (स्प्लॉच्) ***n. & v.*** = splodge.

**splurge** (स्प्लः ज्) ***n.*** an ostentatious demonstration, दिखावा, आडंबर, तड़क-भड़क। ***v.*** to make a splurge, दिखावा करना, आडंबर करना।

**splutter** (स्प्लट्´-अंः) ***v.*** 1. to make a rapid series of spitting sounds, थू-थू करना। 2. to speak rapidly and indistinctly, बड़बड़ाना। ***n.*** 1. an act or noise of spluttering, थू-थू। 2. incoherent speech, बड़बड़, बड़बड़ाहट।

**spoil** (स्पॉइल्) ***v.*** (spoiled/spoilt, spoiling) 1. to damage, ख़राब कर देना, विकृत कर देना, बिगाड़ देना, चौपट कर देना। 2. to become rotten, सड़-गल जाना, बिगड़ जाना, विकृत या ख़राब हो जाना। ***n.*** (plu.) plunder, लूट का माल।

**spoilage** (स्पॉइल्´-इज्) ***n.*** 1. the act or process of spoiling, विकृतीकरण। 2. something spoiled, विकृत वस्तु। 3. an amount of material that has been spoiled, विकृत सामग्री।

**spoilt** (स्पॉइल्ट्) ***adj.*** damaged, पूरी तरह नष्ट/ख़राब।

**spoke** (स्पोक्) ***n.*** 1. one of the rods connecting the hub and rim of a wheel, तीली। 2. a rung of a ladder, (सीढ़ी का) डंडा। ☐ **put a spoke in someone's wheel,** किसी का चलता हुआ काम या योजना बिगाड़ना।

**spoken** (स्पो´-कॅन्) ***adj.*** 1. pronounced, उच्चरित, भाषित, बोला हुआ। 2. (in compounds) having speech as specified, भाषी; harsh-spoken, कटुभाषी।

**spokesman** (स्पोक्स्´-मॅन्) ***n.*** 1. one who speaks for another or others, प्रवक्ता। 2. a newspaper or magazine of political party, मुखपत्र।

**sponge** (स्पन्ज्) ***n.*** a springy substance with a porous structure used for cleaning, washing etc., स्पंज। ☐ **throw in the sponge,** पराजय स्वीकार करना। ***v.*** 1. to clean with a sponge, स्पंज से साफ़ करना। 2. to moisten with a sponge, स्पंज से पुचारा देना। ***adj.*** like a sponge, स्पंज-जैसा, मुलायम।

**spongy** (स्पन्´-जी) ***adj.*** springy and porous, स्पंजी।

**sponsor** (स्पॉन्´-सॅः) ***n.*** 1. a person or group who assumes responsibility for another for a television programme, प्रायोजक। 2. a guarantor, गारंटी करनेवाला। 3. a supporter, समर्थक। 4. a godfather, धर्म-पिता। ***v.*** 1. to act as a sponser for, प्रायोजक बनना, प्रायोजित करना। 2. to be a supporter for, समर्थक बनना, समर्थन करना।

**sponsorship** (स्पॉन्´-सॅः-शिप्) ***n.*** 1. the act of sponsoring, प्रायोजन। 2. the position of a sponsor, प्रायोजकता, प्रायोजकत्व।

**spontaneity** (स्पॉन्-टॅ-नी´-इ-टी, स्पॉन्-टॅ-ने´-इ-टी) ***n.*** 1. the quality or state of being spontaneous, सहजता, स्वाभाविकता। 2. voluntary action, सहज क्रिया, सहज गति।

S

**spontaneous** (स्पॉन्-टे´-नि-ॲस्) ***adj.*** 1. resulting from natural impulse, सहज रूप से होनेवाला, अनायास होनेवाला, सहज, स्वाभाविक। 2. natural, नैसर्गिक, प्राकृतिक।

**spontaneously** (स्पॉन्-टे´-नि-ॲस्-ली) ***adv.*** in a spontaneous way, voluntarily, सहज रूप से, अनायास ही।

**spoof** (स्पूफ़्) ***n.*** 1. a satirical imitation, नकल। 2. a parody, पैरोडी। 3. a hoax, चकमा, झाँसा। ***v.*** (spoofed, spoofing) 1. to imitate satirically, नक़ल उतारना। 2. to hoax, झाँसा देना।

**spook** (स्पूक्) ***n.*** a ghost, भूत-प्रेत।

**spooky** (स्पू´-की) ***adj.*** ghostly, भुतहा।

**spool** (स्पूल्) ***n.*** a reel on which thread, wire, film, tape etc. is wound, चरखी, फिरकी।

**spoon** (स्पून्) ***n.*** a utensil used in eating or serving food, चम्मच, चमचा; soup/table-spoon, बड़ा चमचा; small/tea-spoon, छोटा चमचा। ☐ **be born with a silver spoon in one's mouth,** उच्च तथा समृद्ध कुल में जन्म लेना। ***v.*** to take with a spoon, चम्मच से लेना।

**spoonerism** (स्पू´-नॅ-रिज़्-ॲम्) ***n.*** interchange of the initial letters of two words, वर्ण-विनिमय।

**spoon-feed** (स्पून्´-फ़ीड्) ***v.*** (spoonfed, spoonfeeding) 1. to feed with a spoon, बच्चे को चम्मच से खिलाना। 2. to spoil, (बच्चे को) बिगाड़ देना।

**spoonful** (स्पून्´-फ़ुल्) ***n.*** the amount a spoon contains, चम्मच-भर वस्तु।

**spoor** (स्पू:) ***n.*** the track or scent left by an animal, पशु द्वारा छोड़े हुए निशान या गंध, खोज।

**sporadic** (स्पॅ-रैड्´-इक्) ***adj.*** occurring here and there, छिट-पुट, कहीं-कहीं होनेवाला।

**sporadically** (स्पॅ-रैड्´-इ-कॅ-ली) ***adv.*** here and there, कहीं-कहीं, यत्र-तत्र।

**spore** (स्पो:) ***n.*** a tiny reproductive cell of plants, बीजाणु।

**sporran** (स्पॉ´-रॅन्) ***n.*** a large pouch of fur, फर की थैली।

**sport** (स्पो:ट्) ***n.*** 1. an active pastime, game, खेल, क्रीड़ा। 2. playful or good-humoured joking, हँसी-खेल। 3. amusement, मन-बहलाव, मनोरंजन। 4. hunting, शिकार, आखेट। 5. (plu.) games collectively, खेल-कूद। ***v.*** (sported, sporting) 1. to play, खेलना। 2. to amuse oneself, मन-बहलाव करना। 3. to wear or display, पहनना या दिखावा करना।

**sporting** (स्पो:´-टिंग्) ***adj.*** 1. interested in sport, खेलों का शौक़ीन। 2. concerned with sport, खेल-संबंधी। 3. courageous, साहसिक; sporting chance, साहसिक अवसर।

**sporting spirit** ***n.*** sportsman's spirit, खेल-भावना।

**sports car** ***n.*** a low, fast and open automobile, रेसकार।

**sportsman** (स्पो:ट्स्´-मॅन्) ***n.*** one who takes part in sports, खिलाड़ी।

**sportsmanship** (स्पो:ट्स्´-मॅन्-शिप्) ***n.*** sportsman-like behaviour, खेल-भावना।

**sportswear** (स्पो:ट्स्´-वेॳ:) ***n.*** clothing worn for sports, खिलाड़ी द्वारा पहने जानेवाले कपड़े।

**sportswriter** (स्पो:ट्स्´-राइ-टॅ:) one writes about sports, क्रीड़ा-लेखक।

**sporty** (स्पो:´-टी) ***n.*** 1. fond of sports, खेल का शौकीन। 2. gay, प्रसन्नचित्त, ख़ुशमिज़ाज।

**spot** (स्पॉट्) ***n.*** 1. a mark or stain, दाग़, धब्बा, चित्ती। 2. a position, location, स्थान, जगह। 3. a blemish, दोष, कलंक। 4. a drop, बूँद। ☐ **hit the spot,** अत्यंत संतोषजनक होना; **on the spot,** उसी जगह और उसी सामय, मौक़े पर। ***v.*** (spotted, spotting) 1. to mark with spots, निशान लगाना, चित्तियाँ बनाना। 2. to discern, देख या पहचान लेना। 3. to place here and there, यहाँ-वहाँ रखना या स्थित करना।

**spot-check** (स्पॉट्´-चेंक्) ***n.*** a check made suddenly, आकस्मिक जाँच।

**spotless** (स्पॉट्´-लिस्) ***adj.*** 1. without blemish, निष्कलंक, निर्दोष। 2. perfectly clean, साफ़-सुथरा, बेदाग़।

**spotlight** (स्पॉट्´-लाइट्) *n.* 1. a beam of light, प्रकाशरेखा। 2. fame, प्रसिद्धि। 3. the focus of attention, आकर्षण-केंद्र।

**spot-on** (स्पॉट्´-ऑन्) *adj.* absolutely correct, बिल्कुल सही।

**spotted** (स्पॉट्´-इड्) *adj.* 1. marked with spots, चित्तीदार, धब्बेदार। 2. blemished, दागी, कलंकित।

**spotty** (स्पॉ´-टी) *n.* 1. spotted, चित्तीदार, धब्बेदार। 2. uneven, ऊबड़-खाबड़, असमतल।

**spouse** (स्पॉउज़्) *n.* a person's husband or wife, पति या पत्नी, विवाहिती।

**spout** (स्पाउट्) *v.* 1. to eject (liquid) in a stream, (किसी तरल पदार्थ का) धार के रूप में निकलना या बहना। 2. to utter or speak at length, विस्तारपूर्वक बोलना। *n.* 1. a projecting tube for pouring liquid, टोंटी। 2. a continuous stream or jet of liquid, धार, फुहार। □ **up the spout,** नष्ट या समाप्तप्राय।

**sprain** (स्प्रेन्) *n.* a painful injury of a joint, मोच। *v.* (sprained, spraining) to subject to sprain, मुड़क जाना, मोच खा जाना।

**sprang** (स्प्रैंग्) *v.* p.t. of spring.

**sprawl** (स्प्राःल्) *v.* 1. to sit or lie with arms and legs spread out, फैलकर बैठना या लेटना, पसरकर बैठना या लेटना। 2. to spread out awkwardly or haphazardly, बेतरतीब फैलना या फैलाना। *n.* 1. a sprawling posture, फैलकर बैठने या लेटने की अवस्था या भाव। 2. haphazard expansion, बेतरतीब या ऊलजलूल फैलाव।

**spray**[1] (स्प्रे) *n.* 1. water flying in small drops, फुहार। 2. any liquid dispersed in very small drops, फुहार के काम आनेवाला द्रव। 3. a liquid preparation for spraying, स्प्रे। 4. a device for spraying, स्प्रेअर, फुहारा। *v.* to disperse as a spray, फुहारा देना या लगाना, छिड़कना।

**spray**[2] *n.* a branch bearing buds, flowers, leaves or berries, कलियों, फूलों, पत्तों या फलों से युक्त टहनी।

**sprayer** (स्प्रे´-अ:) *n.* 1. one who sprays, छिड़कनेवाला। 2. a device for spraying, फुहारा।

**spray-gun** (स्प्रे´-गन्) *n.* a device for spraying, एक तरह की पिचकारी।

**spread** (स्प्रेड्) *v.* (spread, spreading) 1. to unroll, unfold or expand over, फैलाना, बिछाना, खोलना। 2. to apply on a surface, लगाना, पोतना, फैलाना। 3. to become longer or wider, फैल जाना, बढ़ जाना, व्याप्त हो जाना। 4. to scatter, बिखेरना या बिखरना। 5. to send or be sent out in all directions, फैलना या फैलाना, प्रचार-प्रसार होना या करना। 6. to make or become more widely known, प्रसिद्ध होना या करना। 7. to prepare (a table) for eating, (मेज़) लगाना। □ **spread oneself thin,** एक साथ अनेक उत्तरदायित्व लेकर अपने को परेशान रखना। *n.* 1. the act or process of spreading, फैलाव, विस्तार। 2. extent of spreading, विस्तार। 3. something spread on, फैली हुई या फैलाई हुई चीज़। 4. a lavish meal, दावत, दिव्य भोजन।

**spread-eagle** (स्प्रेड्´-ई-गॅल्) *v.* to lie or stand with arms and legs outstretched, बाँहें और टाँगें पसारकर लेटना या खड़े होना।

**spree** (स्प्री) *n.* an unrestrained indulgence in drinking, flirting, buying etc., मद्यपान, इश्कबाज़ी, खरीदारी आदि की खब्त या सवार होनेवाली धुन।

**sprig** (स्प्रिग्) *n.* 1. a shoot or twig, टहनी, डाली। 2. a nail without head, बेसिर की छोटी कील।

**sprightly** (स्प्राइट्´-ली) *adj.* 1. lively, हँसमुख, प्रसन्नचित्त। 2. full of energy, सजीव, जीवंत।

**spring** (स्प्रिंग्) *v.* (sprang/sprung, sprung, springing) 1. to move upward or forward suddenly, उछलना, उछलकर आगे बढ़ना। 2. to grow, or emerge suddenly, सहसा उत्पन्न होना या उगना। 3. to appear suddenly, सहसा प्रकट होना या सामने आना। 4. to make a leap or series of leaps, छलाँग या छलाँगें लगाना। *n.* 1. the act of

S

springing, उछाल। 2. a jump, छलाँग। 3. elasticity, लचीलापन। 4. a coil or strip of steel, स्प्रिंग, कमानी। 5. a natural outflow of ground water, झरना, सोता, चश्मा। 6. the season of the year between winter and summer, बसंत ऋतु, बहार का मौसम। 7. a source or origin, उद्‌गम, स्रोत।

**spring board** ***n.*** a flexible board for diving, वह तख़्ता जिसपर से गोताख़ोर कूदता है।

**springbok** (स्प्रिंग्´-बॉक्) ***n.*** an antelope of South Africa, दक्षिण अफ्रीका का हिरन (यह हवा में बहुत ऊँची छलाँगें लगाता है)।

**Springbok** ***n.*** an athlete of South Africa, दक्षिण अफ्रीका का खिलाड़ी।

**springlock** (स्प्रिंग्´-लॉक्) ***n.*** a lock with a spring, खटकेदार ताला।

**springtime** (स्प्रिंग्´-टाइम्) ***n.*** the season of spring, बसंत ऋतु।

**springy** (स्प्रिंग्´-ई) ***adj.*** 1. having an elastic quality, लचीला। 2. full of springs, कमानियों से भरा, कमानीदार।

**sprinkle** (स्प्रिंक्´-अॅल्) ***v.*** 1. to scatter in drops or tiny particles, छिड़कना, छिड़काव करना। 2. to drizzle, झींसी पड़ना।

**sprinkler** (स्प्रिंक्´-क्लॅ:) ***n.*** a device for sprinkling water, छिड़कने या छिड़काव करने का उपकरण, फुहारा।

**sprinkling** (स्प्रिंक्´-क्लिंग्) ***n.*** 1. a small quantity falling in scattered drops, छिड़काव। 2. something sprinkled, छिड़का हुआ पदार्थ। 3. a small quantity or amount, अल्प मात्रा या राशि।

**sprint** (स्प्रिन्ट्) ***v.*** (sprinted, sprinting) to run at a full speed, बहुत तेज़ी से दौड़ लगाना। ***n.*** a short race run at a full speed, बहुत तेज़ छोटी दौड़।

**sprinter** (स्प्रिन्´-टॅ:) ***n.*** one who sprints, तेज़ धावक।

**sprite** (स्प्राइट्) ***n.*** 1. an elf, परी। 2. a goblin, बेताल।

**sprout** (स्प्राउट्) ***v.*** (sprouted, sprouting) 1. to grow, उगना, अंकुरित होना, उत्पन्न होना। 2. to develop, बढ़ाना; to sprout a moustache, मूँछें बढ़ाना। ***n.*** the shoot of a plant, अंकुर, अँखुआ, कल्ला।

**spruce**[1] (स्प्रूस्) ***adj.*** smart, बना-ठना, सजीला। ***v.*** (spruced, sprucing) to smarten, सजाना, सँवारना, सजीला बनाना।

**spruce**[2] ***n.*** 1. a cone-bearing tree, एक प्रकार का देवदारु (वृक्ष)। 2. its wood, इस पेड़ की लकड़ी।

**sprung** (स्प्रंग्) ***v.*** p.t. & p.p. of spring.

**spry** (स्प्राइ) ***adj.*** (spryer, spryest) active, फुर्तीला।

**spryly** (स्प्राइ´-ली) ***adv.*** actively, फुर्ती से।

**spud** (स्पड्) ***n.*** a small spade for digging up weeds, खुरपा, खुरपी।

**spume** (स्प्यूम्) ***n.*** foam, froth, झाग, फेन।

**spun** (स्पन्) ***v.*** p.t. of spin. ***adj.*** formed by spinning, काता हुआ।

**spunk** (स्पंक्) ***n.*** courage or spirit, साहस, हिम्मत।

**spur** (स्प:) ***n.*** 1. the pointed device attached to a rider's heel and used to urge the horse, एड़। 2. stimulus, प्रेरणा, प्रेरक शक्ति। 3. a spine, खाँग, काँटा, खार। 4. a ridge, पर्वत के ऊपर का पथ या क्षेत्र। ***v.*** (spurred, spurring) 1. to urge on with spurs, एड़ लगाना। 2. to encourage, प्रेरित/प्रोत्साहित करना। □ **on the spur of the moment,** एकाएक।

**spurious** (स्प्यूर्´-इ-अॅस्) ***adj.*** 1. not genuine or authentic, अप्रामाणिक, नक़ली। 2. forged, जाली। 3. of illegitimate birth, जारज।

**spurn** (स्प:न्) ***v.*** (spurned, spurning) 1. to kick, ठुकरा देना। 2. to reject disdainfully, तिरस्कारपूर्वक अस्वीकार कर देना।

**spurred** (स्प:ड्) ***adj.*** fitted with spurs, एड़दार।

**spurt** (स्प:ट्) ***v.*** 1. to gush forth in a sudden stream, धार या फुहारा छूटना, बह निकलना। 2. to cause to gush forth in a sudden stream, धार छोड़ना, फुहार छोड़ना। 3. to increase one's speed suddenly, सहसा गति या रफ़्तार बढ़ा देना। ***n.*** 1. a sudden stream, धार, फुहार। 2. a sudden increase in a speed, सहसा होनेवाली गति में वृद्धि। 3. a short burst of activity, काम की झोंक या लहर।

**sputnik** (स्पुट्´-निक्) ***n.*** a Russian satellite, रूसी उपग्रह।

**sputter** (स्पट्´-अॅ:) ***v.*** 1. to make a rapid series of spitting sounds, थू-थू करना। 2. to speak rapidly and indistinctly, बड़बड़ करना, बड़बड़ाना। ***n.*** 1. an act or noise of sputtering, थू-थू। 2. incoherent speech, बड़बड़, बड़बड़ाहट।

**sputum** (स्प्यू´-टॅम्) ***n.*** matter discharged from the respiratory passages, थूक, बलगम आदि।

**spy** (स्पाइ) ***n.*** a secret agent, जासूस, गुप्तचर, भेदिया। ***v.*** (spied, spying) to keep watch secretly, भेद लेना, जासूसी करना। □ **spy out,** भेद जान लेना।

**squabble** (स्क्वॉब्´-अॅल्) ***v.*** to quarrel over a small matter, छोटी-मोटी बात पर झगड़ पड़ना। ***n.*** a quarrel of this kind, छोटी-मोटी बात का झगड़ा।

**squad** (स्क्वॉड्) ***n.*** 1. the smallest unit of military personnel, सैनिक टुकड़ी, दस्ता। 2. a small group of persons organized for a specific purpose, जत्था।

**squadron** (स्क्वॉड्´-रॅन्) ***n.*** an air force unit, वायुसेना का दल।

**squalid** (स्क्वॉल्´-इड्) ***adj.*** 1. dirty, मैला-कुचैला, गंदा। 2. disgusting, घिनौना। 3. wretched, गया-बीता, गया-गुज़रा, पतित।

**squall** (स्क्वा:ल्) ***n.*** 1. a loud harsh outcry, चीख, पुकार। 2. a sudden strong wind, आँधी, अंधड़। ***v.*** to utter a squall, चीखना, पुकारना, चीत्कार करना।

**squander** (स्क्वॉन्´-डॅ:) ***v.*** 1. to spend extravagantly, (धन) फ़िज़ूल ख़र्च करना, बरबाद करना। 2. to spend wastefully, (समय) व्यर्थ बिताना। ***n.*** an act of squandering, विनाश, बरबादी।

**square** (स्क्वेंअॅ:, स्क्वाइ:) ***n.*** 1. a rectangle with all four sides equal, वर्ग। 2. an area or object shaped like this, वर्ग की शक्ल की कोई वस्तु, चौकोर टुकड़ा। 3. a foursided area surrounded by buildings, खुला चौकोर क्षेत्र, चौक। 4. the product of a number multiplied by itself, वर्गफल। 5. L-shaped or T-shaped instrument for obtaining or testing right angles, कोनिया, गुनिया। 6. an old-fashioned person, दक़ियानूस व्यक्ति। □ **magic square,** मायावर्ग; **word square,** शब्दवर्ग। ***adj.*** 1. of square shape, वर्गाकार, चौकोर। 2. right-angled, आयताकार। 3. converted into square unit, वर्ग- । 4. honest, सच्चा, ईमानदार; square shooter, ईमानदार व्यक्ति। 5. just, उचित, न्यायपूर्ण। 6. satisfying, संतोषजनक। 7. even, बराबर, चुकता, नक्की। 8. conventional, प्रथागत, रूढ़। □ **on the square,** ईमानदारी से। ***adv.*** 1. honestly, ईमानदारी से। 2. firmly, दृढ़तापूर्वक। 3. in a square shape, वर्गाकार रूप में। ***v.*** (squared, squaring) 1. to make square or rectangular, वर्गाकार या आयताकार बनाना। 2. to bring to a right angle, सीधा करना, ठीक बैठाना। 3. to multiply (a number) by itself, वर्गफल निकालना। 4. to bring into balance, to settle, हिसाब चुकता करना। 5. to even the score of, बराबर करना। □ **back to square one,** जहाँ से चले थे वहीं लौट आना, फिर शुरू से काम करना; **square off,** मुक्केबाज़ी के लिए तैयार होना; **square up,** चुकता करना, चुका देना; **square with,** अनुकूल या संगत होना।

**square bracket** ***n.*** either of a pair of brackets, गुरुकोष्ठक [ ]।

**square dance** ***n.*** a dance for four couples who form a hollow square, वर्गाकार नृत्य।

**square deal** ***n.*** a fair transaction, खरा सौदा।

**squarely** (स्क्वेंअॅ:´/स्क्वाइ:´-ली) ***adv.*** 1. in a direct way, सीधे। 2. in an honest manner, ईमानदारी से।

**square root** ***n.*** a number when multiplied by itself gives a given number, वर्गमूल।

**square shouldered** ***adj.*** having broad

S

shoulders, चौड़े कंधोंवाला।

**square toed** *adj.* (जूता) चौड़े पंजेवाला।

**squarish** (स्क्वेंर्´/स्क्वाइर्´-इश्) *adj.* approximately square, बहुत-कुछ वर्गाकार।

**squash** (स्क्वॉश्) *v.* 1. to crush, कुचल देना। 2. to squeeze into pulp, कचूमर निकाल देना, भुरता कर देना। 3. to suppress, दबा देना, कुचल देना। 4. to flatten out under pressure, कचूमर निकल जाना। 5. to squeeze, कुचल, दब या पिस जाना। 6. to silence with crushing reply, मुँह बंद कर देना। *n.* 1. the sound of squashing, दबने, कुचलने आदि से होनेवाला शब्द। 2. something squashed, कुचली या निचोड़ी हुई वस्तु। 3. pulp, गूदा, लुगदी, भुरता। 4. a kind of drink, एक पेय। 5. a plant or its fruit, लौकी, कद्दू।

S

**squat** (स्क्वॉट्) *v.* (squatted, squatting) 1. to sit on one's feet, उकड़ू बैठना। 2. to sit with legs crossed, पालथी मारकर बैठना। 3. to sit, बैठना। 4. to crouch down, सिमट कर बैठना। 5. to grab (land, ज़मीन पर) ज़बरदस्ती क़ब्ज़ा जमा लेना। *adj.* (squatter, squattest) 1. squatting, उकड़ू या पालथी मारकर बैठा हुआ। 2. short and thick, गोल-मटोल, फूहड़। *n.* 1. the act or posture of squatting, उकड़ू या पालथी मारकर कर बैठने की क्रिया या मुद्रा। 2. a place where one squats, वह जगह जहाँ कोई उकड़ू या पालथी मारकर बैठा हो।

**squatter** (स्क्वॉट्´-अॅ:) *n.* one who settles on land without right, अनधिकार ज़मीन पर क़ब्ज़ा जमा लेनेवाला।

**squaw** (स्कवा:) *n.* 1. a North American Indian woman, उत्तरी अमरीकी आदिवासी स्त्री। 2. a woman or wife, स्त्री या पत्नी।

**squawk** (स्क्वा:क्) *n.* a loud harsh cry, चीख, चिल्लाहट। *v.* 1. to utter a squawk, चीख मारना। 2. to complain, शिकायत करना।

**squeak** (स्क्वीक्) *n.* 1. a sharp shrill cry, चीं-चीं, चूँ-चूँ, चरमर। 2. escape, बचाव। *v.* 1. to utter or make a squeak, चीं-चीं करना, चूँ-चूँ करना, चरमराना। 2. to win by a narrow margin, जीत भर जाना। ☐ **to have a narrow squeak,** बाल-बाल बचना।

**squeaky** (स्क्वी´-की) *adj.* making a squeaking sound, चीं-चीं, चूँ-चूँ या चरमर करनेवाला; squeaky door, चरमर करता दरवाज़ा।

**squeal** (स्क्वील्) *n.* a long shrill cry, चीख़। *v.* (squealed, squealing) 1. to utter a squeal, चीखना, चीख मारना। 2. to complain, शिकायत करना। 3. to turn informer, मुख़बिर बन जाना।

**squeamish** (स्क्वी´-मिश्) *adj.* 1. easily nauseated, जल्दी-जल्दी बीमार पड़ जानेवाला, सुकुमार। 2. excessively fastidious, नकचढ़ा।

**squeegee** (स्क्वी´-जी) *n.* a rubber used for spreading or wiping liquid on a surface, स्क्वीजी।

**squeeze** (स्क्वीज़्) *v.* (squeezed, squeezing) 1. to compress, दबाना। 2. to exert pressure, दबाव डालना। 3. to extract by applying pressure, निचोड़ना। 4. to push in a confined place, ठूँसना, भरना। 5. to hug closely, कसकर आलिंगन करना। 6. to get by extortion, (पैसा आदि) ऐंठना। *n.* 1. an act of squeezing, दबाने, दबाव डालने या निचोड़ने की क्रिया। 2. an amount squeezed, निचोड़ा हुआ पदार्थ।

**squeezer** (स्क्वी´-ज़ॅ:) *n.* a device for squeezing juice from fruit, फलों का रस निकालने का उपकरण।

**squelch** (स्क्वेंल्च्) *v.* to make splashing or sucking sound, छप-छप ध्वनि करना। *n.* splashing sound, (ध्वनि) छप-छप।

**squib** (स्क्विब्) *n.* a small firework that makes a hissing sound, अनार, फुलझड़ी।

**squiggle** (स्क्विग्´-अॅल्) *n.* an irregular line, टेढ़ी-मेढ़ी लकीर।

**squint** (स्क्विन्ट्) *v.* 1. to look or glance sideways, कनखियाना, कनखी मारना। 2. to look with eyes partly open, अधखुली आँखों से देखना। 3. to be cross-eyed, भेंगा होना। *n.* 1. a stealthy or sideways glance, कनखी, तिरछी नज़र। 2. cross-eye, भेंगापन।

**squint-eyed** (स्क्विन्ट्´-आइड्) ***adj.*** cross-eyed, भेंगा, ऐंचा-ताना।

**squire** (स्क्वाइ:) ***n.*** 1. a land-owner, जमींदार। 2. a woman's escort, किसी स्त्री का अंगरक्षक।

**squirm** (स्क्व:म्) ***v.*** to writhe, छटपटाना, तड़पना, ऐंठना।

**squirrel** (स्क्विर्´-अॅल्) ***n.*** 1. a small tree-climbing animal with a bushy tail, गिलहरी। 2. its fur, गिलहरी की खाल या फर। 3. a person who hoards things, जमाख़ोर।

**squirt** (स्क्व:ट्) ***v.*** to send out liquid (as if) from a syringe, धार छोड़ना, पिचकारी से धार छोड़ना। ***n.*** 1. a syringe, पिचकारी। 2. a jet of liquid, पिचकारी की धार।

**stab** (स्टैब्) ***v.*** (stabbed, stabbing) to injure with a sharp pointed knife etc., छुरा भोंकना या घुसेड़ना। □ **stab in the back,** पीठ पर छुरा भोंकना, मित्र बनकर हानि पहुँचाना, छल करना। ***n.*** 1. a thrust made with a sharp pointed knife, छुरा भोंकने से होनेवाला घाव। 2. a sensation of being stabbed, छुरा भोंके जाने का-सा कष्ट, टीस। 3. an attempt, प्रयत्न, प्रयास।

**stability** (स्टॅ-बिल्´-अॅ-टी) ***n.*** the state or quality of being stable, स्थिरता, स्थायित्व।

**stabilization** (स्टे-बि-लाइ-ज़े´-शॅन्) ***n.*** the act of stabilizing or the state of being stabilized, स्थिरीकरण, स्थायी करना।

**stabilize** (स्टे´-बॅ-लाइज़्) ***v.*** स्थिर करना, स्थायी बनाना, दृढ़ करना।

**stabilizer** (स्टे´-बॅ-लाइ-ज़ॅ:) ***n.*** a device for maintaining something in a stable state, स्टेबिलाइज़र, स्थिरक।

**stable[1]** (स्टे´-बॅल्) ***adj.*** 1. steady, firm, स्थिर, स्थायी, सुस्थिर। 2. lasting, टिकाऊ।

**stable[2]** ***n.*** 1. a building in which horses are kept, अस्तबल, घुड़साल। 2. the horses lodged in such a building, अस्तबल में रखे हुए घोड़े। 3. a training centre, प्रशिक्षण केंद्र। ***v.*** to keep in a stable, अस्तबल में रखना।

**stack** (स्टैक्) ***n.*** 1. a pile of hay, घास का पूला। 2. a pile or heap, ढेर, गड्डी या चट्टा। 3. a large quantity, अत्यधिक परिमाण या मात्रा। 4. a smokestack, चिमनी। 5. a rack, टाँड। ***v.*** to pile, ढेरी लगाना, चट्टा लगाना।

**stadium** (स्टे´-ड़ि-अॅम्) ***n.*** an enclosed playground with tiers of seats, क्रीड़ांगन, खेल का मैदान, स्टेडियम।

**staff** (स्टाफ़्/स्टैफ़्) ***n.*** 1. a stick, pole or rod, डंडा, लाठी, लट्ठ। 2. a stick as a symbol of authority, दंड। 3. the body of teachers in a school, college etc., स्टाफ़, अमला, अध्यापकगण। 4. a group of assistants, कार्यकर्तागण या कर्मचारी; staff room, कर्मचारी-कक्ष। 5. a pole on which a flag is hung, ध्वजदंड। 6. (mus.) the set of horizontal lines on which musical notes are written, पाँच समांतर रेखाओं की संगीत-सारणी। ***v.*** to provide with a staff of employees, कर्मचारी नियुक्त करना या मुहैया करना।

**staffer** (स्टाफ़्´/स्टैफ़्´-अॅ:) ***n.*** a member of a staff, कार्यकर्ता या क़र्मचारी।

**stag** (स्टैग्) ***n.*** an adult male deer, हिरन, मृग। ***adj.*** for or attended by men only, पुरुष-; a stag party, पुरुषों की पार्टी, पुरुष-गोष्ठी। ***adv.*** not accompanied by a woman, बिना स्त्री को साथ लिये।

**stage** (स्टेज्) ***n.*** 1. a raised platform, मंच। 2. a platform on which plays are performed, रंगमंच, मंच, स्टेज। 3. the scene of an event, घटनास्थल। 4. a resting place of a journey, पड़ाव। 5. a step, चरण। 6. a point or period of development, अवस्था। ***v.*** (staged, staging) 1. to perform on a stage, मंचित करना, मंचन करना, अभिनीत करना। 2. to arrange and carry out, व्यवस्था तथा कार्रवाई करना, कार्यान्वित करना। □ **stage a come-back,** पुनरागमन होना।

**stageability** (स्टेज्-अॅ-बिल्´-इ-टी) ***n.*** the quality of being stageable, अभिनेयता, मंचानुकूलता।

**stageable** (स्टेज्´-अॅ-बॅल्) ***adj.*** that can be

S

staged, अभिनेय।

**stagecoach** (स्टेज्´-कोच्) *n.* a horse drawn vehicle formerly used to transport mail and passengers, डाक तथा सवारियाँ लाने-ले जानेवाली घोड़ा-गाड़ी।

**stagecraft** (स्टेज्´-क्राफ़्ट्/क्रैफ़्ट्) *n.* the skill in staging plays, नाट्य-कला।

**stage-direction** (स्टेज्´-डाइ-रेंक-शॅन्) *n.* direction of a play or plays, नाट्य-निदेशन।

**stage-door** (स्टेज्-डो:´) *n.* a door at a theatre leading backstage, मंच का पश्चद्वार।

**stage-fright** (स्टेज्´-फ़्राइट्) *n.* nervousness felt while speaking or acting on the stage, मंच-भीति।

**stage-manager** (स्टेज्´-मैन्-अॅ-जॅ:) *n.* the person in charge of a stage, मंच-प्रबंधक, सूत्रधार।

S

**stage-setting** (स्टेज्´-सेंट्-इंग्) *n.* the arrangement of the equipments of the stage in the proper order, मंच-सज्जा।

**stage-shyness** (स्टेज्´-शाइ-निस्) *n.* shyness or nervousness that may beset a person about to appear at a stage, मंच-संकोच।

**stage-struck** (स्टेज़्´-स्ट्रक्) *adj.* having an obsessive desire to become an actor or actress, अभिनेता या अभिनेत्री बनने के लिए अत्यंत उत्सुक, अभिनय-उत्सुक।

**stage-whisper** (स्टेज्´-ह्विस्-पॅ:) *n.* a loud whisper, ऐसे ऊँचे स्वर में की हुई कानाफूसी जिसे दर्शक भी सुन सकें।

**stagger** (स्टैग्´-अॅ:) *v.* 1. to move or go unsteadily, लड़खड़ाना, डगमगाना, डगमगाते हुए चलना। 2. to shock deeply, चौंका देना, स्तंभित कर देना, हक्का-बक्का कर देना। 3. to waver or hesitate, विचलित होना या हिचकना। 4. to arrange in alternating or overlapping time periods or positions, भिन्न-भिन्न समयों या स्थितियों के अनुरूप निश्चित करना। *n.* staggering motion, लड़खड़ाहट।

**staggering** (स्टैग्´-अॅ-रिंग्) *adj.* astonishing, विस्मयकारी, आश्चर्यचकित करनेवाला। *n.* staggering motion, लड़खड़ाहट।

**staging** (स्टे´-जिंग्) *n.* 1. a temporary platform, अस्थायी मंच। 2. the presentation of a play, मंचन, नाट्य-प्रदर्शन।

**stagnant** (स्टैग्´-नॅन्ट्) *adj.* 1. (of water) not flowing, रुका हुआ, रुद्ध। 2. motionless, गतिहीन। 3. showing no activity, बंद, अवरुद्ध। 4. sluggish, मंद।

**stagnate** (स्टैग्´-नेट्) *v.* 1. to be stagnant, रुका होना, अवरुद्ध होना। 2. to become sluggish, मंद पड़ जाना।

**stagnation** (स्टैग्-ने´-शॅन्) *n.* the state of being stagnant, अवरुद्धता; मंदता।

**stagy** (स्टे´-जी) *adj.* (stagier, stagiest) dramatic, not natural, नाटकीय, बनावटी।

**staid** (स्टेड्) *adj.* sober, calm, गंभीर, शांत।

**stain** (स्टेन्) *v.* 1. to discolour or become discoloured, बदरंग करना या होना, रंग बिगाड़ देना या बिगड़ जाना। 2. to blemish, कलंकित करना। *n.* 1. a spot, धब्बा, दाग। 2. a blemish, दोष, कलंक।

**stainless** (स्टेन्´-लिस्) *adj.* free from stains or blemishes, बेदाग़, निर्दोष, निष्कलंक।

**stainless steel** *n.* steel not liable to rust, स्टेनलेस स्टील।

**stair** (स्टेंअॅ:) *n.* 1. one of the flight of steps, सीढ़ी का (कोई) डंडा। 2. stairs, सीढ़ी, सोपान।

**staircase, stairway** (स्टेंअॅ:´-केस्/वे) *n.* a flight of stairs and its supporting structure, सीढ़ी और उसका ढाँचा, ज़ीना, सोपान-मार्ग।

**stairwell** (स्टेंअॅ:´-वेंल्) *n.* a vertical shaft around which a staircase has been built, वह खंभा जिसके चारो ओर घुमौआ सीढ़ी बनी होती है।

**stake** (स्टेक्) *n.* 1. a pointed wooden post driven into the ground as a marker or support, खूँटी, खूँटा, थूनी। 2. a post to which a person was tied before being burnt to death, वह खंभा जिसमें अपराधी को बाँधकर जलाते थे। 3. the prize in a contest, प्रतियोगिता का पुरस्कार। 4. something that is staked for gain or loss, दाँव, बाज़ी, पण। 5. something invested in an enterprise, निवेश। 6. a shareholder, शेयरहोल्डर। □ **at stake,** दाँव पर; **pull up stakes,** (तंबू के) खूँटे उखाड़ना अर्थात् (कहीं और पड़ाव डालने के लिए) चल देना। ***v.*** 1. to fasten with a stake, खूँटी से बाँधना। 2. to mark with stakes, खूँटियाँ गाड़कर निशान लगाना। 3. to wager, दाँव लगाना, बाज़ी लगाना। 4. to gamble, जुआ खेलना। 5. to give financial support to, आर्थिक सहायता करना। □ **stake a claim,** दावा करना; **stake out,** (i) हदबंदी करना, (ii) पुलिस द्वारा निगरानी करना।

**stake-holder** (स्टेक्´-होल्-डॅ:) ***n.*** a person who holds shares in a business, शेयरहोल्डर।

**stalactite** (स्टै´-लॅक्-टाइट्, स्टॅ-लैक्´-टाइट्) ***n.*** a deposit of calcium carbonate that projects downward from the roof of a cave, अवरोही निक्षेप।

**stalagmite** (स्टै´-लॅक्-माइट्, स्टॅ-लैग्´-माइट्) ***n.*** a deposit of calcium carbonate that projects upward from the floor of a cave, आरोही निक्षेप।

**stale** (स्टेल्) ***adj.*** (staler, stalest) 1. having lost freshness, बासी। 2. no longer new, पुराना; stale news, पुरानी ख़बर। 3. uninteresting, नीरस, उबाऊ। ***v.*** 1. to become stale, बासी पड़ जाना, पुराना पड़ जाना। 2. to make stale, बासी कर देना।

**stalemate** (स्टेल्´-मेट्) ***n.*** deadlock, जिच, गतिरोध। ***v.*** to bring into a stalemate, जिच/गतिरोध उत्पन्न करना।

**stalk**[1] (स्टा:क्) ***n.*** 1. a stem that supports a plant, डंठल, डंडी। 2. a similar support of an organ in animals, दंड।

**stalk**[2] ***v.*** 1. to follow (a prey) quietly, (शिकार) का पीछा दबे पाँव या छिपे-छिपे करना। 2. to spread over, फैल जाना। 3. to walk in a haughty way, ताव से या अकड़कर चलना।

**stalking horse** ***n.*** a figure like a horse behind which a hunter conceals himself, धोखे की टट्टी।

**stall** (स्टा:ल्) ***n.*** 1. a compartment in a stable for a domestic animal, चन्नी, थान, बरदवान। 2. a small compartment for selling goods, स्टॉल। 3. any small room or compartment, छोटा कमरा। 4. a row of seats in a Church for the choir or clergy, आसन-पंक्ति। 5. stalling of an engine, इंजन का बंद या ठप हो जाना। ***v.*** (stalled, stalling) 1. to confine an animal in a stall, चन्नी में पशु को बाँधना। 2. to bring or come to a stand-still accidentally, (इंजन का) एकाएक बंद हो जाना या बंद कर दिया जाना। 3. to employ delaying tactics, टाल-मटोल करना।

**stallion** (स्टैल्´-यॅन्) ***n.*** an uncastrated male horse kept primarily for breeding, आँड़ू घोड़ा।

**stalwart** (स्टा:ल्´-वॅ:ट्) ***adj.*** 1. strong and sturdy, तगड़ा, हट्टा-कट्टा, हृष्ट-पुष्ट। 2. resolute, दृढ़व्रती, दृढ़निश्चयी। ***n.*** a strong supporter, पक्का पक्षधर या समर्थक।

**stamen** (स्टे´-मॅन्) ***n.*** the male reproductive organ of a flower, पुंकेसर।

**stamina** (स्टैम्´-इ-नॅ) ***n.*** enduring physical or mental power, staying power, दमख़म।

**stammer** (स्टैम्´-अॅ:) ***v.*** to speak with involuntary pauses or rapid repetition of the same sound or syllable, हकलाना। ***n.*** the act or instance of stammering, हकलाहट।

**stammerer** (स्ट्रैम्´-अॅर्-अॅ:) ***n.*** one who speaks stumblingly, हकला, हकलानेवाला।

**stamp** (स्टैम्प्) ***v.*** 1. to bring (the foot) down heavily, (पैर) ज़ोर से पटकना। 2. to imprint or impress with a mark, (ठप्पा) लगाना, छापना। 3. to affix a stamp to, टिकट चिपकाना। 4. to form or cut out with a mould or die, बनाना, ढालना, काटना या निकालना। 5. to indicate or reveal, प्रकट करना। ***n.*** 1. an act of stamping.

S

मुद्रांकन। 2. impression, छाप। 3. an instrument of stamping, ठप्पा, मोहर। 4. a postal ticket, टिकट। 5. identifying or characteristic mark, छाप।

**stamp-album** (स्टैम्प्´-ऐल्-बॅम्) ***n.*** an album for stamps, स्टैम्प एलबम, चित्राधार।

**stamp-collector** (स्टैम्प्´-कॅ-लॅक्-टॅः) ***n.*** one who collects stamps, स्टैम्प संग्राहक।

**stamp-duty** (स्टैम्प्´-ड्यू-टी) ***n.*** stamps to show that duty has been paid, स्टैम्प शुल्क।

**stamping ground** ***n.*** a habitual gathering place, अड्डा, मिलन-स्थल।

**stampede** (स्टैम्-पीड्´) ***n.*** a wild headlong rush, भगदड़।

**stance** (स्टैन्स्) ***n.*** 1. position of the body, मुद्रा, ठवन। 2. an attitude, अभिवृत्ति, रुख।

S

**stanch** (स्टाःन्च्) ***v.*** to restrain the flow of blood, रक्त को बहने से रोकना।

**stand** (स्टैन्ड्) ***v.*** (stood, standing) 1. to take or cause to take a stationary upright position, खड़ा होना या खड़ा करना। 2. to rest or remain upright on a base or lower end, खड़ा होना। 3. to remain standstill, खड़ा होना, रुका या ठहरा होना। 4. to run as a candidate, (चुनाव में) प्रत्याशी के रूप में खड़े होना, उम्मीदवार होना। 5. to remain unchanged, अपरिवर्तित रहना। 6. to be situated, स्थित रहना। 7. to place, स्थापित होना। 8. to be valid, लागू रहना, मान्य होना। 9. to last, बना रहना। 10. to erect, खड़ा करना। 11. to remain firm, स्थिर या दृढ़ रहना। 12. to bear, endure, सहना, बर्दाश्त करना। 13. to provide, उपलब्ध कराना, देना। ☐ **as it stands,** वर्तमान परिस्थितियों में; **It stands to reason.** यह तर्कसंगत बात है; **stand a chance,** सफलता की प्राप्ति का अवसर होना; **stand alone,** अद्वितीय या अनूठा होना, अपनी तरह का अकेला होना; **stand by,** (i) आवश्यकता होने पर उपलब्ध होना, (ii) मूक दर्शक बना रहना, (iii) निष्ठावान बने रहना; **stand down,** बैठ जाना, अलग हो जाना; **stand for,** प्रतिनिधि होना; **stand in,** स्थानापन्न होना; **stand off,** दूर रहना; **stand on,** दृढ़ रहना, तुला रहना; **stand on end,** (बालों का) खड़ा हो जाना; **stand one's ground,** टस से मस न होना, डटे रहना; **stand on one's own feet,** अपने पैरों पर खड़ा होना, स्वावलंबी होना; **stand out,** (i) सुस्पष्ट होना, (ii) विशिष्ट होना; **stand over,** (i) निगरानी करना, (ii) स्थगित होना; **stand treat,** दूसरे के पीने-खाने का ख़र्च वहन करना; **stand up,** (i) पैरों पर खड़ा होना, (ii) मुक़ाबले या प्रतिरोध में खड़ा रहना, (iii) करार न निभाना; **stand up to,** (i) साहसपूर्वक प्रतिरोध करना, (ii) टिकाऊ होना, चलना। ***n.*** 1. the act or instance of standing, खड़े होने की क्रिया या भाव, खड़ापन। 2. a position or base, स्थिति या आधार। 3. a ceasing of work or activity, काम या क्रिया का ठप होना, विराम। 4. a position or opinion one is prepared to defend, वह स्थिति या बात जिसका बचाव तथा समर्थन कोई करता हो। 5. a witness stand, कटघरा। 6. a stall or booth, दुकान, स्टॉल। 7. a parking place reserved for vehicles, गाड़ियों का अड्डा, स्टैंड। 8. a rack, रैक।

**standard** (स्टैन्´-डॅःड्) ***n.*** 1. a flag or banner, झंडा, ध्वज, पताका। 2. a thing quality or specification for comparing or measuring, मानदंड, प्रतिमान। 3. a degree or level or requirement, excellence or attainment, मानक। 4. a stand or base, आधार। ***adj.*** 1. conforming to a standard, मानक, प्रामाणिक। 2. well established by usage, मानक, परिनिष्ठित।

**standard-bearer** (स्टैन्´-डॅःड्-बेॲर्-ॲः) ***n.*** 1. one who bears a flag or banner, झंडाबरदार। 2. a prominent leader of an organization or movement, कर्णधार।

**standardization** (स्टैन्-डॅः-डाइ/डि-ज़े´-शॅन्) ***n.*** the act or result of standardizing, मानकीकरण।

**standardize** (स्टैन्´-डॅः-डाइज़्) ***v.*** to bring into conformity with a standard,

मानकीकरण करना।

**standard time** ***n.*** the official time of a country or region, मानक समय।

**standby** (स्टैन्ड्´-बाइ) ***n.*** a person or thing that is ready and available as a substitute, स्थानापन्न।

**standee** (स्टैन्´-डी) ***n.*** a person who stands because all seats are occupied, बैठने का स्थान रिक्त न होने पर खड़ा रहनेवाला व्यक्ति।

**standing** (स्टैन्´-डिंग्) ***adj.*** 1. upright, सीधा, खड़ा। 2. permanent, स्थायी; standing committee, स्थायी समिति। 3. ready, तैयार। ***n.*** 1. status, हैसियत, प्रतिष्ठा। 2. past duration, गत काल; of long standing, पुराना।

**stand-off** (स्टैन्ड्´-आ:फ़्) ***n.*** a tie or draw (in a game, खेल में) जिच्च या बराबरी।

**standoffish** (स्टैन्ड्´-आ:´-फ़िश्) ***adj.*** aloof, अलग-थलग।

**standout** (स्टैन्ड्´-आउट्) ***n.*** a remarkable person or thing, उल्लेखनीय व्यक्ति या वस्तु।

**stand-point** (स्टैन्ड्´-पॉइन्ट्) ***n.*** a point of view, दृष्टिबिंदु, दृष्टिकोण।

**standstill** (स्टैन्ड्´-स्टिल्) ***n.*** 1. stalemate, ज़िच, गतिरोध। 2. a stoppage, विराम, ठहराव।

**stanza** (स्टैन्´-ज़ॅ) ***n.*** one of the divisions of a poem, बंद, पद।

**staple**[1] (स्टे´-पॅल्) ***adj.*** principal, मुख्य। ***n.*** a major product, मुख्य उत्पाद।

**staple**[2] ***n.*** a u-shaped metal loop to bind or hold something, स्टेपल। ***v.*** to secure (papers) with staples, स्टेपल लगाना।

**stapler** (स्टेप्´-लॅं:) ***n.*** an instrument for stapling papers, स्टेपलर।

**stapling** (स्टेप्´-लिंग्) ***n.*** the act of a person who staples, स्टेपलन।

**star** (स्टा:) ***n.*** 1. any of the celestial bodies appearing as points and emit light in the night sky, तारा, सितारा, नक्षत्र। 2. an asterisk, तारिका चिह्न (*)। 3. a film actor or actress, अभिनेता या अभिनेत्री। 4. an outstanding or brilliant person, विशिष्ट व्यक्ति। ***v.*** (starred, starring) 1. to ornament with stars, तारों से सजाना। 2. to put an asterisk, तारांकित करना। 3. to present as an actor or actress, किसी को अभिनेता या अभिनेत्री के रूप में प्रस्तुत करना। 4. to perform as an actor, अभिनय करना।

**starboard** (स्टा:´-बो:ड्/बॅ:ड्) ***n.*** the right hand side (of a ship, जहाज़ का) दायाँ पक्ष।

**starch** (स्टा:च्) ***n.*** 1. a substance found in corn, wheat etc., used for stiffening fabrics, माँड़, कलफ़। 2. stiffness of manner, शुष्कता, रूखापन। ***v.*** to stiffen with starch, कलफ़ करना या लगाना।

**starchy** (स्टा:´-ची) ***adj.*** 1. containing much starch, माँड़ से भरा। 2. dry, stiff, शुष्क, रूखा।

**star-crossed** (स्टा:-क्रास्ट्´) ***adj.*** ill-fated, अभागा।

S

**stardom** (स्टा:´-डॅम्) ***n.*** 1. the world of actors, अभिनेताओं की दुनिया, सितारों की दुनिया। 2. the fame and prestige of an actor, अभिनेता की कीर्ति तथा प्रतिष्ठा।

**stardust** (स्टा:´-डस्ट्) ***n.*** romantic sensation, रोमानी अनुभूति।

**stare** (स्टेंअ॑:) ***v.*** to gaze fixedly with eyes wide open, आँखें फाड़-फाड़कर देखना, घूरना। □ **be staring in the face,** स्पष्ट दिखाई पड़ना; **staring look,** टकटकी। ***n.*** a staring gaze, घूरने की क्रिया।

**starfish** (स्टा:´-फ़िश्) ***n.*** a star-shaped fish, तारे की शक्ल की मछली, तारा मीन।

**stargaze** (स्टा:´-गेज़्) ***v.*** 1. to study the stars, नक्षत्रों का अध्ययन करना। 2. to daydream, दिवास्वप्न देखना, मन के लड्डू खाना।

**stargazer** (स्टा:´-गे-ज़ॅ:) ***n.*** 1. one who stargazes, ज्योतिषी। 2. a daydreamer, स्वप्नदर्शी।

**stark** (स्टा:क्) ***adj.*** 1. bare, नग्न। 2. sharply evident, पूर्णत: स्पष्ट। 3. desolate, सूना। 4. absolute, निरा, पूर्ण।

**starless** (स्टा:´-लिस्) ***adj.*** without stars, तारों से रहित, बिना तारों का।

**starlet** (स्टा:´-लिट्) ***n.*** a young actress

publicized as a future star, युवा होनहार अभिनेत्री।

**starlight** (स्टा:´-लाइट्) ***n.*** light from the stars, तारों की रोशनी, नक्षत्र-प्रकाश।

**starling** (स्टा:´-लिंग्) ***n.*** a black European songbird, तेलियर।

**starlit** (स्टा:´-लिट्) ***adj.*** lit by starlight, तारों से भरा, तारों से जगमग।

**starry** (स्टार्´-ई) ***adj.*** (starrier, starriest) 1. lighted by or filled with stars, तारों से भरा, तारांकित। 2. shining like stars, तारों की तरह चमकता हुआ।

**starry-eyed** (स्टार्´-इ-आइड्) ***adj.*** enthusiastic but impractical, उत्साही परंतु अव्यवहारशील।

**star-studded** (स्टा:´-स्टड्-इड्) ***adj.*** containing many stars, तारों से भरा।

S

**start** (स्टा:ट्) ***v.*** 1. begin or commence, आरंभ करना, शुरू करना, शुरुआत करना। 2. to begin a journey, यात्रा आरंभ करना। 3. to set in motion, चलाना। 4. to be set in motion, चलना, चलने लगना। 5. to spring or jump suddenly, सहसा उछल या कूद पड़ना, चिहुँक उठना। 6. to establish, स्थापित करना, जमाना, चलाना। ***n.*** 1. a beginning, commencement, शुरुआत, आरंभ, प्रारंभ। 2. a place or time of beginning, प्रारंभ करने का स्थान या समय। 3. a sudden involuntary movement, सहसा होनेवाली अनभिप्रेत क्रिया, चिहुँक। 4. a signal to proceed, कुछ करने का संकेत। □ **by fits and starts,** तरंग में आकर, मन की मौज से।

**starter** (स्टा:´-टः) ***n.*** 1. a device for starting an engine, motor etc., स्टार्टर। 2. one who starts (something, कोई काम) शुरू करनेवाला व्यक्ति। 3. one who gives signal for a race, दौड़ शुरू करने का संकेत देनेवाला। 4. a competitor who starts in a race, दौड़ में भाग लेनेवाला प्रतियोगी।

**startle** (स्टा:´-टॅल्) ***v.*** 1. to be surprised or frightened, चौंक पड़ना। 2. to cause to be surprised or frightened, चौंका देना।

**startling** (स्टा:ट्´-लिंग्) ***n.*** 1. surprising, चौंकानेवाला। 2. alarming, चिंताजनक।

**starvation** (स्टा:-वे´-शॅन्) ***n.*** the act of starving or the state of being starved, भुखमरी।

**starve** (स्टा:व्) ***v.*** 1. to die from prolonged lack of food, भूखों मरना। 2. to cause to die from prolonged lack of food, भूखों मारना। 3. to be badly hungry, भूख से विकल होना। 4. to suffer or cause to suffer due to lack of something, तरसना या तरसाना।

**starveling** (स्टा:व्´-लिंग्) ***n.*** an ill-fed person or animal, कुपोषित व्यक्ति या मरियल पशु।

**stash** (स्टैश्) ***v.*** (stashed, stashing) 1. to slow, मंद या धीमा होना/करना। 2. to store secretly, छिपाकर रखना।

**stasis** (स्टे´-सिस्) ***n.*** stagnation of the flow of blood or urine, पेशाब या ख़ून का प्रवाह रुक जाना।

**state** (स्टेट्) ***n.*** 1. a condition of being, अवस्था, दशा, स्थिति। 2. a country or nation, राज्य; state banquet, राजकीय भोज, राजभोज। 3. a government, सरकार, शासन। 4. a subdivision of a federation, state, राज्य। 5. position in life or society, हैसियत। 6. ceremonious style, ठाट-बाट, शान-शौकत। □ **lie in state,** (शव का) दर्शनार्थ रखा जाना। ***adj.*** 1. of or relating to the state, राज्य-संबंधी, सरकारी, राजकीय; state library, राजकीय पुस्तकालय। 2. controlled or financed by the state, राज्य द्वारा नियंत्रित, सहायता-प्राप्त, सरकारी, शासकीय। 3. used or done on ceremonial occasions, समारोही। ***v.*** (stated, stating) 1. to set forth in words, अभिव्यक्त करना, कहना। 2. to declare, घोषित करना।

**state coach** ***n.*** a coach for officials, शासकीय यान, सरकारी गाड़ी।

**statecraft** (स्टेट्´-क्राफ़्ट्) ***n.*** the art of conducting the affairs of state, राजकार्यों के निर्वहन की कला।

**stated** (स्टे´-टिड्, स्टे´-टॅड्) ***adj.*** 1. put forth

in words, अभिव्यक्त। 2. declared, घोषित। 3. fixed, नियत, निश्चित।

**state-house** (स्टेट्´-हाउस्) ***n.*** a house where a legislature meets, विधान-भवन।

**stateless** (स्टेट्´-लिस्) ***adj.*** without nationality, राष्ट्रीयताविहीन।

**stately** (स्टेट्´-ली) ***adj.*** 1. graceful, dignified, गौरवपूर्ण, शानदार। 2. imposing, प्रभावशाली। ***adv.*** in a stately manner, शानदार ढंग से, ठाट-बाट से।

**statement** (स्टेट्´-मॅन्ट्) ***n.*** 1. something stated, कथन, वक्तव्य, बयान। 2. the act of stating, कथन। 3. a written summary of financial account, लेन-देन का ब्योरा, लेने-देने का विवरण।

**statesman** (स्टेट्स्´-मॅन्) ***n.*** a national leader, राजनेता।

**statesmanlike** (स्टेट्स्´-मॅन्-लाइक्) ***adj.*** having the qualities of a statesman, राजनयिक।

**statesmanship** (स्टेट्स्´-मॅन्-शिप्) ***n.*** the quality of being a statesman, राजनेतृत्व।

**static** (स्टैट्´-इक्) ***adj.*** 1. not moving, not in motion, स्थिर, निश्चल। 2. not changing, अपरिवर्तनशील।

**statics** (स्टै´-टिक्स्) ***n.*** the science dealing with bodies at rest, स्थिति विज्ञान, स्थैतिकी।

**station** (स्टे´-शॅन्) ***n.*** 1. a stopping place in a transportation route, स्टेशन, स्थल, केंद्र। 2. a post or occupation, पद या धंधा। 3. a transmission centre, रेडियो स्टेशन। 4. a place established to provide public service, सेवा-केंद्र, चौकी, स्टेशन। ***v.*** (stationed, stationing) to post, to put at a certain place, नियुक्त करना, रखना, बैठाना।

**stationary** (स्टे´-शॅ-नॅ-री) ***adj.*** 1. not movable, स्थिर, अचल, स्थावर। 2. permanent, स्थायी।

**stationer** (स्टे´-शॅ-नॅ:) ***n.*** one who sells stationery, लेखन-सामग्री विक्रेता।

**stationery** (स्टे´-शॅ-नॅ-री) ***n.*** paper, ink pens, pencies etc. writing materials, कागज, कलम, स्याही आदि लेखन-सामग्री।

**station master** ***n.*** an in-charge of a railway station, स्टेशन मास्टर।

**station wagon** ***n.*** a large car, बड़ी कार, स्टेशन वैगन।

**statistic** (स्टॅ-टिस्´-टिक्) ***n.*** an item of information expressed in numbers, आँकड़ा।

**statistical** (स्टॅ-टिस्´-टि-कॅल्) ***adj.*** of or pertaining to statistics, सांख्यिकीय।

**statistician** (स्टैट्-इ-स्टिश्´-अॅन्) ***n.*** one expert in compiling statistics, सांख्यिकीविद्।

**statistics** (स्टॅ-टिस्´-टिक्स्) ***n.*** the science of collecting and classifying numerical data, सांख्यिकी।

**statuary** (स्टैच्´-उ-अॅ-री) ***n.*** statutes collectively, समस्त कानून या विधान। ***adj.*** of statutes, कानूनी, वैधानिक।

**statue** (स्टैच्´-ऊ) ***n.*** a moulded or sculptured figure, मूर्ति, प्रतिमा।

**statuesque** (स्टैच्-उ-ऍस्क्´) ***adj.*** like a statue, मूर्ति-सा, मूर्तिवत्।

**statuette** (स्टैच्-उ-ऍट्´) ***n.*** a small statue, छोटी मूर्ति या लघु प्रतिमा।

**stature** (स्टैच्´-अॅ:) ***n.*** 1. natural height of a person in an upright position, क़द, ऊँचाई। 2. level of achievment, status, पद, हैसियत, महिमा।

**status** (स्टे´-टॅस्, स्टेट्´-अॅस्) ***n.*** 1. the legal character or condition of a person or thing, वैधानिक स्थिति। 2. a relative position in a social system, हैसियत। 3. prestige, प्रतिष्ठा।

**status quo** (स्टे-टॅस्-क्वो´) ***n.*** the state of affairs as it was before (a recent change), यथापूर्व स्थिति।

**status symbol** ***n.*** a symbol of person's high status, ऊँची प्रतिष्ठा का प्रतीक।

**statute** (स्टैच्´-ऊट्) ***n.*** a law enacted by a legislative body, विधि, कानून।

**statutory** (स्टैच्´-अॅ-टॅ-री) ***adj.*** of or relating to a statute, विधिक, कानूनी।

**staunch** (स्टा:न्च्) ***adj.*** 1. firm, loyal, पक्का, निष्ठावान। 2. trustworthy, विश्वस्त।

S

3. solid, ठोस, मज़बूत। 4. watertight, जलरोधी।

**stave** (स्टेव्) ***n.*** 1. a long strip of a wood, लकड़ी की लंबी पट्टी। 2. a stanza of a poem, बंद।

**stay**[1] (स्टे) ***v.*** (stayed, staying) 1. to remain in a given place or position, रहना; Stay here. यहाँ रहो; Stay awake. जागते रहो। 2. to reside temporarily, ठहरना, टिकना; Stay at a hotel. होटल में ठहरो। 3. to stop, रुकना, ठहरना। 4. to wait, प्रतीक्षा करना। 5. to postpone or discontinue, स्थगित करना, जारी न रखना। 6. to delay, विलंब करना, देर करना। 7. to satisfy, तृप्त या संतुष्ट करना। 8. to prop up, सहारा देना, टेक लगाना। □ **stay in,** (घर के) अंदर ही रहना; **stay on,** रुके या ठहरे रहना; **stay out,** (रात में) घर से बाहर रहना; **stay up,** जागे रहना। ***n.*** 1. a period of temporary dwelling or visiting, ठहराव, प्रवास। 2. a postponement, स्थगन। 3. the act of stopping or state of being stopped, रोकने या रुकने की क्रिया या भाव, रोक; Stay order. स्थगन आदेश। 4. a support, सहारा, टेक।

S

**stay**[2] ***n.*** a heavy rope or cable, मोटा रस्सा, तार आदि।

**stay-at-home** (स्टे´-ॲट्-होम्) ***adj.*** remaining at home habitually, घर-घुस्सू।

**staying power** ***n.*** stamina, दम, दम-ख़म।

**stead** (स्टेंड्) ***n.*** a place or position, स्थान या स्थिति। □ **stand (someone) in good stead,** (किसी के लिए) उपयोगी होना।

**steadfast** (स्टेंड्´-फ़ास्ट् / फ़ैस्ट्) ***adj.*** 1. fixed, steady, स्थिर, निश्चल। 2. determined, निश्चयबद्ध, अटल।

**steadfastly** (स्टेंड्´-फ़ैस्ट् / फ़ास्ट्-ली) ***adv.*** in a firm manner, firmly, दृढ़तापूर्वक।

**steadily** (स्टेंड्´-इ-ली) ***adv.*** in a steady manner, अनवरत, निरंतर।

**steady** (स्टेंड्´-ई) ***adj.*** 1. stable, स्थिर, अचल। 2. free form fluctuations, अपरिवर्तनशील। 3. not easily excited, जो जल्दी उत्तेजित न हो, धीर-गंभीर। 4. regular, नियमित। 5. habitual, आदी, अभ्यस्त। 6. continuous, निरंतर चलनेवाला, चालू, जारी। ***n.*** a regular boy friend or girl friend, नियमित प्रेमी या प्रेमिका। ***v.*** (steadied, steadying) to make or become steady, स्थिर करना या हो जाना। ***adv.*** in a steady manner, सुस्थिर रूप से, नियमित रूप से या निरंतर। ***interj.*** please get set to start. (दौड़ शुरू करने के लिए) तैयार हो जाओ।

**steak** (स्टीक्) ***n.*** a thick slice of meat, fish etc., (तला या भूना हुआ) मांस आदि का टुकड़ा, टिक्का।

**steak-house** (स्टीक्´-हाउस्) ***n.*** a restaurant that serves steaks, टिक्कों की दुकान।

**steal** (स्टील्) ***v.*** (stole, stolen, stealing) 1. to take away another's property without permission or unlawfully, चुराना, चोरी करना। 2. to obtain by surprise, चुराना, लेना; to steal a kiss, झटके से चूम लेना। 3. to move secretly, दबे पाँव चलना। □ **steal a march over,** चालाकी से (किसी से) आगे निकल जाना; **steal the show,** बाज़ी मार लेना, सभी को आकृष्ट तथा प्रसन्न कर देना।

**stealth** (स्टेंल्थ्) ***n.*** the act of moving with extreme care and quietness, अत्यंत सावधानी तथा चुपके-चुपके कोई काम करना।

**stealthily** (स्टेंल्´-थि-ली) ***adv.*** secretly, चुपके से, चोरी-चोरी, चोरी-छिपे।

**stealthy** (स्टेंल्´-थी) ***adj.*** secret, गुप्त।

**steam** (स्टीम्) ***n.*** 1. the vapour into which water is changed by boiling, भाप, वाष्प। 2. the vapour used as motive power, वाष्प-शक्ति। 3. energy, शक्ति, ओज, ऊर्जा। □ **let off steam,** भड़ास निकालना; **under one's own steam,** अकेले दम। ***v.*** (steamed, steaming) 1. to emit steam, भाप छोड़ना। 2. to be emitted as steam, भाप छूटना। 3. to move by steam power, भाप से चलना। 4. to proceed quickly, तेज़ी से बढ़ना। □ **steam up,** (i) भाप से तुप या ढक जाना, (ii) भड़क उठना, आवेश में आ जाना।

**steamboat** (स्टीम्´-बोट्) *n.* a boat driven by steam, वाष्पचालित नौका।

**steam-engine** (स्टीम्´-इन्-जॅन्) *n.* an engine driven by steam, वाष्पचालित इंजन।

**steamer** (स्टी´-मॅ:) *n.* 1. a boat or ship driven by steam engine, वाष्पचालित जहाज़। 2. a container in which things are cooked by steam, वह पात्र जिसमें भाप से चीज़ें पकाई जाती हैं।

**steamroller** (स्टीम्´-रो-लॅ:) *n.* a machine with heavy roller used for smoothing road surfaces, सड़कें बनानेवाला इंजन। *v.* 1. to smooth with a steamroller, सड़क बनानेवाले इंजन से सड़क समतल करना। 2. to defeat ruthlessly, पछाड़ देना। 3. to silence ruthlessly, बलात् चुप करा देना।

**steamship** (स्टीम्´-शिप्) *n.* a ship driven by steam, वाष्पचालित जहाज़।

**steamy** (स्टी´-मी) *adj.* 1. full of steam, भाप से भरा। 2. like steam, भाप-जैसा।

**steed** (स्टीड्) *n.* a horse, घोड़ा।

**steel** (स्टील्) *n.* 1. a very hard alloy of iron and carbon, इस्पात, फ़ौलाद। 2. a sword (made of steel), तलवार। 3. a quality suggestive of steel, फ़ौलाद जैसी शक्ति या दृढ़ता। *v.* (steeled, steeling) to make hard, कठोर बनाना, कड़ा करना। *adj.* very hard, कड़ा, इस्पात के समान।

**steel-plated** (स्टील्´-प्ले-टिड्) *adj.* covered by steel plates, लौह-कवचित।

**steelworks** (स्टील्´-व़:क्स्) *n.* a factory for making steel, इस्पात का कारखाना।

**steelworker** (स्टील्´-व़:कॅ:) *n.* one who works in a steel producing industry, इस्पात कारख़ाने में काम करनेवाला, स्टील-कर्मी।

**steely** (स्टील्´-ई) *adj.* 1. like steel, इस्पात-जैसा। 2. like steel in hardness or brightness, इस्पात की तरह कठोर या चमकीला।

**steep**[1] (स्टीप्) *adj.* 1. sloping sharply, बहुत ढालवाँ, खड़ा। 2. unreasonably high, बहुत ऊँचा।

**steep**[2] *v.* (steeped, steeping) 1. to soak (in liquid, तरल पदार्थ में) भिगोना। 2. to be soaked (in liquid, तरल पदार्थ में) भिगोया जाना। 3. to imbue, ओत-प्रोत करना या होना, डूबना या डुबोना।

**steepen** (स्टी´-पॅन्) *v.* (steepened, steepening) to become or cause to become steep, बहुत अधिक ढालुआँ होना या करना।

**steeple** (स्टी´-पॅल्) *n.* a tower of a church, चर्च की मीनार।

**steeplechase** (स्टी´-पॅल्-चेस्) *n.* a horse race with obstacles to be jumped, घोड़ों की बाधा-दौड़।

**steeplejack** (स्टी´-पॅल्-जैक्) *n.* one who constructs and repairs steeples, मीनारें बनाने तथा उनकी मरम्मत करनेवाला मिस्त्री।

**steer**[1] (स्टिअॅ:) *n.* a castrated male ox, बधिया किया हुआ बैल।

**steer**[2] *v.* (steered, steering) 1. to direct the course of, to guide, चलाना, परिचालन करना। 2. to be able to be steered, (गाड़ी, नाव आदि को) खे, निकाल या आगे बढ़ा ले जाना।

**steerage** (स्टिअॅर्´-इज़्) *n.* the act of steering, परिचालन करना।

**steering wheel** (स्टि´-अॅर्-इंग्-ह्वील्) *n.* a wheel of a vehicle for directing the course, वाहन/जहाज़ का चालन चक्का।

**stellar** (स्टॅल्´-अॅ:) *adj.* of a star or stars, तारे या तारों से संबद्ध।

**stem** (स्टॅम्) *n.* 1. the main supporting part of a tree or plant, तना। 2. a slender part supporting a leave, flower or fruit, डंडी या डंठल। 3. something that resembles a stem, तने की तरह का सीधा खड़ा भाग। 4. the main part of a verb or noun, धातु। *v.* (stemmed, stemming) 1. to stop (the flow, प्रवाह) रोकना, बंद करना। 2. to remove the stem from, डंठल निकलना। □ **stem from,** से उत्पन्न होना, से निकलना।

**stench** (स्टॅन्च्) *n.* a foul smell, बदबू, दुर्गंध।

**stencil** (स्टॅन्´-सिल्) *n.* a sheet of metal or card with design cut out, used for painting, धातु/दफ़्ती आदि का पत्तर जिसमें अक्षर/चित्र आदि कटे रहते हैं, स्टेंसिल। *v.*

S

(stencilled, stencilling) to mark a surface with stencil, स्टेंसिल से छापना।

**steno** (स्टेॅन्´-ओ) ***n.*** = stenographer.

**stenographer** (स्टॅ-नॉग्´-रॅ-फ़ॅ:) ***n.*** a person employed to write shorthand, आशु-लिपिक, स्टेनोग्राफ़र।

**stenography** (स्टॅ-नॉग्´-रॅ-फ़ी) ***n.*** short-hand, आशुलिपि, स्टेनोग्राफ़ी।

**stentorian** (स्टेॅन्-टोर्´-इ-ॲन्) ***adj.*** extremely loud, बहुत ऊँचा (स्वर)।

**step**[1] (स्टेप्) ***n.*** 1. the act of raising the foot and bringing it down as in walking, पग, क़दम, डग। 2. the space covered by such an act, पग, क़दम, डग। 3. a short distance, थोड़ा फासला। 4. the sound of a step, पगध्वनि, पदचाप। 5. gait, चाल। 6. a series of steps in dancing, नृत्य की एक क्रिया में भरे जानेवाले डग। 7. a rhythm in marching, चलने में दाएँ-बाएँ पैरों का होनेवाला मेल। 8. one of the series of actions, क़दम, पग; next step, अगला क़दम। 9. a support for a foot while ascending or descending, पायदान, पौड़ी, डंडा। 10. one of the stages of process, अवस्था, चरण। 11. (plu.) stairs, सीढ़ी, ज़ीना। □ **keep step,** क़दम मिलाकर चलना; **out of step,** जो क़दम मिलाकर न चल रहा हो; **step by step,** एक-एक पग कर के, धीरे-धीरे; **take steps,** कार्रवाई करना। ***v.*** (stepped, stepping) 1. to go on foot, चलना, आगे बढ़ना। 2. to walk, चलना। 3. to measure by pacing कदमों से नापना। □ **step down,** (i) पद त्यागना; (ii) नीचे उतरना; **step in,** बीच में पड़ना; **step on,** पाँव ऊपर रखना या पाँव से दबाना; **step up,** बढ़ाना; **take steps,** कार्रवाई करना; **watch steps,** सावधान रहना।

**step**[2] ***adj.*** related not by blood but by parent who has remarried, सौतेला, कठ।

**stepbrother** (स्टेॅप्´-ब्र-दॅ:) ***n.*** a son of one's stepmother or stepfather, सौतेला भाई या कठभाई।

**stepchild** (स्टेॅप्´-चॉइल्ड्) ***n.*** the child of one's earlier wife or earlier husband, सौतेला बच्चा।

**stepdaughter** (स्टेॅप्´-डाः-टॅ:) ***n.*** the daughter of one's earlier wife or earlier husband, सौतेली बेटी, कठबेटी।

**stepfather** (स्टेॅप्´-फ़ा-दॅ:) ***n.*** the husband of one's mother by a later marriage, सौतेला बाप, कठबाप।

**stepladder** (स्टेॅप्´-लै-डॅ:) a folding laddar, फोल्डिंग सीढ़ी।

**stepmother** (स्टेॅप्´-मद्-ॲ:) ***n.*** the wife of one's father by a later marriage, सौतेली माँ, विमाता।

**stepmotherly** (स्टेॅप्´-मद्-ॲ:-ली) ***adj.*** like a stepmother, सौतेली माँ का-सा, सौतेला।

**steppe** (स्टेॅप्) ***n.*** a level grassy plain, घास का समतल मैदान।

**stepping stone** (स्टेॅप्´-इन्-स्टोन्) ***n.*** 1. a stone providing a foot-rest for crossing a stream, वह पत्थर जिसपर पैर रखकर नाला, झरना आदि पार करते हैं। 2. a thing that allows someone to make progress, प्रगति में सहायक वस्तु या बात।

**stepsister** (स्टेॅप्´-सिस्-टॅ:) ***n.*** the daughter of one's stepmother or stepfather, सौतेली बहन, कठबहन।

**stereo, stereophonic** (स्टेॅर्´-इ-ओ, स्टेॅर्´-इ-ओ-फ़ो-निक्) ***adj.*** (sound) reproduced by two channels, स्टीरिओफ़ोनिक।

**stereotype** (स्टेॅर्´-इ-ओ-टाइप्) ***n.*** 1. a plate for printing cast from a mould of type, मुद्रणफलक। 2. a conventional idea, character or mould, रूढ़ धारणा, रूढ़ चरित्र या घिसा-पिटा साँचा। ***v.*** to give a conventional form to, रूढ़ या घिसा-पिटा रूप देना, पुराने साँचे में ढाल देना।

**stereotyped** (स्टेॅर्´-इ-ओ-टाइप्ड्) ***adj.*** conventional, रूढ़, रूढ़िबद्ध, घिसा-पिटा; stereotyped personality, रूढ़ व्यक्तित्व।

**sterile** (स्टेॅर्´-आइल्) ***adj.*** 1. barren, बंध्या, बाँझ। 2. unproductive, बंजर, अनुर्वर। 3. useless, fruitless, निष्फल। 4. lacking vitality, निर्जीव, निष्प्राण।

**sterility** (स्टॅ-रिल्´-इ-टी) ***n.*** 1. barrenness, बाँझपन, बंध्यता। 2. unfertility, अनुर्वरता। 3. fruitlessness, निष्फलता।

**sterilization** (स्टॅर्-अॅ-लाइ-ज़े´-शॅन्) ***n.*** the act of sterilizing or the state of being sterilized, बंध्याकरण।

**sterilize** (स्टॅर्´-अॅ-लाइज़्) ***v.*** to make sterile, बाँझ या बंध्या बनाना, अनुर्वर करना।

**sterling** (स्टः´-लिंग्) ***n.*** British money, ब्रितानवी मुद्रा। ***adj.*** 1. genuine, खरा, शुद्ध। 2. excellent, उत्तम, उत्कृष्ट।

**sterling silver** ***n.*** 1. silver of 92½ percent purity, ९२½ प्रतिशत शुद्ध चाँदी। 2. objects made of this, उक्त की बनी वस्तुएँ।

**stern** (स्टःन्) ***adj.*** 1. strict, सख़्त, कड़ा। 2. harsh, hard-hearted, कठोर, निर्दय। ***n.*** the rear end of a ship, जहाज़ का पिछला भाग।

**sternum** (स्टः´-नॅम्) ***n.*** the breast bone, उरोस्थि।

**stertorous** (स्टः´-टॅ-रॅस्) ***adj.*** making a snoring sound, खरटि भरता हुआ।

**stet** (स्टॅट्) ***v.*** (stetted, stetting) (a crossed out word in proof-reading) let it stand, (प्रूफ़शोधन में ग़लती से काटे हुए शब्द को) रहने दिया जाए, बना रहने दिया जाए, हटाया न जाए।

**stethoscope** (स्टॅथ्´-अॅ-स्कोप्) ***n.*** an instrument for listening to the sounds within the body, स्टेथॅस्कोप।

**stetson** (स्टॅट्´-सॅन्) ***n.*** a hat with a very wide brim, चौड़े किनारे का टोप।

**stevedore** (स्टी´-वॅ-डोः) ***n.*** a labourer employed to load or unload ships, जहाज़ पर माल चढ़ाने या उतारनेवाला मजदूर।

**stew** (स्ट्यू, स्टू) ***v.*** (stewed, stewing) 1. to cook food by simmering or boiling slowly, सिझाना, हल्की आँच में पकाना। 2. to under-go cooking in this way, सीझना। 3. to fret, खीजना या खिजाना। ***n.*** 1. a dish cooked by stewing, सिझाकर तैयार किया हुआ व्यंजन। 2. a state of uneasiness, बेचैनी। □ **in a stew,** परेशानी या कठिनाई में; **stew in one's own juice,** अपने ही कर्मों का फल भोगना।

**steward** (स्ट्यू´-अॅःड्, स्टू´-अॅःड्) ***n.*** 1. one employed to manage one's property, finances or other affairs, प्रबंधक, कारिंदा। 2. one who manages the provisions and dining arrangements of a ship, aircraft, hotel etc., भंडारी। 3. an attendant, परिचारक।

**stewardess** (स्टु´-अॅः-डिस्) ***n.*** a female steward, परिचारिका।

**stich** (स्टिच्) ***n.*** = stitch.

**stick**[1] (स्टिक्) ***n.*** 1. a long slender piece of wood, लकड़ी का पल्ला, डंडा। 2. a walking stick, छड़ी। 3. an inert or stiff person, निकम्मा या कठोर व्यक्ति। 4. (plu.) rural remote country, दूरस्थ देहाती इलाक़ा। □ **stick in one's throat,** गले न उतरना। ***v.*** (sticked, sticking) to support with a stick, छड़ी या डंडे के सहारे (पौधे को) खड़ा करना, लकड़ी लगाना।

**stick**[2] ***v.*** (stuck, sticking) 1. to pierce with something pointed, छेदना, चुभोना, भोंकना या घुसेड़ना। 2. to fasten or hold fast, लगाना, कसना, नत्थी करना या चिपकाना। 3. to cause to become sticky, चिपकाना। 4. to remain for a long time, बना रहना, जमा रहना, स्थित रहना। 5. to tolerate, बर्दाश्त करना। 6. to be obstructed, रोका जाना, अवरुद्ध किया जाना। 7. to force or impose, थोपना, लगाना, ठोकना। □ **stick around,** (कहीं) चिपके रहना, जमे या डटे रहना; **stick by,** (किसी बात पर) दृढ़ रहना, निष्ठावान रहना; **stick to one's guns,** अपनी जगह जमे रहना; **stick with,** निष्ठावान रहना।

**sticker** (स्टिक्´-अॅः) ***n.*** a gummed label, स्टिकर, चिपकौआ लेबल।

**sticking plaster** ***n.*** a thin cloth with an adhesive substance, घाव पर लगाने की चिपकौआ पट्टी।

**stick-in-the mud** (स्टिक्´-इन्-दि-मड्) ***n.*** a conservative person, दक़ियानूस, रूढ़िवादी।

**stickler** (स्टिक्´-लॅः) ***n.*** one who insists

on something, किसी बात का आग्रही; a stickler of accuracy, शुद्धतावादी।

**stick-up** (स्टिक्´-अप्) ***n.*** a robbery at a gunpoint, बंदूक से भयभीत कर लूटने की क्रिया, लूट-पाट।

**sticky** (स्टिक्´-ई) ***adj.*** (stickier, stickiest) 1. tending to stick, चिपकनेवाला, चिपचिपा, लेसदार। 2. warm or humid, चिपचिपा, उमसदार। 3. painful, कष्टप्रद। 4. unwilling to heed, ध्यान न देनेवाला, हठी। ***v.*** (stickied, stickying) to make sticky, चिपचिपा बनाना, लेसदार बनाना।

**stiff** (स्टिफ़्) ***adj.*** (stiffer, stiffest) 1. inflexible, rigid, अनम्य, कड़ा। 2. not moving or operating easily, कड़ा, सख़्त। 3. firm, दृढ़। 4. thick, गाढ़ा। 5. stubborn, ज़िद्दी, हठी। 6. difficult, कठिन, मुश्किल। 7. formal, औपचारिक। 8. high, ऊँचा। 9. brisk, तेज़। 10. strong, तेज़, उग्र। 11. lacking grace or attractiveness, भद्दा, कुरूप। □ **stiff upper lip,** सहनशील व्यक्ति। ***n.*** 1. a corpse, शव, लाश। 2. a hopeless person, बेकार आदमी। ***adv.*** too much, intensely, बहुत अधिक।

**stiffen** (स्टिफ़्´-ऑन्) ***v.*** 1. to make stiff, कड़ा कर या बना देना। 2. to become stiff, कड़ा बन या हो जाना, कठोरता अपनाना। 3. to make or become thick, गाढ़ा बनना या बनाना।

**stiff-necked** (स्टिफ़्´-नेंक्ड्/नेंक्ट्) ***adj.*** obstinate, हठी, ज़िद्दी।

**stifle** (स्टाइ´-फ़ॅल्) ***v.*** 1. to suffocate, गला घुटना या घोंटना। 2. to suppress, दबाना, दमन करना।

**stifling** (स्टिफ़्´-लिंग्) ***adj.*** that stifles, दम घोंटनेवाला, दमघोंटू, गलाघोंटू।

**stigma** (स्टिग्´-मॅ) ***n.*** 1. a mark of social disgrace, लांछन, कलंक। 2. a stain, spot, दाग़, चिह्न। 3. a mark branded on the skin, दागा हुआ चिह्न।

**stigmatic** (स्टिग्-मैट्´-इक्) ***adj.*** having a social stigma, कलंकित, दाग़ी।

**stigmatize** (स्टिग्´-मॅ-टाइज़्) ***v.*** to mark with a stigma, लांछन लगाना, दाग़ लगाना।

**stile** (स्टाइल्) ***n.*** a set of steps for crossing a wall or fence, सीढ़ी।

**stiletto** (स्टि-लेंट्´-ओ) ***n.*** 1. a small dagger, छोटा खंजर। 2. a tool for making holes, छेद करने का उपकरण।

**still**[1] (स्टिल्) ***adj.*** 1. motionless, अचल, निश्चल, स्थिर। 2. calm, शांत। 3. silent, ख़ामोश, चुप। 4. noiseless, नीरव। 5. dead at birth, मृतजन्मा। ***n.*** 1. silence, ख़ामोशी, नीरवता। 2. a still photograph, स्थिर चित्र। ***adv.*** 1. continuing even now, अब भी। 2. up to this time, अभी तक। 3. without movement, शांति से, स्थिर होकर या चुपचाप। 4. always, सदा। ***conj.*** nevertheless, तो भी। ***v.*** to make or become still, शांत करना या हो जाना।

**still**[2] ***n.*** an apparatus for distilling, भभका।

**stillbirth** (स्टिल्´-ब:थ्) ***n.*** birth of a dead child, मरे हुए बच्चे का जन्म, मृतप्रसव।

**stillborn** (स्टिल्´-बॉ:न्) ***adj.*** 1. dead at birth, मृतजात। 2. abortive, निष्फल।

**still life** ***n.*** a painting of inanimate objects, पदार्थों का चित्र, पदार्थ-चित्र।

**stilt** (स्टिल्ट्) ***n.*** either of a pair of two long poles for walking elevated above the ground, पैरबाँसा, गेड़ी।

**stilted** (स्टिल्´-टिड्) ***adj.*** 1. unnatural, अस्वाभाविक। 2. pompous, आडंबरपूर्ण।

**stimulant** (स्टिम्´-यु-लॅन्ट्) ***n.*** a drug that stimulates bodily functions, स्फूर्तिदायक औषध, स्फूर्तिदायक पदार्थ।

**stimulate** (स्टिम्´-यु-लेट्) ***v.*** 1. to make more vigorous or active, अधिक स्फूर्त तथा सक्रिय करना। 2. to excite, उत्तेजित करना। 3. to inspire, प्रेरित करना, प्रेरणा देना।

**stimulating** (स्टिम्´-यु-ले-टिंग्) ***adj.*** that stimulates or excites, स्फूर्तिदायक या उत्तेजनाप्रद।

**stimulus** (स्टिम्´-यु-लॅस्) ***n.*** 1. something that stimulates, स्फूर्ति देने या उत्तेजना प्रदान करनेवाली चीज़ या बात। 2. inspiration, प्रेरणा, प्रोत्साहन।

**sting** (स्टिंग्) ***n.*** 1. a sharp pointed part or organ of certain insects, डंक, दंश। 2. a sharp pointed part of certain plants, काँटा। 3. the wound or pain caused by stinging, डंक के लगने से होनेवाला घाव या पीड़ा, डंक, दंश। ***v.*** (stung, stinging) 1. to wound with a sting, डंक मारना, काटना। 2. to feel or cause to feel sharp pain, तेज़ दर्द होना या करना। 3. to cause to suffer, सताना, दुखी करना। 4. to cheat, ठगना।

**stinger** (स्टिंग्´-गॅः) ***n.*** the stinging part of an insect, डंक, दंश।

**stingily** (स्टिन्´-गि-ली) ***adv.*** in stingy manner, कंजूसी से।

**stinginess** (स्टिन्´-गि-निस्) ***n.*** the quality or state of being stingy, कंजूसी, कृपणता।

**stingless** (स्टिंग्´-लिस्) ***adj.*** without a sting, जो डंक न मारता हो, दंशहीन।

**stingy** (स्टिन्´-जी) ***adj.*** (stingier, stingiest) sparing in giving or spending, कंजूस, कृपण।

**stink** (स्टिंक्) ***n.*** 1. an offensive smell, बदबू, दुर्गंध। 2. a public outcry against something offensive, चिल्लपों, आक्रोश। ***v.*** (stunk/stank, stunk, stinking) 1. to give off an offensive smell, बदबू देना। 2. to be highly abhorrent, अत्यंत घृणित होना।

**stink bomb** ***n.*** a bomb emitting offensive smell, बदबू छोड़नेवाला गोला।

**stinker** (स्टिंक्´-कॅः) ***n.*** 1. a person or thing that stinks, वह वस्तु या व्यक्ति जिससे बदबू आती हो। 2. something offensive, कोई घृणित वस्तु या बात।

**stinking** (स्टिंक्´-किंग्) ***adj.*** very bad, बहुत बुरा। ***adv.*** extremely, अत्यधिक।

**stint** (स्टिन्ट्) ***v.*** 1. to limit or restrict, सीमित करना। 2. to fix or allot, नियत करना, निर्धारित करना। ***n.*** amount of work to be performed within a given period, निर्धारित काम।

**stipend** (स्टाइ´-पॅन्ड्) ***n.*** a fixed sum of money paid periodically, वज़ीफ़ा, वृत्ति।

**stipendiary** (स्टाइ-पॅन्´-डि-ॲ-री) ***n.*** one who receives a stipend, वज़ीफ़ा पानेवाला, वृत्तिधारी, या वैतनिक; stipendiary magistrate, वैतनिक मज़िस्ट्रेट। ***adj.*** of a stipend, वज़ीफ़ा-संबंधी।

**stipple** (स्टिप्´-ॲल्) ***v.*** to draw, paint or engrave in dots, बिंदु चितरना या उकेरना।

**stipulate** (स्टिप्´-यु-लेट्) ***v.*** 1. to specify as a condition of an agreement, अनुबंध में शर्त रखना। 2. to make an agreement, अनुबंध करना। 3. to promise, वचन देना।

**stipulation** (स्टिप्-यु-ले´-शॅन्) ***n.*** a condition of an agreement, शर्त, अनुबंध।

**stir**[1] (स्टः) ***v.*** (stirred, stirring) 1. to move, हिलना, डोलना। 2. to cause to move, हिलाना, हिलाना-डुलाना। 3. to mix with a spoon or stick, हिलाना, चलाना। 4. to excite or arouse, उत्तेजित या उद्दीप्त करना। ***n.*** 1. the act of stirring, हिलाना-मिलाना, चलाना। 2. a slight movement, हरकत। 3. agitation, disturbance or commotion, क्षोभ, हलचल, कोलाहल।

**stir**[2] ***n.*** a prison, जेल, कारा।

**stirring** (स्टर्´-इंग्) ***adj.*** 1. exciting, उत्तेजक या प्रेरक। 2. lively, जीवंत।

**stirrup** (स्टर्´-ॲप्) ***n.*** a metal or leather loop to support the rider's foot, रकाब।

**stitch** (स्टिच्) ***n.*** 1. a single movement of threaded needle in sewing, तोपा, टाँका। 2. a single complete movement of a needle or hook in knitting or crocheting, फंदा। 3. a sudden sharp pain, टीस, चमक। ***v.*** to sew, सिलाई करना या फंदे डालना।

**stoat** (स्टोट्) ***n.*** a small animal of weasel family, नेवले की जाति का एक जंतु।

**stock** (स्टॉक्) ***n.*** 1. a store or supply accumulated for sale, बिक्री का माल, भंडार, संग्रह। 2. an amount of something stored for future use, जुटाकर रखा हुआ माल। 3. raw material, कच्चा माल। 4. domestic animals, live stock, पशुधन। 5. the capital that a firm raises through the sale of shares, शेयर बेचकर इकट्ठी

S

की हुई पूँजी, शेयर-पूँजी। 6. the capital of a business company, व्यापारिक संस्था का मूलधन। 7. a certificate showing ownership of stated number of shares, शेयर-प्रमाणक। 8. the original progenitor of a family, कुल-पुरुष। 9. a family, परिवार, वंश। 10. lineage, वंशक्रम। 11. a language family, भाषा-परिवार। 12. broth, शोरबा, रसा। 13. a plant in which a graft is inserted, वह पौधा जिसमें क़लम लगाई गई हो। 14. the lower thicker part of a tree, पेड़ का तना। 15. a supporting structure, ढाँचा। 16. the wooden part of a gun, कुंदा। 17. a pillory, कैदियों को दंडित करने का एक प्रकार का शिकंजा, जिसमें सिर तथा दोनो हाथ फँसाए जाते थे। □ **in stock,** भंडार में (उपलब्ध); **out of stock,** जो बिक चुका, जो फ़िलहाल उपलब्ध न हो; **take stock of,** भंडार में उपलब्ध वस्तुओं की सूची बनाना। *adj.* 1. kept in stock, भंडार में रखा हुआ, उपलब्ध। 2. commonly used, प्रचलित, चलता हुआ। *v.* 1. to keep for sale, भंडार में रखना। 2. to supply, पूर्ति करना।

**stockade** (स्टॉ´-केड्) *n.* a fence of stakes, घेरा।

**stockbook** (स्टॉक्´-बुक्) *n.* the book in which stock of the goods is maintained, स्कंध पंजी, स्टॉक बुक।

**stockbreeder** (स्टॉक्´-ब्री-डॅ:) *n.* one who raises live-stock, पशुपालक।

**stockbroker** (स्टॉक्´-ब्रो-कॅ:) *n.* one who buys and sells securities on behalf of others, शेयर दलाल।

**stock car** *n.* a car for racing, रेस कार।

**stock exchange/market** *n.* a place where securities are purchased and sold, शेयर बाज़ार।

**stocking** (स्टॉक्´-इंग्) *n.* a close fitting covering for the foot, मोज़ा, जुराब।

**stock-in-trade** (स्टॉक्´-इन्-ट्रेड्) *n.* all the stock, संपूर्ण माल।

**stockist** (स्टॉक्´-इस्ट्) *n.* a dealer who stocks things in large quantities, स्टॉकिस्ट, भंडारी।

**stockman** (स्टॉक्´-मॅन्) *n.* a stockbreeder, पशुपालक।

**stockpile** (स्टॉक्´-पाइल्) *n.* a large supply accumulated for emergency, संचय, संग्रह। *v.* (stockpiled, stockpiling) to accumulate a stockpile of, संग्रह करना।

**stockroom** (स्टॉक्´-रूम्) *n.* a room where goods for sale are stored, भंडार-गृह।

**stock-still** (स्टॉक्-स्टिल्´) *adj.* motionless, गतिहीन, खड़ा।

**stock-taking** (स्टॉक्´-टे-किंग्) *n.* 1. making the inventory of stock in a shop, स्टॉक की सूची बनाना। 2. a review of one's position or resources, स्थिति-सर्वेक्षण।

**stocky** (स्टॉक्´-ई) *adj.* relatively thick in build, नाटा और गठीला।

**stodge** (स्टॉज्) *v.* to stuff full with food, छककर खाना या खिलाना।

**stodgy** (स्टॉज्´-ई) *adj.* 1. heavy, गरिष्ठ और भारी। 2. uninteresting, नीरस, बोझिल। 3. dull, lacking wit, मंदबुद्धि।

**stoic** (स्टो´-इक्) *adj.* 1. not affected by passion or feeling, शांत, धीर, गंभीर। 2. indifferent to pleasure or pain, संयमी, विरागी, उदासीन।

**stoical** (स्टो´-इ-कॅल्) *adj.* = stoic.

**stoically** (स्टो´-इ-कॅ-ली) *adv.* in a stoic manner, उदासीनता या वैराग्य से।

**stoicism** (स्टो´-इ-सिज़्-अॅम्) *n.* indifference to pleasure and pain, उदासीनता, विरक्ति, संयम।

**stoke** (स्टोक्) *v.* to put fuel in a furnace, भट्ठी में कोयला झोंकना, आग भड़काना। □ **stoke up,** भकोसना।

**stoker** (स्टो´-कॅ:) *n.* one who stokes a furnace, भट्ठी में ईंधन झोंकनेवाला।

**stole**[1] (स्टोल्) *v.* p.t. of steal.

**stole**[2] *n.* a covering worn by woman across the shoulders, दुपट्टा।

**stoled** (स्टोल्ड्) *adj.* wearing a stole, जो दुपट्टा ओढ़े हो।

**stolid** (स्टॉल्´-इड्) *adj.* unemotional,

निर्विकार, शांत।

**stoma** (स्टो´-में) *n.* a small mouth-like opening, मुँह-जैसा छिद्र, मुँह।

**stomach** (स्टम्´-अॅक्) *n.* 1. a large saclike organ in the belly, आमाशय। 2. the belly or abdomen, उदर, पेट। 3. appetite, भूख। 4. a desire or inclination, रुचि, इच्छा। *v.* 1. to eat, पेट में डालना। 2. to endure, सहन करना।

**stomp** (स्टॉम्प्) *v.* to tread heavily, धम-धम करके चलना।

**stone**[1] (स्टोन्) *n.* 1. a piece or rock, पत्थर, पाषाण। 2. a piece of stone shaped for a particular purpose, सिल, पटिया। 3. a precious stone, रत्न, मणि। 4. the woody central part of some fruits, गुठली, गिटक। 5. a stonelike substance formed in the gallbladder or kidney, पथरी। 6. (plu. usually stone) a unit of weight equal to 14 pounds, १४ पौंड की तौल। □ **leave no stone unturned,** हर संभव उपाय करना, कुछ उठा न रखना, कोई कसर न छोड़ना; **a stone's throw,** थोड़ी दूरी या फ़ासला। *v.* 1. to pelt with stones, पत्थरों से मारना। 2. to kill with stone, पत्थर मार-मार कर जान ले लेना। *adj.* made of stone, पत्थर का बना, पथरीला।

**Stone Age** *n.* the very early period of civilization characterized by the use of stone tools, पाषाण युग, प्रस्तर युग।

**stone-blind** (स्टोन्-ब्लाइन्ड्´) *adj.* completely blind, एकदम अंधा।

**stone-broke** (स्टोन्´-ब्रोक्) *adj.* entirely without money, कंगाल।

**stoned** (स्टोन्ड्) *adj.* under the influence of a drug, बेसुध।

**stone-dead** (स्टोन्´-डेंड्) *adj.* completely dead, बिल्कुल मृत।

**stone-deaf** (स्टोन्´-डेंफ़्) *adj.* totally deaf, बिल्कुल बहरा, पूरा बहरा।

**stone fruit** *n.* a drupe, गुठलीदार फल।

**stonemason** (स्टोन्´-मे-सन्) *n.* one who builds with stone, संगतराश।

**stonewall** (स्टोन्´-वा:ल्) *v.* to obstruct, बाधा डालना।

**stoneware** (स्टोन्´-वेंअ:) *n.* very hard pottery, पथरीले बर्तन, पत्थर के बर्तन।

**stonily** (स्टोन्´-इ-ली) *adv.* in a stony manner, कठोरता से।

**stony** (स्टो´-नी) *adj.* (stonier, stoniest) 1. made of or full of stones, पत्थर का बना या पथरीला। 2. hard as stone, कठोर। 3. insensitive to pity or human feeling, निर्मम। 4. expressionless, भावशून्य।

**stony broke** *adj.* penniless, कंगाल।

**stood** (स्टुड्) *v.* p.t. & p.p. of stand.

**stooge** (स्टूज्) *n.* 1. a puppet, कठपुतली। 2. an entertainer or joker, विदूषक, मसखरा।

**stool** (स्टूल्) *n.* 1. a backless and armless seat supported by three or four legs, स्टूल, चौकी। 2. waste matter evacuated from the bowels, मल, पाखाना, गूह।

**stoop** (स्टूप्) *v.* 1. to bend forward and downward, आगे की ओर झुकना या झुकाना। 2. to debase (oneself, अपने को) गिरा देना, नीचे उतर आना। 3. to pounce down upon, झपट्टा मारना। *n.* 1. the act of stooping, झुकाव, नति। 2. a lowering from the position of dignity, गिरावट, पतन। 3. a swoop, झपट्टा।

**stop** (स्टॉप्) *v.* (stopped, stopping) 1. to cause to halt, रोकना, रोक देना। 2. to come to halt, रुक जाना, रुकना। 3. to close, बंद कर देना। 4. to obstruct the flow of, बहाव रोक देना। 5. to prevent, मना कर देना, नहीं होने देना। 6. to desist from, छोड़ देना, बाज़ आना। 7. to stay, ठहरना, रुकना। *n.* 1. the act of stopping or the state of being stopped, रुकना, रोक, विराम; stop watch, विराम घड़ी। 2. a place where bus or train stops regularly, स्टॉप, ठहराव, अड्डा, स्टेशन। 3. a period, बिंदी या बिंदु (विराम-चिह्न)। 4. something that stops or obstructs, बाधा। 5. a key or knob, चाबी या खूँटी।

S

☐ **nothing at stopping,** रुकने का नाम न लेना; **stop by,** (मिलने के लिए) रुक जाना; **stop over,** ठहरना, पड़ाव डालना; **stop up,** रोक देना, बंद कर देना; **without stop,** बिना रुके, निरंतर।

**stop-cock** (स्टॉप्´-कॉक्) ***n.*** a tape, टोंटी।

**stopgap** (स्टॉप्´-गैप्) ***n.*** temporary substitute, स्थानापन्न।

**stoplight** (स्टॉप्´-लाइट्) ***n.*** a red light in traffic signals, लाल बत्ती।

**stopover** (स्टॉप्´-ओ-वॅ:) ***n.*** stopping place, पड़ाव, ठहरने की जगह, स्टेशन।

**stoppage** (स्टॉप्´-इज्) ***n.*** 1. an obstruction, रुकावट, बाधा, अवरोध। 2. the act of stopping, ठहरना, रुकना, ठहराव। 3. the state of being blocked, रुके या बंद होने की अवस्था।

**stopper** (स्टॉप्´-अॅ:) ***n.*** 1. a device to close an opening, plug, डाट, काग।

**stop press** ***n.*** 1. the news inserted into a newspaper after the printing has been started, छपते-छपते। 2. the space left blank for this, उक्त के लिए छोड़ी हुई खाली जगह।

**stopwatch** (स्टॉप्´-व़ॉच्) ***n.*** a type of watch with mechanism for starting and stopping instantly, विराम घड़ी।

**storage** (स्टोर्´-इज्) ***n.*** 1. the act of storing goods, वस्तु-संचय, संग्रह, संचयन, भंडारण। 2. space reserved for storing, भंडार, गोदाम। 3. the charges for it, गोदाम-भाड़ा। ☐ **put in cold storage,** खटाई में डाल देना।

**store** (स्टो:) ***v.*** (stored, storing) 1. to stock or accumulate (for future use, आगे के लिए) इकट्ठा कर रखना, जमा करना, संचित करना। 2. to deposit in a storehouse for safe keeping, गोदाम में रखना, भंडारण करना। ***n.*** 1. a stock or supply of something, संचय, संग्रह, भंडार। 2. a shop, दुकान। 3. a storehouse, गोदाम।

**storehouse** (स्टो:´-हाउस्) ***n.*** a building for storing goods, भंडारगृह, गोदाम।

**storekeeper** (स्टो:´-की-पॅ:) ***n.*** one who is incharge of a store, भंडारी, भंडारपाल।

**storeroom** (स्टो:´-रूम्) ***n.*** a room or place of storing goods, भंडारकक्ष, भंडारगृह।

**storey** (स्टो´-री) ***n.*** a set of rooms on one floor level of a building, इमारत की मंज़िल, खंड, तल्ला।

**storeyed** (स्टोर्´-ईड्) ***adj.*** having stories, (कई) खंडोंवाला; double storied, दो खंडोंवाला, दुमंज़िला, दुतल्ला।

**stork** (स्टॉ:क्) ***n.*** a large wading bird having long legs and long pointed bill, सारस।

**storm** (स्टॉ:म्) ***n.*** 1. a violent weather condition with strong winds and heavy rain, तूफ़ान। 2. a violent commotion, हंगामा, होहल्ला, तूफ़ान। ☐ **storm in a tea cup,** बात का बतंगड़; **take by storm,** सहसा धावा बोलकर नियंत्रण में ले लेना। ***v.*** (stormed, storming) 1. to rain or snow violently, तूफ़ान आना। 2. to try to capture by sudden attack, सहसा धावा बोल कर क़ब्ज़ा करने का प्रयास करना। 3. to be vociferously angry, गरजने-बरसने लगना।

**stormily** (स्टॉ:´-मि-ली) ***adv.*** in a stormy manner, क्रोधावेश में।

**storm-lantern** (स्टॉ:म्´-लैन्-टॅ:न्) ***n.*** a hurricane lamp, लालटेन (जो आँधी-पानी में बुझे नहीं)।

**storm-signal** (स्टॉ:म्´-सिग्-नॅल्) ***n.*** a warning that a storm is approaching, तूफ़ान आने की सूचना या चेतावनी।

**stormy** (स्टॉ:´-मी) ***adj.*** (stormier, stormiest) 1. full of storms, तूफ़ानी। 2. affected by storms, तूफ़ान से पीड़ित, तूफ़ानग्रस्त। 3. violent, उग्र, प्रचंड। 4. marked by turmoil, विक्षोभपूर्ण, हुल्लड़-भरा, तूफ़ानी।

**story** (स्टोर्´-ई) ***n.*** 1. a short fictional composition, कहानी। 2. an account of an event, वृत्तांत। 3. a lie, झूठी बात।

**storybook** (स्टोर्´-ई-बुक्) ***n.*** a book of stories, कहानियों की पुस्तक, कहानी-संग्रह।

**story-book ending** ***n.*** a very happy ending, सुखद अंत।

**storyteller** (स्टोर्´-ई-टॅल्´-अॅ:) ***n.*** 1. a person who tells stories, बच्चों को कहानियाँ सुनानेवाला। 2. a liar, गपोड़िया।

**stoup** (स्टूप्) ***n.*** a basin for holy water in a church, गिरजे का वह पात्र जिसमें पवित्र जल रखा जाता है।

**stout** (स्टाउट्) ***adj.*** 1. physically strong, तगड़ा, मज़बूत, हृष्ट-पुष्ट। 2. bold, निर्भीक, साहसी।

**stout-hearted** (स्टाउट्-हा:´-टिड्) ***adj.*** courageous, साहसी, निर्भीक।

**stove** (स्टोव्) ***n.*** an apparatus for cooking, स्टोव।

**stovepipe** (स्टोव्´-पाइप्) ***n.*** a metal pipe conducting smoke from a stove to a chimney, स्टोव से धुआँ निकालने की नली, स्टोव-नली।

**stow** (स्टो) ***v.*** to store, संचित करना।

**stowage** (स्टो´-इज्) ***n.*** 1. the act of stowing goods, माल-भराई। 2. the space, for keeping goods, माल भरने की जगह। 3. the price paid for having goods kept in a special place, भरण-शुल्क।

**stowaway** (स्टो´-अॅ-वे) ***n.*** one who hides on a vehicle to obtain free passage, चोरी-छिपे यात्रा करनेवाला, बेटिकट यात्री।

**strabismus** (स्टॅ-बिज्´-मॅस्) ***n.*** a deviation of vision, cross-eye, भेंगापन।

**straddle** (स्ट्रैड्-अॅल्) ***v.*** 1. to place oneself with a leg on either side, (किसी चीज़ पर) दोनो ओर टाँगें फैलाकर बैठना। 2. to stand with the legs wide apart, टाँगें फैलाकर खड़े होना। 3. to appear to take both sides of (an issue, किसी बात के) दोनो पक्षों की ओर झुकना।

**strafe** (स्ट्राफ़्, स्ट्रेफ़्´) ***v.*** to bombard heavily, ढेरों बम बरसाना।

**straggle** (स्ट्रैग्´-अॅल्) ***v.*** 1. to stray from the path or fall behind, रास्ते से भटक जाना या पीछे रह जाना। 2. to scatter, बिखर जाना।

**straggler** (स्ट्रैग्´-लॅ:) ***n.*** one who is strayed from the path, भटका हुआ व्यक्ति, पथभ्रष्ट।

**straight** (स्ट्रेट्) ***adj.*** 1. extending continuously in one direction without curving, direct, सीधा, ऋजु। 2. having no waves or bends, समतल। 3. in proper order, सुव्यवस्थित, व्यवस्थित। 4. honest, ईमानदार, सच्चा, निष्कपट, सीधा। 5. upright, erect, खड़ा। 6. correct, शुद्ध। 7. unmixed, undiluted, अमिश्रित, विशुद्ध, खरा। 8. a heterosexual, अत्यधिक कामुक, कामी। ***adv.*** 1. in a straight line, सीधे, नाक की सीध में, बिना मुड़े या घूमे। 2. without delay, सीधे, बिना विलंब के। 3. erectly, सीधे। ***n.*** the straight part of something, किसी वस्तु का सीधा भाग। □ **go straight,** (अपराधी रह चुके व्यक्ति का) भले आदमियों की तरह रहना; **straight off,** बिना विलंब के।

**straightaway** (स्ट्रेट्´-अॅ-वे) ***adv.*** at once, तुरंत।

**straighten** (स्ट्रे´-टॅन्) ***v.*** to make or become straight, सीधा करना या होना।

**straightforward** (स्ट्रेट्-फ़ॉ:´-वॅ:ड्) ***adj.*** 1. honest, ईमानदार, निष्कपट। 2. frank, स्पष्टवादी।

**straightway** (स्ट्रेट्´-वे) ***adv.*** at once, तुरंत, झटपट।

**strain**[1] (स्ट्रेन्) ***v.*** 1. to stretch tightly, कसकर फैलाना, तानना। 2. to exert to the utmost, घोर परिश्रम करना, बहुत ज़ोर लगाना। 3. to injure or become injured by overexertion, अधिक परिश्रम से क्षति उठाना या अपनी क्षति करना। 4. to apply (a meaning or role) beyond its true application, (अर्थ या नियम की) खींचतान करना। 5. to filter, छानना। ***n.*** 1. the act of straining or the state of being strained, तनाव, खिंचाव। 2. the force exerted, परिश्रम, दबाव। 3. an injury or distortion caused by straining, अधिक परिश्रम से होनेवाली क्षति या विकृति। 4. mental tension, दिमागी तनाव।

**strain**[2] ***n.*** 1. the collective descendants of a common ancestor, वंश, कुल। 2. an inherited tendency, पुश्तैनी प्रवृत्ति।

S

**strained** (स्ट्रेन्ड्) *adj.* 1. caused by strain, तनाव से होनेवाला। 2. injured or deformed due to overexertion, घोर परिश्रम के कारण क्षतिग्रस्त या विकृत।

**strainer** (स्ट्रे´-नें:) *n.* 1. a sieve, छलनी, चलनी। 2. a filter, छन्ना।

**strait** (स्ट्रेट्) *n.* 1. a narrow passage of water joining two seas, जलडमरू-मध्य। 2. (often plu.) a difficult position, संकट; in dire straits, घोर संकट में।

**straiten** (स्ट्रे´-टॅन्) *v.* 1. to make narrow, संकीर्ण या संकुचित करना। 2. to put into difficulties, मुसीबत में डालना।

**straitented** (स्ट्रे´-टॅन्ड्) *adj.* 1. narrow, संकीर्ण, संकुचित। 2. difficult, कठिन।

**straitjacket** (स्ट्रेट्´-जैक्-इट्) *n.* a jacket like garment put around a violent person to bind his arms tightly, एक प्रकार की जाकेट, जो किसी मानसिक रोगी को क़ाबू में रखने के लिए पहनाते हैं, जकड़जामा।

**straitlaced** (स्ट्रेट्´-लेस्ट्/लेस्ड्) *adj.* excessively strict in morality, शुद्धाचारी, अतिसंयमी।

**strand[1]** (स्ट्रैन्ड्) *n.* the edge of the body of water, किनारा, तट। *v.* 1. to drive (a ship) to the strand, किनारे या रेती पर जहाज़ को ले आना। 2. to put or come into a difficult position, मुसीबत में फँसना या फँसाना।

**strand[2]** *n.* 1. one of the threads or wires twisted together, लड़। 2. a ropelike string, डोरी। 3. a single hair, बाल।

**stranded** (स्ट्रैन्´-डिड्) *adj.* left in difficulties, मुसीबत में पड़ा या फँसा, संकटग्रस्त।

**strange** (स्ट्रेन्ज्) *adj.* 1. unfamiliar, अपरिचित, असामान्य, विचित्र। 2. unaccustomed, अनभ्यस्त।

**stranger** (स्ट्रेन्´-जें:) *n.* an outsider or foreigner, अजनबी, परदेसी, विदेशी।

**strangely** (स्ट्रेन्ज्´-ली) *adv.* in a strange manner, विचित्र रूप से।

**strangle** (स्ट्रैंग्´-गॅल्) *v.* 1. to throttle, गला घोंट देना, मार डालना। 2. to be killed by squeezing the throat, गला घुटने से मर जाना। 3. to restrict or suppress, रोक या दबा देना।

**stranglehold** (स्ट्रैंग्´-गॅल्-होल्ड्) *n.* complete control or grip, पूर्ण नियंत्रण, पूरी पकड़, कड़ी जकड़।

**strangulate** (स्ट्रैंग्´-ग्यु-लेट्) *v.* to compress (a vein, नस) दबा देना।

**strangulation** (स्ट्रैंग्-ग्यु-ले´-शॅन्) 1. the act of strangulating or the state of being strangulated, नस का दबना या दबाया जाना। 2. the act of strangling or the state of being strangled, गला घोंटना या घोंटा जाना।

**strap** (स्ट्रैप्) *n.* a band often with a buckle for holding, binding etc., फ़ीता, पट्टी, पेटी, तस्मा। *v.* (strapped, strapping) 1. to bind with a strap, फ़ीते से बाँधना। 2. to beat with a strap, पेटी से मारना।

**strapping** (स्ट्रैप्´-इंग्) *adj.* tall and healthy looking, लंबा-तगड़ा।

**stratagem** (स्ट्रैट्´-अॅ-जॅम्) *n.* a trick or scheme for gaining an end, गहरी चाल या युक्ति, तिकड़म।

**strategic, strategical** (स्ट्रॅ-टी´-जिक्, स्ट्रॅ-टी´-जि-कॅल्) *adj.* 1. of strategy, युक्तिपूर्ण। 2. essential to effective military strategy, सामरिक दृष्टि से महत्त्वपूर्ण; strategic area, सामरिक महत्त्व का क्षेत्र।

**strategist** (स्ट्रै´-टॅ-जिस्ट्) *n.* one who is skilled in planning things, नीतिकुशल, योजना कुशल।

**strategy** (स्ट्रैट्´-अॅ-जी) *n.* the plan or policy adopted in a war, युद्ध-योजना, युद्धनीति।

**stratification** (स्ट्रैट्-इ-फ़ि-के´-शॅन्) *n.* the act of stratifying, परत-विन्यास, स्तर-विन्यास।

**stratify** (स्ट्रैट्´-इ-फ़ाइ) *v.* to form or arrange in layers or strata, परतें लगाना या बैठाना, स्तरित करना।

**stratosphere** (स्ट्रैट्´-अॅ-स्फ़िअॅ:) *n.* a layer of earth's atmosphere between about ten to sixty kilometres above the earth's surface, दस से साठ किलोमीटर के बीच ऊँचा पृथ्वी का वातावरण, समतापमंडल।

**stratum** (स्ट्रा´-टॅम्, स्ट्रेट्´-ॲम्) ***n.*** (pl. strata) 1. a layer of rock, चट्टानी परत। 2. a social level, सामाजिक स्तर।

**straw** (स्ट्रा:) ***n.*** 1. dry cut stalks of grain plants, पुआल, पयाल। 2. a dry coarse stem, तिनका, तृण। 3. a narrow tube for sucking up liquid, पाइप, सींक। □ **not worth a straw,** दो कौड़ी का; **the last straw,** अंतिम प्रहार/मार; **catch at a straw,** तिनके का सहारा लेना।

**strawberry** (स्ट्रा:´-बॅ-री, स्ट्रा:´-बॅर्-ई) ***n.*** a plant and its fruit, स्ट्रॉबरी (फल)।

**strawboard** (स्ट्रा:´-बो:ड्) ***n.*** the board made of straw pulp, गत्ता।

**straw-coloured** (स्ट्रा:´-कॅल्-ॲ:ड्) ***adj.*** light yellow, हलका पीला।

**stray** (स्ट्रे) ***v.*** 1. to deviate from a direct course, भटक जाना, पथभ्रष्ट होना। 2. to deviate from a subject, विषय से भटक जाना, विषयांतर करना। 3. to wander away, भटकते फिरना। ***adj.*** 1. having strayed, भटका या भटकता हुआ। 2. wandering, आवारा, छुट्टा; stray dog, आवारा कुत्ता। 3. isolated, अलग-थलग। 4. occurring here and there, छिट-फुट। ***n.*** 1. a domestic animal or bird that has strayed, भटका हुआ पशु या पक्षी। 2. a lost or homeless child, भूला, भटका या आवारा बच्चा।

**streak** (स्ट्रीक्) ***n.*** 1. a line of different colour, धारी। 2. a narrow band of light, प्रकाश-किरण, प्रकाश-रेखा, वर्ण-रेखा। 3. a brief run, दौड़। 4. a consecutive series, सतत शृंखला। 5. a trace or element of something, पुट, चाशनी। ***v.*** 1. to mark with streaks, धारियाँ बनाना या डालना। 2. to rush, तेज़ी से भागना। 3. to run naked through a public place, नंगे होकर दौड़ना।

**streaker** (स्ट्रीक्´-ॲ:) ***n.*** one who runs naked through a public place, नंगे होकर खुले में दौड़ लगानेवाला, नग्न धावक।

**streaky** (स्ट्री´-की) ***adj.*** marked with streaks, धारीदार।

**stream** (स्ट्रीम्) ***n.*** 1. a brook or river, चश्मा, नदी आदि। 2. any steady flow of water or other fluid, बहता पानी, बहती धारा। 3. an unbroken flow, सतत धारा या प्रवाह। 4. a steady succession, ताँता, चलता क्रम। 5. a moving procession, चलता या बढ़ता हुआ जुलूस। 6. a ray of light, प्रकाश-किरण। 7. a dominant attitude, प्रबल मनोवृत्ति। ***v.*** (streamed, streaming) 1. to flow, बहना। 2. to emit a stream of, धार फूटना। 3. to wave, लहराना।

**streamer** (स्ट्री´-मॅ:) ***n.*** 1. a flag, पताका, झंडा। 2. a long narrow strip, पट्टी, फ़ीता।

**streamlet** (स्ट्रीम्´-लिट्) ***n.*** a small stream, छोटी नदी।

**streamline** (स्ट्रीम्´-लाइन्) ***v.*** 1. to modernize, आधुनिक बनाना, आधुनिकीकरण करना। 2. to organize, संगठित करना। 3. to make simpler, सरल करना या बनाना। 4. to make more efficient, उपयोगी बनाना।

**streamlined** (स्ट्रीम्´-लाइन्ड्) ***adj.*** 1. modernized, नूतन, नया, आधुनिक। 2. simplified, सरल किया या बनाया हुआ, सरलीकृत। 3. organized, संगठित। 4. useful, उपयोगी।

**street** (स्ट्रीट्) ***n.*** 1. a thoroughfare in a city or town, गली, मार्ग, सड़क। 2. the people living or working in a street, गली में रहने या काम करनेवाले लोग, गली के लोग।

**streetcar** (स्ट्रीट्´-का:) ***n.*** a tram, ट्राम गाड़ी।

**streetwalker** (स्ट्रीट्´-वा:-कॅ:) ***n.*** a prostitute, वेश्या।

**strength** (स्ट्रेंङ्थ्) ***n.*** 1. physical power, शक्ति, बल। 2. moral courage, नैतिक बल। 3. capability, क्षमता। 4. effective force, बल, प्रबलता। 5. the number of people available or present, उपलब्ध या उपस्थित लोग। □ **in strength,** बड़ी संख्या में; **on the strength of,** के बल पर।

**strengthen** (स्ट्रेंङ्ग्´-थॅन्) ***v.*** to make or become strong, बलशाली बनना या बनाना, शक्ति बढ़ना या बढ़ाना।

**strenuous** (स्ट्रेंन्´-यु-ॲस्) ***adj.*** 1. making

S

great effort, अध्यवसायी, कर्मठ, मेहनती। 2. requiring great effort, श्रमसाध्य, विकट।

**strenuously** (स्ट्रॅन्´-यु-अॅस्-ली) ***adv.*** in a strenuous manner, कड़े परिश्रम द्वारा।

**streptococous** (स्ट्रॅप्-टॅ-कॉक्´-अॅस्) ***n.*** a group of bacteria causing scarlet fever, लोहित ज्वर उत्पन्न करनेवाला, कीटाणुओं का समूह।

**stress** (स्ट्रॅस्) ***n.*** 1. special emphasis or significance, ज़ोर, बल, महत्त्व। 2. extra force used in speaking a particular syllable, बलाघात। 3. pressure, ज़ोर, दबाव। 4. strain, stress, ज़ोर, दबाव। ***v.*** 1. to lay stress on, (किसी अक्षर, शब्द, बात आदि पर) ज़ोर देना। 2. to emphasize, ज़ोर देना, दबाव डालना।

**stress-mark** (स्ट्रॅस्´-मा:क्) ***n.*** a mark of stress, बलाघात-चिह्न।

**stretch** (स्ट्रॅच्) ***v.*** 1. to extend, फैलाना। 2. to lengthen or widen by pulling, खींचना, तानना, फैलाना। 3. to become lengthened or widened, फैलना, तनना। 4. to be pulled, खींचा जाना, खिंचना। 5. to extend the limit, scope or meaning of, विस्तृत या व्यापक बनाना। 6. to prolong, बढ़ाना। □ **stretch one's legs,** टाँगें सीधी करना, थोड़ा चल-फिरकर बैठने की थकान दूर करना। ***n.*** 1. the act of stretching or the state of being stretched, खिंचाई, खिंचाव, फैलाव, तनाव। 2. the extent to which something can be stretched, फैलाव, लचीलापन। 3. a continuous period of time, अवधि, कालांश। 4. the extension of meaning or scope of something, विस्तार, विस्तार-क्षेत्र। 5. a walk to relieve fatigue, थकान मिटाने के लिए टहलना। □ **at a stretch,** निरंतर, अविच्छन्न रूप से।

**stretcher** (स्ट्रॅच्´-अॅ:) ***n.*** a framework for carrying a sick or disabled person, स्ट्रेचर।

**stretchy** (स्ट्रॅच्´-ई) that can be stretched, जिसे फैलाया जा सके, जिसे ताना जा सके, तन्य।

**strew** (स्ट्रू) ***v.*** (strewed, strewn/strewed, strewing) to scatter, बिखेरना, छितराना।

**stricken** (स्ट्रि´-कॅन्) ***adj.*** 1. afflicted, ग्रस्त, आक्रांत, पीड़ित। 2. struck or wounded, घायल, ज़ख्मी, पीड़ित।

**strict** (स्ट्रिक्ट्) ***adj.*** 1. severe in discipline, नियमबद्ध, अनुशासनप्रिय, कड़ा, सख़्त, कठोर। 2. precise, exact, सुनिश्चित। 3. complete, पूर्ण।

**strictly** (स्ट्रिक्ट्´-ली) ***adv.*** in a strict manner, कठोरता से, कड़ाई से।

**strictness** (स्ट्रिक्ट्´-निस्) ***n.*** a strict action, कड़ाई, सख़्ती, कठोरता।

**stricture** (स्ट्रिक्´-चॅ:) ***n.*** an adverse criticism, कटु आलोचना, निंदा, आक्षेप।

**stride** (स्ट्राइड्) ***v.*** (strode, striden, striding) 1. to walk with long steps, लंबे-लंबे डग भरना। 2. to stand astride, टाँगें फैलाकर खड़े होना। ***n.*** 1. the act or manner of striding, लंबे-लंबे डग भरना। 2. a single long step, लंबा डग। 3. progress, प्रगति। □ **get into one's stride,** स्वाभाविक योग्यता से काम करने लगना, अपने काम में दत्तचित्त हो जाना; **make rapid strides,** तेज़ी से प्रगति करना; **take it in one's stride,** मज़े से कोई काम कर देना।

**stridency** (स्ट्राइ´-डॅन्-सी) ***n.*** the quality or state of being strident, तीव्रता, कटुता।

**strident** (स्ट्राइ´-डॅन्ट्) ***adj.*** loud and harsh, तीव्र और कटु, रूक्ष।

**strife** (स्ट्राइफ़्) ***n.*** 1. bitter or violent conflict, तकरार, झगड़ा, मार-पीट। 2. struggle, संघर्ष।

**strike** (स्ट्राइक्) ***v.*** (struck, stricken/struck, striking) 1. to hit sharply, मारना, दे मारना, आघात करना। 2. to collide with, भिड़ंत होना, टक्कर होना या लगना। 3. to cancel or delete, रद करना या (काटकर) निकाल देना। 4. to chime or bell, घंटी बजना या बजाना। 5. to pierce, छेदना। 6. to engage in battle, लड़ना, लड़ाई करना। 7. to make an attack, आक्रमण करना। 8. to become ignited, जलना। 9. to shoot, दागना। 10. to seize the bait, चारे पर झपटना। 11. to take root, जड़ जमना। 12. to germinate, अंकुरित होना, अंकुर निकलना। 13. to make an impression, छाप छोड़ना। 14. to occur to the mind, सूझना, दिमाग में कौंधना। 15. to stop work in protest, to engage in a strike, हड़ताल करना। 16. to discover, पता लगना या लगाना। 17. to produce, उत्पन्न करना। 18. to reach (something) by digging or drilling, खुदाई करने पर (किसी चीज़ का) मिलना। 19. to lower (a flag, झंडा) झुकाना। 20. to take down (a tent, तंबू) उतारना। 21. to fill with fear, भयभीत करना। 22. to proceed (in a certain direction, किसी दिशा में) बढ़ना। 23. to make or conclude a bargain, सौदा तय करना। 24. to achieve (a balance, संतुलन) प्राप्त करना। □ **strike home,** वांछित परिणाम होना; **strike it rich,** समृद्धि का स्रोत प्राप्त होना; **strike off,** काट देना; **strike oil,** (खुदाई के समय) तेल मिलना; **strike out,** काट देना; **strike up,** आरंभ करना, शुरुआत करना; **strike while the iron is hot,** सही अवसर पर काम करना। ***n.*** 1. the act of striking, आघात करने की क्रिया या भाव। 2. an attack, आक्रमण। 3. a work stoppage by employees, हड़ताल। 4. a sudden achievement or dicovery, उपलब्धि, सफलता। □ **on strike,** हड़ताल पर; **strike pay,** हड़तालियों को मज़दूर संघ द्वारा दिया जानेवाला भत्ता।

**striker** (स्ट्राइ´-कॅ:) ***n.*** 1. a worker who is on strike, हड़ताली। 2. one who strikes or hits, आघातक, प्रहारक।

**striking** (स्ट्राइ´-किंग्) ***adj.*** remarkable, impressive, उल्लेखनीय, प्रभावशाली, आकर्षक।

**string** (स्ट्रिंग्) ***n.*** 1. a cord for binding, डोरी, तनी, रस्सी, तस्मा, नाड़ा आदि। 2. the wire cord of a musical instrument, bow etc., (बाजे का) तार, तंत्री, (धनुष की) डोरी, प्रत्यंचा। 3. a set of objects threaded together, माला, लड़ी। 4. a sequence or series, माला, शृंखला, पंक्ति, सिलसिला। 5. (plu.) stringed instruments, तंतुवाद्य। 6. (plu.) conditions, शर्तें; The offer has too many strings attached. इस प्रस्ताव के साथ बहुतेरी शर्तें लगी हैं। □ **pull strings,** दबाव डालना। ***v.*** (strung, stringing) 1. to fit with a string or strings, डोरी या तार लगाना। 2. to fasten with a string or strings, डोरी या रस्सी से बाँधना। 3. to tighten, कसना। 4. to thread on a string, डोरी में पिरोना। 5. to arrange in a series, सिलसिला लगाना, शृंखला बनाना। 6. to hang with a string, डोरी से लटकाना। □ **string along,** धोखा देना, ठगना; **string along with,** किसी के साथ जुड़े या चिपके रहना; **string out,** पंक्ति बनाना, पंक्ति में रखना; **string up,** फाँसी पर लटकाना या टाँगना।

**stringed** (स्ट्रिंग्ड्) ***adj.*** having strings, तारदार; stringed instrument, तंतुवाद्य।

**stringency** (स्ट्रिन्-जेंन्´-सी) ***n.*** 1. strictness, कठोरता। 2. tightness, तंगी।

**stringent** (स्ट्रिन्´-जॅन्ट्) ***adj.*** 1. strict, कड़ा, कठोर। 2. tight, तंग, कसा हुआ।

**stringy** (स्ट्रिंग्´-ई) ***adj.*** (stringier, stringiest) 1. like string, डोरी जैसा। 2. fibrous, रेशेदार (मांस)।

**strip** (स्ट्रिप्) ***v.*** (stripped, stripping) 1. to take off clothes, (दूसरे के) कपड़े उतारना, नंगा कर देना। 2. to undress oneself, अपने कपड़े उतारना, नंगा हो जाना। 3. to tear the thread (of a bolt, पेच आदि की) चूड़ी ख़राब कर देना। 4. to plunder, लूट लेना। 5. to remove furniture, equipments etc. from, फर्नीचर, उपकरण आदि हटा लेना। 6. to deprive, वंचित कर देना। ***n.*** 1. a long narrow area. (भूमि का) टुकड़ा या पट्टी। 2. a long narrow piece of cloth, धज्जी। 3. an airstrip, हवाई पट्टी।

**stripe** (स्ट्राइप्) ***n.*** a line of different colour, धारी। ***v.*** (striped, striping) to make stripes on, धारियाँ बनाना या डालना।

**striped** (स्ट्राइप्ड्) ***adj.*** having stripes, धारीदार।

**strip-lighting** (स्ट्रिप्´-लाइ-टिंग्) ***n.*** electric lighting by long tubes, बिजली की प्रकाश-व्यवस्था जिसमें ट्यूबों का प्रयोग हो।

S

**stripper** (स्ट्रि´-पॅ:) ***n.*** a woman who strips her clothes (piece by piece), ऐसी स्त्री जो (एक-एक करके) अपने सब कपड़े उतार दे।

**strip-show, strip-tease** (स्ट्रिप्´-शो/टीज़्) ***n.*** a show in which a woman strips her clothes before the audience, नंगा नाच, नग्न नृत्य।

**strip-teaser** (स्ट्रिप्´-टी-ज़ॅ:) ***n.*** a stripper, नंगा नाच करनेवाली स्त्री।

**strive** (स्ट्राइव्) ***v.*** (strove/strived, striven/strived, striving) 1. to struggle, संघर्ष करना। 2. to make great efforts, घोर प्रयास करना।

**strobe** (स्ट्रोब्) ***n.*** a lamp made to flash intermittently, निरंतर बारी-बारी से जलता-बुझता रहनेवाला बल्ब आदि।

**strode** (स्ट्रोड्) ***v.*** p.t. & p.p. of stride.

S

**stroke** (स्ट्रोक्) ***n.*** 1. an act or instance of striking, blow, चोट, प्रहार, आघात। 2. an effort, प्रयास। 3. a single movement made by a pen, brush etc., स्पर्श। 4. a single mark made by a pen or brush, चिह्न, निशान। 5. a single movement of a piston, एकाकी क्रिया। 6. the sound made by a clock, घड़ी के बजने का शब्द, टन-टन। 7. an attack (of paralysis, apoplexy etc.), आघात। □ **at a stroke,** एक ही प्रयास में; **by one storke of pen,** कलम की एक चाल से; **at the stroke of four,** ठीक चार बजे; **on the stoke,** समय पर। ***v.*** 1. to rub lightly, हाथ फेरना, सहलाना। 2. to strike (the ball, गेंद पर) प्रहार करना।

**stroll** (स्ट्रोल्) ***v.*** 1. to walk in a leisurely manner, टहलना, चहलक़दमी करना। 2. to wander about, घूमना, भ्रमण करना। ***n.*** a leisurely walk, चहलक़दमी, टहलना।

**stroller** (स्ट्रो´-लॅ:) ***n.*** 1. one who strolls, चहलक़दमी करनेवाला। 2. a wheeled chair in which a baby may be pushed, बच्चे को घुमाने की पहिएदार कुर्सीनुमा गाड़ी।

**strong** (स्ट्राःङ्ग्) ***adj.*** 1. having strength, र.शक्त, हट्टा-कट्टा, तगड़ा। 2. powerful, effective, forceful, sound, शक्तिशाली, प्रभावशाली। 3. intense, ज़ोरदार, प्रचंड। 4. containing much alcohol, कड़ा, तेज़। 5. having an unpleasantly powerful smell or taste, तीखा, तेज़। 6. (of verb) changing the vowel in the past tense, अनियमित (क्रिया)। 7. having a specified number of units, निर्दिष्ट संख्यावाला; an army of ten thousand soldiers, दस हजार सैनिक।

**strong-arm** (स्ट्राःङ्ग्´-आःम्) ***adj.*** coercive, बरज़ोर, पीड़क, परपीड़क।

**strongbox** (स्ट्राःङ्ग्´-बॉक्स्) ***n.*** an iron safe, तिजोरी।

**stronghold** (स्ट्राःङ्ग्´-होल्ड्) ***n.*** a fortress, दुर्ग, गढ़, किला।

**strong language** ***n.*** insulting or coarse language, अपशब्द, गाली, दुर्वचन।

**strong-minded** (-माइन्-डिड्) ***adj.*** determined, resolute, दृढ़-निश्चयी।

**strongpoint** (-पॉइन्ट्) ***n.*** forceful point, ठोस बिंदु या तर्क।

**strongroom** (-रूम्) ***n.*** a room with iron safe for keeping money and valuables, तिजोरी कक्ष।

**strong-willed** (-विल्ड्) ***adj.*** determined, resolute, प्रबल इच्छाशक्तिवाला, दृढ़-निश्चयी।

**strongly** (-ली) ***adv.*** forcefully, ज़ोर से।

**strop** (स्ट्रॉप्) ***n.*** a strip of leather on which a razor is sharpened, चमोटा।

**strove** (स्ट्रोव्) ***v.*** p.t. & p.p. of strive.

**struck** (स्ट्रक्) ***v.*** p.t. & p.p. of strike. ***adj.*** shut down by a labour strike, हड़ताल के कारण बंद (कारख़ाना आदि)।

**structural** (स्ट्रक्´-चॅ-रॅल्) ***adj.*** 1. relating to or having structure, संरचनात्मक, structural linguistics, संरचनात्मक भाषा-विज्ञान। 2. used in building structures, इमारती।

**structurally** (स्ट्रक्´-चॅ-रॅ-ली) ***adv.*** from structural point, संरचना के विचार से।

**structure** (स्ट्रक्´-चॅ:) ***n.*** 1. the manner of construction or organization, बनावट, संरचना। 2. arrangement of the parts of the construction, ढाँचा। 3. something constructed, रचना (जैसे भवन, पुल आदि)।

**struggle** (स्ट्रग्´-अँल्) *v.* 1. to strive, प्रयत्न करना, प्रयास करना। 2. to try hard to get free, मुक्ति के लिए प्रयास करना। 3. to fight, लड़ना, संघर्ष करना। 4. to progress with great difficulty, जूझना, संघर्ष करना। *n.* 1. the act of struggling, संघर्ष। 2. a battle, लड़ाई।

**strum** (स्ट्रम्) *v.* (strummed, strumming) to pluck the strings with fingers, (सितार) बजाना।

**strumpet** (स्ट्रम्´-पिट्) *n.* a prostitute, वेश्या।

**strung-up** (स्ट्रंग्´-अप्) *adj.* 1. tense, तनाव-ग्रस्त। 2. nervous, घबराया हुआ।

**strut** (स्ट्रट्) *v.* (strutted, strutting) to walk in a stiff pompous manner, अकड़ या ऐंठकर चलना। *n.* the act of strutting, अकड़-भरी चाल।

**strychnine** (स्ट्रिक्´-नाइन्) *n.* a highly poisonous substance, कुचला सत।

**stub** (स्टब्) *n.* 1. a short remaining piece, पेंसिल, सिगरेट आदि का बचा हुआ टुकड़ा, टोटा। 2. the stump of a plant, खूँटी। 3. the stump of a tree, ठूँठ। *v.* (stubbed, stubbing) 1. to dig up (the roots, जड़ें) खोदना। 2. to strike (with one's foot, पैर से) प्रहार करना, ठोकर लगाना। □ **stub out,** सिगरेट के टोटे को दबाकर बुझा देना।

**stubble** (स्टब्´-अँल्) *n.* 1. the short stiff stalks remaining after harvest, खूँटी। 2. something resembling stubble, खूँटी के आकारवाली वस्तु। 3. a short growth of beard, खूँटीदार दाढ़ी।

**stubbly** (स्टब्´-ली) *adj.* covered with stubble, खूँटीदार।

**stubborn** (स्टब्´-अँ:न्) *adj.* obstinate, हठी।

**stubbornly** (स्टब्´-अँ:न्-ली) *adv.* in a stubborn manner, हठपूर्वक, हठधर्मी से।

**stuck** (स्टक्) *v.* p.t. of stick. *adj.* 1. non-plussed, व्याकुल। 2. infatuated, मुग्ध। □ **get stuck into,** लिपट जाना, भिड़ जाना।

**stuck-up** (स्टक्´-अॅप्) *adj.* conceited, घमंडी।

**stud**[1] (स्टड्) *n.* 1. a large headed nail, रिबट, गुलमेख, फूलदार कील। 2. a button like device used to fasten cuffs, स्टड, बटन। 3. an upright beam used in wall, थूनी। *v.* (studded, studding) to decorate with studs, रिबटों या गुलमेखों से सजाना।

**stud**[2] *n.* a male horse for breeding, साँड़ घोड़ा।

**student** (स्टू´-डॅन्ट्) *n.* 1. one who studies in a school, college, etc., विद्यार्थी/विद्यार्थिनी, छात्र/छात्रा। 2. one who makes a study of something, अध्येता।

**studied** (स्टड्´-ईड्) *adj.* carefully calculated or premeditated, सुविचारित।

**studio** (स्टू´-डि-ओ) *n.* 1. the working room of an artist, कार्यशाला, स्टूडियो। 2. a room or building where motion pictures are made, स्टूडियो। 3. a room used to record radio or television programmes, स्टूडियो।

**studious** (स्टू´-डि-अॅस्) *adj.* 1. given to study, devoted to study, अध्ययनशील। 2. hard working, मेहनती, अध्यवसायी।

**study** (स्टड्´-ई) *v.* (studied, studying) 1. to apply one's mind to learn and gain knowledge, अध्ययन करना, अनुशीलन करना। 2. to take (a course) in a school or college, पढ़ना, अध्ययन करना। 3. to investigate, अनुसंधान करना। 4. to examine closely, जाँच-पड़ताल करना। *n.* 1. the act of studying, अध्ययन, अनुशीलन, पढ़ाई। 2. a detailed examination, जाँच-पड़ताल। 3. a branch of knowledge, ज्ञान की शाखा। 4. a room for study, अध्ययन-कक्ष।

**stuff** (स्टफ़्) *n.* 1. raw material, कच्चा माल। 2. belongings, सामान, असबाब। 3. worthless objects, बेकार चीज़ें, रद्दी चीज़ें। 4. foolish idea, मूर्खतापूर्ण विचार। □ **do one's stuff,** अपनी क्षमताओं का प्रदर्शन करना। *v.* (stuffed, stuffing) 1. to fill tightly, कसकर भरना, ठूँसना। 2. to stop up, बंद करना। 3. to fill the empty carcass, खाल में (भूसा आदि) भरना। □ **stuff up,** बंद करना।

**stuffed** (स्टफ़्ड्) ***adj.*** filled, भरा हुआ, भरवाँ।

**stuffed shirt** ***n.*** a pompous person, बना-ठना व्यक्ति, दंभी व्यक्ति।

**stuffing** (स्टफ़्´-इंग्) ***n.*** something used to stuff or fill, भरी जानेवाली चीज़, भरत, भरवाँ मसाला।

**stuffy** (स्टफ़्´-ई) ***adj.*** (stuffier, stuffiest) 1. lacking fresh air, घुटन-भरा, दमघोंटू। 2. uninteresting, नीरस, उबाऊ। 3. blocked with mucus, रेंट-भरा, रेंट से बंद। 4. narrowminded, संकीर्ण विचारोंवाला, अनुदार।

**stultify** (स्टल्´-टि-फ़ाइ) ***v.*** (stultified, stultifying) 1. to make useless, व्यर्थ कर देना। 2. to cause to appear absurd or illogical, बेतुका या असंगत कर देना।

**stumble** (स्टम्´-बॅल्) ***v.*** 1. to trip or almost fall in walking or running, डगमगाना, लड़खड़ाना। 2. to lose one's balance, संतुलन खो बैठना। 3. to walk with frequent stumbles, लड़खड़ाते हुए चलना। 4. to make mistakes, ग़लतियाँ करना। 5. to come upon accidentally, एकाएक मिल जाना। ***n.*** an act of stumbling, डगमगाहट, लड़खड़ाहट, स्खलन।

**stumbling block** (स्टम्´-ब्लिंग्-ब्लॉक्) ***n.*** an obstacle, अड़ंगा, बाधा, रुकावट।

**stump** (स्टम्प्) ***n.*** 1. the base of the tree that remains on the ground when the rest has fallen or has been felled, खूँट, जड़, मूल। 2. a part that remains after the larger part has been removed, खूँटी। 3. any of three upright wooden sticks, (क्रिकेट में) लगाए जानेवाले तीन में से कोई डंडा, यष्टि, स्टंप। 4. a sound of heavy footsteps, धमधम। 5. a place used by a politician for speech making, सभास्थल। ***v.*** 1. to walk in a stiff heavy manner, धमधम करते हुए चलना। 2. to make speeches at different places, जगह-जगह भाषण देते फिरना। 3. to baffle, चकरा देना। 4. to dismiss a batsman by knocking the stumps, गिल्लियाँ बिखेरकर आउट कर देना।

**stumpy** (स्टम्´-पी) ***adj.*** (stumpier, stumpiest) short and thick, गोल-मटोल।

**stun** (स्टन्) ***v.*** (stunned, stunning) 1. to render senseless by a blow, आघात करके अचेत कर देना। 2. to astound, चकित, चमत्कृत या विस्मित कर देना, भौंचक्का कर देना। 3. to shock, आघात करना, धक्का लगाना।

**stunning** (स्टन्´-इंग्) ***adj.*** 1. very attractive, अत्यंत आकर्षक, मुग्धकारी। 2. astonishing, विस्मयकारी।

**stunningly** (स्टन्´-इंग्-ली) ***adv.*** in a stunning manner, very beautifully, आकर्षक रूप में, बहुत सुंदरता से।

**stunt**[1] (स्टन्ट्) ***v.*** (stunted, stunting) to hinder the development of, बाढ़ या वृद्धि रोक देना, पनपने न देना।

**stunt**[2] ***n.*** 1. a feat of daring skill, कमाल का काम, कमाल, कौतुक। 2. anything unusual done for attention, लोगों का ध्यान आकृष्ट करने के लिए किया हुआ काम, कौतुक। ***v.*** (stunted, stunting) to perform stunts, कौतुक करना।

**stunted** (स्टन्´-डिड्) ***adj.*** underdeveloped, रुद्ध-विकास, विकास-रुद्ध।

**stunt man** (स्टन्ट्´-मॅन्) ***n.*** in films a person doing daring acts in place of an actor, वह व्यक्ति जो अभिनेता के स्थान पर फ़िल्मों में साहसिक कार्य करता हो।

**stupefaction** (स्टू-पि-फ़ैक्´-शॅन्) ***n.*** astonishment, विस्मय; जड़ता।

**stupefy** (स्टू´-पि-फ़ाइ) ***v.*** (stupefied, stupefying) 1. to stun, भौंचक्का, चमत्कृत या विस्मित कर देना, हक्का-बक्का कर देना। 2. to dull the sense of, जड़ बना देना।

**stupendous** (स्टू-पेंन्´-डॅस्) ***adj.*** astounding, विस्मयकारी, चमत्कृत करनेवाला।

**stupid** (स्टू´-पिड्) ***adj.*** 1. slow of mind, मंद-बुद्धि। 2. foolish, मूर्ख।

**stupidity** (स्टू´-पिड्-इ-टी) ***n.*** 1. the quality of being stupid, मूर्खता। 2. a stupid act, मूर्खतापूर्ण कार्य।

**stupor** (स्टू´-पॅ:) ***n.*** 1. the state of unconsciousness, बेहोशी, मूर्च्छा। 2. mental dullness, मानसिक शिथिलता।

**sturdy** (स्टः´-डी) ***adj.*** (sturdier, sturdiest) 1. strongly built, हृष्ट-पुष्ट, तगड़ा। 2. hard, vigorous, कड़ा, ज़ोरदार।

**sturgeon** (स्टः´-जॅन्) ***n.*** a large sharklike fish, शार्क की जाति की मछली।

**stutter** (स्टट्´-अॅः) ***v.*** to stammer, हकलाना।

**stutterer** (स्टट्´-अॅर्-अॅः) ***n.*** one who stutters, हकलानेवाला, हकला।

**sty** (स्टाइ) ***n.*** 1. an enclosure for pigs, सुअरबाड़ा। 2. a filthy place, गंदी जगह। 3. an inflamed swelling on the edge of the eyelid, बिलनी, गुहेरी। ***v.*** (stied, stying) 1. to enclosed in a sty, बाड़े में बंद करना। 2. to be enclose in a sty, बाड़े में बंद होना।

**style** (स्टाइल्) ***n.*** 1. the manner of writing, शैली। 2. the manner of doing or performing, ढंग, शैली। 3. prevailing fashion, चाल, फ़ैशन। 4. elegance, सौंदर्य, लालित्य। ***v.*** (styled, styling) 1. to name or call, नाम धरना या बुलाना। 2. to shape or design, सँवारना, बनाना, रचाना। 3. to make suitable for, उपयुक्त बनाना।

**stylish** (स्टाइ´-लिश्) ***adj.*** 1. conforming to current fashion, फ़ैशनेबुल। 2. elegant, सजीला, बना-ठना।

**stylist** (स्टाइ´-लिस्ट्) ***n.*** 1. a master or model of style, शैलीकार। 2. a designer, डिज़ाइनर।

**stylistic** (स्टाइ-लिस्´-टिक्) ***adj.*** 1. of or relating to a style, शैलीगत। 2. of stylistics, शैलीविज्ञान-संबंधी।

**stylistics** (स्टाइ-लिस्´-टिक्स्) ***n.*** the study of literary styles, शैलीशास्त्र।

**stylize** (स्टाइ´-लाइज़्) ***v.*** (stylized, stylizing) to conform to a particular style, किसी शैली के अनुरूप बनाना, शैली-अनुवर्तन करना।

**stylus** (स्टाइ´-लॅस्) ***n.*** a pointed tool for engraving, सुई, शलाका।

**stymie** (स्टाइ´-मी) ***v.*** to thwart the activities of, बाधा डालना, रोड़ा अटकाना।

**suave** (स्वाव्) ***adj.*** civilized, भद्र, सभ्य।

**sub-** (सब्) ***pref.*** 1. under, अधो, नीचे, निम्न। 2. subordinate, उप-, नायब, छोटा; subsection, उपधारा।

**subcommittee** (सब्´-कॅं-मिट्-ई) ***n.*** a subordinate committee, उपसमिति।

**subconscious** (सब्-कॉन्´-शॅस्) ***adj.*** acting or existing without one's awareness, अवचेतन। ***n.*** the part of the mind partly within one's conscious awareness, अवचेतन मन।

**subcontinent** (सब्-कॉन्´-टि-नॅन्ट्) ***n.*** a vast subdivision of a continent, उपमहाद्वीप।

**subcontract**[1] (सब्-कॉन्´-ट्रैक्ट्) ***n.*** a contract between a party to an original contract and a third party, उपसंविदा।

**subcontract**[2] (सब्-कॅन्-ट्रैक्ट्´) ***v.*** to enter into or make a subcontract, उपसंविदा करना, उपसंविदा में भागीदार होना।

**subcutaneous** (सब्-क्यू-टे´-नि-अॅस्) ***adj.*** under the skin, खाल के नीचे का, अधस्त्वचीय।

**subdeb** (सब्´-डेंब्) ***n.*** = subdebutante.

**subdebutante** (सब्-डेंब्´-यु-टान्ट्) ***n.*** a girl who is about to become a debutante, वह लड़की जो सामाजिक जीवन में प्रवेश करने को हो।

**subdiscipline** (सब्-डिस्´-इ-प्लिन्) ***n.*** a division within a branch of learning, किसी विद्या या शास्त्र का उपविभाग।

**subdivide** (सब्-डि-वाइड्´) ***v.*** to divide into many parts, अनेक हिस्से लगाना, अनेक हिस्सों में बाँटना, अनुभाजन करना।

**subdivision** (सब्-डि-विज़्ह्´-अॅन्) ***n.*** the act of subdividing or the state of being subdivided, अनेक हिस्सों में बाँटने की क्रिया या बँटने की अवस्था, अनुभाजन।

**subdue** (सॅब्-डू´/ड्यू´) ***v.*** 1. to bring under control, वश में करना, वशीभूत करना। 2. to make less intense or quieter, मंद या धीमा करना। 3. to calm the feelings of, शांत करना।

**subhead** (सब्´-हेंड्) ***n.*** = sub-heading.

**subheading** (सब्´-हेंड्´-इंग्) ***n.*** a subbordinate heading, उपशीर्षक।

**subhuman** (सब्-ह्यू´-मॅन्) ***adj.*** less than human, अवमानुषीय, अवमानवीय।

S

**subject** (सब्´-जिक्ट्/जेंक्ट्) *adj.* 1. not independent, under someone's authority, परतंत्र, पराधीन। 2. dependent, अधीन। 3. prone (to, की ओर) उन्मुख, प्रवृत्त। *n.* 1. a person under the rule of another person, प्रजा का कोई सदस्य। 2. a citizen, नागरिक। 3. a topic or theme, विषय। 4. a course of study, अध्ययन का विषय। 5. (gram.) the doer of the action, उद्देश्य, कर्ता। *v.* 1. to bring under one's control, अधीन कर लेना। 2. to cause to undergo or experience, अनुभूत कराना, विषय बनाना। □ **subject to,** के अधीन।

**subjection** (सॅब्-जेंक्´-शॅन्) *n.* 1. the act of subjecting, अधीनीकरण, वशीकरण, दमन। 2. the state of being subjected, अधीनता, परतंत्रता, दासता।

S

**subjective** (सॅब्-जेंक्´-टिव्) *adj.* 1. existing in the mind of the thinking subject, not objective, व्यक्तिनिष्ठ, आत्मनिष्ठ, स्वनिष्ठ। 2. personal, स्वपरक, व्यक्तिगत। 3. (gram.) of or relating to a subject, कर्तृ, कर्तृपदीय।

**subject-matter** (सब्-जिक्ट्-मैर्ट्-अॅ:) *n.* something written or printed, विषय-वस्तु।

**subjects** (सॅब्´-जेंक्ट्स्) *n.* (plu.) people governed by someone, प्रजा, प्रजाजन।

**sub judice** (सब्-जू´-डि-सी) *adj.* now being considered in law, न्यायाधीन।

**subjugate** (सब्´-जु-गेट्) *v.* 1. to subdue, दबाना, दमन करना। 2. to bring into subjection, वश में लाना, वशीभूत करना, अधीन करना।

**subjugation** (सब्-जु-गे´-शॅन्) *n.* the act of subjugating, दमन, अधीनीकरण।

**subjunctive** (सॅब्-जंक्´-टिव्) *adj.* (gram.) expressing an uncertainty, wish or unlikely condition, संभावनार्थक, संभाव्य; subjunctive mood, संभाव्य क्रियार्थ।

**sublease** (सब्-लीस्´) *n.* a lease made by a tenant, शिकमी पट्टा, उप-पट्टा। *v.* to sublease, शिकमी देना।

**sublet** (सॅब्-लेंट्´) *v.* (sublet, subletting) to sublease, शिकमी देना।

**sublimate** (सब्´-लि-मेट्) *v.* to improve or refine, परिष्कृत करना, उदात्त बनाना।

**sublime** (सब्-लाइम्´/सॅ-ब्लाइम्´) *adj.* 1. of high spiritual, moral or intellectual worth, उदात्त, श्रेष्ठ। 2. exalted, lofty, उच्च, महत्, परम।

**sublimely** (सबॅ-लाइम्´-ली) *adv.* in a sublime manner, उदात्ततापूर्वक, भव्य रूप से।

**sublimeness** (सब्-लाइम्´-निस्) *n.* the quality or state of being sublime, उदात्तता, महत्ता।

**subliminal** (सब्-लिम्´-इ-नॅल्) *adj.* subconscious, अवचेतन।

**sublimity** (सब्-लिम्´-इ-टी) *n.* sublimeness, उदात्तता, श्रेष्ठता, महत्ता।

**submarine** (सब्-मॅ-रीन्´) *n.* a ship that can operate under the surface of the sea, पनडुब्बी। *adj.* under the surface of the sea, अंत:समुद्री।

**submerge** (सब्-म:ज्´) *v.* 1. to put under water, डुबोना, जलमग्न करना। 2. to go under water, डूबना, जलमग्न होना। 3. to cover with water, जल से प्लावित करना। 4. to go below the surface of water, पानी के अंदर-अंदर चलना।

**submerged** (सब्-म:ज्ड्´) *adj.* covered with water, जलमग्न।

**submergence, submersion** (सब-म:´-जॅन्स्, सब-म:´-शॅन्) *n.* the act of submerging, जलमग्न होने की क्रिया या भाव, जलमग्नता।

**submerse** (सॅब्-म:स्´) *v.* to submerge, डुबोना या डूबना, जलमग्न होना या करना।

**submersible** (सॅब्-म:´-सि-बॅल्) *adj.* capable of being submerged, जो डूब सके या डुबोया जा सके, पानी के अंदर रह सकनेवाला।

**submission** (सब-मिश्´-अॅन्) *n.* 1. an act of submitting to an authority or the will of another, अधीनता स्वीकार करना, समर्पण। 2. an act of obeying, आज्ञापालन। 3. an act of submitting something for consideration, पेशी, प्रस्तुतीकरण; निवेदन।

**submissive** (सब्-मिस्´-इव्) *adj.* yielding, झुकनेवाला, नम्र, विनीत, आज्ञाकारी।

**submit** (सॅब्-मिट्´) *v.* (submitted, submitting) 1. to yield to authority, झुकना,

समर्पण करना। 2. to offer, उपस्थित करना, पेश करना या सामने रखना, निवेदन करना। 3. to obey, आज्ञापालन करना।

**subnormal** (सबॅ-नॉ:´-मॅल्) *adj.* less than normal, अवप्रसम।

**suborder** (सब्´-ऑ:-डॅ:) *n.* a division of an order, उपविभाग।

**subordinate** (सॅ-बॉ:´-डि-नॅट्) *adj.* 1. subject to the authority of another, अधीन, आश्रित मातहत। 2. of lesser importance or rank, गौण। *n.* one who is subordinate, अधीनस्थ व्यक्ति या कर्मचारी। *v.* to make subordinate, अधीनस्थ बनाना।

**subordinate clause** *n.* (gram.) a clause dependent on an other, आश्रित उपवाक्य।

**suborn** (सॅ-बा:न्´) *v.* to induce a person to commit an unlawful act, अवैध कार्य के लिए उकसाना, दुष्प्रेरित करना।

**subplot** (सब्´-प्लॉट्) *n.* a subordinate plot in a fiction or play, उपकथा, उपाख्यान।

**subscribe** (सॅब्-स्क्राइब्´) *v.* 1. to contribute, अंशदान करना। 2. to contract to pay for a periodical, (पत्रिका आदि का) चंदा देना। 3. to sign (one's name), हस्ताक्षर करना। 4. to express one's approval, सहमति व्यक्त करना।

**subscriber** (सॅब्-स्क्राइ´-बॅ:) *n.* one who subscribes, अंशदान करनेवाला, चंदा देनेवाला।

**subscription** (सॅब्-स्क्रिप्´-शॅन्) *n.* 1. the sum demanded or paid for some issues of a magazine, चंदा। 2. money paid or promised to some institution, अंशदान।

**subsequent** (सब्´-सि-क्वेंन्ट्) *adj.* succeeding, following, बादवाला, अगला, उत्तरवर्ती।

**subservient** (सॅब्-स:´-वि-ॲन्ट्) *adj.* 1. subordinate, अधीनस्थ, मातहत। 2. servile, चापलूस, जीहुजूरिया।

**subside** (सॅब्-साइड्´) *v.* 1. to come to lower level, घटना, कम हो जाना, उतरना। 2. to settle, नीचे बैठना। 3. (of land) to sink, धँस या बैठ जाना। 4. to abate, घटना, उतरना। 5. to become tranquil, शांत होना, प्रशमित होना।

**subsidence** (सॅब्-साइड्´-ॲन्स्) *n.* the state of being subsided, उतार; धसान; प्रशमन।

**subsidiary** (सॅब्-सिड्´-इ-ॲ-री) *adj.* subordinate, auxiliary, सहायक, गौण। *n.* a subsidiary thing, सहायक या गौण वस्तु।

**subsidize** (सब्´-सि-डाइज़्) *v.* to give financial assistance, आर्थिक सहायता देना।

**subsidy** (सब्´-सि-डी) *n.* financial assistance, आर्थिक सहायता, इमदाद।

**subsidized** (सब्´-सि-डाइज़्ड्) *adj.* getting financial assistance, सहायता-प्राप्त, इमदादी।

**subsist** (सॅब्-सिस्ट्´) *v.* 1. to exist, विद्यमान रहना, जीवित रहना, बना रहना। 2. to maintain life, to manage to live, निर्वाह करना, गुज़ारा करना।

**subsistence** (सॅब्-सिस्´-टॅन्स्) *n.* 1. means of subsisting, जीविका। 2. the act of subsisting, जीवन-निर्वाह, गुज़ारा।

**subsoil** (सब्´-सॉइल्) *n.* the layer of soil beneath the earth's surface, अधोमृदा।

**subsonic** (सब् -सॉन्´-इक्) *adj.* not supersonic, जिसकी गति शब्द की गति से कम हो।

**substance** (सब्´-स्टॅन्स्) *n.* 1. the material from which something is made, पदार्थ, द्रव्य। 2. meaning, अर्थ, तात्पर्य। 3. essence, सत्त्व, सार। 4. reality, वास्तविकता। 5. property, संपत्ति। ☐ **in substance,** साररूप में।

**substandard** (सब्-स्टैन्´-ड:ड्) *adj.* 1. below the required standard, निम्नस्तर का, घटिया। 2. below the usual standard, अवमानक।

**substantial** (सब्-स्टैन्´-शॅल्) *adj.* 1. worthwhile, सार्थक, सारभूत, उपयोगी। 2. of a considerable amount or size, अच्छी मात्रा या परिमाण का, अच्छा-खासा। 3. wealthy, धनी, संपन्न। 4. important, महत्त्वपूर्ण, सारभूत, सारवान। 5. nourishing, पौष्टिक। 6. real, true, वास्तविक, तात्त्विक।

**substantially** (सॅब्-स्टैन्´-शॅ-ली) *adv.* in a substantial manner, ख़ूब, भरपूर, अत्यधिक।

**substantiate** (सॅब्-स्टैन्´-शि-एट्) *v.* 1. to put into concrete form, मूर्त रूप देना। 2. to establish by proof, प्रमाण से सिद्ध

करना, प्रमाणित करना।

**substantive** (सब्´-स्टैन्-टिव्) ***n.*** a noun, संज्ञा। ***adj.*** 1. having existence as a separate being, स्वतंत्र सत्तावाला; विधिवत् प्रस्तुत; substantive motion, विधिवत् प्रस्ताव। 2. permanent, स्थायी; substantive post, स्थायी पद। 3. real, वास्तविक।

**substation** (सब्´-स्टे-शॅन्) ***n.*** a subordinate station, छोटा स्टेशन।

**substitute** (सब्´-स्टि-ट्यूट्/च्यूट्) ***n.*** a person or thing that serves in place of another person or thing, स्थानापन्न व्यक्ति या वस्तु। ***v.*** 1. to use as a substitute, स्थानापन्न वस्तु या व्यक्ति को प्रयुक्त करना, दूसरे से बदल देना। 2. to serve as a substitute, स्थानापन्न वस्तु या व्यक्ति की तरह प्रयुक्त होना।

**substitution** (सब्-स्टि-ट्यू´/च्यू´-शॅन्) ***n.*** 1. the act of substituting, एक की जगह दूसरे व्यक्ति या वस्तु से काम लेना, प्रतिनिधान, प्रतिस्थापन। 2. a substitute, स्थानापन्न वस्तु या व्यक्ति।

**substratum** (सब्-स्ट्रे´-टॅम्) ***n.*** (plu. substrata, substratum) an underlying layer, नीचे का स्तर, अधःस्तर।

**substructure** (सब्-स्ट्रक्´-चॅः) ***n.*** an underlying or supportive structure, भीतरी या सहायक ढाँचा, उपसंरचना।

**subsume** (सब्-स्यूम्´/सूम´) ***v.*** to incorporate, सन्निविष्ट करना, सम्मिलित करना।

**subtenent** (सब्-टॅन्´-ॲन्ट्) ***n.*** one who rents property from a tenant, किराएदार का किराएदार, दर-किराएदार।

**subterfuge** (सब्´-टॅः-फ़्यूज्) ***n.*** a trickery or excuse, तिकड़म या छलछंद।

**subterranean** (सब्-टॅ-रे´-नि-ॲन्) ***adj.*** underground, भूमिगत।

**subterraneous** (सब्-टॅ-रे´-नि-ॲस्) ***adj.*** underground, भूमिगत।

**subtitle** (सब्´-टाइ-टॅल्) ***n.*** a subordinate or secondary title, छोटा शीर्षक, उपशीर्षक।

**subtle** (सट्´-ॲल्) ***adj.*** 1. so slight as to be difficult to detect, सूक्ष्म, बारीक। 2. abstruse, गूढ़, दुर्बोध। 3. able to make fine distinctions, कुशाग्र। 4. clever, चपल, होशियार।

**subtlety** (सट्´-ॲल्-टी) ***n.*** the state or quality of being subtle, सूक्ष्मता; दुर्बोधता; चपलता।

**subtly** (सट्´-ली) ***adv.*** in a subtle manner, सूक्ष्म रूप से; कुशाग्रतापूर्वक, चपलतापूर्वक।

**subtotal** (सब्´-टो-टॅल्) ***n.*** the total of part of a group of figures, उप-जोड़।

**subtract** (सॅब्-ट्रैक्ट्´) ***v.*** to deduct, घटाना।

**subtraction** (सॅब्-ट्रैक्´-शॅन्) ***n.*** the act of subtracting, घटाने की क्रिया या भाव, घटाव।

**subtropical** (सब्-ट्रॉप्´-इ-कॅल्) ***adj.*** of regions bordering on the tropics, उपोष्ण।

**suburb** (सब्´-अःब्) ***n.*** residential area situated on the outskirts of a city, उपनगर।

**suburban** (सॅ-बः´-बॅन्) ***adj.*** of suburbs, उपनगरीय।

**suburbanite** (सॅ-बः´-बॅ-नाइट्) ***n.*** one who lives in a suburb, उपनगर में रहनेवाला, उपनगरवासी।

**suburbia** (सॅ-बः´-बि-ॲ) ***n.*** the suburbs and their inhabitants, उपनगर और उसके वासी।

**subvention** (सॅब्-वॅन्´-शॅन्) ***n.*** an aid or grant, अनुदान, सहायता।

**subversion** (सॅब्-वः´-ज़्हॅन्) ***n.*** the act of subverting, उलट देने की क्रिया या भाव, तख़्ता-पलटाव, तोड़-फोड़, विनाश, विध्वंस।

**subversive** (सॅब्-वः´-सिव्) ***adj.*** tending to subvert, उलट देनेवाला, ध्वंसात्मक, विध्वंसक।

**subvert** (सॅब्-वःट्´) ***v.*** 1. to overthrow, उलट देना। 2. to ruin, विनष्ट कर देना।

**subvertor** (सॅब्-वः´-टॅः) ***n.*** one who subverts, (सत्ता) उलटनेवाला व्यक्ति।

**subway** (सब्´-वे) ***n.*** an underground railway, तलमार्ग, सुरंग-पथ, सबवे।

**subzero** (सब्-ज़ी´-रो, सब्-ज़ीर्´-ओ) ***adj.*** below zero, शून्य से कम।

**succeed** (सॅक्-सीड्) ***v.*** 1. to be successful, सफल होना, सफलता प्राप्त करना। 2. to come next in order, किसी की जगह आना,

किसी का स्थान ग्रहण करना। 3. to inherit, विरासत में प्राप्त करना, वारिस या उत्तराधिकारी होना। □ **nothing succeeds like success,** सफलता ही सफलताओं के द्वार खोलती है।

**succeeding** (सॅक्-सीड्´-इंग्) *adj.* following, बादवाला, अनुवर्ती, उत्तरवर्ती।

**success** (सॅक्-सेंस्´) *n.* 1. the achievement of something attempted, सफलता, कामयाबी। 2. the gaining of fame or prosperity, धन या यश का लाभ। 3. one who succeeds, सफल व्यक्ति।

**succeessful** (सॅक्-सेंस्´-फ़ुल्) *adj.* having success, सफल, कामयाब।

**successfully** (सॅक्-सेंस्´-फ़ु-ली) *adv.* in a successful manner, सफलतापूर्वक।

**succession** (सॅक्-सेंश्´-अॅन्) *n.* 1. the act of following in order, सिलसिला, अनुक्रमण। 2. the act of taking the place of another, पदग्रहण। 3. inheritance, उत्तराधिकार, विरासत।

**successional** (सॅक्-सेंश्´-अॅ-नॅल्) *adj.* of or relating to succession, उत्तराधिकार-संबंधी।

**successive** (सॅक्-सेंस्´-इव्) *adj.* following one after another, एक के बाद एक-एक करके आनेवाले, आनुक्रमिक, अनुक्रमी, उत्तरवर्ती।

**successively** (सॅक्-सेंस्´-इव्-ली) *adv.* in a successive manner, क्रमिक रूप से, क्रमशः, निरंतर, लगातार।

**successor** (सॅक्-सेंस्´-अॅ:) *n.* one who succeeds, उत्तराधिकारी, वारिस।

**succinct** (सॅक्-सिंक्ट्´) *adj.* 1. concise, brief and clear, संक्षिप्त तथा सुस्पष्ट, संहत। 2. terse, सारगर्भित।

**succour** (सक्´-अॅ:) *n.* 1. help, aid, सहायता। 2. relief, राहत। 3. one who helps, सहायता करनेवाला। *v.* to give aid to, सहायता करना।

**succulent** (सक्´-यु-लॅन्ट्) *adj.* 1. juicy, रसीला, रसदार। 2. having thick fleshy leaves, जिसके पत्ते गूदेदार हों।

**succumb** (सॅ-कम्´) *v.* 1. to yield to someone overpowering, झुक जाना, घुटने टेक देना। 2. to yield to overpowering desire, डिगना, वशीभूत हो जाना। 3. to die, मर जाना।

**such** (सच्) *adj.* 1. of this kind, ऐसा। 2. of that kind, वैसा। 3. similar, समान। *adv.* to such a degree, इतना, उतना। □ **as such,** अतः; **such as,** उदाहरणार्थ। *n.* such a person or thing, वह, ऐसा।

**such-and-such** (सच्´-अॅन्-सच्) *adj.* particular but not specified, अमुक।

**suchlike** (सच्´-लाइक्) *adj.* of a similar kind, इसी प्रकार के, ऐसे ही। *pron.* the things of a similar kind, इसी तरह की चीज़ें।

**suck** (सक्) *v.* 1. to draw (liquid) into the mouth by inhaling, चूसना। 2. to suckle, पीना, चूसना। 3. to draw in, खींचना, चूसना। 4. to squeeze in the mouth by using the tongue, चूसना। □ **suck up to,** चापलूसी करना। *n.* the act of sucking, चूसने की क्रिया या भाव, चूषण।

**sucker** (सक्´-अॅ:) *n.* 1. one who sucks, चूसनेवाला, चूषक। 2. a suckling, स्तनपान करनेवाला बच्चा। 3. a person who is easily deceived, ऐसा व्यक्ति जिसे सरलता से बुद्धू बनाया जा सके, बछिया का ताऊ, गऊ आदमी। 4. a shoot from the lower part of the stem, जड़ से निकलनेवाला कल्ला। 5. a lollipop, लॉलीपॉप (मिठाई)।

**sucking** (सक्´-इंग्) *adj.* 1. not yet weaned, दूध-पीता। 2. inexperienced, अनुभवहीन।

**suckle** (सक्´-अॅल्) *v.* (suckled, suckling) to give suck to, छाती पिलाना, स्तनपान कराना।

**suckling** (सक्´-लिंग्) *n.* an infant or young animal that is not yet weaned, दुधमुँहा बच्चा।

**suction** (सक्´-शॅन्) *n.* 1. the act of sucking, चूसने की क्रिया या भाव, चूषण। 2. the force produced by a pressure difference that causes something to draw upward, चूषण; suction pump, चूषण पंप।

**sudden** (सड्´-अॅन्) *adj.* happening quickly or without warning, आकस्मिक, अप्रत्याशित। □ **all of a sudden,** एकाएक, सहसा।

**sudden death** *n.* 1. unexpected and instantaneous death, आकस्मिक मृत्यु। 2. an

S

extra time for play in which the winner being the first scoring side, वह अतिरिक्त समय जिसमें पहले गोल करनेवाली टीम को विजयी घोषित किया जाता है।

**suddenly** (सड्´-अॅन्-ली) ***adv.*** all of a sudden, एकाएक, एकदम से, अचानक।

**suds** (सड्ज़्) ***n.*** foam of a soapy water, साबुन का फेन, झाग।

**sue** (स्यू, सू) ***v.*** (sued, suing) 1. to bring suit against (someone, किसी के विरुद्ध) मुकदमा चलाना। 2. to make a request, विनती करना।

**suede** (स्वेड्) ***n.*** leather with raised fibres, रेशेदार चमड़ा।

**suet** (स्यू´-इट्, सू´-इट्) ***n.*** a hard fat from around the kidneys of cattle, कड़ी चरबी।

**suffer** (सफ़्´-अॅ:) ***v.*** (suffered, suffering) 1. to undergo (pain or loss), झेलना, भोगना। 2. to tolerate, सहना, बर्दाश्त करना। 3. to beset at a disadvantage, भोग भोगना, नुकसान उठाना या परेशान होना। 4. to permit, होने देना। ☐ **suffer from,** पीड़ित होना, ग्रस्त होना।

**sufferance** (सफ़्´-अॅ-रॅन्स्) ***n.*** 1. the state or condition of suffering, भोग। 2. tolerance, बर्दाश्त करने का मादा, सहिष्णुता। 3. sanction or permission because there is no positive objection, मौन स्वीकृति, मौन सहमति।

**sufferer** (सफ़्´-अॅर्-अॅ:) ***n.*** 1. one who suffers, भुगतनेवाला, भुक्तभोगी। 2. a patient, रोगी, पीड़ित।

**suffering** (सफ़्´-रिंग्) ***n.*** 1. physical or mental pain, वेदना या व्यथा। 2. something suffered, भोग। ☐ **suffering from,** से पीड़ित।

**suffice** (सॅ-फ़ाइस्´) ***v.*** 1. to be adequate, पर्याप्त होना। 2. to be satisfactory, संतोषजनक होना।

**sufficiency** (सॅ-फ़िश्´-अॅन्-सी) ***n.*** 1. the condition of being sufficient, पर्याप्तता, यथेष्टता। 2. an adequate amount, यथेष्ट मात्रा।

**sufficient** (सॅ-फ़िश्´-अॅन्ट्) ***adj.*** adequate, enough, पर्याप्त, यथेष्ट।

**suffix** (सफ़्´-इक्स्) ***n.*** an affix added at the end of a word, प्रत्यय। ***v.*** (suffixed, suffixing) to add suffix to, प्रत्यय लगाना।

**suffocate** (सफ़्´-अॅ-केट्) ***v.*** 1. to kill by stopping the breathing, दम घोंट देना, गला दबा देना। 2. to be killed by deprivation of oxygen, दम घुट जाना। 3. to feel discomfort from lack of fresh air, साँस रुकना, दम घुटना।

**suffocation** (सफ़्-अॅ-के´-शॅन्) ***n.*** 1. the act of suffocating or the state of being suffocated, गला घोंटने की क्रिया या गला घुटने की अवस्था या भाव। 2. feeling of discomfort from lack of fresh air, घुटन।

**suffrage** (सफ़्´-रिज्) ***n.*** the right to vote in general election, मताधिकार।

**suffuse** (सॅ-फ़्यूज़्´) ***v.*** to overspread, (किसी तल पर) फैलाना या बिखेरना।

**suffusion** (सॅ-फ़्यू´-ज़्हॅन्) ***n.*** the act of suffusing or the state of being suffused, फैलाव, बिखराव।

**sufi** (सू´-फ़ी) ***n.*** a member of Muslim mystic sect, सूफ़ी।

**sugar** (शूग्´-अॅ:) ***n.*** a sweet substance, चीनी, शक्कर। ***v.*** (sugared, sugaring) to sweeten with sugar, चीनी मिलाकर मीठा करना।

**sugarcane** (शूग्´-अॅ:-केन्) ***n.*** a plant that yields sugar, गन्ना, ईख।

**sugarcoat** (शूग्´-अॅ:-कोट्) ***v.*** 1. to coat with sugar, चीनी का लेप चढ़ाना, पागना। 2. to cause to seem more appealing or attractive, आकर्षक बनाना।

**sugary** (शूग्´-अॅ-री) ***adj.*** 1. containing sugar, जिसमें चीनी मिली हो। 2. sweet, मीठा, मधुर।

**suggest** (सॅ-जॅस्ट्´, सॅग्-जॅस्ट्´) ***v.*** 1. to propose as a possibility, सुझाव देना, सुझाना, प्रस्ताव करना। 2. to hint, संकेत करना।

**suggestible** (सॅ-जॅस्´-टि-बॅल्, सॅग्-जॅस्´-) that may be suggested, सुझाव देने योग्य।

**suggestion** (सॅ-जेंस्´-चॅन्, सॅग्-जेंस्´-चॅन्) ***n.*** 1. the act of suggesting or something suggested, सुझाव, प्रस्ताव। 2. a hint, संकेत।

**suggestive** (सॅ-जेंस्´-टिव्, सॅग्-जेंस्´-टिव्) ***adj.*** 1. suggesting, सुझाव के रूप में होनेवाला। 2. provocative, विचारोत्तेजक। 3. indicative, सांकेतिक, द्योतक। 4. indecent, अश्लील।

**suicidal** (सू-इ-साइ´-डॅल्) ***adj.*** 1. involving suicide, आत्महत्या-संबंधी। 2. tending to suicide, आत्मघातक, आत्मघाती। 3. dangerous to life, प्राणघातक।

**suicide** (सू´-इ-साइड्) ***n.*** 1. the intentional killing of oneself, आत्महत्या, ख़ुदकुशी। 2. one who commits suicide, आत्महंता। 3. ruin of one's own interest, आत्मघात।

**suit** (सूट्) ***n.*** 1. a set of clothes to be worn together, जोड़, जोड़ा, सूट। 2. a group of related things, सेट। 3. a group of rooms as a unit, सेट, कुलक। 4. any of the four series of playing cards, ताश के किसी रंग के पत्तों का समूह। 5. a lawsuit, मुकदमा, वाद, दावा। 6. a request, निवेदन, प्रार्थना। 7. an appeal, अपील। ***v.*** 1. to be fit or appropriate for, फबना, सजना, भला लगना, जँचना। 2. to be agreeable, अनुकूल होना, अच्छा लगना। 3. to make suitable, उपयुक्त बनाना।

**suitability** (सू-टॅ-बिल्´-इ-टी) ***n.*** the quality or state of being suitable, उपयुक्तता, अनुकूलता, औचित्य।

**suitable** (सू´-टॅ-बॅल्) ***adj.*** appropriate, befitting, उपयुक्त, अनुकूल, उचित।

**suitably** (सू´-टॅ-ब्ली) ***adv.*** in a suitable manner, उपयुक्त रूप से।

**suitcase** (सूट्´-केस्) ***n.*** a case for carrying clothes, सूटकेस।

**suite** (स्वीट्) ***n.*** 1. a number of attendants or followers, अनुचरवर्ग, अनुचरवृंद। 2. a set, जोड़, सेट; suite of rooms, (दो-तीन) कमरों का सेट; suite of furniture, फ़र्नीचर का सेट। 3. (music.) a set of musical piece, वाद्यसंगीत रचना (जिसमें कई पद हों)।

**suiting** (सू´-टिंग्) ***n.*** the fabric for making suits, सूट का कपड़ा।

**suitor** (सू´-टॅ:) ***n.*** 1. a plaintiff, अभियोक्ता, मुद्दई, वादी। 2. a man who wants to marry a particular girl or woman, विवाहार्थी, प्रेमी।

**sulk** (सल्क्) ***v.*** (sulked, sulking) to be sulky, रूठ जाना, मान करना, कोप करना।

**sulky** (सल्´-की) ***adj.*** (sulkier, sulkiest) aloof because of resentment, रूठा हुआ, रुष्ट।

**sullen** (सल्´-ॲन्) ***adj.*** 1. sulky, रुष्ट, रूठा हुआ, नाराज़। 2. gloomy, उदास, उचाट।

**sully** (सल्´-ई) ***v.*** (sullied, sullying) 1. to spoil, मैला या कलुषित करना। 2. to tarnish, कलंक लगाना, कलंकित करना।

**sulphate** (सल्´-फ़ेट्) ***n.*** a salt of sulphuric acid, सल्फ़ेट।

**sulphide** (सल्´-फ़ाइड्) ***n.*** a compound of sulpher and another element, गंधक तथा किसी अन्य तत्त्व का मिश्रण।

**sulphur** (सल्´-फ़ॅ:) ***n.*** a pale yellow substance used in medicine, explosives etc., गंधक।

**sulphuric** (सल्-फ़्यूर्´-इक्) ***adj.*** of or containing sulphur, गंधकी, गंधक का; sulphuric acid, गंधक का तेज़ाब।

**sultan** (सल्´-टॅन्) ***n.*** the sovereign of a Muslim country, सुलतान।

**sultana** (सल्-टैन्´-ॲ) ***n.*** the female sovereign, सुलताना।

**sultanate** (सल्´-टॅ-नेट्) ***n.*** 1. the territory ruled by a sultan, सल्तनत, राज्य। 2. the office or rank of a sultan, सुलतानी।

**sultry** (सल्´-ट्री) ***adj.*** (sultrier, sultriest) 1. oppressively hot and humid, उमसदार। 2. (of a woman) dark mysterious beauty, नमकीन। 3. hot, गरम। 4. sensual, कामुक।

**sum** (सम्) ***n.*** 1. a total, जोड़, योग, योगफल। 2. a problem in arithmetic, गणित का प्रश्न। 3. an indefinite or specified amount of money, धनराशि, रक़म। □ **lump sum,** एकमुश्त रक़म; **in sum,** संक्षेप

S

में; **sum and substance,** सार, निचोड़; **sum up,** निचोड़ निकालना। *v.* 1. to form the total of, जोड़ना, जोड़ लगाना। 2. to summarize, निष्कर्ष/निचोड़ निकालना।

**summarize** (सम्´-अॅ-राइज़्) *v.* 1. to make a summary of, सारांश निकालना। 2. to express briefly, थोड़े में कहना।

**summary** (सम्´-अॅ-री) *n.* a brief account, condensed statement, संक्षेप, सार, सारांश। *adj.* 1. brief, संक्षिप्त; summary trial, संक्षिप्त विचारण। 2. performed quickly and without formality, सरसरी रूप से होनेवाला; summary trial, सरसरी मुकदमा या जाँच।

**summation** (सॅ-मे´-शॅन्) *n.* 1. a collection, संकलन, संग्रह। 2. a summary, संक्षेप, सार, सारांश। 3. a total number or amount, कुल जोड़, कुल योग।

S

**summer** (सम्´-अॅ:) *n.* the warmest season of the year, गरमी का मौसम, ग्रीष्म ऋतु, गरमी।

**summer-house** (सम्´-अॅ:-हाउस्) *n.* a small building in a garden, उद्यान-गृह, बँगला।

**summer-time** *n.* the season of summer, गरमी का मौसम।

**summery** (सम्´-अॅ-री) *adj.* suitable for summer, गरम मौसम के लिए उपयुक्त, ठंडा।

**summing-up** (सम्´-इंग-अप्) *n.* concluding statement containing main points, उपसंहार, समाहार।

**summit** (सम्´-इट्) *n.* 1. a top, शिखर, चोटी। 2. the climax, पराकाष्ठा। 3. a meeting of heads of governments, शिखर-सम्मेलन।

**summit meeting** *n.* a summit, शिखर-सम्मेलन।

**summon** (सम्´-अॅन्) *v.* 1. to order or request to come, बुलाना, आह्वान करना। 2. to order to appear in court, समन भेजना। 3. to gather (one's courage, strength etc., साहस या हिम्मत) सँजोना, बटोरना।

**summons** (सम्´-अन्ज़्) *n.* a written order to appear in the court of law, समन, आह्वान-पत्र।

**sumo** (सू´-मो) *n.* a Japanese style wrestling, जापानी कुश्ती।

**sumptuary** (संप्´-चु-अॅ-री) *adj.* limiting the amount to be spent, व्यय-नियामक।

**sumptuous** (संप्´-चु-अॅस्) *adj.* 1. splendid, राजसी, भव्य। 2. expensive, महँगा, बहुमूल्य।

**sun** (सन्) *n.* 1. the star that gives light in the daytime, सूरज, सूर्य। 2. its heat and visible light, धूप, घाम। □ **under the sun,** इस धरती पर, इस दुनिया में। *v.* (sunned, sunning) 1. to bask in the sun's ray, धूप स्नान करना, धूप लेना। 2. to expose to the sunshine, धूप में रखना, धूप दिखाना।

**sunbaked** (सन्´-बेक्ड्) *adj.* baked in the sunshine, धूप में सुखाया हुआ।

**sunbath** (सन्´-बाथ्, सन्´-बैथ्) *n.* exposure of one's body to the sun, धूपस्नान।

**sunbathe** (सन्´-बेद्) *v.* to expose one's body to the sun, धूपस्नान करना।

**sunbeam** (सन्´-बीम्) *n.* a beam of sunlight, सूर्य की किरण।

**sunburn** (सन्´-ब:न्) *n.* an inflammation of the skin caused by prolonged exposure to the sun, धूप में होनेवाली झुलसन। *v.* (sunburned/sunburnt, sunburning) 1. to be afflicted with sunburn, धूप से झुलसना। 2. to afflict with sunburn, धूप से झुलसाना।

**Sunday** (सन्´-डे) *n.* the day following Saturday, रविवार, इतवार।

**sunder** (सन्´-डॅ:) *v.* to break into pieces, टुकड़े-टुकड़े करना, छिन्न-भिन्न करना।

**sundial** (सन्´-डाइ-अॅल्) *n.* a device showing time during the daytime, धूप-घड़ी।

**sundown** (सन्´-डाउन्) *n.* sunset, सूर्यास्त।

**sundried** (सन्´-ड्राइड्) *adj.* dried in the sunshine, धूप में सुखाया हुआ, आतप-शुष्क।

**sundries** (सन्´-ड्रीज़्) *n.* various small items not named individually, फुटकर वस्तुएँ।

**sundry** (सन्´-ड्री) *adj.* various, विविध, फुटकर। □ **all and sundry,** हर कोई, सभी तरह के लोग।

**sunfish** (सन्´-फ़िश्) *n.* a large ocean fish, एक प्रकार की बड़ी समुद्री मछली, सूर्यमीन।

**sunflower** (सन्´-फ़्लाउ-अँ:) *n.* a plant and its flower, सूर्यमुखी।

**sunglasses** (सन्´-ग्लास्/ग्लैस्-इज़्) *n.* eye-glasses with tinted lenses, धूप का चश्मा।

**sunken** (संक्´-कॅन्) *adj.* 1. submerged, डूबा हुआ। 2. depressed or hollow, दबा हुआ, खोखला।

**sunless** (सन्´-लिस्) *adj.* without sunshine, धूपविहीन।

**sunlight** (सन्´-लाइट्) *n.* the light from the sun, धूप।

**sunlit** (सन्´-लिट्) *adj.* lit by sunlight, धूप में चमकता हुआ।

**sunn** (सन्) *n.* a substance used for making rope and rough cloth, जूट, सन।

**sunny** (सन्´-ई) *adj.* (sunnier, sunniest) 1. full of sunshine, धूपयुक्त, धूपदार। 2. bright, उज्ज्वल, चमकीला। 3. cheerful, प्रसन्न, प्रफुल्ल।

**sunrise** (सन्´-राइज़्) *n.* the rising of the sun above the horizon, सूर्योदय।

**sunset** (सन्´-सेंट्) *n.* the setting of the sun below the horizon, सूर्यास्त।

**sunshade** (सन्´-शेड्) *n.* a device serving to shade from the sun, छाता, झाँप आदि।

**sunshine** (सन्´-शाइन्) *n.* 1. the direct rays from the sun, धूप। 2. happiness, सुख। 3. cheerfulness, हर्ष, प्रसन्नता।

**sunspot** (सन्´-स्पॉट्) *n.* any of the dark patches that appear on the sun's surface, सूर्य पर का धब्बा, सूर्यकलंक।

**sunstroke** (सन्´-स्ट्रोक्) *n.* a stroke caused by prolonged exposure, लू लगना।

**sunstruck** (सन्´-स्ट्रक्) *adj.* having sunstroke, जिसे लू लगी हो।

**suntan** (सन्´-टैन्) *n.* a tan produced by exposure to the sun, कालस, धूप-कालस।

**sun-worship** (सन्´-वॅ:-शिप्) *n.* the worship of the sun, सूर्यपूजा, सूर्योपासना।

**sup**[1] (सप्) *v.* (supped, supping) to sip, चुस्की भरना, घूँट-घूँट कर पीना। *n.* a sip, चुस्की, घूँट।

**sup**[2] *n.* a supper, रात का भोजन। *v.* (supped, supping) to take supper, रात का भोजन करना।

**super** (सू´-पॅ:) *adj.* excellent, उच्चकोटि का, बढ़िया, उत्कृष्ट।

**super-** (सू´-पॅ:) *pref.* 1. above, over, ऊपर, से अधिक या बढ़कर, अधि-। 2. of greater size or quality, महा।

**superannuation** (सू-पॅर्-ऐन-यु-ए´-शॅन्) *n.* 1. retirement, सेवानिवृत्ति, अवकाश-प्राप्ति। 2. pension, पेंशन।

**superb** (सू-प:ब्´) *adj.* 1. excellent, उत्कृष्ट, बढ़िया। 2. imposing, majestic, भव्य, शानदार।

**supercilious** (सू-पॅ:-सिल्´-इ-अँस्) *adj.* haughty, अभिमानी।

**superficial** (सू-पॅ:-फ़िश्´-अॅल्) *adj.* 1. of or on the surface, ऊपरी, सतही। 2. shallow, छिछला, उथला।

**superfine** (सू-पॅ:-फ़ाइन्´) *adj.* 1. of extra high quality, ऊँची गुणवत्तावाला। 2. of extra fine texture, अत्यंत उत्कृष्ट बुनावटवाला।

**superfluity** (सू-पॅ:-फ़्लू´-इ-टी) *n.* 1. the condition of being superfluous, व्यर्थता, फालतूपन। 2. overabundance, अति प्रचुरता। 3. something superfluous, फालतू वस्तु।

**superfluous** (सू-पॅ:´-फ़्लू-अॅस्) *adj.* 1. excessive, अत्यधिक, अनावश्यक। 2. unnecessary, व्यर्थ, फ़ालतू।

**superhuman** (सू-पॅ:-ह्यू´-मॅन्) *adj.* 1. beyond human ability, अतिमानवीय। 2. supernatural, अलौकिक, दिव्य।

**superimpose** (सू-पॅ:-इम्-पोज़्´) *v.* to lay on or place over something else, ऊपर रखना, अध्यारोपण करना।

**superintend** (सू-पॅ:-इन्-टॅन्ड्´) *v.* to exercise supervision over, निगरानी करना, अधीक्षण करना।

**superintendence** (सू-पॅ:-इन्-टॅन्´-डॅन्स्) *n.* the act of superintending, देख-रेख, अधीक्षण।

S

**superintendent** (सू-पॅः-इन्-टॅन्´-डॅन्ट्) *n.* one who superintends, अधीक्षक।

**superior** (सु-पिअॅर्-इ-अॅः) *adj.* 1. higher in rank or status, ऊँचा, वरिष्ठ, श्रेष्ठ। 2. of higher quality, उच्चकोटि का, बढ़िया, उत्कृष्ट। 3. conceited, घमंडी। 4. indifferent, उदासीन; She is superior to flattery. ख़ुशामद से वह ऊपर है। *n.* 1. a person of greater rank or status, उच्चाधिकारी। 2. the head of religious community, महंत, गुरु, धर्माचार्य।

**superiority** (सु-पिअॅर्-इ-ऑर्´-इ-टी) *n.* 1. the quality or state of being superior, वरिष्ठता, श्रेष्ठता। 2. excellence, उत्कृष्ट।

**superiority complex** *n.* the exaggerated opinion of onesel श्रेष्ठता का भ्रम, उच्च मनोग्रंथि।

S

**superlative** (सू-पॅः´-ले-टिव्) *adj.* 1. of highest degree, उत्तम, सर्वोत्कृष्ट, सर्वोत्तम। 2. (gram.) expressing the highest degree, उत्तमतासूचक, उत्तमावस्था का सूचक।

**superliner** (सू-पॅः-लाइ-नॅः) *n.* a very large or very fast ship, बहुत बड़ा या बहुत तेज़ यान।

**superman** (सू´-पॅः-मैन्/मॅन्) *n.* a man with more than human powers, अतिमानव।

**supermarket** (सू´-पॅः-माः-किट्) *n.* a large self-service retail store, सुपर बाज़ार।

**supernatural** (सु-पॅः-नैच्´-उ-रॅल्) *adj.* divine, अलौकिक, लोकोत्तर, दिव्य।

**supernova** (सु-पॅः-नो´-वॅ) *n.* a rare phenomenon in which a star explodes, resulting in up to a hundred million times brighter than the sun, सुपरनोवा, अधिनोवा।

**supernumerary** (सु-पॅः-न्यू´/नू´-मॅ-रॅर्-ई) exceeding a regular or fixed number, नियमित या नियत संख्या से अधिक, अधिसंख्य।

**superpose** (सु-पॅः-पोज़्´) *v.* to place on or above something, किसी के ऊपर रखना, अधिरोपित करना।

**superpower** (सु-पॅः-पाउ´-अॅः) *n.* one of the powerful nations of the world, महाशक्ति।

**supersede** (सु-पॅः-सीड्´) *v.* 1. to take the place of, दूसरे का स्थान ग्रहण करना, दूसरे की जगह लेना। 2. to cause to be set aside, हटा देना, भंग करना।

**supersonic** (सु-पॅः-सॉन्´-इक्) *adj.* moving at a speed greater than that of sound, पराध्वनिक, ध्वनि की गति से तेज़।

**superstar** (सु´-पॅः-स्टाः) *n.* a great star, बहुत बड़ा अभिनेता, महाभिनेता।

**superstition** (सु-पॅः-स्टिश्´-अॅन्) *n.* an unreasoningly upheld belief, अंधविश्वास।

**superstitious** (सु-पॅः-स्टिश्´-अॅस्) *adj.* 1. having superstitions, अंधविश्वासी। 2. based on superstitions, अंधविश्वासपूर्ण।

**superstructure** (सु´-पॅः-स्ट्रक्-चॅः) *n.* a structure built on top of something else, उपरिभवन, अधिरचना।

**supervise** (सु´-पॅः-वाइज़्) *v.* to inspect the work of, काम की देख-रेख करना, पर्यवेक्षण करना।

**supervision** (सु-पॅः-विज़्ह्´-अॅन्) *n.* the act of supervising, देख-रेख, पर्यवेक्षण।

**supervisor** (सु-पॅः-वाइ´-ज़ॅः) *n.* one who supervises, पर्यवेक्षक, सुपरवाइज़र।

**supervisory** (सु-पॅः-वाइ´-ज़ॅ-री) *adj.* of supervision, पर्यवेक्षी, पर्यवेक्षण-संबंधी।

**supine** (सु-पाइन्´) *adj.* 1. lying with face upward, चित (लेटा हुआ)। 2. lacking in action, lazy, सुस्त, आलसी।

**supper** (सप्´-अॅः) *n.* an evening meal, रात का भोजन, रात्रिभोज।

**supplant** (सॅ-प्लान्ट्´, सु-प्लैन्ट्´) *v.* 1. to uproot, उखाड़ देना। 2. to supersede, दूसरे का स्थान (छल या बल से) ग्रहण करना।

**supple** (सप्´-अॅल्) *adj.* 1. flexible, लचीला, सुनम्य। 2. submissive, दब्बू, नमनशील। 3. agile, फुर्तीला।

**supplement** (सप्´-लि-मॅन्ट्) *n.* 1. something that completes or makes an addition, पूरक, अनुपूरक। 2. a part added to a book, newspaper etc., to give extra information, परिशिष्ट। *v.* 1. to add or complete, जोड़ना, पूरा करना। 2. to add supplement to, परिशिष्ट जोड़ना या लगाना।

**supplementary** (सप्-लि-मेंन्ट्´-अॅ-री) ***adj.*** 1. additional, अतिरिक्त। 2. added as a supplement, अनुपूरक।

**suppliant** (सप्´-लि-अॅन्ट्) ***n.*** one who supplicates, मिन्नत या चिरौरी करनेवाला, विनयी।

**supplicant** (सप्´-लि-कॅन्ट्) ***adj. & n.*** a suppliant, चिरौरी करनेवाला।

**supplicate** (सप्´-लि-केट्) ***v.*** to make a humble entreaty, चिरौरी करना, विनय करना।

**supplication** (सप्-लि-के´-शॅन्) ***n.*** the act or instance of supplicating, चिरौरी, विनय।

**supplier** (सॅ-प्लाइ´-अॅ:) ***n.*** one who supplies, पूर्तिकर्ता, सप्लायर।

**supply** (सॅ-प्लाइ´) ***v.*** (supplied, supplying) 1. to provide, देना, प्रदान करना। 2. to make available for use or sale, पूर्ति करना, आपूर्ति करना। ***n.*** 1. the act of supplying, पूर्ति करना। 2. something supplied for sale or use, पूर्ति, आपूर्ति।

**support** (सॅ-पो:ट्´) ***v.*** 1. to hold or maintain in position, सहारा देना, टेक देना, सँभालना। 2. to promote the interest or cause of, समर्थन करना। 3. to assist or help, सहायता करना। 4. to maintain or subsist, भरण-पोषण करना, संपोषण करना। 5. to supply with necessaries, आपूर्ति करना। 6. to endure, बर्दाश्त करना। ***n.*** 1. the act of supporting or the state of being supported, समर्थन। 2. aid, help, सहायता। 3. a prop, टेक, सहारा। 4. maintenance or subsistence, भरण-पोषण।

**supporter** (सॅ-पो:´-टॅ:) ***n.*** 1. one who supports, समर्थन करनेवाला, समर्थक। 2. one who maintains, भरण-पोषणकर्ता।

**supportive** (सॅ-पो:´-टिव्) ***adj.*** that supports or maintains, संतोषक, समर्थक, सहायक।

**suppose** (सॅ-पोज़्´) ***v.*** 1. to assume, मान लेना, कल्पना करना। 2. to guess, अटकल लगाना।

**supposed** (सॅ-पोज़्ड्´) ***adj.*** believed, माना हुआ, तथाकथित।

**supposedly** (सॅ-पो´-ज़िड्-ली) ***adv.*** according to what is supposed, कल्पना के अनुसार।

**supposing** (सॅ-पो´-ज़िग्) ***conj.*** if, यदि।

**supposition** (सप्-अॅ-ज़िश्´-अॅन्) ***n.*** something supposed, कल्पना; मान्यता।

**suppository** (सॅ-पॉज़्´-इ-टॅ-री) ***n.*** a piece of medicated substance to be placed into the rectum, vagina etc., बत्ती, वर्ती।

**suppress** (सॅ-प्रेस्´) ***v.*** 1. to crush, कुचल डालना। 2. to quell, शांत कर देना। 3. to conceal, छिपा देना। 4. to prevent, रोक देना।

**suppressible** (सॅ-प्रेस्´-इ-बॅल्) ***adj.*** that can be suppressed, दमनीय, कुचल डालने योग्य।

**suppression** (सॅ-प्रेश्´-अॅन्) ***n.*** the act of suppressing or the state of being suppressed, दबना या दबाया जाना, दमन, निग्रह।

**suppressive** (सॅ-प्रेस्´-इव्) ***adj.*** that suppresses, दमनकारी, दमनात्मक।

**suppressor** (सॅ-प्रेस्´-अॅ:) ***n.*** one who suppresses, दमनकर्ता।

**supra** (सू´-प्रॅ) ***adv.*** above or before, ऊपर या पहले।

**supremacy** (सू-प्रेम्´-अॅ-सी) ***n.*** 1. the state or quality of being supreme, श्रेष्ठता, सर्वोच्चता। 2. supreme authority, प्रभुसत्ता, प्रभुता।

**supreme** (सू-प्रीम्´) ***adj.*** 1. highest in rank or authority, उच्चतम, सर्वोच्च। 2. highest in degree, सबसे बड़ा, परम।

**supremely** (सू-प्रीम्´-ली) ***adv.*** very, अत्यंत, अत्यधिक।

**surcharge** (स:´-चा:ज्) ***n.*** extra charge, अतिरिक्त देय, अधिप्रभार। ***v.*** to make a surcharge on, अधिभार लगाना।

**sure** (श्योः, शू:, श्ो:) ***adj.*** 1. that can be relied upon, विश्वसनीय। 2. confident, विश्वस्त। 3. certain, निश्चित। 4. steady, firm, पक्का, दृढ़। 5. inevitable, अनिवार्य, अपरिहार्य। 6. true, सत्य, सच्चा। 7. certain to do something, अमोघ, अचूक। ☐ **for sure,** निस्संदेह, निश्चय ही; **to be sure,** अवश्य ही।

**surefire** (श्यो:´-फ़ाइ:) ***adj.*** certain to get

S

results, अमोघ, अचूक।

**surefooted** (श्योः-फ़ुट्´-इड्) ***adj.*** not liable to stumble or fall, जो लड़खड़ाता या गिरता न हो।

**surely** (श्योः´-ली) ***adv.*** certainly, निश्चित रूप से, निस्संदेह, निश्चय ही।

**sureness** (श्योः´-निस्) ***n.*** the quality of being sure, विश्वसनीयता; निश्चितता; दृढ़ता।

**surety** (शूर्´-अॅ-टी, शोर्´-अॅ-टी) ***n.*** 1. the state of being sure, certainty, निश्चय, असंदिग्धता। 2. a guarantee, गारंटी। 3. one who makes oneself responsible for another, ज़मानतदार, जामिन, प्रतिभू। □ **stand surety,** ज़मानतदार बनना।

**surf** (सःफ़्) ***n.*** the white foam of breaking waves, समुद्री फेन। ***v.*** (surfed, surfing) to go surfing, लहरों का फेन छोड़ना।

S

**surface** (सः´-फ़िस्) ***n.*** 1. the outside of an object, ऊपरी सतह, ऊपरी तल, धरातल। 2. the outward appearance, बाह्य रूप। □ **on the surface,** सतही तौर पर, ऊपर-ऊपर से, ऊपर से देखने पर। ***adj.*** 1. of or on the surface, ऊपरी, सतही। 2. superficial, ऊपरी, साधारण, सामान्य। ***v.*** (surfaced, surfacing) 1. to form the surface of, चौरस बनाना। 2. to rise to the surface, तल तक पहुँचना। 3. to come to the surface, सतह या तल पर आना।

**surface mail** ***n.*** the mail carried by sea, समुद्री डाक।

**surface-to-air** (सः´-फ़िस्-टॅ-ॲॲः) ***adj.*** that can be fired from a point of land to a target in the air, ज़मीन से हवा में मार करनेवाला (अस्त्र)।

**surface-to-surface** (सः´-फ़िस्-टॅ-सः´-फ़िस्) ***adj.*** that can be fired from a point of land tc a target elsewhere on land, ज़मीन से ज़मीन पर मार करनेवाला (अस्त्र)।

**surfeit** (सः´-फ़िट्) ***v.*** to satiate, छककर खाना या खिलाना, अघा जाना या अघा देना। ***n.*** 1. the act of surfeiting or the state of being surfeited, अत्राव। 2. an excessive amount, अत्यधिक मात्रा।

**surge** (सःज्) ***v.*** to move like waves, लहरों की तरह बढ़ना, उफनना। ***n.*** 1. a motion like that of great waves, उफान। 2. a sudden onrush, आवेश, आवेग।

**surgeon** (सः´-जॅन्) ***n.*** a specialist in surgery, शल्यकार, जर्राह, सर्जन।

**surgery** (सः´-जॅ-री) ***n.*** 1. an act of operating, शल्यकर्म, शल्य-चिकित्सा, जर्राही, सर्जरी। 2. an operating room, शल्य-चिकित्सा कक्ष, शल्यकक्ष। 3. the science of operating, शल्य-चिकित्सा-विज्ञान।

**surgical** (सः´-जि-कॅल्) ***adj.*** of surgery, शल्यकर्म-संबंधी।

**surliness** (सः´-लि-निस्) ***n.*** bad temperament, चिड़चिड़ापन।

**surly** (सः´-ली) ***adj.*** bad tempered, चिड़चिड़ा।

**surmise** (सॅः-माइज़्´) ***v.*** to guess or conjecture, अनुमान लगाना, अटकल लगाना। ***n.*** guess, conjecture, अटकल, अनुमान।

**surmount** (सॅः-माउन्ट्´) ***v.*** 1. to overcome or conquer, पार पाना, जीत लेना। 2. to climb, चढ़ना। □ **be surmounted by,** सबसे ऊपर होना।

**surmountable** (सॅः-माउन्ट्´-टॅ-बॅल्) ***adj.*** that can be overcome or surmounted, जिसपर पार पाया जा सके, जिसे जीता जा सके।

**surname** (सः´-नेम्) ***n.*** 1. a family name, कुलनाम, वंशनाम। 2. a given name, उपनाम।

**surpass** (सॅः-पास्´/पैस्´) ***v.*** 1. to excel, आगे निकल या बढ़ जाना, (दूसरों पर अपनी) श्रेष्ठता सिद्ध कर देना। 2. to outdo, मात कर देना।

**surpassing** (सॅः-पास्´/पैस्´-इंग्) ***adj.*** of a very high degree, असाधारण, बढ़ा-चढ़ा, श्रेष्ठ।

**surplice** (सः´-प्लिस्) ***n.*** a loose wide-sleeved white gown, (पादरियों का) सफ़ेद अंगा।

**surplus** (सः´-प्लस्) ***n.*** 1. an amount or quantity in excess of what is required, बेशी, बचा हुआ अंश, फ़ालतू चीज़। 2. an excess of receipts over disbursements, बचत, लाभ। ***adj.*** being a surplus, बचा हुआ, बचत के रूप में होनेवाला।

**surprise** (सॅः-प्राइज़्´) ***n.*** 1. the feeling caused

by something happening unexpectedly or suddenly, आश्चर्य, विस्मय। 2. unexpected occurrence, आकस्मिक घटना। *v.* (surprised, surprising) 1. to astonish, चकित कर देना, आश्चर्य में डाल देना, चौंका देना। 2. to attack or capture suddenly, सहसा टूट पड़ना या आक्रमण कर देना।

**surprised** (सॅ:-प्राइज़्ड्´) *adj.* experiencing surprise, चकित, विस्मित, हैरान।

**surprising** (सॅ:-प्राइ´-ज़िंग्) *adj.* causing surprise, विस्मयकारी, आश्चर्यजनक।

**surrealism** (स-री´-अॅ-लिज़्-अॅम्) a movement in art and literature that seeks to express or portray the objects seen in the dreams, अतियथार्थवाद।

**surrealist** (स-री´-अॅ-लिस्ट्) *adj.* of surrealism, अतियथार्थवादी। *n.* a surrealist artist or writer, अतियथार्थवादी।

**surrender** (सॅ-रैंन्´-डॅ:) *v.* 1. to give up oneself to the authorities or a conqueror, आत्मसमर्पण करना, अभ्यर्पण करना। 2. to give up possessions, अर्पित कर देना। 3. to give up to an emotion, अभिभूत हो जाना, डूब जाना। *n.* the act of surrendering or the state of being surrendered, आत्मसमर्पण, समर्पण।

**surreptitious** (सॅ:-रैंप्-टिश्´-अॅस्) *adj.* 1. secret, गोपनीय, गुप्त। 2. done or made stealthily, चोरी-छिपे किया जाने या बनाया जानेवाला, चोरी का।

**surreptitiously** (-ली) *adv.* stealthily, चोरी-चोरी, चोरी-छिपे।

**surrogate** (सर्´-अॅ-गेट्) *n.* 1. a deputy, सहायक। 2. a substitute, स्थानापन्न।

**surround** (सॅ-राउन्ड्´) *v.* 1. to encircle, चारो ओर घेरा डालना, घेर लेना। 2. to enclose from all sides, चारो ओर से बंद कर देना।

**surrounding** (सॅ-राउन्-डिंग्) *adj.* that is nearby, आस-पास का।

**surroundings** (सॅ-राउन्´-डिंग्स्) *n.* 1. the external circumstances, परिवेश, वातावरण। 2. the things around, आस-पास की चीज़ें, पास-पड़ोस।

**surveillance** (स:-वे´-लॅन्स्) *n.* close observation, निगरानी, चौकसी, देख-रेख।

**survey** (स:-वे´) *v.* 1. to look at and take general view of, सर्वेक्षण, पर्यवेक्षण करना। 2. to determine and map out the location, boundaries etc., of a plot or building, नक़्शा बनाना। *n.* the act of surveying or the state of being surveyed, सर्वेक्षण।

**surveying** (स:-वे´-इंग्) *n.* the work of a surveyor, सर्वेक्षण।

**surveyor** (स:-वे´-अॅ:) *n.* one who surveys, सर्वेक्षक; नक़्शा बनानेवाला।

**survival** (सॅ:-वाइ´-वॅल्) *n.* the act of surviving or the state of being survived, बचे रहना, उत्तरजीविता; survival of the fittest, योग्यतम की उत्तरजीविता।

**survive** (सॅ:-वाइव्´) *v.* (survived, surviving) 1. to continue to be alive, जीवित रहना, बना रहना, चला चलना। 2. to live or exist longer (than others, दूसरों की अपेक्षा) लंबी उम्र पाना, उत्तरजीवी होना।

**survivor** (सॅ:-वाइ´-वॅ:) *n.* one who survives, ज़ीवित बचा रहनेवाला, (अपेक्षया) लंबी उम्र पानेवाला, उत्तरजीवी।

**susceptibility** (सॅ-सेंप्-टि-बिल्´-इ-टी) *n.* the state of being susceptible, जल्दी प्रभावित होने की प्रकृति, संवेदिता, ग्रहणशीलता।

**susceptible** (सॅ-सेंप्´-टि-बॅल्) *adj.* having a sensitive nature or feelings, जल्दी प्रभावित हो जानेवाला, संवेदी, ग्रहणशील।

**suspective** (सॅ-सेंप्´-टिव्) *adj.* = susceptible.

**suspect** (सॅ-स्पेंक्ट्´) *v.* 1. to suppose to be, संभावित लगना या प्रतीत होना। 2. to believe that (someone) is guilty, (किसी को) दोषी समझना, (किसी पर) संदेह करना। 3. to mistrust, (किसी पर) अविश्वास करना, (किसी को) गलत समझना। *n.* a person who is suspected of a crime, संदिग्ध व्यक्ति।

**suspend** (सॅ-स्पेंन्ड्´) *v.* 1. to debar temporarily (from any office, किसी पद से) निलंबित करना। 2. to cause to stop temporarily, (कोई कार्य या सेवा) स्थगित करना।

S

3. to defer, or put off, टाल देना, आस्थगित करना, रोके रखना। 4. to hold without attachment, टँग जाना, अटक जाना, लटकना।

**suspenders** (सॅ-स्पॅन्´-डॅ:स्) ***n.*** (plu.) straps for keeping trousers up, गेलिस।

**suspense** (सॅ-स्पॅन्स्´) ***n.*** 1. the condition or quality of being undecided, अनिश्चय की स्थिति, दुविधा, असमंजस। 2. mental uncertainty, मानसिक अनिश्चितता, चिंता, घबराहट। 3. the state of being uncertain as in awaiting a decision, अनिश्चियजन्य उत्सुकता। 4. suspension, निलंबन।

**suspense account *n.*** an account in which items are temporarily entered, उचंत खाता।

**suspension** (सॅ-स्पॅन्´-शॅन्) ***n.*** 1. the act of suspending or the state of being suspended, निलंबन, मुअतली। 2. temporary deferment, आस्थगन। 3. the act of hanging or the state of being hung, टँगने, अटकने या लटकने की क्रिया, अवस्था या भाव।

**suspension bridge *n.*** a bridge suspended from cables, झूला (जैसे लक्ष्मण झूला), झुलवाँ पुल।

**suspicion** (सॅ-स्पिश्´-ऑन्) ***n.*** 1. belief without sure proof, doubt, संशय, संदेह, शंका। 2. a hint, संकेत। □ **above suspicion,** संदेह से परे; **under suspicion,** संदिग्ध।

**suspicious** (सॅ-स्पिश्´-ऑस्) ***adj.*** 1. causing suspicion, संदिग्ध, संशयजनक। 2. feeling suspicion, शंकालु, सशंक।

**sustain** (सॅ-स्टेन्´) ***v.*** 1. to keep alive, जीवित (बनाए) रखना। 2. to maintain, भरण-पोषण करना। 3. to bear, सहना, झेलना। 4. to carry the burden of, भार उठाना। 5. to support, समर्थन करना।

**sustainable** (सॅ-स्टेन्´-ॲ-बॅल्) ***adj.*** that can be sustained, जिसे जीवित रखा जा सके; जिसका भरण-पोषण किया जा सके; जिसका भार उठाया जा सके, धारणीय।

**sustained** (सॅ-स्टेन्ड्´) supported, maintained, संपोषित; समर्थित; धारित।

**sustenance** (सस्´-टॅ-नॅन्स्) ***n.*** 1. livelihood, जीविका। 2. nourishment, पोषण। 3. maintenance, भरण-पोषण।

**swab** (स्वॉब्) ***n.*** 1. a piece of cotton attached to the end of a stick for cleansing or applying medicine, फाहा। 2. a mop, झाड़न या पुचारा। ***v.*** (swabbed, swabbing) 1. to medicate with a swab, फाहे से दवा लगाना। 2. to cleanse with a swab, झाड़न या पुचारे से साफ़ करना।

**swagger** (स्वैग्´-गॅ:) ***v.*** 1. to walk in an arrogant manner, अकड़कर चलना। 2. to behave in an arrogant manner, अकड़ दिखाना। ***n.*** 1. an arrogant gait, अकड़-भरी चाल। 2. arrogant behaviour, ऐंठ, अकड़।

**swallow**[1] (स्वॉल्´-ओ) ***v.*** 1. to devour, गड़प कर जाना, निगल जाना, लीलना। 2. to grab, हड़प जाना/लेना। 3. to bear humbly, चुपचाप सहन करना, पी जाना। 4. to take back, वापस लेना। 5. to repress, दबा देना। ***n.*** 1. the act of swallowing, निगलने की क्रिया या भाव। 2. the amount swallowed at a time, एक बार में निगली जानेवाली मात्रा, घूँट या ग्रास।

**swallow**[2] ***n.*** a small bird with short legs and long pointed wings, अबाबील। □ **One swallow does not make a summer.** एक फूल खिलने से बहार नहीं आती; एक कोयल देखकर यह नहीं समझना चाहिए कि बसंत आ गया अर्थात् जरा सी बात से झट निष्कर्ष नहीं निकाल लेना चाहिए।

**swam** (स्वैम्) ***v.*** p.t. of swim.

**swami** (स्वा´-मी) ***n.*** a lord, स्वामी, मालिक।

**swamp** (स्वॉम्प्) ***n.*** a marsh, कीचड़, दलदल। ***v.*** 1. to submerge in water, जलमग्न कर देना या हो जाना। 2. to overburden or be overburdened, लाद देना या लादा जाना। 3. to render helpless, लाचार बना देना।

**swampy** (स्वॉम्´-पी) ***adj.*** marshy, दलदला, पंकिल।

**swan** (स्वॉन्) ***n.*** a large water bird having a long neck, a long slender beak and a white plumage, हंस, मराल। ***v.*** (swanned, swanning) to wander idly, मंदगति से चलना।

**swank** (स्वैंक्) ***n.*** 1. elegance, सौंदर्य, लालित्य। 2. ostentation, दिखावा, आडंबर।

**swanky** (स्वैंक्´-की) ***adj.*** 1. elegant, सुंदर। 2. ostentatious, आडंबरपूर्ण।

**swap** (स्वॉप्) ***v.*** (swapped, swapping) to exchange, अदला-बदली करना, विनिमय करना। ***n.*** an exchange, अदला-बदली, विनिमय।

**sward** (स्वा:ड्) ***n.*** a lawnlike ground, घास का मैदान।

**swarm** (स्वा:म्) ***n.*** a large group of bees, insects or animals, झुंड, दल, गिरोह।

**swarthy** (स्वा:´-दी) ***adj.*** of dark complexion, साँवला।

**swashbuckling** (स्वॉश्´-बक्-लिंग्) ***adj.*** exciting and romantic, जोश-भरा तथा रोमानी।

**swat** (स्वॉट्) ***v.*** (swatted, swatting) to strike or hit sharply, (मक्खी आदि को) पंखी आदि किसी चपटी चीज से झटके से मारना। ***n.*** a sharp or violent blow, झटके से किया हुआ आघात।

**swathe** (स्वेद्) ***n.*** a bandage, पट्टी। ***v.*** (swathed, swathing) 1. to bandage, पट्टी बाँधना। 2. to bind with bandages, पट्टियाँ बाँधना।

**sway** (स्वे) ***v.*** 1. to swing or cause to swing, झूमना, झूलना या झुलाना। 2. to lean to one side, एक तरफ़ झुकना, उलरना। 3. to influence (the opinions or actions of others, दूसरों की राय या कार्य) बदल देना, प्रभावित करना। ***n.*** 1. a swinging movement, पेंग। 2. an act of swaying, झूलने की क्रिया या भाव, झुलाव। 3. influence, प्रभाव, ज़ोर।

**swear** (स्वेंअॅ:) ***v.*** (swore, sworn, swearing) 1. to state or declare on oath, शपथ लेना, शपथपूर्वक कहना। 2. to assert with great emphasis, ज़ोर देकर कहना। 3. to cause to take an oath, शपथ दिलाना। ☐ **swear in,** (पद, गोपनीयता आदि की) शपथ दिलाना; **swear off,** त्याग देना, छोड़ देना।

**swearer** (स्वेंअॅर्´-अॅ:) ***n.*** one who swears, शपथकर्ता, क़सम खानेवाला।

**swear-word** (स्वेंअॅ:´-व:ड्) ***n.*** an obscene word, गाली, अपशब्द।

**sweat** (स्वेंट्) ***n.*** 1. perspiration, पसीना, स्वेद। 2. a state of sweating, पसीने से तर-बतर होना। 3. a laborious task, मेहनत का काम। 4. drops of moisture, जलकण। ☐ **no sweat,** चिंता की कोई बात नहीं। ***v.*** (sweat/sweated, sweating) 1. to perspire, पसीना होना, पसीने से तर-ब-तर होना, पसीने-पसीने हो जाना। 2. to become with surface droplets, पसीजना। 3. to cause to perspire, पसीना लाना। 4. to work long and hard, देर तक कड़ी मेहनत करना, पसीना बहाना। ☐ **sweat blood,** कठोर परिश्रम करना, ख़ून-पसीना एक करना; **sweat it out,** अंत तक झेलना; **by the sweat of one's brow,** कड़े परिश्रम से, पसीना बहाकर।

**sweater** (स्वेंट्´-अॅ:) ***n.*** a knitted jacket, स्वेटर।

**sweaty** (स्वेंट्´-ई) ***adj.*** damp with sweat, पसीने से तर, पसीना-पसीना, स्वेदित।

**Swede** (स्वीड्) ***n.*** a native of Sweden, स्वीडनवासी।

**Swedish** (स्वी´-डिश्) ***adj.*** of Sweden, स्वीडी। ***n.*** the language of Sweden. स्वीडिश भाषा।

**sweep** (स्वीप्) ***v.*** (swept, sweeping) 1. to clean (with a broom, brush etc.) झाड़ू देना, बुहारना। 2. to remove (dirt, धूल आदि) हटाना, साफ़ करना, सफ़ाई करना। 3. to move or remove by pushing, बहा ले जाना। 4. to spread rapidly, ज़ोरों से फैलना। 5. to win overwhelmingly, अच्छी ख़ासी जीत होना। 6. to extend gracefully, अच्छी तरह फैला होना। 7. to move proudly, शान से चलना, अकड़कर चलना। ☐ **sweep the board,** (i) बाज़ी मार लेना, (ii) सभी पुरस्कार जीत लेना। ***n.*** 1. the act of sweeping, सफ़ाई। 2. expanse, फैलाव, विस्तार। 3. range, मार, परास। 4. any curving line, चाप। 5. a long oar, (नाव का) लंबा

S

डाँड़। 6. a sweeper, सफ़ाई करनेवाला। □ **chimney sweep,** चिमनी साफ़ करनेवाला; **clean sweep,** पूरी विजय।

**sweeper** (स्वी´-पः) ***n.*** 1. a person who sweeps, झाड़ू लगानेवाला, झाड़ूकश, मेहतर। 2. a machine for sweeping, सफ़ाई मशीन।

**sweeping** (स्वी´-पिंग्) ***adj.*** 1. comprehensive, व्यापक। 2. overwhelming, भारी; sweeping victory, भारी विजय।

**sweep-stakes** (स्वीप्´-स्टेक्स्) ***n.*** a form of gambling in horse races in which the stakes of the participants constitute the prize, घुड़दौड़-संबंधी एक प्रकार का जुआ।

**sweet** (स्वीट्) ***adj.*** 1. having a sugary taste, मीठा, मधुर। 2. melodious, मधुर, कर्णप्रिय। 3. fresh, जो बासी न हो, ताज़ा। 4. (water) not salty, जो खारा न हो, मीठा। 5. pleasant, अच्छा, प्रिय, ख़ुशगवार। 6. fragrant, ख़ुशबूदार, सुगंधित। ***n.*** 1. a sweetmeat, मिठाई, मिष्ठान्न। 2. any sweet dish, मधुर व्यंजन। 3. a sweetheart, प्रिय या प्रेमी। 4. (plu.) a pleasurable experience, मधुर या सुहावना अनुभव।

**sweet and sour** (स्वीट्´-ॲन्-साउः) tasting sweet as well as sour, खट्टा-मीठा।

**sweetbread** (स्वीट्´-ब्रेड्) the pancreas or the thymus gland of an animal used for food, पक्वाशय या बाल्यग्रंथि का मांस।

**sweet corn** ***n.*** a variety of maze, एक तरह की मक्की।

**sweeten** (स्वी´-टॅन्) ***v.*** 1. to make or become sweet, मीठा बनाना या बनना। 2. to make or become more agreeable, और अधिक अनुकूल करना या होना।

**sweetening** (स्वी´-टॅ-निंग्) ***n.*** processes of making sweet, मीठा या मधुर बनाने की क्रिया।

**sweetheart** (स्वीट्´-हाःट्) ***n.*** a lover, प्रियतम या प्रियतमा, प्रेमी या प्रेयसी।

**sweetie** (स्वी´-टी) ***n.*** 1. a sweetheart, प्रिया या प्रेमी। 2. a sweet child, प्यारा बच्चा।

**sweetmeat** (स्वीट्´-मीट्) ***n.*** any sweet delicacy prepared with sugar, मिठाई।

**sweetness** (स्वीट्´-निस्) ***n.*** the quality of being sweet, मिठास।

**sweet potato** ***n.*** a plant and its root used as a vegetable, शकरकंद।

**sweet-talk** (स्वीट्´-टाःक्) ***v.*** to flatter, ख़ुशामद करना।

**sweet talk** ***n.*** flattery, ख़ुशामद।

**sweet tooth** ***n.*** a strong liking for sweets, मिष्ठान्न-प्रेम।

**swell** (स्वेल्) ***v.*** (swelled, swollen/swelled, swelling) 1. to make or become larger in size due to internal pressure, फुलाना या फूलना, सुजाना या सूजना। 2. to make or become larger in numbers, amount, intensity etc., बढ़ाना या बढ़ना। 3. to puff or be puffed up with pride, अभिमान से फूल उठना या फुला देना। 4. to overflow, छलकने या बहने लगाना। ***n.*** 1. a swelling, सूजन, शोथ। 2. an increase in size, amount, intensity etc., बढ़ती, बढ़ोतरी, वृद्धि। 3. a person very fashionably dressed, छैला, बना-ठना व्यक्ति। ***adj.*** very good, बहुत बढ़िया।

**swelled head** ***n.*** conceit, घमंड।

**swellhead** (स्वेल्´-हेड्) ***adj.*** conceited, घमंडी।

**swelling** (स्वेल्´-इंग्) ***n.*** inflammation, सूजन।

**swelter** (स्वेल्´-टः) ***v.*** (sweltered, sweltering) to perspire, पसीने-पसीने होना।

**swerve** (स्वःव्) ***v.*** (swerved, swerving) to turn suddenly, एकाएक मुड़ना।

**swift** (स्विफ़्ट्) ***adj.*** 1. fast, speedy, rapid, तेज़, तीव्रगामी। 2. prompt, उद्यत, तत्पर। ***n.*** a swift-flying bird resembling the swallow, अबाबील जाति का एक पक्षी, बतासी।

**swig** (स्विग्) ***v.*** (swigged, swigging) to drink in large quantities, ख़ूब पीना, बड़े-बड़े घूँट भरना। ***n.*** a drink, पेय, बड़ा घूँट।

**swill** (स्विल्) ***v.*** (swilled, swilling) 1. to be flooded with water, पानी से भर दिया जाना। 2. to drink in large quantities, ख़ूब भरना। ***n.*** garbage (of kitchen, रसोई का) कूड़ा।

**swim** (स्विम्) ***v.*** (swam, swum, swimming)

1. to move through water by movements of arms, legs, fins etc., तैरना। 2. to cause to swim, तैराना। 3. to reel, घूमना, चक्कर खाना; My head swam. मेरा सिर घूमने लगा। 4. to cross by swimming, तैर कर पार करना। *n.* 1. the act of swimming, तैरने की क्रिया, संतरण। 2. a period of swimming, तैरने की अवधि। □ **in the swim,** सक्रिय या सचेत।

**swimmer** (स्विम्´-अ:) *n.* one who swims, तैराक, तैरनेवाला।

**swimming** (स्विम्´-इंग्) *n.* the act of a person who swims, तैरने की क्रिया, संतरण। *adj.* affected with a dizzy, जिसका सिर घूम रहा हो।

**swimming bath** *n.* an indoor swimming pool, तरणताल।

**swimming costume/suit** *n.* any garment worn for swimming, तैराक की पोशाक, तरणवेश।

**swimmingly** (स्विम्´-इंग्-ली) *adv.* 1. successfully, सफलतापूर्वक। 2. effortlessly, अनायास, आराम से।

**swimming pool** *n.* an indoor tank for swimming, तरणताल।

**swindle** (स्विन्´-डॅल्) *v.* to cheat, धोखा देना, ठगना। *n.* an act of swindling, ठगी, धोखेबाज़ी।

**swindler** (स्विन्´-डॅ-लॅ:) *n.* one who swindles, ठग, धोखेबाज़।

**swine** (स्वाइन्) *n.* 1. a pig, सुअर। 2. a contemptible person, घिनौना व्यक्ति।

**swing** (स्विंग्) *v.* (swung, swinging) 1. to hang freely, लटकना, झूलना। 2. to move backward and forward with regular movements, झूलना। 3. to cause to move backward and forward with regular movements, झुलाना। 4. to move or wave, (हथियार आदि) घुमाना, चमकाना। 5. to turn, घूमना या घुमाना। 6. to give a swinging turn, (गेंद को इस प्रकार फेंकना कि वह) घूमती हुई आगे बढ़े। 7. to influence, प्रभावित करना। 8. to be executed by hanging, फाँसी पर चढ़ाया जाना। *n.* 1. the act of swinging, झूलने की क्रिया या भाव। 2. a hanging seat, झूला। 3. the length of the arc through which something swings, पेंग, झोंका। 4. to and fro or swinging movement, दोलन। 5. rhythm, लय, गति। 6. changing of opinion, मत-परिवर्तन। □ **in full swing,** ज़ोरों पर, बहार पर।

**swinging** (स्विंग्´-इंग्) *adj.* lively, जीवंत।

**swing voter** *n.* an undecided voter, ढुलमुल या अनिश्चयी मतदाता।

**swipe** (स्वाइप्) *v.* (swiped, swiping) 1. to hit hard, (क्रिकेट) ज़ोर से आघात करना। 2. to steal or snatch, चुराना या झपटना। *n.* a hard blow, जोर का आघात।

**swirl** (स्व:ल्) *v.* to move with a whirling movement, चक्कर खाते हुए चलना, भँवर की तरह चलना। *n.* the swirling movement, भँवर, चक्कर।

**swish** (स्विश्) *v.* 1. to move with a hissing sound, सरसराना। 2. to rustle, (कपड़े का) सरसराना। *n.* a hissing or rustling sound, सरसराहट।

**Swiss** (स्विस्) *adj.* of Switzerland, स्विट्ज़रलैंड का। *n.* a native of Switzerland, स्विट्ज़रलैंड का वासी।

**switch** (स्विच्) *n.* 1. a device used to open and close an electric circuit, (बिजली का) खटका, बटन, स्विच। 2. a device for diverting trains from one track to another, रेल की पटरियों की कैंची। 3. a shift (in opinion, policy etc., राय, नीति आदि में होनेवाला) परिवर्तन। 4. a stick or rod used for whipping, (मारने की) छड़ी या डंडा। *v.* 1. to turn a switch, खटका दबाना या उठाना। 2. to change or shift, बदलना। 3. to exchange, अदल-बदल करना। 4. to beat with a stick, छड़ी, बेंत आदि से मारना, पीटना। □ **switch off,** ख़टका उठाना या बंद करना; **switch on,** खटका दबाना या खोलना।

**switch board** *n.* a board for controlling electric circuits, विद्युत्फलक, स्विचबोर्ड।

S

**swivel** (स्विव्´-ॲल्) ***n.*** a coupling device that enables an attached part to rotate freely, अँकुड़ा, चूल, फिरकी, चूलछल्ला। ***v.*** to rotate freely, घूमना।

**swollen** (स्वो´-लॅन्) ***adj.*** enlarged by swelling, सूजा हुआ, उभरा हुआ।

**swoon** (स्वून्) ***n.*** faint, गश, बेहोशी। ***v.*** to faint, गश आ जाना, बेहोश हो जाना।

**swoop** (स्वूप्) ***n.*** a pounce, झपट्टा, चील-झपट्टा, छीना-झपटी। ***v.*** to pounce, झपट्टा मारना, टूट पड़ना, छीन-झपट करना।

**swop** (स्वॉप्) ***n.*** exchange, अदला-बदली। ***v.*** to exchange, अदला-बदली करना।

**sword** (सो:ड्) ***n.*** a cutting weapon with a long blade, तलवार। □ **at sword's points,** झगड़ने या लड़ने के लिए उद्यत; **cross swords,** झगड़ा या लड़ाई करना; **put to the sword,** तलवार से काट देना।

S

**sword dance** ***v.*** a dance over swords, (ज़मीन पर रखी हुई) तलवारों पर होनेवाला नृत्य।

**sword-fish** (सो:ड्´-फ़िश्) ***n.*** a fish with a swordlike upper jaw, तेग़ा मछली।

**swordplay** (सो:ड्´-प्ले) ***n.*** 1. the art of using a sword, तलवार चलाने का कौशल। 2. fighting with swords, तलवारों की लड़ाई।

**swordsman** (सो:ड्ज़्´-मॅन्) ***n.*** one who is skilled in the use of a sword, तलवारिया।

**swore** (स्वो:) ***v.*** p.t. of swear.

**sworn** (स्वो:न्) ***adj.*** bound by an oath, शपथ से बँधा, सशपथ।

**swot** (स्वॉट्) ***v.*** (swotted, swotting) to study hard, परिश्रमपूर्वक अध्ययन करना, अनुशीलन करना। ***n.*** 1. a hard study, गहन अध्ययन। 2. one who studies hard, अध्ययनशील, अनुशीलनकर्ता।

**sybarite** (सिब्´-ॲ-राइट्) ***n.*** a sensualist, विषयी या विलासी व्यक्ति।

**sybaritic** (सिब्-ॲ-रिट्´-इक्) ***adj.*** sensual, विषयगत, विलासपूर्ण।

**sycamore** (सिक्´-ॲ-मो:) ***n.*** a tree and its wood, एक प्रकार का पेड़ और उसकी लकड़ी।

**sycophancy** (सिक्´-ॲ-फ़ॅन्-सी) ***n.*** 1. the behaviour of a sycophant, चाटुकारी, ख़ुशामदगीरी। 2. servile flattery, ओछी चापलूसी।

**sycophant** (सिक्´-ॲ-फ़ैन्ट्) ***n.*** a person who uses flattery to win big people, खुशामदी, चापलूस, चाटुकार।

**sycophantic** (सिक्-ॲ-फ़ैन्´-टिक्) ***adj.*** of or having the nature of a sycophant, चापलूसी-भरा, ख़ुशामद-भरा।

**syllabic** (सि-लैब्´-इक्) ***adj.*** of or pertaining to the syllables, अक्षर-संबंधी, आक्षरिक।

**syllabification** (सि-लैब्-इ-फ़ि-के´-शॅन्) ***n.*** the act of syllabifying, अक्षर-विभाजन।

**syllable** (सिल्´-ॲ-बॅल्) ***n.*** a unit of spoken language consisting of a single uninterrupted sound, अक्षर, सिलेबल।

**syllabus** (सिल्´-ॲ-बस्) ***n.*** brief statement or main points of a course of study, पाठ्यचर्या, पाठ्य-विवरण।

**syllogism** (सिल्´-ॲ-जिज़्-ॲम्) ***n.*** 1. deductive reasoning, निगमानक तर्क। 2. a subtle argument, सूक्ष्म तर्क।

**sylvan** (सिम्´-वॅन्) ***adj.*** 1. of forest regions, वन्य, वन-संबंधी। 2. abounding in trees, वृक्ष-बहुल।

**symbiosis** (सिम्-बाइ-ओ´-सिस्, सिम्-बि-ओ´-सिस्) ***n.*** the relationship of two or more different organisms, in a close association, जीवाणु-साहचर्य।

**symbol** (सिम्´-बॅल्) ***n.*** something that suggests something else by association, resemblance or convention, प्रतीक।

**symbolic** (सिम्-बॉल्´-इक्) ***adj.*** of or relating to a symbol, प्रतीकात्मक।

**symbolically** (सिम्-बॉल्´-इ-कॅ-ली) ***adv.*** in a symbolic manner, प्रतीकात्मक रूप से।

**symbolism** (सिम्´-बॅ-लिज़्-ॲम्) ***n.*** use of symbols to express things, प्रतीकवाद।

**symbolist** (सिम्´-बॅ-लिस्ट्) ***n.*** one skilled in the use of symbols, प्रतीकवादी।

**symbolistic** (सिम्´-बॅ-लिस्-टिक्) ***adj.*** of symbolism, प्रतीकवादी।

**symbolize** (सिम्´-बॅ-लाइज़्) *v.* 1. to serve as a symbol, प्रतीक होना। 2. to express by symbols, प्रतीकों द्वारा व्यक्त करना।

**symmetrical** (सि-मेंट्´-रि-कॅल्) *adj.* 1. having symmetry, सममित, समरूप। 2. balanced, संतुलित, सुडौल।

**symmetry** (सिम्´-ऑ-ट्री) *n.* 1. exact correspondence between the parts, सममिति, समरूपता। 2. proportionate arrangement of parts, सुडौलपन, संतुलन।

**sympathetic** (सिम्-पॅ-थेंट्´-इक्) *adj.* 1. showing sympathy, सहानुभूतिपरक, सहानुभूतिशील, सहानुभूतिपूर्ण। 2. agreeable, अनुकूल। 3. favourable, सहायक।

**sympathize** (सिम्´-पॅ-थाइज़्) *v.* to feel or express sympathy (for, किसी के प्रति) सहानुभूति रखना या व्यक्त करना।

**sympathizer** (सिम्´-पॅ-थाइ-ज़ॅ:) *n.* 1. one who sympathizes, सहानुभूति रखनेवाला, ख़ैरख़ाह, हमदर्द। 2. a supporter, समर्थक।

**sympathy** (सिम्´-पॅ-थी) *n.* 1. a feeling of pity for the person in distress, दया, करुणा। 2. mutual affection or understanding, सहानुभूति, हमदर्दी। 3. sharing the feelings or interests of others, ख़ैरख़ाही, हितकारिता।

**symphonic** (सिम्-फ़ॉन्´-इक्) *adj.* 1. of a symphony, सिम्फनी-संबंधी। 2. harmonious, समस्वर।

**symphony** (सिम्´-फ़ॅ-नी) *n.* 1. a long orchestral composition, लंबी वाद्यवृंदीय रचना, सिम्फनी। 2. harmony of sounds, समस्वरता।

**symphony orchestra** *n.* a large orchestra playing symphonies, सिम्फनी बजानेवाला विशाल वाद्यवृंद।

**symposium** (सिम्-पो´-ज़ि-ॲम्) *n.* a meeting for discussion of a particular subject, परिचर्चा, विचार-गोष्ठी।

**symptom** (सिम्प्´-टॅम्) *n.* 1. a sign of disease or physical disturbance, बीमारी का लक्षण। 2. an indication or sign, चिह्न, निशान।

**symptomatic** (सिम्प्-टॅ-मैट्´-इक्) *adj.* being a symptom of a disease, लक्षण के रूप में होनेवाला, लक्षणात्मक, लाक्षणिक।

**synagogue** (सिन्´-ॲ-गॉग्) *n.* a place for public Jewish worship, यहूदियों का सार्वजनिक पूजास्थल।

**synchronic** (सिन्´-क्र-निक्) *adj.* happening at the same time, एककालिक।

**synchronisation** (सिंक्-क्रॅ-नाइ/नि-ज़े´-शॅन्) *n.* the act or result of synchronizing, समकालन, एककालन; समकालिकता, समकालीनता।

**synchronize** (सिंक्´-क्रॅ-नाइज़्) *v.* to happen at the same time, साथ-साथ होना या घटना, समकालिक होना, समकालीन होना।

**synchronous** (सिंक्´-क्रो-नॅस्) *adj.* occurring at the same time, समकालिक, समकालीन।

**syncope** (सिंक्´-कॅ-पी) *n.* the shortening of a word, शब्द-संक्षेपण, शब्द-संक्षेप।

**syncretic** (सिन्-क्रेट्´-इक्) *adj.* combining different principles or beliefs, विभिन्न सिद्धांतों या विश्वासों में समन्वय स्थापित करनेवाला, समन्वयक या समन्वयात्मक।

**syndicate[1]** (सिन्´-डि-किट्) *n.* an association of firms, व्यवसायी-संघ, अभिषद्, सिंडीकेट।

**syndicate[2]** (सिन्´-डि-केट्) *v.* to combine to form a syndicate, व्यवसाय-संघ बनाना।

**syndrome** (सिन्´-ड्रोम्) *n.* a group of symptoms of a particular disease, संलक्षण, लक्षण-समूह।

**synod** (सिन्´-ऑड्) *n.* a council, परिषद्।

**synonym** (सिन्´-ॲ-निम्) *n.* a word with a meaning very similar to that of another, पर्याय, समानार्थी।

**synonymous** (सि-नॉन्´-इ-मॅस्) *adj.* similar in meaning, पर्यायवाचक, समानार्थक।

**synopsis** (सि-नॉप्´-सिस्) *n.* an outline of a thesis or treatise, रूपरेखा, सारांश।

**syntactic** (सिन्-टैक्´-टिक्) *adj.* of or pertaining to syntax, वाक्यगत या वाक्य-विज्ञान-संबंधी/विषयक।

**syntax** (सिन्´-टैक्स्) *n.* 1. grammatical arrangement of words in sentences,

S

वाक्य-रचना। 2. the part of grammar dealing with this, वाक्य-विचार, वाक्य-विज्ञान।

**synthesis** (सिन्´-थॅ-सिस्) ***n.*** the combining of separate parts to form a whole, संश्लेषण, संयोजन, संयोग।

**synthetic** (सिन्-थॅट्´-इक्) ***adj.*** 1. relating to synthesis, संश्लेषण-संबंधी, संश्लेषणात्मक, संश्लेषी। 2. manmade, मानव-निर्मित। 3. fictitious, नकली।

**syphilis** (सिफ़्´-इ-लिस्) ***n.*** a venereal disease, गरमी, सूज़ाक।

**syphon** (साइ´-फ़न्) ***n.*** a U-shape pipe or tube for coveying liquids from higher to lower level, साइफन।

**syringe** (सि-रिन्ज़्´) ***n.*** an instrument for injecting medicine into the body, पिचकारी, सिरिंज। ***v.*** to inject with a syringe, पिचकारी द्वारा द्रव भीतर डालना या चढ़ाना।

**syrup** (सिर्´-अॅप्) ***n.*** a thick sweet liquid, शर्बत, चाशनी, शीरा।

**system** (सिस्´-टॅम्) ***n.*** 1. a particular method, पद्धति, प्रणाली। 2. orderliness, क्रमिकता, क्रमबद्धता। 3. a network, जाल।

**systematic** (सिस्-टॅ-मैट्´-इक्) ***adj.*** methodical or orderly, व्यवस्थित, क्रमबद्ध।

**systematically** (सिस्-टॅ-मैट्´-इ-कॅ-ली) ***adj.*** methodically, व्यवस्थित रूप से।

**systematization** (सिस्-टॅ-मॅ-टाइ-ज़े´-शॅन्) ***n.*** the act of systematizing, व्यवस्थापन, क्रमबंधन।

**systematize** (सिस्´-टॅ-मॅ-टाइज़्) ***v.*** to make systematic, व्यवस्थित या क्रमबद्ध करना।

**systemic** (सि-स्टॅम्´-इक्) ***adj.*** 1. of or affecting the body as a whole, पूरे शरीर को प्रभावित करनेवाला। 2. pervading, व्याप्त होनेवाला, व्यापी।

**systole** (सिस्´-टॅ-ली) ***n.*** the contraction of the heart, हृदयसंकोच।

S

# T

**T, t** (टी) ***n.*** 1. the twentieth letter of the English alphabet, अंग्रेज़ी वर्णमाला का बीसवाँ वर्ण। 2. something shaped like a T, टी के आकार-प्रकार की वस्तु। □ **to a T,** पूर्ण रूप से, पूर्णतः।

**ta** (टॅ) ***interj.*** thanks. धन्यवाद।

**tab** (टैब्) ***n.*** 1. a loop to hang up garments, खूँटी। 2. a projection attached to an object to aid in opening, handling etc., घुंडी। 3. a flap or label, लेबल। 4. close surveillance, निगरानी। 5. a bill, प्राप्यक, पुर्ज़ा, बिल। □ **keep tabs on,** निगरानी रखना।

**tabby** (टैब्´-ई) ***adj.*** 1. having a striped design, धारीदार। 2. wavy, लहरिएदार। ***n.*** a tabby cat, धारीदार बिल्ली।

**tabernacle** (टैब्´-अ:-नैक्-अॅल्) ***n.*** 1. a house of worship, देवालय, पूजागृह, मंदिर। 2. a temporary abode, अस्थायी निवास। 3. the body as the temporary abode of the soul, काया, देह, शरीर।

**table** (टे´-बॅल्) ***n.*** 1. an article of furniture consisting of flat slab fixed on legs, मेज़। 2. the food served on the table, मेज़ पर लगा भोजन। 3. a group of people seated at a table, मेज़ के चारो ओर बैठे लोग। 4. a session, सत्र। 5. a data arranged in rows and columns, सारणी, तालिका। 6. a multiplication table, पहाड़ा। ***v.*** (tabled, tabling) 1. to put on the table, मेज़ पर रखना। 2. to submit for discussion, विचारार्थ प्रस्तुत करना, रखना।

**tableau** (टैब्´-लो) ***n.*** (plu. tableaux) 1. a silent scene, मूक दृश्य। 2. a dramatic scene, नाटकीय दृश्य।

**table-cloth** (टे´-बॅल्-क्लाःथ्) ***n.*** a cloth to cover a table, मेज़पोश।

**tableland** (टे´-बॅल्-लैन्ड्) ***n.*** a plateau, पठार।

**tablespoon** (टे´-बॅल्-स्पून्) ***n.*** 1. a large spoon for serving food at the table, भोजन परोसने का बड़ा चम्मच। 2. the amount held by a tablespoon, बड़ा चम्मच-भर सामान।

**tablet** (टैब्´-लॅट्) ***n.*** 1. a flattish cake of some substance, (साबुन आदि की) टिकिया। 2. a pill, गोली, टिकिया। 3. a slab of stone or wood, तख़्ती, पट्टी। 4. a pad of writing paper, पत्रावली, पैड।

**table-talk** ***n.*** informal conversation, गपशप।

**table tennis** ***n.*** a table game played with rackets and ball, टेबल टेनिस।

**table-top** (टे´-बॅल्-टॉप्) ***n.*** 1. the upper surface of a table, मेज़ का ऊपरी तल। 2. a small machine to be placed on a table, मेज़ पर रखी जानेवाली कोई छोटी मशीन।

**tableware** (टे´-बॅल्-वेंअ:) ***n.*** utensils for table use, मेज़ पर भोजन परोसने तथा खाने के बर्तन।

**tabloid** (टैब्´-लॉइड्) ***n.*** 1. a newspaper of small format, छोटे आकार का समाचार-पत्र, लघुपत्र। 2. summary, सारांश, सार।

**taboo, tabu** (टै´-बू) ***n.*** 1. any ban or prohibition resulting from social customs, वर्जन, निषेध। 2. something considered unholy, वर्जित कर्म या निषिद्ध वस्तु। ***adj.*** prohibited by taboo, वर्जित, निषिद्ध। ***v.*** to avoid as taboo, निषिद्ध समझकर छोड़ देना।

**tabor** (टे´-बॅ:) ***n.*** a small drum, तबला।

**tabular** (टैब्´-उ-लॅ:) ***adj.*** 1. arranged in rows and columns, सारणीबद्ध। 2. flat, सपाट।

**tabulate** (टैब्´-उ-लेट्) *v.* to put into tabular form, सारणीबद्ध करना।

**tabulation** (टैब्-उ-ले´-शॅन्) *n.* the act of tabulating, सारणीकरण, सारणीयण, सारणी-बंधन।

**tabulator** (टैब्´-उ-ले-टॅ:) *n.* 1. one who tabulates, सारणी बनानेवाला, सारणीकार। 2. a device on a typewriter for arranging data in columns, सारणी-यंत्र।

**tacit** (टैस्´-इट्) *adj.* implied or understood without being expressed, विवक्षित, ध्वनित या सांकेतिक; tacit consent, मौन स्वीकृति।

**tacitly** (टैस्´-इट्-ली) *adv.* in a tacit manner, सांकेतिक रूप में, मौन रूप में।

**taciturn** (टैस्´-इ-ट:न्) *adj.* reserved, uncommunicative, चुप्पा, अल्पभाषी।

**taciturnity** (टैस्-इ-ट:´-नि-टी) *n.* the quality of being taciturn, चुप्पापन, अल्प-भाषिता।

**tack** (टैक्) *n.* 1. a small nail, कटिया, छोटी कील। 2. a long loose stitch, कच्चा टाँका, तोपा। 3. stickiness, चिपचिपाहट। 4. a course of action, कार्यनीति, कार्यपद्धति। 5. a zig-zag course, टेढ़ा-मेढ़ा रास्ता। 6. a course of a vessel, जलयान-पथ, पोत-मार्ग। *v.* (tacked, tacking) 1. to fasten with tacks, कटिया जड़ना। 2. stitch loosely, तोपे या टाँके लगाना। 3. to add or append, जोड़ना, नत्थी करना। 4. to sail a zig-zag course, जहाज़ को टेढ़े-मेढ़े ले चलना।

**tack-hammer** (टैक्´-हैम्-अॅ:) *n.* a light hammer for nailing tacks, हथौड़ी।

**tackiness** (टैक्´-इ-निस्) *n.* stickiness, चिपचिपाहट।

**tackle** (टैक्´-अॅल्) *n.* 1. a set of equipment used in lifting heavy weights, रस्सा-पुल्ली। 2. the equipment required for a particular activity, औज़ार, साज-सामान, साज-सामग्री; fishing tackle, मछली पकड़ने के औज़ार। 3. a physical challenge to an opponent, भिड़ंत। *v.* 1. to undertake (a task, काम) लेना या उठाना। 2. to come to grapple with, भिड़ना, जूझना। 3. to settle, निपटाना। 4. to try to overcome, अभिभूत करने की चेष्टा करना।

**tacky[1]** (टैक्´-ई) *adj.* (tackier, tackiest) 1. sitcky, चिपचिपा। 2. gummy, लसदार। 3. not quite dry, जो ठीक से सूखा न हो, गीला।

**tacky[2]** *adj.* 1. shabby, फटेहाल। 2. vulgar, फूहड़।

**tact** (टैक्ट्) *n.* skill in handling difficult persons or situations, व्यवहारकौशल, शऊर।

**tactful** (टैक्ट्´-फुल्) *adj.* having or showing tact, व्यवहारकुशल।

**tactic** (टैक्´-टिक्) *n.* 1. a tactical move, दाँवपेंच, युक्ति, चाल। 2. (plu.) plans to achieve a certain aim, योजना, योजना-कौशल, रणनीति।

**tactical** (टैक्´-टि-कॅल्) *adj.* 1. of or relating to tactics, योजनापूर्ण। 2. planning skillfully, कुशल योजनाकार, योजना-निपुण।

**tactician** (टैक्-टिश्´-अॅन्) *n.* one versed in tactics, योजना-निपुण, रणनीति-कुशल।

**tactile** (टैक्´-टाइल्/टिल्) *adj.* 1. perceptible by touch, स्पृश्य, स्पर्शग्राह्य। 2. of or relating to the sense of touch, स्पर्शेंद्रिय-संबंधी।

**tactless** (टैक्ट्´-लिस्) *adj.* without tact, कौशलहीन, बेशऊर।

**tad** (टैड्) *n.* a little child, छोटा या नन्हा बच्चा।

**tadpole** (टैड्´-पोल्) *n.* larva of frogs, toads, etc., इल्ली।

**taffeta** (टैफ़्´-इ-टॅ) *n.* a silk fabric, ताफ़्ता।

**tag[1]** (टैग्) *n.* 1. a metal point at the end of a shoelace, फ़ीते की घुंडी। 2. a strip of paper, metal or plastic etc., attached to something to show its price, लेबल, टिक्का, चिप्पी। 3. a loop or knot of a garment, घुंडी। 4. a much used phrase or quotation, hackneyed saying, घिसा-पिटा पदबंध या उद्धरण, घिसी-पिटी उक्ति। 5. a cardboard marker for identification, निशानी। *v.* (tagged, tagging) 1. to fasten a tag, चिप्पी चिपकाना, लेबल लगाना। 2. to follow closely, पीछा करना। □ **tag on,** जोड़ देना।

T

**tag²** ***n.*** a game in which one child chases the rest until he touches one, छुआछूत नामक बच्चों का खेल। ***v.*** (tagged, tagging) 1. to touch, छूना। 2. to select, चुनना। 3. to strike, आघात करना।

**tag end** ***n.*** the last part, अंतिम अंश/छोर।

**taiga** (टाइ´-गॅ) ***n.*** the evergreen forest of Siberia, साइबेरिया का सदाबहार जंगल।

**tail** (टेल्) ***n.*** 1. a flexible appendage of the vertebrates, पूँछ, दुम। 2. anything resembling such an appendage, पुछल्ला। 3. the last or rear portion, अंतिम भाग। 4. a line of people or things, पंक्ति, कतार। 5. a long braid of hair, लट। 6. buttocks, चूतड़। 7. a person following or shadowing another, जो किसी का पीछा करे या उसके पीछे लगा रहे। 8. (plu.) reverse of a coin, सिक्के का पट। 9. (plu.) men's formal evening costume, सायंकालीन (औपचारिक) पुरुष-परिधान। □ **turn tail,** भाग खड़े होना, दुम दबाकर भाग खड़े होना; **with one's tail between one's legs,** दुम दबाकर। ***v.*** 1. to follow or shadow closely, पीछा करना या पीछे लगे रहना। 2. to remove the tail of an animal, दुम काटना। □ **tail off,** निरंतर घटते जाना, निरंतर कम होना।

**tailback** (टेल्´-बैक्) ***n.*** a queue of vehicles due to jammed road, रास्ता जाम होने पर रुके वाहनों की लंबी कतार।

**tailboard, tailgate** (टेल्´-बोःड्/गेट्) ***n.*** a board or gate hinged downward at the rear of trucks, ट्रक का पिछला तख़्ता।

**tail end** ***n.*** the last part, सबसे पिछला हिस्सा, अंतिम भाग।

**tailless** (टेल्´-लिस्) ***adj.*** having no tail, बिना दुम या पूँछ का, बेदुम।

**taillight** (टेल्´-लाइट्) ***n.*** the light at the rear of a vehicle, वाहन की पिछली बत्ती।

**tailor** (टे´-लः) ***n.*** one whose occupation is to make garments, दरज़ी। ***v.*** 1. to make garments, कपड़े काटना, सीना या बनाना। 2. to work as a tailor, दरज़ीगीरी करना। 3. to make or adapt for a special purpose, विशेष उपयोग के लिए बनाना, ढालना आदि।

**tailored** (टे´-लःड्) ***adj.*** made by a tailor, दरज़ी द्वारा बनाया हुआ।

**tailoring** (टे´-लर्-इंग्) ***n.*** the occupation of a tailor, दरज़ी का धंधा, दरज़ीगीरी।

**tailor-made** (टे-लॅः-मेड्´) ***adj.*** 1. made by a tailor, दरज़ी द्वारा बनाया हुआ। 2. perfectly suited, पूर्ण रूप से उपयुक्त, सही।

**tailpiece** (टेल्´-पीस्) ***n.*** 1. a decorative design printed in the blank space at the end of a chapter of a book, टेलपीस।

**tailspin** (टेल्´-स्पिन्) ***n.*** 1. the dive of an aircraft in a nose down spiralling motion, चक्कर खाते हुए हवाई जहाज़ का सिर के बल नीचे उतरना। 2. a state of panic, विषम स्थिति।

**tailwind** (टेल्´-विंड्) ***n.*** the wind having the same direction as the course of a ship or aircraft, अनुकूल हवा, अनुवात।

**taint** (टेन्ट्) ***n.*** 1. a defect or flaw, दोष, दूषण। 2. a contaminated influence, विकार, संदूषण। 3. a stain, धब्बा। ***v.*** 1. to make rotten, गला-सड़ा देना, विकृत कर देना। 2. to tarnish, कलंकित कर देना।

**Taiwanese** (टाइ-वा-नीज़्´) ***n.*** a native of Taiwan, ताइवान का निवासी।

**take** (टेक्) ***v.*** (took, taken, taking) 1. to get into one's hand, हाथ में लेना, पकड़ना, थामना। 2. to get possession of, अधिकार में लेना, क़ब्ज़ा करना। 3. to seize, छीनना, पकड़ना। 4. to catch, पकड़ना, लोकना। 5. to win, जीतना। 6. to carry with one to another place, एक स्थान से दूसरे स्थान पर ले जाना। 7. to remove from a place, (किसी चीज़ को अपने स्थान से) हटाना। 8. to charm or captivate, अभिभूत या मोहित कर लेना। 9. to eat or drink, खाना या पीना। 10. to consume, उपभोग करना। 11. to inhale, साँस अंदर खींचना। 12. to earn, कमाना। 13. to select, चुनना। 14. to assume, कल्पना करना, मान लेना। 15. to deduct, घटाना। 16. to obtain (from a source, स्रोत या उद्‌गम से) प्राप्त करना। 17. to assume (the seat, office, obligation etc.), ग्रहण करना। 18. to adopt or receive in a specified way, अपनाना, लेना। 19. to receive into the body, काया में देना, खाना-पीना। 20. to be affected by, प्रभावित होना, ग्रस्त होना। 21. to sit, बैठना। 22. to write down, लिखना, अंकित करना। 23. to consider or regard, मानना, समझना। 24. to accept, स्वीकार करना, ठीक मानना या समझना। 25. to contend with, संतुष्ट होना या रहना। 26. to aim or direct, लक्ष्य करना, निशाना साधना। 27. to purchase, खरीदना। 28. to use or employ, इस्तेमाल में लाना, लेना। 29. to mean, आशय देना, मतलब निकलना। 30. to start growing, उगना। 31. to have sexual intercourse with, सहवास करना, मैथुन करना। 32. to convey or transport, ले जाना या भेजना। 33. to bring, लाना, ले आना, पहुँचाना। 34. to experience, महसूस करना। 35. to happen, हो जाना। 36. to require, अपेक्षा करना, आवश्यकता होना। 37. to put to an end, अंत कर देना। □ **take back,** चौंका देना; **take about,** घुमाना-फिराना; **take across,** पार ले जाना या उतारना; **take after,** अनुरूप होना; **take amiss,** अप्रसन्न या रुष्ट होना, बुरा मान लेना; **take apart,** (i) (पुर्ज़े) खोलना, अलग-अलग करना, (ii) कटु आलोचना करना; **take away,** (i) छीन लेना, (ii) दूर ले जाना; **take at one's word,** किसी बात को सत्य मान लेना; **take back,** वापस लेना, **take breath,** साँस लेना, सुस्ताना; **take care,** सतर्कता बरतना, ध्यान देना; **take down,** (i) लिख लेना, टाँक लेना, (ii) ध्वस्त कर देना, (iii) घटा या कम कर देना; **take for,** समझ बैठना; **take for granted,** निश्चित मान बैठना; **take it,** बर्दाश्त करना, सहना, झेलना; **take in,** (i) समझना, (ii) शामिल करना, सम्मिलित करना, (iii) टिकाना या ठहराना, (iv) धोखा देना, ठगना; **take off,** (i) (कपड़े) उतारना, (ii) जहाज़ का उड़ान भरना, उड़ना, (iii) रवाना होना, (iv) जान लेना, मारना, (v) नकल उतारना; **take on,** (i) नौकर रखना, नौकरी पर रखना, (ii) किराए पर लेना, (iii) धारण करना, (iv) प्रस्तुत हो जाना, (v) लड़ना, भिड़ना, मुकाबला करना; **take one's time,** आवश्यकतानुसार समय लगाना; **take out,** (i) हटाना, (ii) प्राप्त करना, (iii) किसी के साथ (रक्षार्थ) जाना; **take place,** घटित होना; **take over,** धारण या ग्रहण करना, भार या दायित्व ग्रहण करना; **take to,** (i) की ओर जाना या भागना, (ii) रुचि या पसंद होना, (iii) शरण लेना, (iv) आदी हो जाना; **take up,** (i) अपनाना, (ii) ले लेना, (iii) (वस्त्र को) छोटा करना, (iv) चुकाना, (v) (काम में) लग जाना, (vi) सोख लेना, (vii) ज़िम्मेदारी लेना, (viii) टोकना; **take upon,** भार उठाना, दायित्व लेना। ***n.*** 1. the act of taking, लेने या ग्रहण करने की क्रिया या भाव। 2. the number of animals killed or captured, शिकार किए हुए नग। 3. the amount of anything taken, ली हुई रक़म या लिया हुआ दाम। 4. an instance of photographing a scene for a motion picture, चलचित्र के लिए लिया हुआ दृश्य।

**takeoff** (टेक्´-ऑफ़्) ***n.*** 1. the act of taking off in flying, वायुयान का ज़मीन से उड़ान भरना। 2. an act of mimicry, नक़ल।

**takeover** (टेक्´-ओ-वॅ:) ***n.*** 1. the act of seizing control, सत्ता हथियाने की क्रिया या भाव। 2. the act of seizing management, प्रबंधत्व ग्रहण करने की क्रिया या भाव।

**taking** (टे´-किंग्) ***n.*** 1. something taken, ली हुई वस्तु। 2. (plu.) earnings, आय, कमाई। ***adj.*** 1. charming, सुंदर, आकर्षक। 2. infectious, संक्रामक, छुतहा।

**talc** (टैल्क्) ***n.*** a fine-grained mineral used in making talcum powder, सेलखड़ी।

**talcum powder** ***n.*** a powder used for perfuming the body, पाउडर।

**tale** (टेल्) ***n.*** 1. a story or report of happenings or events, किस्सा, वृत्तांत। 2. a short story, कहानी। 3. a rumour or piece of gossip, गप, अफ़वाह। 4. a lie or falsehood, झूठी बात। □ **tell a tale,** कोई

T

भेद की बात बताना; **tell its own tale,** स्वतः स्पष्ट होना।

**talent** (टैल्´-अॅन्ट्) ***n.*** 1. natural or acquired ability of a superior quality, प्रतिभा, गुण। 2. a person who has this, प्रतिभाशाली व्यक्ति। 3. general intelligence, बुद्धिमत्ता, बुद्धिमानी।

**talented** (टैल्´-अॅन्-टिड्) ***adj.*** having talent, प्रतिभाशाली, प्रतिभावान, गुणी।

**talesman** (टेल्ज़्´-मॅन्) ***n.*** a person summoned to jury duty, वह जिसे जूरी के पद का निर्वाह करने के लिए बुलाया गया हो।

**talisman** (टैल्´-इस्-मॅन्) ***n.*** an object supposed to bring good luck, an amulet or charm, तावीज़, जंतर।

**talk** (टा:क्) ***v.*** (talked, talking) 1. to articulate words, बोलना। 2. to converse by means of spoken language, बातचीत करना। 3. to communicate by other means, कहना, बताना। 4. to discuss, विचार-विमर्श करना। 5. to use (a particular language, किसी भाषा का) प्रयोग करना, बोलना; They talk in Hindi. वे हिंदी (में) बोलते हैं। 6. to spread rumours, अफ़वाहें फैलाना। 7. to gossip, गप मारना। 8. to chatter, बकबक करना। 9. to induce by argument, प्रभावित करना। □ **Now you are talking.** अब आप सही बात कर रहे हैं; **talk back,** बेहूदगी से उत्तर देना; **talk into,** (किसी कार्य के लिए) कह-सुनकर तैयार करना; **talk out,** बातचीत से तय करना; **talk over,** (i) विचार-विमर्श करना, (ii) बात मानने के लिए (किसी को) राज़ी करना; **talk round,** इधर-उधर की बातें करना; **talk shop,** व्यापार की बातें करना; **talk to,** डाँटना-डपटना। ***n.*** 1. a speech, भाषण, व्याख्यान। 2. conversation, बातचीत, विचार-विमर्श। 3. gossip, गपशप। 4. rumour, अफ़वाह। 5. (plu.) negotiations, वार्ता, वार्तालाप।

**talkative** (टा:´-कॅ-टिव्) ***adj.*** talking too much, बड़बोला, गपोड़संख, बातूनी।

**talkativeness** (टा:´-कॅ-टिव्-निस्) ***n.*** the quality of being talkative, बड़बोलापन, बातूनीपन।

**talker** (टा:´-कॅ:) ***adj.*** talkative, गपोड़संख, बातूनी। ***n.*** one who gives a talk or talks वार्ताकार।

**talkie** (टा:´-की) ***n.*** a talking picture, बोलपट, टाकी।

**talking-to** (टा:क्´-इंग्-टू) ***n.*** a reproof, डाँट, डाँट-फटकार।

**tall** (टा:ल्) ***adj.*** 1. of more than average height, लंबा। 2. having a specified height, निश्चित लंबाईवाला। 3. exaggerated, बढ़ा-चढ़ाकर कहा हुआ; a tall story, बढ़ा-चढ़ाकर कही हुई बात।

**tallish** (टा:´-लिश्) ***adj.*** rather tall, कुछ-कुछ लंबा।

**tall order** ***n.*** 1. a difficult task, मुश्किल काम, कठिन कार्य। 2. a request difficult to fulfil, लंबी-चौड़ी माँग, अनुचित फ़रमाइश।

**tallow** (टैल्´-ओ) ***n.*** animal fat used in soap, lubricants etc., चरबी, पशुवसा। ***v.*** (tallowed, tallowing) 1. to cover with tallow, चरबी लगाना। 2. to fatten (animals) so as to form tallow, अधिक चरबी के लिए पशुओं को मोटा करना।

**tallowy** (टैल्´-ओ-ई) ***adj.*** 1. of or pertaining tallow, चरबीदार, वसायुक्त। 2. fat, मोटा।

**tally** (टैल्´-ई) ***v.*** (tallied, tallying) 1. to count, गिनना, गिनती करना। 2. to correspond one with another, मिलान करना। 3. to agree, मेल खाना। 4. to furnish with a label, लेबल लगाना। ***n.*** 1. an account, विवरण (अंकों के रूप में होनेवाला)। 2. a counterpart or duplicate of something, मुसन्ना या प्रतिलिपि। 3. correspondence, मिलान। 4. agreement, मेल, अनुरूपता।

**Talmud** (टाल्´-मड्) ***n.*** a collection of old Jewish writings, यहूदियों का प्राचीन लेख-संग्रह।

**talon** (टैल्´-अॅन्) ***n.*** 1. a claw, चंगुल, पंजा। 2. (plu.) human fingers like a claw, पंजा।

**tamable** (टे´-मॅ-बॅल्) ***adj.*** that can be tamed, जिसे पालतू बनाया या सधाया जा सके।

T

**tamarind** (टैम्´-अॅ-रिन्ड्) ***n.*** a tree with acid-flavoured pods, इमली।

**tamarisk** (टैम्´-अॅ-रिस्क्) ***n.*** a shrub, झाऊ।

**tambour** (टैम्´-बूः) ***n.*** 1. an embroidery frame, कढ़ाई का ढाँचा या अड्डा। 2. a drum, ढोल। ***v.*** (tamboured, tambouring) to embroider on a tambour, (कढ़ाई के) ढाँचे पर कढ़ाई करना।

**tambourine** (टैम्-बॅ-रीन्´) ***n.*** a small drum-like musical instrument, डफली, खंजरी।

**tame** (टेम्) ***adj.*** (tamer, tamest) 1. changed from wild to a domesticated state, पालतू, सधाया हुआ (जानवर)। 2. meek and submissive, दब्बू, विनम्र, भला। 3. not interesting, uninspiring, अरुचिकर, नीरस। ***v.*** (tamed, taming) 1. to make tame, पालतू बनाना, सधाना। 2. to subdue or curb, वश में करना। 3. to make useful, उपयोगी बनाना।

**tameable** (टे´-मॅ-बॅल्) ***adj.*** that can be tamed, सधाने योग्य।

T

**tamer** (टे´-मः) ***n.*** one who tames wild animals, सधानेवाला, प्रशिक्षक।

**tamp** (टैम्प्) ***v.*** 1. to fill up (a hole, सुराख को) भरना। 2. to drive down by a succession of blows, ठोंक-ठोंककर धँसाना।

**tamper** (टैम्´-पः) ***v.*** 1. to interfere so as to weaken or change for the worse, छेड़खानी करना, छेड़-छाड़ करना, ख़राब कर देना या बिगाड़ देना। 2. to make secret or underhand arrangements, गुप्त रूप से कोई गलत काम (किसी से) कराना। 3. to bribe, रिश्वत देना।

**tampon** (टैम्´-पॉन्) ***n.*** a plug of cotton etc., inserted into a bodily cavity or wound, फाहा।

**tan** (टैन्) ***v.*** (tanned, tanning) 1. to convert hide into leather by treatment, खाल को सिझाकर चमड़ा बनाना, चमड़ा कमाना। 2. to make or become brown by exposure to the sun, तँबियाना या तँबिया जाना। 3. to beat or thrash, पिटाई करना, मारना-पीटना। ***n.*** 1. tree bark used in tanning hides, चमड़ा सिझाने के काम आनेवाली छाल। 2. yellowish brown colour, ताँबे का रंग, ताम्रवर्ण। ***adj.*** (tanner, tannest) 1. yellowish brown, पीलापन लिये भूरा, ताम्रवर्ण। 2. having a suntan, धूप से झुलसा हुआ।

**tanbark** (टैन्´-बाःक्) ***n.*** the bark used in tanning, चमड़ा सिझाने की छाल।

**tandem** (टैन्´-डॅम्) ***adv.*** one behind the other, आगे-पीछे। ***n.*** 1. a cycle built for two, बाइसिकल। 2. a two-wheeled carriage, टमटम, घोड़ागाड़ी। □ **in tandem,** एक-दूसरे के पीछे।

**tang** (टैंग्) ***n.*** 1. a sharp odour, तेज गंध, महक। 2. a sharp taste, चरपराहट, झाल। 3. the pointed end of a file, knife etc., which is fitted into the handle, रेती, चाकू का हत्था जो मूठ में धँसा रहता है।

**tangent** (टैन्´-जॅन्ट्) ***n.*** 1. a straight linc touching the circle, स्पर्शज्या। 2. a sudden change of course, सहसा होनेवाला मार्ग-परिवर्तन। ***adj.*** touching, स्पर्शी।

**tangential** (टैन्-जॅन्´-शॅल्) ***adj.*** 1. of or like a tangent, स्पर्शज्या-संबंधी या स्पर्शज्या-सा। 2. merely touching a subject, ऊपरी, साधारण।

**tangerine** (टैन् -जॅ-रीन्´) ***n.*** 1. a citrus fruit with deep-orange skin, नारंगी, संतरा। 2. its deep orange yellow colour, नारंगी रंग।

**tangible** (टैन्´-जि-बॅल्) ***adj.*** 1. capable of being touched, जिसे छुआ जा सके, स्पृश्य, मूर्त। 2. material, भौतिक। 3. real, वास्तविक। 4. clear and definite, सुस्पष्ट और सुनिश्चित।

**tangle** (टैंग्´-गॅल्) ***v.*** (tangled, tangling) 1. to intertwine in a confused mass, उलझा देना। 2. to become intertwined in a confused mass, उलझा होना। 3. to entangle or become entangled, उलझना या उलझाना, फँसना या फँसाना। 4. to ensnare, जाल में फँसाना। ***n.*** 1. confused mass of fibres, hair, lines etc., उलझाव। 2. a complicated problem, उलझन, गुत्थी। 3. a conflict, झगड़ा।

**tango** (टैंग्´-गो) ***n.*** a ballroom dance with gliding steps, एक प्रकार का नृत्य। ***v.*** (tangoed, tangoing) to dance the tango, उक्त नृत्य करना।

**tangy** (टैंग्´-ई) ***adj.*** (tangier, tangiest) having a strong smell, महकदार।

**tank** (टैंक्) ***n.*** 1. a pond, तालाब। 2. a large container for water, gas etc., हौज़, टंकी। 3. an enclosed heavily armoured fighting vehicle, टैंक। □ **tank up,** टंकी भरना।

**tankage** (टैंक्´-इज्) ***n.*** the capacity of a tank, टंकी-भार, टंकी की समाई।

**tankard** (टैंक्´-कॅ:ड्) ***n.*** a large drinking cup with a handle and often with a lid, ढक्कनदार बड़ा प्याला।

**tanked-up** (टैंक्ड्´-अप्) ***adj.*** 1. having a full tank, जिसकी टंकी भरी हो। 2. drunk, नशे में चूर, नशे में धुत्त।

**tanker** (टैंक्´-कॅ:) ***n.*** a truck, ship or aircraft for carrying oil or other liquid in bulk, तेल-वाहन, टैंकर।

**tanner** (टैन्´-अॅ:) ***n.*** one who tans hides, चर्मशोधक।

**tannery** (टैन्´-अॅ-री) ***n.*** a place where hides are tanned, चर्मशोधक कारख़ाना।

**tanning** (टैन्´-इंग्) ***n.*** the act, process or art of making leather from hides, चमड़ा सिझाने की क्रिया या कला, चर्मशोधन।

**tantalize** (टैन्´-टॅ-लाइज़्) ***v.*** 1. to keep (someone) hanging on, (किसी को) झुलाए रखना, ललचाना, तरसाना। 2. to tease or torment, सताना, यातना देना।

**tantalizing** (टैन्´-टॅ-लाइ-ज़िंग्) ***adj.*** teasing, tormenting, सतानेवाला, कष्टकारी।

**tantamount** (टैन्´-टॅ-माउन्ट्) ***adj.*** having equal force, value or effect, बराबर, समान। □ **tantamount to,** के बराबर।

**tantrum** (टैन्´-ट्रम्) ***n.*** a fit of bad temper, झल्लाहट, बौखलाहट, क्रोधावेश।

**tap**[1] (टैप्) ***n.*** 1. a plug or cork, डॉट, कॉर्क। 2. a device to control the flow of a liquid, gas etc., टोंटी। 3. a device for cutting an internal screw threads, किसी पाइप के अंदर चूड़ी काटने का उपकरण, सुंबा, टेप। 4. a connection for tapping a telephone, चोरी-छिपे किसी का टेलीफ़ोन सुनने के लिए लगाया हुआ कनेक्शन। ***v.*** (tapped, tapping) 1. to fit or furnish with a tap, टोंटी लगाना। 2. to pierce in order to draw off liquid from a barrel etc., तरल पदार्थ निकालने के लिए छेद करना। 3. to draw off liquid through a hole or tap, छेद या टोंटी से तरल पदार्थ निकालना। 4. to cut a screw thread inside, पाइप के अंदर सुंबे से चूड़ी करना। 5. to make a connection for overhearing someone's telephone, चोरी-छिपे किसी का टेलीफ़ोन सुनने के लिए कनेक्शन जोड़ना।

**tap**[2] ***v.*** (tapped, tapping) 1. to strike gently and lightly with the flat of the hand, थपकी देना, थपथपाना। 2. to strike something lightly with, ठकठक करना, खटखट करना, हलका आघात करना, ठोकना। ***n.*** 1. a quick light blow, खट, ठक। 2. the sound of this, खट, ठक।

**tap dance** ***n.*** a dance in which the rhythm is sounded out with the feet, एक प्रकार का नृत्य जिसमें पैरों (एड़ियों तथा पंजों) से ताल दिया जाता है।

**tape** (टेप्) ***n.*** 1. a narrow strip of woven fabric, पट्टी, फ़ीता। 2. a narrow band of paper or other flexible material, टेप; adhesive tape, टेप; magnetic tape, टेप। 3. a tape recorder, टेपरिकॉर्डर। ***v.*** (taped, taping) 1. to bind or fasten with tape, फ़ीते से बाँधना या कसना। 2. to record on magnetic tape, टेप करना।

**tape measure** ***n.*** a tape marked in inches or centimetres for measuring length, नापने का फ़ीता।

**taper** (टे´-पॅ:) ***n.*** 1. a waxed wick used to light candles, मोमबत्तियाँ जलाने की बत्ती। 2. any feeble light, टिमटिमाती रोशनी। ***v.*** to make or become gradually narrower, बराबर सँकरा या पतला करते चलना या होते जाना, गावदुम होना या करना।

T

**taperecord** (टेप्´-रि-कॉ:ड्) *v.* to tape on a taperecorder, टेपरिकॉर्डर पर टेप करना।

**taperecorder** (टेप्´-रि-कॉ:ड्-अॅ:) *n.* an apparatus for recording sounds and playing back the recording, ध्वनि टेप करने तथा टेप की हुई उस ध्वनि को बजाने का उपकरण, टेपरिकॉर्डर।

**tapestry** (टैप्´-अॅ-स्ट्री) *n.* a heavy woven textile for curtains, wall hangings etc., परदों आदि का मोटा कपड़ा।

**tapeworm** (टेप्´-व़:म्) *n.* a ribbon like flat worm, फ़ीता-कृमि।

**tapioca** (टैप्-इ-ओ´-कॅ) *n.* a starchy substance obtained from cassava root, एक प्रकार का माड़ीदार पदार्थ।

**tapir** (टे´-पि:) *n.* a small pig like animal, सुअर की जाति का एक पशु।

**tappet** (टैप्´-इट्) *n.* a mechanical part that causes a certain movement, खटका, टैपिट।

**taproom** (टैप्´-रूम्) *n.* a bar-room, (होटल का) मदिरा-कक्ष।

**taproot** (टैप्´-रूट्) *n.* the main root of a plant, पौधे की मोटी जड़, मूसला।

**tapwater** (टेप्´-व़ा:-टॅ:) *n.* water supplied through pipes (in buildings), टोंटी या नल का पानी।

**tapster** (टैप्´-स्टॅ:) *n.* a barman, मदिरा वितरित करनेवाला।

**tar**[1] (टा:) *n.* a seaman, नाविक।

**tar**[2] (टा:) *n.* coaltar, अलकतरा, तारकोल, डामर। *v.* (tarred, tarring) to coat with tar, अलकतरा डालना, डामर (की परत) बिछाना। ☐ **tarred with the same brush,** एक जैसे दोषी, एक ही थैली के चट्टे-बट्टे।

**tarantula** (टॅ-रैन्´-चु-लॅ) *n.* a large hairy spider, लंबे बालोंवाला बड़ा मकड़ा।

**tarboosh** (टा:-बूश्´) *n.* a cap, एक तरह की टोपी, कुल्ला।

**tardily** (टा:´-डि-ली) *adv.* slowly, धीरे-धीरे।

**tardiness** (टा:´-डि-निस्) *n.* the state or quality of being tardy, धीमापन, शिथिलता, सुस्ती।

**tardy** (टा:´-डी) *adj.* 1. sluggish, सुस्त, शिथिल, धीमा। 2. occurring later than expected, देर से होनेवाला।

**tare**[1] (टेंअॅ:) *n.* 1. the weight of a box, container or wrapper in which goods are packed, बेठन, पेटी आदि का वजन। 2. a deduction from gross weight to compensate for this, कुल वजन में से बारदाने का वजन घटाने की क्रिया।

**tare**[2] *n.* a plant used as fodder, चरी।

**target** (टा:´-गिट्) *n.* 1. a mark to shoot at, निशाना, लक्ष्य। 2. something aimed, लक्ष्य, ध्येय, उद्देश्य। 3. an object of attack, ridicule or criticism, निशाना, लक्ष्य। *v.* to make a target of, निशाना बनाना।

**tariff** (टै´-रिफ़्) *n.* 1. a list of duties imposed on imports or exports. आयात या निर्यात शुल्क की सूची। 2. duty to be paid on imports or exports, प्रशुल्क, टैरिफ़। 3. a schedule for rates or fees, दर-सूची, मूल्य-सूची। *v.* to subject to a tariff, (पर) शुल्क लगाना।

**tarmac** (टा:´-मैक्) *n.* 1. material for surfacing roads, तारकोली रोड़ी। 2. the road made with this, पक्की सड़क। *v.* to make roads with tarmac, तारकोली रोड़ी से सड़क बनाना।

**tarn** (टा:न्) *n.* a small mountain pool, पहाड़ी ताल या झील, गिरिताल।

**tarnish** (टा:´-निश्) *v.* 1. to become or make discoloured, बदरंग हो जाना या कर देना, भद्दा हो जाना या कर देना। 2. to lose or cause to lose shine, फीका हो जाना या कर देना। 3. to stain or become stained, धब्बे पड़ना या डालना, कलंकित होना या करना। *n.* 1. loss of lustre, रंग या चमक का उड़ना। 2. a stain, धब्बा।

**taro** (टार्´-ओ) *n.* a plant with a tuberous root, अरबी या कचालू नामक कंद।

**tarot** (टै-रो´) *n.* a game played with 78 cards used in fortunetelling, ७८ पत्तों से खेला जानेवाला एक खेल जिससे किसी के भविष्य के संबंध में भी कथन किया जाता है।

**tarpaulin** (टा:-पा:´-लिन्) ***n.*** a heavy waterproof fabric coated with tar, तिरपाल।

**tarry**[1] (टार्´-ई) ***adj.*** 1. covered with tar, कोलतार से पुता हुआ, कोलतारी। 2. of or like tar, तारकोल का या तारकोल-जैसा।

**tarry**[2] ***v.*** (tarried, tarrying) 1. to delay, देर करना। 2. to stay, ठहरना।

**tarsal** (टा:´-सॅल्) ***adj.*** of tarsus, टखने का।

**tarsus** (टा:´-सॅस्) ***n.*** the bones of the heel collectively, टखना।

**tart**[1] (टा:ट्) ***adj.*** 1. sharp in taste, तीखा, चरपरा, झालदार। 2. biting, तीखा, उग्र।

**tart**[2] ***n.*** 1. a small pie containing jelly etc., गुजिया। 2. a prostitute, वेश्या।

**tartan** (टा:´-टॅन्) ***n.*** 1. a fabric with a woven pattern of straight lines of different colours and different widths crossing at right angles, चारखानेदार कपड़ा। 2. above pattern, चारखाना।

**tartar** (टा:´-टॅ:) ***n.*** 1. a hard yellowish deposit on teeth, दाँतों पर जमी मैल। 2. a substance obtained from the juice of grapes, टाटरी।

**Tartar** (टा:´-टॅ:) ***n.*** 1. a Mongol or Turk, मंगोल या तुर्क, तातार। 2. a ferocious person, ख़ूँखार व्यक्ति।

**tartaric** (टा:-टैर्´-इक्) ***adj.*** of tartar, टाटरी-संबंधी, क्षारीय।

**task** (टास्क्, टैस्क्) ***n.*** 1. an assigned piece of work to be done, काम। 2. something unpleasant or hard work that has to be done, कठिन या नीरस काम। □ **bring to task or take to task,** डाँटना-डपटना। ***v.*** (tasked, tasking) 1. to assign a task to, काम देना या सौंपना। 2. to burden, (काम से) लाद देना।

**task force** ***n.*** a temporary grouping of forces and resources for the purpose of accomplishing a definite objective, किसी विशिष्ट उद्देश्य के लिए संगठित दल, कार्यदल।

**task master** ***n.*** a person who assigns task to others, दूसरों को काम देने या सौंपनेवाला, दूसरों से काम करानेवाला सक्षम व्यक्ति।

**tassel** (टैस्´-अॅल्) ***n.*** an ornamental bunch of loose threads or strips fastened at one end, फुँदना, झब्बा। ***v.*** to decorate with tassels, फुँदनों से सजाना, फुँदने लगाना।

**tasselled** (टैस्´-अॅल्ड्) ***adj.*** adorned with tassels, फुँदनों से युक्त, फुँदनेदार।

**taste** (टेस्ट्) ***v.*** 1. to test or ascertain the flavour of something by taking into mouth, स्वाद लेना या बताना। 2. to eat or drink small quantity (of), चखना। 3. to have the experience or enjoyment for the first time, पहली बार अनुभव होना, मज़ा आना या मिलना। ***n.*** 1. the sensation produced by something placed in the mouth, स्वाद। 2. one of the five senses which distinguishes the flavour of something, रसेंद्रिय। 3. a small quantity eaten to taste, चखी जानेवाली वस्तु। 4. a liking, सुरुचि, पसंद। 5. a limited or first experience, पहला अनुभव, सीमित अनुभूति। 6. the ability to perceive and enjoy what is beautiful, रसानुभूति, सौंदर्यानुभूति।

**tasteful** (टेस्ट्´-फुल्) ***adj.*** 1. having or showing good taste, सुरुचिसंपन्न। 2. conforming to a good taste, सुरुचिपूर्ण।

**tastefully** (टेस्ट्´-फु-ली) ***adv.*** in a good taste, सुरुचिपूर्वक।

**tasteless** (टेस्ट्´-लिस्) ***adj.*** 1. having no taste, स्वादहीन, बेस्वाद। 2. uninteresting, अरोचक। 3. not exhibiting good taste, कुरुचिपूर्ण।

**taster** (टेस्ट्´-अॅ:) ***n.*** one who tests by tasting, चखनेवाला, स्वाद बतानेवाला।

**tasty** (टे´-स्टी) ***adj.*** pleasing to the taste, स्वाद में बढ़िया, स्वादिष्ट, जायक़ेदार।

**tat**[1] (टैट्) ***v.*** (tatted, tatting) to make tatting, लैस या झालर बुनना या बनाना।

**tat**[2] ***n.*** a blow, आघात। □ **tit for tat,** ईंट का जवाब पत्थर से।

**tata** (टा-टा) ***interj.*** good-bye, अलविदा! टा-टा!

**tatar** (टाट्´-अॅ:) ***n.*** a Tartar, तातार।

T

**tatter** (टैट्´-अॅ:) *n.* 1. a shred. धज्जी। 2. (plu.) torn and ragged clothing, फटे वस्त्र, चिथड़े। *v.* 1. to tear to tatters, चिथड़े कर देना। 2. to make or become ragged, फटीचर बनना या बनाना।

**tattered** (टैट्´-अॅ:ड्) *adj.* ragged, फटेहाल।

**tatters** (टैट्´-अॅ:ज़्) *n.* torn and ragged clothing, चिथड़े। ☐ **in tatters,** (i) चिथड़ों में, (ii) विनष्ट।

**tatting** (टैट्´-इंग्) *n.* 1. handmade lace, लैस। 2. the art of making such lace, लैस बुनने की कला।

**tattle** (टैट्´-अॅल्) *v.* 1. to reveal the secrets of another, दूसरे के रहस्य खोलना, चुगली खाना। 2. to prate, बकबक करना। 3. to gossip, गप लड़ाना। *n.* a gossip, गप।

**tattletale** (टैट्´-अॅल्-टेल्) *n.* = tattler.

**tattler** (टैट्´-लॅ:) *n.* one who tattles, गप्पी, गपोड़संख, चुगलख़ोर।

**tattoo**[1] (टै´-टू) *n.* 1. an evening bugle or drum signal as notice to soldiers to go back to their quarters, रात का बिगुल (जो इस बात का सूचक होता है कि सैनिक अपने-अपने स्थान पर लौट जाएँ)। 2. a military display, सैनिकों का प्रदर्शन। 3. a rhythmic drum beating, ढोल का ताल से बजना, थपथपाना।

**tattoo**[2] *n.* a mark or design made on the skin by pricking it, गोदना। *v.* (tattooed, tattooing) to mark with a tattoo, गोदना गोदना।

**tattooist** (टै´-टू-इस्ट्) *n.* one who marks with a tattoo, गोदना गोदनेवाला।

**tatty** (टै´-टी) *adj.* 1. worn-out, घिसा-पिटा। 2. filthy, गंदा।

**taught** (टा:ट्) *v.* p.t. & p.p. of teach.

**taunt** (टा:न्ट्) *v.* to deride jeeringly, ताना मारना, कटाक्ष करना। *n.* a sarcastic remark, कटाक्ष, ताना।

**tauntingly** (टा:न्ट्´-इंग्-ली) *adv.* in a taunting manner, कटाक्षपूर्वक, ताने के स्वर में।

**Taurus** (टार्´-अॅस्) *n.* the second sign of Zodiac, वृष राशि।

**taut** (टा:ट्) *adj.* 1. tight, कसा हुआ। 2. tense, तनावग्रस्त। 3. firm, दृढ़। 4. trim, साफ़-सुथरा।

**tauten** (टा:ट्´-अॅन्) *v.* to make or become taut, कसना या कसा जाना, तानना या तनना।

**tautologous** (टा:-टॉल्´-अॅ-जॅस्) *adj.* involving tautology, द्विरुक्त, पुनरुक्त।

**tautology** (टा:-टॉल्´-अॅ-जी) *n.* needless repetition of a word or idea, द्विरुक्ति, पुनरावृत्ति।

**tavern** (टैव्´-अॅ:न्) *n.* 1. a bar, मधुशाला। 2. an inn, सराय।

**tawdrily** (टा:´-ड्रि-ली) *adv.* in a tawdry manner, भड़कीले रूप में, दिखावे के लिए।

**tawdriness** (टा:´-ड्रि-निस्) *n.* the state or quality of being tawdry, भड़कीलापन, दिखावट, दिखावा।

**tawdry** (टा:´-ड्री) *adj.* (tawdrier, tawdriest) cheap and gaudy, भड़कीला, दिखावटी।

**tawny** (टा:´-नी) *n.* a light golden brown, नारंगी रंग। *adj.* (tawnier, tawniest) light golden brown, नारंगी के रंग का।

**tax** (टैक्स्) *n.* 1. a charge levied by authority, कर, टैक्स। 2. an excessive demand, दबाव, भार, बोझ। *v.* (taxed, taxing) 1. to levy a tax on, कर लगाना, टैक्स लगाना। 2. to make heavy demands upon, दबाव डालना। 3. to charge, आरोप लगाना, दोषारोपण करना।

**taxable** (टैक्´-सॅ-बॅल्) *adj.* 1. liable to assessment of taxes, कर-देय। 2. that can be taxed, कर-योग्य।

**taxation** (टैक्-से´-शॅन्) *n.* 1. the act of levying taxes, करारोपण। 2. an amount assessed as tax, निर्धारित कर। 3. the amount obtained from taxes, करों से होनेवाली आय।

**tax collector** *n.* one whose duty is to collect taxes, कर-समाहर्ता, कर उगाहनेवाला।

**tax evasion** *n.* the crime of avoiding tax by falsely reporting taxable income, करापवंचन, कर की चोरी।

**tax-free** (टैक्स्´-फ़्री) *adj.* exempted from tax, जिसपर कर न हो, कर-मुक्त।

**tax haven** (टैक्स्´-हेंव्-ॲन्) ***n.*** a country having lower rate of taxation than elsewhere, वह देश जिसमें करों की दर अत्यंत कम हो।

**taxi** (टैक्´-सी) ***n.*** a car that carries passengers for a fare, टैक्सी। ***v.*** (taxied, taxing) 1. to ride in a taxi, टैक्सी करना, टैक्सी पर जाना। 2. to transport by taxi, टैक्सी से भेजना।

**taxicab** (टैक´-सि-कैब्) ***n.*** = taxi.

**taxidermist** (टैक्´-सि-डः-मिस्ट्) ***n.*** one who practices taxidermy, चर्म-प्रसाधक।

**taxidermy** (टैक्´-सि-डः-मी) ***n.*** the art of preparing, stuffing and mounting the skins of animals in lifelike forms, पशुओं की खाल में भूसा आदि भरकर उन्हें सजीव-सा बनाने का काम, चर्म-प्रसाधन।

**taxi-man** (टैक्´-सि-मॅन्) ***n.*** the driver of a taxi, टैक्सीचालक, टैक्सी-ड्राइवर।

**taximeter** (टैक्´-सि-मीट्-ॲः) ***n.*** a metre showing the distance covered by a taxi, टैक्सी मीटर।

**taxing** (टैक्´-सिंग्) ***adj.*** onerous, burdensome, दूभर, विकट।

**taxi stand** ***n.*** a place where taxis wait to be hired, टैक्सी स्टैंड।

**taxonomy** (टैक्-सॉन्´-ॲ-मी) ***n.*** the science of classification of organisms on common characteristics, जीव-वर्गीकरण।

**taxpayer** (टैक्स्´-पे-ॲः) ***n.*** one who pays taxes, करदाता।

**taxpaying** (टैक्स्´-पे-इंग्) ***adj.*** paying taxes, जो कर देता हो, कर देनेवाला, करदाता।

**tea** (टी) ***n.*** 1. a shrub, चाय। 2. leaves of this shrub, चाय की पत्ती। 3. a beverage prepared from the tea leaves, चाय का पानी। 4. a refreshment including tea, चाय-पानी। 5. an afternoon tea, शाम की चाय। □ **storm in a tea cup,** तिल का ताड़।

**teabag** (टी´-बैग्) ***n.*** a small porous sac for holding enough tea for an individual serving, टी बैग, चाय की थैली।

**tea board** (टी´-बोःड्) ***n.*** a tray for serving tea, चाय की ट्रे।

**teacake** (टी´-केक्) ***n.*** a cookie, (चाय के साथ खाया जानेवाला) केक।

**teach** (टीच्) ***v.*** (taught, teaching) 1. to impart knowledge or skill to, सिखाना, सिखलाना। 2. to cause to know a subject, पढ़ाना। 3. to cause to understand, सीख देना, नसीहत देना, समझाना। 4. to give instructions or training, प्रशिक्षित करना।

**teachability** (टी-चॅ-बिल्´-इ-टी) ***n.*** the condition or quality of being teachable, शिक्षणीयता।

**teachable** (टी´-चॅ-बॅल्) ***adj.*** that can be taught, (i) जिसे सिखाया-पढ़ाया जा सके, सिखाने या पढ़ाने के लायक। (ii) शिक्षणीय, अध्यापनीय।

**teacher** (टी´-चॅः) ***n.*** a person who teaches, शिक्षक, अध्यापक।

**teaching** (टी´-चिंग्) ***n.*** 1. the art or work of a teacher, अध्यापन, शिक्षण। 2. a doctrine or precept, सिद्धांत, उपदेश, नसीहत, सीख।

**teacup** (टी´-कप्) ***n.*** a cup for hot beverages, (चाय का) प्याला।

**teacupful** (टी´-कप्-फुल्) ***n.*** as much as a tea cup can hold, प्याला-भर सामान।

**tea dance** ***n.*** a dance held in the late afternoon, सायंकालीन नृत्य।

**tea garden** ***n.*** a tea plantation, चाय-बाग़ान।

**teahouse** (टी´-हाउस्) ***n.*** a restaurant where tea and snacks are served, चाय-घर, चाय की दुकान।

**teak** (टीक्) ***n.*** 1. a large tree, सागवान, सागौन। 2. its wood, सागवान या सागौन की लकड़ी।

**teakettle** (टी´-कैंट्-ॲल्) ***n.*** a covered kettle with a handle and a spout for pouring tea, केतली।

**teal** (टील्) ***n.*** a wild duck, जंगली बतख।

**team** (टीम्) ***n.*** 1. a number of persons associated together in work or activity, टीम, टोली। 2. a group of players in a game, दल, टीम। 3. two or more animals harnessed together, जोड़ी। ***v.*** (teamed,

T

teaming) 1. to form a team, टीम बनाना। 2. to harness together to form a team, पशुओं की जोड़ी को गाड़ी, हल आदि में जोतना।

**teammate** (टीम्´-मेट्) ***n.*** a fellow member of a team, साथी खिलाड़ी।

**team spirit** (टीम्-स्पिर्´-इट्) ***n.*** willingness to co-operate as part of a team, दल-भावना, समूह-भावना, टीम-भावना।

**teamster** (टीम्´-स्टॅः) ***n.*** a truck-driver, ट्रक-चालक।

**teamwork** (टीम्´-व़:क्) ***n.*** 1. cooperative work, सहकार, सहयोग। 2. the ability to work efficiently as a team, सामूहिक कार्य।

**tea party** ***n.*** an afternoon social gathering at which tea and light refreshment is served, चाय-गोष्ठी, टी-पार्टी।

**teapot** ***n.*** a vessel with a handle and a spout from which tea is served, चायदानी।

**teapoy** (टी´-पाइ) ***n.*** a small three-legged stand, तिपाई।

T

**tear**[1] (टिअॅ:) ***n.*** 1. a drop of salty water falling from the eye, आँसू, अश्रु। 2. something like a falling drop, बूँद। ☐ **in tears,** रोता हुआ, आँसू-भरा।

**tear**[2] (टॅअॅ:) ***v.*** (tore, torn, tearing) 1. to pull apart or to pieces by force, फाड़ना। 2. to make an opening by ripping, काटना, कतरना, चीरना। 3. to hurry, जल्दी करना, जल्दी में होना। 4. to split, बाँटना, तोड़ना, खंड-खंड करना। 5. to take by force, छीन लेना। 6. to cause pain or anguish, कष्ट देना। 7. to move or act with violence, ज़ोर-जबरदस्ती करना, हिंसा करना। ☐ **tear away,** कहीं से चल देना या दूसरे को चलने के लिए मजबूर करना; **tear down,** नष्ट कर देना, गिरा या ढाह देना, ध्वस्त कर देना; **tear into,** ज़ोर का हमला करना; **tear up,** नोच-खसोटकर ख़त्म कर देना।

**tearaway** (टिअॅ:-अ-वे़) ***n.*** an impetuous fellow, जल्दबाज़ व्यक्ति।

**teardrop** (टिअॅ:´-ड्रॉप्) ***n.*** a drop of water falling from the eye, आँसू की बूँद।

**tearful** (टिअॅ:´-फ़ुल्) ***adj.*** 1. shedding tears, रोता हुआ। 2. ready to shed tears, रुआँसा। 3. wet, नम, सजल; tearful eyes, अश्रुपूरित नेत्र।

**tear gas** ***n.*** a gas causing tears used to dispel mobs, आँसू लानेवाली गैस, अश्रुगैस।

**tearing** (टिअॅर्´-इंग्) ***adj.*** violent, उग्र, तेज; I am in a tearing hurry. मुझे बहुत जल्दी है।

**tearjerker** (टिअॅ:-ज:-कॅ:) ***n.*** an excessively pathetic story, film, book etc., रुला देने-वाली कहानी, फ़िल्म, पुस्तक आदि; करुण कथा।

**tease** (टीज़्) ***v.*** 1. to annoy, चिढ़ाना, तंग करना। 2. to make fun of, हँसी उड़ाना। 3. to vex playfully, छेड़ना, छेड़खानी करना। 4. to beg or urge persistently, बार-बार कोचना। 5. to disentangle and lay parallel (cotton or wool) by carding, धुनना। 6. to brush up the nap (on cloth, कपड़े के) ब्रुश से रोएँ खड़े करना। ***n.*** 1. the act of teasing, छेड़खानी। 2. one who teases, तंग करनेवाला।

**teaser** (टी´-ज़ॅ:) ***n.*** 1. one who teases, तंग करने या छेड़नेवाला। 2. a difficult problem, विकट समस्या, कठिन प्रश्न।

**teaset** ***n.*** a China set consisting of tea pot, sugar bowl, creamer, cups and plates, चाय परसने के बर्तन, टी-सेट।

**teaspoon** (टी´-स्पून्) ***n.*** a small spoon for stirring and sipping tea, चाय का चम्मच।

**teaspoonful** (टी´-स्पून्-फ़ुल्) ***n.*** the amount contained in the teaspoon, चम्मच-भर सामान।

**teat** (टीट्´) ***n.*** a nipple, चूची, चुचुक।

**teatime** (टी´-टाइम्) ***n.*** 1. the time at which tea is served, चाय पीने का वक्त, चायपान का समय। 2. early morning or late afternoon, सुबह या शाम।

**technic** (टॅक्´-निक्) ***n.*** = technique.

**technical** (टॅक्´-नि-कॅल्) ***adj.*** 1. of or relating to a technique or applied arts, प्राविधिक, तकनीकी। 2. skilled in some kind of practical art, तकनीकी, प्राविधिक। 3. mechanical or scientific, यांत्रिक या वैज्ञानिक। 4. technological, पारिभाषिक।

5. (of a book) requiring specialized knowledge, तकनीकी, प्राविधिक। 6. existing due to a strict application of law, कानूनी दृष्टि से होनेवाला, विधिक। 7. specialized, विशेषीकृत।

**technicality** (टॅक्-नॅ-कॅल्´-इ-टी) ***n.*** the quality or state of being technical, प्राविधिकता। 2. a technical term, पारिभाषिक शब्द। 3. something technical, तकनीकी काम या वस्तु। 4. a technical point, तकनीकी बात।

**technician** (टॅक्-निश्´-ॲन्) ***n.*** one who is expert in the techniques of a particular subject or craft, तकनीशियन, प्रविधिज्ञ, मिस्त्री।

**technicolour** (टॅक्´-नि-कल्-ॲ:) ***n.*** a process of making colour motion pictures, टेकनिकलर।

**technique** (टॅक्-नीक्´) ***n.*** the systematic and scientific method of doing some mechanical or practical work, तकनीक, प्रविधि, ढंग।

**technocracy** (टॅक्-नॉक्´-रॅ-सी) ***n.*** government by scientists and engineers, शिल्पी-तंत्र।

**technocrat** (टॅक्´-नॅ-क्रेट्) ***n.*** a member of a technocracy, शिल्पी-तंत्र का सदस्य।

**technological** (टॅक्-नॅ-लॉज्´-इ-कॅल्) ***adj.*** of or pertaining to technology, शिल्प विज्ञान-संबंधी, प्रौद्योगिकी-संबंधी, प्रौद्योगिकीय।

**technologist** (टॅक्-नॉल्´-ॲ-जिस्ट्) ***n.*** an expert in technology, शिल्प-विज्ञानी, शिल्प-वैज्ञानिक, प्रौद्योगिकीवेत्ता।

**technology** (टॅक्-नॉल्´-ॲ-जी) ***n.*** the application of scientific and mechanical knowledge to industry, प्रौद्योगिकी, शिल्प-विज्ञान।

**tectonics** (टॅक्-टॉन्´-इक्स्) ***n.*** the art and science of construction and buildings, वास्तुशिल्प।

**tedious** (टी´-डि-ॲस्) ***adj.*** 1. boring, uninteresting, उबाऊ, नीरस। 2. tiresome, थकाऊ।

**tediousness** (टी´-डि-ॲस्-निस्) ***n.*** the state or quality of being tedious, tedium, उबाऊपन, नीरसता; थकान।

**tedium** (टी´-डि-ॲम्) ***n.*** tediousness, boredom, उबाऊपन, नीरसता।

**tee** (टी) ***n.*** a small mound on which golf ball is placed before given a strike, गोल्फ़ में वह ढूह जिस पर खेल शुरू करते समय गेंद रखते हैं, टी। ***v.*** (teed, teeing) to place a ball on a tee, टी पर गेंद रखना। □ **tee off,** गोल्फ़ का खेल शुरू करना; **tee up,** टी पर गेंद रखना।

**teem** (टीम्) ***v.*** to abound, प्रचुर मात्रा में होना। □ **teeming with,** से भरा हुआ।

**teenage** (टीन्´-एज्) ***adj.*** of teenagers, किशोरों का या किशोरों-जैसा।

**teenaged** (टीन्´-एज्ड्) ***adj.*** in one's teens, किशोर (१३ से १९ वर्ष के बीच का)।

**teenager** (टीन्´-एज्-ॲ:) ***n.*** a person in his/her teens, किशोर या किशोरी।

**teens** (टीन्ज़्) ***n.*** (plu.) the years 13 to 19 in a lifetime, जीवन के १३ से १९ वर्ष तक का समय, किशोरावस्था।

**teensy-weensy** (टीन्´-सी-वीन्´-सी) ***adj.*** tiny, नन्हा, छोटा।

**teeny** (टी´-नी) ***adj.*** (teenier, teeniest) tiny, छोटा, नन्हा।

**teenybopper** (टी´-नी-बॉप्-ॲ:) ***n.*** a teenaged girl who follows the latest fashions, फ़ैशनुबल किशोरी।

**tee shirt** (टी´-शःट्) ***n.*** = T-shirt.

**teeter** (टी´-टॅ:) ***v.*** to move unsteadily, लड़खड़ाते हुए चलना, लड़खड़ाना।

**teeter-totter** (टी´-टॅ:-टॉट्-ॲ:) ***n.*** a seesaw, ढेंकी, झूमाझूमी। ***v.*** (teeter-tottered, teeter-tottering) to seesaw, झूमाझूमी खेलना।

**teeth** (टीथ्) ***n.*** plu. of tooth, दाँत। □ **cut one's teeth on,** अनुभव प्राप्त करना; **get one's teeth into,** जमकर काम करना; **in the teeth of,** विरोध के बावजूद; **put teeth into,** (नियम से) प्रभावित करना; **to the teeth,** अधिक से अधिक, पूरी तरह; **show one's teeth,** धमकी देना, धमकाना।

**teethe** (टीद्) ***v.*** (teethed, teething) to grow

T

teeth, (बच्चे के) दाँत निकलना।

**teething** (टी´-दिंग्) ***adj.*** cutting one's teeth, जिसके दाँत निकल रहे हों। □ **teething ring,** बच्चों के चबाने का छल्ला; **teething troubles,** (i) दाँत निकलने के समय होनेवाली परेशानियाँ, (ii) आरंभिक कठिनाइयाँ।

**teetotal** (टी-टो´-टॅल्) ***adj.*** abstaining completely from alcoholic drinks, शराब को न छूनेवाला, शराब न पीनेवाला, संयमी।

**teetotaller** (टी-टो´-टॅ-लॅः) ***n.*** one who does not drink alcoholic beverages, वह जो शराब न पीता हो, मद्यत्यागी, संयमी व्यक्ति।

**teetotallism** (टी-टो´-टॅ-लिज़्-अॅम्) ***n.*** total abstinence from alcoholic beverages, मद्यपान न करना, मद्यत्याग।

**telecast** (टॅल्´-इ-कास्ट्/कैस्ट्) ***v.*** (telecasted/ telecast, telecasting) to broadcast by television, टेलीविज़न से प्रसारित करना।

**telecommunications** (टॅल्-इ-कॅ-म्यु-नि-के´-शॅन्ज़्) ***n.*** (plu.) the technology of sending messages by electronic or electrical means, दूरसंचार प्रणाली।

T

**telegenic** (टॅल्-इ-जेन्´-इक्) ***adj.*** appearing attractive on television, टेलीविज़न पर आकर्षक लगनेवाला, दूरदर्शनीय।

**telegram** (टॅल्´-इ-ग्राम्/ग्रैम्) ***n.*** a communication sent by telegraph, टेलीग्राम, तार।

**telegraph** (टॅल्´-इ-ग्राफ़्/ग्रैफ़्) ***n.*** an apparatus for communication at a distance by electric transmission over wire, तार-प्रेषण यंत्र। ***v.*** to send a telegram to, तार भेजना।

**telegraphic** (टॅल्-इ-ग्राफ़्´/ग्रैफ़्´-इक्) ***adj.*** of or pertaining to the telegraph, तार-संबंधी; telegraphic address, तार का पता।

**telegraphically** (टॅल्-इ-ग्राफ़्´/ग्रैफ़्´-इ-कॅ-ली) ***adv.*** by telegraph, तार से, तार द्वारा।

**telegraphy** (टॅ-लॅग्´-रॅ-फ़ी) ***n.*** the process of communication by telegraph, तार-संचार, टेलीग्राफ़ी।

**telemeter, telemetre** (टॅल्-इ-मीट्´-अॅः) ***n.*** an instrument for measuring the distance, दूरीमापी यंत्र।

**teleological** (टॅल्-इ-अॅ-लॉज्´-इ-कॅल्) ***adj.*** of or pertaining to teleology, उद्देश्यवाद संबंधी, उद्देश्यमूलक।

**teleology** (टॅल्-इ-अॅ-लॉज्´-ई) ***n.*** the belief that all things and events were specially planned to fulfil a purpose, उद्देश्यवाद।

**telepathic** (टॅल्-इ-पैथ्´-इक्) ***adj.*** of or pertaining to telepathy, दूरबोधी।

**telepathy** (टॅ-लॅप्´-अॅ-थी) ***n.*** communication from one mind to another through means other than the senses, अतींद्रिय बोध, दूरबोध, टेलीपैथी।

**telephone** (टॅल्´-इ-फ़ोन्) ***n.*** a system and apparatus of transmitting sound over a distance, टेलीफ़ोन, दूरभाष; telephone booth, दूरभाष-कक्ष; telephone directory, दूरभाष-निर्देशिका; telephone exchange, दूरभाष केंद्र। ***v.*** to communicate by telephone, टेलीफ़ोन करना।

**telephonic** (टॅल्-इ-फ़ॉन्´-इक्) ***adj.*** of or pertaining to the telephone, दूरभाषिक।

**telephonist** (टॅल्-इ-फ़ॉन्´-इस्ट्) ***n.*** a telephone operator, दूरभाषचालक।

**telephony** (टॅ-लॅफ़्´-अॅ-नी) ***n.*** the system of telecommunications of sounds by telephone, दूरभाष-प्रणाली।

**telephotography** (टॅल्-इ-फ़ॅ-टॉग्´-रॅ-फ़ी) ***n.*** the photography of distant objects, दूर-छायाचित्रण।

**teleprinter** (टॅल्-इ-प्रिन्ट्´-अॅः) ***n.*** a telegraphic machine that records messages like a typewriter, दूरमुद्रक, तारलेखी, टेलीप्रिंटर।

**teleprompter** (टॅल्-इ-प्रॉम्प्´-टॅः) ***n.*** a device for displaying a television script to the speaker, दूरदर्शन पर वक्ता के सम्मुख पांडुलिपि प्रदर्शित करने का उपकरण।

**telescope** (टॅल्´-इ-स्कोप्) ***n.*** an optical instrument for viewing distant objects, दूरबीन, टेलीस्कोप। ***v.*** 1. to force a way into, धँस जाना। 2. to compress or become compressed forcibly, दबा देना या दब जाना।

**telescopic** (टॅल्-इ-स्कॉप्´-इक्) ***adj.*** 1. pertaining to a telescope, दूरबीन-संबंधी, दूरबीनी। 2. visible only through a telescope, केवल दूरबीन से दिखाई देनेवाला, अतिसूक्ष्म।

**televise** (टॅल्´-इ-वाइज़्) ***v.*** to transmit by television, दूरदर्शन से प्रसारित करना, दूरदर्शन पर दिखाना।

**television** (टॅल्´-इ-विज़्ह्-अॅन्) ***n.*** 1. a system of transmission and reception of images with accompanying sound, दूरदर्शन-प्रणाली। 2. an apparatus for receiving images transmitted by above system, दूरदर्शन, टेलीविज़न, टी.वी.।

**telex** (टॅल्´-ऍक्स्) ***n.*** 1. a telegraph service for sending and receiving messages on a teleprinter, टेलेक्स। 2. a message received or sent by this, टेलेक्स। ***v.*** to send a message by telex, टेलेक्स भेजना।

**tell** (टॅल्) ***v.*** (told, telling) 1. to count, गिनना। 2. to relate in detail, विस्तार से कहना, बतलाना, बताना। 3. to reveal, प्रकट करना। 4. to give information to, सूचना देना। 5. to assure emphatically, विश्वास दिलाना; He did not do it, I tell you. मैं तुम्हें विश्वास दिलाता हूँ कि उसने यह काम नहीं किया। 6. to distinguish, विभेद करना; I can't tell him from his brother. मैं इन दोनो भाइयों में विभेद नहीं कर सकता या वे दोनो भाई एक दूसरे से बिल्कुल मिलते हैं। 7. to say forcefully, आदेश देना, दृढ़तापूर्वक कहना। 8. to discern or identify, समझना या पहचानना। 9. to have an effect, प्रभाव पड़ना। 10. to produce an effect, प्रभाव उत्पन्न करना, प्रभाव डालना। □ **tell apart,** विभेद करना; **tell off,** काम पर लगाना; **tell on,** बुरा प्रभाव डालना; **tell tales,** (किसी का) रहस्य बतलाना, चुगली खाना।

**teller** (टॅल्´-अॅ:) ***n.*** 1. one who relates or narrates, वर्णन करनेवाला व्यक्ति। 2. one who counts votes, मतगणक। 3. a bank cashier, बैंक का ख़ज़ांची।

**telling telex** (टॅल्´-इंग्-टॅल्-ऍक्स्) ***adj.*** having force, striking, ज़ोरदार, प्रभावपूर्ण, कारगर।

**telltale** (टॅल्´-टेल्) ***n.*** 1. one who tells tales, चुग़लख़ोर। 2. an indicator, सूचक यंत्र। ***adj.*** revealing, सूचक, परिचायक।

**telly** (टॅल्´-ई) ***n.*** a television, टेलीविज़न।

**temblor** (टॅम्´-ब्लः) ***n.*** an earthquake, भूकंप।

**temerity** (टॅ-मॅर्´-इ-टी) ***n.*** rashness, दुस्साहस, धृष्टता, उतावलापन, जल्दबाज़ी।

**temp** (टॅम्प्) ***n.*** a temporary employee, अस्थायी कर्मचारी।

**temper** (टॅम्´-पॅ:) ***n.*** 1. mood, मनोदशा, मन:स्थिति, तबीयत, मिज़ाज। 2. calmness, composure, शांति, धैर्य। 3. irritability, चिड़चिड़ापन। 4. anger, rage, क्रोध, गुस्सा। 5. the degree of hardness of a metal, धातु को पहले गरम और फिर ठंडा करके उसमें लाया जानेवाला कड़ापन, टेंपर। □ **lose one's temper,** बौखला पड़ना, क्रोध में आ जाना; **keep one's temper,** शांत बने रहना, धैर्य न छोड़ना। ***v.*** 1. to harden a metal as by alternate heating and cooling, धातु को पहले गरम और फिर ठंडा करके कड़ा बनाना, टेंपर देना, पानी चढ़ाना। 2. to soften, moderate or soothe, नरम करना, मृदु बनाना।

**tempera** (टॅम्´-पॅ-रॅ) ***n.*** 1. a method of painting using colours mixed with eggs, अंडे में रंग मिलाकर चित्रण करने की पद्धति। 2. the colour mixed with eggs, अंडा-मिश्रित रंग।

**temperament** (टॅम्´-पॅ-रॅ-मॅन्ट्) ***n.*** 1. the characteristic way of behaving, स्वभाव, प्रकृति। 2. excessive irritability, चिड़-चिड़ापन, तुनुकमिज़ाजी।

**temperamental** (टॅम्-पॅ-रॅ-मॅन्´-टॅल्) ***adj.*** 1. of or caused by temperament, नैसर्गिक, स्वभावगत; His love for music is temperamental. उसका संगीत-प्रेम नैसर्गिक है। 2. easily upset or irritated, चिड़चिड़े स्वभाववाला, तुनुकमिज़ाज। 3. moody, मनमौजी, सनकी।

**temperamentally** (टॅम्-पॅ-रॅ-मॅन्´-टॅ-ली) ***adv.*** by nature, स्वभाव से, स्वभावत:।

**temperance** (टॅम्´-पॅ-रॅन्स्) 1. self-restraint, आत्मसंयम, मिताचार। 2. total abstinence

T

from alcoholic drinks, मद्य का त्याग, मद्यत्याग।

**temperate** (टॆम्´-पॅ-रिट्) *adj.* 1. exercising self-restraint, आत्मसंयमी, मिताचारी, मद्य-त्यागी। 2. having a mild temperature, neither hot nor very cold, मातदिल, शीतोष्ण।

**temperately** (टॆम्´-पॅ-रिट्-ली) *adv.* moderately, संयमपूर्वक, संयम से।

**temperateness** (टॆम्´-पॅ-रिट्-निस्) *n.* the quality or state of being temperate, संयम।

**temperature** (टॆम्´-पॅ-रॅ-चॅः) *n.* the degree of heat or cold in a body or environment, तापमान, टॆंपरेचर। □ **have a temperature,** टॆंपरेचर होना, बुखार होना; **take a person's temperature,** टॆंपरेचर देखना, तापमान लेना।

**tempered** (टॆम्´-पॅःड्) *adj.* 1. made tough by alternate heating and cooling, पानी-चढ़ा, कड़ा। 2. of or pertaining to temperament, मिज़ाजवाला; ill-tempered, बुरे मिज़ाजवाला, चिड़चिड़ा।

T

**tempest** (टॆम्´-पिस्ट्) *n.* a violent storm, तूफ़ान, झंझा। □ **tempest in a teapot,** बात का बतंगड़, तिल का ताड़।

**tempestuous** (टॆम्-पॆंस्´-चु-अॅस्) *adj.* like a tempest, stormy, तूफ़ानी, प्रचंड।

**tempestuously** (टॆम्-पॆंस्´-चु-अॅस्-ली) *adv.* in a violent manner, प्रचंडतापूर्वक, तेज़ी से।

**tempestuousness** (टॆम्-पॆंस्´-चु-अॅस्-निस्) *n.* the state or quality of being tempestuous, प्रचंडता, तेज़ी।

**Templar** (टॆम्´-प्लॅः) *n.* a member of an old religious military order at Jerusalem, जेरुसलम की एक प्राचीन धार्मिक-सैनिक संस्था का सदस्य।

**template** (टॆम्´-प्लिट्) *n.* a pattern cut out in wood or metal, साँचा।

**temple**[1] (टॆम्´-पॅल्) *n.* a building for the worship of a god or deity, मंदिर, देवालय।

**temple**[2] *n.* the flat region at each side of the head between forehead and ear, कनपटी।

**tempo** (टॆम्´-पो) *n.* 1. the time, speed or rhythm of a piece of music, लय, ताल। 2. the pace of any movement or activity, गति, रफ़्तार, तेज़ी; the tempo of the war, युद्धगति।

**temporal**[1] (टॆम्´-पॅ-रॅल्) *adj.* 1. of worldly affairs, लौकिक, सांसारिक, एहिक। 2. of or denoting time, कालवाचक। 3. temporary, अस्थायी।

**temporal**[2] *adj.* of or near the temples of the skull, कनपटी-संबंधी।

**temporarily** (टॆम्´-पॅ-रॆर्-इ-ली) *adv.* for a little while, for the time being, अल्पकाल के लिए, अस्थायी रूप से।

**temporariness** (टॆम्´-पॅ-रॆर्-इ-निस्) *n.* the quality or state of being temporary, अस्थायित्व।

**temporary** (टॆम्´-पॅ-रॆर्-ई) *adj.* 1. lasting for a limited time only, अल्पकालिक। 2. not permanent, अस्थायी। *n.* a person employed temporarily, अस्थायी कर्मचारी।

**temporize** (टॆम्´-पॅ-राइज़्) *v.* 1. to compromise temporarily, अल्पकाल के लिए समझौता कर लेना। 2. to avoid giving a definite answer or decision, टाल-मटोल करना।

**tempt** (टॆम्प्ट्) *v.* to allure or induce, प्रलोभन देना, ललचाना, उकसाना; Do you feel tempted? क्या मन ललचा उठा है? □ **tempt providence,** जोखिम उठाना।

**temptable** (टॆम्प्´-टॅ-बॅल्) *adj.* liable to be tempted, जिसपर मन ललचा उठे।

**temptation** (टॆम्प्-टे´-शॅन्) *n.* 1. the act of tempting or the state of being tempted, लालच, लोभ, प्रलोभन। 2. a thing or person that tempts, लुभानेवाली वस्तु या व्यक्ति।

**tempter** (टॆम्प्´-टॅः) *n.* one who tempts, लुभाने या मुग्ध करनेवाला व्यक्ति या वस्तु।

**tempting** (टॆम्प्´-टिंग्) *adj.* attractive, alluring, लुभावना, मोहक।

**temptingly** (टॆम्प्´-टिंग्-ली) *adv.* in a tempting manner, लुभाते हुए, लुभावने ढंग से।

**tempura** (टॆम्´-पु-रा) *n.* fried fish, तली हुई मछली। (जापानी)

**ten** (टॆन्) *adj. & n.* 1. one more than nine,

दस। 2. a playing card with ten spots, दहला (ताश का)।

**tenability** (टेंन्-अॅ-बिल्´-इ-टी) ***n.*** the state or quality of being tenable, रक्षणीयता; तर्कसंगतता; मान्यता।

**tenable** (टेंन्´-अॅ-बॅल्) ***adj.*** 1. defensible, रक्षणीय। 2. logical, तर्कसंगत। 3. that can be maintained, समर्थनीय, पोषणीय।

**tenacious** (टॅ-ने´-शॅस्) ***adj.*** 1. holding firmly, दृढ़। 2. tough, चीमड़। 3. obstinate, हठी, दुराग्रही। 4. (of memory) retentive, धारण-सक्षम, तीक्ष्ण। 5. sticky, चिपचिपा।

**tenacity** (टॅ-नैस्´-इ-टी) ***n.*** 1. the quality or state of being tenacious, दृढ़ता; चीमड़पन; दुराग्रह। 2. stickiness, चिपचिपापन, चिपचिपाहट।

**tenancy** (टेंन्´-अॅन्-सी) ***n.*** 1. the temporary possession of land or property by a tenant, काश्तकारी, किराएदारी। 2. the period of this, किराएदारी या काश्तकारी की अवधि।

**tenant** (टेंन्´-अॅन्ट्) ***n.*** 1. a person who rents land or building from a landlord, काश्तकार, किराएदार। 2. the occupant or inhabitant, दख़लदार, क़ाबिज़, रहनेवाला।

**tenantry** (टेंन्´-अॅन्-ट्री) ***n.*** 1. the tenants of land or buildings, सभी किराएदार या काश्तकार। 2. the status of being a tenant, किराएदार या काश्तकार का पद।

**tend**[1] (टेंन्ड्) ***v.*** (tended, tending) to take care of, देख-रेख करना, देख-भाल करना, ध्यान रखना, निगरानी करना।

**tend**[2] ***v.*** 1. to be inclined, झुकाव होना, झुकना, उन्मुख या प्रवृत्त होना। 2. to be directed, (की ओर) जाना, बढ़ना। 3. to proceed to, अग्रसर होना।

**tendency** (टेंन्´-डॅन्-सी) ***n.*** 1. an inclination to move in a particular direction, प्रवृत्ति। 2. the general course, रुझान, झुकाव।

**tendentious** (टेंन्-डेंन्´-शॅस्) ***adj.*** having a bias, पक्षपातपूर्ण।

**tendentiously** (टेंन्-डेंन्´-शॅस्-ली) ***adv.*** in a tendentious manner, पक्षपातपूर्वक।

**tendentiousness** (टेंन्-डेंन्´-शॅस्-निस्) ***n.*** partiality, पक्षपात।

**tender**[1] (टेंन्´-डॅ:) ***adj.*** 1. not hard, delicate, कोमल, सुकुमार, नाज़ुक, मृदु। 2. sensitive, संवेदनशील, कोमल। 3. gentle and loving, स्नेह-भरा, प्यार-भरा, कोमल। 4. easily moved to pity, दयालु, करुणामय।

**tender**[2] ***v.*** 1. to offer formally, प्रस्तुत या उपस्थित करना, पेश करना, रखना, देना; He tendered his resignation. उसने त्यागपत्र दे दिया। 2. to make a tender, टेंडर देना, निविदा देना। ***n.*** 1. a formal proposal to carry out work or to supply goods, टेंडर, निविदा; tender fee, निविदा-शुल्क, टेंडर शुल्क। 2. money, रुपया-पैसा, मुद्रा; legal tender, वैध मुद्रा।

**tender**[3] ***n.*** 1. a person who tends, i.e. who looks after something, देख-भाल या निगरानी करनेवाला व्यक्ति। 2. a small boat towed or carried by a ship, जलयान पर माल लाने-ले जाने की छोटी नौका। 3. a car attached to a steam engine carrying fuel and water, इंजन के साथ का वह डिब्बा जिसमें कोयला तथा पानी रहता है, ईंधनगाड़ी।

**tenderer** (टेंन्´-डॅर्-अॅ:) ***n.*** one who presents a tender, निविदाकार, टेंडरदाता।

**tenderfoot** (टेंन्´-डॅ:-फ़ुट्) ***n.*** a novice, नौसिखुआ।

**tender-hearted** (टेंन्´-डॅ:-हा:´-टिड्) ***adj.*** having a tender heart, कोमलहृदय, दयालु।

**tenderize** (टेंन्´-डॅ-राइज़्) ***v.*** to make more tender, और अधिक कोमल बनाना, कोमलतर करना।

**tenderloin** (टेंन्´-डॅ:-ला:इन्) ***n.*** the tenderest part of a loin of beef or pork, कमर का कोमल मांस।

**tenderness** (टेंन्´-डॅ:-निस्) ***n.*** the state or quality of being tender, कोमलता, सुकुमारता।

**tendon** (टेंन्´-डॅन्) ***n.*** a cord or band of tough tissue that connects a muscle to some other part, कंडरा।

**tendril** (टेंन्´-ड्रिल्) ***n.*** a thread-like part of climbing plant, तंतु, प्रतान।

T

**tenement** (टेॅन्´-अॅ-मॅन्ट्) ***n.*** 1. a dwelling place or residence, घर, मकान। 2. a large building divided into rooms or flats, बड़ा मकान जिसमें कई कमरे या फ्लैट हों।

**tenet** (टेॅन्´-इट्) ***n.*** a belief, opinion or doctrine, नियम, मत या सिद्धांत।

**tenfold** (टेॅन्´-फ़ोल्ड्) ***adj.*** ten times as much or as many, दस गुना।

**tennis** (टेॅन्´-इस्) ***n.*** a game played with rackets and ball, टेनिस।

**tenon** (टेॅन्´-अॅन्) ***n.*** a projection on a piece of wood shaped to fit into a mortise, चूल, डबचूल।

**tenor** (टेॅन्´-अॅ:) ***n.*** 1. a general course, सामान्य पथ या दिशा। 2. the general meaning, सामान्य अर्थ। 3. the highest natural voice of an adult male singer, गायक का उदात्त स्वर। 4. a singer with this voice, उदात्त स्वरवाला गायक। 5. an exact copy, प्रतिलिपि।

**tenpenny** (टेॅन्-पेॅन्´-ई) ***adj.*** costing ten pennies, जिसका मूल्य दस पेंस हो।

**tense**[1] (टेॅन्स्) ***n.*** any of the forms of a verb that indicates the time and completion of the action, काल; present tense, वर्तमान काल; past tense, भूतकाल; future tense, भविष्यत् काल।

**tense**[2] ***adj.*** (tenser, tensest) 1. tightly stretched, तना, कसा। 2. under mental or emotional strain, तनाव-भरा, तनावग्रस्त। 3. producing or causing strain, तनाव उत्पन्न करनेवाला। 4. uneasy, बेचैन, विक्षुब्ध। 5. pronounced with considerable muscular effort, दृढ़; tense vowel, दृढ़ स्वर। ***v.*** to make or become tense, तानना या तनना, कसना या कसा जाना।

**tenseness** (टेॅन्स्´-निस्) ***n.*** the quality of being tense, तनाव।

**tensile** (टेॅन्´-साइल्) ***adj.*** 1. capable of being stretched, तन्य। 2. of tension, तनाव-पूर्ण, तनाव-भरा, तनावग्रस्त।

**tension** (टेॅन्´-शॅन्) ***n.*** 1. the act of stretching or the state of being stretched, तन्यता, वितान। 2. the condition when feelings are tense, tenseness, मानसिक तनाव। 3. the strained relations between persons or groups, तनातनी, अनबन, तनाव। 4. stress, दबाव। 5. voltage, विद्युत्शक्ति।

**tent** (टेॅन्ट्) ***n.*** a portable shelter of canvas supported on poles, ropes and pegs, टेन्ट, तंबू, शामियाना। ***v.*** 1. to erect a tent, तंबू तानना, टेन्ट लगाना। 2. to camp in a tent, शिविर लगाना।

**tentacle** (टेॅन्´-टॅ-कॅल्) ***n.*** 1. a slender flexible part extending from the body of certain creatures used for moving, feeding etc., स्पर्शिका। 2. (plu.) powerful influence, तगड़ा प्रभाव।

**tentative** (टेॅन्´-टॅ-टिव्) ***adj.*** 1. provisional, अस्थायी। 2. uncertain, अनिश्चित।

**tentatively** (टेन्´-टॅ-टिव्-ली) ***adv.*** provisionally, अस्थायी रूप से।

**tenterhook** (टेॅन्´-टॅ:-हुक्) ***n.*** □ **on tenterhooks,** in a state of anxiety, असमंजस में।

**tenth** (टेॅन्थ्) ***adj.*** next after ninth, दसवाँ।

**tenuity** (टॅ-न्यु´-इ-टी) ***n.*** tenuousness, पतलापन, बारीकी।

**tenuous** (टेॅन्´-यु-अॅस्) ***adj.*** 1. thin, पतला, बारीक; tenuous paper, पतला कागज़। 2. very slight, ज़रा-सा, सूक्ष्म, बारीक।

**tenuousness** (टेॅन्´-यु-अॅस्-निस्) ***n.*** the quality or state of being tenuous, पतलापन, बारीकी, तनुता।

**tenure** (टेॅन्´-य:) ***n.*** 1. the holding of an office, पदधारण, पदसेवन। 2. a period of holding an office or position lasts, पदावधि, कार्यकाल, सेवाकाल। 3. the legal right of holding a property esp. land, काश्तकारी।

**tepee** (टी´-पी) ***n.*** a cone-shaped tent of animal skins, पशु-चर्म का नोकदार तंबू।

**tepefy** (टेॅप्´-इ-फ़ाइ) ***v.*** (tepefied, tepefying) to make lukewarm, कुनकुना/गुनगुना करना।

**tepid** (टेॅप्´-इड्) ***adj.*** 1. slightly warm, luke warm, कुनकुना, गुनगुना, अल्पोष्ण। 2. unenthusiastic, उत्साहविहीन।

**tepidity** (टें-पिड्´-इ-टी) ***n.*** the state or quality of being tepid, कुनकुनापन, गुनगुनापन, अल्पोष्णता; उत्साहविहीनता।

**tepidness** (टेंप्´-इड्-निस्) ***n.*** = tepidity.

**tercentenary** (टः-सेंन्-टी´-नें-री) ***n.*** an anniversary of 300 years, त्रिशती, त्रिशताब्दी।

**tercentennial** (टः-सेंन्-टेंन्´-इ-अॅल्) ***adj.*** of a 300th anniversary, त्रिशतीय, त्रिशतवर्षीय। ***n.*** tercentenary, त्रिशती, त्रिशताब्दी।

**term** (टःम्) ***n.*** 1. a limited period of time, अवधि, मियाद। 2. an assigned period for a person to serve, निश्चित अवधि। 3. any of the divisions of the academic year, सत्र। 4. one of the periods in which legislative assembly or court holds sessions, सत्र। 5. a word or phrase having a particular meaning, पद, शब्द; technical term, पारिभाषिक शब्द। 6. a deadline, सीमा, मियाद। 7. each of the quantities in a mathematical series, पद। 8. (plu.) language or manner of expression, भाषा या कहने का ढंग, शब्दावली या शैली; He protested in strong terms. उसने कड़े शब्दों में विरोध किया। 9. (plu.) conditions, शर्तें; peace terms, शांति की शर्तें। □ **bring to terms,** राज़ी कर लेना, मना लेना; **come to terms,** समझौते पर पहुँचना; **in the long term,** लंबी अवधि में; **in the short term,** अल्प अवधि में। ***v.*** to call by a certain term or expression, अभिहित करना, कहना।

**terminable** (टः´-मि-नें-बॅल्) ***adj.*** 1. that can be terminated, समाप्य, समापनीय। 2. limited, सावधि।

**terminal** (टः´-मि-नॅल्) ***adj.*** 1. of or relating to end or boundary, अंतिम, आख़िरी, अंत्य; terminal station, आख़िरी स्टेशन; terminal leave, सेवामुक्ति से पहले का अर्थात् अंतिम अवकाश। 2. relating to or occurring in each term, आवधिक, सत्रीय, सात्रिक; terminal examination, सत्र-परीक्षा। 3. fatal, घातक; terminal cancer, घातक कैंसर। ***n.*** 1. a terminal point or part, अंतिम बिंदु या भाग, सीमा; terminal tax, सीमा कर। 2. a terminus, अंतिम स्टेशन (रेल या बस का)।

**terminate** (टः´-मि-नेट्) ***v.*** 1. to bring or come to an end, अंत करना या होना, समाप्त करना या होना, ख़त्म करना या होना। 2. to conclude, उपसंहार करना, समापन करना।

**termination** (टः-मि-ने´-शॅन्) ***n.*** 1. end in time or existence, अंत, समाप्ति, समापन; termination of appointment, नियुक्ति-समाप्ति। 2. a limit in space or extent, सीमा। 3. conclusion, उपसंहार। 4. the last part of a word, suffix, प्रत्यय, अंत्य-प्रत्यय। 5. an abortion, गर्भपात।

**terminative** (टः´-मि-ने-टिव्) ***adj.*** serving to end, समापक।

**terminator** (टः´-मि-ने-टेंः) ***n.*** one who terminates, समापनकर्ता।

**terminological** (टः-मि-नें-लॉज्´-इ-कॅल्) ***adj.*** of or relating to terminology, शब्दावली-संबंधी।

**terminology** (टः-मि-नॉल्´-अॅ-जी) ***n.*** the special or technical terms used in a business, art or science, शब्दावली, पदावली।

T

**terminus** (टः´-मि-नॅस्) ***n.*** 1. last station, अंतिम स्टेशन, अंतिम स्थल। 2. a post or stone marking a boundary, सीमा का सूचक खंभा या पत्थर।

**termite** (टः´-माइट्) ***n.*** white ant, दीमक।

**termly** (टःम्´-ली) ***adj.*** of or relating to each term, सत्र-संबंधी, सत्रीय, सात्रिक।

**tern** (टःन्) ***n.*** a kind of sea gull, एक समुद्री पक्षी, कुठ्ठी।

**ternary** (टः´-नें-री) ***adj.*** of, relating to or produced by threes, त्रिक।

**terrace** (टेंर्´-अॅस्) ***n.*** 1. an open platform, चबूतरा। 2. a flat roof, छत। 3. balcony, छज्जा, बारजा। 4. a paved or planted area adjoining a building, मैदान। 5. a flat strip of land with sloping descent along the edges, पट्टी, सीढ़ी; terrace cultivation, सोपान-कृषि, सीढ़ीदार कृषि।

**terracotta** (टेंर्´-अॅ-कॉट्´-अॅ) ***n.*** 1. a hard brownish-red clay, पक्व मृतिका, पकी

मिट्टी। 2. something made of terracotta, उक्त मिट्टी से बनी वस्तु।

**terra firma** (टॅर्'-अॅ-फ़ः'-मॅ) ***n.*** 1. solid ground, ठोस भूमि। 2. dry land, शुष्क भूमि।

**terrain** (टॅ-रेन्') ***n.*** a piece of land with regard to its natural features, भूभाग।

**terramycin** (टॅर्-अॅ-माइ'-सिन्) ***n.*** an antibiotic, प्रतिजीवाणु।

**terrapin** (टॅर्'-अॅ-पिन्) ***n.*** a water tortoise, जल में रहनेवाला कछुआ।

**terrestrial** (टॅ-रॅस्'-ट्रि-अॅल्) ***adj.*** 1. of the earth, भू-संबंधी। 2. of or living on land, स्थलीय; terrestrial war, स्थलीय युद्ध। 3. worldly, सांसारिक। ***n.*** an inhabitant of the earth, धरती पर रहनेवाला, धरती-वासी, भूवासी।

**terrible** (टॅर्'-इ-बॅल्) ***adj.*** 1. terrifying, डरावना, भयानक, भीषण। 2. very serious or extreme, घोर, प्रचंड, विकराल। 3. causing awe, awesome, विस्मयकारी। 4. very bad, बहुत ख़राब; I am terrible at tennis. मुझे टेनिस खेलना नहीं आता। 5. very great, बहुत अधिक।

**terribleness** (टॅर्'-इ-बॅल्-निस्) ***n.*** the state or quality of being terrible, भीषणता, भयंकरता विकरालता।

**terribly** (टॅर्'-इ-बॅ-ली) ***adv.*** in a terrible manner, भीषण रूप से, प्रचंड रूप से।

**terrier** (टॅर्'-इ-अॅः) ***n.*** a small hunting dog, एक प्रकार का छोटा शिकारी कुत्ता।

**terrific** (टॅ-रिफ़्'-इक्) ***adj.*** 1. of great size or intensity, भीषण, प्रचंड। 2. very frightening, भयानक, भयावह। 3. very good, excellent, बहुत अच्छा, बढ़िया, उत्कृष्ट।

**terrifically** (टॅ-रिफ़्'-इ-कॅ-ली) ***adv.*** in a terrific manner, भीषण रूप से, प्रचंड रूप से।

**terrified** (टॅर्'-इ-फ़ाइड्) ***adj.*** very frightened, horrified, दहला हुआ, भयभीत, संत्रस्त।

**terrify** (टॅर्'-इ-फ़ाइ) ***v.*** (terrified, terrifying) to frighten greatly, दहला देना, भयभीत या संत्रस्त कर देना।

**terrifying** (टॅर्'-इ-फ़ाइ-इंग्) ***adj.*** frightening, भयभीत या संत्रस्त करनेवाला, दहलानेवाला।

**territorial** (टॅर्-इ-टोर्'-इ-अॅल्) ***adj.*** 1. local or regional, क्षेत्रीय या प्रादेशिक; territorial army, प्रादेशिक सेना। 2. of land or territory, भूभागीय; territorial atmosphere, भूभागीय वायुमंडल; territorial waters, भूभागीय जलक्षेत्र।

**territory** (टॅर्'-इ-टॅ-री) ***n.*** 1. a geographical area under the control of a sovereign state, राज्यक्षेत्र। 2. a particular area, क्षेत्र, इलाका, भूभाग। 3. a sphere of action or thought, अधिकारक्षेत्र, अधिक्षेत्र।

**terror** (टॅर्'-अः) ***n.*** 1. extreme fear, दहशत, संत्रास, आतंक। 2. a terrifying person, भयावह व्यक्ति, आतंकी। 3. a troublesome person, दुखदायी व्यक्ति, त्रासदायक व्यक्ति।

**terrorism** (टॅर्'-अॅ-रिज़्-अॅम्) ***n.*** 1. the act of terrorizing, आतंकित करने की क्रिया या भाव। 2. political use of violence and intimidation, (for achieving some goal), आतंकवाद।

**terrorist** (टॅर्'-अॅ-रिस्ट्) ***n.*** one who uses terror, आतंकी, आतंकवादी।

**terrorize** (टॅर्'-अॅ-राइज़्) ***v.*** 1. to fill with terror, आतंकित करना, संत्रस्त करना, दहशत फैलाना। 2. to coerce by intimidation, धमकाना-डराना।

**terror-stricken** (टॅर्'-अॅः-स्ट्रिक्'-अॅन्) ***adj.*** stricken by terror, आतंकित, दहला हुआ।

**terry** (टॅर्'-ई) ***n.*** an absorbent cotton cloth, तौलिए का कपड़ा।

**terse** (टःस्) ***adj.*** (terser, tersest) 1. brief and to the point, संक्षिप्त, संहत। 2. curt, रूखा।

**tersely** (टःस्'-ली) ***adv.*** in a terse manner, संक्षिप्त रूप में, संक्षेप में।

**tertiary** (टः'-शॅ-री, टः'-शि-अॅर्-ई) ***adj.*** third in order, तृतीय, तीसरा, तृतीयक।

**Terylene** (टॅर्'-अॅ-लीन्) ***n.*** a synthetic polyester fabric, टेरीलीन। (ट्रेडमार्क)

**tessellate** (टॅस्'-इ-लेट्) ***v.*** to pave with small tiles, फ़र्श पर टाइलें बिछाना, टाइलों से फ़र्श बनाना।

**tessellation** (टॅस्-इ-ले'-शॅन्) ***n.*** 1. the act

T

of tessellating, टाइलें बिछाने का काम। 2. a floor of tiles, टाइलों का फ़र्श।

**test** (टॅस्ट्) ***n.*** 1. an act of examining, जाँच, परीक्षण, परख; test paper, परीक्षण-पत्र। 2. an examination, परीक्षा, इम्तहान। 3. criterion, कसौटी, मापदंड। 4. a test match, टेस्ट मैच, परीक्षण मैच। □ **put to the test,** परीक्षा लेना; **stand the test,** परीक्षा में खरा उतरना। ***v.*** to examine, जाँच करना, परखना।

**testament** (टॅस्´-टॅ-मॅन्ट्) ***n.*** 1. a will, वसीयत, इच्छापत्र, वसीयतनामा। 2. a written statement of one's beliefs, आस्था-पत्रक। □ **New Testament,** नया विधान; **Old Testament,** पुराना विधान।

**testamentary** (टॅस्-टॅ-मॅन्´-टॅ-री) ***adj.*** of or pertaining to a testament, इच्छापत्र-संबंधी, वसीयत-संबंधी, वसीयती।

**testate** (टॅस्´-टेट्) ***adj. & n.*** having left a will at death, वसीयत छोड़ जानेवाला।

**testator** (टॅस्´-टे-टॅ:) ***n.*** one who has made a will, वसीयतकर्ता। [Fem. testatrix, वसीयतकर्त्री]

**tester** (टॅस्´-टॅ:) ***n.*** 1. a person who tests, परीक्षक। 2. an instrument for testing current, टेस्टर।

**testes** (टॅस्´-टॅस्) ***n.*** plu. of testis, अंडकोश।

**testicle** (टॅस्´-टि-कॅल्) ***n.*** either of the two male reproductive glands, अंडग्रंथि, अंडकोश।

**testification** (टॅस्-टि-फ़ि-के´-शॅन्) ***n.*** an act of testifying, साक्ष्यांकन, प्रमाणन।

**testify** (टॅस्´-टि-फ़ाइ) ***v.*** (testified, testifying) 1. to give evidence, साक्ष्य देना, गवाही देना। 2. to certify, प्रमाणित करना।

**testimonial** (टॅस्-टि-मो´-नि-अॅल्) ***adj.*** of or relating to testimony, साक्ष्य-संबंधी। ***n.*** 1. a letter or statement testifying to a person's character or abilities, प्रमाण-पत्र। 2. a tribute given for services or achievements, शंसापत्र।

**testimony** (टॅस्´-टि-मॅ-नी) 1. a statement made under oath, शपथ-पत्र। 2. evidence in support of something, साक्ष्य।

**testiness** (टॅस्´-टि-निस्) ***n.*** the quality or state of being testy, चिड़चिड़ापन।

**testis** (टॅस्´-टिस्) ***n.*** a testicle, अंडकोश।

**test match** ***n.*** a five days cricket match between national elevens, टेस्ट मैच।

**test tube** ***n.*** a glass tube open at one end, टेस्ट ट्यूब, परीक्षण नली, परखनली; test tube baby, परखनली शिशु।

**testy** (टॅस्´-टी) ***adj.*** irritable, touchy, चिड़चिड़ा, तुनुकमिज़ाज।

**tetanus** (टॅट्´-अॅ-नॅस्) ***n.*** an acute infectious disease in which the muscles contract and stiffen, धनुषटंकार, धनुस्तंभ, धनुकबाई।

**tetchy** (टॅ´-ची) ***adj.*** (tetchier, tetchiest) irritable, touchy, चिड़चिड़ा, तुनुकमिज़ाज।

**tete-a-tete** (टेट्-अॅ-टेट्´) ***n.*** a private conversation, (दो व्यक्तियों के बीच में होनेवाली) निजी बातचीत। ***adv.*** together in private, एक साथ एकांत में।

**tether** (टॅद्´-अॅ:) ***n.*** a rope or chain by which an animal is tied to a peg, वह रस्सी या चेन जिससे पशु को खूँटे से बाँधते हैं, पगहा। □ **at the end of one's tether,** धैर्य चुक जाने पर। ***v.*** to fasten with a tether, (पशु को) रस्सी या चेन से (खूँटे से) बाँधना, खूँटे से बाँधना।

**tetragon** (टॅट्´-रॅ-गॅन्) ***n.*** plane four-sided figure, चतुष्कोण, चतुर्भुज।

**tetrahedron** (टॅट्-रॅ-ही´-ड्रॅन्) ***n.*** a solid with four sides, चतुष्फलक।

**tetrametre, tetrameter** (टॅ-ट्रैम्´-अॅ-टॅ:) ***n.*** a verse consisting of four metrical feet, चतुष्पदी।

**Teutonic** (टु-टॉन्´-इक्) ***adj.*** 1. of or like German people, जर्मनी के लोगों से संबद्ध, जर्मनों-जैसा। 2. of Germanic languages, जर्मन भाषाओं से संबद्ध।

**text** (टॅक्स्ट्) ***n.*** 1. the original written or printed words of something, मूल पाठ। 2. the principal part of a book exclusive of front and back matter, मूल। 3. a short passage from the scripture used as a starting point for a sermon, उद्धरण। 4. a book prescribed for study, पाठ्य पुस्तक।

**textbook** ***n.*** a book used in the study of a subject, पाठ्य पुस्तक। ***adj.*** best or acceptable, उत्तम या स्वीकार्य।

**textile** (टेंक्स्´-टाइल्) ***n.*** a woven cloth, बुना हुआ कपड़ा, वस्त्र। ***adj.*** of or relating to fabrics, वस्त्र-संबंधी, कपड़े का।

**textual** (टेंक्स्´-चु-अॅल्) ***adj.*** 1. of or relating to a text, मूल पाठ-संबंधी, मूल पाठ-विषयक, पाठीय; textual editing, पाठ-संपादन; textual mistake, मूल पाठ की ग़लती, पाठीय भूल। 2. based on a text, मूल पाठ पर आधारित।

**textural** (टेंक्स्´-चु-रॅल्) ***adj.*** of or pertaining to texture, बुनावट-संबंधी, बुनावटी।

**texture** (टेंक्स्´-चॅ:) ***n.*** 1. a woven cloth, बुना हुआ कपड़ा, पोत। 2. the structure formed by the threads of a fabric, बुनावट। 3. the general structure of the constituent parts of something, बनावट, गठन; texture of rock, शैल-गठन। 4. overall structure, ढाँचा। 5. the distinctive character or quality of something, प्रकृति, स्वभाव, विशिष्टता।

T

**thalamus** (थैल्´-अॅ-मॅस्) ***n.*** (plu. thalami) the interior region of the brain, मस्तिष्क का अंदरूनी भाग, अंतर्मस्तिष्क।

**thallium** (थैल्´-इ-अॅम्) ***n.*** a poisonous metallic substance, थैलियम।

**than** (दैन्) ***conj.*** 1. used to introduce the second element or clause of a comparison of inequality, से, की अपेक्षा, की बनिस्बत; He is older than I. वह मुझसे बड़ा है; This house is larger than that. उसकी अपेक्षा यह घर बड़ा है। 2. used to introduce the rejected alternative in statements of preference, की बजाय, के बदले; I would much rather play than work. काम करने की बजाय मैं खेलना चाहूँगा। □ **other than,** के सिवा।

**thank** (थैंक्) ***v.*** 1. to express gratitude to, धन्यवाद देना, शुक्रिया अदा करना, कृतज्ञता प्रकट करना। 2. to hold responsible, उत्तरदायी ठहराना। □ **have oneself to thank,** अपने को ही उत्तरदायी ठहराना; **no, thank you,** जी नहीं; **thank one's lucky stars,** अपना भाग्य सराहना; **thank you,** (तुम्हें) धन्यवाद (देता हूँ)। ***n.*** (plu.) an expression of gratitude, धन्यवाद, शुक्रिया।

**thankful** (थैंक्´-फ़ुल्) ***adj.*** feeling or expressing gratitude, grateful, कृतज्ञ।

**thankfully** (थैंक्´-फ़ु-ली) ***adv.*** in a thankfull way, gratefully, कृतज्ञतापूर्वक, धन्यवाद-पूर्वक। ***conj.*** we are thankful that, ख़ुशी है कि; Thankfully it has stopped raining. ख़ुशी है कि वर्षा बंद हो गई है।

**thankfulness** (थैंक्´-फ़ुल्-निस्) ***n.*** the state of being thankful, कृतज्ञता।

**thankless** (थैंक्´-लिस्) ***adj.*** 1. not likely to win or obtain thanks, जिससे कुछ प्राप्ति न होने को हो, बेकार का, फालतू। 2. not feeling or expressing gratitude, अकृतज्ञ, कृतघ्न।

**thanklessly** (थैंक्´-लिस्-ली) ***adv.*** in a thankless way, अकृतज्ञतापूर्वक, कृतघ्नता से।

**thanklessness** (थैंक्´-लिस्-निस्) ***n.*** ungratefulness, कृतघ्नता।

**thanks** (थैंक्स्) ***n.*** (plu.) an expression of gratitude, धन्यवाद। □ **thanks to,** के कारण।

**thanksgiving** (थैंक्स्-गिव्´-इंग्) ***n.*** 1. an act of giving thanks, धन्यवाद-ज्ञापन, कृतज्ञता-प्रकाश। 2. a prayer expressing gratitude, कृतज्ञता-प्रकाश के लिए होनेवाली प्रार्थना।

**thankyou** (थैंक्´-यु) ***n.*** an expression of gratitude, धन्यवाद।

**that** (दैट्) ***adj.*** (plu. those) 1. being the one indicated or referred to, वह। 2. being the one more remote, वह; This book is small, that one is large. यह पुस्तक छोटी है और वह (पुस्तक) बड़ी है। ***pron.*** (plu. those) 1. the one indicated or referred to, वह; That is my house. वह मेरा घर है। 2. who, whom or which, जो; The man that she married, is an engineer. जिससे उसने शादी की है वह इंजीनियर है। ***conj.*** introducing a dependent clause, (आश्रित

उपवाक्य के आरंभ में) कि; We hope that we will do well. हमें आशा है कि हम ठीक ढंग से काम करेंगे। □ **How is that!** कैसा रहा! **so that,** जिससे, ताकि; **that is,** अर्थात्; **That is that.** यह रहा, काम पूरा हुआ।

**thatch** (थैच्) ***n.*** 1. a roof covering made of straw, छप्पर। 2. a roofing material that consists of straw, reed etc., घास-फूस, सरकंडा। ***v.*** to cover with thatch, छप्पर छाना।

**thatcher** (थॅच्´-अॅ:) ***n.*** one who thatches, छप्पर छानेवाला।

**thaw** (था:) ***v.*** 1. to go from frozen to liquid state, द्रवित होना, पिघलना, गलना। 2. to become warm enough to melt ice, इतना गरमाना कि बर्फ़ पिघलने लगे, पिघलाना। 3. to become active, सक्रिय होना। ***n.*** 1. the act or process of thawing, गलना, पिघलना। 2. the spell of warm weather, गरम मौसम।

**the** ***article.*** 1. used to precede a noun that has been previously specified, पूर्वोल्लिखित संज्ञा से पहले प्रयुक्त होनेवाला प्रविशेषण। 2. used to indicate a particular person or object, विशिष्ट व्यक्ति या पदार्थ से पहले प्रयुक्त होनेवाला प्रविशेषण। 3. used to emphasize excellence or importance, उत्कृष्टता या महत्त्व पर ज़ोर देने के लिए प्रयुक्त होनेवाला प्रविशेषण। ***adv.*** in that degree, by that amount, उस मात्रा में, उतना ही; All the better, the more the merrier. एक से दो भले।

**theatre, theater** (थी´-अॅ-टॅ:) ***n.*** 1. a building for theatrial performances, नाट्यशाला, रंगशाला, थियेटर। 2. a place or room with rising tiers of seats, सोपानालय, सोपानशाला। 3. a place of enactment of important events, रंगमंच, घटनास्थल। 4. dramatic literature, नाट्य साहित्य। 5. dramatic effectiveness, नाटकीय प्रभाव।

**theatergoer** (थी´-अॅ-टॅ:-गो-अॅ:) ***n.*** a person who frequently attends plays, नाट्यशाला में नाटक देखने के लिए बराबर जानेवाला, नाटक-प्रेमी।

**theatrical** (थि-ऐट्´-रि-कॅल्) ***adj.*** 1. of or relating to the theater, नाट्यशाला-संबंधी। 2. of or relating to the presentation of plays, नाट्य-प्रस्तुति-संबंधी, नाटकीय, रंगीय। 3. exaggerated and showy, बनावटी, आडंबरपूर्ण, कृत्रिम।

**theatericals** (थि-ऐट्´-रि-कॅल्स्) ***n.*** (plu.) dramatic performances, नाट्य-प्रदर्शन।

**theatrics** (थि-ऐट्´-रिक्स्) ***n.*** the staging of plays, नाटकों का मंचन।

**thee** (दी) ***pron.*** the objective case of thou, तुझे, तुझको।

**theft** (थेफ़्ट्) ***n.*** 1. an act of steeling, चोरी। 2. something stolen, चोरी का माल।

**their** (देॲ:) ***adj.*** 1. of or belonging to them, उनका, इनका। 2. belonging to the people in general, लोगों का, उनका।

**theirs** (देॲ:स्) ***pron.*** their own, उनका, इनका।

**theism** (थी´-इज़्-ॲम्) ***n.*** belief in the existence of a god or gods, आस्तिकता, ईश्वरवाद।

**theist** (थी´-इस्ट्) ***n.*** one who believes in a god or gods, आस्तिक, ईश्वरवादी।

**theistic** (थी-इस्´-टिक्) ***adj.*** of theism, ईश्वरवादी, आस्तिक।

**them** (देम्) ***pron.*** the objective case of they, उन्हें या उनको, इन्हें या इनको।

**thematic** (थी-मैट्´-इक्) ***adj.*** of or relating to a theme, विषय-संबंधी, कथ्यपरक।

**theme** (थीम्) ***n.*** 1. an idea or topic of discourse, विषय, वर्ण्य विषय, कथ्य। 2. stem, धातु या प्रातिपदिक। 3. a short essay, निबंध। 4. a melody, धुन।

**theme song** ***n.*** a melody recurring so often in a musical play, कथानक गीत।

**themselves** (देम्-सेल्व्ज़्´) ***pron.*** (plu.) the reflexive form of they or them, स्वयं, अपने-आप; They have risen so high by themselves. वे अपने ही बलबूते पर इतना ऊँचे उठे हैं।

**then** (देन्) ***adv.*** 1. at that time, उस समय, तब। 2. in that case, तो; If we miss the train, what shall then? गाड़ी छूट गई तो हम क्या करेंगे? 3. soon after that, उसके

बाद, तत्पश्चात्, तदनंतर, फिर; Ram came first then came Sohan. पहले राम और उसके बाद सोहन आया। *adj.* of that time, तत्कालीन। *n.* that time, वह समय। □ **by then,** उस समय तक; **from then on,** तब से, उस समय से।

**thence** (दॅन्स्) *adv.* from that place, उस स्थान से, वहाँ से; Thence I proceeded to Delhi. वहाँ से मैं दिल्ली गया।

**thenceforth** (दॅन्स्´-फ़ो:थ्) *adv.* from then on, तब से निरंतर, तब से बराबर।

**theocracy** (थि-ऑक्´-रॅ-सी) *n.* 1. government by priesthood, पुरोहिततंत्र, धर्मतंत्र। 2. a community under such government, धर्मराज्य, पुरोहितराज्य।

**theocrat** (थि-अॅ-क्रैट्´) *n.* a ruler in a theocracy, धर्मतंत्रीय शासक।

**theocratic** (थि-अॅ-क्रैट्´-इक्) *adj.* 1. of or pertaining to theocracy, धर्मतंत्रीय। 2. ruled by priesthood, धर्मशासित।

T

**theodolite** (थि-ऑड्´-अॅ-लाइट्) *n.* an instrument for measuring angles, कोणमापी।

**theologian** (थी-अॅ-लो´-जॅन्) *n.* an expert in theology, धर्मतत्त्वज्ञ, धर्मवेत्ता, धर्मशास्त्री।

**theological** (थी-अॅ-लॉज्´-इ-कॅल्) *adj.* of or pertaining to theology, धर्मतंत्रीय; धर्मशास्त्रीय।

**theology** (थि-ऑल्´-अॅ-जी) *n.* 1. a system of religion, धर्मतंत्र। 2. a particular body of opinion about religion, धर्मशास्त्र।

**theorem** (थी´-अॅ-रॅम्) *n.* a mathematical statement that can be proved from previously proved propositions, प्रमेय।

**theoretical** (थी-अॅ-रॅट्´-इ-कॅल्) *adj.* 1. based on theory or existing only in theory, सैद्धांतिक; theoretical knowledge, सैद्धांतिक ज्ञान। 2. not practical, impractical, अव्यावहारिक। 3. hypothetical, काल्पनिक।

**theoretically** (थी-अॅ-रॅट्´-इ-कॅ-ली) *adv.* 1. in theory, सिद्धांत में। 2. according to a theroy, सिद्धांततः,सैद्धांतिक दृष्टि से।

**theoretician** (थी-अॅ-रॅ-टिश्´-अॅन्) *n.* a theorist, सिद्धांतवादी।

**theorist** (थी´-अॅ-रिस्ट्) *n.* one who theorizes, सिद्धांतवादी, सिद्धांतवेत्ता, सिद्धांतकार।

**theorize** (थी´-अॅ-राइज़्) *v.* (theorized, theorizing) 1. to form a theory or theories, सिद्धांत बनाना या स्थापित करना। 2. to speculate, कल्पना करना, अनुमान लगाना।

**theory** (थी´-अॅ-री) *n.* 1. a set of statements or rules to explain a phenomenon, सिद्धांत, मत। 2. speculation, परिकल्पना।

**theosophical** (थि-ऑस्´-अॅ-फ़ि-कॅल्) *adj.* of theosophy, देवविद्या-संबंधी, ब्रह्मविद्या-विषयक।

**theosophist** (थि-ऑस्´-अॅ-फ़िस्ट्) *n.* an expert in theosophy, देवविद्यावादी, ब्रह्मविद्यावादी।

**theosophy** (थि-ऑस्´-अॅ-फ़ी) *n.* a philosophical system based on mystical insight, देवविद्या, ब्रह्मविद्या, थियॉसफ़ी।

**therapeutic** (थॅर्-अ-प्यू´-टिक्) *adj.* having healing or curative powers, रोगोपचारक।

**therapeutics** (थॅर्-अॅ-प्यू´-टिक्स्) *n.* the medical treatment of disease, रोगोपचार।

**therapist** (थॅर्´-अॅ-पिस्ट्) *n.* a specialist in a certain kind of therapy, चिकित्सक।

**therapy** (थॅर्´-अॅ-पी) *n.* the treatment of illness or disability, चिकित्सा।

**there** (दॆअ:) *adv.* 1. in or at that place, वहाँ, उस जगह, उस स्थान पर। 2. in that matter or point, उस बात में। 3. to or toward that place, उधर। 4. right now, इसी क्षण। □ **here and there,** इधर-उधर, यहाँ-वहाँ; **there and then,** तत्काल। *n.* that place, वह जगह, वहाँ। *interj.* used to express satisfaction, dismay etc., देखा! There! You see I was right! देखा! मेरा कहना ठीक निकला न!

**thereabouts** (दॆअ:-अॅ-बाउट्स्) *adv.* 1. somewhere near here, के आसपास, के करीब। 2. somewhere near that number, time, etc., के लगभग, के आसपास।

**thereafter** (दॆअ:-आफ़्´-टॅ:, दॆअ:-ऐफ़्´-टॅ:) *adv.* after that, तत्पश्चात्, उसके बाद, फिर।

**thereby** (देंअॅ:-बाइ´, देंअॅ:-बाइ) ***adv.*** 1. by that means, उसके द्वारा, के फलस्वरूप। 2. with reference to that, उसके संबंध में।

**therefore** (देंअॅ:-फ़ो:) ***adv.*** for that reason, इसलिए, उस कारण से।

**therefrom** (देंअॅ:-फ़्रॉम्´) ***adv.*** from there, वहाँ से।

**therein** (देंअॅ:-इन्´) ***adv.*** 1. in that place, वहाँ। 2. in that respect, फलत:।

**thereinafter** (देंअॅ:-इन्´-आफ़्-टॅ:) ***adv.*** in the following part of that matter, उसी के आगे।

**thereof** (देंअॅ:-ऑफ़्´) ***adv.*** of that, उसका।

**thereon** (देंअॅ:-ऑन्´) ***adv.*** on that, उसपर।

**thereto** (देंअॅ:-टू´) ***adv.*** to that, उस तक।

**thereupon** (देंअॅ:-अॅ-पॉन्) ***adv.*** 1. immediately after that, उसके ठीक बाद, तदनंतर। 2. therefore, इसके फलस्वरूप।

**therewith** (देंअॅ:-विद्´) ***adv.*** with that, उससे।

**therm** (थर्म) ***n.*** 1. a unit of quantity of heat, ताप या ऊष्मा की इकाई, थर्म। 2. a thermometer, थर्मामीटर।

**thermal** (थ:´-मॅल्) ***adj.*** 1. of, relating to or caused by heat, तापीय, उष्मीय। 2. hot, warm, गरम। ***n.*** a rising current of hot air, गरम हवा का झोंका।

**thermally** (थ:´-मॅ-ली) ***adv.*** by means of heat, ताप के द्वारा।

**thermic** (थ:´-मिक्) ***adj.*** thermal, उष्मीय, तापीय।

**thermometer** (थॅ:-मॉम्´-इ-टॅ:) ***n.*** an instrument for measuring temperature, तापमापी, थर्मामीटर।

**thermonuclear** (थ:-मो-न्यू´-क्ली-अॅ:) ***adj.*** of nuclear reactions that occur at very high temperature, तापनाभिकीय; thermonuclear war, तापनाभिकीय युद्ध।

**thermoplastic** (थ:-मो-प्लैस्´-टिक्) ***adj.*** having the property of softening when heated and hardening when cooled, ताप-सुनम्य।

**thermos** (थ:´-मॅस्) ***n.*** a kind of vaccum bottle, थर्मस।

**thermosetting** (थ:-मो-सॅट्´-इंग्) ***adj.*** having the property of becoming permanently rigid when heated, ताप-दृढ़।

**thermostat** (थ:´-मॉ-स्टेट्) ***n.*** an automatic device for regulating temperature, ताप-नियंत्रक।

**thesaurus** (थि-सॉर्´-अॅस्) ***n.*** 1. a dictionary of synonyms, पर्याय शब्दकोश, पर्यायकोश, पर्यायवाची कोश। 2. a dictionary, कोश।

**these** (दीज़्) ***adj.*** plu. of this, ये।

**thesis** (थी´-सिस्) ***n.*** 1. an essay or treatise resulting from original academic research, शोध-प्रबंध। 2. an idea or statement put forward for discussion, चर्चा का विषय।

**Thespian** (थॅस्´-पि-अॅन्) ***adj.*** 1. of drama, नाटक-संबंधी। 2. of theater, रंगमंच-संबंधी। ***n.*** an actor or actress, अभिनेता या अभिनेत्री।

**thews** (थ्यूज़्) ***n.*** (plu.) sinews or muscles, नसें या मांसपेशियाँ।

**they** (दे) ***pron.*** 1. those ones (plu. of he, she, it.) , वे, वे लोग, वे चीज़ें। 2. people, लोग, जन-साधारण, आम लोग।

**they'd** (देंड्) 1. = they had. 2. = they would.

**they'll** (देंल्) 1. = they will, 2. = they shall.

**they're** (दें:) = they are.

**they've** (देंव्) = they have.

**thiamine** (थाइ´-अॅ-मिन्) ***n.*** vitamin B., विटामिन बी।

**thick** (थिक्) ***adj.*** (thicker, thickest) 1. having relatively great depth, गहरा, मोटा; a thick layer of stones, पत्थरों की मोटी परत। 2. having relatively large diametre in relation to length, मोटा; a thick pipe, मोटा पाइप। 3. dense, घना, सघन; a thick forest, घना जंगल। 4. filled or covered completely, भरा; thick with dust, धूल से भरा। 5. great in number, गिनती में अधिक; a thick crowd, भारी भीड़। 6. of great consistency, गाढ़ा; a thick milk, गाढ़ा दूध। 7. not clear, muddy or foggy, अस्पष्ट, गंदला या धुंधला; thick weather, कोहरे का मौसम। 8. dull, stupid, मंदबुद्धि, मूर्ख।

T

9. intimate, घनिष्ठ। ☐ **through thick and thin,** सुख-दुख में, मुसीबतों में। *adv.* thickly. घने रूप में। *n.* the thickest part, मोटा हिस्सा, स्थूल भाग।

**thicken** (थिक्´-अॅन्) *v.* 1. to make thick, गाढ़ा करना, सघन करना। 2. to become thick, गाढ़ा होना, सघन होना। 3. to become or make complicated, जटिल होना या करना।

**thickener** (थिक्´-अॅ-नॅ:) *n.* a material used to thicken something, प्रगाढ़क।

**thicket** (थिक्´-इट्) *n.* a dense growth of shrubs, झाड़-झंखाड़, झाड़ियों का झुरमुट।

**thickheaded** (थिक्´-हॅड्-इड्) *adj.* stupid, मूर्ख।

**thickish** (थिक्´-इश्) *adj.* somewhat thick, कुछ-कुछ गाढ़ा।

**thickness** (थिक्´-निस्) *n.* the quality or state of being thick, मोटाई, स्थूलता; गाढ़ापन, सघनता।

**thickset** (थिक्-सॅट्´) *adj.* 1. planted thickly, घना, गझिन। 2. stout, हट्टा-कट्टा।

**thickskinned** (थिक्-स्किन्ड्´) *adj.* 1. having a thick skin, मोटी चमड़ीवाला। 2. insensitive to criticism, insult etc., चिकना घड़ा।

**thick-skulled** (थिक्-स्कल्ड्´) *adj.* thick-headed, मूर्ख।

**thick-witted** (थिक्-विट्´-इड्) *adj.* thick-headed, मूर्ख।

**thief** (थीफ़्) *n.* one who steals, चोरी करनेवाला, चोर; pretty thief, छोटा-मोटा चोर, चोट्टा।

**thieve** (थीव्) *v.* to steal, चोरी करना, चुराना।

**thievery** (थीव्´-अॅर्-ई) *n.* 1. an act of stealing, चोरी। 2. the practice of stealing, चोरी की आदत या लत।

**thievish** (थीव्´-इश्) *adj.* addicted to stealing, जिसे चोरी करने की लत हो, चोट्टा।

**thigh** (थाइ) *n.* the part of human leg between hip and knee, जाँघ, रान, जंघा।

**thimble** (थिम्´-बॅल्) *n.* a metal cap worn on the finger while sewing, अंगुश्ताना, दर्ज़ी का छल्ला।

**thin** (थिन्) *adj.* 1. of little depth, बारीक, महीन, पतला; a thin booklet, पतली पुस्तिका। 2. having small diameter in relation to length, पतला, बारीक। 3. not dense or compact, झीना। 4. of little consistency, flowing easily, पतला। 5. light, हलका, फीका; a thin colour, हलका रंग। 6. lean, slender, दुबला-पतला। 7. lacking strength, बेदम, कमज़ोर; a thin excuse, कमज़ोर बहाना। 8. not plentiful, कम, स्वल्प; thin majority, स्वल्प बहुमत। 9. subtle, सूक्ष्म; thin space, सूक्ष्म अंतर। ☐ **vanish into thin air,** ग़ायब हो जाना। *adv.* thinly, पतले रूप में, पतला-पतला। *v.* (thinned, thinning) 1. to make thinner, पतला, बारीक या झीना करना। 2. to become thinner, पतला, बारीक या झीना हो जाना। ☐ **thin out,** छाँटना या छँटना; The crowd is thinning out. भीड़ छँट चली है।

**thine** (दाइन्) *pron.* of or belonging to thee, तेरा।

**thing** (थिंग्) *n.* 1. any matter or object of perception, knowledge or thought, चीज़, वस्तु, पदार्थ। 2. an unnamed object or item, चीज़ या बात; There are six things on my list. मेरी सूची में छह चीज़ें (या बातें) हैं। 3. an act, deed or event, कार्य या घटना। 4. a topic, विषय। 5. an affair, मामला, समस्या; a complicated thing, जटिल समस्या, उलझन-भरा मामला। 6. (plu.) possessions, belongings, सामान, संपत्ति। 7. (plu.) clothes, कपड़े। 8. (plu.) circumstances, हालात, परिस्थितियाँ। ☐ **have a thing about,** पूर्वग्रह होना; **make a thing of it,** किसी चीज़ को कुछ अधिक ही महत्त्व देना; **seeing things,** दृष्टिभ्रम होना; **the thing,** (i) महत्त्वपूर्ण या समझदारी की बात, (ii) रिवाज या प्रचलन में होनेवाली चीज़।

**think** (थिंक्) *v.* (thought, thinking) 1. to ponder, सोचना, विचारना, विचार करना, चिंतन करना। 2. to have as a thought, मन में होना, समझना; We think we will be successful. हम समझते हैं कि हम सफल होंगे। 3. to imagine, to formulate in the mind, कल्पना करना। 4. to weigh something mentally, मन में तौलना। 5. to remember,

स्मरण करना, याद करना। 6. to reason, तर्क करना। □ **think aloud,** बोल उठना; **think better of,** नया और उपयुक्त सोचना, अच्छा सोचना; **think nothing of,** कुछ भी महत्त्व न देना; **think of,** (i) विचार करना, (ii) याद करना, (iii) आविष्कृत करना; **think out,** सोच-विचार द्वारा किसी नतीजे पर पहुँचना, हल करना; **think over,** विचार करना; **think twice,** दुबारा सोच-विचार करना; **think up,** आविष्कृत करना।

**thinkable** (थिंक्´-अॅ-बॅल्) ***adj.*** 1. that can be thought, सोचने योग्य, विचारणीय। 2. imaginable, कल्पनीय।

**thinker** (थिंक्´-कॅ:) ***n.*** one who thinks deeply, विचारक।

**thinking** (थिंक्´-किंग्) ***n.*** 1. the action or way of one who thinks, विचार या विचार-शैली। 2. opinion, मत, राय। ***adj.*** rational, विवेकी या विवेकपूर्ण।

**think-tank** (थिंक्´-टैंक्) a group of persons that formulates policies, (किसी दल के) नीतिनिर्धारक लोगों का समूह, नीतिनिर्धारक लोग।

**thinly** (थिन्´-ली) ***adv.*** to a small extent only, थोड़ी मात्रा में, थोड़ा।

**thinner** (थिन्´-अॅ:) ***n.*** a substance (usu. liquid) for reducing viscosity, थिनर।

**thinnish** (थिन्´-इश्) ***adj.*** somewhat thin, पतला-सा, कुछ-कुछ पतला।

**thin-skinned** (थिन्-स्किन्ड्´) ***adj.*** 1. having a thin skin, पतली चमड़ीवाला। 2. sensitive to criticism, insult etc., जिसे ज़रा-सी बात बर्दाश्त न हो, चिड़चिड़ा, तुनुकमिज़ाज।

**third** (थ:ड्) ***adj.*** 1. preceded by two others in a series, तीसरा, तृतीय। 2. designating any of the three equal parts of something, एक-तिहाई। ***n.*** any of the three equal parts, तीसरा भाग।

**third class** (थ:ड्-क्लैस्´/क्लास्´) ***adj.*** 1. of the class next below the second, तीसरी श्रेणी या तृतीय श्रेणी का। 2. of poor quality, घटिया।

**third degree** ***n.*** torture by police to force a confession or information, सत्य या कोई सूचना उगलवाने के लिए पुलिस द्वारा अपराधी को दी जानेवाली यातना।

**third party** ***n.*** another person or party besides the two principal ones involved, अन्य पक्ष, तृतीय पक्ष।

**third person** ***n.*** the form of a noun or verb which refers to the person or thing spoken of, अन्य पुरुष।

**third-rate** (थ:ड्´-रेट्) ***adj.*** third class, घटिया।

**thirst** (थ:स्ट्) ***n.*** 1. the desire to drink, प्यास, पिपासा। 2. a craving, लालसा, उत्कंठा, पिपासा। ***v.*** (thirst, thirsting) 1. to be thirsty, प्यासा होना। 2. to have a strong desire, उत्कंठा होना, तीव्र लालसा होना।

**thirsty** (थ:´-स्टी) ***adj.*** (thirstier, thirstiest) 1. feeling thirst, प्यासा। 2. dry, सूखा।

**thirteen** (थ:-टीन्´) ***adj. & n.*** one more than twelve, तेरह, त्रयोदश।

**thirteenth** (थ:-टीन्थ्´) ***adj.*** preceded by twelve others in a series, तेरहवाँ।

**thirtieth** (थ:´-टि-अॅथ्) ***adj.*** preceded by twenty-nine others in a series, तीसवाँ।

**thirties** (थ:´-टीज़्) ***n.*** (plu.) the numbers, years or degrees of temperature from 30 to 39, ३० से ३९ के बीच की अवस्था या संख्या।

**thirty** (थ:´-टी) ***n.*** the cardinal number between twenty-nine and thirty-one, तीस। ***adj.*** three times ten, तीस।

**this** (दिस्) ***pron.*** (plu. these) 1. the person or thing present, nearby or just mentioned, यह; This is a book. यह पुस्तक है। 2. the person or thing that is more nearer, यह; This is more beautiful than that. यह उससे अधिक सुंदर है। ***adj.*** (plu. these) 1. designating the person or thing mentioned or understood, यह; I can see this tree more clearly than that. यह पेड़ उससे कहीं अधिक साफ़ दिखाई पड़ रहा है। 2. being nearer than another or compared with another, यह; Of the two this book seems to be better. इन दोनों में से यह पुस्तक अच्छी लग रही है। □ **by this**

time, अब तक, इस समय तक; **this day,** आज। *adv.* to this extent, इस सीमा तक, इस हद तक, इतना।

**thistle** (थिस्´-अॅल्) *n.* a prickly plant with purple flowers, भटकटैया, ऊँटकटारा।

**thistledown** (थिस्´-अॅल्-डाउन्) *n.* the down attached to the flower head of a thistle, रोआँ, रोम।

**thither** (थिद्´-अॅ:) *adv.* to or toward that place, उधर। *adj.* on that (more distant) side, उधर का, वहाँ का।

**thitherto** (थिद्´-अॅ:-टू) *adv.* until that time, तब तक।

**thong** (थॉङ्ग्) *n.* 1. a whip, कोड़ा। 2. a strip or strap, पट्टी।

**thorax** (थोर्´-ऐक्स्) *n.* the chest, छाती, वक्ष, सीना।

**thoracic** (थॅ-रैस्´-इक्) *adj.* of or pertaining to the thorax, वक्षीय।

**thorn** (थॉ:न्) *n.* 1. a sharp pointed protuberance on a plant, काँटा। 2. a shrub or tree bearing such thorns, कँटीली झाड़ी या पेड़। 3. a spine, खाँग, काँटा। 4. one that causes discomfort or pain, काँटा। □ **thorn in the flesh,** निरंतर दुख देनेवाला व्यक्ति या बात।

**thorn apple** *n.* a poisonous plant, धतूरा।

**thornless** (थॉ:न्´-लिस्) *adj.* without thorns, काँटों से रहित, बिना काँटों का, निष्कंटक।

**thorny** (थॉ:´-नी) *adj.* (thornier, thorniest) 1. having thorns, कँटीला। 2. like a thorn, काँटे जैसा। 3. full of obstacles, काँटों-भरा, कठिनाई-भरा। 4. difficult, कठिन, विकट।

**thorough** (थर्´-ओ) *adj.* 1. complete in all respects, सभी दृष्टियों से पूर्ण, परिपूर्ण। 2. exhaustive, विस्तृत, व्यापक, ब्योरेवार। 3. having full mastery, दक्षताप्राप्त, कुशल। 4. laborious, अध्यवसायी। 5. arduous, श्रमसाध्य।

**thoroughbred** (थर्´-ओ-ब्रेड्) *adj.* 1. purebred (said of a horse), असली, अमिश्रित रक्त। 2. born in a high family, कुलीन।

**thoroughfare** (थर्´-ओ-फ़ेअॅ:) *n.* a main road, मुख्य मार्ग, आम रास्ता, सार्वजनिक मार्ग। □ **No thoroughfare,** आम रास्ता नहीं।

**thoroughgoing** (थर्´-ओ-गो-इंग्) *adj.* 1. extremely thorough, अत्यंत परिपूर्ण। 2. complete, पूर्ण, संपूर्ण।

**thoroughly** (थर्´-ओ-ली) *adv.* in a thorough way, entirely, पूर्ण रूप से, पूर्णत:।

**thoroughness** (थर्´-ओ-निस्) *n.* the quality or state of being thorough, completeness, पूर्णता, परिपूर्णता।

**thorp, thorpe** (थॉ:प्) *n.* a village, गाँव।

**those** (दोज़्) *adj. & pron.* plural form of that, वे, उन।

**thou** (दाउ) *pron.* old form of you, तू।

**though** (दो) *conj.* despite the fact that, यद्यपि, भले ही। *adv.* however, तो भी, तथापि, फिर भी। □ **as though,** जैसे।

**thought**[1] (था:ट्) *v.* p.t. & p.p. form of think.

**thought**[2] *n.* 1. the act or process of thinking, चिंतन, ख़्याल, चिंतन-प्रक्रिया। 2. an idea, opinion or concept, विचार, मत, धारणा। 3. intention, इरादा, ख़याल। 4. expectation, प्रत्याशा, उम्मीद। 5. regard, care, ध्यान, ख़्याल।

**thoughtful** (था:ट्´-फुल्) *adj.* 1. contemplative, विचारमग्न। 2. well thought-out, सुविचारित। 3. considerate, विचारवान।

**thoughtfully** (था:ट्´-फु-ली) *adv.* in a thoughtful manner, विचारपूर्वक।

**thoughtless** (था:ट्´-लिस्) *adj.* 1. unthinking, विचारहीन, विचारशून्य। 2. inconsiderate, बेमुरव्वत, बेलिहाज़। 3. reckless, लापरवाह।

**thoughtlessly** (था:ट्´-लिस्-ली) *adv.* 1. without thinking, बिना विचारे। 2. recklessly, लापरवाही से।

**thoughtlessness** (था:ट्´-लिस्-निस्) *n.* the state or quality of being thoughtless, विचारहीनता; बेमुरव्वती; लापरवाही।

**thought-provoking** (था:ट्´-प्रॅ-वो-किंग्) *adj.* giving rise to serious thought, विचारोत्तेजक।

**thought-out** (था:ट्´-आउट्) *adj.* well-considered, सुविचारित।

**thousand** (थाउ´-ज़ॅन्ड्) ***adj. & n.*** ten hundred, (एक) हजार, सहस्र।

**thousandfold** (थाउ´-ज़ॅन्ड्-फ़ोल्ड्) ***adj.*** 1. having a thousand time as much or as many, हज़ार-गुना। 2. having one thousand parts, हजार हिस्सोंवाला, सहस्रांगी।

**thousandth** (थाउ´-ज़ॅन्ड्थ्) ***adj.*** coming last in the series of a thousand, हज़ारवाँ।

**thrall** (थ्रा:ल्) ***n.*** 1. a slave, दास, ग़ुलाम। 2. bondage, दासता।

**thraldom** (थ्रा:ल्´-डॅम्) ***n.*** bondage, दासता, गुलामी।

**thrash** (थ्रैश्) ***v.*** (thrashed, thrashing) 1. to beat with a whip, कोड़े लगाना। 2. to beat with a stick, बेंत लगाना, डंडे से पीटना। 3. to defeat utterly, पछाड़ देना, परास्त कर देना। 4. to move wildly, बेतहाशा आगे बढ़ना। □ **thrash out,** (i) गहन विमर्श करना, (ii) विचार-विमर्श द्वारा समस्या को हल करना।

**thrashing** (थ्रैश्´-इंग्) ***n.*** 1. flogging, कोड़े की मार। 2. beating, पिटाई। 3. a severe defeat, घोर पराजय।

**thread** (थ्रेड्) ***n.*** 1. a thin length of twisted fibres of cotton, silk etc., used in sewing etc., धागा, तागा, सूत; sacred thread, जनेऊ। 2. something compared to this, a continuous element, link, सूत्र, तार, सिलसिला, कड़ी; the thread of the story, कहानी का सूत्र। 3. any fine line or streak, धारी, रेखा, लाइन। 4. the helical ridge on a bolt, nut, screw etc., चूड़ी। □ **hang by a thread,** भारी संकट में होना। ***v.*** (threaded, threading) 1. to pass thread through (something, किसी चीज़ में) धागा डालना; to thread a needle, सुई में धागा डालना। 2. to string on a thread, धागे में पिरोना। 3. to produce a screw thread, चूड़ी बनाना या काटना। 4. to make one's way through, बीच से रास्ता निकालना।

**threadbare** (थ्रेड्´-बेंअ:) ***adj.*** 1. having the nap so worn off that the threads show through, फटा हुआ, जीर्ण-शीर्ण। 2. wearing old clothing, फटे-पुराने कपड़े पहने हुआ। 3. heckneyed, घिसा-पिटा।

**threadworm** (थ्रेड्´-व:म्) ***n.*** a long slender worm, सूत्रकृमि।

**threat** (थ्रेट्) ***n.*** 1. an intimidatory remark, धमकी। 2. a possible danger, apprehension, संभावित ख़तरा, डर, आशंका। 3. a person or thing likely to inflict pain or misery, ख़तरा उत्पन्न करनेवाली बात या व्यक्ति।

**threaten** (थ्रेट्´-अॅन्) ***v.*** (threatened, threatening) 1. to intimidate, धमकी देना, धमकाना। 2. to try to influence by threats, डराना। 3. to be a threat to, धमकी के रूप में होना, (किसी बात की) आशंका होना।

**threatening** (थ्रेट्´-अॅ-निंग्) ***adj.*** 1. intimidating, धमकानेवाला, धमकी-भरा। 2. indicating evil, अशुभ। 3. filled with apprehension, आशंकित।

**three** (थ्री) ***adj. & n.*** 1. one plus two, तीन। 2. something having three parts, त्रयी, त्रिक, त्रि-।

**three-cornered** (थ्री-कॉ:-नॅ:ड्) ***adj.*** 1. triangular, तिकोना, त्रिकोण। 2. between three parties, तिकोना, त्रिकोणीय; three-cornered contest, त्रिकोणीय प्रतियोगिता।

**three-dimensional** (थ्री-डि-मेंन्´-शॅ-नॅल्) ***adj.*** having three dimensions, तीन विमाओं वाला, त्रिविम।

**threefold** (थ्री´-फ़ोल्ड्) ***adj.*** 1. three times as much or as many, तिगुना। 2. consisting of three parts, त्रिविध।

**three-legged** (थ्री-लेंग्´-इड्) ***adj.*** having three legs, त्रिपाद, तिपाया।

**three-ply** (थ्री´-प्लाइ) ***adj.*** having three strands or layers, तिलड़ा, तिपरती।

**three-quarter** (थ्री-क्वॉ:-टॅ:) ***adj.*** consisting of three quarters of a whole, तीन-चौथाई।

**three-score** (थ्री-स्को:) ***n.*** sixty, साठ।

**threesome** (थ्री´-सॅम्) ***n.*** a group of three persons or things, तिगड्डा, तिकड़ी।

**three-wheeler** (थ्री´-ह्वी-लॅ:) ***n.*** a vehicle with three wheels, तिपहिया गाड़ी।

**threnody** (थ्रेन्´-अॅ-डी) ***n.*** a song of

lamentation, शोकगीत, अलानी।

**thresh** (थ्रेश्) *v.* (threshed, threshing) 1. to separate seeds from the plants by beating, or mechanically, दाँवना, गाहना। 2. to thrash, पिटाई करना।

**thresher** (थ्रेश्´-अ:) *n.* 1. a person who threshes, दँवाई करनेवाला, गाहनेवाला। 2. a machine for threshing crops, थ्रेशर।

**threshold** (थ्रेश्´-होल्ड्) *n.* 1. a doorsill, दहलीज। 2. any doorway or entrance, द्वार, प्रवेशद्वार। 3. the beginning, शुरुआत, प्रारंभ; the threshold of new era, नए युग का प्रारंभ। 4. the (highest) limit, (उच्चतम) सीमा।

**threw** (थ्रू) *v.* p.t. of 'throw'.

**thrice** (थ्राइस्) *adv.* three times, तीन बार; thrice as much, तिगुना; thrice blessed, अतिभाग्यशाली; thrice told, घिसा-पिटा।

**thrift** (थ्रिफ़्ट्) *n.* frugality, किफ़ायत, मितव्ययिता।

**thriftiness** (थ्रिफ़्´-टि-निस्) *n.* the quality or state of being thrifty, मितव्ययिता।

**thrifty** (थ्रिफ़्´-टी) *adj.* (thriftier, thriftiest) frugal, मितव्ययी, किफ़ायती, किफ़ायतशार।

**thrill** (थ्रिल्) *v.* 1. to feel or experience a sudden sharp feeling of excitement, रोमांचित होना, पुलकित होना। 2. to cause such a feeling, पुलकित या रोमांचित करना। 3. to quiver or cause to quiver, काँपना या कँपाना। *n.* 1. emotional tremor, रोमांच। 2. a wave of feeling, कँपकँपी।

**thriller** (थ्रिल्´-अ:) *n.* a thrilling or exciting story, रोमांचक कहानी।

**thrilling** (थ्रिल्´-इंग्) *adj.* causing excitement, रोमांचक, रोमांचकारी, लोमहर्षक।

**thrips** (थ्रिप्स्) *n.* an insect that is harmful to plants, पौधों को लगनेवाला एक कीड़ा।

**thrive** (थ्राइव्) *v.* (thrived/throve, thrived/thriven, thriving) 1. to develop, विकसित होना, पनपना। 2. to prosper, समृद्ध होना। 3. to be successful, सफल होना।

**thriving** (थ्राइ´-विंग्) *adj.* characterized by prosperity, फलता-फूलता हुआ, विकासमान।

**throat** (थ्रोट्) *n.* 1. the front part of the neck, गला, कंठ, हलक। 2. the interior part of the neck esp. respiratory track, श्वासनली। 3. something resembling in shape or function, गला। □ **cut one's own throat,** अपना गला रेतना, अपनी हानि करना; **jump down someone's throat,** किसी की आलोचना करने को तैयार होना; **ram (or force) down someone's throat,** (अपनी बात) दूसरे के गले मढ़ना; **stick in one's throat,** (दूसरे की) बात गले न उतरना।

**throaty** (थ्रो´-टी) *adj.* (throatier, throatiest) 1. guttural, कंठ्य। 2. hoarse, भर्राया हुआ।

**throb** (थ्रॉब्) *v.* (throbbed, throbbing) 1. to pulsate rapidly, धड़कना, धुकधुक करना। 2. to vibrate or sound with rhythmic vibration, स्पंदित होना, धकधक करना। *n.* the act or sound of throbbing, धड़कन।

**throe** (थ्रो) *n.* a violent pain, तीव्र पीड़ा, वेदना।

**throes** (थ्रोस्) *n.* (plu.) a condition of violent pangs, घोर पीड़ा, वेदना; throes of childbirth, प्रसव-वेदना। □ **in the throes of,** में फँसा हुआ, से जूझता हुआ।

**thrombosis** (थ्रॉम्-बो´-सिस्) *n.* the formation of a blood clot within a blood vessel, रक्तनलिका में रक्त का थक्का जमने या रक्त की गाँठ बनने का रोग, रक्त-जमाव।

**thrombotic** (थ्रॉम्-बॉट्´-इक्) *adj.* of or caused by thrombosis, रक्त-जमाव-संबंधी, रक्त-जमाव-जन्य।

**thrombus** (थ्रॉम्´-बस्) *n.* a clot formed in thrombosis, रक्त-गाँठ।

**throne** (थ्रोन्) *n.* 1. the seat of a king or queen, सिंहासन, गद्दी, राजसिंहासन। 2. the royal power, राजसत्ता। □ **come to the throne,** गद्दी पर बैठना, सत्ता प्राप्त करना।

**throng** (थ्रॉङ्ग्) *n.* multitude, भीड़, भीड़-भाड़, जमावड़ा। *v.* to crowd together in large number, भीड़ लगना या लगाना।

**throttle** (थ्रॉट्´-अल्) *v.* 1. to compress the throat (of someone, किसी का) गला दबाना, गला नापना। 2. to kill by compressing the throat, गला दबाकर मार डालना, गला घोंटना। 3. to suppress, दबाना, दबा देना।

4. to obstruct the flow of steam (of a engine, इंजन की) भाप के प्रवाह को रोकना। □ **throttle back or down,** (i) भाप के प्रवाह को रोकना, (ii) फलत: इंजन की गति कम करना। *n.* 1. valve controlling the flow of an engine's steam, भाप के प्रवाह को रोकने का वाल्व। 2. a throat, गला।

**through** (थ्रू) *prep.* 1. in at one side or point and out at the other, के आर-पार, में से होकर; a path through the village, गाँव में से होकर जानेवाला रास्ता। 2. in the midst, के बीच। 3. by way of, के रास्ते, से होकर। 4. be the means of, के द्वारा; I got this news through the paper, मुझे अख़बार से यह ख़बर मिली। 5. because of, के कारण, की वजह से; You have failed through your negligence, तुम अपनी लापरवाही के कारण अनुत्तीर्ण हुए हो। 6. during the entire period of, up to and including, से लेकर" तक; Monday through Saturday, सोमवार से लेकर शनिवार तक। 7. from the beginning to the end, के शुरू से अंत तक। *adv.* 1. from one end or side to the another, इस किनारे से उस किनारे तक, आर-पार। 2. from beginning to the end, आरंभ से अंत तक, आद्योपांत। 3. out into the open, खुले में। 4. directly, सीधे, सीधा। □ **through and through,** पूरी तरह से, पूर्ण रूप से, पूर्णत:। *adj.* 1. admitting continuous passage, सीधा; a through road, सीधी सड़क। 2. passing one end to another, (बिना बीच में रुके) सीधा जानेवाला; through train, सीधी गाड़ी। 3. finished, समाप्त।

**throughout** (थ्रू-आउट्´) *adv.* 1. everywhere, सब जगह, हर जगह; The house was searched throughtout, घर का कोना-कोना या चप्पा-चप्पा छान डाला गया। 2. during the entire duration, पूरी अवधि में, सदा; He was a socialist throughout, वह सदा समाजवादी (ही) रहा। *prep.* 1. all the way through, के प्रत्येक भाग में; throughout the world, दुनिया के प्रत्येक भाग में, सारी दुनिया में। 2. in or during the very period, के पूरे समय में, -भर; through the night, रात-भर, पूरी रात।

**through way** (थ्रू-वे´) *n.* an express way, (तेज गाड़ियों के लिए) धुर मार्ग।

**throve** (थ्रोव्) *v.* p.t. of thrive.

**throw** (थ्रो) *v.* (threw, thrown, throwing) 1. to cast through the air (something) with a swift motion of the arm, to fling or hurl, फेंकना, क्षेपण करना। 2. to cause to fall, गिराना, पटकना; He threw his opponent, उसने अपने विरोधी को गिरा या पटक दिया; The horse threw his rider, घोड़े ने सवार को गिरा दिया। 3. to put off hastily, उतार फेंकना। 4. to exert or move, ज़ोर लगाना या डालना, घुमाना, फेरना; He threw his head back, उसने अपना सिर पीछे किया। 5. to abandon, छोड़ देना, त्याग देना। 6. to project or send forth, डालना; Sun threw long shadows, सूर्य ने लंबी छाया डाली। 7. to make oneself dependent, (पर) आधारित करना, (के) ऊपर छोड़ना; He threw himself on the mercy of court, उसने अपने को कचहरी की दया पर छोड़ दिया। 8. to shape on a potter's wheel, (कुम्हार का) चाक पर (कोई चीज़) बनाना या गढ़ना। 9. to move (a switch or lever), चलाना। 10. to bring forth or give birth to, पैदा करना, उत्पन्न करना, बच्चा देना। 11. to play (a card, पत्ता) चलना, खेलना, फेंकना। 12. to deliver (a punch, मुक्का) मारना, लगाना। 13. to twist (into thread, धागा) बटना। □ **throw a fit,** (i) मूर्च्छित हो जाना, (ii) आपे से बाहर हो जाना; **throw a party,** पार्टी देना; **throw away,** फेंक देना; **throw cold water on,** हतोत्साहित करना; **throw down the gauntlet,** चुनौती देना, ललकारना; **throw dust into the eyes (of others,** दूसरों की) आँखों में धूल झोंकना; **throw oneself at,** (किसी को मुग्ध करने के लिए) सक्रिय हो उठना; **throw oneself into,** किसी काम में जुट जाना; **throw open,** पूरा या चौपट खोल देना; **throw out,** फेंकना, डालना, निकाल देना; **throw over,** छोड़ देना; **throw up,** (i) कै

T

करना, (ii) सहसा ऊँचा करना; (iii) छोड़ देना। *n.* 1. the act of throwing, क्षेपण, फेंकना। 2. a chance, अवसर। 3. a try, कोशिश, प्रयत्न। 4. the distance something is thrown, दूरी, परास।

**throwaway** (थ्रो´-अॅ-वे़) *n.* 1. a handbill, परचा। 2. anything that can be thrown away after use, फेंकने योग्य वस्तु।

**throwback** (थ्रो´-बैक्) *n.* a reversion to an earlier type or stage, परावर्तन।

**throw-in** (थ्रो´-इन्) *n.* (in football) the act of throwing the ball into play after it has gone out of the field, थ्रोइन।

**thru** (थ्रू) ***prep., adj.*** = through.

**thrum** (थ्रम्) *v.* (thrummed, thrumming) 1. to play (a stringed instrument) idly, तुनतुन करना, तुनतुनाना। 2. to play, बजाना।

**thrush** (थ्रश्) *n.* 1. a singing bird, एक गानेवाली चिड़िया। 2. a disease of mouth, मुखपाक।

T

**thrust** (थ्रस्ट्) *v.* (thrust, thrusting) 1. to push forcibly, धक्का देना, धकेलना, धकियाना। 2. to pierce or stab, भोंकना, घुसेड़ना। 3. to impose, थोपना, गले मढ़ना, ज़बरदस्ती लाद देना; This candidate is being thrust upon us. यह प्रत्याशी हम पर थोपा या लादा जा रहा है। 4. to extend, बढ़ाना। *n.* 1. the act of thrusting, धकेलने की क्रिया या भाव। 2. a sudden forceful push, धक्का। 3. a stab (with a weapon, छुरे आदि का) प्रहार। 4. pressure, दबाव। 5. the general tendency, सामान्य रुझान।

**thud** (थड्) *n.* 1. a dull heavy sound, धम, धड़ाम। 2. a blow or fall which produces such a sound, आघात या गिरने की क्रिया जिससे धम शब्द हो। *v.* (thudded, thudding) 1. to make a thud, धम शब्द करना। 2. to fall wih a thud, धड़ाम से गिरना।

**thug** (थग्) *n.* a cheat or robber, ठग।

**thumb** (थम्ब्) *n.* 1. the short first digit of the hand, अँगूठा। 2. the part of a glove that covers the thumb, दस्ताने का अँगूठा। □ **all thumbs,** भद्दा, फूहड़; **thumbs down,** अस्वीकृति का संकेत; **thumbs up,** संतुष्टि का संकेत; **under a person's thumb,** किसी के पूर्णत: अधीन। *v.* (thumbed, thumbing) 1. to soil with the thumb, अँगूठे से मैला या गंदा करना। 2. to turn (pages) with the thumb, अँगूठे से (पन्ने) उलटना। □ **thumb a ride,** अँगूठे के इशारे से किसी वाहन को रोककर उसपर सवार होना; **thumb one's nose at,** खिल्ली उड़ाना, हँसी उड़ाना।

**thumbnail** (थम्´-नेल्) *n.* the nail of the thumb, अँगूठे का नाख़ून।

**thumbnail sketch** *n.* a brief description (of something, किसी चीज़ का) संक्षिप्त विवरण।

**thump** (थम्प्) *v.* 1. to strike or beat so as to cause a dull sound, थपथप करना, थपथपाना। 2. to pound, पीटना। *n.* the sound made by a blow, थपथप, थपथपाहट।

**thumping** (थम्´-पिंग्) *adj.* large or huge, excessive, बहुत बड़ा, भारी; thumping victory, भारी जीत, ज़बरदस्त जीत।

**thunder** (थन्´-डॅः) *n.* 1. the sound that follows a flash of lightning, गरज, गड़गड़ाहट, गर्जन, मेघनाद। 2. any similar noise, गड़गड़ाहट; thunders of applause, तालियों की गड़गड़ाहट। 3. a loud utterance or threat, गर्जन। *v.* 1. to produce or make a noise like thunder, गरजना, गर्जन करना। 2. to utter loudly, गरजना।

**thunderbolt** (थन्´-डॅः-बोल्ट्) *n.* 1. a stone like mass hurled on earth in the lightning flash, गाज, वज्र। 2. something very startling as well as destructive, वज्रपात; This news was a thunderbolt to all of us. यह समाचार हम पर वज्रपात था।

**thunderclap** (थन्´-डॅः-क्लैप्) *n.* a clap of thunder, बिजली की कड़क।

**thundercloud** (-क्लाउड्) *n.* a cloud producing thunder and lightning, गर्जन-मेघ।

**thundering** (थन्´-डॅ-रिंग्) *adj.* very great or excessive, बहुत बड़ा या बहुत अधिक; thundering idiot, बहुत बड़ा या भारी मूर्ख।

**thunderous** (थन्´-डॅ-रॅस्) ***adj.*** producing thunder, गरजनेवाला, गड़गड़ाहट-भरा।

**thundershower** (थन्´-डॅ:-शाउ-अॅ:) ***n.*** shower accompanied by lightning and thunder, गरज के साथ वर्षा, तड़ितवर्षा।

**thunderstorm** (थन्´-डॅ:-स्टॉ:म्) ***n.*** a storm accompanied by lightning and thunder, तूफ़ान, तड़ित-झंझा।

**thunderstruck** (थन्´-डॅ:-स्ट्रक्) ***adj.*** greatly astonished, अत्यंत चकित, हक्का-बक्का।

**Thursday** (थ:ज़्´-डे) ***n.*** the day of the week following Wednesday, गुरुवार, बृहस्पतिवार।

**thus** (दस्) ***adv.*** 1. in this way, इस प्रकार, इस तरह। 2. therefore, इसलिए, अत:। 3. to this extent, इस सीमा तक। ☐ **thus far,** यहाँ तक।

**thwart** (थ्वॉ:ट्) ***v.*** (thwarted, thwarting) 1. to prevent, रोकना, रोक देना। 2. to oppose successfully, निष्फल कर देना, विफल कर देना। ***n.*** an oarsman seat lying across a boat, नाव में मल्लाह के बैठकर चप्पू चलाने की जगह। ***adj.*** lying across, आड़ा, तिरछा। ***adv.*** across, आड़े, तिरछे।

**thy** (दाइ) ***adj.*** of or belonging to thee, तेरा।

**thyme** (थाइम्) ***n.*** a plant and its fragrant seeds, अजवायन।

**thymol** (थाइ´-मॉल्) ***n.*** the oil of thyme, अजवायन का सत।

**thymus** (थाइ´-मॅस्) ***n.*** a glandular organ near the base of the neck, गरदन के पास की एक ग्रंथि, थाइमस।

**thyroid** (थाइ´-रॉइड्) ***n.*** a gland at the front of the neck, टेंटुआ, अवटुग्रंथि।

**thyroxine** (थाइ-रॉक्´-सीन्) ***n.*** a harmone secreted by the thyroid gland, एक प्रकार का हारमोन या अंत:स्राव।

**thyself** (दाइ´-सेल्फ़्) ***pron.*** the reflexive form of thou (or thee), तू खुद, तू स्वयं।

**tiara** (टि-ऐर्´-अॅ) ***n.*** a woman's bejewelled crownlike headdress, स्त्रियों के पहनने की शृंगार-पट्टी या जड़ाऊ मुकुट।

**tibia** (टिब्´-इ-अॅ) ***n.*** the shinbone, टाँग की मोटी नली, अंतर्जंघिका नली।

**tic** (टिक्) ***n.*** twitching of the muscles, मांसपेशियों का संकुचन।

**tick**[1] (टिक्) ***n.*** a small blood sucking insect, किलनी, चिचड़ा।

**tick**[2] ***n.*** 1. a regularly repeated clicking sound of a watch, घड़ी की टिकटिक। 2. a mark used to check an item on a list, सही का सूचक चिह्न (✓)। ☐ **on the tick of the clock,** घंटा बजते ही। ***v.*** 1. to make a series of ticks, टिकटिक करना। 2. to mark with a tick, सही का निशान लगाना। ☐ **tick off,** (i) सही का निशान लगाना, (ii) गुस्सा करना, डाँटना।

**tick**[3] ***n.*** the case of pillow, mattress etc., खोल, खोली, गिलाफ़।

**tick**[4] ***n.*** credit, ऋण। ☐ **on tick,** ऋण पर, उधार।

**ticker** (टिक्´-अॅ:) 1. a watch, घड़ी। 2. the heart, दिल, हृदय। 3. a printer, टेलीप्रिंटर।

**ticket** (टिक्´-इट्) ***n.*** 1. a paper slip or card that entitles the holder to a certain right, टिकट। 2. a label, लेबल। 3. the list of candidates nominated by a particular party at an election, टिकट।

**ticket checker** ***n.*** one who checks tickets, टिकट जाँचकर्ता, टिकट-परीक्षक।

**ticket collector** ***n.*** one who collects tickets from the passengers, टिकट-संग्राहक, टिकट-कलेक्टर।

**ticket-window** (टिक्-इट्-विन्´-डो) ***n.*** a window where tickets are issued, टिकट-खिड़की।

**ticking** (टिक्´-इंग्) ***n.*** a strong fabric usually for pillows and mattress covers, खोल का कपड़ा।

**tickle** (टिक्´-अॅल्) ***v.*** 1. to touch or stroke lightly so as to produce laughter, गुदगुदी करना, गुदगुदाना। 2. to delight, ख़ुश करना, बहलाना। 3. to excite, उत्तेजित करना, छेड़ना। ☐ **tickled to death,** गुदगुदी से लोटपोट हो जाना। ***n.*** 1. tickling sensation, गुदगुदी। 2. prickling sensation, चुनचुनी, झुनझुनी।

**tickler** (टिक्´-लॅ:) ***n.*** 1. a person or thing that

T

tickles, गुदगुदानेवाला या चुनचुनी पैदा करनेवाला। 2. a difficult problem, कठिन समस्या, पहेली।

**ticklish** (टिक्´-लिश्) ***adj.*** 1. sensitive to tickling, जिसे बहुत गुदगुदी होती हो। 2. delicate or difficult, नाजुक या कठिन।

**ticktock** (टिक्´-टॉक्) ***n.*** the ticking sound of a clock, टिकटिक।

**tidal** (टाइ´-डॅल्) ***adj.*** of or relating to tides, ज्वार-संबंधी; tidal waters, ज्वारीय-जल; tidal wave, ज्वारीय तरंग, उत्ताल तरंग।

**tidbit** (टिड्´-बिट्) ***n.*** 1. a choice morsel of food, कौर-भर खाने की कोई मज़ेदार या स्वादिष्ट वस्तु। 2. a choice bit of gossip, मज़ेदार चुटकुला। 3. a choice bit of information, मज़ेदार सूचनांश।

**tide** (टाइड्) ***n.*** 1. the alternate rise and fall in the level of the sea, ज्वार-भाटा; high tide, ज्वार, low tide, भाटा। 2. water as moved by this, ज्वार-भाटे के कारण समुद्र के जल में होनेवाला घटाव-बढ़ाव। 3. a wide spread trend or tendency, व्यापक रुझान, व्यापक मनोदशा। 4. a time or season, समय, ऋतु। ***v.*** 1. to float with the tide, ज्वार-भाटे के साथ-साथ बहना। 2. to rise and fall like the tide, ज्वार-भाटे की तरह बार-बार ऊपर उठना और नीचे गिरना।

T

**tidemark** (टाइड्´-मा:क्) ***n.*** a high-water mark left by tidal water, ज्वार-चिह्न।

**tideland** (टाइड्´-लैन्ड्) ***n.*** the land that is submerged at high tide, ज्वार-भूमि।

**tidewater** (टाइड्´-वा:-टॅ:) ***n.*** water that flows on to the land at high tide, ज्वारजल।

**tidily** (टाइ´-डि-ली) ***adv.*** neatly. साफ़-सुथरे ढंग से, स्वच्छता से।

**tidiness** (टाइ´-डि-निस्) ***n.*** the quality or state of being tidy. साफ़-सुथरापन, स्वच्छता।

**tidings** (टाइ´-डिंग्स्) ***n.*** (plu.) news, समाचार।

**tidy** (टाइ´-डी) ***adj.*** (tidier, tidiest) 1. neat, साफ़-सुथरा, स्वच्छ। 2. fairly large, अच्छा-खासा, काफ़ी बड़ा, पर्याप्त। 3. orderly, व्यवस्थित। ***v.*** (tidied, tidying) 1. to make tidy, स्वच्छ बनाना। 2. to put in order, व्यवस्थित बनाना। ***n.*** 1. piece of fancy-work used to protect the back and arms of a chair, आवरण। 2. a container to retain rubbish, कूड़ेदान।

**tie** (टाइ) ***v.*** (tied, tying) 1. to fasten with a cord, rope etc., डोरी, रस्सी, फ़ीते आदि से कसना या बाँधना। 2. to form a knot or bow, गाँठ लगाना, कमान बाँधना। 3. to bring together, संयुक्त करना, जोड़ना। 4. to equal (an opponent or his score) in a contest, (खेल, प्रतियोगिता में) बराबर-बराबर होना। 5. to restrict, रोकना। ☐ **tie down,** बाँधकर रखना, बंधन में रखना; **tie in,** जुड़ना; **tie up,** (i) कसकर बाँधना, (ii) रोकना, (iii) व्यस्त रहना। ***n.*** 1. a cord, rope etc. used for fastening, बाँधने की डोरी, रस्सी, फ़ीता आदि। 2. a necktie, नकटाई। 3. something that unites, link, बाँधनेवाली चीज़, कड़ी। 4. a restriction, बंधन। 5. relation, संबंध। 6. equality of score, खेल में बराबरी, टाई। 7. a curve line that joins to musical notes, संगीत में दो स्वरों को एकबद्ध करनेवाला चिह्न। 8. a sleeper, स्लीपर (रेल का), शयनयान।

**tie-breaker** (टाइ´-ब्रेक्-अॅ:) ***n.*** a game to decide a winner when teams have tied, टाइब्रेकर, निर्णायक खेल या बाज़ी।

**tied** (टाइड्) ***adj.*** 1. fastened, बँधा हुआ, बद्ध। 2. equal to opponent's result in a competition, बद्ध, बराबर; tied match, बद्ध मैच।

**tie-in** (टाइ´-इन्) ***n.*** 1. something that ties or connects, बाँधने या जोड़नेवाली चीज़। 2. a close connection, गहरा संबंध। 3. a link, कड़ी।

**tiepin** (टाइ´-पिन्) ***n.*** an ornamental pin used to hold the ends of a tie, टाई का पिन।

**tier** (टिअॅ:) ***n.*** one of the series of rows or layers placed one above another, ऊपर-नीचे की सीटों या कतारों में से कोई एक।

**tie-up** (टाइ´-अप्) ***n.*** 1. collaboration of two or more groups, companies etc.,

गठबँधन, गठजोड़। 2. stoppage caused by jamming, यातायात का रुकना, रुकावट।

**tiff** (टिफ़्) ***n.*** a petty quarrel, छोटा-मोटा झगड़ा, अनबन। ***v.*** to have a tiff, अनबन हो जाना।

**tiffin** (टिफ़्´-इन्) ***n.*** a light midday meal, दोपहरी नाश्ता, दोपहर का जलपान, टिफ़िन।

**tiffin-carrier** (टिफ़्´-इन्-कै´-रि-अ:) ***n.*** an appliance for carrying tiffin, टिफ़िन कैरिअर।

**tiger** (टाइ´-गॅ:) ***n.*** a large carnivorous wild animal of the cat family, बाघ।

**tigerish** (टाइ´-ग्रिश्) ***adj.*** resembling a tiger, बाघ जैसा।

**tight** (टाइट्) ***adj.*** 1. fixed or fastened very firmly in place, कसा हुआ, कसावट-भरा, कड़ा। 2. fitting closely, चुस्त, तंग। 3. of close and compact construction, impregnable, पक्का, दृढ़, रोधी; airtight, वायुरोधी; water tight, जलरोधी। 4. difficult, कठिन; tight situation, कठिन परिस्थिति। 5. strict, दृढ़, सख़्त। 6. packed to limit, filled, खचाखच, ठसाठस। 7. drunk, नशे में धुत। 8. difficult to obtain, जिसे प्राप्त करना कठिन हो। 9. hardly profitable, जिससे लाभ होने की संभावना क्षीण हो। 10. too busy, अतिव्यस्त। □ **in a tight corner or spot,** कठिन स्थिति में।

**tighten** (टाइ´-टॅन्) ***v.*** to make or become tight, कसना या कसा जाना, कसकर बाँधना या बाँधा जाना। □ **tighten one's belt,** किफ़ायतशारी करना।

**tightfisted** (टाइट्´-फ़िस्-टिड्) ***adj.*** stingy, कंजूस, कृपण।

**tight-knit** (टाइट्´-निट्) ***adj.*** closely integrated, सुसंघटित।

**tight-lipped** (टाइट्´-लिप्ड/लिप्ट्) ***adj.*** having the lips closed tight, चुप, चुप्पी साध लेनेवाला।

**tightly** (टाइट्´-ली) ***adv.*** in a tight manner (i) कस कर, (ii) सख़्ती से।

**tightness** (टाइट्´-निस्) ***n.*** the quality or state of being tight, कसावट, कसाव; तनाव; तंगी।

**tightrope** (टाइट्´-रोप्) ***n.*** a rope stretched highly above the ground on which acrobats perform balancing feats, नट का रस्सा।

**tights** (टाइट्स्) ***n.*** a one piece clinging garment worn by acrobats, dancers etc., कसावटी पोशाक।

**tigress** (टाइ´-ग्रिस्) ***n.*** a she-tiger, बाघिन।

**tilde** (टिल्´-डॅ) ***n.*** a diacritical mark put over a vowel to indicate nasal sound, टेढ़ू, लहरिल चिह्न, लहरिया।

**tile** (टाइल्) ***n.*** a thin slab of baked clay or other material used in rows for covering roofs, floors etc., खपड़ा, टाइल। ***v.*** to cover with tiles, टाइलें लगाना या बिछाना।

**tiling** (टाइ´-लिंग्) ***n.*** 1. the act of one who tiles, टाइलें लगाने या बिछाने का काम। 2. a surface made of tiles, टाइलों की सतह या फ़र्श।

**till**[1] (टिल्) ***v.*** (tilled, tilling) to prepare the land for raising of crops by ploughing, (खेत) जोतना, हल चलाना।

**till**[2] ***conj. & prep.*** = until.

**till**[3] ***n .*** a cash box, गोलक, गल्ला, संदूकची।

**tillable** (टिल्´-अॅ-बॅल्) ***adj.*** that can be tilled, जोतने-लायक, जोतने-योग्य।

**tillage** (टिल्´-इज्) ***n.*** 1. the act of tilling, जुताई। 2. the land that has been tilled, जोती हुई भूमि।

**tiller**[1] (टिल्´-अ:) ***n.*** one who tills land, जुताई करनेवाला, किसान, खेतिहर।

**tiller**[2] ***n.*** a lever used to turn a boat's rudder, गुटका, कर्णदंड।

**tilt** (टिल्ट्) ***v.*** 1. to slant, एक ओर झुकाना या झुकना। 2. to run or thrust with a lance in jousting, घुड़सवारी में बरछेबाज़ी करना। □ **tilt at,** to criticize, की आलोचना करना। ***n.*** 1. a slope or slant, झुकाव, नति। 2. the act of tilting, झुकाने की क्रिया या भाव। 3. a verbal duel, कहा-सुनी, झगड़ा। □ **at full tilt,** पूरी रफ़्तार से।

**tilth** (टिल्थ्) ***n.*** 1. the act of tilling, जुताई। 2. the land tilled, जोती हुई ज़मीन।

T

**timbal** (टिम्´-बॅल्) ***n.*** a kettledrum, छोटा ढोल, नक़्क़ारा।

**timber** (टिम्´-बॅ:) ***n.*** 1. wood as a building material, इमारती लकड़ी। 2. trees collectively suitable for timber, इमारती लकड़ी के पेड़। 3. a wooden beam, शहतीर, बल्ली, धरन। ***interj.*** used to warn of a falling tree, पेड़ के गिरने के समय दी जानेवाली चेतावनी, हटो! हटो-बढ़ो!

**timbered** (टिम्´-बॅ:ड्) 1. constructed of timber, इमारती लकड़ी से बना। 2. covered with timber, इमारती लकड़ी से आच्छादित। 3. covered with trees, वृक्ष-बहुल।

**timbering** (टिम्´-बॅ-रिंग्) ***n.*** work made of timber, इमारती लकड़ी का काम।

**timberline** (टिम्´-बॅ:-लाइन्) ***n.*** the line beyond which trees do not grow in a mountainous region, वृक्ष-रेखा।

**timbre** (टैम्´-बॅ:) ***n.*** the distinct quality of the sound produced by a particular voice or instrument, ध्वनि-गुण।

T

**timbrel** (टिम्´-ब्रॅल्) ***n.*** a tambourine, डफली, खंजरी।

**time** (टाइम्) ***n.*** 1. the continued passage which is divided into past, present and future or stated in hours or minutes, समय, काल, वक्त। 2. duration, अवधि। 3. an occasion or instance, अवसर, बार; first time, पहली बार। 4. a suitable moment, उपयुक्त क्षण, अवसर, समय। 5. season, मौसम। 6. sufficient or spare time, काफ़ी या खाली समय, फ़ुर्सत। 7. the moment when something is to occur, घड़ी, समय। 8. (plu.) an age or era, युग। ☐ **against time,** बहुत तेज़ी से; **ahead of time,** निश्चित समय से पहले; **ahead of the times,** अपने समय से बहुत पहले; **all the time,** हर समय; **at all times,** सदा; **at one time,** एक ज़माने में; **at the same time,** तभी, उसी समय; **at times,** कभी-कभी; **behind time,** विलंबित, लेट; **for the time being,** फ़िलहाल; **from time to time,** बीच-बीच में; **in no time,** तुरंत, जल्दी ही; **in the nick of time,** ठीक समय पर; **in time,** समय पर, यथासमय; **many a time,** अक्सर; **keep time,** समय का पालन करना; **lose time,** समय गँवाना; **on the time,** यथासमय, समय पर; **take time,** उचित समय लगाना; **time and again,** बार-बार। ***adj.*** of or relating to time, समय-संबंधी; time bomb, टाइम बम। ***v.*** (timed, timing) 1. to set or arrange the time of, समय निश्चित करना। 2. to measure the time taken by, समय मापना।

**time-barred** (टाइम्´-बा:ड्) ***adj.*** barred by time, कालातीत।

**time-bound** (टाइम्´-बाउन्ड्) ***adj.*** confined to specified time, bound of the time, समयबद्ध।

**time capsule** ***n.*** a container holding present day items buried for discovery in the future, काल-संपुटिका, समय-संपुटिका।

**timecard** (टाइम´-का:ड्) ***n.*** the card on which the workman's hours of work are recorded, समय-कार्ड, समय-पत्रक।

**time-consuming** (टाइम्´-कॅन्-ज़्यू-मिंग्) ***adj.*** occupying time, समय-खाऊ।

**time-honoured** (टाइम्´-ऑन्-अॅ:ड्) ***adj.*** honoured because of long tradition, चिरसम्मानित, अतिप्राचीन।

**timekeeper** (टाइम्´-की-पॅ:) ***n.*** one who records time, समयपाल, टाइमकीपर।

**timelag** (टाइम्´-लैग्) ***n.*** interval of time, अंतराल, बीच का (ख़ाली) समय।

**timeless** (टाइम्´-लिस्) ***adj.*** 1. endless, eternal, अनंत। 2. unaffected by time, कालातीत, कालजयी।

**timelimit** (टाइम्´-लिम्-इट्) ***n.*** the limit of time, समय-सीमा।

**timely** (टाइम्´-ली) ***adj.*** occurring just at the right time, ठीक समय पर होनेवाला।

**time-out** (टाइम्´-आउट्) ***n.*** a period of suspended play during a game, वह समय जिसमें खेल रुका रहा हो, खाली समय।

**timepiece** (टाइम्´-पीस्) ***n.*** a watch, घड़ी।

**timer** (टाइ´-मॅ:) ***n.*** a device for recording time, टाइमर, समयांकक।

**times** (टाइम्ज़्) ***prep.*** multiplied by, को गुना करने पर; two times six is equal to twelve. छह को दो से गुना करने पर बारह होता है। ***n.*** used in comparisons, गुना; four times better, चार गुना अच्छा।

**timesaving** (टाइम्´-से-विंग्) ***adj.*** that saves time, समय-बचाऊ।

**timeserver** (टाइम्´-सः-वॅः) ***n.*** a person who changes his opinion according to his selfish needs, अवसरवादी।

**timetable** (टाइम्´-टे-बॅल्) ***n.*** a list showing the times of arrival and departure of trains, buses etc., the subjects to be taught in a class room or the events to take place, टाइमटेबल, समय-सारणी।

**timeworn** (टाइम्´-वो़ःन्) ***adj.*** worn by long use, गला-सड़ा, जीर्ण-शीर्ण या फटा-पुराना।

**timid** (टिम्´-इड्) ***adj.*** 1. easily frigthened, भीरु, डरपोक, दब्बू। 2. shy, शर्मीला।

**timidity** (टि-मिड्´-इ-टी) ***n.*** the state or quality of being timid, भीरुता, दब्बूपन; शर्मीलापन।

**timidly** (टिम्´-इड्-ली) ***adv.*** in a timid manner, डरते-डरते; लजाते हए।

**timidness** (टि-मिड्´-निस्) ***n.*** timidity, भीरुता, दब्बूपन; शर्मीलापन।

**timing** (टाइ´-मिंग्) ***n.*** the way something is timed, समय-निर्धारण।

**timorous** (टिम्´-अॅ-रॅस्) ***adj.*** timid, डरपोक, भीरु; शर्मीला।

**timorously** (टिम्´-अॅ-रॅस्-ली) ***adv.*** timidly, डरते-डरते; शरमाते हुए।

**timpani** (टिम्´-पॅ-नी) ***n.*** (plu.) a set of kettledrums, नक़्क़ारों की जोड़ी, ताशों की जोड़ी।

**timpanist** (टिम्´-पॅ-निस्ट्) ***n.*** one who plays on timpani, ताशा बजानेवाला।

**tin** (टिन्) ***n.*** 1. a silvery-white metal, राँगा, कलई, टिन। 2. tin plate, टीन की प्लेट। 3. a container of tin, टीन। ***v.*** (tinned, tinning) 1. to cover with tin, राँगा चढ़ाना, कलई करना। 2. to pack in tins, टीनों में भरना।

**tin plate** (टिन्´-प्लेट्) ***n.*** an iron plate coated with tin, टीन।

**tinplate** (टिन्´-प्लेट्) ***v.*** (tinplated, tinplating) to coat with tin, कलई करना।

**tincture** (टिंक्´-चॅः) ***n.*** 1. a medicinal solution, टिंचर। 2. a tint or tinge, आभा, झलक या पुट। ***v.*** to give a tint or tinge to, हलकी आभा देना, हलका रंग करना।

**tinder** (टिन्´-डॅः) ***n.*** 1. dry wood that catches fire easily, सूखी लकड़ी जो जल्दी आग पकड़ती हो। 2. very inflammable thing, जल्दी भड़क उठनेवाली चीज़।

**tinderbox** (टिन्´-डॅः-बॉक्स्) ***n.*** 1. a box containing very inflammable substance, वह डिब्बा जिसमें ज्वलनशील पदार्थ हो। 2. a very touchy person, चिड़चिड़ा व्यक्ति।

**tine** (टाइन्) ***n.*** any of the points of a fork, harrow etc., काँटे, पाटे आदि का नुकीला सिरा।

**ting** (टिंग्) ***n.*** sound of a bell, टनटन। ***v.*** to make or cause to make ting sound, टनटन बजना या बजाना।

**tinge** (टिंज्) ***v.*** 1. to colour or tint faintly, हलका रंग करना, हलकी रंगत देना। 2. to give a slight trace to, पुट देना; His voice is tinged with pathos, उसकी आवाज़ में दर्द का पुट था। ***n.*** 1. a slight tint or colouring, हलकी रंगत। 2. any slight addition, पुट।

**tingle** (टिंग्´-गॅल्) ***v.*** 1. to have an itching or prickling sensation in the flesh, झुनझुनी होना, चुभन होना। 2. to cause such sensation, झुनझुनी या चुभन पैदा करना। ***n.*** itching or prickling sensation, झुनझुनी, चुभन।

**tinker** (टिंक्´-कॅः) ***n.*** 1. a travelling mender of metal household utensils, घूम-फिरकर बरतनों की मरम्मत करनेवाला, झलाईगर। 2. a clumsy worker, फूहड़ कारीगर। ***v.*** (tinkered, tinkering) 1. to work as a tinker, झलाईगीरी करना, बरतनों की मरम्मत करना। 2. to meddle with machine parts, मशीनी पुर्ज़ों से छेड़छाड़ करना, खिलवाड़ करना।

**tinkle** (टिंक्´-कॅल्) ***v.*** to make a series of small jingling sounds, टुनटुन या टिनटिन करना, टुनटुनाना, टिनटिनाना। ***n.*** a series of

T

jingling sounds, टनटन, टुनटुन या टिनटिन।

**tininess** (टाइ´-नि-निस्) *n.* the state or quality of being tiny, अत्यल्पता; नन्हापन।

**tinned** (टिन्ड्) *adj.* 1. packed in a container, डिब्बाबंद, टीनबंद। 2. plated with tin, कलईदार।

**tinning** (टिन्´-इंग्) *n.* the act of packing things in containers, टीनबंदी, डिब्बाबंदी।

**tinny** (टिन्´-ई) *adj.* (tinnier, tinniest) 1. of or resembling tin. टीन-संबंधी। 2. covered with tin, कलईदार। 3. worthless, of poor quility, घटिया, बेकार।

**tinplated** (टिन्´-प्ले´-टिड्) *adj.* coated with tin, कलई किया हुआ।

**tinplating** (टिन्´-प्ले´-टिंग्) *n.* coating with tin, कलई करना, कलईगीरी।

**tinpot** (टिन्´-पॉट्) *adj.* worthless, निरर्थक।

**tinsel** (टिन्´-सॅल्) *n.* 1. a thread, sheet or strip of metal foil, पन्नी, सिलमा, सितारा आदि। 2. a showy but worthless thing, भड़कीली किंतु बेकार वस्तु, नुमाइशी चीज़।

**tinsmith** (टिन्´-स्मिथ्) *n.* 1. a worker in tin, टीन के डिब्बे बनानेवाला। 2. a worker in tinplate, कलईगर।

**tint** (टिंट्) *n.* 1. a shade of a particular colour, किसी रंग का शेड। 2. a tinge, हलका रंग, रंगत, आभा, झलक। 3. a trace, पुट। *v.* to colour or tinge, रंग करना, हलका रंग करना, टिंट करना।

**tiny** (टाइ´-नी) *adj.* (tinier, tiniest) very small, बहुत छोटा, अत्यल्प, नन्हा।

**tip**[1] (टिप्) *n.* 1. a narrow or pointed end of something, extremity, नोक, सिरा, छोर। 2. the top or summit, चोटी। □ **be on the tip of one's tongue,** मुँह में होना, जीभ पर होना; **tip of the iceberg,** किसी बहुत बड़ी समस्या का ऊपरी अंश, सिरा-भर। *v.* (tipped, tipping) 1. to provide with a tip, सिरा लगाना या बनाना। 2. to remove the tip of, सिरा या नोक हटाना।

**tip**[2] *v.* (tipped, tipping) 1. to tilt or cause to tilt, झुकना या झुकाना, तिरछा होना या करना; to tip scale, पलड़ा झुका देना। 2. to topple, उलट देना। □ **tip up,** एक ओर से उठाना; **tip over,** उलट देना। *n.* a slight tilt, झुकाव, तिरछापन।

**tip**[3] *v.* (tipped, tipping) to strike gently, हलका आघात करना। *n.* a light blow, हलका आघात।

**tip**[4] *n.* 1. a small gift of money, बख़्शीश, टिप। 2. a piece of inside or secret information, सुराग, पते की बात या गुप्त सूचना। *v.* (tipped, tipping) to make a small gift of money, बख़्शीश देना। □ **tip off,** (i) सुराग देना, (ii) चेतावनी देना।

**tip-off** (टिप्´-आ:फ़्) *n.* 1. a hint, संकेत। 2. a warning, चेतावनी।

**tipper** (टिप्´-अॅ:) *n.* one who tips, बख़्शीश देनेवाला।

**tippet** (टिप्´-इट्) *n.* a woman's scarf for the shoulders, दुपट्टा या गुलूबंद।

**tipple** (टिप्´-अॅल्) *v.* to drink wine or whiskey habitually, आदतन मद्यपान करना।

**tippler** (टिप्´-लॅ:) *n.* one who drinks habitually, शराब का आदी।

**tipster** (टिप्´-स्टॅ:) *n.* one who sells tips on horse racing, घुड़दौड़ संबंधी संकेत देनेवाला।

**tipsy** (टिप्´-सी) *adj.* (tipsier, tipsiest) slightly drunk, जिसे हलका नशा हो, जो सरूर में हो।

**tiptoe** (टिप्´-टो) *v.* (tiptoed, tiptoeing) to walk stealthily on the tips of one toes, चोरी-छिपे पंजों के बल चलना।

**tiptop** (टिप्´-टॉप्) *n.* the highest point, चोटी, पराकाष्ठा। *adj.* excellent, बढ़िया, उत्कृष्ट।

**tirade** (टाइ´-रेड्) *n.* abusive outburst, फटकार, डाँट-फटकार।

**tire**[1] (टाइअॅ:) *v.* (tired, tiring) 1. to make or become tired, थकाना या थकना, थका देना या थक जाना। 2. to become bored, ऊब जाना, ऊब उठना। □ **tired of,** ऊबा हुआ।

**tire**[2] *n.* a covering of wheel's rim, टायर।

**tired** (टाइअॅ:ड्) *adj.* fatigued, थका हुआ, थका-माँदा, पस्त।

**tiredness** (टाइअॅ:ड्´-निस्) *n.* weariness, थकावट, थकान, श्रांति।

**tireless** (टाइअॅ:´-लिस्) *adj.* untiring, न थकनेवाला, अथक।

**tiresome** (टाइअॅ:´-सॅम्) *adj.* 1. wearisome, थकाऊ। 2. tedious, ऊबाऊ।

**tiresomeness** (-निस्) *n.* the quality or state of being tiresome, थकावट, क्लांति।

**tissue** (टिश्´-ऊ) *n.* 1. a group of cell of animal or plant body that are similar in form or function, ऊतक। 2. tissue paper, टिशू पेपर (जो कागज़ के रूमाल बनाने, साड़ियाँ लपेटने आदि के काम आता है)। 3. a woven cloth, एक तरह का कपड़ा, टिशू। 4. an inter-woven series, जाल।

**tissue paper** *n.* very thin paper, अत्यंत पतला कागज़, टिशू पेपर।

**tit**[1] (टिट्) *n.* a small bird, चिड़िया। ☐ **tit for tat,** जैसे को तैसा।

**tit**[2] *n.* 1. a teat, चूची। 2. a nipple, निप्पल, चूसनी। 3. a young woman, युवती।

**titan** (टाइ´-टॅन्) *n.* 1. a person of gigantic size or strength, अत्यधिक बलवान या भीमकाय व्यक्ति। 2. a person of great importance, महत्त्वपूर्ण व्यक्ति।

**titanic** (टाइ-टैन्´-इक्) *adj.* 1. gigantic, भीमकाय, विशाल। 2. very important, महत्त्वपूर्ण।

**titanium** (टाइ-टे´-नि-ॲम्) *n.* a white metallic element, एक श्वेत धात्वीय तत्त्व।

**titbit** (टिट्´-बिट्) *n.* 1. a tasty morsel, मज़ेदार कौर या निवाला। 2. a bit of interesting gossip, चुटकुला।

**tithe** (टीथ्) *n.* a tenth part of produce paid (as tax) to support clergy and church, पुरोहित वर्ग को (कर के रूप में) दिया जानेवाला आय का दशम अंश। *v.* (tithed, tithing) to pay a tithe of one's income, दशमांश देना।

**titilate** (टिट्´-इ-लेट्) *v.* 1. to excite pleasantly, उद्दीप्त या उत्तेजित करना। 2. to tickle, गुदगुदाना या सहलाना।

**titilatingly** (टिट्´-इ-लेट्-इंग्-ली) *adv.* in a titilating manner, गुदगुदाते या सहलाते हुए।

**titilation** (टिट्´-इ-ले´-शॅन्) *n.* the act of titilating, उद्दीपन, उत्तेजन, गुदगुदाहट।

**title** (टाइ´-टॅल्) *n.* 1. a descriptive name given to a book, poem, picture etc., शीर्षक, नाम। 2. an appellation, उपाधि; title of honour, मानोपाधि। 3. designation, पदवी, पद। 4. a legal right to ownership, स्वत्वाधिकार। 5. a claim, दावा। *v.* (titled, titling) to give a title to, उपाधि देना।

**titled** (टाइट्´-ॲल्ड्) *adj.* having a title, उपाधि या पदवीधारी, उपाधिप्राप्त, पदवीप्राप्त।

**title deed** *n.* a legal document proving a person's title to a property, अधिकार-पत्र।

**title page** *n.* a page at the beginning of a book giving the title and also the names of the author and publisher, मुखपृष्ठ।

**titter** (टिट्´-अॅ:) *v.* to utter a restrained laugh, ठींठीं करना, हींहीं करना। *n.* a restrained laugh, ठींठीं, हींहीं।

**tittle** (टिट्´-ॲल्) *n.* a particle, कण।

**tittle-tattle** (टिट्´-ॲल्-टैट्-ॲल्) *v.* to chat, गपशप करना। *n.* a chat, गपशप।

**titular** (टिच्´-उ-लॅ:) *adj.* 1. bearing a title, उपाधिधारी। 2. in name only, नाममात्र का; the titular head of the state, राज्य का नाममात्र का अध्यक्ष। *n.* 1. the bearer of a title, उपाधिधारी व्यक्ति। 2. the bearer of a nominal office, नाममात्र का पदाधिकारी।

**tizzy** (टिज़्´-ई) *n.* 1. a highly excited state of mind, उत्तेजना। 2. a state of confusion, घबराहट की स्थिति।

**to** (टू) *prep.* 1. in a direction toward, की तरफ़, दिशा में, को। 2. till, until, तक; from four to six, चार से छह तक; from Monday to Saturday, सोमवार से शनिवार तक। 3. used to mark the indirect object of the verb, को; He told a story to the children. उसने बच्चों को कहानी सुनाई। 4. used to mark the infinitive of a verb; He wanted to go, अंग्रेज़ी में verb के पहले to लगने पर infinitive बनता है। 5. as compared with, की तुलना में, के मुक़ाबले; They won by four goals to one. वे एक के मुक़ाबले चार गोल से जीते। 6. for the purpose of, से; to that end, उस उद्देश्य से।

7. regarding or concerning, के लिए; He is deaf to her pleas. उसकी अनुनय-विनय सुनने के लिए वह तैयार नहीं है। 8. in accord with, के अनुसार; not to my liking, मेरी पसंद के अनुसार नहीं। 9. before the hour of, घंटे (घंटा बजने) से पहले; five to four, चार बजने को पाँच मिनट। 10. as against, के बदले; Five mangoes to the rupee, एक रुपया के पाँच आम। ***adv.*** 1. in a certain direction or position, में; to the North of Delhi, दिल्ली के उत्तर में। 2. at hand, समीप। □ **to and fro,** इधर-उधर, आगे-पीछे।

**toad** (टोड्) ***n.*** 1. a froglike animal, मेंढक की जाति का एक जंतु, भेक, टोड। 2. a loathsome person, घिनौना व्यक्ति।

**toad-stool** (टोड्´-स्टूल्) ***n.*** a mushroom, कुकुरमुत्ता।

**toady** (टो´-डी) ***n.*** a flatterer, ख़ुशामदी व्यक्ति, चाटुकार, चापलूस। ***v.*** (toadied, toadying) to flatter, खुशामद करना, चाटुकारी करना।

**toast[1]** (टोस्ट्) ***n.*** 1. a slice of toasted bread, डबल रोटी का सेंका हुआ टुकड़ा, टोस्ट। 2. the act of drinking in someone's honour, किसी की मंगलकामना के लिए होनेवाला मद्यपान। □ **propose a toast,** किसी की मंगलकामना के लिए जाम पीना।

**toast[2]** ***v.*** 1. to make something brown and crisp by heating, सेंकना। 2. to wish happiness or success to someone by raising one's glass of wine, किसी की मंगलकामना के लिए जाम ऊँचा उठाना। ***n.*** 1. an act of toasting, जाम का ऊँचा उठाया जाना। 2. one who is toasted, वह जिसके लिए जाम उठाया जाए।

**toaster** (टो´-स्टॅ:) ***n.*** an electrical device for toasting bread, डबल रोटी सेंकने का बिजली का उपकरण, टोस्टर।

**toastmaster** (टोस्ट्´-मास्/मैस्-टॅ:) ***n.*** a person who introduces speakers and proposes toasts at a public dinner etc., टोस्टमास्टर। [Fem. toastmistress]

**tobacco** (टॅ-बैक्´-ओ) ***n.*** 1. a plant grown for its leaves used chiefly for smoking, तंबाकू। 2. its leaves dried and prepared for chewing, snuff etc., तंबाकू, खैनी या सुरती।

**tobacconist** (टॅ-बैक्´-अॅ-निस्ट्) ***n.*** a seller of cigarettes, cigars etc., सिगरेट आदि बेचनेवाला।

**to-be** (टु-बी´) ***adj.*** about to be, जो जल्द ही होने या बनने को हो, होनेवाला; bride-to-be, होनेवाली दुल्हन; the president-to-be, होनेवाला अध्यक्ष।

**toccata** (टॅ-का´-टॅ) ***n.*** a musical composition for a piano, पियानो के लिए एक प्रकार की संगीत-रचना।

**today** (टु-डे´) ***adv.*** 1. on the present day, आज। 2. nowadays, इन दिनों। ***n.*** 1. this day, आज का दिन। 2. the present age, वर्तमान युग।

**toddle** (टॉड्´-अॅल्) ***v.*** 1. to walk with short, unsteady steps (as a small child does, नन्हे-मुन्ने की तरह) ठुमक-ठुमककर चलना। 2. to walk, चलना।

**toddler** (टॉड्´-लॅ:) ***n.*** a young child who toddles, ठुमक-ठुमककर चलनेवाला बच्चा।

**toddy** (टॉड्´-ई) ***n.*** a drink consisting of liquor with hot water, एक पेय जो शराब में गरम पानी मिलाकर तैयार करते हैं।

**to-do** (टु-डू´) ***n.*** a stir or commotion, खलबली या हुल्लड़बाजी।

**toe** (टो) ***n.*** 1. any one of the digits of the foot, पैर की कोई उँगली या अँगूठा। 2. the forward part of a shoe or stocking covering the toe, जूते या मोज़े का पंजा। 3. the corresponding part of animals, पंजा, खुर, सुम। □ **be on one's toes,** सतर्क और सन्नद्ध होना; **from top to toe,** सिर से पैर तक; **tread on someone's toes,** किसी को कष्ट देना या अप्रसन्न करना। ***v.*** (toed, toeing) 1. to touch with the toe, पैर के पंजे से छूना। 2. to kick with the toe, पैर के पंजे से मारना। □ **toe the line,** नियमों का सख़्ती से पालन करना।

**toenail** (टो´-नेल्) ***n.*** the nail on a toe, पैर की उँगली का नाख़ून।

**toff** (टॉफ़्) ***n.*** a well-dressed person, सुवस्त्र-धारी, सुवस्त्रधारक।

**toffee** (टॉ´-फ़ी) ***n.*** a sweet candy, टॉफ़ी।

**tofu** (तो´-फ़ू) ***n.*** a curd of soyabean, सोया-दही।

**tog** (टॉग्) ***v.*** (togged, togging) to dress, वस्त्र धारण करना।

**toga** (टो´-गॅ) ***n.*** a loose one-piece garment worn by the citizens of ancient Rome, रोमवासियों का प्राचीन पहनावा, लबादा।

**together** (टु-गेंद्´-अॅ:) ***adv.*** 1. in company, unitedly, साथ मिलकर, एक साथ; We live together. हम एक साथ रहते हैं। 2. jointly, संयुक्त रूप से। 3. in relationship to one another, mutually, आपस में; The books were compared together. पुस्तकों की आपस में तुलना की गई। 4. at one time, simultaneously, एक ही साथ, एक ही समय। 5. in or into agreement, एक मत होकर, एक मत से। 6. continuously, बराबर; He was away for months together, वह बराबर महीनों बाहर रहा। □ **together with,** साथ ही, साथ लेकर; He came together with his wife. वह अपनी पत्नी को साथ लेकर आया।

**togetherness** (टु-गेंद्´-अॅ:-निस्) ***n.*** 1. feeling of friendliness, मैत्रीभाव। 2. feeling of cooperation, सहयोग की भावना।

**toggle** (टॉग्´-अॅल्) ***n.*** a pin for securing something in place, खूँटी।

**togs** (टॉग्स्´) ***n.*** (plu.) clothes, वस्त्र, पोशाक।

**toil**[1] (टॉइल्) ***v.*** to work hard and long, मेहनत करना, घोर परिश्रम करना। ***n.*** laborious effort, कड़ी मेहनत, घोर परिश्रम।

**toil**[2] ***n.*** a net, जाल।

**toilet** (टॉइ´-लिट्) ***n.*** 1. a place or room for urination and defecation, शौचालय। 2. the process of dressing and grooming oneself, प्रसाधन, शृंगार।

**toilet paper** ***n.*** a thin paper used for cleansing oneself after defecation, टॉयलट पेपर।

**toiletries** (टॉइ´-लि-ट्रीज़्) ***n.*** (plu.) articles used as cosmetics, शृंगार-सामग्री, प्रसाधन-सामग्री।

**toke** (टोक्) ***v.*** (toked, toking) to smoke a marijuana cigaratte, नशीला सिगरेट पीना।

**token** (टो´-कॅन्) ***n.*** 1. an indication, sign or representation of something, प्रतीक, संकेत, चिह्न, टोकन; token of love, प्रेम की निशानी। 2. a keepsake, निशानी, स्मृति-चिह्न। 3. a piece of stamped metal as a substitute for currency, टोकन। □ **by the same token,** उसी तरह, वैसे ही। ***adj.*** 1. done as an indication, सांकेतिक; token strike, सांकेतिक हड़ताल। 2. done as a pledge, वचन या प्रतिज्ञा के रूप में किया जानेवाला; token payment, भुगतान का बयाना।

**tokenism** (टो´-कॅ-निज़्-अॅम्) ***n.*** the policy or practice of making only a token effort, हाथ-भर लगाने की नीति, हथछुआई।

**told** (टोल्ड्) ***v.*** p.t. & p.p. of tell. □ **all told,** कुल मिलाकर; They were ten all told. वे कुल मिलाकर दस थे।

**tolerable** (टॉल्´-अॅ-रॅ-बॅल्) ***adj.*** 1. that can be tolerated, सहने योग्य, सह्य। 2. fairly good, संतोषजनक, कामचलाऊ।

**tolerably** (टॉल्´-अॅ-रॅ-बॅ-ली) ***adv.*** 1. in a tolerable manner, सहन करते हुए। 2. fairly, ठीक ही, संतोषजनक रूप में; tolerably good, अच्छा-ख़ासा।

**tolerance** (टॉल्´-अॅ-रॅन्स्) ***n.*** 1. the state or quality of being tolerant, सहनशक्ति, सहनशीलता, सहिष्णुता, बर्दाश्त का मादा। 2. the capacity to endure hardship, सहन, धैर्य, सहनशक्ति; tolerance limit, सहन-सीमा।

**tolerant** (टॉल्´-अॅ-रॅन्ट्) ***adj.*** having or showing tolerance, सहनशील, सहिष्णु।

**tolerate** (टॉल्´-अॅ-रेट्) ***v.*** 1. to be able to bear or suffer, सहना, बर्दाश्त करना। 2. to permit, उदारता बरतना, सहिष्णुता बरतना।

**toleration** (टॉल्-अॅ-रे´-शॅन्) ***n.*** 1. the capacity to tolerate something undesirable, सहनशक्ति, सहिष्णुता। 2. benevolence, उदारता।

**toll**[1] (टोल्) ***n.*** 1. a tax or charge for the use of certain roads, bridges etc., मार्ग-कर, मार्ग-शुल्क, चुंगी, राहदारी। 2. the loss or damage caused by a disaster, किसी

विपदा से होनेवाली हानि। 3. the number lost in a disaster, दुर्घटना में हत या लापता लोगों की संख्या; The accident took a heavy toll of lives. दुर्घटना में भारी संख्या में लोग मारे गए। *v.* to levy toll, मार्ग कर लगाना।

**toll[2]** *v.* to ring (a bell) slowly and recurrently for announcing a death, किसी की मृत्यु की सूचना देने के लिए बार-बार धीरे-धीरे घंटी बजाना।

**tollbooth** (टोल्´-बूथ्) *n.* a booth where tolls are paid, शुल्कगृह, चुंगी-घर।

**tollbridge** (टोल्´-ब्रिज्) *n.* a bridge at which toll is paid, वह पुल जिसपर मार्ग-कर देना हो, शुल्कपुल।

**tollgate** (टोल्´-गेट्) *n.* a gate on the bridge where vehicles pay toll, शुल्कद्वार।

**tollhouse** (टोल्´-हाउस्) *n.* a tollbooth, शुल्क-गृह, चुंगी-घर।

**tollman** (टोल्´-मॅन्) *n.* one who is authorized to collect tolls, मार्ग-कर वसूलनेवाला, शुल्क प्राप्तकर्ता।

T

**tom** (टॉम्) *n.* a male cat, बिल्ला।

**tomahawk** (टॉम्´-अॅ-हा:क्) *n.* a light axe, छोटी कुल्हाड़ी।

**tomato** (टॅ-मे´-टो, टॅ-मा´-टो) *n.* 1. plant and its fruit, टमाटर। 2. a pretty girl, सुंदरी।

**tomb** (टूम्) *n.* 1. a grave for the dead, क़ब्र। 2. a burial monument, मक़बरा। *v.* (tombed, tombing) to bury, दफ़न करना, गाड़ना।

**tombola** (टॉम´-बाउ-लॅ) *n.* a lottery at a fete, फ़ेट की लॉटरी, मेले की लॉटरी।

**tomboy** (टॉम्´-बॉइ) *n.* a girl of boyish behaviour, मर्दाना लड़की, चुलबुली लड़की।

**tombstone** (टूम्´-स्टोन्) *n.* a stone with an engraved inscription about the tomb, क़ब्र पर लगा पत्थर, समाधि-शिला।

**tomcat** (टॉम्´-कैंट्) *n.* a male cat, बिल्ला।

**tome** (टोम्) *n.* a large book, भारी-भरकम पोथी, पोथा, बृहत् ग्रंथ।

**tomfool** (टॉम्-फ़ूल्´) *adj.* foolish, मूर्ख। *n.* a foolish person, मूर्ख व्यक्ति।

**tomfoolery** (टॉम्-फ़ूल्´-अॅ-री) *n.* 1. a foolish act, मूर्खतापूर्ण आचरण। 2. a foolish idea, बेवक़ूफ़ी की बात।

**tommy** (टॉम्´-ई) *n.* a soldier, सिपाही।

**tommygun** (टॉम्´-ई-गॅन्) *n.* a submachine gun, हलकी मशीनगन, टॉमीगन।

**tommyrot** (टॉम्´-ई-रॉट्) *n.* nonsense, utter nonsense, बेवक़ूफ़ी की बात, बकवास।

**tomorrow** (टॅ-मॉर्´-ओ) *n.* 1. the day after today, कल। 2. the near future, निकट भविष्य; Who knows what will happen tomorrow? कौन जानता है कि कल (को) क्या होगा? *adv.* on the day after today, कल।

**tomtom** (टॉम्´-टॉम्) *n.* a kind of drum, एक तरह का ढोल।

**ton** (टन्) *n.* 1. a unit of weight equal to 1016.06 kilograms, टन। 2. a great quantity, बहुत बड़ी राशि; tons of money, ढेरों रुपये। ☐ **at a ton,** सौ मील या उससे भी अधिक रफ़्तार से।

**tonal** (टो´-नॅल्) *adj.* of or relating to tone, स्वर-संबंधी, स्वरपरक, स्वरिक।

**tonality** (टो-नैल्´-इ-टी) *n.* 1. the tonal quality of a melody, स्वर-संगति। 2. the colour scheme of a picture, रंग-योजना, रंग-पद्धति।

**tone** (टोन्) *n.* 1. vocal or musical sound, स्वर, सुर, तान। 2. the manner of expression in speaking, अभिव्यक्ति का ढंग, लहज़ा, ध्वनि। 3. the manner of expression in writing, शैली। 4. the firmness of a living body, स्वास्थ्य, शारीरिक शक्ति। 5. a general quality, सामान्य गुण या प्रवृत्ति; tone of the market, बाज़ार का रुख। *v.* 1. to give a particular tone to, सुर देना या निकालना। 2. to make firm, दृढ़ बनाना। ☐ **tone down,** स्वर मंद करना; **tone in with,** से मेल खाना; **tone up,** (i) स्वर ऊँचा करना, (ii) स्वस्थ होना।

**tone-deaf** (टोन्´-डेंफ़्) *adj.* relatively insensitive to differences in musical pitch, जिसे स्वरों के उतार-चढ़ाव के भेद का पता न चलता हो, तान-बधिर।

**toneless** (टोन्´-लिस्) *adj.* 1. lacking in

tone, स्वरहीन। 2. lacking in expression, अभिव्यक्ति से रहित।

**tongs** (टा:ङ्ग्ज़्) ***n.*** (plu.) a grasping device of two arms, चिमटी, चिमटा या सड़सी।

**tongue** (टंग्) ***n.*** 1. a flesh organ in the mouth, जीभ, ज़बान, जिह्वा। 2. anything resembling a tongue, जीभ। 3. a language, भाषा; mother tongue, मातृभाषा। 4. the quality of utterance, बोलने का ढंग; sharp tongue, तेज़ ज़बान। □ **find one's tongue,** संकोच छोड़कर बोलने लगना; **have a ready tongue,** हाज़िरजवाब होना; **have lost one's tongue,** संकोचवश बोल न पाना; **hold one's tongue,** चुप रहना; **on everyone's tongue,** सबकी ज़बान पर; **on the tip of one's tongue,** मुँह में; **speak with one's tongue in check,** ऊपरी मन से बात करना; **with one's tongue hanging out,** लार टपकाए या प्यास के मारे।

**tongued** (टंग्ड्) ***adj.*** 1. having a tongue, ज़बानवाला। 2. having a certain manner of speaking, विशिष्ट ढंग से बोलनेवाला; harsh-tongued, कर्कश स्वरवाला।

**tongue-lashing** (टंग्´-लैश्-इंग्) ***n.*** a severe rebuke, कड़ी फटकार, डपट।

**tongue-tied** (टंग्´-टाइड्) ***adj.*** speechless, जिसकी बोलती बंद (हो गई) हो, मौन, चुप।

**tongue-twister** (टंग्´-ट्विस्-टॅ:) ***adj.*** (a word or phrase) difficult to articulate, (शब्द या पद) जिसका उच्चारण कठिन हो, जबड़ा-तोड़।

**tonic** (टॉन्´-इक्) ***adj.*** stimulating physical or mental vigour, शक्तिवर्धक, पुष्टिकारक, स्फूर्तिवर्धक। ***n.*** 1. a drug that stimulates vigour, शक्तिवर्धक या स्फूर्तिवर्धक ओषधि, टॉनिक।-2. a keynote in music, मूल स्वर।

**tonight** (टॅ-नाइट्´) ***adv.*** 1. on this present night or the night following this present day, आज रात। 2. during the night, रात भर, सारी रात। ***n.*** the present or the coming night, आज की रात।

**tonnage** (टन्´-इज्) ***n.*** 1. total weight in tons, टन भार, टन मान। 2. a charge per ton on cargo, प्रति टन भाड़ा। 3. the carrying capacity of a ship in tons, टनों में पोत की धारिताशक्ति, टन-भार।

**tonsil** (टॉन्´-सिल्) ***n.*** one of the two glands near the root of the tongue, गदूद, गलतुंडिका, टॉन्सिल।

**tonsillitis** (टॉन्-सि-लाइ´-टिस्) ***n.*** inflammation of the tonsils, गदूद-शोथ।

**tonsorial** (टॉन्-सोर्´-इ-ॲल्) ***adj.*** of or relating to a barber or his work, नाई-संबंधी, नापितीय, मुंडन-संबंधी।

**tonsure** (टॉन्´-शॅ:) ***n.*** the act of shaving the head, मुंडन; tonsure ceremony, मुंडन संस्कार, चौल संस्कार। ***v.*** (tonsured, tonsuring) to shave the head of, मुंडन करना, मूँड़ना।

**tonsured** (टॉन्´-शॅ:ड्) ***adj.*** having the shaven crown, मुंडित, मूँड़ा हुआ।

**tony** (टो´-नी) ***adj.*** (tonier, toniest) high-class, उच्च कोटि का, उत्तम श्रेणी का।

**too** (टू) ***adv.*** 1. also, भी; He too had gone. वह भी चला गया है। 2. very, अत्यधिक, बहुत ही; This is too small a car for my family. यह कार मेरे परिवार के लिए बहुत ही छोटी है। □ **all too soon,** बहुत ही जल्दी; **none too soon,** कुछ जल्दी नहीं; **one too many,** उपयुक्त संख्या से एक अधिक; **too much,** अत्यधिक।

**tool** (टूल्) ***n.*** 1. an instrument necessary in the practice of a profession or vocation, औज़ार, उपकरण। 2. a means to an end, साधन। 3. one who is manipulated by another, कठपुतली। ***v.*** 1. to shape, form or finish with a tool, औज़ार से बनाना या गड़ना। 2. to equip with tools, औज़ारों से सज्जित करना।

**toolbox** (टूल्´-बॉक्स्) ***n.*** a chest for tools, औज़ार रखने की पेटी या बक्सा।

**toot** (टूट्) ***v.*** to sound (a whistle or horn, सीटी या भोंपू) बजाना। ***n.*** 1. the act of tooting, सीटी/भोंपू बजाना। 2. the sound of a whistle or horn, सीटी या भोंपू की आवाज़।

**tooth** (टूथ्) ***n.*** 1. one of a set of the hard white bony structures rooted in the gums, दाँत, दंत। 2. a toothlike part or projection, दाँता। 3. a liking for a particular type of food, चाट; He has a sweet tongue. वह मिठाई का चटोरा है। □ **fight tooth and nail,** पूरी शक्ति से लड़ना; **get one's teeth into,** गंभीरता से काम करने लगना; **in the teeth of,** के बावजूद (भी)।

**toothache** (टूथ्´-एक्) ***n.*** pain in a tooth, दाँत का दर्द, दंतशूल।

**toothbrush** (टूथ्´-ब्रश्) ***n.*** a brush for cleaning the teeth, दाँत साफ़ करने का ब्रुश।

**toothed** (टूथ्ड्) ***adj.*** 1. having teeth, दाँतोंवाला। 2. having toothlike parts, दाँतेदार, दंतुर।

**toothless** (टूथ्´-लिस्) ***adj.*** without teeth, दंतहीन, बिना दाँतों का।

**toothpaste** (टूथ्´-पेस्ट्) ***n.*** a paste for cleaning the teeth, दंतपेस्ट, टूथपेस्ट।

**toothpick** (टूथ्´-पिक्) ***n.*** a small stick for removing bits of food from between the teeth, दंतखोदनी।

**toothsome** (टूथ्-सॅम्) ***adj.*** 1. delicious, स्वादिष्ट। 2. attractive, आकर्षक।

**toothy** (टू´-थी) ***adj.*** (toothier, toothiest) having large teeth, बड़े-बड़े दाँतोंवाला, दंतुल।

**tootsy** (टुट्´-सी) ***n.*** a girl friend, (पुरुष की) सहेली, सखी।

**top**[1] (टॉप्) ***n.*** 1. the highest point or uppermost part of something, चोटी, शिखर, सिरा, ऊपरी तल; the top of the table, मेज़ का ऊपरी तल। 2. a thing serving as an upper piece, lid or covering, ढक्कन या काग; top of the box, बक्से का ढक्कन। 3. the highest rank or position, उच्चतम पद। 4. the most important person, अति महत्त्वपूर्ण व्यक्ति। 5. the loudest or highest pitch, ऊँचा स्वर। 6. the choicest part, अत्युत्तम अंश। 7. the garment covering upper part of the body, वक्षीय वस्त्र। 8. (plu.) **the tops,** very best, अत्यंत श्रेष्ठ। □ **on the top of,** के अतिरिक्त; You have to pay the rent and the house tax on the top of it. तुम्हें किराए के अतिरिक्त गृह-कर भी देना होगा; **on top,** ऊपर; **top to bottom,** ऊपर से नीचे तक; **top to toe,** सिर से पैर तक। ***adj.*** situated on, relating to or serving as the top of something, ऊपरी, अत्यंत ऊँचा; topmost, सबसे ऊँचा; top-ranking, सबसे ऊँचे पद पर स्थित; top secret, अति गोपनीय, परम गोपनीय; top soil, ऊपरी मिट्टी। ***v.*** (topped, topping) 1. to reach the top of, सबसे ऊपर पहुँचना, शिखर पर पहुँचना। 2. to furnish with top, सिरा बैठाना, ढक्कन लगाना। 3. to serve as top, ऊपरी भाग या ढक्कन होना। 4. to remove the top of, ऊपरी अंश हटाना। 5. to exceed, बढ़ जाना। 6. to surpass, सबसे आगे निकल जाना।

**top**[2] ***n.*** a spinning toy, लट्टू। □ **sleep like a top,** घोड़े बेचकर सोना।

**topaz** (टो´-पैज़्) ***n.*** 1. a yellow sapphire, पुखराज। 2. the yellow colour, पीला रंग।

**top brass** (टॉप्-ब्रास्´) ***n.*** senior officers, वरिष्ठ अधिकारीगण।

**top-class** (टॉप्-क्लास्´/क्लैस्´) ***adj.*** of highest quality, ऊँचा, श्रेष्ठ, बढ़िया।

**topcoat** (टॉप्´-कोट्) ***n.*** a lightweight overcoat, हलका ओवरकोट।

**top-dressing** (टॉप्´-ड्रॅस्-इंग्) ***n.*** 1. the process of scattering fertilizer over land, खाद छिड़कने का कार्य। 2. the substance used for this, इस प्रकार छिड़की जानेवाली वस्तु।

**topflight** (टॉप्-फ़्लाइट्´) ***adj.*** of excellent quality, अति उत्तम, बहुत बढ़िया।

**topheavy** (टॉप्´-हॅव्-ई) ***adj.*** having the top part relatively much heavier than the lower one, ऊपरी हिस्सा भारी होने के कारण ज़िसके गिर पड़ने का अंदेशा हो।

**topiary** (टो´-पि-अॅ-री) ***n.*** the art of trimming trees, पेड़ों की छँटाई की कला।

**topic** (टॉप्´-इक्) ***n.*** 1. a subject treated in a conversation, essay etc., theme, विषय, प्रकरण, प्रसंग। 2. a heading, शीर्षक।

**topical** (टॉप्´-इ-कॅल्) *adj.* 1. of or pertaining to the current topics, प्राकरणिक, सामयिक; topical interest, सामयिक रुचि। 2. local, स्थानीय, स्थानिक।

**topicality** (टॉप्-इ-कैल्´-इ-टी) *n.* the quality or state of being topical, सामयिकता।

**topically** (टॉप्´-इ-कॅ-ली) *adv.* in a topical manner, सामयिक रूप से।

**topknot** (टॉप्´-नॉट्) *n.* a tuft of hair on the top of head, जूड़ा।

**topless** (टॉप्´-लिस्) *adj.* 1. (of a woman's garment) leaving the breasts bare, (स्त्री का ऊपरी वस्त्र) जिसमें वक्ष खुला रहे। 2. (of a woman) wearing such a garment i.e. bare-breasted, (स्त्री) जिसने उक्त वस्त्र धारण कर रखा हो, नग्नवक्षा, नग्नवक्ष।

**topless bar** *n.* a bar where bare-breasted waitresses serve, वह मदिरालय जिसमें नग्नवक्ष परिचारिकाएँ हों, नग्नवक्ष मदिरालय।

**toplevel** (टॉप्´-लॅव्-अॅल्) *adj.* of the highest level, उच्चस्तरीय।

**topmost** (टॉप्´-मोस्ट्) *adj.* highest, उच्चतम।

**topnotch** (टॉप्-नॉच्´) *adj.* of highest quality, श्रेष्ठ, सर्वश्रेष्ठ।

**topo** (टो´-पो) *pref.* place or region, स्थल, स्थान या क्षेत्र।

**topographical** (टॉप्-अॅ-ग्रैफ़्´-इ-कॅल्) *adj.* of topography, स्थलाकृतिक।

**topography** (टॅ-पॉग्´-रॅ-फ़ी) *n.* 1. detailed description of the physical features of a region, किसी क्षेत्र की भौगोलिक विशेषताओं का विस्तृत विवरण, स्थलाकृति। 2. the art or practice of graphic description, स्थलाकृति-विज्ञान।

**topological** (टॉप्-अॅ-लॉज्´-इ-कॅल्) *adj.* of topology, संस्थिति-विज्ञान-संबंधी।

**topology** (टॉप्-अॅ-लॉज्´-ई) *n.* topological study of a particular region, किसी क्षेत्र का भौगोलिक अध्ययन, संस्थिति-विज्ञान।

**toponomy** (टॉप्-अॅ-नो´-मी) *n.* etymological study of the place-names, स्थानवाची शब्दों का व्युत्पत्तिपरक अध्ययन, स्थलनाम-विज्ञान।

**topper** (टॉप्´-अॅ:) *n.* one who is at the top (of the list of successful candidates, सफल परीक्षार्थियों की सूची में) सबसे ऊपर, सर्वप्रथम।

**topping** (टॉप्´-इंग्) *n.* something served on top of a dessert, cake etc., ऊपरी परत। *adj.* excellent, उत्कृष्ट, अत्युत्तम।

**topple** (टॉप्´-अॅल्) *v.* 1. to fall (as if top-heavy, ऊपरी भाग भारी होने के कारण) गिर पड़ना। 2. to cause to fall, गिराना। 3. to overthrow, पटक देना, (तख़्ता) पलट देना; The crisis toppled the government. यह संकट सरकार को ले डूबा।

**top-ranking** (टॉप्-रैंक्´-किंग्) *adj.* of the highest rank, उच्च पदस्थ, सर्वोच्च।

**topside** (टॉप्´-साइड्) *n.* a piece from the upper side of the leg, टाँग के ऊपरी भाग के गोश्त का टुकड़ा।

**topsoil** (टॉप्´-सॉइल्) *n.* the upper layer of the soil, मिट्टी की ऊपरी परत, उपरि मृदा।

**topsy-turvy** (टॉप्-सी-टः´-वी) *adv.* in utter confusion or disorder, घपले में, अस्त-व्यस्त रूप में। *adj.* in a disorder condition, अस्त-व्यस्त, उलटा-पुलटा।

**tor** (टॉ:) *n.* a high hill, ऊँची पहाड़ी।

**torch** (टा:च्) *n.* 1. a burning stick used to give light, मशाल। 2. a portable device for emitting light, टॉर्च, बैटरी। 3. anything regarded as a source of knowledge or guidance, ज्ञान देने या मार्ग दिखानेवाली चीज़। □ **carry a torch for,** किसी के प्रति अत्यधिक प्रेम होना।

**torchbearer** (टा:च्´-बेंअॅर्-अॅ:) *n.* 1. one who carries a torch, मशालची। 2. one who leads others, पथ-प्रदर्शक, नेता, सरदार।

**torchlight** (टा:च्´-लाइट्) *n.* the light of a torch, मशाल की रोशनी; torchlight procession, मशाल-जलूस।

**tore** (टो:) *v.* p.t. of tear.

**toreador** (टॉर्´-इ-अॅ-डा:) *n.* a bull-fighter, साँड़ों से भिड़नेवाला योद्धा।

**torment** (टा:-मॅन्ट्) *n.* 1. agony, यंत्रणा, यातना। 2. something causing this, यातना देनेवाला

व्यक्ति, उत्पीड़ित करनेवाली वस्तु या बात। *v.* 1. to afflict pain, यातना देना, उत्पीड़ित करना। 2. to harass, परेशान करना, तंग करना।

**tormentor** (टा:-मेंन्´-टः) *n.* a tyrant, अत्याचारी, उत्पीड़क।

**torn** (टोःन्) *v.* p.p. of tear.

**tornado** (टा:-ने´-डो) *n.* a violent and destructive whirling wind, चक्रवात, घूर्णवायु।

**torpedo** (टा:-पी´-डो) *n.* an underwater missile, पनडुब्बी को नष्ट करने के लिए समुद्र-जल के अंदर छोड़ा जानेवाला क्षेप्यास्त्र, तारपीडो। *v.* 1. to destroy with a torpedo, तारपीडो से ध्वस्त करना। 2. to wreck or ruin, ध्वस्त या विनष्ट करना।

**torpid** (टा:´-पिड्) *adj.* 1. inactive, अक्रिय, अचेष्ट, निश्चेष्ट। 2. sluggish, मंद, सुस्त। 3. inert, जड़।

**torpidity** (टा:-पिड्´-इ-टी) *n.* 1. the state or quality of being torpid, निश्चेष्टता। 2. sluggishness, सुस्ती। 3. inertia, जड़ता।

**torpidly** (टा:-पिड्´-ली) *adv.* sluggishly, सुस्ती से।

**torpor** (टा:´-पंः) *n.* 1. torpidity, निष्क्रियता। 2. sluggishness, सुस्ती।

**torque** (टा:क्) *n.* 1. a force that causes rotation, घूर्णन-बल। 2. a necklace, कंठा, हँसुली।

**torrent** (टॉर्´-ॲन्ट्) *n.* 1. a turbulent swift flowing stream, तेज़ धारा या प्रवाह। 2. a downpour of rain, मूसलाधार बारिश। 3. a volley or shower, बौछार, झड़ी; a torrent of abuses, गालियों की झड़ी।

**torrential** (टॅ-रॅन्´-शॅल्) *adj.* relating to or resembling a torrent, प्रवाहपूर्ण, वेगपूर्ण; torrential rain, मूसलाधार वर्षा।

**torrid** (टॉर्´-इड्) *adj.* 1. very dry and hot, शुष्क और गरम, उष्ण; torrid zone, उष्ण कटिबंध। 2. intense, घोर, उत्कट; torrid love scenes, उत्कट प्रेम-दृश्य।

**torridity** (टॅ-रिड्´-इ-टी) *n.* the quality or state of being torrid, उष्णता, उत्कटता।

**torridly** (टॉर्´-इड्-ली) *adv.* in a torrid manner, उत्कटतापूर्वक।

**torridness** (टॉर्´-इड्-निस्) *n.* torridity, उष्णता या उत्कटता।

**torsion** (टा:-शॅन्) *n.* the act of twisting one end of an object while the other end is held motionless, ऐंठन, विमोटन।

**torsional** (टा:´-शॅ-नॅल्) *adj.* pertaining to torrion, विमोटित।

**torso** (टा:´-सो) *n.* 1. the trunk of a human body, धड़। 2. a statue of human trunk without the head and limbs, मानवमूर्ति का धड़, मुड़कटी प्रतिमा।

**tort** (टा:ट्) *n.* 1. a wrongful act, दुष्कर्म, दुष्कृति, अपकृत्य। 2. a breach of contract, संविदा-भंग।

**tortilla** (टा:-टी´-ॲ) *n.* a kind of thin round cake, एक तरह का पतला गोल केक।

**tortious** (टा:´-शॅस्) *adj.* pertaining to tort, संविदा-भंग-संबंधी।

**tortoise** (टा:´-टॅस्) *n.* a turtle, कछुआ, कच्छप।

**tortoise shell** *n.* the shell of a turtle, कछुए की खोपड़ी।

**tortuous** (टा:´-चु-ॲस्) *adj.* 1. full of twists and turns, घुमावदार, चक्करदार, टेढ़ा-मेढ़ा। 2. not straightforward, कपटपूर्ण, धूर्ततापूर्ण। 3. complex, जटिल।

**torture** (टॉ:´-चंः) *v.* 1. to punish or coerce by inflicting severe pain, यंत्रणा देना, यातना देना, उत्पीड़ित करना। 2. to give mental anguish to, सताना। *n.* physical or mental anguish, यंत्रणा, यातना।

**torturer** (टा:´-चॅ-रंः) *n.* one who tortures, उत्पीड़क, यंत्रणा देनेवाला।

**torturous** (टा:´-चु-रॅस्) *adj.* 1. inflicting pain, कष्टदायी। 2. of or pertaining to torture, उत्पीड़क, उत्पीड़न-संबंधी।

**tory** (टोर्´-ई) *adj.* conservative, रूढ़िवादी।

**Tory** *adj.* of the British Conservative Party, ब्रिटेन के अनुदार दल से संबद्ध, टोरी। *n.* a member of the British Conservative Party, टोरी।

**toss** (टॉस्, टा:स्) *v.* 1. to throw (a coin) in the air, (सिक्का) उछालना, फेंकना। 2. to decide an issue in this way, सिक्का

उछालकर (किसी बात का) निर्णय करना। 3. to throw lightly or carelessly, झटकना, हिलाना; He tossed his head. उसने अपने सिर को झटका दिया। 4. to roll about from side to side, हिलना-डुलना, हिचकोले खाना; The ship was tossing in the storm. तूफ़ान में जहाज़ हिचकोले खा रहा था। □ **toss off,** (i) झट-पट बना या तैयार कर देना, (ii) गटक जाना। ***n.*** 1. an act of tossing, फेंकना, उछालना। 2. a rapid lift, उछाल। 3. an abrupt movement, झटका।

**tosspot** (टा:स्´-पॉट्) ***n.*** a heavy drinker, drunkard, पियक्कड़।

**tossup** (टा:स्´-अप्) ***n.*** 1. the act of tossing a coin, सिक्का-उछाल। 2. an even chance, बराबर का मौका।

**tot**[1] (टॉट्) ***n.*** 1. a small child, छोटा बच्चा। 2. a small amount of anything, अल्प मात्रा, अल्प-परिमाण। 3. a small quantity of alcoholic drink, शराब की थोड़ी मात्रा।

**tot**[2] ***v.*** (totted, totting) to add, जमा करना, जोड़ना।

**total** (टो´-टॅल्) ***n.*** the number or quantity obtained by addition, योग, जोड़, टोटल। ***adj.*** 1. complete, entire, सकल, कुल, समस्त, सब, समग्र, पूर्ण; total society, समग्र समाज; total victory, पूर्ण विजय; total weight, कुल भार। 2. related to a whole, सर्वव्यापित; total accountability, पूरी या सर्वव्यापित जवाबदेही। ***v.*** (totalled, totalling) to add up, जोड़ करना या लगाना, टोटल करना।

**totalitarian** (टो-टैल्-इ-टेंअॅर्´-इ-अॅन्) ***adj.*** of a form of government in which only one party exercises full control, सर्वाधिकारी, सर्वसत्ताक; totalitarian regime, सर्वाधिकारी राज्य; totalitarian society, सर्वाधिकारी समाज।

**totalitarianism** (टो-टैल्-इ-टेंअॅर्´-इ-अॅन्-इज़्-अॅम्) ***n.*** 1. a totalitarian government, सर्वाधिकारी शासन। 2. the doctrine of totalitarian government, सर्वाधिकारवाद, सर्वसत्तावाद।

**totality** (टो-टैल्´-इ-टी) ***n.*** 1. the state or quality of being total, सकलता, समग्रता, समष्टि। 2. total amount, कुल रकम। 3. total control, सर्वाधिकारिता।

**totally** (टो´-टॅ-ली) ***adv.*** wholly, पूर्ण रूप से, सरासर, बिल्कुल, सर्वथा; The statement was totally false. वक्तव्य सरासर झूठा था।

**tote** (टोट्) ***v.*** (toted, toting) 1. to total, जोड़ करना या लगाना। 2. to carry, ले जाना, ढोना।

**totem** (टो´-टॅम्) ***n.*** a symbol of a clan, क़बीले का प्रतीक चिह्न, कुलचिह्न।

**totemic** (टो´-टॅ-मिक्) ***adj.*** of or pertaining to a totem, कुलचिह्न-संबंधी।

**totter** (टॉट्´-अॅ:) ***v.*** (tottered, tottering) to move unsteadily, डगमगाना, लड़खड़ाना। ***n.*** an unsteady walk, लड़खड़ाहट।

**toucan** (टू´-कैन्) ***n.*** a bird with a very large bill, लंबी चोंचवाला एक पक्षी।

**touch** (टच्) ***v.*** 1. to press or push lightly, छूना, स्पर्श करना। 2. to take into the hand or mouth, छूना; He never touches alcohol. वह शराब को कभी नहीं छूता। 3. to paint or draw with light strikes, हलके हाथ से रँगना या चित्रित करना, छूना। 4. to meddle with, हाथ लगाना, छेड़छाड़ करना, हटाना-बढ़ाना; No one will touch your books. तुम्हारी पुस्तकों को कोई नहीं छुएगा। 5. to commit violence upon, मारना-पीटना, हाथ लगाना; He never touched the boy. उसने कभी बच्चे को हाथ नहीं लगाया। 6. to reach, पहुँचना; His temperature has touched 103°. उसका ताप १०३ डिगरी पर पहुँच गया। 7. to be in contact, संबद्ध होना, संबंध रखना; The matter hardly touches us, इस बात का हमसे क्या मतलब। 8. to be equal to, के बराबर होना; He is a good actor but he cannot touch you. वह अच्छा अभिनेता है परंतु तुमसे कोसों दूर या पीछे है। 9. to move emotionally, द्रवित होना, पसीजना, प्रभावित होना; His story touched me. उसकी कहानी से मैं पसीज उठा। 10. to treat (a topic) lightly, सरसरी दृष्टि से (किसी विषय के संबंध में) कुछ कहना या चर्चा करना। 11. to persuade, दबाव डालना। □ **touch bottom,** निम्न या अधम स्थिति पर पहुँचना; **touch down,** (हवाई जहाज़ का) नीचे उतरना; **touch off,** उत्तेजित या प्रेरित करना; The remark touched off a commotion. टिप्पणी ने हलचल मचा दी; **touch on,** (किसी विषय को) छूना, चर्चा करना; **touch up,** अंतिम रूप देना, सजाना-सँवारना। ***n.*** 1. the act of touching, स्पर्श, संस्पर्श। 2. the sensation from a specific contact, स्पर्शानुभूति; soft touch of a child, बच्चे का कोमल स्पर्श। 3. contact or communication, संपर्क या बातचीत; We have no touch with them. हमारा अब उनसे कोई संपर्क नहीं। 4. a manner or style of doing something, काम करने का ढंग। 5. a slight trace, पुट, अल्पमात्रा; touch of cold, हलका-सा जुकाम। □ **in touch with,** संपर्क में; Keep me in touch with your activities, मुझसे संपर्क बनाए रखना; **out of touch,** संपर्कविहीन।

**touchable** (टच्´-अॅ-बॅल्) ***adj.*** that can be touched, छूने योग्य, स्पृश्य।

**touch and go** (टच्-अॅ-गो´) ***adj.*** 1. uncertain, अनिश्चित। 2. risky, जोखिम-भरा।

**touche** (टू´-शे) ***interj.*** an acknowledgement of someone's valid accusation, सही आरोप की स्वीकारोक्ति।

**touched** (टच्ड्) ***adj.*** 1. emotionally stirred, द्रवित, या विचलित। 2. slightly unbalanced mentally, विक्षिप्त-सा।

**touching** (टच्´-इंग्) ***adj.*** capable of stirring emotionally, मार्मिक, हृदयस्पर्शी, करुणाजनक; touching scene, करुणाजनक दृश्य।

**touchstone** (टच्´-स्टोन्) ***n.*** 1. a fine-grained stone used to test the purity of gold or silver, कसौटी। 2. a criterion, कसौटी, निकष।

**touchwood** (टच्´-वुड्) ***n.*** decayed or rotten wood, सड़ी-गली लकड़ी।

**touchy** (टच्´-ई) ***adj.*** (touchier, touchiest) 1. easily offended, तुनुकमिज़ाज, चिड़चिड़ा। 2. very emotional, अतिभावुक। 3. very risky, जोखिम-भरा। 4. sensitive to touch, अतिकोमल, सुकुमार, नाज़ुक।

**tough** (टफ़्) ***adj.*** 1. strong but pliant, stiff but flexible, चीमड़, चिमड़ा। 2. hard, कठोर, सख़्त, कड़ा। 3. having a determined will, टस-से-मस न होनेवाला, हठी, जिद्दी; a tough customer, अड़ियल ग्राहक। 4. robust, हृष्ट-पुष्ट। 5. difficult, कठिन, विकट, दुष्कर; tough problem, कठिन समस्या। 6. capable of enduring strain or hardship, सहिष्णु। ***n.*** a rough and violent person, गुंडा, बदमाश।

**toughen** (टफ़्´-अॅन्) ***v.*** to make or become tough, कड़ा बनाना या हो जाना।

**toughly** (टफ़्´-ली) ***adv.*** in a tough manner, सख़्ती से।

**toughness** (टफ़्´-निस्) ***n.*** the state or quality of being tough, चीमड़पन; कठोरता।

**tough-minded** (टफ़्´-माइन्-डिड्) ***adj.*** realistic, यथार्थवादी।

**toupee** (टू-पे´) ***n.*** a wig, कृत्रिम केश, नक़ली बाल।

**tour** (टुअॅ:, टू:) ***n.*** 1. a journey for paying visits or giving performances at many places, टूर, दौरा; tour programme, दौरे का कार्यक्रम। 2. a trip, यात्रा। □ **on tour,** दौरे पर। ***v.*** to make a tour of, दौरे पर जाना।

**tour de force** (टू:-दि-फ़ो:स्´) ***n.*** a skillful performance, कौशलपूर्ण प्रदर्शन। (फ्रांसीसी)

**tourism** (टूर्´-इज़्-अॅम्) ***n.*** 1. the practice of travelling for recreation, पर्यटन। 2. the guidance or management of tourists, पर्यटक-प्रबंधन।

**tourist** (टूर्´-इस्ट्) ***n.*** a person who visits places for pleasure or culture, पर्यटक। ***adj.*** of or for tourists, पर्यटक-संबंधी; tourist class, पर्यटक-श्रेणी।

**tournament** (टू:´-नॅ-मॅन्ट्) ***n.*** a competition of skill among a number of players or teams, टूर्नामेंट, खेल-कूद प्रतियोगिता।

**tourney** (टू:´-नी) ***n.*** = tournament.

**tourniquet** (ट:´-नि-किट्) ***n.*** any device for compressing blood vessel to stop bleeding, धमनी से रक्तस्राव रोकने की पट्टी।

**tousle** (टाउ´-ज़ॅल्) *v.* (tousled, tousling) to disarrange (hair etc., बालों को) बिखरा या अस्त-व्यस्त कर देना।

**tout** (टाउट्) *v.* (touted, touting) 1. to solicit customers, ग्राहक को खरीदने के लिए कहना। 2. to give tips (about horse-racing, घुड़दौड़ के बारे में) संकेत देना। 3. to spy, जासूसी करना। *n.* 1. one who solicits customers, दलाल। 2. one who gives tips, संकेत देनेवाला। 3. a spy, जासूस।

**tow[1]** (टो) *v.* to pull along behind by a chain or rope, रस्सी या चेन के सहारे खींचना या घसीटना। *n.* 1. the act of towing, खींचने या घसीटने की क्रिया या भाव, अनुकर्षण। 2. something being towed, खींची जानेवाली वस्तु।

**tow[2]** *n.* short hemp fibers, सन के छोटे रेशे।

**towage** (टो´-इज्) *n.* the charge for towing, खींचने की मज़दूरी, खिंचाई, अनुकर्षण-भाड़ा।

**toward** (टॅ-व़ःड्´) *prep.* = towards.

**towards** (टॅ-व़ःड्ज़्´) *prep.* 1. in the direction of, की ओर, की दिशा में, को। 2. with relation to, के प्रति; an attitude towards life, जीवन के प्रति दृष्टिकोण। 3. in a position facing, के सामने, की तरफ़; Her back was towards me. उसकी पीठ मेरी तरफ़ थी। 4. somewhat before in time, से कुछ पहले; towards the end of the afternoon, शाम से कुछ पहले। 5. near, के आसपास, के समीप। 6. as a contribution to, के अंश के रूप में; The proceeds will go towards relief fund. यह रुपया राहत कोश में जाएगा।

**towel** (टाउ´-ॲल्) *n.* a piece of absorbent cloth for drying oneself or wiping things dry, तौलिया, अंगोछा। *v.* (towelled, towelling) to dry or wipe with a towel, तौलिए से पोंछना, तौलिए से रगड़कर साफ़ करना।

**towelling** (टाउ´-ॲ-लिंग्) *n.* a fabric used for making towels, तौलिए का कपड़ा।

**tower** (टाउ´-ॲः) *n.* a tall circular structure, मीनार; tower of strength, शक्ति-स्रोत; tower of victory, जय-स्तंभ। *v.* (towered, towering) 1. to be of great height, बहुत ऊँचा होना। 2. to be more eminent than others, दूसरों पर मँडराना या छा जाना।

**towering** (टाउ´-ॲ-रिंग्) *adj.* 1. of imposing height, lofty, बुलंद, उन्नत, ऊँचा। 2. outstanding, प्रमुख, प्रभावशाली। 3. intense, उग्र, प्रचंड।

**town** (टाउन्) *n.* 1. a population centre larger than village but smaller than city, छोटा नगर, छोटा शहर, कस्बा, पुर। 2. its inhabitants, नगरवासी, शहरी, पुरवासी। 3. a commercial centre of an area, किसी क्षेत्र का व्यावसायिक केंद्र।

**town hall** *n.* a hall in a town for public events, टाउन हॉल, नगर-भवन।

**township** (टाउन्´-शिप्) *n.* a small town, नगरी, बस्ती।

**townwards** (टाउन्´-व़ःड्ज़्) *adv.* towards the town, नगर की ओर।

**toxemia** (टॉक्-सी´-मि-ॲ) *n.* blood-poisoning, रक्त का विषाक्त हो जाना, विषरक्तता।

**toxic** (टॉक्-सिक्) *adj.* 1. poisonous, विषैला, विषाक्त। 2. caused by poison, विषजन्य। 3. harmful, हानिकारक, हानिप्रद।

**toxicity** (टॉक्-सिस्´-इ-टी) *n.* the state or quality of being toxic, विषैलापन, विषाक्तता।

**toxicologist** (टॉक्-सि-कॉल्´-ॲ-जिस्ट्) *n.* a specialist in toxicology, विषविज्ञानी।

**toxicology** (टॉक्-सि-कॉल्´-ॲ-जी) *n.* the scientific study of poisons, विषविज्ञान।

**toxin** (टॉक्´-सिन्) *n.* a poisonous substance produced by micro-organisms, जीवविष।

**toy** (टॉइ) *n.* 1. an object for children to play with, खिलौना। 2. something trifling, तुच्छ वस्तु। 3. something diminutive, छोटे आकार-प्रकार की वस्तु। 4. someone or something to be toyed with, खिलवाड़ की वस्तु। *v.* to amuse oneself as if with a toy, खिलवाड़ करना। □ **toy with,** से खिलवाड़ करना।

**trace[1]** (ट्रेस्) *n.* 1. a mark or line left by something or someone that has passed by, लीक, पदचिह्न, निशान। 2. a path that

T

one follows, पथ। 3. a sign or evidence of something, निशान, चिह्न, निशानी। 4. a very small quantity, लेश, अल्पमात्रा, पुट। 5. a track, पथ, पटरी या पगडंडी। 6. something traced or drawn, ख़ाका, रूपरेखा। *v.* 1. to sketch, ख़ाका उतारना, रूपरेखा तैयार करना। 2. to copy on transparent paper placed over it or by using carbon paper below, ट्रेस करना, अनुरेखित करना। 3. to imprint or record, छापना या अभिलिखित करना। 4. to follow the footprints, लीक पकड़ना, पदचिह्नों पर चलना। 5. to track down and find, खोज निकालना, पता लगा लेना। □ **trace back to,** से संबंध लगाना या जोड़ना।

**trace[2]** ***n.*** each of the two side straps by which a horse draws a carriage, जोत, जोतने की रस्सी या पट्टा। □ **kick over the traces,** नियंत्रण से बाहर हो जाना।

**traceable** (ट्रे´-सॅ-बॅल्) ***adj.*** that can be traced, (i) जिसकी खोज की जा सके, (ii) जिसे ट्रेस या अनुरेखित किया जा सके।

T

**tracer** (ट्रे´-सॅ:) ***n.*** one who traces, (i) खोजी, (ii) अनुरेखक।

**tracery** (ट्रे´-सॅ-री) ***n.*** ornamental work of interlacing line, रेखीय अलंकरण।

**trachea** (ट्रॅ-की´-अॅ, ट्रे´-कि-अॅ) ***n.*** the windpipe, श्वासनली।

**tracheostomy** (ट्रे-कि-ऑस्ट्´-अॅ-मी) ***n.*** surgical opening made into the trachea, श्वासनली में किया जानेवाला छेद।

**tracing** (ट्रे´-सिंग्) ***n.*** the work of a person who traces, (i) खोज, (ii) अनुरेखन; tracing paper, अनुरेखन-कागज़।

**track** (ट्रैक्) ***n.*** 1. a mark or trail left by something that has passed by, लीक, पदचिह्न, निशान। 2. any course or road, पथ, मार्ग। 3. a footpath, पटरी, पगडंडी। 4. a course for racing, धावन-पथ। 5. the parallel rails of a railroad, रेल की पटरी, रेल-पथ। 6. a magnetic tape on which something is recorded, टेप। □ **follow the track,** पीछा करना, लीक पर चलना, खोज में निकलना; **keep track of,** खोज-ख़बर लेते रहना, से संपर्क बनाए रखना; **lose track of,** पथचिह्न न मिल पाना, रास्ते से भटक जाना; **off beaten track,** लीक से हटकर; **off the track,** विषय से हटकर; **on the track of,** लीक या चिह्न के सहारे; **on the wrong track,** ग़लत रास्ते पर, गलत दिशा में; **track down,** खोज निकालना।

**trackage** (ट्रैक्´-इज्) ***n.*** total lines of railway track, समस्त रेल-पथ।

**tracker** (ट्रैक्´-अॅ:) ***n.*** a person who tracks, खोजी; tracker dog, खोजी कुत्ता।

**trackless** (ट्रैक्´-लिस्) ***adj.*** without a track, सड़क या पगडंडी से रहित, पथविहीन।

**tracks** (ट्रैक्स्) ***n.*** (plu.) footprints, पदचिह्न। □ **in one's tracks,** वहीं (जहाँ कोई खड़ा हो); **make tracks,** चल देना या चल पड़ना।

**tracksuit** (ट्रैक्´-सूट्) ***n.*** a warm loose fitting suit worn by an athlete during practice, अभ्यास के दौरान धावक द्वारा पहनी जानेवाली ढीली-ढाली पोशाक।

**tract[1]** (ट्रैक्ट्) ***n.*** 1. an extended area, भूभाग, इलाका, क्षेत्र। 2. a system of organs along which something passes, अंग-प्रणाली।

**tract[2]** ***n.*** a pamphlet of religious or political propaganda, पत्रक, पुस्तिका, निबंधिका।

**tractability** (ट्रैक्-टॅ-बिल्´-इ-टी) ***n.*** the state or quality of being tractable, नियंत्रण-क्षमता।

**tractable** (ट्रैक्´-टॅ-बॅल्) ***adj.*** controllable, easily handled or managed, सँभाला जा सकने योग्य, वश्य, नियंत्रणीय।

**tractate** (ट्रैक्´-टेट्) ***n.*** a treatise, प्रबंध।

**traction** (ट्रैक्´-शॅन्) ***n.*** 1. the act of pulling or the state of being pulled, खींचने या खींचने जाने की क्रिया, अवस्था या भाव, कर्षण। 2. grip, पकड़। 3. a steady pull on a limb, अंग-कर्षण, ट्रैक्शन।

**traction engine** ***n.*** an engine for drawing heavy loads, कर्षण-इंजन।

**tractive** (ट्रैक्´-टिव्) ***adj.*** pulling or drawing, खींचनेवाला, कर्षक।

**tractor** (ट्रैक्´-टॅ:) ***n.*** a motor vehicle used to pull farm machinery, ट्रैक्टर।

**trade** (ट्रेड्) ***n.*** the business for buying and selling or bartering commodities, व्यापार, व्यवसाय, तिजारत। □ **the trade,** the people engaged in a particular trade, किसी व्यवसाय में लगे हुए लोग। ***v.*** (traded, trading) 1. to buy and sell, व्यापार करना, व्यवसाय करना। 2. to enage in trade, व्यापार में लगना। □ **trade on,** (किसी बात से) अनुचित लाभ उठाना; He is trading on his brother's reputation. वह अपने भाई के नाम पर कमा-खा रहा है।

**tradeable** (ट्रेड्´-अॅ-बॅल्) ***adj.*** that can be purchased or exchanged, जिसे खरीदा या अदला-बदला जा सके।

**trademark** (ट्रेड्´-माःक्) ***n.*** a registered mark used by a trader to identify his goods, व्यापार-चिह्न, ट्रेडमार्क, मार्का।

**trader** (ट्रे´-डॅः) ***n.*** a person whose business is buying and selling, व्यापारी, व्यवसायी।

**trade union** ***n.*** the union of workers, श्रमिक संघ।

**trading** (ट्रेड्´-इंग्) ***n.*** the work of a person who trades, व्यापार; trading corporation, व्यापार-निगम।

**tradition** (ट्रॅ-डिश्´-अॅन्) ***n.*** a custom or belief handed down from generation to generation, परंपरा, प्रथा।

**traditional** (ट्रॅ-डिश्´-अॅ-नॅल्) ***adj.*** of or relating to a tradition on, परंपरागत, पारंपरिक।

**traditionalist** (ट्रॅ-डिश्´-अॅ-नॅ-लिस्ट्) ***n.*** one who adheres to traditions, परंपरावादी।

**traditionally** (ट्रॅ-डिश्´-अॅ-नॅ-ली) ***adv.*** in a traditional manner, पारंपरिक रूप से।

**traduce** (ट्रॅ-ड्यूस्´/डूस्´) ***v.*** (traduced, traducing) to defame, बदनाम करना।

**traducement** (ट्रॅ-ड्यूस्´/डूस्´-मॅन्ट्) ***n.*** an act of traducing, ill-fame, बदनामी।

**traffic** (ट्रैफ़्´-इक्) ***n.*** 1. the pedestrians and vehicles moving along a route, यातायात; traffic police, यातायात पुलिस; traffic rules, यातायात नियम; traffic signal, यातायात-संकेत। 2. illegal or immoral trade, नियमविरुद्ध या अनैतिक व्यापार; traffic in arms, अस्त्र-शस्त्रों का अवैध व्यापार। ***v.*** (trafficked, trafficking) to carry on traffic, अवैध या अनैतिक व्यापार चलाए चलना।

**traffic jam** ***n.*** a condition in which road traffic becomes standstill, रास्ते का जाम होना, वाहनों या भीड़ से रास्ता अवरुद्ध हो जाना।

**tragedian** (ट्रॅ-जी´-डि-अॅन्) ***n.*** 1. a writer of tragedies, त्रासदी का लेखक। 2. an actor of tragedy, त्रासदी का अभिनेता।

**tragedienne** (ट्रॅ-जी-डि-अॅन्´) ***n.*** an actress of tragedy, त्रासदी की अभिनेत्री।

**tragedy** (ट्रॅज्´-इ-डी) ***n.*** 1. a play with sorrowful ending, दुखांत नाटक, त्रासदी। 2. a calamity, बहुत बड़ी दुर्घटना, त्रासदी।

**tragic** (ट्रॅज्´-इक्) ***adj.*** 1. of or having the character of tragedy, त्रासदिक, त्रासद। 2. having a sad end, दुखांतक; tragic irony, दुखांतक व्यंग्य। 3. sorrowful, दुखद, कारुणिक। 4. disastrous, अनर्थकारी, घातक।

**tragical** (ट्रॅज्´-इ-कॅल्) ***adj.*** 1. having a sad end, tragic, दुखांतक, दुखद, कारुणिक। 2. disastrous, अनर्थकारी, घातक।

**tragically** (ट्रॅज्´-इ-कॅ-ली) ***adv.*** in a tragical manner, कारुणिक रूप में।

**tragicomedy** (ट्रॅज्-इ-कॉम्´-इ-डी) ***n.*** a play that combines with both tragic and comic elements, दुखसुखांतक।

**tragicomic** (ट्रॅज्-इ-कॉम्´-इक्) ***adj.*** having elements of both tragedy and comedy, दुखसुखांत।

**trail** (ट्रेल्) ***v.*** 1. to drag or be dragged, घसीटना या घसीटा जाना। 2. to walk or proceed draggingly, घसीटते हुए चलना। 3. to move or extend slowly in thin streams, धीरे-धीरे पतली धार के रूप में निकलना या आगे बढ़ना। 4. to track (game, शिकार का) पीछा करना। 5. to lag behind, (प्रतियोगी का) पीछे रह जाना। 6. to extend along the ground, (पौधों का) जमीन पर फैलना। 7. to hang or float loosely, लटकना या झूलना। 8. to diminish gradually or become fainter, (आवाज़ का) मंद पड़ना। ***n.*** 1. something that trails esp.

T

something that hangs loose and long, लटकती या झूलती हुई वस्तु। 2. a line of people or things following behind something, a chain of something, लाइन, कतार, लड़ी। 3. a trace or mark left by a moving body, पदचिह्न, गंध, सुराग आदि। 4. a track, पथ, पगडंडी आदि।

**trailblazer** (ट्रेल्´-ब्ले-ज़ॅ:) ***n.*** a pioneer, अग्रदूत, मार्गप्रदर्शक।

**trailblazing** (ट्रेल्´-ब्ले-ज़िंग्) ***adj.*** making a new way, पथप्रदर्शक, नई राह बनानेवाला।

**trailer** (ट्रे´-लॅ:) ***n.*** 1. one that trails, वह जो पीछे-पीछे घसीटता हुआ चले। 2. a vehicle designed to be hauled by a truck or tractor, ट्रेलर, अनुयान। 3. a short abridged form of a picture shown in advance, ट्रेलर, झलक।

**train** (ट्रेन्) ***n.*** 1. a string of railway compartments, गाड़ी, रेल, ट्रेन। 2. a sequence of things, लड़ी, सिलसिला, ताँता; a train of events, घटनाओं का ताँता; a train of thoughts, विचारों की लड़ी। 3. a part of a dress that trails on the ground behind the wearer, छोर, पुछल्ला। 4. a body of followers, अनुचर-वृंद, मुसाहिबों की टोली। ***v.*** 1. to teach so as to be qualified and disciplined, प्रशिक्षित करना, प्रशिक्षण देना, सधाना। 2. to become qualified and disciplined by training, प्रशिक्षित होना, प्रशिक्षण प्राप्त करना। 3. to make or become physically fit, शारीरिक दृष्टि से उपयुक्त बनना या बनाना। 4. to aim at an object, निशाना साधना। 5. to go by train, गाड़ी से जाना।

**trainable** (ट्रे´-नॅ-बॅल्) ***adj.*** that can be trained, प्रशिक्षणीय, सधाने योग्य, सधाए जाने योग्य।

**trained** (ट्रेन्ड्) ***adj.*** having got training, प्रशिक्षित।

**trainee** (ट्रे-नी´) ***n.*** one who is undergoing training, प्रशिक्षणार्थी।

**trainer** (ट्रे´-नॅ:) ***n.*** a person who trains, प्रशिक्षक।

**training** (ट्रेन्´-इंग्) ***n.*** the work of a person who trains, प्रशिक्षण; training centre, प्रशिक्षण-केंद्र; training college, प्रशिक्षण महाविद्यालय।

**traipse** (ट्रेप्स्) ***v.*** (traipsed, traipsing) to walk about idly and tiredly, यों ही थका-थका-सा घूमते फिरना।

**trait** (ट्रेट्) ***n.*** a distinctive feature, विशेष गुण, विशेषता, लक्षण।

**traitor** (ट्रे´-टॅ:) ***n.*** 1. one who commits treason, देशद्रोही, गद्दार। 2. one who betrays, विश्वासघाती। [Fem. traitress]

**traitorous** (ट्रे´-टॅ-रॅस्) ***adj.*** 1. guilty of treason, देशद्रोही या देशद्रोहपूर्ण। 2. betraying, विश्वासघातक।

**trajectory** (ट्रॅ-जेक्´-टॅ-री) ***n.*** the path of moving body spl. a bullet of rocket, प्रक्षेण-पथ, ट्रेजेक्टरी।

**tram** (ट्रैम्) ***n.*** a street car that runs on tracks, ट्राम, ट्रामगाड़ी।

**trammel** (ट्रैम्´-अॅल्) ***n.*** 1. a net for catching birds or fish, जाल। 2. an obstacle or restraint, बाधा, अड़चन, रुकावट। ***v.*** (trammelled, trammelling) to hamper, बाधा डालना, रुकावट डालना।

**tramp** (ट्रैम्प्) ***v.*** 1. to walk with heavy steps, धपधप करते हुए चलना। 2. to traverse on foot, पैदल पार करना। 3. to trample, रौंदना, कुचलना। ***n.*** 1. one who travels on foot, पैदल चलनेवाला। 2. a sound of tramping, धपधप शब्द। 3. a long walk, पैदल यात्रा। 4. an immoral woman, कुलटा, पुंश्चली। 5. a freighter with no regular schedule, मालवाहक जहाज़ जिसके चलने का कोई बँधा समय न हो।

**trample** (ट्रैम्´-पॅल्) ***v.*** 1. to tread under foot, कुचलना, रौंदना। 2. to kick, ठोकर मारना।

**tramway** (ट्रैम्´-वे) ***n.*** the rails for a tram, ट्राम-पथ, ट्रामवे।

**trance** (ट्रान्स्, ट्रैंस्) ***n.*** 1. stupor, मूर्च्छा। 2. a state of profound absorption in contemplation, समाधि, ध्यान, आत्मविस्मृति।

**tranquil** (ट्रैंक्´-क्विल्) ***adj.*** calm, quiet,

प्रशांत, शांत, शांतिपूर्ण।

**tranquillity** (ट्रैंक्-क्विल्´-इ-टी) ***n.*** the state of being tranquil, प्रशांति, शांति।

**tranquillize** (ट्रैंक्´-क्वि-लाइज़्) ***v.*** to make calm or tranquil, प्रशांत करना, उपशमित करना।

**tranquillizer** (ट्रैंक्´-क्वि-लाइ-ज़ः) ***n.*** a tranquillizing drug, प्रशांतकारी ओषधि।

**trans** (ट्रान्स्/ट्रैंस्) ***prep.*** across, के पार, के उस पार; trans-yamuna, यमुना (के) पार।

**transact** (ट्रैन्-ज़ैक्ट्´) ***v.*** 1. to carry out, कारोबार या लेन-देन करना, व्यवहार करना, चलाना। 2. to perform, निष्पन्न करना।

**transaction** (ट्रैन्-ज़ैक्´-शॅन्) ***n.*** 1. the act of transacting, लेन-देन, व्यवहार, संव्यवहार। 2. something transacted, ली-दी जानेवाली वस्तु, सौदा। 3. (plu.) a record of proceedings of a transaction, लेन-देन की कार्रवाई।

**transactional** (ट्रैन्-ज़ैक्´-शॅ-नॅल्) ***adj.*** of or pertaining to transaction, संव्यावहारिक; transactional analysis, संव्यवहार-विश्लेषण।

**trans-Alpine** (ट्रैन्स्-ऐल्´-पाइन्) ***adj.*** beyond the Alps, आल्पस (पहाड़) के उस पार।

**trans-American** (ट्रैन्स्-अॅ-मेॅर्´-इ-कॅन्) ***adj.*** across the America, अमेरिका के उस पार।

**trans-Atlantic** (ट्रैन्स्-अॅट्-लैन्´-टिक्) ***adj.*** beyond the Atlantic, अटलांटिक के उस पार।

**transcend** (ट्रैन्-सेॅन्ड्´) ***v.*** 1. to go beyond, (से) परे जाना, और आगे जाना, (की) सीमा पार करना। 2. to surpass, (से) बढ़कर या श्रेष्ठ होना।

**transcendence** (ट्रैन्-सेॅन्´-डॅन्स्) ***n.*** the state or quality of being transcendent, अनुभवातीता, अतींद्रियता, प्रागनुभव।

**transcendent** (ट्रैन्-सेॅन्´-डॅन्ट्) ***adj.*** transcendental, अनुभवातीत, इंद्रियातीत।

**transcendental** (ट्रैन्-सेॅन्-डेॅन्´-टॅल्) ***adj.*** 1. going beyond the limits of ordinary experience, अनुभवातीत, प्रागनुभविक, इंद्रियातीत। 2. surpassing, उत्कृष्ट।

**transcendentalism** (ट्रैन्-सेॅन्-डेॅन्´-टॅ-लिज़्-अॅम्) ***n.*** the belief or doctrine that reality can only be known from intuitive sources, प्रागनुभववाद, अतींद्रियता।

**transcendentalist** (ट्रैन्-सेॅन्-डेॅन्´-टॅ-लिस्ट्) ***n.*** a follower of transcendentalism, प्रागनुभववादी, अतींद्रियतावादी।

**transcribe** (ट्रैन्-स्क्राइब्´) ***v.*** 1. to write or type a copy of, नक़ल उतारना, प्रतिलिपि करना, टंकित करना, प्रतिलेखन करना। 2. to transliterate, लिप्यंतरण करना। 3. to make a recording of, रिकॉर्ड करना, रिकॉर्डिंग करना। 4. to adapt or arrange (a musical, composition, स्वरलिपि) तैयार करना।

**transcript** (ट्रैन्´-स्क्रिप्ट्) ***n.*** 1. a written copy, नक़ल, प्रतिलिपि, प्रतिलेख। 2. a recorded copy, अभिलिखित प्रति।

**transcription** (ट्रैन्-स्क्रिप्´-शॅन्) ***n.*** 1. the act of transcribing, प्रतिलिपिकरण, प्रतिलेखन, लिप्यंतरण। 2. a copy, प्रतिलिपि, नक़ल। 3. an adaptation of a musical composition, स्वरलिपि। 4. a recorded copy, अभिलिखित प्रति।

**transducer** (ट्रैन्स्-ड्यू´-सॅः) ***n.*** a device that converts one form of energy into another, ऊर्जा-परिवर्तक।

**transept** (ट्रैन्´-सेॅप्ट्) ***n.*** either of the two lateral arms in a cross-shaped Church, क्रॉस के रूप में बने गिरजे का कोई (दायाँ या बायाँ) पार्श्व भाग।

**transfer** (ट्रैन्स्-फ़ॅः´) ***v.*** (transferred, transferring) 1. to change or shift from one person or place to another, बदली करना, तबादला करना, स्थानांतरण करना, अंतरित करना, बदल देना। 2. to move from one place or department to another, बदली होना, स्थानांतरण होना। 3. to print or copy from one surface to another, अनुचित्रण करना। 4. to change (a train or bus, गाड़ी या बस) बदलना। 5. to make over the possession or title of something to another, अंतरित करना, हस्तांतरित करना। ***n.*** 1. the act of transferring, तबादला, बदली, अंतरण। 2. the person or thing that has been transferred, अंतरित व्यक्ति,

T

हस्तांतरित वस्तु। 3. a document pertaining to the transfer of some property, अंतरण-विलेख। 4. change of a profession, धंधे का बदलना, धंधे का बदलाव। 5. the design that is transferred or can be transferred from one surface to another, अनुचित्र।

**transferability** (ट्रैन्स्-फ़ॅ-रॅ-बिल्´-इ-टी) ***n.*** the state of being transferable, अंतरणीयता, हस्तांतरणीयता।

**transferable** (ट्रैन्स्-फ़ॅ-रॅ-बॅल्) ***adj.*** that can be transferred, अंतरणीय, हस्तांतरणीय; transferable post, अंतरणीय पद।

**transference** (ट्रैन्स्-फ़र्´-ॲन्स्) ***n.*** the act of transferring or the state of being transferred, तबादला, अंतरण, हस्तांतरण।

**transfiguration** (ट्रैन्स्-फ़िग्-उ-रे´-शॅन्) ***n.*** the act of transfiguring, स्वरूप-परिवर्तन।

**transfigure** (ट्रैन्स्-फ़िग्´-ॲः) ***v.*** 1. to change the form or shape of, स्वरूप बदल देना, रूप या आकार-प्रकार बदल देना। 2. to glorify, महिमान्वित करना, गौरव प्रदान करना।

T

**transfix** (ट्रैन्स्-फ़िक्स्´) ***v.*** 1. to pierce with a pointed weapon, नुकीले हथियार से बींध डालना। 2. to hold motionless, स्तंभित कर देना।

**transform** (ट्रैन्स्-फ़ॉःम्´) ***v.*** 1. to change the form or appearance of, रूप या आकृति बदल देना, स्वरूप बदल देना, रूपांतरित करना। 2. to change the voltage (of electric current, बिजली की धारा का) वोल्टेज बदल देना। 3. to become transformed, रूप या आकृति का बदला जाना।

**transformation** (ट्रैन्स्-फ़ॉः-मे´-शॅन्) ***n.*** 1. the act of transforming or the state of being transformed, रूपांतरण। 2. in linguistics, the change resulting from the substitution of one set of variables to another, रचनांतरण।

**transformational** (ट्रैन्स्-फ़ाः-मे´-शॅ-नॅल्) ***adj.*** pertaining to transformation, रचनांतरण-परक।

**transformer** (ट्रैन्स्-फ़ॉः´-मॅः) ***n.*** an apparatus that transfers electric energy from one circuit to another, ट्रांस्फार्मर।

**transfuse** (ट्रैन्स्-फ़्यूज़्´) ***v.*** to inject (blood) in blood vessel, रक्तवाहिनी में सुई से (रक्त) देना, रक्ताधान करना।

**transfusion** (ट्रैन्स्-फ़्यू´-ज़ॅन्) ***n.*** the act of transfusing, रक्ताधान।

**transgress** (ट्रैन्स्-ग्रॅस्´) ***v.*** 1. to pass beyond or go over the limit, to violate, अतिक्रमण करना, उल्लंघन करना। 2. to sin, पाप करना।

**transgression** (ट्रैन्स्-ग्रॅश्´-ॲन्) ***n.*** 1. the act of transgressing or the state of being transgressed, violation, अतिक्रमण, उल्लंघन। 2. a sin, पाप।

**transgressive** (ट्रैन्स्-ग्रॅस्´-इव्) ***adj.*** of, or pertaining to trangression, उल्लंघनात्मक।

**transgressor** (ट्रैन्स्-ग्रॅस्´-ॲः) ***n.*** 1. one who transgresses, अतिक्रामक, उल्लंघनकर्ता। 2. a sinner, पापी, पापात्मा।

**tranship** (ट्रैन्स्-शिप्´) ***v.*** (transhipped, transhipping) to transfer from one ship to another, एक जलयान से दूसरे जलयान पर (माल) भेजना, यानांतरण करना।

**transhipment** (ट्रैन्-शिप्´-मॅन्ट्) ***n.*** the act of transhipping, यानांतरण।

**transience** (ट्रैन्´-ज़ि-शॅन्स्, ट्रैन्´-ज़ि-अंस्) ***n.*** the quality or state of being transient, अनित्यता, नश्वरता।

**transient** (ट्रैन्-ज़ि-ॲन्ट्, ट्रैन्´-शॅन्ट्/ज़ॅन्ट्) ***adj.*** transitory, not lasting or permanent, अनित्य, अस्थायी, क्षणिक।

**transistor** (ट्रैन्-ज़िस्´-टॅः) ***n.*** an electronic device functioning as an electron tube, ट्रांज़िस्टर।

**transistorize** (ट्रैन्-ज़िस्´-टॅ-राइज़्) ***v.*** to equip with transistors, ट्रांजिस्टरों से युक्त करना।

**transit** (ट्रैन्´-ज़िट्) ***n.*** 1. the act of passing over, across or through, संक्रमण। 2. the conveyance of persons or goods from one place to another, पारगमन, पारवहन; transit office, पारगमन कार्यालय; transit charges, पारगमन प्रभार। 3. a route, मार्ग; transit passengers, मार्गस्थ यात्री। □ **in transit,** रास्ते में, मार्ग में।

**transit camp** ***n.*** a temporary camp, अस्थायी शिविर।

**transition** (ट्रैन्-ज़िश्´-अॅन्) ***n.*** the process of changing from one state, form, subject or place to another, संक्रमण, संक्रांति; transition period, संक्रांतिकाल।

**transitional** (ट्रैन्-ज़िश्´-अॅ-नॅल्) ***adj.*** 1. of or pertaining to transition, संक्रमणकालीन, संक्रामी; transitional arrangement, संक्रमण-कालीन प्रबंध। 2. temporary, अस्थायी।

**transitive** (ट्रैन्´-ज़ि-टिव्) ***adj.*** 1. (of a verb) having or requiring a direct object, सकर्मक। 2. transitional, संक्रामी; transitive relation, संक्रामी संबंध।

**transitoriness** (ट्रैन्´-ज़ि-टॅ-रि-निस्) ***n.*** the quality of being transitory, अल्पकालिकता, अनित्यता, क्षणिकता।

**transitory** (ट्रैन्´-ज़ि-टॅ-री) ***adj.*** of short or brief duration, अल्पकालिक, अनित्य, क्षणिक।

**translatable** (ट्रैन्स्-ले´-टॅ-बॅल्) ***adj.*** that can be translated, अनुवाद्य, अनुवाद के योग्य।

**translate** (ट्रैन्स्-लेट्´) ***v.*** 1. to express in another language, अनुवाद करना, उल्था करना, तर्जुमा करना। 2. to express in simpler words, सरल शब्दों में अभिव्यक्त करना। 3. to interpret, निर्वचन करना, अर्थ लगाना। 4. to convert, बदल देना, परिणत करना; to translate hope into reality, आशा को वास्तविकता में बदल देना; to translate into action, कार्यरूप में परिणत कर देना। 5. to move from one place to another, एक स्थान से दूसरे स्थान पर ले जाना।

**translated** (ट्रैन्स्´-ले-टिड्) ***adj.*** put from one language to another, अनूदित।

**translation** (ट्रैन्स्-ले´-शॅन्) ***n.*** the act of translating or the state of being translated, अनुवाद, भाषांतर, तर्जुमा, उल्था।

**translator** (ट्रैन्स्-ले´-टॅ:) ***n.*** one who translates, अनुवादक, अनुवादकर्ता, तर्जुमान।

**transliterate** (ट्रैन्स्-लिट्´-अॅ-रेट्) ***v.*** to represent in the characters of another language, लिप्यंतरण करना।

**transliteration** (ट्रैन्स्-लिट्-अॅ-रे´-शॅन्) ***n.*** the act of transliterating or the state of being transliterated, लिप्यंतरण।

**translucence** (ट्रैन्स्-ल्यू´-सॅन्स्) ***n.*** the quality or state of being translucent, पारभासिकता।

**translucency** (ट्रैन्स्-ल्यू´-सॅन्-सी) ***n.*** translucence, पारभासिकता।

**translucent** (ट्रैन्स्-ल्यू´-सॅन्ट्) ***adj.*** semi-transparent, पारभासक, पारभासी।

**transmigrate** (ट्रैन्स्-माइ´-ग्रेट्) ***v.*** 1. to pass from one body to another after death, पुनर्जन्म होना, आवागमन होना। 2. to migrate, प्रवास करना।

**transmigration** (ट्रैन्स्-माइ-ग्रे´-शॅन्) ***n.*** the state of being transmigrated, पुनर्जन्म, आवागमन, जन्मांतर।

**transmigratory** (ट्रैन्स्-माइ´-ग्रे-टॅ-री) ***adj.*** migratory, प्रवासी।

**transmissibility** (ट्रैन्स्-मिस्-सि-बिल्´-इ-टी) ***n.*** the state or quality of being transmissible, प्रेषणीयता, पारेषणीयता; प्रसारणीयता।

**transmissible** (ट्रैन्स्-मिस्´-सि-बॅल्) ***adj.*** that can be transmitted, प्रेषणीय, पारेषणीय, प्रसारणीय, अंतरणीय।

**transmission** (ट्रैन्स्-मिश्´-अॅन्) ***n.*** 1. the act of transmitting, प्रेषण, पारेषण, प्रसारण, संचारण, अंतरण। 2. something transmitted, प्रेषित, पारेषित, प्रसारित या अंतरित की हुई वस्तु।

**transmit** (ट्रैन्स्-मिट्´) ***v.*** (transmitted, transmitting) 1. to send from one person, thing or place to another, प्रेषित करना। 2. to send out (signals as by radio, रेडियो द्वारा संकेत) पारेषित करना। 3. to broadcast, प्रसारित करना। 4. to cause to spread, संचारित करना। 5. to transmit by heredity, एक पीढ़ी से दूसरी पीढ़ी में अंतरित होना। 6. to be medium for, का माध्यम होना।

**transmitter** (ट्रैन्स्-मिट्´-अॅ:) ***n.*** 1. a device for transmitting signals, ट्रांस्मीटर, प्रेषित्र। 2. a person who transmits, प्रेषी।

**transmutable** (ट्रैन्स्-म्यू´-टे-बॅल्) ***adj.*** that can be transmuted, परिवर्तनीय।

**transmutation** (ट्रैन्स्-म्यू-टे´-शॅन्) ***n.*** the act of transmuting or the state of being transmuted, परिवर्तन।

**transmute** (ट्रैन्स्-म्यूट्´) ***v.*** to alter, बदल देना, परिवर्तित कर देना।

**transnational** (ट्रैन्स्-नैश्´-अॅ-नॅल्) ***adj.*** extending beyond national boundaries, राष्ट्रपारीय।

**transoceanic** (ट्रैन्स्-ओ-शि-ऐन्´-इक्) ***adj.*** extending beyond the ocean, समुद्रपारीय।

**transparency** (ट्रैन्स्-पैर्´-अॅन्-सी) ***n.*** 1. the quality of being transparent, पारदर्शिता। 2. a positive photograph, पारदर्शी चित्र, पारदर्शिका।

**transparent** (ट्रैन्स्-पैर्´-अॅन्ट्) ***adj.*** 1. permitting light to pass through, clear, पारदर्शक, पारदर्शी। 2. easy to understand, स्पष्ट, सुबोध।

**transpiration** (ट्रैन्-स्पि-रे´-शॅन्) ***n.*** the act of transpiring, प्रस्वेदन।

**transpire** (ट्रैन्-स्पाइः´) ***v.*** 1. to happen, घटित होना, होना। 2. to become known, जानकारी में आना, प्रकट होना। 3. (of plants) to give off vapours through pores, प्रस्वेदन करना।

**transplant** (ट्रैन्स्-प्लैन्ट्´) ***v.*** 1. to remove and reset (a plant, पौधे को) प्रतिरोपित करना। 2. to transfer (an organ of a body, अंग) प्रत्यारोपित करना। 3. to be capable of being transplanted, प्रत्यारोपण के योग्य होना। ***n.*** the act of transplanting or the thing transplanted, प्रतिरोपण, प्रत्यारोपण; प्रत्यारोपित ऊतक या अंग।

**transplantation** (ट्रैन्स्-प्लैन्-टे´-शॅन्) ***n.*** the act of transplanting or the state of being transplanted, प्रतिरोपण, प्रत्यारोपण।

**transport** (ट्रैन्स्-पोःट्´) ***v.*** 1. to carry from one place to another, (माल या व्यक्तियों को) ढोना, वहन करना, परिवहन करना। 2. to exile, देश-निकाला देना। ***n.*** 1. the act of transporting, वहन, परिवहन। 2. means of conveyance, vehicle, यातायात का साधन, वाहन, सवारी। 3. freight vehicles generally, मालवाहक वाहन, परिवहन; transport charges, परिवहन-भाड़ा, ढुलाई। 4. the condition of being carried away for strong emotion, भावावेग। 5. rapture, हर्षोन्माद।

**transportable** (ट्रैन्स्-पोः´-टॅ-बॅल्) ***adj.*** that can be transported, वहनीय, परिवहन के योग्य।

**transportation** (ट्रैन्स्-पोः-टे´-शॅन्) ***n.*** 1. means of transporting, वाहन। 2. system of transporting, वाहन-व्यवस्था, परिवहन। 3. exile, देश-निकाला, निर्वासन।

**transport cafe** ***n.*** an eating place on roadside for lorry or truck drivers, सड़क के किनारे का ढाबा।

**transported** (ट्रैन्स्-पोः´-टिड्) ***adj.*** carried away by strong emotion, भावविह्वल; She was transported with joy. वह ख़ुशी से झूम उठी या गदगद हो उठी।

**transporter** (ट्रैन्स्-पोः´-टॅः) ***n.*** one who is engaged in transport business, ट्रांस्पोर्टर, परिवहन-संचालक।

**transpose** (ट्रैन्स्-पोज़्´) ***v.*** 1. to alter the positions of, विपर्यय करना, स्थान की अदला-बदली करना। 2. to change the order of, क्रम-परिवर्तन करना। 3. to change the key, सुर-लय बदल देना, स्वरांतरण करना।

**transposition** (ट्रैन्स्-पॅ-ज़िश्´-अॅन्) ***n.*** the act of transposing, विपर्यय, क्रम-परिवर्तन; स्वरांतरण।

**trans-sexual** (ट्रैन्स्-सेंक्´-शु-अॅल्) ***n.*** 1. a person who feels herself or himself to be member of the opposite sex, वह व्यक्ति जो अपने को (वास्तविक से) भिन्न लिंगी समझता हो, परालिंगी। 2. a person having changed his/her sex characteristics by surgical operation, लिंगपरिवर्ती।

**transverse** (ट्रैन्स्´-वःस्, ट्रैन्स्-वःस्´) ***adj.*** lying in a crosswise direction, आड़ा, तिरछा।

**transversely** (ट्रैन्स्´-वॅः-सॅ-ली) ***adv.*** crosswise, आड़े बल।

**transvestism** (ट्रैन्स्-वेंस्´-टिज़्-अॅम्) ***n.*** the act of dressing oneself in clothing of opposite sex, पुरुष द्वारा स्त्री का या स्त्री के द्वारा पुरुष का लिबास धारण करने की क्रिया या भाव।

**transvestite** (ट्रैन्स्-वेंस्´-टाइट्) ***n.*** one who wears the dress of opposite sex, वह पुरुष जो स्त्री का लिबास पहनता हो या वह स्त्री जो पुरुष का लिबास पहनती हो।

**trap** (ट्रैप्) ***n.*** 1. a device to catch animals, net, जंतुओं तथा पशुओं को पकड़ने का जाल, फंदा या पाश। 2. any plan by which someone is caught or stopped unawares, जाल, फाँसा, छलछंद। 3. a trapfall, चोरगड्ढा। 4. a U-shaped pipe, U की शक्ल का पाइप। 5. a device for throwing something into the air to be shot at, ट्रैप। 6. a light two-wheeled carriage, दुपहिया घोड़ा-गाड़ी। 7. a mouth, मुँह। ***v.*** (trapped, trapping) 1. to trap in or ensnare, जाल में पकड़ना या फँसाना। 2. to set a trap, जाल या फंदा डालना या लगाना। 3. to prepare a strategy, घात लगाना।

**trapdoor** (ट्रैप्´-डोः) ***n.*** a door in a floor or roof, चोर दरवाज़ा।

**trapeze** (ट्रै-पीज़्´) ***n.*** a short horizontal bar suspended by two parallel ropes for acrobatics, सर्कस का आकाशी झूला।

**trapezium** (ट्रै-पी´-ज़ि-ॲम्) ***n.*** a quadrilateral having two parallel sides of unequal length, विषम चतुर्भुज।

**trapper** (ट्रैप्´-ॲः) ***n.*** one who traps animals, बहेलिया, शिकारी।

**trappings** (ट्रैप्´-इंग्ज़्) ***n.*** (plu.) 1. an ornamental covering of a horse, घोड़े का सजावटी साज़। 2. superficial adornments, आडंबरपूर्ण सज्जा-सामग्री। 3. outward signs, बाह्य चिह्न।

**trapshooting** (ट्रैप्´-शू-टिंग्) ***n.*** shooting at clay pigeons sprung into the air from a trap, हवा में फेंके हुए मिट्टी के लोंदों पर निशाना लगाने की क्रिया, ट्रैप-शूटिंग।

**trash** (ट्रैश्) ***n.*** 1. rubbish, refuse, कूड़ा-कर्कट, कूड़ा। 2. junk, रद्दी सामान। 3. a worthless or contemptible person, निकम्मा या घृणित व्यक्ति। 4. a group of worthless persons, निकम्मे व्यक्तियों का जमघट या समूह। 5. the act of pruning, छँटाई।

**trashy** (ट्रैश्´-ई) ***adj.*** worthless, निकम्मा, बेकार।

**trauma** (ट्राः´-मॅ, ट्राउ´-मॅ) ***n.*** (plu. traumata, traumas) 1. a wound or injury, घाव, जख़्म। 2. a powerful mental shock, मानसिक आघात, सदमा।

**traumatic** (ट्राः/ट्राउ-मैट्´-इक्) ***adj.*** 1. causing injury, आघात पहुँचानेवाला। 2. unpleasant, अप्रिय।

**traumatize** (ट्राः´-मॅ-टाइज़्) ***v.*** to inflict an injury, चोट करना, घायल करना; मानसिक आघात पहुँचाना।

**travail** (ट्रॅ-वेल्´) ***n.*** 1. a laborious effort, toil, कठोर श्रम, कड़ी मेहनत, घोर परिश्रम। 2. an unpleasant experience, अप्रिय अनुभव। ***v.*** 1. to labour hard, कठोर परिश्रम करना। 2. to suffer, झेलना।

**travel** (ट्रैव्´-ॲल्) ***v.*** (travelled/treveled, travelling/traveling) 1. to make a journey, यात्रा करना, सफ़र करना, यात्रा पर निकलना। 2. to go through an area, किसी क्षेत्र में से होकर जाना, भ्रमण करना। 3. to go from place to place (as a salesman), जगह-जगह (चीज़ें बेचने या प्रचार करने के लिए) जाना। 4. (of light or sound) to move at a high speed, तेज़ गति से चलना, जाना या आगे बढ़ना। 5. to transmit or to be transmitted, प्रेषित करना या होना। ***n.*** 1. a journey, यात्रा, सफ़र। 2. a voyage, विदेश-यात्रा। 3. the range or rate of movement of a machine part, मशीन के किसी पुर्ज़े की चाल। 4. (plu.) a series of journeys, यात्रा-शृंखलाएँ।

**travelled, traveled** (ट्रैव्´-ॲल्ड्) ***adj.*** having travelled widely, जो ख़ूब घूमा-फिरा हो, यात्रा-पारंगत।

**traveller, traveler** (ट्रैव्´-ॲ-लॅः) ***n.*** one who travels or is travelling, यात्री, मुसाफ़िर।

**travelling, traveling** (ट्रैव्´-ॲ-लिंग्) ***n.*** the work of one who travels, यात्रा; travel-

T

ling allowance, यात्रा-भत्ता; travelling expenses, यात्रा-व्यय। *adj.* moving, चल; travelling library, चल पुस्तकालय; travelling ticket-inspector, चल टिकट-निरीक्षक।

**travelogue** (ट्रैव्´-अॅ-ला:ग्) *n.* a film or description on travel, यात्रा-फ़िल्म; यात्रा-वृत्तांत, सफ़रनामा।

**traversable** (ट्रै-व:´-सॅ-बॅल्) *adj.* that can be traversed, पारगम्य।

**traversal** (ट्रै-व:´-सॅल्) *n.* the act of traversing, पारगमन।

**traverse** (ट्रै-व:स्´) *v.* 1. to travel across, पार जाना, पार करना। 2. to examine, निरीक्षण करना। 3. to lie or extended across, आड़ा या तिर्यक होना। 4. to move to and fro, आगे-पीछे या इधर-उधर होते रहना, हिलना-डुलना। 5. to ascend or descend (a slope, ढाल पर) चढ़ना या उतरना। 6. to move a gun (on a pivot, कीली पर) बंदूक को घुमाना। *n.* 1. a thing that lies across another, आड़े बल में रखी हुई वस्तु। 2. the act of traversing, पारगमन। 3. inspection, निरीक्षण। *adj.* lying or extending across, तिरछा, टेढ़े बल में रखा हुआ, तिर्यक।

**travesty** (ट्रैव्´-इ-स्टी) *n.* mockery, absurd imitation, उपहास, मज़ाक, विडंबना; Your statement was a travesty of truth. तुम्हारा कथन तो सत्य का उपहास था। *v.* (travestied, travestying) to make a travesty or mockery of, उपहास करना, मज़ाक बना देना।

**trawl** (ट्रा:ल्) *n.* a large fishing net, मछलियाँ पकड़ने का बड़ा जाल, ट्राल। *v.* to fish with a trawl, ट्राल से मछलियाँ पकड़ना।

**tray** (ट्रे) *n.* 1. a flat utensil for carrying articles of food, ट्रे। 2. a quality of something carried on a tray, ट्रे में ले जाया हुआ सामान। 3. a shallow receptacle for papers, ट्रे।

**treacherous** (ट्रेंच्´-अॅ-रॅस्) *adj.* 1. betraying a trust, विश्वासघाती। 2. deceitful, कपटी, छलछंदी। 3. dangerous, ख़तरनाक।

**treacherously** (ट्रेंच्´-अॅ-रॅस्-ली) *adv.* in a treacherous manner, छलपूर्वक, धोखे से।

**treachery** (ट्रेंच्´-अॅ-री) *n.* 1. violation of allegiance or faith, disloyalty, विश्वासघात, निष्ठाहीनता, बेवफ़ाई। 2. an act of treason, द्रोह।

**treacle** (ट्री´-कॅल्) *n.* 1. molasses, राब। 2. flattery, चापलूसी।

**tread** (ट्रेंड्) *v.* (trod, trodden/trod, treading) 1. to walk in, on or over (something, किसी चीज़) पर चलना; tread lightly, दबे पाँव चलना। 2. to crush with feet, पैरों से कुचल देना, रौंद देना। 3. to subdue or repress, दबा देना। 4. (of birds) to copulate with, (पक्षियों का) जोड़ा खाना। □ **tread along,** के साथ-साथ चलना; **tread on air,** अति प्रफुल्लित होना, फूले अंग न समाना; **tread on someone's heel,** किसी का अनुसरण करना; **tread on someone's toes,** हानि या चोट पहुँचाना; **tread the boards,** मंच पर चढ़ना, मंच पर अभिनय करना; **tread water,** खड़ी तैराकी करना, खड़े-खड़े तैरना। *n.* 1. the act of treading, चलने की क्रिया या भाव, चाल। 2. a manner or style of walking, चलने का ढंग, चाल। 3. the top surface of a step in a staircase, सीढ़ी के डंडे का ऊपरी तल। 4. copulation, (पक्षियों का) जोड़ा खाना। 5. the sound of footsteps, पदचाप, पैरों की आहट।

**treadle** (ट्रेंड्´-अॅल्) *n.* a machine operated by pressing a lever with a foot, पैर से लीवर को दबाकर चलाई जानेवाली (छपाई या कपड़े सीने की) मशीन।

**treadmill** (ट्रेंड्´-मिल्) *n.* 1. an old type of mill operated by the weight of men, पाँव चक्की। 2. a tiring work, थकाऊ काम।

**treason** (ट्री´-ज़ॅन्) *n.* 1. betrayal of one's country or its ruler, देशद्रोह या राजद्रोह। 2. any betrayal, द्रोह, विश्वासघात।

**treasonable** (ट्री´-ज़ॅ-नॅ-बॅल्) *adj.* relating to or involving treason, देशद्रोह-संबंधी।

**treasurable** (ट्रेंज़्ह्´-अॅर्-अॅ-बॅल्) *adj.* worthy of being treasured, संग्रहणीय।

**treasure** (ट्रेंज़्ह्´-अं:) ***n.*** 1. stored up or accumulated wealth, ख़ज़ाना, निधि, कोष। 2. a collection of precious things, बहुमूल्य निधि। 3. something of great worth or value, अमूल्य वस्तु, अतिमूल्यवान वस्तु। 4. a beloved or highly valued person, प्रिय या महत्त्वपूर्ण व्यक्ति। ***v.*** 1. to collect and store up, जमा करना, संचय करना। 2. to keep as precious, बहुमूल्य समझकर सँजोना या रखना। 3. to value highly, बहुमूल्य समझकर (किसी चीज़ को) समादर करना या देना; I treasure your friendship. मैं तुम्हारी मित्रता का समादर करता हूँ।

**treasure haunt** ***n.*** a search for treasure, ख़ज़ाने की खोज या तलाश।

**treasure house** ***n.*** a place where treasure is stored, तोशाख़ाना, कोषागार।

**treasurer** (ट्रेंज़्ह्´-अं-रं:) ***n.*** one who looks after the funds of a company, society etc., ख़ज़ांची, कोषपाल।

**treasure trove** ***n.*** 1. the treasure that anyone finds, मिला ख़ज़ाना। 2. a discovery of great value, महत्त्वपूर्ण खोज।

**treasury** (ट्रेंज़्ह्´-अं-री) ***n.*** a place where treasure is kept and stored, कोष, कोषागार, ख़ज़ाना। 2. ***the treasury,*** the place where government's funds are kept and disbursed, ट्रेजरी, राजकोष; treasury bill, सरकारी हुंडी; treasury officer, कोषपाल।

**Treasury Bench** ***n.*** the seats reserved in the Lok Sabha or Vidhan Sabha for the members of the government, सत्ता-पक्ष के आसन, सत्ता-पीठ।

**treat** (ट्रीट्) ***v.*** (treated, treating) 1. to deal with in a specified manner, बरताव करना, व्यवहार करना; They treated us well. उन्होंने हमारे साथ अच्छा व्यवहार किया; They treated us badly. उन्होंने हमारे साथ बुरा व्यवहार किया। 2. to regard or consider in a certain way, मानना या समझना। 3. to expound, प्रतिपादित करना, विवेचित करना; to treat at length, विस्तारपूर्वक विवेचन करना। 4. to give medical treatment to, उपचार या चिकित्सा करना। 5. to entertain, ख़ातिर करना, सत्कार या आवभगत करना। 6. to act upon with some chemical agent, उपचारित करना; treated timber, उपचारित इमारती लकड़ी। 7. to discuss settlement, निपटारे की बातचीत करना। ***n.*** 1. an entertainment given to invitees, आमंत्रितों का किया जानेवाला मनोरंजन या उन्हें दिया जानेवाला भोज; ख़ातिर या दावत। 2. anything that gives extreme pleasrue or joy, अत्यंत हर्ष या ख़ुशी की कोई अप्रत्याशित बात। □ **stand treat,** दावत का ख़र्च वहन करना।

**treatise** (ट्री´-टिस्/टिज़्) ***n.*** an essay or dissertation, निबंध, प्रबंध।

**treatment** (ट्रीट्´-मॅन्ट्) ***n.*** 1. the act or manner of treating someone, व्यवहार, बरताव। 2. the act of treating something, प्रतिपादन, निरूपण। 3. cure or medication, उपचार, इलाज, दवा-दारू। 4. entertainment or reception, मनोरंजन या सत्कार। 5. the act of treating chemically, उपचारित करना।

T

**treaty** (ट्री´-टी) ***n.*** 1. the agreement made by negotiations between two or more countries, संधि, सुलह, समझौता; treaty of friendship, मैत्री-संधि; trade treaty, व्यापार-समझौता। 2. such formal written agreement, संधिपत्र, सुलहनामा।

**treble** (ट्रेब्´-अॅल्) ***adj.*** 1. three-times as much or as many, तिगुना। 2. having three folds or parts, तिहरा। 3. high-pitched, उच्च, बहुत ऊँचा। ***n.*** 1. a treble quantity, तिगुनी मात्रा या परिमाण। 2. a treble thing, तिगुनी वस्तु। 3. a high sound or voice, उच्च स्वर। ***v.*** (trebled, trebling) 1. to make three times, तिगुना कर देना। 2. to become three times, तिगुना हो जाना।

**trebly** (ट्रेब्´-ली) ***adv.*** 1. three times, तिगुने रूप में। 2. three-folds, तिहरे रूप में।

**tree** (ट्री) ***n.*** 1. a woody perennial plant with a single trunk, पेड़, वृक्ष, दरख़्त। 2. a diagram showing family relationships, वंशवृक्ष। □ **at the top of the tree,** शिखर पर; **up a tree,** मुसीबत में। ***v.*** (treed, treeing) to force (someone) to take refuge up a tree, (किसी को) पेड़ पर चढ़कर शरण लेने के लिए बाध्य करना।

**tree house** ***n.*** a structure built in a tree for children to play in, वृक्षगृह।

**treeless** (ट्री´-लिस्) ***adj.*** without trees, वृक्षविहीन।

**treetop** (ट्री´-टॉप्) ***n.*** the topmost part of a tree, वृक्ष का ऊपरी भाग, वृक्ष का शिखर।

**trefoil** (ट्री´-फ़ॉइल्) ***n.*** a trifoliolate leaf, तिपत्ती, त्रिपर्ण, त्रिदली।

**trek** (ट्रेक्) ***n.*** a long difficult journey, लंबी दुर्गम यात्रा। ***v.*** (trekked, trekking) to make a trek, लंबी दुर्गम यात्रा पर निकलना।

**trekker** (ट्रेक्´-कॅ:) ***n.*** one who treks, लंबी तथा दुर्गम यात्रा/यात्राएँ करनेवाला।

**trellis** (ट्रेल्´-इस्) ***n.*** a frame of crossing wooden or metal bars, जाफ़री, जाली।

**tremble** (ट्रेम्´-बॅल्) ***v.*** 1. to shiver or vibrate, काँपने या हिलने लगना। 2. to be affected with fear or doubt, भय या आशंका से काँप या सिहर उठना, भयभीत या चिंतित होना; I tremble to think of your future. तुम्हारे भविष्य को सोचकर मैं सिहर उठता हूँ। ***n.*** 1. the act of trembling, कंपन, कँपकँपी। 2. a tremor, थरथराहट।

**tremblingly** (ट्रेम्´-ब्लिंग्-ली) ***adv.*** in a trembling way, काँपते हुए।

**tremendous** (ट्रि-मेंन्´-डॅस्) ***adj.*** 1. huge, mammoth, बहुत बड़ा, विशाल, भारी। 2. immense, अत्यधिक। 3. excellent, असाधारण, विलक्षण। 4. terrifying, भयावह, भीषण।

**tremendously** (ट्रि-मेंन्´-डॅस्-ली) ***adv.*** in a tremendous manner, अत्यधिक।

**tremolo** (ट्रेम्´-ॲ-लो) ***n.*** a vibrating effect in singing, स्वरकंप, गिटकिरी।

**tremor** (ट्रेम्´-ॲ:) ***n.*** 1. a quivering or vibratory motion, कंप; an earth tremor, भूकंप। 2. a trembling or shaking from weakness or disease, कंपन, कँपकँपी। 3. horripilation, रोमांच, सिहरन; A tremor runs through my body when I hear ghost stories. भूतों की कहानियाँ सुनने पर मुझे सिहरन होने लगती है। ***v.*** to tremble, काँपना, सिहरना।

**tremulous** (ट्रेम्´-यु-लॅस्) ***adj.*** 1. trembling, vibrating, काँपता या हिलता हुआ। 2. timid, भीरु, डरपोक। 3. fearful, भयभीत।

**tremulously** (ट्रेम्´-यु-लॅस्-ली) ***adv.*** timidly or fearfully, डरते-डरते या काँपते हुए।

**trench** (ट्रेन्च्) ***n.*** a deep ditch, खाई, खंदक; trench line, खाई-रेखा। ***v.*** to dig a trench, खाई खोदना, खंदक खोदना।

**trenchancy** (ट्रेन्´-चॅन्-सी) ***n.*** the quality of being trenchant, दृढ़ता; पैनापन।

**trenchant** (ट्रेन्´-चॅन्ट्) ***adj.*** 1. strong and effective, प्रबल तथा प्रभावपूर्ण, दृढ़, ज़ोरदार। 2. keen or pointed, पैना या नुकीला।

**trencher** (ट्रेन्´-चॅ:) ***n.*** 1. one who digs trenches, खाई खोदनेवाला। 2. a wooden board or tray, लकड़ी की ट्रे या तख़्ती।

**trencherman** (ट्रेन्´-चॅ:-मॅन्) ***n.*** a hearty eater, डटकर खानेवाला, खाऊवीर।

**trend** (ट्रेन्ड्) ***n.*** 1. a general tendency, सामान्य प्रवृत्ति, रुझान, झुकाव। 2. fashion or drift, चाल, रिवाज। ***v.*** to take a certain trend, प्रवृत्ति होना या दिखाई पड़ना।

**trendsetter** (ट्रेन्ड्´-सेट्-ॲ:) ***n.*** 1. one who creates a new fashion, नया फ़ैशन चलानेवाला। 2. a thing that creates a fashion, फ़ैशन चलानेवाली वस्तु, फ़ैशन-चलाऊ वस्तु।

**trendy** (ट्रेन्´-डी) ***adj.*** 1. fashionable, फैशनेबुल। 2. up-to-date, अद्यतन।

**trepidation** (ट्रेप्-इ-डे´-शॅन्) ***n.*** dread, apprehension or anxiety, भय, चिंता या घबराहट।

**trespass** (ट्रेस्´-पस्) ***v.*** to enter unlawfully upon the land of someone, अतिचार करना, अतिक्रमण करना। 2. to sin or do wrong, पाप या अपराध करना। ***n.*** 1. an unlawful entry upon another's land, अतिचार, अतिक्रमण। 2. a sin or wrongdoing, पाप या अपराध।

**trespasser** (ट्रेस्´-प-सॅ:) ***n.*** one who trespasses, अतिचारी, अतिक्रामक।

**tress** (ट्रेस्) ***n.*** 1. a lock of hair, लट। 2. (plu.) the hair of the head, केश।

**trestle** (ट्रॅस्´-ऑल्) ***n.*** a frame serving as a support, फ़्रेम, आधार।

**trey** (ट्रे) ***n.*** a card with three pips. तिक्की।

**triable** (ट्राइ´-अॅ-बॅल्) ***adj.*** that can be tried, परीक्षण करने योग्य, परीक्षण-योग्य, परीक्षणीय।

**triad** (ट्राइ´-ऐड्) ***n.*** a set of three, त्रयी, त्रय।

**triadic** (ट्राइ´-ऐ-डिक्) ***adj.*** pertaining to triad, त्रयात्मक।

**triage** (ट्री´-आज़्ह्) ***n.*** an arrangement or disposition(of patients) as per necessity, (रोगियों का) आवश्यकतानुरूप लगाया हुआ क्रम या किया जानेवाला उपचार।

**trial** (ट्राइ´-ऑल्) ***n.*** 1. the act or process of trying or testing, परीक्षण, जाँच, परख। 2. the formal hearing and judging of the facts by a court of law, विचारण; trial by jury, जूरी द्वारा विचारण। 3. an attempt, प्रयत्न, प्रयास। 4. a test of endurance, faith etc., धैर्य, निष्ठा आदि की परीक्षा; trial of strength, बल-परीक्षा, शक्ति-परीक्षा। 5. a hardship, कठिनाई, झंझट, मुसीबत। 6. a competition, प्रतियोगिता। □ **on trial,** आज़माइशी, परीक्षापेक्ष, परीक्षाधीन। ***adj.*** 1. of a trial, परीक्षण-संबंधी; trial driver, परीक्षण-चालक। 2. made or done during test, परीक्षणार्थ; trial edition, परीक्षणार्थ संस्करण।

**trial and error** ***n.*** the finding out of the best method by trying repeatedly and learning from one's mistakes, परख तथा चूक; trial and error method, परख तथा चूक विधि।

**trial balance** ***n.*** a list of debit and credit balances of account in the ledger of a double-entry system to test their equality, शेष-परीक्षण।

**trial marriage** ***n.*** the state of living together with an expectation of marriage, परीक्षण-विवाह।

**trial run** ***n.*** an initial test of a new machine, प्राथमिक परीक्षण, श्रीगणेश।

**triangle** (ट्राइ´-ऐंग्-गल्) ***n.*** 1. a figure having three sides and three angles, त्रिकोण, त्रिभुज। 2. something having a shape of triangle, त्रिकोण।

**triangular** (ट्राइ-ऐंग्´-ग्यु-लॅ:) ***adj.*** 1. relating to a triangle, त्रिकोण-संबंधी। 2. involving three sides, त्रिकोणीय।

**triangulation** (ट्राइ-ऐंग्-ग्यु-ले´-शॅन्) ***n.*** a method of surveying in which an area is divided into triangles, त्रिभुजन।

**tribal** (ट्राइ´-बॅल्) ***adj.*** of a tribe or tribes, जनजातीय, आदिवासीय, कबायली।

**tribe** (ट्राइब्) ***n.*** 1. a racial group of backward people having common descent and culture, क़बीला, जनजाति। 2. a group having common characteristics, वर्ग, समुदाय या गिरोह।

**tribesman** (ट्राइब्ज़्´-मॅन्) ***n.*** a member of a racial tribe, कबायली, आदिवासी। [Fem. tribeswoman, आदिवासिन, कबायलिन]

**tribulation** (ट्रिब्-यु-ले´-शॅन्) ***n.*** 1. great affliction or distress, घोर विपत्ति या संकट। 2. something that causes it, संकट या विपत्ति का कारण।

**tribunal** (ट्राइ-ब्यू´-नॅल्) ***n.*** a board of judicial officials appointed by government to inquire or make a judgment on a special matter or issue, अधिकरण, न्यायाधिकरण; tribunal of peace, शांति-अधिकरण।

**tribune** (ट्रि-ब्यून्´, ट्रिब्´-यून्) ***n.*** 1. an officer to protect public rights, जनाधिकारी। 2. one who upholds public rights, जन-नायक, जननेता।

**tributary** (ट्रिब्´-यु-टॅ-री) ***n.*** a river or stream that feeds another larger one, सहायक नदी, उपनदी।

**tribute** (ट्रिब्´-यूट्) ***n.*** 1. a payment by a ruler or state given to another as an acknowledgment of submission, कर, ख़िराज। 2. something given as a mark of respect, उपहार, भेंट। 3. something said as a mark of respect, सम्मान, स्तुति, प्रशंसा या श्रद्धांजलि। □ **pay tribute to,** स्तुति या प्रशंसा करना, श्रद्धांजलि देना।

**trice** (ट्राइस्) ***n.*** a moment, क्षण। □ **in a**

**trice,** क्षण-भर में।

**tricentenary** (ट्राइ´-सेंन्-टि-नॅ-री) ***n.*** a 300th anniversary, त्रिशताब्दी। ***adj.*** occurring every 300 years, त्रिशताब्दिक।

**tricentennial** (ट्राइ-सेंन्-टेंन्´-इ-अॅल्) ***n.*** a tricentenary, त्रिशताब्दी, त्रिशती।

**triceps** (ट्राइ´-सेप्स्) ***n.*** a large muscle at the back of the upper arm having three heads, त्रिशिरस्क।

**trick** (ट्रिक्) ***n.*** 1. a crafty or deceptive act, छल, छक्का-पंजा। 2. a dexterous or clever act, चाल। 3. a particular way of doing something easily, युक्ति, तरकीब, ढंग। 4. a feat of skill, हाथ की सफ़ाई, बाज़ीगरी। □ **do the trick,** चाल सफ़ल होना। ***v.*** 1. to cheat or deceive, धोखा देना, छलना। 2. to ornament or adorn, अलंकृत करना, सजाना। □ **trick up,** अलंकृत करना, सजाना। ***adj.*** 1. involving tricks, चतुराई-भरा, छलपूर्ण। 2. weak or defective, अशक्त, कमज़ोर।

**tricker** (ट्रिक्´-अॅ:) ***n.*** one who tricks, छलिया, धोखेबाज़।

**trickery** (ट्रिक्´-अॅ-री) ***n.*** deception, छल, धोखा, धोखाधड़ी।

**trickle** (ट्रिक्´-अॅल्) ***v.*** 1. to fall in drops, बूँद-बूँद करके टपकना। 2. to flow in a thin gentle stream, पतली धार के रूप में बहना। 3. to come or go slowly, धीरे-धीरे आना या जाना; The news trickled down. ख़बर निकल गई या फैल गई। ***n.*** 1. the act of trickling, टपटप, टपकन। 2. slow flow of something, धीमी धारा। 3. a small amount, अल्प मात्रा।

**trickster** (ट्रिक्´-स्टॅ:) ***n.*** one who cheats, धोख़ेबाज़, तिकड़मी।

**tricksy** (ट्रिक्´-सी) ***adj.*** smartly attired, बना-ठना, छैला।

**tricky** (ट्रिक्´-ई) ***adj.*** (trickier, trickiest) 1. sly, धूर्त, चालाक। 2. requiring caution or skill, नाजुक या पेचीदा।

**tricolour** (ट्राइ´-कल्-अॅ:) ***adj.*** having three colours, तिरंगा। ***n.*** 1. a tricolour flag, तिरंगा झंडा। 2. the national flag of India, France etc., भारत, फ्रांस आदि का राष्ट्रीय तिरंगा झंडा।

**tricot** (ट्री´-को) ***n.*** a thin fabric, एक प्रकार का (नाइलॉन आदि का) बारीक कपड़ा।

**tricycle** (ट्राइ´-सि-कॅल्) ***n.*** a three-wheeled cycle, तिपहिया साइकिल।

**trident** (ट्राइ´-डॅन्ट्) ***n.*** a three-pronged spear, त्रिशूलनुमा बरछा, त्रिशूल।

**tried** (ट्राइड्) ***v.*** p.t. & p.p. of try. ***adj.*** 1. tested, आज़माया हुआ, परीक्षित। 2. proved to be good after use, सही उतरा हुआ, प्रयोगसिद्ध।

**triennial** (ट्राइ-ऍन्´-इ-अॅल्) ***adj.*** happening or being done every three years, त्रैवार्षिक, त्रिवर्षीय। ***n.*** a third anniversary, तृतीय जयंती या पुण्यतिथि।

**triennially** (ट्राइ-ऍन्´-इ-अॅ-ली) ***adv.*** after every three years, हर तीसरे वर्ष।

**trier** (ट्राइ´-अॅ:) ***n.*** one who tries hard, प्रयत्नकर्ता, उद्यमशील।

**trifle** (ट्राइ´-फ़ॅल्) ***n.*** 1. something of little value or no importance, ज़रा-सी चीज़ या बात, तुच्छ या महत्त्वहीन चीज़ या बात, छोटी चीज़ या बात। 2. an insignificant amount, अल्पमात्रा, अल्पराशि। ***v.*** (trifled, trifling) 1. to dally or toy with, से खिलवाड़ करना, से छेड़छाड़ करना। 2. to waste, बर्बाद करना, व्यर्थ नष्ट करना।

**trifling** (ट्राइ´-फ़्लिंग्) ***adj.*** trivial, insignificant, तुच्छ, नगण्य, महत्त्वहीन।

**trigger** (ट्रिग्´-अॅ:) ***n.*** a lever pressed by the finger so as to fire a gun, बंदूक का घोड़ा, लिबलिबी। ***v.*** 1. to press the lever, to fire, लिबलिबी दबाना, बंदूक चलाना। 2. to set off, चलाना, प्रवर्तित करना, खड़ा करना; Your remark triggered off a controversy. तुम्हारी टिप्पणी ने यह विवाद खड़ा कर दिया है।

**trigger-happy** (ट्रिग्´-अॅ:-हैप्-ई) ***adj.*** inclined to shoot on slight provocation, बात-बात पर गोली चला देनेवाला, दायित्त्वहीन बंदूकधारी।

**triggerman** (ट्रिग्´-अॅ:-मॅन्) ***n.*** a gangster's personal bodyguard, गुंडे का निजी बंदूकधारी अंगरक्षक।

**trigonometric** (ट्रिग्-अॅ-नॅ-मॅट्´-रिक्) ***adj.*** of or relating to trigonometry, त्रिकोणमिति-संबंधी, त्रिकोणमितीय।

**trigonometry** (ट्रिग्-अॅ-नॉम्´-अॅ-ट्री) ***n.*** the branch of mathematics dealing with the relationship between the sides and angles of triangles, त्रिकोणमिति।

**trilateral** (ट्राइ-लैट्´-अॅ-रॅल्) ***adj.*** having three sides, त्रिपक्षीय।

**trilingual** (ट्राइ-लिंग्´-ग्वॅल्) ***adj.*** speaking or using three languages, त्रिभाषी; trilingual formula, त्रिभाषा-सूत्र।

**trill** (ट्रिल्) ***n.*** a vibrating sound made by the voice, गिटकिरी, स्वरकंपन। ***v.*** to sing with a trill, गिटकिरी भरना, स्वर में कंपन उत्पन्न करना।

**trillion** (ट्रिल्´-यॅन्) ***n.*** 1. (in England) the number represented as one followed by eighteen zeros, एक करोड़ खरब, दस शंख। 2. (in the U.S.A.) the number represented as one followed by twelve zeros, एक लाख करोड़, दस खरब।

**trillionth** (ट्रिल्´-यॅन्थ्) ***adj.*** of or pertaining to trillion, एक करोड़ खरब (अथवा दस खरब) होनेवाला।

**trilogy** (ट्रिल्´-अॅ-जी) ***n.*** a series of three, त्रयी।

**trim** (ट्रिम्) ***adj.*** (trimmer, trimming) 1. neat and spruce, बना-ठना, साफ़-सुथरा, सजा-सँवरा। 2. well-ordered, orderly, व्यवस्थित, सुव्यवस्थित। ***v.*** (trimmed, trimming) 1. to make (a tree) neat or tidy by cutting or clipping, काटना-छाँटना। 2. to give a desired shape by clipping, काट-छाँटकर दुरुस्त करना, समकर्तन करना, सुव्यवस्थित करना। 3. to decorate or adorn, सजाना-सँवारना। 4. to adjust, समायोजित करना। 5. to balance, संतुलित करना। ***n.*** 1. an act of trimming, काट-छाँट, कटाई-छँटाई, समकर्तन। 2. the state or quality of being neat and spruce, साफ़-सुथरे या बने-ठने होने की अवस्था या भाव। 3. decoration, सजावट, शृंगार। 4. the trimming of hair, बाल-कटाई।

**trimester** (ट्राइ´-मॅस्-टॅ:) ***n.*** a period of three months, तिमाही।

**trimestrial** (ट्राइ´-मॅस्-ट्रि-अॅल्) ***adj.*** occurring every three months, तिमाही; trimestrial examination, तिमाही परीक्षा।

**trimly** (ट्रिम्´-ली) ***adv.*** 1. neatly, सफ़ाई से। 2. orderly, अच्छे ढंग से, व्यवस्थित रूप में।

**trimming** (ट्रिम्´-इंग्) ***n.*** 1. the act of one who trims, काट-छाँट, समकर्तन। 2. something trimmed, काट-छाँटकर तैयार किया हुआ पदार्थ। 3. something added as decoration, सजावट के लिए रखी या लगाई हुई वस्तु। 4. accessories, उपसाधन।

**trimonthly** (ट्राइ-मन्थ्´-ली) ***adj.*** occurring every three months, हर तीसरे महीने होनेवाला, त्रैमासिक।

**trinity** (ट्रिन्´-इ-टी) ***n.*** a group of three, त्रयी, त्रिमूर्ति।

**trinket** (ट्रिंग्´-किट्) ***n.*** 1. a trivial object, नगण्य पदार्थ। 2. a small ornament, छोटा-मोटा गहना।

**trio** (ट्री´-ओ) ***n.*** 1. a group of three, त्रयी। 2. a group of three players or singers, तीन खिलाड़ियों या गायकों का दल। 3. a musical composition for three persons, तिगाना।

**triolet** (ट्राइ´-अॅ-लिट्) ***n.*** a poem of eight lines, अष्टपदी।

**trip** (ट्रिप्) ***n.*** 1. a journey for pleasure or any specific purpose, यात्रा, भ्रमण। 2. an outward and return journey, फेरा। 3. an exciting or hallucinatory experience, कोई उत्तेजनात्मक या भ्रांतिजनक अनुभव। 4. a mistake, भूल, ग़लती। 5. a device for tripping a mechanism, छटकने या थिरकनेवाला यंत्र। 6. a false step, लड़खड़ाहट। ***v.*** (tripped, tripping) 1. to go on a short journey, यात्रा या भ्रमण करना। 2. to walk or dance with light quick steps, फुदकना।

3. to stumble or cause to stumble, लड़खड़ा जाना या देना। 4. to make a mistake, भूल या ग़लती करना। 5. to release (a mechanism, पुर्ज़े का) छटक या थिरक जाना। 6. to experience the effects of a hallucinogenic drug, भ्रांति होना।

**tripartite** (ट्राइ-पा:´-टाइट्) ***adj.*** having three parts or sides, त्रिपक्षीय।

**tripe** (ट्राइप्) ***n.*** something worthless, बेकार या तुच्छ वस्तु।

**tripthong** (ट्रिप्´-था:ङ्ग्) ***n.*** a group of three vowels, त्रिस्वर।

**triple** (ट्रिप्´-अॅल्) ***adj.*** 1. consisting of three parts, त्रिपक्षीय। 2. being three times as great or as many, तिगुना। 3. having three-folds, तिहरा। ***n.*** a set of three, त्रयी, त्रिक। ***v.*** 1. to make three times as great or as many, तिगुना करना। 2. to become three times as great or as many, तिगुना होना।

**triplet** (ट्रिप्´-लिट्) ***n.*** 1. one of the three children or offspring born at one birth, एक साथ उत्पन्न तीन बच्चों में से कोई एक, त्रिज। 2. a set of three things, त्रयी, त्रिक।

**triplex** (ट्रिप्´-लेंक्स्) ***adj.*** having three layers, तिपरती; triplex board, तिपरती गत्ता।

**triplicate** (ट्रिप्´-लि-किट्) ***n.*** 1. a group of three things, त्रयी, त्रिक। 2. one of such a group, त्रिक का कोई एक अवयव। □ **in triplicate,** तीन प्रतियों में। ***adj.*** 1. being a triplicate, तीन प्रतियों में होनेवाला। 2. threefold, तिगुना, तिहरा। ***v.*** 1. to multiply or be multiplied by three, त्रिगुणित करना या किया जाना। 2. to make or be three identical copies of, एक जैसी तीन प्रतियाँ बनाना या बनना।

**triply** (ट्रिप्´-ली) ***adv.*** in a triple amount, तिगुने रूप में, तिगुनी मात्रा में।

**tripod** (ट्राइ´-पॉड्) ***n.*** a three-legged stand, तिपाई, त्रिपाद।

**tripodal** (ट्रिप्´-अॅ-डॅल्) ***adj.*** of or pertaining to tripod, त्रिपदी।

**tripping** (ट्रिप्´-इंग्) ***adj.*** that trips, छटकने, थिरकने या फुदकनेवाला।

**triptych** (ट्रिप्´-टिक्) ***n.*** a three-panelled picture, तीन टुकड़ों में बना चित्र (जिन्हें जोड़ने या सटाने से पूरा चित्र बनता है)। ***adj.*** having three panels, त्रिफलक।

**trisect** (ट्राइ-सेंक्ट्´) ***v.*** to divide into three (equal) parts, तीन (समान) हिस्सों में बाँटना, त्रिभाजित या समत्रिभाजित करना।

**trisection** (ट्राइ-सेंक्´-शॅन्) ***n.*** an act of trisecting, तीन (बराबर) हिस्सों में बाँटने का कार्य, त्रिभाजन, समत्रिभाजन।

**trisyllable** (ट्राइ´-सिल्-अॅ-बॅल्) a word consisting of three syllables, त्र्याक्षर।

**trite** (ट्राइट्) ***adj.*** (triter, tritest) commonplace, अतिसामान्य, घिसा-पिटा।

**triteness** (ट्राइट्´-निस्) ***n.*** the quality or state of being trite, अतिसामान्यता।

**triumph** (ट्राइ´-अॅम्फ़्) ***v.*** 1. to be victorious, विजयी होना। 2. to win, विजय प्राप्त करना। 3. to rejoice over a victory, जीत मनाना, विजयोत्सव मनाना। ***n.*** 1. victory, विजय, जीत। 2. the joy of victory, जीत की ख़ुशी, विजयानंद।

**triumphal** (ट्राइ-अम्´-फ़ॅल्) ***adj.*** of, pertaining to or caused by a triumph, विजय-संबंधी, विजयजन्य।

**triumphant** (ट्राइ-अम्´-फ़ॅन्ट्) ***adj.*** 1. victorious, विजयी। 2. successful, सफल। 3. exultant through triumph, विजय से उत्फुल्ल।

**triumvirate** (ट्राइ-अम्´-वि-रिट्) ***n.*** joint rule of three persons, तीन व्यक्तियों का शासन, त्रिशासन।

**trivet** (ट्रिव्´-इट्) ***n.*** a three-legged metal stand, धातु की बनी तिपाई।

**trivia** (ट्रिव्´-इ-अॅ) ***n.*** (plu.) trivialities, छोटी-मोटी बातें या चीजें।

**trivial** (ट्रिव्´-इ-अॅल्) ***adj.*** 1. ordinary, साधारण, मामूली। 2. of little worth, नगण्य, तुच्छ।

**triviality** (ट्रिव्-इ-ऐल्´-इ-टी) ***n.*** 1. the quality or state of being trivial, तुच्छता, नगण्यता। 2. something trivial, तुच्छ वस्तु या बात।

**triweekly** (ट्राइ-वीक्´-ली) ***adj.*** appearing or occurring three times in a week, सप्ताह में तीन बार होनेवाला।

**trod** (ट्रॉड्) ***v.*** p.t. of tread.

**trodden** (ट्रा´-डॅन्) ***v.*** p.p. of tread.

**troglodyte** (ट्रॉग्´-लॅ-डाइट्) ***n.*** one who used to live in a cave in ancient times, कंदरावासी, गुफावासी।

**troika** (ट्रोइ´-कॅ) ***n.*** a council of three persons, तीन व्यक्तियों की परिषद्, त्रिपरिषद्।

**Trojan** (ट्रो´-जॅन्) ***adj.*** of Troy or its people, ट्राय नगर या उसके वासियों से संबद्ध। ***n.*** 1. a native of Troy, ट्रायवासी। 2. a courageous person, साहसी व्यक्ति। □ **work like a Trojan,** कठोर परिश्रम करना।

**troll**[1] (ट्रॉल्) ***v.*** to fish with a hook and line, बंसी से मछलियाँ पकड़ना।

**troll**[2] ***n.*** a mischievous creature, दुष्ट प्राणी या दैत्य।

**trolley** (ट्रॉल्´-ई) ***n.*** 1. a wheeled vehicle for conveying food or transporting luggage, ट्रॉली, ठेला। 2. a basket type carriage suspended from an overhead track, ट्रॉली।

**trolleyman** (ट्रॉल्´-इ-मॅन्) ***n.*** one who drives a trolley, ट्रॉलीवाला।

**trollop** (ट्रॉल्´-अॅप्) ***n.*** a loose woman, छिनाल, कुलटा, वेश्या।

**trombone** (ट्रॉम्-बोन्´) ***n.*** a brass wind instrument, फूँककर बजाया जानेवाला तुरही की तरह का पीतल का बाजा, पतली तुरही, ट्रॉमबोन।

**trombonist** (ट्रॉम्-बो´-निस्ट्) ***n.*** one who plays a trombone, ट्रॉमबोन बजानेवाला, तुरहीवादक।

**troop** (ट्रूप्) ***n.*** 1. a group or company of armed soldiers, सशस्त्र सेना की टुकड़ी, जत्था। 2. a unit of Scouts, बालचरों की टोली। 3. a flock of birds or animals, झुंड, गोल। 4. (plu.) armed forces, सशस्त्र सेनाएँ। ***v.*** 1. to assemble, इकट्ठा होना, एकत्र होना। 2. to move in large number, दल बनाकर चलना, दल बाँधकर चलना।

**trope** (ट्रोप्) ***n.*** a figurative language, आलंकारिक भाषा।

**trooper** (ट्रू´-पॅ:) ***n.*** 1. a cavalry man, घुड़सवार सैनिक, अश्वारोही सैनिक। 2. a police officer on horseback, घुड़सवार पुलिस अधिकारी। 3. a cavalry horse, फौजी घोड़ा।

**trophy** (ट्रो´-फ़ी) ***n.*** 1. a cup or shield given to a winner or winners in a contest, प्रतियोगिता में जीतनेवाले को दिया जानेवाला उपहार, ट्रॉफ़ी, वैजयंती। 2. something taken in war or hunting, युद्ध, आखेट में मिलनेवाली या हाथ लगनेवाली चीज़, पुरस्कार।

**tropic** (ट्रॉप्´-इक्) ***n.*** 1. either of two parallels of latitude, कर्क या मकर रेखा; tropic of cancer, कर्क रेखा; tropic of capricorn, मकर रेखा। 2. ***The tropics,*** (plu.) the region of the earth's surface bounded by these latitudes, उष्ण कटिबंध। ***adj.*** of or relating to the tropics, उष्ण कटिबंधीय।

**tropical** (ट्रॉप्´-इ-कॅल्) ***adj.*** 1. of tropics, उष्ण कटिबंधीय। 2. very hot, अत्यंत गरम।

**tropology** (ट्रॉप्´-अॅ-लॉ-जी) ***n.*** rhetorics, अलंकार शास्त्र।

**troposphere** (ट्रॉप्´-अॅ-स्फ़िअॅ:) ***n.*** the lowest atmospheric layer which extends outward from seven to ten miles from earth's surface, क्षोभमंडल।

**trot** (ट्रॉट्) ***n.*** 1. the moderately fast running action of a horse in which diagonally opposite legs come down together, घोड़े की दुलकी चाल। 2. a steady brisk pace, तेज़ चाल। 3. a small child, छोटा बच्चा। ***v.*** (trotted, trotting) 1. to move or cause to move at a trot, दुलकी चलना या चलाना। 2. to proceed briskly, तेज़ चलना। □ **trot out,** प्रस्तुत करना, पेश करना।

**troth** (ट्रा:थ्) ***n.*** 1. truth, सत्य। 2. loyalty, निष्ठा।

**trotter** (ट्रॉट्´-अॅ:) ***n.*** 1. a horse that trots, दुलकी चाल चलनेवाला घोड़ा। 2. a pig's foot used as food, सुअर के पैर का मांस।

**troubadour** (ट्रू´-बॅ-डो:) ***n.*** a poet-cum-musician, ऐसा व्यक्ति जो कवि भी हो और

संगीतज्ञ भी, कवि-संगीतज्ञ।

**trouble** (ट्रब्´-अॅल्) ***n.*** 1. difficulty or inconvenience, असुविधा, तकलीफ़, कष्ट, कठिनाई; He got me into trouble. उसने मुझे परेशानी में डाल दिया। 2. mental distress, परेशानी, व्यथा, वेदना। 3. a cause of distress, मुसीबत या कष्ट का कारण, विपत्ति। 4. illness, बीमारी, व्याधि। 5. a state of disorder or unrest, अशांति, गड़बड़ी, उपद्रव, विक्षोभ। 6. faulty functioning of mechanism, body etc., ख़राबी, गड़बड़ी; stomach trouble, पेट की गड़बड़ी। ☐ **ask for trouble,** विपत्ति को न्योता देना; **be in trouble,** परेशानी में होना; **in trouble,** (i) कठिनाई में; (ii) (कुँआरी लड़की का गर्भवती होने के फलस्वरूप) कष्ट में; **take trouble,** कष्ट उठाना, कष्ट करना। ***v.*** 1. to stir up or agitate, विक्षुब्ध करना, अशांत बनाना। 2. to bother or perturb, तंग करना, परेशान करना। 3. to become agitated, विक्षुब्ध हो उठना। 4. to make an effort or take pains, प्रयास करना, कष्ट उठाना।

T

**troublefree** (ट्रब्´-अॅल्-फ़्री) ***adj.*** causing no trouble, बिना किसी परेशानी के होने या चलनेवाला, निरापद।

**troublemaker** (ट्रबॅ´-अॅल्-मे-कॅ:) ***n.*** one who causes friction between people, झगड़ा लगानेवाला, आग लगानेवाला।

**troubleshooter** (ट्रब्´-अॅल्-शू-टॅ:) ***n.*** one who traces the cause of trouble in a machinery and removes it, मशीन के दोष को पकड़ने तथा उसे ठीक करनेवाला मिस्त्री।

**troublesome** (ट्रब्´-अॅल्-सॅम्) ***adj.*** 1. causing trouble, दुख देने या गड़बड़ी उत्पन्न करनेवाला, उपद्रवी, उत्पाती। 2. difficult, कठिन, विकट। 3. turbulent, विक्षुब्ध।

**trough** (ट्रा:फ़्) ***n.*** 1. a long shallow receptacle for holding water or feed for animals, नाँद, कुंड। 2. a depression between two waves or ridges, गर्त। 3. the lowest point of the trade cycle, मंदी, अवसाद-काल।

**trounce** (ट्राउन्स्) ***v.*** 1. to defeat decisively, पछाड़ देना, हरा देना। 2. to thrash, पीटना, पिटाई करना, धुलाई करना।

**troupe** (ट्रूप्) ***n.*** a group of actors, a theatrical group, अभिनेताओं या कलाकारों की मंडली।

**trouper** (ट्रू´-पॅ:) ***n.*** a member of a troupe, मंडली का सदस्य, अभिनेता या कलाकार।

**trouser** (ट्राउ´-ज़ॅ:) ***adj.*** pertaining to trousers, पतलून या पाजामा-संबंधी।

**trousers** (ट्राउ´-ज़ॅ:ज़्) ***n.*** (plu.) a two-legged outer garment extending from the waist to the ankles, पाजामा या पतलून।

**trousseau** (ट्रू´-सो) ***n.*** (plu. trousseaux, trousseaus) a bride's personal collection of clothing etc., दुल्हन के व्यक्तिगत परिधानों आदि का संग्रह।

**trout** (ट्राउट्) ***n.*** (plu. trout, trouts) 1. a fresh water fish, नदी में होनेवाली एक प्रकार की मछली। 2. a prostitute, वेश्या, बदचलन स्त्री।

**trowel** (ट्राउ´-अॅल्) ***n.*** 1. a flat hand tool for spreading plaster, करनी, कन्नी। 2. a hand tool for lifting plants, खुरपी।

**truancy** (ट्रू´-अॅन्-सी) an act or habit of playing truant, पलायनशीलता, पलायनवृत्ति।

**truant** (ट्रू´-अॅन्ट्) ***n.*** 1. a boy who is absent without leave from school, पलायनशील बालक। 2. a person who shirks his work or duty, कामचोर। ☐ **play truant,** बिना छुट्टी लिये स्कूल या काम पर उपस्थित न होना, पलायन करना।

**truce** (ट्रूस्) ***n.*** a temporary cessation of hostilities by agreement, अस्थायी शांति-संधि, अस्थायी युद्धविराम-संधि; truce line, युद्धविराम-रेखा।

**truck**[1] (ट्रक्) ***n.*** 1. a vehicle for moving heavy loads, ट्रक। 2. a handcart, ठेला। ***v.*** 1. to load on a truck, ट्रक पर लादना। 2. to transport goods on a truck, ट्रक से ढुलाई करना।

**truck**[2] ***v.*** to barter, विनिमय करना, आदान-प्रदान करना। ***n.*** dealings, लेन-देन, व्यवहार। ☐ **have no truck with,** किसी प्रकार का संबंध या वास्ता न रखना।

**truckle** (ट्रक्´-अॅल्) ***v.*** to yield meekly,

झुक जाना, दब जाना, जी हुज़ूरी करना।

**truckler** (ट्रक्´-अॅलॅ:) ***n.*** one who truckles, दब्बू व्यक्ति, जी हुज़ूरिया।

**truckload** (ट्रक्´-लोड्) ***n.*** a load that fills a truck, ट्रक-भार।

**truculence** (ट्रक्´-यु-लॅन्स्) ***n.*** the state or quality of being truculent, क्रूरता; बर्बरता; उग्रता; आक्रामकता।

**truculent** (ट्रक्´-यु-लॅन्ट्) ***adj.*** 1. cruel, क्रूर। 2. savage, बर्बर। 3. fierce, उग्र। 4. aggressive, आक्रामक।

**trudge** (ट्रज्) ***v.*** to walk laboriously, (थकावट के कारण) भारी पैरों से चलना, पैर घसीटते हुए चलना।

**true** (ट्रू) ***adj.*** 1. consistent with reality, सत्य, सच, सच्चा, असली, वास्तविक; true copy, पक्की नक़ल, सत्य प्रतिलिपि; true heir, वास्तविक अधिकारी; true to one's word, बात का सच्चा। 2. consistent with fact, तथ्य पर आधारित, तथ्यपूर्ण। 3. honest, ईमानदार। 4. loyal, निष्ठावान। 5. exact, परिशुद्ध, सही, यथार्थ। ***adv.*** 1. truly, सचमुच, सच्चाई से। 2. accurately, सही-सही।

**true-blue** (ट्रू´-ब्लू) ***adj.*** highly faithful, वफ़ादार, निष्ठावान, एकनिष्ठ।

**trueborn** (ट्रू´-बॉ:न्) ***adj.*** genuinely such by birth, औरस, सही नस्ल का।

**truelove** (ट्रू´-लॅव्) ***n.*** a sweetheart, प्रेयसी।

**trueness** (ट्रू´-निस्) ***n.*** the state or quality of being true, सत्यता, सच्चाई।

**truffle** (ट्रफ़्´-अॅल्) ***n.*** a type of fungus, कवक, गुच्छी।

**trug** (ट्रग्) ***n.*** 1. a basket, टोकरी। 2. a wooden pan, कठौता।

**truism** (ट्रू´-इज़्-अॅम्) ***n.*** an undoubted or self-evident truth, सत्यकथन, सच्ची बात।

**truly** (ट्रू´-ली) ***adv.*** 1. truthfully, indeed, सचमुच, सत्यतापूर्वक। 2. accurately, सही-सही, ठीक-ठीक। □ **Yours truly,** भवदीय, आपका ही।

**trump[1]** (ट्रम्प्) ***n.*** 1. any card from the suit chosen as trumps, रंग का पत्ता, तुरुप। 2. this suit itself, रंग (ताश में)। 3. a decisive move, निर्णायक चाल, अकाट्य युक्ति। ***v.*** to play a trump card, रंग का पत्ता चलना, तुरुप चलना, रंग के पत्ते से काट देना। □ **trump up,** (बहाना) बनाना।

**trump[2]** ***n.*** a trumpet, तुरही।

**trump card** ***n.*** a card of the trump suit, रंग का पत्ता, तुरुप।

**trumps** (ट्रम्प्स्) ***n.*** (sing.) a suit whose cards are trumps for the duration of the hand, रंग के पत्ते, तुरुप।

**trumpery** (ट्रम्´-पॅ-री) ***adj.*** showy but worthless, झूठा, नक़ली।

**trumpet** (ट्रम्´-पिट्) ***n.*** a wind instrument, तुरही। ***v.*** 1. to blow a trumpet, तुरही बजाना। 2. to make a loud resounding sound, गरजना, चिंघाड़ना।

**trumpeter** (ट्रम्´-पॅ-टॅ:) ***n.*** a trumpet player, तुरही बजानेवाला।

**trumpetlike** (ट्रम्´-पिट्-लाइक्) ***adj.*** resembling a trumpet, तुरही-जैसा।

**truncate** (ट्रंक्´-केट्) ***v.*** to shorten by cutting off the end, सिरा काटकर छोटा कर देना, रुंडित करना। ***adj.*** 1. truncated, जिसका सिरा कटा हो, रुंडित। 2. damaged, विकृत। 3. split, divided, खंडित, विच्छेदित।

**truncation** (ट्रन्-के´-शॅन्) ***n.*** the act of truncating, सिरा काटना, रुंडण, विच्छेदन।

**truncheon** (ट्रन्´-चॅन्) ***n.*** a short stick carried by policemen, सिपाही का डंडा।

**trundle** (ट्रन्´-डॅल्) ***v.*** 1. to roll, लुढ़कना। 2. to cause to roll, लुढ़काना, धकेलना। ***n.*** 1. a wheel, पहिया। 2. a roller, रोलर। 3. an act of trundling, लुढ़कने या लुढ़काने की क्रिया।

**trunk** (ट्रंक्) ***n.*** 1. the main stem of a tree, पेड़ का तना। 2. the human or animal body apart from head and limbs, धड़। 3. the long nasal part of an elephant, सूँड़। 4. a large packing case with a hinged lid, संदूक, ट्रंक। 5. (plu.) men's shorts for athletics, जाँघिया या घुटन्ना। ***adj.*** of a main railway or telephone line, मुख्य, ट्रंक; trunk line, मुख्य मार्ग; trunk road,

T

मुख्य सड़क, राजमार्ग।

**trunk call** ***n.*** a long-distance telephone call, ट्रंक कॉल।

**truss** (ट्रस्) ***n.*** 1. a structural framework of beams or bars supporting a roof, bridge etc., कैंची। 2. a belt for supporting hernia in place, हर्निया की पेटी। 3. a cluster of flowers or fruit cluster, फूलों या फलों का गुच्छा। 4. a bundle of straw, पूला। ***v.*** (trussed, trussing) 1. to tie or bind securely, कसकर बाँधना। 2. to bind the legs and wings of (a chicken) before cooking, भूनने से पहले मुर्गे की टाँगें तथा पंख कसकर बाँधना। 3. to support with a truss, कैंची पर खड़ा करना, कैंची लगाना।

**trust** (ट्रस्ट्) ***n.*** 1. the firm belief in the ability, strength or character of someone or something, विश्वास, भरोसा, यक़ीन; on trust, विश्वास पर। 2. reliance on something in the future, hope, आशा, उम्मीद। 3. duty, कर्तव्य। 4. responsibility, उत्तरदायित्व। 5. property legally entrusted to a person or board to be used or cared for in the interest of another, न्यास, ट्रस्ट। 6. something accepted as a responsibility, धरोहर, थाती। 7. a combination of firms (for the purpose of reducing competition, (प्रतियोगिता कम करने के उद्देश्य से गठित) व्यावसायिक गुट या संघटन। □ **sell on trust,** उधार बेचना। ***v.*** 1. to have trust in, (किसी पर) विश्वास करना या रखना। 2. to treat as reliable, विश्वसनीय समझना। 3. to be confident, विश्वस्त होना। 4. to entrust, सौंपना, जिम्मे करना, सुपुर्द करना। 5. to hope confidently, पूरी आशा करना या रखना। □ **trust to,** विश्वास करना।

**trustable** (ट्रस्´-टॅ-बॅल्) ***adj.*** that can be trusted, विश्वसनीय, विश्वस्त।

**trustee** (ट्रस्´-टी) ***n.*** a person to whom some property is entrusted for specific purpose, न्यासी, ट्रस्टी।

**trusteeship** (ट्रस्-टी´-शिप्) ***n.*** the office or function of a trustee, न्यासिता, ट्रस्टीशिप; trusteeship committee, न्यासिता समिति।

**trustful** (ट्रस्ट्´-फ़ुल्) ***adj.*** full of trust, जिसे (किसी पर) पूरा विश्वास हो, विश्वासी।

**trustfully** (ट्रस्ट्´-फ़ु-ली) ***adv.*** in a trustful manner, विश्वासपूर्वक।

**trustworthiness** (ट्रस्ट्´-व़ः-दि-निस्) ***n.*** the state or quality of being trustworthy, विश्वसनीयता।

**trustworthy** (ट्रस्ट्´-व़ः-दी) ***adj.*** reliable, विश्वसनीय, भरोसे का।

**trusty** (ट्रस्´-टी) ***adj.*** (trustier, trustiest) 1. trustworthy, विश्वसनीय, भरोसे का। 2. faithful, व़फ़ादार, निष्ठावान। ***n.*** a convict who is granted special privileges because of his good character, नेकचलन बंदी।

**truth** (ट्रूथ्) ***n.*** 1. the quality of being true, सत्यता, सच्चाई। 2. reality, वास्तविकता। 3. honesty, ईमानदारी। 4. a true statement, सच्ची बात, सत्य कथन।

**truthful** (ट्रूथ्´-फ़ुल्) ***adj.*** 1. corresponding to reality, सत्य, सच्चा, वास्तविक। 2. telling the truth, सत्यवादी, सत्यशील।

**truthfulness** (-निस्) ***n.*** the quality or state of being truthful, सत्यवादिता, सत्यशीलता।

**try** (ट्राइ) ***v.*** (tried, trying) 1. to make an attempt, प्रयास करना, चेष्टा करना, कोशिश करना। 2. to put to test in order to see whether it is satisfactory, यह जानने के लिए पहनना कि पहनने और देखने में कैसा लगता है, परखना, आज़माइश करना। 3. to investigate, जाँच करना, जाँचना। 4. to hold a trial of, न्यायिक जाँच करना; He is being tried for theft. उसपर चोरी का मुकदमा चल रहा है। 5. to make an attempt at, प्रयोग कर देखना, कोशिश कर देखना। □ **try out,** परीक्षण करना, आज़माइश करना। ***n.*** 1. an attempt, प्रयास, चेष्टा। 2. a test, परीक्षण। 3. an experiment, प्रयोग।

**trying** (ट्राइ´-इंग्) ***adj.*** severely straining the powers of endurance, कष्टसाध्य; trying moments, कठिन या विकट समय।

**tryout** (ट्राइ´-आउट्) ***n.*** a competitive test

of suitability, effectiveness etc., पूर्वपरीक्षण। *adj.* pertaining to try-out, पूर्वपरीक्षणात्मक; tryout course, पूर्वपरीक्षणात्मक पाठ्यक्रम।

**tryst** (ट्राइस्ट्) *n.* 1. a secret appointment between lovers to meet, प्रेमियों में होनेवाला मिलने का गुप्त ठहराव या निश्चय। 2. an appointed meeting as such, प्रेमियों का मिलन, अभिसार। 3. the place of such meeting, मिलन-स्थल, अभिसार-स्थल।

**tsar** (ज़ा:) *n.* 1. the emperor of Russia (before 1917, १९१७ से पहले का) रूसी सम्राट, ज़ार। 2. a tyrant, निरंकुश व्यक्ति। [fem. tsarina, (ज़ा-री´-नॅ) ज़ार की पत्नी।]

**tsetse** (सेॅट्´-सी) *n.* an African fly, अफ्रीकी मक्खी।

**T-shirt** (टी´-श:ट्) *n.* a short-sleeved cotton shirt, टीशर्ट।

**T-square** (टी´-स्क्वेॅअॅ:) *n.* a T-shaped ruler, टी की शक्ल की पटरी या रूला।

**tub** (टब्) *n.* 1. a large open flat-bottomed metal container used for holding water or other liquid, टब। 2. a bathtub, नहाने का टब। 3. the amount that a tub will hold, टब-भर, एक टब। *v.* (tubbed, tubbing) to take a bath in a tub, टब में स्नान करना।

**tubby** (टब्´-ई) *adj.* (tubbier, tubbiest) short and fat, गोल-मटोल।

**tube** (ट्यूब्) *n.* 1. a long slender hollow container of glass for holding liquids, ट्यूब, नलिका, नली। 2. a collapsible cylindrical container for holding paste etc., ट्यूब। 3. a rubber tube of a cycle, car, truck etc., ट्यूब। 4. the tunnels through which the railway runs, तलमार्ग।

**tuber** (ट्यू´/टू´-बॅ:) *n.* a fleshy underground root, कंद।

**tubercle** (ट्यू´/टू´-बॅ:-कॅल्) *n.* a small rounded swelling, गुमटा।

**tubercular** (ट्यू´/टू´-बॅ:-क्यु-लॅ:) *adj.* 1. of or pertaining to tuberculosis, क्षय-संबंधी। 2. affected by tuberculosis, क्षयग्रस्त, क्षय से पीड़ित।

**tuberculosis** (ट्यू/टू-ब:´-क्यु-लो´-सिस्) *n.* a wasting disease, क्षय, तपेदिक, टीबी।

**tuberous** (ट्यू´/टू´-बॅ-रॅस्) *adj.* bearing a tuber, गाँठदार, कंदिल।

**tube-well** (ट्यूब्´/टूब्´-वेॅल्) *n.* a device for lifting underground water through a long pipe, नलकूप, ट्यूबवेल।

**tubular** (ट्यू´/टू´-ब्यु-लॅ:) *adj.* 1. of, pertaining to or consisting of tubes, नलिका-संबंधी, नलिकायुक्त। 2. having the shape of tube, नलिकादार, नली के आकार का।

**tuck** (टक्) *n.* 1. a pleat in a part of garment, प्लेट, चुनट। 2. a fold, परत, तह। 3. food esp. cakes and sweets, मिठाई। *v.* (tucked, tucking) 1. to make tucks or pleats in, (कपड़े में) प्लेटें या चुनट डालना। 2. to make folds, तहें डालना या लगाना। 3. to cover snugly and compactly, अच्छी तरह ढकना या लपेटना। 4. to put away compactly, अच्छी तरह सँभालकर अलग या छिपाकर रखना। □ **tuck in,** (i) जी भरकर खाना, (ii) ढक या लपेटकर रखना।

**tucker**[1] (टक्´-अॅ:) *n.* a person or machine that tucks, प्लेटें या चुनट डालनेवाला व्यक्ति या मशीन।

**tucker**[2] (टक्´-अॅ:) *v.* (tuckered, tuckering) to tire or exhaust, थक जाना, थककर चूर हो जाना।

**tuck shop** *n.* a shop where cakes and sweets are sold, मिठाई की दुकान।

**Tuesday** (ट्यूज़्´/टूज़्-डे) *n.* the day of the week following Monday, मंगलवार।

**tuft** (टफ़्ट्) *n.* 1. a short cluster of small fibres stitched at one side, फुँदना, झब्बा। 2. a cluster of grass, flowers etc., गुच्छा; tuft of hair, बालों का गुच्छा, केशगुच्छ। *v.* 1. to form into tufts, फुँदने या गुच्छे बनाना। 2. to decorate with tufts, फुँदने लगना, फुँदनों से सजाना।

**tug** (टग्) *v.* (tugged, tugging) 1. to pull hard, ज़ोर से खींचना या घसीटना। 2. to tow, (नाव) खींचकर ले जाना। 3. to labour,

T

प्रयत्न करना, परिश्रम करना। *n.* 1. the act of pulling, खींचने की क्रिया या भाव, कर्षण। 2. a strong pull or jerk, खींच या झटका। 3. a tugboat, कर्षण-नौका। 4. a struggle or fight, संघर्ष या लड़ाई। □ **tug of war,** (i) रस्साकशी, (ii) खींच-तान।

**tugboat** (टग्´-बोट्) *n.* a boat for towing others, वह नौका जो अन्य नौकाओं को खींचकर ले जाती हो, कर्षण-नौका।

**tuition** (ट्यू/टू-इश्´-ऑन्) *n.* 1. the act or profession of teaching or instructing individually or in small groups, ट्यूशन, अनुशिक्षण। 2. the payment for instruction, शिक्षा-शुल्क।

**tuition fee** *n.* the payment for instruction, शिक्षा-शुल्क, ट्यूशन-फ़ी।

**tulip** (ट्यू´-लिप्) *n.* a garden plant and its flower, ट्यूलिप नामक पौधा और उसका फूल।

**tulle** (ट्यूल्, टूल्) *n.* a kind of fine net fabric of silk or nylon, सिल्क या नाइलॉन का बढ़िया जालीदार कपड़ा, टूल।

T

**tumble** (टम्´-बॅल्) *v.* 1. to fall suddenly and helplessly, एकाएक (लड़खड़ाकर) गिर पड़ना, ढह जाना। 2. to cause to fall, गिरा देना। 3. to suffer a sudden downfall or defeat, सहसा परास्त हो जाना, हार जाना। 4. to decline (in price, दाम का) घट जाना, (क़ीमत) गिर जाना। 5. to polish (gemstones, रत्नों को) पॉलिश करना। *n.* 1. the act of tumbling, गिरने या लड़खड़ाने की क्रिया या भाव, गिर पड़ना। 2. the act of falling (in price, कीमत में होनेवाली) गिरावट। 3. loss, हानि। 4. an acrobatic feat, बाज़ीगरी। 5. a disorderly state, अव्यवस्था, गड़बड़ी। 6. a state of confusion, भ्रांति।

**tumble-down** (टम्´-बॅल्-डाउन्) *adj.* falling to pieces, dilapidated, जो गिरकर चूर-चूर हो गया हो, टूटा-फूटा।

**tumbler** (टम्´-ब्लॅ:) *n.* 1. a drinking glass, गिलास। 2. an acrobat, बाज़ीगर, कलाबाज़। 3. a pigeon that somersaults, गिरहबाज़ कबूतर। 4. a lever in a lock, ताले का खटका। 5. a lever in a gunlock, बंदूक का खटका।

**tumbril** (टम्´-ब्रॅल्) *n.* a farm cart, छकड़ा।

**tumid** (ट्यू´/टू´-मिड्) *adj.* 1. swollen, सूजा हुआ। 2. pompous, आडंबरपूर्ण। 3. bombastic, शब्दाडंबरपूर्ण।

**tummy** (टम्´-ई) *n.* the stomach, पेट, तोंद।

**tumour** (ट्यू´/टू´-मॅ:) *n.* any abnormal swelling on or in the body, ट्यूमर, गाँठ, अर्बुद।

**tumult** (ट्यू´/टू-मॅल्ट्) *n.* 1. uproar, कोलाहल, हुल्लड़, शोरगुल। 2. agitation, क्षोभ, घबराहट। 3. confusion, भ्रांति।

**tumultuous** (ट्यू/टू-मल्´-चु-ॲस्) *adj.* 1. uproarious, कोलाहलपूर्ण, हुल्लड़-भरा, शोरगुल-भरा; tumultuous applause, ज़ोरदार करतलध्वनि, तालियों की गड़गड़ाहट। 2. agitated, विक्षुब्ध। 3. confused, भ्रांत, विभ्रांत। 4. making disturbance, उत्तेजना-पूर्ण, उद्विग्नकारक।

**tumultuousness** (ट्यू/टू-मल्´-चु-ॲस्-निस्) *n.* the state or quality of being tumultuous, शोर-शराबा, हो-हल्ला; विक्षोभ; भ्रांति।

**tun** (टन्) *n.* a large cask (for beer or wine, बियर या शराब का) बड़ा पीपा।

**tuna** (ट्यू´/ टू´-नॅ) *n.* a large sea fish, एक तरह की बड़ी समुद्री मछली।

**tunable** (ट्यू´-नॅ-बॅल्) *adj.* 1. capable of being tuned, जिसका सुर, लय, ताल आदि ठीक किया जा सके। 2. sounding in tune, सुरीला, मधुर।

**tundra** (टुन्´-ड्रॅ) *n.* a vast treeless icy region of North Pole, उत्तरी ध्रुव का वृक्ष-विहीन बर्फ़ीला प्रदेश, टुंड्रा।

**tune** (ट्यून्/टून्) *n.* 1. a melody, धुन, राग। 2. correct musical pitch, लय। 3. agreement or harmony, तालमेल, संगति, सामंजस्य। 4. the correct adjustment of a radio, television etc., स्वर-संगति। □ **call the tune,** कार्यवाही का संचालन करना; **in tune,** (i) लयपूर्वक, (ii) तालमेल बैठाते हुए; **out of tune,** (i) लयहीन, बेसुरा, (ii) बिना तालमेल का; **to the tune of,** की सीमा तक।

*v.* (tuned, tuning) 1. to put in tune, सुर मिलाना, समस्वरित करना। 2. to adjust to run smoothly, ठीक करना, समंजित करना, सुधारना। □ **tune in,** (रेडियो, टेलीविज़न आदि) लगाना; **tune up,** (सितार, तबले आदि का) सुर मिलाना, समस्वरित करना।

**tuned** (ट्यून्ड् / टून्ड्) ***adj.*** melodious, सुरीला, श्रुतिमधुर।

**tuneful** (ट्यून्´-फ़ुल्) ***adj.*** having a pleasing tune, सुमधुर, सुरीला।

**tuneless** (ट्यून्´-लिस्) ***adj.*** not tuneful, बेसुरा, कर्णकटु।

**tungsten** (टंग्´-स्टॅन्) ***n.*** a metallic substance, टंगस्टन धातु।

**tunic** (ट्यू´-निक्) ***n.*** a knee-length simple garment without sleeves, बिना बाँह का कुरता या जाकेट।

**tuning** (ट्यून्´-इंग्) ***n.*** the act of one who tunes, समस्वरण।

**tunnel** (टन्´-अॅल्) ***n.*** a passage through or under something, सुरंग। ***v.*** (tunneled/ tunnelled, tunneling/tunnelling) to dig or make a tunnel, सुरंग खोदना या बनाना।

**tunny** (टन्´-ई) ***n.*** a large seafish, एक तरह की समुद्री मछली, टूना।

**tup** (टप्) ***n.*** a male sheep, भेड़ा। ***v.*** (tupped, tupping) to copulate with, (भेड़े का) जोड़ा खाना।

**turban** (टः´-बॅन्) ***n.*** a head dress consisting of a long cloth wound round the head, पगड़ी, साफ़ा।

**turbaned** (टः´-बॅन्ड्) ***adj.*** wearing a turban, पगड़ीवाला, पगड़ीधारी।

**turbid** (टः´-बिड्) ***adj.*** 1. muddy, गँदला। 2. not clear, अस्पष्ट। 3. cloudy, मेघाच्छादित। 4. dense, घना। 5. confused, विभ्रमित।

**turbidity** (टः-बिड्´-इ-टी) ***n.*** the quality or state of being turbid, गँदलापन; अस्पष्टता; विभ्रांति।

**turbine** (टः´-बाइन्, टः´-बिन्) ***n.*** a machine or motor that operates by the pressure of water, steam, gas or air, टरबाइन।

**turbot** (टः´-बॅट्) ***n.*** a large flat seafish, एक तरह की बड़ी चिपटी समुद्री मछली।

**turbulence** (टः´-ब्यु-लॅन्स्) ***n.*** the state of agitation or confusion, विक्षोभ, कोलाहल, अशांति।

**turbulent** (टः´-ब्यु-लॅन्ट्) ***adj.*** 1. causing disturbance, unrest or violence, unruly, उपद्रवी, उत्पाती, दंगाई। 2. characterized by agitation, विक्षुब्ध, आंदोलित, अशांत, कोलाहलपूर्ण।

**tureen** (ट्यु´-रीन्) ***n.*** a deep dish with a cover for serving soup at the table, सूप परसने का ढक्कनदार बरतन।

**turf** (टःफ़्) ***n.*** 1. the grassy ground as a thick mat, टर्फ़, घासी मैदान। 2. a mat like turf, रबर आदि की परत जिसे मैदान पर फैलाया गया हो, टर्फ़। 3. the race course, घुड़दौड़ का मैदान। 4. horse racing, घुड़दौड़। ***v.*** (turfed, turfing) to cover with pieces of turfs, टर्फ़ बिछाना। □ **turf out,** फेंक देना, बाहर कर देना।

**turgid** (टः´-जिड्) ***adj.*** 1. swollen, सूजा हुआ, फूला हुआ। 2. pompous, आडंबरपूर्ण। 3. bombastic, शब्दाडंबरपूर्ण।

**turgidity** (टः-जिड्´-इ-टी) ***n.*** 1. swelling, सूजन। 2. pomposity, आडंबर।

**Turk** (टःक्) ***n.*** an inhabitant of Turkey, तुर्की का नागरिक, तुर्क।

**turkey** (टः´-की) ***n.*** a large bird reared for its flesh in America, अमेरिका का एक पक्षी, पीरू। □ **talk turkey,** अक्खड़पन से बात करना।

**turkey cock** ***n.*** 1. the male turkey, नर-पीरू। 2. an arrogant person, अक्खड़ व्यक्ति।

**Turkish** (टः´-किश्) ***adj.*** of Turkey, its people or language, तुर्की।

**Turkish bath** ***n.*** 1. a steam bath followed by a massage and washing, तुर्की स्नान। 2. the place where such a bath can be had, तुर्की स्नानघर।

**turmeric** (टः´-मॅ-रिक्) ***n.*** 1. a plant of the ginger family, हल्दी का पौधा। 2. its stem, हल्दी की गाँठ। 3. the powder of its

T

stem, पिसी हुई हल्दी।

**turmoil** (टः́-मॉइल्) ***n.*** 1. great confusion, विक्षोभ। 2. disturbance, खलबली, अशांति। 3. extreme agitation, आंदोलन, उपद्रव।

**turn** (टःन्) ***v.*** (turned, turning) 1. to cause to move around an axis, point or centre, घुमाना; to turn a key or wheel, चाबी या पहिया घुमाना। 2. to move around an axis, point or centre, घूमना; to take a somersault, कलाबाज़ी ख़ाना। 3. to make a course around, चक्कर लगाना। 4. to cause to change position by moving, मोड़ना या घुमाना। 5. to take a new direction, मुड़ना, घूम जाना। 6. to change or be changed, बदलना या बदल जाना, रूपांतरित करना या होना, हो जाना; The magician turned into a goat, जादूगर बकरी बन गया; Water had changed into ice, पानी बर्फ़ बन गया। 7. to invert or reverse, उलटा कर देना या हो जाना, पलट देना या पलटा जाना। 8. to shape in a lathe, खरादना, गढ़ना। 9. to earn, कमाना; to turn an honest penny, ईमान का पैसा कमाना। 10. to direct (one's attention or interest) towards or away from something, घुमाना, फेरना। 11. to antagonize or become antogonized, खिजाना या खीजना, तंग करना या होना। 12. to derange, (मस्तिष्क) विकृत हो जाना। 13. to pass (a certain hour or age), हो जाना। 14. to cause to allow or go, जाने देना; to turn a cow loose, गाय को खुला छोड़ देना। 15. to be affected with giddiness, (सिर) चकराना, घूमना; My head is turning. मेरा सिर चकरा रहा है। 16. to render into another language, अनुवाद करना। 17. to blunt or become blunted, कुंद या भोथरा कर देना या हो जाना। 18. to give, देना; to turn a compliment, बधाई देना। 19. to spin, (गेंद का) घूमना। □ **turn about,** घूम जाना; **turn a deaf ear to,** (किसी की बात पर) ध्यान न देना; **turn against,** विरोधी हो जाना, दुश्मन बन जाना; **turn down,** अस्वीकार कर देना; **turn aside,** एक तरफ़ हट जाना; **turn away,** सामने से हट जाना; **turn back,** लौट जाना; **turn in,** (सोने के लिए) बिस्तर पर चले जाना; **turn inside out,** उलट देना; **turn off,** बुझा देना, बंद कर देना; **turn on,** खोल देना, चालू कर देना; **turn one's back to,** पिंड छुड़ाना; **turn one's hand (to something,** किसी काम में) हाथ लगाना; **turn out,** (i) निकलना, सिद्ध होना; The man turned out to be a thief. वह आदमी तो चोर निकला, (ii) निकाल देना; He turned me out from the office, उसने मुझे कार्यालय से बाहर निकाल दिया; **turn over,** विचार करना; **turn round,** दूसरी दिशा में देखने लगना; **turn someone's brain,** किसी के मस्तिष्क का संतुलन बिगाड़ देना; **turn someone's head,** किसी का दिमाग चढ़ा देना; **turn tail,** भाग खड़ा होना, पलायन करना; **turn the corner,** बच जाना; **turn the scales,** संशय की स्थिति समाप्त कर देना; **turn the tables,** स्थिति उलट या बदल देना, पासा पलट देना; **turn turtle,** औंधा हो जाना; **turn up,** (i) (समय पर) आ या पहुँच जाना, प्रस्तुत या हाज़िर हो जाना, (ii) बढ़ाना; **turn upon,** विरुद्ध हो जाना। ***n.*** 1. the act of turning or being turned, घुमाव, परिवर्तन; a good turn, उपकार; a bad turn, अपकार। 2. a change of direction, दिशा-परिवर्तन, मोड़। 3. a revolution, फेरा, चक्कर। 4. an angle, bend or corner, मोड़। 5. a deviation from a tendency, change in nature or condition, बदलाव। 6. the right or opportunity to do something in agreed order, बारी, पारी; Wait for your turn, अपनी बारी की प्रतीक्षा करो। 7. a period of work or action, दौर। 8. a short walk, चहलकदमी, टहलान, सैर। 9. distinctive form, manner or style, विशिष्ट रूप, रंग या शैली; The case has taken a new turn. मुकदमे में एक नया मोड़ आया है। 10. a distortion in shape, विकृति। 11. an attack of illness or fit of anger, दौरा। 12. tendency, झुकाव, प्रवृत्ति। 13. nature, स्वभाव। 14. transformation, रूपांतर।

15. interpretation, व्याख्या। ☐ **at every turn,** (i) हर जगह, (ii) हर क्षण, निरंतर; **in turn,** बारी-बारी से, (अपनी) बारी आने पर; **not knowing which way to turn,** रास्ता न सूझना; **not turning a hair,** कुछ भी परिवर्तन या असर न होना; **out of turn,** बारी से पहले या पीछे; **turn of events,** घटना-चक्र; **turn of mind,** मन का झुकाव।

**turnabout** (टःन्´-अॅ-बाउट्) ***n.*** a change of belief or loyalty, मत-परिवर्तन, निष्ठा-परिवर्तन।

**turncoat** (टःन्´-कोट्) ***n.*** one who switches allegiance, दलबदलू, पक्षत्यागी, पक्षघाती।

**turner** (टः´-नॅः) ***n.*** one who works with a lathe, ख़रादी, टर्नर।

**turning** (टः´-निंग्) ***n.*** 1. a bend, मोड़। 2. (plu.) scrab, ख़राद की छीलन।

**turning point** ***n.*** a decisive moment, निर्णायक क्षण, मोड़।

**turnip** (टः´-निप्) ***n.*** a plant and its root, शलजम, शलगम।

**turnkey** (टःन्´-की) ***n.*** a person in charge of prison keys, वह जिसके पास जेल की तालियाँ रहती हों, तालीवाला।

**turnoff** (टःन्´-ऑफ़्) ***n.*** a road branching off from a main road, शाखा-मार्ग।

**turnout** (टःन्´-आउट्) ***n.*** 1. the quantity or amount produced, उत्पाद। 2. the number of people appearing together at a gathering, (लोगों की कुल) उपस्थिति, जमावड़ा।

**turnover** (टःन्´-ओ-वॅः) ***n.*** 1. the amount of business transacted in a given period, कुल बिक्री। 2. the rate at which goods are sold, बिक्री-दर। 3. reversal of position, स्थिति का पलटाव। 4. an abrupt change, आकस्मिक परिवर्तन। 5. a filled pastry, गुझिया या किचौड़ी। ***adj.*** capable of being turned over, जिसे उलटा या पलटा जा सके।

**turnpike** (टःन्´-पाइक्) ***n.*** 1. a tollgate, शुल्कद्वार। 2. a highspeed express way, द्रुतमार्ग।

**turnspit** (टःन्´-स्पिट्) ***n.*** a spit that rotates, घूमनेवाली तीली या सीख।

**turnstile** (टःन्´-स्टाइल्) ***n.*** a revolving barrier that admits in one person at a time, चक्रद्वार।

**turntable** (टःन्´-टे-बॅल्) ***n.*** a revolving platform, परिभ्रामक मंच, घूमता मंच।

**turpentine** (टः´-पॅन्-टाइन्) ***n.*** an oil for thinning paint, तारपीन का तेल।

**turpitude** (टः´-पि-ट्यूड्) ***n.*** depravity, अधमता, नीचता, कमीनापन; moral turpitude, नैतिक अध:पतन।

**turquoise** (टः´-क्वाइज़्) ***n.*** 1. a sky-blue gemstone, फ़ीरोज़ा। 2. sky-blue colour, फ़ीरोज़ी रंग।

**turret** (टः´-इट्) ***n.*** a small towerlike ornamental structure, बुर्ज, कंगूरा।

**turreted** (टः´-इट्-इड्) ***adj.*** 1. having the shape of a turret, कंगूरेदार, बुर्ज जैसा। 2. furnished with turrets, बुर्जोंवाला, कंगूरेदार।

**turtle** (टः´-टॅल्) ***n.*** 1. a sea tortoise, समुद्री कछुआ। 2. its flesh, कछुए का मांस। ☐ **turn turtle,** उलट जाना, औंधा हो जाना। ***v.*** (turtled, turtling) to catch turtles, कछुए पकड़ना।

**turtle neck** (टः´-टॅल्-नॅक्) ***n.*** a sweater with a high close-fitting collar, गोल, ऊँचे तथा बंद गले का स्वेटर।

**tusk** (टस्क्) ***n.*** 1. one of the pair of a long protruding tooth of a male elephant, हाथी का दाँत, गजदंत। 2. a long protruding tooth of a boar, खाँग। ***v.*** (tusked, tusking) to dig up with a tusk, (हाथी या सुअर का) दाँत से गड्ढा खोदना।

**tusker** (टस्´-कॅः) ***n.*** a male elephant with developed tusks, बड़े दाँतोंवाला हाथी।

**tussle** (टस्´-अॅल्) ***v.*** (tussled, tussling) 1. to fight roughly, हाथापाई करना। 2. to struggle, संघर्ष करना। ***n.*** 1. a rough fight, हाथापाई। 2. a struggle, संघर्ष।

**tussock** (टस्´-अॅक्) ***n.*** a dense tuft of grass etc., घास आदि का पूला, मुट्ठा।

**tussore** (टस्´-अॅः) ***n.*** a kind of silk, टसर।

**tutelage** (ट्यू´-टि-लिज्) ***n.*** 1. guardianship,

अभिभावकता, संरक्षण, सरपरस्ती। 2. instruction, निदेश।

**tutelary** (ट्यू´-टॅ-लॅ-री) *adj.* of or belonging to a guardian, अभिभावक-संबंधी; tutelary divinity, इष्टदेवता।

**tutor** (ट्यू´-टॅ:) *n.* a teacher who instructs pupils individually, व्यक्तिगत रूप से पढ़ानेवाला अध्यापक, अनुशिक्षक। *v.* (tutored, tutoring) 1. to teach, पढ़ाना, सिखाना। 2. to give a wrong direction, mislead, पट्टी पढ़ाना।

**tutorage** (ट्यू´-टॅर्-इज्) *n.* the office or function of a tutor, अनुशिक्षक का पद या कार्य, अनुशिक्षणत्व।

**tutorial** (ट्यू-टोर्´-इ-अॅल्) *adj.* of or relating to a tutor, अनुशिक्षक-संबंधी; tutorial class, अनुशिक्षण-कक्षा।

**tutorship** (ट्यू´-टॅ:-शिप्) *n.* tutorage, अनुशिक्षणत्व।

**tutti-fruiti** (टू´-टी-फ्रू´-टी) *n.* an icecream mixed with fruits, टूटी-फ्रूटी, फलोंवाली आइसक्रीम।

**tutu** (टू´-टू) *n.* a very short skirt worn by the female ballet dancers, नर्तकियों का झालरदार ऊँचा स्कर्ट या लहँगा, लहँगी।

**twaddle** (ट्वा:ड्´-अॅल्) *n.* foolish talk, nonsense, बकवाद, बकबक। *v.* to talk nonsense, बकवाद करना, बकबक करना।

**twaddler** (ट्वा:ड्´-अॅ-लॅ:) *n.* one who twaddles, बकबक करनेवाला, बकवादी।

**twain** (ट्वेन्) *adj.* two, दो। *n.* 1. a couple, जोड़ा। 2. the twain, दोनों।

**twang** (ट्वैङ्ग्) *n.* 1. a sharp ringing sound of a plucked bowstring, धनुष की टंकार, धनुषटंकार। 2. nasal resonance in a person's speech, नासिक्य ध्वनि का पुट, नासिक्यरंजन। 3. vibrating sound of a gitar, sitar etc., झंकार। *v.* 1. to sound with a twang, टंकार भरना। 2. to cause to sound with a twang, टंकारना। 3. to pluck the strings of a musical instrument, तार झंकृत करना, बजाना। 4. to speak with a nasal twang, नाक से बोलना, नकियाना।

**twat** (ट्वैट्) *n.* 1. the female genitals, भग। 2. a foolish person, मूर्ख व्यक्ति।

**'twas** (ट्वा:ज्) *phrase* it was.

**tweak** (ट्वीक्) *v.* to twist, ऐंठना, मरोड़ना। *n.* a tweaking, ऐंठन, मरोड़।

**tweed** (ट्वीड्) *n.* 1. a woolen fabric of several colours, रंग-बिरंगा ऊनी कपड़ा, ट्वीड। 2. (plu.) clothes made of tweed, ट्वीड के बने परिधान।

**tweet** (ट्वीट्) *n.* a high chirping sound of a bird, चेंचें। *v.* to make a tweet, चेंचें करना।

**tweeter** (ट्वी´-टॅ:) *n.* 1. a small loud speaker, छोटा लाउडस्पीकर। 2. (plu.) a pair of tongs, चिमटी, मोचनी।

**twelfth** (ट्वॅल्फ्थ्) *adj.* next after eleventh, बारहवाँ; twelfth man, (टीम का) बारहवाँ खिलाड़ी। *n.* 1. the ordinal number, 12. बारह। 2. one of the twelve parts, बारहवाँ अंश या हिस्सा।

**twelve** (ट्वॅल्व्) *adj. & n.* one more than eleven, बारह।

**twelvemonth** (ट्वॅल्व्´-मॅन्थ्) *n.* a year, वर्ष।

**twenties** (ट्वॅन्´-टीज्) *n.* (plu.) the numbers of years or degrees of temperature from 20 to 29, बीस से उनतीस वर्ष का काल या बीस से उनतीस डिग्री तक का तापमान।

**twentieth** (ट्वॅन्´-टि-अॅथ्) *adj.* next after nineteenth, बीसवाँ। *n.* 1. the ordinal number 20, बीस। 2. one of the twenty parts, बीसवाँ भाग।

**twenty** (ट्वॅन्´-टी) *adj. & n.* next after nineteen, बीस।

**twerp** (ट्व:प्) *n.* a stupid person, मूर्ख व्यक्ति।

**twice** (ट्वाइस्) *adv.* 1. two times, दो बार; twice a week, सप्ताह में दो बार होनेवाला, अर्धसाप्ताहिक। 2. in double amount, दुगना, दूना; twice as long, दुगना लंबा। □ **twice a week,** सप्ताह में दो बार होनेवाला, अर्धसाप्ताहिक।

**twiddle** (ट्विड्´-अॅल्) *v.* 1. to turn over or around lightly, यों ही घुमाना-फिराना। 2. to trifle (with, से) खिलवाड़ करना।

**twig**[1] (ट्विग्) *n.* a small slender branch, टहनी।

**twig[2]** ***v.*** (twigged, twigging) to comprehend, समझना, समझ में आना।

**twiggy** (ट्विग्´-गी) ***adj.*** 1. abound with twigs, टहनीदार, टहनियोंवाला। 2. slender, छरहरा, सींक-सलाई।

**twilight** (ट्वाइ´-लाइट्) ***n.*** 1. the light from the sky just before sunrise, लाली, उषा। 2. the light from the sky just after sunset, झुटपुटा, धुंधुलका। 3. a period or condition of decline, ख़राब समय, क्षयकाल। ***adj.*** dim, मद्धिम, धुँधला।

**twill[1]** (ट्विल्) ***n.*** a fabric with parallel diagonal lines, तिरछी धारियोंवाला कपड़ा, ट्विल।

**'twill[2]** ***phrase*** it will.

**twilled** (ट्विल्ड्) ***adj.*** having parallel diagonal lines, तिरछी धारियोंवाला।

**twin** (ट्विन्) ***n.*** one of two children (animals) born at one birth, जुड़वाँ बच्चा। ***adj.*** being a twin, जुड़वाँ, युग्म; twin brother, जुड़वाँ भाई; twin sister, जुड़वाँ बहन। ***v.*** (twined, twining) to combine as a pair, जोड़ा बनना।

**twine** (ट्वाइन्) ***n.*** 1. a cord or string made of two or more threads twisted together, बटा हुआ धागा, सुतली या रस्सी। 2. a coil, कुंडली। ***v.*** (twined, twining) 1. to twist together, बटना, गूँथना। 2. to coil, कुंडली मारना।

**twinge** (ट्विन्ज्) ***n.*** a sudden sharp pain, टीस। ***v.*** to have a twinge, टीस उठना।

**twinkle** (ट्विंग्´-कॅल्) ***v.*** 1. to shine brightly and intermittently, टिमटिमाना। 2. to be bright or sparkling, चमचम करना, चमकना। 3. to dance with short rapid steps, थिरकना। ***n.*** 1. a twinkling light, टिमटिमाहट। 2. a wink of the eyelids, पलकों की झपक। 3. an instant, क्षण, पल।

**twinkling** (ट्विंग्´-क्लिंग्) ***n.*** 1. the act of shining brightly, टिमटिमाहट। 2. an instant, क्षण, पल। □ **in the twinkling of an eye,** पलक झपकते ही, तत्क्षण।

**twirl** (ट्वःल्) ***v.*** 1. to rotate briskly, तेज़ी से घूमना, चक्कर लगाना या खाना, यों ही घुमाना या फिराना। 2. to wind, बटना, गूँथना। ***n.*** 1. the act of twirling, घूर्णन, बटाई। 2. a round, चक्कर, फेरा।

**twist** (ट्विस्ट्) ***v.*** 1. to wind two or more threads, wires etc., together, बटना, गूँथना। 2. to coil, घुमाना या लपेटना। 3. to give spiral shape to, घुमावदार या कुंडलीदार बनाना। 4. to assume a spiral shape, घुमावदार बनना, कुंडलीदार बनना। 5. to turn or bend, मोड़ना या मरोड़ना, बल डालना। 6. to get turned, मोड़ा जाना, मुड़ या मुड़क जाना। 7. to break or get broken by turning, तोड़ देना या टूट जाना। 8. to distort, बिगाड़ देना, विकृत कर देना। 9. to wrench or sprain, मुड़क जाना। 10. to rotate or revolve, चक्कर लगाना। 11. to take winding course, चक्करदार या टेढ़ा-मेढ़ा रास्ता अपनाना। ***n.*** 1. the act of twisting or the state of being twisted, बटाई, गुँथाई। 2. a turn or twirl, मरोड़, ऐंठन, बल। 3. a spiral curve, घुमाव या चक्कर। 4. a sprain or wrench, मुड़न, बल, मोच। 5. an unexpected turn of events, मोड़, परिवर्तन। 6. a peculiar tendency, विचित्र मनोवृत्ति। 7. a dance performed with strenuous gyrations esp, of hips, अंगों को टेढ़ा-मेढ़ा करके किया जानेवाला नृत्य, ट्विस्ट। 8. distortion of meaning, अर्थ की खींच-तान या तोड़-मरोड़।

**twister** (ट्विस्´-टॅः) ***n.*** 1. a dishonest person, बेईमान व्यक्ति। 2. a whirlwind, चक्रवात।

**twisty** (ट्विस्´-टी) ***adj.*** made by twisting, बट या गूँथकर बनाया हुआ।

**twit** (ट्विट्) ***v.*** (twitted, twitting) 1. to make fun of, to ridicule, मज़ाक उड़ाना, फब्ती कसना। 2. to taunt, ताना देना, बोली मारना। ***n.*** 1. a sarcastic remark or taunt, बोली-ठोली, ताना। 2. a foolish person, मूर्ख व्यक्ति।

**twitch** (ट्विच्) ***v.*** 1. to pull with a jerk, झटका देना, झटकना। 2. to snatch, छीन लेना, झटक लेना। ***n.*** 1. a pull or jerk, झटका।

2. an act of twitching, झटका, झटक।

**twitter** (ट्विट्´-अं:) *v.* 1. to chirp, चहचहाना, चहकना। 2. to giggle, ही-ही करना। *n.* 1. chirping, चहचह, चींचीं। 2. giggle, ही ही। □ **in a twitter,** उत्तेजित या व्यग्र होकर।

**twixt** (ट्विक्स्ट्) *adv.* between, बीच में। *prep.* between, के बीच।

**two** (टू) *adj. & n.* 1. one more than one, दो। 2. something having two parts, जोड़ा, जोड़ी। 3. a playing card with two tips, दुक्की। □ **be of/in two minds,** असमंजस में होना, दुविधा में होना; **at two,** दो बजे; **in two,** दो भागों में; **in twos,** जोड़ों में, जोड़ियाँ बनाकर; **one or two,** एक या दो, दो-एक।

**two-bit** (टू´-बिट्) *adj.* cheap, सस्ता।

**two bits** (टू-बिट्स्´) *n.* (plu.) 1. something of small worth, नगण्य या सस्ती वस्तु। 2. a petty sum, क्षुद्र राशि।

**two-by-four** (टू-बाइ-फ़ो:´) *adj.* very small, बहुत छोटा।

**two-dimensional** (टू-डि-मेंन्´-शॅ-नॅल्) *adj.* having two dimensions, द्विविम।

**two-edged** (टू-ऍज्ड्´) *adj.* having two cutting edges, दुधारी।

**two-faced** (टू-फ़ेस्ड्´) *adj.* 1. deceitful, धोखेबाज। 2. insincere, बेईमान।

**two-fold** (टू-फ़ोल्ड्´) *adj.* 1. having twice as much or as many, दुगना। 2. having two parts, दोहरा।

**two party system** *n.* a system in which two parties function, द्विदल-पद्धति।

**two-handed** (टू-हेंन्´-डिड्) *adj.* 1. having two hands, दो हाथोंवाला। 2. done with both the hands, दुहत्थड़।

**two-ply** (टू-प्लाइ´) *adj.* made of two layers, दुपरती।

**two-sided** (टू-साइ´-डिड्) *adj.* concerning both the sides, द्विपक्षीय।

**twosome** (टू´-सॅम्) *n.* two people together, जोड़ा, जोड़ी।

**two-time** (टू´-टाइम्) *v.* (two-timed, two-timing) to betray, विश्वासघात करना।

**two-way** (टू-वे´) *adj.* affording or allowing movement in either direction, दुतरफ़ा, द्विपथी।

**two-wheeler** (टू-व्ही´-लॅ:) *n.* a vehicle with two wheels, दुपहिया।

**tycoon** (टाइ-कून्´) *n.* a wealthy and powerful businessman or industrialist, धनी तथा शक्तिशाली व्यापारी या उद्योगपति, धनी-मानी।

**tying** (टाइ´-इंग्) *n.* the act of one who ties, बँधाई।

**tyke** (टाइक्) *n.* a small (mischievous) child, छोटा (शरारती) बच्चा।

**type** (टाइप्) *n.* 1. a group or class of persons or things having common characteristics, वर्ग, जाति, क़िस्म, प्रकार। 2. a typical example or model, नमूना, निदर्श। 3. a person of specified character, विशिष्ट व्यक्ति; He is a type by himself. वह बेजोड़ व्यक्ति है। 4. a small block with raised letter or figure for printing, टाइप, मुद्री। *v.* (typed, typing) 1. to classify according to a type or class, वर्गीकरण करना। 2. to typewrite, टाइप करना, टंकन करना।

**typecast** (टाइप्´-कास्ट्/कैस्ट्) *v.* (typecast, typecasting) to cast in the same role, (अभिनेता का) एक ही तरह की भूमिका करना।

**typeface** (टाइप्´-फ़ेस्) *n.* a style or design of printing type, मुद्री-रूप, टाइप फ़ेस।

**typescript** (टाइप्´-स्क्रिप्ट्) *n.* a typewritten copy, टंकित प्रति।

**typesetter** (टाइप्-सेंट्´-अं:) *n.* 1. one who sets types, टाइप बैठानेवाला, कंपोज़िटर। 2. a machine that sets types, टाइप बैठानेवाला यंत्र।

**typewriter** (टाइप्´-राइ-टॅ:) *n.* a machine that is used in typing, टाइपराइटर, टाइप मशीन।

**typewritten** (टाइप्´-रिट्-अॅन्) *adj.* typed, टाइप किया हुआ, टंकित।

**typhoid** (टाइ´-फ़ाइड्) *n.* a disease caused

by bacteria and characterized by high fever, टाइफ़ायड, मोतीझिरा, आंत्रज्वर।

**typhoon** (टाइ-फ़ून्´) *n.* a severe hurricane, तूफ़ान।

**typhus** (टाइ´-फ़ॅस्) *n.* a disease caused by micro-organisms, टाइफ़स।

**typical** (टिप्´-इ-कॅल्) *adj.* 1. having the nature of a type, ठेठ, प्रारूपिक, प्ररूपी; typical dream, प्ररूपी स्वप्न। 2. characteristic, विशिष्ट, ख़ास; typical criminal, ख़ास अपराधी। 3. symbolical, प्रतीकात्मक।

**typically** (टिप्´-इ-कॅ-ली) *adv.* in a typical manner, विशिष्ट रूप से।

**typify** (टिप्´-इ-फ़ाइ) *v.* (typified, typifying) 1. to serve as a typical example of, प्रारूप होना। 2. to symbolize, प्रतीक होना।

**typing** (टाइ´-पिंग्) *n.* the act of typewriting, टंकन, टाइपकारी, टाइपिंग।

**typist** (टाइ´-पिस्ट्) *n.* one who types, टाइपकर्ता, टाइपिस्ट।

**typographical** (टाइ-पॅ-ग्राफ़्´/ ग्रैफ़्´-इ-कॅल्) *adj.* of typography, मुद्रण-संबंधी, छपाई-संबंधी; typographical error, छपाई की भूल।

**typography** (टाइ-पॉग्´-रॅ-फ़ी) *n.* 1. the art or practice of printing, मुद्रण-कला। 2. the style of printed matter, छपाई-सज्जा, मुद्रण-सज्जा।

**tyrannic** (टि-रैन्´-इक्) *adj.* = tyrannical.

**tyrannical** (टि-रैन्´-इ-कॅल्) *adj.* 1. of a tyrant or tyranny, अत्याचारी, अत्याचारपूर्ण। 2. despotic, निरंकुश, नृशंस।

**tyrannically** (टि-रैन्´-इ-कॅ-ली) *adv.* in a tyrannical manner, निरंकुशतापूर्वक, क्रूरता-पूर्वक।

**tyrannize** (टिर्´-अॅ-नाइज़्) *v.* 1. to rule as a tyrant, निरंकुश शासन करना। 2. to treat tyrannically, अत्याचार करना, क्रूरता बरतना।

**tyrannous** (टिर्´-अॅ-नॅस्) *adj.* tyrannical, अत्याचारी, अत्याचारपूर्ण, नृशंस, क्रूर।

**tyranny** (टिर्´-अॅ-नी) *n.* 1. government of a tyrant, निरंकुश शासन, तानाशाही। 2. a tyrannical act, अत्याचार, जुल्म। 3. oppression, उत्पीड़न।

**tyrant** (टाइ´-रॅन्ट्) *n.* 1. an oppressive or cruel ruler, निरंकुश शासक। 2. an oppressive person, अत्याचारी, उत्पीड़क।

**tyre** (टाइ´-अॅ:) *n.* a covering fitted around the rim of a vehicle, टायर।

**tyro** (टाइ´-रो) *n.* a novice, नौसिखुआ।

**tzar** (ज़ा:) *n.* = czar.

**tzarina** (ज़ा-रि-नॅ) *n.* = czarina.

# U

**U, u** (यू) the twenty-first letter of the English alphabet, अंग्रेज़ी वर्णमाला का इक्कीसवाँ वर्ण।

**ubiquitous** (यू-बिक्´-वि-टॅस्) *adj.* being everywhere at the same time, सर्वव्यापक, सर्वव्यापी।

**ubiquity** (यू-बिक्´-वि-टी) *n.* the quality or state of being ubiquitous, सर्वव्यापकता, सर्वव्यापिता।

**U-boat** (यू´-बोट्) *n.* a German submarine, यू की आकृतिवाली जर्मनी की एक पनडुब्बी।

**udder** (अड्´-अॅ:) *n.* a bag-like milk secreting organ (of a cow, goat, sheep etc., गाय, बकरी, भेड़ आदि का) थन।

**ugh** (उग्) *interj.* an exclamation of dislike, disgust etc., छी! उँह!

**ugliness** (अग्´-लि-निस्) *n.* the quality or state of being ugly, भद्दापन, कुरूपता, भोंडापन।

**ugly** (अग्´-ली) *adj.* (uglier, ugliest) 1. having unpleasant appearance, भद्दा, कुरूप, भोंडा। 2. frightful, shocking, भयावह, ख़तरनाक; The crowd was in an ugly mood, भीड़ का रुख़ ख़तरनाक था।

**ukase** (यू-केज़्´) *n.* an edict of the tsar, ज़ार का हुकुमनामा।

**ukulele** (यू-कॅ-ले´-ली) *n.* a small four stringed guitar, चार तारोंवाली छोटी गिटार, चौतारा गिटार।

**ulcer** (अल्´-सॅ:) *n.* 1. an ore, फोड़ा, व्रण। 2. an open sore that heals very slowly, नासूर। 3. a source of evil, बला, ख़ुराफ़ात की जड़, बुराई का मूल।

**ulcerate** (अल्´-सॅ-रेट्) *v.* 1. to become ulcerous, फोड़ा हो जाना। 2. to make ulcerous, (में) फोड़ा पैदा करना या बना देना।

**ulcerous** (अल्´-सॅर्-अॅस्) *adj.* 1. affected with an ulcer, फोड़े से ग्रस्त या युक्त। 2. having a corrupting influence, भ्रष्ट या दूषित करनेवाला।

**ulema** (उ-ले´-मॅ) *n.* (plu.) learned persons, विद्वान लोग।

**ulster** (उल्´-स्टॅ:) *n.* a long loose overcoat of heavy material, मोटा तथा ढीला-ढाला ओवरकोट।

**ulterior** (अल्-टिअॅर्´-इ-अॅ:) *adj.* 1. hidden or unexpressed, अप्रत्यक्ष, अव्यक्त। 2. secret or selfish, गूढ़ या स्वार्थपूर्ण।

**ultimate** (अल्´-टि-मॅट्) *adj.* 1. final, अंतिम। 2. the highest, चरम, परम; ultimate truth, चरम सत्य। 3. fundamental, मूलभूत, मौलिक; ultimate principle, मूल सिद्धांत।

**ultimately** (अल्´-टि-मॅट्-ली) *adv.* finally, अंत में, अंततः, अंततोगत्वा, आख़िरकार।

**ultimatum** (अल्-टि-मे´-टॅम्) *n.* (plu. ultimata, ultimatums) a final condition, demand or proposal, rejection of which leads to force or other direct action, अंतिम चेतावनी, अंतिमेथम, अल्टिमेटम।

**ultimo** (अॅल्´-टि-मो) *adj.* of or occurring in the last month, गत मास का, पिछले महीने का।

**ultra** (अल्´-ट्रॅ) *prefix.* 1. excessively, extremely, अति; ultra-conservative, अति-रूढ़िवादी, ultra-modern, अत्याधुनिक। 2. beyond, के परे, के पार। *n.* an extremist, अतिवादी।

**ultrafashionable** (अल्-ट्रॅ-फ़ैश्´-नॅ-बॅल्) *adj.* excessively fashionable, अत्यधिक फ़ैशनपरस्त।

**ultramarine** (अल्-ट्रॅ-मॅ-रीन्´) *adj.* 1. situated beyond the sea, समुद्र के पार स्थित। 2. bright deep blue, गहरे नीले रंग का, लाजवर्दी। *n.* bright deep blue colour, गहरा नीला रंग।

**ultramicroscopic** (अल्´-ट्रॅ-माइ-क्रॅ-स्कॉप्´-इक्) *adj.* too small to be seen with an ordinary microscope, अतिसूक्ष्म।

**ultraminiature** (अल्-ट्रॅ-मिन्´-इ-ॲ-चॅ:) *adj.* extremely small, अत्यंत सूक्ष्म।

**ultramodern** (अल्-ट्रॅ-मॉड्´-ॲ:न्) *adj.* extremely modern, अत्याधुनिक।

**ultrapure** (अल्-ट्रॅ-प्यो:´) *adj.* extremely pure, अतिशुद्ध।

**ultrashort** (अल्-ट्रॅ-शॉ:ट्´) *adj.* extremely short, अतिलघु।

**ultrasonic** (अल्-ट्रॅ-सॉन्´-इक्) *adj.* supersonic, पराध्वनिक।

**ultraviolet** (अल्-ट्रॅ-वाइ´-ॲ-लॅट्) *adj.* situated beyond the visible spectrum at its violet end, पराबैंगनी।

**ultravires** (अल्-ट्रॅ-वाइ´-रीज़्) *adj.* beyond one's legal power, विधिक अधिकारों से परे का, अधिकारातीत।

**ululate** (यूल्´-यू-लेट्) *v.* to howl, हूहू करना, हुहुआना, विलाप करना।

**umbilical** (अम्-बिल्´-इ-कॅल्) *adj.* of the navel, नाभि-संबंधी; umbilical cord, नाल।

**umbilicus** (अम्-बिल्´-इ-कॅस्) *n.* (plu. umbilici) the navel, नाभि।

**umbra** (अम्´-ब्रॅ) *n.* the shadow cast by the moon on to the earth during a solar eclipse, ग्रहण के समय पृथ्वी पर चंद्रमा की पड़नेवाली छाया, प्रच्छाया।

**umbrage** (अम्´-ब्रिज्) *n.* 1. shade, छाया। 2. a hint, संकेत। 3. a feeling of being offended, रोष, नाराज़गी। □ **take umbrage,** अप्रसन्न होना, रुष्ट होना।

**umbrella** (अम्-ब्रॅल्´-ॲ) *n.* 1. a small portable canopy for protection against rain or sun, छतरी, छाता। 2. protection, patronage, संरक्षण, छत्रछाया; under the umbrella of a saint, संत की छत्रछाया में।

**umiak** (यू´-मि-ॲक्) *n.* a large boat made of skins, चमड़े की नाव, चर्मनौका।

**umlaut** (उम्´-लाउट्) *n.* a diacritical mark (¨) placed over a vowel, विशेषक चिह्न।

**umpire** (अम्´-पाइ:/पाइॲ:) *n.* a person having authority to decide and settle disputes in a game of cricket, baseball etc., अंपायर, निर्नेता, निर्णायक। *v.* to act as umpire, अंपायर होना या बनना, अंपायरी करना।

**umpteen** (अम्प्-टीन्´) *adj.* very many, बहुतेरे, बहुत से; umpteen times, बहुत बार।

**umpteenth** (अम्प्-टीन्थ्´) *adj.* very many, बहुतेरे, बहुत से।

**un** (अन्) *prefix.* 1. not, नहीं। 2. contrary, विरुद्ध, विपरीत।

**unabashed** (अन्-ॲ-बेश्ड्´) *adj.* not ashamed, जो शर्मिंदा न हो, बेहया।

**unabated** (अन्-ॲ-बे´-टिड्) *adj.* not abated, जो घटा न हो।

**unable** (अन्-ए´-बॅल्) *adj.* not able, असमर्थ, अक्षम, अशक्त।

**unabridged** (अन्-ॲ-ब्रिज्ड्) *adj.* not abridged, असंक्षिप्त।

**unacceptable** (अन्-ॲक्-सेंप्´-टॅ-बॅल्) *adj.* that cannot be accepted, अस्वीकार्य।

**unaccompanied** (अन्-ॲ-कम्´-पॅ-नीड्) *adj.* 1. not accompanied, जो बिना किसी साथी या सामान के हो, अकेला। 2. without musical accompaniment, बिना संगत का।

**unaccountable** (अन्-ॲ-काउन्´-टॅ-बॅल्) *adj.* 1. not accountable or responsible, जो ज़िम्मेदार न हो, अनुत्तरदायी। 2. inexplicable, अव्याख्येय। 3. strange or mysterious, विचित्र या रहस्यमय।

**unaccounted** (अन्-ॲ-काउन्´-टिड्) *adj.* of which no account is given, जिसका हिसाब न मिला हो।

**unaccustomed** (अन्-ॲ-कस्´-टॅम्ड्) *adj.* not accustomed, अनभ्यस्त।

**unadulterated** (अन्-ॲ-डल्´-टॅ-रे-टिड्) *adj.* not adulterated, बिना मिलावट का, शुद्ध।

**unadvised** (अन्-ऐड्-वाइज़्ड्´) *adj.* 1. rash, अविवेकपूर्ण। 2. not prudent, अविवेकशील।

**unadvisedly** (-ली) *adv.* without considering,

बिना विचारे, अंधाधुंध, बेतहाशा।

**unaffected** (अन्-अ-फ़ेक्‍‍ ´-टिड्) ***adj.*** 1. not affected by, अप्रभावित।

**unafraid** (अन्-अ-फ्रेड् ´) ***adj.*** not afraid, निडर, जो भयभीत न हो।

**unaided** (अन्-ए ´-डिड्) ***adj.*** not aided, जिसे सहायता न मिली हो।

**unalienable** (अन्-एल् ´-यॅ-नॅ--बॅल्) ***adj.*** inalienable, जिसे पृथक न किया जा सके, अपृथक्करणीय, अवियोज्य।

**unalterable** (अन्-आःल् ´-टॅर्-अ-बॅल्) ***adj.*** not alterable, अपरिवर्तनीय।

**unambiguous** (अन्-ॲम्-बिग् ´-यु-ॲस्) ***adj.*** not ambiguous, असंदिग्ध, सुस्पष्ट।

**unanimity** (यु-नॅ-निम् ´-इ-टी) ***n.*** the quality or state of being unanimous, मतैक्य, एकमत्य, सर्वसम्मति, एकमत।

**unanimous** (यु-नैन् ´-इ-मॅस्) ***adj.*** having the consent of all, सर्वसम्मत।

**unanimously** (-ली) ***adv.*** in a unanimous manner, सर्वसम्मति से, एकमत होकर।

**unanswerable** (अन्-आन् ´-सॅ-रॅ-बॅल्) ***adj.*** not answerable, irrefutable, जिसका कोई उत्तर न हो, अकाट्य या लाजवाब।

**unanswered** (अन्-आन् ´-सॅःड्) ***adj.*** not answered, जिसका जवाब न दिया गया हो, अनुत्तरित।

**unappetizing** (अन्-ऐप् ´-इ-टाइ-ज़िंग्) ***adj.*** 1. not appetizing, जो पचे नहीं, अपाचक। 2. not appealing, अनाकर्षक।

**unapprehensible** (अन्-ऐप् ´-रि-हैन् ´-सि-बॅल्) ***adj.*** not apprehensible, अबोधगम्य।

**unapproachable** (अन्-अ-प्रोच् ´-अ-बॅल्) ***adj.*** 1. not approachable, पहुँच के बाहर, अगम्य। 2. unique, बेजोड़, अद्वितीय।

**unarmed** (अन्-आःम्ड् ´) ***adj.*** not armed, निहत्था, निरस्त्र।

**unashamed** (अन्-अ-शेम्ड् ´) ***adj.*** not feeling guilty of one's misdeeds, निर्लज्ज, बेहया।

**unasked** (अन्-आस्क्ड् ´) ***adj.*** 1. not asked, अयाचित, बिनमाँगा। 2. uninvited, अनिमंत्रित।

**unassailable** (अन्-अ-से ´-लॅ-बॅल्) ***adj.*** 1. not liable to attack, जिसपर आक्रमण न किया जा सके। 2. not liable to question, अकाट्य।

**unassuming** (अन्-अ-स्यू ´-मिंग्) ***adj.*** modest, विनम्र, निरभिमान।

**unassumingly** (-ली) ***adv.*** in an unassuming manner, विनम्रतापूर्वक।

**unattached** (अन्-अ-टैच्ड् ´) ***adj.*** 1. not attached, असंबद्ध, असंलग्न। 2. not married or betrothed, जिसका विवाह या मँगनी न हुई हो।

**unattainable** (अन्-अ-टेन् ´-अ-बॅल्) ***adj.*** not attainable, अप्राप्य, अलभ्य, असाध्य।

**unattended** (अन्-अ-टेंन् ´-डिड्) ***adj.*** 1. not attended, जिसकी देख-भाल कोई न कर रहा हो, उपेक्षित। 2. unaccompanied, जिसके साथ कोई न हो, अकेला।

**unauthorized** (अन्-आःथ् ´-अ-राइज़्ड्) ***adj.*** 1. not authorized, अनधिकृत, अप्राधिकृत। 2. illegal, अवैध।

**unavailing** (अन्-अ-वे ´-लिंग्) ***adj.*** useless, व्यर्थ, निष्फल।

**unavoidable** (अन्-अ-वाइ ´-डॅ-बॅल्) ***adj.*** unable to be avoided, अपरिहार्य, अनिवार्य।

**unavoidably** (अन्-अ वॉइ ´-डॅ-बॅ-ली) ***adv.*** in an unavoidable manner, अपरिहार्य रूप से।

**unaware** (अन्-अ-वेॲः) ***adj.*** not aware, अनभिज्ञ, अनजान।

**unawares** (अन्-अ-वे-ॲःज़् ´) ***adv.*** 1. without noticing, अनजाने में। 2. unexpectedly, अचानक, अकस्मात्।

**unbalance** (अन्-बैल् ´-ॲन्स्) ***v.*** to upset the balance (of, का) संतुलन बिगाड़ देना।

**unbalanced** (अन्-बैल् ´-ॲन्स्ड्) ***adj.*** 1. lacking balance, असंतुलित। 2. mentally unsound, विक्षिप्त।

**unbar** (अन्-बाः ´) ***v.*** (unbarred, unbarring) to remove the bar, to open, अर्गला हटाना, (दरवाज़ा) खोलना।

**unbearable** (अन्-बेंॲर् ´-अ-बॅल्) ***adj.*** not able to be endured, असह्य, असहनीय।

**unbeatable** (अन्-बी ´-टॅ-बॅल्) ***adj.*** 1. not capable of being beaten or defeated, अपराजेय। 2. unique, अद्वितीय, बेजोड़।

**unbeaten** (अन्-बी´-टन्) *adj.* not defeated, अपराजित। 2. not surpassed, अलंघित; unbeaten record, अलंघित कीर्तिमान।

**unbecoming** (अन्-बि-कम्´-इंग्) *adj.* 1. not suitable, जो उपयुक्त न हो, अनुपयुक्त। 2. not suited to the wearer, न फबनेवाला, अशोभनीय।

**unbeknown** (अन्-बि-नोन्´) *adj.* unknown, अज्ञात।

**unbelief** (अन्-बि-लीफ़्) *n.* disbelief, अविश्वास।

**unbelievable** (अन्-बि-ली´-वॅ-बॅल्) *adj.* not believable, अविश्वसनीय।

**unbeliever** (अन्-बि-ली´-वॅ:) *n.* one who does not believe in a particular religious faith, अविश्वासी, नास्तिक।

**unbend** (अन्-बेंन्ड्´) *v.* (unbent, unbending) to make or become straight, सीधा करना या होना।

**unbending** (अन्-बेंन्´-डिंग्) *adj.* 1. inflexible, अनम्य। 2. refusing to yield, न झुकनेवाला।

**unbiased** (अन्-बाइ´-ऑस्ड्) *adj.* not biased, पूर्वग्रह से मुक्त, पक्षपातरहित।

**unbidden** (अन्-बिड्´-ऑन्) *adj.* not bidden, uninvited, अयाचित, अनिमंत्रित।

**unbind** (अन्-बाइन्ड्´) *v.* (unbound, unbinding) to set free, मुक्त करना।

**unbleached** (अन्-ब्लीच्ड्´) *adj.* not bleached, अविरंजित, कोरा।

**unblessed** (अन्-ब्लॅस्ड्´) *adj.* not blessed, अभागा।

**unblinking** (अन्-ब्लिंक्´-किंग्) *adj.* not blinking, जो पलकें न झपक रहा हो।

**unblock** (अन्-ब्लॉक्´) *v.* (unblocked, unblocking) to remove an obstacle or obstacles, बाधा या बाधाएँ हटाना, (रास्ता) साफ़ कर देना या खोल देना।

**unblushing** (अन्-ब्लश्´-इंग्) *adj.* 1. not blushing, जो शरमा न रहा हो। 2. without shame, बेहया, निर्लज्ज।

**unborn** (अन्- बा:न्´) *adj.* 1. not yet born, जो पैदा न हुआ हो, अजन्मा। 2. yet to come, भावी।

**unbosom** (अन्-बुज़्´-ऑम्) *v.* 1. to give expression (to one's thought, अपने विचारों को) अभिव्यक्त करना। 2. to relieve (oneself) by telling (secrets, रहस्य) खोलकर हलका होना।

**unbound** (अन्-बाउन्ड्´) *adj.* not bound, अज़िल्द, अनबँधा।

**unbounded** (अन्-बाउन्´-डिड्) *adj.* not bounded, अबद्ध, अनाबद्ध, मुक्त।

**unbreakable** (अन्-ब्रे´-कॅ-बॅल्) *adj.* not breakable, न टूटनेवाला, अटूट।

**unbridled** (अन्-ब्राइ´-डॅल्ड्) *adj.* unrestrained, बेलगाम, अनियंत्रित।

**unbroken** (अन्-ब्रो´-कॅन्) *adj.* 1. not broken, अखंडित, अभग्न। 2. not surpassed, अलंघित, unbroken record, अलंघित कीर्तिमान। 3. continuing, अविच्छिन्न, अटूट।

**unbuckle** (अन्-बक्´-ऑल्) *v.* to release a buckle, बकसुआ खोल देना।

**unbuilt** (अन्-बिल्ट्´) *adj* not built, अनिर्मित, अनबना, बेबना।

**unburden** (अन्-ब:´-डॅन्) *v.* to relieve of a burden, भार-मुक्त करना।

**unburnt** (अन्-ब:न्ट्´) *adj.* not burnt, अदग्ध।

**uncalled** (अन्-का:ल्ड्´) *adj.* not called, अनमाँगा; uncalled capital, अनमाँगी पूँजी।

**uncalled-for** (अन्-का:ल्ड्´-फ़ॉ:) *adj.* unnecessary, अनावश्यक; the explanation was uncalled for, स्पष्टीकरण अनावश्यक था।

**uncanny** (अन्-कैन्´-ई) *adj.* 1. strange, विलक्षण। 2. mysterious, रहस्यमय।

**uncap** (अन्-कैप्´) *v.* (uncapped, uncapping) to remove a cap or cover from, टोपी या ढक्कन उतारना।

**uncared for** (अन्-कॅऑ:ड्´-फ़ॉ:) *adj.* neglected, उपेक्षित।

**unceasing** (अन्-सी´-ज़िंग्) *adj.* continuous, अविच्छिन्न, सतत।

**unceasingly** (-ली) *adv.* in an unceasing manner, अविच्छिन्न रूप से, निरंतर।

**unceremonious** (अन्-सॅर्-इ-मो´-नि-ऑस्) *adj.* not formal, अनौपचारिक। 2. undignified, अमर्यादित, मर्यादाहीन।

**unceremoniously** (-ली) ***adv.*** in an unceremonious manner, अनौपचारिक रूप से; अमर्यादित रूप से।

**uncertain** (अन्-स:´-टॅन्) ***adj.*** 1. not certain or decided, अनिश्चित। 2. not confident, अविश्वस्त। 3. changeable, परिवर्तनशील, ढुलमुल। □ **in no uncertain terms,** स्पष्ट शब्दों में, साफ़-साफ़।

**uncertainly** (-ली) ***adv.*** in an uncertain manner, अनिश्चित रूप से।

**uncertainty** (अन्-स:´-टॅन्-टी) ***n.*** the state or condition of being uncertain, अनिश्चितता।

**unchain** (अन्-चेन्´) ***v.*** 1. to remove a chain, बंधन खोलना। 2. to set free, मुक्त करना।

**unchallengeable** (अन्-चैल्´-ॲन्-जि-ॲ-बॅल्) ***adj.*** that cannot be challenged, अप्रतिरोधनीय।

**unchanged** (अन्-चेन्ज्ड्´) ***adj.*** not changed or changing, अपरिवर्तित।

**uncharacteristic** (अन्-कैर्´-ॲक्-टॅ-रिस्-टिक्) ***adj.*** not characteristic, अचारित्रिक।

**uncharitable** (अन्-चैर्´-इ-टॅ-बॅल्) ***adj.*** not liberal, cruel, अनुदार, कठोर, निर्दय।

**uncharted** (अन्-चा:´-टिड्) ***adj.*** 1. not mapped, जिसका उल्लेख मानचित्र में न हो, अमानचित्रित। 2. unknown, अज्ञात।

**unchaste** (अन्-चेस्ट्´) ***adj.*** not chaste, जो सच्चरित्र न हो, चरित्रविहीन या कुलटा।

**unchecked** (अन्-चेॅक्ड्´) ***adj.*** 1. not checked, बिना जाँच का, अनजँचा। 2. unrestricted, अनिरुद्ध, अनियंत्रित।

**unchristian** (अन्-क्रिस्´-चॅन्) ***adj.*** 1. contrary to Christian principles, अख्रीस्तीय। 2. uncharitable, अनुदार।

**uncial** (अन्-शि´-ॲल्) ***n.*** a style of writing characterized by somewhat large and rounded letters, बृहदक्षर लिपि, अंशियल।

**uncivil** (अन्-सिव्´-इल्) ***adj.*** 1. ill-mannered, अभद्र, अशिष्ट। 2. impolite, अविनीत।

**uncivilized** (अन्-सिव्´-इ-लाइज़्ड्) ***adj.*** 1. not civilized, असभ्य। 2. not enlightened, अप्रबुद्ध।

**unclad** (अन्-क्लैड्´) ***adj.*** naked, नंगा, निर्वस्त्र।

**unclaimed** (अन्-क्लेम्ड्´) ***adj.*** not claimed, लावारिस, अदावी, बेदावा, unclaimed goods, अदावी माल।

**unclasp** (अन्-क्लैस्प्´) ***v.*** (unclasped, unclasping) to release the clasp of, बक्सुआ खोल देना।

**unclassified** (अन्-क्लैस्´-इ-फ़ाइड्) ***adj.*** not classified, अवर्गित, अवर्गीकृत।

**uncle** (अङ्´-कॅल्) ***n.*** 1. the brother of one's father or mother, चाचा (ताऊ) या मामा। 2. husband of the sister of one's father or mother, फूफा या मौसा।

**unclean** (अन्-क्लीन्´) ***adj.*** not clean, मैला, गंदा, अशुचि; of unclean morals, पातकी, व्यभिचारी।

**uncleanly** (अन्-क्लीन्´-ली) ***adj.*** (uncleanier, uncleaniest) habitually unclean, सदा गंदा रहनेवाला।

**Uncle Sam** (अङ्´-कॅल्-सैम्) ***n.*** the personification of the U.S., अमेरिकी लोगों का परिचायक नाम।

**unclothe** (अन्-क्लोद्´) ***v.*** (unclothed/unclad, unclothing) to make bare, नंगा कर देना, कपड़े उतार देना।

**uncodified** (अन्-को´-डि-फ़ाइड्) ***adj.*** not codified, असंहिताबद्ध।

**uncomely** (अन्-कम्´-ली) ***adj.*** 1. not pleasent in appearance, भद्दा, भोंडा। 2. improper, अनुचित।

**uncomfortable** (अन्-कम्फ़्´-ॲ:-टॅ-बॅल्) ***adj.*** 1. not comfortable, असुविधाजनक, असुविधाकारक। 2. causing discomfort, कष्टदायक, कष्टप्रद।

**uncommitted** (अन्-कॅ-मिट्´-इड्) ***adj.*** not pledged to, अवचनबद्ध, अप्रतिबद्ध।

**uncommon** (अन्-कॉम्´-ॲन्) ***adj.*** 1. not common, असामान्य, असाधारण। 2. wonderful, अद्‌भुत।

**uncommonly** (-ली) ***adv.*** in an uncommon manner, असाधारण रूप से; uncommonly beautiful, असाधारण रूप से सुंदर।

**uncommunicative** (अन्-कॅ-म्यू´-नि-के-टिव्) *adj.* not willing to talk, reserved, चुप्पा, अमिलनसार।

**uncompleted** (अन्-कम्´-प्लीट्-टिड्) *adj.* not completed, अपूर्ण, अधूरा।

**uncompromising** (अन्-कॉम्´-प्रॅ-माइ-ज़िंग्) *adj.* not making concession, अपनी बात पर दृढ़ रहनेवाला, अटल, अनम्य या जिद्दी।

**unconcern** (अन्-कॅन्-सःन्´) *n.* indifference, उदासीनता, उपेक्षा। 2. lack of worry, निश्चिंतता।

**unconcerned** (अन्-कॅन्-सःन्ड्´) *adj.* 1. indifferent, उदासीन। 2. free from anxiety, निश्चिंत।

**unconditional** (अन्-कॅन्-डिश्´-अॅ-नॅल्) *adj.* without conditions, बिना शर्त; unconditional surrender, बिना शर्त आत्मसमर्पण।

**unconditionally** (अन्-कॅन्-डिश्´-अॅ-नॅ-ली) *adv.* without any condition, बिना किसी शर्त के।

**unconditioned** (अन्-कॅन्-डिश्´-अॅन्ड्) *adj.* not subject to conditions, बिना शर्त होने-वाला, निरुपाधिक।

**unconfirmed** (अन्-कॅन्-फ़ःम्ड्´) *adj.* not confirmed, अपुष्ट।

**uncongenial** (अन्-कॅन्-जीन्´-यॅल्) *adj.* not congenial, अननुकूल।

**unconnected** (अन्-कॅ-नेंक्´-टिड्) *adj.* not connected, असंबद्ध, अलग।

**unconquerable** (अन्-कॉङ्´-कॅ-रॅ-बॅल्) *adj.* incapable of being defeated, अजेय, अविजेय।

**unconscionable** (अन्-कॉन्´-शॅ-नॅ-बॅल्) *adj.* unreasonable, unjust or unfair, अयुक्ति-युक्त, अनैतिक, अनुचित।

**unconscious** (अन्-कॉन्´-शॅस्) *adj.* 1. not conscious, अचेतन। 2. unaware, अनभिज्ञ, अनजान।

**unconsciously** (-ली) *adv.* unintentionally, अनजाने में, अनजाने।

**unconsciousness** (अन्-कॉन्´-शॅस्-निस्) *n.* lack of consciousness, अचेतना, मूर्छा, बेहोशी।

**unconstitutional** (अन्-कॉन्-स्टि-ट्यू´-शॅ-नॅल्) *adj.* not constitutional, not consistent with the Constitution, असंवैधानिक, असांविधानिक।

**uncontested** (अन्-कॅन्-टेंस्´-टिड्) *adj.* without contesting, निर्विरोध।

**uncontrollable** (अन्-कॅन्-ट्रो´-लॅ-बॅल्) *adj.* not able to be controlled, अनियंत्रणीय।

**uncontrolled** (अन्-कॅन्-ट्रोल्ड्´) *adj.* not controlled, अनियंत्रित।

**unconventional** (अन्-कॅन्-वेंन्´-शॅ-नॅल्) *adj.* 1. not conventional, अपरंपरागत, अपरिपाटिक, रूढ़िमुक्त। 2. unusual, असाधारण, असामान्य।

**unco-operative** (अन्-को-ऑप्´-अॅ-रॅ-टिव्) *adj.* not cooperative, सहयोग न करनेवाला, असहयोगी।

**uncork** (अन्-काःर्क्) *v.* (uncorked, uncorking) to draw the cork from, काग निकालना।

**uncountable** (अन्-काउन्ट्´-अॅ-बॅल्) *adj.* not countable जो गिना न सके, अगणनीय, अगण्य।

**uncounted** (अन्-काउन्ट्´-टिड्) *adj.* 1. not counted, अगणित। 2. innumerable, असंख्य।

**uncouple** (अन्-कप्´-अॅल्) *v.* to disconnect, वियुक्त करना, अलग कर देना।

**uncouth** (अन्-कूथ्´) *adj.* 1. crude, अपरिष्कृत। 2. awkward, भद्दा

**uncover** (अन्-कव्´-अॅः) *v.* 1. to remove the cover, आवरण हटाना, खोल देना। 2. to reveal, प्रकट कर देना, खोल देना।

**unction** (अंक्´-शॅन्) *n.* 1. anointing with oil, तेल का लेपन। 2. excessive politeness, अत्यधिक विनम्रता।

**uncut** (अन्-कट्´) *adj.* not cut, बिनकटा, अनकटा। 2. unabridged, असंक्षिप्त।

**undamaged** (अन्-डैम्´-इज्ड्) *adj.* not damaged, जिसे क्षति न पहुँची हो, अक्षत।

**undated** (अन्-डे´-टिड्) *adj.* without date, बिना तारीख का, दिनांकरहित, अदिनांकित।

**undecided** (अन्-डि-साइ´-डिड्) *adj.* 1. not decided, अनिर्णीत। 2. not having made up one's mind, अनिश्चयी।

**undeclared** (अन्-डि-क्ले´-अॅःड्) *adj.* not declared, अघोषित।

U

**undefended** (अन्-डि-फ़ेन्´-डिड्) *adj.* not defended, अरक्षित।

**undefined** (अन्-डि-फ़ाइन्ड्´) *adj.* not defined, अपरिभाषित।

**undelegated** (अन्-डेल्´-इ-गे-टिड्) *adj.* not delegated, अप्रतिदत्त।

**undemonstrative** (अन्-डि-मॉन्´-स्ट्रॅ-टिव्) *adj.* not given to expression of one's feeling, अपनी भावनाओं का प्रदर्शन या अभिव्यक्ति न करनेवाला, अप्रदर्शी, अप्रदर्शनशील।

**undeniable** (अन्-डि-नाइ´-अॅ-बल्) *adj.* 1. that cannot be denied, जिसे नकारा न जा सके, अकाट्य। 2. undoubtedly true, एकदम सत्य।

**under** (अन्´-डॅः) *prep.* 1. in a lower position than, के नीचे। 2. beneath the surface of, के नीचे, के तले। 3. governed or controlled by, के अधीन। 4. less than, से कम; He is under ten. वह दस से कम है। 5. in the process of, की प्रक्रिया में, के अधीन; The road is under repair. सड़क की मरम्मत हो रही है। The patient is under intensive care, रोगी गहन देख-रेख में है। 6. in accordance with, के अनुसार। 7. designated or indicated by, के नाम से। 8. within the group or category of, के वर्ग में, के अंदर, में। □ **under cover of,** की आड़ में; **under protest,** आपत्ति सहित; **under the table,** चोरी-छिपे। *adj.* 1. in a lower position, नीचे। 2. beneath, नीचे, तले। 3. below, घटकर, कम। □ **keep under,** सताना। *adj.* 1. lying or placed below, नीचेवाला, निचला। 2. subordinate, अवर, सहायक। 3. lower in amount or degree, कम, न्यून। *prefix* 1. below, अधः, अंतर्, निम्न-। 2. subordinate, अवर, सह-। 3. incomplete, अपूर्ण।

**underachieve** (अन्-डॅर्-अॅ-चीव्´) *v.* (underachieved, underachieving) to perform below one's ability or capacity, पूरा न उतरना, उपेक्षा पर खरा न उतरना।

**underage** (अन्-डॅर्-एज्´) *adj.* not yet adult, below the required age, निम्नायु, कमउम्र।

**underarm** (अन्-डॅर्-आःम्´) *adj.* 1. under the armpit, काँख में दबाया हुआ। 2. executed with the hand kept below the level of the shoulder, बिना कंधे से ऊपर हाथ उठाकर फेंका जानेवाला (गेंद)।

**underbid** (अन्-डॅः-बिड्) *v.* (underbid, underbidding) to bid too low, (नीलामी में) कम बोली बोलना; ताश के खेल में कम हाथ बोलना।

**underbred** (अन्-डॅः-ब्रेड्´) *adj.* 1. ill-bred, अल्पपोषित, कुपोषित। 2. not of pure breeding, जो सही नस्ल का न हो।

**underbrush** (अन्´-डॅः-ब्रश्) *n.* shrubs, झाड़-झंखाड़।

**undercarriage** (अन्´-डॅः-कैर्-इज्) *n.* the supporting framework of an automobile, यान का निचला ढाँचा।

**undercharge** (अन्-डॅः-चाःज्´) *v.* 1. to charge less than actual price, कम मूल्य लेना। 2. to charge (a cell or battery) less than is required, अल्पावेषित करना, कम चार्ज करना।

**underclothes** (अन्´-डॅः-क्लोद्ज़्) *n.* (plu.) underwear, अंदर पहनने के कपड़े, अंतर्वस्त्र।

**underclothing** (अन्´-डॅः-क्लो-दिंग्) *n.* underwear, अंदर पहनने के वस्त्र, अंतर्वस्त्र।

**undercoat** (अन्´-डॅः-कोट्) *n.* 1. a coat worn beneath another coat, कोट के नीचे पहना जानेवाला कोट, निचला कोट। 2. a layer of paint under a finishing coat, रंग या पेंट का अस्तर, अवलेप।

**undercook** (अन्-डॅः-कुक्´) *v.* to cook insufficiently, पूरी तरह से न पकाना, कच्चा रह जाना।

**undercover** (अन्-डॅः-कव्´-अॅः) *adj.* 1. acting in secret, जासूसी करनेवाला। 2. executed in secret, चोरी-छिपे किया जानेवाला, गुप्त।

**undercurrent** (अन्´-डॅः-कर्-अॅन्ट्) *n.* 1. a current below another current, अंतर्धारा। 2. an underlying feeling or tendency, अंतर्भावना।

**undercut** (अन्´-डॅ:-कट्) *v.* (undercut, undercutting) 1. to cut under or below, नीचे से काटना। 2. to sell at a lower price, कम दाम में बेचना। 3. to work for a lower price, कम मज़दूरी पर काम करना। 4. to strike (a ball) with a downward motion so as to give a back spin, अंडरकट करना।

**underdeveloped** (अन्´-डॅ:-डि-वेॅल्´-ऑप्ड्) *adj.* not fully developed, अपूर्णविकसित, अल्पविकसित।

**underdog** (अन्-डॅ:-डा:ग्´) *n.* one who is not likely or favourable to win in a contest, ऐसा प्रतियोगी जिसके जीतने की संभावना कम हो, गौण प्रतियोगी।

**underdone** (अन्-डॅ:-डन्´) *adj.* 1. not sufficiently cooked, जो ठीक से न पका हो, अधपका। 2. not throughly done, जो अच्छी तरह से न किया गया हो, कच्चा, अधकचरा।

**underdrawers** (अन्´-डॅ:-ड्रा:ज़्) *n.* (plu.) underpants, जाँघिया।

**underdressed** (अन्-डॅ:-ड्रेॅस्ड्´) *adj.* wearing insufficient dress, अधनंगा, अर्धनग्न।

**undereducated** (अन्-डॅ:-ऍज्´-उ-के-टिड्) *adj.* inadequately educated, अल्पशिक्षित।

**underemphasize** (अन्-डॅ:-ऍम्´-फ़-साइज़्) *v.* to give less emphasis to, कम ज़ोर देना।

**underemployed** (अन्-डॅ:-ऍम्-प्लॉइड्´) *adj.* not fully employed, अपूर्ण नियोजित।

**underestimate** (अन्-डॅ:-ऍस्´-टि-मेट्) *v.* (underestimated, underestimating) to underrate, कम मूल्य या महत्त्व आँकना।

**underexpose** (अन्-डॅ:-इक्-स्पोज़्´) *v.* to expose to light for too short a time, कम रोशनी दिखाना, कम उद्भासित करना।

**underfed** (अन्-डॅ:-फ़ेॅड्´) *adj.* insufficiently fed, अल्पपोषित, कुपोषित।

**underfoot** (अन्-डॅ:-फ़ुट्´) *adv.* under one's feet, पैरों के नीचे, पाँव तले।

**undergarment** (अन्´-डॅ:-गा:-मॅन्ट्) *n.* a garment that is worn under outer garment, अंतर्वस्त्र।

**undergo** (अॅन्-डॅ:-गो´) *v.* (underwent, undergone, undergoing) 1. to experience, अनुभूत करना, महसूस करना, भोगना। 2. to endure, सहना, भुगतना, झेलना। 3. to undertake, भार या बीड़ा उठाना, हाथ में लेना; He is undergoing a fast. वह उपवास कर रहा है; The aricraft is undergoing trials. वायुयान का परीक्षण चल रहा है।

**undergraduate** (अन्-डॅ:-ग्रैज्´-उ-एट्) *n.* the student who has not yet received a degree, वह विद्यार्थी जो अभी स्नातक न हुआ हो, अंतर्स्नातक; undergraduate course, अंतर्स्नातक पाठ्यक्रम।

**underground** (अन्-डॅ:-ग्राउन्ड्´) *adj.* 1. under or below the surface of the ground, भूमि के नीचे का, भूगत, भूमिगत। 2. secret, गुप्त, गोपनीय, भूमिगत; underground conspirator, गुप्त षड्यंत्रकारी; underground press, गोपनीय मुद्रणालय। 3. acting in secret, गुप्त या गोपनीय, भूमिगत। *adv.* 1. below the surface of the ground, ज़मीन के नीचे, भूमि के नीचे। 2. secretly, गुप्त रूप से। *n.* 1. a secret organization, गुप्त संघटन, भूमिगत लोगों का संगठन। 2. subway, ज़मीन के नीचे चलनेवाली रेल, अंतर्भौम रेल, सुरंग-रेल।

**undergrowth** (अन्-डॅ:-ग्रोथ्´) *n.* shrubs or bushes, झाड़-झंखाड़।

**underhand** (अन्-डॅ:-हैन्ड्´) *adv.* in a clandestine manner, चोरी-छिपे, चोरी-चोरी, धूर्ततापूर्वक। *adj.* done slyly so as to evade notice, चालाकी या गुप्त रूप से किया जानेवाला, कपटपूर्ण; underhand dealing, कपट-व्यवहार।

**underhanded** (अन्-डॅ:-हैन्´-डिड्) *adj.* underhand, कपटपूर्ण।

**underlay** (अन्-डॅ:-ले´) *v.* (underlaid, underlaying) to lay something under (a thing, किसी चीज़ के) नीचे कोई चीज़ रखना। *n.* an underlying support, आधार।

**underlie** (अन्-डॅ:-लाइ´) *v.* (underlay, underlain, underlying) 1. to be located below, नीचे होना या रहना। 2. to be the support

U

or basis for, आधार होना; Good reasons underlie her behaviour, उसके व्यवहार में समझदारी रहती है।

**underline** (अन्-डॅ:-लाइन्´) *v.* 1. to draw a line under, (शब्द या पद के) नीचे रेखा खींचना, अधोरेखांकित करना। 2. to emphasize, ज़ोर देना। *n.* a line drawn under a word or phrase, अधोरेखा।

**underlined** (अन्-डॅ:-लाइन्ड्´) *adj.* marked with a line underneath, अधोरेखांकित।

**underling** (अन्´-डॅ:-लिंग्) *n.* a subordinate, अधीनस्थ या मातहत कर्मचारी।

**underlip** (अन्´-डॅ:-लिप्) *n.* the lower lip, निचला होंठ, अधर।

**underlying** (अन्´-डॅ:-लाइ-इंग्) *adj.* 1. lying beneath, fundamental, मूलभूत, मूलाधार। 2. evident only on close inspection, अंतर्हित।

**undermanned** (अन्-डॅ:-मैन्ड्´) *adj.* having too few persons to operate, अल्पकर्मी; The hotel is undermanned. इस होटल में कर्मियों की कमी है।

**undermentioned** (अन्-डॅ:-मेॅन्´-शॅन्ड्) *adj.* mentioned below, निम्नलिखित, अधोलिखित।

**undermine** (अन्-डॅ:-माइन्´) *v.* 1. to dig a mine beneath, सुरंग खोदना या बनाना। 2. to subvert, उलट देना। 3. to weaken, कमज़ोर हो जाना या कर देना; His health was undermined. उसका स्वास्थ्य गिर गया था।

**undermost** (अन्-डॅ:-मोस्ट्´) *adj.* lowest in relative position, सबसे नीचेवाला, निचला। *adv.* below in position, नीचे।

**undernourished** (अन्-डॅ:-नर्´-इश्ड्) *adj.* inadequately nourished, अल्पपोषित, न्यूनपोषित।

**underpaid** (अन्-डॅ:-पेड्´) *adj.* paid too little, जिसे बहुत कम वेतन मिलता हो, अववैतनिक।

**underpants** (अन्´-डॅ:-पैन्ट्स्) *n.* (plu.) undershorts, जाँघिया।

**underpart** (अन्´-डॅ:-पा:ट्) *n.* 1. the part underneath, निचला भाग। 2. a subordinate role, सहायक भूमिका।

**underpass** (अन्´-डॅ:-पास्/पैस्) *n.* a passage underneath something, (पुल आदि के) नीचे का रास्ता, तलमार्ग, अधोमार्ग, सुरंग।

**underpay** (अन्-डॅ:-पे´) *v.* (underpaid, underpaying) to pay insufficiently, (उचित से) कम वेतन देना।

**underpin** (अन्-डॅ:-पिन्´) *v.* (underpinned, underpinning) 1. to support from beneath, टेक या चाँड़ लगाना। 2. to support, सहायता या समर्थन करना।

**underpinning** (अन्´-डॅ:-पिन्-इंग्) *n.* a supporting part or structure, टेक, चाँड़, सहारा।

**underplay** (अन्-डॅ:-प्ले´, अन्´-डॅ:-प्ले) *v.* to underact, घटकर अभिनय करना, मंद या न्यून अभिनय करना।

**underplot** (अन्-डॅ:-प्लॉट्´) *n.* a subordinate dramatic plot, उपकथा।

**underpopulated** (अन्-डॅ:-पॉप्´-यु-ले-टिड्) *adj.* less populated, कम या थोड़ी आबादीवाला, कम जनसंख्यावाला।

**underpriced** (अन्-डॅ:-प्राइस्ड्´) *adj.* priced below the standard price, (उचित से) कम मूल्यवाला।

**underprivileged** (अन्´-डॅ:-प्रिव्´-इ-लिज्ड्) *adj.* economically or socially deprived, अल्पाधिकारप्राप्त, अल्पसुविधाप्राप्त।

**underproduction** (अन्-डॅ:-प्रॅ-डक्´-शॅन्) *n.* production below full capacity, न्यूनोत्पादन।

**underrate** (अन्-डॅ:-रेट्´) *v.* to rate too below, कम मूल्य या महत्त्व आँकना।

**underrepresented** (अन्-डॅ:-रेॅप्-रि-जेॅन्´-टिड्) *adj.* inadequately represented, (वर्ग या क्षेत्र) जिसका उचित तथा पूर्ण प्रतिनिधित्व न हो, अल्पप्रतिनिधायित।

**underscore** (अन्-डॅ:-स्कोः´) *v.* to draw a line underneath, अधोरेखांकित करना।

**undersea** (अन्´-डॅ:-सी) *adv. & adj.* beneath the surface of the sea, समुद्रतल के नीचे (होनेवाला), समुद्र के जल के अंदर (होनेवाला)।

**under secretary** (अन्-डॅ:-सेॅक्´-रॅ-टॅ-री) *n.* a secretary immediately subordinate to a principal secretary, अवर सचिव।

**undersell** (अन्-डॅ:-सेॅल्) *v.* (undersold, underselling) to sell at a lower price than others, दाम गिराकर बेचना, कम क़ीमत पर बेचना।

**undershirt** (अन्´-डॅ:-श:ट्) *n.* a collarless garment worn under a shirt or blouse, बनियान, गंजी, कुरती।

**undersexed** (अन्-डॅ:-सेॅक्स्ड्´) *adj.* having less than the normal degree of sexual desires, जिसमें यौन-भावना की कमी हो, क्षीणकामी।

**undershoot** (अन्-डॅ:-शूट्´) *v.* (undershot, undershooting) to shoot short of a target, लक्ष्य तक निशाना न पहुँचा पाना।

**undershorts** (अन्´-डॅ:-शा:ट्स्) *n.* (plu.) underpants, जाँघिया।

**undersigned** (अन्´-डॅ:-साइन्ड्) *n.* one who has signed at the end of a document, अधोहस्ताक्षरी।

**undersized** (अन्´-डॅ:-साइज़्ड्´) *adj.* of a size less than a normal or average, छोटे आकार का, अल्पाकार, हीनाकार, छोटा।

**underskirt** (अन्´-डॅ:-स्क:ट्) *n.* a petticoat, पेटीकोट, साया।

**understaffed** (अन्-डॅ:-स्टाफ़्ड्´) *adj.* having less than the necessary number of staff, अल्पकर्मी।

**understand** (अन्-डॅ:-स्टैन्ड्´) *v.* (understood, understanding) 1. to grasp the meaning of, समझना। 2. to know thoroughly, जानना, जान लेना। 3. to assume, मान लेना।

**understandable** (अन्-डॅ:-स्टैन्´-डॅ-बॅल्) *adj.* that can be understood, समझ में आने योग्य, बुद्धि में आने लायक, बोधगम्य।

**understanding** (अन्-डॅ:-स्टैन्´-डिंग्) *n.* 1. the power of comprehending, ग्रहणशक्ति, समझ, बुद्धि। 2. comprehension, बोध। 3. common view or mutual agreement, मतैक्य या समझौता। 4. the ability to judge or make decisions, समझदारी। 5. the ability to feel sympathy, सहानुभूति की भावना, सद्भाव; There is better understanding between two nations. इन दोनो राष्ट्रों में एक दूसरे के प्रति अधिक सद्भाव है। *adj.* 1. having or showing good judgment, समझदारी-भरा। 2. sympathetic, kind, सहानुभूति-भरा।

**understate** (अन्-डॅ:-स्टेट्´) *v.* to state with restraint, कम कर के बताना, न्यूनोक्त करना।

**understatement** (अन्-डॅ:-स्टेट्´-मॅन्ट्) *n.* a restrained statement, न्यूनोक्ति।

**understood** (अन्-डॅ:-स्टुड्´) *v.* p.t. & p.p. of understand. *adj.* 1. fully apprehended, अच्छी तरह समझा हुआ। 2. implied or inferred, विवक्षित, अनुमानित, अध्याहृत।

**understudy** (अन्´-डॅ:-स्टड्-ई) *v.* (understudied, understudying) to study another actor's part in order to be able to take his place at short notice, किसी पात्र के पाठ का इस उद्देश्य से अध्ययन करना कि अल्पसूचना मिलने पर उसका स्थानापन्न बना जा सके। *n.* one who can take another actor's place at short notice, स्थानापन्न अभिनेता।

**undertake** (अन्-डॅ:-टेक्´) *v.* (undertook, undertaken, undertaking) 1. to take in hand, हाथ में लेना, ज़िम्मा लेना। 2. to attempt, प्रयास करना। 3. to start, आरंभ करना। 4. to commit, promise or guarantee, आश्वासन, वचन या गारंटी देना।

**undertaker** (अन्´-डॅ:-टे-कॅ:) *n.* 1. one who undertakes, ज़िम्मा लेनेवाला, हाथ में लेनेवाला। 2. a person whose business is to prepare the dead for burial, अंत्येष्टि-प्रबंधक।

**undertaking** (अन्´-डॅ:-टे-किंग्) *n.* 1. a task, business or enterprise, काम, धंधा, उपक्रम। 2. a promise, commitment or guarantee, वचन, आश्वासन, गारंटी। 3. the business of an undertaker, अंत्येष्टि-प्रबंध।

**under-the-counter** (अन्-डॅ:-दॅ-काउन्´-टॅ:) *adj.* = under-the-table.

**under-the-table** (अन्-डॅ:-दॅ-टे´-बॅल्) *adj.* transacted or sold illicitly and secretly, अवैध रूप से तथा चोरी-छिपे होनेवाला (सौदा या लेन-देन)।

**undertone** (अन्´-डॅ:-टोन्) *n.* 1. a tone of

U

low pitch or volume, मंद स्वर, हलकी आवाज़। 2. an underlying suggestion or implication, प्रच्छन्न भाव। 3. subdued colour, दबा हुआ रंग, हलका रंग।

**undertow** (अन्´-डँ:-टो) ***n.*** a current beneath the surface of the sea, running in a direction opposite to the surface current, अंतर्धारा।

**undertrial** (अन्-डँ:-ट्राइ´-अँल्) ***adv.*** subject to a trial, undergoing a trial, जिसपर अभियोग चल रहा हो, अभियोगाधीन।

**undervaluation** (अन्-डँ:-वैल्-यु-ए´-शँन्) ***n.*** the act of undervaluing, अल्पमूल्यांकन, अधोमूल्यन।

**undervalue** (अन्-डँ:-वैल्´-यु) ***v.*** (undervalued, undervaluing) 1. to value below the real worth, कम मूल्य आँकना, अल्पमूल्यांकन करना। 2. to esteem lightly, कम महत्त्व आँकना या देना।

**underwater** (अन्´-डँ:-वा:´-टँ:) ***adj.*** occurring, situated or done under the surface of water, अंतर्जल, अधोजल। ***adv.*** beneath the surface of water, जल के अंदर।

U

**underway** (अन्´-डँ:-वे) ***adv.*** in progress or action, जारी, चालू, सक्रिय।

**underwear** (अन्´-डँ:-वेंअँ:) ***n.*** a garment worn under the outer clothes, अंदर का कपड़ा, बनियान या जाँघिया।

**underweight** (अन्-डँ:-वेट्´) ***adj.*** weight less than the normal, न्यूनभार।

**underwent** (अन्-डँ:-वेंन्ट्´) ***v.*** p.t. of undergo.

**underworld** (अन्´-डँ:-व:ल्ड्) ***n.*** 1. the abode of the dead under the earth, पृथ्वी के नीचे का लोक, पाताल। 2. the part of society engaged in crime, अपराध-जगत्, अधोलोक, अपराधशील वर्ग।

**underwrite** (अन्´-डँ:-राइट्, अन्-डँ:-राइट्´) ***v.*** (underwrote, underwritten, underwriting) 1. to endorse, पृष्ठांकन करना। 2. to assume financial responsibility for, आर्थिक उत्तरदायित्व लेना, माली ज़िम्मेदारी ओढ़ना। 3. to undertake to buy all the unsold stock, सारा अनबिका स्टॉक खरीदने के लिए तैयार होना।

**undeserved** (अन्-डि-ज़:व्ड्´) ***adj.*** unjustified, अन्यायसंगत; undeserved praise, झूठी प्रशंसा।

**undeserving** (अन्´-डि-ज़:-विंग्) ***adj.*** not worthy of, अयोग्य, अनधिकारी, अपात्र।

**undesigned** (अन्-डि-साइन्ड्´) ***adj.*** unintentional, अनभिप्रेत, अनिच्छित।

**undesirable** (अन्-डि-ज़ाइर्´-अँ-बॅल्) ***adj.*** 1. not desirable, अवांछनीय। 2. objectionable, आपत्तिजनक। ***n.*** an undesirable person, अवांछनीय व्यक्ति।

**undeveloped** (अन्-डि-वॅल्´-अँप्ड्) ***adj.*** not developed, अविकसित।

**undeviating** (अन्-डी´-वि-ए-टिंग्) ***adj.*** keeping a right course, अपथभ्रष्ट, सुमार्गी।

**undigested** (अन्-डाइ-जेंस्´-टिड्) ***adj.*** not digested, अनपचा।

**undignified** (अन्-डिग्´-नि-फ़ाइड्) ***adj.*** not dignified, अभद्र, अशोभन, अशोभनीय।

**undisciplined** (अन्-डिस्´-इ-प्लिन्ड्) ***adj.*** not disciplined, अननुशासित, अनुशासनहीन।

**undisputed** (अन्-डिस्-प्यू´-टिड्) ***adj.*** not disputed, अविवाद्य।

**undistorted** (अन्-डिस्-टॉ:´-टिड्) ***adj.*** not distorted, अविकृत, अविरूपित।

**undivided** (अन्-डि-वाइ´-डिड्) ***adj.*** not divided, अविभाजित, अविभक्त।

**undo** (अन्-डू´) ***v.*** (undid, undone, undoing) 1. to cancel, रद करना। 2. to reverse or erase, चौपट कर देना, मटियामेट कर देना। 3. to untie or unfasten, खोलना, ढीला करना। 4. to cause the ruin of, बर्बाद या तबाह कर देना।

**undoing** (अन्-डू´-इंग्) ***n.*** 1. ruin, तबाही, बर्बादी। 2. a cause of ruin, तबाही का कारण; Drink was his undoing, शराब ही उसकी तबाही का कारण थी।

**undomesticated** (अन्-डॅ-मेंस्´-टि-के-टिड्) ***adj.*** not tame, roaming at large, जो पालतू न हो, आवारा।

**undone** (अन्-डन्´) ***adj.*** 1. not done, जो किया न गया हो, अकृत। 2. ruined, बर्बाद,

तबाह। 3. unfastened, जो बंद न हो, खुला।

**undoubted** (अन्-डाउ´-टिड्) ***adj.*** 1. not doubted, definite, असंदिग्ध, निश्चित। 2. undisputed, अविवाद्य।

**undoubtedly** (अन्-डाउ´-टिड्-ली) ***adv.*** definitely, निश्चित रूप से, निस्संदेह।

**undreamed** (अन्-ड्रीम्ड्´) ***adj.*** not thought to be possible, जिसे स्वप्न में भी न सोचा गया हो।

**undress** (अन्-ड्रेस्´) ***v.*** to remove the clothes of, (अपने या किसी दूसरे के) कपड़े उतारना, नंगा हो जाना या कर देना। ***n.*** nudity, नग्नावस्था; in a state of undress, नग्न अवस्था में।

**undue** (अन्-ड्यू´) ***adj.*** 1. exceeding what is normal or appropriate, अनुचित या असंगत; undue influence, अनुचित प्रभाव। 2. unnecessary, अनावश्यक; undue delay, अनावश्यक देरी। 3. excessive, अत्यधिक। 4. not yet due, जो अभी देय न हो।

**undulant** (अन्´-ड्यु/जु-लॅन्ट्) ***adj.*** moving like waves, तरंगित, लहराता हुआ।

**undulate** (अन्-ड्यु´/जु´-लेट्) ***v.*** to move in a wavelike motion, तरंगित होना, लहराना।

**unduly** (अन्-ड्यू´-ली) ***adv.*** 1. excessively, अत्यधिक। 2. unjustly, अनुचित रूप से।

**undying** (अन्-डाइ´-इंग्) ***adj.*** 1. not dying, जो मर न रहा हो, न मरनेवाला। 2. everlasting, अमर, शाश्वत।

**unearned** (अन्-अ:न्ड्´) ***adj.*** not earned by labour, skill or service, अनर्जित।

**unearth** (अन्-अ:थ्´) ***v.*** 1. to dig up, खोदकर निकालना। 2. to bring to light, सामने लाना, खोजकर निकालना।

**unearthly** (अन्-अ:थ्´-ली) ***adj.*** (unearthlier, unearthliest) 1. not earthly, अपार्थिव, अलौकिक। 2. supernatural or mysterious, लोकोत्तर या रहस्यमय। 3. odd, बेतुका, ऊटपटाँग।

**uneasiness** (अन्-ई´-ज़ि-निस्) ***n.*** the condition of being uneasy, बेचैनी, आकुलता।

**uneasy** (अन्-ई´-ज़ी) ***adj.*** (uneasier, uneasiest) 1. restless, worried, आकुल, चिंतित, बेचैन। 2. not comfortable, असुविधाजनक।

**uneatable** (अन्-ई´-टॅ-बॅल्) ***adj.*** not fit to be eaten, न खाने योग्य, अखाद्य।

**uneconomic** (अन्-ई-कॅ-नॉम्´-इक्) ***adj.*** not profitable, अनार्थिक, अलाभकर, अलाभप्रद; uneconomic holding, अनार्थिक जोत।

**uneconomical** (अन्-ई-कॅ-नॉम्´-इ-कॅल) ***adj.*** 1. not economical, जो किफ़ायती न हो। 2. not profitable, अनार्थिक, अलाभकर।

**uneducated** (अन्-ऍज़्´-यु-के-टिड्) ***n.*** not educated, अनपढ़, अशिक्षित।

**unemployed** (अन्-ऍम्-प्लॉइड्´) ***adj.*** 1. not employed, jobless or out of job, बेरोज़गार, बेकार, अनियोजित। 2. not in use, अप्रयुक्त।

**unemployment** (अन्-ऍम्-प्लॉइ´-मॅन्ट्) ***n.*** the state of being unemployed, बेरोज़गारी, बेकारी।

**unencumbered** (अन्-ऍन्-कम्ब्´-अॅ:ड्) ***adj.*** not encumbered, भाररहित।

**unending** (अन्-ऍन्´-डिंग्) ***adj.*** without an end, endless, असीम, निस्सीम, अंतहीन, अनंत।

**unequal** (अन्-ई´-क्वॅल्) ***adj.*** 1. not equal, जो बराबर न हो, असमान, असम। 2. dissimilar, different, भिन्न, विभिन्न। 3. not up to, असमकक्ष। 4. not well matched, बेमेल।

**unequalled** (अन्-ई-क्वॅल्ड्´) ***adj.*** beyond compare, अद्वितीय, बेजोड़।

**unequivocal** (अन्-इ-क्विव्´-अॅ-कॅल्) ***adj.*** leaving no doubt, असंदिग्ध, सुस्पष्ट।

**unequivocality** (अन्-इ-क्विव्-अॅ-कैल्´-इ-टी) ***n.*** doubtlessness, असंदिग्धता।

**unequivocally** (अन्-इ-क्विव्´-अॅ-कॅ-ली) ***adv.*** undoubtedly, असंदिग्ध रूप से।

**unerring** (अन्-अर्´-इंग्) ***adj.*** committing no error, accurate, अचूक; with an unerring accuracy, सही-सही।

**unescapable** (अन्-ऍ-स्के´-पॅ-बॅल्) ***adj.*** unable to be escaped, अपरिहार्य।

**UNESCO** (यु-नेंस्´-को) ***n.*** United Nations Educational Scientific and Cultural Organization, युनेस्को।

**unessential** (अन्-इ-शॅन्´-शॅल्) ***adj.*** not

U

essential, अनावश्यक।

**unethical** (अन्-ऍथ्´-इ-कॅल्) ***adj.*** not ethical, अनैतिक।

**uneven** (अन्-ई´-वॅन्) ***adj.*** 1. not even, असमतल, असम। 2. not smooth, ऊबड़-खाबड़ या ख़ुरदरा। 3. odd, विषम; uneven number, विषम संख्या। 4. unequal, असमान।

**unevenly** (अन्-ई´-वॅन्-ली) ***adv.*** in an uneven manner, असम या विषम रूप से; The pair is unevenly matched, जोड़ी बेमेल है।

**uneventful** (अन्-इ-वेॅन्ट्´-फुल्) ***adj.*** not eventful, घटनाविहीन, विशेषताविहीन, साधारण।

**unexampled** (अन्-इग्-ज़ैम्´-पॅल्ड्) ***adj:*** without example, दृष्टांतविहीन, बेमिसाल।

**unexceptionable** (अन्-इक्-सेॅप्´-शॅ-नॅ-बॅल्) ***adj.*** without flaw or fault, निर्दोष, त्रुटिहीन।

**unexceptional** (अन्-इक्-सेॅप्´-शॅ-नॅल्) ***adj.*** not exceptional, अपवादविहीन, साधारण।

**unexhausted** (अन्-इग्-ज़ाःस्´-टिड्) ***adj.*** not exhausted, निश्शेष।

**unexpected** (अन्-इक्-स्पेॅक्´-टिड्) ***adj.*** 1. not expected, अप्रत्याशित। 2. surprising, विस्मयकारी।

**unfailing** (अन्-फ़े´-लिंग्) ***adj.*** 1. not failing, न चूकनेवाला, अचूक, अमोघ। 2. constant, सतत। 3. reliable, विश्वसनीय।

**unfailingly** (अन्-फ़े´-लिंग्-ली) ***adv.*** without fail, बिना कभी चूके, निरंतर, सतत रूप से।

**unfair** (अन्-फ़ेॅअॅः) ***adj.*** 1. not just, अन्यायपूर्ण, अनुचित। 2. not impartial, पक्षपातपूर्ण।

**unfairly** (अन्-फ़ेॅअॅः-ली) ***adv.*** unjustly, अनुचित रूप से, अन्यायपूर्वक।

**unfairness** (अन्-फ़ेॅअॅः-निस्) ***n.*** injustice, अन्याय, अनौचित्य।

**unfaithful** (अन्-फ़ेथ्´-फुल्) ***adj.*** 1. not faithful, disloyal, बेवफ़ा, निष्ठाहीन। 2. having committed adultery, बदचलन, व्यभिचारी। 3. not accurate, अशुद्ध। 4. dishonest, बेईमान। 5. untrustworthy, अविश्वसनीय।

**unfaltering** (अन्-फ़ाःल्´-टॅ-रिंग्) ***adj.*** not faltering, unhesitating, न डगमगानेवाला, न हिचकनेवाला।

**unfamiliar** (अन्-फ़ॅ-मिल्´-यॅः) ***adj.*** not familiar, अपरिचित, अनजान, अनभिज्ञ।

**unfamiliarity** (अन्-फ़ॅ-मिल्-इ-ऐर्´-इ-टी) ***n.*** lack of familiarity, अपरिचय, अनभिज्ञता।

**unfasten** (अन्-फ़ास्/फ़ैस्´-अॅन्) ***v.*** (unfastened, unfastening) to untie, खोल देना।

**unfavourable** (अन्-फ़े´-वॅ-रॅ-बॅल्) ***adj.*** not favourable, प्रतिकूल, अनुकूल; unfavourable weather, प्रतिकूल मौसम।

**unfeeling** (अन्-फ़ी´-लिंग्) ***adj.*** incapable of feeling or sensation, संवेदनविहीन, असंवेदनशील, सहानुभूतिविहीन। 2. hard-hearted, कठोर।

**unfeigned** (अन्-फ़ेन्ड्´) ***adj.*** genuine, खरा, निष्कपट।

**unfertile** (अन्-फ़ःः-टाइल्) ***adj.*** not fertile, अनुर्वर, बंजर, बाँझ।

**unfetter** (अन्-फ़ेॅट्´-अॅः) ***v.*** to remove the fetters, बेड़ियाँ या बंधन खोल देना, मुक्त कर देना।

**unfilial** (अन्-फ़िल्´-इ-अॅल्) ***adj.*** undutiful, कर्तव्यविहीन।

**unfinished** (अन्-फ़िन्´-इश्ड्) ***adj.*** 1. not finished, असमाप्त, अपूर्ण, अधूरा। 2. not refined, अपरिष्कृत।

**unfixed** (अन्-फ़िक्स्ड्´) ***adj.*** not fixed, अनियत, अनिश्चित।

**unfit** (अन्-फ़िट्´) ***adj.*** 1. not capable, incompetent, अयोग्य। 2. inappropriate, अनुपयुक्त।

**unflagging** (अन्-फ़्लैग्´-इंग्) ***adj.*** 1. not flagging, पीछे न हटनेवाला। 2. not lacking vigour, ज़ोरदार।

**unflappable** (अन्-फ़्लैप्´-अॅ-बॅल्) ***adj.*** remaining calm in a crisis, धीर, शांत, अनुद्विग्न।

**unfledged** (अन्-फ़्लेॅज्ड्´) ***adj.*** 1. not feathered, जो (पूरे) पंख न निकलने के फलस्वरूप उड़ने में असमर्थ हो। 2. inexperienced, अनुभवहीन।

**unflinching** (अन्-फ़्लिन्´-चिंग्) ***adj.*** 1. firm, दृढ़, अचल; unflinching support, दृढ़ समर्थन। 2. not flinching or shirking, निर्भीक, निडर।

**unfold** (अन्-फ़ोल्ड्´) ***v.*** 1. to open and

spread out, खोल देना, फैला देना। 2. to reveal, प्रकट कर देना।

**unforeseen** (अन्-फ़ो:-सीन्) ***adj.*** unexpected, अप्रत्याशित, अनपेक्षित, अदृष्ट; unforeseen errors, अप्रत्याशित गलतियाँ।

**unforgettable** (अन्-फ़ॅ:-गेट्´-ॲ-बॅल्) ***adj.*** memorable, जो भुलाया न जा सके, अविस्मरणीय।

**unforgivable** (अन्-फ़ॉ:-गिव्-ॲ-बॅल्) not forgivable, अक्षम्य।

**unfortunate** (अन्-फ़ॉ:-चु-नेट्/निट्) ***adj.*** having bad luck, अभागा, भाग्य का मारा, बदक़िस्मत।

**unfortunately** (अन्-फ़ॉ:-चु-नेट्/निट्-ली) ***adv.*** in an unfortunate manner, दुर्भाग्य से, बदकिस्मती से।

**unfounded** (अन्-फ़ॉउन्´-डिड्) ***adj.*** groundless, निराधार, बेबुनियाद।

**unfreeze** (अन्-फ़्रीज़्´) ***v.*** (unfroze, unfrozen, unfreezing) to thaw, पिघलाना।

**unfrequented** (अन्-फ़्री-क्वेन्´-टिड्) ***adj.*** not often visited by people, निर्जन-प्राय।

**unfriendly** (अन्-फ़्रेन्ड्´-ली) ***adj.*** not friendly, अमैत्रीपूर्ण; unfriendly state, अमित्र राज्य।

**unfrock** (अन्-फ़्रॉक्´) ***v.*** to deprive (a priest) of his priesthood, पादरी को बर्ख़ास्त कर देना।

**unfruitful** (अन्-फ़्रूट्´-फ़ुल्) ***adj.*** 1. not fruitful, फलहीन। 2. not productive, अनुत्पादक। 3. infertile or barren, अनुर्वर या बंजर। 4. not producing good result, निष्फल, व्यर्थ, बेकार।

**unfunded** (अन्-फ़न्´-डिड्) ***adj.*** not funded, अनिधिक; unfunded income, अनिधिक आय।

**unfurl** (अन्-फ़:ल्´) ***v.*** (unfurled, unfurling) to open out or unroll, खोलना या फहराना।

**unfurnished** (अन्-फ़:-निश्ड्) ***adj.*** without furniture, फर्नीचररहित, असज्जित।

**ungainly** (अन्-गेन्´-ली) ***adj.*** awkward, clumsy, भोंडा, भद्दा, बेडौल।

**ungathered** (अन्-गैद्´-ॲ:ड्) ***adj.*** not gathered, असंगृहीत।

**ungenerous** (अन्-जेंन्´-ॲ-रॅस्) ***adj.*** not generous, जो उदार न हो, अनुदार।

**ungodly** (अन्-गॉड्´-ली) ***adj.*** 1. irreligious, अधर्मी, नास्तिक। 2. wicked, sinful, दुष्ट, पापी। 3. awkward, बेतुका; awkward time, बेतुका समय।

**ungovernable** (अन्-गव्´-ॲ:-नॅ-बॅल्) ***adj.*** 1. uncontrollable, अनियंत्रणीय, बेक़ाबू। 2. unruly, उच्छृंखल।

**ungraceful** (अन्-ग्रेस्´-फ़ुल्) ***adj.*** not graceful, awkward, भद्दा, भोंड़ा।

**ungracious** (अन्-ग्रे´-शॅस्) ***adj.*** rude, रूखा, अभद्र।

**ungraciously** (अन्-ग्रे´-शॅस्-ली) ***adv.*** in an ungracious manner, अभद्रतापूर्वक, रुखाई से।

**ungraded** (अन्-ग्रे´-डिड्) ***adj.*** not graded, अवर्गित, अवर्गीकृत।

**ungrammatical** (अन्-ग्रॅ-मेंट्´-इ-कॅल्) ***adj.*** not grammatical, जो व्याकरणसम्मत न हो, अव्याकरणिक।

**ungrateful** (अन्-ग्रेट्´-फ़ुल्) ***adj.*** not grateful, अकृतज्ञ, कृतघ्न, एहसानफ़रामोश।

**ungrounded** (अन्-ग्राउन्´-डिड्) ***adj.*** without a foundation, निराधार, आधारहीन, बेबुनियाद।

**ungrudging** (अन्-ग्रज्´-इंग्) ***adj.*** not grudging, मुक्तहस्त, उदार।

**ungrudgingly** (अन्-ग्रज्´-इंग्-ली) ***adv.*** liberally, उदारतापूर्वक, मुक्तहस्त से, खुले दिल से।

**unguarded** (अन्-गा:-डिड्) ***adj.*** 1. not guarded, अरक्षित। 2. incautious, असावधान।

**unhappy** (अन्-हैप्´-ई) ***adj.*** (unhappier, unhappiest) 1. not happy, sad or depressed, नाख़ुश, अप्रसन्न, उदास, दुखी। 2. unfortunate, दुर्भाग्यपूर्ण। 3. inappropriate, अनुपयुक्त।

**unhealthy** (अन्-हेंल्´-दी) ***adj.*** (unhealthier, unhealthiest) 1. not in good health, अस्वस्थ। 2. indicating poor health, जर्जर, अशक्त या रुग्न। 3. not likely to give good health, अस्वास्थ्यकर। 4. harmful, हानिप्रद।

**unheard** (अन्-ह:ड्´) ***adj.*** 1. not heard, जो सुना न हो। 2. that no one willing to hear, जिसे कोई सुनने को तैयार न हो।

**unheard-of** (अन्-ह:ड्´-ऑव्) ***adj.*** 1. never

U

heard of, अनुसना। 2. without precedent, दृष्टांतविहीन, असाधारण या अनहोना। 3. shocking, आघातकारी।

**unhinge** (अन्-हिन्ज्´) *v.* (unhinged, unhinging) 1. to remove from hinges, दरवाज़े का पल्ला या पल्ले खोलना। 2. to disrupt or upset. विखंडित या विचलित कर देना।

**unholy** (अन्-होल्´-ई) *adj.* (unholier, unholiest) 1. not holy, अपवित्र, अपावन, नापाक। 2. immoral, अनैतिक। 3. wicked, बुरा, दुष्ट।

**unhook** (अन्-हुक्´) *v.* (unhooked, unhooking) to remove from a hook, हुक खोलना।

**unicameral** (यू-नि-कैम्´-अर्´-अॅल्) *adj.* characterized by a single legislative chamber, एकसदनी।

**UNICEF** (यू´-नि-सॅफ़्) *n.* United Nations International Children's Emergency Fund. यूनिसेफ, यूनिचेफ।

**unicellular** (यू-नि-सॅल्´-यु-लॅ:) *adj.* consisting of a single cell, एककोष।

**unicorn** (यू´-नि-का:न्) *n.* a mythical horse, सफेद रंग का एक कल्पित घोड़ा जिसके माथे के बीच में एक सींग है।

U

**unicycle** (यू´-नि-साइक्-अॅल्) *n.* a one wheeled cycle, एक पहिएवाली साइकिल।

**unidirectional** (यू-नि-डि-रॅक्´-शॅ-नॅल्) *adj.* moving in one direction only, एकदिश।

**unification** (यू-नि-फ़ि-के´-शॅन्) *n.* the act of unifying or the state of being unified, एकीकरण, एका।

**uniform** (यू´-नि-फ़ा:म्) *adj.* 1. alike, समान। 2. unchanging in form, एकरूप, समरूप। *n.* a certain type of clothing worn by members of a particular group, वर्दी।

**uniformed** (यू´-नि-फ़ा:म्ड्) *adj.* dressed in uniform, वर्दीधारी।

**uniformity** (यू-नि-फ़ा:´-मि-टी) *n.* the quality or state of being uniform, एकरूपता।

**unify** (यू´-नि-फ़ाइ) *v.* (unified, unifying) to make or become one, एक करना या होना।

**unilateral** (यू-नि-लैट्´-अॅर्-अॅल्) *adj.* 1. done by only one side, एकपक्षीय, इकतरफ़ा।

**unimaginable** (अन्-इ-मैज्´-इ-नॅ-बॅल्) *adj.* 1. that cannot be imagined, अकल्पनीय। 2. very great, बहुत बड़ा, विशाल या विकराल।

**unimaginative** (अन्-इ-मैज्´-इ-नॅ-टिव्) *adj.* not imaginative, अकल्पनाशील, कल्पनाविहीन।

**unimpeachable** (अन्-इम्-पी´-चॅ-बॅल्) *adj.* 1. not liable to be impeached, जिसपर महाभियोग न चलाया जा सके। 2. beyond doubt or question, निर्दोष, बेदाग; unimpeachable honesty, बेदाग़ ईमानदारी।

**unimportant** (अन्-इम्-पॉ:´-टॅन्ट्) *adj.* not important, महत्त्वहीन।

**unimpressive** (अन्-इम्-प्रॅस्´-इव्) *adj.* not impressive, प्रभावहीन, अप्रभावी।

**unimproved** (अन्-इम्-प्रूव्ड्´) *adj.* not improved, जिसमें कुछ सुधार न हुआ हो, अनसुधरा।

**uninformed** (अन्-इन्-फा:म्ड्´) *adj.* not informed, अनभिज्ञ।

**uninhabitable** (अन्-इन्-हैब्´-इ-टॅ-बॅल्) *adj.* not fit for habitation, अनिवास्य।

**uninhibited** (अन्-इन्-हिब्´-इ-टिड्) *adj.* not inhibited, जो रुद्ध या बाधित न हो, अनवरुद्ध।

**uninspired** (अन्-इन्-स्पाइ:ड्´) *adj.* not inspired, अप्रेरित, प्रेरणाविहीन।

**uninsured** (अन्-इन्-श्यू:ड्´) *adj.* not insured, अबीमाकृत।

**unintelligent** (अन्-इन्-टॅल्´-इ-जॅन्ट्) *adj.* not intelligent, जो कुशाग्रबुद्धि न हो, मंदबुद्धि।

**unintelligible** (अन्-इन्-टॅल्´-इ-जि-बॅल्) *adj.* not intelligible, दुर्बोध, अबोधगम्य, दुरूह।

**unintended** (अन्-इन्-टॅन्´-टिड्) *adj.* not intended, जो जान-बूझकर न किया गया हो, अनभिप्रेत।

**unintentional** (अन्-इन्-टॅन्´-शॅ-नॅल्) *adj.* not intentional, or deliberate, जो जान-बूझकर न किया जाए, अनभिप्रेत।

**uninterested** (अन्-इन्´-टॅ-रिस्-टिड्, अन्-इन्´-ट्रिस्-टिड्) *adj.* 1. not interested, रुचि या दिलचस्पी न लेनेवाला, उदासीन, विमुख। 2. not interesting, अरोचक, नीरस।

**uninterrupted** (अन्-इन्-टॅ-रप्´-टिड्) *adj.* not interrupted, अविच्छिन्न, अविरत।

**union** (यून्´-यॅन्) ***n.*** 1. the condition of being united, मिलन, संयोग, एकता; a happy union, सुखद मिलन। 2. a combination of political entities, संघ; union countries, संघ देश। 3. a labour association, श्रमिक संघ।

**unionism** (यून्´-यॅ-निज़्-अॅम्) ***n.*** the principle of forming or supporting (labour) union, संघवाद।

**unionist** (यून्´-यॅ-निस्ट्) ***n.*** one who supports a union or uniouns, संघवादी।

**unionization** (यून्-यॅ-नाइ-ज़े´-शॅन्) ***n.*** the act of unionizing, संघीकरण।

**unionize** (यून्´-यॅ-नाइज़्) ***v.*** to organize into a labour union, संघ बनाना, संगठित करना।

**Union Jack** ***n.*** the national flag of United Kingdom, इंग्लैंड का राष्ट्रीय ध्वज, यूनियन जैक।

**unique** (यू-नीक्´) ***adj.*** 1. being the only one of its kind, अकेला, एकल। 2. unusual or remarkable, अद्वितीय, अनुपम, बेजोड़।

**unisex** (यू´-नि-सेंक्स्) ***adj.*** suitable for or common to both sexes, उभयलिंगी, द्वयलिंगी।

**unisexual** (यू-नि-सेंक्´-शु-अॅल्) ***adj.*** of or for only one sex, एकलिंगी।

**unison** (यू´-नि-सॅन्) ***n.*** 1. identity of musical pitch, एकस्वरता, स्वर मेल। 2. agreement or union, मेल। □ **in unison,** एकबद्ध होकर, साथ-साथ।

**unit** (यू´-निट्) ***n.*** 1. a single quantity regarded as a whole, इकाई, एकक। 2. a part or group with a specified function, एकांश। 3. a subdivision of a larger military formation, टुकड़ी, दस्ता।

**unitarian** (यू-नि-टेंअॅर्´-इ-अॅन्) ***n.*** one who believes that God is one person, एकेश्वरवादी।

**unitarianism** (यू-नि-टेंअॅर्´-इ-अॅन्-इज़्-अॅम्) ***n.*** the belief that God is one person, एकेश्वरवाद।

**unitary** (यू´-नॅ-टॅ-री, यू-नॅ-टेंर्´-ई) ***adj.*** of a unit or units, एकात्मक, ऐकिक; unitary government, एकात्मक शासन; unitary university, ऐकिक विश्वविद्यालय।

**unite** (यू-नाइट्´) ***v.*** (united, uniting) 1. to make or become one, एक हो जाना या कर देना, जुड़ जाना या जोड़ देना। 2. to work together, मिलकर काम करना।

**united** (यू-नाइ´-टिड्) ***adj.*** join together, संयुक्त या संघबद्ध।

**United Kingdom** ***n.*** a country in Europe consising of Great Britain and Northern Ireland, ब्रिटेन, इंग्लैंड।

**unitedly** (यु-नाइ´-टिड्-ली) ***adv.*** with united effort, संयुक्त रूप से, एकबद्ध होकर।

**United Nations Organisation** ***n.*** an international organization to promote peace and cooperation among the countries of the world, संयुक्त राष्ट्र संघ।

**United States of America** ***n.*** a country in North America, संयुक्त राष्ट्र अमेरिका।

**unit trust** ***n.*** a company that invests money provided by its members in order to earn interest, यूनिट ट्रस्ट।

**unity** (यू´-नि-टी) ***n.*** 1. the state of being one, एकता, एका, एकत्व। 2. a unit, इकाई। 3. agreement, मेल, सामंजस्य।

**universal** (यू-नि-वः´-सॅल्) ***adj.*** 1. of the universe, सार्वभौम। 2. worldwide, सार्वदेशिक, विश्वव्यापी, सर्वव्यापी, सार्वत्रिक। 3. of the whole of mankind, सर्वजनीन।

U

**universalism** (यू-नि-वः´-सॅ-लिज़्-अॅम्) ***n.*** the principle or doctrine of serving humanity, सर्वहितवाद।

**universality** (यू-नि-वः-सॅल्´-इ-टी) ***n.*** the state of being universal, सर्वव्यापकता, विश्वव्यापकता।

**universalisation** (यू-नि-वः-सॅ-लाइ-ज़े´-शॅन्) ***n.*** the act of making universal, सार्वजनीकीकरण।

**universally** (यू-नि-वः´-सॅ-ली) ***adj.*** 1. everywhere, सब जगह, सर्वत्र। 2. always, सदा।

**universe** (यू´-नि-वःस्) ***n.*** 1. the aggregate of all existing things, energy and space, सृष्टि, ब्रह्मांड। 2. human beings collectively, मानव जाति।

**university** (यू-नि-वः´-सि-टी) ***n.*** an institution of higher learning that awards degrees, विश्वविद्यालय, यूनिवर्सिटी।

**unjust** (अन्-जस्ट्´) *adj.* 1. not just, अन्यायी या अन्यायपूर्ण। 2. not fair, अनुचित, असंगत।

**unjustifiable** (अन्-जस्-टि-फ़ाइ´-अॅ-बॅल्) *adj.* that cannot be justified, अन्यायपूर्ण।

**unkempt** (अन्-कॅम्प्ट्´) *adj.* 1. not neat or tidy, मैला-कुचैला। 2. looking neglected, देखने में उपेक्षित, फूहड़ या अस्त-व्यस्त।

**unkind** (अन्-काइन्ड्´) *adj.* 1. not kind, अनुदार। 2. harsh, कठोर। 3. cruel, निर्दय, बेरहम।

**unkindly** (अन्-काइन्ड्´-ली) *adv.* in an unkind manner, निर्दयतापूर्वक, बेरहमी से। *adj.* cruel, निर्दय या निर्दयतापूर्ण।

**unknowing** (अन्-नो´-इंग्) *adj.* not knowing, अनभिज्ञ।

**unknowingly** (अन्-नो´-इंग्-ली) *adv.* without knowing, अनजाने ही।

**unknown** (अन्-नोन्´) *adj.* not known, अपरिचित, अज्ञात। ☐ **unknown to,** अज्ञात।

**unlace** (अन्-लेस्´) *v.* to loosen the lacing of, (जूते आदि का) फ़ीता खोलना।

**unlawful** (अन्-लाः´-फुल्) *adj.* 1. illegal, विधिविरुद्ध, अविधिक, गैर-कानूनी। 2. born of parents not married to each other, जारज, दोगला; unlawful child, जारज संतान।

U

**unlearn** (अन्-लःन्´) *v.* (unlearned, unlearning) to try to forget, भुला देना।

**unlearned** (अन्-लःन्ड्´) *adj.* 1. not educated, अशिक्षित, अनपढ़। 2. not acquired by study or training, अनधिगत।

**unleash** (अन्-लीश्´) *v.* (unleashed, unleashing) to set free, मुक्त कर देना।

**unleavened** (अन्-लॅव्´-अॅन्ड्) *adj.* not leavened, जो ख़मीर उठाकर न बनाया गया हो।

**unless** (अन्-लिस्´) *conj.* except on the condition that, यदि···नहीं, जब तक···नहीं।

**unlettered** (अन्-लॅट्´-अॅःड्) *adj.* illiterate, अनपढ़, अशिक्षित।

**unlike** (अन्-लाइक्´) *adj.* 1. not like, different, असमान, असदृश, भिन्न। 2. not equal, असमतुल्य। *prep.* not like, के विपरीत।

**unlikely** (अन्-लाइक्´-ली) *adj.* 1. improbable, असंभव-सा। 2. likely to fail, संभावनाविहीन।

**unlimited** (अन्-लिम्´-इ-टिड्) *adj.* not limited, जो सीमित न हो, असीम, असीमित।

**unlined** (अन्-लाइन्ड्´) *adj.* not marked with lines, अरेखित।

**unlisted** (अन्-लिस्´-टिड्) *adj.* not entered in a list, असूचीगत; unlisted stock, असूचीगत स्टॉक।

**unload** (अन्-लोड्´) *v.* 1. to remove the load (from, पर से) बोझ उतारना। 2. to get rid of, पीछा छुड़ाना। 3. to remove the charge, (भरी हुई बंदूक आदि) खाली करना।

**unlock** (अन्-लॉक्´) *v.* (unlocked, unlocking) to unfasten the lock of, ताला खोलना।

**unlooked-for** (अन्-लुक्ड्´-फ़ॉः) *adj.* unexpected, अप्रत्याशित।

**unloose** (अन्-लूस्´) *v.* to untie or release, ढीला कर देना, खोल या छोड़ देना।

**unluckily** (अन्-लक्´-इ-ली) *adv.* unfortunately, दुर्भाग्य से, दुर्भाग्यवश।

**unlucky** (अन्-लक्´-ई) *adj.* 1. not lucky, unfortunate, अभागा, भाग्यहीन, क़िस्मत का मारा। 2. bringing bad luck, अशुभ।

**unmake** (अन्-मेक्´) *v.* (unmade, unmaking) to undo or destroy, चौपट या नष्ट करना।

**unman** (अन्-मैन्´) *v.* (unmanned, unmanning) to deprive of courage or strength, निरुत्साहित या अशक्त कर देना।

**unmanly** (अन्-मैन्´-ली) *adj.* not manly, जो पुरुषोचित न हो, अपुरुषोचित।

**unmanned** (अन्-मैन्ड्´) *adj.* operated without a crew, बिना कर्मीदल का।

**unmannerly** (अन्-मैन्´-अॅः-ली) *adj.* without good manners, अशिष्ट।

**unmarried** (अन्-मैर्´-ईड्) *adj.* not married, अविवाहित, कुँआरा।

**unmask** (अन्-मास्क्´, अन्-मैस्क्´) *v.* 1. to remove a mask from, नकाब उतारना। 2. to expose, पोल या कलई खोल देना।

**unmatched** (अन्-मैच्ड्´) *adj.* not matched, जो जोड़ या बराबरी का न हो, बेजोड़।

**unmeaning** (अन्-मी´-निंग्) *adj.* meaningless,

अर्थहीन, बेमानी, निरर्थक।

**unmeet** (अन्-मीट्´) *adj.* not suitable, अनुपयुक्त।

**unmentionable** (अन्-मेंन्´-शॅ-नॅ-बॅल्) *adj.* not mentionable, unspeakable, अकथनीय (बुरा या अश्लील)।

**unmerciful** (अन्-मः´-सि-फ़ुल्) *adj.* 1. merciless, बेरहम, निर्दय। 2. excessive, अत्यधिक।

**unmindful** (अन्-माइन्ड्´-फ़ुल्) *adj.* 1. careless, असावधान, लापरवाह। 2. forgetful, भुलक्कड़।

**unmistakable** (अन्-मि-स्टे´-कॅ-बॅल्) *adj.* clear and unambiguous, सुस्पष्ट तथा असंदिग्ध, त्रुटिहीन, भ्रमरहित।

**unmistakably** (अन्-मि-स्टे´-कॅ-ब्ली) *adv.* clearly and unambiguously, असंदिग्ध रूप से, निस्संदेह।

**unmitigated** (अन्-मिट्´-इ-गे-टिड्) *adj.* not diminished, घोर; unmitigated disaster, घोर विनाश।

**unmoral** (अन-मॉर्´-ॲल्) *adj.* not moral, अनैतिक, निर्नैतिक।

**unmoved** (अन्-मूव्ड्´) *adj.* not moved, जो हिले नहीं, अचल, दृढ़।

**unnatural** (अन्-नैच्´-उ-रॅल्) *adj.* not natural, अप्राकृतिक, कृत्रिम।

**unnecessarily** (ॲ-नॅ´-सॅस्-ॲ-रॅ-ली, अन्-नेंस्´-ॲ-सेंर्-ॲ-ली) *adv.* to an unnecessary degree, अनावश्यक रूप से, व्यर्थ।

**unnecessary** (ॲ-नॅ´-सेंस्-ॲ-री, अन्-नेंस्´-ॲ-सेंर्-ई) *adj.* not necessary, अनावश्यक।

**unnerve** (अन्-नःव्´) *v.* to cause to lose courage, हतोत्साह कर देना, हिम्मत तोड़ देना।

**unnoticed** (अन्-नो´-टिस्ड्) *adj.* not noticed, अनदेखा, अलक्षित।

**unnumbered** (अन्-नम्´-बःड्) *adj.* 1. without number, संख्यारहित। 2. numberless, असंख्य।

**unobtrusive** (अन्-ॲब्-ट्रू´-सिव्) *adj.* not obtrusive, जो स्पष्ट दिखाई न दे, अप्रत्यक्ष, परोक्ष।

**unoccupied** (अन्-ऑक्´-यु-पाइड्) *adj.* 1. without occupants, खाली (मकान)। 2. not busy, खाली (व्यक्ति)।

**unoffending** (अन्-ॲ-फ़ेंन्´-डिंग्) *adj.* harmless, अहानिकर, सुशील।

**unofficial** (अन्-ॲ-फ़िश्´-ॲल्) *adj.* not official, अशासकीय, ग़ैरसरकारी।

**unopposed** (अन्-ॲ-पोज़्ड्´) *adj.* not opposed, निर्विरोध।

**unorganized** (अन्-आः´-गॅ-नाइज़्ड्) *adj.* not organized, असंगठित।

**unpack** (अन्-पैक्´) *v.* to remove from packing, खोलना, आवरण हटाना।

**unpaid** (अन्-पेड्´) *adj.* not paid, अदत्त।

**unparalleled** (अन्-पैर्´-ॲ-लॅल्ड्) *adj.* having no parallel, अपूर्व, अद्वितीय, अप्रतिम।

**unparliamentary** (अन्-पाः´-लॅ-मेंन्´-टॅ-री) *adj.* contrary to parliamantry customs or procedures, असंसदीय।

**unperson** (अन्-पः´-सॅन्) *n.* a person whose existence is officially denied or ignored, अव्यक्ति।

**unplanned** (अन्-प्लैन्ड्´) *adj.* not planned, जिसके लिए योजना न बनाई गई हो, अनियोजित।

**unplayable** (अन्-प्ले´-ॲ-बॅल्) *adj.* 1. difficult to play, जिसे खेलना मुश्किल हो। 2. not fit to be played on, जिसपर खेलना मुश्किल हो, जो खेलने लायक न हो।

**unpleasant** (अन्-प्लेंज़्´-ॲन्ट्) *adj.* not pleasing, not agreeable, अप्रिय, अरुचिकर, असुखकर; unpleasant smell, दुर्गंध।

**unpleasantness** (अन्-प्लेंज़्´-ॲन्ट्-निस्) *n.* 1. the state of being unpleasant, अप्रियता। 2. an unpleasant situation, कटुता, मनोमालिन्य।

**unpopular** (अन्-पॉप्´-यॅ-लॅः) *adj.* not popular, अलोकप्रिय।

**unprecedented** (अन्-प्रेंस्´-इ-डेंन्-टिड्) *adj.* having no precedent, दृष्टांतविहीन, बेमिसाल, अभूतपूर्व, अपूर्व।

**unpredictable** (अन्-प्रि-डिक्´-टॅ-बॅल्) *adj.* not predictable, जिसके संबंध में पहले से कुछ कहना संभव न हो, बेतुका या मनमौजी।

**unprejudiced** (अन्-प्रेंज्´-यु-डिस्ड्) *adj.* not prejudiced, पूर्वग्रहरहित।

**unpremeditated** (अन्-प्रि-मेंड्´-इ-टे-टिड्) *adj.*

U

not planned beforehand, जिसकी योजना पहले से न बनाई गई हो।

**unprepared** (अन्-प्रि-पेंअ:ड्´) *adj.* not ready or prepared, जो पहले से तैयार न हो या न किया गया हो, बिना तैयारी का।

**unprepossessing** (अन्-प्री-पॅ-जेंस्´-इंग्) *adj.* not attractive, अनाकर्षक, अप्रभावी।

**unpretentious** (अन्-प्रि-टॅन्´-शॅस्) *adj.* not pretentious or showy, सीधा-सादा, भोला-भाला, आडंबरहीन।

**unprincipled** (अन्-प्रिन्´-सि-पॅल्ड्) *adj.* 1. lacking principles, सिद्धांतहीन, नीतिहीन। 2. unscrupulous, बेईमान।

**unprintable** (अन्-प्रिन्´-टॅ-बॅल्) *adj.* not proper for publication, जो छापने योग्य न हो।

**unproductive** (अन्-प्रॅ-डक्´-टिव्) *adj.* not productive, अनुत्पादक।

**unprofessional** (अन्-प्रॅ-फ़ॅश्´-अॅ-नॅल्) *adj.* not professional, contrary to professional standards, जो व्यावसायिक मानकों के उपयुक्त न हो, अव्यावसायिक।

**unprofitable** (अन्-प्रॉफ़्´-इ-टॅ-बॅल्) *adj.* not profitable, अलाभप्रद, अलाभकर।

**unpublished** (अन्-पब्´-लिश्ड्) *adj.* not published, अप्रकाशित।

**unqualified** (अन्-क्वॉल्´-इ-फ़ाइड्) *adj.* 1. not having proper qualifications, अयोग्य, अनर्ह। 2. not restricted, अबाधित, अप्रतिबंध; unqualified apology, बिना शर्त क्षमायाचना।

**unquestionable** (अन्-क्वेंस्´-चें-नें-बॅल्) *adj.* 1. not questionable, beyond doubt, असंदिग्ध। 2. indisputable, निर्विवाद।

**unquestioning** (अन्-क्वेंस्´-चें-निंग्) *adj.* 1. not asking questions, जो प्रश्न न करता हो, संदेह या आपत्ति न करनेवाला। 2. done without asking questions, बिना संदेह या आपत्ति के होनेवाला।

**unquiet** (अन्-क्वाइ´-इट्) *adj.* restless, बेचैन, आंदोलित, उद्विग्न।

**unquote** (अन्-कोट्´) *v.* to insert the closing quotation marks, उद्धरण चिह्न से बंद करना।

**unravel** (अन्-रॅव्´-अॅल्) *v.* 1. to disentangle, सुलझाना। 2. to clear up, स्पष्ट करना, सुलझाना। 3. to be disentangled, सुलझना।

**unread** (अन्-रॅड्´) *adj.* 1. not read, जो पढ़ा न हो। 2. not well read, अनपढ़, अशिक्षित।

**unreadable** (अन्-रीड्´-अॅ-बॅल्) *adj.* difficult to read, illegible, अपाठ्य।

**unreal** (अन्-री´-अॅल्) *adj.* 1. not real, कृत्रिम, नक़ली, अवास्तविक। 2. illusory, भ्रामक। 3. imaginary, काल्पनिक।

**unrealised** (अन्-री´-अॅ-लाइज़्ड्) *adj.* not realised, अप्राप्त।

**unreasonable** (अन्-री´-ज़ॅ-नें-बॅल्) *adj.* 1. not acting according to reason, अयुक्तिशील, अतर्कशील। 2. not conformable to reason, अयुक्तियुक्त, अतर्कपूर्ण। 3. going beyond the limits or reason, अत्यधिक, घोर।

**unreasoned** (अन्-री´-ज़ॅन्ड्) *adj.* not reasoned, अतर्कसंगत।

**unreasoning** (अन-री´-ज़ॅ-निंग्) *adj.* not reasoning, अयुक्तिपूर्ण।

**unrecognized** (अन्-री´-कॉग्´-नाइज़्ड्) *adj.* not recognized, मान्यतारहित।

**unreconstructed** (अन्-री-कॉन्-स्ट्रक्´-टिड्) *adj.* holding stubbornly old beliefs, पुराणपंथी, दक़ियानूसी।

**unrecorded** (अन्-री-का:-डिड्) *adj.* not recorded, अनभिलिखित।

**unrecoverable** (अन्-री-कॅ-व:-अॅ-बॅल्) *adj.* not recoverable, जो वसूला न जा सके, अप्राप्य।

**unreformable** (अनॅ-रि-फ़ॉ:म्´-अॅ-बॅल्) *adj.* that cannot be reformed, जिसे सुधारा न जा सके, सुधारातीत।

**unregistered** (अन्-रि-जिस्´-टॅ:ड्) *adj.* not registered, अपंजीकृत।

**unrelenting** (अन्-रि-लॅन्´-टिंग्) *adj.* not yielding or softening, cruel, कठोर, टस से मस न होनेवाला।

**unreliable** (अन्-रि-लाइ´-अॅ-बॅल्) *adj.* not reliable, अविश्वसनीय, अविश्वस्त।

**unremitting** (अन्-रि-मिट्´-इंग्) *adj.* not remitting, constant, निरंतर या लगातार होने

या चलनेवाला।

**unremunerative** (अन्-रि-म्यू´-नॅं-रे-टिव्) *adj.* not remunerative, अलाभकर, अलाभकारी।

**unrequited** (अन्-रि-क्वाइ´-टिड्) *adj.* (of love) not returned or rewarded, अप्रतिदत्त या अपुरस्कृत।

**unreserved** (अन्-रि-ज़:व्ड्´) *adj.* 1. not reserved, अनारक्षित। 2. without reserve or restriction, अबाध। 3. complete, पूर्ण। 4. frank, खरा, स्पष्टभाषी, स्पष्टवादी।

**unreservedly** (अन्-रि-ज़:व्ड्´-ली) *adv.* 1. without reservation or hesitation, स्पष्ट शब्दों में या निस्संकोच। 2. completely, पूर्णत:।

**unrest** (अन्-रॅस्ट्´) *n.* 1. disturbance, उपद्रव, अशांति। 2. restlessness, बेचैनी, घबराहट। 3. anxiety, चिंता।

**unrestrained** (अन्-रि-स्ट्रेन्ड्´) *adj.* not restrained, असंयत।

**unrestricted** (अन्-रि-स्ट्रिक्´-टिड्) *adj.* not restricted, अनियंत्रित, बेरोक, अप्रतिबंधित।

**unretired** (अन्-रि-टाइ´-अं:ड्) *adj.* not retired, अनिवृत्त, असेवानिवृत्त।

**unrighteous** (अन्-राइ´-चॅस्) *adj.* 1. unjust, अन्यायी, अनीतिपरायण। 2. wicked, दुष्ट।

**unrighteousness** (अन्-राइ´-चॅस्-निस्) *adj.* 1. injustice, अन्याय, अनीतिपरायणता। 2. wickedness, दुष्टता।

**unripe** (अन्-राइप्´) *adj.* not yet ripe, जो अभी पका न हो, कच्चा, बेपका, अपरिपक्व।

**unrivaled** (अन्-राइ´-वॅल्ड्) *adj.* incomparable, अनुपम, बेजोड़, अद्वितीय।

**unrobe** (अन्-रोब्´) *v.* (unrobed, unrobing) to undress, कपड़े उतारना, नंगा होना या करना।

**unroll** (अन्-रोल्´) *v.* (unrolled, unrolling) to open out or become opened out, खोलना या खोला जाना।

**unrounded** (अन्-राउन्´-डिड्) *adj.* not rounded, अवर्तुलित, अवर्तुल।

**unruffled** (अन्-रफ़्´-ऑल्ड्) *adj.* not upset or agitated, अक्षुब्ध, शांत।

**unruly** (अन्-रू´-ली) *adj.* (unrulier, unruliest) not readily ruled or disciplined, उच्छृंखल, बेलगाम, अनुशासनहीन।

**unsaddle** (अन्-सैड्´-अॅल्) *v.* to take the saddle from, काठी या ज़ीन उतारना।

**unsafe** (अन्-सेफ़्´) *adj.* not safe, असुरक्षित।

**unsaid** (अन्-सॅड्´) *adj.* not expressed, unspoken, अनकहा, अकथित।

**unsalted** (अन्-सा:ल्´-टिड्) *adj.* not salted, बिना नमक का, बेनमक।

**unsanitary** (अन्-सैन्´-इ-टॅ-री) *adj.* 1. not clean, गंदा। 2. not hygienic, अस्वास्थ्यकर।

**unsatiated** (अन्-सैट्´-इ-ए-टिड्) *adj.* not satiated, अतुष्ट, अपरितुष्ट।

**unsatisfactory** (अन्-सॅट्-इज़्-फॅक्´-टॅ-री) *adj.* not satisfactory, असंतोषजनक।

**unsavoury** (अन्-से´-वॅं-री) *adj.* 1. distasteful or smelly, बेस्वाद या बदबूदार। 2. insipid, फीका। 3. disgusting, क्षोभकारी, घृणित।

**unsay** (अन्-से´) *v.* (unsaid, unsaying) to retract or withdraw, पीछे हट जाना, वापस ले लेना; मुकर जाना।

**unscarred** (अन्-स्कैंअं:ड्´) *adj.* not scarred, अभयभीत, बेख़ौफ़, निडर।

**unscathed** (अन्-स्केद्ड्´) *adj.* without any harm, totally unharmed, सही-सलामत, जिसे खरोंच तक न आई हो।

**unschooled** (अन्-स्कूल्ड्´) *adj.* not schooled, जो स्कूल में भी न पढ़ा हो, अनपढ़, अशिक्षित।

**unscientific** (अन्-साइ-ॲन्-टिफ़्´-इक्) *adj.* not scientific, अवैज्ञानिक।

**unscramble** (अन्-स्क्रैम्´-बॅल्) *v.* 1. to disentangle, सुलझाना। 2. to restore to intelligible form, बोधगम्य बनाना।

**unscratched** (अन्-स्क्रैच्ड्´) *adj.* 1. not scratched, जिसे खरोंच न लगी हो। 2. unharmed, जिसे हानि न पहुँची हो।

**unscrew** (अन्-स्क्रू´) *v.* to draw the screw from, पेंच खोलना या निकालना।

**unscrupulous** (अन्-स्क्रू´-प्यॅ-लॅस्) *adj.* 1. not scrupulous, अविवेकी, सिद्धांतहीन, बेईमान। 2. immoral, अनैतिक, चरित्रहीन।

**unscrupulously** (अन्-स्क्रू´-प्यॅ-लॅस्-ली) *adv.* in an unscrupulous manner, अविवेक-

U

पूर्वक, बेईमानी से।

**unseal** (अन्-सील्´) *v.* 1. to remove the seal of, सील तोड़ना या खोलना। 2. to open, खोलना।

**unseasonable** (अन्-सी´-ज़ॅ-नॅ-बॅल्) *adj.* 1. not being in season, बेमौसम का, बेमौसमी। 2. untimely, असामयिक, बेवक्त का।

**unseasoned** (अन्-सी´-ज़ॅन्ड्) *adj.* 1. not seasoned, जो छौंका या बघारा न गया हो, बेछौंका या सादा। 2. not fully dried, (लकड़ी) जो पूरी तरह से सूखी न हो, कच्ची या गीली। 3. inexperienced, अनुभवहीन।

**unseat** (अन्-सीट्´) *v.* 1. to remove from a seat, अपदस्थ करना। 2. to remove from office or position, पदच्युत करना, हरा देना।

**unsecured** (अन्-सि-क्योःड्´) *adj.* not secured, असुरक्षित।

**unseeded** (अन्-सी´-डिड्) *adj.* not seeded, not assigned to a preferential position, वरीयताविहीन, अवरीयताप्राप्त।

**unseemly** (अन्-सीम्´-ली) *adj.* not in good taste, improper, अशोभनीय, अनुचित। *adv.* in an unseemly manner, अशोभनीय ढंग से, अनुचित रीति से।

U

**unseen** (अन्-सीन्´) *adj.* not seen, अनदेखा। *n.* an unseen passage, अनदेखा उद्धरण।

**unselfish** (अन्-सेॅल्´-फ़िश्) *adj.* not selfish or generous, निस्स्वार्थ, उदार या परोपकारी।

**unserved** (अन्-सःव्ड्´) *adj.* not served, असेवित।

**unserviceable** (अन्-सः´-वि-सॅ-बॅल्) *adj.* not serviceable, बेकार, बेकाम, अनुपयोगी।

**unsettled** (अन्-सेॅट्´-ॲल्ड्) *adj.* 1. not settled, अस्थिर या अस्थापित। 2. not calm, अशांत। 3. undecided, अनिश्चित।

**unsewn** (अन्-स्यून्´) *adj.* not sewn, अनसिला, बेसिला।

**unsex** (अन्-सेॅक्स्´) *v.* to deprire of sexual power, अशक्त बनाना, नपुंसक बनाना।

**unshakable** (अन्-शे´-कॅ-बॅल्) *adj.* not shakable, स्थिर।

**unshaped** (अन्-शेप्ड्´) *adj.* not shaped, आकारहीन, बेडौल।

**unsheathe** (अन्-शीद्´) *v.* to draw from a sheath, म्यान से बाहर निकालना।

**unshod** (अन्-शॉड्´) *adj. & adv.* without shoes, नंगे पाँव, बिना जूते के।

**unsightly** (अन्-साइट्´-ली) *adj.* unattractive, अनाकर्षक, कुरूप, असुंदर।

**unsigned** (अन्-साइन्ड्´) *adj.* not signed, अहस्ताक्षरित, हस्ताक्षरविहीन।

**unskilled** (अन्-स्किल्ड्´) *adj.* 1. not skilled, अकुशल, अदक्ष। 2. untrained, अप्रशिक्षित।

**unskillful** (अन्-स्किल्´-फुल्) *adj.* 1. lacking in skill, कौशलहीन। 2. clumsy, फूहड़।

**unsociable** (अन्-सो´-शॅ-बॅल्) *adj.* not sociable, असामाजिक, असमाजशील, अमिलनसार।

**unsocial** (अन्-सो´-शॅल्) *adj.* 1. unsociable, असामाजिक, असमाजशील, अमिलनसार। 2. not suitable for society, असामाजिक, समाज-विरोधी।

**unsolicited** (अन्-सॅ-लिस्´-इ-टिड्) *adj.* not asked for, unrequested, अप्रार्थित।

**unsolved** (अन्-साल्व्ड्´) *adj.* not solved, जिसका समाधान या हल न निकला हो, असमाधानित, असाधित।

**unsophisticated** (अन्-सॅ-फ़िस्´-टि-के-टिड्) *adj.* 1. not refined, अपरिष्कृत। 2. not complicated, अजटिल।

**unsound** (अन्-साउन्ड्´) *adj.* 1. not sound or healthy, अस्वस्थ। 2. not mentally normal, विक्षिप्त। 3. defective, दोषपूर्ण, त्रुटिपूर्ण।

**unsparing** (अन्-स्पेॅअॅर्´-इंग्) *adj.* giving freely and lavishly, उदार, मुक्तहस्त।

**unspeakable** (अन्-स्पी´-कॅ-बॅल्) *adj.* 1. not speakable, अकथनीय। 2. objectionable, आपत्तिजनक।

**unspecified** (अन्-स्पेॅस्´-इ-फ़ाइड्) *adj.* not specified, अनिर्दिष्ट।

**unspent** (अन्-स्पेॅन्ट्´) *adj.* not spent, जो व्यय न किया गया हो, अव्ययित।

**unspotted** (अन्-स्पॉट्´-इड्) *adj.* 1. unnoticed, अनदेखा। 2. spotless, बेदाग। 3. morally pure, शुद्ध आचरणवाला।

**unstable** (अन्-स्टे´-बॅल्) *adj.* 1. not firm,

अस्थिर। 2. of fickle temperament, ढुलमुल।

**unsteady** (अन्-स्टेंड्´-ई) ***adj.*** not steady, अस्थिर, चंचल।

**unstinted** (अन्-स्टिन्´-टिड्) ***adj.*** given freely or lavishly, उदारतापूर्वक दिया हुआ।

**unstrap** (अन्-स्ट्रैप्´) ***v.*** (unstrapped, unstrapping) to remove a strap from, फीता खोलना।

**unstressed** (अन्-स्ट्रेस्ड्´) ***adj.*** 1. without stress, बलाघातहीन। 2. free from stress, तनावरहित।

**unstruck** (अन्-स्ट्रक्´) ***adj.*** detached, असंलग्न, अलग, उखड़ा हुआ। ☐ **come unstruck,** विफल होना।

**unstudied** (अन्-स्टड्´-ईड्) ***adj.*** 1. not studied, जिसका अध्ययन न किया गया हो। 2. natural, स्वाभाविक, सहज।

**unsubstantial** (अन्-सॅब्-स्टैन्´-शॅल्) ***adj.*** not substantial, सारहीन, निर्मूल।

**unsuccessful** (अन्-सॅक्-सेंस्´-फ़ुल्) ***adj.*** not successful, विफल, असफल।

**unsuitable** (अन्-सू´-टॅ-बॅल्) ***adj.*** not suitable, अनुपयुक्त।

**unsung** (अन्-संग्´) ***adj.*** not sung, जिसका गुणगान न हुआ हो, अप्रशंसित।

**unsuspecting** (अन्-सॅस्-पेंक्ट्´-इंग्) ***adj.*** feeling no suspicion, जिसे संदेह न हो, संदेहविहीन।

**unswerving** (अन्-स्व:´-विंग्) ***adj.*** unchanging, अविचल, अटल, दृढ़।

**unsystematic** (अन्-सिस्-टॅ-मैट्´-इक्) ***adj.*** not systematic, अव्यवस्थित।

**untapped** (अन्-टेप्ड्´) ***adj.*** not yet tapped, उपयोग में अभी तक न लाया हुआ।

**untaught** (अन्-टा:ट्´) ***adj.*** not taught, अशिक्षित, अप्रशिक्षित।

**untenable** (अन्-टेंन्´-ॲ-बॅल्) ***adj.*** not able to be defended, जिसका समर्थन न किया जा सके, असमर्थनीय।

**unthinkable** (अन्-थिंक्´-कॅ-बॅल्) ***adj.*** 1. out of question, जिसके संबंध में सोचा भी न जा सके, असंभव, असोचनीय। 2. unimginable, कल्पनातीत।

**unthinking** (अन्-थिंक्´-किंग्) ***adj.*** thoughless, विचारहीन, निर्विचार।

**unthoughtful** (अन्-था:ट्´-फ़ुल्) ***adj.*** not thoughtful, अविचारी।

**unthrone** (अन्-थ्रोन्´) ***v.*** to remove from the throne, गद्दी से हटाना या उतार देना।

**untidy** (अन्-टाइ´-डी) ***adj.*** 1. not tidy, मैला, गंदा। 2. clumsy, फूहड़।

**untie** (अन्-टाइ´) ***v.*** (untied, untying) to unfasten, खोलना।

**until** (अन्-टिल्´) ***prep.*** in or throughout the period before, ...तक; We waited until nine. हम नौ बजे तक प्रतीक्षा करते रहे। ***adv.*** 1. up to that, जब तक। 2. before, पहले तक।

**untimely** (अन्-टाइम्´-ली) ***adv.*** 1. at an inopportune time, बेमौक़े। 2. (happening) sooner than is normal, समय से पहले। ***adj.*** 1. happening at an inopportune time, बेमौक़े होनेवाला, असामयिक; untimely death, असामयिक मृत्यु। 2. happening sooner than is normal, समय से पहले होनेवाला, समयपूर्व।

**untiring** (अन्-टाइर्´-इंग्) ***adj.*** not tiring, न थकनेवाला, अथक।

**untold** (अन्-टोल्ड्´) ***adj.*** 1. not told or revealed, अकथित। 2. too numerous, अत्यधिक; untold sufferings, बेशुमार मुसीबतें।

**untouchability** (अन्-टच्-ॲ-बिल्´-इ-टी) ***n.*** the state or quality of being untouchable, अस्पृश्यता।

**untouchable** (अन्-टच्´-ॲ-बॅल्) ***adj.*** 1. forbidden to be touched, अस्पृश्य। 2. lying beyond the reach, अगम्य। ***n.*** one that is untouchable, अछूत, अस्पृश्य व्यक्ति।

**untoward** (अन्-टॅ-व़ा:ड्´) ***adj.*** 1. unfavourable, अशुभ या बुरा। 2. difficult to manage, अवश्य, दुर्दम्य।

**untraceable** (अन्-ट्रे´-सॅ-बॅल्) ***adj.*** that cannot be traced, जिसका पता न लगाया जा सके।

**untried** (अन्-ट्राइड्´) *adj.* not tried or tested, अपरीक्षित।

**untrue** (अन्-ट्रू´) *adj.* 1. not true, मिथ्या, झूठा। 2. not loyal or faithful, अनिष्ठावान, विश्वासघाती, बेईमान।

**untruth** (अनॅ-ट्रूथ्´) *n.* 1. a lie, झूठी बात। 2. lack of truth, असत्य, झूठ।

**untruthful** (अन्-ट्रूथ´-फुल्) *adj.* 1. given to lying, झूठ बोलनेवाला, झूठा। 2. false, झूठा, मिथ्या।

**untutored** (अन्-ट्यू´-टॅःड्) *adj.* not taught, अशिक्षित, कोरा।

**unused** (अन्-यूज़्ड्´) *adj.* not yet used, अप्रयुक्त, कोरा।

**unusual** (अन्-यू´-ज़ु-ॲल्) *adj.* 1. not usual, अप्रायिक, अनियत या असामान्य। 2. remarkable, उल्लेखनीय। 3. exceptional, आपवादिक। 4. rare, विरल।

**unutterable** (अन्-अट्´-ॲ-रॅ-बॅल्) *adj.* incapable of being expressed in words, अकथनीय, वर्णनातीत।

**unveil** (अन्-वेल्´) *v.* 1. to remove a veil or covering, अनावरण करना, पट या पर्दा हटाना। 2. to remove one's veil, घूँघट हटाना। 3. to make known, प्रकट करना, पर्दा हटाना।

**unveiling** (अन्-वेल्´-इंग्) *n.* a ceremony in which a veil is removed from a statue etc., अनावरण-समारोह।

**unversed** (अन्-वःस्ड्´) *adj.* not experienced, नौसिखुआ, अनभ्यस्त।

**unvoiced** (अन्-वाइस्ड्´) *adj.* not voiced, अघोष (वर्ण)।

**unwanted** (अन्-व़ान्´-टिड्) *adj.* not wanted, अनचाहा, अनभीप्सित।

**unwarrantable** (अन्-वॉर्´-ॲन्-टॅ-बॅल्) *adj.* 1. unjustifiable, अन्यायसंगत। 2. inexcusable, अक्षम्य।

**unwarranted** (अन्-व़ार्´-ॲन्-टिड्) *adj.* 1. unjustified, अन्यायपूर्ण, अन्यायसंगत। 2. unauthorized, अनधिकृत।

**unwary** (अन्-वेंॲर्´-ई) *adj.* 1. not cautious, असर्तक, असावधान।

**unwashed** (अन्-व़ाश्ड्´) *adj.* not washed, जो धोया या साफ़ न किया गया, मैला, गंदा।

**unwell** (अन्-व़ेल्´) *adj.* not well, अस्वस्थ।

**unwholesome** (अन्-होल्´-सॅम्) *adj.* 1. harmful, दूषित, हानिकर। 2. unhealthy looking, रुग्ण, बीमार। 3. morally corrupt, चरित्रभ्रष्ट।

**unwieldy** (अन्-व़ील्´-डी) *adj.* difficult to carry or handle because of shape and size, दुर्वह, भारी-भरकम।

**unwilling** (अन्-विल्´-इंग्) *adj.* reluctant, अनिच्छुक।

**unwillingly** (अन्-विल्´-इंग्-ली) *adv.* not willingly, अनिच्छापूर्वक, बेमन से।

**unwind** (अन्-व़ाइन्ड्´) *v.* (unwound, unwinding) 1. to uncoil, (कमानी आदि) खोलना। 2. to relax, आराम करना, सुस्ताना।

**unwise** (अन्-व़ाइज़्´) *adj.* not wise, मूर्ख।

**unwished** (अन्-विश्ड्´) *adj.* not wished, अनचाहा, अनिच्छित।

**unwitting** (अन्-विट्´-इंग्) *adj.* 1. unintentional, अनभिप्रेत। 2. unaware, अनजान।

**unworldliness** (अन्-व़ःल्ड्´-लि-निस्) *n.* the quality or state of being unworldy, असांसारिकता, अलौकिकता।

**unworldly** (अन्-व़ॅःल्ड्´-ली) *adj.* 1. not of this world, अलौकिक। 2. spiritual, आध्यात्मिक। 3. not worldly minded, जो दुनियादार न हो।

**unworthiness** (अन्-व़ः´-दि-निस्) *n.* the quality or state of being unworthy, अयोग्यता।

**unworthy** (अन्-व़ः´-दी) *adj.* not worthy, अयोग्य, निकम्मा।

**unwrap** (अन्-रैप्´) *v.* (unwrapped, unwrapping) to remove the covering, खोलना।

**unwritten** (अन्-रिट्´-ॲन्) *adj.* not written, जो लिखा हुआ न हो, अलिखित।

**unyielding** (अन्-यील्´-डिंग्) *adj.* not yielding, न झुकनेवाला, हठी।

**unyoke** (अन्-योक्´) *v.* (unyoked, unyoking) to free from a yoke, जुआ खोलना।

**up** (अप्) *adv.* 1. to an erect position, खड़ा; Stand up. खड़े हो जाओ। 2. at a higher place, ऊपर, ऊँचे; The sun is up. सूरज

ऊपर आ गया है। 3. to a higher value or condition, आगे, अधिक; They are two goals up. वे दो गोल से आगे हैं। 4. in view or consideration, देखने या विचार के लिए; You never brought this up before. तुम पहले कभी इसे सामने नहीं लाए। 5. toward or up to a place, की ओर या तक; Up to Delhi, दिल्ली तक। 6. into a condition of activity, सक्रिय रूप में; The house in up for sale, मकान बिक रहा है। 7. into pieces, टुकड़े-टुकड़े; Tear it up, टुकड़े-टुकड़े कर डालो। 8. apiece, हर एक के; The score was 20 up. हर एक के बीस-बीस अंक थे। 9. happening, घटित, होनेवाला; What is up? क्या बात है? क्या हुआ? Something is up, कुछ घटित हो रहा है। 10. to be finished, समाप्त; The time is up. समय समाप्त हो गया है; It is all up. सब-कुछ समाप्त हो गया है। □ **up against,** (i) सामना करना, (ii) निकट; **up for,** खड़े होना, उम्मीदवार होना; **up to,** (i) निर्भर होना, (ii) समर्थ या पात्र होना; **up with,** समर्थक होना; **up-to-date,** अद्यतन। ***prep.*** 1. from a lower to higher point, नीचे से ऊपर, ऊँचे। 2. upward, ऊपर की ओर। ***adj.*** 1. moving or directed upward, ऊपर की ओर जाता हुआ या जानेवाला। 2. happy, प्रसन्न। ***v.*** (upped, upping) 1. to raise or lift, ऊँचा करना, उठाना, बढ़ाना। 2. to begin to do something abruptly or surprisingly, एकाएक या अप्रत्याशित रूप से कोई काम करने लगना। ***n.*** the high point, ऊँचा बिंदु। □ **ups and downs,** उतार-चढ़ाव; **on the up and up,** (i) ईमानदार; (ii) ईमानदारी से।

**up and coming** (अप्-ॲन्-कम्´-इंग्) ***adj.*** promising, होनहार।

**upbeat** (अप्´-बीट्) ***adj.*** 1. cheerful, प्रसन्न, प्रफुल्ल। 2. optimistic, आशावादी। ***n.*** the unaccented beat, अप्रघात (संगीत में)।

**upbraid** (अप्-ब्रेड्´) ***v.*** to reprove angrily or sharply, झिड़कना, बिगड़ना।

**upbringing** (अप्´-ब्रिंग्-इंग्) ***n.*** the rearing and education of a person during childhood, (माता-पिता द्वारा बालक का) लालन-पालन तथा पढ़ाई-लिखाई।

**upcast** (अप्´-का:स्ट्) ***adj.*** thrown upward, ऊपर की ओर फेंका हुआ।

**upchuk** (अप्´-चक्) ***v.*** (upchuked, upchuking) to vomit, उलटी करना, कै करना।

**upcoming** (अप्´-कम्-इंग्) ***adj.*** about to take place, आनेवाला, भावी।

**upcountry** (अप्´-कन्-ट्री) ***n.*** the interior region of a country, देश का भीतरी प्रदेश। ***adj.*** of, pertaining to or coming from upcountry, भीतरी भाग से संबद्ध, भीतरी भाग से आनेवाला।

**update** (अप्-डेट्´) ***v.*** to bring-up-to date, अद्यतन करना या बनाना। ***n.*** the act of updating, अद्यतन करने की क्रिया या भाव।

**updated** (अप्-डे´-टिड्) ***adj.*** up-to-date, अद्यतन।

**upend** (अप-ऐन्ड्´) ***v.*** (upended, upending) to rise up on end, खड़ा हो जाना।

**upgrade** (अप्-ग्रेड्´) ***v.*** 1. to raise to a higher rank, पदोन्नत करना, ऊँची कोटि में भेजना। 2. to raise in value or importance, मूल्य या महत्त्व बढ़ाना। ***n.*** an upward slope, चढ़ाई। □ **on the upgrade,** ऊपर उठता हुआ, प्रगति करता हुआ।

**upgrowth** (अप्´-ग्रोथ्) ***n.*** the process of growing upward, उठान, बढ़ाव।

**upheaval** (अप्-ही´-वॅल्) ***n.*** 1. violent agitation, उग्र आंदोलन, उथल-पुथल। 2. violent change, कायापलट, महापरिवर्तन।

**upheave** (अप-हीव्´) ***v.*** 1. to move upward, ऊपर उठना। 2. to lift, उठाना।

**uphill** (अप्-हिल्´) ***adj.*** 1. going up a hill, leading upward, चढ़नेवाला, चढ़ाऊ। 2. difficult, दुष्कर, कठिन।

**uphold** (अप्-होल्ड्´) ***v.*** (upheld, upholding) 1. to hold aloft, उठाए रखना, थामे रहना। 2. to defend against opposition, विरोध के बावजूद रक्षा करना, बनाए रखना। 3. to support, समर्थन करना।

**upholster** (अप्-होल्´-स्टॅ:) ***v.*** to supply (furniture) with cushions, coverings etc., (फ़र्नीचर पर) गद्दियाँ रखना, खोल चढ़ाना आदि।

U

**upholstery** (अप्-होल्´-स्टॅ-री) *n.* maintenance of furniture, फ़र्नीचर का रख-रखाव।

**upkeep** (अप्´-कीप्) *n.* the act of keeping something in good condition, रख-रखाव, सँभाल।

**upland** (अप्´-लैन्ड्) *n.* the high land, ऊँची भूमि या प्रदेश।

**uplift** (अप्´-लिफ़्ट्) *v.* 1. to lift up, ऊँचा उठाना। 2. to raise (the standard, स्तर) ऊँचा करना, उन्नत करना, उद्धार या उन्नयन करना। *n.* the act of lifting or the state of being uplifted, उद्धार, उन्नयन।

**upliftment** (अप्-लिफ़्ट्´-मॅन्ट्) *n.* uplift, उद्धार, उन्नयन।

**upmost** (अप्´-मोस्ट्) *adj.* uppermost, सबसे ऊँचा।

**upon** (अॅ-पॉन्´) *prep.* on, के ऊपर, पर। □ **once upon a time,** एक समय की बात है कि।

**upper** (अप्´-अॅ:) *adj.* 1. higher in place, ऊपरी, ऊपरवाला। 2. higher in position or rank, उच्च, ऊँचा; upper class, उच्च श्रेणी।

**upper chamber** (अप्´-अॅ:-चैम्´-बॅ:) *n.* upper house, उच्च सदन।

**upper class** (अप्´-अॅ:-क्लास् / क्लैस्) *n.* class of rich persons, उच्च श्रेणी, उच्च वर्ग।

**upper house** *n.* one of the two houses of a bicameral legislature, उच्च सदन।

**uppermost** (अप्´-अॅ:-मोस्ट्) *adj.* highest, उच्चतम।

**uppish** (अप्´-इश्) *adj.* 1. snobbish, दंभी या दंभ-भरा। 2. arrogant, उद्धत।

**uppity** (अप´-इ-टी) *adj.* = uppish.

**upraise** (अप्-रेज़्´) *v.* (upraised, upraising) to raise up, (ऊपर) उठाना।

**upright** (अप्´-राइट्) *adj.* 1. in a vertical position, उदग्र, उर्ध्वाधर। 2. erect, खड़ा, सीधा। 3. honest, ईमानदार, सच्चा।

**uprightly** (अप्´-राइट्-ली) *adv.* in an upright manner, ईमानदारी से, सच्चाई से।

**uprightness** (अप्´-राइट्-निस्) *n.* the quality of being upright, ईमानदारी, सच्चाई।

**uprising** (अप्´-राइ-ज़िंग्) *n.* a revolt or rebellion, विप्लव, विद्रोह, बगावत।

**upriver** (अप्´-रिव्´-अॅ:) *adj. & adv.* toward the starting point of a river, धारा के उलटे।

**uproar** (अप्´-रो:) *n.* commotion, शोर, हंगामा, हो-हल्ला, गुलगोपाड़ा।

**uproarious** (अप्-रोर्´-इ-अॅस्) *adj.* very noisy, कोलाहलपूर्ण, शोरगुल-भरा।

**uproot** (अप्-रूट्´) *v.* (uprooted, uprooting) 1. to remove by pulling up the roots, जड़ से उखाड़ना, उन्मूलन करना। 2. to displace, विस्थापित कर देना, खदेड़ना, उजाड़ना।

**upset** (अप्-सेट्´) *v.* (upset, upsetting) 1. to overturn, उलट देना। 2. to disrupt or disturb, छिन्न-भिन्न या अस्त-व्यस्त कर देना, गड़बड़ा देना; upset the applecart, चौपट कर देना। 3. to defeat, हरा देना, पराजित कर देना। *n.* 1. reversal, उलट-पुलट, उलटाव। 2. disorder or disruption, गड़बड़ी। 3. an unexpected defeat, अप्रत्याशित हार। *adj.* 1. unhappy, दुखी। 2. worried, चिंतित। 3. disturbed, गड़बड़।

**upset price** *n.* the lowest acceptable selling price in an auction, नीलामी में लगाई या आँकी जानेवाली सबसे कम क़ीमत।

**upshot** (अप्´-शॉट्) *n.* conclusion, निष्कर्ष, परिणाम।

**upside-down** (अप्-साइड्-डाउन्´) *adj.* 1. turned over completely, उलटा, औंधा। 2. in total or great disorder, पूर्ण रूप से या अत्यधिक अस्त-व्यस्त। *adv.* in a reverse order, उलटे या औंधे रूप में।

**upstage** (अप्´-स्टेज्´) *adv.* toward the back part of the stage, मंच के पिछले हिस्से में, नेपथ्य में। *adj.* haughty, हठी, दंभी।

**upstairs** (अप्´-स्टेंअॅ:ज़्´) *adv.* to or on a higher floor, ऊपर, ऊपरी मंज़िल पर।

**upstanding** (अप्-स्टैन्´-डिंग्) *adj.* 1. erect, खड़ा, सीधा। 2. honest, सच्चा, ईमानदार।

**upstart** (अप्´-स्टा:ट्) *v.* to jump up suddenly, सहसा छलाँग लगाना। *n.* one who has risen suddenly to a position of power or wealth, नया नवाब या नया रईस।

*adj.* haughty, दंभी, हठी।

**upstream** (अप्-स्ट्रीम्´) *adv.* against the current, बहाव के विरुद्ध।

**upsurge** (अप्-स:ज्) *n.* a sudden appearance of something, किसी चीज़ का एकाएक आ धमकना। 2. a sudden increase in something, एकाएक होनेवाली वृद्धि।

**up-to-date** (अप्-टु-डेट्´) *adj.* 1. extending up to present time, अद्यतन। 2. modern, आधुनिक।

**uptown** (अप्-टाउन्´) *adv.* toward the upper part of the city, नगर के रिहायशी हिस्से में।

**upturn** (अप्-ट:न्´) *v.* to turn upward, उलट देना या औंधा कर देना। *n.* an upheaval, उथल-पुथल।

**upward** (अप्´-व़:ड्) *adv.* in a direction from lower to higher, नीचे से ऊपर की ओर। *adj.* 1. ascending, ऊर्ध्वमुख, ऊर्ध्वमुखी। 2. higher, ऊपरी; higher limit, ऊपरी सीमा।

**uranium** (यु-रे´-नि-ॲम्) *n.* a metallic element, यूरेनियम।

**Uranus** (यु-रे´-नॅस्) *n.* 1. a planet in a solar system, युरेनस ग्रह। 2. the ruler of the heaven, स्वर्ग का राजा।

**urban** (अ:´-बॅन्) *adj.* of or pertaining to the city, नगरीय, शहरी।

**urbane** (अ:-बेन्´) *adj.* having refined manners, नगरीय सभ्यतापरक, शिष्ट, सुसंस्कृत।

**urbanite** (अ:´-बॅ-नाइट्) *n.* one who lives in city, शहरी व्यक्ति, शहरी, नगरवासी।

**urbanization** (अ:-बॅ-नाइ-ज़े´-शॅन्) *n.* the act of urbanizing, नगरीकरण।

**urbanize** (अ:´-बॅ-नाइज़्) *v.* to make urban in nature or character, नगरीकरण करना।

**urchin** (अ:´-चिन्) *n.* 1. a mischievous boy, नटखट बालक। 2. a poor boy, गरीब लड़का।

**urea** (यु´-रि-ॲ) *n.* a water soluble compound, यूरिया।

**urethra** (यु-री´-थ्रॅ) *n.* the canal that carries of the urine from the bladder, मूत्रमार्ग।

**urge** (अ:ज्) *v.* 1. to plead and press to do something, अनुरोध करना। 2. to recommend earnestly, प्रेरित करना। 3. to drive onward, हाँकना। *n.* a strong impulse, अंत:प्रेरणा।

**urgency** (अ:´-जॅन्-सी) *n.* the quality or state of being urgent, अत्यावश्यकता, तात्कालिकता।

**urgent** (अ:´-जॅन्ट्) *adj.* 1. requiring speedy action, अत्यावश्यक, बहुत ज़रूरी। 2. immediate, तात्कालिक, तुरंत, अविलंब, तुरंती।

**urgently** (अ:´-जॅन्ट्-ली) *adv.* 1. in an urgent manner, अत्यावश्यक रूप से। 2. immediately, तुरंत।

**uric** (यु´-रिक्) *adj.* 1. of or pertaining to urine, मूत्रीय, मूत्र-संबंधी। 2. found in urine, मूत्र में होनेवाला, मूत्रोपलब्ध।

**uric acid** *n.* a compound found in urine, मूत्राम्ल।

**urinalysis** (यूर्-इ-नैल्´-इ-सिस्) *n.* the chemical analysis of urine, मूत्र-विश्लेषण।

**urinary** (यूर्´-इ-नॅ-री) *adj.* of or relating to urine, मूत्रीय, मूत्र-संबंधी; urinary bladder, मूत्राशय।

**urinate** (यूर्´-इ-नेट्) *v.* (urinated, urinating) to discharge urine, पेशाब करना, मूतना।

**urination** (यूर्-इ-ने´-शॅन्) *n.* the act of urinating, पेशाब करना, मुताई।

**urine** (यूर्´-इन्) *n.* the fluid excreted by the kidneys, पेशाब, मूत्र।

**urn** (अ:न्) *n.* a vaselike vessel, कलश।

**urologist** (यू-रॉल्´-ॲ-जिस्ट्) *n.* a specialist in urology, मूत्रविज्ञानी।

**urology** (यू-रॉल्´-ॲ-जी) *n.* the science dealing with urinary system, मूत्र-विज्ञान।

**ursine** (अ:´-साइन्) *adj.* of or pertaining to a bear, भालू-संबंधी, ऋक्षीय।

**urticaria** (अ:-टि-कॅअॅर्´-इ-ॲ) *adj.* a skin eruption, पित्ती।

**us** (अस्) *pron.* objective case of we, हमें।

**usable** (यू´-ज़ॅ-बॅल्) *adj.* that can be used, जिसे प्रयोग में लाया जा सके, प्रयोज्य, व्यवहार्य।

**usage** (यू´-सिज्) *n.* 1. the manner of using, प्रयोग, इस्तेमाल। 2. the way in which a language or its elements are used, शब्द-

U

प्रयोग, भाषा-प्रयोग, प्रयोग। 3. a custom, रूढ़ि, चलन, रीति।

**use** (यूज़्) *v.* (used, using) 1. to put into action or service, काम में लाना, उपयोग करना, प्रयोग या इस्तेमाल करना। 2. to employ for a given purpose, प्रयुक्त करना, लगाना। 3. to bahave, व्यवहार करना। 4. to consume, ख़र्च करना, उपयोग करना। ☐ **used to,** अभ्यस्त; **use up,** उपयोग करना। *n.* 1. the act of using or the state of being used, प्रयोग, इस्तेमाल, व्यवहार; use of force, बल-प्रयोग। 2. purpose, प्रयोजन। 3. utility or usefulness, उपयोगिता।

**used** (यूज़्ड्) *adj.* second hand, उपयोग में लाया हुआ, पुराना।

**useful** (यूस्´-फुल्) *adj.* 1. having utility, उपयोगी। 2. serviceable, काम में आने योग्य। 3. beneficial, लाभप्रद।

**usefulness** (यूस्´-फुल्-निस्) *n.* 1. utility, उपयोगिता। 2. benefit, लाभ।

**useless** (यूस्´-लिस्) *adj.* being of no use, बेकार, अनुपयोगी, निकम्मा।

**user** (यू´-ज़ॅः) *n.* one who uses, उपयोगकर्ता, प्रयोक्ता, उपभोक्ता।

U

**usher** (अश्´-अँः) *n.* a person who escorts people to their seats in public halls, theatres etc., प्रवेशक, स्वागतक। *v.* to escort persons to their seats, प्रवेशक का काम करना, अपनी-अपनी सीटों पर लोगों को बैठाना।

**usherette** (अश्-अँ-रेंट्´) *n.* a female usher, प्रवेशक महिला, प्रवेशिका, स्वागतिका।

**usual** (यू´-ज़ु-अॅल्, यू´-ज़्हु-अॅल्) *adj.* 1. commonly or ordinarily used, सामान्य, साधारण, मामूली। 2. found in ordinary practice, customary, प्रारंभिक, आम। *n.* (the usual) the habitual drink, वह शराब जिसका कोई आदी हो।

**usually** (यू´-ज़ु-अॅ-ली) *adv.* 1. commonly, सामान्यतः। 2. often, प्रायः, अक्सर।

**usurer** (यू´-ज़्हॅं-रॅः) *n.* a person who charges exorbitant rate of interest, सूदख़ोर।

**usurp** (यू-ज़ःप्´) *v.* to seize something by force, हड़पना, हड़प लेना।

**usurpation** (यू-ज़ः-पे´-शॅन्) *n.* the act of usurping, हड़पने की क्रिया या भाव।

**usurper** (यू-ज़ःप्´-अँः) *n.* one who usurps, हड़पनेवाला।

**usury** (यू´-ज़्हॅं-री) *n.* 1. the practice of lending money at exorbitant rate, सूदख़ोरी। 2. excessive rate of interest, ब्याज की ऊँची दर।

**utensil** (यू-टेंन्´-सिल्) *n.* a vessel or tool used in a household, बर्तन, भाँड़ा।

**uterine** (यू´-टॅ-रिन्) *adj.* 1. of or pertaining to the uterus, गर्भाशय-संबंधी। 2. born of the same mother but by a different father, एक ही माता परंतु भिन्न-भिन्न पिताओं से उत्पन्न, कठ, एकोदर; uterine brother or sister, कठ-भाई या कठ-बहन, एकोदर भाई या बहन।

**uterus** (यू´-टॅ-रॅस्) *n.* the womb, गर्भाशय।

**utilitarian** (यू-टिल्-इ-टेंअॅर्´-इ-अॅन्) *adj.* associated with utility, उपयोगिता-संबंधी, उपयोगी। *n.* a person who believes in utilitarianism, उपयोगितावादी।

**utilitarianism** (यू-टिल्-इ-टेंअॅर्´-इ-अॅ-निज़्-अॅम्) *n.* a doctrine that considers utility as the criterion, उपयोगितावाद।

**utility** (यू-टिल्´-इ-टी) *n.* 1. the condition or quality of being useful, उपयोगिता। 2. a useful thing, उपयोगी वस्तु। *adj.* useful, उपयोगी; utility room, उपयोगी कक्ष।

**utilization** (यू-टि-लाइ-ज़े´-शॅन्) *n.* the act of utilizing or the state of being utilized, उपभोग।

**utilize** (यू´-टि-लाइज़्) *v.* (utilized, utilizing) to use, काम में लाना, उपयोग करना।

**utmost** (अट्´-मोस्ट्) *adj.* 1. extreme, चरम, परम; utmost secrecy, परम गोपनीयता। 2. of the greatest or highest amount or degree, उच्चतम, अधिकतम। ☐ **do one's utmost,** अपनी तरफ़ से कुछ उठा न रखना, पूरा प्रयत्न करना।

**Utopia, utopia** (यू-टो´-पि-अॅ) *n.* 1. a place of imaginary perfection, कल्पनालोक, रामराज्य। 2. an ideal place or situation,

आदर्श स्थान या स्थिति।

**Utopian, utopian** (यू-टो´-पि-अॅन्) ***adj.*** of utopia, कल्पनालोकी, आदर्शवादी किंतु असंभव, अव्यावहारिक। ***n.*** a visionary, स्वप्नदर्शी, रामराज्य का स्वप्न देखनेवाला।

**utter**[1] (अट्´-अॅ:) ***adj.*** complete, absolute, पूर्ण, कुल, परम।

**utter**[2] ***v.*** (uttered, uttering) 1. pronounce, उच्चारण करना। 2. to say, कहना।

**utterance** (अट्´-अॅर्-अॅन्स्) ***n.*** 1. the act of uttering, उच्चारण करना या कथन करना। 2. something uttered, कही हुई बात।

**utterly** (अट्´-अॅ:-ली) ***adv.*** completely, पूरी तरह से, पूर्णत:।

**uttermost** (अट्´-अॅ:-मोस्ट्) ***adj.*** utmost, परम, अधिकतम।

**U-turn** (यू´-टः:न्) ***n.*** 1. a turn resulting in a reversal of direction, उलट-घुमाव। 2. a complete change, पूर्ण परिवर्तन।

**uvula** (यू´-व्यु-लॅ) ***n.*** (plu. uvulae, uvulas) the small flesh mass hanging from the roof of the mouth, कौआ, अलिजिह्वा, घंटी।

**uvular** (यू´-व्यु-लॅ:) ***adj.*** of or pertaining to the uvula, अलिजिह्वीय।

U

# V

**V, v** (वी) ***n.*** 1. the twenty-second letter of the English alphabet, अंग्रेज़ी वर्णमाला का बाईसवाँ वर्ण। 2. the Roman numeral symbol for 5, ५ का सूचक रोमन चिह्न। 3. a symbol for victory, विजय का संकेत चिह्न। 4. something shaped like a v, अंग्रेज़ी के वर्ण v के आकार की कोई वस्तु।

**vacancy** (वे´-कॅन्-सी) ***n.*** the state or condition of being vacant, ख़ालीपन, रिक्तता। 2. an unoccupied post, office or accommodation, ख़ाली जगह, रिक्ति। 3. lack of awareness, असतर्कता, असावधानता।

**vacant** (वे´-कॅन्ट्) ***adj.*** 1. not filled or occupied, ख़ाली, रिक्त; vacant post रिक्त पद। 2. having no tenant or occupant, ख़ाली, रिक्त। 3. not busy, अव्यस्त, ख़ाली। 4. having a blank expression, भावशून्य।

**vacate** (वॅ-केट्´, वे´-केट्) ***v.*** 1. to make vacant, ख़ाली कर देना। 2. to cease to occupy, छोड़ देना। 3. to make void, रद कर देना।

**vacation** (वॅ-के´-शॅन्) ***n.*** 1. the period of rest and recreation when the colleges, courts etc. are closed, अवकाश, विश्रामावकाश। 2. a holiday, छुट्टी, अवकाश। 3. the act of vacating, खाली करना, रिक्तीकरण।

**vacationer** (वॅ-के´-शॅ-नॅ:) ***n.*** a person taking a vacation, अवकाश लेनेवाला व्यक्ति।

**vacationist** (वॅ-के´-शॅ-निस्ट्) ***n.*** a vacationer, छुट्टी या अवकाश लेनेवाला व्यक्ति।

**vaccinate** (वैक्´-सि-नेट्) ***v.*** to inoculate with vaccine, टीका लगाना।

**vaccination** (वैक्-सि-ने´-शॅन्) ***n.*** the act of vaccinating, टीका लगाने की क्रिया, टीकाकरण।

**vaccinator** (वैक्´-सि-ने-टॅ:) ***n.*** a person who vaccinates, टीका लगानेवाला व्यक्ति।

**vaccine** (वैक्´-सीन्, वैक्-सीन्´) ***n.*** a preparation used in vaccination esp. against smallpox, वैक्सीन, टीके की दवा।

**vacillate** (वैस्´-इ-लेट्) ***v.*** 1. to fluctuate in one's opinions, अनिश्चय की स्थिति में होना, ढुलमुल होना। 2. to swing or sway from side to side, हिलना-डुलना, झूमना।

**vacillation** (वैस्-इ-ले´-शॅन्) ***n.*** 1. the act of vacillating, हिलने-डुलने या झूमने की क्रिया भाव। 2. indecision, अनिश्चय।

**vacuity** (वॅ-क्यू´-इ-टी) ***n.*** 1. emptiness, खालीपन, रिक्तता। 2. vacuousness, बुद्धि-हीनता।

**vacuous** (वैक्´-यु-अॅस्) ***adj.*** 1. empty, ख़ाली। 2. showing lack of intelligence or experience, बुद्धिहीन, अनुभवशून्य।

**vacuum** (वैक्´-यु-अॅम्) ***n.*** (plu. vacuuma, vacua) 1. a space empty of contents or matter, ख़ाली जगह, शून्य। 2. a space out of which air has been taken, वह पात्र जिसमें से हवा निकाल ली गई हो, खाली जगह।

**vacuum cleaner** ***n.*** an appliance that cleans surface by suction, सफ़ाई मशीन।

**vacuum flask** ***n.*** a flask that has internal vacuum, निर्वात बोतल/शीशी।

**vade mecum** (वा-दि-मे´-कॅम्, वे-डी-मी´-कॅम्) ***n.*** a handbook for constant use, उपयोगी पुस्तिका, सदा साथ रहनेवाली पुस्तक या वस्तु।

**vagabond** (वैग्´-अॅ-बॉन्ड्) ***n.*** a wanderer, घुमक्कड़ व्यक्ति।

**vagabondage** (वैग्´-अॅ-बॉन्-डिज्) ***n.*** 1. the state or quality of being vagabond,

घुमक्कड़पन, आवारापन। 2. vagrant way of life, आवारागर्दी।

**vagarant** ***adj & n.*** = vagrant.

**vagary** (वे´-गॅ-री) ***n.*** a whim, सनक, ख़ब्त।

**vagina** (वॅं-जाइ´-नॅं) ***n.*** the passage leading from vulva to the uterus in female animals, योनि, भग।

**vaginal** (वॅ-जाइ´-नॅल्) ***adj.*** of or for a vagina, योनि-संबंधी।

**vagrancy** (वे´-ग्रॅन्-सी) ***n.*** vagabondage, आवारागर्दी।

**vagrant** (वे´-ग्रॅन्ट्) ***adj.*** wandering from place to place, आवारा, घुमक्कड़। ***n.*** an idle wanderer, घुमक्कड़, बनजारा।

**vague** (वेग्) ***adj.*** not clear, indistinct, अस्पष्ट, अनिश्चित।

**vaguely** (वेग्´-ली) ***adv.*** in a vague manner, अस्पष्ट रूप से।

**vagueness** (वेग्´-निस्) ***n.*** the state or quality of being vague, अस्पष्टता, अनिश्चितता।

**vain** (वेन्) ***adj.*** 1. useless, not successful, व्यर्थ, निष्फल, बेकार। 2. conceited, शेख़ीख़ोर, मिथ्याभिमानी, दंभी। □ **in vain,** बेकार ही।

**vainglorious** (वेन्-ग्लोर्´-इ-अॅस्) ***adj.*** having extreme vanity, अत्यंत दंभी।

**vainglory** (वेन्-ग्लोर्´-ई) ***n.*** extreme vanity, मिथ्याभिमान, शेख़ी।

**vainly** (वेन्-ली) ***adv.*** 1. without success, बेकार, व्यर्थ। 2. too proudly, दंभपूर्वक।

**vale** (वेल्) ***n.*** 1. a valley, घाटी, उपत्यका। 2. the world, दुनिया, संसार; vale of tears, दुखी संसार, vale of years, बुढ़ापा।

**valediction** (वैल्-इ-डिक्´-शॅन्) ***n.*** an act or expression of leave-taking, विदाई, विदा।

**valedictory** (वैल्-इ-डिक्´-टॅ-री) ***adj.*** said or done at parting, विदाई-संबंधी; valedictory address, विदाई भाषण।

**valence** (वे´-लॅन्स्) ***n.*** the capacity of an atom to combine in specific proportions with other atoms, संयोजन-क्षमता।

**valency** (वे´-लॅन्-सी) ***n.*** = valence.

**valentine** (वैल्´-अॅन्-टाइन्) ***n.*** 1. one's sweetheart, प्रेमी या प्रेयसी। 2. a greeting card or gift sent to one's sweetheart on St. Valentine's Day. वैलनटाइन दिवस पर अपने प्रेमी या प्रेयसी को भेजा जानेवाला शुभकामना-कार्ड या उपहार।

**Valentine Day** ***n.*** Saint Valentine's Day, संत वैलनटाइन दिवस १४ फरवरी।

**valet** (वैल्´-इट्) ***n.*** 1. a personal servant who cleans, presses and takes care of clothes, धोबी का काम करनेवाला सेवक। 2. a hotel employee who cleans and presses clothes of patrons, धोबी।

**valiance** (वैल्´-यॅन्स्) ***n.*** bravery, courage, वीरता, साहस।

**valiant** (वैल्´-इ-अॅन्ट्, वैल्´-यॅन्ट्) ***adj.*** brave or courageous, बहादुर या साहसी।

**valid** (वैल्´-इड्) ***adj.*** 1. legally acceptable, विधिमान्य, वैध। 2. logical, तर्कसंगत, मान्य।

**validate** (वैल्´-इ-डेट्) ***v.*** 1. to make legally valid, विधिमान्य बनाना। 2. to verify, सत्यापित करना।

**validated** (वैल्´-इ-डे-टिड्) ***adj*** 1. made valid, विधिमान्यकृत, विधिमान्य। 2. verified, सत्यापित।

**validation** (वैल्-इ-डे´-शॅन्) ***n.*** the act of validating or the state of being validated, विधिमान्यकरण, विधिमान्यता, वैधता।

**validity** (वॅ-लिड्´-इ-टी) ***n.*** the fact of being valid, विधिमान्यता।

**valise** (वॅ-लीज़्´, वॅ-लीस्´) ***n.*** a handbag or small suitcase, झोला या छोटा संदूक।

**valley** (वैल्´-ई) ***n.*** a long low area between the hills, घाटी, उपत्यका।

**valour, valor** (वैल्´-अॅ:) ***n.*** bravery, वीरता, बहादुरी, शौर्य।

**valuable** (वैल्´-यु-अॅ-बॅल्) ***adj.*** precious, of great value, बहुमूल्य, मूल्यवान, क़ीमती।

**valuables** (वैल्´-यु-अॅ-बॅल्स्) ***n.*** (plu.) valuable things, क़ीमती वस्तुएँ।

**valuation** (वैल्-यु-ए´-शॅन्) ***n.*** estimation of the value or price of something, मूल्यांकन, मूल्य-निर्धारण, मूल्यन।

**value** (वैल्´-यू) ***n.*** 1. the equivalent of

something in money, मूल्य, क़ीमत, दाम। 2. usefulness, उपयोगिता। 3. importance, महत्त्व। 4. a quality or principle considered valuable or important in life, मूल्य, मान्यता, मान। 5. (plu.) ideals or principles, आदर्श, सिद्धांत। *v.* 1. to estimate the value of, मूल्य आँकना, लगाना या निर्धारित करना। 2. to consider or regard highly, अत्यंत मूल्यवान समझना, अत्यधिक आदर करना।

**valued** (वैल्´-यूड्) ***adj.*** 1. estimated, मूल्य-निर्धारित, मूल्यांकित। 2. esteemed, आदरणीय।

**valueless** (वैल्´-यू-लिस्) ***adj.*** having no value, useless, worthless, निकम्मा, व्यर्थ।

**valuer** (वैल्´-यू-अं:) ***n.*** one who estimates the value of something, मूल्य-निर्धारक, मूल्यांकनकर्ता।

**valve** (वैल्व्) ***n.*** 1. a mechanical device for controlling the flow of air, gas etc., कपाट, वाल्व। 2. a membraneous structure in a vein or heart that prevents the return flow of a liquid, रक्त नियंत्रक झिल्ली, वाल्व।

**vamp**[1] (वैम्प्) ***n.*** the upper front part of a shoe, जूते का ऊपरी अगला भाग।

**vamp**[2] (वैम्प्) ***n.*** an unscrupulous woman who exploits men, व्याभिचारिणी, छिनाल। ***v.*** to exploit (a man) unscrupulously, स्त्री का व्यभिचार करना।



**vampire** (वैम्´-पाइ:) ***n.*** a ghost that sucks the blood of sleeping people, रक्तपिपासू प्रेत, रक्तचूषक पिशाच।

**van**[1] (वैन्) ***n.*** a covered vehicle, बंद गाड़ी, वैन।

**van**[2] (वैन्) ***n.*** the vanguard, सेना का अग्रिम दस्ता, हरावल।

**vandal** (वैन्´-डॅल्) ***n.*** a person who wilfully destroys private or public property or artistic things, संपत्ति-विध्वंसक, कला-विध्वंसक।

**vandalism** (वैन्´-डॅ-लिज़्-ऑम्) ***n.*** wilful destruction of public or private property or artistic things, जानबूझकर किया जानेवाला संपत्ति-विध्वंस, कला-विध्वंस।

**vandalize** (वैन्´-डॅल्-आइज़्, वैन्´-डॅ-लाइज़्) ***v.*** to destroy property wilfully, जानबूझकर संपत्ति का विध्वंस करना।

**vanguard** (वैन्´-गा:ड्) ***n.*** 1. the foremost position of the army, हरावल, सेनाग्र, सेनामुख। 2. the leaders of a movement or trend, नेतृवृंद, कर्णधार।

**vanilla** (वॅ-निल्´-अॅ) ***n.*** 1. a plant and its seed pods, वनीला नामक एक पौधा और उसकी फलियाँ। 2. a flavouring obtained from the pods of vanilla, वनीला का सत्त।

**vanish** (वैन्´-इश्) ***v.*** to become invisible, to disappear, ग़ायब हो जाना, अंतर्धान हो जाना, ख़त्म हो जाना।

**vanishing cream** (वैन्´-इश्-इंग्-क्रीम्) ***n.*** a cosmetic cream, शरीर पर लगाने की क्रीम।

**vanity** (वैन्´-इ-टी) ***n.*** 1. worthlessness, निरर्थकता। 2. conceit, अहंमन्यता, मिथ्याभिमान।

**vanity case** ***n.*** a case used for carrying cosmetics by a woman, बटुए में रखने की प्रसाधन की डिबिया।

**vanity press** ***n.*** a publisher who publishes a book at the expense of the author, लेखक से पैसा लेकर पुस्तक प्रकाशित करनेवाला प्रकाशक।

**vanquish** (वैंक्´-क्विश्) ***v.*** to defeat or overcome, हराना, परास्त करना।

**vanquisher** (वैंक्´-क्वि-शॅ:) ***n.*** one who conquers, विजेता।

**vantage** (वैन्´-टिज्) ***n.*** 1. a superior position, बढ़िया स्थिति। 2. a superior opportunity, बढ़िया मौक़ा।

**vapid** (वैप्´-इड्) ***adj.*** uninteresting, नीरस।

**vaporous** (वे´-पॅ-रॅस्) ***adj.*** resembling or full of vapour, वाष्परूप।

**vapour** (वे´-पॅ:) ***n.*** particles of moisture suspended in air, वाष्प, भाप।

**variability** (वेंअॅर्-इ-अॅ-बिल्´-इ-टी) ***n.*** the quality or state of being variable, परिवर्तनशीलता; चंचलता।

**variable** (वेंअॅर्´-इ-अॅ-बॅल्) ***adj.*** liable to change, परिवर्तनीय, परिवर्तनशील, परिवर्ती।

**variance** (वेंअॅर्´-इ-अॅन्स्) ***n.*** 1. difference, भिन्नता, विभिन्नता। 2. difference of opinions, मतभेद। □ **at variance** संघर्षरत।

**variant** (वेंअॅर्´-इ-अॅन्ट्) ***adj.*** 1. exhibiting variation, विभिन्न। 2. liable to vary, परिवर्तनशील। ***n.*** a different spelling of same word, किसी शब्द की भिन्न वर्तनी।

**variation** (वेंअॅर्-इ-ए´-शॅन्) ***n.*** 1. the condition or result of varying, परिवर्तन, विचरण या भिन्नता। 2. घट-बढ़।

**varied** (वेंअॅर्´-ईड्) ***adj.*** 1. of different sorts, विविध। 2. full of variety, विविधतापूर्ण।

**variegated** (वेंअॅर्´-इ-अॅ-गे-टिड्) ***adj.*** of different colours or having patches of different colours, रंग-बिरंगा, चितकबरा।

**variety** (वॅ-राइ´-अॅ-टी) ***n.*** 1. the quality or condition of being various, विविधता, अनेकरूपता। 2. a collection of different things, विविध वस्तुओं का संग्रह। 3. a different kind, प्रकार, भेद, प्रभेद; variety show रंगारंग मनोरंजन, विविधतापूर्ण कार्यक्रम।

**various** (वेंअॅर्´-इ-अॅस्) ***adj.*** 1. of several kinds, विविध, नानारूप। 2. more than one, अनेक।

**variously** (-ली) ***adv.*** differently, भिन्न-भिन्न प्रकार से।

**varnish** (वा:´-निश्) ***n.*** an oil-based preparation for coating, वार्निश। ***v.*** to coat with varnish, वार्निश करना।

**varsity** (वा:´-सि-टी) ***n.*** = university.

**vary** (वेंअॅर्´-ई) ***v.*** (varied, varying) 1. to cause or undergo change, परिवर्तन होना या करना, बदल जाना या बदल देना। 2. to be of different kind, भिन्न होना। 3. to cause to be different, भिन्न बना देना, कुछ और बना देना।

**vascular** (वैस्´-क्यु-लॅ:) ***adj.*** of or having vessels or ducts, वाहिका-संबंधी।

**vase** (वेस्, वेज़्) ***n.*** a vessel used for holding cut flowers, पुष्पपात्र, फूलदान।

**vasectomy** (वॅ-सेंक्´-टॅ-मी) ***n.*** surgical removal of a duct through which semen passes from the testicles, नसबंदी।

**vaseline** (वैस्´-अॅ-लीन्) ***n.*** a petroleum substance used as an ointment, वैसलीन।

**vassal** (वैस्´-अॅल्) ***n.*** a humble servant, चाकर, टहलुआ।

**vassalage** (वैस्´-अॅ-लिज्) ***n.*** the state of being a vassal, चाकरी, टहलुआगीरी।

**vast** (वास्ट्, वैस्ट्) ***adj.*** 1. very great in size or extent, विशाल, विस्तृत। 2. very great in intensity or number, विपुल, प्रचुर।

**vat** (वैट्) ***n.*** a large vessel for holding water or other liquid, हौज़, कुंड, टंकी।

**vault**[1] (वा:ल्ट्) ***n.*** 1. an arched roof, मेहराबदार छत, गुंबद। 2. an underground room or storage, तहख़ाना। 3. a burial chamber, मुर्दा गाड़ने का स्थान, शवकोष्ठ।

**vault**[2] ***v.*** (vaulted, vaulting) to leap over, फलाँगना, फाँदना, छलाँग लगाना। ***n.*** an act of vaulting, फलाँग, कूद, छलाँग।

**vaulted** (वा:ल्´-टिड्) ***adj.*** built in the form of vault, गुंबदी; vaulted tomb गुंबदी मक़बरा।

**vaulter** (वा:ल्´-टॅ:) ***n.*** one who vaults, फलाँगनेवाला, कूदने या छलाँग लगानेवाला।

**veal** (वील्) ***n.*** 1. a calf, बछड़ा। 2. the flesh of a calf, बछड़े का मांस।

**vector** (वेंक्´-टॅ:) ***n.*** (math) a quantity that has both magnitude and direction, सदिश; vector needs सदिश आवश्यकताएँ।

**veer** (विअॅ:) ***v.*** 1. to change direction, दिशा बदल लेना। 2. to change course, रास्ता बदल लेना।

V

**veg** (वेंज्) ***n.*** a vegetable, सब्ज़ी, साग।

**vega** (वे´-गॅ) ***n.*** a first magnitude star in the constellation Lyra, उत्तरी नक्षत्र-पुंज का सर्वाधिक महत्त्वपूर्ण तारा।

**vegan** (वेंज्´-अॅन्) ***n.*** a strict vegetarian, पूर्ण शाकाहारी।

**vegetable** (वेंज्´-इ-टॅ-बॅल्, वेंज्´-टॅ-बॅल्) ***n.*** 1. a plant of which some part is edible, तरकारी, साग, सब्ज़ी। 2. an edible part of a plant, सब्ज़ी के रूप में प्रयुक्त वनस्पति। 3. a person leading a dull, monotonous life, जड़ व्यक्ति। ***adj.*** made from plants, वानस्पतिक; vegetable oil वनस्पति तेल।

**vegetarian** (वेंज्-इ-टेंअॅर्´-इ-अॅन्) ***n.*** a person

who eats no meat, शाकाहारी, निरामिष-भोजी। ***adj.*** (food) consisting of only vegetables, शाकाहारी।

**vegetate** (वेंज्´-इ-टेट्) ***v.*** to grow as plants, वनस्पतियों की तरह बढ़ना।

**vegetation** (वेंज्-इ-टे´-शॅन्) ***n.*** 1. the act or process of vegetating, वनस्पतियों का बढ़ने का क्रम, हरियाली। 2. plants collectively, पेड़-पौधे।

**vegetative** (वेंज्´-इ-टे-टिव्) ***adj.*** of vegetation or plants, पेड़-पौधों-संबंधी, वानस्पतिक।

**vehemence** (वे´-मॅन्स्, वी´-हि-मॅन्स्) ***n.*** 1. great force, प्रचंडता, प्रबलता। 2. violence, हिंसा। 3. intense feeling, उत्कट भावना।

**vehement** (वे´-मॅन्ट्, वी´-हि-मॅन्ट्) ***adj.*** 1. acting or moving with great force, प्रचंड, प्रबल। 2. intense, उत्कट, तीव्र, ज़ोरदार। 3. violent, आवेशपूर्ण, हिंसापूर्ण।

**vehemently** (-ली) ***adv.*** forcefully, प्रचंडतापूर्वक, उत्कटतापूर्वक, ज़ोरदार ढंग से।

**vehicle** (वी´-अॅ-कॅल्, वी´-हि-कॅल्) ***n.*** 1. any device on wheels for conveying or transporting, यान, वाहन, सवारी। 2. a means by which ideas are expressed, साधन, माध्यम।

**vehicular** (वी-हिक्´-यु-लॅः) ***adj.*** of or for vehicles, यान-संबंधी, वाहन-संबंधी।

V

**veil** (वेल्) ***n.*** 1. a piece of fine fabric as part of head-dress to conceal the face, घूँघट, नक़ाब, परदा। 2. a screen, आड़, आवरण। □ **take the veil,** ईसाई भिक्षुणी बन जाना। ***v.*** 1. to cover the face with a veil, घूँघट निकालना। 2. to conceal, छिपाना, ढकना।

**veiled** (वेल्ड्) ***adj.*** 1. wearing a veil, जो घूँघट में हो। 2. concealed, छिपा हुआ, प्रच्छन्न।

**veiling** (वेल्´-इंग्) ***n.*** 1. the act of covering with a veil, परदा या घूँघट करने की क्रिया या भाव। 2. a transparent fabric for veils, परदे का महीन कपड़ा। 3. a curtain, परदा।

**vein** (वेन्) ***n.*** 1. a blood vessel, रग, नस। 2. a streak or narrow strip, धारी। 3. a mood or manner, मनोदशा या ढंग।

**veiny** (वेन्´-ई) ***adj.*** 1. full of veins, नसों से भरा। 2. full of steaks, धारीदार।

**velar** (वी´-लॅः) ***adj.*** pronounced with the back of the tongue touching the soft plate, तालव्य।

**vellum** (वेंल्´-अॅम्) ***n.*** a fine kind of parchment, चर्मपत्र, जिल्दबंदी के काम आनेवाला बढ़िया चमड़ा।

**velocity** (वि-लॉस्´-इ-टी) ***n.*** speed, वेग।

**velvet** (वेंल्´-विट्) ***n.*** a rich fabric of silk, मख़मल। □ **all velvet,** लाभ ही लाभ।

**velveteen** (वेंल्´-वि-टीन्) ***n.*** cotton velvet, सूती मख़मल।

**velvety** (वेंल्´-वि-टी) ***adj.*** soft and smooth like velvet, मख़मल की तरह मुलायम, मख़मली।

**venal** (वीन्´-अॅल्, वी´-नॅल्) ***adj.*** that can be bribed or corrupted, भ्रष्ट, घूसख़ोर।

**venality** (वी-नैल्´-इ-टी) ***n.*** the state or quality of being venal, भ्रष्टता, घूसख़ोरी।

**vendetta** (वेंन्-डेंट्´-अॅ) ***n.*** 1. a feud, कुलवैर, प्रतिशोध, बदला। 2. offensive actions taken against someone, आक्रामक कार्रवाई।

**vending machine** ***n.*** a machine that automatically dispenses consumer goods, ऐसी मशीन जिसमें पैसा डालने पर वांछित सामान निकल आता है।

**vendor** (वेंन्´-डॅः) ***n.*** one who sells something, विक्रेता, बेचनेवाला।

**veneer** (वॅ-निअॅः´) ***n.*** 1. a thin layer of wood, plastic etc., that is bonded to wooden surface, काष्ठपरत, सज्जापरत। 2. a superficial appearance or show, दिखावा, आडंबर। ***v.*** to cover with a veneer, काष्ठपरत या सज्जापरत लगाना या मढ़ना।

**venerability** (वेंन्-अॅर्-अॅ-बिल्´-इ-टी) ***n.*** reverence, श्रद्धा, पूज्यभाव।

**venerable** (वेंन्´-अॅर्-अॅ-बॅल्) ***adj.*** worthy of reverence, श्रद्धास्पद, श्रद्धेय, पूज्य, पूजनीय।

**venerate** (वेंन्´-अॅ-रेट्) ***v.*** to hold in deep respect, श्रद्धा रखना, पूज्यभाव रखना।

**veneration** (वेंन्-अॅ-रे´-शॅन्) ***n.*** a feeling of

reverence, श्रद्धाभाव, पूज्यभाव, सम्मान।

**venereal** (वि-निअॅर्´-इ-अॅल्) ***adj.*** caused by sexual intercourse, रति या मैथुन से उत्पन्न, रतिज, मैथुनिक; venereal disease रतिज रोग, रतिजन्य रोग।

**Venetian** (वि-नी´-शॅन्, वॅ-नी´-शि-अॅन्) ***adj.*** of or pertaining to Venice, वीनस-संबंधी; Venetian door झिलमिल द्वार।

**vengeance** (वेंन्´-जॅन्स्) ***n.*** the act of or desire for taking revenge, बदला या बदले की भावना, प्रतिशोध; with a vengeance, प्रतिशोध की भावना से; उग्रतापूर्वक।

**vengeful** (वेंन्ज्´-फुल्) ***adj.*** 1. seeking to avenge, प्रतिशोधी। 2. serving to gain vengeance, प्रतिशोधपूर्ण।

**venial** (वी´-नी-अॅल्, वीन्´-यॅल्) ***adj.*** not serious, (पाप) जो गंभीर न हो, छोटा-मोटा।

**venison** (वेंन्´-इ-सॅन्) ***n.*** the edible flesh of a deer, हिरन का गोश्त, मृगमांस।

**venom** (वेंन्´-अॅम्) ***n.*** 1. poison secreted by a snake, सर्पविष, विष, ज़हर। 2. strong bitter feeling, वैमनस्य, वैर, विद्वेष, द्वेष।

**venomous** (वेंन्´-अॅ-मॅस्) ***adj.*** 1. poisonous, ज़हरीला, विषमय। 2. full of bitter feeling, वैमनस्यपूर्ण।

**venous** (वी´-नॅस्) ***adj.*** 1. of or related to a vein, शिरा-, नस का। 2. full of veins, नसों से भरा।

**vent** (वेंन्ट्) ***n.*** a small opening for the escape of a liquid, gas etc., छेद, सुराख़। ***v.*** to make a vent in, छेद करना। □ **give vent to,** गुस्सा निकालना, भड़ास निकालना।

**ventilate** (वेंन्´-टि-लेट्) ***v.*** 1. to cause air to enter and pass freely in a room, हवादार बनाना, हवा को अंदर कमरे में आने देना, संवातित करना। 2. to provide with ventilators, रोशनदान रखना। 3. to express (one's feelings, अपनी भावनाएँ) अभिव्यक्त करना, प्रकट करना।

**ventilation** (वेंन्-टि-ले´-शॅन्) ***n.*** the act of ventilating, संवातन।

**ventilator** (वेंन्´-टि-ले-टॅ:) ***n.*** an opening for ventilating a room, रोशनदान, वातायन।

**ventricle** (वेंन्´-ट्रि-कॅल्) ***n.*** a cavity in a bodily part or organ, छेद, छिद्र, निलय।

**venture** (वेंन्´-चॅ:) ***n.*** an undertaking that involves risk, जोखिम-भरा काम। ***v.*** to undertake the risk, जोखिम उठाना।

**venturesome** (वेंन्´-चॅ:-सॅम्) ***adj.*** daring, जोखिम उठानेवाला, जोखिमी। 2. involving great risk, जोखिम-भरा।

**venturous** (वेंन्´-चॅ-रॅस्) ***adj.*** venturesome, जोखिम-भरा।

**venue** (वेंन्´-ऊ, वेंन्´-यू) ***n.*** 1. a meeting place, मिलन-स्थल, सभा-स्थल, अधिवेशन-स्थल। 2. the scene of an action, घटना-स्थल, आयोजन-स्थल।

**Venus** (वी´-नॅस्) ***n.*** 1. a planet in the solar system, शुक्र ग्रह। 2. a goddess of love, प्रेम की देवी।

**veracious** (वि-रे´-शॅस्) ***adj.*** 1. truthful, सच्चा, सत्यभाषी। 2. true, सत्य, सही।

**veraciously** (-ली) ***adv.*** truthfully, truly, सत्यतापूर्वक, सच-सच।

**veracity** (वॅ-रैस्´-अॅ-टी) ***n.*** truth, सच्चाई।

**verandah, veranda** (वॅ-रैन्´-डॅ) ***n.*** a roofed open gallery, बरामदा।

**verb** (व:ब्) ***n.*** a class of words that serve to indicate action, क्रिया, क्रियापद।

**verbal** (व:´-बॅल्) ***adj.*** 1. of a verb, क्रियार्थक। 2. of or relating to words, शाब्दिक, भाषाई। 3. not written, spoken, अलिखित, मौखिक। ***n.*** = a verbal noun.

**verbal noun** ***n.*** a noun derived from a verb, क्रियार्थक संज्ञा।

**verbalize** (व:´-बॅ-लाइज़्) ***v.*** to describe into words, शब्दों में अभिव्यक्त करना।

**verbally** (व:´-बॅ-ली) ***adv.*** orally, मौखिक रूप से, ज़बानी।

**verbatim** (वॅ:-बे´-टिम्) ***adv.*** in the same words, उन्हीं शब्दों में, अक्षरशः, शब्दशः।

**verbiage** (व:-बी´-इज्) ***n.*** excessive use of words, शब्दबहुलता, शब्दाडंबर, शब्दजाल।

**verbose** (वॅ:-बोस्´) ***adj.*** containing much more words than are needed, शब्दाडंबर-पूर्ण, शब्दबहुल।

V

**verbosity** (वॅ:-बॉस्´-इ-टी) *n.* the state or quality of being verbose, शब्दाडंबर, शब्दबहुलता।

**verdancy** (व:ड्´-ॲन्-सी) *n.* the quality or state of being verdant, हरापन।

**verdant** (व:´-डॅन्ट्) *adj.* green, हरा।

**verdict** (व:´-डिक्ट्) *n.* 1. the findings of a jury, अधिमत (अधिकार+मत)। 2. any decision, निर्णय।

**verdigris** (व:´-डि-ग्रिस्/ग्रीस्) *n.* a greenish blue rust on copper, पीतल, ताँबे आदि पर लगनेवाला हरे रंग का ज़ंग।

**verdure** (व:´-जॅ:) *n.* green vegetation, हरे-भरे पेड़-पौधे, हरियाली।

**verge** (व:ज्) *n.* 1. an edge or brink, किनारा, छोर। 2. something that borders, limits or bounds, कगार, सीमा; The country is on the verge of ruin. देश विनाश के कगार पर खड़ा है। *v.* (verged, verging) 1. to be on the verge, किनारे पर स्थित होना। 2. to move toward some condition, किसी स्थिति की ओर बढ़ना। 3. to be near, समीप होना, कगार पर होना।

**verger** (व:´-जॅ:) *n.* an attendant who carries a mace, भालाबरदार सेवक।

**verifiable** (वेंर्´-इ-फ़ाइ-ॲ-बॅल्) *adj.* that can be verified, सत्यापनीय।

**verification** (वेंर्-इ-फ़ि-के´-शॅन्) *n.* 1. the act of verifying, सत्यापन। 2. the state of being verified, सत्यापन।

**verifier** (वेंर्´-इ-फ़ाइ-ॲ:) *n.* one who verifies, सत्यापनकर्ता, सत्यापक।

**verify** (वेंर्´-इ-फ़ाइ) *v.* (verified, verifying) 1. to establish the truth of, सत्यापित करना। 2. to ascertain the correctness or truth of, सत्यापित करना, सत्यापन करना।

**verily** (वेंर्´-इ-ली) *adv.* truly, सचमुच, वस्तुत:।

**veritable** (वेंर्´-इ-टॅ-बॅल्) *adj.* 1. true, सत्य, सच्चा। 2. actual, वास्तविक, सही।

**verity** (वेंर्´-इ-टी) *n.* the state of being true or real, सत्यता; वास्तविकता।

**vermicelli** (व:-मि-सेंल्´-ई) *n.* a kind of spaghetti, एक तरह की सेवईं।

**vermicide** (व:´-मि-साइड्) *n.* an agent that destroys worms, कीटनाशक पदार्थ।

**vermiform** (व:´-मि-फ़ॉ:म्) *adj.* wormlike in shape, कीड़े के आकार का।

**vermilion** (वॅ:-मिल्´-यॅन्) *n.* a bright red pigment, सिंदूर। *adj.* bright red, सिंदूरी।

**vermin** (व:´-मिन्) *n.* 1. (plu.) small harmful and disgusting insects or animals, परेशान तथा नुक़सान करनेवाले छोटे-मोटे जीव-जंतु (जैसे चूहे, तिलचट्टे, जूँ आदि)। 2. a noxious or offensive person, दुष्ट व्यक्ति, गुंडा।

**verminous** (व:´-मि-नॅस्) *adj.* 1. infested with vermin, छोटे-मोटे जीव-जंतुओं से ग्रस्त, जिसमें कीड़े पड़े हों। 2. filthy, गंदा। 3. caused by vermin, कीड़े-मकोड़ों के कारण होनेवाला।

**vermouth** (वॅ:-मूथ्´) *n.* a white wine flavoured with herbs, एक तरह की श्वेत मदिरा।

**vernacular** (वॅ:-नैक्´-यु-लॅ:) *n.* 1. the dialect of a particular region, स्थानिक भाषा, जनभाषा, देसी बोली। 2. everyday speech, रोज़मर्रा की ज़बान, बोलचाल की भाषा।

**vernacularism** (वॅ:-नैक्´-यु-लॅ-रिज़्-ॲम्) *n.* a word or usage of local dialect, देसी शब्द या प्रयोग।

**vernal** (व:´-नॅल्) *adj.* of or occurring in spring, वसंत ऋतु में होनेवाला, वासंतिक।

**veronica** (वि-रॉन्´-इ-कॅ) *n.* a plant with blue flowers, एक पौधा जिसमें नीले रंग के फूल लगते हैं।

**versatility** (व:-सॅ-टिल्´-इ-टी) *n.* the state or quality of being versatile, बहुमुखी प्रतिभा, बहुविज्ञता।

**versatile** (व:´-सॅ-टाइल्, व:´-सॅट-इल्) *adj.* 1. able to do many different things well, बहुमुखी; versatile genius, बहुमुखी प्रतिभावाला। 2. variable, विविधतापूर्ण। 3. adapted for many different uses, बहुत से कामों में आनेवाला।

**verse** (व:स्) *n.* 1. a line of metrical writing, पद्य का चरण। 2. poetry, पद्य, कविता। 3. a group of lines forming a unit in a poem, पद, छंद।

**versed** (व:स्ड्) ***adj.*** skilled, कुशल। ☐ **versed in,** (i) thoroughly skilled, निष्णात, प्रवीण, (ii) having the knowledge of, का जानकार।

**versification** (व:-सि-फ़ि-के´-शॅन्) ***n.*** 1. the act of versifying, पद्य रचना। 2. the metrical composition of a prose text, पद्यीकरण।

**versify** (व:´-सि-फ़ाइ) ***v.*** (versified, versifying) to turn into verse, पद्यबद्ध करना।

**version** (व:´-ज़्हॅन्) ***n.*** 1. translation from another language, अनुवाद, भाषांतर। 2. an account of a matter from a particular point of view, विशिष्ट पाठ, वृत्तांत या संस्करण। 3. a variant form of a thing, अन्य या विविध रूप।

**verso** (व:´-सो) ***n.***1. the back side of the printed sheet, छपे ताव की पिछली तरफ़। 2. the left hand page of open book, खुली पुस्तक की बाईं ओर का पृष्ठ, बायाँ पन्ना।

**versus** (व:´-सॅस्) ***prep.*** against, बनाम, के विरुद्ध, और…के बीच; India versus Pakistan, भारत बनाम पाकिस्तान, भारत और पाकिस्तान के बीच।

**vertebra** (व:´-टि-ब्रॅ) ***n.*** (plu. vertebrae, vertebras) one of the bony segments that form the backbone, रीढ़ की हड्डी की गुर्री, कशेरूका।

**vertebral** (व:´-टि-ब्रॅल्) ***adj.*** of or relating to vertebra, कशेरुका-संबंधी; vertebral column, रीढ़ की हड्डी, मेरुदंड।

**vertical** (व:´-टि-कॅल्) ***adj.*** 1. upright, ऊर्ध्वाधर, सीधा, खड़ा, उर्ध्व। 2. extending in a perpendicular direction, लंबमान, लंबवत्। ***n.*** a vertical line or post, खड़ी रेखा, सीधा खंभा।

**vertically** (व:´-टि-कॅ-ली) ***adv.*** in a vertical manner, खड़े बल में।

**vertiginous** (व:-टिज्´-इ-नॅस्) ***adj.*** causing dizziness, चक्कर लानेवाला।

**vertigo** (व:´-टि-गो) ***n.*** a sensation of dizziness, चक्कर आना, चक्कर।

**verve** (व:व्) ***n.*** 1. enthusiasm, vigour, उत्साह, जोश। 2. liveliness, जीवंतता।

**very** (वेंर्´-ई) ***adv.*** 1. extremely, बहुत, अत्यधिक; very much, बहुत अधिक। 2. in the fullest sense, बिल्कुल, पूर्णतया; very good, बहुत अच्छा; very well, बहुत ठीक। ***adj.*** 1. same, ठीक वही, ठीक उसी; that very moment, ठीक उसी क्षण। 2. extreme, अति, अत्यधिक, बहुत। ☐ **very well,** बिल्कुल ठीक।

**vesicle** (वेंस्´-इ-कॅल्) ***n.*** a blister, छाला।

**vesper** (वेंस्´-पॅ:) ***adj.*** of the evening, सांध्यकालीन, सांध्य।

**vespers** (वेंस्´-पॅ:ज्) ***n.*** an evening worship, सांध्य पूजा।

**vessel** (वेंस्´-अॅल्) ***n.*** 1. a hollow or concave utensil, बर्तन, पात्र। 2. a (hollow type) boat or ship, नाव या जलयान।

**vest** (वेंस्ट्) ***n.*** 1. a short tight-fitting waist-length garment worn under a shirt by men, बनियान, गंजी। 2. a waistcoat, बंडी, फतूही, वास्कट। ***v.*** 1. to place (power or authority) in the control of a person or group, व्यक्ति या समूह को (अधिकार या प्राधिकार से) निहित या युक्त करना, अधियुक्त करना। 2. to bestow, प्रदान करना। 3. to put on clothes, वस्त्र पहनना।

**vestal** (वेंस्ट्´-अॅल्) ***n.*** a chaste woman, सती सावित्री। ***adj.*** chaste, पवित्र, शुद्ध।

**vested** (वेंस्´-टिड्) ***adj.*** bestowed with a right, निहित; vested interest, निहित स्वार्थ।

**vestibule** (वेंस्´-टि-ब्यूल्) ***n.*** a small entrance hall or lobby, बड़ी ड्योढ़ी, हॉल।

**vestige** (वेंस्´-टिज्) ***n.*** a mark or sign of something which has disappeared, अवशेष।

**vestment** (वेंस्ट्´-मॅन्ट्) ***n.*** an official robe, रस्मी कपड़े, औपचारिक परिधान।

**vestry** (वेंस्´-ट्री) ***n.*** a room in a church where vestments are kept, गिरजे का वस्त्रागार।

**vet¹** (वेंट्) ***n.*** a veterinarian, पशु-चिकित्सक।

**vet²** ***n.*** a veteran, अनुभवी व्यक्ति।

V

**vet³** *v.* (vetted, vetting) 1. to examine carefully, सावधानी से निरीक्षण करना, परीक्षण करना। 2. to treat an animal medically, पशु की चिकित्सा करना, जाँच-पड़ताल करना। 3. to correct or revise, संशोधन करना।

**veteran** (वेट्´-अॅ-रॅन्) *n.* 1. a person of long experience in some service or position, पुराना आदमी, अनुभवी व्यक्ति, जानकार। 2. a person who has served in the armed forces, पुराना सैनिक, निवृत्त सैनिक। 3. an old national player, (राष्ट्रीय टीम का) पुराना खिलाड़ी। *adj.* experienced, अनुभवी।

**veterinarian** (वेंट्-अॅर्-इ-नेंअॅर्´-इ-अॅन्) *n.* a veterinary physician or surgeon, पशु-चिकित्सक।

**veterinary** (वेंट्´-अॅर्-इ-नें-री, वेंट्-अॅर्-इ-नेंर्´-ई) *adj.* of or relating to the medical and surgical treatment of animals, पशु-चिकित्सा-विज्ञान-संबंधी; veterinary doctor, डंगर डॉक्टर, पशु-चिकित्सक।

**veterinary science** *n.* the branch of medicine concerned with treatment of injuries and diseases that affect animals, पशु-चिकित्सा-विज्ञान।

**veto** (वी´-टो) *n.* the right to reject something proposed by others, निषेधाधिकार, वीटो। *v.* to reject authoritatively, निषेध करना।

V

**vex** (वेंक्स्) *v.* (vexed, vexing) to annoy, to irritate, तंग करना, परेशान करना, खिजाना।

**vexation** (वेंक्-से´-शॅन्) *n.* the act of annoying or the state of being annoyed, खीज, परेशानी।

**vexed** (वेंक्स्ड्) *adj.* annoyed, तंग, परेशान, खीजा हुआ।

**vexedly** (वेंक्´-सिड्-ली) *adv.* in a vexed manner, तंग आकर, परेशान होकर, चिढ़कर।

**via** (वाइ´-अॅ) *prep.* 1. by way of, के रास्ते, के मार्ग से। 2. through, के द्वारा।

**viability** (वाइ-अॅ-बिल्´-इ-टी) *n.* the quality or state of being viable, जीवनक्षमता; व्यवहार्यता।

**viable** (वाइ´-अॅ-बॅल्) *adj.* 1. able to live, जीवनक्षम। 2. practicable, व्यवहार्य।

**viaduct** (वाइ´-अॅ-डक्ट्) *n.* a bridge consisting of concrete or masonry spans to carry a road or railway across a valley etc., घाटी पर बना पुल, सेतु।

**vial** (वाइ´-अॅल्) *n.* a small bottle for liquid medicine, शीशी, बोतल।

**via media** *n.* a middle way, मध्यमार्ग, समझौते का मार्ग।

**viand** (वाइ´-अॅन्ड्) *n.* 1. an article of food, खाद्यपदार्थ, व्यंजन। 2. (plu.) provisions, रसद खाद्य-सामग्री।

**viatic** (वाइ-ऐट्´-इक्) *adj.* of journey, यात्रा-संबंधी।

**viaticum** (वाइ-ऐट्´-इ-कॅम्) *n.* money or supplies for any journey, राहख़र्च या पाथेय।

**vibes** (वाइब्ज़्) *n.* (plu.) qualities in a person that produce emotional response, व्यक्ति में भावुकतापूर्ण प्रतिक्रिया उत्पन्न करने-वाले गुण, भावगुण।

**vibrant** (वाइ´-ब्रॅन्ट्) *adj.* 1. vibrating, कंपायमान। 2. resonant, गूँजता हुआ, अनुनादी। 3. energetic, जीवंत, सक्रिय।

**vibrate** (वाइ´-ब्रेट्) *v.* 1. to swing back and forth, डोलना, झूमना, कंपित होना, स्पंदित होना। 2. to resound, गूँजना। 3. to cause to vibrate, कंपित करना, कँपाना।

**vibration** (वाइ-ब्रे´-शॅन्) *n.* 1. vibrating motion, कंपन, स्पंदन। 2. quiver, thrill, कँपकँपी।

**vibrational** (वाइ-ब्रे´-शॅ-नॅल्) *adj.* of vibration, कंपन-संबंधी।

**vibrato** (वि-ब्रा´-टो) *n.* a vibrating effect in music, प्रकंपन।

**vibrator** (वाइ´-ब्रे-टॅ:) *n.* a device that causes vibration, कंपित्र।

**vibratory** (वाइ´-ब्रॅ-टॅ-री) *adj.* causing vibration, कंपनकारी।

**vicar** (विक्´-अॅ:) *n.* a clergyman, पादरी।

**vicarage** (विक्´-अॅ-रिज्) *n.* the residence of a vicar, पादरी-निवास।

**vicarious** (वे-केंअॅर्´-इ-अॅस्, वाइ-केंअॅर्´-इ-अॅस्) *adj.* 1. undergone or done as the substitute for another, प्रतिस्थानिक, परार्थकृत। 2. delegated, प्रत्यायोजित।

**vice** (वाइस) *n.* 1. a moral failing, दुर्गुण, दोष, व्यसन। 2. an immoral act, पापाचार, दुराचार। *prep.* in the place of, के स्थान पर। *prefix.* deputy, subordinate, उप; vice president, उपप्रधान; vice principal, उपाचार्य।

**vice chancellor** (वाइस्-चॉन्´-सॅ-लॅः) *n.* an official next in rank below chancellor, कुलपति; pro vice chancellor, प्रतिकुलपति।

**viceroy** (वाइस्´-रॉइ) *n.* a person ruling a country as the deputy of a sovereign, वाइसराय।

**vice versa** (वाइ´-सि-वः-सॅ) *adv.* the other way around, विपरीत क्रम से, इससे उलटे।

**vicinity** (वि-सिन्´-इ-टी) *n.* 1. nearness, समीपता, निकटता। 2. a surrounding region, पड़ोस, प्रतिवेश; in the vicinity of, के पास ही।

**vicious** (विश्´-अॅस्) *adj.* 1. depraved, immoral, mean, पतित, नीच, बुरा। 2. wicked, दुष्ट। 3. having bad habits, दूषित, घृणित।

**vicious circle** *n.* a situation in which one problem gives rise to another, दुश्चक्र।

**vicissitude** (वि-सिस्´-इ-ट्यूड्) *n.* (usu. plu.) ups and downs of fortune, भाग्य के फेर, जीवन के उतार-चढ़ाव।

**victim** (विक्´-टिम्) *n.* 1. a living being offered as a sacrifice to a deity, बलि। 2. one who is harmed or injured by another or by accident or disease, पीड़ित, उत्पीड़ित; flood victims, बाढ़-पीड़ित। 3. one who is tricked or swindled, शिकार; She fell victim to her own desires. वह अपनी ही इच्छाओं का शिकार बनी।

**victimization** (विक्-टि-माइ-ज़े´-शॅन्) *n.* the act of victimizing or the state of being victimized, उत्पीड़न।

**victimize** (विक्´-टि-माइज़्) *v.* to make a victim of, उत्पीड़ित करना, सताना।

**victor** (विक्´-टॅः) *n.* the winner in a battle, विजेता, विजयी।

**Victorian** (विक्-टोर्´-इ-अॅन्) *adj.* of or belonging to the period or the reign of Queen Victoria of Great Britain, विक्टोरियाकालीन। *n.* a person of the Victorian period, विक्टोरिया युग का व्यक्ति।

**victorious** (विक्-टोर्´-इ-अॅस्) *adj.* having won a victory, विजयी।

**victory** (विक्´-टॅ-री) *n.* success in a battle or game, विजय, जीत, विजयश्री।

**victuals** (विट्´-अॅल्ज़्) *n.* (plu.) provisions, रसद, खाद्य-सामग्री। (लैटिन)

**vide** (वाइड्, वाई´-डि) *v.* refer to, देखिए।

**video** (विड्´-इ-ओ) *n.* 1. television, टेलीविज़न, दूरदर्शन। 2. television picture, दूरदर्शन में का चित्र। 3. a video cassette recorder, वीडियो। *adj.* of television, टेलीविज़न-संबंधी, दूरदर्शन-संबंधी।

**video cassette** (विड्´-इ-ओ-कॅ-सॅट्´) *n.* a cartridge containing videotape, वीडियो कैसेट।

**videotape** (विड्´-इ-ओ-टेप्) *n.* a tape for recording television pictures and sound, वीडियो टेप।

**vie** (वाइ) *v.* (vied, vying) to compete, स्पर्धा करना।

**view** (व्यू) *n.* 1. seeing or looking, अवलोकन, दर्शन। 2. sight or scene, दृश्य। 3. critical contemplation, विचार, दृष्टि। 4. an opinion, राय, मत। 5. an aim, उद्‌देश्य। □ **in view of,** की दृष्टि से; **on view,** प्रदर्शित; **point of view,** दृष्टिकोण; **with a view to,** के विचार से। *v.* 1. to see, देखना। 2. to inspect or survey, निरीक्षण या सर्वेक्षण करना। 3. to watch television, दूरदर्शन देखना। 4. to regard or consider, महत्त्व देना या मानना।

**viewer** (व्यू´-अॅः) *n.* 1. one who views, दर्शक। 2. one who watches a television programme, दूरदर्शन के कार्यक्रम देखनेवाला।

**viewfinder** (व्यू´-फ़ाइन्-डॅः) *n.* a device on a camera to see the area to be photographed, दृश्यदर्शी।

**viewpoint** (व्यू´-प्वाइन्ट्) *n.* a point of view,

V

दृष्टिकोण।

**vigil** (विज्´-इल्) *n.* 1. a purposeful watch, निगरानी, चौकसी। 2. the period of such a watch, चौकसी, पहरा। 3. the eve of a festival, किसी त्योहार की पूर्वसंध्या।

**vigilance** (विज्´-इ-लॅन्स्) *n.* watchfulness, सतर्कता, चौकसी; vigilance committee, सतर्कता समिति।

**vigilant** (विज्´-इ-लॅन्ट्) *adj.* watchful, alert, सचेत, चौकस, सावधान।

**vigilante** (विज्-इ-लैन्´-टी) *n.* a member of a vigilance committee, सतर्कता समिति का सदस्य।

**vignette** (वी-न्यट्´, विन्-येंट्´) *n.* 1. an ornamental design of vine leaves, अंगूर की लता का आलंकारिक रेखाचित्र, बड़े अक्षर के चारो ओर बने बेलबूटे, गुलकारी। 2. a short literary composition, छोटा साहित्यिक निबंध, लघु निबंध।

**vigorous** (विग्´-अॅ-रॅस्) *adj.* 1. full of vigour, ओजपूर्ण, ओजस्वी। 2. powerful, ज़ोरदार, प्रबल।

**vigorously** (विग्´-अॅ-रॅस्-ली) *adv.* in a vigorous manner, ज़ोरदार ढंग से।

**vigour** (विग्´-अॅ:) *n.* 1. physical or mental energy, ओज, बल। 2. enthusiasm, जोश, उमंग। 3. effectiveness, प्रबलता, ज़ोर।

V

**viking** (वाइ´-किंग्) *n.* a Scandinavian pirate of the 8th-11th centuries, ८वीं से ११वीं शती का स्केनडिनेविया का जलदस्यु।

**vile** (वाइल्) *adj.* (viler, vilest) 1. morally low, कमीना, नीच। 2. despicable, hateful, घृणित। 3. miserably poor, कंगाल, दरिद्र। 4. bad, बुरा; vile language, गाली-गलौज। 5. worthless, बेकार, निरर्थक।

**vilely** (वाइल्´-ली) *adv.* in a vile manner, नीचतापूर्वक, घृणापूर्वक, बुरी तरह।

**vilification** (विल्-इ-फ़ि-के´-शॅन्) *n.* 1. the act of vilifying, गाली-गलौज करना। 2. abusive language, गाली-गलौज।

**vilify** (विल्´-इ-फ़ाइ) *v.* (vilified, vilifying) 1. to speak evil of, अपशब्द कहना, गाली-गलौज करना। 2. to defame, बदनाम करना।

**villa** (विल्´-अॅ) *n.* a large house, विशाल भवन, हवेली।

**village** (विल्´-इज्) *n.* 1. a group of houses in the country, गाँव, ग्राम; village deity, ग्राम-देवता। 2. the residents of such a community, गाँववासी, गाँव के लोग।

**villager** (विल्´-अॅ-जॅ:) *n.* an inhabitant of a village, गाँव का रहनेवाला, ग्रामीण, देहाती।

**villain** (विल्´-अॅन्) *n.* 1. a wicked person or wrongdoer, दुष्ट व्यक्ति, खल। 2. a wicked character in a play or story, खलनायक।

**villainous** (विल्´-अॅ-नॅस्) *adj.* 1. wicked, दुष्ट, खल। 2. bad, बुरा।

**villainously** (विल्´-अॅ-नॅस्-ली) *adv.* in a villainous manner, दुष्टतापूर्वक।

**villainy** (विल्´-अॅन्-ई) *n.* 1. an evil deed, दुष्कर्म। 2. wickedness, दुष्टतापूर्ण आचरण।

**villein** (विल्´-अॅन्) *n.* a feudal farm labourer, कृषिदास।

**vim** (विम्) *n.* energy, ऊर्जा, शक्ति।

**vinaigrette** (विन्-अॅ-ग्रेंट्´) *n.* a small decorative bottle with perforated top for keeping salt, नमकदानी।

**vincible** (विन्´-सि-बॅल्) *adj.* that can be overcome, जिसे परास्त किया जा सके।

**vindicate** (विन्´-डि-केट्) *v.* 1. to clear of suspicion, संदेहमुक्त करना। 2. to clear of blame, दोषमुक्त करना। 3. to prove to be valid, वैध ठहराना।

**vindication** (विन्-डि-के´-शॅन्) *n.* the act of vindicating, संदेह या दोष से मुक्त करने की क्रिया, दोषमोचन।

**vindictive** (विन्-डिक्´-टिव्) *adj.* having or showing a desire for revenge, बदले की भावनावाला, प्रतिशोधी।

**vindictively** (विन्-डिक्´-टिव्-ली) *adv.* in a vindictive manner, बदले की भावना से।

**vindictiveness** (विन्-डिक्´-टिव्-निस्) *n.* vengeance, बदले की भावना, प्रतिशोध की भावना।

**vine** (वाइन्) *n.* 1. a plant with a long thin stem that grows along the ground or climbs a tree, wall etc., लता, बेल। 2. a grapevine, अंगूर की लता।

**vinegar** (विन्´-इ-गॅ:) ***n.*** a kind of sour-liquid, सिरका।

**vinegary** (विन्´-इ-गॅ-री) ***adj.*** like vinegar, सिरके जैसा।

**vineyard** (विन्-यॅ:ड्) ***n.*** a plantation of grapevines, अंगूर बगान।

**viniculture** (वी´-नि-कल्-चॅ:) ***n.*** 1. cultivation of grapevines, अंगूर की खेती। 2. production of grapes, अंगूरोत्पादन।

**vinous** (वेन्´-अॅस्) ***adj.*** 1. of wine, शराब-संबंधी। 2. addicted, मद्यप, शराबी।

**vintage** (विन्´-टिज्) ***n.*** 1. the wine obtained from the harvest of grapes, अंगूर की फ़सल की शराब। 2. the gathering of grapes for wine, शराब बनाने के लिए किया जानेवाला अंगूरों का एकत्रीकरण। 3. wine made from a particular season's grapes, किसी विशिष्ट ऋतु के अंगूरों की शराब। 4. a type or model, प्रकार, किस्म, मॉडल। ***adj.*** of high quality, ऊँची किस्म का, बढ़िया।

**vintner** (विन्ट्´-नॅ:) ***n.*** one who sells wine, मदिरा-विक्रेता।

**viny** (विन्´-ई) ***adj.*** abounding in vines, अंगूरों की लताओं से भरपूर।

**vinyl** (वाइ´-निल्, वी´-निल्) ***n.*** a kind of plastic, एक तरह का प्लास्टिक, वीनिल।

**viol** (वाइ´-अॅल्, वी´-अॅल्) ***n.*** an old type of a violin, एक तरह की वायलिन।

**violable** (वाइ´-अॅ-लॅ-बॅल्) ***adj.*** that can be violated, उल्लंघनीय, अतिक्रमणीय।

**violate** (वाइ´-अॅ-लेट्) ***v.*** 1. to break (a law, कानून का) उल्लंघन करना, अतिक्रमण करना। 2. to rape, बलात्कार करना। 3. to treat disrespectfully, अनादर करना।

**violation** (वाइ-अॅ-ले´-शॅन्) ***n.*** the act of violating or the state of being violated, उल्लंघन, अतिक्रमण।

**violative** (वाइ´-अॅ-ले-टिव्) ***adj.*** that violates, उल्लंघनकारी, अतिक्रमणकारी।

**violence** (वाइ´-अॅ-लॅन्स्) ***n.*** 1. the use of physical force, ज़ोर-ज़बरदस्ती। 2. the use of physical force so as to injure or damage, हिंसा। 3. great force or intensity, प्रचंडता, प्रबलता, उग्रता। 4. distortion of meaning, अर्थ की तोड़-मरोड़। □ **do violence to,** के विरुद्ध आचरण करना।

**violent** (वाइ´-अॅ-लॅन्ट्) ***adj.*** 1. caused by violence, हिंसात्मक। 2. furious, उग्र, प्रचंड।

**violently** (वाइ´-अॅ-लॅन्ट्-ली) ***adv.*** in a violent manner, हिंसापूर्वक; उग्रतापूर्वक।

**violet** (वाइ´-अॅ-लिट्) ***n.*** a bluish-purple colour, बैंगनी रंग। ***adj.*** of a violet colour, बैंगनी।

**violin** (वाइ-अॅ-लिन्´) ***n.*** a stringed instrument played with a bow, वायलिन, बेला।

**violinist** (वाइ-अॅ-लिन्´-इस्ट्) ***n.*** one who plays a violin, वायलिनवादक, बेलावादक।

**viper** (वाइ´-पॅ:) ***n.*** 1. a poisonous snake, जहरीला साँप। 2. a malicious or treacherous person, धोखेबाज़ व्यक्ति।

**virago** (वि-रा´-गो) ***n.*** a quarrelsome woman, झगड़ालू स्त्री, कर्कशा।

**virgin** (व:´-जिन्) ***n.*** 1. a young girl or woman who has not had sexual intercourse, कुमारी कन्या, अक्षतयोनि। 2. the mother of Christ, मरियम, मेरी। ***adj.*** 1. being a virgin, कुमारी, कुँआरी, अक्षता। 2. chaste or pure, पवित्र, विशुद्ध। 3. unused or untouched, अप्रयुक्त, अछूता। 4. being the first, प्रथम, पहला; a virgin voyage, प्रथम समुद्री यात्रा।

**virginal** (व:´-जि-नॅल्) ***adj.*** 1. chaste, पवित्र। 2. pure, विशुद्ध। 3. untouched, अछूता।

**virginity** (वॅ:-जिन्´-इ-टी) ***n.*** 1. the quality or state of being virgin, कुआँरापन, कौमार्य। 2. chastity, पवित्रता। 3. purity, विशुद्धता। 4. the state of being untouched, अछूतापन।

**Virgo** (व:´-गो) ***n.*** the sixth sign of the Zodiac, कन्या राशि।

**virile** (वि´-राइल्) ***adj.*** 1. manly, पुरुषोचित, पौरुषेय। 2. capable of procreation, वीर्यवान, जननक्षम।

**virility** (वॅ-रिल्´-इ-टी) ***n.*** virile power,

पौरुष, पुंसत्त्व।

**virologist** (वि-रॉल्´-ॲ-जिस्ट्) ***n.*** an expert in virology, विषाणु-विज्ञानी।

**virology** (वि-रॉल्´-ॲ-जी) ***n.*** the scientific study of viruses, विषाणु-विज्ञान।

**virtual** (व:´-चु-ॲल्) ***adj.*** real (in fact though not in name), वास्तविक, यथार्थ।

**virtually** (व:´-चू-ॲ-ली) ***adv.*** in reality, वास्तव में, वस्तुत:।

**virtue** (व:´-चू) ***n.*** 1. a good quality, goodness, सद्‌गुण। 2. chastity of a woman, पवित्रता, सतीत्व। □ **by virtue of,** के कारण से, के आधार पर।

**virtuosity** (व:-चू-ऑस्´-इ-टी) ***n.*** the quality of being virtuoso, कलाविज्ञता।

**virtuoso** (व:-चू-ओ´-सो) ***n.*** (plu. virtuosi, virtuosos) a person with exceptional ability or skill, कलाविज्ञ। ***adj.*** showing great skill, कलात्मक।

**virtuous** (व:´-चु-ॲस्) ***adj.*** morally good, सद्‌गुणी, सदाचारी, सच्चरित्र, नेक।

**virtuousness** (व:´-चु-ॲस्-निस्) ***n.*** the quality of being virtuous, सदाचार, सच्चरित्रता, नेकी।

**virulence** (विर्´-उ-लॅन्स्) ***n.*** the quality or state of being virulent, विषाक्तता; भयंकरता; प्रतिकूलता; कड़वापन; उग्रता।

V

**virulent** (विर्´-उ-लॅन्ट्) ***adj.*** 1. poisonous, ज़हरीला, विषाक्त। 2. deadly, भयंकर, घातक, संघातिक। 3. hostile, प्रतिकूल, विरोधी। 4. bitter, कड़वा। 5. violent, उग्र, प्रचंड।

**virus** (वाइरस्) ***n.*** an organism smaller than bacteria but capable of causing disease, रोगजनक सूक्ष्म विषाक्त जीवाणु, वाइरस, विषाणु।

**visa** (वी´-ज़ॅ) ***n.*** an endorsement in a passport by officials of a foreign country permitting the bearer to enter their country, प्रवेशानुमति, पारपत्र, वीज़ा।

**visage** (विज़्´-इज्) ***n.*** 1. appearance, शक्ल, सूरत। 2. facial expression, चेहरे का भाव।

**vis-a-vis** (वीज़्-ॲ-वी´, वी-ज़ॅ-वी´) ***adv.*** face to face, आमने-सामने, के सामने। ***prep.*** in relation to, के संबंध में, की तुलना में। ***n.*** one opposite to another, आमना-सामना।

**viscera** (विस्´-ॲ-रॅ) ***n.*** (plu.) 1. the internal organs of the body, शरीर के भीतरी अंग (जैसे हृदय, गुर्दे, फेफड़े आदि), आंतरांग (आंतर + अंग)। 2. intestines, आँतें।

**visceral** (विस्´-ॲ-रॅल्) ***adj.*** of or pertaining to viscera, आंतरांगी।

**viscid** (विस्´-इड्) ***adj.*** gluey, चिपचिपा।

**viscidity** (वि-सिड्´-इ-टी) ***n.*** the state or quality of being viscid, चिपचिपापन।

**viscosity** (विस्-कॉस्´-इ-टी) ***n.*** the state or quality of being viscous, चिपचिपापन।

**viscount** (वाइ´-काउन्ट्) ***n.*** a nobleman ranking below an earl and above a baron, ब्रिटिश सामंत, विस्काउन्ट।

**viscous** (विस्´-कॅस्) ***adj.*** gluey, चिपचिपा।

**viscousness** (विस्´-कॅस्-निस्) ***n.*** the state or quality of being viscous, चिपचिपापन।

**vise** (वाइस्) ***n.*** a carpenter's instrument that grips a thing securely, बढ़ई का शिकंजा।

**visibility** (विज़्-ॲ-बिल्´-इ-टी) ***n.*** the quality or state of being visible, दृश्यता।

**visible** (विज़्´-ॲ-बॅल्) ***adj.*** 1. that can be seen, दृश्य, दृष्टिगोचर। 2. evident or manifest, प्रकट, प्रत्यक्ष; visible capacity, प्रकट क्षमता। 3. available, सुलभ।

**visibly** (विज़्´-ॲ-ब्ली) ***adv.*** clearly, स्पष्ट रूप से, स्पष्टत:।

**vision** (विज़्ह्´-ॲन्) ***n.*** 1. the power or faculty of seeing, दृष्टि। 2. the ability of great perception, imaginative insight, अंतर्दृष्टि, दिव्यदृष्टि, दूरदर्शिता। 3. a mental image, मानसिक प्रतिबिंब या आकृति, मनोरूप। 4. something seen in a dream or trance, स्वप्न-चित्र। 5. a person or thing of unusual beauty, अति सुंदर व्यक्ति या वस्तु, दिव्य दर्शन।

**visionary** (विज़्ह्´-ॲ-नॅ-री) ***adj.*** 1. of the nature of a fantasy or dream, काल्पनिक, अवास्तविक। 2. not practicable, अव्यवहार्य, अव्यावहारिक। 3. given to impractical ideas, स्वप्नदर्शी। ***n.*** a person with visionary ideas, a visionary person, स्वप्नद्रष्टा, अंतर्द्रष्टा।

**visit** (विज़्´-इट्) *v.* 1. to go or come to meet or see, मिलने के लिए जाना या आना, देखने के लिए जाना या आना। 2. to stay with (someone, किसी के पास) ठहरना या रुकना। 3. to go or come to in a business or professional capacity, भेंट करना। 4. to inflict punishment, दंड देना, दंडित करना। *n.* 1. the act of seeing, अवलोकन। 2. the act of calling upon, meeting, भेंट, मुलाक़ात। 3. inspection, निरीक्षण।

**visitant** (विज़्´-इ-टॅन्ट्) *n.* a visitor, आगंतुक, मुलाक़ाती, भेंटकर्ता।

**visitation** (विज़्-इ-टे´-शॅन्) *n.* 1. the act of visiting, मुलाक़ात करना। 2. an official visit, आधिकारिक निरीक्षण। 3. any affliction, विपदा, विपत्ति।

**visiting** (विज़्´-इ-टिंग्) *adj.* of or pertaining to a visit, मुलाक़ात-संबंधी; visiting card, मुलाक़ाती कार्ड; visiting professor, अतिथि प्राध्यापक, अभ्यागत प्राध्यापक।

**Visitor** (विज़्´-इ-टॅ:) *n.* the honorary academic officer of the central universities of India, विज़िटर, कुलाध्यक्ष।

**visitor** (विज़्´-इ-टॅ:) *n.* 1. one who pays a visit, आगंतुक, मुलाक़ाती, अभ्यागत, अतिथि; visitor's book, आगंतुक पंजी। 2. a migratory bird, प्रवासी पक्षी। 3. one who comes to see, दर्शक; visitor's gallery, दर्शक दीर्घा।

**visor** (वाइ´-ज़ॅ:) *n.* a piece of armour that protects the face, मुखावरण।

**vista** (विस्´-टॅ) *n.* 1. a view, दृश्य। 2. a view of the long row of trees, वृक्षावली का दृश्य। 3. a mental view, मानस-दर्शन, सिंहावलोकन।

**visual** (विझ़्´-उ-ऑल्) *adj.* 1. of or used in seeing, दृश्य, चाक्षुष; visual defect, चाक्षुष दोष, दृष्टि-दोष। 2. that can be seen, दृश्य; visual effect, दृश्य प्रभाव।

**visual arts** *n.* the arts appreciated through the sense of sight, दृश्य कला, चाक्षुष कला।

**visualization** (विझ़्-उ-ॲ-लाइ-ज़े´-शॅन्) *n.* the act of visualizing, मन में चित्र बनाने की क्रिया, मानस-दर्शन।

**visualize** (विझ़्´-उ-ॲ-लाइज़्) *v.* to form a mental image, मन में चित्र बनाना, मानस-दर्शन करना।

**visually** (विझ़्´-ऊ-ॲल्-ई) *adv.* in a visual manner, आँखों से, नेत्रों द्वारा।

**vital** (वाइ´-टॅल्) *adj.* 1. of or pertaining to life, जीवन-संबंधी, जीवनी; vital force, जीवनी शक्ति। 2. essential to maintain life, जीवनाधार। 3. indispensable, अपरिहार्य। 4. of greatest importance, अत्यंत महत्त्व-पूर्ण; vital parts, मर्मस्थल।

**vitality** (वाइ-टैल्´-इ-टी) *n.* 1. the power or ability to continue into existence, जीवंतता, प्राण-शक्ति। 2. energy or force, ऊर्जा या शक्ति।

**vitalize** (वाइ´-टॅ-लाइज़्) *v.* to put life into, जीवंत बनाना, जान डालना।

**vitally** (वाइ´-टॅ-ली) *adv.* very, अत्यधिक।

**vitals** (वाइ´-टॅल्ज़्) *n.* (plu.) the vital parts of the body, मर्मस्थल।

**vitamin** (वाइ´-टॅ-मिन्, विट्´-ॲ-मिन्) *n.* any of the organic substances essential for health and found in food, विटामिन।

**vitiate** (विश्´-इ-एट्) *v.* 1. to spoil, बिगाड़ देना। 2. to weaken the force of, अशक्त कर देना। 3. to invalidate, अवैध कर देना।

**viticulture** (विट्´-इ-कॅल्-चॅ:) *n.* the cultivation of grapevine, अंगूरों की खेती।

**vitreous** (विट्´-रि-ॲस्) *adj.* like glass, काँच जैसा, काचाभ।

**vitrification** (विट्-रि-फ़ि-के´-शॅन्) *n.* the act of vitrifying, काँच में ढालना, काँचीकरण।

**vitrified** (विट्´-रि-फ़ाइड्) *adj.* converted into glass, काचित।

**vitrify** (विट्´-रि-फ़ाइ) *v.* (vitrified, vitrifying) to convert into glass, काँच बनाना।

**vitriol** (विट्´-रि-ॲल्) *n.* 1. any of various sulphates, तूतिया, कासीस आदि। 2. sulphuric acid, गंधक का तेजाब। 3. harsh criticism, कटु आलोचना।

V

**vitriolic** (विट्-रि-ऑल्´-इक्) ***adj.*** bitter, कटु।

**vituperate** (वाइ-टू´-पॅ-रेट्) ***v.*** 1. to speak abusively to or about, गाली देना, गाली-गलौज करना। 2. to scold, बुरा-भला कहना, कोसना।

**vituperation** (वाइ-टू-पॅ-रे´-शॅन्) ***n.*** 1. the act of vituperating, गालियाँ देना। 2. abusive language, गाली-गलौज, अपशब्द, अपभाषा।

**vituperator** (वाइ-टू´-पॅ-रे-टॅ:) ***n.*** one who vituperates, गालियाँ देनेवाला।

**viva**[1] (वी´-वॅ) ***interj.*** long live! अमर रहे!

**viva**[2] (वाइ´-वॅ) ***n.*** an oral examination, मौखिक परीक्षा।

**vivace** (वि-वा´-चे) ***adv.*** in a lively brisk manner, फुर्ती से। (इतालवी)

**vivacious** (वि-वे´-शॅस्) ***adj.*** lively, जीवंत, सजीव, स्फूर्त, जानदार, प्राणवंत।

**vivaciously** (वि-वे´-शॅस्-ली) ***adv.*** in a vivacious manner, सजीव रूप से।

**vivaciousness** (वि-वे´-शॅस्-निस्) ***n.*** the state or quality of being vivacious, जीवंतता, सजीवता, ज़िंदादिली।

**vivacity** (वि-वेस्´-इ-टी) ***n.*** vivaciousness, जीवंतता, सजीवता, ज़िंदादिली।

**vivarium** (वाइ-वेंऑर्´-इ-ऑम्) ***n.*** an enclosed place for raising plants and animals under natural conditions, प्रकृतशाला, प्रशाला।

V

**viva voce** (वाइ´-वॅ-वो´-सी) ***n.*** the full form of viva.

**vivid** (विव्´-इड्) ***adj.*** 1. full of life, lively, lifelike, जीवंत, सजीव, जीता-जागता; vivid presentation, सजीव प्रस्तुति। 2. bright or brilliant, चटक, चटकीला, शोख़। 3. strong, powerful, तीव्र, सशक्त। 4. very clear, सुस्पष्ट। 5. rich and fresh, समृद्ध तथा ताज़ा।

**vividly** (विव्´-इड्-ली) ***adv.*** in a vivid manner, सजीव रूप से, सुस्पष्ट रूप से।

**vividness** (विव्´-इड्-निस्) ***n.*** the state or quality of being vivid, जीवंतता, स्फूर्ति; चटकीलापन; ताज़गी।

**vivification** (विव्-इ-फ़ि-के´-शॅन्) ***n.*** the act of vivifying, सजीवीकरण।

**vivify** (विव्´-इ-फ़ाइ) ***v.*** (vivified, vivifying) to make vivid, सजीव बनाना, जीवंत बनाना।

**viviparous** (वि-विप्´-ऑ-रॅस्) ***adj.*** bearing or bringing forth living young, (प्राणी) जो बच्चों को (सीधे) जन्म दे (अंडों आदि से पैदा न करे), जरायुज; viviparous species, जरायुज जाति।

**vivisect** (विव्-इ-सेंक्ट्´) ***v.*** to subject to vivisection, जीवोच्छेदन करना।

**vivisection** (विव्-इ-सेंक्´-शॅन्) ***n.*** an act of performing surgical experiments on living animals, जीवों पर किया जानेवाला (अध्ययनार्थ) शल्य-प्रयोग, जीवोच्छेदन।

**vixen** (विक्´-सॅन्) ***n.*** 1. a female fox, लोमड़ी। 2. a quarrelsome woman, झगड़ालू स्त्री।

**viz** (विज़्) ***adv.*** namely, अर्थात्।

**vizier** (वि-ज़िऑ:´) ***n.*** a minister in Muslim countries, वज़ीर।

**V neck** (वी´-नेंक्) ***n.*** a V-shaped neckline, वी शक्ल का गला।

**vocabulary** (वो-कैब्´-उ-लॅ-री) ***n.*** 1. all the words of a language, शब्दभंडार, शब्द-समूह, शब्द-संपदा। 2. words used in a particular book, शब्दावली। 3. all the words used by a person or class, शब्दावली।

**vocal** (वो´-कॅल्) ***adj.*** 1. uttered or produced by the voice, उच्चरित, वाचिक, वाक्; vocal cords, स्वरतंत्री। 2. outspoken, मुखर।

**vocalist** (वो´-कॅ-लिस्ट्) ***n.*** a singer, गायक।

**vocalize** (वो´-कॅ-लाइज़्) ***v.*** 1. to utter, उच्चारण करना। 2. to produce in sounds, ध्वनित करना।

**vocally** (वो´-कॅ-ली) ***adv.*** orally, मौखिक रूप से, जवाबी।

**vocation** (वो-के´-शॅन्) ***n.*** 1. any trade or profession, व्यवसाय, पेशा, वृत्ति। 2. a special urge to a religious work, किसी धार्मिक कार्य के प्रति होनेवाली अंत:प्रेरणा, बुलाहट।

**vocational** (वो-के´-शॅन्-ऑल्) ***adj.*** of a vocation, व्यावसायिक।

**vocative** (वॉक्´-ऑ-टिव्) ***adj.*** of the case

of noun, pronoun or an adjective used in direct address, संबोधनात्मक; vocative case, संबोधनकारक।

**vociferate** (वो-सिफ़्´-अॅ-रेट्) *v.* 1. to cry out vehemently, चीखना-चिल्लाना, गला फाड़ना। 2. to clamour, शोर मचाना।

**vociferation** (वो-सिफ़्-अॅ-रे´-शॅन्) *n.* the act of vociferating, शोर, हो-हल्ला।

**vociferous** (वो-सिफ़्´-अॅ-रॅस्) *adj.* 1. making an outcry, चिल्लानेवाला। 2. noisy, कोलाहलपूर्ण।

**vociferously** (वो-सिफ़्´-अॅ-रॅस्-ली) *adv.* noisily, शोर करते हुए, चीखते-चिल्लाते हुए।

**vodka** (वोड्´-कॅ) *n.* a Russian alcoholic liquor, रूसी शराब, वोडका।

**vogue** (वोग्) *n.* the current fashion or style, प्रचलित शैली, फ़ैशन, चालू रिवाज। □ **in vogue**, जो फ़ैशन में हो।

**voice** (वॉइस्) *n.* 1. the sound made by the vocal cords, कंठध्वनि, घोष, आवाज़। 2. the ability to make sounds through the mouth, बोलने की शक्ति। 3. the ability to speak, sing, etc., वाक्शक्ति। 4. a specified quality or tone in speaking of a particular person, आवाज़, सुर; I recognized Ram's voice. मैंने राम की आवाज़ पहचान ली। 5. the organ that produce the voice, कंठ। 6. a singer, गायक। 7. an utterance, कथन। 8. opinion, विचार, मत; voice of conscience, अंतरात्मा की पुकार। 9. expression, अभिव्यक्ति। 10. the right to express one's thought, बोलने का अधिकार। 11. rumour, किंवदंती। 12. fame, प्रसिद्धि। 13. one of the forms of the verb that shows the relation of the subject to the verb, वाच्य; active voice, कर्तृवाच्य, passive voice, कर्मवाच्य। *v.* 1. to utter, बोलना। 2. to express, व्यक्त करना, अभिव्यक्त करना।

**voiced** (वॉइस्ड्) *adj.* 1. articulated with vibration of vocal cords, घोष (वर्ण)। 2. expressed by the voice, अभिव्यक्त, व्यक्त।

**voiceless** (वॉइस्´-लिस्) *adj.* not voiced, अघोष (वर्ण)।

**voice-over** (वॉइस्´-ओ-वॅ:) *n.* narration by voice, दूरदर्शन या फ़िल्म में वह स्थिति जब वक्ता दिखाई नहीं देता केवल उसकी आवाज़ सुनाई देती है, ऊपरी आवाज़।

**void** (वॉइड्) *adj.* 1. vacant, empty, खाली, रिक्त। 2. useless, व्यर्थ, निरर्थक। 3. invalid, अवैध, अमान्य, शून्य; void agreement, शून्य करार। *n.* 1. empty space, शून्य। 2. emptiness, खालीपन, रिक्ति।

**voile** (वॉइल्) *n.* a thin fabric of cotton, वायल।

**volatile** (वॉल्´-अॅ-टाइल्) *adj.* 1. quickly evaporating, वाष्पशील। 2. fickle-minded, अस्थिर चित्त, चंचल, चपल। 3. changeable, परिवर्तनशील।

**volatility** (वॉल्-अॅ-टिल्´-इ-टी) *n.* the quality or state of being volatile, वाष्पशीलता; चंचलता; परिवर्तनशीलता।

**volcanic** (वॉल्-कैन्´-इक्) *adj.* of, thrown from, caused by or characteristic of a valcano, ज्वालामुखीय, ज्वालामुखी।

**volcano** (वॉल्-के´-नो) *n.* an opening in the earth's crust through which lava, ash etc., are ejected, ज्वालामुखी।

**vole** (वोल्) *n.* a rat like animal, चूहे की जाति का एक जंतु।

**volition** (वॅ-लिश्´-अॅन्) *n.* determination, संकल्प, इच्छाशक्ति।

**volitional** (वॅ-लिश्´-अॅ-नॅल्) *adj.* of or proceeding from volition, संकल्पात्मक।

**volley** (वॉल्´-ई) *n.* 1. the simultaneous discharge of a number of missiles, क्षेप्यास्त्रों की बौछार या वर्षा। 2. the missiles so discharged, चलाए, छोड़े या फेंके गए अस्त्र। 3. (the number of questions) put forward in quick succession, (प्रश्नों की) बौछार, झड़ी; volley of curses, शापों की झड़ी। 4. in tennis, return of the ball before it touches the ground, वाल्ली, वॉली। *v.* (volleyed, volleying) 1. to discharge in a volley, बौछार कर देना, झड़ी लगा देना। 2. to be discharged in a volley, बौछार या झड़ी लग जाना। 3. to strike a ball

V

before it touches the ground, वाल्ली लगाना।

**volleyball** (वॉल्´-ई-बा:ल्) ***n.*** 1. a game played with two teams with a ball over a net, वॉलीबाल का खेल। 2. the ball used in this game, वॉलीबाल खेलने का बॉल।

**volt** (वोल्ट्) ***n.*** the unit of electromotive force, वोल्ट।

**voltage** (वोल्´-टिज्) ***n.*** electromotive force expressed in volts, वोल्टेज, वोल्टता।

**volte-face** (वोल्ट्-फ़ास्´) ***n.*** a complete reversal of opinion, अपनी बात से फिर जाना, फेर, बदलाव, मत-परिवर्तन।

**voltmetre** (वोल्ट्´-मी-टॅ:) ***n.*** an instrument for measuring electromotive force in volts, वोल्टमीटर।

**volubility** (वॉल्-यु-बिल्´-इ-टी) ***n.*** talkativeness, बातूनीपन, वाचालता।

**voluble** (वॉल्´-यु-बॅल्) ***adj.*** talking too much, बातूनी, वाचाल।

**volume** (वॉल्´-यूम्) ***n.*** 1. a collection of written or printed sheets bound together, पुस्तक, किताब। 2. one of the books of a set, खंड, जिल्द। 3. the size or amount (of something, किसी चीज़ की) मात्रा या परिमाण; the volume of traffic, यातायात का परिमाण। 4. the quantity of loudness of sound, ध्वनि की प्रबलता, तारता। 5. the amount of space that a three dimensional thing occupies, आयतन।

V

**voluminous** (वॅ-ल्यू´-मि-नॅस्) ***adj.*** 1. having great size or number, bulky, बड़ा, भारी, भारी-भरकम। 2. consisting of volumes, कई खंडों या जिल्दों में होनेवाला; voluminous writer, बहुग्रंथकार, लिक्खाड़।

**voluntarily** (वॉल्´-ॲन्-टॅर्-इ-ली) ***adv.*** in a voluntary manner, स्वेच्छापूर्वक, अपने आप।

**voluntary** (वॉल्´-ॲन्-टॅ-री) ***adj.*** 1. done or performed willingly, ऐच्छिक। 2. serving or acting of one's own accord, स्वैच्छिक। 3. not accidental, intentional, जो आकस्मिक न हो, जानबूझकर किया हुआ। 4. supported or aided by state or voluntary contributions, सहायताप्राप्त, दानाश्रित; voluntary school, दानाश्रित विद्यालय।

**volunteer** (वॉल्´-ॲन्-टिॲ:) ***n.*** one who offers to do something of his own free will, स्वयंसेवक। ***v.*** to offer one's services, अपनी सेवाएँ अर्पित करना।

**voluptuary** (वॅ-लप्´-चु-ॲ-री) ***n.*** 1. a person whose life is given over to sensual pleasures, अय्याश, विलासी, कामार्त। 2. one who indulges in luxuries, विषयभोगी।

**voluptuous** (वॅ-लप्´-चु-ॲस्) ***adj.*** 1. fond of pleasures of the senses, विलासी, कामुक, इंद्रियपरायण, विषयरत। 2. giving sensual pleasure, सुखदायी, आनंददायक। 3. (of a woman) having an appealing figure, हसीन, कमनीय या सुंदर (स्त्री)।

**voluptuousness** (वॅ-लप्´-चु-ॲस्-निस्) ***n.*** sensual indulgence, इंद्रियपरायणता, विषयरति।

**vomit** (वॉम्´-इट्) ***v.*** to eject through the mouth, कै करना, उलटी करना। ***n.*** the matter ejected in vomiting, कै, उलटी।

**voodoo** (वू´-डू) ***n.*** a religious cult involving witchcraft, जादू-टोने पर आधारित एक (अफ़्रीकी) संप्रदाय।

**voracious** (वो-रे´-शॅस्) ***adj.*** 1. devouring large quantities of food, भुक्खड़, भकोसू। 2. exceedingly eager, लालायित।

**voraciously** (वो-रे´-शॅस्-ली) ***adv.*** in a voracious manner, भुक्खड़पने से, दबादब।

**voraciousness** (वो-रे´-शॅस्-निस्) ***n.*** the quality or state of being voracious, भुक्खड़पन।

**voracity** (वो-रैस्´-इ-टी) ***n.*** 1. voraciousness, भुक्खड़पन। 2. greediness, लालच, लोभ।

**vortex** (वॉ:-टॅक्स्) ***n.*** 1. a whirling mass of water, भँवर, जलावर्त। 2. a whirlwind, चक्रवात, बवंडर। 3. an engulfing activity, जंजाल, चक्कर, फँसावड़ा; vortex of politics, राजनीति का चक्कर।

**vortical** (वॉ:-टि-कॅल्) ***adj.*** 1. of a vortex, भँवर-संबंधी। 2. whirling, चक्राकार।

**votary** (वो´-टॅ-री) ***n.*** 1. one bound to religious vows, धर्मनिष्ठ, धर्मव्रती। 2. a religious person, भक्त। [Fem. votaress]

**vote** (वोट्) ***n.*** 1. a formal expression of one's opinion or choice, मत, वोट। 2. the body of voters, मतदाता-समूह। 3. the right to express one's opinion in an election, मताधिकार। 4. the ticket or ballot by which a vote is expressed, मतपत्र, पर्ची। 5. the total number of vote cast, डाले हुए कुल मत। 6. the result of an election, चुनाव-परिणाम। 7. a proposal, प्रस्ताव; vote of thanks, धन्यवाद-प्रस्ताव। ***v.*** (voted, voting) 1. to cast a vote, मत देना, वोट देना। 2. to elect, चुनना। ☐ **vote down,** मत द्वारा अस्वीकार कर देना; **vote in,** चुन लेना; **vote out,** मत द्वारा पराजित कर देना।

**voter** (वोट्´-अ:) ***n.*** one who has a right to vote, मतदाता।

**voting** (वोट्´-इंग्) ***n.*** the act of a person who votes, मतदान; voting machine, मतदान-यंत्र।

**votive** (वो´-टिव्) ***adj.*** given or undertaken in fulfilment of a vow, मन्नत माना हुआ।

**vouch** (वॉउच्) ***v.*** 1. to attest, सत्यापित करना। 2. to give evidence for, के पक्ष में साक्ष्य देना। 3. to guarantee, गारंटी देना। 4. to say forcefully, दृढ़तापूर्वक कहना।

**voucher** (वॉउ´-चं:) ***n.*** a document serving as a receipt, वाउचर।

**vouchsafe** (वॉउच्´-सेफ़्) ***v.*** to grant or give as a favour, अनुग्रहपूर्वक देना।

**vow** (वॉउ) ***n.*** 1. a solemn promise or pledge, संकल्प। 2. a formal declaration, प्रतिज्ञा, वचन। ***v.*** 1. to promise or pledge, संकल्प करना। 2. to declare formally, प्रतिज्ञा करना, वचन देना। ☐ **take vows,** व्रत लेना या धार्मिक संप्रदाय में सम्मिलित होना।

**vowel** (वाउ´-अॅल्) ***n.*** 1. a voiced speech sound made without stopping of the breath, स्वर; vowel sign, स्वर चिह्न। 2. a letter representing such a sound, स्वर वर्ण।

**vox populi** (वॉक्स्´-पॉप्´-उ-ली) ***n.*** public opinion, जनमत। (लैटिन)

**voyage** (वॉइ´-इज्) ***n.*** 1. a long journey by sea, लंबी समुद्री यात्रा, समुद्रयात्रा। 2. a written account of a voyage, समुद्रयात्रा का वृत्तांत।

**voyager** (वॉइ´-इज्-अं:) ***n.*** one who makes a voyage, समुद्रयात्रा करनेवाला, समुद्रयात्री।

**voyeur** (वा:इ´-अं:) ***n.*** a person who obtains sexual pleasure by looking at the sexual organs or actions of others, दूसरों के गुप्त अंग या क्रियाएँ देखकर आनंदित होनेवाला, कामदर्शी।

**vulcanize** (वल्´-कॅ-नाइज़्) ***v.*** to give (rubber) greater strength, वल्कन करना, वल्कनित करना।

**vulgar** (वल्´-गॅ:) ***adj.*** 1. lacking good taste, गँवार, उजड्ड, फूहड़। 2. lacking manners, अशिष्ट, असभ्य। 3. common, सामान्य, लोकगत। ***n.*** **the vulgar**, common people, जनसाधारण।

**vulgarian** (वल्-गेंअॅर्´-इ-अॅन्) ***n.*** a vulgar (rich) person, गँवार (रईस) व्यक्ति।

**vulgarism** (वल्´-गॅ-रिज़्-अॅम्) ***n.*** 1. a vulgar word or phrase, फूहड़ शब्द या पद। 2. vulgarity, अशिष्टता।

**vulgarity** (वल्-गैर्´-इ-टी) ***n.*** 1. the state or quality of being vulgar, अभद्रता, अशिष्टता। 2. a vulgar act, अशिष्टतापूर्ण कार्य।

**vulgarize** (वल्´-गॅ-राइज़्) ***v.*** 1. to make vulgar, अभद्र बना देना। 2. to become vulgar, अभद्रतापूर्ण व्यवहार करने लगना, चौपट होना। 3. to popularize, लोकप्रिय बना देना।

**Vulgate** (वल्´-गेट्) ***n.*** Latin version of the Bible, बाइबल का लातीनी संस्करण।

**vulnerability** (वल्-नॅ-रॅ-बिल्´-इ-टी) ***n.*** the state or quality of being vulnerable, असुरक्षा; असुरक्षित स्थिति, सुभेद्यता; संवेदनशीलता।

**vulnerable** (वल्´-नॅ-रॅ-बॅल्) ***adj.*** 1. not safe, unprotected, असुरक्षित। 2. susceptible to danger or attack, जो ख़तरे में पड़ सकता हो, जिसपर आक्रमण संभव हो, भेद्य,

सुभेद्य। 3. open to criticism, आलोचनीय। 4. weak or sensitive, कमज़ोर या नाजुक, संवेदनशील।

**vulpine** (वल्´-पाइन्) *adj.* 1. of or relating to a fox, लोमड़ी-संबंधी। 2. crafty, धूर्त या धूर्ततापूर्ण।

**vulture** (वल्´-चें:) *n.* 1. a large bird of prey, गीध। 2. a greedy person, लालची व्यक्ति। 3. one who tyrannizes others, अत्याचारी।

**vulturous** (वल्´-चॅर्-ॲस्) *adj.* 1. like a vulture, गीध जैसा। 2. preying, दूसरों का शिकार करनेवाला, अत्याचारी। 3. greedy, लालची, लोभी।

**vulva** (वल्´-वॅ) *n.* the external genital organs of the female, भग, चूत।

**vulval** (वल्´-वॅल्) *adj.* of the vulva, भग-संबंधी।

**vying** (वाइ´-इंग्) *adj.* that vies, स्पर्धा करनेवाला, होड़ करनेवाला। *n.* competition, स्पर्धा, होड़।

V

# W

**W, w** (डब्´-अॅल्-यू) the twenty-third letter of the English alphabet, अंग्रेज़ी वर्णमाला का तेइसवाँ वर्ण।

**wackiness** (वैक्´-इ-निस्) ***n.*** craziness, सनक।

**wacky** (वैक्´-ई) ***adj.*** crazy, सनकी, ख़ब्ती।

**wad** (वॉ:ड्) ***n.*** 1. a soft small mass of cotton, (for padding), रुई का फाहा या गद्दी। 2. a small bundle, छोटा बंडल, मुट्ठा, पुलिंदा। 3. a lump, डला या ढेला। 4. a roll or collection of papers, कागज़ों का खर्रा या गड्डी। 5. a large quantity (of money), बड़ी राशि। ***v.*** (wadded, wadding) 1. to compress into a wad, गड्डी बनाना। 2. to hold in place by a wad, गद्दी लगाना; रुई से बंद करना। 3. to roll up, खर्रा या गड्डी बनाना। 4. to plug with a pad, मुँह बंद करना, डाट या गद्दी लगाना।

**wadding** (वॉड्-इंग्) ***n.*** soft fibrous mass for padding, रुई आदि की गद्दी या फाहा।

**waddle** (वॉड्´-अॅल्) ***v.*** 1. to walk like a duck, बतख की तरह (छोटे-छोटे कदम भरते तथा पटकते हुए) चलना। 2. to toddle, (छोटे बच्चे का) ठुमक-ठुमककर चलना। ***n.*** 1. the act of waddling, छोटे-छोटे क़दम भरने तथा पैर पटककर चलने की क्रिया। 2. a waddling gait, ठुमक।

**wade** (वेड्) ***v.*** (waded, wading) 1. to walk through water, mud, sand or tall grass, पानी, कीचड़, बालू या लंबी घास को चीरते हुए आगे बढ़ना, हलना। 2. to go forward with much labour, बड़ी मुश्किल से आगे बढ़ पाना। □ **wade in,** हस्तक्षेप करना।

**wader** (वेड्-अॅ:) ***n.*** 1. one who wades, पानी में हलनेवाला। 2. a wading bird, जलपक्षी।

**wading bird** ***n.*** any long-legged water bird, लंबी टाँगोंवाला कोई जलपक्षी (जो छिछले जल में चलता है)।

**waders** (वे´-डॅःज़्) ***n.*** (plu) long waterproof boots, वाटरप्रूफ़ बड़े जूते।

**wafer** (वे´-फ़ॅ:) ***n.*** a kind of thin, crisp biscuit, एक प्रकार का बिस्कुट, वेफ़र।

**waffle**[1] (वॉफ़्´-अॅल्) ***adj.*** vague and wordy, अस्पष्ट तथा शब्दबहुल। ***n.*** 1. such talk or writing, अस्पष्ट तथा शब्दबहुल कथन या लेख। 2. a gossip, बेमतलब की बात, गप।

**waffle**[2] ***n.*** a kind of pancake, एक प्रकार का केक या रोटी।

**waft** (वॉफ़्ट्) ***v.*** (wafted, wafting) 1. to float or swim, तैरना, तिरना। 2. to blow gently, (हवा का) धीरे धीरे बहना। 3. to carry, वहन करना। 4. to carry through air, हवा में उड़ना, तिरना। ***n.*** 1. the act of floating, तैराई। 2. an odour or sound carried through the air, तिरती हुई महक या ध्वनि। 3. a gust of smoke, odour etc., धुएँ, गंध आदि का झोंका।

**wag**[1] (वैग्) ***v.*** (wagged, wagging) 1. to cause to move rapidly to and fro, हिलाना-डुलाना, लहराना; to wag tongue, ज़बान हिलाना; to wag the tail, दुम हिलाना। 2. to move rapidly to and fro, हिलना-डुलना, झूमना। ***n.*** the act of wagging हिलाने-डुलाने की क्रिया।

**wag**[2] ***n.*** a joker, जोकर, मसख़रा।

**wage** (वेज्) ***n.*** 1. payment in return for work or services, मज़दूरी। 2. (plu) regular payment given to an employee for his or her services, वेतन, तनख़्वाह। 3. a suitable return or reward, पुरस्कार। ***v.*** (waged, waging) 1. to engage in , (काम

में) लग जाना या व्यस्त होना। 2. to carry on, चलाए चलना, निर्वाह करना।

**wager** (वे´-जॅ:) ***n.*** a bet, शर्त, बाज़ी। ***v.*** (wagered, wagering) to bet, शर्त लगाना।

**waggery** (वैग्´-ऑर्-ई) ***n.*** 1. a joke, मज़ाक, हँसी की बात। 2. playfulness, खिलवाड़।

**waggish** (वैग्´-इश्) ***adj.*** jocular, मज़ाकिया, मज़ाक-भरा।

**waggle** (वैग्´-ऑल्) ***v.*** to wag, हिलना-डुलना या हिलाना-डुलाना।

**wagon, waggon** (वैग्´-ऑन्) ***n.*** a four-wheeled vehicle for handling heavy loads, वैगन। 2. a police vehicle for carrying criminals, पुलिस वैगन। □ **on the wagons,** जिसने मद्यपान छोड़ रखा हो, मद्यपान त्यागे हुआ।

**wagtail** (वैग्´-टेल्) ***n.*** a small bird with a long tail that wags up and down, खंजन पक्षी।

**waif** (वेफ्) ***n.*** 1. an unowned or abandoned child, लावारिस बच्चा, अनाथ बालक। 2. anything found by chance that is without an owner, लावारिस वस्तु। □ **waifs and strays,** अनाथ बच्चे।

**wail** (वेल्) ***v.*** 1. to cry in grief, रोना, चीखना-चिल्लाना। 2. to lament, विलाप करना। 3. (of wind) to make a sound suggestive of cry, साँय-साँय करना, हुहुआना। ***n.*** 1. a mournful cry, चीख, विलाप। 2. sound similar to a wail, साँय-साँय।

**wailful** (वेल्´-फुल) ***adj.*** sorrowful, mournful, शोकपूर्ण, मातमी।

W

**wain** (वेन्) ***n.*** a cart or wagon, छकड़ा या वैगन।

**wainscot** (वेन्´-स्कॉट्) ***n.*** wooden panelling on the wall of a room, दीवारों पर लगाए जानेवाले तख़्ते या पटरे, तख़्तबंदी।

**wainscoting** (वेन्´-स्कॉट्-इंग्) ***n.*** material for the wainscot, वह लकड़ी जिसके पट्टे दीवारों पर लगाए जाते हैं।

**waist** (वेस्ट्) ***n.*** 1. the middle part of the human body between the ribs and hips, कमर, कटि। 2. the part of a garment that covers the waist, परिधान का वह भाग जो कमर के चारो ओर होता है। 3. the middle part of anything, किसी प्राणी या वस्तु का मध्य भाग।

**waistband** (वेस्ट्´-बैन्ड्) ***n.*** the band for the waist, कमरबंद, पेटी।

**waistcoat** (वेस्ट्´-कोट्) ***n.*** a man's sleeveless waist length garment, वास्कट।

**waist-deep** (वेस्ट्´-डीप्) ***adj.*** reaching up to the waist, कमर तक गहरा, कमर-भर।

**waist-high** (वेस्ट्´-हाई) ***adj.*** reaching up to the waist, कमर तक ऊँचा।

**waistline** (वेस्ट्´-लाइन्) ***n.*** the circumference of the waist, कमर का घेरा।

**wait** (वेट्) ***v.*** (waited, waiting) 1. to stay, रुकना; Wait please. ज़रा रुकें। 2. to stay in one place for a specified time or until some expected event occurs, प्रतीक्षा करना, इंतजार में बैठना, राह देखना, बाट जोहना। 3. to be postponed, स्थगित होना। 4. to be ready, तैयार होना; The dinner is waiting for us. भोजन तैयार है। 5. to serve food at a meal, भोजन परोसना। □ **wait on,** (i) किसी की सेवा में उपस्थित रहना, (ii) किसी के मिलने के लिए जाना, किसी के दर्शन करना, (iii) फल या परिणाम होना, (iv) बैरे का काम करना; **wait for,** घात में रहना; **wait up,** किसी की प्रतीक्षा में जागते रहना। ***n.*** 1. an act of waiting, प्रतीक्षा, इंतजार। 2. a period of waiting, प्रतीक्षा की घड़ियाँ, प्रतीक्षाकाल। □ **lie in wait,** ताक या घात में बैठना।

**waiter** (वे´-टॅ:) ***n.*** one who serves at tables in a hotel or restaurant, बैरा, परिचारक, वेटर।

**waiting** (वेट्´-इंग्) ***n.*** 1. the act of one who waits, प्रतीक्षा, इंतजार; waiting list, प्रतीक्षा-सूची। 2. the period of waiting, प्रतीक्षाकाल, प्रतीक्षा की घड़ियाँ। □ **in waiting,** (i) जो सेवा में हो, टहल में लगा हुआ; (ii) जिसके काम की बारी आने को हो।

**waiting room** ***n.*** a room in which passengers, cutomers etc., wait, प्रतीक्षालय।

**waitress** (वेट्´-रिस्) ***n.*** a female waiter, महिला बैरा, परिचारिका।

**waive** (वेव्) ***v.*** 1. to give up voluntarily

(one's right or claim, अपना अधिकार या दावा) स्वेच्छापूर्वक छोड़ देना, अधित्याग करना। 2. to refrain from insisting upon, (किसी बात के लिए) आग्रह न करना। 3. to postpone, स्थगित करना।

**waiver** (वे´-वॅः) ***n.*** a written document to waive a right or claim, अधित्याग-पत्र।

**wake**[1] (वेक्) ***v.*** (woke/waked, woken/waked, wak) 1. to awaken, जाग उठना, आँख खुलना। 2. to cause to cease to sleep, जगाना। 3. to remain awake, जागते रहना। 4. to become active, जाग पड़ना, सक्रिय हो उठना, सचेत हो जाना। 5. to cause to become active, सक्रिय करना। 6. to cause to begin moving, चलाना, हरकत में लाना। ☐ **Wake up.** ध्यान दें, सुनिए। ***n.*** 1. the state of being awake, जागरण। 2. the watch near the corpse, शव की निगरानी।

**wake**[2] ***n.*** the track left by a moving boat or ship through water, जल में नाव या पोत के आगे बढ़ने से पीछे बननेवाली लीक या रेखा, पनरेख। ☐ **in the wake of,** पीछे।

**wakeful** (वेक्´-फुल्) ***adj.*** 1. unable to sleep, जिसे नींद न आती हो, जागनेवाला, जाग्रत। 2. sleepless, निद्राविहीन। 3. alert, जागरूक, सचेत।

**wakefulness** (वेक्´-फुल-निस्) ***n.*** 1. the state or quality of being wakeful, जागते रहने की अवस्था या भाव। 2. alertness, जागरूकता।

**waken** (वे´-कॅन्) ***v.*** 1. to wake, जागना या जाग उठना। 2. to arouse, ज़गाना।

**walk** (वाःक्) ***v.*** 1. to move along on foot, पैदल चलना, पैरों चलना। 2. to cause to move along on foot, पैदल चलाना। 3. to travel on foot, पैदल भ्रमण करना, पदयात्रा करना। 4. to go about on foot for exercise or pleasure, टहलना, सैर करना। 5. to conduct oneself in a particular manner, विशेष ढंग से आचरण करना। ☐ **walk off,** (i) बिना सूचना दिए चले जाना, (ii) (शरीर की चरबी, मोटापा आदि टहलने से) छँटना; **walk off with,** (i) चुरा ले जाना, (ii) प्राप्त कर या जीत लेना; **walk out,** (i) बाहर चले जाना, (ii) सदन त्याग करना; **walk out on,** छोड़ या त्याग देना; **walk the plank,** पदत्याग के लिए विवश होना; **walk over,** आसानी से जीत लेना, बाज़ी मार ले जाना; **walk the streets,** वेश्यावृत्ति करना। ***n.*** 1. the act of walking, चलने की क्रिया या भाव। 2. a manner of walking, चाल। 3. a journey on foot, पदयात्रा, भ्रमण। 4. stroll, टहलान, सैर। 5. a distance to be covered in walking, दूरी, फ़ासला। 6. a way, रास्ता; ten minutes walk, दस मिनट का रास्ता। 7. a place for walking, सैरगाह, भ्रमण-स्थल, घूमने की जगह।

**walk-a-way** (वाःक्´-अॅ-वे) ***n.*** 1. an easy victory, आसान जीत, सुगम विजय। 2. an easy achievement, सुगम उपलब्धि।

**walker** (वाः´-कॅः) ***n.*** 1. one who walks, पैदल चलनेवाला, पदचर, प्यादा। 2. a framework assisting in walking,चलने में सहायक ढाँचा।

**walkie-talkie** (वाः´-की-टाः´-की) ***n.*** a small radio set that can be carried by one person, एक प्रकार का छोटा रेडियो, वाकी-टाकी।

**walk-in** (वाःक्´-इन्) ***adj.*** large enough to allow a person to enter, इतना बड़ा कि आदमी उसमें प्रविष्ट हो सके।

**walking** (वाःक्´-इंग्) ***adj.*** that walks, चलने-वाला, चल। ***n.*** an act of a person who walks, चलना।

**walkout** (वाःक्´-आउट्) ***n.*** the act of leaving a meeting in protest, सदन-त्याग, वाक-आउट।

**walkover** (वाःक्´-ओ-वॅः) ***n.*** unopposed victory, (खिलाड़ी या दल को) बिना भिड़े ही मिलनेवाली जीत।

**walkway** (वाःक्´-वे) ***n.*** a passage for walking, पैदल रास्ता।

**wall** (वाःल्) ***n.*** 1. a vertical construction of bricks, stones etc., दीवार, भित्ति। 2. a rampart, क़िले की दीवार, परकोटा। 3. anything like a wall that encloses, protects, separates or supports, दीवार। 4. a screen, आड़। ☐ **drive to the wall,** विवश या लाचार बना देना; **bang one's head**

against a brick wall, दीवार से अपना सिर फोड़ना, असंभव-सा काम करने का प्रयत्न करना; go to the wall, (i) पीछे हटने या झुकने के लिए बाध्य होना, (ii) व्यापार चौपट हो जाना या दिवालिया हो जाना; have one's back to the wall, विषम स्थिति में होना; see through a brick wall, दिव्यदृष्टि होना। *v.* 1. to surround or enclose with a wall, दीवार से घेरना। 2. to block with a wall (मोखा आदि) दीवार उठाकर बंद करना। □ wall up, दीवार चढ़ाना या दीवार में चुनना।

**walled** (व़ा:ल्ड्) ***adj.*** enclosed with a wall, दीवार से घिरा हुआ; walled city, दीवारी नगर, परकोटेदार नगर।

**wallet** (व़ॉल्´-इट्) ***n.*** a money bag, बटुआ।

**walleye** (व़ॉल्´-आइ) ***n.*** an eye abnormally turned outward, भेंगी आँख।

**wallop** (व़ॉल्´-अॅप्) ***v.*** 1. to beat or thrash, पिटाई करना। 2. to defeat, परास्त करना।

**walloping** (व़ॉल्´-अॅप्-इंग्) ***adj.*** very big, बहुत बड़ा; walloping lie, बहुत बड़ा झूठ। ***n.*** 1. beating, पिटाई। 2. defeat, पराजय।

**wallow** (व़ॉल्´-ओ) ***v.*** 1. to roll about in mud, sand etc., (पशुओं का) मिट्टी, बालू आदि में लोटनी लेना, लोट-पोट होना। 2. to revel, गुलछर्रे उड़ाना, भोगविलास करना, मौज़-मस्ती करना। ***n.*** 1. the act of wallowing, लोट-पोट; भोगविलास। 2. the place where animals wallow, पशुओं के लोटने की जगह।

**wall painting** ***n.*** the painting (for hanging) on the wall, भित्ति-चित्र।

W

**wallpaper** (वाल्´-पे-पॅ:) ***n.*** the paper for covering the walls, वालपेपर।

**Wall Street** ***n.*** a Street in New York in which the Stock Exchange and major banks are situated, वॉल स्ट्रीट।

**wall-to-wall** (व़ा:ल्´-टू-व़ा:ल्) ***adj.*** 1. completely covering a floor, कमरे के फ़र्श के नाप का, पूरे कमरे का। 2. continuous, लगातार होने या चलनेवाला।

**walnut** (व़ा:ल्´-नट्) ***n.*** a tree, its wood and fruit, अख़रोट का पेड़ तथा इस पेड़ का फल और लकड़ी।

**walrus** (व़ा:ल्´-रस्) ***n.*** a sea mammal of seal family, दरियाई घोड़ा। ***adj.*** having a thick moustache with long drooping ends, लटकती हुई लंबी मोटी मूँछोंवाला।

**waltz** (व़ा:ल्स्, व़ा:ल्ट्स्) ***n.*** 1. a ballroom dance, एक प्रकार का नृत्य। ***v.*** (waltzed, waltzing) to dance a waltz, उक्त नृत्य करना।

**wan** (व़ॉन्) ***adj.*** 1. pale from sickness, बीमारी के कारण जिसका रंग पीला पड़ गया हो, पीला। 2. light or dim, हलका या मंद।

**wand** (व़ॉन्ड्) ***n.*** 1. a stick for carrying in hand, छड़ी। 2. twig, टहनी। 3. a rod as a symbol of authority, राजदंड। 4. a magic rod, जादूगर का डंडा।

**wander** (व़ॉन्´-डॅ:) ***v.*** 1. to ramble, इधर-उधर घूमना, मटरगश्ती करना। 2. to stray, भटक जाना। 3. to meander, टेढ़े-मेढ़े चलना। 4. to digress (from a subject, विषय से) बहक जाना।

**wanderer** (व़ॉन्´-डॅ-रॅ:) ***n.*** 1. one who wanders, घुमक्कड़। 2. a stray animal, भटका हुआ या आवारा पशु।

**wandering** (व़ॉन्´-डॅ-रिंग्) ***adj.*** 1. moving aimlessly, घुमक्कड़। 2. nomadic, ख़ाना-बदोश। ***n.*** (plu.) purposeless travels, प्रयोजनविहीन यात्राएँ।

**wane** (व़ेन्) ***v.*** (waned, waning) 1. to decrease in size or extent, कम होना, क्षीण होना। 2. to decrease in vigour or strength, दुर्बल होना, कमज़ोर होना। 3. to decline, घटना, ह्रास होना। ***n.*** 1. the act of waning or the state of being waned, क्षीणता, दुर्बलता, ह्रास। 2. downfall, अवनति।

**wangle** (व़ैंग्´-गॅल्) ***v.*** to manipulate for personal or fraudulent ends, तिकड़म रचना, जोड़-तोड़ करना या मार लेना। ***n.*** an act of wangling, तिकड़म, जोड़-तोड़, जाल।

**want** (व़ॉन्ट्, व़ा:न्ट्) ***v.*** 1. to desire for, to long for, इच्छा करना, चाहना। 2. to feel the need of, आवश्यकता अनुभूत होना, आवश्यकता होना। 3. to lack, अभाव होना, कमी होना। ***n.*** 1. the condition or quality of lacking, shortage, अभाव, कमी।

2. pressing need, आवश्यकता, अपेक्षा। 3. something needed, ज़रूरत, आवश्यकता। 4. poverty, ग़रीबी, दरिद्रता, तंगी।

**want ad** *n.* a newspaper advertisement announcing that something specified is wanted, 'आवश्यकता है' (विज्ञापन)।

**wanted** (व़ॉन्´-टिड्) *adj.* being sought by the police, जिसकी तलाश में पुलिस हो, वांछित।

**wanting** (व़ॉन्ट्´-इंग्) *adj.* 1. lacking, विहीन, रहित। 2. deficient, कम। 3. not equal to requirements or expectations, जो अपेक्षा या प्रत्याशा से घटकर हो।

**wanton** (व़ॉन्´-टॅन्) *adj.* 1. unmanageable, undisciplined, बेलगाम या अनुशासनहीन। 2. immoral, lewd, बदचलन, लंपट। 3. playful, खिलवाड़ी। 4. malicious, विद्वेषपूर्ण; wanton cruelty, विद्वेषपूर्ण क्रूरता। 5. merciless, निर्दय, क्रूर। 6. excessive, अत्यधिक। *n.* 1. an immoral person sply. woman, लंपट, व्यभिचारी, विशेषतः छिनाल स्त्री। 2. a spoiled child, बिगड़ा बच्चा।

**wantonly** (व़ॉन्-टॅ न्-ली ) *adv.* without restraint, अनियंत्रित रूप से।

**war** (व़ा:) *n.* 1. a declared armed conflict between states or nations, युद्ध, लड़ाई, संग्राम। 2. a struggle between opposing forces, संघर्ष, युद्ध। 3. a strong effort to combat a disease, crime, poverty etc., युद्ध स्तर पर किया जानेवाला प्रयत्न; war of nerves, मानसिक त्रास जिससे विरोधी का मनोबल गिरे। ☐ **be at war,** युद्धरत होना; **go to war,** युद्ध छेड़ना; **on a war footing,** युद्धस्तर पर। *v.* (warred, warring) 1. to wage a war, लड़ाई लड़ना। 2. to engage in a war, युद्धरत होना। 3. to struggle or fight, संघर्ष करना, भिड़ना, लड़ना।

**war-baby** (व़ा´:-बे-बी) *n.* 1. a child born in wartime, युद्धकालीन बच्चा। 2. an illcit child, (युद्धकाल में पैदा) अवैध बच्चा।

**warble** (व़ा:´-बॅल्) *v.* (warbled, warbling) to chirp, पक्षियों का चहचहाना। *n.* the act of warbling, चह-चह, चहचहाहट।

**warbler** (व़ा:´-ब्लॅ:) *n.* any small bird, छोटा पक्षी।

**war clouds** (व़ा:´-क्लॉउड्स्) *n.* (plu.) a state of affairs that threatens war, युद्ध के बादल।

**war cry** (व़ा:´-क्राइ) *n.* 1. a slogan or phrase shouted in a war, युद्ध में लगाया हुआ नारा, युद्धघोष। 2. a slogan, नारा।

**ward** (व़ा:´ड्) *n.* 1. a division of a city for administrative or electoral purposes, हल्का, वार्ड। 2. a division in a hospital with beds for patients, हल्का, कक्ष, वार्ड। 3. a child or person not capable of handling his or her own affairs, प्रतिपाल्य, वार्ड। 4. custody, अभिरक्षा। *v.* (warded, warding) to keep watch over, निगरानी करना। ☐ **ward off,** परे करना, (से) बचाना।

**war dance** *n.* the dance performed before battle or after victory, युद्धनृत्य।

**warden** (व़ा:´-डॅन्) *n.* 1. one who has charge of something, custodian, अभिरक्षक। 2. a top administrative officer of the prison, कारापाल। 3. an executive officer of a boarding house, छात्रपाल। 4. a person in charge of a ward, हल्का-अधिकारी, वार्डन।

**wardenship** (व़ा:´-डॅन्-शिप्) *n.* the office of a warden, अभिरक्षक का पद, अभिरक्षकता।

**warder**[1] (व़ॉ:´-डॅ:) *n.* 1. a watchman, पहरेदार। 2. a person who guards an entrance, द्वारपाल। 3. a custodian, अभिरक्षक। 4. the officer of a prison, कारापाल। [Fem, wardress]

**warder**[2] *n.* the staff of a king, राजदंड।

**wardrobe** (व़ा:ड्-रोब्) *n.* 1. a closet for keeping or hanging clothes, कपड़े की अलमारी। 2. a room in which costumes of actors are kept, परिधान-कक्ष। 3. a collection of clothes, वस्त्रसंग्रह, कपड़े।

**wardroom** (व़ा:ड्´-रूम्) *n.* a dining room in a warship, युद्धपोत का भोजन-कक्ष।

**wards** (व़ा:ड्स्) *suffix.* = ward.

**wardship** (व़ा:ड्´-शिप्) *n.* 1. guardianship, अभिभावकता। 2. custodianship, अभिरक्षकता।

W

**ware** *n.* 1. manufactured articles, goods, निर्मित वस्तुएँ, माल। 2. an article of merchandise, जिंस, सौदा। 3. pottery, मिट्टी के बर्तन।

**warehouse** (वे़ॅअ:´-हाउस्) *n.* a building for storing goods, गोदाम, भंडार। *v.* (warehoused, warehousing) to store in a warehouse, (माल को) माल गोदाम में रखना।

**warely** (वे़ॅअ:´-ली) *adv.* in a watchful manner, सावधानी से।

**warfare** (वा़:´-फ़ेॅअ:) *n.* 1. armed conflict, सशस्त्र संघर्ष। 2. struggle, संघर्ष।

**warhead** (वा़:´-हेॅड्) *n.* the forward section of a missile containing explosive, क्षेप्यास्त्र का अग्र भाग जिसमें विस्फोटक पदार्थ भरा होता है।

**warhorse** (वा़:´-हॉ:स्) *n.* 1. a horse used in war, युद्धाश्व, समराश्व। 2. a person who has been through many a battle, अनेक युद्धों में लड़ चुका सैनिक, पुराना सैनिक। 3. a politican who has fought in many campaigns, अनेक चुनाव लड़ चुका राजनीतिज्ञ, पुराना राजनीतिक खिलाड़ी।

**warily** (वे़ॅअॅर्´-अॅ-ली) *adv.* cautiously, सावधानी से, सतर्कतापूर्वक।

**wariness** (वे़ॅअॅर्´-इ-निस्) *n.* caution, सावधानी।

**warlike** (वा़:´-लाइक्) *adj.* 1. of or pertaining to war, युद्ध-संबंधी, सामरिक। 2. belligerent, युद्धप्रिय, लड़ाकू, जंगजू। 3. threatening war, युद्ध की धमकी देनेवाला; warlike speech, युद्धभड़काऊ भाषण, आग उगलता भाषण।

W

**warlock** (वा़:´-लॉक्) *n.* a sorcerer, जादू-टोना करनेवाला, टोनहाया।

**warlord** (वा़:´-लॉ:ड्) *n.* a supreme military commander, सर्वोच्च सेनापति।

**warm** (वा़:म्) *adj.* (warmer, warmest) 1. moderately hot, गरम, गुनगुना, कुनकुना। 2. sending or giving out heat, गरम, ऊष्ण; warm clothes, गरम कपड़े। 3. hearty, affectionate, हार्दिक, स्नेहिल। 4. marked by excitement, जोशीला, उत्तेजनापूर्ण। 5. hot-tempered, क्रोधी, गरम-मिज़ाज। 6. sympathetic, सहानुभूतिपूर्ण। 7. fresh, ताज़ा; warm scent, ताज़ा गंध (शिकारी पशु की)। *v.* (warmed, warming) 1. to become warm, गरम होना, गरमाना। 2. to make warm, गरम करना, गरमाना, तपाना। 3. to infuse feeling of love, प्रेमपूर्ण करना। 4. to make lively, जीवंत बनाना। 5. to excite, उत्तेजित करना। ☐ **warm to,** किसी के प्रति स्नेहपूर्ण दृष्टिकोण अपनाना; **warm up,** (i) गरमाना, (ii) गरम करना, तपाना, (iii) उत्साहित करना, (iv) सक्रिय होना या जीवंत बनना, (v) सक्रिय करना या जीवंत बनाना।

**warm-blooded** (वा़:म्-ब्लड्´-इड्) *adj.* 1. having warm blood, जिसके रक्त में (अपेक्षाकृत अधिक) उष्णता हो, उष्णरक्त। 2. fervent, उत्साही, जोशीला।

**warm-hearted** (वा़:म्-हा:´-टिड्) *adj.* 1. kind, दयालु। 2. friendly, मैत्रीपूर्ण। 3. sympathetic, सहानुभूतिशील।

**warming** (वा़:-मिंग्) *n.* the act of a person who warms, गरमाने का काम।

**warmish** (वा़:´-मिश्) *adj.* somewhat warm, कुछ-कुछ गरम, गुनगुना, कुनकुना।

**warmly** (वा़:म्´-ली) *adv.* in a warm manner, जोश-ख़रोश से, उत्साहपूर्वक या स्नेहभाव से।

**warmness** (वा़:म्´-निस्) *n.* the state or quality of being warm, गरमाहट।

**warmonger** (वा़:´-मंग्-गॅ:) *n.* a person who advocates war, jingo, युद्धलोलुप, जंगख़ोर।

**warmongering** (वा़:´-मंग्-अॅ-रिंग्) *n.* jingoism, युद्धलोलुपता, जंगखोरी।

**warmth** (वा़:म्थ्) *n.* 1. warmness, गरमाहट। 2. the natural heat of a living body, शरीर की गरमी या तापमान। 3. enthusiasm, उत्साह, जोश। 4. love, anger or excitement, प्यार, आक्रोश या आवेश।

**warm-up** (वा़:म्´-अप्) *n.* the act of exercising prior to a contest, स्पर्धापूर्व व्यायाम, तैयारी।

**warn** (वा़:न्) *v.* 1. to make aware of coming danger, आगाह करना, सावधान करना। 2. to advise or admonish, सलाह या चेतावनी देना। 3. to inform in advance,

पूर्वसूचना देना, आगाह करना।

**warning** (वा:´-निंग्) ***n.*** 1. the act of one who warns, चेतावनी। 2. something that serves to warn, सतर्क करनेवाली बात, पूर्वसूचना।

**warp** (वा:प्) ***v.*** 1. to become or cause to become out of shape, (आकार-प्रकार) बिगड़ जाना या बिगाड़ देना, टेढ़ा-मेढ़ा हो जाना या करना। 2. to bend, मुड़ जाना या मोड़ देना, टेढ़ा हो जाना या कर देना। 3. to turn aside or cause to turn aside from a true or correct course, पथभ्रष्ट होना या करना, भ्रष्ट होना या करना। 4. to bind or fasten with a cord or rope, रस्सी से बाँधना। 5. to move (a ship) by hauling on a rope, रस्से से पोत को खींचना। 6. to form a wrap, (खड्डी में) ताना लगाना। ***n.*** 1. the state or condition of being twisted, distortion, विकृति, टेढ़, ऐंठन, ख़राबी। 2. threads that run lengthwise in a loom, ताना; warp and weft/woof, ताना-बाना। 3. a rope for hauling a ship, पोत खींचने का रस्सा।

**warpath** (वा:´-पाथ्/पैथ्) ***n.*** a hostile course of action, युद्ध-पथ, युद्धोन्मुखता। □ **on a warpath,** युद्ध के लिए उतारू या अग्रसर।

**warplane** (वा:´-प्लेन्) ***n.*** any airplane for use in war, युद्धक विमान।

**warrant** (वॉर्´-अॅन्ट्, वा:´-अॅन्ट्) ***n.*** 1. a written order to do something, वारन्ट, अधिपत्र; warrant of arrest, गिरफ़्तारी का वारन्ट। 2. authorization or justification to do something, कोई काम करने का अधिकार या औचित्य; He has no warrant for saying this. उसे यह कहने का अधिकार नहीं। ***v.*** 1. to authorize (someone) to do something, कुछ करने के लिए (किसी को) अधिकृत करना। 2. to attest, प्रमाणित करना। 3. to guarantee, गारंटी देना।

**warrantable** (वॉर्´-अॅन्ट्-अॅ-बॅल्) ***adj.*** that can be warranted, जिसके संबंध में गारंटी दी जा सके या जिसे उचित ठहराया जा सके।

**warrantee** (वॉर्´-अॅन्-टी) ***n.*** a person to whom a guarantee is made, वारंटीधारक।

**warrantor** (वॉर्´-अॅन्-टॅ:) ***n.*** one who gives warranty, वारंटीकर्ता, वारंटीदाता।

**warranty** (वॉर्´-अॅन्-टी) ***n.*** 1. the written guarantee given by the seller to the purchaser for the integrity of a product on manufacturer's behalf, the written promise to replace or repair the item soldwithin a specified period, लिखित गारंटी, वारंटी; warranty period, वारंटी काल, वारंटी की अवधि। 2. authority for doing something, प्राधिकार। 3. justification for doing something, कोई काम करने का औचित्य या आधार।

**warren** (वॉर्´-अॅन्) ***n.*** 1. a place or colony where rabbits breed, खरगोशों का बाड़ा। 2. the rabbits of a warren, बाड़े के खरगोश। 3. a crowded district, घनी आबादीवाला क्षेत्र।

**warrener** (वॉर्´-अॅन्-अॅ:) ***n.*** the owner of a warren, खरगोशों के बाड़े का मालिक।

**warring** (वॉर्´-इंग्) ***adj.*** engaged in war or conflict, युद्धरत, संघर्षरत।

**warrior** (वॉर्´-इ-अॅ:) ***n.*** 1. a fighting man, योद्धा। 2. a brave person, शूरवीर, वीर।

**warship** (वा:´-शिप्) ***n.*** a ship for use in war, जंगी जहाज़, युद्धपोत।

**wart** (वा:ट्) ***n.*** 1. a small hard roundish growth on the outer skin, मस्सा, मुँहासा। 2. a small protuberance on the plant, गूमड़।

**wartime** (वा:´-टाइम्) ***n.*** a time during which a war is being waged, युद्धकाल।

**warty** (वा:´-टी) ***adj.*** full of warts, मस्सों से भरा।

**warwhoop** (वा:´-व्हूप्´) ***n.*** a loud shout on going into battle, युद्धनाद।

**wary** (वेंअॅर्´-ई) ***adj.*** cautious, सतर्क।

**was** (वॉज़्, वज़्) ***v.*** the first and third person singular past tense of be, था।

**wash** (वॉश्) ***v.*** (washed, washing) 1. to cleanse with water, soap etc., धोना, साफ़ करना, पखारना, प्रक्षालन करना। 2. to cleanse oneself, नहाना, स्नान करना। 3. to purify,

W

शुद्ध करना, पवित्र करना। 4. to make wet or moist, तर करना, गीला करना, भिगोना। 5. to be cleansed, धोया जाना, साफ़ किया जाना। 6. to flow over, प्रक्षालित करना। 7. to flush off or carry away, बहा देना या ले जाना, धो डालना। 8. to cut into or erode, (सड़क आदि को) काट लेना, क्षय कर देना। 9. to cover with a thin layer of paint, रोगन की पतली परत चढ़ाना। 10. to cover with a thin layer of metal, कलई करना। ☐ **wash dirty linen in public,** दूसरों के सामने अपने कुकृत्यों का बखान करना; **wash down,** (i) धोना, धोकर साफ़ करना, (ii) पानी आदि के घूँट से कौर को नीचे उतारना; **wash one's hand,** पैख़ाने जाना; **wash one's hands off,** (i) हाथ खींच लेना, (ii) ज़िम्मेदारी छोड़ देना; **wash out,** (खेल का) भारी वर्षा के कारण न हो पाना; **wash up,** (बर्तन) साफ़ करना। ***n.*** 1. the act of washing, धोने की क्रिया या भाव, प्रक्षालन, धुलाई। 2. the state or quality of being washed, धोए जाने की अवस्था या भाव, धुलाई। 3. a quantity of clothes to be washed, just have been washed or being washed, धुलाई के कपड़े, धुलकर आए हुए कपड़े।

**washable** (वॉश्´-अं-बेंल्) ***adj.*** capable of being washed without damage, जो धोने पर ख़राब न हो।

**wash-and-wear** (वॉश्´-अॅन्-वेंअं:) ***adj.*** easily washed and require little or no ironing, (ऐसा कपड़ा) जिसे धोने के बाद इस्त्री करने की आवश्यकता न हो, वाश-ऐंड-वियर।

**washbasin** (वॉश्´-बे-सिन्) ***n.*** a basin for washing the face, hands etc., वाशबेसिन।

**washboard** (वॉश्´-बो:ड्) ***n.*** the board on which clothes are scrubbed, धोबी का पटरा।

**washer** (वॉश्´-अं:) ***n.*** 1. one who or that washes, धोनेवाला व्यक्ति या यंत्र। 2. a flat ring or disk placed under a nut to prevent friction, leakage etc., वाशर, छल्ला।

**washerman** (वॉश्´-अं:-मेंन्) ***n.*** a person whose work is washing clothes, धोबी।

**washing** (वॉश्´-इंग्) ***n.*** 1. the act of a person who washes, धुलाई। 2. the clothes that have been washed or to be washed together on a single occasion, एक बार की धुलाई के कपड़े, धोव।

**washing machine** ***n.*** a machine for washing clothes, कपड़े धोने की मशीन।

**washing powder** ***n.*** powder used for washing clothes, साबुन का चूरा, कपड़े धोने का चूर्ण।

**washing-up** (वॉश्´-इंग्-अप्) ***n.*** the act of washing, धुलाई।

**washout** (वॉश्´-आउट्) ***n.*** 1. erosion of the soil by strong flow of water, तेज़ बहाव के कारण भूमि में होनेवाला कटाव। 2. complete failure, पूर्ण विफलता।

**wash-tank** (वॉश्´-टैंक्) ***n.*** a tank for washing clothes, धुलाई-टंकी।

**washy** (वॉश्´-ई) ***adj.*** (washier, washiest) 1. diluted, watery, पतला, पानी के जैसा। 2. lacking strength, कमज़ोर, दुर्बल।

**wasn't** (वॉज़्´-अॅन्ट्, वज़्´-अॅन्ट्) ***v.*** = was not.

**wasp** (वॉस्प्) ***n.*** a small winged insect with a vicious sting, ततैया, भिड़, बर्रे।

**waspish** (वॉस्´-पिश्) ***adj.*** irritable, चिड़चिड़ा।

**wasp-waist** (वॉस्प्´-वेस्ट्) ***n.*** a slender waist, पतली कमर।

**wassail** (वॉस्´-इल्) ***n.*** a festive party with much drinking, पान-गोष्ठी, मदिरा-गोष्ठी।

**wast** (वॉस्ट्) ***v.*** the past tense of be used with thou, था।

**wastage** (वेस्´-टिज्) ***n.*** loss by waste, wear or deterioration, छीजन, बर्बादी या अपव्यय।

**waste** (वेस्ट्) ***v.*** (wasted, wasting) 1. to use carelessly or expend extravagantly, बर्बाद करना या अपव्यय करना, व्यर्थ बना देना। 2. to use thoughtlessly or without an adequate result, दुरुपयोग करना। 3. to fail to take advantage of, चूक जाना, गँवाना; to waste an opportunity, अवसर गँवाना। 4. to make or become weaker, कमज़ोर हो जाना या कर देना, घुलना या घुलाना। 5. to kill or destroy, नष्ट कर देना या मार डालना। ***n.*** 1. the act of wasting or the state of being wasted, बर्बादी, अपव्यय; waste of money, धन की बर्बादी; waste of time, समय की बर्बादी। 2. waste material or food, बेकार सामान, रद्दी। 3. refuse, कूड़ा-कर्कट। 4. a stretch of barren land, बंजर भूभाग। 5. (plu.) excrement, गूह, मल। ***adj.*** 1. rejected as useless, बेकार, रद्दी, फालतू, व्यर्थ। 2. unproductive, अनुत्पादक। 3. uncultivated, अकृष्ट। 4. uninhabited, निर्जन। 5. devastated, बर्बाद। □ **lay waste,** नष्ट या बर्बाद करना, उजाड़ना।

**waste-basket** (वे़स्ट्´-बास्-किट्) ***n.*** a basket for waste or refuse, रद्दी की टोकरी।

**wasteful** (वे़स्ट्´-फुल्) ***adj.*** thriftless, extravagant, अपव्ययी, फ़ज़ूलख़र्च, ख़र्चीला, उजाड़ू।

**wastefulness** (वे़स्ट्´-फुल्-निस्) ***n.*** the quality or state of being wasteful, ख़र्चीलापन।

**wasteland** (वे़स्ट्´-लैन्ड्) ***n.*** an empty area of barren land, बंजर ज़मीन।

**wastepaper** (वे़स्ट्´-पे-पॅ:) ***n.*** paper discarded after use or as superfluous, रद्दी कागज़।

**wasting** (वे़स्ट्´-इंग्) ***adj.*** 1. reducing the strength of the body, क्षयकारक। 2. devastating, विनाशक।

**wastrel** (वे़स्´-ट्रॅल्) ***n.*** a wasteful person, अपव्ययी या उड़ाऊ व्यक्ति।

**watch** (वॉ़च्) ***v.*** 1. to look attentively, ध्यान से देखना, अवलोकन करना। 2. to keep under observation, निगाह रखना, देख-भाल करना, निगरानी करना। 3. to wait, प्रतीक्षा करना। 4. to be on alert, सावधान रहना। 5. to guard carefully, पहरा देना, रखवाली करना। 6. to look out for, ताक में रहना। □ **keep watch,** पहरा देना; **watch it,** सावधान रहना; **watch oneself,** सावधानी बरतना; **watch one's steps,** सावधान होकर कोई काम करना; **watch out,** सावधान रहना। ***n.*** 1. the act of watching, अवलोकन, निगरानी। 2. a small portable timepiece, घड़ी। 3. a period of vigil, पहरा। 4. a watchman, पहरेदार। □ **on the watch,** सतर्क।

**watchdog** (वॉ़च्´-डॉग्) ***n.*** 1. a dog kept to guard property, रखवाला कुत्ता, प्रहरी कुत्ता। 2. one who guards, प्रहरी।

**watchful** (वॉ़च्´-फुल्) ***adj.*** alert or vigilant, सावधान या जागरूक।

**watchfulness** (वॉ़च्´-फुल्-निस्) ***n.*** alertness or vigilance, सावधानी, जागरूकता।

**watchmaker** (वॉ़च्´-मे-कॅ:) ***n.*** one who makes or repairs watches, घड़ीसाज़।

**watchmaking** (वॉ़च्´-मे-किंग्) ***n.*** the act of person who makes or repairs watches, घड़ीसाज़ी।

**watchman** (वॉ़च्´-मॅन्) ***n.*** one who is employed to guard buildings and property, पहरेदार, चौकीदार, प्रहरी।

**watchtower** (वॉ़च्´-टाउ-अॅ:) ***n.*** a tower on which a watchman keeps watch, वह बुर्ज जहाँ से पहरेदार निगरानी रखता हो।

**watchword** (वॉ़च्´-व़:ड्) ***n.*** 1. a password, संकेत शब्द, पारण-संकेत। 2. a slogan, नारा।

**water** (व़ा:´-टॅ:) ***n.*** 1. the liquid that descends from the clouds and found in rivers, oceans, lakes etc., पानी, जल। 2. any form of this liquid, पानी, जल। 3. a body of water, नदी, झील या समुद्र। 4. any fluid secreted from the body, पसीना, आँसू या पेशाब। 5. lustre or brilliance in a diamond, पानी, चमक। □ **above (the) water,** कठिनाइयों से उभरा हुआ; **by water,** जलमार्ग से, नाव या जहाज़ से; **hold water,** विश्वसनीय या प्रामाणिक सिद्ध करना; **in deep water,** मुसीबत में फँसा हुआ, कठिनाई में पड़ा हुआ; **make water,** पेशाब करना; **spend money like water,** पानी की तरह पैसा बहाना; **throw cold water on,** हतोत्साहत करना; **water under the bridge,** गई-गुज़री बातें, बीती बातें। ***v.*** (watered, watering) 1. to sprinkle with water, जल छिड़कना। 2. to make wet with water, तर करना, गीला करना। 3. to dilute with water, (पानी मिलाकर) पतला करना। 4. to irrigate, सींचना। 5. to secrete tears, आँसू बहाना। 6. to secrete saliva, मुँह से लार टपकाना।

7. to provide water, पानी देना। □ **make one's mouth water,** मुँह में पानी भर आना।

**water bird** *n.* a bird that swims in water, जलपक्षी।

**waterborne** (व़ाः-टॅः-बोःन्) *adj.* carried or conveyed by water, जलमार्ग से ले जाया जानेवाला, जलवाहित।

**water buffalo** *n.* a domestic buffalo, भैंस।

**water chestnut** *n.* an aquatic plant bearing nutlike fruit, सिंघाड़ा।

**water closet** *n.* a toilet flushed by water, जल-शौचालय।

**watercolour** (व़ाः-टॅः-कल्-अँः) *n.* 1. water-soluble pigment, पानी में घुलनेवाला रंग, जलरंग। 2. a painting executed in water colours, जलरंगों से बना चित्र, जलरंगा चित्र।

**watercourse** (व़ाः-टॅः-कोःस्) *n.* a stream or river, नदी, धारा।

**watercraft** (व़ाः-टॅः-क्राफ़्ट्/क्रैफ़्ट्) *n.* a vessel travelling on water, जलयान।

**watercress** (व़ाः-टॅः-क्रॅस्) *n.* a kind of creeper, जलकुंभी की जाति की लता।

**water cure** *n.* hydropathy, जल-चिकित्सा।

**water diviner** *n.* one who locates a place having water underground, जल-ज्योतिषी।

**watered** (व़ाः-टॅःड्) *adj.* (of fabric) having wavy marking, लहरिएदार (कपड़ा)।

**waterfall** (व़ाः-टॅः-फ़ाःल्) *n.* a steep descent of water from height, जलप्रपात।

**waterfowl** (व़ाः-टॅः-फ़ाउल्) *n.* a fresh water bird, बतख, सारस या मुर्गाबी, जल-कुक्कुट।

W

**waterfront** (व़ाः-टॅः-फ़्रन्ट्) *n.* the part of a city alongside a lake or river, नदी किनारे की बस्ती, तट-क्षेत्र।

**water gate** *n.* a gate in a canal to regulate flood waters, जल-कपाट, जलद्वार।

**water gauge** *n.* an instrument to find the depth of water or any other fluid, जलमापी।

**water hole** *n.* a water pond or pool, ताल।

**watering can** *n.* a container for sprinkling water, फौवारा, हज़ारा।

**watering place** *n.* a place where animals go to drink water, पशुओं के पानी पीने का स्थान, जल-स्थान।

**waterish** (वाः-टॅर्-इश्) *adj.* watery, पानी मिला, पानी जैसा पतला।

**waterless** (वाः-टॅः-लिस्) *adj.* without water, जलविहीन, निर्जल।

**waterlevel** (व़ाः-टॅः-लॅव्-अॅल्) *n.* the level reached by the body of water, जलस्तर।

**water lily** *n.* an acquatic plant having flowers that float on the surface of water, कमल।

**water line** *n.* the line along which the surface of water touches a ship's side, जल-रेखा।

**watterlogged** (व़ाः-टॅः-लाःग्ड्) *adj.* filled with water, जिसमें जल भरा हो, जल-जमाववाला।

**Waterloo** (व़ाः-टॅः-लू) *n.* 1. a small town in Belgium where British Army had defeated French Army in 1815, बेल्जियम का एक कस्बा, जहाँ ब्रिटिश सेना ने नेपोलियन की सेना को १८१५ में हराया था। 2. a decisive defeat, भारी पराजय। □ **meet one's Waterloo,** भारी पराजय सहना।

**waterman** (व़ाः-टॅः-मॅन्) *n.* a man who supplies drinking water, पानीवाला।

**watermark** (व़ाः-टॅः-माःक्) *n.* 1. a mark showing the height to which water has risen, जलचिह्न। 2. a mark impressed on paper (visible when the paper is held up to light), वाटरमार्क, जलचिह्न।

**watermelon** (व़ाः-टॅः-मॅल्-अॅन्) *n.* a large edible fruit with a sweet pulp, तरबूज।

**water mill** *n.* a mill driven by water power, पनचक्की।

**water nymph** *n.* any nymph of the water, जलपरी।

**water pipe** *n.* 1. a pipe for water, पाइप, नल। 2. a hookah, हुक्का, गुड़गुड़ी।

**water polo** *n.* a game played in water in which two teams try to score goals against each other, वाटर पोलो।

**waterpower** (व़ाः-टॅः-पाउ-अँः) *n.* the power obtained by flowing or falling water,

जल-शक्ति।

**waterproof** (वा़:´-टॅ:-प्रूफ़्) ***adj.*** not penetrable by water, जलरोधी, वाटरप्रूफ़।

**water-repellent** (वा़:´-टॅ:-रि-पॅल्-ॲन्ट्) ***adj.*** that resists the absorption of water, जलसह।

**watershed** (वा़:´-टॅ:-शॅड्) ***n.*** 1. a ridge that divides two rivers, जलविभाजक। 2. a turning point, मोड़।

**waterside** (वा़:´-टॅ:-साइड्) ***n.*** land bordering a river, lake or sea, तटीय क्षेत्र, तटक्षेत्र।

**water-skin** (वा़:´-टॅ:-स्किन्) ***n.*** a big leathern water bag, मशक।

**waterspout** (-स्पाउट्) ***n.*** 1. a column of water, जलस्तंभ। 2. a rainwater pipe, परनाला।

**water supply** ***n.*** the supply of water to the houses, factories etc., जलप्रदाय, जलपूर्ति।

**watertank** (वा़:´-टॅ:-टैंक्) ***n.*** a tank for storing water, पानी की टंकी।

**water tax** ***n.*** a tax levied on the consumption of water, जलकर।

**watertight** (वा़:´-टॅ:-टाइट्) ***adj.*** not permitting water to come in or out, जलरोधी।

**waterway** (वा़:´-टॅ:-वे) ***n.*** a navigable route, जलमार्ग।

**water wheel** ***n.*** a wheel turned by running or falling water, पनचक्की का पहिया।

**water wings** ***n.*** (plu.) a pair of rubber wings used while learning swimming, जलपंख।

**waterworks** (वा़:´-टॅ:-व़:क्स्) ***n.*** (plu.) an establishment of buildings, reservoirs, tanks, pumps and pipes for supplying water to the community, जल-कल।

**watery** (वा़:´-टॅर्-ई) ***adj.*** (waterier, wateriest) 1. containing or relating to water, जलीय। 2. like water diluted, पनीला, पानी-जैसा पतला, पानी की तरह पतला। 3. secreting or discharging water, जिसमें से पानी निकल रहा हो। 4. tearful, आँसू-भरा, रुआँसा। 5. (of colours) pale, पीला। 6. lifeless, निर्जीव।

**watt** (वॉट्) ***n.*** unit of electric power, विद्युत शक्ति की इकाई, वाट।

**wattage** (वॉट्´-इज्) ***n.*** electric power measured in watts, वाट-संख्या, वाटेज।

**wattle** (वॉट्´-ॲल्) ***n.*** 1. a framework of bamboos, twigs, branches etc., for use in construction, ठट्ठर। 2. a loose fleshy fold of skin hanging from the neck of certain birds, ललटी।

**wave** (वेव्) ***n.*** 1. a ridge moving along the surface of water, लहर, तरंग। 2. a curve or succession of curves in or on a surface, लहरिया, तरंगावली। 3. a curve in the hair, बालों का घुमाव, घूँघर। 4. a wave-like motion, (ताप, प्रकाश, ध्वनि आदि की) तरंग। 5. a sudden rise, बढ़ाव, बाढ़; a wave of attackers, आक्रमणकारियों की बाढ़। 6. a spell, दौर; a wave of anger, क्रोध का दौर। □ **attack in waves,** हल्ले पर हल्ला बोलते चलना। ***v.*** (waved, waving) 1. to move like waves, तरंगित होना। 2. to move to and fro, लहराना, फहरना या फहराना। 3. to move (one's hand, हाथ) हिलाना या (इस प्रकार) संकेत करना। 4. to set waves in, to make wavy, लहरिएदार बनाना। □ **wave aside,** ख़ारिज कर देना, निरस्त कर देना; **wave down,** (यान या उसके सवार को) रुकने का संकेत करना।

**waveband** (वेव्´-बैंड्) ***n.*** a range of radio frequencies, तरंग-पट्टी, वेवबैंड।

**wavelength** (वेव्´-लेंङ्ग्थ्) ***n.*** the distance between corresponding points in a sound wave, तरंगदैर्घ्य, वेवलेंग्थ। □ **on someone's wavelength,** किसी के विचार के अनुरूप।

**wavelet** (वेव्´-लिट्) ***n.*** a small wave, छोटी लहर, लहरी, उर्मि।

**waver** (वे´-वॅ:) ***v.*** 1. to be unable to decide, अनिश्चय की स्थिति में होना, विचलित होना, आगा-पीछा करना, हिचकना। 2. to quiver or lurch, काँपना या डगमगाना। 3. to flicker, (प्रकाश का) झिलमिलाना, टिमटिमाना। ***n.*** the act of wavering, कंपन; हिचक; झिलमिल।

**wavy** (वे´-वी) ***adj.*** (wavier, waviest) 1. full

W

of waves, लहराता हुआ, तरंगित। 2. set in waves, घुँघराला। 3. of wavelike curves, लहरिएदार।

**wax**[1] (वै़क्स्) ***n.*** 1. a substance secreted by bees and used by them for constructing a honeycomb, beewax, मोम। 2. a wax-like susbstance obtained from petroleum, मोम। 3. a substance used in sealing letters, लाख। 4. a waxlike substance found in the ears, कान की मैल, खूँट। ***v.*** (waxed, waxing) 1. to rub or polish with wax, मोम से रगड़ना, मोम से पालिश करना। 2. to coat with wax, मोम की परत चढ़ाना, मोम करना, या लगाना।

**wax**[2] ***v.*** 1. to increase gradually in size, numbers, quantity, prosperity etc., बढ़ना, बढ़ोतरी होना। 2. to become or grow, होना, बनना; They waxed fat. वे मोटे हो गए या मोटा गए। □ **wax and wane,** बढ़ना और क्षीण होना, उत्कर्ष पर जाना और (फिर) अपकर्ष होना। ***n.*** 1. increase, बढ़ोतरी, बढ़ती। 2. the period from new moon to the full phase of the moon, शुक्लपक्ष।

**waxcloth** (वै़क्स्´-क्लॉथ्) ***n.*** cloth treated with wax, मोमजामा, मोमी कपड़ा।

**waxed paper** ***n.*** a paper treated or coated with wax, मोमी कागज़।

**waxen** (वै़क्´-सॅन्) ***adj.*** 1. treated or covered with wax, मोमी, मोमिया। 2. like wax, मोम जैसा, चिपचिपा। 3. smooth, चिकना।

W

**waxiness** (वै़क्´-सि-निस्) ***n.*** the state or quality of being waxy, मोमीपन।

**waxwork** (वै़क्स्´-वॅ़:क्) ***n.*** 1. a figure or effigy made of wax, मोती प्रतिमा, मोमी कलाकृति, मोम का पुतला। 2. (plu.) a museum of wax figures, मोमी संग्रहालय।

**waxy** (वै़क्´-सी) ***adj.*** (waxier, waxiest) 1. made of wax, मोम का बना। 2. covered with wax, मोमी। 3. like wax, मोम जैसा, चिपचिपा या चिकना।

**way** (वे़) ***n.*** 1. a thoroughfare for travel or transportation, path, road, पथ, रास्ता, मार्ग। 2. a usual, customary route, सामान्य या बँधा रास्ता। 3. a manner or method of doing something, ढंग, पद्धति, तरीका। 4. a device or means, युक्ति, साधन। 5. room enough to pass or proceed, जगह, रास्ता। 6. distance, दूरी, फ़ासला। 7. a specific direction, कोई या विशिष्ट दिशा; Which way did he go? वह किस ओर गया है ? 8. a custom, रिवाज, प्रथा। 9. advancement or progress, उन्नति, बढ़ोतरी, प्रगति। 10. a state, condition, अवस्था, स्थिति। 11. wish or will, इच्छा, ख़्वाहिश। 12. a particular aspect of something, पहलू, पक्ष, दृष्टि। □ **a little way,** थोड़ी दूर; **a long way,** बहुत दूर; **be in a family way,** गर्भवती होना; **be in the way,** बाधक होना, रास्ते का काँटा होना; **be on the way,** मार्ग में होना, रास्ते में होना; **by the way,** (i) ऐसे ही, वैसे ही, यों ही; **come one's way,** कार्यक्षेत्र या सीमा में आना, रास्ते में आना, प्राप्त या सुलभ होना, मिलना; **give way,** (i) रास्ते से हट जाना, (ii) टूट या ढह जाना; **give way to,** झुक जाना; **go out of one's way,** सही या उचित रास्ते से हटकर काम करना, सामान्य से भिन्न आचरण करना; **in every way,** हर प्रकार से; **in no way,** किसी तरह नहीं; **in some ways,** कुछ बातों में; **in the way,** बाधक होनेवाला, रोड़ा; **look the other way,** मुँह फेर लेना, उपेक्षा करना; **make way,** रास्ता या जगह बनाना, रास्ता या जगह निकालना; **on one's way,** मार्ग में या यात्रा के दौरान; **on the way,** (i) रास्ते में, (ii) पेट में, गर्भ में; **out of the way,** (i) रास्ते से हटकर, (ii) अनुचित, ग़लत; **pave the way for,** मार्ग प्रशस्त करना, रास्ता बनाना; **see one's way,** (i) इच्छुक होना, (ii) अपना रास्ता स्वयं बनाना; **take one's way,** रास्ता पकड़ना, चल देना; **under way,** (i) आगे बढ़ता हुआ, (ii) प्रगति पथ पर होनेवाला; **way in,** अंदर (जाने का रास्ता); **way out,** बाहर (जाने का रास्ता)।

**waybill** (वे़´-बिल्) ***n.*** a paper giving a list of the goods carried by a transport vehicle, मार्ग-पत्रक।

**wayfarer** (वे´-फ़ेंअर्-अ:) ***n.*** a traveller especially on foot, यात्री, पर्यटक, बटोही।

**wayfaring** (वे´-फ़ेंअर्-इंग्) ***n.*** travelling especially on foot, यात्रा, सफ़र, पैदल सफ़र।

**waylay** (वे-ले´) ***v.*** (waylaid, waylaying) to lie in wait for and attack, घात में बैठना, रास्ते में रोककर लूट लेना।

**wayless** (वे´-लिस्) ***adj.*** having no path or road, बिना रास्ते का, पथहीन।

**way-out** (वे-आउट्´) ***adv.*** far-out, बाहर।

**ways** (वेज़्) ***suffix.*** manner or direction, ढंग या दिशा का सूचक प्रत्यय; sideways, तिरछे।

**ways and means** ***n.*** (plu.) methods and resources for accomplishing something, उपाय और साधन, अर्थोपाय।

**wayside** (वे´-साइड्) ***n.*** 1. the side of a road, सड़क का किनारा। 2. the land bordering a road, सड़क के किनारे की भूमि।

**wayward** (वे´-वॅ:ड्) ***adj.*** fickle or erratic, ढुलमुल, चंचल, अस्थिर।

**wayworn** (वे´-वॉ:न्) ***adj.*** tired with travel, यात्रा से थककर चूर, थका-माँदा।

**we** (वी) ***pron.*** 1. used to refer to the speaker or writer and another or others, हम, हम लोग। 2. used instead of I, 'मैं' के लिए प्रयुक्त।

**weak** (वीक्) ***adj.*** (weaker, weakest) 1. lacking physical or mental strength or vigour, कमज़ोर, दुर्बल, निर्बल, अशक्त। 2. lacking power, शक्तिहीन, अशक्त। 3. not forceful, निस्तेज, दुर्बल, लचर; weak argument, लचर दलील। 4. faint or feeble, हलका, मंद, क्षीण। 5. dilute, पतला, पनीला। 6. (of verbs) forming the past tense and past participle forms by means of ed, d or t suffixes, निर्बल।

**weaken** (वी´-कॅन्) ***v.*** 1. to become weak, कमज़ोर हो जाना। 2. to make weak, कमजोर कर देना।

**weak-kneed** (वीक्´-नीड्) ***adj.*** 1. timid, भीरु, कायर। 2. irresolute, ढुलमुल, डाँवाँडोल।

**weakling** (वीक्´-लिंग्) ***n.*** one who is weak in body, character or mind, निर्बल प्राणी।

**weakly** (वीक्´-ली) ***adj.*** (weaklier, weakliest) not robust, feeble, कमज़ोर, निर्बल, दुर्बल। ***adv.*** in a weak manner, दुर्बलता से।

**weak-minded** (वीक्´-माइन्-डिड्) ***adj.*** feeble-minded, बोदा, भोंदू।

**weakness** (वीक्´-निस्) ***n.*** 1. the quality or state of being weak, कमज़ोरी, दुर्बलता। 2. a weak point, failing, कमज़ोरी, कमी, अवगुण। 3. a special fondness or liking, चाहत, कमज़ोरी।

**weal[1]** (वील्) ***n.*** a raised mark on the skin produced by a blow, साँट, नील।

**weal[2]** ***n.*** well-being, prosperity, कल्याण, समृद्धि; public weal, जनकल्याण, जनहित।

**wealth** (वेल्थ्) ***n.*** 1. a great quantity of money and valuable possessions, धन-संपत्ति, धन-दौलत। 2. a great quantity, प्रचुरता, प्राचुर्य, बहुतायत।

**wealth tax** ***n.*** a tax levied on wealth, संपत्ति-कर, संपदा-कर।

**wealthiness** (वेल्´-दि-निस्) ***n.*** the state or quality of being wealthy, अमीरी, रईस।

**wealthy** (वेल्´-दी) ***adj.*** (wealthier, wealthiest) 1. rich, अमीर, धनी। 2. of or pertaining to wealth, धन-संबंधी। 3. abounding, प्रचुर, बहुल।

**wean** (वीन्) ***v.*** 1. to cause (a young mammal) to give up sucking, दूध छुड़ाना, स्तनपान छुड़ाना। 2. to cause to give up (a former habit, पुरानी आदत) छुड़ाना; Wean him from bad company, उसे बुरी संगत से छुड़ाओ।

**weapon** (वेप्´-अॅन्) ***n.*** 1. an instrument or object used to attack or to defend oneself from attack, अस्त्र-शस्त्र, हथियार। 2. a means of getting the better of someone, अस्त्र।

**weaponry** (वेप्´-अॅन्-री) ***n.*** weapons collectively, अस्त्र-शस्त्र, हथियार, आयुध।

**wear[1]** (विअ:) ***v.*** (wore, worn, wearing) 1. to put on (a garment, कोट, कमीज़, वस्त्र, टोप आदि) पहनना, धारण करना। 2. to have on one's person habitually, बराबर

पहनना। 3. to endure continued use, चलना, ख़ूब चलना। 4. to show or exhibit, लाना, प्रकट करना, प्रदर्शित करना; to wear a smile, चेहरे पर मुस्कराहट लाना। 5. (to cause) to deteriorate by long hard use, घिसना, घिस डालना। 6. to produce or be produced by constant rubbing, friction etc., (छेद आदि) रगड़कर बनाना या रगड़ने से बनना। 7. to pass gradually, धीरे-धीरे बीतना, व्यतीत होना। 8. to accept, स्वीकार करना, मानना। ☐ **wear down,** (i) घिस डालना या घिस जाना; (ii) पराभूत कर देना, प्रतिरोध या दबाव से शिथिल कर देना; **wear off,** (i) घटना या घटाना, (ii) लुप्त होना या करना, उड़ जाना या उड़ा देना; **wear out,** (i) घिस जाना या घिस डालना, (ii) थककर चूर हो जाना।

**wear[2]** (विअॅ:) ***n.*** 1. the act of wearing or the state of being worn, पहनने की क्रिया या पहने होने की अवस्था, पहनाव। 2. clothing, पोशाक, परिधान; men's wear, पुरुषों के परिधान। 3. gradual deterioration or damage resulting from use or attrition, घिसाव, छीज। 4. the capacity to resist the effects of constant use, टिकाऊपन।

**wearable** (वेंअॅर्´-अॅ-बॅल्) ***adj.*** able to be worn, पहनने योग्य।

**wear and tear** ***n.*** damage or depreciation sustained as a result of ordinary use, टूट-फूट, कट-फट, क्षय, छीजन।

**weariness** (विअॅर्´-इ-निस्) ***n.*** tiredness, थकावट, थकान।

W

**wearing** (विअॅर्´-इंग्) ***adj.*** causing fatigue, थकानेवाला, थकाऊ।

**wearisome** (विअॅर्´-इ-सॅम्) ***adj.*** 1. causing fatigue, थकानेवाला, थकाऊ। 2. boring, उबाऊ।

**weary** (विअॅर्´-ई) ***adj.*** 1. tired, थका हुआ, श्रांत। 2. tiring, थकानेवाला। 3. tired of something, ऊबा हुआ। 4. dispirited, उदासीन। ***v.*** (wearied, wearying) 1. to make weary, थका या ऊबा देना। 2. to become weary, थक या ऊब जाना।

**weasand** (विज़्´-अॅन्ड्, वीज़्´-अॅन्ड्) ***n.*** a throat or windpipe, गला या श्वासनली।

**weasel** (वी´-ज़ॅल्) ***n.*** 1. a small slender carnivorous mammal with a brown fur, नेवला। 2. a sly person, धूर्त व्यक्ति।

**weaselly** (वीज़्´-अॅ-ली) ***adv.*** slyly, धूर्ततापूर्वक।

**weather** (वेंद्´-अॅ:) ***n.*** the condition of the atmosphere of a particular place and time, मौसम, ऋतु। ☐ **keep one's weather eye open,** सतर्क रहना; **under the weather,** अस्वस्थ। ***v.*** 1. to expose to open air, खुले में रखना, हवा में रखना, हवा दिखाना। 2. to undergo changes due to the action of the weather, वातावरण या मौसम से प्रभावित होना। 3. to pass safely through, सकुशल पार होना, झेलना और बचकर निकल आना।

**weather-beaten** (वेंद्´-अॅ:-बी-टॅन्) ***adj.*** damaged by exposure to weather, धूप, बरसात, ठंड आदि से जो ख़राब हो गया हो।

**weather-bound** (वेंद्´-अॅ:-बाउन्ड्) ***adj.*** delayed by rough weather, ख़राब मौसम के कारण जो गंतव्य तक न पहुँच सका हो या जिसे यात्रा स्थगित करनी पड़ी हो।

**weather-cock** (वेंद्´-अॅ:-कॉक्) ***n.*** a blade or plate in the shape of a cock that indicates wind direction, वायुदिशासूचक।

**weather forecast** ***n.*** a forecast about the weather, मौसम पूर्वानुमान, मौसम का हाल।

**weatherproof** (वेंद्´-अॅ:-प्रूफ़्) ***adj.*** able to withstand exposure to weather without deterioration, ऋतुसह।

**weatherworn** (वेंद्´-अॅ:-वॉ:न्) ***adj.*** worn by exposure to the weather, धूप, बरसात, ठंड आदि से जो ख़राब हो गया हो, ऋतु-विकृत।

**weave** (वीव्) ***v.*** (wove/weaved, woven, weaving) 1. to form (a fabric) by interlacing woof and warp threads on a loom, बुनना, बुनाई करना। 2. to make by such a process, बुनकर तैयार करना, जैसे टोकरी, चटाई आदि बुनना। 3. to spin or form (a cobweb, जाला) बुनना। 4. to contrive, गढ़ना, रचना। 5. to move in a zigzag course, टेढ़े-मेढ़े चलना; He weaved his way through the crowd. वह भीड़ को चीरता हुआ निकल गया। □ **get weaving,** जल्दी करना। ***n.*** the act, process or pattern of weaving, बुनाई, बुनावट।

**weaver** (वीव्´-अॅ:) ***n.*** one whose occupation is weaving, बुनकर, जुलाहा।

**weaverbird** (वीव्´-अॅ:-ब:ड्) ***n.*** a bird that builds a nest of interlaced vegetation, बया पक्षी।

**web** (वेब्) ***n.*** 1. a mesh of fine strands made by a spider, मकड़ी का जाला। 2. a network, जाल; web of deceit, धोखे की टट्टी। 3. a membrane connecting the toes of duck, frogs etc., झिल्ली। 4. any intricate structure, जटिल या पेचीदी रचना। 5. a snare, फंदा, जाल। ***v.*** (webbed, webbing) 1. to construct a web, जाला बुनना। 2. to ensnare, जाल में फँसाना।

**webbed** (वेब्ड्) ***adj.*** having the digits (of the feet) connected by a membrane, जालपाद।

**web-footed** (वेब्´-फुट्´-इड्) ***adj.*** having the toes connected by membrane, जालपाद।

**wed** (वेड्) ***v.*** (wed/ wedded, wedding) 1. to marry, विवाह करना। 2. to perform the marriage ceremony for, विवाह कराना। 3. to bind or unite, संयुक्त करना, जोड़ना।

**wedded** (वेड्´-इड्) ***adj.*** 1. married, विवाहित। 2. bound or united, बँधे हुए, संयुक्त।

**wedding** (वेड्´-इंग्) ***n.*** 1. the act of marrying, विवाह, शादी। 2. the marriage ceremony, विवाह की रस्म, विवाहोत्सव। 3. the anniversary of a marriage, विवाह-दिवस। 4. a blending together, मिश्रण, गठजोड़।

**wedding cake** ***n.*** a cake served at a wedding reception, शादी का केक, वेडिंग केक।

**wedding card** ***n.*** a card sent for inviting someone to attend a marriage ceremony or party, शादी का कार्ड।

**wedding day** ***n.*** the day or anniversary of a wedding, शादी का दिन, विवाह-दिवस।

**wedding ring** ***n.*** a ring placed on the bride's finger at the time of marriage ceremony by the bridegroom, शादी की अँगूठी।

**wedge** (वेंज्) ***n.*** 1. a piece of wood or metal that can be driven between the tightening, splitting etc., पच्चर, फन्नी। 2. something that tends to cause division, विभाजन करनेवाली बात। ***v.*** (wedged, wedging) 1. to tighten by using a wedge, फन्नी लगाना, पच्चर जड़ना। 2. to split with a wedge, पच्चर लगाकर अलग-अलग करना।

**wedlock** (वेड्´-लॉक्) ***n.*** the state of being married, विवाहित अवस्था, वैवाहिक बंधन। □ **born out of wedlock,** जारज।

**Wednesday** (वेन्ज़्´-डे) ***n.*** the day of the week following Tuesday, बुधवार।

**wee**[1] (वी) ***adj.*** (weer, weest) very small, अत्यंत छोटा, लघु; a wee bit, कुछ-कुछ।

**wee**[2] ***v.*** (weed, weeing) to urinate, मूतना, पेशाब करना। ***n.*** urine, मूत्र, पेशाब।

**wee hours** ***n.*** (plu.) the hours soon after midnight, आधी रात के ठीक बाद का समय।

**weed** (वीड्) ***n.*** 1. a wild and useless plant that grows among cultivated plants, घास-पात, खर-पतवार, घास-फूस आदि। 2. a thin unattractive person, सींक-सलाई। ***v.*** to remove weed from, निराई करना, निराना। □ **weed out,** निकाल बाहर करना।

**weedy** (वीड्´-ई) ***adj.*** full of weeds, खर-पतवार से भरा।

**week** (वीक्) ***n.*** a period of seven successive days, सप्ताह, हफ्ता। □ **week after week,** सप्ताह पर सप्ताह; **week by week,** हर सप्ताह; **week in week out,** हर सप्ताह।

**weekday** (वीक्´-डे) ***n.*** a day other than Sunday, सोम से शनि तक का कोई दिन।

**weekend** (वीक्´-ऍन्ड्) ***n.*** the period from Friday night or Saturday night to Monday morning, शुक्र या शनि की रात से सोम की सुबह तक की अवधि, सप्ताहांत। ***v.*** to spend a weekend, सप्ताहांत बिताना।

**weekends** (वीक्´-ऍन्ड्ज़्) ***adv.*** regularly every weekend, हर सप्ताहांत में।

**weekender** (वीक्´-ऍन्-डॅ:) ***n.*** one who

W

spends weekend holidays, सप्ताहांत की छुट्टी मनानेवाला।

**weekly** (वीक्´-ली) ***adj.*** occurring, happening or payable once a week, साप्ताहिक, हफ़्तेवारी; weekly holiday, साप्ताहिक छुट्टी, weekly hours, साप्ताहिक कार्य-घंटे। ***adv.*** once a week, every week, हर सप्ताह, प्रति सप्ताह। ***n.*** a weekly newspaper or magazine, साप्ताहिक।

**weeny** (वी´-नी) ***adj.*** (weenier, weeniest) very small, अत्यंत लघु, बहुत छोटा, नन्हा।

**weep** (वीप्) ***v.*** (wept, weeping) 1. to shed tears, आँसू बहाना, रोना। 2. to lament, or bewail, रोना, विलाप करना। 3. to ooze, रिसना, टपकना। 4. to exude a watery fluid, (फोड़े में से) मवाद निकलना। ***n.*** a spell of weeping, रुदन; रुलाई।

**weepy** (वी´-पी) ***adj.*** (weepier, weepiest) 1. inclined to weep, रो देनेवाला, रोना। 2. tearful, रुआँसा।

**weevil** (वी´-विल्) ***n.*** a small beetle feeding on plants and plant products, घुन।

**weeviled** (वी´-विल्ड्) ***adj.*** afflicted by weevils, घुन-लगा।

**weewee** (वी´-वी) ***v.*** to urinate, मूतना, पेशाब करना। (बच्चों के लिए प्रयुक्त)

**weft** (वेंफ़्ट्) ***n.*** crosswise threads of the fabric, बाना।

W

**weigh** (वे) ***v.*** 1. to measure the heaviness of an object by means of scales or a balance, तौलना, वज़न करना। 2. to have weight, वज़न होना, भार होना। 3. to ponder or consider carefully, विचार करना, महत्त्व आँकना। 4. to be influential, प्रभावी होना; The evidence will weigh heavily against him. साक्ष्य उसके विरुद्ध भारी पड़ेगा। 5. to be burdensome, भार होना। ☐ **weigh down,** दबाना, भार डालना; **weigh in,** वज़न करना या लेना; **weigh one's words,** शब्दों को तौलकर अर्थात् समझ-बूझकर प्रयुक्त करना।

**weighbridge** (वे´-ब्रिज्) ***n.*** a platform for weighing vehicles, काँटा, तुला-चौकी।

**weighing machine** ***n.*** a machine for weighing, तुला, काँटा।

**weight** (वेट्) 1. the amount that something weighs, वज़न, भार, गुरुत्व। 2. a unit or system of units by which weight is measured, बाट-माप, बाट-माप प्रणाली। 3. a piece of metal, stone etc., used in weighing, बाट, बटखरा। 4. a burden, बोझ, भार। 5. importance, महत्त्व। 6. great force or influence, प्रभाव। ☐ **by weight,** वज़न से, तौल से; **carry weight,** महत्त्वपूर्ण या प्रभावी होना; **pull one's weight,** अपना अंशदान करना, अपना ज़ोर लगाना; **throw one's weight about,** धौंस जमाना। ***v.*** 1. to add weight to, भार डालना या वज़न बढ़ाना। 2. to overburden or oppress, बहुत अधिक लाद देना, दबा देना। 3. to weigh, तौलना; Facts are weighted in his favour. तथ्य उसके पक्ष में हैं।

**weightage** (वेट्´-इज्) ***n.*** additional representation, अधिप्रतिनिधित्व।

**weightiness** (वे´-टि-निस्) ***n.*** the quality or state of being weighty, भारीपन, भार, बोझ।

**weightless** (वेट्´-लिस्) ***adj.*** having no weight, भारहीन, गुरुत्वहीन।

**weightlifting** (वेट्´-लिफ़्-टिंग्) ***n.*** the sport of lifting heavy weights, भारोत्तोलन।

**weighty** (वे´-टी) ***adj.*** (weightier, weightiest) 1. heavy, भारी, वज़नदार, वज़नी। 2. burdensome, बोझिल, भारी। 3. important, महत्त्वपूर्ण, वज़नी। 4. causing worry, serious, चिंताकारक, चिंताजनक।

**weir** (विअॅ:) ***n.*** a small dam, छोटा बाँध।

**weird** (विअॅ:ड्) ***adj.*** 1. strange, odd, विचित्र, अजीब। 2. mysterious, supernatural, रहस्यपूर्ण, लोकोत्तर।

**welcome** (वेंल्´-कॅम्) ***v.*** 1. to greet the arrival (of a guest, अतिथि का) स्वागत करना, अगवानी करना। 2. to greet hospitably and with courtesy, आदर-सत्कार करना, आवभगत करना। 3. to accept gladly, ख़ुशी से ग्रहण करना। ***n.*** 1. the act of greeting (a guest, अतिथि का) स्वागत, अभिनंदन। 2. the act of receiving a guest hospitably, स्वागत, आदर-सत्कार, आवभगत; warm welcome, हार्दिक स्वागत। *adj.* 1. gladly accepted or received, ख़ुशी-ख़ुशी अपनाया या ग्रहण किया हुआ। 2. bringing pleasure, सुखद, सुखदायक। 3. freely invited or permitted, स्वागत योग्य। *interj.* used to express a greeting to a guest upon his arrival, आपका स्वागत।

**weld** (वॆ़ल्ड्) *v.* (welded, welding) 1. to join metal pieces by heating, hammering or pressure, झलाई करना, वेल्ड करना। 2. to unite, जोड़ना, एक करना। 3. to make by welding, झलाई द्वारा बनाना। *n.* a joint made by welding, जोड़।

**welder** (वॆ़ल्´-डः) *n.* one who welds, झलाईगर, वेल्डर।

**welding** (वॆ़ल्´-डिंग्) *n.* the act of a person who welds, झलाई, वेल्डिंग, वेल्डन; welding rod, जोड़-मसाला, वेल्डिंग राड।

**welfare** (वॆ़ल्´-फ़ॆअ:) *n.* well being, भलाई, कल्याण, हित।

**welfare centre** *n.* कल्याण-केंद्र।

**welfare state** *n.* कल्याणकारी राज्य।

**welkin** (वॆ़ल्´-किन्) *n.* the sky, आकाश, आसमान।

**well**[1] (वॆ़ल्) *n.* 1. a pit below the earth surface to obtain water, oil, gas etc., कुआँ, कूप। 2. a spring or fountain, सोता, झरना। 3. a source, स्रोत। 4. a container or reservoir, आधान, कुंड। 5. a deep enclosed space for a staircase or elavator, कूपक। *v.* to rise up or gush, ऊपर उठना, उमड़ पड़ना, बह निकलना; Tears welled up in her eyes. उसकी आँखों से आँसू उमड़ पड़े।

**well**[2] *adj.* (better, best) 1. in good health, स्वस्थ। 2. cured, healed, जो चिकित्सा से चंगा हो गया हो। 3. suitable, proper, सही, उचित। 4. in a good condition, ठीक-ठाक, ठीक। □ **well enough,** संतोषजनक; **well and good,** ठीक; **well off,** समृद्ध, संपन्न। *adv.* (better, best) 1. in a good or proper manner, thoroughly, अच्छी तरह से, सही ढंग से, भली-भाँति। 2. skillfully, कुशलता से। 3. satisfactorily, संतोषजनक ढंग से। 4. carefully, सावधानी से। 5. kindly, favourably, उदारतापूर्वक, कृपापूर्वक, दयाभाव से। 6. perfectly, पूरी तरह से। 7. sufficiently, पर्याप्त मात्रा में। 8. prudently, विवेकपूर्वक। 9. successfully, सफलतापूर्वक। 10. too much, बहुत अधिक; I am well over fifty. मैं पचास से कहीं अधिक हूँ। □ **all very well,** सब ठीक ही है। (व्यंग्य-सूचक); **as well, as well as,** के अतिरिक्त, भी, साथ ही; **just as well,** वैसा ही ठीक है; **leave well alone,** अकेले ही छोड़ दो; **stand well with,** से अच्छा संबंध होना। *interj.* an exclamation used to express surprise, relief or resignation, अच्छा! ओह! भला!

**well-advised** (वॆ़ल्-अॅड्-वाइज़्ड्´) *adj.* well-counselled, सुमंत्रित।

**well-appointed** (वॆ़ल्-अॅ-पॉइन्´-टिड्) *adj.* excellently equipped, सुसज्जित।

**well-armed** (वॆ़ल्´-आःम्ड्) *adj.* equipped with arms, शस्त्रसज्जित।

**well-balanced** (वॆ़ल्-बॅल्´-अॅन्स्ड्) *adj.* 1. exactly balanced, संतुलित। 2. sane, समझदार, सयाना।

**well-behaved** (वॆ़ल्-बि-हेव्ड्´) *adj.* behaving well, सुशील, व्यवहारशील।

**well-being** (वॆ़ल्-बी´-इंग्) *n.* 1. the state of being healthy, happy or prosperous, स्वस्थ, सुखी या समृद्ध होने की अवस्था, संपन्नता, सुख-समृद्धि। 2. welfare, कल्याण, हित।

**wellborn** (वॆ़ल्´-बॉःन्) *adj.* born of good family, कुलीन, भले घर का।

**well-bred** (वॆ़ल्´-ब्रॆड्´) *adj.* 1. of good breed, अच्छी नस्ल का। 2. well-mannered, शिष्ट।

**well-built** (वॆ़ल्-बिल्ट्´) *adj.* having good constitution, अच्छी क़द-काठीवाला।

**well-chosen** (वॆ़ल्-चो´-ज़ॅन्) *adj.* chosen with care, सुचयनित।

**well-connected** (वॆ़ल्-कॅ-नॆक्´-टिड्) *adj.* having relation with good families, जिसका संबंध अच्छे परिवारों से हो, सुसंबंधित।

**well-content** (वॆ़ल्-कॅन्-टॆन्ट्´) *adj.* fully sat-

W

isfied, पूर्ण संतुष्ट।

**well-defined** (वे़ल्-डि-फ़ाइन्ड्´) ***adj.*** thoroughly defined, सुपरिभाषित, पूर्णत: स्पष्ट।

**well-developed** (वे़ल्-डि-वेल्´-अप्ड्) ***adj.*** fully developed, सुविकसित।

**well-disposed** (वे़ल्´-डिस्-पोज़्ड्´) ***adj.*** favourable, अनुकूल।

**well-done** (वे़ल्´-डन्) ***adj.*** 1. performed with skill, कुशलतापूर्वक किया हुआ। 2. thoroughly cooked, अच्छी तरह पका या पकाया हुआ। ***interj.*** an exclamation of approval of another's action, बहुत अच्छा! शाबाश!

**well-dressed** (वे़ल्-ड्रेस्ड्´) ***adj.*** dressed appropriately, सुवस्त्रित, सजा-धजा, बना-ठना।

**well-earned** (वे़ल्-अ:न्ड्´) ***adj.*** earned in a right manner, सुअर्जित।

**well-favoured** (वे़ल्-फ़े´-वं:ड्) ***adj.*** good-looking, सुंदर।

**well-fed** (वे़ल्-फ़ेड्´) ***adj.*** plump, हट्टा-कट्टा, स्वस्थ।

**well-found** (वे़ल्-फ़ाउन्ड्´) ***adj.*** properly equipped, सुसज्जित।

**well-founded** (वे़ल्-फ़ाउन्´-डिड्) ***adj.*** based on facts, तथ्यों पर आधारित, सु-आधारित।

**well-furnished** (वे़ल्-फ़:´-निश्ड्) ***adj.*** appropriately furnished, सुसज्जित।

**well-groomed** (वे़ल्-ग्रूम्ड्´) ***adj.*** having tidy appearance, सजा-सँवरा, साफ़-सुथरा।

**well-handled** (वे़ल्-हैन्´-डॅल्ड्) ***adj.*** efficiently handled, सुसंचालित।

**well-heeled** (वे़ल्-हील्ड्´) ***adj.*** rich, धनी।

**well-informed** (वे़ल्-इन्-फ़ा:म्ड्´) ***adj.*** having considerable knowledge of a subject or many subjects, बहुश्रुत, बहुविज्ञ।

**well-intentioned** (वे़ल्-इन्-टेन्´-शॅन्ड्) ***adj.*** having good intentions, नेकनीयत।

**well-knit** (वे़ल्´-निट्) ***adj.*** having a compact body, सुगठित।

**well-known** (वे़ल्-नोन्´) ***adj.*** widely known, (famous or notorious), विख्यात।

**well-made** (वे़ल्-मेड्´) ***adj.*** made with care, सुनिर्मित।

**well-mannered** (वे़ल्-मैन्´-अॅ:ड्) ***adj.*** having good manners, शिष्ट, शिष्टतापूर्ण।

**well-meaning** (वे़ल्-मीन्´-इंग्) ***adj.*** done with good intentions, नेकनीयती से किया जानेवाला, सदाशयपूर्ण।

**well-meant** (वे़ल्-मेंन्ट्´) ***adj.*** well-meaning, सदाशयपूर्ण।

**well-nigh** (वे़ल्-नाइ´) ***adv.*** almost, करीब-करीब।

**well-off** (वे़ल्-आ:फ़्) ***adj.*** fairly rich, धनी, धनाढ्य, सुसंपन्न।

**well-oiled** (वे़ल्-ऑइल्ड्´) ***adj.*** drunk, नशे में धुत।

**well-ordered** (वे़ल्-ऑ:´-डॅ:ड्) ***adj.*** carefully arranged, सुव्यवस्थित।

**well-planned** (वे़ल्-प्लैन्ड्´) ***adj.*** carefully planned, सुनियोजित।

**well-preserved** (वे़ल्-प्रि-ज़ॅ:व्ड्´) ***adj.*** of good condition inspite of age, सुस्थित, स्वस्थ।

**well-read** (वे़ल्-रेड्´) ***adj.*** having read extensively, बहुपठित।

**well-reasoned** (वे़ल्-री´-ज़ॅन्ड्) ***adj.*** based on clear reasoning, सुविचारित।

**well-seasoned** (वे़ल्-सी´-ज़ॅन्ड्) ***adj.*** thoroughly seasoned with condiments, मसालेदार।

**well-spoken** (वे़ल्-स्पो´-कॅन्) ***adj.*** 1. properly spoken, सुकथित। 2. speaking in a polite way, मृदुभाषी।

**well-thought-out** (वे़ल्-थॉट्-आउट्) ***adj.*** carefully planned, जिसकी योजना सावधानी से बनाई गई हो।

**well-timed** (वे़ल्-टाइम्ड्´) ***adj.*** timely, समयोचित।

**well-to-do** (वे़ल्-टॅ-डू´) ***adj.*** well-off, समृद्ध, संपन्न, धनी।

**well-travelled** (वे़ल्-ट्रैव्´-अॅल्ड्) ***adj.*** extensively travelled, जो ख़ूब घूमा-फिरा हो।

**well-turned** (वे़ल्-ट:न्ड्´) ***adj.*** 1. shaped well, सुरूपायित। 2. neatly expressed, सुव्यक्त।

**well-wisher** (वे़ल्-विश्´-अॅ:) ***n.*** one who wishes well to another, शुभचिंतक, हितैषी।

**Welsh** (वे़ल्श्) ***adj.*** of Wales, its people or

language, वेल्स-संबंधी, वेल्स के लोगों या उनकी भाषा से संबद्ध।

**welsh** *v.* (welshed, welshing) 1. to cheat, ठगना, धोखा देना। 2. to fail to fulfil (one's obligation, अपना दायित्व) न निभाना, नटना।

**welt** (वे़ल्ट्) *n.* 1. a raised seam in a garment, कपड़े की पट्टी। 2. a strip of leather stitched between the sole and the upper of a shoe, जूते में लगाई जानेवाली चमड़े की पट्टी। 3. a raised ridge left on the skin by the stroke of a whip or stick, साँट। *v.* 1. to put a welt, पट्टी लगाना। 2. to beat soundly, ख़ूब पिटाई करना।

**welter** (वे़ल्´-टॅ:) *v.* 1. to roll about, (मिट्टी, दलदल आदि में) लोटना, लोट-पोट होना। 2. to be soaked, भीगा या तर होना, लथ-पथ होना, नहाया होना। 3. to rise and fall, ऊपर उठना और गिरना, विक्षुब्ध या तरंगित होना, हिलोरे लेना। *n.* 1. turbulence, विक्षुब्ध अवस्था, विक्षोभ। 2. turmoil, होहल्ला, उपद्रव, हंगामा, अशांति। 3. medley, घालमेल।

**welterweight** (वे़ल्´-टॅ:-वे़ट्) *n.* a boxer or wrestler who weighs between 62 and 67 kilograms, वह मुक्केबाज़ या पहलवान जिसका वजन ६२ और ६७ किलोग्राम के बीच हो।

**wen** (वे़न) *n.* a benign tumour on the head, गुमड़ा।

**wench** (वे़न्च्) *n.* 1. a young woman or girl, युवती, तरुणी। 2. a prostitute, वेश्या।

**wend** (वे़न्ड्) *v.* 1. to go or proceed, जाना। 2. to travel, यात्रा करना।

**went** (वे़न्ट्) *v.* p.t. of go. था, थे।

**wept** (वे़प्ट्) *v.* p.t. & p.p. of weep.

**were** (व़:) *v.* second person singular past tense of be.

**weren't** (व़:´-अॅन्ट्) = were not.

**werewolf** (वे़अ:´-वुल्फ़्) *n.* one who can assume the form of a wolf, वह व्यक्ति जो भेड़िये का रूप धारण कर ले।

**West** (वे़स्ट्) *n.* 1. the direction in which the sun sets, पश्चिम, मग़रब। 2. the western part of something, किसी चीज़ का पश्चिमी भाग; West Berlin, बर्लिन नगर का पश्चिमी भाग। 3. the West, यूरोप और अमेरिका। *adj.* of the west, western, पश्चिमी। *adv.* toward the west, पश्चिम की ओर।

**westbound** (वे़स्ट्´-बाउन्ड्) *adj.* going toward the west, पश्चिमोन्मुखी।

**westering** (वे़स्´-टॅ-रिंग्) *adj.* (of the Sun) moving toward the west, पश्चिमोन्मुखी।

**westerly** (वे़स्´-टॅ:-ली) *adj.* 1. related to or situted in the west, पश्चिमी। 2. toward the west, पश्चिम की ओर जानेवाला। 3. coming from the west, पश्चिम की ओर से आनेवाला, पश्चिमी, पछुआँ। *n.* a westerly wind, पछुआँ हवा।

**western, Western** (वे़स्´-टॅ:न्) *adj.* 1. of the west, पश्चिमी। 2. in the west, पश्चिमी, पाश्चात्य; western civilization, पश्चिमी सभ्यता।

**westerner** (वे़स्´-टॅ:-नॅ:) *n.* a native of the west, यूरोपवासी या अमेरिकावासी।

**westernize** (वे़स्´-टॅ:-नाइज़्) *v.* to make western in ideas, habits, character etc., पश्चिमी रंग में रँग देना, पाश्चात्यीकरण करना।

**westward** (वे़स्ट्´-वॅ:ड्) *adj.* in or toward the west, पश्चिमी। *adv.* toward the west, पश्चिम की ओर।

**wet** (वे़ट्) *adj.* (wetter, wettest) 1. drenched, गीला, तर, तर-बतर। 2. moistened, नम, आर्द्र। 3. rainy, बरसाती; wet day, वर्षा का दिन, wet weather, बरसाती मौसम। 4. (a region) permitting the free sale of alcohol, (प्रदेश) जिसमें शराब की खुली बिक्री होती हो। □ **wet behind the ears,** अनुभवहीन। *n.* 1. a liquid, तरल पदार्थ, ज़ल। 2. moisture, नमी। *v.* (wetted, wetting) 1. to make wet, गीला या तर करना, भिगोना। 2. to become wet, गीला होना, तर होना, भीगना। 3. to urinate, पेशाब करना। □ **wet one's whistle,** मदिरापान करना।

**wet blanket** *n.* a person who discourages others from enjoying themselves, वह जो दूसरों को मौज-मस्ती से रोकता हो।

**wetland** (वे़ट्´-लैन्ड्) *n.* a marsh, दलदल।

**wet-nurse** (वें्ट्´-न:स्) ***n.*** a woman who suckles another's child, दूसरे के बच्चे को स्तनपान करानेवाली सेविका, धाय।

**we've** (वीव्) = we have.

**whack** (वैक्) ***v.*** to hit or strike with a sharp resounding blow, तड़ाक से मारना या प्रहार करना। ***n.*** 1. such a blow, तड़ाक से किया हुआ प्रहार। 2. sound made by a whack, तड़ाक।

**whacked** (वैक्ड्) ***adj.*** tired, थका-माँदा।

**whacking** (वैक्´-इंग्) ***adj.*** enormous, विशाल।

**whale** (वेल्) ***n.*** a large sea-animal, ह्वेल मछली। ☐ **a whale of a,** बहुत बड़ा तथा प्रभावपूर्ण, विशाल; a whale of a time, बहुत अधिक समय। ***v.*** 1. to engage in the fishing of whales, ह्वेल मछलियों का शिकार करना। 2. to beat or thrash, मारना, पिटाई करना।

**whaler** (वें्-लॅ:) ***n.*** one who is engaged in the hunting of whales, ह्वेल मछलियों का शिकारी।

**whaling** (वें्-लिंग्) ***n.*** the hunting of whales, ह्वेल मछलियों का शिकार।

**wham** (वैम्) ***n.*** a forceful blow, ज़ोरदार आघात या प्रहार। ***v.*** (whammed, whamming) to hit hard, ज़ोरदार प्रहार करना।

**whammy** (वैम्´-ई) ***n.*** the evil eye, बुरी नज़र। ☐ **put a whammy on,** बुरी नज़र डालना या लगाना।

**whang** (वैंग्) ***n. & v.*** = whack.

**wharf** (ह्वा:फ़्, वा:फ़्) ***n.*** a place where ships load and unload, घाट, जहाज़-घाट।

**wharfage** (वा:´-फ़िज्) ***n.*** 1. the use of a wharf, घाट का उपयोग। 2. the charge for this, घाट के उपयोग का किराया, घाट-किराया।

**what** (वट्) ***pron.*** 1. which thing, कौन सी चीज़ या बात, क्या? What are you thinking? तुम क्या सोच रहे हो? 2. a request for repeating something not heard properly, क्या? 3. that which or the thing that, जो; Listen to what I have to say, मुझे जो कहना है (उसे) ध्यान से सुनो। 4. whatever thing that, कुछ भी; Come what may I will resign. कुछ भी हो मैं त्याग-पत्र दूँगा। ☐ **and what not,** और क्या क्या नहीं; **what for,** किसलिए? **what if?** ऐसा हो तो? ***adj.*** 1. used to ask for further information, which, which one, किस, कौन-सा?; In which class do you read? तुम किस कक्षा में पढ़ते हो?; Which book do you read? तुम कौन-सी पुस्तक पढ़ते हो। 2. how great or how strange? कितना?, कैसा? 3. the thing or things that, जितना; Lend me what money you can spare? जितना हो सके उतने रुपए उधार दे दो। ***adv.*** to what respect, extent or degree? कैसे? ***interj.*** an exclamation of surprise, अरे! ओह!

**whatever** (वट्-ऍव्´-अॅ:) ***adj.*** 1. of any kind, हर प्रकार का। 2. of any number, चाहे जितना। 3. of any kind at all, किसी भी प्रकार का; There is no doubt whatever? किसी भी प्रकार का संदेह नहीं रहा। ***pron.*** anything, कुछ भी।

**what'll** (वट्´-इल्) = what shall/will.

**whatnot** (ह्वट्´/वट्´-नॉट्) ***n.*** 1. and all the other things related, और क्या नहीं। 2. a stand with shelves, अलमारी।

**whatsoever** (वट्-सो-ऍव्´-अॅ:) ***adj.*** whatever, चाहे जिस प्रकार का या जितना।

**wheat** (वीट्) ***n.*** a plant and its grain, गेहूँ का पौधा और दाने।

**wheaten** (वी´-टॅन्) ***adj.*** 1. made of wheat, गेहूँ का बना हुआ। 2. made of wheat flour, आटे का बना हुआ।

**wheatworm** (वीट्´-व:म्) ***n.*** a small insect that destroys wheat, घुन।

**wheedle** (वी´-डॅल्) ***v.*** (wheedled, wheedling) 1. to coax, फुसलाना, फुसला या बहका लेना, राजी कर लेना। 2. to obtain by wheedling, ऐंठना, झाँसा देना।

**wheel** (वील्) ***n.*** 1. a circular frame that revolves on axis, पहिया, चक्का। 2. anything resembling this, चक्कर, चाक आदि। 3. motion like that of a wheel, चक्रगति। 4. a turn, घुमाव। 5. (plu.) forces that provide energy or motion, चक्र। 6. a powerful person, शक्तिशाली व्यक्ति। *v.* 1. to turn on axis, घूमना। 2. to roll on wheels, (पहियों का) चलना, आगे बढ़ना। 3. to whirl around, वृत्ताकार या चक्राकार घूमना। □ **wheel and deal,** अपना हित देखकर काम करना।

**wheelbarrow** (व़ील्´-बैर्-ओ) *n.* a small vehicle with a single wheel for carrying small loads, एक पहिएवाला ठेला।

**wheelchair** (व़ील्´-चेंअ:) *n.* a chair mounted on wheels for invalids, पहिएदार कुर्सी।

**wheeled** (व़ील्ड्) *adj.* mounted on wheels, पहिएदार।

**wheeler** (व़ी´-लं:) *n.* a vehicle having one or more wheels, पहिए या पहियोंवाला; three-wheeler, तिपहिया गाड़ी।

**wheelwright** (व़ील्´-राइट्) *n.* one who makes or repairs wheels, पहिए बनाने या पहियों की मरम्मत करनेवाला, पहिएसाज।

**wheeze** (व़ीज़्) *v.* to breathe with a whistling sound, इस प्रकार साँस लेना कि 'घर्र-घर्र' की ध्वनि हो। *n.* 1. wheezing sound, घर्र-घर्र, घरघराहट। 2. a hackneyed idea or joke, घिसा-पिटा विचार या मज़ाक।

**wheezy** (व़ी´-ज़ी) *adj.* (wheezier, wheeziest) producing wheezing sound, घर्र-घर्र ध्वनि करनेवाला।

**whelk** (व़ेंल्क्) *n.* a shell-fish, शंखमीन।

**whelp** (व़ेंल्प्) *n.* a young dog, पिल्ला। *v.* to give birth to whelps, कुतिया का ब्याना।

**when** (व़ेंन्) *adv.* 1. at what time? कब ? किस समय ? किस वक्त ? 2. at the time that, जब; Why risk it when you know it is dangerous? जब पता है कि यह काम ख़तरनाक है तो जोखिम क्यों ? *n.* the time, समय, वक्त।

**whence** (व़ेंन्स्) *adv.* from where, कहाँ से।

**whenever** (व़ेंन्-ऍव़´-अ:) *adv. & conj.* at whatever time or occasion, जब, जब-जब।

**where** (वेंअ:) *adv.* 1. in what palace? at what place? कहाँ ? किस जगह ? 2. toward what place? किधर ? किस ओर ? 3. to the place in which, जहाँ, जिस जगह। *pron.* what place? कौन जगह ? कौन-सा स्थान ?

**whereabouts** (व़ेंअ:´-अॅ-बाउट्स्) *adv.* about where? at what location? कहाँ ? किस जगह ? *n.* the location of something or something, पता-ठिकाना, अता-पता।

**whereas** (व़ेंअ:-ऐज़्´) *conj.* 1. it being the fact that, चूँकि, क्योंकि। 2. but on the other hand, जबकि; He is Hindu whereas his wife is Muslim. वह हिंदू है जबकि उसकी पत्नी मुसलमान है।

**whereby** (व़ेंअ:-बाइ´) *adv.* by which, जिससे, जिसके द्वारा।

**wherefore** (व़ेंअ:-फ़ो:) *adv.* 1. why? क्यों ? किसलिए ? 2. for which reason? किस कारण से ? *n.* a reason or purpose, कारण या प्रयोजन।

**wherein** (व़ेंअ:-इन्´) *adv. & conj.* 1. in what place? किस स्थान में ? कहाँ ? 2. in the place where, जहाँ।

**whereof** (व़ेंअ:-ऑफ़्´) *adv. & conj.* of which or what, जिसका।

**whereon** (व़ेंअ:-ऑन्´) *adv. & conj.* 1. on what place? किस स्थान पर ? 2. on the place where, जहाँ।

**whereto** (व़ेंअ:-टू´) *adv. & conj.* to what, to which, कहाँ, जहाँ।

**whereupon** (व़ेंअ:-अॅ-पॉन्´) *adv. & conj.* upon which, जिसपर, किस पर।

**wherever** (व़ेंअ:-ऍव़्´-अ:) *adv. & conj.* at whatever place, कहीं भी, जहाँ भी।

**wherewithal** (व़ेंअ:´-विद्-आ:ल्) *n.* necessary means, आवश्यक साधन, पूँजी, माल।

**whet** (व़ेंट्) *v.* (whetted, whetting) 1. to make sharp by rubbing or grinding, (छुरी आदि) तेज़ करना, सान चढ़ाना। 2. to stimulate, उद्दीप्त करना, तेज़ करना, बढ़ाना।

**whether** (वेंद्´-अ:) *conj.* 1. used to introduce an alternative possibility, कि; I do not know whether he is here or left for Delhi. मैं नहीं जानता कि वह यहाँ हैं या दिल्ली चला गया है। 2. either, चाहे, या। □ **whether or not,......** या नहीं।

**whetstone** (वेंट्´-स्टोन्) *n.* a stone used for

sharpening cutting tools, सान।

**whew** (व़्यू) ***interj.*** an excalmation expressing relief, ओह!

**whey** (व़े) ***n.*** the watery part of the milk which separates from the cheese or curd after coagulation, छेने या दही द्वारा छोड़ा हुआ पानी।

**which** (व़िच्) ***adj. & pron.*** 1. what particular one or ones of? कौन-सा? कौन? 2. the particular one or ones of, जो; Take those which are yours. जो आपके हैं ले लें। 3. a person or thing previously named or referred to, जो; The house which was purchased later..., जो घर बाद में खरीदा गया था···। 4. whichever, कोई भी। 5. used in relative clauses with inanimate antecedents, यह, जो; He believes in capitalism which I am quite opposed to. उसका विश्वास पूँजीवाद में है, जिससे मैं सहमत नहीं।

**whichever** (व़िच्-ऍव़्´-अ:) ***adj. & pron.*** any (one or more), कोई या जो, चाहे कोई या जो, कोई भी या जो भी।

**whiff** (व़िफ्) ***n.*** 1. a breath or puff, साँस या कश। 2. a blowing, फूँक। 3. a brief passing odour carried in the air, गंध का झोंका। 4. a gust of air, हवा का झोंका। ***v.*** 1. to inhale, साँस लेना। 2. to smell, सूँघना, गमक लेना। 3. to blow, फूँकना।

**Whig** (व़िग्) ***n.*** a member of a British (or American) political party of 19th century, विग।

W

**while** (व़ाइल्) ***n.*** time or period, समय, अवधि। □ **a long while ago,** बहुत पहले; **in a little while,** थोड़ी देर में; **once in a while,** यदा-कदा, कभी-कभार। ***conj.*** 1. during the time that, जब तक, तब तक। 2. although, यद्यपि। 3. on the other hand, जबकि; She is beautiful while her husband is ugly. वह सुंदर है जबकि उसका पति कुरूप है। ***v.*** to pass (time, समय) गुज़ारना या बिताना। □ **while away one's time,** अपना समय व्यर्थ गँवाना।

**whim** (व़िम्) ***n.*** a sudden fanciful idea, सनक, झक, मौज।

**whimper** (व़िम्´-पॅ:) ***v.*** 1. to make a low whining plaintive sound, रिरियाना, पिनपिनाना, ठिनकना। 2. to complain or protest in a low whining sound, रिरियाते हुए शिकायत या प्रतिवाद करना। ***n.*** 1. a whimpering cry, पिनपिनाहट। 2. protest or complaint, प्रतिवाद, शिकायत।

**whimperingly** (व़िम्´-पॅ-रिंग्-ली) ***adv.*** in a whimpering sound, रिरियाते हुए।

**whimsical** (व़िम्´-ज़ि-कॅल्) ***adj.*** 1. full of whims, सनकी, मौज़ी, तरंगी, ख़ब्ती। 2. fanciful, सनक-भरा। 3. quaint, विचित्र, बेतुका।

**whine** (व़ाइन्) ***v.*** (whined, whining) 1. to express a plaintive high-pitched sound, चीखना, चिल्लाना। 2. to utter complainingly, चीख़-चीख़ कर बातें करना, चिल्ल-पों मचाना। ***n.*** a prolonged high-pitched cry, चीख, चिल्लाहट, चिल्ल-पों।

**whiningly** (व़ाइन्´-इंग्-ली) ***adv.*** in a whining manner, चिल्ल-पों मचाते हुए।

**whinny** (व़िन्´-ई) ***v.*** (whinnied, whinning) 1. to neigh, (घोड़े का) हिनहिनाना। 2. to make a sound resembling a neigh, हींसना। ***n.*** 1. a neigh, हिनहिनाहट। 2. a sound resembling a neigh, हींस।

**whip** (व़िप्) ***n.*** 1. a device with a cord and lash used for driving animals or for punishing persons, चाबुक, कोड़ा, हंटर। 2. a stroke with the whip, चाबुक की मार, कशाघात। 3. one that handles a whip, हंटरवाला, चाबुकवाला। 4. a coachman, कोचवान। 5. an official of a political party in the legislature who enforces and maintains party discipline, सचेतक। 6. a kind of dessert, एक प्रकार का मधुर व्यंजन। □ **have the whip hand,** किसी पर पूरा क़ाबू होना। ***v.*** (whipped, whipping) 1. to strike with a whip, चाबुक मारना, हंटर लगाना। 2. to thrash, पिटाई करना। 3. to beat, (क्रीम, अंडे आदि) फेंटना। 4. to defeat, पराजित करना। □ **whip off,** छीन

लेना; **whip up,** उत्तेजित करना, उकसाना।

**whipcord** (व्हिप्-कॉ:ड्) *n.* a cord with twisted strands used in whip, कोड़े का बटा हुआ डोरा या पट्टी।

**whiplash** (व्हिप्´-लैश्) *n.* the lash of a whip, चाबुक या कोड़े की डोरी।

**whipper** (व्हिप्´-अ:) *n.* one who whips, कोड़े लगानेवाला।

**whipper-snapper** (व्हिप्´-अ:-स्नैप्-अ:) *n.* an impudent young man, उद्धत युवक।

**whippet** (व्हिप्´-इट्) *n.* a small racing dog, एक प्रकार का छोटा धावक कुत्ता।

**whipping** (व्हिप्´-इंग्) *n.* 1. the act of one who whips, कोड़े लगाना। 2. a severe beating, सख़्त पिटाई।

**whipping boy** *n.* a scapegoat, बलि का बकरा, विशेषत: हर बात के लिए दोषी ठहराया तथा दंडित होनेवाला व्यक्ति।

**whir** (व्हि:) *v.* (whirred, whirring) to move so as to produce a buzzing sound, (मशीन के पुर्जे का) चलते समय घर्र-घर्र (ध्वनि) करना। *n.* a buzzing sound, घर्र-घर्र।

**whirl** (व्ह:ल्) *v.* 1. to rotate or revolve, घूमना या घुमाना, चक्कर खाना या खिलाना। 2. to move or drive in a circular course, चक्करदार रास्ते पर चलना या गाड़ी चलाना। 3. to move or be moved at high speed, तेज रफ़्तार से चलना या चलाना। 4. to have the sensation of spinning, चक्कर आना। *n.* 1. whirling motion, rotation, चक्राकार गति, चक्र, चक्कर, फेरी। 2. giddiness, सिर घूमना। 3. a bustling activity, भाग-दौड़, गहमागहमी। 4. a state of confusion, विभ्रम। 5. a tumult or stir, हुल्लड़ या हंगामा। 6. a try, कोशिश, चेष्टा। □ **whirl of time,** समय का फेर।

**whirligig** (व:´-लि-गिग्) *n.* a spinning toy, लट्टू।

**whirling** (व:´-लिंग्) *n.* the act of one that whirls, चक्कर लगाना, घूर्णन, भ्रमण।

**whirlpool** (व:ल्´-पूल्) *n.* a powerful current of water whirling in a circle, भँवर, जलावर्त।

**whirlwind** (व्ह:ल्´-विंड्) *n.* a column of air whirling violently, चक्रवात, बवंडर, बगूला। *adj.* quick and short, तूफ़ानी; whirlwind tour, तूफ़ानी दौरा।

**whirr** (व:) *v.* 1. to flutter, (पंख) फड़फड़ाना। 2. to buzz, भनभन करना।

**whisk** (व्हिस्क्) *v.* 1. to brush or sweep, झाड़ देना, सफ़ाई करना। 2. to go rapidly, तेज़ी से जाना। 3. to convey rapidly, तेज़ी से ले जाना। 4. to whip, (अंडे) फेंटना। *n.* 1. the act of whisking, झाड़ू देना। 2. a broom, झाड़ू। 3. a rapid movement or speed, तेज़ गति। 4. a small bundle (of grass, घास का) पूला। 5. a bundle made of peacock feathers, मोरछल। 6. an instrument for beating eggs, अंडे फेंटने का उपकरण।

**whisker** (व्हिस्´-क:) *n.* 1. one of the long stiff hair that grows near the mouth of rats, cats, lions etc., चूहे, बिल्ली, शेर आदि के मुँह पर का कड़ा लंबा बाल। 2. a narrow margin or small distance, थोड़ा अंतर या दूरी।

**whiskered** (व्हिस्´-कं:ड्) *adj.* having whiskers, जिसके गलमुच्छे हों।

**whiskers** (व्हिस्´-कं:स्) *n.* (plu.) the beard on the cheeks, गलमुच्छे।

**whiskey, whisky** (व्हिस्´-की) *n.* a strong alcoholic liquor made by distilling fermented cereals, ह्विस्की, विस्की।

**whisper** (व्हिस्´-पं:) *v.* 1. to speak in a very low tone, खुसुर-फुसुर करना, फुसफुसाना। 2. to tell secretly and privately, कानाफूसी करना। 3. to make a soft rustling sound, (पत्तों का) सरसर ध्वनि करना। *n.* 1. the act of whispering or something whispered, फुसफुसाहट, कानाफूसी। 2. a hint, संकेत। 3. a rumour, अफ़वाह, किंवदंती।

**whispering** (व्हिस्´-पं-रिंग्) *n.* the act of a person who whispers, फुसफुस, कानाफूसी।

**whist** (व्हिस्ट्) *n.* a card game, ताश का एक खेल।

**whistle** (व्हिस्´-अॅल्) *v.* 1. to produce a shrill sound by forcing air through an aperture formed by the lips, सीटी बजाना। 2. (of birds) to emit a shrill sound, पक्षियों का सीटी बजाना। 3. to produce a shrill sound by blowing a pipe or instrument, सीटी बजाना। 4. to produce a shrill sound by air or steam under pressure, सीटी बजना या बजाना। 5. to summon or signal by whistling, सीटी बजाकर बुलाना या संकेत करना। ***n.*** 1. an instrument for making a shrill sound, सीटी। 2. a whistling sound, सीटी।

**whit** (व़िट्) ***n.*** a smallest bit, लवलेश, ज़रा-सा टुकड़ा। □ **not a whit of,** ज़रा भी नहीं।

**white** (व़ाइट्) ***adj.*** (whiter, whitest) 1. having the colour of snow, common salt or lime, सफ़ेद, श्वेत। 2. having white skin, गोरा, सफ़ेद चमड़ीवाला। 3. light-coloured, pale, पीला, विवर्ण; Her face went white. उसका चेहरा पीला पड़ गया। 4. pure, शुद्ध। 5. honest, ईमानदार, सच्चा। ***n.*** 1. a white colour, सफ़ेद रंग। 2. whiteness, सफ़ेदी। 3. white fluid of a bird's egg, अंडे की सफ़ेदी। 4. a white piece, (शतरंज का) सफ़ेद मोहरा। 5. the white part of something, किसी वस्तु का सफेद अंश या भाग, श्वेतांश। ***v.*** to make or become white, सफ़ेद बनाना या बन जाना।

**white ant** ***n.*** a termite, दीमक।

**white beard** (बिअ़ॅ:ड्) ***n.*** an oldman with a white beard, सफ़ेद दाढ़ीवाला बुड्ढा।

**white blood cell** ***n.*** a white corpuscle, श्वेत रक्त-कोषाणु।

**white-collar** (व़ाइट्´-कॉ-ल:) ***n.*** 1. a salaried worker, वेतनभोगी कर्मी। 2. an office worker, दफ़्तर का बाबू, सफ़ेदपोश बाबू।

**white elephant** ***n.*** a useless possession, the upkeep of which is very expensive, सफ़ेद हाथी।

**white feather** ***n.*** a mark of cowardice, कायरता का चिह्न। □ **show the white feather,** कायरतापूर्ण आचरण करना।

**white flag** ***n.*** a symbol of surrender, समर्पण की सूचक/प्रतीक श्वेत पताका, सफ़ेद झंडा।

**white goods** ***n.*** (plu.) 1. tablecloths, sheets, towels etc,. household goods, मेज़पोश, चादरें, तौलिए आदि गृहस्थी के कपड़े। 2. refrigerators, stoves etc., large household appliances, गृहस्थी के बड़े-बड़े उपकरण।

**Whitehall** (व़ाइट्´-हा:ल्) ***n.*** 1. a street in London in which most government offices are situated, वाईट हॉल। 2. the British Government, ब्रितानवी सरकार।

**white hope** ***n.*** a player who is expected to bring glory to its team, वह खिलाड़ी जो दल को गौरव दिलानेवाला हो।

**White House** ***n.*** the official residence of the President of the U.S., अमेरिका के राष्ट्रपति का निवासस्थान, वाइट हाउस, श्वेत भवन।

**white lie** ***n.*** a harmless lie, ऐसा झूठ जो हानिकर न हो, सफ़ेद झूठ।

**whiten** (व़ाइ´-टॅन्) ***v.*** to makes or become white, सफ़ेद बनना या बनाना।

**whitener** (व़ाइ´-टॅ-नॅ:) ***n.*** a chemical agent that makes something white, श्वेतक।

**white matter** ***n.*** the whitish issue of the brain, वाइट मैटर, श्वेत पदार्थ।

**white meat** ***n.*** any meat that is light in colour, सफ़ेद गोश्त।

**white paper** ***n.*** an official government report, आधिकारिक सरकारी रिपोर्ट।

**whites** (व़ाइट्स्) ***n.*** (plu.) 1. household linen or cotton clothes, गृहस्थी के सूती कपड़े। 2. white clothing, सफ़ेद पोशाक, श्वेत परिधान।

**whitewash** (व़ाइट्´-व़ॉश्) ***n.*** 1. a substance used for whitening walls and ceilings, चूना, खड़िया आदि। 2. an act of concealing of flaws or defects, लीपापोती। ***v.*** 1. to cover with whitewash, सफ़ेदी करना, चूना करना, कलई करना। 2. to conceal, (दोष आदि) ढकना या छिपाना। 3. to defeat and hold scoreless, पूरी तरह से हराना (जिसमें प्रतिस्पर्धी एक भी अंक न बना सके)।

**whitewashing** (व़ाइट्´-व़ॉ-शिंग्) ***n.*** the act of one who whitewashes, पुताई, कलई।

**whither** (व़िद्´-अ:) ***adv. & conj.*** to what place? कहाँ ? किधर ?

**whiting**[1] (व़ाइ´-टिंग्) ***n.*** a small sea fish used as food, एक तरह की छोटी समुद्री मछली।

**whiting**[2] ***n.*** chalk used in whitewashing, खड़िया, चाक।

**whitish** (व़ाइ´-टिश्) ***adj.*** rather white, सफ़ेद-सा, कुछ-कुछ सफ़ेद।

**whitlow** (व़िट्´-लो) ***n.*** any pussy inflammation of the area around the nail of finger or toe, गलका।

**Whitsunday** (व़िट्-सन्´-डे) ***n.*** the seventh Sunday after Easter, ईस्टर के बाद का सातवाँ रविवार।

**whittle** (व़िट्´-अॅल्) ***v.*** 1. to cut strips from the wood with a knife, छुरी से लकड़ी में से पट्टियाँ या खपचियाँ निकालना। 2. to make or shape by paring or shaving, छीलना या तराशना, छील या तराशकर बनाना। 3. to wear away gradually, छीजना, धीरे-धीरे क्षय होना।

**whity** (व़ाइ´-टी) ***adj.*** whitish, कुछ-कुछ सफ़ेद।

**whiz** (व़िज़्) ***v.*** (whizzed, whizzing) 1. to make a hissing or buzzing sound, सनसन ध्वनि करना, भनभन ध्वनि करना। 2. to move with a hissing sound, सनसन या भनभन करते हुए निकल जाना। ***n.*** a hissing or buzzing sound, सनसन, भनभन।

**whiz kid** ***n.*** very brilliant and pushing person, अत्यंत प्रतिभावान तथा ऊर्जस्वी व्यक्ति।

**who** (हू) ***pron.*** 1. What person? Which person? कौन ? 2. the particular person, जो। □ **Who's Who,** वह पुस्तक जिसमें विशिष्ट लोगों के नाम तथा संक्षिप्त परिचय रहते हैं, परिचायिका, परिचयावली, सदस्य-परिचय।

**whoa** (व़ो) ***interj.*** a command to a horse to stop, घोड़े को दिया जानेवाला रुकने का आदेश, रुको!

**who'd** (हूड्) = who had or who would.

**whodunit** (हू-डन्´-इट्) ***n.*** a story, play or novel concerned with crime and murder, अपराध तथा हिंसा-प्रधान कहानी, नाटक या उपन्यास।

**whoever** (हू-ऍव्´-अ:) ***pron.*** whatever person, जो कोई, जो भी।

**whole** (होल्) ***adj.*** 1. complete, entire, पूर्ण, समूचा, सारा, पूरा। 2. total, सकल, समस्त, समग्र। 3. intact, unbroken, अखंड, अविभाजित, समूचा। 4. healthy, स्वस्थ। ***n.*** a thing complete in itself, a complete entity, समष्टि, संपूर्णता। □ **as a whole,** समग्र रूप से; on the whole, (i) सब मिलाकर, (ii) सामान्यत:।

**wholehearted** (होल्-हा:´-टिड्) ***adj.*** 1. done with total sincerity, हार्दिक। 2. completely devoted, अनन्य, एकनिष्ठ।

**wholeheartedly** (होल्-हा:´-टिड्-ली) ***adv.*** sincerely, सच्चे हृदय से।

**whole milk** ***n.*** full milk, पूर्ण दूध, शुद्ध दूध।

**whole number** ***n.*** a number containing no fraction, संपूर्णांक।

**wholesale** (होल्´-सेल्) ***n.*** the business of selling goods in large quantities, थोक व्यापार। ***adj.*** 1. of such business, थोक व्यापार-संबंधी। 2. on a large scale, बड़े पैमाने पर होनेवाला, थोक में होनेवाला; wholesale slaughter, सामूहिक वध। ***adv.*** 1. in large quantities, बड़े पैमाने पर, थोक में। 2. without discrimination, अंधाधुंध। ***v.*** (wholesaled, wholesaling) to sell at wholesale, थोक में बेचना।

**wholesaler** (होल्´-सेल्-अ:) ***n.*** a person engaged in wholesale trade, थोक व्यापारी।

**wholesome** (होल्´-सम्) ***adj.*** 1. good for health, स्वास्थ्य के लिए अच्छा, स्वास्थ्यकर, पुष्टिकर, पौष्टिक। 2. good for mental or moral well-being, हितकर; wholesome advice, हित की बात।

**wholly** (होल्´-ली) ***adv.*** entirely, पूर्ण रूप से।

**whom** (हूम्) ***pron.*** the objective case of who, किसको, जिसको।

**whomever** (हूम्-ऍव्´-अ:) ***pron.*** the object case of whoever, जिस किसी को।

**whoop** (हूप्, व़ूप) ***n.*** a loud or hooting cry of excitement, चीख, चिल्लाहट। ***v.*** to

W

make a loud cry, चीखना, चिल्ला उठना।

**whoopee** (हू´-पी) ***n.*** noisy merry-making, धूम-धड़क्का, मौज-मस्ती। □ **make whoopee,** मौज-मस्ती करना। ***interj.*** an exclamation of joy, वाह!

**whooping cough** ***n.*** a disease with repeated attack of coughing, काली खाँसी।

**whopping** (हूप्´-इंग्) ***adj.*** large, बहुत बड़ा, दीर्घाकार।

**whore** (होः) ***n.*** 1. a sexually immoral woman, पुंश्छली, छिनाल, कुलटा। 2. a prostitute, वेश्या, रंडी। ***v.*** (whored, whoring) 1. to act as a whore, वेश्यावृत्ति करना। 2. to fornicate with whores, वेश्यागमन करना।

**whoredom** (होः´-डॅम्) ***n.*** prostitution, वेश्यावृत्ति या रंडीबाज़ी।

**whorehouse** (होः´-हाउस्) ***n.*** a brothel, वेश्यालय, चकला, रंडी का कोठा।

**whoremaster** (होः´-मास्/मैस्-टॅः) ***n.*** 1. a man who fornicates with whores, वेश्यागामी। 2. a pimp, रंडियों का दलाल।

**whoremonger** (होः´-मंग्-गॅः) ***n.*** a whoremaster, वेश्यागामी या रंडियों का दलाल।

**whoreson** (होः´-सन्) ***n.*** a bastard, जारज, दोगला।

**whorl** (व़ाःल्) ***n.*** 1. a ring of leaves around a stem, भ्रमि। 2. a ring of petals around a central point, भ्रमि।

**who's** (हूज़्) = who is, who has.

W

**whose** (हूज़्) ***pron. & adj.*** of whom, किसका, जिसका।

**whosoever** (हू-सो-ऍव्´-अॅः) ***pron.*** any person, जो कोई भी, जो भी।

**why** (व़ाइ) ***adv. & conj.*** 1. for what reason? क्यों? किसलिए? किस कारण? किस कारण से? 2. for the particular reason, जिस कारण से। ***n.*** 1. a reason, कारण। 2. an explanation, स्पष्टीकरण। □ **why and wherefores,** कारण, वजह। ***interj.*** an expression for surprise, क्यों!

**wick** (विक्) ***n.*** a cord or tape in the oil lamp, candle etc., बत्ती।

**wicked** (विक्´-इड्) ***adj.*** 1. bad, mischievous or corrupt, दुष्ट, भ्रष्ट। 2. immoral or unjust, अनैतिक या अन्यायपूर्ण। 3. malicious, द्वेषपूर्ण। 4. mischievous, शरारती, नटखट।

**wickedness** (विक्´-इड्-निस्) ***n.*** the quality or state of being wicked, बुराई, दुष्टता, शरारत।

**wicker** (विक्´-अॅः) ***n.*** 1. a thin flexible twig, पतली टहनी। 2. a splint, खपची।

**wickerwork** (विक्´-अॅः-व़ःक्) ***n.*** a thing made of flexible twigs, पतली टहनियों या खपचियों की बनी टोकरी, कुर्सी आदि।

**wicket** (विक्´-इट्) ***n.*** 1. a small door within a larger one, बड़े फाटक में का छोटा दरवाज़ा। 2. in cricket, a set of three stumps struck in the ground, विकेट, यष्टित्रयी। 3. the strip of ground between the two sets of stumps, pitch, विकेट, खेल-पट्टी। 4. the batsman's turn at batting, बल्लेबाज़ की पारी, विकेट। 5. the period between two batsmen, दो बल्लेबाज़ों के एक साथ खेलने की अवधि, विकेट। 6. the act or instance of a batsman being out, विकेट; Tendulkar got three wickets. तेंदुलकर ने तीन विकटें लीं। □ **keep wickets,** विकेटकीपरी करना।

**wicketkeeper** (विक्´-इट्-कीप्-अॅः) ***n.*** in cricket the fielder stationed just behind the wicket, विकेटकीपर, यष्टिरक्षक।

**wide** (व़ाइड्) ***adj.*** (wider, widest) 1. measuring much from side to side, चौड़ा। 2. of a specified extent from side to side, चौड़ा, विस्तृत। 3. roomy, spacious, लंबा-चौड़ा। 4. fully open, पूरा खुला। 5. to great extent or scope, extensive, व्यापक; wide franchise, व्यापक मताधिकार। 6. far, apart, दूर का, दूरस्थ। ***n.*** in cricket, a delivered ball that is outside the batsman's reach, वाइड बॉल।

**wide-awake** ***adj.*** fully awake, पूर्ण रूप से जाग्रत, चौकन्ना, चौकस।

**wide-eyed** (व़ाइड्´-आइड्) ***adj.*** with eyes opened widely, विस्फारित नेत्रोंवाला।

**widely** (व़ाइड्´-ली) ***adv.*** 1. over a wide

area, दूर तक; widely known, नामी-गरामी। 2. to a great extent, अत्यधिक; widely different, अत्यधिक भिन्न।

**widemouthed** (वाइड्´-माउथ्ड्) *adj.* totally surprised, हक्का-बक्का।

**widen** (वाइड्´-अॅन्) *v.* to make or become wide, विस्तृत होना या करना, व्यापक होना या बनाना।

**wide-open** (वाइड्-ओ´-पॅन्) *adj.* 1. open to full extent, पूरी तरह से खुला। 2. (a contest) which anyone can win, (ऐसी प्रतियोगिता) जिसे कोई भी जीत सकता हो। 3. not restricted or prohibited by law, खुली छूटवाला, खुला।

**wideranging** (वाइड्-रेंज्´-इंग्) *adj.* covering a large range of subjects or activity, व्यापक, विस्तृत।

**widespread** (वाइड्-स्प्रॆड्´) *adj.* found or extending over a wide area or region, दूर तक फैला हुआ, दूर-दूर तक प्राप्त, व्याप्त।

**widgeon** (वज्´-अॅन्) *n.* a wild duck, जंगली बतख, पतेरा।

**widow** (विड्´-ओ) *n.* a woman whose husband has died and who has not remarried, विधवा, बेवा, राँड। *v.* 1. to cause to become a widow, विधवा बना देना। 2. to deprive of (something valued, किसी महत्त्वपूर्ण वस्तु से) वंचित कर देना।

**widowed** (विड्´-ओड्) *adj.* whose husband or wife has died, विधवा या विधुर।

**widower** (विड्´-ओ:) *n.* a man whose wife has died and who has not remarried, विधुर, रँडुआ।

**widowhood** (विड्´-ओ-हुड्) *n.* 1. the condition of being widow, विधवापन, वैधव्य। 2. the period of being a widow, रँडापा।

**width** (विड्थ्) *n.* 1. wideness, चौड़ान, चौड़ाई, विस्तार। 2. a fabric that has a specified width, अर्ज़।

**wield** (वील्ड्) *v.* (wielded, wielding) 1. to use or handle skilfully, कुशलतापूर्वक प्रयोग करना या काम में लाना। 2. to show one's skill (in handling a weapon, शस्त्र को) चमकाना।

**wife** (वाइफ़्) *n.* a woman to whom a man is married, पत्नी, धर्मपत्नी, औरत, स्त्री। ☐ **take to wife,** (स्त्री को) पत्नी बनाना, (स्त्री से) शादी करना।

**wifehood** (वाइफ़्´-हुड्) *n.* the state or condition of being a wife, पत्नीपन, पत्नीत्व।

**wifeless** (वाइफ़्´-लिस्) *adj.* having no wife, कुँआरा या रँडुआ।

**wifely** (वाइफ़्´-ली) *adj.* of, like or suitable to a wife, पत्नी-संबंधी, पत्नी जैसा।

**wig** (विग्) *n.* a covering of artificial or human hair for adornment, विग, केशिका, नकली बाल। *v.* (wigged, wigging) to cover with a wig, विग लगाना।

**wigged** (विग्ड्) *adj.* wearing a wig, जो विग लगाए या पहने हो।

**wiggle** (विग्´-अॅल्) *v.* (wiggled, wiggling) to move or cause to move from side to side, डोलना या डुलाना, हिलना या हिलाना, हिलना-डुलना या हिलाना-डुलाना। *n.* a wiggling movement, हिलना-डुलना या हिलाना-डुलाना। ☐ **get a wiggle on,** जल्दी मचाना या करना।

**wiglet** (विग्´-लिट्) *n.* a small wig, छोटी विग।

**wigwam** (विग्´-वैम्/वॉम्) *n.* a hut (of North Americans) covered with skins or bark, खालों या छालों से छाई हुई झोंपड़ी।

**wilco** (विल्´-को) *interj.* used for the phrase 'the instruction would be complied with' निर्देश का पालन किया जाएगा।

**wild** (वाइल्ड्) *adj.* 1. living in natural state, not tamed or domesticated, जंगली, वन्य, बनैला। 2. occurring or growing without cultivation, not cultivated, जंगली। 3. unruly, uncivilized, savage, उद्धत, असभ्य या बर्बर, जंगली, वहशी। 4. lacking restraint or control, जंगली, नियंत्रणविहीन, उच्छृंखल। 5. fierce, खूँखार, हिंस्र। 6. stormy, तूफ़ानी। 7. very eager, excited or enthusiastic, उद्विग्न या बावला। 8. random, अनुमानित। 9. disorderly, अस्त-व्यस्त। ☐ **go wild,** बौरा जाना; **wild with rage,** गुस्से से पागल, क्रोधोन्मत्त। *adv.* in a wild manner, असभ्यतापूर्वक; बर्बरता से। □ **run wild,** (i) जंगली पौधों से भर जाना, (ii) उच्छृंखलता-पूर्वक आचरण करना। ***n.*** a desolate or uninhabited region, उजाड़, निर्जन प्रदेश।

**wild buffalo** ***n.*** a wild animal, अरना।

**wildcat** (वाइल्ड्´-कैट्) ***n.*** 1. an undomesticated cat, जंगली बिल्ली, बन-बिलाव। 2. an aggressive or violent person, आक्रामक व्यक्ति।

**wildcat strike** ***n.*** an unauthorised strike, अनधिकृत हड़ताल।

**wilderness** (वाइल्´-डॅ:-निस्) ***n.*** a desolate or uninhabited area, उजाड़ या निर्जन स्थान। □ **a voice in the wilderness,** ऐसी बात जिसे कोई सुननेवाला न हो, अरण्यरोदन; **in the wilderness,** निर्वासित अवस्था में।

**wildfire** (वाइल्ड्´-फ़ाइ: ) ***n.*** a fire that spreads rapidly, जंगल की आग, दावानल। □ **spread like wild fire,** बहुत तेज़ी से फैलना, जंगली आग की तरह बढ़ना और फैलना; The news spread like wild fire, समाचार आग या आँधी की तरह फैल गया।

**wild flower** ***n.*** an uncultivated plant and its flower, जंगली पौधा और उसका फूल।

**wildfowl** (वाइल्ड्´-फ़ाउल्) ***n.*** a bird hunted as a game, (बत्तख़ आदि पक्षी) जिसका शिकार किया जाता है।

**wildgoose chase** ***n.*** an hopeless pursuit or search, व्यर्थ की खोज-बीन, बेकार का पीछा।

W

**wildlife** (वाइल्ड्´-लाइफ़्) ***n.*** 1. wild animals collectively, वन्य पशु। 2. wild plants collectively, जंगली पेड़-पौधे।

**wile** (वाइल्) ***n.*** 1. a trick, चाल, छल, दाँव-पेंच। 2. a seductive trick, अठखेली, चोंचला या नख़रा। ***v.*** (wiled, wiling) 1. to seduce, बहकाना, फुसलाना। 2. to entice, लुभाना।

**wilful** (विल्´-फुल्) ***adj.*** 1. self-willed, मनमाना आचरण करनेवाला, हठी। 2. intentional, जान-बूझकर किया जानेवाला; wilful murder, जान-बूझकर की हुई हत्या।

**wilfully** (विल्´-फु-ली) ***adv.*** in a wilfull manner, मनमाने ढंग से, जान-बूझकर।

**will**[1] (विल्) ***n.*** 1. a wish, desire, इच्छा, चाह; will of the God, ईश्वर की इच्छा, दैव इच्छा। 2. something wished, चाही हुई वस्तु। 3. a request or command, प्रार्थना या आदेश। 4. determination, दृढ़ता, इच्छा-शक्ति। 5. the power of self-direction or self-control, आत्मबल, चरित्रबल। 6. disposition or attitude toward others, दूसरों के प्रति होनेवाली भावना; goodwill, सद्भाव, illwill, दुर्भाव। 7. arbitrary discretion, मर्ज़ी, मनमानी। 8. a document in which person's wishes are expressed about disposal of his property after his death, वसीयत, वसीयतनामा। □ **at will,** मर्ज़ी से, इच्छानुसार; **have one's will,** अपनी इच्छा पूरी करना। ***v.*** 1. to wish or intend, चाहना, इरादा करना। 2. to bequeath by will, वसीयत करना।

**will**[2] auxiliary verb. (p.t. would) used to express future tense, willingness, resolution, obligation, command, ability, probability, expectation, etc., होगा।

**willable** (विल्´-अॅ-बॅल्) ***adj.*** that can be willed, चाहने योग्य।

**willed** (विल्ड्) ***adj.*** having a will, इच्छावाला; strong-willed, दृढ़ इच्छा-शक्तिवाला।

**willful** (विल्´-फुल्) ***adj.*** see wilful.

**williness** (विल्´-इ-निस्) ***n.*** cunningness, धूर्तता, चालाकी।

**willing** (विल्´-इंग्) ***adj.*** 1. favourably inclined, राज़ी, इच्छुक, तैयार; He is willing to go. वह जाने के लिए इच्छुक है। 2. given or performed willingly, सहर्ष दिया या किया जानेवाला, इच्छित; We received willing help. हमें इच्छित सहायता प्राप्त हुई।

**willingly** (विल्´-इंग्-ली) ***adv.*** gladly, ख़ुशी-ख़ुशी, अपनी इच्छा से।

**willingness** (विल्´-इंग्-निस्) ***n.*** 1. wish, इच्छा। 2. consent, सहमति। 3. curiosity, उत्सुकता।

**will-o-the wisp** (विल्´-ओ-दॅ-विस्प्) ***n.*** 1. a phosphorescent light, अगिया बेताल। 2. a hope that can never be realized, झूठी आशा, दुराशा।

**willow** (विल्´-ओ) ***n.*** 1. a tree or shrub

with very flexible branches, बेंत, सरपत। 2. something made of willow wood, सरपत या बेंत की बनी वस्तु।

**willpower** (विल्´-पाउ-अॅ:) ***n.*** firmness of will, संकल्प-शक्ति, इच्छा-शक्ति।

**willy-nilly** (विल्-ई-निल्´-ई) ***adv.*** willingly or unwillingly, चाहे-अनचाहे; You have to do the work willy-nilly. चाहे-अनचाहे तुम्हें यह काम करना ही होगा।

**wilt** (विल्ट्) ***v.*** (wilted, wilting) 1. to become drooping, (पौधों का) सूख जाना, मुरझा जाना। 2. to cause to become drooping, सुखा या मुरझा देना। 3. to lose strength or courage, शिथिल हो या पड़ जाना, निस्तेज हो जाना।

**wily** (वाइ´-ली) ***adj.*** (wilier, wiliest) cunning, चालाक, धूर्त, चंट।

**wimp** (विम्प्) ***n.*** a feeble person, कमज़ोर आदमी।

**wimple** (विम्´-पॅल्) ***n.*** a headdress of nuns, शिरोवरण।

**win** (विन्) ***v.*** (won, winning) 1. to gain victory, जीतना, विजय प्राप्त करना। 2. to be successful (in a competition, प्रतियोगिता में) सफलता प्राप्त करना, सफल होना। 3. to obtain (by luck or perseverance, भाग्य या परिश्रम से) प्राप्त करना; He won their confidence. उसने उनका विश्वास प्राप्त कर लिया। 4. to persuade (someone to marry one, किसी को विवाह के लिए) मना लेना, राज़ी कर लेना। ☐ **win out,** सफल होना; **win the day,** मैदान मार लेना; **win through,** विजय हासिल कर लेना। ***n.*** 1. victory, विजय। 2. success, सफलता। 3. something won, जीती हुई वस्तु।

**wince** (विन्स्) ***v.*** (winced, wincing) 1. to draw back, पीछे हटना। 2. to shrink, सिकुड़ जाना। 3. to start, चौंक उठना, दहशत खाना।

**winch** (विन्च्) ***n.*** a machine which lifts or pull heavy loads by means of cable, विंच मशीन।

**wind**[1] (विन्ड्) ***n.*** 1. a current of air, हवा, वायु, पवन। 2. such a current of considerable force, तेज़ हवा, झंझा, आँधी। 3. gas forming in the stomach, वायु, बाई, वात। 4. breath, श्वास। 5. a hint, संकेत, भनक; We got wind that you are going. हमें भनक लगी थी कि तुम जा रहे हो। 6. something unsubstantial, निराधार वस्तु या बात। 7. a wind instrument, फूँककर बजाया जानेवाला बाजा। 8. smell carried by the wind, गंध। ☐ **break wind,** पादना; **get wind of,** भनक लगना; **have the wind up,** भय से साँस रुक या चढ़ जाना, भयभीत हो जाना; **in the wind,** जो भासित या घटित होनेवाला हो; **like the wind,** आँधी की तरह, बड़ी तेज़ी से; **take the wind out of one's sails,** हवा निकाल देना, मायूस कर देना; **which way the wind blows,** लोगों की राय या प्रवृत्ति क्या बनती है। ***v.*** 1. to blow, (बाजा) बजाना। 2. to expose to air, हवा दिखाना। 3. to detect by the scent, गंध के द्वारा पता लगाना।

**wind**[2] (वाइन्ड्) ***v.*** (wound, winding) 1. to turn or be turned, घुमाना या घुमाया जाना। 2. to encircle or coil around some object, लपेटना। 3. to be coiled, लपेटा जाना। 4. to move in a spiral or circular course, टेढ़े-मेढ़े चलना। 5. to tighten the spring (of a clock, घड़ी में) चाबी भरना। 6. to insinuate, चालाकी या धोखे से (कोई बात या विचार) घुसेड़ना, भरना, डालना। 7. to lift by wind-lass, चरखी से उठाना। ☐ **wind up,** समापन करना। ***n.*** 1. the act of winding, घुमाने, लपेटने आदि की क्रिया या भाव। 2. a turn, घुमाव या लपेट।

**wind-bag** (विन्ड्´-बैग्) ***n.*** a talkative person, बकवादी।

**wind-blown** (विन्ड्´-ब्लोन्) ***adj.*** blown by the wind, हवा में उड़ता या लहराता हुआ।

**windbreak** (विन्ड्´-ब्रेक्) ***n.*** a fence or row of trees that breaks the force of the wind, घेरा या वृक्षावली (जिससे हवा की गति में बाधा पड़ती हो)।

**windbroken** (विन्ड्´-ब्रो-कॅन्) ***adj.*** having difficulty in breathing, जिसे साँस लेने में कष्ट हो, श्वास-पीड़ित।

**windburn** (विन्ड्´-ब:न्) ***adj.*** (of skin) red-

W

dened due to excessive exposure to the wind, ललछौंहाँ।

**windfall** (विन्ड्´-फ़ा:ल्) ***n.*** an unexpected piece of good fortune, सौभाग्य से मिली कोई अप्रत्याशित वस्तु या अप्रत्याशित लाभ।

**winding** (वाइन्´-डिंग्) ***adj.*** 1. turning, घूमा या लपेटा हुआ। 2. spiral, कुंडलाकार, सर्पिल। ***n.*** material wound into a coil, लपेटी हुई वस्तु (तार आदि)।

**wind instrument** ***n.*** a musical instrument sounded by the breath, फूँककर बजाया जानेवाला बाजा।

**windlass** (विन्ड्´-लस्) ***n.*** a machine which lifts objects by winding the rope, चरखी।

**windmill** (विन्ड्´-मिल्) ***n.*** a machine driven by the force of wind, पवन-चक्की।

**window** (विन्´-डो) ***n.*** 1. an opening in a building, ship, vehicle etc., for admitting air and light, खिड़की, झरोखा। 2. a window pane, खिड़की के पल्ले का शीशा। 3. the transparent part of a window-envelope, दरीचा।

**window-envelope** ***n.*** an envelope having transparent part through which the address can be seen, दरीचेदार लिफ़ाफ़ा।

**windowpane** (विन्´-डो-पेन्) ***n.*** a sheet of glass in a window, खिड़की के पल्ले में लगा शीशा।

**window seat** ***n.*** a seat near the window (in a train, bus etc.), खिड़की के पास की सीट।

**windowshop** (विन्´-डो-शॉप्) ***v.*** (windowshopped, windowshopping) to look at goods displayed in shop window (without entering the shop to buy), दुकान की खिड़की में प्रदर्शित वस्तुओं को देखना (अर्थात् उन्हें खरीदने के लिए दुकान के अंदर न जाना)।

**windpipe** (विन्ड्´-पाइप्) ***n.*** the passage by which air reaches the lungs, श्वासनली।

**windscreen** (विन्ड्´-स्क्रीन्) ***n.*** the sheet of glass at the window at the front of a car, truck etc., विंडस्क्रीन, कार आदि का सामने का शीशा।

**windshield** (विन्ड्´-शील्ड्) ***n.*** windscreen, विंडस्क्रीन।

**windstorm** (विंड्´-स्टा:म्) ***n.*** a storm with strong or high winds, आँधी, तूफ़ान।

**windup** (वाइन्ड्´-अप्) ***n.*** a conclusion, a finish, उपसंहार, समापन।

**windward** (विन्ड्´-व:ड्) ***adj.*** of, situated in or moving toward the quarter from which the wind blows, जिधर से आँधी आ रही हो उस ओर स्थित या बढ़ता हुआ, पवनाभिमुख। ***adv.*** toward the wind, हवा के रुख के उलटे, हवा के विरुद्ध।

**windy** (विन्´-डी) ***adj.*** (windier, windiest) 1. stormy, तूफ़ानी; windy night, तूफ़ानी रात। 2. bombastic, शब्दाडंबरपूर्ण, शब्दबहुल। 3. frightened, भयभीत।

**wine** (वाइन्) ***n.*** 1. the fermented juice of grapes or other fruits, मद्य, शराब, मदिरा। 2. dark purplish red colour, गहरा लाल रंग। ***v.*** (wined, wining) to provide with wine, मदिरा परोसना या पिलाना।

**wineglass** (वाइन्´-ग्लास्) ***n.*** a glass from which wine is drunk, प्याला, पैमाना।

**winegrower** (वाइन्´-ग्रो-अ:) ***n.*** one who grows grapes for wine, शराब के लिए अंगूर की खेती करनेवाला।

**winepress** (वाइन्´-प्रेस्) ***n.*** an instrument for squeezing the juice from grapes, अंगूरों का रस निकालने का यंत्र, कोल्हू।

**winery** (वाइ´-नें-री) ***n.*** a place where wine is made, शराब का कारख़ाना।

**wineskin** (वाइन्´-स्किन्) ***n.*** a bag made of goat's skin for holding wine, भेड़ की खाल की मशक जिसमें मदिरा रखते हैं।

**wing** (विंग्) ***n.*** 1. one of the organs of an insect, bird etc., by which it flies, पर, पंख, डैना। 2. an organ resembling a wing, पंख, डैना। 3. a part of a building attached to the main building, पार्श्व। 4. the side of a playground, पहलू, पार्श्व; right wing, दायाँ पार्श्व; left wing, बायाँ पार्श्व। 5. a forward player posted in a right or left wing, विंगर, पार्श्व खिलाड़ी। 6. a faction of a political party, पक्ष, गुट;

left wing, वाम पक्ष। 7. (plu.) the sides of a theatre stage out of sight of the audience, पार्श्व भाग। ☐ **on the wing** उड़ता हुआ; **take wing,** उड़ना; **under the wing of,** के साये या संरक्षण में। *v.* 1. to make one's way swiftly, उड़ते हुए जाना, तेज़ी से जाना। 2. to cause to move swiftly, उड़ना, तेज़ी से चलाना। 3. to provide wings, पंख लगाना।

**win-footed** (विंग्´-फ़ुट्-इड्) *adj.* swift, तीव्रगामी, तेज़।

**wing commander** *n.* an official of air force, वायुसेना का एक अधिकारी।

**winged** (विंग्ड्) *adj.* having wings, पंखोंवाला।

**winger** (विंग्´-गॅ:) *n.* a forward player positioned in a right or left wing of the field, विंगर, पार्श्व खिलाड़ी।

**wingless** (विंग्´-लिस्) *adj.* without wings, पंखविहीन।

**wingspan** (विंग्´-स्पैन्) *n.* the distance between the extended wing tips of a bird, plane etc., पंख-विस्तार, पक्ष-विस्तार।

**wink** (विंक्) *v.* 1. to close and open the eyes rapidly, बार-बार पलकें झपकना और खोलना। 2. to close and open one eye as a hint or signal, कनखी मारना, आँख से इशारा करना। 3. to twinkle, टिमटिमाना। ☐ **wink at,** अनदेखी करना।

**winner** (विन्´-अॅ:) *n.* 1. one who wins, विजेता। 2. one who seems sure to win, भावी विजेता। 3. something successful, सफलता प्राप्त करनेवाली बात या चीज़।

**winning** (विन्´-इंग्) *adj.* 1. victorious, विजयी। 2. charming, सुंदर, ख़ूबसूरत, आकर्षक।

**winnings** (विन्´-इंग्स्) *n.* money won in gambling, जुए में मिली जीत, जीत का माल।

**winnow** (विन्´-ओ) *v.* 1. to separate grain from chaff by means of wind or current of air, ओसाना। 2. a device for winnowing, ओसाने का यंत्र।

**winsome** (विन्´-सम्) *adj.* charming, सुंदर, आकर्षक, लुभावना।

**winsomely** (-ली) *adv.* in a winsome manner, सुंदर ढंग से।

**winsomeness** (विन्´-सम्-निस्) *n.* the state or quality of being winsome, सौंदर्य, आकर्षण, लुभावनापन।

**winter** (विन्´-टॅ:) *n.* the coldest season of the year, जाड़े का मौसम, जाड़ा, सर्दी, शीत ऋतु। *v.* 1. to spend the winter, जाड़ा बिताना या गुज़ारना। 2. to preserve during the winter, (पौधों, जीव-जंतुओं का) जाड़े में रख-रखाव करना। *adj.* of winter, जाड़े का, शीतकालीन।

**wintertime** (विन्´-टॅ:-टाइम्) *n.* the season of winter, सर्दी का मौसम।

**wintry** (विन्´-ट्री) *adj.* (wintrier, wintriest) 1. of winter, जाड़े का, शीतकालीन। 2. lacking warmth, फीका, उत्साहविहीन।

**winy** (वाइ´-नी) *adj.* (winier, winiest) having the taste of wine, स्वाद में शराब जैसा।

**wipe** (वाइप्) *v.* (wiped, wiping) 1. to clean by rubbing, साफ़ करना, पोंछना। 2. to remove by wiping, रगड़कर मिटाना, पोंछ डालना। 3. to eradicate, उन्मूलन करना। 4. to cancel, रद करना। ☐ **wipe away,** (आँसू) पोंछ डालना; **wipe off,** (i) मिटा देना, (ii) चुकता कर देना; **wipe out,** नष्ट करना, हत्या कर देना; **wipe up,** साफ़ करना। *n.* the act of wiping, सफ़ाई, पोंछने की क्रिया या भाव।

**wiper** (वाइ´-पॅ:) *n.* 1. a piece of cloth used for wiping, पोंछा। 2. a device for wiping windspan, मोटर का शीशा साफ़ करने का उपकरण, वाइपर।

**wire** (वाइ:) *n.* 1. a flexible rod of metal, तार। 2. a cable, टेलीफ़ोन आदि का तार। 3. a telegram, तार। 4. a piece of wire used to carry electric current, बिजली का तार; live wire गरम तार। *v.* (wired, wiring) 1. to install wiring, तार लगाना, तार की फ़िटिंग करना। 2. to send a telegram, तार भेजना।

**wirecutter** (वाइ:´-कट्-अॅ:) *n.* an intrument for cutting wire, तार काटने का उपकरण, तारकट।

**wiregauze** (वाइ:´-गा:ज्) *n.* a material woven

W

of wire, तार-जाली।

**wireless** (वाइ: ´-लिस्) ***adj.*** without wires, बेतार। ***n.*** a radio, रेडियो।

**wiring** (वाइर् ´-इंग्) ***n.*** a system of wires for conducting electricity in a building, वाइरिंग, तार की फ़िटिंग।

**wiry** (वाइर् ´-ई) ***adj.*** 1. made of wire, तार का बना। 2. like wire, तार-सदृश। 3. lean but strong, पतला-दुबला परंतु बलिष्ठ।

**wisdom** (विज़् ´-डॅम्) ***n.*** 1. understanding of what is true or lasting, ज्ञान। 2. good judgement, common sense, समझदारी। 3. scholarly learning, विद्वत्ता, पांडित्य।

**wisdom tooth** ***n.*** the back tooth on each side of each jaw in human beings, अकलदाढ़। □ **cut one's wisdom teeth,** अकलदाढ़ का फूटना या निकलना।

**wise**[1] (वाइज़्) ***adj.*** (wiser, wisest) 1. having or showing wisdom, sensible, समझदार, बुद्धिमान, अकलमंद। 2. having knowledge, ज्ञानवान, ज्ञानी। 3. aware, सचेत, होशियार। 4. rational, युक्तिसंगत। □ **put wise,** अक्ल देना, अक़्ल की बात बताना। ***v.*** (wised, wising) to inform, अक़्ल की बात बताना।

**wise**[2] ***n.*** 1. manner, ढंग, प्रकार। 2. direction, दिशा, ओर।

**wiseacre** (वाइज़् ´-ए-कॅ:) ***n.*** a person who thinks to have great wisdom, अपने को भारी अक़्लमंद समझनेवाला व्यक्ति, तीरमार खाँ।

**wisecrack** (वाइज़् ´-क्रैक्) ***n.*** 1. a witty remark, चुटकुला। 2. a sardonic remark, कड़वी बात, कटूक्ति। ***v.*** to make a wisecrack, चुटकुला छोड़ना।

**wish** (विश्) ***n.*** 1. a desire, इच्छा, अभिलाषा। 2. something desired, इच्छित वस्तु। 3. expressed desire for someone's health or welfare, शुभकामना, कामना; with best wishes, शुभकामनाओं सहित। ***v.*** 1. to desire, चाहना; I wish him well. मैं उसका भला चाहता हूँ। 2. to hope or express hope for someone's health or welfare, शुभकामना प्रकट करना, कामना करना। □ **wish for,** (किसी चीज़ के लिए) इच्छा जताना।

**wisher** (विश् ´-अॅ:) ***n.*** one who wishes, चाहनेवाला।

**wishful** (विश् ´-फ़ुल्) ***adj.*** desirous, इच्छुक।

**wishful thinking** ***n.*** a desire not based on facts, कोरी आशा, न पूरी होनेवाली आशा।

**wishy-washy** (विश् ´-ई-वॉश्-ई) ***adj.*** 1. watery, पतला। 2. indecisive, निश्चयहीन, ढुलमुल। 3. weak, दुर्बल।

**wisp** (विस्प्) ***n.*** 1. small bundle, पूला। 2. a slender or delicate piece, नाजुक या नरम टुकड़ा। 3. anything slender or delicate, नाजुक या नरम वस्तु। 4. a thin person, पतला-दुबला व्यक्ति। 5. a flock, झुंड।

**wispy** (विस् ´-पी) ***adj.*** (wispier, wishpiest) like a wisp, नाजुक, नरम।

**wisteria** (वि-स्टिअॅर् ´-इ-अॅ) ***n.*** a climbing. flowery plant, फूलोंवाली एक लता।

**wistful** (विस्ट् ´-फ़ुल्) ***adj.*** longing sadly or pensively, चिंतातुर, उद्विग्न।

**wistfully** (विस्ट् ´-फ़ु-ली) ***adv.*** in a wistful manner, चिंतातुर होकर, उद्विग्नतापूर्वक।

**wistfulness** (विस्ट् ´-फ़ुल्-निस्) ***n.*** the state or quality of being wistful, उद्विग्नता।

**wit**[1] (विट्) ***n.*** 1. the ability to make clever humourous effect by ironic remarks, विनोद, चोज़, वाग्वैदग्ध्य, वाक्चातुर्य। 2. a person possessing such an ability, वाग्विदग्ध, वाक्चतुर, हाज़िरजवाब। 3. (plu.) power of thinking and reasoning, युक्ति-कौशल। □ **at one's wit's end,** किंकर्तव्यविमूढ़; **keep one's wits about one,** किसी को विदग्धता-पूर्ण उत्तर देने के लिए तत्पर रहना; **live by one's wits,** चतुराई की कमाई खाना।

**wit**[2] ***v.*** (wit, witing/witting) to know or learn, जानना या सीखना। □ **to wit,** (वाक्य के आरंभ में) यथा।

**witch** (विच्) ***n.*** 1. a woman who practices sorcery, टोनहाई, जादूगरनी, डाइन। 2. an ugly wicked woman, कुरूप तथा दुष्ट स्त्री, चुड़ैल।

**witchcraft** (विच् ´-क्राफ़्ट्/क्रैफ़्ट्) ***n.*** sorcery, black magic, जादू-टोना।

**witch doctor** ***n.*** a person supposed to possess magical powers used to cure sick persons, ओझा।

**witchery** (विच्´-अॅ-री) ***n.*** 1. witchcraft, जादू-टोना। 2. magical influence, जादू-टोने का असर।

**witch-hunt** (विच्´-हन्ट्) ***n.*** a rigorous campaign to uncover subversive political activities, विनाशक राजनीतिक कार्यकलापों का भंडा फोड़ करने का अभियान।

**with** (विद्) ***prep.*** 1. by means of, के द्वारा, से। He cut with a knife. उसने छुरी से काटा। 2. as a companion of, के साथ; Go with her. उसके साथ जाओ। 3. possessing or having, से; laden with baggage, भार से लदा। 4. on the side of, की तरफ़ से, के साथ; We are with Janta Party. हम जनता पार्टी की तरफ़/के साथ हैं। 5. because of, के कारण। 6. in the charge of, के पास। 7. in regard to, से, के प्रति, के विषय में; He is happy with her. वह उससे ख़ुश है। 8. in opposition to, से, के साथ। 9. in spite of, के बावजूद; With all his boasting, he is coward. शेख़ी बघारने के बावजूद वह कायर है। 10. into, में; mix red with black, काले में लाल मिला दो। 11. in a manner, से; He plays with honesty. वह ईमानदारी से खेलता है। 12. in the same way/time, के साथ; He rises with the sun. वह सूरज के साथ उठता है। 13. so as to separate from, के साथ; We parted with our luggage, अपने सामान के साथ हम विदा हुए। □ **in with,** के साथ, से संबद्ध, से युक्त; **with that,** इसके बाद।

**withdraw** (विद्-ड्रा:´) ***v.*** (withdrew, withdrawn, withdrawing) 1. to draw back, पीछे (की ओर) खींचना। 2. to retreat, पीछे हटना या हटाना। 3. to remove (money from the bank, बैंक से रुपए) निकालना, आहरण करना। 4. to depart from, अलग हो जाना। 5. to recall, वापस लेना। 6. to detach (oneself, अपने को) अलग कर लेना।

**withdrawal** (विद्-ड्रा:´-अॅल्) ***n.*** 1. the act of withdrawing, वापस लेना, वापसी। 2. the act of withdrawing (money, रुपए की) निकासी, आहरण।

**withdrawn** (विद्-ड्रा:न्´) ***adj.*** 1. reserved or shy, गैर-मिलनसार या शर्मीला, गुमसुम। 2. secluded or unresponsive, अलग-थलग या चुप्पा।

**wither** (विद्´-अॅ:) ***v.*** 1. to fade or droop, कुम्हला या मुरझा जाना। 2. to disintegrate or decay, विघटित या नष्ट हो जाना। 3. to lose vitality, निस्तेज या शिथिल हो जाना। 4. to abash, पानी-पानी हो जाना।

**withering** (विद्´-अॅर्-इंग्) ***adj.*** intended to make someone silly or ashamed, (किसी को) मूर्ख सिद्ध करने या लजा देनेवाला।

**withers** (विद्´-अॅ:ज़्) ***n.*** (plu.) the highest part of the back of a horse, डिल्ला।

**withhold** (विद्-होल्ड्´) ***v.*** (withheld, withholding) 1. to keep back, रोक रखना। 2. to restrain, नियंत्रित करना। 3. to refrain (from, से) बाज़ आना।

**within** (विद्-इन्´) ***prep.*** 1. inside or indoors, के अंदर, के भीतर, में। 2. inside the limits of, के अंदर, से कम; within an hour, एक घंटे के अंदर। ***adv.*** 1. inside, inwardly, अंदर, भीतर। 2. inside the mind, मन में। ***n.*** inner place, अंदर।

**without** (विद्-आउट्´) ***prep.*** 1. not having, के बिना। 2. not accompanied by, के बिना। 3. not making use of, के बिना। 4. on the outside, के बाहर। ***adv.*** outside, बाहर।

**withstand** (विद्-स्टैन्ड्´) ***v.*** (withstood, withstanding) 1. to endure successfully, बर्दाश्त कर लेना, झेल लेना। 2. to remain firm, दृढ़ रहना, डटे रहना।

**witless** (विट्´-लिस्) ***adj.*** foolish, मूर्ख।

**witness** (विट्´-निस्) ***n.*** 1. a person who saw or heard and can give a firsthand account of something, गवाह, साक्षी। 2. one who testifies, गवाह, साक्षी। 3. something that serves as evidence, गवाही। □ **bear**

witness, गवाही देना। *v.* 1. to be the witness of, गवाह होना। 2. to give as witness, गवाही देना। 3. to attest, प्रमाणित करना।

**witness box** ***n.*** an enclosure in which witnesses stand and give evidence, कठघरा।

**witness stand** ***n.*** a witness box, कठघरा।

**witted** (विट्´-इड्) ***adj.*** having wits, विनोदी; quick-witted, हाज़िरजवाब।

**witticism** (विट्´-इ-सिज़्-अॅम्) ***n.*** a witty or clever remark, ठिठोली, व्यंग्योक्ति, फब्ती।

**wittingly** (-ली) ***adv.*** intentionally, जान-बूझकर।

**witty** (विट्´-ई) ***adj.*** 1. full of wits, व्यंग्यपूर्ण, मज़ेदार, विनोदपूर्ण। 2. intelligent, बुद्धिमान। 3. quick-witted, हाज़िरजवाब।

**wizard** (विज़्´-अॅ:ड्) ***n.*** 1. a sorcerer, टोनहाया, ओझा। 2. a magician, जादूगर। 3. a very clever person, अत्यंत चतुर व्यक्ति।

**wizardry** (विज़्´-अॅ:ड्-री) ***n.*** 1. the art or skills of a sorcerer, जादू-टोना, जादूगरी, अभिचार। 2. extraordinary skill, असाधारण कौशल।

**wizened** (विज़्´-अॅन्ड्) ***adj.*** 1. full of wrinkles, झुर्रियों से भरा। 2. dried up, सूखा हुआ।

**wobble** (वॉब्´-अॅल्) ***v.*** 1. to move unsteadily, लड़खड़ाना, डगमगाना। 2. to tremble or quiver, काँपना। 3. to waver in one's opinion, ढुलमुल होना। ***n.*** 1. a wobbling movement, लड़खड़ाहट। 2. a wobbling sound, कंपित स्वर।

**wobbly** (वाब्´-ली) ***adj.*** shaky, काँपता हुआ, डाँवाँडोल, ढुलमुल।

**woe** (वो) ***n.*** 1. intense grief, घोर कष्ट, दुख, विषाद, शोक। 2. trouble causing this, विपत्ति। 3. misfortune, दुर्भाग्य। ***interj.*** exclamation of grief, ओफ़!

**woebegone** (वो´-बि-गा:न्) ***adj.*** 1. sad, उदास, गमगीन। 2. sorrowful, दुखी, संतप्त, शोकाकुल।

**woeful** (वो´-फ़ुल्) ***adj.*** 1. full of woe, दुखमय। 2. causing sorrow, दुखद। 3. pitiful, दयनीय।

**woefully** (वो´-फ़ु-ली) ***adv.*** miserably, दयनीय रूप से।

**woefulness** (वो´-फ़ुल्-निस्) ***n.*** the state of being woeful, दुखद या शोचनीय अवस्था।

**wog** (वॉग्) ***n.*** a foreigner, काली चमड़ीवाला विदेशी।

**wok** (वॉक्) ***n.*** a cooking pot with wooden handle, लकड़ी की मूठवाला भगोना।

**woke** (वोक्) ***v.*** p.t. of wake.

**woken** (वो´-कॅन्) ***v.*** p.p. of wake.

**wold** (वोल्ड्) ***n.*** a treeless area, वनस्पतिविहीन क्षेत्र, बंजर भूमि।

**wolf** (वुल्फ़्) ***n.*** (plu. wolves) 1. a wild animal of dog family, भेड़िया। 2. a greedy person, लोभी व्यक्ति। 3. a person who seduces women, स्त्रियों को फुसला लेनेवाला व्यक्ति, अय्याश व्यक्ति। □ **cry wolf,** भेड़िया आया भेड़िया आया की झूठी गुहार लगाना, झूठा डर पैदा करना; **keep the wolf from the door,** जीविका चला पाने में सफल होना, भूख या दरिद्रता को दूर भगाना; **wolf in sheep's clothing,** आस्तीन का साँप, भेड़ की खाल में भेड़िया। ***v.*** (wolfed, wolfing) to eat greedily, भकोसना।

**wolf hound** (वुल्फ़्´-हाउन्ड्) ***n.*** a hound for hunting wolves, भेड़ियों का शिकार करनेवाला कुत्ता।

**wolf whistle** ***n.*** a whistle made by a man to express admiration of a woman's appearance just passing in the street, पुरुष द्वारा सीटी बजाकर गली में से गुज़रती हुई किसी स्त्री के रूप की की जानेवाली प्रशंसा।

**wolverine** (वुल्-वॅ-रीन्´) ***n.*** an animal of the weasel family, एक तरह का नेवला।

**woman** (वुम्´-अॅन्) ***n.*** (plu. women) 1. an adult female human being, औरत, स्त्री, नारी। 2. a woman in general, स्त्री जाति। 3. a wife or sweetheart, पत्नी या प्रेयसी। 4. a female servant, नौकरानी। □ **woman of the streets** वेश्या; **woman of the world,** सयानी स्त्री। ***adj.*** female, मादा, महिला; woman scientist, महिला वैज्ञानिक।

**womanhood** (वु´-मॅन्-हुड्) ***n.*** 1. the state of being a woman, औरतपन, स्त्रीत्व, नारीत्व।

2. womanly qualities, स्त्रोचित गुण, स्त्री-सुलभ गुण। 3. womankind, स्त्री जाति।

**womanish** (वुम्´-अॅ-निश्) ***adj.*** 1. woman-like, स्त्री-सदृश। 2. considered appropriate in a woman but regarded as unsuitable to a man, औरतों का-सा व्यवहार करनेवाला (पुरुष), जनाना, स्त्रैण।

**womanize** (वुम्´-अॅ-नाइज़्) ***v.*** 1. to make effeminate, जनाना या स्त्रैण बनाना। 2. to seek the company of women, औरतों से यारी गाँठना।

**womankind** (वु´-मॅन्-काइन्ड्) ***n.*** female human beings collectively, स्त्री/नारी जाति।

**womanly** (वु´-मॅन्-ली) ***adj.*** (womanlier, womanliest) of or typical of a woman, स्त्रीसुलभ, स्त्र्योचित।

**womb** (वूम्) ***n.*** 1. the uterus, गर्भाशय, कोख, बच्चेदानी। 2. a place or part that generates and develops something, जन्मस्थान, उत्पत्ति-स्थान, मूल।

**wombat** (वॉम्´-बैट्) ***n.*** an animal resembling a small bear, रीछ की जाति का एक छोटा पशु।

**women** (विम्´-इन्) ***n.*** plu. of woman.

**womenfolk** (विम्´-इन्-फ़ोक्) ***n.*** (plu.) 1. women, स्त्री जाति। 2. the women of one family, एक परिवार की स्त्रियाँ।

**won** (वन्) ***v.*** p.t & p.p. of win.

**wonder** (वन्´-डॅ:) ***n.*** 1. a feeling of astonishment and admiration, अचंभा, आश्चर्य, ताज्जुब। 2. a person, thing or act that arouses such a feeling, चमत्कारिक व्यक्ति, वस्तु या कार्य, चमत्कार। □ **nine day wonder,** चार दिन की चाँदनी; **no wonder,** आश्चर्य की बात नहीं; **works wonder,** कमाल करना, गुल खिलाना। ***v.*** 1. to be amazed, आश्चर्यचकित होना, आश्चर्य होना। 2. to have curiosity about, कुतूहल होना, जिज्ञासा होना, I was just wondering if..... मैं केवल जानना चाहता था कि.....।

**wonderful** (वन्´-डॅ:-फुल्) ***adj.*** 1. amazing, अद्भुत, आश्चर्यजनक, चमत्कारपूर्ण, चमत्कारिक। 2. excellent, fine, उत्कृष्ट।

**wonderfully** (वन्´-डॅ:-फु-ली) ***adv.*** amazingly, आश्चर्यजनक रूप से।

**wonderland** (वन्´-डॅ:-लैन्ड्) ***n.*** a wonderful imaginary realm, स्वप्नजगत्, कल्पनालोक।

**wonderment** (वन्´-डॅ:-मॅन्ट्) ***n.*** astonishment, आश्चर्य, विस्मय।

**wonderstruck** (वन्´-डॅ:-स्ट्रक्) ***adj.*** amazed, चकित, भौचक्का।

**wondrous** (वन्´-ड्रॅस्) ***adj.*** wonderful, आश्चर्यजनक, विस्मयकारी।

**wont** (वोन्ट्) ***adj.*** accustomed, आदी, अभ्यस्त।

**won't** (वोन्ट्) ***v.*** = will not.

**wonted** (वोन्´-टिड्) ***adj.*** usual, customary, सामान्य, रिवाजी।

**woo** (वू) ***v.*** 1. to seek the love (of a woman in order to marry, विवाह के उद्देश्य से किसी स्त्री को) राज़ी करना या फुसलाना। 2. to seek to achieve, कुछ प्राप्त करने के लिए सचेष्ट होना। 3. to make entreaty, चिरौरी करना।

**wood** (वुड्) ***n.*** 1. the hard fibrous substance of a tree, लकड़ी, काष्ठ, काठ। 2. this substance often cut and dried for use as a fuel or timber, जलाने या इमारत की लकड़ी। □ **from the wood,** लकड़ी के पात्र में से; **out of the wood,** विपदाओं से उभरा हुआ, संकटमुक्त।

**woodblock** (वुड्´-ब्लॉक्) ***n.*** a woodcut, लकड़ी का ठप्पा।

**woodcarver** (वुड्´-का:-वॅ:) ***n.*** a person who carves wood, काष्ठतक्षक।

**woodcarving** (वुड्´-का:-विंग्) ***n.*** the art of carving wood, काष्ठकला।

**woodchopper** (वुड्´-चॉप्-अॅ:) ***n.*** one who chops wood, लकड़ी काटनेवाला, लकड़हारा।

**woodcock** (वुड्´-कॉक्) ***n.*** a bird of snipe family, चाहे की जाति का एक पक्षी।

**woodcraft** (वुड्´-क्राफ़्ट्/क्रैफ़्ट्) ***n.*** the art or skill of working with wood, काष्ठशिल्प।

**woodcut** (वुड्´-कट्) ***n.*** 1. an engraved block of wood, लकड़ी का ठप्पा। 2. the print of this, उक्त ठप्पे की छाप।

**woodcutter** (वुड्´-कट्-अॅ:) ***n.*** 1. a person

W

who cuts wood, लकड़हारा। 2. one who makes woodcuts, ठप्पे बनानेवाला।

**wooded** (.वुड्´-इड्) *adj.* covered with trees, full of trees, पेड़ों से भरा।

**wooden** (.वुई-अॅन्) *adj.* 1. made of wood, लकड़ी का बना, लकड़ी का; wooden furniture, लकड़ी का फर्नीचर। 2. stiff, कड़ा, कठोर। 3. lifeless, निर्जीव। 4. awkward, भोंडा, बेडौल, बेतुका।

**woodenheaded** (.वुड्´-अॅन्-हेंड्-इड्) *adj.* foolish, मूर्ख।

**woodland** (.वुड्´-लैन्ड्) *n.* a land covered with woods, वनस्थली।

**woodpecker** (.वुड्´-पेंक्-अ:) *n.* a bird who taps trees with its bill for insects, कठफोड़वा।

**woodpile** (.वुड्´-पाइल्) *n.* a pile of firewood, जलाने की लकड़ी का टाल।

**woods** (.वुड्स्) *n.* (plu.) an area of land smaller than a forest, छोटा जंगल, वनस्थली।

**woodsman** (.वुड्स्´-मॅन्) *n.* 1. a forester, वनपाल, वनरक्षक। 2. one who cuts wood, लकड़हारा।

**woodwork** (.वुड्´-व:क्) *n.* 1. the art or craft of making things in wood, लकड़ी का काम, काष्ठकर्म। 2. an object made of wood, लकड़ी की बनी वस्तु।

**woodworm** (.वुड्´-व:म्) *n.* an insect that bores into wooden objects, घुन।

**woody** (.वुड्´-ई) *adj.* (woodier, woodiest) 1. made of wood, लकड़ी का बना। 2. full of trees, पेड़ों से भरा। 3. of forest, जंगली।

**woof** (.वूफ़्) *n.* weft, बाना, भरनी।

**woofer** (वूफ़्-अ:) *n.* a loudspeaker, लाउड-स्पीकर।

**wool** (.वुल्) *n.* 1. the soft hair of sheep, goat etc., used to make yarn, ऊन। 2. yarn, cloth or clothing made of wool, ऊनी धागा या कपड़ा। □ **put the wool over someone's eyes,** दूसरों को अंधा बनाना, धोखा देना।

**wool-gathering** (.वुल्´-गैद्-अ:-इंग्) *n.* 1. the act of gathering wool, ऊन इकट्ठा करना। 2. idle daydreaming, हवाई क़िले बनाना।

**woollen, woolen** (.वुल्´-अॅन्) *adj.* made of wool, ऊनी।

**woollens** (.वुल्-अॅन्ज़्) *v.* (plu.) woollen cloth or clothing, ऊनी कपड़े।

**woolly** (.वुल्´-ई) *adj.* (woollier, wooliest) 1. consisting of wool, ऊनी। 2. resembling wool, ऊनी जैसा। 3. vague, अस्पष्ट। 4. disturbed (area), उपद्रवग्रस्त या अशांत (क्षेत्र)। 5. (plu.) garments made of wool, ऊनी वस्त्र।

**woozy** (.वू´-ज़ी) *adj.* (woozier, wooziest) 1. experiencing dizziness, जिसे चक्कर आ रहे हों। 2. confused, भ्रमित, भ्रम में पड़ा हुआ।

**word** (व़:ड्) *n.* 1. a speech sound or series of speech sounds having meaning, शब्द, लफ़्ज़। 2. this represented by letters, शब्द। 3. an utterance, remark or comment, उक्ति, टिप्पणी। 4. a promise, वचन। 5. an order, आदेश। 6. information, सूचना। 7. news, समाचार। □ **as good as one's word,** बात का धनी, बात का पक्का; **by word of mouth,** जबानी, मौखिक रूप से; **eat one's word,** अपनी बात वापस लेना; **have a word,** संक्षिप्त वार्तालाप करना; **have words,** झगड़ा करना; **in a word,** संक्षेप में; **in other words,** अर्थात्; **in so many words,** स्पष्ट रूप से; **man of word,** बात का धनी; **take someone at his words,** यह मान लेना कि अगला जो कह रहा है वही करेगा; **word for word,** शब्दश:; **word of honour,** वचन, प्रतिज्ञा। *v.* to express in words, शब्दों में व्यक्त करना; Word your letter tactfully. पत्र को होशियारी से लिखो।

**wordage** (व़:-डिज्) *n.* 1. number of words used, प्रयुक्त शब्द-संख्या। 2. the way something is worded, शब्दविन्यास।

**worded** (व़:´-डिड्) *adj.* expressed in words, शब्दों में व्यक्त, शब्दों में वर्णित।

**wordiness** (व़:´-डि-निस्) *n.* verbosity, शब्दाडंबर, शब्दबहुलतता।

**wording** (व़:´-डिंग्) *n.* the way in which

words are used, शब्दविन्यास।

**wordplay** (व़:ड्´-प्ले) ***n.*** a witty use of words, चुटकुला, मज़ाक।

**wordy** (व़:´-डी) ***adj.*** (wordier, wordiest) verbose, शब्दाडंबरपूर्ण, शब्दबहुल।

**wore** (व़ो:) ***v.*** p.t. of wear.

**work** (व़:क्) ***n.*** 1. physical or mental effort directed in doing something, काम, कार्य। 2. employment, काम, नौकरी। 3. something made or done, काम। 4. any literary or musical composition, काम, रचना, कृति। 5. a task or duty, काम, कर्तव्य। 6. the place or office where a person is employed, काम करने का स्थान। 7. (plu.) a workshop, कर्मशाला, कार्यशाला। 8. (plu.) construction work, निर्माण-कार्य। 9. (plu.) mechanism, कल-पुर्ज़े। □ **at work,** (i) कार्यरत, व्यस्त; (ii) काम पर; **make short work of,** जल्दी से समाप्त करना; **out of work,** बेकार, बेरोज़गार। ***v.*** (worked/wrought, working) 1. to do, make or perform, करना, काम करना। 2. to labour, परिश्रम करना। 3. to be employed, काम पर लगे होना, नौकरी करना। 4. to operate or be in operation, चलाना या चलना, चालू करना या चालू होना। 5. to accomplish, पूरा करना, प्राप्त करना। 6. to make to work, काम करना। 7. to arrange, व्यवस्था करना। 8. to provoke, उकसाना, भड़काना। 9. to give a form, रूपायित करना। 10. to make (a way, रास्ता) निकालना या बनाना, आगे बढ़ना। 11. to ferment, खमीरा हो जाना। 12. to solve by calculation, हल करना। 13. to become loose, ढीला हो जाना। □ **work at,** में लगा रहना; **work on,** को प्रभावित करना; **work out,** हल करना, उत्तर निकालना; **work up,** (i) उन्नत करना, (ii) उन्नति करना, (iii) निरंतर उकसाना।

**workable** (व़:´-कॅ-बॅल्) ***adj.*** 1. practicable, व्यवहार्य। 2. feasible, साध्य। 3. able to be worked, जिसपर काम किया जा सके।

**workaday** (व़:´-कॅ-डे) ***adj.*** 1. ordinary, साधारण। 2. practical, व्यवहार्य।

**workbag** (व़:क्´-बैग) ***n.*** a bag holding implements for work, औज़ार रखने का थैला।

**workbook** (व़:क्´-बुक्) ***n.*** a manual or instruction book, कार्य-पुस्तक।

**workbox** (व़:क्´-बॉक्स्) ***n.*** a box for holding implements for work, औज़ार रखने की पेटी।

**workday** (व़:क्´-डे) ***n.*** a day on which work is regularly done, कार्यदिवस, कार्यदिन।

**worker** (व़:´-कॅ:) ***n.*** 1. a person who works for wages, मज़दूर, श्रमिक, कर्मी, कामगार। 2. an employee, कर्मचारी। 3. a member of the working class, मज़दूर, श्रमिक। 4. social worker, सामाजिक कार्यकर्ता। 5. a sterile female bee, ant or wasp that performs specialized work, कर्मी मक्खी, चींटी या ततैया।

**workforce** (व़:क्´-फ़ो:स्) ***n.*** the number of persons engaged in an operation, श्रमिक दल।

**workhorse** (व़:क्´-हॉ:स्) ***n.*** a person who works extremely hard, अत्यधिक परिश्रमी मज़दूर।

**workhouse** (व़:क्´-हॉउस्) ***n.*** a house where poor jobless workers work in return for food and shelter, काम-घर।

**working** (व़:´-किंग्) ***adj.*** 1. engaged in work, काम में लगा हुआ, कार्यरत, कार्यकारी। 2. busy, व्यस्त। 3. of or for work, काम का, काम में आनेवाला। 4. adequate or satisfactory, उपयुक्त या संतोषजनक, कामचलाऊ; working knowledge, संतोषजनक या व्यावहारिक ज्ञान। ***n.*** 1. the act of one who works, कार्य-संचालन। 2. the way a thing works, काम करने का ढंग, कार्यप्रणाली, कार्यविधि।

**working class** ***n.*** people who earn wages, मज़दूर वर्ग, श्रमिक वर्ग।

**working committee** ***n.*** the committee of an institution which manages it, प्रबंध-समिति।

**working day** ***n.*** a workday, कार्यदिवस, कार्यदिन।

**working hours** ***n.*** (plu.) the hours spent in a working day, कार्य-घंटे।

**working order** ***n.*** a condition in which a machine works adequately, चालू हालत।

**workload** (व़:क्´-लोड्) ***n.*** the amount of work a workman has to do in working hours, काम का भार, कार्यभार।

**workman** (व़:क्´-मॅन्) ***n.*** a person who performs labour for wages, कामगार, कारीगर।

**workmanlike** (व़:क्´-मॅन्-लाइक्) ***adj.*** appropriate to a good workman, कारीगरी-भरा, कौशलपूर्ण।

**workmanship** (व़:क्´-मॅन्-शिप्) ***n.*** the skill of a workman, कर्म-कौशल, कारीगरी।

**workout** (व़:क्´-आउट्) ***n.*** a period of practice, अभ्यास की अवधि, अभ्यासकाल।

**work out** ***v.*** (worked out, working out) 1. to achieve by effort, परिश्रम से प्राप्त करना। 2. to solve, हल करना। 3. to formulate, रूपायित करना। 4. to happen, घटित होना।

**workshop** (व़:क्´-शॉप्) ***n.*** 1. a workroom, कार्यकक्ष। 2. a meeting of group of persons for exchange of ideas and mutual benefit, कार्यशाला।

**world** (व़:ल्ड्) ***n.*** 1. everything in existence, universe, सृष्टि, ब्रह्मांड। 2. the earth as a complete environment, संसार, लोक, जगत्, दुनिया। 3. all the inhabitants of this world, संसार के लोग, मानवजाति। 4. any star or planet, कोई नक्षत्र या ग्रह। 5. any particular region, कोई विशिष्ट भूभाग। 6. any particular sphere, कोई विशिष्ट क्षेत्र। 7. worldly life, सांसारिक या लौकिक जीवन। 8. the state of existence, लोक, दुनिया, संसार; the next world, परलोक, the old world, पुरानी दुनिया। 9. material things and occupations, सांसारिक प्रपंच। □ **bring into the world,** जन्म देना या दिलाना; **come into the world,** जन्म लेना; **dead to the world,** दुनिया से बेख़बर; **how or why in the world,** कैसे, क्यों; **man of the world,** जिसने संसार को देखा हो, दुनियादार, अनुभवी व्यक्ति; **not for (all) the world,** किसी भी क़ीमत पर नहीं; **set the world on fire,** विलक्षण सफलता पाना; **think the world of,** संसार की चीज़ों से लगाव रखना; **world of one's own,** अपनी दुनिया, दूसरों से अलग-थलग रहने का भाव; **world without end,** सदा के लिए।

**World Bank** ***n.*** the international bank that gives loans to the countries, विश्व बैंक।

**world beater** (व़ल्ड्´-बीट्-अ:) ***n.*** a person or thing that is better than all others, सबसे अच्छा व्यक्ति या वस्तु।

**world champion** ***n.*** one who holds first place in an international contest, विश्व-विजेता।

**world famous** (व़:ल्ड्´-फ़े-मॅस्) ***adj.*** famous in the entire world, विश्व-भर में मशहूर, विश्वप्रसिद्ध।

**world forum** ***n.*** a forum in which international problems are discussed, विश्व मंच।

**worldliness** (व़:ड्´-लि-निस्) ***n.*** the quality or state of being worldly, सांसारिकता।

**worldly** (व़:ड्´-ली) ***adj.*** (worldlier, worldliest) 1. of this world, लौकिक, सांसारिक; worldly wisdom, दुनियादारी। 2. not spiritual, material, भौतिक; worldly goods, धन-संपत्ति।

**worldlywise** (व़:ल्ड्´-लि-व़ाइज़) ***adj.*** versed in the ways of the world, दुनियादार, सयाना।

**world power** ***n.*** a nation powerful enough to influence world politics, विश्व-शक्ति।

**World War** ***n.*** a war in which principal nations took part, महायुद्ध।

**worldweary** (व़:ल्ड्´-व़िअॅ-री) ***adj.*** tired of living, bored with human affairs, जो दुनिया से तंग आ चुका हो, दुनिया के प्रपंचों से ऊबा हुआ।

**worldwide** (व़:ल्ड्´-व़ाइड्´) ***adj.*** universal, विश्वव्यापक, विश्वव्यापी।

**worm** (व़:म्) ***n.*** 1. a long slender creeping insect, क्रीड़ा, कृमि; earthworm, केंचुआ, glowworm, जुगनूँ। 2. a snake, साँप। 3. a wretched person, नीच या अधम व्यक्ति। 4. a screw thread that resembles a worm, स्क्रूथ्रेड, पेच की चूड़ी। ***v.*** (wormed,

W

worming) 1. to move like a worm, रेंगना। 2. to extract (secret information, गुप्त जानकारी) ऐंठना या प्राप्त करना। 3. to free from parasitic worms, कीड़े निकालना।

**worm-eaten** (व़:म्´-ई-टॅन्) ***adj.*** 1. eaten into by worms, कीड़ों द्वारा खाया हुआ, घुन-लगा, घुना हुआ। 2. rotten, decayed, सड़ा हुआ, सड़ा-गला। 3. antiquated, पुरातन।

**wormwood** (व़:म्´-वुड्) ***n.*** a kind of bitter plant, नागदौन।

**wormy** (व़:´-मी) ***ad.*** (wormier, wormiest) 1. full of worms, कीड़ों से भरा। 2. worm-eaten, घुना हुआ।

**worn** (वो़:न्) ***v.*** p.t. & p.p. of wear. ***adj.*** 1. damaged by long wear or use, फटा-पुराना, घिसा-फटा, जीर्ण-शीर्ण। 2. exhausted, थका-हारा, थका-माँदा।

**worn-out** (वो़:न्´-आउट्) ***adj.*** 1. used until no longer usable, घिसा-फटा, फटा-पुराना, बेकार। 2. exhausted, थका-हारा, थका-माँदा।

**worried** (व़र्´-ईड्) ***adj.*** feeling worry, चिंतित, परेशान।

**worrisome** (व़र्´-इ-सॅम्) ***adj.*** 1. causing worry, चिंताकारक, चिंतनीय। 2. tending to worry, परेशान रहनेवाला, चिंतित।

**worry** (व़र्´-ई) ***v.*** (worried, worrying) 1. to be anxious or uneasy, चिंतित होना, बेचैन होना। 2. to cause to be anxious or worry, चिंतित करना, व्याकुल करना। 3. to trouble or poke, तंग करना, परेशान करना। 4. to bite or tear with the teeth, दाँतों से काटना या फाड़ना। ***n.*** 1. anxiety, चिंता, परेशानी। 2. something that causes worry, चिंता की बात, परेशान करनेवाली चीज़। 3. troubled state of mind, विकलता, बेचैनी।

**worrying** (व़र्´-इ-इंग्) ***adj.*** anxious, चिंतित।

**worse** (व़:स्) ***adj.*** (the comparative of bad) 1. very bad, बहुत बुरा, बदतर। (the comparative form of ill). 2. in bad health, दयनीय अवस्थावाला, दुर्दशाग्रस्त। ***adv.*** (comparative of badly and ill) in a worse way, बुरी तरह। □ **go from bad to worse,** और अधिक बिगड़ जाना, बदतर हो जाना। ***n.*** something that is worse, और बुरी बात।

**worsen** (व़:´-सॅन्) ***v.*** 1. to become worse, बदतर हो जाना, और बुरा हो जाना। 2. to make worse, बदतर कर देना, और बुरा कर देना।

**worship** (व़:´-शिप्) ***n.*** 1. devotion and respect paid to a god or deity, भक्ति, श्रद्धा। 2. ceremonies or prayers displayed, पूजा, उपासना; place of worship, देवालय, पूजा स्थल। ***v.*** (worshipped, worshipping) 1. to pay worship to, पूजा करना, उपासना करना। 2. to love devotedly, to rever, श्रद्धा निवेदित करना, भक्ति करना।

**worshipful** (व़:´-शिप्-फुल्) ***adj.*** worthy of worship, श्रद्धेय, आदरणीय।

**worshipper** (व़:´-शिप्-अॅ:) ***n.*** one who worships a god or deity, पुजारी, उपासक।

**worst** (व़:स्ट्) ***adj.*** the superlative of bad, most bad, सबसे बुरा, बदतरीन। ***adv.*** in the most bad manner, बहुत ही बुरी तरह से। □ **at worst,** अधिक से अधिक बुरा यही होगा॰ कि। ***n.*** the worst part, state or thing, सबसे बुरी बात या अवस्था; If the worst comes to the worst...चाहे सब कुछ बिगड़ जाए। I am preparted for the worst. मौत या विनाश ही सही। □ **get the worst of,** हार मान लेना; **in the worst way,** अत्यधिक।

**worsted** (व़:´-स्टिड्) ***n.*** 1. a closely twisted thread made from long-staple fibres, ख़ूब बटा हुआ बढ़िया धागा। 2. fabric from worsted, उक्त धागे का कपड़ा।

**wort** (व़:ट्) ***n.*** a herb or plant, जड़ी-बूटी या पौधा।

**worth** (व़:थ्) ***n.*** 1. value, price, मूल्य, क़ीमत। 2. importance, महत्त्व। 3. high quality, उच्च गुणवत्ता। 4. wealth, धन। ***prep.*** & ***adj.*** 1. having a value of, के मूल्य का; worth rupees four hundred, चार सौ रुपए मूल्य का। 2. deserving, के योग्य।

**worth considering** ***adj.*** fit for consideration, विचार करने योग्य, विचार-योग्य।

**worthily** (व़:´-दि-ली) ***adv.*** suitably, उचित

W

रीति से।

**worthiness** (व़:´-दि-निस्) ***n.*** the quality or state of being worthy, मूल्यवत्ता; योग्यता।

**worthless** (व़:थ्´-लिस्) ***adj.*** 1. having no worth, valueless, किसी काम का नहीं, व्यर्थ, बेकार। 2. of no use, निकम्मा (व्यक्ति)। 3. without importance, महत्त्वहीन।

**worthwhile** (व़:थ्-व़ाइल्´) ***adj.*** 1. sufficiently important, काफ़ी महत्त्वपूर्ण। 2. sufficiently valuable, काफ़ी क़ीमती। 3. doable, करने योग्य।

**worthy** (व़:´-दी) ***adj.*** (worthier, worthiest) 1. having sufficient worth, मूल्यवान। 2. deserving, योग्य, पात्र, अधिकारी; worthy of praise, प्रशंसा का पात्र, worthy son of a worthy father, योग्य पिता का योग्य पुत्र। 3. honourable, आदरणीय, श्रद्धेय।

**would** (.वुड्) ***v.*** p.t. of will, (i) to form the past tense of will; We said we would do it. हमने कहा था कि हम कर देंगे। (ii) with you, to indicate desire or willingness in a polite way; Would you please come here. कृपया यहाँ पधारने का कष्ट करें। (iii) expressing something to be expected; The machine would go wrong, मशीन बिगड़ सकती है।

**would-be** (व़:ड्´-बी) ***adj.*** 1. desiring or professing to be, इच्छुक या तथाकथित। 2. pertaining to future, भावी।

**wouldn't** (.वुड्´-अॅन्ट्) = would not.

**wound[1]** (.वून्ड्) ***n.*** 1. an injury to the body in which the skin is cut, torn or pierced, घाव, ज़ख़्म, क्षत। 2. an injury to person's feeling or reputation, चोट, ठेस। ***v.*** to inflict a wound on, चोट मारना, घायल करना, ज़ख़्मी करना।

**wound[2]** ***v.*** p.t & p.p of wind.

**wounded** (.वून्ड्´-इड्) ***adj.*** having a wound or wounds, ज़ख़्मी, घायल।

**wove** (व़ोव्) ***v.*** pt. of weave. ***adj.*** having smooth surface, चिकना (कागज़)।

**woven** (व़ो´-वन्) ***v.*** p.p. of weave.

**wow** (व़ॉव्) ***interj.*** an exclamation of wonder, enthusiasm etc., वाह! ***n.*** anyone or anything amazingly successful or attractive, अत्यंत सफल व्यक्ति या आकर्षक वस्तु। ***v.*** 1. to arouse enthusiasm in, (किसी में) उत्साह जगाना। 2. to have a strong impact on, तीव्र छाप छोड़ना।

**wrack[1]** (रैक्) ***n.*** destruction, विनाश।

**wrack[2]** ***n.*** seaweed growing on the shore, समुद्री शैवाल।

**wrangle** (रैंग्´-गॅल्) ***v.*** 1. to quarrel angrily, झगड़ा करना, नोंक-झोंक करना। 2. to win by argument, दलील से जीतना। 3. to herd, (घोड़ों, गायों आदि को) चराना। ***n.*** 1. noisy quarrel, झगड़ा, नोक-झोंक। 2. dispute, बहस, वाद-विवाद।

**wrap** (रैप्) ***v.*** (wrapped, wrapping) 1. to wind paper, cloth etc., around (a thing) so as to cover it, लपेटना। 2. to put around, ओढ़ना या ओढ़ाना, लपेटना। 3. to cover, ढकना, आच्छादित करना, आवरण डालना। □ **wrap up,** (i) ख़त्म करना, (ii) गरम कपड़ों से अपने को ढकना। ***n.*** 1. a covering, आवरण। 2. a shawl, scarf or blanket, शाल, गुलूबंद या कंबल। 3. a coat, कोट।

**wrapper** (रैप्´-अॅ:) ***n.*** 1. a cover, आवरण। 2. a loose gown, ढीला-ढाला गाउन।

**wrapping** (रैप्´-इंग्) ***n.*** the material used to wrap something, लपेटने का कागज़, वेष्ठन, बेठन।

**wrap-up** (रैप्´-अॅप्) ***n.*** a brief summary, सार, सारांश।

**wrasse** (रैस्) ***n.*** brightly-coloured sea-fish, चमकीली समुद्री मछली।

**wrath** (रॉथ्, रैथ्) ***n.*** 1. violent anger, रोष, क्रौध। 2. divine vengeance, कोप।

**wrathful** (रॉथ्´-फुल्) ***adj.*** full of anger, रोषपूर्ण, क्रुद्ध।

**wreak** (रीक्) ***v.*** (wreaked, wreaking) 1. to inflict (vengeance, गुस्सा) उतारना। 2. to take vengeance for, बदला लेना।

**wreath** (रीद्) ***n.*** 1. a ring made of flowers or leaves, पत्तियों या फूलों का चक्र, हार या

माला, फूलचक्र, फूलमाला। 2. a ring of smoke or mist, धुएँ या धुंध का छल्ला।

**wreathe** (रीद्) *v.* (wreathed, wreathing) 1. to form a wreath, पत्तियों, फूलों आदि का चक्र या हार बनाना, माला या हार गूँथना। 2. to take the form of a wreath, चक्र, छल्ले या माला का रूप प्राप्त करना। 3. to coil or wind round, लपेट लेना, The snake wreathed itself round the tree. साँप ने वृक्ष को लपेट लिया। 4. to move in a curving line, टेढ़े-मेढ़े चलना; The smoke wreathed upward. धुआँ छल्ले के आकार में ऊपर उठा।

**wreathy** (री´-थी) *adj.* adorned with a wreath or wreaths, फूल-चक्र या चक्रों से सजा हुआ, फूलमाला या फूलमालाओं से सज्जित।

**wreck** (रेंक्) *v.* 1. to destroy or damage badly, विनष्ट या नष्ट-भ्रष्ट कर देना, ध्वस्त कर देना। 2. to suffer destruction, विनष्ट या नष्ट-भ्रष्ट होना। 3. to dismantle, ढा या गिरा देना, ध्वस्त कर देना। 4. to ruin, बर्बाद कर देना। *n.* 1. accidental destruction of a ship by storms, तूफ़ान से होनेवाला जलयान का विनाश। 2. the ship so wrecked, तूफ़ान से ध्वस्त या विनष्ट जलयान। 3. the remains of a wrecked ship cast ashore by the sea, समुद्र द्वारा किनारे पर फेंके हुए तूफ़ान से विनष्ट जलयान के अवशेष। 4. the remaing of anything destroyed or ruined, विनष्ट या बर्बाद वस्तु के अवशेष, मलबा।

**wreckage** (रेंक्´-इज्) *n.* 1. the act of wrecking or the state of being wrecked, विनाश। 2. the remains of something wrecked, विनष्ट वस्तु के अवशेष, मलबा।

**wrecker** (रेंक्´-अं:) *n.* 1. one who wrecks, विनष्ट करनेवाला तोड़-फोड़ डालनेवाला, तबाह या बर्बाद करनेवाला। 2. an employee in demolition work, वह कर्मचारी जो इमारत गिराने का काम करता हो। 3. a ship employed to remove wreck, ध्वस्त जलयान के अवशेषों को हटानेवाला जलयान।

**wren** (रेंन्) *n.* a small songbird, गानेवाली एक छोटी चिड़िया।

**wrench** (रेंन्च्) *v.* 1. to pull with a jerk, झटका देना, झटके से हटा देना। 2. to twist or turn (so as to sprain a limb, अंग को) ऐंठना, मरोड़ना। 3. to give pain to, दर्द करना, दुखना। *n.* 1. a tool for turning, (nuts, bolts etc., नट, बोल्ट को) घुमाने का उपकरण, रैंच। 2. a violent jerk or pull, तेज़ झटका।

**wrest** (रेंस्ट्) *v.* 1. to take by force, झटक लेना, छीन लेना। 2. to obtain with a great effort, अत्यधिक परिश्रम से प्राप्त करना। *n.* the act of wresting, झटक लेने की क्रिया या भाव।

**wrestle** (रेंस्´-अॅल्) *v.* 1. to grapple with (another wrestler, किसी पहलवान से) कुश्ती लड़ना। 2. to grapple each other like wrestlers, कुश्ती करना, आपस में जूझना, भिड़ना। 3. to struggle hard, कड़ा संघर्ष करना, जूझना या भिड़ना। *n.* 1. a wrestling match, कुश्ती। 2. a struggle or tussle, संघर्ष।

**wrestler** (रेंस्´-लॅं:) *n.* one who is skilled in wrestling, पहलवान।

**wrestling** (रेंस्´-लिंग्) *n.* 1. a sport in which two wrestlers wrestle, कुश्ती, मल्लयुद्ध। 2. a fight or struggle, लड़ाई या संघर्ष।

**wretch** (रेंच्) *n.* an unfortunate person, अभागा व्यक्ति।

**wretched** (रेंच्´-इड्) *adj.* 1. pitiable, दयनीय। 2. despicable, हेय, तुच्छ, नीच। 3. unfortunate, अभागा। 4. poor in quality, घटिया।

**wretchedly** (रेंच्´-इड्-ली) *adv.* in a wretched manner, दयनीय ढंग से, दीनतापूर्वक।

**wretchedness** (रेंच्´-इड्-निस्) *n.* extreme misery, अत्यंत दीन-हीन अवस्था।

**wriggle** (रिग्´-अॅल्) *v.* 1. to move with a twisting movement, टेढ़े-मेढ़े चलना। 2. to progress in this way, टेढ़े-मेढ़े चलते हुए आगे बढ़ना। 3. to manoeuvre, तिकड़म करना, धोखा देना। *n.* wriggling movement, टेढ़ी-मेढ़ी चाल।

**wring** (रिंग्) *v.* (wrung, wringing) 1. to twist and compress to squeeze, निचोड़ने के लिए मरोड़ना या दबाना। 2. to remove liquid in this way, निचोड़ना, रस

W

निकालना। 3. to twist, मरोड़ना। 4. to grip one's hand, (अभिवादन करते समय) कसकर हाथ पकड़ना। 5. to cause distress, पीड़ित करना, सताना। 6. to extort a confession, उगलवाना। *n.* an act of wringing, मरोड़ने, ऐंठने, दबाने, निचोड़ने आदि की क्रिया।

**wringer** (रिंग्´-अॅ:) *n.* a machine for squeezing washed clothes, धुले कपड़े निचोड़ने का उपकरण।

**wrinkle**[1] (रिं´-कॅल्) *n.* 1. a slight ridge or crease on a normally smooth surface, सिलवट, शिकन, झुर्री। 2. a slight problem, छोटी-मोटी समस्या। *v.* 1. to make or form wrinkles, सिलवटें डालना, झुर्रियाँ बनाना या डालना। 2. to become wrinkled, सिलवटें पड़ना, झुर्रियाँ पड़ना।

**wrinkle**[2] *n.* 1. a trick, चाल। 2. a hint, संकेत।

**wrist** (रिस्ट्) *n.* the joint between the hand and forearm, कलाई, गट्टा, पहुँचा, मणिबंध।

**wristband** (रिस्ट्´-बैंड्) *n.* the cuff of a shirt, कमीज़ की बाँह का कफ़।

**wristwatch** (रिस्ट्´-वॉच्) *n.* a watch to be fastened around the wrist, कलाई घड़ी।

**writ** (रिट्) *n.* a formal court order directing a person to do or refrain from doing some specified act, रिट, आदेश; writ of habeas corpus, बंदी-प्रत्यक्षीकरण आदेश।

**write** (राइट्) *v.* (wrote, written, writing) 1. to form letters or symbols on a surface with a pen, pencil etc., लिखना। 2. to inscribe or paint letters or symbols with an implement, किसी उपकरण से लिखना, कुरेदना या अंकित करना। 3. to form words or message, लिखना। 4. to produce by writing, to compose, रचना करना; कहानी, लेख या पुस्तक लिखना। 5. to relate or communicate by writing, वर्णन करना, सूचित करना। □ **write down,** कलमबंद करना; **write in,** प्रपत्र भरना, बीच में लिखना, सम्मिलित कर लेना; **write off,** रद कर देना, बट्टे खाते डाल देना; **write out,** विस्तार से लिखना; **write up,** लिखकर अद्यतन बनाना।

**write-off** (राइट्´-ऑफ्) *n.* the act of cancelling bad debt, डूबी रक़म को बट्टे खाते में डालने की क्रिया।

**writer** (राइ´-ट:) *n.* 1. a person who writes books, articles, documents etc., लेखक। 2. a clerk, मुंशी, क्लर्क।

**writer's cramp** *n.* a cramp affecting the muscles of the hand, अधिक देर तक लिखने के फलस्वरूप हाथ में होनेवाली ऐंठन या जकड़न।

**write-up** (राइट्´-अप्) *n.* a review, समीक्षा।

**writhe** (राइद्) *v.* (writhed, writhing) 1. to contort the body (as in pain, पीड़ा के कारण) शरीर का ऐंठना, छटपटाहट होना। 2. to move in a wriggling motion, टेढ़े-मेढ़े चलना। 3. to suffer acutely from great shame, घड़ों पानी पड़ जना, शर्म से पानी-पानी हो जाना।

**writing** (राई-टिंग्) *n.* 1. the act or profession of one who writes, लेखन। 2. handwriting, हस्तलिपि, लिखावट। 3. a literary work, कृति, रचना। 4. literary style, साहित्यिक शैली। □ **writing on the wall,** अपशकुन। *adj.* related to or used in writing, लिखने का; writing ink, लिखने की स्याही।

**writing material** *n.* material used in writing, लेखन-सामग्री।

**written** (रिट्´-अॅन्) *v.* p.p. of write.

**wrong** (रा:ङ्ग्) *adj.* 1. not right, or true, ग़लत, मिथ्या। 2. morally bad, बुरा, अनैतिक। 3. unfair or unjust, अनुचित या अन्यायपूर्ण। 4. not wanted or required, अनिच्छित या अनपेक्षित, on the wrong side of sixty, साठ से ऊपर का। 5. not working properly, जो सही काम न कर रहा हो। 6. out of order, बिगड़ा हुआ। 7. illegal, गैरकानूनी, अवैध। □ **get on the wrong side of,** किसी के रोष का भाजन होना; **go wrong,** ग़लती करना। *adv.* in a wrong manner, ग़लत ढंग से। *n.* 1. a sinful act, पाप, अधर्म। 2. injustice or harm, अन्याय या अहित। 3. something that is wrong, ग़लत बात। □ **do wrong,** पाप करना; **in the wrong,** दोषी। *v.* 1. to do wrong to, किसी के प्रति अन्याय करना,

W

किसी का अहित करना। 2. to treat unjustly, दुर्व्यवहार करना। 3. to malign, बदनाम करना।

**wrongdoer** (राःङ्ग्´-डु-अँः) ***n.*** one who does wrong, ग़लत काम करनेवाला व्यक्ति, अन्यायी, अपकारी।

**wrongdoing** (राःङ्ग्´-डु-इंग्) ***n.*** 1. a wrong act, अनैतिक कार्य, पाप। 2. an illegal act, अनुचित या गैरकानूनी कार्य, अवैध कार्य।

**wrongful** (राःङ्ग्´-फुल्) ***adj.*** 1. unjust or improper, अन्यायपूर्ण, अनुचित। 2. unlawful, अवैध। 3. defective, दोषपूर्ण, सदोष।

**wrongfully** (-फु-ली) ***adv.*** unjustly, अन्यायपूर्वक।

**wrongheaded** (राःङ्ग्´-हेंड्-इड्) ***adj.*** 1. always wrong in judgment, हमेशा ग़लत निर्णय करनेवाला। 2. very obstinate, हठी।

**wrongly** (राःङ्ग्´-ली) ***adv.*** 1. unfairly, अनुचित रीति से, ग़लत ढंग से। 2. by mistake, ग़लती से।

**wrote** (रोट्) ***v.*** p.t. of write.

**wroth** (राःथ्) ***adj.*** angry, अप्रसन्न, रुष्ट, नाराज़।

**wrought** (राट्) ***v.*** p.t. and p.p of work. ***adj.*** 1. shaped by beating or hammering, पीटकर बनाया हुआ। 2. made, बनाया हुआ; well-wrought, अच्छी तरह बनाया हुआ।

**wrought-up** (राःट्´-अप्) ***adj.*** 1. very excited, अत्यधिक उत्तेजित। 2. perturbed, विक्षुब्ध, परेशान।

**wrung** (रंग्) ***v.*** p.t. & p.p. of wring.

**wry** (राइ) ***adj.*** (wrier/wryer, wriest/wryest) 1. bent or crooked, टेढ़ा, टेढ़ा-मेढ़ा, वक्र, मोड़ा या मुड़ा हुआ; wry face, बिचका चेहरा। 2. ironical, व्यंग्यपूर्ण। 3. perverse, perverted, विकृत, भ्रष्ट। 4. full of scorn, कटु, कटुतापूर्ण।

**wryly** (राइ´-ली) ***adv.*** in a wry manner, टेढ़े-मेढ़े ढंग से, वक्रतापूर्वक।

W

# X

**X, x** (ऍक्स्) ***n.*** the twenty-fourth letter of the English alphabet, अंग्रेज़ी वर्णमाला का चौबीसवाँ वर्ण। 2. the Roman numerical for 10, दस का सूचक रोमन चिह्न। 3. symbol denoting error, ग़लती या त्रुटि का सूचक चिह्न। 4. a symbol for denoting any unknown thing or amount, अज्ञात राशि या वस्तु का सूचक चिह्न। 5. a symbol for multiplication, गुणा का सूचक चिह्न।

**xenophobe** (ज़ेॅन्-अॅ-फ़ोब्) ***n.*** one contemptuous of foreigners, विदेशियों से घृणा करनेवाला व्यक्ति।

**xenophobia** (ज़ेॅन्-अॅ-फ़ो´-बि-अॅ) ***n.*** 1. strong dislike of foreigners or strangers, विदेशियों या अज्ञात व्यक्तियों के प्रति होनेवाली घोर घृणा। 2. hatred toward foreign things or culture, विदेशी वस्तुओं या संस्कृति के प्रति होनेवाली घृणा।

**xenophobic** (ज़ेॅन्-अॅ-फ़ो´-बिक्) ***adj.*** of or pertaining to xenophobia, घृणा-संबंधी, घिनौना।

**xero** (ज़ाइ´-रो) ***prefix*** denoting dryness, शुष्कता का सूचक उपसर्ग।

**xerography** (ज़ि-रॉग्´-रॅ-फ़ी) ***n.*** a dry photocopying process, जीरोग्राफ़ी, शुष्कलेखन।

**xerophyte** (ज़िअॅर्-अॅ-फ़ाइट्) ***n.*** a plant able to grow in a desert or in very dry conditions, मरु प्रदेश में होनेवाला पौधा।

**xerox** (ज़ि´-अॅ-रॉक्स्) ***n.*** a copying machine, प्रतिलिपि तैयार करनेवाली मशीन।

**X-max** (क्रिस्´-मॅस्) ***n.*** short form of Christmas.

**x-rated** (ऍक्स्´-रे-टिड्) ***adj.*** (of films) not be seen by persons under seventeen years old, (ऐसी फिल्में) जिन्हें सत्रह बरस से कम उम्र के लोगों के देखने पर प्रतिबंध हो।

**X-ray** (ऍक्स्´-रे) ***n.*** 1. a non-luminous ray, एक प्रकार की किरण, एक्स-रे। 2. a photograph made by X-rays, एक्स-रे।

**xylem** (ज़ाइ´-लॅम्) ***n.*** the tissue of a plant, woody tissue काष्ठ-ऊतक।

**xylography** (ज़ाइ´-लॅ-ग्रॅ-फ़ी) ***n.*** the art of graving on wood, लकड़ी पर की जानेवाली नक़्क़ाशी; काष्ठ-उत्कीर्णन।

**xylophone** (ज़ाइ´-लॅ-फ़ोन्) ***n.*** a musical instrument with wooden bars which produce different notes when struck with a small hammer, काष्ठतरंग।

# Y

**Y, y** (वाइ) ***n.*** the twenty-fifth letter of the English alphabet, अंग्रेज़ी वर्णमाला का पच्चीसवाँ वर्ण।

**yabber** (यैब्´-अँ:) ***v.*** to jabber, बकवाद करना।

**yacht** (यॉट्) ***n.*** a small sailing motor driven vessel used for racing or pleasure trip, याट, केलिपोत। ***v.*** to sail or cruise, याट पर समुद्र में दौड़ लगाना या विहार करना।

**yachting** (यॉ´-टिंग्) ***n.*** racing or cruising in a yacht, याट में दौड़ लगाना या विहार करना।

**yachtsman** (यॉट्स्´-मॅन्) ***n.*** a person who sails a yacht, याट-नाविक।

**yack** (यैक्) ***v.*** & ***n.*** = yak.

**yah** (या) ***interj.*** 1. yes, हाँ। 2. an exclamation of disgust, छि:, धत।

**yahoo** (या´-हू) ***n.*** a cruel person, क्रूर व्यक्ति, नरपशु।

**Yahweh** (या´-वी) ***n.*** The Hebrew name for god, Jehovah, ईश्वर का एक नाम।

**yak**[1] (यैक्) ***n.*** an ox of Tibbet, तिब्बती साँड़, याक, सुरागाय, चमर।

**yak**[2] (यैक्/याक्) ***v.*** (yakked, yakking) to talk persistently, बोलते चलना या बोलते ही जाना, बकवाद करना। ***n.*** a persistent talk, बकवाद।

**yam** (यैम्) ***n.*** 1. a plant and its tuber, रतालू। 2. Indian yam, अरबी, अरुई, घुइयाँ।

**yank** (यैंक्) ***v.*** to pull with a jerk, झटका देना, झटकना। ***n.*** a sudden sharp jerk, झटका।

**Yankee** (यैङ्´-की) ***n.*** a native of the U.S., अमेरिकी। ***adj.*** of yankees, अमेरिकी।

**yap** (यैप्/याप्) ***v.*** (yapped, yapping) 1. to yelp, (कुत्ते का) भौंकना या चीखना। 2. to jabber, बकवाद करना। ***n.*** 1. jabber, बकबक। 2. a bark, भौं-भौं। 3. the mouth, मुँह।

**yard**[1] (या:ड्) ***n.*** 1. a measure of length equal to three feet or 0.9144 meters, गज़।

**yard**[2] ***n.*** 1. a piece of enclosed ground around a building, आहाता, प्रांगण। 2. an enclosed area for livestock, बाड़ा। 3. an area with so many railway tracks near the station, यार्ड, रेल-प्रांगण। 4. a place where ships rest, पोत-प्रांगण।

**yardage** (या:´-डिज्) ***n.*** a length or area measured in yards, किसी चीज़ का गज़ों में लंबाई या क्षेत्रफल।

**yardstick** (या:ड्´-स्टिक्) ***n.*** 1. a measuring stick one yard in length, गज़। 2. a standard of comparison or judgment, मानदंड।

**yarn** (या:न्) ***n.*** 1. a continuous long twisted thread of cotton, wool etc., prepared for weaving, knitting etc., धागा, सूत। 2. a long invented or exaggerated tale, किस्सा। □ **spin a yarn,** किस्सा गढ़ना। ***v.*** to tell a yarn, किस्सा सुनाना।

**yashmak, yashmac** (यैश्´/याश्´-माक्) ***n.*** the face veil worn by muslim women, बुर्का।

**yaw** (या:) ***v.*** to turn abruptly from side to side, (जलयान का) सहसा सीधे मार्ग से हटने-बढ़ने लगना, पथभ्रष्ट होना। ***n.*** a yawing movement, हट-बढ़, पथभ्रष्टता।

**yawl** (या:ल्) ***n.*** a two-masted sailing boat, दो मस्तुलोंवाली नाव।

**yawn** (या:न्) ***v.*** to open mouth wide and taking in the air involuntarily as when sleeping or feeling bored, जँभाई लेना। 2. to open the mouth wide, मुँह खोलना या फैलाना। ***n.*** the act or instance of yawning, जँभाई।

**yawning** (या:न्´-इंग्) ***n.*** the act of one who yawns, जँभाई; yawning gap, चौड़ी दरार।

**yaws** (या:स्) ***n.*** a skin disease, एक चर्मरोग।

**yea** (ये) ***adv.*** yes, हाँ।

**year** (यिअॅ:, इअॅ:) ***n.*** 1. the period of about 365 days, बरस, साल, वर्ष; leap year, अधिवर्ष। 2. the period from 1st January to 31st December, बरस, साल, वर्ष। 3. (plu.) time, समय; in years to come, आनेवाले समय में। 4. (plu.) age in years, उम्र; He looks younger than his years. वह अपनी उम्र से कम लगता है। □ **all the year round,** वर्ष-भर, सारे साल; **for years,** कई बरसों तक, बरसों; **year by year,** साल दर साल; **year in year out,** लगातार बहुत बरसों तक, सालो-साल; **year to year,** सालो-साल, वर्षानुवर्ष।

**yearbook** (यिअॅ:´-बुक्) ***n.*** an annual book containing the information and events of the previous year, वार्षिकी, अब्दकोश।

**yearend** (यिअॅर्-ॲन्ड्´) ***n.*** the end of the year, वर्ष का अंतिम अंश, वर्षांत। ***adj.*** occurring at the end of a year, वर्षांत में होनेवाला, वर्षांतिक।

**yearling** (यिअॅ:´-लिंग्) ***adj.*** being a year old, एक वर्ष का, एक वर्षीय। ***n.*** the young of an animal between one and two years old, एक और दो बरस के बीच का पशुशावक।

**yearlong** (यिअॅ:´-ला:ङ्ग्) ***adj.*** lasting for a year or all through a year, वर्ष-भर तक होनेवाला, वर्ष-भर तक चलनेवाला।

**yearly** (यिअॅ:´-ली) ***adj.*** occurring, appearing, done or payable once in a year, प्रतिवर्ष होनेवाला, वार्षिक, सालाना।

**yearn** (य:न्) ***v.*** to have a long strong desire, साध होना, लालसा होना।

**yearning** (य:न्´-निंग्) ***n.*** an act of a person who yearns, साध, लालसा।

**yearningly** (-ली) ***adv.*** longingly, बड़ी साध से।

**yeast** (यीस्ट्) ***n.*** 1. a leavening agent, ख़मीर। 2. foam on beer, यविरा की झाग। ***v.*** (yeasted, yeasting) to foam, झाग देना।

**yeasty** (यीस्´-टी) ***adj.*** (yeastier, yeastiest) 1. containing yeast, ख़मीरयुक्त, ख़मीरा। 2. causing fermentation, ख़मीर उठानेवाला, ख़मीरा बनानेवाला। 3. containing foam, झागवाला, झागयुक्त। 4. very joyful, jubilant, अत्यंत प्रसन्न, प्रफुल्ल। 5. agitated, restless, बेचैन, विक्षुब्ध।

**yell** (यॅल्) ***v.*** to cry with a loud sound, चिल्लाना, चीखना। ***n.*** a cry (of pain, excitement or fear), चीख, चीत्कार।

**yellow** (यॅल्´-ओ) ***adj.*** 1. of the colour of a lemon, पीला, पीत। 2. having yellowish skin, पीतवर्ण। 3. cowardly, डरपोक। ***n.*** yellow colour, पीला रंग। 2. yellow of an egg, अंडे की ज़र्दी। ***v.*** to make or become yellow, पीला बना देना या हो जाना।

**yellowbellied** (यॅल्-ओ-बॅल्´-ईड्) ***adj.*** cowardly, डरपोक।

**yellow card** ***n.*** a card of yellowish colour shown as a warning to a player by the referee, पीला कार्ड, जिसे खिलाड़ी को चेतावनी देने के लिए रेफ़री दिखाता है।

**yellow fever** ***n.*** a fever characterized by jaundice, पीत ज्वर, पीलिया।

**yellowish** (यॅल्´-ओ-इश्) ***adj.*** rather yellow, कुछ-कुछ पीला, पीला-सा।

**yelp** (यॅल्प्) ***v.*** 1. to cry, चीखना। 2. to bark, भौंकना। ***n.*** 1. a scream, चीख, चिल्लाहट। 2. a bark, भौं-भौं।

**yen** (यॅन्) ***n.*** a standard unit of Japanese money, जापानी मुद्रा।

**yeoman** (यो´-मॅन्) ***n.*** a farmer who owns land, वह किसान जो अपनी भूमि खुद जोतता-बोता हो।

**yeomanry** (यो´-मॅन्-री) ***n.*** a body of yeomen, किसानों का निकाय।

**yeoman service** ***n.*** long and useful service, दीर्घकालीन उपयोगी सेवा।

**yes** (यॅस्) ***interj.*** used to express, (i) agreement or affirmation, हाँ, ठीक है; (ii) consent to enter a room, आइए; (iii) emphasize a statement, हाँ, सचमुच। ***n.*** an affirmative reply, हाँ।

**yesman** ***n.*** (येंस्´-मॅन्) a person who always says yes to his superior's order, जी हुजूरिया, चमचा।

**yesterday** (येंस्(-टॅ:-डे) ***n.*** the day before the present day, बीता हुआ दिन, कल। ***adv.*** 1. in the day before today, कल। 2. a short while ago, कुछ समय पहले।

**yesteryear** (येंस्(-टॅर्-इअॅ:) ***n.*** last year, गत वर्ष, पिछला बरस। ***adv.*** during last year, पिछले वर्ष, गत वर्ष।

**yet** (येंट्) ***adv.*** 1. up to this time, or by this time, इस समय तक, अब तक, अभी तक। 2. even still, अभी भी। 3. in addition, इसके अतिरिक्त। 4. even, भी। 5. neverthless, फिर भी, तिसपर भी। ☐ **as yet,** अभी तक या अभी भी। ***conj.*** nevertheless, तो भी, फिर भी।

**yeti** (येंट्´-ई) ***n.*** a snowman, हिममानव।

**yew** (यू) ***n.*** a tree with needle-like leaves, सुई के आकार के पत्तोंवाला वृक्ष, यू, सूचीवृक्ष।

**Yiddish** (यिड्´-इश्) ***n.*** a language used by Jews, यहूदियों की एक प्राचीन भाषा, येदिश।

**yield** (यील्ड्) ***v.*** 1. to give forth, देना। 2. to produce, उत्पन्न करना, पैदा करना। 3. to give in return, लौटाना, प्रतिफल देना। 4. to grant or concede, दे देना, छोड़ देना। 5. to surrender, समर्पित करना। 6. to give way, रास्ता देना, पीछे हट जाना। ***n.*** 1. a crop, फ़सल, पैदावार। 2. the profit or return, लाभ, प्रतिफल।

**yielding** (यील्ड्´-इंग्) ***adv.*** submissive, झुकनेवाला, अनुकूल।

**yin and yang** (यिन्´-अर्न्-यैंग्) ***n.*** female and male forces of the universe, प्रकृति और पुरुष। (चीनी दर्शन)

**yip** (यिप्) ***v.*** (yipped, yipping) to yelp, चीखना।

**yipee** (यिप्´-ई) ***interj.*** used to express joy, हर्ष, आनंद आदि का सूचक, विस्मयादिक।

**yodel** (यो´-डॅल्) ***v.*** (yodelled, yodelling) to sing with rapid changing voice, आलाप करना, आलापना। ***n.*** the act of yodelling, आलाप।

**yoga** (यो´-गॅ) ***n.*** 1. the system to be one with the god, योग। 2. physical exercises to gain control over body and mind, योग।

**yogi** (यो´-गी) ***n.*** one who practices yoga, योगी।

**yoghurt, yogurt** (यो´-ग:ट्) ***n.*** milk curdled by bacteria, दही।

**yoke** (योक्) ***n.*** 1. a wooden frame used for joining two draught animals pulling a plough, cart etc., जुआ। 2. a pair of animals joined in a yoke, (बैलों आदि की) जोड़ी। 3. a frame fitting over a person's shoulders with baskets or buckets suspended from each end, बहँगी। 4. an oppressive force or burden, भार, बोझ। ***v.*** 1. to harness by means of a yoke, जोतना। 2. to unite, जोड़ना या जुड़ना। 3. to marry, विवाह करना।

**yokel** (यो´-कॅल्) ***n.*** a simple country fellow, देहाती।

**yolk** (योक्) ***n.*** the yellow part of an egg, अंडे की ज़र्दी।

**yon** (यॉन्) ***adj.*** that, वह। ***adv.*** = yonder.

**yonder** (यॉन्´-डॅ:) ***adj.*** being at that place, that, वह। ***adv.*** over there, वहाँ।

**yore** (यो:) ***n.*** time long past, बहुत पहले का समय, प्राचीन काल, पुराना ज़माना। ☐ **of yore,** पुराने ज़माने का। ***adv.*** long ago, बहुत पहले।

**yorker** (यॉ:-कॅ:´) ***n.*** a ball bowled and pitched just under the bat, ज़मीन पर रखे बल्ले की जड़ में टप्पा खानेवाला गेंद, यारकर।

**you** (यू) ***pron.*** 1. the person or persons addressed, तुम; You boys should repent. तुम लड़कों को पश्चात्ताप करना चाहिए। 2. people in general, सामान्य लोग।

**you-all** (यू-आ:ल्´) ***pron.*** you persons, तुम सब, तुम सभी लोग।

**young** (यंग्) ***adj.*** (younger, youngest) 1. in an early stage of life, छोटा, नन्हा, बच्चा, अल्पवयस्क। 2. fresh, ताज़ा। 3. of or relating to youth, youthful, युवा, जवान। *n.* the offspring of animals, बच्चे। □ **with young,** गाभिन (मादा पशु)।

**young blood** *n.* young people, युवा लोग।

**youngish** (यंग्´-इश्) *adj.* somewhat young, बच्चा-सा या युवा-सा।

**young lady** *n.* a man's sweetheart, प्रेमिका, प्रेयसी।

**young man** *n.* a girl's boy friend, प्रेमी, यार।

**youngster** (यंग्´-स्टॅ:) *n.* a child, बच्चा।

**your** (यू:) *pron & adj.* of or belonging to you, तुम्हारा, आपका।

**you're** (यू:) *phrase* = you are.

**yours** (यू:ज़्) *pron.* 1. belonging to you, तुम्हारा। 2. (plu.) used at the end of a letter, भवदीय, आपका।

**yours truly** (यू:ज़्´-ट्रु-ली) *adj.* yours faithfully, भवदीय, आपका।

**yourself** (यू:-सेल्फ़्) *pron.* the reflexive form of you, तुम स्वयं, तुम ख़ुद। □ **come to yourself,** सामान्य स्थिति में हो जाओ; **by yourself,** अपने से खुद, अकेले।

**youth** (यूथ्) *n.* 1. the quality or state of being young, जवानी, यौवन, तरुणाई, युवावस्था। 2. a young man, जवान आदमी, युवा व्यक्ति; youth movement, युवा आंदोलन। 3. the period of early development, बचपन, आरंभिक काल। 4. young people collectively, नवयुवक समूह।

**youthful** (यूथ्´-फुल्) *adj.* 1. possessing youth, युवा, जवान। 2. active or vigorous, सक्रिय या स्फूर्त। 3. in an early stage of development, आरंभिक अवस्था में होनेवाला।

**youth hostel** *n.* a hostel providing cheap accommodation to young travellers, युवक-आवासगृह।

**you've** (यूव्) *phrase* = you have.

**yowl** (याउल्) *v.* (yowled, yowling) to howl or shout, हुआँना या चिल्लाना। *n.* a loud cry, हुआँ-हुआँ।

**yowling** (याउल्-इंग्) *n.* the act of one who yowls, हुआँने या चिल्लाने की क्रिया या भाव।

**yuan** (यु-आन्´) *n.* the monetary unit of China, चीनी युआन मुद्रा।

**yucca** (यक्´-अॅ) *n.* a plant of lily family, कुमुदिनी की जाति का पौधा और उसका फूल।

**Yugoslavian** (यु-गो-स्ला´-वि-अॅन्) *adj.* of Yugoslavia, युगोस्लाविया-संबंधी। *n.* a native of Yugoslavia, युगोस्लावियावासी।

**yule** (यूल्) *n.* the Christmas festival, बड़े दिन का त्योहार।

**yummy** (युम्´-ई) *adj.* (yummier, yummiest) delightful or delicious, स्वादिष्ट।

**yuppie** (य´-पी) *n.* a young person earning a lot of money, ख़ूब धन कमानेवाला युवा व्यक्ति।

# Z

**Z, z** (ज़ेड्, ज़ी) the twenty-sixth letter of the English alphabet, अंग्रेज़ी वर्णमाला का छब्बीसवाँ वर्ण।

**zaniness** (ज़े´-नि-निस्) *n.* the quality or state of being zany, मसख़रापन।

**zany** (ज़े´-नी) *n.* 1. a clown, मसख़रा, विदूषक, भाँड़। 2. a foolish person, मूर्ख व्यक्ति। *adj.* (zannier, zanniest) comical, (बात) हास्यपूर्ण या हास्यजनक, (व्यक्ति) विनोदशील या मज़ाकिया।

**zap** (ज़ैप्) *v.* (zapped, zapping) 1. to hit or attack, प्रहार करना, मारना। 2. to kill, जान से मारना, मार डालना। *n.* energy, ऊर्जा, शक्ति।

**zeal** (ज़ील्) *n.* enthusiasm, जोश, उत्साह, उमंग।

**zealot** (ज़ेंल्´-अॅट्) *n.* a fanatically zealous person, कट्टर या उन्मादी व्यक्ति।

**zealous** (ज़ेंल्´-अॅस्) *adj.* enthusiastic, उत्साही, जोशीला।

**zealously** (-ली) *adv.* in a zealous manner, उत्साहपूर्वक, उमंग से।

**zealousness** (ज़ेंल्´-अॅस्-निस्) *n.* the quality or state of being zealous, जोशीलापन, उत्साहीपन।

**zebra** (ज़ी´-ब्रॅ) *n.* (plu. zebra, zebras) a horse-like African animal with black and white stripes, ज़ेबरा।

**zebra crossing** *n.* the place marked with white and black stripes reserved for pedestrians to cross the road, ज़ेबरा-पट्टी।

**zeitgeist** (त्साइत्-गाइस्त्) *n.* the general trend of a thought of a period in history, विचार-प्रवाह, वैचारिक प्रवृत्ति। (जर्मन)

**Zen** (ज़ेंन्) *n.* the Japanese form of the Buddhist religion, बौद्ध धर्म का जापानी रूप, जापानी बौद्ध धर्म, ज़ेन।

**zenana** (ज़ि-ना´-नॅ) *n.* the part of a house reserved for the women of a household, जनानख़ाना।

**zenith** (ज़ेंन्´-इथ्) *n.* 1. the point of the sky that is directly above an observer, खमध्य, शिरोबिंदु। 2. the highest point or limit, चरम बिंदु या चरम सीमा, पराकाष्ठा।

**zenithal** (ज़ी´-नि-थॅल्) *adj.* of or pertaining to zenith, खमध्य-संबंधी, शिरोबिंदु-संबंधी।

**zeolite** (ज़ी´-अॅ-लाइट्) *n.* a mineral used to soften water, जल को स्वच्छ बनानेवाला एक खनिज।

**zephyer** (ज़ेंफ़्´-अॅ:) *n.* a gentle breeze, समीर।

**zero** (ज़ीर्´-ओ) *n:* (plu. zeros, zeroes) *n.* 1. the symbol 0, शून्य, सिफ़र, सुन्ना। 2. nothing, कुछ नहीं, शून्य, अंडा। 3. a person or thing of no significance, महत्त्वहीन व्यक्ति या वस्तु। 4. the point between + and – on the scale, शून्य। *adj.* nothing at ail, कुछ भी नहीं, ज़रा भी नहीं। *v.* to adjust (an instrument) at zero, शून्य पर समायोजित करना।

**zero hour** *n.* 1. the hour or time at which some action is to begin, शून्यकाल, आरंभ काल। 2. the time fixed to start an expedition or attack, अभियान-वेला, आक्रमण-वेला। 3. a critical time (at the commencement of an action, किसी कार्य के आरंभ होने की) संकट की घड़ी।

**zest** (ज़ेंस्ट्) *n.* 1. something that gives relish or flavour, सुस्वादु या ज़ायकेदार चीज़। 2. exciting flavour or relish, स्वाद, मज़ा। 3. keen enjoyment, मज़ा। 4. enthusiasm, उमंग, जोश।

**zestful** (ज़ेंस्ट्´-फ़ुल्) *adj.* full of zest,

(i) मज़ेदार, (ii) उमंग-भरा।

**zestfully** (ज़ेस्ट्´-फु-ली) ***adj.*** in a zestful manner, उत्साहपूर्वक, उमंग से भरकर, जोश से।

**zigzag** (ज़िग्´-ज़ेग्) ***adj.*** having curved short turns, टेढ़ा-मेढ़ा, सर्पिल, चक्करदार। ***n.*** 1. a zigzag line, टेढ़ी-मेढ़ी रेखा। 2. a zigzag course, टेढ़ा-मेढ़ा रास्ता। ***adv.*** in a zigzag manner, टेढ़े-मेढ़े। ***v.*** (zigzagged, zigzagging) to move in a zigzag course, टेढ़े-मेढ़े रास्ते पर चलना।

**zillion** (ज़िल्´-यॅन्) ***n.*** a large indefinite number, बहुत बड़ी राशि, लाखों-करोड़ों।

**zinc** (ज़िंक्) ***n.*** a bluish white metallic element, जस्ता, ज़िंक। ***v.*** (zincked, zincking) to coat with zinc, जस्ता चढ़ाना।

**zing** (ज़िंग) ***n.*** 1. a high-pitched humming or buzzing sound, शूँशूँ, सनसनाहट। 2. vitality, ओज, शक्ति, स्फूर्ति। ***v.*** (zinged, zinging) to move with a high pitched humming or buzzing sound, शूँ करके निकलना।

**zinnia** (ज़िन्´-इ-अॅ) ***n.*** a garden plant with brightly coloured flowers, एक पौधा और उसके चमकीले फूल।

**zip** (ज़िप्) ***n.*** 1 a fastening device, ज़िप। 2. a humming sound as of a bullet going through the air, (गोली की) सनसन ध्वनि, सनसनाहट। ***v.*** (zipped, zipping) 1. to open or close with a zip, ज़िप खोलना या बंद करना। 2. to move with the sound of zip, सनसनाते हुए आगे बढ़ना। 3. to rush, तेज़ी से बढ़ना।

**zipper** (ज़िप्´-अॅ:) ***n.*** a zip, ज़िप।

**zippy** (ज़िप्´-ई) ***adj.*** (zippier, zippiest) 1. lively, जीवंत। 2. full of energy, ओज़स्वी, उत्साही, फुरतीला।

**zircon** (ज़:´-कॅन्) ***n.*** a hard mineral used as a gem, तुरसावा, ज़रकान।

**zirconium** (ज़ि:-को´-नि-अॅम्) ***n.*** a metallic element, एक धात्विक तत्त्व।

**zither** (ज़िद्´-अॅ:) ***n.*** a stringed instrument, सितार की तरह का एक बाजा।

**zodiac** (ज़ो´-डि-ऐक्) ***n.*** 1. an imaginary area divided into 12 equal parts, in the heavens along which the heavenly bodies appear to travel, राशिचक्र; sign of a zodiac, राशि। 2. its diagram, राशिचक्र।

**zombie** (ज़ॉम्-बी) ***n.*** 1. a corpse brought to life by witchcraft, वह शव जो जादू-टोने या तंत्रमंत्र से जीवंत बना दिया गया हो, जीवित शव, जिन। 2. a person who has such power, मुरदे को जीवित करनेवाला तांत्रिक।

**zonal** (ज़ो´-नॅल्) ***adj.*** of or pertaining to a zone, क्षेत्रीय, मंडलीय, आंचलिक।

**zone** (ज़ोन्) ***n.*** 1. a particular area or region, क्षेत्र, मंडल, अंचल। 2. any of the five regions of the surface of the earth, कटिबंध। 3. a belt, मेखला। ***v.*** (zoned, zoning) to divide into zones, क्षेत्रों में विभाजित करना।

**zoning** (ज़ोन्´-इंग्) ***n.*** the act of one who makes zones, क्षेत्रों में विभाजित करना, क्षेत्रण।

**zoo** (ज़ू) ***n.*** a place where live animals are kept, bred and exhibited, चिड़ियाघर।

**zoological** (ज़ो-अॅ-लॉज्´-इ-कॅल्) ***adj.*** of or pertaining to zoology, प्राणि-विज्ञान-संबंधी।

**zoological garden** ***n.*** a zoo, चिड़ियाघर।

**zoologist** (ज़ो-ऑल्´-जिस्ट्) ***n.*** an expert in zoology, प्राणि-विज्ञानी।

**zoology** (ज़ो-ऑल्´-अॅ-जी) ***n.*** 1. the scientific study of animals, प्राणि-विज्ञान। 2. the animal life of a particular area, प्राणि-जगत्।

**zoom** (ज़ूम्) ***v.*** (zoomed, zooming) 1. to make a continuous buzzing sound, सनसन करना, सनसनाना। 2. to move with buzzing sound, सनसनाते हुए आगे बढ़ना। 3. (of prices) to rise quickly, (क़ीमतों का) तेज़ी से बढ़ना, उछलना। ***n.*** the act or sound of zooming, सनसनाहट।

**zoophyte** (ज़ू´-फ़ाइट्) ***n.*** any of the plantlike sea creatures, उद्भिज्ज प्राणी।

## परिशिष्ट-1

# अंग्रेज़ी शब्दों की वर्तनी-संबंधी कुछ संकेत

(1) प्रत्यय लगने पर किसी शब्द का अंतिम y वर्ण उस समय i या ie में परिवर्तित हो जाता है जब उससे ठीक पहले का वर्ण व्यंजन हो; जैसे—

Happy + er = happier
+ ly = happily
Lofty + ly = loftily
+ ness = loftiness
Baby + s = babies
+ ish = babyish [अपवाद]

(2) प्रत्यय लगने पर एकाक्षरिक विशेषणों के अंतिम y वर्ण में सामान्यतः बदलाव नहीं होता; जैसे—

Sly + er = slyer
+ est = slyest
+ ly = slyly
Shy + er = shyer
+ est = shyest
+ ly = shyly
Dry + er = drier
+ est = driest
+ ly = drily/dryly [Dry अपवाद है]

(3) प्रत्यय लगने पर एकाक्षरिक क्रिया या विशेषण के अंतिम y वर्ण में कुछ अवस्थाओं में परिवर्तन होता है और कुछ में नहीं। यदि उससे ठीक पहले कोई स्वर वर्ण हो; जैसे—

Pay + ing = paying
+ ed = paid
Say + ing = saying
+ ed = said
Gay + er = gayer
+ ly = gaily

(4) ing प्रत्यय लगने पर शब्द के अंतिम वर्णद्वय 'ie' का y में परिवर्तन हो जाता है; जैसे—

Die + ing = dying

Lie + ing = lying

(5) शब्द के अंतिम मूक e वर्ण का लोप होता है यदि उसके परे स्वर से आरंभ होनेवाला प्रत्यय हो; जैसे—

Advice + able = advicable

Fire + ing = firing

Live + ing = living

Move + ing = moving

परंतु

Move + ment = movement

अपवाद—(i) यदि अंतिम e से पहले c या g हो तो e का लोप नहीं होता; जैसे—

Peace + able = peaceable

Change + able = changeable

(ii) Dye, shoe, hoe, eye, singe, tinge आदि क्रियाओं में ing लगने पर e का लोप नहीं होता; जैसे—Dyeing, Shoeing, hoeing, eyeing, singeing, tingeing आदि।

(6) व्यंजन से आरंभ होनेवाला प्रत्यय लगने पर शब्द के अंतिम मूक e स्वर का लोप हो जाता है; जैसे—

Awe + ful = Awful

Due + ly = duly

Whole + ly = wholly

Wise + ly = wisly

Acknowledge + ment = acknowledgment

Judge + ment = judgment

(7) स्वर से प्रारंभ होनेवाले प्रत्यय के परे रहने पर एकाक्षरिक शब्द के अंतिम व्यंजन वर्ण का द्वित्व होता है यदि उससे पहले ह्रस्व (short) स्वर हो; जैसे—

Thin + er = thinner

Hit + er = hitter

Hot + er = hotter

(8) प्रत्यय परे रहने पर अनेकाक्षरिक शब्द के अंतिम व्यंजन वर्ण का द्वित्व होता है यदि अंतिम अक्षर पर बलाघात हो; जैसे—

Expel + ed = expelled

Prefer + ed = preferred

Omit + ed = omitted

Visit + ed = visited [अपवाद]

(9) प्रत्यय लगने पर क्रिया के

(क) अंतिम l या s वर्ण का द्वित्व होता है; जैसे—

Travel + ed = travelled

Gas + ed = gassed

(ख) अंतिम c वर्ण का ck हो जाता है; जैसे—

Picnic + ed = picnicked

(ग) अंतिम वर्णसमूह ip और ap होने पर ipp और app हो जाता है; जैसे—

Worship + ed = worshipped

Kidnap + ed = kidnapped

परंतु

Gossip + ed = gossiped [अपवाद]

(10) समस्त पदों में full, fill, all, well, skill आदि शब्दों के अंतिम l का लोप होता है; जैसे—

Full + fill = fulfil

Skill + full = Skilful

Care + full = careful

(11) अधिकतर क्रियाओं में ise की अपेक्षा ize वर्णसमूह ही वरीय माना जाने लगा है, परंतु अनेक क्रियाओं में ise ही चलता है; जैसे—

despise, exercise, supervise, surprise

परंतु

criticise/criticize, emphasise/emphasize.

## परिशिष्ट-2

# List of some irregular Verbs

Irregular verbs संख्या में 2000 से अधिक हैं। यहाँ मुख्य-मुख्य verbs के मूल, भूतकालिक, भूतकृदंत तथा वर्तमान कृदंत रूप दिए जा रहे हैं।

| Present | Past | Past Participle | Present Participle |
|---|---|---|---|
| Abide | Abode | Abode | Abiding |
| Arise | Arose | Arisen | Arising |
| Awake | Awoke | Awoke | Awaking |
| Awake | Awaked | Awaked | Awaking |
| Bear | Bore | Born | Bearing |
| Bear | Born | Borne | Bearing |
| Beat | Beat | Beaten | Beating |
| Become | Became | Become | Becoming |
| Beget | Begot | Begot | Begetting |
| Begin | Began | Begun | Beginning |
| Behold | Beheld | Beheld | Beholding |
| Bid | Bid, bade | Bid, bidden | Bidding |
| Bind | Bound | Bound | Binding |
| Bite | Bit | Bitten | Biting |
| Bleed | Bled | Bled | Bleeding |
| Blow | Blew | Blown | Blowing |
| Break | Broke | Broken | Breaking |
| Breed | Bred | Bred | Breeding |
| Chide | Chid | Chid, chidded | Chiding |
| Come | Came | Come | Coming |
| Choose | Chose | Chosen | Choosing |
| Cleave | Cleft, Clove | Cleft | Cleaving |
| Cling | Clung | Clung | Clinging |
| Dig | Dug | Dug | Digging |
| Do | Did | Done | Doing |
| Draw | Drew | Drawn | Drawing |
| Drink | Drank | Drunk | Drinking |
| Drive | Drove | Driven | Driving |
| Eat | Ate | Eaten | Eating |
| Fall | Fell | Fallen | Falling |
| Fight | Fought | Fought | Fighting |

| | | | |
|---|---|---|---|
| Find | Found | Found | Finding |
| Fling | Flang | Flung | Flinging |
| Fly | Flew | Flown | Flying |
| Forbear | Forbore | Forborn | Forbearing |
| Forbid | Forbade | Forbidden | Forbidding |
| Forget | Forgot | Forgotten | Forgetting |
| Forsake | Forsook | Forsaken | Forsaking |
| Freeze | Frozc | Frozen | Freezing |
| Get | Got | Got | Getting |
| Give | Gave | Given | Giving |
| Go | Went | Gone | Going |
| Grind | Ground | Ground | Grinding |
| Grow | Grew | Grown | Growing |
| Hang | Hung | Hung | Hanging |
| Hide | Hid | Hidden | Hiding |
| Hold | Held | Held | Holding |
| Is | Was | Been | Being |
| Know | Knew | Known | Knowing |
| Lie | Lied | Lied | Lying |
| Lie | Lay | Lain | Lying |
| Ride | Rode | Ridden | Riding |
| Ring | Rang | Rung | Ringing |
| Rise | Rose | Risen | Rising |
| Run | Ran | Run | Running |
| See | Saw | Seen | Seeing |
| Shake | Shook | Shaken | Shaking |
| Shine | Shone | Shone | Shining |
| Shoot | Shot | Shot | Shooting |
| Sing | Sang | Sung | Singing |
| Sit | Sat | Sat | Sitting |
| Slay | Slew | Slain | Slaying |
| Speak | Spoke | Spoken | Speaking |
| Spin | Span | Spun | Spinning |
| Spit | Spat | Spat | Spitting |
| Spring | Sprang | Sprung | Springing |
| Stand | Stood | Stood | Standing |
| Steal | Stole | Stolen | Stealing |
| Stick | Stuck | Stuck | Sticking |
| Sting | Stung | Stung | Stinging |
| Stink | Stank | Stunk | Stinking |
| Strike | Struck | Struck | Striking |
| Strive | Strove | Striven | Striving |
| Swear | Swore | Sworn | Swearing |
| Swim | Swam | Swum | Swimming |

| | | | |
|---|---|---|---|
| Take | Took | Taken | Taking |
| Tear | Tore | Torn | Tearing |
| Throw | Threw | Thrown | Throwing |
| Tread | Trod | Trodden | Treading |
| Undo | Undid | Undone | Undoing |
| Uphold | Upheld | Upheld | Upholding |
| Wake | Woke | Woke, waken | Waking |
| Wear | Wore | Worn | Wearing |
| Weave | Wove | Woven | Weaving |
| Win | Won | Won | Winning |
| Wring | Wrung | Wrung | Wringing |
| Write | Wrote | Written | Writing |

## परिशिष्ट-3

# List of some regular Verbs

(a) जिनके भूतकालिक तथा भूतकृदंत रूप मूल रूप में ed या t लगाकर बनते हैं।

| Present | Past | Past Participle | Present Participle |
|---|---|---|---|
| Abuse | Abused | Abused | Abusing |
| Act | Acted | Acted | Acting |
| Advise | Advised | Advised | Advising |
| Allow | Allowed | Allowed | Allowing |
| Answer | Answered | Answered | Answering |
| Appear | Appeared | Appeared | Appearing |
| Arrive | Arrived | Arrived | Arriving |
| Ask | Asked | Asked | Asking |
| Attack | Attacked | Attacked | Attacking |
| Beg | Begged | Begged | Begging |
| Bend | Bent | Bent | Bending |
| Beseech | Besought | Besought | Beseeching |
| Bring | Brought | Brought | Bringing |
| Build | Built | Built | Building |
| Burn | Burnt | Burnt | Burning |
| Buy | Bought | Bought | Buying |
| Catch | Caught | Caught | Catching |
| Climb | Climbed | Climbed | Climbing |
| Clothe | Clothed, clad | Clothed, clad | Clothing |
| Collect | Collected | Collected | Collecting |
| Compare | Compared | Compared | Comparing |
| Conquer | Conquered | Conquered | Conquering |
| Consider | Considered | Considered | Considering |
| Cook | Cooked | Cooked | Cooking |
| Copy | Copied | Copied | Copying |
| Count | Counted | Counted | Counting |
| Creep | Crept | Crept | Creeping |
| Cross | Crossed | Crossed | Crossing |
| Cry | Cried | Cried | Crying |
| Dare | Dared | Dared | Daring |
| Deal | Dealt | Dealt | Dealing |
| Defeat | Defeated | Defeated | Defeating |

| | | | |
|---|---|---|---|
| Defend | Defended | Defended | Defending |
| Depend | Depended | Depended | Depending |
| Deposit | Deposited | Deposited | Depositing |
| Die | Died | Died | Dying |
| Dip | Dipped | Dipped | Dipping |
| Disturb | Disturbed | Disturbed | Disturbing |
| Divide | Divided | Divided | Dividing |
| Dream | Dreamt | Dreamt | Dreaming |
| Drown | Drowned | Drowned | Drowning |
| Dwell | Dwelt | Dwelt | Dwelling |
| Earn | Earned | Earned | Earning |
| Enter | Entered | Entered | Entering |
| Expect | Expected | Expected | Expecting |
| Explain | Explained | Explained | Explaining |
| Face | Faced | Faced | Facing |
| Fail | Failed | Failed | Failing |
| Fear | Feared | Feared | Fearing |
| Feed | Fed | Fed | Feeding |
| Feel | Felt | Felt | Feeling |
| Finish | Finished | Finished | Finishing |
| Flee | Fled | Fled | Fleeing |
| Flow | Flowed | Flowed | Flowing |
| Gather | Gathered | Gathered | Gathering |
| Graze | Grazed | Grazed | Grazing |
| Hang | Hanged | Hanged | Hanging |
| Hate | Hated | Hated | Hating |
| Have | Had | Had | Having |
| Hear | Heard | Heard | Hearing |
| Heat | Heated | Heated | Heating |
| Help | Helped | Helped | Helping |
| Hunt | Hunted | Hunted | Hunting |
| Join | Joined | Joined | Joining |
| Keep | Kept | Kept | Keeping |
| Kick | Kicked | Kicked | Kicking |
| Kill | Killed | Killed | Killing |
| Kneel | Knelt | Knelt | Kneeling |
| Laugh | Laughed | Laughed | Laughing |
| Lay | Laid | Laid | Laying |
| Lead | Led | Led | Leading |
| Lean | Leant | Leant | Leaning |
| Learn | Learnt | Learnt | Learning |
| Leave | Left | Left | Leaving |
| Lend | Lent | Lent | Lending |
| Light | Lit, lighted | Lit, lighted | Lighting |

| | | | |
|---|---|---|---|
| Listen | Listened | Listened | Listening |
| Look | Looked | Looked | Looking |
| Love | Loved | Loved | Loving |
| Make | Made | Made | Making |
| Marry | Married | Married | Marrying |
| Mean | Meant | Meant | Meaning |
| Meet | Met | Met | Meeting |
| Melt | Melted | Melted | Melting |
| Need | Needed | Needed | Needing |
| Obey | Obeyed | Obeyed | Obeying |
| Open | Opened | Opened | Opening |
| Oppose | Opposed | Opposed | Opposing |
| Order | Ordered | Ordered | Ordering |
| Owe | Owed | Owed | Owing |
| Pay | Paid | Paid | Paying |
| Play | Played | Played | Playing |
| Plough | Ploughed | Ploughed | Ploughing |
| Pluck | Plucked | Plucked | Plucking |
| Praise | Praised | Praised | Praising |
| Pray | Prayed | Prayed | Praying |
| Prepare | Prepared | Prepared | Preparing |
| Promise | Promised | Promised | Promising |
| Prove | Proved | Proved | Proving |
| Punish | Punished | Punished | Punishing |
| Push | Pushed | Pushed | Pushing |
| Pull | Pulled | Pulled | Pulling |
| Rain | Rained | Rained | Raining |
| Raise | Raised | Raised | Raising |
| Refuse | Refused | Refused | Refusing |
| Remember | Remembered | Remembered | Remembering |
| Rend | Rent | Rent | Rending |
| Reply | Replied | Replied | Replying |
| Respect | Respected | Respected | Respecting |
| Return | Returned | Returned | Returning |
| Rob | Robbed | Robbed | Robbing |
| Save | Saved | Saved | Saving |
| Saw | Sawed | Sawed | Sawing |
| Say | Said | Said | Saying |
| Search | Searched | Searched | Searching |
| Seek | Sought | Sought | Seeking |
| Seem | Seemed | Seemed | Seeming |
| Sell | Sold | Sold | Selling |
| Send | Sent | Sent | Sending |
| Serve | Served | Served | Serving |

| | | | |
|---|---|---|---|
| Show | Showed | Showed | Showing |
| Sleep | Slept | Slept | Sleeping |
| Smell | Smelt | Smelt | Smelling |
| Sow | Sowed | Sowed, sown | Sowing |
| Spend | Spent | Spent | Spending |
| Spoil | Spoiled | Spoilt, spoiled | Spoiling |
| Starve | Starved | Starved | Starving |
| Stay | Stayed | Stayed | Staying |
| Stop | Stopped | Stopped | Stopping |
| Succeed | Succeeded | Succeeded | Succeeding |
| Suffer | Suffered | Suffered | Suffering |
| Sweep | Swept | Swept | Sweeping |
| Talk | Talked | Talked | Talking |
| Teach | Taught | Taught | Teaching |
| Tease | Teased | Teased | Teasing |
| Tell | Told | Told | Telling |
| Think | Thought | Thought | Thinking |
| Tie | Tied | Tied | Tying |
| Touch | Touched | Touched | Touching |
| Travel | Travelled | Travelled | Travelling |
| Trust | Trusted | Trusted | Trusting |
| Try | Tried | Tried | Trying |
| Wait | Waited | Waited | Waiting |
| Walk | Walked | Walked | Walking |
| Want | Wanted | Wanted | Wanting |
| Wash | Washed | Washed | Washing |
| Wed | Wed, wedded | Wed, wedded | Wedding |
| Weep | Wept | Wept | Weeping |
| Work | Worked | Worked | Working |

# List of some regular Verbs

(b) जिनके भूत तथा भूतकृदंत रूप समान रहते हैं।

| Present | Past | Past Participle | Present Participle |
|---|---|---|---|
| Bet | Bet | Bet | Betting |
| Burst | Burst | Burst | Bursting |
| Cast | Cast | Cast | Casting |
| Cut | Cut | Cut | Cutting |
| Hit | Hit | Hit | Hitting |
| Hurt | Hurt | Hurt | Hurting |
| Knit | Knit | Knit | Knitting |
| Let | Let | Let | Letting |
| Put | Put | Put | Putting |
| Read | Read | Read | Reading |
| Rid | Rid | Rid | Ridding |
| Set | Set | Set | Setting |
| Shed | Shed | Shed | Shedding |
| Shut | Shut | Shut | Shutting |
| Spread | Spread | Spread | Spreading |
| Thrust | Thrust | Thrust | Thursting |

# परिशिष्ट-4

# List of Prepositions

about
above
after
along
along with
around
as for
at
away from
because of
before
below
beside
between
by
by means of
down
due to
except for
for
from
in
in comparison with
in front of
in relation to
instead of
into
of
off
on
on top of
out of
over
past
since
till
through
to
under
until
up
up to
with
without

परिशिष्ट-5

# Nationality Words

| Name of a Country or Continent | Adjective | Noun |
|---|---|---|
| Africa | African | an African |
| America | American | an American |
| Argentina | Argentinian | an Argentinian |
| Asia | Asian | an Asian |
| Australia | Australian | an Australian |
| Belgium | Belgian | a Belgian |
| Brazil | Brazilian | a Brazilian |
| Britain | British | a Briton/The British |
| China | Chinese | a Chinese |
| Denmark | Danish | a Dane |
| England | English | an Englishman/The English |
| Europe | European | a European |
| Finland | Finnish | a Finn |
| France | French | a Frenchman |
| Germany | German | a German |
| Greece | Greek | a Greek |
| Holland [also Netherlands] | Dutch | a Dutchman |
| Hungary | Hungarian | a Hungarian |
| India | Indian | an Indian |
| Iraq | Iraqi | an Iraqi |
| Ireland | Irish | an Irishman |
| Israel | Israeli | an Israeli |
| Japan | Japanese | a Japanese |
| Kuwait | Kuwaiti | a Kuwaiti |
| Norway | Norwegian | a Norwegian |
| Pakistan | Pakistani | a Pakistani |
| Poland | Polish | a Pole |
| Portugal | Portuguese | a Portuguese |
| Russia | Russian | a Russian |
| Saudi Arabia | Saudi/Arabian | a Saudi/an Arabian |
| Scotland | Scottish | a Scot/Scotsman |
| Shri Lanka | Ceylonese | a Ceylonese |

| | | |
|---|---|---|
| Spain | Spanish | a Spaniard |
| Sweden | Swedish | a Swede |
| Switzerland | Swiss | a Swiss |
| The Philippines | Philipine | a Philipine |
| Turkey | Turkish | a Turk |
| Vietnam | Vietnamese | a Vietnamese |
| Wales | Welsh | a Welshman |